MW00962363

O.Z

Autorenlexikon

deutschsprachiger Literatur
des 20. Jahrhunderts

Herausgegeben von Manfred Brauneck

unter Mitarbeit von Wolfgang Beck

Rowohlt

Überarbeitete und erweiterte Neuausgabe 1991
24.–33. Tausend August 1991

Originalausgabe
Lektorat Burghard König
Umschlaggestaltung Büro Hamburg / Peter Wippermann
Veröffentlicht im Rowohlt Taschenbuch Verlag GmbH,
Reinbek bei Hamburg, Oktober 1984
Copyright © 1984 by Rowohlt Taschenbuch Verlag GmbH,
Reinbek bei Hamburg
Satz Times und Helvetica (Linotronic 500)
Gesamtherstellung Clausen & Bosse, Leck
Printed in Germany
2680-ISBN 3 499 16333 0

Vorwort

Welche Autoren sind repräsentativ für die Literatur eines Jahrhunderts? Für die Entwicklung einzelner Gattungen und Genres? Welche für die größeren und kleineren stilistischen Perioden und programmatischen Gruppierungen? Wie stellt sich das Verhältnis von ‹Bleibendem› und ‹Zeitbedingtem› aus heutiger Sicht dar? – Solche und ähnliche Fragen muß sich der Herausgeber eines Literaturlexikons stellen, und er kommt bald zu dem Schluß, daß sich verallgemeinerbare Kriterien für eine solche Repräsentanz nicht aufstellen lassen, daß sich auch ein einheitlicher Maßstab in der ästhetischen Bewertung nicht durchhalten läßt, zu sehr sind die einzelnen Literaturbereiche (große epische Formen, Reportageliteratur, experimentelle Genres, populäre Unterhaltungsliteratur etc.) einer Eigengesetzlichkeit unterworfen. Für die deutschsprachige Literatur erweist sich diese Problematik zusätzlich noch als besonders schwierig, da sich nach 1945 die Literaturentwicklung in den beiden deutschen Staaten unter grundlegend unterschiedlichen Bedingungen literarischer Öffentlichkeit vollzogen hat.

Bleibt letztlich also die Entscheidung des Herausgebers, der mit seiner Auswahl versuchen muß, der Komplexität, aber auch Disparatheit der literarischen Produktion gerecht zu werden.

Das vorliegende Lexikon informiert über mehr als 1000 deutschsprachige Autoren des 20. Jahrhunderts. Neben jenen Autoren, die vornehmlich in den traditionellen Gattungen von Erzählliteratur, Lyrik und Drama schreiben, sind auch Essayisten und Kritiker sowie Philosophen und Psychologen aufgenommen – letztere, soweit sie sich zu literaturtheoretischen Fragen oder zur Literaturinterpretation geäußert haben.

Handbuchdarstellungen sind abhängig vom Stand der entsprechenden fachwissenschaftlichen Forschung; sie reflektieren die Vielfalt von deren methodischen Positionen und Richtungen, deren Fortschritte ebenso wie deren Desiderate. Sie versuchen aber auch, gegenüber vergleichbaren Werken ein eigenes Profil zu gewinnen.

So setzt auch dieses Lexikon deutliche Akzente, indem es – neben dem gewissermaßen selbstverständlichen Bestand von Autoren, den es mit anderen Nachschlagewerken gemein hat – insbesondere die Bereiche Exilliteratur, Frauen- und Arbeiterliteratur, die Autoren der populären Unterhaltungsliteratur, Science-fiction, Kinder- und Jugendbuchautoren, Liedermacher und Kabarettisten und die wichtigsten Mundartautoren berücksichtigt; Defizitbereiche der meisten Nachschlagewerke, die sich aus der für diese Gebiete schwierigen Forschungslage oder in der Folge konzeptioneller Eingrenzung des Literaturbegriffs ergeben, sind hier also aufgearbeitet. Besonders repräsentiert sind die Autoren der Gegenwartsliteratur.

Zum Aufbau der Artikel: In der Regel ist die Biographie des Autors der Werkbeschreibung vorangestellt. Von dieser Abfolge wird nur abgewichen, wenn eine besondere Verschränkung von Lebensgeschichte und Werk gegeben ist. Wenn wesentliche Daten fehlen, konnten diese trotz sorgfältiger Recherchen nicht ermittelt werden. Dieses Problem ergab sich z. B. bei einigen in den späten 80er oder 90er Jahren des 19. Jahrhunderts geborenen Autoren, für die nicht ermittelt werden konnte, ob sie noch am Leben sind. Pseudonyme eines Autors sind in die alphabetische Folge aufgenommen. Wenn ein Autor vor allem unter dem Pseudonym bekannt ist, bestimmt das Pseudonym die Stelle des Artikels.

Die unterschiedliche Darstellungsweise der einzelnen Mitarbeiter, aber auch besondere Gegebenheiten von Leben und Werk eines Autors führen gelegentlich dazu, daß aus dem Umfang der Artikel eine vergleichende Bewertung der Autoren nicht unmittelbar ablesbar ist; insbesondere haben hier die oft sehr unterschiedlich langen Bibliographien Verschiebungen der äußeren Proportionen zur Folge.

Jeder Artikel wird mit einem umfassenden Werkverzeichnis des Autors abgeschlossen. Hier war bei der Planung des Lexikons zunächst Vollständigkeit angestrebt. Während der Arbeit zeigte sich jedoch sehr bald, daß sich das für manche Autoren, besonders der frühen Jahrzehnte des 20. Jahrhunderts, nicht realisieren ließ – ein Problem, das für alle anderen vorliegenden Literaturlexika in gleicher Weise zutrifft, was immer im Einzelfall dort für die Bearbeitungsprinzipien der Bibliographien angegeben sein mag. Vergleiche haben in keinem Fall, auf das ganze Werk gesehen, Vollständigkeit nachgewiesen.

Von vornherein wurden Auswahlbibliographien erstellt bei Autoren, deren Hauptwerk nicht im literarischen Bereich liegt (Philosophen, Psychologen), und bei Autoren der populären Unterhaltungsliteratur mit oft besonderen Publikationspraktiken (gleiche Bücher mit unterschiedlichen Titeln, Serien in Zeitungen und Zeitschriften u. a.); gleiches gilt für die Rubrik «Herausgebertätigkeit», wenn diese im Rahmen von Lektoratstätigkeiten bei Verlagen erfolgte oder wenn der Autor nur ein kurzes Vor- oder Nachwort beigesteuert hat (z. B. bei Anthologien). Eine Auswahl stellen auch die Angaben in der Rubrik «Sammel- und Werkausgaben» dar. Generell sind in das Werkverzeichnis nur die als selbständige Veröffentlichungen erschienenen Werke (bis Ende 1983) aufgenommen. Es wurde darauf verzichtet, bei den einzelnen Artikeln Sekundärliteratur anzugeben, da sich dies nur für einen Teil der aufgenommenen Autoren hätte realisieren lassen. Zudem unterliegt diese Literatur vielfach einer sehr schwankenden Bewertung. Statt dessen findet der Leser am Ende des Buches eine ausführliche, in Sachbereiche gegliederte Bibliographie der deutschen Literatur des 20. Jahrhunderts, die insbesondere weiterführende Nachschlagewerke und bibliographische Hilfsmittel verzeichnet.

Das vorliegende Nachschlagewerk baut auf dem Artikelbestand deutschsprachiger Autoren aus dem 1981 erschienenen Lexikon der «Weltliteratur
im 20. Jahrhundert» auf, das seinerseits die Vorarbeiten des von Helmut Olles 1970 herausgegebenen «Literaturlexikon 20. Jahrhundert» nutzte. Die
ca. 700 Artikel aus der «Weltliteratur» wurden fast durchweg überarbeitet
bzw. aktualisiert, in jedem Falle in den Daten überprüft und ergänzt, soweit
dies erforderlich war. Überprüfung und Überarbeitung der Bibliographien,
ihre Ergänzung auf den Stand von Ende 1983 sowie eine Überprüfung der
Artikel lebender Autoren wurden von Dr. Inge Hillmann, Hamburg, durchgeführt.

Hinzu kommen ca. 350 neue Artikel, die der Spezialisierung auf den deutschsprachigen Bereich Rechnung tragen. Damit liegt ein Nachschlagewerk vor,
das über die Autoren der deutschen Literatur des 20. Jahrhunderts umfassend und aktuell informiert.

Das Zustandekommen dieses Lexikons war nur möglich durch die engagierte
Mitarbeit eines großen Kreises von Fachwissenschaftlern und Spezialisten
aus dem In- und Ausland. Folgende Mitarbeiter haben in speziellen Berei-
chen den Herausgeber bei der Auswahl der Autoren beraten:
Für Exilliteratur: Jan Hans, Hamburg; DDR-Literatur: Manfred Behn,
Hamburg, und Dr. Horst Heidtmann, Hamburg; österreichische Literatur:
Prof. Dr. Friedbert Aspetsberger, Klagenfurt; deutschsprachige Literatur
der Schweiz: Prof. Dr. Gérard Schneilin, Paris; Essayisten und Kritiker: Dr.
Manon Maren-Griesebach, Heidelberg; Kinder- und Jugendbuchautoren so-
wie Science-fiction und phantastische Literatur: Dr. Horst Heidtmann,
Hamburg; Liedermacher, Kabarettisten und Mundartautoren: Wolfgang
Beck, Hamburg. Er stellte auch die Bibliographie der Nachschlagewerke
und der Sekundärliteratur zusammen.
Diesen und allen anderen Mitarbeitern sind Verlag und Herausgeber zu
Dank verpflichtet.

Hamburg, August 1984

Manfred Brauneck

Vorwort
zur vierten überarbeiteten und erweiterten Neuausgabe

In der vorliegenden Auflage wurden die Artikel aktualisiert, insbesondere die Werkverzeichnisse auf den neuesten Stand gebracht; ebenso wurde die Bibliographie ergänzt. Vor allem sind mehr als 60 Autoren, vornehmlich aus dem Bereich der Gegenwartsliteratur, neu aufgenommen worden. Wie bereits bei der dritten Auflage wurde damit der Aktualitätsbezug dieses Nachschlagewerks akzentuiert.

Wieder hat alle Revisionsarbeiten – in Absprache mit dem Herausgeber – Wolfgang Beck geleistet.

Hamburg, März 1991 *Manfred Brauneck*

Verzeichnis der Mitarbeiter

Dr. Faranah Alimadad-Mensch, Hamburg

Bernd Allenstein, Hamburg

Dr. Klaus Amann, Klagenfurt

Dr. Silvia Anner, Wien

Prof. Dr. Friedbert Aspetsberger, Klagenfurt

Ingo Baumann, Wien

Dr. Uwe Baur, Graz

Wolfgang Beck, Hamburg

Dr. Thomas Beckermann, Frankfurt

Manfred Behn, Hamburg

Prof. Dr. Albert Berger, Klagenfurt

Dr. Helga Bleckwenn, Gauting

Hans-Michael Bock, Hamburg

Claudia Böer, Kiel

Dr. Wolfgang Boerner, Berlin

Prof. Dr. Hartmut Böhme, Hamburg

Prof. Dr. Jürgen Born, Wuppertal

Prof. Dr. Alois Brandstetter, Klagenfurt

Prof. Dr. Manfred Brauneck, Hamburg

Anna Burmann, Hamburg

Dokumentationsstelle für neuere österreichische Literatur, Wien

Dr. Bernhard Doppler, Klagenfurt

Alfred Dreyer, Bremen

Prof. Dr. Paul Eichner, Paris

Ute Eltner, Hamburg

Dr. W. Exenberger, Wien

Dr. Norbert Frei, Klagenfurt

Dr. Norbert Griesmayer, Wien

Ute Hagel, Hamburg

Dr. Ulla Hahn, Hamburg

Volker Hammerschmidt, Hamburg

Gesine Hanebuth, Hamburg

Dr. Jan Hans, Hamburg

Prof. Dr. Adolf Haslinger, Salzburg

Dr. Bodo Heimann, Kiel

Dr. Horst Heidtmann, Hamburg

Dr. Christel Hildebrandt, Hamburg

Dr. Elisabeth Höpker-Herberg, Hamburg

Prof. Dr. Thomas Huber, Middlebury/Vermont

Institut für Germanistik an der Universität für Bildungswissenschaften, Klagenfurt

Frauke Janssen, Hamburg

Gisela Jürgens, Hamburg

Christian Klug, Hamburg

Hermann Knebel, Kiel

Ralph Kohpeiß

Dr. Burghard König, Hamburg

Rudi Kost, Eßlingen

Prof. Dr. Hermann Kunisch, München

Ulrike Längle, Innsbruck

Dr. Ingrid Leitner, München

Dr. Hubert Lengauer, Klagenfurt

Dr. Manfred Lubé, Graz

Dr. Martin H. Ludwig, Verden/Aller

Dr. Heinz Lunzer, Wien

Dr. Manon Maren-Griesebach, Heidelberg

Prof. Dr. Gunter Martens, Hamburg

Arnulf Meifert, Hohengebraching

Dr. Helga Maria Meise, Hamburg

Dr. Gerhard Melzer, Graz

Karl Newole, Klagenfurt

Andreas Oettel, Hamburg

Dr. Jael B. Paulus, Heidelberg

Dr. Alfred Pfoser, Wien

Prof. Mag. Meinrad Pichler, Bregenz

Dr. Volker Pirsich, Hamburg

Prof. Dr. Bernard Poloni, Paris

Dr. Helmut Riege, Hamburg

Dr. Wendelin Schmidt-Dengler, Wien

Prof. Dr. Gérard Schneilin, Paris

Karin Schönewolf, Hamburg

Prof. Dr. Klaus Schröter, Hamburg

Prof. Dr. Dr. Horst Schumacher, Paris

Prof. Dr. Dr. Herbert Seidler, Wien

Barbara Spieß, Hamburg

Prof. Dr. Inge Stephan, Hamburg

Dr. Johann Strutz, Graz

Anna Maria Stuby, Hannover

Prof. Dr. Viktor Suchy, Wien

Wilfried Völker, Hamburg

Dr. G. M. Tripp, Berlin

Dr. Karl Wagner, Wien

Prof. Dr. Sigrid Weigel, Hamburg

Dr. Ulrich Weinzierl, Wien
Dr. Wolfgang Wendler, Hamburg
Ute Wischmann, Hamburg

Dr. Elsbeth Wolffheim, Hamburg
Jürgen Zander, Hamburg
Dr. Klaus Zelewitz, Salzburg

Außerdem zahlreiche Mitarbeiter des 1970 von Helmut Olles herausgegebenen «Literaturlexikon 20. Jahrhundert», die hier nicht mehr namentlich aufgeführt sind. Die Artikel dieses Lexikons wurden bereits als Vorarbeiten für das 1981 erschienene Autorenlexikon der «Weltliteratur im 20. Jahrhundert» genutzt; sie sind – soweit die entsprechenden Autoren auch in das vorliegende Lexikon aufgenommen wurden – inzwischen mehrfach, z. T. grundlegend überarbeitet worden, so daß sich im Einzelfall die Verfasserschaft nicht mehr eindeutig bezeichnen läßt. Aus Gründen der Gleichbehandlung und Einheitlichkeit wurde deswegen generell darauf verzichtet, die Artikel namentlich zu zeichnen, auch die nicht, die für dieses Lexikon neu geschrieben wurden.

Aberle, Ferdinand → Bloch, Ernst

Abraham, Peter (Pseud. Karl Georg von Löffelholz [mit anderen]), *19.1.1936 Berlin.
Einer Lehre als Verlagsbuchhändler und zweijähriger Tätigkeit im Buchhandel schloß sich das Studium an der Hochschule für Filmkunst in Potsdam-Babelsberg an (1956–60). Ab 1960 arbeitete A. als Dramaturg für Gegenwartswerke beim Fernsehen der DDR. Neben verschiedenen Kurzfilmen für Kinder verfaßte A. auch einige Kinderbücher, für die er 1983 den Alex-Wedding-Preis erhielt. – Erich-Weinert-Medaille 1973, Berlin-Preis 1981. Der Entwicklungsroman *Die Schüsse der Arche Noah* blieb wenig beachtet: Ein Kind hört im polnischen Kloster von der Arche Noah; in seiner Phantasie verbinden sich die biblische Arche und der Panzerkreuzer Aurora. Dieser Traumebene der Weltrevolution wird die mühsame und unheroische Kleinarbeit des Vaters gegenübergestellt, der einer kommunistischen Widerstandsgruppe zur Zeit des Faschismus angehört.

W.: Romane, Prosa, Kinderbücher: Faulpelzchen, 1963; Die erste Stunde, 69 (mit anderen); Wie Nickel zweimal ein Däne war, 70 (mit anderen); Die Schüsse der Arche Noah oder Die Irrtümer und Irrfahrten meines Freundes Wensloff, 70; Eine Rose für Katharina, 71 (mit anderen); Meine Hochzeit mit der Prinzessin, 72; Frederic, 73; Die windigen Brauseflaschen, 74; abc, lesen tut nicht weh, 74; Ein Kolumbus auf der Havel, 75; Kaspar oder Das Hemd des Gerechten, 76; Das Schulgespenst 78; Komm mit mir nach Chicago, 79; Doktor Aibolit, 79 (mit Karl Schrader); Pianke, 81 (verfilmt 82); Rotfuchs und andere Leute, 83; Weshalb bekommt man eine Ohrfeige?, 83; Der Affenstern, 85; Das achte Geißlein [mit H. Hüttner u. U. Kant], o. J.; Fünkchen lebt, 88. – *Dramen, Filme:* Und das soll Liebe sein, 67; Standesamt Eintritt frei, 72; Rotfuchs, 73; Weshalb bekommt man eine Ohrfeige? (mit G. Zucker), 83. – *Essays, Reiseberichte:* Berlin. Hauptstadt der DDR; ein Reiseverführer [mit anderen] [3]87; Von Elchen und Ohrenpilzen:

eine Reise nach Finnland, 87. – *Herausgebertätigkeit:* Fernfahrten, 76.

Achleitner, Friedrich, *23.5.1930 Schalchen (Oberösterreich).
A. besuchte die Akademie der Bildenden Künste Wien (Meisterklasse für Architektur C. Holzmeister) und ist heute Architekturkritiker, Hochschullehrer und im Vorstand der Grazer Autorenversammlung. Stieß 1955 zur «Wiener Gruppe» und beteiligte sich fortan an Gemeinschaftsproduktionen und am «literarischen cabaret». A. begann mit Dialektgeschichten, die durch ihre formale Bündigkeit und ihren trockenen Humor beeindrucken. Später Montagen, die bekanntes Sprachmaterial in neuer Umgebung seiner informativen Impotenz überführen (*vorbereitungen für eine hinrichtung*). A.s Vorliebe für das Formale kennzeichnet auch die späteren Arbeiten, wobei besonders im *quadratroman* das bewußt Ausschnitthafte literarischer Produktion auch visuell sichtbar gemacht wird. Bloßer Formalismus sind die Arbeiten jedoch nie.

W.: hosn rosn baa (Dialektgedichte, mit Artmann und Rühm), 1959; schwer schwarz, 60; der rote reiter, drei geschichten, 67; Die Wiener Gruppe (Gemeinschaftsarbeit mit Artmann, Bayer, Rühm, Wiener), 67; prosa, konstellationen, montagen, dialektgedichte, studien (gesammelte Texte), 70; quadratroman, 73; Super Rekord −50+50. Texte, Fotografen, Briefe, 80 (mit Rühm); Österreichische Architektur im 20. Jahrhundert, Bd. 1 ff, 80 ff; Das Salzburg Projekt. Entwurf einer europäischen Stadt (mit D. Steiner u. a.), 86; Nieder mit Fischer von Erlach, 86; Aufforderung zum Vertrauen. Schriften zur Architektur, 87; Von A bis Zett. Elf Alphabete [mit H. C. Artmann u. a.], 90. – *Sammel- und Werkausgaben:* Friedrich Achleitner, 85 [Katalog]. – *Herausgebertätigkeit:* Die Ware Landschaft, 77.

Achternbusch, Herbert, *23.11.1938 München.
A. wuchs bei seiner Großmutter in Mietraching (Bayerischer Wald) auf. Nach

dem Abitur Studium der Malerei an der Kunstakademie in Nürnberg. Verschiedene Tätigkeiten. Lebt heute als freier Schriftsteller und Filmemacher. 1977 wurde er mit dem Petrarca-Preis ausgezeichnet, dessen Annahme er verweigerte. Für sein Stück *Gust* erhielt er 1986 den Mülheimer Dramatikerpreis. 1982 wurde er mit dem Spezialpreis des Filmfestivals von Locarno und dem Bundesfilmpreis ausgezeichnet.

Von Anfang an ist A. literarisch und politisch ein Einzelgänger geblieben. Seine Prosa wurde lange Zeit kaum wahrgenommen, und seine Filme werden selten in den großen Kinos gezeigt. Im radikalen Versuch, mit ästhetischen Mitteln alle Reglementierung abzuwehren, erscheinen seine Werke fast voraussetzungslos. Das Bewußtsein bestimmt sein Thema, seine Sprache und die Form seines Erzählens (Films). Deshalb besteht seine Kunst darin, unabhängig von den Gattungsbegriffen und Lese- bzw. Seh-Erwartungen Bilder von sich zu entwerfen, in denen ein einzelner in seiner Phantasie und seiner utopischen Hoffnung erkennbar wird, die dadurch aber auch von seiner Einsamkeit und Unterdrückung zeugen.

Ihren ersten Höhepunkt erreicht A.s Erzählkunst in dem Roman *Die Alexanderschlacht*. In diesem Epos vom Untergang des niederbayerischen Bauernstandes setzt A. Susns vergeblicher aufklärerischer Agitation Alexanders Phantasiearbeit entgegen. Susn kommt zu Tode; Alexander reagiert – noch während der außerparlamentarischen Opposition – mit der literarischen Auseinandersetzung über die notwendige Tat in dieser Zeit. Danach erscheint *L'Etat c'est moi* wie der verzweifelte Versuch, noch einmal mit einer radikalisierten Demokratie ernst zu machen: das Nacherzählen des eigenen Lebens in der Vielfalt zerstörter Lebensformen.

Seit dem Roman *Der Tag wird kommen* werden die Erzähleinheiten voneinander geschieden, wobei die Form des Drehbuchs immer deutlicher wird. In diesem Buch geht es um die Phantasie eines Hausangestellten, der beschließt, in die Welt zu gehen, d.h. an den Ort seiner Herkunft zurückzukehren. Am Ende bleiben nur die Erinnerungen an die Siege im Wildwestfilm übrig. Diesen Handlungsverlauf übernimmt A. auch in seinem Roman *Die Stunde des Todes*, in dem jemand der Welt den Prozeß macht, um dann allein zurückzubleiben. Die beiden eingearbeiteten Drehbücher *Herz aus Glas* und *Das Andechser Gefühl* paraphrasieren das Geschehen. In seinem Roman *Land in Sicht* findet die Geschichte zwischen den Texten statt: Sie alle handeln vom Film, sind Drehbücher (*Die Atlantikschwimmer und Bierkampf*) oder Essays über Ozu, Kurosawa, K. Valentin und W. Herzog. 1978 gab A. alles bis dahin Geschriebene, durchgesehen, ergänzt oder gekürzt, unter den Titeln *1969*, *Die Alexanderschlacht* und *Die Atlantikschwimmer* heraus. A.s umfangreiche und nur schwer zu überblickende Produktion ist Ausdruck einer ausgeprägten Subjektivität, die ihre beabsichtigten Provokationen z.T. in derartiger Fülle vermittelt, daß die Gefahr der Wirkungslosigkeit in zunehmendem Maße besteht. In den letzten Jahren hat sich A. verstärkt der Malerei zugewandt.

W.: Romane, Erzählungen, Drehbücher, Graphik: Sechs Radierungen, 1964; Südtyroler, 66; Hülle, 69; Das Kamel, 69; Die Macht des Löwengebrülls, 70; Die Alexanderschlacht, 71; L'Etat c'est moi, 72; Der Tag wird kommen, 73 (u.d.T. Happy oder Der Tag wird kommen, 75); Die Stunde des Todes, 75; Heart of Glass (mit A. Greenberg u. W. Herzog), 76; Land in Sicht, 77; Servus Bayern, 77; Der Komantsche, 79; Es ist ein leichtes beim Gehen den Boden zu berühren, 80; Der Neger Erwin. Filmbuch, 81; Das Haus am Nil, 81; Die Olympiasiegerin, 82; Das letzte Loch. Filmbuch, 82; Revolten, 82; Der Depp. Filmbuch, 82; Servus Bayern. Filmbuch, 83; Wellen, 83; Das Gespenst. Filmbuch, 83; Wind, 84; Wanderkrebs. Filmbuch, 84; Die Olympiasiegerin. Filmbuch, 84; Weg, 85; Die Föhnforscher, 85; Breitenbach, 86; Das Ambacher Exil, 87; Die blaue Blume, 87; Wohin?, 88; Duschen – Du schon. Zwanzig Tuschen [mit S. Negrentino], 88. – *Dramen:* Ella (in: Theater heute 2/78); Susn (in: Theater heute 9/79); Gust, 80; Kuschwarda City, 80; Mein Herbert, 81; Plattling, 81; Der Frosch (in: Theater heute 5/82); Sintflut, 84; Weg, 85; An der Donau, UA 87; Weißer Stier, 87; Linz, 88 (Bühnenms.). (Alle auch in Sammelbänden von A. veröffentlicht). – *Hörspiele:* Hörspiel in München und am Starnberger See, 70; Absalom, 71; Das Andechser Gefühl, 75; Mein Herbert, 83; Weg, 85. – *Filme:* Das Kind, 70; 6. Dezember 1971, 71; Das Andechser Gefühl, 74; Die Atlantikschwimmer, 75; Herz aus Glas [mit W. Herzog], 76; Bierkampf, 76; Servus Bayern, 77; Der junge Mönch, 78; Der Komantsche, 79; Der Neger Erwin, 80; Das letzte Loch, 81; Der Depp, 82; Das Gespenst, 82; Rita Ritter, 83; Die Olympiasiegerin, 83; Wanderkrebs, 84; Heilt Hitler, 85; Blaue Blumen, 85; Die Föhnforscher, 86; Punch Drunk, 87; Wohin?, 88. – *Essays, theoretische Schriften:* Akiro Kurosawa [mit anderen], 88; Explosion of a memory, Heiner Müller DDR. Ein Arbeitsbuch [mit anderen], 88; H. A. Der Maler, 88. – *Sammel- und Werkausgaben:* Gesamtausgabe, 3 Bde: 1969; Die Alexanderschlacht; Die Atlantikschwimmer, 78; Hülle. Das Kamel, 83; Zigarettenverkäufer. Hülle, 83; Wind. Schriften 1982–83, 87; Ella. Vier Stücke, 88; Du hast keine Chance aber nutze sie (1. 1969, 86, 2. Die Alexanderschlacht, 86, 3. Die Atlantikschwimmer, 86, 4. Das Haus am Nil, 87, 5. Wind, 89).

Ackermann, A. → Benjamin, Walter

Adler, Hans Günther, *2.7.1910 Prag, †21.8.1988 London.
A. studierte in Prag Literaturwissenschaft, Philosophie und Psychologie; 1935 Dr. phil. Er arbeitete für eine Volkshochschule, war 1941–45 in Konzentrationslagern inhaftiert, lebte dann wieder in Prag, seit 1947 in London. 1958 erhielt er den Leo-Baeck-Preis, den Charles-Veillon-Preis 1969, 1974 die Buber-Rosenzweig-Medaille. 1980 wurde er Ehrendoktor der FU Berlin und bekam 1985 das Gr. Bundesverdienstkreuz. – Sein theoretisches Hauptwerk ist die Analyse von Aufbau und Funktion des KZ Theresienstadt (*Das Antlitz einer Zwangsgemeinschaft*). Die Erzählungen und Parabeln gestalten Heimatlosigkeit und Isolierung, z. T. mit einer Wendung ins Phantastische; der Roman *Panorama* ist die Geschichte Josefs – Kindheit, Internat, Hauslehrerzeit, KZ, Emigration –; A. verarbeitet hier z. T. autobiographisches Material.
W.: Romane, Erzählungen: Panorama, 1968; Unser Georg und andere Erzählungen, 61; Eine Reise, 62; Der Fürst des Segens, 64; Sodoms Untergang, Bagatellen, 65; Ereignisse, 69; Die unsichtbare Wand, 89. – *Essays, Berichte:* Theresienstadt 1941–45. Das Antlitz

einer Zwangsgemeinschaft. Geschichte, Soziologie, Psychologie, 55 (2. verb. u. erg. Aufl. 60); Der Kampf gegen die «Endlösung der Judenfrage». 58; Die Juden in Deutschland. Von der Aufklärung bis zum Nationalsozialismus, 60; Die Erfahrung der Ohnmacht, 64; Kontraste und Variationen, 69; Der verwaltete Mensch. Studien zur Deportation der Juden aus Deutschland, 74; Die Freiheit des Menschen, 76; Jüdische Lebenswege [mit anderen], 87. – *Lyrik:* Fenster, 74; Viele Jahreszeiten, 75; Buch der Freunde. Stimmen über den Dichter und Gelehrten mit unveröffentlichter Lyrik, 75; Stimme und Zuruf, 80; Blicke. Gedichte 1947–50, 80. – *Herausgebertätigkeit:* Die verheimlichte Wahrheit. Theresienstädter Dokumente, 58; Auschwitz, Zeugnisse und Berichte, 61; Franz Baermann Steiner: Unruhe ohne Uhr. Gedichte, 54; Franz Baermann Steiner: Eroberungen. Ein lyrischer Zyklus, 64.

Adorno, Theodor W. (Pseud. Hektor Rottweiler), *11.9.1903 Frankfurt/M., †6.8.1969 Brig (Schweiz).
Sohn eines jüdischen Kaufmanns (Wiesengrund, daher W.) und einer italienischen Sängerin (geb. Adorno). Studierte in Frankfurt Musik, Philosophie und Soziologie, promovierte 1924 mit einer Arbeit über Husserl zum Dr. phil., wurde 1925 Kompositionsschüler bei Alban Berg in Wien, komponierte und schrieb musikkritische Arbeiten. 1930 wurde er Mitarbeiter des von Max Horkheimer geleiteten Instituts für Sozialforschung an der Univ. Frankfurt. Befreundet mit E. Bloch und W. Benjamin, dessen Werke er teilweise herausgab. 1934 sah er sich wegen seiner linken politischen Überzeugung und seiner Abstammung zur Emigration gezwungen und konnte ab 1938 an dem nach New York verlegten Institut seine Arbeit wieder aufnehmen. Nach dem Untergang des Nationalsozialismus kehrte er 1950 an die Univ. Frankfurt zurück, von wo er bis zu seinem Tode den größten Einfluß auf alle geistigen und kulturellen Gebiete ausübte, nicht zuletzt auch auf die politische Entwicklung der «Neuen Linken» und der Studentenbewegung 1968, mit deren radikalen und aktivistischen Anhängern er allerdings in den letzten Lebensjahren in Streit lag. – Zusammen mit Horkheimer entwickelte er die «Kritische Theorie». Sie fordert, auf Hegel, Marx und Freud

aufbauend, eine durchgreifende ständige Kritik gesellschaftlicher Phänomene, die als «Momente des Ganzen» zu sehen seien. Die Grundstruktur von A.s Denken ist durch Dialektik bestimmt, d. h. er sieht die Wirklichkeit und ihr entsprechend das Denken durchsetzt von nicht auflösbaren Widersprüchen, deren stete Bewegung erst die Gesamtheit und die Dynamik des Lebens ausmacht. Damit grenzt er sich ab gegen die formallogischen Wissenschaftstheoretiker seiner Zeit, gegen Positivisten wie E. Topitsch, H. Albert und auch gegen K. Popper und Wittgenstein und gegen einseitige Idealisten und Existenzphilosophen wie vor allem Heidegger. A. behauptet, die positivistische Trennungsphilosophie mit ihrem Verifikationsprinzip sei ihrerseits subjektivistisch und willkürlich. Sie spiegele eine vom menschlichen Subjekt losgelöste Objektivität vor und verwische so die wirklichen Zusammenhänge zugunsten einer logischen Definierbarkeit: etwa diejenigen zwischen Individuum und Gesellschaft, zwischen Subjekt und Objekt, Literatur und sozialen Bedingungen, zwischen der von den Herrschenden verdeckten Wahrheit und dem Schein, zwischen Wesen und Erscheinung u. a. Diese Kritik bringt A. eindringlich und wirkungsvoll im *Positivismusstreit* vor, in dem er das Recht und die Pflicht zu einer wertenden Stellungnahme des Subjekts in Sachen Gesellschaft und Kunst geltend macht.

A. wurde zum Inaugurator einer soziologischen Literaturbetrachtung und einer von gesellschaftlichen Beziehungen getragenen allgemeinen Ästhetik. Er betont sowohl die gesellschaftliche Bedingtheit von Kunst als auch ihre Differenz von gesellschaftlicher Empirie, ihre Selbstbestimmung. Kunst habe so einen «Doppelcharakter». Dichtung dürfe nicht «als Demonstrationsobjekt soziologischer Thesen mißbraucht werden» und nicht unvermittelt simplifizierend nur auf den «gesellschaftlichen Standort oder die gesellschaftliche Interessenlage» der Autoren befragt werden (*Rede über Lyrik und Gesellschaft*). Auch könne weder die Widerspiegelungstheorie noch die Kunst des Realismus alleinige Gültigkeit beanspruchen. Daher lehnte er eine dogmatisch erstarrte marxistische Ästhetik ab und kritisierte auch ausdrücklich das Spätwerk von Lukács, z. B. in der Lukács-Kritik *Erpreßte Versöhnung*, abgedruckt in *Noten zur Literatur*. A. tritt ein für «Innovationen», für eine Kunst, die gegen die zeitgenössische «Kulturindustrie» vom Protest und Anti-Konformen lebt. Angesichts der inhumanen Welt darf Kunst nicht mehr affirmativ sein, das Leiden ist wesentliches Thema. Wie überhaupt seine Philosophie und Ästhetik mehr dem Depressiven und Pessimistischen Rechnung trägt, etwa im Unterschied zu der gleichzeitigen optimistisch-zukunftsträchtigen Philosophie von Bloch. Einflußreich wurde A.s Begriff von «Ideologie» als «falsches Bewußtsein», als «Unwahrheit und Lüge», da Ideologie jeweils nur die Interessen der Herrschenden ausdrücke. In seiner Untersuchung *Jargon der Eigentlichkeit* mit dem Untertitel «Zur deutschen Ideologie» stellt A. diejenigen bloß, die ihre Sprache durch Geschwollenheit dem Jargon ausliefern, der hohl und formal ist, «sakral ohne sakralen Gehalt». Kritisiert werden vor allem Heidegger, dann Jaspers, Gundolf, O. F. Bollnow u. a. A.s Schriften über Kunst zeigen in dem essayistischen und oft bis zur Manieriertheit dialektisch-wendigen Sprachstil selbst ein Moment von Kunst, das er auch programmatisch begründet: «wie denn überhaupt vom Ästhetischen unästhetisch, bar aller Ähnlichkeit mit der Sache kaum sich reden ließe» (Aufsatz *Der Essay als Form*). Thomas Mann bewog A. zur Mitarbeit an seinem Roman *Dr. Faustus*, in dem die musiktheoretischen Teile um die Hauptfigur des Tonsetzers von A. stammen. In der A.-Bibliographie betreffen über 100 Nummern Aufsätze und Bücher zu Themen der Musik. – Die philosophischen Hauptwerke sind *Dialektik der Aufklärung*, zusammen mit Horkheimer verfaßt, und *Negative Dialektik*. – Eine Bibliographie erschien 1977 in dem A.-Sonderband der Reihe *Text und Kritik*.

W.: *Essays, theoretische Schriften, Kompositionen:* Die Transzendenz des Dinglichen und

Noematischen in Husserls Phänomenologie, 1924 (Diss.); Der Begriff des Unbewußten in der transzendentalen Seelenlehre (27, zurückgezogene Habil.-Schrift, veröffentl. in GS, Bd 1, 73); Kierkegaard. Konstruktion des Ästhetischen, 33 (umgearb. Habil.-Schrift), erw. 62, 66; Philosophische Fragmente (mit M. Horkheimer), 44 (seit der Ausgabe 47 u. d. T.: Dialektik der Aufklärung); Philosophie der neuen Musik, 49; The Authoritarian Personality (mit E. Frenkel-Brunswik u. a.), 50 (dt. erw. Ausgabe der Texte A. s u. d. T.: Studien zum autoritären Charakter, 73); Minima Moralia, 50; Versuch über Wagner, 52; Prismen. Kulturkritik und Gesellschaft, 55; Zur Metakritik der Erkenntnistheorie, 56; Dissonanzen. Musik in der verwalteten Welt, 56 (erw. 58, 63); Aspekte der Hegelschen Philosophie, 57; Noten zur Literatur I–IV, 4 Bde, 58–74; Klangfiguren, 59 (Auswahl u. d. T.: Nervenpunkte der Neuen Musik, 69); Mahler, 60 (erw. 63); Einleitung in die Musiksoziologie, 62 (erw. 68); Sociologica II (mit M. Horkheimer), 62; Drei Studien zu Hegel, 63; Eingriffe, 63; Der getreue Korrepetitor, 63; Quasi una fantasia, 63; Moments musicaux, 64; Jargon der Eigentlichkeit, 64; Negative Dialektik, 66 (erw. 67); Ohne Leitbild, 67 (erw. 68); Berg. Der Meister des kleinsten Übergangs, 68; Impromptus, 68; Studien zur Wertungsforschung [mit H. H. Stuckenschmidt u. H. Kaufmann], 69; Komposition für den Film (mit H. Eisler) 69 (engl. Erstfassung ohne A.s Namen u. d. T.: Composing for the Films, 47); Stichworte, 69; Der Positivismusstreit in der deutschen Soziologie (mit anderen), 69; Ästhetische Theorie, 70; Aufsätze zur Gesellschaftstheorie und Methodologie, 70; Erziehung zur Mündigkeit, 70; Kritik, 71; Zur Dialektik des Engagements, 71; Philosophische Terminologie, 2 Bde, 71; Versuch, das «Endspiel» zu verstehen, 73; Gesellschaftskritik und Kulturkritik, 75; Der Schatz des Indianer-Joe. Singspiel nach Mark Twain, 79. – *Sammel- und Werkausgaben:* Gesammelte Schriften, 20 Bde, 70; Eine Auswahl, 71; Briefwechsel (mit E. Krenek, enthält neben den Briefen Aufsätze von A. u. Krenek), 74; Soziologische Schriften I, 79; Kompositionen, 2 Bde, 79–83; Schubert, 84; Adorno-Noten [mit anderen], 84; Die musikalischen Monographien, 86. – *Herausgebertätigkeit:* Benjamin, W.: Schriften, 2 Bde (mit G. Adorno), 55; Frankfurter Beiträge zur Soziologie, 55–68; Benjamin, W.: Briefe, 2 Bde, 66.

Ahlsen, Leopold (eig. Helmut Alzmann), *12. 1. 1927 München.
A. studierte Germanistik, Geschichte, Philosophie und Theaterwissenschaft in München, war 1947–49 Schauspieler und

Regisseur, 1949–60 Hörspiellektor, seit 1960 freier Schriftsteller. Seit 1968 ist er vor allem als Fernsehspielautor tätig. 1955 G.-Hauptmann-Preis und Hörspielpreis der Kriegsblinden. – A.s realistische Zeitstücke, formal traditionell, zeichnen sich durch lebensnahe Gestalten und straffe Handlungsführung aus. Die Vorgänge werden mit fortschreitendem Verzicht auf den zeitgeschichtlichen Aspekt in den späteren Werken ins Allgemeingültige erhoben. In seinem erfolgreichsten Stück, *Philemon und Baucis,* verarbeitet A. vor dem Hintergrund des griechischen Partisanenkampfes im 2. Weltkrieg das antike Gleichnis der zwei Liebenden, die durch ihre Menschlichkeit beiden Seiten gegenüber den Tod finden.

W.: Dramen: Zwischen den Ufern, 1952; Pflicht der Sünde, 52; Wolfszeit, 54; Philemon und Baukis, 56 (auch als: Die Bäume stehen draußen); Raskolnikoff (nach Dostoevskij), 60; Sie werden sterben, Sir, 64; Der arme Mann Luther, 67 (als Fernsehspiel 65); Gegen Not und Ausbeutung, o. J; Leben und Tod des Jörg Stupina, o. J. – *Romane:* Der Gockel vom goldenen Sporn alias Jakob Hyronimus C., 81; Vom Webstuhl zur Weltmacht, 83; Die Wiesingers, 84; Die Wiesingers in stürmischer Zeit, 87; Der Satyr und sein Gott. Moralität von der gewissenhaften Vielweiberei, 88. – *Hörspiele, Fernsehspiele:* Berliner Antigone (nach Hochhuth), 68; Philemon und Baucis, 69; Die merkwürdige Lebensgeschichte des Friedrich Freiherrn von der Trenck, 73; Des Christoffel von Grimmelshausen abenteuerlicher Simplizissimus, 75; Möwengeschrei, 76; Die Dämonen, 77.

Aib, Bettina → Braunburg, Rudolf

Aichinger, Ilse, *1. 11. 1921 Wien.
A. wuchs in Wien auf. Im 2. Weltkrieg war sie dienstverpflichtet, nach 1945 studierte sie fünf Semester Medizin, danach arbeitete sie als Lektorin und war Mitarbeiterin an der Ulmer Hochschule für Gestaltung. Von 1953 bis 1972 war sie verheiratet mit dem Schriftsteller Günter Eich. – A. erhielt bedeutende Literaturpreise, so den Preis der Gruppe 47, den Bremer Literaturpreis und den Immermann-, den Petrarca-, den Kafka- und den Kaschnitz-Preis, den Weilheimer Literaturpreis 1988.

A. debütierte 1948 mit dem Roman *Die größere Hoffnung*. Das Schicksal eines rassisch verfolgten Mädchens während des Faschismus gibt Anlaß zu einer parabolischen Aussage über die Verfremdung menschlicher Existenz, über die Grenzsituation zwischen Ausgestoßensein und Hoffnung, Angst und Vertrauen, Leben und Tod. Schon hier kündigt sich ein Grundmuster von A.s Schreiben an: Personen und Geschehnisse werden aus erkennbaren, kritisierbaren und veränderbaren Zeitbezügen gelöst und zu einer absurden Szenerie zusammengefügt, die an Beckett und Ionesco erinnert. Während die frühen Dichtungen einen ausgeprägten Symbolcharakter haben, verzichten die späteren Erzählungen, Hörspiele und Gedichte auf Symbolbezüge und beschränken sich auf die reine sprachliche Vergegenwärtigung, Personen und Landschaften sind einfach da, dem Leser zur Vervollständigung überlassen; die logischen Abläufe sind unterbrochen, die meßbare Zeit außer Kraft gesetzt; Irrealität und Traumerfahrung prägen die Erzählungen *Eliza, Eliza* ebenso wie die Hörspiele und Dialoge. Dabei bleibt die sprachliche Mitteilung nüchtern, exakt und realistisch, sie zielt jedoch nicht auf leichte Verständigung, sondern dient in erster Linie der Selbstbewahrung der Autorin (*Meine Sprache und ich*). – *Kleist, Moose, Fasane* ist ein Sammelband kleinerer Arbeiten aus mehreren Jahren und enthält im wesentlichen Erinnerungen und von sprachlicher Musikalität gekennzeichnete sensible Annäherungen an Schriftsteller der Gegenwart und der Vergangenheit.

W.: Romane, Erzählungen, Prosa: Die größere Hoffnung, 48; Rede unter dem Galgen, 52 (Neuausg. u. d. T.: Der Gefesselte, 53); Wo ich wohne, 63; Eliza, Eliza, 65; Nachricht vom Tag, 70; Schlechte Wörter, 76; Meine Sprache und ich, 78; Spiegelgeschichte, 79; Kleist, Moose, Fasane, 87. – *Dramen, Hörspiele, (z. T. ungedruckt):* Knöpfe, (Hsp.), 53 (als Drama 57); Zu keiner Stunde. Szenen und Dialoge, 57 (erw. 80); Französische Botschaft (Hsp.), 60; Weiße Chrysanthemen (Hsp.), 61; Besuch im Pfarrhaus. Ein Hörspiel. Drei Dialoge, 61; Knöpfe (in: Hörspiele, hg. von E. Schnabel, 61; Einzelausg. 80); Die größere Hoffnung (Hsp.), 66; Nachmittag in Ostende (Hsp.), 68; Die Schwestern Jouet (Hsp.), 69; Auckland. 4 Hörspiele, 69; Der letzte Tag (Hsp.). [mit G. Eich] (in: G. Eich: Gesammelte Werke, Bd. IV, 73); Gare Maritime (Hsp.), 76. – *Lyrik:* Verschenkter Rat, 78. – *Sammel- und Werkausgaben:* Dialoge. Erzählungen. Gedichte, 71; Moderne Erzähler: I. A., 80; Gedichte und Prosa, 80; Werke in einem Band, 86.

Albrecht, H. → Münchhausen, Börries

Alexander, Elisabeth, *21.8.1932 Linz/Rheinland.
Nach Abschluß einer katholischen Mädchenschule und einem einjährigen Klosteraufenthalt besuchte A. eine Schauspielschule. Seit 1970 arbeitet sie als freie Schriftstellerin und Publizistin. A. war «visiting writer» an einer amerikanischen Universität und erhielt mehrere Förderpreise. A. schreibt Lyrik, Kinderbücher und Prosa. Der Titel eines ihrer Gedichtbände, *Ich hänge mich ans schwarze Brett*, ist durchaus programmatisch zu verstehen: die Autorin A. ist präsent in ihren Texten. Das gilt für ihre Lyrik wie für die von der Kritik kontrovers aufgenommenen Romane *Die törichte Jungfrau* und *Sie hätte ihre Kinder töten sollen*. Der letztere ist die Geschichte einer Mutter, die sich für ihre Kinder aufopfert und deshalb ihr eigenes Leben nicht leben kann.

W.: Prosa, Erzählungen, Kinderbücher, Texte: Spruchband Monate (Kalender), 1972; Nach einer gewissen Lebenszeit, 75; Die Frau, die lachte – Bürgerliche Texte, 75; Fritte Pomm, 76; Die törichte Jungfrau, 78; Ich will als Kind Kind sein, 78; Abfall, 79 (mit anderen); Sie hätte ihre Kinder töten sollen, 82; Damengeschichten, 83 (gek. 87); Vom Schenken, 83; Texte in der Arena [mit anderen], 88. – *Dramen, Hörspiele:* Geschichten von Kullumann und dem Wichtelmännchen (Hsp.), 71. – *Lyrik:* BUMS, 71; Ausgewählte Gedichte, 75; Ich bin kein Pferd, 76; Brotkrumen, 77 (erw. 80); Ich hänge mich ans schwarze Brett, 79; Und niemand sah mich, 79; so kreuz und so quer, 79; Wo bist du Trost, 81; Glückspfennig, 84; Zeitflusen, 86; Im Korridor geht der Mond auf, 88; Die blaue Straße, 88. – *Herausgebertätigkeit:* Rhein-Neckar-Lesebuch, 83; Schmusekater sucht Frau zum Pferdestehlen [mit H. Häsing], 86; Heidelberger Lesebuch, 88.

Alken, Norman → Keller, Werner

Allert-Wybranietz, Kristiane,
*6.11.1955 Rehren.
Nach einer Ausbildung als Rechtsan-
waltsgehilfin arbeitete A. als Sekretärin.
Seit 1980 lebt sie als freie Schriftstellerin.
– A. begann 1978 mit der Verbreitung ihrer Gedichte, indem sie sie vervielfältigte
und einzeln verschenkte. 1980 erschien
ihr erster Lyrikband *Trotz alledem*, der
zu einem Bestseller wurde. 1982 veröffentlichte sie den ebenfalls erfolgreichen
Band *Liebe Grüße*. A.s Gedichte, in denen sie ihre Ängste, Wünsche und Hoffnungen in überaus schlichter sprachlicher
Form mitteilt, sprechen auf verständliche
Art alltägliche Probleme an und werden
von einer breiten Leserschaft rezipiert.

W.: Lyrik: Trotz alledem. Verschenktexte,
1980; Liebe Grüße. Neue Verschenktexte, 82;
Wenn's doch nur so einfach wär, 84; Du
sprichst von Nähe, 86; Dem Leben auf der
Spur. Verschenktexte, 87; Freude spüren, 88. –
Sachbücher: Wie finde ich den richtigen Verlag?, 87. – *Sammel- und Werkausgaben:* Trotz
alledem. Liebe Grüsse, 85. – *Herausgebertätigkeit:* Abseits der Eitelkeiten, 87; Kinder schreiben an Reagan und Gorbatschow, 88.

Altenberg, Peter (eig. Richard Engländer), *9.3.1859 Wien, †8.1.1919 ebd.
A. studierte kurze Zeit Jura und Medi-
zin, lebte dann, nach mehreren Ansätzen
zur Berufstätigkeit, mit 35 Jahren von
K. Kraus entdeckt, als freier Schriftsteller in Wien im Hotel London, mit dem
Kulturhistoriker E. Friedell, dem Architekten A. Loos befreundet und mit den
Dichtern des Jungen Wien bekannt. Seine Lebensweise in Café- und Gasthäu-
sern, Alkohol- und Schlafmittelgenuß
führten ihn mehrfach zu Nervenkrisen.
A.s Werk besteht im wesentlichen aus
ganz kurzen Prosatexten. Sie skizzieren
locker, aber in dichter Sprachgestaltung,
äußerlich meist bedeutungslose Ereignisse und Umwelteindrücke, formen diese
aber intensiv als Erlebniswerte. Grundlage aller seiner Skizzen ist, mehr oder weniger ausgesprochen, ein äußerst sensiti-
ves, in Nuancen reagierendes Subjekt.
Kleinstes tritt ins Wort und gibt Zeugnis
seiner selbst und des erlebenden Subjekts, oft bis zum Kult dieses Verhältnisses. A. – nach A. Polgar das stärkste erotische Temperament der deutschen Lite-

ratur – widmet sich vor allem den Frauen
aller Gesellschaftsschichten, Kindern,
vor allem Mädchen, den menschlichen
Beziehungen, die er durch Konvention
und persönliches Machtstreben entstellt
sieht, und der Natur.

W.: Wie ich es sehe, 1896; Ashantee, 97; Was
der Tag mir zuträgt, 1900; Prodromus, 05;
Masken des Lebens, 08; Die Auswahl aus meinen Büchern, 08; Bilderbögen des kleinen Lebens, 09; Neues Altes, 12; Semmering, 12, 13;
Fechsung, 14; Nachfechsung, 16; Vita ipsa, 18;
Mein Lebensabend, 19. – *Sammel- und Werkausgaben:* Das Altenbergbuch, 21; Nachlaß,
25; Adolf Loos zum 60. Geburtstag (mit
H. Bahr), 30; Nachlese, 30; Auswahl aus seinen Büchern, 32; Briefe, 47; Werke (Auswahl), 60; 61; Das große P. A. Buch, 77; Ausgewählte Werke, 2 Bde, 80; Sonnenuntergang
im Prater, o. J.; Satiren und Skizzen, 80 (?);
Die Lebensmaschinerie, 80; Er lebte und sah,
82; Gesammelte Werke in 5 Bänden, 87 ff.

Alverdes, Paul, *6.5.1897 Straßburg,
†28.1.1979 München.
Erzähler, Lyriker, Dramatiker. Sohn
eines preußischen Offiziers. Mitglied der
Wandervogelbewegung, die der wilhelminischen Bürgerlichkeit ein Reich der
Jugend gegenüberstellte. Als 17jähriger
Kriegsfreiwilliger. 1915 schwere Kehl-
kopfverwundung. Studierte in Jena und
München Recht, Germanistik, Kunstgeschichte (Dr. phil.). Seit 22 freier Schriftsteller in München. – A. gehörte geistig
zum deutschen Idealismus der Innerlichkeit. Gab mit K. B. v. Mechow die in
München erscheinende konservative
Monatsschrift «Das innere Reich»
(1934–44) heraus. A.s erster großer Erfolg war die in einer Lazarettstube mit
deutschen Kehlkopfverwundeten spielende Erzählung *Die Pfeiferstube*. A. war
unter den ersten deutschen Hörspielautoren mit für den Rundfunk konzipierten
Dramen. Schrieb im Alter Kindermärchen mit humoristischem Abstand zur
Wirklichkeit. Seine Romanprosa steht in
der Tradition von G. Keller und A. Stifter. Übersetzte aus dem Englischen (J. F.
Cooper) und Französischen (J. Kessel).
Herausgeber zahlreicher Anthologien.

W.: Romane, Erzählungen, Märchen: Kilian,
1922; Novellen, 23 (erw. um: Die Flucht, 35),
Die Pfeiferstube, 29; Reinhold oder die Ver-

wandelten, 31 (einzeln später: Der Kriegsfreiwillige Reinhold, 33; Reinhold im Dienst, 36; Die Verwandelten, 38); Das Zwiegesicht, 37; Das Männlein Mittenzwei, 37; Das Schlaftürlein, 38; Mauz, die verlorene Katze, 40; Strupp, der Hund, 40; Jette im Wald, 42; Eine Infanterie-Division bricht durch, 43; Siebensohn, 48; Grimbarts Haus, 49; Stiefelmanns Kinder, 49; Die Waldbrüder, 51; Das Zirflein, 51; Legende vom Christesel, 53; Die Hirtin auf dem Felde, 54; Die dritte Kerze, 55; Timpu, 55; Das Traumpferdchen, 57; Vom dicken fetten Pfannkuchen, 60; Vom Schlaraffenland, 65. – *Dramen, Krippenspiele, Hörspiele:* Die ewige Weihnacht (m. A. Happ), 22; Die feindlichen Brüder, 23; Die Freiwilligen, 34; Das Winterlager, 35; Ladislas und Annabella (nach J. Krüss); Schimmel will zur See; Im Stall zu Bethlehem; Requiem, 58. – *Lyrik:* Die Nördlichen, 22. – *Essays, Berichte, Tagebücher, Reden, Aufsätze:* Der mystische Eros in der geistlichen Lyrik des Pietismus (Diss.), 22; Erlösung, 24; Über Rudolf G. Binding, 25; Kleine Reise. Aus einem Tagebuch, 33; Vergeblicher Fischzug, 37 (u. d. T. Die Geleitsbriefe, 51); Gespräch über Goethes Harzreise im Winter, 38; Dank und Dienst, 39; Dem Andenken Mozarts, 41 (u. d. T. Mozart, 49); Amundsens Fahrt an den Südpol, 49; Die Grotte der Egeria, 50; Vom Unzerstörbaren, 52; Dezember, der Christmonat, 64. – *Sammel- und Werkausgaben:* Die Pfeiferstube und andere Erzählungen, 86. – *Herausgebertätigkeit:* A. Schaeffer, Die tanzenden Füße, 26; Deutsches Anekdotenbuch (mit H. Rinn), 28; Deutsche Märchen, 39; G.-Binding-Auswahl: Unvergängliche Erinnerung, 39; J. P. Hebel, Alemannische Gedichte, 49; Der Widerhall, 55; J. P. Hebel, Werke, 60; Rabe, Fuchs und Löwe, 62 (u. d. T.: Das Hausbuch der Fabeln. Fabeln aus aller Welt, 90); List gegen List, 63 (u. d. T.: Das Hausbuch der Schelmenstreiche. Von Schelmen und Narren aus aller Welt, 90).

Amann, Jürg, *2. 7. 1947 Winterthur.
A. ist der Sohn eines Buchdruckers und Schriftstellers. Er studierte Germanistik und Publizistik in Zürich und Berlin und promovierte 1973. 1974 bis 1976 arbeitete er als Dramaturg am Schauspielhaus Zürich. Er war als Literaturkritiker für Zeitungen und den Rundfunk tätig. Seit 1976 lebt er als freier Schriftsteller. Er erhielt mehrere Literaturstipendien und wurde mit dem Ingeborg-Bachmann-Preis Klagenfurt, 1983 mit dem Conrad-Ferdinand-Meyer-Preis, 1984 mit dem Kunstpreis der Stadt Meilen ausgezeichnet.

A.s Werk ist stark beeinflußt von Kafka, mit dem er sich bereits in seiner Dissertation beschäftigte. Seine Erzählungen und Dramen, die meist auch als Hörspiele gesendet wurden, handeln häufig von der Schwierigkeit, Kunst und Leben miteinander zu verbinden. Schriftsteller wie Kafka (*Die Korrektur*), Novalis (*Hardenberg*), Robert Walser (*Verirren*), Wezel (*Der Aufenthalt*) u. a. sind zugleich ‹Helden› und Objekte seiner Arbeiten. Dabei geht es immer auch darum, die eigene Existenz zu begreifen und zu deuten. Dies gilt besonders von den Erzählungen im Band Tod Weidigs, «lauter Selbstbildnissen des Dichters als tragischem Helden» (Halter). – Weniger Erfolg als seine Prosa haben bislang seine Dramen, die um eine ähnliche Thematik kreisen.

W.: Romane, Erzählungen, Prosa: Hardenberg, 1978; Verirren oder Das plötzliche Schweigen des Robert Walser, 78; Die Kunst des wirkungsvollen Abgangs, 79; Die Baumschule, 82; Patagonien, 85; Fort. Eine Brieferzählung, 87; Tod Weidigs, 89. – *Dramen, Hör- und Fernsehspiele:* Das Theater, 75 (UA); Der Traum des Seiltänzers vom freien Fall (Hsp.), 75 (als Theaterstück 78 UA); Das Ende von Venedig, 76 (UA); Die Korrektur, 77 (Bühnenms., als Hsp. 82); Verirren oder Das plötzliche Schweigen des Robert Walser, 80; Die deutsche Nacht, 82 (UA) (als Hsp. 82); Der Sprung ins Wasser, 82; Play Penthesilea [mit H. Geiser], 82; Büchners Lenz, 83; Nachgerufen, 83; Der Rücktritt, 89. – *Essays, theoretische Schriften:* Das Symbol Kafka, 74 (u. d. T.: Franz Kafka, 83); Robert Walser. Auf der Suche nach einem verlorenen Sohn, 85. – *Sammel- und Werkausgaben:* Nachgerufen. Elf Monologe und eine Novelle, 83; Ach, diese Wege sind sehr dunkel. 3 Stücke, 85; Nach dem Fest. 3 Stücke, 88.

Amanshauser, Gerhard, *2. 1. 1928 Salzburg.
A. wuchs in Salzburg auf; lebt heute als freier Schriftsteller. Er studierte Mathematik und Technik (Graz), dann Germanistik und Anglistik (Wien). A. gehört keiner literarischen Gruppe an. In Romanen, Erzählungen, Parodien, Satiren und Essays (d. h. Dichtung und Kritik) ist er ein individualistischer, ironisch-satirischer Beobachter der (österreichischen) Gesellschaft in Gegenwart und Geschichte.

W.: Romane, Erzählungen, Prosa: Aus dem Leben der Quaden, 1968; Der Deserteur, 70; Ärgernisse eines Zauberers, 73; Schloß mit späten Gästen, 75; Grenzen. Aufzeichnungen, 77; Aufzeichnungen einer Sonde. Parodien, 79; List der Illusionen, 85; Fahrt zur Verbotenen Stadt. Satiren und Capriccios, 87; Der Ohne-Namen-See. Chinesische Impressionen, 88; Moloch horridus. Aufzeichnungen, 89. – *Lyrik:* Gedichte, 86. – *Essays:* Satz und Gegensatz, 72; Das alte Salzburg, [2]76; Agnes Muthspiel, 86. – *Herausgebertätigkeit:* Das hohe Lied in deutschen Liebesliedern, 59.

Amay, Edmond → Endler, Adolf

Ambesser, Axel von (eig. A. Eugen v. Österreich), *22. 6. 1910 Hamburg, †6. 9. 1988 München.
A. bekam als Schauspieler 1930 von Erich Ziegel von den Kammerspielen in Hamburg ein Engagement, ohne vorher je Schauspielunterricht gehabt zu haben. 1936 ging er nach Berlin an das Deutsche Theater, später, einem Ruf Gründgens' folgend, an das Staatstheater. Als Regisseur inszenierte er u. a. Nestroy-Stücke am Wiener Burgtheater und zu den Salzburger Festspielen. Seit 1945 hat er seinen Wohnsitz in München und arbeitet dort an den Städtischen Bühnen. 1956 trat er der Deutschen Akademie für Darstellende Künste in Hamburg als Mitglied bei. Er erhielt 1979 den Nestroy-Ring der Stadt Wien und 1982 den Bayerischen Maximiliansorden für Kunst. – A., der schon vor dem 2. Weltkrieg für den deutschen Film tätig war, gestaltete 1975 für das Fernsehen Offenbachs komische Oper *Die schöne Helena.* Als Bühnenautor verfaßte und bearbeitete er vor allem Komödien. Seinen größten Erfolg hatte er mit dem Bühnenwerk *Das Abgründige in Herrn Gerstenberg.*

W.: Bühnenwerke: Die Globus-AG zeigt: Ein Künstlerleben, 1940; Der Hut, 40; Wie führe ich eine Ehe, 40; Lebensmut zu hohen Preisen, 43; Das Abgründige in Herrn Gerstenberg, 46; Mirakel im Müll, 58; Der Reisebegleiter, 67; Max Mahnke als Mensch, 71; Begegnung im Herbst, 77; Omelette Surprise, 79. – *Romane und Novellen:* Frauen ohne Männer, 51; Der Fall der Witwe von Ephesus, 51; Aber fragt mich nur nicht, wie..., 87. – *Autobiographie:* Nimm einen Namen mit A., 85.

Amery, Carl (eig. Christian Anton Mayer), *9. 4. 1922 München.
A. verbrachte seine Jugend in verschiedenen bayerischen Städten und lebt jetzt als freier Schriftsteller in München. Gekennzeichnet ist sein Werk von einer kritischen Auseinandersetzung mit der Funktion der katholischen Kirche in der modernen Gesellschaft und, später, von einem wachsenden Interesse an Fragen der Ökologie und dem Überleben des Menschen überhaupt. Mit beiden Themenbereichen beschäftigt er sich in zahlreichen Essays und seinen gesellschaftskritischen und satirischen Romanen, die Elemente des Phantastischen und der Science-fiction-Literatur aufnehmen. – 1975 Ernst Hoferichter-Preis, 1979 Tukan-Preis, 1989 Friedrich-Märker-Preis für Essayistik. A. ist Präsident des PEN in der BRD.

W.: Romane, Erzählungen, Prosa: Der Wettbewerb, 1954; Die große deutsche Tour, 58; Das Königsprojekt, 74; Der Untergang der Stadt Passau, 75; An den Feuern der Leyermark, 81; Die starke Position oder Ganz normale MAMUS, 85; Die Wallfahrer, 86; Das Geheimnis der Krypta, 90. – *Dramen, Hör- und Fernsehspiele (z. T. ungedruckt):* Das Tegernseer Spiel vom Antichrist (Hsp.), 56; Unter Brüdern, 57 (Bühnenms.); Goortstraße [mit H. Schallinger] (Hsp.), 61; Axel wußte, was vornehm war (Fsp.), 63; Der Tag eines Löwen (Hsp.), 64; Ich stehe zur Verfügung, UA 67 (als Hsp. 66; als Fsp. 68); Kreuzverhör, 71; Loki oder Unserm Held die goldene Fünfzig, 72 (Bühnenms.); Snuff (Text u. Kommentar zum Film), 78; Finale Rettung Michigan (Hsp.), 82) (in: Heyne Science Fiction Magazin 6), 83; Schirmspringer (Hsp.), 84; Das Penthouse-Protokoll (Hsp.), 87. – *Lyrik:* Zucker und Zimt. ff. Gereimtheiten [mit K. Kusenberg u. E. Oker], 72. – *Essays, theoretische Schriften:* Die Kapitulation oder Deutscher Katholizismus heute, 63; Fragen an Welt und Kirche, 67; Gott hat mich benachteiligt [mit anderen], 67; Katholizismus und Faschismus [mit H. Lutz], 70; Das Ende der Vorsehung. Die gnadenlosen Folgen des Christentums, 72; Natur als Politik, 76; Energiepolitik ohne Basis [mit anderen], 78; Marsch, zurück auf die Bäume... oder: Wie wir es besser machen können, 79; Leb wohl, geliebtes Volk der Bayern, 80 (als Tb. u. d. T.: München, 82); G. K. Chesterton oder Der Kampf gegen die Kälte, 81; Die ökologische Chance, 85; Vom Verlust der Scham und dem allmählichen Verschwinden der Demokratie [mit anderen], 88; Das ökologische Problem als Kulturauftrag, 88. – *Übersetzungen:* A. Menen: Anisette, die Braut von gestern, 55; J. E. Powers: Gottes Schrift ist schwer zu lesen, 65. – *Sammel- und Werkausgaben:* Gesammelte Werke in Einzelausgaben, Bd. 1 ff, 85 ff; Die Kapitulation oder Der real existierende Katholizismus, 88. – *Herausgebertätigkeit:* Die Provinz, 64; Bayern – ein Rechts-Staat? [mit J. Kölsch], 74; Dortmals, 75; G. K. Chesterton: Der Held von Notting Hill, 81. – *Schallplatten, Kassetten:* Finale Rettung Michigan, 87 [Kass.].

Améry, Jean (eig. Hans Mayer), *31. 10. 1912 Wien, †17. 10. 1978 Salzburg (Freitod).

Studium der Philosophie (Moritz Schlick) in Wien, 1938 Flucht nach Belgien, Internierung in Südfrankreich, illegale Rückkehr nach Belgien, Mitglied einer Widerstandsbewegung, KZ-Haft in Auschwitz, Buchenwald, Bergen-Belsen. Nach 1945 Journalist, schrieb literarisch-essayistische Prosa seit Mitte der 60er Jahre. 1972 Literaturpreis der Bayerischen Akademie der Schönen Künste, 1977 Preis der Stadt Wien und Lessing-Preis Hamburg. – A. überschreitet in seiner Prosa die Basis der autobiographischgeschichtlichen Erfahrung durch Reflexion und Erörterung existentieller Kategorien (*Über das Altern, Hand an sich legen*). Das reflektierende Ich erscheint als Ort des möglichen Widerstands, der Freitod als die äußerste Form der Freiheit und Verweigerung. *Lefeu oder der Abbruch* setzt die Entscheidung zu Verfall und Selbstzerstörung gegen die technokratische Herrschaft, aus der Erfahrung des inhumanen Extrems, der fabrikmäßigen Massenvernichtung. *Charles Bovary* führt durch Verschiebung der Perspektive ein Revisionsverfahren zugunsten des Erniedrigten gegen seinen Autor Flaubert und restituiert im Gehörnten die Würde des bürgerlichen Subjekts, dem selbst in der Niederlage die Möglichkeit des moralischen Sieges nicht genommen werden kann.

W.: Romane, Erzählungen: Lefeu oder der Abbruch. Roman-Essay, 1974; Charles Bovary, Landarzt, 78; Rendezvous in Oudenaarde. Projekt einer Novelle, 83. – *Autobiographischessayistische Prosa:* Jenseits von Schuld und Sühne, 66; Über das Altern. Revolte und Resignation, 68; Widersprüche, 71; Unmeisterliche Wanderjahre, 71; Hand an sich legen, 76. – *Journalistisch-kulturhistorische Arbeiten:* Karrieren und Köpfe, Bildnisse berühmter Zeitgenossen, 54; Teenager-Stars, Idole unserer Zeit, 60; Geburt der Gegenwart. Gestalten und Gestaltungen der westlichen Zivilisation seit Kriegsende, 61; Im Banne des Jazz, 61; Gerhart Hauptmann. Der ewige Deutsche, 63; Winston S. Churchill. Ein Jahrhundert Zeitgeschichte, 65; Örtlichkeiten, 80; Widersprüche, 80; Bücher aus der Jugend unseres Jahrhunderts, 81; Weiterleben – aber wie?, 82; Der integrale Humanismus, 85; Marksteine [mit anderen], 88; Die vergessenen Lager [mit anderen], 89. – *Schallplatten, Kassetten:* An den Grenzen des Geistes, 88.

Anders, Georg → Soyfer, Jura

Anders, Günther (eig. Günther Stern), *12. 7. 1902 Breslau.

A., Sohn des Psychologenpaares Clara und William Stern, besuchte Gymnasien in Breslau und Hamburg. Anschließend studierte er an den Universitäten Hamburg, Freiburg und Berlin Philosophie, u. a. bei Cassirer, Husserl und Heidegger. Nach seiner Promotion zum Dr. phil. über «Die Rolle der Situationskategorien im Logischen» trat er mit philosophischen, journalistischen und belletristischen Arbeiten in Frankreich und Deutschland hervor. So veröffentlichte er als 25jähriger eine vielbeachtete philosophische Untersuchung *Über das Haben*, schrieb kunstkritische Artikel und war Mitherausgeber der Zeitschrift «Das Dreieck». 1932 begann er seinen Roman *Die molussische Katakombe*, der den Lügenmechanismus des Nationalsozialismus entlarvte. 1933 mußte A. seiner jüdischen Herkunft und antifaschistischen Haltung wegen nach Paris flüchten. Noch im selben Jahr wurde er ausgebürgert. In Paris machte er mit seiner Schrift *Pathologie de la Liberté* auf sich aufmerksam. Seine darin vertretene These, der Mensch sei «zur Freiheit verurteilt», beeinflußte J.-P. Sartre wesentlich in seinem Denken. 1936 emigrierte er in die USA. Eine Zeitlang arbeitete er als Fabrikarbeiter in Los Angeles, dann als Lehrer für Ästhetik an der New School for Social Research. 1950 kehrte er nach Europa zurück, wo er seither als freier Schriftsteller lebt. Weithin bekannt geworden ist A. als Mitinitiator und Organisator der internationalen Anti-Atombewegung. Er engagierte sich ebenfalls gegen die Kriegführung der US-Amerikaner in Vietnam. Als einer der Richter des Russell-Tribunals untersuchte er die in Vietnam begangenen Greuel. Im Herbst 1977 wurde er als eines der 26 Jury-Mitglieder des Ostern 1978 tagenden Russell-Tribunals zur Untersuchung der Verwirklichung der Menschenrechte in der Bundesrepublik Deutschland vorgestellt. 1982 gab er seine Zugehörigkeit zur jüdischen Gemeinde in Wien auf, weil diese ihn aufgefordert hatte, die militärische Intervention Israels im Libanon verbal zu verteidigen.

A. trat vor allem mit philosophischen und zeitkritischen Schriften hervor, deren zentrales Thema meist die Zerstörung des Menschen durch sich selbst behandelt. So werden seine frühen Arbeiten bestimmt von der Auseinandersetzung mit dem Faschismus, spätere von seinem Kampf gegen Krieg und Völkermord. Als literarisches und philosophisches Hauptwerk A.s gilt seine vieldiskutierte zweibändige Analyse der Gegenwart mit dem Titel *Die Antiquiertheit des Menschen*. A.s schriftstellerisches Schaffen wurde u. a. ausgezeichnet mit dem Novellenpreis der Emigration (*Der Hungermarsch*), dem Deutschen Kritikerpreis «Buch des Jahres» und dem Literaturpreis der Bayerischen Akademie der Schönen Künste. 1979 erhielt er den erstmals verliehenen Österreichischen Staatspreis für Kulturpublizistik, 1980 den Preis der Stadt Wien, 1983 den Adorno-Preis. 1985 lehnte er die Annahme des Gryphius-Preises ab.

W.: Theoret. Schriften, Romane, Essays, Erzählungen: Über das Haben, 1927; Der Hungermarsch, 36; Pathologie de la Liberté, 36; Die molussische Katakombe, 36; Kafka – Pro und Kontra, 50; The Acoustic Stereoscope, 50; Die Antiquiertheit des Menschen, 56; Der Mann auf der Brücke, 59; Off limits für das Gewissen, 61; George Grosz und seine Welt, 61; Bert Brecht, 62; Die Toten, 64; Wir Eichmannssöhne, 64 (erw. 88); Philosophische Stenogramme, 65; Die Schrift an der Wand, 67; Visit beautiful Vietnam, 68; Der Blick vom Turm, 68; Der Blick vom Mond, 70; Endzeit und Zeitenende, 72 (erw. u. d. T.: Die atomare Drohung, 81); Nürnberg und Vietnam, 73; Kosmologische Humoreske, 78; Besuch im Hades. Auschwitz und Breslau 1966. Nach «Holocaust», 79; Die Antiquiertheit des Menschen II, 80; Ketzereien, 82; Hiroshima ist überall, 82; Erzählungen. Fröhliche Philosophie, 83; Mensch ohne Welt, 84; Deutsche Stichworte (mit anderen), 84; Tagebücher und Gedichte, 85; Lieben gestern, 86; G. A. antwortet. Interviews und Erklärungen, 87; Mariechen, 87; Gewalt – ja oder nein, 87. – *Sammel- und Werkausgaben:* Lesebuch, 84; Die Antiquiertheit des Menschen. Bd. 1: Über die Seele im Zeitalter der zweiten industriellen Revolution; Bd. 2: Über die Zerstörung des Lebens im Zeitalter der dritten industriellen Revolution, o. J. – *Herausgebertätigkeit:* Ecce homo von George Grosz, 66.

Andersch, Alfred (Pseud. Thomas Gradinger, Anton Windisch), *4.2.1914 München, †21.2.1980 Berzona (Tessin).
A. absolvierte nach Gymnasiumsbesuch eine Buchhändlerlehre. Mit 18 Jahren wurde er Organisationsleiter des Kommunistischen Jugendverbandes von Südbayern. 1933 war er drei Monate im KZ Dachau inhaftiert, in den folgenden Jahren als kaufmännischer Angestellter tätig. 1944 desertierte er an der Italienfront. 1945/46 war er Redaktionsassistent der «Neuen Zeitung», München, 1946 gab er zusammen mit H. W. Richter die ein Jahr später von der amerikanischen Besatzungsmacht wieder verbotene Zeitschrift «Der Ruf» heraus. 1948 bis 58 arbeitete er in verschiedenen leitenden Positionen in Rundfunkredaktionen; 1955–57 gab er die Zeitschrift «Texte und Zeichen» heraus. Mitbegründer der «Gruppe 47». – Bestimmt vom Glauben an die Willensfreiheit des einzelnen, charakterisiert A. in seinem Werk vor allem Außenseiter, Individualisten und nach gesellschaftlichem Kodex Gescheiterte, an sich und der Realität Leidende, die aus äußeren wie inneren Bindungen zu entfliehen versuchen. Bereits in seinem ersten Erzähltext, dem autobiographischen Bericht *Die Kirschen der Freiheit*, in dem er die eigene Desertion reflektiert, wählte A. das Thema der Flucht, das das Zentralmotiv seiner Werke geblieben ist. Wie in autobiographischen Erzählungen (*Alte Peripherie* u. a.) verarbeitet A. auch in dem *Sansibar*-Ro-

man politisch-moralische Erfahrungen. Im Mittelpunkt stehen zwei entzauberte Helden der KP, die sich aus der ideellen Bindung an eine Partei, die den Apparatschiks in die Hände gefallen ist, in die private Existenz zurückziehen wollen. Als während der Nazizeit in einem kleinen Ostseedorf der Fischer Knudsen und der vom ZK entsandte Funktionär Gregor auf ein jüdisches Mädchen und einen Pfarrer der Bekennenden Kirche stoßen, der wegen einer «entarteten» Plastik in seiner Kirche in Bedrängnis geraten ist, erwacht in ihnen noch einmal der alte Traum von der großen Brüderlichkeit. Sie retten das Mädchen und die Plastik nach Schweden, jetzt «im eigenen Auftrag». Der realistische Roman zeichnet sich durch weitgehenden Verzicht auf stilistische Posen und auf oft mehr gewollte als zwingende moderne Erzähltechniken aus, denen A. später zuneigte. In dem psychologisierenden Gesellschaftsroman *Die Rote* flüchtet eine deutsche Chefsekretärin und frustrierte Ehefrau abrupt nach Venedig, wo sie auf eine Gesellschaft von Männern trifft, die vorwiegend aus politischen Motiven heimatlos geworden sind. – Nach einer gescheiterten Ehe und beruflichen Erfolgen als Journalist im Londoner Exil kommt der Jude *Efraim* während der Kuba-Krise und Spiegel-Affäre in seine Geburtsstadt Berlin, wo er dann, wie später in Rom, sich als Schriftsteller versucht; aus der Reflexion über sein Leben und seine Zeit entsteht ein tagebuchartiger Bericht. 1974 veröffentlichte A. seinen wohl literarisch wichtigsten Roman *Winterspelt*. Hauptschauplatz ist die Front im Westen kurz vor der Ardennen-Offensive. Leitthemen sind der Faschismus und der Marxismus. – 1976 protestierte A. mit dem Gedicht *Artikel 3 (3)* gegen den sogenannten Radikalenerlaß. 1975 hatte er auf Einladung der Sowjetunion besucht und wurde nach Veröffentlichung seines Aufsatzes *Offener Brief an einen sowjetischen Schriftsteller, das Überholte betreffend* scharf angegriffen, da A. hier erklärte, die vom Kapitalismus erzeugten Probleme könnten nur durch den Sozialismus gelöst werden.

A. arbeitete auch als Übersetzer und schrieb zahlreiche Essays, Funkfeatures, Hörspiele sowie mehrere poetisch-mythisch verklärte Reisebücher, die in bestimmtem Sinne ebenfalls Fluchtbewegungen beschreiben. 1968 Nelly-Sachs-Preis und Prix Charles Veillon, 1975 Literaturpreis der Bayerischen Akademie der Schönen Künste. A. war seit 1972 Schweizer Staatsbürger.

W.: Romane, Erzählungen, Briefe, Graphik: Die Kirschen der Freiheit, 1952; Piazza San Gaetano, 57; Sansibar oder Der letzte Grund, 57; Geister und Leute, 58; Die Rote, 60 (neue Fassung 72); Der Tod des James Dean, 60; Paris ist eine ernste Stadt, 61; Ein Liebhaber des Halbschattens, 63; Efraim, 67; Tochter, 70; Mein Verschwinden in Providence, 71; Winterspelt, 74; Einige Zeichnungen, 77; Der Vater eines Mörders, 80; Briefwechsel mit Arno Schmidt, 85; ...einmal wirklich leben. Ein Tagebuch in Briefen an Hedwig Andersch 1943–1975, 86. – *Lyrik:* empört euch der Himmel ist blau, 77. – *Reisebücher:* Wanderungen im Norden, 62; Aus einem römischen Winter, 66 (erw. 79); Hohe Breitengrade, 69; Weltreise auf deutsche Art, 77; Flucht in Etrurien, 81; Celio, 83; Anagni, 83; S. Stefano Rotondo, 83. – *Essays:* Deutsche Literatur in der Entscheidung, 48; Die Blindheit des Kunstwerks, 65; Öffentlicher Brief an einen sowjetischen Schriftsteller, das Überholte betreffend, 77; Ein Briefwechsel: A. und Konstantin Simonow, 78; Ein neuer Scheiterhaufen für alte Ketzer, 79; Es gibt kein fremdes Leid, 81. – *Hörspiele:* Fahrerflucht, 58; Fahrerflucht. Vier Hörspiele, 65 (u.d.T. Hörspiele, 73); Neue Hörspiele, 79. – *Herausgebertätigkeit:* Der Ruf (mit Hans Werner Richter), 45–46; Europäische Avantgarde, 48; Studio Frankfurt, 52–53; Texte und Zeichen, 55–57 (Repr. 78); Claassen Cargo. Buchreihe, 65–67; Mein Lesebuch, 78. – *Sammelausgaben:* Bericht, Roman, Erzählungen, 65; Gesammelte Erzählungen, 71; Norden Süden rechts und links, 72 (Ausz.: Wie trivial ist der Trivialroman?, 71); Alte Peripherie, 73; Fahrerflucht. Ein Liebhaber des Halbschattens, 78; Das A. A. Lesebuch, 79; Aus einem römischen Winter und andere Aufsätze, 79; Die Kirschen der Freiheit, 79; Der Vater eines Mörders und andere Erzählungen, 81; Studienausgabe in 15 Bänden, 79; Erinnerte Gestalten, 86; Die Romane. 4 Bde., 88; Gesammelte Erzählungen, 90. – *Schallplatten u.ä.:* Der Tod des James Dean, o.J. (Platte); Fahrerflucht (Hsp.), 86 (Kass.); Aktion ohne Fahnen (Hsp.), 87 (Kass.); Opferung eines Widders (Hsp.), o.J. (Kass.).

Andrae, Oswald, *25.6.1926 Jever.
Nach dem Abitur besuchte A. Berufs-
fachschulen in Wilhelmshaven, Jena und
Jever, wo er heute als Augenoptiker lebt.
Er hielt Gastvorlesungen an in- und ausländischen Universitäten und wissenschaftlichen Akademien. A. ist Mitglied
des VS und erhielt 1971 den Klaus-
Groth-Preis und 1983 das Niedersächsische Künstlerstipendium.
Arbeiten für Funk und Fernsehen, Essays, Prosa und Lyrik umfaßt das Werk
A.s, dessen wesentlichste Beiträge in
Niederdeutsch erschienen sind. A.
schreibt keine Heimatlyrik im traditionellen Sinn; er ist einer der Hauptver-
treter der ‹neuen› Mundartdichtung im
niederdeutschen Raum, beeinflußt u. a.
von der konkreten Poesie und den Bemühungen der ‹Wiener Gruppe› um H. C.
Artmann. Zeit- und gesellschaftskritisch
sind seine Texte, in denen er sich gegen
Umweltzerstörung ebenso entschieden
wendet wie gegen die Verdrängung der
Vergangenheit und die Verklärung der
Heimat als Ort zeitloser Idylle. – In seinem bislang einzigen Theaterstück, der
«szenischen Chronik» *Laway* beschreibt
er den historischen Streik der Deichar-
beiter vom Jahre 1765.

W.: Prosa, Erzählungen, Texte: Wat maakt
wi?, 1971; De bruun Ranzel, 77; Dat Leed van
de Diekers – 1765, 77; Über das braune Kraut.
Notizen aus der Lüneburger Heide, 78. – *Lyrik:* De Sünn schient jeden Dag, 57; Heiseres
Rufen, 65; Hoppenröök geiht üm, 75 (mit Platte); Hier un annerswor (zus. mit: Hans Haid:
Mandle, Mandle säll wöll), 76; Raubkatzen
schnurren Friedenslieder, 77; Come to meet us
– Kumm uns tomööt, 78. – *Theater:* Laway –
Aufstand der Deicher 1765 – Szenische Chronik, 83 (UA). – *Essays, Berichte:* Begegnungen
und Gespräche, Bericht einer Reise: Israel
1968, 71; Über Ernst Jandl, H. C. Artmann,
Jochen Steffen u. a. – Wilhelmsbader Notizen,
78. – *Sammel- und Werkausgaben:* Werk-
stattgerüchte, 71; Hollt doch de Duums för den
Sittich, 83. – *Schallplatten:* Hoppenröök geiht
üm, 75; Dat Leed van de Diekers, 83.

Andreas-Salomé, Lou, *12.2.1861
Petersburg, †5.2.1937 Göttingen.
A.-S., Tochter eines russischen Generals
deutsch-baltischer Herkunft, verließ
1880 Rußland, um in Zürich Religionswissenschaften, Philosophie und Kunst-

geschichte zu studieren. Die folgenden
Jahre führten sie mit den wichtigsten Vertretern wissenschaftlicher und literarischer Kreise zusammen: So lernte sie
1882 die beiden Philosophen P. Rée und
F. Nietzsche kennen. 1887 heiratete sie
den Iranisten F. C. Andreas und schloß
sich dem Literatenkreis um Friedrichshagen an, mit dessen führenden Mitgliedern sie in der Folge langjährige Freundschaften verbanden. Längere Aufenthalte in Paris, Wien und München ließen
auch dort Verbindungen zu den wichtigsten Literaten entstehen. Eine besonders
tiefe und innige Freundschaft ergab sich
1897 aus der Begegnung mit R. M. Rilke.
1911 führte sie ihr Interesse an der Tiefenpsychologie zum Studium bei Freud
und zum Praktizieren der Psychoanalyse.
A.-S.s Beiträge in Zeitschriften und Zeitungen bilden den weitaus umfangreiche-
ren Teil ihrer literarischen Tätigkeit
(über 100 Artikel). Sie schrieb religions-
psychologische und literaturkritische
Abhandlungen, Theaterkritiken, über
die Frauenfrage und das Russentum. Ihre tiefenpsychologischen Artikel verfaßte sie u. a. für die Zeitschriften «Imago»
und «Almanach des psychoanalytischen
Verlegers».
In der Mehrzahl ihrer Romane und Erzählungen setzt sich A.-S. mit einem
«modernen» Problem der Jahrhundertwende auseinander: der Umbruchsitua-
tion der Frau im Zwiespalt zwischen «alter» und «neuer» Zeit. Entscheidend ist
hierbei die Diskrepanz zwischen geistiger
Unabhängigkeit und emotionaler Befangenheit im traditionellen Rollenver-
ständnis. Neu ist auch die Beschäftigung
mit der Grenzsituation Kind – Frau im
Pubertätsalter (*Zwischenland*). Andere
Themenkreise in ihren Werken bilden
das Problem des Glaubensverlustes und
der Gottsuche (*Im Kampf um Gott*) sowie Rußlandmotive (*Rodinka*).

W.: Romane, Erzählungen: Im Kampf um
Gott, 1885; Ruth, 95; Aus fremder Seele, 96;
Fenitschka. Eine Ausschweifung, 98; Men-
schenkinder, 99; Ma, 1901; Im Zwischenland,
02; Drei Briefe an einen Knaben, 17; Das
Haus, 19; Die Stunde ohne Gott und andere
Kindergeschichten, 22; Rodinka, 23. – *Vers-
spiel:* Der Teufel und seine Großmutter, 22. –

Autobiographisches: Lebensrückblick, 51, Neuaufl. 83; In der Schule bei Freud, 58; Eintragungen. Letzte Jahre, 82. – *Essays:* Henrik Ibsens Frauengestalten, 1892; Friedrich Nietzsche in seinen Werken, 94; Die Erotik, 1910; Rainer Maria Rilke, 28; Mein Dank an Freud, 31. – *Briefwechsel:* Rainer Maria Rilke, Lou Andreas-Salomé, 52, erw. 75; Sigmund Freud, Lou Andreas-Salomé, 66; Friedrich Nietzsche, Paul Rée und Lou von Salomé, 70. – *Sammel- und Werkausgaben:* Drei Dichtungen. Amor. Jutta. Die Tarnkappe, 81; Ausgewählte Texte, 88.

Andres, Stefan (Pseud. Paulus A.), *26.6.1906 Breitwies/Mosel, †29.6.1970 Rom.

Wurde in einem Seitental der Mosel als Sohn eines Müllers geboren. Nach einer von Dorf und Kirche geprägten Kindheit wollte A. katholischer Priester werden; er war Novize bei den Kapuzinern, verließ aber das Kloster und studierte Germanistik in Köln, Jena und Berlin. Er lebte mit seiner Familie 1937–49 in Positano, dann in Unkel am Rhein, ab 1961 in Rom. – Als Erzähler stellte A. verhüllt biographisch die bäuerliche Heimat und die Zeit am Mittelmeer dar (*Der Knabe im Brunnen, Der Taubenturm*). Die Verbindung von Weltfreude und religiöser Wahrheitssuche, dargeboten in konventioneller Erzählform, machten A. zu einem vielgelesenen Autor der 50er Jahre. Besonders die Novelle *Wir sind Utopia* (Vision und Tod eines gefangenen Paters in seiner ehemaligen Klosterzelle während des spanischen Bürgerkriegs) gelangte in der dramatisierten Fassung (*Gottes Utopia*) als Bühnenstück und Hörspiel zu breiter Wirkung und belebte die ethisch-politische Diskussion der Zeit.

W.: Romane, Erzählungen: Das Märchen im Liebfrauendom, 1928; Bruder Luzifer, 32; Eberhard im Kontrapunkt, 33; Die unsichtbare Mauer, 34; El Greco malt den Großinquisitor, 36; Utz der Nachfahr, 36; Vom heiligen Pfäfflein Domenico, 36; Moselländische Novellen, 37 (als: Gäste im Paradies, 49); Der Mann von Asteri, 39; Das Grab des Neides. Griechische Novellen, 40; Der gefrorene Dionysos, 41 (als: Die Liebesschaukel, 51); Wir sind Utopia, 43 (dramatisiert als: Gottes Utopia, 50); Das Wirtshaus zur weiten Welt, 43; Der olympische Frieden, 43; Italiener, 43; Das goldene Gitter, 43; Die Hochzeit der Feinde, 47; Ritter der Ge-

rechtigkeit, 48; Gäste im Paradies, 49; Die Sintflut, Trilogie: Das Tier aus der Tiefe, 49; Die Arche, 51; Die Vermummten, 51; Der graue Regenbogen, 59; Die Häuser auf der Wolke, 50; Das Antlitz, 51; Der Knabe im Brunnen, 53; Die Rache der Schmetterlinge, 53; Die Reise nach Portiuncula, 54; Der kleine Steff, 56; Positano. Geschichten aus einer Stadt am Meer, 57; Die Verteidigung der Xanthippe, 58; Die unglaubwürdige Reise des Knaben Titus, 60; Novellen und Erzählungen, 62; Der Mann im Fisch, 63; Der Taubenturm, 66; Noah und seine Kinder, 68; Die Dumme, 69; Die Versuchung des Synesios, 71; Die große Lüge, 73; Das Fest der Fischer, 73. – *Dramen, Hörspiele (z. T. ungedruckt):* Der ewige Strom, Oratorium, 36; Schwarze Strahlen, 38 (Bühnenms.); Die Söhne Platons, 46 (Bühnenms., Neuausg. u. d. T. Die Touristen, 56); Ein Herz, wie man's braucht, 46 (Bühnenms.); Tanz durchs Labyrinth, 48; Gottes Utopia, 49 (Bühnenms.) (als Hsp. 51); Der Reporter Gottes (Hörfolge), 52; Das Lied vom roten Mantel (Hsp.), 56; Wann kommen die Götter?, 56 (Bühnenms.); Und Zeus lächelt, UA 57; Roma secunda (Hsp.), 57; Sperrzonen, 57 (Bühnenms., als Hsp. 59); Vom Abenteuer der Freude. Chorwerk, 60; Schwestern, UA 69. – *Lyrik:* Die Löwenkanzel, 34; Der ewige Strom, 35; Requiem für ein Kind, 48; Der Granatapfel, 50 (verm. u. d. T.: Gedichte, 76). – *Essays:* Italiener, 43 (u. d. T.: Umgang mit Italienern, 49); Ein Briefwechsel um Trier [mit W. Bracht], 46; Main Nahe(zu) Rhein Ahrisches Saar Pfalz Mosel Lahnisches Weinpilgerbuch, 51; Toleranz, 58; Die großen Weine Deutschlands, 60; Nie wieder Hiroshima, 61; Die Wirklichkeit des Mythos [mit anderen], 65; Die biblische Geschichte, 65; Der 20. Juli – Tat und Testament, 66; Ägyptisches Tagebuch, 67; Die Mosel, 68; Der Dichter in dieser Zeit, 74; Lieber Freund, lieber Denunziant, 77; Deutsche Weinreise [mit W. Becker], 84; Abbruch ins Dunkle, ca. 85; Des Lebens tiefste Weisheit liegt im Wein, 89; Mein Thema ist der Mensch. Texte von und über St. A., 90. – *Übersetzung:* R. Bacchelli: Die Mühle am Po, 52. – *Sammel- und Werkausgaben:* Das goldene Gitter, 64; Die italienischen Romane, 65; Der Mörderbock, 68; El Greco malt den Großinquisitor und andere Erzählungen, 74; Meistererzählungen, 80; Die schönsten Novellen und Erzählungen, 3 Bde, 82; Sehnsucht nach Italien, 88. – *Schallplatten, Kassetten:* Der Reporter Gottes. Die Reise nach Trier, 58; Wir sind Utopia, 59; Gottes Utopia, 74.

Andresen, Thomas (Pseud. Chris Martin), *19.9.1934 Flensburg.

A. ist Internist und Oberarzt in einer Flensburger Klinik. – A.s erste Kriminalromane *Der Spielverderber* und *Der Lei-setreter*, unter Pseudonym veröffentlicht, sind noch beeinflußt von angelsächsischen Vorbildern; erst in den folgenden Büchern fand er zu einer eigenständigen, deutsche Wirklichkeit widerspiegelnden Form. A. konfrontiert unter Erfolgsdruck Leidende, doch sich minderwertig Fühlende mit den Selbstsicheren, vielfach im Nationalsozialismus Aufgewachsenen, die reaktionäres Denken konservieren und das Leistungsprinzip zum unabdingbaren Ideal erheben. Aus der Unterdrückung durch Familienpatriarchen (*Hörst du den Uhu?*, *Geisterstunde*) oder dem verzweifelten Bemühen, sich die Stellung in sozial angesehenen Gruppen zu erhalten (*Der Nebel wird dichter*, *Fünf Herren, einander belauernd*), resultieren Konflikte, als deren einzige mögliche Lösung ein Mord erscheint.

W.: Romane: Der Spielverderber, 1961; Der Leisetreter, 62; Hörst du den Uhu?, 69; Der Anonyme, 69; Der Nebel wird dichter, 70; Bis ich nicht mehr kann, 71; Der Schrei, 72; Die Spur des bösen Bruders, 72; Wachs in den Händen, 72; Schmutziger Herbst, 72; Geisterstunde, 72; Großartig wie der Teufel, 73; Wer badet nachts in meinem Swimmingpool?, 75; Nur über Meiners Leiche, 76; Eine Tote früh um fünf, 77; Fünf Herren, einander belauernd, 78; Wachs in den Händen, 80; Die zweite Chance, 82; Struxdorf und die Hierarchie der Morde, 83; Träume von Liebe und Mord, 87; Die Klinge im Haus…, 88; Das Lächeln der Revolvermündung, 88; Der Kuß der Klapperschlange, 89; Nachts sind die Mörder grau, 89; Der Tod hat eine dunkle Stimme, 90. – *Erzählung:* Bommi ist tot und Tim hat Geburtstag, 76. – *Hörspiele:* Interview mit einem Schatten, 73; Schuß auf ein Zahnrad, 73; Max schläft heute aber fest, 74; Ein schwarzer und ein weißer Mord, 74; Fünf Herren mit Maske (4 Tle), 74; Der Bauchredner, 75; Viola liebt die Herbstzeitlose, 75; Sterben und sterben lassen, 76; Mit den Augen einer Eule, 77; Absturz von der Marmortreppe, 77; Mord im Sonderangebot, 78; Katertöter, 78; Tödliche Proben (2 Tle), 79; Die zweite Chance, 82. – *Sammel- und Werkausgaben:* Eine Tote früh um fünf; – Fünf Herren, einander belauernd; Wer badet nachts in meinem Swimmingpool?, 80.

Andrian-Werburg, Leopold Freiherr von, *9.5.1875 Berlin, †19.11.1951 Fribourg (Schweiz).

Jura-Studium in Wien, gehörte dem Kreis Jung-Wien um das Café Griensteidl an. Trat 1899 in den diplomatischen Dienst ein und war in Südamerika und Europa tätig. 1915 wurde er Generalgouverneur von Polen, 1918 noch kurz Generalintendant der Hoftheater in Wien, zog sich dann nach Alt-Aussee (Steiermark) zurück und emigrierte 1938 nach der Besetzung Österreichs. Seine frühe Erzählung *Der Garten der Erkenntnis*, manierierte Prosa über das vom Ästhetizismus gefährdete Leben des jungen Fürsten Erwein, wurde von den Zeitgenossen, etwa von George und Hofmannsthal, hoch geschätzt und mehrfach bibliophil gedruckt. Seine Lyrik erschien 1894–1901 in Georges «Blättern für die Kunst». A. wendet sich nach dem Zusammenbruch der Habsburger Monarchie, seines verklärten Lebensraumes, vom monarchistischen bzw. thomistischen Standpunkt aus politischen und religiösen Fragen zu, die er in meisterhaft formstrenger Prosa gestaltet.

W.: Prosa: Der Garten der Erkenntnis, 1895; Das Fest der Jugend. Des Gartens der Erkenntnis erster Teil und die Jugendgedichte, 1919. – *Drama:* Hannibal, 1888. – *Lyrik:* Die Gedichte, 1913; Frühe Gedichte, 72. – *Essays, theoretische Schriften:* Die Ständeordnung des Alls. Rationales Weltbild eines katholischen Dichters, 30; Österreich im Prisma der Idee. Katechismus der Führenden, 37. – Briefwechsel mit Hofmannsthal, 68.

Apellus, Joseph → Eberle, Josef

Apitz, Bruno, *28.4.1900 Leipzig, †7.4.1979 Berlin.

A. wurde als 12. Kind einer Arbeiterfamilie geboren; er engagierte sich schon früh in der politischen Arbeiterjugendbewegung; 1927 trat er der KPD, 1930 dem Bund Proletarisch-Revolutionärer Schriftsteller bei. Nach seiner zweiten Verhaftung 1934 wurde A. elf Jahre in verschiedenen Konzentrationslagern festgehalten, u.a. acht Jahre im KZ Buchenwald, an dessen Selbstbefreiung er teilnahm. Nach 1945 arbeitete er u.a. als Dramaturg der DEFA, seit 1955 als freischaffender Schriftsteller. 1958 und 1963 Nationalpreis.

A.' Weltruhm begründete sich auf die Veröffentlichung des Buchenwald-Ro-

mans *Nackt unter Wölfen*, der in 28 Sprachen übersetzt wurde und allein in der DDR eine Auflage von über 1 Million Exemplaren erreichte. A. schilderte die Errettung eines polnischen Kindes durch die illegal arbeitende Lagerorganisation, die durch die Existenz des Kindes in ihrer Arbeit gefährdet ist. A. setzte sich damit zugleich mit den politisch-moralischen Konflikten auseinander, die sich für die KZ-Widerstandsbewegung ergaben.
Mit seinem 1976 veröffentlichten Roman *Der Regenbogen* griff A. die Tradition des proletarischen Entwicklungsromans auf (u. a. Bredel, *Verwandte und Bekannte*) und gab die autobiographisch angelegte Geschichte eines kleinbürgerlich-proletarischen Milieus vor der Jahrhundertwende bis zum Januar 1919 wieder.

W.: Romane, Erzählungen: Nackt unter Wölfen, 1958; Esther, 59; Der Regenbogen, 76; Schwelbrand, 84.

Apostata → Harden, Maximilian

Ardor → Benjamin, Walter

Arendt, Erich, * 15. 4. 1903 Neuruppin, † 25. 9. 1984 Berlin.
Nach dem Lehrerstudium arbeitete A. bis 1933 in verschiedenen Berufen. A., der erste Gedichte in der Zeitschrift «Der Sturm» veröffentlichte, trat 1926 der KPD und 1928 dem Bund Proletarisch-Revolutionärer Schriftsteller bei. 1933 emigrierte A. in die Schweiz und beteiligte sich 1936–39 am spanischen Bürgerkrieg. A. ging dann über Frankreich nach Kolumbien, von wo er 1950 in die DDR zurückkehrte. U. a. Nationalpreisträger (1952, 1983).
Nach vom Expressionismus beeinflußten Anfängen gewann A.s Lyrik in der Zeit des Exils an politischer Verbindlichkeit. Das Spanienerlebnis, die verzweifelte Auseinandersetzung mit dem Faschismus (*Bergwindballade*, *Trug doch die Nacht den Albatros*) und der Entrechtung der Neger und Indios im kolumbianischen Exil (*Tolú*) fanden in balladesken Strophen, lyrischen Porträts und Sonettformen ihren Platz. Mythologeme, die Antike, schroffe Gegensätze im Verhältnis von Mensch und Natur, Dauer und Vergänglichkeit, die südliche Landschaft blieben bevorzugte Themen und Motive. Freie Rhythmen dominieren; Evokation durch syntaktisch unverknüpfte Wörter gibt die Grundmuster eigenen Erlebens und Hoffens wieder. Seit dem Ende der 50er Jahre zeigt sich eine deutliche Geschichtsskepsis in der Dichtung Arendts. Seine Lyrik übte großen Einfluß auf die jüngere DDR-Lyrik aus (Czechowski, Sarah Kirsch, Wulf Kirsten). Als Fortsetzung des «Zu-Hause-Seins in der Welt» (Arendt) hat A. eine große Zahl von Übertragungen geschaffen.

W.: Bildreportagen, Prosa: Herois [mit J. Morera i Falcó], 1938; Tropenland Kolumbien, 54; Inseln des Mittelmeeres, 59 (mit Katja Hayek-Arendt); Griechische Inselwelt, 62 (mit Katja Hayek-A.); Säule – Kubus – Gesicht, 66; Griechische Tempel, 70; Reise in die Provence – Unterwegs. Tagebuchnotizen aus dem Jahre 1929, 83. – *Lyrik:* Trug doch die Nacht den Albatros, 51; Bergwindballade, 52; Tolú, 56 (Neuausgabe 73); Über Asche und Zeit, 57; Gesang der sieben Inseln, 57; Flug-Oden, 59; Ägäis, 67; Feuerhalm, 73; Memento und Bild, 75; Zeitsaum, 78; entgrenzen, 81. – *Sammelausgaben:* Unter den Hufen des Windes. Ausgewählte Gedichte 1926–1965, 66; Gedichte aus fünf Jahrzehnten, 68; Gedichte, 74; Poesiealbum, 76; Das zweifingrige Lachen, 81; Starrend von Zeit und Helle, 81; Spanien-Akte Arendt. Aufgefundene Texte E. A.s aus dem Spanienkrieg, 86. – *Herausgebertätigkeit:* Asturias, Biographie, Ausgewählte Gedichte, Dokumente, 68. – *Übersetzungen, Nachdichtungen:* Guillén, Neruda, Zalamea, Alberti, Aleixandre, Hernandez, Whitman, de Góngora, Asturias, Vallejo.

Armbruster, Johann → Hausenstein, Wilhelm

Arnau, Frank (eig. Heinrich Schmitt, Pseud. Don Krana), * 9. 3. 1894 Wien, † 11. 2. 1976 Genf.
A. studierte u. a. Jura, Gerichtsmedizin und Kriminalistik in Wien und Würzburg. Er arbeitete als Journalist für zahlreiche Zeitungen in Deutschland, erhielt 1920 die deutsche Staatsangehörigkeit, die ihm jedoch 1933, nachdem er nach Südfrankreich emigriert war, wieder aberkannt wurde. 1934 lebte er in Spanien und von 1939–55 in Brasilien, wo er Berater der britischen Botschaft und

Kommentator führender Tageszeitungen war. Nach dem Ende des 2. Weltkriegs bemühte er sich um die Anbahnung deutsch-brasilianischer Handelsbeziehungen. Auf Einladung des «Stern» kam er 1955 in die BRD. Nach einem längeren Aufenthalt in der Schweiz lebte er von 1960–70 in München, dann vorwiegend im Tessin. Er war Mitbegründer und erster Vorsitzender der Demokratischen Aktion 1968 und von 1967–70 Präsident der Deutschen Liga für Menschenrechte. 1968 erhielt er den Ehrendoktortitel der Humboldt-Universität Berlin (DDR).
A. engagierte sich in seinem schriftstellerischen Werk für eine gewissenhafte Rechtspflege und die Einhaltung der Menschenwürde beim Strafvollzug. Er verfaßte u. a. zahlreiche Kriminalromane, kenntnisreiche Sachbücher und eine große Zahl an Fernsehfilmen, in denen er gelegentlich selbst auftrat.

W.: Dramen: Kain, 1912; Der Stärkere, 13; Die feste Überzeugung, 13; Exzellenz, 18; Graf Tsza, 20; Man weiß es nie, 21; Pavillon d'amour, 22; Kittys schlechte Eigenschaften, 24; Das große Erlebnis, 24; Souterrain, 30; Der Titan, 30. – *Romane und Erzählungen:* Komödie der Wirklichkeit, 14; Das Loch in der Luft, 21; Umballer, 23; Homburger Frühlingslegenden, 25; Das Signal, 25; Der Tod im Äther, 26; Schüsse in der Nacht, 27; Umgang mit Maschinen, 27; Der geschlossene Ring, 29; Kämpfe im Dunkel, 30; Gesetz, das tötet, 30; Das leere Haus, 30; Das Antlitz der Macht, 30; Die große Mauer, 31; Lautlos wie sein Schatten, 31; Stahl und Blut, 31; Der Mann ohne Gegenwart, 32; Der Untergang der Grosvenor, 32; Die Maske des Dr. Bruce, 32; Männer der Tat, 33; Die braune Pest, 34; Die Maske mit dem Silberstreifen, 44; Rue Blanche 7, 49; Paul von Goetsch, 49; So ging der Fuchs in die Falle, 50; Rauschgift, 50; Auch sie kannten Felix Umballer, 53; Pekari Nr. 7, 56; Verwandlung um Mitternacht, 57; Mordkommission Hollywood, 57; Tanger – nach Mitternacht, 58; Heißes Pflaster Rio, 58; Nur tote Zeugen schweigen, 59; Panik vor Torschluß, 59; Lautlos wie sein Schatten, 59; Das große Erlebnis, 60; Der letzte Besucher, 60; Der perfekte Mord, 60; Das andere Gesicht, 60; Das Rätsel der Monstranz, 61; Beichte einer verschleierten Frau, 61; Die Dame in Chinchilla, 61; Im Schatten der Sphinx, 62; Heroin-AG, 62; Der Mord war ein Regiefehler, 64; Jüdische Anekdoten und Witze, 65; Wer nicht glaubt an Wunder ist kein Realist, 66; Mit heulenden Sirenen, 66; Schottische und amerikanische Witze, 68; Witze in

Braun und Rot, 69; Die vorletzte Instanz, 69; Das verbrannte Gesicht, 69; Der Fall Jaccoud, 75. – *Essays, Sachbücher, Sammelbände:* Die ersten Tage einer Revolution, 19; Die rote Hölle, 20; Zehn Jahre neues Theater, 20; Die Technik des modernen Dramas, 21; Vopos im Westen, 53; Der verchromte Urwald, 54; Jenseits aller Schranken. Unterwelt ohne Maske, 58; Lexikon der Philatelie, 59; Brasilia. Phantasie und Wirklichkeit, 60; Das Auge des Gesetzes. Macht und Ohnmacht der Kriminalpolizei, 62; Talente auf Abwegen, 64; Warum Menschen Menschen töten, 64; Kunst der Fälscher, Fälscher der Kunst, 64; Macht und Geheimnis der Magie, 65; Der Fall Blomert. Eine kriminalwissenschaftliche Dokumentation im Auftrag der Humanistischen Union, 65; Der Fall Brühne–Ferbach. Autopsie eines Urteils, 65; Jenseits der Gesetze, 66; Juwelen aus Papier, 66; Rauschgift, 67; Die Strafunrechtspflege in der Bundesrepublik, 67; Menschenraub, 68; Flucht in den Sex – Vom Liebestrank zu den Hormonen, 69; Tatmotiv Leidenschaft, 71; Schon vor dem Urteil verurteilt. Autopsie eines Straf-unrechtsverfahrens, 74; Watergate der Sumpf, 74. – *Autobiographie:* Gelebt, geliebt, gehaßt. Ein Leben im 20. Jahrhundert, 74.

Arp, Hans (Jean, Pseud. H. Rab), *16.9.1887 Straßburg, †7.6.1966 Basel. Bildhauer, Maler, Dichter; er schrieb deutsch und französisch. Ausbildung an der Straßburger Kunstgewerbeschule, an der Weimarer Kunstschule (1905–07), an der Académie Julian in Paris (1908). A. kam in München in Beziehung zum «Blauen Reiter», war Mitarbeiter am «Sturm». 1915–26 in Zürich wohnhaft. A. gehörte zu den Mitbegründern des Dadaismus und wurde wegen seiner künstlerischen Vielseitigkeit einer seiner aktivsten und einflußreichsten Verfechter. Er lebte seit 1926 in Meudon bei Paris, 1940–46 in Südfrankreich und in der Schweiz, seit 1946 wieder in Meudon. Gewohnte Wortbedeutungen verlieren bei A. ihren konventionellen Charakter. Seine literarischen Texte sind «Wortträume». Der Einfall diktiert ohne reflektierendes Denken Wortfolgen und Bildassoziationen, die aus der Natur, Sagen, Mythen, Märchen schöpfen. Beeinflußt von den Dichtern der deutschen Romantik, aber auch von Rimbaud und Maeterlinck. Kindergedichte und Kinderzeichnungen übten großen Einfluß auf ihn aus.

– Gestalten hieß bei A. sich abgrenzen gegen das Nebulöse, Unbestimmte. Humor, der niemals monströs wird, aber das Groteske streift.

W.: Lyrik: Der Vogel Selbdritt, 1920; Die Wolkenpumpe, 20 (Repr. 80); Der Pyramidenrock, 24; Weißt du schwarzt du, 30; Konfiguration, 30; Muscheln und Schirme, 39; Gedichte 1924–1925–1926–1943, 44; Die Engelschrift, 52; Behaarte Herzen. 1923–1926. Könige vor der Sintflut. 1952–1953; 53; Auf einem Bein, 55; Worte mit und ohne Anker, 57; Mondsand, 59; Sinnende Flammen, 61; Logbuch des Traumkapitäns, 65; Blatt um Feder um Blatt 1951, 1952, 76; Der gestiefelte Stern (mit J. Tschichold), 78. – *Prosa:* Auch das ist nur eine Wolke, 51; Wegweiser-Jalons, 51; drei und drei surreale Geschichten, 63; vincente huidobro, 64. – *Dada und Kunsttheorie:* Die Schwalbenhode. Dada-Almanach, 20; Die Kunstismen (mit El Lissitzky), 25; Die Geburt des Dada (mit R. Huelsenbeck, T. Tzara), 57; Dada-Gedichte, 61; Dada in Zürich (mit R. Huelsenbeck), 66. – *Französische Dichtungen:* Des taches dans le vide, 37; Sciure de gamme, 38; Poèmes sans prénoms, 41; Rire de Coquille, 44; Le blanc aux pieds de nègre (Prosa), 45; Le siège de l'air, 46; Onze peintres vus par Arp, 49; Le voilier dans la forêt, 57; Vers le blanc infini, 61; L'ange et la rose, 65. – *Sonstiges:* Dreams and projects, 28; Holzschnitte, 52. – *Herausgebertätigkeit:* Neue französische Malerei, 13. – *Sammel- und Werkausgaben:* On my way. Poetry and essays 1912–47, 48; Unsern täglichen Traum. Erinnerungen. Dichtungen. Betrachtungen aus den Jahren 1914–1954, 55; Gesammelte Werke, 63f; Gesammelte Gedichte, 3 Bde, I 63; II 74; III 82; Jours éffeuillés (alle französischen Dichtungen), 66; Arp. 1886–1966, 86 [Katalog]; ich bin in der natur geboren, 87; H. A., Skulpturen, Reliefs, Gouachen, 87 [Katalog]; Ich bin der große Derdiedas, 88 [Katalog]; Opus Null. Ausgewählte Gedichte, 88.

Artmann, Hans Carl (Bronislavius), *12. 6. 1921 Wien.
A. wuchs in einem Wiener Außenbezirk (Breitensee) auf; frühe Beschäftigung mit fremden Sprachen und Literaturen führte nach dem Krieg zur eigenen literarischen Tätigkeit. Zusammenarbeit mit Konrad Bayer, Friedrich Achleitner, Gerhard Rühm und Oswald Wiener in den 50er Jahren. Die genannten Autoren und A. wurden später unter dem Oberbegriff «Wiener Gruppe» zusammengefaßt; von dieser Bezeichnung distanziert sich A. heute nachdrücklich. Den Unterschied zu den anderen Autoren der sog. «Wiener Gruppe» markiert am deutlichsten der in Wiener Mundart verfaßte Gedichtband *med ana schwoazzn dintn*, durch den A. nicht nur in Österreich populär wurde. Es folgten lange Auslandsaufenthalte; heute lebt A. wieder in Österreich. Die seit Mitte der 60er Jahre üppige Produktion A.s als Lyriker, Prosaist, Dramatiker und Übersetzer erweist die Mundart nur als eine der vielen Sprachmasken, über die A. verfügt. Dem 1953 proklamierten Programm des allumfassenden «poetischen Aktes» blieb A. treu, da er sowohl Dichtung als auch Lebenspraxis anarchisch dem «alogischen Gestus» unterstellte und seine literarische Technik in der Polarität von Poetisierung des Trivialen (Horrorgeschichten, Comics) und Trivialisierung des Poetischen zu sehen ist. Souveräne Anwandlung unterschiedlicher literarischer Traditionen und deren spielerische Umgestaltung zeichnet alle Texte aus. In *Nachrichten aus Nord und Süd* wird zum Unterschied von der intendierten Manieriertheit und Künstlichkeit früherer Texte Authentisches und Autobiographisches geboten. – U. a. Franz-Nabl-Literaturpreis der Stadt Graz 1989.

W.: Prosa, Romane, Erzählungen: Von denen Husaren und anderen Seil-Tänzern, 1959; das suchen nach dem gestrigen tag oder schnee auf einem heißen brotwecken, 64; Montagen (mit K. Bayer und G. Rühm), 64; artmann-brief, 66; dracula, dracula, 66; Grünverschlossene Botschaft, 67; Fleiß und Industrie, 67; tök ph'rong süleng, 67; der handkolorierte menschenfresser, 68; die anfangsbuchstaben der flagge, 69; Frankenstein in Sussex, 69; Überall wo Hamlet hinkam, 69; Mein Erbteil von Vater und Mutter, 69; Yeti oder John, ich reise... (mit R. Pichler und H. Schneider), 70; Das im Walde verlorene Totem, 70; How much, schatzi?, 71; Von der Wiener Seite, 72; Der aeronautische Sindtbart oder Seltsame Luftreise von Niedercalifornien nach Crain, 72; kleinere taschenkunststücke, 73; Ompül, 74; Unter der Bedeckung eines Hutes, 74; Christopher und Peregrin, 75; Die Heimholung des Hammers, 77; Die Jagd nach Dr. U. oder Ein einsamer Spiegel, in dem sich der Tag reflektiert, 77; Nachrichten aus Nord und Süd, 78; Die Wanderer, 79; Die Sonne war ein grünes Ei, 82; Im Schatten der Burenwurst, 83; Der aeronautische Sindtbart oder Seltsame Luftreise von Niedercalifornien nach Crain. Dreißigstes Abendteur avt Capitul, 87; Von A bis Zett. Elf Alphabete [mit F. Achleitner u. a.], 90. – *Drama:* Die Fahrt zur Insel Nantucket, 69. – *Lyrik:* med ana schwoazzn dintn, 58; hosn rosn baa (mit F. Achleitner und G. Rühm), 59; verbarium, 66; persische qvatrainen. ein kleiner divan, 58; shal-i-mar. persische qvatrainen zweiter teil, 67; Auf den Leib geschrieben, 67; allerleirausch. neue schöne kinderreime, 67; Aus meiner Botanisiertrommel, 75; Gedichte über die Liebe und über die Lasterhaftigkeit, 75; Sämtliche persische Qvatrainen, 78; Nachtwindsucher. 61 österreichische Haiku, 84; Gedichte von der Wollust des Dichtens in Worte gefaßt, 89. – *Übersetzungen:* Der schlüssel des heiligen patrick. religiöse dichtungen der kelten, 59; Don Francisco de Quevedo y Villegas: Der abenteuerliche Buscón oder Leben und Taten des weltbeschrieenen Glücksritters Don Pablos a Segovia, 63; Carl von Linné: Lappländische Reise, 64; Edward Lear: E. L's Nonsense Book, 64; Ayalti, H. J. (Hg.): Je länger ein Blinder lebt, desto mehr sieht er. Jiddische Sprichwörter, 65; Tage Aurell: Martina, 65; Daisy Ashford: Junge Gäste, 65; Ashford, D. u. A.: Liebe und Ehe, 67; H. P. Lovecraft: Cthulhu, 68; François Villon: baladn, 68; Graham, H.: Herzlose Reime für herzlose Heime, 68; Calderon de la Barca: Dame Kobold, 69; Ashford, D.: Wo Lieb am tiefsten liegt, 69; Labiche, Eugène-Marin: Die Jagd nach dem Raben. Komödie in fünf Akten (mit B. Wehr), 70; Gustafsson, Lars: Die nächtliche Huldigung. Schauspiel, 71; Labiche, Eugène-Marin: Der Prix Martin. Komödie (mit B. Wehr), 71; Tourneur, Cyril: Tragödie der Rächer, 71; Molière: Arzt wider Willen, 72; Musset Alfred de: Die Wette, 72; Molina, Tirso de: Don Gil von den grünen Hosen, 72; Holberg, Ludvig: Henrik und Pernilla, 72; Vega, Lope de: Der Kavalier vom Mirakel, 72; Molière: Die Streiche des Scapin, 73; Labiche, Eugène-Marin: Die Reise des Herrn Perrichon, 73; Labiche, Eugène-Marin: Celimar, 73; Beaumarchais, Pierre-Augustin Caron de: Der tolle Tag, 73; Marivaux, Pierre Carlet de Chamblain de: Liebe und Zufall, 73; Moreto y Cavana, Agustin: Der unwiderstehliche Don Diego, 73; Goldoni, Carlo: Der Lügner, 73; Molière: George Dandin oder Der genasführte Ehemann, 74; Bellman, Carl Michael: Der Lieb zu gefallen. Eine Auswahl seiner Lieder (mit M. Korth), 76; Holberg, Ludvig: Der Konfuse (mit H. Wochinz), 76; Terence Hanbury White: Der König auf Camelot (mit R. Rocholl), 76; Jean Giraudoux: Die Irre von Chaillot, 77. – *Sammel- und Werkausgaben:* ein lilienweißer brief aus lincolnshire. gedichte aus 21 jahren, 69; The Best of H. C. A., 70; Grammatik der Rosen. Ges. Pro-

sa, 3 Bde, 79; Der handkolorierte Menschenfresser. Ausgew. Prosa, 84; Dichter. Ein Album mit alten Bildern und neuen Texten, 86; Wer dichten kann, ist Dichtersmann, 86; Der wilde Jäger. Eine Sammlung (mit W. Bauer, K. Bayer u. a.), 87; Wenn du in den Prater kommst, 88. – *Herausgebertätigkeit:* Detective Magazine der 13, 71; Schlüssel zum Paradies. Religiöse Dichtungen der Kelten, 88. – *Schallplatten:* Gott schütze Österreich durch uns (mit Alexander u. a.), 74; H. C. A. liest: Kein Pfeffer für Czermak, 75; Hirn mit Ei (mit Wolfgang Bauer), 81; Allerleirausch, 82; Aus meiner Botanisiertrommel, 87 (Kass.); Dracula Dracula, 88 (Kass.). – *Mitarbeit:* Die Wiener Gruppe, hg. von G. Rühm, 67; Der Landgraf zu Camprodon. Festschrift für H. C. A., 67; Rixdorfer Laboratorium zur Erstellung von literarischen und bildnerischen Simultankunststükken (mit Nicolas Born und Kai Hermann), 75.

Artner, Robert → Ernsting, Walter

Arx, Cäsar von, *23. 5. 1895 Basel, *14. 7. 1949 Nieder-Erlinsbach b. Aarau. A. entstammte einer alten Solothurner Familie, brach sein Germanistikstudium 1917 in Basel ab, war dort am Stadttheater Inspizient; 1919–23 Schauspielregisseur und Dramaturg am Stadttheater Leipzig, dann freier Schriftsteller in Lugano, später in Nieder-Erlinsbach. Für seine Stücke wurde er 1930 und 1936 mit dem Berner Dramenpreis ausgezeichnet, 1936 und 1949 auch mit dem Ehrenpreis der Schweizer Schillerstiftung. In seinen Dramen und Festspielen greift A. Themen und Ereignisse der Schweizer Geschichte auf, gelegentlich auch Probleme der Gegenwart.

W.: Dramen, Stücke, Festspiele, Hörspiele: Laupen, 1914; Schweizer Legendenspiele, 19; Die Rot Schwizerin, 21; Solothurner Festspiel, 22; Die Schweizer, 24; Die Burleske vom Tode, Mimus, 24; Das Berner Oberland-Spiel, 26; Die Brücke, 27; Schweizerfestspiel Luzern, 28; Moritat, 28; Die Geschichte vom General Johann August Suter, 29; Opernball 13 (Spionage), 32; Vogel friß oder stirb, 32; Hörspiel zum Jubiläum der Gotthardbahn, 32; Der Verrat v. Novara, 34; Von fünferlei Betrachtnis (Totentanzsp. nach J. Kolros), 34; Das Drama vom verlorenen Sohn (nach Hans Salat), 34; Der heilige Held, 36; Dreikampf, 36; Der kleine Sündenfall, 38; Romanze in Plüsch, 40; Das Bundesfeierspiel, 41; Land ohne Himmel, 43; Das Selzacher Passionsspiel (mit Musik von Arthur Honegger), 44; Brüder in Christo, 47;

Das Solothurner Gedenkspiel, 49; Festakt zur Enthüllung des Schlachtendenkmals in Dornach, 49. – *Sammel- und Werkausgaben:* Briefe an den Vater, 82; Briefwechsel und Dokumente 1940–1941, 85; A./Walter Richard Ammann: Briefwechsel 1929–1949, 85; Werkausgabe, 4 Bde, 86 ff.

Asmodi, Herbert, *30.3.1923 Heilbronn.

A. war 1942–45 Soldat, studierte anschließend 1947–52 Germanistik, Kunstgeschichte und Philosophie in Heidelberg. Seit 1952 lebt er als freier Schriftsteller. 1954 erhielt er den Gerhart-Hauptmann-Preis der Freien Volksbühne Berlin, 1971 den Tukan-Preis. A. schrieb vorwiegend Lustspiele für Bühne und Fernsehen. Unter parodistischer Verwendung der Muster der Boulevard-Komödie und des englischen Gesellschaftsspiels verfaßt er dialogisch virtuos gestaltete, zeitkritisch-satirische Stücke. A. betätigte sich außerdem als Theaterkritiker und als Mitarbeiter an Kunstbüchern sowie als Autor von Fernsehspielen.

W.: Dramen: Jenseits vom Paradies, 1954; Pardon wird nicht gegeben, 58; Tigerjagd, 58; Nachsaison, 59; Die Menschenfresser, 62; Mohrenwäsche, 63; Stirb & Werde, 65; Dichtung und Wahrheit oder der Pestalozzi-Preis, 69; Nasrin oder Die Kunst zu träumen, 70; Die wahre Geschichte vom wilden Leben und Sterben der Marie von Brinvilliers, Liebende, Giftmischerin und Marquise, 71; Geld, 73. – *Lyrik:* Jokers Gala, 75; Jokers Farewell, 76. – *Prosa:* Das Lächeln der Harpyen, 87; Die Geschichte von dem kleinen blauen Bergsee und dem alten Adler, 87; Eine unwürdige Existenz. Eine Erinnerung, 88; Anna und die wilde Friederich, 88. – *Essays:* Blumen und Vögel. Farblithographien aus China, 56; Vincent van Gogh. Sonne und Erde, 60. – *Sammel- und Werkausgaben:* Nachsaison. Komödien, 77; Jokers Gala und Jokers Farewell, 81.

Astel, Arnfried (Pseud. Hans Rasmus), *9.2.1933 München.

Verlebte seine Kindheit in Weimar, Jugend in evangelischem Internat in Mittelfranken. Biologie- und Literaturstudium in Freiburg und Heidelberg. Dort 8 Jahre lang Internatslehrer. 1959 Gründung der «Lyrischen Hefte». 1967–71 Leiter der Literaturabteilung des Saarländischen Rundfunks, 1971 wegen eines politischen Gedichtes entlassen, 1973 wieder eingestellt. 1980 Kunstpreis Saarbrücken. A. ist stellv. Vorsitzender des VS in der IG Medien. – Anfänge mit privater Naturlyrik. In den 60er Jahren Entwicklung zum politischen Epigrammatiker. Spielt in seiner Kurzlyrik mit der Doppelbödigkeit der Wörter, stellt «Warnschilder» auf, die Verletzungen des Rechts auf Selbstbestimmung denunzieren, verteilt «Strafzettel» an den Rechtsstaat, entlarvt Redensarten als widersprüchliche Bilder.

W.: Lyrik: Notstand, 1968; Kläranlage, 70; Zwischen den Stühlen sitzt der Liberale auf seinem Sessel. Epigramme und Arbeitsgerichtsurteile, 74; Alle Epigramme. Neues & Altes vom Rechtsstaat & von mir, 79; Die Faust meines Großvaters, 79; Die Amsel fliegt auf. Neue Gedichte, 82; Ohne Gitarre, 88; Was zu sagen ist [mit anderen], 88. – *Sonstiges:* A., Böll, Degenhardt: Strafjustiz. Ein bundesdeutsches Lesebuch, 77; Kopf Stein Pflaster, 82 (Kass.) – *Herausgebertätigkeit:* Lyrische Hefte, 59 ff.

Auburtin, Victor, *5.9.1870 Berlin, †28.6.1928 Garmisch-Partenkirchen.

A. studierte in Bonn, Berlin und Tübingen. 1905 wurde er ans «Berliner Tageblatt» berufen, dessen Korrespondent er 1911–14 in Paris war, 1914–17 wurde er auf Korsika interniert. Später arbeitete er in Madrid und Rom für seine Zeitung, kehrte dann wieder nach Berlin zurück. – A., der auch Erzählungen und Dramen schrieb, ist ein Meister der kleinen journalistischen Form. Seine Feuilletons sind klassische Beispiele dieser Gattung.

W.: Prosa: Die goldene Kette und anderes, 1907; Die Onyxschale, 11; Die Kunst stirbt, 11; Was ich in Frankreich erlebte, 18; Pfauenfedern, 21; Ein Glas mit Goldfischen, 22; Nach Delphi. Reisebilder, 24; Einer bläst die Hirtenflöte, 28; Kristalle und Kiesel. Auf Reisen gesammelt, 30; Schalmei. Aus dem Nachlaß, 48. – *Sammelausgaben:* Federleichtes, 53; Seifenblasen, 56; Von der Seite gesehen, 57; Sündenfälle, 70; Bescheiden steht am Straßenrand…, 79; Interview mit Ithuriel, 85; Das Ende des Odysseus, 86.

Auernheimer, Raoul (Pseud. Raoul Heimern, Raoul Othmar), *15.4.1876 Wien, †7.1.1948 Oakland (Kalifornien).

Vater Franke, Mutter aus jüdischem Elternhaus aus Raab. Neffe Th. Herzls. Jura-Studium in Wien, Dr. jur., Kadett der Tiroler Kaiserjäger. Ging zur Journalistik über, «um zur Gegenwart zu sprechen». Theaterkritiker, Feuilletonist und Schriftleiter der «Neuen Freien Presse». Zahlreiche Reisen, vor allem nach Südeuropa. 1938 fünf Monate im KZ Dachau, danach Emigration (1939) nach USA. – A., anfangs als «Wiener Feuilleton-Talent, das sich auch in Plauderlustspielen bewährte», eingestuft, wollte «die Literatur teilhaben lassen am Gewissen der Zeit» und wurde, so er selbst, «aus einem etwas einseitigen Novellisten ein Erzähler mit größerer Spannweite und aus einem etwas affektierten Feuilletonisten ein sich um Verständnis bemühender Essayist». Schrieb außer einer Vielzahl von meist in der mondänen Gesellschaft spielenden Romanen und Komödien geistreiche Wien-Porträts und wurde in der Emigration «zum Künder Österreichs» (mit Büchern über Metternich und F. Grillparzer). Übersetzer und Nachdichter aus dem Französischen (Géraldy, Mérimée, Molière). Fesselnd und anschaulich ist seine Autobiographie *Das Wirtshaus zur verlorenen Zeit*.

W.: Romane, Erzählungen, Novellen: Rosen, die wir nicht erreichen, 1901; Renée, 02 (u. d. T. Renée und die Männer, 10); Die Verliebten, 03; Lebemänner, 03; Die Dame mit der Maske, 05; Die ängstliche Dodo, 07; Die man nicht heiratet, 09; Der gußeiserne Herrgott, 11; Laurenz Hallers Praterfahrt, 13; Das wahre Gesicht, 16; Herzen in Schwebe, 16; Frau Magda im Schnee, 19; Der Geheimniskrämer, 19; Maskenball, 20; Lustspielnovellen, 22; Das Kapital, 24; Die linke und die rechte Hand, 27; Evarist und Leander, 31; Der gefährliche Augenblick, 32; Gottlieb Weniger dient der Gerechtigkeit, 34 (auch dramatisiert). – *Lustspiele:* Talent, 1899; Der Unverschämte, 1905; Die große Leidenschaft, 05; Der gute König, 08; Die glücklichste Zeit, 10; Das Paar nach der Mode, 13; Die verbündeten Mächte, 15; Casanova in Wien, 24; Die Feuerglocke, 29; Gewitter auf dem Rigi, 32. – *Essays, Biographien, Autobiographisches:* Gesellschaft. Moderne Silhouetten, 10; Das ältere Wien, 19; Die Wienerin, 28; Geist und Gemeinschaft, 32; Wien, Bild und Schicksal, 38; Metternich, Staatsmann und Kavalier, engl. 40, dt. 47; Franz Grillparzer, der Dichter Österreichs, 48; Das Wirtshaus zur verlorenen Zeit, 48.

Augustin, Ernst, *31.10.1927 Hirschberg (Riesengebirge).
Psychiater und Schriftsteller. Praktizierte in Pakistan und Afghanistan, lebt in München.
Erste Bücher in der Nachfolge Kafkas. Dann hat A. in der Schizophrenie sein eigentliches Thema entdeckt und behandelt seitdem Probleme aus den ihm vertrauten seelischen Zwischenbereichen. – *Der Kopf*: Das Leben spielt sich vorab im Kopf des Menschen ab. Intellektuelle Brillanz und Fabulierkunst, Neigung zu labyrinthischen Episoden. – *Raumlicht* ist der Roman einer Krankengeschichte des seine Grenzen ertastenden Bewußtseins, in dem «die dünne Eierschale, die wir Wirklichkeit nennen», der Bereich eines intellektuellen Abenteuers ist. – In *Mamma* wählt A. drei Erzählperspektiven, die eines Soldaten, eines Kaufmanns und eines Professors der Medizin. Bei der Verwendung der berufstypischen Sprechmuster scheut der Autor auch das Ephemer-Modische («Comic-Stil») nicht. – 1962 Hesse-Preis, Kleist-Preis 1989.

W.: Romane: Der Kopf, 1962; Das Badehaus, 63; Mamma, 70; Raumlicht. Der Fall Evelyne B., 76; Eastend, 82; Der amerikanische Traum, 89.

Ausländer, Rose (eig. Rosalie), *11.5.1907 Czernowitz (Bukowina), †3.1.1988 Düsseldorf.
A. studierte Literaturwissenschaft und Philosophie. Als Jüdin von den Nationalsozialisten verfolgt, überlebte sie in einem Kellerversteck. 1946 wanderte sie in die USA aus, arbeitete als Sekretärin, Korrespondentin und Übersetzerin in New York. 1965 übersiedelte sie nach Düsseldorf. Sie erhielt mehrere Literaturpreise, u. a. 1967 den Droste-, 1977 den Gryphius-Preis, die Roswitha-Gedenkmedaille 1980 und 1984 den Literaturpreis der Bayerischen Akademie der Schönen Künste.
Ihr Geburtsort Czernowitz, im heutigen Rumänien gelegen, spielt für die Lyrikerin A. eine wichtige Rolle. Bilder aus der Tradition des jüdischen Glaubens haben erheblichen Einfluß auf ihre Lyrik. Angeregt durch die geistige Aufgeschlossen-

heit und durch intellektuelle Auseinandersetzungen, die die kulturelle Atmosphäre der Stadt prägten, und unterstützt durch ein bürgerlich-liberales Elternhaus, begann sich A. schon früh für Literatur und mehr noch für Philosophie zu interessieren. Ihr erster Gedichtband erschien 1939; seine Gesamtauflage wurde während des Krieges vernichtet, ebenso ihre Essays über Spinoza, Brunner, Platon und Freud. In der Zeit der Verfolgung, bestimmt durch «Getto, Elend, Horror, Todestransporte», wurde Literatur für sie lebenswichtig. Die Schrecken der Vergangenheit, die Erfahrung von Einsamkeit und Fremdheit im Exil und immer wieder die (Sehnsucht nach) Heimat und Kindheit sind die zentralen Themen, die die Lyrik A.s durchziehen. Hinzu kommen Reflexionen über das Schreiben selbst. Ihre Sprache, klar und ungekünstelt, wird in den späten Gedichten immer knapper und dichter, Sätze werden nicht mehr vollendet, einzelne Teile nur noch assoziativ verbunden.

W.: Lyrik: Der Regenbogen, 1939 (verschollen); Blinder Sommer, 65; 36 Gerechte, 67; Inventar, 72; Ohne Visum. Gedichte und kleine Prosa, 74; Andere Zeichen, 75; Gesammelte Gedichte, 76 (erw. 77); Noch ist Raum, 76; Doppelspiel, 77; Es ist alles anders, 77; Mutterland, 78; Es bleibt noch viel zu sagen, 78; Aschensommer. Ausgewählte Gedichte, 78; Im Atemhaus wohnen. Ausgewählte Gedichte, 79; Ein Stück weiter, 79; Nacht, 81 (Privatdr.); Einen Drachen reiten, 81; Mein Atem heißt jetzt, 81; Mein Venedig versinkt nicht, 82; Mutterland. Einverständnis, 82; Südlich wartet ein wärmeres Land, 82; So sicher atmet nur Tod, 83; Festtag in Manhattan, 85; Die Sichel mäht die Zeit zu Heu, 85; Ich zähl' die Sterne meiner Worte. Gedichte 1983, 85; Ich spiele noch, 87; Freundschaft mit der Mondin, 87; Aber vergiß nicht es gibt ja das Licht!, 87; Wärme dein Wort, 88; Meine Toten schweigen tief, 88; Momentoj el eterno / Augenblicke aus Ewigkeit, 89. – *Sammel- und Werkausgaben:* Gesammelte Werke, 7 Bde, 1985 ff; Der Traum hat offene Augen, 87; Einst war ich Scheherezade, 88; Immer zurück zum Pruth. Ein Leben in Gedichten, 88; Jeder Tropfen ein Tag. Gedichte aus dem Nachlaß. Gesamtregister, 90 [Erg-Bd zu GW]. – *Schallplatten:* Es bleibt noch viel zu sagen, 77 (2 Platten).

Avenarius, Ferdinand, * 20. 12. 1856 Berlin, † 20. 9. 1923 Kampen auf Sylt.
Sohn eines Buchhändlers, Stiefneffe Richard Wagners, verbrachte nach der Schulzeit in Berlin und Dresden seine Studienjahre in Leipzig und Zürich, reiste durch Italien und die Schweiz und lebte ab 1882 in Dresden. Seit 1903 hielt er sich während des Sommers in Kampen auf als Entdecker des Ortes und engagierter Naturschützer der Insel. – A. begründete die Zeitschrift «Der Kunstwart» (1887 ff), die über neue Tendenzen in allen Bereichen der Kultur informierte, und den Dürerbund (1903), dessen kulturpolitische Aktivitäten und neue Publikationsformen (preiswerte Kunstdruckmappen, literarische Flugschriften) zur Verbreitung klassischer und moderner Kunst beitrugen und geschmacksbildend wirkten. A. wollte volkspädagogisch wirken; er wurde vom Bildungsbürgertum rezipiert und ist für dieses Publikum der bedeutendste kulturelle Vermittler der Epoche zwischen Naturalismus und Expressionismus geworden. A.s eigene Dichtungen, Lyrik wie späte Dramen – eine *Faust*-Bearbeitung und die religiösen Dichtungen *Baal* und *Jesus* –, gelten als epigonal und sind vergessen.

W.: Erzählung: Die Kinder von Wohldorf. Eine Idylle, 1886. – *Dramen:* Faust, 1919; Baal, 20; Jesus, 21; Julian Apostata (unvollendet; geplant war: Der wachsende Gott. Dichtung in vier Tragödien und einem Nachspiel. Baal, Jesus, Apostata, Faust, Droben). – *Lyrik:* Wandern und Werden, 1881; Vom Lande der Sonne, 85 (Plauderei in Vers und Prosa); Neue Gedichte, 85; Lebe! Dichtung, 93; Stimmen und Bilder, 97; Gedichte, 1923. – *Essays:* Max Klingers Griffelkunst, 1895; Der Knebel, 1915; Die Macht im Weltwahn. Schriften für echten Frieden, 22. – *Sammelausgabe:* Avenarius-Buch, 16. – *Herausgebertätigkeit:* Deutsche Lyrik der Gegenwart seit 1850 (Anthologie), 1882; Der Kunstwart. Rundschau über alle Gebiete des Schönen; ab Jg. 26, 1912: Kunstwart und Kulturwart. Halbmonatsschau für Ausdruckskultur auf allen Lebensgebieten, Jg. 1–37, 1887–1923; Hausbuch deutscher Lyrik (Anthologie), 1902; Schriften des Dürerbundes (Ratgeberschriften, Flugschriften, Mappen), 05 ff; Balladenbuch, 07; Das fröhliche Buch. Aus deutscher Dichter und Maler Kunst gesammelt, 09 (Auswahl u. d. T.: Das vergnügte Büchel, 16); Das Bild als Verleumder, 15;

Kriegs-Ratgeber über deutsches Schrifttum, 15; Max Klinger als Poet, 17; Das Bild als Narr, 18 (3. Aufl. u. d. T.: Die Weltkarikatur in der Volksverhetzung, 21); Arno Holz und sein Werk. Deutsche Stimmen zu seinem sechzigsten Geburtstage (mit M. Liebermann u. M. v. Schillings), 23. – *Mitverfasser:* O. Specker: Der gestiefelte Kater (Text), 1900; P. Konewka: Kinder und Tiere (Verse), 19; P. Konewka: Schattenbilder (Verse), 19; Grünewald-Mappe (mit P. Schubring), 23.

B

Baader, Johannes, *22. 6. 1875 Stuttgart, † 15. 1. 1955 Adeldorf (Niederbayern).
B. wächst als erstes Kind von zwölf Geschwistern in einer Stuttgarter Handwerkerfamilie auf. Von 1892 bis 1895 besucht B. die Staatliche Baugewerbeschule in Stuttgart und studiert am gleichen Ort 1898–99 Architektur. 1905 lernt er Raoul Hausmann kennen, der ihn 1917 in den Kreis der Berliner Dadaisten holt. B.s okkultistisch-mystisches Weltbild, das er schon um 1900 in recht exzentrischer Form und mit missionarischem Pathos verkündet, ist stark geprägt vom geistigen Umfeld des Kulturpessimismus der Jahrhundertwende. 1906 plant B. den Bau eines Welttempels für einen fingierten «Internationalen interreligiösen Menschenbund», als dessen Führer er sich ausgibt (Bauzeit 1000 Jahre, Kosten 500 Milliarden Mark). 1910 soll B. in eine psychiatrische Klinik eingewiesen werden, 1911 wird er entmündigt. Den Architektenberuf gibt er ab 1913 auf; 1914 veröffentlicht er eine Brieffolge (*14 Briefe Christi*), in denen er sich als der wiedererstandene Christus ausgibt. 1917 kandidiert er für den Reichstag, gründet 1918 die «Deutsche Freiheitspartei». In Berlin unternimmt er spektakuläre Happenings im Dom (November 1918), in Weimar (Februar 1919) beim Festakt des neuen Reichstags (Flugblatt *grüne Leiche*). 1920 – noch vor Schwitters' Merzbauten – entsteht B.s große Assemblage «Deutschlands Größe und Untergang». 1920/21 unternimmt B. zusammen mit Hausmann und Huelsenbeck Dadatour-

neen nach Dresden, Leipzig, Teplitz-Schönau, Hamburg und Prag und gründet 1921 die «Erste Intertellurische Akademie», im Zusammenhang damit die Arbeitsgemeinschaft «Freiland Dada». Die *373 Geheimakten der dadaistischen Bewegung*, eine umfangreiche, aber leider verschollene Text- und Bildercollage, entsteht zur gleichen Zeit. Ab 1925 arbeitet B. als Journalist beim «Hamburgischen Korrespondenten»; 1941 nimmt er in Hamburg seine Arbeit als Architekt wieder auf. B. stirbt schließlich in einem Altersheim in Niederbayern. Für den Dada-Chronisten Hans Richter verkörpert B. den «maximalen Ausdruck des Berliner Dada in der Zeit der Revolution 1918–19».

W.: Flugblätter, Pamphlete, Manifeste: 14 Briefe Christi, 1914; HADO (Handbuch des Oberdada), 20; Freiland Dada, 21; Das Geheimnis des Z. R. III. Die Geheimbotschaft Deutschlands an Amerika, 24; Der Stern Erde und das Atomzeitalter, 48; Menschliche Menagerien, 89. – *Werkausgabe:* Johannes Baader Oberdada. Schriften, Manifeste, Flugblätter, Billets, Werke und Taten, 77; Vierzehn Briefe Christi und andere Druckschriften, 88.

Bächler, Wolfgang (Pseud. Wolfgang Born), *22. 3. 1925 Augsburg.
Nach Abschluß (1943) der Schulausbildung in Augsburg, Bamberg, München und Memmingen bis 1945 Arbeits- und Wehrdienst u. a. in Frankreich. 1945–48 Studium der Germanistik, Theaterwissenschaft und Romanistik in München. Nach dem Abbruch des Studiums arbeitete B. als Journalist, Kritiker und Übersetzer bei Zeitungen, Zeitschriften und dem Rundfunk. 1956–66 lebte er in Frankreich (Paris und Elsaß), seit 1967 wieder in der Bundesrepublik. 1975 Tukan-Preis.
B. veröffentlichte 1950 neben dem Roman *Der nächtliche Gast* seinen ersten Lyrikband *Die Zisterne*. Kollegen wie Kritiker sahen darin eine Form neuer, junger Lyrik. Bis 1963 folgen vier weitere Gedichtbände, in Inhalt und Sprachform uneinheitlich. 1972 erschien der Prosaband *Traumprotokolle*, Aufzeichnungen von Träumen B.s aus den Jahren 1954–69, die literarisch unbearbeitet vorgestellt werden: Erinnerungen an die

Kriegs- und Nachkriegszeit, Existenzängste und die Bewältigung politischer und gesellschaftlicher Probleme stehen im Mittelpunkt. – Neben den eigenständigen Veröffentlichungen gibt es in über 40 in- und ausländischen Anthologien Beiträge dieses Autors, der sich in einigen Faßbinder- und Schlöndorff-Filmen auch als Schauspieler betätigte.

W.: Prosa: Der nächtliche Gast, 1950; Traumprotokolle, 72; Stadtbesetzung, 79; Im Schlaf. Traumprosa, 88. – *Lyrik:* Tangenten am Traumkreis, 50; Die Zisterne, 50; Lichtwechsel, 55; Türklingel, 62; Türen aus Rauch, 63; Nachtleben, 82; Ich ging deiner Lichtspur nach, 88. – *Sammel- u. Werkausgaben:* Ausbrechen, 76; Stadtbesetzung, 79; Die Erde bebt noch. Frühe Lyrik, 81. – *Übersetzungen:* A. Morriën.

Bachmann, Ingeborg, **25. 6. 1926 Klagenfurt, †17. 10. 1973 Rom.
B. studierte 1945–50 in Innsbruck, Graz und Wien Philosophie, Germanistik und Psychologie; sie setzte sich besonders mit Wittgenstein und Heidegger auseinander, über den sie 1950 promovierte. Nach ersten Veröffentlichungen und Lesungen arbeitete sie als Redakteurin beim Rundfunk und ging dann 1953–57 als freie Schriftstellerin nach Italien, von wo aus sie mehrere Reisen unternahm, so in die USA, nach Afrika und Polen. In dieser Zeit verband sie eine enge und schwierige Liebesbeziehung mit Max Frisch. – 1957 erhielt sie den Bremer Literaturpreis, 1958 den Hörspielpreis der Kriegsblinden, 1964 den Büchner-Preis, 1968 den Gr. Österreichischen Staatspreis und 1971 den A.-Wildgans-Preis.
1953 erschien ihr erster Gedichtband *Die gestundete Zeit*, er enthält auch den *Monolog des Fürsten Myschkin* zu H. W. Henzes Ballettpantomime *Der Idiot*. Immer wieder geht es um die Verstrickungen, die das Ich in der Welt und sich selbst festhalten, um den Wunsch, loszukommen und den Aufbruch zu wagen. B.s zweiter Gedichtband *Die Anrufung des Großen Bären* nimmt diese Thematik auf, erprobt weitere Formen: freie Rhythmen und strenge Reimschemata, Verwendung von Bildern aus Märchen und Mythen und Naturmetaphern für die Verfaßtheit des lyrischen Ichs wie der ge-

sellschaftlichen Situation, die es erfährt. 1957 ging B. als Dramaturgin nach München, wo 1958 ihr zweites Hörspiel *Der gute Gott von Manhattan* uraufgeführt wurde. Wird in ihrem ersten Hörspiel, den *Zikaden*, eine Mittelmeerinsel zum Topos, an dem der Zusammenhang von Enttäuschung, Flucht und Neuanfang aufgerollt wird, geht es im *Guten Gott von Manhattan* um den zentralen Ort des Glücks: um die Liebe eines Paares, die durch ständige Intensivierung zur Gefahr für das Funktionieren der Gesellschaft wird und deshalb vom Guten Gott verfolgt wird.
1959/60 lehrte B. Poetik an der Univ. Frankfurt. Sie übersetzte aus dem Englischen (Thomas Wolfe, Das Herrschaftshaus) und aus dem Italienischen (Giuseppe Ungaretti, Gedichte), schrieb Libretti für H. W. Henze (*Der Prinz von Homburg*; *Der junge Lord*). 1961 erscheinen die Erzählungen *Das dreißigste Jahr*, in denen das Gefangensein des Individuums in den verschiedenen Formen menschlicher Beziehungen dargestellt wird. Immer scheint Hoffnungslosigkeit durch, auch wenn das Ich aus *Undine geht* am Wunsch nach einer (Liebes-)Beziehung zu Männern festhält – entgegen allen Erfahrungen mit der Verschiedenheit des anderen Geschlechts und ihrer Art zu lieben. Die Bearbeitung dieses Problems strukturiert den Romanzyklus *Todesarten*, aus dem 1971 das erste Buch *Malina* erscheint, während Fragmente der geplanten Bände des Zyklus erst 1978 postum veröffentlicht werden. Es handelt sich um die Geschichte einer Frau/Schriftstellerin zwischen zwei Männern, die minuziöse Selbstbeobachtung und Analyse einer langsam, aber unausweichlich zum Tod führenden Verstrickung in der Liebe, die die Heldin vor den Augen Malinas allmählich verschlingt und verschwinden läßt. B., die seit Ende 1965 in Rom wohnte, starb dort im Oktober 1973 an den Folgen eines Brandunfalls.

W.: Romane, Erzählungen: Das dreißigste Jahr, 1961; Malina, 71; Simultan, 72; Undine geht, 73; Der Tag des Friedens, 76; Der Fall Franza, 79; Die Fähre, 82; Das Honditschkreuz, 83. – *Lyrik:* Die gestundete Zeit, 53;

Anrufung des Großen Bären, 56; Gedichte, 66; Liebe: Dunkler Erdteil, 84. – *Libretti, Hörspiele:* Die Zikaden, 54; Der Idiot, 55 (Musik von H. W. Henze); Der gute Gott von Manhattan, 58; Nachtstücke und Arien, 58 (Musik von H. W. Henze); Der Prinz von Homburg, 60 (Musik von H. W. Henze); Chorphantasie, 64 (Musik von H. W. Henze); Der junge Lord, 65 (Musik von H. W. Henze). – *Schriften, Autobiographisches:* Die kritische Aufnahme der Existenzphilosophie Martin Heideggers, 50 (Diss.); Jugend in einer österreichischen Stadt, 61; Ein Ort für Zufälle, 65; Frankfurter Vorlesungen: Probleme zeitgenössischer Dichtung, 80; Bilder aus ihrem Leben. Mit Texten aus ihrem Werk, 83; Wir müssen wahre Sätze finden. Gespräche und Interviews, 83. – *Übersetzungen:* T. Wolfe, Ungaretti. – *Sammel- und Werkausgaben:* Gedichte, Erzählungen, Hörspiel, Essays, 64; Meistererzählungen, 74; Die Hörspiele, 76; Werke, 4 Bde, 78; Sämtliche Erzählungen, 80; Die Wahrheit ist dem Menschen zumutbar. Essays, Reden, kleinere Schriften, 81; Sämtliche Gedichte, 83; Daß noch tausend und ein Morgen wird, 86; Der Fall Franza. Requiem für Fanny Goldmann, o. J.; Undine geht. 3 Erzählungen, o. J.; Vierzig Gedichte, 85; Ausgewählte Werke, 3 Bde, 87. – *Schallplatten u. ä.:* Zikaden, o. J. (Toncass.); Lyrik der Zeit (mit K. Krolow u. a.), 59; Ingeborg Bachmann liest Gedichte und Prosa, 63; Erklär mir, Liebe!, 83; Die gestundete Zeit, 83; I. B. liest I. B., 83; Gedichte, o. J. (Kass.); Zikaden (Hsp), o. J.

Bacmeister, Ernst (Pseud. Felix Montanus), * 12. 11. 1874 Bielefeld, † 11. 3. 1971 Singen.
B. studierte neuere Philologie in Leipzig, wo er 1896 promovierte, war dann Hauslehrer in Danzig und Berlin; Wanderjahre und ein Einsiedlerdasein vor allem in Süddeutschland sowie der Versuch, in Essen als Dramaturg Fuß zu fassen, folgten; dann war er Landwehroffizier und lebte seitdem als freier Schriftsteller am Bodensee. – Im Mittelpunkt von B.s Werk steht der Begriff des Tragischen, den er in Essays entwickelte und in strengen Verstragödien realisierte. Der vollkommen unpolitische B. sah im Nationalsozialismus die Erfüllung seiner «religiösen» Hoffnung, während die Nationalsozialisten ihn (neben P. Ernst) als Vorläufer ihrer «Hohen Tragödie» reklamierten.

W.: Dramen: Die Rheintochter, 1897; Der Graf von Gleichen, 98; Der Primus, 1903; Des Fliegers Traum, 12; Innenmächte. 4 Schauspiele, 22; Arete, 25; Maheli wider Moses, 32; Die Schlange, 32; Hauptmann Geutebrück, 33; Der Kaiser und sein Antichrist, 34; Kaiser Konstantins Taufe, 37; Der Größere, 38; Der teure Tanz, 40; Theseus, 40; Der indische Kaiser, 44; Lionardo da Vinci, 51. – *Lyrik:* Die Spur. Gesammelte Gedichte, 42; Lyrik im Lichte, 43. – *Essays, Skizzen:* Überstandene Probleme, 23; Erlebnisse der Stille, 27; Schöpferische Weltbetrachtung, 38; Schau und Gedanke in Baden-Baden, 43; Vom Naturgöttlichen zum Geistgöttlichen, 43; Die Tragödie ohne Schuld und Sühne, 40; Der deutsche Typus der Tragödie, 43; Intuitionen, 47; Essays, 48; Die Bewertung der Maschine in der Weltschau des Geistes, 50; Innenernte des Lebens, 52; Die Entstehung der Tragödie «Andreas und die Königin» [mit J. Bahle], 84. – *Autobiographisches:* Wuchs und Werk, 39.

Baetz, Christian → Wolf, Friedrich

Bahr, Hermann, * 19. 7. 1863 Linz, † 15. 1. 1934 München.
Der Österreicher B. war in seinen über hundert Büchern Romancier, Dramatiker, Essayist, Theater-, Kunst- und Kulturkritiker und zudem ein Dramaturg von übernationaler Geltung: ein vielseitig tätiger, einflußreicher Kulturexponent und Vermittler. Er vertrat die verschiedenen Strömungen der Kunst vom Naturalismus über den Impressionismus ebenso wie unterschiedliche politische und weltanschauliche Einstellungen, indem er sich vom großdeutschen Burschenschaftler über den Verehrer Bismarcks zum Anhänger der Kommunistischen Internationale und später zum liberalen bis streng konservativen Denken eines überzeugten Katholiken entwickelte. – Aufgewachsen in Linz, als «Wunderkind» geliebt, ausgebildet am Benediktiner-Gymnasium in Salzburg, Studium der Altphilologie in Wien, 1884–87 der Literatur und Geschichte bei Scherer und Treitschke in Berlin, wo er seine ersten Dramen schrieb und sich mit dem Naturalismus einließ (Freundschaft mit A. Holz). 1888 Paris, wo B. unter dem Einfluß von Barrès, Bourget und Maeterlinck den in die Literaturgeschichte eingegangenen Essay *Die Überwindung des Naturalismus* konzipierte: «keine Abschrift der äußeren Natur», sondern eine Erkundung des Inneren und Ver-

drängung «allen Restes, der nicht Stimmung ist», quasi eine Programmschrift des Impressionismus, der dann die Grundlage bildet für B.s ersten Roman *Die gute Schule, Seelenzustände*. Von 1891 bis 1912 in Wien, dem Ort seiner wichtigsten Dramaturgentätigkeit (Burgtheater). 1906–07 vorübergehend Regisseur bei Max Reinhardt in Berlin. 5 Jahre Theaterkritiker für das Feuilleton der Wiener «Zeit», ab 1889 Mitarbeiter am «Neuen Wiener Tageblatt». Jung-Wiener Kreis mit Schnitzler, Beer-Hofmann, Hofmannsthal, der B.s Drama *Die Mutter* lobend rezensierte. 1912 Salzburg, 1922 München. Seit seiner Wiener Zeit hat B. 26 Lustspiele, Schwänke, Volksstücke und Pantomimen verfaßt, u. a. das meistaufgeführte Lustspiel *Das Konzert*; weiter 8 Schauspiele, zahlreiche Novellen und umfangreiche Romane, wovon der letzte *Österreich in Ewigkeit* der siebte im geplanten Romanzyklus *12 österreichische Romane* ist. Sie vor allem spiegeln B.s Wendung zum Katholizismus. Aufschlußreich sein *Selbstbildnis, zum 60. Geburtstag* verfaßt. – B. wurde in seiner Zeit vielfach bewundert, aber auch kritisiert, vor allem mit dem Vorwurf der Wankelmütigkeit (M. Harden: «Der Mann von übermorgen», O. Hansson: «Proteus der Literatur»). Satirisch ständig bekämpft von K. Kraus.

W.: Romane, Erzählungen: Die gute Schule, 1890, Fin de Siècle, 90, Russische Reise, 93; Dora, 93; Neben der Liebe, 93; Caph, 94; Theater, 97; Die schöne Frau, 99; Wirkung in die Ferne, 1902; Die Rahl, 08; Drut, 09; Stimmen des Blutes, 09; O Mensch!, 10; Himmelfahrt, 16; Die Rotte Korah, 19; Sendung des Künstlers, 23; Der inwendige Garten, 27; Österreich in Ewigkeit, 29. – *Dramen:* Die neuen Menschen, 1887, Die große Sünde, 89; Die Mutter, 91; Die häusliche Frau, 93; Aus der Vorstadt, 93; Tschaperl, 98; Josephine, 99; Der Star, 99; Wenn es euch gefällt (mit C. Karlweis), 99; Der Athlet, 1900; Der Franzl, 00; Wienerinnen, 00; Der Apostel, 01; Der Krampus, 02; Der Meister, 04; Ringelspiel, 07; Die gelbe Nachtigall, 07; Das Konzert, 08; Die Kinder, 11; Das Prinzip, 12; Der Querulant, 14; Die Stimme, 16; Ehelei, 20; Altweibersommer, 24; Die Tante, 28. – *Essays, Kritiken:* Zur Kritik der Moderne, 1890; Die Überwindung des Naturalismus, 91; Der neue Stil, 93; Der Antisemitismus, 94; Studien zur Kritik der Moderne, 94; Wiener Theater, 99; Sezession, 1900; Dialog vom Tragischen, 04; Dialog vom Marsyas, 05; Austriaca, 11; Inventur, 12; Essays, 12; Dostojewsky, 14; Expressionismus, 16; Adalbert Stifter. Eine Entdeckung, 19; Um Goethe, 17; Burgtheater, 20; Summula, 21; Labyrinth der Gegenwart, 29; Josef Kainz, 84. – *Sammel- und Werkausgaben:* Österreichischer Genius, 47; Kulturprofil der Jahrhundertwende, Essays, 62; Theater der Jahrhundertwende. Kritiken, 63; Zur Überwindung des Naturalismus, Theoretische Schriften 1887–1904, 68. – Tagebuch, 1917, 18; Tagebuch 1918, 19; Tagebuch 1919, 20; Liebe der Lebenden. Tagebücher 1921–23, 25; Der Zauberstab. Tagebücher 1924–26, 27; Tagebuch 1928, 29; Tagebuch 1929, 30. – Meister und Meisterbriefe um H. B., in: Musaion, 47; Briefwechsel mit seinem Vater, 71. – Ausgew. Werke, 68; Dichter und Gelehrter. H. B. und Josef Redlich in ihren Briefen 1896–1934, 80; Leander, 86; Prophet der Moderne: Tagebücher 1888–1914, 87. – *Herausgebertätigkeit:* Adolf Loos zum 60. Geburtstag (mit P. Altenberg), 30.

Baierl, Helmut, *23.12.1926 Rumburg (Tschechoslowakei).

B. war nach dem Krieg Landarbeiter; 1949–51 studierte er Slawistik; danach arbeitete er als Dozent für Russisch. 1955–57 studierte B. am Literaturinstitut in Leipzig; nach Lektoratstätigkeit 1959–67 Arbeit am Berliner Ensemble, dessen Chefdramaturg er war; seit 1967 ist B. freischaffend.

Der erste Theatererfolg B.s, der zuvor für das Laientheater geschrieben hatte, war 1958 das nach Brechtschem Muster entstandene Lehrstück *Die Feststellung*, in dem die Entscheidung eines aus der BRD enttäuscht zurückkehrenden Flüchtlings diskutiert wird.

Zum meistgespielten Drama B.s wurde die 1961 am Berliner Ensemble uraufgeführte Komödie *Frau Flinz*. B. kehrte das *Courage*-Motiv Brechts um: Die Bäuerin Flinz, die nach 1945 jeder staatlichen Autorität gegenüber skeptisch ist, «verliert» ihre fünf Söhne an den Sozialismus, um schließlich (der Handlungszeitraum reicht von 1945–52) sich selbst für die neue Gesellschaft zu engagieren. Mit *Johanna von Döbeln* knüpfte B. an die Linie der Brechtschen *Johanna*-Adaption an; mit seinem Produktionsstück *Die Lachtaube*, einer Ermunterung zur Wahrnehmung der im Sozialismus gesetzlich fixierten Mitbestimmungsrechte, und der Komödie *Der Sommerbürger*, in der ein Parteiveteran gegen die geradezu bürgerliche Selbstzufriedenheit unter sozialistischen Bedingungen vorgeht, gelangen B. Publikumserfolge. – 1961 und 1970 Nationalpreis, 1976 Lessing-, 1979 Goethe-Preis Berlin u. a. Auszeichnungen.

W.: Prosa: Die Köpfe oder Das noch kleinere Organon, 1974; Polly erzählt, 83. – *Laienspiele, Dramen, Filme:* Ein Wegweiser, 53; Die drei Irrtümer des Sebastian Fünfling, 53; Gladiolen, ein Tintenfaß und eine bunte Kuh, 54; Der Streit um J. S. Bach, 54; Tölpel-Hans und die gelehrten Brüder, 56 (nach Andersen); Der rote Veit, 56; Die Feststellung, 58; Frau Flinz, 61; Fünf Geschichten vom 13., 62 (mit anderen); Johanna von Döbeln, verschiedene Fassungen 64–71 (Neufassung 76: Die Abenteuer der Johanna von Döbeln); Mysterium buffo – Variante für Deutschland, 67 (nach Majakovskij); Der große und der kleine Willi, 67; Unterwegs zu Lenin, 70; Das zweite Leben des F. G. W. Platonow, 73; … stolz auf 18 Stunden, 73; Die Lachtaube, 74; Der Sommerbürger, 76; Rückspiele, 79; Kirschenpflücken, 79; Leo und Rosa, 83 (Bühnenms.); «Ihr seid ein Greenhorn, Sir!» Western nach Motiven des Romans «Winnetou» von Karl May, 83 (Bühnenms.); Benefizvorstellung [mit K. Freiberg], 87 (Bühnenms.). – *Übersetzung:* Sean O'Casey. – *Sammelausgabe:* Stücke, 70; … stolz auf 18 Stunden. Die Lachtaube, 75.

Ball, Hugo, *22. 2. 1886 Pirmasens, † 14. 9. 1927 Sant Abbondio (Tessin).
B. entstammte einer gutbürgerlichen katholischen Familie. Nach einer von den Eltern erzwungenen zweijährigen Lehre in einem Ledergeschäft holte er das Abitur nach und studierte in München Philosophie, Soziologie und Literatur. Einfluß Nietzsches. Seit 1910 systematische Beschäftigung mit dem Anarchismus. Vom Wissenschaftsbetrieb enttäuscht, ging B. zum Theater und wurde Dramaturg bei Max Reinhardt, dann in Plauen und München. Zusammen mit Kurt Pinthus wollte B. ein eigenes Theater gründen, eine Art Volksbühne, die dem zeitgenössischen Theater gewidmet sein sollte. Kontakte mit Kandinsky; Freundschaft mit Wedekind. 1913/14 dem Expressionismus nahestehende Gedichte.

Nach dem Bruch mit der Familie bis zum Tod ohne finanzielle Sicherheit und ohne bürgerlich-berufliche Zugehörigkeit, fast immer in Armut lebend. Anfang des 1. Weltkriegs Kriegsfreiwilliger, wird aber wegen körperlicher Schwäche nicht rekrutiert; dann als erbitterter Kriegsgegner Emigration (Sommer 1915) in die Schweiz, zusammen mit der Dichterin Emmy Hennings, seiner späteren Frau (Heirat 1920). Als Klavierspieler in der Varietétruppe «Flamingo» Wanderleben durch die Schweiz (findet Niederschlag in dem Roman *Flametti*). In Zürich mieten B. und Emmy Hennings die «Holländische Meierei», um sich durch die Gründung eines Lokals eine gewisse Existenzsicherung zu verschaffen. Unter dem Namen «Cabaret Voltaire» fand die Eröffnung am 5. Februar 1916 statt. Das Lokal wurde sogleich zum Treff der in Zürich lebenden Emigranten. Sie entwickelten ein aggressives, kulturkritisches Kabarettprogramm, das den Beginn der Dada-Bewegung darstellte. Destruktion bürgerlicher Kulturkonventionen und vor allem Antikriegspropaganda waren die Ziele der Bewegung. Laut- und Simultangedichte und insbesondere happeningartige Vorträge einzelner oder der ganzen Gruppe waren die auf Schock, Skandal und Provokation angelegten Formen, in denen sich die Dadaisten der Öffentlichkeit präsentierten. Am 14. Juli 1916 fand die erste dadaistische Großveranstaltung im Zunfthaus zur Waag statt. Enttäuscht von dem oberflächlichen Rummel, der chaotischen Programmatik und den inneren Zwistigkeiten der Gruppe zog sich B. von allen dadaistischen Aktivitäten zurück und verließ Zürich. Er engagierte sich kurzfristig jedoch noch einmal, als am 29. März 1917 die «Galerie Dada» eröffnet wurde. Am 1. Juli 1917 erschien die erste Nummer der Zeitschrift «Dada». B. selbst hatte bereits im Mai 1916 den Dada-Almanach *Cabaret Voltaire* herausgegeben, das das wichtigste Dokument aus der Frühphase der Bewegung ist. Noch 1917 aber – nach einer schweren Nervenkrise – zog sich B. endgültig von der Dada-Gruppe zurück; er übersetzte Michael Bakunins «Anarchistisches Statut» und bemühte sich um die Herausgabe eines Bakunin-Breviers. 1917–20 arbeitete B. als Zeitkritiker und politisch-philosophischer Journalist in Bern an der «Freien Zeitung»; es entstand die Artikelserie *Kritik der deutschen Intelligenz*, 1919 als Buch veröffentlicht. – Nach dem Scheitern der Räterepublik in München und der Auflösung der «Freien Zeitung» zog sich B. – politisch tief resigniert – aus der Öffentlichkeit zurück. Übersiedelung nach Agnuzzo (Tessin), Beginn einer intensiven Freundschaft mit Hermann Hesse, der in der Nähe wohnte und B. immer wieder auch materiell unterstützte. Reisen nach München, Italien (1924–26). – Kennzeichnend für B.s Entwicklung in dieser Lebensphase war eine radikale Hinwendung zum katholischen Christentum. Ausdruck dieser Haltung sind B.s Bücher *Byzantinisches Christentum* – über Joannes Klimax, Dionysios Areopagita, Symeon den Styliten – und *Folgen der Reformation*. B.s Tagebuch *Flucht aus der Zeit*, das nach Hesse eher «Bekämpfung oder Überwindung der Zeit» heißen müßte – um das Mißverständnis einer romantischen Flucht aus der Wirklichkeit auszuschalten –, und seine Briefe (1911–27) sind überragende und aufschlußreiche Zeitdokumente.

W.: Romane: Flametti oder Vom Dandysmus der Armen, 1918, 73; Tenderenda der Phantast, veröff. 67. – *Dramen:* Die Nase des Michelangelo, 11; Der Henker von Brescia, 14; Nero, 85; Simultan-Krippenspiel, 86 (erw. 87). – *Lyrik:* Gesammelte Gedichte, veröff. 63. – *Essays:* Zur Kritik der deutschen Intelligenz, 19, 80; Byzantinisches Christentum, 23, 79; Die Folgen der Reformation, 24; Hermann Hesse, sein Leben und sein Werk, 27, 77; Flucht aus der Zeit, 27, 46; Damals in Zürich. Dada (mit Emmy Hennings), 77. – *Herausgebertätigkeit:* Cabaret Voltaire. Eine Sammlung künstlerischer und literarischer Beiträge, 16; Almanach der Freien Zeitung 1917–1918, 18. – *Briefe:* Briefe 1911–27, 57. – *Sammelausgabe:* Essays, 81; Der Künstler und die Zeitkrankheit, 84; Litanei zum heiligen Hugo [mit anderen], 85.

Ball-Hennings, Emmy, *17.1.1885 Flensburg, †10.8.1948 Sorengo/Lugano (Schweiz).
Geboren als Tochter des Taklers und ehemaligen Seemanns Cordsen, heiratete B.

sehr jung den Schriftsetzer Hennings, mit dem sie sich einer Wanderbühne anschloß. Von ihrem Mann verlassen, trat sie in zahlreichen Städten auf und hatte besonders als Vortragskünstlerin Erfolg. Durch F. Werfels Vermittlung wurde ihr erster Gedichtband gedruckt. In dieser Zeit konvertierte sie zum Katholizismus. In München lernte sie Hugo Ball, ihren späteren Mann, kennen, mit dem sie 1915 in die Schweiz ging, wo sie in bescheidenen Verhältnissen lebten. In dem von Ball u. a. gegründeten «Cabaret Voltaire» und der «Galerie Dada» wirkte sie ebenso mit wie bei späteren gemeinsamen Auftritten mit ihrem Mann. 1920 zogen sie ins Tessin, wo B. mit Unterbrechungen bis zu ihrem Tode lebte. – Ihr literarisches Werk umfaßt Gedichte melancholischer Grundstimmung, autobiographisch gefärbte Erzählungen, Bücher über ihre zweite Heimat, das Tessin, sowie Legenden und Märchen. Nach dem Tode ihres Mannes widmete sie mehrere Bücher seinem Andenken und der Darstellung des gemeinsamen Lebens.

W.: Romane, Erzählungen: Das Gefängnis, 1919; Das Brandmal, 20; Die Geburt Jesu. Für Kinder erzählt, 32; Blume und Flamme, 38; Das flüchtige Spiel, 40; Märchen am Kamin, 43; Das irdische Paradies und andere Legenden, 45; Weihnachtsfreude, 76. – *Lyrik:* Die letzte Freude, 13; Helle Nacht, 22; Das ewige Lied, 23; Der Kranz, 39. – *Essays, Briefwechsel:* Der Gang zur Liebe, 26; Hugo Ball. Sein Leben in Briefen und Gedichten, 29; Hugo Balls Weg zu Gott, 31; Ruf und Echo. Mein Leben mit Hugo Ball, 53; Briefe an Hermann Hesse, 56; Geliebtes Tessin, 76 (mit Hugo Ball); Damals in Zürich. Briefe aus den Jahren 1915–1917, 78.

Bamm, Peter (eig. Curt Emmrich), *20.10.1897 Hochneukirch (Sachsen), †30.3.1975 Zürich.
B. war Weltkriegsteilnehmer und studierte anschließend Medizin, war dann als Schiffsarzt tätig und lebte längere Zeit in Paris und London. 1932–38 war er freier Schriftsteller, danach Facharzt für Chirurgie. 1940–45 diente er als Stabsarzt, nach dem Krieg war B. in Bayern und Baden-Baden ansässig. – B. begann als Essayist, die frühen Essays behandeln in zugänglicher Sprache allgemeine Zeit-

erscheinungen, später auch kulturhistorische und medizinische Aspekte. *Die unsichtbare Flagge* ist B.s Erlebnisbericht aus seiner Zeit als Stabsarzt an der Ostfront, ein dokumentarischer Bericht über Menschlichkeit in finsteren Zeiten, der dennoch gelegentlich weltfremd wirkt.

W.: Prosa, Essays: Die kleine Weltlaterne, 1935; Der i-Punkt, 37; Der Hahnenschwanz, 39; Ex ovo. Essays über die Medizin, 48 (erw. 56); Feuilletons, 49 (Neuauflage als: Die kleine Weltlaterne, 53); Das Lebendige. Drei Dispute (mit H. Conrad-Martius), 51; Die unsichtbare Flagge, 52; Frühe Stätten der Christenheit, 55 (Ausz.: Reisen in das Land der Bibel, 88); Welten des Glaubens, 59; An den Küsten des Lichts, 61; Anarchie mit Liebe, 62; Alexander oder Die Verwandlung der Welt, 65; Adam und der Affe, 69; Eines Menschen Zeit, 72; Am Rande der Schöpfung, 74; Ein Leben lang, 76; Eines Menschen Einfälle, 77; Fester keiner Platz Biberach an der Riß, 77; Am Rande der Medizin, 79; Die große Weltlaterne, 82. – *Dramen, Hörspiele:* Die alte Frage, ca. 55. – *Sammel- und Werkausgaben:* Werke, 2 Bde, 67; Sämtl. Werke, 5 Bde, 76. – *Herausgebertätigkeit:* P. de Cruif, Kinder rufen nach uns, 36; Wiege unserer Welt, 58. – *Übersetzung:* E. Wheeler, Theobald, 52.

Barlach, Ernst, *2.1.1870 Wedel bei Hamburg, †24.10.1938 Berlin.
Künstlerisch ausgebildet wurde B., Sohn eines Arztes, an der Gewerbeschule Hamburg (1888–91) und der Dresdner Akademie (1891–95). Zweimal (1895/96 und 97) hielt er sich in Paris auf, lebte danach in Hamburg, Berlin, Wedel (1901–04). Einige Monate lehrte er an der Keramikfachschule Höhr. Die Rußlandreise August/September 1906 brachte entscheidenden Anstoß vor allem für seine bildhauerische Arbeit. Ein Vertrag mit Paul Cassirer (1907) machte ihn finanziell unabhängig. 1909 war er als Stipendiat des Deutschen Künstlerbundes in Florenz, schloß Freundschaft mit T. Däubler. Von ihm gab er ein Bild im autobiographischen Romanfragment *Seespeck*, in dem vor allem das Außenseiterleben und die schwierige Verfassung der Wedeler Jahre beschrieben sind. Seit 1910 lebte er mit seinem Sohn und seiner Mutter in Güstrow. 1924 erhielt er den Kleistpreis, 1933 wurde er Ritter des Ordens Pour le mérite (durch M. Lieber-

mann und K. Kollwitz). Schon vor 1933 griffen Rechtskreise seine bildhauerische Arbeit (Ehrenmäler) an. In der NS-Zeit entfernte man seine Werke als «entartet» und «ostisch».
Thema B.s ist die «Gottmenschlichkeit …, die immer erneute Festlegung der Situation des Menschen als Prozeß zwischen Himmel und Erde, eine Mischung von Verzweiflung und Getrostheit». Getrostheit aus der in seltenen Augenblikken erlebten Einheit alles Seienden; Verzweiflung über die «Degradierung» des Menschen, seine «Verstoßung» in die «Strafanstalt» und «Hölle» des Lebens, wo Freiheit fraglich, Glück unmöglich, Gut von Böse nicht zu trennen ist. Wird der Mensch, im Leben nur in vorläufiger Gestalt erscheinend und nach Erlösung verlangend, die er nur jenseits des Fleisches finden kann (Selbstmord häufiges Motiv), schuldig an seinen Kindern, wenn er sie in diese Welt setzt (*Der blaue Boll, Die gute Zeit, Der Graf von Ratzeburg*)? Im Zwiespalt zwischen gottgleichem Wesen und Elendsdasein ist allenfalls «Gelassenheit», «hoher Gleichmut» zu erreichen. Das weist auf B.s Neigung zu chinesischen Lehren. Gesellschaftliche Probleme spielen für ihn keine Rolle. Entscheidend und vom ersten Drama an zur Gott-Mensch-Beziehung ausgeweitet ist das in B.s erste begründete Vater-Sohn-Thema. Er verlor früh (1884) seinen Vater und prozessierte jahrelang gegen die Mutter seines 1906 geborenen Sohnes. In dieser Zeit arbeitet er am Drama *Der rote Tag*. Die Mutter, Prinzip des Fleisches, will den Sohn vom Vater (Gott-Geist) fernhalten. Als der dem Sohne das Roß Herzhorn schickt (Geburtsort von B.s Vater), tötet es die Mutter. Ihre Tat eingestehend, nimmt sie sich selbst das Leben. Im Bewußtsein seiner Schwäche tötet sich auch der Sohn. Gnomen und Alb wirken in diesem nordisch-düsteren Geschehen mit. Sie gehören zu B.s Welt wie die mythisch-symbolhaften Figuren und Toten seiner späteren Dramen.
Die Empfindung «man ist hier überflüssig», B.s eigene Erfahrung, beherrscht den Helden des zweiten Dramas *Der arme Vetter*. Hans Iver, im Wissen, von Gott zu stammen, «verarmter Vetter»

eines «hohen Herrn» zu sein, ist in dieser Welt fremd und will sich erschießen. Verwundet bringt man ihn in ein Gasthaus an der Elbe, wo Osterausflügler auf das Schiff warten. Der Kaufmann Siebenmark wird durch die Begegnung mit Iver in der Selbstsicherheit seines rationalen Denkens erschüttert, seine Verlobte, Lena Isenbarn, dagegen, wie Iver fühlend, findet zu sich selbst. An der Leiche Ivers entscheidet sie sich für ihn und gegen Siebenmark. – In *Die echten Sedemunds* führt Angst vor einem angeblich entsprungenen, in Wahrheit toten Löwen (Gewissen) zu Selbstentblößung und Schuldbekenntnissen. Die Auseinandersetzung des jungen Sedemund mit seinem Vater um den Selbstmord der Mutter macht die Problematik der geltenden Schuld- und Sündebegriffe deutlich. – «Werden» ist Schlüsselwort des in niederdeutschem Kleinstadtmilieu spielenden Dramas *Der blaue Boll*. Der lebensmächtige Gutsbesitzer Boll fühlt: «abseits von meinem Fleisch bin ich noch sonst etwas… was ganz gehörig anderes». Er übernimmt Verantwortung für das Schicksal der «Hexe» Grete, Frau eines Schweinehirten, die ihre Kinder umbringen, vom Fleische erlösen will. Nach dem unsichtbaren, wahren Gott fragt B. in *Die Sündflut*. Fragwürdig ist der als Herr und Bettler auftretende Gott Noahs, allenfalls «Vizekönig». Noah, «leicht lächerlich», naiv gläubig, wird mit seinen Söhnen und deren Frauen gerettet. Am Schicksal des selbstherrlichen, aufbegehrenden Calan zeigt B., «daß ein leibliches und äußeres Untergehen ein inneres Triumphieren sein kann». – Im nachgelassenen Drama *Der Graf von Ratzeburg*, das zur Zeit der Kreuzzüge spielt, behandelt B. noch einmal seine Vorstellungen des Weges, des Dienens (Christoffer), der Absage an weltliche «Geltung», der Verantwortung im Vater-Sohn-Verhältnis und des Aufsichnehmens fremder Schuld. Mit freiwilligem Opfertod der Heldin endet auch schon das vorletzte Drama *Die gute Zeit*.

1936/37 entstand B.s letztes Werk, *Der gestohlene Mond*. Wieder ist wie in *Seespeck* autobiographisches Material verarbeitet. Im Mittelpunkt des Romans steht das ungleiche Paar Wau und Wahl – Jean Pauls Valt und Vult sind hier aufgenommen. Schauplatz ist wieder Güstrow mit seinen Handwerkern, Händlern, Proletariern, Bürgern und Außenseiterexistenzen. Wau, der Passive, Grüblerisch-Skeptische, wird von Wahl, dem gewissenlos Weltläufigen, in fragwürdige Unternehmungen verstrickt.

Der Wunsch, «des Fluches zum Wortemachen entledigt zu sein», weist auf die Grundstimmung von B.s Werk. Aufs Wort gestellt, lebt es aus der Gewißheit, daß Worte nichts sagen können. Wortmächtig und bildhaft wird die Ohnmacht des Wortes bewiesen; «ich muß reden, weil ich nichts weiß», sagte der Beter im *Findling*. In abstrahierender Sprache, in der sich Sinnliches und Begriffliches in «krausen Wendungen» und Bildern mischt, umkreist B. das Unsagbare. Das «Dahinter», zu dem immer ein «Guckloch» gesucht wird (*Seespeck*), ist das allein Wesentliche. So spiegelt B.s Sprache in ihrem Wortmaterial, ihren Bildern, den Wortspielen mit Assonanzen und Alliterationen, das Herausarbeiten aus dem Materiell-Sinnlichen in eine andere Welt, das auch seine Hauptfiguren kennzeichnet. – In einzelnem den geistigen Strömungen seiner Zeit, von Jugendstil bis Expressionismus, verbunden, bildet B.s Werk eine eigene Welt.

W.: *Romane, Prosa, Autobiographisches, Briefe, Tagebücher:* Ein selbsterzähltes Leben, 1928; Fragmente aus sehr früher Zeit, 39; Güstrower Tagebuch im Auszug. 1914–1917, 43 [Priv.dr.]; Zwei frühe Fragmente, 44 [Priv.dr.]; Die Hexe Einsamkeit, 44 [Priv.dr.]; Aus seinen Briefen, 47; Sechs frühe Fragmente, 48; Zwei frühe Fragmente, 48; Seespeck, 48 (entst. 13/14); Der gestohlene Mond, 48 (entst. 36/37); In eigener Sache, 49; Fragment, 49; Die Zeichnung, 50 [Priv.dr.]; Sechs kleine Schriften, 50; Fragmente, 2. Bl., 50; Sechs kleine Schriften zu besonderen Gelegenheiten, 50; Güstrower Fragmente, 51; Drei Pariser Fragmente, 52; Kunst im Krieg, 53; Weihnachtsfesttag 1912, 53 [Priv.dr.]; Zehn Briefe an einen jungen Dichter, 54; Sturm, 57 [Priv.dr.]; Zehn unveröffentlichte Briefe E. B.s an Prof. Dr. Karl Weimann aus den Jahren 1919–1925, 61; Mondschein auf der Landstraße, 61 [Priv.dr.]; Eine Steppenfahrt, 61; Zwölf unveröffentlichte Briefe E. B.s an Ludwig Carrière aus den Jahren 1935–1938, 64; Güstrower Tagebuch, o.J.; Güstrower

Tagebuch 1914–1917, 81; Piper, R.: Aus dem Briefwechsel mit Arno Holz und E. B., 82. – *Dramen:* Der tote Tag, 12; Der arme Vetter, 18; Die echten Sedemunds, 20; Der Findling, 22; Die Sündflut, 24; Der blaue Boll, 26; Die gute Zeit, 29; Der Graf von Ratzeburg, 51 (entstanden 27–36). – *Essays:* Figuren-Zeichnen ⁵09 [Neubearb. d. nicht mehr nachweisbaren Veröff. «Figürliches Zeichnen» 1896]; Rundfunkrede in der Vortragsreihe «Künstler zur Zeit» im Deutschlandsender am 23. Januar 1933, 47. – *Sammel- und Werkausgaben:* Barlach im Gespräch, 1–2, 39–40 [Privatdr.?]; Barlach im Gespräch, 48; Leben und Werk in seinen Briefen, 52; Das dichterische Werk in drei Bänden, 56–59; Spiegel des Unendlichen, 60; Frühe und späte Briefe, 62; Prosa aus vier Jahrzehnten, 63; Die drei ersten literarischen Veröffentlichungen, 65; Die Briefe I/II, 68ff; Fragmente, 69; Das Wirkliche und Wahrhaftige, 70; Briefe, 72; Aus der frühen Prosa, 81; Dramen. 8 Bde, 87ff; Dramen, 89.

Barring, Ludwig → Schreiber, Hermann

Bartels, Adolf,* 15. 11. 1862 Wesselburen (Dithmarschen), † 7. 3. 1945 Weimar.
Sohn eines Schlossermeisters, besuchte das Gymnasium in Meldorf, studierte 1885–87 in Leipzig und Berlin, reiste durch Süddeutschland und Italien und arbeitete dann als Journalist (1889 u. 1892–95 Redakteur der «Didaskalia», einer Beilage zum «Frankfurter Journal»). Ab 1895 lebte er als freier Schriftsteller in Weimar; 1905 wurde ihm dort der Professorentitel verliehen. – B. engagierte sich kulturpolitisch als Mitarbeiter des «Kunstwart» (Avenarius) besonders im Bereich der Heimatkunst. Er schrieb historische Romane aus der Geschichte seiner schleswig-holsteinischen Heimat (*Die Dithmarscher*), literarische Biographien (Hebbel) und kulturgeschichtliche Monographien (Weimar). Breitenwirkung und Bedeutung erlangte er durch seine literaturgeschichtlichen Darstellungen (*Die deutsche Dichtung der Gegenwart, Geschichte der deutschen Literatur*). In diesen Werken kam auch zunehmend die völkisch-rassistische Einstellung des Verfassers zum Ausdruck; sie wurden zu Standardwerken der Literaturgeschichte im Dritten Reich.

W.: Romane, Erzählungen: Aus der meerumschlungenen Heimat. Geschichten in Versen, 1896; Der dumme Teufel oder die Geniesuche. Komisches Epos, 96; Die Dithmarscher. Historischer Roman, 2 Bde, 98; Dietrich Sebrandt. Roman aus der Zeit der schleswig-holsteinischen Erhebung, 2 Bde, 99; Wilde Zeiten. (Rolves Karsten). Eine Erzählung aus der Dithmarscher Geschichte, 1905; Der letzte Obervollmacht. Roman aus der Bismarckzeit, 31; Johann Fehring, der Volksbetrüger. Erzählung, 35; Editha. Eine Geschichte aus Dithmarschens Vergangenheit, 36; Mit der Flut, 40. – *Dramen:* Johann Christian Günther. Trauerspiel, 1889; Dichterleben. Dramatische Dichtungen, 90; Päpstin Johanna, 91; Der junge Luther, 1900; Die fröhliche Wiederkunft. Festspiel zum vierhundertjährigen Jubiläum der Stadtkirche in Weimar, 00; Dürer in Venedig, (Opernlibretto für W. v. Baußnern), 01; Martin Luther. Eine dramatische Trilogie, 03; Römische Tragödien (Päpstin Johanna, Catilina, Der Sacco), 05; Ditmarsia cantat. Festspiel zu Klaus Groths hundertstem Geburtstag, 19. – *Lyrik:* Ausgewählte Dichtungen, 1887 (enthält auch den Einakter Lope de Vega); Gedichte, 89; Lyrische Gedichte, 1904; Die schöne Ballade von des blutigen Oskars schrecklichem Ausgang nebst dessen letzter Heldentat, 06; Neue Gedichte, 21. – *Essays, Monographien, Vorträge:* Große Männer in Wort und Bild. Zwanzig weltgeschichtliche Gestalten, 1890; Friedrich Geßler. Sein Leben und seine Werke. Vortrag, 92; Die deutsche Dichtung der Gegenwart. Die Alten und die Jungen, 97 (erw. Ausgabe, 3 Bde, 1922); Gerhart Hauptmann, 97; Klaus Groth, 99; Friedrich Hebbel, 99; Der Bauer in der deutschen Vergangenheit, 1900; Konservativ, nicht reaktionär! Eine Art Glaubensbekenntnis, 00; Ein Berliner Literaturhistoriker. Dr. Richard M. Meyer und seine «Deutsche Literatur», 00; Geschichte der deutschen Literatur, 2 Bde, 01–02 (Große Ausgabe in drei Bänden, 24–28); Wilhelm Raabe. Vortrag, 01; Jeremias Gotthelf, 02; Kritiker und Kritikaster. Pro domo et pro arte, 03; Heimatkunst. Ein Wort zur Verständigung, 04; Adolf Stern. Der Dichter und Literaturhistoriker, 05; Das Weimarische Hoftheater als Nationalbühne für die deutsche Jugend. Eine Denkschrift, 05; Geschlechtsleben und Dichtung. Vortrag, 06; Handbuch zur Geschichte der deutschen Literatur, 06; Heinrich Heine. Auch ein Denkmal, 06; Heine-Genossen. Zur Charakteristik der deutschen Presse und der deutschen Parteien, 07; Deutsche Literatur. Einsichten und Aussichten, 07; Fritz Stavenhagen. Eine ästhetische Würdigung, 07; Chronik des Weimarischen Hoftheaters 1817–1907. Festschrift ..., 08; Wilhelm von Polenz, 09; Rasse. Sechzehn Aufsätze zur nationalen Weltanschauung, 09 (erw. Neuauflage u. d. T. Rasse und Volkstum, 20); Weimar-Führer, 09; Der Literaturhistoriker und die Gegenwart, 10; Weimar. Die klassische Literaturperiode in ihrer nationalen Bedeutung, 10; Judentum und deutsche Literatur. Vortrag, 12; Werbeheft des deutschen Schiller-Bundes, 12; Einführung in die Weltliteratur (von den ältesten Zeiten bis zur Gegenwart) im Anschluß an das Leben und Schaffen Goethes, 3 Bde, 13; Der deutsche Verfall. Vortrag, 13 (erw. Neuaufl. 14, 19); Kinderelend, 14; Der Siegespreis. Eine politische Denkschrift, 14; Bismarck der Deutsche, 15; Die deutschvölkischen Forderungen, 15; Nationale oder universale Literaturwissenschaft? Eine Kampfschrift gegen H. M. Elster und R. M. Meyer, 15; Eins ist Not. Weimar, 16; Die Notwendigkeit einer deutschvölkischen Zeitung, 16; Die besten deutschen Romane. 12 Listen zur Auswahl, 16; Deutschsein ist alles! Eine Laienpredigt, 18; Leitsätze der großen Deutschvölkischen Partei. Vorschläge, 18; Lessing und die Juden. Eine Untersuchung, 18; Die deutsche Not. Vortrag, 18; Weltliteratur. Eine Übersicht, 3 Bde, 18–19; Was ich von einem deutschen Staat verlange, 19; Was nun? Gedanken über Deutschlands nächste Zukunft, 19; Führer durch Wesselburen, 20; Weshalb ich die Juden bekämpfe, 20; Die Berechtigung des Antisemitismus, 21; Hebbels Herkunft und andere Hebbel-Fragen, 21; Gesundes deutsches Schrifttum. Ein Wegweiser, 21; Weimar und die deutsche Kultur, 21; Friedrich Hebbel und die Juden. Das literarische Judentum seiner Zeit, 22; Heimatkultur, Heimatdichtung, Heimatkunst, 24; Der Nationalsozialismus, Deutschlands Rettung, 24; Jüdische Herkunft und Literaturwissenschaft, 25; Feinde ringsum. Eine Abwehrschrift, 26; Freimaurerei und deutsche Literatur, 29; Einführung in das deutsche Schrifttum für junge Buchhändler und andere junge Deutsche, 32; Goethe der Deutsche, 32; Meine Lebensarbeit, 32; Geschichte der thüringischen Literatur, 2 Bde, 38–41. – *Herausgebertätigkeit:* A. v. Chamisso, Sämtliche Werke in 4 Bdn, 1898; O. Ludwig, Werke in 6 Bdn, 1900; Eckermanns Gespräche mit Goethe, 2 Bde, 01; H. Nordheim: Geschichten aus Franken, 2 Bde, 02; F. Hebbel, Sämtliche Werke, 04; Neue Christoterpe. Ein Jahrbuch (mit O. H. Frommel), 07–25; D. Merkens: Aus Dorf und Flur. Gedichte, 07; J. Gotthelf, Ausgewählte Werke in 10 Bdn, 08; H. G. Hebbel: Kriegserinnerungen eines Achtundvierzigers, 08; J. Grosse, Ausgewählte Werke, 3 Bde, 09; Die ersten Weimarer Nationalfestspiele für die deutsche Jugend, 09; W. v. Polenz: Gesammelte Werke, 10 Bde, 09; Deutsches Schrifttum. Betrachtungen und Bemerkungen. Vierteljahrsschrift, 09–33 (ab 1919 u. d. T. Die deutsche Not); S. Dethleffs: Gedichte in platt- und hochdeutscher Mundart, 10; B. Jessen: Gedichte und Prosa, 13;

Deutschvölkische Gedichte aus dem Jubeljahr der Befreiungskriege 1913, 14; Ein feste Burg ist unser Gott. Deutsch-christliches Dichterbuch, 16; Volk und Vaterland. Deutsch-völkisches Dichterbuch, 17; L. Anzengruber, Meister-Erzählungen, 20; M. v. Bülow, Jonas Briccius, 20; M. v. Bülow, Aus der Chronik derer von Riffelshausen, 20; M. v. Bülow: Die «Novellen einer Frühvollendeten», 20; Altösterreichische Erzähler, 20; G. Keller, Ausgewählte Novellen, 2 Bde, 20; Th. Storm: Am grauen Strand, am grünen Meer. Heimaterzählungen, 20; V. v. Scheffel: Novellen und Episteln, 21; Die besten geharnischten Sonette, 21.

Barth, Emil, * 6. 7. 1900 Haan (Rheinland), † 14. 7. 1958 Düsseldorf. Schlesisch-rheinischer Herkunft, zuerst im Buchdruckgewerbe und Verlagswesen tätig, seit 1924 freier Schriftsteller. Biographische, im Rheinland spielende Entwicklungsromane *Das verlorene Haus* und *Der Wandelstern*. Tagebuch aus dem 2. Weltkrieg *Lemuria* und Reisejournal *Im Zauber von Paris*. Als Lyriker mit «Freude am Bild der Welt» (*Xantener Hymnen, Tigermuschel*) setzte er die Natur als bleibenden Wert gegen apokalyptische Katastrophe und Schicksal. – Nachdichter der Sappho. – 1948 Immermann-Preis.

W.: Romane, Prosa: Das Erbauungsbuch des guten Handwerkers (mit C. M. Freund), 1927; Das verlorene Haus, 36; Lebensabriß des Uhrmachers Hieronymus Rauch, 38; Der Wandelstern, 39; Das Lorbeerufer, 42; Lemuria, 47; Verzauberungen, 48; Enkel des Odysseus, 51; Nachtschatten, 52; Linien des Lebens, 53; Im Zauber von Paris, 55; Bei den Tempeln von Paestum, 55. – *Lyrik:* Totenfeier, 25; Ex voto, 36; Gedichte, 38; Xantener Hymnen, 48; Gedichte und Gedichte in Prosa, 50; Tigermuschel, 56; Meerzauber, 61. – *Essay, Briefe:* Georg Trakl, 37; Gruß an Theo Champion, 47; Briefe 1939–58. – *Werkausgabe:* Gesammelte Werke, 2 Bde, 60.

Barthel, Ludwig Friedrich, * 12. 6. 1898 Markbreit/Main, † 14. 2. 1962 München. Nach einem Studium der Germanistik in Würzburg, dann der historischen Hilfswissenschaften in München promovierte B. 1921 zum Dr. phil., ließ sich anschließend in München für den höheren Archivdienst ausbilden und arbeitete dort ab 1930 beim Staatsarchiv. Er nahm an beiden Weltkriegen aktiv teil. – B. schrieb zunächst ausgeprägt musikalische und bildhafte Gedichte voller Naturliebe, meist reimlose Verse oder Hymnen im Stil des späten Hölderlin, über seine Heimat bzw. über Kindheit, Liebe und Lebensfreude eines Gottsuchenden. 1932 wurde er vom «Erlebnis des Vaterlandes» überwältigt und eine Zeitlang zum politischen Dichter, bemüht, das rein Zeitliche ins Überzeitliche zu erheben. Die Entwicklungen des Jahres 1933 führten für ihn bald zur Enttäuschung. Die Hoffnung, die Vielzahl der Vaterländer der Deutschen würde nun endlich zu einem Vaterland schlechthin verschmelzen, erfüllte sich nicht. B. kehrte zu einer Lyrik tiefer Religiosität und voller metaphysischer Sehnsucht zurück, kam schließlich zu der Überzeugung, die Lyrik sei gegen die Krise der Zeit machtlos, und entschied sich für den Humor als «Aussöhnung mit den Dunkelheiten der Welt».

W.: Romane, Erzählungen, Aphorismen: Der Knabe Reim, 1933; Das Leben ruft, 35; Die goldenen Spiele, 36; Das Mädchen Phöbe, 40; Rede vom inneren Vaterland, 41; Zwischen Krieg und Frieden, 43; Kameraden, 44; Runkula – Tagebuch eines Karnikels, 54; Das war Binding, 55; Hol über, 61; Am Fenster der Welt, 68. – *Lyrik:* Verklärter Leib, 26; Gedichte der Landschaft, 31; Gedichte der Versöhnung, 32; Dem inneren Vaterlande, 33; Tannenberg, Ruf und Requiem, 34; Strandgedichte, 36; Komme, o Tag!, 37; Dom aller Deutschen, 38; Neun Gedichte, 38; Inmitten, 39; Komm, o Knabenherrlichkeit, 41; Eines nur rettet noch, Liebe, 42; Liebe, du große Gefährtin, 44; Blumen, 51; Keine Danksagung, 51; Kelter des Friedens, 52; In die Weite, 57; Die Auferstandenen, 58; Das Frühlingsgedicht, 60; Sonne, Nebel, Finsternis, 61; Kniend in Gärten vom Dasein, 63; Ausklang, 67. – *Essays, Autobiographisches:* Würzburg, eine Provinzstadt oder die kulturelle Sendung Würzburgs, 1927; Der Kampf um das Reich, 37; Rede vom inneren Vaterland, 41; Vom Eigentum der Seele, 41; Alte und neue Wege zur Heimatkultur, 50; Zwischen Schwermut und Humor (Selbstporträt), 54. – *Übersetzung:* Sophokles: Antigone, 1926, erneuert 41. – *Herausgebertätigkeit:* F. Hölderlin: Der Seher des Vaterlandes. Die Welt Hölderlins. Eine Auswahl, 44; R. G. Binding: Die Briefe, 57. – *Sammel- und Werkausgaben:* Denn wer die Freude nicht liebt, 78.

Barthel, Max, *17.11.1893 Dresden, †20.6.1975 Waldbröhl (Rheinland).
Sohn eines Maurers. Nach der Schule seit 1907 Gelegenheitsarbeiter und Wanderleben in West- und Südeuropa. Im 1. Weltkrieg Soldat an der Westfront. 1919 als Spartakist kurze Zeit inhaftiert, Beitritt zur KPD. Bis 1923 Rußlandreisen mit politischer Betätigung. 1923 Austritt aus der KPD, seitdem Leben als Journalist und freier Schriftsteller. Literarisch Autodidakt wie die anderen Arbeiterdichter Lersch und Bröger, dazu mit Tippelbrüdern und der internationalen Bohème vertraut, wurde B. durch Lyrik, die den Weltkrieg verurteilte, bekannt. Anschließend schrieb er pazifistische wie klassenkämpferische Gedichte und versuchte, die *Arbeiterseele* zu ergründen. Mit dem Rückzug von der politischen Arbeit schwand auch die dezidierte politische Stellungnahme für eine der Arbeiterparteien. Übrig blieb eine vage Sehnsucht nach der Wiedervereinigung der in SPD und KPD gespaltenen Arbeiterbewegung und das Bemühen, sich mit der literarischen Aussage gleichsam über die Parteien zu stellen. – B. arbeitete seine eigene politische Vergangenheit in einer Reihe von Romanen auf, schrieb weiter Lyrik sowie eine Reihe von Reportagen, die in aufschlußreicher Weise industrietechnische und sozialgeschichtliche Entwicklungslinien kombinieren.
1933 sympathisierte B. eine Zeitlang mit der Gemeinschaftsideologie der NS-Machthaber. Für ein Jahr wurde er zum Leiter der Büchergilde Gutenberg bestellt. Nach seiner Entlassung lebte er wieder als Journalist und befaßte sich mit Kinderbüchern und Trivialromanen. B.s Wanderschaft zwischen den Fronten der politischen Bewegungen repräsentiert die politische Orientierungslosigkeit eines proletarischen Empfindens in schwankender Zeit. Gleichwohl – oder gerade deshalb – fand B. seine Leserschaft und gilt als einer der großen Repräsentanten der «Arbeiterdichtung».

W.: Romane, Erzählungen: Der rote Ural, 1921; Vom roten Moskau bis zum Schwarzen Meer, 21; Die Reise nach Rußland, 21; Das vergitterte Land, 22; Der Weg ins Freie, 24:

Der Platz der Volksrache, 24; Die Knochenmühle, 24; Das Spiel mit der Puppe, 25; Deutschland. Lichtbilder und Schattenrisse einer Reise, 26; Der Mensch am Kreuz. Roman nach dem Tagebuch eines katholischen Pfarrers, 27; Die Mühle zum toten Mann, 27; Der Putsch, 27; Aufstieg der Begabten, 29; Erde unter den Füßen. Eine neue Deutschlandreise, 29; Wanderschaft, in: Das Vier-Männer-Buch, 29; Die Verschwörung in der Heide, 30; Blockhaus an der Wolga, 30; Der große Fischzug, 31; Das Gesicht der Medusa, 31; Das unsterbliche Volk, 33; Das goldene Panzerhemd, 34; Sturm im Argonner Wald, 36; Im Land der 7 Krater, 37; Wettrennen um den zerfallenen Tempel, 38; Überfall am Khyber-Pass, 38; Der schwarze Sahib, 38; Deutsche Männer im roten Ural, 38; Kornsucher und Schädelmesser, 38; Hochzeit in Peschawar, 38; Aufstand im Kaukasus, 38; Der Bund der Drei, ein Hund ist auch dabei, 38; Das Land auf den Bergen, 39; Der Flüchtling von Turkestan, 40; Die Straße der ewigen Sehnsucht, 41; Das Haus an der Landstraße, 42; Kaukasisches Abenteuer, 42; Dreizehn Indianer, 43; Kein Bedarf an Weltgeschichte (Autobiographie), 50. – *Dramen:* Der eiserne Mann. Tragisches Lustspiel, 24; Licht und Schatten. 3 Jugendspiele, 27; Der Ausgleich. Drei Szenen proletarischer Gerechtigkeit, 28; Ins Leben hinein. Sprechchorspiel, 29; Das Revolverblatt. Zeitungskomödie, 29; Drei kleine Sprechchöre, 30; (mit Peter Seeger) Hans im Glück. Kinderoper, 66. – *Lyrik:* Verse aus den Argonnen, 16; Freiheit. Neue Gedichte aus dem Kriege, 17; Revolutionäre Gedichte, 19; Das Herz in erhobener Faust. Balladen aus dem Gefängnis, 20; Utopia, 20; Arbeiterseele. Verse von Fabrik, Landstraße, Wanderschaft, Krieg und Revolution, 20; Lasset uns die Welt gewinnen, 20; Die Faust. Dichtung, 20; Überfluß des Herzens, 24; (mit Heinrich Lersch und Karl Bröger) Schulter an Schulter, 34; Argonnerwald, 38; Die Lachparade. Sinn- und Unsinngedichte, 43; Ins Feld ziehn die Soldaten, 43; Hutzlibum. Kindliche Verse, 43; Das Haus, in dem wir wohnen. Neue Gedichte, 63; Roter Mohn. Lieder und Gedichte, 64; Es kommt der Star in jedem Jahr ... Kunterbunte Gedichte für Kinder, 70.

Bartos-Höppner, Barbara, *4.11.1923 Ekkersdorf (Schlesien).
B. verbrachte ihre Kindheit in Schlesien, das sie nach Kriegsende verlassen mußte. Seither lebt sie in Norddeutschland. Ihre schriftstellerische Arbeit war anfangs vor allem der Versuch, ihre Erfahrungen und Erlebnisse während der Kriegs- und Nachkriegszeit zu verarbeiten. Die Spannung zwischen der Beschwörung der Idylle, des einfachen Lebens in der Heimat und der Sehnsucht nach unbekannter Ferne bestimmte ihre frühen Werke. Später wandte sie sich historischen Erzählungen zu. – Die auch als Herausgeberin sehr produktive B. gehört zu den erfolgreichsten deutschen Kinder- und Jugendbuchautoren, deren Bücher hohe Auflagen erzielen und für die sie mehrfach ausgezeichnet wurde. Sie erhielt u. a. den Christophorus-Preis, den Friedrich-Gerstäcker-Preis, 1982 den Großen Preis der Deutschen Akademie für Kinder- und Jugendliteratur. Außerdem standen ihre mehr als 50 Bücher mehrfach auf den Ehrenlisten europäischer Jugendbuchpreise. Sie ist Trägerin des Bundesverdienstkreuzes und Mitglied des PEN-Clubs.

W.: Romane, Erzählungen, Prosa, Kinder- und Jugendbücher: Die Töchter des Königsbauern, 1956 (bearb. u. d. T.: Die Mädchen von der Insel, 77); Wir wollen Freundschaft schließen, Nina!, 56; Der gezähmte Falke, 57 (bearb. u. d. T.: Die Ponys von Gulldal, 78); Das tönende Holz, 58 (bearb. u. d. T.: Aufregung im Reimershaus, 63); Entscheide dich, Jo!, 59; Kosaken gegen Kutschum-Khan, 59; Taigajäger, 60; Rettet den großen Khan!, 61; Sturm über dem Kaukasus, 63; Achtung – Lawine!, 64; Die Bucht der schwarzen Boote, 65; Hein Schlotterbüx aus Buxtehude, wo die Hunde mit dem Schwanz bellen, 66; Aus einer Handvoll Ton, 67; Aljoscha und die Bärenmütze, 68; Zwischen Gletschern und Feuerbergen, 68; Marino lebt im Paradies, 69; Schnüpperle, 69; Das Schützenfest, 69; Die Laternenkinder, 70; Ein Ticket nach Moskau, 70; Die Königstochter aus Erinn, 71; Ferien mit Schnüpperle, 72; Marino sollt mehr vielen Tieren, 74; Ein schönes Leben für die kleine Henne, 74; Tausend Schiffe trieb der Wind, 74; Auf dem Rücken der Pferde, 75; Ich heiße Brummi, 76; Silvermoon, 3 Bde = Geschichten am Lagerfeuer, Weißer Hengst aus der Prärie, Zwischen Cowboys und Comanchen), 77–81; Tiermärchen, 77; Wintermärchen, 77; Zaubermärchen, 78; Meine allerliebsten Bäume, 79; Die Bonnins, 80; Gruselmärchen, 80; Meine allerliebsten Tiere, 81; Weihnachts-ABC, 82; Der Freischütz von Carl Maria von Weber, 82 (mit Kass.); Die Erben der Bonnins, 82; Schnüpperle. Vierundzwanzig Ostergeschichten, 84; Der Rattenfänger von Hameln, 84; Die verkaufte Braut nach Friedrich Smetana, 84 (mit Kass.); Elbsage. Ein Fluß erzählt Geschichte, 85; Meine allerliebsten Vögel, 85; Meine allerliebsten Blumen, 86; Nun singet und seid froh, 86; Till Eulenspiegel, 86; Die Schildbürger, 86; Münchhausen, 86; Die sieben Schwaben, 86; Schnüpperle kommt in die Schule, 86; Sankt Nikolaus, der gute Mann, 86; Das Osterbuch für die ganze Familie (mit B. Bartos), 87; Norddeutsche Feste und Bräuche (mit B. Bartos), 87; ... lebt der große Name noch. 100 Porträts (mit B. Bartos), 87; Lieselott von Bonnin, 87; Denkt euch, ich habe das Christkind gesehen, 88; Schnüpperle hat Geburtstag, 88; Von Aachener Printen bis Zürcher Leckerli (mit B. Bartos), 89; Schnüpperle und sein bester Freund, 89. – *Sammel- und Werkausgaben:* Ponyfest mit Schnüpperle und andere neue Erlebnisse, 73; Das große Bartos-Höppner-Buch, 81; Die Schildbürger und die sieben Schwaben, 91. – *Herausgebertätigkeit:* Was Kinder gerne schenken, o. J.; Tiergeschichten unserer Zeit, 72; Abenteuergeschichten unserer Zeit, 73; Mädchengeschichten unserer Zeit, 74; Schulgeschichten unserer Zeit, 75; Kriminalgeschichten unserer Zeit, 76; Weihnachtsgeschichten unserer Zeit, [5]77; Kalendergeschichten unserer Zeit, 77; Die schönsten Geschichten unserer Zeit, 78; Kinderlieder unserer Zeit (mit A. Bondy), 78; Das große Weihnachtsbuch (mit B. Bartos), 79; Das große Buch der schönsten Schwänke, 79; Der polnische Leutnant und siebzehn andere Glaubensgeschichten, 80; Tiererzählungen, 82; Das große Buch der schönsten Tiererzählungen, 82; Riesengebirge in alten Ansichten, 82; Das große Buch der schönsten Dorfgeschichten, 83; Das große Gespensterbuch (mit B. Bartos), 84; Kindergedichte unserer Zeit, 84.

Bartsch, Kurt, * 10. 7. 1937 Berlin.
Nach der Schule Gelegenheitsarbeit in verschiedenen Berufen; 1964/65 studierte er am Institut für Literatur «Johannes R. Becher» (ohne Abschluß). Seit 1965 ist B. als Graphiker und Schriftsteller tätig. Seit 1980 lebt Bartsch in der BRD.
Nach seinem Debüt in der Lyrik (*Zugluft*), bei dem er epigrammatische Texte mit satirischen Zügen bevorzugte, hat sich B. auf das Genre des Songspiels konzentriert. In der Nachfolge Karl Valentins und Brechts (*Mahagonny,* Lehrstücktheorie) entstanden Werke, in denen sich B. mit dem Überdauern von kleinbürgerlichen Verhaltensweisen auseinandersetzt. Das Auseinanderfallen von öffentlicher und privater Moral verfällt ebenso der Kritik (*Der Bauch*) wie die Scheinkollektivität und der Heroismus der frühen DDR-Aufbauliteratur (*Die Goldgräber*). Seit etwa 1974 hat sich

B. mit diesem Genre in der DDR immer stärker durchsetzen können.

W.: Romane, Erzählungen, Prosa: Wadzeck, 1980; Geschichten vom Floh, 81; Annes Wiese, 84; Die Raupe Rosalinde, 85; Reisen und Abenteuer der Maus Belinda [mit I. Jörg], 86. – *Parodien:* Kalte Küche, 74; Die Hölderlinie, 83. – *Songspiel, Operetten:* Orpheus, 70; Der Bauch und andere Songspiele, 77. – *Lyrik:* Zugluft, 68; Poesiealbum 13, 68; Die Lachmaschine, 71; Kaderakte, 79; Weihnacht ist und Wotan reitet, 85.

Bartsch, Rudolf, * 15. 9. 1929 Rosenberg (Polen).
Nach Besuch der Oberschule war B. Landarbeiter und Maurer, ab 1950 wurde er zum Lehrer ausgebildet. 1955–56 studierte B. am Literaturinstitut in Leipzig; seither ist er freischaffend.
Mit den beiden Romanen *Geliebt bis ans bittere Ende* und *Zerreißprobe* vermittelt B. einen Eindruck von den Ost-West-Auseinandersetzungen zwischen 1945 und 1956.
In dem Fortsetzungsroman *Die Zerreißprobe* treten die DDR-internen Konflikte in den Mittelpunkt: Die wegen «Versöhnlertums» aus der SED ausgeschlossene Protagonistin setzt sich für einen Schriftsteller ein, der in die Mühlen der orthodoxen Literaturpolitik dieser Jahre gerät. Der Roman, der zusammen mit Christa Wolfs *Nachdenken über Christa T.* erschien, verfiel dem gleichen Verdikt. Auch B. wurde vorgeworfen, er habe sich nicht ausreichend von seiner Heldin distanziert.

W.: Romane, Erzählungen, Kinderbücher: Der große Übergang, 1951; Man kann nicht immer stumm sein, 53; Unter den weißen Wolken, 53; Tür zu – es zieht, 55; Geliebt bis ans bittere Ende, 58 (veränderte Fassung 60); Ein Zug fiel aus, 60; Fahrerflucht, 60; Aufruhr in Bangsville, 61; Diskretion, 62; Die Zerreißprobe, 69; Die verwandelte Sonne, 72 (mit anderen); Der Mann, der über die Hügel steigt, 73. – *Fernsehspiele, Hörspiele:* Der Fund, 64; Sprengung, 65; Cœur d'alène, 71; Blick in die Tiefe, 72.

Baruch → Buber, Martin

Bassermann, Lujo → Schreiber, Hermann

Bäte, Ludwig, *22. 6. 1892 Osnabrück,
†30. 4. 1977 ebd.

B. entstammte einer Osnabrücker Handwerkerfamilie. Nach seiner Ausbildung
arbeitete er zunächst als Lehrer, ab 1928
leitete er eine Realschule; nach dem
2. Weltkrieg Beschäftigung als Kultur-
dezernent und Stadtarchivar. B. verbrachte
sein ganzes Leben in der Heimatstadt Osnabrück. Die Verbundenheit mit dieser
Stadt und der westfälischen Umgebung
drückte sich auch in einem Teil seiner Arbeiten aus. Begonnen hatte B. seine
schriftstellerische Arbeit mit empfindsa-
men Gedichten, es folgten Publikationen
zu kulturgeschichtlichen und literaturwissenschaftlichen Themen. Die Biographie des Staatsmannes und Gelehrten Justus Möser gehört zu den Hauptwerken.
– B. engagierte sich in der Deutschen
Schiller-Stiftung, der Goethe-Gesell-
schaft und der Gesellschaft für christlich-
jüdische Zusammenarbeit und wurde mit
der Möser-Medaille der Stadt Osnabrück
ausgezeichnet.

*W.: Romane, Erzählungen, Novellen, Ge-
schichten:* Rast auf der Wanderung, 1921; Das
ewige Vaterland, 22; Die Reise nach Göttingen, 22; Im alten Zimmer, 23; Aus goldenen
Gassen, 25; Gang ins Gestern, 27; Verscholle-
nes Schicksal, 27; Tilman Riemenschneider,
28; Novellen um Osnabrück, 30; Der Brand in
Berka, 32; Der Friede, 34; Der Schoner ‹Johanna›, 36; Herz in Holland, 36; Die Blume
von Isenheim, 37; Bühne im Morgenrot, 38;
Fenster nach Norden, 39; Münchhausen und
Eulenspiegel, 40; Eine Frau besiegt den Ozean, 41; Schwegerhoff, 44; Legende von den
vier Frauen, 44; Niederdeutsche Anekdoten,
45; Der Weg zu ihr, 46; Der trunkene Tod, 47;
Begegnungen, 47; Johanneslegende, 47; Tilman Riemenschneider kehrt heim, 48; Der
Friedensreiter, 48 (u. d. T. Der Kurier der Königin, 55); Herrn Lichtenbergs Irrtum, 50; Rosen nach Lidice, 56; Meisenheimer Novelle,
53. – *Lyrik:* Weisen im Walkranz, 15; Sommer-
fahrten, 16; Feldeinsamkeit, 17; Mondschein
und Giebeldächer, 19; Die Amsel, 22; Mond
über Nippenburg, 24; Weg durch Wiesen, 26;
Verklungene Stunden, 28; Lied nach Süden,
31; Worpswede, 34; Vergiß nicht, daß du Flügel hast, 41; Weg und Ziel, 47; Amore Pacis,
48; Der Morgenstern, 48; Alles ist Wiederkehr, 52; Flechte enger den Ring, 57; Weimarer Elegie, 61; Der tönende Tag, 67. – *Drama:*
Eines Königs Sohn, 62. – *Schriften:* Friedrich
Leopold von Stolberg, 19; Wittekindsland, 24;

Jenny von Voigts, 26; Johannes Schlaf, 27; Osnabrücker Theater, 2 Bde, 30 u. 32; Danzig und
der deutsche Westen, 33; Das ehrenreiche
Soest, 38; Urdeutsches Niedersachsen, 38; Das
schöne Münster, 38; Osnabrück, 39; Der Westfälische Friede in Osnabrück, 40; Osnabrück
und der Westfälische Friede, 40; Hermann Anders Krüger, 41; Annette am Bodensee, 42; Johann Carl Bertram Stüve, 48; Johann Gottfried
Herder, 48; Weimar, 56; Justus Möser, 61; Gustav Adolfs Sohn, 62; Franz Hecker, 63; Goethe und die Osnabrücker, 70. – *Sammel- u.
Werkausgaben:* Gaben des Herbstes, 64; Der
Friedensreiter u. a. Erzählungen, 71. – *Herausgebertätigkeit:* Das Buch der deutschen Kleinstadt, 20 (mit K. Meyer-Rotermund); Das
Buch vom deutschen Pfarrhaus (mit K. Meyer-
Rotermund), 20; Aus Theodor Storms Lebens-
garten, 21; Der Mond ist aufgegangen, 21. Das
Nachtwächterbüchlein, 23; Vossische Haus-
idylle, 25; Kranz um Jean Paul. Briefe von
H. Voß, 25; Johannes Schlaf. Leben u. Werk,
32; Der goldene Wagen, 40; Niederdeutsche
Anekdoten, 45; Theodor Storm, 46; A. v. Arnim u. C. Brentano: Des Knaben Wunderhorn,
47; Noto Soeroto, 48.

Batt, Kurt, *22. 7. 1931 Hamburg,
†20. 2. 1975 Rostock.

B., Sohn eines Buchdruckers, wuchs in
Teterow, dem «mecklenburgischen Schilda», auf, war nach dem Germanistikstudium (u. a. bei Hans Mayer u. Ernst
Bloch) in Leipzig Lehrer am Rostocker
Konservatorium und ging 1959 als Lektor
zu einem Verlag in Rostock; er bemühte
sich vor allem um den Ausbau einer «kritischen Erberezeption». B. gehörte mit
zahlreichen literaturkritischen Essays,
Aufsätzen und Rezensionen zu den wichtigsten Literaturkritikern der DDR (u. a.
1974 Heinrich-Mann-Preis der Akademie der Künste). Herausragend sind seine biographischen Arbeiten über Fritz
Reuter und Anna Seghers, Analysen zur
neueren westdeutschen Literatur und
theoretische Reflexionen zur Kritik, wobei B.s Arbeiten zumeist, wie bei seinem
Vorbild Lichtenberg, «in der Mitte zwischen künstlerischer und wissenschaftlicher Prosa stehen». Wichtigeres als
durch eigene Beiträge als biographischer
Schriftsteller hat B. durch seine Lekto-
rentätigkeit für die Entwicklung der
DDR-Literatur geleistet; in der «Bera-
tung, Förderung und Anregung» vor allem jüngerer Autoren sah er seine

Hauptaufgabe. Zu den von B. betreuten und mit ihm meist freundschaftlich verbundenen Autoren gehören u. a. Erich Arendt, Jurek Becker, Fritz Rudolf Fries, Franz Fühmann, Paul Gratzik, Bernd Jentzsch, Rainer Kirsch, Erich Köhler, Ulrich Plenzdorf, Klaus Schlesinger, Rolf Schneider. Durch die Förderung inhaltlicher und formaler Experimente hat B. der DDR-Belletristik gesetzte Grenzen geöffnet, hat entscheidend zum Qualitätsgewinn und zur Vielfalt der neueren DDR-Dichtung beigetragen.

W.: Literaturkritische und essayistische Schriften: Untersuchungen zur Auseinandersetzung zwischen Klaus Groth und Fritz Reuter (Diss.), 1958; Fritz Reuter. Leben und Werk, 67; Unmittelbarkeit und Praxis. Zur ästhetischen Position von Anna Seghers (in: Positionen. Beitr. zur marx. Literaturtheorie in d. DDR), 69; Voraussetzungen der Kritik (in: «NDL» 5), 73; Anna Seghers. Versuch über Entwicklung und Werke, 73; Revolte intern. Betrachtungen zur Literatur in der BRD (in der BRD u. d. T. Die Exekution des Erzählers. Westdeutsche Romane zwischen 1968 und 1972), 74; Widerspruch und Übereinkunft. Aufsätze zur Literatur (in der BRD u. d. T. Poetisches und wirkliches Blau), 78. – *Herausgebertätigkeit:* Fritz Reuter: Herr von Hakensterz und seine Tagelöhner, 61; Klaus Groth: Quickborn, 62; Reinke der Fuchs, 63; Fritz Reuter (BDK, 3 Bde), 63; Georg Ch. Lichtenberg: Aphorismen, Essays, Briefe, 63; Jeremias Gotthelf: Erzählungen, 63; John Brinkmann: Werke, 2 Bde, 64; Fritz Reuter: Gesammelte Werke und Briefe, 9 Bde, 67; Klaus Groth: Voer de Goern, 70; Georg Ch. Lichtenberg: Aphorismen, 75; Mecklenburg. Ein Lesebuch, 77.

Bauer, Josef Martin, * 11. 3. 1901 Taufkirchen (Vils), † 15. 3. 1970 Dorfen (Oberbayern).
B., Sohn eines Bäckers, nahm nach dem Abitur mehrere Gelegenheitsarbeiten an und wurde dann Lokalredakteur in Dorfen, wo er seit 1935 als freiberuflicher Schriftsteller lebte. – B.s frühe Romane aus den 30er Jahren spielen noch im dörflichen Milieu und schildern das Schicksal von Einzelgängern auf den Spuren einer vergangenen Zeit. Die Erlebnisse als Soldat im 2. Weltkrieg, die er in Tagebüchern und Erzählungen zu verarbeiten suchte, führten zu Erschütterungen und Wertkrisen (*Am anderen Morgen*), die

erst in den späteren Romanen überwunden wurden, welche die tiefe Verwurzelung B.s in die katholische Glaubenswelt anzeigen (*Der Kranich mit dem Stein*). Die Fixierung seiner Romanfiguren auf einen positiven «Helden», der sich gegen Schicksal, Leid und die Kräfte des Bösen durchzusetzen weiß, zeigt deutlich auch B.s erfolgreichster Roman *So weit die Füße tragen* (auch als Hörspielfolge und Fernsehfilm), der Bericht eines Flüchtlings aus einem sibirischen Gefangenenlager.

W.: Romane: Achtsiedel, 1930; Die Notthaften, 31; Die Salzstraße, 32; Das Haus am Fohlenmarkt, 36; Das Mädchen auf Stachet, 40; Am anderen Morgen, 49; So weit die Füße tragen, 54; Der Sonntagslügner, 57; Der Kranich mit dem Stein, 58; Der Abhang, 60; Siebtens die Gottesfurcht, 64; Kleine Liebesleute oder Die schönen Torheiten, 67. – *Erzählungen:* Bäuerliche Anabasis, 33; Simon und die Pferde, 34; Das Herz, 38; Der Doppelgänger, 38; Zwischenspiel, 38; Die barocke Kerze, 38; Opa du bist mein Freund, 61; Mensch an der Wand, 62; Das Kind zu suchen, 65; Wiederkehr der Freude, 68; Es blieb nur eine Spur im Schnee. – *Drama:* Der Meier Helmbrecht, 39. – *Tagebücher:* Die Kraniche der Nogaia, 42; Kaukasisches Abenteuer, 50. – *Hörspiele:* Der Mensch kehrt heim, 36; Das tote Herz, 37; Die Flucht, 39; Der Schatten eines Strohhalms, 51; Hier spricht Kellermann, 51; Die Bürger von Bethlehem, 51; Die Leute von Oberwasser, 52; Der gerechte Herr Boll, 53; Geromino und die Räuber, 53; Die Akademie der Schöpfung, 54; Die Sache mit Fadenherr, 54; Die törichten Jungfrauen, 55; Die Stadt der Gerechten, 55; Der Mensch aber ist gut, 55; Die getreue Christa, 56; Die Weinwirtschaft zum Auge Gottes, 57; Die Vernehmung des Ischariot, 57; Um Jahr und Tag, 57; Der größte Abenteurer des Jahrhunderts, 57; Dr. Hippolyt Leibetseder, 57; Mit Wölfen soll man nicht spielen, 57; Die Steuererklärung, 57; Die Seele aus dem Leib, 57; Der schwarze Anzug, 57; Wie Sand am Meer, 59; Schneesturm, nach Puschkin, 59; Der Mantel der Liebe, 60; Das letzte Engagement, 62. – *Ferner:* Spanien (Text zu einem Bildband von D. M. Noack, o. J.).

Bauer, Walter, * 4. 11. 1904 Merseburg (Saale), † 23. 12. 1976 Toronto.
Arbeitersohn. Im Dritten Reich Volksschullehrer, Lastwagenfahrer. 1952 nach Kanada emigriert, fing ganz von unten an. Studierte schließlich an der Univ. Toronto Modern Languages and Litera-

tures, anschließend Dozent für deutsche Literatur daselbst. – B.s Gedichte und Romane, die vor 1933 entstanden, wurden verboten. In seinen lyrischen Anfängen gehörte er in den Umkreis der Arbeiterdichtung. Humane Gesinnung, humanitäre Darstellung sozialer Konflikte und Tragödien kennzeichnen sein weitgehend vergessenes und verdrängtes Werk.

W.: Romane, Erzählungen, Biographien: Ein Mann zog in die Stadt, 1930; Das Herz der Erde, 33; Der Lichtstrahl, 37; Die zweite Mutter, 44; Das Lied der Freiheit, 48; Besser zu zweit als allein, 50; Die Sonne von Arles, 51; Folge dem Pfeil, 56; Die langen Reisen, 56; Die Tränen eines Mannes, 58; Der weiße Indianer – Wäscha Kwonnesin, 60; Die Stimme, 61; Fremd in Toronto, 63; Ein Jahr, 67; Geburt des Poeten. Erinnerungen, 80. – *Lyrik:* Kameraden, zu euch spreche ich, 29; Die Stimme aus dem Leunawerk, 30; Gast auf Erden, 43; Dämmerung wird Tag, 48; Botschaften, 49; Mein blaues Oktoberheft, 54; Nachtwachen des Tellerwäschers, 57; Klopfzeichen, 63; Fragment vom Hahnenschrei, 66; Lebenslauf 1929–74, 76. – *Essays, Tagebücher:* Bildnis von Caspar David Friedrich, 36; Tagebuchblätter aus Frankreich, ⁷42; Tagebuchblätter aus dem Osten, 44 (zensiert); Fridtjof Nansen, 81. – *Sammelausgaben:* Tagebuchblätter und drei Erzählungen, 58; Der Weg zählt, nicht die Herberge. Prosa und Verse 1928–64, 64; Liebe zu Deutschland heißt Leiden an Deutschland. Briefe aus Kanada, 83.

Bauer, Wolfgang, *18.3.1941 Graz.

B. studierte Theaterwissenschaften, Romanistik, Jura und Philosophie in Graz und Wien. Lebt als freier Schriftsteller und Regisseur. – B.s frühe Einakter (seit 1961) verraten den Einfluß Ionescos und des absurden Theaters. Zentrales Thema ist die Gefährdung individueller Autonomie bzw. das Problem der Anpassung an unbegriffene Realitätsstrukturen. Später (besonders seit *Magic Afternoon*) siedelt B. diese Thematik in scheinbar «realistischen» Milieus an, vornehmlich in Künstler- und Intellektuellenkreisen, wo sie als Gegensatz von Existenz und Rolle erscheint. Hinter B.s vermeintlich mimetischem Darstellungsverfahren verbirgt sich die teils spielerische, teils philosophisch begründete Auseinandersetzung mit dramatischen Formtopoi und Gattungserwartungen. Besonders ausge-

prägt ist dieses Spiel mit Formen und Erwartungshaltungen in den unspielbaren «Mikrodramen»; ähnliche Tendenzen auch in B.s Prosa und Lyrik. 1970 Rosegger-Preis, 1981 Dramatikerstipendium, 1988 «manuskripte»-Literaturpreis.

W.: Romane, Texte: Der Fieberkopf, 1967; Ein fröhlicher Morgen beim Friseur, 83. – *Dramen:* Mikrodramen, 64; Magic Afternoon/Party for Six/Change – drei Stücke, 69; Katharina Doppelkopf und andere Eisenbahnstücke, 73; Gespenster/Silvester oder Das Massaker im Hotel Sacher/Film und Frau – drei Stücke, 74; Magnetküsse, 75; Memory Hotel, 80; Batyscaphe 17–26 oder Die Hölle ist oben, 80; Pfnacht, 80; Woher kommen wir? Was sind wir? Wohin gehen wir?, 81; Fröhlicher Morgen beim Friseur, 83; In Zeiten wie diesen. Drehbuch, 84; Nacht Zettel. 7 Theaterstücke nach Shakespeares «Ein Sommernachtstraum» [mit I. v. Kieseritzky u.a.], 87; «Ach, armer Orpheus» (in: Manuskripte 106), 89. – *Lyrik:* Das stille Schilf, 69; Das Herz, 81; Die Zeit, die noch bleibt. Gedichte und Gedanken, 89. – *Werkausgaben:* Die Sumpftänzer (Dramen, Prosa, Lyrik, Essays), 78; Das Herz, 81; Werke, 7 Bde, 86ff.; Der wilde Jäger (mit H. C. Artmann, K. Bayer) 87; Magic Afternoon. 3 Stücke o.J. – *Schallplatten u.ä.:* Hirn mit Ei (mit H.C. Artmann u. K. Bayer), 81 (Platte).

Baum, Oskar, *21.1.1883 Pilsen, †20.3.1940 Prag.

B. war der Sohn eines jüdischen Schnittwarenhändlers. Als Kind verlor er nach einer Schlägerei mit tschechischen Schulkindern sein Augenlicht. In der Blindenanstalt Hohe Warte in Wien legte er die Prüfung als Lehrer für Klavier- und Orgelspiel ab. Danach arbeitete er in Prag als Organist in einer Synagoge, als Klavierlehrer und seit 1922 als Musikkritiker der deutschsprachigen «Prager Presse». Während der Besetzung der Tschechoslowakei durch deutsche Truppen arbeitete B. in der jüdischen Kultusgemeinde. Seine Versuche, nach England zu emigrieren, scheiterten. Nach einer Operation starb er im jüdischen Krankenhaus in Prag.

B., der 1932 den tschechischen Staatspreis für deutschsprachige Literatur erhalten hat, war gläubiger Jude, aber kein Zionist. Wesentliche Themen seiner Prosa und seiner Lyrik sind Judentum und Blindheit (auch als Metapher). Bereits seine ersten Erzählungen, die 1908 durch Max Brods Vermittlung veröffentlichten Novellen *Uferdasein*, greifen diese Themen auf, die auch den Roman *Das Leben im Dunkeln* bestimmen, in dem er autobiographisch seine Kindheit und Jugend beschreibt. Alle seine Werke, die um diese Lebensthematik kreisen, kennzeichnet das Fehlen von Haß und Ressentiment gegen die Verursacher seines Leidens sowie der Wille, es zu bewältigen und eine «neue Wirklichkeit» (so der Titel eines weiteren Romans) zu erlangen. In zwei Romanen beschäftigt sich B. mit dem Schicksal der Juden. In *Die böse Unschuld* beschreibt er die Anhänglichkeit der Juden einer tschechischen Kleinstadt an die deutsche Kultur, die auch unter der nach dem 1. Weltkrieg veränderten politischen Situation unverändert bleibt – trotz des wachsenden Antisemitismus der Deutschen. Auch sein letztes publiziertes Werk, der Roman *Das Volk des harten Schlafs*, befaßt sich mit dem Judentum. Am Schicksal der im 8. Jahrhundert zum Judentum übergetretenen tatarischen Chasaren verdeutlicht B. die Notwendigkeit des Widerstands, auch dann, wenn der eigene Untergang gewiß ist. – Die letzten Arbeiten B.s sowie eine Reihe ins Ausland geschickter Manuskripte müssen als verloren gelten. Der seinerzeit bekannte und erfolgreiche Schriftsteller B. ist heute so gut wie vergessen, kaum eines seiner Werke wurde wiederaufgelegt – trotz Fürsprecher wie Franz Kafka, Max Brod und Stefan Zweig.

W.: Romane, Erzählungen: Uferdasein, 1908; Das Leben im Dunkeln, 09; Ein Schicksal (in: Saturn, 2. Jg., H. 8), 12; Die Memoiren der Frau Marianne Rollberg, 12; Die böse Unschuld, 13; Zwei Erzählungen, 18; Die verwandelte Welt, 19; Die Tür ins Unmögliche, 20; Die neue Wirklichkeit, 21; Drei Frauen und ich, 28; Nacht ist umher, 29; Die Schrift, die nicht log, 31; Zwei Deutsche, 34; Das Volk des harten Schlafs, 37. – *Dramen:* Das Wunder, 20; Der Feind, 26; Der pünktliche Eros, 27.

Baum, Vicky (früher: Hedwig), *24.1.1888 Wien, †29.8.1960 Hollywood.
Tochter eines Beamten; sie besuchte in Wien das Pädagogium, später das Konservatorium und wurde 1916 vom Großherzog von Hessen nach Darmstadt als Harfenistin berufen. Seit 1914 begann sie, sich nebenher schriftstellerisch zu betätigen. 1926–31 war sie Redakteurin in Berlin. 1929 wurde sie mit ihrem Roman *stud. chem. Helene Willführ* schlagartig berühmt. Anläßlich der Verfilmung ihres erfolgreichsten Buches *Menschen im Hotel* (mit Greta Garbo) ging sie 1931 nach Hollywood. Sie blieb dort, reiste viel nach Europa, Mexiko, Ostasien, Indonesien. 1938 erwarb sie die amerikanische Staatsbürgerschaft und schrieb fortan in englischer Sprache. – Sie gehörte zu Lebzeiten zu den meistgelesenen und -übersetzten Autoren der Welt; in ihren Unterhaltungsromanen wird spannende Handlung mit genauer Milieuschilderung geschickt verbunden. Während des Dritten Reichs waren ihre Bücher in Deutschland verboten.

W.: Romane, Erzählungen: Frühe Schatten, 1919; Der Eingang zur Bühne, 20; Die Tänze der Ina Raffay, 21 (u. d. T. Kein Platz für Tränen, 82); Schloßtheater, 21; Die anderen Tage, 22; Die Welt ohne Sünde, 23; Ulle der Zwerg, 24; Feme, 26; Hell in Frauensee, 27; stud. chem. Helene Willführ, 29; Menschen im Hotel, 29; Zwischenfall in Lohwinkel, 30; Leben ohne Geheimnis, 32; Das große Einmaleins, 35; Die Karriere der Doris Hart, 36; Der große Ausverkauf, 37; Tale of Bali, 37 (dt. Liebe und Tod auf Bali); Bomben auf Shanghai, 37 (dt. Die große Pause, 41); Hotel Shanghai, 39; The ship and the shore, 41 (dt. Es begann an Bord, 63); Marion alive, 42 (dt. Marion lebt, 42); The weeping wood, 43 (dt. Kautschuk, 45); Berlin Hotel, 43; Mortgage on life, 46 (dt. Verpfändetes Leben, 63); Schicksalsflug, 47; Headless Angel, 48 (dt. Clarinda, 49); Rendezvous in Paris, 51; Vor Rehen wird gewarnt, 52; Die Strandwache, 53; Kristall im Lehm, 53; Flut und Flamme, 56; Die goldenen Schuhe, 59. – *Autobiographisches:* Es war alles ganz anders, 62. – Ferner Drehbücher. – *Sammel- und Werkausgaben:* Die Karriere der Doris Hart. Die große Pause, 80.

Bäumer, Gertrud, *12.9.1873 Hohenlimburg/Westfalen, †25.3.1954 Bethel bei Bielefeld.
Nach mehrjähriger Tätigkeit als Volksschullehrerin und einem Philosophiestudium promovierte B. 1904 über *Goethes Satyros*; mit Helene Lange und F. Naumann führend in der Frauenbewegung;

ab 1912 Mitarbeiterin von Th. Heuss und F. Naumann an der Zeitschrift «Die Hilfe», dann an der Zeitschrift «Die Frau». – Bis 1933 arbeitete sie aktiv als Leiterin des Sozialpädagogischen Instituts und der Sozialen Frauenschule in Hamburg, als Abgeordnete im Reichstag bzw. der Nationalversammlung, als Ministerialrätin und als Delegierte beim Völkerbund. Nachdem sie 1933 alle öffentlichen Ämter abgeben mußte, verlagerte sich der Schwerpunkt ihrer Arbeit auf den publizistischen Bereich: Schriften und Essays zur Frauenfrage und zu sozialen und kulturpolitischen Problemen. Außerdem entstand eine Reihe von Romanen, z. B. *Adelheid, Mutter der Königreiche*. Ihre Autobiographie *Im Licht der Erinnerung* erschien 1953.

W.: *Romane, Erzählungen:* Sonntag mit Silvia Monika, 1933; Adelheid, Mutter der Königreiche, 36; Der Park, 37; Der Berg des Königs, 38; Das königliche Haupt, 51. – *Autobiographie:* Im Licht der Erinnerung, 53. – *Essays, Schriften, Briefe:* Die Frau in der Kulturbewegung der Gegenwart, 04; Goethes Satyros, 05; Die Frauenbewegung und die Zukunft unserer Kultur, 09; Die soziale Idee in den Weltanschauungen des 19. Jahrhunderts, 10; Die Frau und das geistige Leben, 11; Der Wandel des Frauenideals in der modernen Kultur, 11; Von der Kinderseele, 12 (mit L. Droescher); Ika Freudenberg, 12; Was sind wir unserem geistigen Ich schuldig, 12; Entwicklung und Stand des Frauenstudiums und der höheren Frauenberufe, 12; Die Frau in Volkswirtschaft und Staatsleben der Gegenwart, 14; Der Krieg und die Frau, 14; Die Lehren des Weltkriegs für die deutsche Pädagogik, 15; Weit hinter den Schützengräben, 19; Helene Lange, 18, 33, 48; Studien über Frauen, 20; Fichte und sein Werk, 21; Das Reichsgesetz für Jugendwohlfahrt, 23 (mit anderen); Die seelische Krisis, 24; Die Frau in der Krisis der Kultur, 26; Europäische Kulturpolitik, 26; Deutsche Schulpolitik, 28; Grundlagen demokratischer Politik, 28; Grundsätzliches und Tatsächliches zur Bevölkerungsentwicklung, 29; Nationale und internationale Erziehung in der Schule, 29; Die Frauengestalten der deutschen Frühe, 29; Neuer Humanismus, 30; Schulaufbau, Berufsauslese, Berechtigungswesen, 30; Heimatchronik während des Weltkriegs, 30; Sinn und Formen geistiger Führung, 30; Die Frau im neuen Lebensraum, 31; Goethe – überzeitlich, 32; Krisis des Frauenstudiums, 32; Die Frau im deutschen Staat, 32; Lebensweg durch eine Zeitenwende, 33; Familienpolitik, 33; Der freiwillige Arbeitsdienst der Frauen, 33; Männer und Frauen im geistigen Werden des deutschen Volkes, 34; Ich kreise um Gott, 35; Wolfram von Eschenbach, 38; Krone und Kreuz, 38; Gestalt und Wandel, 39 (Neufssg. 2 Bde: Bildnis der Liebenden, 58, Frauen der Tat, 59); Das Antlitz der Mutter, 41; Der ritterliche Mensch, 41; Die Macht der Liebe, 42; Der neue Weg der deutschen Frau, 46; Die Reichsidee bei den Ottonen, 46; Das hohe Mittelalter als christliche Schöpfung, 46; Eine Woche im May, 47; Der Jüngling im Sternenmantel, 47; Der Dichter Fritz Usinger, 47; Die christliche Barmherzigkeit als geschichtliche Macht, 48; Ricarda Huch, 49; Die drei göttlichen Komödien des Abendlandes, 49; Frau Rath Goethe, 49; Das geistige Bild Goethes im Licht seiner Werke, 50; Otto I. und Adelheid, 51; Des Lebens wie der Liebe Band, 56; Eleonora Duse, 58; Wahrzeichen deutscher Geschichte, 58. – *Sammelausgabe:* Der Traum vom Reich, 55. – *Herausgebertätigkeit:* «Die Frau», 1893–1944 (zeitw. mit H. Lange); Handbuch der Frauenbewegung, 01–06 (mit H. Lange); Goethe's Freundinnen, 09; Die Religion und die Frau, 11; Der deutsche Frauenkongreß Berlin, 12; Die deutsche Frau in der sozialen Kriegsfürsorge, 16; Eine Hand voll Jubel, 34; Der Denker, 50.

Baumgart, Reinhard (Ernst Richard), *7. 7. 1929 Breslau.

B., Sohn eines Arztes, kam 1945 nach Süddeutschland (Allgäu), arbeitete in der Landwirtschaft und in einer Fabrik und bestand 1947 das Abitur in Mindelheim. Von 1948 an studierte er in München, Freiburg/Breisgau und Glasgow deutsche und englische Literatur und Geschichte. Nach seiner Promotion über *Das Ironische und die Ironie in den Werken Thomas Manns* war er Lektor an der Univ. Manchester und anschließend Verlagslektor in München. Seit 1962 lebt er als freier Schriftsteller. 1966 war er Gastdozent für Poetik in Frankfurt/M. – Mitglied der Deutschen Akademie für Sprache und Dichtung, 1987 J.-H.-Merck-Preis. Die Werke B.s, der zunächst als Literaturkritiker bekannt wurde, sind durch «Widerstand und Protest» charakterisiert, wobei er Bedeutung und Möglichkeit des Schreibens in Frage stellt. In seinem ersten Roman *Der Löwengarten* wählt B. die Massenmedien Illustrierte und Film als ironischen «Modellfall für unsere Zeit». Sein zweites Prosawerk,

Hausmusik. Ein deutsches Familienalbum, zeigt die Auswirkungen des NS-Regimes «im bürgerlichen Versagen». Deutsche Vergangenheit und komfortable Gesellschaft von heute sind die Themen der Erzählungen aus dem Band *Panzerkreuzer Potjomkin*. B. fordert einen neuen Realismus, weil er der Auffassung ist, daß die veränderte Wirklichkeit von heute nicht mehr in herkömmlicher, objektiver Fiktion mit Hilfe von individuellen Helden als Symbolgestalten oder typischen Repräsentanten, sondern nur noch in einer dokumentarischen Literatur, in einem Ausgleich von Fiktion und Realität reflektiert werden könne. B. bekennt sich dabei in den Essays *Literatur für Zeitgenossen* zu einer linken, aber nicht parteipolitisch orientierten Literatur. Gleichzeitig betont er in *Die verdrängte Phantasie*, daß erst eine neue Gesellschaft eine neue, «allen zugängliche Literatur» ermöglichen werde, und nicht umgekehrt.

W.: Romane, Erzählungen: Der Löwengarten, 1961; Hausmusik. Ein deutsches Familienalbum, 62; Panzerkreuzer Potjomkin, 67; Wahnfried. Bilder einer Ehe, 85; Lesmona. Eine Liebe, eine Ehe, 87. – *Dramen, Hör- und Fernsehspiele:* Der Dichter und seine Stadt. Das Leben des Granadiners Federico Garcia Lorca (Fsp.), 66; Absurdes Theater: Beckett, 66; Sprache deutscher Schlager, 70; Die Trostmaschine (Fsp.), 70; Kleist (Fsp.), 77; Jettchen Geberts Geschichte, UA 78 (als Fsp. 79); Wilhelm Meisters Lehrjahre (Fsp.), 78; Goethe [mit anderen], 79 [von B.: Wilhelm Meisters Lehrjahre, Die Wahlverwandtschaften]; Wahlverwandtschaften, UA 80 (als Fsp. 78); Sommer in Lesmona (Fsp.), 6 Tle, 87; Wahnfried (Fsp.), 2 Tle, 87. – *Essays:* Das Ironische und die Ironie in den Werken Thomas Manns, 64; Literatur für Zeitgenossen, 66; Fünfzehn Autoren suchen sich selbst, 67; Aussichten des Romans oder Hat Literatur Zukunft?, 68; Über Uwe Johnson, 70; Die verdrängte Phantasie, 72; Glücksgeist und Jammerseele, 86; Garcia Lorca und Granada. Ein Film, ein Buch [mit M. Mrakitsch], 88; Selbstvergessenheit. Drei Wege zum Werk: Thomas Mann – Franz Kafka – Bertolt Brecht, 89.

Bayer, Konrad, * 17. 12. 1932 Wien, † 10. 10. 1964 ebd. (Freitod).
Arbeitete nach dem Abitur zunächst als Bankangestellter, Barmusiker und Schauspieler, bevor er freier Schriftstel-

ler wurde. – B. gehörte zur Wiener Gruppe; Mitarbeiter der «edition 62» in Klagenfurt. Thema seines Werks ist die Scheinwelt der Wörter, die Bindung der Sprache an die Perspektive unserer Wahrnehmung. Seine Sprachspiele und Montagen waren avantgardistisch zu ihrer Zeit.

W.: montagen, 1956, 64; starker toback, kleine fibel für den ratlosen (mit O. Wiener), 62; der stein der weisen, 63; der kopf des vitus bering, 65; der sechste sinn, texte, 66 (Neuausgabe 69). – *Dramen, Hör- und Fernsehspiele, Filme:* Sonne halt! (Film), 3 Versionen, 59–62; Am Rand (Film), 3 Versionen, 59–62; die begabten zuschauer, der fliegende holländer, kosmologie, ein kriminalstück [mit G. Rühm], UA 61; bräutigam & anonymphe, UA 63; kinderoper [mit anderen], UA 64; der kopf des vitus bering (Hsp.), 64 (als Film 70); der berg (Hsp.), 66; kasperl am elektrischen Stuhl, UA 68; sie werden mir zum rätsel, mein vater [mit G. Rühm] (Hsp.), 69; der analfabet, der berg, UA 69; Konrad Bayer oder: Die Welt bin ich und das ist meine Sache (Film), 69; die boxer, UA 71; der schweißfuß [mit G. Rühm] (Hsp.), 71; idiot, UA 72; Berg Berg (Film), 72; die pfandleihe, UA 88. – *Übersetzungen:* W. B. Yeats: Die Sanduhr (in: Ders.: Werke, Bd. 3), 73. – *Sammel- und Werkausgaben:* Die Wiener Gruppe (Gemeinschaftsarbeiten mit Achleitner, Artmann, Rühm, Wiener), 67; Das Gesamtwerk, 77; Briefe an seine Verleger, 79; Aus dem Nachlaß, 81; Sämtliche Werke, 2 Bde, 84; Der wilde Jäger. Sammlung (mit H. C. Artmann u. W. Bauer), 87. – *Schallplatten, Kassetten:* Der Kopf des Vitus Bering, 73 (Kass.); seit ich weiß, daß alles meine erfindung ist, 86; Herbert Fritsch liest K. B., o. J.

Becher, Johannes Robert, * 22. 5. 1891 München, † 11. 10. 1958 Berlin.
B., Sohn eines Oberlandesgerichtspräsidenten, studierte in München, Jena und Berlin Philologie, Philosophie und Medizin. Als Mitarbeiter der «Aktion» gehörte B. zu den führenden Vertretern des Expressionismus; 1917 schloß er sich der USPD, 1918/19 dem Spartakusbund/KPD an. Ein Hochverratsprozeß gegen ihn wurde 1925/26 auf Grund von Massenprotesten niedergeschlagen. 1928 gehörte B. zu den Mitbegründern des Bundes Proletarisch-Revolutionärer Schriftsteller (BPRS). 1933 emigrierte B. über verschiedene Stationen, 1935 in die Sowjetunion; er war dort u. a. Chefredak-

teur der «Internationalen Literatur» und Mitglied des ZK der KPD. Nach seiner Rückkehr 1945 gehörte B. in der SBZ/DDR zu den einflußreichsten Kulturpolitikern: Er war Mitbegründer des «Aufbau», des «Sonntag» und von «Sinn und Form», 1953–56 Präsident der Akademie der Künste und ab 1954 erster Minister für Kultur. U. a. Nationalpreis 1949 und 1950.

Bechers expressionistisches Frühwerk, von dem er sich später distanzierte, ist durch eine ekstatische Lyrik gekennzeichnet, in der die Hoffnung auf einen völligen Neuansatz für die Menschheitsentwicklung dominiert. Das Pathos der Kleist-Hymne *Der Ringende* ist hierfür ebenso beispielhaft wie die Sammlung *De Profundis Domine*, in der in religiös getönter Sprache die Sehnsucht nach Erlösung aus den Widersprüchen der Zeit artikuliert wird. Das antibürgerliche Engagement (*Verfall und Triumph*) und die Antikriegslyrik (*Päan gegen die Zeit*) verband sich mit einem ungebrochenen Enthusiasmus für den gesellschaftlichen Neubeginn in der Sowjetunion (*An alle*). Auch im weiteren Fortgang des von künstlerisch-existentiellen Krisen begleiteten Lebensweges B.s sollte ein «unaufhörliches Abschiednehmen» (Hermlin) vom Bürgertum die vorherrschende Thematik seines Werkes bleiben; nach der Veröffentlichung des experimentellen Antikriegsromans *Levisite oder Der einzig gerechte Krieg* erschienen seit Mitte der 20er Jahre, insbesondere aber während der BPRS-Zeit, essayistische und lyrische Arbeiten B.s, die von proletkultischen Tendenzen beeinflußt waren (u. a. *Der große Plan*). Eine schroffe Abgrenzung zu linksbürgerlichen Schriftstellern (u. a. zu Heinrich Mann) begleitete diese politisch sektiererische Phase. B. korrigierte seine Haltung erst in der Zeit des Exils. Im Exil entstand eine umfängliche Deutschland-Dichtung, in der aber, unter dem Einfluß der Volksfrontpolitik, die soziale Komponente zuweilen stark zurücktrat. In den besten Werken (z. B. *Der Glückssucher und die sieben Lasten*) gelang in vielfältigen Formen (Oden, Terzinen, Elegien) eine repräsentative Auseinandersetzung mit der deutschen Entwicklung. Das Wandlungsmotiv, das am Ende der Weimarer Republik zurückgetreten war, wurde strukturbildend für die durch quälende Aufrichtigkeit gekennzeichnete Autobiographie *Abschied*, mit der B. den eigenen Weg von der Jahrhundertwende bis zum Beginn des 1. Weltkriegs nachzeichnete. B.s Traum vom vollendeten Menschen, von ihm in Essayistik und zahlreichen Reden als Hoffnung auf die Entstehung einer «Literaturgesellschaft» konkretisiert, bestimmte das nach der Rückkehr aus dem Exil entstandene Werk. In der Lyrik, besonders in den *Neuen deutschen Volksliedern*, zeigten sich dabei gelegentlich harmonistische Züge, die von B. selbst als Indiz für die Krise seiner Wirklichkeitsbeziehungen begriffen wurden, da sich der Traum vom «gestaltenden und umgestaltenden Menschen» (Rilla) nicht in der erhofften kurzen Frist erfüllen ließ: Klassische Einfachheit näherte sich häufig klassizistischer Selbststilisierung (*Glück der Ferne – leuchtend nah*). Eine differenzierte Positionsbestimmung in der neuen Gesellschaft war das Tagebuch *Auf andere Art so große Hoffnung*, mit dem B. das Wandlungsmotiv wieder aufnahm. Das Tagebuch bildet mit dem theoretischen Werk der 50er Jahre eine Einheit. Die Ästhetik B.s stand in deutlichem Kontrast zu utilitaristischen Literaturtheorien der frühen 50er Jahre. Sie wurde später, nach einer Inanspruchnahme durch klassizistische Vorstellungen in der DDR-Kulturpolitik der 60er Jahre, häufig zum Bezugspunkt von DDR-Autoren, die auf der Unersetzbarkeit künstlerischer Erkenntnismöglichkeiten insistieren.

W.: Romane, Erzählungen: Erde, 1912; Vorwärts, du rote Front, 24; Der Bankier reitet über das Schlachtfeld, 26; Levisite oder Der einzig gerechte Krieg, 26; Abschied, 40; Der Aufstand im Menschen, 83. – *Dramen:* Arbeiter, Bauern, Soldaten, 24; Winterschlacht, 24; Das Führerbild, 46 (53 als: Der Weg nach Füssen). – *Lyrik:* Der Ringende, 11; Die Gnade eines Frühlings, 12; De Profundis Domine, 13; Verfall und Triumph, 14; An Europa, 16; Verbrüderung, 16; Die heilige Schar, 18; Das neue Gedicht, 18; Päan gegen die Zeit, 18; Gedicht für ein Volk, 19; Gedichte um Lotte, 19; An Alle!, 19; Ewig im Aufruhr, 20; Zion, 20; Der

Verstorbene, 21; Um Gott, 21; Drei Hymnen, 23; Am Grabe Lenins, 24; Hymnen, 24; Der Leichnam auf dem Thron, 25; Roter Marsch, 25; Die Bombenflieger, 25; Maschinenrhythmen, 26; Die hungrige Stadt, 27; Im Schatten der Berge, 28; Ein Mensch unserer Zeit, 29; Graue Kolonnen, 30; Der große Plan, 31; Der Mann, der in der Reihe geht, 32; An die Wand zu kleben, 32; Deutscher Totentanz, 33; Es wird Zeit, 33; Deutschland, 34; Ausgewählte Gedichte, 35; Der Mann, der alles glaubte, 35; Tränen des Vaterlandes Anno 1937, 37; Die Bauern von Unterpeißenberg und andere Gedichte aus dem bäuerlichen Leben, 38; Der Welt-Entdecker, 38; Der Glückssucher und die sieben Lasten, 38; Gesammelte epische Dichtungen, 39; Gewißheit des Sieges und Sicht auf große Tage, 39; Wiedergeburt, 40; Die sieben Jahre, 40; Hoher Himmel über dem Schlachtfeld, 41; Deutschland ruft, 42 (erw. 45); Dank an Stalingrad, 43; Die hohe Warte, 44; Heimkehr, 46; München in meinem Gedicht, 46; Romane in Versen, 46; Lob des Schwabenlandes, 47; Wiedergeburt, 47; Volk im Dunkeln wandelnd, 48; Die Faust, 49; Neue deutsche Volkslieder, 50; Glück der Ferne – leuchtend nah, 51; Sterne unendliches Glühen. Die Sowjetunion in meinem Gedicht, 2 Bde, 51 (erw. 60); Schöne deutsche Heimat, 52 (erw. 56); Deutsche Sonette, 52; Für ein Deutschland – schön wie nie, 55; Vollendung träumend, 55; Sternbilder auf Erden, 55; Als ich wiederkam, 55; Sonett-Werk 1913–1955, 56; Liebe ohne Ruh, 57; Schritt der Jahrhundertmitte, 58. – *Essays, theoretische Schriften:* Deutsche Sendung, 43; Deutsche Lehre, 44; Deutsches Bekenntnis, 45 (erw. 46/47); Erziehung zur Freiheit, 46; Wir, Volk der Deutschen, 47; Vom Willen zum Frieden, 47; Der Befreier, 49; Von Deutschlands Jugend, 49; Wir wollen Frieden, 49; Befreiung, 50; Auf andere Art so große Hoffnung (Tagebuch), 51; Verteidigung der Poesie, 52; Poetische Konfession, 54; Macht der Poesie, 55; Denn er ist unser: Friedrich Schiller, der Dichter der Freiheit, 55; Wir, unsere Zeit, das Zwanzigste Jahrhundert, 56; Von der Größe unserer Literatur, 56; Das poetische Prinzip, 57; Walter Ulbricht. Ein deutscher Arbeitersohn, 58; Die sozialistische Kultur und ihre nationale Bedeutung, 58; B. und die Insel. Briefe und Dichtungen 1916–1954, 81; J. R. B. / Bachmair, Heinrich F.: Briefwechsel 1914–1920, 87. – *Übersetzungen:* Majakovskij, Bjednij. – *Sammel- und Werkausgaben:* Der verwandelte Platz, 34; Gedichte [mit E. Weinert], 43; Dichtung. Auswahl aus den Jahren 1939–1943, 44; Ausgewählte Dichtung aus der Zeit der Verbannung 1933–1945, 45; Auswahl in 4 Bänden, 49; Ein Mensch unserer Zeit in seinen Gedichten, 1911–1951, 51; Auswahl in 6 Bänden, 52; Vom Anderswerden, 55; Als namenloses Lied, Gedicht-Auswahl, 58; Vom Mut des Künstlers, Essay-Auswahl, 59; Gerichtstag über sich selbst. Essay-Auswahl, 59; Ein Staat wie unser Staat. Gedichte und Prosa, 59; J. R. B. zum Gedenken, 59; Vom Bau des Sozialismus, 59; Sicht in alle Fernen, 59; Du bist für alle Zeit geliebt, 60; Gedichte, Winterschlacht, 60; Anders ist der neue Tag, 60; Vom Verfall zum Triumph, 61; In München bin ich geboren, 61; Gedichte für Lily, 61; Becher. Ein Lesebuch für unsere Zeit, 61; Über Literatur und Kunst, 62; Des Menschen Elend und des Menschen Größe, 65; Gesammelte Werke in 18 Bänden, 66–81; Bekenntnisse, Entdeckungen, Variationen, 68; Das Atelier, ausgewählte Gedichte 1914–1919, 69; Werke in drei Bänden, 71; Gedichte, 75; Den ganzen Menschen wollen wir erfassen, 81. – *Herausgebertätigkeit:* F. Hölderlin, Dichtungen, 52; Tränen des Vaterlandes. Deutsche Dichtungen aus dem 16. und 17. Jh., 54. – *Schallplatten:* Gegen die Phrase, die Langeweile und das allgemeine Geschwätz, 80.

Becher, Ulrich, *2.1.1910 Berlin, †15.4.1990 Basel.
B.s Leben und Werk wurden durch die frühzeitig erzwungene Emigration geprägt. Der Sohn eines Berliner Anwalts und einer Schweizer Pianistin studierte Jura in Genf und Berlin, wo er als Schüler von G. Grosz in dessen Kreis aufgenommen wurde und zu schreiben begann. Sein erstes Buch *Männer machen Fehler*, eine Sammlung von 7 Kurzgeschichten, wurde 1933 als «entartet» verbrannt, das Christusdrama *Niemand* durfte nicht aufgeführt werden. So zog der 23jährige nach Wien, wo er die Tochter des Satirikers Roda Roda heiratete. 1938 emigrierte er nach Genf; 1941 ging er mit gefälschtem Paß nach Brasilien, wo er in Rio de Janeiro und auf einer Urwaldfarm lebte. Nachdem er sich 1944–48 in New York aufgehalten hatte, kehrte er nach Wien zurück und lebte danach bis zu seinem Tode in der Schweiz. – Nach Ende des Krieges ist B. zunächst vornehmlich als Dramatiker hervorgetreten. Seine Stücke beziehen sich auf den europäischen Faschismus, sei es, daß B. sich direkt mit dem Nationalsozialismus in Österreich befaßt (*Der Bockerer*) oder daß er europäische Weltkriegsemigranten in einem südamerikanischen Hotel ihre geisterhafte Existenz artikulieren läßt (*Samba*). Die erzählende Prosa B.s

ist in ihrem nervösen, gesprächsreichen, prägnanten und unmittelbaren Stil von den dramatischen Arbeiten beeinflußt. Themen sind auch hier wieder: Nationalsozialismus, Flucht, Verfolgung, Krieg und politischer Kampf. Die Summe aus ihnen zieht B.s Roman *Murmeljagd*, der als sein bisheriges Hauptwerk gilt und in dem die stilistisch-sprachliche Herkunft B.s aus dem Expressionismus noch einmal überraschend deutlich wird. – 1976 Preis der Schweizerischen Schillerstiftung.

W.: Romane, Erzählungen: Männer machen Fehler, 1932 (erw. 58); Die Eroberer, 36; Das Märchen vom Räuber der Schutzmann wurde, 43; Die Frau und der Tod, 49; Nachtigall will zum Vater fliegen, 50; Die ganze Nacht, 55; Die Kleinen und die Großen, 55; Kurz nach 4, 57; Das Herz des Hais, 60 (neu 72); Murmeljagd, 69; Der schwarze Hut, 72; William's Ex-Casino, 73; Das Profil, 73; New Yorker Novellen, 74; Die nicht so netten Geschichten, 80; Vom Unzulänglichen der Wirklichkeit, 83. – *Dramen:* Niemand, 34; Der Bockerer (mit P. Preses), 46; Der Pfeifer von Wien (mit P. Preses), 49; Samba, 50; Feuerwasser, 51; Mademoiselle Löwenzorn, 53; Spiele der Zeit, 57 (3 Stücke); Der Herr kommt aus Bahia, 57 (u. d. T. Makimba, 65); Spiele der Zeit II, 68; Biene, gib mir Honig, 74; Die Kleinen und die Großen, 77 (Bühnenms.). – *Lyrik:* Reise zum blauen Tag, 46; Brasilianischer Romanzero, 50; Die Ballade von Franz Patenkind, 80. – *Essays:* Der große Grosz und eine große Zeit. – Rede, 62; Im Liliputanercafé, 85. – *Sammelausgabe:* Ihre Sache, Madame! und andere Erzählungen, 73; SIFF – Selektive Identifizierung von Freund und Feind, 78.

Becker, Jurek, *30. 9. 1937 Łódź (Polen).
B. verbrachte einen Teil seiner Kindheit im Getto und in den Konzentrationslagern Ravensbrück und Sachsenhausen. Erst 1945, als er mit seinen Eltern nach Berlin kam, lernte er Deutsch. Nach dem Abitur studierte er 1955–57 Philosophie und lebte seit 1960 als freier Schriftsteller in Berlin/DDR. 1971 H.-Mann-Preis, 1975 Nationalpreis, Hans-Fallada-Preis 1990.
B., Mitglied der SED seit 1957, gehörte zu der Gruppe von Schriftstellern, die gegen die Ausbürgerung Wolf Biermanns protestierten; er wurde deshalb 1976 aus der SED ausgeschlossen und

trat aus Protest im Frühjahr 1977 aus dem Schriftstellerverband aus. Seit 1977 lebt B. mit Genehmigung der DDR-Behörden in West-Berlin. 1982 Stadtschreiber von Bergen-Enkheim; Mitglied der Deutschen Akademie für Sprache und Dichtung. Im Sommersemester 1989 hielt er unter dem Titel «Warnung vor dem Schriftsteller» Poetik-Vorlesungen in Frankfurt.
B. begann als Kabarett-Texter, verfaßte Fernsehspiele und Filme. In der BRD ist B. durch seine Romane bekannt geworden. *Jakob der Lügner* ist die stark autobiographisch geprägte Geschichte vom stillen Heldentum eines Gettobewohners, der mit seinen erfundenen Radiomeldungen über den Vormarsch der russischen Truppen den Mitleidenden Überlebensmut gibt. Auffällig an B.s Roman ist, daß der Grundton des Erzählens nicht das Pathos ist, sondern eine humorvolle, von Ironie und makabrem Witz durchsetzte Erzählweise.
Beckers zweiter Roman *Irreführung der Behörden*, für den er 1974 den Bremer Literaturpreis erhielt, schildert die Probleme eines Schriftstellers in der DDR, dessen künstlerische und private Krise gerade dann einsetzt, da er mit seiner Produktion Erfolg und Anerkennung erringt.
Im *Boxer* versucht B. eine Verknüpfung seiner Erfahrungen in den faschistischen Konzentrationslagern mit der Gegenwartsebene. Aron Blank, der Boxer, wird mit 45 Jahren, psychisch und physisch schwer geschädigt, aus dem KZ entlassen. Ihm gelingt es nicht mehr, seinen Glücksanspruch zu verwirklichen: Sein Sohn Mark, dem er Vorbild sein wollte, geht in den Westen, gelangt nach Israel und gerät dort in den Juni-Krieg 1967. Der optimistische Grundton, der noch am Ende von *Jakob der Lügner* stand, ist der «Müdigkeit des Opfers» (B.) gewichen.
Held des Romans *Schlaflose Tage* ist der Lehrer Simrock, der auf die Gefahr der Anpassung im Beruf, der Gewöhnung und Frustration in der Ehe mit einem radikalen Schnitt reagiert: Er quittiert den Dienst, verläßt seine Frau.

W.: Romane, Erzählungen: Jakob der Lügner, 1969; Irreführung der Behörden, 73; Der Boxer, 76; Schlaflose Tage, 78; Nach der ersten Zukunft, 80; Aller Welt Freund, 82; Bronsteins Kinder, 86; Erzählungen, 86. – *Filme, Fernsehspiele:* Wenn ein Marquis schon Pläne hat, 62; Komm mit nach Montevideo, 63 (mit K. Belikke); Gäste im Haus, 63; Zu viele Kreuze, 64; Ohne Paß in fremden Betten, 65 (mit K. Belikke); Immer um den März herum, 67; Jungfer, Sie gefällt mir, 68; Meine Stunde Null, 70; Der Anfänger, 72; Das Versteck, 77; Liebling Kreuzberg, 87f. – *Essays, theoretische Schriften:* Warnung vor dem Schriftsteller, 90.

Becker, Jürgen, *10. 7. 1932 Köln.
B. wuchs in Thüringen und im Harz auf, ab 1950 wieder in Köln. Kurzes, 1954 abgebrochenes Studium. Verschiedene Arbeitsplätze. Zwei Jahre Verlagslektor, danach zwei Jahre Stipendiat der Villa Massimo in Rom. Seit 1968 in Köln, zunächst als freier Schriftsteller, seit 1975 Leiter der Hörspielabteilung des Deutschlandfunks. 1980 Kritikerpreis und Literaturpreis der Bayerischen Akademie der Schönen Künste.
B. begann mit experimentellen, von der modernen amerikanischen Lyrik geprägten Gedichten, dann Prosagedichte, stofflichere Texte in freien Versen. Später Konzentration auf Wahrnehmen und bloßes Feststellen seiner Lebensumstände: «Spaziergänge durch sich selbst». B. will total subjektiv schreiben, «um beim Leser verdrängte Erinnerungen zu wecken». Vergangenheit wird als gegenwärtig erlebt, denn «das Gedächtnis ist trotz aller Irritationen noch nicht zerrieben». *Felder*: lose Texteinheiten verschiedener Länge über Köln und Umgebung. *Ränder*: Protokoll von Erscheinungsformen und Erlebtem, deren unzulängliche Wiedergabe mit sprachlichen Mitteln melancholisch registriert wird. Mit *Eine Zeit ohne Wörter* Wechsel ins Medium der Fotografie, um sich eines Vorgangs durch das Kameraobjektiv zu versichern, danach erneuter Ansatz, mit seinem «Kamerablick» die «riesigen Räume ohne Wörter» in Sprache umzusetzen. In der Lyrik übergreifende Langzeiler (*Tage auf dem Land*: ein Gedicht mit über 500 Textzeilen). Für den Gedichtband *Odenthals Küste* erhielt er 1987 den Bremer Literaturpreis.

W.: Prosa: Phasen (mit Typogrammen von W. Vostell), 1960; Felder, 64; Ränder, 69; Umgebungen, 70; Erzählen bis Ostende, 81; Die Abwesenden, 82; Felder, Ränder, Umgebungen, 83. – *Dramen, Hörspiele:* Bilder, Häuser, Hausfreunde, 69; Die Wirklichkeit der Landkartenzeichen, 71; Erzählungen finden in den Geräuschen statt, 71; Türen und Tore (mit L. Harig und R. Döhl), 71; Die Zeit nach Harrimann, 71; Einzelne Bäume im Wind, 72; Die Abwesenden, 83. – *Lyrik:* Schnee, 71; Das Ende der Landschaftsmalerei, 74; Erzähl mir nichts vom Krieg, 77; In der verbleibenden Zeit, 79; Gedichte 1965–1980, 81; Fenster und Stimmen. Gedichte und Bilder, 82; Die Tür zum Meer, 83; Odenthals Küste, 86; Das Gedicht von der wiedervereinigten Landschaft, 88. – *Sonstiges:* Eine Zeit ohne Wörter, 71 (Fotoband); Ideale Landschaft. Texte zu einem Farbmusterbuch (mit K. P. Bremer), 68; Schreiben und Filmen. Fernsehfilm (mit K. Schöning), 71; Der Oelbaum, 87; Frauen mit dem Rücken zum Betrachter [mit R. Bohne], 89. – *Herausgebertätigkeit:* Happenings Fluxus Pop Art Nouveau Réalisme (mit W. Vostell), Borchers, E.: Gedichte, 76; Jahrbuch der Lyrik 1987/88, 88.

Beer-Hofmann (bis 1884: Beer), Richard, *11. 7. 1866 Wien, †26. 9. 1945 New York.
Studierte Jura und lebte nach seiner Promotion materiell unabhängig als freier Schriftsteller in Wien, befreundet mit Hofmannsthal und Schnitzler (Kreis Jung-Wien, Café Griensteidl). Als Dramaturg und Regisseur arbeitete er im Auftrag M. Reinhardts 1924, 1928 und 1930 in Wien und Berlin. 1938 emigrierte er über Zürich in die USA. Nach ersten Erzählungen (*Das Kind; Camelias*) stellt er, gleichzeitig mit Schnitzler zum inneren Monolog vorstoßend, im *Tod Georgs* die Entscheidungssituation eines jungen Menschen zwischen dem im Sinne der Jahrhundertwende mythisiert aufgefaßten «Leben» und ästhetisierendem Dasein in einem dichten, bis in die letzten Einzelheiten durchgestalteten Symbolgefüge dar, mit Hilfe dessen die Grenzen von Realität und Traum verfließen. Das Trauerspiel *Der Graf von Charolais* ist die Bearbeitung eines Stückes aus dem 17. Jh., in dem die Möglichkeiten von Gerechtigkeit und Menschlichkeit an einem Ehebruchs- und Kriminalkonzept dargestellt werden. Mit der starken Hinwendung B.-H.s zum Zionismus verstärkt sich die Bedeutung der jüdischen

Überlieferung und Glaubenslehre gleichzeitig mit der Spiegelung der Wirklichkeit in mythischen Auffassungen immer mehr. Von der geplanten festspielartigen Trilogie in Versen *Die Historie von König David* wurden nur Teile fertig. – Von der Lyrik ist das *Schlaflied für Mirjam* hervorzuheben, das ihn mit einem Schlag bekannt machte.

W.: *Erzählungen:* Novellen, 1893; Der Tod Georgs, 1900. – *Dramen:* Der Graf von Charolais, 04; Jaákobs Traum, 18; Der junge David, 33; Vorspiel auf dem Theater zu König David, 36; Das goldene Pferd (Nachlaß), 55. – *Lyrik:* Schlaflied für Mirjam, 19; Verse, 41. – *Essays, Autobiographien, Briefwechsel:* Gedenkrede auf Wolfgang Amadé Mozart, 16; Herbstmorgen in Österreich, 44; Paula, ein Fragment, 49; Briefwechsel mit Hofmannsthal, 72. – *Sammel- und Werkausgaben:* Aus dem Fragment Paula. Herbstmorgen in Österreich, 44; Gesammelte Werke, 63.

Beheim-Schwarzbach, Martin (Pseud. Ulrich Volkmann, Christian Corty), *27.4.1900 London, †7.5.1985 Hamburg.

B. verbrachte seine Jugend in Hamburg und arbeitete nach einer entsprechenden Ausbildung als kaufmännischer Angestellter, später als Schauspieler, Schriftsteller und Redakteur. Während er im 1. Weltkrieg als deutscher Soldat gekämpft hatte, emigrierte er 1939 nach London, nachdem er als britischer Staatsbürger seinen Paß benutzt hatte, um jüdischen Freunden zur Flucht zu verhelfen. In England war er als Rundfunkjournalist bei der BBC tätig, kehrte dann 1946 nach Deutschland zurück, wo er als Control Officer im Feuilleton der «Welt» beschäftigt war. Von seinen zahlreichen Werken nach 1945 fand vor allem der Schelmenroman *Die diebischen Freuden des Herrn von Biswange-Haschezeck* Beachtung. 1973 trat er aus dem Verband deutscher Schriftsteller aus und schloß sich dem Freien Deutschen Autorenverband an. Der erste Preis des Alexander-Zinn-Preises wurde ihm 1964 verliehen, 1980 die Biermann-Ratjen-Medaille.

Das schriftstellerische Werk B.s ist geprägt durch seine christlich-humanistische Haltung. Mit seinen märchenhaftlegendären Erzählungen *Die Runen Got-

tes* machte er erstmals auf sich aufmerksam. In dem symbolisch-allegorischen Roman *Die Michaelskinder*, seinem frühen Hauptwerk, wird die Frage nach der Entscheidung des Künstlers für mystische Kunstbesessenheit oder mitmenschliche Verantwortung aufgeworfen. Die Neigung zur magisch-okkulten Seite des Daseins, des Kampfes von Gut und Böse legte B. in seinen späteren Werken zugunsten eines nüchternen Rationalismus ab.

W.: *Romane, Erzählungen, Novellen:* Die Runen Gottes, 1927; Lorenz Schaarmans unzulängliche Buße, 28; Der kleine Moltke und die Rapierkunst, 29; Die Michaelskinder, 30; Die Herren der Erde, 31; Das verschlossene Land, 32; Das verliehene Buch, 33; Der Gläubiger, 34; Die Todestrommel, 35; Der Schwerttanz, 38; Die Verstoßene, 38; Der magische Kreis, 40; Vom leibhaftigen Schmerz, 46; Gleichnisse, 48; Der Unheilige oder die diebischen Freuden des Herrn von Bißwange-Haschezeck, 48; Die Geschichten der Bibel, 52; Der geölte Blitz, 53; Das Bild des Widersachers, 54; Die Insel Matupi, 55; Das kleine Fabulatorium, 59; Schirasades Nächte, 60; Das Gnadengesuch, 60; Der Mitwisser. Chronik eines Spitzels, 61; Der Stern von Burgund. Roman der Nibelungen, 61; Spione (mit G. Greene, H. Greene), 61; Grübchen und Grimassen. Heitere und kritische Betrachtungen, 63; Das Gnadengesuch, 64; Bergedorfer Offensive, 66; Lächeln überm Schachbrett, 67; Streng geheim, 67; Schatzinseln – Zauberberge, 70; Die Fußspur, 71; Führer sehen Dich an, 75; Jumen Tatsch, 76; Das Mirakel, 80; Und doch hast du gelacht, 81; So, so spricht der liebe Gott, 83. – *Lyrik:* Die Krypta, 35 (erw. 47); Das Medusenhaupt. Sonette, 41; Herz von Glas, 47; Der deutsche Krieg, 46; Der Liebestrank, 75. – *Hörspiel:* Der arme Heinrich, 62. – *Sachbücher, Abhandlungen:* Das Buch vom Schach, 34; Wesen und Aufgabe der Dichtung (mit J. Maas), 34; Die preußische Revolution, 40; Von den Büchern, 46; Chronik 1939–45, 47; Knut Hamsun zum 90. Geburtstag, 49; Ich lerne Schach, 49; Knaurs Schachbuch, 53; Das verliehene Buch. Versuch einer Typologie des Bücherschnorrers, 86. – *Biographien:* Novalis, 39; Paulus, 39; Knut Hamsun, 49; Christian Morgenstern, 64. – *Übersetzungen:* M. Mitchell, Vom Winde verweht, 37; Cronin, Die Dame mit den Nelken, 40; Forester, Das verlorene Paradies, 41; Dickens, Oliver Twist, 54; R. Ferguson, Glorreiche Verwandtschaft, 59; D. H. Lawrence, Die blauen Mokassins, 60; E. Pedrell, Alle Tage Montag, 62; Das Schönste von Mark Twain, 67; Skinner, Futurum Zwei, 70; Renault, Feuer vom

Olymp, 70. – *Sammel- und Werkausgaben:* Gesammelte Schriften, Bd 1 ff, 85 ff; Die Goldmacher. Erzählungen, 89; Der Paradiesvogel. Märchen, Legenden und phantastische Geschichten, 90. – *Herausgebertätigkeit:* Die Sagen der Griechen, 57; Die großen Hirten der Menschheit, 58; Gift und Galle, 63; Deutsche Heldensagen, 73; Rittersagen, 73.

Behrens, Alfred, *30. 6. 1944 Hamburg.
Der als Sohn eines Schlossers geborene B. absolvierte nach dem Besuch der Mittelschule eine Lehre als Verlagskaufmann und studierte 1963–66 an der Akademie für Graphik, Druck und Werbung in Berlin. Nach kurzer Tätigkeit als Werbetexter war er Übersetzer und Sprecher beim German Service der BBC in London, zugleich Filmkritiker und Rundfunkkorrespondent. Seit 1968 freiberuflich als Schriftsteller, Drehbuchautor, Fotograf und Filmemacher tätig. 1974 erhielt er den Hörspielpreis der Kriegsblinden für *Das große Identifikationsspiel* und 1982 den Bundesfilmpreis für *Berliner Stadtbahnbilder*. 1983 Adolf-Grimme-Preis für die dokumentarische Fernseharbeit «Teufelsmoor».
B. wurde bekannt vor allem als Hörspielautor (ungedruckt u. a. *Also manchmal hat man Tage die sind wie Gummi*; *Wünsche und Warensprache*; *Nur selber sterben ist schöner*; *Frischwärts in die Große Weite Welt des Totalen Urlaubs*; *Der Tod meines Vaters*; *Mottenburger Geschichten, Train of Thoughts, LoCoMotion*). In seinen literarischen Arbeiten setzt er seine Erfahrungen als Werbetexter virtuos um und entlarvt die Scheinrealität der durch die Massenmedien propagierten Leitbilder und Trivialmythen durch parodistische und satirische Verfremdung. Was indessen in seinem ersten Buch *Gesellschaftsausweis* als überzeugende Darstellung der Überredungsstrategien der Werbung und der scheinbaren Wunscherfüllung durch Konsum erscheint, zeigt in B.s folgenden Werken zugleich die Grenzen dieser literarischen Technik, wo die beabsichtigte Entlarvung zum Selbstzweck zu werden droht. In den letzten Jahren hat sich B. zunehmend mit O-Ton-Hörspielen sowie dokumentarischen Filmen und Fernsehserien beschäftigt (z. B. *Die Fernsehliga*; *Familienkino*,

mit M. Kuball; *Sie verlassen den amerikanischen Sektor*, mit S. Schwarz-Arendt; *Teufelsmoor*, mit M. Kuball; *Walkman-Blues*).

W.: Romane, Erzählungen, experimentelle Texte: Gesellschaftsausweis, 1971; Künstliche Sonne, 73; Fernsehliga, 74; Annäherung an meinen Vater, 77. – *Essay:* Berliner Stadtbahnbilder (mit Volker Noth), 81.

Belzner, Emil, *13. 6. 1901 Bruchsal/Baden, †8. 8. 1979 Heidelberg.
B. stammt aus einer schwäbischen Handwerker- und Weinbauernfamilie. Er begann schon als Gymnasiast, sich schriftstellerisch zu betätigen. Nach 1924 war er in Karlsruhe, Mannheim und Stuttgart als Journalist tätig. 1946–69 war er Feuilletonchef und stellvertretender Chefredakteur der «Rhein-Neckar-Zeitung» in Heidelberg. – Bekannt wurde B. zunächst durch seine Versepen *Die Hörner des Potiphar* und *Iwan der Pelzhändler*, in denen sich groteske Elemente mit romantischen Visionen in der Schilderung bewegten Lebens überlagern. Die Reihe seiner Romane eröffnet B. 1931 mit dem seinerzeit viel diskutierten, zum Grotesken neigenden Buch *Marschieren – nicht träumen!*, worin er sich entschieden gegen den Krieg wendet. Sein historischer Roman *Ich bin der König*, in dem James Monmouth , um seine Thronrechte durchzusetzen, gegen den Oheim Jakob II. rebelliert und 1685 hingerichtet wird, erzielte in kurzer Zeit mehrere Auflagen, kam dann aber auf den Index der in Deutschland verbotenen Literatur. – 1949 erhielt B. den Heinrich-Heine-Preis. – *Der Safranfresser*, der eine neue Phase in B.s Schaffen einleitete, ist eine zur Zeit des Erdbebens von Messina spielende, phantasievoll-bizarre Liebesgeschichte. *Die Fahrt in die Revolution oder Jene Fahrt* geht von den Erfahrungen des Gymnasiasten B. im Kriegshilfedienst bei der Eisenbahn im 1. Weltkrieg aus.

W.: Romane, Erzählungen: Marschieren – nicht träumen!, 1931; Kolumbus vor der Landung, 33 (erw. als: Juanas großer Seemann, 56); Ich bin der König, 40; Der Safranfresser, 53; Aide-mémoire: Die Fahrt in die Revolution oder Jene Fahrt, 69; Glück mit Fanny. Ein Katzenbuch, 73. – *Lyrik, Versepen:* Letzte

Fahrt, 18; Heimatlieder, 18; Die Hörner des Potiphar, 24; Iwan der Pelzhändler oder Die Melancholie der Liebe, 28.

Bender, Hans, *1. 7. 1919 Mühlhausen (Kraichgau).

B. war fünf Jahre Soldat und sowjetischer Kriegsgefangener (Rückkehr 1949). Er studierte Literaturwissenschaft und Kunstgeschichte in Erlangen und Heidelberg. Lebt als freier Schriftsteller. Ehrendoktor der Universität Köln. B. erhielt 1988 den Staatspreis des Landes Rheinland-Pfalz und 1989 die Wilhelm-Hausenstein-Ehrung der Bayerischen Akademie der Schönen Künste. – Anthologist, Herausgeber, Lyriker, Prosaist, Redakteur, Mitherausgeber der «Akzente» ab 1954, alleiniger Herausgeber von 1968–80. – Ein Insider des deutschen Literaturbetriebs. B. gehört keiner literarischen Gruppe an, ist ein engagierter Autor, der Zeitnahes ohne artistische Kapriolen ausdrückt; seine Aufzeichnungen sind «Übungen, Ehrlichkeit zu riskieren». B.s Kurzgeschichten gelten als klassische Beispiele ihrer Gattung. Seine Lyrik kennzeichnet der Rückzug in das klare, unpathetische Wort: «Lyriker sein heißt Bescheid wissen.»

W.: Romane, Erzählungen, Prosa: Die Hostie, 1953; Eine Sache wie die Liebe, 54; Der Brotholer, 57; Wölfe und Tauben, 57; Wunschkost, 59; Das wiegende Haus, 61; Fondue oder Der Freitisch, 61; Mit dem Postschiff, 62; Die halbe Sonne, 68; Wunschkost und Geschichten, 71; Aufzeichnungen einiger Tage, 71; Einer von ihnen, 79; Der Hund von Torcello, 84; Bruderherz, 87; Postkarten aus Rom, 89. – *Lyrik:* Fremde soll vorüber sein, 51; Lyrische Biographie, 57. – *Essays:* Programm und Prosa der jungen deutschen Schriftsteller, 67. – *Herausgebertätigkeit:* Konturen Blätter f. junge Dichtung, Jg. 1–3, 52–54; Akzente (mit W. Höllerer), 54–80; Mein Gedicht ist mein Messer, 55; Widerspiel. Deutsche Lyrik seit 45, 61; Junge Lyrik 1956–60, 4 Bde, 62–63; Il Dissenso. 19 nuovi scrittori tedeschi, 62; Jahresring (mit anderen), 62ff; Klassiker des Feuilletons, 65; Insel-Almanach auf das Jahr 71 (für M. L. Kaschnitz), 70; Das Inselbuch vom Alter, 76; Kaschnitz, M. L.: Der Tulpenmann, 76; Sonne, Mond und Sterne, 76; V. O. Stomps, Fabeln vom Bahndamm, 77; Was hat alles Platz in einem Gedicht? Aufsätze zur deutschen Lyrik seit 1965 (mit Michael Krüger), 77; Heinrich Zimmermanns Reise um die Welt mit Capitain Cook, 78; Das Inselbuch vom Reisen, 78; In diesem Lande leben wir. Deutsche Gedichte der Gegenwart, 79; Das Inselbuch der Freundschaft, 80; Das Katzen-Buch (mit H. G. Schwark), 82; Deutsche Jugend, 83; Als ich das Licht verlöschte (mit N. Wolters), 85; Der Angriff, 85; Spiele ohne Ende, 86; Die vier Jahreszeiten-Bücher, 4 Bde (mit anderen), 86; Briefe im Exil. 1933–1940. A. Kolb, R. Schickele [mit H. Gruppe], 87; Weyrauch, W.: Atom und Aloe. Gesammelte Gedichte, 87; Was sind das für Zeiten. Deutschsprachige Gedichte der achtziger Jahre, 88; Capri. Ein Lesebuch [mit H. G. Schwark], 88. – *Sammel- und Werkausgaben:* Das wiegende Haus und andere Erzählungen, 68; Worte, Bilder, Menschen, 69; Die Wölfe kommen zurück, 78.

Ben-Gavriêl, Moscheh Ya-akov (früher Eugen Hoeflich), *15. 9. 1891 Wien, †17. 9. 1965 Jerusalem.

Nach einem Studium in Wien, Kriegsteilnahme (österreichisch-ungarische Besatzungstruppe im damals türkischen Jerusalem), journalistischer Arbeit bei verschiedenen Zeitungen und Zeitschriften übersiedelte B. 1927 nach Jerusalem. Er war Offizier der jüdischen Untergrundarmee, nach 1945 Journalist, Hörfunk- und Fernsehautor. – Neben der Darstellung der Leiden der Prager Bevölkerung unter der nationalsozialistischen Besetzung und Verfolgung im Roman *Das Haus in der Karpfengasse* überwiegen skurrile Geschichten aus Palästina.

W.: Prosa: Der Weg ins Land, 1918; Der rote Mond, 20; Feuer im Osten, 21; Pforte des Ostens, 23; Schakale in Jerusalem, 28 (hebr.); Palästinabuch für empfindsame Reisende, 39; Krieg und Frieden des Bürgers Mahaschavi, 52; Das anstößige Leben des großen Osman, 56; Kumsits, Geschichten aus der Wüste, 56; Israel – Wiedergeburt eines Staates, 57; Das Haus in der Karpfengasse, 58; Der Mann im Stadttor, 60; Die sieben Einfälle der Thamar Dor, 62; Traktate über ganz gewöhnliche Dinge, 62; Ein Weg beginnt mit dem ersten Schritt, 64; Ein Löwe hat den Mond verschluckt, 65; Kamele trinken auch aus trüben Brunnen, 65; Das Buch Jona, nacherzählt im Heft zum deutschen Kirchentag, 65. – *Autobiographie:* Die Flucht nach Tarschisch, 63. – *Lyrik:* Der rote Mond, 20; Die Gedichte des M. Y. Ben-Gavriêl, 63. – *Herausgebertätigkeit:* A. Ehrenstein, Ausgew. Aufsätze, 61.

Bengler, Jakob → Bloch, Ernst

Benjamin, Walter (Pseud. A. Ackermann, Ardor, Anni M. Bie, C. Conrad, dsb, Eckhart, Karl Gumlich, Detlef Holz, E. J. Mabinn, K. A. Stempflinger), * 15. 7. 1892 Berlin, † 26. 9. 1940 Port Bou (Freitod).
B. entstammte einer wohlhabenden jüdischen Bürgerfamilie. Zeit, Milieu und seine erhöhte Sensibilität schildert er in *Berliner Kindheit um Neunzehnhundert.* Einfluß des liberalen Reformpädagogen Gustav Wyneken, Anschluß an die anti-bourgeoise «Jugendbewegung». Studium der Philosophie in Berlin und München. Entscheidender Einfluß der jüdischen Philosophie und Religion durch M. Buber und die seit 1915 lebenslang dauernde Freundschaft mit dem Philosophen und Erforscher der jüdischen Mystik Gerhard (Gershom) Scholem. 1917 Übersiedlung nach Bern, wo er sich mit Ernst Bloch befreundete und 1919 mit seiner literaturphilosophischen Arbeit *Der Begriff der Kunstkritik in der deutschen Romantik* promovierte. Darin wird der Messianismus als «die unbekannte wahre Natur der Romantik» aufgespürt und der Begriff der «Kritik» entwickelt, der für B. dem der wahren Kunst immanent ist und der alle seine späteren Arbeiten kennzeichnet, ebenso wie der durchgehende Grundzug des Messianischen. Der Essay über *Goethes Wahlverwandtschaften* wurde von Hofmannsthal als ein «schlechthin unvergleichlicher Aufsatz» in dessen «Neue Deutsche Beiträge» aufgenommen. Das bedeutete ebenso wie die Freundschaft und der Briefwechsel mit Hofmannsthal für B. lebensnotwendige Bestätigung angesichts der sich zuspitzenden Kontraposition zum bürgerlich-akademischen Wissenschaftsbetrieb. Die als Habilitationsschrift eingereichte, philosophisch fundierte Untersuchung des Literaturbarock *Ursprung des deutschen Trauerspiels* wurde von der Univ. Frankfurt abgelehnt. 1924 lernte B. die lettische Kommunistin Asja Lacis kennen, beschäftigte sich intensiv mit marxistischer Geschichtsdeutung und bekannte sich zum Kommunismus auf der Grundlage seines ethischen Humanismus. Dennoch ist B. kein durchgehend konsequenter Materialist

mit politisch eindeutig kommunistischer Tendenz, sondern einer des Übergangs und der Widersprüche; Beispiel eines politisch progressiven Intellektuellen bürgerlicher Herkunft in der ersten Hälfte des 20. Jhs., der mit sozialistischer Grundeinstellung die Hochachtung für bürgerliche, ja aristokratische Autoren verband. Das gleiche Charakteristikum des Übergangs, des Verbindens von Widersprüchen kommt seinem Sprachstil, einer «hohen Kunstprosa» zu (B.s Urteil über Kants Schriften), gemischt aus theoretisch-abstrakter Reflexion, bildhaft-poetischen und surrealistisch-mystischen Elementen. Desgleichen steht seine geschichtlich-materialistische Methode im widersprüchlichen Einklang mit fast esoterischem Eindringen in die subtilsten Schichten künstlerischer Produktion. Die «sprachliche und gedankliche Tiefe zu erbohren» ist nach seinem eigenen Urteil die «Ursache gewisser Dunkelheiten» (an Hofmannsthal, 13. 1. 24). B. hat den imperialistischen Charakter des Krieges und den heraufkommenden Faschismus 1930 in der scharfen Kritik eines Sammelbandes *Krieg und Krieger* ebenso entlarvt wie die unbewältigte Entwicklung der Technik. Er ging in Erkenntnis der Gefahren 1933 nach Paris ins Exil, wo er Freundschaft mit Brecht schloß. 1930–39 schrieb B. eine Reihe wichtiger Untersuchungen und Kommentare zu Brecht neben vielen anderen Aufsätzen zur Literatur. Die Freundschaft mit Horkheimer und Adorno verstärkte seine sozial-politischen Interessen und brachte ihm eine Mitarbeit am Institut für Sozialforschung in Paris ein. Die Aufsätze *Das Kunstwerk im Zeitalter seiner technischen Reproduzierbarkeit* (1936) und *Der Autor als Produzent* (1934) haben weit und entscheidend in die 60er Jahre (Studentenrevolte) gewirkt. B.s Ziel, die Kunst endlich allen zugänglich zu machen, mußte soziale Änderungsimpulse verstärken. 1940 versuchte B. mit einem von Horkheimer besorgten Visum für die USA die französisch-spanische Grenze zu überschreiten, fühlte aber seine Verzweiflung durch den Erpressungsversuch eines spanischen Grenzbeamten derart gesteigert, daß er Gift nahm.

Brecht hat dieser Tat in dem Gedicht *Zum Freitod des Flüchtlings W. B.* ein Denkmal gesetzt. – Bibliographien: W. Lindner in: *Text und Kritik* 31/32, 1971; R. Tiedemann in: *W. B. zu ehren,* 1972, und in: *Zur Aktualität W. B.s,* 1972.

W.: *Prosa, Essays, theoretische Schriften:* Der Begriff der Kunstkritik in der deutschen Romantik, 1920 (Diss.); Goethes Wahlverwandtschaften (in: Neue Dt. Beiträge, 2. Folge, H. 1–2), 24–25 (als Buch 64); Ursprung des deutschen Trauerspiels, 28 (rev. 63); Einbahnstraße, 28; Berliner Kindheit um Neunzehnhundert, 50 (veränd. 87); Städtebilder, 63; Das Kunstwerk im Zeitalter seiner technischen Reproduzierbarkeit, 63; Zur Kritik der Gewalt, 65; Versuche über Brecht, 66 (erw. 88); Über Kinder, Jugend und Erziehung, 69; Über Literatur, 69; Charles Baudelaire, 69; Berliner Chronik, 70 (rev. 88); Lesezeichen, 70; Drei Hörmodelle, 71; Das Paris des Second Empire bei Baudelaire, 71; Über Haschisch, 72; Denkbilder, 74; Der Stratege im Literaturkampf, 74; Aussichten, 76; Moskauer Tagebuch, 80; Über Kafka, 81; Aufklärung für Kinder, 84. – *Lyrik:* Sonette, 85. – *Übersetzungen:* Baudelaire, Ch.: Tableaux Parisiens, 23; Balzac, H. de: Ursula Mirouet, 25; Proust, M.: Im Schatten der jungen Mädchen, 27 (mit F. Hessel); Proust, M.: Die Herzogin von Guermantes, 2 Bde, 30 (mit F. Hessel); Baudelaire, Ch.: Ausgewählte Gedichte, 70. – *Sammel- und Werkausgaben:* Schriften, 2 Bde, 55; Illuminationen, 61; Angelus Novus, 66; Briefe, 2 Bde, 66; Gesammelte Schriften, 7 Bde, 72–89; Werkausgabe, 12 Bde, 80; W. B./Gershom Scholem: Briefwechsel, 80; Das Passagenwerk, 2 Bde, 83; Allegorien kultureller Erfahrung, 84; W. B./Gershom Scholem: Briefwechsel 1933–1940, 85; Briefe an Siegfried Kracauer. Mit 4 Briefen von S. K. an W. B., 87; Gesammelte Schriften, Bd 1ff, 89ff; Beroliniana, 89. – *Herausgebertätigkeit:* Deutsche Menschen, 36 (erw. 62).

Benn, Gottfried, *2.5.1886 Mansfeld (Westprignitz), † 7.7.1956 Berlin.
Aufgewachsen in Sellin (Neumark), besuchte der Pfarrerssohn B. das humanistische Gymnasium in Frankfurt/O. (Freundschaft mit Klabund), um anschließend auf Wunsch seines Vaters Theologie und Philologie zu studieren, bis er, seinem eigenen Interesse folgend, 1905–12 in Berlin Medizin studieren konnte. Nachdem er aus gesundheitlichen Gründen die danach angenommene Tätigkeit als Militärarzt schon bald wieder aufgeben mußte, arbeitete B. bis

1914 in verschiedenen Berliner Krankenhäusern. In diese Zeit fielen seine Freundschaft mit Else Lasker-Schüler und seine Mitarbeit an expressionistischen Publikationsorganen. Die Kriegsjahre bis 1917 verbrachte B. als Militärarzt in Belgien und praktizierte anschließend bis 1935 in Berlin als Facharzt für Haut- und Geschlechtskrankheiten. Bei der Aufnahme in die Preußische Akademie der Künste 1932 entwickelte B. in seiner Akademie-Rede den utopischen Glauben, der «Realitätszerfall seit Goethe» könne in die «Epoche eines großartigen halluzinatorisch-konstruktiven Stils» mit einem neuen Menschentypus umgewendet werden. Damit trat B. dem gängigen Geschichtspessimismus und Nihilismus entgegen, befürwortete aber gleichzeitig die NS-Ideologie, bis er Ende 1934 seinen politisch blinden Irrationalismus erkannte. 1935 ließ B. sich als Militärarzt reaktivieren und arbeitete in Hannover, Berlin und Landsberg/Warthe. Während dieser Zeit wurde er aus der Ärztekammer und 1938 aus der Reichsschrifttumskammer ausgeschlossen und mit Schreibverbot belegt. Nach Kriegsende konnte B. seine Praxis in Berlin wiedereröffnen und von 1949 an neben neuen Werken die während des Schreibverbots entstandenen Arbeiten veröffentlichen. Trotz heftiger Diskussionen um seine Person und sein Werk verdichtete sich die Anerkennung für sein Schaffen und fand schließlich 1951 in der Verleihung des Büchner-Preises ihren Ausdruck.
In seiner frühexpressionistischen Phase vollzog B. eine radikale Umwertung des tradierten Lyrikbegriffs, wesentlich mitbewirkt durch die Thematisierung seiner Medizinertätigkeit. Unterstützt durch die Verwendung des nüchternen Fachjargons erreichte B. eine zynische, eruptive Sprachkraft bei seinen oft brutalen und schockierenden Stoffen, um so den Ich-Zerfall und die Substanzlosigkeit der Gegenwart unter der gesellschaftlichen Maske aufzudecken, häufig dargestellt aus der Perspektive der Zentralfigur, des Arztes Werff Rönne. Stilistisches Kontrastmittel zur Forcierung der Schockwirkung war dabei oft die Übernahme tra-

dierter Ästhetikelemente, die B. für seine «Ästhetik des Häßlichen» umwertete und so in den Dienst nahm. Damit war nicht nur ein absoluter Traditionsbruch intendiert, sondern gleichzeitig eine Absage an das Menschenpathos vieler expressionistischer Zeitgenossen. Dieser radikalen Wertzertrümmerung folgte eine Phase der philosophischen und ästhetischen Reflexionen, die auf der Suche nach einer Lebensmöglichkeit «nach dem Nihilismus» in Essays und Reden sowie in weniger zynischen, doch nicht minder sprachartistischen Gedichten zum Ausdruck kamen als die «artistische Ausnutzung des Nihilismus», wie B. ihn vornehmlich bei Nietzsche vorfand. Eine Überwindungsmöglichkeit sah B. allein in der Sprache selbst, indem das Wort als Selbstsetzung des Ich verstanden wurde. Die Isolation des Ich zeigte sich deutlich in den während des Schreibverbots entstandenen *Statischen Gedichten*, in denen B. die Grundthese entwickelte, daß die künstlerische Ausdruckswelt isoliert zu sehen sei in der geschichtlichen Welt. In diesem «schöpferischen Nihilismus» als Formsetzung des einzelnen in einer gottund sinnlosen Welt suchte B. eine Verbindung von Wissenschaft und Kunst zu schaffen. Besonders in Essays setzte er sich nach dem Krieg mit Zeitfragen auseinander, vorrangig mit kulturellen und künstlerischen Problemen, und versuchte in Anknüpfung an seinen frühen provozierenden Stil der *Morgue* unter gleichzeitiger Berücksichtigung des späteren reflektierteren Stils eine neue Ausdrucksweise zu finden. – Zur Bibliographie vgl. E. Lohner: *G. B. – Bibliographie 1912–1956*, 56.

W.: *Prosa:* Gehirne, 1916; Diesterweg, 18; Betäubung, 25; Der Ptolemäer, 49 (veränd. 56); Doppelleben. Zwei Selbstdarstellungen, 50; Über mich selbst, 56. – *Dramen, Hörspiele:* Etappe, 19; Ithaka, 19; Der Vermessungsdirigent, 19; Karandasch, 19; Drei alte Männer, 49; Die Stimme hinter dem Vorhang, 52. – *Lyrik:* Morgue und andere Gedichte, 12; Söhne, 13; Fleisch, 17; Schutt, 24 (daraus: Die Dänin, 25); Betäubung, 25 [Priv.dr.]; Spaltung, 25; Das Unaufhörliche. Oratoriumstext für P. Hindemith, 31; Biographische Gedichte, 41 [Priv.dr.]; Zweiundzwanzig Gedichte, 43 [Priv.dr.]; Zweiundzwanzig Gedichte, 43; Sta-

tische Gedichte, 48 (verm. 49); Trunkene Flut, 49 (verm. 52); Fragmente, 51; Destillationen, 53; Aprèslude, 55; Fünf Gedichte, 81; Die Romantik der anderen, 85. – *Essays, Reden, Briefe:* Das moderne Ich, 20; Über die Rolle des Schriftstellers in dieser Zeit, 29 [in: Neue Bücherschau 10/29, S. 531–535]; Können Dichter die Welt ändern?, 30; Die neue literarische Saison, 30 [in: Weltbühne v. 15.9.31, S. 402–408]; Fazit der Perspektiven, 30; Eine Geburtstagsrede und ihre Folgen, 31 [in: Vossische Zeitung v. 16.4.31]; Nach dem Nihilismus, 32; Der neue Staat und die Intellektuellen, 33 (erw. 33); Kunst und Macht, 34; Ausdruckswelt, 49 (erw. 54); Goethe und die Naturwissenschaften, 49; Essays, 51; Probleme der Lyrik, 51; Monologische Kunst – ?. Ein Briefwechsel zwischen A. Lernet-Holenia und G. B., 53; Monologische Kunst, 53; Altern als Problem für Künstler, 54; Reden, 55; Soll die Dichtung das Leben bessern? (mit R. Schneider), 56; Briefe an F. W. Oelze, 3 Bde, 77–80; Briefwechsel mit Hindemith, 78; Briefe an Tilly Wedekind 1933–50, 86; B., G./Rychner, Max: Briefwechsel 1930–56, 86; Block II, Zimmer 66. G. B. in Landsberg 1943–1945 [mit anderen], 88. – *Sammel- und Werkausgaben:* Die gesammelten Schriften, 22; Gesammelte Gedichte, 27; Gesammelte Prosa, 28; Ausgewählte Gedichte, 36; Zweiundzwanzig Gedichte, 43; Frühe Prosa und Reden, 50; Frühe Lyrik und Dramen, 52; Provoziertes Leben, 55; Gesammelte Gedichte, 56; Dr. Rönne, 57; Ausgewählte Briefe, 57; Primäre Tage, 58; Gesammelte Werke, 4 Bde, 58–61 (Neuaufl. 68); Briefe, 60; Lyrik und Prosa, Briefe und Dokumente, 62; Das gezeichnete Ich, 62; Die Stimme hinter dem Vorhang und andere Szenen, 64; Späte Gedichte, Fragmente, Destillationen, Aprèslude, 65; Leben ist Brückenschlagen, 65; Medizinische Schriften, 65; Den Traum allein tragen, 66; Gesammelte Werke in 8 Bden, 67; Weinhaus Wolf, 67; Das G.B.-Buch, 68 (u. d. T.: Das G.-B.-Lesebuch, 82); Dichter über ihre Dichtungen, 69; Texte aus dem Nachlaß, 69; Sämtliche Erzählungen, 70; Ausgewählte Gedichte, 73; Auswahl, 74; Gehirne, 74; Lyrik, 76; Weinhaus Wolf. Die Stimme hinter dem Vorhang, o. J.; Das G.-B.-Brevier, 79; Das Hauptwerk, 4 Bde, 80; Stationen seines Lebens und Denkens, 82; Frühe Lyrik und Dramen, 82; Gesammelte Werke in der Fassung der Erstdrucke, 5 Bde, 82–84; Der Ptolemäer, 83; Einsamer nie, 86; Gesammelte Werke, Bd 1 ff, 87 ff; Das Nichts und der Herr am Nebentisch, o. J.; Gedichte, 88; Trunkene Flut, 89. – *Schallplatten, Kassetten:* G. B. liest Gedichte und Prosa, 56; Altern als Problem des Künstlers, 57; Soll die Dichtung das Leben bessern?, 58; G. B. liest ‹Totenrede auf Klabund›, 58; G. B. liest Die neue literarische Situation und Gedichte, 60; G. B. liest ‹Urgesicht› und Gedichte, 61 (86); Gedichte von G. B., 61.

Benrath, Henry (eig. Albert H. Rausch), *5. 5. 1882 Friedberg (Hessen), †11. 10. 1949 Magreglio am Comer See.
B. studierte Geschichte und Philologie in Gießen, Genf, Berlin und Paris. Er lebte finanziell unabhängig in Italien und Frankreich, seit 1940 in Oberitalien. Hohe Arbeitsdisziplin trotz schwerer Krankheit. – B. war von der Formkunst Platens beeinflußt und stand in Verbindung zum George-Kreis. Lyrik und esoterische Prosaschriften, die in ihrer letzten Phase über stoische Einsichten hinaus an die innersten Gehalte des Buddhismus rühren und den Geist Apollons mit dem Buddhas verbinden. Auch in den Gedichtbänden geistiger Brückenschlag zwischen Griechenland und Indien. – Für seine historischen Bildnisse jahrelange sorgfältige Forschungen. Das Historisch-Biographische war für B. die notwendige Realitätsfolie zur Darstellung einer höheren, zeitlos gültigen Wirklichkeit. Die drei Kaiserinnen-Romane sind Meisterwerke der historisierenden Belletristik. Seine gesellschaftskritischen Romane sind ein Plädoyer für menschliches Zusammenleben.

W.: Romane, Erzählungen: Flutungen, 1910; In memoriam, 12; Jonathan. Patroklos, 16; Die Träume von Siena, 20; Pirol oder Die heimlichen Freuden des Lebens, 21; Ephebische Trilogie, 24; Vorspiel und Fuge, 25; Tessin, 25; Eros Anadyomenos, 27; Märchen unter Palmen, 28; Ball auf Schloß Kobolnow, 32; Die Mutter der Weisheit, 33; Die Kaiserin Konstanze, 35; Die Kaiserin Galla Placidia, 37; Carmen Helveticum, 39; Paris, 39; Die Kaiserin Theophano, 40; Erinnerung an Frauen, 40; Vorarbeiten z. Kaiserin Theophano, 41; Der Kaiser Otto III., 51; Geschichten vom Mittelmeer, 52; Traum der Landschaft, 52; Märchen, 52; Die Geschenke der Liebe, 53; Im Schatten von Notre Dame, 52; Die Reise, 56. – *Lyrik:* Der Traum der Treue, 07; Die Urnen, 08; Das Buch für Tristan, 09; Nachklänge, Inschriften, Botschaften, 10; Das Buch der Trauer, 11; In memoriam, 12; Sonette, 12; Kassiopeia, 19; Gesänge an Aldo, 28; Stoa, 33; Dank an Apollon, 37; Requiem, 41; Der Gong, 49; Erinnerung an die Erde, 53; Liebe, 55. – *Essays, Betrachtungen:* Die Jugend unserer Zeit, 10; Vigilien, 11; Südliche Reise, 14; Die Seele Lothrin-

gens, 18; Die Welt der Rose, 28; Das Land um Friedberg und Nauheim, 30; Stefan George. Evocation d'un poète par un poète, 36; Welt in Bläue, 38; Die Stimme Delphis, 39; Unendlichkeit, 49; Stoa, 49; Traum der Landschaft, 52.

Bense, Max, *7. 12. 1910 Straßburg, †29. 4. 1990 Stuttgart.
Nach dem Studium der Physik, Mathematik und Philosophie wurde B. 1946 Prof. und Kurator an der Univ. Jena, verließ aber die DDR aus politischer Enttäuschung und war seit 1949 Prof. für Wissenschaftstheorie, mathematische Logik und Philosophie der Technik an der Technischen Hochschule Stuttgart.
B.s Bedeutung für die Ästhetik und Literaturtheorie liegt in der bahnbrechenden Verbindung von Kunst und Technik, in der Einbeziehung naturwissenschaftlicher (numerisch-quantitativer) Methoden und Kriterien in die traditionelle Ästhetik. Daraus resultiert für ihn eine «technologische» und «materiale» Ästhetik, die auf natürliche, technische und künstlerische Gegenstände gleichermaßen Anwendung finden kann. Als «natur-, technik- und kunsttheorie» hat B. diese neuen Ansätze hauptsächlich in seiner vierteiligen Abhandlung *ästhetica* und in der *theorie der texte* formuliert. Die Theorien und Zeichensysteme werden vor allem aus der mathematisch-kybernetischen Informationstheorie übertragen und durch Neuschaffung von statistischen und informationstheoretischen Formeln für Texte brauchbar gemacht (parallele und weiterführende Untersuchungen durch den Mathematiker W. Fucks). Da Sprache primär nach ihrer materialen Seite hin untersucht wird (statistisch zugängliche Verteilung von Häufigkeiten beliebiger Elemente), heißt «Text» alles, was aus sprachlichen Materialien besteht: Werbetexte, wissenschaftliche, künstlerische und von Computeranlagen hergestellte Texte. Information meint nicht die Bedeutung einer Nachricht, sondern alles Meßbare und Abzählbare an ihr, sie erscheint entweder als «Innovation» (Neuheit, Originalität, Wahrscheinlichkeit der Unkenntnis) oder als «Redundanz» (Konventionali-

tät, Wahrscheinlichkeit der Kenntnis). B. hat seine von Kritikern «objektivistisch» genannten Untersuchungsprinzipien auch in eigenen Textherstellungen angewandt, etwa in *Entwurf einer Rheinlandschaft* und in *Die präzisen Vergnügen*. Damit und mit seiner Theorie im ganzen hat er einen Großteil der experimentellen Literatur der 50er und 60er Jahre entscheidend beeinflußt, wie etwa die «konkrete Poesie».

W.: Experimentelle Prosa und Lyrik: Bestandteile des Vorüber, 1961; Entwurf einer Rheinlandschaft, 62; Die präzisen Vergnügen, 64; Die Zerstörung des Durstes durch Wasser, 67; Das graue Rot der Poesie, 83; Kosmos Atheos, 85; Nacht-Euklidische Verstecke. Poetische Texte, 88. – *Essays, theoretische Schriften:* Quantenmechanik und Daseinsrealität, 38; Geist der Mathematik, 39; Sören Kierkegaard, 42; Über Leibniz, 46; Von der Verborgenheit des Geistes, 48; Hegel und Kierkegaard, 48; Konturen einer Geistesgeschichte der Mathematik, 2 Bde, 46–49; Literaturmetaphysik, 50; Ptolemäer und Mauretanier oder Die theologische Emigration in der deutschen Literatur, 50; Die Theorie Franz Kafkas, 52; Plakatwelt, 52; Descartes und die Folgen, 55; Rationalismus und Sensibilität, 56; aesthetica, 4 Bde, 56–60; Ein Geräusch in der Straße, 60; Theorie der Texte, 62; Ungehorsam der Ideen, 65; Brasilianische Intelligenz, 65; Semiotik, 67; Einführung in die informationstheoretische Ästhetik, 69; kleine abstrakte ästhetik, 69; Artistik und Engagement, 70; Nur Glas ist wie Glas, 70; Zeichen und Design, 71; Semiotische Prozesse und Systeme, 74; Vermittlung der Realität. Semiotische Erkenntnistheorie, 76; Das Auge Epikurs, 79; Die Unwahrscheinlichkeit des Ästhetischen und die semiotische Konzeption der Kunst, 79; Aesthetika, 80; Axiomatik und Semiotik in Mathematik und Naturerkenntnis, 81; Poetische Bemerkungen, 81; Zentrales und Occasionelles, 82; Das Universum der Zeichen, 83; Jan Peter Tripp «Ein 17. Januar» [mit L. Harig u. a.], 86; Repräsentation und Fundierung der Realitäten, 86.

Benz, Richard, *12.6.1884 Reichenbach, †9.11.1966 Heidelberg.
Literaturhistoriker und Essayist. Studium der Germanistik und Philosophie, Promotion zum Dr. phil. B. verkörperte den Typus des freien Gelehrten, ohne jede akademische oder sonstige Anstellung. Überzeugt vom Wert einer ganzheitlichen Darstellung, strebte B. danach, Dichtung, bildende Kunst und Architektur, Musik und Philosophie ineinandergreifend zu verstehen. Daher war für ihn die Methode einer synthetischen Schau leitend. Charakteristisch dafür ist sein Werk *Die deutsche Romantik*, die er als «totale Bewegung» zwischen Dichtern, Kritikern, Philosophen, Malern, Komponisten und Architekten vor dem kulturpolitischen Hintergrund der Zeit im Zusammenhang erscheinen läßt. Als lebenslanger Freund von A. Mombert hat er sich um dessen Werk verdient gemacht. – 1961 Reuchlin-Preis.

W.: Essays, Aufsätze, theoretische Schriften: Märchendichtung der Romantiker, 1908; Die deutschen Volksbücher, 13; Volk u. Kultur, 19; Schriften zur Kulturpolitik, 4 Hefte, 20; Die Stunde der deutschen Musik, 2 Bde, 23–27; Renaissance u. Gotik, 28; Revolution u. Reformation, 28; Franz Schubert, 28; Geist u. Reich. Um die Bestimmung des Deutschen, 33; Geist der Romantischen Malerei, 34; Rhythmus deutscher Kultur, 35; Bachs Passion, 35; Die ewigen Meister. Deutsche Musikergestalten, 35; Genius im Wort, 36; Vom Erden-Schicksal ewiger Musik, 36; Die deutsche Romantik, 37; Grund-Gesetze geistigen Lebens, 38; Klassik u. Romantik, 38; Die Kunst der deutschen Romantik, 39; Lösung u. Bindung, 39; Von den drei Welten der Musik, 39; Goethe u. die romantische Kunst, 40; Goethe u. Beethoven, 42; Stufen u. Wandlungen, 43; Beethovens geistige Weltbotschaft, 46; Der Dichter Alfred Mombert, 47; Zum geistigen Frieden, 47; Heidelberg u. die Romantik, 48; Wandel des Bildes der Antike in Deutschland, 48; Goethes Leben, 49; Deutsches Barock, 49; Die Welt der Dichter u. die Musik, 49; Das Leben v. J. S. Bach, 50; Lebens-Mächte u. Bildungs-Welten meiner Jugend, 50; Geist und Gestalt im gedruckten deutschen Buch des 15. Jahrhunderts, 51; Die Zeit der deutschen Klassik, 53; Mozart, 56; Deutsche Volksbücher, 56; Rokoko, 58; Heidelberg, 61; Widerklang, 64. – *Herausgebertätigkeit:* Alte deutsche Legenden, 10; Die deutschen Volksbücher 6 Bde, 11–24; Cl. Brentano, Märchen, 3 Bde, 14–17; Blätter für deutsche Art u. Kunst, 4 Hefte, 15–16; Jacobus de Voragine, Legenda aurea, 2 Bde, 17–21; Blumen-, Frucht- u. Dornenstücke aus Jean Paul's Werk, 2 Bde, 24; Sanct Brandans Meerfahrt, 27; Bettina schaut, erlebt, verkündet. Weibliches Wissen, Wesen, Wirken in ihrem Wort, 35; H. v. Kleist, Lebens-Bekenntnis. In Worten seiner Briefe, 37; W. H. Wakenroder, Die Botschaft der Kunst, 38; J. Paul, Weltgedanken u. Gedankenwelt, 38; Goethes Götz v. Berlichingen in Zeichnungen v. Franz Pforr, 41; W. Heinse, Vom großen Leben, 43;

Lebenswelt der Romantik, 48; Romantik, 55. –
Sammel- und Werkausgaben: Dem Geiste ein
Haus, 77; Wanderer zwischen den Zeiten, 83.

Beradt, Martin, *26. 8. 1881 Magdeburg,
†26. 11. 1949 New York.
B. stammte aus einer orthodoxen jüdischen Kaufmannsfamilie. Nach dem Studium der Rechtswissenschaft in Berlin,
München und Freiburg und der Promotion 1906 arbeitete er als Anwalt in Berlin. Im 1. Weltkrieg eingezogen, wurde er
1916 wegen eines Augenleidens aus dem
Militärdienst entlassen. Über seine Erlebnisse als Schanzarbeiter schrieb er
noch während des Krieges einen Roman,
dessen Vorabdruck nach kurzer Zeit von
der Zensur verboten wurde. – B. war ein
erfolgreicher Anwalt, u. a. Syndikus des
Automobilproduzentenverbandes. Der
Experte für Urheber- und Verlagsrecht
wurde Mitbegründer und erster Syndikus
des «Schutzverbandes deutscher Schriftsteller». Neben seiner juristischen Tätigkeit schrieb er auch für Zeitungen und
Zeitschriften. 1933 wurde er aus der Anwaltskammer ausgeschlossen und erhielt
Schreibverbot. 1938 heiratete er die
Journalistin Charlotte Aron, die später
eine bekannte Schriftstellerin wurde.
1939 emigrierten sie nach Großbritannien, 1940 in die USA, wo er 1949 weitgehend vergessen starb.
Bekannt wurde B. vor allem durch den
Roman *Schipper an der Front*, der 1919
zuerst unter dem Titel *Erdarbeiter* erschienen war. In ihm stellte er aus der
Sicht eines völlig unsoldatischen Schanzarbeiters seine eigenen Erlebnisse im
1. Weltkrieg dar. Der fast naiv erscheinende Blick des unheldischen ‹Helden›
trägt dazu bei, die Kritik am Krieg und
den dazu notwendigen Verhältnissen deutlicher und schärfer zu artikulieren, als
dies in vielen programmatischen Anti-Kriegs-Büchern der Fall ist.
Erst 1965 wurde der Roman *Die Straße
der kleinen Ewigkeit* veröffentlicht, der in
der Emigration entstand. Die Grenadierstraße in Berlin ist das Zentrum des Lebens für viele osteuropäische Juden, die
hier auf der Suche nach dem Glück gestrandet sind oder weiterziehen wollen in
die gelobte «neue Welt» Amerika. Auf
der Grundlage umfangreicher Recherchen schildert B. eine Welt, die bereits
zur Zeit der Abfassung des Romans
durch den nationalsozialistischen Terror
für immer unterging.

W.: Romane, Erzählungen: Go, 1909 (bearb.
13); Eheleute, 10; Das Kind, 11; Die Verfolgten, 19 (Repr. 79); Erdarbeiter. Aufzeichnungen eines Schanzsoldaten, 19; Leidenschaft
und List, 28; Schipper an der Front, 29 (erw. u.
überarb. Fsg. von: Erdarbeiter; Repr. 1985);
Die Straße der kleinen Ewigkeit, 65. – *Essays,
theoretische Schriften:* Der Richter, 09 (erw.
u. d. T.: Der deutsche Richter, 30; Repr. 79). –
Herausgebertätigkeit: Briefe an Auguste
Hauschner (mit L. Bloch-Zavrel), 29.

Berend, Alice (eig. Breinlinger),
*30. 6. 1878 Berlin, †2. 4. 1938 Florenz.
Nach dem Besuch des Lyzeums in Berlin
lebte B. als freie Schriftstellerin in Italien
und verschiedenen deutschen Städten, u.
a. Konstanz (1921–24) und Berlin. 1935
emigrierte sie über die Schweiz nach Italien. Ihre Bücher standen auf der
‹Schwarzen Liste› der Nationalsozialisten. Sie war Mitglied des PEN-Clubs. –
B. schrieb eine Reihe überaus erfolgreicher Unterhaltungsromane, die z. T. im
19. Jahrhundert spielen. Neben Kinderbüchern verfaßte sie auch kulturgeschichtliche Arbeiten, die auf Vorarbeiten für ihre Romane beruhen.

W.: Prosa, Romane, Kinderbücher, Sachbücher: Die Reise des Herrn Sebastian Wenzel,
1912; Frau Hempels Tochter, 13; Die Bräutigame der Babette Bomberling, 14; Spreemann &
Co., 16; Die zu Kittelsrode, 17; Matthias Senfs
Verlöbnis, 18; Der Glückspilz, 19; Jungfer Binchen und die Junggesellen, 20; Muhme Rehlen, 21; Bruders Bekenntnis, 22; Dore Brandt,
³22; Der Floh und der Geiger, 23; Kleine Umwege, 24; Betrachtungen eines Spießbürgers,
aufgestöbert, 24; Der Schlangenmensch, 25;
Die Geschichte der Arche Noah, 25; Das verbrannte Bett, 26; Fräulein Betty, die Witwe,
26; Die goldne Traube, 27; Der Herr Direktor,
¹¹28; Die kleine Perle, 29; Herr Fünf, 30; Ti
van Brinken, 30; Das Gastspiel, 31; Der Kapitän vom Bodensee, 32; Zwei Kinder fahren den
Rhein hinab, 34; Ein Hundeleben, 35; Rücksicht auf Marta, 35; Spießbürger, 38; Diana,
41; Die gute alte Zeit. Bürger und Spießbürger
im 19. Jahrhundert, 62 (aus dem Nachlaß).

Berens-Totenohl, Josefa (eig. Josefa
Berens), *30. 3. 1891 Gravenstein/

Sauerland, † 6. 6. 1969 Meschede.

B. besuchte ab 1911 das Lehrerinnenseminar Arnsberg und war von 1914 an als Lehrerin und Malerin u. a. in Düsseldorf und seit 1923 in Höxter tätig. 1925 ließ sie sich in Totenohl an der Lenne (Sauerland) nieder, wo sie ihren ersten Roman *Der Femhof* verfaßte. Das Erstlingswerk wurde ein durchschlagender Erfolg. – Ihr Erfolgswerk, ein Bauernroman aus dem 14. Jahrhundert, behandelt die tragische Liebe zwischen einer Hoferbin und einem Knecht. Der Schauplatz der Ereignisse ist wie in anderen Prosawerken, aber auch in den Gedichten B.s die sauerländische Heimat, inhaltlich bestimmt werden ihre literarischen Erzeugnisse von den besonders in den 30er Jahren so populären Themen wie Blutsbande, Schicksal und Erbschuld.

W.: Romane, Erzählungen, Novellen: Das Märchen von der Liebe, 1924; Der Femhof, 34; Frau Magdlene, 35; Der Fels, 42; Im Moor, 44; Der Alte hinterm Turm, 47; Die Stumme, 47; Die goldenen Eier, 49; Die Liebe des Michael Rother, 51; Das Gesicht, 55; Die heimliche Schuld, 60. – *Lyrik*: Das schlafende Brot, 36; Einer Sippe Gesicht, 41. – *Essay*: Die Frau als Schöpferin und Erhalterin des Volkstums, 38. – *Bildband*: Westfalen, Land der roten Erde. 56. – *Sammelausgaben*: Eine Dichterstunde, 37; Heimaterde, 44.

Bergengruen, Werner, * 16. 1. 1892 Riga, † 4. 9. 1964 Baden-Baden.
Sohn eines baltendeutschen Arztes; studierte nach der Schulzeit am Lübecker Katharineum, in Marburg und Berlin Theologie, Germanistik und Kunstgeschichte. 1914 nahm er als Kriegsfreiwilliger auf deutscher Seite am 1. Weltkrieg teil und war 1919 Kornett in der Baltischen Landwehr. Seit 1920 arbeitete er als Journalist, zunächst in Tilsit und Memel, ab 1922 in Berlin. 1925 übernahm er die Redaktion der «Baltischen Blätter». Durch Reisen und längere Aufenthalte wurde ihm Italien zur zweiten Heimat; er verstand sich als eine «anima naturaliter catholica». 1936 konvertierte er offiziell zum katholischen Glauben. Im selben Jahr übersiedelte er nach Solln bei München; nach der Zerstörung seines Hauses 1942 lebte er in Achenkirch (Tirol) und ab 1946 in der Schweiz (meist Zürich).

1948/49 hielt er sich nochmals in Rom auf. Von 1958 bis zu seinem Tode lebte er in Baden-Baden. – Nach der inneren Emigration während der Zeit des Nationalsozialismus, den er aus seiner religiösen Haltung strikt ablehnte, wurde B. in der Zeit nach 1945 zu einem vielfach gewürdigten Autor (u. a. 1951 Wilhelm-Raabe-Preis Braunschweig, 1958 Orden Pour le mérite, 1962 Schillerpreis) mit breiter literarischer Wirkung. – B. gehört zu den konservativen, christlich geprägten Schriftstellern seiner Zeit. Seine Bedeutung liegt vornehmlich im Bereich der Novellistik, deren Formtradition er aufnahm. Novellen wie *Die drei Falken*, *Der spanische Rosenstock* zeigen die «sich ereignete unerhörte Begebenheit», den «Falken», die «metaphysische Pointe». Auch pflegte er kompositorische Großformen wie Reihungen (*Das Buch Rodenstein*) und Zyklen (*Der Tod von Reval*). In der Lyrik wollte er, nach dem Vorbild Böhmes, alles als «ewig figürlich Gleichnis sehen», teils in liedhafter, teils in barocker Form, fast immer im Ton des Lobpreises (charakteristischer Titel: *Die heile Welt*). In den Romanen gestaltete er eschatologische Themen an historischen Stoffen (*Der Großtyrann und das Gericht*, *Am Himmel wie auf Erden*). In seinem Alterswerk, der Rittmeistertrilogie (*Der letzte Rittmeister*; *Die Rittmeisterin*; *Der dritte Kranz*), treten auch autobiographische Züge hervor. B. übersetzte russische Literatur (Tolstoj, Turgenev, Dostoevskij).

W.: Romane: Das Gesetz des Atum, 1923; Das große Alkahest, 26 (neu als: Der Starost, 38); Das Kaiserreich in Trümmern, 27; Herzog Karl der Kühne oder Gemüt und Schicksal, 30, verändert 43; Die Woche im Labyrinth, 30; Der goldene Griffel, 31/62; Der Großtyrann und das Gericht, 35; Am Himmel wie auf Erden, 40; Das Feuerzeichen, 49; Der letzte Rittmeister, 52; Die Rittmeisterin, 54; Der dritte Kranz, 62. – *Erzählungen:* Rosen am Galgenholz, 23; Schimmelreuter hat mich gossen, 23; Das Brauthemd, 25; Das Buch Rodenstein, 27, erw. 50; Der tolle Mönch, 30; Zwieselchen-Bücher (Kinderbücher), 31 u. 32, 33 (Gesamtausgabe 38); Die Feuerprobe, 33; Die Ostergnade, 33; Der Teufel im Winterpalais, 33; Die Schnur um den Hals, 34; Des Knaben Plunderhorn, 34; Begebenheiten, 35; Das Haus der sieben Rosen, 35; Die Wölfin, 37; Die drei Falken, 37; Der Tod von Reval, 39; Die Leidenschaftlichen, 39; Der spanische Rosenstock, 40; Schatzgräbergeschichte, 42; Das Hornunger Heimweh, 42; Die Sultansrose, 46; Das Beichtsiegel, 46; Pelageja, 46; Jungfräulichkeit, 47; Sternenstand, 47; Die Hände am Mast, 48; Die letzte Reise, 50; Das Tempelchen, 50; Der Pfauenstrauch, 52; Erlebnis auf einer Insel, 52; Nachricht vom Vogel Phönix, 52; Die Flamme im Säulenholz, 52; Die Sterntaler, 53; Die Zwillinge aus Frankreich, 55; Die Heiraten von Parma, 55; Das Netz, 56; Hubertusnacht, 57, Die leichte Erde, 58; Zorn, Zeit und Ewigkeit, 59; Der Herzog und der Bär, 59; Bärengeschichten, 59; Calibans Geliebte, 60; Zorn, Zeit und Ewigkeit, 60; Novellenbuch, 62; Die Schwestern aus dem Mohrenland, 63; Räuberwunder, 64; Vater Jewgenij, 65; Pferdegruß, 67; Der Kranke 69; Und dein Name ausgelöscht, 71; Zur heiligen Nacht, 73; Spuknovellen, o. J.; Männer und Frauen, 77; Schutzbrief, 82; Die schönsten Novellen, 85; Die Greiffenschildtschen Damen, 86. – *Autobiographisches, Briefwechsel:* Das Geheimnis verbleibt, 52; Schreibtischerinnerungen, 61; Dichtergehäuse, 66; Briefwechsel W.B. – Reinhold Schneider, 66; Leben eines Mannes, 82. – *Essays, Reden:* E. T. A. Hoffmann, 39; Im Anfang war das Wort, 48; Rede über Goethe, 49; Privilegien des Dichters, 56; Der andere Bergengruen (Rede von H. Kunisch, Antwort von W. B.), 58; Otto von Taube, 59; Titulus, 60; Mündlich gesprochen, 63; Geliebte Siebendinge, 72; Von der Richtigkeit der Welt. Unzeitgemäße Zustimmung, 88. – *Reisebücher:* Baedeker (später, Badekur) des Herzens, 32; Deutsche Reise, 34; Römisches Erinnerungsbuch, 52; Lob des Tessins, 84 (erw.). – *Lyrik:* Capri, 30; Der Wanderbaum, 32; Die Rose von Jericho, 36; Der ewige Kaiser, 37; Die verborgene Frucht, 38; Der hohe Sommer, 46; Lobgesang, 46; Dies irae, 46; Dir zu gutem Jahrgeleit, 48; Zauber- und Segenssprüche, 48; Die heile Welt, 50; Mein braunes Schüttelbüchlein, 50; Lombardische Elegie, 51; Mit tausend Ranken, 56; Figur und Schatten, 58; Glückwunschgabe, 58; Herbstlicher Aufbruch, 65; Magische Nacht, 78. – *Übersetzungen:* L. Tolstoj: Chadshi-Murat, 24; L. Tolstoj: Die Kosaken, 24; L. Turgenjew: Väter und Söhne, 25; F. M. Dostojewski: Schuld und Sühne, 28; S. Rosenfeld: Rußland vor dem Sturm, 33; F.M. Dostojewksi: Der Traum eines lächerlichen Menschen, 47; L.Tolstoj: Krieg und Frieden, 53. – *Sammel- und Werkausgaben:* Die schönsten Novellen, 84; Das Netz. Die Hände am Mast, 85; Schnaps mit Sakuska. Baltisches Lesebuch, 86. – *Herausgebertätigkeit:* Ost-Information, 3 Jge, 20–22; Baltisches Dichterbrevier, 24; Baltische Blätter, 25; E. T. A. Hoffmann: Märchen, 47; E. T. A. Hoffmann: Die Elixiere des Teufels, 49; J. v. Eichendorff: Erzählungen, 55; J. v. Eichendorff: Gedichte – Ahnung und Gegenwart, 55.

Berger, Friedemann, *13.4.1940 Schroda bei Posen.

B. ist Sohn eines Pfarrers. An den Besuch des Katechetischen Oberseminars in Naumburg schloß sich das Studium der Theologie und Germanistik in Berlin an (1961–66). Unter Förderung von Bobrowski veröffentlichte er Gedichte und Erzählungen in Zeitschriften und Anthologien. Die Hörspielfassung des Romans von Ilse Aichinger *Die größere Hoffnung* brachte 1965 erste öffentliche Anerkennung und eine Einladung der Gruppe 47. Nach freiberuflicher Tätigkeit und einem Intermezzo als Buchhändler (1968–70) wurde B. Lektor.

Neben Nachdichtungen (u. a. Apollinaire, Blok) und herausgeberischer Tätigkeit veröffentlichte B. einen historischen Roman und den Lyrikband *Orts-Zeichen*. Der Roman *Krippe bei Torres* geht von biographischen Details der historischen Figur des Abbé Galiani aus; Thema ist die Auseinandersetzung zwischen christlichem Glauben und revolutionärer Weltveränderung.

W.: Roman: Krippe bei Torres. Ein neapolitanisches Idyll, 1971. – *Hörspiele:* Die größere Hoffnung, 65; Eine lange, dunkle Nacht, 68. – *Lyrik:* Orts-Zeichen, 73; Einfache Sätze, 87. – *Essays:* Die Milchstraße am Himmel und der Kanal auf Erden, 88. – *Herausgebertätigkeit:* E. Fromentin, Dominique; F. Nicolai, Geschichte eines dicken Mannes, 73; F. Kürnberger, Der Amerikamüde, 73; G. Meister, Der Orientalisch-Indianische Kunst- und Lustgärtner, 73; J. N. Vodovosova, Im Frühro t der Zeit, 73; J. Roth: Perlefter, 78; In jenen Tagen. Schriftsteller zwischen Reichstagsbrand und Bücherverbrennung (mit V. Hauschild und R. Links), 83; J. G. Müller: Siegfried von Lindenberg, 84; Ph. Duke of Chesterfield: Briefe an seinen Sohn Philipp Stanhope über die anstrengende Kunst, ein Gentleman zu werden, 84; O. Goldsmith: Der Weltbürger, 86.

Berger, Uwe, *29.9.1928 Eschwege.

B. wurde mit 15 Jahren noch Flakhelfer; 1947–49 studierte er Germanistik und Kunstwissenschaft in Berlin, war 1949–51 in verschiedenen Verlagen tätig und 1951–55 Lektor; seither ist B. frei-schaffend.

Nach surrealistischen Einflüssen am Be-ginn seiner literarischen Arbeit orientier-te sich B. an der «gegenständlich-realisti-schen» (Berger) Lyrik Bechers. B., des-sen mit philosophischen Reflexionen durchsetztes Werk immer wieder auf die Erfahrungen mit dem Faschismus kon-zentriert war, nahm zu Beginn der 60er Jahre in seine Lyrik und die begleitenden Prosaarbeiten (*Rote Sonne, Mittagsland*) die Alltäglichkeit seiner Umwelt auf. Zy-klische Gedichtformen orientieren sich an Erich Arendt und Georg Maurer.

W.: Romane, Erzählungen, Kurzprosa: Die Einwilligung, 1955; Rote Sonne, 63; Arbeitsta-ge, Tagebuch 1964–1972, 73; Backsteintor und Spreewaldkahn, 75; Nebelmeer und Wermut-steppe, 77; Schamanenstein, 80; Das Verhäng-nis oder die Liebe des Paul Fleming, 83; Die Neigung, 84; Das Gespräch der Delphine, 86; Weg in den Herbst, 87. – *Lyrik:* Begeistert von Berlin, 52 (mit N. K. Kieseler u. P. Wiens); Stra-ße der Heimat, 55; Der Dorn in dir, 58; Der Er-de Herz, 60; Hütten am Strom, 61; Mittagsland, 65; Gesichter, 68; Bilder der Verwandlung, 71; Feuerstein, 74; Lächeln im Flug, 77; Zeit-gericht, 77; Leise Worte, 78; Auszug aus der Stille, 82; In deinen Augen dieses Widerschei-nen, 85; Traum des Orpheus. Liebesgedichte 1949–1984, 88; Last und Leichtigkeit. Oden, 89. – *Theoretische Schriften:* Die Chance der Ly-rik, 71; Woher und wohin. Aufsätze und Reden 1972–1984, 86. – *Übersetzungen:* Litauische Poesie aus zwei Jahrhunderten [mit anderen], 83. – *Sammelausgabe:* Gedichte, 74; Nur ein Augenblick, 81. – *Herausgebertätigkeit:* Deut-sches Gedichtbuch, 59 (mit G. Deicke, erw. 72); Becher, Ein Lesebuch für unsere Zeit, 61; Höl-ty, Werke und Briefe, 66; Logau, Sinngedichte, 67; Kolmar, Die Kerze von Arras, 68; Lyrik der DDR, 70 (mit G. Deicke); Loerke, Die weite Fahrt, 70; G. Hauptmann, Verdüstertes Land, 71; Ich hab ein neues Schiff bestiegen. Heine im Spiegel neuer Poesie und Prosa, 72 (mit W. Neubert); Uhland, Frühlingsglaube, 74.

Berneck, Ludwig → Schreiber, Hermann

Bernhard, Alfred → Kurella, Alfred

Bernhard, Gustav → Weinert, Erich

Bernhard, Thomas, *9. (oder 10.) 2. 1931 Herleen (Holland), † 12. 2. 1989 Gmun-den (Oberösterr.).

Sohn eines Tischlers und der Tochter des Schriftstellers Johannes Freumbichler. B. wächst ab 1932 bei den Großeltern müt-terlicherseits auf; mit ihnen zieht er mehr-mals um. 1943 Tod des Vaters. Bis 1947 besucht B. in Salzburg ein Internat und das Johanneum; Unterricht in Gesang, Geige und Musikästhetik; zwischenzeit-lich arbeitet B. in einer Gärtnerei. Ende 1946 Übersiedlung der Familie nach Salz-burg. 1947 Abbruch des Gymnasiumsbe-suchs; Lehre bei einem Lebensmittel-händler. 1948 Rippenfellentzündung; Frühjahr 1949 schwere Lungenkrank-heit; in der Folgezeit zahlreiche Sanato-riumsaufenthalte. 1949 Tod des Großva-ters; 1950 Tod der Mutter. Erste dichteri-sche Versuche in der Lungenheilstätte Grafenhof, wo sich B. bis 1951 aufhält. Ab 1951 Besuch der Hochschule für Mu-sik und darstellende Kunst in Wien, spä-ter in Salzburg. Abschluß 1957 mit einer verlorengegangenen Arbeit über Brecht und Artaud. Während des Studiums freier Mitarbeiter beim «Demokrati-schen Volksblatt», u. a. als Gerichtsre-porter und als Buch- und Theaterkritiker. Ab 1957 freier Schriftsteller. 1979 provo-kativer Austritt aus der Deutschen Aka-demie für Sprache und Dichtung. – Prei-se: Bremer Literaturpreis (1965); Öster-reichischer Staatspreis für Literatur (1968); Anton-Wildgans-Preis (1968); Georg-Büchner-Preis (1970); Franz-Theodor-Csokor-Preis (1972); Adolf-Grimme-Preis (1972); Hannoverscher Dramatikerpreis (1974; zus. mit Botho Strauß und Franz Xaver Kroetz); Prix Sé-guier (1974); Literaturpreis der Öster-reichischen Bundeswirtschaftskammer (1976), den nach eigener Aussage abge-lehnten Preis Antonio Feltrinelli und den Medicis-Preis Paris.

Bereits in B.s früher, kaum beachteter Ly-rik sind die bevorzugten Themen seiner späteren Prosawerke und Theaterstücke enthalten: Tod, Krankheit, naturbeding-ter Verfall, Einsamkeit, Erkenntnispessi-mismus, Opposition von Ich und Welt so-wie die Kälte und Trostlosigkeit, welche die (natur-)wissenschaftliche Aufklärung hinterlassen habe.

Anerkennung findet B. erst mit seinen Romanen *Frost* und *Verstörung*. –

Im Zentrum der Werke stehen jeweils Protagonisten, die sich redend in radikaler Opposition zur Welt befinden – meist Privatwissenschaftler oder Künstler. Unverkennbar eignen ihnen Züge von Wahnsinn, doch ist dieser Wahnsinn als funktional anzusehen. Zum einen ringen die Protagonisten um absolute Erkenntnis; zum anderen kann sich Identitätsbildung nur über die Ich-Abgrenzung von den verschiedenen Wirklichkeitsbereichen vollziehen; die unbedingte Opposition von Ich und Welt sowie der Rückzug von B.s Protagonisten in ihre «Einsamkeitszellen», d. h. in die österreichische Provinz und in verbarrikadierte Behausungen, sind die Radikalisierung dieses Prozesses. – In *Das Kalkwerk* ist der Erzähler am weitesten zurückgenommen; er montiert die Berichte Fros und Wiesers zu dem analytischen Roman über Konrads Mord an seiner Frau. Die Technik der mehrfachen Brechung und Verdoppelung der Erzählperspektive ist hier am perfektesten entwickelt. Im Mittelpunkt der vermittelten Reflexionen Konrads steht seine unabschließbare Arbeit an der Studie. Im gleichen Maße, wie sie ein Maximum an Selbstdisziplin und Unterordnung verlangt, ist die Realisierung des «totalen Geistesprodukts» unmöglich. B.s in den letzten Jahren erschienene Prosawerke – wie *Der Untergeher* oder *Holzfällen* – treffen zunehmend auf ein gespaltenes Echo, das von begeisterter Zustimmung zur «gelösteren» Schreibweise bis zum Bedauern über die Dürftigkeit der Fabeln und zur Klage über die Verselbständigung der sprachlichen Mittel reicht, die solipsistisch nichts mehr vermitteln können.

Noch deutlicher als in der Prosa B.s werden in den Theaterstücken auch die komischen Momente der Negativität erkennbar. Müssen die dramatis personae die Welt immer erst sprachlich entwerfen, bevor sie sich kritisch zu ihr verhalten können, so werden die Reflexionen der Protagonisten durch die Widersprüchlichkeit der Weltentwürfe und durch die Alogizität der Argumentationen als bedingter Reflex entlarvt. Die Figuren der Stücke sind stark typisierte Funktionsträger mit eng begrenzten Handlungsmöglichkeiten. Besonders in jenen Stücken, in denen eine unablässig redende Herrschaft eine Dienerfigur mit unsinnigen Befehlen und Beschuldigungen traktiert (*Ein Fest für Boris*, *Der Präsident*, *Der Weltverbesserer*), wird die Ritualisiertheit der Interaktionen deutlich. Die Diener und Zuhörer fungieren als Stichwortgeber wie der blinde Vater in *Der Ignorant und der Wahnsinnige*. Wenn Theater zum Thema wird, nutzen die Figuren diese Gelegenheit dazu, Hohn und Spott über die «Unzurechnungsfähigkeit» des Publikums zu verbreiten, welches die Beschimpfungen auch noch beklatsche (*Am Ziel*). – In *Der Präsident* und *Vor dem Ruhestand* reagiert B. auf aktuelle politische Ereignisse wie den Terrorismus und die Filbinger-Affäre. Doch sind auch dies keine politischen Stücke im engeren Sinne, sondern Provokationen und Spiele mit dem erwarteten Rezeptionsverhalten der Zuschauer.

Nach seinen ersten Erfolgen als Theaterautor wendet sich B. parallel zur Produktion von Stücken der Autobiographie zu (*Die Ursache*, *Der Keller*, *Der Atem*, *Die Kälte*, *Ein Kind*) – eine Tendenz, die auch jenen Romanen anzumerken ist, die nicht ausdrücklich als autobiographische Romane veröffentlicht wurden (*Wittgensteins Neffe*, *Beton*). Der große Erfolg der Kindheits- und Jugenderinnerungen dürfte begründet sein in der Reduktion jener irritierenden Stilmerkmale, die B.s Prosa bis *Korrektur* prägten: ausufernde Syntax, Ellipse, Neologismen, Wahnsinn, Kretinismus etc. So entstand der Eindruck, daß der schwer zugängliche Autor sich seiner Leserschaft endlich durch einen wahrhaftigen Lebensbericht eröffne. Dabei wurde gern übersehen, daß B. den weitgehenden Verzicht auf Stilisierung ebenso als artifizielles Mittel handhabt. Ungleich subtiler verwendet bestehen Stilisierung und Selbstinszenierung hingegen dort, wo es um die Summierung der lebensgeschichtlichen Verhängnisse und um existentielle Entscheidungen geht. – Mit dem autobiographischen Text *In der Höhe* setzte sich B. noch einmal mit seinen Anfängen auseinander. Er unterzog den bereits um

1959 entstandenen Text einer gründlichen Überarbeitung, behielt aber doch die Eigenart seiner frühen Prosa in diesem zugleich frühen und späten Werk bei. B. ist nicht müde geworden, sein Publikum zu provozieren, indem er sich öffentlich wie seine Figuren verhält. Zielscheiben seiner Angriffe waren u. a. der Provinzialismus der Salzburger Festspieldirektion, als sich der Streit um das Abschalten der Notbeleuchtung am Ende von *Der Ignorant und der Wahnsinnige* zum Theaterskandal auswuchs; bei Preisverleihungen die österreichischen Politiker; der frühere deutsche Bundespräsident Scheel anläßlich dessen Aufnahme in die Deutsche Akademie für Sprache und Dichtung.

W.: Prosa: Frost, 1963; Amras, 64; Prosa, 67; Verstörung, 67; Ungenach, 68; Watten, 69; An der Baumgrenze, 69; Ereignisse, 69; Das Kalkwerk, 70; Midland in Stilfs, 71; Gehen, 71; Korrektur, 75; Die Ursache, 75; Der Keller, 76; Der Atem, 78; Ja, 78; Der Stimmenimitator, 78; Die Billigesser, 80; Die Kälte, 81; Ein Kind, 82; Wittgensteins Neffe, 82; Beton, 82; Der Untergeher, 83; Holzfällen, 84; Alte Meister, 85; Einfach kompliziert, 86; Die Mütze, 86; Auslöschung, 86; In der Höhe. Rettungsversuch, Unsinn, 89. – *Dramen:* Ein Fest für Boris, 70; Der Ignorant und der Wahnsinnige, 72; Die Macht der Gewohnheit, 74; Die Jagdgesellschaft, 74; Der Präsident, 75; Die Berühmten, 76; Minetti, 77; Immanuel Kant, 78; Der Weltverbesserer, 79; Vor dem Ruhestand, 79; Über allen Gipfeln ist Ruh, 81; Am Ziel, 81; Der Schein trügt, 83; Der Theatermacher, 84; Ritter. Dene. Voss, 85. Elisabeth II., 87; Der deutsche Mittagstisch. Dramolette, 88; Heldenplatz, 88; Claus Peymann kauft sich eine Hose und geht mit mir essen. Drei Dramolette, 90. – *Lyrik:* Auf der Erde und in der Hölle, 57; Unter dem Eisen des Mondes, 58; In hora mortis, 58; Ave Vergil, 81; Die Irren – Die Häftlinge, 88. – *Libretto:* die rosen der einöde, 59. – *Filmtextbücher:* Der Italiener, 71; Der Kulterer, 74. – *Sammelausgaben:* Die Salzburger Stücke, 75; Prosa, 75; Der Wetterfleck, 76; Die Erzählungen, 79; Die Stücke 1969–81, 83; Die Ursache. Der Keller, 83; Stücke, 4 Bde, 88; Autobiographie, 5 Bde, 89. – *Herausgebertätigkeit:* Ch. Lavant: Gedichte, 87. – *Schallplatten u. ä.:* Die Macht der Gewohnheit, 75; Der Weltverbesserer, 81 (2 Pl.).

Bernstein, Else (Pseud. Ernst Rosmer), *28. 10. 1866 Wien, † 12. 7. 1949 Hamburg.

B., Tochter des mit Richard Wagner befreundeten Musikschriftstellers Heinrich Porges, heiratete in München den Schriftsteller Max Bernstein. – Den größten Erfolg hatte sie mit ihrem wiederholt aufgeführten Theaterstücken, von denen E. Humperdinck *Die Königskinder* vertonte. Sie zeigt sich besonders in ihren ersten Werken stark vom Naturalismus beeinflußt. Ein Grundmotiv, das wiederholt auftaucht, ist der Widerstreit zwischen Phantasie und Realität, bevorzugt dargestellt an Künstlernaturen.

W.: Dramen: Wir drei, 1893; Dämmerung, 93; Königskinder, 94; Tedeum, 96; Themistokles, 97; Mutter Maria, 1900; Johannes Herkner, 04; Merete, 04; Dagny, 05; Nausikaa, 06; Maria Arndt, 08; Erkennung, 10; Achill, 10. – *Novelle:* Madonna, 1894.

Bertram, Ernst, *27. 7. 1884 Elberfeld, † 2. 5. 1957 Köln.

B. studierte Germanistik, Geschichte und Kunstgeschichte in Bonn, München und Berlin, promovierte 1907, habilitierte sich 1919 in Bonn und war ab 1922 Prof. für deutsche Literatur in Köln. – B.s wichtigster Einfluß beruht auf seiner Zugehörigkeit zum George-Kreis und auf seinem eigenwilligen Buch über Nietzsche. Ganz an der Georgeschen Sprachdisziplin erzogen, zeigt seine Lyrik strenges Formbewußtsein und einen gefeilt artistischen Stil. B.s Gestaltungsziel war, ein symbolisches Wesen des deutschen Geisteslebens zu erschauen und zeitenthobene Mythen zu bilden. Sein deutsches Sendungsbewußtsein, sein wirklichkeitsfernes Pathos und seine Vorliebe für Germanisch-Nordisches verleiteten ihn, mit dem Nationalsozialismus zu sympathisieren. 1933 hat er die Bücherverbrennung mit einem «Flammenspruch» animiert, sich später allerdings in orakelhaft-pathetischer Sprache zwischen Nazi-Feier und unklarer Ablehnung gehalten.

W.: Prosa: Michaelsberg, 1935 (neu als: Hrabanus-Sprüche in Prosa, 39); Sprüche aus dem Buch Arja, 38; Aus den Aufzeichnungen des Herzogs von Malebolge, 50; Konradstein, 51; Moselvilla, 51; Prosperos Heimkehr, 51; Nardone, 51; Der Gang auf den hohen Hagen, 52; Till Eulenspiegel in Magdeburg, 52; Der Wan-

derer von Milet, 56; Das Zedernzimmer, 57. –
Lyrik: Gedichte, 13, erw. 20, 24; Straßburg,
20; Das Gedichtwerk, 3 Bde, 22; Der Rhein.
Ein Gedenkbuch, 22; Das Nornenbuch, 25;
Wartburg, 32; Von deutschem Schicksal, 33;
Griecheneiland, 34; Das weiße Pferd, 36;
Sprüche aus dem Buch Arja, 36; Von der Freiheit des Wortes, 36; Schwarze Sonette, 38;
Spruchgedichte, 38; Von den Möglichkeiten,
38; Die Fenster von Chartres, 40; Heiligtum
der Not, 44; Patenkinderbuch, 49; Die Sprüche
von den edlen Steinen, 51; Gedichte und Sprüche, 51. – *Essays:* Studien zu Adalbert Stifters
Novellentechnik, 07, Neuausg. 78; Wie deuten
wir uns?, 25; Nietzsche. Versuch einer Mythologie, 18, [8]65; Rheingenius und Génie du Rhin,
22; Deutsche Gestalten, 34; Dichtung als
Zeugnis. Frühe Bonner Studien zur Literatur,
67. – *Fest- und Gedenkreden:* Stifter, 19; Lichtenberg, 19; Kleist, 25; Beethovens Bild, 27;
Goethe, 32; Deutscher Aufbruch, 33; Von der
Freiheit des Wortes, 35; Von den Möglichkeiten, 38; Worte in einer Werkstatt, 38; Der At-
lant, 52; Möglichkeiten, 58. – *Herausgebertätigkeit:* Vom Künftigen. Ahnung und Berei-
tung, 39; Persische Spruchgedichte (Nachdichtungen), 43. – *Sammel- und Werkausgaben:*
Ausgewählte Gedichte 1911–55, 84; Zwischenland. Ausgewählte Gedichte 1911–1955,
88.

Beurton, Ursula → Werner, Ruth

Bichsel, Peter, *24. 3. 1935 Luzern.
B., in Olten aufgewachsen, besuchte das
Lehrerseminar in Solothurn und war
1955–68 Primarlehrer, dann freier
Schriftsteller, schließlich wieder Lehrer.
Seit 1973 arbeitet er als Publizist, Dozent
und Berater eines sozialdemokratischen
Bundesrats. B. schreibt u. a. regelmäßig
politische Artikel für den Zürcher «Tages-
anzeiger». Zwischen 1964 und 1971 wurde B. mit drei Prosawerken rasch bekannt, erhielt 1965 den Preis der Gruppe
47 und verstummte seither als Autor fast
ganz. Dieses Phänomen ist auf die radikale Problematisierung des Erzählens zurückzuführen, wie sie in den Werken B.s
zum Ausdruck gekommen war. Sein erstes Buch erschien unter dem Titel *Eigentlich möchte Frau Blum den Milchmann kennenlernen*. Es enthält 21 kurze,
fast epigrammatische Geschichten, die
der Form nach die Tradition der Kalendergeschichte aufnehmen, sie schildern
Zustände des Alltäglichen («erstarrte

Idyllen») und die Sehnsüchte einfacher
Menschen. Der größeren Prosaform bedient sich B. in *Die Jahreszeiten*. Das
Buch ist ein Versuch, Wirklichkeit über
das Schreiben zu erfassen; die Einsicht,
daß Realität immer wieder «während des
Erzählens unter der Hand wegschmilzt»,
steht am Ende: eine Geschichte des
Nicht-Erzählbaren, lakonisch, banal,
fast unscheinbar geschrieben. B.s *Kindergeschichten* erzählen wiederum von
der Zerstörung der Wünsche durch die
Zeit. Nur finden sich diesmal die Figuren
nicht ab mit dem Unabänderlichen, sondern rebellieren gegen das Bestehende,
gegen die Konvention. Diese Galerie von
komischen Käuzen und Sonderlingen ist
von der Gesellschaft zwar zum Scheitern
verurteilt, doch nimmt B. eindeutig für
sie Partei. 1971 veröffentlichte B. sein
Hörspiel *Inhaltsangabe der Langeweile*
mit den Eingangssätzen: «nichts erzäh-
len/nichts erfinden: sich nicht-erinnern».
Vielleicht erklären diese Sätze sein literarisches Schweigen. Zunehmend setzt sich
B. in seinem Schreiben mit aktuellen politischen Fragen auseinander. 1979 Preise
der Kantone Bern und Solothurn, 1981
Stadtschreiber von Bergen-Enkheim,
Hebel-Preis 1986, 1987 Preis der Schweizerischen Schillerstiftung, 1989 die Luzerner Literaturförderung. B. ist korrespondierendes Mitglied der Deutschen
Akademie für Sprache und Dichtung.

W.: Erzählungen, Romane: Versuch über Gino, 1960; Eigentlich möchte Frau Blum den
Milchmann kennenlernen, 64; Das Gästehaus,
65 (mit anderen); Die Jahreszeiten, 67; Kindergeschichten, 69; Dicklio und Dünnlio. Comics für Kinder (Text von P. B.), 73; Der Bu-
sant, 85; Irgendwo anderswo, 86. – *Hörspiel:*
Inhaltsangabe der Langeweile, 71. – *Film:* Unser Lehrer (mit A. J. Seiler), 71. – *Essays:*
Tschechoslowakei, 68 (mit F. Dürrenmatt,
Max Frisch, G. Grass und Kurt Marti), 68; Des
Schweizers Schweiz/Sitzen als Pflicht, 69; P. S.
Anmerkungen zur Zeit [mit H. Loetscher
u. a.], 81; Der Leser. Das Erzählen – Frankfurter Poetik-Vorlesungen, 82; Schulmeisterei-
en, 85; Irgendwo anderswo. Kolumnen
1980–1985, 86; Hausmontagen. Von der Unmöglichkeit des Wohnens [mit L. Bezzola], 87;
Des Schweizers Schweiz, 89 (erw.); Möchten
Sie Mozart gewesen sein?, 90. – *Sammelausgaben:* Stockwerke, 74, 79; Geschichten zur falschen Zeit, 79.

Bie, Anni M. → Benjamin, Walter

Bieler, Manfred, * 3. 7. 1934 Zerbst (Anhalt).

B. besuchte Schulen in Sachsen und in der ČSSR, studierte 1952–56 Germanistik in Ost-Berlin und war wissenschaftlicher Mitarbeiter beim Deutschen Schriftstellerverband der DDR, bis er in Ungnade fiel. Er bereiste mehrere europäische Länder und arbeitete 1960 als Fischverarbeiter auf einem Fangschiff nach Kanada. 1966 wurde B. zusammen mit Wolf Biermann und Stefan Heym wegen «schädlicher Tendenzen» seines Werkes in bezug auf «Politik und Kulturpolitik von Partei und Staat» offiziell gerügt. 1967 siedelte er in die ČSSR über und wurde tschechischer Staatsbürger; 1968 ließ er sich mit seiner Familie in München nieder. Er ist seit 1973 Mitglied der Bayerischen Akademie der Schönen Künste; 1969 Gryphius-Preis. – B., der schon 1955 mit der Geschichte *Der Vogelherd* literarisch hervorgetreten war, wurde durch seinen in beiden deutschen Staaten gleichzeitig erschienenen zeitkritischen Schelmenroman *Bonifaz oder Der Matrose in der Flasche* bekannt. Der Roman *Das Kaninchen bin ich* und dessen Verfilmung 1965 wurden in der DDR verboten; die abgeänderte BRD-Fassung *Maria Morzeck oder Das Kaninchen bin ich* von 1969, ein humorvoll unterhaltender Beitrag zur Berlin-Literatur, ist als getreues Abbild der politischen Wirklichkeit in der DDR konzipiert. Nach seiner Übersiedlung in die BRD veröffentlichte B. 1968 unter dem Titel *Der junge Roth* elf Erzählungen, politische Parabeln, die psychologische Studie, phantastische Elemente und parodistische Skurrilität vereinigen. In dem Roman *Der Mädchenkrieg* erzählt B. die Geschichte vom Zerfall einer Bankiersfamilie aus Zerbst und schildert die Schicksale der drei Töchter in der Zeit vom Beginn der 30er Jahre bis nach dem 2. Weltkrieg. Den Roman *Der Kanal* siedelt er ohne viel kritische Distanz in der Welt der Münchner Schickeria an. B. ist außerdem Verfasser zahlreicher Hör- und Fernsehspiele bzw. Filme.

W.: Romane, Erzählungen, Kinderbücher: Der Vogelherd, 1955; Bonifaz oder Der Matrose in der Flasche, 63; Das Kaninchen bin ich, 63; Märchen und Zeitungen, 66; Der junge Roth, 68; Maria Morzeck oder Das Kaninchen bin ich, 69; Die Person, 70; Der Passagier, 71; Mein kleines Evangelium, 74; Der Mädchenkrieg, 75; Der Kanal, 78; Ewig und drei Tage, 80; Der Bär, 83; Walhalla. Literarische Parodien, 88; Still wie die Nacht. Memoiren eines Kindes, 89. – *Hörspiele, Fernsehspiele:* Hochzeitsreise, 58; Die 8. Trübsal, 60; Nachtwache, 63; Die Elefanteninsel, 67; Drei Rosen aus Papier, 67; Feuerzeug, 69; Jeronim, 70; Vater und Lehrer, 70; Der Hausaufsatz, 72; Der Kommandant, 73; Oblomows Liebe, 77; Ortswechsel, 78; Preußische Nacht. Ein Film, 81.

Bienek, Horst, * 7. 5. 1930 Gleiwitz (Oberschlesien), † 7. 12. 1990 München. Brecht-Schüler. Geprägt durch Verhaftung und Verurteilung in Ost-Berlin. Vierjährige Gefangenschaft im russischen Zwangsarbeitslager Workuta. 1957 Redakteur beim Hessischen Rundfunk. 1961 Lektor in München. 1976 in Australien. B. lebte als freier Schriftsteller. B. erhielt zahlreiche Literaturpreise, u. a. den Bremer Literaturpreis, den Stadtschreiber-Literaturpreis Mainz 1989 und im selben Jahr den Jean-Paul-Preis. Im Wintersemester 1986/87 las er als Gastlektor für Poetik an der Universität München über «Sprache und Exil wem». – Erzähler, Lyriker, Literaturkritiker, Herausgeber von Werkstattgesprächen mit Schriftstellern, Filmautor. – Seit Ende der 50er Jahre Prosa und Lyrik mit dem Gefangenschaftsmotiv: «Poet der Vereinsamung» (von Pound beeinflußt). Der erste Band der Oberschlesien-Romane, *Die erste Polka*, war für B. ein Neuanfang. Mit Gefühl für die Geschichts- und Ressentimentsträchtigkeit der deutschpolnischen Nachbarschaft wird die Symbolik einer Zeitenwende (der 31. 8. 1939, Tag des angeblichen polnischen Überfalls auf den Gleiwitzer Sender) als Hintergrund für menschliche Schicksale benutzt. Das ehemalige Grenzland Oberschlesien nach dem Angriff auf Polen und sich verziehendem Kriegslärm ist auch in *Septemberlicht* an einem einzigen Tag erfaßt. *Zeit ohne Glocken* spielt am Karfreitag des Jahres 1943. In allen drei Büchern wird «Verlorenes noch einmal erinnernd in Besitz genommen». Aus präzis vergegenwärtigten Fakten entsteht mit Hilfe der Phantasie (nach dem Vorbild von Faulkner und T. Wolfe) eine hochdramatische Verknüpfung privater und politischer Augenblicke, wobei das Einzelschicksal Vorrang vor dem kollektiven hat. Der vierte Band *Erde und Feuer* hat die Katastrophe des Jahres 1945 zum Thema, als Gleiwitz in die Hände der Sieger fiel.

W.: Romane, Erzählungen: Traumbuch eines Gefangenen, 1957; Nachtstücke, 59; Die Zelle, 68; Bakunin. Eine Invention, 70; Der Verurteilte, 72; Die erste Polka, 75; Septemberlicht, 77; Zeit ohne Glocken, 79; Der Freitag der kleinen Freuden, 81; Erde und Feuer, 82; Königswald oder die letzte Geschichte, 84; Der nichtverlorene Sohn, 88; Das Fest des Vaters. Aschermittwoch der Künstler [mit F. K. Wetter], 88; Reise in die Kindheit. Wiedersehen mit Schlesien, 88; Birken und Hochöfen. Eine Kindheit in Oberschlesien, 90. – *Dramen, Libretti, Hörspiele, Filme:* Sechs Gramm Caratillo (Hsp.), 60; Einzelzelle (Hsp.), 66; Taugenichts (Libretto), 71; Im Untergrund, 80 (Bühnenms.) (als Hsp. 81); Das Gesicht, das mein Gesicht gefangen hält (Hsp.), 82; Schloß Königswald (Film), 87. – *Lyrik:* was war was ist, 66; Vorgefundene Gedichte, 69; Die Zeit danach, 74; Wörter, nichts als Wörter, 75. – *Essays:* Solschenizyn und andere, 72; Schlesischer Bilderbogen, Skulpturen 1979–1985 (mit K. Schoenholtz u. a.), 86; Der Blinde in der Bibliothek, 86; Das allmähliche Ersticken von Schreien, 87; Auf der Suche nach Proust, 87. – *Herausgebertätigkeit:* Finnische Lyrik, 73; A. Silbergleit: Der ewige Tag, 78; Hommage à Hermann Kesten, 80; Mein Lesebuch, 84; Heimat, 85; I. Bunin: Dunkle Alleen, 86; Ebell-Schwager, U.: Schlesischer Bilderbogen, 86; Bunin, I.: Grammatik der Liebe, 86; An-Ski: Der Dibbuk [auch Übers. mit S. Landmann], 89. – *Sammelausgaben:* Gleiwitzer Kindheit, Gedichte aus 20 Jahren, 76; Von Zeit und Erinnerung, 80; Beschreibung einer Provinz. Aufzeichnungen. Reflexionen. Materialien. Dokumente, 83; Gleiwitzer Tetralogie, 86; H. B. Signatur 4, 86. – *Sonstiges:* Werkstattgespräche mit Schriftstellern, 62.

Bierbaum, Otto Julius, (Pseud. Martin Möbius), *28.6.1865 Grünberg (Schlesien), †1.2.1910 Dresden.
B. studierte in Zürich, Leipzig, München und Berlin, arbeitete an der Münchener Zeitschrift «Die Gesellschaft» mit, war 1893/94 Leiter der Zeitschrift «Die freie

Bühne» in Berlin und nachher Herausgeber der beiden Kunstzeitschriften «Pan» und «Die Insel». Zeitweise lebte er in Südtirol auf Schloß Eppan. B.s Roman *Stilpe*, «Roman aus der Froschperspektive» mit vielen selbstbiographischen Zügen, schildert das Leben eines deutschen Bohemien, der sich am Ende als «verkommenes Genie» selbst die Schlinge um den Hals legt. Das Werk gab Ernst von Wolzogen (1855–1934) die Idee zu seinem «Überbrettl». *Prinz Kuckuck* leitet die letzte Schaffensperiode B.s ein, die der «Grotesken»: ein «Zeitroman» von «Leben, Taten, Meinungen und Höllenfahrt eines Wollüstlings» – nämlich Felix Henry Hauarts, des illegitimen Sohnes einer Amerikanerin und einer ganzen Reihe möglicher Väter – und vom Leben der Oberschichten in der wilhelminischen Zeit. (Das Buch wurde als Schlüsselroman auch auf Alfred Walter Heymel, Rudolf Alexander Schröder und die literarische Gründerzeit der Jahrhundertwende bezogen.) Dem häufig nur heiter-anspruchslosen Lyriker B. gelangen neben Versen voll «sentimental unterwachsener» Sinnlichkeit auch impressionistische Gedichte in der Art Liliencrons. B., der ein Formtalent war und die Fähigkeit der Einfühlung in andere Zeiten und Stile besaß, stellte neben *Erlebte Gedichte* auch Nacherlebtes aus Mittelalter und Anakreontik.

W.: Romane, Erzählungen, Prosa: Studenten-Beichten. 2 Reihen, (1893)–97; Die Freiersfahrten und Freiersmeinungen des weiberfeindlichen Herrn Pankrazius Graunzer, 96; Die Schlangendame, 96; Stilpe, 97; Kaktus und andere Künstlergeschichten, 98 (4. u. 5. Aufl. u. d. T.: Don Juan Tenorio, 17); Das schöne Mädchen von Pao, 99; Steckbrief, o. J.; Annemargreth und die drei Junggesellen. Eine Raubrittergeschichte. Der Meßner-Michel. Eine Profanlegende aus Tirol, 1902; Eine empfindsame Reise im Automobil von Berlin nach Sorrent und zurück an den Rhein in Briefen an Freunde geschildert, 03; Die Haare der heiligen Frangilla und andere Geschichten, 04; Das höllische Automobil, 05; Zäpfel Kerns Abenteuer [nach Collodi], 05; Mit der Kraft – Automobilia, 06; Prinz Kuckuck, 3 Bde, 07–08 (gekürzt in 2 Bden, 18f); Sonderbare Geschichten, 3 Bde, 08 (in 1 Band, o. J.); Der Roman der XII. [Mit H. Bahr u. a.], 09; Die Päpstin, 09; Die Yankeedoodle-Fahrt und andere Reisegeschichten, 09; Samalio Pardulus, 11. – *Dramen:* Lobetanz, 95; Gugeline, (99); Pan im Busch, 1900; Stella und Antonie, 02; Zwei Münchener Faschingsspiele, 04; Die vernarrte Prinzeß, 04; Das Gespenst von Matschatsch. Burleske Operette in vier Aufzügen, 04; Zwei Stilpe-Komödien. Das Cenacle der Maulesel. Die Schlangendame, 05; Der Bräutigam wider Willen, 05 [Bühnenms.], 06; Der Musenkrieg, 07; Fortuna. Abenteuer in fünf Aufzügen (mit F. v. Königsbrun-Schaup), 09 [Bühnenms.] (bearb. 15). – *Lyrik:* Erlebte Gedichte, 92; Nemt, frouwe, disen kranz, 94; Irrgarten der Liebe, 01 (bearb. u. d. T.: Der neubestellte Irrgarten der Liebe, 06; daraus: Aus dem Irrgarten der Liebe, o. J.); Das Seidene Buch, 04; Nachruf auf Ludwig Thuille, 07; Maultrommel und Flöte, 07; Das Heilige Feuer, 09 [Privatdr.?]; Die Schatulle des Grafen Thrümmel und andere nachgelassene Gedichte, 10. – *Essays, Briefe, Tagebücher, Sonstiges:* Münchener Jahres-Ausstellung von Kunstwerken aller Nationen II, 2 Tle, 90 [Text]; Deutsche Lyrik von heute, 91; Freiherr Detlev von Liliencron, [92]; Aus beiden Lagern, 93; Fritz von Uhde, 93 (bearb. 08); Der Bunte Vogel von 1897 (u. 1899). Ein Kalenderbuch, 96 u. 98; Stuck, 99; Hans Thoma, 1904; Leipziger Erinnerungen, 09 [Privatdr.]; Liliencron, 10; Dostojewski, 10 [Prospekt]; Briefe an Gemma, 21; Aus B.s Jugendtagebuch, 22 [Privatdr.]; Die Leiden des jungen B. Ein Gymnasiastentagebuch 1881, 25 [Privatdr.]. – *Übersetzungen:* Don Pasquale. Komische Oper, 02; H. de Balzac: Die drolligen Geschichten, die in den Abteien der Touraine sammelte und ans Licht zog der Herr von Balzac, zur bassen Lust allen Pantagruelskindern und niemandem sonst, 12 (veränd. 20). – *Sammel- und Werkausgaben:* Reife Früchte, 10; Gesammelte Werke in 10 Bdn, 1912ff [nur 7 Bde erschienen]; Zur Kurzweil, 18; Leichtfertige Geschichten, 18; Sonderbare Geschichten, 20; Ausgewählte Gedichte, 21; Das schöne Mädchen von Pao und andere Erzählungen, 54; Annemargret und die drei Junggesellen, 83; Automobilia. Reiseskizzen und Betrachtungen, 88. – *Herausgebertätigkeit:* Fünfundzwanzig Jahre Münchener Hoftheater-Geschichte, 1892; Moderner Musen-Almanach auf das Jahr 1893 [–1894], 92–93; Franz Stuck, 93; Pan [mit J. Meier-Graefe u. a.], 94–00; Die Insel [mit A. W. Heymel und R. A. Schröder], 3 Jgge, 99–02; Das Mappenwerk der Insel [mit A. W. Heymel und R. A. Schröder], 1900 [franz. Ausg. u. d. T.: Album Pan, 00]; Almanach der Insel für 1900 [mit A. W. Heymel, R. A. Schröder], 99; Die Zeit. Wiener Wochenschrift [mit J. Singer], 02–04; Goethe-Kalender auf das Jahr 1906 [–1910], 05–09; Pro Italia. Eine deutsche Kunstspende [mit Felix Mottl, Franz von Stuck], 09 [nicht angenomme-

ne Spende f. ital. Erdbebenopfer; u. d. T.: Eine deutsche Kunstspende, 16]; Die Bücher der Abtei Thelem, Bd 1–4, 10.

Biermann, Wolf, *15. 11. 1936 Hamburg.
B. stammt aus einer Arbeiterfamilie; sein Vater wurde 1943 im KZ Auschwitz ermordet. 1953 übersiedelte B. in die DDR und studierte dort politische Ökonomie. 1957–59 war er Assistent beim Berliner Ensemble; 1959–63 studierte B. Philosophie und Mathematik. 1963 wurde er aus der SED ausgeschlossen, 1965 mit einem generellen Auftritts- und Publikationsverbot in der DDR belegt. Am 17. 11. 1976 entzog ihm die DDR die Staatsbürgerschaft. B. lebt seitdem in der Bundesrepublik. – 1969 Fontane-Preis.
Die Lieder B.s eskalieren im Verlauf von mehr als zehn Jahren Berufsverbot von zunächst nachsichtiger und hoffender Kritik zu aggressiver Negation, die eher von Skepsis, nicht aber von Resignation geprägt war.
Die scharfe Abrechnung mit stalinistischen Bürokraten, stalinistischen Entstellungen des Sozialismus und die Kritik an der Entmündigung des Volkes gehören zu den Themen B.s, auch wenn B. Privates ausspricht, so ist damit die Intention verbunden, es bruchlos ins Gesellschaftlich-Allgemeine zu überführen. Lieder zum Anschlag auf Rudi Dutschke, zu Vietnam und Chile, das Guevara-Lied, die Solidarität mit dem sich demokratisierenden Spanien dokumentieren exemplarisch seine Parteilichkeit. Nach seiner Ausbürgerung aus der DDR beschäftigt sich B. zunehmend mit den Verhältnissen in der BRD. Seit Ende 1989, dem Beginn der Veränderungen in der ehemaligen DDR, ist B. des öfteren dorthin zurückgekehrt und hat sich im Prozeß der Umgestaltung engagiert. – 1989 erhielt er den Friedrich-Hölderlin-Preis der Stadt Bad Homburg v. d. H.

W.: Prosa: Das Märchen vom kleinen Herrn Moritz, der eine Glatze kriegte, 1972; Das Märchen von dem Mädchen mit dem Holzbein, 79. – *Drama:* Der Dra-Dra. Die große Drachentöterschau in acht Akten mit Musik, 70. – *Lyrik:* Die Drahtharfe. Balladen, Gedichte, Lieder, 65; Mit Marx- und Engelszungen. Gedichte, Balladen, Lieder, 68; Für meine Genossen. Hetzlieder, Gedichte, Balladen, 72;

Deutschland. Ein Wintermärchen, 72; Loblieder und Haßgesänge, 77; Preußischer Ikarus. Lieder/Balladen/Gedichte/Prosa, 78; Verdrehte Welt, 82; Affenfels und Barrikade, 86; Klartexte im Getümmel, 90. – *Essays:* Berliner Lektionen. Reden [mit M. v. Ardenne u. a.], 88; Reden über das eigene Land: Deutschland 5 [mit L. Rinser u. a.], 88. – *Übersetzung:* Julij Daniel. – *Sammelausgabe:* Nachlaß I. Noten, Schriften, Beispiele, 77. – *Schallplatten:* Wolf Biermann (Ost) zu Gast bei Wolfgang Neuss (West), 65; Vier neue Lieder, 68; Chausseestraße 131, 69; Der Biermann kommt, 70; Warte nicht auf beßre Zeiten, 73; Chile – Ballade vom Kameramann, 73; aah – ja!, 74; Liebeslieder, 75; Es gibt ein Leben vor dem Tod, 76; Es geht sein' sozialistischen Gang. Dokumentation, 76; Der Friedensclown. Lieder für Menschenkinder, 77; Trotz alledem!, 78; Hälfte des Lebens, 79; Eins in die Fresse mein Herzblatt, 80; Verdrehte Welt – das seh ich gerne, 82; Im Hamburger Federbett, 82; Wir müssen vor Hoffnung verrückt sein, 83; Die Welt ist schön – pardon, will sag'n – ganz schön am Rand, 85; Seelengeld, 86.

Billinger, Richard, *20. 7. 1890 St. Marienkirchen bei Schärding (Oberösterreich), †7. 6. 1965 Linz.
B., Sohn eines Bauern, studierte Philosophie und Literatur in Innsbruck, Kiel und Wien; er trat u. a. als Athlet auf, lebte in München, Berlin und Starnberg-Niederpöcking. 1931 erhielt er für *Rauhnacht* den Kleist-Preis und ab 1954 eine Ehrenpension des Landes Oberösterreich. – B., der von Hofmannsthal und Mell gefördert wurde, begann mit – oft balladesken – Gedichten, in denen sich katholische Frömmigkeit mit mythischen und heidnischen Elementen mischt. Grundtendenz seines weiteren, hauptsächlich dramatischen Schaffens bleibt der irrational-mystifizierende Zug. Formal und stofflich in der Linie des österreichischen Bauern- und Barocktheaters stehend, verband B. barocke Theatralik, Dämonisierung der Natur und eine Ideologie von Bauerntum und Erde, die der Blut- und Boden-Literatur vorgriff.

W.: Romane, Erzählungen: Das Schutzengelhaus, 1934; Lehen aus Gottes Hand, 35; Das verschenkte Leben, 37; Ein Strauß Rosen, 54. – *Dramen:* Spiel vom Knecht, 24; Das Perchtenspiel, 28 (neu als: Reise nach Ursprung, 31); Rosse, 31; Rauhnacht, 31; Das Verlöbnis, 32; Lob des Landes, 33; Lied vom

Glück, 33; Stille Gäste, 34; Die Hexe von Passau, 35; Der Gigant, 37 (als Film: Die goldene Stadt); Melusine, 42; Gabriele Dambrone, 42; Die Fuchsfalle, 42; Paracelsus, 43; Das Spiel vom Erasmus Grasser, 43; Galgenvogel, 48; Der Zentaur, 48; Das Haus, 49; Traube in der Kelter, 50; Ein Tag wie alle, 52; Das nackte Leben, 53; Der Plumpsack, 54; Das Augsburger Jahrtausendspiel, 55; Donauballade, 59; Bauernpassion, 60; Menschen nennen es Schicksal, 62; Brueghel, 74. – *Lyrik:* Über die Äcker, 23; Lob Gottes, 23; Sichel am Himmel, 31; Der Pfeil im Wappen, 33; Die Nachtwache, 35; Holder Morgen, 42; Der Garten haucht, 75. – *Autobiographie:* Die Asche des Fegefeuers, 31. – *Sammel- u. Werkausgaben:* Gesammelte Werke, 12 Bde, 55–60; Würfelspiel. Auswahl (mit Bibliographie), 60; Nachlaß, 8 Bde, 72–84.

Binding, Rudolf Georg, *13. 8. 1867 Basel, †4. 8. 1938 Starnberg.
Sohn eines Leipziger Strafrechtsprofessors, verlebte seine Jugend in Freiburg i. Br., Straßburg, Leipzig und Frankfurt/Main, studierte ohne Abschluß in Tübingen und Heidelberg Jura, in Berlin Medizin, war Pferdezüchter und Rennreiter und lebte ab 1910 in Buchschlag (Hessen), wo er auch Bürgermeister war. Am 1. Weltkrieg nahm er als Rittmeister teil. – B. begann nach einer Griechenlandreise (1909) zu schreiben; in seiner Lyrik wie in der novellistischen Prosa bemühte er sich um strenge Form, die im wesentlichen durch die Tradition des 19. Jhs. bestimmt war. Als Themen wählte er Konflikt und Bewährung einzelner in Ausnahmesituationen; seine aristokratische Menschendarstellung, verbunden mit nationalem Bewußtsein, wenngleich nicht frei von Sentimentalität, machte ihn zu einem Lieblingsautor des deutschen Bürgertums zwischen den Weltkriegen (*Opfergang, Unsterblichkeit, Stolz und Trauer, Moselfahrt aus Liebeskummer*). Seine Haltung zum Dritten Reich ist, ähnlich wie bei Ernst Jünger, umstritten; für sein Werk schwand nach 1945 allmählich das Publikumsinteresse.

W.: Prosa: Legenden der Zeit, 1909 (darin: Coelestina); Die Geige, 11 (darin: Opfergang); Keuschheitslegende, 19; Unsterblichkeit, 21; Der Wingult, 21; Aus dem Kriege, 24; Reitvorschrift für eine Geliebte, 26; Moselfahrt aus Liebeskummer, 32; Das

Heiligtum der Pferde, 35; Wir fordern Reims zur Übergabe auf, 35; Der Durchlöcherte, 36; Die Perle, 38; Dies war das Maß, 39; An eine Geliebte, 50; Die Geschichte vom Zopf in Rothenburg, 50; Das Märchen vom Walfisch, 51; Marmor, Sonne und Wein, Briefe einer Griechenlandreise, 53. – *Lyrik:* Gedichte aus dem Kriege, 13; Stolz und Trauer, 22; Tage, 24; Ausgewählte und neue Gedichte, 30; Die Geliebten, 35; Sieg des Herzens, 37, 50. – *Autobiographie:* Erlebtes Leben, 28 (neu als: Unvergängliche Erinnerung, 64). – *Essays:* Rufe und Reden, 28; Frankfurt am Main [mit A. Paquet], 28; Die Spiegelgespräche (Meditationen), 35; Natur und Kunst, 39. – *Werkausgaben:* Gesammeltes Werk, 4 Bde, 27; 5 Bde, 27; 2 Bde, 54; Gedichte, Gesamtausgabe, 54; Die Briefe, 57; Das große Rudolf-Georg-Binding-Buch, 57.

Birk, Werner →Heise, Hans-Jürgen

Bisinger, Gerald, *8.6.1936 Wien.
B. studierte Psychologie und Romanistik. 1962–70 war er in der Redaktion der Wiener Kulturzeitschrift «Neue Wege» für Lyrik zuständig. 1973 Mitbegründer der «Grazer Autorenvereinigung». Seit 1974 Redaktionsmitglied der internationalen Lyrik-Zeitschrift TAMTAM, war B. 1980–86 Redakteur von «Literatur im technischen Zeitalter» (dem literarischen Teil der Zeitschrift «Sprache im technischen Zeitalter»). Als Redakteur und Mitarbeiter des Literarischen Colloquiums in Berlin lebte B. 1964–86 in Berlin. Seither ist er Mitarbeiter des Österreichischen Rundfunks und Fernsehens ORF. – B. gab 1963 sein literarisches Debüt mit dem Prosaband *Zikaden und Genever.* Seither hat er vor allem eine Reihe von Gedichten erscheinen lassen und ist als Übersetzer aus dem Italienischen hervorgetreten. Stoff seiner Gedichte und kurzen Erzählungen sind häufig Traum und Erinnerung, Alltag und die Identität des Dichters. Als Herausgeber hat sich B. immer wieder für H. C. Artmann eingesetzt. – 1964 erhielt B., dessen Arbeiten häufig in kleinen, versteckten Publikationen erscheinen, den Theodor-Körner-Preis der Stadt Wien.

W.: Romane, Erzählungen, Prosa: Zikaden und Genever, 1963; Ein Drachenteufel und hinterhältig, 68; Am frühen Lebensabend. Trilogie, 87. – *Lyrik:* 7 Gedichte zum Vorlesen, 68; 5 kurze Gedichte für Kenner, 68; 7 neue Gedichte/7 nuove poesie, 71; Poema ex Ponto. Poetische Nachrichten aus der östlichen Latinität, 77; Fragmente zum Ich/Frammenti sull'io, 77; Poema ex Ponto II und andere Gedichte, 78; Gedichte auf Leben und Tod, 82; Poema ex Ponto III, 82; Ein Stück Natur, 83. – *Übersetzungen:* Eugenie Carmi / Umberto Eco: Die drei Kosmonauten, 71; Edoardo Sanguineti: Reisebilder, 72; H. C. Artmann: dracula, dracula/un'aventura transilvana, 82; Nanni Balestrini: weitschweifige tänze verbal, 78. – *Herausgebertätigkeit:* Der Landgraf von Camprodòn. Fs. für H. C. Artmann (mit P. O. Chotjewitz), 66; H. C. Artmann: ‹ein lilienweißer brief aus lincolnshire›, 69; Das literarische Profil von Rom (mit W. Höllerer), 70; Über H. C. Artmann, 72.

Blass, Ernst (Pseud. Daniel Stabler),
*17.10.1890 Berlin, †23.1.1939 ebd.
B., der Jura studiert hatte (1915 Promotion zum Dr. jur.), gehörte seit 1909 zum Kreis des «Neuen Club» (gegründet von B.' Freund K. Hiller); Lesungen im «Neopathetischen Cabaret» und im «Gnu»; Mitarbeit an den führenden Zeitschriften des Frühexpressionismus («Die Aktion», «Der Sturm»); 1914/15 in Heidelberg Herausgeber einer eigenen Zeitschrift «Die Argonauten». In den 20er Jahren Tätigkeit als Journalist (Kunstkritiker beim «Berliner Börsen Courier» und beim «Berliner Tageblatt») und als Verlagslektor; seit 1933 Berufsverbot. B. litt seit 1926 an einer schweren Augenkrankheit (seit 1930 fast völlig erblindet). B. gehörte neben Benn, Heym, van Hoddis, Lichtenstein und Lotz zu den bedeutenden Vertretern des Berliner Frühexpressionismus; bis 1915 sind B.' Verse beispielhaft für die von K. Hiller geforderte subtile Nerven- und «Gehirn»-Lyrik des modernen Großstädters: inhaltlich Einbeziehung des scheinbar Geringfügigen und Alltäglichen, formal bewußt gesuchte Trivialität des Ausdrucks, kombiniert mit strenger Versform. Um 1915 näherte sich B. der feierlichen Formstrenge des George-Kreises an.

W.: Romane, Erzählungen: Der paradiesische Augenblick, 1920 (unter dem Pseud. Daniel Stabler). – *Lyrik:* Die Straßen komme ich entlang geweht, 12 (neu: 75); Die Gedichte von Trennung und Licht, 15; Die Gedichte von

Sommer und Tod, 18; Der offene Strom, 21. – *Essays:* Über den Stil Stefan Georges, 20; Das Wesen der neuen Tanzkunst, 21. – *Herausgebertätigkeit:* Die Argonauten, 14–21. – *Übersetzungen:* Byron. – *Sammelausgabe:* Die Straßen komme ich entlang gewecht. Sämtliche Gedichte, 80.

Blatter, Silvio, *25.1.1946 Bremgarten (Schweiz).

Der Arbeitersohn B. besuchte das Lehrerseminar in Wettingen und war anschließend sechs Jahre Primarlehrer in Aarau. Während dieser Zeit arbeitete er 1970 mehrere Monate in der Metallindustrie. 1972 gab er den Lehrerberuf auf und begann ein Germanistikstudium an der Universität Zürich. 1974 arbeitete er in der Kunststoffindustrie und ließ sich 1975 bei Radio DRS zum Rundfunkregisseur ausbilden. Anschließend lebte er längere Zeit in den Niederlanden und Nordfriesland, bevor er in die Schweiz zurückkehrte. Seit 1976 ist er freier Schriftsteller; er war Lektor einer Reihe «Junge Autoren» und fungiert seit 1984 als Präsident des deutschschweizerischen PEN. 1972 und 1978 erhielt B. den Förderpreis der Stadt Zürich, 1974 den C.-F.-Meyer-Preis und 1979 den Preis «Der erste Roman» Hamburg, 1989 einen Aargauer Förderungspreis.

Entfremdung, Umweltzerstörung, Isolation und Heimatlosigkeit, mit diesen Schlagworten kann man die Themen des bisherigen Werks B.s charakterisieren. Seine ersten umfangreichen Arbeiten beschäftigen sich mit der Arbeitswelt, den Entfremdungen und Deformationen im Arbeitsalltag; z. B. in *Schaltfehler* und in *Genormte Tage, verschüttete Zeit.* In diesen Geschichten wird deutlich, wie sehr neben der Arbeits- auch die Privatsphäre von den unmenschlichen Bedingungen der Arbeit bestimmt wird. Isolation und fehlende Geborgenheit sind wesentliche Momente in dem kritischen Heimatroman *Zunehmendes Heimweh.* Heimat als Ziel, als Aufhebung der Entfremdung erweist sich als Illusion. Sensibel und mit facettenreicher Sprache geht B. der Sehnsucht nach Geborgenheit auch in den folgenden Romanen nach, ohne in der Darstellung der Vergeblichkeit diese Hoffnung zu denunzieren.

W.: Prosa, Romane, Texte: Brände kommen unerwartet, 1968; Eine Wohnung im Erdgeschoß, 70; Schaltfehler, 72; Nur der König trägt Bart, 73; Mary Long, 73; Flucht und Tod des Daniel Zoff. Prosagedicht, 74; Genormte Tage, verschüttete Zeit, 76; Zunehmendes Heimweh, 78; Love Me Tender, 80; Die Schneefalle, 81; Kein Schöner Land, 83; Die leisen Wellen. Das schöne Buch vom See (mit U. Anderegg), 85; Wassermann, 86; Der Traum des Bäckers und andere Brotgeschichten [mit anderen], 86; Das sanfte Gesetz, 88.

Blau, Sebastian → Eberle, Josef

Blei, Franz (Pseud. Medardus), *18.1.1871 Wien, †10.7.1942 New York.

B. studierte Philosophie in Wien, Paris, Bern und Zürich (Dr. phil.), lebte seit 1900 in München, ab 1925 in Berlin, verließ 1933 Deutschland und emigrierte später in die USA. – B. trat zwischen 1906 und 1919 besonders als Herausgeber mehrerer literarischer und bibliophiler Zeitschriften hervor, teils gemeinsam mit C. Sternheim, M. Scheler und A. P. Gütersloh. Als Verfasser von Novellen, Porträts und amourösen Erzählungen sowie Dramen war er weniger erfolgreich als mit seinen Essays. Ein breites Echo fand er mit seiner satirischen Schrift *Das große Bestiarium der modernen Literatur*, einer Sammlung kleiner literarischer Karikaturen in Form von barock-stilisierten Tierporträts.

W.: Essays: Die galante Zeit, 1904; Von amoureusen Frauen, 06; Über Wedekind, Sternheim und das Theater, 15; Félicien Rops, 21; Die Sitten des Rokoko, 21; Der Geist des Rokoko, 23; Glanz und Elend berühmter Frauen, 27; Das Erotische, 27; Himmlische und irdische Liebe in Frauenschicksalen, 28; Formen der Liebe, 30; Männer und Masken, 30; Zeitgenössische Bildnisse, 40; Talleyrand oder der Zynismus, 84. – *Erzählungen:* Erdachte Geschichte, 11; Landfahrer und Abenteurer, 13; Die Abenteurer, 20; Die verliebte Weisheit der Ninon, 20; Der Knabe Ganymed, 23; Die Frivolitäten des Herrn von Ditenberg, 25; Gefährtinnen, 31; Lust der Kreatur, 31. – *Sonstige Prosa:* Bestiarium Literaricum (unter Pseud.), 20, später erweitert: Das große Bestiarium der modernen Literatur, 24. – *Autobiographie:* Erzählung eines Lebens, 30. – *Dramen:* Die rechtschaffene Frau, 1893; Thea, 95; Die Sehnsucht, 1900; Das Kußmaul, 02; Der dunkle Weg, 06; Scaramuccio auf Naxos (Libretto), 09; Logik des

Herzens, 16; Das Nusch-Nuschi (Operntext für Hindemith), 21. – *Übersetzungen:* Choderlos de Laclos, Gefährliche Liebschaften; Gide, Der König Candaules; Der schlecht gefesselte Prometheus; Claudel, Mittagswende; Der Tausch; Wilde, Märchen und Gedichte in Prosa; de la Salle, Die 15 Freuden der Ehe; Lukian, Hetärengespräche; Molière, Der Geizige; Whitman, Hymnen an die Erde; Beckford, Vathek. – *Herausgebertätigkeit:* Roland, 03–23; Der Amethyst, 06; Deutsche Literaturpostille, 4 Bde, 07; Die Opale, 07; Der Zwiebelfisch, 08–09; Das Lustwäldchen. Galante Gedichte des Barock, 08; Hyperion. Almanach, 09–11; J. M. R. Lenz, Schriften, 5 Bde, 10–13; Der lose Vogel, 12–13; Summa-Schriften, 17; Die Rettung (mit A. P. Gütersloh), 18–20; Stendhal, 14 Bde, 12–23; Die Sanssouci-Bücher, 4 Bde, 22–24; Liebesgeschichten des Orients, 22; Der buntfarbige Eros, 24; Goethe, 10 Bde, 24; Baudelaire, 3 Bde, 25; Casanova, Memoiren, 2 Bde, 25; Das Lesebuch der Marquise, o. J. – *Werkausgaben:* Vermischte Schriften, 6 Bde, 11–12; Schriften in Auswahl (mit Bibliographie), 60; Portraits, 86.

Bleibtreu, Karl, *13. 1. 1859 Berlin, †30. 1. 1928 Locarno.
B., Sohn des Schlachtenmalers Georg B., wählte nach einer kurzen Studienzeit in Berlin und Reisen durch ganz Europa den Beruf eines freien Schriftstellers und Kritikers. Er leitete mehrere Zeitungen und Zeitschriften, so 1884 das «Kleine Tageblatt» in Berlin, 1885 den «Schalk», von 1888–90 zusammen mit M. G. Conrad das Organ des Münchner Naturalismus «Die Gesellschaft», von 1886–88 das «Magazin für die Literatur des In- und Auslandes». Weithin bekannt und zum Wegbereiter des «Jüngsten Deutschland» wurde er mit seiner Kampfschrift *Die Revolution der Literatur*, in der er die etablierte Kritik und Kunst verwarf und die Kombination von Realismus und Romantik in der Literatur forderte. Nach anfänglichem Kontakt zum Berliner Früh-Naturalistenkreis um die Brüder Hart wandte er sich Michael Georg Conrad und dem Münchner Naturalismus zu, der die Wirklichkeitsschilderung eine subjektive Deutung zugestand. B.s Angriffe richteten sich auch gegen die Berliner «Freie Bühne» und deren Verehrung Ibsens. Als Konkurrenz zu diesem Unternehmen gründete er 1890 die «Deutsche Bühne» in Berlin, auf der er einige

eigene Theaterstücke zur Aufführung brachte, doch mit geringem Erfolg. Das umfangreiche literarische Werk B.s fand keine besondere Resonanz. Seine naturalistischen Romane erfüllen die theoretisch von ihm geforderte Behandlung der sozialen Frage hauptsächlich im Dirnen- und Bohème-Milieu.

W.: Romane, Novellen, Schriften: Gunnlaug Schlangenzunge, 1879; Der Traum. Aus dem Leben des Dichterlords, 80; Dies irae, 82; Aus Norwegens Hochlanden, 83; Der Nibelunge Noth, 84; Wer weiß es?, 84; Napoleon bei Leipzig, 85; Kraftkuren, 85; Deutsche Waffen in Spanien, 86; Schlechte Gesellschaft, 86; Revolution der Literatur, 86; Das Geheimnis von Wagram u. a. Studien, 87; Götzen, 87; Größenwahn, 88; Geschichte der englischen Literatur, 88; Paradoxie der konventionellen Lügen, 88; Friedrich der Große bei Kolin, 88; Der Kampf ums Dasein der Literatur, 88; Zur Jahrhundertfeier der Französischen Revolution, 88; Schlachtenbilder, 88; Cromwell bei Marston Moore, 89; Napoleon I., 89; Feldherrenbilder, 90; Propaganda der Tat, 90; Heroica, 90; Zur Psychologie der Zukunft, 90; Letzte Wahrheiten, 91; Geschichte und Geist der europäischen Kriege, 92; Kriegstheorie und Praxis, 92; Staat und Christentum, 92; Der russische Feldzug Napoleons, 93; Erbrecht, 93; Kritische Beiträge zur Geschichte von 1870–71, 96; Ein Freiheitskampf, 96; Geschichte der Taktik und Strategie, 97; Byron, der Übermensch, 97; Freie Liebe, 97; Gravelotte, 98; Paris, 98; Der Zar-Befreier, 98; Marschälle, Generale, Soldaten Napoleons, 98; Der böse Wille des Militarismus, 99; Gedankenübertragung beim Generalstab, 99; Der Dreyfusschwindel, 99; Wörth, 99; Von Robespierre bis Buddha, 99; Paris 1870–71, 99; Orleans, Belfort, 1900; Der Verrat von Metz, 01; Napoleonische und Moltkesche Strategie, 02; Königgrätz, 03; Weißenburg, 03; Spichern, 03; Die Verrohung der Literatur, 03; St. Privat, 04; Die Vertreter des Jahrhunderts, 04; Napoleon bei Leipzig, 05; Der Geniekaiser und die Welt, 05; Die Kommune, 05; Der Sachsenverrat bei Leipzig, 05; Die Wahrheit über Mars-la-Tour, 05; Der Deutsch-Französische Krieg, 05; Die große Armee, 06–09; Völker Europas, 06; Shakespeare, 06; Preußen gegen Europa, 07; Friedrich der Große in seinen Werken, 07; Die Lösung der Shakespeare-Frage, 07; Jena, 07; Die Vielzuvielen, 09; Das Ende. Erinnerungen eines französischen Offiziers, 09; Deutschland und England, 09; Die Auskunftei, 10; Straßburg, 10; Romantische Liebe, 10; Geschichte der Reiterattacken, 11; Geschichte der deutschen Literatur, 11; Das Byron-Geheimnis, 12; Preußens Heeresruhm, 12; Weltbrand, 12;

Zwei wackere Helden, 13; Bellealliance, 14; Bismarck, 15; Des Reiches Schmied, 15; Englands Waterloo-Züge, 15; Stegemanns Weltkrieg und die Marneschlacht, 17; Shakespeares Geheimnis, 23; Geschichte des Weltkriegs, 25. – *Dramen:* Feueranbeter, 1881; Lord Byrons letzte Liebe, 81; Lord Byron, 86; Vaterland, 87; Schicksal, 88; Weltgericht, 88; Ein Faust der Tat, 89; Der Erbe, 89; Rache, 89; Auferstanden, 89; Wellington bei Talavera, 90; Das Halsband der Königin, 90; Der wahre König, 91; Der Imperator, 91; Zorndorf, 93; Die Weltbefreier, 93; Massenmord, 93; Der Kampf bei Mars-la-Tour, 97; Karma, 98; Bur und Lord, 1900; Byrons Geheimnis, 00; Die Edelsten der Nation, 02; Der Heilskönig, 03; Vivat Fridericus, 04; Heldenringen, 10; Der Kampf um Metz, 10; Deutsche Männer, 13; Die Herzogin, 13; Die grausame Moritat des Kaisers Napolium, 13. – *Lyrik:* Lyrisches Tagebuch, 1885; Lieder aus Tirol, 86; Welt und Wille, 86; Kosmische Lieder, 90; Aspern, 1902; Waterloo, 02; Colombey, 04; Mars-la-Tour-Vionville, 04.

Bloch, Ernst (Pseud. Karl Jahraus, Jakob Knerz, Ferdinand Aberle, Jakob Bengler, Eugen Reich, Dr. Josef Schönfeld), *8.7.1885 Ludwigshafen, †4.8.1977 Tübingen.

Sohn des Eisenbahnbeamten Max B. und seiner Frau Bertha, geb. Feitel. Studierte Philosophie in München bei Th. Lipps, dann in Würzburg, 1908 Promotion mit einer Arbeit über den Neukantianer H. Rickert, 1908–11 in Berlin, Privatcolloquium bei G. Simmel. Freundschaft mit Lukács in Budapest, mit Margarete Susman in Berlin. Aufenthalte in Heidelberg, Kreis von Max Weber. 1918 Veröffentlichung von *Geist der Utopie*, womit sein eines Generalthema angeschlagen ist; 1921 von *Thomas Münzer* als Ausdruck seines anderen mit der Utopie verzahnten Generalthemas: des marxistisch begründeten politischen Revolutionsdenkens. Freundschaft mit Adorno, Benjamin, Brecht, Weill. 1933 als Jude und Marxist Flucht vor den Nationalsozialisten nach Zürich. 1935 Veröffentlichung von *Erbschaft dieser Zeit*, der kritischen Darstellung der 20er Jahre und Auseinandersetzung mit dem Nationalsozialismus. 1935 Teilnahme an antifaschistischen Arbeiten in Paris, 1936–38 in Prag, Mitarbeit an der «Weltbühne», 1938–49 in den USA. Niederschrift von *Das Prinzip Hoffnung*, ursprünglicher

Titel «Träume vom besseren Leben», einer Enzyklopädie des Hoffens aus allen Lebensgebieten. Freundschaft mit Paul Tillich, religionsphilosophische Studien, in denen sich Sozialismus mit jüdisch-christlicher Eschatologie in striktem, dialektisch-materialistischem Diesseitsdenken vereinen. *Subjekt – Objekt. Erläuterungen zu Hegel*, dem wichtigsten philosophischen Vorfahren B.s 1949 Ruf an die Univ. Leipzig. 1955 Nationalpreis der DDR. Wegen Konflikten mit der SED Emeritierung und Isolation in Leipzig. 1961 Gastprofessur in Tübingen, nach dem Bau der «Mauer» keine Rückkehr nach Leipzig. Tübinger Eröffnungsvorlesung *Kann Hoffnung enttäuscht werden?*. 1964 1. Kulturpreis des Deutschen Gewerkschaftsbundes, 1967 Friedenspreis des Börsenvereins des Deutschen Buchhandels, 1969 Ehrendoktor in Zagreb, 1975 Sigmund-Freud-Preis.

Da in B.s Werk Philosophiegeschichte, schöpferisch-eigene Philosophie, engagierte Politik und Ethik, Soziologie, Pädagogik und Ästhetik ineinander übergehen und da die Sprache durchweg auf künstlerisch-produktive Weise behandelt wird, gehört sein Werk seinem Wesen nach zur Literatur, und allenthalben öffnen sich Verbindungswege zur Literaturwissenschaft. – B.s Sprachstil erteilt ähnlich dem Adornos eine bewußte Absage an akademisch gelehrte Wissenschaftssprache. Die verschiedenen Stilelemente treten auf: hohes Pathos, saloppe Alltagsformulierungen, Bibelsprache, geistreiche Aperçus, neue Einzelworte, kühn geschöpfte Satzformen, rationale Begrifflichkeit, mythische und expressionistische Bildgewalt. *Das Prinzip Hoffnung* nennt Walter Jens daher zu Recht «ein Dokument geheimnisvoller Poesie», und bei den *Literarischen Aufsätzen*, die die verschiedensten Themen ausführen, macht der Stil das eigentlich «Literarische» aus. So auch in B.s Erzählungen *Spuren*, in denen der Philosoph als Dichter, der Dichter als Philosoph erscheint und Hoffnungsspuren in Alltagsgeschichten und skurrilen Phantasien aufspürt. – Wegen B.s Philosophie des Neuen und Offenen findet man überall im Werk Rechtfertigungen für das Neue in der Literatur: Experimente, avantgardistische Sprachversuche und ein revolutionärer Wandel sollen den Prozeß der Menschwerdung finden helfen. B.s «experimentum mundi» schließt das experimentum litterarum ein. «Kunst ist ein Laboratorium und ebenso ein Fest (Schönheit) ausgeführter Möglichkeiten» (*Prinzip Hoffnung*). Folgerichtig hat B. in der «Expressionismusdebatte» (1936–38) Stellung bezogen gegen eine schematische Abkanzelung des Expressionismus und gegen den «objektivistisch-geschlossenen Realitätsbegriff» von Lukács. In dem Aufsatz *Marxismus und Dichtung* wird gerade die dichterische Phantasie als Betätigungsfeld des Marxismus erwiesen. So will B. auch die Mythen und Märchen, trotz aller Vorbehalte, gegen eine dogmatisch-rationale marxistische Kritik aufwerten. Das «Utopikum im Mythischen» verbindet dieses mit dem Zukunftsziel des Kommunismus, und das Volksnahe des Märchens ist vom Herrentum der Sage positiv abzusetzen (Aufsatz *Zerstörung, Rettung des Mythos durch Licht*). – Durch B.s Zentralthema: die Totalität, d. h. Beachten aller Lebensbereiche, denkerisch vermittelt in Dialektik, erweitert er einflußreich den Literaturkreis: Bis dahin als Trivialliteratur oder Kolportage abgetane Literatur wird ebenso einbezogen und geschätzt wie die hohe: Karl May erscheint als bevorzugter Autor neben Hebel, Kleist, Proust, Kafka und Goethe. – Eine Ergänzung zur Diskussion um Allegorie und Symbol (Lukács, Benjamin) liefert B. in dem Kapitel «Begegnung der utopischen Funktion mit Allegorien-Symbolen» im *Prinzip Hoffnung*. – B.s Naturphilosophie, die als wesensnotwendig erklärten Beziehungen des Menschen zur Natur, Natur als Subjekt und die geforderte «Allianztechnik mit der Natur» statt Zerstörung und Entfremdung, wie sie vom Kapitalismus erhärtet werden, lassen B. immer wieder auf Dichtung als eine Schaltstelle zwischen Mensch und Natur hinweisen, wo die «Betroffenheit» in mehrerlei Wortsinn eindringlich zum Ausdruck gebracht werde. – Auf die Studentenbewegung und die Bereicherung der Literaturwissenschaft durch kritisch-marxistische Impulse hatte B. einen entscheidenden Einfluß.

W.: Erzählungen: Spuren, 1930 (erw. 75; Ausz.: «Das merke» und andere Texte, 85). – *Essays, theoretische Schriften:* Kritische Erörterungen über Rickert und das Problem der modernen Erkenntnistheorie, 1909 (Diss.); Schadet oder nützt Deutschland eine Niederlage seiner Militärs?, 18; Geist der Utopie, 18; Vademecum für heutige Demokraten, 19; Thomas Münzer als Theologe der Revolution, 21; Durch die Wüste. Kritische Essays, 23; Erbschaft dieser Zeit, 35; Subjekt – Objekt. Erläuterungen zu Hegel, 49; Christian Thomasius. Ein deutscher Gelehrter ohne Misere, 53; Das Prinzip Hoffnung, 54–59 (Ausz.: Freiheit und Ordnung, 85); Verfremdungen 1, 62, 2 (Geographica) 64; Tübinger Einleitung in die Philosophie, 63 (Ausz.: Differenzierungen im Begriff Fortschritt, 70); Die Kunst, Schiller zu sprechen und andere literarische Aufsätze, 69; Widerstand und Friede. Aufsätze zur Politik, 71; Atheismus im Christentum, 73; Ästhetik des Vorscheins, 2 Bde, 74; Experimentum Mundi, 75; Durch die Wüste, 77; Die Lehren von der Materie, 78; Tendenz – Latenz – Utopie, 78; Abschied von der Utopie?, 80; Sprachbilder (mit S. Izi), 86. – *Briefe, Gespräche:* Im Christentum steckt die Revolte. Gespräch mit A. Reif, 71; Gespräche mit Ernst Bloch, 75; Tagträume vom aufrechten Gang. Sechs Interviews, 77; Briefe, 2 Bde, 85; E. B./Metzger, Arnold: Wir arbeiten im gleichen Bergwerk. Briefwechsel 1942–1972, 87. – *Sammel- und Werkausgaben:* Wissen und Hoffen, 55; Gesamtausgabe, 17 Bde, 59ff; Das Morgen im Heute, 60; Recht, Moral, Staat, 71; Vom Hasard zur Katastrophe, 72; Pädagogica, 73; Über Karl Marx, 73; Werkausgabe, 78; Revolution der Utopie, 78; Literarische Aufsätze, 84; Vorlesungen zur Philosophie der Renaissance, o. J.; 1917 statt 1789. Aufsätze, 85; Leipziger Vorlesungen zur Geschichte der Philosophie, 4 Bde, 85; Kampf, nicht Krieg. Politische Schriften 1917–1919, 85. – *Herausgebertätigkeit:* Marxismus und Anthropologie, 80.

Blum, Lisa-Marie, *3. 10. 1911 Bremerhaven.
Kinderbuchautorin, Malerin, Studium in Berlin; lebt derzeit in Hamburg. 1959 wurde *Das geheimnisvolle Karussell*, eine Geschichte, in der die Tiere des Jahrmarktkarussells lebendig werden, auf die Auswahlliste des Deutschen Jugendbuchpreises gesetzt und in mehrere Sprachen übersetzt. Es folgte fast jährlich ein neues Kinderbuch, das B. meist selbst illustrierte. Ihre Geschichten sind voller

wunderlicher Phantasie, Humor und Spannung und werden bevölkert von lustigen, märchenhaften Figuren, deren Erlebnisse durch den Erfahrungsbereich von Kindern geprägt sind. In ihren «Erzählungen für Erwachsene» *Marionetten* benutzt B. ihre zurückhaltende Erzählweise, um Frauen und Kinder in ihrem Alltag darzustellen: ausgeliefert der Leere, Verlassenheit und Verletzungen.

W.: *Romane, Erzählungen, Kinder- und Bilderbücher:* Das bunte Buch, 1943; Geburtstagskuchen, 46; Ringelblume Nickkopf, 49; Kleiner Bruder große Welt, 51; Der liebe gute Spielzeugmann, 52; Kommt spielt mit uns, 53; Das geheimnisvolle Karussell, 59; Der Versuch. Am 15. April, 59; Finchen, 60; Wittkopp, 65; Die Seejungfrau im Muschelhaus, 68; Die Ponyapotheke, 69; Gruselchen, 71; Das Café an der Madeleine, 72; Die kleine Eule, 73; Ausgerechnet Wasserflöhe, 74; Hamburg liegt nicht am Meer, 78; Marionetten, 78; Der geheimnisvolle Computer, 80; Der kleine Bär kann fliegen, 86; Draußen, 86; Das Tigerauge, 91. – *Lyrik:* Regieanweisung, 80; Der Dosenöffner schneidet glatt, 88. – *Schallplatten, Kassetten:* Marionetten, ca. 80 (Kass.).

Blümner, Rudolf, *19. 8. 1873 Breslau, †3. 9. 1945 Berlin (verhungert).
B., Sohn eines Universitätsprofessors, studierte an mehreren Univ. en Jura, 1896 in Berlin Promotion zum Dr. iur.; seit 1900 als Schauspieler tätig; 1906–12 Mitglied des Deutschen Theaters in Berlin, dort auch Lehrer an der Schauspielschule dieser Bühne; stellte sich völlig in den Dienst des «Sturm»-Kreises: Rezitator auf mehr als 300 «Sturm»-Abenden, Lehrer an der Kunstschule «Der Sturm», Verlags- und Geschäftsleiter des «Sturm», seit 1920 einer der Hauptmitarbeiter an der gleichnamigen Zeitschrift. 1929 Intendant des Bühnenvolksbundes in Tilsit; in den 30er Jahren als Schriftsteller und Schauspieler in Berlin tätig (trotz der Ehe mit einer Jüdin); 1944 erblindete.
B.s Lebenswerk ist äußerst vielschichtig: Neben seiner Tätigkeit als Schauspieler und Schauspiellehrer verfaßte er eine Reihe von theoretischen Abhandlungen über die Schauspielkunst, die er zu seinem ureigensten Metier machte; «Schöpfer der expressionistischen Vor-

tragskunst» (L. Schreyer). Rezitator der lyrischen (und dramatischen) Wortkunst des «Sturm»-Kreises. In diesem Zusammenhang gelang ihm die Schaffung eines «absoluten» Wortkunstwerkes, eines Lautgedichtes, aufgebaut nach rein klanglichen Gesichtspunkten (*Angolaine*).
In den späten 20er Jahren verfaßte B. eine Reihe grotesker und satirischer Kurzdramen, die stilgeschichtlich der Neuen Sachlichkeit zuzuordnen sind (ausnahmslos im «Sturm» veröffentlicht); vor allem nach der «Sturm»-Zeit machte er sich als Übersetzer französischer und russischer Dramen einen Namen.

W.: *Dramen:* Homunculus, 1911; Der Gerichtsteufel, 34. – *Lyrik:* Die Quirlsanze, 21; Angolaina, in: «Sturm» 21. – *Essay:* Der Geist des Kubismus und die Künste, 21. – *Übersetzungen, Nachdichtungen:* Gogol, Ostrowskij, Molière.

Blunck, Hans Friedrich (Pseud. Detlev B., Hans Vollmert), *3. 9. 1888 Altona, †25. 4. 1961 Hamburg.
B., Sohn eines Lehrers, studierte in Kiel und Heidelberg Rechtswissenschaft. Nach der Promotion wurde er 1910 Referendar, 1915 Assessor. Im 1. Weltkrieg war er Ordonnanzoffizier, nach Kriegsende zuerst Finanzbeamter. 1920 wurde er Regierungsrat in Hamburg und war von 1925–28 Syndikus der Hamburger Universität. Danach lebte er als freier Schriftsteller auf seinem Gut Mölenhoff in Holstein, später in Hamburg. Er unternahm Reisen nach Südeuropa, Afrika und Amerika. 1933–35 war er Präsident der Reichsschrifttumskammer und seit 1933 2. Vorsitzender der Deutschen Akademie für Dichtkunst. Er war außerdem Mitglied des Reichskultursenats, erhielt den Ehrenring des Deutschen Sprachverbandes, die Wartburg-Dichterrose und die Goethe-Medaille (1938). Vom Entnazifizierungsausschuß wurde er als «Mitläufer» eingestuft und zu einer «Sühne» von 10000 DM verurteilt. B., ein quantitativ fruchtbarer Schriftsteller, verfaßte eine Vielzahl von Gedichten, Balladen, Romanen, Erzählungen, Dramen, Märchen und Sagen. Mehrere Werke des von

der niederdeutschen Volkstumsbewegung beeinflußten B. spielen im norddeutschen Raum. So z. B. der Roman *Hein Hoyer*, dessen Titelheld, eine ‹Führer›persönlichkeit, vor allem die Hanse und das Reich der Deutschen stärken will. Reichsgedanke, Blut-und-Boden-Mythos, kolonialer Anspruch und völkisch-nationalistische Ideologie kennzeichnen viele seiner Arbeiten, die Romane der *Urvätersaga* ebenso wie die der «niederdeutschen Trilogie» *Werdendes Volk*. Wie viele nationalsozialistische Schriftsteller hatte B. einen wesentlichen Teil seines Werks bereits vor 1933 veröffentlicht. Nach dem Ende der faschistischen Diktatur, zu deren ideologischen Wegbereitern man ihn rechnen kann, schrieb er nicht ohne Erfolg weiter. In seiner Autobiographie *Unwegsame Zeiten* versuchte er, sich selbst zum «Antifaschisten auf dem Sessel der Schrifttumskammer» zu stilisieren.

W.: Romane, Erzählungen, Sagen, Märchen: Söhne der Erde (nur in: Neue Hamburger Zeitung vom 7. 7.–15. 8.), 1913; Feuer im Nebel, 13 (erw. 40); Der Ritt gen Morgen, 14; Totentanz, 16; Jan Günt, 18; Peter Ohles Schatten, 19 (veränd. 50); Hein Hoyer, 22 (Ausz. u. d. T.: Die Schlacht in der Hamme, 34); Berend Fock, 23 (Ausz. u. d. T.: Die Mär vom gottabtrünnigen Schiffer, 34); Märchen von der Niederelbe, 23 (Ausz. u. d. T.: Märchen von der Unterelbe, 59); Stelling Rotkinnsohn, 24 (Ausz. u. d. T.: Jung Stelling, 33); Vun wilde Keerls in'n Brook, 26; Streit mit den Göttern, 26 (Ausz. u. d. T.: Weland Wehträger, der Flieger, 35); Kampf der Gestirne, 26; Bootsmann Uhl u. a. Erzählungen, 26; Ahoi! (mit H. Pagés), 27; Die Weibsmühle, 27; Wiedewitte, 27; Gewalt über das Feuer, 28 (als Jugendbuch 55) (Ausz. u. d. T.: Börr der Jäger, 38); Bruder und Schwester, 28 (veränd. 33); Kindermärchen, 29; Unruhe, 29; Land der Vulkane, 29 (Ausz. u. d. T.: Der Feuerberg, 34); Allerlei Gelichter, 30; Volkswende, 32; Von Fuchs und Dachs, 32; Die blaue Erde, 32; «Weihnacht», 32; Drolliges Volk, 32; Geschichten in der Dämmerung, 33; Spuk und Lügen, 33; Der Trost der Wittenfru, 33; Von Tieren und sonderbaren Käuzen über und unter der Erde, 33; Das Feuerhorn, 33; Zwiefaches Schauen, 33; Neues Volk auf der Heide und andere Märchen, 34; Sterne und Gelichter, 34; Dörfliches Leben, 34; Von Geistern unter und über der Erde, 35; Die große Fahrt, 35; Erstaunliche Geschichten, 36; Eulenspiegel verliert sein Gebetbuch, 36; Dammbruch, 36; König Geiserich, 36; Fährgespräch, 37; Aufbruch der Streitwagen, 37; Quell der Goden, 37; Die Renntierhirten, 37; Italienisches Abenteuer, 38; Wolter von Plettenberg, 38; Der fremde Garten, 39; Gestühl der Alten, 39; Freund und Feind, 39; Die kleine ferne Stadt, 39; Frauen im Garten, 39; Schiffermär, 40; Erzählungen, 40; Der Kamerad, 40; Die Jägerin, 40; Die ewige Unruhe, 40; Hüben und drüben, 40; Wünsche, Räuber, Abenteuer, Mären und Sagen, 41; Rund um den Hof, 41; Trauer um Jakob Leisler, 41; Märchen, 42; Glückliche Insel, 42; Der Landsknecht, 42; Bergenfahrt, 42; Allerhand schrullige Gäste, 43; Das Brautboot, 43; Sommer in Holmenland, 43; Auf dem Babenhof, 43; Bootsmann Elbing, 43; Die Reise nach Amerika, 43; Abenteuer im Vordämmern, 44; Jungfern im Nebel und andere lügenhafte Geschichten, 44; Morgenstern und Abendstern, 44; Vom Igel Stickelpickel, 44; Kämpfer auf fremden Boden, 44; Vom überlisteten Teufel, 44; Möwen hinterm Pflug, 44; Die Schlacht von Pleskau u. a. Geschichten vom Reich, 44; Die Windhunde und 17 andere Kurzgeschichten, 44; Volksbuch der Sage vom Reich, 44; Begegnung im Schnee, 44; Junge Liebe, 50; Mississippi, 50; Neue Märchen, 51; Die Springwurzel, 51; Kampf um Neuyork, 51; Märchen, 52; Die Sardens und die Besessene, 52; Neue Blumenmärchen, 53; Von der schönen Gräfin Doge, 53; Frau Holle und die Kiebitze, 54; Die letzte Freude, 58; Die Wiedewitte und andere Märchen, 62; Weg durch Heidelberg, 64; Die Ehrengabe, 81; Geschwisterberg, 82. – *Dramen*: Die Frau im Tal, 20 (Neufssg. 37); De hillige Hannes, 20; Köst bi Wessels, 20; Hein Oi und der Böse, 30; Pappenpuck und Poggenschluck, 31 (Neufssg. 38); Sprung ins Bürgerliche, 34; Der Teufel vor der Schmiede, 34; Land in der Dämmerung, 34; Die Lügenwette, 35; Das Mägdespiel (Bühnen-Ms.), 35; Kampf um Neuyork, 40; Heinrich von Lützelburg, 40; Die Verschwörung, 40; Spiel um Christi Geburt, 50; Bramm und die schönen Hollentöchter, 52; Erntedank, 53. – *Lyrik, Versepen, Sprüche*: Ritter Frau Minnes, 12; Nordmark, 12; Sturm überm Land, 16; Der Wanderer, 20 (erw. 25); Hart warr ni möd. Niederdeutsche Gedichten, 20; Erwartung, 20; Neue Balladen, 31 (veränd. u. d. T.: Der Flammenbaum, 35); Hart warr ni möd'. Balladen un Gedichten, 33; Deutsche Schicksalsgedichte, 33 (erw. 35); Die Frau auf dem Holm, 34; Fru Holle un de Mönk, 34; Mär vom Leben, 34; Rüter, R.: Zwei vaterländische Kanons auf Texte von H. F. B., 34; Lengard, M.: Gedichte von H. F. B. (Musik von M. L.), 37; Balladen und Gedichte, 37; Rein, W.: Her zu uns, wir schreiten (Texte von H. F. B.), 37; Gedichte um Österreich, 38 (erw. u. d. T.: Brüder. Gedichte um Österreich, 40);

Gedichte, 40; Mahnsprüche, 40; Brückenge-
dichte, 41; Die Magdeburger Kugel, 41; Ein
Winterlager, 41; Die Sage vom Reich, 2 Bde,
41–43; Das Andachtsbüchlein, 42; Wieder
fährt Sturm übers Land, 42; Gedichte, 50; Buch
der Sprüche, 53; Hofmeier, A.: Sechs Lieder für
Singstimme und Klavier. Nach Texten von H. F.
B., 54; Fork, G.: Abend. Für gemischten Chor
(Text von H. F. B.), 81. – *Essays, theoretische
Schriften, Autobiographisches, Briefwechsel*:
Die Anfangsklage (Diss.), 10; Die Zukunft Ma-
zedoniens, 12; Belgien und die niederdeutsche
Frage, 15; Aus der brasilianischen Reise, 26;
Rückblick und Ausschau, 27; Kunst und Landschaft, 30; Über allem das Reich!, 30; Deutsche
Kulturpolitik, 34; Mein Leben, 34; Jakob Leisler, 40; Deutschland und der Norden, 43; Früh-
germanische Seeherrschaft, 44; Frühe skandinavische, portugiesische und englische West-
fahrten nach Nordamerika, 50; Verfassung und
Untergang der altsächsischen Republik, 51; Lebensbericht, 2 Bde (u. d. T.: Licht auf den Zü-
geln; Unwegsame Zeiten), 52–53; Der Jahreskranz, 53; Thomas Mann u. H. F. B.: Briefwechsel und Aufzeichnungen, 69; Lob der
Schöpfung, 77. – *Bearbeitungen, Nacherzählungen*: Das Nibelungenlied, 34; Deutsche Heldensagen, 38; G. Schwab: Die schönsten Sagen
des klassischen Altertums. 3 Bde, 55; Sagen
vom Rhein, 57; Elbsagen, 58; Donausagen, 59;
Nordseesagen, 60; Alpensagen, 61. – *Sammel-
und Werkausgaben*: Ut Krieg un Heimat, 16;
Peter Ohles Schatten, 25; Märchen von der Niederelbe, 3 Bde, 26–31 (Ausz. u. d. T.: Vom
Mukkerpucker u. a. Geistervolk), 31; Mucker-
pucker und Kolbenknecht, 33; Niederdeutsche
Märchen, 34; Von Füchsen, Krähen u. a. Ge-
tier, 34; Menschen aus der Marsch, 31; Die Urvätersaga (enth.: Gewalt über das Feuer;
Kampf der Gestirne; Streit mit den Göttern),
33; Werdendes Volk (enth.: Stelling Rotkinnsohn; Hein Hoyer; Berend Fock), 34; Werke
(Ausz.), 34; Notflagge u. a. Novellen, Balladen
u. Gedichte, 34; Dreyer, A. E. (Hg.): H. F. B.
Sicht des Werkes, 34 (bearb. 38); Eine Dichterstunde, 36; Gesammelte Werke, 10 Bde, 37;
Seltsame Begegnungen, 39; Rüstung der Geister, 40; Novellen, 2 Bde, 40–44 (Ausg. in 3
Bdn, 53–54); Eine Auswahl aus dem dichterischen Werk, 40; Ausgewählte Werke, 4 Bde,
41; Märchen und Sagen, 3 Bde, 43; Buch der
Balladen, 50; Gesammelte Werke in Einzelausgaben, 15 Bde (mehr nicht ersch.), 50–56; Es
war einmal, 53; Dramen und Lustspiele, 2 Bde,
56; Die Urväter (enth.: Sage von der Gewalt des
Menschen über das Feuer; Sage von Wieland
dem fliegenden Schmied), 60; Das Gesamtwerk, 4 Bde (mehr nicht ersch.), 60–61. – *Herausgebertätigkeit*: K. Groth: Quickborn, 34;
Das Deutschlandbuch, 35; Die nordische Welt
(mit F. J. Domes), 37.

Bobrowski, Johannes, *9.4.1917 Tilsit,
†2.9.1965 Berlin.
Nach dem Besuch des humanistischen
Gymnasiums in Königsberg (ab 1928) studierte B. Kunstgeschichte in Berlin. Dort
kam er in Kontakt mit der Bekennenden
Kirche und damit zum religiös motivierten Widerstand gegen den Nationalsozialismus. Einberufung zum Arbeitsdienst
und zur Wehrmacht folgten 1937. Während des Krieges (1941) verfaßte B. erste
Landschaftsgedichte, die 1943/44 in der
Zeitschrift «Das innere Reich» erschienen. Als er 1949 aus sowjetischer Kriegsgefangenschaft zurückkehrte, wurde er
Lektor. Seit 1954 erschienen in Zeitschriften und Anthologien vereinzelte Gedichte, die in den beiden Bänden *Sarmatische
Zeit* und *Schattenland Ströme* zusammengefaßt wurden. Diese beiden Bände fanden in der BRD große Aufmerksamkeit;
B. erhielt 1962 den Wiener Alma Johanna
Koenig-Preis und den Preis der Gruppe
47, 1965 den H.-Mann-Preis. Auch seine
Prosaarbeiten haben den gleichen thematischen Schwerpunkt wie seine Gedichte.
Er selbst beschreibt ihn als Versuch, «das
unglückliche und schuldhafte Verhältnis
des deutschen Volkes zu seinen östlichen
Nachbarvölkern bis in die jüngste Vergangenheit zum Ausdruck zu bringen und damit zur Überwindung revanchistischer
Tendenzen beizutragen». In beiden Romanen *Levins Mühle* und *Litauische Kla-
viere* wird das gespannte Verhältnis der
ethnischen Gruppen thematisiert. Deutsche und Litauer, Polen, Russen und Juden leben in engster Nachbarschaft, die
jedoch durch nationale und soziale Probleme bedroht ist. Diese thematische Beschränkung korrespondiert mit einem Ar-
beitsprinzip, das B. selbst als «Guckkasten»-Prinzip bezeichnete. Seine Wirkung auf die jüngere Generation von
DDR-Autoren wie auf den gesamten
deutschen Sprachraum ist kaum zu überschätzen.

W.: Romane, Erzählungen: Levins Mühle,
1964; Boehlendorff und Mäusefest, 65 (veränd.
u. d. T.: Boehlendorff und andere, 65); Litauische Claviere, 66; Der Mahner, 67. – *Lyrik:* Sarmatische Zeit, 61; Schattenland Ströme, 62;
Wetterzeichen, 66; 80; Im Windgesträuch, 70;
Literarisches Klima. Ganz neue Xenien, dop-

pelte Ausführung, 78. – *Theoretische Schriften:* Selbstzeugnisse und Beiträge über sein Werk, 67. – *Übersetzungen:* S. Maršak: Das Tierhäuschen, 67. – *Herausgebertätigkeit:* G. Schwab: Die schönsten Sagen des klassischen Altertums, 54; Die Sagen von Troja, 55; Hans Clauert, Der Märkische Eulenspiegel, 56; Jean Paul, Leben Fibels, 63; Freydoun Farokhzad, Andere Jahreszeit, 64; Wer mich und Ilse sieht im Grase. Deutsche Poeten des 18. Jhs. über die Liebe und das Frauenzimmer, 64; Gustav Schwab, Die Sagen von Troja, 65; Meine liebsten Gedichte, 85. – *Sammlungen:* Das Land Sarmatien, 61/62; Mäusefest und andere Erzählungen, 65; Nachbarschaft, 67; Gedichte 1952, 65; 7 Erzählungen, 69; Drei Erzählungen, 70; Sarmatische Zeit. Schattenland Ströme, 71; Poesiealbum 52, 72; Lipmanns Leib, 73; Ja, ich sprech in den Wind, 78; Mäusefest / Der Mahner, 81; Gesammelte Werke, 6 Bde, 87 ff; Im Strom. Gedichte und Prosa, 89. – *Schallplatten, Kassetten:* J. B. liest Lyrik und Prosa, 66 (2 Pl.); Nachbarschaft, 67 (enth. auch 2 Pl.); J. B. liest die Erzählungen «Der Mahner» und «Der Tänzer Malige», 80 (2 Pl.); J. B. liest aus «Levins Mühle», ca. 84; Alles auf Hoffnung, mehr ist nicht zu sagen [mit F. W. Junge, G. Sommer], 88 (Pl. mit Textbuch).

Böhlau, Helene, *22.11.1859 Weimar, †26.3.1940 Widdersberg bei München.
B., Tochter des Weimarer Hofbuchdruckers, folgte 1886 dem Architekten und Privatgelehrten F. H. Arndt (Omar alRaschid Bey) nach Istanbul. 1888 kehrten sie nach Deutschland (München) zurück.
B.s literarische Tätigkeit, der sie sich schon seit 1882 mit großem Erfolg gewidmet hatte, brachte ihr den Preis der deutschen Schillerstiftung ein.
Ihre Werke behandeln in der Hauptsache zwei Themengruppen: Geschichten aus dem alten Weimar (*Rathsmädelgeschichten*) und die Situation der Frau in der Gesellschaft (*Der Rangierbahnhof, Das Recht der Mutter*). Jugenderinnerungen und Familienüberlieferung lieferten den Stoff für ihre humoristischen Schilderungen aus dem Altweimarer Leben, die sich großer Beliebtheit erfreuten. Aufsehen erregte sie durch ihre heftige Kritik am Philistertum des Bürgers, seinen Moral- und Lebensanschauungen, die sich vor allem hemmend auf den Lebensdrang und das Persönlichkeitsstreben der Frau auswirkten. So greift sie u. a. die traditionelle Ehe an, die der Frau keine Möglichkeit zur Selbstverwirklichung bietet, sondern sie geistig und seelisch verkümmern läßt (*Halbtier*).

W.: Romane, Novellen: Novellen, 1882; Der schöne Valentin, 86; Reines Herzens schuldig, 88; Herzenswahn, 88; Rathsmädelgeschichten, 88; Im Trosse der Kunst, 89; In frischem Wasser, 91; Der Rangierbahnhof, 96; Das Recht der Mutter, 96; Verspielte Leute, 97; Neue Rathsmädel- und Altweimarische Geschichten, 97; Altweimarische Liebes- und Ehegeschichten, 97; Die verspielten Leute, 97; Der schöne Valentin, 98; Christine, 98; Glory, Glory Halleluja, 98; Schlimme Flitterwochen, 98; Das Brüller Lager, 98; Halbtier, 99; Sommerbuch, 1903; Die Kristallkugel, 03; Sommerseele, 04; Das Haus zur Flamm', 07; Isebies, 11; Gudrun, 13; Der gewürzige Hund, 14; Kußwirkungen, 20; Die leichtsinnige Eheliebste, 25; Frau Maria Stroms Garten, 25; Böse Flitterwochen, 29; Die kleine Goethemutter, 29; Die Geschichte einer zärtlichen Seele, 29; Föhn, 31; Spuk in Alt Weimar, 35; Die drei Herrinnen, 37; Goldvogel, 39; Jugend zu Goethes Zeit, 39. – *Drama:* Philister über dir, 1900. – *Werkausgaben:* Gesammelte Werke, 14–19 und 29.

Bohr, W. → Weisenborn, Günther

Böll, Heinrich, *21.12.1917 Köln, †16.7.1985 Bornheim.
B., Sohn eines Bildhauers und Schreinermeisters, stammt aus einem katholisch geprägten Elternhaus; er arbeitete nach dem Abitur im Buchhandel. 1938/39 begann er nach dem Arbeitsdienst ein Studium, wurde aber im Sommer 1939 zur Wehrmacht eingezogen. B. war sechs Jahre lang an verschiedenen Fronten Soldat, wurde mehrfach verwundet, verlor seine Mutter bei einem Fliegerangriff. Nach dem Krieg studierte er in Köln Germanistik, arbeitete gleichzeitig in der Schreinerei seines Bruders, dann bei einer Behörde. Von 1947 an erschienen seine Kurzgeschichten in mehreren Zeitungen, auch schrieb er einige Hörspiele. Seit 1951 war B. freier Schriftsteller. 1967 Büchner-Preis, 1972 Nobelpreis für Literatur. 1983 wurde er zum Professor ernannt und nach langem parteipolitisch motiviertem Streit Ehrenbürger Kölns. Er war «commandeur» des französischen «Ordre des Arts et des Lettres», Mitglied des PEN und der Deutschen Akademie

für Sprache und Dichtung. – 1987 wurde von seiner Familie eine nach ihm benannte Stiftung gegründet.

B.s Biographie liefert schon die grundlegenden Motive seines Werks: Er war Rheinländer, Kölner und Katholik; die Sinnlosigkeit des Krieges prägte seine Lebensauffassung. Vom Standpunkt des parteilosen Linksliberalen und Bekenners eines christlich begründeten Humanismus aus wurde B. zum Kritiker antidemokratischer Entwicklungen in der Bundesrepublik und zum engagierten Anwalt für politisch Verfolgte, Minderheiten oder Andersdenkende im eigenen Land (Baader/Meinhof; Radikalenerlaß) und in aller Welt (Ungarnaufstand, Prag, Vietnam, Solženicyn) und galt im In- und Ausland als anerkannte Integrationsfigur und prominenter Repräsentant der Menschenrechtsbewegung.

In seiner Frühphase, unmittelbar nach dem Krieg, schreibt B., wie er es selbst formuliert, «Kriegs-, Trümmer- und Heimkehrerliteratur». Sein erstes Buch, die Erzählung *Der Zug war pünktlich*, schildert 1949 die Geschichte eines Landsers, der schicksalsergeben seinem sicheren Tod an der Ostfront entgegenfährt. Die Kurzgeschichten *Wanderer, kommst du nach Spa* zeigen in Zügen und Bahnhöfen, zerbombten Städten und Elendsquartieren das Los des kleinen Mannes in der Kriegs- und Nachkriegszeit. B.s erster Roman, *Wo warst du, Adam?*, 1951 veröffentlicht, gestaltet episodenhaft die Auswirkungen eines absurden Kriegs auf Soldaten, Offiziere, KZ-Häftlinge, Zivilbevölkerung. – Das Heimkehrermotiv leitet zur zweiten Phase in B.s Werk über, die mit einem Begriff aus seinem Essayband *Hierzulande* als «Waschküchenliteratur» bezeichnet werden kann. Mit Humor im Sinne von Jean Paul und Dickens, mit Demut im Sinne Dostoevskijs nimmt sich B. in Romanen, Erzählungen und Satiren der «Armeleutemilieus» an, der «Erniedrigten und Beleidigten», der vom Wirtschaftswunder Ausgeschlossenen. Die Satiren *Die schwarzen Schafe* und *Nicht nur zur Weihnachtszeit* geißeln eine Form deutscher Sentimentalität und die geschäftliche Ausbeutung des kleinbürgerlichen Gemüts. Kennzeichnend

für diese Schaffensperiode sind vor allem vier Werke. Der Roman *Und sagte kein einziges Wort* setzt sich mit Eheproblematik, Wohnungsnot und der Wurzellosigkeit des Großstadtbewohners auseinander. Desgleichen schildert *Haus ohne Hüter* in parallellaufenden Handlungssträngen aus der Sicht von vaterlosen Knaben das Leben der Erwachsenen, insbesondere ihrer Mütter, in der Nachkriegszeit. In exakten Milieustudien wird die Illusionslosigkeit und Verzweiflung dieser Existenzen offenbar. Die Erzählung *Das Brot der frühen Jahre* zeigt in Form einer Liebesgeschichte, wie B. hinter der Satire der Wohlstandsgesellschaft eine geistige Umwandlung des Menschen sucht. Der Roman *Billard um halb zehn* ist in ähnlichem Sinne eine Abrechnung mit den Zeitverhältnissen. Die erzählte Zeit betrifft zwar einen einzigen Tag des Jahres 1958, doch werden in Erinnerungsmonologen rückwendend Kaiserreich, Weimarer Republik, Nazizeit und Nachkriegszeit am Schicksal einer rheinischen Architektenfamilie erfaßt. Die Perspektive ist jedoch verengt: Die sozialen, politischen und menschlichen Gegensätze werden allegorisch reduziert auf die Antithese «Lämmer» und «Büffel».

Anfang der 60er Jahre scheint eine neue Schaffensperiode einzusetzen, in der B., sich immer eindeutiger engagierend, seine «Aesthetik des Humanen» (*Frankfurter Vorlesungen*) vertritt. Gegen die Leistungs- und «Abfallgesellschaft» reagierend, greift er auf elementare Themen des Menschlichen zurück, «das Wohnen, die Nachbarschaft und die Heimat, das Geld und die Liebe, Religion und Mahlzeiten», gegen die gesellschaftliche Moral auf die individuelle Ethik, gegen die inhumanen Ordnungen und Institutionen auf Freiheit und Autonomie des einzelnen. Schon die Titel seiner Erzählungen weisen auf seine Abwendung von den staatlichen Instanzen hin: *Entfernung von der Truppe* zeigt satirisch, wie der rückblickende Ich-Erzähler vom Arbeitsdienst desertiert; *Ende einer Dienstfahrt* beschreibt humorvoll das aufrührerische Kleinstadt-Happening eines Tischlers und seines Sohnes, die einen Jeep der

Bundeswehr verbrennen, dafür jedoch nur mild bestraft werden. Immer mehr rücken in B.s Romanen Außenseiter, Randfiguren, welche sich bewußt von der Gesellschaft absetzen, in den Mittelpunkt. *Ansichten eines Clowns* schildert die Geschichte des jüngeren Sohnes der rheinischen «Braunkohlen-Schniers», der mit seiner Familie bricht und Clown wird; als sein freier Liebesbund mit seiner kleinbürgerlichen Geliebten am katholischen Konformismus scheitert, verfällt er dem Alkohol. In *Gruppenbild mit Dame* gestaltet der Autor die Lebensgeschichte einer rheinländischen Frau durch die Recherchen eines fiktiven «Verfassers» bei über zwanzig «Auskunftspersonen». Auch Leni Pfeiffer, der «positive Mensch» dieses Werks, lebt am Rande einer korrupten Konsumgesellschaft, doch findet sie, ungleich Schnier, ihre Erfüllung in der Liebe. Noch aggressiver sind B.s letzte Bücher. Der satirische Essay *Berichte zur Gesinnungslage der Nation* richtet sich gegen «Gesinnungsschnüffelei» und Radikalenerlaß. Das «Pamphlet» *Die verlorene Ehre der Katharina Blum* brandmarkt am Beispiel der Katharina Blum und ihres Geliebten Götten das antidemokratische, potentiell gewalttätige geistige Klima, das im Zusammenhang mit der Terroristenverfolgung in der Bundesrepublik entstanden war. Zentrales Thema ist die Kritik an der Massenpresse und am Verhalten der staatlichen «Ordnungsinstitutionen» Polizei und Justiz.
Der Roman *Fürsorgliche Belagerung* schildert die Existenz des Provinzmillionärs Fritz Tolm und seiner Familie als Spiegelbild der bundesrepublikanischen Gesellschaft. In diesem «politischen Roman» besteht der satirische Trick darin, daß die ganze Familie Tolm rund um die Uhr von Polizisten bewacht wird. In einer Art Inversion einer Krimi-Handlung wird hier das parodistische Modell eines Polizeistaates geliefert. – Dieselben Themen und Motive hat B. in seinen verschiedenen Schaffensperioden auch in anderen literarischen Formen behandelt: in Kurzgeschichten, Hör- und Fernsehspielen, Essays, Reden.

W.: *Romane, Erzählungen:* Der Zug war pünktlich, 1949; Wanderer, kommst du nach Spa, 50; Wo warst du, Adam?, 51; Die schwarzen Schafe, 51; Nicht nur zur Weihnachtszeit, 52; Und sagte kein einziges Wort, 53; Haus ohne Hüter, 54; Das Brot der frühen Jahre, 55; So ward Abend und Morgen, 55; Unberechenbare Gäste, 56; Abenteuer eines Brotbeutels, 57; Irisches Tagebuch, 57 (Ausz.: Der tote Indianer in der Duke Street, o. J.); Im Tal der donnernden Hufe, 57; Erzählungen, 58; Die Waage der Baleks, 58; Doktor Murkes gesammeltes Schweigen und andere Satiren, 58; Der Bahnhof von Zimpren, 59; Der Mann mit den Messern, 59; Billard um halb zehn, 59; Als der Krieg ausbrach / Als der Krieg zu Ende war, 62; Die Essenholer und andere Erzählungen, 63; Ansichten eines Clowns, 63; Entfernung von der Truppe, 64; Ende einer Dienstfahrt, 66; Gruppenbild mit Dame, 71; Der Tod der Elsa Baskoleit, 72; Die verlorene Ehre der Katharina Blum, 74; Zwei Erzählungen, 76; Du fährst zu oft nach Heidelberg und andere Erzählungen, 79; Fürsorgliche Belagerung, 79; Das Vermächtnis, 81; Mein trauriges Gesicht, 84; Bild–Bonn–Boenisch, 84; Frauen vor Flußlandschaft, 85. – *Dramen:* Ein Schluck Erde, 62; Aussatz, 70. – *Hör- und Fernsehspiele:* Die Brücke von Berczaba, 51; Ein Tag wie sonst, 53; Die Spurlosen, 57; Bilanz, Klopfzeichen, 63; Die Spurlosen. Drei Hörspiele, 66; Hausfriedensbruch, 69. – *Lyrik:* Gedichte, 72; Gedichte (Collagen von K. Staeck), 75; Gedichte, 81; Wir kommen weit her, 86; Engel – wenn du ihn suchst, 87. – *Essays:* neben den Sammelbänden vor allem: Briefe an einen jungen Katholiken, 61; Hierzulande, 63; Frankfurter Vorlesungen, 66; Die Freiheit der Kunst, 67; Georg Büchners Gegenwärtigkeit, 67; Leben im Zustand des Frevels, 69; Im Gespräch. H. B. mit H. L. Arnold, 71; Versuch über die Vernunft der Poesie, 73; Der Lorbeer ist immer noch bitter, 74; Pfarrer, die dem Terror dienen, 74; Berichte zur Gesinnungslage der Nation, 75; Drei Tage im März, 75; Schwierigkeiten mit der Brüderlichkeit, 76; Eine deutsche Erinnerung. Interview mit René Wintzen, 79; Was soll aus dem Jungen bloß werden? Oder: Irgendwas mit Büchern, 81; Der Autor ist immer noch versteckt (Gespräch mit Jürgen Wallmann), 81; mit L. Kopelew: Warum haben wir aufeinander geschossen?, 81; Antikommunismus in Ost und West [mit L. Kopelew u. H. Vormweg], 82; Vermintes Gelände, 82; Ansprache zur Verleihung des Preises der Robert-Bosch-Stiftung für polnische Übersetzer der deutschen Literatur im Jahre 1983, 83; Weil die Stadt so fremd geworden ist. Gespräche, 85. – Dazu die Kollektivbände: Politische Meditationen, 72; Briefe zur Verteidigung der Republik, 77; Drehbuchtext zum Gemeinschaftsfilm: Deutschland im Herbst, 78. – Zahlreiche *Übersetzungen. – Sammel- und Werkausgaben:* Werke 1–5, 77, 6–10, 79; Werke 1–10, 78; Aufsätze, Kritiken, Reden, 67; Erzählungen, Hörspiele, Aufsätze, 61; H. B. 1947–1951, 63; Zum Tee bei Dr. Borsig. Acht Hörspiele, 64; Die Erzählungen, 66; Wo warst du, Adam? und andere Erzählungen, 67; Geschichten aus zwölf Jahren, 69; Fünf Erzählungen, 70; Erzählungen 1950–1970, 72; Zwei Erzählungen, 77; Essayistische Schriften und Reden, 3 Bde, 79–80; Gesammelte Erzählungen, 2 Bde, 81; Böll-Lesebuch, 82; Neue politische und literarische Schriften 1967–1972, 73; Einmischung erwünscht, Schriften zur Zeit, 77; Spuren der Zeitgenossenschaft, 80; Gefahren von falschen Brüdern, 80; Ein Tag wie sonst, 80; Lesebuch 82; Die Verwundung. Und andere frühe Erzählungen, 83; Der Angriff. Erzählungen 1947–1949, 83; Die schwarzen Schafe. Erzählungen 1950–1952, 83; Gesichter. Sätze, Geschichten, Autobiographisches. 1969–1981, 84; Im Tal der donnernden Hufe. Erzählungen 1953–1962, 84; Veränderungen in Staech. Erzählungen 1962–1980, 84; Ein- und Zusprüche. Schriften, Reden und Prosa 1981–1984, 84; Briefe aus dem Rheinland. Schriften und Reden 1960–1963, 85; Heimat und Reden. Schriften und Reden 1964–1968, 85; Ende der Bescheidenheit. Schriften und Reden 1969–1972, 85; Man muß immer weitergehen. Schriften und Reden 1973–1975, 85; Es kann einem bange werden. Schriften und Reden 1976–1978, 85; Die ‹Einfachheit› der ‹kleinen› Leute. Schriften und Reden 1978–1981, 85; Zur Verteidigung der Waschküchen. Schriften und Reden 1952–1959, 85; Die Fähigkeit zu trauern. Reden und Schriften 1983–1985, 86; Denken mit Böll, 86; Feindbild und Frieden. Schriften und Reden 1982–1983, 87; Rendezvous mit Margret, 87; Rom auf den ersten Blick und andere Reisebilder, 87; Wanderer, kommst du nach Spa... Erzählungen 1947–1950, o. J.; Heinrich Böll zum Wiederlesen, o. J.; Die Kirche im Dorf und andere Erzählungen, 87; Werke, 4 Bde, 87; Worte töten, Worte heilen, 89. – *Fotobände:* Im Ruhrgebiet, 58; Unter Krahnenbäumen, 58; UdSSR, der Sowjetstaat und seine Menschen, 70. – *Herausgebertätigkeit:* 5 Kontinente, 72; Anstoß und Ermutigung (mit H. Gollwitzer u. C. Schmid), 74; Mein Lesebuch, 78; Briefe zur Verteidigung der bürgerlichen Freiheit (mit anderen), 78; Kämpfen um die sanfte Republik (mit anderen), 80; Niemandsland, 85. – *Schallplatten u. ä.:* Dr. Murkes gesammeltes Schweigen, 86 (Kass.); Die verlorene Ehre der Katharina Blum, 86 (3 Kass.); Anita oder das Existenzminimum (Hsp.), o. J. (Kass.).

Bölsche, Wilhelm, *2. 1. 1861 Köln, †31. 8. 1939 Oberschreiberhau (Schlesien)

B.s Vater, ein ehemaliger Theologe, war Zeitungsredakteur. Nach einem Studium der Philologie und Kunstgeschichte in Bonn und Paris erschien B. auf der Berliner literarischen Szene (1885) zunächst mit wenig erfolgreichen Romanen; verkehrte in dem progressiven Literatenverein «Durch». Seine Schrift «Naturwissenschaftliche Grundlagen der Poesie» (1887) etablierte ihn als Theoretiker des Berliner Naturalismus, dessen Mitbegründer er war (von ähnlicher Wichtigkeit ist seine weniger bekannte Aufsatzreihe «Die sozialen Grundlagen der modernen Dichtung», die 1897 in den «Sozialistischen Monatsheften» erschien). 1887 befreundete er sich mit Gerhart Hauptmann und Bruno Wille, lebte vorübergehend in Friedrichshagen und war 1890 Mitbegründer der «Freien Volksbühne» und zeitweilig Redakteur der Zeitschrift «Freie Bühne». In Arbeiterbildungsvereinen und ähnlichen Institutionen trat B. häufig als Referent für naturwissenschaftlich-philosophische Themen auf. 1918 folgte er Gerhart Hauptmann nach Oberschreiberhau, wo er als populärwissenschaftlicher Schriftsteller, der sich mit unterschiedlichsten Themen im Grenzgebiet von Natur- und Kunstwissenschaft und Philosophie befaßte, lebte.

W.: Romane: Paulus. Roman aus der Zeit des Kaisers Marcus Aurelius, 2 Bde, 1885; Der Zauber des Königs Arpus. Humoristischer Roman aus der römischen Kaiserzeit, 87; Die Mittagsgöttin. Ein Roman aus dem Geisteskampfe der Gegenwart, 3 Bde, 91. – *Essays, Vorträge, populärwiss. Schriften:* Naturwissenschaftliche Grundlagen der Poesie (Prolegomena einer realistischen Ästhetik), 1887; Heinrich Heine. Versuch einer ästhetisch-kritischen Analyse seiner Werke und seiner Weltanschauung, 87; Alexander von Humboldt (Vortrag), 91; Freireligiöse Neujahrsgedanken (Festvortrag), 93; Entwicklungsgeschichte der Natur, 2 Bde, 94–96; Das Liebesleben in der Natur. Eine Entwicklungsgeschichte der Liebe, 3 Bde, 98–1902; Charles Darwin, 98; Vom Bazillus zum Affenmenschen. Naturwissenschaftliche Plaudereien, 1900; Ernst Haeckel, 00; Die Eroberung des Menschen, 01; Goethe im 20. Jahrhundert, 01; Die Entwicklungslehre im 19.

Jahrhundert, 01; Die neuen Gebote. Ein Traum, 01; Hinter der Weltstadt (Friedrichshagener Gedanken zur ästhetischen Kultur), 01; Von Sonnen und Sonnenstäubchen. Kosmische Wanderungen, 03; Aus der Schneegrube. Gedanken zur Naturforschung, 03; Die Abstammung des Menschen, 04; Weltblick. Gedanken zu Natur und Kunst, 04; Der Sieg des Lebens, 05; Der Stammbaum der Tiere, 05; Naturgeheimnis, 05; Was ist die Natur?, 06; Im Steinkohlenwald, 06; Die Schöpfungstage. Umrisse zu einer Entwicklungsgeschichte der Natur, 06; Das Tierbuch, 3 Bde, 07–11 (I, II, 23 u. d. T.: Aus der Weltgeschichte des Tieres, III, 23 u. d. T.: Der Liebesroman des Hirschs; Auf dem Menschenstern. Gedanken zu Natur und Kunst, 09; Stunden im All, 09; Der Mensch in der Vorzeit, 2 Bde (I Der Mensch in der Tertiärzeit und im Diluvium, II Der Mensch der Pfahlbauzeit), 09–11; Komet und Weltuntergang, 10; Festländer und Meere im Wechsel der Zeiten, 13; Stirb und werde! Naturwissenschaftliche und kulturelle Plaudereien, 13; Tierwanderungen in der Urwelt, 14; Von Wundern und Tieren. Neue naturwissenschaftliche Plaudereien, 15; Der Mensch der Zukunft, 15; Die deutsche Landschaft in Vergangenheit und Gegenwart, 15; Der Stammbaum der Insekten, 16; Schutz- und Trutzbündnisse der Natur, 17; Eiszeit und Klimawechsel, 19; Aus Urtagen der Tierwelt. Stunden im Zoologischen Garten, 22; Natur und Kunst, 2 Bde, 22; Der singende Baum. Neue Geschichten aus dem Paradiese, 24; Tierseele und Menschenseele, 25; Erwanderte deutsche Geologie, 25; Von Drachen und Zauberkünsten. Abenteuer aus dem Kampf mit dem Unbekannten in der Natur, 25; Die Abstammung der Kunst, 26; Im Bernsteinwald, 27; Lichtglaube. Stunden eines Naturforschers, 27; Drachen. Sage und Naturwissenschaft, 29; Der Termitenstaat. Schilderungen eines geheimnisvollen Volkes, 30; Ausgewählte Werke, 6 Bde, 30; Das Leben der Urwelt. Aus den Tagen der großen Saurier, 31; Die Eroberung des Menschen. Ziele und Grenzen unserer Kenntnis vom Ursprung des Menschen im Lichte einer idealistischen Weltauffassung, 31; Was muß der neue deutsche Mensch von Naturwissenschaft und Religion fordern?, 34. – *Herausgebertätigkeit:* Werke von Angelus Silesius, Georg Büchner, Carus, Fechner, Grottewitz, Goethe, Haeckel, Hauff, Heinse, A. v. Humboldt, Novalis, Sterne, Wieland, Heine, Uhland u. a.

Bongs, Rolf, * 5. 6. 1907 Düsseldorf, † 20. 11. 1981 ebd.

B. studierte Germanistik, Philosophie und Kunstgeschichte (Dissertation über Kleist). Er war kaufmännischer Angestellter, Archivar, im 2. Weltkrieg Soldat und Kriegsberichterstatter, später Journalist und Kunst- und Literaturkritiker. Seit 1956 freier Schriftsteller in Düsseldorf, das er in seinen Werken immer wieder dargestellt hat. 1971 war er Gastprof. an der Univ. Amherst (Massachusetts). – Als Zeuge und Deuter der Hitlerdiktatur beschäftigten ihn die Fragen von Schuld und Unschuld des einzelnen in der Geschichte. In der Lyrik von Hölderlin und Whitman beeinflußt, fand er zu einem Stil «von lateinischer Klarheit» (Gerd Vielhaber). In der Prosa anfangs klassische Erzählweise (er nennt Kleist und Gide seine Vorbilder), dann grammatikalisch verkürzter Stil. Der Roman *Das Londoner Manuskript* stellt das Identitätsproblem in den Mittelpunkt: Spiegelung des eigenen Ich in Lebensläufen anderer.

W.: Romane, Erzählungen: Die feurige Säule, 1953; Monolog eines Betroffenen, 61; Urteil über einen gemeinen Soldaten, 61; Das Londoner Manuskript, 69; Ein Mann geht durch die Stadt, 72; Ein amerikanisches Mädchen, 80. – *Dramen:* Einmann, 50; Absturz, 58. – *Lyrik:* Flug durch die Nacht, 53; Rechenschaft, 64; Gedichte aus Griechenland, 64; Malgré tout, 69; Morgen in Opatija, 69; A bis plus minus Zett, 72; Insel, 73; Insel Ile Island, 77; Oberwelt, 77; Ich sah, daß die Bäume zu gehen begannen, 84. – *Essays:* Das Antlitz André Gides, 53; Die großen Augen Griechenlands, 62.

Böni, Franz, * 17. 6. 1952 Winterthur.

B., Sohn eines Korrektors, arbeitete nach kaufmännischer Ausbildung als Gehilfe eines Erfinders und als Händler in Zug. Seit 1979 ist er freier Schriftsteller. 1979 erhielt er zwei Förderpreise des Kantons Zürich, den C.-F.-Meyer-Preis und 1982 den Förderpreis zum Bremer Literaturpreis, 1984 und 1988 Förderpreise des Kantons Zürich und der Stadt Luzern und 1989 den Schweizer Schillerpreis. – Außenseiter und ihre Versuche, sich aus ihrer festgefahrenen Situation zu befreien, Arbeits- und Lebensbedingungen von Arbeitern, von Zerstörung bedrohte Natur sind wesentliche Themen der Werke B.s. Entfremdetes Leben und die verzweifelten Bemühungen, ‹Heimat› in einem tieferen Sinne wiederzugewinnen, kennzeichnen die Hauptfiguren seiner Prosa, z. B. Franz Zuber im Roman *Schlatt*, der krank – nicht nur im körperlichen Sinne – zurückkehrt in seine Heimat, aber auch hier die Geborgenheit, die er sucht, nicht zu finden vermag. – B.s Sprachbehandlung ist, dem Inhalt angemessen, karg und spröde.

W.: Romane, Erzählungen, Prosa: Ein Wanderer im Alpenregen, 1979; Schlatt, 79; Hospiz, 80; Der Knochensammler, 80; Die Wanderarbeiter, 81; Alvier, 82; Die Alpen, 83; Der Johanniterlauf, 83; Alle Züge fahren nach Salem, 84; Das Zentrum der Welt. Aufzeichnungen aus Amerika, 87; Die Residenz, 88; Wie die Zeit vergeht, 88. – *Dramen, Hörspiele:* Der Radfahrer (Hsp.), 85. – *Sammel- und Werkausgaben:* Sagen aus dem Schächental. Stücke, Gedichte, Aufsätze und Erzählungen, 82; Die Frontfastenkinder. Aufsätze 1966–1985, 85; Am Ende aller Tage. Erzählungen aus fünfzehn Jahren, 89. – *Herausgebertätigkeit:* Arlati, R. P.: Fremd und abweisend ist das Gewölbe der Nacht, 83.

Bonsels, Waldemar, *21.2.1881 Ahrensburg (Holstein), †31.7.1952 Ambach (Starnberger See).
Sohn eines Arztes. Stammte väterlicherseits von Emigranten aus der Picardie, mütterlicherseits von friesischen Bauern ab. Humanistisch gebildet. Seit dem 17. Lebensjahr Reisen und Wanderungen in Europa, Indien, Ägypten, später Nordamerika. Kriegsberichterstatter von 1914–18, ab 1919 ansässig in Ambach. – B.s' erste Erzählungen blieben unbeachtet, obwohl sie schon die poetischen Reize seiner späteren hatten. Große Publikumserfolge dann mit märchenhaften und naturmystischen, oft exotischen Tier-, Pflanzen- und Naturerzählungen, die das Schöpfungswunder feiern. Größte Erfolge wurden der in Mill. Exemplaren aufgelegte Roman für Kinder *Die Biene Maja und ihre Abenteuer* und das religiöse Tierbuch *Himmelsvolk*. In dem Roman *Indienfahrt* verwandelt B. dokumentarische Tatsachen dank bildkräftiger, suggestiver Sprache in Poesie, wie in allen seinen die deutsche Wanderlust idealisierenden Vagabundengeschichten, in denen der Dichter selbst durch Landschaften zieht und Begegnungen hat. Auch B.s' Gedichte zeigen ihn als Mystiker im alten Sinn, als einen ins All versunkenen Anbeter göttlicher Geheimnisse mit ausgeprägtem Hang zur romantischen Verklärung der Wirklichkeit. Schrieb im Alter Weltanschauungsdichtung wie den Christusroman *Dositos*, in dem ein junger gebildeter Grieche als Wagenlenker nach Jerusalem kommt und dort in die Zeitereignisse verwickelt wird.

W.: Romane, Erzählungen, Tiergeschichten, Märchen: Madame Potiphar, 1904; Ave vita, morituri te salutant, 06 [zus. mit ‹Der letzte Frühling› u. d. T.: Leben, ich grüße dich, 1918]; Mare. Die Jugend eines Mädchens, 07; Aimée [mit H. Hahn], 08; Blut, 09; Don Juan. Eine epische Dichtung, 09 (bearb. 19); Das Feuer, 10; Der Kampf mit Gott, 10; Der tiefste Traum, 11 (Lizenzausg. u. d. T.: Naemi, 29); Die Toten des ewigen Krieges, 11 (u. d. T.: Wartalun, 17); Kinder, 12; Die Biene Maja und ihre Abenteuer, 12 (Ausw., 54; u. d. T.: Die Biene Maja, 65); Das Anjekind, 13; Himmelsvolk, 15 (Auszüge u. d. T.: Tiergeschichten, 24; Hassans Kampf mit Ala, 54; Die Geschichte vom Blumenelf, 76); Kanonier Grimbarts Kriegsberichte, 15; Indienfahrt, 16 (Ausz. u. d. T.: In den Bergen / Am Thron der Sonne, 24); Die Heimat des Todes, 16; Menschenwege, 17 (Ausz. u. d. T.: Scholander, 25); Eros und die Evangelien, 21 (Ausz. u. d. T.: Kaja, 47); Sommertage in Estland, 20; Narren und Helden, 23; Jugendnovellen, 23; Die Mundharmonika, 25; Mario und die Tiere, 28 (Ausz. u. d. T.: Waldtiere, 29); Mario und Gisela, 30; Brasilianische Tage und Nächte [mit A. v. Dungern], 31; Die Nachtwache, 33; Der Reiter in der Wüste, 35; Der nicht gespielte Film, 36; Marios Heimkehr, 37; Die Reise um das Herz, 38; Begegnungen, 40 (erw. u. d. T.: Efeu, 53); Die klingende Schale, 40 (Ausz. u. d. T.: Knorrherz und Ermelinde, 44; veränd. 54); Mortimer. Der Getriebene der dunklen Pflicht, 46; Kaja, 47; Der Aufbruch, 47; Runen und Wahrzeichen, 48; Dositos, 49 (zuerst Privatdr. 43; u. d. T.: Das vergessene Licht, 51). – *Dramen:* Die Erde, 06; Frühling, 07; Kyrie eleison, 08; Märztage, 12; Der Pfarrer von Norby, 16 (u. d. T.: Norby, 19); Weihnachtsspiel, 22 (u. d. T.: Der ewige Weg, 34); Die Flamme von Arzla, 25 (auch u. d. T.: Die Flamme, 25). – *Lyrik:* Durchs Morgenrot, 03 [Privatdr.]; Rote Nacht. Ballade f. D. v. Liliencron, 08; Die Erde [mit W. O. Vesper u. a.], 05/6; Das Feuer [mit B. Isemann], 07; Das Feuer, 10 (erw. u. d. T.: Zwischen Traum und Tat, 41); Wahrzeichen und Lieder, 47 (vorl. Ausg. von: Runen und Wahrzeichen, 47); Den Freunden der Deutschen Verlags-Anstalt im Todesjahr von

W. B. [mit 7 unveröffentl. Gedichten in Faks.], 52 (Privatdr.). – *Essays, Autobiographisches:* Mein Austritt aus der Baseler Missions-Industrie und seine Gründe, 04; Das junge Deutschland und der große Krieg, 14; Tage der Kindheit, 31; Das Tier. Eine Betrachtung und ein Erlebnis, 40; Randbemerkungen zu einer Kritik über «Dositos», 49 (Privatdr.). – *Sammel- und Werkausgaben:* Jugendnovellen, 23; Vagabunden Brevier, 24; Aus den Notizen eines Vagabunden. 3 Bde, 26 [= Menschenwege, Eros und die Evangelien, Narren und Helden]; Das dichterische Werk. 3 Bde, 1926; Der Wanderer zwischen Staub und Sternen, 26; Tiergeschichten, 28; Mario, ein Leben im Walde, 39 [= Mario und die Tiere, Mario und Gisela, Marios Heimkehr]; Gott und Natur im Menschenherzen, 43; Die Herrschaft des Tiers, 49; Freundschaften, Kämpfe und Jagden, 51; Gesamtwerk, 10 Bde, 80; Studienausgabe, 4 Bde, 82. – *Herausgebertätigkeit:* Die schönsten Märchen der Gebrüder Grimm, 25; Tausend und Eine Nacht [mit P. Weiglin], 2 Bde, 28; Der Hüter der Schwelle. Von Weisheit und Liebe in der Geisteswelt des Novalis, 42. – *Schallplatten:* Die Biene Maja und ihre Abenteuer, 76 (3 Pl.); Himmelsvolk, 77 (2 Pl.). – *Film:* Die Biene Maja und ihre Abenteuer, 26, 34, 75.

Borah, Timm → Zech, Paul

Borchardt, Rudolf, *9.6.1877 Königsberg, †10.1.1945 Trins (Tirol).
Aus großbürgerlicher jüdischer Familie. Breitangelegtes Studium in Berlin, Bonn, Göttingen: Klassische und orientalische Philologie, Archäologie, protestantische Theologie, Germanistik, Ägyptologie. Häufig wechselnder Wohnort, von 1906 bis 1914 in Oberitalien (Lucca, Siena, Monsagrati). Lebt von Rente aus Familienvermögen, Zuwendungen von Freunden, literarischen Einkünften. 1914 Kriegsfreiwilliger, Offizier im Generalstab. Ab 1921 wieder in Italien, von dort aus lebhafte publizistische Tätigkeit, in Deutschland regelmäßige Auftritte als Redner vor ausgewählten Kreisen. Nach 1933 nur mehr durch wenige Publikationen in Deutschland wirksam. Lebt bis 1944 in Italien, wird von deutschen Behörden nach Innsbruck verbracht, wohnt bis zum Tod 1945 in Trins.
B. beginnt unter dem Einfluß der Neuromantik (George, Hofmannsthal) mit Lyrik. Souveräne Behandlung des tradierten Formkanons. Lyrische Themen von spröder und melancholischer Leidenschaft. Erlesener Empfängerkreis, Privatdrucke. Das esoterische Lyrikprogramm ist Teil eines konstanten restaurativen Argumentationssystems. Herkunft und Ausbildung führen zu schroffer Kulturkritik; der poetischen Autokratie entsprechen die politischen Vorstellungen B.s: Die Naturverfassung der deutschen Nation ist ein monarchistisches, föderatives, ständisch gegliedertes Reich. Diese ambitiöse restaurative und elitäre Position vertritt B. betriebsam als Redner, Publizist, sprachbegabter Übersetzer, Herausgeber und Dichter. Er verteidigt und propagiert das Kaisertum (*Der Kaiser; Monarchismus und Konservatismus*), plädiert für antiimperialistische nationale Wiedergewinnung im Krieg (Kriegsreden), redet vor einflußreichen Kreisen (Industrie, Aristokratie) gegen die Weimarer Republik. Sieht im Nationalsozialismus vor 1933 für kurze Zeit ein Instrument für seine Ziele, distanziert sich später scharf (*Jamben,* entstanden 1935). Als Dichter wie als gelehrter Philologe versucht er, die Sprache zu erneuern, und bildet ein eigenes, synthetisch-archaisches Deutsch aus. An Kleist geschulte rhetorische Prosa, historische Landschaftsmonographien aus dem italienischen Mittelmeerraum, Gartenschriften.

W.: Romane, Erzählungen: Das Buch Joram, 1907; Die Erben, 23; Das hoffnungslose Geschlecht, 29; Die Begegnung mit dem Toten, 34; Vereinigung durch den Feind hindurch, 37; Der Hausbesuch, 89. – *Dramen:* Verkündigung, 20; Krippenspiel, 22; Die geliebte Kleinigkeit, 23; Pamela, 34; Alpenübergang, 36. – *Lyrik:* Zehn Gedichte, 1896; Heroische Elegie, 1900; Pathetische Elegie, 01; Saturnische Elegie, 01; Jugendgedichte, 13; Jugendgedichte, 20; Die halb gerettete Seele, 20; Der Durant, 20; Poetische Erzählungen, 23; Die Schöpfung aus Liebe, 23; Der ruhende Herakles, 24; Klage der Daphne, 24; Vermischte Gedichte, 24; Amaryllis, 31; Jamben, 67. – *Essays, Reden, politische, philologische, autobiographische Prosa, Briefe:* Das Gespräch über Formen und Platons Lysis deutsch (z. T. Übersetzung), 05; Rede über Hofmannsthal, 05; Der Kaiser (in: Süddeutsche Monatshefte), 08; Villa, 08; Der Krieg und die deutsche Selbsteinkehr, 15; Über den Dichter und das Dichterische, 24; Gartenphantasie, 25; Autobiographie (in: Münchner Neueste Nachrichten), 27; Handlungen und Abhandlungen, 28; Deutsche Literatur im Kampf um ihr Recht, 31; Führung, 31; Volterra (in: Corona), 35; Pisa, 38; Der leidenschaftliche Gärtner, 51; R. B./H. v. Hofmannsthal, Briefwechsel, 54; Kindheit und Jugend, 66; Italienische Städte und Landschaften, 86. – *Übersetzungen:* Gespräch über Formen und Platons Lysis deutsch, 05; Swinburne deutsch, 19; Tacitus: Deutschland, 14; Dantes Vita Nova deutsch, 22; Dantes Comedia deutsch, 22; Walter Savage Landors Imaginäre Unterhaltungen, 23; Altionische Götterlieder, 24; Die großen Trobadors, 24; Hartmann von Aue, Der arme Heinrich, 25; Dante deutsch, 30; Aeschylus, Die Perser, 31; Pindarische Gedichte, 31; Englische Dichter, 36. – *Sammelund Werkausgaben:* Schriften, 20–24; Ausgewählte Werke, 25; Schriften, 34/35; Eine Einführung in sein Werk und eine Auswahl, 54; Ausgew. Werke, 68; Ausgew. Gedichte, 68; Gesammelte Werke in Einzelbänden, 55ff; Ges. Erzählungen, 3 Bde, 77; Der unwürdige Liebhaber, 80; Vivian. Briefe, Gedichte, Entwürfe 1901–1920, 85; L'Italia e la poesia tedesca. Aufsätze und Reden 1904–1933, 88. – *Herausgebertätigkeit:* Hesperus, 09; Deutsche Denkreden, 25; Ewiger Vorrat deutscher Poesie, 26; Der Deutsche in der Landschaft, 27.

Borchers, Elisabeth, *27.2.1926 Homberg/Niederrhein.

B. wuchs im Elsaß auf und arbeitete nach längeren Studienaufenthalten in Frankreich und den USA 1959 an der Hochschule für Gestaltung in Ulm. Von 1960–71 war sie in Neuwied und Berlin, seit 1971 ist sie in Frankfurt als Verlagslektorin tätig. – Neben Gedichten mit dunkler Metaphorik und eigener Realität verfaßt B. auch Erzählungen über das Alltagsleben und die Lebensweise in unserer Gesellschaftsordnung. So entlarvt sie in *Eine glückliche Familie* die Banalität deutscher und amerikanischer Wohlstandswelt. Großen Erfolg hatte B. mit ihren Hörspielen, die im In- und Ausland gesendet wurden. 1965 erhielt sie für das Hörspiel *Rue des Pompiers* aus der Sammlung *Nacht aus Eis* den Funkerzählungspreis und den Erzählerpreis des Süddeutschen Rundfunks. 1967 wurde sie mit dem Kulturpreis der Deutschen Industrie, 1976 mit der Roswitha-Medaille ausgezeichnet, 1986 mit dem Hölderlin-Preis. B.'s schriftstellerisches Werk umfaßt auch zahlreiche Kinderbü-

cher, die sie allein oder zusammen mit anderen Autoren verfaßt hat.

W.: Lyrik: Gedichte, 1961; Der Tisch, an dem wir sitzen, 67; Gedichte, 76; Wer lebt, 86. – *Hörspiele:* Nacht aus Eis. Szenen und Spiele, 65; Feierabend, 65; Anton S. oder die Möglichkeiten, 67; Ist die Stadt denn verschlossen, 67. – *Kinderbücher, Erzählungen:* Bi, Be, Bo, Ba, Bu – die Igelkinder (mit D. Blech), 62; Und oben schwimmt die Sonne davon (mit D. Blech), 65; Das alte Auto, 65; Das rote Haus in einer kleinen Stadt, 69; Eine glückliche Familie, 70; Das Fest des Großen Rüpüsküll oder Hilfe, haltet den Dieb (mit J. H. Lartigue), 72; Schöner Schnee, 72; Eine russische Legende (mit I. Bilibin), 75; Briefe an Sarah, 77; Die Zeichenstunde (mit W. Schlote), 77; Das Bilderbuch mit Versen (mit N. Bayley), 78; Bayley, N.: Siebenundsiebzig Tiere und ein Ochse (Text von B., mit M. Dessauer), 79; Das Adventbuch, 79; Paul und Sarah oder wenn zwei sich was wünschen (mit W. Schlote), 79; Heut wünsch ich mir ein Nilpferd (mit W. Schlote), 81; Der König der Tiere und seine Freunde (mit L. Brierly), 81; Das Geburtstagsbuch für Kinder (mit L. Varvasovsky), 82. – *Abhandlung:* Lektori salutem, 78. – *Übersetzungen, Nacherzählungen:* J. Aeply, Das Rendezvous, 61; P. J. Jouve, Paulina, 64; Puschkin, Das Märchen vom Zaren Saltan, 73; Proust, Der Gleichgültige, 82; Bilibin I.: Das Märchen vom herrlichen Falken und andere russische Märchen (Nacherz. von B.), 82; Wassilissa die Wunderschöne. Und andere russische Märchen (Nacherz. von B.), 87. – *Herausgebertätigkeit:* Lesebuch I: Der Einbruch eines Holzfällers in eine friedliche Familie, 71; Märchen deutscher Dichter, 72; Ein Fisch mit dem Namen Fasch, 72; Das Weihnachtsbuch, 73; Das große Lalula und andere Gedichte und Geschichten, 74; Das Buch der Liebe, 74; Das Insel-Buch der Träume, 75; H. C. Artmann, 75; Das sehr nützliche Merkbuch für Geburtstage, 75; Seht, der Träumer kommt daher, 75; Liebe Mutter, lieber Vater, 2 Bde (mit G. Honnefelder), 76; Liebe Mutter, 76; Das Insel-Buch für Kinder, 79; Deutsche Märchen vom 18. Jahrhundert bis zur Gegenwart, 2 Bde, 79; Für das Poesiealbum, 79; Lektüre zwischen den Jahren, 82; Das Geburtstagsbuch für Kinder, 82; Liebesgeschichten, 84; Im Jahrhundert der Frau (mit H. U. Müller-Schwefe), 84; Kaschnitz, M. L.: Liebesgeschichten, 86; An den Mond, 86; Lesebuch für Kinder, 87; Deutsche Gedichte, 87; Gedichte von Hildegard von Bingen bis Ingeborg Bachmann, o. J.; Märchen deutscher Dichter. Neue Folge, 89.

Borchert, Wolfgang, *21.5.1921 Hamburg, †20.11.1947 Basel.

B. war zunächst Buchhändler, dann Schauspieler. 1941 kam er als Soldat an die Ostfront, wurde zweimal wegen «Zersetzung» zu Haftstrafen verurteilt. 1945 kehrte er schwerkrank nach Hamburg zurück, war vorübergehend als Kabarettist und Regieassistent tätig und starb 26jährig während eines Kuraufenthaltes in der Schweiz.

B.s frühe Lyrik steht unter dem Einfluß Rilkes, später findet er jedoch eine eigene Sprache. Seine Gedichte, die z. T. erst postum erschienen – im Ton des Volks- oder Kinderliedes –, sind voller Melancholie. Sie hinterfragen die Trauer und das Leid, das Ausgestoßensein der durch Krieg und Diktatur «verratenen Generation» aus der Perspektive dessen, der die Zusammenhänge nicht begreift. Diese Perspektive des Nichtwissens, Nichtbegreifens dominiert auch in den Erzählungen B.s. Die Erzählung *Die Hundeblume*, die B. sogleich berühmt machte, verkürzt das Erlebnis der Gefangenschaft auf eine einzige, sich stets wiederholende Episode: den täglichen Rundgang der Gefangenen im Hof. Seinen größten Erfolg erzielte er mit seinem Drama *Draußen vor der Tür*, das, erst als Hörspiel gesendet, einen Tag nach seinem Tod in den Hamburger Kammerspielen Premiere hatte. Es ist eine heftige Anklage gegen den Krieg, dargestellt in Bilderbogentechnik, die auch surreale Elemente einschließt. – B.s Sprache, die Jargon, Kindersprache, Umgangsidiom benutzt, ist nicht frei von leerer Rhetorik, Pathos, emphatischem Lyrismus, forcierten Paradoxa, doch insgesamt wird die Intensität seiner Diktion davon kaum beeinträchtigt. B. gilt als Repräsentant der sog. «Trümmerliteratur» und Wegbereiter der Nachkriegsliteratur.

W.: Erzählungen: Die Hundeblume, 47; An diesem Dienstag, 47; Hundeblumen-Geschichten, 48; Im mai, im mai schrie der kuckuck, 48; Die traurigen Geranien und andere Geschichten, 62 (postum); Schischyphusch oder der Kellner meines Onkels, 80; Die Hundeblume / Nachts schlafen die Ratten doch (Faks.), 86. – *Drama:* Draußen vor der Tür, 47 (Toncass. der Hörspielaufnahme 87). – *Lyrik:* Laterne, Nacht und Sterne, 46. – *Sammel- und Werkausgaben:* Das Gesamtwerk, 49; Draußen vor der Tür und ausgewählte Erzählungen, 56; Das Gesamtwerk, 57 (u. d. T.: Gesammelte Werke, 69); Die traurigen Geranien und andere Geschichten aus dem Nachlaß, 62. – *Schallplatten, Kassetten:* The Man Outside, o. J.; An diesem Dienstag, o. J.; Weil nun die Nacht kommt. Lieder nach Gedichten von W. B. Komposition von Georg Frahm, o. J.; Heinz Nied spricht B., o. J.; Horst Peters spricht W. B., o. J.; Draußen vor der Tür, ca. 60; W. B. zum Gedächtnis, o. J.; Die Kegelbahn, o. J.; Die Kegelbahn. Jesus macht nicht mehr mit, ca. 80; Erzählungen, 88 (Kass.).

Born, Nicolas, *31. 12. 1937 Duisburg, †7. 12. 1979 Hamburg.

B. lebte 1950–65 in Essen, u. a. als Chemigraph, seit 1965 in Berlin. Teilnahme am Literarischen Colloquium und Mitarbeit an dem von W. Höllerer angeregten Gemeinschaftsroman *Das Gästehaus*. 1969/70 Lehrtätigkeit an der Univ. of Iowa, 1975 Gastdozent für Gegenwartsliteratur an der Univ. Essen. Mitglied der Deutschen Akademie für Sprache und Dichtung in Darmstadt, der Akademie der Wissenschaften und Literatur in Mainz und des Deutschen PEN-Zentrums. Zeitweilig Mitherausgeber des «Literaturmagazins»; er gehörte zur Jury des Petrarca-Preises. Lebte seit 1974 in Dannenberg. 1965 Förderpreis des Landes Nordrhein-Westfalen, 1972/73 Villa Massimo-Stipendium, 1977 Literaturpreis der Freien Hansestadt Bremen, 1978 Stadtschreiber von Bergen-Enkheim, 1979 Rainer Maria Rilke-Preis für Lyrik.

In seinem ersten Roman *Der zweite Tag*, einer genauen Reisebeschreibung eines Ichs, ist B. deutlich beeinflußt vom neuen Realismus der Kölner Schule. Ereignisse werden registriert, nicht gedeutet, in keinen Zusammenhang gebracht. Dieses Festhalten am Jetzt kennzeichnet auch seinen ersten Gedichtband *Marktlage*. B. will «weg vom Symbol, Metapher, von allen Bedeutungsträgern», deshalb bleibt er bei den Gegenständen, der lapidaren Sprache, der Augenblicksempfindung. In den Gedichten *Wo mir der Kopf steht* wird die politische Auseinandersetzung deutlicher. Die Gedichte in *Das Auge des Entdeckers* lassen ab von der Zufälligkeit der Objekte; sie werden von den Elementen des Widerstandes, der

Utopie und der Schönheit bestimmt. Das Gedicht wird nun zur Arbeit an der Wiederentdeckung glücklicher Momente. Aber auch in ihnen geht es nicht um die Beschreibung eines Ziels, sondern um Festhalten des Sichbewegenden: des Scheiterns und der Suche. In den neuen Gedichten des Bandes *Gedichte 1967–1978* werden die Beobachtungen noch unruhiger, da die Angst vor der eigenen Orientierungslosigkeit und die Ratlosigkeit vor dem Verlust der Geschichte zunehmen.

B.s zweiter Roman *Die erdabgewandte Seite der Geschichte* wurde als das «bis jetzt radikalste Beispiel des Trends der Neuen Innerlichkeit» (P. Handke) angesehen. Alle Stadien der Trennung werden im Scheitern der Beziehungen vorgeführt, die ein neues Selbstverständnis und einen Halt in der Geschichte ermöglichen sollten. In dem Festhalten an der Suche auch im Zustand der Resignation liegt die eigentliche Bedeutung dieses Romans und nicht so sehr in der kritischen Reflexion der Studentenbewegung. B.s letzter Roman *Die Fälschung* hat eine klare, eindeutige Handlung. Ein Journalist fliegt als Kriegsberichterstatter in den Libanon und erkennt bei der Niederschrift einer Reportage über den verworrenen Wechsel der Fronten seine eigene falsche Lebenssituation. Damit wird seit langem zum erstenmal wieder der enge bundesrepublikanische Horizont verlassen und das Motiv der Selbsterfahrung verwoben ins allgemeine Zeitgeschehen.

W.: Romane, Prosa: Der zweite Tag, 1965; Oton und Iton. Utopisches Kinderbuch, 74; Rixdorfer Laboratorium zur Erstellung von literarischen & bildnerischen Simultan-Kunststücken (mit H. C. Artmann u. K. Hermann), 75; Die erdabgewandte Seite der Geschichte, 76; Die Fälschung, 79; Täterskizzen, 83. – *Gedichte:* Marktlage, 67; Wo mir der Kopf steht, 70; Das Auge des Entdeckers, 72; Gedichte 1967–1978, 78; Nicolas Born, 81; Gedichte, 83. – *Hörspiele:* Schnee, 66; Innenleben, 70; Fremdsprache, 71. – *Essay:* Die Welt der Maschine, 80. – *Herausgebertätigkeit:* Literaturmagazin 3, 5–9 (mit anderen), 75–78.

Born, Wolfgang → Bächler, Wolfgang

Börne, Alfred → Döblin, Alfred

Bosch, Manfred, *16. 10. 1947 Bad Dürrheim.

B., Sohn eines Bankbeamten, studierte 1970–74 Soziologie. Mitglied des VS seit 1970, arbeitet er seit 1972 als freier Schriftsteller. Er war Redakteur und später Mitherausgeber der Zeitschrift «Publikation», arbeitete als Außenlektor und Herausgeber einer literarischen Buchreihe. Er ist Redakteur und Mitherausgeber der alemannischen Zeitschrift «Allmende». 1970 gewann er den 1. Preis im Wettbewerb des Werkkreises Literatur der Arbeitswelt; er erhielt mehrere Preise für Mundartdichtung, 1978 den Bodensee-Preis Überlingen und 1985 den Alemannischen Literaturpreis, 1990 den Johann-Peter-Hebel-Preis.

Kennzeichnend für seine Werke ist sein soziales, gesellschaftskritisches Engagement. Die konkrete Poesie hat seine lyrischen Anfänge beeinflußt. Wichtig ist für B. der analytisch-kritische Umgang mit der Mundart. Heimat ist für ihn utopische Hoffnung und Zielvorstellung im Sinne Ernst Blochs als Ankommen des Menschen bei sich selbst.

W.: Prosa: Der neue Büchmann. Aus dem Wortschwatz einer Klassikergesellschaft, 1978 (mit anderen); Geschichten aus der Provinz, 78 (mit J. Hossfeld). – *Lyrik:* das ei, 69; konkrete poesie, 70; Ein Fuß in der Tür, 70; lauter helden. westerngedichte, 71; mordio & cetera, 71; lautere helden. neue westerngedichte, 75; Uf den Dag wart i, 76; Mir hond no gnueg am Aalte, 78; Ihr sind mir e schäne Gesellschaft, 80; Manfred Bosch, 80; Wa sollet au d Leit denke, 83. – *Essays, theoretische Schriften:* Die Leute behandeln als ob sie Menschen seien. Managerliteratur – eine Dokumentaranalyse, 74; Der Kandidat. F. J. Strauß. 14 Briefe an einen Jungwähler über die Verteidigung unserer demokratischen Möglichkeiten, 80; Als die Freiheit unterging. Eine Dokumentation über Verweigerung, Widerstand und Verfolgung im Dritten Reich in Südbaden, 85; Zu Gast bei unseren Feinden. Reisetagebuch Sowjetunion, 86; Der Johann Peter Hebel-Preis 1936–1988, 88; Der Neubeginn. Aus deutscher Nachkriegszeit. Südbaden 1945–1950, 88; Bodensee [mit K. H. Raach], 89. – *Herausgebertätigkeit:* Beispielsätze, 72; Für wen schreibt der eigentlich, 73 (mit K. Konjetzky); Politisches Lesebuch, 73 (mit H.-D. Bamberg); Gegendarstellungen. Autoren korrigieren Autoren, 74 (mit M. Ach); Epigramme, 75; Handbuch Gruppenarbeit für Lehrlinge, Schüler, Arbeiter, Gewerkschaften, Lehrer, 75 (mit H.-D. Bamberg); Kulturarbeit, 77; Ortsgeschichte Grunertshofen, 77; Mundartliteratur, 79; Publikation, 79–81 (mit R. Albrecht u. a.); Allmende, H. 1 ff, 81 ff (mit L. Haffner u. a.); Nie wieder: Texte gegen den Krieg, 81; «... du Land der Bayern.» Ein politisch-historisches Lesebuch, 83; «Wir trugen die Last bis sie zerbrach». Frieda und Emil Faller. Ein deutscher Briefwechsel 1933–1938, 83; Mahler, S.: Ich der Lump. Das literarische Werk, 84; Barth, M.: Flucht in die Welt. Exilerinnerungen 1933–1950, 86; Das Ende der Geduld. 53 Adressen an die Herrschaft, 86; J. W. Janker: Werkausgabe in vier Bänden, 87; M. Picard: Wie der letzte Teller der Akrobaten, 88; E. Schairer u. a.: Mit der Setzmaschine in Opposition. Auswahl aus Erich Schairers Sonntagszeitung 1920–1933, 89.

Boßdorf, Hermann, *29.10.1877 Wiesenburg, †24.9.1921 Hamburg.
Der im Brandenburgischen als Sohn eines Briefträgers geborene B. kam 1888 mit seinen Eltern nach Hamburg, wo er nach dem Abschluß der Volksschule als Post-, später als Telegraphiebeamter tätig war. Seit 1917 war er wegen Erkrankung an Schwindsucht dauernd arbeitsunfähig.
Zusammen mit F. Stavenhagen gilt B. als einer der Begründer des neuen niederdeutschen Dramas. Dort liegt auch seine bleibende Bedeutung, wenn auch sein Werk ebenso Lyrik und Prosa (in Hoch- und Plattdeutsch) umfaßt. Beeinflußt von Strindberg und in Auseinandersetzung mit den Arbeiten Stavenhagens schuf er seine Stücke zu einer Zeit, als die Diskussion um Heimatkunst und die intensivere Beschäftigung mit dem Plattdeutschen erste niederdeutsche Bühnen entstehen ließ (Zusammenarbeit mit R. Ohnsorg). Beginnend mit ernsten Werken, wie dem «dramatischen Gleichnis» *De Fährkroog*, und der Ehetragödie *Bahnmeester Dod* schrieb er auch Lustspiele, in denen er z. T. bewußt Zugeständnisse an den Publikumsgeschmack machte, so *Kramer Kray*, in dem mehrere Frauen versuchen, den Titelhelden durch eine Heirat auf den Weg ‹ehrbarer› Bürgerlichkeit zurückzuführen.

W.: Romane, Erzählungen: De verhexte Karnickelbuck un anner dulle Dingen, 1919; Der Postinspektor und andere Humoresken, 20; Der Schädel vom Grasbrook und andere kuriose Geschichten, 20; Rode Ucht un anner Geschichten, 21. – *Dramen:* Bahnmeester Dod, 19 (hochdt. 22); De Fährkroog, 19 (hochdt. 43); Kramer Kray, 20; Dat Schattenspel, 20; Simson und die Philister, 20; De rode Unnerrock, 21 (hochdt. 36); Bernd Beseke (Fragm.), 23; Schane Hagenah (Fragm.), 25; Störtebekker (Fragm.), 28; Hamborg de Baas! (Fragm.), 38. – *Lyrik:* Eichen im Sturm, 19; Ole Klocken, 19. – *Essays, Autobiographisches:* De swarte Mann, 22. – *Sammel- u. Werkausgaben:* Letzte Ernte, 22; Hermann Boßdorf-Buch, 24; W. Krogmann: Hermann Boßdorfs alte Heimat (enth. 14 unveröff. Dichtungen), 50; Gesammelte Werke, 11 Bde, 52–57.

Bossert, Rolf, *16.12.1952 Reschitza (Rumänien), †17.2.1986 Frankfurt a. M. (Freitod).
B., Angehöriger der deutschsprachigen Minderheit in Rumänien, besuchte die Schule in seinem Geburtsort und studierte danach Germanistik und Anglistik. 1975–79 als Deutschlehrer in Bușteni beschäftigt, war er 1979–81 der Programmgestalter des Bukarester Kulturhauses «Friedrich Schiller». Er arbeitete als Lektor im Meridiane-, seit 1982 auch im Kriterion-Verlag. Neben seinen übrigen Tätigkeiten arbeitete B. mit an der deutschsprachigen Bukarester Zeitschrift «Neue Literatur». Nachdem er 1984 einen Übersiedlungsantrag in die Bundesrepublik gestellt hatte, wurde er mit Berufs- und Publikationsverbot belegt. Im Dezember 1985 wurde die Ausreise für ihn und seine Familie genehmigt. Zwei Monate nach der Ankunft in Frankfurt a. M. wählte B. den Freitod.
Erst durch und nach seinem Tod wurde der Schriftsteller B. in der Bundesrepublik bekannt. Wie Herta Müller und Richard Wagner gehörte er in Rumänien zur «Aktionsgruppe Banat», die versuchte, vorübergehende kulturpolitische Lockerungen für die rumäniendeutsche Literatur nutzbar zu machen. B.s schmales Oeuvre umfaßt neben Übersetzungen und Kinderbüchern zwei Gedichtbände und den aus dem Nachlaß erschienenen Auswahlband *Auf der Milchstraße wieder kein Licht*. Die Hoffnungslosigkeit des

Alltags, die Probleme des Individuums, sich in einer totalitären Umwelt zu behaupten, kennzeichnen seine Texte. Sein künstlerisches Selbstverständnis wird im Titel seiner Dankrede für den Guttenbrunn-Preis deutlich: «Die Ohnmacht ist die Macht der Poesie». – 1979 erhielt B. den Lyrikpreis des Verbandes der Kommunistischen Jugend, 1980 den Kinderbuchpreis «Ileana Cosinzeana»; 1982 den Übersetzerpreis des rumänischen Schriftstellerverbandes, 1983 den Adam-Müller-Guttenbrunn-Literaturpreis.

W.: Romane, Erzählungen, Prosa, Kinderbücher: Mi und Mo und Balthasar, 1980; Der Zirkus, 82. – *Lyrik:* siebensachen, 1979; Neuntöter, 84; Auf der Milchstraße wieder kein Licht, 86. – *Übersetzungen:* V. Eftimiu: Märchen, 80; G. Naum: Der Pinguin Apollodor, 82; M. Zaciu: Ion Agârbiceanu, 83.

Boßhart, Jakob, *7. 8. 1862 Stürzikon bei Zürich, † 18. 2. 1924 Clavadel bei Davos.
B., Sohn eines Bauern, studierte nach Besuch des Lehrerseminars zu Küßnacht in Heidelberg, Paris und Zürich Germanistik und Romanistik, war 1889–1914 Gymnasiallehrer und -direktor in Zürich; nach Lungenleiden wurde er freier Schriftsteller. – B. schrieb formvollendete, impressionistisch-realistische Erzählungen aus dem Schweizer Dorfleben, behandelte die Problematik des bodenständigen Bauern in einer entwurzelnden, nivellierenden modernen Zivilisation in optimistischer, lebensbejahender Sicht. Sein Hauptwerk ist der großangelegte, umfassende Zeitroman *Ein Rufer in der Wüste.* – 1922 Preis der Schweizerischen Schillerstiftung.

W.: Romane, Novellen, Erzählungen: Im Nebel, 1898; Das Bergdorf, 1900; Die Barettlitochter, 02; Durch Schmerzen empor, 03; Die alte Salome, 07; Vom Golde, 07; Das Pasquill, 08; Früh vollendet, 10; Von Jagdlust, Krieg und Übermut, 12; Erdschollen, 13; Irrlichter, 18; Träume der Wüste, 18; Opfer, 20; Richter Dâmigh u. a. orientalische Novelletten, 22; Die Schwarzmattleute, 23; Bundesrat Ludwig Forrer (Ein Lebensbild), 23; Ein Rufer in der Wüste, 23; Neben der Heerstraße, 23; Altwinkel, 24; Der Festbauer, 24; Die Entscheidung, 25; Auf der Römerstraße (Nachgelassene Jugenderinnerungen u. Erzählungen), 26. – *Lyrik:* Gedichte, 24. – *Sammel- u. Werkausgaben:* Erzählungen, 6 Bde, 1913ff; Briefe, 38; Wer-

ke, 6 Bde, 50–51; Der Grenzjäger, 83; Jugendkönigin, 85; Werke, 3 Bde, 88.

Both, Sergius → Franke, Herbert

Böttner, Karl → Hirsch, Karl Jakob

Brambach, Rainer, *22. 1. 1917 Basel, † 14. 8. 1983 ebd.
B. arbeitete in verschiedenen Berufen, bevor er 1959 freier Schriftsteller wurde. Er hat mehrere Literaturpreise erhalten und lebte in Basel. – B.s Lyrik ist von gedrängter, lakonischer Einfachheit. In unauffälligem und bescheidenem Ton spricht sie von Augenblicken, kleinen Ereignissen und äußerlich banalen Dingen. Ihre Stärke liegt in der Kunst, mit wenigen und häufig ironischen Worten Situationen zu skizzieren. Der Naturlyrik weist B. neue Wege: Seine Kurzgedichte sind reflektierende «Momentaufnahmen». «Schnappschüsse oder lakonische Aussagen» sind, wie B.s Lyrik, auch seine kurzen Prosaskizzen.

W.: Lyrik: Gedichte, 1947; Tagwerk, Gedichte, 59; Marco Polos Koffer (mit Jürg Federspiel), 68; Ich fand keinen Namen dafür, 69; Kneipenlieder (mit F. Geerk), 74; Auch im April, 83. – *Erzählungen:* Wahrnehmungen, 61; Für sechs Tassen Kaffee, 72. – *Herausgebertätigkeit:* Moderne deutsche Liebesgedichte, 80. – *Sammelausgaben:* Wirf eine Münze auf, 77; Zeit wär's, 85; Heiterkeit im Garten – Das gesamte Werk, 89.

Brand, Hedwig → Courths-Mahler, Hedwig

Brandenburg, Hans, *18. 10. 1885 Wuppertal-Barmen, † 8. 5. 1968 Bingen.
Als 17jähriger kam B. nach München, seinen ersten Gedichtband *In Jugend und Sonne* im Gepäck. Er fand in Schwabings vom Jugendstil geprägten Künstlerkreisen rasch Anerkennung. Vor dem 1. Weltkrieg galten seine Bemühungen – wie die vieler anderer – dem neuen Tanz und dem neuen Theater. Zusammen mit Mary Wigman und Rudolf von Laban probte B. seine «tänzerische» Tragödie *Der Sieg des Opfers*: Wort, Körper und Raum sollten einen Zusammenklang bilden; eine neue kultische Bühne, bei der dem Chor eine wichtige Rolle zufiel, soll-

te entstehen. Das bedeutete Erneuerung der Antike, Kunstreligion in einem neuen volksbildenden Sinn. Die Nazis nutzten solche Vorstellungen, um B. zu einem Wegbereiter ihrer Thingspiele zu machen. B. hingegen vertrat zunehmend dezidiert ein klassisch überzeitliches Dichterideal im Gegensatz zum Expressionismus und zur nachexpressionistischen, auf Zeitströmungen und Politik reagierenden Dichtung. Exemplarisch zeigt das die dichtungstheoretische Auseinandersetzung, die er 1925 mit Johannes R. Becher führte. Diese politikabstinente Haltung machte es B. wie so vielen anderen Gebildeten möglich, das Dritte Reich über sich ergehen zu lassen – ohne Opposition und ohne direkte Verstrickung. Er war überzeugt davon, daß seiner «klassischen Zeitlosigkeit» auch die Berührung mit den Nazis nichts anhaben konnte: So bot er Gründgens sein Moses-Spiel *Der Knecht Gottes* an, ein Spiel von «Führer und Volk», und beteiligte sich 1939 an einem großangelegten Band: *München. Vom Wesen einer Stadt*, der München als Hauptstadt der Bewegung feierte. Nach dem 2. Weltkrieg geriet B. immer mehr in Vergessenheit, zumal er auch nicht mehr wie früher eine Rolle im Münchner Kulturbetrieb spielte. – Als historische, kultur- und literaturgeschichtliche Quelle von Interesse sind seine beiden Erinnerungsbücher *München leuchtete* und *Im Feuer unserer Liebe. Erlebtes Schicksal einer Stadt.*

W.: Lyrik: Lieder vom Weibe, 1903; In Jugend und Sonne, 04; Einsamkeiten, 05; Lieder eines Knaben, 08; Hymne an den Grafen Zeppelin, 10; Gesang über den Saaten, 12; Italische Elegien, 13; Die ewigen Stimmen, 21; Sommer-Sonette, 26; Weihe des Hauses, 30; Gipfelrast. Alte und neue Gedichte, 47; Trost in Tränen, 55; Weihe des Hauses, 60 (Inh. nicht identisch m. d. Ausg. von 30). – *Romane:* Erich Westenkott, 07; Cloe oder Die Liebenden, 09; Das Zimmer der Jugend, 20; Traumroman, 26; Vater Öllendahl, 38. – *Erzählungen, Novellen, Legenden:* Pangraz der Hirtenbub, 24; Legende des heiligen Rochus, 24; Drei Legenden, 33; Die Schiffbrüchigen, 33; Schicksalsreigen. Geschichtenkreis von Liebe und Ehe, 33; Fahrten und Gefährten, 34; Die silberne Hochzeitsreise, 37; Das Zaubernetz, 39 (u. d. T. Madame Hahmann erstmals in Schicksalsreigen, 33); Der armen Schönheit Lebenslauf, 42 (u. d. T.

Monika das Blumenmädchen erstmals in Schicksalsreigen, 33); Alles um Liebe, 65. – *Dramen:* Der Sieg des Opfers, 21; Graf Gleichen, 23. – *Schriften, Essays:* Münchener Blätter, 03; Vom «neuen Weibe», 04; Hanns von Gumppenberg muß entfernt werden, 07; Ästhetische Aufsätze, 08; Der moderne Tanz, 13; Das Theater und das neue Deutschland. Aufruf, 19; Der moderne Tanz (stark erw. u. umgearb.), 21; Vom schaffenden Leben. Gesammelte Aufsätze, 2 Bde, 24–25; Das neue Theater, 26; Goethe und wir, 37; Die schöpferische Frau, 39; Die Kunst der Erzählung, 39; Vom reichen Herbst. Bekenntnisse zur europäischen Kunst, 50; Was die Elmau war, 53; Albert Weisgerber. Porträt eines Münchener Malers der Jahrhundertwende, 57; Dora Brandenburg-Polster. Gestorben am 18. März 1958, 58. – *Landschafts- und Naturschilderungen:* Festliches Land, 30; Bauernleben in Oberbayern (Ausz. aus Festliches Land), 33; Schöpfung nah um uns. Landschaft, Tier und Pflanze, 33; Deutsche Heimat. Landschaften und Städte, 35; Jahr der Sinne – Jahr der Seele, 40; Im Herzen der Schöpfung. Ein Jahresring von Blumen, Tieren und Landschaften, 42; Deutsches Hochgebirge, 51. – *Biographien:* Joseph von Eichendorff. Sein Leben und sein Werk, 22; Friedrich Hölderlin. Sein Leben und sein Werk (= Sonderdruck der biographischen Einleitung von Friedrich Hölderlin. Werke, 2 Bde, 24), 24; Schiller. Leben, Gedanken, Bildnisse, 34; Eichendorff, 57. – *Herausgebertätigkeit:* Vorgoethische Lyriker, 06; Der heilige Krieg. Friedrich Hebbel in seinen Briefen, Tagebüchern, Gedichten, 07; Feuertrunken. Eine Dichterjugend. Schillers Briefe bis zu seiner Verlobung, 09; O. J. Bierbaum: Die Schatulle des Grafen Thrümmel und andere nachgelassene Gedichte, 10; O. J. Bierbaum: Das seidene Buch. Eine lyrische Damenspende, 11; O. J. Bierbaum zum Gedächtnis, 12; Das Denkmal (Auswahl aus Heines Werken), 12; O. J. Bierbaums gesammelte Werke (mit M. G. Conrad), 10 Bde, 12–21 (erschienen sind nur 7 Bde); Friedrich Hölderlin, Werke, 2 Bde, 24. – *Autobiographisches:* Rechenschaft, 37; München leuchtete. Jugenderinnerungen 1903–1914, 53; Im Feuer unserer Liebe. Erlebtes Schicksal einer Stadt, 59. – *Werkausgaben:* Gedichte. Gesamtausgabe der 7 Bücher, 35; Unterm verschleierten Mond, 63.

Brandstetter, Alois, *5.12.1938 Pichl (Oberösterreich).
B. studierte Germanistik und Geschichte an der Univ. Wien und ist Prof. für Deutsche Philologie an der Univ. Klagenfurt. – B.s bisher publizierte Erzählungen und Romane behandeln in humoristischer

und ironischer Weise Themen des österreichischen Gesellschafts- und Geisteslebens der Nachkriegszeit und decken dabei die den Alltag bestimmenden Mißstände und Vorurteile auf, meist in Form von monologischen, sprachlich virtuosen Lamentationen (Schwadronaden) eines Außenseiters. 1972 und 1980 erhielt er den Literaturpreis des Landes Oberösterreich, 1984 für den Roman *Altenehrung* den Raabe-Preis.

W.: *Erzählungen:* Überwindung der Blitzangst, 1971; Ausfälle. Natur- und Kunstgeschichten, 72; Der Leumund des Löwen. Geschichten von großen Tieren und Menschen, 76; Vom Schnee der vergangenen Jahre, 79; Von den Halbschuhen der Flachländer und der Majestät der Alpen. Frühe Prosa, 80. – *Romane:* Zu Lasten der Briefträger, 74; Die Abtei, 77; Die Mühle, 81; Altenehrung, 83; Die Burg, 86; Kleine Menschenkunde, 87; So wahr ich Feuerbach heiße, 88; Romulus und Wörthersee. Ein poetisches Wörterbuch, 89. – *Autobiographisches:* Über den grünen Klee der Kindheit, 82. – *Essays, theoretische Schriften:* Prosaauflösung, 71. – *Sammel- und Werkausgaben:* Landessäure, o. J. – *Herausgebertätigkeit:* Tristant und Isalde. Prosaroman, 66; Daheim ist daheim. Neue Heimatgeschichten, 73; Ferdinand Zöhrer: Inkognito oder Da lachte der Kaiser souverän, 73; Gerhard Fritsch: Katzenmusik, 74; Gegenwartsliteratur als Bildungsauftrag, 82; Österreich. Erzählungen des 20. Jahrhunderts, 84; Der Ort, an dem wir uns befinden. Ungarische Erzähler der Gegenwart (mit G. Sebestyén), 85; Österreich. Erzählungen des 19. Jahrhunderts, 86; Advent, Advent, 88; K. Amann: Der Anschluß österreichischer Schriftsteller an das Dritte Reich [mit F. Aspetsberger], 88.

Branstner, Gerhard, *25.5.1927 Blankenhain (Thüringen).
B. wurde 1945 noch eingezogen, 1947 aus der Kriegsgefangenschaft entlassen. Er studierte 1949–51 in Jena und 1951–56 Philosophie in Berlin. Nach Tätigkeit in verschiedenen Berufen war B. Cheflektor; seit 1968 ist er freischaffend. Bereits B.s erstes Buch *Zu Besuch auf der Erde* zeigt mit Aphorismen, philosophischer Lyrik, Anekdoten und ironisierten Science-fiction-Geschichten eine bemerkenswerte literarische Vielfalt.
Auf dem Feld der Zukunftsliteratur liegt die eigentliche Bedeutung B.s, der bereits in den 60er Jahren die engen und formalen Grenzen dieses Genres in der DDR öffnete. Ihm diente die utopische Literatur zur hintergründig-metaphorischen Einkleidung philosophischer Probleme. In seinem Roman *Die Reise zum Stern der Beschwingten* unternehmen Menschen der Gegenwart eine Reise durch den Weltraum der Zukunft, wo sie, in der Tradition von *Gullivers Reisen*, die Unzulänglichkeiten der Gegenwart in gesteigerter Form wiederfinden. In neueren Arbeiten zeigt sich eine Neigung zum ironischen Philosophieren.

W.: *Romane, Kurzformen:* Zu Besuch auf der Erde, 1961; An den Tag gebracht (mit anderen), 61; Neulichkeiten, 64; Der verhängnisvolle Besuch, 67; Die Weisheit des Humors, 68; Die Reise zum Stern der Beschwingten, 68; Der falsche Mann im Mond, 70; Der Narrenspiegel. Das Buch der sieben Künste, 71; Ich kam und sah und lachte, 73; Der astronomische Dieb, 73; Vom Himmel hoch, 74; Plebejade oder Die wundersamen Verrichtungen eines Riesen, 74; Der Sternenkavalier, 76; Der Esel als Amtmann oder Das Tier ist auch nur ein Mensch, 76; Kantine. Disputation in 5 Paradoxa, 77; Der Himmel fällt aus den Wolken, 77; Handbuch der Heiterkeit, 79; Der indiskrete Roboter, 80; Die Ochsenmette. Anekdote nach dem Orientalischen geschrieben, 80; Branstners Spruchsäckel, 82; Die unmoralische Tugend Nepomuks, 82; Der negative Erfolg, 85; Das Verhängnis der Müllertochter, 85; Heitere Poetik. Von der Kantine zum Theater, 87. – *Libretto, Fernsehfilm:* Die Morgengabe, 64; Stülpner-Legende, 73 (mit C. U. Wiesner). – *Essays:* Ist der Aphorismus ein verlorenes Kind?, 59; Kunst des Humors – Humor der Kunst. Beiträge zu einer fröhlichen Wissenschaft, 80. – *Sammel- und Werkausgaben:* Das eigentliche Theater oder Die Philosophie des Augenblicks, 84. – *Herausgebertätigkeit:* Anekdoten, 62; Das Tier lacht nicht, 65.

Brasch, Thomas, *19.2.1945 Westow/Yorkshire (England).
B. ist Kind jüdischer Emigranten, übersiedelte 1947 in die SBZ/DDR, wo der Vater hoher SED-Funktionär, zeitweise Stellvertretender Minister für Kultur wurde. B. war Schüler an der Kadettenschule der Nationalen Volksarmee, nach dem Abitur zunächst Schlosser und Setzer, studierte 1964/65 in Leipzig Journalistik (Exmatrikulation wegen «existentialistischer» Äußerungen und «Verun-

glimpfung führender Persönlichkeiten»); bis 1967 in verschiedenen Berufen, dann Studium an der Filmhochschule Potsdam-Babelsberg, 1968 exmatrikuliert, verhaftet, Gefängnis wegen «staatsfeindlicher Hetze» (B. hatte mit Flugblättern gegen den Einmarsch in die ČSSR protestiert); nach vorzeitiger Entlassung Arbeit am Bert-Brecht-Archiv, seit 1972 freiberuflicher Schriftsteller; wegen fehlender Veröffentlichungsmöglichkeiten Wunsch nach «neuem Anfang», 1976 mit Genehmigung der DDR-Behörden Übersiedelung nach West-Berlin. Er erhielt u. a. 1977 den G.-Hauptmann-Preis, war 1981/82 Stipendiat der Villa Massimo und bekam 1987 den Kleist-Preis.

B.s zentrales, biographisch bedingtes Thema ist die Auflehnung des Individuums gegen Zwänge und Einengungen. Bereits in seinen ersten Gedichten opponiert B. gegen Spießertum und Egoismus, lehnt Zugeständnisse ab und pflegt ein «anarchisches Lebensgefühl» (besonders deutlich in seinem Stück *Rotter*). Mit starker Bereitschaft zum formalen Experiment greift B. unterschiedlichste Traditionslinien auf, beruft sich auf Büchner, Brecht, aber auch Genet; ihm geht es nicht in erster Linie um politische Perspektiven, sondern um einen bewußten Subjektivismus bis hin zu öffentlichkeitswirksamen Selbstdarstellungen. In seinem z. T. als «Selbstinszenierung» gewerteten Band *Kargo* (experimentelle Verbindung von Dialog, Lyrik, Kurzprosa, Notizen, Fotos) führt B. sein Literaturverständnis aus: «Kunst war nie ein Mittel, die Welt zu ändern, aber immer ein Versuch, sie zu überleben.» Und wie den Titelhelden seines Dramas *Lieber Georg* (über Georg Heym) sieht er sich selbst als «einsamen Dichter im Widerstreit mit der sinnlosen Welt». B.s Orientierung am Formalen zeigt sich u. a. im Wechsel seiner Medien, nach Lyrik, Drama, Prosa (bis hin zum Kinderbuch) legt er seinen Arbeitsschwerpunkt auf den Film.

W.: Romane, Erzählungen: Der Zweikampf (in: Die Rettung des Saragossameeres. Märchen), 1976; Vor den Vätern sterben die Söhne, 77; Eulenspiegel, 77; Kargo 32. Versuch auf einem untergehenden Schiff aus der eigenen Haut zu kommen (Prosa, Lyrik, Dokumente), 77; Argentinische Straßengeschichten, 78; Der König vor dem Fotoapparat, 81; Engel aus Eisen. Beschreibung eines Films, 81. – *Dramen, Hörspiele, Bearbeitungen:* Sie geht, sie geht nicht, 71; Das beispielhafte Leben und der Tod des Peter Göring, 72; H. C. Andersen: Der Schweinehirt, 74; Der Papiertiger, 76; Norberto Avita: Hakims Geschichten, 76 (Buchveröff. 80); Osvaldo Dragun: Geschichten zum Erzählen, 76; Die argentinische Nacht, 77; Lovely Rita, 77; Herr Geiler (Farce nach Goethe), 77; Rotter. Ein Märchen aus Deutschland, 77 (u. d. T. Rotter. Und weiter: Ein Tagebuch, ein Stück, eine Aufführung, 78); Roberto, ich, Fastnach und die anderen (Hsp.), 77; Anton Tschechows Platonow (mit A. Breth), 79; Bericht vom Sterben des Musikers Jack Tiegarten (nach B. Vian), 79 (Bühnenms.); Lieber Georg. Ein Kunst-Eis-Läufer-Drama aus dem Vorkrieg, 80; Mercedes, 83; Frauen. Krieg. Lustspiel, 89. – *Lyrik:* Poesiealbum 89, 75; Der schöne 27. September, 80. – *Essays:* Der dreibeinige Hund. Aufsätze zu Kunst und Macht, 83. – *Nachdichtungen:* Adam Bernhard Mickiewicz: Gedichte, 76. – *Sammel- und Werkausgaben:* Lovely Rita. Lieber Georg. Mercedes, 88; Drei Stücke, 89. – *Herausgebertätigkeit:* Majakowski-Lesebuch, 81. – *Filme:* Engel aus Eisen, 81; Domino, 82; Der Passagier, 88.

Braun, Felix, *4.11.1885 Wien, †30.11.1973 Klosterneuburg bei Wien.
B. studierte Kunstgeschichte, Germanistik und Philosophie, arbeitete nach Abschluß seiner Studien bei verschiedenen Zeitungen mit und wurde 1908 zweiter Feuilletonredakteur der Berliner «Nationalzeitung». 1928–37 wirkte B. als Privatdozent für deutsche Sprache und Literatur in Palermo, anschließend in Padua und emigrierte 1938 nach England, wo er eine Dozentur für Literatur und Kunstgeschichte übernahm. 1951 kehrte B. nach Wien zurück, wo er als Dozent für Kunstgeschichte und für Theaterwissenschaft und dramatische Kunst tätig war. 1947 erhielt B. den Preis der Stadt Wien, 1951 den Österreichischen Staatspreis für Literatur. 1965 wurde er von der Österreichischen Akademie der Wissenschaften mit dem Grillparzer-Preis ausgezeichnet.
B. begann als Lyriker im Umkreis der Neuromantik, des Neuklassizismus und des österreichischen Impressionismus, zu

wegweisenden Vorbildern seines Schaffens wurden sein Freund Hugo von Hofmannsthal und Rainer Maria Rilke. Die Begegnung mit der griechischen Antike und die Auseinandersetzung mit christlichem Gedankengut, deren Synthese im Ideal der All-Liebe ihre Form findet, markieren die geistigen Pole der Dichtung B.s. In seinen Dramen gestaltet B. antike Mythen (*Tantalos, Aktaion, Orpheus*), biblische Stoffe und geschichtliche Themen (*Die Tochter des Jairus, Beatrice Cenci, Kaiser Karl V.*). In dem breit angelegten Roman *Agnes Altkirchner* entwarf er ein Bild Österreichs in den Jahren 1913–19. Selbstüberwindung erscheint in dem lyrisch-meditativ angelegten Werk als tieferer Sinn, während der Roman *Der Stachel in der Seele* religiösmetaphysische Fragen aufwirft.

W.: Romane, Erzählungen: Novellen und Legenden, 1910; Der Schatten des Todes, 10; Die Träume in Vineta, 19; Attila, 20; Die Taten des Herakles, 21; Der unsichtbare Gast, 24; Die vergessene Mutter, 25; Wunderstunden, 25; Der Schneebogen, 25; Agnes Altkirchner, 27 (als: Herbst des Reiches, 57); Die Heilung der Kinder, 29; Laterna Magica, 32; Der Stachel in der Seele, 48; Das Licht der Welt (Autobiographie), 49; Briefe in das Jenseits, 52; Du und ich, 53; Rudolf der Stifter, 56; Der Liebeshimmel, 59 (3. Teil von: Der Stachel in der Seele); Das weltliche Kloster, 65; Die vier Winde, 65. – *Dramen:* Till Eulenspiegels Kaisertum, 11; Tantalos, 17; Hyazinth und Ismene, 19; Aktaion, 21; Der Sohn des Himmels (Mysterium), 21–23; Esther, 25; Ein indisches Märchenspiel, 35; Kaiser Karl V., 36; Die Tochter des Jairus, 44; Der Tod des Aischylos, 46; Dorothea und Theophilus, 50; Rudolf der Stifter, 53; Aufruf zur Tafel (Mysterium), 55; Der Schäfer im Wald, 56; Irina und der Zar, 56; Joseph und Maria, 56; Orpheus, 57; Beatrice Cenci, 58. – *Lyrik:* Gedichte, 09; Das neue Leben, 13; Das Haar der Berenice, 19; Das innere Leben, 25; Ausgew. Gedichte, 36; Viola d'amore, 53. – *Essays:* Verklärungen, 16; Deutsche Geister, 19; Das musische Land, 52; Die Eisblume, 55; Gespräch über Stifter, 58; Rede auf Max Mell, 60; Palermo und Monreale, 60; Imaginäre Gespräche, 60; Zeitgefährten, 63; Anrufe des Geistes, 65. – *Herausgebertätigkeit:* Audienzen bei Kaiser Franz Joseph, 15; Beethoven im Gespräch, 15; Schubert im Freundeskreis, 17; Novalis, 19; Rousseau. Die neue Heloise, 20; Der tausendjährige Rosenstrauch. Deutsche Gedichte, 37, erw. 58; Die Lyra des Orpheus, 51; Beethoven im Gespräch, 52; Das

Buch der Mütter, 55. – *Übersetzungen:* Juan de la Cruz; Thomas von Kempen; Estimiu; Bruder Lorenz. – *Sammel- und Werkausgaben:* Gesammelte Werke, 48f; Ausgewählte Dramen, 2 Bde, 55–60; Briefe an Kurt Rüdiger, 88.

Braun, Günter, *12.5.1928 Wismar.
Nach verschiedenen journalistischen Tätigkeiten seit 1955 freiberuflicher Publizist, schreibt B. erzählende Prosa zusammen mit seiner Frau Johanna Braun (s. dort).

Braun, Johanna, *7.5.1929 Magdeburg, die zunächst auf dem Lande, dann im Verwaltungsbereich gearbeitet hatte.
Die Brauns – J. B. schreibt in Gemeinschaftsarbeit mit ihrem Mann Günter Braun (s. dort) – begannen ihre schriftstellerische Arbeit mit Abenteuererzählungen für die Jugend. Neben historischen Stoffen (*Preußen, Lumpen und Rebellen*) verarbeiteten sie Kriminalthemen für Heftreihen u. ä. Nach diesen wenig ambitionierten Arbeiten wandten sie sich der faschistischen Vergangenheit (*Mädchen im Dreieck*) und einer satirischen Auseinandersetzung mit gesellschaftlichen Entwicklungen in der BRD zu (*Die seltsamen Abenteuer des Brotstudenten Ernst Brav*). Seit den 60er Jahren gilt ihr Schaffen vordringlich Gegenwartsproblemen der DDR, die an Hand von Episoden aus dem Leben junger Menschen experimentier- und fabulierfreudig dargestellt werden.
Die in den 70er Jahren entstandenen Zukunftserzählungen und -romane ragen aus der DDR-Produktion dieses Genres hervor. Im Zentrum des ersten utopischen Romans *Der Irrtum des großen Zauberers* stehen die Warnung vor einer inhumanen Maschinengläubigkeit und die Wertschätzung unabhängigen Denkens. In den Zukunftserzählungen extrapolieren G. und J. B. überwiegend satirisch oder grotesk Entwicklungsprobleme menschlicher Zivilisation und speziell der sozialistischen Gesellschaft. – Deutscher Kurzgeschichten-Preis 1989.

W.: Romane, Erzählungen: Einer sagt nein, 1955; José Zorillas Stier, 55; Tusko und der Medizinmann, 56; Herren der Pampa, 57; Preußen, Lumpen und Rebellen, 57; Krischan und Luise, 58; Kurier für sechs Taler, 58; Gauner im Vogelhaus, 58; Gefangene, 58; Menne Kehraus fährt ab, 59; Die seltsamen Abenteuer des Brotstudenten Ernst Brav, 59; Mädchen im Dreieck, 61; Eva und der neue Adam, 61; Ein unberechenbares Mädchen, 63; Das Mädchen Kristall Phyll, 63; Ein objektiver Engel, 67; Die Campingbäume von M., 68; Die Nase des Neandertalers, 69; Der Irrtum des großen Zauberers, 72; Bitterfisch, 74; Unheimliche Erscheinungsformen auf Omega II, 74; Lieber Kupferstecher Merian, 74; Der Fehlfaktor, 75; Conviva ludibundus, 78; Der Utofant, 81; Der unhandliche Philosoph, 82; Das kugeltranszendentale Vorhaben, 83; Unheimliche Erscheinungsformen auf Omega XI, 84; Die unhörbaren Töne, 84; Der x-mal vervielfachte Held, 84; Die Geburt des Panta-Mannes, 88. – *Fernsehspiele:* Eva und der neue Adam, 62; Dialoge über die Liebe, 65; Dialoge über den Neandertaler, 68; Ein Dach über dem Kopf, 68. – *Essay:* Gedanken zum kleinen Roman, 62; Kleiner Liebeskochtopf nebst erprobten Rezepten, 81.

Braun, Lily, *2.7.1865 in Halberstadt, †7.8.1916 in Berlin-Zehlendorf.
B. stammte aus der Offiziersfamilie von Kretschman, heiratete 1893 Prof. Georg v. Gižycki († 1895) und 1896 den sozialdemokratischen Publizisten Heinrich Braun. Ihre ersten literarischen Versuche stammen aus der Zeit nach dem Verlust der gesellschaftlichen Stellung ihrer Familie. Ihre Studie der Biedermeierzeit *Im Schatten der Titanen* vermittelt einen konkreten Einblick in die beschriebene Epoche. B. stand der «Deutschen Gesellschaft für Ethische Kultur» nahe und brach 1895 mit der Tradition ihrer Herkunft, als sie der Sozialdemokratischen Partei beitrat. Sie befand sich dort auf der Seite der Revisionisten und wurde u. a. von Klara Zetkin heftig angegriffen. – In ihren Schriften verteidigt sie die Rechte des Individuums, mehr emotional, als konsequent einer Parteidoktrin folgend.

W.: Prosa: Aus Goethes Freundeskreis (Erinn. Jenny von Gustedt), 1892; Deutsche Fürstinnen, 93; Im Schatten der Titanen (Erinn. an Baronin Jenny von Gustedt), 1908; Memoiren einer Sozialistin, 2 Bde (Inhalt: I Lehrjahre, II Kampfjahre), 09–11; Die Liebesbriefe der Marquise, 12; Lebenssucher, 15; Zwischen Krieg und Frieden, 15. – *Drama:* Mutter Maria, 1913. – *Essays:* Die Stellung der Frau in der Gegenwart, 1895; Die neue Frau in der Dichtung, 96; Die Frauenfrage, ihre geschichtliche Entwicklung und wirtschaftliche Seite, 1901; Die Frauen und die Politik, 03; Die Mutterschaftsversicherung. Ein Beitrag zur Frage der Fürsorge für Schwangere und Wöchnerinnen, 06; Die Emanzipation der Kinder, 11; Die Frauen und der Krieg, 15. – *Herausgeberschaft:* Hans von Kretschmans Kriegsbriefe aus dem Feldzug 1870/71, 03. – *Werkausgabe:* Gesammelte Werke, 5 Bde, 1923; Die Frauen und die Politik. Die Frauen und der Krieg. Die Emanzipation der Kinder, 81.

Braun, Volker, *7.5.1939 Dresden.
Nach dem Abitur 1957 arbeitete B. in Druckereien, im Tiefbau beim Kombinat «Schwarze Pumpe», als Maschinist im Bergbau; er studierte dann Philosophie in Leipzig (1960–64), war 1965/66 Dramaturg beim Berliner Ensemble, seit 1972 Mitarbeiter des Deutschen Theaters in Berlin. – 1971 erhielt er den Heine-, 1980 den H.-Mann- und den Lessing-Preis.
Ablesbar ist der literarische Werdegang B.s in den *Kast*-Erzählungen. Sie thematisieren einschneidende Zäsuren der Biographie des Autors wie der Geschichte der DDR und beleuchten programmatisch die Entwicklung der Literatur in Konfrontation zur Kulturpolitik, sie kritisieren die 1. und 2. Bitterfelder Konferenz und die spätere Phase der Verabschiedung normativer Ästhetik. Der Verlust der Utopie in der Politik sollte jene für die Literatur bereitstellen, nicht für die Wirklichkeit. B.s eingreifende Prosa verlangt nach der Möglichkeit, die Wirklichkeit zu verändern; ihr Credo ist die Einmischung in die Politik: Es sind Lebensbedingungen zu schaffen, die die Bedürfnisse des Individuums wecken und befriedigen. In der *Unvollendeten Geschichte* gestaltet B. die Gewalt einer zynisch-spitzelhaften Bürokratie gegenüber einem jugendlichen Paar und dessen bis zur existentiellen Aufgabe geführtem Widerstand, der – tabuverletzend – nicht nur literarisch zur Pflicht jedes einzelnen wird. Für seinen *Hinze-Kunze-Roman* bekam er 1986 den Bremer Literaturpreis; 1988 den Nationalpreis 1. Klasse und 1989 den Berliner Literaturpreis.

In seinen Theaterstücken thematisiert B. realitätsgeladen die Widersprüche zwischen vergesellschafteter Produktion und fortexistierender monotoner Arbeit, zwischen verbürokratisierter Produktivität des männlichen Protagonisten und Hemmung weiblicher Produktivität. In seiner zum Teil aggressiven Lyrik werden die subjektiven Ansprüche des Individuums fordernd, verletzend und eingreifend in karger Bildlichkeit in Bezug zur Entwicklung des Sozialismus gesetzt. Die Forderung nach einer stets weiterzuführenden Revolution wird der Starrheit bloßer Perpetuierung des je Gegenwärtigen entgegengesetzt. Sowohl in den anspielungsreichen und melancholischen Gedichten des Bandes *Langsamer knirschender Morgen* als auch in den Essays im Sammelband *Verheerende Folgen mangelnden Anscheins innerbetrieblicher Demokratie* kommt die zunehmende Hoffnungslosigkeit eines kritischen Marxisten in der damaligen DDR zum Ausdruck.

W.: Romane, Erzählungen, Prosa: Das ungezwungene Leben Kasts. Drei Berichte, 1972 (Der Schlamm, entstanden 59; Der Hörsaal, Die Bühne), erw. um Die Tribüne (entst. 74), 79; Unvollendete Geschichte, in: Sinn und Form, 5/75, 79; Berichte von Hinze und Kunze, 83; Hinze-Kunze-Roman, 85; Bodenloser Satz, 90. – *Lyrik:* Provokationen für mich, 65 (erw. 75); Vorläufiges, 65; Wir und nicht sie, 70 (ver. 79) ; Gedichte, 72 (erw. 76); Gegen die symmetrische Welt, 74; Poesiealbum, 77; Zeitgedichte, 77; Der Stoff zum Leben, 78; Training des aufrechten Gangs, 79; Langsamer knirschender Morgen, 87, Annatomie, 89. – *Schauspiele:* Kipper Paul Bauch, in: Forum, 66; Freunde, in: Neue Stücke. Autoren der Deutschen Demokratischen Republik, 71; Die Kipper, in: Sinn und Form, 72; Hinze und Kunze, in: Spectaculum, 73; Die Kipper. Hinze und Kunze, Tinka, 75, Guevara oder Der Sonnenstaat, in: Theater heute, 78 (Buch, 83); Großer Frieden, 79; Schmitten, 81; Simplex Deutsch, 81; Dmitri, 82 (Bühnenms.); Siegfried. Frauenprotokolle, deutscher Furor, 87 (Bühnenms.); Transit Europa (nach A. Seghers, in: NDL 11/87), 87. – *Aufsätze:* Es genügt nicht die einfache Wahrheit. Notate, 75; Rimbaud. Ein Psalm der Aktualität, 85; Friedensforum 2 (mit anderen), 86; Verheerende Folgen mangelnden Anscheins innerbetrieblicher Demokratie, 88. – *Fotogramme:* Kriegserklärung, 67. – *Sammelausgaben:* Gedichte, 72 (erw. 76, 79); Im Querschnitt. Gedichte – Prosa – Stücke – Aufsätze, 79 (erw. 80); Stücke I, 75 (ver. 81); II, 81; III, 83; Texte in zeitlicher Folge. Bd 1 ff, 89. – *Übersetzungen:* Gedichte von I. Issajew, R. Alberti, A. Lance, J. Jewtuschenko, E. Gonçalves (alle unselbständig ersch.). – *Herausgebertätigkeit:* Chile, Gesang und Bericht (mit anderen), 75. – *Schallplatten u. ä.:* V. B. Abend 1 und 2, 81.

Braunburg, Rudolf (Pseud. Bettina Aib), *19. 7. 1924 Landsberg/Warthe.

Der als Sohn eines Schlossermeisters geborene B. zog 1933 mit seinen Eltern nach Holland, wurde während der Lehrerausbildung 1942 eingezogen und schließlich Jagd- und Transportflieger. Das Lehrerstudium nach Kriegsende finanzierte er als Jazztrompeter und Ghostwriter. Von 1949–55 als Lehrer an einer Waldorfschule tätig, wechselte er zur neugegründeten Lufthansa und war dort bis 1979 Flugkapitän. Lebt als freier Schriftsteller in Bröl. – B., der auch als Journalist tätig ist, ist Verfasser zahlreicher Jugend- und Sachbücher, erfolgreich aber vor allem als Autor von Erzählungen und Romanen der ambitionierten Unterhaltungsliteratur. Auf dem Hintergrund einer spannenden Geschichte vermag es B., durch die Einarbeitung gesellschaftskritischer Problemstellungen Denkanstöße zu geben. Er verzichtet darauf, aktuelle Themen lediglich als ‹Aufhänger› für eine triviale Liebes- und Abenteuergeschichte zu benutzen. Der Detailtreue seiner Schilderungen ist nützlich, daß B. fast ausschließlich über das Milieu schreibt, das er kennt: die Luftfahrt. So werden in *Deutschlandflug*, eingebettet in die Geschichte einer Bombendrohung, Probleme des Umweltschutzes und eines neuen Großflughafens im Rhein-Main-Gebiet thematisiert.

W.: Romane, Erzählungen, Satiren, Jugendbücher: Dem Himmel näher als der Erde, 1957; Kraniche am Kebnekaise, 59; Der Testpilot und andere Geschichten (Mitverf.), 60; Geh nicht nach Dalaba, 61; Bitte anschnallen, 61; Schattenflug, 62; Schanghai ist viel zu weit, 63; Atlantikflug, 64; Alle meine Flüge, 65; Tau über der Wüste, 66; Libanesisches Logbuch, 67; Gina und die Stratosphäre, 68; Rio in Raten, 68; Septemberflug, 68; Mexikanisches Logbuch, 68; Logbuch New York, 68; Traumflug über Afrika, 69 (u. d. T.: Die Freiheit der Vögel, 83); Elefanten am Kilimandscharo, 69; Vielleicht über Monschau, 70; Zwischenlandung, 70; Ein Himmel voller Abenteuer, 71; Piratenkurs, 72; Monsungewitter, 74; Reise durch Masuren, 75; Deutschlandflug, 75; Der Engel auf der Wolke, 75; Der Töter, 76; Nachtstart, 77; Der verratene Himmel, 78; Keine Landschaft für Menschen, 78; Kennwort Königsberg, 80; Abwärts nach Santiago, 80; Kein Frühling für Flamingos, 80; Sydney mit Sekt, 80; Masurengold, 81; Kommt hier der Hongkong-Frachter vorbei?, 81; Hongkong International, 82; Drachensturz, 82; Die letzte Fahrt der «Hindenburg», 82; Die schwarze Jagd, 83; Taurus, 84; Menschen am Himmel, 85; Der Engel vom anderen Stern. Ein Märchen, 86; Musenküsse aus zweiter Hand. Parodien, 87; Rückenflug, 88; Keine Rückkehr nach Manila, 88; Dschungelflucht, 89; Hinter Mauern. Eine Jugend in Deutschland, 89. – *Essays, Sachbücher, Bildbände, Autobiographie:* Leichter als Luft. Aus der Geschichte der Ballonluftfahrt, 63; Das Geschäfts- und Privatflugzeug, 65; Das achte Weltmeer. Auf den Luftstraßen in Wolken und Wind, 67; Beruf: Stewardeß, 69; Beruf: Flugkapitän, 71; Von der DC3 zur DC10, 76; Kranich in der Luft. Die Geschichte der Lufthansa, 78; Keine Angst vorm Fliegen (mit R. J. Pieritz), 79; Wolken sind Gedanken, die am Himmel stehn, 79; Mann mit Jumbo im Gewitter, 80; Grüne Männchen im Radar, 81; Wassermühlen in Deutschland (mit Annemarie Braunburg), 81; Ein Leben auf Flügeln (Autobiogr.), 81; Jetliner. Ein Logbuch, 83; Sucht mich am Himmel. Unverhoffte Begegnungen mit Saint-Exupéry, 84; Eine Taube fällt vom Himmel, 84; Im Dunstkreis des Planeten, 84; Die Spur des Kranichs, 85; Flug nach Kairo, 85; Mit den Wäldern stirbt der Mensch, 86; Nordlicht, 86; Rauchende Brunnen, 86; Sein größter Flug, 87; Der Abschuß, 87; Transsibirische Eisenbahn, 87; Wolkenflüge, 88; Handbuch für Flugreisende, 88. – *Herausgebertätigkeit:* Über den Wolken, 82; Auf dem Wind. Die schönsten Geschichten vom Fliegen, 83. – *Schallplatten u. ä.:* Eine durch und durch gesunde Maschine, 80 (Kass.); Der erste Flug, ca. 86 (Kass.); Notwasserung, ca. 86 (Kass.); Rätselhafte, merkwürdige und lächerliche Begebenheiten der Luftfahrt, 87 (3 Tonkass.).

Braune, Rudolf, *16.2.1907 Dresden, †12.6.1932 (Badeunfall im Rhein).

B. war Sohn eines Eisenbahnbeamten. Nach dem Besuch des Gymnasiums arbeitete er als Buchhändler in Düsseldorf. Er wurde Mitglied des Kommunistischen Jugendverbandes, später auch der KPD. Seit 1927 schrieb B. für die kommunisti-

sche «Freiheit», in der er auch als Volontär beschäftigt war. Hier erschien auch in Fortsetzungen sein erster Roman *Der Kampf auf der Kille.* B. schrieb Reportagen und Kurzgeschichten für kommunistische und linksliberale ebenso wie für bürgerliche Zeitungen und Zeitschriften. Der erst 1975 als selbständiges Werk erschienene Roman *Der Kampf auf der Kille* schildert die Organisation eines Streiks. Bekannt wurde er mit dem Roman *Das Mädchen an der Orga Privat*, in dem er die Erlebnisse einer jungen Frau als Stenotypistin und schließlich als Arbeitslose schildert. Der Roman *Junge Leute in der Stadt*, der sich ebenfalls mit dem Schicksal eines Berliner Arbeitslosen befaßt, erschien 1932 posthum. – Bei den nationalsozialistischen Bücherverbrennungen im Mai 1933 wurden auch B.s Romane verbrannt.

W.: Romane, Erzählungen, Prosa: Das Mädchen an der Orga Privat, 1930 (Neuausg. 60, 75); Junge Leute in der Stadt, 32 (Neuausg. 58, 75); Strafexpedition Ronsdorferstraße, 33; Der Kampf auf der Kille, 75.

Bräunig, Werner, *12.5.1934 Chemnitz, †14.8.1976 Halle.

B., Sohn eines Kraftfahrers, absolvierte eine Schlosserlehre und war dann in verschiedenen Berufen tätig; u. a. 1951/52 als Gelegenheitsarbeiter in der BRD. In die DDR zurückgekehrt, arbeitete B. im Steinkohlebergbau in Oelsnitz, bei der Wismut-SDAG, in einer Papierfabrik und als Journalist. Studium am Institut für Literatur «Johannes R. Becher» in Leipzig (1958–61), an dem er anschließend auch als Seminarleiter für Prosa tätig war. Ab 1967 arbeitete B. als freischaffender Schriftsteller in Halle-Neustadt.

Von der offiziellen Kulturpolitik der DDR wurde der Vorabdruck eines vier erschienenen Romans (geplanter Titel *Der eiserne Vorhang*) des bis dahin kaum bekannten Autors in den Jahren 1965/66 scharf kritisiert. B. wollte in dem Roman die Verhältnisse auf einer Baustelle in einem Uran-Bergwerk im Wismut-Bezirk (Erzgebirge) schildern. Nur vordergründig hat B. in seinem 1969 erschienenen Erzählungsband *Gewöhnliche Leute* auf die Kritik reagiert. Auch hier stellte er den sozialistischen Alltag ohne Pathos dar, erteilte nun aber den großen gesellschaftlichen Konflikten eine Absage. In seinem 1968 erschienenen Essay-Band *Prosa schreiben* versucht B. eine Standortbestimmung: Unter Berufung auf Büchner, Tolstoj, Fontane, H. Mann und Zweig fordert B. eine Prosa, in der es «nicht mehr so sehr um die Ausnahmefigur» geht, «um den überragenden Einzelnen», sondern um die Darstellung einer Gesellschaft, in der «jeder auf andere Weise bedeutund» ist.

W.: Erzählungen: Waffenbrüder, 1959, als Hörspiel 60; In diesem Sommer, 60; Weil dich das Leben braucht, 61 (auch als Fernsehspiel); Rummelplatz (Vorabdruck des Romans Der eiserne Vorhang, in: Neue Deutsche Literatur 64 u. 10/65); Gewöhnliche Leute, 69, erw. 71; Städte machen Leute, 69 (mit P. Gosse, J. Koplowitz u. J. Steinmann); Die einfachste Sache der Welt, 70. – *Filme, Hörspiele:* Der Mann Andreas Seiler, 61; Materna, 67 (mit F. Vogel); Geschichten jener Nacht, 68 (mit H. H. Baierl u. E. Neutsch). – *Lyrik:* Für eine Minute, 60 (mit H. Salomon). – *Essay:* Prosa schreiben, 68. – *Herausgebertätigkeit:* Auf in den Tag, Jahrb. des Instituts für Literatur, «Joh. R. Becher», 60, 61, 62; Vietnam in dieser Stunde, 67; Luftbilder aus der DDR, 68. – *Sammelausgabe:* Ein Kranich am Himmel, 81.

Brax, Peer → Wandrey, Uwe

Brazil, Felix → Klemm, Wilhelm

Brechbühl, Beat, *28. 7. 1939 Opplingen (Schweiz).
Der als Sohn eines Psychiatriepflegers geborene B. wuchs in der Nähe von Bern auf. Nach einer Schriftsetzerlehre arbeitete er im erlernten Beruf, war 1961–64 Redakteur einer Jugendzeitschrift und anschließend Setzer in Berlin und Zürich. Von 1966–71 arbeitete er in einem Zürcher Verlag. Längere Reisen führten ihn durch mehrere Länder Europas. Seit 1973 lebt er als freier Schriftsteller und Graphiker. 1966 und 1968 erhielt B. den Literaturpreis des Kantons Bern, 1973 den Förderpreis des Kantons Zürich und 1975 den C.-F.-Meyer-Preis, 1985 den Literaturpreis der Stadt Bern.
B. hatte bereits eine Reihe von Gedichtbänden veröffentlicht, als ihm 1970 mit

dem Roman *Kneuss* der überregionale Durchbruch gelang. Was seine Gedichte kennzeichnet, genaue Beobachtungen, präzise Formulierungen, findet sich auch in diesem Roman wieder, verbunden mit elementarer Lust am Fabulieren. Nach einigen zwiespältig aufgenommenen Romanen schuf B. mit den Geschichten um den Schnüff in den letzten Jahren vor allem Kinderbücher.

W.: Romane, Erzählungen, Kinderbücher: Kneuss, 1970; Nora und der Kümmerer, 74; Geschichten vom Schnüff, 76; Mörmann und die Ängste der Genies, 76; Schnüff, Herr Knopf und andere Freunde, 77; Das Plumpsfieber, 78; Schnüff, Maria, 10 Paar Bratwürste, 82; Die Glasfrau, 85; Dschingis, Bommel und Tobias, 86. – *Lyrik:* Spiele um Pan, 62; Lakonische Rede, 65; Gesunde Predigt eines Dorfbewohners, 66; Die Bilder und ich, 68; Die Litanei von den Bremsklötzen und andere Gedichte, 69; Auf der Suche nach den Enden des Regenbogens, 70; Meine Füße lauf ich ab bis an die Knie, 73; Branchenbuch, 74; Die Schrittmacher, 74; Draußen ein ähnlicher Mond wie in China, 75; Ein verhängtes Aug, 82; Temperatursturz, 84; Die Nacht voll Martinshörner, 84; Katzenspur, hohe Pfote. Haiku und Senryu, 88. – *Sammelausgaben:* Der geschlagene Hund pißt an die Säulen des Tempels, 72; Beat Brechbühl. Ein Werkbuch, 75; Traumhämmer, 77. – *Herausgebertätigkeit:* Der Elefant im Butterfaß, 77. – *Schallplatten:* Geschichte vom Schnüff, 77; Gras ist Gras (mit Grau), 80.

Brecht, Bert(olt) (eig. Berthold Eugen Friedrich B.), *10. 2. 1898 Augsburg, †14. 8. 1956 Berlin.
B. war Sohn des Direktors einer Augsburger Papierfabrik, der wie B.s Mutter aus Achern (Baden) stammte. Schon 1914/15 schrieb er Verse und Prosa. 1917–18 studierte er in München zunächst an der Philosophischen Fakultät; nach einem Semester dann Medizin; im Herbst 1918 wurde er zum Militärdienst verpflichtet und diente als Sanitätssoldat im Augsburger Seuchen-Lazarett. Ende 1919 bis 1920 schrieb er Theaterkritiken für die Augsburger Zeitung «Volkswille». 1919–23 setzte er sein Studium in München fort, hielt aber mehr Kontakt mit Schriftstellern und Theaterleuten und half bei Karl Valentin mit. Nach einigen vergeblichen Versuchen, im Berliner

Theaterbetrieb Fuß zu fassen (1920/21), brachte schließlich das Stück *Trommeln in der Nacht*, für das er 1922 (auf Vorschlag von H. Ihering) den Kleist-Preis erhielt, den Durchbruch auf dem Theater. 1923 war er Dramaturg an den Münchner Kammerspielen, 1924 ging er nach Berlin, wo er bis 1926 zusammen mit C. Zuckmayer Dramaturg bei M. Reinhardt am Deutschen Theater war. Seit 1926/27 beschäftigte er sich mit dem Studium des dialektischen Materialismus, besuchte 1932/33 im Rahmen des «Studienzirkels Kritischer Marxismus» Vorlesungen von Karl Korsch. 1932 wurde der Film *Kuhle Wampe* (Regie: S. Dudow), zu dem B. das Drehbuch schrieb, verboten. 1933 verließ B. Deutschland, am Tag nach dem Reichstagsbrand, mit seiner Familie und einigen Freunden, er floh nach Dänemark und lebte dort bis 1939 bei Svendborg. 1935 Reise nach Moskau und Teilnahme am Internationalen Schriftstellerkongreß für die Verteidigung der Kultur in Paris; kurzer Aufenthalt (1935) in den USA, anläßlich der Inszenierung seines Stücks *Die Mutter* in New York. 1936 Teilnahme am Internationalen Schriftstellerkongreß in London; im selben Jahr erscheint in Moskau die erste Nummer der Zeitschrift «Das Wort», die Brecht zusammen mit Willi Bredel und Lion Feuchtwanger, dem Freund aus der Münchner Zeit, herausgibt. 1937 reist Brecht mit seiner Mitarbeiterin Ruth Berlau nach Paris und nimmt an einem Internationalen Schriftstellerkongreß teil, der den spanischen Bürgerkrieg zum Thema hat; im Oktober dieses Jahres Uraufführung von *Die Gewehre der Frau Carrar*. Im April 1939 floh er, kurz vor der Besetzung Dänemarks, über Schweden nach Finnland, 1941 weiter über Moskau und Vladivostok nach Kalifornien (USA). B. lebte in Santa Monica bei Hollywood, arbeitete gelegentlich für den Film, z. B. schrieb er das Filmskript für F. Langs *Hangmen Also Die* um das Attentat auf Heydrich in der Tschechoslowakei. Mit Charles Laughton arbeitete er an der Übersetzung und Inszenierung seines Stückes *Leben des Galilei*. 1947 wurde B. durch das Komitee zur Bekämpfung unamerikani-

schen Verhaltens in Washington verhört und zog nach Zürich und 1948, da ihm eine Einreisegenehmigung nach Westdeutschland verweigert wurde, weiter nach Ost-Berlin. B. wirkte dort als Regisseur und Generalintendant am Deutschen Theater und gründete 1949 zusammen mit seiner Frau Helene Weigel das «Berliner Ensemble». 1950 wurde er Mitglied der Akademie der Künste und erwarb zusammen mit Helene Weigel die österreichische Staatsbürgerschaft und ein Haus in Buckow. 1953 wurde er Vorsitzender des PEN-Zentrums, 1954 bezog er mit dem «Berliner Ensemble» das «Theater am Schiffbauerdamm». 1955 reiste B. zur Entgegennahme des Stalin-Preises nach Moskau und zur PEN-Tagung nach Hamburg und kaufte ein Haus an der dänischen Küste, um sich dorthin zum Schreiben zurückzuziehen.

B. begann mit Lyrik, schrieb sangbare Gedichte in Balladenform mit bereits mehr oder weniger provozierend antibürgerlicher Tendenz und deutlicher Sympathie für Ausgestoßene und Außenseiter der Gesellschaft, gegen Ende des Krieges auch antimilitaristische Lieder. Sein in mehreren Fassungen erhaltenes frühestes Stück *Baal*, als Gegenstück zu H. Johsts Grabbe-Drama *Der Einsame* gedacht, nimmt in seiner lockeren und mit Gesängen durchsetzten Szenenfolge den lyrischen Balladenstil ebenso auf wie inhaltlich die Darstellung des antibürgerlichen Außenseiters, der sich voll zu Faulheit, Freiheit und Genuß und allem, was dem Bürger Todsünde heißt, bekennt und als asozialer Poet lieber verkommt und in freier Wildbahn zugrunde geht, als sich der Gesellschaft anzupassen. Die Komödie *Trommeln in der Nacht* (1919, uraufgeführt 1922) behandelt die aktuelle Thematik des Kriegsheimkehrers Kragler, der die Kriegsgewinnler-Verlobungs-Idylle durch seine Heimkehr sprengt, halb in den Spartakusaufstand hineingerät, im entscheidenden Augenblick aber sich nicht für die Aufständischen, sondern für sein privates Glück mit seiner gerade wieder zurückgewonnenen Braut entscheidet. *Im Dickicht der Städte* behandelt den erbitterten Kampf aller gegen alle in der modernen kontaktlosen Konkurrenzgesellschaft. Das Stück *Mann ist Mann* enthält bereits alle wesentlichen Merkmale des Brechtschen Parabelstückes. «Episch» erzählt und szenisch illustrativ gezeigt wird die Geschichte der «Ummontierung» des Packers Galy Gay zum Kolonialsoldaten. Dabei wird keine Identifikationsfigur aufgebaut, sondern Distanz mit Möglichkeit der Erkenntnis und Kritik sozialer Mechanismen geschaffen. Der größte Erfolg nicht nur dieser frühen Jahre, sondern sein weltweit populärstes Stück überhaupt wurde die *Dreigroschenoper*, stofflich nach John Gays *Beggars Opera* (1728), mit Villon-Versen und eigenen Songs erweitert, mit der kongenialen Musik von K. Weill, 1928 uraufgeführt, 1930/31 unter der Regie von G. W. Papst, 1962 von W. Staudte verfilmt, 1934 von Brecht als *Dreigroschenroman* «ins Epische transponiert», ein Experiment einer sozialkritischen, «antikullischen» Oper im Sinne der neuen Auffassung des «epischen Theaters», das Desillusionierung der Zuschauer, Nicht-Identifikation und, mit kritischer Kommentierung der Handlung, die Erkenntnis sozialer Wirklichkeit zum Ziele hat, hier: die bürgerlich-kapitalistische «Haifisch-Ordnung». Im Drehbuch für den Film wollte B. die Sozialkritik noch verschärfen, aber der Film wurde nicht nach diesem, sondern in einer von B. nicht gebilligten Form gedreht. Den Prozeß, den er darum führte und verlor, behandelte er in der Schrift *Der Dreigroschenprozeß*. Ebenfalls mit den Mitteln satirischer Zuspitzung, episch komponierter Szenenfolge und die Handlung kommentierenden Songs und Chören arbeitet die Oper *Aufstieg und Fall der Stadt Mahagonny*, wieder mit der nuancenreichen, pointierten Musik von K. Weill, 1930 uraufgeführt: ein Modell der Verdinglichung, nämlich des Warencharakters aller Dinge und Menschen. – Unter dem Eindruck der Weltwirtschaftskrise entstand *Die heilige Johanna der Schlachthöfe*. Das Stück will am Beispiel der Geschäftspraktiken des «Fleischkönigs» Mauler und der Not der Arbeiter den Krisenmechanismus kapitalistischer Ökonomie und seine Widersprüchlichkeit darstellen. Im Mittelpunkt steht ein Heilsarmee-Mädchen, die moderne Johanna, die in mehreren Gängen «in die Tiefe» zur Erkenntnis geführt wird und zuletzt auch ihre eigene Haltung – Güte, Gewaltlosigkeit und Gottvertrauen – als falsch erkennt: «Sondern / Es hilft nur Gewalt, wo Gewalt herrscht, und / Es helfen nur Menschen, wo Menschen sind.»

Auf Ablehnung stießen die ebenfalls um 1930 entstandenen *Lehrstücke* wegen ihrer kargen, abstrahierenden Sprache und mehr noch wegen ihrer kollektivistischen, antiindividualistischen Tendenz. *Das Badener Lehrstück vom Einverständnis* hat mit seiner undialektischen Verabsolutierung des Kollektivs auch marxistische Kritik hervorgerufen. *Die Maßnahme* rechtfertigte die Tötung eines unvorsichtigen Revolutionärs durch die aus Moskau zur Verbreitung der «Lehren der Klassiker» angereisten Verfechter der Parteidisziplin. Freilich geht es in diesen Stücken nicht um die Vermittlung eines vorbildlichen, richtigen Verhaltens, sondern um das Durchspielen von Möglichkeiten, das Erproben und Kritisieren von Handeln in bestimmten Situationen, wie *Die Ausnahme und die Regel* zeigt oder noch deutlicher die beiden zusammengehörigen Stücke *Der Jasager* und *Der Neinsager*, die für die gleiche Situation zwei gegensätzliche Schlüsse zur Diskussion stellen. In der stark verändernden Dramatisierung von Gor'kijs Roman *Die Mutter* mit der Musik von H. Eisler wird mit der Darstellung einer aktiven Kommunistin und listigen Klassenkämpferin und in plakativ einfachen Liedern wie *Lob des Lernens* und *Lob des Kommunismus* der entschiedene Klassenkampf in der kommunistischen Partei propagiert (der B. selbst allerdings nie angehörte).

Im Exil schrieb B. die bekanntesten und erfolgreichsten seiner Parabelstücke. *Die Rundköpfe und die Spitzköpfe* dient der Entlarvung der faschistischen Rassenideologie als Vernebelung der ökonomischen Widersprüche der Gesellschaftsordnung und der Klassenkampffronten. Die in stofflicher Anlehnung an Grimmelshausen dramatisierte Chronik des

Dreißigjährigen Krieges, *Mutter Courage und ihre Kinder*, mit der Musik von P. Dessau, zeigt am Beispiel einer Marketenderin, die am Krieg verdienen will und dabei ihre Kinder verliert, «daß die großen Geschäfte in den Kriegen nicht von den kleinen Leuten gemacht werden». Auch *Das Verhör des Lukullus*, ursprünglich ein Hörspiel, später als *Die Verurteilung des Lukullus* eine Oper mit Musik von P. Dessau, ist ein Antikriegsstück, in dem der Feldherr Lukullus von einem Totengericht zum Nichts verurteilt wird. Das *Leben des Galilei* behandelt in drei in verschiedenen Situationen entstandenen Fassungen (1938/39, 1947 und 1955) die Schwierigkeiten beim Verbreiten der Wahrheit und, verschärfend zugespitzt durch die gelungene Atomspaltung und unter dem Eindruck des Atombombenabwurfs auf Hiroshima, ein Grundproblem des wissenschaftlichen Zeitalters: die gesellschaftliche Verantwortlichkeit des Wissenschaftlers für seine Forschungsergebnisse und deren Verwendung am Beispiel des großen italienischen Physikers. Galileis Schuld ist es, daß er die Trennung von Wissenschaft und Politik, die Trennung von naturwissenschaftlichem und gesellschaftlichem Fortschritt in einem wichtigen Zeitpunkt zugelassen hat, wo man ihren Zusammenhang gerade besonders deutlich hätte zeigen können und Vorkehrungen treffen müssen, daß wissenschaftliche Erkenntnisse nur zum Wohle und zur Befreiung des Menschen angewendet werden dürfen. Die Parabel *Der aufhaltsame Aufstieg des Arturo Ui* überträgt die Machtergreifung Hitlers ins amerikanische Gangster-Milieu und intendiert damit sowohl einen Abbau von Charisma, eine Verächtlichmachung und Entheroisierung der selbsternannten Heroen des Dritten Reiches durch ihre Darstellung als gewöhnliche Verbrecher, wie auch ihre Verallgemeinerung in Richtung auf kriminelle Praktiken des Kapitalismus generell.

Der gute Mensch von Sezuan behandelt die Selbstentfremdung des Menschen am Beispiel des Straßenmädchens Shen Te, die zu allen gut sein möchte und von allen ausgenutzt wird und dabei ihr Tabakgeschäft ruiniert. Um überhaupt leben zu können, muß sie in der Maske des hartherzigen und rücksichtslosen Vetters Shui Ta sich selbst verleugnen und den ökonomischen Gesetzen der harten Wirklichkeit anpassen. In dem derb-komischen Volksstück *Herr Puntila und sein Knecht Matti* zeigt B. einen Gutsbesitzer, der nur im Zustand der Trunkenheit menschlich, nüchtern aber ein harter Ausbeuter ist. Die Johanna-Gestalt wird erneut aufgenommen mit dem Widerstandsstück *Die Gesichte der Simone Machard*. Das Mädchen Simone träumt sich beim Anmarsch der deutschen Truppen in die Rolle der Jeanne d'Arc hinein und steckt den Fuhrpark ihres Onkels und das Benzin in Brand, das die Bürger den Deutschen ausliefern wollen. Entscheidend ist, daß ihr Widerstand nicht nur dem Landesfeind, sondern auch den reichen Franzosen gilt, die mit ihm kooperieren: «Reich und reich gesellt sich gern». Das Stück wurde mit L. Feuchtwanger konzipiert, der den gleichen Stoff als Roman bearbeitete. Eine ganz andere Art von Widerstand entwickelt *Schweyk im zweiten Weltkrieg*, mit vielen Übernahmen aus Hašeks Roman, und doch zugleich echt brechtisch in der Profilierung der listigen Hauptfigur, die sabotiert und desertiert, wo sie kann, und wo sie es nicht kann, kuscht, aber so übertrieben und durchtrieben, witzig und listig, daß auch damit noch die «Herrenmenschen» verunsichert, entlarvt und verhöhnt werden.

In Thematik und Ton eng mit seinen Stücken verbunden, zum großen Teil sogar in Form von Songs darin integriert, ist B.s Lyrik von Anfang an. *B. B.s Hauspostille* versammelte die frühen Gedichte und Lieder, auch aus den Stücken. Die Songs der *Dreigroschenoper* wurden Weltschlager, die Sammlung der *Svendborger Gedichte* enthält die *Deutsche Kriegsfibel* und so berühmte Verse wie die *An die Nachgeborenen*, die *Fragen eines lesenden Arbeiters* oder die *Legende von der Entstehung des Buches Taoteking*. Aus der Nachkriegszeit sind *Der anachronistische Zug* und die *Buckower Elegien* hervorzuheben.

Der auf dem Theater das «Epische» propagierte, war selbst eigentlich kein Epiker. Sein *Dreigroschenroman* verblaßte neben der *Dreigroschenoper*, der Roman *Die Geschäfte des Herrn Julius Cäsar* blieb unvollendet, ebenso der 1937 begonnene *Tui*-Roman. Ebenbürtig neben die Lyrik treten aber die kurzen *Kalendergeschichten* und die aphoristisch pointierten *Geschichten vom Herrn Keuner*.

B.s Theaterarbeit sichert ihm in der Theatergeschichte des 20. Jahrhunderts eine herausragende Stellung. Durch seine Schriften zum Theater, in denen er seine Vorstellungen vom modernen Theater theoretisch ausformulierte, hat er seinen eigenen Namen so irreversibel mit dem Prinzip eines «nicht-aristotelischen», epischen Theaters verknüpft, daß er selbst als Theoretiker auf diesem Gebiet fortan neben Aristoteles, gleichsam als dessen Widerpart, genannt werden muß. Ein Schlüsselbegriff seiner Dramaturgie wurde «Verfremdung». Das Theater soll dem Publikum die Dinge als fremdartig, merkwürdig, auffällig, nicht-selbstverständlich, nicht-natürlich, als geworden, gemacht und daher veränderbar vorstellen, das scheinbar Selbstverständliche und vermeintlich Bekannte wieder erst zum Gegenstand der Erkenntnis und der Kritik machen. Dem dienen viele unterschiedliche Methoden und Mittel des Verfremdungseffekts wie die Unterbrechung der Handlung durch Songs, die Verlegung in ein fremdes Milieu, die Transposition von Figuren, das distanzierte Rollenspiel, das dem Zuschauer die Identifikation mit der gespielten Figur verwehrt, die Desillusionierung durch das Bühnenbild, die Diskrepanz zwischen Redestil und -inhalt, der provozierende Einsatz von Requisiten und Beleuchtung usw.; der Zuschauer soll dabei Erkenntnisse gewinnen und zu eigenem Denken und Handeln ermuntert werden. Da Erkenntnisse und Ermunterungen selbst Vergnügen bereiten, sieht B. keinen Gegensatz zwischen Erkenntnis und Vergnügen und hat später nachdrücklich Mißverständnisse aufgeklärt, die seine Dramaturgie zu einseitig als gegen Emotionen und Vergnügen gerichtet auffaßten.

W.: *Romane, Erzählungen:* Dreigroschenroman, 1934; Kalendergeschichten, 49; Die Geschäfte des Herrn Julius Cäsar, Fragment, 74 (entstanden 37–39); Geschichten vom Herrn Keuner, 58 (entstanden 30/56); Tui, Fragment, 67. – *Dramen, Stücke, Filme, Hörspiele, Ballett, Dialoge:* Baal, 1. Fassung 18, 2. Fassung 19, 3. Fassung 26. Drei Fassungen, 66; Trommeln in der Nacht, 22; Leben Eduards II. von England, 24 (mit L. Feuchtwanger, nach Marlowe); Im Dickicht der Städte, 27; Mann ist Mann, 27; Dreigroschenoper, 28 (nach J. Gay, Musik K. Weill); Aufstieg und Fall der Stadt Mahagonny, 29 (Musik K. Weill); Der Ozeanflug, 29; Das Badener Lehrstück vom Einverständnis, 29; Die Maßnahme, 30, krit. Ausgabe 72; Die Ausnahme und die Regel, entstanden 30; Der Jasager und der Neinsager, 30; Kuhle Wampe, 32 (mit E. Ottwalt, H. Eisler, Regie: S. Dudow – Materialien 69); Die heilige Johanna der Schlachthöfe, 32 (entstanden 29/30); Die Mutter, 32 (mit G. Weisenborn u. S. Dudow, nach Gor'kij, Musik H. Eisler); Die Rundköpfe und die Spitzköpfe, 33; Die sieben Todsünden, 33 (Ballett, Musik K. Weill); Die Gewehre der Frau Carrar, 37; Furcht und Elend des Dritten Reiches, 38; Das Verhör des Lukullus, 39 (als Hörspiel); 51 unter dem Titel: Die Verurteilung des Lukullus (als Oper, Musik P. Dessau); Mutter Courage und ihre Kinder, 41 (entstanden 39, Musik P. Dessau); Der aufhaltsame Aufstieg des Arturo Ui, 58 (entstanden 41, Musik H.-D. Hosalla); Leben des Galilei, 43 (entstanden 38/39), 2. Fassung 47, 3. Fassung 55; Der gute Mensch von Sezuan, 42 (Musik P. Dessau); Die Gesichte der Simone Machard, 43 (mit L. Feuchtwanger, Musik H. Eisler); Schweyk im zweiten Weltkrieg, 44 (nach Hašek, Musik H. Eisler); Herr Puntila und sein Knecht Matti, 48 (entstanden 40, nach Hella Wuolijoki, Musik P. Dessau); Der Kaukasische Kreidekreis, 49 (Musik P. Dessau); Die Tage der Commune, 49; Flüchtlingsgespräche, 61; Spiele in einem Akt, 61; Turandot oder der Kongreß der Weißwäscher, 67; Der Brotladen, 69; Die Antigone des Sophokles. Materialien zur «Antigone», 74; Untergang des Egoisten Fatzer. Fragment. Fassung von H. Müller, 85 (Bühnenms.). – *Lyrik:* Hauspostille, 27; Augsburger Sonette, o. J.; Aus dem Lesebuch für Städtebewohner, 30; Lieder, Gedichte, Chöre, 34; Svendborger Gedichte, 39; Hundert Gedichte, 51; Die Erziehung der Hirse, 51; Gedichte, 55; Gedichte und Lieder, 56; Lieder und Gesänge, 57; Buckower Elegien, 64; Die Liebenden, 81. – *Abhandlungen, sonstige Schriften:* Über die Oper, 30; Der Dreigroschenprozeß, 31; Fünf Schwierigkeiten beim Schreiben der Wahrheit, 49 (entstanden 34); Weite und Vielfalt der realistischen Schreibweise, 38; Volkstümlichkeit und Realismus,

38; Über experimentelles Theater, 39; Die Straßenszene, 40; Neue Technik der Schauspielkunst, 40; Kleines Organon für das Theater, 49; Theaterarbeit, 52; Dialektik auf dem Theater, 53f; Dialoge aus dem Messingkauf, 71; Über Schauspielkunst, 73; Arbeitsjournal 1938–55, 2 Bde, 73; Dreigroschenbuch, 2 Bde, 73; Me-Ti. Buch der Wendungen, 74; Tagebücher 1920–22. Aufzeichnungen 1920–54, 75; Briefe, 2 Bde, 81; Exerzitien, 83; Tagebuch 1913, 89. – *Nachlaß:* Bestandsverzeichnis des literarischen Nachlasses, 69ff. – *Sammel- und Werkausgaben (Auswahl):* Versuche, 15 Bde, 30–57; Gesammelte Werke, 2 Bde, 38; Stücke, 14 Bde, 53–67; Sinn und Form, Sonderhefte 1, 49 u. 2, 57; Gedichte, 9 Bde, 60–69; Die Bibel und andere frühe Einakter, 70; Herr B. B. sagt, 70; Über die irdische Liebe und andere gewisse Welträtsel in Liedern und Balladen, 72 (mit einer Schallplatte); Lieder und Gedichte, o. J.; Grüner Mond von Alabama, 75; Ges. Gedichte, 4 Bde, 76; 10 Bde, 60–76; Ged. aus dem Nachlaß, 2 Bde, 82; Geschichten, 62; Schriften zum Theater, 7 Bde, 63f; Über Lyrik, 64; Über Klassiker, 65; Prosa, 5 Bde, 65; Einzelausgaben, 65ff; Schriften zur Literatur und Kunst, 2 Bde, 66; bzw. 3 Bde, 66ff; Gesammelte Werke, 20 bzw. 8 Bde, 67; 20 Bde, 76; Schriften zur Politik und Gesellschaft, 2 Bde, 68; Stücke, 68; Über Realismus, 68; Politische Schriften, 70; Über den Beruf des Schauspielers, 70; Texte für Filme, 2 Bde, 69; Über Politik auf dem Theater, 71; Werke, 5 Bde, 73; Geschichten, 74; Drei Lehrstücke, 75; Frühe Stücke, 76; Gedichte und Lieder aus Stücken, 76; Über Politik und Kunst, 76; Über experimentelles Theater, 77; Die Stücke in einem Band, 78; Die Stücke in 4 Bdn, 78; Von der Freundlichkeit der Welt, [2]80; Wie man sich bettet, so liegt man, o. J.; Ges. Prosa, 4 Bde, 80; Gedichte für Städtewohner, 80; Gedichte in einem Band, 81; Gedichte über die Liebe, 82; Über die bildenden Künste, 83; Einakter und Fragmente, 84; Stücke, Bearbeitungen, 2 Bde, 84; Ich will mit dem gehen, den ich liebe, 85; Werke (Gr. kommentierte Berliner und Frankfurter Ausgabe), 30 Bde, 87ff. – *Schallplatten, Kassetten:* B. B. singt, o. J.; Herr Puntila und sein Knecht Matti, ca. 70; Galileo Galilei, 81 (3 Pl.); An die Nachgeborenen, 81 (4 Pl.); Hauspostille, 82 (3 Pl.); Bertolt Brecht. Eine Auswahl, ca. 86 (6 Kass.).

Bredel, Willi, (Pseud.: Stormann, W. B.), *2.5.1901 Hamburg, †27.10.1964 Berlin.

B. trat als Werftarbeiter der KPD bei und wurde wegen seiner Teilnahme am Hamburger Aufstand von 1923 zu zwei Jahren Gefängnis verurteilt; er arbeitete dann als Seemann und Dreher, danach als Arbeiterkorrespondent und Redakteur. B. wurde Mitglied des Bundes Proletarisch-Revolutionärer Schriftsteller. 1930–32 verbüßte B. eine Haft wegen «Hoch- und Landesverrat». 1933–34 wurde er im KZ Fuhlsbüttel festgehalten. Nach seiner Entlassung gelang B. die Flucht nach Moskau, wo er u. a. Mitherausgeber der Zeitschrift «Das Wort» war; 1937–39 nahm B. am spanischen Bürgerkrieg teil und kehrte danach nach Moskau zurück. Seit 1943 war er führendes Mitglied des Nationalkomitees «Freies Deutschland». Nach seiner Heimkehr nahm er verschiedene kulturpolitische Aufgaben in der SBZ/DDR wahr; B. war u. a. Chefredakteur der «Neuen Deutschen Literatur» (1953–57) und 1962–64 Präsident der Akademie der Künste. 1950 und 1954 Nationalpreis, 1961 J.-R.-Becher-Medaille.

B. war als Schriftsteller aus der Arbeiterkorrespondentenbewegung hervorgegangen. Seine ersten, in Festungshaft geschriebenen Gegenwartsromane beschrieben die Klassenauseinandersetzungen am Ende der Weimarer Republik. B.s autobiographischer Roman *Die Prüfung* wurde innerhalb kürzester Zeit in siebzehn Sprachen übersetzt. Der Roman ist eines der ersten literarischen Zeugnisse über die in den faschistischen KZs herrschende Barbarei. Die Entwicklung der Widerstandsbewegung ging in B.s nächsten Roman *Dein unbekannter Bruder* sowie in zahlreiche Erzählungen der Folgezeit ein. Das Spanienerlebnis B.s fand seine eindrucksvollste Gestaltung in der Reportage *Begegnung am Ebro*. Daneben schrieb B. in der Zeit des Exils historische Erzählungen, durch die plebejische und revolutionäre Traditionen dem Geschichtsbild der Deutschen zurückgewonnen werden sollten. Als B.s Hauptwerk kann die Trilogie *Verwandte und Bekannte* gelten, deren erster Band *Die Väter* noch im Exil in Moskau erschien: B. verfolgte das Schicksal zweier Hamburger Arbeiterfamilien über vier Generationen. Die Familienchronik nach dem Muster des bürgerlichen Gesellschaftsromans umfaßt die Zeit von 1870–1914 (*Die Väter*), vom 1. Weltkrieg bis 1930 (*Die Söhne*) und von 1933 bis 1948 (*Die Enkel*). Die «erste Darstellung des deutschen Arbeiters in seiner Entwicklung durch das letzte Jahrhundert» (Feuchtwanger) gewann insbesondere in den *Vätern* durch ihren autobiographischen Kern ein hohes Maß an Authentizität. B.s humoristische Erzählweise nahm vieles vom Lokalkolorit der Hamburger Arbeiterbewegung in sich auf. Dem mehrbändigen Romanwerk *Ein neues Kapitel*, einer Chronik der SBZ/DDR-Geschichte 1945–50, fehlte die in den *Vätern* erreichte Unmittelbarkeit der Darstellung. Wirklichkeitsgetreuer gelang hingegen B.s Hamburg-Buch *Unter Türmen und Masten.*

W.: Romane, Erzählungen, Reportagen: Maschinenfabrik N & K, 1930; Rosenhofstraße, 31; Der Eigentumsparagraph, 33 (russisch, dt. 61); Die Prüfung, 35; Der Spitzel und andere Erzählungen, 36; Drei Erzählungen, 36; Vor den Kulissen, 36; Nikolai Schtschors, 36; Dein unbekannter Bruder, 37; Begegnung am Ebro, 39; Nach dem Sieg, 39 (53 u. d. T. Sieger ohne Sieg); Der Kommissar am Rhein und andere historische Erzählungen, 40; Pater Brakel und andere Erzählungen, 40; Der Generalintendant des Königs, 40; Der Auswanderer. Der Tod des Siegfried Allzufromm, 41; Der Moorbauer, 41; Das Vermächtnis des Frontsoldaten, 42; Kurzgeschichten aus Hitlerdeutschland, 42; Ein Pariser Junge, 42; Verwandte und Bekannte, 43 (u. d. T.: Die Väter, Teil I der Trilogie Verwandte und Bekannte, 48); Der Sonderführer, 43; Die Kommenden, 43; Schlacht bei Stalingrad, 44; Marcel, der junge Sansculotte, 48; Die Söhne, 49 (verändert 52 und 60); Das schweigende Dorf, 49; Fünfzig Tage, 50; Die Vitalienbrüder, 50; Die Enkel, 53; Vom Ebro zur Wolga, 54; Here ist the ‹Lincoln›, 55; Das Gastmahl im Dattelgarten, 56; Die Tauben des Paters, 56; Der rote General, 56; Der Regimentskommandeur, 56; Auf den Heerstraßen der Zeit, 57; Ein neues Kapitel, 59 (verändert 61); Für dich – Freiheit, 59; Unter Türmen und Masten, 60; Der kritische Punkt, 64; Gedenke zu leben, 64; Ein neues Kapitel. Chronik einer Wandlung, 64. – *Filmszenarien:* Ernst Thälmann – Sohn seiner Klasse, 53; Ernst Thälmann – Führer seiner Klasse, 55. – *Essays, theoretische Schriften:* Edgar André, 36; Scharnhorst, Gneisenau, Clausewitz und die bürgerliche Revolution von 1789, 40; Demokratische Erneuerung, 45; Um Deutschlands Zukunft, 46; Ernst Thälmann, 48; Sieben Dichter, 50 (verändert 52); Über die Aufgaben der Literatur und der Literaturkritik, 52. –

Sammel- und Werkausgaben: Sinn und Form. Sonderheft B. B., 65 (mit Erstdrucken); Bredel. Ein Lesebuch für unsere Zeit, 66; Gesammelte Werke in Einzelausgaben, 14 Bde, 61–76; Frühlingssonate, 71; Der Generalintendant des Königs und andere Erzählungen, 74; Verwandte und Bekannte, 4 Bde, 81; Faust auf der Reeperbahn, o. J. – *Herausgebertätigkeit:* Päpste, Pfaffen und Mönche im Spiegel der Literatur, 40; Heute und Morgen. Literarische Monatsschrift, 47–48; Ernst Weinert, Memento Stalingrad, 57; Ernst Weinert. Ein Dichter unserer Zeit, 58; E. Weinert, eine Auswahl, 58; Spanienkrieg, 2 Bde, 77.

Brehm, Bruno, *23. 7. 1892 Laibach, †5. 6. 1974 Altaussee (Steiermark). B. wuchs in Pilsen, Prag, Eger und Znaim auf, schlug 1913 die Offizierslaufbahn ein und studierte nach dem Krieg Kunstgeschichte (Dr. phil. 1922). B. lebte seit 1927 als freier Schriftsteller in Wien und war neben Mirko Jelusich *der* österreichische NS-Paradeautor. Er erhielt (auch nach 1945) zahlreiche Preise und findet bis heute vor allem über Buchgemeinschaften weite Verbreitung. – B. schrieb zahlreiche historische Unterhaltungsromane. Am bekanntesten ist seine Weltkriegstrilogie *Apis und Este*, *Das war das Ende, Weder Kaiser noch König*, die in der überarbeiteten Fassung von 1951 (*Die Throne stürzen*) eine Auflage von weit mehr als ½ Million erreichte. Eine wenig überzeugende Auseinandersetzung mit dem Nationalsozialismus lieferte B. in seiner Trilogie *Das zwölfjährige Reich.*

W.: Romane, Erzählungen: Sturm auf den Verlag, 1925; Der lachende Gott, 28 (48 als: Der fremde Gott); Susanne und Marie, 29 (39 als: Auf Wiedersehen, Susanne); Wir alle wollen zur Opernredoute, 30; Ein Graf spielt Theater, 30 (42 als: Ein Schloß in Böhmen); Apis und Este, 31; Das war das Ende, 32; Weder Kaiser noch König, 33 (überarb.: Die Throne stürzen, 51); Das gelbe Ahornblatt, 31; Heimat ist Arbeit, 34; Die schrecklichen Pferde, 34 (56 als: Die sieghaften Pferde); Britta, 34; Zu früh und zu spät, 36; Das wunderschöne Spiel, 36; Die Grenze mitten durch das Herz, 38; Der dümmste Sibiriak, 39; Eine deutsche Studentenbude in Prag, 39; Die sanfte Gewalt, 40; Der König von Rücken, 40; Der Lügner, 49; Aus der Reitschul', 51; Dann müssen Frauen streiken, 57; Der Traum vom gerechten Regiment, 59; K. u. K. Anekdoten aus dem alten Österreich, 60;

Das zwölfjährige Reich (Der Trommler, Der böhmische Gefreite, Wehe den Besiegten allen), 60–61; Warum wir sie lieben, 63; Am Ende stand Königgrätz, 64. – *Essays, Autobiographisches:* Die weiße Adlerfeder, 37; Wien, die Grenzstadt im deutschen Osten, 37; Glückliches Österreich, 38; Tag der Erfüllung, 39; Im Großdeutschen Reich, 40; Der liebe Leser, 40; Deutsche Haltung vor Fremden, 40; Schatten der Macht, 49; Am Rande des Abgrunds, 50; Heimat in Böhmen, 51; Ein Leben in Geschichten, 51; Die vier Temperamente, 52; Der geistige und militärische Zusammenhalt in national gemischten Heeren, 52; Das Ebenbild, 54; Der Weg zum roten Oktober, 67; Heimat Sudetenland [mit H. Loebel], 88. – *Herausgebertätigkeit:* Der getreue Eckart, 38ff.

Breitbach, Joseph (Pseud. Jean Charlot Saleck), *20. 9. 1903 Koblenz, † 9. 5. 1980 München.

Als Sohn eines lothringischen Vaters und einer österreichischen Mutter wuchs B. zweisprachig im Rheinland auf. Eine frühe Hinwendung zum Kommunismus wurde 1929 nach einem Besuch in der Sowjetunion revidiert; im selben Jahr ging B. nach Frankreich. Hier war er publizistisch für den «Figaro» und die «Nouvelle Revue Française» und nach dem Krieg auch für «Die Zeit» tätig und arbeitete an Th. Manns Emigranten-Zeitschrift «Maß und Wert» mit. 1940 wurden seine Manuskripte, darunter der Roman *Clemens* und seine Tagebücher aus 23 Jahren, von der Gestapo in Paris beschlagnahmt und sind seitdem verschollen. Der in Frankreich und der Bundesrepublik dekorierte Autor, dessen frühe Erzählungen bei aller Sozialkritik von schwebender Heiterkeit durchdrungen sind, kehrte erst 1962 mit dem Roman *Bericht über Bruno* in die literarische Öffentlichkeit Deutschlands zurück. Dieses Buch entwirft vermittels einer kolportageähnlichen Handlung das analytische Bild zweier Generationen in ihrem Verhältnis zu Macht und politischer Moral.
Der Roman *Frau Berta,* an dem er seit 1959 arbeitete, blieb Fragment. Sein letzter veröffentlichter Roman *Das blaue Bidet oder Das eigentliche Leben* ist ein ironisches Werk über die Schwächen eines alten reichen Mannes. – Von seinen Theaterstücken ist *Die Jubilarin* das bekannteste.

W.: Romane, Erzählungen: Rot gegen Rot, 1929 (frz. Neubearb. u. d. T.: Le liftier amoureux, 48); Die Wandlung der Susanne Dasseldorf, 33 (Reprint 81); Bericht über Bruno, 62; Clemens (Fragment), 63; Die Rabenschlacht und andere Erzählungen, 73; Das blaue Bidet oder Das eigentliche Leben, 78. – *Essays:* Jean Schlumberger, 52; Feuilletons zur Literatur und Politik, 78. – *Dramen:* Mademoiselle Schmidt, 29 (u. d. Titel Das Jubiläum, 60; als Die Jubilarin, 65 u. 68); Genosse Veygond, 70; Requiem für die Kirche, 71; Die Jubilarin. Genosse Veygond. Requiem für die Kirche, o. J.

Brender, Irmela, *21. 4. 1935 Mannheim.

Nach journalistischer Tätigkeit und langjähriger Arbeit als Lektorin eines Jugendbuchverlages veröffentlicht B. seit 1963 Kinder- und Jugendbücher. Aufklärerisch in der Intention, thematisieren sie Vorurteile und die Borniertheit festgefügter Sozialisations- und Verhaltensnormen; sie schildern nonkonformistisches Sozialverhalten und Ausbruchsversuche aus Rollenklischees. Der didaktischen Absicht ihrer Kinderbücher ist B. zuletzt auch in einer Veränderung der Form und Erzählweise gefolgt. In Sachbüchern z. B. über Sexualität oder Drogen oder etwa in dem *Ja-Buch für Kinder. Ich habe Lust, ich zu sein* werden psychische und soziale Zusammenhänge als Lernprozeß argumentativ, unterstützt durch Abbildungen, vorgeführt. Das *Streitbuch für Kinder. Meine Meinung – deine Meinung* erarbeitet den Unterschied zwischen einem Streit aus Imponier- und Machtgehabe und einer notwendigen Austragung von Meinungen und Interessen. *Man nennt sie auch Berry* ist ein Mädchenbuch, welches das Problem des Erwachsenwerdens als Auseinandersetzung vorführt.

W.: Geschichten: Der dunkle Spiegel oder die nötige Freundlichkeit, 1963; Und schreib mal aus Warschau, 66; Fünf Inseln unter einem Dach, 71; Rasiert du dich auch mal, General?, 73; Man nennt sie auch Berry, 73; Jeanette zur Zeit Schanett, 76; Noch einmal: Danke schön, 76; Die Kinderfamilie, 76; Stadtgesichter. Aus New York und Warschau, 80; Schanett und Dirk, 82; In Wirklichkeit ist alles anders gut, 84; Die Kinderfamilie, 85; Nolle Kroll und die Amseln, 86; Julias anderer Tag, 88; Schweigend mit Murmeln spielen, 88. – *Sachbücher*:

happy, high, tot. Fakten über Drogen, 72;
Streitbuch für Kinder, 73 (3. veränd. Aufl. 81);
Ja-Buch für Kinder, 74; Über Miss Marple, 83;
Über Pater Brown, 84; Vor allem die Freiheit.
Die Lebensgeschichte der George Sand, 87;
Christoph Martin Wieland, 90. – *Herausgeber-
tätigkeit:* Leseladen. Orte innen und außen, 77;
Die Sache mit dem Sex, 79. – *Schallplatten,
Kassetten:* Skandalöse Muse, zärtliches Genie,
ca. 80 (2 Kass.).

Brendt, Edy → Claudius, Eduard

Brentano (di Tremezzo), Bernard von,
*15. 10. 1901 Offenbach/Main,
†29. 12. 1964 Wiesbaden.
Aus italienisch-rheinischer Familie, Ur-
großneffe des romantischen Dichters
Clemens von Brentano. In einem politisch engagierten Elternhaus aufgewachsen, war B. 1925–30 Berliner Korrespondent der «Frankfurter Zeitung». Als Re-
gimegegner emigrierte er 1933 in die
Schweiz und ließ sich nach dem Krieg in
Wiesbaden nieder. – B. hatte seinen
größten Erfolg mit der Kampfschrift *Beginn der Barbarei in Deutschland* (1932),
mit der er sich als Hitlergegner auswies. –
In seinen Berliner Gesellschaftsromanen
schildert B. das geistige Leben der
Reichshauptstadt aus eigener Anschauung. *Theodor Chindler:* eine Familienchronik; die Titelgestalt ist ein süddeut-
scher antipreußischer Zentrumsabgeord-
neter. – Zahlreiche Darstellungen der
geistesgeschichtlichen Rolle Preußens.

W.: Romane, Erzählungen: Berliner Novellen,
1934; Theodor Chindler, 36; Prozeß ohne
Richter, 37; Die ewigen Gefühle, 39; Franziska
Scheler, 45; Die Schwestern Usedom, 48; Er-
zählungen, 65. – *Lyrik:* Gedichte, 22; Die Ge-
dichte an Ophelia, 24; Das unerforschliche Ge-
fecht. Erzählung in Versen, 46. – *Dramen:*
Geld, 24; Phädra, 38 (bearb. 48). – *Essays,
Biographien:* Über den Ernst des Lebens, 29;
Kapitalismus und schöne Literatur, 30; Beginn
der Barbarei in Deutschland, 32; Tagebuch mit
Büchern, 43; A. W. Schlegel, 43; Goethe und
Marianne von Willemer, 45; Streifzüge, 47; Sophie Charlotte und Danckelmann, 49; Du
Land der Liebe. Erinnerungen, 52; Die geistige Situation der Kunst in der Gesellschaft, 55;
Das Menschenbild in der modernen Literatur,
58; Drei Prälaten, 74; Wo in Europa ist Ber-
lin?, 81. – *Herausgebertätigkeit:* Das Schönste
von Matthias Claudius, 45.

Brězan, Jurij (Pseud. Dušan Switz),
*9. 6. 1916 Räckelwitz (Kamenz).
B. studierte Volkswirtschaft. Nach 1933
beteiligte er sich an einer sorbischen Widerstandsgruppe; er emigrierte 1937/38
in die Tschechoslowakei und nach Polen;
1938/39 verbüßte B. eine Gefängnisstrafe in Dresden und wurde danach zum
Wehrdienst gezwungen. In der SBZ betätigte er sich als Jugendfunktionär. Seit
1949 ist B. freischaffend; er erhielt mehrere Literaturpreise.
Unter den Autoren der DDR ist B. der
bekannteste Vertreter der nationalen
Minderheit der Sorben. Als Übersetzer
und Herausgeber sorbischer Literatur
hat B. einen wichtigen Anteil an der Verbreitung dieser ehemals unterdrückten
Literatur. In seiner autobiographisch angelegten Romantrilogie (*Felix-Hanusch-
Trilogie*) verfolgte B. den Entwicklungsweg eines kleinbürgerlichen Helden, der
aus den politisch-ideologischen Wirrnis-
sen seiner sorbischen Heimat den Anschluß an die Arbeiterbewegung findet.
Die weitgespannte Handlung reicht von
der Schlacht um Verdun bis zur Teilnahme des Helden an den Kollektivierungs-
maßnahmen in der DDR. B.s andauern-
de Beschäftigung mit der sorbischen
Folklore (u. a. *Der Mäuseturm*) findet ihren Höhepunkt 1976 in der Veröffentlichung des breitangelegten Romans
Krabat oder Die Verwandlung der Welt.

*W.: Romane, Erzählungen, Reportagen, Kin-
derbücher:* Stara Jančowa, 1951; Auf dem Rain
wächst Korn, 51; Hochzeitsreise in die Heimat,
53; Befreite Freundschaft, 55; Po dróze a při
dróze, 56; Christa, 57; Das Haus an der Grenze, 57; Der Gymnasiast, 58; Das Mädchen Trix
und der Ochse Esau, 59; Borbass und die Rute
Gottes, 59; Semester der verlorenen Zeit, 60;
Eine Liebesgeschichte, 60; Der Elefant und die
Pilze, 64; Mannesjahre, 64; Die Reise nach
Krakau, 66; Die Schwarze Mühle, 68; Die
Abenteuer des Katers Mikosch, 68; Der Mäuseturm, 70; Die Milchquelle, 71; Lausitzer Impressionen, 72; Krabat oder Die Verwandlung
der Welt, 76; Die Rattenschlacht, 77; Der
Brautschmuck und andere Geschichten, 79;
DER MENSCH und der mensch, 79; Bild des
Vaters, 82; Dalmat hat Ferien, 85; Geschichten
vom Wasser, 86; Vogelhochzeit, 86; Stara Jan-
čowa, 86; Mein Stück Zeit, 89; Der Wundervo-
gelmann [mit B. Oberdieck], 89. – *Dramen,
Fernsehspiele:* Započatki, 55; Marja Jančowa,

60; Freunde, 70. – *Lyrik:* Do noweho časa, 50; 52 Wochen sind ein Jahr, 52; Swět budźe rjeŭśi, 53; Naš wšědny dźeń, 55. – *Theoretische Schriften:* Ansichten und Einsichten, 76. – *Übersetzungen:* Bart-Čišinski. – *Werkausgabe:* Gesammelte Werke (in sorbischer Sprache), 7 Bde, 65–71; Zhromadźene spisy w jednotliwych wudaćach, 85; Eine Liebesgeschichte/ Reise nach Krakau. 2 Erz., 86; Ausgewählte Werke, Bd. 1 ff, 86 ff. – *Herausgebertätigkeit:* Wubrana zběrka basni, Gedichte von Bart-Čišinski, 51; Serbska pěseú, 53; Wubrane basnje, Gedichte von Zejler, 54; Lubosć, 59.

Brinkmann, Rolf Dieter, *16.4.1940 Vechta, †23.4.1975 London.
Nach dem Besuch des Gymnasiums Verwaltungsangestellter in Oldenburg, 1959 Beginn einer Buchhandelslehre in Essen. Lebte seit 1962 in Köln. Aufenthalte in Rom (Villa Massimo), London, Austin/ Texas. B. flüchtete sich in die Rolle des provozierenden Rebellen, für den das Leben «etwas unvorstellbar Gemeines, Viehisches» war. Einerseits Auflehnung gegen die biologischen Gegebenheiten des Daseins und Abscheu vor dem Leben, andererseits Faszination und Zustimmung. Sein Credo: «Ich bin für den einzelnen.» – B. kam aus der Kölner Schule des Realismus, wurde jedoch bald zum Inbegriff der antiautoritären Aufbruchsgeneration durch seine Hingabe an den «Stoff» und Abwendung von der Literatur als Kunst. B. machte die amerikanische Pop-Lyrik in Deutschland bekannt und wurde selbst der führende Pop- und Underground-Lyriker Deutschlands in den 60er Jahren. Lyrik wurde für ihn zum Spiegelbild und direkten Reflex des Faktischen. Auf die kurzzeiligen Gedichte der Pop-Zeit folgten vielstrophige Gedichte, in denen sein starker vitaler Antrieb zum Dichten, auch zum Grob-Brutalen, zu unaufhörlich sich bewegenden Bildern und elementarisch behandelten alten Themen führt. Gefühlsäußerungen werden unterdrückt, auch in einer von Beobachtungselementen prall gefüllten und farbenprächtigen Wirklichkeit. – In *Keiner weiß mehr*, der schonungslosen, alle Tabus ignorierenden Deskription und Analyse einer Liebesbeziehung, werden prototypisch die Ursprünge für die Verwirrungszustände eines Intellektuellen der jungen Generation im Sexuellen aufgezeigt. – *Die Piloten* sind B.s Reaktion auf die amerikanische Subkultur. *Westwärts 1 & 2* wurde als der wichtigste und virtuoseste Gedichtband der 70er Jahre bezeichnet. – *Rom, Blicke* ist die postum ausgewertete Ausbeute eines Romaufenthalts 1972, mit wilder Unerbittlichkeit auf Verfallendes, Obszönes fixiert, ein Konvolut aus Briefen, Notizen, Zeitungsausschnitten, Fotos, als Arbeitsbuch für künftige Projekte. – Herausgeber ausgefallener Anthologien (Comics, Filmskript). – 1975 Petrarca-Preis.

W.: Romane, *Erzählungen, Prosa:* Die Umarmung, 1965; Raupenbahn, 66; Keiner weiß mehr, 68; Vorspannstücke und andere Prosa, 69; World's End, 73; Rom, Blicke, 79; Erkundungen für die Präzision des Gefühls für einen Aufstand (Tagebuch), 82; Schnitte, 88 (Tagebuch). – *Lyrik:* Ihr nennt es Sprache, 62; Le chant du monde, 64; Ohne Neger, 65; Was fraglich ist wofür, 67; Godzilla, 68; Die Piloten, 68; Standfotos, 69; Gras, 70; Westwärts 1 & 2, 75; Rolltreppen im August, 86. – *Herausgebertätigkeit:* ACID. Neue amerikanische Szene, 69; Frank O'Hara: Lunch Poems und andere Gedichte, 69; Silver Screen. Neue amerikanische Lyrik, 69; Ted Berrigan. Guillaume Apollinaire ist tot, 70. – *Sammelausgaben:* Gedichte, 79; Standfotos. Gedichte 1962–1970, 80 f; Der Film in Worten, Prosa 1965–74, 82; Eiswasser an der Guadelupe Str., 85; Erzählungen, 85.

Britting, Georg, *17.2.1891 Regensburg, †27.4.1964 München.
Sohn eines Beamten, Studium in Regensburg; 1914–18 Kriegsfreiwilliger, schwer verwundet. Seit 1920 freier Schriftsteller in München. Reisen durch Europa und Afrika.
Nach dem Krieg Anschluß an den Spätexpressionismus, Mitherausgeber der Zeitschrift *Die Sichel* (1919–21); Novellen (*Der verlachte Hiob*, 1921) und Lyrik stark von G. Heym beeinflußt. Sein tragisch-pandämonisches Weltbild löst Geschichte in Naturgeschichte und Natur in einen Schauplatz elementarer Auseinandersetzungen auf; die vordergründig idyllische Welt der kleinen Dinge wird systematisch dämonisiert. B.s Prosa wendet sich motivisch der bayerischen Region der Kindheit zu, jedoch zeigen auch

seine Novellen und Erzählungen einen mythisch-magischen Untergrund (*Die kleine Welt am Strom, Der Eisläufer*). B.s einziger Roman *Lebenslauf eines dicken Mannes, der Hamlet hieß* variiert die Shakespeare-Vorlage ins Vegetative: Hamlet tötet den Mörder seines Vaters in einem Freßduell und zieht sich weltentsagend ins Kloster zurück. Nach dem 2. Weltkrieg greift B. auf traditionelle Lyrikformen (Sonett, antike Versmaße) zurück, gleichzeitig eine Abkehr von der Naturthematik. – Mehrere Literaturpreise in den 50er Jahren.

W.: Romane, Erzählungen: Der verlachte Hiob, 1921; Michael und das Fräulein, 27; Lebenslauf eines dicken Mannes, der Hamlet hieß, 32; Die kleine Welt am Strom, 33; Das treue Eheweib, 33; Die Feldschlacht. Das Waldhorn, 34; Der bekränzte Weiher, 37; Das gerettete Bild, 38; Jugend an der Donau, 40; Der alte Mond, 41; Der Schneckenweg, 41; Das Fliederbäumchen, 46; Valentin und Veronika, 47; Der Eisläufer, 48; Afrikanische Elegie, 53. – *Dramen:* Der Mann im Mond, 20; Das Storchenfest, 21/22; Das Herz (in: Die rote Erde), 23; Paula und Bianca, 28. – *Lyrik:* Gedichte, 30; Der irdische Tag, 35; Rabe, Roß und Hahn, 39; Lob des Weines, 44, 47 (erw.), 50 (erw.); Die Begegnung, 47; Unter hohen Bäumen, 51; Der unverstörte Kalender, 65. – *Sammel- und Werkausgaben:* Geschichten und Gedichte, 56; Gesamtausgabe in Einzelbänden, 8 Bde, 57–67; Das große Georg Britting Buch, 77; Die kleine Welt am Strom. Geschichten und Gedichte, o. J.; Brudermord im Altwasser, 81; Sämtliche Werke, 6 Bde, 87ff. – *Herausgebertätigkeit:* Die Sichel (mit J. Achmann), 19–21; Eduard Mörike. Eine Auswahl, 46, 49 (erw.); Lyrik des Abendlandes (mit H. Hennecke, C. Hohoff, K. Voßler), 48, 49 (erw.).

Broch, Hermann, *1. 11. 1886 Wien, †30. 5. 1951 New Haven (Connecticut). Der aus einer jüdischen Textilindustriellenfamilie stammende B. beugte sich bereits frühzeitig dem Erziehungsanspruch seines Vaters. Anstatt seinen musischen und wissenschaftlichen Interessen nachzugehen, absolvierte er eine technische Ausbildung, die 1906 auf der Textilfachschule in Mühlhausen/Elsaß mit der Qualifikation eines Textilingenieurs abgeschlossen wurde. Zusammen mit einem elsässischen Textilindustriellen entwickelte B. eine Baumwollmischmaschine. Nach zweijährigem Militärdienst nahm B. Ende 1909 aus gesundheitlichen Gründen seinen Abschied und trat als leitender Direktor in die Fabriken seines Vaters ein. Seit 1908 tat sich B. sporadisch mit ersten schriftstellerischen Arbeiten, vor allem kritischen Aufsätzen, hervor. Der Plan, eine philosophische Dissertation zu verfassen, wurde nicht durchgeführt. Ab 1912 wurde B. durch die Bekanntschaft mit Franz Blei in das literarische Leben Wiens eingeführt. B. bezeugte große Bewunderung für Karl Kraus. Während des 1. Weltkriegs leitete B. ein Garnisonsspital. Er modernisierte nach Kriegsende die väterlichen Fabriken, hatte jedoch zunehmend mit wirtschaftlichen Schwierigkeiten zu kämpfen. 1927 entschloß sich B. zum Verkauf der Fabriken und versuchte, abwechselnd in Wien und Tirol lebend, als freier Schriftsteller Fuß zu fassen. Nebenbei studierte er (1925–1929) Mathematik, Philosophie und Psychologie. Nach der nationalsozialistischen Okkupation Österreichs wurde er vom 13. bis zum 31. 3. 1938 aus politischen Gründen in Alt-Aussee inhaftiert und mit der Weisung, sich nach Wien zu begeben, wieder freigelassen. B. floh kurze Zeit später nach England, und im Oktober 1938 emigrierte er in die Vereinigten Staaten, wohnte bis 1940 in Princeton. Unterstützt von mehreren amerikanischen Stipendien, verbrachte B. die letzten Jahre, u. a. intensiv mit massenpsychologischen Studien befaßt, überwiegend in New Haven/Connecticut, in lockerer Verbindung zur Yale-Univ. – Philosophisch-kritische und dichterische Arbeiten halten sich bei B. von Anfang an die Waage. 1913 entstand die apokalyptische Zeitgedicht *Cantos 1913*, das die Thematik der *Schlafwandler* bereits vorwegnimmt und von dem B. veränderte Auszüge dann nochmals in den *Schuldlosen* verarbeitet hat. 1918 erschien in der Zeitschrift «Summa» die den literarischen Expressionismus satirisierende Erzählung *Eine methodologische Novelle,* die später ebenfalls in die *Schuldlosen* einging. Zwischendurch veröffentlichte B. eine Reihe von kleineren kritischen und philosophischen Arbeiten (in den Zeitschriften «Brenner» und «Summa»), darunter den wichtigen frühen poetologischen Essay *Philistrosität, Realismus und Idealismus der Kunst.* 1928–31 entstand nach dem Verzicht auf die Industriellenlaufbahn B.s erstes Hauptwerk, die Romantrilogie *Die Schlafwandler*. In drei Romanteilen, die sich jeweils an drei verschiedenen Zeitabschnitten (1888, 1903, 1918) orientieren, wird ein Epochenporträt gezeichnet, das die historische Entwicklung von den Gründerjahren bis zum Ende des 1. Weltkriegs umfaßt. Dieser Entwicklungszusammenhang, der in den Untertiteln der Romanteile (Romantik, Anarchie, Sachlichkeit) geschichtsphilosophisch akzentuiert ist, zeigt in der Spiegelung der drei Protagonisten, des preußischen Junkers Pasenow, des rheinischen Kleinbürgers Esch und des elsässischen Geschäftemachers Huguenau die Auflösung eines traditionsgesicherten Weltbilds, dessen Endphase einer allgemeinen Wertzersplitterung der Opportunist Huguenau verkörpert: Sein von keinerlei Moralvorstellung bestimmter Pragmatismus repräsentiert die Haltung der neuen Epoche, die über kein verbindliches Wertsystem mehr verfügt. Während die beiden ersten Romane traditionell erzählt sind, hat B. im letzten Teil die geschlossene Romanform aufgegeben. Indem er Einzelgeschichten ineinander montiert und die lyrischen Partien der «Geschichte des Heilsarmeemädchens» und den Abschnitten des geschichtsphilosophischen Exkurses «Der Zerfall der Werte» kontrapunktisch verbindet, geht es ihm darum, die epische Fiktion des Romans zu einem Erkenntnisspektrum zu erweitern, das vom Unbewußten (Lyrik) bis zum Bewußtsein (Theorie) reicht. B. hat damit ein erstes Beispiel für seine Poetik des «polyhistorischen Romans» geschaffen, die er in der Auseinandersetzung mit Joyce' «Ulysses» in dem Essay *James Joyce und die Gegenwart* auch theoretisch entwickelt hat.

1933–35 entstand eine Reihe kleinerer Arbeiten: der Roman *Die unbekannte Größe*; Entwürfe zu einem *Filsmannroman* (1932) blieben fragmentarisch; 1932 entstand das Stück *Die Totenklage* (auch unter den Titeln *Die Entsühnung* und *Denn sie wissen nicht, was sie tun* bekannt). Dieses Drama ist stofflich mit dem *Filsmannroman* verbunden. B. verarbeitet hier zum Teil Erfahrungen, die er bei Kriegsende während der Arbeiterunruhen in seinen Fabriken machte. Das Stück wurde 1934 in Zürich ohne nachhaltigen Erfolg aufgeführt. Ein zweites Stück, die Komödie *Aus der Luft gegriffen oder Die Geschäfte des Baron Laborde* wurde unter einem Pseudonym in Wien aufgeführt. Wichtiger sind die damals entstehenden Entwürfe zu einem Novellenroman *Der Tierkreis*.

Bereits 1933/34 hatte Broch mit der Arbeit an der ersten Fassung seines *Bergromans* begonnen, die im Oktober 1935 abgeschlossen wurde. Die Umarbeitung zu einer zweiten Fassung wurde nicht zu Ende geführt, da B.s Verhaftung und Emigration den Abschluß verhinderten. 1937 entstand die Urfassung des *Tod des Vergil*, die Erzählung *Die Heimkehr des Vergil*. B. griff dieses Thema während seiner Haft nochmals auf. Die Erzählung von dem Entschluß des todkranken Dichters Vergil, sein Hauptwerk, die «Äneis», zu vernichten, weil er die Nutzlosigkeit der Dichtung einsieht, gewann in B.s Situation ein neues, existentielles Gewicht. Die im Gefängnis begonnene zweite Fassung begleitete ihn in die Emigration und wurde zu seiner wichtigsten künstlerischen Arbeit, die 1945 nach mehreren Zwischenfassungen in einer englischen und deutschen Ausgabe gleichzeitig erschien. B. war sich des Gleichnishaften im Thema seines Romans bewußt und hat Vergils Entscheidung, sein Werk zu vernichten, nicht nur auf sich selbst, sondern auch auf Kafka bezogen. In einem großangelegten inneren Monolog, der an den Höhepunkten in die gebundene Lyrik der eingeschobenen Elegien übergeht, vergegenwärtigt B. den letzten Lebensabschnitt Vergils: die letzte Nacht nach der Rückkehr des Fieberkranken nach Rom und den darauffolgenden Tag bis zum Tod des Dichters. In den Reflexionen und Traumvisionen Vergils spiegelt B. die Auseinandersetzung des Dichters mit seiner Umwelt, seinen Zweifel an der rettenden Wirkung der Kunst, die er zu Schein verflüchtigt sieht. Erst im letzten Teil des Romans, der im Gespräch zwischen Augustus und Vergil so etwas wie äußere Handlung bringt, gibt der Dichter um seiner Liebe zu Augustus willen seinen Zerstörungswunsch auf und überläßt dem Kaiser sein Manuskript. B.s Generalthema seit den frühen 30er Jahren findet hier seine gültigste Gestaltung: die Reflexion der Erkenntnisaufgabe von Dichtung in einer Krisenzeit, die die Sinnlosigkeit von Kunst unterstreicht. 1949 verband B. auf Anregung eines deutschen Verlegers seine frühen Erzählungen aus den 30er Jahren mit einer Reihe von neuen Erzählungen zu einem «Roman in elf Erzählungen», der die Konzeption des Novellenromans (*Tierkreis*) wiederaufnimmt und dessen Titel *Die Schuldlosen* die politische Absicht des Buches hervorhebt. Alle Personen dieses Romans sind «schuldlos», weil sie nicht unmittelbar an Verbrechen beteiligt sind, aber zugleich moralisch jenes «Verbrechens der Gleichgültigkeit» schuldig, das B. auch als Wurzel des Nationalsozialismus analysiert.

Einen politischen Gehalt hat auch B.s *Bergroman*, an dessen dritter Fassung er 1950 auf Anraten seines amerikanischen Verlegers zu arbeiten begann. Dieses aus der Sicht des Landarztes traditionell erzählte Epos über die Ereignisse in einem Bergdorf, das ein Scharlatan und Heilsprediger aus seiner oberflächlichen Ruhe aufschreckt und in ein irrationales, in einem rituellen Menschenopfer gipfelndes Geschehen hineintreibt, gestaltet an einem Modell die politische Verblendung im Deutschland der 30er Jahre.

W.: Romane, Erzählungen: Die Schlafwandler (Trilogie: Pasenow oder Die Romantik, 1931; Esch oder Die Anarchie, 31; Huguenau oder Die Sachlichkeit, 32); Die unbekannte Größe, 33; Der Tod des Vergil, 45; Die Schuldlosen, 50; Der Versucher, 53 (67 als: Demeter; alle drei Fassungen 68 als: Bergroman, 4 Bde) Die Erzählung der Magd Zerline, 67. – *Dramen, Hörspiele:* Die Totenklage, 33 (als Hörsp.: Die Entsühnung, 33; 34 als: Denn sie wissen nicht, was sie tun); Aus der Luft gegriffen oder Die Geschäfte des Herrn Laborde, 34. – *Essays, Vorträge, Abhandlungen:* Das Weltbild des Romans, 33; Das Böse im Wertsystem der Kunst, 34; Geist und Zeitgeist, 34; James Joyce und die Gegenwart, 36; The Style of the Mythical Age, 47; Einige Bemerkungen zum Problem des Kitsches, 50/51; Massenpsychologie, 59; Völkerbund-Resolution. Das vollständige politische Pamphlet von 1937, 73; Hofmannsthal und seine Zeit, 74; Menschenrecht und Demokratie, 78. – *Werkausgaben:* Gesammelte Werke, 10 Bde, 52ff, Neuaufl. 68; Nur das Herz ist das Wirkliche, Auswahl, 59; Ziel im Unendlichen, Auswahl, 62; H. B., der Dichter, Auswahl, 64; H. B., der Denker, Auswahl, 66; Die Idee ist ewig. Essays u. Briefe, 68; Zur Universitätsreform, 69; Gedanken zur Politik, Auswahl, 70; Briefwechsel mit D. Brody, 71; Kommentierte Werkausgabe, 13 bzw. 17 Bde, 74–81; Leutnant Jaretzki. Hanna Wendling, 76; Briefe über Deutschland 1945–1949. Die Korrespondenz mit Volkmar von Zühlsdorff, 86; Das Broch-Buch, 87.

Brock, Bazon, *2.6.1936 Stolp (Pommern).

Nach dem Abitur 1956 in Itzehoe studierte B. drei Semester Philosophie, Literaturwissenschaft, Politologie und Soziologie in Hamburg. 1958/59 arbeitete er als Dramaturgiehospitant am Darmstädter Theater und setzte dann bis 1960 sein Studium in Frankfurt fort. Nach dem Staatsexamen ging B. von 1960–61 als Chefdramaturg nach Luzern; 1962 Wiederaufnahme des Studiums in Frankfurt. 1965–77 lehrte er an der Staatlichen Hochschule für Bildende Künste in Hamburg erst als Dozent, später als Professor Neuere Ästhetik. 1977 folgte er einem Ruf der Hochschule für angewandte Kunst in Wien auf eine Professur für Gestaltungslehre und ist jetzt Professor für Ästhetik in Wuppertal.

Der Kulturkritiker und Schriftsteller B. ist Vertreter einer neuen Rezeptionsästhetik, die das Alltagsleben vom Wohnen über die Mode bis zum Umgang mit Kunst umfaßt. Durch neue Formen der Darstellung und Wahrnehmung sollen gesellschaftliche Zusammenhänge aufgezeigt und durchsichtig gemacht werden, um neue, revidierte Erkenntnis- und Einordnungsmöglichkeiten zu schaffen. Neben konventionellen Formen wie Essay, Theaterstück und Hörspiel benutzt B. bevorzugt provokativ wirkende Mittel wie Happenings, Manifeste und Aktionen. In der «Arbeitsbiographie eines Generalisten», *Ästhetik als Vermitt-*

lung, sind die wichtigsten Schriften (mit einer vollständigen Bibliographie der zahlreichen kritischen Arbeiten und einer Dokumentation von B.s Aktionen) dieses avantgardistischen Autors zusammengestellt.

W. (Auswahl): Kotflügel, Kotflügel, 1957; Manifest gegen den Avantgardismus, 58 (mit C. Laszlo u. a.); D.A.S.E.R.S.C.H.R.E.C. K.E. N.A.M.S., 60; Bazon Brock, 10 à 66, 61; Bisse von Hunden, die uns morgen schon lecken, 61; Galgenhumor, 62 (Postkarte); A. das geht ran', 63; Krieg den Hütten, Friede den Palästen, 63; Der künstlerische Avantgardist als gesellschaftlicher Reaktionär, 65; Dichtung und Erfahrung, 65 (mit R. Grimm); Eine saubere Sache, 67; Die Wegwerfbewegung, 68; Beispiele für offene Zeichensysteme, 68; Besucherschule, 68; Ein neues Ich per Knopfdruck, 68; Brust raus, oder Die befreite Brust, 68; Grundgeräusche und ein Hörraum, 69; Der Philosoph kommt in die Stadt, 69; Das Museum als Arbeitsplatz, 70; Weshalb der Laienstandpunkt im Bereich der ästhetischen Praxis immer mehr abgebaut wird, 70; Die singende Leiche, 70; Lebensspiele/Lebensinszenierungen, 71; Essen als Weltaneignung, 71; Ein neuer Bilderkrieg, 72; Der Byzantinische Bilderstreit, 72; Mode – das inszenierte Leben, 72 (mit M. Eberle); Jungfrauenerzeugung und Junggesellenmaschine, 75; Die Rolle der Persönlichkeit im Kulturbetrieb, 75; Besucherschule, 77; Ästhetik als Vermittlung, 77; Wir Eingeborenen. Magie und Aufklärung im Kulturvergleich (mit K. Fohrbeck u. A.J. Wiesand), 81; Besucherschule, 82; Heilsgebilde (mit B.J. Blume), 83; Stilwandel als Kulturtechnik, Kampfprinzip, Lebensform oder Systemstrategie in Werbung, Design, Architektur, Mode (mit H.U. Reck), 86; Der Rest des Netzes [mit anderen], 87; Das attraktive Chaos und die Chance zur Reflexivität [mit J. Grimm u. R. Schmitt], 89; Die Re-Dekade. Kunst und Kultur der 80er Jahre, 90. – *Sammel- und Werkausgaben:* Ästhetik gegen erzwungene Unmittelbarkeit. Die Gottsucherbande. Schriften 1978–86, 86. – *Herausgebertätigkeit:* L. Burckhardt: Die Kinder fressen ihre Revolution, 85. – *Schallplatten u. ä.:* Wir wollen Gott. Aus dem Unterhaltungsprogramm für die Hölle – erste theatralische Demonstration, 85 (Video-Cass.); Grundgeräusche und ein Hörraum, 86 (Toncass.); Triumphe des Willens / Des Kaisers kleinste Größe, 86 (Toncass.).

Brod, Max (Pseud. Prokop), *27.5.1884 Prag, †20.12.1968 Tel Aviv.
B. studierte Jura in Prag, war zeitweise Beamter, dann Theater- und Musikkriti-

ker am «Prager Tagblatt». 1939 emigrierte B., der sich 1913 dem Zionismus angeschlossen hatte, nach Palästina, wo er als freier Schriftsteller und Dramaturg des «Habimah»-Theaters Tel Aviv lebte. B. trat immer wieder als Deuter Kafkas hervor, der zu seinem Prager Freundeskreis gehört hatte und dessen Werk er später entgegen dem Willen des Verfassers vor der Vernichtung bewahrte und herausgab. Daneben schrieb B. vor allem historische, häufig im jüdischen Milieu spielende Romane sowie zur Unterhaltungsliteratur tendierende erotische Romane und z. T. autobiographisch gefärbte Novellen aus dem alten Prag, biographische und musikwissenschaftliche Bücher und religions- und kulturphilosophische Schriften. Als Hauptwerk B.s, der vom «Indifferentismus» herkommend zu einer religiösen Weltschau gelangte, gilt der Roman *Tycho Brahes Weg zu Gott*: Der dänische Astronom setzt sich, nach inneren Kämpfen selbstlos verzichtend, bei Kaiser Rudolf II. für den jüngeren Johannes Kepler ein. In dem Jesusroman *Der Meister* stellt B. aus jüdischer Sicht die Gestalt Jeschuas vor dem Hintergrund der politischen und geistigen Situation der Zeit dar. Zu B.s erfolgreichsten Romanen gehört *Die Frau, nach der man sich sehnt*, die Geschichte eines ehemaligen österreichischen Offiziers nach dem 1. Weltkrieg, der an einer übersteigerten Leidenschaft zerbricht.

W.: Romane, Erzählungen, Prosa: Tod den Toten!, 1906; Experimente, 07; Der Untergang, 08; Schloß Nornepygge, 08; Die Erziehung zur Hetäre, 09; Ein tschechisches Dienstmädchen, 09; Jüdinnen, 11; Arnold Beer, 12; Der Bräutigam, 12; Weiberwirtschaft, 13 (erw. 17; Ausz. u. d. T.: August Nachreiters Attentat, 21); Tycho Brahes Weg zu Gott, 15; Die erste Stunde nach dem Tode, 16 [Repr. 70]; Das große Wagnis, 18; Die Einsamen, 18; Erlöserin, 21; Adolf Schreiber, 21; Franzi oder Eine Liebe zweiten Ranges, 22; Leben mit einer Göttin, 23; Reubeni, Fürst der Juden, 25 (Ausz. u. d. T.: David Reubeni in Portugal, 27); Die Frau, nach der man sich sehnt, 27; Zauberreich der Liebe, 28; Stefan Rott oder Das Jahr der Entscheidung, 31; Die Frau, die nicht enttäuscht, 33; Novellen aus Böhmen, 36 (Ausz. u. d. T.: Harpatqa šel Nāpōle'ōn, 40); Annerl, 37 [36]; Abenteuer in Japan [mit O. Brod], 38; Der Hügel ruft [mit N. Garai], 42; Be-terem mabul, 47 (dt. u. d. T.:

Der Sommer, den man zurückwünscht, 52); Galilei in Gefangenschaft, 48; Unambo, 49; Beinahe ein Vorzugsschüler oder Pièce touchée, 52; Der Meister, 52; Ein Abenteuer Napoleons und andere Novellen, 54; Abba Fenichel, gawwim hatufum, 55; Armer Cicero, 55; Rebellische Herzen, 57 (u. d. T. Prager Tagblatt, 68); Mira, 58; Jugend im Nebel, 59; Die Rosenkoralle, 61; Durchbruch ins Wunder, 62; Der Ritter Loberius schafft sich aus der Welt, 64. – *Lyrik:* Der Weg des Verliebten, 07; Tagebuch in Versen, 10; Das gelobte Land. Ein Buch der Schmerzen und Hoffnungen, 17; Das Buch der Liebe, 21; Gesang einer Giftschlange, 66. – *Dramen, Libretti:* Circe und ihre Schweine [mit F. Blei], (in: Die Schaubühne 4, I, S. 153–160), 08; Abschied von der Jugend, 12; Die Höhe des Gefühls. Szenen, Verse, Tröstungen, 13; Die Retterin, 14; Komödie auf Reisen [mit F. Blei], (in: Das Zaubertheater, S. 209–304), 15; Die Höhe des Gefühls, 18 [Repr. 70]; Die Königin Esther, 18; Die Fälscher, 20; Klarissas halbes Herz, 23; Prozeß Bunterbart, 24; Die Opuntie [mit H. R. Nack], 27; Lord Byron kommt aus der Mode, 29; Acht Ruder im Takt [mit H. R. Nack], 36; Dan Haschomer [mit S. J. Schapira], 40; Šâ'ûl melek Jis'râ'ēl [mit S. J. Schapira], 44. – *Essays, theoretische Schriften, (Auto)Biographisches, Briefwechsel:* Anschauung und Begriff [mit F. Weltsch], 13; Über die Schönheit häßlicher Bilder, 13 (erw. 67); Die dritte Phase des Zionismus, 17 (Sonderdr.); Im Kampf um das Judentum, 20; Sozialismus im Zionismus, 20; Heidentum, Christentum, Judentum, 21; Sternenhimmel, 23 (erw. u. d. T. Prager Sternenhimmel, 66); Leos Janáček, 24 (tschech.), 25 (dt.); Zionismus als Weltanschauung [mit F. Weltsch], 25; Die Frau von Morgen, wie wir sie wünschen [mit A. Eggebrecht u. a.], 29; Liebe im Film [mit R. Thomas], 30; Heinrich Heine, 34; Rassentheorie und Judentum [Anh. v. F. Weltsch], 34; Franz Kafka. Eine Biographie, 37 (erw. 54); Das Diesseitswunder oder Die jüdische Idee und ihre Verwirklichung, 39; Diesseits und Jenseits, 2 Bände, 47; Franz Kafkas Glauben und Lehre [Anh. v. F. Weltsch], 48; Franz Kafka als wegweisende Gestalt, 51; Die Musik Israels, 51; Korespondence Leoše Janáčkas s Maxem Brodem, 53; Verzweiflung und Erlösung im Werk Kafkas, 59; Streitbares Leben, 60 (erw. 68); Gustav Mahler, 61; Die verkaufte Braut. Der abenteuerliche Lebensroman des Textdichters Karel Sabina, 62; Johannes Reuchlin und sein Kampf, 65; Der Prager Kreis, 66; Das Unzerstörbare, 68; Von der Unsterblichkeit der Seele, 69; M. B./F. Kafka: Eine Freundschaft. I. Reiseaufzeichnungen, 87; II. Briefwechsel, 89. – *Übersetzungen, Bearbeitungen:* Catullus: Gedichte, 14; Dvorak, A.: Der Volkskönig, 14; Novák, V.: Der Burg-

kobold, 16; Rodin, A.: Die Kathedralen Frankreichs, 17; Janáček, L.: Jenufa, 18; Salomo: Das Lied der Lieder, 20; Janáček, L.: Katja Kabanowa, 22; Zola, E.: Die Jagdbeute [mit E. Brod], 23; Janáček, L.: Kaspar Rucky, 24; Janáček, L.: Männerchöre, 24; Janáček, L.: Das schlaue Füchslein, 25; Weinberger, J.: Schwanda, Der Dudelsackpfeifer, 28; Die Abenteuer des braven Soldaten Schwejk [nach J. Hašek], 28 [mit H. Reimann]; Janáček, L.: Aus einem Totenhaus, 30; Kricka, J.: Spuk im Schloß oder Böse Zeiten für Gespenster [Übers. P. Eisner], 31; Gurlitt, M.: Nana, 32; Werner, V.: Glorius, der Wunderkomödiant, 32; Weinberger, J.: Wallenstein, 37; Megged, A.: Fern in der Wüste, 53; Janáček, L.: Die Sache Makropulos, 54; Das Schloß. Schauspiel [nach F. Kafka], um 54 [Bühnenms.], 64; Amerika. Komödie [nach F. Kafka], 57. – *Sammelund Werkausgaben:* Die Höhe des Gefühls, 13; Ausgewählte Romane und Novellen, 6 Bände, 15–19; Die verbotene Frau, 60; Über Franz Kafka, 66. – *Herausgebertätigkeit:* Laforgue, J.: Pierrot der Spaßvogel [mit F. Blei], 09 (veränd. 65); Arkadia. Jahrbuch für Dichtkunst, 13; Kafka, F.: Der Prozeß, 25; Kafka, F.: Das Schloß, 26; Kafka, F.: Amerika, 27; Kafka, F.: Beim Bau der Chinesischen Mauer [mit H. J. Schoeps], 31; Kafka, F.: Gesammelte Schriften [mit H. Politzer], 6 Bde, 35–37; Kafka, F.: Gesammelte Schriften, 5 Bde, 46; Kafka, F.: Gesammelte Werke, 10 Bde, 50–67; Kafka, F.: Briefe 1902–1924, 58; Haggādā šel Pesah [mit I. M. Lask], 65; Kafka, F.: Tagebücher 1910–13, 67; Kafka, F.: Beschreibung eines Kampfes. Die zwei Fassungen, 69.

Bröger, Karl, *10. 3. 1886 Nürnberg, †4. 5. 1944 ebd.

B., Sohn eines Arbeiters, war selbst Arbeiter, dann Kaufmannslehrling. Von 1913–33 war er Redakteur der sozialdemokratischen «Fränkischen Tagespost» in Nürnberg, daneben Dozent für Literatur an der Volkshochschule. 1933 wurde er einige Monate im KZ Dachau gefangengehalten, weil er sich weigerte, als SPD-Stadtrat zur NSDAP überzutreten. Anschließend schlug er sich als freier Schriftsteller durch, der den Machthabern bisweilen einige Konzessionen machen mußte.

B. gilt neben Max Barthel, Gerrit Engelke und Heinrich Lersch als Repräsentant der «Arbeiterdichtung». Schon von früh an im Kontakt mit der Literatur, folgte Bröger überwiegend klassisch-romantischen, aber auch expressionistischen

Vorbildern. Seine Themen waren Maschine, Gemeinschaftserlebnis, Großstadt, Zukunftsoptimismus und Klassenstolz. Mit den Stilmitteln des Pathos und der Deklamation sowie seinem Hinweis auf die Heimatverbundenheit und den Arbeiter-Nationalstolz traf B. die emotive Gestimmtheit der Zeit, so daß er für weite Bevölkerungskreise lesbar wurde. Seine häufig propagierten Begriffe «Volk» und «Demokratie» waren dabei so allgemein, daß sie zum Mißbrauch des B.schen Werks durch die Nationalsozialisten einluden. In diese Richtung einer national-kriegerischen Rezeption wiesen Gedichte B.s von 1914, als B. mit dem Gedicht *Bekenntnis eines Arbeiters* die lyrische Beschreibung der Einfügung des Arbeiters in eine nationale deutsche ‹Volksgemeinschaft› lieferte.

W.: Romane, Erzählungen: Der unbekannte Soldat, 1917; Die vierzehn Nothelfer. Ein Buch Legenden, 20; Der Held im Schatten (autobiographisch), 20; Jakob auf dem Himmelsleiter, 25; Das Buch vom Eppele. Eine Schelmen- und Räuberchronik aus Franken, 26; Bunker 17. Geschichte einer Kameradschaft, 29; Guldenschuh, 34; Reta und Marie, 35; Nürnberg. Der Roman einer Stadt, 35; Die Benzinschule. Ein kleiner Jungensroman, 36; Vier und ihr Vater, 37; Licht auf Lindenfeld. Geschichte eines Suchers, 37; Die Ferienmühle, 39; Geschichten vom Reservisten Anzinger, 39; Schicksal aus dem Hut. Geschichten aus dem Volk für das Volk, 41; Der Ritter Eppelein, 42. – *Dramen:* Der Morgen. Ein Werk für den proletarischen Sprechchor, 20; Rote Erde. Ein Spiel für Sprech- und Bewegungschor, 28. – *Lyrik:* Gedichte, 12; Die singende Stadt, 14; Aus meiner Kriegszeit, 15; Kamerad, als wir marschiert, 16; Soldaten der Erde, 18; Zwei Prologe zum 9. November für Revolutionsfeiern der Arbeiterbildungsausschüsse (hg. vom Zentralbildungsausschuß der SPD), 19; Phallos. Gesänge um den Mann, 20; Flamme. Gedichte und dramatische Szenen, 20; Der Vierkindermann, 22; Tod an der Wolga, 23; Deutschland. Ein lyrischer Gang in drei Kreisen, 23; Unsre Straßen klingen, 25; Volk, ich leb aus dir, 36. – *Essays:* Vom neuen Sinn der Arbeit, 19; Phantasie und Erziehung. Ein Versuch zur Besinnung auf Grundlagen der Pädagogik, 23; Deutsche Republik. Betrachtungen und Bekenntnisse zum Werke von Weimar, 26; Versailles! Eine Schrift für die Schuljugend, 29. – *Sammelausgaben:* Der blühende Hammer. Gedichte, 24; Sturz und Erhebung. Gesamtausgabe der Gedichte, 43; Bekenntnis. Eine Auswahl der Gedichte, 54.

Bronnen, Arnolt (eig. Bronner, Pseud. A. H. Schelle-Noetzel), *19. 8. 1895 Wien, †12. 10. 1959 Berlin.

B., Sohn des Gymnasialprofessors und Schriftstellers Ferdinand Bronnen, hatte schon als Schüler in Wien Kontakte zu deutschnationalen und zionistischen Verbindungen. Er zog 1920 nach Berlin. Unter dem Einfluß von F. Nietzsche und H. St. Chamberlain entwickelte er eine dynamische Lebensphilosophie, die, z. Z. seiner Freundschaft mit B. Brecht, 1922/23, anarchistische Züge trug und die er seit 1923/24 mit nationalistischen antisemitischen Zielen verband. Diese «Tendenz der rechten Hand» führte zur Freundschaft mit J. Goebbels, 1929–33, der den faschistischen Tendenzen in B.s Roman *O. S.* (1929) zustimmte. Seit 1926 war B. Mitarbeiter, 1928–33 Dramaturg für die UFA und des Berliner Rundfunks, wo er sich für die Entwicklung des Hörspiels einsetzte. Er war 1933/34 Regisseur und Dramaturg der Reichsrundfunkgesellschaft. 1937 erfolgten Berufsverbot und Ausschluß aus der Reichsschrifttumskammer. Seit 1943 lebte er in Goisern, Oberösterreich, dessen Bürgermeister er 1945 wurde. 1945–50 war er Redakteur der Linzer «Neuen Zeit» und nach seiner Übersiedlung nach Berlin (Ost), 1955, Theaterkritiker der «Berliner Zeitung». Seine frühen Dramen *Vatermord* (Uraufführung 1922, Regieanweisungen von Brecht), *Katalaunische Schlacht, Rheinische Rebellen* zeigen, bei naturalistisch-psychologischer Motivierung, den transformierenden, pathetischen Sprachstil des Expressionismus. Sein Monodrama *Ostpolzug*, über die Bezwingung des Mount Everest, beeinflußte Brechts Theorie vom episch-dokumentarischen Theater. – Auch in seinem erzählerischen Werk entwickelte sich B. – frühzeitiger als in den Dramen – vom expressionistischen Pathetiker zum Realisten. Nach der homoerotischen *Septembernovelle* bedeutete der Hollywoodroman *Film und Leben Barbara La Marr* – nach Tagebüchern Reatha Watsons – die Wende zu versachlichter Erzählweise. Seine Erfahrungen im Berliner Rundfunk verwertete B. in dem Roman *Kampf im Äther*, der unter Pseudonym erschien.

Die Lebensbeschreibung Äsops, *Aisopos*, ist eine seiner wichtigsten Arbeiten.

W.: Romane, Erzählungen, Prosa: Die Septembernovelle, 1923 (Repr. 73); Napoleons Fall, 24; Film und Leben. Barbara La Marr, 28; O.S., 29; Roßbach, 30; Erinnerung an eine Liebe, 33; Kampf im Äther oder die Unsichtbaren, 35. – *Dramen, Hörspiele:* Vatermord, 20 (Repr. 73); Die Geburt der Jugend, 22 (Repr. 73); Die Exzesse, 23; Anarchie in Sillian, 24; Katalaunische Schlacht, 24; Rheinische Rebellen, 25; Ostpolzug, 26; Reparationen, 26; Michael Kohlhaas von H. v. Kleist (Hsp.), 29; Sonnenberg (Hsp.), 34; «N.», o. J. (Bühnenms.; u. d. T.: Schach dem Kaiser!, o. J. [Bühnenms.]); Die Kette Kolin, 50 (Bühnenms.); Gloriana, 51 (Bühnenms.); Die jüngste Nacht, 52 (Bühnenms.). – *Essays, (Auto)-biographisches:* A. B. gibt zu Protokoll, 54; Deutschland. Kein Wintermärchen. Eine Entdeckungsfahrt durch die Deutsche Demokratische Republik, 56; Tage mit Bertolt Brecht, 60; Begegnungen mit Schauspielern, 67. – *Übersetzungen:* Aisopos. 7 Berichte aus Hellas, 56. – *Sammel- und Werkausgaben:* Viergespann, Gloriana, «N», Die Kette Kolin, Die jüngste Nacht, 58; Stücke, 77; Sabotage der Jugend. Kleine Arbeiten 1922–1934, 89; 13 Stücke – Erstdrucke aus dem Nachlaß – Prosa, 5 Bde, 90.

Bronnen, Barbara, *19.8.1938 Berlin.
B. studierte Germanistik und Pädagogik (Promotion über «Fritz von Herzmanovsky-Orlando – Original und Bearbeitung») und arbeitet seit 1965 als freie Schriftstellerin und Journalistin. – Die Erfahrungen und Ansichten bestimmter Menschengruppen sind Gegenstand der frühen, themenvielfältigen, journalistischen Arbeiten von B. In ihren neueren Arbeiten macht B. ihren persönlichen Bezug zu den Themen deutlicher. B.s Weg bis zur Entscheidung für ihr Kind ist Thema des Jugendbuches *Wie mein Kind mich bekommen hat*. – Ihr stark autobiographischer Roman *Die Tochter* ist eine Auseinandersetzung mit ihrem Vater, dem Schriftsteller Arnolt Bronnen, über den sie unter dem Titel «Der Intellektuelle als Krisenfigur» auch 1987 als Gastprofessorin der Universität Bamberg handelte. – 1988/89 Stadtschreiberin von Linz.

W.: Romane: Die Tochter, 1980; Die Diebin, 82; Die Überzählige, 84; Die Briefstellerin, 86; Dschungelträume, 90. – *Jugendbücher:* Wie mein Kind mich bekommen hat, 77; Das Versteck auf dem Dachboden, 78. – *Sachbücher:* Wie stehen Sie dazu? Jugend fragt Prominente (mit M. Grunert), 67; Die Ehe, 68; Deutschland deine Führer, 69; Ich bin Bürger der DDR und lebe in der Bundesrepublik, 70; Die Filmemacher (mit C. Brocher), 73; Liebe, Ehe, Sexualität in der DDR (mit F. Henny), 75; Mütter ohne Männer, 78. – *Sonstiges:* Liebe ist deine Liebe nicht, Psychogramm einer Ehe (mit M. Grunert), 72. – *Hörspiel:* Ein Tier ist auch ein Mensch, 75. – *Film:* Auf der Suche nach A. B., 79. *Herausgebertätigkeit:* Mein erotisches Lesebuch, 83; Schwestern – ein literarisches Lesebuch, 87; Mamma mia. Geschichten über Mütter, 89; Montag ich, Dienstag ich. Aus den Tagebüchern von Schriftstellerinnen, 89. – *Schallplatten, Kassetten:* Affenfrau, 90 (Kass.).

Brückner, Christine, *10.12.1921 Schmillinghausen (Waldeck).
Gelernte Bibliothekarin. Mitarbeit am Marburger Forschungsinstitut für Kunstgeschichte. Lebt als freie Schriftstellerin. Ehrenbürgerin der Stadt Kassel. 1981 Goethe-Plakette. – Durchbruch mit dem Familienroman aus Pommern *Jauche und Levkojen*, dessen nicht minder erfolgreiche Fortsetzung *Nirgendwo ist Poenichen* ist. Für B. ist Zeitgeschichte Lebensgeschichte des einzelnen. Sie verarbeitet die Folgen der Hitlerzeit. Positive Einstellung zu weltläufigem Zeitgeschehen; Ironie, heiterer Grundton, Absage an Schicksalsgläubigkeit. – Von B. wurde inzwischen auch ein erstes Schauspiel aufgeführt (*Der Kokon oder die Verpuppung der Wiepe Bertram*).

W.: Romane, Erzählungen, Reisenotizen, Kinderbücher: Ehe die Spuren verwehen, 1954; Kleine Spiele für große Leute, 56; Katharina und der Zaungast, 57; Ein Frühling im Tessin, 60; Die Zeit danach, 61; Bella Vista, 63; Der Kokon, 66 (auch als: Die Zeit der Leoniden, 72); Alexander der Kleine, 66; Letztes Jahr auf Ischia, 69; Wie Sommer und Winter, 71; Das glückliche Buch der a. p., 71; Momoko und der Vogel (Illustrationen von C. Iwasaki), 72; Überlebensgeschichten, 73; Die Weltreise der Ameise, 74; Momoko und Chibi (Illustrationen von C. Iwasaki), 74; Die Mädchen aus meiner Klasse, 75; Jauche und Levkojen, 75; Ein Bruder für Momoko (Illustrationen von C. Iwasaki), 77; Momokos Geburtstag, 77; Momoko ist krank (mit Ch. Iwasaki), 79; Erfahren und erwandert (mit O. H. Kühner), 79; Nirgendwo ist Poenichen, 79; Komm wieder, Catarina, 80; Mal mir ein Haus (mit O. H. Kühner), 80; Mein schwarzes Sofa, 81; Das eine sein, das andere lieben, 81; Wenn du geredet hättest, Desdemona. Ungehaltene Reden ungehaltener Frauen, 83; Was ist schon ein Jahr, 84; Die Quints, 85; Deine Bilder – Meine Worte (mit O. H. Kühner), 87; Der kleine Alexander, 88; Hat der Mensch Wurzeln? Autobiographische Texte, 88; Die letzte Strophe, 89; Lewan, sieh zu!, o. J.; Wie Sommer und Winter, 89. – *Dramen, Libretti, Hörspiele:* Ungehaltene Reden ungehaltener Frauen, 83 (Bühnenms.); Der Basilisk [mit A. L. Metz] (Libretto), UA 90. – *Essays:* Leben im Atomzeitalter [mit C. Amery u. a.], 87. – *Sammel- und Werkausgaben:* Die Zeit danach/ Letztes Jahr auf Ischia/Die Zeit der Leoniden/ Das glückliche Buch der a. p./Jauche und Levkojen, 5 Bde, 80; die Poenichen-Romane, 81; Der Kokon/Die Zeit der Leoniden, 82; Lachen, um nicht zu weinen, 84. – *Herausgebertätigkeit:* Botschaften der Liebe in deutschen Gedichten des 20. Jahrhunderts, 60; An mein Kind, 62; Juist, 84; Lesezeit, 86. – *Schallplatten, Kassetten:* Die Weltreise der Ameise, ca. 80 (Kass.).

Bruckner, Ferdinand (eig. Theodor Tagger), *26. 8. 1891 Wien, †5. 12. 1958 Berlin.

B. studierte Philosophie, Musik und Medizin in Wien und Paris; er gründete und leitete von 1923–28 das Berliner Renaissance-Theater. Seine Zeitstücke wurden unter dem zu dieser Zeit angenommenen Pseudonym B. internationale Erfolge. 1933 stellte die Uraufführung seines Dramas *Die Rassen* am Zürcher Schauspielhaus die erste größere Manifestation der Exilliteratur dar. 1936 emigrierte B. in die USA, wo er gemeinsam mit H. Mann, W. Herzfelde, Brecht und Döblin den Aurora-Verlag gründete. Nach 1945 war er Dramaturg am Westberliner Schillertheater. 1957 Preis der Stadt Wien.
Nach seinen expressionistischen Anfängen als Lyriker wandte sich B. der «neuen Sachlichkeit» zu, wobei er in seinen Zeitstücken auf Erkenntnisse der Psychoanalyse zurückgriff. Im Zusammenhang mit den Bestrebungen Piscators ist wohl auch seine Verwendung der Simultanbühne (*Die Verbrecher, Elisabeth von England*) und seine Vorliebe für filmischen Schnitt und Montage zu sehen. Das Bühnenbild von *Die Verbrecher* z. B. gibt einen Einblick in ein dreistöckiges Mietshaus mit sieben Parteien. B. attackiert in diesem Schauspiel die Klas-

senjustiz der Weimarer Republik. Im Exil wandte er sich historischen Stoffen zu. Nach dem 2. Weltkrieg konnte B. an seine früheren Erfolge nicht mehr anschließen. Sein Spätwerk behandelt Probleme politischer Verführbarkeit, insbesondere der Jugend. Versuche, das klassische Versdrama zu erneuern.

W.: Erzählungen: Die Vollendung eines Herzens, 1917; Auf der Straße, 20; Mussia, 35. – *Dramen:* Peters Traum, 20; 1920 oder Die Komödie vom Untergang der Welt, 20; Kapitän Christoph, 20; Krankheit der Jugend, 29; Tedeum, 29; Die Verbrecher, 29; Die Kreatur, 30; Elisabeth von England, 30; Timon, 31 (bearb. 48 u. 56); Die Marquise von O, 33; Die Rassen, 33; Napoleon der Erste, 36; Simon Bolivar, 45; Heroische Komödie, 45; Denn seine Zeit ist kurz, 46; Die Befreiten, 46; Fährten, 48 (auch als: Spreu im Wind, 52); Früchte des Nichts, 52; Pyrrhus und Andromache, 52; Die Buhlschwestern, 54; Der Tod einer Puppe, 56; Clarisse, 56; Das irdene Wägelchen, 57; Der Kampf mit dem Engel, 57. – *Lyrik:* Der Herr in den Nebeln, 17; Die Psalmen Davids, 18; Der zerstörte Tasso, 19; Negerlieder, 44. – *Essays:* Morgenröte der Sozietät, 14; Von den Verheißungen des Krieges und den Forderungen an den Frieden, 15; Über den Tod, 18; Das neue Geschlecht, 21; Vom Geist der Volkstümlichkeit, 53. – *Sammelausgaben:* Dramen unserer Zeit, 45; Jugend zweier Kriege, 47; Dramatische Werke, 2 Bde, 48; Dramatische Werke, 56; Schauspiele nach historischen Stoffen, 56; Die Vollendung eines Herzens – Auf der Straße, 88; Dramen, 90. – *Übersetzer- und Herausgebertätigkeit:* A. Miller: Der Tod des Handlungsreisenden, 45; Morgenröte. Ein Lesebuch, 46; Des Sheriffs Hund. Negersongs aus Amerika, 70.

Brühl, Hans → Kessel, Martin

Brüning, Elfriede, *8. 11. 1910 Berlin.
B., Tochter eines Tischlers, im Anschluß an die Oberschule Büroangestellte und Redaktionssekretärin, war nach ersten literarischen Arbeiten für bürgerliche Zeitungen für die Presse der Arbeiterbewegung tätig, 1930 Beitritt zur KPD, seit 1932 im Bund Proletarisch-Revolutionärer Schriftsteller (BPRS). Nach dessen Verbot illegal tätig. Wegen politischer Aktivitäten kam B. 1935 für einige Zeit ins Gefängnis, 1937 heiratete sie den Schriftsteller Joachim Barckhausen, gab danach zunächst die eigene literarische

Tätigkeit auf. Nach 1945 war B. u. a. Redakteurin der kulturpolitischen DDR-Wochenzeitung «Sonntag» und lebt seit 1950 als freie Schriftstellerin in Berlin/DDR. B. erhielt zahlreiche Auszeichnungen, u. a. mehrfach den Vaterländischen Verdienstorden (zuletzt 1985), den Berliner Goethe-Preis (1980) und den Literaturpreis des DFD.

B. verfaßte zunächst Liebeserzählungen und Stimmungsbilder «von der Sonnenseite des Lebens», die dann als Illusionsliteratur von proletarischen Schriftstellerkollegen scharf kritisiert wurden; nach Betriebsreportagen u. ä. entstand 1932/33 B.s erster Roman, *Handwerk hat goldenen Boden*, der im faschistischen Deutschland nicht mehr erscheinen konnte, in dem sie das Schicksal einer bürgerlichen Familie als «Opfer gesellschaftlicher Verhältnisse» gestaltet (erschienen erst 1970 u. d. T.: *Kleine Leute*). Ihren zweiten Roman, die «rührselige Liebesgeschichte» einer jungen Hutmacherin, schrieb B. im Frauengefängnis unter der ständigen Beobachtung durch die Gestapo: *Junges Herz muß wandern*. Auch in den Frühwerken bearbeitete B. schon ihre zentralen Themen, das Verhältnis Mann–Frau, die Beziehung Mutter–Kind und Probleme der Gleichberechtigung der Frau. Nach 1945 beschrieb B. vor allem Frauen, «die um ihre Selbstverwirklichung ringen»; die «Stellung der Frau in der sozialistischen Gesellschaft» an Hand von «vorbildhaften Lebensläufen». ... *damit du weiterlebst* stellt im Zusammenhang mit der Widerstandsgruppe Schulze/Boysen/Harnack das Schicksal einer Widerstandskämpferin ins Zentrum, in dem auflagenstarken Roman *Rom, hauptpostlagernd* geht es um die «Verworfenheit» der «besseren» römischen Gesellschaft, um Standesvorurteile, an denen Liebe scheitert; in *Septemberreise* begegnet eine Mutter nach 20 Jahren der Tochter, die in einem anderen Gesellschaftssystem aufwuchs. B. hat innerhalb der DDR-Belletristik einen zentralen Beitrag zur Entstehung einer eigenständigen Frauenliteratur geleistet, sie bemüht sich bewußt um den «Gegenentwurf zur bürgerlichen Massenliteratur», indem sie vor allem das Leben von Frauen in den ersten beiden Nachkriegsjahrzehnten realistisch und unterhaltungsbetont gestaltet; zwar parteilich, zeigt sie menschliche Anteilnahme, betont Gefühle. B.s Erzählung *Septemberreise* wird 1967 Anlaß und Gegenstand einer breiten Debatte um Notwendigkeit und Entstehen spezifisch sozialistischer Unterhaltungsliteratur (in «NDL»). B. schreibt in verständlicher Sprache, knüpft teilweise an formale Traditionen der bürgerlichen Unterhaltungsliteratur an; so beanstanden DDR-Kritiker auch an Neuerscheinungen eine «anekdotenhafte Erzählweise» mit «unnötigen Wiederholungen» und Schwächen in der Figurenführung. Mit zahlreichen Auflagen sowie Nachdrucken alter Titel gehört B. in der DDR zu den meistgelesenen Schriftstellerinnen.

W.: Romane, Erzählungen, Kinderbücher: Und außerdem ist Sommer, 1934; Junges Herz muß wandern, 36; Auf schmalem Land, 38; ... damit du weiterlebst, 49; Die Umkehr. Das ist Agnes, 49; Ein Kind für mich allein, 50; Vor uns das Leben, 52; Regine Haberkorn, 55; Gabriele. Ein Tagebuch, 56; Rom, hauptpostlagernd, 58; Sonntag der Dreizehnte, 60; Septemberreise, 67; Kleine Leute, 70; Gabriele, 71; Jasmina und die Lotusblume, 76; Partnerinnen, 78; Wie andere Leute auch, 83. – *Reportagen, Porträts:* Wege und Schicksale, 62; Kinder ohne Eltern, 68. – *Stücke und Fernsehspiele:* Rom, Via Margutta, 62; Die Heiratsanzeige, 65; Nach vielen Jahren, 65; Hochverrat. Chronik einer Familie im 2. Weltkrieg, 75. – *Sammel- und Werkausgaben:* Die Umkehr. Das ist Agnes, 49; Zu meiner Zeit, 77; Frauenschicksale, 81; Altweiberspiele und andere Geschichten, 86.

Brunk, Sigrid, *14. 9. 1937 Braunschweig.

Nach Abschluß der Schulausbildung Studium der Malerei, dann Tätigkeiten als Malerin, Graphikerin und Dekorateurin. – B., die seit 1955 mit Max Brod korrespondierte – er ermutigte sie zum Schreiben –, veröffentlichte 1972 (nach zwei Fernsehfilmen) den Roman *Ledig, ein Kind*: die Schwierigkeiten einer Frau mit ihrer Umwelt, ihren Beziehungen, ihrem Beruf. Die Probleme der Frauenemanzipation im weitesten Sinne tauchen auch in den folgenden Werken auf: die Ängste einer alten Frau, ungeliebt zu sein und überflüssig zu werden (*Das Nest*), und die Fixierung der Frau in einer Beziehung als der schwächere Teil (*Der Besiegte*). B. setzt sich nicht radikalfeministisch mit diesen Erscheinungen auseinander, sondern beschreibt sie realistisch und kritisch in ihrer Alltäglichkeit. Die Kurzprosa der Jahre 1964–74 ist in dem Band *Flammen* gesammelt.

W.: Romane, Erzählungen: Irische Erzählung, 1967; Ledig, ein Kind, 72; Das Nest, 75; Der Besiegte, 77; Der Magier, 79; Flammen, 81; Linda (in: Noras Töchter), 81. – *Fernsehfilme:* Ein Sonntag, ein Besuch, 70; Ein Nachmittag wie viele, 72.

Brunngraber, Rudolf, *20.9.1901 Wien, †5.4.1960 ebd.
B. war Sohn eines Arbeiters, besuchte das Landeslehrerseminar (1915–20) und die Akademie für Angewandte Kunst (1926–30) in Wien. Er war als Arbeiter, Lehrer, Journalist, akademischer Maler und sozialistischer Bildungsreferent tätig, wurde dann freier Schriftsteller und Präsident der Vereinigung sozialistischer Schriftsteller Österreichs. – B. schrieb kultur- und gesellschaftskritische Tatsachenromane, die von fundiertem politischem, soziologischem und technischem Wissen zeugen. Seine Werke erlebten Millionenauflagen und wurden in 18 Sprachen übersetzt. Der *Weg durch das Labyrinth* (geschrieben vermutlich 1934/35, veröffentlicht erst 1949) behandelt den österreichischen Bürgerkrieg vom Februar 1934. *Der Mann im Mond* (1972 aus dem Nachlaß) ist ein autobiographischer Schlüsselroman, der auch über das eigenartige Schicksal B.s während des Faschismus Aufschluß gibt (1940 aus der Reichsschrifttumskammer ausgeschlossen und vor die Gestapo zitiert; 1944 Auftrag des Propagandaministeriums, über das Nachschubwesen im Krieg ein Buch zu verfassen). Neben zahlreichen Essays schrieb B. nach dem Krieg auch das Schauspiel *Der liebe Augustin* und den Film *1. April 2000*.

W.: Romane, Erzählungen: Karl und das 20. Jahrhundert, 1933 (neu 78); Radium, 36; Die Engel in Atlantis, 38; Opiumkrieg, 39; Zucker aus Cuba, 41; Der Tierkreis, 46; Irrlohe, 46; Prozeß auf Tod und Leben, 48 (56 erw.

als: Pogrom); Weg durch das Labyrinth, 49; Der tönende Erdkreis, 51; Heroin, 52; Fegefeuer, 55; Die Schlange im Paradies, 58; Der Mann im Mond, 72 (aus dem Nachlaß). – *Drama:* Der liebe Augustin, o. J. – *Essays:* Wie es kam. Psychologie des 3. Reiches, 46; Was zu kommen hat. Von Nietzsche zur Technokratie, 47; Überwindung des Nihilismus, 49.

Brus, Günter, *27.9.1938 Ardning (Österreich).
B. besuchte die Institute für angewandte Kunst in Graz und Wien, verließ die Wiener Akademie vorzeitig. Der Militärdienst unterbricht 1961 die künstlerische Entwicklung. Seine Kunstaktionen (ab 1962) und die vorbereitende zeichnerische Tätigkeit werden durch die «Wiener Tagebücher» begleitet, die zum Teil ebenso verschollen sind wie ein «Roman» aus den 60er Jahren. *Kunst + Revolution* (1969), ausgeführt im Wiener Universität, bringt B. eine Gefängnisstrafe ein, der er sich mit Frau und Kind ins zehnjährige Berliner Exil entzieht. Dort erarbeitet er den *Irrwisch*, «ein sehr einsames Buch» (Urs Widmer). Im Selbstverlag erscheint zwischen 1969 und 1977 die Zeitschrift «Die Schastrommel» in 17 Ausgaben (ab Nr. 13 «Die Drossel»). Anfang der 70er Jahre trifft er auf Arnulf Meifert, der zunehmend zu seinem Mentor wird. 1974 begründet dieser mit B. das «1. Deutsche Trivialeum», 1976 beginnt Meifert mit der Veröffentlichung von Schriften und «Bild-Dichtungen» in seinem eigens hierfür gegründeten Verlag «Das Hohe Gebrechen». Neben Ausstellungstätigkeit und Arbeiten in den Bereichen Musik und Theater seither zahlreiche Publikationen und Veröffentlichungen in Zeitschriften, Anthologien, Almanachen. – Neben rein dichterischen Arbeiten, die sich in Formen wie Beschreibung, Bericht, Szene, Stimmungsbild, Tableau, Sinnspruch, Idylle, Brief, Witz, Lied usw. bewegen, schuf B. sich in der «Bild-Dichtung» eine kontrapunktisch-musikalische Form von Bild und Text. Kennzeichnend für seine Dichtung sind eine eigentümliche düsterhumorige Metaphorik und ein dialektisches Prinzip von Ekstase und geschliffener Klarheit. B. schreibt «ohne Plan», aus einer spontanen, leibhaften Empfin-

dung, die er sich im Purgatorium seiner Aktion und ihrer kathartischen Grenzerfahrung erworben hat. Er läßt atmosphärische Gedanken- und Gefühlsräume entstehen, die Philosophie und Ästhetik, strenges Denken und umfassende Sinnlichkeit vereinen.

W.: Patent Urinoir, 1968; Patent Merde, 69; Unter dem Ladentisch, 69; Irrwisch, 71; Nachtfreudenwalzer, 75; Das Namenlos, 75; Hohes Gebrechen, 76; Der Frackzwang (Bühnenstück), 76; Circannual, 76; Geschichte aus dem Sommerhaus, 77; Jeden jeden Mittwoch (mit Dominik Steiger), 77; Das Aulicht, 77; Farbige Zeichnungen aus den Jahren 1970–1977, 77; Gestirn-Abzeichen, 78; Die Falter des Vorschlafs, 78; Die Pracht der hellsten Freude, 78; Amorphophallus Titanum, 78; Die Gärten in der Exosphäre, 79; Das Rufwort, 79; Franz Schreker: Die Gezeichneten, 79; Weisser Wind, 80; Wandelsterne, 81; Traumentziehungskur, 81; Die Herbsttrompete, 81; Zyankal-Zyklamen, 82; Rasende Geduld, 83; Trunkene Triebe, 83; Land-Alphabete [mit H. Cibulka u.a.], 83; Blindes Brot, 83; Sonata Domestica, Zeichnungen 1984, 84; Die Geheimnisträger, 84; La Croce del Veneto, 84; Die Wundharmonika, 84; Eisblut, blauer Frost, 84; Die Ruine, 85; Stumme Gewitter, 86; Stichproben, 86; Gebrauchsmystik, 86; Amor und Amok, 87; Berichte von der Hoffnungsdauer, 87; Von A bis Zett. Elf Alphabete [mit F. Achleitner u. a.], 90. – *Sammelausgabe:* Stillstand der Sonnenuhr (protokolle 83/2) 83. – *Ausstellungskatalog:* Zeichnungen und Schriften 76; Bild-Dichtungen 80; Der Überblick 86. – *Schallplatten, Kassetten:* Panisches Liederbuch, 88.

Brust, Alfred, *15.6.1891 Insterburg (Ostpreußen), †18.9.1934 Königsberg. B., Sohn eines Gastwirts und Kaufmanns in Coadjuthen (Memelgebiet), lebte bis 1896 bei seinen Großeltern in Göttingen, mit denen er nach Tilsit zog, wo er 1905–10 als Lehrling und Kaufmannsgehilfe arbeitete. 1910 wurden seine ersten Dramen aufgeführt. 1911–14 war er Volontär bei der «Tilsiter Zeitung» und Redakteur in Annaberg. Seit 1915 Soldat, war er 1916–18 Zensor in der Presseabteilung des Heeres. 1918/19 Delegierter im Rigaer Soldatenrat, lebte er ab 1919 als freier Schriftsteller, die letzten Jahre in Königsberg. Trotz anfänglicher Erfolge mußte B. zeitlebens mit der Armut

kämpfen und starb an unzureichend behandelter Lungentuberkulose. Erste Erfolge hatte B. mit seinen Dramen, von denen jedoch nur ein Teil aufgeführt und ein noch geringerer publiziert wurde. Seine um die Themen Natur und Geist, Körper und Seele und die Probleme der Sexualität kreisenden Spiele versuchen, in extremer Handlungsverdichtung, expressiver Sprache und pathetischer Gestik die Grenzen des zu seiner Zeit dramaturgisch Möglichen zu sprengen und eine «neue dramatische Form» zu schaffen. Trotz vielfacher Anklänge kann B. nicht als reiner Expressionist angesprochen werden. Mitte der 20er Jahre begann B., zuerst aus ökonomischen Erwägungen, Prosa zu schreiben, die zunehmend Erfolg hatte. Für den Roman *Die verlorene Erde* erhielt er 1929 den Kleist-Preis. Besonders in seiner Prosa spielt seine ostpreußische Heimat eine wichtige Rolle, ohne daß er indessen der Heimatkunst zuzurechnen wäre.

W.: Romane, Erzählungen: Himmelsstraßen, 1923; Die verlorene Erde, 26; Jutt und Jula, 28; Festliche Ehe, 30; Der Lächler von Dunnersholm, 31; Eisbrand, 33. – *Dramen:* Südseespiel (in: Kunstblatt 1), 17; Das Spiel Christa, 18; Leäna, 19; Höllenspiel (in: Die rote Erde 1, H.1), 19; Der ewige Mensch, 19; Frühlingsspiel (in: Die rote Erde 1, H.8–10), 20; Ostrom (in: Die rote Erde 1, H.8–10), 20; Heiligung, 20; Ein Bauspiel (in: Frühlicht 1), 20; Die Schlacht der Heilande (in: Genius 2, 1. Buch), 20; Die Wölfe, 21; Der Tag des Zorns, 21; Kosmisches Vorspiel zum ‹Cordatus› (in: Die neue Dichtung), 23; Die Würmer, 24; Der Phönix, 24; Tolkening (Titelaufl. von: Die Wölfe, Die Würmer, Der Phönix), 24; Cordatus, 27. – *Lyrik:* Ich bin, 29. – *Essays, Autobiographisches:* Selbstbild, 23. – *Sammel- u. Werkausgaben:* Spiele (enthält als Erstdrucke: Das indische Spiel, Das Spiel Jenseits, Der singende Fisch), 20; Dramen 1917–24, 71.

Bruyn, Günter de, *1.11.1926 Berlin. 1943–45 Soldat und Kriegsgefangenschaft; 1946–49 Lehrer in einem märkischen Dorf; 1949–53 Bibliothekarsschule; 1953–61 Mitarbeit am Zentralinstitut für Bibliothekswesen; seit 1961 freischaffend. 1964 H.-Mann-Preis, 1981 Feuchtwanger-Preis, 1989 Nationalpreis

1. Klasse abgelehnt, 1990 Heinrich-Böll-Preis der Stadt Köln und den Thomas-Mann-Preis der Stadt Lübeck.

Indem B. in seinen Arbeiten historisch-aktualisierend im Zitat und im Anknüpfen an tradierte Literatur die Bedingungen und Möglichkeiten individuellen Handelns in ihrer geschichtlich geformten Wahrheit zum Gegenstand seiner Texte macht, fordert er den Leser zur Kritik seiner eigenen Lebensbedingungen heraus.

Der Roman *Hohlweg* löst diese Ansprüche noch nicht ein: In der unmittelbaren Nachkriegszeit angesiedelt, sucht er die Möglichkeiten der Selbstbestimmung für das zuvor total verwaltete Individuum zu zeigen. Die danach publizierten Erzählungen rücken das Eindringen des Faschismus in den privaten Bereich und den individuellen Widerstand in den Mittelpunkt. – Der Roman *Buridans Esel* schildert den scheiternden Versuch, private und politische Ansprüche auch in den Widrigkeiten des Alltags aufrechtzuerhalten. – Realitätsdichte entsteht im Zitat literarischer Traditionen, die verschiedene Perspektiven der Wirklichkeit sichtbar werden lassen. Der Roman *Preisverleihung* zeigt im Sujet des Literaturbetriebes das Scheitern des Individuums an einem System gesellschaftlicher Strukturen, das von schablonisiertem Denken geprägt ist. – Den Gebrauchswert von literarischer Tradition für das gegenwärtige Bewußtsein aktualisiert B. in der Jean-Paul-Biographie, in der er zur Erweiterung des Radikalismusbegriffs anknüpft an den Erkenntniswert bürgerlich-revolutionärer Texte. Die enge Verbindung von Literatur und politischer Konstellation, die Analogie nachrevolutionärer Alltäglichkeit geben dieser Biographie ihre brisante Gegenwärtigkeit. – In den *Märkischen Forschungen* gestaltet B. die Beziehung von Literatur und Leben in der Auseinandersetzung um den individuellen und gesellschaftlichen Gebrauchswert von Literatur.

W.: *Romane, Erzählungen, Parodien:* Hochzeit in Wetzlow, 1960; Wiedersehen an der Spree, 60; Der Hohlweg, 63; Ein schwarzer abgrundtiefer See, 63; erw. 66; Maskeraden, 66; Buridans Esel, 68; Preisverleihung, 72; Geschlechtertausch, in: Sinn und Form, 73; Tristan und Isolde, nach G. von Straßburg, 75; Märkische Forschungen, 78; Babylon, 80 (erw. 86); Neue Herrlichkeit, 84. – *Hörspiel:* Aussage unter Eid, 64 (in: Neue Deutsche Literatur 65). – *Biographien, Essays:* Das Leben des Jean Paul Friedrich Richter, 75; Lesefreuden, 86. – *Sammelausgaben:* Im Querschnitt. Prosa – Essays, 79; Preisverleihung. Märkische Forschungen, 81; Frauendienst, 86. – *Herausgebertätigkeit:* Das Lästerkabinett, 70; Über die Ehe von T. G. Hippel, 79; Fouqué: Ritter und Geister, 80; Schmidt von Werneuchen: Einfalt und Natur, 81; Nicolai: Vertraute Briefe, 82; L. Tieck: Die männliche Mutter und andere Liebes-, Lebens-, Spott- und Schauergeschichten, 83; Rahels erste Liebe. Rahel Levin und Karl Graf von Finckenstein in ihren Briefen, 85; E. T. A Hoffmann: Gespenster in der Friedrichsstadt, 86; Th. Fontane: Die schönsten Wanderungen durch die Mark Brandenburg, 88.

Buber, Martin (Pseud. Baruch),
* 8. 2. 1878 Wien, † 13. 6. 1965 Jerusalem.
B. wuchs im Hause des Midraschforschers Salomon B., seines Großvaters, in Lemberg auf. Dort besuchte er das polnische Gymnasium. In diese Zeit fiel seine erste Berührung mit dem ostjüdischen Chassidismus. In Wien, Leipzig, Berlin und Zürich studierte er u. a. Philosophie und nahm die Agitationstätigkeit für die zionistische Bewegung auf. 1904 promovierte er in Wien (*Beiträge zur Geschichte des Individuationsproblems*). Es schloß sich eine intensive religionswissenschaftliche Erforschung mystischer Überlieferungen, vor allem des Chassidismus, sowie eine ausgedehnte editorische Arbeit an (*Ekstatische Konfessionen*, 1909). 1906–12 gab er «Die Gesellschaft», eine Sammlung sozialpsychologischer Monographien, heraus, 1926–1930 die Vierteljahresschrift «Die Kreatur» (zusammen mit V. von Weizsäcker und Joseph Wittig). 1930–33 lehrte B. als Honorarprof. für Religionswissenschaft und jüdische Ethik in Frankfurt; bis 1938 war er führend in der jüdischen Erwachsenenbildung in Deutschland tätig. Nach der Auswanderung nach Palästina, 1938, übernahm er eine Professur für Sozialphilosophie in Jerusalem. 1951 Hansischer Goethe-Preis, 1953 Friedenspreis des Deutschen Buchhandels, 1960 Gr. Öster-

reichischer Staatspreis. Neben einem umfangreichen Schriftwerk zu Fragen des Zionismus und einer inneren Erneuerung des Judentums erstreckte sich B.s literarisches Schaffen auf die Erforschung und Deutung der chassidischen Botschaft, die Mitbegründung des dialogischen Denkens sowie die Übersetzung des Alten Testaments und die Auslegung der religiösen Überlieferung Israels. B.s einziger Roman, *Gog und Magog*, schildert in Form einer Chronik im Ringen zweier chassidischer Schulen jüdische Messiaserwartung zur Zeit der napoleonischen Herrschaft. B. kommt das Verdienst zu, den Chassidismus in der westlichen Welt bekannt gemacht und ihn auf seine Weise fortgesetzt zu haben.

Nach verschiedenen Vorstudien legte B. 1923 seine philosophische Programmschrift *Ich und Du* vor, in der er Elemente dialogischer Existenz aufzeigt. In darauf aufbauenden anthropologischen, pädagogischen und soziologischen Schriften schilderte B. den Menschen als das gegenüberseiende Wesen, das der Ich-Du-Beziehung bedürftig und fähig ist: «Der Mensch wird am Du zum Ich ...» 1925 begann B. auf Anregung des Verlegers Lambert Schneider gemeinsam mit Franz Rosenzweig eine Neuverdeutschung des Alten Testaments, *Die Schrift*, die – Rosenzweig starb 1929 – erst 1961 abgeschlossen werden konnte. B. ging es darum, die ursprüngliche Gesprochenheit des Bibelworts einem hörenden Lesen neu zu erschließen. Dem monumentalen Sprachwerk, das mit keiner der modernen Bibelübersetzungen verwechselt werden kann, stellte B. eine Reihe theologischer Bücher an die Seite. Sie dienen der Wesensbestimmung hebräischen Glaubens als einer bestimmten Weise der Hinwendung zu Gott, Welt und Mensch. Für B. ist «das ewige Du» jetzt und hier anredbar.

B.s dreifache Lebensleistung als Denker, Religionswissenschaftler und Bibelverdeutscher stellt eine geschlossene Ganzheit dar. In ihr spiegelt sich die Einheit von Menschlichkeit und Glaube wider.

W.: Romane, Nacherzählungen, Prosa: Die Geschichten des Rabbi Nachman, 1906 (Neu-

ausg. 55; daraus: Die Geschichte von dem Königssohn und dem Sohn der Magd, 78); Die Legende des Baal Schem, 08 (bearb. 16; erw. Fsg. 32, bearb. 55); Des Rabbi Israel Ben-Elieser, genannt Baal-Schem-Tow, das ist Meister vom guten Namen, Unterweisung im Umgang mit Gott, 27; Hundert chassidische Geschichten, 30; Erzählungen von Engeln, Geistern und Dämonen, 34; Die Erzählungen der Chassidim, 49; Leket. From the Treasure House of Hassidism, 69; Geschichten von Rabbi Bunam, 88. – *Dramen:* Elija. Ein Mysterienspiel, 63. – *Essays, theoretische Schriften, Briefe:* Eine jüdische Hochschule. Das Projekt einer jüdischen Hochschule [mit Ch. Weizmann u. a.], 02 (erw. 02); Der Jude. Revue der jüdischen Moderne, 03 (Prospekt); Lesser Ury, 03; Vom Leben der Chassidim, 08; Drei Reden über das Judentum, 11; Daniel. Gespräche von der Verwirklichung, 13; Vom Geist des Judentums, 16; Die jüdische Bewegung, 16–20; Ereignisse und Begegnungen, 17; Die Rede, die Lehre und das Lied. Drei Beispiele, 17; Völker, Staaten und Zion, 17; Mein Weg zum Chassidismus. Erinnerungen, 18; Zion und die Jugend. Eine Ansprache, 18; Cheruth. Eine Rede über Jugend und Religion, 19; Der heilige Weg. Ein Wort an die Juden und an die Völker, 19; Worte an die Zeit, 2 Hefte, 19; Der große Maggid und seine Nachfolge, 22; Quellenverzeichnis zu Der große Maggid, 22; Ich und Du, 23; Das verborgene Licht, 24; Rede über das Erzieherische, 26; Theodor Herzl and History, Theodor Herzl and We [mit R. Weltsch], 29; Über die Wortwahl in einer Verdeutschung der Schrift, 30; Königtum Gottes, 32 (erw. 36; veränd. 56); Zwiesprache, 32 (bearb. 34); An die Dürstenden alle – Kapitel 55 des Jesaja, 35; Deutung des Chassidismus. Drei Versuche, 35; Die Frage an den Einzelnen, 36; Zion als Ziel und als Aufgabe, 36; Die Vorurteile der Jugend, 37; Die Forderung des Geistes und die geschichtliche Wirklichkeit, 38; Worte an die Jugend, 38; Brief an Gandhi, 39; Nationale Erziehung, 39; Chassidismus, 45; Moses, 46; Das Problem des Menschen, 48; Der Weg des Menschen – nach der chassidischen Lehre, 48; Paths in Utopia, 48 (dt.: Pfade in Utopia, 50); Gog und Magog. Eine Chronik, 49 (2. Aufl. u. d. T.: Zwischen Zeit und Ewigkeit. Gog und Magog, 69); Der Glaube der Propheten, 50; Israel und Palästina. Zur Geschichte einer Idee, 50; Zwei Glaubensweisen, 50; Urdistanz und Beziehung, 51 (erw. 78); An der Wende. Reden über das Judentum, 52; Bilder von Gut und Böse, 52; Bücher und Menschen, 52; Die chassidische Botschaft, 52; Eclipse of God, 52 (dt.: Gottesfinsternis. Betrachtungen zur Beziehung zwischen Religion und Philosophie, 53); Recht und Unrecht. Deutung einiger Psalmen, 52; Zwischen Gesellschaft und Staat, 52; Das echte Gespräch und die Möglichkeit des Friedens, 53; For the Sake of Heaven, 53; Reden über Erziehung 53; M. B. Fünf Ansprachen anläßlich der Verleihung des Friedenspreises des deutschen Buchhandels, 53; Zu einer Verdeutschung der Schrift, 54; Der Mensch und sein Gebild, 55; Sehertum, 55; Danksagung, 58; Schuld und Schuldgefühle, 58; Zur Verdeutschung der Preisungen, 58; Begegnung. Autobiographische Fragmente, 60; Beiträge zur Menschenkunde, 61; Beiträge zu einer philosophischen Anthropologie, 62; Logos. Zwei Reden, 62; Zur Verdeutschung der letzten Bandes der Schrift, 62; Zur Darstellung des Chassidismus, 63; Der Gesalbte, 64; A Believing Humanism. My Testament, 1902–1965, 67; Der utopische Sozialismus, 67; Briefwechsel aus sieben Jahrzehnten. 3 Bde, 72–75; Religion als Gegenwart, 78; Ein Land und zwei Völker, 83. – *Übersetzungen, Bearbeitungen:* Pinski, D.: Eisik Scheftel – Ein jüdisches Arbeiterdrama, 05; Die vier Zweige des Mabinogi. Ein keltisches Sagenbuch, 14; Die Schrift, zu verdeutschen unternommen von MB gemeinsam mit F. Rosenzweig. 15 Bände, 25–37; Die Schrift, 34 (Volksausgabe); Aus Tiefen rufe ich Dich. 23 Psalmen in der Urschrift mit der Verdeutschung von MB, 36; Das Buch der Gleichsprüche, 37; Bücher der Geschichte, 55; Bücher der Kündung, 56 (verän. 58, 66); Ijob, 65; Biblische Gestalten aus der Schrift [mit F. Rosenzweig], 70. – *Sammel- und Werkausgaben:* Die Jüdische Bewegung, 16; Die Jüdische Bewegung. Gesammelte Aufsätze und Ansprachen. 2 Bde, 20; Reden über das Judentum, 23; Die chassidischen Bücher, 28 (verän. 32); Kampf um Israel. Reden und Schriften 1921–1932, 33; Die Stunde und die Erkenntnis. Reden und Aufsätze 1933–1935, 36; Dialogisches Leben, 47; Israel and the World. Essays in a Time of Crisis, 48 (erw. 63); Einsichten, 53; Hinweise, 53; Die Schriften über das dialogische Prinzip, 54 (u. d. T.: Das dialogische Prinzip, 62); Stationen des Glaubens, 56; Werke. 3 Bde, 62–64; Die Schriftwerke, 62; Der Jude und sein Judentum. Gesammelte Aufsätze und Reden, 63; Nachlese, 65; Gespräche mit M. B., 66; M. B. Gespräche, Briefe, Worte, 67; Biblical Humanism. Eighteen Studies, 68. – *Herausgebertätigkeit:* «Die Welt», 01; Jüdische Künstler, 03; Junge Harfen [mit B. Feiwel], 03; Die Gesellschaft. Sammlung sozialpsychologischer Monographien. Bd. 1–40, 06–12; Ekstatische Konfessionen, 09 (bearb. 21); Reden und Gleichnisse des Tschuang-Tse, 10 (bearb. 20); Chinesische Geister- und Liebesgeschichten, 11; Kalewala. Das Nationalepos der Finnen, 14; Der Jude. Eine Monatsschrift. Jg. 1–8, 16–24; Landauer, G.: Der werdende Mensch. Aufsätze über Leben und Schrifttum, 21; Landauer, Gustav: Beginnen. Aufsätze über Sozialismus, 24; Die Kreatur [mit J. Wittig und V. von Weizsäcker], Jg. 1–3, 26–30; Gustav Landauer. Sein Lebensgang in Briefen [mit I. Britschgi-Schimmer], 2 Bde, 29; Mittelstelle für jüdische Erwachsenenbildung bei der Reichsvertretung der Juden in Deutschland. Rundbrief 1–4, 34–37; Towards Union in Palestine. Essays on Zionism and Jewish-Arab Cooperation [mit J. Magnes, E. Simon], 45; Palestine, a Bi-National State [mit J. L. Magnes, M. Smilansky], 46. – *Schallplatten:* M. B. liest aus der Heiligen Schrift Israels, o. J.

Buch, Hans Christoph, *13.4.1944 Wetzlar.

B., der seine Jugend in Wetzlar, Wiesbaden, Bonn und Marseille verbrachte, studierte Germanistik und Slawistik in Bonn und Berlin, wo er 1972 mit einer Arbeit über die Beschreibungsliteratur und ihre Kritiker promovierte. Seit 1963 nahm er an Tagungen der «Gruppe 47» teil, war 1963/64 Mitglied des «Literarischen Colloquiums» in Berlin und 1967/68 Stipendiat des «Writers' Workshop» der University of Iowa (USA). 1974/75 nahm er einen Lehrauftrag an der Universität Bremen wahr und war 1977/78 Gastdozent der University of San Diego (USA). Längere Reisen führten ihn in die UdSSR und verschiedene Länder des amerikanischen Kontinents. Er lebt als Schriftsteller und Verlagslektor.

B. begann bereits als Abiturient Erzählungen zu schreiben, die er 1963 auf einer Tagung der «Gruppe 47» vortrug; er arbeitete mit an den gemeinsam verfaßten Romanen der Teilnehmer des «Literarischen Colloquiums», und es erschienen erste Erzählungsbände. Das Erlebnis der Studentenbewegung und des in ihrem Umkreis entstandenen Schlagworts vom «Tod der Literatur» führte auch bei B. zur grundlegenden Verunsicherung über die Funktion von Literatur und zum Übergang zu theoretischen Untersuchungen über ihre Möglichkeiten und Grenzen. Er entwickelte eine rege Tätigkeit als Kritiker und Herausgeber, hinter der seine belletristischen Versuche für einige Zeit zurücktraten. 1979 erschien statt eines ursprünglich geplanten Romans der *Bericht aus dem Inneren der Unruhe*, Aufzeichnungen zweier Jahre aus dem Kampf um die Verhinderung der Wiederaufbereitungsanlage für Atommüll in Gorleben.

W.: Romane, Erzählungen, Reportagen: Erzählung. Kleines Glück. Der Dicke. Zwei Blätter (in: Vorzeichen 2), 1963; Das Gästehaus (Mitverf.), 66; Unerhörte Begebenheiten, 66; Das große Abenteuer (Mitverf.), 70; Aus der Neuen Welt, 75; Bericht aus dem Inneren der Unruhe, 79 (bearb. 84); Zumwalds Beschwerden, 80; Jammerschoner, 82; Die Hochzeit von Port-au-Prince, 84; Karibische Kaltluft, 85; Der Herbst des großen Kommunikators, 86; Neue Aufzeichnungen eines Wahnsinnigen, 88. – *Szenische Dokumentation:* Die Scheidung von San Domingo, 76. – *Essays, theoret. Schriften:* Ut Pictura Poesis (Diss.), 72; Kritische Wälder, 72; Das Hervortreten des Ichs aus den Wörtern, 78; Das Fenster der Verwundbarkeit, 86; Waldspaziergang, 87. – *Herausgebertätigkeit:* Parteilichkeit der Literatur oder Parteiliteratur?, 72; Lu Hsün. Der Einsturz der Leifeng-Pagode (mit Wong May), 73; Für eine neue Literatur – gegen den spätbürgerlichen Literaturbetrieb (Literaturmagazin 1), 73; Von Goethe lernen? (Literaturmagazin 2), 74; Die Literatur nach dem Tod der Literatur (Literaturmagazin 4), 75; Natur oder warum es im Gespräch über Bäume kein Verbrechen mehr ist (Tintenfisch 12), 77; Deutschland (Tintenfisch 15), 78; Tatanka Yotanga oder Was geschah wirklich in Wounded Knee?, 79; Vaterland. Muttersprache (mit M. Krüger u. K. Wagenbach), 80; J. W. v. Goethe: Die Leiden des jungen Werther, 82.

Buchheim, Lothar Günther, *6. 2. 1918 Weimar.
In Chemnitz aufgewachsen. Kunststudium an den Akademien von Dresden und München. Im 2. Weltkrieg zuerst Einsatz als Marineleutnant, danach Marinekriegsberichterstatter. Galerist. 1951 Gründung des Buchheim-Verlags. Maler, Graphiker, Schriftsteller, Verleger von Kunstbüchern, viele davon stammen von ihm selbst (über den «Blauen Reiter» und die Künstler der «Brücke»), Sammler. Lebt in Feldafing bei München. – *Das Boot*: eindringliche, genaue Wiedergabe des Selbsterlebten in expressiv-bewegten Schilderungen. Geschichte eines U-Boots und seiner Besatzung im Kriegsalltag, ein Buch gegen die Unmenschlichkeit, das ihn 30 Jahre lang beschäftigt hat. B. ist um Authentizität bemüht, spart Reflexionen aus.

W.: Romane: Der Busenfreund, 1961; Jackie, das Rennpferd, 61; Onkel Max, 61; Das Boot, 73; Die Tropen von Feldafing, 77; Der Luxusliner, 82. – *Essays:* Die Künstlergemeinschaft die Brücke, 56; Wie malt man abstrakt?, 58; Annoncen Album, 62; Der Maler im herbstlichen Hain, 64; Otto Mueller, 68; Tage und Nächte steigen aus dem Strom, 79 (erw. 87). – *Sonstiges:* U-Boot-Krieg, 76; Mein Paris – eine Stadt vor 30 Jahren, 77; Szenen aus dem Seekrieg, 81; Der Film «Das Boot». Ein Journal, 81; Das Segelschiff, 82; Die U-Boot-Fahrer, 85; Das Museum in den Wolken. Der Fall Duisburg, 86; Zu Tode gesiegt. Der Untergang der U-Boote, 88; Malerbuch, 88. – Außerdem kunstgeschichtliche Arbeiten.

Buelowbogen, Max von → Weinert, Erich

Bühnau, Ludwig → Schreiber, Hermann

Buk, Pierre → Weiskopf, Franz Carl

Bülow, Frieda von, *12. 10. 1857 Berlin, †12. 3. 1909 Jena.
B., Tochter des Freiherrn Hugo von Bülow, lebte auf Schloß Dornburg an der Saale, bis sie 1887 ihrem Bruder als Krankenpflegerin nach Tanga (Deutsch-Ostafrika) folgte. 1889 kehrte sie nach Deutschland (Berlin) zurück. Nach dem Tode ihres Bruders 1893 reiste sie erneut nach Tanga, um dessen Plantagen zu übernehmen, wurde aber genötigt, das Besitztum zu verkaufen. – B.s literarisches Verdienst liegt vor allem in der Einführung des Kolonialromans in die deutsche Literatur. So schildert sie in ihren Ostafrika-Erzählungen nicht nur Land und Leute, Sitten und Gebräuche, sondern kritisiert auch das Beamtentum und seine Bürokratie. In anderen Werken stehen Probleme der «modernen» Frau im Vordergrund.

W.: Romane, Novellen: Reiseskizzen und Tagebuchblätter aus Deutsch-Ostafrika, 1889; Am anderen Ende der Welt, 90; Der Konsul, 91; Deutsch-Ostafrikanische Novellen, 92; Margarethe und Ludwig, 94; Einsame Frauen, 97; Kara, 97; Anna Stern, 98; Im Lande der Verheißung, 99; Abendkinder, 1900; Im Hexenring, 01; Hüter der Schwelle, 02; Die stilisierte Frau, 02; Allein ich will, 03; Im Zeichen der Ernte, 04; Die Tochter, 06; Wenn Männer schwach sind, 08; Freie Liebe, 09; Die Schwestern, 09; Frauentreue, 10. – *Erzählungen:*

Ludwig von Rosen, 1892; Tropenkoller, 96; Wir von heute, 98; Irdische Liebe, 1905; Das Portugiesenschloß, 07. – *Sammel- und Werkausgaben:* Die schönsten Novellen der Frieda von Bülow über Lou Andreas-Salomé und andere Frauen, 90.

Bunge, Max → Reimann, Hans

Bunje, Karl, *8.11.1897 Neuenburg (Oldenburg), †6.4.1985 Oldenburg.
B., Sohn eines Malermeisters, besuchte die Oberrealschule und wurde 1914 Verwaltungsbeamter. 1916–18 Soldat, wechselte er 1920 zur Reichsfinanzverwaltung und war bis 1937 Steuerinspektor und Betriebsprüfer. Er schied dann als Beamter aus und lebte seither als freier Schriftsteller, 1953–73 in Sandkrug, bis 1975 in Rostrup, danach in Oldenburg. Nach dem 1. Weltkrieg war er Mitbegründer der Niederdeutschen Bühne in Brake, wo er auch Regie führte und als Schauspieler auftrat. 1971 erhielt er den Fritz-Stavenhagen-Preis.
B. ist einer der erfolgreichsten niederdeutschen Theaterdichter. Zahlreiche seiner Lustspiele fanden auch in Hochdeutsch ihr Publikum, wurden für den Funk bearbeitet und im Fernsehen gesendet. *Dat Hörrohr,* ein Volksstück, in dem ein neues Hörgerät dem bisher schwerhörigen Großvater ermöglicht, seine Verwandten und ihre Habgier zu durchschauen, wurde auch ins Niederländische und Schweizerdeutsche übertragen. Mit dem «lustig Spill ut de Kriegstid» *De Etappenhas* gelang B. ein mehrfach verfilmtes und in verschiedene Dialekte übertragenes erfolgreiches Lustspiel.

W.: Romane, Erzählungen: Die Harmonika, 1949; Jan Spinn, 55; Dartomol. Dörpsgeschichten, 88. – *Dramen:* Desertörs, 35; De Etappenhas, 35 (hochdt. 36); Spektakel in Kleihöörn, 36; Familjenansluss, 38 (hochdt. 54); Komödie im Forsthaus, 39; De Jungfernkrieg, 39; Der Horcher an der Wand, 41; Der Fuchs in der Falle, 41 (plattdt. o. J.); Peper un Solt, 43 (hochdt. 56); Krach in'n «Blauen Heven» (nach G. Fock), 44; Das Märchen vom Prahlhans, 46; Up Düvels Schuvkar, 47 (hochdt. 49); Achter anner Lüe Dörn, 49; Die reine Wahrheit, 49; Blinnekoh, 50 (hochdt. 50); De swarte Hannibal, 52 (hochdt. 55); In'n Mahlgang, 53 (hochdt. 54); Isbräker, 54 (hochdt. 54); Das Hörrohr, 54 (plattdt. 55); Wie der liebe Gott, 56; Dat Lock in de Gerechtigkeit, 57 (hochdt. 59); De Kleupracker, 58; De Swiensteert, 62; Vulle Pangschon, o. J. – *Lyrik:* Kleiner Zoo für große Leute, 48 (erw. Neuaufl. u. d. T.: Zoologisches, Psychologisches, o. J.).

Burckhardt, Carl Jacob, *10.9.1891 Basel, †4.3.1974 Genf.
Einer alteingesessenen Baseler Gelehrtenfamilie entstammend, wuchs B. in der Tradition des Bildungsbürgertums auf. Studium der Geschichte, Philosophie und Literatur in Basel, München, Göttingen und Zürich, Promotion zum Dr. phil., Eintritt in den diplomatischen Dienst. 1918–21 Attaché an der Schweizer Gesandtschaft in Wien, dort Beginn der Freundschaft mit Hofmannsthal, die bis zu dessen Tod (1929) anhielt. 1927–32 Privatdozent und Prof. in Zürich, 1932–37 und 1939–45 Prof. für Neuere Geschichte in Genf, 1937–39 Völkerbundkommissar in Danzig, 1944–47 Präsident des Internationalen Roten Kreuzes, 1945–49 Schweizer Gesandter in Paris. 1950 Hamburger Goethe-Preis, 1954 Friedenspreis des Deutschen Buchhandels, 1961 Kunstpreis Basel. – Als konservativer Gelehrter versucht B. in seinen Schriften, die alte Ordnung und die europäische Kultur zu bewahren. Im Faschismus, aber auch in den sozialistischen Massenbewegungen sieht er Niedergang und Verfall. Bei aller Sehnsucht nach verwirklichter Humanität ist sein Ideal das eines Aristokraten. B.s Hauptwerk ist die Monographie über *Richelieu*, an der er von 1930 bis 1966 arbeitete. Wie bei seinen historischen Essays gehen Genauigkeit der geschichtlichen Kenntnisse zusammen mit subtilen, fast poetischen Erkundungen der psychischen Lebensvorgänge. «So gehören sie wohl dem Bereich der Poesie an, und das Exakte ist nur eine sehr besondere Verkleidung» (Hofmannsthal). Vor allem in der Sammlung *Gestalten und Mächte* wird diese Methode der Darstellung geübt.

W.: Erzählungen: Drei Erzählungen (Die Höhle, R. W. Ein Bericht, Jagd), 52; Der Liliputaner, 61; Wolfsjagd. Erzählungen, 70. – *Essays, wissenschaftliche Abhandlungen:* Burckhardt, 16; Der Berner Schultheiß Ch. Neuhaus, 25;

Kleinasiatische Reise, 26; Maria Theresia, 30; Richelieu, 3 Bde, 35–66; Gestalten und Mächte, 42. (vermehrte Ausg. 61); Ein Vormittag beim Buchhändler, 43; Erinnerungen an Hofmannsthal und Briefe des Dichters, 44; Reden und Aufzeichnungen, 52; Vier historische Betrachtungen, 53; Briefwechsel mit Hofmannsthal, 56; Begegnungen, 58; Sylvester Ansprache 1957, 58; Bildnisse, 58; Meine Danziger Mission, 60; Betrachtungen und Berichte, 64; Werner Bergengruen, 68; Jugendfreundschaften, 69; Musik, 69; Briefwechsel mit Max Rychner, 70; Zum Begriff der Macht. Ein Gespräch, 72; Zu Hugo v. Hofmannsthal, 74; Briefe aus den letzten Jahren, 77; Memorabilien, 77; Aphorismen, 78; Einfälle. Aphorismen und Betrachtungen, 78; Zum Begriff der Macht, 85; Briefe, 87. – *Werkausgaben:* Gesammelte Werke, 6 Bde, 71ff.; Reminiszenzen, 84. – *Schallplatten, Kassetten:* Ein Vormittag beim Buchhändler, 83.

Burg, Paul H. → Gernhardt, Robert

Bürger, Bernhard → Paquet, Alfons

Burger, Hermann, *10.7.1942 Burg (Aargau), †28.2.1989 Brunegg (Freitod).
B. studierte an der Univ. Zürich Germanistik und Kunstgeschichte, promovierte über Paul Celan und habilitierte sich mit einer Arbeit über die Schweizer Gegenwartsliteratur. Er war Privatdozent an der ETH Zürich und an der Höheren Pädagogischen Lehranstalt des Kantons Aargau und Feuilletonredakteur am «Aargauer Tagblatt». 1980 Conrad-Ferdinand-Meyer-Preis, 1983 Hölderlin-, 1985 I.-Bachmann-Preis, 1988 Preis der Schweizer Schillerstiftung; Wintersemester 1985/86 Gastdozent für Poetik an der Universität Frankfurt. B. war korrespondierendes Mitglied der Deutschen Akademie für Sprache und Dichtung.
In den deutlich von Ingeborg Bachmann und Paul Celan beeinflußten Gedichten *Rauchsignale* und den zehn Prosastücken *Bork* geht es B. um den Blick hinter die Fassade konventioneller Lebensformen. Der Reiz der spielerischen Entlarvung schlägt dabei um ins Entsetzen vor dem Tod. Dieses satirisch-humorvolle Ausspielen der Wirklichkeit durch die Phantasie findet seine große poetische Metapher in B.s *Schilten*-Roman: Der Lehrer

Armin Schildknecht versucht in einem sich bis zum Wahnsinn steigernden Monolog der Schulbehörde zu erklären, warum er seine Schüler in der Friedhofkunde unterrichtete. Alles, was ihm in diesem Schulhaus in dieser Zeit widerfuhr, bestärkt ihn nur im Glauben an die Allgegenwart des Todes inmitten des Lebens. B. variiert und verschärft dieses Thema noch in seinen drei *Diabelli*-Erzählungen, die alle vom Widerspruch zwischen Kunst und Leben handeln. In den *Kirchberger Idyllen* greift B. zurück auf die strenge Form des Distichons. – *Brunsleben*, der erste Band des mehrbändig geplanten Romanwerks *Brenner*, schildert die Lebensgeschichte des Hermann Arbogast Brenner, der sich – ununterbrochen Zigarren rauchend – seiner Vergangenheit zu vergewissern sucht. Es ist ein Dokument der Lebenskunst und zugleich tiefer Verzweiflung, in dem der depressive Held gegen seine Angst anerzählt.

W.: Lyrik: Rauchsignale, 1967; Kirchberger Idyllen, 80. – *Prosa:* Bork Prosastücke, 70; Schilten. Schulbericht zuhanden der Inspektorenkonferenz, Roman, 76; Diabelli, Erzählungen, 79; Die künstliche Mutter, 82; Ein Mann aus Wörtern, 83; Blankenburg, 86; Der Puck, o.J.; Der Schuß auf die Kanzel, 88; Die Wasserfallfinsternis von Badgastein und andere Erzählungen, 89; Brenner. Roman. Bd.1: Brunsleben, 89. – *Essays:* Paul Celan. Auf der Suche nach der verlorenen Sprache, 74; Kleine Welt in bunten Bildern. Naive Malerei von E. Hostettler, 82; Schriftbilder der Natur (Fotos von E. Hennig), 85; Die allmähliche Verfertigung der Idee beim Schreiben. Frankfurter Poetik-Vorlesung, 86; Tractatus logico-suicidalis. Über die Selbsttötung, 88.

Burkart, Erika, *8.2.1922 Aarau.
B. war nach dem Besuch des Lehrerinnenseminars Aarau von 1942–52 als Primarlehrerin tätig und lebt seither als freie Schriftstellerin. Sie hielt sich längere Zeit in Italien, Spanien, Frankreich und Irland auf und lebt jetzt in der Schweiz. – In den ersten Jahrzehnten ihrer schriftstellerischen Arbeit beschränkte sich das Werk B.s fast ausschließlich auf Gedichte, und bis heute finden sich nur wenige umfangreichere Prosaarbeiten. Für ihre Werke in allen literarischen Gattungen

ist die Spannung kennzeichnend zwischen der entseelten, technisierten Welt und der Natur. Die moderne Zivilisation und die mit ihr notwendig verbundenen Abstraktionen sind für B. Ausdruck der Entfremdung des Menschen von der Natur und damit seiner eigenen Herkunft. Der Dichter kann nur versuchen, sich den Wurzeln menschlichen Lebens sprachlich zu nähern, mit Hilfe von Mythen und Bildern den quasi ‹kindlichen› Blick wieder empfänglich zu machen für die Empfindung der ursprünglichen Einheit von Mensch und Natur. Wie in ihrer Lyrik verzichtet B. auch in ihrer Prosa auf erzählerische Fülle und versucht statt dessen, über Mythen und mühsame Erinnerungsarbeit sich der eigenen Geschichte und der Problematik der modernen Zeit zu nähern. – B. erhielt zahlreiche Auszeichnungen, darunter 1958 den Annette-von-Droste-Hülshoff-Preis, 1959 den Preis der Schweizerischen Schiller-Stiftung, 1961 den Preis der Conrad-Ferdinand-Meyer-Stiftung, 1964 den Kulturpreis Pro Argovia, 1970 die Ehrengabe der Stadt Zürich, 1971 den Ida-Dehmel-, 1978 den Johann-Peter-Hebel- und 1980 den Aargauer Literaturpreis.

W.: Romane, Erzählungen, Prosa: Moräne. Der Roman von Lilith und Laurin, 1970; Rufweite, 75; Der Weg zu den Schafen, 79; Die Spiele der Erkenntnis, 85. – *Lyrik:* Der dunkle Vogel, 53; Sterngefährten, 55; Bann und Flug, 56; Sommersonnwende, 57; Geist der Fluren, 58; Die gerettete Erde, 60; Mit den Augen der Kore, 62; Ich lebe, 64; Die weichenden Ufer, 67; Die Transparenz der Scherben, 73; Das Licht im Kahlschlag, 77; Die Freiheit der Nacht, 81; Sternbild des Kindes, 84. – *Sammel- und Werkausgaben:* Fernkristall. Ausgewählte Gedichte, 72; Augenzeuge. Ausgewählte Gedichte, 78.

Burren, Ernst, *20.11.1944 Oberdorf (Kanton Solothurn).
B.s Eltern bewirtschafteten einen Bauernhof und eine Gastwirtschaft in Oberdorf. Nach dem Besuch der Bezirksschule besuchte B. das Lehrerseminar Solothurn und arbeitet seit Abschluß seiner Ausbildung als Lehrer. Neben dem Kunstpreis des Kantons Solothurn bekam B. den ersten Alemannischen Literaturpreis 1981. – B. schreibt Mundart,

Gedichte ebenso wie Prosa. Angeregt wurde er, Dialekt als Ausdrucksmittel zu wählen, durch die Arbeiten von Eggimann und Marti. Themen seiner Arbeiten sind der Alltag, die Familie, die Schule, das Wirtshaus als Ort der Geselligkeit. Hier findet er den Stoff für seine Anti-Idyllen, für die Entlarvung des hinter vorgeschobener Freundlichkeit und Gemütlichkeit verborgenen Moments der Gleichgültigkeit, der Lieblosigkeit und aggressiven Ausgrenzung alles Fremden.

W.: Romane, Erzählungen, Prosa: Scho wider Sunndig, 1971; I Waud go Fahne schwinge, 74; Dr Schtammgascht, 76; S chürzere Bei, 77; Dr Zang im Pfirsich, 79; Begonie und Schtifmüetterli, 80; Am Evelin si Baschter, 82; Näschtwermi, 84; Chuegloggeglüt, 87; Rio Negro, 89. – *Dramen, Hörspiele:* So ein Tag, so wunderschön wie heute, 72 (Bühnenms.); Schueukommission, 74; Szenen, 87 (Bühnenms.). – *Lyrik:* derfür und derwider, 70; um jede priis, 73; Schtoh oder hocke, 85. – *Sammel- u. Werkausgaben:* derfür und derwider / um jede priis / s chürzere bei, 81; Scho wider Sunndig. I Waud go Fahne schwinge. Dr Zang im Pfirsich, 81; Dr Schtammgascht. Begonie und Schtifmüetterli, 87.

Büscher, Josef, *10.3.1918 Oberhausen-Sterkrade, †19.9.1983 Gelsenkirchen.
Gymnasium, nach dem Abitur Arbeits- und Wehrdienst, im 2. Weltkrieg zuletzt als Kompanieführer, amerikanische Kriegsgefangenschaft. Von 1945–51 arbeitete B. unter Tage und erlernte den Beruf des Kohlenhauers. B. war Gründungsmitglied der Dortmunder Gruppe 61 und lieferte mit der Gründung einer literarischen Werkstatt an der Volkshochschule Gelsenkirchen 1967 das aktuelle Beispiel, das drei Jahre später in umfassend organisierter Form der Bewegung «Werkkreis Literatur der Arbeitswelt» zugrunde gelegt wurde. – Seine Lyrik, zusammengefaßt in fünf Bänden und verstreut in über hundert Anthologien, greift die Schlagworte der aktuellen sozialen Diskussion auf und konfrontiert sie mit Arbeitserleben. Neben der Gedankenlyrik wendet sich B. in didaktischer und erzählender Manier historischen Stoffen zu, so in dem Lehrstück *Sie erkannten ihre Macht* und den Geschich-

ten *Zwischen Tackenberg und Rothenbusch*. B.s Werk ist eng mit der Gewerkschaftsbewegung verbunden.

W.: Erzählungen: Zwischen Tackenberg und Rothenbusch. Geschichten aus dem Kohlenpott, 1978. – *Drama:* Sie erkannten ihre Macht. Ein Stück vom großen Bergarbeiterstreik 1889, 76. – *Lyrik:* Auf allen Straßen, Gedichte, 64; Neue Industriedichtung. Gedichte, 65; Stechkarten, 71. – *Herausgebertätigkeit:* Schichtenzettel. Gedichte 69 (mit Kurt Küther und Richard Limpert); Für eine andere Deutschstunde, 72 (mit anderen); «Neue Volkskunst», 70 ff (mit anderen).

Busta, Christine (eig. C. Dimt), *23. 4. 1915 Wien, † 3. 12. 1987 ebd.
B. studierte in Wien Germanistik und Anglistik und arbeitete seit 1950 dort als Bibliothekarin. Sie erhielt mehrere Preise, u. a. 1969 den Gr. Österreichischen Staatspreis, 1975 den A.-Wildgans-Preis und 1982 den Eichendorff-Preis. – B.s Gedichte sind geprägt von mythologisch und christlich bestimmten Themen, die jedoch nicht in herkömmlicher Ergebenheit verarbeitet werden. Die Schöpfungsgeschichte wird zum Ansatzpunkt für Kritik an der heutigen Welt, der Unmenschlichkeit. B. sieht nicht die Hoffnung in alten Werten, ihre Gedichte beinhalten die Suche nach Frieden in der Natur, die von Menschen und ihren Werken zerstört zu werden droht.

W.: Lyrik: Jahr um Jahr, 1950; Der Regenbaum, 51; Lampe und Delphin, 55; Die Scheune der Vögel, 58; Die Sternenmühle, 59; Unterwegs zu älteren Feuern, 65; Salzgärten, 75; Die Zauberin Frau Zappelzeh. Gereimtes und Ungereimtes für Kinder und ihre Freunde, 79; Wenn du das Wappen der Liebe malst, 81; Inmitten aller Vergänglichkeit, 85; Der Regenengel. Legenden, 88; Der Himmel im Kastanienbaum, 89. – *Erzählungen:* Das andere Schaf, 59.

C

Caliban → Haas, Willy

Cameron, Robert → Molsner, Michael

Campe, Helmuth → Kantorowicz, Alfred

Canetti, Elias, *25. 7. 1905 Rustschuk (Bulgarien).
C. wurde als Sohn einer jüdisch-spanischen Familie in Bulgarien geboren, wuchs in England, der Schweiz, Deutschland und Österreich auf; in Wien studierte er bis 1929 (Doktor der Chemie). 1938 emigrierte er über Paris nach London, wo er seither als freier Schriftsteller lebt. Zahlreiche Literaturpreise, u. a. Büchner-Preis 1972, Nobelpreis 1981. Ehrenbürger von Wien.
C., der polyglott erzogen wurde, lernte mit 8 Jahren Deutsch, die Sprache, in der er auch schreibt. Er war befreundet mit H. Broch und wurde entscheidend beeinflußt von K. Kraus. 1935/36 debütierte er mit seinem Roman *Die Blendung.* Peter Kien, der Hauptfigur des Romans, einem Privatgelehrten und Besitzer einer gigantischen Bibliothek, steht als Antipodin seine Haushälterin und spätere Frau Therese gegenüber, mit der Unruhe, Machtgier und Terror in seine abgeschirmte Welt eindringen und ihn zusehends verstören. Eine scheinbar gesicherte geistige Welt zerbricht an ihrer Isolierung vom Alltag. Der Zusammenhang zwischen bürgerlicher Intellektualität und der Ermöglichung von Faschismus wird fast prophetisch erkannt. Die geniale sprachliche Leistung des Werkes besteht darin, die (bizarren) Figuren völlig innerhalb ihrer individuellen Wahnlogik sprechen zu lassen. Das Werk wurde erst nach der 3. Auflage (1963) entsprechend gewürdigt. C. entwickelte hier sein zentrales Darstellungsprinzip, gesellschaftliche Konvention durch ihre eigene Sprache zu demaskieren. Dieses Prinzip bestimmt vor allem auch C.s Dramen, die parabelhaft einen zentralen Gedanken mit allen grotesken Konsequenzen durchspielen. In der *Hochzeit* pervertiert wahnhaftes Besitzstreben und eine sich zügellos entfaltende Sexualität alle menschlichen Beziehungen. Die Hochzeitsfeier wird zu einem Totentanz bürgerlicher Heuchelei. Der Kollaps dieser Gesellschaft ist im Zusammenbruch des Hauses, in dem die Feier stattfindet, bild-

kräftig symbolisiert. In der *Komödie der Eitelkeit* wird am Beispiel eines Spiegelverbotes die Genese eines Massenwahns parabolisch dargestellt. Das bei C. leitmotivisch wiederkehrende Motiv des Todes greift das bislang letzte Drama C.s *Die Befristeten* auf. Die Summe seiner theoretischen Bemühungen und die anthropologische Begründung seiner poetischen Werke gibt C. in seinem philosophisch-kulturanthropologischen Werk *Masse und Macht*. Er entwickelt in diesem alle konventionellen Gattungskriterien sprengenden Werk an Hand reichen Materials eine archaische Typologie des Zeitgenössischen, die im Begriffskomplex Masse und Macht eine der zentralen Wurzeln des Faschismus beschreibt. In den Umkreis dieser Untersuchungen gehört auch eine Reihe von Werken mit Aufzeichnungen, Tagebuchauszügen und Essays, die programmatisch Politisches, Philosophisches, Psychologisches und Literarisches, das Öffentliche und das Private miteinander verbinden. Eine in ihrer psychologischen Differenziertheit fast paradigmatisch zu nennende Studie legte C. mit seiner mehrbändigen Autobiographie vor.

W.: Romane, Erzählungen: Die Blendung, 1935/36; Der Ohrenzeuge, 74. – *Dramen, Libretti:* Die Hochzeit, 32; Die Affenoper, 50; Komödie der Eitelkeit, 50; Die Befristeten, 56. – *Autobiographie, Essays:* Fritz Wotruba, 55; Masse und Macht, 60; Aufzeichnungen 1942–48, 65; Die Stimmen von Marrakesch, 68; Der andere Prozeß. Kafkas Briefe an Felice, 69; Alle vergeudete Verehrung. Aufzeichnungen 1949–60, 70; Die gespaltene Zukunft. Aufsätze und Gespräche, 72; Macht und Überleben, 72; Das Gewissen der Worte, 75; Der Überlebende, 75; Die Provinz des Menschen. Aufzeichnungen 1942–72, 76; Der Beruf des Dichters, 76; Die gerettete Zunge, 77; Die Fackel im Ohr, 80; Das Augenspiel. Lebensgeschichte 1931–37, 85; Das Geheimherz der Uhr. Aufzeichnungen 1973–85, 87. – *Übersetzungen:* Upton Sinclair. – *Sammel- und Werkausgaben:* Welt im Kopf, 62; Dramen, 64. – *Schallplatten:* E. C. liest aus den «Marokkanischen Erinnerungen», 67; Canetti liest Canetti, «Der Ohrenzeuge», 75; E. C. liest aus seinem Buch «Die gerettete Zunge», 78 (2 Kass.).

Carossa, Hans, * 15. 12. 1878 Tölz, † 12. 9. 1956 Rittsteig bei Passau.

C. war Sohn eines Arztes; studierte Medizin in München, Würzburg und Leipzig, Promotion zum Dr. med.; praktischer Arzt in mehreren bayrischen Städten; Teilnahme am 1. Weltkrieg als Bataillonsarzt; nach mehreren Jahren Arzttätigkeit seit 1929 als freier Schriftsteller bei Passau. C. erhielt für sein literarisches Schaffen eine große Zahl von Auszeichnungen und Ehrungen.

C. war sein Leben lang literarischer Einzelgänger, lebte in bewußter Distanz zur literarischen Avantgarde; er betonte die zeitlose Gültigkeit der humanistischen Ideale, vermittelt über die klassische Dichtung. Fixpunkt seiner literarischen Arbeit wurde das Werk Goethes (in geringerem Ausmaß das A. Stifters), dem C. sowohl stilistisch als auch in bezug auf die Thematik nachzueifern versuchte. Dieses Abrücken von zeitbezogener Literatur ließ C., der sich während der NS-Zeit in die «innere Emigration» begab, (unfreiwillig) zu einem Repräsentanten der NS-Kulturpolitik werden.

Am Anfang und am Ende von C.s Schaffen steht die Lyrik; die zentrale Stellung nimmt jedoch die Prosa ein. Die erzählenden Werke C.s sind fast alle – in unterschiedlichem Ausmaß allerdings – autobiographisch, schildern sein Leben, seine Dichter-Arzt-Existenz. Neben diesen direkt autobiographischen Werken literarische Auseinandersetzung mit dem Arztberuf; von diesen Werken hat der Roman *Der Arzt Gion* die weiteste Verbreitung in C.s literarischem Schaffen erfahren.

W.: Romane, Erzählungen, Autobiographisches: Doktor Bürgers Ende, 1913 (2. Fassung: Die Schicksale Dr. Bürgers, 30); Eine Kindheit, 22; Rumänisches Tagebuch, 24 (als: Tagebuch im Kriege, 38); Verwandlungen einer Jugend, 28; Der Arzt Gion, 31; Führung und Geleit, 33; Geheimnisse des reifen Lebens, 36; Wirkungen Goethes in der Gegenwart, 38; Das Jahr der schönen Täuschungen, 41; Aufzeichnungen aus Italien 1925–1943, 47 (daraus als Einzelausgaben: Tag in Terracina, 46; Winterliches Rom, 47); Ungleiche Welten, 51; Reise zu den elf Scharfrichtern, 53; Der Tag des jungen Arztes, 55; Die Frau vom guten Rat, 56; Geschichte einer Jugend, 57; Der Zauberer, 60; Ein Tag im Spätsommer 1947, 79.; Erinnerungen an Padua und Ravenna, 81; Vorspiele, 84. – *Lyrik:* Stella Mystica, 07; Gedichte, 10;

Die Flucht, 16; Ostern, 20; Verse an das Abendland, 46 (auch als: Abendländische Elegie); Stern über der Lichtung, 46; Gesammelte Gedichte, 49; Der alte Taschenspieler, 56. – *Briefe:* Briefe aus siebzig Jahren, 78; Briefe, 3 Bde, 78–81. – *Sammel- und Werkausgaben:* Ges. Werke, 2 Bde, 49f; Ges. Gedichte, 49; Aus den Lebensbüchern, 53; Ausgew. Gedichte, 58; Raube das Licht aus dem Rachen der Schlange, 53; Sämtliche Werke, 2 Bde, 62; Werke in 5 Bdn, 78; Ausgew. Gedichte, 78; Tagebücher 1910–1918, 86; Die Forelle. Der Zauberer, o. J.; Eine Kindheit und Verwandlungen einer Jugend, o. J.

Celan, Paul (eig. Paul Antschel – Anczel in der rumänischen Schreibweise), *23. 11. 1920 Czernowitz, †5. 5. 1970 Paris (Freitod).
Stammte aus deutschsprachiger jüdischer Familie. In Czernowitz in der Tradition des Chassidismus aufgewachsen, wo seine Eltern zur Bildungsschicht zählten. Französisch-Studium; lernt auch die Landessprache Rumänisch, in der er vorübergehend schriftstellerisch tätig ist. Erlebt 1940 den Einmarsch der sowjetischen, 1941 den der deutschen Truppen. 1942 Deportation der Eltern. C. wird in ein Arbeitslager geschickt. Nach 1945 Lektor und Übersetzer in einem Bukarester Verlag. Ende 1947 nach Wien, 1948 nach Paris, studierte Germanistik und Linguistik. Lebte in Paris – in seiner «babylonischen Gefangenschaft» – als deutschsprachiger Autor, Übersetzer und Lektor an der École normale supérieure. Wurde französischer Staatsbürger. – C. war geprägt vom Leben zwischen den Sprachen und Völkern (als Jude in rumänisch-ukrainisch-deutscher Umwelt, der Vielsprachigkeit und besonderen Kultur der Bukowina, dem Trauma der Verfolgung in den Kriegsjahren, der Ermordung der Eltern. – C. schrieb seit 1933 Verse. Erste Gedichtveröffentlichungen unter seinem Pseudonym in der Zeitschrift «Agora» und der österreichischen Zeitschrift «Plan». 1948 erscheint in Wien seine erste Sammlung *Der Sand aus den Urnen. Mohn und Gedächtnis* ist die erste Buchveröffentlichung in Deutschland. – C. fand die eigene Stimme auf Umwegen über Rilke und Trakl. Er dichtete unter dem Einfluß

der Zeitumstände: «Aus den Verzweiflungen wurden Gedichte.» Die anfangs noch beschriebenen und aneinandergereihten Ereignisse wurden ab Beginn der 60er Jahre zunehmend in Metapherverkürzungen angedeutet und schlossen die Identifizierung aus. Diese bewußten Abweichungen von der Normalsprache und Verschlüsselungen waren C. ebenso Stilmittel und kunstvolles Stilsystem (Verfremdung durch unlogische und paradoxe Bilder) wie Ausdruck seines Zweifels an der Sprache und einer auf das Ich zurückgeworfenen Sprachwelt. In den Spätgedichten übermittelt das einzelne Wort nur noch Laut- und Sehreste. – Eine der wenigen theoretischen Äußerungen C.s ist seine Dankrede für den Büchner-Preis (1960), *Der Meridian*, in der er das Wort von der «Randexistenz» des Gedichts prägte. – Von C. stammen Nachdichtungen und Übersetzungen aus dem Französischen (Cioran), Italienischen (Ungaretti), Russischen (Esenin, Mandel'štam).

W.: Lyrik: Sand aus den Urnen, 1948; Mohn und Gedächtnis, 52; Von Schwelle zu Schwelle, 55; Sprachgitter, 59; Die Niemandsrose, 63; Atemwende, 67; Fadensonnen, 68; Lichtzwang, 70; Ausgewählte Gedichte, 70; Schneepart, 71 (Faks. der Handschrift), 76; Zeitgehöft, 76; Weiße Dezimale. Décimale blanche (mit J. Daive), 76. – *Essay:* Der Meridian, 61. – *Übersetzungen, Übertragungen:* Char, Cioran, Cocteau, Esenin, Evtušenko, Mandel'štam, Ungaretti, Valéry, Rimbaud, Supervielle, Michaux, Picasso, Bazaine, du Bouchet, Shakespeare; Übertragungen aus dem Russischen, 86. – *Herausgebertätigkeit:* H. Michaux: Dichtungen (mit K. Leonhardt), 66. – *Sammel- und Werkausgaben:* Gedichte, 62; Ausgew. Gedichte, 68; Ausgew. Gedichte, 70; Gedichte, 2 Bde, 75; Ausgewählte Gedichte. Zwei Reden, 75; Übertragungen, 2 Bde, 76; Der Silbe Schmerz, 80; Gesammelte Werke, 5 Bde, 83; Gedichte 1938–1944, 86; Sprachgitter. Die Niemandsrose, 86; Der Meridian und andere Prosa, 88; Das Frühwerk, 89. – *Schallplatten, Kassetten:* Gedichte und Prosa, 75 (2 Pl.).

Ceram, C. W. (eig. Kurt W. Marek), *20.1.1915 Berlin, †12.4.1972 Hamburg.
C. erlernte zunächst den Beruf des Verlagsbuchhändlers, studierte dann an der Lessing-Hochschule und der Berliner

Univ., arbeitete zunächst als Literatur- und Filmkritiker, wurde nach dem Krieg Feuilletonredakteur der Zeitung «Die Welt», später Verlagslektor. 1949 gab C. mit *Götter, Gräber und Gelehrte* den entscheidenden Anstoß für die Entwicklung des Sachbuches. Außer weiteren Werken zur Archäologie schrieb er über die Filmgeschichte und das aphoristische Buch *Provokatorische Notizen*; er schuf 6 Dokumentarfilme zur neueren Archäologie. – Seit 1954 lebte er abwechselnd in den USA und bei Hamburg.

W.: Prosa: Götter, Gräber und Gelehrte, 1949; Enge Schlucht und schwarzer Berg, 55; Götter, Gräber und Gelehrte im Bild, 57; Provokatorische Notizen, 60 (unter: K. W. Marek); Eine Archäologie des Kinos, 65; Götter, Gräber und Gelehrte in Dokumenten (Hg.), 65; The First American, 71 (dt. Der erste Amerikaner); Ruhmestaten der Archäologie, 75; Das Buch der Pyramiden, 80.

Chauvreau, C. A. → Sperber, Manès

Chotjewitz, Peter Otto, * 14. 6. 1934 Berlin.
Nach einer Malerlehre und dem Abitur an einem Abendgymnasium in Kassel studierte Ch. dort Musik, dann u. a. Philosophie und Jura in Frankfurt, München und Berlin. 6 Jahre in Rom. – Literarisches enfant terrible, frecher Sprachspieler. Politisch linksliberal; plädierte für die Abschaffung der Literatur. Scheinbar wilde Erzählfluten in den frühen Romanen. Entwicklung zum realistischen Erzähler, der in einer Mischung aus Fiktion und Recherchiertem einen kritisch-regionalgeschichtlichen Dokumentarismus verfolgt. Hat Gefallen an grotesker Überzeichnung, liebt literarische Kunstgriffe (mosaikartiges Diagnostizieren, wechselnde Perspektiven). – *Der dreißigjährige Friede*: Denk- und Verhaltensweise einer deutschen Durchschnittsfamilie in den Jahren 1945–75. – *Saumlos*: Ein Kriminalfall wird zu einem Lehrstück über unbewältigte deutsche Vergangenheit. Der Autor realisiert eines Tages, daß er nie über das spurlose Verschwinden der Juden seines Dorfes nachgedacht hat. – Große Sprachkraft und Phantasie vor allem in den ersten

Büchern. Der Pop-Roman *Die Insel* wurde als «eine literarische Kernexplosion» gelobt; *Hommage à Frantek*: Stilparodien.

W.: Romane, Erzählungen, Prosa: Hommage à Frantek, 1966; Die Insel. Erzählungen auf dem Bärenauge, 68; Abschied von Michalik, 69; Vom Leben und Lernen, 69; Die Trauer im Auge des Ochsen, 72; Itschi hat ein Floh im Ohr, Datschi eine Meise, 73; Kinder, Kinder!, 73; Malavita. Mafia zwischen gestern und morgen, 73; Reden ist tödlich, Schweigen auch, 74; Durch Schaden wird man dumm. Erzählungen aus 10 Jahren, 76; Die Gegenstände der Gedankenstille, 76; Die Briganten, 76; Spuren, 76 (mit Lithographien von K. Fussmann); Der dreißigjährige Friede. Ein biographischer Bericht, 77; Die Herren des Morgengrauens, 78; Saumlos, 79; Die mit Tränen säen (mit R. Chotjewitz-Häfner), 80; Mein Mann ist verhindert, 85; Tod durch Leere, 86. – *Drama:* Weltmeisterschaft im Klassenkampf (Majakovskij-Bearbeitung), 71. – *Lyrik:* Ulmer Brettspiele, 65; Chamäleon aus alter Zeit. Gedichte der ersten Person, 66; Den Himmel über Florenz sollte man lieber nicht signieren, 86. – *Essays:* Die Juden von Rhina [mit R. Ch.-Häfner], 88. – *Schriften:* Der Glöckner von Notre Dame und die Madonna der sieben Monde, 77; Der Mord in Davos (mit E. Ludwig), 86. – *Übersetzungen:* Nani Balestrini: Wir wollen alles. Roman über die Fiatkämpfe, 72; Walt-Disney: Ich, Micky Maus, 2 Bde, 73; Ich, Onkel Dagobert, 2 Bde, 74; Corrado Stajano: Das kurze Leben des Franco Seratini, 76; Dario Fo: Bezahlt wird nicht, 77; Einer für alle, alle für einen, 78; Der Dieb der nicht zu Schaden kam, 78; Der Nackte und der Mann im Frack, 78; Mamma hat den besten Shit, 79; D. Fo: Hohn der Angst, 81; D. Fo: Obszöne Fabeln/Mistero Buffo [mit R. Ch.-Häfner], 83; D. Fo: Die Oper vom großen Hohngelächter, 85; D. Fo: Wer einen Fuß stiehlt, hat Glück in der Liebe, 85; D. Fo: Elisabetta / Isabella, drei Karavellen und ein Possenreißer [mit R. Ch.-Häfner], 86; D. Fo: Diebe, Damen, Marionetten [mit R. Ch.-Häfner], 87; D. Fo: Er hatte zwei Pistolen und seine Augen waren schwarz und weiß, 87; D. Fo: Kleines Handbuch des Schauspielers, 89; L. Sciascia: Der Ritter und der Tod, 90.

Christ, Lena (eig. Lena Benedix, geb. Christ), * 30. 10. 1881 Glonn (Oberbayern), † 30. 6. 1920 München (Freitod).
Uneheliche Herkunft aus unterem Kleinbürgertum, Kindheit auf dem Lande, schwere Jugend, Arbeit als Köchin, Serviererin in München. Qualvoller Kloster-

aufenthalt. Erste Ehe in großer sozialer Not (6 Kinder) gescheitert. In zweiter Ehe mit dem Schriftsteller P. Benedix verheiratet, der sie zum Schreiben animierte. An Schwindsucht erkrankt, verarmt. Tod durch Selbstmord. Wichtigstes Werk sind die *Erinnerungen einer Überflüssigen*, C.s erste Veröffentlichung. In ihnen werden C.s bittere Erfahrungen in Kindheit, Jugend und erster Ehe schonungslos und realistisch geschildert mit einem Unterton katholischer Leidensbereitschaft. Ihr weiteres literarisches Werk entsteht unter dem Einfluß der volkstümlichen Werke Ludwig Thomas, zu dem C. Kontakt hatte. In ihren Romanen *Die Rumplhanni, Madam Bäurin, Mathias Bichler* läßt sie die literarischen Entwicklungs- und Schicksalsschemata gelten: die Romanfiguren erreichen nach Umwegen alle die angestrebte gesellschaftliche Anerkennung und den sozialen Aufstieg.
Humoristisch-volkstümliche Geschichten und Erzählungen aus dem bajuwarischen Raum.

W.: Romane, Erzählungen, Autobiographie: Erinnerungen einer Überflüssigen, 1912; Lausdirndlgeschichten, 13; Unsere Bayern anno 14/ 15, 14f; Mathias Bichler, 14; Die Rumplhanni, 16; Bauern, 19; Madam Bäurin, 20; Aus meiner Kindheit, 38. – *Sammel- und Werkausgaben:* Ges. Werke, 70, Neuaufl. 81; Sämtliche Werke, 3 Bde, 87–90.

Cibulka, Hanns, *20. 9. 1920 Jägerndorf (Tschechoslowakei).
C. war als Handelskaufmann tätig; im 2. Weltkrieg wurde er Soldat und verbrachte die Zeit der Kriegsgefangenschaft in Sizilien. Nach der Entlassung machte er eine Ausbildung als Bibliothekar; seit 1952 war er Bibliotheksleiter in Gotha. 1973 Louis-Fürnberg-Preis, 1978 J.-R.-Becher-Preis.
Cibulka setzte sich in seiner an klassische Vorbilder erinnernden Lyrik mit seinem Kindheitserlebnis in Böhmen, der Zeit des Faschismus, dem in der Kriegsgefangenschaft einsetzenden Wandlungsprozeß und den Problemen der Heimatfindung nach 1945 auseinander.
C. begreift Heimat als «Lebenslandschaft», die dem lyrischen Ich die Einheit

von natürlicher und geistiger Heimat geben soll (*Arioso*). Thema in den Tagebüchern ist das immer wieder beschworene, geschönte Italienerlebnis (*Sizilianisches Tagebuch, Umbrische Tage*).
C.s Werk weitet sich zur Zivilisationskritik in der Tradition Carossas und Georg Friedrich Jüngers.

W.: Romane, Erzählungen, Tagebücher: Sizilianisches Tagebuch, 1960; Reisetagebuch, 63; Umbrische Tage, 63; Sanddornzeit, 71; Dornburger Blätter, 72; Liebeserklärung in K., 74; Tagebücher, 76; Das Buch Ruth, 78; Swantow, 83; Seedorn, 85; Wegscheide. Tagebucherzählung, 88; Nachtwache. Tagebuch aus dem Kriege / Sizilien 1943, 89. – *Lyrik:* Märzlicht, 54; Zwei Silben, 59; Arioso, 62; Windrose, 68; Lichtschwalben, 74; Lebensbaum, 77. Der Rebstock, 80; Losgesprochen, 89 (erw.). – *Übersetzungen:* Zábranský / Curek, F. Hrubin. – *Herausgebertätigkeit:* Briefe und Albumblätter von Stifter, 56.

Claudius, Eduard (eig. E. Schmidt, Pseud. Edy Brendt), *29. 7. 1911 Buer bei Gelsenkirchen, †13. 12. 1976 Berlin.
Als gelernter Maurer war C. für die Arbeiterkorrespondentenbewegung tätig. 1929–32 lebte er von Gelegenheitsarbeiten in verschiedenen Ländern Europas. 1932 trat C. der KPD bei; 1933/34 war er in Haft. Er emigrierte in die Schweiz, um dort illegal zu arbeiten. Nach seiner Verhaftung durch die Schweizer Polizei gelang ihm die Flucht nach Spanien, wo er bis 1938 am spanischen Bürgerkrieg teilnahm. 1939–45 war C. nach illegaler Rückkehr in der Schweiz interniert. 1945 wurde C. Pressechef im bayerischen Ministerium für Entnazifizierung; 1948 siedelte er nach Potsdam über, um in der DDR als freischaffender Schriftsteller zu arbeiten. 1955–56 war C. Sekretär des Schriftstellerverbandes der DDR, 1956–61 im diplomatischen Dienst tätig (u. a. Botschafter in Vietnam). 1951 Nationalpreis, 1954 Fontane-Preis (DDR), 1965 J.-R.-Becher-Medaille.
Claudius, der seine ersten Erzählungen in der Exilzeitschrift «Das Wort» veröffentlichen konnte, gab mit seinem autobiographischen Roman *Grüne Oliven und nackte Berge* eine der eindrucksvollsten Beschreibungen von Hoffnung und Verzweiflung der auf der Seite der spani-

schen Republik kämpfenden Internationalen Brigaden.

In der Erzählung *Vom schweren Anfang* und dem Roman *Menschen an unserer Seite* gestaltete C. Entwicklungsprobleme der SBZ/DDR.

Mit siner Erzählung *Wintermärchen auf Rügen*, zugleich einer scharfen Polemik gegen die Trennung von Öffentlichem und Privatem in einigen Werken des Bitterfelder Weges, gelang C. eine genaue Erfassung der tatsächlichen Veränderungen in der DDR. Unter den zahlreichen Autobiographien, die in der DDR seit dem Ende der 60er Jahre erschienen, nahmen C.' *Ruhelose Jahre* eine Sonderstellung ein; C. setzte sich u. a. sehr detailliert mit den Wirkungen stalinistischer Kulturpolitik in der Zeit bis 1951 auseinander.

W.: Romane, Erzählungen, Reportagen: Jugend im Umbruch, 1936 (unter dem Pseud. Edy Brendt); Das Opfer, 38; Grüne Oliven und nackte Berge, 45; Haß, 47; Salz der Erde, 48; 69; Gewitter, 48; Notizen nebenbei, 48; Zu Anbeginn, 50; Vom schweren Anfang, 50; Menschen an unserer Seite, 51; Früchte der harten Zeit, 53; Seemannsgarn neu gesponnen, 54; Paradies ohne Seligkeit, 55; Die Nacht des Käuzchens, 55; Von der Liebe soll man nicht nur sprechen, 57; Als die Fische die Sterne schluckten, 61; Das Mädchen «Sanfte Wolke», 62; Aus nahen und fernen Städten, 64; Wintermärchen auf Rügen, 65; Ruhelose Jahre, 68; Mit Netz und Winsch auf hoher See, 73. – *Drama:* Die Söhne Garibaldis, 52. – *Sammel- und Werkausgaben:* Erzählungen, 51; Gesammelte Werke in Einzelausgaben: Hochzeit in den Alawitenbergen, 75; Die Nacht des Käuzchens, 79; Geschichte einer Liebe. Kurze Prosa, 81.

Claudius, Hermann, *24.10.1878 Langenfelde (Holstein), †8. 9.1980 Grönwohld bei Trittau.

C. ist ein Urenkel von Matthias Claudius. Er war 1900–1934 Volksschullehrer und wurde nach einem Verkehrsunfall pensioniert. C. ist Lyriker, auch Märchenspielautor, Erzähler, Übersetzer und Biograph, vor allem aber Mundartdichter (Niederdeutsch). – 1933 wurde er Mitglied der Preußischen Akademie der Dichtung und 1936 Mitglied der Erfurter Akademie der gemeinnützigen Wissenschaften; Lessing-Preis Hamburg 1942.

Anfangs schrieb C. soziale Großstadtgedichte auf niederdeutsch, später auch schlichte Verse in der Volksliedtradition. Bekannt wurde C. mit seinem Band plattdeutscher sozialer Lyrik *Mank Muern*. 1920 veröffentlichte er sein *Hamborger Kinnerbok*. Berühmt wurde er durch das Lied *Wenn wir schreiten Seit an Seit*. Seine naiv-frommen, teilweise nationalistischen Gedichte, die den 1. Weltkrieg verherrlichen, fanden sehr schnell das Wohlwollen der Nazis.

W.: Romane, Autobiographisches: Das Silberschiff, 1923; Meister Bertram van Mynden, 27; Armantje, 34; Wie ich den lieben Gott suchte, 35; Mein Vetter Emil, 38; Karge reiche Kinderzeit. Geschichten um Armantje, 60; Hamburg. Die Stadt, die ich aus Kindertagen liebe, 88. – *Lyrik:* Mank Muern, 12; Hörst du nicht den Eisenschritt, 14; Lieder der Unruh, 20; Hamborger Kinnerbok, 20; Bodderlicker set di, 24; Heimkehr, 25; Und weiter andern Gott und Welt, 26; Daß dein Herz fest sei, 35; Jeden Morgen geht die Sonne auf, 38; Zuhause, 40; Aldebaran, 44; Nur die Seele, 47; Ulenbütteler Idylle, 48; Das Wolkenbüchlein, 48; Mein kleines Gedicht, 53; In meiner Mutter Garten, 53; Und dennoch Melodie. Sonette, 55; Mien Weg na Huus, 58; Töricht und Weise, 68. – *Bühnenspiele:* Licht, 20; Menschheitswille, 27; Rumpelstilzchen, 28; Speeldeel für Jungs un Deerns, 30; Das Kain- und Abelspiel, 51. – *Sonstiges:* Skizzenbuch meiner Begegnungen, 66; Stummel. Ein Vertelln, 78. – *Werkausgaben:* Werke, 57; Der Rosenbusch, 61. Jubiläumsausgabe in 3 Bdn, 78; Wohin wir immer wandern (mit R. Hendrich), 82; Wupp Windvogel, o. J.; Jeden Morgen geht die Sonne auf, 85.

Conrad, C. → Benjamin, Walter

Conrad, Michael Georg, *5.4.1846 Gnodstadt/Franken, †20.12.1927 München.

C. studierte 1864–68 Philosophie, Philologie und Pädagogik in Genf, Neapel und Paris und promovierte anschließend zum Dr. phil. In der Zeit von 1868–76 arbeitete er als Lehrer in Genf und Neapel, dann als Journalist in Paris, wo er die Bekanntschaft E. Zolas machte. 1882 ließ er sich in München nieder und propagierte in Essays und Aufsätzen die naturalistische Romantechnik Zolas. In der Folge wurde er zu einem der wichtigsten und einflußreichsten Vertreter des frühen Naturalismus in Deutschland, das geistige Haupt der Münchner ‹Gesellschaft›, die sich 1882 unter seiner Führung formierte, die etablierte epigonale Kunst, wie sie besonders im Dichterkreis um Paul Heyse vertreten wurde, ablehnte und eine ‹neue› Literatur unter dem Postulat der Wissenschaftlichkeit und Wirklichkeitstreue anstrebte. Das Organ zur Propagierung ihrer Ideen schufen sich die Münchner Naturalisten mit der Zeitschrift «Die Gesellschaft», 1885 von C. gegründet und 1888–1901 zusammen mit C. Bleibtreu herausgegeben. Das Projekt, eine Bühne nach dem Vorbild der Berliner «Freien Bühne» auch in München zu errichten, um verbotene zeitgenössische Werke zur Aufführung zu bringen, scheiterte jedoch an den divergierenden literarischen Vorstellungen der Mitglieder des Münchner Naturalisten-Kreises. In seinen schriftstellerischen Werken versuchte C., den Spuren Zolas zu folgen. Als Gegenstück zu Zolas Pariser Romanen entstanden drei eines auf zehn Bände geplanten Roman-Zyklus *Was die Isar rauscht* mit dem Ziel, ein wirklichkeitsgetreues Charakterbild Münchens zu entwerfen. In späteren Arbeiten wird der Einfluß Nietzsches sichtbar, den C. mit Luther verglich, so in dem Roman *In purpurner Finsternis*. Von entscheidender Bedeutung sind aber die Aufsätze und Kritiken C.s in zahlreichen Zeitschriften und Tageszeitungen, mit denen er das literarische Geschehen besonders in den 80er Jahren des letzten Jahrhunderts beeinflußte und kommentierte.

W.: Dramen: Die Emanzipierten, 1887; Firma Goldberg, 88. – *Lyrik:* Salve Regina, 1899; Am hohen Mittag, 1916. – *Romane, Novellen, Essays:* Erziehung des Volkes zur Freiheit, 1870; Zur Volksbildungsfrage im Deutschen Reich, 71; Pestalozzi, 73; Humanitas, 75; Die Lage im Kulturkampf, 75; Vom Reißbrett, 75; «Mehr Licht», 77; Spanisches und Römisches, 77; Die letzten Päpste, 78; Die clericale Schilderhebung, 78; Die Musik im heutigen Italien, 79; Parisiana, 80; Pariser Kirchenlichter, 80; Französische Charakterköpfe, 81; Flammen, 82; Madame Lutetia, 83; Lutetias Töchter, 83; Totentanz der Liebe, 85; Die Freimaurer, 85; Was die Isar rauscht, 87; Die klugen Jungfrauen, 89; Fantasio, 89; Pumpanella, 89; Deutsche Weckrufe, 90; Raubzeug, 90; Erlösung, 90;

Die Beichte des Narren, 90; Gelüftete Masken, 90; Die Sozialdemokratie und die Moderne, 91; Die Moderne, 91; Das Recht, der Staat, die Moderne, 91; Ketzerblut, 92; Bergfeuer, 93; Wahlfahrten, 93; Der Übermensch in der Politik, 94; In purpurner Finsternis, 95; Wirtschaftliche Kämpfe um höhere Kultur, 97; Majestät, 1902; Der Herrgott am Grenzstein, 04; Wagners Geist und Kunst in Bayreuth, 06; Bismarck der Künstler, 09; Die goldene Schmiede – Rotes Blut, 16; Der Protestantismus in Bayern, 17; Rettende Politik, 19; Deutsches Blut in Paris, 21. – *Biographien:* Emile Zola, 1906; Franziska Hager, 24. – *Autobiographisches:* Von Emile Zola bis Gerhart Hauptmann, 1902. – *Herausgebertätigkeit:* Die Gesellschaft, 1885–1901; M. Schleich, Der Einsiedler, 86; C. v. Gagern, Schwert und Kelle, 88; Münchner Flugschriften, 91; H. Conradi, Liebesbeichte, 1909; Deutsches Literatur-Blatt, 11–13.

Corte, Antonio → Habe, Hans

Corty, Christian → Behaim-Schwarzbach, Martin

Cotton, Jerry,
wöchentlich erscheinende deutsche Heftroman-Serie, seit 1955 auf dem Markt, über einen G-man des FBI, der mit seinem treu ergebenen Freund Phil Decker in New York Verbrecher jagt. Die Serie wurde zum Inbegriff des Groschenheftes, weil sie mit kühler merkantiler Überlegung auf perfektionierten Konsumcharakter zugeschnitten ist und mit rigider Sprache, klischeehafter Dramatik und mit Versatzstücken vorgeblicher Wirklichkeit ein Weltbild vermittelt, das Wunschwelt ist und dem vor allem naive Gemüter zu erliegen drohen. Jerry Cotton kämpft mit der Waffe in der Hand für Recht und Ordnung, ohne Erscheinungsformen des modernen Verbrechens zu hinterfragen und dessen soziale und psychische Ursachen zu analysieren. Der Held hat einen hohen Identifikationswert; er ist ein «sauberer» Held (sexuelle und sadistische Exzesse sind verpönt), kein Supermann, sondern ein bürgerliche Ideale transportierender Exponent des Mittelmaßes, so daß ein Nacheifern möglich und ideell wünschenswert erscheint. Durch stereotype Verwendung von Requisiten (sein Jaguar, seine Smith

& Wesson) wird der Seriencharakter unterstrichen und beim Leser ein ähnliches Zugehörigkeitsgefühl aufgebaut, wie es die Science-fiction-Literatur für sich in Anspruch nimmt. Die Serie wird nach vom Verlag vorgegebenem Schema von fünf bis sechs Autoren geschrieben, deren Anonymität vom Verlag streng gewahrt wird: Der Leser soll die fiktive Figur des Ich-Erzählers Jerry Cotton als wahr nehmen. Mit einer Gesamtauflage von 300 Millionen ist Jerry Cotton die erfolgreichste Kriminalserie der Welt und insofern ein literatursoziologisches Phänomen. Bis April 1980 waren rund 1200 Heftromane und 230 Taschenbücher erschienen.

Courths-Mahler, Hedwig (Pseud. Relham, Hedwig Brand), *18.2. 1867 Nebra (Thüringen), †26.11. 1950 Rottach-Egern.

C.-M., die aus bescheidensten sozialen Verhältnissen stammte, begann mit 17 Jahren ihre Laufbahn als Unterhaltungsschriftstellerin, in der sie es später bis zur Goldmarkmillionärin brachte. Wenngleich die Diskussion über den literarischen (Un-)Wert ihres über 200 Romane umfassenden Werkes längst verstummt ist, sind die Millionenauflagen, die einige Titel erzielten, ein beredtes Zeugnis dafür, daß C.-M. mit ihren einfachen Arrangements einer heilen Welt einer sehr großen Leserschicht entgegenkam und wohl auch heute noch entgegenkommt. Fernsehverfilmungen ihrer Romane (z. B. *Griseldis, Der Scheingemahl*) in den letzten Jahren wiesen hohe Einschaltquoten auf; ständig werden Titel neu aufgelegt, sei es als Buch oder Heftchenroman. Der entscheidende Durchbruch zu ihrem außergewöhnlichen Erfolg, dessen Höhepunkt in die 20er Jahre fiel, gelang ihr mit dem Roman *Die wilde Ursula*. In C.-M.s Nachfolge schrieben später ihre Töchter Margarete Elzer und Friede Birkner.

W.: Romane, Erzählungen: Scheinehe, 1905; Untreu, 07; Gefährliches Spiel um Ruth, 07; Welcher unter euch?, 07; Im Waldhof, 09; Auf falschem Boden, 10; Es irrt der Mensch, 10; Der Sohn des Tagelöhners, 10; Der Wildfang, 10; König Ludwig und sein Schützling, 11; Das Gänsemädchen von Dohrma, 11; Lieselottes Heirat, 11; Die wilde Ursula, 12; Ich lasse dich nicht!, 12; Gib mich frei, 12; Des Andern Ehre, 12; Das Halsband, 12; Der stille See, 13; Aus erster Ehe, 13; Was Gott zusammenfügt, 13; Unser Weg ging hinauf, 14; Hexengold, 14; Käthes Ehe, 14; Die Bettelprinzeß, 14; Deines Bruders Weib, 15; Die schöne Miss Lilian, 15; Ich will, 15; Die Kriegsbraut, 15; Sanna Rutlands Ehe, 15; Mamsell Sonnenschein, 15; Die Testamentsklausel, 15; Durch Liebe erlöst, 15; Arme kleine Anni, 16; Der tolle Hassberg, 16; Vergib, Lori!, 16; Die drei Schwestern Randolf, 16; Lena Warnstetten, 16; Prinzeß Lolo, 16; Frau Bettina und ihre Söhne, 16; Seine Frau, 16; Meine Käthe und andere Erzählungen, 16; Ein deutsches Mädchen und andere Erzählungen, 16; Die Assmanns, 16; Griseldis, 16; Eine ungeliebte Frau, 18; Das Amulett der Rani, 18; Die schöne Unbekannte, 18; Die Adoptivtochter, 19; Diana, 19; Das Drama von Glossow, 19; Amtmanns Käthe, 19; Sein Kind, 19; Liane Reinold, 19; Hans Ritter und seine Frau, 19; Der Scheingemahl, 19; Armes Schwälbchen, 19; Friede Sörensen, 19; Verschmäht, 20; Zwei Frauen, 20; Die Kraft der Liebe, 20; Im Buchengrund, 20; Rote Rosen, 20; Die Geschwister, 20; Ohne dich kein Glück, 20; Zur linken Hand getraut, 20; Die Herrin von Retzbach, 20; Dein ist mein Herz, 20; Was tat ich dir?, 20; Annadores Vormund, 20; O du mein Glück, 20; Die Stellvertreterin, 20; Opfer der Liebe, 21; Sommerfrische, 21; Glückshunger, 21; Ich darf dich nicht lieben, 21; Licht und Schatten, 21; Die Menschen nennen es Liebe, 21; Der Müßiggänger. Da zog ein Wanderbursch vorbei, 21; Der Mut zum Glück, 21; Die Stiftssekretärin, 21; Wer wirft den ersten Stein?, 21; Arbeit adelt, 21; Die schöne Kalifornierin, 22; Eine fromme Lüge, 22; O du Jungfer Königin, 22; Die Pelzkönigin, 22; Das stolze Schweigen, 22; Von welcher Art bist du?, 22; Wem nie durch Liebe Leid geschah, 22; Durch Leid zum Glück, 23; Dora Linds Geheimnis, 23; Menschenherz, was ist dein Glück?, 23; Der Australier, 24; Der verhängnisvolle Brief, 24; Wenn zwei sich lieben, 24; Das ist der Liebe Zaubermacht, 24; Fräulein Domina, 24; Es gibt ein Glück, 24; Das Heiligtum des Herzens, 24; Versöhnt, 24; Betrogene Liebe, 24; Die schöne Melusine, 24; Die Sonne von Lahori, 24; Vergangenheit, 24; Verstehen heißt verzeihen, 24; Britta Riedbergs Fahrt ins Glück, 25; Feenhände, 25; Herz, nicht verzag!, 25; Mein liebes Mädel, 25; Nur dich allein!, 25; Wenn Wünsche töten könnten!, 25; Wo du hingehst ..., 25; Willst du dein Herz mir schenken?, 25; Das verschwundene Dokument, 26; Seine indische Ehe, 26; Das Geheimnis einer Namenlosen, 26; Frau Majas Glück, 26; Ich liebe dich, wer du auch bist, 26; Hannelores Ideal, 26; In fremdem Lande, 26; Verschwiegene Liebe – verschwiegenes Leid, 26; Ihr Retter in der Not, 26; Die Verbannten, 26; Fräulein Chef, 27; Die verschleierte Frau, 27; Sein Mündel, 27; Nun ist alles anders geworden, 27; Die Perlenschnur, 27; Sie hatten einander so lieb, 27; Aschenbrödel und Dollarprinz, 28; Frau Juttas Befreiung, 28; Die Erbin, 28; Ich hab so viel um dich geweint, 28; Die Inselprinzessin, 28; Der verlorene Ring, 28; Die heimlich Vermählten, 28; Du bist meine Heimat, 29; Hab kein Herz auf dieser Welt, 29; Harald Landry, der Filmstar, 29; Nach dunklen Schatten das Glück, 29; Magdalas Opfer, 29; Verkaufte Seelen, 29; Allen Gewalten zum Trotz sich erhalten, 30; Um Diamanten und Perlen, 30; Schwester Marlens Geheimnis, 30; Liebe ist der Liebe Preis, 30; Schweig still, mein Herz, 30; Die Tochter der zweiten Frau, 30; Die verstoßene Tochter, 30; Trotz allem lieb ich dich!, 30; Der Abschiedsbrief, 30; Die Liebe hört nimmer auf, 31; Mit dir bis in den Tod, 31; Die ungleichen Schwestern, 31; Des Schicksals Wellen, 31; Du meine Welt, 31; Unschuldig schuldig, 31; Erika und der Einbrecher, 32; Auf der Jungfernburg, 32; Wie ist mein armes Herz so schwer, 32; Wo ist Eva?, 32; Judys Schwur, 32; Helen Jungs Liebe, 32; Da sah er eine blonde Frau, 32; Ihr Reisemarschall, 32; Das Erbe der Rodenberg, 32; Die Herrin von Armada, 32; Des Herzens süße Not, 32; Das Findelkind von Paradiso, 33; Heide Rosenaus Kampf ums Glück, 33; Was ist denn Liebe, sag?, 33; Ich liebe einen Andern, 33; Gerlinde ist unschuldig, 33; Ihr Geheimnis, 33; Ich glaube an dich, 33; Was ist mit Rosemarie?, 33; Das Rätsel um Valerie, 33; Siddys Hochzeitsreise, 34; Ich heirate Bertie, 34; Ich kanns dir nimmer sagen, 34; Seine große Liebe, 34; Nur wer der Sehnsucht kennt, 34; Heimchen, wie lieb ich dich, 34; Ich weiß, was du mir bist, 34; Was tut man nicht für Dorothy?, 35; Was wird aus Lori?, 35; Frauen in Not, 35; Dorrit in Gefahr, 35; Dorrit und ihre Schwester, 35; Wills tief im Herzen tragen, 35; Ich hab dich lieb!, 35; Die entflohene Braut, 36; Weit ist der Weg zum Glück, 36; Sag, wo weiltest du so lange, 36; Zwischen Stolz und Liebe, 36; Du darfst nicht von mir gehen, 36; Lissa geht ins Glück, 36; Eine andere wirst du küssen, 37; Hilfe für Mona, 37; Daniela, ich suche dich, 37; Lady Gwendolins Ebenbild, 37; Unser Tag wird kommen, 38; Jolandes Heirat, 38; Wir sind allzumal Sünder, 38; Nur aus Liebe, Marlies, 39; Die Flucht in den Frieden, 48.

Cramer, Heinz (Tilden) von, *12.7.1924 Stettin.
C. studierte in Berlin 1938–43 Musik bei Boris Blacher, war 1946–53 Dramaturg und Regisseur beim RIAS. Seit 1953

freier Schriftsteller. – Dem poetischen Realismus seines sprachmächtigen Romanerstlings *San Silverio* folgten zeitkritische Romane, die einen permanenten Wandel von C.s stilistischen Ausdrucksmitteln zeigen. In dem satirischen Romanpamphlet *Die Kunstfigur* entwirft er das Porträt eines opportunistischen Autors durch drei Epochen deutscher Gegenwartsgeschichte. In den drei abenteuerromanhaften Kapiteln von *Die Konzessionen des Himmels*, philosophischen Erzählungen im Sinne Voltaires, setzt er sich kritisch mit dem Christentum auseinander. Mit Mitteln der Science-fiction wendet er sich in den zehn Texten von *Leben wie im Paradies* gegen das Mißverhältnis zwischen den Möglichkeiten der modernen Technik und den «noch ganz in den Denkfesseln des 19. Jhs. verstrickten Menschen». *Der Paralleldenker*, sein umstrittenstes Buch, ist der Versuch eines collageartigen «Pop-Romans». C. trat auch als Lyriker, Librettist (für Boris Blacher, Hans Werner Henze, Gottfried von Einem), Übersetzer, Hörspiel- und Drehbuchautor und Regisseur hervor.

W.: Romane, Erzählungen: San Silverio, 1965; Die Kunstfigur, 58; Die Konzessionen des Himmels, 61; Leben wie im Paradies, 64; Der Paralleldenker, 68. – *Libretti:* Die Flut, 46; Preußisches Märchen, 50; Engel-Etüde, 50; Der Prozeß (nach Kafka), 52; König Hirsch (Musik H. W. Henze), 56. Zwischenfälle bei einer Notlandung, 66.

Croves, Hal → Traven, B.

Csokor, Franz Theodor, *6.9.1885 Wien, †5.1.1969 ebd.
C. studierte Kunst- und Literaturgeschichte, bereiste Rußland, Polen, Frankreich und Italien, lebte seit 1938 in der Emigration (Polen, Rumänien, Italien), seit 1946 wieder in Wien; er war Präsident des Österreichischen PEN-Clubs. C. begann als Dramatiker des Expressionismus im Gefolge Strindbergs. Der reale Rahmen der Geschehnisse auf der Bühne wird immer wieder gesprengt, die einzelnen Akte (Bilder) sind Stationen einer Passion, das Theater wird zur Traumbühne. Die Mann-Weib-Proble-

matik steht im Vordergrund, neben Strindberg ist Wedekinds Einfluß spürbar (*Die rote Straße, Die Sünde wider den Geist*). Auch in seinen geschichtlichen und zeitnahen Dramen (etwa dem Stück um Georg Büchner, *Gesellschaft der Menschenrechte*) bleibt die expressionistische Grundhaltung bestehen. *Dritter November 1918* hat den Zerfall der Donaumonarchie zum Gegenstand; das Stück bildet mit *Besetztes Gebiet* (Auseinandersetzungen in einer kleinen rheinischen Stadt während der französischen Besetzung; Opfertod des humanistischen Bürgermeisters) und dem Partisanendrama *Der verlorene Sohn* (auch hier Idee des Opfers) die *Europäische Trilogie*. Weltgeschichte thematisiert die Trilogie *Olymp und Golgatha* (*Kalypso*, *Caesars Witwe*, *Pilatus*). Religiöse und ethische Probleme behandeln auch *Hebt den Stein ab!* und *Das Zeichen an der Wand*. – 1955 Gr. Österreichischer Staatspreis.

W.: Dramen: Thermidor, 1912; Der große Kampf (Mysterienspiel), 14; Die Stunde des Absterbens, 16; Der Baum der Erkenntnis, 17; Die Sünde wider den Geist, 18; Die rote Straße, 18; Gesetz, 21; Ballade von der Stadt, 22; Das Geschenk, 25; Gesellschaft der Menschenrechte, 26; Besetztes Gebiet, 30; Die Weibermühle, 32; Gewesene Menschen, 32; Der tausendjährige Traum (Manuskript), 33; Das Thüringer Spiel von den zehn Jungfrauen. Erneuert u. erweitert, 33; Dritter November 1918, 36; Gottes General, 38; Jadwiga (Manuskript), 39; Wenn sie zurückkommen (Manuskript), 41; Kalypso, 46; Der verlorene Sohn, 46; Pilatus, 54; Medea postbellica (Manuskript), 47; Caesars Witwe, 54; Hebt den Stein ab!, 57; Treibholz, 58; Die Erweckung des Zosimir, 61; Das Zeichen an der Wand, 62; Die Kaiser zwischen den Zeiten, 65; Alexander, 69. – *Lyrik:* Die Gewalten, 12; Der Dolch und die Wunde, 18; 20; Ewiger Aufbruch, 26; Das schwarze Schiff, 44, 2. vermehrte und veränderte Aufl. 47; Männergedichte, 47; Immer ist Anfang, 52. – *Prosa:* Schuß in's Geschäft. Der Fall Otto Eisler, 25; Über die Schwelle, Der Schlüssel zum Abgrund, 55; Der zweite Hahnenschrei, 59; Vom Schmerz und von der Vernunft. Biographie Ferdinand Bruckners, 60. – Du silberne Dame, Du (Briefe von und an Lina Loos), 60. – *Autobiographisches:* Als Zivilist im polnischen Krieg, 40; Als Zivilist im Balkankrieg, 47; Auf fremden Straßen 1939–1945, 55; Zeuge einer Zeit. Briefe aus dem Exil, 1933–50, 64. – *Sammel- und Werkausgaben:* Europäi-

sche Trilogie (Dritter November 1918, Besetztes Gebiet, Der verlorene Sohn), 52; Olymp und Golgatha. Trilogie einer Weltwende (Kalypso, Caesars Witwe, Pilatus), 54; Du bist gemeint, 59; Ein paar Schaufeln Erde. Erzählungen aus fünf Jahrzehnten, 65; Der Mensch und die Macht. Drei Stücke, o. J; Österreichische Trilogie [mit K. Becsi u. H. Schwarz], 87.

Curtius, Ernst Robert, *14. 4. 1886 Thann (Elsaß), †19. 4. 1956 Rom.
Prof. für Romanistik: 1920 in Marburg, 1924 in Heidelberg, 1929 bis zur Emeritierung 1951 in Bonn. Die Lebensarbeit von C. hat ihre Bedeutung im Erschließen der französischen Literatur für den deutschen Kulturraum und die damit verbundenen kulturpolitischen Auswirkungen; durch sein Entdecken der «Verwachsung» der europäischen Literatur mit dem lateinischen Mittelalter und damit der Antike; durch sein Einbringen des Essays als Form in die Literaturwissenschaft und schließlich durch die auf allen drei Gebieten erreichte Europäisierung der Kultur, was zur politischen Entwicklung eines vereinten Europas beitragen sollte. Für den engeren Bereich der Literaturwissenschaft wurde bedeutungsvoll das Herausarbeiten von «Topoi», von in der Tradition entstandenen Gedanken- und Bildmustern. Seither wurde die «Topik» zu einem wichtigen philologischen Mittel der Analyse. – Zur Bibliographie vgl. *Freundesgabe für E. R. C. zum 14. April 56.*

W.: Essays, wissenschaftliche Abhandlungen: Die literarischen Wegbereiter des neuen Frankreich, 1919; Maurice Barrès und die geistigen Grundlagen des französischen Nationalismus, 21; Balzac, 23; Französischer Geist im neuen Europa, 25; Die französische Kultur, 30; Deutscher Geist in Gefahr, 32; Europäische Literatur und lateinisches Mittelalter, 48; Kritische Essays zur europäischen Literatur, 50; Französischer Geist im 20. Jahrhundert, 52; Marcel Proust, 55; Gesammelte Aufsätze zur romanischen Philologie, 60; Büchertagebuch, 60; Kritische Essays zur europäischen Literatur, 85; Aus dem Briefwechsel Max Rychner – E. R. C., 87; Goethe, Thomas Mann und Italien. Beiträge in der «Luxemburger Zeitung» (1922–1925), 88; Kosmopolis der Wissenschaft. E. R. C. und das Warburg Institute. Briefe 1928–1953 und andere Dokumente, 89.

Czechowski, (Karl)Heinz, *7. 2. 1935 Dresden.
Nach seiner Tätigkeit als technischer Zeichner studierte C. 1958–61 am Literaturinstitut in Leipzig; 1961–65 war er Verlagslektor, 1971–73 Mitarbeiter eines Magdeburger Theaters. Mehrere Auszeichnungen, u. a. 1976 Heine-Preis, 1984 H.-Mann-Preis, 1990 Stadtschreiber von Bergen-Enkheim.
C. stand zunächst unter dem Einfluß der Lyrik Huchels. Angeregt durch die universelle Bilderwelt Arendts, legte C. mit *Wasserfahrt* Weltanschauungsgedichte vor, in denen die von Arendt verfochtene Konzeption einer Gleichzeitigkeit von Landschaftsschilderung und Reflexion für die Darstellung der DDR-Wirklichkeit fruchtbar gemacht wurde. Die literarisierende Überfrachtung, die sich dabei gelegentlich zeigte, machte in *Schafe und Sterne* einer stärkeren Unmittelbarkeit des Sprechens Platz. C.s Essayistik zur Gegenwartslyrik der DDR verrät eine Vorliebe für die Landschaftsdichtung Wulf Kirstens und Walter Werners und eine genaue Kenntnis der durch die ältere DDR-Generation gestifteten Lyrik-Tradition (Maurer, Arendt). – Im Band *Ich und die Folgen* gibt C. in freien, prosanahen Versen voll Ironie und Distanz seiner enttäuschten Hoffnung über die Lage in der DDR wie der Welt Ausdruck.

W.: Märchenstücke: Das Märchen vom Kaiser und vom Hirten, 1969; König Drosselbart, 69; Rumpelstilzchen, 72. – *Dramen:* Der Meister und Margarita. Stück nach dem Roman von M. Bulgakow, 86 (Bühnenms.). – *Lyrik:* Nachmittag eines Liebespaares, 62; Wasserfahrt, 67; An alle, 67; Schafe und Sterne, 74; Was mich betrifft, 81; Ich, beispielsweise, 82; Ich und die Folgen, 87; Kein näheres Zeichen, 87; Sanft gehen wie Tiere die Berge neben dem Fluß, 89. – *Essays:* Spruch und Widerspruch, 74; Von Paris nach Montmartre, 81; Herr Neithardt geht durch die Stadt, 83; Semperoper Dresden [mit Ch. Borchert u. K. Milde], [3]87. – *Übersetzungen:* E. Mieželaitis: Der Mensch, 67; Ders.: Gedichte, 67; M. Lermontow: Maskerade, 68; B. Slucky: Gedichte, 74; M. Zwetajewa: Gedichte, 74; A. Wosnessenski: Chagalls Kornblume, 76; S. Wyspianski: Die Novembernacht, 78; A. Mickiewicz: Lyrik/Prosa [mit anderen], 78; J. Ritsos: Milos geschleift [mit anderen], 79; Achmatowa, Anna: Poem ohne Held [mit anderen], 79, 89; J. Marcinke-

vičius: Auf der Erde geht ein Vogel, 80; I. Goll: Gefangen im Kreise, 82; V. Jara: Gedichte, 82; Achmatowa, A.: Gedichte [mit anderen], [2]89. – *Herausgebertätigkeit:* Sieben Rosen hat der Strauch, 64; Zwischen Wäldern und Flüssen, 65; Unser der Tag – unser das Wort. Lyrik und Prosa für Gedenk- und Feiertage, 67; Brücken des Lebens, 68; Morgendämmerzeichen. Hölderlin-Auswahl, 70. – *Sammelausgabe:* An Freund und Feind, 83; Mein Venedig. Gedichte und andere Prosa, 89.

▰▰▰▰▰▰▰▰▰▰▰▰▰ **D** ▰▰▰▰▰▰▰▰▰▰▰▰▰

Danella, Utta (eig. Utta Schneider, Pseud. Sylvia Groth), *(?) Berlin.
Der große Unterhaltungsroman ist die literarische Gattung der D. Sie schildert in ihren weit über 20 Romanen hauptsächlich Frauenschicksale (*Jovana*) und Familienhistorien (*Hochzeit auf dem Lande*). Die psychologisch wenig differenziert angelegten Figuren, die Wiederholung immer gleicher Stoffe, sprachlich kaum gestaltet, sind Kennzeichen dieser schriftstellerischen Produktion, die aber der Beliebtheit bei den Lesern keinen Abbruch tun. D. ist seit Jahren eine Bestseller-Autorin, deren Romane oft als Fortsetzungen in Illustrierten abgedruckt sind.

W.: Romane, Erzählungen, Prosa: Alle Sterne vom Himmel, 1956; Regina auf den Stufen, 57; Die Frauen der Talliens, 58; Alles Töchter aus guter Familie, 58; Die Reise nach Venedig, 59; Stella Termogen, 60; Tanz auf dem Regenbogen, 62; Der Sommer des glücklichen Narren, 63; Der Maulbeerbaum, 64; Der Mond im See, 65; Vergiß, wenn du leben willst, 66; Quartett im September, 67; Unter dem Zauberdach, 67; Jovana, 69; Niemandsland, 70; Gestern oder Die Stunde nach Mitternacht, 71; Der Schatten des Adlers, 71; Der blaue Vogel, 73; Gespräche mit Janos, 75; Die Hochzeit auf dem Lande, 75; Zwei Tage im April, 76; Der dunkle Strom, 77; Die Tränen vom vergangenen Jahr, 78; Familiengeschichten, 79; Das Familienfest, 79; Flutwelle, 80; Die Erbschaft, 81; Geborgte Familie, 81; Eine Heimat hat der Mensch, 81; Sophie Dorothee, 82; Jacobs Frauen, 83; Die Jungfrau im Lavendel, 84; Begegnungen mit Musik, 85; In Ostholstein. Wasser ist hier überall, 85; Der Garten der Träume, 86; Die Unbesiegte, 86; Das verpaßte Schiff, 86; Über das weite Land, 87; Der schwarze Spiegel, 87; Musik – eine Liebe, die nie vergeht, 88; Das Hotel im Park, 89; Der verzauberte Garten, 90. – *Sammel- und Werkausgaben:* Alles Töchter aus guter Familie. Die Reise nach Venedig, 84; Vergiß, wenn du leben willst/Quartett im September/Der Sommer der glücklichen Narren, 84; Unter dem Zauberdach/Der Sommer der glücklichen Narren/Quartett im September, 87; Gestern oder die Stunde nach Mitternacht. 3 Romane in 1 Bd, 88; Regina auf den Stufen. 2 Romane in 1 Bd, 89; 17 Romane in 18 Bänden, 89. – *Herausgebertätigkeit:* Das Paradies der Erde, 76; Die schönsten Circusgeschichten der Welt, 80.

Darlton, Clark → Ernsting, Walter

Däubler, Theodor, *17.8.1876 Triest, †14.6.1934 St. Blasien (Schwarzwald).

D., Sohn eines Augsburger Großkaufmanns, wuchs in Triest zweisprachig auf und diente in der österreichisch-ungarischen Armee. Er studierte und lebte in Italien, Österreich, Deutschland und der Schweiz und bereiste Frankreich, Griechenland, die Türkei, Syrien, Palästina und Ägypten, war so «einer der letzten Nomaden des Abendlandes».

D. gilt als einer der Vorläufer des Expressionismus; er gehörte zwar keinem der expressionistischen Kreise fest an, stand jedoch mit vielen Künstlern der Moderne in engem Kontakt; D. trat auch auf dem Gebiet der bildenden Kunst engagiert für die avantgardistischen Künstler ein. D.s dichterisches Hauptwerk ist das Epos *Das Nordlicht*, das in drei Fassungen vorliegt (die letzte Athener Fassung ist nur auszugsweise publiziert). *Das Nordlicht* stellt – ähnlich wie die Dichtungen Momberts, Pannwitz' und zur Lindes – den Versuch dar, das mythische Weltbild des Autors dichterisch zu gestalten. Grundgedanke des Werks ist die Wiedervereinigung der Erde mit der Sonne. Dabei wird die Sonne mit dem Geist gleichgesetzt; nur er kann die Menschheit retten. Dieses Thema greift D. auch in späteren Werken auf, so z.B. in seinen Erläuterungen zum *Nordlicht* und in der Sammlung *Attische Sonette*. Sprachlich wird *Das Nordlicht* dominiert von einer Flut von Bildern und Visionen, die das Werk schwer zugänglich machen. Die späteren Gedichtbände sind demgegenüber nach

Form und Aussage klarer und leichter faßbar. Alle Dichtungen D.s besitzen eine strenge metrische Form; charakteristisch für sein lyrisches Schaffen ist eine Vorliebe für lange Strophenzeilen und den Endreim.

W.: Romane, Erzählungen, Autobiographisches, Reisebücher: Wir wollen nicht verweilen, 1914; Mit silberner Sichel, 16; Der unheimliche Graf, 21; Der heilige Berg Athos, 23; Sparta, 23; Der Schatz der Insel, 25; Aufforderung zur Sonne, 26; Bestrickungen, 27; L'Africana, 28; Der Fischzug, 30; Der Marmorbruch, 30; Die Göttin mit der Fackel, 31; Griechenland, 46. – *Drama:* Can Grande della Scala, 32 (Fragment). – *Lyrik, Versepen:* Das Nordlicht, 10 (2. Fassung, 21; 3. Fassung z. T. in: Dichtungen, 56); Oden und Gesänge, 13; Der sternhelle Weg, 15; Hesperien, 15; Das Sternenkind, 16; Hymne an Italien, 16; Die Treppe zum Nordlicht, 20; Attische Sonette, 24; Päan und Dithyrambos, 24. – *Essays:* Der neue Standpunkt, 16; Lucidarium in arte musicae, 17; Im Kampf um die moderne Kunst, 19. – *Sammel- und Werkausgaben:* Dichtungen und Schriften, 56; Gedichte, 65; Der sternhelle Weg und andere Gedichte, 85; Im Kampf um die moderne Kunst und andere Schriften, 88.

Daumann, Rudolf H(einrich) (Pseud. Haerd), *2.11.1896 Groß-Gohlau bei Breslau/Schlesien, †30.11.1957 Potsdam.

Als Sohn eines Bauern «hungerte sich» D. «durch zum Volksschulseminaristen», wurde früh zum «radikalen Sozialisten». War nach dem 1. Weltkrieg Korrespondent für deutsche Zeitungen in Afrika und Amerika, bis er als «lästiger Ausländer» wegen kritischer Reportagen aus mehreren lateinamerikanischen Staaten ausgewiesen wurde. Nach der Rückkehr arbeitete er als Lehrer; 1933 aus dem Schuldienst entlassen, lebte er als Autor bis 1944 in Potsdam; wegen satirischer Anspielungen wurden seine Bücher 1943 verboten. Um der bevorstehenden Verhaftung zu entgehen, wich D. nach Österreich aus, wechselte von der SPD in die illegale KPÖ, beteiligte sich am antifaschistischen Widerstand. 1946 kehrte D. nach Deutschland zurück, war journalistisch tätig, u. a. Sendeleiter beim Landessender Potsdam, wo er dann bis zu seinem Tode als freier Autor lebte.

D. hat als erzählender Autor mit einem

engagierten Roman aus der Geschichte der Arbeiterbewegung, *Der Streik*, begonnen, wandte sich nach 1933, um vom Schreiben leben zu können, der Sciencefiction zu und wurde in den 30er und 40er Jahren zu einem der neben Hans Dominik populärsten Verfasser von Zukunftsromanen. D. verarbeitete gängige Themen des Genres zu bewußt unpolitisch gehaltenen, technisch-naturwissenschaftlichen Abenteuern. Im Gegensatz zu im Westen lebenden SF-Autoren konnte er nach dem Kriege nicht an seine Popularität als Zukunftsliterat anknüpfen, obwohl er vor seinem Tod noch an einem breitangelegten utopischen Roman arbeitete. In der DDR wurde D. mit abenteuerlichen, historischen Jugenderzählungen und Romanen bekannt, herausragend sind seine sozialkritischen Indianerromane vor realem historischem Hintergrund.

W.: Utopische Romane: Dünn wie eine Eierschale, 1934; Macht aus der Sonne, 37; Das Ende des Goldes, 38; Gefahr aus dem Weltall, 38; Patrouille gegen den Tod, 39; Protuberanzen, 40; Abenteuer mit der Venus, 40; Die Insel der tausend Wunder, 40. – *Historische Romane u. Erzählungen, Abenteuer- u. Indianergeschichten:* Der Streik, 32 (u. d. T. Das schwarze Jahr, 49); Alarm im Salzberg, 54; Der Andenwolf, 54; Herzen im Sturm, 54; Die Marwitz-Kosaken, 54; Freiheit oder Bananen, 54; Die Räuber von Raue, 54; Schildkröten am Orinoco, 55; Mauki der Buschmann, 55; Kiwi-Kiwi-Diamanten, 55; Stürmische Tage am Rhein, 55; Tatanka-yotanka, 55; Beinahe Ano Tobak, 56; Die Drachen leben, 56; Okapi, das falsche Johnstonpferd, 56; Die vier Pfeile der Cheyenne, 57; Der Untergang der Dakota, 57. – *Hörspiele:* Bananas, 56; Sturm über dem Bärensee, 55; Schildkröten am Orinoco, 56. – *Reportagen:* Vom Ebro zum Dachstein (mit S. Plieseis), 46; Sprung in die Freiheit (mit A. Gaiswinkler), 47.

Dauthendey, Max(imilian), *25. 7. 1867 Würzburg, †29. 8. 1918 Malang (Java).
D., der von 1886–89 im Fotoatelier seines Vaters gearbeitet hatte, wollte ursprünglich Maler werden. Von 1891 an lebte er als freischaffender Schriftsteller in Berlin. Er unternahm Reisen durch Europa, nach Amerika und Asien, das ihn besonders stark beeindruckte. Der Ausbruch des 1. Weltkriegs überraschte ihn auf Java, wo er in der Internierung starb.

D. begann mit formstrengen Gedichten im Stil Stefan Georges, in denen er eine phantasische Welt beschrieb (*Ultra-Violett*). Später wurde er mit einer in Farben und Tönen schwelgenden Lyrik in freieren Rhythmen, die sich oft dem Volkslied nähert, zu einem der bedeutendsten Vertreter des Impressionismus in der deutschen Literatur neben Richard Dehmel und Eduard von Keyserling. Jedoch wurde seine anfängliche Daseinsfreude allmählich von kosmischen Vorstellungen befangen und von früher Todesahnung überschattet (*Die geflügelte Erde*). Seine Themen sind die Liebe in allen Variationen, die Natur, die Schönheit. Populär wurde D. durch seine erzählende Prosa, etwa durch den Mexiko-Roman *Raubmenschen* oder *Die acht Gesichter am Biwasee*, «Japanische Liebesgeschichten» mit märchenhaften Elementen. D. hinterließ außerdem Dramen und zahlreiche Briefe an seine Frau und an seine Freunde.

W.: Romane, Erzählungen, Epen: Phallus, 1897; Lingam, 1909; Die geflügelte Erde, 10; Raubmenschen, 11; Die acht Gesichter am Biwasee, 11; Der Geist meines Vaters, 12; Gedankengut aus meinen Wanderjahren, 13; Geschichten aus den vier Winden, 15; Das Märchenbuch der heiligen Nächte im Javanerlande, 21; Erlebnisse auf Java, 24; Fernöstliche Geschichten, 30; Der Garten ohne Jahreszeiten und andere Geschichten, 34; Die schönsten Geschichten, 56; Sieben Meere nahmen mich auf, 57; Frühe Prosa, 67. – *Dramen:* Die Spielereien einer Kaiserin, 10; Ein Schatten fiel über den Tisch, 11. – *Lyrik:* Ultra-Violett, 1893; Reliquien, 99; Die ewige Hochzeit – Der brennende Kalender, 1905; Singsangbuch, 07; Lusamgärtlein, 09; Gesammelte Gedichte, 30. – *Briefe:* Letzte Reise, 26; Mich ruft dein Bild, 30; Ein Herz im Lärm der Welt, 33. – *Werkausgabe:* Gesammelte Werke, 6 Bde, 25; Exotische Novellen, 67; Gedichte, 69; Die Amseln haben Sonne getrunken, 78; Asiatische Novellen und Gedichte, 83 (Toncass.); Ultra Violett. Einsame Poesien. Eine Auswahl aus dem Frühwerk, 89.

Degenhardt, Franz Josef, *3. 12. 1931 Schwelm (Westfalen).
D. stammt aus einer «militant katholischen und antifaschistischen Familie».

Er besuchte die Volksschule und das Gymnasium in Schwelm und legte 1952 das Abitur ab. 1952–56 studierte er Jura in Freiburg/B. und Köln. 1956 und 1960 legte er das erste und das zweite Staatsexamen ab. 1961–69 war er Assistent für europäisches Recht an der Univ. Saarbrücken. 1963 debütierte er mit Liedern im Rundfunk und in der Öffentlichkeit; von da an schrieb er regelmäßig Rundfunkbeiträge; 1966 promovierte er zum Dr. jur. Ende 1968 setzte er sich für die Angeklagten in den Demonstrantenprozessen ein; 1969 ließ er sich als Anwalt in Hamburg nieder; 1971 wurde er aus der SPD ausgeschlossen, nachdem er zur Zusammenarbeit von SPD und DKP aufgerufen hatte. – D. wurde zuerst mit den Platten *Rumpelstilzchen* und *Spiel nicht mit den Schmuddelkindern* bekannt, die noch in seine Phase der anarchistisch-romantischen, antibürgerlichen Boheme fallen. Erst 1967 wendet er sich konsequent politischen Themen zu. Mit der Platte *Kommt an den Tisch unter Pflaumenbäumen* dämpft er seinen radikalen politischen Protest; er macht und singt wieder «schöne Lieder», ohne jedoch seine politischen Prinzipien aufzugeben. Nach dem Abflauen der Studentenrevolte und der APO-Bewegung geht D. seinen «dritten Gang», seine Angriffe gelten in erster Linie denen, die «damals dabei gestanden» sind und jetzt «nach rechts driften» (*Wildledermantelmann*). – Sein erster Roman *Zündschnüre* will die Arbeiter in ihrem Kampf gegen Unterdrückung und Ausnutzung bestärken, während *Brandstellen* zeigt, was aus den Kindern der BRD geworden ist. – 1983 Deutscher Kleinkunstpreis.

W.: *Romane, Erzählungen:* Zündschnüre, 1973; Brandstellen, 75; Petroleum und Robbenöl oder wie Mayak der Eskimo kam und mein verrückter Vater wieder gesund wurde, 76; Die Mißhandlung oder Der freihändige Gang über das Geländer der S-Bahnbrücke, 79; Der Liedermacher, 82; Die Abholzung, 85. – *Lieder, Chansons, Balladen:* Zwischen Null Uhr und Mitternacht, 64; Spiel nicht mit den Schmuddelkindern, 67; Väterchen Franz, 67; Da habt ihr es! Stücke und Lieder für ein deutsches Quartett, 68; Im Jahr der Schweine, 70; Laßt nicht die roten Hähne flattern ehe der Habicht schreit, 74; Kommt an den Tisch unter Pflaumenbäumen, 79; Reiter wieder an der schwarzen Mauer. 52 Lieder mit Noten, 87. – *Essays:* Die Auslegung und Berichtigung von Urteilen des Gerichtshofs der Europäischen Gemeinschaften, 69; Innerlichkeit und Profitrate, 76; ... die Gefährlichkeit des Sängers Dieter Süverkrüp, 78. – *Schallplatten, Tonbänder:* Rumpelstilzchen, 63; Spiel nicht mit den Schmuddelkindern, 65; Väterchen Franz, 66; Der Senator erzählt, 67; Degenhardt live, 68; Im Jahr der Schweine, 69; Porträt F. J. Degenhardt, 70; Die Wallfahrt zum Big Zeppelin, 71; Mutter Mathilde, 72; Sacco und Vanzetti, 72; vatis argumente. P. T. aus Arizona, ca. 72; Kommt an den Tisch unter den Pflaumenbäumen, 73; Mit aufrechtem Gang, 75; Wildledermantelmann, 77; Der frühe Degenhardt, 77 (4 Platten); Liederbuch, 78; Der Wind hat sich gedreht im Land, 80; Diesmal wer' ich nicht mit ihnen zieh'n, 81; Du bist anders als die andern, 82; Lullaby zwischen den Kriegen, 83; Ala-Kumpanen, Sangesbrüder, 84. – *Sammel- und Werkausgaben:* Politische Lieder 1964–72 (in: F. J. Degenhardt), 72.

Dehmel, Richard, * 18. 11. 1863 Wendisch-Hermsdorf (Brandenburg), † 8. 2. 1920 Hamburg.
D. wuchs als Sohn eines Revierförsters auf, studierte 1882–87 in Berlin und Leipzig Volkswirtschaft, Soziologie, Philosophie und Naturwissenschaften und promovierte 1887 mit einer Arbeit über Versicherungsfragen. Er wurde in Berlin ansässig und war zunächst im Versicherungswesen tätig. Sein erstes Lyrikbuch veröffentlichte er 1891. Nach schweren Krisen gab D. 1895 den Brotberuf auf. 1898 trennte er sich von seiner ersten Ehefrau, der er für seinen dichterischen Durchbruch viel verdankte. Bis 1901 bereiste er Nord- und Süddeutschland sowie Südeuropa. Dann wählte er Blankenese bei Hamburg für sich und seine zweite Ehefrau, die ihm das für sein weiteres Schaffen fundamentale Wir-Welt-Erlebnis vermittelte, zum Wohnsitz (Dehmelhaus). 1910 und 1913 veranstaltete er Gesamtausgaben seiner Gedichte, Dramen sowie der erzählenden, autobiographischen und essayistischen Prosatexte. 1914 wurde D. freiwillig Soldat. Beim Felddienst zog er sich eine Venenentzündung zu, die 1919 eine Thrombose verursachte und zum Tod führte.
D. zählt zu den einflußreichsten und erfolgreichsten Dichtern der Jahrhundert-

wende. Seine frühe Lyrik war vom Berliner Naturalismus geprägt, seinen eigenen Stil fand D. über die impressionistische Technik Liliencrons in einem dekorativen Symbolismus, der weitreichende Analogien zum Jugendstil aufweist. Seine Wirkung ging von der Zuwendung zu sozialen Fragen und zum Phänomen der modernen Großstadt aus wie auch von dem rauschhaften Vitalismus, den er den lebensfeindlichen Konventionen der bürgerlichen Geschlechtsmoral entgegensetzte. In der Nachfolge Walt Whitmans und in einer eigenständigen Reproduktion der Lebensphilosophie Nietzsches postulierte D. die Freiheit des Individuums zu erhöhender Selbstentäußerung, die durch die Macht des Eros ermöglicht wird und zu einer den Menschen erneuernden Weltfrömmigkeit führt. D.s Lyrik entstand hauptsächlich in den 90er Jahren des vorigen Jhs. mit dem Höhepunkt des «Romans in Romanzen» *Zwei Menschen*. Der gleichen Zeit gehört seine allgemeine publizistische Aktivität an wie die Mitbegründung der Zeitschrift «Pan». Nach der Jahrhundertwende stand D. im Mittelpunkt des literarischen Lebens in Deutschland und führte eine weitreichende Korrespondenz. Von den Dichtern der nachfolgenden Generation, insbesondere den späteren Expressionisten, die sich überwiegend an D. orientierten, strebten viele briefliche Verbindung mit D. an, ein Ersuchen, dem er sich nie entzogen hat.

W.: *Lyrik:* Erlösungen. Eine Seelenwandlung in Gedichten und Sprüchen, 1891; Aber die Liebe. Ein Ehmanns- und Menschenbuch, 93; Lebensblätter, Gedichte und Anderes, 95; Weib und Welt, 96; Zwei Menschen. Roman in Romanzen, 1903; Die Verwandlungen der Venus. Erotische Rhapsodie, 07; Schöne wilde Welt. Neue Gedichte und Sprüche, 13; Vier Kriegslieder, 14; Lieder der Bilitis (nach P. Louÿs), 23. – *Dramen:* Der Mitmensch, 1895; Lucifer, 99; Michel Michael, 1911; Die Menschenfreunde, 17; Die Götterfamilie, 21. – *Essays:* Betrachtungen. Über Kunst, Gott und die Welt, 09; Zwischen Volk und Menschheit, 19. – *Autobiographisches, Tagebücher, Briefe:* Tagebuch 1893–94, 21; Mein Leben, 22; Ausgewählte Briefe, 2 Bde, 22–23. – *Herausgebertätigkeit:* Der Buntscheck, 04; D. v. Liliencron, Briefe, 2 Bde, 10; Liliencron, Gesammelte Werke, 18; Paula Dehmel, Das liebe Nest, 19.

– *Sammel- und Werkausgaben:* Werke, 10 Bde, 06–09; Hundert ausgewählte Gedichte, 08; Gesammelte Werke, 3 Bde, 13; Eine Wahl aus meinem Werk, 29; Dichtungen, Briefe, Dokumente, 63; Alle Ufer fliehen, 87; Gedichte, 90.

Deichsel, Wolfgang, *20. 3. 1939 Wiesbaden.
Der Sohn eines Kriminalbeamten studierte Germanistik, Kunstgeschichte und Psychologie an den Universitäten Mainz, Wien, Marburg und Berlin. Er arbeitete als Dramaturg und Regisseur an verschiedenen Theatern, bevor er 1970 bis 1974 Mitdirektor und Regisseur am Frankfurter Theater am Turm (TAT) wurde. D., der seit 1963 vor allem Theaterstücke schreibt, lebt als freier Schriftsteller und arbeitet seit 1985 auch als Schauspieler. – Als Autor stehen D. viele Mittel und Formen zur Verfügung. Er übersetzt Molière ins Hessische, schreibt Lustspiele in Mundart, Theaterstücke und Szenenfolgen in Hochdeutsch. Durchgängiges Thema seiner Werke sind die alltäglichen Katastrophen, die Einbrüche des Verdrängten in eine kleinbürgerliche Welt, deren scheinbar festgefügte Ordnung und glänzende Fassade zusammenbricht und den Blick auf das bislang Unterdrückte freigibt. In der Szenenfolge *Bleiwe losse* wird die dumpfe Ergebung in die Verhältnisse, die schon immer so gewesen sind, satirisch, aber nicht denunziatorisch aufgezeigt. D.s aufwendigstes Projekt ist die immer wieder umgearbeitete und erweiterte Szenenfolge *Frankenstein. Aus dem Leben der Angestellten*. Den Entfremdungen des Arbeitslebens kann nur noch mit absurden, paranoischen Reaktionen begegnet werden.

W.: *Dramen (z. T. Bühnenms.):* Göran zu Göran, UA 64; Agent Bernd Etzel. Der Simulant und der falsche Sohn (in: Deutsches Theater der Gegenwart, hg. K. Braun, Bd 2), 67; Molière: Der Bürger als Edelmann, übers. u. bearb., UA 68; Bleiwe losse (in: Theater heute 12/71), 71 (erw. Buchausgabe 80); Frankenstein. Aus dem Leben der Angestellten, 72 (erw. 79); Der Menschenfeind. Hessisch, nach dem Französischen des Molière (in: Programmheft 4, Darmstadt, Spielzeit 72/73), 72; Der Tartüff. Nach Molière bearb. u. übers., UA 72; Die Zelle des Schreckens, UA 74; Loch im Kopp (in: Theater heute 2/77), 77 (Buchausgabe 81); Die Schule der

Frauen. Hessisch, nach dem Französischen des Molière, 81; Zappzarapp. Die Panik der Clowns hinterm Vorhang, 84; Geisterfahrer, 87 (in: Theater heute 9/87); Midas. Lebensfragen, 88. – *Hör- und Fernsehspiele (ungedruckt):* Bleiwe losse (Hsp.), 65; Der Gänsebraten vom Dienst. Nach Roda Roda (Fsp.), 68; Agent Bernd Etzel (Fsp.), 68; Ich auf Bestellung. Nach R. Bradbury (Fsp.), 68; Bleibe lasse (Fsp.), 69; Die Schule der Frauen. Nach Molière (Hsp.), 71; Frankenstein (Hsp.), 74; Der hessische Tartüff. Nach Molière, 74; Die Schule der Frauen. Nach Molière (Fsp.), 75; Loch im Kopf (Hsp.), 77; Zappzarapp (Fsp.), 84. – *Sammel- und Werkausgaben:* Werke, 2 Bde, 88f. – *Mitarbeit:* Bois, C.: So schlecht war mir noch nie. Niedergeschrieben in Zusammenarbeit mit W. D., 67.

Deicke, Günther, *21. 10. 1922 Hildburghausen.

D. war 1941–45 Offizier. Nach dem Krieg arbeitete er 1947 in Westdeutschland. Danach wurde D. Kulturredakteur einer Thüringer Tageszeitung; 1951/52 war er als Lektor tätig; anschließend arbeitete er als Redakteur bei der «Neuen Deutschen Literatur». Zahlreiche Preise, u. a. Heine-Preis 1964 und Nationalpreis 1970.
In enger Beziehung zu Uwe Berger stehend, sucht D. wie dieser «das Erbe Bechers fortzusetzen» (Deicke). Bei der Fortführung der Becherschen Tradition dominierten hymnisch-pathetische Züge, während die elegischen Töne der Lyrik Bechers weitgehend unbeachtet blieben. Bedeutsamer ist D.s Selbstauseinandersetzung mit der faschistischen Vergangenheit.

W.: Szenische Dokumentationen, Oratorien, Libretti, Kantaten: Ein Tagebuch für Anne Frank, 1959 (mit J. Hellwig); Wenn der Wacholder blüht, 61; Reineke Fuchs, 62; Was ihr wollt, 63; Esther, 66; Die Stadt, 70; Schöpfer Mensch, 71; Siegendes Vietnam 71; Unser Tag, 72; Reiter der Nacht, 73; Meister Röckle, 73. – *Lyrik:* Liebe in unseren Tagen, 54; Geliebtes Land, 54 (mit L. Ludwig u. M. Neumann); Traum vom glücklichen Jahr, 59; Du und dein Land und die Liebe. Gedichte und Tagebuchblätter, 59; Die Wolken, 64; Ortsbestimmung, 72. – *Übersetzungen:* L. Szabó: Das sechsundzwanzigste Jahr, 82; Diekmann, M./ D. Hilarová: Ich habe keinen Namen, 85. – *Herausgebertätigkeit:* Deutschland – es werden deine Mauern nicht mehr voll Jammer stehn. Gryphius-Auswahl, 53; Im werdenden Tag, 56;

Gesicht einer Stadt. G. über Berlin, 59 (mit E. R. Greulich); Deutsches Gedichtbuch, 59 (mit Uwe Berger, Neuausgabe 72); Lyrik der DDR, 70 (mit U. Berger, Neuausgabe 79); Johannes R. Becher, Werke in 3 Bänden, 71.

Deinert, Wilhelm, *29. 3. 1933 Oldenburg.

Nach dem Studium der Germanistik, klassischen Philologie und Kunstgeschichte promovierte D. 1960 mit einer Arbeit über Wolfram von Eschenbachs *Parzival*. Danach Lehrauftrag für deutsche Sprache und Literatur an der Universität München. Lebt als freier Schriftsteller. 1981 und 1983 auf Schloß Muzot, Wallis; als erster deutscher Schriftsteller 1984 Stipendium Palazzo Barbarigo, Venedig. – Neben seinen dichterischen Arbeiten hat D. dichtungs- und kunsttheoretische Essays und Rezensionen geschrieben, die z. T. die Begründung für die Eigenart seiner lyrischen Zyklen geben. Eine Besonderheit seines Werkes sind die aus spielerischer Phantasie erwachsenen Steck- und Legespiele.
D.s dichterische Arbeiten umfassen vor allem lyrische Zyklen, unter ihnen die beiden ungewöhnlichen Sammlungen *Missa mundana. Epizyklische Gänge* und *Mauerschau. Ein Durchgang*. Die Titel verraten bereits, daß es hier um Weltbewältigung durch formale Struktur geht – eine faszinierende Weise der Überwindung des Stofflichen durch Ausdruck, Gliederung, Ordnung und der Überführung des Vergänglichen ins Dauernde, in gültiges Sein. Vom Leser wird erwartet, daß er mit den die Handlung tragenden Gestalten («Der Ich», «Der Lotse» usw.) «schaut» und den hinter dem wörtlichen Inhalt verborgenen Sinn «ent-deckt». Zu diesen Hauptarbeiten tritt neuerdings dichterische Kunstprosa; eine Sammlung der zum Teil in Zeitungen vorabgedruckten Texte trägt den Titel *Umleitungen. Träume und Taggesichte.*

W.: Lyrik: Triadische Wechsel. Zyklus tonalis, 1963; Gedrittschein in Oden, 64; Missa mundana. Epizyklische Gänge, 72; Mauerschau. Ein Durchgang, 82. – *Spiele:* Der Tausendzüngler. Ein Wortkartenspiel, 70; Bricklebit. Ein Lügenmärchenlegespiel, 79; Die Gnomenstaffel. Ein Steckspielkalender, 79.

Delius, Friedrich Christian, *13.2.1943 Rom.

D. wuchs als Sohn eines Pfarrers in Hessen auf, lebte seit 1963 in Berlin, war nach seinem Studium der Germanistik (Dissertation *Der Held und sein Wetter*) Verlagslektor und wohnt seit 1978 in den Niederlanden. Er erhielt 1967 den Preis «Junge Generation» und war 1971/72 Stipendiat der Villa Massimo; 1984 ‹Lesezeichen›-Preis, 1989 Gerrit-Engelke-Literaturpreis Hannover.

In seinem ersten Band *Kerbholz* geht es in lakonischen Gedichten um das Mißverhältnis zwischen der Gesellschaft und den einzelnen. Diese aufklärerische Tendenz verallgemeinert er in den dokumentarischen Satiren *Wir Unternehmer* und *Unsere Siemenswelt*, indem er das Gemeinte aus dem Gesagten eines Wirtschaftstages der CDU/CSU oder einer Firmenfestschrift mit Hilfe ästhetischer Akzentuierung herausarbeitet; ein Verfahren, das verschiedentlich zu strafrechtlichen Prozessen gegen ihn führte. Diese Art satirischer ‹Kenntlichmachung› wird in *Konservativ in 30 Tagen* mit der durchkomponierten Aneinanderreihung von Originalzitaten der «FAZ» fortgesetzt. Dem Vorbild Brecht folgend, werden seine poetischen Analysen in dem Band *Wenn wir, bei Rot* kritischer, aggressiver, wobei er didaktische Formen (Parabel, Ballade, Parodie) bevorzugt. In *Ein Bankier auf der Flucht* wendet sich die Ermittlung wieder stärker dem Subjekt zu – *Mogadischu Fensterplatz* schildert in der Erinnerung einer Betroffenen die Entführung eines deutschen Flugzeugs in Somalia, um Mitglieder der Baader-Meinhof-Gruppe freizupressen.

W.: Lyrik: Kerbholz, 65; Wenn wir, bei Rot, 69; Ein Bankier auf der Flucht, 75; Die unsichtbaren Blitze, 81; Japanische Rolltreppen. Tanka-Gedichte, 89. – *Prosa:* Wir Unternehmer, 66; Der Held und sein Wetter, 71; Unsere Siemenswelt, 72; Ein Held der inneren Sicherheit, 81; Adenauerplatz, 84; Einige Argumente zur Entlastung der Gemüseesser, 85; Mogadischu Fensterplatz, 87; Konservativ in 30 Tagen. Ein Hand- und Wörterbuch. Frankfurter Allgemeinplätze, 88. – *Dramen, Hörspiele (z. T. ungedruckt):* Die zehnte Nacht am Adenauerplatz (Hsp.), 84; Waschtag, UA 88

(als Hsp. 86); Das Ultimatum (Hsp.), 88; Die Verlängerung (Hsp.), 88.

Demski, Eva (Katrin), *12.5.1944 Regensburg.

Nach dem Besuch eines altsprachlichen Gymnasiums studierte die Tochter eines Bühnenbildners in Mainz und Freiburg Germanistik, Kunstgeschichte und Philosophie. Sie arbeitete als Dramaturgieassistentin in Frankfurt, war freie Lektorin mehrerer Verlage und übersetzte aus dem Französischen. Von 1969–77 war sie beim Hessischen Rundfunk tätig, vor allem als Mitarbeiterin von Kultursendungen des Fernsehens. Seit 1977 arbeitet sie als freie Journalistin und Schriftstellerin. D. ist Mitglied des PEN und erhielt 1981 den Jurypreis des Bachmann-Wettbewerbs in Klagenfurt. Sie nahm eine Poetik-Dozentur an der Universität Paderborn wahr und war 1988/89 Stadtschreiberin von Bergen-Enkheim. – D. schrieb Essays und Fernsehfeatures, bevor sie mit dem autobiographischen *Goldkind* ihren ersten Roman vorlegte. Ihr Roman *Karneval*, für den sie ausgezeichnet wurde, ist nicht nur die Schilderung der Beziehung zwischen einer Erzieherin und ihrem Schützling, sondern zugleich eine satirisch-karikaturistische Geschichte der Bundesrepublik, einer neureichen Gesellschaft ohne Gedächtnis und Kultur. In dem Roman *Scheintod* setzt sie sich sensibel und unpathetisch-reflektiert mit ihrer Ehe und dem frühen Tod ihres Mannes auseinander. Mit deutscher Geschichte und Gegenwart, den Fragen nach Schuld und Einsicht beschäftigt sie sich auch in *Hotel Hölle, guten Tag*.

W.: Romane, Erzählungen: Goldkind, 1979; Karneval, 81; Scheintod, 84; Hotel Hölle, guten Tag…, 87; Meine Katze [mit G. Kunert u. A. Schmitz], 87; Käferchen & Apfel. Kleine Anleitung zum Lesen und Verschlingen, 89. – *Übersetzungen:* S. Plath: Das Bett-Buch, 90. – *Sammel- und Werkausgaben:* Unterwegs. Erzählungen, Reportagen, Aufsätze, 88.

Derleth, Ludwig, *3.11.1870 Gerolzhofen (Unterfranken), †13.1.1948 San Pietro di Stabio (Tessin).

D., Sohn eines Amtsrichters, studierte in München Altphilologie, später Psychiatrie und war dann 12 Jahre Gymnasiallehrer in Bayern. Seit etwa 1900 wohnte er als freischaffender Schriftsteller in bescheidenen Verhältnissen in München, wo er u. a. dem Kreis um Stefan George nahestand. Thomas Mann karikierte ihn als «Daniel zur Höhe» in *Doktor Faustus*. 1925 übersiedelte er nach Rom, Paris und Wien, 1935 nach San Pietro di Stabio. – In den Werken D.s, der sich mit dem Plan einer militant-christlichen Ordensgründung trug, mischen sich imperatorische und katholische Züge. Sein z. T. noch ungedrucktes Hauptwerk *Der Fränkische Koran* (15 000 Verse) geißelt in ekstatisch-barocker Sprache die Moderne und besingt die Fahrt der Menschenseele zu Gott.

W.: Prosa: Proklamationen, 1904 (erw. 19). – *Lyrik:* Der Fränkische Koran I. Teil, 33; Die Lebensalter, 37; Seraphische Hochzeiten, 39; Der Tod des Thanatos, 45. – *Sammel- und Werkausgaben:* L. D. Gedenkbuch, 58; L. D., Auswahl aus dem Werk, 64; Advent. Die Vorausschau der revolutionären Umbrüche, 68; Das Werk, 6 Bde, 70–72.

Desberry, Lawrence H. → Mühlen, Hermynia zur

Deschner, Karlheinz, *23. 5. 1924 Bamberg.

D., Sohn eines Forstoberamtmanns, war nach dem Abitur von 1942–45 Soldat. Von 1947–51 studierte er Germanistik, Geschichte, Philosophie und Theologie und promovierte mit einer Arbeit über Lenau. Seit 1951 arbeitet er als freier Schriftsteller. Er ist Mitglied des PEN-Clubs. Arno-Schmidt-Preis 1988. – Neben einer regen Tätigkeit als Vortragender und als Publizist für Zeitschriften des In- und Auslands ist D. hervorgetreten als Herausgeber zahlreicher Sammelwerke, als Verfasser von Romanen, literarischen Streitschriften und kirchenkritischen Arbeiten. In seinen beiden Romanen verarbeitet er autobiographische Erlebnisse. So schildert er in *die nacht steht um mein haus* in intensiver Sprache die Verzweiflung des Ich-Erzählers über das eigene Ungenügen und die bereits wieder saturierte Bundesrepublik.
Bekannt wurde D. durch seine literarisch-

kritischen Arbeiten *Kitsch, Konvention und Kunst* und *Talente, Dichter, Dilettanten*, in denen er vehement für verkannte Schriftsteller (u. a. Jahnn, Broch, Musil) eintrat und sich gegen die Überschätzung u. a. von Autoren der Gruppe 47 wandte. Seit dem Ende der 50er Jahre setzt sich D. in zahlreichen Werken mit der (katholischen) Kirche auseinander. Immer aufs neue prangert er in seinen äußerst materialreichen Arbeiten die Doppelmoral, Triebfeindlichkeit und politische Korrumpierbarkeit der Amtskirchen an. D. arbeitet z. Z. an einer mehrbändigen Kriminalgeschichte des Christentums, deren erster Band 1986 erschienen ist. Auch in seinen Aphorismen erweist er sich als kritischer und unabhängiger Denker und Aufklärer.

W.: Prosa, Romane: die nacht steht um mein haus, 1956 (bearb. 63); Florenz ohne Sonne, 58 (bearb. 73); Nur Lebendiges schwimmt gegen den Strom. Aphorismen, 85. – *Essays, theoretische Schriften:* Lenaus metaphysische Verzweiflung und ihr lyrischer Ausdruck, 51 (masch. Diss.); Kitsch, Konvention und Kunst, 57 (bearb. 80); Abermals krähte der Hahn. Eine kritische Kirchengeschichte von den Anfängen bis zu Pius XII., 62; Talente, Dichter, Dilettanten, 64; Mit Gott und den Faschisten. Der Vatikan im Bunde mit Mussolini, Franco, Hitler und Pavelić, 65; Kirche und Faschismus, 68; Der manipulierte Glaube. Eine Kritik der christlichen Dogmen, 71; Kirche des Un-Heils, 74; Das Kreuz mit der Kirche. Eine Sexualgeschichte des Christentums, 74; Der gefälschte Glaube, 80; Ein Papst reist zum Tatort, 81; Ein Jahrhundert Heilsgeschichte. Die Politik der Päpste im Zeitalter der Weltkriege, 2 Bde, 82/83 (Ausz. u. d. T.: Mit Gott und dem Führer. Die Politik der Päpste zur Zeit des Nationalsozialismus, 88); Die beleidigte Kirche. Oder: Wer stört den öffentlichen Frieden?, 86; Kriminalgeschichte des Christentums (Bd 1: Die Frühzeit, 86; Bd 2: Die Spätantike, 88; Bd 3: Die Alte Kirche, 90); Opus diaboli, 87; Dornröschenträume und Stallgeruch – Über Franken, die Landschaft meines Lebens, 89; Kirche und Faschismus, 90; Woran ich glaube, 90. – *Herausgebertätigkeit:* Was halten Sie vom Christentum? 18 Antworten auf eine Umfrage, 57; Jesus-Bilder in theologischer Sicht, 66; Das Jahrhundert der Barbarei, 66; Wer lehrt an deutschen Universitäten?, 68; Das Christentum im Urteil seiner Gegner, 2 Bde, 69–71; Kirche und Krieg. Der christliche Weg zum ewigen Leben, 70; Warum ich aus der Kirche ausgetreten bin, 70; Warum ich

Christ/Atheist/Agnostiker bin (mit Friedrich Heer und Joachim Kahl), 77.

Deutscher, ein junger →Mendelssohn, Peter de

Diggelmann, Walther Matthias,
*5.7.1927 Mönchenaltdorf (Zürich),
†29.11.1979 Zürich.
D. war Uhrmacherlehrling, floh 1944 nach Italien, arbeitete vorübergehend in Deutschland und kehrte 1945 in die Schweiz zurück. Er war als Regieassistent, Rundfunkdramaturg und Journalist tätig und lebte dann als freier Schriftsteller in Zürich. 1979 Preis der Schweizerischen Schillerstiftung.
Zwei Themenkreise bestimmen die sozialkritischen Romane D.s: die Probleme des in zerrütteten Familienverhältnissen aufwachsenden jungen Menschen und die Geschäftspraktiken einflußreicher Meinungsmacher. In *Das Verhör des Harry Wind* wird die Lebensgeschichte eines «windigen» Managers angeklagt ist. *Die Hinterlassenschaft* erzählt die Geschichte eines 20jährigen, der, dem Schicksal seiner Eltern nachforschend, Einblicke in das Verhalten seines Landes während des Nazi-Regimes gewinnt. Der Geschichte eines Mordfalls spürt D. in dem Roman *Die Vergnügungsfahrt* nach. Die Untersuchungen ergeben weder Schuld noch Unschuld des verdächtigen Schülers Oliver Epstein, doch entlarven sie die Gesellschaft, deren Opfer er ist. Der Roman *Der Reiche stirbt*, in dem der Reiche bewußt seinen Mörder in Dienst nimmt, ist ein Modell für seine radikale Kritik am Schweizer Kapitalismus. Als positives Gegenbild galt ihm immer mehr die DDR, die er mehrfach besuchte und der er einen Essay widmete. D. bevorzugte die Form des Tatsachenberichts und des fingierten Tagebuchs.

W.: Romane, Erzählungen: ... mit F51 überfällig, 1956; Zwillich-Zwielicht, 57; Geschichten um Abel, 60; Das Verhör des Harry Wind, 62; Die Rechnung, 63; Die Hinterlassenschaft, 65; Freispruch für Isidor Ruge, 67; Die Vergnügungsfahrt, 69; Ich und das Dorf, 72; Ich heiße Thomy, 73; Reise durch Transdanubien, 74; Aber den Kirschbaum, den gibt es, 75; Zwischenfall auf der Baustelle, 75; Das Mädchen im Distelwind, 76; Balladen von süchtigen Kindern, 76; DDR, Tagebuch einer Erkundungsfahrt, 77; Der Reiche stirbt, 77; Feststellungen. Ein Lesebuch, 78; Filippinis Garten, 78; Schatten. Tagebuch einer Krankheit, 79; Spaziergänge auf der Margareteninsel, 80; Tage von süßlicher Wärme, 82. – *Dramen, Hörspiele, Fernsehspiele:* Jeder fürchtet seinen Brutus, 60; Der Pilot, 64 (auch als: Bomberpilot, 75); Hexenprozeß, 69; Der Engel vom Rhein (Drehbuch zum Fernsehfilm), 72; Menschen glücklich machen oder Das Spiel von arm und reich, 74; Die letzte Adresse, 76.

Dirks, Walter, *8.1.1901 Dortmund, †30.5.1991 Wittnau bei Freiburg.
Nach dem Studium der Theologie, Philosophie und Soziologie arbeitete D. als Journalist: ab 1924 bei der «Rhein-Mainischen Volkszeitung», seit 1935 bei der «Frankfurter Zeitung». Nach einer elfjährigen Tätigkeit beim Westdeutschen Rundfunk lebt D. seit 1967 als freier Journalist und Schriftsteller. – In seinen Publikationen setzt sich D. engagiert, von einem christlich-katholischen Standpunkt aus, der nie in dogmatische Enge verfällt, mit aktuellen bildungs- und kulturpolitischen Fragestellungen auseinander, so in *Arbeiter und Kultur* und *Erbe und Aufgabe*; daneben steht immer wieder die Auseinandersetzung mit theologischen Problemen. Mit E. Kogon Begründer der «Frankfurter Hefte». – Mehrere Preise; die Annahme der Goethe-Plakette lehnte er wegen der Verleihung des Goethe-Preises an Ernst Jünger ab.

W.: Erbe und Aufgabe, 1930; Die zweite Republik, 47; Die Antwort der Mönche, 52; Wozu tolerant sein?, 52; Politik und Parteien, 53; Die öffentliche Meinung, 53; Bilder und Bildnisse, 54; Arbeiter und Kultur, 54; Christi Passion, 56; Ein Fest und ein Zeichen, 56; Die religiöse Situation des modernen Menschen, 56; Zur Funktion der öffentlichen Bücherei, 58; Der deutsche Schulaufbau und unsere Zukunft, 59; Das schmutzige Geschäft, 64; Bildung im industriellen Zeitalter, 65; Geschäftsführung ohne Auftrag, 67; Der neue Humanismus und das Christentum (mit anderen), 68; Christ und Sozialist – Pfarrer Wilhelm Mohoff (mit H. Kühn u. a.), 73; Weihnachts-Konsequenzen. Alte Wörter, 76; Das Vertraute und das Vertrauen, 79; Die Wette. Ein Christ liest Pascal, 81; Der singende Stotterer, 83; War ich ein linker Spinner?, 83; Parallelen des Engagements. Ein Gespräch (mit W. Fabian), 84; Gedächtnis und Erinnerung.

Eine Rede zum 8. Mai 1945, 85; Die Samariter und der Mann aus Samaria, 86; Ein zarter, zäher, kleiner Mann, 87. – *Sammel- und Werkausgaben:* Gesammelte Schriften, 8 Bde, 87ff. – *Herausgebertätigkeit:* Zwischen Kirche und Welt, 27 (mit K. Neundörfer); Werkhefte junger Katholiken, 31ff (mit T. Beck); Der Staat seid ihr, 31ff (mit E. Dovifat u. a.); Frankfurter Hefte, 46ff (mit E. Kogon); Frankfurter Beiträge zur Soziologie, 56ff (mit Th. W. Adorno); Judentum, 2 Bde (mit F. Böhm), 65; Sternsagen, 75; Christen für den Sozialismus, 75; Existenzwissen, 83; Überlegungen zum Selbstverständnis journalistischer Arbeit, 84; Die Aufgabe der Christen für den Frieden, 87.

Ditschler, Anton → Glaeser, Ernst

Dittberner, Hugo, *16.11.1944 Gieboldehausen bei Duderstadt.
D. verlebte seine Jugend in einem Internat, studierte dann Germanistik, Geschichte und Philosophie in Göttingen, wo er 1972 mit einer Arbeit über Heinrich Mann promovierte. Seit 1977 freier Schriftsteller. Reisen nach Großbritannien und China. 1979 Förderpreis des Kulturkreises im Bundesverband der Deutschen Industrie und Villa Massimo-Stipendium, Niedersachsenpreis 1983.
Beim Blättern der «Papiere vom Kaffeetisch» – so der Untertitel des Romans *Das Internat* – erinnert sich ein junger Schriftsteller an seine «synthetische Kindheit und Jugend». Auf zwei Erzählebenen werden die Ereignisse eingeholt: von den Erlebnissen des Zöglings, der sich in dem geschlossenen System Internat zu behaupten sucht, und von dem nachdenklichen Autor, der die Tendenz der Gesellschaft sieht, sich eher dem herrschenden System anzupassen, als nach den individuellen Bedürfnissen zu leben. – Die genaue Beobachtung des scheinbar Banalen, des Provinziellen und Alltäglichen, immer wieder gebrochen von der Reflexion des Erzählers, zeichnet auch die 16 Geschichten *Draußen im Dorf* aus. – Die Nähe des Alltags und die Isolation des Subjekts zeigen D.s Gedichte. In artifizieller Beiläufigkeit entstehen sprachliche Momentaufnahmen, die sich, formale Experimente scheuend, schmucklos und präzise, dem täglichen Erfahrungsbereich mit bisweilen biedermeierlicher

Friedenssuche (*Ruhe hinter Gardinen*) öffnen.

W.: Romane: Das Internat, 1974 (bearb. 89); Jacobs Sieg, 79; Roman einer Dämmerung, 86. – *Erzählungen:* Kurzurlaub, 76; Draußen im Dorf, 78; Die gebratenen Tauben, 80; Drei Tage Unordnung, 82; Wie man Provinzen erobert, 86. – *Lyrik:* Rutschbahn (mit J. Wilke), 73; Donnervogel (mit J. Wilke), 73; Passierscheine, 73; Tausend Flüsse und Wälder im Kopf, 75; Der Biß ins Gras, 76; Ruhe hinter Gardinen, 80. – *Fernsehfilm:* Ein unruhiges Jahr, 78. – *Essays, theoretische Schriften:* Heinrich Mann Forschungsbericht, 73.

Döblin, Alfred (Pseud. Linke Poot, Hans Fiedeler, Alfred Börne, N. Pim), *10.8.1878 Stettin, †28.6.1957 Emmendingen bei Freiburg/Br.
D. stammt aus einer jüdischen Kaufmannsfamilie. Sein tiefstes Kindheitserlebnis war die Flucht des Vaters nach Nordamerika. 1888 zog er mit der Mutter nach Berlin um. Ab 1902 studierte er Neurologie und Psychiatrie in Berlin und Freiburg/Br. 1905 promovierte er zum Dr. med. Während der folgenden Tätigkeit in Spitälern, Laboratorien und in der Irrenanstalt zu Regensburg publizierte D. in fachwissenschaftlichen Zeitschriften (1909–13). Erzählerische und essayistische Arbeiten gingen nebenher. 1911 ließ D. sich in Berlin als Neurologe und Psychiater nieder (Kassenpraxis in Lichtenberg bis 1931, bis 1933 Privatpraxis im Westen). 1914–18 nahm er als Militärarzt am Weltkrieg teil. – 1910 begründete er mit H. Walden und L. Schreyer die expressionistische Zeitschrift «Der Sturm». Seinen ersten großen literarischen Erfolg erlebte D. mit dem Roman *Die drei Sprünge des Wang-lun* (1915), der ihm den Kleist- und den Fontane-Preis einbrachte. 1918 bekannte er sich zur Revolution, trat der USPD bei (bis 1920) und übte unter dem Pseudonym Linke Poot scharfe Kritik an den reaktionären Mächten der Weimarer Republik. 1921 wurde er Mitglied der SPD (bis 1930). Eine Reise nach Polen steigerte sein Interesse für christlich-jüdische Probleme (*Reise nach Polen*). 1928 wurde D. in die Sektion Dichtkunst der Preußischen Akademie der Künste zu Berlin gewählt. In diesem Rahmen ergaben sich – neben den seit der Mitte der

20er Jahre bestehenden freundschaftlichen Beziehungen zu B. Brecht, H. H. Jahnn, O. Loerke – besondere Beziehungen zu H. Mann, mit dem D. im Auftrag des preußischen Kultusministers C. H. Becker ein sozialpolitisches Schullesebuch bearbeitete. Mit seinem Roman *Berlin Alexanderplatz* hatte D. 1929 internationalen Erfolg.

Anfang 1933 trat D., als Jude und Linksintellektueller bedroht, wie H. Mann, R. Huch und K. Kollwitz aus der Preußischen Akademie der Künste aus. Einen Tag nach dem Reichstagsbrand (28.2. 1933) verließ er Berlin und floh nach Zürich. Am 10.5.1933 verbrannten und verboten die Nationalsozialisten D.s Werke. Als Emigrant trat D. für die zionistische «Freilandbewegung» ein. Seit August 1933 lebte D. in Paris. 1936 erhielt er die französische Staatsbürgerschaft. Er arbeitete 1939/40 im französischen Informationsministerium unter Leitung von J. Giraudoux an antifaschistischer Propaganda mit. 1940 floh D. vor den deutschen Truppen über Portugal in die USA, wo er in New York, Los Angeles und Hollywood lebte. Seine Enttäuschung über das Versagen der Intellektuellen und eine schwere persönliche Krise versuchte D. 1941 durch den förmlichen Übertritt zum Katholizismus zu lösen (s. den autobiographischen Bericht *Schicksalsreise*). Bereits im November 1945 kehrte D. als kulturpolitischer Mitarbeiter der französischen Militärregierung nach Deutschland zurück. Er gab in Baden-Baden die Zeitschrift «Das goldene Tor» heraus (1946–51) und wurde 1949 Mitbegründer und Vizepräsident der Akademie der Wissenschaften und der Literatur, Mainz. 1953–56, enttäuscht von den Entwicklungen in Westdeutschland, hielt er sich in Paris auf. Er kehrte als Schwerkranker 1956/57 in die Bäder des Schwarzwaldes zurück.

Erste Jugendversuche blieben unveröffentlicht und werden erst heute in ihrer Bedeutung für D.s Entwicklung erkannt. Schon als Primaner hatte D. unter dem Einfluß F. Hölderlins und H. v. Kleists einen lyrischen Ich-Roman geschrieben, der eines der Hauptthemen von D.s mittlerer Schaffensphase, die Sehnsucht nach Vereinigung des Individuums mit der Natur, aufgreift (*Jagende Rosse*). Das Schwanken zwischen Askese und Teilnahme am Leben, das die Entwicklung des Erzählers bestimmt, deutet auf den frühen Einfluß F. Nietzsches hin, dem D. 1902 und 1903 Aufsätze widmete. D.s zweiter Roman aus den Jahren 1902/03, *Der schwarze Vorhang. Roman von den Worten und Zufällen*, ist dem Stoff nach eine Selbstanalyse, aufgebaut nach den Lehrsätzen der Sexualtheorie S. Freuds. Sprachlich zeigen sich hier erste Ansätze zu jener Stilmischung, die D.s Werk beherrschen sollte: der Verbindung exakter Sachlichkeit mit assoziativer Metaphorik, der sprachlich der Bericht einerseits, andererseits transformierende Adjektive und Adverbien entsprechen. D.s Widerspruch gegen das an klassischen Normen gewonnene Stilideal (Buffon) tritt hervor: «Ich hatte keinen ‹eigenen› Stil, den ich ein für allemal fertig als meinen (‹Der Stil ist der Mensch›) mit mir herumtrug, sondern ich ließ immer vorsichtig den Stil aus dem Stoff kommen» (*Epilog*). Thematisch wird im *Schwarzen Vorhang* der Mutter-Sohn-Konflikt, der D.s Jugend beherrschte, zum erstenmal benutzt. D. hat über ihn in autobiographischen Aufzeichnungen (*A. D. – im Buch, zu Haus, auf der Straße*) berichtet und ihn in zwei späteren Romanen abermals ausgewertet (*Pardon wird nicht gegeben*, *Hamlet*).

In dem folgenden Jahrzehnt entstanden kürzere Erzählungen, Märchen, Satiren, Grotesken, in denen der Neurologe die zeitgenössische Gesellschaft als eine Ansammlung von Neurotikern betrachtete. Sie erschienen in «Der Sturm» und machten D. als «Expressionisten» bekannt. Indessen bildete D. unter dem Einfluß F. T. Marinettis und A. Holz' eine eigene, den Abstraktionen des «Sturm» durchaus widersprechende, objektbezogene Literaturtheorie aus: «Was nicht direkt, nicht unmittelbar, nicht gesättigt von Sachlichkeit ist, lehnen wir ... ab» (*Futuristische Worttechnik*). Er berief sich, ähnlich wie der junge F. Kafka, auf den literarischen Naturalismus. Weltanschaulich ruhen D.s Romane *Die drei Sprünge des Wang-lun*, *Wallenstein* und *Berge, Meere und Giganten* auf einem Pantheismus nach Spinoza, in den D. chinesisches Gedankengut (Taoismus, besonders *Wang-lun*) und indische Lehren (Buddhismus, besonders das Epos *Manas*) verwoben hatte. Hinzu trat der Einfluß A. Schopenhauers, der D. in diesem Jahrzehnt jede Bedeutung und Nützlichkeit menschlichen Handelns zugunsten einer fast mystischen Verehrung der «starken Lebenskraft von Himmel und Erde» (*Wang-lun*) leugnen ließ. Nach 1918 entwickelte D. mit Hilfe Hegelscher Kategorien den Begriff einer neuen höheren Einheit von Natur und menschlicher Gesellschaft. Dem Monismus und Determinismus des 19. Jhs. weiterhin zugewandt, schaffte er sich derart die Möglichkeit, geistige Bestrebungen als Ergebnisse natürlich-kollektiver Vorgänge aufzufassen (s. den Essay *Der Geist des naturalistischen Zeitalters*, 1924). So gelangt er in seinen beiden großen Entwicklungsromanen, *Wang-lun* und *Berlin Alexanderplatz*, zu unterschiedlichen Ergebnissen: Während Wang-lun, der chinesische Rebell, in der freiwilligen Selbstaufgabe endet, wird Franz Biberkopf, der Berliner Transportarbeiter und Hilfsportier, über dieses Stadium hinaus zu einem neuen gesellschaftlich verstandenen Freiheitserlebnis geführt. Stil und Struktur von *Berlin Alexanderplatz* werden durch lockere Fabelführung, die sinnvolle Verflechtung von Assoziationen, durch die Anwendung der Bewußtseinsstrom-Technik und vor allem durch einen bisher im deutschen Roman nicht ausgebildeten Wechsel der Erzählperspektive bestimmt. Einflüsse von J. Joyce und Dos Passos sind nicht anzunehmen. – Neben zeitkritischen Betrachtungen (*Wissen und Verändern*) hatte D. sich in den 20er Jahren mit Essays frühzeitig für Kafka, R. Musil, Jahnn, Joyce und M. Proust eingesetzt. Aus der Werkreihe, die D. in der Emigration schuf, erheben sich nur zwei Romane zu formaler Bedeutung: *Pardon wird nicht gegeben*, in dem D. seine Jugenderlebnisse abermals verwertet. In der Form des realistischen Gesellschaftsromans schildert er den Aufstieg und seelischen Niedergang eines wilhelminischen Besitzbürgers, dessen Lebensweg stellvertretend für die geschichtliche Entwick-

lung des imperialistischen Bürgertums steht. D.s letzter Roman *Hamlet oder Die lange Nacht nimmt ein Ende* verknüpft zeitkritische, psychoanalytische und religiöse Motive: Edward Allison kehrt als Stupider, umnachtet, aus dem Krieg heim. Eine psychotherapeutische Behandlung – vornehmlich durch Geschichtenerzählen (die Romanhandlung wurde von D. vorher entstandenen Novellen hinzugefügt) – bringt zutage, daß er unter der «Strindberg-Ehe» der Eltern und an einer zu engen Bindung an die Mutter leidet. Der Romanschluß, daß Edward in ein Kloster geht, wurde von ost- und westdeutschen Verlagen abgelehnt. D. änderte den Schlußsatz zu: «Ein neues Leben begann.» Die aufgegriffenen Probleme, insbesondere dasjenige der Kriegsschuld, blieben somit ungelöst. Bei aller Sprach- und Formkraft ist D.s Denken bis zum Ende Widersprüchen verhaftet geblieben.

W.: Romane, Erzählungen, Prosa: Die Ermordung einer Butterblume und andere Erzählungen, 1913; Das Stiftsfräulein und der Tod, 13; Die drei Sprünge des Wang-lun, 15; Die Lobensteiner reisen nach Böhmen. 12 Novellen und Geschichten, 17; Wadzeks Kampf mit der Dampfturbine, 18; Eine deutsche Revolution. Erzählwerk in 3 Bdn, Bd 1, Bürger und Soldaten, 18 [Mehr nicht ersch.; Ausz. u. d. T.: Nocturno, 44 (Privatdr.)]; Der schwarze Vorhang, 19; Wallenstein, Bd 1–2, 20; Blaubart und Miß Ilsebill, 23; Berge, Meere und Giganten, 24 (Ausz. u. d. T.: Giganten. Ein Abenteuerbuch, 32); Feldzeugmeister Cratz. Der Kaplan, [26]; Der Überfall, 28 [Privatdr.]; Berlin Alexanderplatz, 29 (als Hsp. 30; verfilmt 31); Unser Dasein, 33; Babylonische Wandrung oder Hochmut kommt vor dem Fall, 34; Pardon wird nicht gegeben, 35; [Das Land ohne Tod. «Amazonas»-Trilogie. Bd 1.2], 37–38 [= Die Fahrt ins Land ohne Tod, 37; Der blaue Tiger (später geteilt in: Der blaue Tiger und Der neue Urwald), 38]; Der Oberst und der Dichter oder Das menschliche Herz, 46; Sieger und Besiegte, 46; (Das Land ohne Tod. Südamerika-Roman in 3 Tln. = «Amazonas»-Trilogie, 2. Ausg., Bd 1–3), 47–48 [= Das Land ohne Tod, 47; Der blaue Tiger, 47; Der neue Urwald, 48]; Heitere Magie, 48 (Ausz. u. d. T.: Märchen vom Materialismus, 59); November 1918. Eine deutsche Revolution, Bd 1–3, 48–50 (= Verratenes Volk, 48; Heimkehr der Fronttruppen, 49; Karl und Rosa. Eine Geschichte zwischen Himmel und Hölle, 50);

Hamlet oder Die lange Nacht nimmt ein Ende, 56; Kleines Märchen, 84. – *Epos:* Manas. Epische Dichtung, 27. – *Dramen:* Lydia und Mäxchen. Tiefe Verbeugung in einem Akt, 06; Die Nonnen von Kemnade, 23; Lusitania, 29; Die Ehe. Drei Szenen und ein Vorspiel, 31. – *Essays, theoretische Schriften, Autobiographisches:* Gedächtnisstörungen bei der Korsakoffschen Psychose, 1905 (Diss.); Futuristische Worttechnik, 13; Der deutsche Maskenball, 21; Staat und Schriftsteller, 21; Die beiden Freundinnen und ihr Giftmord, [25]; Reise in Polen, 26; Das Ich über der Natur, 27; A.D. Im Buch – Zu Haus – Auf der Straße. Vorgest. von A.D. u. O.Loerke, 28; Literatur und Rundfunk. Vortrag (30.9.29). In: Verhandlungsniederschrift der Arbeitstagung «Dichtung und Rundfunk», 30; Wissen und Verändern! Offene Briefe an einen jungen Menschen, 31; Unser Dasein, 33; Jüdische Erneuerung, 33; Flucht und Sammlung des Judenvolks, 35; Die deutsche Literatur ‹im Ausland seit 1933›, 38; Der Nürnberger Lehrprozeß, 46; Der unsterbliche Mensch. Ein Religionsgespräch, 46; Die literarische Situation, 47; Unsere Sorge der Mensch, 48; Schicksalsreise, 49; Die Dichtung, ihre Natur und ihre Rolle, 50; Doktor Döblin. Selbstbiographie, 70; Die Bibliothek, 86. – *Sammel- und Werkausgaben:* Das verwerfliche Schwein. Novelle. Lydia und Mäxchen. Tiefe Verbeugung in einem Akt. Lusitania. Drei Szenen, 20; Auswahl aus dem erzählenden Werk, 48; Ausgewählte Werke in [33] Einzelbänden, Bd 1 ff, 60 ff; Die Zeitlupe. Kleine Prosa, 62; Die Ermordung einer Butterblume, 65; Erzählungen, 67; Die Vertreibung der Gespenster, 68; Briefe, 70; Gesammelte Erzählungen, 71; Griffe ins Leben. Berliner Theaterberichte, 74; Ein Kerl muß eine Meinung haben, 76; Autobiographische Schriften und letzte Aufzeichnungen, 77; Jubiläumssonderausgabe, 7 Bde, 77; Gespräche mit Kalypso. Über die Musik, 80; Der Überfall auf Chao-lao-sü, 82; Drama Hörspiel Film, 83; Das A.-D.-Lesebuch, 85; Märchen vom Materialismus, o.J. – *Herausgebertätigkeit:* Fliegende Blätter. Nr.1–4, Okt./Nov. 39 [mit R.Minder]; Das Goldene Tor, Jg. 1–6, H. 1.2, 46–51; Minotaurus. Dichtung unter den Hufen von Staat und Industrie, 53. – *Sonstiges:* Toch, Ernst: Das Wasser. Kantate nach Worten v. A.D., 30. – *Schallplatten, Kassetten:* Die Geschichte vom Franz Biberkopf (Hsp.fsg. 30), o.J.; Berlin Alexanderplatz, 87 (9 Kass.).

Doctor profundis → Walden, Herwarth

Doderer, Heimito von, *5.9.1896 Weidlingau bei Wien, †23.12.1966 Wien. D., Sohn eines erfolgreichen Baumei-

sters (entfernte Verwandtschaft mit Lenau), wuchs in Wien auf, war 1916–20 in russischer Kriegsgefangenschaft (Sibirien), studierte 1921–25 in Wien Geschichte (Dr. phil.), war entschieden, nur als freier Schriftsteller zu leben, hatte zunächst aber nicht den Erfolg, der eine sichere Existenzgrundlage geboten hätte. 1933 wurde D. Mitglied der in Österreich illegalen NSDAP, ließ sich nach dem Anschluß 1938 nicht mehr in deren Listen führen. Fliegeroffizier im 2. Weltkrieg. Absolvierte 1948 das «Institut für Österreichische Geschichtsforschung», konnte nach dem Erscheinen der *Strudlhofstiege* als freier Schriftsteller leben. Gilt als wichtigster Repräsentant des österreichischen Romans für die ersten zwanzig Jahre nach 1945; mehrere Literaturpreise. Obwohl das Frühwerk kaum bekannt wurde, verdient es doch einige Beachtung, da darin bereits alle Themen und Motive des Spätwerks angelegt sind. *Das Geheimnis des Reichs* ist ein Roman aus dem russischen Bürgerkrieg; *Ein Umweg* spielt im Wien der Barockzeit, und *Ein Mord den jeder begeht* präsentiert das Schicksal des Conrad Castiletz, der durch einen törichten Streich, ohne es zu wissen, den Tod eines Mädchens verursacht und so unschuldig schuldig wird. *Die Strudlhofstiege, Die erleuchteten Fenster* und *Die Dämonen* werden als die «Wiener Romane» D.s bezeichnet; sie spielen vorwiegend im Wien der 20er Jahre und sind gespeist aus den eigenen Erfahrungen des Autors, dessen Züge in einigen Romanfiguren (R. Stangeler, K. v. Schlaggenberg) zu erkennen sind. *Die Dämonen* kulminieren in dem Brand des Justizpalastes am 25.7.1927 (im inhaltlichen Substrat analog zu dem gleichnamigen Roman Dostoevskijs). Allerdings stehen bei D. die politischen Ereignisse im Hintergrund; wichtig ist die Konstanz im Alltäglichen, die Wiederkehr des Gleichen im Detail. Nach der Fertigstellung der *Dämonen* läßt sich eine Umorientierung im Schaffen D.s erkennen: Lösung vom biographischen Kontext, Betonung der Priorität der Form vor den Inhalten, Eliminierung des kommentierenden Erzählers (unter Bezugnahme auf F. Spielhagen), um den

Typ des «roman muet» zu schaffen. Von dem nach dem Muster der Symphonie auf vier «Sätze» angelegten *Roman No 7* wurde nur der erste Teil *Die Wasserfälle von Slunj* vollendet; *Der Grenzwald* blieb Fragment. Kennzeichnend für D.s Romane ist die strenge Komposition, die schicksalhafte Vorgänge in ihrer Komplexität sichtbar machen soll, der Versuch einer «Wiedereroberung der Außenwelt» durch die Sprache, die Epiphanie des Objekts, Flucht vor der Veränderung und die Gestaltung des zeitlosen Augenblicks – all dies Momente, die einem für die österreichische Literatur typischen Ordnungsdenken verpflichtet sind. Diesem stehen die aggressiv-humorvollen *Kürzestgeschichten* (Abdruck in: *Die Erzählungen*) sowie der groteske Roman *Die Merowinger* gegenüber. Aus seinen Tagebüchern verdrängte D. nach 1940 alles, was der Privatsphäre zugehörte, zugunsten einer auf den Schaffensprozeß konzentrierten Reflexion. In seiner Romantheorie verurteilte er hartnäckig jene, die mit dem Roman etwas erreichen wollen, forderte die totale Apperzeption, die zu einer Einstimmung in die Dingwelt führen müßte. Die um Ausgleich bemühte Darstellung historischer Vorgänge paßte in die um Harmonie bemühte Atmosphäre der 50er Jahre, während jüngere Kritiker einerseits D.s Ideologie der Ideologielosigkeit als verkappte konservative Ideologie verurteilen, andererseits aber das anarchische und antibourgeoise Element in seinen Schriften schätzen.

W.: Romane, Erzählungen: Die Bresche, 1924; Das Geheimnis des Reichs, 30; Ein Mord den jeder begeht, 38; Ein Umweg, 40; Die Strudlhofstiege oder Melzer und die Tiefe der Jahre, 51; Die erleuchteten Fenster oder Die Menschwerdung des Amtsrates Julius Zihal, 51; Das letzte Abenteuer, 53; Die Dämonen, 56; Die Posaunen von Jericho, 58; Die Peinigung der Lederbeutelchen, 59; Die Merowinger oder Die totale Familie, 62; Roman No 7. Erster Teil. Die Wasserfälle von Slunj, 63; Unter schwarzen Sternen, 66; Meine neunzehn Lebensläufe und neun andere Geschichten, 66; Roman No 7. Zweiter Teil. Der Grenzwald, 67. – *Lyrik:* Gassen und Landschaft, 23; Ein Weg im Dunkeln, 57. – *Essays, Tagebücher, Aphorismen:* Der Fall Gütersloh, 30; Julius Winkler, 37; Grundlagen und Funktion des Romans, 59; Tangenten, Ta-

gebuch eines Schriftstellers, 1940–1950, 64; Gewaltig staunt der Mensch, 64; Repertorium. Ein Begreifbuch von höheren und niederen Lebens-Sachen, 69; Die Wiederkehr der Drachen. Aufsätze, Traktate, Reden, 70; Commentarii 1951–1956. Tagebücher aus dem Nachlaß, 76; Commentarii 1957–1966, 86; Briefwechsel 1928–1962 (mit A. P. Gütersloh), 86. – *Sammel- und Werkausgaben:* Wege und Umwege, 60; Frühe Prosa (Die Bresche, Jutta Bamberger, Das Geheimnis des Reichs), 68; Die Erzählungen, 72; Das Doderer-Buch, 76; Die Peinigung der Lederbeutelchen und andere Erzählungen, 84; Der Oger, 86. – *Schallplatten u. ä.:* H. v. D. liest aus eigenen Werken, 66.

Dohm, Hedwig, *20. 9. 1833 Berlin, †4. 6. 1919 ebd.
D., Tochter des Tabakfabrikanten Adolph Schleh, heiratete 1855 Ernst Dohm, Redakteur der politisch-satirischen Zeitschrift «Kladderadatsch». Durch diese Heirat wurde sie in die herrschenden Literaten- und Künstlerkreise Berlins eingeführt und erkämpfte sich die Ausbildung zur Lehrerin. – Obwohl sie an den Organisationen der Frauenbewegung nicht teilnahm, entsprachen ihre Forderungen nach wirtschaftlicher, geistiger und politischer Selbständigkeit der Frau, die sie besonders in ihren theoretischen Schriften zum Ausdruck brachte, den Vorstellungen des radikalen Teils der Frauenbewegung. Außer theoretischen Kampfschriften schrieb sie Romane, Lustspiele und Novellen.

W.: Romane, Novellen: Plein air, 1891; Frau Tannhäuser, 92; Wie Frauen werden, 93; Sibylla Dalmar, 97; Schicksale einer Seele, 99; Christa Ruland, 1901; Schwanenlieder, 06; Sommerlieben, 09; Freiluftnovellen, 09; Der Mißbrauch des Todes, 18. – *Essays, theoretische Werke:* Die spanische Nationalliteratur in ihrer geschichtlichen Entwicklung, 1867; Was die Pastoren von den Frauen denken, 72; Der Jesuitismus im Hausstand, 73; Die Frau in der Wissenschaft, 74; Die wissenschaftliche Emanzipation der Frau, 74; Der Frauen Natur und Recht, 76; Lust und Leid im Liede, 79; Die Antifeministen, 1902; Die Mütter, 03; Ehe? Zur Reform der sexuellen Moral, 11. – *Dramen:* Harte Steine, 1866; Vom Stamme der Asra, 76; Der Seelenretter, 76; Ein Schuß ins Schwarze, 78; Der Ritter vom goldenen Kalb, 79. – *Sammelausgaben:* Erinnerungen, 80; Emanzipation, 82; Die neue Mutter (mit B. Rahm und W. Zeppler), 86.

Domin, Hilde (eig. H. Palm), *27.7.1912 Köln.

D. studierte zunächst Jura, dann politische Wissenschaften, Soziologie und Philosophie in Heidelberg, Köln, Berlin, Promotion in Florenz über «Staatstheorie der Renaissance».

Unter dem zunehmenden Druck des Naziterrors ging D. 1932 in ein 22jähriges Exil, zunächst nach Italien, England, dann Lateinamerika. Sie lebt heute als freie Schriftstellerin in Heidelberg. Mehrere Preise, u. a. 1971 Droste-Preis, 1974 Roswitha-Gedenkmedaille, 1976 Rilke-Preis und 1983 Nelly-Sachs-Preis. Im Wintersemester 1987/88 sprach sie als Poetik-Dozentin der Universität Frankfurt über *Das Gedicht als Augenblick der Freiheit.*

1951 beginnt sie zu schreiben: Gedichte, in denen sie versucht, ihrer eigenen Situation des Exils näherzukommen, dem Entzug von Heimat, von Sprache und dem Zwang, in einem ständigen Provisorium zu leben, Hoffnung entgegenzusetzen. Wieder in Deutschland, verarbeitet sie in neuen Gedichten die Eindrücke, die aus der Konfrontation von Erinnerungen, Wünschen und der vorgefundenen Realität entstehen. Sensibilisiert durch die Erfahrung, daß Politik sie betrifft, mit ihren Lebensmöglichkeiten zusammenhängt, findet in ihren Arbeiten keine Trennung von Privatem und Politischem statt. Als gegen Ende der 60er Jahre die Forderung nach Politisierung von Lyrik gestellt wird, setzt sie ihre Form von politischer Verarbeitung gegen die Agitationslyrik: «Jedes Gedicht ist ein Aufruf gegen Verfügbarkeit, gegen Mitfunktionieren.»

In ihrem Roman *Das zweite Paradies* schreibt sie gegen den Anspruch ihres Mannes, in ihr immer die Schützende zu finden, und gegen ihre eigene Ohnmacht an und akzeptiert eigene Schutzbedürfnisse.

D. ist auch Herausgeberin von Lyrik- und Prosaanthologien.

W.: Lyrik: Nur eine Rose als Stütze, 1959; Rückkehr der Schiffe, 62; Hier, 64; Höhlenbilder, 68; Ich will dich, 70. – *Prosa, Essays:* Das zweite Paradies, 68; Wozu Lyrik heute, 66, erw. 68; Die andalusische Katze, 71; Von der Natur nicht vorgesehen. Autobiographisches, 74; Abel, steh auf, 79; Traum I, 81; Wenn das Eis geht (mit W. Bächler u. E. Fried), 83; Das Gedicht als Augenblick der Freiheit, 88. – *Herausgebertätigkeit:* Spanien erzählt, 63; Doppelinterpretationen. Das zeitgenössische Gedicht, 66; Nachkrieg und Unfrieden, 70; Nelly Sachs. Gedichte, 77; Rilke, Liebesgedichte, 78. – *Sammelausgabe:* Aber die Hoffnung. Texte aus drei Jahrzehnten, 82; Gesammelte Werke, 87; Gesammelte Gedichte, [2]88.

Dominik, Hans (Joachim), *15.11.1872 Zwickau, †9.12.1945 Berlin.

D. war Sohn eines Journalisten, zu seinen Lehrern am Gothaer Gymnasium gehörte u. a. der SF-Schriftsteller Kurd Laßwitz. Nach dem Abitur studierte D. in Berlin Elektrotechnik und Maschinenbau, an kürzere USA-Aufenthalte schlossen sich Tätigkeiten als Ingenieur und in der Öffentlichkeitsarbeit von Großfirmen an. Seit 1901 arbeitete D. als selbständiger Fachjournalist und -publizist, zeitweise auch als Lokalreporter, ab 1907 erschienen vereinzelt SF-Erzählungen, u. a. in *Das Neue Universum*; 1922 verfaßte D. seinen ersten Zukunftsroman und war seitdem fast nur noch als Buchautor tätig.

D. hatte erste Erfolge mit populärwissenschaftlichen, manchmal biographisch-erzählenden Sachbüchern, von der Erklärung der Dampfmaschine bis zur Geschichte der Chemiefaser. In der Zeit des 1. Weltkriegs schrieb er Kolonialreportagen und eine Reihe von nationalistischen Kriegsromanen. In den 20er Jahren folgen Unterhaltungsromane vor technischem Hintergrund, über U-Boote oder Automobile. Den Durchbruch bringen dann D.s Zukunftsromane, die er bis zum Kriegsanfang etwa jährlich vorlegt: Der Autor verbindet hier seine unterschiedlichen schriftstellerischen Erfahrungen zu einer anhaltenden Erfolgsmischung; seinen Geschichten liegen naturwissenschaftlich-technische Antizipationen zugrunde, die realisierbar scheinen, zumindest eine reale wissenschaftliche Basis haben, wie z. B. Weiterentwicklung der Luftfahrt, Anfänge des Weltraumfluges, Nutzbarmachung der Atomenergie. D.s Helden, Zentralfiguren sind immer deutsche Ingenieure, Wissenschaftler,

Erfinder, die Ausländern, besonders aber «asiatischen Untermenschen» immer überlegen sind. Im Gegensatz zu seinen populärwissenschaftlichen Arbeiten erklärt Dominik hier nicht die Technik, sondern mystifiziert sie, u. a. Hitzestrahler, die Flugzeuge und Kriegsschiffe schmelzen (*Die Macht der Drei*), oder Maschinen, die unsichtbar machen (*König Laurins Mantel*). Bei D.s Zukunftsromanen lassen sich zwei Phasen unterscheiden: Bis 1933 geht es ihm mehr um überdimensionierte Erfindungen und globale Konflikte, private Interessen stehen gegeneinander, Europa und die weiße Rasse müssen gerettet werden. Nach der Machtübernahme durch die Faschisten paßt D. seinen Chauvinismus an, wirklichkeitsnähere Erfindungen werden für das deutsche Vaterland eingesetzt, Deutschland vor Katastrophen bewahrt. In D.s späteren SF-Romanen fehlen zudem Liebesszenen und erotische Anspielungen, die zuvor von seinem Freund und Lektor, dem Berliner Juristen Hermann Hitzeroth, hineingeschrieben wurden. Obwohl D. von den Nationalsozialisten eigentlich nicht gefördert wird, erreichen seine Bücher 1940–45 den Höhepunkt ihres Verkaufserfolges, eine in die Millionen gehende Gesamtauflage. Nach 1945 erhält D. regelmäßig Nachauflagen, wird für die Nachkriegsjugend zum Inbegriff des Zukunftsromans und übt bis in die 60er Jahre auf SF-Autoren in der DDR und der BRD einen nachhaltigen Einfluß aus. Im Ausland finden D.s Arbeiten kein Interesse, aber bis in die Gegenwart ist er der bekannteste und erfolgreichste deutschsprachige SF-Autor.

W.: *Zukunftsromane:* Die Macht der Drei, 1922; Die Spur des Dschingis-Khan, 23; Atlantis, 25; Der Brand der Cheopspyramide, 26; Das Erbe der Uraniden, 28; König Laurins Mantel, 28 (ab 52 u. d. T. Unsichtbare Kräfte); Kautschuk, 30; Moderne Piraten, 32; Der Wettflug der Nationen, 33; Befehl aus dem Dunkel, 33; Das stählerne Geheimnis, 34; Ein Stern fiel vom Himmel, 34; Atomgewicht 500, 35; Lebensstrahlen, 38; Land aus Feuer und Wasser, 38; Himmelskraft, 39; Treibstoff SR (ab 49 u. d. T. Flug in den Weltenraum), 40; Ein neues Paradies (Erz. aus: Das Neue Universum), 77. – *Kriegs- u. Unterhaltungsromane, Erzählungen, Kinderbücher:* John Workmann, der Zeitungsboy (mit K. Matull), 09; Glück auf!, 12; Der Sieger, 13; Heilige Wasser, 14; Der Kreiselkompaß, 15; Klar zum Gefecht, 15; Die Madonna mit den Perlen, 16; Das eiserne Kreuz, 16; Der «eiserne Halbmond», 17; Alpenglühen 19; John Workmann, der Zeitungsboy, 3 Bde, 21 (neu u. d. T. Vom Zeitungsboy zum Millionär); Klaus im Glück, 28. – *Sachund Fachbücher, Reportagen, Biographien:* Was muß man von der Dampfmaschine wissen?, 02; Was muß man von der Dynamomaschine wissen?, 03; Was muß man von der Naturlehre wissen?, 03; Wissenschaftliche Plaudereien, 03; Technische Märchen, 03; Was muß man von der organischen Chemie wissen?, 04; Das Wernerwerk von Siemens & Halske A.G., 06; Amüsante Wissenschaft, 08; Vom Atlantik zum Tschadsee, 08; Kamerun, 11; Das Zeitalter der Elektrizität, 14; Im Wunderland der Technik, 22; Das Buch der Physik, 25 (neu u. d. T. Das Buch der Physik für die Jugend); Das Buch der Chemie, 25; Triumphe der Technik, 27; Das Schaltwerk, 29; Technische Rekorde über und unter der Erde, 30; Fritz Werner A.G.-Berlin, 30; Vistra, das weiße Gold Deutschlands, 36; Geballte Kraft, 42; Das ewige Herz, 42; Vom Schraubstock zum Schreibtisch (Autobiographie), 42; Wunder des Schmelztiegels, 48. – *Sammel- und Werkausgaben:* Der Brand der Cheopspyramide/Die Macht der Drei/Das Erbe der Uraniden, 90.

Dor, Milo (eig. Milutin Doroslovac), *7. 3. 1923 Budapest.

D. lebte seit 1933 in Belgrad, wurde nach der Organisation eines Schülerstreiks am Gymnasium (Mitglied der Kommunistischen Jugend und der Widerstandsbewegung) 1942 verhaftet; Untersuchungshaft, Deportation, Zwangsarbeit in Wien, 1944 «Schutzhäftling» der Gestapo. 1945–49 Studium der Theaterwissenschaft und Romanistik in Wien. Erste Veröffentlichungen 1938, schreibt seit 1945 in deutscher Sprache. 1972 A.-Wildgans-Preis, 1989 Österreichischer Staatspreis für Verdienste um die österreichische Kultur im Ausland. Sein erster Roman *Tote auf Urlaub* dokumentiert die Qualen der Folterung eines serbischen Jungkommunisten unter dem Faschismus. In dem autobiographischen Roman *Nichts als Erinnerung* gestaltet D. ein Bild der serbischen Welt kurz vor dem 2. Weltkrieg; auch der Roman *Die weiße Stadt* zeichnet den Lebensweg des Autors nach. Ironische Kritik der Gegenwart im

Kleid der Commedia dell'arte zeigt das Stück *Menuett*. Der Roman *Alle meine Brüder* basiert auf Dokumenten der Freimaurer des 18. Jhs.

W.: Prosa: Unterwegs, 1947; Tote auf Urlaub, 52; Nichts als Erinnerung, 59; Salto mortale, 60; Die weiße Stadt, 69; Meine Reisen nach Wien, 74; Alle meine Brüder, 78; Die Raikow-Saga, 79 (Nichts als Erinnerung, Tote auf Urlaub, Die weiße Stadt); Der letzte Sonntag, 82 (Tb. u. d. T.: Die Schüsse von Sarajewo, 89); Istrien, o. J.; Das Pferd auf dem Balkon, o. J.; Auf dem falschen Dampfer. Fragmente einer Autobiographie, 88; Auf der Suche nach der größeren Heimat, 88; Meine Reisen nach Wien, 88; Der Mann, der fliegen konnte, 90. – *Stücke:* Der vergessene Bahnhof, 48; Der Selbstmörder, 52; Menuett, 72. – Mehrere Hör- und Fernsehspiele; Übersetzungen u. a. aus dem Serbokroatischen. – *Prosa* (mit R. Federmann): Internationale Zone, 53; Der unterirdische Strom, 53; Und einer folgt dem andern, 53; Romeo und Julia in Wien, 54; Othello von Salerno, 56; Die Abenteuer des Herrn Rafaeljan, 63; (gemeinsames Pseudonym: Dormann, Alexander:) Die Frau auf dem Medaillon, 59. – *Herausgebertätigkeit* (u. a. mit R. Federmann): Das Gesicht unseres Jahrhunderts, 60; Gemordete Literatur, 63; Tausend Jahre Liebe, 64; Der politische Witz, 64; Der galante Witz, 66; Der groteske Witz, 68; I. Babel: Petersburg 1918, 77; Schreib wie du schweigst. Aphorismen, 84; I. Babel: Exemplarische Erzählungen, 85; Die Leiche im Keller. Dokumente des Widerstandes gegen Dr. Kurt Waldheim, 88; Mit dem Kopf durch die Wand. Neue serbische Aphorismen, 88.

Dörfler, Peter, *29. 4. 1878 Unter-Germaringen (Bayrisch-Schwaben), †10. 11. 1955 München.
Der Bauernsohn D. studierte in München kathol. Theologie, in Rom christliche Archäologie. Dr. theol., kathol. Priester (1909), Religionslehrer. 1915 Direktor der Marien-Ludwig-Ferdinands-Anstalt (für Waisenkinder) in München. Reisen nach Ägypten und Konstantinopel. Wurde 1933 in die Preußische Dichterakademie berufen. 1945 Literaturpreis der Stadt München. – D. gehört zu den volkstümlichen, von der Heimatkunst herkommenden Autoren, die nach dem 1. Weltkrieg mit christlicher Volksdichtung beider Konfessionen, vor allem mit Geschichtsromanen und historisierenden Zeitbildern eine moralische Auf-

richtung des deutschen Volkes bewirken wollten und großen Erfolg hatten. D.s meist in seiner schwäbischen Heimat spielende schlichte Bauernromane preisen Bodenständigkeit und Opferbereitschaft für den Bestand der bäuerlichen Sippe, auch als Reaktion auf das literarische Berlin und die dortige «Moderne», sind jedoch keineswegs identisch mit der Nazidoktrin. Verfasser zahlreicher Biographien von Gestalten aus dem frühen Christentum.

W.: Romane, Erzählungen, Legenden: Heimkehr, 1906; Als Mutter noch lebte, 12; La Perniziosa, 14 (u. d. T. Die Verderberin, 19); Das Sonnwendfest, 14; Der Weltkrieg im schwäbischen Himmelreich, 15; Der krause Ulrich u. a. Kriegsgeschichten, 15; Dämmerstunden, 16 (u. d. T. Die tüchtige Person u. a. Erzählungen, 54); Erwachte Steine, 16; Judith Finsterwalderin, 16; Onkel Christophs Geschichten, 17; Der Roßbub, 17; Das Geheimnis des Fisches, 18; Neue Götter, 20 (Neuf. 26); Der Rätsellöser, 20; Peter Farne, ein Abenteurer wider Willen, 22 (u. d. T. Abenteuer des Peter Farne, 29); Das Glück im Winkel, 22; Der ungerechte Heller, 22; Stumme Sünde, 22; Die Papstfahrt durch Schwaben, 23; Regine und Mang, 23; Siegfried im Allgäu, 24; Am Hunnenstein, 25; Im Jahre des Herrn 1705, 25; Pepele, 25; Die Braut des Alexius, 26; Lechrain, 26; Am Eichentisch, 27 (u. d. T. Des Vaters Hände, 31); Die Schmach des Kreuzes, 27–28 (u. d. T. Heraklius, 50); Ihr Fest, 28; Marienseele, 29; Der junge Don Bosco, 30; Die heilige Elisabeth, 30; Die Lampe der törichten Jungfrau, 30; Apollonias Sommer, 31; Der Bubenkönig. Don Bosco und seine Schlingel, 31; Des Vaters Hände, 31; Um das kommende Geschlecht, 32; Die Apollonia-Trilogie. Der Roman eines Geschlechtes, 32–33; Bucklige Welt, 32; Jakobbäas Sühne, 33; Feiertagsgeschichten im Jahresring, 34; Der Notwender, 34; Der Zwingherr, 35; Der Alpkönig, 36; Das Gesicht im Nebel, 36; Auferstehung, 38; Die Wessobrunner, 41; Zusann und der Trompeter, 42; Das feldgraue Buch, 43; Die gute Heirat, 43; Die alte Heimat, 44; Das Osterlamm, 44; Die Begegnung, 47; Der Sohn des Malefizschenk, 47; Der Urmeier, 48; Minne dem heiligen Mang, 50; Der Abenteurer wider Willen, 53; Die Gesellen der Jungfer Michline, 53; St. Ulrichspiel. Der Klosterschüler von St. Gallen, 53; Die tüchtige Person u. andere Erzählungen, 54; Hubertus, 60. – *Dramen, Spiele:* Der Kinderkreuzzug, 05; Im Hungerjahr, 09; An der Gnadenstätte, 12; Es war einmal ein Krieg, 17; Ich will dem Kindlein schenken, 26; Ewige Weihnacht, 31; St. Ulrichspiel, 53; Die Krippe im

Liebfrauenwald, 65. – *Lyrik:* Ein Herz für die Kinder, 11. – *Essays, Biographien, Einführungen, Predigten:* Die Anfänge der Heiligenverehrung nach den römischen Inschriften und Bildwerken, 13; R. Schaumann: Werkblätter, 24; Predigt bei der Feier des silbernen Priesterjubiläums der Priester aus der Diözese Augsburg, 28; Von Sitte und Sprache, 33; Dichtung und Geschichte, 35; Albertus Magnus, 40; Severin, der Seher von Norikum, 47; Vinzenz von Paul, 51; Philipp Neri, 52; Niklas von Flüe, 53; St. Ulrich der große Bischof und Reichsfürst, 55. – *Herausgebertätigkeit:* Bayrischer Volks- und Haus-Kalender für das Jahr 1921, 21; Westfälischer Volks- und Haus-Kalender für 1922, 22; Regensburger Marien-Kalender, 25–26.

Dörry, Fritz → Ringelnatz, Joachim

Dorst, Tankred, *19.12.1925 Oberlind (Thüringen).

1942 als siebzehnjähriger Oberschüler eingezogen, dann Kriegsgefangener in englischen und amerikanischen Lagern, holte D. 1950 das Abitur nach und studierte in München Germanistik, Theaterwissenschaften und Kunstgeschichte. Nach Abbruch seines Studiums wurde er zuerst Verlagslektor, dann freier Schriftsteller. – Auf der Suche nach Ausdrucksmitteln für unser Zeitalter kennzeichnet sich D.s vorwiegend dramatisches Werk durch seine Vielfalt und Mannigfaltigkeit. Unter dem Einfluß des Marionettentheaters – er hatte in München das «Kleine Spiel» gegründet – sowie der Stücke von Giraudoux, Ionesco und Beckett schrieb D. anfangs romantischphantastische und groteske Einakter mit satirischen Absichten. Bekannt wurde er dann durch seinen ersten großen Versuch mit der Parabelform *Große Schmährede an der Stadtmauer*, einem Stück in Brechtscher Manier wider Krieg und Militarismus. Es folgten Versuche im Märchentheater (*Die Mohrin*) und in der volkstümlich-grotesken Moritat (*Wittek geht um*). In Abkehr von den früheren Mustern gelang D. 1968 sein großer dramatischer Wurf, das Modellstück *Toller:* Im Mittelpunkt dieser historisch-literarischen Montage aus kabarettistischen Intermezzi, Songs, Szenen aus Toller-Stücken, Zeitdokumenten, Kommentaren und teils realistischen, teils parodistischen Bauformen des neutralistischen und expressionistischen Theaters steht jener Schriftsteller, der nach D. Politik mit Theater verwechselt haben soll. D. thematisiert in dem Stück das grundsätzliche Verhältnis des Intellektuellen zur politischen Aktion und Praxis. Die hier aufs wirksamste verwendete Revueform entwickelte D. in Zusammenarbeit mit dem Regisseur Peter Zadek in verschiedenartigen Formen weiter: so im Fernsehfilm *Rotmord* (nach dem Toller-Stück) oder der szenischen Bearbeitung von Falladas Roman *Kleiner Mann – was nun?*. In den letzten Jahren arbeitet D. hauptsächlich an einer deutschen Familienchronik von den 20er bis in die 60er Jahre, auf zehn Teile berechnet. Davon liegen vor, nacheinander erschienen, der abschließende Teil, die Komödie *Auf dem Chimborazo* sowie der Fernsehfilm und «fragmentarische Roman» *Dorothea Merz*, das «Fragment aus dem Leben einer jungen Frau in Deutschland von 1925 bis 1934», und schließlich *Klaras Mutter*. Figuren aus dem Umkreis dieser Familienchronik tauchen auch in dem Theaterstück *Die Villa* auf. Hier wird die Illusion von einer «Stunde Null» bei Kriegsende entlarvt und gezeigt, wie viele Hypotheken aus der Vergangenheit den politischen und privaten Neubeginn der Menschen im Nachkriegsdeutschland bestimmen. In seinem alle Normen eines Theaterabends sprengenden Drama *Merlin oder Das wüste Land* von mehr als achtstündiger Spieldauer erzählt D. den Artus-Mythos aus der Perspektive der Nachgeborenen als die utopische Verheißung eines neuen Zeitalters, deren Scheitern er bereits kennt. Mehrere Preise, u. a. 1964 Gerhart-Hauptmann-Preis, 1989 Mülheimer Dramatikerpreis und Georg-Büchner-Preis 1990. 1987 Zuckmayer-Medaille. Als Gastprofessor der Gesamthochschule Kassel hielt D. Vorlesungen über sein Werk.

W.: Roman, Prosa: Dorothea Merz, 1976 (als Fsp. 76); Klaras Mutter. Ein fragmentarischer Roman, 78; Die Reise nach Stettin, 84; Der nackte Mann, 85; Grindkopf, 86. – *Dramen, Fernsehspiele:* Auf kleiner Bühne, 58; Die Kurve, 60; Gesellschaft im Herbst, 60; Freiheit für Clemens, 60; Große Schmährede an der

Stadtmauer, 61; Die Schelminnen, 61; Die Mohrin, 64; Yolimba, 64 (erw. 70); Wittek geht um, 67; Toller, 68; Rotmord, 69; Piggies, 70; Der Anteil der Arbeit an der Menschwerdung des Affen, Festspiel zu Ehren von F. Engels, 71; Sand, 71; Eiszeit, 73; Auf dem Chimborazo, 75; Goncourt oder Die Abschaffung des Todes, 77; Die Villa, 80; Merlin oder Das wüste Land (mit Ursula Ehlers), 80; Mosch, 80; Der verbotene Garten. Fragmente über D'Annunzio (mit U. Ehlers), 82; Eisenhans (mit U. Ehlers), 83; Heinrich oder Die Schmerzen der Phantasie, 85; Ich, Feuerbach, 86; Korbes (mit U. Ehlers), 88; Parzival. Ein Szenarium (mit U. Ehlers), 90; Karlos, UA 90. – *Hörspiele (Auswahl):* Fragmente einer Reise nach Stettin, 81; Amely, der Bieber und der König auf dem Dach [mit U. Ehlers], 82; Der verbotene Garten, 84; Ich, Feuerbach, 86; Die Kurve, 86; Korbes, 87; Grindkopf, 89. – *Film:* Mosch. Ein Film, 80; Der Eisenhans, 82. – *Bearbeitungen:* Tieck, Der gestiefelte Kater, 63; Diderot, Rameaus Neffe, 63; Dekker, Der Richter von London, 66; Fallada, Kleiner Mann – was nun?, 72; Drehbuch zu Der scharlachrote Buchstabe, Film von Wim Wenders nach N. Hawthorne, 73. – *Übersetzungen:* O'Casey, Molière, Terson. – *Essays:* Geheimnis der Marionette, 57; Die Münchner Räterepublik. Zeugnisse und Kommentare, 66. – *Sammel- und Werkausgaben:* Stücke 1 und 2, 78; Werkausgabe, Bd 1 ff, 85 ff. – *Herausgebertätigkeit:* «collection theater werkbücher» (mit Marianne Kesting, Joachim Kaiser).

Douglas, Archibald → Polgar, Alfred

Drach, Albert, * 17. 12. 1902 Wien.
D. veröffentlichte mit 18 Jahren Gedichte, war bis zu seiner Emigration 1938 als Rechtsanwalt tätig und blieb bis zum Erscheinen seines ersten Romans 1964 in literarischen Kreisen fast unbekannt, obwohl einige seiner besten Erzählungen aus den 20er Jahren stammen. Nach seiner Rückkehr aus dem Exil nahm er 1947 in Mödling bei Wien seinen Beruf als Jurist wieder auf. Der Roman-Erstling *Das große Protokoll gegen Zwetschkenbaum*, 1939 entstanden, bildete 1964 zugleich Band 1 seiner Gesammelten Werke. Die distanzierende, ironisierende, verschnörkelte Kanzleisprache, die D. in seinen Romanen und in den Erzählungen der *Kleinen Protokolle* verwendet, verbindet mit der scheinbar liebenswürdigen Zeichnung hilfloser Charaktere einen beklemmenden Humor. In der Dämonisierung des Banalen, das die Leidenserfahrungen kleiner Leute verursacht, ist D. trotz der unverwechselbar «kakanischen» Herkunft im Grunde ohne Vorbild, am ehesten verwandt ist Herzmanovsky-Orlando. Auch die Dramen und Spiele handeln von Irrenden und Machtlosen, die dem Satanischen der Zeit ausgesetzt sind und sich auf verschlungenen Wegen zu retten versuchen. Das *Satyrspiel vom Zwerge Christian* stellt das Leben Chr. D. Grabbes dar. *Z. Z.* berichtet vom Leben einer jüdischen Wiener Bürgerfamilie unter dem Druck des wachsenden Faschismus. Die Zeit des Exils in Frankreich hat D. in dem Bericht *Unsentimentale Reise* beschrieben. – 1972 Preis der Stadt Wien, 1982 F.-Th.-Csokor-Preis, 1988 Büchner-Preis.

W.: Romane, Erzählungen: Das große Protokoll gegen Zwetschkenbaum, 1964; Die kleinen Protokolle und das Goggelbuch, 64; Unsentimentale Reise. Bericht, 66; «Z. Z.» das ist die Zwischenzeit, 68; Untersuchung an Mädeln. Kriminal-Protokoll, 71. – *Dramen:* Marquis de Sade, 29; Das Spiel von Meister Siebentot und weitere Verkleidungen, 65; Das Aneinandervorbeispiel und die inneren Verkleidungen, 66; Gottes Tod ein Unfall und die Entblößungen, 72. – *Lyrik:* Kinder der Träume, 19; Gedichte in: Gottes Tod ein Unfall und die Entblößungen, 72. – *Sonstiges:* In Sachen de Sade, 74. – *Werkausgabe:* Gesammelte Werke, 8 Bde, 72.

Drewitz, Ingeborg, * 10. 1. 1923 Berlin † 26. 11. 1986 ebd.
Nach dem Abitur 1941 zum Arbeitsdienst und Kriegshilfsdienst verpflichtet. Daneben unter schwierigen Bedingungen Studium der Philosophie und Promotion. Ab 1945 als Schriftstellerin tätig, daneben langjährige Tätigkeit in kulturpolitischen und politischen Zusammenhängen. Mehrere Semester Lehrbeauftragte an der Freien Univ. Berlin. Ab 1965 Vorsitzende des Schutzverbandes Deutscher Schriftsteller (SDS), beteiligt an der kulturpolitischen Neuorientierung des Verbandes, ebenso an der Gründung des Verbandes Deutscher Schriftsteller (VS), dessen stellvertretende Vorsitzende sie von 1969 bis 1980 war. In dieser Funktion zahlreiche Aktivitäten für die Interessenvertretung von Schriftstellern.

Vorbereitung und Durchführung des Ersten Kongresses Europäischer Schriftstellerorganisationen 1977 in Berlin, Erarbeitung der ersten Zusammenfassung sozialer Daten der westeuropäischen Schriftsteller. Seit 1966 im Präsidium des PEN-Zentrums der BRD. Verheiratet. Drei Töchter aufgezogen. Zahlreiche Auszeichnungen und Preise: 1. Preis der Wolfgang Borchert-Bühne 1950; Zuckmayer-Preis 1952; Jochen Klepper-Plakette 1955; Ernst Reuter-Preis 1963; Georg Mackensen-Preis 1970; Bundesverdienstkreuz 1973; Ida Dehmel-Preis 1980, 1981 Gerrit-Engelke-Preis, 1986 Premio Minerva u. a.; Professorin ehrenhalber.

Ebenso unerschrocken, wie sie in den verschiedenen Öffentlichkeitsbereichen Partei für Unterdrückte und Benachteiligte ergriff, stellte sich D. als Autorin den Problemen deutscher Geschichte und der Misere bundesrepublikanischen Alltags. Hinter der niederwalzenden Banalität des Alltags suchte sie die Lebendigkeit des Individuums, zeigte seine Ängste und Deformationen, aber auch seine Widerständigkeit und Kraft. Schreiben war für D. immer auch ein Versuch der Selbstfindung als Frau.

Schon in ihren ersten Texten zeigt sie sich als eine Autorin, die keine Berührungsängste der politischen und sozialen Realität gegenüber kennt. In ihren zahlreichen Hörspielen und Romanen ist die Verarbeitung des Faschismus und dessen Folgen, aber auch die Beschäftigung mit Formen des Widerstands ein zentrales Thema. Mit ihren Romanen *Wer verteidigt Katrin Lambert?*, *Das Hochhaus* und *Gestern war heute – hundert Jahre Gegenwart* errang D. eine breite öffentliche Anerkennung.

W.: *Romane, Erzählungen:* Und hatte keinen Menschen, 55; Der Anstoß, 58; Das Karussell, 62; Im Zeichen der Wölfe, 63; Die fremde Braut, 68; Oktoberlicht, 69; Wer verteidigt Katrin Lambert?, 74; Das Hochhaus, 75 (verfilmt 80); Der eine oder andere, 76; Gestern war heute – hundert Jahre Gegenwart, 78; Oktoberlicht oder Ein Tag im Herbst, 81; Eis auf der Elbe, 82; Schrittweise Erkundung der Welt, 82; Mein indisches Tagebuch, 83; Lebenslehrzeit, 85; Hinterm Fenster die Stadt, 85; Auch so ein Leben, 85; Eingeschlossen, 86; Berlin: lokale Lokale (mit anderen), 87. – *Dramen, Hör- und Fernsehspiele (z. T. ungedruckt):* Judas Ischariot (Hsp.), 54; Alle Tore waren bewacht, UA 55; Die Stadt ohne Brücke, UA 55; Auf dem Tisch noch die Gläser (Hsp.), 58; Zimmer 534 (Hsp.), 58; Donnerstag, der 14. November (Hsp.), 59; Flamingos, UA 59 (als Hsp. 58); Das Kind (Hsp.), 61; Die Kette (Hsp.), 61; Revision (Hsp.), 62; Das Labyrinth (Hsp.), 62; Die Angst vor der Nacht (Hsp.), 63; Der Tanz (Hsp.), 64; Erfahrungen oder Sechs Stimmen (Hsp.), 71; Erfahrungen (Libretto), UA 73; Kaiserwalzer (Hsp.), 74; Ayhan und Ayse sind Kreuzberger Gören (Fsp.), 75; Papa spielt mit meiner Eisenbahn (Fsp.), 76; Die Botschaft (Libretto), UA 76; Der Mann im Eis (Hsp.), 76; Horst – eine legale Vernichtung [mit K. Hesper] (Hsp.), 77; Kleiner Totentanz (Hsp.), 77; Das Hochhaus (Fsp.), 80; Zurück auf den Bau. Arbeitslos, zwei Kinder (Fsp.), 81; Gestern war heute, UA 85. – *Biographien, Essays:* Berliner Salons. Literatur und Gesellschaft zwischen Aufklärung und Industriezeitalter, 65; Adam Kuckhoff, ein deutscher Schriftsteller und Widerstandskämpfer, 68; Bettine von Arnim. Romantik, Revolution, Utopie, 69; Die zerstörte Kontinuität. Exilliteratur und Literatur des Widerstandes, 81; Kurz vor 1984. Literatur und Politik, 81; 1984 – Am Ende der Utopien, 84; Frauen für Frieden (mit S. Goll u. E. Hartmann), 86; Das Gewesene ordnet sich zum Sinn. Aus Leben und Werk von Werner Illing (mit M. Hannsmann u. a.), 86; Junge Menschen messen ihre Erwartungen aus, und die Meßlatten stimmen nicht mehr – die Herausforderung Tod, 86. – *Herausgebertätigkeit:* Städte 1945, 70; Die Literatur und ihre Medien, 72; Vernünftiger schreiben, 74; Hoffnungsgeschichten, 79; Schatten im Kalk. Lyrik und Prosa aus dem Knast, 79; Mit Sätzen Mauern eindrücken. Briefwechsel mit einem Strafgefangenen (mit W. Buchacker), 79; Mut zur Meinung, 80; Strauß ohne Kreide, 80; So wächst die Mauer zwischen Mensch und Mensch (mit J. P. Tammen), 80; Wortmeldungen, 83; Märkische Sagen, 85; Abstellgleise, 86. – *Sammelausgaben:* Die Samtvorhänge, 78; Zeitverdichtung. Essays, Kritiken, Portraits, 80; Unter meiner Zeitlupe, 84; Die ganze Welt umwenden, 87.

dsb → Benjamin, Walter

Duden, Anne, *1.1.1942 Oldenburg.
D. verbrachte ihre Kindheit und Jugend in Berlin, der DDR und Oldenburg/i. Old. Von 1962–78 war sie u. a. als Lektorin und Buchhändlerin in Berlin tätig, seit 1978 lebt sie überwiegend in London. Einige Veröffentlichungen in Zeitschrif-

ten und Zeitungen. 1984 erhielt D. den Förderpreis des Kulturkreises des BDI und 1986 den «Kranich mit dem Stein» des Deutschen Literaturfonds. – In einer präzisen, kühlen Sprache findet D. für ihre Themen (Tod, Grausamkeit, das Unheimliche) ungewöhnliche und eindringliche Bilder.

W.: Prosa: Übergang, 82; Das Judasschaf, 86.

Duncker, Dora, *28. 2. 1855 Berlin, †9. 10. 1916 ebd.

D., Tochter eines Verlagsbuchhändlers, machte schon früh die Bekanntschaft von Künstlern und Literaten im Hause Karl von Pilotys, eines Freundes der Familie. Die Bildung, die sie im elterlichen Hause erhielt, wurde erweitert durch Reisen nach Österreich, Italien und der Schweiz. Ihre Ehe, die sie 1888 einging, wurde schon nach kurzer Zeit wieder geschieden. Sie war Herausgeberin des Kinderkalenders «Buntes Jahr» (seit 1885) und der Monatsschrift «Zeitfragen» (seit 1895). – In ihrem umfangreichen literarischen Werk (Bühnenwerke, Erzählungen und Novellen) setzte sie sich vor allem für die Rechte der Frau ein.

W.: Dramen: Sphinx, 1881; Sylvia, 83; Nelly, 84; Freund der Frauen, 91; Gewitterschauer, 91; Gesühnt, 94; Überraschungen, 96; Im Schatten, 99; Hexenlied, 99; Assarpai, 95; Der Ritter vom hohen C, 1901; Ernte, 02; Gustav Wöhrmann, 03; Vor Tores Schluß, 04; Die neue Geliebte, 08; Die neue Zeit, 09; Die Schneekönigin, 10; Der heilige Berg, 11; Wir tanzen durchs Leben, 11; Die kleine Hoheit, 13. – *Romane, Novellen:* Stille Winkel, 1884; Um ein Haar, 86; Morsch im Kern, 89; Unheilbar, 93; Goldfliege, 94; Die Modistin, 94; Loge 2, 96; Mütter, 97; Familie, 98; Großstadt, 99; Die große Lüge, 1900; Komödiantenfahrten, 01; Sie soll deine Magd sein, 02; Groß-Berlin, 02; Maria Magdalena, 03; Lottes Glück, 03; Die Schönheitsstube, 04; Jugend, 04; Die heilige Frau, 05; Falsches Ziel, 05; Die graue Gasse, 06; Leiden, 08; Der schöne Ede, 09; Kämpfer, 09; Das Perlenbuch, 10; Im Séparée, 11; Bergeholz Söhne, 12; Ein Liebesidyll Ludwigs XIV., 12; Dr. Stillfried, 13; Die Marquise von Pompadour, 13; Die Blonden und der Riese, 14; Auf zur Sonne, 16; Die Frau mit den Hyazinthen, 18; Das Haus Duncker, 18; Die Kinder des Herrn Ulrich, 19; Liebe um Liebe, 18; Sumpfland, 25. – *Erzählungen:* So zwitschern die Jungen, 1885; Reelles Heiratsgesuch, 88; Dies und Das, 90; Ein Leutnant verloren, 91;

Plaudereien und Skizzen aus dem Berliner Zoologischen Garten, 96; Märchen und Erzählungen, 1905; Das bunte Berlin, 05; Berlin im Kriege, 15. – *Essays:* Moderne Meister, 1883; Ernst von Wildenbruch, 1909; George Sand, 16.

Dürrenmatt, Friedrich, *5. 1. 1921 Konolfingen (Kanton Bern), †14. 12. 1990 Neuchâtel.

D. wuchs im Emmental auf. («Ich bin kein Dorfschriftsteller, aber das Dorf brachte mich hervor.») Sein Großvater war ein streitbarer Politiker und Publizist, der für einige seiner Gedichte ins Gefängnis kam, sein Vater Pfarrer. In Bern besuchte D. das Gymnasium, hörte dann Vorlesungen in Zürich und Bern, zeichnete, malte. In seinen makabren und expressiven Bildern sind viele Motive des literarischen Werks vorgeformt («Doppelgänger», «Turmbau»). Anfang der 40er Jahre entstanden kafkaeske Prosawerke, die später in dem Band *Die Stadt* gesammelt wurden. D. lebte zwei Jahre in Basel, heiratete, geriet in finanzielle Schwierigkeiten, schrieb Theaterkritiken, Kriminalromane, Kabarett-Texte; deutsche Hörspielaufträge halfen die Lage verbessern. Seit 1952 wohnte er in Neuchâtel. In Zürich und anderen Städten arbeitete er an der Inszenierung seiner Stücke mit, wirkte 1968/69 zusammen mit Werner Düggelin in Basel als Theaterdirektor, bis es zum Streit kam. Das Wiedertäuferdrama *Es steht geschrieben*, schwerflüssig und pathetisch, verursachte 1947 bei der Zürcher Uraufführung einen Theaterskandal. *Der Blinde* wurde zuerst in Basel aufgeführt; auch hier tönt die Sprache hie und da biblisch. Freier, humorvoller wirkt die «ungeschichtliche historische Komödie» in 4 Akten *Romulus der Große*; der Kaiser ist der tragikomische Philosoph, der, im Gegensatz zum Opfer Ämilian, den Untergang Roms nicht aufhalten will; Hühner und die Würde des einzelnen sind ihm wichtiger als militärische Bravour. In der *Ehe des Herrn Mississippi* werden alttestamentlich und marxistisch gefärbte Ideologien ad absurdum geführt. Der erste Teil zum Thema Turmbau von Babel, die Komödie *Ein Engel kommt nach Ba-*

bylon, wirkt demgegenüber poetisch-frommer: Die Babylonier und ihre Machthaber wissen mit dem Engel und der Gnade nichts anzufangen; nur der Dichter Akki hat genug Sinn für Wunder. – Weltruhm brachte nach 1956 *Der Besuch der alten Dame*, eine tragische Komödie in 3 Akten (ursprünglich mit dem Untertitel «Komödie der Hochkonjunktur»). In Güllen (= Jauche) will die reichgewordene Claire Zachanassian die Einwohner bewegen, ihren früheren treulosen Geliebten Ill zu töten. Niemand scheint zunächst käuflich zu sein, doch allmählich wird die Versuchung zu groß: Ein Turner bringt den Schuldbewußten um. Die neureichen Güllener loben zum Schluß, im Chorgesang Sophokles parodierend, das Glück des Wohlstands und den Schrecken der Armut. Die Dichtung ist im Osten als Satire auf den Kapitalismus interpretiert worden, im Westen eher als tragikomisches Bild der Auseinandersetzung zwischen Individuum und Gemeinschaft. *Frank V.*, die «Oper einer Privatbank», nämlich einer räuberischen, wurde von den Kritikern als der *Dreigroschenoper* zu ähnlich abgelehnt. (Theoretisch setzt sich D. mit Brecht u. a. in den *Theaterproblemen* und in der Rede *Friedrich Schiller* auseinander.) Dagegen hatten *Die Physiker* (1962) wieder ein weltweites Echo; der Stil knapp und transparent, die drei Einheiten werden aufs strengste beachtet («einer Handlung, die unter Verrückten spielt, kommt nur die klassische Form bei»). Johann Wilhelm Möbius hat sein Wissen um die Möglichkeit der Weltvernichtung zurücknehmen wollen und lebt mit zwei anderen Physikern, die als Irre («Einstein» und «Newton») auftreten, in der Anstalt Fräulein Doktor Mathilde von Zahnds. Krankenschwestern werden umgebracht, Polizisten treten auf, in den wichtigsten Szenen wird aber über Weisheit (König Salomo), Wissen und Macht diskutiert. Die Geschichte nimmt die «schlimmstmögliche Wendung», die Wirklichkeit erscheint als paradox. In der Komödie *Herkules und der Stall des Augias*, der Erweiterung eines Hörspiels von 1954, belustigt sich D. an der Rolle eines Nationalhelden, des Her-

kules, und der Funktion bürokratischer Kommissionen im Land des Augias. Das wieder sehr streng gebaute Stück *Der Meteor* stellt den zynischen Nobelpreisträger Schwitter dar, der nicht sterben kann und den Tod im Atelier eines Pseudokünstlers sucht. D. nennt die Auferstehung etwas Paradoxes; Schwitter wird mit Lazarus in Beziehung gesetzt. Das *Portrait eines Planeten* soll ein reines Schauspielerstück sein; vier Götter schauen der Explosion der Sonne zu und zeigen, wie gefährdet im Rahmen des Universums die menschliche Existenz ist. *Die Frist* inszeniert grotesk das Sterben eines Diktators und den Untergang eines faschistischen Systems. Daneben gibt es zahlreiche Bearbeitungen, Neufassungen eigener und fremder Stücke. D. ging stets von der Bühnenarbeit aus, blieb in seinem Werk mit Schauspielern, Regisseuren und dem Publikum in Fühlung.
Die meisten Erzählungen D.s sind Kriminalgeschichten, ausgenommen die früheste und fröhliche «Prosakomödie» *Grieche sucht Griechin*. Hauptgestalt in den ersten Kriminalgeschichten *Der Richter und sein Henker* und *Der Verdacht* ist Kommissär Bärlach, Hauptgestalt im «Requiem auf den Kriminalroman» *Das Versprechen* der noch differenziertere Polizist Matthäi. Diese Dichtung geht auf den Film *Es geschah am hellichten Tag* mit der sozialpädagogischen Themenstellung Sexualverbrechen an Kindern zurück; an den Dreharbeiten hat D. selber mitgewirkt. Auch *Die Ehe des Herrn Mississippi*, *The Visit*, *Grieche sucht Griechin* sind verfilmt worden. Ein Sonderfall im erzählerischen Bereich, substantiell und wegen der Fülle der Formen, ist die «noch mögliche Geschichte» *Die Panne* (noch möglich, weil sie nicht zu privat sei). Alfredo Traps, ein Handlungsreisender, der moralisch alle Fünfe gerade sein läßt, wird unversehens in das Gerichtsverfahren-Spiel alter Herren in einer weißen Villa verwickelt; seine Situation ist tragikomisch. Die Geschichte ist auch in dramatisierter Fernseh- und Hörspielform erschienen. Mit anderen Hörspielen ist D. ähnlich erfolgreich gewesen. Mit *Justiz* schrieb D. noch einmal einen Kriminalroman. Er greift dabei auf

Vorarbeiten aus den fünfziger Jahren zurück und schildert den Zwiespalt zwischen absoluter Gerechtigkeit und dem Recht, wie es die Justiz vertritt, verbunden mit tiefer Skepsis über die Entwicklung der Menschheit und der Welt.

D.s Vorbilder sind Aristophanes, Bosch, Cervantes, Shakespeare, Swift, Nestroy, Kierkegaard; kaum je wirkt er aber epigonal, die Spannung zwischen «Zeitgeist und Bernergeist» (Gotthelf) hält ihn außerhalb der Modeströmungen. Das Thema Gerechtigkeit und Gnade ist für ihn ungemein wichtig. Er gestaltet es nicht in der Form der Tragödie, sondern des Tragikomischen, Grotesken; «im Kehraus der weißen Rasse», sagt er in den *Theater-Problemen*, «gibt es keine Schuldigen und auch keine Verantwortlichen mehr». Die Tragödie setze Verantwortung voraus. Trotzdem scheint es ihm immer noch möglich, den mutigen Menschen darzustellen. Die Zentralfiguren sind dadurch zwar noch tragisch, doch die Handlung ist komisch angelegt. Dieses «Welttheater», diese «Komödie der Handlung» erstrebt mit den Mitteln des Paradoxen, des Ambivalenten und des Grotesken den Grundeffekt des modernen Theaters: die «Nicht-Identifikation» des Zuschauers, die kritische Reflexion. Zahlreiche Auszeichnungen, vom Preis der Welti-Stiftung 1948 über den Gr. Preis der Schweizerischen Schillerstiftung 1960 und den Österreichischen Staatspreis für europäische Literatur 1983 bis 1986 zum Schiller-Gedächtnispreis und dem Büchner-Preis. D. war Gastdozent der Universität Frankfurt und theologischer Ehrendoktor der Universität Zürich. Aleksei-Tolstoi-Preis Grenoble 1988 und Ernst-Robert-Curtius-Preis für Essayistik 1989.

W.: Dramen: Es steht geschrieben, 1947 (als: Die Wiedertäufer, 67); Der Blinde, 48 (gedruckt 60); Romulus der Große, 48 (gedruckt 58); Die Ehe des Herrn Mississippi, 52; Ein Engel kommt nach Babylon, 54; Der Besuch der alten Dame, 56; Herr Korbes empfängt, 59 (auch: Abendstunde im Spätherbst; ursprüngl. Hörspiel, 56); Frank V., Oper einer Privatbank, 60; Die Physiker, 62; Herkules und der Stall des Augias, 63 (ursprüngl. Hörspiel, 54); Der Meteor, 66; König Johann, 68; Play Strindberg, 69; Portrait eines Planeten, 70; Ti-

tus Andronicus, 70; Der Mitmacher, 73; Die Frist, 77; Die Panne. Komödie, 79; Der Mitmacher. Ein Komplex, 80; Achterloo, 83; Rollenspiele, 86; Achterloo IV, 88. – *Hörspiele:* Stranitzky und der Nationalheld, 53; Nächtliches Gespräch mit einem verachteten Menschen, 57; Das Unternehmen der Wega, 58; Der Prozeß um des Esels Schatten, 58; Abendstunde im Spätherbst, 59; Der Doppelgänger, 60. – *Romane, Erzählungen:* Pilatus, 49; Der Nihilist, 50; Die Stadt, Prosa I–IV, 52; Der Richter und sein Henker, 52; Der Verdacht, 53; Grieche sucht Griechin, 55; Die Panne, 56 (als Hörspiel 56); Das Versprechen, 58; Der Tunnel, 64; Das Bild des Sisyphos, 68; Der Sturz, 71; Justiz, 85; Der Auftrag, 86; Durcheinandertal, 89. – *Lyrik:* Der Minotaurus. Eine Ballade, 85. – *Essays:* Theaterprobleme, 55; Friedrich Schiller, 60; Der Rest ist Dank. Werner Weber und F. D. Zwei Reden, 61; Die Heimat im Plakat, 63; Monstervortrag über Gerechtigkeit und Recht, 69; Sätze aus Amerika, 70; Israel. Eine Rede, 75; Gespräch mit Heinz-Ludwig Arnold, 76; Zusammenhänge. Über Israel, 76; Stoffe. Zur Geschichte meiner Schriftstellerei, 77; Nachdenken mit und über F. D. (mit D. Fringeli), 77; Über Toleranz, 77; Albert Einstein, 79; Kunst und Wissenschaft oder Platon oder Die Schwierigkeiten einer Anrede, o. J.; Über Jef Verheyen, 82; Die Welt als Labyrinth. Ein Gespräch mit F. Kreuzer, 86; Ernst-Robert-Curtius-Preis für Essayistik 1989 an F. D. Dokumente und Ansprachen [mit O. Lafontaine u. a.], 89; Abschied vom Theater, 91. – *Graphik, Bilder:* Bilder und Zeichnungen, 78. – *Sammel- und Werkausgaben:* Komödien I, 57; II, 64; III, 66; Gesammelte Hörspiele, 61; Vier Hörspiele, 67; Theaterschriften und Reden, Bd I, 66; Bd II, 72; Dramaturgisches und Kritisches, 72; Lesebuch, 78; Der Richter und sein Henker. Die Panne. Das Versprechen, 79; Aus den Papieren eines Wärters. Frühe Prosa, 80; Es steht geschrieben. Die Wiedertäufer. Zwei Stücke, o. J.; Das dramatische Werk, 17 Bde, 80; Das Prosawerk, 13 Bde, 80; Stoffe I–III, 81; Werkausgabe, 30 Bde, 80; Denken mit Dürrenmatt, 82; Die Erde ist zu schön... Die Physiker. Der Tunnel. Das Unternehmen der Wega, 84; Kritik, 88; Wiederholte Versuche, die Welt auszumisten, 88; Versuche, 88; Gesammelte Werke, 7 Bde, 88; Denkanstöße, 89; Turmbau. Stoffe IV–IX, 90. – *Schallplatten u. ä.:* Das Unternehmen der Wega (Hsp.), 86 (Kass.); Die Panne, ca. 86 (Kass.); Grieche sucht Griechin, ca. 86 (3 Kass.); Abendstunde im Spätherbst (Hsp.), 88 (Kass.).

Dürrson, Werner (eigentlich W. Dürr), *12. 9. 1932 Schwenningen.

D., Sohn eines Ingenieurs, studierte

1953–55 an der Musikhochschule in Trossingen. Nach Reisen durch Europa, Afrika und Nordamerika und publizistischer Tätigkeit Studium der Germanistik, Romanistik und Musikwissenschaft in Tübingen und München. 1959–62 Lehrbeauftragter an der Städtischen Musikschule Trossingen. Nach der Promotion lehrte D. 1962–68 Deutsch an der Universität Poitiers, 1968–78 an einem Zürcher Privatgymnasium. Seither lebt er als freier Schriftsteller und Rundfunkmitarbeiter. D. ist Mitglied des VS und des PEN. Er erhielt mehrere Preise, u. a. 1979 den Stuttgarter Literaturpreis, 1980 den Schubart- und 1985 den Bodensee-Literaturpreis. – Zunächst veröffentlichte D. einige Gedichtbände, in denen er noch unter dem Einfluß anderer Autoren stand, so des von ihm auch in einer eigenen Untersuchung gewürdigten Hermann Hesse. Nach mehreren Jahren des Schweigens veröffentlichte der auch als Übersetzer aus dem Französischen hervorgetretene D. weitere Lyrikbände, in denen er zu einer eigenen Sprache gefunden hatte. Besonders sein Band *Das Kattenhorner Schweigen* macht die Spannweite seiner formalen Mittel und seiner wesentlichen Inhalte deutlich. Komprimiert und bildhaft, gelegentlich mit satirischen Untertönen, sind seine von der Natur, der längst nicht mehr idyllischen Landschaft ausgehenden Gedichte zugleich Momentaufnahmen der Zeit, kritisch und voller Trauer.

W.: Romane, Erzählungen, Prosa: Der Luftkünstler. Dreizehn Stolpergeschichten, 1983; Blochaden. Sprüche und Zusprüche, 86. – *Dramen:* Christian Friedrich Daniel Schubart, 80 (Bühnenms.). – *Lyrik:* Blätter im Wind, 59; Bilder einer Ausstellung, 59; Kreuzgang, 60; Dreizehn Gedichte, 65; Schattengeflecht, 65; Schneeharfe, 66; Flugballade, 66; Höhlensprache, 74; Neun Gedichte, 76; Schubart-Feier. Eine deutsche Moritat, 80; läuse flöhen meine lieder, 81; Zeit-Gedichte, 81; Stehend bewegt, 82; Fern, doch deutlich dem Aug'. Neue Lyrik und Prosa, 83 (mit M. Köhlmeier, J. Kelter, J. Walser); Dürrson, 85; Feierabend, 85; Das Kattenhorner Schweigen, 85; Confrontations/Konfrontationen, 87 (mit A. Gherban); Kosmose, 87; Denkmal fürs Wasser [mit A. Gherban], 87; Abbreviaturen, 89; Auch kräht hier der Hahn noch [mit I. Wolff], 89. – *Essays, theoretische Schriften:* Aus der Stille kam die Kraft. Dank und Gruß an Ludwig Finckh, 56; Hermann Hesse, 57; Untersuchungen zur poetischen und musikalischen Metrik, 62 (Diss. masch.); Wie ich lese?, 86. – *Übersetzungen:* Wilhelm von Aquitanien: Gesammelte Lieder, 69; Rimbaud, A.: Eine Zeit in der Hölle, 70; Goll, Y.: Der Triumphwagen des Antimons, 73; Margarete von Navarra: Die Liebesgedichte, 74; Michaux, H.: Eckpfosten – Poteaux d'angle, 82; Michaux, H.: Momente, 83. – *Sammel- u. Werkausgaben:* Drei Dichtungen, 70; mitgegangen, mitgehangen. Gedichte 1970–75, 75; Ausleben. Gedichte aus zehn Jahren, 88. – *Schallplatten u. ä.:* W. D. liest Lyrik und Prosa, 78.

Dwinger, Edwin Erich, *23. 4. 1898 Kiel, †17. 12. 1981 Gmund (Tegernsee).
D. ist Sohn eines Marineoffiziers und einer Russin. Mit 16 Jahren zog er im 1. Weltkrieg als Dragoner-Fähnrich an die Ostfront, wurde schwer verwundet und von den Russen gefangengenommen. D. kämpfte dann in der Armee Kolčaks gegen die Rotarmisten und kam 1921 schwerkrank nach Deutschland zurück. Im spanischen Bürgerkrieg stand er auf der Seite Francos und war im 2. Weltkrieg Kriegsberichterstatter. Seine Leidenschaft für Pferde führte dazu, daß er nach 1945 wieder Landwirt wurde und sein Gut Hedwigshof bei Seeg im Allgäu zu einer Reitschule ausbaute. – Nationalistische Tendenzen und Antikommunismus prägen seine Romane und ließen D. in der NS-Zeit zu einem Bestseller-Autor werden. In seinem ersten Roman *Korsakoff* wird das Leben eines russischen Fürsten geschildert, der durch die Revolution heimatlos wird, später ins Kloster geht und zur Natur findet. Ein Verkaufserfolg wurde *Die letzten Reiter.* Hier wird von den Kämpfen deutscher Freikorps 1919 in Kurland berichtet.

W.: Romane: Korsakoff, 1926 (53 als: Hanka); Das letzte Opfer, 28; Die deutsche Passion: Die Armee hinter Stacheldraht, 28; Zwischen Weiß und Rot, 30; Wir rufen Deutschland, 32; Die letzten Reiter, 35; Spanische Silhouetten, 37; Panzerführer, 41; Wenn die Dämme brechen, 50; Die verlorenen Söhne, 56; Es geschah im Jahre 1965, 57; Die 12 Gespräche 1933–1945, 66.

E

Eberle, Josef (Pseud. Joseph Apellus, Sebastian Blau, Peter Squentz, Wang), *8.9.1901 Rottenburg, †20.9.1986 Pontresina (Schweiz).

Der Sohn des Stadtpflegers von Rottenburg arbeitete nach einer entsprechenden Lehre als Buchhändler und Antiquar, anschließend als Schriftsteller und Journalist. 1927-33 war er Leiter der Vortragsabteilung beim Süddeutschen Rundfunk, wurde von den Nationalsozialisten entlassen und kurze Zeit inhaftiert. Bis zu seinem Schreibverbot (1936) arbeitete er wieder als Schriftsteller. Bis 1942 war er Angestellter des Amerikanischen Konsulats in Stuttgart, dann bis Kriegsende Korrespondent und Bibliothekar einer Versicherung. Im September 1945 wurde E. von der amerikanischen Militärverwaltung als Lizenzträger und Mitherausgeber der «Stuttgarter Zeitung» eingesetzt, als deren alleiniger Herausgeber er 1946-71 fungierte und deren Redaktion er ebenfalls lange Jahre leitete. E. erhielt 1959 das Große Bundesverdienstkreuz, wurde 1961 zum Professor ernannt, war Ehrenbürger seines Geburtsortes, Ehrendoktor und -senator der Universität Tübingen. Er war Ehrenmitglied des Altphilologenverbandes, Mitglied des PEN und der Deutschen Akademie für Sprache und Dichtung.

E. hinterließ ein umfangreiches Werk, das Essays und Feuilletons, Lyrik und Prosa, Übersetzungen aus dem Lateinischen ebenso umfaßt wie Gedichte in schwäbischer Mundart. In allen seinen Arbeiten offenbart sich eine Belesenheit, die unaufdringlich und nicht belehrend eingesetzt wird. E. war einer der wenigen modernen Dichter, der nicht nur aus dem Lateinischen übersetzte, sondern auch zahlreiche formvollendete Gedichte und Epigramme in dieser Sprache schrieb. Mit gleicher Selbstverständlichkeit verfaßte er Lyrik in einem barocken Deutsch (ähnlich Arno Holz' «Dafnis»-Liedern) und im schwäbischen Dialekt. Ausgehend von vornehmlich anschaulichen, Landschaft und Alltag schildernden Gedichten, kam er im Laufe der Zeit zu komplexeren, eher besinnlichen Themen.

W.: Romane, Erzählungen, Prosa, Epigramme: Gold am Pazifik, 35 (u. d. T.: Das goldene Tor, 46); Rottenburger Bilderbogen, 43; Rottenburger Hauspostille, 46; Hilarion, 61; Vorsicht, beißt! Cave canem! Ein Buch Epigramme, 62; Schwarzes Salz. Sal niger. 100 Epigramme, 64; Zehn ausgewählte Epigramme, 64; Hier irrt Goethe von A–Z. Sprüche und Gegensprüche, 73; Zeitgenosse Goethe. Sprüche und Widersprüche, 77; Auf der Schiffsschaukel. Satiren und Epigramme, 85. – *Lyrik:* Mild und bekömmlich, 28; Kugelfuhr, 33; Feierobed, 34; Niedernauer Idylle, 41; Die schwäbischen Gedichte des Sebastian Blau, 45; s' Weihnachtskripple, 48; Horae, 54; Imagines. Carmina latina, 55; Von des ehrbarn Schäffer-Pahrs Phyliss und Philander Tächtel-Mächtel, 57; Die Iden des März, 59; Laudes. Carmina latina, 59; Amores. Nova carmina, 61; Echo perennis. Nie verstandenes Echo, 70; Schwäbischer Herbst, 73; Die trauten Laute. Schwäbische Gedichte des Sebastian Blau, 75; Mandarinentänze, 79. – *Essays, theoretische Schriften, Autobiographisches:* Schwäbisch, 36 (Neuaufl. u. d. T.: Ob denn die Schwaben nicht auch Leut' wären...?, 51); Wir reisen, 46 (mit G. Ruth); Die Reise nach Amerika, 49; Johann Friedrich Cotta, 52; Maecenas, der Etrusker, 55; August Lämmle zum 80. Geburtstag, 56; Interview mit Cicero. Gestalten und Profile, 56; Der Archipoeta, 59; Stunden mit Ovid, 59; Ludwig Uhland, 63; Voltaires Pucelle, 65; Lateinische Nächte, 66; Aller Tage Morgen. Jugenderinnerungen, 74; Caesars Glatze, 77; Die Wandzeitung. Ein- und Ausfälle des alten Wang, 81. – *Übersetzungen:* Ovid, Heilmittel gegen die Liebe, 59; Die Gedichte des Archipoeta, 66. – *Sammel- u. Werkausgaben:* Sebastian Blaus «Schwobespiagel», 81. – *Herausgebertätigkeit:* Melpomene oder die höchst merkwürdigen Grabgesänge des Herrn Michael Jung, 35 (neubearb. u. d. T.: Jung, M. v.: Fröhliche Himmelfahrt oder die höchst merkwürdigen Grablieder des Ritters Michael von Jung weiland Pfarrer zu Kirchdorf in Schwaben, 53); Dr. Owlglass: Des Leib- und Seelenarztes Dr. Owlglass Rezeptbuch, 55 (mit E. Schairer); Uhland, L.: Bilder aus meinem Leben, 56 (mit P. Harden-Rauch); Viva Camena!, 61; Psalterium profanum, 62; Im Trüben gefischt. Karikaturen aus der Stuttgarter Zeitung aus zwei Jahrzehnten, o. J. – *Schallplatten u. ä.:* Sebastian Blau liest aus seinen schwäbischen Gedichten, 73.

Ebner, Jeannie, *17.11.1918 Sydney (Australien).

E., verheiratet Allinger, wuchs als Kind

österreichischer Eltern in Wiener Neustadt auf, war kaufmännisch und im
Kunstgewerbe tätig. 1938 studierte sie an
der Akademie der Bildenden Künste in
Wien Bildhauerei. Seit 1968 arbeitet sie
in der Redaktion der Zeitschrift «Literatur und Kritik» und betätigt sich neben
ihrer Schriftstellerei als Übersetzerin aus
dem Englischen und Amerikanischen.
1955 erhielt sie den Preis des Theodor-
Körner-Stiftungs-Fonds, 1961 den Preis
des Kulturamtes der Stadt Wien, 1962 die
Willibald-Pirkheimer-Medaille und 1963
den Musikpreis des Unterrichtsministe-
riums Wien, 1971 Preis der Stadt Wien,
1972 Kulturpreis des Landes Niederösterreich. – E. gilt als eine wichtige Vertreterin der zeitgenössischen Prosa. Besonders in ihren frühen Werken zeigt sich
ihre Vorliebe für das Mythologisch-Alle-
gorische, das Surreale. In späteren Erzählungen jedoch tritt die Nähe zur vertrauten Wirklichkeit stärker hervor, das
Psychologische steht im Vordergrund,
wenn auch meist von märchenhaften Zusammenhängen verhüllt.

W.: Lyrik: Gesang an das Heute. Gedichte,
Gesichte, Geschichten, 1952; Gedichte, 65;
Prosadichtungen, 73; Sag ich: Gedichte, 78;
Gedichte und Meditationen, 78; Gedichte und
Meditationen II, 87. – *Romane, Novellen, Er-
zählungen:* Sie warten auf Antwort, 54; Die
Wildnis früher Sommer, 58 (überarb. 78); Der
Königstiger, 59; Die Götter reden nicht, 61;
Das Paket, 63; Figuren in Schwarz und Weiß,
64; Protokoll aus einem Zwischenreich, 75; Er-
frorene Rosen, 79; Drei Flötentöne, 81; Ak-
täon, 83; Das Bild der beiden Schwestern, 84;
Papierschiffchen, 87. – *Essays:* Niederöster-
reich, 79; Oder war da manchmal noch etwas
anderes? [mit anderen], 85. – *Sammelausgaben:* Im Schatten der Göttin, 63; Gesammelte
Gedichte, 88. – *Übersetzungen:* H. v. Morton,
Spanische Reise, 57; L. Bemelmans, Die Frau
meines Lebens, 58; N. Hallinan, Kleine Lampe
im großen Wind, 58. – *Schallplatten, Kassetten:*
Der Königstiger, 86 (2 Kass.).

Eckbrecht, Andreas→ **Kaus, Gina**

Eckhart → Benjamin, Walter

Edschmid, Kasimir (eig. Eduard Schmid),
*5.10.1890 Darmstadt, †31.8.1966 Vul-
pera (Schweiz).
E. studierte Romanistik an verschiede-

nen Universitäten. Später führte er das
Leben eines erfolgreichen internationalen Journalisten. E.s Werk ist so umfangreich wie unkommentiert, lediglich sein
Frühwerk hat literarische Bedeutung. E.
schrieb die wohl ersten expressionistischen Novellen, gesammelt in *Die sechs
Mündungen,* extravagante Themen in
hochstilisierter Sprache. Sein Essay *Über
den Expressionismus in der Literatur und
die neue Dichtung* ist eine der ersten Darstellungen dieser Bewegung. E.s *Sport
um Gagaly* ist der erste Sportroman in
der deutschen Literatur. E.s zahlreiche
Reisebücher, vor allem *Afrika, nackt und
angezogen,* haben ein weiteres Publikum
erreicht. – 1927 Büchner-Preis, 1955
Goethe-Plakette, 1965 Ehrengast der
Villa Massimo.

W.: Novellen: Die sechs Mündungen, 1915;
Das rasende Leben, 16; Timur, 16; Die
Karlsreis, 18; Die Fürstin, 20; Frauen, 21; Hallo Welt, 21; Die neue Frau, 27; Das Drama von
Panama, 36; Lesseps, 36; Erika, 38; Im Dia-
mantental, 48; Der Bauchtanz, 52; Der Hauptmann und die Furt, 53. – *Romane:* Die achat-
nen Kugeln, 20; Der Engel mit dem Spleen, 24;
Sport um Gagaly, 27; Die gespenstigen Abenteuer des Hofrats Brüstlein, 27 (als: Pourtalès
Abenteuer, 47); Lord Byron, 29; Feine Leute
oder Die Großen dieser Erde, 31; Deutsches
Schicksal, 32; Das Südreich, 33 (erw. 57); Der
Liebesengel, 37; Das gute Recht, 46 (autobiographisch); Wenn es Rosen sind, werden sie
blühen, 50 (als: Georg Büchner, Eine dt. Revolution, 66); Der Zauberfaden, 50; Der Marschall und die Gnade, 54 (als: Bolivar. Die Befreiung Südamerikas, 65); Drei Häuser am
Meer, 58; Drei Kronen für Rico, 58; Whisky
für Algerien, 64. – *Lyrik:* Verse, Hymnen, Gesänge, 11; Bilder, 13; Von Lichtern gestrei-
chelt, 19; Italienische Gesänge, 48. – *Drama:*
Kean, 21. – *Reisebücher:* Basken, Stiere, Araber, 26; Das große Reisebuch, 27; Afrika,
nackt und angezogen, 30; Glanz und Elend
Südamerikas, 31; Zauber und Größe des Mit-
telmeers, 32 (erw. als: Stürme und Stille am
Mittelmeer, 59); Im Spiegel des Rheins, 33;
Italien, 5 Bde, 35–48 (auch als Trilogie,
55–57); Bunte Erde, 48 (als: Europäisches
Reisebuch, 53); Italien von Verona bis Palermo, 54; Vom Bodensee zur Nordsee, 63. – *Ta-
gebuch* 1958–60, 60. – *Essays:* Über den Ex-
pressionismus in der Literatur und die neue
Dichtung, 19; Die doppelköpfige Nymphe, 20;
Über Flaubert und Hamsun, 22; Bernhard
Hoetger, 22; Rede an einen Dichter, 22; Das
Bücher-Dekameron, 23; Albert Schweitzer,

48; Frühe Manifeste. Epochen des Expressionismus, 57; Lebendiger Expressionismus, 61; Porträts und Denksteine. 62; Karl Thylmann (1888–1916) [mit C. K. Netuschil u. a.], 88. – *Sammelausgaben:* Frühe Satiren 1917–1920, 60; Die frühen Erzählungen, 65; Frühe Schriften, 70.

Eggebrecht, Axel, *10. 1. 1899 Leipzig.
Der als Sohn eines Arztes geborene E. wurde nach dem Abitur 1917 Soldat und kurz vor Kriegsende schwer verwundet. 1919–20 studierte er Germanistik und Philosophie in Leipzig und Kiel, dazwischen war er kurze Zeit Buchhandelslehrling. 1920 am Kapp-Putsch beteiligt, trat er im Herbst desselben Jahres in die KPD ein. Nach verschiedenen Gelegenheitsarbeiten wurde er 1922 Pressechef einer von Willi Münzenberg geleiteten Filmfirma. 1923/24 unternahm er zwei Reisen in die UdSSR und erhielt Einblick in die entstehende russische Filmindustrie. 1925 verließ er die KPD. Kürzere Zeit Dramaturg bei der UFA, war er seit 1925 regelmäßiger Mitarbeiter der «Weltbühne» und der «Literarischen Welt» sowie zahlreicher anderer Zeitungen und des Rundfunks. Seine publizistische und organisatorische Tätigkeit gegen den Faschismus hatte 1933 mehrere Verhaftungen und KZ-Aufenthalt zur Folge. Ab 1936 war ihm die Mitarbeit an Filmdrehbüchern erlaubt. 1945–49 an leitender Stelle beim Aufbau des NWDR (später NDR) beschäftigt, gab E. 1946/47 zusammen mit P. v. Zahn die «Nordwestdeutschen Hefte» heraus und nahm 1947 an der Neugründung des PEN-Clubs teil. Seit 1949 lebt er als freier Schriftsteller und Publizist zumeist in Hamburg. 1963–71 leitete er das Nachwuchsstudio des Norddeutschen Rundfunks. 1973 erhielt er den Alexander-Zinn-Preis, 1979 die Carl-von-Ossietzky-Medaille, war 1982/83 Ehrengast der Villa Massimo und wurde 1983 mit dem Gerrit-Engelke-Literaturpreis geehrt. Träger des Bürgermeister-Stolten-Medaille Hamburg.
E. hat neben zahllosen journalistischen Arbeiten eine Reihe von Hörspielen geschrieben, Essays, Romane und literaturgeschichtliche Überblicksdarstellungen sowie eine ohne literarischen An-

spruch auftretende Autobiographie, deren atmosphärische Genauigkeit und intellektuelle Redlichkeit bestechen. Sein Erstlingswerk *Katzen* lobte Tucholsky als «Buch voll japanischer Zartheit». In seinen wenigen erzählenden Werken spielt die Zeitgeschichte fast immer eine wichtige Rolle. So entwickelt er in *Volk ans Gewehr* ein Zeitpanorama, das den Zusammenbruch der Weimarer Republik und den Aufstieg des Faschismus schildert in der «Chronik eines Berliner Hauses 1930–34». Trotz seiner erzählenden Werke ist E. vor allem streitbarer Publizist, Aufklärer, der in der Tradition der demokratischen Journalisten der Weimarer Republik steht. Das Bestreben, ein großes Publikum zu erreichen, führte ihn frühzeitig, wenn auch mit Skepsis gegenüber dem Medium, zum Rundfunk.

W.: Romane, Erzählungen: Katzen, 1927 (erw. 56; rev. 67); Leben einer Prinzessin. Amor vacui, 29 (bearb. 68); Machen wir uns nichts vor (in: Die Frau von morgen, wie wir sie wünschen), 29; Junge Mädchen, 32; Volk ans Gewehr!, 59. – *Dramen, Hör- und Fernsehspiele (Auswahl, ungedruckt):* Die Ameisen (Hsp.), 47; Was wäre, wenn... (Hsp.), 47; Wenn wir wollen... (Hsp.), 47; Das Jahr 1948 findet nicht statt (Hsp.), 48; Wer überlebt, ist schuldig (Fsp.), 59; Erzberger – Helfferich [mit I. Stolten] (Fsp.), 66; Der ‹Röhm-Putsch› [mit I. Stolten] (Fsp.), 67; Die Weltbühne (Fsp.), 68. – *Lyrik:* Gedichte, 20. – *Essays, theoret. Schriften, Autobiographisches:* Weltliteratur. Ein Überblick, 48; Berlin als Kulturzentrum von einst und Berlins kulturpolitische Aufgabe heute, 62; Epochen der Weltliteratur, 64; Der Schriftsteller und der Staat, 67; Bangemachen gilt nicht, 69; Der halbe Weg, 75; Lessing-Preis 1977 an Jean Améry. Eine Laudatio auf den Preisträger, 77; Das Drama der Republik. Zum Neudruck der Weltbühne (mit D. Pinkerneil), 79; Wider die neuen Systemveränderer (in: Ein anderer Rundfunk – eine andere Republik oder die Enteignung des Bürgers), 80; Meine Weltliteratur, 85. – *Herausgebertätigkeit:* Nordwestdeutsche Hefte (mit P. v. Zahn), Mai 46 – Dezember 47; Goethe. Schiller. Über das Theater. Eine Auswahl aus ihren Schriften, 49; Die zornigen alten Männer, 79.

Eggimann, Ernst, *23. 4. 1936 Bern.
E. studierte Philologie in seinem Geburtsort, lebt und arbeitet seither als Sekundarlehrer im Emmental. Er ist Mit-

glied der Gruppe Olten und erhielt seit 1967 mehrere Literaturpreise von Kanton und Stadt Bern. – E. schreibt Hochdeutsch wie Berner Mundart. Wichtig ist er vor allem als einer der Initiatoren – neben Kurt Marti – der neuen Berner Mundartdichtung, die in bewußter Abkehr von der gängigen Dialektdichtung neue Inhalte und vor allem neue Formen aufnahm. Einflüsse der konkreten Poesie lassen sich ebenso feststellen wie der Mundartdichtung der ‹Wiener Gruppe› und H. C. Artmanns. Seine Arbeiten beschränken sich dabei keineswegs auf Sprachspiele, sondern beschäftigen sich mit den ritualisierten Formen des zwischenmenschlichen Umgangs im ländlichen Alltag.

W.: Romane, Erzählungen, Prosa: Die Kehrseite/Heraklit, 1963; Vor dem jüngsten Jahr, 69; Die Parzen, 70; Willygeschichten, 71; Die Landschaft des Schülers, 73. – *Dramen:* Agnus Dei, 66; Freiübungen, 72; Arbeiter Bibel-Kreis, 73; Arnold Schär, 73; Die Couch, 79 (alles Bühnenms.). – *Hörspiele:* Lüdere Chiubi 2000, 72; Ir Nacht sy si cho, 78; Mir hei nume ds Beschte wöne, 79. – *Lyrik:* Psalmen, 67; Henusode, 68 (erw. 78); Heikermänt, 71; Jesus-Texte, 72; Chüe, 73; E Satz zmitts id Wäut 81. – *Essays, theoretische Schriften:* Meditation mit offenen Augen, 74; Emmental [mit W. Studer], 83; Hünenberger Predigten [mit anderen], 86. – *Schallplatten u. ä.:* Heikermänt-Henusode, 71; Reber singt Eggimann, 76.

Ehrensperger, (Oskar) Serge, *8.3.1935 Winterthur.

E., Sohn eines Schweißers, studierte Germanistik, Geschichte, Psychologie und Philosophie in Paris, Tübingen und Zürich, wo er 1962 bei Emil Staiger promovierte. Nach einem Volontariat bei der «Neuen Zürcher Zeitung» lebte er als Korrespondent der «Tat» in London. Seit 1966 Werbetexter und Marktpsychologe, war er zwischenzeitlich freiberuflich tätig und arbeitete als Lehrer. 1972-75 Lektor an der Universität Complutense in Madrid, lebt er seither als freier Schriftsteller in Spanien und der Schweiz. Seit 1984 hat er einen Lehrauftrag für Deutsch an der TH Winterthur. E. ist Mitglied des VS und der Gruppe Olten. Er erhielt Förderpreise der Städte Bern und Winterthur sowie des Kantons Zürich. Seit Beginn seiner schriftstel-

lerischen Tätigkeit begleiten E.s Werk enthusiastische Zustimmung ebenso wie vehemente Ablehnung. Nicht nur die schwierige Lesbarkeit seiner Texte, sondern auch die zwischen Realität und Traum, Mythos und moderner Psychologie eingespannten Inhalte haben zu diesen unterschiedlichen Einschätzungen geführt. Assoziationen, Auflösung der Erzählebenen und der Syntax ermöglichen ihm die Darstellung des zwischen Wahn und Wirklichkeit schwankenden Werbefachmanns in *Prinzessin in Formalin*. Eingängiger ist sein Roman *Prozeßtage*, der die gesellschaftlichen Ursachen des Terrorismus offenzulegen sucht.

W.: Romane, Erzählungen, Prosa: Prinzessin in Formalin, 1969; Schloßbesichtigungen, 74; Prozeßtage, 82; Passionstage, 84; Francos langes Sterben. Chiffrierte Briefe aus der Diktatur, 87. – *Essays, theoretische Schriften:* Die epische Struktur in Novalis' Heinrich von Ofterdingen (Diss. 62), 65.

Ehrenstein, Albert, *23.12.1886 Wien, †8.4.1950 New York.

E. studierte Geschichte und Philologie in Wien, wo er 1910 promovierte und in Karl Kraus' «Fackel» mit ersten Gedichten und Grotesken an die Öffentlichkeit trat. 1911 bekam er in Berlin durch Vermittlung Kokoschkas Kontakt zu H. Walden, publizierte dort in dessen «Sturm» und anderen Zeitschriften, arbeitete beim Rundfunk, als Theater- und Buchkritiker sowie als freier Schriftsteller. Nach 1918 unternahm E. ausgedehnte Reisen durch Europa, Afrika und Asien (bes. China), emigrierte 1932 in die Schweiz und 1941 nach New York, wo er 1950 nach langer Krankheit im Armenhospital starb. – Nach der grotesk-melancholischen, stark selbstanalytischen Prosa des *Tubutsch* veröffentlichte er in den Berliner Jahren vornehmlich expressionistische Lyrik, wobei die nihilistisch-zynische Grundhaltung in expressiver Sprachkunst zum Ausdruck kam. Bedeutend sind daneben seine Übertragungen und Nachdichtungen. Seit der Emigration in die Schweiz kaum noch literarische Arbeiten.

W.: Romane, Erzählungen: Tubutsch, 1911; Der Selbstmord eines Katers, 12 (auch: Bericht aus einem Tollhaus, 19); Nicht da, nicht dort, 16 (auch als: Zaubermärchen, 19); Ritter des Todes, 26. – *Lyrik:* Die weiße Zeit, 14; Der Mensch schreit, 16; Die rote Zeit, 17; Eros, 18; Den ermordeten Brüdern. Prosa und Gedichte, 19; Die Gedichte, 20; Die Nacht wird. Gedichte und Novellen, 20; Dem ewigen Olymp. Gedichte und Novellen, 21; Wien, 21; Briefe an Gott, 22; Neuausg. 79; Herbst, 23; Mein Lied, 32. – *Essays:* Karl Kraus, Streitschrift, 20; Menschen und Affen, 26. – *Übersetzungen:* Die Heimkehr des Falken, 21; Kung-Fu-Tse: Schi-King, 22; Pelo-Thien, 23; Po-Chü-l, 24; China klagt, 24; Lukian, 25; Räuber und Soldaten, 27; Mörder aus Gerechtigkeit, 31; Poe: Die denkwürdigen Erlebnisse des Gordon Pym, 31; Das gelbe Buch, 33; Ich bin der unnütze Dichter. Nachdichtungen aus dem Chinesischen, 70. – *Herausgebertätigkeit:* Hölderlin: Die Trauerspiele des Sophokles, 18; Die Gefährten, 3. Jg., 20; Longus: Daphnis und Chloë, 24; Droysen: Geschichte Alexanders des Großen, 30. – *Sammelausgaben:* Die Gedichte, 20; Ritter des Todes (1910–19), 26; Menschen und Affen, 26; Mein Lied (1900–31), 31; Gedichte und Prosa, 61; Ausgewählte Aufsätze, 61; Stimme über Barbaropa, 67; Wie bin ich vorgespannt dem Kohlenwagen meiner Trauer, 77; Der rote Krieger spricht, 80; Passion, 87; Werke, 5 Bde, 88 ff; Briefe, 89.

Eich, Günter (Pseud. Erich Günter), *1.2.1907 Lebus/Oder, †20.12.1972 Salzburg.

E. wuchs auf in der Mark Brandenburg und Berlin. Er studierte Sinologie, Ökonomie und Jura in Leipzig, Berlin und Paris. Seit 1932 lebte er als freier Schriftsteller in Berlin, gehörte dem Autorenkreis um die Zeitschrift «Die Kolonne» an und arbeitete bis 1939 vor allem für den Funk. 1929 schrieb er, zusammen mit Martin Raschke, sein erstes Hörspiel *Leben und Sterben des Sängers Caruso*, 1930 erschien sein erster Band *Gedichte*. Von 1939 bis 1945 war er Soldat, dann in amerikanischer Gefangenschaft. 1947 Gründungsmitglied der «Gruppe 47», deren ersten Preis er 1950 erhielt. Er lebte, seit 1953 mit Ilse Aichinger verheiratet, in Lenggries und Großgmain bei Salzburg. Reisen u. a. nach Japan, Indien, Kanada, den USA, in den Senegal, nach Persien und Portugal. 1952 erhielt er den Hörspielpreis der Kriegsblinden, 1959 den Georg-Büchner-Preis, 1968 den Schiller-Gedächtnispreis. Obwohl die frühe Lyrik

dem von Loerke und Lehmann geprägten Naturgedicht nahestand, gehörte E. nach 1945 zu den ersten, die dem Zeiterlebnis einen neuen, unverwechselbaren Ausdruck gaben. Die in *Abgelegene Gehöfte* gesammelten Gedichte sprechen das Lebensgefühl der Nachkriegszeit unmittelbar aus. Gewöhnliche Situationen, Alltägliches, Natur und Dinge stehen nicht für sich selbst, sondern werden durchlässig für das Brüchige und Beziehungslose, auch für Versäumtes und Schuld. Unablässig stoßen E.s Gedichte an die «Unruhe im Uhrwerk der Welt», fragen kritisch nach dem, was hinter den Erscheinungen liegt. «Mit List/die Fragen aufspüren/hinter dem breiten Rücken der Antwort.» Bei aller Sensibilität und Bildlichkeit bleibt die lyrische Sprache unpathetisch, nüchtern, prägnant. – Schon in *Botschaften des Regens* war zu lesen: «Der Schmerz bleibt und die Bilder gehen.» Hier bahnt sich an, was in den letzten Bänden *Zu den Akten*, *Anlässe und Steingärten* und *Nach Seumes Papieren* zur äußersten Lakonität führt. Das bildhaft Poetische, das Melodische wird zurückgenommen, reduziert auf knappe, formelhafte Zeichen. E. schreibt nun Gedichte auf der Suche nach dem «einzigen Ort, wo immer du bist», deren Chiffren nicht selten bruchstückhaft oder verrätselt erscheinen.

Die in den letzten Gedichten gelegentlich auftretenden listigen, ironischen, auch kalauerhaften Verfremdungen, verbunden mit zunehmendem Sarkasmus, führen zu den poetischen Prosaskizzen *Maulwürfe* und *Ein Tibeter in meinem Büro*: notierte Einfälle von verblüffender Findigkeit, Wortspiele, Witzigkeiten, aufblitzende Ironismen, auch reine Nonsens-Plänkeleien. Auch diese listigen wie meditativen, selbstironischen wie zeitkritischen Skizzen fragen nach dem, was übrigbleibt.

Als führender Hörspielautor der 50er und 60er Jahre hat E. die eigene Dimension des Akustischen voll aufgewertet und die selbständige Kunstform des Hörspiels maßgebend geprägt. In den Hörspielen E.s verbindet sich handgreiflich Reales mit dem Unbegreiflichen, Traumhaften, dem Geheimnisbereich. Oft laufen verschiedene Handlungsfäden parallel oder kontrapunktisch zueinander, wie in *Die Mädchen aus Viterbo* die reale Situation der verfolgten Juden und die erinnerte Handlung in den Katakomben. Irgend etwas Beunruhigendes gibt den Anstoß, stellt das gewohnte Leben in Frage; so geschieht es der Frau in *Die Andere und ich*, die das Leiden einer anderen annimmt. Der Aufbruch kann in die Unsicherheit, in den Tod führen: Der Maler Paul in *Das Jahr Lazertis* endet bei den Leprakranken. Dona Caterina in *Die Brandung von Setúbal* sucht ihre Jugendliebe und erliegt der Pest. Doch am Ende steht nicht die Verzweiflung, sondern das Einverständnis.

E.s großer, aber kaum meßbarer Einfluß auf die Entwicklung der Nachkriegslyrik und des Hörspiels liegt darin, daß er mit wachem Mißtrauen auf alles reagierte, was einengt, und so immer wieder neu ansetzte. Jenseits aller Ideologien war ihm immer die Arbeit an der Sprache, d. h. das ständige Experiment wichtig, bis hin zum Bruch mit seinem bisherigen Werk. So blieb er das, was er immer sein wollte: ein Außenseiter.

W.: Gedichte: Gedichte, 1930; Abgelegene Gehöfte, 48; Untergrundbahn, 49; Botschaften des Regens, 55; Ausgewählte Gedichte, 60; Zu den Akten, 64; Anlässe und Steingärten, 66; Nach Seumes Papieren, 72; Gedichte, 73. – *Erzählungen, Kurzprosa:* Katharina, 36; Der Stelzengänger, 60; Kulka, Hilpert, Elefanten, 68; Maulwürfe, 68; Ein Tibeter in meinem Büro. 49 Maulwürfe, 70; Semmelformen, 72; Gesammelte Maulwürfe, 72; Günter Eich, 73; Der 29. Februar, 78. – *Hörspiele, Dramen, Marionettenspiele:* Die Glücksritter, 33; Unterm Birnbaum (Hsp.), 50; Träume, 50; Fis mit Obertönen (in: Hörspielbuch II), 51; Der Tiger Jussuf, 51; Sabeth, 51; Die Andere und ich, 52; Blick auf Venedig (Hsp.), 52; Geh nicht nach El Kuwehd, 53; Die Mädchen aus Viterbo, 60; Das Jahr Lazertis, 54; Zinngeschrei, 55; Der letzte Tag von Lissabon, 56; Die Brandung von Setúbal, 57; Allah hat hundert Namen, 57; Die Stunde des Huflattichs, 58; Festianus, Märtyrer, 59; Der Stelzengänger, 60; Unterwasser. Böhmische Schneider, 64; Man bittet zu läuten (Hsp.), 64; Zeit und Kartoffeln (Hsp.), 72. – *Sammel- und Werkausgaben:* Das festliche Jahr (mit M. Raschke), 36; Träume, 53 (neu 59); Stimmen, 58; Ausgewählte Gedichte, 60; Die Brandung von Setúbal. Das Jahr Lazertis, 63; Marionettenspiele, 64; In an-

deren Sprachen, 64; Fünfzehn Hörspiele, 66; Gedichte, Prosa, Hörspiele, 69; Ein Lesebuch, 72; Gedichte, 73; Gesammelte Werke, Bd 1–4, 73 (rev. Neuausg. 89); Katharina, 73; Tage mit Hähern, 75; Fabula rasa, 86. – *Herausgebertätigkeit:* Aus dem Chinesischen, 76. – *Schallplatten:* G. E. liest Gedichte, 74 (2 Platten); Lyrik der Zeit I (mit I. Bachmann u. a.), 59; Das Jahr Lazertis, 88 (Kass.); Träume (Hsp.), 88 (Kass.).

Einstein, Carl, *26.4.1885 Neuwied, †5.7.1940 Lestelle-Bétharram (Basses Pyrénées) (Freitod).

E. wuchs in Karlsruhe auf, absolvierte 1903–04 eine Lehre als Bankkaufmann und studierte 1904–08 Kunstgeschichte, Philosophie und Geschichte in Berlin. Gleichzeitig mit E.s Studien zur modernen Kunst entstand sein Roman *Bebuquin oder Die Dilettanten des Wunders*, in dem er seine Vorstellung der «absoluten Prosa» praktisch ausformulierte. Dieser avantgardistische Roman lebt außerdem von der von Flaubert, Baudelaire und Swinburne vorgeformten Idee des «Snob». Ab 1912 arbeitet E. an den «Weißen Blättern» und «Die Aktion» mit. Von diesen Veröffentlichungen gehen entscheidende Einflüsse auf die deutsche expressionistische Prosa aus. Zu E.s Kreis während des 1. Weltkriegs gehörten u. a. Gottfried Benn und Carl Sternheim. 1918 war E. Mitglied des Soldatenrats in Brüssel, 1919 in Berlin. 1922 Anklage wegen Gotteslästerung in seinem Stück *Die schlimme Botschaft*, das anschließend beschlagnahmt wurde. Die zweite Phase in E.s Leben ist von seiner intensiven Beschäftigung mit primitiver Kunst gekennzeichnet, vor allem afrikanischer und ostasiatischer, deren eigene Abstraktionstendenzen er kritisch untersuchte. Nach 1928 lebte E. in Paris, 1936 nahm er auf republikanischer Seite am spanischen Bürgerkrieg teil, 1940 wurde E. in Bordeaux interniert und beging Selbstmord beim Einmarsch der deutschen Truppen.

W.: Prosa, Essays: Bebuquin oder Die Dilettanten des Wunders, 1912 (Neudruck 63); Anmerkungen, 16; Der unentwegte Platoniker, 18; Die schlimme Botschaft, 21; Laurenz oder Schweißfuß klagt gegen Pfurz in trüber Nacht, 71; Afrikanische Märchen und Legenden, 80. –

Kunstgeschichtliches: Wilhelm Lehmbrucks graphisches Werk, 13; Negerplastik, 15; Der frühe japanische Holzschnitt, 23; Die Kunst des 20. Jahrhunderts, 26; Entwurf einer Landschaft, 30; Bronze Statuettes, 33; L'Œuvre de Georges Braque, 34. – *Werkausgaben:* Gesammelte Werke, 62; Existenz und Ästhetik. Einführung mit einem Anhang unveröffentlichter Nachlaßtexte, 70; Werke, 2 Bde, 80–81; Werke, 3 Bde, 85; Die Kunst des 20. Jahrhunderts, 88; Kleine Bilderfahrt, 88; Bebuquin oder Die Dilettanten des Wunders. Prosa und Schriften 1906–1929, 89. – *Herausgebertätigkeit:* Der blutige Ernst (mit E. Groß), 20; Europa-Almanach (mit P. Westheim), 25.

Einstein, Siegfried, *30. 11. 1919 Laupheim / Württemberg, †25. 4. 1983 Mannheim.
1934 emigrierte E. nach St. Gallen / Schweiz und machte dort 1940 sein Handels- und Sprachdiplom. Die Zeit von 1940–45 verbrachte er in einem Arbeitslager in der Schweiz. 1953 kehrte er nach Laupheim zurück, ging dann nach Mannheim. Er arbeitete als Dozent für deutsche Literatur und als Mitarbeiter in Presse und Rundfunk des In- und Auslands. – Neben Erzählungen und Gedichten veröffentlichte er Anthologien und Übersetzungen ausländischer Autoren. 1964 erhielt er den Kurt-Tucholsky-Preis der Stadt Kiel.

W.: Lyrik: Melodien in Dur und Moll, 1946; Das Wolkenschiff, 50; Meine Liebe ist erblindet, 84. – *Erzählungen, Novellen:* Sirda, 48; Thomas und Angelina, 49; Das Schilfbuch, 49; Legenden, 51. – *Essays, theoretische Schriften:* Bertolt Brecht, 57; Eichmann: Chefbuchhalter des Todes, eine Anklage, 60. – *Übersetzungen:* Dostojevski, Die Frau eines Anderen, 47; Mauge, Die Geschichte vom Goldfisch, 61. – *Sammel- und Werkausgaben:* Wer wird in diesem Jahr den Schofar blasen?, 87.

Eisendle, Helmut, *12. 1. 1939 Graz.
Nach handwerklicher Lehre Abitur und Studium der Biologie, Zoologie und Psychologie in Graz, 1970 Promotion zum Dr. phil.; seitdem freier Schriftsteller, lebt meist im Ausland. E. zielt in seinen Prosa- und Dramentexten auf die Vermittlung von Wissenschaft und Literatur. Verbindung von Wissenschafts- und Sprachkritik vor dem Hintergrund einer anarchistischen Lebens- und Geisteshaltung. Mehrere Literaturpreise.

W.: Romane, Erzählungen, Prosa: Walder oder Die stilisierte Entwicklung einer Neurose, 1972; Handbuch zum ordentlichen Leben, 73; Salongespräch oder Die Chronik der geistigen Wunder schimmerte fahl und zweideutig, 74; Der Irrgarten von Versailles, 75; Jenseits der Vernunft, 76; Exil oder Der braune Salon, 77; Daimon & Veranda, 78; Das nachtländische Reich des Doktor Lipsky, 79; Der Narr auf dem Hügel. Landstriche, Flüsse, Städte, Dinge, 81; Das schweigende Monster, 81; Skinfaxi, 83; Die Frau an der Grenze, 84; Anrufe. Der Doppelgänger. Die Verfolgung. Drei Romane nach Georgio Manganelli, 85; Die schönste Landschaft ist das Hirn, 87; Oh Hannah!, 88; Mona Lisa, clamor exitotus, zermalmentes Wehgeschrei [mit A. Waldschmidt], 89. – *Dramen, Dialoge:* A violation study, 72; Salongespräch, 74; Der Umstimmer, 76; Billard oder Das Opfer am grünen Tisch, 77; Billard, 84; Die Gaunersprache der Intellektuellen, 86. – *Essays:* Psychologie ästhetischer Urteile (mit E. Raab), 70; Das Verbot ist der Motor der Lust, 80; Mayerling. Eine Elegie und ein Essay, 80; Ich über mich und keinen andern, 81; Vom Charlottenburger Ufer zur Monumentenstraße, 83; Die südsteirische Weinstraße (mit H. Tezak), 84; Beiläufige Gedanken über Etwas, 89.

Eisenreich, Herbert, *7. 2. 1925 Linz, †6. 6. 1986 Wien.
Nach der Rückkehr aus der Kriegsgefangenschaft Studium (Germanistik, nicht abgeschlossen) in Wien, erste schriftstellerische Versuche und nebenher Brotarbeit. 1952–56 in der Bundesrepublik Mitarbeit bei Rundfunkstationen und Zeitschriften. Mehrere Preise, u. a. 1969 A.-Wildgans-Preis, 1984 P.-Altenberg-, 1985 Kafka-Preis.
E.s Leistung liegt vor allem im Bereich der Kurzgeschichte; scharfe Beobachtungsgabe, Handlungsfülle auf engem Raum und gekonnte Zuspitzung der Gesamtkonzeption zeichnen diese Texte aus. In seinen Essays sah sich E. als Sachwalter einer österreichischen Tradition (Stifter, Gütersloh, Doderer), die er polemisch den avantgardistischen Tendenzen und einer mehr und mehr politisierten Literatur gegenüberstellte. Der großangelegte Roman *Sieger und Besiegte,* konzipiert als ein Panorama der österreichischen Gesellschaft nach 1945, ist unter dem Titel «Die abgelegte Zeit» von Christine Fritsch herausgebracht wor-

den. Bekannt wurde E. durch sein Hörspiel *Wovon wir leben und woran wir sterben* (1955 gesendet).

W.: Romane, Erzählungen: Einladung deutlich zu leben, 1952; Auch in ihrer Sünde, 53; Böse schöne Welt, 57; Der Urgroßvater, 64; Sozusagen Liebesgeschichten, 65; Die Freunde meiner Frau und neunzehn andere Kurzgeschichten, 66; Ein schöner Sieg und 21 andere Mißverständnisse, 73; Die blaue Distel der Romantik, 76; Die abgelegte Zeit, 85; Der alte Adam. Aus dem Zettelkram eines Sophisten. Bd 1, 85; Memoiren des Kopfes. Aus dem Zettelkram eines Sophisten, 86. – *Lyrik:* Verlorene Funde, 76. – *Hörspiele:* Wovon wir leben und woran wir sterben, 58; Sebastian. Die Ketzer, 66. – *Essays:* Carnuntum (mit K. Absolon), 60; Das große Erbe, 62; Große Welt auf kleinen Schienen. Das Entstehen einer Modellanlage, 63; Reaktionen, 64; Ich im Auto, 66; Das kleine Stifterbuch, 67. – *Herausgebertätigkeit:* Torberg, F.: Apropos, 80; Liebesgeschichten aus Österreich (mit M. Eisenreich), 84.

Elsner, Gisela, *2. 5. 1937 Nürnberg.
In einer bürgerlichen Familie aufgewachsen, studierte sie Germanistik und Theaterwissenschaft. Seit 1962 Mitarbeit in der Dortmunder «Gruppe 61», seit 1971 PEN-Mitglied, 1987 Gerrit-Engelke-Literaturpreis.
Mit dem 1964 veröffentlichten Roman *Die Riesenzwerge*, für den sie den Prix Formentor erhielt, wurde sie gleich über die BRD hinaus bekannt. Der Roman, aus der Sicht eines Jungen geschrieben, ist eine Satire auf die Bösartigkeit und Gewalt spießbürgerlicher Verhaltensweisen. Durch akribische und kühle Beschreibung folgt sie der Lächerlichkeit und Widerlichkeit ihrer Personen bis ins Detail und überhöht sie ins Groteske. Die normative Gewalt kleinbürgerlicher Ordnung im restaurierten Deutschland, unhinterfragtes Erwerbsverhalten und Konsumieren, der häßliche Deutsche: das sind die Motive ihrer Romane. «Wie die Hunde», so erleben in *Das Berührungsverbot* die hinter der Tür lauschenden Kinder ihre Eltern während der heimlichen Sexspiele im Freundeskreis im verdunkelten Wohnzimmer. Ihre Darstellungsweise ist hier realistischer, die Groteske wird durch entlarvende satirische Details in der präzisen Beschreibung von Gesten und Überlegungen er-

setzt. *Der Punktsieg* handelt von einem progressiven Unternehmer mit «Liberalismus auf Abruf», das Bündnis zwischen Sozialdemokratie und Unternehmen symbolisierend. Fiktion und Satire verbinden sich in den neuesten Erzählungen, die den immer mächtiger werdenden «Überwachungsstaat» kritisieren, in welchem die Grenzen zwischen Innen- und Außenperspektive aufgehoben sind. Das *Windei* verfolgt in satirischer Form das Scheitern einer bürgerlichen Familie, den Parolen über Wohlstand und Vermögensbildung für alle zu folgen. Sie scheitert notwendigerweise, denn – so die Lehre des Romans – Wohlstand gibt es nur für wenige.

W.: Romane, Erzählungen: Triboll. Lebenslauf eines erstaunlichen Mannes [mit K. Roehler], 1956; Die Riesenzwerge, 64; Der Nachwuchs, 68; Das Berührungsverbot, 70; Herr Leiselheimer und weitere Versuche, die Wirklichkeit zu bewältigen, 73; Der Punktsieg, 77; Die Zerreißprobe, 80; Abseits, 82; Die Zähmung, 84; Das Windei, 87; Fliegeralarm, 89. – *Dramen, Hör- und Fernsehspiele, Libretti (z. T. ungedruckt):* Der Knopf (Hsp.), 66; Die Nölls (Hsp.), 69; Bouvard und Pécuchet. Nach Flaubert (Hsp.), 76; Der Sterbenskünstler (Fsp.), 86; Friedenssaison (Libretto), 88. – *Essays:* Gefahrensphären, 88.

Ende, Michael (Andreas Helmuth), *12. 11. 1929 Garmisch-Partenkirchen.
E., der Sohn des surrealistischen Malers Edgar Ende, ist überwiegend in München-Schwabing aufgewachsen, ging vom Gymnasium auf die Waldorfschule in Stuttgart. E. hat früh künstlerische Neigungen, versucht seit 1943 zu schreiben, hat vor allem Interesse am Theater, besucht bis 1950 die Schauspielschule, macht dann Regie, Texte für Kabarett und Rundfunk, Filmkritiken, arbeitet ab 1958 vorwiegend als Jugendbuchautor, lebt seit 1971 in Rom. – Bundesverdienstkreuz 1989.
E.s erstes Buch, *Jim Knopf und Lukas der Lokomotivführer*, ist aus «der Lust am Fabulieren, ohne Plan, ohne Absicht» entstanden, findet nur mühsam einen Verlag, erhält dann 1961 den Deutschen Jugendbuchpreis, erreicht einen überraschenden Verkaufserfolg. Beide Jim-Knopf-Bücher E.s werden von der

Kritik als «frischer Wind» auf dem Jugendbuchsektor gewertet, sie verbinden «Spannung und wahre Poesie, Märchenhaftes und reale Welten», zeichnen sich vor allem durch Wortspiele und Komik bis zum Nonsens aus. Für seinen «Märchen-Roman» *Momo* erhält E. ebenfalls den Deutschen Jugendbuchpreis: Momo, ein kleines, mutiges Mädchen, das für E. die Menschlichkeit verkörpert, kämpft gegen die «grauen Herren», die den Menschen die Zeit stehlen, ein phantastisch gewandetes Plädoyer E.s für mehr menschliches Miteinander, wobei «Langsamkeit und Stetigkeit des Pflanzlichen» das «geheime Ideal» des Autors sind. Noch vielgestaltiger ist die Bilderwelt von E.s bisher erfolgreichster Erzählung, der *Unendlichen Geschichte*, mit einer Gesamtauflage von über 1 Mill. Exemplaren (1984) unangefochtener Bestseller auf dem bundesdeutschen Buchmarkt; zentrales Thema ist die Bedeutung, die Phantasie für den heutigen Menschen hat. Für die Gestaltung seiner phantastischen Welt zitiert, adaptiert, folgt E. literarischen Vorbildern von Borges bis Böll. Neben einer Reihe liebevoll erzählter Bilderbücher hat E. einige dramatische Versuche vorgelegt, mit bisher weniger Erfolg, da sie Gestaltungsschwächen offenbaren, die in längeren Erzähltexten von der Fülle phantasievoller Details überdeckt werden.

W.: Prosa, Kinderbücher: Jim Knopf und Lukas, der Lokomotivführer, 1960; Jim Knopf und die wilde 13, 62; Das Schnurpsenbuch (Gedichte), 69 (mit E. 79); Tranquilla Trampeltreu – eine Fabel, 72 (und mit M. Schlüter u. W. Hiller, 82); Momo, 73; Das kleine Lumpenkasperle, 75, Das Traumfresserchen (mit A. Fuchshuber), 78; Lirum, larum, Willi warum, 78; Die unendliche Geschichte, 79; Der Lindwurm und der Schmetterling oder der seltsame Tausch, 81; Die Schattennähmaschine, 82; Filemon Faltenreich, 84; Der Spiegel im Spiegel, 84; Norbert Nackendick oder Das nackte Nashorn (mit M. Schlüter), 84; Das Märchen vom Zauberspiegel (mit M. Völkening), 84; Die Jagd nach dem Schlarg. Variationen zu Lewis Carrolls gleichnamigem Nonsensgedicht, 88; Die Vollmondlegende (mit B. Schroeder), 89; Lenchens Geheimnis [mit J. Capek], 91. – *Lyrik:* Trödelmarkt der Träume, 86. – *Stücke:* Die Spielverderber, 67; Das Gaukler-Märchen, 80/82; Der Goggolori, 84; Ophelias Schattenthea-

ter (mit F. Hechelmann), 88; Der Spielverderber oder das Ende der Narren. Commedia infernale, 89. – *Herausgebertätigkeit:* Mein Lesebuch, 83. – *Gesprächsprotokoll:* Phantasie – Politik – Kultur (mit E. Eppler u. H. Taechl), 82; (mit B. Kanitscheider) Zeit-Zauber. F. Kreuzer im Gespräch mit M. E. und B. K., 84; Die Archäologie der Dunkelheit. Gespräche über Kunst und das Werk des Malers Edgar Ende (mit J. Krichbaum), 85.– *Sammel- und Werkausgaben:* Das M. E. Lesebuch, 89. – *Schallplatten, Kassetten:* Narrenprozession, 78; Tranquilla Trampeltreu, die beharrliche Schildkröte. Der Lindwurm und der Schmetterling, 81; Die Ballade von Norbert Nackendick oder Das nackte Nashorn, 81; Die Fabel von Filemon Faltenreich oder Die Fußballweltmeisterschaft, 84; Jim Knopf und Lukas der Lokomotivführer, 84 (3 Kass.); Jim Knopf und die Wilde 13, 84 (2 Kass.); Momo, 89 (2 Kass.); Die unendliche Geschichte, 89 (2 Kass.).

Endler, Adolf (Edmond) (Pseud. Edmond Amay, Trudka Rumburg), * 10. 9. 1930 Düsseldorf.

E. war nach Tätigkeit in verschiedenen Berufen Mitarbeiter mehrerer Zeitungen. Nach einer Anklage wegen «Staatsgefährdung» siedelte E. 1955 in die DDR über. Er arbeitete in der Industrie und studierte dann 1955–57 am Literaturinstitut in Leipzig; dann schrieb E. für verschiedene Zeitschriften. Heinrich-Mann-Preis der Akademie der Künste der DDR 1990 (mit Elke Erb).

Mit Essays und Polemiken hat E. seit dem Beginn der 60er Jahre einen großen Einfluß auf die Entwicklung der DDR-Lyrik gehabt. Nach konventionellem Beginn (*Der Weg in die Wische*) konnte E. mit seinem späteren Gedichtband *Das Sandkorn* einen der wichtigsten Beiträge zur DDR-Lyrik der 70er Jahre vorlegen. Die Gedichte, zwischen 1963 und 1972 entstanden, in denen häufig Reales ins Phantastische gesteigert wird, enthalten u. a. eine scharfe Frontstellung gegen Kleinbürgertum und Spießigkeit (*Das Sandkorn*), gegen das Verfassen poetischer Belanglosigkeiten (*Epitaph für einen Schönfärber, Die düstere Legende von Karl Mickel*) und gegen konventionelle Vielschreiberei (*Das Lied vom Fleiß*).

Die Reisereflexion *Zwei Versuche, über Georgien zu erzählen* ist zugleich eine

Poetik Endlers. *Schichtenflotz* schildert eine satirisch-kritische ‹Reise› durch die (sozialistische) Zeit. Der Erzähler, der sich aus der DDR in die USA zurückgezogen hatte, stellt bei seiner Rückkehr im Jahre 2011 nur wenige Veränderungen fest.

W.: Romane, Prosa, Reiseberichte: Zwei Versuche, über Georgien zu erzählen, 76; Nadelkissen, 79; Neue Nachrichten vom ‹Nebbich›, 80; Bubi Blasezaks gedenkend, 82; Ohne Nennung von Gründen. Gedichte und Prosa, 85; Neue Geschichten von Bobby Blasezak, 86; Schichtenflotz, 87. – *Dramen:* Das bucklige Pferdchen [mit Elke Erb] (in: Theater der Zeit 3/73), 73; Krali Marko. Nach I. Teofilov, UA 73; Ramayana [mit Elke Erb], UA 75; Minidramen. Zwei beim Packen (in: MiniDramen, hg. v. Karlheinz Braun), 87. – *Lyrik:* Erwacht ohne Furcht, 60; Weg in die Wische. Reportagen und Gedichte, 60; Die Kinder der Nibelungen, 64; Das Sandkorn, 74; Nackt mit Brille, 75; Verwirrt klare Botschaften, 79. – *Essays:* Den Tiger reiten, 90. – *Übersetzungen:* mitternachtstrolleybus. neue sowjetische lyrik [mit anderen], 65; Jessenin: Oktoberland, 67; Martynow: Der siebente Sinn [mit P. Wiens], 68; E. E. S. Tschikowani: Im Ornament der Platanen [mit anderen], 70; Georgische Poesie aus acht Jahrhunderten [mit R. Kirsch], 71; H. Tumanjan: Das Taubenkloster [mit anderen], 72; M. Bashan: Eine Handvoll Hoffnung [mit anderen], 72; B. Okudshawa [mit anderen], 76; O. Davico [mit anderen], 76; A. Blok: Ausgewählte Werke in 3 Bänden [mit anderen], 78; K. Kavafis: Gedichte [mit anderen], 79; Ein Ding von Schönheit ist ein Glück auf immer. Gedichte der englischen und schottischen Romantik [mit anderen], 80; A. Gerow [mit anderen], 80; F. Petrarca [mit anderen], 82. – *Sammel- und Werkausgaben:* Akte Endler. Gedichte aus 25 Jahren, 81. – *Herausgebertätigkeit:* In diesem besseren Land [mit K. Mickel], 66; W. Werner: Die verführerischen Gedanken der Schmetterlinge, 79.

Endres, Ria, *12. 4. 1946 Buchloe.
E. stammt «aus einfachem ländlichen Milieu», studierte Musik in München, Würzburg und Frankfurt Germanistik, Philosophie und Geschichte und promovierte 1978 mit einer Arbeit über Thomas Bernhard. Seit 1980 lebt sie als freie Schriftstellerin. – E. hat bisher vor allem Essays über Autoren und Philosophen der Moderne sowie Dramen und Hörspiele geschrieben. In ihrer ersten Prosaarbeit, *Milena antwortet*, nähert sie sich der tschechoslo-

wakischen Journalistin Milena Jasenská, die bis vor wenigen Jahren nur als Empfängerin von Briefen Kafkas bekannt war und deren journalistische Arbeiten erst vor kurzem in einer Auswahl in deutscher Sprache erschienen sind. E. versucht, die verlorengegangenen Briefe Milenas an Kafka zu imaginieren und ihr so Stimme und Identität zu geben. Als diese Arbeit erschien, hatte E. bereits Aufsehen erregt durch die Veröffentlichung ihrer Dissertation *Am Ende angekommen*, in der sie in essayistischer Form das «wahnhafte Dunkel der Männerporträts des Thomas Bernhard» untersucht hatte. Der Autor Bernhard wird dabei zum Beispiel einer männlich bestimmten Welt, deren ständiger ‹Fortschritt› und Produktivität sich letztendlich als «kalte Heldengräberlandschaft» erweist, aus der es nur einen Ausweg (und auch nur für die Frau) gibt: «Herausspringen». Von ihren Dramen wurde bislang nur *Acht Weltmeister*, für die sie 1989 den Dramatikerpreis des Bundes der Theatergemeinschaften erhielt, aufgeführt. Es ist ein Stück über männlichen Leistungswahn, der Männer zugleich als Täter und Opfer der eigenen Rituale zeigt. Acht Männer versuchen, den Weltrekord für Dauersitzen zu erringen. E. übt nicht nur Kritik an der männlich bestimmten Gesellschaft, sondern auch an Frauen, die sich auf die patriarchalen ‹Spielregeln› einlassen, ohne sie in letzter Konsequenz zu durchschauen, und sich damit selbst zerstören.

W.: Romane, Erzählungen, Prosa: Milena antwortet, 82. – *Dramen, Hörspiele:* Das fröhliche Endspiel (Hsp.), 80; Der Osterhasenzug (Hsp.), 81; Auferstehung des Fleisches (Hsp.); 83; Freistil für Damen (Hsp.), 84; Tango zu dritt (Hsp.), 84; Der Kongreß, 85 (Bühnenms.); Zwillinge (Hsp.), 87; Acht Weltmeister, 87 (Bühnenms.); Aus deutschem Dunkel, 88 (Bühnenms.). – *Essays, theoretische Schriften:* Am Ende angekommen. Dargestellt am wahnhaften Dunkel der Männerporträts des Thomas Bernhard, 80; Am Anfang war die Stimme. Zu Samuel Becketts Werk, 86; Denken ohne Geländer. Hannah Arendt: Wege in die Philosophie und ins tätige Leben, 88.

Engelke, Gerrit, *21. 10. 1890 Hannover, †13. 10. 1918 in einem englischen Lazarett.

E. stammte aus einer kaufmännisch tätigen Familie, die in die USA auswanderte. Der junge Gerrit blieb in Deutschland zurück. Nach der Volksschule lernte er Maler und Lackierer, autodidaktisch eignete er sich literarische Kenntnisse an und besuchte an der Kunstgewerbeschule Abendkurse, in deren Rahmen er auch Preise gewann. Durch Vermittlung von Richard Dehmel und Paul Zech wurde er mit den «Werkleuten auf Haus Nyland» und Heinrich Lersch bekannt, erste Veröffentlichungen folgten. Im 1. Weltkrieg nahm E. an den Materialschlachten der Westfront teil. In den letzten Kriegstagen wurde er schwer verwundet und starb kurz darauf.

E.s lyrisches Werk gilt als einzigartig innerhalb der Arbeiterdichtung. Er verbindet expressionistisches Pathos und a Zola geschulte Metaphorik mit freien Rhythmen, die von Walt Whitman angeregt sind. In dem Versuch, der rasanten technischen Entwicklung ein ästhetisches – kein politisches – Äquivalent zu schaffen, verkündet E. zu den Themen Großstadt und Technik das Auftreten des neuen «Weltmenschen» und das Erwachen eines «neuen Weltgefühls», das den Glauben an die Gemeinschaft von Welt, Mensch und Gott beinhaltet. E. faßt diesen Sinngehalt in sympathetische Gedanken, die – bisweilen rauschhaft – die moderne technische Welt bis an kosmische Dimensionen heran assoziieren. Parteipolitisch nicht festgelegt, empfand E. doch nach einer Phase nationaler Gestimmtheit den Krieg als Walten eines allgemeinen Schicksals, das eine politische tabula rasa schaffen würde, auf der man eine neue, gerechtere Gesellschaft errichten könnte.

W.: Lyrik, Briefe: (mit Heinrich Lersch und K. Zielke) Schulter an Schulter. Gedichte von 3 Arbeitern, 1916; Rhythmus des neuen Europa, 21; Briefe der Liebe, 26; Gesang der Welt, 27; Vermächtnis, 37. – *Werkausgabe:* Das Gesamtwerk. Rhythmus des neuen Europa, 60, Reprint 79.

Engelmann, Bernt, *20. 1. 1921 Berlin. E. machte das Abitur in Düsseldorf, wurde dann zum Arbeitsdienst eingezogen, an die Front (Luftwaffe) geschickt und

schließlich in Dachau interniert. Nach dem Krieg studierte er in Köln, Genf und Paris; 1961–64 arbeitete er für das Fernsehen, in dessen Auftrag er Reisen nach Afrika, Nord- und Mittelamerika unternahm. Seit 1964 lebt er als freier Schriftsteller; E. ist Mitglied des PEN-Zentrums der BRD und war von 1977–83 Vorsitzender des Schriftstellerverbands in der IG Druck und Papier. 1984 H.-Mann-Preis. – E. hat mit einer «Aufklärungsliteratur» über Geschichte und Zeitgeschichte aus betont plebejischer Sicht – die allerdings sehr unterschiedlich aufgenommen wurde – Bestseller-Erfolge erzielt. Seine Werke sind in der Regel heftige satirische Attacken gegen die Mächtigen, mit zahlreichen sozialkritischen Informationen und Indiskretionen über die Reichen und ihren Lebenswandel; sie enthalten vernichtende Urteile über die BRD (*Das eigene Nest, Krupp, Deutschland ohne Juden*) und haben manchmal Anlaß zu Prozessen gegeben, wie z. B. *Großes Bundesverdienstkreuz.* In seinem dreiteiligen *Deutschen Antigeschichtsbuch* macht E. die kleinen Leute zu Hauptakteuren der Geschichte.

W.: Prosa, Reportagen: Meine Freunde – die Waffenhändler, 1963; Meine Freunde – die Millionäre, 63; Das eigene Nest, 65; Deutschland Report, 65; Unternehmen ohne Unternehmer, 66; Meine Freunde – die Manager, 66; Schützenpanzer HS 30, Starfighter F 104 G, 67; Die Traumfabrik des Axel Springer, 67; 66 Zeitgenossen, ca. 67; Die goldenen Jahre, 68; Die Macht am Rhein, 2 Bde, 68; Meine Freunde – die Geldgiganten, 68; Krupp, 69; So deutsch wie möglich, möglichst deutsch, 69; Deutschland ohne Juden, 70 (überarb. 88); Das ‹Deutsche Kulturwerk Europäischen Geistes›, 71; Die vergoldeten Bräute, 71; O wie oben, 71; Das Reich zerfiel, die Reichen blieben, 72; Großes Bundesverdienstkreuz, 74; Ihr da oben – wir da unten (mit G. Wallraff), 73 (erw. 77); Deutsches Antigeschichtsbuch: Teil 1: Wir Untertanen, 74; Teil 2: Einig gegen Recht und Freiheit, 75; Teil 3: Trotz alledem, 77; Hotel Bilderberg, 77; Preußen. Land der unbegrenzten Möglichkeiten, 79; Eingang nur für Herrschaften, 79; Bericht über neonazistische Aktivitäten 1978 (mit H. Däubler-Gmelin u. a.), 79; Rechtstendenzen in der Bundesrepublik, 79; Wie wir wurden, was wir sind, 80; Die andere Bundesrepublik (mit H. O. Rupp u. a.), 80; Das neue Schwarzbuch Franz Josef Strauß, 80; Die Laufmasche. Tatsachenroman,

80; Bestandsaufnahme. Schriftstellerkongreß München 1980, 80; Wir sind wieder wer, 81; Rüstung–Entrüstung–Abrüstung. SPD 1866–1982 (mit G. Benz u. D. Lattmann), 82; Im Gleichschritt marsch. Wie wir die Nazizeit erlebten, 82; Weißbuch: Frieden, 82; Bis alles in Scherben fällt, 83; Das neue Schwarzbuch – Strauß, Kohl & Co., 83; Bundesdeutsche Heimatkunde, 84; Wir sind so frei (mit D. Scherf u. E. Spoo), 84; Du deutsch? Geschichte der Ausländer in unserem Land, 84; Die Freiheit! Das Recht! Johann Jacoby und der Anfang unserer Demokratie, 84; Über den Haß hinaus … Texte zum 8. Mai 1945 (mit H. v. Ooyen), 85; Vorwärts und nicht vergessen, 85; Bundesdeutscher Karriere-Ratgeber, 85; Das ABC des großen Geldes, 85; Die unfreiwilligen Reisen des Putti Eichelbaum, 86; Berlin, 86; Wir haben ja den Kopf noch fest auf dem Hals, 87; Großes Bundesverdienstkreuz mit Stern, 87; Lesebuch. Deutsche Geschichten, 88; Mein lauschig Land, 88; Die unsichtbare Tradition, 2 Bde (1: Richter zwischen Recht und Macht; 2: Rechtsverfall, Justizterror und das schwere Erbe), 88–89; Die Aufsteiger. Wie Herrschaftshäuser und Finanzimperien entstanden, 89; Geschichte in Geschichten, 89; Deutschland-Report, 91. – *Sammelausgabe:* Auf gut deutsch, 81. – *Herausgebertätigkeit:* Literatur des Exils, 81; Anspruch auf Wahrheit (mit anderen), 81; Es geht, es geht … Zeitgenössische Schriftsteller und ihr Beitrag zum Frieden (mit anderen), 82; Klassenlektüre (mit W. Jens), 82. – *Schallplatten, Kassetten:* B. E. erzählt, 89 (Kass.); B. E. erzählt (weiter): Von der Heimkehr des Siegers, 90 (Kass.).

Enzensberger, Hans Magnus, *11. 11. 1929 Kaufbeuren / Allgäu. In Nürnberg aufgewachsen, wurde E. noch im letzten Kriegswinter 1944/45 zum Volkssturm eingezogen. Er studierte 1949–54 Sprachen, Literaturwissenschaft und Philosophie in Erlangen, Hamburg, Freiburg und an der Sorbonne; Promotion 1955 über Brentano. Danach tätig als Rundfunkredakteur («Radio-Essay» des Süddeutschen Rundfunks), als Gastdozent an der Ulmer Hochschule für Gestaltung und als Verlagslektor. Lebte eine Zeitlang in Norwegen und Rom. 1964/65 war er Gastdozent für Poetik in Frankfurt. Reisen in die USA, nach Mexiko, in die Sowjetunion, nach Südamerika, nach Japan, Indien. 1968 brach er eine Gastdozentur in den USA ab und ging später nach Kuba. Seit 1965 gab er (zusammen mit K. M. Michel) die Zeitschrift «Kursbuch» heraus. 1963 erhielt E. den Georg-Büchner-Preis, 1985 den Kölner Literaturpreis und 1987 den Gr. Literaturpreis der Bayerischen Akademie der Schönen Künste.

Sein literarisches Debüt war der Gedichtband *verteidigung der wölfe*, Zeugnis eigenwilliger, durch Sprache wirkender Zeit- und Gesellschaftskritik, mit deutlichen Anklängen an Heine und Brecht. E. richtete heftige Angriffe gegen die selbstzufriedene Saturiertheit der restaurativen Nachkriegswelt. Seine Position war damals die des nichtengagierten «Nonkonformisten», der, in zugespitzter Skepsis gegenüber allen Ideologien, die Autonomie des kritischen, nur auf sich gestellten Ich bewahrt. E.s sprachliches Instrumentarium ist äußerst vielfältig: schneidende Satire, unterkühltes Pathos, höhnender Zorn bedienen sich scheinbar spielerischer Mittel; kunstvolle Konstruktivität, Montagetechnik, provokante Paradoxien und Wortspiele, das bewußt entstellende Zitat und die entlarvende Indienstnahme des Trivialen, umgangs- und geschäftssprachliches Vokabular, aber auch Kinderreime und Spielverse bilden die augenfälligsten Elemente der diffizilen und hochvirtuosen Stilform dieser unnachsichtig desillusionierenden «Gebrauchslyrik».

Nimmt die Gesellschafts- und Kulturkritik in dem Band *landessprache* an satirischer Schärfe noch zu, so weicht der Zorn in *blindenschrift* der Skepsis und der Sehnsucht nach dem Einfachen; dieser Band enthält Naturgedichte, in denen E. seinen Traum vom Glück entwirft, jenseits aller Parteien und Ideologien. Die neuen Gedichte in *Gedichte 1955–1970* bestätigen diesen radikalen ästhetischen Protest. Von seiner Skepsis allen Festlegungen gegenüber zeugen die «Siebenunddreißig Balladen aus der Geschichte des Fortschritts» mit dem satirisch-melancholischen Titel *Mausoleum*. Drei Jahre später folgte, als «Komödie», das Versepos *Der Untergang der Titanic* in dreiunddreißig Gesängen, in denen E. den Mythos des Fortschritts dramatisch, lyrisch und balladesk entlarvt und damit zugleich die «Titanic» als Metapher der

Katastrophe unserer Zeit, als unsere «Katastrophe im Kopf» entwirft.

E. wird zu Recht «als einer der größten lebenden Lyriker der deutschen Sprache» (J. Kaiser) bezeichnet. Für die intellektuelle und politische Entwicklung der Bundesrepublik Deutschland ebenso wichtig sind seine unermüdlichen Anregungen: seine Essays zur Bewußtseins-Industrie und zum Verhältnis von Poesie und Politik (in *Einzelheiten*), seine Äußerungen zur Politik (in *Deutschland, Deutschland unter anderm*) und seine kriminalistischen Kolportagen in *Politik und Verbrechen* und *Freisprüche*. Mit der Zeitschrift «Kursbuch» und seinen eigenen Beiträgen gehörte er zu den entschiedensten Initiatoren der außerparlamentarischen Opposition Ende der 60er Jahre, zu den vehementesten Medien-Kritikern und zu den frühen Mahnern, sich mit dem Problem der Dritten Welt zu beschäftigen, wobei immer wieder das Thema der Revolution im Vordergrund steht (das Dokumentarstück *Das Verhör von Habana* und der Roman *Der kurze Sommer der Anarchie*). Ebenso bedeutend ist sein Engagement – auch als Übersetzer und Herausgeber – für die Weltliteratur wie auch für die neue deutsche Literatur. In seinen Essaybänden *Ach Europa!*, *Mittelmaß und Wahn* und *Die Helden des Rückzugs* erweist sich E. als kritisch-polemischer Kultur- und Zivilisationskritiker von ungewöhnlichem Rang.

W.: Lyrik: verteidigung der wölfe, 1957; landessprache, 60; Gedichte – Wie entsteht ein Gedicht?, blindenschrift, 64; Gedichte 1955–1970, 71; Mausoleum, 75; Der Untergang der Titanic, 78; Die Furie des Verschwindens, 80; Die Gedichte, 83; Zukunftsmusik, 91. – *Prosa:* Der kurze Sommer der Anarchie. Buenaventura Duruttis Leben und Tod. Roman, 72; Der Weg ins Freie, 75; Ach Europa!, 87; Requiem für eine romantische Frau. Die Geschichte von Auguste Bußmann und Clemens Brentano, 88; Diderot und das dunkle Ei, 90. – *Essays:* Clemens Brentanos Poetik, 61; Einzelheiten, 62; Politik und Verbrechen, 64; Deutschland, Deutschland unter anderm, 67; E./H.W. Henze: El Cimarron. Ein Werkbericht, 71; Palaver, 74; Hans Magnus Enzensberger, 74; Politische Brosamen, 82; Mittelmaß und Wahn. Gesammelte Zerstreuungen, 88; Die Helden des Rückzugs, 89. – *Dramen, Dialoge:* Das Verhör von Habana, 70; Der Un-

tergang der Titanic. Eine Komödie, 78; Jakob und sein Herr. (Hsp. nach Diderot), o.J.; Herzen, A./E.: Über die Verfinsterung der Geschichte, 84; Der Menschenfreund, 84; Requiem für eine romantische Frau, UA 90. – *Sammel- und Werkausgaben:* Dreiunddreißig Gedichte, o.J.; Gedichte 1950–1985, 86; Erinnerung an die Zukunft, 88; Der fliegende Robert. Gedichte, Szenen, Essays, 89. – *Herausgebertätigkeit:* Museum der modernen Poesie, 60; Allerleirauh, 61; Poesie, Texte in zwei Sprachen (Pessoa, Seferis, Ekelöf, Rokeah u.a), 62ff; Vorzeichen, 62; Büchner/Weidig: Der Hessische Landbote, 65; Kursbuch, 65ff; de Las Casas: Kurzgefaßter Bericht von der Verwüstung der Westindischen Länder, 66; F. Schiller: Gedichte, 66; Freisprüche, 70; M. Barnett: El Cimarron, 70; Klassenbuch (mit anderen), 72; Gespräche mit Marx und Engels, 73; Herzen, A.: Die gescheiterte Revolution, 76; Transatlantik (mit G. Salvatore), 80ff; Brentano, C.: Gedichte, Erzählungen, Briefe, 81; Suchovo-Kobylin, A.: Tarelkins Tod oder der Vampir von St. Petersburg, 81; Macht [mit K.M. Michel u.a.], 82; Konservatismus im Angebot [mit K.M. Michel u.a.], 83; Die neuen Kinder [mit K.M. Michel], 83; Lust an der Theorie [mit K.M. Michel u.a.], 84; Die Mütter [mit K.M. Michel u.a.], 84; Der gute Geschmack [mit K.M. Michel u.a.], 85; Die Andere Bibliothek, Bd 1ff, 85ff; Neruda, P.: Die Raserei und die Qual, 86; Krieg und Frieden – Streit um SDI [mit K.M. Michel u.a.], 86; Sprachlose Intelligenz? Worte und Medien [mit K.M. Michel u.a.], 86; Die Medien [mit K.M. Michel u.a.], 87; Gesundheit [mit K.M. Michel u.a.], 88; Seuchen [mit K.M. Michel u.a.], 88; Elemente II: Luft [mit K.M. Michel u.a.], 89; Das Glück [mit K.M. Michel u.a.], 89; Europa in Trümmern. Augenzeugenberichte aus den Jahren 1944–1948, 90. – *Schallplatten, Kassetten:* Der Untergang der Titanic (Hsp.), 87 (Kass.); E., H.M./Diderot, Denis: Jakob und sein Herr. T. 1–3, o.J. (3 Kass.).

Erb, Elke, * 18.2.1938 Scherbach (Eifel). E. siedelte 1949 in die DDR über; sie studierte, unterbrochen durch längere Arbeit in der Industrie, 1957–63 Germanistik und Slawistik in Halle, arbeitete dann als Verlagslektorin und ist seit 1966 freischaffend; Peter-Huchel-Preis für Lyrik 1988 und Heinrich-Mann-Preis der Akademie der Künste der DDR 1990 (mit Adolf Endler).

Das Werk E.s schließt Gedichte, Kurzprosa, Essays, engagierte Stellungnahmen in der Lyrik-Debatte der DDR, Übersetzungen und Nachdichtungen ein.

Anklänge an Rilke, Mandel'štam, Pasternak, Lasker-Schüler finden sich in dem Band *Gutachten*, der Alltagserfahrungen, Träume, traumatische Erfahrungen zum Gegenstand hat. Bilddichte und verknappte Erzählweise schränken noch nicht den Mitteilungscharakter der Texte ein, während E. in *Faden der Geduld* häufig hermetische Texte aufnahm, die durch einen «Rückgang von Kommunikationsfreudigkeit» (Christa Wolf) gekennzeichnet sind.

W.: Romane, Erzählungen, Prosa: Einer schreit: Nicht! Geschichten und Gedichte, 76; Der Faden der Geduld, 78; Kastanienallee. Texte und Kommentare, 87. – *Dramen:* Das bucklige Pferdchen [mit A. Endler] (in: Theater der Zeit, 3/73), 73; Krali Marko. Nach Ivan Teofilov [mit A. Endler], UA 73; Das Märchen vom kleinen f und vom großen D., UA 74; Ramayana [mit A. Endler], 76. – *Lyrik:* Gutachten. Poesie und Prosa, 75; Trost. Gedichte und Prosa, 82; Vexierbild, 83; Gesichtszüge, 87. – *Übersetzungen:* M. Zwetajewa [mit anderen], 74; D. Bedny: Gedichte und Fabeln, 74; G. Ungaretti: Freude der Schiffbrüche [mit anderen], 77; D. Schostakowitsch: Sechs Gedichte von Marina Zwetajewa, 78; A. Blok: Ausgewählte Werke in 3 Bänden [mit anderen], 78; Französische Lyrik der Gegenwart [mit anderen], 79; M. Zwetajewa: Maßlos in einer Welt [mit anderen], 80; S. Jessenin: Gedichte [mit anderen], 81; Ders.: Oh, mein Rußland [mit anderen], 82; Zwetajewa: Vogelbeerbaum [mit anderen], 86; Dies.: Gedichte. Prosa [mit anderen], 87; Dies.: Ausgewählte Werke in 3 Bänden [mit anderen], 89; Dies.: Das Haus am alten Pimen, 89. – *Herausgebertätigkeit:* H. Tumanjan: Das Taubenkloster, 72; A. von Droste-Hülshoff, 73; S. Kirsch: Musik auf dem Wasser, 77; P. Altenberg: Die Lebensmaschinerie, 80; Berührung ist nur eine Randerscheinung [mit S. Anderson], 85; Luchterhand Jahrbuch der Lyrik 1986 [mit Ch. Buchwald], 86; Mit den Schlitten zu den schwarzen Pferden, 87; A. von Droste-Hülshoff: Gedichte, 89.

Erdmann, Otto → Petersen, Jan

Erhardt, Heinz, *20. 2. 1909 Riga, †5. 6. 1979 Hamburg.
E. wurde als Sohn eines Theaterkapellmeisters geboren; nach dem Abitur studierte er 1926–28 in Leipzig Musik. Ende der dreißiger Jahre wurde er an das Berliner «Kabarett der Komiker» engagiert. Seit Kriegsende arbeitete E. als Schauspieler, Kabarettist, Schriftsteller, Komponist und Filmproduzent. – In den fünfziger Jahren wurde E. bekannt durch zahlreiche Filme, in denen er häufig den ‹kleinen Mann› spielte, der sich aber auf Grund seines Mutterwitzes durchzusetzen vermag. Daneben trat er als Interpret eigener Texte auf, die eine Mischung von Nonsens, Parodie und dem unverwechselbaren ‹Erhardt-Ton› bilden, der einerseits keinen Kalauer scheut, andererseits hinter der scheinbar platten Komik alles hohle Pathos und alle angemaßte Feierlichkeit zu entlarven versteht.

W.: Lyrik: Tierisch-Satirisches, 1949; Gereimtes und andere Ungereimtheiten, 56; Noch'n Gedicht und andere Ungereimtheiten, 61 (bearb. 64); Noch'n Buch, 64; Noch'n Heinz Erhardt, 66; ... und viertens, 68; Das Neueste von Heinz Erhardt, 76 (u. d. T. Unvergeßlicher Heinz Erhardt, 80); Satierliches, 80; Das Lachen ist uns geblieben (mit H. Lützeler), 82. – *Sammelausgaben:* Gesammelte Un-Gereimtheiten, 59; Das große Heinz-Erhardt-Buch, 70; Das kleine Heinz Erhardt Buch, 88. – *Schallplatten:* Heute wieder ein Schelm, o. J.; Humor und gute Laune, o. J.; Noch'n Gedicht, o. J.; Heinz Erhardt wie er leibt und lebt, 75; Was bin ich wieder für ein Schelm, 79; Wilhelm Lichtenberg: Das hat man nun davon. Neubearb. von Heinz Erhardt, 79; Schalk im Nacken – frisch vom Rill, 79; Portrait, 80; Humor ist Trumpf, 84; Noch'n Gedicht (4 Pl.), 84; Das große Lachen, o. J; Noch'n Gedicht, Folge 2, 85 (3 Pl.); ... und noch'n Gedicht, 85 (Kass.); Was bin ich heute wieder für ein Schelm, 85 (2 Pl.); ... aus heiterem Himmel, 85.

Erlenberger, Maria (Pseud.) (Daten unbekannt).
E.s erste Veröffentlichung ist ein Bericht ihres Versuchs, durch Hungern an die äußersten Grenzen körperlicher Erfahrung und des Bewußtseins zu gelangen, um unter Abwerfung allen unnötigen Ballasts zu sich selbst zu finden. Schreiben wird für sie zu einer Art Selbsttherapie. Die Radikalität, mit der E. versucht, zu Selbsterkenntnis zu gelangen, Verschüttetes freizulegen, und die Konsequenz, dabei gewohnte Denk- und Sichtweisen aufzugeben, führt sie an die Grenze von Leben und Tod und macht deutlich, wie fragwürdig die Unterscheidung zwischen normal und wahnhaft, krank und gesund ist. Die Gedichte in *Ich will schuld sein*

sind der Versuch, das eigene Ich schreibend zu bewahren vor der Auflösung und dem Ertrinken in Gedankenstrudeln und der Fesselung durch Assoziationsketten. – 1978 Bremer Förderpreis für Literatur.

W.: Prosa: Der Hunger nach Wahnsinn, 1977; Hoffnung auf Erinnern, 82. – *Romane:* Das Erlernen der Totgeburt, 79; Singende Erde, 81. – *Lyrik:* Ich will schuld sein, 80.

Ernst, Fritz → Unruh, Fritz von

Ernst, Gustav, *23.8.1944 Wien.
Studium der Germanistik und Philosophie, Redakteur der Zeitschrift «Wespennest». – E.s Roman *Einsame Klasse* beschreibt aus der Nah-Perspektive die täglichen Irritationen und Konflikte eines Wiener Künstlerehepaars Mitte der 70er Jahre, für das kurzzeitig die Kategorien des Isoliert-Privaten, Intimen, aufhebbar scheinen in einer anarchischen Kulturbewegung (Arena). In der Annäherung an die Authentizität der Autobiographie vollzieht der Roman formal diese Aufhebung des Privaten nach. Im Volksstück *Ein irrer Haß* wird ein Kriminalfall zum Symptom für den Zirkel von Abhängigkeit, Gewalt und Kriminalität.

W.: Romane, Erzählungen: Am Kehlkopf, 1974; Einsame Klasse, 79; Frühling in der Via Condotti, 87. – *Dramen, Hörspiele:* Nur über meine Leiche, 76; Maul und Löffel, 77; Ein irrer Haß, 77 (bearb. 79); In Liebe erzogen, 79; Herzgruft, 88. – *Lyrik:* Plünderung, 79. – *Film:* Exit, 80. – *Herausgebertätigkeit:* Rot ich weiß Rot, 79; WESPENNEST. 20 Jahre brauchbare Texte [mit Walter Famler], 89.

Ernst, Paul, *7.3.1866 Elbingerode (Harz), †13.5.1933 St. Georgen (Steiermark).
E., Sohn eines Grubenarbeiters, studierte zunächst Theologie, dann Geschichte, Literatur und Staatswissenschaften und war später in Berlin Redakteur eines sozialdemokratischen Blattes. Er zog sich jedoch bald von journalistischer und politischer Tätigkeit zurück, war vorübergehend Dramaturg in Düsseldorf (bis 1905) und lebte dann als freier Schriftsteller, zuletzt auf seinem Besitz St. Georgen in der Steiermark.
E. begann als Naturalist, wurde aber bald mit formal traditionalistischen Dramen

und Novellen um ethische Probleme Repräsentant des Neoklassizismus. Sophokles und Hebbel galten ihm als Vorbilder; später suchte er tragische Spannungen zu überwinden («Gnadendrama»). Seine Novellen schließen sich an das Schema der altitalienischen Novelle mit ihrem wohlvorbereiteten inneren und äußeren Wendepunkt an. Als Epiker hat E. in seinem breitangelegten *Kaiserbuch* versucht, die deutsche Geschichte von den Sachsenkaisern bis zu den Hohenstaufen darzustellen. Damit fand er ebensowenig Resonanz wie mit den abstrakt wirkenden Dramen oder den Essays. Hinter vielen Werken steht ein konservatives Weltbild: Harmonisierung sozialer Konflikte, Glaube an «organische» Gesellschaft. Arbeitsamkeit und Genügsamkeit gelten als wahre Bürgertugenden, so in den Romanen *Der schmale Weg zum Glück* und *Das Glück von Lautenthal* (in einem Harzer Bergwerkstädtchen im 17. Jh. spielend: mit Glück im doppelten Sinn – ein Fräulein von Glück ist die Hauptfigur – wird eine wirtschaftliche Krise bestanden). Ideologisch weniger gebunden, rein ästhetisch orientiert sind die *Komödianten- und Spitzbubengeschichten* aus dem Spätmittelalter.

W.: Dramen: Lumpenbagasch, 1897; Im Chambre séparée, 97; Die schnelle Verlobung, 99; Wenn die Blätter fallen, Der Tod (zwei Einakter), 1900; Demetrios, 05; Eine Nacht in Florenz, 05; Ritter Lanval, 05; Der Hulla, 06; Gold, 06; Canossa, 08; Über alle Narrheit Liebe, 08; Brunhild, 09; Ninon de Lenclos, 10; Ariadne auf Naxos, 12; Der heilige Crispin, 12; Manfred und Beatrice, 12; Der Gärtnerhund, 13; Preußengeist, 15; Kassandra, 15; Pantalon und seine Söhne, 16; York, 17; Chriemhild, 18. – *Novellen:* Sechs Geschichten, 1900; Altitalienische Novellen, 02; Die Prinzessin des Ostens, 03; Der Tod des Cosimo, 13; Die Hochzeit, 13; Die Taufe, 16; Der Nobelpreis, 19; Komödiantengeschichten, 20; Spitzbubengeschichten, 20; Occultistische Novellen, 22; Geschichten aus dem Süden, 05; Maß des Lebens, 65. – *Romane:* Der schmale Weg zum Glück, 04; Die selige Insel, 09; Saat auf Hoffnung, 16; Grün aus Trümmern, 23; Der Schatz im Morgenbrodstal, 26; Das Glück von Lautenthal, 31. – *Episches:* Das Kaiserbuch, 23–28; Der Heiland, 31. – *Autobiographisches:* Jugenderinnerungen, 30; Jünglingsjahre, 31; Tagebuch eines Dichters, 34; Paul Ernst in Sankt Georgen.

Briefe und Berichte aus den Jahren 1925–1933, 66; Paul Ernst und Georg Lukács. Dokumente einer Freundschaft, 74. – *Essays:* Der Weg zur Form, 06; Ein Credo, 2 Bde, 12; Der Zusammenbruch des Marxismus, 19; Der Zusammenbruch des Idealismus, 19; Erdachte Gespräche, 21; Zusammenbruch und Glaube, 23; Grundlagen der neuen Gesellschaft, 30; Gedanken zur Weltliteratur, 59. – *Herausgebertätigkeit:* Tausendundein Tag, 2 Bde, 09. – *Sammel- u. Werkausgaben:* Gesammelte Werke, 19 Bde, 16–22; Gesammelte Werke, 21 Bde, 28–42; Politische Studien und Kritiken, 38; Völker und Zeiten im Spiegel ihrer Dichtung, 2 Bde, 40–42; Acht Einakter, 77; Paul Ernst heute, 80.

Ernsting, Walter (Pseud. Clark Darlton, Robert Artner, Fred McPatterson), *13.6.1920 Koblenz.

E. absolvierte nach dem Gymnasium in Essen Arbeits- und Wehrdienst, blieb bis 1950 als Kriegsgefangener in Sibirien, begründete als Herausgeber 1953 die erste Science-fiction-Heftreihe in der BRD, die ausschließlich anglo-amerikanische SF oder entsprechende Plagiate deutscher Autoren brachte. E. redigierte und übersetzte zahllose Titel, förderte deutsche Autoren, die nach anglo-amerikanischen Vorbildern Weltraumschlachten in Szene setzten und die, wie E. selbst, unter amerikanisch klingenden Pseudonymen schrieben. E. gilt für die bundesdeutsche Nachkriegs-SF als der «Mann der ersten Stunde», dem es um die wirtschaftliche Erschließung wie Popularisierung des Genres SF geht; entsprechend dem amerikanischen Vorbild sucht er auch die Stammleserschaft enger an das Genre und die darauf spezialisierten Verlage zu binden, durch Lesergemeinschaften, Fan-Clubs, indem er 1955 den Science Fiction Club Deutschland e. V. (SFCD) ins Leben ruft. Bis zum Anfang der 60er Jahre hat E. selbst schon 60 SF-Romane im Leihbuch oder Heftformat vorgelegt, hat für die BRD das Bild des Genres als Teil der abenteuerorientierten Massenbelletristik nachhaltig festgeschrieben. Seinen größten Erfolg erreicht E. mit der Konzeption einer in der Welt bisher einmaligen SF-Serie: *Perry Rhodan, der Erbe des Universums.* Am 8.9.1961 erschien das erste Heft der Serie, Mitte der 80er Jahre liegen bereits über 1000 Folgen des «ewigen Fortsetzungsromans» vor, mittlerweile erscheinen Hefte schon in der 4. Auflage, so daß mit den Nachauflagen wöchentlich zeitweise über 200000 Exemplare verkauft werden konnten, dazu Ausgaben im Taschenbuch und als Hardcover, die Gesamtauflage überschreitet 700 Millionen Exemplare. E. konzipierte die Serie zusammen mit dem ebenfalls sehr produktiven SF-Autor K. H. Scheer, gewann mit Kurt Mahr und W. W. Shols zwei weitere erfolgreiche Verfasser von SF-Heftromanen zur Mitarbeit. Die Perry-Rhodan-Serie unterteilt sich in Zyklen von etwa 50 oder 70 Heften, die durch ein übergreifendes Grundmotiv zusammengehalten werden, z. B. daß eine bestimmte Rasse Außerirdischer die Menschheit unterjochen will. Neben E. sind zeitweise regelmäßig noch 10 andere Autoren beteiligt. – E. trägt zwar in neuerer Zeit zu Perry Rhodan und anderen SF-Serien weiter Hefte bei, schreibt aber mehr SF-Einzeltitel (bevorzugt zur Zeitreisethematik) und setzt seinen Arbeitsschwerpunkt auf SF-Jugendbücher, die er unter richtigem Namen veröffentlicht, die realitätsnähere technisch-utopische Abenteuer enthalten.

W. (Auswahl): Perry-Rhodan-Hefte, 1961ff: Die dritte Macht, Heft 2; Götterdämmerung, 4; Invasion aus dem All, 7; Das Geheimnis der Zeitgruft, 12; Das galaktische Rätsel, 14; Die Spur durch Zeit und Raum, 15; Die Rebellen von Tuglan, 18; Thoras Flucht, 22; Duell der Mutanten, 26; Im Banne des Hypno, 27; Ausflug in die Unendlichkeit, 32; Eiswelt in Flammen, 33; Die Seuche des Vergessens, 36; Ein Planet spielt verrückt, 37; Aktion gegen unbekannt, 40; Der Partner des Giganten, 41; etc.; Planet der Telepathen, 910; Kontakt auf Scharzo, 921; Mysterium des Weltalls, 935; Das Rätsel der Barriere, 955; Entscheidung auf der Rubin II, 1985; Gucky und seine Urenkel, 85; Das Meer der Zeit, 85; So grün wie Eden, 86; etc. – *Sonstige SF-Hefte:* UFO am Nachthimmel, 1955; Der Mann, der die Zukunft stahl, 55; Satellit Uranus III, 56; Zurück aus der Ewigkeit, 58; Vater der Menschheit, 59; Die Stadt der Automaten, 61; Der Eisenfresser, 62; Das Erbe von Hiroshima, 63; Die dritte Chance, 64; Die Götter siegen immer, 66; Die Gravitationsbombe, 68; Expedition ins Nichts, 69; Die Sonnenbombe, 72; etc. – *SF-Leihbücher:* Überfall aus dem Nichts, 56; Die strahlenden Städte,

58; Der Sprung ins Ungewisse, 58; Der Tod kam von den Sternen, 58; Experiment gelungen, 59; Raumschiff der toten Seelen, 59; Der fremde Zwang, 60; Die Zeitlosen, 60; Die letzte Zeitmaschine, 61; Welt ohne Schleier, 62; etc. – *SF-Jugendbücher:* Das Marsabenteuer, 64; Das Weltraumabenteuer, 65; Das Planetenabenteuer, 66; Der geheimnisvolle Asteroid, 72; Das Rätsel der Urwaldhöhle, 74; Das Rätsel der Marsgötter, 74; Das Rätsel der Milchstraße, 74; Mit Lichtgeschwindigkeit zu Alpha Centauri II, 74; Das Geheimnis im Atlantik, 76; Raumschiff Neptun: Der verzauberte Planet, 78; Raumschiff Neptun: Begegnung im Weltraum, 78; Raumschiff Neptun: Der Tempel der Götter, 78; Der Tag an dem die Götter starben, 85. – *Sammel- und Werkausgaben:* Darlton, Clark: Werkausgabe, 44 Bde, 86.

Erpenbeck, Fritz, *6.4.1897 Mainz, †10.1.1975 Berlin.
E. war zunächst Schlosser und Monteur. Nach dem 1. Weltkrieg war er u. a. Schauspieler bei Piscator in Berlin, wo er später auch als Dramaturg und Regisseur arbeitete. E. trat 1927 der KPD und 1928 dem Bund Proletarisch-Revolutionärer Schriftsteller bei. 1933 emigrierte E. nach Prag, 1935 nach Moskau, von wo er 1945 als Mitglied der «Gruppe Ulbricht» zurückkehrte. In der SBZ/DDR nahm er verschiedene kulturpolitische Funktionen im Theaterleben wahr; ab 1959 war er Chefdramaturg der Volksbühne, danach freischaffend. 1956 Lessing-Preis, 1957 E.-M.-Arndt-Medaille.
Nach ersten schriftstellerischen Versuchen entwickelte sich E. unter dem Einfluß der BPRS-Diskussionen zum entschiedenen Verfechter des sozialistischen Realismus.
Im Exil entstanden seine wichtigsten Romane: *Emigranten* ist eine Auseinandersetzung mit den Problemen der aus dem faschistischen Deutschland Geflohenen; *Gründer* ist die Geschichte vom Aufstieg und Fall des Berliner Bürgertums der Gründerjahre.
Nach 1945 publizierte E. Aufsätze und Kritiken zu den Aufgaben des sozialistischen Theaters, die in schroffem Gegensatz zu Brechts Theatertheorie und -praxis standen.
Seit den 60er Jahren gehörte E. zu den wichtigsten Autoren des Kriminalro-

mans in der DDR und trat auch publizistisch für die Aufwertung des in der DDR zwar verbreiteten, aber nicht sonderlich angesehenen Genres ein. Sein Bezug zum Genre erklärt sich u. a. aus früheren Tätigkeiten als Gerichtsreporter; seine Romane sind vorzugsweise im Theater- und Künstlermilieu angesiedelt und erheben den Anspruch von parteilicher Widerspiegelung von Ausschnitten aus der DDR-Realität, die von imperialistischer Sabotage ständig bedroht erscheint.

W.: Romane, Erzählungen: Aber ich wollte nicht feige sein, 1932; Musketier Peters, 36; Emigranten, 37; Heimkehr, 39; Deutsche Schicksale, 39; Kleines Mädel im großen Krieg, 40; Gründer, 40; Künstlerpension Boulanka, 64; Vorhang auf!, 64; Tödliche Bilanz, 65; Gründer, 2. Buch, 65; Aus dem Hinterhalt, 67; Nadeln im Heu, 68; Der Fall Fatima, 69; Der Tote auf dem Thron, 73; Der Tüchtige, 78. – *Theoretische Schriften:* Lebendiges Theater, 49; Wilhelm Pieck, 51; Aus dem Theaterleben, 59. – *Herausgebertätigkeit:* Theater der Zeit, Theaterdienst, Jg. 1–14, 46–59.

Erwin → Weinert, Erich

Essig, Hermann, *28.8.1878 Truchtelfingen, †21.6.1918 Berlin.
E., Sohn eines Pfarrers, leistete nach dem Abitur seinen Militärdienst ab; nach einem Praktikum Studium an der Technischen Hochschule in Stuttgart; eine schwere Lungenerkrankung, die eine Heilbehandlung in der Schweiz erforderlich machte, zwang ihn 1902 zur Unterbrechung des Studiums; in der Schweiz Beginn der schriftstellerischen Betätigung E.s; seit 1904 in Berlin, wo er zunächst als Zivilingenieur arbeitete; noch 1904 Aufgabe des Ingenieurberufs und Beginn seiner Tätigkeit als freier Schriftsteller. E. lebte mit seiner Familie in ständiger Finanznot; erst 1909 Publikation seines ersten Werks in Buchform; 1913 und 1914 Träger des Kleist-Preises; seit 1913 Mitarbeiter an H. Waldens Zeitschrift «Der Sturm» und Angehöriger des «Sturm»-Kreises; 1914–18 Teilnahme am 1. Weltkrieg; mehrfach wegen Lungenerkrankungen beurlaubt, die schließlich auch zu E.s Tod führten.
Drei Grundthemen lassen sich in E.s Dramen und Prosawerken feststellen:

eine gegen das Bürgertum gerichtete Sozialkritik, die Isolation des einzelnen und die Absurdität der menschlichen Existenz. Ist in seinen Dramen der Realismus vorherrschend, so findet sich in den Prosawerken häufig eine märchenähnliche Grundkonstellation. In vielen Werken spielen makabre Elemente eine bedeutende Rolle.

In einem großen Teil seiner Dramen zeigt der Schwabe E. seine Heimatverbundenheit; die Lustspiele sind fast ausnahmslos in seinem heimatlichen Milieu angesiedelt und spiegeln Erfahrungen seiner Jugend; nur die beiden letzten veröffentlichten Werke greifen thematisch E.s Berliner Erfahrungen auf: Der Schlüsselroman *Der Taifun* wie auch das Drama *Kätzi* (Vorlage für den Roman) behandeln das Berlin der ausgehenden 10er Jahre, speziell den «Sturm»-Kreis, in ironisierender Weise.

E.s dramatisches Werk war zu seinen Lebzeiten äußerst umstritten: *Ihr stilles Glück –!, Des Kaisers Soldaten, Der Schweinepriester* fielen wegen «unsittlicher» oder «antiklerikaler» Tendenzen sogar unter das bis 1918 gültige Zensurgesetz und wurden verboten. Während der NS-Zeit war E.s Gesamtwerk verboten.

W.: Romane, Erzählungen: Zwölf Novellen, 1916; Der Wetterfrosch, 17; Der Taifun, 19. – *Dramen:* Mariä Heimsuchung, 09; Die Weiber von Weinsberg, 09; Die Glückskuh, 10; Furchtlos und treu, 11; Der Frauenmut, 12; Ihr stilles Glück –!, 12; Napoleons Aufstieg, 12; Überteufel, 12; Der Held vom Wald, 13; Der Taubenschlag, 13; Der Schweinepriester, 15; Des Kaisers Soldaten, 15; Pharaos Traum, 16; Kätzi, 22.

Eulenberg, Herbert, *25.1.1876 Mühlheim/Rhein, †4.9.1949 Düsseldorf.
E., Sohn eines Fabrikanten, studierte an mehreren Univ.en Jura und Philosophie (Promotion zum Dr. jur.); schon während seines Studiums schriftstellerische Arbeiten als Dramatiker; kurzzeitig Dramaturg am «Berliner Theater»; von 1905–1909 Dramaturg am Düsseldorfer Schauspielhaus (L. Dumont), gleichzeitig Mitarbeiter an der hauseigenen Zeitschrift «Masken»; anschließend freier Schriftsteller; Teilnahme am 1. Welt-

krieg als Berichterstatter; 1923 Vortragsreise in die USA. Während der NS-Zeit Publikationsschwierigkeiten; nach dem 2. Weltkrieg ständiger Mitarbeiter an den Zeitschriften «Aufbau» und «Die Weltbühne». E. erhielt für sein literarisches Schaffen eine große Zahl von Ehrungen, vor allem in den Jahren nach 1911 und 1946–49.

E., der in seinen theatertheoretischen Schriften «analytische» Dramen (nach E. naturalistische, psychologische und Ideendramen) ablehnt, zielt auf eine Kunst der Synthese; sein angestrebter Bühnenstil basiert auf Begriffen wie «Verinnerlichung» und «Vertiefung». Hauptanliegen seiner Dramen ist die Darstellung von Problemen mit zeitloser Gültigkeit; das Theater könne so eine ethisch-sittliche Wirkung ausüben. Zu Beginn des 20. Jhs. wurden E.s Stücke, gerade wegen der bewußten Antithetik zum Naturalismus, nach anfänglichen Skandalerfolgen (bis ca. 1907) sowohl von Kritikern als auch vom Publikum äußerst positiv bewertet; nach dem 1. Weltkrieg Abflauen des Interesses an den Dramen E.s; die Zeit für romantische Ideale, als deren Vertreter E. sich zeitlebens verstand, war vorbei. E. beschäftigte sich in der Folgezeit mehr mit der Prosa, veröffentlichte neben Romanen und Erzählungen vor allem historische Monographien. Größte Publikumserfolge erzielte er mit den *Schattenbildern*, die in mehreren Sammlungen und Auswahlbänden herausgegeben wurden; entstanden aus einem Plan des Düsseldorfer Schauspielhauses, «Kulturbedürftige» mit der Kultur in Berührung zu bringen – in den sog. Morgenfeiern wurden dem Publikum Biographie, Werk und Persönlichkeit bekannter «Meister» vorgestellt –, bildeten die *Schattenbilder* quasi eine literarische Umsetzung der «Morgenfeiern».

W.: Romane, Erzählungen, Epen, Biographien, Autobiographisches: Du darfst ehebrechen, 1909; Sonderbare Geschichten, 10; Das keimende Leben, 10, 33; Katinka die Fliege, 11; Neue Bilder, 12, 34; Letzte Bilder, 15; Skizzen aus Litauen, Weißrußland und Kurland, 16; Das deutsche Angesicht, 17; Der Bankrott Europas, 19; Mein Leben für die Bühne, 19;

Wie Bismarck beinahe seiner Frau untreu wurde, 20; Anna Boleyn, 20; Auf halbem Wege, 21; Der Guckkasten, 21; Liebesgeschichten, 22; Wir Zugvögel, 23; Erscheinungen, 23; Amerikanus, 24; Gestalten und Begebenheiten, 24; Die Familie Feuerbach, 24; Mensch und Meteor, 25; Zwischen zwei Frauen, 26; Sterblich Unsterbliche, 26; Um den Rhein, 27; Die Hohenzollern, 27; Ein rheinisches Dichterleben, 27; Michel, 28; Zwischen zwei Männern, 28; Casanovas letztes Abenteuer und andere erotische Begebenheiten, 28; Schubert und die Frauen, 28; Die Windmühle, 29; Glückliche Frauen, 29; Die letzten Wittelsbacher, 29; Menschen an der Grenze, 30; Der Opfertod, 30; Goethe der Liebende, 32; Cicero, 32; Deutsche Geister und Meister, 34; Gio Gino, 41; Glaube, Liebe, Hoffnung, 42; Die Präraffaeliten, 46; Nanna und Feuerbach, 46; Gefährliche Liebschaft, 47; Der gute Onkel, 47; Allmutter Maria, 47; Heinrich Heine, 47; Meister der Frühe, 47; Der Zusammensturz, 48; Mungo und Bungalo, die beiden Überaffen, 48; Ferdinand Freiligrath, 48; So war mein Leben, 48; Vom Silberband der Donau rings umwunden, 50; Ausgewählte Schattenbilder, 51; Schöpferischer Genius, 59. – *Dramen:* Dogenglück, 1899; Anna Walewska, 99; Münchhausen, 1900; Leidenschaft, 01; Künstler und Katilinarier, 02; Ein halber Held, 03; Kassandra, 03; Ritter Blaubart, 05; Ulrich Fürst von Waldeck, 07; Der natürliche Vater, 09; Alles um Liebe, 10; Simson, 10; Alles um Geld, 11; Ikarus und Daedalus, 12; Belinde, 13; Ernste Schwänke, 13; Der Krieg, 13; Zeitwende, 14; Der Frauentausch, 14; Der Morgen nach Kunersdorf, 14; Messalina, 15; Das Ende der Marienburg, 18; Die Insel, 18; Kleinselige Zeiten oder: In Duodezien, 18; Die Nachtseite, 18; Der Irrgarten, 18; Das grüne Haus, 21; Mächtiger als der Tod, 21; Der Spion, 21; Mückentanz, 22; Die Welt ist krank, 22; Der Übergang, 22; Wie man's macht ist's richtig, 23; Der Zweifler, 25; Der rote Mond, 25; Freude muß man haben, 25; Industrie, 27; Der Tod des Homer, 39; Johannes auf Patmos, 45; Tilman Riemenschneider, 46. – *Lyrik:* Deutsche Sonette, 10; Nachsommer, 42; Lyrisches Zwischenspiel, 46. – *Essays, Reden:* Schiller. Eine Rede zu seinen Ehren, 10; Die Kunst in unserer Zeit, 11; Die Zukunft der deutschen Bühne, 17; Gegen Shaw, 25. – *Werkausgabe:* Ausgewählte Werke, 5 Bde, 25.

Europäensis → Viertel, Berthold

Even, Georg → Krell, Max

Ewers, Hanns Heinz, *3. 11. 1871 Düsseldorf, †12. 6. 1943 Berlin.
E., Sohn eines Kunstmalers, war nach dem Jurastudium (1894 Dr. jur.) nur kurze Zeit Rechtsreferendar, arbeitete dann als Journalist und freier Schriftsteller, von 1914–21 auf Weltreise (während des 1. Weltkrieges in den USA interniert), lebte bis zu seinem Tode überwiegend in Düsseldorf und Berlin.
E.s erste literarische Arbeiten sind Kabarettexte (1900/01 am Überbrettl), satirisch-märchenhafte Fabeln und Geschichten; nach *Deutschen Kriegsliedern* und patriotischen Dichtungen wendet sich E. dem Unheimlich-Phantastischen zu, wird zwischen den beiden Weltkriegen zum wichtigsten, auflagenstärksten Erzähler der «Schwarzen Romantik», der «Décadence» in Deutschland. E.s Interesse gilt vor allem den «Nachtseiten» der menschlichen Psyche, Abnormitäten und Perversionen, die er zu effektvollen, grausamen Schauergeschichten und -romanen ausgestaltet. Am bekanntesten ist sein bis in die Gegenwart neu aufgelegter und mehrfach verfilmter Bestseller *Alraune*, die Geschichte eines «künstlich gezeugten Kindes aus dem Samen eines Mörders und dem Schoß einer Hure», das zur verführerischen «femme fatale» heranwächst. Schon von zeitgenössischen Kritikern werden besonders E.s Romane um den «Herrenmenschen» Frank Braun als «Kompendium von Dekadenzmotiven» gewertet. Als Herausgeber und Übersetzer von klassischen Dichtungen des Unheimlich-Phantastischen hat E. zudem Bild und Entwicklung dieses Genres in den 10er und 20er Jahren entscheidend geprägt. Letztlich erfolglos bleiben E.s Annäherungsversuche an die Nationalsozialisten, trotz seiner Nähe zur faschistischen Ideologie und früher NSDAP-Mitgliedschaft; als faschistische Propagandaromane schrieb E. 1932 *Horst Wessel* und *Reiter in deutscher Nacht*, dennoch wurden seine Bücher 1934 als «dekadent» verboten.

W.: Romane, Erzählungen, Märchen: Fabelbuch (mit T. Etzel), 1901; Der gekreuzigte Tannhäuser, 01 (erw. 16); Der moderne Struwelpeter. Lustige Geschichten von Onkel Franz, 01; Hochnotpeinliche Geschichten, 02; Märchen und Fabeln für große und kleine Kinder (mit T. Etzel, M. Ewers), 02; Die verkaufte

Großmutter, 03 (erw. 22); C. 33 und anderes, 04; Billy's Erdengang. Eine Elephantengeschichte. Verse von Onkel Franz, 04; Die Ginsterhexe und andere Sommermärchen, 05; Juck und Schlau, die beiden Affen, 07; Das Grauen, 08; Die Besessenen, 09; Roman der XII (mit anderen), 09; Der Zauberlehrling oder die Teufelsjäger, 10; Grotesken, 10; Alraune, die Geschichte eines lebenden Wesens, 11; Mein Begräbnis und andere seltsame Geschichten, 17; Aus dem Tagebuche eines Orangenbaumes, 19; Vampir. Ein verwilderter Roman in Fetzen, 21; Die blauen Indianer, 21; Aus der Tierwelt. Ein Bilderbuch für die Jugend, 21; Nachtmahr, 22; Der Geisterseher – aus den Papieren des Grafen O' (1. Teil hg. von F. v. Schiller, 2. Teil hg. v. H. H. Ewers), 22; Die Herzen der Könige, 22; Hanns Heinz Ewers Brevier, 22; Abseitige Novellen. Geschichten um Mitternacht, 23; Ameisen, 25; Absonderliche Geschichten, 27; Armer Junge und acht andere Freundschafts-Novellen, 27; Von sieben Meeren. Fahrten und Abenteuer, 27; Fundvogel – die Geschichte einer Wandlung, 28; Eileen Carter. Die Spinne, 29; Reiter in deutscher Nacht, 32; Horst Wessel. Ein deutsches Schicksal, 33; Die schönsten Hände der Welt, Geschichten in der Sonne, 43; Die Spinne, 64; Das Hya-Hya-Mädchen, 69; Geschichten des Grauens, 72. – *Dramen, Drehbücher:* Die Macht der Liebe oder Die traurigen Folgen einer Erziehung, 02; Enterbt, 04; Delphi, 09; Die toten Augen, 13; Das Wundermädchen von Berlin, 13; Das Mädchen von Schalott, 21; Der Turm von Kroja (mit M. Henry), 26; Der Student von Prag, 30; Horst Wessel, 33; Stürmer – ein deutsches Schicksal (mit P. Beyer), 34. – *Lyrik:* Moganni Nameh, 10; Deutsche Kriegslieder, 15. – *Essays, Berichte:* Das Cabaret, 04; Edgar Allan Poe, 06; Mit meinen Augen – Fahrten durch die lateinische Welt, 09; Indien und ich, 11; Warum haßt man die Deutschen?, 18. – *Übersetzungen:* G. Cable: Aus alten Creolentagen, 01; I. Zangwill: Die Tragödien des Ghetto, 07; I. Zangwill: Träumer des Ghetto, 08; F. Boutet: Geschichten der Nacht, 09; Villiers de l'Isle-Adam: Gesammelte Werke, 7 Bde, 09–20; I. Zangwill: Die graue Perücke, 10; I. Zangwill: Komödien des Ghetto, 10; I. Zangwill: Der Mantel des Eli jah, 10; I. Zangwill: Der Meister, 10; J. P. Jacobsen: Niels Lyhne, 11; P. Verlaine: Männer (mit St. Zweig), 10; M. Leblanc: Die Abenteuer des Arsène Lupin (mit A. Landsberger, 16 Bde), 23–25; T. Gautier: Eine Nacht der Kleopatra, 25. – *Herausgebertätigkeit:* T. Gautier: Ausgewählte Werke (6 Bde, mit J. Ewers-Wunderwald), 03/04; Heim der Jugend. Ein Jahrbuch für Kinder und Eltern, 05; Führer durch die moderne Literatur, 06 (überarb. 09 u. 25); O. Wilde: Erzäh-

lungen und Märchen, 06; Rara. Eine Bibliothek des Absonderlichen (6 Bde, mit H. Conrad), 11–23; Joli tambour. Das französische Volkslied (mit M. Henry), 12; J. E. Poritzky: Musik im Bild, 13; Galerie der Phantasten, 8 Bde, 14–22; Führer durch die Kunstgeschichte bis zum Beginn des 19. Jahrhunderts, 21; A. Manzoni: Die Verlobten, 2 Bde, 24; F. W. Weber: Dreizehnlinden, 25; 13 Gespenstergeschichten von Apuleius und anderen, 41. – *Werkausgabe:* Gesammelte Werke, 8 Bde, 28.

Fabrizius, Leopold → Thelen, Albert Vigoleis

Faecke, Peter, *3.11.1940 Grunwald (Schlesien).

F. wuchs in Schlesien auf, seit 1945 in Hannoversch-Münden. Studium der Philosophie, Romanistik und Germanistik in Göttingen, Berlin, Hamburg, Paris. Lebt seit 1965 in Köln als Rundfunkredakteur. In seinen ersten Romanen hat F. Stoffe und Themen aus der von ihm nur indirekt erlebten Hitlerzeit behandelt. *Die Brandstifter* stellt – stilistisch anspruchsvoll – das Treiben einer Bande im Schlesien der 30er Jahre und in Westdeutschland dar. *Der rote Milan* evoziert die Kindheitserinnerung einer Zigeunerverfolgung aus dem Jahre 1941. – Mit Wolf Vostell hat F. in seinem *Postversand-Roman* eine «Beteiligungsliteratur» versucht, in der der Leser als Mitautor aufgerufen ist zum «Miteinander-Schreiben, Miteinander-Reden, Miteinander-Sammeln». Auch in seiner Rundfunkarbeit bemüht sich F., «Sendereihen zu entwickeln, die das traditionelle Rundfunkverständnis dadurch in Frage stellen, daß die von einer Sendung Betroffenen sie auch weitgehend selbst bestimmen». Ein gedrucktes Ergebnis dieser Bemühung ist *Gemeinsam gegen Abriß. Ein Lesebuch aus Arbeitersiedlungen und ihren Initiativen.* – Arbeitet an einem mehrbändigen Gegenwartsroman *Die Erfindung des Glücks.*

W.: Romane, Erzählungen, Prosa: Die Brandstifter, 1963: Der rote Milan, 65; Zwischen Kilroy und Hier, 68; Als Elizabeth Arden 19 war, 69; Postversand-Roman, 70; Z. B. Köln, Hohe Straße, 71; Gemeinsam gegen Abriß, 77; Das unaufhaltsame Glück der Kowalskis, 82; Flug ins Leben, 88. – *Herausgebertätigkeit:* Über die allmähliche Entfernung aus dem Lande, 83.

Faesi, Robert, *10.4.1883 Zürich, †18.9.1972 Zollikon bei Zürich.
F. studierte Germanistik, wurde 1911 Privatdozent an der Univ. Zürich und war dort 1922–53 Prof. – F., in dessen Werk sich die wissenschaftliche Kenntnis literarischer Formen und Traditionen dokumentiert, widmete sich mit Vorliebe der Schweizer Vergangenheit, wobei ihm die Verbindung von Fiktion und geschichtlichen Fakten zu anekdotischer Plastizität gelang.

W.: Lyrik: Aus der Brandung, 1917; Der brennende Busch, 26; Das Antlitz der Erde, 36; Über den Dächern, 46; Ungereimte Welt gereimt, 46; Die Gedichte, 55. – *Dramen:* Odysseus und Nausikaa, 11; Die offenen Türen, 12; Die Fassade, 18; Opferspiel, 25; Der Magier, 38. – *Prosa:* Zürcher Idylle, 08; Das poetische Zürich, 13 (mit E. Korrodi); Füsilier Wipf, 17; Der König von Ste. Pélagie, 24; Vom Menuett zur Marseillaise, 30; Die Stadt der Väter, 41; Die Stadt der Freiheit, 41; Die Stadt des Friedens, 52. – *Abhandlungen:* Gerhart Hauptmanns «Emanuel Quint», 12; Carl Spitteler, 15; Gestalten und Wandlungen der schweizerischen Dichtung, 22; R. M. Rilke, 22; C. F. Meyer, 25, erw. 48; Der gegenwärtige Goethe, 32; Spittelers Weg und Werk, 33; Thomas Mann. Ein Meister der Erzählkunst, 55. – *Autobiographie:* Erlebnisse – Ergebnisse, 63. – *Herausgebertätigkeit:* Anthologia Helvetica, 21 (als: Die Ernte schweizerischer Lyrik, 28); Carl Spitteler, Gesammelte Werke (mit G. Bohnenblust u. a.), 45–58.

Falke, Konrad (eig. Karl Frey), *19.3.1880 Aarau, †28.4.1942 Eustis (Florida).
F. wurde 1906 Dozent für deutsche Literaturgeschichte an der Eidgenössischen Technischen Hochschule in Zürich. Seit 1910 gab er «Rascher's Jahrbuch» heraus, das als ein Kulturspiegel helvetischen Geisteslebens gedacht war; 1937–40 edierte er gemeinsam mit Thomas Mann die Zeitschrift «Maß und Wert». Er war Dramatiker, Erzähler, Lyriker, Kulturphilosoph und Übersetzer Dantes, bestimmt vom humanistischen

Bildungserlebnis und von romanischem Formgefühl.

W.: Lyrik: Carmina Romana, 1910. – *Dramen:* Francesca da Rimini, 04; Cäsar Imperator, 11 (nach Shakespeare); Astorre, 12; Die Schweizer (Oper), 13; Die Bacchantinnen, 19 (nach Euripides). – *Erzählende Prosa:* Heimatvolk, 07; Im Banne der Jungfrau, 09; Der Kinderkreuzzug, 24; Marienlegenden, 25; Jesus von Nazareth, 50. – *Essays:* Wilhelm Waiblinger, 04; Kainz als Hamlet, 11; Dante, 21; Machtwille und Menschenwürde, 27; Was geht vor in der Welt?, 38. – *Übersetzung:* Dante, Divina Commedia, 21. – *Herausgebertätigkeit:* Rascher's Jahrbuch, Jg. 1–3, 10–12; Maß und Wert, Jg. 1–4, 37–40. – *Sammelausgabe:* Dramatische Werke, 5 Bde, 30–33.

Fallada, Hans (eig. Rudolf Ditzen), *21.7.1893 Greifswald, †5.2.1947 Berlin.
F. war Sohn eines Landrichters und späteren Reichsgerichtsrates, wurde nach einem Duell mit einem Mitschüler vom Gymnasium verwiesen, war Gutseleve und landwirtschaftlicher Inspektor und verbüßte als Dreißigjähriger eine Gefängnishaft wegen Unterschlagung. Danach war er u. a. Lokalreporter beim «Generalanzeiger» in Neumünster (Schleswig-Holstein), wo er 1929 als Berichterstatter den Landvolkprozeß erlebte. Später arbeitete er als Verlagslektor und freier Schriftsteller in Berlin. 1933 erwarb er den Landsitz Carwitz bei Feldberg (Mecklenburg), wo er während des Dritten Reiches mit seiner Familie zurückgezogen Obst und Gemüse anbaute. Nach seiner Teilnahme am 2. Weltkrieg wurde er 1944 in die gefängnisähnliche Strelitzer Trinkerentziehungsanstalt eingeliefert. 1945 setzten ihn sowjetische Truppen als Bürgermeister von Feldberg ein, von J. R. Becher wurde er nach Berlin gerufen.
Dieses wechselvolle eigene Leben ist eine wesentliche Voraussetzung für F.s milieuechte und psychisch authentische Darstellung der Not der kleinen Leute, der Ausgestoßenen, Gescheiterten, denen bei aller Verzweiflung auch eine gewisse Lebenstapferkeit und Unermüdlichkeit nie fehlt. Seine Romane sind mehr soziale Reportage: kritische realistische Gesellschaftsromane, die geniale

Beobachtungsgabe und detaillierte Kenntnis der äußeren Situation mit Vertrautheit der emotionalen und geistigen Disposition und Sehweise der Betroffenen verbinden.

Schon in seinem frühen Werk *Der junge Goedeschal* stellte F. kleinbürgerliche Sozialisation bloß, indem er demonstrierte, wie unmenschliche Erziehungspraktiken das Liebes- und Glücksverlangen der Menschen unterdrücken wollen. Seinen Durchbruch als Schriftsteller erzielte er mit dem Roman *Bauern, Bonzen und Bomben* (1931), der die Vorgänge und Stimmungen der schleswig-holsteinischen Landvolkbewegung darstellte. Sein größter Erfolg wurde der in mehr als 20 Sprachen übersetzte, zweimal verfilmte und 1972 durch die Revue von T. Dorst und P. Zadek auch für das Theater erfolgreich bearbeitete Roman *Kleiner Mann, was nun?*, der die Auswirkungen der Weltwirtschaftskrise am Beispiel des hilflos ausgebeuteten und zuletzt arbeitslosen Textilverkäufers Pinneberg darstellt und an diesem individuellen Beispiel zugleich die typische kollektive materielle und geistige Unsicherheit, die Angst vor der Arbeitslosigkeit, die Inhumanität der Verhältnisse, aber auch den ununterdrückbaren Lebens- und Glücksanspruch, die Menschlichkeit und Liebe einzelner Menschen gestaltet. Der Zuchthausroman *Wer einmal aus dem Blechnapf frißt* zeigt die Entwürdigung des Menschen im seelenlosen Mechanismus der Justiz. Der Roman *Wolf unter Wölfen* wurde bezeichnenderweise weniger populär. Eine Vielzahl individueller Schicksale ergibt so etwas wie eine kritische Chronik der Weimarer Republik. In seinen zahlreichen Kindergeschichten beweist F. Einfühlung in das Lebensgefühl und die spezifische Weltsicht und Sensibilität der Kinder.

W.: *Romane, Erzählungen, Autobiographisches:* Der junge Goedeschal, 1920; Anton und Gerda, 23; Bauern, Bonzen und Bomben, 31; Kleiner Mann, was nun?, 32; Wer einmal aus dem Blechnapf frißt, 34; Wir hatten mal ein Kind, 34; Märchen vom Stadtschreiber, der aufs Land flog, 35; Altes Herz geht auf die Reise, 36; Hoppelpoppel, wo bist du, 36; Wolf unter Wölfen, 37; Geschichten aus der Murkelei, 38; Der eiserne Gustav, 38; Süßmilch spricht, 39; Kleiner Mann, großer Mann – alles vertauscht, 40; Der ungeliebte Mann, 40; Das Abenteuer des Werner Quabs, 41; Damals bei uns daheim, 41; Heute bei uns zu Haus, 43; Der Jungherr von Strammin, 43; Erinnerungen, 46; Der Alpdruck, 47; Im Namen des deutschen Volkes, 47; Jeder stirbt für sich allein, 47; Der Trinker, 50; Ein Mann will nach oben, 53; Zwei zarte Lämmchen weiß wie Schnee, 53; Die Stunde, eh du schlafen gehst, 54; Fridolin, der freche Dachs, 54; Junger Herr – ganz groß, 65; Die Geschichte vom Mäuseken Wackelohr (mit G. Lahr), 76; 100 Mark und ein fröhliches Weihnachtsfest, 85. – *Werkausgaben:* Ausgewählte Werke in Einzelausgaben, 62ff; Gesammelte Erzählungen, 67; Lieschens Sieg und andere Erzählungen, 73; Erzählungen, o. J.; Das Wunder des Tollatsch, 88.

Fassbinder, Rainer Werner, *31. 5. 1946 Bad Wörishofen, †10. 6. 1982 München.
F., Sohn eines Arztes und einer Übersetzerin und späteren Schauspielerin, besuchte Schule und Gymnasium in München, verzichtete auf das Abitur und lebte zwei Jahre als Zimmervermieter in Köln; 1964–66 absolvierte er eine Schauspielausbildung in München, war danach Mitarbeiter am «Büchner-Theater» und am «Action Theater», das 1968 auf Grund seiner Initiative zum «antiteater» wurde. Nach Auflösung der Truppe 1971 wurde F. als freier Schriftsteller, Regisseur und Filmemacher tätig. 1974–75 leitete er das «Theater am Turm» in Frankfurt am Main. Er lebte in München und Paris. F. war Mitglied des PEN-Zentrums der BRD und der Deutschen Akademie der Darstellenden Künste. – F.s Ausgangsposition war die der Kollektivarbeit des «antiteaters», in dem alle Beteiligten zugleich auch Autoren sind. «Antiteater» ist gegen Schönes und Heldisches, also Illusionen und schablonenhafte Rollen gerichtet, gegen kulturellen Konsum in herkömmlicher Form; dabei hat F. nicht etwa eine Entwicklung vom Theater zum Film vollzogen, sondern sich gleich zu Beginn beiden Medien zugewandt: «Ich habe im Theater so inszeniert, als wäre es Film, und habe dann den Film so gedreht, als wär's Theater.» Typisch dafür ist die parallele Behandlung desselben Stoffes für Theater und

Lichtbildtheater in *Katzelmacher*, wo die Hetzjagd einer Dorfgesellschaft auf einen Außenseiter, hier einen griechischen Gastarbeiter, gezeigt wird. Zu diesem Zeitpunkt definiert sich F. als «Fleißer-Schüler», wobei allerdings seine Beziehungen zur Gruppe der anderen Fleißer-Schüler immer gespannter werden, bis Kroetz die Verfilmung seines *Wildwechsel* durch F. scharf denunziert. Die Gruppe um F.s «antiteater» – ursprünglich eine typische Folgeerscheinung der studentischen Protestbewegung – bewies jedoch bald, daß sie mehr als ein Schwabinger Beitrag zur Subkultur war, und produzierte 1967–71 acht Theaterstücke, acht Stückebearbeitungen, vier Hörspiele und fünfzehn Filme – teilweise allerdings rasch konzipierte Texte, die kurz darauf vergessen oder aber später wieder aufgegriffen wurden (*Bettleroper*, *Das brennende Dorf*, *Werwolf*). Bei alledem herrscht keine abgeschliffene politische oder künstlerische Theorie vor: Zum einen gibt F. vor, «im ganz Privaten Revolution (...) machen» zu wollen, um dann zu bekennen: «Ich finde, daß die Welt aus permanenten Grausamkeiten besteht», und etwas später einen «ziemlich resignativen Standpunkt» zu vertreten; zum anderen greift er ständig auf die Technik der Collage, der Montage heterogener Materialgruppen zurück. 1971 wechselt F. die Perspektive, er wendet sich dem Melodrama zu, während sich das «antiteater»-Kollektiv auflöst – ein Wendepunkt, den F.s Film *Der Händler der vier Jahreszeiten* deutlich signalisiert. Emotionen auslösende Musik, pathetische Bekenntnis-Dialoge, symbolische Gestik werden in Filme und Theaterstücke aufgenommen, der absichtlich begrenzte Kreis von Avantgarde und Untergrund wird zugunsten eines breiteren Publikums aufgegeben; Aufklärungstendenz und Melodrama, eigene Kreation und der Einfluß von Douglas Sirk laufen z. B. im modellhaften Film *Angst essen Seele auf* oder in den Stücken *Bremer Freiheit* bzw. *Die bitteren Tränen der Petra von Kant* zusammen. Diese neue Tendenz führte im Filmbereich zum Erfolg, während F.s Theaterstücke von der Kritik und vom Publikum eher zurückhal-

tend, wenn nicht gar ablehnend aufgenommen wurden. So drehte F. zwischen 1971 und 1981 über zwanzig Filme, schrieb dagegen nur drei Stücke. Mit der Zeit neigte er allerdings immer mehr, neben den oben erwähnten Melodramen, auch zu Bekenntnisfilmen, in denen er seinen Obsessionen freien Lauf ließ, und schließlich auch zu politischen Filmen, in denen er direkt zu aktuellen Problemen Stellung nahm. Internationalen Erfolg erzielte F. mit dem allseits gelobten Film *Die Ehe der Maria Braun*, in dem der Ausspruch: «Vielleicht lebe ich in einem Land, das so heißt – Wahnsinn» wohl seine kritische Position umreißt.

W.: Dramen, Hörspiele, Drehbücher: Katzelmacher, 1968; Der amerikanische Soldat, 68; Preparadise sorry now, 69; Anarchie in Bayern, 69; Das Kaffeehaus. Nach Goldoni (in: Theater heute 10/69), 69; Die Bettleroper. Nach John Gay, UA 69; Das brennende Dorf. Nach Lope de Vega, UA 69; Werwolf (mit Harry Bär), 70; Bremer Freiheit, 70; Ganz in weiß, 70; Blut am Hals der Katze, 71; Iphigenie auf Tauris von Johann Wolfgang von Goethe, 71; Keiner ist gut, und keiner ist böse, 71; Die bitteren Tränen der Petra von Kant, 71; Der Müll, die Stadt und der Tod, 81; Tropfen auf heiße Steine, UA 85; Die Erde ist unbewohnbar wie der Mond (Drehbuch im Anhang zu: Zwerenz, G.: Die Erde ist unbewohnbar wie der Mond), 86. – *Filme:* Der Stadtstreicher, 65; Das kleine Chaos, 66; Liebe ist kälter als der Tod, 69; Fernes Jamaica, 69; Katzelmacher, 69; Götter der Pest, 69; Warum läuft Herr R. Amok?, 69; Rio das Mortes, 70; Whity, 70; Die Niklashauser Fahrt, 70; Der amerikanische Soldat, 70; Warnung vor einer heiligen Nutte, 70; Pioniere in Ingolstadt, 70; Das Kaffeehaus, 70; Der Händler der vier Jahreszeiten, 71; Die bitteren Tränen der Petra von Kant, 72; Wildwechsel, 72; Acht Stunden sind kein Tag, 72; Bremer Freiheit, 72; Welt am Draht, 73; Angst essen Seele auf, 73 (Buch 78); Martha, 73; Nora Helmer, 73; Fontane Effi Briest, 74; Wie ein Vogel auf dem Draht, 74; Faustrecht der Freiheit, 75; Mutter Küsters' Fahrt zum Himmel, 75; Angst vor der Angst, 75; Ich will doch nur, daß ihr mich liebt, 76; Chinesisches Roulett, 76; Satansbraten, 76; Frauen in New York, 77; Bollwieser, 77; Deutschland im Herbst, 78; Eine Reise ins Licht, 78; In einem Jahr mit 13 Monden, 78; Die Ehe der Maria Braun, 78; Die dritte Generation, 79; Berlin Alexanderplatz, 80 (Filmbuch 80); Lili Marleen, 81; Lola, 81; Theater in Trance, 81; Die Sehnsucht der Veronika Voss, 82; Querelle, 82 (Filmbuch 82). –

Essays: Das bißchen Realität, das ich brauche. Wie Filme entstehen (mit H. G. Pflaum), 76; Filme befreien den Kopf, 84; Die Anarchie der Phantasie, 86. – *Sammel- und Werkausgaben:* Antiteater. Katzelmacher. Preparadise sorry now. Die Bettleroper, 70; Antiteater 2. Kaffeehaus. Bremer Freiheit. Blut am Hals der Katze, 72; Stücke 3. Die bitteren Tränen der Petra von Kant. Das brennende Dorf. Der Müll, die Stadt und der Tod, 76; Katzelmacher. Preparadise sorry now, 82; Bremer Freiheit. Blut am Hals der Katze, 83; Die bitteren Tränen der Petra von Kant. Der Müll, die Stadt und der Tod, 84; Anarchie in Bayern und andere Stücke, 85; Katzelmacher und andere Stücke, 85; Antiteater. Fünf Stücke nach Stücken, 86; Die Kinofilme 1 und 2, 87. – *Schallplatten:* Antiteater's Greatest Hits, 73.

Fechter, Paul, *14. 9. 1880 Elbing, †9. 1. 1958 Berlin.

Journalist, Literaturhistoriker, Schriftsteller. Studium der Architektur, Natur- und Geisteswissenschaften, 1906 Promotion über *Die Grundlagen der Realdialektik.* Ab 1906 kulturpolitischer Redakteur der «Dresdner Neuesten Nachrichten», 1911–15 der «Vossischen Zeitung», 1918–33 und 1939–45 Feuilletonchef der «Deutschen Allgemeinen Zeitung», 1933–39 Herausgabe der Wochenschrift «Deutsche Zukunft» (zusammen mit F. Klein). 1933–42 Mitherausgeber der «Deutschen Rundschau». Mit seinen Theaterkritiken hat F. das Berliner Theaterleben mitbestimmt und gehört in den Kreis von Polgar, Ihering, Jacobsohn und Kerr. 1932 erschien die Literaturgeschichte *Dichtung der Deutschen*; 1940 umgeschrieben und an die Richtung völkischer Literaturbetrachtung angepaßt. 1952 nochmals in völliger Neufassung aufgelegt, hat das Buch vielfach Kritik erfahren. Die Romane und Erzählungen sind vorwiegend seiner Wahlheimat Berlin und seinem Geburtsland Ostpreußen verpflichtet.

W.: Romane, Erzählungen: Die Kletterstange, 1924; Der Ruck im Fahrstuhl, 26; Die Rückkehr zur Natur, 29; Das wartende Land, 31; Die Fahrt nach der Ahnfrau, 35; Die Gärten des Lebens, 39; Der Herr Ober, 40; Alle Macht der Frauen, 50. – *Dramen:* Der Zauberer Gottes, 40; Die zweite Hochzeit, 41. – *Essays, wissenschaftliche Abhandlungen, Memoiren:* Der Expressionismus, 14; Frank Wedekind, 20; Das graphische Werk Pechsteins, 21;

Die Tragödie der Architektur, 21; Gerhart Hauptmann, 22; Deutsche Dichtung der Gegenwart, 29; Dichtung der Deutschen, 32 (Neufassung: Geschichte der dt. Literatur, 40; Neufassung 52); Agnes Miegel, 33; Moeller van den Bruck, 34; Sechs Wochen Deutschland, 36; Die deutsche Literatur vom Naturalismus bis zur Literatur des Unwirklichen, 38; Menschen und Zeiten, 48; An der Wende der Zeit, 49; Zwischen Haff und Weichsel, 54; Das europäische Drama, 3 Bde, 56–58; Ernst Barlach, 57.

Feder, Fritz → Soyfer, Jura

Federer, Heinrich, *7. 10. 1866 Brienz (Kanton Bern), †29. 4. 1928 Zürich.

F., Sohn eines Musikers, Malers und Bildhauers, wuchs in Sachseln auf; schon als Kind litt er an Asthma und verbrachte den größten Teil seiner Kindheit und Jugend auf dem Krankenlager. Er besuchte das Benediktinergymnasium in Sarnen, studierte anschließend katholische Theologie in Eichstädt, Luzern, Freiburg i. Br. und St. Gallen; 1893 wurde er zum Priester geweiht und verwaltete dann sieben Jahre lang die Kaplanei Jouschwil/Toggenburg; 1900 mußte er wegen anhaltenden Kränkelns das Seelsorgeamt aufgeben und wurde Redakteur der «Neuen Zürcher Nachrichten». 1907 gab er diese Tätigkeit auf und lebte von da an als freier Schriftsteller in Zürich, von wo aus er mehrere Wanderungen nach Italien unternahm.

F. zählt wohl zu den markantesten der katholischen Schriftsteller der Schweiz. Seine frühen Werke sind volkstümliche, unterhaltsame Bergromane. Danach schilderte er mit tiefer, heiterer Frömmigkeit und zugleich mit schalkhaftem Humor die schweizerische Bergbauernwelt in Werken, die der religiösen Heimatkunst sehr nahestehen. Dabei bleiben seine Werke von den Problemen und geistigen Bewegungen der Zeit unberührt. F. schildert die Welt vom grünen Schweizerdorf aus, zeigt Größe und Schwäche menschlichen Seins und Tuns in einem isolierten, fest umschlossenen Raum, in einer zeitlosen, künstlich geschaffenen Welt. Literarisch bedeutender sind allerdings die an C. F. Meyer erinnernden, dramatisch zugespitzten italienisch-historischen Novellen, die F. gegen Ende seines Lebens schrieb.

W.: Romane, Erzählungen: Berge und Menschen, 1911; Lachweiler Geschichten, 11; Pilatus, 11; Jungfer Therese, 13; Sisto und Sesto, 13; Das letzte Stündlein des Papstes, 14; Unser Herrgott und der Schweizer, 15; Patria!, 16; Eine Nacht in den Abruzzen, 16; Mätteliseppi, 16; In Franzens Poetenstube, 18; Gebt mir meine Wildnis wieder, 18; Der Fürchtemacher, 19; Das Wunder in Holzschuhen, 19; Spitzbube über Spitzbube, 21; Felix Xylanders Leidenschaft, 22; Papst und Kaiser im Dorf, 24; Wander- und Wundergeschichten aus dem Süden, 24; Regina Lob, 25; Das deutscheste ABC, 26; Der heilige Habenichts, 26; Unter südlichen Sonnen und Menschen, 26; Das Lächeln des heiligen Franz von Assisi, 27; Und hat ein Blümlin bracht, 27; Umbrische Reisegeschichte, 32; Lob der Heimat, 51; Lieber leben als schreiben, 53; Vater unser, der du bist im Himmel, 55; Das Wunder von Bolsena, 58; Südliche Weihnacht, 78. – *Lyrik:* Ich lösche das Licht, 30. – *Essays, Biographien, Erinnerungen, Briefe:* Der heilige Franz von Assisi, 08; Am Fenster, 27; Meine Erzähler, 28; Aus jungen Tagen, 28; Niklaus von der Flüe, 28; Von Heiligen, Räubern und von der Gerechtigkeit, 29; Die große deutsche Orgel, 43; Franz von Sales, 43; Durchs heißeste Italien, 53; Federer-Briefe, 63; Literarische Studien, 66; Weise Dichterworte, 69. – *Sammel- u. Werkausgaben:* Geschichten aus der Urschweiz, 32; Gesammelte Werke, 12 Bde, 41–54; Gedichte. Ausw., 49; Aus seinem Leben und Werk, 66; Gerechtigkeit muß anders kommen, 81; Durch Zeit und Welt. Journalistische Beiträge zum Zeitgeschehen, 90.

Federmann, Reinhard (Pseud. Randolph Mills), *12.2.1923 Wien, †29.1.1976 ebd.

F. schrieb Kriminal- und Abenteuerromane, oft in Zusammenarbeit mit M. Dor, mit dem er auch Übersetzungen und Anthologien veröffentlichte. Mehrere Romane und Stücke haben Themen aus der österreichischen Geschichte zum Gegenstand: die Jahre 1848 bzw. 1938, den Widerstand gegen den Faschismus, das Wiedererstehen der 2. Republik. F.s satirische Intentionen verbleiben im Moralisch-Allgemeinmenschlichen.

W.: Prosa: Die Straße nach El Silencio, 1950; Es kann nicht ganz gelogen sein, 51; Napoleon war ein kleiner Mann, 57; Das Himmelreich der Lügner, 59; Der schielende Engel, 63; Herr Felix Austria und seine Wohltäter, 70; Die Chi-

nesen kommen, 72; Barrikaden, 73; Chronik einer Nacht, 88. – *Prosa* (zusammen mit M. Dor): Internationale Zone, 53; Der unterirdische Strom, 53; Und einer folgt dem andern, 53; Romeo und Julia in Wien, 54; Othello von Salerno, 56; Die Abenteuer des Herrn Rafaeljan, 63; (gemeinsames Pseud.: Dormann, Alexander:) Die Frau auf dem Medaillon, 59. – *Übersetzungen:* I. Babel: Petersburg 1918 (mit M. Dor), 77; I. Babel: Exemplarische Erzählungen (mit M. Dor), 85. – *Herausgebertätigkeit:* (zusammen mit M. Dor): Das Gesicht unseres Jahrhunderts, 60; Gemordete Literatur, 63; Tausend Jahre Liebe, 64; Der politische Witz, 64; Der galante Witz, 66; Der groteske Witz, 68; Graf Bobby, 71. – Herausgeber der Zeitschrift «Die Pestsäule», 1972–75 (in Nr. 15, S. 191 ff: vollständige Bibliographie).

Federspiel, Jürg, *28.6.1931 Zürich.

F. wuchs in Davos auf und lebte später meist in Basel. Er war Journalist und Filmkritiker, schrieb dann Hörspiele und Features; 1961 veröffentlichte er die acht Erzählungen *Orangen und Tode*: meist auf bestimmte Lebensaugenblicke konzentriert, dem Wechselspiel von Tod und Überleben in bildhafter, aber auch nüchterner, lapidarer Sprache nachgehend. Vielfach kritisiert wurde F.s Roman *Massaker im Mond*, die bewußt diffus gehaltene Geschichte Anjas und ihrer Ehen. F.s spätere Erzählungen geben verschlüsselte Zeitkritik, verzichten in der Handlungsführung z. T. auf Lösung oder Aufklärung. *Museum des Hasses*, eine literarische Abrechnung mit New York, prägt in verschiedenartigen Formen F.s eigenen Erzählstil als Mischung aus Fiktion und Report. Die Motive späterer Werke sind darin vorweggenommen. Mehrere Preise, u. a. Preis der Schweizerischen Schillerstiftung und Literaturpreis der Stadt Zürich. Literaturpreise der Städte Zürich und Basel.

W.: Prosa: Orangen und Tode, 1961; Massaker im Mond, 63; Der Mann, der Glück brachte, 66; Ein Museum des Hasses, Tage in Manhattan, 69; Die Märchentante, 71; Paratuga kehrt zurück, 73; Die beste Stadt für Blinde und andere Berichte, 80; Das Gericht (mit R. Keller), o. J.; Die Ballade von der Typhoid Mary, 81; Die Liebe ist eine Himmelsmacht, 85; Geographie der Lust, 89. – *Dramen:* Gespräch über die Hunde von Saloniki, 69; Brüderlichkeit, 77. – *Lyrik:* Marco Polos Koffer (mit Rainer Brambach), 68; Wahn und Müll, Berichte und

Gedichte, 83; Kilroy. Stimmen aus der Subway, 88. – *Essays:* Träume aus Plastik, 72; P. S. Anmerkungen zur Zeit [mit P. Bichsel u. a.], 81. – *Sammelausgaben:* In den Wäldern des Herzens, 73; Orangen vor ihrem Fenster, 77.

Felde, Joachim → Köppen, Edlef

Fels, Ludwig, *27. 11. 1946 Treuchtlingen.
F. besuchte dort die Grund- und Berufsschule und absolvierte eine Malerlehre. Er arbeitete später als Hilfsarbeiter und lebt seit 1973 als freier Schriftsteller; 1979 Leonce-und-Lena-Preis, 1983 H.-Fallada-Preis, 1985 Stadtschreiber von Bergen-Enkheim, 1986/87 Stipendiat der Villa Massimo, 1989 Fördergabe zum Schillerpreis des Landes Baden-Württemberg (mit Rainald Goetz). F. sieht sich nicht als «Arbeiterdichter». Sein Bewußtsein ist am ehesten noch das der Subkultur und des sozial Deklassierten, der von ihm vertretene Erlebnisrealismus endet nicht selten in Trauer und Resignation. So versucht Georg Bleistein in *Ein Unding der Liebe* zwar schließlich, sich der erdrückenden Fürsorge seiner weiblichen Verwandtschaft zu entziehen, nachdem er jahrelang als Kompensation für die versagte mündige Selbständigkeit nur maßlose Freßlust gesehen hat. Aber seine Versuche eingreifenden Handelns gehen von einer phantasierten Realität aus und scheitern an der Wirklichkeit der Menschen und Verhältnisse. Es scheitern auch die Bemühungen des Arbeiters in *Rosen für Afrika*, der seinen Lebenstraum weder in der Ehe noch in der Freundschaft mit einem Arbeitskollegen verwirklichen kann.

W.: Lyrik: Anläufe, 1973; Ernüchterung, 75; Alles geht weiter, 77; Ich war nicht in Amerika, 78; Der Anfang der Vergangenheit, 84; Blaue Allee, versprengte Tataren, 88. – *Dramen, Hör- und Fernsehspiele (ungedruckt):* Kaputt oder Ein Hörstück aus Scherben (Hsp.), 73; Die bodenlose Freiheit des Tobias Vierklee oder Stadtrundgang (Hsp.), 74; Lehm (Hsp.), 75; Der Typ (Hsp.), 77; Wundschock (Hsp.), 79; Vor Schloß und Riegel (Hsp.), 80; Mary (Hsp.), 80; Lämmermann, 83 (als Hsp. 85); Frau Zarik (Hsp.), 84; Heldenleben (Hsp.), 85; Der Affenmörder, 85; Lieblieb (in: Theater heute 6/86), 86; Ich küsse Ihren Hund, Madame (Hsp.), 87; Ein Unding der Liebe

(Fsp.), 88. – *Prosa:* Platzangst, 74; Die Sünden der Armut, 75; Mein Land, 78; Ein Unding der Liebe, 81; Kanakenfauna, 82; Betonmärchen, 83; Die Eroberung der Liebe, 85; Rosen für Afrika, 87. – *Sammelausgaben:* Ich bau aus der Schreibmaschine eine Axt, 80; Vom Gesang der Bäuche. Ausgewählte Gedichte 1973 bis 1980, 80.

Ferdinand, Charles → Schnack, Friedrich

Fernau, Joachim, *11. 9. 1909 Bromberg/Westpreußen, †24. 11. 1988 München.
F. besuchte in Hirschberg/Schlesien ein humanistisches Gymnasium, studierte ohne Abschluß in Berlin und arbeitete als Journalist. 1939–45 war er Soldat und Kriegsberichterstatter; nach dem Krieg war F. kurze Zeit Chefredakteur in Stuttgart, seither lebt er als freier Schriftsteller. Seit 1952 schrieb er Bücher. Schwerpunkt sind historische Themen, die in unterhaltender Form behandelt werden; kennzeichnend für seinen Stil ist eine «saloppe» Sprache, die Begriffe und Wendungen aus unserer Zeit auf Geschehnisse bezieht, die oftmals 2000 Jahre zurückliegen, wie in *Rosen für Apoll*, der Darstellung der Geschichte der alten Griechen. F. ist Autor zahlreicher Bestseller, zusammen haben seine Bücher eine Auflage von ca. 2 Millionen Exemplaren erreicht. – Neben seiner schriftstellerischen Tätigkeit arbeitete F. auch als Maler.

W.: Prosa: Deutschland, Deutschland über alles ... Von Arminius bis Adenauer, 1952; Abschied von Genies. Die Genies der Deutschen und die Welt von Morgen, 53; Hauptmann Pax, 53; Und sie schämeten sich nicht, 58; Die jungen Männer, 60; Rosen für Apoll. Die Geschichte der Griechen, 62; Weinsberg oder die Kunst der stacheligen Liebe, 63; Disteln für Hagen, 66; Der Gottesbeweis, 67; Wie es euch gefällt, 70; Brötchenarbeit, 70; Cäsar läßt grüben, 71; Ein Frühling in Florenz, 73; Die treue Dakerin, 74; Ein wunderbares Leben, 75; Ernst und Schabernack, 76; Halleluja – Geschichte der USA, 77; Die Gretchenfrage, 79; Sprechen wir über Preußen, 81; Komm nach Wien, ich zeig dir was, 81; War es schön in Marienbad, 82; Guten Abend, Herr Fernau, 84; Sappho, 86. – *Lyrik:* Suite Nr. 1, 52; Mein dummes Herz, 80. – *Sammel- und Werkausgaben:* Fernau läßt grüßen, 4 Bde, 88; Herztöne. Ein Lesebuch für Freunde, 89.

Feuchtwanger, Lion (Jacob Arje; Pseud. J. L. Wetcheek), *7.7.1884 München, †21.12.1958 Los Angeles.

Nach einem vielseitigen Studium in München und Berlin schrieb F. für S. Jacobsohns «Schaubühne» Theaterkritiken und gründete 1908 die Kulturzeitschrift «Der Spiegel». Im 1. Weltkrieg in Tunis interniert, gelang ihm die Flucht, er wurde vom Militärdienst suspendiert und nahm dann an der Novemberrevolution teil. Von München ging er 1927 nach Berlin. Bei einer Vortragsreise durch die USA wurde er von der nationalsozialistischen Machtübernahme überrascht, lebte 1933–40 in Sanary-sur-Mer (Südfrankreich) und besuchte 1937 die Sowjetunion. 1940 wurde er in einem französischen Lager interniert, floh und gelangte über Portugal in die USA. Bis zu seinem Tode lebte er in Pacific Palisades (Kalifornien).

mit seinem Dialogroman *Thomas Wendt* regte er Brecht zur Theorie des epischen Theaters an. In den historischen Romanen *Die häßliche Herzogin* (über das Schicksal Margaretes von Tirol im 14. Jh., die nach dem Scheitern ihrer politischen Pläne, durch ihre Häßlichkeit vereinsamt, einer pathologischen Freßsucht verfällt) und *Jud Süß* (über den Finanzrat und Politiker Josef Süß Oppenheimer in Württemberg zu Beginn des 18. Jhs., der einer antisemitischen Massenpsychose zum Opfer fällt) aktualisierte F. geschichtliche Ereignisse und Personen und interpretierte Charakterfunktionen auf Grund ihrer Triebdominante. Ein Zyklus aus dem Zeitgeschehen ist *Der Wartesaal*, deren erster Teil, *Erfolg*, die satirische Chronik des Novemberputsches, das provinziell-kleinbürgerliche Milieu analysiert, aus dem das Dritte Reich erwachsen ist. Mit der Verfolgung und der Vertreibung (*Die Geschwister Oppenheim*, *Exil*) fand die Trilogie ihren logischen Abschluß. Wie F. hier in der Person des Chronisten sein kritisches Urteil in die Handlung einbezieht und die Vorgänge durchreflektiert, so läßt er in der *Josephus-Trilogie* den jüdischen Geschichtsschreiber Flavius Josephus den Leidensweg seines Volkes von 70 n. Chr. bis zur Verfolgung unter Domitian als Augenzeuge und Märtyrer miterleben. Die dramaturgische Verfremdung der Geschichtsvorlage zum aktuellen Lehrstoff hat Brecht seit der Zusammenarbeit mit F. an *Leben Eduards II.* theoretisch ausgebaut, während F. der epischen Dialektik treu blieb. Das Thema seines Romans *Simone* (eine neue Jeanne d'Arc als Verkörperung der Résistance) lieferte Brecht den Vorentwurf zu dem Stück *Die Geschichte der Simone Machard*. Mit abnehmendem Fabuliertalent siegte bei F. die theoretische Konzeption, die These über die Erfindung. In *Goya oder Der arge Weg der Erkenntnis*, seinem größten Erfolg in Amerika, stellte er den Konflikt zwischen Künstlerehrgeiz und Machtwahn dar, in *Spanische Ballade* verarbeitete er einen bereits von Lope de Vega und Grillparzer dramatisierten Stoff: die Geschichte der *Jüdin von Toledo*.

W.: *Romane, Erzählungen:* Die Einsamen, 1903; Der tönerne Gott, 11; Thomas Wendt, 19; Die häßliche Herzogin Margarete Maultasch, 23; Jud Süß, 25; Der Wartesaal: Erfolg, 30; Die Geschwister Oppenheim (später: Oppermann), 33; Exil, 39; Josephus-Trilogie: Der jüdische Krieg, 32, Die Söhne, 35, Der Tag wird kommen, 45; Marianne in Indien, 34; Der falsche Nero, 36; Simone, 44; Die Brüder Lautensack, 45; Venedig–Texas, 46; Waffen für Amerika, 2 Bde. 47/48 (auch als: Die Füchse im Weinberg, 50); Odysseus und die Schweine, 50; Goya oder der arge Weg der Erkenntnis, 51; Narrenweisheit oder Tod und Verklärung des Jean-Jacques Rousseau, 52; Spanische Ballade, 55 (auch als: Die Jüdin von Toledo); Jefta und seine Tochter, 57. – *Dramen:* Kleine Dramen, 2 Bde, 1905/06; Der Fetisch, 07; Julia Farnese, 15; Warren Hastings, 16; Die Kriegsgefangenen, 19; Der Amerikaner oder Die entzauberte Stadt, 21; Der holländische Kaufmann, 23; Leben Eduards II., 24 (nach Marlowe, mit Brecht); Angelsächsische Trilogie, 27; Die Petroleuminseln, Kalkutta, 4. Mai (spätere Fassung von: Warren Hastings), Wird Hill amnestiert?, 27; Wahn oder der Teufel von Boston, 48; Die Witwe Capet, 56. – *Lyrik:* Pep. J. L. Wetcheeks amerikanisches Liederbuch, 57. – *Autobiographisches, Prosa:* Moskau, 37; Unholdes Frankreich, 42 (auch als: Der Teufel in Frankreich); Ja – Das Ganze nochmal, 84; (mit A. Zweig) Briefwechsel 1933–1958, 2 Bde, 84. – *Essays:* Heines ‹Rabbi von Bacherach›, 07; Die Aufgabe des Judentums (mit A. Zweig), 33; Centum Opuscula (Auswahl), 56; Das Haus der Desdemona oder Größe und Grenzen der historischen Dichtung,

61. – *Werkausgaben:* Gesammelte Werke, 11 Bde, 1933–48; Odysseus und die Schweine und zwölf andere Erzählungen, 50; Panzerkreuzer Potemkin und andere Erzählungen, 54; Gesammelte Werke, 20 Bde, 59 ff.

Fichte, Hubert, *21.3.1935 Perleberg (Brandenburg), †8.3.1986 Hamburg.

F. wuchs bei seiner Mutter in Hamburg auf, kam 1941 in ein katholisches Waisenhaus in Oberbayern. Seit 1946 Kinderdarsteller am Deutschen Schauspielhaus in Hamburg. Ab 1953 in der Landwirtschaft tätig, u. a. in Schweden und in der Provence. Seit 1962 als freier Schriftsteller in Hamburg. Für den Erzählband *Der Aufbruch nach Turku* Julius-Campe-Stipendium, Hermann-Hesse-Preis für *Das Waisenhaus*, 1967–68 Stipendium der Villa Massimo, seitdem Reisen nach Süd- und Lateinamerika und Afrika. 1975 Fontane-Preis, 1979/80 Lehraufträge an den Univ.en Bremen und Klagenfurt, 1985 Alexander-Zinn-Preis Hamburg.

Allen Büchern F.s ist gemeinsam ihre dokumentarische Überprüfbarkeit und politische Genauigkeit in der Darstellung von Existenzformen am Rande der Gesellschaft. In seinem ersten Roman *Das Waisenhaus* wird der Terror und die Angst unter dem Nationalsozialismus aus dem Bewußtsein eines Kindes erzählt, das als protestantisch erzogener Sohn eines Juden in einem katholischen Waisenhaus isoliert ist. *Die Palette* entwirft die Gegenwelt der Jugend in den 60er Jahren zur Zeit des materiellen Wiederaufbaus. In F.s drittem Roman *Detlevs Imitationen ‹Grünspan›* wird das dialogische Element immer stärker, wobei die eine Figur der Doppelperson Detlev und Jäcki mit Hilfe von Studien und Gesprächen ihrer eigenen Vorgeschichte habhaft werden will. In *Wolli Indienfahrer* ist das diskursive Erzählen ganz in den Dialog, ins Interview aufgelöst worden, wobei die Interviewpartner, die alle aus dem Hamburger Reeperbahn-Milieu stammen, nicht ausgefragt, sondern eindringlich angehalten werden, darüber nachzudenken, was sie in dieses fremde Leben brachte. Der Roman *Versuch über die Pubertät* ist ebenso das persönlichste Buch F.s wie, formal gesehen, die Erwei-

terung zum Essay. In einer faszinierenden Mischung von Erzählelementen verhält sich der Autor sich selbst gegenüber wie ein Ethnologe, der über sich selbst Klarheit haben will und dazu rücksichtslos die eigene Geschichte aufdeckt wie auch sich in sehr fernen Weltgegenden ausbreitet. Mit *Xango* verläßt F. den traditionellen Rahmen abendländischen Erzählens. Was sich am Anfang angedeutet hat, wird nun sein Thema: der Synkretismus, die Mischkulturen. An Hand der Riten der afro-amerikanischen Religionen in Bahia, Haiti und Trinidad erzählt und analysiert F. zugleich uns und Afrika bzw. Lateinamerika. Und dies, indem er in der Mischform des Interviews, des Zitats, der Beschreibung, der Benennung und der poetischen Übersteigerung von Religion, gesellschaftlichem Verhalten, Sexualität und sich selbst erzählt. 1987 beginnt mit *Hotel Garni* F.s großangelegter, auf 19 Bände konzipierter ‹roman fleuve› *Die Geschichte der Empfindlichkeit* zu erscheinen. Über 10 Jahre hat F. an diesem Werk gearbeitet, das er erst nach Fertigstellung aller Teile erscheinen lassen wollte.

W.: Prosa: Der Aufbruch nach Turku, 1963; Das Waisenhaus, 65, 77; Die Palette, 68 und 78; Detlevs Imitationen ‹Grünspan› 71, 79; Interviews aus dem Palais d'Amour, 73 (erweiterte Fassung unter dem Titel Wolli Indienfahrer, 78); Versuch über die Pubertät, 74, 79; Xango. Die afro-amerikanischen Religionen. Bahia, Haiti, Trinidad (mit Leonore Mau), 76; Petersilie. Die afro-amerikanischen Religionen. Santo Domingo, Venezuela, Miami, Grenada (mit L. Mau), 80; Psyche. Anmerkungen zur Psychiatrie in Senegal, 80; Genet, 81; Dichter mit Umgebung. Leonore Mai portraitiert, 81; Zwei Autos für den heiligen Pedro Claver, 82; Deiner Umarmung süße Sehnsucht. Intime Schriften des Grafen August von Platen-Hallermünde, 85; Lazarus und die Waschmaschine. Kleine Einführung in die Afro-amerikanische Kultur, 85; Chatterton & Chatterton. Über Jahnn und Penzoldt, 86; Die Geschichte der Empfindlichkeit, 17 Bde, 87 ff (bisher erschienen: 1: Hotel garni, 87; 2: Die Kleine Hauptbahnhof oder Lob des Strichs, 88; 4: Eine Glückliche Liebe, 88; 6: Der Platz der Gehenkten, 89; 15: Forschungsbericht, 89; Paralipomena, Bd I, 1: Homosexualität und Literatur. Polemiken, 1. Tl, 87; I, 2: Homosexualität und Literatur. Polemiken, 2. Tl, 88; Bd II: Das Haus der Mina in Sao Luis de Maranháo,

89; Bd IV: Schulfunk, Hörspiele, 88). – *Herausgebertätigkeit:* Mein Lesebuch, 76. – *Theater:* Hans Eppendorfer, der Ledermann, spricht mit Hubert Fichte, 76; Agrippina und Ibrahim Bassa, 79.

Fiedeler, Hans → Döblin, Alfred

Finck, Werner (Walter Richard),
*2.5.1902 Görlitz, †31.7.1978 München
F., Sohn eines Apothekers, besuchte nach dem Gymnasium die Kunstschule in Dresden. Zeitweise als Zeitungsvolontär tätig, trat der in der Jugendbewegung aktive F. längere Zeit als Vortragender von Märchen und Mitglied reisender Theatergesellschaften auf. 1925–28 als Schauspieler in Bunzlau und Darmstadt engagiert, kam er anschließend nach Berlin, wo er Verbindung zum Kabarett aufnahm. Er gründete selbst das Kabarett «Die Katakombe», das er bis zum Verbot 1935 leitete. Er wurde festgenommen und längere Zeit im KZ Esterwegen inhaftiert. Nach seiner Freilassung bewahrte ihn vor erneuter Verhaftung die Meldung als Kriegsfreiwilliger. F. war bis Kriegsende Soldat, zwischenzeitlich aus politischen Gründen erneut in Untersuchungshaft. Nach Kriegsende gründete F. das Kabarett «Die Mausefalle» in Stuttgart und Hamburg, war Herausgeber einer satirischen Wochenschrift, Mitarbeiter beim NWDR und arbeitete als Schauspieler für Theater, Film und Fernsehen. Erfolgreich trat er mit Soloprogrammen im In- und Ausland auf. Seit 1956 lebte er in München. 1958 erhielt er den «Kabarettistenring» als bester Kabarettist.
Seine unvollendeten Sätze, die ihre Pointe in der Schwebe ließen und das Publikum zur produktiven Mitarbeit aufforderten, machten seine Texte, deren ganzer Reiz sich erst beim Vortrag entfaltet, während der Zeit der nationalsozialistischen Diktatur zu Widerstandsliteratur. Der immer gegen Dummheit und Militarismus, für Aufklärung und Menschlichkeit kämpfende F. verstand es auch in seinen literarischen Werken, so dem erfolgreichen autobiographischen Band *Alter Narr, was nun?*, die von ihm bekämpften Zeiterscheinungen zu entlarven und bloßzustellen.

W.: Romane, Erzählungen, Texte: Das Kautschbrevier, 1938; Aus der Schublade, 48; Was jeder hören kann, 48; Finckenschläge, 53; Wortschritte, 65; Werner Finck in Amerika, 66; Zwischen den «Stühlen», 73; Zwischendurch, 75; Heiter, auf verlorenem Posten, 77; Stich-Worte, 82. – *Dramen:* Ein Mann kommt in die Stadt (frei nach Kotzebue), 37; Orpheus in der Unterwelt. Eine Parodie (mit W. Meissner-Ruland), 49. – *Lyrik:* Neue Herzlichkeit, 31. – *Essays, autobiographische Schriften:* Witz als Schicksal – Schicksal als Witz, 66; Alter Narr – was nun?, 72; Der brave Soldat Finck, 75. – *Übersetzung:* Sacha Guitry: Die Straße der Liebe (mit Albert Stenzel), 38. – *Herausgebertätigkeit:* Kavaliere, Käuze, Kerle, 47. – *Schallplatten:* Werner Finck spricht: Werner Finck, 59; Phantasie in Doll und andere Finckenschläge, 60; Der ausgebildete Kranke, 60; Am besten nichts Neues, 67; Bewältigte Befangenheit, o.J.; Der brave Soldat schweigt, o.J.; Sire, geben Sie Gedanken ..., o.J.; Gedichte, o.J.; USA, USA – usw. usw., o.J. – *Sammel- und Werkausgaben:* Das große Werner-Finck-Buch, 85.

Fink, Georg (d.i. Kurt Münzer),
*18.6.1879 Gleiwitz, †27.4.1944 Zürich.
F. studierte Philosophie und Medizin in Berlin und Zürich und war einer der Massenautoren der Weimarer Republik. Als Zeitdokument noch heute lesenswert ist sein Roman eines Berliner Proletarierkindes *Mich hungert.* 1933 wurden F.s Bücher verboten; er selbst emigrierte in die Schweiz.

W.: Romane, Erzählungen: Der Weg nach Zion, 1907; Abenteuer der Seele, 08; Schweigende Bettler, 09; Der Strandläufer, 10; Kinder der Stadt, 11; Casanovas letzte Liebe, 13; Mein erster Hund, 13; Die Rosentreppe, 15; Der graue Tod, 15; Seelchen, 16; Zwischen zwei Welten, 16; Menschen von gestern, 16; Die Heimkehr des Tobias Hug, 17; Die verlorene Mutter, 17; Verirrte Bürger, 18; Die Herzogin von Imola, 19; Der Ladenprinz oder Das Mädchen vom Kommis, 19; Phantom, 19; Namenlos, 20; Götterliebling, 21; Leidenschaft, 21; Die tödliche Sehnsucht, 21; Das Tier ist stumm, 21; Sturm und Sterne, 22; Das Requiem, 22; Venezianische und andere Novellen, 22; Der Mann ohne Seele, 22; Labyrinth des Herzens, 22; Der weiße Knabe, 22; Das entfesselte Jenseits, 22; Dichter und Bürger, 22; Das kalte Herz, 22; Esther Berg, 23;

Mamuschka, 23; Salon Rausch, 28; Jude ans Kreuz, 28; Am Flügel: Prinz Scott, 29; Der Umweg zur Tugend oder Das Geheimnis der Perle, 29; Mich hungert, 29; Wirrwarr der Liebe, 30; Hast du dich verlaufen?, 30; Schmerzenskinder, 37; Mutter und Sohn, 38. – *Essays:* Die Kunst des Künstlers, 05; Der gefühlvolle Baedeker, 11; Der Wert des Lebens, 15; Unter Weges, 21. – *Drama:* Ruhm, 10. – *Lyrik:* Taten und Kränze, 14; Der liebende Mann, 17.

Fischer, Emil → Vischer, Melchior

Fischer, Ernst (Pseud. Peter Wieden, Pierre Vidal), *3. 7. 1899 Komotau (Tschechoslowakei), †31. 7. 1972 Deutschfeistritz (Steiermark).
Der Offizierssohn F. entwickelte sich unter dem Eindruck des 1. Weltkriegs und des revolutionären Umbruchs von 1918 zum typischen Linksintellektuellen der 20er Jahre. Um sein Philosophiestudium zu finanzieren, arbeitete F. als Hilfsarbeiter, in der Folge als Redakteur des sozialdemokratischen «Arbeiterwillen» in Graz, von dem er 1927 zur Wiener «Arbeiter-Zeitung» wechselte. – Neben seiner journalistischen Tätigkeit schrieb F. Gedichte und politische Theaterstücke (*Der ewige Rebell*, 1926; *Lenin*, 1928). *Das Schwert des Attila* wurde bereits 1923 am Burgtheater aufgeführt. – Seit 1933 einer der Organisatoren der Linksopposition in der Sozialdemokratie, trat F. nach dem Sieg des Austrofaschismus im Februar 1934 der KPÖ bei und wurde Mitglied des Zentralkomitees. Als Mitarbeiter der Komintern lebte F. teils in der Sowjetunion, teils in Prag oder im Untergrund in Österreich, ab April 1938 ständig in Moskau, wo er während des Hitlerkriegs Rundfunkkommentare verfaßte. Im April 1945 kehrte F., nunmehr einer der führenden kommunistischen Politiker Österreichs, nach Wien zurück, wurde in der Provisorischen Regierung Staatssekretär für Unterricht und war Chefredakteur der «Neuen Österreich». Seine bei der Kafkakonferenz 1963 vorgetragenen Thesen machten F. zu einem wichtigen Gesprächspartner der kritischen Intelligenz in der Tschechoslowakei. Aus der KPÖ wurde F. 1969 wegen der erbitterten Kritik am «Panzerkommunismus» (eine Formulierung F.s), der

dem «Sozialismus mit menschlichem Antlitz» gewaltsam ein Ende mache, ausgeschlossen.
F. war ein vielseitiger Literat, bedeutend vor allem als Essayist und Lyriker. Ein Bewunderer von Karl Kraus und Georg Lukács, verstand er es, marxistische Ästhetik und Literaturtheorie einprägsam und verständlich zu formulieren. Weniger gelungen sind F.s politische Dramen, von den frühen, dem Expressionismus verpflichteten, bis zu seinem – später von ihm selbst abgelehnten – Anti-Titostück *Der große Verrat.*

W.: Romane, Autobiographisches: Prinz Eugen (mit Louise Eisler), 1955; Erinnerungen und Reflexionen, 69; Das Ende einer Illusion, 73. – *Dramen:* Das Schwert des Attila, 23; Der ewige Rebell, 26; Lenin, 28; Der große Verrat, 50; Die Brücken von Breisau, 52. – *Lyrik:* Vogel Sehnsucht, 20; Der Miesmacher. Politische Spottgedichte, 43; Herz und Fahne, 49; Denn wir sind Liebende, 52; Elegien aus dem Nachlaß des Ovid, 63. – *Essays, politische Schriften:* Krise der Jugend, 31; Freiheit und Diktatur, 34; Rise & fall of Austro-marxism, ca. 34; Für oder gegen die Einheitsfront, 36; Der Arbeitermord von Kemerowo, 37; Vernichtet den Trotzkismus, 37; Die neuen Menschenrechte, 37; Changes in bourgeois nationalism, ca. 39; Was ist Sozialismus?, 40; Die faschistische Rassentheorie, 41; Zum Geisteskampf der Gegenwart, 41; From people's front to national front, 42; Adolf Hitler, der Fluch Deutschlands, 43; Über philosophische Grundlagen der deutschen Staatsumwälzung, 43; Die nationale Maske der Hitlerimperialisten, 44; Der österreichische Volkscharakter, 44; Deutschland, ein Wintermärchen [mit H. Heine], ca. 45; Für Freiheit und Vernunft, 45; Nationale Probleme des Jahres 1848 in Österreich, 45; Das Fanal, 46; Das Jahr der Befreiung, 46; Franz Grillparzer, 46; Freiheit und Persönlichkeit, 47; Goethe, der große Humanist, 49; Kunst und Menschheit, 49; Dichtung und Deutung, 53; Von der Notwendigkeit der Kunst, 59; Von Grillparzer zu Kafka, 62; Probleme der jungen Generation, 63; Zeitgeist und Literatur, 64; Kunst und Koexistenz, 66; Auf den Spuren der Wirklichkeit, 68; Was Marx wirklich sagte (mit Franz Marek), 68; Was Lenin wirklich sagte (mit Franz Marek), 69; Überlegungen zur Situation der Kunst, 71; Die Revolution ist anders, 71. – *Übersetzungen:* Charles Baudelaire und Paul Verlaine: Die schwarze Flamme, 47. – *Herausgebertätigkeit:* Nikolaus Lenau: Rebell in dunkler Nacht, 52. – *Sammel- und Werkausgaben:* Werkausgabe, 7 Bde, 84–89.

Fischer, Marie Louise, *28.10.1922
Düsseldorf.

F. studierte Theaterwissenschaft, Germanistik, Psychologie und Kunstgeschichte. Sie wurde bekannt als Autorin zahlreicher Illustrierten-, Unterhaltungs- und Kriminalromane sowie von Jugend- und Sachbüchern, mit denen sie ein Massenpublikum erreicht.
Charakteristisch für F.s «große Familien- und Gegenwartsromane» ist ihre Art, gesellschaftliche Probleme wie z. B. den Abtreibungsparagraphen 218, das Gastarbeiterproblem oder das Terroristenproblem aufzugreifen, sie aber in einer die herrschenden Vorurteile verfestigenden Weise zu behandeln.

W. (Auswahl): Romane: Unruhige Mädchen, 1974; Versuchung in Rom, 74; Küsse nach dem Unterricht, 74; Sowas nennt ihr Liebe, 74; Mit einem Fuß im Himmel, 75; Liebe, ein gefährliches Spiel, 75; Der Frauenarzt, 75; Mädchenwohnheim, 75; Das Herz einer Mutter, 75; Das Schicksal der Lilian H., 75; Diese heiß ersehnten Jahre, 75; Das gefährliche Leben der Monika Berg, 76; Wilde Jugend, 76; Eine Frau mit Referenzen, 76; Irrwege der Liebe, 76; Ein Herz für mich allein, 76; Gisela und der Frauenarzt, 77; Herzen in Aufruhr, 77; Frauenstation, 77; Unreife Herzen, 77; Die Schatten der Vergangenheit, 77; Denn das Herz sucht Liebe, 77; Das Dragonerhaus, 77; Ein Herz vergibt, 78; Die Rivalin, 78; Das Bittere und das Süße, 78; Liebe im Grandhotel, 78; Geliebte Lehrerin, 78; Mit der Liebe spielt man nicht, 78; Kinderärztin Dr. Katja Holm, 79; Die Frauen vom Schloß, 79; Alle Liebe dieser Welt, 79; Eine Frau von 30 Jahren, 79; Nie wieder arm sein, 80; Ehebruch, 80; In zweiter Ehe, 80; Zerfetzte Segel, 80; Die silberne Dose, 80; Mädchen ohne Abitur, 80; Tödliche Sterne, 80; Alles was uns glücklich macht, 80; Flucht aus dem Harem, 81; Jede Nacht in einem anderen Bett, 81; Hasardspiel der Liebe, 81; Frei wie der Wind, 81; Ein Herz voller Tränen, 81; Zu viel Liebe, 81; Dreimal Hochzeit, 82; Das eigene Glück, 82; Liebe an Königshöfen, 82; Frucht der Sünde, 82; Wichtiger als Liebe, 82; Gefährliche Lüge, 82; Geliebter Heiratsschwindler, 83; Frau am Scheideweg, 83; Auf offener Bühne, 83; Der Mann ihrer Träume, 83; Mehr als ein Traum, 83; Glück ist keine Insel, 84; Vergib uns unsere Schuld, 84; Die andere Seite der Liebe, 84; Der Schatten des Anderen, 84; Der Traumtänzer, 85; Plötzlicher Reichtum, 85; Als wäre nichts geschehen, 85; Die Leihmutter, 86; Ein Mädchen wie Angelika, 86; Mit einer weißen Nelke, 86;

Kein Vogel singt um Mitternacht, 86; Millionär mit kleinen Fehlern, 86; Zweimal Himmel und zurück, 87; Das Geheimnis der Greta K., 87; Der Weg zurück, 87; Der japanische Garten, 87; Marie Forester – Die Frau mit dem zweiten Gesicht, 88; Des Herzens unstillbare Sehnsucht, 89; Ich spüre dich in meinem Blut, 89; Im Schatten des Verdachts, 89; Unruhige Nächte, 89. – *Jugendbücher:* Ulrike im Internat, 64; Karin mit der großen Klappe, 68; Klaudia, die Flirtkanone, 70; Wirbel im Internat, 71; Michaela rettet das Klassenfest, 73; Michaela löst eine Verschwörung, 74; Michaela kommt ins Großstadtinternat, 75; Krach im Ferienlager, 75; Es tut sich was im Landschulheim, 78; Gitta, der kleine Star, 78; Abenteuer in Italien, 79; Bleib doch, liebes Hausgespenst, 79; Delia und die weiße Indianerin, 79; Im Internat gibt's keine Ruhe, 84; Daniela und der Klassenschreck, 84; Das unmögliche Mädchen setzt sich durch, 84; Ahoi, liebes Hausgespenst, 91. – *Sachbücher:* Ratgeber für die 2. Lebenshälfte, 78; Kräftig, deftig, aber g'sund. Ein alpenländisches Kochbuch (mit Hans Kernmayer), 79; Auf der Höhe des Lebens, 84. – *Sammel- und Werkausgaben:* Ulrike, 3 Bde, 63–65; Tatort Schauspielhaus. Alte Liebe, 77; Landschulheim, 3 Bde, 77–80; Wichtiger als Liebe/Frauenstation/Ein Herz verzeiht, 86; Freundinnen durch dick und dünn, 86; Schwester Daniela/Mit einer weißen Nelke/Süßes Leben, bitteres Leben, 87; Die Mädchen von der Parkschule, 3 Bde, 87; Klaudia, 88; Die silberne Dose/Die tödlichen Sterne/Zerfetzte Segel, 88; Hausgespenst, 4 Bde, 88–89; Eine Frau in den besten Jahren/Hasardspiel der Liebe/Glück ist keine Insel, 89; Mädchenträume, 89; Michaela, 89. – *Herausgebertätigkeit:* Die schönsten Liebesgeschichten der Welt, 81.

Flaischlen, Cäsar (Pseud. Cäsar Stuart, C. F. Stuart), *12.5.1864 Stuttgart, †16.10.1920 Gundelsheim/Neckar.
Sohn eines Hauptmanns. Buchhandelslehre in Brüssel und Bern, Studium in Berlin, Heidelberg, Leipzig (1889 Dr. phil.). Ab 1890 in Berlin ansässig. 1895–1900 Herausgeber der Luxuszeitschrift «Pan» für Avantgardeliteratur und -kunst. F.s Arbeiten aus jener Zeit gehören zum literarischen Jugendstil. Unter dem Einfluß des Naturalismus schrieb F. Erzählungen und Dramen. Kunstphilosophische Auseinandersetzungen in dem ursprünglich als Drama angelegten, stark autobiographischen Entwicklungsroman *Jost Seyfried*. F. fühlte sich vor allem als Lyriker, als «Poet

des heiteren Glanzes und der reinen Rhythmen». Seine gefühlvollen, eine gewisse Naturfrömmigkeit spiegelnden Gedichte machten ihn zu einem der meistgelesenen Autoren seiner Zeit (um 1900 nannte man ihn den «Beichtvater der gesamten jüngeren Dichtergeneration», neben R. Dehmel und D. v. Liliencron). Er vertrat eine Weltanschauung, die immer das Positive sichtbar machen wollte, die Kritik sah ihn daher oft als «redlichen, gemütvollen Schwaben». Die Sammlung *Von Alltag und Sonne* fand weiteste Verbreitung, ebenso seine schwäbischen Mundartgedichte.

W.: Romane, Prosa: Im Schloß der Zeit, 1894; Professor Hardmuth. Flügelmüde, 97; Aus den Lehr- und Wanderjahren des Lebens. Ges. Gedichte, Briefe und Tagebuchblätter 1884–99, 99; Mönchguter Skizzenbuch, 1902; Jost Seyfried, 05; Gedenkbuch, 14; Heimat und Welt (Auswahl Vers und Prosa), 16; Rede für ein kleines Mädchen, 20. – *Dramen:* Graf Lothar, 1886; Toni Stürmer, 91; Martin Lehnhardt, ein Kampf um Gott, 95. – *Lyrik:* Nachtschatten, 1884; Vom Haselnußroi, 92; Von Alltag und Sonne, 98; Aus den Lehr- und Wanderjahren des Lebens, 98; Zweierlei G'wisse, 1904; Sprüche eines Steinklopfers, 05; Sturmbruch, 05; Lieder eines Schwertschmieds, 05; Herzblut, 05; Tor auf!, 05; Neujahrsbuch, 07; Zwischenklänge, 09; Kopf-oben-auf, die Hand am Knauf, 15; Mandolinchen, Leierkastenmann und Kuckuck (Liederbuch), 21; Von Derhoim ond Draußé, 24. – *Essays:* O. H. von Gemmingen (Diss.), 1890; O. E. Hartleben, 96; Emil Milau als Künstler, 1917. – *Sammel- und Werkausgaben:* Ges. Dichtungen, 6 Bde, 1921. – *Herausgebertätigkeit:* Die schwäbische Dialektdichtung, 1890, W. Hauff, Werke, 92; Neuland. Ein Sammelbuch moderner Prosadichtung, 94.

Flake, Otto (Pseud. Leo F. Kotta), *29.10.1880 Metz, †10.11.1963 Baden-Baden.

F. studierte Germanistik, Philosophie und Kunstgeschichte in Straßburg, unternahm Reisen nach Rußland, England und vor allem nach Frankreich, wurde 1927 von Mussolini aus Südtirol ausgewiesen und lebte seit 1928 in Baden-Baden. 1954 Hebel-Preis, 1960 Literaturpreis der Bayerischen Akademie der Schönen Künste.

Der deutsch-französische Grenzraum seiner Heimat war geistig und thematisch für F. und sein Werk bestimmend. Im Mittelpunkt von F.s umfangreichem Werk stehen nach dem *Ruland*-Zyklus, einer Entwicklungsgeschichte mit autobiographischen Zügen, die im Umkreis Baden-Badens spielenden Romane mit gesellschafts- und kulturgeschichtlichen Aspekten wie *Hortense* (über das abenteuerliche Leben einer Adligen, die mit Turgenev und anderen Größen der Zeit befreundet war) und die Erziehungs- und Bildungsromane wie sein Hauptwerk *Fortunat*: die fiktive Biographie des Jacques Kestenholz, der, aus dem Badischen stammend, in Paris Karriere als Frauenarzt macht, in dessen Schicksal sich ein Stück europäischer Geschichte des 19. Jhs. spiegelt. F. schrieb ferner essayistische, philosophische und kulturkritische Werke (z. T. unter Pseudonym) und übersetzte aus dem Französischen (Balzac, Gourmont, Stendhal u. a.).

W.: Romane, Erzählungen: Das Mädchen aus dem Osten. Der unbedachte Wunsch, 1911; Schritt für Schritt, 12; Die Prophezeiung, 15; Ruland-Zyklus: Freitagskind, 13 (als: Eine Kindheit, 28); Ruland, 22; Der gute Weg, 24; Villa USA, 26; Freund aller Welt, 28; – Horns Ring, 16; Die Stadt des Hirns, 19; Nein und Ja, 20; Das kleine Logbuch, 21; Die Simona, 22; Erzählungen, 23; Die zweite Jugend, 24; Der Sommerroman, 27; Es ist Zeit, 29; Die Scheidung, 29; Christa, 31; Die Geschichte Mariettas, 31; Maria auf dem Dachgarten, 31 (erw. als: Kinderland, 48); Der Straßburger Zuckerbeck, 33 (als: Mann im Mond, 48); Montijo, 31; Hortense oder Die Rückkehr nach Baden-Baden, 33; Die Töchter Noras, 34 (als: Kamilla, 48); Badische Chronik: Die junge Monthiver, 34; Anselm u. Verena, 35 (in 1 Bd: Die Monthiver-Mädchen, 51); Sternennächte am Bosporus, 36; Scherzo, 36; Personen und Persönchen, 38; Das Quintett, 43; Fortunat, 2 Bde, 46; Der Reisegefährte, 47; Old Man, 47; Die Erzählungen: I. Amadeus, 47; II. Die Söhne, 48; Der Handelsherr, 48; Die Sanduhr, 50; Ende gut alles gut, 51; Schloß Ortenau, 55; Zum guten Europäer, 59; Der Pianist, 60; Spiel und Nachspiel, 62 (2 Romane: Der Internist, Des trockenen Tones satt, vorher als: Old Man, 47); Die Dame Brabant, 72; Es begann in Baden-Baden, 78. – *Sonstige Prosa:* Die Leute vom Simplizissimus, 08; Straßburg und das Elsaß, 08; Rund um die elsässische Frage, 11; Der französische Roman und die Novelle. Ihre Geschichte von den Anfängen bis zur Gegenwart, 12; Hans Arp, 18; Das Ende der Revolution, 20; Kaiserin Irene, 21; Die moralische

Idee, 21; Pandämonium, 21; Dinge der Zeit, 21; Deutsche Reden, 22; Das neuantike Weltbild, 22; Die Unvollendbarkeit der Welt, 23; Dinge der Zeit, 24; Der Erkennende, 26; Unsere Zeit; Die erotische Freiheit, 28; Ulrich von Hutten, 29; Der Marquis de Sade, 30; Ausfahrt und Einkehr, 31; Bilanz, 31; Die französische Revolution, 32; Der Türkenlouis, 37; Schön-Bärbel von Ottenheim, 37; Große Damen des Barock, 39; Versuch über Oscar Wilde, 46; Nietzsche. Rückblick auf eine Philosophie, 46; Die Deutschen, 46; Versuch über Stendhal, 47; Jacob Burckhardt, 47; Ordo. Die Philosophie im Zeitalter der Massen, 48; Zuweisungen. Essays und Aufsätze, 48; Über den Pessimismus, 48; Traktat vom Eros, 48; Traktat vom Intensiven, 50; Kaspar Hauser, 50; Als die Städte noch standen. Kleine Prosa, 50; Der letzte Gott, 61; Über die Frauen. Aphorismen, 62; Die Deutschen. Aufsätze zur Literatur und Zeitgeschichte, 63; Die Verurteilung des Sokrates. Biographische Essays aus sechs Jahrzehnten, 70; Freiheitsbaum und Guillotine. 57 Essays aus sechs Jahrzehnten, 76. – *Autobiographie:* Es wird Abend, 60; Ein Leben am Oberrhein, 86. – *Dramen:* Die Abenteuerin. Im dritten Jahr, 18. – *Herausgebertätigkeit:* Der Merker (mit R. Schickele), 03; Montaigne. Gesammelte Schriften (mit W. Weigand), 8 Bde, 18; Heine. Ein Brevier, 47. – *Übersetzungen:* des Réaux, La Bruyère, Dumas, de Gourmont, Balzac, Suarès, Gobineau, Stendhal, Montaigne. – *Werkausgabe:* Werke, 5 Bde, 73–76.

Fleißer, Marieluise, *23.11.1901 Ingolstadt, †2.2.1974 ebd.
Aufgewachsen in Ingolstadt in bürgerlichen Verhältnissen. Internatsschülerin im Realgymnasium in Regensburg. Nach dem Abitur Studium der Theater- und Literaturwissenschaft in München. Erste eigene Schreibversuche und Kontakte zu Schriftstellern. Feuchtwanger erkennt ihre Begabung und vermittelt die Bekanntschaft mit Brecht. Unter dessen Regie fand die Uraufführung ihrer *Pioniere in Ingolstadt* statt und löste einen der heftigsten Theaterskandale der Zeit aus. Ebenso wie in dem Stück *Fegefeuer in Ingolstadt* stellt sie in den *Pionieren* die Zwänge und die Repressionen, die in der Provinz herrschen, in ihrer ganzen Muffigkeit und Brutalität dar. Sie läßt die Menschen in einer Sprache reden, die unverhüllter Ausdruck ihrer psychischen Deformation ist. In beiden Stücken entwickelt sie einen Realismus und eine Volkstümlichkeit, deren Bedeutung zwar

damals von einigen wenigen erkannt wurde (Brecht, Benjamin), dessen Leistung aber erst Jahrzehnte später in einer breiteren Öffentlichkeit Anerkennung fand. Ihre schonungslose Abrechnung mit der Provinz setzte sie in der Weimarer Republik wütenden Angriffen aus und führte zu jahrelangen Verfolgungen in ihrer Heimatstadt. Nicht nur durch die Aufführung und den damit verbundenen Skandal fühlte sie sich von Brecht ausgenutzt und mißbraucht. Sie trennte sich von ihm. Ihre Beziehung zu ihm hat sie später als «Trauma» («Avantgarde» 62/63), als eine Zerstörung eigener moralischer und künstlerischer Identität beschrieben. Verunsichert wandte sie sich vom Theater ab und schrieb Prosa (*Mehlreisende Frieda Geier*). Ihre Beziehung zu dem ultrakonservativen Draws-Tychsen, die sie aus «Schutz gegen Brecht» einging, isolierte sie von ihren bisherigen Freunden und brachte sie in eine schwere psychische und künstlerische Krise. Nach einem Selbstmordversuch verließ sie Berlin und kehrte nach Ingolstadt zurück, wo sie bis zu ihrem Tod 1974 lebte. Trotz Schreibverbot während des Faschismus, trotz ihrer Doppelbelastung als Hausfrau (seit 1935 verheiratet) und Geschäftsfrau und trotz der Widerstände ihres Mannes gegen ihre schriftstellerische Tätigkeit schrieb sie an Dramen (*Karl Stuart*, *Der starke Stamm*) und Geschichten, die sie zum Teil vernichtete, zum Teil aufhob. Nach dem Krieg versuchte sie vergeblich literarisch wieder Fuß zu fassen. Erst nach dem Tod ihres Mannes 1958 «baut sie sich wieder auf und speichert». Sie begann wieder für die Öffentlichkeit zu schreiben. Ihre Stücke aus der Weimarer Republik wurden wiederentdeckt und errangen eine späte Anerkennung durch Autoren wie Sperr, Fassbinder und Kroetz, die F. als ihre «geistige Mutter» ansahen und von ihr lernten. 1953 Literaturpreis der Bayerischen Akademie der Schönen Künste, 1965/66 Ehrengast der Villa Massimo.

W.: Dramen: Fegefeuer in Ingolstadt, 1926; Pioniere in Ingolstadt, 28; Der Tiefseefisch, 30; Karl Stuart, 46; Der starke Stamm, 50. – *Romane, Erzählungen:* Ein Pfund Orangen und neun andere Geschichten, 29; Mehlreisende Frieda Geier, 31; Andorranische Abenteuer, 32; Avantgarde, 63; Abenteuer aus dem englischen Garten, 69; Eine Zierde für den Verein, 75. – *Werkausgabe:* Gesammelte Werke, 3 Bde, 72, Bd 4, 89; Ingolstädter Stücke, 77; Ausgewählte Werke in einem Band, 79; Der Tiefseefisch, 80; In die Enge geht alles, 84.

Flex, Walter, *6.7.1887 Eisenach, †15.10.1917 Peudehof auf Ösel.
Sohn eines Gymnasialprofessors, studierte 1906–10 in Erlangen und Straßburg Germanistik und Philosophie, promovierte zum Dr. phil. und wurde dann Hauslehrer auf adligen Gütern, unter anderem bei der Familie Bismarck. Am 1. Weltkrieg nahm er als Freiwilliger teil, hielt sich zeitweise zu kriegsgeschichtlichen Arbeiten in Berlin auf, kehrte dann zur Front zurück und fiel als Offizier bei einem Erkundungsritt. – F. schrieb Dramen in der Tradition Schillers und historische Novellen. Seine Erfahrung des Weltkriegs fand eigenen Ausdruck in Lyrik und Prosa. Mit dem *Wanderer zwischen beiden Welten*, einer idealisierenden Darstellung seines Kameraden Ernst Wurche als des geborenen Führers, gelassen, umsichtig und fürsorgend in jeder Situation bis zum Opfertod, identifizierte sich die Soldatengeneration aus der Jugendbewegung. Die Wirkung seines Werkes wurde während des Dritten Reichs propagandistisch verstärkt.

W.: Romane, Erzählungen: Der Schwarmgeist. Novelle, 1910; Zwölf Bismarcks. Sieben Novellen, 13; Der Kanzler Klaus von Bismarck. Eine Erzählung, 14; Der Wanderer zwischen beiden Welten, 16; Wallensteins Antlitz. Gesichte und Geschichten vom Dreißigjährigen Krieg, 18; Wolf Eschenlohr, 19 (Romanfragment); Der Blut der Almuth Petrus. Geschichte aus dem 30jährigen Krieg, 25. – *Dramen:* Demetrius. Ein Trauerspiel, 09; Klaus von Bismarck. Eine Kanzlertragödie, 13; Die evangelische Frauenrevolte in Löwenberg. Lustiges Spiel, 13; Lothar. Ein deutsches Königsdrama, 20; Der Bauernführer. Trauerspiel aus dem Bauernkriege, 23; Die schwimmende Insel. Ein Kriegs-Märchenspiel, 25. – *Lyrik:* Im Wechsel, 10; Das Volk in Eisen, 14 (erw. Neuaufl. 15); Sonne und Schild, 15; Vom großen Abendmahl, 15; Im Felde zwischen Tag und Nacht, 17; Leutnantsdienst, 17. – *Monographien:* Die Entwicklung des tragischen Problems in den deutschen Demetriusdramen von Schiller bis auf die Gegenwart, 10 (Diss.); Die

russische Frühjahrsoffensive 1916, 19. – *Werkausgaben:* Ges. Werke, 2 Bde, 25 (erw. Neuaufl. 36); Briefe, 27; Aus dem Nachlaß, 78.

Fliege, Fritz → Penzoldt, Ernst

Flint, Peter → Kästner, Erich

Flut, Franz → Luft, Friedrich

Focco, Giorgio → Fock, Gorch

Fock, Gorch (eig. Johann Kinau, Pseud. Jakob Holst, Giorgio Focco), *22.8.1880 Finkenwerder bei Hamburg, †31.5.1916 Seeschlacht vor dem Skagerrak.
Der Fischersohn F. absolvierte nach dem Besuch der Volksschule eine Kaufmannslehre und ging dann auf die Handelsschule. Seit 1904 angestellt bei einer Reederei. Im 1. Weltkrieg wurde er 1915 als Infanterist eingezogen und kam 1916 zur Marine. Er starb bei der Seeschlacht vor dem Skagerrak und wurde auf der schwedischen Insel Stensholmen begraben.
Berühmt wurde F. vor allem durch seinen Roman *Seefahrt ist not.* In ihm schildert er Leben und Tod eines Finkenwerder Fischers. Gerade dieser Roman war es auch, der sein Werk in der Zeit des Faschismus vereinnahmbar machte. Die selbstverständliche Pflichterfüllung, das ‹Schicksalhafte› der Berufswahl des Sohnes, nationalistische Untertöne und ins Heroische übersteigerte Züge des Helden machten F. postum zu einem erfolgreichen Autor jener Zeit. Verbunden mit bewußter Verklärung seines Lebens und vor allem seines Sterbens wurde der nationalistische Strang in der Rezeptionsgeschichte seines Werks dominierend. Weniger Beachtung fanden seine Lyrik, seine Geschichten aus Finkenwerder, seine Einakter *Doggerbank* und *Cilli Cohrs.*

W.: Romane, Erzählungen: Schullengrieper und Tungenknieper, 1911; Seefahrt ist not!, 13 (Auszug daraus u. d. T.: Klaus Störtebeker, o. J.); Fahrensleute, 14; Hamborger Janmooten, 14; Nordsee, 16; Schiff ahoi!, 18; Schiff vor Anker, 20; Auf hoher See, 33; Ein Schiff! Ein Schwert! Ein Segel!, 34; Die See als Schicksal, 35; Nach dem Sturm, 36; Das schnellste Schiff der Flotte, 37; Ditmar Koels Tochter, 42; Seegeschichten, 43. – *Dramen:*

Woterkant (mit H. Wriede), 11; Hein Godenwind, de Admirol von Moskitonien, 12; Cilli Cohrs (in: Finkwarder Speeldeel, mit H. Wriede), 14; Doggerbank, 18; De Keunigin von Honolulu, o. J. – *Lyrik:* Plattdeutsche Kriegsgedichte (4 Folgen), 14–15; Veer frische, scheune Leeder, (13?); Sterne überm Meer. Tagebuchblätter und Gedichte, 17; Hein Koptein, 18. – *Briefwechsel:* Plattdütsche Jungs in'n Krieg (mit O. Garber u. a.), 17; Da steht ein Mensch, 71. – *Sammel- u. Werkausgaben:* Sämtliche Werke in fünf Bänden, 25; Gorch Fock, 33; Gorch Fock und seine Heimat, 37; De besten Geschichten, 80; Gorch Fock erzählt von Finkenwerder, von der Elbe und der Nordsee, 86; Das schnellste Schiff der Flotte und andere Geschichten, 86; Nordseegeschichten, 87.

Foerster, Eberhard → Weisenborn, Günther

Fontana, Oskar Maurus, *13. 4. 1889 Wien, †4. 5. 1969 ebd.
F. wuchs in Dalmatien auf, studierte in Wien und war Offizier im 1. Weltkrieg. Danach betätigte er sich als Journalist, Theaterkritiker und freier Schriftsteller, nach 1945 als Chefredakteur beim «Wiener Kurier» und bei «Welt am Montag». F. gab expressionistische Anthologien heraus, schrieb neuromantische bzw. expressionistische Stücke und Zeitromane.

W.: Romane: Erweckung, 1918 (Die Türme des Beg Begouja, 46); Insel Elephantine, 24; Gefangene der Erde, 28; Der Weg durch den Berg, 36; Katastrophe am Nil, 47; Der Sommer singt sein Lied, 49; Der Engel der Barmherzigkeit, 50; Der Atem des Feuers, 54. – *Erzählungen, Novellen:* Empörer, 20; Tribun auf der Flucht, 21; Gefährlicher Sommer, 32; Sie suchten den Hafen, 46; Mond im Abendrot, 60. – *Dramen:* Das Märchen der Stille, 10; Die Milchbrüder, 12; Der Studentengeneral, 13; Marc, 16; Triumph der Freude, 20; Hiob der Verschwender, 25. – *Essays:* Wiener Schauspieler, 47; Else Wohlgemuth, 50; Die Stimme Österreichs, 58; Wiener Unsterblichkeiten, 58; Hundert Jahre Hauptverband der österreichischen Buchhändler im Spiegel der Zeit, 59; Paula Wessely, 60; Albin Skoda, 62; Das große Welttheater, 76. – *Herausgebertätigkeit:* Die Aussaat, 16; Der Garten Immergrün, 21; J. Nestroy: Werke, 62.

Forster, Friedrich (eig. Waldfried Burggraf), *11. 8. 1895 Bremen, †1. 3. 1958 ebd.

F., Sohn eines Geistlichen, war zuerst Schauspieler, bis er 1933 Schauspieldirektor in München wurde. Seit 1938 lebte er als freier Schriftsteller in Schlehdorf am Kochelsee.
F.s Theaterstücke verdanken ihre Wirksamkeit der praktischen Bühnenerfahrung des Autors. Seine größten Erfolge erzielte er mit der Schülertragödie *Der Graue*, die den Leidensweg des jungen Hans Meyer zwischen Armut, Lehrerdespotie und aggressiver sexueller Frustration darstellt, und dem «Volksstück» über den alternden Daniel Defoe *Robinson soll nicht sterben*.

W.: Dramen: Madeleine und ihr Page Hyazint, 1919; Mammon, 19; Flammen! Patroklos!, 20; Prinzessin Turandot, 25; Weh um Michael, 27; Sermon der alten Weiber, 28; Prinzessin Allerliebst, 29; Der Graue, 31; Robinson soll nicht sterben, 32; Alle gegen Einen, Einer für alle, 33; Der Sieger. Ein deutsches Trauerspiel, 34; Die Weiber von Redditz, 35; Der Prinz im Brunnen. Märchenspiel, 39; Rheinsberg, 39; Verschwender, 39; Gastspiel in Kopenhagen, 40; Hampelmann und Hampelfrau, 40; Die Dunkelgräfin, 44. – *Erzählungen:* Das dicke Kerbholz, 33; Das weiße Kamel, 34; Matrosen in Würzburg, 34.

Forte, Dieter, *14. 6. 1935 Düsseldorf.
F. war Werbefachmann, erhielt Arbeitsstipendien der Stadt Düsseldorf und des Landes Nordrhein-Westfalen, war zwei Jahre freier Mitarbeiter des NDR-Fernsehens in Hamburg, lebt seit 1970 als freier Schriftsteller. Ist Mitglied des PEN-Zentrums und des Verbandes deutscher Schriftsteller in der IG Druck und Papier.
F.s Schreibanlaß sind die Lebensverhältnisse der Menschen unter der Herrschaft von Kapital und Technik. Davon zeugen seine frühen Hörspiele (*Die Wand*, 1965; *Porträt eines Nachmittags*, 1967, u. a.) ebenso wie seine Fernsehspiele (*Nachbarn*, 1970; *Sonntag*, 1975; *Achsensprung*, 1977; *Gesundheit!*, 1979; *Der Aufstieg*, 1980). Lebhaft und kontrovers wurde sein erstes Theaterstück *Martin Luther & Thomas Münzer* diskutiert. In langjährigen Studien hat F. die Reformationszeit aufgearbeitet, wobei ihm der Theologenstreit weniger wichtig ist als Luthers Verhältnis zur Macht und zur

Revolution, für die Münzer einsteht und als deren eigentlicher Sieger sich der Bankier Fugger herausstellt. F.s Umgang mit dem historischen Material zielt auf dokumentarische Genauigkeit; seine Figuren sind nicht individualpsychologisch angelegt, sondern Vertreter von Prinzipien; die szenische Darstellung des Stoffs geschieht in der Form des epischen Bilderbogens.

Mit *Jean Henry Dunant* setzt F. seine Trilogie über die unmenschliche «Mathematisierung der Welt» fort. Es wird in diesem Stück die Technisierung der Zivilisation gezeigt: Dunant zwischen den Industriellen und den Generälen, zwischen der Kommerzialisierung auch noch der Humanität und dem verzweifelten Aufstand der Arbeiter. Zum erstenmal die geschlossene Form – und dies verstanden als Metapher für den Inhalt – verwendet F. in seinem Stück *Kaspar Hausers Tod*, in dem es um die Legendenbildung als Mittel der politischen Unterdrückung und Zensur geht. Wie alle Stücke F.s spielt auch dieses damals und heute.

W.: Stücke: Martin Luther & Thomas Münzer oder Die Einführung der Buchhaltung, 1971; Jean Henry Dunant oder Die Einführung der Zivilisation, 78; Kaspar Hausers Tod, 79; Das Labyrinth der Träume, 83. – *Hörspiele:* Die Wand, Porträt eines Nachmittags, 73. – *Fernsehspiele:* Fluchtversuche (Sonntag, Achsensprung, Gesundheit!, Der Aufstieg), 80. – *Bearbeitungen:* Weiße Teufel (nach J. Webster), 72; Cenodoxus (nach J. Bidermann), 72.

Franck, Hans, *30.7.1879 Wittenburg (Mecklenburg), †11.4.1964 Frankenhorst (Mecklenburg).

F. besuchte das Lehrerseminar in Neukloster und arbeitete von 1901–11 als Volksschullehrer in Hamburg. 1914–21 lebte er als Chefdramaturg des Schauspielhauses in Düsseldorf, wo er schließlich auch die Direktion der Hochschule für Bühnenkunst übernahm und als Herausgeber der Theaterzeitschrift «Masken» fungierte. Ab 1922 freier Schriftsteller. – Neben einer inhaltlich und formal strengen Lyrik steht bei F. eine umfangreiche Dramenproduktion, die in ihrer Aussage an die Tradition des Ideendramas anknüpft. Wiederkehrende Themen des Gesamtwerks sind die Be-

ziehungen von Menschen untereinander und zu Gott, Schilderungen von Geschichte und Heimat und die Beschreibung von Lebensschicksalen großer Künstler, z. B. *Ernst Barlach*. Neben den beschriebenen Formen lag jedoch der Schwerpunkt der schriftstellerischen Arbeit F.s auf dem Gebiet der Prosa: Romane, Erzählungen, Kurzgeschichten, Novellen, Legenden, Märchen und Anekdoten sind im Spektrum der Ausdrucksmöglichkeiten vertreten. Als Herausgeber befaßte er sich u. a. mit J. P. Hebel und M. Claudius.

W.: Romane: Thieß und Peter, 1910 (u. d. T. Tor der Freundschaft, 29); Das Geheimnis, 20; Das dritte Reich, 22; Meta Koggenpoord, 25; Minnermann, 26; Die richtige Mutter, 33; Eigene Ende!, 33 (bearb. in 2 Bdn. u. d. T. Ein Stück Erde, 44); Reise in die Ewigkeit, 34; Der Magnus im Norden, 35; Die Geschichte von den beiden gleichen Brüdern, 36; Annette, 37; Die Stadt des Elias Holl, 38; Die Krone des Lebens, 39; Der Wald ohne Ende, 41; Sebastian, 49; Der Tribun, 52; Marianne, 53; Letzte Liebe, 58; Johann Sebastian Bach, 60 (auch u. d. T. Cantate); Friedemann, 64; Der Scheideweg, 64; Tokkata und Fuge, 80. – *Lyrik:* Mein Kriegsbuch, 16; Siderische Sonette, 20; Kränze, einem Kind gewunden, 22; Gottgesänge, 24; Tellurische Sonette, 31; Der Kreis, 35; Dank des Sechzigers, 39; Zwei Gedichte, 39; Zwiegesang von Leben, Tod und Liebe, 48; Gedichte, 54; Laß Dich trösten, 57; Enden ist Beginn, 64. – *Dramen:* Der Herzog von Reichsstadt, 10; Herzog Heinrichs Heimkehr, 11; Ein Kriegsrequiem, 15; Godiva, 19; Freie Knechte, 19; Opfernacht, 21; Martha und Maria, 22; Geschlagen!, 23 (u. d. T. Die Königsbrüder, 44); Klaus Michel, 26; Kanzler und König, 26 (auch als Hörspiel); Klaus Michael, 26; Marienburg, 29; Kleist, 33 (auch als Hörspiel); Ewige Ernte, 33; Der Sieg ist unser!, 34; Die fremde Braut, 36 (auch als Hörspiel); Das Mädchenrätsel, 40; Ewige Mutter, 41; Der bezahlte Kuß, 43. – *Erzählungen, Novellen, Biographien:* Glockenfranzl, 16; Das Pentagramm der Liebe, 19; Machtnix, 21; Das Glockenbuch, 21; Der Werwolfgürtel, 22; Krischan Siems, 22; Die Südseeinsel, 23; Das Schwerste, 23; Heimgekehrt, 24; Das Seil, 25; Mutter, Tod und Teufel, 25; Septakkord, 26; Regenbogengeschichten, 27; Recht ist Unrecht, 28; Die einsame Kerze, 29; Jasper und Aline, 30; Fridericus, 30; Wiedersehen, 31; Der Todstein, 31; Zeitenprisma, 32; Die Waage, 32; Hol über!, 32; Totaliter aliter, 33; Um Liebe, 33; Fort damit!, 33; Hitler, 34; Jakob Johannes oder Die Opferung eines Saardeutschen, 34; Das wiedergefundene Lachen, 34; Die Pilgerfahrt nach Lübeck, 35; Ernemanns Opfer, 35; Die Dschunke, 36; Fiedelfite, 36; Karl Ungenannt, 36; Gerichtet, 36; Wippwapp, 37; Nur ein Mädchen, 37; Maiken, 38; Wort der Worte, 39; Drei Geschichten, 39; Das letzte Lied, 41; Das Königsduell und andere Anekdoten, 41; Drei Meister der Anekdote und der Kurzgeschichte, 41; Mecklenburgische Sagen, 42; Die goldenen Heringsköpfe, 42; Umgekippt, 42; Die Schicksalsuhr, 43; Das Heilmittel, 47; Der Trompeter von Pobethen, 52; Der rettende Entschluß, 52; Oduscha, 52; Die Frauenbarke, 54; Tidemann Butthoff, 54; Die vier großen B., 55; Herbstliches Herz, 55; Lux und Lukas, 55; Die Predigt des Holzes, 59; Ernst Barlach, 61; Der Trompetenstoß, 63; Du holde Kunst, 64; Dur und Moll, 71. – *Schriften, Autobiographie:* Deutsche Erzählkunst, 22; Eberhard Viegener, 25; Mein Leben und Schaffen, 29; Alfred Rethel, 37; Ein Dichterleben in 111 Anekdoten, 61. – *Herausgebertätigkeit:* J. P. Hebel: Geschichten und Anekdoten, 24; M. Claudius: Der Wandsbeker Bote, 55; J. v. Saaz: Der Ackermann und der Tod, 55; J. Gotthelf: Uli, der Knecht u. Uli, der Pächter, 57; Die schönsten Geschichten von Johann Peter Hebel, 60. – *Sammel- u. Werkausgaben:* Kaleidoskop, 59; Frühe Glocken, 62; Ausgewählte Werke, 2 Bde, 59.

Frank, Bruno, * 13. 6. 1887 Stuttgart, † 20. 6. 1945 Beverly Hills (Kalifornien).
F., Sohn eines Bankiers, erwarb – nach anfänglichem Jurastudium – den Dr. phil., machte ausgedehnte Reisen durch Europa und lebte bis 1933 als freier Schriftsteller in München. In Kalifornien, wohin er nach längerem Exilaufenthalt in England emigrierte, ist er kurz nach dem Ende des 2. Weltkrieges gestorben.
F. begann seine schriftstellerische Laufbahn mit epigonaler Lyrik. Bekannt wurde er erst mit einigen Dramen, die z. T. Bühnenerfolge errangen. Die frühen Stücke sind allerdings – zumeist um erotische Konfliktsituationen zentriert – eher als Salonstücke zu bezeichnen. Später wendet sich F. volkstümlichen Stoffen zu, die er weitaus überzeugender gestaltet.
Das Hauptgewicht seines Schaffens kommt seinem erzählerischen Werk zu. Die Erzählung *Tage des Königs*, die das Privatleben des alternden Preußenkönigs Friedrich II. psychologisierend zu analysieren sucht, sowie die auch verfilmte Erzählung *Trenck* zeigen eine starke Einfühlungsgabe in historisches Zeit- wie auch

Lokalkolorit. Aufsehen erregte seine *Politische Novelle*, in der das damals höchst brisante Thema der deutsch-französischen Aussöhnung behandelt wird, und zwar mit unmißverständlich positiver Akzentsetzung. – F. neigt in fast allen seinen Werken dazu, psychoanalytische Grundtatsachen in kolportagehafte erotische Zwangshandlungen umzudeuten. – Zwei Romane aus der Exil-Zeit verdienen besondere Beachtung: *Der Reisepaß* und der historische Roman *Cervantes*. Ersterer konkretisiert das Schicksal der im Nazi-Deutschland verbliebenen Antifaschisten am Beispiel einer kleinen Verschwörergruppe, der sich ein Prinz, die Hauptfigur des Romans, anschließt. Die Geschichte gibt aufschlußreiche Einblicke in das damalige Emigranten-Milieu. Symptomatisch ist die meisterhafte Darstellung der «Tragödie des Konservatismus» in Deutschland, in die auch die Hauptfigur verstrickt ist. *Cervantes* erzählt das wechselvolle Geschick des spanischen Dichters auf eindringliche Weise. Darüber hinaus aber erhält dieser – wohl beste – Roman von F. eine weitere Dimension durch nachdrückliche Reflexionen über die menschliche Freiheit, ein Thema, das für einen emigrierten Schriftsteller äußerste Aktualität besaß.

W.: Romane, Erzählungen: Im dunklen Zimmer, 1906; Nachtwache, 09; Das Konzert, 10; Flüchtlinge, 11; Die Fürstin, 15; Der Himmel der Enttäuschten, 16; Der Goldene, 20; Gesichter, 20; Bigram, 21; Leidenschaften, 21; Tage des Königs, 24; Erzählungen 26; Trenck, 26; Politische Novelle, 28; Der Magier, 29; Cervantes, 34; Der Monduhr, 35; Der Reisepaß, 37; Aus vielen Jahren, 37; Die junge Frau Conti, 38; Sechzehntausend Francs, 40; Die Tochter, 43. – *Dramen:* Die treue Magd, 16; Bibikoff, 18; Die Schwestern und die Fremde, 18; Die Trösterin, 19; Das Weib auf dem Tiere, 21; Zwölftausend, 27; Perlenkomödie, 28; Sturm im Wasserglas, 30; Nina, 31; Der General und das Gold, 32; Die verbotene Stadt, 42. – *Lyrik:* Aus der goldenen Schale, 05; Gedichte, 07; Die Schatten der Dinge, 12; Requiem, 13; Strophen im Krieg, 15; Die Kelter, 19. – *Essays:* Der schönste Brief, 30; Closed Frontiers, 37; Aus vielen Jahren, 37; Die verbotene Stadt, 51. – *Herausgebertätigkeit:* Friedrich der Große als Mensch im Spiegel seiner Briefe, 26. – *Werkausgabe:* Ausgewählte Werke, 57.

Frank, Elisabeth → Zinner, Hedda

Frank, Leonhard, *4.9.1882 Würzburg,
†18.8.1961 München.
Aufgewachsen in ärmlichen Verhältnissen, übernahm F. Arbeiten in den verschiedensten Berufen, studierte 1904–10
in München Malerei und arbeitete dort
als Graphiker. Nach 5 Jahren in Berlin
emigrierte F. 1915 in die Schweiz, bis er
1918 nach München zurückkehrte und
1920–33 in Berlin als freier Schriftsteller
lebte, wo er 1928 Vizepräsident des PEN-
Club war. 1933 flüchtete F. nach Zürich
und 1937 nach Frankreich; dort wurde er
mehrfach interniert. 1940 kam er über
Lissabon in die USA und lebte von 1950
bis zu seinem Tode in München. – Schon
in seinem ersten, autobiographisch gefärbten Roman *Die Räuberbande* (1914,
ausgezeichnet mit dem Fontane-Preis)
zeigte sich deutlich die sozialkritische Intention. F.s Pazifismus fand 1917 einen
klaren Ausdruck in dem Novellenzyklus
Der Mensch ist gut, intendiert als «auf-
wühlendes, direkt wirkendes Manifest
gegen den Kriegsgeist». Gleich nach Erscheinen wurde es in Deutschland verboten, 1918 dann zusammen mit der Erzählung *Die Ursache* mit dem Kleist-Preis
ausgezeichnet. F.s Engagement für die
klassenlose Gesellschaft, Brüderlichkeit
und Revolutionierung der Verhältnisse
war begleitet von einem starken Individualismus, auf dessen Grundlage er anfangs die Verbesserung des Einzelmen-
schen propagierte, im Spätwerk dagegen
vorwiegend psychologische Darstellungen erotischer Beziehungen entwickelte,
hinter denen die soziale Thematik zu-
rückblieb.

W.: Romane, Erzählungen: Die Räuberbande,
1914; Die Ursache, 16 (als Drama 29); Der
Mensch ist gut, 17; Der Vater, 18; Die Mutter,
19; Der Bürger, 24; An der Landstraße, 25;
Die Schicksalsbrücke, 25; Der Beamte, 25; Im
letzten Wagen, 25 (auch als: Der Absturz, 29);
Karl und Anna, 27 (als Drama 29); Das Och-
senfurter Männerquartett, 27; Der Streber, 28;
Bruder und Schwester, 29; Die Entgleisten, 29;
Von drei Millionen drei, 32; Traumgefährten,
36; Mathilde, 48 (Teilvorabdruck 43); Die Jünger Jesu, 49; Links wo das Herz ist, 52; Deutsche Novelle, 54; Portrait, 54; Berliner Liebesgeschichte, 55; Michaels Rückkehr, 57; Sieben
Kurzgeschichten, 61. – *Dramen:* Karl und Anna, 29; Die Ursache, 29; Hufnägel, 30 (überarbeitet als: Die Kurve, 55); Der Außenseiter, 37
(überarb. Fassung: Die Hutdynastie, 55); Maria, 39; Baccarat, 57. – *Sammel- und Werkausgaben:* In the last coach and other stories, 34;
Gesammelte Werke, 36; Erzählende Werke,
59; Schauspiele, 59; Sieben Kurzgeschichten,
61; Ges. Werke in Einzelausgaben, 5 Bde, 36;
Im letzten Wagen, 54; Ges. Werke, 6 Bde, 57;
Gesammelte Erzählungen, 63; Vier Romane,
82; Die Summe, 82.

Franke, Herbert W(erner) (Pseud. Sergius Both), *14.5.1927 Wien.
Nach einem natur- und geisteswissenschaftlichen Studium in Wien (Dr. phil.
1950) zunächst wissenschaftliche Tätigkeiten an der Hochschule und in der Industrie, ab 1956 arbeitet F. als freiberuflicher Fachpublizist, u. a. über Höhlenfor-
schung, Geologie, Computergraphik. F.,
der seit den 50er Jahren in Bayern lebt,
hat 1953 seine ersten SF-Erzählungen geschrieben, widmet sich seit 1960 überwiegend diesem Genre und entwickelt sich
innerhalb kurzer Zeit zum wichtigsten
deutschen Autor von anspruchsvollerer
Science-fiction. F. schreibt überwiegend
anti-utopisch geprägte Prosa, in der er
vor der Verselbständigung, Pervertierung des naturwissenschaftlich-techni-
schen Fortschritts warnt. F. zeichnet seine menschenfeindlichen Welten aber
nicht als völlig hoffnungslos, sondern hält
Veränderungen für möglich. – Schon in
seinem ersten Kurzgeschichtenband erweist sich F. mit originellen, pointierten
Beiträgen als Zeitkritiker, der überzeugend z. B. den Rüstungswettlauf ab absurdum führt (*Der grüne Komet*). Außer
durch eigene Arbeiten hat F. als Herausgeber und Verlagsberater einen wichtigen Beitrag für eine Niveausteigerung innerhalb des westdeutschen SF-Sektors
geleistet, und als einziger SF-Autor ist er
auch im Ausland mit zahlreichen Übersetzungen vertreten.

W.: SF-Romane und -Erzählungen: Der grüne
Komet, 1960; Das Gedankennetz, 61; Der Or-
chideenkäfig, 61; Die Glasfalle, 62; Die Stahl-
wüste, 62; Planet der Verlorenen, 63; Der Elfenbeinturm, 65; Zone Null, 70; Einsteins Erben, 72; Ypsilon Minus, 76; Zarathustra kehrt
zurück, 77; Sirius Transit, 79; Schule für Über-
menschen, 81; Paradies 3000, 81; Tod eines

Unsterblichen, 81; Transpluto, 83; DEA AL-BA [mit M. Weisser], 87 (mit Kass.); Hiobs Stern, 88; Zentrum der Milchstraße, 89. – *Hörspiele:* Keine Spur von Leben, 81; Die Kälte des Weltraums, 84; Endzeit, 85; Der Atem der Sonne, 86. – *Lyrik:* Astropoeticon, 79. – *Sachund Fachbücher:* Wildnis unter der Erde. Die Höhlen Mitteleuropas als Erlebnis und Abenteuer, 56; Kunst und Konstruktion. Physik und Mathematik als fotografisches Experiment, 57; Wohin kein Auge reicht. Bilder aus der Welt des Unsichtbaren, 59; ... nichts bleibt uns als das Staunen. Brennpunkte der modernen Physik, 59; Vorstoß ins Unbegreifliche, 60; Phänomen Technik, 62; Die Sprache der Vergangenheit. Die Verfahren zur vorgeschichtlichen Zeitbestimmung, 62; Neuland des Wissens. Die Naturwissenschaft heute, 64; Der manipulierte Mensch. Grundlagen der Werbung und Meinungsbildung, 64; Leuchtende Finsternis (mit A. Bögli), 65; Der Mensch stammt doch vom Affen ab, 66; Kunststoffe erobern die Welt, 66; Phänomen Kunst, 67; Sinnbild der Chemie, 67; Wunderwaffen der Medizin, 68; Methoden der Geochronologie, 69; Die unbewältigte Zukunft (mit E. H. Graul), 70; Computergrafik – Computerkunst, 71; Ästhetische Information und Kunst, 71; Kleine Erfinder großer Ideen, 72; Apparative Kunst. Vom Kaleidoskop zum Computer (mit G. Jäger), 73; Geheimnisvolle Höhlenwelt, 74; Die Eberstädter Tropfsteinhöhle im Neckar-Odenwald-Kreis (mit K. Dobat u. G. Fritz), 75; Technik in unserer Welt, 75; Kunst kontra Technik? Wechselbeziehungen zwischen Kunst, Naturwissenschaft und Technik, 78; In den Höhlen dieser Erde, 78; Kybernetische Ästhetik – «Phänomen Kunst», 79; Die Atome, Bausteine unserer Welt, 80; Die Moleküle, Bausteine unserer Welt, 80; Die geheime Nachricht, 82; Computer-Grafik-Galerie, 84; Computer Science Art (mit H. Helbig), 85; Das Deutsche Museum in München (mit S. Päch-Franke), 86 (Video-Cass.); Digitale Träume (mit H. Helbig), 86 (Kalender); Leonardo 2000, 87; Die Welt der Mathematik [mit H. Helbig], 88. – *Sammel- und Werkausgaben:* Das große H. W. F.-Lesebuch, 86. – *Herausgebertätigkeit:* Triumph der Herzchirurgie, 68; Science Fiction-Story Reader Bd 2, 74; Bd 4, 75; Bd 6, 76; Bd 8, 77; Bd 10, 78; Bd 12, 79; SF-International Bd 1, 80; Bd 2, 81; Bd 3, 82; Wolf, K.: Die Gene, 83; Capek, K.: Krakatit, 84; Brückner, W.: Tötet ihn, 84; Roshwald, M.: Das Ultimatum, 84; Harbou, Th. von: Metropolis, 84; Mead, H.: Marnys Land, 84; Kontinuum 1 ff, 85 ff.

Franke, (Curt) Manfred, *23. 4. 1930 Haan/Rheinland.
Der als Sohn eines Postbeamten geborene F. verbrachte seine Jugend in Hilden.

Nach dem Abitur 1951 studierte er Germanistik, Volkskunde, Neuere Geschichte und Philosophie in Marburg und Frankfurt/M., wo er 1957 mit einer Arbeit über den legendären Räuber Schinderhannes promovierte. 1957–63 war er als Redakteur und Abteilungsleiter beim Südwestfunk tätig, wechselte dann zum Deutschlandfunk nach Köln, wo er seit 1969 Leiter der Abteilung «Wissenschaft und Bildung» ist. 1962 wurde er mit dem Feature-Preis von Radio Bremen ausgezeichnet.

F. ist Herausgeber von Anthologien und Verfasser zahlreicher Rundfunkfeatures, von Hörspielen, Erzählungen und Romanen. Seine Arbeiten sind gekennzeichnet von einem emotionsarmen, gleichsam protokollarischen Stil und von atmosphärischer Dichte. In seinem Roman *Mordverläufe 9./10. XI. 1938* versucht F., die Geschehnisse während des Judenpogroms der sog. Reichskristallnacht in Hilden zu rekonstruieren. In immer neu einsetzenden Beschreibungsversuchen, die verschiedenen Perspektiven der Beteiligten gegeneinandersetzend, gelingt ihm eine beklemmende Schilderung der Vorgänge und der Voraussetzungen, die diese Verbrechen ermöglichten und später zu ihrer Verdrängung beitrugen.

W.: Romane, Erzählungen: Ein Leben auf Probe, 1967; Bis der Feind kommt, 70; Mordverläufe, 73; Schlageter, 80. – *Essays, theor. Schriften:* Der Schinderhannes in der deutschen Volksüberlieferung (Diss.), 58; Hildener Rede von der Pflicht Mensch zu sein (Teildruck in: Literatur in Köln 1), 74; Schinderhannes, 77. – *Herausgebertätigkeit:* Straßen und Plätze, 67; Erlebte Zeit, 68; Jean Améry: Örtlichkeiten, 80; 47 und Elf Gedichte über Köln, 80; Schinderhannes. ‹Kriminalgeschichte voller Abentheuer und Wunder›, 84.

Franz, Karl → Frei, Bruno

Frei, Bruno (Pseud. Karl Franz, eig. Benedikt Freistadt), *11. 6. 1897 Preßburg, † 21. 5. 1988 Klosterneuburg.
F. begann während seines Studiums in Wien (1922 Dr. phil.) sozialkritische Reportagen zu schreiben, wurde 1924 Mitarbeiter der «Weltbühne» und 1929 von Willi Münzenberg an die Spitze des kom-

munistischen Massenblatts «Berlin am Morgen» berufen. Seit 1933 im Exil (Prag, Frankreich, Mexiko), war F. als Chefredakteur des «Gegen-Angriffs» (1933–36) und Gründer der Zeitschrift «Freies Deutschland» führend in der antifaschistischen Publizistik tätig. 1947 nach Wien zurückgekehrt, leitete F. u. a. die kommunistische Kulturzeitschrift «Das Tagebuch» (1959–65).

Zu seinen wichtigsten Werken zählen eine politische Biographie Carl von Ossietzkys und ein Erlebnisbericht über das französische Internierungslager Le Vernet. In den letzten Jahren widmet sich F. verstärkt Problemen und Gestalten des Judentums, auch in seinem Verhältnis zum Marxismus.

W.: Roman, Reportagen, Autobiographisches: Jüdisches Elend in Wien, 1920; Das Elend Wiens, 21; Die roten Matrosen von Cattaro, 27; Im Lande der fluchenden Rabbis und der hungernden Bauern, 27; Im Lande der Roten Macht, 29; Hanussen, 34 (u. d. T. Der Hellseher, 80); Die Männer von Vernet, 50, Neudr. 80; Mit eigenen Augen, 55; Frühling in Vietnam, 59; Der große Sprung, 59; Carl von Ossietzky, 66; Die Papiersäbel, 72. – *Essays, politische Schriften:* Gespräch über das Glück, 20; Wie Hitler zur Macht kam, 33; Hitler über Deutschland, 33; Rakosi zum dritten Mal vom Galgen bedroht!, 35; Was geht in Deutschland vor?, 36; Die Stafette, 59; Israel zwischen den Fronten, 65; Der Weg Ernst Fischers, 68; Der Türmer, Josef Popper-Lynkeus, 71; Im Schatten von Karl Marx, Moses Hess, 77; Sozialismus und Antisemitismus, 78; Der kleine Widerstand, 78. – *Herausgebertätigkeit:* Carl von Ossietzky: Rechenschaft, 70.

Freiburger, Walter, → Jens, Walter

Frenssen, Gustav, * 19. 10. 1863 Barlt (Dithmarschen), † 11. 4. 1945 ebd. Sohn eines Tischlers, besuchte das Gymnasium in Meldorf, studierte Theologie in Tübingen, Berlin und Kiel, war von 1890–1902 Pfarrer in Hennstedt und Hemme (Dithmarschen) und lebte dann als freier Schriftsteller in Meldorf, Blankenese und ab 1916 wieder in Barlt. Zahlreiche Preise und Auszeichnungen, vor allem nach 1933, u. a. 1902 Bauernfeldpreis, 1903 Ehrendoktor der Universität Heidelberg, 1933 Mitglied der Dt. Akademie der Dichtung, Ehrensenator des Reichsverbandes Dt. Schriftsteller, 1933 Volkspreis der W.-Raabe-Gesellschaft und 1938 Goethe-Medaille. – F. begann als Schriftsteller mit Unterhaltungsromanen, fand dann seine Themenbereiche als Heimatdichter Schleswig-Holsteins (*Jörn Uhl*) und als freireligiöser Interpret der Gestalt des Heilands (*Hilligenlei,* Kap. 26). F.s Helden sind bestrebt, das Rechte zu tun und sich von der Umwelt nicht beirren zu lassen, als einzelne verantwortlich für die Familie zu handeln und Schicksalsschläge zu verwinden. In *Peter Moors Fahrt nach Südwest,* seinem populärsten Werk, berichtet er nicht unkritisch, aber ambivalent auslegbar, über die Niederschlagung eines Aufstands in der deutschen Kolonie. Autobiographische Motive enthält der Roman *Otto Babendieck.* – F. war ein vielgelesener Autor der Zeit bis zum 1. Weltkrieg (Vorschlag zum Nobelpreis 1913) und wirkte auch als Seelsorger einer weitreichenden Lesergemeinde. Nach dem 1. Weltkrieg setzte er aus seiner nationalliberalen Einstellung zunächst große Hoffnungen auf die Weimarer Republik; in Abstimmung mit der Reichsregierung unternahm er auf Einladung der Vereinigung deutschstämmiger Amerikaner eine Besuchsreise in die USA (*Briefe aus Amerika*). Später (1932) schloß er sich den Nationalsozialisten an, überzeugt von den gemeinsamen Zielvorstellungen für Heimat und Volkstum, und suchte eine Verbindung von Freidenkertum und germanischem Gottglauben (*Der Glaube der Nordmark*).

W.: Romane, Erzählungen: Die Sandgräfin, 1896 (Ausz. 14; verfilmt 28); Die drei Getreuen, 98; Eine Handvoll Gold, 01; Jörn Uhl, 1901 (Ausz.: Die zweite Schwere bei Gravelotte, 10); Hilligenlei, 05; Schlußwort zu Hilligenlei, 06; Peter Moors Fahrt nach Südwest. Ein Feldzugsbericht, 06; Klaus Hinrich Baas, 09; Der Untergang der Anna Hollmann, 11; Bismarck. Epische Erzählung, 14 (veränd. 23); Die Brüder 17 (Ausz. u. d. T.: Die Begegnung vorm Skagerrak, 21; Die Seeschlacht vorm Skagerrak, 36; Die Seeschlacht vorm Skagerrak/U 233, 40); Der Pastor von Poggsee, 21; Lütte Witt, 24; Otto Babendiek, 26; Die Chronik von Bartlete, 28 (Ausz.: Eine Keimzelle des deutschen Volkes, 35); Dummhans, 29; Der brennende Baum, 31; Meino der

Prahler, 33; Die Witwe von Husum, 35; Land an der Nordsee, 38; Der Landvogt von Sylt, 43. – *Dramen:* Das Heimatfest, 03; Sönke Erichsen, 12; Geert Brügge, 34 (Bühnenms.), 35; Prinz Wilhelm, 37 (Bühnenms.), 38. – *Essays, Monographien, religiöse und autobiographische Schriften:* Dorfpredigten, 3 Bde, 1899–1902; Das Leben des Heilandes, 07; Ein Brief, 16; Jakob Alberts, ein deutscher Maler, 20; Grübeleien [Tageb.], 20 (Forts.: Möwen und Mäuse, 27; Vorland, 37); Ein letztes Wort an die Nordschleswiger, 20; Briefe aus Amerika, 23; Von Saat und Ernte. Ein Buch vom Bauernleben, 33; Der Glaube der Nordmark, 36; Der Weg unseres Volkes, 38 (in 2 Bden, ca. 43); Lebensbericht, 40; Recht oder Unrecht – mein Land, 40; Lebenskunde, 42. – *Sammel- und Werkausgaben:* Spruchsammlung. Aus G. F.s Werken, 06; Romane und Erzählungen, 6 Bde, 13; Aus «Jörn Uhl» und anderen Werken, 24; Aus G. F.s Werken, 29; Das kleine G. F.-Buch, [ca. 39]; G. F. erzählt, 43; G. F. grübelt. Gedankengut aus seinem Werk, 43; Gesammelte Werke, 1. Serie, 6 Bde, 43.

Freud, Sigmund, *6.5.1856 Freiberg (Mähren), †23.9.1939 London.
F., der als Entdecker des Unterbewußten der erste war, der die große Bedeutung kindlicher Erlebnisse für die spätere Entwicklung des Menschen erkannte, hat sich über die eigene Kindheit ausgeschwiegen. Seit seinem vierten Lebensjahr lebte er in dem erzkonservativen, antisemitischen Wien, wo er als Jude sich nie sonderlich wohl fühlte. Seine Berufswahl entschied F. auf Grund eines literarischen Erlebnisses: Goethes «Fragment über die Natur» bewog ihn, Medizin zu studieren. Er heiratete 1882 und hatte 6 Kinder. 1885 habilitierte er sich (Neuropathologie). Nach kürzerem Aufenthalt bei Charcot in Paris arbeitete er mit Breuer zusammen (1895 gemeinsame Veröffentlichung: *Studien über Hysterie*). 1898 begann er die Studien zur Traumdeutung. 1909 unternahm er eine Vortragsreise mit C. G. Jung und Ferenczi in die USA. 1910 kam es zur Gründung der Internationalen Gesellschaft für Psychoanalyse, 1911 zum Bruch mit Adler, 1913 zum Bruch mit Jung. 1938 mußte er emigrieren.
F. ist der Begründer der Psychoanalyse: Er hat die «Seele» – vor ihm allenfalls Objekt von Spekulationen – zum Objekt empirischer Wissenschaft gemacht. F.s Methode, die die seelischen Kräfte mit den Begriffen Ich, Es (Triebwelt), Über-Ich transparent macht, führt seelische Erkrankungen auf gewaltsam unterdrückte, verdrängte sexuelle Triebe zurück. Diese Erkenntnis führte ihn zur Beschreibung eines Weltbildes, das aus dem Urgrund des Unbewußten die Phänomene des Traums, des Mythos, des Märchens, der Dichtung aufsteigen sieht und sie als «Sublimierung» von Trieben erkennt und deutet. So betrachtet, erweist sich die Sexualität als Motor der Kunst. Diese Relativierung der Kulturwerte sowie die individuelle Determiniertheit der seelischen Prozesse hat manchen Widerspruch provoziert (Binswanger, Goldmann), am fruchtbarsten bei dem ehemaligen F.-Schüler W. Reich.
F.s intensive Beziehungen zur Literatur müssen in zwei Richtungen verfolgt werden. Zunächst rezeptiv: Schon der junge F. hatte große Lesebedürfnisse: Er las die Schriftsteller des Alten und Neuen Testaments, die Griechen, Goethe, Cervantes, Heine, später folgten Stendhal, Diderot, Nietzsche (Triebbefreiungspathos), Dostoevskij (Ambivalenz des Gefühlslebens). – Die Stoffe der Weltliteratur – neben den Träumen und Krankengeschichten – boten ihm das Material für die Erforschung der seelischen Mechanismen. Seine bedeutendste Leistung, die Formulierung des Oedipuskomplexes, wäre ohne die Vorleistungen der Schriftsteller kaum denkbar (z. B. ähnliches bei Diderot). Geistesgeschichtlich steht F. am Ende der Romantik; er setzte die «Suche nach dem Ich» mit wissenschaftlichen Methoden fort.
Die Bedeutung F.s für die Literatur des 20. Jhs. ist kaum zu überschätzen, wenn sich auch von Schriftstellern, deren Werke seinen Einfluß scheinbar am deutlichsten zeigen, wie Joyce (innerer Monolog) oder Proust (Deckerinnerungen), nicht einmal mit Sicherheit sagen läßt, ob sie F. gelesen haben. Selbst die Berufung der Surrealisten auf den Vater der Traumdeutung wird man eher als eine nachträgliche Rationalisierung denn als Inspirationsnachweis zu werten haben. Gelernt haben von F. möglicherweise Kafka (Schuldgefühl, Strafbedürfnis), Th.

Mann (Interpretation und Darstellung von Mythen, wie etwa im *Joseph*-Roman), Sartre, auch wenn er sich von F. distanziert hat. F.sche Begriffe gingen in die Literaturkritik ein. Wichtiger ist freilich jedoch der immense Einfluß des Aufklärers F. auf Emanzipationsbestreben und Selbstverständnis des Menschen im 20. Jh. – Bibliographie: A. Grinstein, 1977.

W. (Auswahl): Studien über Hysterie, 1895 (mit Breuer); Die Traumdeutung, 1900 (metapsychologische Ergänzung, 17); Der Witz und seine Beziehung zum Unbewußten, 11; Totem und Tabu, 12/13; Drei Abhandlungen zur Sexualtheorie, 20; Jenseits des Lustprinzips, 21; Massenpsychologie und Ich-Analyse, 21; Das Ich und das Es, 23; Vorlesungen zur Einführung in die Psychoanalyse, 24; Die Zukunft einer Illusion, 27; Dostojewski und die Vatertötung, 28; Das Unbehagen in der Kultur, 30. – *Werkausgaben:* Gesammelte Werke, 18 Bde, zuerst 42–48; Studienausgabe, 10 Bde, 69ff (darin als Bd 10: Bildende Kunst und Literatur); Aus den Anfängen der Psychoanalyse; Studienausgabe, 12 Bde, 82; Kulturtheoretische Schriften, 86; GW in Einzelbänden, 18 Bde u. Nachtragsband, 87; Essays, 3 Bde, 88. – *Briefe:* Briefe an W. Fließ, 50; Briefwechsel mit O. Pfister, 63; mit K. Abraham, 65; mit L. Andreas-Salomé, 66; mit A. Zweig, 68; Briefe 1873 bis 1939, 60; 68; Brautbriefe, 68; F. und Edoardo Weiß, Briefe zur psychoanalytischen Praxis, 73; Briefwechsel F. – C. G. Jung, 74; F. und Georg Groddek, Briefe über das Es, 74; Freud im Gespräch mit seinen Mitarbeitern, 84; Jugendbriefe an Eduard Silberstein, 89. – *Schallplatten, Kassetten:* Briefe und Selbstzeugnisse, ca. 86 (2 Pl.). – *Sonstiges:* Freud-Bibliographie mit Werkkonkordanz, 89 (rev.).

Frey, Alexander Moritz, *29. 3. 1881 München, †24. 1. 1957 Zürich.
Nach einem Philosophie- und Jura-Studium in Heidelberg und Freiburg, ersten literarischen Erfolgen mit Kleinstadtsatiren (*Solneman*) und «Geschichten aus Nacht und Schatten» (so der Untertitel von *Dunkle Gänge*), dient F. im 1. Weltkrieg als Sanitäter in einem Regiment mit Hitler. Diese Erfahrungen verarbeitet F. in *Die Pflasterkästen*, einem der meistbeachteten Antikriegsromane der Weimarer Republik. Diese Darstellung des Kriegselends aus der Sicht der Sanitäter und Ärzte (und wohl weniger die – von F. möglicherweise sogar erfundene – Ableh-

nung eines Angebots Hitlers, Feuilletonchef des «Völkischen Beobachters» zu werden) trägt ihm die Gegnerschaft der Nationalsozialisten ein: F.s Bücher werden verboten, er selbst flieht zunächst nach Salzburg, 1938 nach Zürich. Im Exil entstehen zahlreiche phantastische Erzählungen in der Nachfolge von Expressionismus und Surrealismus.

W.: Romane, Erzählungen: Dunkle Gänge, 1913; Solneman der Unsichtbare, 14; Kastan und die Dirnen, 18; Spuk des Alltags, 20; Sprünge, 22; Der unheimliche Abend, 23; Phantastische Orgie, 24; Robinsonade zu Zwölft, 25; Phantome, 26; Viel Lärm um Liebe, 26; Arabellas Opferung, 27; Außenseiter, 27; Gelichter und Gelächter, 28; Missetaten, 28; Die Pflasterkästen, 29; Das abenteuerliche Dasein, 30; Der Mensch, 40; Birl, die kühne Katze, 45; Hölle und Himmel, 45; Spuk auf Isola Rossa, 45; Hotel Aquarium, 46; Kleine Menagerie, 55; Verteufeltes Theater, 57.

Frick, Hans Joe, *3. 8. 1930 Frankfurt/M.
F. war nach einer kaufmännischen Lehre u. a. Bauhilfsarbeiter, Büroangestellter, Vertreter; er trat 1963 literarisch hervor (in: *Vorzeichen*) mit Auszügen aus dem Roman *Breinitzer oder Die andere Schuld*, der, sprachlich direkt und intensiv, einen ehemaligen KZ-Arzt im Stadium der Schuldgefühle und Angstvisionen schildert. – F.s Werk vereint eine von Kafka beeinflußte parabolische Darstellungsweise mit autobiographischen Schilderungen der Konflikte des einzelnen in unserer Zeit. *Der Plan des Stefan Kaminsky*, ein Roman aus dem Frankfurter Nachtleben, und *Henri*, ein Roman über den Tod seines Sohnes, setzen sich mit der Gesellschaft der BRD kritisch auseinander. F. veröffentlichte weiter Auszüge aus einem geplanten Roman *Schlesinger*, schrieb Hörspiele und Fernsehfilme.

W.: Romane, Erzählungen: Breinitzer oder Die andere Schuld, 1965; Der Plan des Stefan Kaminsky, 67; Taxi für Herrn Skarwanneck, Stufen einer Erinnerung, Teilsammlung, 69; Henri, 70; Mulligans Rückkehr, 72; Tagebuch einer Entziehung, 73; Dannys Traum, 75; Die blaue Stunde, 77; Mulligans Rückkehr, 79; Die Flucht nach Casablanca, 80. – *Hör- und Fernsehspiele:* Das Verhör; Die Landstraße; Stufen einer Erinnerung; Henri; Taxi für Herrn Skarwanneck; Daniel; Mulligans Rückkehr; Dannys Traum; Breinitzer oder Die andere Schuld.

Fried, Erich, *6.5.1921 Wien, †22.11. 1988 Baden-Baden.

F. emigrierte 1938 nach London und ließ sich dort, zunächst als Arbeiter in verschiedenen Berufen tätig, als Schriftsteller nieder. Bis 1968 BBC-Kommentator; Redakteur; Mitarbeiter bei zahlreichen Zeitschriften; politisch (sozialistisch) engagierter Autor; Übersetzer (u. a. Shakespeare, T. S. Eliot, Dylan Thomas, Edith Sitwell, David Rokeah). F. war korrespondierendes Mitglied der Deutschen Akademie für Sprache und Dichtung und erhielt mehrere Preise, u. a. 1983 den Bremer Literaturpreis, 1986 einen Österreichischen Staatspreis und 1987 den Büchner-Preis.

Dem vorwiegend als Lyriker rezipierten F. wurde die Sprache – in den 40er und 50er Jahren für ihn zunächst liedhaftes, bilderzeugendes Medium – zunehmend zum dialektisch zugespitzten Mittel der Gestaltung des aus der Betroffenheit resultierenden «eingreifenden» Gedichts, das die Widersprüche wie die offene und latente Inhumanität fixer Ideologien und deren politische und soziale Folgen anprangert. Die Nähe zur Dialektik Brechts zeigt sich im enthüllenden Wortspiel mit Tendenz zum epigrammatischen Charakter (*Warngedichte*) und in «Gegengedichten» (*Befreiung von der Flucht*). Seit seinen Vietnam-Gedichten 1966 avancierte F. zum Paradebeispiel für politische Lyrik; durch seine literarische Opposition gegen die israelische Politik (*Höre, Israel!*) und durch seine kritische Haltung im Zusammenhang mit den Reaktionen der Staatsgewalt auf APO und Terrorismus in der Bundesrepublik (*So kam ich unter die Deutschen*) wurde er zum politischen Streitfall. Das engagierte Gedicht ist für F. der sprachliche Ort der Reflexion politischer Ereignisse einer Gegenwart, deren Sünde darin besteht, daß sie in der Bewältigung der Vergangenheit versagt und an Stelle heilsamer Unruhe Ruhe und Ordnung propagiert.

W.: Romane, Erzählungen: Ein Soldat und ein Mädchen, 60; Kinder und Narren, 65; Fast alles Mögliche, 75; Das Unmaß aller Dinge. 35 Erzählungen, 82; Das Mißverständnis, 82; Angst und Trost. Erzählungen über Juden und Nazis, 83; Mitunter sogar Lachen, 86. – *Hörspiele:* Erinnerung an einen Feiertag, 58; Izanagi und Izanami, 60; Indizienbeweise, 60; Die Expedition, 62; Magellans Fahrt, 62; Die Beine der größeren Lügen, 70; Welch' Licht scheint dort, 80. – *Operntexte, Dramen:* Arden muß sterben (mit A. Goehr), 67; Und alle seine Mörder, 84. – *Lyrik:* Deutschland, 44; Österreich, 45; Genügung, 47; Gedichte, 58; Reich der Steine, 63; Überlegungen, 64; Warngedichte, 65; und Vietnam und, 66; Anfechtungen, 67; Befreiung von der Flucht, 68 (erw. 83); Zeitfragen, 68; Last honours, 68; Die Beine der größeren Lügen, 69; Unter Nebenfeinden, 70; Die Freiheit, den Mund aufzumachen, 72; Aufforderung zur Unruhe, 72; Gegengift, 74; Höre, Israel!, 74 (erw. 88); So kam ich unter die Deutschen, 77; Die bunten Getüme, 77; 100 Gedichte ohne Vaterland, 78; Liebesgedichte, 79; zur Zeit und zur Unzeit, 81; Lebensschatten, 81; Das Nahe suchen, 82; Befreiung von der Flucht. Gedichte und Gegengedichte, 83; Es ist was es ist, 83; Kalender für den Frieden 1985, 83; Beunruhigungen, 84; Reich der Steine, 84; Zeitfragen und Überlegungen, 84; Um Klarheit, 85; In die Sinne einradiert, 85; Wenn ich an deinen Mund denke, 86; Wächst das Rettende auch?, 86; Vorübungen für Wunder, 87; Am Rande unserer Lebenszeit, 87; Unverwundenes, 88. – *Essays:* They fight in the dark, 44; Verhaltensmuster. Intellektuelle und Sozialismus, 69; Ich grenz noch an ein Wort und an ein andres Land. Über Ingeborg Bachmann, 83; Die da reden gegen Vernichtung (mit A. Hrdlicka u. E. Ringel), 85; Gespräche und Kritiken, 86; Gespräche mit Erich Fried, 86; Gegen das Vergessen (mit M. Helm), 87; Wo liegt Nicaragua? (mit H. Albertz), 87; Eisler, G.: Landschaft des Exils [Text E. F.], 87; Von der Nachfolge dieses jungen Menschen der nie mehr alt wird, 88; Ein Gespräch [mit H. Müller], 89. – *Übersetzungen:* Shakespeare-Übersetzungen, 63f; außerdem: Euripides, T. S. Eliot, Graham Greene, Edith Sitwell, David Rokeah, Dylan Thomas, Sylvia Plath u. a. – *Sammel- und Werkausgaben:* Die Beine der größeren Lügen/Unter Nebenfeinden/Gegengift, 76; Kampf ohne Engel, 76; Angst und Trost, 83; Und nicht taub und stumpf werden. Reden, Polemiken, Gedichte, 84; Bis nach Seit. Gedichte aus den Jahren 1945–1958, 85; Fall ins Wort, 85; Frühe Gedichte, 86; Nicht verdrängen – nicht gewöhnen. Texte zum Thema Österreich, 87; Gedanken in und an Deutschland. Reden und Essays, 88; Shakespeare-Übersetzungen, 3 Bde, 89; Gründe, 89. – *Herausgebertätigkeit:* Am Beispiel Peter Paul Zahl. Eine Dokumentation (mit Helga Novak), 76. – *Schallplatten:* Verstandsaufnahme, 84; Karlheinz Böhm liest E. F., 87; Ein Fest für Erich Fried, o. J. (Video); Gespräche über erste & letzte Dinge. Allzuviel kann einem nicht geschehen, außer daß man stirbt!, 90 (Kass.).

Friedell (ursprüngl. Friedmann), Egon (Pseud. Polfried), *21.1.1878 Wien, †16.3.1938 ebd. (Freitod).

Nach mehreren Abituranläufen studierte der Sohn eines Tuchfabrikanten Germanistik, Philosophie und Naturwissenschaften und promovierte 1904 mit der Arbeit *Novalis als Philosoph.* Kabarettleiter und -autor mit geistreich-zynischen und in der Eigenart des Wiener jüdischen Witzes stehenden Beiträgen; Theaterdichter und -rezensent, Schauspieler, Herausgeber und Feuilletonist. Seine umfangreichste und bedeutendste Arbeit ist die dreibändige *Kulturgeschichte der Neuzeit.* F. verstand es, Geschichte und «Geschichten» so zu entfalten, daß ihre Aktualität zutage tritt. Historie sollte von einer Vergangenheitskunde in Gegenwartsanalyse umschlagen: «Alles, was wir von der Vergangenheit aussagen, sagen wir von uns selbst aus ... indem wir uns in die Vergangenheit versenken, entdecken wir neue Möglichkeiten des Ichs.» Eine Kulturgeschichte des Altertums blieb unvollendet. Kurz nach dem Einmarsch der Hitlerschen Truppen in Österreich stürzte sich F. wegen seiner jüdischen Abstammung aus dem Fenster seiner Wohnung. Ungedruckte Briefe im Archiv der Stadt Wien.

W.: Erzählungen: Die Reise mit der Zeitmaschine, 1946. – *Dramen:* Goethe (mit A. Polgar), 08; Judastragödie, 20. – *Essays, wissenschaftliche Abhandlungen:* Novalis als Philosoph, 04; Ecce poeta, 12; Von Dante zu D'Annunzio, 15; Das Jesusproblem, 21; Steinbruch. Vermischte Meinungen und Sprüche, 22; Kulturgeschichte der Neuzeit. Die Krisis der europäischen Seele von der Schwarzen Pest bis zum Ersten Weltkrieg, 3 Bde, 27–31; Das letzte Gesicht, 30; Kulturgeschichte Ägyptens und des alten Orients, 36; Friedell-Brevier, 47; Kulturgeschichte Griechenlands (Fragment), 49; Das Altertum war nicht antik und andere Bemerkungen, 50; Kleine Porträtgalerie, 53; Aphorismen zur Geschichte, 55. – *Briefe,* 59. – *Übersetzungen:* Emerson, 06; Carlyle, 14; Macaulay, 24. – *Sammel- und Werkausgaben:* Abschaffung des Genies. Gesammelte Essays 1905–1918, 82; Selbstanzeige. Essays ab 1919, 83; Ist die Erde bewohnt? Gesammelte Essays

1918–1931, 85; Meine Doppelseele, 85; E. F./ A. Polgar: Goethe und die Journalisten. Satiren im Duett, 86; Kulturgeschichte, 4 Bde, o. J.; Das Friedell-Lesebuch, 88; Kultur ist Reichtum an Problemen, 89. – *Herausgebertätigkeit:* Hebbel, 09; Andersen, 14; J. N. Nestroy: Das ist klassisch, 22 (u. d. T.: Nestroy für Minuten, 85).

Friedenthal, Richard, *9.1.1896 München, †19.10.1979 Kiel.

F. wurde in München geboren und wuchs in Berlin auf. Nachdem er vier Jahre im 1. Weltkrieg gedient hatte, studierte er in Berlin, Jena und München und wurde nach seiner Promotion zum Dr. phil. freier Schriftsteller. 1933 wurde ein Schreibverbot gegen ihn erlassen; 1938 emigrierte er nach England, wo er nach einer vorübergehenden Internierung Mitarbeiter der BBC wurde. Nach dem Krieg war er 1945–54 Redakteur der «Neuen Rundschau», dann Verlagsleiter. 1956 siedelte er endgültig nach London über und lebte dort als freier Schriftsteller bis zu seinem Tode. – F., der zunächst lyrische Texte schrieb, wurde durch seine Novellen bekannt. Darin versuchte er, indem er historische Themen – die Napoleonischen Kriege oder das Spanien der großen Entdecker, behandelte, zur Geschlossenheit der klassischen Form zurückzufinden, verzichtete dabei gern auf lange, ausführliche Dialoge zugunsten der knapperen indirekten Rede. Diese erste Phase seines Schaffens erreichte ihren Höhepunkt mit dem Roman *Der Eroberer*. Nach einer mehrjährigen Tätigkeit als Herausgeber, Redakteur und Verlagsleiter veröffentlichte F. zahlreiche Essays, wobei ihn seine wachsende Vertrautheit mit der englischen Literatur zu einer «populären» Darstellung anregte, die z. B. in von ihm verfaßten Biographien von Goethe, Luther oder Leonardo da Vinci besonders ausgeprägt ist.

W.: Romane, Erzählungen, Novellen: Der Fächer mit der goldenen Schnur, 1924; Der Heuschober, 25; Marie Rebscheider, 27; Der Eroberer, 29; Das Erbe des Kolumbus, 50; Die Welt in der Nußschale, 56; Die Party bei Herrn Tokaido, 58. – *Lyrik:* Tanz und Tod, 18; Demeter, 24; Brot und Salz, 43. – *Essays, Biographien:* Stefan Zweig und der humanistische

Gedanke, 48; Studienführer zur deutschen Literatur (engl.), 49; Goethe-Chronik (engl.), 49; Englische Kultur, 51; Georg Friedrich Händel, 59; Leonardo da Vinci, 59; London zwischen gestern und morgen, 60; Goethe, sein Leben und seine Zeit, 63; Luther, 67; Entdecker des Ich. Montaigne, Pascal, Diderot, 69; Hus, 72; Karl Marx, 81. – *Übersetzung:* Irwin Edmann: Ein Schimmer Licht im Dunkeln, 40. – *Herausgebertätigkeit:* Knaurs Konversationslexikon A–Z, 32; Goethe: Werke, 32; Stefan Zweig: Zeit und Welt, 43; Stefan Zweig: Balzac, 50; Knaurs Jugendlexikon, 53; Zweig, St.: Briefe an Freunde, 78.

Friedlaender, Salomo (Pseud. Mynona), *4. 5. 1871 Gollantsch, †9. 9. 1946 Paris.

F., Sohn einer jüdischen Arztfamilie aus der Nähe von Posen, studierte nach dem Abitur anfangs Medizin, später spekulative Philosophie; in Jena 1902 Promotion zum Dr. phil.; anschließend in Berlin ansässig; in den ersten Jahren als Verfasser philosophischer Werke hervorgetreten, seit 1911 darüber hinaus Veröffentlichung von Grotesken unter dem Pseudonym Mynona (Anagramm für «anonym»); Mitherausgeber der Zeitschrift der Stirnerianer «Der Einzige» mit seinem Vetter Anselm Ruest; Freundschaft mit Philosophen und Schriftstellern der Zeit nach der Jahrhundertwende, so mit Scheerbart, Kubin, Lublinski und Simmel. 1933 Emigration nach Paris; dort Mitarbeiter an der Exilzeitschrift «Pariser Tageblatt» und Weiterarbeit an seinen philosophischen Werken, die schon seit Mitte der 20er Jahre wieder zum Schwerpunkt seiner Tätigkeit geworden waren. Im Krieg bereits schwer krank, blieb der in ärmlichsten Verhältnissen äußerst zurückgezogen lebende F. unbehelligt und starb 16 Monate nach Ende des Krieges.

Als Philosoph anfangs von Nietzsche, später von Kant beeinflußt, war F. Anhänger der Polaritätslehre, die er in seinem Hauptwerk *Schöpferische Indifferenz* niederlegte. Grundidee dieser Auffassung ist, daß der Mensch die Fähigkeit zur inneren Erleuchtung in sich trägt, die jedoch von seinem oberflächlichen, differenten Ich überlagert ist. Zur Freimachung der Kräfte im eigenen Innern, zur Erreichung des Zustandes der schöpferischen Indifferenz ist eine Vernichtung des differenten Ich bzw. eine Lösung davon notwendig, die dann die Überwindung aller polaren Gegensätze der Welt und des Menschen ermöglicht.

Den Philosophen Friedlaender ergänzte der Literat Mynona: Die Grotesken Mynonas verspotteten nicht nur die Unzulänglichkeit des einzelnen und der Welt, sondern dienten auch zur Verbreitung der Auffassung des Philosophen Friedlaender. Mit der Form der Groteske bediente sich Mynona einer der charakteristischen Formen expressionistischer Prosa, wie sie u. a. auch von Ehrenstein, Heym, Meyrink und Scheerbart gepflegt wurde.

In vielen Werken F.s tauchen – verfremdet – bekannte Künstler und Philosophen aus dem Berlin der 10er und 20er Jahre auf, u. a. auch er selbst, beispielsweise in dem Schlüsselroman *Graue Magie*.

W.: Romane, Erzählungen, Grotesken: Rosa die schöne Schutzmannsfrau und andere Grotesken, 1913; Für Hunde und andere Menschen, 14; Schwarz-weiß-rot, 16; Die Bank der Spötter, 19; Der Schöpfer, 20; Nur für Herrschaften, 20; Unterm Leichentuch, 20; Das widerspenstige Brautbett und andere Grotesken, 21; Mein Papa und die Jungfrau von Orléans, 21; Graue Magie, 22; Trappistenstreik und andere Grotesken, 22; Ich möchte bellen und andere Grotesken, 24; Tarzaniade, 24; Das Eisenbahnunglück oder Der Anti-Freud; Mein Hundertster Geburtstag und andere Grimassen, 28; Der neue Ibikus, 29; Hat Erich Remarque wirklich gelebt?, 29; Der Holzweg zurück oder Knackes Umgang mit Flöhen, 31; Geheimnisse von Berlin, 31 (Neuausgabe von Graue Magie); Sautomat, 31; Anti-Freud, 32; Der lachende Hiob und andere Grotesken, 36; Der verliebte Leichnam, 85. – *Lyrik:* Durch blaue Schleier (unter dem Namen Friedlaender), 18; Hundert Bonbons, 18. – *Essays, philosophische Schriften:* Versuch einer Kritik der Stellung Schopenhauers zu den erkenntnistheoretischen Grundlagen der «Kritik der reinen Vernunft» (Dissertation), 02; Julius Robert Mayer, 05; Jean Paul als Denker, 07; Logik, 07; Psychologie, 07; Schopenhauer, 07; Friedrich Nietzsche, 11; Schöpferische Indifferenz, 18; George Grosz, 22; Kant für Kinder, 24; Wie durch ein Prisma, 24; Katechismus der Magie, 25; Der Philosoph Ernst Marcus als Nachfolger Kants, 30; Kant gegen Einstein, 32. – *Sammelausgabe:* Mynona. Prosa, 2 Bde, Bd I: Ich verlange ein Reiterstandbild, Bd II: Der Schöpfer (mit Bibliographie), 80; Briefe aus dem Exil. 1933–1946, 82; Kubin, A./S. F.: Briefwechsel 1915–1942, 85.

Fries, Fritz Rudolf, *19. 5. 1935 Bilbao (Spanien).
Ab 1942 Schulbesuch, dann Studium (Romanistik, Anglistik, Germanistik) in Leipzig. Arbeitet seit 1958 als freischaffender Dolmetscher, Übersetzer und Schriftsteller. 1960–66 Assistent an der Akademie der Wissenschaften der DDR. Während F. in der BRD schon 1966 mit seinem in der DDR spielenden Schelmenroman *Der Weg nach Oobliadooh* Aufsehen erregte, wurde er in der DDR erst durch seinen Erzählband *Der Fernsehkrieg* als subtiler, stilistisch ausgefeilter Erzähler bekannt. In seinem Roman *Das Luft-Schiff* wird an Hand der Biographie eines versponnenen Erfinders, die von Tochter, Enkel und Urenkeln rekonstruiert wird, ein Bild der Zeit vom Kaiserreich bis zum spanischen Bürgerkrieg gegeben. Unter Rückgriff auf diesen Roman erzählt F. in *Die Väter im Kino* in gewohnter sprachlicher Virtuosität den Roman, den danach gedrehten Film und die Biographie des Erfinders weiter. Für dieses verschachtelt konstruierte, mit Erzählebenen und Perspektiven spielende Werk erhielt F. den Bremer Literaturpreis 1991. F. erwarb sich durch viele seiner Texte und durch seine Übersetzungen und Nachdichtungen moderner und klassischer Autoren ein großes Verdienst für die Vermittlung der spanischen und iberoamerikanischen Kultur in der DDR. 1979 H.-Mann-Preis., Marie-Luise-Kaschnitz-Preis 1988.

W.: Romane, Erzählungen: Der Weg nach Oobliadooh, 1966; Der Fernsehkrieg, 69/75; Leipzig am Morgen, in: Sinn & Form, 69; Seestücke, 73; Chilenische Gespräche, in: Neue Deutsche Literatur, 74; Das Luft-Schiff. Biografische Nachlässe aus den Fantasien meines Großvaters, 1. Teil, 74; Lope de Vega, 77; Der Seeweg nach Indien, 78 (westdeutsche Ausgabe: Das nackte Mädchen auf der Straße, 80); Mein spanisches Brevier, 79; Die Verbannung und der Sieg des Ritters Cid, 79; Erlebte Landschaft. Bilder aus Mecklenburg, 79 (mit L. Reher); Alle meine Hotelleben. Reisen 1957–79, 81; Schumann, China und Zwickauer See, 81; Leipzig am Herzen und die Welt dazu, 83; Alexanders neue Welten, 83; Das Filmbuch

zum Luft-Schiff, 83; Verlegung eines mittleren Reiches, 84; Es war ein Ritter Amadis, 88; Die Väter im Kino, 90. – *Hörspiele:* Die Familie Stanislaw, 60 (mit F. Selbmann); Der Traum des Thomas Feder, 78; Der Mann aus Granada, 78; Der fliegende Mann, 81; Der Condor oder Das Weib erträgt den Himmel nicht, 83; Hörspiele, 84. – *Lyrik:* Herbsttage in Niederbarnim, 88. – *Essays, theoretische Schriften:* Bemerkungen anhand eines Fundes oder Das Mädchen aus der Flasche, 85. – *Übersetzungen, Nachdichtungen:* u. a. Cervantes, Otero, Tirso de Molina, Calderón, Gatti, Cortázar, Vallejo, Aleixandre, Delibes; Spanien-Akte Arendt (mit J. Brumme), 86.

Friesel, Uwe (Pseud. Urs Wiefele), *10. 2. 1939 Braunschweig.
F. studierte 1961–65 Germanistik, Anglistik und Philosophie in Hamburg und arbeitete danach als Verlagslektor, Hörspieldramaturg beim NDR und 1970 als Chefdramaturg der Freien Volksbühne Berlin. 1971 Mitarbeiter beim GRIPS-Theater, fungierte F. 1972–77 als Mitherausgeber der Autoren-Edition. Heute lebt er als freier Schriftsteller und Übersetzer. Er ist im Vorstand des VS und Mitglied des PEN. – 1968/69 erhielt F. das Stipendium der Villa Massimo, 1972 das Literaturstipendium des Berliner Senats, war 1979/80 Stadtteilschreiber in Hamburg-Eppendorf und bekam in den 80er Jahren mehrere Arbeitsstipendien, darunter 1986 das Große Künstlerstipendium des Landes Niedersachsen.
Bevor F. Mitte der 80er Jahre in die Reihe deutscher Krimiautoren eintrat, war er vor allem als Übersetzer Nabokovs bekannt geworden. Seine Lyrik seit den frühen 60er Jahren war Ausdruck der politischen «Betroffenheit» (Friesel), wollte eingreifen und verändern. In diesem Zusammenhang ist auch die umfangreiche, mit Walter Grab herausgegebene Anthologie politischer deutscher Lyrik zu sehen. Nach dem frühen Roman *Sonnenflecke* dauerte es mehr als zehn Jahre, bis F. einen neuen Prosaband veröffentlichte. In den Erzählungen des Bandes *Am falschen Ort* scheitern die Hauptfiguren in ihrem Bemühen, der eigenen wie der Vergangenheit ihres Volkes zu entfliehen und in der Idylle unterzutauchen. – Auch in seinen Kriminalromanen um den Ex-Kommissar Blankenhorn wird F.s (ge-

sellschafts)politisches Engagement deutlich, das sich in diesem Fall nicht mit der geradlinigen Suche nach einem Mörder begnügt, sondern Verbrechen als Ergebnis eines bestimmten Gesellschaftszustandes deutlich zu machen versucht. Gleiches gilt für seinen Roman *Im Schatten des Löwen*, in dem ein Studienrat sich bemüht, der Geschichte seines Vaters während des 2. Weltkriegs nachzugehen, dabei aber zugleich seine eigene Geschichte in der BRD nachvollzieht.

W.: Romane, Erzählungen, Prosa, Kinderbücher: Sonnenflecke, 1965; Maicki Astromaus (nach F. Brown), 70; Der kleine Herr Timm und die Zauberflöte Tirlili, 70; Die Geschichte von Trummi kaputt (mit V. Ludwig), 73; Auf Anhieb Mord (mit anderen), 75; Am falschen Ort, 78; Jeden Tag Spaghetti. Zelten mit Vater, 83; Sein erster freier Fall, 83; Lauenburg Connection, 83; Spiegel verkehrt, 84; Das Ewige an Rom oder Vergebliche Versuche in Berlin zu landen, 85; Im Schatten des Löwen, 87; Das gelbe Gift, 88. – *Dramen, Hör- und Fernsehspiele:* Skat, 66; Unsere liebe Lucie, 67; Ping Pong, 69; L. van Beethoven: Fidelio (Neufsg des Textes), 69 (UA); Volpone. Nach Ben Jonson, 70 (UA); Mitbe/Bestimm/Stimmung (mit R. Hey), 71; Maicki Astromaus, 71; Noch ist Deutschland nicht verloren, 72 (Fs.); Die Neun-Runen-Fuge des Otto Nebel, 73; Wernicke – Die Familie eines Reifenheizers (mit M. Jehn und H. Wiedfeld), 9 Folgen (von 33), 73–76; Die Christusbringer, 74; Entlassungen. Drei Szenen aus der Arbeitswelt, 75 (Fs.); Blankenhorn I und II, 80; Der lautlose Tod – Giftgas in Hamburg, 82 (Film); Lauenburg Connection (Blankenhorn III), 84. – *Lyrik:* Linien in die Zeit, 63; Aufrecht flußabwärts. Gedichte aus 20 Jahren, 84. – *Essays, theoretische Schriften:* Die Liebe liegt tiefer, irgendwo. Gespräche mit Künstlern in Eppendorf, 80. – *Übersetzungen:* S. Schneck: Der Nachtportier, 65; A. L. Barker: Schwarzfahrt und Danach, 66; V. Nabokov: Fahles Feuer, 68; V. Nabokov: Ada oder Das Verlangen (mit M. Therstappen), 74; V. Nabokov: Sieh doch die Harlekins!, 79; R. Adams: Das Mädchen auf der Schaukel, 81; J. Updike: Der verwaiste Swimmingpool, 87. – *Herausgebertätigkeit:* Noch ist Deutschland nicht verloren (mit W. Grab), 70; Texte zu einem schönen Wort und unserer Wirklichkeit. Lesebuch 4: Freizeit (mit U. Timm), 73; Letters from Terra. Vladimir Nabokov zu Ehren, 77; Kindheitsgeschichten (mit H. Taschau), 79; Auf der Balustrade – schwebend. Erste Lyrik-Werkstatt des Literaturzentrums Hamburg (Koordination mit H. P. Piwitt), 82.

Fringeli, Dieter, *17. 7. 1942 Basel.

F., Sohn des Lehrers und Schriftstellers Albin F., studierte in Basel, Fribourg, Tübingen und Hamburg Germanistik, Geschichte und Kunstgeschichte und promovierte 1967 über A. X. Gwerder. Nach dreijährigem Aufenthalt in Hamburg lebt er wieder in Basel als Publizist und Dozent. Er leitet seit 1976 das Feuilleton der «Basler Nachrichten», dann der «Basler Zeitung».

F. ist zugleich Lyriker, Kritiker und Herausgeber. Literaturkritik und Edition haben ihren Schwerpunkt in der Darstellung und Betonung der schweizerischen Literatur, wobei auch unbeachtete oder vergessene Autoren wieder gewürdigt werden. – F.s oftmals epigrammatisch verdichtete Lyrik ist eine skeptisch-sarkastische Aussage über die Ungesichertheit menschlicher Existenz in der heutigen Gesellschaft. Sie kennzeichnet sich, besonders in den Gedichtbänden *Was auf der Hand lag* und *Durchaus* sowie *Ich bin nicht mehr zählbar*, durch entlarvende, klischeezerstörende Sprachkritik, zum Teil durch Rückgriff auf die Mundart. Sein Lapidarstil mündet zuweilen in prägnante Einwortgedichte, wie z. B. «Friedenstaubenplage», ein. F. ist heute einer der begabtesten Repräsentanten der Kurzlyrik.

W.: Lyrik: Zwischen den Orten, 1965; Was auf der Hand lag, 68 (erw. 74); Das Nahe suchen, 69; Das Wort reden, 71; Durchaus, 75; Ich bin nicht mehr zählbar, 78; Ohnmachtswechsel, 81; Wort-wund, 88. – *Essays:* Die Optik der Trauer. A. X. Gwerder, 70; Dichter im Abseits, 74; Von Spitteler zu Muschg, 75; Nachdenken mit und über F. Dürrenmatt, 77; Reden und andere Reden, 79; Mein Feuilleton, 81; Ich weiß eine Stadt. Dichter im Abseits (mit D. Müller u. F. Leuzinger), 85. – *Herausgebertätigkeit:* Gut zum Druck. 99 Schriftsteller der deutschen Schweiz … seit 1964, 72; Mach keini Sprüch. Schweizer Mundartlyrik des 20. Jahrhunderts, 72; Taschenbuch der Gruppe Olten (mit P. Nizon und E. Pedretti), 74; haltla. Basel und seine Autoren, 78; Albin Fringeli: Lesebuch, 79; Wohnhaft in Basel [mit E. Braun], 88; S. Lang: Blätterstatt, 89.

Frisch, Max, *15. 5. 1911 Zürich, †3. 4. 1991 ebd.

F. kam auf dem Umweg über Germanistik-Studium und journalistische Arbeit, die ihn weit nach Südosteuropa und Rußland führte, zunächst zum Beruf seines Vaters: Nach dem Architektur-Studium (1936–40, ETH Zürich) gewann er gegen 82 Konkurrenten den Preis im Wettbewerb um ein Freibad (Zürich) und gründete darauf für ein Jahrzehnt die eigene Berufsexistenz (1944–55). Typisch für F.s Existenzform ist das Reisen, das Weltoffenheit wie Fortstreben aus der Enge bezeugt. Seit 1946 besuchte er wiederholt viele europäische Länder, die USA, Mexiko und den Orient. Den ersten der drei Amerika-Aufenthalte (1951/52) verdankte er der Rockefeller-Stiftung. 1961–65 lebte er in Rom, seit 1965 im Tessin. Büchner-Preis 1958, 1976 Friedenspreis des Deutschen Buchhandels, 1985 Commonwealth Award und 1986 den amerikanischen Neustadt-Literaturpreis. Zahlreiche weitere Auszeichnungen; F. ist mehrfacher Ehrendoktor und «Commandeur» des französischen «Ordre des Arts et des Lettres». Heinrich-Heine-Preis Düsseldorf 1989.

Grundlegende Bedeutung für das Gesamtwerk hat das *Tagebuch*. Seine gedankliche Fülle, sein dokumentarischer Wert entstammen der Objektivierung aller Erfahrungen, hinter der die Erkundung des eigenen Ich zurücktritt. So registriert er aus der Sicht des neutralen, aber engagierten Beobachters den äußeren und inneren Zustand Europas nach dem Krieg. Bedeutenden Raum nehmen Reflexionen über Theater und Literatur und die Begegnung mit Brecht ein. In einer anderen Schicht enthält das Tagebuch Skizzen und Vorstufen zum späteren Schaffen und erweist damit die frühe Gleichzeitigkeit der Konzeptionen. Das im *Tagebuch* sonst ausgesparte subjektive Element privater Existenzproblematik (romantische Wirklichkeitsflucht, Scheitern in Liebe und Ehe) beherrscht das gesamte, seit *Bin* konsequent in Ich-Form vorgetragene Prosawerk; in den Dramen wechselt es ab mit einer die großen Fragen der Epoche ergreifenden Thematik.

Die Schwierigen zeigt am Leben eines gescheiterten Malers und der beiden ihm in nüchterne Ehe-Solidität entgleitenden Frauen erste Motivansätze für Unbürgerlichkeit, Flucht aus der Zeit in die intensiv, virtuos ausgemalte Natur; aber F. gestaltet daneben auch Bürgerwerte, feiert eigene Berufsfreuden. In der romantischen Lyrik von *Bin* bleibt die Traum-Sehnsucht nach dem Unerreichbaren (in der Chiffre Peking) übrig; die Architekten-Rolle bindet das Ich an das Reale. *Stiller* hebt all das in große epische Form und hat mehr Zeitbezug. Aufzeichnungen des gehemmten Bildhauers, der seine Identität leugnet (damit inhuman wird), und Bericht des Staatsanwalts vom Resignationsende in der Selbstannahme bedingen die Form: Wechsel von fiktivem Ich und scheinbar nur referierter Stiller-Biographie, die sich im synchronisierten, parallelen Erleben von drei Partnern spiegelt (I.), gegen objektive Analyse (II. Teil). Die Fluchtposition behält Privates: Mit *Homo faber* erst gelingt Typisches: der nüchterne Mensch der Technik, dem alles Leben berechenbar sein soll, der Schicksal leugnet und gerade so in den Inzest mit der nicht als Tochter Erkannten gerät. Am Ich-Bericht selbst wird ablesbar, wie der Prozeß von seelenfremder Mechanik zu antikem Lebensgefühl (Hängen am Licht des Diesseits) Faber wandelt. Die Synthese aus antiker tragischer Unentrinnbarkeit und technischer Welt bestimmt auch die Form (Symbolverweise, assoziierter Mythos). *Mein Name sei Gantenbein* variiert Identitätsproblem und Rollenspiel in extremer Artistik. Eine Erfahrung (der verlassene Mann nach zerbrochener Ehe) soll ihre Geschichte finden: Das gesichtlose Ich probiert Rollen. Fabulierfülle als die des möglichen Lebens strömt in eine offene Romanform, deren Gesetz die Freiheit der Skizze ist: Was einmal für F.s *Tagebuch* typisch war, bestimmt nun umgekehrt den Roman (vgl. die Ausformung der Skizze vom totgesagten Mann, der sein Leben verläßt, im Film-Text *Zürich-Transit*).

Montauk schildert das glückliche Wochenende des 63jährigen Schriftstellers mit einer 30 Jahre jüngeren Amerikanerin; zugleich werden andere Liebesgeschichten aus F.s «Leben als Mann» evoziert. Sowohl die Form des Tagebuchs als auch die früheren Ich-Roman-Formen werden hier zugunsten einer autobiographischen Erzählart aufgegeben. Das darin schon anklingende Motiv des Alterns wird noch durch die Liebe überspielt. In F.s Erzählung *Der Mensch erscheint im Holozän* steht dagegen das Alters- und Todesmotiv im Mittelpunkt. – In der Kriminalgeschichte *Blaubart* nimmt ein des Mordes Verdächtiger das Verhör zum Anlaß, auf die Suche nach der Wahrheit seines Selbst und seiner Vergangenheit zu gehen, und gerät dabei in tiefste Verwirrung.

Parallel verläuft die Entwicklung der zunächst von Wilder und Brecht beeinflußten Dramen. *Santa Cruz* (entstanden 1944), das Traumspiel mit der Sehnsuchts-Chiffre Hawaii, stellt Elvira zwischen Vaganten-Abenteuer und Rittmeister-Ordnung (Meer und Schloß), versöhnt im Widerspiel von Traum- und Realitäts-Akten das Jetzt mit dem Damals vor 17 Jahren in der Todesstunde des Vaganten, läßt im Kind der Sehnsucht alles erneut anheben. Das Requiem *Nun singen sie wieder*, konzipiert im Gegenüber von Diesseits des Kriegssterbens und Jenseits des Zu-Ende-Lebens des Möglichen, sucht hinter dem Grauen gemeinsames Leid und beschwört die Überlebenden, die Opfer nicht heroisch mißzuverstehen. Zu großem Welttheater weitet sich *Die Chinesische Mauer.* Die durch die Atombombe drohende Ende der Menschheit gebietet ihr radikalen Wandel eines Bewußtseins, das vom Machtdenken der historischen Großen geprägt ist, das zum andern auch die Figuren der Kulturüberlieferung beherbergt. Beides steht sich im Maskenspiel gegenüber. Die Ohnmacht des Geistes vor der Macht soll als zwingender Appell wirken. *Graf Öderland* mischt romantischen Hang zu antibürgerlicher Freiheit mit der Thematik der Revolution. In *Don Juan* variiert F. sein Grundthema am alten Stoff: die Flucht aus der Rolle, aus dem Bildnis, das die anderen sich machen. Die Paradoxie des 5-Akte-Spiels mit Intermezzi entläßt Don Juan, der die Frauen floh und in der Geometrie das stimmige Wissen suchte, in die Ehe mit der Dirne Miranda und in die Vaterschaft, während die von ihm selbst gestiftete und zugleich entlarvte Legende ihr zähes Bühnenleben beginnt. *Biedermann und die Brandstifter* bildet die zynisch offene Machtergreifung moderner Diktatoren im Kleinbürgermilieu nach, vermischt das feige Zurückweichen vor dem unverhüllten Tun der Brandstifter aber mit Biedermanns Schuld an dem Verzweiflungstod seines Angestellten. Aus dem Kontrast beider Handlungslinien entsteht eine folgerichtige Struktur, die durch Parodie-Chöre (Antigone) akzentuiert wird. *Andorra* zeigt die zerstörende Gewalt von Vorurteil und Bildnis an dem angeblichen Juden Andri, den die Umwelt so lange modelt, bis er sich in seiner Rolle annimmt und willentlich opfert. Aus der Ablehnung der klassischen «Dramaturgie der Fügung» entwickelt F. in *Biografie* eine der Roman-Theorie des *Gantenbein* entsprechende neue Dramenform. Der Verhaltensforscher Kürmann erhält die Freiheit, seine Vergangenheit in immer neuen Spielversuchen zu verändern, um seinen Ehe-Irrtum zu korrigieren. Der Verlauf dieses aus Kürmanns Bewußtsein szenisch entfalteten Denkspiels freilich widerlegt die These von der Zufälligkeit aller Entscheidungen. F. glaubt nicht, durch Literatur direkt verändern, wohl aber Ideologien zersetzen zu können.

W. Romane, Erzählungen: Jürg Reinhart, 34; Antwort aus der Stille, 37; J'adore ce qui me brüle oder Die Schwierigen, 43 (veränderte Neuausg. Die Schwierigen, 57); Bin oder Die Reise nach Peking, 45; Marion und die Marionette, 46; Stiller, 54; Homo faber, 57; Schinz, 59; Mein Name sei Gantenbein, 64; Wilhelm Tell für die Schule, 71; Glück, 72; Montauk, 75; Der Traum des Apothekers von Locarno, 78; Der Mensch erscheint im Holozän, 79; Blaubart, 82; Blaubart. Ein Buch zum Film, 85; Erzählungen des Anatol Stiller, 89. – *Tagebücher, Essays:* Blätter aus dem Brotsack, 40; Tagebuch mit Marion, 47; Tagebuch 1946–49, 50; Achtung: Die Schweiz, 55; Die neue Stadt (mit L. Burckhardt und M. Kutter), 56; Glossen zu Don Juan, 59; Dramaturgisches. Ein Briefwechsel mit W. Höllerer, 69; Tagebuch 1966–71, 72 (Ausz.: Fragebögen. 1966–1971, 87); Dienstbüchlein, 74; Rede zum Friedenspreis des Deutschen Buchhandels (mit H.v. Hentig), 76; Die Tagebücher, 83; Forderungen des Tages, 83; Schweiz ohne Armee? Ein Palaver, 89. – *Dramen, Hörspiele:* Nun singen sie wieder, 46; Santa Cruz, 47; Die Chinesische Mauer, 47; Als der Krieg zu Ende war, 49; Rip van Winkle, 53 (Hsp.); Graf Öderland, 51, 61; Don Juan oder Die Liebe zur Geometrie, 53, 62; Eine Lanze für die Freiheit, 55; Biedermann und die Brandstifter. Ein Lehrstück ohne Lehre, 58; Die große Wut des Philipp Hotz, 58; Schinz, 59; Rip van Winkle, 60; Andorra, 61; Zürich-Transit (Filmskizze), 66; Biografie: Ein Spiel, 67, 68 (Neue Fassung 1984, 85); Triptychon. Drei szenische Bilder, 78, 80. – *Sammelu. Werkausgaben:* Ausgewählte Prosa, 61; Frühe Stücke, 61; Stücke, 2 Bde, 62; Öffentlichkeit als Partner, 67; Stichworte, 75; Blaubart, 82 (Ein Film, 84); Gesammelte Werke in zeitlicher Folge, 6 bzw. 12 Bde, 76 (Erg.-Bd 86); Herr Biedermann und die Brandstifter/Rip van Winkle. 2 Hörspiele, 80; Stücke, 2 Bde, 81; Schweiz als Heimat? Versuche über 50 Jahre, 89. – *Schallplatten u. ä.:* Wir hoffen, 76 (Platte); Gespräche im Alter, 87 (Video-Cass.).

Frischmuth, Barbara, *5.7.1941 Altaussee (Österreich).

F. studierte Türkisch und Ungarisch in Graz, Erzurum (Türkei) und Debrecen (Ungarn) und Orientalistik in Wien; sie lebt als freie Schriftstellerin und Übersetzerin, erhielt mehrere Literaturpreise, u. a. den A.-Wildgans-Preis 1973 und 1979 den Preis der Stadt Wien; Österreichischer Würdigungspreis für Literatur 1987, 1989 den Manuskripte-Literaturpreis des Landes Steiermark.

In ihrem ersten Buch *Die Klosterschule* beschreibt F. eine von der erstarrten Ordnung eines katholischen Internats geprägte Mädchenerziehung, die dem Wunsch nach Freiheit und Unabhängigkeit mit unzähligen Regeln und Geboten entgegentritt und die Unterdrückung emotionaler, sinnlicher und intellektueller Bedürfnisse betreibt.

Daß Freiheit immer auch eine Befreiung der Sprache aus dem Zwang vorgegebener Interpretations- und Denkmuster ist, beweist die *Amoralische Kinderklapper*, ein Buch, das Kinder zu Wort kommen läßt, die sich jenseits der moralischen Ordnung der Erwachsenen eine eigene Welt aufbauen, in der sie schöpferisch mit Sprache umgehen, sie entsprechend ihren Bedürfnissen umgestalten und erweitern oder mit ihr spielen.

In dem 1973 erschienenen Roman *Das Verschwinden des Schattens in der Sonne*

thematisiert F. ihren Türkei-Aufenthalt, der von der Faszination durch die verwirrende Lebendigkeit und phantastische Vielfalt orientalischer (Geistes-)Geschichte ebenso bestimmt ist wie von den Schwierigkeiten, sich den gesellschaftlichen und politischen Verhältnissen der Gegenwart zu stellen.

Durch die Romantrilogie *Die Mystifikationen der Sophie Silber, Amy oder Die Metamorphose* und *Kai und die Liebe zu den Modellen* zieht sich als zentrales Motiv die Verbindung von Traum und Wirklichkeit, die Erweiterung der Realität um die Welt der Wünsche und der Phantasie. Indem sie diese Bereiche, umgesetzt in märchenhafte Bilder und materialisiert in Gestalten von Elfen, Wassergeistern, Wildfrauen, mit der Alltagswelt verschmilzt, leistet F. eine (Wieder)aneignung des aus den Bereichen gesellschaftlicher und psychischer Normalität Ausgegrenzten und entwirft so die Vorstellung von einem Leben, in dem Denken und Fühlen, Sinnlichkeit und Intellekt zusammen ein neues Ganzes bilden.

W.: Romane: Die Klosterschule, 1968; Das Verschwinden des Schattens in der Sonne, 73; Die Mystifikationen der Sophie Silber, 76; Amy oder Die Metamorphose, 78; Kai und die Liebe zu den Modellen, 79; Die Ferienfamilie, 81; Die Frau im Mond, 82; Kopftänzer, 84; Über die Verhältnisse, 87; Mörderische Märchen und andere Erzählungen, 89. – *Erzählungen:* Geschichten für Stanek, 69; Rückkehr zum vorläufigen Ausgangspunkt, 73; Haschen nach Wind, 74; Grizzly Dickbauch und Frau Nuffl, 75; Entzug – ein Menetekel der zärtlichsten Art, 79; Bindungen, 80; Vom Leben des Pierrot, 82; Traumgrenze, 83; Herrin der Tiere, 86. – *Kinder- und Jugendbücher:* Amoralische Kinderklapper, 69; Der Pluderich, 69; Philomena Mückenschnabel, 69; Polsterer, 70; Ida – und Ob, 72; Die Prinzessin in der Zwirnspule und andere Puppenspiele für Kinder, 72. – *Prosa:* Tage und Jahre. Sätze zur Situation, 71. – *Dramen, Hörspiele (ungedruckt):* Die Mauskoth und die Kuttlerin (Hsp.), 70; Löffelweise Mond (Hsp.), 71; Die unbekannte Hand (Hsp.), 73; Ich möchte, ich möchte die Welt (Hsp.), 77; Die Mondfrau (Hsp.), 79; Daphne und Io oder am Rande der wirklichen Welt, USA 82. – *Sammel- und Werkausgaben:* Rückkehr zum vorläufigen Ausgangspunkt/Haschen nach Wind, 83; Jahre. Zeit, Tschechow zu lesen. Unzeit. Bleiben lassen, 86; Sternwieser Trilogie, 86.

Fritsch, Gerhard, *28. 3. 1924 Wien,
†22. 3. 1969 ebd. (Freitod).
Nach der Rückkehr aus der Kriegsgefangenschaft studierte F. Germanistik in Wien, war bis 1958 Volksbibliothekar, dann (1961–65) Redakteur von «Wort in der Zeit» und (1966–69) Mitherausgeber von «Literatur und Kritik» und der «protokolle». Als Publizist förderte er die österreichische Avantgarde. – Die frühen Erzählungen F.s sind sozialkritische Stimmungsskizzen; sein erster Roman *Moos auf den Steinen* steht, beeinflußt von Joseph Roth, im Zeichen des «habsburgischen Mythos». Sein zweiter, formal von Vorbildern der europäischen Moderne geprägter Roman *Fasching* zeigt den Wandel F.s zum Zeitsatiriker: Die reaktionäre kleinstädtische Umwelt rächt sich an dem «Helden», der ihr ohne Absicht die nicht bewältigte Nazi-Vergangenheit in Erinnerung ruft. – Auch in der Lyrik F.s läßt sich dieser Wandel verfolgen, wobei ein elegischer Ton durchgehend bestimmend bleibt.

W.: Romane: Moos auf den Steinen, 1956; Fasching, 67. – *Erzählungen:* Zwischen Kirkenes und Bari, 52; Geographie der Nacht, 62; Katzenmusik, 74. – *Lyrik:* Lehm und Gestalt, 54; Dieses Dunkel heißt Nacht, 55; Der Geisterkrug, 58; Gesammelte Gedichte, 78. – *Herausgebertätigkeit:* Frage und Formel. Gedichte einer jungen österreichischen Generation, 63; Finale und Auftakt. Wien 1858–1914, 64; Aufforderung zum Mißtrauen. Literatur, bildende Kunst, Musik in Österreich seit 1945, 67; Neue ungarische Lyrik, 71. – Ferner Hörspiele; Übersetzungen (W. H. Auden).

Fritz, Marianne, *14. 12. 1948 Weiz/Österreich.
F. absolvierte eine Bürolehre und kam über den zweiten Bildungsweg zur Schriftstellerei. Autorenstipendien und Vorschüsse ermöglichen es ihr, sich fernab vom Kultur- und Literaturbetrieb ganz ihrem literarischen Werk zu widmen. – Der erste Roman F.', *Die Schwerkraft der Verhältnisse*, eine moderne Variante der Medea-Geschichte, ins Österreich der Jahre 1945–58 verlegt, wurde 1978 mit dem Robert-Walser-Preis ausgezeichnet. Ihr zweites Werk *Das Kind der Gewalt und die Sterne der Romani* ist ein Bauern- und Generationenroman, der den Zeitraum 19. Jahrhundert bis in die 1920er Jahre erfaßt. Inzwischen erschien in 12 Bänden und einem zusätzlichen Einführungsband ihr Roman *Dessen Sprache Du nicht verstehst*. In ihm wird – spielend an drei Tagen Mitte 1914 – am Beispiel einer Familie und ihrer ländlichen Umgebung die Entwicklung Österreichs im 19. und 20. Jahrhundert geschildert, konsequent gesehen aus der Perspektive der kleinen Leute, der ewigen Opfer. – 1988 Literaturpreis des Landes Steiermark, 1990 Förderungspreis zum Österr. Würdigungspreis für Literatur.

W.: Romane: Die Schwerkraft der Verhältnisse, 1978; Das Kind der Gewalt und die Sterne der Romani, 80; Was soll man da machen?, 85; Dessen Sprache Du nicht verstehst, 12 Bde, 85–86.

Fritz, Walter Helmut, *26. 8. 1929 Karlsruhe.
F. studierte Philosophie, Germanistik und Romanistik, war im Lehrberuf tätig und lebt heute als freier Schriftsteller. Sein erster Gedichtband erschien 1956. Die Begegnung mit französischen Lyrikern, vor allem mit Jean Follain, beeinflußte seine eigene Lyrik. Sie zeichnet sich aus durch Lakonismus, durch genaue Benennung einzelner Situationen oder Gegenstände oder Figuren, wobei spezifische Merkmale hervorgehoben werden. Die Gedichte, die so entstehen, gleichen oft Stilleben, ob sie nun Landschaften oder Momentaufnahmen aus einem fremden Leben zum Gegenstand haben. Selten sagt F. «ich» in seinen Gedichten, die beschriebene Außenwelt steht für sich, und sie entfaltet sich vor dem Leser punktuell. F. bevorzugt freie Rhythmen, unregelmäßigen Strophenbau, anspruchslose Metaphern. Gleichwohl wirkt seine schlichte Sprache äußerst suggestiv. Seit 1969 veröffentlicht F. auch Prosa-Gedichte, eine Form, die seiner Begabung, Halb- und Zwischentöne zu erfassen, sehr entgegenkommt.
Ähnlich sparsam wie in der Lyrik setzt F. seine Mittel auch in seinen Romanen und Erzählungen ein. Sie kommen mit einem Minimum an Handlung aus, schildern Alltagsvorgänge, alltägliche Gefühle,

operieren häufig mit Assoziationen und integrieren das Zeitgeschehen nur bruchstückhaft, nur insoweit die handelnden Figuren ihm unmittelbar konfrontiert sind. Die Erfahrung, daß die Grenzen zwischen Realität und Irrealität verfließen, daß subjektive Wahrnehmungen – sei es von Gefühlen, Erinnerungen, aber auch von konkreten Realien – nicht objektivierbar sind, prägen den Erfahrungshorizont nahezu aller Protagonisten, machen sie indirekt also durchaus zu Figuren unserer skeptischen Epoche.

W.: Romane, Erzählungen, Prosa: Umwege, 1964; Zwischenbemerkungen, 64; Abweichung, 65; Bemerkungen zu einer Gegend, 69; Die Verwechslung, 70; Teilstrecken, 71; Die Beschaffenheit solcher Tage, 72; Bevor uns Hören und Sehen vergeht, 75; Wer hat sich nicht getäuscht?, 80; Die Verwechslung, 85; Cornelias Traum und andere Aufzeichnungen, 85; Zeit des Sehens, 89. – *Lyrik:* Achtsam sein, 56; Bild und Zeichen, 58; Veränderte Jahre, 63; Treibholz, 64; Grenzland, 64; Gedichte, 64; Die Zuverlässigkeit der Unruhe, 66; Aus der Nähe, 72; Kein Alibi, 75; Schwierige Überfahrt, 76; Sehnsucht, 78; Gesammelte Gedichte, 79; Auch jetzt und morgen, 79; Wunschtraum, Alptraum. Gedichte und Prosagedichte 1979– 1981, 81; Werkzeuge der Freiheit, 83; Wie nie zuvor, 86; Immer einfacher, immer schwieriger, 87; Unaufhaltbar, 88. – *Schauspiel:* Der Besucher, 71. – *Essays, theoretische Schriften:* Jean Cayrols lazarenische Prosa, 66; Möglichkeiten des Prosagedichts, 70; Liebesgedichte aus Goethes West-östlichem Divan, 80; Gespräch über Gedichte, 84. – *Hörspiele:* Abweichung, 66; Er ist da, er ist nicht da, 69. – *Übersetzungen:* Follain, J.: Gedichte, 62; Ménard, R.: Entre deux pierres, 64; Jaccottet, Ph.: Gedichte, 64; Bosquet, A.: J'écriai ce poème, 65; Vigée, C.: Gedichte, 68. – *Sammelund Werkausgaben:* Mit einer Feder aus den Flügeln des Ikarus. Ausgew. Gedichte, 89. – *Herausgebertätigkeit:* Romanfiguren, 71; Über Karl Krolow, 72; Karl Krolow. Ein Lesebuch, 75. – *Schallplatten:* W. H. F. liest aus eigenen Werken, 78.

Fröhlich, Hans Jürgen, *4. 8. 1932 Hannover, †22. 11. 1986 Dannenberg.
F. studierte Komposition bei W. Fortner und schrieb Werke für Klavier und Streichquartett in serieller Technik. Er lebte als freier Schriftsteller in München. F. debütierte 1963 mit einem Abenteuerroman, der die außerordentliche Erfindungsgabe und Fabulierlust des Autors sogleich unter Beweis stellte. Wortwitz, ironische Distanzierung von seinen Figuren, ein ausgeprägter Sinn für Situationskomik – Spezifika von F.s gesamter Prosa – sind hier bereits zu finden. Auch in seinem kühnsten Roman *Tandelkeller* beherrscht F. sie souverän, doch haben sie hier eine andere Funktion: Sie kontrastieren das Unheimliche des in einen surrealen Bereich versetzten Geschehens. Die aus einer nicht näher beschriebenen Oberwelt in eine unterirdische Gettosituation verstoßenen Figuren werden mit skurriler Detailtreue beschrieben; die Sinnlosigkeit ihrer alltäglichen Verrichtungen steht dabei in makabrem Gegensatz zu der Verlorenheit ihrer Existenz, ein Paradigma für die Wehrlosigkeit des Menschen in einer grausigen politischen Realität. – *Engels Kopf* mit seiner scheinbar simplen Thematik ist der Versuch, die Technik der experimentellen Literatur mit neuen Erzählformen zu koppeln. – *Anhand meines Bruders* ist die autobiographisch konzipierte Abgrenzung einer Künstler-Existenz gegen die Sphäre der reellen, pragmatischen Nüchternheit, die der Bruder des Erzählers repräsentiert. – F.s *Schubert*-Biographie verknüpft fachkundig Werkinterpretation mit psychologischen Analysen einer tragischen Künstlerexistenz. – Die Erzählungen *Einschüchterungsversuche* zeigen das Schicksal von Außenseitern, die sich durch Tabuverletzungen von der Gesellschaft isolieren. – F. hat seine Begabung für dramatische Zuspitzungen und pointierte Dialoge auch in zahlreichen weiteren Hörspielen demonstriert.

W.: Romane, Erzählungen: Aber egal, 1963; Tandelkeller, 67; Engels Kopf, 72; Anhand meines Bruders, 74; Im Garten der Gefühle, 75; Einschüchterungsversuche, 79; Mit Feuer und Flamme, 82; Einschüchterungen, 82; Meine Landschaft, 85; Tannana oder Das Dunkel der Welt, 85; Das Haus der Väter. Tandelkeller und ein Fragment, 87. – *Drama:* Peng-Päng, 72. – *Biographie:* Schubert, 78. – *Hörspiele:* Engführung, 64; Der englische Mantel, 64; In Cramers Rolle, 65; Weltniveau, 65; Siebenerlei Fleisch, 68; Allmähliche Verfertigung einer Rede wie im Halbschlaf, 69; Die vierfachen Wurzeln vom Grunde, 70; Meine schöne verlassene Hinterbliebene, 72; Serenissima, 72; Die kluge Else, 73; De mortuis, 75; Die Versuchungen des Heiligen Antonius, 80. – *Essays, theoretische Schriften:* Kein Strick, der nicht erlebt, kein Strick so, wie er erlebt, 83.

Fuchs, Gerd, * 14. 9. 1932 Nonnweiler / Saar.

F. studierte Germanistik und Anglistik in Köln, München und London; 1967 promovierte er mit einer Arbeit «Rilke in England». Seit 1964 freier Publizist, dann Zeitungsredakteur, seit 1967 freiberuflicher Schriftsteller. 1974 Förderstipendium des Hamburger Lessingpreises, 1975 Mitherausgeber des Verlags Autoren-Edition.

Landru, die Titelgeschichte von F.' erstem Prosaband, handelt von einem französischen Massenmörder während des 1. Weltkriegs, der seine eigenen Untaten mit dem befohlenen Massenmord an der Front in Verbindung setzt. Schon durch diese noch von Symbolismen getragene Erzählung zieht sich ein Thema, das F.' weitere schriftstellerische Arbeit maßgeblich bestimmt: die politische und moralische Unfähigkeit der Gesellschaft, auf den Faschismus in all seinen Ausprägungen zu reagieren. So ist *Beringer und die lange Wut* die Geschichte eines Intellektuellen, der, geprägt durch die Erfahrungen aus der Studentenbewegung, nach längerer Abwesenheit sein Heimatdorf besucht. Der Roman ist die Biographie einer Figur, die von marxistischen Positionen her zu einer Neubewertung ihrer Erfahrungen gelangen will, um sich herum aber nahezu alles unverändert vorfindet. In dem Haß-Liebe-Konflikt zu seinen Eltern, die als Nazi-Mitläufer nichts aus der Geschichte gelernt haben, wird Beringer deutlich, daß er seine Isolation nur durchbrechen kann, indem er sich über seine gesellschaftliche Herkunft und die Notwendigkeit klar wird, die Klasse zu wechseln. – Der Roman *Stunde Null* beschreibt die Restaurationsphase der Nachkriegszeit, erlebt von einer Lehrerfamilie in einem Dorf. Wieder geht es um die Rückgewinnung von Historizität, um das Problem, wie aus der Geschichtslosigkeit einer entwurzelten Generation Antworten gefunden werden können auf die Herausforderungen des historischen und täglichen Faschismus.

W.: Romane: Beringer und die lange Wut, 1973; Stunde Null, 81; Die Amis kommen, 84; Schinderhannes, 86. – *Erzählungen:* Landru und andere, 66; Ein Mann fürs Leben, 78 (Drehbuch und Verfilmung, 80). – Ferner zahlreiche Essays und Rezensionen. – *Herausgebertätigkeit:* Kontext 1 – Literatur und Wirklichkeit (mit U. Timm), 76.

Fuchs, Günter Bruno, * 3. 7. 1928 Berlin, † 20. 4. 1977 ebd.

Mit 14 Jahren Luftwaffenhelfer, anschließend Arbeitsdienst und Fronteinsatz. Studium an der Berliner Hochschule für Bildende Künste. Mitgründer der Galerie «Die Zinke»; Mitherausgeber der «rixdorfer drucke». Erzähler, Lyriker, Maler, Graphiker, Drucker, Liedermacher und Poet aus der Berlin-Kreuzberger Literaten- und Malerkolonie, ein clownesker Poet, aufmerksamer Beobachter des Menschlichen in Stadt und Vorstadt, einer betont antibürgerlichen Lebenswelt. F. war ein Original mit Sprachwitz, dessen surreale Prosa von Augenblickseinfällen lebt. Zuweilen gesellschaftskritisch, durch seine Trinkerlogik allerdings oft verharmlosend. Sein Werk, Spiegel- und Gegenbild unserer Zeit, ist von Melancholie und Selbstironie geprägt.

W.: Romane, Erzählungen, Prosa: Chap, der Enkel des Waldläufers, 52; Das Abenteuer der Taube, 53; Der verratene Messias, 53; Die Wiederkehr des Heiligen Franz. Tierlegenden, 54; Ratten werden verschenkt, 58; Polizeistunde, 61; Krümelnehmer oder 34 Kapitel aus dem Leben des Tierstimmen-Imitators Ewald K., 63; Polizisten-Steckbriefe, 66; Herrn Eules Kreuzberger Kneipentraum, 66; Singen Sie mal die Nationalhymne, 67; Zwischen Kopf und Kragen, 67; Ein dicker Mann wandert, 67; Vier abenteuerliche Geschichten ohne Abenteuer, 68; Einundzwanzig Märchen zu je drei Zeilen, 68; Bericht eines Bremer Stadtmusikanten, 68; Der arme Poet oder Carl Spitzweg [...]. Prosagedicht, 69; Der Bahnwärter Sandomir, 71; Neue Fibelgeschichten, 71; Aus dem Leben eines Taugenichts. Jahresroman, 72; Reiseplan für Westberliner anläßlich einer Reise nach Moskau und zurück, 73; Wanderbühne, 76; Bis zur Türklinke reiche ich schon (mit W. Victor), 85. – *Lyrik:* Zigeunertrommel, 56; Nach der Haussuchung, 57; Brevier eines Degenschluckers, 60; Trinkermeditation, 62; Pennergesang, 65; Blätter eines Hofpoeten und andere Gedichte, 67; Handbuch für Einwohner, 70. – *Außerdem Hörspiele. – Essays:* Fritz Ketz. Gemälde, Aquarelle, Zeichnungen (mit R. Hartmann), 83. – *Herausgebertätigkeit:* Die Meisengeige. Zeitgenössische Nonsensverse, 64; Das Lesebuch des G. B. Fuchs, 70. – *Sammelausgaben:* Ratten werden verschenkt, 74; Die Ankunft des Großen Unordentlichen in einer ordentlichen Zeit, 78; Gesammelte Fibelgeschichten und letzte Gedichte, 78; Gemütlich summt das Vaterland, 84; Fibelgeschichten, 88; Zwischen Kopf und Kragen. Geschichten und Bilder, 89. – *Schallplatten u. ä.:* Ein Ohr wäscht das andere, 78 (Platte).

Fühmann, Franz, *15.1.1922 Rokytnice (Tschechoslowakei), †8.7.1984 Berlin.
Sohn eines Apothekers; wurde nach dem Abitur Soldat. Marxistische Studien in der sowj. Kriegsgefangenschaft. Seit 1950 als freischaffender Schriftsteller in Berlin/DDR. Zahlreiche Auszeichnungen, u. a. zweifacher Nationalpreisträger, 1982 Geschwister-Scholl-Preis München.
F. trat zunächst als Lyriker mit z. T. pathetischen Gedichten (*Die Fahrt nach Stalingrad*) an die Öffentlichkeit. Hauptthema dieses und anderer Gedichtbände, die vorwiegend in den 50er Jahren erschienen, ist die Abrechnung mit der von ihm u. a. als Soldat erlebten faschistischen Zeit.
Auch in F.s ersten Prosaveröffentlichungen steht das Kriegserlebnis im Mittelpunkt. Die psychologisch vertieften, bisweilen auch betont symbolträchtigen Novellen, Erzählungen und Skizzen tragen überwiegend autobiographische Züge; insbesondere mit den Novellen *Kameraden* und *König Ödipus* konnte F. über die DDR hinaus wirken. In dem Erzählband *Das Judenauto* schildert F. aus der Perspektive des Kindes, des Schülers, des Soldaten, des Kriegsgefangenen und des Heimkehrers in komprimierter Form 14 Tage aus 20 Jahren seines eigenen Erlebens.
Seine Vielseitigkeit bewies F. mit der Reportage *Kabelkran und Blauer Peter*, die 1962 mit dem FDGB-Preis ausgezeichnet wurde, vor allem aber auch durch seine Bereicherung der Kinder- und Jugendliteratur mit Nachdichtungen und Neugestaltungen von Stoffen der Weltliteratur. Die Fähigkeit zu einfühlsamer Nachdichtung zeigt sich auch in F.s Bearbeitung von Lyrik aus der ČSSR, Polen und Ungarn. Einen Höhepunkt im Schaffen F.s stellt das Ungarn-Tagebuch *Zweiundzwanzig Tage oder Die Hälfte des Lebens* dar. In sprachlich brillanten und humorvollen Impressionen vermittelt F. ein anschauliches Bild Ungarns und zieht zugleich ein Fazit seines bisherigen künstlerischen Schaffens.
F.s Auseinandersetzung mit mythischen Stoffen intensivierte sich am Beginn der 70er Jahre. In literaturtheoretischen Reflexionen (*Erfahrungen und Widersprüche*) und Prosaarbeiten (*Prometheus*, *Der Geliebte der Morgenröte*) demonstriert F., daß der auch unter sozialistischen Verhältnissen fortdauernde Widerspruch zwischen Individuum und Gesellschaft der existentiellen Dimension des Mythos eine aktuelle Bedeutung verleiht. Streng dokumentarisch mit «phantastischer Genauigkeit» (Christa Wolf) zeichnete F. in seiner *Spiegelgeschichte* und der Erzählung *Drei nackte Männer* Verhaltensweisen unter sozialistischen Bedingungen nach, die ein Überdauern hierarchischer Strukturen im Alltagsleben verdeutlichen.

W.: Romane, Erzählungen, Kinderbücher: Die Literatur des Kesselrings, 1954; Kameraden, 55 (57 verfilmt als: Betrogen bis zum jüngsten Tag); Seht her, wir sind's, 57; Kapitulation, 58; Stürzende Schatten, 58; Vom Moritz, der kein Schmutzkind sein wollte, 59; Fronten, 60; Die Suche nach dem wunderbunten Vögelchen, 60 (auch verfilmt); Galina Ulanowa, 61; Kabelkran und Blauer Peter, 61; Das Judenauto, 62; Böhmen am Meer, 62; Lustiges Tier-ABC, 62; Das schlimme Jahr, 63, in: E. Barlach. Grafik, Zeichnungen, Plastik, Dokumente; Reineke Fuchs, 64; Das Tierschiff. Die schönsten Tier-Märchen aus aller Welt, 65; König Ödipus, 66; Androklus und der Löwe, 66; Shakespeare. Für Kinder erzählt, 68; Das hölzerne Pferd, 68; Tage, 69; Der Jongleur im Kino oder Die Insel der Träume. Studien zur bürgerlichen Gesellschaft, 70; Die Elite, 70; Das Nibelungenlied, 71; Ein Sommernachtstraum, 72; Zweiundzwanzig Tage oder Die Hälfte des Lebens, 73; Prometheus. Die Titanenschlacht, 1. Teil, 75; Die dampfenden Hälse der Pferde beim Turmbau zu Babel, 78; Der Geliebte der Morgenröte, 78 (erw. 79); Saiänsfiktschen, 81; Irrfahrt

und Heimkehr des Odysseus (mit H. Erni), 82;
Kapitulation, 85; Dreizehn Träume, 85; Was
für eine Insel in was für einem Meer, 85 (mit D.
Riemann); Anna, genannt Humpelhexe, 86;
Von der Fee, die Feuer speien konnte, 87. –
Fernsehspiele, Filme, Stücke: Lidice-Kantate,
59; Die heute über vierzig sind, 60 (61 als: Die
heute vierzig sind); Der Schwur des Soldaten
Pooley, 61; Spuk, 61; Das Geheimnis des Ödi-
pus, 74; Kirke und Odysseus. Ein Ballett. För-
ster, W.: Liebespaare, 84; Schlipperdibix und
Klapperdibax!, 85; Ein Neger mit Gazelle zagt
im Regen nie, o. J.; Alkestis, 89. – *Lyrik:* Die
Fahrt nach Stalingrad, 53; Die Nelke Nikos,
53; Aber die Schöpfung soll dauern, 57; Die
Richtung der Märchen, 62; Gedichte und
Nachdichtungen, 78; Engel der Behinderten
(= Engel der Geschichte 25), 82; Urworte
Deutsch. Das einfallsreiche Rotkäppchen. Aus
Steputats Reimlexikon, 88. – *Essays, Reden:*
Die Wiedergeburt unserer nationalen Kultur,
52; Erfahrungen und Widersprüche, 75; Fräulein Veronika Paulmann aus der Pirnaer Vorstadt oder Etwas über das Schauerliche bei
E. T. A. Hoffmann, 79; Der Sturz des Engels.
Erfahrungen mit Dichtung (in der DDR unter
dem Titel: Vor Feuerschlünden. Erfahrung mit
Georg Trakls Gedicht), 82; Barlach in Güstrow, [4]88. – *Übersetzungen:* Botev, Ady, Jó-
zef, Radnóti, Marcinkevičius, Halas, Gudsen-
ko, Füst u. a. – *Herausgebertätigkeit:* Die Glas-
träne. Tschechische Gedichte des 20. Jhs., 66
(mit L. Kundera); Ernst Barlach: Das Wirkliche und das Wahrhaftige, 70; Ernst Barlach:
Briefe, 72. – *Sammel- u. Werkausgaben:* Die
Verteidigung der Reichenberger Turnhalle, 77;
Bagatelle, rundum positiv, 78; Werke in Einzelbänden, 77ff; Pavlos Papierbuch und andere Erzählungen, 82; Den Katzenartigen wollten wir verbrennen. Ein Lesebuch, 83; Shake-
speare-Märchen, 83; Essays, Gespräche, Aufsätze 1964–1981, 83 (in der BRD u. d. T.:
Wandlung. Wahrheit. Würde, 85); Das Ohr
des Dionysios, 85 (in der BRD verändert
u. d. T.: Der Schatten, 86); Unter den Par-
anyas. Traum-Erzählungen und Notate, 86. –
Herausgebertätigkeit: Trakl, G.: Der Wahrheit
nachsinnen – viel Schmerz, 81; Hannsmann,
M.: Ausgewählte Gedichte, 81. – *Schallplatten,
Kassetten:* F. F. liest Pavlos Papierbuch, 83.

Fulda, Ludwig (eig. Ludwig Anton
Salomon), *15. 7. 1862 Frankfurt a. M.,
†30. 9. 1939 Berlin (Freitod).
F. studierte Philosophie und Philologie in
Heidelberg, Berlin und Leipzig. 1883
promovierte er mit einer Arbeit über
Christian Weise. Er wollte zunächst die
wissenschaftliche Laufbahn einschlagen,
folgte dann jedoch seinen schriftstel-

lerischen Neigungen. 1884 zog er nach
München und schloß sich dort dem Dichterkreis um Paul Heyse an. Mit Nachdruck setzte er sich für das Werk Ibsens
ein. Von 1888 ab lebte er zeitweise, ab
1896 dauernd in Berlin, wo ihn sein literarisches Interesse in den Umkreis der
Naturalisten und an die Spitze der
«Freien Bühne» brachte. Beeinflußt
wurde er vor allem von den Werken Gerhart Hauptmanns und Hermann Sudermanns. 1905 stand er Arno Holz in der
Frage um die Urheberschaft der *Familie
Selicke* bei, ebenso Arthur Schnitzler
1921 anläßlich des *Reigen*-Prozesses. In
der Zeit von 1906–13 machte er mehrere
Vortragsreisen durch die USA. 1926 wurde er Vorsitzender des Senats der Sektion
für Dichtkunst in der Preußischen Akademie der Künste Berlins, aus der er 1933
jedoch wieder ausgeschlossen wurde,
1932 erhielt er die Goethe-Medaille. E.
wählte am 30. 9. 1939 auf Grund der NS-
Rassenpolitik den Freitod.
Mit seinen zahlreichen Bühnenwerken,
besonders den späteren kultivierten Ge-
sellschaftssatiren, hatte F. großen Erfolg.
Sein Märchenspiel *Der Talisman* wurde
1893 für den Schillerpreis vorgeschlagen.
Kaiser Wilhelm II. versagte aber seine
Bestätigung, da in dem Stück die Selbstgerechtigkeit dieses Herrschers gerügt
wird. Für seine vielen Molière-Überset-
zungen erhielt F. das Kreuz der Ehrenlegion, das ihm 1914 wieder aberkannt
wurde.

W.: Dramen: Christian Günther, 1883; Die
Aufrichtigen, 83; Ein Meteor, 84; Satura. Gril-
len und Schwänke, 84; Das Recht der Frau, 84;
Unter vier Augen, 86; Frühling im Winter, 89;
Das verlorene Paradies, 92; Die Sklavin, 92;
Der Talisman, 93; Die wilde Jagd, 93; Die Ka-
meraden, 95; Fräulein Witwe, 96; Robinsons
Eiland, 96; Das Wunderkind, 96; Der Sohn des
Kalifen, 97; Herostrat, 98; Jugendfreunde, 98;
Schlaraffenland, 1900; Die Zwillingsschwester,
01; Vorspiel zur Einweihung des neuen Schau-
spielhauses zu Frankfurt am Main, 02; Kalt-
wasser, 03; Novella d'Andrea, 03; Zufall, 03;
Maskerade, 04; Der heimliche König, 06; Der
Dummkopf, 07; Sieben Einakter, 09; Das Exempel, 09; Herr und Diener, 10; Der Seeräuber, 12; Die Rückkehr zur Natur, 14; Der Le-
bensschüler, 16; Die Richtige, 17; Die verlorene Tochter, 17; Das Wundermittel, 20; Des
Esels Schatten, 20; Der Vulkan, 22; Die Ge-

liebte, 23; Die Gegenkandidaten, 24; Die Durchgängerin, 25; Filmromantik, 26; Höhensonne, 27; Fräulein Frau, 29; Die verzauberte Prinzessin, 30; Der neue Harem, 32; Die Karriere, 32. – *Erzählungen und Novellen:* Neue Jugend, 1887; Lebensfragmente, 94; Aladdin und die Wunderlampe, 1912; Bunte Gesellschaft, 27. – *Lyrik:* Sinngedichte, 1888; Gedichte, 90; Neue Gedichte, 1900; Karneval des Lebens, 25. – *Sachbücher, Essays:* Schiller und die neue Generation, 1904; Aus der Werkstatt. Studien und Anregungen, 04; Amerikanische Eindrücke, 06 (erw. 14); Amerika und Deutschland während des Weltkrieges, 16; Die Reform des Urheberrechts, 28. – *Briefe:* Briefwechsel 1882–1939. 2 Bde, 88. – *Übersetzungen:* Wernher der Gärtner, Meier Helmbrecht, 1889; Molière, Meisterwerke, 92; F. Cavalotti, Das Hohe Lied, 96; E. Rostand, Die Romantischen, 96; Beaumarchais, Figaros Hochzeit oder der tolle Tag, 97; E. Rostand, Cyrano de Bergerac, 98; W. Shakespeare, Sonette, 1913; H. Ibsen, Peer Gynt, 16; Die gepuderte Muse. Französische Verserzählungen des Rokoko, 22; Meisterlustspiele der Spanier, 25–26; Molière, Dramen, 47–48. – *Herausgebertätigkeit:* Gegner der schlesischen Schule, 1883; H. Vierodt, Ausgewählte Dichtungen, 1906; Tausend und eine Nacht, 13; Das Buch der Epigramme, 20.

Fürnberg, Louis (Pseud. Nuntius), *24.5.1909 Iglau (Tschechoslowakei), †23.6.1957 Weimar.
F. lernte Kunstkeramiker. 1928 wurde er Mitglied der Tschechoslowakischen Kommunistischen Partei; er betätigte sich journalistisch und schriftstellerisch für Zeitschriften und Agitpropgruppen. 1939 wurde er von den deutschen Invasoren festgenommen und gefoltert; F. floh 1940 nach Palästina. 1946 kehrte er in die Tschechoslowakei zurück; nach Korrespondententätigkeit arbeitete er 1949–54 im diplomatischen Dienst. 1954 siedelte F. nach Weimar über, wo er stellvertretender Direktor der «Nationalen Forschungs- und Gedenkstätten der klassischen deutschen Literatur» wurde. 1956 Nationalpreis. Nach künstlerischer Mitarbeit bei der wichtigsten Agitpropgruppe der Tschechoslowakei («Echo von links») verfaßte F. zahlreiche Kampflieder und Naturlyrik, deren Einfachheit dem böhmischen Volkslied und klassischen Mustern nahekam.
F.s bedeutendste Werke wurden nach

dem 2. Weltkrieg veröffentlicht. Sie reflektieren den schweren Weg F.s in der Zeit des Faschismus. In *Bruder Namenlos* steht Anziehung und Abstoßung von Rilke als Paradigma für die Selbstfindung des Lyrikers. In dem hymnischen Gedicht auf den Widerstand *Die spanische Hochzeit* zeichnete F. in stark rhythmisierten Versen die Entwicklung vom spanischen Bürgerkrieg bis Auschwitz nach. F., dessen Bedeutung oft einseitig auf das Pathos der Kampflieder und hymnische Gedichte (*Wanderer in den Morgen*) sowie auf seine Naturlyrik festgelegt wurde, hat mehrere Prosawerke geschaffen, die (in der Erzähltradition des 19. Jhs. stehend) sich durch ihre Poesie (*Mozart-Novelle, Die Begegnung in Weimar*) und autobiographische Authentizität (*Krankengeschichte*) auszeichnen.

W.: Romane, Erzählungen: Mozart-Novelle, 1947; Die Begegnung in Weimar, 52; Der Urlaub, 62. – *Dramen, Kantaten:* Alarm, 33; Die Konsequenz, 34; Ein Mensch ist zu verkaufen, 36; Festliche Kantate, 38; Der Frosch-Mäusekrieg, 41; Im Namen der ewigen Menschlichkeit, 43. – *Lyrik:* Auf lose Blätter geschrieben, 27; Singesang, 28; Echo von links, 33; Worte der Liebenden, 35; lieder, songs und moritaten, 36; Hölle, Haß und Liebe, 43; Der Bruder Namenlos, 47 (erw. 55); Die spanische Hochzeit, 48; Wanderer in den Morgen, 51; Pauke, Flöte und Gitarren, 56; Weltliche Hymne, 58; El Shatt, 60; Ein Osterlied für Alena (mit K. Arnold), 84. – *Essay, Briefwechsel:* Gustav Mahlers Heimkehr, 49; Briefwechsel zwischen Louis Fürnberg und Arnold Zweig. 78; Briefe 1932–1957, 2 Bde, 86. – *Sammel- und Werkausgaben:* Das Jahr des vierblättrigen Klees, 59; Gedichte, 62; Heimat, die ich immer meinte, 62; Lebenslied, 63; Fürnberg. Ein Lesebuch für unsere Zeit, 63; Gesammelte Werke in 6 Bänden, 64–73; Das wunderbare Gesetz, 69; Gedicht-Auswahl, 69. – *Herausgebertätigkeit:* Kleines Handbuch für Volkskunstgruppen, 54. – *Schallplatten, Kassetten:* Prosa, Lyrik, 80.

Fussenegger, Gertrud (eig. G. Dietz, verh. Dorn), *8.5.1912 Pilsen.
F., Tochter eines österreichischen Offiziers, studierte in Innsbruck und München Geschichte, Kunstgeschichte, Deutsch und Philosophie (1934 Dr. phil.). Später lebte sie in Hall/Tirol, seit 1961 in Leonding. – Erzählerin in herber, gepflegter Sprache (besonders drei Romane aus der böhmischen Geschichte:

*Die Brüder von Lasawa, Das Haus der
dunklen Krüge, Das verschüttete Antlitz).*
Ausgehend von traditionellen Erzählformen entwickelt F. neue erzähltechnische
Gestaltungsmöglichkeiten (etwa Parallelführung zweier sich annähernder
Lebensläufe in *Zeit des Raben – Zeit der
Taube*: Léon Bloy, Marie Curie). Die
Geschehnisse wurzeln in je bestimmten
Räumen, öffnen aber Blicke in allgemeinmenschliche Fragen. Mehrere Literaturpreise; 1983 lehnte F. den Adenauer-Preis
der rechtsextremen Deutschlandstiftung
ab.

W.: Romane, Erzählungen, Schilderungen: Geschlecht im Advent, 1937; Mohrenlegende, 37;
Eines Menschen Sohn, 39; Der Brautraub, 40;
Die Leute auf Falbeson, 40; Gericht auf Hochlapon (mit F. Kinz), 41; Eggebrecht, 41; Böhmische Verzauberungen, 44; Die Brüder von Lasawa, 48; ... wie gleichst du dem Wasser, 48;
Das Haus der dunklen Krüge, 51; Die Legende
von den drei heiligen Frauen, 52; In deine Hand
gegeben, 54; Der General, 56; Das verschüttete
Antlitz, 57; Südtirol, 59; Zeit des Raben – Zeit
der Taube, 60; Der Tabakgarten, 62; Die Nachtwache am Weiher, 64; Die Pulvermühle, 68;
Bummel durch Salzburg, 70; Bibelgeschichten,
72; Eines langen Stromes Reise, 76; Ein Spiegelbild mit Feuersäule. Lebensbericht, 79; Maria Theresia, 80; Kaiser, König, Kellerhals, 81.
Linz (mit F. Hubmann), 81; Das verwandelte
Christkind, 81; Die Arche Noah (mit A. Fuchshuber), 82; Sie waren Zeitgenossen, 83; Freue
dich, Christkind kommt bald, 85; Dein Kreuz
verkünden wir, 85; Der Zauberhain (mit J. u. L.
Palecek), 85; Nur ein Regenbogen, 87; Der
vierte König (mit H. Friedl), 88; Goldschatz aus
Böhmen, 89; Michael, 90; Herrscherinnen, 91.
– *Dramen:* Eggebrechts Haus, 59; Die Reise
nach Amalfi (Hörspiel), 63; Der Aufstand (Libretto), 76; Pilatus, 79; Jona, 86. – *Lyrik:* Iris
und Muschelmund, 55; Widerstand gegen Wetterhähne, 74; Sprache, 75; Pilatus. Szenenfolge
um den Prozeß Jesu, 82; Gegenrufe, 86. – *Essays:* Marie von Ebner-Eschenbach oder Der
gute Mensch von Zdißlawitz, 67; Alle waren
frommer und glücklicher als ich ... Über Franz
Michael Felders Lebensbericht, 71; Der große
Obelisk, 77; Das Fenster, 79; Echolot, 82; Alois
Dorn (mit R. Zimmermann), 84; Uns hebt die
Welle, 84; dazu weitere Aufsätze, Betrachtungen usw. (z. B. über Th. Mann, Stifter). – *Herausgebertätigkeit:* Wort im Gebirge, Schrifttum
aus Tirol (mit anderen), 56–59; Die Rampe,
75 ff; Das Waggerl-Lesebuch (mit anderen), 86.
– *Schallplatten u. ä.:* Der große Obelisk, o. J.
(Kass.); Der Tabakgarten, o. J. (Kass.); Die
Nachtwache am Weiher, o. J. (Kass.).

G

Gagern, Friedrich Freiherr von,
*26. 6. 1882 Schloß Mokritz/Krain,
†14. 11. 1947 Geigenberg bei St. Leonhard am Forst/Niederösterreich.
G., Sohn eines Offiziers aus altem Adel,
wurde von seiner Mutter und seiner
Großmutter erzogen. 1900–06 studierte
er Philosophie, Geschichte, Kunstgeschichte und Literatur in Wien. Er gab
das Studium auf, um den Familiensitz
Schloß Mokritz vor dem Ruin zu bewahren. 1907–14 übernahm er die Redaktion
einer Jagdzeitung. Er lebte von da an als
freier Schriftsteller und Gutsherr in
Krain, Thüringen und Schlesien und reiste oftmals nach Afrika und Amerika.
Nach 1927 lebte er zurückgezogen als
Schloß- und Jagdherr in Geigenberg. –
G. schrieb anfangs urwüchsige Tier- und
Jagdgeschichten, die mit der herkömmlichen sentimentalen Jagdliteratur brechen. Der Pirschgang im Revier ist dabei
lediglich der Rahmen, der eine Überfülle
von Affekten und Gedanken des Dichters, Musikers, Malers, Naturwissenschaftlers und Historikers zusammenhält. Später verfaßte G. exotische Romane, kulturhistorische Novellen und Romane aus Kärnten und Krain. Leitthema
seines Werkes ist die Zerstörung der ursprünglichen Natur, des reinen, kraftvollen Lebens durch den Einbruch von Zivilisation und Technik. Er schildert den
Gegensatz von Natur und Zivilisation sowohl in Heimatwerken als auch in seinen
Amerikabüchern über den Untergang
der Indianer, den Kampf gegen die weißen Eroberer. In seinem letzten Werk
Grüne Chronik bekannte er sich zum
Übersinnlichen, zu den Forderungen des
Dekalogs und den einfachen Wahrheiten
eines Kinderglaubens.

W.: Romane, Erzählungen, Novellen: Im
Büchenlicht, 1908; Wundfährten, 10; Kolk
der Rabe und andere Tiergeschichten, 11; Der
böse Geist, 13; Das Geheimnis, 19; Die Wundmale, 19; Am Kamin, 22; Das nackte Leben,
23; Ein Volk, 24; Von der Strecke, 24; Birschen und Böcke, 25; Der Marterpfahl, 25;
Der tote Mann, 27; Das Grenzerbuch, 27; Die
Straße, 29; Geister, Gänger, Gesichte, Gewal-

ten, 32; Der Markt, 32; Schwerter und Spindeln, 39; Der Jäger und sein Schatten, 40; Grüne Chronik (2 Tle), 48; Der Retter von Mauthausen, 48. – *Drama:* Ozean, 21. – *Sammel- und Werkausgaben:* Im Büchsenlicht. Wundfährten. Kolk der Rabe, 87.

Gaiser, Gerd, *15.9.1908 Oberriexingen/Enz (Württemberg), †9.6.1976 Reutlingen.

G., Sohn eines schwäbischen Pfarrers, brach ein theologisches Studium ab, besuchte dann Kunstakademien in Stuttgart und Königsberg, Hochschulen in Dresden und Tübingen, wurde Zeichenlehrer; im 2. Weltkrieg war er Fliegeroffizier, zuletzt in italienischer Gefangenschaft. Einige Zeit hielt er sich dann in Italien als Maler auf. 1949–62 war G. Studienrat in Reutlingen; dort wurde er dann Dozent an der Pädagogischen Hochschule. – G. wurde nach dem 2. Weltkrieg als Erzähler bekannt: mit dem Heimkehrerroman *Eine Stimme hebt an*, dem Roman einer Fliegerstaffel *Die sterbende Jagd* (z. T. schon während des Krieges in der Zeitschrift «Das innere Reich» erschienen) und besonders mit *Schlußball*: Dieser Roman schildert jeweils aus der Perspektive der einzelnen Figuren die Menschen einer bundesdeutschen Kleinstadt und übt dabei eine eher romantische Kritik am «Wirtschaftswunder». – 1951 Fontane-, 1959 Immermann-, 1960 Raabe-Preis.

W.: Lyrik: Reiter am Himmel, 1941. – *Romane:* Eine Stimme hebt an, 50; Die sterbende Jagd, 53; Das Schiff im Berg, 55; Schlußball, 58. – *Erzählungen:* Zwischenland, 49; Einmal und oft, 56; Gianna aus dem Schatten, 57; Aniela, 58; Damals in Promischur, 59; Revanche, 59; Gib acht in Domokosch, 59; Am Paß Nascondo, 60; Gazelle grün, 65; Der Mensch, den ich erlegt hatte, 66; Vergeblicher Gang, 67; Merkwürdiges Hammelessen, 71; Alpha und Anna, 76; Ortskunde, 77; Mittagsgesicht, 83. – *Essays:* Die Plastik der Renaissance und des Frühbarock in Neukastilien, 38; Reutlingen (mit C. Näher), 53; Reutlingen, 57; Ansprache an die Tübinger Jungbürger, 57; Martin Seitz, Passau, Gemmen, 58 (Katalog); Moderne Kunst, 58; Klassiker der modernen Malerei, 62; Tempel Siziliens (mit K. Helbig), 63; Moderne Malerei, 63; Aktuelle Malerei, 63; Alte Meister der modernen Malerei, 63; Umgang mit Kunst, 74. – *Reiseberichte:* Sizilianische Notizen, 59; Schwäbische Alb (mit H.

Baumhauer), 78. – *Sammel- und Werkausgaben:* Eine Auswahl aus seinen Erzählungen, 63; Aniela. Gianna aus dem Schatten, 66; Die sterbende Jagd. Eine Stimme hebt an. Schlußball, 68.

Gan, Peter (eig. Richard Moering), *4.2.1894 Hamburg, †6.3.1974 ebd.

G. studierte u. a. in Oxford und Hamburg Jura, arbeitete seit 1927 als Korrespondent der «Frankfurter Zeitung» und freier Schriftsteller in Paris, dann als Verlagslektor in Berlin. 1938 emigrierte er nach Paris, 1942–46 lebte er in Madrid, dann in Paris und seit 1958 in Hamburg. – Ein Sprachkünstler, dem abendländisches Bildungsgut stets gegenwärtig war. Galt als literaturgeschichtlicher Einzelfall. Seine Gedichte, virtuose Spielereien mit alten Versformen – «die heitersten, lustigsten seit Morgenstern» –, zeugen von sokratischer Ironie, Bescheidenheit und Melancholie. – Begann mit Sinngedichten, deren Empfindungsreichtum sich in allegorischen Ausweitungen, gedanklichen Umkreisungen einer Konfiguration ausdrückte. Altersgedichte konkreter. Wies selbst oft auf seine Unzeitgemäßheit hin, überließ die Gegenwart lieber «Kreisen, die robuster sind». – Übersetzungen aus dem Englischen und Französischen (Camus, Mallarmé, Giono, Apollinaire), für die er 1973 den J.-H.-Voss-Preis erhielt.

W.: Lyrik: Die Windrose, 1935; Die Holunderflöte, 49; Schachmatt, 56; Die Neige, 61; Das alte Spiel, 65; Soliloquia, 70; Die Herbstzeitlose (postum). – *Essays:* Von Gott und der Welt, 35.

Ganghofer, Ludwig, *7.7.1853 Kaufbeuren, †24.7.1920 Tegernsee.

Sohn eines Forstbeamten, besuchte die Lateinschule in Kloster Neuburg und Gymnasium in Augsburg und Regensburg, studierte in München zunächst Maschinentechnik am Polytechnikum, dann Literaturwissenschaft und Philosophie und promovierte 1879 in Leipzig zum Dr. phil. Nach dem Erfolg seines ersten Volksstücks *Der Herrgottschnitzer von Ammergau* (zus. mit Hans Neuert) ging er 1881 als Dramaturg ans Wiener Ringtheater, veröffentlichte als freier Mitarbeiter ab 1884 in der «Gartenlaube» und war 1886–92 Feuilletonredakteur am «Wiener Tagblatt». Ab 1895 lebte er als freier Schriftsteller in München und den Sommer über im Gebirge (Tegernsee, Wetterstein). Am 1. Weltkrieg nahm er, sechzigjährig, als Freiwilliger teil und wurde Kriegsberichterstatter der Kaiserlichen Armee.

G. kann als vielleicht erfolgreichster Heimatschriftsteller des deutschen Sprachgebiets bezeichnet werden; seine Volksstücke (oft Umarbeitungen der Romane) wurden viel gespielt, seine Romane erreichten hohe Auflagen (über 30 Mill. Exemplare) und wurden besonders in den 50er Jahren häufig verfilmt. Das Handlungsschema der Romane und «Hochlandgeschichten» wird, auch bei historischer Stoffwahl, meist durch Familienkonflikte bestimmt, die vor der Kulisse des Gebirges ausgetragen und einem guten Ende zugeführt werden. Ablehnung des ungesunden Stadtlebens, Idyllisierung ländlicher Sozialverhältnisse, klare Unterscheidung guter und böser Charaktere, sentimentale Naturschwärmerei und naiver Nationalstolz, alles unterhaltsam und gut lesbar dargeboten, sind Merkmale seines Erfolgs wie Ansatzpunkte der Kritik. Hervorzuheben ist der Roman *Der Ochsenkrieg* als sozialgeschichtliche Darstellung der Kämpfe zwischen Bauern, weltlicher und geistlicher Herrschaft im Berchtesgadener Land des 15. Jahrhunderts. Zu würdigen ist G.s liberales Engagement in kulturpolitischen Fragen und seine Bedeutung als Förderer junger Talente (Literarische Gesellschaft mit Ernst von Wolzogen).

W.: Romane, Erzählungen: Bergluft. Hochlands-Geschichten, 1883; Der Jäger vom Fall. Eine Erzählung, 83; Aus Heimat und Fremde. Novellen, 84; Almer und Jägerleut'. Neue Hochlands-Geschichten, 85; Edelweißkönig. Eine Hochlandsgeschichte, 2 Bde, 86; Die Sünden der Väter. Roman, 2 Bde, 86; Oberland. Erzählungen aus den Bergen, 87; Der Unfried. Ein Dorfroman, 88; Es war einmal ... Moderne Märchen, 90; Der Herrgottschnitzer von Ammergau. Eine Hochlandgeschichte, 90; Der Klosterjäger. Roman aus dem vierzehnten Jahrhundert, 92; Fliegender Sommer, 92; Der Besondere. Hochlandsgeschichte, 93; Doppelte Wahrheit. Neue Novellen, 93; Die Fackeljungfrau. Eine Bergsage, 94; Die Martinsklau-se. Roman aus dem Anfang des zwölften Jahrhunderts, 2 Bde, 94; Schloß Hubertus. Roman, 2 Bde, 95; Die Bacchantin. Roman, 2 Bde, 97; Der laufende Berg. Hochlandsroman, 97; Rachele Scarpa. Novelle, 98; Tarantella. Novelle, 98; Das Gottesleben. Roman aus dem dreizehnten Jahrhundert, 99; Das Schweigen im Walde. Roman, 2 Bde, 99; Der Dorfapostel. Hochlandsroman, 1900; Das Kaser-Mandl. Erzählung, 00; Das neue Wesen. Roman aus dem sechzehnten Jahrhundert, 02; Gewitter im Mai. Novelle, 04; Der Hohe Schein. Roman, 04; Die Jäger, 05; Das Märchen vom Karfunkelstein, 05; Der Mann im Salz. Roman aus dem Anfang des siebzehnten Jahrhunderts, 2 Bde, 06; Damian Zagg, 06; Waldrausch. Roman, 2 Bde, 08; Hubertusland, 12; Kreaturen, (Neuaufl. u. d. T. Die liebe Kreatur. Geschichten, 23); Der Ochsenkrieg. Roman aus dem fünfzehnten Jahrhundert, 2 Bde, 14; Die Trutze von Trutzberg. Eine Geschichte aus Anno Domini 1445, 15; Das große Jagen. Roman aus dem achtzehnten Jahrhundert, 18; Das Kind und die Million. Eine Münchener Geschichte, 19; Das wilde Jahr. Fragmente aus dem Nachlaß, 21; Dschapei. Hochlandsgeschichte, 24; Bauerntrutz, 82. – *Lyrik:* Vom Stamme Asra. Ein Gedichtbuch, 1879 (Neuaufl. u. d. T. Bunte Zeit, 83); Heimkehr. Neue Gedichte, 83; Rococo. Gedichte, 87; Eiserne Zither. Kriegslieder, 1914. – *Dramen:* Der Herrgottschnitzer von Ammergau. Volksschauspiel, 1880 (mit H. Neuert); Der Prozeßhansl. Volksschauspiel, 81 (mit H. Neuert); Der zweite Schatz. Volksschauspiel, 82; Wege des Herzens. Schauspiel, 82; Der Geigenmacher von Mittenwald. Volksschauspiel, 84 (mit H. Neuert); Die Falle. Lustspiel, 91 (Neubearb. u. d. T. Der Pflaumenhandel, 1912); Die Hochzeit von Valeni. Schauspiel, 91 (mit M. Brociner); Mirjam. Oper, 94 (Musik v. R. Heuberger); Meerleuchten. Schauspiel, 99; Der heilige Rat. Ländliches Drama, 1901; Geisterstunden. Drei Spiele in Versen, 07; Sommernacht. Schauspiel, 07; Die letzten Dinge. Zwei Komödien aus dem Volksleben, 11 (um ein Zwischenspiel erw. 17); Der Wille zum Leben. Schauspiel, 13; Der Segen des Irrtums. Drei Einakter (Neue Blüte. Die Depesche. Das falsche Maß), 17; Der Jäger von Fall, ca. 70 (Bühnenms.). – *Monographien, autobiographische Schriften:* Johannes Fischart und seine Verdeutschung des Rabelais (Diss. Leipzig), 1881; Das deutsche Jägerbuch, 97 (mit C. W. Allers); Gevattersprüche vom Wiegenfeste der Münchener literarischen Gesellschaft 19. XII. 1897, 98 (mit F. v. Ostini, E. v. Wolzogen, M. Haushofer); Lebenslauf eines Optimisten, 3 Bde (1. Buch der Kindheit, 1909; 2. Buch der Jugend, 10; 3. Buch der Freiheit, 11), 09–11, Neubearb. in einem Bd., 53; Kurzbiographie, in: Geistiges und künstlerisches

München in Selbstbiographien, 13; Deutsches Flugblatt, 14; Die Front im Osten. Der russische Niederbruch, 2 Bde, 15; Reise zur deutschen Front. Die stählerne Mauer, 2 Bde, 15; Bei den Heeresgruppen Hindenburg und Makkensen, 16; Bergheimat. Erlebtes und Erlauschtes, 50. – *Übersetzungen:* A. de Musset, Rolla, 1883; G. d'Annunzio, Traum eines Frühlingsmorgens, 98. – *Sammel- u. Werkausgaben:* Dramatische Schriften. I. Sammlung: Oberbayrische Volksschauspiele, 84; Gesammelte Schriften. Volksausgabe. 4 Serien, je 10 Bde, 1906–21; L. G.s Jagdbuch, 78; Ausgewählte Romane und Erzählungen, 4 Bde, 82; L. G. Ausgabe, 3 Bde, 82–83; Der Ochsenkrieg. Ausgewählte Romane, 4 Bde, 83; Adlerjagd, 83; Der Biberfranzl, 83; Bergfeuer, 83; Der Herrgottschnitzer von Ammergau und andere Hochlandgeschichten, 83; Der Besondere/Die Fuhrmännin, 83; Das schlafende Glück, 84; Der Wildbach, 84; Edelweißkönig. Ausgewählte Romane, 4 Bde, 84; Gewitter im Mai. Ausgewählte Romane, 4 Bde, 86; Das große Jagen, 4 Bde, 87. – *Herausgebertätigkeit:* J. Nestroy, Gesammelte Werke, 12 Bde, 1890 (mit V. Chiavacci).

Gassner, Andreas (Joe) → Hirsch, Karl Jakob

Geerdts, Hans Jürgen, *16. 2. 1922 Danzig, †11. 6. 1989 Greifswald.

G. entstammt einer Angestelltenfamilie, ist nach dem Studium der Germanistik, Geschichte, Theaterwissenschaft u. a. Dozent am Weimarer Theaterinstitut und wird 1958 als Professor für neuere und neueste deutsche Literaturgeschichte an die Univ. Greifswald berufen; er gehörte in der DDR, vor allem in den 60er Jahren, zu den einflußreichsten Literaturtheoretikern und -kritikern. 1973 Lessing-Preis, 1976 Nationalpreis (im Kollektiv). G. schreibt zunächst selbst erzählende Texte, sucht den Anspruch marxistischer Literaturtheorie in die Praxis umzusetzen mit Romanen über revolutionäre bürgerliche Autoren: *Rheinische Ouvertüre* beschreibt aktionsreich das Leben Georg Forsters, die Zeit revolutionärer Kämpfe in Mainz 1792/93; Georg Büchner steht im Zentrum von *Hoffnung hinterm Horizont*. Seit Ende der 50er Jahre publizierte G. überwiegend literaturkritische und -wissenschaftliche Arbeiten; neben deutscher Literaturtradition, bürgerlich-revolutionärer und früher sozialistischer Dichtung galt G.s Interesse der «Gestaltung des sozialistischen Menschenbildes» sowie der Volkstümlichkeit und -wirksamkeit der DDR-Literatur. In theoretischen und programmatischen Beiträgen orientierte sich G. am Realismus der deutschen Klassik und betont die Notwendigkeit der Orientierung an den klassischen Vorbildern für die Gegenwartsautoren.

W.: Romane, Erzählungen: Die Nachtnovellen, 1947; Die roten und die grünen Feuer, 51; Rheinische Ouvertüre, 54 (überarb. 78); Hoffnung hinter dem Horizont, 56. – *Hörspiel:* Verabredung am Donnerstag, 71. – *Literaturwissenschaftliche und -kritische Beiträge (Ausw.):* Leonard Frank. Hans Fallada (mit H. Neugebauer und J. M. Lange), 54; Unsere Literatur und das Neue auf dem Lande (in: «NDL» 11), 58; Die Arbeiterklasse in unserer neuesten epischen Literatur (in: «NDL» 5), 60; Literatur unserer Zeit, 61; Gedanken zur Diskussion über die sozialistische Nationalliteratur nach 1945 (in: «Weimarer Beiträge», 1), 63; Gerhart Hauptmann (mit anderen), 64; Volkswirksamkeit, Volkstümlichkeit und literarisches Neuerertum (in: «Weimarer Beiträge» 1), 67; Bemerkungen zu Elfriede Brünings Erzählung «Septemberreise» (in: «NDL» 2), 67; Dieter Noll, 72; J. W. Goethe, 72; Zu Goethe und anderen. Studien zur Literaturgeschichte, 82. – *Reportagen:* Wanderer im Harz, 58 (überarb. u. d. T. Der Harz, 65); Studenten, 61; Welle auf Welle, 62. – *Herausgebertätigkeit:* F. M. Klinger: Werke, 2 Bde, 58; Deutsche Literaturgeschichte in einem Band, 66; J. W. Goethe: Poetische Werke, 3 Bde, 70; Literatur der DDR in Einzeldarstellungen, 72; Goethe. Ein Lesebuch für unsere Zeit, 74; (Mitherausgeber von:) Geschichte der deutschen Literatur Bd 10, 73; Bd 8, 74; Bd 9, 74; Bd 11 Geschichte der Literatur der DDR (Hauptautor), 76.

Geerken, Hartmut, *15. 1. 1939 Stuttgart.

G., Sohn eines Postbeamten, studierte Germanistik und Orientalistik in Tübingen und Istanbul, er lehrte seit 1966 als Dozent des Goethe-Instituts, zuerst in Kairo und Kabul, seit 1979 in Athen. – G. ist einer der modernen deutschen Autoren, die stark von der Konkreten Poesie beeinflußt sind. So gibt es etwa in *Verschiebungen* Texte, die die optische und semantische Verfremdung sprachlicher Zusammenhänge noch einmal aufnehmen, gleichsam als «Grundsatztexte» (Heißenbüttel) dienen, daneben aber finden sich Weiterentwicklungen, in die G.s Erfahrungen als Sprachlehrer eingeflossen sind. Sprachlaborübungen werden ins Absurde gesteigert und zeigen Grenzen sprachlichen Ausdrucks an: Zerlegung, Auflösung verbaler Aussagen, Kommunikation nur noch über technische Medien. G. liefert schließlich nur noch Partituren, Materialien, deren lautliche Realisierung bestenfalls semantischen Sinn wiederherstellen kann. Hier trifft sich G.s Ansatz mit Prinzipien moderner («serieller») Musik. – Herausgeber zahlreicher Texte des frühen 20. Jahrhunderts. Karl-Sczuka-Hörspielpreis 1989.

W.: Experimentelle Texte: Murmel Gedichte, 1965; diagonalen. Sprechstück für fünf männliche Stimmen, 71; Verschiebungen. 13 Texte, 72; sprechweisen. sprechspiel partitur, 74; Obduktionsprotokoll, 75; Ovale Landschaft, 76; Sprünge nach rosa hin, 81; Holunder, 84; mappa, 88. – *Fernsehtexte, Film:* Mitarbeit an der Fernsehproduktion Maulkonzert, 77; Vorfeld (Film im Entstehen). – *Herausgebertätigkeit:* Göreme Kilavuzu. Führer durch Göreme, 68 (Mitarb.); Die goldene Bombe. Expressionistische Märchendichtungen und Grotesken, 70 (u. d. T. Märchen des Expressionismus, 74); schreibweisen. konkrete poesie und konstruktive prosa, 73; Melchior Vischer: Sekunde durchs Hirn. Der Teemeister, der Hase und andere Prosa, 76; Moderne Erzähler der Welt: Afghanistan, 77; Mynona: Prosa, 2 Bde, 80; Maurice Maeterlinck: Die frühen Stücke (mit Jörg Drews, Klaus Ramm), 2 Bde, 82; Mynona: Briefe aus dem Exil. 1933–46, 82; Kubin, A./Friedländer, S. (Mynona): Briefwechsel 1915–1942, (mit S. Hauff), 83; Hadwiger, V.: Il Pantegan/Abraham Abt/Prosa, 84; Dich süße Sau nenn ich die Pest von Schmargendorf. Eine Anthologie erotischer Gedichte des Expressionismus, 85; Festschrift für Oskar Pastior (mit anderen), 87. – *Schallplatten u. ä.:* Heliopolis (mit dem Cairo Free Jazz Ensemble), 70; Mynonas Weg in die Emigration/The Helipolar Egg, 80 (Toncass.).

Geifrig, Werner, *9. 4. 1939 Holzminden. G., promovierter Germanist, arbeitet als Schriftsteller und Journalist, vor allem für den Rundfunk. Er war mehrere Jahre Dramaturg am «Theater der Jugend» in München, ist Gesellschafter des Verlags der Autoren, Mitglied des VS, der Dramatiker-Union und der Rundfunk-Fernsehen-Film-Union (RFFU). – G. wurde bekannt als Autor sozialkritischer und engagierter Stücke für das Jugendtheater. Er schrieb über Jugendarbeitslosigkeit *(Abgestempelt)*, über Lehrlingsausbildung *(Stifte mit Köpfen)*, über die bewußte Verdummung von Jugendlichen durch die «Traumfabriken», die den Traum vom Glück, vom Erfolg ausbeuten für eigenen Gewinn *(Bravo Girl; Hit Show Live)*. Seine Stücke ergreifen Partei für die Machtlosen, die den Verhältnissen scheinbar hilflos ausgeliefert sind, denen er zugleich Wege aus ihrer Situation aufzeigen will. G. verfällt dabei aber nicht der Illusion vom ‹happy end›, sondern zeigt, daß Veränderung über Eigeninitiative und solidarisches Handeln zu erreichen ist.

W.: Dramen: Zum Beispiel Bottrop. Szenische Dokumentation, 1971 (mit E. Runge); Stifte mit Köpfen, 73; Bravo Girl, 75; Nachwahl, 76; Abgestempelt, 78; Hit Show Live, 80; Nach Madagaskar, o. J. – *Herausgebertätigkeit:* Das Münchner Crüppel-Cabaret präsentiert: Neues aus Rollywood, 87.

Geiser, Christoph, *3. 8. 1949 Basel. G. studierte in Freiburg i. Br. und Basel Soziologie, war Mitbegründer und Herausgeber der Zeitschrift «drehpunkt». Wegen Militärdienstverweigerung zu mehrmonatiger Haft verurteilt, arbeitet G. seither als Redakteur, Journalist und freier Schriftsteller. 1980 lehrte er am Oberlin College in Ohio, unternahm 1982 eine Lesetournee durch Australien und war 1983/84 Stipendiat des Berliner Künstlerprogramms. Er ist Mitglied der Gruppe Olten und korrespondierendes Mitglied der Deutschen Akademie der Darstellenden Künste in Frankfurt und der Deutschen Akademie für Sprache und Dichtung. Neben einer Reihe von Förderpreisen bekam G. u. a. 1974 und 1978 den Preis der Schweizerischen Schillerstiftung sowie 1984 den Basler Literaturpreis. – G. begann sein literarisches Werk mit Prosa und Lyrik, in der er sich noch abhängig von Vorbildern wie Kafka und Brecht zeigte. Isolation und Unfähigkeit zur Kommunikation sind die Themen seiner frühen Arbeiten, der Prosabände *Zimmer mit Frühstück, Grünsee* und *Brachland*. Diese Arbeiten sind «Bücher über die Unmöglichkeit der Flucht und die Notwendigkeit standzuhalten» (Geiser). Hat gesellschaftlich tabuisierte Homosexualität bereits in diesen Werken eine Rolle gespielt, so wird sie zentrales Thema seines Romans *Wüstenfahrt*, in der die Natur, speziell die Wüste, Metapher für die Verdrängung dieser Art von Sexualität wird.

W.: Romane, Erzählungen, Prosa: Hier steht alles unter Denkmalschutz, 1972; Zimmer mit Frühstück, 75; Grünsee, 78; Brachland, 80; Disziplinen. Vorgeschichten, 82; Wüstenfahrt, 84; Das geheime Fieber, 87. – *Lyrik:* Bessere Zeiten, 68; Mitteilung an Mitgefangene, 71; Warnung für Tiefflieger. Gedichte und Mittelland-Geschichten, 74. – *Herausgebertätigkeit:* drehpunkt, H. 1 ff (mit anderen), 69 ff.

Geissler, Christian, *25. 12. 1928 Hamburg.
Nach der Gymnasialzeit in Hamburg mußte G. 1944/45 am 2. Weltkrieg teilnehmen und machte 1949 das Abitur. Bis 1950 studierte er evangelische Theologie in Hamburg, arbeitete dann im kaufmännischen Bereich und ging 1951 für ein halbes Jahr nach England; ab 1952 Studium der Philosophie und Psychologie; 1956 brach er sein Studium in München endgültig ab und schreibt seitdem für Rundfunk und Fernsehen als freier Schriftsteller.
In Hör- und Fernsehspielen, Romanen, Gedichten und Schriften setzt sich der marxistisch-sozialistisch orientierte G. mit der Geschichtsbewältigung in Deutschland (*Anfrage*) auseinander. Das Wirtschafts- und Gesellschaftssystem der Bundesrepublik und seine Auswirkungen auf die hier lebenden und arbeitenden Menschen wird beschrieben und in Frage gestellt (*Kalte Zeiten*). Die sprachlich-formale Gestaltung tritt immer hinter die inhaltliche Vermittlung und Erklärung eines Problems zurück. – G. war 1965 Mitbegründer der Literaturzeitschrift «kürbiskern», doch nach dem Prager Frühling und einer Diskussion über die Rolle der Sowjetunion in diesem Konflikt kündigte er 1968 seine Redaktionsmitarbeit auf; von 1972–74 war er Dozent an der Deutschen Film- und

Fernsehakademie in West-Berlin. – *Kamalatta* ist ein Buch über Formen des politischen Widerstands, das auch die RAF als Teil bundesdeutscher Geschichte begreift und darstellt. – G. erhielt den Hamburger Irmgard-Heilmann-Literaturpreis.

W.: Romane: Anfrage, 1960 (als Fernsehspiel 61); Kalte Zeiten, 66; Das Brot mit der Feile, 73; Wird Zeit, daß wir leben, 76; Kamalatta. Romantisches Fragment, 88. – *Lyrik:* Im Vorfeld einer Schußverletzung, 80; Spiel auf Ungeheuer, 83. – *Fernsehspiele, Stücke:* Schlachtvieh, 63; Altersgenossen, 70, in: kürbiskern, H. 2; Wer das aus dir gemacht hat, Max, der zahlt!, 71, in: kürbiskern, H. 3. – *Schriften, Anthologien:* Das dritte Reich mit seiner Vorgeschichte, 61; Ende der Anfrage, 67. – *Sammelausgabe:* Die Plage gegen den Stein, 78.

Genazino, Wilhelm (Theodor), *22. 1. 1943 Mannheim.
Nach dem Abitur arbeitete G. zuerst als freier Journalist, dann als Redakteur bei verschiedenen Zeitungen und Zeitschriften, u. a. bei der satirischen Monatsschrift «Pardon». 1971 gründete er eine «Literatur-Coop» zusammen mit Peter Knorr, mit dem er eine Anzahl von Sketchen schrieb. G. lebt als freier Schriftsteller.
Nach seinem zwiespältig aufgenommenen Erstling, dem Roman *Laslinstraße*, der die vergeblichen Ausbruchsversuche eines Primaners aus der bürgerlichen Enge seines Elternhauses schildert, schrieb G. hauptsächlich Hörspiele und wurde zu einem wichtigen Autor dieses Genres. Dazu gehören u. a. *Vaters Beerdigung, Vom frühen Altern des Thomas S., Die Situationen des Mieters Eduard, ‹Schlorem› und ‹Zores›, Programmvorschau, Tagesthemen* und *Die Schönheit der Lügen* (ungedruckt). Bekannt wurde er aber erst mit seiner Romantrilogie über das Leben des Angestellten Abschaffel, dessen Entfremdung im Beruf zur Entfremdung von der eigenen Person wird. – 1986 G.-Westermann-Preis für die Kurzgeschichte *Die Vertreibung*. 1990 Bremer Literaturpreis.

W.: Romane, Erzählungen: Laslinstraße, 1965; Abschaffel, 77; Die Vernichtung der Sorgen, 78; Falsche Jahre, 79; Die Ausschweifung, 81; Fremde Kämpfe, 84; Der Fleck, die Jacke, die

Zimmer, der Schmerz, 89; Die Liebe zur Einfalt, 90; Vom Ufer aus [Ill. Barbara Kisse], 90. – *Hörspiele:* Die Wörtlichkeit der Sehnsucht, 75; Die Moden der Angst (in: Und wenn du dann noch schreist …), 80. – *Essays, theor. Schriften:* Beruf: Künstler. Erzählendes Sachbuch, 83. – *Sammel- und Werkausgaben:* Abschaffel. Eine Trilogie, 85.

George, Stefan, *12. 7. 1868 Büdesheim, †4. 12. 1933 Minusio bei Locarno.
Der als Sohn eines Gastwirts geborene G., dessen Familie seit 1873 in Bingen lebte, besuchte 1882–88 in Darmstadt das Gymnasium, reiste dann nach London (Frühjahr 1888), in die Schweiz (Herbst 1888), nach Italien (Turin, Mailand) und schließlich nach Paris, wo er durch Albert Saint-Paul in den Kreis um Mallarmé eingeführt wurde. Seine spätere Auffassung von der Rolle des Dichters wurde von dem symbolistischen Dichter-Kreis M.s nachhaltig beeinflußt. In Berlin studierte G. 1889–91 Romanistik, Philosophie und Kunstgeschichte, brach aber sein Studium ab und hat auch später nie einen Brotberuf ausgeübt. 1889 lernte er in Berlin C. A. Klein kennen, mit dem gemeinsam er von 1892 an die «Blätter für die Kunst» herausgab, eine Zeitschrift, aus der dann allmählich der G.-Kreis hervorging. G. lernte 1891 in Wien den jungen Hofmannsthal kennen, der sich G.s Freundschaftswerbung entzog. 1893 kam es in München zur Bildung der Kosmiker-Runde (L. Klages, K. Wolfskehl, A. Schuler), die jedoch nach dem Bruch zwischen Klages und Wolfskehl zerfiel. 1899 lernte G. den Literaturhistoriker Friedrich Gundolf kennen, der auf Jahre hinaus sein engster Vertrauter wurde. Um Wolfskehl und Gundolf (später auch Wolters) gruppierte sich nun der sogenannte G.-Kreis, eine Dichter-Schule, die anfänglich rein ästhetische Zielsetzungen hatte und die neue Dichtung in den «Blättern für die Kunst» propagierte. 1902 lernte G. den 15jährigen Maximilian Kronberger (†1904) kennen, der als Inkarnation des Göttlichen in den Gedichten um Maximin sakral gefeiert wurde. Zu dieser Zeit erreichte der G.-Kreis allmählich seine größte Wirkung, vor allem durch einflußreiche Geisteswissenschaftler: Simmel, Wolfskehl, Gundolf,

Wolters, Lepsius, Bertram, Kantorowicz, Kommerell, Hildebrandt, Salin. Die ästhetische Zielsetzung des Kreises wandte sich nun von der Dichtung zur Gestaltung des Lebens. 1919 erschienen die letzten Folgen der «Blätter», nachdem (1910–12) in den «Jahrbüchern für die geistige Bewegung» eine kulturpolitische Ausweitung der Zeitschrift versucht worden war. In der Spätphase erhielt der Kreis eine politische Funktion: G. sah ihn als Beginn einer Erneuerung des «geistigen Deutschland». Der Nationalsozialismus deutete diese politische Vision, zum Teil von Kreis-Angehörigen unterstützt, in seinem Sinne um. G. entschloß sich jedoch aus Protest 1933 zur freiwilligen Emigration und lehnte die ihm von der NS-Kulturpolitik angetragene öffentliche Ehrung ab.
G.s äußerst formbewußtes Werk (numerische Durchgliederung der Zyklen, Kleinschreibung, eigene Schrift, eigene Interpunktion), das fast ausschließlich aus Gedichten besteht, stellt das bedeutendste Beispiel von symbolistischer Dichtung in Deutschland dar. Sein in 7 Gedichtbüchern komponiertes Werk ist bewußt als symbolische Einheit angelegt, macht aber dennoch verschiedene Entwicklungsabschnitte sichtbar. Nach epigonalen Anfängen, die G. später innerhalb der Gesamtausgabe im Band *Die Fibel* veröffentlichte, stieß er in den *Hymnen* erstmalig zu einer eigenen, am französischen Symbolismus geschulten Sprache vor, die er in den *Pilgerfahrten* weiterentwickelte. Der bedeutendste Zyklus der Frühzeit, *Algabal*, entfaltete nicht nur den symbolistischen Stil (klangvolle, verknappte Sprache, strenge Vers- und Strophenformen, ausgewählte Bilder), sondern reflektiert zugleich die Gefahren einer ästhetischen Absolutsetzung der Kunst. Die künstlerische Krise nach dem Abschluß des *Algabal* wurde nur äußerlich in dem dreiteiligen Zyklus *Die Bücher der Hirten- und Preisgedichte, der Sagen und Sänge, und der Hängenden Gärten* überwunden. In einer klassizistisch verspielten Sprache, die griechische Antike, christliches Mittelalter und Orient als Traditionshintergrund des abendländischen Kulturraums vergegen-

wärtigt, werden Beispiele von formal gekonnter Bildungspoesie vorgelegt, die die Grenze des Manierismus streift. Erst in dem Zyklus *Das Jahr der Seele* erreichte G. einen neuen Entwicklungsabschnitt. Die in 7 Gruppen unterteilten 98 Gedichte, die in der Konzentration auf das Park-Motiv dem jahreszeitlichen Wechsel vom Herbst zum Winter nachgehen, lassen, ohne die formalen Übersteigerungen des Frühwerks, den Natureindruck auf vollkommene Weise zum Ausdruck seelischen Verhaltens werden. Diese Gedichte gingen zum Teil aus der Begegnung G.s mit Ida Coblenz, der späteren Frau R. Dehmels, hervor. *Der Teppich des Lebens und die Lieder von Traum und Tod. Mit einem Vorspiel* enthält 72 Gedichte, in drei Gruppen eingeteilt und bereits programmatisch auf den G.-Kreis bezogen. Der Engel, der als Bote des «schönen Lebens» im Vorspiel auftritt, verkündet die Dichtungsdoktrin G.s: von der Bändigung der sprachlichen Form her zu einer zuchtvollen Ordnung des Lebens zu gelangen. Auch *Der siebente Ring*, dessen 7 Zyklen ihren Mittelpunkt im 4. Zyklus haben, der die Maximin-Gedichte enthält, ist eng auf die Kunstdoktrin des G.-Kreises bezogen. Während er versucht, in den 21 Gedichten eine sakrale Erhöhung und Deutung des Gottes Maximin zu geben, reflektiert G. in den 14 «Zeitgedichten» des 1. Teiles zum Teil seine künstlerische Entwicklung und gibt seine ästhetische Isolation demonstrativ auf. Indem er sich mit der Zeitgeschichte auseinandersetzt, leitet er den dritten Schritt seiner Entwicklung ein: Von der Doktrin des «schönen Lebens», das sich am Vorbild der Dichtung orientiert, führt nun der Weg zu einer Erneuerung des Volkes, die gleichzeitig in den *Merksprüchen* der «Blätter» verkündet wurde. *Der Stern des Bundes*, der, in 3 Bücher untergliedert, 100 Gedichte (insgesamt 1000 Verse) enthält, zeigt stilistisch eine Wandlung G.s an: Die überschriftslosen Gedichte verzichten größtenteils auf Reimbindung, ausgesuchte Metaphorik und sprachliche Musikalität. Die neue, spröde Form wird zum Ausdruck des Erziehungsethos G.s, der mit der Gedankenlyrik dieses Zyklus sein

eigentliches «Kreis»-Buch geschaffen hat. G.s apokalyptische Vision eines «heiligen Krieges», der zum Untergang der Masse und zur Heraufkunft einer neuen Epoche führt, wurde nach dem Ausbruch des 1. Weltkriegs vielfach politisch gedeutet. G.s letztes Gedichtbuch *Das Neue Reich* läßt den strengen Aufbau der vorangegangenen Bücher vermissen; es vereint zum Teil Verse aus verschiedenen Entstehungszeiten. So wie G. in den Gedichten «Der Krieg», «Der Dichter in Zeiten der Wirren», «Einem jungen Führer im ersten Weltkrieg» das Geschehen des 1. Weltkriegs verarbeitet hat, versuchte er, nochmals in programmatischer Verkündigung, seiner künstlerischen Erziehungslehre Rückhalt zu verschaffen. Die didaktische Gedankenlyrik des *Stern des Bundes* wird hier zum Teil wieder verlassen. In den 12 «Liedern» des Bandes hat G. nochmals Beispiele von hoher sprachlicher Vollendung geschaffen. G. hat nach diesem Buch bis zum Tode weiterer dichterischer Produktion entsagt. Keiner der Lyriker dieses Jahrhunderts hat wie G. ein ähnliches Werk von monumentaler Geschlossenheit vorgelegt, dessen zugrunde gelegte Doktrin freilich im Rückblick seine Fragwürdigkeit ausmacht. – G. ist zudem als dichterischer Vermittler von höchstem Rang mit zahlreichen Übersetzungen hervorgetreten: Dante, Shakespeare, Baudelaire, Mallarmé, Rimbaud, Verlaine, Verwey, Verhaeren, Swinburne, Jacobsen, Rossetti, d'Annunzio.

W.: *Lyrik:* Hymnen, 1890; Pilgerfahrten, 91; Algabal, 92; Die Bücher der Hirten- und Preisgedichte, der Sagen und Sänge, und der Hängenden Gärten, 95 (1. öffentliche Auflage 99); Das Jahr der Seele, 97 (1. öffentl. Aufl. 99, Handschrift des Dichters, 1968); Der Teppich des Lebens und die Lieder von Traum und Tod. Mit einem Vorspiel, 99 (1. öffentl. Aufl. 1901); Die Fibel, Auswahl erster Verse, 1901; Der siebte Ring, 07 (1. öffentl. Aufl. 09); Der Stern des Bundes, 13 (1. öffentl. Aufl. 14); Der Krieg, Dichtung, 17; Drei Gesänge, 21; Das Neue Reich, 28. – *Dramatische Fragmente:* Phraortes. Graf Bothwell, 75. – *Prosa:* Tage und Thaten, Aufzeichnungen und Skizzen, 03 (1. öffentl. und erweiterte Aufl. als: Tage und Taten. Aufzeichnungen und Skizzen, 25). – *Übersetzungen, Umdichtungen:* Charles Baudelaires Blumen des Bösen, 1891; Baudelaire, Die Blumen des Bösen, Umdichtungen, 01; Übertragungen aus den Werken von Albert Verwey, 05; Übertragungen aus den Werken von Waclaw, Lieder, 05; Stéphane Mallarmé, Herodias, Umdichtung, 05; Zeitgenössische Dichter. 1. Teil: Rossetti, Swinburne, Dowsen, Jacobsen, Kloos, Verwey, Verhaeren. 2. Teil: Verlaine, Mallarmé, Rimbaud, De Regnier, d'Annunzio, Rolicz-Lieder, 05; Dante: Stellen aus der Göttlichen Komödie in Umdichtung, 09; Shakespeare: Sonette, Umdichtung, 09; Dante: Göttliche Komödie, Übertragungen, 12. – *Herausgebertätigkeit:* Blätter für die Kunst (begründet von G., herausgegeben von Carl August Klein), 1882–1919; Deutsche Dichtung: Jean Paul. Ein Stundenbuch für seine Verehrer (mit K. Wolfskehl), 1900 (1. öffentl. Aufl. 10); Deutsche Dichtung: Goethe (mit K. Wolfskehl), 01 (1. öffentl. Aufl. 10); Deutsche Dichtung: Das Jahrhundert Goethes (mit K. Wolfskehl), 02 (1. öffentl. Aufl. 10); Maximin, Ein Gedenkbuch, 07. – *Briefe:* S. G. – H. v. Hofmannsthal, 53; S. G. – F. Gundolf, 62; E. Landmann: Gespräche mit S. G., 63; S. G. – Ida Coblenz, 83. – Der G.-Kreis, Auswahl aus den Schriften, 65. – *Werkausgaben:* Gesamtausgabe, 18 Bde, 1927–34 u. ö.; Ausgabe in 2 Bdn, 58, 68, 76; Werke in Einzelausgaben (fotomech. Nachdr.), 64–69; Gesammelte Werke, 18 Bde, 82ff; Gedichte, 83, 87.

Gercke, Doris, *7. 2. 1937 Greifswald.
G. stammt aus einer Arbeiterfamilie. Sie arbeitete als Sachbearbeiterin. Von 1960–75 Hausfrau. Ihr politisches ‹Erwachen› begann mit der APO. Sie absolvierte einen Studienaufenthalt an der Moskauer Lenin-Schule, machte 1980 das Abitur und studierte Jura in Hamburg; 1988/89 Staatsexamen. G., die erst im Alter von 50 Jahren mit dem Schreiben literarischer Texte begann, lebt als freie Schriftstellerin. – G.s aus frauenspezifischer Perspektive geschriebene Kriminalromane um die untypische Ermittlerin Bella Block sind überaus erfolgreich und machten sie in kurzer Zeit bekannt. Ihr Ziel ist es, mit den unterhaltsamen Mitteln des Kriminalromans «Realistisches über die Wirklichkeit der Frauen in unserer Gesellschaft auszusagen». Mit präziser, oft ironischer Sprache entwirft sie dichte Milieuschilderungen, die den Blick des Lesers schärfen für den inneren und äußeren Zustand dieser Gesellschaft. In *Weinschröter, du mußt hän-*

gen kommt die Kommissarin in ein niedersächsisches Dorf, um zwei Selbstmorde zu überprüfen. Statt einer ländlichen Idylle erlebt sie eine Atmosphäre von Trostlosigkeit, alltäglicher Gewalt und Sexismus. Die ‹Selbstmorde› erweisen sich als mörderische Rache für eine Vergewaltigung. Sie verzichtet darauf, ihre Erkenntnisse weiterzuleiten. – Die Aufklärung des Verbrechens ist für G. kein Selbstzweck, sondern Mittel, seine sozialen Ursachen aufzuzeigen und dem Leser die Brüchigkeit einer Gesellschaft vor Augen zu führen, die auf Ausbeutung und Verachtung (gerade auch von Frauen) beruht.

W.: Romane, Erzählungen, Prosa: Weinschröter, du mußt hängen, 1988; Nachsaison, 89; Moskau, meine Liebe, 89; Der Krieg, der Tod, die Pest, 90; Die Insel, 90; Kinderkorn, 91.

Gerlach, Jens, *30. 1. 1926 Hamburg.
G. wurde 1943 Soldat und 1945 wegen «Wehrkraftzersetzung» verurteilt. Nach dem Krieg war er in verschiedenen Berufen tätig. 1947–51 studierte G. Malerei und Kunstgeschichte; danach war er freischaffend. 1967 wurde G. Cheflektor beim Rundfunk der DDR («Schlager»-Redaktion).
Unter G.s Gedichten der 50er und frühen 60er Jahre dominierten politisch-operative Formen. Einen wesentlichen künstlerischen Fortschritt erbrachten die *okzidentalen snapshots*, in denen G. sich in satirischer Form mit Problemen der bundesrepublikanischen Gesellschaft auseinandersetzte. Seine *Jazz*-Gedichte (Porträts zahlreicher Jazzmusiker) von 1966 waren symptomatisch für das sprunghaft gestiegene Interesse am Jazz unter der jüngeren DDR-Lyriker-Generation.
G. führte in seinen *Dorotheenstädtischen Monologen* die Form des lyrischen Porträts fort. In 54 Porträts (darunter diejenigen von Becher, Brecht, Eisler, Fichte, Heartfield, Hegel, Heinrich Mann, Uhse, Arnold Zweig) von unterschiedlichem Gewicht wird die Verpflichtung der Nachgeborenen gegenüber dem Erbe der auf dem bekannten Berliner Friedhof Begrabenen formuliert.
G. hat sich darüber hinaus als Texter von

Chansons und Schlagern in der DDR einen Namen gemacht.

W.: Kinderbuch: Grünes Laub, bunte Blätter, Sonnenschein und Regenwetter, 1966. – *Filme, Fernsehspiele, Chorwerke:* Der Lotterieschwede, 58 (nach Andersen-Nexö); Tatort Berlin, 58; Der Schatten von Gestern, 60; Marburger Bericht, 61; Jüdische Chronik, 61. – *Lyrik:* Ich will deine Stimme sein, 53; Der Gang zum Ehrenmal, 53; Das Licht und die Finsternis, 63; okzidentale snapshots, 65; Jazz, 66; Den Neugeborenen, 68; Dorotheenstädtische Monologe, 72; Bänkel-Geplänkel und Robinsongs, 72; Der See, 74; Gedichte aus zwanzig Jahren, 76; Spiegelbild, 83. – *Nachdichtungen:* Voznesenskij; Shanties. – *Herausgebertätigkeit:* Gedichte aus Ost und West, 56. – *Sammel- und Werkausgaben:* Jens Gerlach, 85.

Gernhardt, Robert (Pseud. Paul H. Burg, Lützel Jeman, Alfred Karch), *13.12. 1937 Reval/Estland.

G., Sohn eines Richters, studierte in Berlin und Stuttgart an den Akademien für Bildende Künste sowie an der FU Berlin. Bis 1965 war er als Redakteur tätig und arbeitet seither als freier Schriftsteller, Karikaturist und Maler. Er ist Mitbegründer und ständiger Mitarbeiter der satirischen Zeitschrift «Titanic».

Der vielseitige G. ist Verfasser von Romanen und Erzählungen, schreibt Gedichte, arbeitet für Rundfunk (*Das Grüne im Ohr des Russen*, 71), Fernsehen (*Der Klauer*, 69; *Hier ist ein Mensch*, 72; *Die Hau Schau*, 75 – alle mit F. K. Waechter u. a.), und Film (*Das Casanova-Projekt*, 81 zus. mit A. Agthe u. a.), malt und zeichnet.

Mit Henscheid u. a. gehört er zur sogenannten «neuen Frankfurter Schule». In seinen Werken mischen sich Satire, Parodie, Nonsens mit Kulturkritik. Bekannt wurde er in den 60er Jahren als Mitverfasser der «Welt im Spiegel», einer regelmäßigen Kolumne in der satirischen Zeitschrift «Pardon», die er zusammen mit F. K. Waechter und F. W. Bernstein (d. i. Fritz Weigle) betreute. Mit seiner Frau Almut schuf G. eine Reihe von Kinderbüchern (1983 Jugendbuchpreis). Bereits in Werken wie *Besternte Ernte* ‹zitierte› G. literarische Berühmtheiten und ironisierte und veralberte die Erwartungen seiner Leser durch den banalen und unerwarteten Kontext, in dem die bekannten Namen auftauchten. (Selbst-) ironische Kritik an Auswüchsen des Kulturbetriebs kennzeichnet auch G.s Erzählungsband *Glück Glanz Ruhm* und seinen Roman *Ich Ich Ich*. – Berliner Kritikerpreis 1987 und 1988 1. Preisträger des «Kulinarischen Literaturpreises Schwäbisch Gmünd».

W.: Romane, Erzählungen, Kinderbücher, graphische Werke, Kataloge: Die Wahrheit über Arnold Hau (mit F. W. Bernstein u. F. K. Waechter), 1966; Dein sei mein ganzes Herz. Und wenn du lieb bist, kriegst du auch die Nieren (mit B. Geiger, d. i. F. K. Waechter), 67; Code d'amour, 67; Jetzt spreche ich. Schnüffis intime Bekenntnisse, 68; Welt im Spiegel. 1964–1969. Reprint der ersten fünf Jahre von WimS, 69; Führerschein ohne Pein (mit F. K. Waechter), 71; Bilder, 72 (Katalog); Schnüffis größte Abenteuer, 74; Ich höre was, was du nicht siehst (mit A. Gernhardt), 75; Mit dir sind wir vier (mit A. Gernhardt), 76; Ölbilder und Zeichnungen, 77; Die Blusen des Böhmen, 77; Was für ein Tag (mit A. Gernhardt), 78; Welt im Spiegel, WimS 1964–1976 (mit F. W. Bernstein u. F. K. Waechter), 79; Ein gutes Schwein bleibt nicht allein (mit A. Gernhardt), 80; Die Madagaskarreise, 80; Kurt Halbritter: Halbritters Buch der Entdeckungen (Text von R. G.), 80; Ich Ich Ich, 82; Der Weg durch die Wand (mit A. Gernhardt), 82; Humoristische Zeichnungen 1968–1982, 82; Katzenpost (mit A. Gernhardt), 83; Gernhardts Erzählungen, 83; Glück Glanz Ruhm, 83; Bilder, 84 (Katalog), 84; Letzte Ölung, 84; Was bleibt, 85; Hier spricht der Dichter, 85; Feder Franz sucht Feder Frieda, 85 (erw. 89); Kippfigur, 86; Es gibt kein richtiges Leben im Valschen, 87; Innen und außen. Bilder/Zeichnungen/Über Malerei, 89. – *Dramen:* Die Toscana-Therapie, 86. – *Lyrik:* Besternte Ernte (mit F. W. Bernstein), 76; Wörtersee, 81; Körper in Cafés, 87. – *Essays:* Was gibt's denn da zu lachen? Kritik der Komik, 88. – *Sammel- und Werkausgaben:* Das Buch Titanic (mit vielen anderen), 81; Die Drei (mit F. W. Bernstein u. F. K. Waechter), 81 (enthält u. a. Die Wahrheit über Arnold Hau. Besternte Ernte); Mit dir sind wir vier (mit A. Gernhardt), 83 (enthält: Ich höre was, was du nicht siehst. Mit dir sind wir vier); Schnuffis sämtliche Abenteuer, 86; Hört, Hört! – Das WimS-Vorlesebuch (mit F. W. Bernstein), 89; Reim und Zeit, 90. – *Herausgebertätigkeit:* Otto Waalkes: Die Wahrheit über die Kunst, 65; Das Buch Otto (mit B. Eilert u. a.), 80 (gekürzte Sonderausg. u. d. T. Das kleine Buch Otto, 84); Otto Waalkes: Das zweite Buch Otto (mit B. Eilert u. a.), 84. –

Filme, Schallplatten u.ä.: Im Wunderland der Triebe (mit anderen), 67; Die Hau Schau (mit anderen), 75; Da geht's lang (mit P. Knorr), 78; Das Casanova Projekt (mit anderen), 81; Ein Dichtertreffen – oder Besuch der alten Schachtel (mit B. Eilert u. P. Knorr), 83; Otto – Der Film (mit anderen), 85; Otto – der neue Film [mit anderen], o. J.

Gesswein, Alfred, *6.1.1911 Ungarisch-Altenburg, †13.5.1983 Wien.
G. lebte seit seinem dritten Lebensjahr teils in Wien, teils in Niederösterreich. Er arbeitete als Graphiker und Schriftsteller; war Gründungsmitglied des Kunstkreises «Podium Schloß Neulengbach», dessen Generalsekretär er auch seit 1971 war. G. war Chefredakteur und Mitherausgeber der literarischen Zeitschrift «Podium», Mitglied des Österreichischen Schriftstellerverbandes, des PEN und der Autorenvereinigung «Die Kogge». 1963 und 1966 erhielt er den Förderungspreis der Th.-Körner-Stiftung, 1978 den Kulturpreis des Landes Niederösterreich, sowie zahlreiche regionale Auszeichnungen. – G. schrieb Essays, Prosa und Lyrik in Hochdeutsch. Mindestens ebenso bedeutend jedoch ist seine Mundartlyrik im Wiener Dialekt. Sanft und scheinbar gemütlich entlarvt G. die hinter der idyllischen Fassade lauernde Brutalität und Unmenschlichkeit, die eigene Geschichte und Taten mit Vorliebe verdrängt und sich selbst nur als Opfer der Umstände begreifen kann. Daneben trat G. als Herausgeber moderner österreichischer Lyrik hervor.

W.: Lyrik: Leg in den Wind dein Herz, 1960; An den Schläfen der Hügel, 65; Vermessenes Gebiet, 67; Der gläserne November, 68; Zwischen Topfbäumen, 72; ramadama, 75; aufgeude schtod, 76; Beton wächst schneller als Gras, 77; Zielpunkte, 77; Kartenhäuser, 81. – *Dramen, Hörspiele (ungedruckt):* Dreiunddreißig, 71; Keine Schonzeit, 72; Ein Paket für Krause, 73; Kelau, 75. – *Herausgebertätigkeit:* Konfigurationen. Jahrbuch für Literatur und Kunst, 65–72 (mit A. Vogel u. P. Baum); Podium. Literaturzeitschrift, 71ff (mit anderen); Lyrik aus Österreich, 28 Bde, 76–83 (mit A. Vogel).

Giordano, Ralph, *23.3.1923 Hamburg.
G. ist Sohn eines Musikers und einer Klavierpädagogin. Da die Mutter Jüdin war, fiel die Familie unter die faschistischen Rassengesetze. Beide Elternteile erhielten Berufsverbot. 1940 wurde G. wegen «zersetzender Tätigkeit» von der Gestapo verhaftet und nach einem Gerichtsverfahren von der Schule verwiesen. Nach der Ausbombung 1943 konnte sich die Familie auf ein Dorf in Mitteldeutschland retten. Von den dortigen Nazis denunziert, mußte sie nach Hamburg zurückkehren und wurde zur Zwangsarbeit verpflichtet. Nach erneuter Verhaftung und Folter durch die Gestapo lebte die Familie in der Illegalität, aus der sie der Einmarsch britischer Truppen 1945 befreite. Seit 1946 arbeitet G. als Journalist, seit 1961 bei verschiedenen Fernsehanstalten. Seine Arbeiten über die Dritte Welt und zeitgeschichtliche Themen wurden mehrfach ausgezeichnet. – Ein internationaler Erfolg war sein autobiographischer Roman *Die Bertinis*, der auch für das Fernsehen verfilmt wurde. In ihm schildert er eindrücklich die Geschichte seiner Familie, vor allem während der nationalsozialistischen Herrschaft. Mit dieser Zeit diktatorischer Herrschaft und dem rückblickenden Umgang mit diesem Zeitraum beschäftigt sich auch sein Buch *Die zweite Schuld oder Von der Last Deutscher zu sein*, das ebenfalls eine intensive Diskussion hervorrief. Teile der Leserreaktionen ließ G. veröffentlicht, ebenso eine Reihe seiner Fernsehreportagen, deren literarische Qualitäten der journalistischen Akribie in nichts nachstehen.

W.: Romane, Erzählungen, Prosa: Morris. Geschichte einer Freundschaft, 1948; Die Bertinis, 82. – *Essays, theoretische Schriften, Sachbücher:* Die Partei hat immer recht, 61 (veränd. 80); Die Spur – Reportagen aus einer gefährdeten Welt, 84; Die zweite Schuld oder Von der Last Deutscher zu sein, 87; Armenien – kleines Volk mit großem Erbe (mit anderen), 89; Wenn Hitler den Krieg gewonnen hätte. Die Pläne der Nazis nach dem Endsieg, 89; An den Brandherden der Welt. Ein Fernsehmann berichtet, 90. – *Herausgebertätigkeit:* Narben, Spuren, Zeugen, 61; «Wie kann diese Generation eigentlich noch atmen?». Briefe zum Buch: Die zweite Schuld oder Von der Last Deutscher zu sein, 90.

Girnus, Wilhelm, *27.1.1906 Allenstein/Ostpreußen, †10.7.1985 Berlin.

G. entstammte einer sozialdemokratischen Arbeiterfamilie. Er studierte Malerei in Kassel und Breslau, später deutsche und französische Literatur in Breslau, Königsberg und Paris. 1928 legte er das Staatsexamen für das Höhere Lehramt in Berlin ab. Nachdem er 1929 in die KPD eingetreten war, wurde er 1933 aus dem Schuldienst entlassen und von 1933–45 in verschiedenen Zuchthäusern und KZs gefangengehalten. Von 1946 bis 49 arbeitete er als stellvertretender Intendant beim Ostberliner Rundfunk, von 1949–53 in der Redaktion des SED-Zentralorgans «Neues Deutschland» und erhielt einen Lehrstuhl für Theorie und Geschichte der Literatur am Institut für Gesellschaftswissenschaften in Berlin. Mit einer Arbeit über Goethe promovierte er 1954 zum Dr. phil. Von 1951–54 war er Mitglied der Staatlichen Kommission für Kunstangelegenheiten, von 1953–55 leitete er die Abteilung für schöne Kunst und Literatur im Zentralkomitee der SED. Als Staatssekretär für Hochschulwesen der DDR im Zeitraum von 1957–62 und als Professor für Literaturtheorie an der Humboldt-Universität Berlin vertrat er mit Schärfe die Kultur- und Hochschulpolitik der SED. Seit 1964 war er Chefredakteur der Zeitschrift «Sinn und Form». – Sein literarisches Werk umfaßt essayistische, literaturwissenschaftliche und kritische Arbeiten. G.s literarisches Interesse galt u. a. Goethe, dessen Werke er herausgab.

W.: Essays, Sachbücher: Wer macht Geschichte, 1946; Wie soll unser Deutschland aussehen, 47; François Marie Arouet de Voltaire, 47; Gegen den Formalismus in der Kunst – für eine fortschrittliche deutsche Kultur, 51; Goethe, der größte Realist der deutschen Sprache. Versuch einer kritischen Darstellung seiner ästhetischen Auffassungen, 53; Unteilbare deutsche Kultur, 56; Erklärung auf der Pressekonferenz vom 1. März 56; Zur Idee der sozialistischen Hochschule, 57; Weitere Voraussetzungen der sozialistischen Entwicklung unseres Hochschulwesens, 57; Voltaire, 58; Die Befreiungsstunde des prometheischen Geistes, 58; Wissenschaft im Dienst der Menschlichkeit, 60; Humanismus heute?, 61; Von der unbefleckten Empfängnis des Ästhetischen. Zur «Ästhetik» von Georg Lukács. Zweitausend Jahre Verfälschung der aristotelischen «Poetik», Kunst und Geschichte, 72; Zukunftslinien, Überlegungen zur Theorie des sozialistischen Realismus, 74; Wozu Literatur? Reden, Essays, Gespräche, 76; Aus den Papieren des Germain Tawordschus: unvollständiger Bericht über eine Lebenserfahrung, 82. – *Briefwechsel:* Briefwechsel zwischen dem Staatssekretär für Hochschulwesen, Dr. W. Girnus, und dem 1. Vorsitzenden der Gesellschaft Deutscher Naturforscher und Ärzte, Prof. Dr. K. H. Bauer, 57. – *Herausgebertätigkeit:* J. W. Goethe, Über Kunst und Literatur, 53; Goethe. Ausgewählte philosophische Texte, 62.

Glaeser, Ernst (Pseud. Anton Ditschler), *29. 7. 1902 Butzbach, †8. 2. 1963 Mainz. G., Sohn eines Amtsrichters, studierte in Freiburg und München, war Dramaturg am Neuen Theater in Frankfurt, Mitarbeiter der «Frankfurter Zeitung», später des Südwestdeutschen Rundfunks. 1933 mußte er emigrieren, seine Werke wurden als pazifistisch und marxistisch verboten. 1939 kehrte er überraschend aus der Schweiz zurück, wurde Soldat und 1941 Schriftleiter einer Wehrmachtzeitung. Seinen Weg versuchte er 1960 in dem Roman *Glanz und Elend der Deutschen* zu rechtfertigen. Nach dem Krieg schrieb G. Hörspiele, Erzählungen, Essays. Berühmt wurde G. durch den Roman seiner Generation *Jahrgang 1902*, in dem er die Welt der Erwachsenen, die wilhelminische Gesellschaft mit ihrer Intoleranz, sexuellen Verlogenheit und ihrem Hurrapatriotismus angreift. Im Roman *Der letzte Zivilist* schildert G. den Beginn des Nationalsozialismus in einer deutschen Kleinstadt.

W.: Romane: Jahrgang 1902, 1928; Frieden, 30; Das Gut im Elsaß, 32; Der letzte Zivilist, 35; Das Jahr, 38; Die Sühne, 38; Glanz und Elend der Deutschen, 60; Die zerstörte Illusion, 60. – *Erzählungen:* Das Unvergängliche, 36; Das Kirschenfest, 53. – *Dramen:* Überwindung der Madonna, 24; Seele über Bord, 26; Die deutsche Libertät, 47. – *Hörspiele:* Anabasis (mit W. Weyrauch), 32; Der General, 51; Die Stumme, 51; Verweile und verbinde seine Wunden, 57. – *Essays:* Fazit. Ein Querschnitt durch die dt. Publizistik, 29; Der Staat ohne Arbeitslose. 250 Bilder aus Sowjetrußland, 31 (mit F. C. Weiskopf); Wider die Bürokratie, 47; Kreuzweg der Deutschen, 47; Köpfe und Profile, 52; Auf daß unsere Kinder besser leben, 61. – *Herausgebertätigkeit:* Fazit, 29.

Glaser, Georg, *30.5.1910 Guntersblum.

Der Sohn eines Beamten schloß sich anarchistischen und kommunistischen Jugendverbänden an und arbeitete in der Industrie. Er schrieb u. a. für die «Frankfurter Zeitung» und die «Linkskurve». Nach 1933 ging er in den Widerstand und war vor allem im Saarland tätig. 1935 floh er nach Frankreich. Inzwischen französischer Staatsbürger, wurde er 1939 eingezogen und geriet in Kriegsgefangenschaft, aus der er 1943 floh. Er wurde festgenommen und in verschiedenen Straflagern interniert. Nach Kriegsende kehrte G. 1945 nach Paris zurück, wo er seit 1949 als selbständiger Kupfer- und Silberschmied lebt. – G.s erster Roman *Schluckebier*, die Geschichte eines Fürsorgezöglings zwischen dem Leben auf der Landstraße und in Heimen, erschien Ende der Weimarer Republik zu spät, um noch Wirkung erzielen zu können. Bereits in diesem Buch findet sich die literarische Ver- und Bearbeitung eigener Erlebnisse, die auch für seine späteren Werke kennzeichnend ist. *Geheimnis und Gewalt* ist vordergründig die Schilderung des Weges von Valentin Hauseisen, von den Fluchtversuchen vor seinem autoritären Vater in die KPD, in den Widerstand gegen die nationalsozialistische Diktatur bis in die deutsche Kriegsgefangenschaft als französischer Soldat. Zugleich ist es eine philosophisch-psychologische Auseinandersetzung mit den Deutschen und der deutschen Geschichte dieses Jahrhunderts. Dieser «Bericht» wurde in der Bundesrepublik lange Zeit nur in gekürzten Fassungen veröffentlicht. Schilderungen der Nachkriegsjahre und des Lebens in Paris, wiederum verbunden mit philosophischen Einschüben, finden sich in seinem bislang letzten Werk *Jenseits der Grenzen*, den «Betrachtungen eines Querkopfs».

W.: Romane, Erzählungen, Prosa: Schluckebier, 1932 (Neuausg. 79); Geheimnis und Gewalt. Ein Bericht, 2 Bde, 51 (überarb. 53 u. ö.); Die Geschichte des Weh, 68; Aus der Chronik der Rosengasse und andere kleine Arbeiten, 85; Jenseits der Grenzen. Betrachtungen eines Querkopfs, 85.

Glauser, Friedrich, *4.2.1896 Wien, †8.12.1938 Nervi (Italien).

G. verbrachte seine Kindheit in Wien, besuchte dann u. a. das Landerziehungsheim Glarisegg und das Collège de Genève, studierte kurze Zeit Chemie in Zürich. Dort machte er die Bekanntschaft der Dadaisten und übersetzte aus dem Französischen, bevor er 1921 bis 1923 zur Fremdenlegion ging. Danach arbeitete G. in verschiedenen Berufen, als Tellerwäscher ebenso wie als Bergarbeiter, schließlich als Schriftsteller. Seine Rauschgiftsucht führte zu mehreren Aufenthalten in Gefängnissen und Heilanstalten. – Lange Zeit vergessen, wurde G. erst in den letzten Jahren wiederentdeckt als einer der frühen bedeutenden Kriminalschriftsteller im deutschsprachigen Raum. Im Mittelpunkt der meisten seiner Kriminalromane steht der Berner Wachtmeister Studer, ein Kriminalist, dessen Stärke es ist, zuhören zu können, den nicht die rasche Aufklärung eines Verbrechens um jeden Preis interessiert, sondern in erster Linie dessen Motive. G.s beste Romane geben zugleich ein gesellschaftskritisches Bild der Schweizer Gesellschaft seiner Zeit; er hat sich auch theoretisch mit dem Genre auseinandergesetzt. G.s Vorbild ist George Simenon und dessen Kommissar Maigret. Autobiographisches spielt auch in seinen Kriminalromanen, vor allem in seinen Romanen und Erzählungen aus der Fremdenlegion, eine wichtige Rolle.

W.: Romane, Erzählungen: Wachtmeister Studer, 1936; Matto regiert, 36 (erw. 85); Die Fieberkurve, 38 (erw. 84); Der Chinese, 39 (erw. 85); Gourrama, 40; Der Tee der drei alten Damen, 41 (erw. 83); Krock & Co., 41 (erw. 86), (Neuausg. u. d. T.: Wachtmeister Studer greift ein, 55); Ali und der Legionär, 44; Beichte der Nacht, 45; Der Chinese [mit H. Binder]. Krimi-Comic, 88. – *Autobiographische Texte:* Im Dunkel, 37; Mensch im Zwielicht, 39; DADA, Ascona. Erinnerungen, 76; Morphium, 79; Briefe. Bd 1–2, 88–90. – *Sammel- u. Werkausgaben:* Werkausgabe, 4 Bde, 69–73; Wachtmeister Studers erste Fälle, 86; Ali und die Legionäre und andere Geschichten aus Nordafrika, 87; Mensch im Zwielicht. Lesebuch, 88; Gesammelte Prosa, Bd 1, 88; Sämtliche Kriminalromane und Kriminalgeschichten, 7 Bde, 89.

Gloger, Gotthold, *17.6.1924 Königsberg.

Mit achtzehn Jahren als Soldat eingezogen, studierte G. nach Kriegsende Kunst
in Frankfurt am Main. 1947/48 hielt er
sich in Italien und Südfrankreich auf,
ging danach in die DDR, studierte 1955/
56 in Leipzig am Institut für Literatur
«Johannes R. Becher». Seither lebt G.
als freier Schriftsteller, Fernsehautor
und Maler, er schreibt Fernsehspiele und
Jugendbücher (u. a. *Der Mann mit dem
Goldhelm* über Leben und Werk Rembrandts). Bekannt wurde er mit dem
Roman *Philomela Kleespieß trug die
Fahne*, der Geschichte eines Dorfes im
Spessart, das sich gegen die wiederholte
Errichtung eines Truppenübungsplatzes
wehrt.

W.: Romane, Erzählungen, Kinderbücher: Phi-
lomela Kleespieß trug die Fahne, 1953
(u. d. T.: Der gestohlene Berg, 2 Bde, 61); Der
Soldat und sein Lieutenant, 55; Die auf den
Herrn warten, 59; Der dritte Hochzeitstag, 60;
Rot wie Rubin, 61 (u. d. T.: Die Abenteuer des
Johann Kunckel, 73); Der Bauerbacher Bau-
ernschmaus, 63; Meininger Miniaturen, 65;
Frido, fall nicht runter, 65; Das Aschaffenbur-
ger Kartenspiel, 69; Kathrins Donnerstag, 70;
Der Mann mit dem Goldhelm, 72; Der Bäcker-
junge aus Beeskow, 74; Ritter, Tod und Teufel.
Das Leben des Albrecht Dürer, 76; Das Rü-
benfest und andere Geschichten, 79; Freundlich ist die Nacht, 80; Berliner Guckkasten –
Geschichten aus der Welt um Schinkel, 80; Leb
vergnügt oder die Ermordung des Hofmar-
schalls von Minutoli zu Meiningen, 81. – *Essays, theoretische Schriften:* Graetz, R.: Handzeichnungen, Grafik, Plastik, 62 (Text G. G.).
– *Film, Fernsehen:* Der Tote und sein General,
60; Treibjagd, 61 (mit B. Uhse u. H. Kamnitzer).

Glossator → Mehring, Walter

Gluchowski, Bruno (Pseud. Robert Paulsen), *17.2.1900 Berlin, †14.11.1986
Dortmund.

G. konnte bei sieben Geschwistern den
Wunsch, Volksschullehrer zu werden,
nicht verwirklichen, sondern lernte ein
Handwerk. Mit 18 noch Kriegsteilnahme. Von 1920 an Schlepper und Hauer im
Ruhrbergbau. G. nahm an den politischen Auseinandersetzungen seiner Zeit
aktiv teil. Als Arbeitsloser am Ende der

Weimarer Zeit begann G. zu schreiben
und verfaßte sozialkritische Kurzgeschichten und einen Fortsetzungsroman.
Im Dritten Reich, ständig vom Schreibverbot bedroht, reüssierte er eine Zeitung mit einer Bühnen- und Rundfunk-
fassung seines Bergarbeiterromans: *Der
Durchbruch* gestaltet den Einschluß
einer Bergarbeitergruppe durch einen
Bruch unter Tage und die schließliche
Rettung, nachdem die Extreme der Ausnahmesituation ihren Tribut gefordert
hatten. Von 1950 an arbeitete G. zunächst wieder als Hauer, später als
Sozialangestellter.

Schriftstellerischer Neubeginn in den
50er Jahren mit einer Neufassung des
Durchbruchs als Zeitungsabdruck und
als Hörspiel. 1961 war G. Gründungsmitglied der Dortmunder Gruppe 61 und
galt zunächst neben Max von der Grün
als gleichrangiger Repräsentant der
Gruppe nach außen. G. wurde schließlich von der Popularität von der Grüns,
der als erstes Gruppenmitglied Großpro-
sa publikumswirksam vorlegte, in den
Schatten gestellt.

Nach dem heroischen Bergarbeiterro-
man *Der Durchbruch* erschien 1965 *Der
Honigkotten*, die Sozialchronik einer Arbeiterfamilie und eines Wohnblocks in
einem Dortmunder Arbeiterviertel von
1914–24. 1970 erschien der Roman *Blutiger Stahl*, in dem G. diesmal den Helden
Martin Roth auf Grund seiner Erfahrungen zu politischem Handeln in der Gewerkschaftsbewegung führt.

W.: Romane: Der Durchbruch, 1964; Der Ho-
nigkotten, 65; Blutiger Stahl, 70; Die letzte
Schicht, 81; Die Dörings, 85. – *Dramen:* Der
Durchbruch, 37; Das höhere Gesetz, 44;
Werkmeister Lorenz, 73.

Gmelin, Otto, *17.8.1886 Karlsruhe,
†22.11.1940 Bensberg bei Köln.

G. studierte Naturwissenschaften und
Mathematik; er war zwischen 1917 und
1936 als Studienrat für Mathematik in So-
lingen-Wald tätig. Verherrlichte in seinen
Romanen eine etwas abstruse Reichsidee. Wurde 1936 von den Nationalsozialisten aus seinem Amt entfernt; er arbeitete dann als freier Schriftsteller in Bensberg.

W.: Romane, Erzählungen: Der Homunkulus, 1923; Temudschin, der Herr der Erde, 25 (30 u. d. T.: Dschinghis Khan, der Herr der Erde); Das Angesicht des Kaisers. Ein Hohenstaufen-Roman, 27; Das Neue Reich. Roman der Völkerwanderung, 30; Das Mädchen von Zacatlan, 31; Sommer mit Cordelia, 32; Mahnruf an die Kirche, 32; Konradin reitet, 33; Prohn kämpft für sein Volk, 33; Die Botschaft der Kaiserin, 34; Jugend stürmt Kremzin, 35; Die Gralsburg, 35; Die junge Königin, 36; Der Ruf zum Reich. Die deutsche Tragödie in Italien, 36 (37 u. d. T. Die Krone im Süden. Größe und Untergang des ersten Reiches der Deutschen); Das Haus der Träume, 37; Das Reich im Süden, 37; Die Fahrt nach Montsalvatsch, 39; Granada Jajce, Dublin. Ein Reisetagebuch, 40; Wela Holt, 40; Italienfahrten. Erlebtes, Geschehenes, Gedachtes, 40; Gespräche am Abend. Aus dem Tagebuch des Andreas Thorstetten, 41; Das grüne Glas, 42. – *Essays:* Naturgeschichte des Bürgers. Beobachtungen und Bemühungen, 29; Frühling in Deutschland, 33; Über das Wesen der Dichtung, 39. – *Herausgebertätigkeit:* Chor der Freunde. Dichter zeugen für Heinrich Lersch, 39.

Goering, Reinhard, *23. 6. 1887 Schloß Bieberstein bei Fulda, † (vermutlich) 14. 10. 1936 Flur Bucha bei Jena (Freitod).
G., dessen Vater Selbstmord beging und dessen Mutter in geistige Umnachtung verfiel, erhielt in Traben-Trarbach Internatserziehung; nach dem Abitur seit 1906 Studium der Medizin; 1912 Heirat mit der Malerin H. Gurowitsch; 1914 nach Notexamen Einsatz als Militärarzt; mußte wegen einer Tuberkuloseerkrankung die 4 Kriegsjahre in der Schweiz (Davos) verbringen; dort Niederschrift seines bekanntesten Dramas *Seeschlacht*; nach dem 1. Weltkrieg Beginn eines unsteten Wanderlebens; neben literarischen Arbeiten mehrere Versuche, sich als Arzt niederzulassen (Naturheilverfahren), die jedoch ausnahmslos scheiterten; 1926 Promotion zum r. med.; im selben Jahr endgültiges Scheitern seiner ersten Ehe (2. Ehe 1935 geschlossen). 1930 Kleist-Preis für *Die Südpolexpedition des Kapitäns Scott*; 1933 schwer erkrankt; starb durch Selbstvergiftung. G. verdankt seinen Ruhm seinen Dramen; Lyrik und Prosa blieben weitgehend unbekannt; berühmt wurde er durch die Uraufführung seines Dramas *Seeschlacht* 1918.

G. war als Schriftsteller Einzelgänger, wurde jedoch stark von anderen Schriftstellern und weltanschaulichen Richtungen beeinflußt; seine frühe Schaffensperiode (etwa bis 1915) bestimmte der Einfluß Goethes, Nietzsches, Schopenhauers und der griechischen Antike; von 1915–25 rückten Buddhismus und Kommunismus stark in den Vordergrund; nach 1925 wurden Katholizismus und Nationalsozialismus dominierende Einflußgrößen, ohne daß jedoch die übrigen Faktoren ihre Bedeutung für G. vollständig einbüßten. Durchgängig groß war der Einfluß S. Georges für G.s Leben und Werk bis hin zu seinem Tod.
Eine stilgeschichtliche Einordnung von G.s Werk ist wegen der von vielen Seiten aufgegriffenen Anregungen äußerst schwierig: Expressionistische Elemente (im Sprachgebrauch) lassen sich vor allem für die frühen Dramen nachweisen; in späteren Werken (jedoch auch schon für die *Seeschlacht* zutreffend) dominiert stilgeschichtlich die Neue Sachlichkeit; als dritte Kategorie läßt sich G.s Hinwendung zur Antike, zur Verwendung klassischer Elemente nennen. In den dramatischen und den Prosaarbeiten findet sich eine Reihe dem Themenbereich des Existentialismus vorgreifender Situationen (*Seeschlacht*, *Scapa Flow*, *Die Südpolexpedition des Kapitäns Scott*). G. trat auch als Zeichner hervor; neben dem Abdruck seiner graphischen Arbeiten in den Zeitschriften «Das Junge Deutschland» und «Der Sturm» erhielt er 1920 eine Ausstellung in der «Sturm»-Galerie.

W.: Roman: Jung Schuk, 1913. – *Dramen:* Seeschlacht, 17; Der Erste, 18; Der Zweite, 19; Der Retter, 19; Scapa Flow, 19; Die Südpolexpedition des Kapitäns Scott, 29 (als Opernlibretto unter dem Titel: Das Opfer, 1937 vertont von W. Zillig); Prost Helga, 30. – *Werkausgabe:* Prosa – Dramen – Verse, 61.

Goes, Albrecht, *22. 3. 1908 Langenbeutingen (Württemberg).
G. stammt aus einer alten württembergischen Pfarrersfamilie und besuchte nach seiner Schulausbildung die Seminare in Schöntal und Urach. Am Tübinger Stift und in Berlin studierte er evangelische Theologie, erhielt 1933 seine erste stän-

dige Pfarrei und arbeitete dann 20 Jahre lang, unterbrochen durch den 2. Weltkrieg, an dem er als Lazarettgeistlicher teilnahm, als Pfarrer. 1953 wurde er, mit einem Predigerauftrag versehen, freigestellt, um sich ganz seiner schriftstellerischen Arbeit widmen zu können, und ließ sich in Stuttgart nieder.

Hinter G.s Gedichten (*Lichtschatten du*), Erzählungen, Essays (*Freude am Gedicht*), Predigten (*Kanzelholz*) und Laienspielen steht eine christlich-humanistische Weltauffassung; sein Vertrauen auf Gott und das Gute im Menschen werden erkennbar, ohne sich auf die Darstellung einer ‹heilen Welt› zurückzuziehen. In der Erzählung *Das Brandopfer* bearbeitet G. das Thema der Judenverfolgung und -vernichtung im Dritten Reich, die Frage menschlicher Schuld steht im Mittelpunkt von *Unruhige Nacht*. – Neben eigenen Gedichten veröffentlicht G. Interpretationen deutscher Lyrik und gibt u. a. Werke von Goethe, Mörike und Hebel heraus. Er wurde mehrfach ausgezeichnet, 1953 Lessing-Preis der Stadt Hamburg, 1959 Großes Verdienstkreuz der Bundesrepublik Deutschland, 1962 Heinrich-Stahl-Preis Berlin. Für seine Verdienste um die Förderung und das Verständnis für das jüdische Volk erhielt er 1978 die Buber-Rosenzweig-Medaille; 1974 ernannte ihn die Theologische Fakultät der Universität Mainz zum Dr. h. c., seit 1979 ist er Titularprofessor.

W.: Romane, Erzählungen: Leuchte und Laterne, 1939; Begegnungen, 39; Unruhige Nacht, 50 (Fernsehspiel 55; als Film 58); Das Brandopfer, 54 (dramat. 62; Fernsehspiel 62); Das Löffelchen, 65. – *Dramen:* Die Hirten, 34; Die Roggenfuhre, 36; Vergebung, 37; Der Zaungast, 48; Der Weg zum Stall, 40; Der Mensch unterwegs, 48; Die Fröhliche Christtagslitanei, 49; Das St. Galler Spiel von der Kindheit Jesu, 59. – *Lyrik:* Der Hirte, 35; Heimat ist gut, 35; Der Nachbar, 40; Die Herberge, 44; Unter dem offenen Himmel, 90; Sonne stehe still, 90. – *Essays, Reden, Predigten:* Lob des Lebens, 36; Über das Gespräch, 38 (erw. 54); Mörike, 38; Die guten Gefährten, 42 (erw. 61); Goethegedichte – jetzt, 46; Schwäbische Herzensreise, 46; Auf der Flucht, 46; Rede auf Hermann Hesse, 46; Da rang ein Mann mit ihm, 47; Der Mensch von unterwegs, 49; Von Mensch zu Mensch, 49; 7 Betrachtungen, 51; Christtag, 51; Unsere letzte Stunde, 51; Freude am Gedicht, 52; Im Dornburger Licht, 52; Krankenvisite, 53; Vertrauen in das Wort, 53; Freundschaft und Entfremdung, 53; Heilige Unruhe, 54; Worte zum Sonntag, 55; Das dreifache Ja, 56; Hagar am Brunnen, 58; Goethes Mutter, 58; Stunden mit Bach, 59; Worte zum Fest, 59; Wagnis der Versöhnung, 59; Ravenna, 60; Die Weihnacht der Bedrängten, 62; Erkennst Du Deinen Bruder nicht, 64; Im Weitergehen, 65; Dichter und Gedicht, 66; Der Knecht macht keinen Lärm, 68; Ein Winter mit Paul Gerhardt, 76; Besonderer Tage eingedenk, 79; Noch und noch, 81; Dichter und Gedicht, 83; Noch und schon, 83; Jahre, Tage, Augenblicke, 88. – *Sammelausgaben:* Gedichte, 50; Erfüllter Augenblick, 55; Ruf und Echo, 56; Die Gabe und der Auftrag, 62; Aber im Winde das Wort, 63; Kanzelholz, 71; Dunkler Tag, heller Tag, 73; Tagwerk, 76; Novellen, 77; Lichtschatten du, 78; Quellen, die nicht versiegen, 80; Erzählungen, Gedichte, Betrachtungen, 86; Mit Mörike und Mozart. Studien aus fünfzig Jahren, 88; Keine Stunde schwindet, 88. – *Herausgebertätigkeit:* Gedichte von Christian Wagner, 38; Wir Pfarrer von heute, 41; J. P. Hebels Schatzkästlein, 41; J. W. v. Goethe: Gedichte, 47; Worte Christi, 48; Worte Christi, 49; In deinen Toren, Jerusalem, 52; Aus den Lebensbüchern von Hans Carossa, 53; Die Botschaft Frieden auf Erden für unsere Tage, 54 (mit F. Wittig); Genesis, 56; Der Neckar, 57; Maria im Rosenhag, 59; Mozarts Briefe, 63; Eduard Mörike, 63; Martin Buber, 64.

Goetz, Curt, * 17. 11. 1888 Mainz, † 12. 9. 1960 Grabs bei St. Gallen.

G. wurde mit 17 Jahren Schauspieler, begann dann bald, eigene Stücke zu schreiben, heiratete 1923 Valerie von Martens, mit der er gemeinsam Gastspielreisen mit eigenen Komödien unternahm und in Filmen auftrat, war als Drehbuchautor und Regisseur tätig, emigrierte 1939 nach Hollywood, übersiedelte 1945 in die Schweiz. – G. trat zuerst als Autor von vielgespielten Einaktern und Grotesken hervor. Mehr als in diesen Stücken, die ihre Spannung aus der Situation schöpfen, wird in den späteren Komödien die Handlung betont. Diese Komödien, eine persönliche Variante des internationalen Boulevard-Stils, zeichnen sich durch einen leicht-eleganten Stil, pointierten Dialog, effektvolle Situationskomik, szenischen Einfallsreichtum und soliden Bau aus. G. schrieb auch unterhaltsame Prosa.

W.: Theaterstücke: Die Rutschbahn (mit H. Gordon), 1918; Menagerie, 4 Übungen, 20; Nachtbeleuchtung, 5 Grotesken, 21; Ingeborg, 21; Die tote Tante, 3 Einakter, 24; Hokuspokus, 26; Der Lügner und die Nonne, 29; Dr. med. Hiob Prätorius, 33; Das Haus in Montevideo, 46; Nichts Neues aus Hollywood, 51; Miniaturen, 3 Einakter, 58. – *Erzählungen:* Tatjana, 47; Carneval in Paris, 66. – *Roman:* Die Tote von Beverly Hills, 51. – *Autobiographie:* Die Memoiren des Peterhans von Binningen, 60; Die Verwandlung des Peterhans von Binningen (bearb v. V. von Martens), 62. – *Filme:* Die sieben Ohrfeigen, 36; Napoleon ist an allem schuld, 38 u. a. – *Sammel- und Werkausgaben:* Sämtliche Bühnenwerke, 63, erw. 77; Viel Spaß mit Curt Goetz, 64; Dreimal täglich, 64; Herz im Frack (mit V. von Martens), 66; Viermal täglich, 68; Ergötzliches (mit V. von Martens), 74; Das erzählerische Werk in einem Band, 77; Werke, 3 Bde, 77.

Goetz, Rainald (Maria), *24. 5. 1954 München.
R., Sohn einer Photographin und eines Chirurgen, studierte ab 1974 Geschichte und Medizin in München. 1978 Promotion in Geschichte, 1982 in Medizin. Seit seiner Studienzeit ist G. Mitarbeiter verschiedener Kulturzeitschriften; er lebt als freier Schriftsteller. – 1983 erhielt er den Literaturpreis des Deutschen Literaturfonds, 1983 das Suhrkamp-Autorenstipendium, 1984 den Förderpreis der Stadt München, 1988 den Mülheimer Dramatikerpreis und 1989 die Fördergabe des Schillerpreises des Landes Baden-Württemberg. – In seinem autobiographisch beeinflußten Bericht *Irre* behandelte G. die Psychiatrie und die Schwierigkeiten eines jungen Arztes mit einem Krankenhausbetrieb, in dem die Patienten zugleich Opfer sind. In *Kontrolliert* setzt er sich mit der RAF und dem Problem des Terrorismus auseinander. Seine Figuren reiben sich auf an den gesellschaftlichen Zuständen, die sie vorfinden und nicht zu ändern vermögen, und leben am Rand der Selbstzerstörung. Außer Romanen hat G. auch Dramen geschrieben. In der Trilogie *Krieg* werden revolutionäre Entwicklungen der letzten Jahrhunderte in einem sich zunehmend verengenden Handlungsraum thematisiert: vom Panorama der Gesellschaft (*Krieg I*) über die Familie (*Schlachten*) bis zur monologischen Form (*Kolik*).

W.: Romane, Erzählungen, Prosa: Subito (in: Klagenfurter Texte zum I.-Bachmann-Preis 1983, S. 65–77); Irre, 1983; Kontrolliert, 88. – *Dramen, Hör- und Fernsehspiele:* Krieg. Stücke / Hirn, 86. – *Essays, theoretische Schriften:* Freunde und Feinde des Kaisers Domitian. Eine prosopographische Untersuchung, 78 (Diss.); Das Reaktionszeit-Paradigma als diagnostisches Instrument in der Kinderpsychiatrie, 82 (Diss.); Kadaver (in: Spex 10/87, S. 33–36).

Goll, Claire (eig. Clarissa, geb. Aischmann), *29. 10. 1891 Nürnberg,
†30. 5. 1977 Paris.
G. verbringt ihre Kindheit in München, wo sie die Reformschule des Pädagogen Georg Kerschensteiner besucht. Studentenehe mit Heinrich Studer. Gehört im 1. Weltkrieg zur pazifistischen und expressionistischen Bewegung, lernt Kurt Wolff und Franz Werfel kennen und studiert in Genf. Lebt in Zürich und Ascona (Begegnung mit Hans Arp, James Joyce, Stefan Zweig). 1917 trifft sie zum erstenmal mit Yvan Goll zusammen, mit dem sie 1919 nach Paris zieht (Heirat 1921). Freundschaft mit den surrealistischen Dichtern und Malern Chagall, Delaunay, Gleizes, Léger. Bei Ausbruch des 2. Weltkrieges Emigration nach New York. 1947 Rückkehr nach Paris. – Erzählerin und Lyrikerin, schrieb deutsch und französisch, übersetzte aus dem Französischen. Ihre Gedichte sind expressionistischer und surrealistischer Natur, teilweise auch von Rilke beeinflußt, mit dem sie eng befreundet war. Als Erzählerin Anteilnahme für die kleinen Leute am Rande der Gesellschaft, das tragische Einzelschicksal von Hilflosen und Ausgelieferten. – Ihre Dichtung und Wahrheit mischende Autobiographie *Ich verzeihe keinem* galt bei Erscheinen als ein Skandal; sie gibt einen Einblick in über ein halbes Jahrhundert Literatur- und Kunstgeschichte und die vielen (Intim-)Beziehungen der Autorin mit bedeutenden Persönlichkeiten der Epoche. – Zuweilen lyrisches Pathos. Distanz ist ihr fremd, voll widersprüchlicher Gefühle.

W.: *Prosa:* Journal d'un cheval, 1926 (dt. Tagebuch eines Pferdes, 50); Der Neger Jupiter raubt Europa, 28; Eine Deutsche in Paris, 28; Ménagerie sentimentale, 30; Ein Mensch ertrinkt, 31; Un crime en province, 32 (dt. Arsenik, 33); Der gestohlene Himmel, 62; Memoiren eines Spatzen des Jahrhunderts, 69; Traumtänzerin, 71; Zirkus des Lebens, 73. – *Lyrik:* Mitwelt, 18; Lyrische Films, 22; Roter Mond, weißes Wild, 55; Das tätowierte Herz, 57; Klage um Yvan, 60; Les larmes pétrifiées, 51; Le cœur tatoué, 58; L'Ignifère, 69. – Etliche Gedichtbände gemeinsam mit Yvan Goll. – *Briefe, Autobiographie:* Briefe mit Yvan Goll, 66; La poursuite du vent, 76 (dt. Ich verzeihe keinem). – *Sammel- und Werkausgaben:* Werke in Einzelbänden, Bd 1 ff, 89 ff.

Goll, Yvan (eig. Isaac Lang, Pseud. Iwan Lazang, Jean Longeville, Tristan Thor, Tristan Torsi), *29. 3. 1891 Saint Dié, †27. 2. 1950 Neuilly bei Paris.

G. studierte von 1912–14 in Straßburg, von 1915–18 in Lausanne und promovierte zum Dr. jur. und Dr. phil. Während des Aufenthalts in der Schweiz gehörte er zu dem pazifistischen Kreis um R. Rolland. 1919 ging er nach Paris und schloß sich den Surrealisten an. Seit 1933 schrieb er zumeist in französischer Sprache. 1939 floh er nach New York. 1943–46 gab er die literarische Zeitschrift «Hémisphères» heraus. 1947 ist G. nach Paris zurückgekehrt.

Stilwechsel, Vielsprachigkeit und Erfindungsreichtum gehören zur Rastlosigkeit seines Dichtertums. *Der Panamakanal* vereint poetische Formen von Rimbaud und Werfel zu einem glühenden Appell an die Brüderlichkeit. In der Dichtung äußert sich bereits die Suche nach dem Mythos als Garant der Universalität. Mit den Figuren des Orpheus, Hiob und (seit 1932) Johann Ohneland schuf G. Bilder, in die politische und seelische Erfahrung der Epoche einfließt. Obwohl vor allem Liebeslyriker, ist G. einer der Stammväter des absurden Theaters mit *Methusalem oder der ewige Bürger* (Uraufführung 1924 Berlin). Sein «Überrealismus» verbindet hier das Aneinandervorbeireden aufgestörter Spießer mit der Satire auf kapitalistische Sitten; nach Stummfilmart mischt er soziale Anklage mit Groteskvisionen der Wirklichkeit. Collagehaftes kennzeichnet auch seine Lyrik.

Genitivmetaphern verschränken Konkretes mit Abstraktem, zwingen disparate Sinnbereiche zusammen und manifestieren G.s Bestreben nach symbolhafter Aussagefülle.

W.: *Lyrik:* Lothringische Volkslieder, 1912; Der Panamakanal, 14 (vier Fassungen); Films, 14; Elégies internationales, 15; Requiem pour les morts de l'Europe, 16 (dt. Requiem für die Gefallenen von Europa); Der Torso, 18; Dithyramben, 18 u. 70; Der neue Orpheus, 18 (frz. Le Nouvel Orphée); Die Unterwelt, 19; Astral, 20; Das Herz des Feindes, 20 (frz. Le Cœur de l'ennemi); Paris brennt, 21 (frz. Paris brûle); Der Eiffelturm, 24; Poèmes d'amour, 25 (mit Claire Goll); Poèmes de jalousie, 26 (mit C. G.); Poèmes de la vie et de la mort, 27 (mit C. G.), Noemi, 29; Die siebente Rose, 28; Chansons malaises, 35 (dt. Malaiische Liebeslieder); Métro de la mort, 36; Deux chansons de la Seine, um 36; Jean sans terre, Balladenzyklus, 36–44 (krit. Ausg. v. F. J. Carmody, 62); Chansons de France, 40; Atom Elegy, 46; Fruit from Saturn, 46; Le mythe de la roche percée, 47 (dt. Der Mythos vom durchbrochenen Felsen); Love Poems, 47; Elégie d'Ihpétonga, suivie de Masques de Cendre, 49; Le Char triomphal de l'Antimoine, 49; Les Géorgiques Parisiennes, 51; Les cercles magiques, 51; Traumkraut, 51 (frz. L'Herbe du songe); Abendgesang, 54; Zehntausend Morgenröten, 54 (frz. Dix mille aubes); Multiple femme, 56; Die Antirose, 67 (mit C. G.); Elégie de Lackawanna, 73; Meiner Seele Töne, 78. – *Dramen:* Die Unsterblichen, 20 (frz. Les Immortels); Die Chapliniade, 20 (frz. ebs.); Methusalem oder der ewige Bürger, satirisches Drama, dt./frz., 22; 66; Der Stall des Augias, 24; Melusine, 56. – *Romane:* Le microbe de l'or, 27; Die Eurokokke, 27; Der Mitropäer, 28; A bas l'Europe, 28; Agnus Dei, 29; Sodome et Berlin, 29; Lucifer vieillisant, 34 (dt. Fassung verschollen). – *Erzählungen:* Nouvelles petites fleurs de saint François d'Assise, 52 (dt. Neue Blümlein des heiligen Franziskus, mit C. G.). – *Essays:* Die drei guten Geister Frankreichs, 19; Pascin, 29. – *Werkauswahl, Briefe:* Auswahl, 56; Dichtungen, 60; Briefe (Y. G./C. G.), 66; Œuvres, Bd 1, 68 ff; Briefe Bd 1, 71; Gefangen im Kreise, 82; Ausgewählte Gedichte, o. J.; Traumkraut. Gedichte aus dem Nachlaß, 82; Malaiische Liebeslieder/Jean sans terre. Lyrik von 1930–1944, 89.

Gomringer, Eugen, *20. 1. 1925 Cachuela Esperanza (Bolivien).

G. ist Schweizer und Mitbegründer der Zeitschrift «Spirale» (1952). Sekretär von Max Bill an der Ulmer Hochschule für Gestaltung (1954–57). Von Beruf Werbetexter. Geschäftsführer des Schweizerischen Werkbundes, danach Kulturbeauftrager der Rosenthal AG in Selb, Kunstkritiker. Im Sommersemester 1986 Gastprofessur für Poetik an der Universität Bamberg. – G. gilt als Begründer der «konkreten Poesie», die den analytisch-rationalen Umgang mit der Sprache fordert: Abkehr vom alten Gedicht zugunsten knapper, übersichtlicher Muster und Überwindung des Individualismus und Irrationalismus in der Poesie. G.s wichtigstes Manifest *vom vers zur konstellation* erschien 1954 in der Zeitschrift «augenblick». Sein relativ schmales Werk umfaßt neben poetologischen Schriften Typogramme «visueller konstellationen», «audiovisueller konstellationen» und fremdsprachige Konstellationen sowie als Buchgedichte konzipierte *konstellationen in buchform* mit graphisch-visuellen Texturen und langen Wortvarianten. G. will nicht wortschöpferisch sein, verwendet nur Vokabeln, die bekannt sind, deren neue Verwendung und Zusammenstellung in neuen Strukturen jeweils «eine kleine Erfindung» sein soll. Durch Isolierung der einzelnen Vokabeln, in der er das Konkrete der Sprache erblickt, sowie durch Reduzierung sprachlicher Strukturen «auf einfache Formelketten», meint G. die Dichtung als Signal und Ideogramm moderner Technologie und der weltweit durch sie geprägten Umwelt anzugleichen (Schlagzeilen-Worte, formelhafte Abkürzungen, Verkehrssignale u. a. m.).

W.: Poesie, Texte, Essays: konstellationen, 1953; vom vers zur konstellation, 54; 33 konstellationen, 60; 5 mal 1 Konstellation, 60; die konstellationen 1953–62, 62; stundenbuch, 65; Josef Albers, 68; poesie als mittel der umweltgestaltung, 69; einsam gemeinsam, 71; lieb, 71; Der Pfeil (mit A. und J. Stankowski), 72; konstellationen 70–72, 73; Konkrete Texte (Tonband), 73; wie weiss ist wissen die weisen. hommage à uecker, 75; Lehrgedicht, 77; Distanzsignale (mit L. Gebhard), 80; Himmel, Erde, Frankenland (mit E. Neukamp), 81; Das Stundenbuch, 81; Identitäten, 81; Insel eines Traumes [mit D. Schuchardt], 83; Gewebte Bilder, 85; Wir verschweben – Wir verschwinden (mit A. A. Senger), 85; Helle Räume. Die Pariser Blätter von Erdmut Bramke, 87. – *Herausge-*

bertätigkeit: Max Bill. Festschrift, 58; Kunst und Umwelt, 71 ff; konkrete poesie. deutschsprachige autoren, 72; Wichmann, Hans: Kultur ist unteilbar, 73. – *Sammelausgaben:* die konstellationen, 64; manifeste und darstellungen der konkreten poesie 1954–1966, 66; Worte sind Schatten. Die Konstellationen 1951–1968, 69; eugen gomringer 1970–1972, 73; Konstellationen. Ideogramme. Stundenbuch, 77; Zur Sache des Konkreten, 2 Bde, 80–88.

Gordon, Glenn → Habeck, Fritz

Gotsche, Otto, *3.7.1904 Wolferode bei Eisleben, †17.12.1985 Berlin (Ost).
G., Sohn eines Bergarbeiters, lernte Klempner, wurde früh Mitglied im kommunistischen Jugendverband (KJVD), nach einer Gefängnisstrafe wegen politischer Aktivitäten war er als KPD-Funktionär und Korrespondent der Arbeiterpresse tätig, arbeitete im Bund Proletarisch-Revolutionärer Schriftsteller (BPRS) mit, mußte 1933 für ein Jahr ins KZ und war danach im antifaschistischen Widerstand aktiv. 1945 übernahm er auf dem Gebiet der DDR zentrale Funktionen in der Verwaltung, rückte in wichtige Regierungsämter auf, 1960–71 Sekretär des Staatsrates der DDR, ab 1966 im ZK der SED. Als Kulturpolitiker bemühte sich G. nachhaltig um die Förderung der «Bewegung schreibender Arbeiter», initiierte u. a. die Erforschung der proletarisch-revolutionären Literatur innerhalb der Hochschulgermanistik der DDR. G., selbst Literaturpreisträger, hat daneben eine Reihe von autobiographisch geprägten Romanen mit dokumentarischer Tendenz geschrieben. Sein erster Roman *Märzstürme* spielt im Mansfelder Gebiet, wo G. aufgewachsen ist, beschreibt politische Umwälzungen und Kämpfe in der Zeit des 1. Weltkrieges und danach, Erfolge und Niederlagen der Arbeiterjugend. In späteren Arbeiten geht es ihm um den antifaschistischen Widerstand und Probleme des Aufbaus in der DDR, Bodenreform (z. B. *Tiefe Furchen*) u. a. Sein wichtigstes und erfolgreichstes (1967 verfilmtes) Buch ist *Die Fahne von Kriwoj Rog*, in dem er am Beispiel einer Bergarbeiterfamilie Stationen und Ereignisse schildert, die in der Zeit um und

zwischen den beiden Weltkriegen für die kommunistische Arbeiterbewegung wichtig waren. In neuerer Zeit griff er in erzieherisch angelegten historischen Romanen weiter zurück, so erzählt *Die Hemmingstedter Schlacht* von der Verteidigung der Dithmarscher Bauernrepublik um 1500.

W.: Erzählungen, Romane: Märzstürme, 1933 (überarb. 62); Bd 2, 71; Tiefe Furchen, 49 (Neuaufl. in 2 Bden, 61); Zwischen Nacht und Morgen, 55; Der Schatz in Haus Nr. 24, 56; Die Fahne von Kriwoj Rog, 59; Unser kleiner Trompeter, 61; Erzählungen aus der Schweiz, 63; Erzählungen, 65; Gefahren und Gefährten, 66; Bd 2, 72; Stärker ist das Leben, 67; Ardak und Schneedika, 68; Sturmsirenen über Hamburg, 73; Mein Dorf. Geschichte und Geschichten, 74; Der Untergang des Detachements Berthold, 74; Zeitvergleich. Anekdoten und Situationen, 74; Und haben nur den Zorn, 75; Die Signale standen auf «Rot», 76; Das Lager am Hermannschacht, 77; Die seltsame Belagerung von Saint Nazaire, 79; Die Hemmingstedter Schlacht, 82. – *Reportagen, Essays:* Und dann ging die Sonne auf. Aus der Chronik des Dorfes Schönhausen, 55; Die politische Märzaktion 1921 in Mitteldeutschland und ihre historische Bedeutung, 56; Auf Straßen, die wir selber bauen, 59; Links und rechts vom Äquator, 70; Im Mittelmeer, 72; Beiträge zur Geschichte der Arbeiterjugendbewegung, 75; Der Weg zum festen Bündnis: Begegnungen in 4 Jahrzehnten, 77.

Grab, Hermann, *6.5.1903 Prag, †2.8.1949 New York.
G. studierte Philosophie und Musik in Prag, Wien, Berlin, Heidelberg, wo er zum Dr. phil. promovierte. Er war auch promovierter Jurist und arbeitete anderthalb Jahre in einer Rechtsanwaltskanzlei. Danach lebte er als Journalist (Musikkritiker) und Musiklehrer in Prag. Er verließ die Stadt im Februar 1939, um in Paris ein Konzert zu geben, und kehrte nicht zurück. Nach dem Zusammenbruch Frankreichs gelang ihm die Flucht nach Portugal und von dort in die USA, wo er in New York als Musiklehrer lebte. Nach dreijähriger schwerer Krankheit starb er in New York. Teile seines im Exil geschriebenen Werks sind verschollen. – G. war Mitglied des sogenannten «Prager Kreises», für dessen künftigen Führer ihn Max Brod hielt. Daß es dazu nicht kam, lag auch an den Zeitumständen, die

die meisten deutschsprachigen Autoren der Tschechoslowakei zur Emigration und zu oft jahrelangem Schweigen zwangen. Vor der Besetzungs Prags durch deutsche Truppen (1939) hatte er nur den Roman *Der Stadtpark* veröffentlicht, der in der großbürgerlichen Welt dieser Stadt vor dem Beginn des 1. Weltkrieges spielt. In der Jugendgeschichte eines Bürgersohns spiegelt sich zugleich eine brüchige, untergehende Welt. Die sensible Schilderung kleinster Details, die Fülle der dargestellten Erinnerungen lassen den Einfluß Prousts erkennen. In den ersten Jahren der Emigration hat G. nach eigener Aussage nichts geschrieben. Erst im Jahre seines Todes erschien die Novelle *Ruhe auf der Flucht*, die G. als sein wichtigstes Werk betrachtete. Es ist ein «Miniaturbild» vom Leben der Emigranten, gerade in seiner unaufdringlichen präzisen Schilderung und ironisch gefärbten Diktion ein beeindruckendes und erschütterndes Zeugnis vom demütigenden und von Zufällen abhängigen Flüchtlingsschicksal.

W.: Romane, Erzählungen, Prosa: Der Stadtpark, 1935 (Neuaufl. 47, 49); Hochzeit in Brooklyn. Sieben Erzählungen, 57. – *Sammel- und Werkausgaben:* Der Stadtpark und andere Erzählungen, 85.

Gradinger, Thomas → Andersch, Alfred

Graf, Oskar Maria, *22.7.1894 Berg (Starnberger See), †28.6.1967 New York.
Sohn eines Bäckers, lernte G. zunächst das Handwerk des Vaters, floh 17jährig aus dem Elternhaus nach München, schloß sich dort dem anarchistischen «Tat»-Kreis an, wurde im 1. Weltkrieg einberufen, wegen Befehlsverweigerung aber in einer Irrenanstalt sistiert. Seine Teilnahme an der Räterepublik brachte ihm Gefängnishaft ein. Danach war er Dramaturg an einer Münchner Arbeiterbühne und freier Schriftsteller. 1933 emigrierte er über Wien (wo er aus Anlaß der Bücherverbrennung an die Nazis den berühmten Aufruf *Verbrennt mich!* richtete) in die Tschechoslowakei. 1934 nahm er zusammen mit anderen deutschen Exilautoren am 1. Allunionskongreß der

Sowjetischen Schriftsteller teil. 1938 emigrierte er in die USA, wo er erst 1958 eingebürgert wurde.

Seinen literarischen Durchbruch erzielte G. mit dem *Bayrischen Dekameron*, derb-erotischen Schwänken im oberbayrischen Milieu. Weniger folkloristisch, dafür aber lebenswahrer sind seine *Kalendergeschichten* und *Der große Bauernspiegel*, Erzählungen aus dem Alltag der Bauern, durchsetzt mit Dialektwendungen. Seine Stoffe nimmt G. stets aus der Erfahrung: aus Gerichtsberichten, Zeitungsnotizen, ihm mündlich zugetragenen Anekdoten. G. schildert immer wieder die Tragik der kleinen Leute, dabei ist er ein geschickter Erzähler und scharfsinniger Menschengestalter mit einer – wie Hofmannsthal ihm attestierte – «Instinktsicherheit für innere menschliche Vorgänge». Er selber hat sich als «Provinzschriftsteller» bezeichnet, was insofern stimmt, als das Ambiente seiner Figuren provinziell ist (z. B. die trübselige Ehetragödie *Die Ehe des Herrn Bolwieser*). Als herabsetzende Qualifizierung indes darf diese Selbstcharakteristik nicht gelten. G.s Spontaneität und Aufrichtigkeit, seine Fabulierlust weisen ihn als Erzähler von Rang aus. – Auch seine umfangreiche autobiographische Prosa *Die Chronik von Flechting*, *Wir sind Gefangene*, *Das Leben meiner Mutter*, *Gelächter von außen* u. a. sind genaue, einfühlsame, farbige Milieustudien. – Witzig und anschaulich erzählt G. in seiner *Reise in die Sowjetunion* vom Sowjetischen Schriftsteller-Kongreß – eine für die deutsche Exilliteratur unentbehrliche Dokumentation. – Der im New Yorker Exil entstandene Roman *Die Flucht ins Mittelmäßige* ist künstlerisch weniger gelungen, psychologisch aber um so aufschlußreicher, denn hier wird G.s eigene Enttäuschung darüber, daß das Nachkriegsdeutschland den Emigranten nicht zurückrief, zu einem – wenn auch verschlüsselten – Leitmotiv.

W.: Romane, Erzählungen: Ua = Pua...! Indianer-Dichtungen, 1921; Zur freundlichen Erinnerung, 22; Bayerisches Lesebücherl, 24; Die Traumdeuter, 24; Die Heimsuchung, 25; Finsternis, 26; Im Winkel des Lebens, 27; Licht und Schatten, 27; Das Bayrische Dekameron, 28 (verm. 51); Kalendergeschichten, 29 (gekürzt 57); Bolwieser, 31; Einer gegen alle, 32; Der harte Handel, 35; Der Abgrund, 36; Anton Sittinger, 37; Der Quasterl, 38; Das Aderlassen, 47; Unruhe um einen Friedfertigen, 47; Die Erben des Untergangs, 49 (Restbestände nach 53 verkauft u. d. T.: Die Eroberung der Welt); Mitmenschen, 50 (Ausz.: Menschen aus meiner Jugend auf dem Dorfe, 53); Die Flucht ins Mittelmäßige, 59; Der große Bauernspiegel, 62; Er nannte sich Banscho, 64; Bayrisches Lesebücherl, 66. – *Dramen:* Kleinstadtballade, 50. – *Lyrik:* Die Revolutionäre, 18; Amen und Anfang, 19; Der ewige Kalender, 54; Altmodische Gedichte eines Dutzendmenschen, 62. – *Essays:* Georg Schrimpf, 19 [Text]; Maria Uhden, 21; Georg Schrimpf, 23; «Verbrennt mich!» In: Arbeiter-Zeitung (Wien) Nr. 130, 12.5.33. – *Autobiographisches:* Frühzeit, 22; Die Chronik von Flechting, 25; Wunderbare Menschen, 27; Wir sind Gefangene, 27; Notizbuch des Provinzschriftstellers O. M. G. 1932, 32; Dorfbanditen. Erlebnisse aus meinen Schul- und Lehrlingsjahren, 32; The Life of My Mother, 40 (dt.: Das Leben meiner Mutter, 46); Größtenteils schimpflich, 62; Gelächter von außen, 66; Reise in die Sowjetunion 1934, 74; Beschreibung eines Volksschriftstellers, 74; Die gezählten Jahre, 76; Briefe aus dem Exil, 79; O. M. G. in seinen Briefen, 84. – *Sammel- und Werkausgaben:* Der Quasterl und andere Erzählungen, 45; An manchen Tagen, 61; Bayrische Dorfgeschichten aus früheren und heutigen Zeiten, 64; Raskolnikoff auf dem Lande, 74; Gesammelte Werke in Einzelausgaben, Bd 1ff, 75ff; Ausgewählte Werke, 7 Bde, 82; Werke, 4 Bde, 87; Jedermanns Geschichten, 88; Reden und Aufsätze aus dem Exil, 89. – *Herausgebertätigkeit:* Der Gegner. Blätter zur Kritik der Zeit (1919–1920) [mit Franz Jung, Erwin Piscator], 2 Bde, 19–22 (Repr. 79).

Grass, Günter, *16.10.1927 Danzig.
G., deutscher Abstammung vom Vater her, die Mutter war kaschubisch-polnischer Herkunft, verbrachte seine Jugend in Danzig, was sein späteres literarisches Schaffen entscheidend beeinflussen sollte. Im Krieg zuerst bei der HJ, dann Flakhelfer und Soldat, bis 1946 in amerikanischer Gefangenschaft. Zuerst Arbeiter auf dem Lande und in einem Kalibergwerk, war er dann in Düsseldorf als Steinmetz tätig. 1949–52 studierte er an der Düsseldorfer Kunstakademie bei Mages und Pankok, dann an der Berliner Hochschule für Bildende Künste bei den Bildhauern Schrieber und Karl Hartung.

Er lebte eine Zeitlang in Paris und in Italien, seit 1960 in Berlin und auf dem Lande in Schleswig-Holstein. G. begann als Bildhauer, Graphiker, Lyriker und Stückeschreiber, seit 1958 konzentriert er sich auf die erzählende Prosa, ohne seine anderen künstlerischen Aktivitäten aufzugeben. G. engagiert sich in Bundestagswahlkämpfen für die Sozialdemokraten, arbeitet in der Friedensbewegung und ist zeitweilig zum Repräsentanten einer neuen Form öffentlichen Engagements des Literaten im politischen Leben der Gesellschaft geworden. Büchner-Preis 1965, 1968 Fontane-Preis, Leonhard-Frank-Ring 1988, Ehrendoktor der Mickiewicz-Universität Posen 1990. Präsident der Berliner Akademie der Künste von 1983 bis 1986.

Die drei ersten Prosawerke, später als Danziger Trilogie bezeichnet, begründeten G.' internationalen Ruhm. Thematischer Hintergrund der Trilogie ist die Stadt Danzig. Der Erzählweise nach steht G. hier in der Tradition des großen europäischen Schelmenromans, in der Nachfolge auch Jean Pauls und Döblins. Der Roman *Die Blechtrommel,* mit dem G.' ungewöhnlicher literarischer Erfolg einsetzte, erzählt rückwendend aus der Ich-Perspektive des in einer Heil- und Pflegeanstalt sitzenden Zwergwesens Oskar Matzerath die Geschichte Deutschlands, vor allem zwischen 1933 und 1945, mit Rückblicken auf das Wilhelminische Zeitalter und Ausblicken auf die Bundesrepublik. Aus der Tischkantenperspektive dieser Figur, die, halb Kind, halb Gnom, mit drei Jahren aufgehört hat zu wachsen, werden – auf Blech getrommelt – vor allem die kleinbürgerliche Gesinnung der Epoche und deren Folgen satirisch entlarvt. Grundlegend sind auch das Motiv der Schuld sowie das anarchistische Durchbrechen von Tabus. In der Novelle *Katz und Maus* wird, von seinem mutmaßlichen Mörder Pilenz in der Ich-Form erzählt, die Geschichte des «Helden» Mahlke ironisch geschildert. Auch da bildet die Nazi-Zeit den Hintergrund der in der Welt von Pennälern angesiedelten Erzählung. Im Roman *Hundejahre* stellt G. erneut die Politik der ersten fünfzig Jahre dieses Jahrhunderts in Deutschland in den Mittelpunkt, diesmal in der Geschichte vom Konflikt zwischen Walter Matern, der mehrere Ideologien zugleich verkörpert, und dessen Jugendfreund, dem Halbjuden Eduard Amsel, einer Außenseiterfigur. Mehr noch als in den beiden ersten Romanen der Trilogie ist hier das Künstlermotiv zentral, zugleich wirklichkeitsnah und surreal behandelt: Amsel baut Vogelscheuchen, erst als Spielzeuge in Handarbeit, zum Schluß überdimensional in einem Bergwerk produziert, sind sie groteske Spottbilder des Menschlichen. Die zwei folgenden Romane nehmen zur zeitgenössischen deutschen Gesellschaft und Politik Stellung. *Örtlich betäubt* ist eine Auseinandersetzung mit den Problemen der rebellierenden Jugend. Der Roman spielt in Berlin Anfang 1967 und ist um die Lebensgeschichte des Studienrats Eberhard Starusch aufgebaut, eines «Liberalen», der für «Evolution statt Revolution» eintritt. Der Erzählfluß dieses Zeitromans ist immer wieder von reflexiven und kritischen Überblendungen und Einschiebungen durchbrochen. *Aus dem Tagebuch einer Schnecke* ist aus den Wahlkampferfahrungen G.' im Jahre 1969 entstanden. In diesem episodenreichen Rechenschaftsbericht an seine vier Söhne deutet der Autor die unmittelbare Geschichte kontrastiv als Fortschritt und Stillstand. G.' neueste Erzählwerke sind eher mythisch oder historisch verschlüsselte Bilder der zeitgenössischen Realität. In dem epochalen Roman *Der Butt* kehrt er an seinen ursprünglichen literarischen Schauplatz Danzig zurück und greift erneut zu den Mitteln des pikaresken Romans. Keimzelle der Geschichte ist das Grimmsche Märchen «Von dem Fischer un syner Fru». «Held» ist der Butt, eine ironische Verkörperung des Hegelschen Weltgeistes oder des Freudschen Über-Ichs: ein ironisches Menschheitspanorama und zugleich eine Nahrungsgeschichte der Menschen, die Geschichte der Frau, die der widersprüchlichen und spannungsreichen Beziehung von Mann und Frau, schließlich auch die Geschichte des Feminismus. Diese geniale Montage vielseitiger Bauformen ist auch thematisch viel- und tiefschichtig, für den Interpreten fast unerschöpflich. Neu darin ist die fiktive Ausdehnung des erzählenden Ichs über Jahrtausende in verschiedenen historischen Rollen. – G.' Erzählung *Das Treffen in Telgte* ist Hans Werner Richter gewidmet. Diese literarische Travestie läßt die Gruppe 47 neu erstehen, doch in die Vergangenheit des Barock zurückprojiziert: Der Dichter Simon Dach organisiert 1647 die Zusammenkunft der Schriftsteller, auf der unter dem ironischen Augenzwinkern des Autors über Liebe und Tod, Literatur und Deutschland eben mit den Riten der ehemaligen Gruppe 47 debattiert wird. Thema, Stil und Humor entsprechen hier ganz und gar der travestierten Barockzeit, zu der sich G. seit dem Anfang seines literarischen Schaffens offenbar hingezogen fühlte.

Im Verhältnis zu seinen Romanen fanden G.' Stücke weniger Anklang, weder die zum Absurden tendierenden frühen Stücke – u. a. *Onkel, Onkel*: ein Mörder mit System, schließlich von Kindern getötet; *Die bösen Köche*: fünf Köche, dem geheimen Rezept eines «Grafen» nachjagend – noch die späteren, episch-kritischen *Die Plebejer proben den Aufstand* und *Davor*. Ersteres ist ein «deutsches Trauerspiel», ein Lehrstück in Versen, das gegen Brechts Haltung während des Berliner Arbeiteraufstands am 17. 6. 1953 Stellung nimmt: Brecht probt am *Coriolan*, distanziert sich vom direkten politischen Eingriff, will den Aufstand nur künstlerisch auswerten. *Davor* ist die stark vereinfachte, vor dem Roman erschienene dramatische Fassung von *Örtlich betäubt*. – *Zunge zeigen* ist der Versuch, seine Erfahrungen während eines längeren Aufenthalts in Indien in Prosaskizzen, Zeichnungen und einem lyrischen Text zu verarbeiten. – G.' lyrisches Schaffen, das sich über alle Werkphasen hinzieht, nimmt die großen Romanthemen vorweg oder hebt sie hervor, wie im *Butt*, wo der Autor sich in Gedichten direkt und unverschlüsselt ausdrückt. Die Lyrik steht bei G. oft auch im Zusammenhang mit seiner Graphik. Seine Gedichte, von *Die Vorzüge der Windhühner* bis *Ausgefragt*, sind durch ihre realistische Unmittelbarkeit, die zu Zeitfragen

zugleich derb und raffiniert-ironisch Stellung nimmt, gekennzeichnet. Dieser «eingefleischte Gelegenheitslyriker» ist auch Polemiker und politischer Essayist: Wie Böll hat er sich zu brisanten zeitgenössischen Problemen öffentlich und oft in heftigen Kontroversen mit Kollegen und Politikern zu Wort gemeldet. Eine besondere Rolle nimmt sein Engagement für die Menschenrechtsbewegung ein. Als einer der wenigen deutschen Intellektuellen hat sich G. gegen die «Uniformität der Meinungen» zur Frage der deutschen Vereinigung 1990 gewandt und seine Stellungnahmen «wider das dumpfe Einheitsgebot» im Band *Deutscher Lastenausgleich* gesammelt herausgegeben.

W.: Romane, Erzählungen, Prosa: Die Blechtrommel, 1959; Katz und Maus, 61; Hundejahre, 63; Die Ballerina, 63; Örtlich betäubt, 69; Schweinekopfsülze (Illustrationen von H. Janssen), 69; Aus dem Tagebuch einer Schnecke, 72; Der Butt, 77; Das Treffen in Telgte, 79; Kopfgeburten oder Die Deutschen sterben aus, 80; Die Rättin, 86; Zunge zeigen, 88; Meine grüne Wiese. Kurzprosa, 89; Totes Holz, 90. – *Dramen:* Noch zehn Minuten bis Buffalo, 54; Hochwasser, 57; Zweiunddreißig Zähne, 58; Onkel, Onkel, 58; Die bösen Köche, 61; Die Plebejer proben den Aufstand, 66; Davor, 69. – *Lyrik:* Die Vorzüge der Windhühner, 56; Gleisdreieck, 60; Dich singe ich Demokratie, 65; Ausgefragt, 67; Mariazuehren, 73; Liebe geprüft, 74; wie ich mich sehe, 80; Ach Butt dein Märchen geht böse aus, 83; Mit Sophie in die Pilze gegangen, 87. – *Graphik, Essays:* 75 Jahre, 56; Rede über das Selbstverständliche, 65; Über meinen Lehrer Döblin, 68; Briefe über die Grenze (Briefwechsel mit Pavel Kohout), 68; Der Fall Axel C. Springer am Beispiel Arnold Zweig, 68; Die Vernichtung der Menschheit hat begonnen, 85; Die Ballerina, [4]85; Geschenkte Freiheit, 85; In Kupfer, auf Stein, 86; Hundert Zeichnungen 1955 bis 1987, 87; Radierungen. Lithographien. Zeichnungen. Plastiken. Gedichte, 87 (Katalog); Wenn wir von Europa sprechen. Ein Dialog [mit F. Giroud], 89; Skizzenbuch, 89; Schreiben nach Auschwitz, 90; Deutscher Lastenausgleich. Wider das dumpfe Einheitsgebot, 90. – *Sammel- u. Werkausgaben:* Über das Selbstverständliche, 68; Theaterspiele, 70; Gesammelte Gedichte, 71; Der Bürger und seine Stimme, 74; Denkzettel, 78; Danziger Trilogie, 80; Zeichnungen und Texte 1954–77, 82; Aufsätze zur Literatur 1957–1979, 80; Widerstand lernen, 84; Radierungen und Texte 1972–1982, 84; Werke, 10 Bde, 87; Gedichte, o. J.; Die Gedichte. 1955–1986, 88. – *Herausgebertätigkeit:* mit H. Böll, Carola Stern u. a.: L'76, 76–80; L'80, 80 ff; mit E. Jäckel, D. Lattmann: Willy Brandt, Bruno Kreisky, Olof Palme, Briefe u. Gespräche 1972 bis 75. – *Schallplatten u. ä.:* Es steht zur Wahl, 65; Die Blechtrommel. Örtlich betäubt, 71; Es war einmal ein Land (mit G. Sommer), 87 (2 Platten und Lesebuch); Wer lacht da, hat gelacht?, 88.

Graßhoff, Fritz, *9. 12. 1913 Quedlinburg.

G., Sohn eines ehemaligen Kapitäns und späteren Kohlenhändlers, wurde nach dem Abitur Kirchenmalerlehrling und Journalist, bis er zu Kriegsbeginn eingezogen wurde. Er war bis 1945 Soldat. In der Kriegsgefangenschaft begann G. zu schreiben. Seit 1946 lebt er als freier Schriftsteller und Illustrator eigener Werke.

G. begann mit in der Kriegsgefangenschaft geschriebener ernster Lyrik (*Hoorter Brevier*). Bereits 1947 erschien sein bekanntestes Werk, das bis heute in immer neuen Auflagen seine fortdauernde Beliebtheit beweist, die *Halunkenpostille*, Songs, Balladen und Moritaten über Matrosen, Gauner, Zuhälter und Huren. Diese Linie seines Schaffens setzte er in zahlreichen Werken fort, u. a. mit Übertragungen und Nachdichtungen antiker Autoren und des schwedischen Barockpoeten Carl Michael Bellman. Weniger bekannt geworden sind G.s ernste Gedichte, und auch sein 1980 erschienener erster Roman *Der blaue Heinrich* erreichte nicht die Beliebtheit seiner Lyrik über unbürgerliche Existenzen.

W.: Roman: Der blaue Heinrich, 1980. – *Drama:* Heiligenhafener Sternsingerspiel, 45. – *Lyrik:* Zeitlieder und Barackenverse, 45; Hoorter Brevier, 47; Halunkenpostille, 47 (erw. 68); Das Gemeindebrett, 54; Im Flug zerfallen die Wege der Vögel, 56; Und ab mit ihr nach Tintagel, 58; Die große Halunkenpostille, 63 (bearb. 81); Grasshoffs Unverblümtes Lieder- und Lästerbuch, 65 (bearb. 72); Der neue Salomo, 65; Halunken-Brevier, 67; Illustrierter Ganovenkalender, 67; Gaunerzinken, 69; Bilderreiches Haupt- und (G)liederbuch, 70 (bearb. 74); Querbeetbuch, 70; Der singende Knochen, 71; Seeräuber-Report, 72 (erw. 76);

Warehouse-Life, 72; Foxy rettet Amerika, 76; Piraten (mit L. Olias), 81. – *Übersetzungen:* Die klassische Halunkenpostille, 64; Bellman, C. M.: Durch alle Himmel alle Gossen, 66; Philodemos und die antike Hintertreppe, 75. – *Schallplatten:* Halunkenpostille, 63; Songs für Mündige, 64; Damen dürfen erröten, 65; Deutschland oder was beißt mich da?, 67; Seeräuber-Report, 73; Das ganze Jahr, 75.

Gratzik, Paul, *30. 11. 1935 Lindenhof (Polen).

Nach einer Lehre als Tischler hielt sich G. in den Jahren 1955/56 auch in der BRD auf; 1962–66 studierte er am Institut für Lehrerbildung in Weimar; danach arbeitete er bis 1971 als Heimerzieher im Osterzgebirge; von 1971–73 freischaffender Schriftsteller; nach 1973 verband G. seine Tätigkeit als Schriftsteller mit dem Facharbeiterberuf eines Kernschichters in Dresden.

G. gehört zu den wenigen DDR-Autoren, die den Bitterfelder Weg nicht als kurzfristig angelegte Kampagne für eine engere Verbindung von Arbeiterklasse und Intelligenz interpretierten. Die Tätigkeit in einem Industriebetrieb ermöglichte G. die Produktion von Stücken, die alltägliche Konflikte des Arbeitslebens in eindrucksvoller Wirklichkeitstreue zeigen. In seinem Prosadebüt *Transportpaule* läßt G. einen Arbeiter in einem inneren Monolog das Verhältnis von sozialistischer Realität und utopischem Gesellschaftsentwurf reflektieren, um so die Saturiertheit des in der DDR noch überdauernden «Menschengemeinschaftsdenkens» ad absurdum zu führen.

W.: Prosa: Transportpaule oder Wie man über den Hund kommt. Monolog, 1976; Kohlenkutte, 82. – *Dramen:* Unruhige Tage, 65; Malwa, 68 (nach Gor'kij); Warten auf Maria, 69; Umwege – Bilder aus dem Leben des jungen Motorenschlossers Michael Runna, 70; Der Kniebist, 72; Handbetrieb, 75; Märchen von einem, der auszog das Fürchten zu lernen, 75; Lisa, 77. – *Sammel- und Werkausgaben:* Umwege, Handbetrieb, Lisa, 77.

Grau, Franz → Gurk, Paul

Grebnitz, Udo → Steinberg, Werner

Gregor-Dellin, Martin, *3. 6. 1926 Naumburg/Saale, †23. 6. 1988 München.

Kindheit in Weißenfels an der Saale, Abitur 1944. Mit 18 Jahren Kriegsdienst an der Westfront. Nach Rückkehr aus amerikanischer Kriegsgefangenschaft in verschiedenen Berufen tätig, literarische und musikalische Studien. 1951 Verlagslektor in Halle/Saale. G.-D. verließ 1958 die DDR und lebte drei Jahre als freier Schriftsteller in Bayreuth. Danach Rundfunkredakteur beim Hessischen Rundfunk in Frankfurt am Main. Ab 1962 Verlagslektor in München. Lebte als freier Schriftsteller, war seit 1982 Präsident des PEN-Zentrums. – Romancier, Hörspielautor, Herausgeber, Anthologist, Rezensent und aktiver Literaturpolitiker. Die Selbstfindung und -behauptung in einer entfremdeten Welt ist Grundthema der Romane und Erzählungen. *Jakob Haferglanz* zeichnet ein jüdisches Schicksal in Hitlerdeutschland auf. Im Roman *Der Kandelaber* steht ein einzelner der totalitären Staatsbürokratie im SED-Staat zur Zeit Walter Ulbrichts gegenüber. *Einer* ist von Kafka inspiriert, eine Absage an ein unkonzentriertes Leben in der Form eines fiktiven Briefes. *Föhn* gibt die Rekonstruktion eines Banküberfalls in München. In späteren Werken hat G.-D. den Übergang vom Realismus zum phantastischen und surrealistischen Erzählen gefunden (*Das Riesenrad*), auch zum Skurrilen. – Herausgeber der Werke und Briefe von Klaus Mann, der Tagebücher von Cosima Wagner. Wagner-Studien: sachlich-methodische Klärung von Mißverständnissen durch die Aufhellung kontemporärer Zusammenhänge. U. a. Friedrich-Märker-Preis für Essayistik, 1988 Andreas-Gryphius-Preis.

W.: Romane, Erzählungen: Jakob Haferglanz, 1956; Der Mann mit der Stoppuhr, 57; Der Nullpunkt, 59; Der Kandelaber, 62; Möglichkeiten einer Fahrt, 64; Einer, 65; Aufbruch ins Ungewisse, 68; Unsichere Zeiten, 69; Föhn, 74; Das Riesenrad, 76; Schlabrendorf oder die Republik, 82; Italienisches Traumbuch, 86. – *Essays:* Richard Wagner – die Revolution als Oper, 73; Im Zeitalter Kafkas, 79; Richard Wagner. Sein Leben, sein Werk, sein Jahrhundert, 80; Das kleine Wagner-Buch, 82; R. Wagner. Leben, Werk, Wirkung (mit M. Soden), 83; Wagner und kein Ende, o. J.; Wagner-Chronik, 83; Erlösung dem Erlöser, 83; Pompes funèbres. Die Feier von Goethes Grablegung, 83; Meister, Monster und Mumien. Zur Kritik des künstlerischen Sonderfalls, 84; Heinrich Schütz, 85; Heinrich Schütz. Meister ohne Legenden, 85; Was ist Größe?, 85; Ludwigs künstliche Paradiese, 86. – *Sammel- und Werkausgaben:* Pathos und Ironie. Ein Lesebuch von und über M. G.-D., 86; Erinnerungen an Wörter, 86; Musik und Welt, 88. – *Herausgebertätigkeit:* Deutsche Erzählungen aus drei Jahrhunderten, 75; Mann, Klaus: Briefe und Antworten 1922–1949, 75; Wagner, Cosima: Die Tagebücher, 2 Bde, 76f; Mann, Klaus: Abenteuer des Brautpaars, 76; Mann, Klaus: Flucht in den Norden, 77; Deutsche Schulzeit, 79; Das Wachsfigurenkabinett, 79; Mann, Klaus: Woher wir kommen und wohin wir müssen, 80; PEN – Bundesrepublik Deutschland, 80; PEN Schriftstellerlexikon Bundesrepublik Deutschland (mit E. Endres), 82; Frank, Leonhard: Die Summe, 82; Wagner, Richard: Mein Denken, 82; Literatur in der Demokratie (mit W. Barner u. a.), 83; Frank, Bruno: Die Tochter, 85; Mann, Klaus: Das innere Vaterland, 86; Die Botschaft hör' ich wohl. Schriftsteller zur Religion, 86; Richard Wagner: Ein deutscher Musiker in Paris, 87; Carl Christian Bry: Der Hitler-Putsch, 87; Eine Pilgerfahrt zu Beethoven, 88.

Greiner, Peter, *20. 4. 1939 Rudolstadt/Thüringen.

Der als Sohn eines Feinmechanikers geborene G. verlebte seine Kindheit auf dem großelterlichen Bauernhof in Thüringen. Nach dem Abitur 1957 ging er in die Bundesrepublik, studierte in Freiburg Chemie bis zum Vordiplom, seit 1963 Chemie und Mathematik in Hamburg. 1966 legte er das Staatsexamen ab, seine Anstellung als Lehrer scheiterte an gesundheitlichen Gründen. Seither lebt er von Gelegenheitsarbeiten, seit 1970 als freier Schriftsteller. 1977 erhielt er das Suhrkamp-Dramatikerstipendium, 1981 den Mülheimer Dramatikerpreis.

G. schrieb bisher zahlreiche Stücke, von denen er einige zu Hörspielen umarbeitete. 1976 verfaßte er unter dem Titel *Gefege* eine Bearbeitung von Wedekinds «Frühlings Erwachen» für ein Musical. Personen seiner Stücke sind zumeist freiwillige und unfreiwillige Außenseiter der Gesellschaft, Ganoven, Zuhälter, Gastarbeiter. In kurzen Szenen werden Verhaltensweisen dargestellt, Versuche, am Rand der Gesellschaft zu überleben. Dies geschieht in einer emotionalen, stark stilisierten Sprache, einer Mischung aus Jargon und fast klassischer Stilhaltung. Die bisherigen Aufführungen seiner Stücke fanden ein sehr gespaltenes Echo, von hymnischer Begeisterung bis zu ebenso scharfer Ablehnung. Den größten Erfolg bisher hatte *Kiez. Ein unbürgerliches Trauerspiel um Ganovenehre und Ganovenkälte*, das 1983 auch verfilmt wurde.

W.: Prosa: Jona unter dem Eukalyptusbaum, hörend die Stimme Gottes, 86; wie Bombenleger-Charly leben..., 86. – *Dramen, Hörspiele:* Kiez, 1974; Türkischer Halbmond, 77; Roll over Beethoven, 77; Orfeus, 77; Lady Liljas Hauer, 78; Fast ein Prolet, 78; Des Reiches Streusandbüchse, 80; Altenlenz, 80; Stillgelegt, 82; Die Torffahrer (in: Spectaculum 39), 83. – *Sammelausgabe:* Fast ein Prolet. Drei Stücke (Kiez, Fast ein Prolet, Vier-Jahreszeiten-Blues), 80.

Griese, Friedrich, *2.10.1890 Lehsten bei Waren (Mecklenburg), †1.6.1975 Lübeck.

G. war Hauslehrer, dann Volksschullehrer in Stralendorf bei Parchim (bis 1926), anschließend in Kiel; 1935 Rückkehr nach Mecklenburg. Nach der Internierung flüchtete er 1947 nach Felgen bei Uelzen und lebte seit 1955 in Lübeck. B. ist ein Vertreter der «Blut und Boden»-Programmatik innerhalb des nationalsozialistischen Schrifttums – jedoch kein Parteidichter im engeren Sinne; seine stark heimatorientierten, naturbezogenen Romane sind realistischer und nüchterner im Ton als die anderer Vertreter dieser Richtung.

W.: Romane, Erzählungen, Biographisches u. Autobiographisches: Feuer, 1921; Ur. Eine deutsche Passion 22; Das Korn rauscht. Erzählungen aus Mecklenburg, 23; Alte Glocken, 25; Die letzte Garbe, 27; Wittvogel. Eine Erzählung, 27; Winter, 27; Die Flucht, 28; Sohn einer Mutter. Die Geschichte eines Kindes, 29; Tal der Armen, 29; Der ewige Acker, 30; Der Herzog. Biographischer Roman, 31; Der Saatgang, 32; Das Dorf der Mädchen. Eine Chronik, 32; Der Ruf der Erde, 33; Das letzte Gesicht, 34; Mein Leben. Von der Kraft der Landschaft, 34; Der Ruf des Schicksals. Erzählungen aus dem alten Mecklenburg, 34; Die Wagenburg, 35; Das ebene Land. Mecklenburg, 36; Die Prinzessin von Grabow. Ein Bericht aus dem achtzehnten Jahrhundert, 36;

Bäume im Wind, 37; Das Kind des Torfmachers, 37; Im Beektal singt es, 38; Die Weißköpfe, 39; Die Dörfer der Jugend, 47; Eine mondhelle Nacht, 47; Rügen, 49; Der Zug der großen Vögel, 51; Erzählungen, 53; Der Wind weht nicht, wohin er will, 60; Das nie vergessene Gesicht, 62; Mecklenburg, 63; Erzählungen (Teilslg.) Bd I: In dieser Nacht, 64; Mutter Fanna und ihre Söhne. Erzählungen und Schilderungen, 64; So lange die Erde steht (Neufassung von «Der ewige Acker» und «Das letzte Gesicht»), 65; Leben in dieser Zeit. 1890–1968, 70; Eure guten Jahre. Berichte und Betrachtungen, 74. – *Dramen:* Mensch, aus Erde gemacht, 32; Wind im Luch, 37; Der heimliche König. Dramatische Dichtung, 39; Die Schafschur, 44. – *Reden:* Rede, gehalten bei der Stehr-Feier der Deutschen Akademie der Dichtung, 34. – *Herausgebertätigkeit:* Monats-Hefte Mecklenburg-Lübeck, Jg. 12, 36; Lebendige Heimat. Sammlung von Erzählungen niederdeutscher Dichter der Gegenwart, 39.

Grimm, Hans, *22.3.1875 Wiesbaden, †27.9.1959 Lippoldsberg bei Kassel.

G. war Sohn des Universitätsprofessors und Mitbegründers der «Kolonialgesellschaft» Julius G., studierte 1895 ein Jahr Französisch in Lausanne, ging dann als kaufmännischer Lehrling nach England und 1897 nach Südafrika, wo er 13 Jahre lang als Kaufmann in Port Elizabeth und East London (Kapland) lebte. 1910 kam er nach Deutschland zurück und studierte 1911–15 Staatswissenschaften in München und am Kolonialinstitut in Hamburg. Im 1. Weltkrieg wurde er 1916 Artillerist und Dolmetscher und erhielt 1917 vom Kolonialamt den Auftrag, ein afrikanisches Tagebuch zu schreiben. 1918 erwarb er die Besitzung Klosterhaus in Lippoldsberg an der Weser, wo er seitdem, unterbrochen von einem zweiten, kürzeren Aufenthalt in Südafrika 1927–28, als freier Schriftsteller lebte. 1927 erhielt er den Dr. phil. h. c., 1933 wurde er Präsidialrat der Reichsschrifttumskammer. Seit 1934 veranstaltete er die «Lippoldsberger Dichtertage», an denen u. a. Beumelburg, Binding, Carossa und Kolbenheyer teilnahmen und die auch nach dem 2. Weltkrieg wieder stattfanden. 1951 gründete er mit dem Klosterhaus Verlag Lippoldsberg sein eigenes Verlagsunternehmen, seit 1961 wirkt dort in seinem nationalkonservativen

Geiste die Stiftung «Europäisches Jugendhaus Lippoldsberg».

Als brillanter Erzähler und Dichter des Kolonialismus und Imperialismus steht G. in der Tradition von R. Kipling, wie er auch als politischer Kämpfer für ein deutsches Kolonialreich sich – rivalisierend – an der englischen und französischen Kolonialherrschaft orientierte. Das gilt bereits für seine frühen Erzählungen afrikanischer Schicksale und Kämpfe. *Der Ölsucher von Duala* zeigt, wie ein aufrichtiger, sympathischer Deutscher in Kamerun, im Weltkrieg gefangen, unter Franzosen und Afrikanern zu leiden hat und in den Tod getrieben wird. Noch *Die dreizehn Briefe aus Deutsch-Südwest-Afrika* von 1928 enthalten den Vorschlag, der Völkerbund möge Afrika an die weißen Nationen aufteilen. Allerdings versuchte G. später, das Recht auf Kolonialismus und Herrschaft der Weißen nicht mehr in Rivalität zu, sondern mit England zu behaupten. G.s Hauptwerk *Volk ohne Raum*, an dem er 1920–26 schrieb, lieferte mit seinem Titel ein griffiges Schlagwort für die nationalsozialistische Expansions- und Lebensraum-Politik. Dieser erfolgreiche, inzwischen in über 750000 Exemplaren gedruckte Roman entwickelte am Beispiel des Lebensweges des deutschen Kleinbauernsohns und Auswanderers Cornelius Friebott und der, erst Sozialist, dann durch das Erlebnis des englischen Kolonialismus in Afrika zum Nationalisten gewandelt, als antisozialdemokratischer Wanderredner 1923 in Sachsen erschlagen wird, die These, daß Deutschland zu eng sei, eine Heimat ohne Raum, und Kolonien in weiträumigeren Kontinenten brauche. G. verherrlichte als deutsche Tugenden Aufrichtigkeit, Fleiß und Tüchtigkeit und propagierte die «Sendung des Deutschen». Nach dem Dritten Reich versuchte er, die deutsche Schuld am 2. Weltkrieg zu relativieren und sogar die Führung des Dritten Reiches zu entlasten.

W.: Romane, Erzählungen: Südafrikanische Novellen, 1913; Der Gang durch den Sand und andere Geschichten aus südafrikanischer Not, 16; Die Olewagen-Saga, 18; Der Ölsucher von Duala, 18; Volk ohne Raum, 26; Der Richter in der Karu und Krähenfang, 26; Das deutsche Südwester-Buch, 29; Utz Himmelreichs Schlüssel, 30; Der Richter in der Karu und andere Geschichten, 30; Die Geschichte vom alten Blute und von der ungeheueren Verlassenheit, 31; Was wir suchen ist alles, 32; Lüderitzland, 34 (51 als: Geschichten aus Südafrika); Südwestafrikanische Geschichten, 41; Kaffernland, 61; Heynade und England, 69; Afrikanische Dramen, 73; Der Kornische Mord, 74; Südafrika, 78. – *Drama:* Die Grobbelaars, 07. – *Essays, politische, autobiographische Schriften:* Afrikafahrt West. Ein Reise- und Einführungsbuch, 13; Der Schriftsteller und die Zeit, 31; Von der bürgerlichen Ehre und bürgerlichen Notwendigkeit, 32; Bücher in meinem Leben, 35; Die Erzbischofschrift. Antwort eines Deutschen, 50; Rückblick, 50; Leben in Erwartung. Meine Jugend, 52; Warum – woher – aber wohin? Vor, unter und nach der geschichtlichen Erscheinung Hitler, 54; Erkenntnisse und Bekenntnisse, 55; Gedenkgabe, 59; Suchen und Hoffen. Aus meinem Leben 1928–1934, 60; Wir von der Weser, 62; Landschaften, Menschen, Politik, 71; Die Thomas-Mann-Schrift, 72; Von der verkannten Wirklichkeit, 73; Englisch-deutsche Probleme im Wandel unserer Zeit, 74; Über mich selbst und meine Arbeit, 75; Mehr nationale Würde und mehr Wahrheit, 75; Das deutsche Fenster in die Welt, 77; Forderung an die Literatur, 77. – *Herausgebertätigkeit:* Irdische Losungen für Werktätige, 55. – *Werkausgabe:* Werke. Gesamtausgabe, 35 Bde, 70ff.

Grisar, Erich, *11. 9. 1898 Dortmund, †30. 11. 1955 ebd.

Sohn eines Arbeiters. Nach der Volksschule als Arbeiter in Fabriken und als Brückenbauer tätig. Seit 1924 freier Schriftsteller. Nach 1933 zunächst geächtet, später wieder vorsichtige Publikationen. G. arbeitete in der Zeit des ‹Dritten Reiches› als Vorzeichner in einer Dortmunder Fabrik. Nach dem Krieg wurde er in Dortmund als Bibliothekar angestellt.

G. verfaßte Lyrik, die sowohl Elemente des Expressionismus enthielt, als auch an die Arbeiterdichtung eines Lersch und Engelke erinnerte. Daneben erschienen Reportagen und realistische Erzählungen und Romane aus der Welt der Brückenbauer und dem Milieu des Ruhrreviers. G. bemühte sich auch nach dem Kriege, durch Veröffentlichungen die Arbeiterliteratur wiederzubeleben, erkannte aber bald, daß keine Publikumsresonanz mehr erfolgte. – G. war überdies der erste Herausgeber von Exilliteratur nach dem 2. Weltkrieg.

W.: Romane, Erzählungen: Heinrich Volkmann, 1927; Mit Kamera und Schreibmaschine durch Europa. Bilder und Berichte, 32; 17 Brückenbauer – ein Paar Schuhe, 37; Monteur Klinkhammer und andere Brückenbauergeschichten, 43; Kindheit im Kohlenpott, 46; Die Holtmeiers, 46; Die Tat des Hilko Boßmann. Eine Erzählung aus dem Jahr 1945, 47; Die Hochzeit in der Kesselschmiede, 49; Zwischenfall beim Brückenbau. Erzählungen aus der Welt der Brückenbauer, 50. – *Drama:* Unser ist der Tag. Ein Spiel im Geiste derer, die siegen werden, 24; Opferung. Sprechchor, 27; Das Tor. Sprechchor für Maifeiern, 29; Der Tag des Lichts. Sprechchor, 30; Die Grenzen auf! Fröhliches Spiel für die arbeitende Jugend, 32. – *Lyrik:* Morgenruf, 23; Das Herz der Erde hämmert. Skizzen und Gedichte, 23; Gesänge des Lebens, 24; Schreie in der Nacht, 25; Das atmende All, 25; Bruder, die Sirenen schrein. Gedichte für meine Klasse, 30. – *Sammelausgaben:* Zwischen den Zeiten. Ausgewählte Gedichte, 46; Der lachende Reinoldus. Heitere und neue Anekdoten aus einer alten Hanse- und jungen Industriestadt, 64. – *Herausgebertätigkeit:* Denk ich an Deutschland in der Nacht. Eine Anthologie deutscher Emigrantenlyrik, 46.

Grogger, Paula, *12.7.1892 Oeblarn (Steiermark), †1.1.1984 ebd.
Nach dem Besuch der Volksschule wurde G. 1907–12 an der Lehrerbildungsanstalt der Ursulinen in Salzburg ausgebildet und arbeitete dann als Dorfschullehrerin. Seit ihrer Versetzung in den Ehrenruhestand 1929 widmet sie sich ausschließlich ihrer schriftstellerischen Tätigkeit. – Romane, Gedichte, Legenden, Volks- und Laienspiele sind stark beeinflußt durch G.s tiefe katholische Frömmigkeit und die feste Verbindung zu ihrer Heimat. Eine bodenständige, bildhafte Sprache, oft durchsetzt mit Einsprengseln aus dem Dialekt, beschreibt Geschichte und Geschichten aus Volks- und Brauchtum, Religion und Natur der Steiermark. Hauptwerk ist der 1926 erschienene Roman *Das Grimmingtor*, der in neun Sprachen übersetzt wurde. Die dramatischen Veröffentlichungen knüpfen formal und inhaltlich an die Tradition der mittelalterlichen Mysterienspiele an. – 1936 erhielt die Heimatdichterin G. das Österreichische Verdienstkreuz für Kunst und Wissenschaft und die Medaille der Stadt Wien, 1952 den Rosegger-Preis, 1956 den Enrica-Handel-Mazzetti-Sonderpreis. 1961 wurde sie als erste Frau mit dem Ehrenring des Landes Steiermark ausgezeichnet und 1966 mit dem Professorentitel.

W.: Romane, Erzählungen, Legenden: Das Grimmingtor, 1926; Die Sternsinger, 27; Das Gleichnis von der Weberin, 29; Die Räuberlegende, 29 (als Roman 77); Das Röcklein des Jesukindes, 32; Die Legende vom Rabenknäblein, 34; Der Lobenstock, 35; Das Kind der Saligen, 35; Unser Herr Pfarrer, 46; Das Geheimnis des Schöpferischen, 49; Der Antichrist und Unsere liebe Frau, 49; Die Mutter, 58; Die Reise nach Salzburg, 58; Späte Matura, 75; Der Ministrant des Jesukindes, 77; Der himmlische Geburtstag, 77; Die Legende von der Mutter, 85; Die Reise nach Brixen, 87; Selige Jugendzeit, 89. – *Dramen:* Die Wallfahrt nach Bethlehem, 16 (Buchausgabe 33); Spinnstubenlegende, 20; Das Spiel von Sonne, Mond und Sternen, 33; Die Auferstehungsglocke, 33; Neufssg. 50; Die Hochzeit, 37. – *Lyrik:* Gedichte vom Berge, 38; Bauernjahr, 47 (erw. 78); Gedichte, 54; Gedichte, 82. – *Sammelausgaben:* Aus meinem Paradeisgarten, 62; Sieben Legenden, 77.

Grombeck, Ernst Ludwig → Rubiner, Ludwig

Groth, Sylvia → Danella, Utta

Gruber, Reinhard Peter, *20.1.1947 Fohnsdorf (Österreich).
1966–73 Studium der Theologie in Wien, seit 1974 freier Schriftsteller und Journalist. – G. reflektiert in seinen Prosatexten, die inhaltlich einen starken Bezug zu seiner Heimatregion haben, Erscheinungsformen falschen Bewußtseins, z. B. den Begriffsapparat der Wissenschaften oder die trivialen Muster des Heimatromans. G. verzichtet dabei nicht auf komische Wirkungen, die durch das offensichtliche Auseinanderklaffen von Sprechen und Handeln entstehen.

W.: Romane, Erzählungen: Aus dem Leben Hödlmosers, 1973; Im Namen des Vaters, 79; Heimwärts, einwärts, 80; Die grüne Madonna, 82; Vom Dach der Welt, 87; Das Schilcher ABC, 88; Nie wieder Arbeit. Schivkovs Botschaften vom anderen Leben, 89. – *Essay:* Alles über Windmühlen, 71. – *Dramen:* Oskar (mit E. Wünsch), 77; Erzherzog Johann (mit

E. Schönwiese), 79; Der Schilcher ist aus (mit
E. Wünsch), 80; Heimatlos (mit A. Prestele),
85.

Grün, Max von der, *25.5.1926
Bayreuth.
Von der G. gilt als *der* Repräsentant bundesrepublikanischer Arbeiterliteratur.
Er stammt aus einer verarmten bayerischen Adelsfamilie. Sein Vater war
Schuhmacher. Von der G. mußte das
Gymnasium verlassen, da sein Vater als
Zeuge Jehovas und als Regimekritiker
verfolgt wurde. Von der G. absolvierte
eine kaufmännische Lehre in der ober-
pfälzischen Porzellanindustrie. Im 2.
Weltkrieg kurzfristig als Fallschirmsprin-
ger ausgebildet, geriet er schnell in amerikanische Gefangenschaft. Hier arbeitete er als Baumwollpflücker, Zuckerrohr-
schläger, Holzfäller und Bergmann in
einer Kupfermine. Wieder in Deutschland, arbeitete von der G. in seiner Heimat im Baugewerbe, bis er, inzwischen
arbeitslos, den Werbungen des Ruhrkoh-
lenbergbaus folgte und von 1951–63 als
Schlepper und Grubenlokführer auf
einer Zeche bei Unna arbeitete. Von
1956–62 war er Presbyter in der Gemeinde des Zechendorfes Heeren, eine Zeitlang beteiligte er sich aktiv an der Jugendarbeit. Von 1959/60 an verstärkte literarische Tätigkeiten: Betreuung der
Gemeindebücherei, kleine Veröffentlichungen, Lesungen, Volkshochschul-
vortragsreihen; schließlich die Zusammenfassung von Autoren der Arbeitswelt in der Dortmunder Gruppe 61. Erste literarische Erfolge durch die Veröffentlichung der Romane *Männer in
zweifacher Nacht* und *Irrlicht und Feuer*;
die damit verbundenen wachsenden Ver-
pflichtungen und Chancen des Kultur-
triebes führten dazu, daß von der G. seine Zechenarbeit aufgab und seit Ende
1963 als freier Schriftsteller lebt. Er erhielt u. a. 1981 den Annette-von-Droste-
Hülshoff-Preis, 1985 den Gerrit-Engelke-Literaturpreis und war im Wintersemester 1983/84 Gastdozent der Universität Paderborn. Literaturpreis Ruhrgebiet
1989. Von der G. beschränkte sich nicht
auf Buchveröffentlichungen und die
Feuilletonseiten der Presse, sondern pu-

blizierte sehr bald in Rundfunk und Fernsehen und bereitete ein Thema stets für
mehrere Medienformen auf. Ausgehend
von der Situation des Bergmanns unter
Tage, gestaltet von der G. in seinen
Hauptwerken zunächst paradigmatische
Arbeitssituationen der Industriegesellschaft, nämlich gefahrvolle, körperlich
schwere Arbeit (*Männer in zweifacher
Nacht, Irrlicht und Feuer*), repetitive
Teilarbeit (*Irrlicht und Feuer*) und extrem
reizarme Anlagenüberwachung. Neben
den Themen der zeitgenössischen sozialen Diskussion, die in den Romanen stets
mitschwingen, hat sich von der G. zunehmend für arbeitsrechtliche Fragestellungen interessiert. In *Zwei Briefe an Pospischiel* wird an der Gestalt des Helden
Pospischiel durchgespielt, was passiert,
wenn man sich unerlaubten Urlaub
nimmt, in *Stellenweise Glatteis* geht es um
die juristischen Verwicklungen, die entstehen können, wenn ein Betrieb seine
Mitarbeiter elektronisch belauscht und
diese sich belastende Unterlagen ungesetzlich, nämlich durch Einbruch, be-
schaffen.
Der Roman *Flächenbrand* gestaltet vor
dem Hintergrund drohender Arbeitslosigkeit, Großstadtsanierung und rechtsradikaler Aktivitäten die Versuche einer
rechtsradikalen Gruppe aus Halb- und
Geschäftswelt, eine bewaffnete Aktion
vorzubereiten. Von der G.s Figuren sind
widersprüchlich, einmal engagiert, zum
anderen desinteressiert, sie verfallen Altruismus und Egoismus und auch das Bedürfnis, in Ruhe gelassen zu werden.
Schlußfolgerungen für ein (sozial)-politi-
sches Handeln anzubieten, ist nach von
der G. nicht Sache der Literatur, Schlüsse
habe der Leser selbst zu ziehen. Als Stilmittel, Problembereiche zu verdeutlichen, setzt von der G. neben realistischer
Schilderung konzeptionelle, szenische
und stilistische Überspitzung ein.
Von der G. ist in Werk und Statements
trotz Anpassungen an den Jargon und
Apparat der linkskritischen Szene ein
Autor, der immer wieder mit nonkonfor-
mistischen Aussagen überrascht.

W.: Romane, Erzählungen: Männer in zweifacher Nacht, 1962; Irrlicht und Feuer, 63; Fahrt-

unterbrechung und andere Erzählungen, 65; Zwei Briefe an Pospischiel, 68; Feierabend. Dreh- und Tagebuch eines Fernsehfilms, 68; (mit Hans Dieter Schwarze) Urlaub am Plattensee. Prosa, 70; Am Tresen gehn die Lichter aus. Prosa, 72; Stenogramm. Erzählungen, 72; Ein Tag wie jeder andere. Bericht, 73; Menschen in Deutschland (BRD). Sieben Porträts, 73; Stellenweise Glatteis, 75; Leben im gelobten Land. Gastarbeiterportraits, 75; Wenn der tote Rabe vom Baum fällt. Reisebericht, 75; Reisen in die Gegenwart, 76; Vorstadtkrokodile, 76; Wie war das eigentlich. Kindheit und Jugend im Dritten Reich, 79; Flächenbrand, 79; Unsere Fabrik, 79 (mit O. Schmuckler, G. Wallraff); Unterwegs in Deutschland, 79; Die Entscheidung, 79; Etwas außerhalb der Legalität, 80; Späte Liebe, 82; Maloche, 82; Friedrich und Friederike, 83; Die Lawine, 86. – *Drama und Fernsehfilm* (soweit nicht in anderer literarischer Weise in Buchform erschienen): Notstand oder Das Straßentheater kommt. Eine Revue, 69; Aufstiegschancen, 70, Späte Liebe, 77; Vorstadtkrokodile, o. J.; Brot und Spiele (Libretto), UA 89. – *Herausgebertätigkeit:* Aus der Welt der Arbeit. Almanach der Gruppe 61 (mit M. Hüser und W. Promies), 66; Mein Lesebuch, 80; Unser schönes Nordrhein-Westfalen, 83; Geschichten aus der Arbeitswelt 2, 84; 3, 89. – *Sammelausgabe:* Klassengespräche. Aufsätze, Reden, Kommentare, 81; Waldläufer und Brückensteher, 87.

Grünberg, Karl, * 5. 11. 1891 Berlin, † 1. 2. 1972 ebd.
Sohn eines der SPD angehörenden Schuhmachers. Hilfsarbeiter, Chemielaborant, im 1. Weltkrieg Armierungssoldat. Über die Beteiligung an den Munitionsarbeiterstreiks 1918 führte der politische Weg zur KPD (1920).
G. war Mitarbeiter der «Roten Fahne», organisierte mit J. R. Becher die kommunistische Arbeiterkorrespondentenbewegung, war Gründungsmitglied des Bundes Proletarisch-Revolutionärer Schriftsteller (BPRS), Chefredakteur der «Rote-Hilfe-Presse-Korrespondenz» der Internationalen Vereinigung Revolutionärer Schriftsteller (IVRS). Nach 1933 mehrfach im KZ inhaftiert, dennoch eine Zeitlang Arbeit im Untergrund. Ab 1936 wieder chemischer Laborant, anschließend Feuerwehrmann, dauernd überwacht. Nach 1945 war G. Amtsgerichtsdirektor in Berlin-Pankow, Redakteur und schließlich freier Schriftsteller.
G.s bedeutendstes, weil für die Entwick-

lung des BPRS maßgebendes Werk ist der Roman *Brennende Ruhr*, der in 16 Parteizeitungen nachgedruckt wurde, ehe er in Buchform erschien. Der Roman schildert mit Hilfe von dokumentarischen und kolportagehaften Abschnitten den Kampf der Ruhrarbeiter 1920 gegen Kapp, Watter usw. Die Handlung ist vornehmlich in Gespräche einbezogen und zeigt den Weg eines kleinbürgerlichen Studenten an die Seite der kämpfenden Arbeiter. Für den BPRS war G.s Roman ein Vorbild für die volksnah gedachte Roman-Reihe des Roten Eine-Mark-Romans.
Nach dem 2. Weltkrieg arbeitete G. einerseits historische Stationen der Arbeiter- und der kommunistischen Bewegung auf, andererseits begleitete er mit Dramen (*Golden fließt Stahl, Elektroden*) den wirtschaftlichen Aufbau der DDR, wobei er Schwierigkeiten im Produktionsbereich oft vorschnell auf kriminelle Ursachen oder westdeutsche Sabotageakte zurückführte.

W.: Romane, Erzählungen: Brennende Ruhr. Roman aus dem Kapp-Putsch, 1929; Das Schicksal der Alwine Nöldecke, 32; Hitlerjunge Burscheidt, 48; Das Schattenquartett, 48; Die Flucht aus dem Eden, 49; Der Goldsucher aus der Franziskanergasse, 49; Es begann im Eden, 51; Schrei um Mitternacht, 56; Mit der Zeitlupe durch die Weimarer Republik, 60; Episoden. Erlebnisreportagen aus sechs Jahrzehnten Kampf für den Sozialismus, 60; Gloria Victoria, 60; Der Goldschatz in der Taiga, 61; Die Getreuen vom Galganberg, 65; Die Flucht aus dem Eden. Zwei Erzählungen, 89. – *Dramen:* Ein lehrreicher Ehevertrag. Agitpropstück, 28; Moloch Wohnungsnot. Agitpropstück, 28; Golden fließt der Stahl, 50; Elektroden, 54. – *Sammel- u. Werkausgaben:* Hotel Eden. Gesammelte Erzählungen, 70; Von der Taiga bis zum Kaukasus. Erlebnisse auf neun Reisen in die Sowjetunion. Reportagen, 70; Der Spatzenbaum. Episoden, Skizzen, Reportagen, 76; Werke in Einzelausgaben, 81 ff.

Guardini, Romano, * 17. 2. 1885 Verona, † 1. 10. 1967 München.
G., Sohn italienischer Eltern, wuchs in Mainz auf, studierte Theologie, wurde 1910 zum Priester geweiht und promovierte, nach zweijähriger priesterlicher Tätigkeit, über katholische Theologie in

Freiburg. 1923–39 Prof. für Religions-
philosophie und katholische Weltanschauung in Breslau und Berlin, 1939–45
amtsenthoben, 1945–48 Prof. in Tübingen, 1948–67 in München. G.s Hauptbe-
deutung liegt im Bereich des katholischen Christentums. Für die Literatur
wurde er insofern bedeutungsvoll, als er
auf dem Hintergrund existenzphilosophi-
scher Überzeugungen und eines religiösen Offenbarungsglaubens Dichtwerke
in den Dienst christlicher Lehre stellte.
Hierhin gehören vor allem seine Arbeiten über Dostojevskij, Dante, Rilke,
Kierkegaard und besonders Hölderlin,
an dessen Werk er eine neue Beschreibung seherischer Dichtung versuchte.
G.s Deutungsmuster ist in seinem philosophischen Hauptwerk *Der Gegensatz*
ausgebreitet, wonach die vorbildlichen
Dichter eine «Möglichkeit stehenden
Gleichgewichts» zwischen Rationalem
und Alogischem offenhalten. Die Zeit
der direkten, einflußreichsten Wirkung
war G.s Tätigkeit an der Münchner Universität, wo seine existentiell-weltan-
schaulichen, religionsorientierten und literarischen Vorlesungen weit über das
Akademische hinaus einen großen Hö-
rerkreis in Bann hielten. – 1952 Friedenspreis des Deutschen Buchhandels.

W. (Auswahl): Vom Geist der Liturgie, 1918;
Vom Sinn der Kirche, 22; Briefe über Selbstbil-
dung, 24; Der Gegensatz. Versuche zu einer
Philosophie des Konkret-Lebendigen, 25;
Briefe vom Comer See, 27; Das Gute, das Gewissen und die Sammlung, 29; Der Mensch und
der Glaube. Versuche über die religiöse Existenz in Dostojewskis Romanen, 33; Christliches Bewußtsein. Versuche über Pascal, 34;
Die Bekehrung des hl. Aurelius Augustinus,
35; Der Engel in Dantes Göttlicher Komödie,
37; Dante-Studien, 2 Bde, 37–58; Hölderlin.
Weltbild und Frömmigkeit, 39; Welt und Person. Versuche zur christlichen Lehre vom Menschen, 40; Zu R. M. Rilkes Deutung des Daseins. Eine Interpretation der 2., 8. u. 9. Duineser Elegie, 41; Vision und Dichtung. Der
Charakter von Dantes Göttlicher Komödie,
46; Der Heilbringer in Mythos, Offenbarung
und Politik, 46; Hölderlin und die Landschaft,
46; Über das Wesen des Kunstwerks, 48; Freiheit, Gnade, Schicksal, 48; Vom Sinn der
Schwermut, 50; Vom Sinn der Gemeinschaft,
50; Über Sinn und Weise des Interpretierens,
57; Die Sorge um den Menschen, 2 Bde,

62–66; Unterscheidung des Christlichen. Gesammelte Studien, 63; Stationen und Rückblick, 65; Die Existenz des Christen, 77; Die
Technik und der Mensch, 81; Berichte über
mein Leben, [4]85; Der Blick auf das Ganze, 85;
Werke, Bd 1 ff, 86 ff; Ausgewählte Texte, 87. –
Schallplatten, Kassetten: Der unvollständige
Mensch und die Macht, 88 (Kass.); Die Situation des Menschen, 89 (Kass.).

Guenther, Johannes von, *26. 5. 1886
Mitau (Lettland), †28. 5. 1973 München.
Nach dem Abitur unternahm G. zahlreiche Reisen durch Rußland und machte
die Bekanntschaft vieler Autoren und
Künstler seiner Zeit. Von 1909–13 arbeitete er als Redakteur der literarischen
Monatsschrift «Apollon» in Petersburg.
Mit Beginn des 1. Weltkriegs verließ er
seine Heimat, bereiste Deutschland und
übernahm 1916 die Leitung eines Münchner Verlags. Nach einer eigenen Verlags-
gründung 1919 war G. zeitweilig freier
Schriftsteller und lebte in Bayern, bis er
von 1927–29 Verlagsredakteur bei
Grethlein in Leipzig wurde. Ab 1934
blieb er nach erneuter verlegerischer Tätigkeit in Berlin endgültig freier Autor.
Puškin, Gogol', Turgenev, Dostoevskij
und Tolstoj sind nur die bekanntesten
Autoren, deren Werke G. übersetzt und
herausgegeben hat. Als intimer Kenner
der russischen Literatur stellte er fast die
gesamte russische Klassik dem deutschsprachigen Publikum in bekenntnisrei-
chen, sprachlich genauen und stilistisch
dicht am Original orientierten Übertragungen vor. Für seine außerordentlichen
Verdienste auf diesem Gebiet, besonders
für seine Arbeiten um N. Leskov, erhielt
er 1956 den Literaturpreis der DDR. Neben seiner editorischen Tätigkeit – in der
Reihe «Kleine Russische Bibliothek» erschienen seit 1962 ca. 30 Titel – beschäftigte sich G. mit literaturgeschichtlichen
Fragestellungen dieses Bereichs. In
einem Erinnerungsbuch *Ein Leben im
Ostwind – Zwischen Petersburg und
München* beschreibt er seine zahlreichen
persönlichen Bekanntschaften mit russischen und deutschen Schriftstellern und
anderen Künstlern. – G.s eigene literarische Produktion begann mit Lyrik
(*Schatten und Helle*), ihr folgten historische Romane und vor allem Bühnenstük-

ke, oft Nachdichtungen und Bearbeitungen älterer Vorlagen aus verschiedenen Nationalliteraturen. 1963 wurde er mit dem Verdienstkreuz I. Klasse der Bundesrepublik Deutschland ausgezeichnet.

W.: *Romane, Erzählungen:* Martinian sucht den Teufel, 1916; Gunfrieds Saitenspiel, 24; Thomas Ringemann und sein singendes Herz, 25; Cagliostro, 27; Sturz der Maske, 34; Die Spiel-Anne, 36; Rasputin, 39; Die fünf kleinen Schicksale, 48. – *Dramen:* Tannenhäuser, 14; Der Magier, 16; Der liebste Gast, 17; Don Gil von den grünen Hosen, 18, 5. Fssg. 42; Fürstin Darja, 23; Dummes Zeug wird hier getrieben, 24; Reineke, 25; Zar ohne Volk, 36; Das Land der Verheißung, o. J.; Komödianten, 38 (mit B. Hofmann); Der Kreidekreis, 41; Vasantasena, 42; Der verschrobene Liebhaber, 43; Balsaminow will heiraten, 51; Geist ohne Geld, 51; Sakuntala, 53. – *Lyrik:* Schatten und Helle, 05; Fahrt nach Thule, 16; Der weiße Vogel, 20; Russisches Saitenspiel, 46; Sonettengarten, 46; Nachmittag, 48. – *Schriften:* Die Streusandbüchse, 21; Vom Werden und Wesen der Bühne, 26; Der Schauspieler Lothar Müthel, 34; Der Alexandrit, 48; Essayband von A. Block, 48; Vom Schenken, 57; Hörst Du, was die Stunde spricht, 58; Russische Literaturgeschichte, 64; Ein Leben im Ostwind – Zwischen Petersburg und München, 69. – *Übersetzungen, Nachdichtungen:* Puškin, Lermontov, Leskov, Ostrovskij, Blok, Achmatova, Brjusov, Dostoevskij, Ivanov, Jessenin, Kuzmin, Merežkovskij, Odoevskij, Tolstoj, Cechov, Turgenev, Dowson, Coward, Poe, Gogol'. – *Herausgebertätigkeit:* Neuer russischer Parnaß, 21; Russische Gespenstergeschichten, 21; Russische Tiergeschichten, 22; Russische Verbrechergeschichten, 22; Russische Liebes-Geschichten, 23; Spott, Sterben und Harlekin, 32; Schule der Liebe, 42; Italienische Shakespeare-Novellen aus der Renaissance, 47; Russische Erzähler, 49; Das Kreuz im Walde, 49; Altrussische Novellen, 55; Beschränkte Toren, 56; Geliebtes Rußland, 56; Unsterbliches Saitenspiel, 56; Der bunte Sarafan, 57; Neue russische Prosa, 57; Liebesgedichte, 58; Religiöse Lyrik des Abendlandes, 58; Russische Sprichwörter, 58; Dein Lächeln noch unbekannt gestern, 58; Rußland erzählt, 59; Heilig-unheiliges Rußland, 60; Neue russische Lyrik, 60; Leskov, N. S.: Gesammelte Werke, 63–64; Erzählungen und Anekdoten, 64; Puschkin, A. S.: Gesammelte Werke, 66; Liebesgeschichten aus Rußland, 83; Turgenjew, I.: Meistererzählungen, 83; Puschkin, A. S.: Erzählungen und Anekdoten.

Guggenheim, Kurt, *14. 1. 1896 Zürich, †5. 12. 1983 ebd.

G., der einer Kaufmannsfamilie entstammt, wurde selbst Importeur, arbeitete 1919–25 in Frankreich, England und Holland, wechselte 1930 aber in die Berufe des Redakteurs und Kunsthändlers über und wurde 1935 freier Schriftsteller. Er wohnte bei Zürich. – G. stellte sich bewußt in die schweizerische Tradition von Keller, Meyer und Gotthelf. In schlichter Prosa befassen seine Romane sich mit Versuchen von Flucht und Ausbruch aus der bürgerlichen Welt, lassen das neue Leben aber meist in Resignation enden (*Die heimliche Reise*). Zentrum von G.s Werk sind seine romanhaften Autobiographien sowie der Roman *Alles in Allem*, eine breite Darstellung Zürichs im 20. Jh.

W.: *Romane:* Entfesselung, 1935; Riedland, 38; Die heimliche Reise, 45; Wir waren unser vier, 49; Alles in Allem, 4 Bde, 52–55; Der Friede des Herzens, 56; Der goldene Würfel, 67; Minute des Lebens, 69; Gerufen und nicht gerufen, 73; Nachher, 74; Der labyrinthische Spazierweg, 75; Alles ist der Rede wert, 77; Das Zusammensetzspiel, 77. – *Autobiographische Romane:* Sandkorn für Sandkorn. Die Begegnung mit Jean Henri Fabre, 59; Die frühen Jahre, 62; Salz des Meeres – Salz der Tränen, 64. – *Tagebücher:* Die Wahrheit unter dem Fließblatt, 60; Einmal nur. Tagebuchblätter, 3 Bde, 81–82. – *Essays:* Heimat oder Domizil?, 61; Das Ende von Seldwyla, 65. – Ferner Dramen, Hörspiele und Filmdrehbücher. – *Sammel- und Werkausgaben:* Werke, Bd 1: Die frühen Jahre / Salz des Meeres, Salz der Tränen, 79 (Repr. 89). – *Herausgebertätigkeit:* Der Kuss, 80; Fabre, J. H.: Das offenbare Geheimnis, 87 (Neuausg.).

Gulden, Alfred, *25. 1. 1944 Saarlouis.
G. studierte Sprecherziehung, Theaterwissenschaft und Germanistik in Saarbrücken und München; Diplom als Sprecherzieher. Seit 1964 Arbeiten am Theater, seit 1975 freier Mitarbeiter des Saarländischen Rundfunks; lebt seit 1980 als freier Schriftsteller. G. erhielt mehrere Stipendien und Auszeichnungen, u. a. 1976 den Förderpreis für Literatur Saarlouis, 1982 den Bayerischen Förderungspreis für Literatur, 1982 und 1987 das Stipendium des Deutschen Literaturfonds, 1983 den Deutsch-französischen Journalistenpreis, 1985 den Kulturpreis des Landkreises Saarlouis, 1986 den Stefan-

Andres-Preis und Stipendien der Saarländischen Landesregierung und der
Stadt München. – Neben seinen Rund-
funk- und Fernseharbeiten über seine
saarländische Heimat, die «Grenzlandschaft» zwischen Frankreich und
Deutschland, wurde G. vor allem bekannt durch seine Gedichte im saarländischen Dialekt. Hierin erweist er sich als
einer der Protagonisten der ‹neuen› Dia-
lektliteratur, die ihre Aufgabe nicht in
verklärender Idyllisierung vergangener
Zeiten sieht, sondern in der kritischen
Benutzung des Dialekts für Probleme
und Fragen unserer Zeit. Daneben hat
G. Kinderbücher im Dialekt geschrieben.
In seinem ersten Roman *Greyhound*
schildert G. die Hochzeitsreise des (europäischen) Ich-Erzählers mit seiner amerikanischen Ehefrau durch die USA, in deren Verlauf die Ehe an der Unvereinbarkeit der Lebenshaltungen scheitert. Mit
Die Leidinger Hochzeit kehrt G. ins Saarland zurück und zeigt am Beispiel dieses
Ortes, durch die die deutsch-französische Grenze verläuft, ‹Grenzprobleme›
zwischen den Nationen, den Generationen und städtischen und ländlichen Verhältnissen. – G. schrieb auch zahlreiche
Rundfunkfeatures, Drehbücher und Filme für das Fernsehen.

W.: Romane, Erzählungen, Prosa, Kinderbü-
cher: Root Hòòa un Summaschprossen, 1976;
Auf dem großen Markt, 77; Om großen Määat,
80; Kennaschbilla, 80; Palaawa. Dòò saat da
Schwaan zum Hächt, 81; Greyhound. Amerika
am eigenen Leib erfahren, 82; Die Leidinger
Hochzeit, 84. – *Dramen, Hör- und Fernsehspie-*
le: Krejch mißt et gen (Hsp.), 76; Saan wiit es
(Hsp.), 77; Maulschperr (Hsp.), 78; Am Fen-
ster (Funkerz.), 78; Naatschicht, 79; Saarlouis
300. Historische Revue, 80; Aus sich raus
(Fs.), 80–81 (52 Folgen); Alwis und Elis oder
und dreiunddreissig Jahr im Fleisch Gehorsam
war (Hsp.), 80; Grenzlandschaft. Der Saargau
(Fs.), 82 (5 Folgen); Jeder hat sein Nest im
Kopf (Fsp.), 83; Bruch, 84; Splitter im Aug, 84
(Bühnenms.); Kehraus Saarlouis (Fsp.), 85;
Sagenhaft (Fsp.), 85; Joho, 85; Mann im Beton, 87. – *Lyrik:* Lou mol lò lò laida, 75 (mit
Platte); Naischt wi Firz em Kòpp, 77 (mit Platte); Da eewich Widdaschpruch, 78; Et es neme
wiit freja wòòa, 81; Vis a vis ma, 87 (mit Platte). – *Essays, theoretische Schriften, Kalender:*
Aktionsraum I oder 57 Blindenhunde, 71 (Film

72); Jòòa en Jòòa aus, 77; Quätschenlequää-
rich, 78; Fleckstecka, 79; Scheena waanen, 80;
All Lääd allään, 81; Vill sevill Vej, 82; Nur auf
der Grenze bin ich zu Haus, 82; Traamwaan,
83; Schawaare, 84; Der Saargau. Reise in die
nächste Fremde, 84; Guddaschprech, 85;
Dronna un driwwa, 86. – *Schallplatten, Tonkas-*
setten etc.: Lidda fo all Fäll, 77; Aich han de
Flämm, 79; Of dääa anna Sait, 81; Et es neme
wiit freja wooa, 83 (Kass., 85); Poway, 87.

Gumlich, Karl → Benjamin, Walter

Gumpert, Martin, *13.11.1897 Berlin,
†18.4.1955 New York.
G., Sohn eines Arztes, war 1914 Kriegs-
sanitäter und studierte von 1919 an in
Heidelberg und Berlin Medizin. Promotion zum Dr. med. Ab 1927 leitete er eine
städtische Klinik in Berlin, erhielt 1933
Berufsverbot und emigrierte 1936 in die
USA. Bis zu seinem Tod arbeitete er als
Schriftsteller und praktizierender Arzt in
New York. – Neben ersten expressionistischen Gedichten (*Verkettung*) wandte
sich G. in den 30er Jahren Themen aus
dem Bereich der Medizin zu. *Dunant* erzählt die Geschichte der Gründung und
des Gründers des Roten Kreuzes, *Patient*
und Arzt (in englischer Sprache geschrieben) schildert die Wechselwirkungen
zwischen diesen beiden Personengrup-
pen. Daneben werden das selbst erfahrene Schicksal von Emigration und Exil in
Prosa (*Der Geburtstag*) und Lyrik verarbeitet. 1939 erschien G.s Autobiographie
Hölle im Paradies.

W.: Lyrik: Verkettung, 1917; Heimkehr des
Herzens, 21; Berichte aus der Fremde, 37. – *Ro-*
mane, Erzählungen: Hahnemann, 34; Dunant, 38; Der Geburtstag, 48. – *Schriften, Au-*
tobiographie: Das Leben für die Idee, 35; Trail
blazers of science, 36; Hölle im Paradies, 39;
Heil Hunger!, 40; First Papers, 41; You are
younger than you think, 44 (dt. Du bist jünger
als du denkst, 53); The Anatomy of happiness,
52 (dt. Die Kunst glücklich zu sein); You and
your doctor, 54 (dt. Arzt und Patient). – *Über-*
setzungen: Morand.

Gumppenberg, Hanns Theodor Karl
Wilhelm Freiherr von (Pseud. Jodok
Immanuel Tiefbohrer), *4.12.1866
Landshut, †29.3.1928 München.
G. studierte in München und war da län-
gere Zeit Redakteur, dann freier Schrift-

steller. Er machte sich einen Namen vor allem als Parodist Ibsens sowie des Naturalismus und des Symbolismus (*Die elf Scharfrichter*, *Überdramen*, unter dem Pseudonym Jodok). In seinem *Teutschen Dichterroß* verfaßte er burleske Lyrikkontrafakturen von Eichendorff, Lenau und Heine bis Holz, Rilke und George, auch launige Prosa unter dem Decknamen Prof. Tiefbohrer. Ohne Erfolg blieben seine in mystizistischen und okkultistischen Neigungen wurzelnden Weltanschauungsdramen sowie die historischen Tragödien, von denen er eine Erhebung über die herrschende naturalistische Bühnenkunst erwartete.

W.: Romane, Erzählungen: Der fünfte Prophet, 1905; Schaurige Schicksale, fälschende Fama und leere Lorbeeren. Dokumentarisches über meine Bühnenlaufbahn, 14. – *Dramen:* Thorwald, 1888; Die Verdammten, 1901; Die elf Scharfrichter, 01; Überdramen, 02; König Konrad I., 04; König Heinrich I., 04. – *Lyrik:* Das Teutsche Dichterroß, in allen Gangarten zugeritten, 01; Aus meinem lyrischen Tagebuch, 06; Bellmann-Brevier (Nachdichtung), 09; Schauen und Sinnen, 12. – *Essays:* Kritik des wirklich Seienden, 1892; Grundlagen der wissenschaftlichen Philosophie, 1903; Philosophie und Okkultismus, 21.

Gundolf, Friedrich (ursprüngl. Gundelfinger), *20.6.1880 Darmstadt, †12.7.1931 Heidelberg.

G. besuchte, wie Stefan George und Karl Wolfskehl, das Gymnasium in Darmstadt, studierte in München, Heidelberg und Berlin deutsche Literatur- und Kunstgeschichte und Philosophie, ausgebildet durch die Lehrer E. Schmidt, G. Roethe und H. Wölfflin. Die für ihn einflußreichsten Philosophen waren Dilthey und Bergson, der einflußreichste Dichter George. G. promovierte 1903 mit einer Arbeit über *Caesar in der deutschen Literatur* und habilitierte sich 1911 für ein Lehramt an der Univ. Heidelberg, wo er als Prof. für neuere deutsche Literatur bis 1931, mit Unterbrechung durch den Kriegsdienst, 1916–18, lehrte. Durch seine Tätigkeit wurde neben Rickert, Max Weber, Alfred Weber und Jaspers das hohe internationale Ansehen der Univ. Heidelberg begründet. – Seine frühen Dichtungen, meist in den «Blät-

tern für die Kunst» erschienen, folgten weitgehend dem Vorbild Georges, verklärten das Leben in Schönheit, mit mythischen Bildern und in einer unrealistischen, pathetisch überhöhten und ästhetisierenden Sprache. Im Georgekreis spielte G. eine zentrale Rolle, wenn sich auch die persönliche Freundschaft, die schon vom 19. Lebensjahr an datierte, gegen Ende der 20er Jahre zu einer tragisch empfundenen Entzweiung entwikkelte. G.s Bedeutung liegt am weitreichendsten in seinen literaturgeschichtlichen Werken, durch die er einen seinerzeit neuen Typ der Literaturgeschichtsschreibung schuf: antipositivistisch und antimaterialistisch, von einer heroischen Geschichtsauffassung ausgehend, aus der Bergsonschen Lebensphilosophie die Ganzheitsschau praktizierend, Geist und Leben, Werk und Geschichte zu einem überzeitlichen Wesen der Dichter und Genien stilisierend. G. versucht, in der an George geschulten Sprache die Größe des Geistes schlechthin zu erfassen, so in seinem viel gelesenen, bis 1959 in zehn Auflagen erschienenen Buch *Shakespeare und der deutsche Geist* wie auch in dem seinerzeit hochgepriesenen Werk *Goethe*, in dem er Goethes Wandlung vom Urerlebnis zum Bildungserlebnis außerhalb rein historischer und psychologischer Kategorien darstellen wollte. Mit der nach G.s Tod einsetzenden Politisierung der Wissenschaft im Nationalsozialismus wurde seine Wirkung radikal abgebrochen, und nach 1945 erschien seine hochgespannte, aristokratische Geistesleidenschaft als nicht mehr zeitgemäß.

W. (Auswahl): Lyrik: Fortunat, 1903; Zwiegespräche, 05; Gedichte, 30. – *Essays, wissenschaftliche Werke:* Caesar in der deutschen Literatur, 04; Gefolgschaft und Jüngertum, 09; Shakespeare und der deutsche Geist, 11; Hölderlins Archipelagus, 11; Goethe, 16; Stefan George, 20 (erw. 3. Aufl. 30); Dichter und Helden, 21; Heinrich von Kleist, 23; Martin Opitz, 23; Caesar. Geschichte seines Ruhms, 24; Hutten, Klopstock, Arndt, 24; Andreas Gryphius, 27; Paracelsus, 27; Shakespeare. Sein Wesen und Werk, 28; Lessing, 28; Lessing (Rede), 29; Adalbert Stifter, 30; Seckendorffs Lucan, 30–31; Romantiker, 30–31; Annette von Droste-Hülshoff, 31; Rainer Maria Rilke, 37; Anfänge deutscher Geschichtsschreibung, 38;

Briefwechsel mit Herbert Steiner und E. R. Curtius, 62f; Stefan George und F. Gundolf, Briefwechsel, 62; Dem lebendigen Geist, 62; Gundolf Briefe. N. F., 65; Briefwechsel mit K. u. H. Wolfskehl, 2 Bde, 77; Gundolf/E. v. Kahler, Briefwechsel, 79. – *Übersetzungen:* Shakespeare in deutscher Sprache, 10 Bde, 08–14. – *Herausgebertätigkeit:* Goethe im Gespräch, 06; Romantikerbriefe, 07; H. Steffens, Lebenserinnerungen aus dem Kreis der Romantik, 08; Jahrbuch für die geistige Bewegung (mit F. Wolters), 3 Bde, 10–12; Johannes v. Müller, Geschichten schweizerischer Eidgenossenschaft, 23. – *Sammel- und Werkausgaben:* Gedichte, 80. Beiträge zur Literatur- und Geistesgeschichte, 80.

Günter, Erich → Eich, Günter

Günther, Agnes, *21. 6. 1863 Stuttgart, †16. 2. 1911 Marburg a. d. Lahn.
G., geborene Brüning, starb vor der Vollendung ihres einzigen erzählerischen Werks an einem Lungenleiden. Ihr Mann, der Theologieprofessor Rudolf G., brachte den fragmentarischen Schluß des Romans in seine endgültige Form. – *Die Heilige und ihr Narr*, ein Roman, der zu den Bestsellern dieses Jahrhundertbeginns gehörte und über hundert Auflagen erlangte, ist eine märchenhafte Erzählung an der Schwelle zum Trivialen, die auf eine aus dem Württembergischen stammende Sage aus dem 17. Jahrhundert zurückgeht, über eine angebliche Hexe, die nach Kerker und Folter einen Grafen heiratet. Eine dramatische Fassung, die vorher entstand, wurde 1906 in Langenburg (Hohenlohe) aufgeführt.

W.: Drama: Von der Hexe, die eine Heilige war, 1913. – *Roman:* Die Heilige und ihr Narr, 13.

Günther, Egon, *30. 3. 1927 Schneeberg (Erzgebirge).
Nach Schlosserlehre und Tätigkeit als technischer Zeichner 1944 Soldat, Kriegsgefangenschaft in Holland. Nach der Rückkehr Neulehrer, 1948–51 Studium der Pädagogik und Philosophie in Leipzig; Lehrer, dann Verlagslektor in Halle. Ab 1958 bei der DEFA als Dramaturg, Regisseur und Drehbuchautor. Seit 1961 freischaffender Schriftsteller und Filmregisseur; 1972 Nationalpreis. G., der sich in den 50er Jahren in den verschiedensten literarischen Gattungen versuchte, ist seit den 60er Jahren einer der bedeutendsten Filmregisseure und -autoren der DDR. Seine oft stilistisch ungewöhnlichen Filme brachten ihm Lob (*Lots Weib*, *Der Dritte*, *Lotte in Weimar*) wie auch heftige Angriffe (*Abschied*, *Werther*, *Ursula*) der offiziellen Stellen, einige gelangten nicht zur Aufführung (*Das Kind*, *Wenn du groß bist, lieber Adam*). In den letzten Jahren zog er sich mehr auf historische Stoffe und literarische Vorlagen zurück, ohne darin jedoch auf aktuelle Zeitbezüge zu verzichten. In seinem hart aus Episoden montierten Roman *Einmal Karthago und zurück* verarbeitete er reflektierend sehr disparates Material (Auslandsreise, Dreharbeiten, Studium, Schulzeit), in dem er sich autobiographisch mit der Verantwortung des Individuums für die Gesellschaft, des Kollektivs für den einzelnen auseinandersetzt.

W.: Romane, Erzählungen: Flandrisches Finale, 1955; Der kretische Krieg, 57; Dem Erdboden gleich, 58; Rückkehr aus großer Entfernung, 70; Einmal Karthago und zurück, 74; Die Reitschule, 81; Der Pirat, 88. – *Dramen, Libretti:* Till, 53/56; Fünf Spiele nach den Gebrüdern Grimm, 55; Die Abenteuer des tapferen Schneiderleins, 57; Das gekaufte Mädchen, 57; Jetzt und in der Stunde meines Todes, 62; Schießen Sie nicht!, 63; Kampfregel, 70. – *Filme und Drehbücher:* Der Fremde, 60 (mit H. Jobst); Ärzte, 60/61; Das Kleid, 62; Jetzt und in der Stunde meines Todes, 63; Alaskafüchse, 64; Lots Weib, 65 (mit H. Schütz); Wenn du groß bist, lieber Adam, 65 (mit H. Schütz); Abschied, 69 (mit G. Kunert und H. Kamnitzer); Anlauf, 70 (mit B. Wogatzki); Der Dritte, 71 (mit G. Rücker); Der Schlüssel, 72 (mit H. Schütz); Erziehung vor Verdun. 3 Teile, 73 (mit H. Kamnitzer); Lotte in Weimar, 75; Die Leiden des jungen Werthers, 76 (mit H. Schütz); Ursula, 78 (mit H. Schütz); Weimar, du wunderbare, 79. – *Lyrik:* Die Zukunft sitzt am Tische, 55 (mit R. Kunze).

Günther, Johann → Rücker, Günther

Gurk, Paul (Pseud. Franz Grau), *26. 4. 1880 Frankfurt/Oder, †12. 8. 1953 Berlin.
G. wuchs in Berlin auf, besuchte dort bis 1900 ein Lehrerseminar, wurde Magistratsgehilfe, gab 1924 seine Stelle als

Obersekretär auf und ließ sich 1934 pensionieren. – G., der erst ab 1921, als er den Kleist-Preis erhielt, von Verlegern gefördert wurde, fand mit seinem umfangreichen Werk wenig Resonanz. In seinen ironisch-sarkastischen, mit surrealistischen Elementen durchsetzten Theaterstücken wie in seinen Romanen dokumentiert sich ein gottsuchender und weltflüchtiger Zeitkritiker. Eine bedeutende Leistung vollbrachte G. auf dem Gebiet der Großstadtepik. Viele seiner Werke sind ungedruckt.

W.: Romane, Erzählungen: Die Wege des teelschen Hans, 22; Dreifältigkeit, 22; Fabeln, 22; Das Lied der Freundschaft, 23; Meister Eckehart, 25; Die Sprüche des Fu-Kiang, 27; Palang, 30; Judas, 31; Fabeln, Märchen und Legenden, 33; Berlin, 34; Tresoreinbruch, 35; Die bunten Schleier. Fabeln, Märchen und Legenden, 35; Tuzub 37, 35; Wendezeiten, 3 Romane, 40–41; Skythenzug, 43; Die Traumstadt des Kaisers Kieng-lung, 43; Iskander, 44; Geschichten um Maghub den Töpfer, 47; Erste Gesichte, 48; Die goldene Barke, 49; Der Kaiser von Amerika, 49; Laubenkolonie Schwanensee, 49; Ein ganz gewöhnlicher Mensch, 57; Seltsame Menschen, 59. – *Dramen:* Thomas Münzer, 22; Bruder Franziskus, 23; Wallenstein und Ferdinand II, 27; Das Fest der letzten und der ersten Garbe. Ein Erntedankspiel, 34; Der Lockvogel, 35; Magister Tinius, 36. – *Lyrik:* Das Lied von der Freundschaft, 23; Gleichnisse, 39. – *Sammel- und Werkausgaben:* Werkausgabe, Bd 1 ff, 80 ff; Gedichte 1939–1945. Eine Auswahl, 87 (Privatdr.).

Gütersloh, Albert Paris (eig. Albert Conrad Kiehtreiber), *5. 2. 1887 Wien, † 16. 5. 1973 Baden bei Wien.
G. besuchte Klosterschulen in Melk und Bozen, nahm später Schauspielunterricht und wurde Klimt-Schüler. Als Schauspieler und Bühnenbildner arbeitete er auch mit M. Reinhardt in Berlin. Während des 1. Weltkriegs lernte er im Pressehauptquartier R. Musil, H. v. Hofmannsthal, F. Blei und H. Bahr kennen. 1918–20 gab G. zusammen mit F. Blei «Die Rettung. Blätter zur Erkenntnis der Zeit» heraus. Anschließend war er Regisseur in München, bereiste als Maler Südfrankreich und lehrte 1929–38 an der Kunstgewerbeschule in Wien. Nach dem «Anschluß» Österreichs erhielt er als «entarteter Künstler» Berufsverbot.

1945 wurde er Prof. an der Wiener Akademie der Bildenden Künste, wo er 1953–54 als Rektor wirkte. 1961 Gr. Österreichischer Staatspreis, 1967 Preis der Stadt Wien. – Der Roman *Die tanzende Törin* erschien 1910; ein expressionistisches Werk, aber zugleich Kritik an schwüler Jugendstil-Erotik, am undeutlichen «Suchen» der Jugend jener Zeit. In den 20er Jahren kam G. zu Werken von noch stärkerer persönlicher Eigenart, abseits aller literarischen Schulen, wie dem märchenhaft-symbolisierenden Werk über einen schönen Jüngling, der drei Jahrhunderte lang lebt: *Innozenz oder Sinn und Fluch der Unschuld.* G. bekennt sich hier zur geistig-sinnlichen Doppelnatur des Menschen; entsprechend stellt der Essay *Die Rede über Blei oder Der Schriftsteller in der Katholizität* als eigentliche Lüge des «Widerspruchs zur Konstitution der Kreatürlichkeit» heraus. *Innozenz* zeigt bereits eine für G. typische Kompositionsweise: Wechsel von groß gesehenen Szenen und reflektiven Partien; ähnlich stehen sich auch in der Sprache sinnlich-bildhafte Fügungen und Abstraktionen gegenüber. Die Legende *Kain und Abel,* eine Umwandlung der Paradiesgeschichte, bestätigt, wie entscheidend für ihn Theologie ist. Hier wie im Gesamtwerk G.s wird die Spannung zwischen Gott und göttlicher Ordnung einerseits und dem Menschen als kreatürlichem (besonders: erotischem) Wesen andererseits demonstriert. Nach längerer Pause, in der die Malerei die Literatur vorübergehend verdrängt hatte, erschien als größeres Prosawerk zuerst *Eine sagenhafte Figur,* ein wieder stark mit Reflexionen durchsetzter Roman um die Probleme von Treue und Wandlung: Askese soll begründet, der Macht des Erotischen jedoch nichts abgesprochen werden; mit dem Ich-Erzähler ist wohl Franz Blei gemeint. In dem umfangreichen Werk *Sonne und Mond* – nach G. eine «Universalchronik», eine «Katholische Chronik», eine «Materiologie» – wird weitgehend auf Handlung verzichtet zugunsten großer barocker «Tableaus», in denen Vorgänge wie erstarrt wirken. Der Bauer Adelseher (= «Sonne») verwaltet ein Schloß für den Grafen Lunarin

(= «Mond»), einen Frauenhelden, der im Roman nur kurz auftritt; hinter ihrer Bewertung stehen politischer Konservatismus und Ideal einer hierarchischen Weltordnung: Reminiszenzen an habsburgische Stabilität. – *Die Fabel von der Freundschaft* behandelt die Freundschaft von Faust und Mephisto im Sinne einer Einheit von Gut und Böse.

W.: Romane, Erzählungen, Kurzprosa: Die tanzende Törin, 1910 (Neufassg. 13); Innozenz oder Sinn und Fluch der Unschuld, 22; Der Lügner unter Bürgern, 22; Kain und Abel. Eine Legende, 24; Die Bekehrung, 45; Eine sagenhafte Figur. Ein platonischer Roman, 46; Die Fabeln vom Eros, 47; Laßt uns den Menschen machen, 62; Sonne und Mond. Ein historischer Roman aus der Gegenwart, 62; Die Fabel von der Freundschaft. Ein sokratischer Roman, 69. – *Lyrik:* Musik zu einem Lebenslauf, 57; Treppe ohne Haus. Späte Gedichte, 75. – *Essays, Schriften:* Egon Schiele. Versuch einer Vorrede, 11; Die Vision vom Alten und vom Neuen, 21; Die Rede über Blei oder Der Schriftsteller in der Katholizität, 22; Die Bekenntnisse eines modernen Malers (Meine große und kleine Geschichte. Eine Lebensbeschreibung quasi un' allegoria), 26; Der Maler Alexander Gartenberg, 28; Der innere Erdteil. Aus den «Wörterbüchern», 66 (erw. 87); Miniaturen zur Schöpfung. Eine kleine Zeitgeschichte, 70; Kurzgefaßter Prolog zu meinen Schriften, in: «Literatur und Kritik», 72. – *Sammelausgaben:* Zur Situation der modernen Kunst, 63; Gewaltig staunt der Mensch, 63; Zwischen den Zeiten. Texte und Miniaturen, 67; Beispiele, Schriften zur Kunst, Bilder, Werkverzeichnis, 77; Doderer, H. von / A. P. G.: Briefwechsel 1928–1962, 86; Die Menschenfreunde, 86; Allegorie und Eros. Texte von und über A. P. G., 86. – *Herausgebertätigkeit:* Franz Blei. Schriften in Auswahl, 60.

Guttenbrunner, Michael, *7.9.1919 Althofen (Kärnten).
Lebt als freier Schriftsteller. Unter dem Eindruck des Kriegserlebnisses entstand expressive Lyrik, später Annäherung an pathetisch-klassizistisch reduzierende Sprachformen. Wendet sich gegen jede Art von Unterdrückung im Namen reinen Menschentums und gegen «den Großbetrieb der Wertverschlechterung»; präsentiert sich als oppositioneller einzelner. 1989 Kulturpreis des Landes Kärnten.

W.: Prosa: Spuren und Überbleibsel. Prosa, 1947; Im Machtgehege. Prosa, 76. – *Lyrik:* Schwarze Ruten, 47; Opferholz, 54; Ungereimte Gedichte, 59; Die lange Zeit, 65; Der Abstieg, 75; Gesang der Schiffe, 80. – *Sammelausgaben:* Schmerz und Empörung (Anthologie), 47; Vom schwarzen Wein (Anthologie), 56. – *Herausgebertätigkeit:* Das Ziegeneuter. Zeitschrift; Der Alleingang (mit Paul Schick), 64–66.

Gwerder, Alexander Xaver, *11.3.1923 Thalwil bei Zürich, †14.9.1952 Arles (Freitod).
Nach dem Besuch der Schule arbeitete G. als Offset-Kopist in Zürich. – G., der mit K. Krolow befreundet war, folgte bewußt dem Vorbild Vincent van Goghs, dessen Existenz er als ausweglos wie seine eigene begriff. Das Leiden an der zeitgenössischen Umwelt prägt seine melancholische Lyrik, die formal von G. Benn beeinflußt ist.

W.: Lyrik: Blauer Eisenhut, 1951; Dämmerklee. Nachgelassene Gedichte, 55; Land über Dächer. Nachgelassene Gedichte, 59; Maschenriß, 69; Wenn ich nur wüßte, wer immer so schreit, 78. – *Prosa:* Möglich, daß es gewittern wird. Nachgelassene Prosa, 57.

H

Haas, Willy (Pseud. Caliban), *7.6.1891 Prag, †4.9.1973 Hamburg.
H. gehörte zu dem Prager Literatenkreis um Werfel, Kornfeld, Brod und Kafka, dessen *Briefe an Milena* er von Milena Jesenká 1939 geschenkt bekam und später edierte. 1914 wurde er Lektor im Kurt Wolff Verlag in Leipzig, ging 1920 nach Berlin und wurde dort als Filmkritiker und Verfasser von Drehbüchern bekannt. 1925 gründete er mit seinem lebenslangen Freund, dem Verleger Ernst Rowohlt, die Zeitschrift «Die literarische Welt» und galt wegen seiner umfassenden Belesenheit und Kritikertätigkeit als ein «Oberhirte der gesamten literarischen Welt seiner Zeit» (R. Italiaander). 1933 flüchtete er wegen seiner jüdischen Abstammung nach Prag, 1939 nach Indien. 1948, nach seiner Rückkehr aus dem Exil, lebte er in Hamburg und war

als Feuilletonchef, Theater- und Literaturkritiker für die Tageszeitung «Die Welt» tätig, neben seiner übrigen Literatenarbeit. Unter Pseudonym schrieb er witzig-ironische Tagesglossen. – Als Entdecker junger Talente, als Anreger und Vermittler erwarb sich H. große Verdienste. Seine große Liebe galt Gerhart Hauptmann und vor allem Hofmannsthal. Die Autobiographie gibt in geistreichem Erzählstil das anschauliche Bild des literarischen Prag, des Berlin der 20er Jahre und des für den Großstädter H. unheimlichen Indien.

W.: Essays, Briefwechsel: Das Spiel mit dem Feuer, 1923; Gestalten der Zeit, 30; Die literarische Welt, 57, Neuausg. 82; Calibans Weltblick, 57; Berliner Cocktail (mit R. Italiaander), 57; Bert Brecht, 58; Rembrandt, ein Mann für heute, 59; Calibans Panoptikum, 60; Fragmente eines Lebens, 60; Gestalten. Essays zur Literatur und Gesellschaft, 62; Gesicht einer Epoche (mit B. F. Dolbin), 62; Nobelpreisträger der Literatur, 62; Hugo von Hofmannsthal, 64; Über die Fremdlinge. Vier weltliche Erbauungsreden, 66; Die Belle Epoque, 67; Hugo von Hofmannsthal/Willy Haas. Ein Briefwechsel, 68. – *Übersetzungen:* Ross, V.: O, diese Engländer, 56. – *Herausgebertätigkeit:* Herder-Blätter 1911/12 (mit N. Eisler), 11–12 (Faks. 62); Die Literarische Welt, 9 Jge, 25–33; Die Welt im Wort (mit O. Pick), 33–34; Kafka, F.: Briefe an Milena, 52; Tucholsky, K.: So siehst du aus!, 61; Forum imaginum, Bd 1 (mit G. F. Hartlaub u. F. Klemm), 62; Zeitgemäßes aus der «Literarischen Welt», 63.

Habe, Hans (eig. János Békessy, Pseud. Antonio Corte, Frank Richard, Hans Wolfgang), *12. 2. 1911 Budapest, †29. 9. 1977 Locarno.
H., Sohn des von Karl Kraus bekämpften Zeitungsverlegers Imre Békessy (1886–1951), studierte Jura und Germanistik in Wien. Seit 1929 Journalist, war er 1935–38 Völkerbund-Korrespondent für das «Prager Tagblatt» in Genf. H., der sich bei der Konferenz von Evian für die Juden einsetzte, emigrierte nach Frankreich und Amerika und wurde Abwehroffizier in der amerikanischen Armee. Nach 1945 war er am Wiederaufbau der deutschen Presse beteiligt und arbeitete zeitweise als Drehbuchautor in Hollywood. Er lebte in Ascona. – H., der zum internationalen Erfolgsautor avancierte, schrieb Unterhaltungsromane um Zeitprobleme, Essays und Berichte aus konservativem Geist. 1977 Adenauer-Preis.

W.: Romane: Drei über die Grenze, 1936; Eine Welt bricht zusammen, 37; Zu spät?, 39; Katharine, 43; Wohin wir gehören, 46; Der Weg ins Dunkel, 49; Die schwarze Erde, 52; Off Limits, 55; Im Namen des Teufels, 56; Die rote Sichel, 59; Ilona, 60; Die Tarnowska, 60; Die Mission, 65; Christoph und sein Vater, 66; Das Netz, 69; Palazzo, 75; Staub im September, 79; Ungarischer Tanz, 83; Weihnachtsgeschichten, 84. – *Berichte, Essays:* A Thousand Shall Fall, 41 (dt. Ob Tausend fallen, 61); Unsere Liebesaffaire mit Deutschland, 52; Meine Herren Geschworenen, 64; Der Tod in Texas, 64; Im Jahre Null, 66; Wien, so wie es war, 69; Das Ehebuch (mit G. Döring und F. Leist), 70; Wie einst David, 71; Erfahrungen, 73; Leben für den Journalismus. Gesammelte Aufsätze, 76. – *Hörspiele:* Die Spesenrechnung; Eine kleine Stadt in Amerika, 65; Die Konferenz von Potsdam, 65. – *Autobiographie:* Ich stelle mich, 54.

Habeck, Fritz (Pseud. Glenn Gordon), *8. 9. 1916 Neulengbach/Niederösterreich.
H., Sohn eines Richters, war nach Kriegsteilnahme und -gefangenschaft Regieassistent und Dramaturg an Wiener Bühnen, vollendete sein Jurastudium, arbeitete im Österreichischen Rundfunk. – Neben historischen Romanen und Jugendbüchern hat H. in mehreren zeitkritischen Gegenwartsromanen und -stücken Schicksale aus Kriegs- und Nachkriegszeit dargestellt, so etwa die Welt der Wiener Schwarzmarkthändler im Roman *Das zerbrochene Dreieck* oder im Stück *Zwei und zwei ist vier*, das kabarettistisch umgesetzte Ereignisse aus den Jahren 1937 bis 1947 aneinanderreiht. Zahlreiche Auszeichnungen, u. a. A.-Wildgans-Preis (1973) und Preis der Stadt Wien (1982).

W.: Prosa: Der Scholar vom linken Galgen. Das Schicksal François Villons, 1941 (bearb. 60); Verlorene Wege, 47; Der Tanz der sieben Teufel, 50; Das Boot kommt nach Mitternacht, 51; Das zerbrochene Dreieck, 53; Das Rätsel der müden Kugel, 55; Ronan Gobain, 56; Das Rätsel des blauen Whisky, 56; Das Rätsel der kleinen Ellipsen, 57; Das Rätsel des einarmigen Affen, 58; Der Ritt auf dem Tiger, 58; Der Kampf um die Barbacane, 60; Die Stadt der grauen Gesichter, 61; Der verliebte Österreicher oder Johannes Beer, 61; Der einäugige Reiter, 63; In eigenem Auftrag, 63; Der Piber, 65; Die Insel über den Wolken, 65; König Artus und seine Tafelrunde, 65; Der Salzburg-Spiegel, 67; Aufstand der Salzknechte, 67; Marianne und der wilde Mann, 68; François Villon, 69; Taten und Abenteuer des Doktor Faustus, 70; Des Herrn Doktor Conrad Humery Buch von Johannes Gutenberg, 71; Schwarzer Hund im goldenen Feld, 73; Der schwarze Mantel meines Vaters, 76; Wind von Südost, 79; Der Gobelin, 82; Sturm auf Wien, 85; Der General und die Distel, 85; Die drei Kalender, 86. – *Stücke:* Zwei und zwei ist vier, 48; Baisers mit Schlag, 50; Villon, 53; Marschall Ney, 54. – Mehrere Hörfunk- und Fernsehbearbeitungen, Übersetzungen.

Hacks, Peter, *21.3.1928 Breslau.
H. studierte in München Theaterwissenschaften, Germanistik, Soziologie und Philosophie; nach seiner Promotion arbeitete er für Funk und Fernsehen. 1955 siedelte H. in die DDR über; 1960–63 war er Theaterdichter am Deutschen Theater; seither ist H. freischaffend. 1956 Lessing-, 1965 F.-C. Weiskopf-Preis, 1974 Nationalpreis, 1981 H.-Mann-Preis.
H. begann als Brecht-Schüler mit ideologiekritischen Stücken, in denen die Charaktere als Repräsentanten sozialer Haltungen figurierten: Im *Volksbuch vom Herzog Ernst* findet die Demontage eines Helden statt; in der *Eröffnung des indischen Zeitalters* wird der Zusammenhang von wissenschaftlicher Rationalität und politischen Interessen aufgedeckt; in der *Schlacht bei Lobositz* und dem *Müller von Sanssouci* verfällt das Preußentum einer satirischen Kritik. Durch Einführung plebejischer Kontrastfiguren ließ H. die Perspektive historischer Entwicklungen aufscheinen. Die didaktische Intention der Stücke wurde über eine artifizielle, sinnliche Sprache vermittelt.
Mit *Die Sorgen und die Macht* und *Moritz Tassow* unternahm es H., DDR-Geschichte auf die Bühne zu bringen. In der Historie *Die Sorgen und die Macht* thematisierte H. den Widerspruch zwischen revolutionärem Altruismus und materieller Interessiertheit. Da er nach Auffassung seiner kulturpolitischen Kritiker die sozialistische Gegenwart einer idealistischen Zukunft entgegensetzte, wurde

das mehrfach geänderte Stück ebenso schnell vom Spielplan abgesetzt wie wenig später der *Moritz Tassow*: H. stellte wie Strittmatter im *Ole Bienkopp* einen kommunistischen Selbsthelfer dar, der durch seinen utopischen Selbstverwirklichungsanspruch in Widerspruch zur Wohlgeordnetheit sozialistischen Aufbaus gerät.
Seit dem Beginn der 60er Jahre begann sich H. von der Brecht-Tradition zu lösen. Ambitionierte Essays begleiteten ein Komödienschaffen, das die Traditionen des Aristophanes, Shakespeares und des Wiener Volkstheaters in sich aufnahm. In H.' Theorie der «postrevolutionären Dramaturgie» galt Brecht jetzt nur noch als Verfasser von «Gewerkschaftsstücken». Der Rückgriff auf antike Weltzustände, die H. im Gegensatz zu anderen DDR-Autoren (H. Müller, Brasch, Schütz, Fühmann) als poetische wertete, diente der Ausstellung humaner Möglichkeiten, z.B. der Entwicklung von Genußfähigkeit (*Omphale, Amphitryon*) und überlegener menschlicher Selbstreflexion (*Senecas Tod*).
H.' Komödien zeigen den Menschen als selbstbewußten Beherrscher geschichtlicher Dialektik (*Adam und Eva*).

W.: Prosa, Kinderbücher: Das Windloch, 1956; Das Turmverlies, 62; Der Schuhu und die fliegende Prinzessin, 64; Der Flohmarkt, 65; Die Katze wäscht den Omnibus, 72; Der Bär auf dem Försterball, 72; Kathrinchen ging spazieren, 73; Die Dinge Buta, 74; Meta Morfoss, 75; Das musikalische Nashorn, 78; Das Windloch. Das Turmverlies, 78; Leberecht am schiefen Fenster, 79; Armer Ritter, 79; Der Mann mit dem schwärzlichen Hintern, 80; Juls Ratte oder selber lernen macht schlau, 81; Geschichten von Henriette und Onkel Titus, 83; Zwei Märchen, 85; Liebkind im Vogelnest, 87; Der blaue Hund (mit A. Heseler), 87. – *Dramen, Hörspiele, Fernsehspiele, Libretti:* Das Volksbuch vom Herzog Ernst oder Der Held und sein Gefolge, 53; Der gestohlene Ton, 53; Das Fell der Zeit, 54; Eröffnung des indischen Zeitalters, 54 (Neufassung: Columbus oder die Weltidee zu Schiffe, 70); Geschichte eines alten Wittibers im Jahre 1673, 56; Die Schlacht bei Lobositz, 56; Die Kindermörderin, 57, 63; Der Müller von Sanssouci, 58; Die unadelige Gräfin, 58; Die Sorgen und die Macht. Verschiedene Fassungen, 59–62; Falsche Bärte und Nasen, 61; Der Frieden, 62 (nach Aristophanes); Die schöne Helena, 64; Moritz Tassow, 65; Polly oder Die Bataille am Bluewater Creek, 65 (nach J. Gay); Margarete in Aix, 67; Kasimir der Kinderdieb, 67; Amphitryon, 68; Omphale, 70; Numa, 71; Noch einen Löffel Gift, Liebling?, 72; Adam und Eva, 73; Rosie träumt, 74 (nach Hrosvith von Gandersheim); Die Fische, 75; Die Vögel, 75; Das Jahrmarktsfest zu Plundersweilern, 75 (nach Goethe); Prexaspes, 76; Ein Gespräch im Hause Stein über den abwesenden Herrn von Goethe, 76; Senecas Tod, 78; Armer Ritter, 79; Pandora, 79 (nach Goethe); Musen, 79; Jona. Trauerspiel in fünf Akten. Mit einem Essay «Jona, Beiwerk und Hintersinn», 89; Fredegunde, UA 89. – *Essays, theoretische Schriften:* Das Poetische, 72; Geschichte meiner Oper, 73; Versuch über das Libretto, 75; Oper, 75; Die Maßgaben der Kunst, 77; Essais, 83; Schöne Wirtschaft. Ästhetisch-ökonomische Fragmente, 88. – *Übersetzung:* Synge. – *Sammelausgaben:* Theaterstücke, 57; Zwei Bearbeitungen, 63; Stücke nach Stücken, 65; Fünf Stücke, 65; Lieder zu Stücken, 68; Vier Komödien, 71; Lieder, Briefe, Gedichte, 74; Ausgewählte Dramen 1, 72; Stücke, 72; Ausgewählte Dramen 2, 76; Sechs Dramen, 78; Das Jahrmarktsfest zu Plundersweilern – Rosie träumt, 78; Ausgewählte Dramen 3, 81; Stücke nach Stücken 2, 85; Historien und Romanzen, 85; Die Binsen. Fredegunde, 85; Die Gedichte, 87. – *Herausgebertätigkeit:* F. Kempner: Dichterleben, Himmelsgabe. Sämtliche Gedichte [mit N. Barkow], 89. – *Schallplatten, Kassetten:* Der Müller von Sanssouci (Hsp.), 88 (Kass.).

Haecker, Theodor, * 4. 6. 1879 Eberbach (Württ.), † 9. 4. 1945 Usterbach.
H., anfangs Redakteur, dann freier Schriftsteller und führender katholischer Kulturkritiker, der die Gegenwart am Maßstab von Antike und christlicher Tradition rigoros richtet. 1921 zum Katholizismus konvertiert. Mitarbeiter an den Zeitschriften «Der Brenner» und «Hochland». Bewunderer Kierkegaards. H.s satirische Prosa gegen O. Spengler, gegen pantheistische Philosophie und neue Mythen ist ebenso in seinem Offenbarungsglauben begründet wie seine Auseinandersetzungen mit Scheler und der Lebensphilosophie. Seine autobiographischen *Tag- und Nachtbücher*, geschrieben während des 2. Weltkriegs, zeigen die Leiden eines gläubigen Christen im Nationalsozialismus.

W.: Essays, wissenschaftliche Abhandlungen: Kierkegaard und die Philosophie der Innerlichkeit, 1913; Nachwort, 18 (17 in Kierkegaard – Auswahl); Satire und Polemik, 22; Francis Thompson und die Sprachkunst, 24; Christentum und Kultur, 27; Wahrheit und Leben, 30; Vergil, Vater des Abendlandes, 31; Über den Begriff der Wahrheit bei Kierkegaard, 32; Was ist der Mensch?, 33; Schöpfer und Schöpfung, 34; Der Christ und die Geschichte, 35; Schönheit, 36; Der Geist des Menschen und die Wahrheit, 37; Der Buckel Kierkegaards, 46; Tag- und Nachtbücher, 47 (erste vollständige Ausgabe, 89). – *Übersetzungen:* Kierkegaard, Thompson, Hilaire, Belloc, Newman, Vergil. – *Sammel- und Werkausgaben:* Essays, 57; Werke, 5 Bde, 58–67.

Haerd → Daumann, Rudolf

Hagelstange, Rudolf, * 14. 1. 1912 Nordhausen (Harz), † 5. 8. 1984 Hanau.
H. war Lyriker, Erzähler, Essayist, Hörspielautor, Übersetzer. Er gehört zu den Schriftstellern, die nach dem Krieg der deutschen Gegenwartsliteratur zu Beachtung verhalfen. Ein arrivierter und routinierter Autor von großer Beweglichkeit, häufig Modetrends folgend, mit literarischem Kunstverstand, der nicht provoziert. Großzügiges Verstehen von Welt und Menschen. Themen und Sprache sind frei von Sensationen. Nachdichtungen aus anderen Zeiten und Sprachen (Boccaccio, Neruda). Der Sonettenzyklus *Venezianisches Credo* traf unmittelbar die konkrete Situation von 1945. Eine andere größere Versdichtung ist die *Ballade vom verschütteten Leben*. *Spielball der Götter* ist eine fingierte Autobiographie des trojanischen Prinzen Paris.

W.: Romane, Erzählungen, Reisebücher: Ich bin die Mutter Cornelias, 1939; Balthasar, 51; Die Beichte des Don Juan, 54; Die Nacht, 55; How do you like America?, 57; (erw. u. d. T.: Der schielende Löwe, 67; Verona (mit G. Kerff), 57; Wo bleibst du, Trost?, 58; Das Lied der Muschel, 58; (Neuausgabe u. d. T.: Ägäischer Sommer, 68); Ein Licht scheint in der Finsternis, 58; Spielball der Götter, 59; Die Nacht Mariens, 59 (Neuausgabe u. d. T.: Stern in der Christnacht, 67); Römische Brunnen, 60; Viel Vergnügen, 60; Römisches Olympia, 61; Ein Licht scheint in der Finsternis, 62; Die Puppen in der Puppe, 63; Zeit für ein Lächeln, 66; Altherrensommer, 69; Der Krak in Prag, 69; Alleingang, 70; Es war ein Wal zu Askalon, 71; Ein Gespräch über Bäume (mit HAP Grieshaber), 71; Venus im Mars, 72; Der General und das Kind, 74; Die Weihnachtsgeschichte, 74; Reisewetter, 75; Der große Filou (Abenteuer des Odysseus), 76; Tränen gelacht, 77; Und es geschah zur Nacht, 78; Die letzten Nächte, 79; Von großen und kleinen Tieren, 79; Der sächsische Großvater, 79; Trias, 80; Die drei Zaubergaben. Der arme und der reiche Iwan, 80; Die fünf Himmel der kleinen Lu, 81; Das Haus oder Balsers Aufstieg, 81; Die letzten Nächte, 81; Liebesreim auf Deidesheim, 81; Menschen und Gesichter, 82; Hausfreund bei Calypso, 83; Der Niedergang, 83; Unter dem Auge Gottes (mit L. Lamot-Bisotti), 85; Eisenbahngeschichten mit Pfiff, 85. – *Drama:* Spiegel des Narziß. Spiel in 5 Bildern, 80. – *Lyrik:* Es spannt sich der Bogen, 43; Venezianisches Credo, 45; Mein Blumen ABC (mit J. Specht), 45; Strom der Zeit, 48; Meersburger Elegie, 50; Die Elemente, 50; Das Vergängliche, 50 (Neuaufl. u. d. T.: Die schwindende Spur, 61); Ballade vom verschütteten Leben, 52; Ewiger Atem, 52; Zwischen Stern und Staub, 53; Corazón. Gedichte aus Spanien, 63; Die schwindende Spur, 67; Flaschenpost, 83. – *Essays:* Es steht in unserer Macht, 53; Venedig. Autobiographische Betrachtungen, 58; Offen gesagt, 58; Literatur als Provokation. Reden, 59; Huldigung, 60; Ein beispielhaftes Lebenswerk, 68; Fünf Ringe. Vom Ölzweig zur Goldmedaille, 70; Gast der Elemente, 72; Kurt Craemer, mein Panoptikum, o. J.; Mein Bodensee-Brevier, 79. – *Übersetzungen:* Poliziano, A.: Die Tragödie des Orpheus, 56; Boccaccio, G. di: Die Nymphe von Fiesole, 57; Johnson, J. W.: Gib mein Volk frei, 61; Neruda, P.: Die Höhen von Macchu Picchu, 65; Rueffer, A. M.: Die Alsfelder Weihnacht 1517, 76. – *Sammelausgaben:* Lied der Jahre. Ges. Gedichte. 1931–61, 62, erw. 64; Gast der Elemente. Zyklen und Nachdichtungen 1944–72, 72; Ausgewählte Gedichte, 78; Der schielende Löwe/Die Puppen in der Puppe, 85. – *Herausgebertätigkeit:* Freier Geist zwischen Oder und Elbe (mit anderen), 54; Gesang des Lebens. Das Werk Frans Masereels, 57; Frans Masereel: Die Stadt, 61; Lehmann, W.: Gedichte, 63; Bundesrepublik Deutschland, 83; Das goldene Weihnachtsbuch (mit M. Karpf-Achtelik), 83; Einladung an den Bodensee, o. J. – *Schallplatten, Kassetten:* R. H. liest «Und es geschah zur Nacht», ca. 84.

Hahn, Ulla, *30. 4. 1945 Brachthausen / Sauerland.
Nach dem Abitur 1964 in Leverkusen studierte H. ab 1965 in Köln Germanistik, Geschichte und Soziologie. Nach zweijähriger Tätigkeit als Journalistin setzte sie ihr Studium 1973 in Hamburg fort und promovierte mit einer Arbeit über «Die Entwicklungstendenzen in der westdeutschen und sozialistischen Literatur der sechziger Jahre» zum Dr. phil. Danach arbeitete sie als Lehrbeauftragte an den Universitäten Hamburg, Bremen und Oldenburg und ist seit 1979 Kulturredakteurin bei Radio Bremen. In ihrer Lyrik beschreibt H. das Lebensgefühl der heutigen Zeit. Liebe und zwischenmenschliche Beziehungen, Ängste und Träume werden mit traditionellen lyrischen Mitteln, mit Ironie und Selbstironie in einer ihr eigenen poetischen Sprache thematisiert. – H. erhielt 1981 den Leonce-und-Lena-Preis, 1982 ein einjähriges Stipendium für die Villa Massimo in Rom, 1985 den Hölderlin-Preis, 1986 die Roswitha-Gedenkmedaille und war Stadtschreiberin von Bergen-Enkheim 1987.

W.: Lyrik: Herz über Kopf, 1981; Spielende, 83; Freudenfeuer, 85; Unerhörte Nähe, 88. – *Schriften:* Literatur in der Aktion, 78; Günter Wallraff, 79 (mit M. Töteberg). – *Herausgebertätigkeit:* Stefan Hermlin: Aufsätze – Reportagen – Reden – Interviews, 80; Gertrud Kolmar: Gedichte, 83.

Haid, Hans, *26. 3. 1938 Längenfeld (Tirol).
H., Sohn eines Landwirts, konnte aus finanziellen Gründen das Gymnasium nicht bis zum Abitur besuchen und führte zwei Jahre lang den elterlichen Hof. Daneben begann er ein Selbststudium und schloß 1962 das Abitur als Externer ab. Er arbeitete anschließend in einer Versicherung und als Gemeindeangestellter. Seit 1969 studierte er Volkskunde und Kunstgeschichte in Wien, wo er 1974 promovierte. 1971–74 daneben freiberuflich tätig, arbeitet H. seit 1974 in der Erwachsenenbildung. Er ist Mitglied der Grazer Autorenversammlung, Mitbegründer und Geschäftsführer des Internationalen Dialekt-Instituts und war Herausgeber der Zeitschrift «Dialect». 1974 erhielt er den Rosegger-Preis und das Österreichische Staatsstipendium.
H. ist einer der wesentlichen Anreger und Vermittler der neuen Mundartdichtung, die nichts Heimattümelndes und Verklärendes mehr hat, sondern reali-

stisch und zeitbezogen sich mit der Entwicklung und den Veränderungen in der nur scheinbar idyllischen Provinz und auf dem Lande auseinandersetzt.

W.: Romane, Erzählungen, Prosa: Abseits von Oberlangendorf, 1975; Vom alten Leben, 86. – *Hörspiele, Features:* Dorfgeschichten, o. J.; Handel und Wandel, o. J.; Absterbensamen, o. J.; Wenn der Viehhändler kommt, o. J. – *Lyrik:* Pflüeg und Furcha, 73; An Speekar in dein Schneitztiechlan, 73 (mit Schallplatte); Mandle Mandle sall wöll, 76 (mit O. Andrae: Hier un annerswor); tüifi teifl olympia, 76; Umms Darf ummha Droot, 79; Nachruf, 81; Und olm die weissn Leenen. Gedichte im Ötztaler Dialekt, 88; Grenzenlos. Übertragen in 30 Mundarten [mit J. Dillier u. L. Soumagne], 88. – *Essays:* Vom alten Leben. Vergehende Existenz- und Arbeitsformen im Alpenbereich, 86; Vom neuen Leben. Alternative Wirtschafts- und Lebensformen in den Alpen, 89. – *Sammel- u. Werkausgaben:* Lese Buch. Lyrik, Prosa, Theater, Aufsätze, Polemik, 85. – *Herausgebertätigkeit:* Veröffentlichungen der internationalen Arbeitstage für Mundartliteratur, Nr. 1–4; Dialect, Jg 1, H. 1 ff, 77 ff. – *Schallplatten, Kassetten:* Nachruf, 85 (Kass.).

Haland, Paul → Sperber, Manès

Halbe, Max, *4. 10. 1865 Güttland bei Danzig, †30. 11. 1944 Burg bei Neuötting (Oberbayern).
H. war Sohn eines Gutsbesitzers, studierte erst Jura, dann Germanistik und Geschichte in Jena, Heidelberg, München und Berlin, promovierte 1888 zum Dr. phil. und lebte danach als freier Schriftsteller bis 1894 in Berlin, 1894–95 in Kreuzlingen am Bodensee, seit 1895 in München; war u. a. mit Wedekind, Hartleben, Keyserling und L. Thoma befreundet, erwarb 1924 den Landsitz Burg und blieb dort bis zu seinem Tode ansässig. In seiner Frühzeit stritt H. erfolgreich in der naturalistischen Literaturbewegung und wurde mit seinen naturalistischen Dramen bekannt: *Freie Liebe* mit den neuartigen Dialogen in zerhackter Rede und banaler Umgangssprache, *Eisgang* mit der kritischen Darstellung sozialen Unrechts in der bürgerlichen Klassengesellschaft und dem Dammbruch als Symbol der sozialen Bewegung. Sein größter und später nie wieder erreichter Erfolg wurde das Liebesdrama *Jugend*,

das 1922 und 1938 auch verfilmt wurde. Auch *Mutter Erde* und *Der Strom* gehören noch in diese Phase der wirkungsvollen Darstellung der Menschen, die von ihrem genau erfaßten Milieu und der Atmosphäre der westpreußischen Landschaft geprägt sind, gemäß der naturalistischen Theorie von der lebensbestimmenden Macht des Milieus. H. war in dieser Phase von Ibsen und Hauptmann beeinflußt und stand der Sozialdemokratie nahe. Später wurden die sozialkritischen realistischen Züge seiner Dichtung durch neuromantische symbolisierende abgelöst. Wegen seiner Annäherung an «Heimatkunst» und Blut-und-Boden-Mythen war er sogar dem Dritten Reich genehm. Seine autobiographischen Werke *Scholle und Schicksal* und *Jahrhundertwende* sind wegen ihrer Aufschlüsse über die Geschichte des Naturalismus von literaturhistorischem Interesse.

W.: Romane, Erzählungen: Frau Meseck, 1897; Ein Meteor, 1901; Der Ring des Lebens, 09; Die Tat des Dietrich Stobäus, 11; Jo, 17; Der Frühlingsgarten, 22; Die Auferstehungsnacht des Doktor Adalbert, 28; Generalkonsul Stenzel und sein gefährliches Ich, 31; Die Elixiere des Glücks, 36. – *Dramen:* Ein Emporkömmling, 1889; Freie Liebe 90; Eisgang, 92; Jugend, 93; Der Amerikafahrer, 94; Lebenswende, 96; Mutter Erde, 97; Der Eroberer, 99; Die Heimatlosen, 99; Das tausendjährige Reich, 1900; Haus Rosenhagen, 01; Walpurgistag, 03; Der Strom, 04; Die Insel der Seligen, 06; Das wahre Gesicht, 07; Blaue Berge 09; Der Ring des Gauklers, 11; Freiheit, 13; Hortense Ruland, 17; Schloß Zeitvorbei, 17; Kikeriki, 21; Meister Jörg und seine Gesellen, 28; Präsidentenwahl, 29; Die Traumgesichte des Adam Thor, 29; Ginevra, 31; Heinrich von Plauen, 33; Erntefest, 36; Kaiser Friedrich II., 40; Durch die Jahrhunderte, 52. – *Abhandlung:* Friedrich II. und der päpstliche Stuhl, 1888. – *Autobiographisches:* Scholle und Schicksal, 33; Jahrhundertwende, 35. – *Werkausgaben:* Gesammelte Werke, 7 Bde, 17–23; Sämtliche Werke, 14 Bde, 45–50.

Haller, J. P. → Sperber, Manès

Halm → Petersen, Jan

Hamilkar, → Roth, Joseph

Hammel, Claus, *4. 12. 1932 Parchim, †12. 4. 1990 Althagen (Mecklenburg)

Nach dem Krieg begann H. ein Gesangs-
studium, das er nicht beendete. Von 1950
an war H. in der Kulturarbeit der FDJ tätig. 1955–57 arbeitete H. als Theaterkritiker des «Neuen Deutschland»; bis 1958
war er Mitarbeiter der «Neuen Deutschen Literatur», dann Mitarbeiter der
DDR-Kulturbund-Zeitung «Sonntag»
bis 1968. H. war künstlerischer Berater
am Volkstheater Rostock. Mehrfach ausgezeichnet, u. a. Lessing-Preis 1968, Nationalpreis 1979.
Unter den Stücken, die H. nach literarischen Vorbildern schrieb, ist die 1970
verfaßte Komödie *Der Macher oder Warten auf Godeau* die bedeutendste. H.
adaptierte Balzacs Komödie für eine
Auseinandersetzung mit der Erscheinung der Konsumgesellschaft, deren
Symptome auch die DDR in zunehmendem Maße aufzuweisen begann.
Den Stücken H.s, in denen er Probleme
der unmittelbaren Gegenwart aufgriff,
ist eine scharfe ideologische Abgrenzung
gegen jeglichen «Westeinfluß» eigen.
Dabei gerät die Diskussion systemeige-
ner Widersprüche oft nur sehr vordergründig: Dies gilt für *Um neun an der
Achterbahn*, dem 1966/67 in der DDR
meistgespielten Stück, das die Entscheidung eines Mädchens gegen den Westen
zum Gegenstand hat, ebenso wie für die
Komödie *Rom oder Die zweite Erschaffung der Welt*. In den von Hammel als
«Versuche über das Glück» gekennzeich-
neten Stücken scheinen nur gelegentlich
die wirklichen gesellschaftlichen Konflikte der DDR durch.

W.: Dramen: Hier ist ein Neger zu lynchen,
1958 (nach Hans Henny Jahnn); Fischerkinder,
62 (nach Herbert Nachbar); Frau Jenny Treibel
oder Wo sich Herz zum Herzen find't, 64 (nach
Motiven von Fontane); Um neun an der Achterbahn, 64; Ein Yankee an König Artus' Hof,
66 (nach Mark Twain); Morgen kommt der
Schornsteinfeger, 67 (als Fernsehfilm 81); Der
Macher oder Warten auf Godeau, 70 (nach
Balzac); Rom oder Die zweite Erschaffung der
Welt, 74; Das gelbe Fenster, der gelbe Stein,
77; Überlegungen zu Feliks D., 77; Humboldt
und Bolívar oder Der Neue Continent, 79; Die
Preußen kommen, 81. – *Sammelausgabe:* Komödien, 69. – *Schallplatten, Kassetten:* Überlegungen zu Feliks D.: Porträtskizze, ca. 84.

Handel-Mazzetti, Enrica Freiin von,
*10. 1. 1871 Wien, † 8. 4. 1955 Linz.
Der Vater stammte aus einem alten katholischen Adelsgeschlecht, die Mutter
war eine adelige Protestantin. H.-M. studierte in Wien deutsche und französische
Sprache sowie ältere und neuere Literatur. Erste Veröffentlichungen erschienen
in Feuilletons («Wiener Zeitung») und
Zeitschriften. Sie schrieb vornehmlich
historische Romane, die das Aufeinan-
derprallen von Katholizismus und Protestantismus zum Thema haben und meist
im Zeitalter des Barock und der Gegenreformation spielen. Die ereignisreichen
Romane waren zu ihrer Zeit sehr beliebt.

W.: Romane: Meinrad Helmpergers denkwür-
diges Jahr, 1900; Jesse und Maria, 06; Die arme
Margaret, 10; Stephana Schwertner, 3 Bde,
12–14; Brüderlein und Schwesterlein, 13; Ritas Briefe, 5 Bde, 15–21; Ilko Smutniak, 17;
Der deutsche Held, 20 (neu: Karl von Aspern,
48); Ritas Vermächtnis, 22; Das Rosenwunder,
Karl-Sand-Trilogie: Das Rosenwunder, 24;
Deutsche Passion, 25; Das Blutzeugnis, 27; Johann Christian Günther, 28; Frau Maria: Das
Spiel von den zehn Jungfrauen, 29; Das Refor-
mationsfest, 30; Die Hochzeit zu Quedlinburg,
31; Die Waxenbergerin, 34; Graf Reichard, 2
Bde, 38–39. – *Dramen:* Nicht umsonst, 1892;
Pegasus im Joch, 95. – *Lyrik:* Deutsches Recht
und andere Gedichte, 1908; Acht geistliche
Lieder, 08. – *Novellen und Schriften:* Kleine
Opfer, 1891; Der letzte Wille des Herrn Egler,
92; Der Verräter, 1902; Skizzen aus Österreich, 03; Novellen, 06; Historische Novellen,
07; Der Blumenteufel, 16; Christiana Kotzebue, 34; Das heilige Licht, 38. – *Sammel- und
Werkausgaben:* Erzählungen, 2 Bde, 03; Erzählungen und Skizzen, 10; Geistige Werde-
jahre. Dramen und Epen, 2 Bde, 11; Weih-
nachts- und Krippenspiele, 12; Ein groß Ding
ist die Liebe, 59.

Handke, Peter, *6. 12. 1942 Griffen
(Kärnten).
Nach Besuch des Gymnasiums Jurastudium in Graz. Seit seinen ersten literarischen Erfolgen (1966) freier Schriftsteller; wechselnde Wohnsitze; lebte von
1973–78 in Paris, 1979 Umzug nach Salzburg. Büchner-Preis 1973, Kafka-Preis
1979, Preis der Stadt Salzburg 1986. Die
Annahme des A.-Wildgans-Preises lehnte H. 1985 ab. Gr. Österreichischer
Staatspreis 1987, Bremer Literaturpreis
1988, Grillparzer-Preis 1991.

H.s literarische Anfänge sind deutlich sprach- und erkenntniskritisch orientiert. Vorgegebene Schemata, Muster und Institutionen der Literatur sollen bewußt gemacht und destruiert werden. So deckt der Roman *Der Hausierer* die unbewußt rezipierten Konstituenten des Kriminalromans, das Stück *Publikumsbeschimpfung* das Befangensein des Zuschauers im Zeichen- und Verhaltenssystem des herkömmlichen Theaters in provozierender Weise auf. Seine ideologiekritische Intention, den herrschenden Sprachgebrauch als Herrschaft verfestigendes Ordnungssystem zu entlarven, kennzeichnet seine Stücke von *Kaspar* bis zum *Ritt über den Bodensee*, in denen das Thema von Herrschaft und Knechtschaft am Beispiel individualitätszerstörender Zeichen- und Kommunikationssysteme variiert wird. Die gesellschaftliche Verfaßtheit menschlicher Wahrnehmungs- und Ausdrucksweisen bleibt auch in *Die Angst des Tormanns beim Elfmeter* bestimmend, mit der H. von den formalen Experimenten seiner frühen Prosa abrückt; in motivischer Hinsicht verschärft er die Bilder des Schreckens, der Angst und der schockartigen Realitätserfahrung.

Mit dem *Kurzen Brief zum langen Abschied* und später der *Falschen Bewegung* greift H. bewußt auf den Entwicklungsroman zurück. Das kritische Wissen und Wünschenkönnen der Aufklärung, das in diesem literarischen Genre aufgehoben ist, holt H. herüber in seine Zeit: als Anspruch. Denn seinen Wilhelm Meister kann er nicht mehr mit der gleichen Sicherheit wie Goethe auf der tätigen Reise durchs Ganze der Gesellschaft auch zum ganzen Menschen werden, die Gesellschaft nicht sich menschengemäß entwickeln lassen. Eine eigentümliche Art des Vergleichens, eine literarische Methode, die er auch sonst anwendet: «Ich vergleiche also den allgemeinen Formelvorrat für die Biographie eines Frauenlebens mit dem besonderen Leben meiner Mutter», und erst in der Erprobung einer Formel wie der vom aufopfernden, aber erfüllten Leben einer Mutter und Gattin entdeckt er die Enge und Unterdrücktheit der wirklichen Frau, die alles ausge-

halten hat, weil sie von keiner besseren Möglichkeit wußte: *Wunschloses Unglück*. Erst als sie, mit dem Sohne lesend, sich vergleichend selbst erkennt, nimmt sie sich endlich nicht mehr zusammen und begeht Selbstmord.

Auch der Presseattaché Georg Keuschning nimmt sich nicht mehr zusammen, gesteht sich endlich jede Gemeinheit, jede Regung des – dadurch erst richtig wachsenden – Ekels gegen seine Tätigkeit, seine Frau, seine Umwelt ein, bis ihn auch kleine Alltagsszenen in zähnefletschende Wut versetzen, mit Recht: *Stunde der wahren Empfindung*, zu der H. sich seit den *Hornissen* von Werk zu Werk durchgearbeitet hat und die ihm einen verständnisvollen Essay über die Morde der Patricia Highsmith ablockte. Solche Aggressivität legt die guten Bedürfnisse erst frei. Die müssen freilich neu gelernt, eingeübt werden in der *Kindergeschichte*, in der ein Mann im zugleich väterlichen wie mütterlichen Aufziehen seines Kindes selbst erzogen wird zu einer rechten Weise des Wahrnehmens, des Wünschens, der gemeinsamen Tätigkeit. Diese ästhetische Resozialisation wird in dem Stück *Über die Dörfer* in einer exemplarischen Familie aus Dichter, Arbeiter und Verkäuferin weitergeführt bis zur Vision einer neuen Ordnung, die jedoch – eher poetisch postuliert als praktisch plausibel gemacht wird.

H.s Arbeiten der letzten Jahre werden von der Kritik zunehmend kontrovers betrachtet. Sprechen die einen von einer neuen Qualität und geradezu philosophischem Schreiben, so kritisieren andere genau diesen Gestus, die Selbststilisierung des Schriftstellers als anmaßend und grotesk.

Bei *Versuch über die Jukebox* und *Noch einmal für Thukydides* handelt es sich vordergründig um ‹Reiseberichte›, die aber zugleich und vor allem von der Schwierigkeit des Schreibens heute berichten und autobiographische Selbstvergewisserung sind – Nebenwerke in mehrfacher Bedeutung.

W.: Romane, Erzählungen, Texte: Die Hornissen, 1966 (bearb. 68, 78); Der Hausierer, 67; Begrüßung des Aufsichtsrats, 67 (bearb. 70, 71, 73, 75); Die Innenwelt der Außenwelt der

Innenwelt, 69; Die Angst des Tormanns beim Elfmeter, 70; Chronik der laufenden Ereignisse (Filmbuch), 71; Der kurze Brief zum langen Abschied, 72; Wunschloses Unglück, 72; Die Stunde der wahren Empfindung, 75; Falsche Bewegung, 75; Die linkshändige Frau, 76; Das Gewicht der Welt. Ein Journal (November 1975 – März 1977), 77; Langsame Heimkehr, 79; Die Lehre der Sainte Victoire, 80; Kindergeschichte, 81; Die Geschichte des Bleistifts, 82; Der Chinese des Schmerzes, 83; Phantasien der Wiederholung, 83; Die Wiederholung, 86; Nachmittag eines Schriftstellers, 87; Die Abwesenheit, 87; Der Himmel über Berlin. Ein Filmbuch [mit W. Wenders], 87; Versuch über die Müdigkeit, 89; Versuch über die Jukebox, 90; Noch einmal für Thukydides, 90. – *Theatertexte, Hörspiele:* Publikumsbeschimpfung und andere Sprechstücke, 66; Weissagung, 66; Selbstbezichtigung, 66; Hilferufe (in: Dt. Theater der Gegenwart, Bd II), 67; Kaspar, 68; Das Mündel will Vormund sein, 69; Quodlibet (in: Spectaculum XIII), 70; Wind und Meer. Vier Hörspiele, 70; Ritt über den Bodensee, 70; Die Unvernünftigen sterben aus, 73; Über die Dörfer, 81; Das Spiel vom Fragen oder die Reise zum Sonoren Land, 89. – *Lyrik:* Deutsche Gedichte, 69; Als das Wünschen noch geholfen hat (Lyrik und Essays), 74; Gedicht an die Dauer, 86. – *Essays:* Literatur ist romantisch, 67; Ich bin ein Bewohner des Elfenbeinturms, 72; Das Ende des Flanierens. Essays und Lyrik, 77; Aber ich lebe nur von den Zwischenräumen. Gespräche mit H. Gamper, 87. – *Sammel- und Werkausgaben:* Prosa, Gedichte, Theaterstücke, Hörspiele, Aufsätze, 69; Stücke 1, 72; Stücke 2, 73; Publikumsbeschimpfung und andere Sprechstücke, 74; Der Rand der Wörter, 75; Langsame Heimkehr, 4 Bde, 84; Gedichte, 87; Das Gewicht der Welt, 87. – *Herausgebertätigkeit:* Der gewöhnliche Schrecken. Horrorgeschichten, 68; Franz Nabl: Charakter. Der Schwur des Martin Krist. Dokument, 75; A. Kolleritsch: Gedichte, 88. – *Übersetzungen:* Percy, W.: Der Kinogeher, 80; Lipus, F.: Der Zögling Tjaz, 81; Char, R.: Rückkehrstromauf, 84; Duras, M.: Die Krankheit Tod, 85; Percy, W.: Der Idiot des Südens, 85; Aischylos: Prometheus gefesselt, 86 u.a. – *Filme, Schallplatten u.ä.:* P. H. liest aus ‹Die Innenwelt der Außenwelt der Innenwelt›, o.J.; Theater am Turm. P.H.: Kaspar, o.J.; Hörspiel, o.J.; Günter Eich zu ehren (mit anderen), 73; Das Mal des Todes (nach M. Duras), 85.

Hannover, Heinrich, *31.10.1925 Anklam.

H., Sohn eines Arztes, wurde 1943 Soldat, geriet in amerikanische Kriegsgefangenschaft. Nach dem Studium der Rechtswissenschaft ließ er sich 1954 als Anwalt in Bremen nieder. Er engagierte sich für die Belange der Kriegsdienstverweigerer, in der Ostermarsch-Bewegung und im Kampf gegen die Notstandsgesetze. Bekannt wurde er vor allem als Verteidiger in politischen Prozessen. Er erhielt den Fritz-Bauer-Preis der Humanistischen Union und den Kultur- und Friedenspreis der Bremer «Villa Ichon» 1987. – Neben seinen juristischen und politischen Arbeiten schreibt H. erfolgreich Kinderbücher. Ursprünglich als Gutenachtgeschichten für die eigenen Kinder entstanden, beschreibt er in ihnen phantasievoll und kindgerecht Abenteuerliches und Märchenhaftes auf eine Weise, die sich Kindern nicht anbiedert, sondern sie als eigenständige Wesen ernst nimmt und ihre Phantasie anregt.

W.: Romane, Erzählungen, Kinderbücher: Das Pferd Huppdiwupp, 1968; Die Birnendiebe vom Bodensee, 70; Der müde Polizist, 72; Riesen haben kurze Beine, 76; Der vergeßliche Cowboy, 80; Das Huppdiwupp-Bilderbuch, 80 (mit H. Langenfass); Schreivogels türkisches Abenteuer, 81; Die Geige vom Meeresgrund, 82 (u. d. T.: Der Untergang der Vineta. Oder die Geige vom Meeresgrund, 87); Die Schnupfenmühle, 85; Der Mond im Zirkuszelt, 85; Der fliegende Zirkus, 86. – *Essays, theoretische Schriften:* Politische Diffamierung der Opposition im freiheitlich-demokratischen Rechtsstaat, 62; Zum Entwurf eines Gesetzes über den Zivildienst im Verteidigungsfall, 62; Zur Frage einer Notstandsverfassung, 63; Kriegsdienstverweigerung und Dienst an der Gemeinschaft, 63 (mit W. Ude); Gegenentwurf zum Notstandsverfassungsgesetz, 64; Der totale Notstandsstaat, 64; Es muß endlich geköpft werden, 64; Hat die SPD etwas aus der Geschichte gelernt?, 66; Politische Justiz 1918–1933, 66 (mit E. Hannover-Drück); Der Mord an Rosa Luxemburg und Karl Liebknecht, 67 (mit E. Hannover-Drück); Lebenslänglich – Protokolle aus der Haft, 72 (mit K. Antes und Ch. Ehrhardt), 72; Klassenherrschaft und politische Justiz, 78; Kriegsdienstverweigerung – Recht auf Frieden, 82 (mit O. Leist u. a.); Die unheimliche Republik, 82 (mit G. Wallraff); Der Mord an Ernst Thälmann. Eine Anklage, 89. – *Herausgebertätigkeit:* Staat und Recht in der Bundesrepublik, 87 (mit M. Kutscha u. a.). – *Schallplatten u. ä.:* Das Pferd Huppdiwupp und andere Geschichten, 73; Die Birnendiebe vom Bodensee, 78; Der vergeßliche Cowboy, 81; Schreivogels türkisches Abenteuer, 83; Die Geige vom Meeresgrund, 84; Das Pferd Huppdiwupp, 84; Der müde Polizist, 84; Der Mond im Zirkuszelt und andere Zirkusgeschichten, 85.

Hannsmann, Margarete, *10.2.1921 Heidenheim a. d. Brenz/Württemberg.

H., geb. Wurster, war während der Nazizeit zunächst völkisch ausgerichtet, Jungmädelscharführerin und Grenz- und Auslandsreferentin der HJ, entwickelte sich aber allmählich zur Gegnerin des Nationalsozialismus. Sie besuchte eine Schauspielschule in Stuttgart und heiratete 1943 den antifaschistischen Journalisten und späteren Verleger F. C. Hannsmann. Nach seinem Tod 1958 arbeitete sie als Lehrmittelhändlerin, Annoncenakquisiteuse und Puppenspielerin. In der Zeit von 1960–67 reiste sie mehrfach nach Griechenland. Seit 1967 war sie Gefährtin von HAP Grieshaber, dessen Holzschnitte einen Teil ihrer Werke illustrieren, und Mitarbeiterin an der von ihm herausgegebenen Kunstzeitschrift «Der Engel der Geschichte». 1976 erhielt sie den Schubart-Preis der Stadt Stuttgart, 1982 das Bundesverdienstkreuz am Bande.

Ihr Debüt als Dichterin gab H. 1964 mit dem Gedichtband *Tauch in den Stein*. In diesen Dichtungen steht das Verhältnis von Natur und Mensch im Mittelpunkt wie auch in *Das andere Ufer vor Augen*, den ersten DDR-Gedichten einer westdeutschen Schriftstellerin. Die Auseinandersetzung mit der Zeit des Nationalsozialismus bildet einen weiteren Aspekt im Werk der Autorin, nicht nur in ihrer Lyrik, so in *Aufzeichnungen über Buchenwald*, sondern auch in den beiden autobiographischen Romanen *Drei Tage in C.* und *Der helle Tag bricht an. Ein Kind wird Nazi*.

W.: *Lyrik:* Tauch in den Stein, 1964; Maquis im Nirgendwo, 66; Zerbrich die Sonnenschaufel, 66; Grob, Fein und Göttlich (mit Grieshaber), 70; Schwäbisch Gmünd (mit P. Swiridoff u. a.), 71; Zwischen Urne und Stier, 71; Das andere Ufer vor Augen, 72; Ins Gedächtnis der Erde geprägt, 73; Fernsehabsage, 74; In Tyrannos, 74; Blei im Gefieder, 75; Kato i diktoria. Mahnbilder für Freiheit und Menschenrechte (mit HAP Grieshaber), 77; Santorin, 77; Aufzeichnungen über Buchenwald, 78; Rauch von wechselnden Feuern, 78; Canto Athen, 79; Schaumkraut, 80; Landkarten, 80; Spuren, 81; Abschied von HAP Grieshaber, 81; Du bist in allem: Elegie auf Lesbos, 83; Hab mich so ganz an Dich verloren, 84; Drachmentage, 86; Rabenflug, 87; Raubtier Tag, 89; Wo der Strand am Himmel endet. Griechisches Echo, 90; Auf eine tote Freundin – Gedicht, 90. – *Romane, Prosa:* Drei Tage in C., 64; Chauffeur bei Don Quijote, 77; Der helle Tag bricht an. Ein Kind wird Nazi, 82; Pfauenschrei, 86. – *Hörspiele:* Der letzte Tag, 67; Die Wand, 69; Auto, 73; Buchenwald 30 Jahre später, 76. – *Essays:* Das Gewesene ordnet sich zum Sinn. Aus Leben und Werk von Werner Illing (mit I. Drewitz u. a.), 86. – *Sammel- und Werkausgaben:* Spuren. Ausgewählte Gedichte 1960–1980, 81; Purpuraugenblick, 91.

Hansen, Konrad, *17.10.1933 Kiel.

H., Sohn eines Maschinenbaumeisters und einer Wäschereibesitzerin, studierte in Kiel und Freiburg Germanistik, Philosophie, Theologie und Volkswirtschaft. Nach dem Abschluß des Studiums als Diplom-Volkswirt arbeitete er 1958–59 als Korrespondent in Versicherungen, war 1959–66 Programmgestalter bei Radio Bremen. Nach einer Zwischenzeit als freier Schriftsteller leitete er 1974–80 den Heimatfunk bei Radio Bremen, bis er zum Intendanten des Ohnsorg-Theaters in Hamburg berufen wurde. Von diesem Amt trat er 1986 zurück, da er seine Vorstellungen von einem auf die heutige Realität bezogenen anspruchsvollen Volkstheater nicht durchsetzen konnte. Seit 1987 ist H. Direktor der Niederdeutschen Bühne Flensburg. 1962 erhielt er den Hörspielpreis der Stiftung F.V.S., 1975 den Fritz-Stavenhagen-Preis, 1984 den Quickborn-Preis.

H. wurde bekannt als Verfasser zahlreicher Hörspiele in Hoch- und Plattdeutsch, in denen er zeitkritische Themen aufgreift und mit z. T. grotesken Stilmitteln behandelt, so in *Solo für Störtebeker* und *Herr Kannt gibt sich die Ehre*. Über 30 Hörspiele, zahlreiche Hörspielübertragungen ins Plattdeutsche und weitere Funkbeiträge sowie eine große Anzahl plattdeutscher Theaterstücke zeugen von H.s Produktivität und Ideenreichtum. Dem Publikumsgeschmack und der immer noch herrschenden Struktur niederdeutscher Bühnen entsprechend sind es zumeist Lustspiele, in denen sich H. aber keineswegs auf Schwankniveau begibt und in die er zeitkritische Momente einzubauen versteht. H. behandelt auch ernste Themen, so in *Johanninacht*, in dem am Beispiel vermuteter Homosexualität die Unbarmherzigkeit und Intoleranz der ‹normalen› Bürger gegenüber Außenseitern deutlich wird.

W.: Roman: Der Spaßmacher, 1982. – *Dramen, Hörspiele:* Dat Huus vör de Stadt, 59 (in: Niederdeutsches Hörspielbuch 1, 61); De letzte Proov, 62; Een Deern na Maat, 62; Dat Spöökhuus, 62; Witte Wyandotten, 63; Solo für Störtebeker (in: WDR Hörspielbuch), 64; Jonny de Drütte, 65; Herr Kannt gibt sich die Ehre, 66 (in: WDR Hörspielbuch, 67); Gesang im Marmorbad (in: WDR Hörspielbuch), 68; Een toveel in't Huus, 68; Schipp ahn Hoben, 70; Dreih di nich üm, 67 (in: Niederdeutsches Hörspielbuch II, 71); Allens hett sien'n Pries, 71 (Neubearb. u. d. T.: De Firma dankt, 80); Dat warme Nest, 73; Een Handvull Minsch, 73; Johanninacht, 76; Dreih di nich üm, 77; Mit Geföhl un Wellenslag, 77; Männer sind auch bloß Menschen (mit T. Hütter), 82; Een Stück vun't Glück, 83; Salon Meier, ca . 87; Plünnenball, 88 (Bühnenms.); Utflüchten (Hsp.), 88; Na uns de Sintfloot, ca. 89 (Bühnenms.). – *Essays, theor. Schriften:* Modernes niederdeutsches Theater (in: Niederdt. Bühnenbund, Mitt. 63), 71; Zwischenbilanz. Persönliche Anmerkungen eines Autors zum niederdeutschen Theater der Gegenwart (in: Schleswig-Holstein Nr. 2), 77. – *Kassetten:* Stah up un gah!, 76; Dreih di nich üm, 77 (beide Norddt. Blindenhörbücherei)

Harbou, Thea (Gabriele) von, *27. 12. 1888 Tauperlitz bei Hof/Bayern, †1. 7. 1954 Berlin.

Die Forstmeisterstochter H. war in den Jahren vor dem 1. Weltkrieg als Schauspielerin u. a. am Weimarer Hoftheater, in Chemnitz und Aachen tätig, lebte seit 1917 als freiberufliche Autorin in Berlin, heiratete 1921 den Filmregisseur Fritz Lang, für dessen von 1920–32 entstandene Filme sie nach eigenen oder fremden Vorlagen die Bücher schreibt. H. beginnt mit Märchendichtungen, trivialen Unterhaltungs- und Liebesromanen mit ‹heiler Welt› und Südseeromantik, schreibt außerdem patriotische Kriegserzählungen und Mädchenbücher sowie gefühlvolle Lyrik. Ihren größten Erfolg hat sie mit zwei von Fritz Lang verfilmten Zu-

kunftsromanen. *Metropolis* spielt in einer übersteigerten Wolkenkratzer-Zukunftsstadt, zeichnet den Widerspruch zwischen Großkapitalisten und verarmten, unterirdisch arbeitenden Massen, wobei der gesellschaftliche Konflikt durch die Liebe zwischen der Arbeiterführerin und dem Unternehmerssohn gelöst wird, entsprechend dem von der Autorin dem Roman vorangestellten, auf Harmonisierung zielenden Motto: «Mittler zwischen Hirn und Händen muß das Herz sein.» *Metropolis* ist mit Gesamtkosten von 5 Millionen Mark und der Beteiligung von 36000 Statisten die bis dahin aufwendigste deutsche Filmproduktion, der erste Monumentalfilm, Prestigefilm für den Export, der auch die Entwicklung des anglo-amerikanischen SF-Films auf Jahrzehnte prägt. Im zweiten SF-Film nach einem Roman H.s, *Frau im Mond*, werden fast populärwissenschaftlich-dokumentarisch die Vorbereitungen einer Mondfahrt beschrieben (H. ließ sich von namhaften deutschen Raketentechnikern beraten), der zweite Teil ist dann allerdings phantastisch-abenteuerlich orientiert. Nach Drehbüchern für andere Erfolgsfilme Langs, *Das indische Grabmal* etc., inszenierte H. in den 30er Jahren zwei eigene Filme. Sie folgte Lang aber nicht in die Emigration, sondern trat 1933 der NSDAP bei und ließ sich scheiden, arbeitete danach u. a. noch mit dem Regisseur Veit Harlan zusammen und geriet nach dem Krieg als Autorin in Vergessenheit.

W.: Zukunftsromane: Metropolis, 1926; Frau im Mond, 28; Die Insel der Unsterblichen. – *Gedichte, Erzählungen, Romane:* Gedichte, 02; Weimar, ein Sommernachtstraum. Tiefurt, Memoiren eines Sonnenstrahls. Belvedere, in einer Vollmondnacht. 3 Märchendichtungen, 08; Die nach uns kommen, 10; Der Krieg und die Frauen, 13; Von Engelchen und Teufelchen, 13; Deutsche Frauen, 13; Der unsterbliche Acker, 15; Die junge Wacht am Rhein!, 15; Die Masken des Todes, 15; Das Mondscheinprinzeßchen, 16; Die Flucht der Beate Heuermann, 16; Gold im Feuer, 16; Aus Abend und Morgen ein neuer Tag, 17 (Neuausg. 37); Adrian Drost und sein Land, 18; Sonderbare Heilige, 19; Das Haus ohne Türen und Fenster, 20; Die unheilige Dreifaltigkeit, 20; Das Nibelungenbuch, 21; Spione, 26;

Mann zwischen Frauen, 27; Du bist unmöglich, Jo!, 31; Aufblühender Lotus, 41. – *Drehbücher* (mit Fritz Lang oder anderen): Das wandernde Bild, 20; Der müde Tod, 20; Das indische Grabmal, 21; Dr. Mabuse, der Spieler, 22; Phantom, 22; Die Nibelungen, 24; Michael, 24; Chronik von Grieshuus, 25; Metropolis, 26; Spione, 28; Die Frau im Mond, 28; M, 31; Das Testament des Dr. Mabuse, 32.

Hardekopf, Ferdinand (Pseud. Stefan Wronski), *15.12.1876, Varel/Jade, †24.3.1954 Burghölzli bei Zürich.
H., Sohn eines Schmiedes, besuchte zuerst das Gymnasium in Oldenburg. Er ging dann in die kaufmännische Lehre und besuchte sporadisch die Universität. 1907–16 war er als Reichstagsstenograph tätig und Mitarbeiter bei zahlreichen expressionistischen Zeitschriften. 1916 siedelte er in die Schweiz über, lebte in Bern und Zürich in engem Kontakt mit den Dadaisten. 1921 ging er für kurze Zeit nach Berlin, kehrte dann in die Schweiz zurück bzw. nach Frankreich, wo er elf Jahre an der Riviera verbrachte. Er war in den 20er und 30er Jahren vor allem als Übersetzer tätig. Während des 2. Weltkriegs wurde er in einem KZ in Frankreich interniert, dann jedoch dank der Intervention von A. Gide und A. Malraux freigelassen. Nach Kriegsende lebte er wieder als Übersetzer in der Schweiz und wurde Mitarbeiter der «Neuen Schweizer Rundschau». Er starb als Rauschgiftsüchtiger in einer Anstalt bei Zürich.
H., der eine Existenz am Rande der Gesellschaft führte, zählt zu den wichtigsten Gestalten des Frühexpressionismus in Berlin; 1909 schloß er sich z. B. den Literaten des «Cabaret Gnu» und des «Neopathetischen Clubs» an. Er war auch mit Franz Pfemfert befreundet, in dessen «Aktion» von 1911 bis 1916 zahlreiche Gedichte, Prosastücke und Glossen von H. erschienen. Seine Prosastücke verraten mit ihren Personen und Kulissen aus der Halbwelt von Berlin, Paris und Marseille seine Herkunft aus Jugendstil, Bohème und Literatur der Décadence – ohne jedoch in die expressionistische Dirnen- und Verbrechermetaphysik abzugleiten. H.s Gedichte stehen oft der Glosse näher als der strengen lyrischen Form. Später widmete sich H. vorwie-

gend Übersetzungen aus dem Französischen – Nerval, Cocteau, Malraux und vor allem André Gide.

W.: Romane, Erzählungen: Der Abend – Ein kleines Gespräch, 1913; Lesestücke, 16. – *Lyrik:* Privatgedichte, 21; Gesammelte Dichtungen, 63. – *Essays, Feuilletons, Rezensionen:* Im «Prager Tagblatt»; in der «Freien Zeitung», 16ff; in den Emigrantenzeitungen «Das neue Tagebuch» und «Pariser Tagblatt». – *Übersetzungen:* A. Gide: Stirb und werde!, 30 (Neuaufl. 48); A. Gide, Retuschen zu meinem Rußlandbuch, 37; R. Schickele, Heimkehr, 39; C. L. Philippe, Mario Donadieu, 42; R. de Traz, Die geheime Wunde, 46; A. France, Crainquebille, 47; A. Gide, Die Falschmünzer, 47; A. Gide, Die Verliese des Vatikan, 47; C. F. Ramuz, Tagebuch 1896–1942 (zus. mit E. Ihle), 47; M. Ponty, Vorsicht Arlette!, 47; E. Zola, Germinal, 47; A. Gide, Stirb und werde, 48; A. Malraux, Conditio humana, 48; A. Malraux, Der Kampf mit dem Engel, 48; A. Malraux, Die Zeit der Verachtung, 48; P. Mérimée, Meisternovellen, 49; C. F. Ramuz, Maß des Menschen, 49; H. de Balzac, Glanz und Elend der Kurtisanen, 50; A. Malraux, Der Eroberer, 50; A. Malraux, Der Königsweg, 50; A. Malraux, Die Lockung des Westens, 50; P. Mérimée, Carmen, 50; A. Gide, Die Heimkehr des verlorenen Sohnes, 51; Colette, La Vagabonde, 54; M. M. de La Fayette, Die Prinzessin von Clèves, 54; G. de Maupassant, Die schönsten Novellen, 55. – *Sammel- und Werkausgaben:* Dichtungen, 88.

Harden, Maximilian (eig. Maximilian Felix Ernst Witkowski; Pseud. auch Apostata und Kent), *20.10.1861 Berlin, †30.10.1927 Montana-Vermala (Schweiz).
Sohn eines Kaufmanns, aus jüdischem Elternhaus. Schauspieler, geistvoller Publizist und Essayist, einer der glänzendsten Stilisten im gesamten Journalismus (doch von Karl Kraus angegriffen, der ihn einen «anmaßenden Schwätzer» nannte). Stand im Ruf eines «Censor Germaniae». Bewunderer Wedekinds. – H. begann seine publizistische Tätigkeit 1888 am «Berliner Tageblatt» und an den Zeitschriften «Deutsches Montagsblatt», «Gegenwart», «Nation» (wo er unter dem Decknamen Apostata Aufsehen erregte). Gründete 1892 die politische Wochenschrift «Die Zukunft», die er zum größten Teil selbst redigierte. Griff darin und in vielen Vorträgen die

persönliche Politik und den Militarismus Wilhelms II. an (Prozesse mit K. v. Moltke und Ph. Eulenberg) und propagierte die Ideen Bismarcks. Im 1. Weltkrieg wandelte er sich vom Annexionisten zum Pazifisten. Nach 1918 Kritiker der ersten deutschen Republik. H. focht für Gleichberechtigung der Juden und eine prosowjetische Politik. 1922, nach Anschlag Rechtsradikaler auf ihn, auch als Folge der Inflation, Einstellung der «Zukunft». 1927 zog er sich in die Schweiz zurück. H., ein intimer Kenner des deutschen und europäischen Theaters, war Mitbegründer des Berliner Vereins «Freie Bühne» (1899), Mitanreger der sozialdemokratischen «Neuen Freien Volksbühne». Seit 1905 Förderer und Berater Max Reinhardts. Verfechter der Berliner Moderne (Gegner H. Sudermanns). In seinen Polemiken nicht frei von persönlicher Eitelkeit, als Intrigant gefürchtet. Als scharfsinniger Porträtist erweist er sich in der Sammlung *Köpfe*.

W.: Essays, Aufsätze, Briefe: Berlin als Theaterhauptstadt, 1888; Apostata, 92; Literatur und Theater, 96; Kampfgenosse Sudermann, 1903; Varzin. Persönliche Erinnerungen an den Fürsten Otto v. Bismarck (mit P. Hahn), 09; Bismarck. Historische Karikaturen, 15; Krieg und Friede, 18; Mit eiserner Schaufel, 19; Deutschland, Frankreich, England, 23; Köpfe, 4 Bde, 1910–24 (Bd 1: 10; Bd 2: 11; Bd 3 [auch u. d. T. Prozesse]: 13; Bd 4: 24); I meet my contemporaries, 25; Von Versailles nach Versailles, 27; Rathenau, W./M. H.: Briefwechsel, 83. – *Herausgebertätigkeit:* Die Zukunft, 30 Jge, 1892–1922. – *Sammelausgabe:* M.-H. Brevier, 47; Kaiserpanorama, 83.

Hardt, Friedrich Wilhelm Ernst,
*9. 5. 1876 Graudenz/Schlesien,
†3. 1. 1947 Ichenhausen/Bayern.
H. besuchte die Kadettenanstalt in Berlin-Lichterfelde und war nach längeren Auslandsreisen ab 1897 (1898 Kritiker der «Dresdener Zeitung») zunächst journalistisch tätig, vor allem für die «Blätter für die Kunst» (Dresden). Von 1919–24 war er Generalintendant des Weimarer Nationaltheaters, 1925 wurde er zum Intendanten der Schauspielbühne in Köln ernannt. 1926 übernahm H. die Leitung des Westdeutschen Rundfunks mit einer im Kontrast zu seinem Werk erstaunlich

progressiven Tendenz mit Hörspielproduktionen und sozialkritischen Sendereihen. Diese Tendenz führte zu seiner sofortigen Entlassung nach der NS-Machtübernahme 1933. – H. begann als Lyriker in der George-Schule, wandte sich dann einer symbolistischen Dramatik zu, in Stücken mit «Liebe und Schicksal», vor allem in *Tantris der Narr* (1908 mit dem Volksschillerpreis ausgezeichnet). Seine Prosaschriften sind sachlicher in ihrer Demaskierung bürgerlicher Existenzlügen, vor allem sein *Don Hjalmar*.

W.: Erzählungen: Gesammelte Erzählungen, 1909; Brief an einen Deutschen ins Feld; Der Ritt nach Kap Spartell und andere Erzählungen, 46; Abend, 47; Erzählungen, 47; Don Hjalmar. Bericht über vier Tage und eine Nacht, 46. – *Dramen:* Priester des Todes, 1898; Tote Zeit, 98; Bunt ist das Leben, 1902; Der Kampf ums Rosenrote, 03; An den Toren des Lebens, 04; Ninon de Lenclos, 05; Tantris der Narr, 07; Gudrun, 11; Schirin und Gertraude, 13; König Salomo, 15. – *Lyrik:* Aus den Tagen des Knaben, 04; Jakob Kainz. Verse zu seinem Gedächtnis, 10. – *Essays:* Zwei Goethe-Essays. Dramen des Mannes. Dramen des Alters, 49. – *Übersetzungen:* Zola, Taine, Balzac, Flaubert, Vauvenargues, Rousseau, Voltaire, Kipling, Claudel, Maupassant, La Rochefoucauld u. a.

Harig, Ludwig *18. 7. 1927 Sulzbach (Saarland).
H. arbeitete 20 Jahre als Volksschullehrer im Saarland. Seit 1970 freier Schriftsteller. Mitglied des PEN und der Deutschen Akademie für Sprache und Dichtung. Im Sommersemester 1987 Gastdozent für Poetik an der Universität Frankfurt. Zahlreiche Auszeichnungen, u. a. 1966 Kunstpreis des Saarlandes, 1982/83 Ehrengast der Villa Massimo, 1987 Stadtschreiberpreis der Stadt Mainz und des ZDF.
In seinen literarischen Werken überträgt er die Techniken der «konkreten Poesie», vor allem die Permutation, auf die größere Form.
Mit seinen Hörspielen – besonders dem *Fußballspiel* und dem *Blumenstück*, in dem durch die Montage von Tagebucheintragungen des Auschwitzkommandanten Höss und kinderversartigen Texten subtile Ideologiekritik betrieben wird – wies er dieser Gattung von Beginn der

60er Jahre an unter Ausnutzung der Möglichkeiten der Stereo-Technik und des Sprachspiels neue Wege. In dem mit Max Bense montierten *Monolog der Terry Jo* wurde erstmals der Computer bei der Realisierung eines Hörspiels eingesetzt. In seinen Hörspielen *Staatsbegräbnisse*, einer Trilogie in biblischen Titeln über die «schönere Zukunft», einer Serie über Einstein und die Relativität sowie in einer Reihe *Dichten und Trachten. Gespräche aus dem deutschen Volks- und Geistesleben* wendet H. vor allem den O-Ton (Original-Ton, authentischen Mitschnitt) in gesellschaftskritischen, oft komischen, meist humorvollen Stücken an, die dem deutschen Hörspiel ein ironisch-pädagogisches Gepräge geben. 1986 Hörspielpreis der Kriegsblinden. Mit seinen Prosaarbeiten – dem *haiku hiroshima*, dem *Fußballspiel* und der *Reise nach Bordeaux*, in denen er eine Reihe von Sprachspieltechniken auf die erzählende Prosa anwendet – findet er zu Beginn der 70er Jahre in seinen *Sprechstunden* den Ausweg aus den Verengungen der rein experimentellen Poesie. Auf zumeist witzige Weise, in der sich «das Komische der Paradoxie», «das Absurde der Logik», das «Doppeldeutige des Sprechens» überhaupt enthüllen, folgen der Reisebeschreibung und dem Familienroman der philosophische Traktat *Allseitige Beschreibung der Welt* und der biographische Roman *Rousseau. Der Roman vom Ursprung der Natur im Gehirn*. Die Prosastücke aus den Büchern *Die saarländische Freude* und *Heimweh* sind mehr Entwürfe eines utopischen Menschen- und Landschaftsbildes als naturalistische Zustandsbeschreibungen. Sie finden in der Novelle *Der kleine Brixius* ihre erzählerische Form. In *Ordnung ist das ganze Leben* schildert H. am Beispiel seines Vaters kleinbürgerliche Mentalität vor dem Hintergrund deutscher Geschichte im 20. Jahrhundert. In *Weh dem, der aus der Reihe tanzt*, einer Art Fortsetzung des Romans über seinen Vater, schildert H. autobiographisch kleinbürgerliches Leben während der Nazizeit. H. übersetzt aus dem Französischen, vor allem Sprachspiele von Queneau, Proust und Jarry.

W.: Romane, experimentelle Texte, Erzählungen: haiku hiroshima, 1961; Fußballspiel, 62; Zustand und Veränderungen, 63; Reise nach Bordeaux, 65; Im men see, 69; Sprechstunden für die deutsch-französische Verständigung und die Mitglieder des Gemeinsamen Marktes, 71; Allseitige Beschreibung der Welt zur Heimkehr des Menschen in eine schönere Zukunft, 74; Wie kommt Leopold Bloom auf die Bleibtreustraße, 75; Die saarländische Freude, 77; Rousseau. Der Roman vom Ursprung der Natur im Gehirn, 78; Heimweh. Ein Saarländer auf Reisen, 79; Der kleine Brixius, 80; Heilige Kühe der Deutschen, 81; Logbuch eines Luftkutschers, 81; Tafelmusik für König Ubu, 82; Trierer Spaziergänge, 83; Zum Schauen bestellt, 84; Die Laren der Villa Massimo, 86; Ordnung ist das ganze Leben, 86; Und über uns der grüne Zeppelin. Essener Tagebuch, 87; Mainzer Moskitos. Tagebuch eines Stadtschreibers, 89; Von A bis Zett. Elf Alphabete [mit F. Achleitner u. a.], 90; Weh dem, der aus der Reihe tanzt, 90. – *Lyrik:* Pfaffenweiler Blei. Achtzehn alexandrinische Sonette, 80; Die Ballade vom großen Durst (mit K. Halbritter), 83; Sieben Tiere, 85; Hundert Gedichte, 88. – *Hörspiele (Tonbänder, Schallplatten):* Monolog der Terry Jo, 68; Ein Blumenstück, 69; Ludwig Harig hält Sprechstunde für die schöne bunte Kuh, 73; Deutsch für Deutsche, 75; Staatsbegräbnisse, 75; Dichten und Trachten. Gespräche aus dem deutschen Volks- und Geistesleben, 1976–78; Drei Männer im Feld, (Hsp.), 87 (Kass.); Staatsbegräbnis 1 und 2, (Hsp.), 88 (Kass.). – *Essays:* Permutationen, 84; Das Rauschen des sechsten Sinnes, 85; Jan Peter Tripp «Ein 17. Januar». 30 Aquarelle [mit M. Bense u. a.], 86; Gauguins Bretagne. Ein Tagebuch, 88; Die Fürsten sind wir. Rede, 89. – *Herausgebertätigkeit:* Netzer kam aus der Tiefe des Raumes (mit D. Kühn), 74; Händedruck. Neue Lyrik aus Luxemburg, 81; Und sie fliegen über die Berge weit durch die Welt, 82.

Haringer, Johann (Jan) Jakob (Pseud. Robert Ibius, Lukas Nell), * 16. 3. 1898 Dresden, † 3. 4. 1948 Zürich. H. führte ein ruheloses Vagantenleben, teils aus Verachtung für bürgerliche Lebensformen, teils um drohenden Strafen wegen Gotteslästerung zu entgehen, für die den Behörden sein lyrisches Werk Anhalt genug bot. Nach früh abgebrochenem Schulbesuch als Kellner und Gelegenheitsarbeiter tätig, schloß er sich nach dem 1. Weltkrieg in München den Gründern der Räterepublik an und wurde nach deren Liquidierung in München und Ingolstadt arretiert. Danach hielt er sich zumeist in Berlin oder dem süddeutschen Raum auf und wurde 1933, als er Deutschland verlassen mußte, für kurze Zeit in der Nähe von Salzburg seßhaft. 1938 emigrierte er in die Schweiz, wo er in äußerster Armut lebte, öfters sogar von der Schweizer Polizei sistiert wegen angeblichen Verstoßes gegen die Schweizer Asylgesetze. So wenig er sich vor der Emigration literarischen Richtungen zugehörig gefühlt hatte, so wenig suchte er im Exil Kontakt zu Emigrantenzirkeln, sondern blieb vollkommen isoliert. 50jährig erlag er einem Herzleiden. Sein Nachlaß wurde erst 16 Jahre nach seinem Tod auf dem Boden eines abgelegenen Schweizer Bauernhauses entdeckt.

Seine Lyrik brachte er anfangs im Selbstdruck unters Publikum. 1919 erschien dann in einem kleinen Dresdner Verlag ein erster Gedichtband, 6 Jahre später, protegiert von Döblin, eine größere Auswahl. Sie begründete Haringers kurzlebigen – durch den ihm 1925 verliehenen Gerhart-Hauptmann-Preis und den ein Jahr später folgenden Kleist-Preis auch nach außen manifestierten – Ruhm. Einige seiner Gedichte hat Schönberg vertont. – H. wird als Nachfahre Villons apostrophiert. Seine Lyrik (weniger seine recht konventionelle Prosa) hat oft eine eigenständige Prägung: Wortwitz und komplizierte Fügungen gibt es hier nicht, eher überwiegt der Hang zur Schlichtheit (die bisweilen durch Dialektfärbungen noch unterstrichen wird). So entsteht häufig ein ungekünstelter, volksliedhafter Ton. Das Vokabular ist oft derb und deftig, scharfe Anklagen gegen Justiz und Polizei, gegen das muffige Bürgertum sind H.s Stärke.

W.: Lyrik: Hain des Vergessens, 1919; Abendbergwerk, 19; Die Kammer, 21; Das Marienbuch, 25; Kind im grauen Haar, 26; Heimweh, 28; Verse in der Nacht, 29; Ufer im Regen, 29; Schwarzer Kalender, 29; Abschied, 30; Das Schnarchen Gottes, 3 Bde, 31; Der Reisende oder die Träne, 32; Andenken, 34; Souvenir, 38; Das Fenster, 46; Der Orgelspieler, 55. – *Erzählungen:* Das Räubermärchen, 25; Weihnacht im Armenhaus, 25. – *Sonstige Prosa:* Leichenhaus der Literatur oder Über Goethe (28 in: Die Einsiedelei), 82; Deutsche Latrineninschriften, 31; Notizen, 38. – *Übersetzungen:* Chinesische Strophen, 26; Villon, Le Testament, 28. – *Sammelausgaben:* Die Dichtungen, 25; Vermischte Schriften, 35; Das Rosengrab, 60; Lieder eines Lumpen, 62; Der Hirt im Monde, 65; Das Schnarchen Gottes und andere Gedichte, 70; In die Dämmerung, 82; Aber des Herzens verbrannte Mühle tröstet ein Vers, 88. – *Herausgebertätigkeit:* Die Einsiedelei. Ein Studentenblatt, 25ff; Epikur, Fragmente, 47.

Hart, Julius, *9. 4. 1859 Münster, †7. 7. 1930 Berlin.

H. studierte ab 1877 Jura in Berlin und arbeitete dort sehr eng mit seinem älteren Bruder Heinrich H. (1855–1906) zusammen. 1878 war H. Theaterkritiker in Bremen und Redakteur in Bromberg und Glogau, 1887 arbeitete er als Kritiker der «Täglichen Rundschau», seit 1900 beim «Tag». H. gehörte u. a. dem Verein «Durch» und den «Berliner Vorortrealisten» an und gründete 1900 in Friedrichshagen die sozialrealistische «Neue Gemeinschaft». Wesentliche literaturprogrammatische Zeitschriften und Jahrbücher gab er zusammen mit seinem Bruder heraus. In ihren Schriften waren die Brüder H. Vorkämpfer der naturalistischen Bewegung; H.s späteres Werk ist stark symbolistisch beeinflußt.

W.: Lyrik: Sansara. Ein Gedichtbuch, 1879; Homo sum! Ein neues Gedichtbuch, 90; Triumph des Lebens, 98. – *Prosa:* Sumpf, 1886; Fünf Novellen 88; Sehnsucht, 93; Stimmen in der Nacht, 98; Träume der Mittsommernacht, 1905. – *Dramen:* Don Juan Tenorio, 1881; Der Rächer. Eine Tragödie, 84; Sumpf 86; Die Richterin, 88. – *Literaturwiss. u. polit. Schriften:* Friedrich Spielhagen u. der deutsche Roman der Gegenwart (m. H. Hart), 1884; Julius Wolff und die «moderne» Minnepoesie, 87; Geschichte der Weltliteratur und des Theaters aller Zeiten und Völker, 2 Bde, 94–96; Zukunftsland. Im Kampf um eine Weltanschauung, 2 Bde, 99–1902; Leo Tolstoi, 04; Revolution der Ästhetik als Einleitung zu einer Revolution der Wissenschaft. 1. Buch. Künstler und Ästhetiker, 09; Das Kleistbuch, 12; Kriegs- oder Friedensstaat?, 19; Artur Landsberger, 19; Wie der Staat entstand, 19; Führer durch die Weltliteratur, 23. – *Herausgebertätigkeit:* Deutsche Monatsblätter. Centralorgan für das literarische Leben der Gegenwart (mit H. Hart), 1878–79; Allgemeiner deutscher Litteraturkalender für 1879, 1880, 1881, 1882 (mit H. Hart), 79–82; Das Buch der Liebe. Eine Blüthenlese aus der gesammten Liebeslyrik aller Zeiten und Völker. In deutschen Übertragungen (mit H. Hart), 82; Italienisches Novellenbuch (übers., mit H. Hart), 82; Blütenlese aus spanischen Dichtern aller Zeiten. In deutschen Übertragungen, 82; Kritische Waffengänge, 6 Bde (mit H. Hart), 82–84 (Nachdr. 1961); England und Amerika. Fünf Bücher englischer und amerikanischer Gedichte von den Anfängen bis auf die Gegenwart. In deutschen Übersetzungen, 85; Orient und Occident. Eine Blütenlese aus den vorzüglichsten Gedichten der Welt-Litteratur. In deutschen Übersetzungen, 85; Diwan der persischen Poesie. Blütenlese aus der persischen Poesie, 87; Kritisches Jahrbuch. Beiträge zur Charakteristik der zeitgenössischen Literatur, sowie zur Verständigung über den modernen Realismus (mit H. Hart), 2 Bde, 89–90; Das Reich der Erfüllung. Flugschriften zur Begründung einer neuen Weltanschauung, 2 Bde (mit H. Hart), 1900; Heinrich Hart. Gesammelte Werke, 4 Bde, 07.

Hartlaub, Felix, *17.6.1913 Bremen, †April 1945 (vermißt).
Sohn des Kunsthistorikers und Direktors der Kunsthalle in Mannheim Gustav H. und Bruder von Geno(veva) H.; studierte nach dem Arbeitsdienst (1934) romanische Philologie und neuere Geschichte in Heidelberg und Berlin, promovierte 1939 zum Dr. phil., wurde zum Kriegsdienst eingezogen und war 1942–45 als Obergefreiter historischer Sachbearbeiter beim Kriegstagebuch im Führerhauptquartier. Seit den Kämpfen um Berlin 1945 ist er verschollen. H. schrieb schon früh Erzählungen und Prosastücke und zeichnete im Stil Kubins. Sein Hauptwerk sind die Tagebücher 1939–45, knappe, z. T. stichwortartige Aufzeichnungen, die, objektivierend und distanziert, die Kriegserfahrung aus der «windstillen toten Mitte des Taifuns» zeigen.

W.: Don Juan d'Austria und die Schlacht bei Lepanto (Diss.), 1940; Von unten gesehen, 50; Parthenope oder das Abenteuer in Neapel, 51; Im Sperrkreis, 55; Gesamtwerk, 55 (darin die Erzählungen: Die Reise des Tobias, Parthenope; Dramenentwürfe); F. H. in seinen Briefen, 58.

Hartlaub, Geno(veva), *7.6.1915 Mannheim.
Tochter eines Kunsthistorikers, der 1933 Berufsverbot erhielt, wurde ihr 1935 aus politischen Gründen die Studienerlaub-

nis verweigert. Sie arbeitete als Korrespondentin, wurde 1939 zur Wehrmacht dienstverpflichtet und geriet in norwegische Gefangenschaft. Nach dem Krieg war sie als Lektorin und Redakteurin tätig, edierte das Werk ihres verstorbenen Bruders Felix H. und wurde selbst mit Erzählungen und Romanen bekannt. Kriegserfahrung und unbearbeitete Vergangenheit prägen Psychologie und Beziehungen ihrer Personen. In dem Roman *Gefangene der Nacht* beobachtet sie aus der Perspektive des kleinen Benjamin, der der Deportation seiner jüdischen Familie entronnen und auf den Kirchturm geflüchtet ist, die Bewohner einer Stadt während einer einzigen Bombennacht: teilnahmslose, unfreie Menschen voller Angst, die gegen die alltägliche Tyrannei der kleinen Herrscher (z. B. Luftschutzwart) abgestumpft sind, das Soziogramm einer ganzen Stadt. Der Roman *Nicht jeder ist Odysseus* gestaltet die Flucht des viel zu spät heimkehrenden Paul vor sich selbst und den Erwartungen der Familie in wechselnden Erzählperspektiven. Das Motiv einer von der Umwelt abgespaltenen, sich selbst genügenden mann-weiblichen Ergänzung enthält *Der Mond hat Durst*, die Geschichte einer symbiotischen Bruder-Schwester-Beziehung. Unbehaustheit und Orientierungslosigkeit angesichts der Unmoral der Elterngeneration bestimmen das Geschwisterpaar und deren gemeinsamen Freund in dem Roman *Lokaltermin Feenteich*. In einer makabren Geburtstagsfeier für ihren Vater lesen sie aus seinem Kriegstagebuch Notizen über von ihm durchgeführte Menschenversuche an Häftlingen. H. verbindet sachliche Erzählweise mit sensibler Zeichnung der Charaktere ihrer Figuren. Mit *Einer ist zuviel* versuchte sich H. erstmals im Genre des Kriminalromans. – Alexander-Zinn-Preis Hamburg 1988.

W.: Romane: Noch im Traum, 1944; Anselm der Lehrling, 46; Die Tauben von San Marco, 53; Der große Wagen, 54; Windstille vor Concador, 58; Gefangene der Nacht, 61; Die Schafe der Königin, 64; Nicht jeder ist Odysseus, 67; Lokaltermin Feenteich, 72; Das Gör, 80; Muriel, 85; Einer ist zuviel, 89. – *Erzählungen:* Die Entführung, 42; Die Kindsräuberin, 47;

Der Mond hat Durst, 63; Rot heißt auch schön, 69; Die Uhr der Träume, 86. – *Reiseberichte, sonstige Prosa:* Unterwegs nach Samarkand. Eine Reise durch die Sowjetunion, 65; Wer die Erde küßt. Orte, Menschen, Jahre (überarb. u. d. T.: Sprung über den Schatten, 84), 75; Freue dich, du bist eine Frau, 83; Die gläserne Krippe, [2]85; Noch ehe der Hahn kräht, 86. – *Herausgebertätigkeit:* Felix Hartlaub, Von unten gesehen, 50; Im Sperrkreis, 55; Das Gesamtwerk, 55.

Härtling, Peter, *13. 11. 1933 Chemnitz. H. lebte nach 1945 in Nürtingen und war 1956–62 Redakteur der «Deutschen Zeitung» in Köln und bis 1970 Herausgeber der Zeitschrift «Der Monat». 1967–73 war H. Verlagsleiter in Frankfurt. Seit 1974 lebt er als freier Schriftsteller. Im Wintersemester 1983/84 Gastdozent der Universität Frankfurt. Zahlreiche Auszeichnungen, vom Kritikerpreis 1963 über den Schubart-Preis (1974) und den Zürcher Kinderbuchpreis (1980) zum Hölderlin- und dem H.-Sinsheimer-Preis 1987. 1977 war H. Stadtschreiber von Bergen-Enkheim. Er ist Korrespondierendes Mitglied der Akademie der Künste in Berlin (ehem. DDR). Andreas-Gryphius-Preis 1990. – H.s Frühwerk ist zunächst lyrisch bestimmt, in stilistisch wandelbaren Formen. Erst sein zweiter Roman *Niembsch oder Der Stillstand*, eine fiktive Biographie Nikolaus Lenaus, erreichte ein weiteres Publikum. Wie in den späteren Romanen steht auch hier das Problem der Zeit im Mittelpunkt. H. wendet sich neben der Schaffung fiktiver Existenzen dem eigenen Kindheitsmuster zu, das in bilderreiche Sprache umgesetzt bis in die neuesten Werke wirksam bleibt.

In *Felix Guttmann* schildert H. in romanhaft-biographischer Form das Leben eines intellektuellen, unpolitischen deutschen Juden, der als Anwalt im Berlin der Weimarer Republik tätig ist, emigrieren muß und schließlich nach Deutschland zurückkehrt. – Der «mein Roman» untertitelte Roman *Herzwand* zeigt das Krankenhaus, in dem der Erzähler auf eine Herzoperation wartet, als Schauplatz der Selbstreflexion über eine «bundesdeutsche Biographie» (Schlaffer) der Nachkriegszeit.

W.: Lyrik: Poeme und Songs, 1953; Yamins Stationen, 55; in zeilen zuhaus, 57; Unter den Brunnen, 58; Spielgeist, Spiegelgeist, 62; Neue Gedichte, 72; Vorwarnung, 83; Sätze von Liebe, 83; Ich rufe die Wörter zusammen, 84; Die Mörsinger Pappel, 87. – *Romane, Erzählungen, Kinderbücher:* Im Schein des Kometen, 59; Niembsch oder Der Stillstand, 64; Janek, 66; Das Familienfest, 69; Ein Abend, eine Nacht, ein Morgen, 71; Das war der Hirbel, 73; Zwettl, 73; Eine Frau, 74; Zum laut und leise lesen, 75; Oma, 75; Hölderlin, 76; Theo haut ab, 77; Hubert oder Die Rückkehr nach Casablanca, 78; Ben liebt Anna, 79; Sophie macht Geschichten, 80; Nachgetragene Liebe, 80; Alter John, 81; Spuren des Ikarus (mit F. Ruoff), 81; Oma, 82; Sofie macht Geschichten, 83; Der wiederholte Unfall, o. J.; Die dreifache Maria, 82; Das Windrad, 83; Für Ottla, 83; Jakob hinter der blauen Tür, 83; Felix Guttmann, 85; Krücke, 86; Sofie hat einen Vogel, 86; Sofie hat Fragen, 86; Brief an meine Kinder, 86; Waiblingers Augen, 87; Die kleine Welle. Vier Geschichten zur Schöpfungsgeschichte, 87; Der Wanderer, 88; Fränze, 89; Herzwand, 90. – *Stücke:* Gilles. Ein Kostümstück aus der Revolution, 70. – *Essays:* Palmström grüßt Anna Blume, 61; Vergessene Bücher, 66; Das Ende der Geschichte, 68; Meine Lektüre, 81; Über Heimat, 82; Mainfranken (mit A. Kaiser), 84; Und hören voneinander, 84; Der spanische Soldat oder Finden und Erfinden. Frankfurter Poetik-Vorlesungen, 84; Zueignung, 85; Es gibt noch Sonnen genug [mit U. Hahn u. a.], 85; Hölderlin. Lenau. Erzählte Annäherungen, o. J.; Ein eingelöstes Vermächtnis, 88; Ich bin zwischen die Zeiten gefallen. Hermann Kurz [mit O. Borst u. a.], 88; Wer vorausschreibt, hat zurückgedacht, 89; Noten zur Musik, 90. – *Herausgebertätigkeit:* Die Väter, 68; N. Lenau: Briefe, 68; Leporello fällt aus der Rolle, 71; Otto Flake, Werke (mit R. Hochhuth) 73f; M. Brod: Stefan Rott, 73; Ch. F. Schubart: Strophen für die Freiheit, 76; Mein Lesebuch, 79; Literatur in der Demokratie (mit W. Barner u. a.), 81; Hölderlin, F.: Werke, 84; Die Erklärung. 25 ausgezeichnete Kurzgeschichten [mit Th. Weißenborn, R. O. Wiemer], 88; Friedrich Hölderlin, 88. – *Fotobuch:* Und das ist die ganze Familie. Tagesläufe mit Kindern (Fotos: G. Stiller), 70. – *Sammelausgaben:* Anreden. Gedichte aus den Jahren 1972–1977, 77; Ausgewählte Gedichte 1953–1979, 79; Das war der Hirbel. Wie Hirbel ins Heim kam, warum er anders ist als andere und ob ihm zu helfen ist, 83; Geschichten für uns, 84; Helft den Büchern, helft den Kindern!, 85; Geschichten für Kinder, 88; P. H. für Kinder!, 89; Die Gedichte, 1953–1987, 89. – *Schallplatten, Kassetten:* Krücke, ca. 89 (3 Kass.).

Hartung, Hugo, *17.9.1902 Netzsch-
kau, †2.5.1972 München.

H. studierte Theaterwissenschaft, Kunst-
und Literaturgeschichte in Leipzig, Wien
und München, war in München Schauspieler, Dramaturg und Rundfunkredakteur; zu seinen frühen Hörspielen gehören *Das Weinschiff* u.a. 1936 erhielt H.
Schreibverbot und war anschließend
Dramaturg in Oldenburg und Breslau,
wo er das Kriegsende erlebte. Später lebte H. in Berlin und München. – H. ist
hauptsächlich durch Unterhaltungsromane bekannt geworden, deren ohnehin
nicht scharfe Satire später noch abge-
schwächt wurde. Seine ernsteren Novellen und Erzählungen sind kaum bekannt
geworden.

W.: *Hörspiele:* Das Weinschiff, 1932; Das
leichte Glück, o. J.; Der Schütze Jasrich, 52. –
Prosa: Ewigkeit, 48, erw. u. d. T.: Stern unter
Sternen, 58; Der Deserteur oder Die große bel-
montische Musik, 48; Ein Junitag, 50; Die
wundersame Nymphenreise, 51; Der Himmel
war unten, 51; Das Feigenblatt der schönen
Denise, 52; Aber Anne hieß Marie, 52; Ge-
wiegt von Regen und Wind, 54; Ich denke oft
an Piroschka, 54; Die Höfe des Paradieses, 55;
Wir Wunderkinder, 57; Das sarmatische Mädchen, 59; Die goldenen Gnaden, 60; Ein Prosit
der Unsterblichkeit, 60; König Bogumil König,
61; Timpe gegen alle, 62; Ihr Mann ist tot und
läßt Sie grüßen, 65; Deutschland, Deine Schle-
sier, 70; Wir Meisegeiers, 72; Die Potsdame-
rin, 79. – *Autobiographisches:* Schlesien
1944–45, Aufzeichnungen und Tagebücher,
56; Die stillen Abenteuer, 63; Kindheit ist kein
Kinderspiel, 72. – *Werkausgabe:* Gesamtausgabe, 8 Bde, 82.

Harych, Theo, *19.12.1903 Doruchów
(Polen), †22.2.1958 Berlin.

In der Weimarer Republik war H. Landarbeiter und Gelegenheitsarbeiter; er
durchlebte eine lange Phase der Arbeitslosigkeit. Nach dem Krieg arbeitete H.
zunächst als Kraftfahrer, seit 1950 als
freier Schriftsteller. Das nur schmale
Werk des spät zur Literatur gekommenen
H. ist von großem dokumentarischem
Wert. H. schilderte ohne Beschönigung
seine eigene Vergangenheit in dem durch
den Vater zusätzlich brutalisierten Milieu
des ostelbischen Landproletariats. Die
durch harte Arbeit gekennzeichnete,
entmündigte Jugend (*Hinter den schwarzen Wäldern*) und der soziale Abstieg der
Familie erzeugten eine früh einsetzende
Emanzipation H.s, die ihn ins mitteldeut-
sche Bergbaugebiet und zur Teilnahme
an den revolutionären Erhebungen des
Jahres 1921 führte (*Im Geiseltal*). Kurz
vor seinem Tode konnte H. den Doku-
mentarroman *Im Namen des Volkes?*
vollenden, in dem er den Fall des polnischen Landarbeiters Jakubowski aufgriff, der zum Opfer eines Justizmordes
in der Weimarer Republik wurde. – 1954
H.-Mann-Preis.

W.: *Romane:* Hinter den schwarzen Wäldern,
1951; Im Geiseltal, 52; Bärbels und Lothars
schönster Tag, 52; Im Namen des Volkes?, 58.

Hasenclever, Walter, *8.7.1890 Aachen,
†21.6.1940 Les Milles bei Aix-en-Provence (Freitod).

Studierte in Oxford zunächst Jura (auf
Wunsch seines despotischen Vaters), so-
dann Literaturwissenschaft und Philosophie in Lausanne und Leipzig. Vom
Vater verstoßen, konzentrierte er sich ab
1910 auf seine schriftstellerischen Versuche (Lyrik und Drama). Sein bevorzugter Wohnsitz: Leipzig, damals eine der
wichtigsten Geburtsstätten des Expressionismus. Als Freiwilliger am 1. Weltkrieg teilnehmend, war er von dessen
Brutalität bald so zermürbt, daß er sich,
indem er psychopathische Symptome si-
mulierte, vom Kriegsdienst freistellen
ließ. Kriegswende und Revolution erlebte er in Berlin, doch reiste er in der folgenden Zeit sehr viel umher, öfters auch
als hochsensibler Rezitator seiner eigenen Stücke, bisweilen als Schauspieler.
1924–28 war er Korrespondent in Paris.
Hier befreundete er sich mit Tucholsky.
Bevor H. 1933 aus Deutschland ausgebürgert wurde, reiste er mit Filmplänen
nach Hollywood. An der Côte d'Azur,
wo anfangs viele deutsche emigrierte
Schriftsteller Asyl fanden, lebte er für
eineinhalb Jahre. Sein nächster Wohnsitz, ein Landgut bei Florenz, wurde ihm
vergällt durch die italienische Polizei, die
ihn anläßlich eines Hitler-Besuches in
Italien 10 Tage sistierte. Seit dieser Haft
litt H. unter traumatischer Verfolgungs-
angst. Wieder in Frankreich, intensivierte er seine schriftstellerische Tätigkeit.

Wie alle deutschen Männer wurde er bei Ausbruch des Krieges in einem französischen Lager interniert. Im Lager Les Milles nahm er sich im Juni 1940 aus Angst vor den heranrückenden Deutschen das Leben. H. galt in Deutschland bis 1933 als einer der erfolgreichsten Schriftsteller. Sein Werk umfaßt 18 Dramen, diverse kürzere Szenen, 5 Gedichtbände, 2 Romane, an die 300 Essays und Aufsätze.

Schriftstellerischen Ruhm erntete H. vorwiegend als Dramatiker (seine Lyrik, thematisch an den Expressionismus angelehnt, ist im Formalen äußerst konventionell). Sein 1916 uraufgeführtes Drama *Der Sohn* hatte eine sensationelle Wirkung. Der plakative Stil, die straffe Szenenführung, der pathetische Aufruf zur Verbrüderung der Menschheit wurden wegweisend. Der hier thematisierte Aufstand der Söhne gegen die Generation der Väter wird mit ekstatischer Parteilichkeit dargestellt. Ein Jahr darauf erhält sein antimilitaristisches Stück *Antigone* den renommierten Kleist-Preis. Die Konstellationen des antiken Stoffes werden nicht nur in die Gegenwart transponiert, sondern auch umgedeutet zu einem pazifistischen Credo. – Nach einer Phase politischen Engagements (das er auch in seinem Gedicht *Der politische Dichter* von 1916 bekräftigt) gerät H. zunehmend in den Bann mystischer Literatur, beschäftigt sich mit buddhistischen Schriften und mit Swedenborg, den er überdies – wenngleich nicht textgetreu – übersetzt. Kunst bedeutet für ihn nun Magie. Der literarische Niederschlag dieser Affinität zu östlichem Gedankengut zeigt sich vor allem in den Dramen *Die Menschen* und *Jenseits*, beide in gewissem Sinn «Erlösungsdramen», bei denen Gestus, Choreographie und Beleuchtung bedeutungsvoller sind als die Sprache, die in äußerster Verknappung oft nur noch Ein-Wort-Sätze bildet.

In Paris beginnt H.s «Weg zur Komödie», der besonders erfolgreich ist. *Ein besserer Herr* gehört zu den damals meistgespielten Stücken überhaupt. Die ebenso erfolgreiche, mit subtilem Wortwitz operierende Komödie *Ehen werden im Himmel geschlossen* trägt dem Verfasser mehrere Strafanzeigen wegen Gotteslästerung ein. Sein nächstes Stück *Napoleon greift ein* hat – im Gegensatz zu den genannten gesellschaftskritischen Komödien – stark satirische Elemente, die zum großen Teil auf beabsichtigter Analogie zwischen Napoleons Diktatur und dem sich schon deutlich abzeichnenden Nazi-Faschismus beruhen. Eine mit Tucholsky gemeinsam verfaßte Komödie *Christoph Kolumbus* hat nur mäßigen Erfolg.

Im französischen Exil entsteht das Schauspiel *Münchhausen*, nach dem Urteil von H.s Freunden sein reifstes und überzeugendstes Bühnenstück. Den zwischendrein unterbrochenen «Weg zur Komödie» nimmt H. mit dem die Nazi-Diktatur parodierenden Stück *Esther oder Konflikt in Assyrien* wieder auf. In den Jahren 1934–39 entsteht der stark autobiographisch getönte Roman *Irrtum und Leidenschaft*, eine Abrechnung H.s mit seiner Zeit, aber auch mit seinen eigenen Irrtümern und Leidenschaften. Konventionell erzählt, überzeugt dieser Roman durch seine zeitdokumentarischen Passagen. Der nach der ersten Haft in einem französischen Lager verfaßte Roman *Die Rechtlosen* (aus dem Nachlaß 1963 veröffentlicht) resümiert Erfahrungen des Exils, die von resignierter Bitterkeit zeugen.

W.: Romane, Erzählungen: Die Rechtlosen, 1963; Irrtum und Leidenschaft, 69. – *Dramen:* Nirwana, 09; Das Reich, 09; Das unendliche Gespräch, 13; Der Sohn, 14; Der Retter, 16; Antigone, 17; Die Menschen, 18; Die Entscheidung, 19; Jenseits, 20; Gobseck, 22; Mord, 26; Ein besserer Herr, 26; Ehen werden im Himmel geschlossen, 28; Napoleon greift ein, 29; Christoph Kolumbus, 32 (mit Tucholsky); Münchhausen, 47; Konflikt in Assyrien, 57. Weitere Dramen sind nur als Bühnenskripte publiziert. – *Lyrik:* Der Jüngling, 13; Tod und Auferstehung, 17; Gedichte an Frauen, 22. – *Übersetzungen:* E. Swedenborg: Himmel, Hölle, Geisterwelt, 25 (Nachdichtungen). – *Sammelausgaben:* Der politische Dichter, 19; Dramen, 24; Gedichte, Dramen, Prosa, 63; Sämtliche Werke, Bd. 1 ff, 90 ff.

Hatzfeld, Adolf von, *3. 9. 1892 Olpe/Westfalen, †25. 7. 1957 Bad Godesberg. H. besuchte das Gymnasium in Emmerich und absolvierte dann 1911 seinen Militärdienst. Nach einer kaufmännischen

Ausbildung in Hamburg ging er auf die Kriegsschule in Potsdam. Kurz vor seiner Entlassung 1913 wurde er arretiert und erblindete als Folge eines Selbstmordversuchs. Er studierte Germanistik und Philosophie in Münster, Marburg, München und Freiburg, promovierte 1919 und machte anschließend ausgedehnte Reisen ins Ausland. 1925 ließ er sich als freier Schriftsteller in Bad Godesberg nieder. Es verbanden ihn freundschaftliche Beziehungen u. a. mit E. Toller, F. Timmermans und R. Schickele. H. war Gründer der pazifistischen «Rheinischen Liga für Menschenrechte» und des 1928 entstandenen «Bundes rheinischer Dichter». – H.s schriftstellerisches Werk, das Lyrik, Romane und Erzählungen umfaßt, ist geprägt durch seine tiefe Verbundenheit mit der westfälischen Heimat und seine Religiosität. Im Mittelpunkt seiner Gedichte steht vor allem die Betrachtung der Natur.

W.: Lyrik: Gedichte, 1916; Die Liebe, 18; An Gott, 19; Sommer, 20; Liebesgedichte, 22; Gedichte, 23; Jugendgedichte, 23; An die Natur, 24; Ländlicher Sommer, 26; Gedichte, 27; Gedichte, 36; Gedichte des Landes, 36; Das flämische Kampfgedicht, 42. – *Bühnenwerk:* Das zerbrochene Herz, 26. – *Romane, Erzählungen, Essays:* Franziskus, 18; Die Lemminge, 23; Aufsätze, 23; Positano. Bekenntnis einer Reise, 25; Das glückhafte Schiff, 31; Felix Timmermans. Dichter und Zeichner seines Volkes, 35; Der Flug nach Moskau, 42. – *Sammelausgaben:* Melodie des Herzens. Gesammelte Gedichte, 52; Zwischenfälle. Erzählungen, 52.

Haufs, Rolf, *31. 12. 1935 Düsseldorf.
H. wuchs auf in Rheydt, absolvierte eine kaufmännische Lehre und war bis 1960 als Exportkaufmann tätig. Er übersiedelte nach Berlin und lebte dort als freier Schriftsteller, bis er 1972 Literaturredakteur beim SFB wurde. Er ist Mitglied des PEN und erhielt u. a. 1970/71 das Villa-Massimo-Stipendium, 1979 den Leonce-und-Lena-Preis und 1985 den Bremer Literaturpreis, 1990 den Hölderlin-Preis. – H. wurde bekannt als Lyriker. Bereits in seinen ersten Arbeiten *Straße nach Kohlhasenbrück*, *Sonntage in Moabit* und *Vorstadtbeichte* geht H. von genauen Beobachtungen und Erlebnissen in seiner Um-

gebung aus, vom nur scheinbar Vertrauten des Alltags. Dies schildert er in knapper und klarer Sprache, in eindringlichen Bildern, ohne Erklärungen anzubieten. Bei aller Erweiterung seiner formalen Mittel und der inhaltlichen Spannweite bleiben diese Themen auch in seinen späteren Gedichten erhalten. Dieselbe lakonische Sprache, dieselbe Genauigkeit der Beobachtung gerade auch des Details zeichnet auch seine Prosaarbeiten aus. *Selbst Bild* enthält in kühler, distanzierter Sprache Miniaturgeschichten über Aggressivität, Wohlstand und Isolation in der Bundesrepublik.

W.: Romane, Erzählungen, Kinderbücher: Das Dorf S. und andere Geschichten, 1968; Der Linkshänder oder Schicksal ist ein hartes Wort, 70; Herr Hut, 71; Pandas große Entdeckung, 77; Ob ihr's glaubt oder nicht, 80; Selbst Bild, 88. – *Lyrik:* Straße nach Kohlhasenbrück, 62; Sonntage in Moabit, 64; Vorstadtbeichte, 67; Die Geschwindigkeit eines einzigen Tages, 76; Größer werdende Entfernung, 79; Juniabschied, 84; Felderland, 86; Allerweltsfieber, 90. – *Herausgebertätigkeit:* Born, N.: Die Welt der Maschine, 80; Claassen Jahrbuch für Lyrik, Bd 3, 81 (mit Ch. Buchwald); Luchterhand Jahrbuch der Lyrik [mit Ch. Buchwald], 89.

Hauptmann, Carl, *11. 5. 1858 Ober-Salzbrunn, †4. 2. 1921 Schreiberhau.
Carl H., der ältere Bruder von Gerhart H., studierte in Jena Biologie und Philosophie und promovierte dort mit einer Arbeit über Keimblättertheorie; er wollte sich in Zürich habilitieren, gab diesen Plan aber auf. Seit 1889 lebte er in Berlin, seit 1909 in Schreiberhau.
H. ist eine Gestalt des Übergangs, bei dem sich alle zeitgenössischen Stilrichtungen wiederfinden. Wies seine Erzählung *Sonnenwanderer* stark impressionistische Züge auf, so stehen seine ersten, in schlesischem Dialekt geschriebenen Dramen (*Marianne, Ephraims Breite*) und sein Roman *Mathilde*, der das Leben einer schlesischen Fabrikarbeiterin schildert, dem Naturalismus nahe. Neuromantisch, aber auch expressionistisch wirkt die durch das Leben des Malers Otto Mueller, eines Cousins von H., inspirierte Malerbiographie *Einhart der Lächler*. Naturalistische Darstellung, zugleich aber auch symbolisch-legendäre Elemen-

te finden sich in den Dramen *Die Bergschmiede* und *Die armseligen Besenbinder,* während *Krieg. Ein Tedeum* mit seinen sieben «Visionen» stark expressionistische Züge trägt. H.s wissenschaftlichkünstlerisches Programm enthält die Veröffentlichung *Aus meinem Tagebuch,* die auch ein Zeugnis seiner intensiven Beschäftigung mit Meister Eckehart und den schlesischen Mystikern ist.

W.: Dramen: Marianne, 1894; Waldleute, 96; Ephraims Breite, 1900 (als: E.s Tochter, 20); Die Bergschmiede, 02; Des Königs Harfe, 03; Die Austreibung, 05; Moses, 06; Panspiele, 09; Napoleon Bonaparte, 11; Die lange Jule, 13; Die armseligen Besenbinder, 13; Krieg. Ein Tedeum, 14; Aus dem großen Krieg, 15; Die Rebhühner, 16; Die goldenen Straßen, 18 (Tobias Buntschuh, 16; Gaukler, Tod und Juwelier, 17; Musik); Der abtrünnige Zar, 19. – *Lyrik:* Dort wo im Sumpf die Hürde steckt, 16. – *Romane, Erzählungen:* Sonnenwanderer, 1897; Aus Hütten am Hange, 1902; Mathilde, 02; Miniaturen, 05; Einhart der Lächler (2 Bde), 07; Judas, 09; Ismael Friedmann, 12; Nächte, 12; Schicksale, 13; Rübezahlbuch, 15; Der schwingende Felsen von Tandil, 19; Des Kaisers Liebkosende, 19; Lesseps, 19; Drei Frauen, 19; Der Mörder, 19; Das Kostümgenie, 20; Eine Heimstätte, 23; Tantaliden. Roman-Fragment, 27. – *Essays:* Unsere Wirklichkeit, 02; Das Geheimnis der Gestalt, 09; Die uralte Sphinx, 15; Offener Brief an den Präsidenten der Vereinigten Staaten, 18; Vom neuen Studenten, 23. – *Sonstige Prosa:* Aus meinem Tagebuch, 00; Leben mit Freunden, Briefe, 28. – *Sammel- und Werkausgaben:* Meine Berge leuchten wieder, 85; Erzählungen aus dem Riesengebirge, 89.

Hauptmann, Gerhart, *15.11.1862 Ober-Salzbrunn (Schlesien), †6.6.1946 Agnetendorf (Schlesien).

H. war Sohn eines Gastwirts und Hotelbesitzers, besuchte die Realschule in Breslau, war 1878 ein Jahr lang Landwirtschaftseleve auf den Gütern in Lohnig und Lederose bei Striegau, mußte aber aus gesundheitlichen Gründen den Plan, Landwirt zu werden, aufgeben. 1880 begann er ein Bildhauerstudium in Breslau, studierte 1882 auch Geschichte in Jena, unternahm 1883–84 eine Mittelmeerreise und lebte als Bildhauer in Rom. 1884 studierte er in der Zeichenklasse der Kunstakademie Dresden, 1884–85 Geschichte in Berlin, wo er auch Schauspielunterricht nahm, heiratete 1885 Marie Thienemann und lebte als freier Schriftsteller zunächst in Erkner in Berlin, ab 1890 in Charlottenburg, ab 1892 in Schreiberhau (Schlesien), außerdem in Hiddensee (Ostsee). 1886 fand er Verbindung zu dem Friedrichshagener naturalistischen Dichterkreis «Durch!» und schloß Freundschaften mit Bruno Wille, Wilhelm Bölsche und den Brüdern Hart. 1896 erhielt er den Grillparzer-Preis für *Hanneles Himmelfahrt,* die vorgeschlagene Verleihung des Schiller-Preises wurde im selben Jahr von Wilhelm II. abgelehnt. 1897–98 bereiste er Italien, erhielt 1899 den Grillparzer-Preis für *Fuhrmann Henschel* und legte 1900 den Grundstein zu seinem «Haus Wiesenstein» in Agnetendorf, das er 1901 bezog. Nach seiner Scheidung 1904 heiratete er in zweiter Ehe Margarete Marschalk. Seine Aufenthalte wechselten ständig zwischen Agnetendorf im Riesengebirge, Berlin und Hiddensee, wo er ebenfalls ein Haus erwarb. 1905 erhielt er den dritten Grillparzer-Preis und den Dr. h. c. der Univ. Oxford, später der Univ. en Leipzig, Prag, Columbia. 1907 besuchte er Griechenland, 1912 erhielt er den Nobelpreis, 1924 den Orden Pour le mérite (Friedensklasse), 1928 wurde er in die Preußische Dichterakademie aufgenommen. Vielfältige Ehrungen ergaben sich 1932 zum 70. Geburtstag, H. erhielt den Goethe-Preis der Stadt Frankfurt, in Breslau wurden das Gerhart-Hauptmann-Theater und die erste große Gerhart-Hauptmann-Ausstellung eröffnet. Anläßlich des Goethejahres unternahm H. 1932 eine Vortragsreise durch Amerika, wo er als Repräsentant des deutschen Geistes und der deutschen Republik gefeiert wurde.

H., der, ohne Mitglied der Sozialdemokratie zu sein, in Opposition zum wilhelminischen Deutschland gestanden hatte, bekannte sich von ihrem Anfang an zur Weimarer Republik und ihrem ersten Präsidenten Friedrich Ebert, als dessen Nachfolger er zeitweilig in Betracht gekommen wäre. Aber auch die nationalen Stimmungen zu Beginn des Dritten Reiches ließen ihn nicht ganz unberührt, allerdings lebte er seit 1933 bis zu seinem

Tode recht zurückgezogen in Agnetendorf, von den Nationalsozialisten eher geduldet als geehrt. Auf seiner Reise nach Dresden im Februar 1945 erlebte er die völlige Zerstörung dieser Stadt. 1946 wurde er seinem Wunsch entsprechend in Kloster auf Hiddensee beigesetzt.

Das Gefühl für die Spannungen und Probleme seiner Zeit war die Hauptantriebskraft von H.s Dichten, vor allem das Mitleid mit den sozial Unterdrückten und den in ihrer Triebhaftigkeit und den Bedingungen ihrer Umwelt gefangenen Menschen, den Erniedrigten und Beleidigten, die um ihre Menschenwürde betrogen werden und sich aus ihren Abhängigkeiten zu befreien versuchen. H. hat vor allem als bedeutendster deutscher Dramatiker des Naturalismus Weltgeltung erlangt. In der milieuechten, lebensprallen und von dichterischer Kraft und Instinkt für das Wesentliche getragenen Gestaltung der Konflikte der zeitgenössischen Wirklichkeit ist er richtungweisend und auf der Höhe der Zeit, sowohl im künstlerischen wie im sozialen Engagement, unabhängig von jeder Programmatik oder Intention, revolutionär. Weniger überzeugend ist er, wo er den Blick auf die sozialen Konflikte und die progressiven gesellschaftlichen Kräfte verliert und sich neuromantischen, märchenhaften, mystischen Tendenzen und Stimmungen hingibt.

Mit der frühen Novelle *Bahnwärter Thiel* gelang H. bereits ein Meisterwerk. Das Drama *Vor Sonnenuntergang* gestaltet gemäß der naturalistischen Theorie von der Determiniertheit der Menschen durch Vererbungsanlagen und soziales Milieu den in aller banalen Alltäglichkeit breit ausgemalten Verfall einer reich gewordenen Bauernfamilie. Das Stück, von Tolstoj, Ibsen und Holz beeinflußt, verursachte bei der von der «Freien Bühne» veranstalteten Uraufführung, zu der Fontane eine enthusiastische Kritik schrieb, in der er H. über Ibsen stellte, einen Theaterskandal und machte H. über Nacht berühmt und umstritten. Die Problematik von Erbanlagen und Umwelt wird in der «Familienkatastrophe in drei Akten» *Das Friedensfest*, das H. Fontane widmete, wieder aufgenommen. Das Stück *Einsame Menschen,* ebenfalls von Ibsen beeinflußt, stellt die Gebrochenheit eines kleinbürgerlichen Intellektuellen und Privatgelehrten dar, der zwar gegen die Konventionen revoltiert, aber weder mit seiner Emanzipation noch mit seinem Leben fertig wird und, zwischen zwei Frauen und zwei Möglichkeiten stehend, auf den Selbstmord als Ausweg verfällt. Ein kühner Durchbruch gelang H. mit dem 1891/92 geschriebenen Drama *Die Weber*, das zunächst vom Berliner Polizeipräsidenten verboten und dann durch den Verein «Freie Bühne» aufgeführt wurde. Das zunächst im schlesischen Dialekt geschriebene Stück, das zum erstenmal einen kollektiven Helden darstellt und am Weberaufstand nicht einen individuellen, sondern den gesellschaftlichen Konflikt zwischen den Klassen Bourgeoisie und Proletariat gestaltet, ist H.s bedeutendstes Drama geworden und hat, ein Meilenstein in der Entwicklung des modernen Dramas überhaupt, den weltweiten Ruhm seines Autors begründet. Die «Diebskomödie» *Der Biberpelz* verherrlicht die listige Lebenstüchtigkeit und Pfiffigkeit der Unterschicht in Gestalt der Waschfrau Mutter Wolffen und überantwortet die Bürokratie und die bornierte und korrupte «bessere» Gesellschaft der Lächerlichkeit. Eine ähnlich wirkungsvolle Komödie ist H. nicht wieder gelungen, weder mit der Fortsetzung *Der rote Hahn* noch mit der shakespearisierenden Komödie *Schluck und Jau*. Das Traumspiel *Hanneles Himmelfahrt* ist ein Übergangsstück zwischen Naturalismus in dem sozialen Elend der Armenhausszenen und Mystizismus in den religiösen Visionen der Traumszenen. Noch weiter in Richtung märchenhafter Mystik gehen die «neuromantischen» Stücke *Die versunkene Glocke*, ein «deutsches Märchendrama» von erstaunlichem Bühnenerfolg, das zu seinen Lebzeiten meistgespielte Stück des Autors, und das «Glashüttenmärchen» *Und Pippa tanzt*, das durch die Liebe zu Ida Orloff inspiriert wurde. Der Tiefsinn dieser Stücke, den schon kritische Zeitgenossen nicht glaubten (für Mehring war es «Klimbim», für Benn «fauler Zauber»), wirkt heute brüchig. Dazwischen versuchte sich H. mit dem historischen Drama *Florian Geyer* an einem Stoff aus der Zeit der Bauernkriege, setzte aber auch sehr erfolgreich die Reihe seiner großen naturalistischen Dramen fort: *Fuhrmann Henschel,* in Stil, Sprache, Milieuechtheit und der prallen Lebenswirklichkeit der Figuren ein modernes naturalistisches Stück, in der Geschlossenheit seines Aufbaus, der Zwangsläufigkeit von tragischer Schuld, Verblendung, Erkenntnis und Untergang des Helden eine strenge Tragödie nach antikem Muster. *Rose Bernd* gestaltet am Schicksal der von den Männern mißbrauchten und von allen verlassenen Kindesmörderin die Brutalität, egoistische Gewalttätigkeit, doppelte Moral, Verlogenheit und menschenverachtende Unerbittlichkeit der «normalen» Spießer und die Ohnmacht ihres Opfers. Das Stück verbindet ebenfalls naturalistische Darstellungstechnik mit der geschlossenen klassischen Tragödienform und steht in der Tradition von Wagners *Die Kindermörderin* und Hebbels *Maria Magdalena.* Wichtiger für die erschütternde Darstellung war aber der aktuelle Anlaß eines Gerichtsverfahrens in Hirschberg gegen eine des Meineids und Kindesmords angeklagte Landarbeiterin (April 1903), das durch Hauptmanns Eintreten als Geschworener zunächst zum Freispruch führte, ein Urteil, das die Staatsanwaltschaft später wieder zu Fall brachte. Die Tragikomödie *Die Ratten* ist beherrscht durch das bedrückende Milieu einer Berliner Mietskaserne, in der eine alternde Frau einen verzweifelten Kampf um ihren jüngeren Mann führt und alle Figuren mit ihrem reduzierten Bewußtsein nur noch Objekte der gesellschaftlichen Verhältnisse sind, deren Hinfälligkeit und Verkommenheit durch das Leitmotiv der Ratten verdeutlicht wird.

Der von Dostojevskij angeregte Roman *Der Narr in Christo Emanuel Quint* erzählt die Geschichte eines schlesischen Tischlersohnes, der in religiöser Verzükkung das Leben Christi nachzuleben versucht und schließlich, von seinen Gegnern verfolgt, einsam im Gebirge umkommt. Dieses epische Werk vereinigt die Grundmotive H.s: das Mitleid mit den sozial Unterdrückten, die Kritik an der bürgerlichen Gesellschaft, die Hoffnung auf christliche Nächstenliebe und die Sehnsucht nach Erlösung. Der 1913 auch als erstes von seinen Werken verfilmte Roman *Atlantis* verarbeitet eigene Eheerfahrungen und setzt sich kritisch mit dem Amerikanismus als der fortgeschrittensten Stufe der modernen, seelenlosen, geldgierigen und profitorientierten Zivilisation auseinander. Der Roman *Die Insel der großen Mutter* ist die Utopie eines glücklicheren, matriarchalischen Zeitalters: schiffbrüchige Europäerinnen gründen unter der Führung einer Berliner Malerin auf einer paradiesischen Südseeinsel einen Frauenstaat. Seine humanistische Grundhaltung dokumentierte H. auch in dem im Dritten Reich erschienenen autobiographischen Werk *Das Abenteuer meiner Jugend.* Unter dem Eindruck des 2. Weltkriegs hat H. die Möglichkeiten menschlicher Vernunft und Freiheit allerdings gering veranschlagt. In seiner *Atriden-Tetralogie* mit den Einzeldramen *Iphigenie in Aulis*, *Agamemnons Tod*, *Elektra* und *Iphigenie in Delphi* sind die Menschen, die sich wie «Gottes ohnmächtiges Werkzeug» fühlen, dem Verhängnis, das über sie hereinbricht, ausgeliefert. Das Requiem *Die Finsternisse* behandelt in fünf Szenen das heimliche Totenmahl für einen jüdischen Industriellen, bei dem als Schattengestalten auch der Prophet Elias, der Jünger Johannes und Ahasver auftreten. Zu den Teilnehmern gehört auch der Dichter von Herdberg, in dem H. sich selbst porträtierte. In solcher überzeitlicher, Tod und Leben übergreifenden Konstellation wird die Judenverfolgung im Dritten Reich beklagt und metaphysisch gedeutet. Das Stück entstand 1937 und wurde von H. seinem jüdischen Freund, dem Industriellen Pinkus, an dessen Beerdigung er als einziger Nichtjude teilgenommen hatte, gewidmet, 1945 wurde das Manuskript von H. vernichtet, 1947 erschien in den USA eine Ausgabe aus einer 1942 angefertigten Abschrift.

W.: Romane, Erzählungen, Epen: Promethidenlos, 1885; Der Apostel, 92; Bahnwärter

Thiel, 92; Der Narr in Christo Emanuel Quint, 1910; Atlantis, 12; Lohengrin, 13; Parsival, 14; Der Ketzer von Soana, 18; Anna, 21; Phantom, 23; Die Insel der großen Mutter, 24; Fasching, 25; Die blaue Blume, 27; Des großen Kampffliegers, Landfahrers, Gauklers und Magiers Till Eulenspiegel Abenteuer, Streiche, Gaukeleien, Gesichte und Träume, 28; Wanda (Der Dämon), 28; Der Baum von Gallowayshire, 29; Buch der Leidenschaft, 30; Die Spitzhacke. Ein phantastisches Erlebnis, 30; Die Hochzeit auf Buchenhorst, 32; Das Meerwunder, 34; Im Wirbel der Berufung, 36; Mary, 39; Der große Traum, 42; Der Schuß im Park; Der neue Christophorus, 43; Mignon, 47; Winckelmann. Das Verhängnis (vollendet u. hg. v. F. Thiess), 54. – *Dramen:* Vor Sonnenaufgang, 1889; Das Friedensfest, 90; Einsame Menschen, 91; De Waber (Dialektausgabe), 92; Die Weber, 92; College Crampton, 92; Der Biberpelz, 93; Hannele Matterns Himmelfahrt, 93; Neufassung als: Hannele. Traumdichtung in 2 Tln, 94 und: Hanneles Himmelfahrt, 96; Florian Geyer, 96; Die versunkene Glocke, 97; Fuhrmann Henschel, 98; Helios (Fragment), 99; Schluck und Jau, 1900; Michael Kramer, 00; Der rote Hahn, 01; Der arme Heinrich, 02; Rose Bernd, 03; Elga, 05; Und Pippa tanzt, 06; Hirtenlied (Fragment), 06; Die Jungfern von Bischofsberg, 07; Kaiser Karls Geisel, 08; Griselda, 09; Die Ratten, 11; Gabriel Schillings Flucht, 12; Festspiel in deutschen Reimen, 13; Der Bogen des Odysseus, 14; Winterballade, 17; Der weiße Heiland, 20; Indipohdi, 21; Peter Brauer, 21; Veland, 25; Dorothea Angermann, 26; Till Eulenspiegel, 27; Shakespeares tragische Geschichte von Hamlet, Prinzen von Dänemark, 30; Spuk (Die schwarze Maske, Hexenritt), 30; Vor Sonnenuntergang, 32; Die goldene Harfe, 33; Hamlet in Wittenberg, 35; Das Hirtenlied (Fragment), 35; Die Tochter der Kathedrale, 39; Ulrich von Lichtenstein, 39; Atriden-Tetralogie: Iphigenie in Delphi, 41, Iphigenie in Aulis, 44, Agamemnons Tod, Elektra, 48; Magnus Garbe, 42; Der Dom (Fragment), 42; Die Finsternisse, 47; Galahad oder Die Gaukelfuhre (Fragmente), 49; Herbert Engelmann (vollendet von C. Zuckmayer), 52. – *Lyrik:* Liebesfrühling, 1881; Das bunte Buch, 88; Sonette, 1921; Neue Gedichte, 46; Schlafende Feuer, 59. – *Essays, Tagebücher, Reden, Autobiographie, Briefe:* Griechischer Frühling, 08; Deutsche Wiedergeburt, 21; Rußland und die Welt (mit F. Nansen u. M. Gor'kij), 22; Ausblicke, 24; Drei deutsche Reden, 29; Um Volk und Geist, 32; Gespräche, 32; Das Abenteuer meiner Jugend, 37; Die Kunst des Dramas, 63; G. H. und I. Orloff, 69; Italienische Reise 1897, 76; Diarium 1917–1933, 80; Notizkalender 1889–91, 82; G. H./Ludwig von Hofmann, Briefwechsel

1894–1944, 83; Otto Brahm – G. H.: Briefwechsel 1899–1912, 85; Tagebuch 1892 bis 1894, 85; Tagebücher 1897 bis 1905, 87. – *Sammel- und Werkausgaben:* Gesammelte Werke, 6 Bde, 06; Gesammelte Werke. Volksausgabe in 6 Bdn, 12; Gesammelte Werke, 8 Bde, 21; Gesammelte Werke, 12 Bde, 22; Das dramatische Werk, 32; Das epische Werk, 35; Ährenlese (Kleinere Dichtungen), 39; Das gesamte Werk. Ausgabe letzter Hand. Abt. I, 17 Bde, 42; Ausgewählte Dramen, 4 Bde, 52; Ausgewählte Prosa, 4 Bde, 56; Früheste Dramen, 62; Ausgewählte Werke in 8 Bänden, 62; Sämtliche Werke in 11 Bdn (Centenarausgabe), 62–73; Die großen Dramen, 65; Die großen Beichten, 66; Die großen Erzählungen, 67; Die großen Romane, 68; Verdüstertes Land (Gedichtauswahl), 71; Das dramatische Werk, 4 Bde, 74; Dramen, 80; Das erzählerische Werk, 10 Bde, 81–83; Fasching/Der Apostel, o. J.; Das große G. H. Buch, 87.

Hausenstein, Wilhelm (Pseud. Johann Armbruster), *17. 6. 1882 Hornberg (Schwarzwald), †3. 6. 1957 Tutzing bei München.

Kunst- und Kulturhistoriker, Erzähler, Essayist, Übersetzer. Sohn eines Beamten. Studierte in Heidelberg, Tübingen und München Philosophie und Nationalökonomie, nach seiner Promotion (Dr. phil. 1905) 1906–07 Kunstgeschichte. Reisen in Westeuropa und die Balkanländer. 1907–19 Mitglied der Sozialdemokratischen Partei. Seit 1917 ständiger Mitarbeiter der «Frankfurter Zeitung», 1934–43 Leiter ihres Literaturblatts und der Beilage «Für die Frau». Seit 1934 meist in Tutzing ansässig. 1936–45 Publikationsverbot (seine *Allgemeine Kunstgeschichte* wurde auf Befehl des Propaganda-Ministeriums eingestampft). 1940 Konversion vom Protestantismus zum Katholizismus. Wurde von Bundeskanzler K. Adenauer, der einen in literarischen Kreisen eingeführten und politisch unbescholtenen diplomatischen Vertreter Deutschlands für Paris suchte, in den diplomatischen Dienst berufen: 1950–51 deutscher Generalkonsul, 51–53 Geschäftsträger, 53–55 Botschafter in Paris. – H. war eine feinsinnige, umfassend gebildete Persönlichkeit, erfüllt vom künstlerischen Vermächtnis des Abendlandes. Bemühte sich erfolgreich um den Abbau der Mißverständnisse zwischen Deutschen und Franzosen, dabei oft Neigung zur Überbewertung französischer Eigenschaften; sah sich als «passionierten Liebhaber Frankreichs». H. verfaßte zahlreiche Abhandlungen über seine Wahlheimat, die «Welt um München».

W.: Erzählungen: Buch einer Kindheit, 1936; Herbstlaub, 47; Der Traum vom Zwerg, 57; Onkel Vere, der Douglas oder die Geschichte eines Spleens, 57; Das Herz u. a. Erzählungen, 67. – *Essays, Biographien, Tagebücher, Erinnerungen:* Der Bauern-Brueghel, 10; Rokoko. Frz. u. dt. Illustrationen des 18. Jh., 12; Der nackte Mensch in der Kunst aller Völker und Zeiten, 13; Die bildende Kunst der Gegenwart, 14; Kunst und Gesellschaft, 16; Der Körper des Menschen in der Geschichte der Kunst, 17; Albert Weisgerber, 18; Der Isenheimer Altar des Mathias Grünewald, 19; Über Expressionismus in der Malerei, 19; Rudolf Grossmann, 19; Vom Geist des Barock, 19 (u. d. T. Vom Genie des Barock, 56); Zeiten und Bilder, 20; Bild und Gemeinschaft (Versuch einer Soziologie des Stils), 20; Die Kunst in diesem Augenblick, 20; Kairuan oder eine Geschichte vom Maler Klee u. v. d. Kunst eines Zeitalters, 21; Barbaren und Klassiker. Ein Buch von der Bildnerei exotischer Völker, 22; Fra Angelico, 23; Giotto, 23; Das Gastgeschenk, 23; Kannitverstan, 24; Venedig, 25; Das Werk des Vittore Carpaccio, 25; Rembrandt, 26; Reise in Südfrankreich, 27; Die Welt um München, 29; Drinnen und draußen, 30; Meister und Werke, 30; Badische Reise, 30; Europäische Hauptstädte, 32; Das Land der Griechen. Fahrten in Hellas, 34; Wanderungen auf den Spuren der Zeit, 35 (u. d. T. Besinnliche Wanderfahrten, 55); Allgemeine Kunstgeschichte, 38; Lux perpetua. Geschichte einer deutschen Jugend aus des 19. Jhs. Ende. Mitgeteilt von Johann Armbruster (Aut.), 47; Begegnungen mit Bildern, 47; Adolf Hildebrand, 47; München, 47; Meißel, Feder und Palette, 48; Adalbert Stifter und unsere Zeit, 48; Edgar Degas, 48; Zwiegespräche über den Don Quijote, 48; Die Masken des Komikers Karl Valentin, 48; Französ. Lyriker von Chénier bis Mallarmé, 48; Max Beckmann (mit B. Reifenberg), 49; Was bedeutet die moderne Kunst?, 49; Abendländische Wanderungen, 51; Besinnliche Wanderfahrten, 51; Europäische Hauptstädte. Ein Reisetagebuch 1926–32, 54; Liebe zu München, 58; Die Kunst in diesem Augenblick. Aufsätze, Tagebuchblätter aus 50 Jahren, 60; Pariser Erinnerungen. Aus 5 Jahren diplomatischen Dienstes 1950–55, 61; Liebe zu Heidelberg, 64; Licht unter dem Horizont. Tagebücher von 1942–46, 67; Jugenderinnerungen und Reiseskizzen, 68; Impressionen und Analysen. Letzte Aufzeichnungen, 69; Eine Stadt, auf nichts gebaut, 84. –

Übersetzungen: Baudelaire, Ausgewählte Gedichte, 46. – *Sammel- und Werkausgaben:* Stadtreisen, 5 Bde, 88. – *Herausgebertätigkeit:* Max Picard zum 70. Geburtstag, 58.

Hauser, Frank → Wiemer, Rudolf Otto

Hauser, Harald, *17.2.1912 Lörrach.
H., Sohn eines Mathematikprofessors, studierte an den Universitäten Freiburg i. Br. und Berlin Jura, unternahm 1931 eine Studienreise in die Sowjetunion, trat 1932 der KPD bei und wurde Agitpropleiter der Berliner Roten Studentengruppe. 1933 emigrierte er nach Frankreich, wo er 1939 in die Armee eintrat, nach deren Demobilisierung er untertauchte und sich in der Résistance engagierte. Seit 1943 war er Sekretär des «Komitees Freies Deutschland» im Westen und Redakteur der illegalen Zeitschrift «Volk und Vaterland», nach seiner Rückkehr Redakteur der «Deutschen Volkszeitung», später des «Neuen Deutschland». Mehrere Jahre arbeitete er als Chefredakteur der Zeitschrift der Gesellschaft für deutsch-sowjetische Freundschaft in der DDR. Er lebt als freier Schriftsteller. 1959 erhielt er den Lessing-Preis, 1960 den Nationalpreis der DDR.
H.s erstes Buch, der 1947 erschienene Roman *Wo Deutschland lag*, berichtet aus eigener Erfahrung vom Kampf der Résistance in Frankreich gegen die deutschen Besatzer. Als Autor trat H. danach im wesentlichen mit Dramen hervor. H. verstand sein Werk immer auch als Parteinahme für den Sozialismus, gegen Faschismus und neofaschistische Tendenzen. Dabei griff er aktuelle Themen auf, den Kalten Krieg ebenso wie die atomare Aufrüstung oder den Bau der Berliner Mauer.

W.: Romane, Erzählungen, Reportagen: Wo Deutschland lag..., 1947 (u. d. T.: Botschafter ohne Agréement, 75); Tibet 57 (mit E. Siao); Sterne über Tibet, 61 (mit E. Siao); Häschen Schnurks, 66 (mit K. Schrader); Der illegale Casanova, 67; Es waren zwei Königskinder, 78; Gesichter im Rückspiegel, 89. – *Dramen:* Prozeß Wedding, 51 (Bühnenms.); Am Ende der Nacht, 55 (Bühnenms., 59 im Buchhandel); Im himmlischen Garten, 58; Weißes Blut, 60 (Bühnenms.); Häschen Schnurks, 61 (mit H. Korff-Edel); Nitschewo. Spuk von Frankenhöh, 61 (Bühnenms.; u.d.T. Night Step, 62); An französischen Kaminen. Eine Filmerzählung, 62 (mit H. Keisch); Barbara, 64 (Bühnenms., Neufassung 67); Der große und der kleine Buddha, UA 65 (Bühnenms.); Wem gehören die Sterne, 70 (Bühnenms.); – *Film, Fernsehen:* Risiko, o.J.; Weißes Blut, 59; An französischen Kaminen, 63; Salut Germain!, 71; Pariser Dialoge, 74; Gefährliche Fahndung, 78 (Serie).

Hauser, Heinrich, *27. 8. 1901 Berlin, †25. 3. 1955 Dießen am Ammersee.

H., Sohn eines Arztes, wurde im 1. Weltkrieg Kadett und fuhr anschließend als Leichtmatrose zur See, bevor er sich seinen Lebensunterhalt als Arbeiter, Erfinder, Automechaniker, Fotograf, Pilot, Redakteur und Journalist verdiente. Im Dritten Reich emigrierte er freiwillig in die USA, wurde schließlich Farmer und kehrte später nach Europa zurück. – H., dessen Werke z.T. den Einfluß von Joyce, O'Flaherty und Conrad zeigen, griff in seinen Erzählungen und Berichten mit Vorliebe Themen aus dem Seemannsmilieu auf, wie in seinen Romanen *Brackwasser* und *Notre Dame von den Wogen.* Neben der Romantik des Meeres ist die moderne Technik und Industrie ein bestimmender Faktor in seinen Büchern.

W.: Romane: Das Zwanzigste Jahr, 1925; Brackwasser, 28; Donner überm Meer, 29; Männer an Bord, 35; Notre Dame von den Wogen, 37; Die Flucht des Ingenieurs, 37; Nitschewo Armada, 49; Gigant Hirn, 58. – *Berichte, Essays:* Friede mit Maschinen, 28; Schwarzes Revier, 30; Die letzten Segelschiffe, 30; Feldwege nach Chicago, 31; Am laufenden Band, 36; Australien. Der menschenscheue Kontinent, 38; Battle Against Time, 39; Meine Farm am Mississippi, 50; Unser Schicksal. Die deutsche Industrie, 52; Die letzten Tage der Segelschiffe, 52; Pamir – Die letzten Segelschiffe, 84.

Hauser, Kaspar → Tucholsky, Kurt

Haushofer, Albrecht (Pseud. Jürgen Werdenfels), *7.1.1903 München, †23.4.1945 Berlin-Moabit.

H., Sohn des nationalsozialistisch eingestellten Geopolitikers Karl H., welcher die NS-Ideologie inspirierte, studierte nach dem Besuch des Theresiengymnasiums Geschichte und Geographie in München. 1924 Dr. phil., dann Assistent in Berlin, bereiste als Generalsekretär der Gesellschaft für Erdkunde 1925–37 fast die ganze Welt. 1933 Habilitation, Leiter des geopolitischen Seminars der Hochschule für Politik in Berlin, dann, 1940, Professor für politische Geographie und Geopolitik in Berlin. H. war bis 1941 außenpolitischer Berater von Rudolf Heß, dann Mitarbeiter des Auswärtigen Amtes. Er distanzierte sich dann mit befreundeten Intellektuellen immer mehr vom NS-Regime, stellte Verbindungen zum Kreisauer Kreis und zum christlichen Widerstand her, wurde 1941 kurz verhaftet, seines Amtes enthoben und erhielt Redeverbot. Er wurde wegen Teilnahme an der Verschwörung vom 20. Juli 1944 verhaftet und verurteilt. Als eines der letzten Opfer des Naziterrors wurde er kurz vor dem Einmarsch der Roten Armee in Berlin vor dem Moabiter Gefängnis von einem Rollkommando der SS erschossen.

H.s literarisches Werk ist ein Zeugnis für den bürgerlich-humanistischen Widerstand eines Intellektuellen gegen den Faschismus, aus christlicher Überzeugung. In Dramen klassizistischen Stils übte er, historisch verschlüsselt, schon früh politische Kritik. Sein bedeutendstes Werk, postum veröffentlicht, die *Moabiter Sonette,* sind in gefühlsstarken, sprachlich streng, in hohem Stil gefaßten Versen eines der ersten eindrucksvollen Dokumente des literarischen Kampfes gegen den Nationalsozialismus.

W.: Dramen: Scipio, 1934; Sulla, 38; Augustus, 39; Chinesische Legende, 39–40, gedr. 49; Die Makedonen, Manuskript; Thomas Morus. Unvollendetes tragisches Schauspiel, 85. – *Lyrik:* Abend im Herbst, 27; Richtfeuer, 32; Gastgeschenk, 38; Moabiter Sonette, 46. – *Theoretische Schriften:* Allgemeine politische Geographie und Geopolitik, 51. – *Herausgebertätigkeit:* Hg. der «Zeitschrift der Gesellschaft für Erdkunde zu Berlin» und der «Verhandlungen und wissenschaftlichen Abhandlungen des dt. Geographentages», 32–37.

Haushofer, Marlen, *11.4.1920 Frauenstein/Oberöst., †21.3.1970 Wien.

H. studierte in Wien und Graz Germanistik. 1946 erste Veröffentlichungen in Zeitungen und Zeitschriften. Von 1947 bis 1970 lebte sie in Steyr/Oberöst. In den 50er, 60er Jahren war H., unter anderem auch als Kinderbuchautorin, relativ erfolgreich. Einige ihrer Bücher wurden mehrfach aufgelegt, und sie erhielt mehrere Auszeichnungen, u. a. den Arthur-Schnitzler-Preis 1963 und 1968 den Österreichischen Staatspreis für Literatur.

Hauptpersonen in den meisten Romanen und Erzählungen sind Frauen, hauptsächlich Hausfrauen oder Angestellte, die in eine Ausnahmesituation geraten, in der sie ganz auf sich gestellt sind und dadurch gezwungen werden, über ihr Leben in einer männlich dominierten Welt zu reflektieren. Dies führt zu einer Radikalisierung ihrer Wahrnehmung, nicht aber zu einer Veränderung der Lebensweise. In den Texten H.s werden keine positiven Gegenentwürfe von Frauen entwickelt, sondern ihre begrenzten Möglichkeiten und ihre Isolation eindringlich dargestellt, und es wird Kritik an der patriarchalischen Ordnung und den durch sie bedingten Geschlechterbeziehungen geübt, so in *Die Wand* oder *Die Tapetentür*. Ein immer wiederkehrendes Motiv in den Texten H.s ist die Unwiederbringlichkeit der Kindheit. Nach ihrem Tod 1970 geriet H. in Vergessenheit. Anfang der 80er Jahre wurden ihre Texte im Rahmen der Entdeckung von Frauenliteratur neu aufgelegt und rezipiert.

W.: Prosa: Das fünfte Jahr, 1952; Eine Handvoll Leben, 55; Die Vergißmeinnichtquelle, 56; Die Tapetentür, 57; Wir töten Stella, 58; Die Wand, 63; Bartls Abenteuer, 64; Brav sein ist schwer, 65; Himmel, der nirgendwo endet, 66; Lebenslänglich, 66; Müssen Tiere draußen bleiben?, 67; Schreckliche Treue, 68; Wohin mit dem Dackel? 68; Die Mansarde, 69; Schlimm sein ist auch kein Vergnügen, 70; Begegnung mit einem Fremden, 85. – *Sammelund Werkausgaben:* Gesammelte Erzählungen, 2 Bde, 85–86.

Hausmann, Manfred, *10. 9. 1898 Kassel, †6. 8. 1986 Bremen.

H., Sohn eines Fabrikanten, besuchte das Gymnasium in Göttingen, nahm ab 1916 am 1. Weltkrieg teil und wurde 1918 schwer verwundet. Nach seiner Genesung studierte er Philologie, Kunstgeschichte und Philosophie und promovierte zum Dr. phil. in München; er wurde Dozent in Heidelberg, Dramaturg auf dem Hohentwiel und arbeitete dann als Kaufmann in Bremen, wo er 1924 Feuilletonredakteur der «Weser-Zeitung» wurde. 1927 wurde er freier Schriftsteller. 1929 unternahm er eine Amerikareise und lebte dann jahrelang in Worpswede. Er nahm auch am 2. Weltkrieg teil. 1945–52 Feuilletonredakteur des «Weser-Kurier». 1967 wurde er Laienprediger der Evangelisch-Reformierten Landeskirche in Bremen-Rönnebeck, wo er als freier Schriftsteller lebte. Zahlreiche Ehrungen, u. a. Senatsmedaille für Kunst und Wissenschaft Bremen, Gr. Bundesverdienstkreuz und Ehrenplakette der Humboldt-Gesellschaft.

H. bevorzugte in seinem Frühwerk Themen mit jugendlicher Abenteuerromantik, in deren Darstellung sich autobiographische Züge abzeichnen. Den größten Erfolg in dieser Zeit erzielte er mit fröhlich-nachdenklichen Geschichten aus der heilen Welt eines Dichterhauses: über Sohn *Martin,* Mutter *Isabel* und Vater *Andreas.* Bekannt wurde er aber hauptsächlich mit den Büchern *Lampioon küßt Mädchen und kleine Birken* und *Salut gen Himmel*, die von den Erlebnissen eines Landstreichers handeln und in denen H. den Typus des romantischen Vaganten in das 20. Jh. versetzt; hier zeigt sich H.s pessimistische, wenn nicht gar nihilistische Weltauffassung. Sein erfolgreichster Roman, *Abel mit der Mundharmonika*, schildert die Sehnsucht des träumerischen Abel, der sich auf einer abenteuerlichen Schonerfahrt zum erstenmal in ein Mädchen verliebt. H.s Lyrik ist von der Landschaft der Nordsee geprägt und weist, wie er selbst bekennt, den Einfluß von Eichendorff, Storm, Hamsun und J. P. Jacobsen auf. Von der Philosophie Kierkegaards und der Theologie Karl Barths beeinflußt, vollzog H. eine Hinwendung zum Christentum und zum christlichen Existentialismus, die für sein weiteres Werk bestimmend wurde. Als Dramatiker schrieb H. vorwiegend Laien- und christliche Legendenspiele. – Auch als Übersetzer und Nachdichter tätig.

W.: Romane, Erzählungen, Kinderbücher: Die Frühlingsfeier, 1924; Die Verirrten, 27; Lampioon küßt Mädchen und kleine Birken, 28; Salut gen Himmel, 29; Kleine Liebe zu Amerika, 31; Abel mit der Mundharmonika, 32; Ontje Arps, 34; Die Begegnung, 36; Der Hüttenfuchs, 38; Quartier bei Magelone, 41; Martin, 49; Der Überfall, 52; Isabel, 53; Liebende leben von der Vergebung, 53; Was dir nicht angehört, 56; Andreas, 57; Die Bremer Stadtmusikanten, 62; Heute noch, 63; Kleiner Stern im dunklen Strom, 63; Heiliger Abend, 68; Unvernunft zu Dritt, 68; Und keiner weiß die Stunde, 70; Geburtstagsgruß (mit W. Braselmann), 72; Wenn dieses alles Faulheit ist, 72; Nacht der Nächte, 73; Kleine Begegnungen mit großen Leuten, 73; Im Spiegel der Erinnerung, 74; Nüchternheit, 75; Zweimalzwei im Warenhaus, 75; Andreas, Viola und der neue Stern, 75; Der faule Sohn, 84; Bei geöffneten Fenstern. Ein Fragment, 86; Das Hirtengespräch, 89. – *Dramen:* Marienkind, 27; Lilofee, 29; Das Worpsweder Hirtenspiel, 46; Der dunkle Reigen, 51; Hafenbar, 54; Der Fischbecker Wandteppich, 55; Aufruhr in der Marktkirche, 57; Die Zauberin von Buxtehude, 59; Die Nienburger Revolution, 75; Daniels Stern, 81. – *Lyrik:* Die Jahreszeiten, 24; Jahre des Lebens, 18; Alte Musik, 41; Füreinander, 46; Die Gedichte, 49; Irrsal der Liebe, 60; Der golddurchwirkte Schleier, 69; Hinter dem Perlenvorhang, 73; Gelöstes Haar, 74; Altmodische Liebesgedichte, 75; Der Mensch vor Gottes Angesicht; 76; Liebe, Tod und Vollmondnächte, 80; Der golddurchwirkte Schleier und neue Liebesgedichte, 83. – *Essays, Briefe, Reden, Sachbücher:* Einer muß wachen, 50 (erw. 71); Die Entscheidung, 55; Germany in colour (von K. P. Karfeld, Texte M. H. und W. Dirks), 56; Tröstliche Zeichen, 59; Zwei unter Millionen, 64; Hinter den Dingen, 67; Kreise um eine Mitte, 68; Gottes Ja. 9 Predigten, 69; An die Eltern eines Konfirmanden, 72; Vergebung, 72; Die große Kunst des Dienens, 72; Um Trost war mir sehr bange (mit W. Braselmann u. K. Immer), 73; . . . und weiter schlägt die Uhr (mit G. Höver u. G. Lynch), o. J.; Im Spiegel der Erinnerung, 74; Nüchternheit, 75; Der Mensch vor Gottes Angesicht, 76; Die Bibel in der Hand des Menschen, 77; Bis nördlich von Jan Mayen, 78; Welt aus Licht und Eis (mit R. Bartels), 79; Vom Reichtum des Lebens, 79; Gottes Nähe, 81; Einsichten – Zwiesprache mit der Natur (mit H. D. Thoreau), 84; Geheimnis einer Landschaft – Worpswede [mit H. Wöbbeking], 87. – *Übersetzungen:* Das Erwachen. Frühe griechische Lyrik, 49; Da wußte ich, daß es Frühling war. Eskimolieder, 84. – *Sammel- und Werkausgaben:* Gesammelte Schriften in Einzelausgaben, 6 Bde, 49–55, 70; Überwindung. Auswahl, 52; Und wie Musik in der

Nacht. Prosa, Dramen, Gedichte, 65; So begann das Licht, o. J.; Martin – Isabel – Andreas, 69; Das abgründige Geheimnis. 15 Predigten, 72; Martin und Isabell, 74; Viola, 78. Ges. Werke, 20 Bde, 83–88; Nachdichtungen und Betrachtungen, 4 Bde, 85; Gesammelte Werke, 4 Bde, 85; Allem danke ich und allen, [2]87; Die Begegnung. Vor der Weser, o. J.; Reisebeschreibungen – Bildmeditationen – Theaterstücke, 4 Bde, 88.

Hausmann, Raoul, * 12. 7. 1886 Wien, † 1. 2. 1970 Limoges.

H. war eines der wichtigsten Mitglieder der dadaistischen Bewegung in Berlin (1917–22), zusammen mit G. Grosz, R. Huelsenbeck, J. Baader, W. Mehring, H. Höch, J. Heartfield und W. Herzfelde. H. gab die ersten Nummern der Zeitschrift «DADA» heraus (1919–20), nahm in vielen Manifesten Stellung zum Geschehen in Politik und Kunst und trug den Namen «DADAsoph» (*Der Mensch ergreift Besitz von sich, Dadaistisches Manifest, Hurra! Hurra! Hurra!*). Mit seinen Lautgedichten und ihrer Theorie (*Eidophonetische Morgenröte*) inspirierte er u. a. K. Schwitters zu seinen *Versen ohne Worte.* H. malte, zeichnete, fotografierte, stellte Fotomontagen her, baute den Proto-Computer «Optophon».

Als «entarteter Künstler» emigrierte er 1933 aus Deutschland über Spanien nach Frankreich, wo er, immer noch aktiv das Kunstgeschehen verfolgend und kommentierend, in armen Verhältnissen und wenig bekannt bis 1970 lebte. Sein autobiographischer «Mythos», der Roman *Hyle,* an dem er seit 1926 schrieb, schildert «das Problem der individuellen und imaginären Zeit», «des catatonischen Halbwachens».

W.: Prosa: Hurra! Hurra! Hurra!, 1921; Hyle. Ein Traumsein in Spanien, 69; Die Sprache der Fische und Vögel und die Phonie, 77. – *Lyrik:* Sprechspäne, 62. – *Sammelausgaben:* Raoul Hausmann (Edition de L'Herne), 72; Am Anfang war Dada, 72; Texte bis 1933, 2 Bde, 82; PIN oder die Geschichte von PIN (mit K. Schwitters), 85; Briefe, 88; Geist im Handumdrehen. Kleine Texte, 89. – *Schallplatten u. ä.:* Poèmes Phonétiques Complètes/Sämtliche Phonetische Gedichte, 79 (Toncass.). – Viele Flugblätter; Ausstellungskataloge.

Hay, Julius, *5.5.1900 Abony (Ungarn),
†7.5.1975 Ascona (Schweiz).
Nach dem Abitur studierte H. ab 1917
zunächst Architektur in Budapest. Bei
Protestdemonstrationen gegen den Krieg
kommt er mit bürgerlich-radikalen und
sozialistischen Studenten zusammen. In
der kurzlebigen ungarischen Räterepublik arbeitet er als Jugendpropagandist
im von Georg Lukács geleiteten Volks-
kommissariat für Unterricht. Von 1919
bis 56 Mitglied der KPU, zeitweilig auch
der KPD. Ab 1920 studiert H. in Dresden
und Berlin und beginnt, Bühnentexte zu
schreiben. Anläßlich der Berliner Aufführung von *Gott, Kaiser und Bauer* provozieren SA-Leute 1932 einen Theaterskandal und fordern die Landesver-
weisung von H. Er emigriert nach Wien
und wird nach dem Februaraufstand wegen illegaler Arbeit verhaftet und ausgewiesen. 1935 folgt H. einer Einladung
Lunatscharskis in die Sowjetunion und
entfaltet dort eine beachtliche Produktivität. Die Jahre des stalinistischen Terrors übersteht er unbeschadet und kehrt
1945 nach Ungarn zurück. Er arbeitet als
Direktor der staatlichen Filmateliers und
lehrt an der Theaterakademie Budapest.
1956 wird er wegen Teilnahme am ungarischen Aufstand zu sechs Jahren Gefängnis verurteilt, aber nach drei Jahren amnestiert. 1965 übersiedelt H. nach Ascona. – H. galt in den 30er und 40er Jahren
als ‹der› deutschsprachige sozialistische
Bühnenautor; sein Werk wurde von führenden kommunistischen Theoretikern
als künstlerisch bedeutender veranschlagt als die Theaterarbeiten von
Brecht oder Wolf. Insbesondere *Haben* –
ein zwar theaterwirksames, aber nach
Schreibweise und Dramaturgie eher kon-
ventionelles Stück – galt als exemplarisch
für den «sozialistischen Realismus». Seine Abkehr vom Kommunismus beschreibt H. mit beachtlichen Erinne-
rungslücken in *Geboren 1900*.

W.: Dramen: Gott, Kaiser und Bauer, 1935;
Der Barbar, 35/55; Der Damm an der Theiß,
36; Der arme Mann in Toggenburg, 36; 40
Watt, 36; Kamerad Mimi, 37; Haben, 38; Der
Putenhirt, 38; Tanjka macht die Augen auf, 38;
Das neue Paradies, 38; Hauptmann Tieden,
38; Das preußische Mirakel, 38, 55; Die Begeg-

nung, 40; Kannibaleninsel, 44; Gerichtstag,
46; Ausverkauf, 46; Die Brücke des Lebens,
50; Energie, 52; Gaspar Varros Recht, 55; Mo-
hács, 60; Das Pferd, 60; Attilas Nächte, 61;
Der Großinquisitor, 68. – *Erzählungen:* Johannes des Johannes Bartel, 39; Der Wellenjä-
ger von Schewtschenko, 49. – *Autobiographie:*
Geboren 1900, 71. – *Sammelausgaben:* Dramen, 2 Bde, 51–53; Dramen (Teilsammlung),
64.

Heckmann, Herbert, *25.9.1930 Frank-
furt/M.
Nach dem Abitur in Gelnhausen studierte H. in Frankfurt/M. Germanistik und
Philosophie und promovierte 1957 über
das barocke Trauerspiel. 1958–63 war er
Assistent an den Universitäten Münster
und Heidelberg, 1965–67 Gastdozent in
den USA. Seit 1963 war H. Mitherausgeber der «Neuen Rundschau», 1980 Mitbegründer der alternativen literarischen
Zeitschrift «BrennGlas». H. lebt als
freier Schriftsteller. Seit 1984 Präsident
der Deutschen Akademie für Sprache
und Dichtung. 1958 erhielt er ein Stipendium der Villa Massimo, 1959 den Förderpreis des Kulturkreises im BDI, 1962
den Bremer Literaturpreis, 1986 war er
Turmschreiber von Deidesheim.
Mit phantasievoll erzählter, ironisch gebrochener Prosa begann H. in *Das Porträt* seine literarische Laufbahn. Sein erster Roman *Benjamin und seine Väter* erzählt voller Fabulierfreude von der Suche
des bei seiner Mutter und dem väterlichen Freund Jonas aufwachsenden Titelhelden nach seinem Vater. Unpathetisch
und voller ironischer Streiflichter berichtet der Roman, der in der Zeit der Weimarer Republik spielt, von der Entwicklung und den Sehnsüchten des Jungen
Benjamin. H. ist außerdem als Verfasser
von Kinderbüchern und kulturgeschichtlichen Werken sowie als Herausgeber
und als Fernsehautor hervorgetreten
(Filme über die Schwäbische Dichter-
straße und über Goethe).

W.: Romane, Erzählungen, Kinderbücher: Das
Porträt, 1958; Benjamin und seine Väter, 62;
Schwarze Geschichten, 64; Die sieben Todsün-
den, 64; Der kleine Fritz, 68; Geschichten vom
Löffelchen, 70; Der große Knock-out in sieben
Runden, 72; Ubuville, die Stadt des großen
Ei's, 73; Der Sägemehlstreuer, 73; Der Junge

aus dem 10. Stock, 74; Chiron, 75; Der große O, 77; Knolle auf der Litfaßsäule, 79; Stehaufgeschichten, 80; Ein Bauer wechselt die Kleidung und verliert sein Leben, 80; Kasper bricht aus, o. J.; Die Weinpredigt, 83; Für alles ein Gewürz, 83; Die Blechbüchse, 85; Kasperls Aufstand, 89. – *Lyrik:* Das Feuer ist ein Akrobat, 87. – *Essays, theor. Schriften, Sachbücher:* Elemente des barocken Trauerspiels, 59 (Diss.); Hessisch auf deutsch, 73; Gastronomische Fragmente eines Löffeldilettanten, der solcherart seine Freunde traktiert, 75; Goethe. Manuskripte zu einer Hörfunk-Sendereihe [mit anderen], 79 [von H.: Das Genie aus dem Bürgerhaus; Die Leiden des jungen Werthers; Sehen und Forschen – der Naturwissenschaftler; West-östlicher Divan]; Diese lebhafte sinnliche Welt. Frankfurt mit den Augen Goethes (mit W. Michel), 82; Die andere Schöpfung, 82; Friedrich Nicolai, 83; Taunus und Rheingau (mit M. Rosenfeld), 84; Vom Handwerk zur Kunst (mit A. Blohm u. W. Sprang), 84; Literatur und Krankheit, 87; Wenn der Wein niedersitzt, schwimmen die Worte empor. Sieben Weinpredigten, 87; Hessen – Impressionen eines Landes (mit W. A. Nagel), 87; Hanau (mit W. A. Nagel), 87; Rüsselsheim, 87; Von der Nachfolge dieses jungen Menschen der nie mehr alt wird (mit E. Fried u. a.), 88. – *Herausgebertätigkeit:* Kommt, Kinder, wischt die Augen aus, hier gibt es was zu sehen (mit M. Krüger), 74; 80 Barockgedichte, 76; Die Freud' des Essens, 79; Typisch hessisch (mit W. Michel), 80; J. Chr. Günther: Gesammelte Gedichte, 81; An Dichterhand durchs Hessenland (mit H. Sarkowicz), 83; Literatur aus dem Leben, 84; Frankfurter Lesebuch, 85; Angst vor Unterhaltung, 86; Wir sprechen anders (mit H.-M. Gauger), 87; Wanderbüchlein mit und für Golo Mann (mit H.-M. Gauger), 89.

Heger, Jan → Sperber, Manès

Heidegger, Martin, *26. 9. 1889 Meßkirch (Oberschwaben), †26. 5. 1976 Freiburg.

H. ist als Sohn eines Küfers und Küsters in dörflichen Verhältnissen aufgewachsen. In Freiburg studierte er Philosophie, Theologie und Mathematik, vor allem bei dem Phänomenologen Husserl. 1923 wurde er Prof. in Marburg, 1928 in Freiburg. Seit 1922 verbrachte er eine Freizeit in Todtnauberg im Schwarzwald, was ihm den Ruf des weltfernen Alemannen eintrug (vgl. G. Marcels satirische Komödie *Die Wacht am Sein*; ein kärgliches Spott-Kapitel in G. Grass' *Die Hundejahre*; R. Minders Aufsatz *H. und Hebel*

oder die Sprache von Meßkirch). H.s Verhältnis zum Nationalsozialismus war anfangs problematisch: In seiner Absage an eine ausschließlich rationalistische Wissenschaft, in seiner die deutsche Sprache betonenden Sprachphilosophie und in dem engen Bezug zum heimatlichen Boden liegen scheinbare Verbindungen, die er 1933 in seiner Freiburger Rektoratsrede kundtat. Aber bereits 1934 ist er demonstrativ vom Rektoratsamt zurückgetreten, und seine Philosophie wurde von den Machthabern als nihilistisch, volksfern und zersetzend rigoros abgelehnt.

Als geistige Vorläufer für H.s Philosophie sind vor allem die vorsokratische Ursprungsphilosophie von Parmenides und Heraklit zu nennen sowie Hegel, Kierkegaard, Nietzsche, Dilthey und Husserl. Die Existenzphilosophie, dargestellt in dem Hauptwerk *Sein und Zeit*, ist durch H. (neben Jaspers) zur vor allem nach dem 2. Weltkrieg bis in die fünfziger Jahre einflußreichsten philosophischen Richtung in Westdeutschland geworden. Ab der 9. Auflage von 1960 ist der Zusatz «1. Hälfte» gestrichen, da die Ausarbeitung des Teiles «Zeit» nicht mehr folgte. So bleibt als zentrales Thema das «Sein», obwohl dieses gerade in seiner Zeitlichkeit, seinem «Sein zum Ende», dem «Vorlaufen zum Tode» grundlegend ist. Diese als «Nihilismus» verallgemeinerte Philosophie ist mit ihren Konstituenten der Angst, Sorge, Schuld und «Geworfenheit» Ausdruck der spätbürgerlichen Bewußtseinslage und des mit der übermächtig werdenden Technik konfrontierten Menschen in der Mitte des 20. Jhs. Das Wesen der Technik und ihre Bedrohung lösen beim späten H. die treibenden Fragen aus, denn der «bloß technische Tag» ist die «umgefertigte Weltnacht» (*Holzwege*). In H.s Ästhetik geht es ebenso wie in der Seinsphilosophie um die Erschütterung aller gewohnten Fragestellungen. Hier liegt Hegels Bestimmen der Kunst als Ort des «Scheinens der Idee» H.s Kunstbestimmung als Ort der Wahrheit zugrunde.

In der Staffelung der Kunstwerke als Orte der Wahrheit steht Dichtung an oberster Stelle. Sie ist für H. Erschließen von Existenz, das «eigentliche» Denken gleich Dichten (*Aus der Erfahrung des Denkens*). Als exemplarischer Dichter gilt Hölderlin, dessen Texte H. mehrfach interpretiert. An Hölderlin wird der häufig aufgegriffene Unterschied zwischen Dichtung und Literatur veranschaulicht. Andere vorbildliche Dichter sind für H. Stifter, Hebel, Rilke, Trakl, George. Mit diesem Übergang von Philosophie zur Dichtung hat H. nachhaltig auf die Literaturwissenschaft gewirkt, ebenso wie mit seiner Betonung der Bedeutung von Sprache, die ihm als das «Haus des Seins» erscheint. Sprache ist dadurch ontologisch, d. h. seinsauslegend. H.s stilistische Eigenart, bedeutende Worte mit Bindestrich zu schreiben, soll im Aufbrechen der Sprachelemente ein Hören auf das Ursprüngliche anregen. – Weiter wurde die Literaturwissenschaft erheblich beeinflußt durch Grundgedanken zur Hermeneutik, mit denen H. an Dilthey und Husserl anknüpft: Die Diltheysche Denkform des Zirkels wird aufgegriffen und bejaht: «Alle Auslegung, die Verständnis beistellen soll, muß schon das Auszulegende verstanden haben» (*Sein und Zeit*). Jede Auslegung ist notwendig bestimmt durch eine Vor-Struktur aus «Vorhabe, Vorsicht und Vorgriff» (vgl. besonders §2 «Verstehen und Auslegung» in *Sein und Zeit*). «Auslegung ist nie ein voraussetzungsloses Erfassen eines Vorgegebenen.» Weiterentwickelt wurden diese Gedanken bei J. Habermas in dessen Zusammenhang von Erkenntnis und Interesse. Einflußreich wurde ferner H.s Lehre von dem «ursprünglichen Erschließen der Stimmungen», womit er einer auf das Gefühl des betrachtenden Subjekts basierenden Literaturwissenschaft Vorschub leistet. Scharfe Kritik erfährt H. von Adorno, in dessen *Jargon der Eigentlichkeit*, wie überhaupt von seiten der «Kritischen Theorie» und der historisch-materialistischen Literaturwissenschaft, die auf das völlige Fehlen des soziologischen Ansatzes weist. Die durchgehende Kontraposition H.s zum Marxismus ist offensichtlich.

W. (Auswahl): Die Kategorien- und Bedeutungslehre des Duns Scotus, 1916; Sein und Zeit, 27; Holzwege, 50 (enth. u. a.: Der Ursprung des Kunstwerks, Vortrag 35, Nietzsches Wort «Gott ist tot», Vorlesungen 36–40, Vorträge 43, Wozu Dichter?, 46); Erläuterungen zu Hölderlins Dichtung, 51 (enth.: Hölderlin und das Wesen der Dichtung, 36, Hölderlins Hymne «Wie wenn am Feiertage …», 39, Andenken, 43, «Heimkunft/An die Verwandten», 43); Aus der Erfahrung des Denkens, 54; Vorträge und Aufsätze, 54 (enth. u. a.: Überwindung der Metaphysik, 36–46, Wer ist Nietzsches Zarathustra?, 53, «… dichterisch wohnet der Mensch …», 51); Hebel der Hausfreund, 57; Gelassenheit, 59; Unterwegs zur Sprache, 59 (enth.: Die Sprache, 50, Die Sprache im Gedicht, 53, Aus einem Gespräch von der Sprache, 53/54, Das Wesen der Sprache, 57/58, Das Wort, 58, Der Weg zur Sprache, 59); Sprache und Heimat, 60; Nietzsche, 2 Bde, 61; Über Abraham a Santa Clara, 64; Wegmarken, 67 (enth. u. a.: Zur Seinsfrage, 55); Erläuterungen zu Hölderlins Dichtung, 4. erw. Aufl. 71 (enth. zusätzlich: Hölderlins Erde und Himmel, 60, Das Gedicht, 68); Der Ursprung des Kunstwerks, 67; Die Kunst und der Raum / L'art et l'espace, 69; Zur Sache des Denkens, 69; Heraklit. Seminar Wintersemester 1966/67 [mit E. Fink], 70; Schellings Abhandlung über das Wesen der menschlichen Freiheit (1809), 72; Die Selbstbehauptung der deutschen Universität. Das Rektorat 1933/34 – Tatsachen und Gedanken, 83; Zur Frage nach der Bestimmung der Sache des Denkens, 84; M. H./Erhart Kästner: Briefwechsel 1953–1974, 86; Aufenthalte, 89; Der Begriff der Zeit, 89; Überlieferte Sprache und technische Sprache, 89. – *Sammel- und Werkausgaben:* Guido Schoeneberger, Nachlese zu Heidegger, 62 (enth. Artikel, Reden und Briefe zw. 33 u. 37); Frühe Schriften, 72; Werke. Gesamtausgabe, 4 Abt., 75ff; Vier Seminare, 77; Denkerfahrungen. 1910–1976, 83; Zollikoner Seminare, 87.

Heidenreich, Gert (Ernst Rudolf), *30. 3. 1944 Eberswalde.

H. arbeitet als Journalist und lebt seit 1966 als freier Schriftsteller. Er schreibt Dramen, Lyrik und seit mehreren Jahren verstärkt auch Romane. 1985 erhielt er den Dramatikerpreis der Akademie der Darstellenden Künste, 1986 den Adolf-Grimme-Preis und 1989 den Literaturförderpreis der Stadt München.

Schuld und ihre Verdrängung ist ein wesentliches Thema aller Arbeiten des kritischen Journalisten, Dramatikers und Romanciers H. Seine Theaterstücke, mit denen er bekannt wurde, beschäftigen sich immer wieder auch mit den Verhältnissen in der Bundesrepublik. *Strafmündig* ist die Geschichte eines Jungen, der ohne ‹einleuchtenden Grund› seinen Vater erstochen hat und sich weigert, im «Automatenrestaurant» BRD nach den vorgegebenen Spielregeln zu funktionieren. In *Der Wetterpilot* wird der erste Atombombenabwurf thematisiert und die Verdrängung dieses Geschehens und der damit verbundenen Schuld. Auch in den Stücken *Rampe* und *Siegfried* beschäftigt er sich z. T. in farcenhafter Form mit den Problemen der bundesdeutschen Wohlstandsgesellschaft und der von ihren Vertretern betriebenen Verdrängung der Geschichte. Dem Thema Bundesrepublik und ihrer (Vor)Geschichte bleibt H. auch in seinen erzählenden Werken treu.

Sein erster Roman *Ausstieg* schildert den vergeblichen Fluchtversuch eines engagierten Journalisten aus den versteinerten Verhältnissen der BRD. Im Roman *Die Steinesammlerin* wird der Ich-Erzähler in Frankreich von der leidvollen deutschfranzösischen Geschichte ebenso eingeholt wie von seinen eigenen Handlungen während des 2. Weltkriegs. Der in der BRD nur wenig erfolgreiche Roman wurde in der Sowjetunion in über 100 000 Exemplaren verkauft. Historische Schuld, der auch die Nachgeborenen nicht entrinnen können, bestimmt den Erzählband *Die Gnade der späten Geburt*, dessen Titel ironisch Bezug nimmt auf eine Äußerung des Bundeskanzlers Kohl. Sein bislang ambitioniertestes Prosawerk hat H. vorgelegt mit dem Roman *Belial oder die Stille*. Bereits im Titel spielt er durch die Benutzung eines Namens für den Teufel auf ‹das Böse› an. Das Werk kann man verstehen als H.s Versuch, den unreflektierten Fortschrittsglauben zu thematisieren und die Gefahr einer weltweiten ökologischen Katastrophe.

W.: Romane, Erzählungen, Prosa: Der Ausstieg, 1982; Die Steinesammlerin, 84; Die Gnade der späten Geburt. Sechs Erzählungen, 86; Belial oder die Stille, 90; – *Dramen, Hör- und Fernsehspiele:* Beim Arsch des Krebses, UA 70; Aufstand der Kardinäle, UA 71; Die gestiefelte Nachtigall oder Demokratie auf dem Dach. Eine deutsche Revue 1819–1976, 76

(Bühnenms.); Abriß, 78; Siegfried, UA 80; Strafmündig, UA 81; Der Riese Rostratum, 82; Der Wetterpilot. Strafmündig, 84; Rampe, UA 85; Das Wunder des Kanuten, 87; Füchse jagen. Epilog auf das Jahr 1968, 88. – *Lyrik:* Rechtschreibung: deutsches Spruch- und Liedergut, 71; Eisenväter, 87. – *Essays, theoretische Schriften:* Die ungeliebten Dichter. Die Ratten- und Schmeißfliegen-Affäre. Eine Dokumentation, 81. – *Übersetzungen:* R. Briggs: Strahlende Zeiten, 84; A. Kopit: Das Ende der Welt mit anschließender Diskussion, 85 (Bühnenms.); A. Wing Pinero: Der Philanthrop, 87 (alle mit Gisela Heidenreich). – *Herausgebertätigkeit:* B. Viertel: Schriften zum Theater, 70; Und es bewegt sich doch, 81; Das Kinderliederbuch, 81.

Heiduczek, Werner, *24. 11. 1926 Hindenburg (Polen).

Nach der sowjetischen Kriegsgefangenschaft war H. 1946–53 im Schuldienst tätig; er studierte 1953/54 Germanistik und wurde 1954 Mitarbeiter bei der Akademie der Künste. H. war dann wieder bis 1959 Lehrer, wurde vorübergehend freischaffend und ging 1961–64 als Lehrer nach Bulgarien. Nach Wahrnehmung einer Dozentur in Halle ist H. seit 1965 freischaffend. Mehrere Auszeichnungen, u. a. H.-Mann-Preis 1969.

H. entfaltete in *Abschied von den Engeln* das Panorama eines Gesellschaftsromans, in dem die Entwicklung einer auseinanderfallenden Familie in BRD und DDR wiedergegeben wird. Die Polemik gegen die existentialistische Verarbeitung des Sisyphos-Mythos bei Camus bot das philosophisch-literarische Motiv, um der Produktivität von Verhaltensweisen in beiden Gesellschaftsordnungen nachzufragen.

Große Beachtung fand in der DDR die Erzählung *Mark Aurel oder Ein Semester Zärtlichkeit*, in der das Verhältnis von Anpassung und Provokation im Studentenmilieu thematisiert wird.

H.s zweiter Roman *Tod am Meer* hat den Entwicklungsweg eines opportunistischen Schriftstellers zum Gegenstand, der sich angesichts des Todes mit seinen Fehlentscheidungen auseinandersetzt, die sich als nicht nur subjektive erweisen. H.s stärkere Bereitschaft zur Tabuverletzung, die sich in diesem Roman zeigt, hatte sich zuvor schon in der Dramatik

(*Das andere Gesicht*) und Essayistik (*Vom Glanz und Elend des Schreibens*, begonnen 1971) angedeutet.

W.: Romane, Erzählungen, Märchen: Jule findet Freunde, 1958; Matthes und der Bürgermeister, 61; Matthes, 62; Abschied von den Engeln, 68; Die Brüder, 68; Jana und der kleine Stern, 68; Laterne vor der Bambushütte, 69; Mark Aurel oder Ein Semester Zärtlichkeit, 71; Das zwölfte Buch, 71; Der häßliche kleine Vogel, 73; Die seltsamen Abenteuer des Parzival, 74; Vom Hahn, der auszog, Hofmarschall zu werden, 75; Das verschenkte Weinen, 77; Tod am Meer, 78; Der Schatten des Sijawusch, 86; Reise nach Beirut. Verfehlung, 86; Dulittls wundersame Reise, 86; Orpheus und Eurydike, 89. – *Dramen, Hörspiele:* ... und es waren nur Kinder, 58; Peißener Bericht, 59; Poet erzähl, 59; Jule findet Freunde, 59; Als der Schnee zerrann, 60; Leben, aber wie?, 61; Matthes und der Bürgermeister, 61; Die Marulas, 69; Mark Aurel oder Ein Semester Zärtlichkeit, 73; Maxi oder Wie man Karriere macht, 74; Das andere Gesicht, 76. – *Sammelausgabe:* Im Querschnitt. Prosa – Stücke – Notate, 76. – *Herausgebertätigkeit:* Die schönsten Sagen aus Firdausis Königsbuch, 85.

Heilborn, Ernst (Friedrich), * 10. 6. 1867 Berlin, † 16. 5. 1942 ebd.

H. war der Sohn eines Kaufmanns. Er besuchte das französische Gymnasium in Berlin, studierte dann Philosophie, Germanistik und Geschichte in Jena und Berlin; 1890 promovierte er in Berlin zum Dr. phil. und begann 1892 eine journalistische Karriere. Nach 1894 war er Redakteur der «Frau», leitete 1896–98 die internationale Revue «Cosmopolis» und war eine Zeitlang Theaterkritiker der «Nation»; 1901 wurde er Theaterkritiker der «Frankfurter Zeitung». In den Jahren 1911–33 gab er die Zeitschrift «Das literarische Echo» (ab Oktober 1923 in «Die Literatur» umbenannt) heraus und spielte damit eine wichtige Rolle im literarischen Leben Deutschlands. Nach 1933 wurde er von den Nazis verfolgt; 1936 wurde ein Schreibverbot gegen ihn erlassen. Erst nach zunehmender Verfolgung entschloß er sich kurz vor Kriegsausbruch auszuwandern; im Mai 1942 erhielt er schließlich ein Visum für die Schweiz, doch wurde ihm die Ausreise verweigert. Beim anschließenden Versuch, aus Deutschland zu fliehen, wurde er zusammen mit seiner Frau verhaftet und starb im Gefängnis, wo seine Frau vor dem Abtransport nach Polen Selbstmord beging.

Der Einfluß Berlins einerseits, die betont protestantische Erziehung im Elternhaus andererseits bestimmten H.s Leben und Werk. Er verstand sich darauf, die Atmosphäre im Berlin des 19. Jahrhunderts wiederzugeben, und verfaßte Novellen und Berlin-Romane, in deren Mittelpunkt bürgerliche Charakter- und Entwicklungsprobleme stehen. Doch war seine dominierende literarische Tätigkeit die eines Literaturhistorikers und -kritikers. Dabei lenkte er sein Augenmerk weniger auf die Problematik der Themen als auf die der szenischen Darstellung.

W.: Romane, Erzählungen: Kleefeld, 1899; Der Samariter, 1901; Ring und Stab, 05; Josua Kersten, 08; Die steile Stufe, 10; Die kupferne Stadt, 18. – *Essays, literatur- u. kulturhistorische Arbeiten:* Novalis, der Romantiker, 01; Das Tier Jehovas, 05; Vom Geist der Erde, Die gute Stube, 22; E. T. A. Hoffmann, der Künstler und die Kunst, 26; Zwischen zwei Revolutionen, Bd I, 27, Bd II, 27; Tor und Törin, 27; Deutschlandreisen in alter Zeit, 34. – *Herausgebertätigkeit:* Novalis, Schriften, 01; J. J. David, Gesammelte Werke (mit E. Schmidt), 08; «Das literarische Echo» (ab 1923 «Die Literatur»), 11–33; Das Fontane Buch (mit E. Herzog), 19; F. Poppenberg, Menschlichkeiten, 19; E. Graf v. Keyserling, Gesammelte Erzählungen, 22; E. Graf v. Keyserling, Baltische Romane, 2 Bde, 33; E. Graf v. Keyserling, Romane der Dämmerung, 2 Bde, 33.

Heilbut, Iven George (auch Iwan, Pseud. Jan Helft),
* 15. 7. 1898 Hamburg, † 15. 4. 1972 Bonn.

H., in Hamburg geboren, lebte in den 20er Jahren in Berlin, war Mitarbeiter von verschiedenen Zeitungen und veröffentlichte gleichzeitig erste Gedichte, z. B. in H. Waldens Zeitschrift «Der Sturm»; 1929–30 verfaßte er seine ersten zwei Romane. 1933 emigrierte H. nach Frankreich und von dort aus in die USA. Er kehrte erst 1950 nach Berlin zurück, führte allerdings aus Enttäuschung über das Nachkriegsdeutschland ein Wanderleben ohne festen Wohnsitz. – H., der in der Regel unpolitische Texte schrieb, pflegte vor allem nach dem Exil eine

Kunst der Aussparung, die in seinem Roman *Liebhaber des Lebens* kulminierte. Seine in unaufdringlicher Sprache gehaltene, weder weltabgewandte noch zivilisationsfeindliche Lyrik ist jedoch in einer «unsichtbaren Welt» verankert. Sein reifstes Werk, die Erzählungen aus dem Band *Höher als Mauern*, zeigt die breite Palette von H.s epischem Können.

W.: *Romane, Erzählungen:* Triumph der Frau, 1929; Kampf um Freiheit, 30; Frühling in Berlin, 32; Francisco und Elisabeth, 42; Birds of passage, 43; Liebhaber des Lebens, 49; Höher als Mauern, 65. – *Lyrik:* Meine Wanderungen, 42; Anrufe, 63. – *Essays:* Die öffentlichen Verleumder, 37; Die Sendung Hermann Hesses, 47.

Heimern, Raoul → Auernheimer, Raoul

Hein, Christoph, *8.4.1944 Heinzendorf (Schlesien).

H. verbrachte seine Kindheit in einer sächsischen Kleinstadt, besuchte dann das Gymnasium in Westberlin. Er arbeitete u.a. als Regieassistent bei Benno Besson. 1967–71 studierte er Philosophie in Leipzig und Berlin. Von 1974 an war er als Dramaturg und Autor an der Volksbühne Berlin beschäftigt; seit 1979 lebt er als freier Schriftsteller. H. erhielt 1982 den Heinrich-Mann-Preis, 1983 den Kritikerpreis Berlin, 1986 den Preis der Neuen Literarischen Gesellschaft Hamburg, 1989 den Lessingpreis der DDR und den Stefan-Andres-Förderpreis.

H. trat zuerst als Dramatiker in die Öffentlichkeit und wurde bereits mit renommierten Preisen ausgezeichnet, als seine Stücke in der DDR noch kaum gespielt worden waren. War der Schauplatz seines Stückes *Schlötel* noch die DDR, so wich er u.a. in *Cromwell* und *Lasalle* in die Vergangenheit aus, ohne dabei die Probleme der Gegenwart und der DDR aus den Augen zu verlieren. Es sind Fragen vom Überleben der Revolution und der sozialistischen Utopie, die H. beschäftigen: «Geschichtsbewußtsein ist egozentrisch: man will seine Väter kennen, um sich zu erfahren» (Hein). Als Prosaautor trat er zuerst mit dem Band *Einladung zum Lever Bourgeois* hervor, einer Sammlung in Inhalt und Form sehr

verschiedener Erzählungen. Sie reichen von der auch sprachlich nachempfundenen Beschreibung der Reise Wilhelm von Humboldts nach Rußland aus der Sicht seines Dieners, über die kurzen Prosanotate der *Berliner Stadtansichten* bis zur in der DDR spielenden Erzählung mit dem ironischen Titel *Der neue (glücklichere) Kohlhaas*. In diesem Text erstreitet sich ein Arbeiter den unberechtigt einbehaltenen Teil seiner Jahresprämie – allerdings unter Verlust seiner Ehe und seiner sozialen Beziehungen. – In seinem (inzwischen verfilmten) Roman *Der Tangospieler* beschreibt H. die Geschichte des Geschichtsdozenten Dallow. Eine ironisch-böse Geschichte über Entfremdung, Anpassung und die gleichsam immer wieder ‹aus Versehen› geschehende Zerstörung von Individuen durch staatlichen Druck. Auch als Essayist hat H. seinen Rang als Schriftsteller bestätigt. *Die fünfte Grundrechenart*, Aufsätze und Reden der Jahre 1987–90, ist eine Dokumentation auch über die letzten Jahre der DDR. H.s theoretische Äußerungen enthalten – auch gegen die (zeit)geschichtliche Erfahrung – die immer erneute Aufforderung an die Herrschenden, die konkrete Utopie endlich einzulösen.

W.: *Romane, Erzählungen, Prosa:* Einladung zum Lever Bourgeois, 1980 (in der BRD gekürzt u.d.T.: Nachtfahrt und früher Morgen, 1982); Der fremde Freund, 82 (in der BRD u.d.T.: Drachenblut, 83); Das Wildpferd unterm Kachelofen, 84; Horns Ende, 85; Der Tangospieler, 89. – *Dramen, Hör- und Fernsehspiele:* Vom hungrigen Hennecke; Ein Kinderspiel, 74; Cromwell, 77 (Bühnenms.; in: Theater der Zeit 7/78, S. 52–64); Die wahre Geschichte des Ah Q. Nach Lu Xun, 82 (Bühnenms.; in: Theater der Zeit 10/83, S. 57–64); Lassalle fragt Herrn Herbert nach Sonja, 84 (Bühnenms.); Passage (zuerst in: Theater der Zeit 5/87, S. 54–64), 88; Die Ritter der Tafelrunde, 89. – *Essays, theoretische Schriften:* Öffentlich arbeiten, 87; Die Zensur ist überlebt, nutzlos, paradox, menschen- und volksfeindlich, ungesetzlich und strafbar (in: X. Schriftstellerkongreß der DDR, S. 224–247), 88; Die fünfte Grundrechenart, 90. – *Übersetzungen, Bearbeitungen:* Racine, J.: Britannicus, 80 (Bühnenms.); Lenz, J.M.R.: Der neue Menoza oder Geschichte des kumbanischen Prinzen Tandi, 81 (Bühnenms.). – *Sammel- und Werkausgaben:* Cromwell und andere Stücke, 81; Die wahre

Geschichte des Ah Q. Stücke und Essays, 84; Schlötel oder Was solls. Stücke und Essays, 86; Die wahre Geschichte des Ah Q. Passage, 88. – *Herausgebertätigkeit:* Johann Wallbergen: Sammlung natürlicher Zauberkünste, 88.

Hein, Günther → Konsalik, Heinz G.

Hein, Manfred Peter, *25.5.1931 Darkehmen (Ostpreußen).
Von H.s Lebensweg ist wenig bekannt; Wenige deutschsprachige Autoren haben sich derart konsequent vom Literaturbetrieb ferngehalten. H. hat diese Trennung auch räumlich vollzogen und lebt seit 1958 in Finnland. Er ist Mitglied des VS und des finnischen PEN und erhielt mehrere finnische Literatur- und Förderpreise. – Erst die Verleihung des Peter-Huchel-Preises 1984 hat den bislang weitgehend nur Experten und Lyrikkennern bekannten H. einem breiteren Publikum vorgestellt. Verdienste hat sich H. vor allem als Übersetzer aus dem Finnischen erworben; für diese im deutschsprachigen Raum fast unbekannte Literatur engagiert er sich auch als Herausgeber der Zeitschrift «Trajekt». Als Lyriker ist H. u. a. Celan und Bobrowski verpflichtet, ohne daß dies an der Entwicklung einer eigenen lyrischen Sprache gehindert hätte. Seine Gedichte gehen aus von Eindrücken, die Landschaften und Reiseerlebnisse auf ihn gemacht haben, aber auch das Schreiben selbst wird zum Thema. In zunehmender Verknappung, vertrauend auf die Mitarbeit des Lesers, sind seine Gedichte von einem melancholischen Grundgefühl gezeichnet.

W.: Lyrik: Ohne Geleit, 1960; Taggefälle, 62; Gegenzeichnung, 74 (erw. 83); Zwischen Winter und Winter, 87; Auf Harsch Palimpsest, 88. – *Hörspiele:* Die dritte Insel. Funkdialog, 68 (finn. 69); Der Exulant, 69. – *Essays, theoretische Schriften:* Peter-Huchel-Preis 1984 (mit B. Rübenach), 84; Die Kanonisierung eines Romans: Alexis Kivis «Sieben Brüder» 1870–1980, 84. – *Übersetzungen:* Moderne finnische Lyrik, 62; Haavikko, P.: Poesie, 65; ders.: Jahre, 65; Saarikoski, P.: Ich rede, 65; Hyry, A.: Erzählungen, 65; Meri, V.: Der Töter und andere Erzählungen, 67; Haavikko, P.: Gedichte, 73; Moderne Erzähler der Welt: Finnland, 74; Halas, F.: Und der Dichter?, 79; Meri, V.: Erzählungen, 81; Haavikko, P.: Zwei Erzählungen, 81; ders.: König Harald,

82; Haanpää, P.: Erzählungen, 82; Antti Hyry: Erzählungen, 83; Paavo Haavikko: Die Nacht bleibt nicht stehn, 86. – *Herausgebertätigkeit:* Moderne Erzähler der Welt: Finnland, 74; Leino, E.: Die Hauptzüge der finnischen Literatur, 79 (mit H. P. Neureuter); Trajekt, Nr. 1 ff, 81 ff (mit anderen).

Heinrich, Hans → Reimann, Hans

Heinrich, Jutta, *4.4.1940 Berlin.
Die Tochter eines Juristen und Unternehmers und einer Malerin kam nach Kriegsende mit ihren Eltern über Thüringen nach Bayern. Nach der mittleren Reife übte sie eine Reihe von Berufen aus, u. a. war sie Betriebsleiterin in der elterlichen Firma, Sekretärin, selbständige Unternehmerin und Arbeiterin. Seit 1972 studierte sie Sozialpädagogik, seit 1975 Germanistik an der Universität Hamburg. Als freie Schriftstellerin ist sie seit 1975 tätig. H. ist Vorsitzende des Fachbereichs Literatur der GEDOK Hamburg und erhielt mehrere Förderpreise und Stipendien.
Ihr erster engagiert feministischer Roman *Das Geschlecht der Gedanken* ist die Erzählung der Sozialisation eines Mädchens. Schonungslos wird nicht nur die Welt des Patriarchats kritisiert, sondern auch die Ergebenheit der Frauen, durch die erst die Herrschaft der Männer ermöglicht wird. Auch ihr zweiter Roman *Mit meinem Mörder Zeit bin ich allein* ist ein radikales Buch um Zukunftsangst und Verzweiflung angesichts atomarer und anderer Menschheitsbedrohungen, die ein Gefühl von Endzeit und Sinnlosigkeit produzieren. H. ist auch als Theaterautorin hervorgetreten.

W.: Romane, Erzählungen, Prosa: Das Geschlecht der Gedanken, 1977; Mit meinem Mörder Zeit bin ich allein, 81; Eingegangen. Geschichte eines Ortes in Briefen, 87. – *Dramen:* Lautlose Schreie, 83 (Bühnenms.); Monolog, 84; Die Phantome eines ganz gewöhnlichen Mannes oder Männerdämmerung, 86. – *Hörfunk:* Die Entstehung einer Inszenierung des Stückes ‹Maria Magdalena› vom Deutschen Schauspielhaus Hamburg vom ersten Probengespräch bis zur Premiere, 2 Teile, 76. – *Film, Fernsehen:* Josephs Tochter, 83 (nach: Das Geschlecht der Gedanken). – *Schallplatten u. ä.:* Brokdorf – eine Vision, 77.

Heinrich, Willi, *9. 8. 1920 Heidelberg.
H. war mehrere Jahre lang kaufmännischer Angestellter, ab 1940 Infanterist und erlebte die Schrecken des Krieges an der Ostfront. Seine Kriegserlebnisse dienten ihm in einem gewissen Sinne als Vorlage für seine ersten realistischen Romane. Nach Kriegsende arbeitete er zunächst wieder als Angestellter und begann dann in seiner Freizeit zu schreiben. Schon mit seinem ersten Roman *Das geduldige Fleisch* hatte H. durchschlagenden Erfolg. Heute gehört er zu den Bestsellerautoren mit Millionenauflagen in Deutschland und vor allem in den USA. – *Das geduldige Fleisch* schildert den Frontkrieg in der Kuban-Brückenkopf-Tragödie 1943. Dargestellt wird dies am Schicksal eines Oberfeldwebels und seines Zuges. Durch einen ganz offensichtlich sinnlosen Befehl des Bataillonskommandeurs gerät die Einheit hinter die sowjetischen Linien und versucht sich durchzuschlagen. Der Roman wurde unter dem Titel: *Steiner – Das eiserne Kreuz* verfilmt. H. ging später von der Anti-Kriegsliteratur zum Unterhaltungsroman über. Frauenpsyche, Sexualität und Aufstiegsprobleme der Nachkriegszeit werden oft behandelt.

W.: Romane: Das geduldige Fleisch, 1955 (verfilmt als: Steiner – Das eiserne Kreuz); Der goldene Tisch, 56 (u. d. T.: In stolzer Trauer, 70); Die Gezeichneten, 58; Rape of Honor, 61; Gottes zweite Garnitur, 62; Ferien im Jenseits, 64; Maiglöckchen oder ähnlich, 65; Mittlere Reife, 66; Geometrie einer Ehe, 67; Schmetterlinge weinen nicht, 69; Jahre wie Tau, 71; So long, Archie, 72; Alte Häuser sterben nicht, 73; Liebe und was sonst noch zählt, 74; Eine Handvoll Himmel, 76; Vermögen vorhanden, 77; Ein Mann ist immer unterwegs, 77; In einem Schloß zu wohnen, 78; Herzbube und Mädchen, 80; Allein gegen Palermo, 81; Vermögen vorhanden, 82; Traumvogel, 83; Männer zum Wegwerfen, 85; Freundinnen und andere Erzählungen, 85; Die Verführung, 86; Eingegangen, 87; Zeit der Nymphen, 87; Der Väter Ruhm, 88; Die Reisende der Nacht, 89. – *Lyrik:* Vom inneren Leben, 61. – *Sammel- und Werkausgaben:* Maiglöckchen oder ähnlich. Schmetterlinge weinen nicht, 87.

Heise, Hans-Jürgen (Pseud. Werner Birk, Hans-Werner Krüger), *6. 7. 1930 Bublitz (Pommern).

Der Lyriker, Essayist und Literaturkritiker H. lebt in Kiel; verheiratet mit der Lyrikerin Annemarie Zornack; Mitglied des PEN-Clubs; 1972 ausgezeichnet mit der Ehrengabe des Andreas-Gryphius-Preises, 1974 mit dem Kieler Kulturpreis und 1976 mit dem Kulturpreis von Malta. 1990 wurde H. zum Professor ernannt. Gedichte von ihm sind in 19 Sprachen übersetzt; zweisprachige Lyrikbände erschienen in Italien (1967), in England und den USA (1972). H. arbeitet vor allem auch als Übersetzer englischer (T. S. Eliot, A. MacLeish) und spanischsprachiger Poesie.
Die Spannung von innerer und äußerer Natur ist zentrales Thema der Gedichte und Prosa H.s. Sein erster Lyrikband *Vorboten einer neuen Steppe* thematisiert bereits 1961 Probleme der Ökologie. Der durch das ländlich-kleinstädtische Milieu des deutschen Ostens der 30er Jahre geprägte Autor fand «landschaftliche Ersatzwelten» an der Kieler Förde, aber auch in Spanien, speziell Andalusien, und Lateinamerika, die zur Projektionsfolie seiner Erfahrungsreflexion werden, immer wieder aber auch unmittelbare Motive für das lyrische Schreiben bieten. H., der sich selber als «psychischen Realisten» bezeichnet, hat in zahlreichen Essays immer wieder die Romania zum Thema gemacht, in letzter Zeit rückte seine Auseinandersetzung mit der Literatur Lateinamerikas in den Vordergrund.

W.: Lyrik, Prosagedichte: Vorboten einer neuen Steppe, 1961; Wegloser Traum, 64; Beschlagener Rückspiegel, 65; Worte aus der Zentrifuge, 66; Ein bewohnbares Haus, 68; Küstenwind, 69; Uhrenvergleich, 71; Drehtür, 72; Besitzungen in Untersee, 73; Vom Landurlaub zurück, 75; Nachruf auf eine schöne Gegend, 77; In schönster Tieffluglaune, 80; Meine kleine Freundin Schizophrenia, 81; Ohne Fahrschein reist der Seewind, 82; Der Zug nach Gramenz, 85; Der große Irrtum des Mondes, 88; Zikadentreff – andalusische Motive (mit Annemarie Zornack), 90. – *Gedichtsammlungen:* Poesie (italienisch-deutsch), 67; Underseas Possessions (englisch-deutsch), 72; Ausgewählte Gedichte 1950–1978, 79; Der Phantasie Segel setzen, 83; Einhandsegler des Traums. Gedichte, Prosagedichte, Selbstdarstellungen, 89. – *Prosa:* Der lange Flintenlauf zum kurzen Western, 77; Hispanische Trilogie

(Bd 1: Bilder und Klänge aus al-Andalus, 86; Bd 2: Der Macho und der Kampfhahn, 87; Bd 3: Die zweite Entdeckung Amerikas, 87). – *Essays:* Formprobleme und Substanzfragen der Dichtung, 72; Das Profil unter der Maske, 74; Die zwei Flüsse von Granada (mit Annemarie Zornack), 76; Ariels Einbürgerung im Land der Schwerkraft, 78; Natur als Erlebnisraum der Dichtung, 81; Vermessungsstäbe bilden den Gottesbegriff, 85; Einen Galgen für den Dichter, 86. – *Herausgebertätigkeit:* Das bist du Mensch, 82.

Heiseler, Bernt von, *14.6.1907 Brannenburg am Inn, †24.8.1969 ebd. H., Sohn des Schriftstellers Henry von Heiseler, besuchte das Gymnasium in Rosenheim und studierte einige Semester Geschichte und Theologie in München und Tübingen, brach sein Studium ab und ließ sich in seinem Heimatort als freier Schriftsteller nieder. – Christlicher Humanismus – christliche Kultur, deren Gefährdung durch Zeiteinflüsse und die Chancen ihrer Bewahrung sind Themen und zentrale Motive in H.s Werken.
Am Anfang von H.s dramatischer Produktion standen christliche Laien- und Volksspiele (*Die Schwefelhölzer*). Durch Nachdichtung und Bearbeitungen großer Schriftsteller der Weltliteratur wie Calderón und Shakespeare (*Das letzte Geheimnis*) sprachlich geschult, kam er zu seinen Geschichts- und Ideendramen, die sich an der Neuromantik und am Klassizismus orientieren. Probleme der Zeitgeschichte (*Versöhnung*, *Das verschwiegene Wort*) und die Möglichkeit und Art ihrer moralisch ‹richtigen› Bewältigung werden u. a. in den Romanen geschildert. – Literaturkritische Schriften (*Gesammelte Essays zur alten und neuen Sprachkunst*), Biographien von Kleist und Schiller, Stellungnahmen zur religiösen Ethik und zahlreiche Editionen gehören ebenso zum Werk H.s wie seine von christlichem Denken und einer tiefen Naturerfahrung bestimmte Lyrik.

W.: Prosa: Die Unverständigen, 1926; Vera Holm, 29; Erzählungen, 34; Die gute Welt, 38; Katharina, 38; Apollonia, 40; Erzählungen, 43; Das Ehrenwort, 48; Hohenstaufen-Trilogie, 48; Versöhnung, 53; Das Fläschchen mit goldenem Saft, 54; Tage, 54; Allerleirauh, 55; Der Tag beginnt um Mitternacht, 56; Sinn und Widersinn, 58; Sieben Spiegel, 62; Vom Schicksal der Kreatur, 63; Das verschwiegene Wort, 64; Haus Vorderleiten, 71. – *Dramen, Spiele:* Die Schwefelhölzer, 25; Sisyphus, 27; Seelenspiel, 30; Das laute Geheimnis, 31; Der Gasthof in Preußen, 32; Das Kyffhäuserspiel, 34; Schach um die Seele, 35; Schill, 37; Des Königs Schatten, 38; Cäsar, 40; Der Bettler unter der Treppe, 42; Semiramis, 42; Das Neubeurer Krippenspiel, 46; Der Bogen des Philoktet, 47; Das Stephanusspiel, 48; Ländliche Winterkomödie, 48; Das Haus der Angst oder Der goldene Schlüssel, 51; Das Haller Spiel von der Passion, 54; Ein Nachmittag im Herbst, 55; Helena bleibt in Troja, 56; Die Malteser, 57; Philemon, der fröhliche Märtyrer, 58, Neufssg. 62; Zwei Edelleute aus Verona, 61; Till Eulenspiegel und die Wahrheit, 63; Sonne, die nicht untergeht, 66. – *Lyrik:* Wanderndes Hoffen, 35; Gedichte. Kleines Theater, 40; De profundis, 47; Spiegel im dunklen Wort, 50; Gebete nach Psalmen, 53; Gedichte, 57; Ein Evangelisches Marienlob, 66. – *Schriften, Biographien, Briefe:* Henry von Heiseler, 32; Radolfzell, 32; Stefan George, 36; Kleist, 39; Ahnung und Aussage, 39; Deutsche Verantwortung, 46; Der persönliche Gott, 47; Gespräche über Kunst, 47; Der Friede Gottes im Streit der Welt, 48; Über den Dichter, 49; Briefe aus Rom, 50; Kleist und seine Sprachkunst, 50; Emil Strauß zum 85. Geburtstag, 51; Das Leben der Brigitte Weilmann, 51; Das Menschenbild in der heutigen Dichtung, 51; Der Dichter als Tröster, 54; Stunde der Menschwerdung, 55; Ist Vertrauen noch möglich?, 56; Lebenswege der Dichter, 58; Schiller, 59; Stundenbuch für Christenmenschen, 62; Reise nach Übersee, 63; Vaterland – nicht mehr Mode?, 65; R. Schneider u. B. v. Heiseler: Briefwechsel, 65; Leben, Zeit und Vaterland, 67. – *Sammel- u. Werkausgaben:* Ahnung und Aussage, 39, erw. 54; Erzählungen, 43; Schauspiele, 3 Bde, 49–51; Katharina, 52; Anrede, 65; Gesammelte Essays zur alten und neuen Literatur, 2 Bde, 66/67; Bühnenstücke, 3 Bde, 68ff. – *Herausgebertätigkeit:* Corona, 43f; Abendländische Heimat, 47; Die Lampe der Toten, 53 (mit R. Schneider); Lebendiges Gedicht, 52; Die heilige Zeit, 58; Der Kranich, 59ff; Das Erlebnis der Gegenwart, 60 (mit H. Fromm); Goethe, Gotthelf, H. v. Heiseler, Hölderlin, Kleist, Mörike, Puškin, Stifter, Yeats.

Heißenbüttel, Helmut, *21.6.1921 Rüstringen bei Wilhelmshaven. H., Sohn eines Gerichtsvollziehers, besuchte die Schule in Papenburg und lebte dort bis 1940; während des 2. Weltkriegs verlor er 1941 in Rußland einen Arm. 1942–45 studierte er Germanistik und

Kunstgeschichte in Dresden, Leipzig und Hamburg, 1954–57 war er Lektor und Werbeleiter eines Hamburger Verlags; 1956 erhielt er ein Stipendium aus dem Lessing-Preis der Hansestadt Hamburg; von 1959–81 Redakteur des «Radio-Essay» beim Süddeutschen Rundfunk. Büchner-Preis 1969, 1970 Hörspielpreis der Kriegsblinden, 1984 Literaturpreis der Stadt Köln. Gastdozent der Universität Hamburg.

Ausgehend von der These, daß Literatur es «mit nichts anderem als mit Sprache zu tun hat», ließ H. rasch seine ersten Gedichte *Kombinationen* und ihre vergleichsweise gängige Syntax hinter sich. Spätestens seit den *Topographien* (1956) ging es ihm darum, «sozusagen ins Innere der Sprache einzudringen, sie aufzubrechen und in ihren verborgenen Zusammenhängen zu befragen». Die dabei entstandenen Texte stellen mit der tradierten Verständigungssprache auch die Gegenstände der Verständigung, die sogenannte Realität, in Frage; in beiden herrscht ein wesentlicher «Unbestimmbarkeitsfaktor». H.s Sprache versteht sich «als Versuch, ein erstesmal einzudringen und Fuß zu fassen in einer Welt, die sich noch der Sprache zu entziehen scheint». Die sechs *Textbücher*, die H. zwischen 1960 und 1967 veröffentlichte, demonstrieren dieses Experiment in stets neu auskalkulierten Spielformen, die auch ausführlich mit Zitaten arbeiten oder abstrakte «Bildgedichte» entstehen lassen. Perfektioniert ist die Methode, Sprache als Realitätserkundung geschehen zu lassen, in den streng gebauten *Abhandlungen über den menschlichen Verstand* des *Textbuch 6*. Aus der eingeübten Konzentration auf die Prägnanz der «kleinen» Form erklärt es sich wohl auch, daß die erste umfangreiche Arbeit H.s, *D'Alemberts Ende*, von 1970 (sie nennt sich «Projekt Nr. 1», nicht Roman), bei allem (auch parodistischen) Stilwitz unbefriedigend bleibt: Ein sprach- und kritikbesessenes Pandämonium ohne Dämonen. 1973 stellte er gemeinsam mit F. Mon eine *Antianthologie* zusammen, in der Gedichte nach ihrer Wortzahl geordnet werden, wodurch ein vielfältiges Sprach- und Spielmaterial entsteht.

Wichtiger vielleicht noch als seine «poetischen» sind H.s theoretische und literaturkritische Arbeiten, vor allem zusammengefaßt in dem Sammelband *Über Literatur*. Hier wird, zumal in der Frankfurter Poetik-Vorlesung von 1963, deutlich, daß das Bestreben der «konkreten» Literatur dahin geht, mit neuen Mitteln die romantische Utopie einer im ganzen poetischen Welt zu verwirklichen. Die von den Zwängen der herkömmlichen Grammatik (und Logik) befreite Sprache könnte ein Instrument sein, Freiheit überhaupt einzuüben, und zwar jenseits des «subjektiven Bezugspunkts».

Viele seiner Texte hat H. als Hörspiele konzipiert; in seinem Referat *Horoskop des Hörspiels* wendet er sich von «vorgegebenen Organisationsformen» ab und dem Experimentieren mit den Möglichkeiten der Sprache zu. Sein erstes Hörspiel *Zwei oder drei Porträts* z. B. ist eine Collage von Sätzen aus *D'Alemberts Ende*, die nach Wortlänge geordnet sind, um die Inhaltsleere hinter dem üblichen Bildungsgeschwätz aufzudecken. Ähnlich wegweisend sind *Was sollen wir überhaupt senden*, eine Collage aus authentischem Rundfunkmaterial, und *Max unmittelbar vor dem Einschlafen* über den Übergang eines Menschen in den Bewußtseinszustand des Schlafs, begleitet von Angst und Sexualmotiven.

W.: *Romane, Erzählungen:* Ohneweiteres bekannt, 1958; D'Alemberts Ende, 70; Eichendorffs Untergang und andere Märchen, 78; Wenn Adolf Hitler den Krieg nicht gewonnen hätte. Historische Novellen und wahre Begebenheiten, 79; Die goldene Kuppel des Comes Arbogast oder Lichtenberg in Hamburg, 80; Das Ende der Alternative. Einfache Geschichten. 80; mehr ist dazu nicht zu sagen. neue herbste (mit H. Edelmann), 83; Franz-Ottokar Mürbekapsels Glück und ein Ende, 83; Den Blick öffnen auf das, was offen bleibt, 86. – *Hörspiele:* Zwei oder drei Porträts, 70; Was sollen wir überhaupt senden, 70; Marlowes Ende, 71; H. H.s allerneuste Abhandlung über den menschlichen Verstand, erleuchtet von Arnim Sandig, 71; Max unmittelbar vor dem Einschlafen, 72; Einleitung in die Psychoanalyse, 73; Krazykatz Bremenwodu, 74; Mein Name ist Ludwig Wittgenstein, 74; Das Durchhauen des Kohlhaupts, 74; Vom Chef, der seinen treuesten Hund abschießt, 77; Das Ende der Alternative, 80. – *Lyrik:* Kombinationen, 54; Topographien, 56; Die

Freuden des Alterns, 71; Gelegenheitsgedichte und Klappentexte, 73; Das Durchhauen des Kohlhaupts. Dreizehn Lehrgedichte, 74 (Neuausg. 89); Landschaftsgedichte, 80; Textbuch 8, 85; Von Liebeskunst. Ein Poem, 85; Textbuch 9. 3 x 13 x 13 Sätze, 86; Textbuch 10. Von Liebeskunst, 86; Textbuch 11 in gereinigter Sprache, 87; Fünf Kommentare und sechs Gedichte, 87; Von Liebeskunst, 88. – *Essays:* Über Literatur, 66; Was ist das Konkrete an einem Gedicht, 67; Horoskop des Hörspiels, 68; Briefwechsel über Literatur (mit H. Vormweg), 69; Zur Tradition der Moderne, 72; Aen Sauerborn (mit B. Kerber u. J. Ahrens), 75; Rupprecht Geiger (mit R. Geiger), o.J.; Der fliegende Frosch und das unverhoffte Krokodil, 76; Mümmelmann oder Die Hasendämmerung, 78; Gruppe Zebra (mit W. D. Dube u. A. Schreiber), 78; Sovak, P.: Arbeiten auf Papier/ Works on paper (Texte von H. H.), Bd 1, 81; Die Erfindung der Libido, 81; Von fliegenden Fröschen, libidinösen Epen, vaterländischen Romanen, 82; Von der Lehrbarkeit des Poetischen, 82; Versuch über die Lautsonate von Kurt Schwitters, 83; Bodo Baumgarten – H. H.: Malerei und Dichtung, 83; Als ich meine Gedanken- und Phantasie-Kur gebrauchte, 85; Fünf Kommentare, 86. – *Sammelausgaben:* Textbuch I–VI, 60–67; gesammelt in: Das Textbuch, 70; 80; Ödipuskomplex made in Germany. Gelegenheitsgedichte, Totentage, Landschaften 1965–80, 81. – *Herausgebertätigkeit:* E. Gomringer: Worte sind Schatten, 69; Antianthologie. Gedichte in deutscher Sprache nach der Zahl ihrer Wörter geordnet (mit F. Mon), 73; Jahrbuch, '77, 77; Hermannstraße 14, H. 1 ff (mit B. Jentzsch), 78–81; Stuttgarter Kunst im 20. Jahrhundert, 79; Poesie und Geschichte, 83; Améry, J.: Integraler Humanismus, 85. – *Schallplatten u. ä.:* Lyrik der Zeit I (mit anderen), 58; Begegnung mit Gedichten, o.J.; 16 Texte, 71 (Tonband); Max unmittelbar vorm Einschlafen, 73; Texte und Gelegenheitsgedichte, 78; Texte und Gedichte, 88 (Kass.).

Held, Kurt → Kläber, Kurt

Helft, Jan → Heilbut, Iven George

Heller, André (eig. Franz),
*22. 3. 1946 Wien.
H., der es versteht, auch um seine Herkunft den Schleier des Geheimnisvollen zu breiten (als sein Geburtsjahr werden auch 1945 und 1947 genannt), behauptet, aus einer ostjüdischen Zuckerbäckerfamilie zu stammen. H. nahm Schauspielunterricht, gab entsprechende Pläne jedoch bald wieder auf, wurde Discjockey

beim Österreichischen Rundfunk und Mitbegründer des Senders «Ö3». 1968 erschien seine erste Schallplatte; seither arbeitet er als Liedermacher und Schriftsteller. 1970 wurde sein Stück *King-Kong-King* bei den Wiener Festwochen uraufgeführt. H., ein erfindungsreicher Selbstdarsteller, gründete 1976 mit Bernhard Paul den «Zirkus Roncalli», mit dem die Poesie des Zirkuslebens neu belebt werden sollte. Nach Zerwürfnissen zog sich H. noch im selben Jahr von diesem Projekt zurück. 1981 rief er das «poetische Varieté» *Flic Flac* ins Leben, veranstaltete 1984 in Berlin sein *Feuertheater* und 1987 das von verschiedenen Künstlern gestaltete Spektakel *Luna Luna.* – Einsamkeit und das Bemühen, sie durch Phantasie und poetische Selbstentwürfe zu sprengen, kennzeichnen seine Texte ebenso wie der präzise eingesetzte Dialekt, der in seinen besten Arbeiten eine eigene Qualität gewinnt. Jenseits aller wienerischen Gemütlichkeit bekommen die Lieder durch die Mundart eine aggressive Spannung, Ausdruck der Haßliebe zu seiner Heimatstadt und ihren Bewohnern.

W.: Texte und Lyrik: Padamme, 1967; sie nennen mich den messerwerfer, 74; Die Ernte der Schlaflosigkeit in Wien (mit Christian Brandstätter u. a.), 75; Das Jahr ohne Widerruf (mit Christina de Grancy), 79; Auf und davon, 79; Die Sprache der Salamander, 81; Flic Flac. Ein poetisches Varieté von André Heller (mit Stefan Moses), 82; A. H.s Feuertheater Berlin 1984, 84; Begnadete Körper, 86; Himmelszeichen – Flying Scultures, 86; Luna Luna, 87; Schattentaucher, 87. – *Theatertext, Fernsehspiel:* King-Kong-King (UA 70); Wer war André Heller?, 72. – *Herausgebertätigkeit:* Es werde Zirkus, 76; Die Trilogie der möglichen Wunder. Roncalli, Flic Flac, Theater des Feuers, 83. – *Schallplatten:* Verwunschen; Abendland; Starporträt; ... ausgerechnet Heller; Das war André Heller; Marilyn Monroe / Du, du, du; Heurige und gestrige Lieder (mit Helmut Qualtinger); Basta; Bei lebendigem Leib; A Musi! A Musi!; Poetic Sound; Neue Lieder.

Henckel, Karl Friedrich, *17. 4. 1864 Hannover, †30. 7. 1929 Lindau/Bodensee.
H. besuchte zusammen mit O. E. Hartleben das Gymnasium in Hannover. Anschließend studierte er Philosophie,

Psychologie und Nationalökonomie in Berlin, Heidelberg, München und Zürich. Dabei verkehrte er u. a. mit M. G. Conrad und M. Greif. Nach mehreren Studienaufenthalten in Mailand, Wien und Brüssel lebte er in den Jahren 1890–1902 wieder in München, dann in Berlin-Charlottenburg als Vorsitzender der Neuen Freien Volksbühne; 1893 brachte er für die SPD das *Buch der Freiheit* heraus. Nach 1908 siedelte er als freier Schriftsteller nach München um und zog sich schließlich 1927 nach Muri bei Bern zurück. – H. war ein Lyriker der naturalistischen Generation. Unter dem Einfluß von Freiligrath und Herwegh schrieb er sozialrevolutionäre Gedichte in der Art von R. Dehmel. Er betrachtete sich als «Nachtigall am Zukunftsmeer» und war tief davon überzeugt, mit seinen Gedichten die sozialen Verhältnisse ändern zu können. In einer recht pathetischen Anklagelyrik verkündete er die proletarische Freiheit und den Untergang der bestehenden Gesellschaftsordnung. Er versuchte dabei, ein breites volkstümliches Publikum, insbesondere unter den Arbeitern, für die Lyrik zu gewinnen. Später verzichtete H. auf derartige lyrische Darlegung sozialer Ideen und Themen und wandte sich mit einfachen Natur- und Liebesgedichten dem Impressionismus, der «reinen Poesie» zu.

W.: Lyrik: Umsonst, 1884; Poetisches Skizzenbuch, 85; Strophen, 87; Amselrufe, 88; Diorama, 90; Trutznachtigall, 91; Aus meinem Liederbuch, 92; Zwischenspiel, 94; Moderne Dichterabende, 95; Gedichte, 98; Neues Leben, 1900; Gedichte für das Volk, 01; Aus meinen Gedichten, 02; Ausgewählte Gedichte, 03; Gipfel und Gründe, 04; Mein Lied (mit R. Strauss), 06; Schwingungen, 06; Weltlyrik, 10; Ein Lebenslied, 11; Im Weitergehen, 11; Hundert Gedichte, 14; Weltmusik, 18; Ausgewählte Gedichte, 23; An die neue Jugend, 23. – *Essays, Vorträge:* Ada Negri, 1896; Widmungsblatt an Arnold Böcklin, 97; Lyrik und Kultur, 1914. – *Herausgebertätigkeit:* Moderne Dichtercharaktere (mit W. Arent und H. Conradi), 1885; Quartett (mit A. Gutheil, E. Hartleben, A. Hugenberg), 86; Buch der Freiheit, 2 Bde, 93; Moderne Dichterabende, 95; Sonnenblumen, 95–99; L. Jacoby, Cunita, 96; Deutsche Dichter seit Heine, 1906; G. Pfander, Helldunkel, 08. – *Werkausgaben:* Gesammelte Werke, 4 Bde, 1921 (2. erw. Aufl., 5 Bde, 23).

Henisch, Peter, * 27. 8. 1943 Wien.
H. studierte Germanistik, Geschichte, Philosophie, Psychologie und lebt gegenwärtig als Schriftsteller, Journalist, Liederschreiber und Sänger. Er ist Angehöriger des österreichischen PEN-Clubs, Mitbegründer der Gruppe «Wespennest» und der Musikgruppe «Wiener Fleisch und Blut». 1977 A.-Wildgans-Preis. – In seinen literarischen Arbeiten setzt sich H. auseinander mit überkommenen Traditionsmustern, dem Stereotyp der Wiener Randschichtenideologie, der als dominant erlebten Vaterautorität und den bereits zum Mythos stilisierten Ereignissen des Jahres 1968. Dabei gelingt H. eine Entwicklung von der Aneinanderreihung und Montage epigrammatischer Kürzel zur Großform des Romans.

W.: Roman, Erzählung, Kurzprosa: Hamlet bleibt, 1971; Vom Baron Karl, 72; Wiener Fleisch und Blut, 75; Die kleine Figur meines Vaters, 75 (überarb. 87); Der Mai ist vorbei, 78; Vagabunden, 80; Bali oder Swoboda steigt aus, 81; Zwischen allen Sesseln, 82; Das Wiener Kochbuch, 83; Hoffmanns Erzählungen, 84; Pepi Prohaska Prophet, 86; Steins Paranoia, 88. – *Drama, Hör- und Fernsehspiele:* Lumpazimoribundus. Antiposse mit Gesang, 74; Monte Wien – Monta Laa (Fsp.), 75; Die kleine Figur meines Vaters, 80. – *Lyrik:* Mir selbst auf der Spur, 77; Hamlet, Hiob, Heine, 89. – *Schallplatten, Kassetten:* Vom Baronkarl [mit anderen], 73; Alles in Ordnung, 75.

Henkel, Heinrich, * 12. 4. 1937 Koblenz.
Aufgewachsen in Bad Ems, absolvierte H. eine Malerlehre und arbeitete seit 1955 als Malergeselle in der Industrie und im Schiffbau. 1964 siedelte er in die Schweiz über, wo er nach dem Erfolg seines ersten Stücks als freier Schriftsteller lebt. 1970–75 Mitarbeiter und Hausautor des Stadttheaters in Basel, verdiente er von 1975–80 seinen Lebensunterhalt mit Gelegenheitsarbeiten, u. a. wieder als Maler. H. ist Mitglied der Autorengruppe Olten und bekam 1970 den Förderpreis des G.-Hauptmann-Preises, 1971 die Fördergabe zum Schiller-Gedächtnispreis und 1981 den Preis der Frankfurter Autorenstiftung. – Mit einem Stück aus der Arbeitswelt gelang H. der literarische Durchbruch. Sein Erstlingswerk *Eisenwichser* schildert in kargen Dialogen zwei-

er in einem unterirdischen Röhrensystem arbeitenden Maler eine geradezu ‹exotisch› anmutende Alltagswelt. Auch in den folgenden Stücken blieb H. dieser Thematik treu, ergänzt um die Schilderung der Randständigen und Ausgeflippten und deren Versuche, in der Gesellschaft Fuß zu fassen.

W.: Dramen: Eisenwichser (in Theater heute 9/70), 70 (Buchausgabe 82); Frühstückspause (in Theater heute 7/71), 71 (Buchausgabe 73); Spiele um Geld, 71; Olaf und Albert (in Theater heute 9/73), 73; Die Betriebsschließung (in Theater heute 4/75); Still Ronnie, 81; Altrosa. Eisenwichser. Frühstückspause, 83.

Henricks, Paul (eig. Edward Hoop), *19.5.1925 Rendsburg.

H. ist Studiendirektor und Bürgervorsteher seines Wohnortes Büdelsdorf. – H.’ Kriminalromane kreisen um den Vater-Sohn-Konflikt, der psychoanalytisch fundiert und, vornehmlich in der als schuldhaft empfundenen Sexualität, symbolhaft umgesetzt wird; Symbolismen, oft angelehnt an die griechische Klassik, und kreisförmige Konstruktionen bestimmen auch den formalen Aufbau der Romane. Die Söhne revoltieren gegen Unterdrückung (*Pfeile aus dem Dunkeln*) oder Vernachlässigung (*Der Ameisenhaufen*) durch autoritäre Väter und gegen deren konservative Werthaltungen; das Problem überträgt sich gleichfalls auf (latent homophile) Lehrer-Schüler-Beziehungen (*Eine Maßnahme gegen Franz*). H. hat sich wiederholt mit der NS-Vergangenheit auseinandergesetzt (*Sieben Tage Frist für Schramm, Keine Stimme für Krüß*) und versucht dabei eine differenzierte Analyse der moralischen Schuldfrage, die von der nachwachsenden Generation gestellt wird.

W.: Romane: Sieben Tage Frist für Schramm, 1966; Der Toteneimer, 67; Der Ameisenhaufen, 69; Pfeile aus dem Dunkeln, 71; Eine Maßnahme gegen Franz, 77; Keine Stimme für Krüß, 80.

Henscheid, (Hans-)Eckhard (Pseud. Hans Eckhard Sepp), *14.9.1941 Amberg.

H. studierte nach dem Abitur in München. Nach dem Magisterexamen arbeitete er als Redakteur, seit 1972 als freier Schriftsteller. Er ist Mitbegründer der satirischen Monatsschrift «Titanic». – Neben intensiver publizistischer Tätigkeit schreibt H. literarische und musikwissenschaftliche Essays, Kurzprosa, Romane und arbeitet mit an Fernsehproduktionen. Bekannt wurde er mit den als «Trilogie des laufenden Schwachsinns» zusammengefaßten Romanen *Die Vollidioten, Geht in Ordnung – sowieso – genau ––* und *Die Mätresse des Bischofs.* In diesen Romanen gibt H. minuziös beobachtete Beschreibungen der Banalität des alltäglichen Lebens in der Bundesrepublik der 70er Jahre. Die trivialsten Verwicklungen seiner Helden werden mit dem Sprachgestus der Realisten des 19. Jahrhunderts beschrieben und dadurch zugleich verfremdet und satirisch entlarvt. So wird der Ich-Erzähler im zweiten Roman der Trilogie zum selbsternannten Biographen eines trinkenden Teppichhändlers und beschreibt dessen letzte Lebensmonate und Trinkexzesse im Stile eines (un)bürgerlichen ‹Heldenlebens›. Inhaltsleere und Stumpfsinn des Alltags in der Provinz werden auf zugleich beklemmende und unwiderstehlich komische Art enthüllt.

W.: Romane, Erzählungen, Prosa: Im Kreis, 1968 (Selbstverlag); Die Vollidioten, 73 (Selbstverlag, Neuausg., 78); Unser liebes Amberg, 75 (Selbstverlag); Geht in Ordnung – sowieso –– genau –––, 77; Die Mätresse des Bischofs, 78; Über Oper. Vier ist der Mozart Wagners [mit Ch. Poth], 79; Ein scharmanter Bauer, 80 (daraus: 14 Schwedengeschichten, 84); Beim Fressen beim Fernsehen fällt der Vater dem Kartoffel aus dem Maul, 81; Der Neger (Negerl) [mit I. Kant], 82 (erw. 88); Roßmann, Roßmann ..., 82 (daraus: Franz Kafka verfilmt seinen ‹Landarzt›, 88); Dolce Maria Bionda, 83; Wie Max Horkheimer einmal sogar Adorno hereinlegte, 83; Literarischer Traum- und Wunschkalender auf das Jahr 1985, 84; Helmut Kohl. Biographie einer Jugend, 85; Fußballkalender, 85; Frau Killermann greift ein, 85 (daraus: Die Wurstzurückgehlasserin, 88; Blick in die Heimat, 88); Erledigte Fälle, 86; TV-Zombies [mit F. W. Bernstein], 87; Sudelblätter, 87; Wir standen an offenen Gräbern, 88; Maria Schnee, 88; Standardsituationen [mit F. W. Bernstein], 88; Die drei Müllersöhne, 89. – *Dramen, Hör- und Fernsehspiele:* Das Lumpengesindel, oder: Wo nur der Vadda wieder bleibt, UA 71; Die Knapp-Familie [mit St. Meyer] (Fsp.), 6 Teile,

79; Eckermann und sein Goethe. Ein Schau-/ Hörspiel getreu nach der Quelle [mit F. W. Bernstein u. B. Eilert], UA 80 (als Hsp. 79) [in: Unser Goethe, S. 977–1110]; Standardsituationen, UA 88. – *Essays:* Erläuterungen und kleiner Kommentar zu E. H.s Roman-Trilogie ‹Die Vollidioten›, ‹Geht in Ordnung – sowieso –– genau –––›, ‹Die Mätresse des Bischofs› [mit H. Lichti], 86. – *Übersetzungen:* Woody Allen: Der Stadtneurotiker [mit S. Rahm], 81. – *Sammel- und Werkausgaben:* Die Trilogie des laufenden Schwachsinns, 84 [Bd 1: ‹Die Vollidioten›, Bd 2: ‹Geht in Ordnung – sowieso –– genau –––›, Bd 3: ‹Die Mätresse des Bischofs›]; Kleine Trilogie der großen Zerwirrnis [Bd 1: Beim Fressen (...), Bd 2: Der Neger (Negerl), Bd 3: Wir standen an offenen Gräbern], 88; Was ist eigentlich der Herr Engholm für einer? Ausgewählte Satiren und Glossen – Erste Folge 1969–1989, 89. – *Herausgebertätigkeit:* Unser Goethe. Ein Lesebuch (mit F. W. Bernstein), 82; Dummdeutsch (mit anderen), 85; Mein Lesebuch, 86.

Henz, Rudolf (Pseud. H. bzw. Rudolf Miles),
*10. 5. 1897 Göpfritz a. d. Wild/Niederösterreich, †11. 2. 1987 Wien.
H. meldete sich freiwillig zum Kriegsdienst im 1. Weltkrieg von 1915–18. Nach Kriegsende studierte er in Wien Germanistik und Kunstgeschichte und promovierte 1923 zum Dr. phil., arbeitete dann als Schriftsteller und Redakteur, Volksbildungsreferent und Leiter der Volksbildungsstelle des Volksbundes der Katholiken Österreichs. Von 1931–38 war er Direktor der wissenschaftlichen Abteilung des Österreichischen Rundfunks, wurde aber 1938, nach dem Einmarsch Hitlers in Wien, entlassen. Er betätigte sich danach als freier Schriftsteller, Glasmaler und Restaurator. Zum kulturellen Aufbau Österreichs nach 1945 trug er bei als Präsident der Österreichischen Kulturvereinigung, als Vorsitzender des österreichischen Kunstsenats und Radiosendeleiter in Wien. Seit 1955 war er Herausgeber der Zeitschrift «Wort in der Zeit», ab 1960 mit Gerhard Fritsch von «Literatur und Kritik» und Mitherausgeber der Schriftenreihe «Dichtung der Gegenwart». 1953 erhielt H. den Staatspreis für Literatur, 1956 den Literaturpreis der Stadt Wien und 1967 den Ehrenring Wien.
In seinem Werk, das gekennzeichnet ist durch eine christlich-katholische Grundhaltung und starke Heimatverbundenheit, behandelt H. den Gegensatz zwischen ländlicher Herkunft und dem Bekenntnis zur Stadt, das Erlebnis des Krieges, die Frage nach dem Sinn des künstlerischen Berufes. Seine Laien- und Volksschauspiele thematisieren das religiöse Erleben im Alltag. Besonders in seinen späteren Gedichten steht die Auseinandersetzung des gläubigen Christen mit der sozialen und politischen Zeitlage im Vordergrund.

W.: Lyrik: Lieder eines Heimkehrers, 1919; Unter Brüdern und Bäumen, 29; Eine Wiener Singmesse für das deutsche Volk (mit. J. Lechthaler), 33; Döblinger Hymnen, 35; Festliche Dichtung. Gesammelte Sprüche und Spiele, 35; Wort in der Zeit. Gedichte aus zwei Jahrzehnten, 45; Bei der Arbeit an den Klosterneuburger Scheiben, 50; Österreichische Trilogie, 50; Der Turm der Welt, 51; Lobgesang auf unsere Zeit. Eine Auswahl neuer Gedichte, 56; Der geschlossene Kreis, 64; Tragödie der Menschen. Deutsche Nachdichtung, 67; Neue Gedichte, 72; Kleine Apokalypse. Lyrisches Pamphlet, 76; Dennoch Brüder: eine Vision, 81. – *Romane und Erzählungen:* Die Gaukler, 32; Dennoch Mensch ... Roman von Krieg und Liebe, 35; Die Hundsmühle, 39; Begegnung im September, 39; Der Kurier des Kaisers, 41; Der große Sturm, 43; Ein Bauer greift an die Sterne, 43; Das Land der singenden Hügel, 54; Die Weltreise eines Innsbrucker Schneidergesellen vor hundert Jahren. Franz Obrist, 55; Die Nachzügler, 61; Der Kartonismus. Ein satirischer Roman, 65; Unternehmen Leonardo, 73; Wohin mit den Scherben?, 79; Die Geprüften, 85. – *Dramen:* Das Wächterspiel, 31; Die Heimkehr des Erstgeborenen. Spiel aus unseren Tagen, 33; Flucht in die Heimat, Kaiser Joseph II., 37; Der Spielmann und andere Spiele, 37; Erscheinung des Herrn. Pfingstspiel, 42; Die Erlösung, 49; Die große Lüge. Ananias und Saphira, 49; Die große Entscheidung, 54; Die ungetreuen Pächter. Ein Gleichnisspiel, 54; Der Büßer, 55. – *Essays und Sachbücher:* Die Landschaftsdarstellung bei Jean Paul, 24; Das gesamte Schaffen der Dichterin Enrica von Handel-Mazzetti, 31; Sinn und Aufgabe der katholischen Dichtung, 36; Geistige Länderkunde, 58; Österreich, 58. – *Fernsehspiele:* Zwischenfall in Antiochia, 67; Rebell in der Soutane, 70; Das Hohelied, 72. – *Autobiographisches:* Fügung und Widerstand, 63. – *Herausgebertätigkeit:* Dichtung der Gegenwart (mit A. Weikert), 50. – *Hörspiel:* Er widerstand ihm ins Angesicht. Die große Entscheidung, 52. – *Sammelausgabe:* Zwischen den Zeiten. Eine Auswahl aus dem Gesamtwerk.

Ausgabe zum 60. Geburtstag des Dichters, 57;
Die Gedichte, 84; Dramen, 87.

Herburger, Günter, *6.4.1932 Isny
(Allgäu).
H. studierte Philosophie, Theaterwissenschaft und Sanskrit in München und Paris
und arbeitete anschließend in unterschiedlichen Berufen in verschiedenen
Ländern Europas und Nordafrikas. Er
war ein Jahr Fernsehredakteur des Süddeutschen Rundfunks in Stuttgart, lebt
als freier Schriftsteller. H. ist Mitglied des
PEN und erhielt mehrere Literaturpreise, u. a. den Preis «Junge Generation»
beim Berliner Kunstpreis 1965, 1973 den
Bremer Literaturpreis, 1979 den Gerrit-
Engelke-Preis Hannover, 1981 das Stipendium «Münchner Literaturjahr» und
den Peter-Huchel-Preis 1991.
Die Protagonisten seiner Werke leiden
an der Gesellschaft, an ihrer kleinbürgerlichen und ressentimentgeladenen Umwelt. Sie versuchen daraus auszubrechen
und sind auf der Suche nach einer huma-
neren Welt ohne Privilegien. Dabei
scheitern sie zumeist und kehren resigniert, aber nicht gebrochen, in ihre alte
Umgebung zurück. *Flug ins Herz*, der erste Band einer Trilogie, will eine Vorstellung davon geben, «wie es wäre, wenn
die Machtlosen sich mit den Wissenden
zu vereinen verstünden.»
Ähnliches wie für seine Prosaarbeiten
gilt für H.s Gedichte, die vor der depri-
mierenden Folie des Alltags und des Alltäglichen Utopie und Hoffnung des einzelnen beschwören. – H. hat auch mehrere erfolgreiche Kinderbücher verfaßt, in
denen die Leser/innen nicht nur ‹Abenteuer› miterleben, sondern auch in soziale Zusammenhänge eingeführt werden. –
Er hat auch die Bücher zu einer Reihe
von Filmen und Fernsehspielen verfaßt.

W.: Romane, Erzählungen, Prosa: Eine gleich-
mäßige Landschaft, 1964; Die Messe, 69; Jesus
in Osaka, 70; Birne kann alles, 71; Birne kann
noch mehr, 71; Die Eroberung der Zitadelle,
72; Helmut in der Stadt, 72; Hauptlehrer Hofer, 75; Birne brennt durch, 75; Flug ins Herz, 2
Bde., 77; Die Augen der Kämpfer I, 80; Blick
aus dem Paradies. Thuja, 81; Die Augen der
Kämpfer. Zweite Reise, 83; Capri. Die Geschichte eines Diebs, 84; Lauf und Wahn, 88. –
Dramen, Hör- und Fernsehspiele, Filme: Ge-

spräch am Nachmittag (Hsp.), 61; Der Rekla-
meverteiler (Hsp.), 63; Die Ordentlichen
(Hsp.), 65; Wohnungen (Hsp.), 65; Der Topf
(Hsp.), 65; Abschied (Fsp.), 66; Der Beginn
(Fsp.), 66; Blick aus dem Paradies (Hsp.), 66;
Tag der offenen Tür (Hsp.), 66; Tag der offe-
nen Tür (Fsp.), 67; Das Bild (Fsp.), 67; Die
Söhne (Fsp.), 68; Tanker (Fsp.), 70; Das Ge-
schäft (Hsp.), 70; Exhibition oder Ein Kampf
um Rom (Hsp.), 71; Helmut in der Stadt
(Fsp.), 74; Hauptlehrer Hofer (Fsp.), 75; Die
Eroberung der Zitadelle (Film), 77; Thuja
(Hsp.), 80; Der Garten (Hsp.), 84; Im Zeitsee
(Hsp.), 86. – *Lyrik:* Ventile, 66; Training, 70;
Operette, 73; Ziele, 77; Orchidee, 79; Maka-
dam, 82; Kinderreich Passmoré, 86; Das bren-
nende Haus, 90. – *Essays:* Das Flackern des
Feuers im Land, 83; Kreuzwege, 88. – *Übersetz-
zungen:* E. Dujardin: Geschnittener Lorbeer,
66. – *Sammel- und Werkausgaben:* Die ameri-
kanische Tochter, 73; Birne, 80; Das Lager.
Ausgewählte Gedichte. 1966–1983, 84.

Herdan, Johannes → Koenig, Alma
Johanna

Herhaus, Ernst, *6.2.1932 Ründeroth
bei Köln.
Längere Aufenthalte in Paris, Wien und
Zürich. Arbeit in verschiedenen deutschen Verlagen. – Bei H. folgten Perioden großer Arbeitsintensität auf Perioden totalen Absackens im Alkoholismus.
– Schon in seinem ersten Roman *Die
homburgische Hochzeit*, einem Schel-
men- und zugleich modernen Bildungsroman der 60er Jahre, erstaunte H. durch
seine krause Welt, in der das Reale übersteigert und im Phantastischen aufgelöst
wird, durch seine satirische Perspektive
und deftige Sprache. – In *Eiszeit* künstliche, teils monströse Gestalten; eine
Schreibweise voller Anspielungen, Symbole und Allegorien auf Frankfurter Zustände. Hemmungslose Wortwut und
eine Überfülle phantastischer Einfälle
schaden oft der Wirkung seiner sprachmächtigen Darstellung. – Seine Trilogie
über Alkoholismus und Selbsthilfe ist die
Chronik «einer laufenden kranken
Selbstbeschwörung». Ein Alkoholab-
hängiger zeichnet seinen physischen und
psychischen Untergang und die Phasen
seiner Genesung auf.

W.: Romane, Prosa: Die homburgische Hochzeit, 1967; Roman eines Bürgers, 68; Die Eis-

zeit, 70; Kinderbuch für kommende Revolutionäre, 70 (ab 3. Aufl., 79, als: Poppie Höllenarsch); Notizen während der Abschaffung des Denkens, 70; Siegfried (mit J. Schröder), 72; Kapitulation, Aufgang einer Krankheit, 77; Der zerbrochene Schlaf, 78; Gebete in die Gottesferne, 79; Der Wolfsmantel, 83.

Hermann, Georg (eig. Georg Hermann Borchardt), * 7. 10. 1871 Berlin-Friedenau, † 19. 11. 1943 Auschwitz.

H. arbeitete seit 1890 als Kaufmannslehrling und besuchte daneben von 1896–99 literarische und kunstgeschichtliche Vorlesungen in Berlin, war dann im Statistischen Amt der Stadt beschäftigt und später freiberuflich als Kunstkritiker und Schriftsteller tätig. 1933 emigrierte er nach Laren (Holland), von wo er 1943 in das KZ Westerbork und dann Auschwitz eingeliefert wurde. – Als Kunstgeschichtler hatte sich H., ein Freund von Lovis Corinth, für die Durchsetzung des Werks von Edvard Munch in Deutschland eingesetzt. Als Schriftsteller wurde er besonders bekannt durch seine Schilderungen des jüdischen Lebens im Zeitalter des Biedermeier, so mit seinem Roman *Jettchen Geberts Geschichte*, dem Bild einer typischen jüdischen Familie und zugleich einer kulturhistorischen Studie vom Berlin jener Tage. Aber auch mit der Beschreibung des Milieus der kleinen Leute, wie in *Kubinke*, der Halb- und Unterwelt in *Rosenemil*, fand er starke Beachtung.

W.: *Romane, Erzählungen, Skizzen:* Spielkinder, 1897; Die Zukunftsfrohen, 98; Aus dem letzten Hause, 98; Jettchen Geberts Geschichte, 1906–09; Kubinke, 10; Aus guter alter Zeit, 11; Die Nacht des Doktor Herzfeld, 12; Heinrich Schön jun., 15; Vom gesicherten und ungesicherten Leben, 15; Der Guckkasten, 16; Einen Sommer lang, 17; Randbemerkungen, 19; Kleine Erlebnisse, 19; Schnee, 21; Die steile Treppe, 25; Der kleine Gast, 25; Spaziergang in Potsdam, 26; Der doppelte Spiegel, 26; Aus sorglosen Tagen. Ein Album, 29; Tränen um Modesta Zamboni, 28; Träume der Ellen Stein, 29; Grandier Wordelmann, 30; November achtzehn, 30; Das Buch Ruth, 31; Henriette Jacoby, 32; Der Rückerwerb des Nichtberechtigten, 33; Ruths schwere Stunde, 34; Eine Zeit stirbt, 34; B. M. der unbekannte Fußgänger, 35; Rosenemil, 36; Der etruskische Spiegel, 36; Nur für Herrschaften, 49. – *Dramen:* Der Wüstling, 11; Jettchen Gebert, 13; Henriette Jacoby, 15; Mein Nachbar Ameise, 17; Frau Antonie, 23. – *Abhandlungen und Essays:* Der Simplizissimus und seine Zeichner, 1900; Die deutsche Karikatur im 19. Jahrhundert, 01; Wilhelm Busch, 02; Skizzen und Silhouetten, 02; Max Liebermann, 04; Rudyard Kipling, 09; Sehnsucht: Ernste Plaudereien, 09; Um Berlin, 12; Unsere Jungen, 18; Holland, Rembrandt und Amsterdam, 26; Die Zeitlupe und andere Betrachtungen, 28; Vorschläge eines Schriftstellers, 29; Pro Berlin, 31. – *Herausgebertätigkeit:* Das Biedermeier im Spiegel seiner Zeit, 13. – *Werkausgabe:* Gesammelte Werke, 22; Ausgewählte Werke in Einzelausgaben, 87 ff.

Hermlin, Stephan (eig. Rudolf Leder), * 13. 4. 1915 Chemnitz.

H. trat 1931 dem Kommunistischen Jugendverband bei, war 1933–36 in Berlin illegal tätig, emigrierte 1936 nach Ägypten, Palästina, England, Spanien, Frankreich und kämpfte 1937 in den Internationalen Brigaden gegen den spanischen, ab 1939 in der französischen Armee gegen den deutschen Faschismus. Nach der Besetzung Frankreichs Internierung in verschiedenen Lagern, Flucht in die Schweiz, dort Internierung; Mitarbeit in der Bewegung «Freies Deutschland»; 1945 Rückkehr nach Deutschland, bis 1947 Rundfunkredakteur in Frankfurt/Main. 1947 Übersiedelung in die damalige SBZ; lebt seitdem als freischaffender Schriftsteller. Mehrfacher Nationalpreisträger, 1972 Heine-Preis, 1984 Wapzarow-Preis (Bulgarien), 1987 J.-R.-Becher-Medaille, 1990 Banner der Republik Ungarn. Seit Anfang 1990 ist H. Ehrenpräsident des PEN-Zentrums der DDR und seit Mitte des Jahres Vizepräsident der (Ost)Berliner Akademie der Künste.

Ende 1944 veröffentlichte H. in einem Schweizer Verlag seinen Gedichtband *Zwölf Balladen von den großen Städten*. Sein produktiver Umgang mit tradierten lyrischen Formen wies H. sogleich als bedeutenden Lyriker aus. Die Spannung seiner Gedichte erwächst aus dem Gebrauch klassischer formaler Mittel zum Ausdruck antifaschistischen Engagements.

Wie mit seiner Lyrik setzte H. auch mit seiner Prosa sogleich Maßstäbe. Die erste Erzählung *Der Leutnant Yorck von*

Wartenburg weist bereits die wesentlichen Merkmale H.scher Prosa auf. Im Gegensatz zur wortreich evozierten Stimmungsdichte seiner Lyrik bedient sich der Autor einer kühl notierenden Sprache, die die Distanz des scheinbar unbeteiligten Beobachters hat. Surreale Effekte lassen Traum, Halluzination und Wirklichkeit verschmelzen, die Wahrnehmungsebenen verschwimmen, hellen psychische Befindlichkeiten auf.

H.s Thema in Lyrik und Prosa ist die Zeit des Faschismus und des Widerstandes; der Autor bevorzugt extreme Situationen. Der *Leutnant Yorck von Wartenburg* ist ein nach dem 20. Juli zum Tode verurteilter Offizier, der sich sterbend auf der Flucht nach Osten glaubt. *Die Zeit der Gemeinsamkeit* schildert den Aufstand im Warschauer Getto, in *Die Reise eines Malers* glaubt sich der Held im Traum als Jude von Faschisten bedroht. *Die Zeit der Einsamkeit* handelt vom Emigranten Neubert, dessen Frau, von faschistischen Franzosen vergewaltigt, beim Abtreibungsversuch stirbt, *Die Kommandeuse* gibt das Psychogramm einer ehemaligen KZ-Wärterin, die bei den Unruhen in der DDR 1953 befreit, erneut gefaßt und zum Tode verurteilt wird. *Die erste Reihe* sammelt Porträts junger antifaschistischer Widerstandskämpfer; auch spätere Prosastücke, etwa *Corneliusbrücke*, greifen mit Erinnerungen an die Kindheit und dem Mord an Liebknecht und Luxemburg das Thema Faschismus wieder auf. In der Koppelung von Autobiographie und Zeitgeschichte kommt H. in seinem Prosastück *Abendlicht* völlig ohne sensationelle Stoffvorgabe aus.

Als politische und ästhetische Ergänzung seiner Dichtung spielt H.s Publizistik eine wichtige Rolle. Seine undogmatische Haltung in kulturpolitischen und literarischen Fragen zeigt der Essayband *Lektüre*, sein *Deutsches Lesebuch*, eine Sammlung literarischer Texte von Luther bis Liebknecht, weist H. als sensiblen Kenner deutscher Literatur aus. Seine Offenheit für verschiedene Tendenzen der Weltliteratur dokumentieren H.s Nachdichtungen und Übersetzungen moderner amerikanischer, englischer, lateinamerikanischer, französischer, türkischer und ungarischer Lyrik und Prosa.

W.: Romane, Erzählungen, Prosa: Der Leutnant Yorck von Wartenburg, 1946; Zwei Erzählungen, 47; Reise eines Malers in Paris, 47; Die Zeit der Gemeinsamkeit, 51; Die erste Reihe, 51; Die Zeit der Einsamkeit, 51; Die Argonauten, 74; Abendlicht, 79; Lebensfrist, 80. – *Dramen, Hörspiele:* Ich war, ich bin, ich werde sein…, 50 (Bühnenms., mit anderen); Scardanelli. Ein Hörspiel, 70. – *Lyrik:* Wir verstummen nicht, 45 (mit J. Mihaly u. L. Ajchenrand); Zwölf Balladen von den großen Städten, 45; Die Straßen der Furcht, 47; Zweiundzwanzig Balladen, 47; Mansfelder Oratorium, 50; Der Flug der Taube, 52; Balladen, 65; Die Städte, 66; Städteballaden, 75. – *Essays, Publizistik, Reportagen, Briefe:* Ansichten über einige neue Schriftsteller und Bücher (mit Hans Mayer), 47 (erw. 47); Russische Eindrücke, 48 (mit anderen); Die Sache des Friedens, 53; Ferne Nähe, 54; Begegnungen 1954–1959, 60; Lektüre 1960–1971, 73; Aufsätze, Reportagen, Reden, Interviews, 80; Äußerungen 1944–1982, 83; Briefe an Hermlin 1946–1984, 85; S. H., homme de lettre. Ein Gespräch zwischen Sylvia Schlenstedt und S. H. im Sommer 1983, 85. – *Übersetzungen:* Eluard, P.: Gedichte, 47; Russell, B.: Macht, 47; Auch ich bin Amerika, 48; Eluard, P.: Politische Gedichte, 49; Neruda, P.: Beleidigtes Land, 49; Courtade, P.: Helsingör, 50; Aragon, L.: Die Viertel der Reichen, 52; Monmousseau, G.: Die Reisetasche des Jean Brécot aus der Touraine, 55; Nachdichtungen, 57; Triolet, E. und R. Doisneau: Paris bei Tag – Paris bei Nacht, 58; Pozner, V.: Der Richtplatz, 61; ders.: Die Verzauberten, 63; Daudet, A.: Tartarin in den Alpen, 65; Sillitoe, A.: Schlüssel zur Tür, 66 (mit H. Kamnitzer); Pozner, V.: Spanien, erste Liebe, 68; ders.: Das Wasser war viel zu tief, 71; Voltaire: Candide oder der Optimismus, 72; Eluard, P.: Trauer schönes Antlitz, 74; V. Pozner erinnert sich, 75; Paul Eluard, 81. – *Sammelund Werkausgaben:* Dichtungen, 56; Gedichte, 63; Gedichte und Prosa, 65; Erzählungen, 66; Die Zeit der Gemeinsamkeit. In einer dunklen Welt, 66; Stephan Hermlin, 73; Der Leutnant Yorck von Wartenburg, 74; Gesammelte Gedichte, 79; Gedichte, 81; Arkadien, 83; Bestimmungsorte, 85; Mein Friede. Rückkehr, 85; Traum der Gemeinsamkeit, 85; Erzählungen, 90. – *Herausgebertätigkeit:* Jószef, A.: Gedichte 60; Weiskopf, F. C.: Gesammelte Werke, 8 Bde, 60 (Auswahl mit Grete Weiskopf u. F. Arndt); Erinnerungen an einen Freund. Ein Gedenkbuch für F.C. Weiskopf, 63 (Auswahl mit Grete Weiskopf u. F. Arndt); Heym, G.: Gedichte, 65; Vietnam in diesen Stunden, 68 (mit W. Bräunig); Ungarische

Dichtung aus fünf Jahrhunderten, 70 (mit G. M. Vajda); Verlaine, P.: Gedichte, 70; Deutsches Lesebuch, 76. – *Schallplatten u. ä.:* S. H. spricht eigene Gedichte, 61; S. H. liest aus Abendlicht, 80.

Herrmann-Neiße, Max (eig. Max Herrmann), *23.5.1886 Neiße (Schlesien), †8.4.1941 London.

H. war nach dem Studium der Literatur- und Kunstgeschichte zunächst Theaterkritiker, später freier Schriftsteller; 1914 Eichendorff-Preis für seine Lyrik; 1917 Übersiedlung nach Berlin; dort Angehöriger des «Aktion»-Kreises; Mitarbeiter auch an anderen Zeitschriften des Expressionismus, u. a. Schickeles «Weißen Blättern» und Behls «Kritiker». 1927 Gerhart-Hauptmann-Preis. 1933 freiwillige Emigration über die Schweiz, Frankreich und Holland nach England (London). Trotz erfolgreicher Arbeiten in Prosa und Drama (*Joseph der Sieger*) blieb H.s eigentliches Arbeits- und Wirkungsfeld die Lyrik. Als Lyriker dem Expressionismus zuzurechnen; sprachlich jedoch distanziert von der Pathetik vieler Dichter seiner Zeit; Thema seiner Lyrik ist der zur Einsamkeit verurteilte Mensch, gleichzeitig aber auch der Drang nach kollektiver Verbundenheit. Charakteristisch für H.s Dichtungen sind stark bekennerhafte Züge; in den 20er Jahren Annäherung an klassische Formen. In den letzten Gedichtbänden kommen Töne der Klage und der Schwermut stärker zum Tragen, die ihren Grund in H.s Emigrantenschicksal haben.

In den Essays deutliches Hervortreten seiner pazifistischen Grundhaltung; schon in den 20er Jahren Warnung vor der nationalsozialistischen Gewaltherrschaft, bei deren Beginn er als einer der ersten floh.

W.: Romane, Erzählungen: Hilflose Augen, 1920; Cajetan Schaltermann, 20; Der Flüchtling, 21; Die Begegnung, 25; Der Todeskandidat, 27. – *Dramen:* Joseph der Sieger (Albine und Aujust), 19; Die Laube der Seligen, 19; Der letzte Mensch, 22. – *Lyrik:* Ein kleines Leben, 06; Das Buch Franziskus, 11; Porträte des Provinztheaters, 13; Sie und die Stadt, 14; Empörung, Andacht, Ewigkeit, 18; Verbannung, 19; Die Preisgabe, 19; Im Stern des Schmerzes, 24; Einsame Stimme, 27; Abschied, 28; Musik der Nacht, 32; Um uns die Fremde, 36; Letzte

Gedichte, 41; Mir bleibt mein Lied, 42; Erinnerung und Exil, 45; Heimatfern, 45. – *Essays:* Die bürgerliche Literaturgeschichte und das Proletariat, 22; Emile Zola, 25. – *Sammelausgaben:* Max Herrmann-Neiße (Auswahl), 61; Flüchtig aufgeschlagenes Zelt, 69; Ich gehe wie ich kam. Gedichte, 79; Der kleinen Stadt Refrain, 84; Gesammelte Werke, 9 Bde, 86ff. – *Herausgebertätigkeit:* Dichter für das revolutionäre Proletariat (Schriftenreihe); Werke von Swift.

Herzfelde (eig. Herzfeld), Wieland, *11.4.1896 Weggis (Schweiz), †23.11.1988 Berlin.

H. studierte in Berlin Germanistik. Nach dem 1. Weltkrieg trat er 1918 der KPD bei. Als einer der führenden Vertreter der Literaturrevolte der Kriegs- und Nachkriegszeit gab H. u. a. mit G. Grosz und seinem Bruder J. Heartfield die Zeitschrift «Die Pleite» heraus und stand dem Berliner Kreis der Dadaisten nahe. Von 1917 bis 1933 hatte H. die Leitung des Malik-Verlages inne, in dem u. a. die Werke Tolstojs, Gor'kijs, Sinclairs, Ehrenburgs, Babel's, der Kollontaj, Majakovskijs und der frühen proletarisch-revolutionären Literatur erschienen. Nach der Exilierung wurde der Verlag bis 1939 von H. in Prag weitergeführt. H. war dort Mitherausgeber der «Neuen Deutschen Blätter». 1939–48 lebte H. in den USA; er war dort als Buchhändler und Publizist tätig; 1944 gründete er mit Brecht u. a. den antifaschistischen Aurora-Verlag. 1949 übernahm H. eine Professur für Literatur in Leipzig. H. war u. a. Ehrenpräsident des PEN-Zentrums der DDR, mehrfach ausgezeichnet. Neben Gedichten und kurzen Prosaarbeiten, deren formale Experimentierfreudigkeit sich mit einem immer stärkeren politischen Engagement verband, leistete H. mit seinen Essays (insbesondere *Gesellschaft, Künstler, Kommunismus*) einen wichtigen theoretischen Beitrag zur Selbstverständigung der sich vom Bürgertum abwendenden Künstler. Die skizzenhafte Autobiographie *Professor Immergrün* gibt Impressionen von H.s Kindheit hin zu Beobachtungen des DDR-Lebens wieder; eingeblendete Erzählungen gehen auf die Probleme von Randgruppen der Gesellschaft und ihre Wertvorstellungen ein (z. B. *Fünf Millionen Tauben*).

W.: Prosa: Schutzhaft, 1919; Tragigrotesken der Nacht, 20; Immergrün, 49 (erw. 58); Unterwegs, Prosa und Verse, 61. – *Lyrik:* Sulamith, 17; Im Gehen geschrieben, 56; Blau und Rot, 71. – *Essays, theoretische Schriften:* Gesellschaft, Künstler, Kommunismus, 21; Die Kunst ist in Gefahr, 25 (mit G. Grosz); John Heartfield, 62 (Neufassung 71); Zur Sache, geschrieben und gesprochen zwischen 18 und 80, 76; Seghers, A./W. H.: Gewöhnliches und gefährliches Leben. Ein Briefwechsel aus der Zeit des Exils 1939–1946, 86; Tribüne und Aurora. Briefwechsel 1940–1949. W. H. und Berthold Viertel, 90. – *Übersetzungen:* Barbusse, Beecher-Stowe. – *Herausgebertätigkeit:* Almanach der Neuen Jugend auf das Jahr, 17 (Mithg.); Platz dem Arbeiter, 24 (Mithg.); Gesammelte Werke von Lev Tolstoj, 14 Bde, 28; Dreißig neue Erzähler des neuen Rußland, 28; Dreißig neue Erzähler des neuen Deutschland, 32; Gesammelte Werke von Lev Tolstoj in Einzelausgaben, 13 Bde, 52–62; Johannes R. Becher, Ein Mensch unserer Zeit 1891–1958, 61; Der Malik-Verlag 1916–1947, 67; Beecher-Stowe, H.: Onkel Toms Hütte, 77; Paß auf! Hier kommt Grosz (mit H. Marquardt), 81.

Herzmanovsky-Orlando, Fritz Ritter von, *30. 4. 1877 Wien, †27. 5. 1954 Schloß Rametz bei Meran.
Aus alter Beamtenfamilie, österreichischer und italienischer Abkunft. Studium der Architektur. 1917 Aufgabe des Architektenberufs wegen eines Lungenleidens. Bis zum Tode privatisierende Existenz als Schriftsteller und Maler auf dem Familienschloß bei Meran. Zu Lebzeiten nur zwei Publikationen: *Der Gaulschreck im Rosennetz* (verramscht als *Der letzte Hofzwerg*) und *Der Kommandant von Kalymnos* (Privatdruck).
Als unabhängiger literarischer Dilettant bildete H. ohne Rücksicht auf Marktinteressen und Rezipierbarkeit einen mythisch-satirischen k. u. k. österreichischen Kosmos aus. Seine Romane *Der Gaulschreck im Rosennetz, Maskenspiel der Genien* und *Scoglio Pomo oder Bordfest am Fliegenden Holländer* werden nur durch einen schwachen Fabelrahmen zusammengehalten: Eine Überfülle von Anekdoten, skurrilen Einfällen und bizarren Ideen verdrängt die narrativen Strukturen. Ebenso wie die Romane sind H.s Dramen (davon wurden aufgeführt *Kaiser Franz Joseph und die Bahnwärterstochter, Zerbinettas Befreiung* und *Sella-*

wie oder Hamlet der Osterhase) aus anspielungsreichen grotesken Details gebaut. H.s Humor bedient sich der altösterreichischen Amts- und Kanzleisprache wie auch der – drastisch überdrehten – Dialekte des Vielvölkerstaates der k. u. k. Donaumonarchie. Unter aller satirischen Zeichnung der deformierten Lebensform der österreichischen Kaiserordo schimmert bei H. die durchaus ernste Idee eines österreichischen Mythos durch. Seine Werke, bislang nur in von F. Torberg bearbeiteten Ausgaben zugänglich, erscheinen erst jetzt in vollständiger Form.

W.: Roman: Der Gaulschreck im Rosennetz, 1928. – *Drama:* Der Kommandant von Kalymnos, 26. – *Sammel- und Werkausgaben:* Gesammelte Werke, 4 Bde, 57–63; Gesammelte Werke, 2 Bde, 71; Tarockanische Miniaturen, 65; Das Gesamtwerk in einem Band, 75; Gesammelte Werke, 4 Bde, 82; Sämtliche Werke, 10 Bde, 83ff; Im Garten der Erkenntnis. Skizzen und Fragmente, 88. – *Graphik:* Zeichnungen, 65 (veränd. 77); (mit A. Kubin) Perle und Tarockanien, 80. – *Briefe:* H./A. Kubin, Briefwechsel, 77.

Herzog, Rudolf, *6. 12. 1869 Barmen, †3. 2. 1943 Rheinbreitbach a. Rh.
Zunächst Kaufmannslehre, dann Farbentechniker, 1890 nach Berlin, hier 1891–93 Studium der Philosophie. Redakteur in Darmstadt, Frankfurt a. M. 1897–99 Hauptschriftleiter der «Hamburger Neuesten Nachrichten»; 1899 Redakteur der «Berliner Neuesten Nachrichten». Bereiste die Welt, lebte ab 1908 auf der Oberen Burg in Rheinbreitbach. – Verfasser groß angelegter, optimistisch geprägter historischer Unterhaltungsromane unter nationalen Vorzeichen, mit denen er das Bewußtsein breiter Leserkreise formte. Sie sind häufig im rheinischen Industriegebiet angesiedelt und feiern den bürgerlichen Unternehmergeist der Wilhelminischen Ära (*Die vom Niederrhein*, das «Arbeitslied der Wuppertaler Heimat», und *Die Stoltenkamps und ihre Frauen*, zugleich eine Kulturgeschichte der Krupp-Werke). H. war neben L. Ganghofer der meistgelesene Autor der Jahrhundertwende. Er gehörte zu der Bewegung, die dem «Zauberfeuerwerk der Großstadt» die Heimat als

Jungbrunnen entgegensetzte. Auch Dramen, Lyrik, Reisebücher, Memoiren.

W.: Romane, Erzählungen: Frau Kunst, 1893; Nur eine Schauspielerin, 97; Zum weißen Schwan, 97; Komödien des Lebens, 98; Das goldene Zeitalter, 99; Der Adjutant, 1900; Der Graf von Gleichen, 01; Die vom Niederrhein, 03; Das Lebenslied, 04; Die Wiskottens, 05; Der alten Sehnsucht Lied, 06; Der Abenteurer, 07; Hanseaten, 09; Es gibt ein Glück, 10; Die Burgkinder, 11; Das große Heimweh, 14; Die Stoltenkamps und ihre Frauen, 17; Jungbrunnen, 18; Germaniens Götter, 19; Die Buben der Frau Opterberg, 21; Die Kameraden, 22; Wieland der Schmied, 24; Das Fähnlein der Versprengten, 26; Wilde Jugend, 29; Horridoh, Lützow!, 32; Über das Meer Verwehte, 34; Mann im Sattel, 35; Ich sehe die Welt, 37; Elisabeth Welsens Weggenossen, 38. – *Dramen, Schauspiele:* Protektion, 1893; Herrenmoral, 94; Der ehrliche Name, 95; Esther Maria, 96; Das Recht der Jugend, 97; Die Condottieri, 1905; Auf Nissonskoog, 07; Herrgottsmusikanten, 12. – *Lyrik:* Vagantenblut, 1892; Gedichte, 1903; Ritter, Tod und Teufel, 15. – *Essays, Städtebilder:* Deutschland, mein Deutschland, 1932; Geschichte des deutschen Volkes und seiner Führer, 33. – *Werkausgabe:* Gesammelte Werke, 18 Bde, 1919–25.

Herzog, Wilhelm (Pseud. Julian Sorel), *12.1.1884 Berlin, †18.4.1960 München.
H. studierte Germanistik und Kunstgeschichte in Berlin, arbeitete als Literaturkritiker an Th. Barths «Nation» und gründete 1900 zusammen mit P. Cassirer die Zeitschrift «Pan». 1911 zog er nach Paris. Nach seiner Rückkehr nach Deutschland 1913 war er Redakteur der Münchner Zeitschrift «März». Seine eigene Zeitschrift «Das Forum» (seit 1914) wurde 1915 vom Königlich Bayrischen Kriegsministerium auf Grund ihrer pazifistischen Haltung verboten. Von 1915–17 gab H. mit W. Hirth die wöchentlich erscheinende «Weltliteratur» heraus, eine Sammlung der «besten Romane und Novellen aller Völker und Zeiten». Nach der Novemberrevolution entstand unter seiner Leitung die sozialistische Tageszeitung «Die Republik». 1920 unternahm er eine Studienreise nach Sowjetrußland, 1923 nach Südamerika. Ein weiterer Aufenthalt in der Sowjetunion schloß sich 1924–25 an. 1929 emigrierte er nach Frankreich, da er bereits frühzei-

tig die wachsende Gefahr des Nationalsozialismus erkannt hatte, dann in die Schweiz. Von 1933–39 war er Mitarbeiter der «National-Zeitung» in Basel, von 1939–41 lebte er wieder in Frankreich, von 1941–45 auf der Insel Trinidad, von 1945–47 in den USA, von 1947–52 in der Schweiz. 1952 zog er nach München.
Im schriftstellerischen Werk H.s spiegelt sich das politische Geschehen seiner Zeit, an dem er regen Anteil nahm. Sein Debüt gab er mit der politisch-historischen Revue *Rund um den Staatsanwalt.* Die Affäre Dreyfus faszinierte ihn derart, daß er sich mehrmals darüber ausließ. Seine Erfahrungen in Mittelamerika flossen ebenfalls in sein Werk ein. Als Übersetzer hat sich H. vor allem um die Schriften Romain Rollands verdient gemacht, die er auch edierte.

W.: Bühnenwerke: Rund um den Staatsanwalt, 1928; Die Affaire Dreyfus (mit J. Rehfisch), 29; Panama, 31. – *Romane, Erzählungen, Sachbücher:* Im Zwischendeck nach Südamerika, 24; Der Kampf einer Republik: Die Affaire Dreyfus, 33; Bombengeschäft mit dem Tod (mit H. Bauer), 36; Hymnen und Pamphlete, 39; Panama, Korruption, Skandal, Triumph, 50; Die Affaire Dreyfus, 57. – *Biographie:* Barthou, 38. – *Autobiographisches:* Menschen, denen ich begegnete, 59. – *Übersetzungen:* R. Rolland, Das Leben Michelangelos, 19; R. Rolland, Das Leben Tolstois, 22. – *Herausgebertätigkeit:* G. Chr. Lichtenbergs Schriften, 07; H. v. Kleist, Sämtliche Briefe und Werke, 08–11; H. v. Kleist, Sein Leben und sein Werk, 11; M. Prokowski, Geschichte Rußlands, 28; Die Unterbergssage, nach den Handschriften unters. u. hg., 29; Kritische Enzyklopädie: Hervorragende Menschen aller Zeiten und Völker, 50; R. Rolland, Meister der Musik, 50–51; Der Weltweg des Geistes, 54; Große Gestalten der Geschichte, 59–61.

Hesse, Hermann (Pseud. Emil Sinclair), *2.7.1877 Calw, †9.8.1962 Montagnola.
H.s Ahnenreihe reicht vom Baltischen und Hanseatischen bis zum Schwäbisch-Französisch-Schweizerischen. Die Eltern waren strenge Pietisten, die zeitweise als Missionare in Indien arbeiteten. H. entfloh als Fünfzehnjähriger aus dem evangelisch-theologischen Seminar im Kloster Maulbronn und wurde nach etlichen fehlgeschlagenen Berufsversuchen Buchhändler in Tübingen und Basel. 1904–12

lebte er als freier Schriftsteller in Gaienhofen am Bodensee. 1905 begründete er mit Ludwig Thoma die antiwilhelministische Zeitschrift «März». Sein berühmter antichauvinistischer Artikel «O Freunde, nicht diese Töne» brachte ihm 1914 den Haß der offiziellen Presse. 1914–19 war er in der «Deutschen Gefangenenfürsorge Bern» tätig. 1919 übersiedelte H. von Bern nach Montagnola (Tessin) und erwarb 1923 die Schweizer Staatsbürgerschaft. Im Dritten Reich wurde er wegen seiner Literaturkritiken in «Bonniers Litterära Magasin» bezichtigt, die deutsche Dichtung an das Judentum verraten zu haben. – H. erfuhr zeit seines Lebens zahlreiche Ehrungen (1946 Frankfurter Goethe-Preis und Nobelpreis, 1955 Friedenspreis des Deutschen Buchhandels) und war u. a. mit Hugo Ball, André Gide, Thomas Mann und Romain Rolland befreundet. 1899 erschienen die *Romantischen Lieder* und die Skizzen *Eine Stunde hinter Mitternacht*, über die sich Rilke lobend aussprach. Erster großer Erfolg war der *Peter Camenzind*, ein Entwicklungsroman in der Nachfolge Kellers. In *Unterm Rad* rechnet H. mit der Schulwelt ab. Der Musikerroman *Gertrud* formuliert ähnlich wie T. Manns *Tonio Kröger* die spätbürgerliche Genievorstellung, der zufolge Krankheit und Verzicht wesentliche Anlässe künstlerischer Produktivität sind. Der Eheroman *Roßhalde* und die Landstreicheridylle *Knulp* bilden den Abschluß der lyrisch-impressionistischen ersten Schaffensperiode. Im *Demian*, der 1919 unter dem Pseudonym «Emil Sinclair» erschien, spiegelt sich in der Beschwörung mythischer Bilder H.s Beschäftigung mit der Psychoanalyse. In den *Klingsor*-Erzählungen wird der «Weg nach innen» weiter verfolgt. Der in den Süden entflohene kleinbürgerliche Beamte Friedrich Klein (Verwandtschaft mit Manns *Tod in Venedig*) erfährt im Sichfallenlassen seine Wiedergeburt. In *Siddhartha* gelingt durch die Betonung des Mitleidens der Schritt über die bloße Ichversicherung hinaus. – Mit dem Roman *Der Steppenwolf* (1927) beginnt die dritte Schaffensperiode, die sich auch durch die Neuartigkeit in formaler Hinsicht auszeichnet. H. hat die Schachtel-

form mit dem Bauprinzip einer Fuge verglichen; Thomas Mann fand, daß der *Steppenwolf* an experimenteller Gewagtheit Joyce' *Ulysses* und Gides *Faux-Monnayeurs* nicht nachstehe. Der an sich und seiner Umwelt leidende Harry Haller gelangt im magischen Theater in einer Art Höllenfahrt zum Einverständnis, das im Hinweis auf die Welt der «Unsterblichen» kulminiert. In *Narziß und Goldmund* wird die Dualismusproblematik personifiziert. In *Morgenlandfahrt* tritt das Morgenland symbolisch für das alle Zeiten und Grenzen übergreifende Reich des Geistes, das dann im *Glasperlenspiel*, einem Theologie, Musik und Mathematik verbindenden Ritual, beschworen wird. Die Fragwürdigkeit dieser unfruchtbar gewordenen Selbstbespiegelung tradierten Geistesgutes macht der Entwicklungsgang des Magisters Ludi Joseph Knecht deutlich, der sein Amt niederlegt, um sich der Erziehung seines Lieblingsschülers zu widmen. H. hat sich offen zum Traditionalismus seiner Sprache bekannt. Von der Masse der Gedichte klingt heute das meiste abgelebt. Seine Wirkung (hierher gehört auch seine Tätigkeit als Rezensent und unermüdlicher Briefschreiber) ist jedoch kaum zu überschätzen. Während es nach seinem Tode eine Zeitlang schien, als würde er mit Carossa, Bergengruen und Wiechert allmählich der Vergessenheit anheimfallen, erlebte er in den 60er Jahren eine Renaissance in England und Amerika, wo die Hippiejugend, die in seinem Werk Motive ihres Lebensgefühls vorgebildet zu finden glaubte, zu ihrem Idol erkor. – Bibliographie: J. Mileck 1978.

W.: Romane, Erzählungen, Prosa: Eine Stunde hinter Mitternacht, 1899 (Faks. 1986); Hinterlassene Schriften und Gedichte von Hermann Lauscher, 01; Peter Camenzind, 04; Unterm Rad, 06; Diesseits, 07 (veränd. 30; Neudruck u. d. T.: Diesseits. Kleine Welt. Fabulierbuch, 54; Teildrucke u. d. T.: Der Lateinschüler, 14; Die Marmorsäge, 16; Heumond, 47); Nachbarn, 08; Gertrud, 10; Umwege, 12; Aus Indien, 13 (erw. 80); Der Hausierer, 14; Anton Schievelbeyn's ohn-freywillige Reisse nacher Ost-Indien, 14; Roßhalde, 14; Die Heimkehr, 14; In der alten Sonne, 14; Zum Sieg, 15; Am Weg, 15; Knulp, 15; Schön ist die Jugend, 16; Hans Dierlamms Lehrzeit, 16;

Lektüre für Kriegsgefangene, 16; Alte Geschichten, 18; Zwei Märchen, 18; Märchen, 19; Kleiner Garten, 19; Demian, 19; Wanderung, 20; Klingsors letzter Sommer, 20; Im Presselschen Gartenhaus, 20 (Faks.); Siddhartha, 22; Aufzeichnungen eines Herrn im Sanatorium, 25 (Neudruck u. d. T.: Haus zum Frieden, 47); Piktors Verwandlungen 25 (Faks. 54); Bilderbuch, 26; Die Nürnberger Reise, 27; Der schwere Weg, 27; Der Steppenwolf, 27; Narziß und Goldmund, 30; Die Morgenlandfahrt, 32; Fabulierbuch, 35; Das Haus der Träume, 36; Stunden im Garten, 36; Tragisch, 36; Der lahme Knabe, 37; Der Zwerg, 37; Der Novalis, 40; Das Glasperlenspiel, 2 Bde, 43; Traumfährte, 45; Berthold, 45; Der Pfirsichbaum und andere Erzählungen, 45; Indischer Lebenslauf, 46; Berg und See, 48; Der Bettler, 48; Fragment aus der Jugendzeit, 48; Legende vom indischen König, 48; Freunde, 49; Die Dohle, 51; Späte Prosa, 51; Weihnacht mit zwei Kindergeschichten, 51; Sommernacht mit Raketen, 53; Der Schlossergeselle, 53; Doktor Knölge's Ende, 54; Beschwörungen, 55; Abendwolken, 56; Cesco und der Berg, 56; Zwei jugendliche Erzählungen, 56; Wenkenhof, 57; Der Beichtvater, 62; Faldum, 63; Geheimnisse, 64; Erwin, 65; Prosa aus dem Nachlaß, 65; Der vierte Lebenslauf Josef Knechts, 66; Beschreibung einer Landschaft, 71; Jenseits der Mauer, 74; Klein und Wagner, 75; Die Stadt. Ein Märchen [mit W. Schmögner], 76; Der verbannte Ehemann, 77; Gertrud, Drei Fassungen, 82; Ladidel, 85; Emil Kolb, 85; Karl Eugen Eiselein, 85; Walter Kämpff, 85; Der Weltverbesserer und Doktor Knölges Ende, 85; Freunde, 86; Robert Aghion, 88; Schön ist die Jugend, 88; Lulu. Ein Jugenderlebnis, 88. – *Lyrik:* Romantische Lieder, 1899; Gedichte, 02; Unterwegs, 11; Musik des Einsamen, 15; Gedichte des Malers, 20; Italien, 23; Trost der Nacht, 29; Jahreszeiten, 31; Fünf Gedichte, 34; Leben einer Blume, 34; Schmerzen, 35; Jahreslauf, 36; Chinesisch, 37; Neue Gedichte, 37; Der letzte Glasperlenspieler, 38; Föhnige Nacht, 38; Prosa. Auf einen Dichter, 42; Stufen, 43; Friede 1914. Dem Frieden entgegen 1945, 45; In Sand geschrieben, 47; Drei Gedichte, 48; Klage und Trost, 54; Wanderer im Spätherbst, 58; Bericht an die Freunde. Letzte Gedichte, 60; Die späten Gedichte, 63; Gedichte des Malers, 85. – *Essays, theoretische Schriften, Betrachtungen, Zeichnungen:* Boccaccio, 04; Franz von Assisi, 04; Faust und Zarathustra, 09; Kriegslektüre, um 15; Zum Gedächtnis, 16; Gruß aus Bern, 17; Zarathustras Wiederkehr, 19; Blick ins Chaos, 20; «Kindergenesungsheim Milwaukee», 20 (mit R. Woltereck); Elf Aquarelle aus dem Tessin, 21; die Offizina Bodoni in Montagnola, 23; Sinclairs Notizbuch, 23; Psychologia balnearia oder

Glossen eines Badener Kurgastes, 24 (Selbstverlag; Neudruck u. d. T.: Kurgast, 25); Erinnerung an Lektüre, 25; Nachruf an Hugo Ball, 27; Vom «großen» und vom «kleinen» Dichtertum, 28; Betrachtungen, 28; Eine Bibliothek der Weltliteratur, 29; Zum Gedächtnis unseres Vaters, 30 (mit A. Hesse); Magie des Buches, 30; Blumengießen, um 33; Kastanienbäume, 32; Besinnung, 34; Hieroglyphen, 36; Gedenkblätter, 37 (verm. 47, erw. 62); Orgelspiel, 37; Drei Bilder aus einem alten Tessiner Park, 38; Aus der Kindheit des heiligen Franz von Assisi, 38; Kleine Betrachtungen, 41; Das seltene Buch, 42; Krankennacht, um 42; Gedenkblatt für Franz Schall, 43; Nachruf auf Christoph Schrempf, 44; Bildschmuck im Eisenbahnwagen, 44; Erinnerung an Klingsors Sommer, 44; Maler und Schriftsteller, 45; Krieg und Frieden, 46; Ansprache in der ersten Stunde des Jahres 1946, 46; Dank an Goethe, 46; Danksagung und moralisierende Betrachtung, 46; Der Europäer, 46; Geheimnisse, 47; Eine Konzertpause, 47; Stufen der Menschwerdung, 47; Für Max Wassmer, 47; Die kulturellen Werte des Theaters, 47; Über Romain Rolland, 48; Musikalische Notizen, 48; Notizen aus diesen Sommertagen, 48; Traumtheater, 48; Gedenkblatt für Martin, 49; Stunden am Schreibtisch, 49; Aus dem «Tagebuch eines Entgleisten», 50; Das Lied des Lebens, 50; Eine Arbeitsnacht, 50; Begegnung mit Vergangenem, 51; Über «Peter Camenzind», 51; Erinnerung an André Gide, 51; Gedanken über Gottfried Keller, 51; Nörgeleien, 51; Rückblick, 51; Eine Sonate, 51; Otto Hartmann, 52; Herbstliche Erlebnisse, 52; Kauf einer Schreibmaschine, 52; Engadiner Erlebnisse, 53; Die Nikobaren, 54; Notizblätter um Ostern, 54; Alter Maler in der Werkstatt, 54; Über das Alter, 54; Aquarelle aus dem Tessin, 55; Knopf-Annähen, 55; Malfreude, Malsorgen, 57; Welkes Blatt, 57 (Faks.); In Italien vor fünfzig Jahren, 58; Ein paar indische Miniaturen, 59; Ärzte, 63; Calw, 63; Neue Deutsche Bücher, 65; Von Wesen und Herkunft des Glasperlenspiels, 77; Magie der Farben, 80; Sechs Bilder, 80; Franz von Assisi, 88. – *Briefe, Tagebücher, Danksagungen, Autobiographisches:* Der junge Dichter. Ein Brief an Viele, 10; Brief ins Feld, 16; Krisis. Ein Stück Tagebuch, 28; Kurzgefaßter Lebenslauf, 29; Rigi-Tagebuch, 45; Zwei Briefe, 45; Brief an Adele, 46; Mein Glaube, 46; Statt eines Briefes, 46; Ein Brief nach Deutschland, 46; Zwei Briefe über das Glasperlenspiel, 47; Der Autor an einen Korrektor, 47; Preziosität, 48; Versuch einer Rechtfertigung, 48; Auszüge aus zwei Briefen, 49; Kriegsangst, 50; Zwei Briefe, 50; Zum 6. Juni 1950. Ein Brief zu Thomas Manns 75. Geburtstag, 50; An einen «einfachen Mann aus dem arbeitenden Volk», 50; Glückwunsch für

Peter Suhrkamp zum 28. März 1951, 51; Brief an einen schwäbischen Dichter, 51; Briefe, 51 (erw. 59); Eine Handvoll Briefe, 51; Ahornschatten, 52; Aprilbrief, 52; Geburtstag. Ein Rundbrief, 52; Allerlei Post. Rundbrief an Freunde, 52; Nachruf für Marulla, 53; Beschwörungen, 54; Rundbrief aus Sils-Maria, 54; Briefe (Briefwechsel mit R. Rolland), 54; Über Gewaltpolitik, Krieg und das Böse in der Welt, 55; Dank für Briefe und Glückwünsche, 55; Dank für Briefe und Glückwünsche, 59; Aus einem Tagebuch des Jahres 1920, 60; Kindheit und Jugend vor Neunzehnhundert, 66; Briefwechsel H. H. – Thomas Mann, 68; Briefwechsel H. H. – Peter Suhrkamp, 69; Briefwechsel H. H. – S. Unseld, 69; Briefwechsel H. H. – K. Kerényi, 72; Eigensinn. Autobiographische Schriften, 72; Gesammelte Briefe, 4 Bde, 72–86; Briefe an Freunde. Rundbriefe 1946–1962, 77; Briefwechsel H. H. – R. J. Humm, 77; Briefwechsel mit Heinrich Wiegand 1924–1934, 78; Briefwechsel H. H. – A. Kubin, 81; Morgenthaler, Hans/Morgenthaler, Ernst/ H. H.: Der kuriose Dichter Hans Morgenthaler. Briefwechsel mit Ernst Morgenthaler und H. H., 83; Ausgewählte Briefe, 84 (erw. Aufl. 87); Gunter Böhmer, H. H. – Dokumente einer Freundschaft, 87; Tübinger Erinnerungen, 89.); – *Sammel- und Werkausgaben:* Ausgewählte Gedichte, 21; Die Verlobung, 24; Gesammelte Werke (in Einzelausgaben), 19 Bde, 25–37; Der Zyklon und andere Erzählungen, 29; Weg nach innen, 31; H. H. Auswahl, 32; Kleine Welt, 33; Mahnung, 33; Vom Baum des Lebens, 34; Die Gedichte, 42; Gesammelte Werke in Einzelausgaben, 23 Bde (nicht numeriert), 42–65; Der Blütenzweig, 45; Gesammelte Werke (in Einzelausgaben), 26 Bde, 46–65; Zwei Erzählungen, 48; Kinderseele und Ladidel, 48; Frühe Prosa, 48; Kinderseele, 48; Alle Bücher dieser Welt, 49; Wege zu H. H., 49; Drei Erzählungen, 50; Die Verlobung, 50; Eine Auswahl, 51; Die Verlobung und andere Erzählungen, 51; Idyllen, 52; Glück, 52; Gesammelte Dichtungen, 6 Bde, 52; Lektüre für Minuten, 52; Der Wolf und andere Erzählungen, 55; Zum Frieden, 56; Gute Stunde, 57; Gesammelte Schriften, 7 Bde, 57; Auswahl, 58; Knulp. Peter Camenzind. Briefe, 58; Drei Erzählungen, 60; Stufen, 61; Dichter und Weltbürger, 61; Prosa und Gedichte, 63; Ein Blatt von meinem Baum, 64; Erzählungen. Diesseits. Kleine Welt, 64; H. H., 66; Aus Kinderzeiten und andere Erzählungen, 68; Politische Betrachtungen, 70; Gesammelte Werke in zwölf Bänden, 70; Erzählungen, 2 Bde, 70; Lektüre für Minuten, 2 Bde, 71–75; Mein Glaube, 71; Schriften zur Literatur, 2 Bde, 72; Der Steppenwolf und unbekannte Texte, 72; Stufen. Ausgewählte Gedichte, 72; Die Kunst des Müßiggangs, 73;

Die Erzählungen, 2 Bde, 73; Glück. Späte Erzählungen. Betrachtungen, 73; Iris. Ausgewählte Märchen, 73; Kindheit des Zauberers, 74; Der Freudenstadt im Süden, 75; Eine Literaturgeschichte in Rezensionen und Aufsätzen, 75; Das erste Abenteuer. Frühe Erzählungen, 75; Legenden, 75; Die Märchen, 75; Mit H. H. durch das Jahr, o. J.; Musik, 76; Bodensee. Betrachtungen, Erzählungen, Gedichte, 77; Gesammelte Erzählungen, 4 Bde, 77; Josef Knechts Lebensläufe, 77; Kleine Freuden, 77; Magie des Buches, 77; Merkwürdige Nachricht von einem anderen Stern, 77; Politik des Gewissens. Die politischen Schriften, 2 Bde, 77 (erw. 81); Die Romane und die großen Erzählungen, 8 Bde, 77; Die Welt der Bücher, 77; Die Gedichte, 2 Bde, 77; H. H. als Maler, 77; Über Literatur, 78; Schmetterlinge, 79; In der alten Sonne und andere Erzählungen, 79; Gesammelte Erzählungen, 6 Bde, 82; Italien, 83; Bäume, 84; Gedenkblätter, 84; Casanovas Bekehrung und Pater Matthias, 85; Eigensinn macht Spaß, 86; Die Einheit hinter den Gegensätzen, 86; Die Hölle ist überwindbar, 86; Jedem Anfang wohnt ein Zauber inne, 86; Das Lied des Lebens, 86; Das Stumme spricht, 86; Wer lieben kann, ist glücklich, 86; Bericht aus Normalien, 86; Bilderbuch der Erinnerungen, 86; Gesammelte Werke in zwölf Bänden, 87ff; Vom Baum des Lebens, 87; Die Welt im Buch. Leseerfahrungen I: Rezensionen und Aufsätze aus den Jahren 1900–1910, 88; Der Zauberer. Fragmente und Texte aus dem Nachlaß, o. J.; Der Zyklon und Hans Dierlamms Lehrzeit, 88; Mit Hermann Hesse durch Italien, 88; Der Bettler und Unterbrochene Schulstunde, 88; Die Marmorsäge und Taedium vitae, 88; Traumfährte, 89; Mit Hermann Hesse reisen, 89; Beschreibung einer Landschaft. Schweizer Miniaturen, 90. – *Herausgebertätigkeit:* März. Halbmonatsschrift für deutsche Kultur, 09ff (mit anderen); Der Lindenbaum, 10 (mit anderen); Eichendorff: Gedichte und Novellen, 13; Morgenländische Erzählungen, 13; Jean Paul: Titan. Gekürzt, 2 Bde, 13; Des Knaben Wunderhorn, 13; Das Meisterbuch, 13; Chr. Wagner: Gedichte, 13; Der Zauberbrunnen, 13; Lieder deutscher Dichter, 14; Matthias Claudius: Der Wandsbecker Bote, 15; Gesta Romanorum, 15; Deutsche Internierten-Zeitung, H. 1–62, 16f (mit R. Woltereck); Bücherei für deutsche Kriegsgefangene, 22 Bde, um 18f (mit R. Woltereck); Alemannenbuch, 19; Ein Schwabenbuch für die deutschen Kriegsgefangenen, 19 (mit W. Stich); Vivos voco. Eine deutsche Monatsschrift, Jg 1ff, 19ff (mit anderen); Ein Luzerner Junker vor hundert Jahren, 20; Merkwürdige Geschichten, 6 Bde, 22; S. Geßner: Dichtungen, 22; Geschichten aus dem Mittelalter, 25; Merkwürdige Geschichten und Menschen

7 Bde, 25–27; Märchen und Legenden aus der Gesta Romanorum, 26; J. W. v. Goethe: 30 Gedichte, 32; J. v. Eichendorff: Gedichte und Novellen, 45; ders.: Novellen und Gedichte, 55. – *Schallplatten u. ä.:* Der Dichter. Ein Märchen, 56; Zwischen Sommer und Herbst, 58; H. H. liest, 80; Der Steppenwolf, 87 (5 Kass.).

Hessel, Franz, *21. 11. 1880 Stettin, †6. 1. 1941 Sanary (Frankreich).

H., Sohn aus wohlhabendem jüdischem Elternhaus (Vater Bankier), wuchs in Stettin und Berlin auf. Bis in die 20er Jahre finanziell unabhängig. Zum Studium der Literaturgeschichte nach München, verkehrte zwar mehr in der dortigen Bohème, schrieb und edierte mit seiner zeitweiligen Lebens- und Weggefährtin F. von Reventlow den «Schwabinger Beobachter». Verbrachte zwischen 1906 und 28 mehr als 10 Jahre in Paris, dort meist im Künstler-Viertel Montparnasse. Schrieb für St. Großmanns «Tagebuch». In Berlin von 1924–33 Lektor im Verlag Ernst Rowohlts, der 1924 für ihn die exklusive (nur ein Jahr bestehende) Zeitschrift «Vers und Prosa» gründete. H. war der erste reine Feuilletonist, den Rowohlt als Buchautor verlegte. 1925–27 in Paris, Proust-Übersetzung gemeinsam mit W. Benjamin, der H. stilistisch viel verdankt. Nach 1933 Schreibverbot, 1938 Emigration nach Paris. Internierung im französischen Lager Les Milles bei Aix, dank Intervention von J. Romains (dessen 7bändiges Werk *Die guten Willens sind* H. übersetzt hatte) entlassen; starb kurz darauf. Verheiratet mit der deutschen Malerin Helen Grund (1886 bis 1982). H. ist der Jules in H. P. Rochés Roman *Jules und Jim.* – Als literarischer Beobachter hatte H. ein feines Gespür für die Moderne. Sein eigenes Werk wurde spät wiederentdeckt. Er war ein der Neuromantik verhafteter Lyriker und Erzähler, ein langmütiger, feinnerviger Melancholiker, der sein Gefühl des Außenseitertums und innerer Einsamkeit in seine Romane und kurzen, wie dahingeplauderten Prosaarbeiten mit oft schwermütigem Unterton einfließen ließ. Als ausgesprochener «Augenmensch» mit dem «Zeitlupenblick des Zuschauers» unternahm er «Aug in Aug mit den Din-gen» zahllose, nur scheinbar ziellose Spaziergänge durch die Stadtlandschaften von Berlin und Paris, deren Quintessenz seine Dichtungen sind.

W.: Romane, Erzählungen, Prosatexte: Laura Wunderl, 1908; Der Kramladen des Glücks, 13; Pariser Romanze, 20; Von den Irrtümern der Liebenden, 22; Sieben Dialoge, 24; Teigwaren leicht gefärbt, 26; Heimliches Berlin, 27; Nachfeier, 29; Spazieren in Berlin, 29 (u.d.T.: Ein Flaneur in Berlin, 84); Ermunterungen zum Genuß, 33 (u. d. T.: Ermunterung zum Genuß, hg. v. K. Grund u. B. Witte, mit Studie v. B. Witte u. Bibl., 81); Der Alte, 86. – *Drama:* Die Witwe von Ephesos, 25. – *Lyrik:* Verlorene Gespielen, 05. – *Essay:* Marlene Dietrich, 31. – *Übersetzungen:* Stendhal: Über die Liebe, 21; Ch. Baudelaire: An die viel zu Frühe, 24; H. de Balzac: Seraphita, 24; H. de Balzac: Junggesellenwirtschaft, 24; G. Casanova: Erinnerungen (m. I. Jezower), 25; M. Proust: Im Schatten der jungen Mädchen (m. W. Benjamin), 25; Y. Guilbert: Lied meines Lebens, 28; M. Proust: Die Herzogin von Guermantes (m. W. Benjamin), 30; M. Arland: Heilige Ordnung, 32; J. Romains: Die guten Willens sind, 35–38; J. Green: Der Geisterseher, o. J. – *Sammel- und Werkausgaben:* Die Kunst Spazieren zu gehn. Spazieren in Berlin, 83.

Hester, Gustav → Ringelnatz, Joachim

Hetmann, Frederik (eig. Hans Christian Kirsch), *17. 2. 1934 Breslau.

H. studierte Philologie, Politik und Pädagogik, hielt sich dann längere Zeit u. a. in England, Frankreich, Spanien, Griechenland und den USA auf. Er war als Lehrer, Lektor, Redakteur, dann ab 1963 als Rundfunk- und Fernsehautor, Übersetzer und freischaffender Schriftsteller tätig. Seit 1973 gibt er zusammen mit I. Brender die Reihe «diskussion» heraus. 1965 und 1973 erhielt er den Jugendbuchpreis für *Amerika-Saga* und *Ich habe sieben Leben.* 1976 Gerstäcker-Preis, 1977 Zürcher Kinderbuchpreis.

Nach ersten lyrischen Arbeiten verfaßte H. Hörspiele und Bücher, die über das Leben junger Menschen berichten, ohne jedoch für Jugendliche konzipiert zu sein, um sich später der eigentlichen Jugendliteratur zuzuwenden. Sein Interesse gilt, neben dem folkloristisch-historischen Bereich, gegenwartsgeschichtlichen und sozialpolitischen Themen (*Die enteigneten Jahre, Deutschlandlied*). Auf das Interesse junger Leser und Hörer eingehend, verfaßte H. auch zahlreiche sozialkritische Beiträge über aktuelle Probleme (Biafra, Indianer heute u. ä.). Er nahm außerdem Stellung zur zeitgenössischen Jugendliteratur (*Jugendbuch und Zeitgeschichte*) und zum Bildungswesen (*Bildung im Wandel. Schule gestern, heute, morgen*).

W.: Romane, Erzählungen, Biographien, Jugend- und Sachbücher: Unterwegs durch Europa, 1960; Mit Haut und Haar, 61 (bearb. 78); Enteignete Jahre, 61; Blues für Ari Loeb, 61; Bring den Schnee durchs Feuer, 62; Die zweite Flucht, 63; Bericht für Telemachos, 64; Amerika-Saga, 64 (Teilausg. u. d. T.: Von Cowboys, Tramps und Desperados, 68); Jahrgang 1934, 64; Rußland-Saga, 67 (Teilausg. u. d. T.: Von Fürsten, Schelmen und Kosaken, 73); Einladung nach Spanien, 68; Sheriffs, Räuber, Texas Rangers, 68; Abenteuer einer Jugend, 69; Deutschlandlied, 69; Mustangs, Rinder, Schienenstrang, 69; Profile der Demokratie, 69; Die Spur der Navahos, 69 (erw. 83); Goldrausch in Alaska, 70; Das schwarze Amerika, 70; Von Trappern und Scouts, 70; Einladung nach Irland, 71; Hans Bohnenstange, 71; Die Pinkerton-Story, 71; Bitte, nicht spucken, 72 (gekürzt 82); Gewalt oder Gewaltlosigkeit?, 72; Ich habe sieben Leben, 72; Sklaven, Nigger, Schwarze Panther, 72; Ich heiße Pfopf, 73; Das Rätsel der grünen Hügel, 73; Treiben wie ein Baum im Fluß, 73; Wildwest-Show, 73; Männer übers Meer verweht, 74 (mit T. Röhrig); Verbrennung einer spanischen Witwe, 74; Durch Amerika, 74; Sheriff Ben oder Ein schwarzer Tag in Dodge City, 74 (Schallplatte 75); Tommy und der Mann aus Taschkent, 74; Pepe traut dem Frieden nicht, 75; Der rote Tag, 75; Pecos Bill, 75; Bob Dylan, 75; Von Trappern und Scouts, 75; Rosa L., 76; Lorcan zieht in den Krieg, 77; Und küßte des Scharfrichters Tochter, 78; Freispruch für Sacco und Vanzetti, 78; Wohin der Wind weht, 79; Irland, 79 (Neufsg.); Martin Luther King, [3]80; Eine schwierige Tochter, 80; Rebellen in Dublin, 81; Drei Frauen zum Beispiel, 81; Georg B. oder Büchner lief zweimal von Gießen nach Offenbach und wieder zurück, 81; Tilman Riemenschneider, 81; Jesus – ein Mann aus Nazareth, 82; Die Dicken und die Dünnen, 83; Bettina und Achim, 83; Wagadu, 83; Der Mann, der sich verbarg, 83; William Morris – ein Mann gegen die Zeit, 83; Preis der Freiheit, 84; Konrad Adenauer, 84; Madru oder der große Wald, 84; Zeitsprung, 84 (mit H. Tondern); Zwei unter uns. Südwind über Berlin-Kreuzberg, 84; Hoffmanns Erzählungen (mit F. Endler), 85 (mit Toncass.); Der-

mot mit dem roten Haar, 85; Die Göttin der Morgenröte, 86; Großes Geld. Jakob Fugger und seine Zeit, 86; Schlafe, meine Rose, 86; Siddhartas Weg, 86; Brot im Schnee. Geschichten von gestern und heute, 87; Baum und Zauber, 88; Der Vogel mit den goldenen Federn. Neue irische Kinder- und Hausmärchen, 88; Ein Turm im Westerwald, 88; Der Maler und das Kind. Szenen aus dem Leben des Francisco Goya, 88; Traumgesicht und Zauberspur, 88; So leicht verletzbar ist unser Herz. Die Lebensgeschichte der Sylvia Plath, 88; Als der große Regen kam. Märchen & Geschichten der amerikanischen Schwarzen, 89; Bis ans Ende aller Straßen. Die Lebensgeschichte des Jack Kerouac, 89; Es wird erzählt in Erin... Die Sage von Dermot und Deirdre, 89; Mondhaus und Sonnenschloß. Mythen und Märchen der nordamerikanischen Indianer, 89; Schöne Größe aus der Zukunft [mit H. Tondern], 91. – *Lyrik:* Andre sind hinter Dir, 53; Hekates Gesang, 56; aber mein lied ist nicht gelb, 57. – *Essays, theoretische Schriften:* Jugendbuch und Zeitgeschichte, 67; Bildung im Wandel, 79; Schüler spielen Theater, 81; Traumgesicht und Zauberspur, 82 (mit anderen). – *Übersetzungen, Herausgebertätigkeit:* ...leben in Europa, 62; Der Student, 64 (mit R. Döhl); Coplas, 63; Amerika singt, 66 (mit Platte); Protest, 67; Der spanische Bürgerkrieg in Augenzeugenberichten, 67; Mord und Totschlag, Gift und Galle, 68; Wer bekommt das Opossum?, 68; England aus erster Hand, 69; Indianermärchen aus Nordamerika, 70; Irische Märchen, 71; Die beste aller möglichen Welten, o. J.; Weißes Pferd, schwarzer Berg, 71; Hab Sonne im Herzen, 73; Nordamerikanische Märchen, 73; Märchen des schwarzen Amerika, 74; Keltische Märchen, 75; Irische Gespenstergeschichten, 76; Indianische Märchen, 77; Indianermärchen aus Kanada, 78; Indianermärchen aus Mexiko, o. J.; Klassiker heute, o. J.; Rosa Luxemburg, o. J.; Englische Märchen, 80; Kindergeschichten der Indianer, o. J.; Irischer Zaubergarten, 81; Die Reise in die Anderswelt, 81; Märchen aus Wales, 82; Eulenruf und Geistertanz, 82; Der Tanz der gefiederten Schlange, 85; Geschichten vom schlauen Peter (mit R. Kitanova); Hinter der Schwarzdornhecke, 86; Die Zauberharfe, 6 Bde, 86; Merriman, B.: Das Mitternachtsgesicht, 86; Roter Drache, grünes Tal, 87.

Heuschele, Otto Hermann, *8. 5. 1900 Schramberg (Württemberg).
Nach dem Besuch der Realschule in Waiblingen und Stuttgart-Bad Cannstadt und einem kurzen Sanitätsdienst im 1. Weltkrieg studierte H. von 1919–24 in Tübingen und Berlin Literaturwissen-

schaft, Kunstgeschichte und Philosophie. Bis 1925 war er als Lektor tätig und lebte dann als freier Schriftsteller in Waiblingen, wo er nach dem Krieg bis 1970 einen Lehrauftrag für Deutsch und Geschichte an einem Gymnasium wahrnahm.

In seiner von George, Hofmannsthal und Hölderlin beeinflußten Lyrik und in der Prosa stellt H. die Frage nach dem Sinn des Lebens, thematisiert die traditionellen Werte abendländischer Kultur und den Kampf um ihre Erhaltung. Vor allem aber ist H. Essayist und Herausgeber. In seinen Schriften beschäftigt er sich mit literaturgeschichtlichen und -theoretischen Fragestellungen (*Friedrich Hölderlin*), philosophischen Betrachtungen (*Dichtung und Leben*) und mit den Überlieferungen seiner schwäbischen Heimat. H. edierte Lyrikanthologien, Briefsammlungen (*Deutsche Soldatenbriefe aus zwei Jahrhunderten*), Naturbetrachtungen und gab Sammlungen und Einzelveröffentlichungen u. a. von Mörike, Brentano und Ebner-Eschenbach heraus. – H. wurde mit dem Bundesverdienstkreuz I. Klasse und der Plakette der Humboldt-Gesellschaft ausgezeichnet sowie zum Professor h. c. ernannt.

W.: Romane, Erzählungen: Das Märchen, 1927; Der Weg wider den Tod, 29; Das Opfer, 32; Die Legende von der ewigen Kerze, 33; Scharnhorsts letzte Fahrt, 37; Das Feuer in der Nacht, 37; Die Sturmgeborenen, 38; Leonore, 39; Die Generalin, 43; Die Fürstin, 45; Die Wandlung, 45; Begegnungen im Sommer, 48; Die Brücke, 49; Ins neue Leben, 49; Der Knabe und die Wolke, 51; Die heilige Spur, 56; Musik durchbricht die Nacht, 56; Am Abgrund, 61; Das Mädchen Marianne, 62; Inseln im Strom, 65. – *Lyrik:* Der weiße Weg, 29; Licht übers Land, 31; Groß war die Nacht, 35; Feuer des Himmels, 41; Manchmal mußt Du stille sein, 45; Gaben der Gnade, 54; Sternbruder, 63; Wegmarken, 67; In den Blumen wohnen die Elfen, 74; Unsagbares, 76; Der Jahreslauf im Gedicht, 80. – *Schriften:* Aus dem Tempel der Dichtung, 20; Fest und Festkunst, 24; Briefe aus Einsamkeiten, 24; Im Wandel der Landschaft, 27; Geist und Gestalt, 27; Maurice de Guérin, 27; Hugo von Hofmannsthal, 30, erw. 49; Dichtung und Leben, 30; Buch des Dankes an die Freunde, 30 (u. d. T. Dank an die Freunde, 40); Karoline von Günderode, 32; Schiller und die Jugend dieser Zeit, 33; Ein Brief an junge Menschen, 33; Tage im Tessin; 35; Der deutsche Brief, 38; Geist und Nation, 40;

Deutsche Soldatenfrauen, 40; Fragmente über das Dichtertum, den Dichter und das Dichterische, 40; Herbert Post, 41; Friedrich Hölderlin, 46; Herzogin Anna Amalia, 47; Friedrich Gundolf, 47; Goethes west-östlicher Divan, 48; Betrachtungen und Deutungen, 48; Wie sollen wir leben?, 48; Waiblingen, 50; Die Blumen in der schwäbischen Dichtung, 54; Stimme der Blumen, 55; Weg und Ziel, 58; Das Neckartal von Heilbronn bis Mannheim, 62; Stifter-Brevier, 63; Kleist, 63; Schönes Württemberg, 63; Glückhafte Reise, 64; Schwäbischer Wald, 64; Zum 125. Bestehen unseres Hauses, 65; Augenblicke des Lebens, 68; Hölderlins Freundeskreis, 75; Signale, 77; Heimat des Lebens, 78; Gespräche zwischen den Generationen, 79; Ein Leben mit Goethe, 80; Schwäbisch-fränkische Impressionen, 80; Blumenglück, 82; Goethe als Begleiter durch alle Lebenslagen, 85; Höri. Halbinsel im Bodensee (mit F. Götz), 85. – *Autobiographisches:* Kleines Tagebuch, 36; Zwischen Blumen und Gestirnen, 48; Natur und Geist, 55; Zwischen Blumen und Gestirnen. Tagebuchblätter Ostern 1945. Erlebnis und Bekenntnis, 56; Die Gaben des Lebens, 57. – *Übersetzungen:* Renan. – *Sammelausgaben:* 25 deutsche Gesichte, 37; Brevier des Herzens, 40; Dank an das Leben, 50; Gaben des Lebens, 62; Essays, 64; Dienst und Dank, 65; Ausgewählte Erzählungen, 65; Höri; Prisma, 70; Das Unzerstörbare, 71; Umgang mit dem Genius, 74; Immer sind wir Suchende, 75; Die Nacht des Prinzen Eugen, 79; Im Herzen der Welt, 84. – *Herausgebertätigkeit:* Hauff: Werke, 24/25; Die Ausfahrt, 27; Junge deutsche Lyrik, 28; W. v. Humboldt: Kleine Schriften, 28; Seelenhaftes Leben, 29; C. u. M. von Clausewitz, 34; Deutsche Soldatenbriefe aus zwei Jahrhunderten, 35; Kleine Lese junger Dichtung, 35; Traum und Tag. Mörikes Leben in Briefen, 41; Der Deutsche, 41; Geisteserbe aus Schwaben, 43; Vom Reich der deutschen Seele, 44; Deutsches Barock, 46; Goethes Briefwechsel mit einem Kinde, 48; Deutsche Dichter auf Reisen, 48; Französische Dichter des 19. und 20. Jahrhunderts in deutschen Übertragungen, 48; Der junge Hölderlin, 48; W. v. Humboldt: Idee und Erfahrung, 48; Frühe Romantik, 49; Riedlingen, 50; Novalis, Europa oder die Christenheit, 51; Lasset die Klage, 53; Erzähler der Romantik, 53; Wir stehen in Gottes Hand, 55; Heimat Baden-Württemberg, 55 (mit R. K. Goldschmit-Jentner); Die Schönheit, 56; Goethe und Reinhard, 57; Brentano: Gedichte, Erzählungen, Märchen, 60; Mörike: Du bist Orplid, mein Land ..., 61; Das Füllhorn, 61; Fülle meines Herzens, 61; Briefe an einen Freund, 61; Sie rühmen Gott, 62; Ebner-Eschenbach: Menschen und Mächte, 62; Kleist, H. v.: Erzählungen und Anekdoten, 63; Tapferkeit des Herzens, 64; Verse der Liebe, 65; Blumen und Schmetterlinge, 71; Oberschwaben, 75; Schwaben unter sich, über sich, 76; Trostbriefe aus fünf Jahrhunderten, 78; Waiblingen in alten Ansichtskarten (mit W. Glässner), 79.

Hey, Richard, * 15. 5. 1926 Bonn.

H. studierte Musik- und Theaterwissenschaft sowie Philosophie und lebt als freier Schriftsteller. 1975–78 Dramaturg und Autor in Wuppertal.

H. begann als Hörspiel- und Dramenautor. In seinen beiden frühen Theaterstücken *Thymian und Drachentod* und *Rival oder Der Fisch mit dem goldenen Dolch* verknüpft er Märchenmotive mit gesellschaftspolitischen Realien unserer Gegenwart. Mit Hilfe der Allegorie versucht H., mit den Institutionen unserer Zivilisation zu spielen, sie in Frage zu stellen. Die Mittel, die H. einsetzt: Groteske, Überzeichnung, Verknüpfung des scheinbar Unvereinbaren durch beziehungsreiche Metaphern, werden in dem satirischen Stück *Weh dem, der nicht lügt* sparsamer, aber noch effektvoller benutzt. Allen Stücken H.s liegt die Absicht zugrunde, die politische Gegenwart durch Persiflage zu entlarven. Weniger gelungen ist sie in dem an Voltaire angelehnten *Kandid*, hier wirkt die Kontamination zweier Zeitebenen, der gegenwärtigen und der Voltaires *Candide* assimilierten, bisweilen gezwungen.

Die Hörspiele H.s arbeiten auf höchst eindrucksvolle Weise mit der Montage von fingierten Dokumentarszenen, fiktiven O-Tönen, angeblich authentischen Interviews usw. H. zeigt eine besondere Vorliebe für Science-fiction, mit der er in seinen «Hör-Stücken» häufig operiert, und zwar immer in Richtung auf eine Pervertierung und Übersteigerung bereits vorhandener Entwicklungen, die eben dadurch entlarvt werden. 1964 Hörspielpreis der Kriegsblinden. 1955 Schillerpreis der Stadt Stuttgart, 1960 Gerhart-Hauptmann-Preis.

H. schreibt auch Kriminalromane mit stark gesellschaftskritischem Einschlag, die zu den herausragenden Beispielen dieses Genres in der Bundesrepublik gehören. Hier verzichtet er jedoch völlig auf formale Experimente.

W.: Romane, Erzählungen: Ein Mord am Lietzensee, 1973; Engelmacher & Co., 75; Ohne Geld singt der Blinde nicht, 81; Feuer unter den Füßen, 81; Im Jahr 95 nach Hiroshima, 82; Tödliche Beziehungen (mit F. Huby u. a.), 84; Ein unvollkommener Liebhaber, 90. – *Dramen:* Revolutionäre, 53; Lysiane oder Auf den Flügeln des Abschieds, 55; Thymian und Drachentod, 56; Rival oder Der Fisch mit dem goldenen Dolch, 57 (in: Junges dt. Theater von heute, hg. J. Schondorff, 60); Margaret oder Das wahre Leben, 58; Weh dem, der nicht lügt!, 62; Ein permanenter Dämmerschoppen, 69; Kandid, 72; Das Ende des friedlichen Lebens der Else Reber, 76. – *Hörspiele:* Kein Lorbeer für Augusto, 54; Tod eines Nichtschwimmers, 55; Olga 17, 56 (in: Das tapfere Schneiderlein, hg. H. Schwitzke, 64); Jeden Abend Kammermusik (in: Vier Hörspiele), 61; Nachtprogramm, 64; Hochzeitsreport (in: Rundfunk und Fernsehen 3/65), 65; Die Ballade vom Eisernen John, 69; Rosie, 69; Das Wandesleben-Interview, 71; Reisebeschreibung, 71; Schlußwort, 71/72; Mitbestimmung, 72; Ende gut, alles schlecht, 72; Heisterbach, 73; Eine Liebesgeschichte (in: Der erste Tag), 74; Ballade von der Besetzung eines Hauses, 75; Martinssons Fall, 78; Die Ameise, die mit einer Fahne winkte oder Dr. Federbaums Universum, 78; Linda und Oco, 79; Alberts Jacke oder Bezahlt wird später, 81; Schloß Schönau oder Liebe und Schweigepflicht [mit L. Kristwaldt], 81; Die Zeit vergeht unheimlich langsam [mit L. Kristwaldt], 83; Gipfelgespräch, 83; Dr. John Federbaums Reise durch die Bundesrepublik im August des Jahres 2040, 85; Ohne Geld singt der Blinde nicht, 2 Teile, 85. – *Essays:* Tatort Kriminalroman [mit M. Molsner], 84. – *Übersetzungen (Bühnenms.):* Giraudoux, J.: Tessa, 55; De Filippo, E.: Was wir haben, was wir lieben (mit Ch. Callori-Gehlsen), 79; ders.: Filumena Marturano, 80; ders.: Die Kunst der Komödie, 82; ders.: Lügen haben lange Beine, 82; ders.: Das Vergnügen, verrückt zu sein, 83; ders.: Innere Stimmen, 84; ders.: Der Zylinder, 84. – *Film, Fernsehen (Drehbücher):* Abends Kammermusik, 65; Der Seidenprinz, 67; Szenen mit Elsbet, 72; Sten Sievernich, ein vergessener Stummfilmregisseur, 73; Die armen Räuber, 74; Die Witwe-Ortner-Schau (mit L. Kristwaldt), 75; Der Mann auf dem Hochsitz, 78; Es wäre nett, wenn du vor mir sitzt [mit L. Kristwaldt], 81; Feine Gesellschaft – beschränkte Haftung, 82. – *Sammel- und Werkausgaben:* Das Ende des friedlichen Lebens der Else Reber. Schau- und Hörstücke, 77. – *Schallplatten, Kassetten:* Abends

Kammermusik (Hsp.), 87; Dr. John Federbaums Reise durch die Bundesrepublik im August des Jahres 2040, o. J. (Kass.).

Heym, Georg, *30. 10. 1887 Hirschberg (Schlesien), †16. 1. 1912 Berlin.

H., Sohn eines preußischen Staats- und Militäranwalts, kam mit 13 Jahren nach Berlin; er studierte von 1907 an in Würzburg, Jena und Berlin Jura. Noch vor dem Studienabschluß (1911) stieß er im April 1910 zum «Neuen Club», einer Gruppe junger Autoren. Neben seiner Tätigkeit in diesem Kreis absolvierte er mit wenig Neigung den Referendardienst, ließ sich im Herbst 1911 beurlauben und begann am Orientalischen Seminar in Berlin ein Sprachstudium, das ihm die Diplomatenlaufbahn eröffnen sollte. Bei dem Versuch, einen Freund zu retten, ertrank er beim Eislauf auf der Havel.
Texte aus den letzten beiden Lebensjahren begründeten den Ruhm des expressionistischen Dichters. Während die Gedichte des *Ewigen Tages* noch weitgehend traditionellen Mustern (Form des Sonetts, Bildreihentechnik des Impressionismus u. a.) verpflichtet blieben und Brechungen sich zunächst in den Pointierungen der Schlußverse ankündigten, setzte sich mit den Dichtungen des Jahres 1911 eine kompromißlose Absage an die überkommenen Vorbilder durch. Dieser radikale Bruch mit der Tradition, der die Entwicklung des Expressionismus entscheidend prägte, vollzog sich vor allem in Stil und Thematik. Mondgedichte, Darstellungen von Leichenhäusern und Totenlandschaften zeigen einen spezifisch antitraditionellen Grundzug; Irre und Kranke beherrschen die nächtliche Szenerie, die nur von wenigen lichteren Liebes- und Landschaftsgedichten aufgehellt wird. Die Großstadt – zentrales Motiv Heyms – offenbart sich als Brutstätte dämonischer Mächte, die das Leben der Bewohner überschatten und das Werk einer rauschhaften Vernichtung betreiben; Krieg und Revolution, oftmals zynisch gebrochen, markieren Möglichkeiten des Untergangs, der im Sinne Nietzsches zugleich als Übergang zu einer neuen, lebenserfüllteren Zeit gedeutet wird. Hinter den Visionen der Bedrohung und

einer endzeitlichen Welt steht das Leiden an einer Zeit, die der Entfaltung der ursprünglichen Lebenskräfte entgegensteht. Zentrales Ausdrucksmittel H.s ist die Metapher; neben den Formen der Dämonisierung erhalten die komplementär aufeinander bezogenen Bildbereiche der Erstarrung und Dynamisierung die Aufgabe, das zeitkritisch-vitalistische Weltbild des Dichters zu spiegeln. Ähnliche Tendenzen zeigen auch die Erzählungen und Dramenfragmente: Die hier präsentierte Galerie von Wahnsinnigen, Kranken und Hungernden steht in scharfem Kontrast zur hohlen Sekurität der Vorweltkriegszeit; Bedrohung und Triebbesessenheit sprengen die Schranken einer stagnierenden Welt, die in grotesker Verzerrung allein im Grenzbereich menschlicher Existenz noch Erfüllung des Lebens bieten kann.

W.: Gedichte: Der ewige Tag, 1911; Umbra vitae, 12. – *Erzählungen:* Der Dieb, 13. – *Werkausgabe:* Dichtungen und Schriften, Bd 1 ff, 62 ff; Dichtungen, 69; Nachtgesang, 82; Georg Heym Lesebuch, 84; Wie dunkel sind deine Schläfen, 85; Gedichte, 86; G. H. Der Städte Schultern knacken. Bilder Texte Dokumente, 87.

Heym, Stefan (eig. Helmut Flieg), *10. 4. 1913 Chemnitz.
H. flüchtete 1933 über die Tschechoslowakei in die USA, studierte in Chicago, war als Journalist und Redakteur sowie in zahlreichen anderen Berufen tätig. 1943 wurde H. in den USA eingezogen und nahm als Offizier (zuletzt in der Abteilung für psychologische Kriegführung; Redakteur der für die deutschen Soldaten bestimmten «Frontpost», Rundfunkansprachen an die Deutschen) an der Invasion in der Normandie teil und war nach 1945 Besatzungssoldat in Deutschland.
In München war H. in den ersten Nachkriegsjahren als Journalist tätig, u. a. als Mitbegründer der «Neuen Zeitung». H. wurde dann bald wegen seiner prokommunistischen Haltung in die USA zurückversetzt und aus der Armee entlassen. Aus Protest gab H. dem amerikanischen Präsidenten sein Offizierspatent und seine Kriegsauszeichnungen zurück.

1952 übersiedelte H. in die DDR. 1953 H.-Mann-Preis, 1959 Nationalpreis.

In seinen ersten Buchveröffentlichungen beschäftigte sich H. vorwiegend mit zeitgeschichtlichen Themen. In dem Roman *Kreuzfahrer von heute* versucht er auf dem Hintergrund seiner eigenen Kriegs- und Nachkriegserlebnisse als amerikanischer Offizier die amerikanische Kriegszielpolitik aufzudecken.

Noch in einer Fülle weiterer Veröffentlichungen setzte sich H. nach dem Krieg vor allem kritisch mit der amerikanischen Politik und den Verhältnissen in den USA auseinander.

Unter dem Eindruck der Ereignisse des 17. Juni 1953 in Berlin schrieb H. seinen Roman *Der Tag X*, der jedoch in der DDR nicht erscheinen durfte. Erst 1974 erschien H.s Versuch einer kritischen Analyse der historischen Umstände und Hintergründe des 17. Juni in einer Neubearbeitung unter dem Titel *5 Tage im Juni* in der BRD.

Neben seiner Auseinandersetzung mit aktuellen zeitgeschichtlichen Themen beschäftigte sich H. jedoch auch mit historischen Stoffen, wie der Beschreibung des Aufstandes in Baden 1848/49 oder einem Roman über das letzte Lebensjahr Ferdinand Lassalles.

Nicht als Flucht darf jedoch Heyms Beschäftigung mit geschichtlichen Stoffen verstanden werden, sondern als Mittel, über historische Themen auf Aktuelles anzuspielen, dieses zu kritisieren. So werden in der Neufassung biblischer Legenden, im *König David Bericht*, u. a. Probleme des Stalinismus gespiegelt, während H.s anspruchsvollster, formal vielseitigster Roman *Ahasver* neben der drohenden atomaren Vernichtung auch die Gefahr bürokratisch-dogmatischer Erstarrung thematisiert. – Seit H. 1976 die Petition gegen die Ausbürgerung Biermanns unterzeichnete, konnten wichtige Buchveröffentlichungen nur noch in der BRD erscheinen. 1979 Ausschluß aus dem Schriftstellerverband der DDR. Seit 1990 ist H. Ehrenvorsitzender des Schriftstellerverbandes und Mitglied der Akademie der Künste zu Berlin (Ost). – In seiner *Nachruf* genannten Autobiographie entwirft H. ein faszinierendes Spiegelbild unseres Jahrhunderts.

W.: Romane, Erzählungen: Nazis in USA, 1938; Hostages, 42 (in Hollywood verfilmt, dt. Der Fall Glasenapp); Of Smiling Peace, 44; Kreuzfahrer von heute, 50 (auch als: Bitterer Lorbeer, zuerst engl. als: The Crusaders, 48); The Eyes of Reason, 51 (dt. Die Augen der Vernunft); Die Kannibalen und andere Erzählungen, 53; Offene Worte. So liegen die Dinge, 53; Forschungsreise ins Herz der deutschen Arbeiterklasse, 53; Goldsborough, 53 (dt. Goldsborough oder Die Liebe der Miss Kennedy, 54); Reise ins Land der unbegrenzten Möglichkeiten, 54; Das kosmische Zeitalter, 59; Schatten und Licht, 60; Die Papiere des Andreas Lenz, 2 Bde, 63 (rev. 72) (auch: Lenz oder Die Freiheit, zuerst engl.: The Lenz Papers); Casimir und Cymbelinchen, 66; Lassalle, 69 (zuerst engl. Uncertain Friend, 68); Die Schmähschrift oder Königin gegen Defoe, 70 (engl. The Queen against Defoe); Der König David Bericht, 72 (engl. «The King David Report»); 5 Tage im Juni, 74; Cymbelinchen oder der Ernst des Lebens. 4 Märchen für kluge Kinder, 75; Das Wachsmuth-Syndrom, 75; Erzählungen, 75; Die richtige Einstellung und andere Erzählungen, 77; Erich Huckniesel, 77; Der kleine König, der ein Kind kriegen mußte, 79; Collin, 79; Ahasver, 81; Schwarzenberg, 84; Reden an den Feind, 86; Meine Cousine, die Hexe und weitere Märchen für kluge Kinder, 89. – *Dramen:* Die Hinrichtung, 35; Gestern/Heute/Morgen. Deutsch-amerikanisches Schauspiel, 37, in: Das Wort 3/37; Tom Sawyers großes Abenteuer, 52 (mit Hanus Burger). – *Essays, Autobiographie:* Im Kopf sauber. Schriften zum Tage, 54; Keine Angst vor Rußlands Bären, 55; Offen gesagt. Neue Schriften zum Tage, 57; Atta Troll, 83; Nachruf, 88; Einmischung, 90; Auf Sand gebaut, 91. – *Übersetzungen:* Mark Twain: König Leopolds Selbstgespräch, 61. – *Herausgebertätigkeit:* Deutsches Volksecho (New York), 37–39; Auskunft. Neue Prosa aus der DDR, I 74; II 78. – *Sammelausgabe:* Wege und Umwege. Streitbare Schriften aus 5 Jahrzehnten, 80; Werkausgabe, Bd 1 ff, 81 ff, Stalin verläßt den Raum. Politische Publizistik, 90.

Heynicke, Kurt, *20. 9. 1891 Liegnitz. † 18. 3. 1985 Merzhausen bei Freiburg.

H. entstammt einer Arbeiterfamilie; nach Absolvierung der Volksschule Versicherungs- und Bankangestellter; war Soldat im 1. Weltkrieg; anschließend wieder Angestellter, seit 1923 Dramaturg und Spielleiter in Düsseldorf (bei L. Dumont), seit 1932 Mitarbeiter der Ufa;

lebte seit 1943 als freier Schriftsteller in der Nähe von Freiburg/Br. – H.s literarische Anfänge fallen in die Zeit des 1. Weltkriegs; Veröffentlichung seiner Lyrik und dramatischer Szenen in H. Waldens Zeitschrift «Der Sturm»; im gleichnamigen Verlag Veröffentlichung seines ersten Gedichtbandes. Grundthema von H.s Lyrik ist die Lebensbewältigung des Menschen, das Suchen nach Gemeinschaft, nach einem «Nadelkopf Hoffnung»; dabei ist der Verfasser auch auf der Suche nach Gott; sein lyrisches Werk ist von tiefer Religiosität durchzogen. Bis in das Spätwerk ist Lebenszuversicht für H.s Schaffen charakteristisch, erst in seinem letzten Gedichtband *Alle Finsternisse sind schlafendes Licht* stärkeres Aufkommen schwermütiger und skeptischer Untertöne. Lebenszuversicht ist auch Grundtenor von H.s erzählender Literatur; mit realistischer Erzählkunst, oft sehr humorvoll, schildert der Autor Begebenheiten im Leben der «kleinen Leute». Nach dem nicht geglückten Versuch, Inhalt und Form der frühen Lyrik auf das Drama zu übertragen, Annäherung an traditionelle Theaterstücke; seit den 30er Jahren Verfasser einer großen Zahl von Hörspielen, Filmdrehbüchern und (später) auch Manuskripten für Fernsehspiele.
H. hat im Laufe seiner schriftstellerischen Laufbahn eine große Zahl literarischer Ehrungen erhalten; die Reihe begann 1919 mit dem hochangesehenen Kleist-Preis, fand ihren Abschluß 1972 in der Verleihung des Eichendorff-Preises.

W.: Romane, Erzählungen: Eros inmitten, 1925; Sturm im Blut, 25; Fortunata zieht in die Welt, 30; Der Fanatiker von Schönbrunn, 33; Herz, wo liegst du im Quartier, 38; Der Baum, der in den Himmel wächst, 40 (u.d.T.: Die buntbemalte Wiege, 41); Rosen blühen auch im Herbst, 42; Es ist schon nicht mehr wahr, 48; Der goldene Käfig, 50; Der Hellseher, 51; Die Insel der Verliebten, 53. – *Dramen, Hörspiele:* Konservenwurst und Liebe, 18; Der Kreis. Ein Spiel über den Sinnen, 20; Die Ehe, 20; Das Meer, 25; Der Prinz von Samarkand, 25; Kampf um Preußen, 26; Emilie oder der Sieg des Weibes, 29; Neurode, 35; Die Verlobungsreise, 38; Die Nichte aus Amerika, 55; Das Lächeln der Apostel, in «Rundfunk und Fernsehen», 58; Hörspiele, 69. – *Lyrik:* Rings

fallen Sterne, 17; Gottes Geigen, 18; Das namenlose Angesicht, 19; Die hohe Ebene, 21; Traum im Diesseits, 32; Das Leben sagt ja, 36; Alle Finsternisse sind schlafendes Licht, 69. – *Essay:* Der Weg zum Ich, 22. – *Sammel- und Werkausgaben:* Ausgewählte Gedichte, 52; Kultur im Zeitenbruch [mit P. P. Nahm u. a.], 74; Das lyrische Werk, 3 Bde, 75.

Hilbig, Wolfgang, *31.8.1941
Meuselwitz.
H. wuchs als Halbwaise bei seinem Großvater auf. Er wurde zum Bohrwerkdreher ausgebildet und arbeitete als Heizer. 1967 wurde er von seinem Betrieb zu einem «Zirkel schreibender Arbeiter» delegiert. Danach war H. in verschiedenen Berufen tätig, u. a. als Werkzeugmacher, Monteur und Tiefbauarbeiter. Seit 1970 erneut als Heizer tätig. 1978 nach seiner ersten Publikation im Westen verhaftet, wurde H. wegen «Devisenvergehen» verurteilt. Seit 1979 lebt er als freier Schriftsteller. 1983 erhielt er den Brüder-Grimm-Preis, 1985 den Förderpreis der Akademie der Künste Berlin, den Ingeborg-Bachmann-Preis 1989. – H.s erste Veröffentlichungen irritierten in beiden deutschen Staaten. Hier trat ein «Arbeiterschriftsteller» auf, der so gar nichts von den Zielen des «Bitterfelder Weges» verkörperte. Seine Lyrik beschreibt in bildhafter Sprache die Welt der Produktion und staatlicher Macht als entfremdete Räume, seine Prosa die DDR als eine Gesellschaft voller Kälte und Ängste vor Identitätsverlust. Die verzweifelten Bemühungen der Protagonisten, sich demgegenüber als eigenständige Individuen zu bewahren, bleiben vergeblich. Für seinen zeitkritischen Roman *Eine Übertragung*, der, voller Allegorien, in melodisch-präziser Prosa beschreibt, «was den Autoren im deutschen Sprachraum widerfährt», erhielt H. den Ingeborg-Bachmann-Preis.

W.: Dramen, Erzählungen, Prosa: Unterm Neomond, 82; Der Brief, 85; Die Territorien der Seele, 86; Die Weiber, 87; Eine Übertragung, 89; Die Angst vor Beethoven, 90; Über den Tonfall, 90. – *Lyrik:* abwesenheit, 79; die versprengung, 86. – *Sammel- und Werkausgaben:* Stimme Stimme, 83.

Hildebrandt, Dieter, *23.5.1927 Bunzlau (Schlesien).

H., Sohn eines Landwirtschaftsrats, wurde 1943 eingezogen und geriet in britische Kriegsgefangenschaft. 1950–55 studierte er Theaterwissenschaft und Germanistik in München. 1955 legte er die Schauspieler-Prüfung ab. H., der schon 1952 am Studentenkabarett «Die Seminarren» beteiligt gewesen war, gründete 1955 zusammen mit anderen Studenten das Kabarett «Die Namenlosen», aus dem 1956 die «Münchner Lach- und Schießgesellschaft» hervorging, der H. bis 1972 angehörte und für die er auch als Texter tätig war. Seither moderiert H. satirische Fernsehreihen («Notizen aus der Provinz», «Scheibenwischer») und tritt als Schauspieler in Theaterstücken, Filmen und Fernsehsendungen auf. Seit dem Tode Sammy Drechsels führt H. Regie bei den Produktionen der «Münchner Lach- und Schießgesellschaft». H. erhielt zahlreiche Auszeichnungen und Preise, u. a. den Adolf-Grimme-Preis in Bronze (1976), Silber (1983) und Gold (1986), den Deutschen Kleinkunstpreis (1977), den Ernst-Hoferichter-Preis (1979), den Mannheimer Schillerpreis (1987) und 1990 den Alternativen Büchner-Preis.

Erst mit seiner Autobiographie *Was bleibt mir übrig* wurde der satirische Autor H. von einem größeren Leserpublikum zur Kenntnis genommen, obwohl eine Reihe seiner Texte als Bücher bereits vorlag. Mehr noch als bei vielen seiner Kollegen ziehen sie einen Großteil ihres Reizes aus seinem Vortrag, der assoziativen Reihung von (scheinbar) improvisierten Bosheiten, dem plötzlichen Abbrechen von Gedanken, die dem Zuhörer das Weiter- und Zuendedenken ermöglichen und abverlangen. Mit bissiger Ironie, dem entlarvenden Zitat, dem sarkastischen Kommentar werden Skandale und aktuelle Dummheiten von Politikern und anderen, sich selbst als bedeutend ansehenden Personen auf den Punkt gebracht. Welche Wirkungen H. damit zu erzielen vermag, belegen die zahlreichen Versuche, ihn mit offener und verdeckter Zensur zum Schweigen zu bringen. Bekannt wurden dabei vor allem die mehrfachen Ausblendungen des Bayrischen Fernsehens aus Sendungen, an denen H. beteiligt war.

W.: *Prosa, Texte, Dokumentationen, Autobiographie:* Stein oder nicht Stein, 1977; …über die Bundesliga. Die verkaufte Haut oder Ein Leben im Trainingsanzug, 79; Spaß ist machbar, 80; Unser Rhein-Main-Donau-Kanal (mit G. Polt u. a.), 83; Krieger Denk Mal! (mit G. Polt u. a.), 84; Faria Faria Ho (mit G. Polt u. a.), 85; Von GAU zu GAU oder die Wackersdorfidylle (mit H. D. Hüsch u. a.), 86; Scheibenwischer Zensur, 86; Was bleibt mir übrig. Anmerkungen zu (meinen) 30 Jahren Kabarett, 86. – *Schallplatten, Kassetten:* Radio Eriwan antwortet, 72; Satire life 78 (mit H. Ruge), 79 (Kass.); Eine kleine Schlachtmusik, 81 (2 Pl.).

Hildesheimer, Wolfgang, *9.12.1916 Hamburg.

H. besuchte das Gymnasium in Mannheim, die Frensham Heights School in England und lernte nach der Emigration der Eltern 1933–36 in Palästina Möbeltischlerei und Innenarchitektur. Nach Teilnahme an einem Bühnenbildnerkurs in Salzburg studierte er 1937–39 Malerei und Graphik in London und ging 1940 für 5 Jahre als englischer Informationsoffizier erneut nach Palästina. Nach seiner Tätigkeit als Simultandolmetscher beim Nürnberger Prozeß lebte H. zunächst als Maler in Ambach/Starnberger See, entschied sich jedoch 1950 endgültig für die Literatur und übersiedelte 1957 in die Schweiz (Poschiavo/Graubünden), wo er 1982 eingebürgert wurde.

H. gehörte zur «Gruppe 47», ist Mitglied der Berliner Akademie der Künste und der Deutschen Akademie für Sprache und Dichtung. 1955 erhielt er den Hörspielpreis der Kriegsblinden, 1965 den Literaturpreis der Freien Hansestadt Bremen, 1966 den Georg-Büchner-Preis, 1981 Premio Verinna-Lorenzon, 1982 den Literaturpreis der Bayerischen Akademie der Schönen Künste und wurde Ehrendoktor der Universität Gießen; 1983 Bundesverdienstkreuz. 1967 war er Dozent für Poetik an der Univ. Frankfurt. Er übersetzte aus dem Englischen und ins Englische.

Nach eigenem Zeugnis sind Strindberg und Joyce H.s wichtigste Vorbilder; in seinen theoretischen Äußerungen wird der Einfluß Becketts und Ionescos, auch Pirandellos erkennbar. Grunderlebnis H.s ist die «Wirklichkeit des Absurden», damit umgekehrt auch die Absurdität und Fremdheit alles Wirklichen. Sein artistisches Raffinement, seine Fähigkeit zur geistvoll pointierenden Ironie verbinden sich mit existentiellem Ernst in der monologischen Dichtung.

H. begann mit literarischen Satiren und Grotesken (z. B. *Lieblose Legenden* und der Bericht *Das Ende der Welt*). Schon früh arbeitete er für den Funk, das Fernsehen und die Theaterbühne. Aus dem Gefühl der Ohnmacht und des Zweifels entwickelte er seine Theorie des absurden Theaters, das eine Parabel ohne jegliche Aussage, also auch frei von politischem Engagement sein solle (z. B. *Spiele, in denen es dunkel wird*, *Die Uhren*, *Die Verspätung*). Im Bereich der Prosa führt seine Auffassung von der generellen Sinnlosigkeit der Realität H. zu einer monologischen Erzählweise, die in Träumen, Erinnerungen und Phantasien von den Schrecken der Gegenwart kündet, so daß sich die Geschichte und die Geschichten auflösen zu einem Sein in Nichts (*Tynset*, *Masante*). Die radikale Infragestellung des fiktiven Erzählens (Rede: *The end of fiction*, 1976) führt im Werk zunächst zur Biographie. Folgerichtig geht es H. in seinem *Mozart*-Buch um die psychoanalytisch geschulte Rekonstruktion dieses Komponisten in der Form des Essays, der sich an nachprüfbare Fakten hält. Da aber hier die Grenze der Rekonstruktion einer realen geschichtlichen Figur erreicht wird, folgt in *Marbot* die minuziös erstellte Biographie einer erfundenen Figur. H. erklärte vor einigen Jahren den Rückzug vom Schreiben, das für ihn sinnlos geworden sei.

Romane, Erzählungen, Prosa: Lieblose Legenden, 1952 (veränd. 62); Flora's Fauna [mit P. Flora], 53; Paradies der falschen Vögel, 53; Ich trage eine Eule nach Athen und vier andere Geschichten, 56; Vergebliche Aufzeichnungen. Nachtstück, 63; Drei Legenden. Eine größere Anschaffung. Ich finde mich zurecht. Der Brei auf unserem Herd, 64/65; Tynset, 65; Zeiten in Cornwall, 71; Masante, 73; Was Waschbären alles machen [mit R. Berlinger], 79; Exerzitien mit Papst Johannes. Vergebliche Aufzeichnungen, 79; Marbot. Eine Biographie,

81; Orte. Eine Auswahl, 81; Mitteilungen an Max über den Stand der Dinge und anderes, 83; Nachlese, 87. – *Dramen, Libretti u. ä.:* das ende einer welt. funkoper [mit H. W. Henze], 53; Der Drachenthron, 55; Pastorale, o. J. (Bühnenms.; Neufsg 1965, o. J. [Bühnenms.]); Die Eroberung der Prinzessin Turandot, o. J. (Bühnenms.); Die Verspätung. Ein Stück in 2 Teilen, 61; Das Opfer Helena. Kammermusical für Schauspieler [Musik: G. Wimberger], o. J. (Bühnenms.); Mary Stuart. Eine historische Szene, 71. – *Hör- und Fernsehspiele (z. T. ungedruckt):* Das Ende kommt nie, 52; Begegnung im Balkanexpreß, 53; Das Ende einer Welt, 53; Prinzessin Turandot. 1 Fsg, 54 (in: Hörspielbuch 55, 55), 2. Fsg, 54 (in: ebda, 55); An den Ufern der Plotinitza. 1. Fsg, 54, 2. Fsg, 56 (in: Hörspielbuch 56, 56); Das Atelierfest, 55; Das Opfer Helena. 1. Fsg, 55 (in: Texte und Zeichen 1/55), 2. Fsg, 61 (in: Schwitzke, H. (Hg.): Sprich, damit ich dich sehe, 61), 3. Fsg, 65 (in: Das Opfer Helena. Monolog, 65); Die Bartschedel-Idee, 57; Pastorale oder die Zeit für Kakao, 58; Die Uhren, 58; Der schiefe Turm von Pisa, 58; Nocturno im Grand Hotel (Fsp.), 59 (in: Schwitzke, H. (Hg.): Vier Fernsehspiele, 60); Herrn Walsers Raben, 60; Die Lästerschule, 61; Rivalen, 61; Nocturno im Grand Hotel, 61; Unter der Erde, 62 (in: Spectaculum 6, 63); Nachtstück, 64; Monolog, 64; Es ist alles entdeckt, 65; Maxine, 69; Die Verspätung (Fsp.), 69; Mary auf dem Block, 71; Ich heiße Robert Guiscard (Fsp.), o. J.; Hauskauf. 1. Fsg, 74, 2. Fsg, 74; Hauskauf, 74; Mary Stuart (Fsp.), 74; Biosphärenklänge, 77; Endfunk, 80. – *Essays, Biographien, Graphik u. ä.:* Betrachtungen über Mozart, 63; Wer war Mozart? Becketts «Spiel». Über das absurde Theater, 66; Die Musik und das Musische, 67; Interpretationen: James Joyce, Georg Büchner. Zwei Frankfurter Vorlesungen, 69; Mozart, 77; Endlich allein. Collagen, 84; Das Ende der Fiktionen, 84; The Jewishness of Mr. Bloom, 84; In Erwartungen der Nacht. Collagen, 86; Der ferne Bach, 86; Mit dem Bausch dem Bogen. Zehn Glossen mit einer Grafik, 89; Klage und Anklage, 89; Signatur. Zeit Schrift Bild Objekt. Nr. 11, 89. – *Übersetzungen, Bearbeitungen:* Chapman, F. S.: Aktion «Dschungel», ca. 52; Piper, A.: Jack und Jenny, 55; Barnes, D.: Nachtgewächs, 59; Goldoni, C.: Die Schwiegerväter. Sehr frei bearbeitet, 61 (Bühnenms.); Rivalen. Lsp. nach Sheridan, o. J. (Bühnenms.); Sheridan, R. B.: Die Lästerschule. Frei bearbeitet, 62; Gorey, E.: Ein sicherer Beweis, 62; Searle, R.: Quo vadis?, 62; Gorey, E.: Die Draisine von Untermattenwaag, 63; Gorey, E.: Eine Harfe ohne Saiten oder Wie man einen Roman schreibt, 63; Gorey, E.: Das Geheimnis der Ottomane, 64; Shaw, G. B.: Die heilige Johanna, 65; Gorey, E.: Das unglückselige Kind, 67; Shaw, G. B.: Helden, 69 [Bühnenms.], 70; Gorey, E.: La Chauve-Souris Dorée, 69; Joyce, J.: Anna Livia Plurabelle, 70; Congreve, W.: Der Lauf der Welt, 82 (Bühnenms.), 86. – *Sammel- und Werkausgaben:* Spiele, in denen es dunkel wird, 58; Herrn Walsers Raben. Unter der Erde. Zwei Hörspiele, 64; Das Opfer Helena. Monolog. Zwei Hörspiele, 65; Begegnung im Balkanexpreß. An den Ufern der Plotinitza. Zwei Hörspiele, 68; Die Eroberung der Prinzessin Turandot. Das Opfer Helena, 69; Theaterstücke. Über das absurde Theater, 75; Hörspiele, 75; Tynset. Zeiten in Cornwall. Hörspiele, 78; Die Hörspiele, 88; Die Theaterstükke, 89. – *Herausgebertätigkeit:* Trials of War Criminals before the Nuernberg Military Tribunals under Council Law No. 10. Green Series. Nuernberg Oct. 1946–April 1949. Bd III–IV, 51; Disegni e aquaforti di Horst Janssen [mit Luigi Carluccio], 75 (Katalog); Mozart-Briefe, 75. – *Schallplatten, Kassetten:* Monolog, 89 (Kass.).

Hiller, Kurt, *17.8.1885 Berlin, †1.10.1972 Hamburg.
H. ist ein politischer Schriftsteller. Er betrachtete sein Leben als *Leben gegen die Zeit* (Titel seiner Autobiographie). In steter Opposition zu den Herrschenden war sein Ziel, zur «Besserung des Loses der Menschheit» beizutragen. Nach einem Studium der Rechte und Philosophie – 1907 promovierte H. zum Dr. jur. – kämpfte er durch das Mittel des Wortes auf den Gebieten der Kunsttheorie, Staatsphilosophie, Ethik und Politik für einen neuen antikapitalistischen Sozialismus eigener Prägung. Seine Ausdrucksformen sind Manifeste, Pamphlete, Reden, Aufrufe, offene Briefe, polemische Essays und Schmähschriften. Mit seinen Thesen zur tendenzerfüllten, in das Leben aktiv eingreifenden Literatur begründete er den für die Epoche um 1918 entscheidenden «Aktivismus». Inspirator und Organisator der drei Aktivisten-Treffen 1917–19 und des «Politischen Rats Geistiger Arbeiter» 1918. H.s staatsphilosophische Gedanken sind beeinflußt von Platon und Nietzsche. Eine aristokratische Herrschaft des Geistes, die «Logokratie», wird propagiert. Auf Grund humanitärer Überzeugungen vertrat H. anfangs einen rigorosen, ab 1924 einen gemäßigten Pazifismus (Vorstand der Deutschen Friedensgesellschaft, Vorsitz der Gruppe Revolutionärer Pazifisten, Rede *Linkspazifismus* 1920). Zu Beginn des Nationalsozialismus wurde H. wegen Antifaschismus, Judentum und Sozialismus verhaftet, gefoltert und ein Jahr im Zuchthaus gefangengesetzt. 1934–55 im Exil. Lebte seit seiner Rückkehr in Hamburg.

W.: Lyrik: Unnennbar Brudertum. Verse 1904–17, 1918; Der Unnennbare. Verse 1918–1937, 38; Hirn- und Haßgedichte aus einem halben Jahrhundert, 57. – *Essays:* Das Recht über sich selbst. Eine strafrechtsphilosophische Studie, 08; Die Weisheit der Langeweile. Eine Zeit- und Streitschrift, 2 Bde, 13; Taugenichts, Tätiger Geist. Thomas Mann, 17; Ein deutsches Herrenhaus, 18; Gustav Wynekens Erziehungslehre und der Aktivismus, 19; Geist werde Herr, 20; Logokratie oder Ein Weltbund des Geistes, 21; Der Aufbruch zum Paradies, 22 (erw. 52); § 175: Die Schmach des Jahrhunderts, 22; Verwirklichung des Geistes im Staat, 25; Der Sprung ins Helle. Reden. Offene Briefe. Essays. Pamphlete, 32; Profile, 38; Köpfe und Tröpfe, 50; Rote Ritter. Erlebnisse mit deutschen Kommunisten, 51; Das Buch Archangelos. Ein Grabmal, 65; Ratioaktiv. Reden 1914–64, 66; Leben gegen die Zeit, Bd 1: Logos, 69, Bd 2: Eros, 73; Briefe an einen Freund, 80; K. H. an K. H., 81; Politische Publizistik, 83; 100 x Kurt Hiller, 85. – *Herausgebertätigkeit:* Der Kondor, 12 (Neuausg. 89); Jahrbücher «Das Ziel» 16–24 (Das Ziel. Aufrufe zu tätigem Geist, 16; Tätiger Geist! Zweites der Ziel-Jahrbücher, 17/18; Das Ziel. Jahrbücher für geistige Politik, 19; Das Ziel. Viertes der Jahrbücher für geistige Politik, 20; Geistige Politik! Fünftes der Ziel-Jahrbücher, 24); After Nazism – democracy?, 45; Fichte, J. G.: Über das Verhältnis der Logik zur Philosophie oder transcendentale Logik [mit R. Lauth u. a.], 82.

Hilscher, Eberhard, *28.4.1927 Schwiebus (heute Polen).
H., Sohn eines Lehrers, arbeitet nach amerikanischer Kriegsgefangenschaft u. a. in der Landwirtschaft, studiert von 1948–52 Germanistik in Ost-Berlin, lebt seit 1953 als freier Autor. H. ist zunächst mit literaturwissenschaftlich-essayistischen Arbeiten hervorgetreten, vor allem über Thomas Mann, Gerhart Hauptmann, Arnold Zweig, zu denen er in der DDR die ersten grundlegenden Monographien verfaßt, die internationale Anerkennung finden. Seit den 50er Jahren publiziert H. regelmäßig literaturkriti-

sche Beiträge in Presse und Funk (u. a. Hölderlin, Heine, Mörike, Renn, Stifter), beteiligt sich an Büchern für den Literaturunterricht. H.s Interesse an bürgerlich-humanistischen Autoren dokumentiert sein Essayband *Poetische Weltbilder* und seine Tätigkeit als Herausgeber. Seit Ende der 50er Jahre profiliert sich H. zusehends als vor allem historischer Erzähler. Mit seiner ersten Novelle, *Feuerland ahoi!*, über Darwin und dessen Entwicklungslehre beruft sich H. zwar auf die «realistische englische Erzählkunst», bleibt aber noch im Bereich des «humoristisch und jugendgemäß» erzählten Reiseabenteuers. In den historischen Kurzgeschichten des Bandes *Die Entdeckung der Liebe* versucht H., «ein umfassendes Weltbild zu gestalten, mit Geschichte und Genres zu spielen». Herausragend ist sein Roman über Walther von der Vogelweide, *Der Morgenstern*, der für die DDR einen «Durchbruch zur intellektuellen Experimentierprosa» bedeutet und auch formal als «neuer Typ des historischen Romans» gelten kann.

W.: Erzählungen, Romane: Feuerland ahoi!, 1961; Die Entdeckung der Liebe, 62 (stark erw. 77); Der Morgenstern oder die vier Verwandlungen eines Mannes, Walther von der Vogelweide genannt, 76; Die Weltzeituhr, 83. – *Wissenschaftliche, essayistische und Lehrbücher:* Johannes R. Becher (mit anderen), 53; Erläuterungen zur deutschen Literatur nach 1848 (mit anderen), 54; Zur Literatur der Befreiungskriege (mit anderen), 54; Gerhart Hauptmann (mit anderen), 54; Erläuterungen zur deutschen Literatur. Sturm und Drang (mit anderen), 58; Aus deutscher Dichtung, Bd 3, 59; Heinrich und Thomas Mann. Lehrgang Deutsche Sprache und Literatur, 61; Proletarisch-revolutionäre Literatur 1918–1933, 62; Arnold Zweig, 62 (stark bearb. 69); Thomas Mann, 65 (stark bearb. 75); Gerhart Hauptmann, 69 (stark bearb. 79, erneut bearb. 87); Poetische Weltbilder. Essays über Heinrich Mann, Thomas Mann, Hermann Hesse, Robert Musil und Lion Feuchtwanger, 77. – *Herausgebertätigkeit:* Johannes R. Becher: Vom Bau des Sozialismus. Kämpfende Kunst, 59; Conrad Ferdinand Meyer: Die Versuchung des Pescara, 62; Eduard Mörike: Mozart auf der Reise nach Prag, 65; Heinrich Mann: Liebesspiele, 71.

Hilsenrath, Edgar, *2. 4. 1926 Leipzig. Der aus einer orthodoxen jüdischen Kaufmannsfamilie stammende H. wuchs

in Leipzig und Halle auf und wurde 1938 zu Verwandten nach Rumänien geschickt. 1941 wurde er von den rumänischen Faschisten ins Getto der ukrainischen Stadt Moghilev-Podelsk deportiert. Nach der Befreiung durch sowjetische Truppen kehrte er nach Rumänien zurück, emigrierte mit gefälschten Papieren nach Palästina, von wo er 1951 in die USA auswanderte. Seit 1975 lebt er als freier Schriftsteller in West-Berlin. Alfred-Döblin-Preis 1989 für *Das Märchen vom letzten Gedanken*.

Seine ersten Bücher erschienen zunächst in englischer Übersetzung, da westdeutsche Verleger zurückschreckten vor der schonungslosen Schreibweise H.s, die unreflektiert philosemitischen Strömungen zu widersprechen schien. So schildert er in *Nacht*, wie die rücksichtslose Vernichtungspolitik der Faschisten notwendigerweise auch zur allmählichen Enthumanisierung der jüdischen Opfer führt. Sie können nur überleben, wenn sie mit Unmenschlichkeit auf die Gnadenlosigkeit ihrer Unterdrücker reagieren. – Anders als mit diesem zwiespältig aufgenommenen Werk, wurde H. mit seinem nächsten Roman im In- und Ausland bekannt. Auch *Der Nazi & der Friseur* erschien zuerst in englischer Übersetzung. In ihm schildert H. die Geschichte vom Identitätswechsel des faschistischen Massenmörders Max Schulz, der sich nach dem Kriege in seinen im KZ getöteten Jugendfreund Itzig Finkelstein verwandelt und sich so vor Verfolgung rettet. – Die weiteren Romane H.s fanden ein zwiespältiges Echo und vermochten literarisch weniger zu überzeugen. – *Das Märchen vom letzten Gedanken* ist ein Roman über den Leidensweg des armenischen Volkes, akribisch recherchiert, mit deutlichem Bezug auf die jüngere deutsche Geschichte.

W.: Romane, Erzählungen: Nacht, 1964; Der Nazi & der Friseur, 77; Gib acht, Genosse Mandelbaum, 79; Bronskys Geständnis, 80; Zibulsky oder Antenne im Bauch, 83; Das Märchen vom letzten Gedanken, 89.

Hilty, Hans Rudolf, *5. 12. 1925 St. Gallen. Nach dem Studium der Geschichte und

Germanistik arbeitete H. als Lehrer in seiner Heimatstadt. 1951–72 war er Redakteur und Herausgeber verschiedener literarischer und politischer Zeitschriften und Buchreihen; seither ist er als freier Journalist und Schriftsteller tätig. H. erhielt 1969 die Ehrengabe der Stadt Zürich, 1986 den Kulturpreis St. Gallen. – Die geistesgeschichtliche Literatur- und Weltinterpretation seines Doktorvaters Emil Staiger beeinflußte die frühen Werke H.s, die ohne erkennbare Auseinandersetzung mit der Zeit, in der sie entstanden, ein fast klassizistisches Ideal in Form und Inhalt dokumentieren. In der Auseinandersetzung mit dem Existentialismus Sartres und vor allem der französischen existentialistischen Dramatik entwickelte H. eine neue Weltsicht, die seine weiteren Werke bestimmt, u. a. seinen Roman *Parsifal*. In diesen verschachtelten und dokumentarisch unterbrochenen Roman fügt H. zitathaft Ausschnitte aus Tagebüchern und Schriften von Künstlern, aus KZ-Berichten und wissenschaftlichen Texten ein und schafft so eine Tiefenstruktur des Erzählens, die das Werk philosophisch untermauert. Neben dieser philosophisch bestimmten Erzählform hat H. eine von ihm «erzählerische Recherche» genannte Technik des Schreibens entwickelt. Durch sie wird es ihm möglich, vorgegebene Fakten eines Lebens (*Mutmaßungen über Ursula*) oder der Geschichte (*Bruder Klaus oder Zwei Männer im Wald*) mit literarischen Mitteln darzustellen und kritisch zu hinterfragen.

W.: Romane, Erzählungen, Prosa: Die Entsagenden, 1951; Das indisch-rote Heft, 54; Parsifal, 66; Mutmaßungen über Ursula, 70; Risse, 77; Bruder Klaus oder Zwei Männer im Wald, 81. – *Dramen:* Der kleine Totentanz, 53; Die Mörderin und ihr Planet (in: Modernes Schweizer Theater, S. 131–148), 64. – *Lyrik:* Nachtgesang, 48; Früheste Poesie, 49; Eingebrannt in den Schnee, 56; Daß die Erde uns leicht sei, 59; Zu erfahren. Lyrische Texte 1954–1968, 69. – *Essays:* Carl Hilty, 49; St. Gallen, 50; Vadian, 51; Form – Funktion – Sinn, 52; Carl Hilty und das geistige Erbe der Goethezeit, 53 (Diss.); Friedrich Schiller, 55; Jeanne d'Arc bei Schiller und Anouilh, 60; Carl Hilty, 64; Symbol und Exempel, 66; Vogelkojen in Nordfriesland, 78; Zuspitzungen,

84. – *Übersetzungen:* Joachim Vadian: Hahnenkampf, 59; Yves Velan: Ich, 59; Carl Ferdinand Ramuz: Die Geschichte vom Soldaten, 61; Aline Valagin: Raum ohne Kehrreim, 61; T. Carmi: Die Kupferschlange, 64; Jean-Pierre Monnier: Die Helle der Nacht, 67. – *Herausgebertätigkeit:* C. Hilty: Freiheit, 46; Hortulus (Zs.), 52 ff.; Der goldene Griffel, 3 Bde, 57; Zürich zum Beispiel (mit H. E. Stüssi), 59; Die Quadrat-Bücher, Bd 1 ff, 59 ff; Die dritte Generation, 60; Der schwermütige Ladekran. Japanische Lyrik unserer Tage (mit E. v. Hoboken), 60; Documenta poetica. Deutsch, 62; Documenta poetica. Englisch-amerikanisch, 62; Regiearbeit Leopold Lindtberg, 62; Erklär mir, Liebe ..., o. J.; Dank an Kurt Hirschfeld, 64; Modernes Schweizer Theater (mit M. Schmid), 64; Grenzgänge, 81.

Hinrichs, August, * 18.4.1879 Oldenburg (i. O.), † 20.6.1956 Huntlosen bei Oldenburg.

H. wurde als Sohn eines Tischlermeisters geboren und lernte das väterliche Handwerk. Seine Wanderschaft als Geselle führte ihn nach Südeuropa. 1905 wurde er Tischlermeister. Daneben begann er zu schreiben. 1914 wurde er Soldat und blieb es bis Kriegsende. Bis 1929 war er gleichzeitig als Handwerker und als Schriftsteller tätig, seither als freier Schriftsteller. 1935 wurde er Landesleiter der Reichsschrifttumskammer. Nach Kriegsende lebte er in Huntlosen und in Oldenburg. 1938 erhielt er den Fritz-Stavenhagen-Preis, 1939 die Goethe-Medaille, 1943 den Gaukunstpreis Weser-Ems. 1944 wurde er Ehrenbürger seiner Vaterstadt und erhielt 1954 das Bundesverdienstkreuz.

H.s Name ist bis heute im wesentlichen verbunden mit dem Lustspiel *Swienskomödi* (hochdeutsch *Krach um Jolanthe*) und dem Festspiel «vom Untergang eines Volkes» *De Stedinge*. Beide Stücke markieren die Pole eines umfangreichen literarischen Werks, das Romane und Erzählungen ebenso umfaßt wie erfolgreiche Lustspiele, deren gelungener Aufbau und Humor nicht darüber hinwegtäuschen können, wie leicht Heimatverbundenheit und die positive Hervorhebung des Landes gegenüber der Stadt von nationalsozialistischer «Blut und Boden»-Propaganda vereinnahmbar waren – auch dann, wenn sich (wie bei H.) die gängigen ideologischen Schlagworte jener Zeit im Werk selbst nicht finden.

W.: Romane, Erzählungen: Das Licht der Heimat, 1920; Der Moorhof, 20; Der Wanderer ohne Weg, 20; Das Nest in der Heide, 22; Die Hartjes, 24; Gertraudis, 27; Das Volk am Meer, 29; Der Landstreicher. Das Wunderbare der heiligen Nacht, 35; An der breiten Straße nach West, 35; Mein ernstes Buch, 41; Mein heiteres Buch, 41; Rund um den Lappan, 43; Die krumme Straße, 49; Das Wunder der heiligen Nacht, 49; Kommst du heute abend?, 52; Eines Nachts, 55; Vörnehm un gering, 59; Winter, 60; Was die grüne Heide weiß, 60; Heini un de Schoolmester, 81; Jan in'n Busch, 82. – *Dramen:* Fest-Spiel für Turner, 06; Frithjof, 11; De Aukschon, 22; Marie, 22; Neue Jugend, 25; Aufruf zur Freude, 30; Jan is König, 30; Swienskomödi, 30 (hochdt. u. d. T.: Die Metzelsuppe, 31; Krach um Jolanthe, 33); Freie Bahn dem Tüchtigen, 31; Diederk schall freen, 31; Nur eine Mark, 32; Wenn de Hahn kreiht, 33 (hochdt. 33); De Stedinge, 34 (hochdt. 34); Petermann fährt nach Madeira, 36; För de Katt, 38 (hochdt. 38); Steding Renke, 39; Tilly vor Oldenburg, 39; Der Musterbauer, 41 (plattdt. u. d. T.: De latinsche Bur, 49); Schwere Zeit, 44; Der kluge Heini, 54 (plattdt. o. J.); Siebzehn und zwei, 55; Alltomal Sünner, o. J. – *Lyrik:* Tor Schlummertied, 06; Der Weg in die Freiheit, 53. – *Sammelausgaben:* Ausgewählte Erzählungen, 34; Das Volksbuch von Jolanthe (Mitverf.), 34; Drei Bauernkomödien, 42; Drei heitere Bühnenstücke, 44; Schwarzbrot, 59; A. H. un sien schöönste Geschichten, 89; Ausgewählte Erzählungen, Bd 1, 90.- *Schallplatten:* Vörnehm un gering, o. J. (Platte).

Hirche, Peter, *24. 6. 1923 Görlitz.
H., Sohn eines Versicherungsstatistikers, legte 1941 das Abitur in Görlitz ab. Anschließend war er bis 1945 Soldat und geriet in Gefangenschaft. Nach dem Krieg schlug er sich als Bauhilfsarbeiter, Kabarettist und Nachtwächter durch. Seit 1949 lebt er als freier Schriftsteller und Übersetzer. – H., der 1953 mit *Die seltsamste Liebesgeschichte der Welt* – einem Dialog über Einsamkeit und Liebe zwischen einer jungen Frau der besseren Gesellschaft und einem ihr persönlich unbekannten Arbeiter – bekannt wurde, gilt auf Grund seiner Beherrschung der spezifisch funkischen Mittel als einer der bedeutendsten deutschen Hörspielautoren – nach H.s Aussage eine «eminent demokratische Kunstform». In meist nach musikalischen Prinzipien gebauten Dialogen, Monologen und Collagen zeichnet er mit ungewöhnlicher sprachlicher Sensibilität Bewußtseinsbilder von Durchschnittsmenschen, in deren Schicksalen sich die sozialen und politischen Probleme der Gegenwart spiegeln. 1955 erhielt er den Prix Italia für *Heimkehr*, worin eine Sterbende in einer Vision in die verlorene Heimat zurückkehrt, bevor sie einsam im Krankenhaus stirbt; 1966 und 1967 erhielt er den Hörspielpreis der Kriegsblinden und den Internationalen Hörspielpreis des tschechischen Rundfunks für *Miserere*, wo er am Beispiel einiger Bewohner eines Mietshauses das Böse und die Bedrohtheit der Welt zeigt. H. hat auch Schauspiele geschrieben. *Triumph in tausend Jahren,* das am Ende des 2. Weltkriegs bei Petrowka (UdSSR) spielt, ist eine tiefgründige psychologische Studie eines Nazileutnants, der mit dem Widerspruch von Gehorsam und Menschenwürde konfrontiert wird. Die Komödie *Die Söhne des Herrn Proteus* versetzt den antiken Vater-Sohn-Konflikt in einen modernen Kontext.

W.: Dramen, Hörspiele, Fernsehspiele, Filme: Ich will nicht der nächste sein, 1949; Die seltsamste Liebesgeschichte der Welt, 53; Das Lächeln der Ewigkeit, 53; Lob der Verschwendung, 54; Heimkehr, 55 (zusammen mit: Die seltsamste Liebesgeschichte der Welt, 73); Triumph in tausend Jahren, 55; Nähe des Todes, 58; Zum Empfang sind erschienen, 59; Die Söhne des Herrn Proteus, 60; Der Unvollendete, 61; Lehmann, 62; Der Verlorene, 62; Zero, 63; Miserere, 65; Eine gescheiterte Existenz, 65; Gemischte Gefühle, 66; Die Krankheit und die Arznei, 67; Eine Quizfrage, 68; Verlorenes Leben, 76.

Hirsch, Karl Jakob (Pseud. Karl Böttner, Andreas bzw. Joe Gassner, Jakobus Joga), *13. 11. 1892 Hannover, †8. 7. 1952 München.
H. studierte von 1909–12 in München und Berlin, 1914 in Paris Malerei. Er hatte Verbindungen zu Heinrich Mann und Lotte Pritzel und hielt sich ab 1912 öfter in der Künstlerkolonie Worpswede auf. Von 1916–18 kämpfte er bei den Fliegertruppen, von 1918–25 arbeitete er als Bühnenbildner bei der Berliner Volksbühne, ab 1926 im Lessingtheater, daneben als Maler und Radierer. In der Folge

bereiste er ganz Europa. 1934 emigrierte er in die Schweiz, nahm den Namen Joe Gassner an, unter dem er schließlich 1940 Bürger der USA wurde, wo er sich in der Zeit von 1935–45 ununterbrochen aufhielt. Dort war er als Angestellter des Civil Service bei der Zensurbehörde in New York von 1942–45 tätig. 1945 kehrte er nach Deutschland zurück, wo er sich nach einem kurzen Aufenthalt in New York, 1947, dann endgültig niederließ. – H., Kunsthistoriker, Maler und Illustrator, widmete sich ebenfalls der Schriftstellerei. Besonderes Aufsehen erregte sein Roman *Das Kaiserwetter*, der mosaikartig eine Analyse der Zeit und Gesellschaft vor dem 1. Weltkrieg gibt, ein engagierter Appell gegen den Krieg und für die Vernunft, eines der ersten Bücher, die im Mai 1933 verbrannt wurden. In späteren Werken setzt er sich mit dem Faschismus auseinander.

W.: Romane und Erzählungen: Das Kaiserwetter, 1931 (Neuausg. u. d. T. Das springende Pferd, 48, 71); Felix und Felicia, 33; Hochzeitsmarsch in Moll, 38; Tagebuch aus dem Dritten Reich, 39; Gestern und Morgen, 40; Es geschah in New York, 48; Deutsches Tagebuch, 49. – *Autobiographisches:* Heimkehr zu Gott. Briefe an meinen Sohn, 46; Damals in Deutschland, 53; Quintessenz meines Lebens, 90.

Hochhuth, Rolf, *1.4.1931 Eschwege.
H., Sohn eines Fabrikanten, besuchte das Realgymnasium, absolvierte eine Buchhändlerlehre, war 1951–55 Gasthörer an den Univ.en Heidelberg und München, dann Verlagslektor und lebt seit 1963 als freier Schriftsteller in der Schweiz. Mehrere Preise, u. a. 1980 Geschwister-Scholl-Preis, 1981 Lessing-Preis Hamburg. H. war Gastprofessor der Universität Essen und 1986/87 ‹Fellow› am Berliner Wissenschaftskolleg; 1990 Elisabeth-Langgässer-Preis Alzey und Jacob-Burckhardt-Preis Basel.
H. ist einer der erfolgreichsten und zugleich umstrittensten Dramatiker der heutigen Bühnenwelt. Er gilt als «der Ossietzky unter den Dramatikern» (Werner Mittenzwei). Diese Wertung geht aus von der dokumentarischen Tendenz seiner Stücke und Erzählungen, dem Gespür des Autors für zeitgeschichtliche, aktua-

lisierbare Ereignisse und seiner radikalen Zivilcourage, vor allem in der Bewältigung der nationalsozialistischen Vergangenheit Deutschlands. Unterschiedlich aufgenommen werden dagegen H.s Geschichtsphilosophie, derzufolge die Entwicklung historischer Prozesse von den moralischen Haltungen verantwortlicher, entscheidungsmächtiger, großer Einzelfiguren abhängt, die damit verbundene Auffassung der Tragik sowie eine Dramaturgie, die in der Tradition der Schillerschen Gewissens- und Entscheidungstragödie oder der klassischen Komödie steht.

Vom Erstlingsstück *Der Stellvertreter* bis zur Erzählung *Eine Liebe in Deutschland* und dem Drama *Juristen* stammen die meisten Stoffe H.s aus der nationalsozialistischen Periode. «Für mich liegt die Auseinandersetzung mit Hitler allem zugrunde, was ich schrieb und schreibe.» *Der Stellvertreter* behandelt als «Drama der Entscheidung» (Piscator) die Verantwortung des Vatikans und der römisch-katholischen Kirche bei der «Endlösung» der Judenfrage durch die Nazis. In der Auseinandersetzung zwischen Papst Pius XII. und dem Jesuitenpater Ricardo, der im KZ einen Märtyrer-Sühnetod stirbt, behandelt H. zugleich die Problematik der Religion und die Tragik des Katholizismus angesichts des wohl schlimmsten Frevels dieses Jhs. Andere Dramen H.s knüpfen zwar an dieselbe geschichtliche Problematik an, lösen sogar nicht minder heftige öffentliche Auseinandersetzungen aus, kommen jedoch nicht mehr an jene Eindeutigkeit von Thema, Form und Wirkung heran. *Soldaten. Nekrolog auf Genf* beschäftigt sich in der Form des Spiels im Spiel mit der tragischen Verantwortung Churchills im 2. Weltkrieg. *Die Berliner Antigone*, Erzählung und später Schau- und Fernsehspiel, überträgt den griechischen Mythos in die Nazi-Zeit. *Juristen* stellt den Fall Filbinger dar, jenes ehemaligen NS-Heeres- und Marinerichters, der als Ministerpräsident von Baden-Württemberg die herrschende Moral, Ordnung und Justiz verteidigte. Umstritten ist in diesen Werken weniger die ethisch-kritische Absicht als die unterschiedliche künstlerische Qualität dieses politischen Theaters. – Auch die Erzählung *Eine Liebe in Deutschland* schildert mit Anhäufung zahlreicher dokumentarischer Belege und Autorenkommentare die NS-Vergangenheit an einem tragischen Einzelfall, der unglücklichen Liebe zwischen dem jungen polnischen Kriegsgefangenen Stasiek Zasada und der Kleinhändlerin Pauline Krop: Er wird gehängt, sie kommt ins KZ.

Andere Stücke H.s wiederum brandmarken mehr aktuelle Zustände. Das Modellstück *Guerillas*, eine «Polit-Burleske» (Hensel), zeigt den vergeblichen Versuch eines linksliberalen Senators, das von H. als politisch ungerecht verstandene amerikanische System durch einen Staatsstreich umzuwandeln. Politische Lehrstücke in Komödienform sind *Die Hebamme* sowie *Lysistrate und die NATO:* Im ersteren geht es um den Kampf einer entschlossenen Oberschwester und Stadträtin um bessere Wohnbauten für Unterprivilegierte, der erfolgreich ausgeht. Das zweite, eine moderne Anpassung des aristophanischen Stücks, will die Rolle der Frauen in der Geschichte durch die Handlung von Griechinnen illustrieren, welche, sich ihren Männern verweigernd, den Bau eines NATO-Stützpunktes verhindern. In *Unbefleckte Empfängnis* greift H. das Problem der «Leihmutterschaft» auf und betont die Rechte der einzelnen gegenüber den Ansprüchen von Gesellschaft und Staat. *Alan Turing* ist eine Erzählung über einen der ‹Väter› des Computers. – Ähnliche geschichtsphilosophische, moralische und politische Gedanken formuliert H. auch in mehreren Essays.

W.: *Erzählungen:* Zwischenspiel in Baden-Baden (unter Pseud.), 1959, erw. 74; Die Berliner Antigone, 66; Eine Liebe in Deutschland, 78; Atlantik-Novelle, 85; Alan Turing, 87. – *Dramen:* Der Stellvertreter, 63, erw. 67; Soldaten. Nekrolog auf Genf, 67; Guerillas, 70; Die Hebamme, 71, überarb. 73; Lysistrate und die NATO, 73; Die Berliner Antigone, 75; Tod eines Jägers, 76 (als Hörspiel 79); Juristen, 79; Ärztinnen, 80; Judith, 84; Unbefleckte Empfängnis. Ein Kreidekreis, 88; Sommer 14. Ein Totentanz, 89. – *Essays:* Das Absurde in der Geschichte, 63; auch als: Die Rettung des Menschen, 65; Krieg und Klassenkrieg, 71; Machtlose und Machthaber, 76; Tell 38. Dankrede für

den Basler Kunstpreis 1976, 77; Im Sperrkreis der Geschichte, 80; Räuber-Reden, 82; Schwarze Segel, 86; Täter und Denker, 87. – *Sammel- und Werkausgaben:* Dramen, 72; Stücke, 75; Spitze des Eisbergs. Ein Reader, 82; Die Berliner Antigone. Erzählungen und Gedichte, o. J.; War hier Europa? Reden, Gedichte, Essays, 87; Jede Zeit baut Pyramiden, 88. – *Herausgebertätigkeit:* Liebe in unserer Zeit, 61; Wilhelm Busch: Werke, 62 ff; Europäische Erzähler des 20. Jhs., 66; Otto Flake-Werkausgabe (mit P. Härtling), bis 76; Die Gegenwart, 2 Bde, 81; Deutschsprachige Erzähler der Gegenwart, 83; Die zweite Klassik, 2 Bde, 83; Die Kaiserzeit (mit H. H. Koch), 85. – *Schallplatten, Kassetten:* Die Berliner Antigone, 89 (Kass.).

Hochwälder, Fritz, *28. 5. 1911 Wien, †20. 10. 1986 Zürich.

H. ist Sohn eines Handwerkers und selbst gelernter Tapezierermeister. Seine Eltern wurden als Juden deportiert und ermordet. H. flüchtete nach Zürich. Dort schloß er Freundschaft mit Georg Kaiser. Nach Kriegsende blieb H. in Zürich. H. erhielt mehrere Preise, u. a. 1966 den Gr. Österreichischen Staatspreis, und wurde 1986 Ehrenbürger Wiens. – H.s erstes Bühnenwerk *Jehr* behandelt das Motiv des Inzests. Bekannt machte ihn das bühnenwirksame Schauspiel *Das heilige Experiment*, in dem er das Scheitern des Jesuitenstaates in Paraguay schildert. Die Handlung ist auf einen schicksalhaften Tag, den 16. Juli 1767, konzentriert: Das Reich der Liebe und der Gerechtigkeit, das die Jesuiten unter den Indios aufbauen wollten, wird der spanischen Staatsräson geopfert. *Der öffentliche Ankläger* weist äußerlich in die Zeit der Französischen Revolution zurück; ahnungslos führt ein Staatsanwalt, der gefürchtete Fouquier-Tinville, einen teuflischen Geheimprozeß gegen sich selbst. Den Stoff der Ballade *Die Füße im Feuer* von C.F. Meyer hat H. in dem Drama *Donadieu* verwendet: Verzicht eines hugenottischen Edelmanns auf persönliche Rache um der Glaubensgenossen willen. Das Thema des seelenlosen Menschen behandeln das moderne Mysterienspiel *Donnerstag* und das Schauspiel *1003*, eine Neugestaltung des Don-Juan-Stoffes. Mit Problemen der Nachkriegszeit beschäftigen sich die Stücke *Der Himbeer-*

pflücker und *Der Befehl*. Im Unterschied zum «offenen» Theater des modernen Bühnenspiels liegt bei H. die «geschlossene» Form des aristotelischen Theaters mit mathematisch durchdachter Handlungsstruktur vor.

W.: Dramen: Jehr, 1932; Liebe in Florenz (nach Cervantes), 36; Esther, 40 (Neufassung 60); Das heilige Experiment, 43 (gedr. 47); Hôtel du Commerce (nach Maupassant), 45 (Neufassung 54); Der Flüchtling (nach Georg Kaiser), 45 (Neufassung 55); Meier Helmbrecht, 46; Die verschleierte Frau, 46; Der öffentliche Ankläger, 48 (gedr. 54); Der Unschuldige, 49 (Uraufführung 58); Virginia, 51; Vier Paragraphen (Hörspiel), 50; Donadieu, 55; Die Herberge, 56; Die Tabakstraße (nach Kirkland); 57; Donnerstag, 59; 1003, 64; Der Himbeerpflücker, 65; Der Befehl, 67, 68; Lazaretti oder Der Säbeltiger, 75; Die Prinzessin von Chimay, 82. – *Essays:* Über mein Theater, 59; Im Wechsel der Zeit. Autobiographische Skizzen und Essays, 80. – *Werkausgaben:* Dramen, Bd 1, 59; Bd 2, 64; Dramen. Ausw., 68; Dramen, 4 Bde, 75–85.

Hoddis, Jakob van (anagrammatisches Pseud. für Hans Davidsohn), *16. 5. 1887 Berlin, †1942 (?).
Nach abgebrochenem Studium der Architektur in München ging H. nach Jena und später nach Berlin, um dort klassische Philologie und Philosophie zu studieren. An der Berliner Univ. lernte er K. Hiller kennen. Mit ihm, E. Loewenson, E. Unger u. a. gründete er 1909 den «Neuen Club» – wohl die bedeutendste Keimzelle des Frühexpressionismus –, der 1910 mit dem «Neopathetischen Cabaret» an die Öffentlichkeit trat. Im Frühjahr 1911 war H. verantwortlich für die Spaltung des «Neuen Club»: K. Hiller, E. Blass u. a. schieden aus dem «Neuen Club» aus und gründeten das Kabarett «Gnu». H.' Arbeiten wurden in den beiden profiliertesten Zeitschriften des Expressionismus – «Die Aktion» und «Der Sturm» – publiziert; in Buchform erschienen seine Dichtungen erst 1918, ca. sechs Jahre nach den ersten deutlichen Anzeichen einer Geisteskrankheit (Schizophrenie), die seit 1914 eine dauernde Heilbehandlung erforderlich machte. H. blieb bis 1927 in Privatpflege; 1927–42 in Heil- und Pflegeanstalten, zuletzt in Bendorf-Sayn. Von dort wurde er als Jude am 30. 4. 1942 deportiert; diesen Transport hat niemand überlebt.
H.' Lyrik richtete sich sowohl gegen den Ästhetizismus des George-Kreises (auch wenn sie ihm letztendlich formal verbunden war) als auch gegen die Schönheit in den Bildern der neuromantischen Lyrik. Der Leser wird mit Häßlichem, Alltäglichem, z. B. der Großstadt, konfrontiert, das ihm mit ungeheurer Radikalität vor Augen geführt wird. Charakteristisch ist der Verzicht auf kausallogische Zusammenhänge innerhalb der Gedichte, der die Voraussetzung bildet für die Entwicklung einer simultanen Gedichtstruktur. Wegbereiter dieser «fortgeschrittenen Lyrik» (K. Hiller) ist H.; vor allem sein Gedicht *Weltende* ist von großem Einfluß auf die Entwicklung des Frühexpressionismus gewesen.
H.' Œuvre ist außerordentlich schmal, und innerhalb des Gesamtwerks bestehen deutliche qualitative Unterschiede; neben hochwertigen Arbeiten aus den Jahren 1909–11 findet sich eine große Zahl von Gedichten, die gekennzeichnet sind durch ein Abrutschen ins Oberflächliche und eine Hinwendung zur Effekthascherei.

W.: Lyrik: Weltende, 1918. – *Sammelausgabe:* Weltende. Gesammelte Dichtungen, 58; Dichtungen und Briefe, 87.

Hoerschelmann, Fred von, *16. 11. 1901 Hapsal/Estland, †2. 6. 1976 Tübingen.
H. studierte in Dorpat und München Kunst- und Literaturgeschichte, Theaterwissenschaften und Philosophie. Von 1927–36 lebte er als freier Schriftsteller in Berlin, emigrierte dann nach Estland und floh 1939 nach Polen, wo er in den Warthegau umgesiedelt wurde. Von 1942–45 war er Soldat. 1945 ließ er sich in Tübingen nieder. – Bereits seit 1926 veröffentlichte H. Prosa in der Presse. 1952 erhielt er für Erzählungen aus dem Sammelband *Die Stadt Tondi* den 1. Preis im Literaturwettbewerb des Kultusministeriums Württemberg-Hohenzollern. Er hatte auch frühe Erfolge mit Bühnenwerken und Fernsehspielen, den eigentlichen Durchbruch brachte ihm aber das Hörspiel. Neben Günter Eich gilt er als einer der Pioniere dieser Gattung. *Die*

verschlossene Tür wurde als das erfolgreichste deutsche Hörspiel überhaupt bezeichnet; noch größeres Aufsehen erregte *Das Schiff Esperanza.*

W.: *Dramen:* Das rote Wams, 1935; Die zehnte Symphonie, 40; Wendische Nacht, 42; Die verschlossene Tür, 58; Die Flucht vor der Freiheit, 63. – *Erzählungen:* Die Stadt Tondi, 50; Eine Stunde Aufenthalt, 51; Sieben Tage, sieben Nächte, 63. – *Hör- und Fernsehspiele:* Die Flucht vor der Freiheit, 29; Urwald, 32; Der fremde Matrose, 35; Glück laut Vertrag, 49; Der goldene Mörser, 49; Weisheit im Lachen, 49; Geschichte einer Liebe, 49; Rinaldo, 49; Amtmann Enders, 49; Der veruntreute Himmel, 51; Tante Lisbeth, 51; Die verschlossene Tür, 52; Eine Stunde Aufenthalt, 52; Sabab und Illah, 52; Der Hirschkäfer, 52; Das Schiff Esperanza, 53; Ich bin nicht mehr dabei, 53; Das Wunder des Malachias, 53; Ich höre Namen, 55; Die Aufgabe von Siena, 55; Fröhliches Erwachen, 55; Der Passagier vom 1. November, 56; Der Palast der Armen, 56; Der Mensch lebt nicht vom Brot allein, 57; Der Spieler, 57; Jahrmarkt des Lebens, 57; Die Saline, 58; Katjuscha, 60; Das Fenster, 61; Dichter Nebel, 61; Ein ausgebrannter Fall, 62; Der Käfig, 62; Die Asche des Sieges, 63; Primavera Siciliana, 63; Caro, 64; Die blaue Küste, 70; Die schweigsame Insel, o. J. – *Schallplatten, Kassetten:* Das Schiff Esperanza, ca. 85 (Kass.); Flucht vor der Freiheit, 89 (Kass.).

Hofer, Vincenz → Mann, Klaus

Hoferichter, Ernst, *19. 1. 1895 München, †3. 11. 1966 ebd.
H., Sohn eines Tischlers, wuchs in bescheidenen Verhältnissen auf. Nach dem Abitur studierte er Psychologie, Psychiatrie, Philosophie und Germanistik in München und (nach dem 1. Weltkrieg) in Freiburg. Während des Krieges u. a. Leiter einer Fronttheatergruppe, wurde er nach Kriegsende Schauspieler an den Münchner Kammerspielen unter O. Falckenberg. Er arbeitete in den verschiedensten Berufen, war Wanderfotograf, Kabarettist, Filmschauspieler und Pressechef eines Zirkusunternehmens. Die Bekanntschaft mit dem ‹Theaterprofessor› A. Kutscher, mit F. Wedekind, L. Thoma, Ringelnatz, K. Valentin und Klabund förderte seine schriftstellerischen Neigungen, die bereits den Jugendlichen in Verbindung mit P. Heyse und M. Halbe gebracht hatten. Er wurde

ständiger Mitarbeiter der «Jugend», des «Simplicissimus» und zahlreicher in- und ausländischer Tageszeitungen. Mit seiner Frau unternahm er eine mehrjährige Weltreise, von der er 1933 zurückkehrte. Nach 1945 wurde er Mitarbeiter der «Neuen Zeitung» und verfaßte zahlreiche Bücher. Er war Mitglied mehrerer Münchener Literaturvereinigungen und erhielt u. a. 1962 den Schwabinger Kunstpreis.
H. begann seine schriftstellerische Laufbahn mit «Vorstadtgeschichten», in denen er Sehnsüchte und Probleme der ‹kleinen Leute› in bildhafter Sprache darzustellen wußte, wofür er den Arbeiterpreis der Stadt Wien erhielt. Neben einigen Romanen und Erzählungsbänden waren es dann vor allem Werke über seine zahlreichen Reisen und über seine Heimat, die ihn bekannt machten. Die Eigenart Bayerns und vor allem seiner Heimatstadt anschaulich darzustellen und verständlich zu machen war dabei sein hauptsächliches Anliegen – ohne daß er in ein unreflektiertes Lob des Provinziellen und in Heimattümelei verfiel.

W.: *Romane, Erzählungen, Satiren:* Das mondsüchtige Limonadenfräulein und andere Vorstadtgeschichten, 1924; Die Schmiere, 25; Das bayerische Panoptikum, 35; Krach um die keusche Josephine, 38; Flucht um die Erde, 39; Bayrischer Jahrmarkt, 59. – *Essays, Sachbücher, Autobiographie:* Fünf Erdteile als Erlebnis, 50; München. Stadt der Lebensfreude, 58 (bearb. u. d. T.: München. Stadt der Lebensfreude und der Olympischen Spiele 1972, 66; erw. von C. Noel, 71); 150 Jahre Oktoberfest (mit H. Strobl), 60; Weißblauer Föhn, 61; Heimkehr aus fünf Kontinenten, 63; München, die Stadt und unser Werk (mit L. Schrott u. E. Diesel), 63; Jahrmarkt meines Lebens, 63; München. Bilder einer fröhlichen Stadt (mit P. Moll), 65; Vom Prinzregenten bis Karl Valentin, 66; Mein liebes München (mit H. Hömberg), 66; Das wahre Gesicht. Die Handschrift als Spiegel des Charakters, 66; Bayern. Bilder eines beglückenden Landes (mit P. Moll), 66; Goldenes München (mit K. Ude), 83. – *Sammel- u. Werkausgaben:* Der größte Zwerg der Welt, 65; Mein bayerisches Leben, 72; Das Ernst-Hoferichter-Buch, 77.

Hoff, Kay, *15. 8. 1924 Neustadt/Holstein.
Nach dreijährigem (freiwilligem) Einsatz

als Soldat erlebte H. das Kriegsende in russischer Gefangenschaft. Das Studium der Germanistik, Kunstgeschichte und Psychologie 1945–49 schloß H. mit der Promotion ab. Als Bibliothekar, Journalist und Schriftsteller tätig, wurde er 1970 Leiter des Deutschen Kulturzentrums in Tel Aviv, was er bis 1973 blieb. Seither lebt und arbeitet er als freier Schriftsteller. H. ist Mitglied des PEN und erhielt mehrere Stipendien und Preise, u. a. den Förderpreis zum Großen Kunstpreis des Landes Nordrhein-Westfalen (1960), den Ernst-Reuter-Preis 1965 und 1968 den Georg-Mackensen-Literaturpreis. – H.s Werk ist bis heute bestimmt durch das Erlebnis des Krieges und die Erkenntnis von der Manipulierbarkeit der Menschen. Seine frühen prosaischen und lyrischen Werke sind von Melancholie und Verzweiflung geprägt. Seit Beginn der 60er Jahre schreibt H. vor allem Hörspiele und Rundfunkfeatures (u. a. *Kein Gericht dieser Welt*, *Alarm*, *Zeit zu vergessen*, *Die Chance*, *Uhrenzeit*, *Thema Schwarz-Weiß*, *Umschreibung von Bruchstellen*, *Iyengar und die Illusion*) und zählt in diesem Genre zu den bekanntesten und produktivsten Autoren der Bundesrepublik. Einem größeren Publikum bekannt wurde er durch seinen bis heute erfolgreichsten Roman *Bödelstedt oder Würstchen bürgerlich*. In ihm gelingt es H. auf überzeugende Weise, den Opportunismus und die Heuchelei der Bürger deutlich werden zu lassen, die ihre Beteiligung an der Geschichte (nicht nur des Nationalsozialismus) nicht wahrhaben wollen, sie rechtfertigen oder verdrängen.

W.: Romane, Erzählungen, Prosa: Bödelstedt oder Würstchen bürgerlich, 1966; Ein ehrlicher Mensch, 67; Eine Geschichte, 68; Drei. Anatomie einer Liebesgeschichte, 70; Wir reisen nach Jerusalem, 76; Janus, 84. – *Dramen, Hör- und Fernsehspiele:* Die Chance (Hsp.), 65; Möglichkeiten der Liebe (in: Dschungelkantate. Hg. W. Fietkau, S. 134–152), 68. – *Lyrik:* In Babel zuhaus, 58; Zeitzeichen, 62; Skeptische Psalmen, 65; Netzwerk, 69; Zwischenzeilen, 70; Bestandsaufnahme, 77; Gegen den Stundenschlag, 82; Zur Zeit, 87. – *Essays, theoretische Schriften:* Die Wandlung des dichterischen Selbstverständnisses in der ersten Hälfte des 18. Jahrhunderts, dargestellt an der Lyrik dieser Zeit, 49 (Diss. masch.). – *Sammel- und Werkausgaben:* Hörte ich recht? Hörspiele, 80; Zeit-Gewinn. Gesammelte Gedichte 1953 bis 1989, 89.

Hoffer, Klaus, *27. 12. 1942 Graz.
Nach seiner Schulzeit studierte H. Altphilologie, Germanistik und Anglistik in Graz und promovierte 1970 mit der Dissertation «Das Bild des Kindes im Werk Franz Kafkas» zum Dr. phil. Er arbeitet heute als Lehrer und Schriftsteller in Graz. – H.s wichtigstes Werk, 1979 im ersten Teil erschienen, ist *Halbwegs. Bei den Bieresch 1*. Es schildert die Erlebnisse eines jungen Mannes aus der Stadt, der in ein entlegenes, niederösterreichisches Dorf kommt, dessen soziales Leben durch archaische Bräuche streng geordnet ist; er hat dort die Position seines verstorbenen Onkels für ein Jahr zu übernehmen. Nachdem er sich auf diese ungewöhnliche Situation eingelassen hat, lernt er langsam das faszinierende Geflecht von komplizierten sozialen und menschlichen Beziehungen, Traditionen und Mythen des Ortes kennen. Der Roman ist eine mit großer Intensität erzählte Parabel über die (scheinbar) notwendige Anpassung des Individuums an die Ansprüche der Gesellschaft. *Der große Potlatsch* erzählt die Geschichte der Bieresch weiter. – H. erhielt 1980 den Rauriser Literaturpreis und den Alfred-Döblin-Preis, 1986 den Literaturpreis des Landes Steiermark.

W.: Romane, Erzählungen: Halbwegs. Bei den Bieresch 1, 1979; Am Magnetberg, 82; Der große Potlatsch, 83. – *Essays:* Methoden der Verwirrung. Betrachtung zum Phantastischen bei Franz Kafka, 86. – *Übersetzung:* K. Vonnegut: Galgenvögel – Jailbird, 80; Lind, J.: Reisen zu den Emu, 83; Humpty Dumpty, 85.

Hoffmann, Fernand, *8. 5. 1929 Düdelingen (Luxemburg).
H. ist Doktor der Philosophie und docteur ès lettres, Professor an der Pädagogischen Hochschule und der Universität Luxemburg, Präsident der Abteilung für Kunst und Literatur des Großherzoglichen Instituts und Mitglied der Abteilung für Dialektologie und Volkskunde. Er ist Mitglied der Autorenvereinigung «Die Kogge» und Gründungs- und Ehrenprä-

sident des Internationalen Dialekt-Instituts. – H. ist in mehrfacher Hinsicht für die Entwicklung der modernen Mundartliteratur im Luxemburger ‹Platt›, dem Lëtzebuergischen, von Bedeutung: als Wissenschaftler, der in umfangreichen Werken die sprachgeschichtlichen und literaturhistorischen Hintergründe und Entwicklungen dieser Mundart aufzeigt, als Vermittler und schließlich als Autor, der Lyrik, Theaterstücke und Hörspiele in diesem Dialekt verfaßt.

W.: Romane, Erzählungen, Prosa: Öslinger Geschichten, 1965; Die Grenze, 72; Nachträgliche Erhebungen, 81; Brandstifter gesucht, 83. – *Dramen:* Pier Beautemps, 64; Adamesstrooss 13, 65; D'Kürch am Duerf, 70; Spill net mam Feier, 74; Et war de e Summer wéi eng Saang, 74; Iirwen as net liicht, 75; Dem Cyrill séng Spréng, 75; Klappjuecht, 76. – *Lyrik:* Etüden 1, 80; Kurz a gudd oder de Rommel-de-Fiff, 81. – *Essays, theoretische Schriften:* Das Hörspiel, 56; Thomas Mann als politischer und europäischer Denker, 56; Luxemburg bei Tisch, 63; Geschichte der Luxemburger Mundartdichtung, 2 Bde, 64–67; Mëscheler, 68; Der Lyriker Willem Enzinck, 74; Standort Luxemburg, 75; Thomas Mann als Philosoph der Krankheit, 75 (zugleich Diss. Universität Nancy, 70); Die neue deutsche Mundartdichtung, 78 (mit J. Berlinger); Sprachen in Luxemburg, 79; Zu Gast bei Fred Laroche, 80; Zwischenland, 81; Heimkehr ins Reich der Wörter, 83. – *Herausgebertätigkeit:* Luxemburgensia anstatica, Bd 1 ff, o. J.; Dialog im Dialekt, 76; Dialektologie heute, 79; Nos cahiers, Jg. 1, H. 1 ff, 80 ff; Pierre Grégoire, gesehen mit den Augen seiner Freunde, 82 (mit A. Heiderscheid).

Hofmann, Gert, *29. 1. 1932
Limbach-Oberfrohna (Sachsen).

H. studierte in Leipzig, Paris und Freiburg Germanistik, Soziologie und Philosophie. Im Fach Anglistik promovierte er zum Dr. phil. und arbeitete für kurze Zeit als Assistent an der Universität Freiburg. In Toulouse, Paris, Bristol, Edinburgh, Yale, Berkeley und Ljubljana war H. Gastdozent für Germanistik, bevor er sich 1982 in Erding bei München niederließ.
Die direkte Verbindung zwischen Autor und Publikum ist für H. ein wichtiger Bestandteil seiner künstlerischen Produktion. Als Dramatiker in den 60er Jahren angefangen (*Der Bürgermeister*), empfand er die Zwischenschaltung von Regisseuren und Theaterapparat als stö-

rend, seinen Intentionen abträglich und wandte sich dem ‹unmittelbareren› Genre des Hörspiels (*Bericht über die Pest in London*) zu. Ab Ende der 70er Jahre schreibt er rhetorisch interessante und abwechslungsreiche Erzählungen, Novellen und Romane (*Die Denunziation*), die z. B. durch Sprünge in der Erzählhaltung und den plötzlichen Wechsel der Erzählzeiten besonders lebendig sind. Auch in dieser Gattung werden inhaltlich zeitkritische Themenstellungen mit satirischen bis skurrilen Formelementen behandelt. – 1969 erhielt H. den Preis des Internationalen Hörspielfestivals in Prag, 1973 den Internationalen Hörspielpreis Ohrid in Jugoslawien, 1979 den Ingeborg-Bachmann-Preis, 1980 den Sonderpreis der RAI beim Prix Italia, 1982 den Alfred-Döblin-Preis und den Hörspielpreis der Kriegsblinden. – H. ist auch Autor von Fernsehspielen. – In *Der Kinoerzähler* setzt H. seinem Großvater ein literarisches Denkmal und zeigt zugleich kleinbürgerliches Denken und Handeln, das nicht begreift und begreifen will, inwieweit es mitschuldig einbezogen ist in die allgemeine gesellschaftliche Entwicklung.

W.: Hörspiele: Die beiden aus Verona, 1960; Der Eingriff, 61; Leute in Violett, 61; Unser Mann in Madras, 67; Bericht über die Pest in London, 68; Ferien in Florida, 68; Orfila, 70; Kleine Satzzeichenlehre, 71; Vorschläge zur Selbsterhaltung, 72; Verluste, 72; Autorengespräch, 72; Kinderreime, 73; John Jakob Astors letzte Fahrt, 73; Der lange Marsch, 73; Einladung zum Besuch unseres Münsters, 74; Das Mangobaumwunder, 75; Der Mann in den gelben Galoschen, 75; Der Fall des fehlenden Billets, 77; Lenz, 78; Balzacs Pferd, 78; Richthofen, 78; Die Überflutung, 79; Schmährede des alten B. auf seinen Sohn, 79; Selbstgespräch eines altgewordenen Partisanen, 79; Der Austritt des Dichters Robert Walser aus dem Literarischen Verein, 81; Die Überflutung. Vier Hörspiele, 81; Die Brautschau des Dichters Robert Walser im Hof der Anstaltswäscherei von Bellelay, 82; Zwiegespräch zum Opernolymp empor, 83; Peter und Edgar und der Wolf, 84; Unser Schlachthof, 84; Der Blindensturz, 85; Tolstois Kopf, 87. – *Stücke, Fernsehspiele:* Der Bürgermeister, 63; Der Sohn, 65; Fischer, 66; Hochzeitsnacht, 66; Kündigungen, 69; Tod in Miami, 74; Advokat Patelin, 76; Brautnacht, o. J.; Bakunins Leiche, 80; Der Austritt des Dichters Robert Walser aus dem Literarischen Verein, 81. – *Romane, Erzählungen:* Die Denunziation, 79; Die Fistelstimme, 80; Gespräch über Balzacs Pferd, 81; Casanova und die Figurantin, 81; Fuhlrotts Vergeßlichkeit, 81; Auf dem Turm, 82; Die Rückkehr des verlorenen Jakob Michael Reinhold Lenz nach Riga, 84; Unsere Eroberung, 84; Der Blindensturz, 85; Die Weltmaschine, 86; Veilchenfeld, 86; Unsere Vergeßlichkeit, 87; Der Kinoerzähler, 90.

Hofmannsthal, Hugo Laurenz August (Hofmann Edler) von (Pseud. Loris Melikow, Loris, Theophil Morren), * 1. 2. 1874 Wien, † 15. 7. 1929 Rodaun bei Wien.

Sohn eines höheren Bankbeamten, österreichisch-böhmischer, jüdischer und lombardischer Vorfahren. Erste essayistische und lyrische Veröffentlichungen im Alter von 17 Jahren, die ihm sehr bald hohes Ansehen brachten. H. studierte 4 Semester Rechtswissenschaften und, nach einjährigem Militärdienst, Romanistik in Wien; er promovierte 1898 zum Dr. phil. mit einer Arbeit *Über den Sprachgebrauch bei den Dichtern der Plejade.* Die Habilitation mit einer *Studie über die Entwicklung des Dichters Victor Hugo* an der Univ. Wien scheiterte. H. lebte von 1901, dem Jahr seiner Heirat mit Gertrud Schlesinger, bis 1929 als freier Schriftsteller in Rodaun. Zu Beginn des 1. Weltkriegs diente H. nach einer kurzen Stationierung bei seiner Truppe in Istrien im k. u. k. Kriegsfürsorgeamt in Wien als Leiter der Pressestelle. Durch höchste Intervention befreit, widmete er sich 1915/16 selbstinitiierter patriotischer Propagandatätigkeit, die u. a. deshalb erfolglos blieb, weil er als Dichter verstanden wurde, wo er als Politiker gehört werden wollte. Ab 1916 Rückkehr zur Theaterarbeit. – Arbeitsreichen Sommeraufenthalt nahm H. während vieler Jahre in Altaussee/Salzkammergut. Wiederholte Reisen führten ihn nach Frankreich, Italien, Deutschland und in die Schweiz. Große Bedeutung für Leben und Werk H.s bildeten Beziehungen zu vielen Personen des geistigen, politischen und wirtschaftlichen Lebens. – Mit M. Reinhardt und dessen Schauspielern stand H. ab 1903 in engem Kontakt. Von ihnen erhielt er mannigfache Anregungen für seine Bühnenwerke; sie realisierten die meisten seiner Stücke, darunter *Jedermann* und *Das große Salzburger Welttheater*, die ihren Ruhm nicht zuletzt den Aufführungen bei den von H. und M. Reinhardt mitgegründeten Salzburger Festspielen verdanken. Fruchtbare, wenn auch spannungsreiche Zusammenarbeit verband H. mit R. Strauss; dieser vertonte *Elektra*, den *Rosenkavalier, Ariadne auf Naxos, Die Frau ohne Schatten, Die ägyptische Helena, Arabella* u. a. m.

H. hat neben einem umfänglichen literarischen Werk eine beträchtliche Korrespondenz hinterlassen; etwa 9500 Briefe an über 850 Adressaten sind erhalten, davon ist die Hälfte publiziert. Die Briefe bilden ein vielseitiges Quellenmaterial zur Person H.s und insgesamt einen bedeutenden Fundus zur Geschichte seiner Zeit. Einzelne Briefwechsel enthalten wichtige Aufschlüsse zu seinem Schaffen, vor allem die bereits zu Lebzeiten publizierte Korrespondenz mit R. Strauss, den H. immer wieder seine Werke zu erläutern notwendig fand. – Demgegenüber liegt nur wenig Autobiographisch-Theoretisches vor. Neben Sammlungen von eigenen und fremden Aphorismen (*Buch der Freunde*) stellen die fragmentarischen, postum veröffentlichten Aufzeichnungen *Ad me ipsum* eine wichtige Sammlung von Überlegungen zum Jugendwerk (bis etwa 1900) und zu den späteren Arbeiten dar, besonders hinsichtlich der entstehungsgeschichtlichen Zusammenhänge. H. entwickelte eine idealistische Theorie vom Verhältnis der «Präexistenz» zur «Existenz», der Verknüpfung des Geistes mit dem Leben. Als «Präexistenz» wird ein individueller Ausgangspunkt der Bewußtwerdung eines Menschen angenommen, der zuerst in eine Scheinwelt des ästhetischen Genusses, in eindimensionale Beschäftigung mit dem eigenen Ich führen kann, aus der man herausfinden muß (*Der Tor und der Tod, Der Kaiser und die Hexe, Das Märchen der 672. Nacht*). Der Weg ins Leben vollzieht sich unter schmerzlichen und opfervollen Veränderungen entweder durch den «mystischen Weg» der «Intro-Version», durch intellektuelle oder durch praktische Taten – mit dem Ziel einer Öffnung des Ichs zu seinen Mitmenschen. Alle Motive eines solchen Wegs «zum Leben und zu den Menschen» erschienen H. in *Die Frau ohne Schatten* vereinigt. – Mit dieser H.s eigenes Streben reflektierenden Theorie verbunden ist eine in fast allen Werken angesprochene Dialektik von «Wandlung» und «Verharren»; korrektives Element bildet die menschliche Würde des einzelnen. H. hat die Vieldeutigkeit solcher Termini in der ihm eigenen Art, Begriffe zu wägen, zu umschreiben und doch oft recht unbestimmt zu lassen, bewußt eingesetzt (z. B. im sog. *Ariadne-Brief*, 1911). Als das «erreichte Soziale» verstand H. klärend fortschreitendes Sichselbst-Finden, Sich-Verändern und andere Mitverändern. Prozesse dieser Art stellte er in seinen Komödien (darunter Lustspiele und Libretti) dar (*Cristinas Heimreise*, *Der Rosenkavalier*, *Der Schwierige*, *Der Unbestechliche*, *Die ägyptische Helena*). – In engem Zusammenhang mit den bisher genannten Aspekten steht das Sprachproblem. Die Sprache als verselbständigte Sache, die nicht unreflektiert im Griff zu behalten sei, als verlierbare Instanz des Lebens zu thematisieren, unternahm H. erstmals explizit im sog. *Chandos-Brief* (1901/02). Er wurde im Absage H.s an ästhetizistische Tendenzen in den Gedichten und lyrischen Dramen seines Frühwerks verstanden. Der Brief ist jedoch nicht nur ein Zeichen der Überwindung einer Schaffensphase. Der Gegensatz zwischen Sprechen und Verstummen wird wieder und wieder als Kernfrage des menschlichen Zusammenlebens gestellt: als Zweifel am Selbstbewußtsein und am Selbstverständnis des Sprechenden, als Zweifel an möglichen Konsequenzen des Gesprochenen, als Zweifel am Sinn, weiter sprachlichen Kontakt zu suchen (*Die Briefe des Zurückgekehrten*, *Andreas*, *Der Schwierige*, *Der Turm*). – H.s Vertrautheit mit den literarischen und künstlerischen Traditionen ist mehr als Belesenheit; er faßte sie als geistesgeschichtliches Programm auf. Daß jene vielen Werke der Antike, des Mittelalters, des Barock, daß Shakespeare, Calderón, Grillparzer, Goethe oder die *Geschichten aus Tausendundeiner Nacht* für H.s Erzählungen und Bühnenstücke Vorbild- und Vorlagencharakter haben, ist ein wichtiger Aspekt der Werkgenese. Den Formen des Aufarbeitens kultureller Erbes entspricht jedoch das Bemühen, zu sammeln, zu erhalten, zu bewahren. H. hat in seinem umfangreichen essayistischen Werk eine Reihe von älteren Werken wieder bekannt gemacht, sie in ihre geistesgeschichtlichen Zusammenhänge gestellt. Seine Sammlungen sind nicht zuletzt motiviert vom Eindruck eines Kulturverfalls im deutschsprachigen Raum, dem das «Geistige» als rettende Kraft entgegenzustellen wäre. Der Ausbruch des 1. Weltkriegs bot H. einen konkreten Anlaß zur Sammlung, ja geradezu erst Konstituierung der österreichischen kulturellen Tradition. Er propagierte sie in Aufsätzen, Reden und Veröffentlichungen (*Österreichische Bibliothek*, *Österreichischer Almanach auf das Jahr 1916*, *Prinz Eugen* usw.) in der Hoffnung, die Völker der österreichisch-ungarischen Monarchie durch ein von ihm entflammtes Selbstbewußtsein als Kulturträger zu einen. Konfrontiert mit der Ergebnislosigkeit dieses Bemühens, verlagerte H. resignierend seine kulturpolitischen Forderungen von der relativ realen Ebene in eine ideale; die nicht mehr zu verwirklichende «Österreichische Idee» sollte als *Die Idee Europas* den zerrissenen Völkern und Staaten des Kontinents zum Vorbild dienen. Das Zusammenwirken von Staat und Intellektualität erörterte H. noch einmal 1926 in der Rede *Das Schrifttum als geistiger Raum der Nation*. Das Schlagwort von einer «konservativen Revolution» beschwört eine in die Vergangenheit hineingesehene Harmonie. – Resignativer wird der Gegensatz zwischen Gewalt und Geist in *Der Turm* behandelt: «Es ist alles eitel außer der Rede von Geist zu Geist.» Nicht-sprechen-Können, Nicht-handeln-Können wird nicht als Nachteil, sondern als Freiheit vor dem Schicksal angesehen: Rückzug von der Welt als einziger Ausweg aus den «Niederungen des Alltags».

W.: *Dramen:* Gestern, 1891; Der Abenteurer und die Sängerin, 99; Die Hochzeit der Sobeide, 99; Theater in Versen, 99; Der Tor und der Tod, 1900; Der Kaiser und die Hexe, 00; Der Tod des Tizian, 01; Das kleine Welttheater, 03; Elektra, 04; Das gerettete Venedig, 05; Ödipus und die Sphinx, 06; Der weiße Fächer, 07; Kleine Dramen, 07; Vorspiele, 08; Der Abenteurer und die Sängerin, 09; Die Frau im Fenster, 09; König Ödipus, 10; Cristinas Heimreise, 10; Jedermann, 11; Der Rosenkavalier, 11; Alkestis, 11; Ariadne auf Naxos, 12 (bearb. 16); Josephslegende, 14 (mit H. Kessler); Die Frau ohne Schatten, 16; Dame Kobold, 20; Der Schwierige, 21; Das Salzburger große Welttheater, 22; Florindo, 23; Der Turm, 25 (Neufassung 27); Die ägyptische Helena, 28; Arabella, 33; Das Bergwerk zu Falun, 33; Danae, 52; Der Unbestechliche, 56 (in Lustspiele IV); Silvia im «Stern», 59. – Ferner Entwürfe, Bearbeitungen und Tanzdichtungen. – *Lyrik:* Ausgewählte Gedichte, 03; Die gesammelten Gedichte, 07; Die Gedichte und kleinen Dramen, 11; Gedichte, 23; Nachlese der Gedichte, 34. – *Erzählende Prosa:* Das Märchen der 672. Nacht, 05; Die Frau ohne Schatten, 19; Andreas oder Die Vereinigten, 32. – *Sonstige Prosa:* Studie über die Entwicklung des Dichters Victor Hugo, 1901; Unterhaltungen über literarische Gegenstände, 04; Die prosaischen Schriften, 07–17; Rodauner Nachträge, 18; Reden und Aufsätze, 21; Buch der Freunde, 22; Augenblicke in Griechenland, 24; Wert und Ehre deutscher Sprache, 27; Das Schrifttum als geistiger Raum der Nation, 27; Loris. Die Prosa des jungen H., 30; Die Berührung der Sphären, 31; Das Theater des Neuen, 48; Festspiele in Salzburg, 52. – *Herausgebertätigkeit:* Deutsche Erzähler, 12; Österreichische Bibliothek, 26 Bde, 1915–17; Österreichischer Almanach auf das Jahr 1916, 15; Neue deutsche Beiträge, 22–27; Deutsches Lesebuch, 22–23; Deutsche Epigramme, 23; Friedrich von Schiller. Selbstcharakteristik aus seinen Schriften, 26. – *Briefe:* Briefwechsel mit R. Strauss, hg. v. F. Strauss, 26; Briefwechsel zwischen George und H., 38; H. v. H. und E. v. Bodenhausen: Briefe der Freundschaft (1897–1919), 53; H. v. H. und R. Borchardt: Briefwechsel, 54; H. v. H. und C. J. Burckhardt: Briefwechsel, 56; R. Strauss und H. v. H.: Briefwechsel, Gesamtausg., 64; H. v. H. und A. Schnitzler: Briefwechsel, 64; Briefwechsel mit H. v. Nostitz, 65; Briefwechsel mit E. Karg v. Bebenburg, 66; Briefe an Marie Herzfeld, 67; H. v. H. – Willy Haas. Ein Briefwechsel, 68; Briefwechsel mit L. von Andrian, 68; H. v. H. – Harry Graf Kessler. Briefwechsel, 68; H. v. H. – Josef Redlich. Briefwechsel, 71; H. v. H. – Richard Beer-Hofmann. Briefwechsel, 72; H. v. H./Anton Wildgans: Briefwechsel, 72; H. v. H. – Ottonie Degenfeld. Briefwechsel, 74 (erw. 86); H. v. H. – Rainer Maria Rilke. Briefwechsel, 78; H. v. H. – Ria Schmuljow-Claassen. Briefwechsel, 82; H. v. H. – Max Mell, Briefwechsel, 82; Briefwechsel mit dem Insel-Verlag 1901–1929, 85. – *Sammel- und Werkausgaben (Auswahl):* Gesammelte Werke, 6 Bde, 24; 3 Bde, 34; Ges. Werke in Einzelausgaben, 45–59 (Gedichte und lyrische Dramen, Dramen I–IV, Lustspiele I–IV, Prosa I–IV, Erzählungen, Aufzeichnungen); Gedichte und kleine Dramen, 74; Komödien, 74; Sämtliche Werke. Kritische Ausgabe, 38 Bde, 75ff; Reitergeschichte und andere Erzählungen, 77; Lesebuch, 79; Wege und Begegnungen, o. J.; Gesammelte Werke in zehn Bänden, 79–80; Das Märchen der 672. Nacht. – Das Erlebnis des Marschalls von Bassompierre. Reitergeschichte, 85; Erzählungen, 86; Poesie und Leben, 87; Gesammelte Werke in 10 Bdn, 89ff.

Hohl, Ludwig, *9.4.1904 Netstal/Glarus (Schweiz), †3.11.1980 Genf.

H., Sohn eines Pfarrers, studierte kurz im Thurgau, lebte dann 1924–37 in Paris und Wien, 1934–36 in Holland, von 1937 an in einem Keller in Genf.

H. war ein unkonformistischer, kompromißloser Autodidakt, dessen Werk allerdings noch weitgehend unbekannt geblieben ist. Seine Grundtendenz ist eine bohrende Einkehr in sich selbst, welche sich philosophisch und literarisch als «grausame bis grausige innere Realistik» (Albin Zollinger) ausdrückt. Seine philosophischen Essays *Nuancen und Details* sowie *Die Notizen oder Von der unvoreiligen Versöhnung* sind introspektive, subjektiv-phänomenologische Einsichten und Ansichten, aphoristisch geprägt, im Stile Nietzsches, Schopenhauers oder Wittgensteins. H.s schriftstellerisches Können kommt vor allem in seinen Erzählungen zum Vorschein, deren wichtigste *Drei alte Weiber in einem Bergdorf* und *Bergfahrt* sind. Auch darin überwiegt weniger das epische Geschichtenerzählen als das Essayistische und Aphoristische. H. erfaßt zwar die Wirklichkeit in immer neu ansetzender, peinlicher und präziser Umkreisung des Details, doch zweifelt er an der Möglichkeit einer endgültigen Fixierung. Seine Erzählungen sind Muster einer wuchtigen, eindringlichen und kristallklaren Prosa. – 1980 Petrarca-Preis.

W.: *Erzählungen:* Nächtlicher Weg, 1943, bearb. 71; Vernunft und Güte, 56; Polykrates, 61; Daß fast alles anders ist, 67; Drei alte Weiber in einem Bergdorf (in: Nächtlicher Weg), 70; Bergfahrt, 72; Varia. Aphorismen, 77. Vom Arbeiten – Bild, 78. – *Essays:* Nuancen und Details I–II, 39/III, 42, I–III, 64; Vom Arbeiten, 43; Die Notizen oder Von der unvoreiligen Versöhnung, I–VI, 44, VII–XII, 54; Von den hereinbrechenden Rändern, 51; Das Wort faßt nicht jeden, 80. – *Ausgewählte Werke:* Wirklichkeiten, 63; Vom Erreichbaren und vom Unerreichbaren, 72; Die Notizen. Oder Von der unvoreiligen Versöhnung, 84; Von den hereinbrechenden Rändern. Nachnotizen, 2 Bde, 86.

Hohler, Franz, * 1.3.1943 Biel (Schweiz).

H., Sohn eines Lehrer-Ehepaars, studierte fünf Semester Germanistik und Romanistik in Zürich. 1965 brach er das Studium nach ersten Kabaretterfolgen ab und lebt seither als Kabarettist und freier Schriftsteller. Gastspiele führten ihn durch ganz Europa, Nordafrika, die USA, Kanada und Israel. 1968 erhielt er den Preis der C.-F.-Meyer-Stiftung, 1972 den Georg-Mackensen-Literaturpreis, den Deutschen Kleinkunstpreis 1973, den Hans-Sachs-Preis 1976 und den Oldenburger Kinderbuchpreis 1978, 1983 den Solothurner Kunstpreis.

Bekannt wurde und blieb H. vor allem als Kabarettist, doch arbeitet er mit den verschiedensten Medien, schreibt Hörspiele, Fernsehfilme und Kinderbücher, nimmt Schallplatten auf, verfaßt Theaterstücke und macht Interviews mit Kollegen. Als Kabarettist tritt H. mit Soloprogrammen auf, für die weniger direkte politische Tagesanspielungen typisch sind, als vielmehr eine allgemeinere Kritik an menschlichen Schwächen, Auswüchsen unserer Zivilisation und Fortschrittsgläubigkeit. Mehr als andere Kabarettisten geht H. dabei auf das Publikum ein, läßt es mitwirken und teilnehmend die eigenen Haltungen und Ansichten reflektieren. Über den regionalen Bereich hinaus bekannt wurde H. außerdem durch satirische und grotesk pointierte Erzählungen wie *Der Rand von Ostermundigen.*

W.: *Romane, Erzählungen, Kinderbücher:* Das verlorene Gähnen und andere nutzlose Geschichten, 1967 (bearb. 70); Idyllen, 70; Der Rand von Ostermundigen, 73; Wegwerfgeschichten, 74; Wo?, 75; Der Wunsch in einem Hühnerhof zu leben, 77; Drei Reisen, 77; Franz und René auf dem Ausflug, 78; Franz und René als Spediteure, 78; Zoologische Findlinge (mit A. Loosli), 78; Darf ich Ihnen etwas vorlesen?, 78; Tschipo, 78; Sprachspiele, 79; Ein eigenartiger Tag, 79; In einem Schloß in Schottland lebte einmal ein junges Gespenst, 79; Dr. Parkplatz, 80; Der Granitblock im Kino, 81; Der türkische Traum, 81; Die Rückeroberung, 82; Tschipo und die Pinguine, 85; Hin- und Hergeschichten (mit J. Schubiger), 88; Der neue Berg, 89. – *Dramen:* Bosco schweigt, 68; Grüß Gott, Herr Meier, 68; Lassen Sie meine Wörter in Ruhe, 74; Der Riese, 75; David und Goliath, 77; Ich du er sie es, 79; Die Bewerbung, 79; Der Kuß (mit anderen), 80; Die dritte Kolonne, 79; Die Lasterhaften, 82; 47 und eine Wegwerfgeschichte, 82; Der Nachthafen, 84; Tschipo und die Pinguine, 85; Hin- und Hergeschichten (mit J. Schubiger), 86; Der Räuber Bum (mit W. Maurer), 87. – *Lyrik:* Vierzig vorbei, 88. – *Essays, theor. Schriften, Interviews:* Der Autor und sein Engagement (in: Der Schriftsteller in unserer Zeit), 72; Fragen an andere, 73; Mani Matter, 77. – *Sammelausgaben:* Texte für die Theaterwerkstatt, Bd 1: Franz Hohler, 79; Das Kabarettbuch, 87. – *Herausgebertätigkeit:* 111 einseitige Geschichten, 81. – *Schallplatten:* pizzicato, 67; Es bärndütsches Gschichtli, 68; Emil. Geschichten, die das Leben schrieb (mit E. Steinberger), 70; Celloballaden, 70; Traraa!, 71; I glaub jetz hock i ab, 73; Ungemütlicher 2. Teil, 74; Iss dys Gmües, 78; Vom Mann, der durch die Wüste ging, 79; Es si alli so nätt, 79; In einem Schloß in Schottland lebte einmal ein junges Gespenst, o.J; Einmaliges von Franz Hohler, 81; Das Projekt Eden, 81; s isch nüt passiert, 87.

Hohoff, Curt, * 18.3.1913 Emden (Ostfriesland).

H. studierte zuerst Medizin, dann deutsche und englische Philologie, Geschichte und Philosophie. Seit 1963 lebt er als freier Schriftsteller. – Er veröffentlichte anfangs Gedichte in Zeitungen. Bekannt wurde er nach dem Krieg mit Tagebuchaufzeichnungen seiner Erlebnisse in russischer Kriegsgefangenschaft, *Woina, Woina,* in denen religiöse Elemente katholischer Prägung bestimmend sind. H. schrieb neben Romanen und Erzählungen, so der teilweise utopischen *Verbotenen Stadt,* literaturhistorische und -kritische Arbeiten.

W.: Romane, Erzählungen: Der Hopfentreter, 1941; Hochwasser, 48; Feuermohn im Weizen, 53; Paulus in Babylon, 56; Die verbotene Stadt, 58; Gefährlicher Übergang, 64; Die Märzhasen, 66; Die Nachtigall, 75; Venus im September, 84; Besuch bei Kalypso. Landschaften und Bildnisse, 88. – *Essays, wissenschaftliche Abhandlungen:* Adalbert Stifter, 49; Woina, Woina, 51; Geist und Ursprung. Zur modernen Literatur, 54; Heinrich von Kleist, 58; Gedanken zu Claudels Essays, 58; Neubearbeitung von Soergel, Dichtung und Dichter der Zeit, 2 Bde, 61 u. 63; Schnittpunkte. Ges. Aufsätze, 63; Was ist christliche Literatur?, 66; Gegen die Zeit, Theologie, Literatur, Politik, 70; München, 70; J. M. R. Lenz, 77; Ch. v. Grimmelshausen, 78; Unter den Fischen. Erinnerungen an Männer, Mädchen und Bücher, 82; Johann Wolfgang von Goethe – Dichtung und Leben, 89.

Holitscher, Arthur, * 22. 8. 1869 Budapest, † 14. 10. 1941 Genf.
In einem großbürgerlich-jüdischen Elternhaus aufgewachsen, arbeitet H. zunächst als Kaufmann und Bankbeamter in Budapest, Fiume und Wien, ist jedoch schon früh zum Schriftstellerberuf entschlossen. Seit 1907 in Berlin lebend, gelingt H. 1912 mit seinem ersten Amerika-Reisebuch der Durchbruch als Autor, der seinen früheren Romanen und Dramen versagt geblieben war. Die Erfahrungen von Krieg und russischer Revolution führen zu einer Annäherung an radikalpazifistische und sozialistische Positionen. Als Beauftragter des Arbeiter- und Soldatenrates nimmt er an der Novemberrevolution teil und gründet 1919 mit Piscator u. a. das «Proletarische Theater». 1922 organisiert er im Auftrag der IAH eine Vortragsreise für die Hungerhilfe an der Wolga; 1927 nimmt er am «Ersten Internationalen Kongreß Proletarisch-Revolutionärer Schriftsteller» in Moskau teil, wird aber nie Mitglied der KPD. – Von einer Trilogie, die das Krisenbewußtsein der 20er Jahre gestalten und in drei Weltstädten spielen sollte, sind nur die beiden ersten Bände erschienen (*Es geschah in Moskau; Es geschieht in Berlin*). Neben seinen Reiseberichten verdient vor allem H.s zweibändige Autobiographie, die *Lebensgeschichte eines Rebellen*, Beachtung. – 1933 werden H.s Bücher verbrannt; über Wien, Budapest

und Paris flieht er nach Genf, wo er 1941 verarmt und vergessen stirbt.

W.: Romane, Erzählungen: Leidende Menschen, 1893; Weiße Liebe, 96; Der vergiftete Brunnen, 1900; Von der Wollust und dem Tode, 02; Das sentimentale Abenteuer, 02; Worauf wartest du?, 10; Geschichten aus zwei Welten, 14; Das amerikanische Gesicht, 16; Bruder Wurm, 18; Schlafwandler, 19; Adela Bourkes Begegnung, 20; Ideale an Wochentagen, 20; Ekstatische Geschichten, 23; Es geschah in Moskau, 29; Es geschieht in Berlin, 31; Ein Mensch ganz frei, 31. – *Dramen:* An die Schönheit, 1897; Der Golem, 08; Das andere Ufer, 09. – *Reportagen u. Reiseberichte:* Amerika heute und morgen, 12; In England, Ostpreußen, Südösterreich, 15; Drei Monate in Sowjet-Rußland, 21; Stromab die Hungerwolga, 22; Reise durch das jüdische Palästina, 22; Amerika. Leben, Arbeit u. Dichtung, 23; Der Narrenbaedeker, 25; Das unruhige Asien, 26; Reisen, 28; Wiedersehen mit Amerika, 30; Reisen. Ausgew. Reportagen u. autobiogr. Berichte, 73. – *Essays:* Frans Masereel (mit St. Zweig), 23; Das Theater im revolutionären Rußland, 24; Ravachol und die Pariser Anarchisten, 25; Die Juden in der heutigen Zeit. In: Gegen die Phrase vom jüdischen Schädling, 33; Ansichten, Essays, Aufsätze, Kritiken, Reportagen 1904–1938, 79. – *Autobiographie:* Lebensgeschichte eines Rebellen. Bd I, 24, Bd II, 28.

Hollander, Walther von, * 29. 1. 1892 Blankenburg/Harz, † 30. 9. 1973 Ratzeburg.
H. stammte aus einem Pfarrhaus, studierte in Berlin, Heidelberg, Jena und München und nahm am 1. Weltkrieg teil. Bevor er sich 1924 als Schriftsteller selbständig machte, war H. Verlagslektor und Theaterkritiker 1918–20 in München, dann von 1922–24 Buchhändler in Berlin. H. arbeitete lange Jahre als Berater in Lebenskrisen in der Sendung «Was wollen Sie wissen?» des Norddeutschen Rundfunks. – Sein Werk ist vielseitig, neben gesellschaftskritischen Romanen stehen Bücher zur ‹Lebenshilfe›, die eine humanistische Grundeinstellung erkennen lassen. H. schrieb Hörspiele (z. B. *Fünf Sekunden, Schloßballade, Meine Kinder und unser Papa, Die Stärkere*) und zahlreiche Filmdrehbücher (*Favorit der Kaiserin, Schatten der Vergangenheit, Gauner im Frack, Anna Favetti, Die Geliebte, Fräulein, Das Lied der Wüste,*

Mädchen im Vorzimmer, Komödianten, Das letzte Abenteuer, Der Majoratsherr, Das gestohlene Jahr).

W.: Romane, Erzählungen: Grenze der Erfüllung, 1920; Narzissos, 21; Legenden vom Mann, 23; Gegen Morgen, 24; Der Eine und der Andere, 25; Das fiebernde Haus, 26; Auf der Suche, 27; Jetzt oder nie, 28; Schicksale gebündelt, 28; Die Angst zu lieben, 30; Frühling in Duderstadt, 30; Zehn Jahre – Zehn Tage, 30; Komödie der Liebe, 31; Schattenfänger, 32; Alle Straßen führen nach Haus, 33; Die Erbin, 34; Die Liebe, die uns rettet, 35; Vorbei …, 36; Licht im dunklen Haus, 37; Oktober, 37; Therese Larotta, 39; Akazien, 41; Der Gott zwischen den Schlachten, 42; Es wächst schon Gras darüber, 47; Kleine Dämonen, 47; Als wäre nichts geschehen, 51; Bunt wie Herbstlaub, 55 (u. d. T. Lucia Bernhöven, 65), Perlhuhnfedern, 66. – *Essays, Sachbücher:* Der Mensch über Vierzig, 40; Das Leben zu Zweien, 40 (u. d. T. Die Krise der Ehe und ihre Überwindung, 53); Fibel für Erwachsene, 45; Moderne Eheprobleme (mit H. Gottschalk), 51; Nur für Erwachsene, 57; Die geschenkten Jahre, 57; Fibel für Manager (mit K. R. v. Roques), 58; Unser Publikum, 59; Der Mensch neben dir, 60; Was wollen Sie wissen?, 60; Psychologie des Ehemannes, 61; Psychologie der Ehefrau, 61. – *Drama:* Schwestern des Herzens, 35. – *Herausgebertätigkeit:* Sophie Mereau, Das Blütenalter der Empfindung, 20; Es brennt der Stern, 56.

Hollaender, Felix, *1. 11. 1867 Leobschütz (Oberschlesien), †29. 5. 1931 Berlin.
H. studierte Germanistik und Philosophie, war Dramaturg des Deutschen Theaters in Berlin und Intendant in Frankfurt/M. 1920 wurde er Nachfolger von Max Reinhardt am Großen Schauspielhaus Berlin; später arbeitete er als Redakteur und Theaterkritiker. – H. schrieb vor allem Romane und Novellen, in denen er mit naturalistischer Eindringlichkeit soziale Themen, besonders aus dem Berliner Leben, behandelte.

W.: Romane, Erzählungen: Jesus und Judas, 1891; Magdalene Dornis, 92; Frau Ellin Röte, 93; Pension Fratelli, 96; Sturmwind im Westen, 96; Erlösung, 99; Das letzte Glück, 99; Der Weg des Thomas Truck, 1902; Der Baumeister, 04; Traum und Tag, 05; Der Pflegesohn, 06; Die Witwe, 08; Unser Haus, 11; Der Eid des Stephan Huller, 12; Die Briefe des Fräulein Brandt, 18; Der Tänzer, 20; Die Kastellanin, 20; Salomons Schwiegertochter, 20; Der De-

mütige und die Sängerin, 25; Das Erwachen des Donald Westhof, 27; Das Schiff der Abenteuer, 29; Ein Mensch geht seinen Weg, 31. – *Essays:* Die neue Gemeinschaft. Ein Orden vom wahren Leben (mit H. Hart u. a.), 01; Lebendiges Theater. Eine Berliner Dramaturgie, 32. – *Werkausgabe:* Gesammelte Werke, 6 Bde, 26.

Höllerer, Walter, *19. 12. 1922 Sulzbach-Rosenberg (Oberpfalz).
Nach Kriegsdienst und Gefangenschaft studierte H. in Erlangen, Göttingen und Heidelberg zuerst Theologie, dann Germanistik, Philosophie, Romanistik und Geschichte. H. habilitierte sich 1959 in Frankfurt und wurde dort Privatdozent. Seit 1959 ist H. Prof. an der TU Berlin. Von 1954–1967 war H. Mitherausgeber der Zeitschrift «Akzente», seit 1961 ist er Herausgeber der Zeitschrift «Sprache im technischen Zeitalter». H. ist einer der Organisatoren der gegenwärtigen literarischen Szene, nicht nur in Berlin (1963 Mitbegründer und bis 1983 Leiter des «Literarischen Colloquiums Berlin»). Er ist zunächst als Lyriker hervorgetreten, beeinflußt von so disparaten Autoren wie Georg Britting, Gottfried Benn und Günter Eich. Später wandte er sich dem experimentellen Gedicht zu, über das er auch theoretisch arbeitete. Seine Anregungen kommen aus dem gesamten westlichen Sprach- und Gedankenbereich, wobei die Dadaisten und ihre Nachfolger eine besondere Rolle spielen. Ebenfalls stark theoretisch überlagert ist sein Romantorso *Die Elephantenuhr*. H. ist ebenfalls als Herausgeber zahlreicher Anthologien bekanntgeworden, zu seinen kritischen Essays (1975 J.-H.-Merck-Preis) treten erzählende Prosa und Filmdrehbücher.

W.: Romane, Erzählungen, Prosa: Die Elephantenuhr (vom Autor gekürzte Ausgabe, 75), 1973; Oberpfälzische Weltei-Erkundungen, 87. – *Drama:* Alle Vögel alle. Komödie in 2 Akten, 78. – *Lyrik:* Der andere Gast, 52; Außerhalb der Saison, 67; Systeme. Neue Gedichte, 69. – *Essays:* Zwischen Klassik und Moderne. Lachen und Weinen in der Dichtung einer Übergangszeit, 58; Gedichte. Wie entsteht ein Gedicht?, 64; Modernes Theater auf kleinen Bühnen, 65; Elite und Utopie, 69; Dramaturgisches. Briefwechsel mit Max Frisch, 69; Das literarische Profil von Rom, 70; Berlin. Übern

Damm und über die Dörfer (mit R. Mangold), 77. – *Herausgebertätigkeit:* Akzente, Zeitschrift für Dichtung, 54–67; Transit. Lyrikbuch der Jahrhundertmitte, 56; Schiller, Nationalausgabe Bd 5 (mit H. O. Burger), 57; Literatur als Kunst (mit Kurt May), 58ff; Spiele in einem Akt, 35 exemplarische Stücke, 61; Junge amerikanische Lyrik (mit G. Corso), 61; Insel-Goethe, 6 Bde [mit E. Staiger u. a.], o. J.; Modernes Theater auf kleinen Bühnen, o. J.; Sprache im technischen Zeitalter, Jg. 1 ff, 61 ff; Theorie der modernen Lyrik. Dokumente zur Poetik, 65; Ein Gedicht und sein Autor, 67; Walser, R.: Prosa, 73; Literatur im technischen Zeitalter. Ein Jahrbuch (mit N. Miller u. W. Schmied), 81ff; Autoren im Haus. Zwanzig Jahre Literarisches Colloquium Berlin, 82; Lyrik der Beat-Generation (mit G. Corso), 85; Paul, J.: Die unsichtbare Loge (mit N. Miller), 86. – *Sammelausgabe:* Gedichte 1952–82, 82.

Holst, Jakob → Fock, Gorch

Holthusen, Hans Egon, *15. 4. 1913 Rendsburg.

H. studierte deutsche Philologie, Geschichte und Philosophie an den Universitäten Tübingen, Berlin und München, wo er mit einer Arbeit über Rilke promovierte. 1939–44 war H. Soldat. 1945 zog H. nach München, 1961–64 war er Programmdirektor des Goethe-Hauses in New York und später Prof. an der Northwestern Univ. in Evanston, Illinois (USA). 1968–1974 war H. Präsident der Bayerischen Akademie der Künste in München. – Seine Lyrik ist vor allem dem späten Rilke sowie T. S. Eliot und W. H. Auden verpflichtet. Der «unbehauste Mensch», Titel eines Essaybandes, ist das Thema von H.s zeitkritischer Reflexion. Sein Werk im allgemeinen ist eine Reaktion auf die Isolierung des Ästhetischen und Aufforderung zu einer dem Dasein verpflichteten Existenz. Seine späteren Erzählbände *Das Schiff* und *Indiana Campus* reflektieren amerikanische Erfahrungen. 1983 Jean-Paul-Preis, 1984 Kunstpreis des Landes Schleswig-Holstein.

W.: *Essays:* Rilkes Sonette an Orpheus, 1937; Die Welt ohne Transzendenz. Eine Studie zu Thomas Manns «Doktor Faustus», 49; Der unbehauste Mensch, 51, erw. 55; Ja und Nein, 54; Der spielende Mensch in der Arbeitswelt, 57; R. M. Rilke, 58; Das Schöne und das Wahre, 58; Kritisches Verstehen, 61; Avantgardismus und die Zukunft der modernen Kunst, 64; Plä-

doyer für den Einzelnen, 67; Eduard Mörike, 71; Kreisel-Kompaß, 76; Amerikaner und Deutsche, 77; Chicago, 81; Sartre in Stammheim, 82; Opus 19. Reden und Widerreden aus 25 Jahren, 83; Gottfried Benn 1886–1922, 86; Konterbande. Vom Eigensinn der Literatur, 89. – *Lyrik:* Klage um den Bruder, 47; Hier in der Zeit, 49; Labyrinthische Jahre, 52. – *Herausgebertätigkeit:* Ergriffenes Dasein, 53; Schröder, R. A.: Ausgewählte Gedichte, 78. – *Prosa:* Das Schiff, 56; Indiana Campus, 69.

Holtz-Baumert, Gerhard, *25. 12. 1927 Berlin.

H. entstammt einer Arbeiterfamilie, wird nach Kriegsende FDJ-Funktionär, absolviert dann ein Fernstudium als Lehrer, ist 1951–58 Chefredakteur der Kinderzeitschriften «ABC-Zeitung» und «Schulpost», studiert 1958–59 am Literaturinstitut «Johannes R. Becher», wird anschließend Sekretär des Schriftstellerverbandes der DDR, dessen Vizepräsident er bis zum Ende der DDR war. Mehrere Preise, u. a. Heine-Preis 1973, Nationalpreis 1975. H. gehört zu den wichtigsten Theoretikern und Kritikern der Kinder- und Jugendliteratur in der DDR (Generalsekretär des Kuratoriums für Kinderliteratur der DDR, Chefredakteur der Zeitschrift «Beiträge zur Kinder- und Jugendliteratur», des wichtigsten Diskussionsforums zu Theorie und Praxis sozialistischer Kinderliteratur), ist selbst aber auch Verfasser sprachlich origineller, gelegentlich humoristischer oder phantastischer Geschichten. Seine beiden *Alfons Zitterbacke*-Bücher gehören zu den erfolgreichsten und auflagenstärksten in der DDR, heitere Alltagsgeschichten um einen «Pechvogel», an dem sich immer neue Kindergenerationen erfreuen. In älteren Titeln wirkt H. gelegentlich etwas pathetisch, wenn er z. B. den «legendären» Arbeiterjungen Fritz Weineck beschreibt, der sein Leben im Kampf für die Arbeiterbewegung gelassen hat (*Der kleine Trompeter und sein Freund*). In neueren Büchern gestaltet H. realistisch und einfühlsam die Auswirkungen der «nicht-antagonistischen Konflikte» auf das Leben von Jugendlichen, kritisiert in *Erscheinen Pflicht* Opportunismus und fehlendes Umweltbewußtsein.

W.: Kinder- und Jugendbücher: Alfons Zitterbacke, 1958; Alfons Zitterbacke hat wieder Ärger, 62 (überarb. Neuausg. in 1 Bd, 69); Das rote Päckchen, 58; Der kleine Trompeter und sein Freund, 59; Guten Tag, Hops, 59; Fidibus, paß auf, 59; Vier Pferde gehen fort, 59; Hinter grünen Wäldern. Bilder und Berichte über eine Pionierexpedition (mit G. Weiss), 62; Paule Prinz, 64; Von zwölf lustigen Wichten zwölf kleine Geschichten, 68; Die Drei Frauen und ich, 73; Der Wunderpilz und andere Geschichten aus der Nachbarschaft, 74; Trampen nach Norden, 75; Hasenjunge Dreiläufer, 76; Die seltsame Zeit des Knaben Friedrich, 78; Sieben und dreimal sieben Geschichten, 79; Erscheinen Pflicht, 81; Seppls Kopfsprung, 83; Daidalos und Ikaros, 85; Die pucklige Verwandtschaft, 85; Der entführte Prinz und das Gärtnermädchen, 88; Der kleine Lehrer, 89. – *Literaturgeschichte:* Überhaupt brauchen wir eine sozialistische Literatur ... Eine Skizze über die Anfänge sozialistischer deutscher Kinderliteratur, 73. – *Herausgebertätigkeit:* Arkadi Gaidar: Der Mann mit dem Stern, 67; Arkadi Gaidar: Die Zeit des Trommlers, 69; Arkadi Gaidar: Die Spur des Kühnen, 69; Menschen, liebe Menschen, laßt die Erde stehn, 69; Der Junge mit dem Schmetterling, 70; Das Pferdchen mit dem guten Herzen und viele andere Märchen, erzählt von sowjetischen Schriftstellern, 74; E. Kreidolf: Blumen-Märchen, 87.

Holz, Arno, *26. 4. 1863 Rastenburg (Ostpreußen), †26.10. 1929 Berlin.

H., Sohn eines Apothekers, kam 1875 nach Berlin, wurde Redakteur, dann freier Schriftsteller. 1888/89 Freundschaft und Zusammenarbeit mit J. Schlaf. Als Mitglied des Naturalistenvereins «Durch!» und erster Schriftleiter der «Freien Bühne» (der späteren «Neuen Rundschau») nahm H. vorübergehend bestimmenden Einfluß auf den Weg der modernsten deutschen Dichtung; doch nach dem Bruch mit Schlaf, G. Hauptmann und anderen ehemaligen Mitstreitern vereinsamte er als Mensch wie als Künstler mehr und mehr. H. war – in seinen theoretischen Schriften und großenteils gemeinsam mit J. Schlaf verfaßten Musterwerken (*Papa Hamlet, Die Familie Selicke, Neue Gleise*) – der Begründer eines konsequenten Naturalismus in Deutschland, dessen selbstformulierten Prinzipien er auch treu blieb, als sich die literarische Szenerie veränderte. Unter dem Einfluß Zolas, ja ihn an Radikalität überbietend, forderte H., bestärkt durch seine Beschäftigung mit den Naturwissenschaften, eine Kunst, die ausschließlich Wiedergabe der Natur – abzüglich der durch die unvermeidbaren «Mängel» der Mittel verursachten Minderungen – sein sollte («Kunst = Natur minus x»). Wichtige Konsequenzen dieses rigorosen Programms waren die vorbehaltlose, unzensierte Reproduktion der faktisch gesprochenen Umgangssprache unter Einschluß selbst vorsprachlicher affektiver Lautgebärden und – im Stofflichen – die ungeschönte Darstellung des Alltags- und Durchschnittsmenschen in seinem Milieu, in seiner Determination durch Erbmasse und Trieblеben. Um die – «Natur» genannte – Realität auch in ihren temporalen Abläufen möglichst umfassend abbilden zu können, entwickelte H. gemeinsam mit Schlaf für die Erzählung den sogenannten «Sekundenstil» (*Papa Hamlet*), ein freilich auch auf das Optische beschränktes quasi-kinematographisches Verfahren, dem im dramatischen Bereich äußerst detaillierte, den Dialog mitunter an Umfang übertreffende Regieanweisungen sowie unbedingte zeitliche Kongruenz von fingierter und real vorgeführter Bühnenhandlung entsprechen. – Auch die Lyrik suchte H., nach einigen formal noch konventionellen Anfängen (*Das Buch der Zeit*), zu revolutionieren, indem er an die Stelle aller überlieferten Metren, aber auch der herkömmlichen freien Rhythmen nur aus der sprachlichen Eigenbewegung resultierende prosanahe «Vers»folgen setzte. Die symmetrische Gruppierung solcher Folgen um eine imaginäre Mittelachse sollte im Druckbild «natürlichen» Sprechrhythmus veranschaulichen. Der *Phantasus*, in dem H. sein neues lyrisches Prinzip in jahrzehntelangem Ringen zu bewähren trachtete, wurde sein Hauptwerk; es bezeugt die Ingeniosität und Virtuosität des Sprachkünstlers H. Beziehungen zur Lyrik des Barock hat H. selbst früh durch seine neuschöpferischen Imitationen *Dafnis* erkennen lassen. Erst in jüngerer Zeit wurde die bahnbrechende literarische Leistung H.' angemessen neubewertet und gewürdigt.

W.: Lyrik: Klinginsherz, 1883; Deutsche Weisen (mit O. Jerschke), 84; Das Buch der Zeit, 86 (erweitert 1905, 24); Der geschundene Pegasus, 92 (mit J. Schlaf); Phantasus, 2 Bde, 98f (erweitert 1913, 16, 25; 3 Bde, 61f); Die Blechschmiede, 1902 (erweitert 17, 21, 24); Lieder auf einer Laute, 03 (erweitert als: Dafnis, 04, vollständig 22). – *Dramen:* Die Familie Selicke, 1890 (mit J. Schlaf; unter Pseud. B.P. Holmsen); Neue Gleise, 92 (mit J. Schlaf); Socialaristokraten, 96; Heimkehr (mit O. Jerschke), 1903; Traumulus, 04 (mit O. Jerschke); Frei! Eine Männerkomödie (mit O. Jerschke), 07; Sonnenfinsternis, 08; Ignorabimus, 13. – *Erzählungen:* Papa Hamlet, 1889 (mit J. Schlaf; unter Pseud. B.P. Holmsen). – *Theoretische Schriften:* Die Kunst, ihr Wesen und ihre Gesetze, 2 Bde, 1891f; Revolution der Lyrik, 99; Dr. Richard M. Meyer, ein literarischer Ehrabschneider, 1900; Johannes Schlaf, ein nothgedrungenes Kapitel, 02; Die befreite deutsche Wortkunst, 21; Entwurf einer «Deutschen Akademie» als Vertreterin der deutschen Geistesarbeiterschaft, 26. – *Autobiographisches:* Kindheitsparadies, 1924. – *Sammel- u. Werkausgaben:* Das ausgewählte Werk, 19; Das Werk, 12 Bde, 26; Ein Staub verstob; wie ein Stern strahlt mein Gedächtnis, 44; Werke, 7 Bde, 61–64; Briefe, 49. – *Herausgebertätigkeit:* Emanuel Geibel. Ein Gedenkbuch, 1884.

Holz, Detlef →Benjamin, Walter

Hölzer, Max, *4.9.1915 Graz (Österreich), †28.12.1984 Paris.
Studium der Rechtswissenschaft, Dr. jur., Richter in Klagenfurt, Tätigkeit als Verlagslektor; früh pensioniert und seither freier Schriftsteller in Paris und Spanien. –
H.s frühe Lyrik verrät den Einfluß des Surrealismus; zusammen mit Edgar Jené Herausgeber der «Surrealistischen Publikationen» (1950); das Bekenntnis zur surrealistischen Tradition findet seinen Niederschlag zudem auch in Übersetzungen Bretons, Batailles, Gracqs und Reverdys; später Abkehr vom Surrealismus und Hinwendung zum stark verschlüsselten «transzendentalen Gedicht».

W.: Lyrik: Entstehung eines Sternbilds. Gedichte in Prosa, 1958; Der Doppelgänger, 59; Nigredo, 62; Gesicht ohne Gesicht, 68; Mare occidentis/Das verborgene Licht/Chrysopoe, 76. – *Herausgeber- und Übersetzertätigkeit:* Im Labyrinth. Französische Lyrik nach dem Symbolismus, 57; Jacques Audiberti: Dramen, 62; Georges Bataille: Der Heilige Eros, 62; ders.: Abbé C., 66.

Honegger, Arthur, *27.9.1924 St. Gallen (Schweiz).
H. wuchs als uneheliches Kind bei Pflegeeltern und in Heimen auf, war Bauernknecht und verbrachte drei Jahre in einer Arbeitserziehungsanstalt. Er arbeitete danach als Knecht, Kellner, wurde Werkstattschreiber und Parteisekretär. In den 60er Jahren war er Redakteur der Boulevardzeitung «Blick» und des «Diner's Club Magazin». H. lebt als freier Schriftsteller und freiwilliger Sozialhelfer. Er erhielt 1974 die Anerkennungsgabe der Stadt Zürich, 1975 das Werkjahr des Kantons Zürich und 1976 den Preis der Schweizer Schillerstiftung.
Sein eigenes Schicksal war und ist für H. ein wichtiger Anlaß zum Schreiben. Bereits sein erster Roman *Die Fertigmacher* greift in deutlich autobiographischer Weise darauf zurück. Erzählt wird in schlichter Sprache und gerade darum beeindruckend die Geschichte eines bei Pflegeeltern aufwachsenden unehelichen Kindes, das umgeben ist von Personen, die ihn ‹fertigmachen› wollen und glauben, ihn dadurch zu einem ‹nützlichen› Mitglied der Gesellschaft machen zu können. Auch *Der Ehemalige* greift noch einmal auf dies Thema zurück und schildert den mühsamen Weg des ehemaligen Fürsorgezöglings in die Gesellschaft, die sich ihm gegenüber ablehnend verhält. Schweizer Geschichte und Gegenwart bestimmen auch die übrigen Bücher Honeggers.

W.: Romane, Erzählungen: Die Fertigmacher, 1974; Freitag oder die Angst vor dem Zahltag, 76; Wenn sie morgen kommen, 77; Der Schulpfleger, 78; Der Ehemalige, 79; Der Nationalrat, 80; Alpträume, 81; Der Schneekönig und andere Geschichten aus dem Toggenburg, 82; Wegmacher, 82; Der Weg des Thomas J., 83; Ein Flecken Erde, 84; Das Denkmal, 85; Dobermänner reizt man nicht, 88.

Horváth, Ödön (Edmund) von, *9.12.1901 Susak bei Fiume (=Rijeka), †1.6.1938 Paris.
H., Sohn eines Diplomaten aus ungarischem Kleinadel, wuchs in Belgrad, Budapest, München, Preßburg und Wien auf und studierte Philosophie und Germanistik in München. Seit 1932 lebte er

abwechselnd in Murnau, Berlin, Wien und Henndorf bei Salzburg. 1938 emigrierte er in die Schweiz. Bei einem Aufenthalt in Paris wurde er von einem herabstürzenden Ast erschlagen.

Das Werk H.s, der nach kurzem, durch die Herrschaft des Nationalsozialismus jäh unterbrochenem Aufstieg 30 Jahre lang nahezu völlig vergessen schien, hat seit etwa 1960 nicht zuletzt unter dem Einfluß der Kritischen Theorie an Beachtung und Bedeutung eine ungewöhnliche Renaissance erfahren. H.s gesamtes Werk (17 Stücke, 3 Romane und zahlreiche nachgelassene Fragmente) schildert in bisweilen sich manisch wiederholender Eindringlichkeit alle Facetten kleinbürgerlicher Mentalität bis hin zu deren faschistischer Konsequenz. H. geißelt aber nicht nur Niedertracht, Dumpfheit, Brutalität und Selbstmitleid seiner Spießer, er verweist auch auf die sozialen, ökonomischen und sozialpsychologischen Determinanten seines Personals, dem eine stets präsente Unterhaltungsindustrie (Oktoberfest, Heurigen, Sport) Erlösung heuchelt und Einsicht in die eigene Situation versperrt. All diese Figuren, vornehmlich Deklassierte und Aufsteiger, bedienen sich in ihren sprachlichen Äußerungen des «Bildungsjargons», eines Konglomerats aus verleugnetem Dialekt und mißglückter Hochsprache, das den Sprecher bei seinen Verleugnungsversuchen immer wieder entblößt. In Form und Intention haben diese «Volksstücke» mit den herkömmlichen fast nichts mehr gemeinsam, wohl aber darin, daß das Personal «aus dem Volke» kommt. In den späteren Werken (besonders den Romanen *Jugend ohne Gott* und *Ein Kind unserer Zeit*) weicht H.s schonungslos sezierende Beobachtung einer humanistisch-moralisierenden Nachdenklichkeit.

W.: Romane: Der ewige Spießer, 1930; Jugend ohne Gott, 38; Ein Kind unserer Zeit, 38; Sportmärchen (Kurzprosa), 72; Sechsunddreißig Stunden. Die Geschichte von Fräulein Pollinger, 79; Mord in der Mohrengasse, 81. Der Fall E. oder die Lehrerin von Regensburg, 81. – *Dramen:* Revolte auf Côte 3018, 27 (umgearbeitet als: Die Bergbahn, 29); Sladek, der schwarze Reichswehrmann, 29; Italienische Nacht, 31; Geschichten aus dem Wiener Wald, 31 (Film von M. Schell, 80; Nacherzählung von P. Handke); Kasimir und Karoline, 32; Hin und her, 34; Glaube, Liebe, Hoffnung, 36; Figaro läßt sich scheiden, 37 (Oper von G. Klebe, 63); Der jüngste Tag, 37; Die Unbekannte aus der Seine, 49; Don Juan kommt aus dem Krieg, 52; Sechsunddreißig Stunden und Das Fräulein Pollinger. Ein Drehbuch/Ein Stück (mit T. Krischke), o. J.; Mord in der Mohrengasse, 77. – *Sammel- und Werkausgaben:* Stücke, 61; Gesammelte Werke, 4 Bde, 70f; Von Spießern, Kleinbürgern und Angestellten (Ausgewählte Erzählungen), 71; Gesammelte Werke, 8 Bde, 72; Die stille Revolution. Kleine Prosa, 75; Ein Lesebuch, 76; Komödien, 78; Romane, 83; Gesammelte Werke in Einzelausgaben, 15 Bde, 83f; Gesammelte Werke (Neuausgabe), 4 Bde, 88.

Huby, Felix (eig. Eberhard Hungerbühler), *21.12.1938 Dettenhausen.

H. war Chefredakteur der Zeitschriften «DM» und «X-Magazin» und Stuttgarter Büroleiter des «Spiegel»; er lebt jetzt als freier Autor. Seit 1989 ist er stellvertretender Vorsitzender des VS in der IG Medien. – Unter seinem richtigen Namen schreibt H. Sachbücher, als Felix Huby Jugendbücher und Kriminalromane, in denen er authentische Fälle aus seiner journalistischen Erfahrung verwertet, zum Beispiel verschwundenen Atommüll (*Der Atomkrieg in Weihersbronn*) oder Korruption bei der Altstadtsanierung (*Sein letzter Wille*). Hauptfigur ist der schrullig gezeichnete Stuttgarter Hauptkommissar Ernst Bienzle, ein schwäbischer Querkopf, der kritisch den Problemen der Gegenwart gegenübersteht und dadurch in Konflikt gerät mit seinen Vorgesetzten.

W.: Romane, Erzählungen: Der Atomkrieg in Weihersbronn, 1977; Tod im Tauerntunnel, 77; Ach wie gut, daß niemand weiß …, 78; Sein letzter Wille, 79; Schade, daß er tot ist, 82; Der Schlangenbiß (mit F. Breinersdorfer), 82; Bienzle stochert im Nebel, 83; Tödliche Beziehungen (mit R. Hey u. a.), 84; Bienzle und die schöne Lau, 85; Schimanski (mit G. George), 86; Bienzles Mann im Untergrund, 86; Der Eugen [mit M. Conradt], 87; Bienzle und das Narrenspiel, 88; Jeder kann's gewesen sein. Kriminalerzählungen, 88; Oh Gott, Herr Pfarrer. Ernste und heitere Pfarrhausgeschichten von heute, 88; Der Schlangenbiß [mit F. Breinersdorfer], 89; Neues vom Eugen [mit M. Conradt], 90; Bienzle und der Sündenbock, 90. –

Jugendbücher: Vier Freunde auf heißer Spur, 76; Einbruch im Labor, 77; Vier Freunde sprengen den Schmugglerring, 78; Terloff, 78; Felix & Co. und der große Eisenbahnraub, 79; Ilaniz, 79; Felix & Co. und der Kampf in den Bergen, 81; Die Jagd im Moor, 82; Felix & Co. auf heißer Spur, 84; Paul Pepper und der tödliche Sprung, 84; Paul Pepper und der schwarze Taucher, 84; Paul Pepper und die tickende Bombe, 84; Paul Pepper und das schleichende Gift, 84; Paul Pepper und die rasende Jagd, 85; Paul Pepper und der stumme Zeuge, 85; Paul Pepper und die sechs Dunkelmänner, 85; Paul Pepper und der Mann im Hintergrund, 85; Paul Pepper und der Brandstifter, 86; Paul Pepper und der Rote Baron, 86; Paul Pepper und die Videopiraten, 86; Paul Pepper und die Fluß-Mafia, 87; Paul Pepper und die lauernde Falle, 87; Paul Pepper und der weiße Tod, 88; Abenteuer Airport. Flughafengeschichten, 90. – *Sachbücher, Biographien:* Rettet uns die Sonne vor der Energiekatastrophe?, 75; Neuer Rohstoff – Müll-Recycling, 75; Der TCS-Weltatlas, 76; 100 Mal Kriminalistik, 78; Die Geschichte vom Doktor Faust, 80 (mit Marcus Conradt); Pioniere des Automobils, 83; Götz George, 87. – *Fernsehspiel:* Auf, Teufel, komm raus, 80; Oh Gott, Herr Pfarrer (Fernsehserie), 89; Abenteuer Airport (Fernsehserie), 90; Pfarrerin Lenau (Fernsehserie), 90f. – *Hörspiel:* Sieg über die Tiefe, 78. – *Übersetzungen, Bearbeitungen:* Cooper, J. F.: Der Letzte der Mohikaner, 84; Stevenson, R. L.: Die Schatzinsel, 85; Münchhausen, 86; König Artus, 86; Buffalo Bill, 87. – *Schallplatten u. ä.:* Leiche in Öl oder der Traum von Costa Rica, 86 (Kass.).

Huch, Friedrich, * 19. 6. 1873 Braunschweig, † 12. 5. 1913 München.
Aus großbürgerlicher Kaufmannsfamilie, ein Vetter Rudolf und Ricarda H.s und mütterlicherseits ein Enkel Friedrich Gerstäckers, studierte in München, Berlin und Paris Philologie und Philosophie und war während mehrerer Jahre Erzieher in Hamburg und bei Łódź in Polen. Seit 1903 lebte er als freier Schriftsteller in München. – H. schrieb Dramen («groteske Komödien») und vor allem Romane und Erzählungen, zunächst gesellschaftskritisch und zeitsatirisch (*Peter Michel*), später psychologisierend-impressionistisch zum Thema des Kindes und des heranreifenden Jugendlichen (*Mao, Enzio*). Diese Werke beziehen Traum und Unterbewußtsein ein und lassen frühe Todessehnsucht erkennen.

W.: Romane, Erzählungen: Peter Michel, 1901; Geschwister, 03; Träume, 04; Wandlungen, 05; Mao, 07; Pitt und Fox, 09; Enzio, 11; Erzählungen, 14; Karl Wilhelm Ferdinand (Fragment), 22; Der Gast, 25. – *Groteske Komödien:* Tristan und Isolde, Lohengrin, Der fliegende Holländer, 12. – *Sammel- und Werkausgaben:* Gesammelte Werke, 4 Bde, 25; Romane der Jugend, 34.

Huch, Ricarda (Pseud. Richard Hugo), * 18. 7. 1864 Braunschweig, † 17. 11. 1947 Schönberg (Taunus).
Stammte aus einer großbürgerlichen Kaufmannsfamilie, die in ihrer Generation starke literarische Produktivität entwickelte: Der Bruder Rudolf und die Vettern Felix und Friedrich H. waren ebenfalls Schriftsteller. Nach dem frühen Tod der Eltern zog H. nach Zürich, wo sie 1892 mit einer historischen Arbeit als eine der ersten Frauen zum Dr. phil. promovierte. Sie arbeitete zunächst als Bibliothekarin, dann als Lehrerin in Zürich, Bremen und Wien. 1898 heiratete sie und lebte mit ihrem Mann zunächst in Triest, ab 1900 in München. 1905 wurde die Ehe geschieden, und H. heiratete 1907 ihren Vetter und Jugendfreund Richard Huch, von dem sie sich 1910 ebenfalls trennte. In den folgenden Münchener Jahren (1912–27) fand H. eine ihr gemäße Lebensform. Ihrem ersten Mann blieb sie freundschaftlich verbunden und hielt sich in späteren Jahren bis zu seinem Tod 1927 regelmäßig im Sommer bei ihm auf. Von 1927 an lebte sie im Haushalt der einzigen Tochter (aus erster Ehe) in Berlin und verlegte, der beruflichen Entwicklung des Schwiegersohnes folgend, den Wohnsitz 1932 nach Heidelberg und 1934 nach Jena. 1933 trat sie aus Protest gegen Mitgliederausschlüsse aus der Preußischen Akademie der Künste aus. Sie litt unter den politisch motivierten Repressalien gegen ihren Schwiegersohn, konnte jedoch weiter publizieren. Nach dem Zusammenbruch 1945 suchten Vertreter der russischen Besatzungsmacht sie für die Mitarbeit am kulturellen Wiederaufbau zu gewinnen; sie verhielt sich jedoch zögernd und übersiedelte 1947 mit der Familie in den Westen, wo sie wenige Monate später starb. –

H. war als Erzählerin und Historikerin schon in ihren ersten Arbeiten erfolgreich (*Ludolf Ursleu*; *Erzählungen*). Ihre Arbeiten zur deutschen Romantik (1898–1902) und zum Dreißigjährigen Krieg wurden Standardwerke. Zahlreiche Ehrungen wurden ihr zuteil (1924 Ehrensenator München, 1931 Goethe-Preis der Stadt Frankfurt/Main, 1944 Wilhelm-Raabe-Preis Braunschweig). Neben der historischen Epochendarstellung (Dreißigjähriger Krieg, Revolution von 1848) konzentrierte sie sich immer wieder auf heroisch-revolutionäre Einzelgestalten (Luther, Wallenstein, Garibaldi). Die Auseinandersetzung mit anarchisch-sozialreformerischen Ideen (Bakunin) blieb eine Phase der Münchner Nachkriegszeit. Auch ihr erzählerisches Werk ist thematisch und formal breit gefächert (bürgerlicher Familienroman *Michael Unger*, Klerus-Satire *Wonnebald Pück*, Brief-Roman *Der letzte Sommer*, Kriminalroman *Der Fall Deruga*). Die Gedichte sind der Neuromantik zuzurechnen.

W.: Romane, Erzählungen: Erinnerungen von Ludolf Urslu dem Jüngeren, 1893; Erzählungen, 3 Bde, 97; Aus der Trimphgasse, 1902; Vita somnium breve, 03 (als: Michael Unger, 13); Von den Königen und der Krone, 04; Seifenblasen. Drei scherzhafte Erzählungen, 05 (darin: Lebenslauf des heiligen Wonnebald Pück, 13); Die Geschichten von Garibaldi (unvollendet): Die Verteidigung Roms, 06, Der Kampf um Rom, 07, Das Leben des Grafen Federigo Confalonieri, 08; Der letzte Sommer, 10; Der Fall Deruga, 17; Der wiederkehrende Christus, 26; Weiße Nächte, 43; Der falsche Großvater, 47; Ges. Erzählungen, 62. – *Historische und geistesgeschichtliche Werke:* Blütezeit der Romantik, 1899; Ausbreitung u. Verfall d. Romantik, 1902 (zus. als: Die Romantik, 08, 51]; Gottfried Keller, 04; Das Risorgimento, 08 (als: Menschen u. Schicksale aus d. Risorgimento, 18); Der große Krieg in Deutschland, 3 Bde, 12–14 (als: Der Dreißigjährige Krieg, 2 Bde, 29); Wallenstein, 15; Luthers Glaube, 16; Der Sinn der Hl. Schrift, 19; Entpersönlichung, 21; Michael Bakunin u. die Anarchie, 23; Freiherr vom Stein, 25; Im Alten Reich, 2 Bde, 27–29 (3 Bde, Untertitel: Lebensbilder deutscher Städte, 33/34; in 1 Bd 60); Alte u. neue Götter (1848), 30 (als: 1848 – Die Revolution des 19. Jhs. in Deutschland, 44); Deutsche Tradition 31; Deutsche Geschichte, 3 Bde, 34–49; Quellen des Lebens, 35; Urphänomene, 46; Luther, 83. – *Autobiographisches:* Frühling in der Schweiz, Jugenderinnerungen, 38; Mein Tagebuch, 46; Erinnerungen an das eigene Leben, 80. – *Lyrik:* Gedichte, 1891, 94; Neue Gedichte, 1907; Alte und neue Gedichte, 20; Ges. Gedichte, 29; Herbstfeuer, 44. – *Briefe:* Briefe an die Freunde, 55; Briefwechsel mit Henriette Feuerbach u. R. H., 65. – *Sonstiges:* Der lautlose Widerstand. Bericht über die Widerstandsbewegung des deutschen Volkes 1933–45, 53. – *Werkausgaben:* Gesammelte Schriften, 64; Gesammelte Werke, 10 Bde u. 1 Registerbd, 66 ff; Wüßt ich ein Lied, 74; Die Goldinsel. Weltuntergang, 87; Herzen bewegen – Gedanken lenken, 89.

Huch, Rudolf (Pseud. A. Schuster), *28.2.1862 Porto Alegre (Brasilien), †13.1.1943 Bad Harzburg.

H., älterer Bruder der Ricarda und Vetter Friedrich Huchs, studierte Jura in Heidelberg und Göttingen, wurde Rechtsanwalt und Notar in Wolfenbüttel, Helmstedt und Harzburg. Er begann als Kritiker: In seiner Schrift *Mehr Goethe* geißelt er den Naturalismus und seine Größen, ficht gegen Ibsen und den Kult mit Nietzsche, ruft nach Natur, Gesundheit, Vernunft, Mäßigung und Ordnung. Als Erzähler verfolgt H., der sein Vorbild in Raabe sah, den Entwicklungsgang des deutschen Bürgertums vom Spießer zum europäischen Bourgeois und prangert provinzielles Kleinbürgertum – oft an Hand ganzer Familienschicksale – an. Die beiden bedeutendsten seiner zahlreichen Romane sind die Entwicklungs- und Bildungsstudien *Die beiden Ritterhelm* und *Familie Hellmann*.

W.: Romane, Erzählungen: Aus dem Tagebuche eines Höhlenmolches, 1895; Hohe Schule, 1901; Hans der Träumer, 02; Der Frauen wunderlich Wesen, 05; Komödianten des Lebens, 06; Die beiden Ritterhelm, 08; Die Familie Hellmann, 09; Wilhelm Brinkmeyers Abenteuer, 11; Junker Ottos Romfahrt, 17; Das Lied der Parzen, 18; Das unbekannte Land, 20; Aus einem engen Leben. Erinnerungen, 24; Altmännersommer, 25; Spiel am Ufer, 27; Humoristische Erzählungen, 36; Mein Weg, 37. – *Dramen:* Der Menschenfreund, 1895; Der Kirchenbau, 1900; Kobolde im Bauernhaus, 01; Preisturnier, 01; Krankheit, 03. – *Essays:* Mehr Goethe, 1899; Eine Krisis, 1904; Zwiegespräche, 34; Die Tragödie Bismarck, 38; W. Shakespeare, 41. – *Werkausgabe:* Werke, 2 Bde, 43.

Huchel, Peter, *3.4.1903 Lichterfelde, †30.4.1981 Staufen/Baden.

H. wuchs in der Mark Brandenburg auf. Er studierte in Berlin, Freiburg i. Br. und Wien Literatur und Philosophie. H. veröffentlichte seit 1924 Gedichte. Er war 1940–45 Soldat und geriet in sowjetische Kriegsgefangenschaft. 1945–48 war H. künstlerischer Direktor des Berliner Rundfunks, 1949–62 Chefredakteur von «Sinn und Form», der bedeutendsten DDR-Literaturzeitschrift. 1962 wurde H. wegen angeblicher Tendenzen ideologischer Koexistenz von seinem Amt entbunden. H., dessen Arbeiten in der DDR nicht mehr erscheinen konnten, durfte nach mehrfachem Antrag 1971 aus der DDR ausreisen und lebte seither in Italien und der BRD. Zahlreiche Ehrungen, u. a. 1951 Nationalpreis, 1971 Österreichischer Staatspreis für europäische Literatur, 1972/73 Ehrengast der Villa Massimo, 1979 Eichendorff-Preis.

H.s Gedichte beziehen ihre Bilderwelt aus der märkischen Landschaft, die die Kindheitswelt H.s war. Schon in der frühen Lyrik spielte das Verhältnis von Arbeit und Natur eine entscheidende Rolle. H. entfernte sich immer deutlicher von der Stimmungslyrik Loerkes und Lehmanns. Die noch einfach strukturierten Gedichte der unmittelbaren Nachkriegszeit wichen einer späteren Produktion, in der sich eine Tendenz zur «Eliminierung des Narrativen» (Walter Jens) durchsetzt. Das Spannungsverhältnis Mensch– Natur, in dem Natur nicht als bloßes Gleichnis, sondern als geschichtlich begriffen wird, findet sich, syntaktisch verknappt, in Klagerufen, psalmischen Formen, Spruchdichtungen. H.s Naturdarstellung fehlt jegliche Idyllik («Die Natur war für mich Fressen und Gefressenwerden»). Die Hoffnung auf eine Auflösung gesellschaftlicher Widersprüche wird zunehmend aufgegeben zugunsten eines Rückgriffs auf Archaisch-Mythisches; es dominiert, bedingt durch eine sich stets verdüsternde Lebensperspektive, die «Verzweiflung des liebenden Menschen, die zu Eis gerinnt» (Heydorn). H. hat auf die DDR-Lyrik einen großen Einfluß gehabt, zu

dem sich – wegen der Tabuierung seines Namens – die Literaturwissenschaft der DDR nur zögernd bekannte.

W.: Hörspiele: Dr. Faustens Teufelspakt und Höllenfahrt, 1935; Die Magd und das Kind, 35; Margarete Minde, 35; Maria am Weg, 35; Die Herbstkantate, 35; Der letzte Knecht, 36. – *Lyrik:* Der Knabenteich, 32; Gedichte, 48; Chausseen, Chaussen, 63; Die Sternenreuse, 67; Gezählte Tage, 72; Die neunte Stunde, 77; Unbewohnbar die Trauer (mit P. Dorazio), 78. – *Sammelausgaben, Briefe:* Ausgewählte Gedichte, 73; Gedichte, 75; Hans Henny Jahnn – P. H. Briefwechsel 1951–59, 74; Gesammelte Werke, 2 Bde, 84. – *Herausgebertätigkeit:* Kaschnitz, M. L.: Gedichte, 75.

Huelsenbeck, Karl Richard (Pseud. Charles R. Hulbeck), *23.4.1892 Frankenau (Hessen), †20.4.1974 Minusio (Tessin).

H. studierte Medizin, Germanistik, Kunstgeschichte und Philosophie, promovierte zum Dr. med. und bildete sich als Psychotherapeut aus. Ging 1916, von Berlin kommend, nach Zürich. In der Dada-Bewegung, die dort im gleichen Jahr ihren Anfang nahm, war er einer der aktivsten Geister. 1917 wieder in Berlin, gründete er Dada Berlin. Als Schiffsarzt und Zeitungskorrespondent Weltreisen. 1935 Auswanderung nach Amerika, wo er als Arzt und Psychoanalytiker in New York tätig war. Aus der amerikanischen Zeit stammen nur wenige Werke. 1970 Rückkehr nach Europa, Niederlassung in der Schweiz. – 1913 hatte er mit H. Leybold in München die Zeitschrift «Revolution» gegründet. H. war Mitarbeiter der «Aktion». Er dichtete anfangs expressionistisch, später, nach seiner Dadasophie, Wendung vom Positiven, Sinnbejahenden. Neben der Literatur auch für die Malerei begabt. H. war ein engagierter Interpret und der bedeutendste Chronist der Dada-Bewegung.

W.: Romane, Erzählungen, Autobiographisches: Azteken oder die Knallbude, 1918; Die Verwandlungen, 18; Doctor Billig am Ende, 21; Der Traum vom großen Glück, 33; Reise bis ans Ende der Freiheit, 84. – *Lyrik:* Phantastische Gebete, 16; Schalaben, Schalomai, Schalamezomai, 16; Die New Yorker Kantaten, 52; Antwort der Tiefe, 54. – *Dramen:* Das Geld unter die Leute, 24; Warum lacht Frau Balsam? (mit G. Weisenborn), 33. – *Reisebücher:* Afrika in Sicht, 28; Der Sprung nach Osten, 28; China frißt Menschen, 30. – *Essays:* En avant Dada, 20; Dada siegt, 20; Deutschland muß untergehen, 20; Dadaistisches Manifest, 20; Die freie Straße, 21; Dada Manifesto, 57; Mit Witz, Licht und Grütze, 57; Die Geburt des Dada (mit H. Arp und T. Tzara), 57; Sexualität und Persönlichkeit, 59; Dada in Zürich (mit H. Arp), 66. – *Herausgebertätigkeit:* Dada. Eine literarische Dokumentation, 64 u. 84.

Hugo, Richard →Huch, Ricarda

Hulbeck, Charles R. →Huelsenbeck, Karl Richard

Huppert, Hugo, *5.6.1902 Biala-Bielitz (Schlesien), †25.3.1982 Wien.
Studium in Wien und Paris, 1928–32 Arbeit am Marx-Engels-Institut Moskau, Studien und journalistische Arbeiten sowie Übersetzertätigkeit in Moskau bis 1945; 1945–49 Journalist in Wien, 1949–56 wieder in Moskau, dann freier Schriftsteller und Journalist in Wien. 1964 Heine-Preis. – H.s Übersetzungen und Nachdichtungen russischer Autoren, besonders Majakovskijs, prägen seine eigenen literarischen Arbeiten. In der Lyrik kommt, zumeist in freirhythmischer Form, H.s marxistische Gesellschafts- und Geschichtserkenntnis zum Tragen; die journalistische und hauptsächlich autobiographische Prosa kulminiert in den breitangelegten Memoiren *Die angelehnte Tür, Wanduhr mit Vordergrund* und *Schach dem Doppelgänger*.

W.: Romane, Erzählungen: Sibirische Mannschaft, 1934; Flaggen und Flügel, 38; Münzen im Brunnen, 63 (erw. 65); Erinnerungen an Majakowski, 66; Die angelehnte Tür, 76; Wanduhr mit Vordergrund, 77; Schach dem Doppelgänger, 78; Wien örtlich, 81; Einmal Moskau und zurück. Stationen meines Lebens, 87. – *Lyrik:* Vaterland, 40; Jahreszeiten, 41 (erw. 51); Der Heiland von Dachau, 45; Georgischer Wanderstab, 54; Landauf landab, 62; Logarithmus der Freude, 68; Andre Bewandtnis, 70; Poesiealbum 41, 71; Narbengesichtige Zeit, 75; Indizien oder Vollmond auf Bestellung, 81. – *Essays:* Den morgigen Tag zu erschließen, 49; Wladimir Majakovskij in Selbstzeugnissen und Bilddokumenten, 65. – *Übersetzungen:* N. Tichonov: Heldenlied von den Achtundzwanzig Gardisten, 43; S. Ruštaveli: Der Recke im Tigerfell, 55; W. Majakovskij: Ausgewählte Werke, 5 Bde, 2. Aufl. 67–74.

Hüsch, Hanns Dieter, *6.5.1925 Moers.
H., Sohn eines Beamten, studierte ein Semester Medizin, anschließend Theaterwissenschaft, Literaturgeschichte und Philosophie. 1947/48 trat er mit dem Studentenkabarett «Die Tolleranten» auf, nach dessen Auflösung er mit mehreren Soloprogrammen hervortrat. 1956 gründete er das Kabarettensemble «arche nova», das bis 1962 bestand. Abgesehen von einigen Tourneen mit Kollegen, tritt H. seither allein auf. Neben seiner in Büchern und auf zahlreichen Schallplatten dokumentierten kabarettistischen Tätigkeit arbeitet H. als Synchronsprecher, Schauspieler und Regisseur, ist Rundfunk- und Fernsehmitarbeiter. Für sein Plattenalbum *Das Lied vom runden Tisch* bekam er den Deutschen Schallplattenpreis. 1972 erhielt H. als erster Preisträger den Deutschen Kleinkunstpreis, er ist Ehrenbürger der Universität Mainz und Träger der Gutenberg-Plakette der Stadt Mainz. 1989 Carl-Zuckmayer-Medaille des Landes Rheinland-Pfalz. Als Maler trat er 1975 in einer einmaligen Ausstellung in Zürich hervor.
Seine satirischen Aufarbeitungen bildungsbürgerlicher Bemühungen, mit Hilfe tradierter Ausdrucksformen dem eigenen Leben und Empfinden Tiefe zu verleihen, werden besonders anschaulich in seinen *Hagenbuch*-Geschichten, deren philosophisch-absurder Held diesen Sprachgestus auf die parodistische Spitze treibt. Die Provinz ist ein weiterer Bereich, der von H. in seiner mit Floskeln gefüllten Sprachlosigkeit entlarvt wird. Vor allem auf diese eher vermittelte Art sind die Texte des engagierten H. als politische zu begreifen.

W.: Prosa, kabarettistische Texte, Kinderbücher: Förster Pribam (mit K. Winter und H. Bischoff), 1959; Frieda auf Erden, 59; arche nova, 60; Von Windeln verweht, 61; Cabaretüden oder Übungen fürs Leben, 63; carmina urana (mit J. v. Tomei), 64; Zoll und Haben, 65; Freunde, wir haben Arbeit bekommen, 68; Archeblues und andere Sprechgesänge, 68; Da habt ihr es! (mit F. J. Degenhardt, W. Neuss, D. Süverkrüp), 68; Enthauptungen, 71; Und wenn der Mond dann rot ist…, 72; Wölkchen (mit H. Krist-Schulz), 72; Zwei Reden. Ein Brief, Texte, Lieder, 75; Den möcht' ich seh'n, 78; Hagenbuch hat jetzt zugegeben, 79; Das schwarze

Schaf vom Niederrhein, 82; Der Fall Hagenbuch, 83; Am Niederrhein, 84; Mainz 85; Hagenbuch, 85; Hanns Dieter Hüsch hat jetzt zugegeben…, 85; Meine Katzen, 87. – *Dramen:* Freiheit in Krähwinkel [nach Nestroy, Musik R. Mors], ca. 70 (Bühnenms.); Pflaumenkuchen und schlaflose Nächte, UA 90/91. – *Essays, Autobiographisches:* Rheinhessen [mit anderen], 87; Und fordere mich nochmal zum Tanz. Ein literarisch-fotografisches Portrait, 90; Du kommst auch drin vor. Gedankengänge eines fahrenden Poeten, 90. – *Schallplatten:* Carmina Urana, 63; 4 Chansons, 65; Chansons, Gedichte & Geschichten, 66; Das Wort zum Montag, 69; Typisch Hüsch, 70; Enthauptungen, 71; Eine schöne Gesellschaft, 71; Hanns Dieter Hüsch live, 73; Joseph Goebbels «Michael», 74; Nachtvorstellung, 75; Liedermacher / Nünkteplein, 77; Abendlieder, 77; Und das Herz schlägt wie ein blinder Passagier, 77; Das schwarze Schaf vom Niederrhein, 78; Hagenbuch hat jetzt zugegeben, 79; Das Lied vom runden Tisch, 80; Das neue Programm, 81; Starporträt, 83; Der Fall Hagenbuch.

Hüser, Fritz, * 4. 10. 1908 Mülheim/ Ruhr, † 4. 3. 1979 Dortmund.

H. arbeitete in Hüttenbetrieben, Maschinenfabriken und im Bergbau. Neben der Berufstätigkeit engagierte er sich in der Arbeiterbildungsbewegung. Nach dem 2. Weltkrieg wurde H. Bibliothekar in Dortmund und schließlich Direktor der dortigen Stadtbücherei.

H. suchte in der Weimarer Zeit Kontakte zu den «Werkleuten auf Haus Nyland» und zu den «Arbeiterdichtern». Aus den vielfältigen Begegnungen mit dieser literarischen Szene erwuchs seit den 20er Jahren eine Sammlung von Werken zur Arbeiterdichtung, die 1958 als «Archiv für Arbeiterdichtung und soziale Literatur» in den Räumen der Stadtbibliothek Dortmund ihren Platz fand und 1974 von der Stadt Dortmund unter dem Namen «Institut für deutsche und ausländische Arbeiterliteratur» übernommen wurde.

H.s Archiv war nicht nur für die Forschung von Bedeutung, sondern hat auch stets Autoren als Stätte der Anregung und der Zusammenkunft gedient. Hier bildete sich aus Autoren und Journalisten derjenige Kreis, der schließlich mit der Gründung der Dortmunder Gruppe 61 einen neuen Anlauf unternahm, die literarische Bewältigung der industriellen Arbeitswelt zu unternehmen. H.s Hin-

weise führten die Gruppe 61 zunächst zu einer abstrakten propädeutischen Aufarbeitung der Arbeiterdichter (Eric Reger, Folke Fridell); daneben förderte H. gezielt auch eine realistische Richtung, die dann in der Gruppe 61 dominierte. Als die Auseinandersetzungen in der Gruppe 61 härter wurden, zog sich H. als Moderator zurück, ohne sich von der Aufgabe, eine informelle Informationsbörse zu gewährleisten, zu suspendieren.

W.: Essay: Neue Arbeiterdichtung in Westdeutschland? (Deutsche Studien 1963); Vorwort zu: ders., v. d. Grün. Almanach der Gruppe 61 und ihrer Gäste, 66. – *Herausgebertätigkeit:* Dichter und Denker unserer Zeit, Bd. 24: Gerrit Engelke, 58; Bd. 26: Max Barthel, 59; Bd. 27: Heinrich Lersch, 59; Bd. 28: Paul Zech, 61; Bd. 40: Alfons Petzold, 72; Almanach der Gruppe 61 und ihrer Gäste, 66 (mit Max von der Grün); Wir tragen ein Licht durch die Nacht. Gedichte aus der Welt des Bergmanns, 60 (mit N. Köpping); Neue Industriedichtung: J. Büscher. Gedichte, 65; A. Granitzki, Gedichte, 65; M. Mander, Summa Bachzelt und andere Erzählungen, 66; G. Westerhoff. Gedichte und Prosa, 65; H. Wohlgemuth. Gedichte, 65; Neue Prosa der Gruppe 61, 66; Texte, Texte. Prosa und Gedichte der Gruppe 61, 69; Erlebtes Land – unser Revier. Das Ruhrgebiet in der Literatur, Grafik und Malerei, 66 (mit F. Oppenberg).

Huß, Hans → Wangenheim, Gustav von

Hüttenegger, Bernhard * 27. 08. 1948 Rottenmann (Steiermark).

H. studierte nach der Ausbildung als Volksschullehrer Germanistik und Geschichte in Graz. Er lebt als freier Schriftsteller. H. unternahm zahlreiche Auslandsreisen und ist Mitglied der literarischen Vereinigung Forum Stadtpark (Graz). Er erhielt 1975 den Förderungspreis Graz, 1979 den Förderpreis zum Theodor-Körner-Preis und 1980 den Literaturpreis des Landes Steiermark. – Beobachtende Distanz zeichnet vor allem seine Texte aus, der kritisch durchleuchtende Blick des Erzählers auf eine Gegenwart, die kein ‹wirkliches› Leben erlaubt, sondern mit Surrogaten aller Art die Entfremdung und Isolation der Menschen zu übertünchen versucht. Bereits die Titel mehrerer seiner Werke machen die Kälte (*Die sibirische Freundlichkeit,*

Reise über das Eis), die unüberwindliche Ausgeschlossenheit (*Der Glaskäfig*) deutlich, mit der sich die geschilderten Personen auseinanderzusetzen haben. Dabei geht es ihm nicht nur um die ‹Unwirtlichkeit› der Städte. Auch die Dörfer erweisen sich als nur scheinbare Idylle, Entfremdung und Isolation herrschen auch hier.

W.: Romane, Erzählungen, Prosa: Beobachtungen eines Blindläufers, 1975; Die sibirische Freundlichkeit, 77; Reise über das Eis, 82; Ein Tag ohne Geschichte, 80; Verfolgung der Traumräuber, 80; Die sanften Wölfe, 82; Der Glaskäfig, 85. – *Dramen, Hörspiele:* Schöne Stille (Hsp.), 78; Atlantis (Hsp.), 83.

I

Ibius, Robert →Haringer, Johann Jakob

Ihering, Herbert, *29. 2. 1888 Springe bei Hannover, †15. 1. 1977 Berlin.
I. studierte in Freiburg, München und Berlin. Ab 1909 war er Theaterkritiker der «Schaubühne», von 1918–33 des «Börsen-Couriers» und von 1914–18 Dramaturg und Regisseur der Volksbühne in Wien. Nach 1933 wurde er aus der Reichspressekammer ausgeschlossen. 1946 erhielt er den Posten des Chefdramaturgen am Deutschen Theater in Berlin. 1955 bekam er den Lessing-Preis und den Berliner Kunstpreis, 1968 den H.-Mann-Preis. – In seinen schriftstellerischen Arbeiten widmete er sich vor allem der Entwicklung des Theaters und der Schauspielkunst in Deutschland.

W.: Theoretische Schriften, Abhandlungen: Albert Bassermann, 1921; Regisseure und Bühnenmaler, 21; Der Kampf ums Theater, 22; Aktuelle Dramaturgie, 24; Die vereinsamte Theaterkritik, 27; Der Volksbühnenverrat, 28; Reinhardt, Jeßner, Piscator oder Klassikertod?, 29; Die getarnte Reaktion, 30; Wir und das Theater, 32; Emil Jannings, 41; Von Josef Kainz bis Paula Wessely, 42; Regie, 43; Käthe Dorsch, 44; Berliner Dramaturgie, 47; Vom Geist und Ungeist der Zeit, 47; Die zwanziger Jahre, 48; Junge Schauspieler, 48; Heinrich Mann, 51; Auf der Suche nach Deutschland, 52; Schauspieler in der Entwicklung, 55; Die

Weltkunst der Pantomime, 56; Bertolt Brecht und das Theater, 59; Von Reinhardt bis Brecht 3 Bde, 58–61; Eduard von Winterstein, 62 (mit E. Wisten); Ernst Busch, 65 (mit H. Fetting); Theater der produktiven Widersprüche 1945–49, 67; Der Kampf ums Theater, 74; Bert Brecht hat das dichterische Antlitz Deutschlands verändert. Gesammelte Kritiken zum Theater Brechts, 80. – *Sonstiges:* Begegnungen mit Zeit und Menschen, 63. – *Herausgebertätigkeit:* Theaterstadt Berlin, 48.

Ihlenfeld, Kurt, *26. 5. 1901 Kolmar (Elsaß), †25. 8. 1972 Berlin-Zehlendorf.
I. studierte Theologie und Kunstgeschichte in Halle und Greifswald und war dann Pfarrer in Schlesien. Er gründete den Eckart-Kreis, eine Vereinigung christlicher Autoren, war von 1933–43 Verlagsleiter und Redakteur der Zeitschrift «Eckart». Er lebte als freier Schriftsteller in Berlin. – Von I.s aus protestantischer Grundhaltung entstandenen Romanen wurde besonders *Wintergewitter* (Fontane-Preis 1952) bekannt. Das Buch spielt gegen Kriegsende in einem schlesischen Dorf und handelt vom Schicksal der Flüchtlinge, die durch den Zusammenbruch zu einer Auseinandersetzung mit Gott gedrängt werden.

W.: Lyrik: Unter dem einfachen Himmel, 1959. – *Drama:* Rosa und der General, 57. – *Romane:* Wintergewitter, 51; Kommt wieder, Menschenkinder, 53; Der Kandidat, 58; Gregors vergebliche Reise, 62; Endlich, da es Morgen wird, 78; Unbewaffnet geht die Nachricht, 78. – *Erzählungen:* Der Schmerzensmann, 49; Geschichten um Bach, 50; Fern im Osten wird es helle, 53; Eseleien auf Elba, 55. – *Autobiographisches:* Das dunkle Licht, 52. – *Essays:* Öffentliche Religion, 32; Poeten und Propheten, 51; Huldigung für Paul Gerhardt, 56; Freundschaft mit Jochen Klepper, 58; Sieben Feste, 59; Zeitgesicht, 60; Stadtmitte. Kritische Gänge in Berlin, 64; Te deum heute, Texte zur Krisis des Christentums, 65; Noch spricht das Land. Eine ostdeutsche Besinnung, 66; Angst vor Luther?, 67; Loses Blatt Berlin. Dichterische Führung durch die geteilte Stadt, 68; Das glückliche Ufer, 70. – *Herausgebertätigkeit:* Die Gegenwart, 2 Bde, 32; Werke und Tage. Festschrift für R. A. Schröder (mit E. L. Hauswedell), 38; Eckart (mit H. Flügel), 51ff; Eckart-Jahrbuch, 55.

Inglin, Meinrad, *28. 7. 1893 Schwyz, †4. 12. 1971 ebd.
I., Sohn eines Goldschmieds und Jägers,

verlor zwölfjährig den Vater bei einem Bergunfall und drei Jahre später die Mutter. Der «Kreuz- und Leidensweg zu einem bürgerlichen Beruf» führte den Vollwaisen in eine Realschule, in eine technische Schule, dann als Lehrling zu einem Uhrmacher, als Kellner an Hotels und ans Gymnasium. Anschließend studierte er Philosophie, Psychologie und Literaturgeschichte in Neuenburg, Genf und Bern, war Journalist und in den zwei Weltkriegen Offizier im Schweizer Grenzdienst. Nach einem Aufenthalt in Berlin und dem Erscheinen seines ersten Romans ließ er sich in Schwyz als freier Schriftsteller nieder; 1948 Dr. phil. h. c. Zürich, erhielt zahlreiche Preise.

I. gilt als einer der Meister der helvetischen Prosa im 20. Jahrhundert. Vier Werke vor allem repräsentieren die Stoßrichtungen und wesentlichen Merkmale seines Schaffens. Im Erstlingsroman *Die Welt in Ingoldau* wird geschildert, wie heranwachsende junge Leute des Bürgertums um die Jahrhundertwende bei ihrem Einstieg ins Leben scheitern oder einen Halt gewinnen, wobei das Heil in Gottesglauben und der Menschlichkeit liegt. *Die graue March* ist die Darstellung des Lebenskampfes der Menschen und Tiere inmitten der elementaren Naturkräfte der schweizerischen Hochtalnatur. Der Epochenroman *Schweizerspiegel* erzählt die gesellschaftspolitische Situation der Schweiz zwischen dem Kaisermanöver Wilhelms II. im Jahre 1912 und dem Oltener Generalstreik 1918 am Beispiel einer großbürgerlichen Züricher Familie. Der autobiographische Entwicklungsroman *Werner Amberg* zeigt den Weg der Pubertätsfigur aus den Widersprüchen und Auflehnungen heraus zur Sicherheit der Reife, die wohl großartigste Leistung eines Schweizer Erzählers seit Gottfried Kellers *Grünem Heinrich*.

W.: Romane, Erzählungen: Die Welt in Ingoldau, 22; Wendel von Euw, 24; Über den Wassern, 25; Grand Hotel Excelsior, 28; Jugend eines Volkes, 33; Die graue March, 35; Schweizerspiegel, 38; Güldramont, 43; Die Lawine, 47; Werner Amberg, 49; Das Gespenst, 49; Ehrenhafter Untergang, 52; Rettender Ausweg, 53; Urwang, 54; Verhexte Welt, 58; Besuch aus dem Jenseits, 61; Erlenbüel, 65. – Es-

says: Lob der Heimat, 28. – *Sammelausgaben:* Erzählungen I, 68; Erzählungen II, 70; Begräbnis eines Schirmflickers und andere Erzählungen, 80; Werkausgabe in acht Bänden, 81; Der schwarze Tanner, 85; Gesammelte Werke, 12 Bde, 86 ff; Jugend eines Volkes. Ehrenhafter Untergang, 90.

Innerhofer, Franz, *2. 5. 1944 Krimml (Salzburg).

Sohn einer Landarbeiterin, Schmiedelehre, Gymnasium für Berufstätige, Studium der Germanistik und Anglistik in Salzburg. – I.s Romane beschreiben den Aufstieg des unehelichen Sohns einer Landarbeiterin zum Universitätsstudenten. *Schöne Tage* erzählt die wortlos ohnmächtige Unterwerfung der Knechte und Dienstboten auf dem Land; *Schattseite* den scheinbaren Fortschritt des Protagonisten vom Handwerker und Fabrikarbeiter, *Die großen Wörter* demonstrieren die Zerstörung der Bildungsillusionen an der Universität. Der Erkenntniszuwachs, zunächst auch als Mittel des sozialen Aufstiegs wahrgenommen, produziert zunehmend das Bewußtsein der Fremdheit und Disparatheit der sozialen Zustände, macht zwar die authentische Erfahrung konkret beschreibbar, entfernt sie aber zugleich begrifflich und sozial; der Bildungsaufsteiger versöhnt sich nicht mit dem Resultat seiner Karriere. – 1975 Bremer und Rauriser Literaturpreis.

W.: Romane: Schöne Tage, 1974; Schattseite, 75; Die großen Wörter, 77; Innenansichten eines beginnenden Arbeitstages, 77; Der Emporkömmling, 82; Out of Arnfels. Bilder aus Polen und Burghölzli [mit G. Brettschuh], 89.

Ippers, Josef (Pseud. Hubert Joti), *1. 5. 1932 Neuss.

Nach der Schriftsetzerlehre wurde I. nach einem Fernlehrgang Speditions- und durch Selbstunterricht Versicherungskaufmann. Er übte zahlreiche Berufe aus, war u. a. Seemann, Lastwagenfahrer und Nachtwächter. Seit 1979 lebt er als freier Schriftsteller. Er ist Mitglied des VS und des Werkkreises Literatur der Arbeitswelt; er erhielt eine Reihe von Förderpreisen und Arbeitsstipendien. – I. ist ein Schriftsteller der Arbeitswelt, der in seinen Prosaarbeiten und Reportagen vor allem vom Leben, der Arbeit, den Leiden und Hoffnungen der sogenannten ‹kleinen Leute› berichtet. Jugendbücher zählen ebenso zu seinem Werk wie eine Reihe von Fernsehbeiträgen. 1981 erschien *Killians Zeiten*, der Roman einer Kölner Familie und zugleich eine Spiegelung deutscher Geschichte seit 1930 aus der Sicht der Arbeiter.

W.: Romane, Erzählungen, Jugend- und Sachbücher: Arabesken oder Friedhof der Winde, 1971; Fischer im Sattel, 73; Am Kanthaken, 74; Das Gewehr, 74; Carmen von der Liebesküste, 75; Jonas der Strandläufer, 76; Von Beruf Familienvater, 76; Killians Zeiten, 81; Die Liebe der Elfe, 82; Die Fischer von Moorhövd, 84; Amerikanische Fahrt, 86; Flußaufwärts in die Hügel, 86; Krach auf der Schweinswurstinsel, 86; Korsen lachen nicht sardonisch, 87; Cagney ganz cool, 87; Ein kleiner Herr auf Reisen, 87; Der Panama-Dreh, 87; Sie nannten ihn Willy, 88. – *Dramen:* Die Liebschaft der Elfe, 81 (Bühnenms.). – *Bearbeitungen:* Ehrenbürger, 82; Melville, H.: Moby Dick, 83. – *Herausgebertätigkeit:* Neue Stories, 77 (mit anderen); Das Faustpfand, 78 (mit anderen).

Isegrimm, Dr. →Wolf, Friedrich

Italiaander, Rolf, *20.2.1913 Leipzig.
I., niederländischer Staatsangehöriger holländisch-deutscher Abstammung, Weltbürger aus Überzeugung, studierte ab 1930 Germanistik und Völkerkunde in Leipzig. 1934 wurde er aus politischen Gründen von der Universität gewiesen. 1935 übersiedelte er nach Berlin und setzte dort, später in Rom und Oxford seine Studien fort. Während des Nationalsozialismus war er politischen Repressalien ausgesetzt und lebte zeitweise im Untergrund in Holland und Italien. 1947 ließ er sich in Hamburg nieder. I. war Gastprofessor an Universitäten in aller Welt; als Kunsterzieher arbeitete er im Kongo und in Neuguinea.
1933 machte I. seine erste Reise zum afrikanischen Kontinent. In den 60er Jahren dehnte er seine völkerkundlichen Studien auf die Länder Amerikas aus. Die erfolgreichsten seiner ethnologischen und zeitgeschichtlichen Bücher über diese Länder sind *Der ruhelose Kontinent*, ein Standardwerk zu Afrika, und *Terra*

Dolorosa. Wandlungen in Lateinamerika.
In zahlreichen Publikationen beschäftigte er sich mit religiösen Fragen der Neuzeit, asiatischen Religionen und unterstützte die Ideen der ökumenischen Bewegung. I. verfaßte neben seinen Reisebüchern und Romanen auch mehrere Kinder- und Jugendbücher, zahlreiche Essays, Biographien und Übersetzungen.

W.: Ethnologische Schriften, Reisebücher, Abhandlungen, Essays: Die Liliputaner, 1935; Japan im 20. Jahrhundert, 39; Geglenfelde, 41; Nordafrika heute, 52; Land der Kontraste. Orient und Okzident in Marokko, 53; Wann reist du ab, weißer Mann, 54; Im Lande Albert Schweitzers, 54; Vom Urwald in die Wüste, 55; Neue Kunst in Afrika, 57; Rotterdam, 57; Herrliches Hamburg, 57; Menschen in Afrika, 57; Geliebte Tiere, 57; Der ruhelose Kontinent. Ein Schlüssel zur Geschichte und Wirtschaft aller afrikanischen Länder, 58; Tanz in Afrika, 60; Tänze, Tiere und Dämonen, 60; Die Geschichte Afrikas im Spiegel der modernen afrikanischen Kunst, 60; Die neuen Männer Afrikas. Ihr Leben, ihre Taten, ihre Ziele, 60; Schwarze Haut im roten Griff, 62; Brüder der Verdammten. Menschliche Entwicklungshilfe in Afrika, Amerika, Asien, 63; Die große Bruderschaft der Rassen und Religionen, 63; Die neuen Männer Asiens, 64; Bad Orb, den... Briefe eines Kurgastes, 65; Burg Pyrmont in der Eifel, 65; Die Friedensmacher. Drei Neger erhielten den Friedens-Nobelpreis, 65; Im Namen des Herrn im Kongo, 65; Die Herausforderung des Islam, 65; Übersetzen, 65; Mutter Courage und ihr Theater. Ida Ehre und die Hamburger Kammerspiele, 65; In der Palmweinschenke, 66; Frieden in der Welt – aber wie?, 67; Lebensentscheidung für Israel, 67; Terra Dolorosa. Wandlungen in Lateinamerika, 69; Weder Krankheit noch Verbrechen, 70; Profile und Perspektiven. Christen in der Dritten Welt, 70; Kultur ohne Wirtschaftswunder, 70; Albanien, Vorposten Chinas, 70; Juden in Lateinamerika, 71; Neue Hoffnung für Aussätzige, 71; Die neuen Herren der alten Welt, 72; Geld in der Kunst, 76; Fünfzig Jahre Griffelkunst, 77; Wer seinen Bruder nicht liebt... Begegnungen und Erfahrungen in Asien, 77; Harmonie mit dem Universum: Zwiegespräch zwischen Europa und Japan, 78; Afrika hat viele Gesichter, 79; Die Südsee. Auch eine Herausforderung, 79; Schleswig-Holstein, zwei Meere – ein Land, 79; Blindenarzt Dr. Joseph: Jeder dritte Blinde ist ein Inder, 80; Ich bin ein Berliner, 80; Xocolatl, 80; Mein afrikanisches Fotoalbum, 81; Die große

Radierungen, 72; Moral – wozu?, 72; Partisanen und Profeten, 72; Sokagakkai. Japans neue Buddhisten, 72; Von der Hufe zum Museum, 73; Eine Religion für den Frieden, 73; Zwölf Graphiken europäischer Naiver, 73; Heißes Land Niugini, 74; Spaß an der Freud, 74; Indonesiens verantwortliche Gesellschaft, 76; Museum Rade, 77; Naive Kunst und Folklore, 77; Umarmt das Leben, 78; Fietes Wochenende in Hamburg (mit K. W. Schöttler), 79; Berlins Stunde Null (mit Bauer, Arnold, Krafft, Herbert), 79; Wir erlebten das Ende der Weimarer Republik, 82; Europa ist doch wunderschön, 83; Ausländer raus?, 83; Hans-Hasso von Veltheim-Ostrau – Privatgelehrter und Weltbürger, 87.

J

Jacob, Heinrich Eduard, * 7. 10. 1889 Berlin, † 25. 10. 1967 Salzburg.

J., Sohn eines Ägyptologen, studierte in Berlin Germanistik, promovierte zum Dr. phil.; war als Journalist und freier Schriftsteller tätig; hatte enge Beziehungen zum Berliner Frühexpressionismus (mit G. Heym befreundet), ohne daß man sein Schaffen als expressionistisch bezeichnen könnte; 1921/22 Herausgeber der Zeitschrift «Der Feuerreiter», 1924 Herausgeber der bedeutenden Anthologie *Verse der Lebenden. Deutsche Lyrik seit 1910*; 1926–33 Chef des mitteleuropäischen Büros des «Berliner Tageblatts»; 1938/39 in den Konzentrationslagern Dachau und Buchenwald inhaftiert; 1940 in die USA emigriert, wurde dort amerikanischer Staatsbürger; lebte nach dem 2. Weltkrieg in New York und Zürich.

J. begann inmitten der expressionistischen Ära mit stilistisch strengen, fast klassizistischen Novellen; viele seiner folgenden Romane und Erzählungen behandeln die Zeitsituation nach dem 1. Weltkrieg sowie die Problematik der Jugend. Sein eigentliches Hauptwerk besteht in der Mitbegründung der Gattung des literarischen Sachbuchs: Mit *Sage und Siegeszug des Kaffees* sowie *Sechstausend Jahre Brot* schuf J. kulturgeschichtliche Tatsachenromane, Werke

zwischen Journalismus und Literatur, zwischen Wissenschaft und Allgemeinbildung. In diesen Zusammenhang sind auch J.s Biographien einzureihen, von denen die in den 50er Jahren veröffentlichten Musikerbiographien neben der Darstellung der einzelnen Person ein Bild der gesamten Epoche zeichnen. Insbesondere die Haydn-Biographie gilt als Standardwerk.

W.: Romane, Erzählungen, Biographien, Sachbücher: Das Leichenbegängnis der Gemma Ebria, 1912; Reise durch den belgischen Krieg, 15; Der Zwanzigjährige, 18; Das Geschenk der schönen Erde, 18; Die Leber des Generals Bonaparte, 23; Das Flötenkonzert der Vernunft, 23; Untergang von 13 Musiklehrern, 24; Dämonen und Narren, 27; Jacqueline und die Japaner, 28; Blut und Zelluloid, 29; Die Magd von Aachen, 30; Liebe in Üsküb, 31; Ein Seemann strauchelt, 32; Treibhaus Südamerika, 34; Sage und Siegeszug des Kaffees, 34; Der Grinzinger Taugenichts, 35; Johann Strauß und das neunzehnte Jahrhundert, 37 (später u.d.T. Johann Strauß Vater und Sohn); The world of Emma Lazarus, 49; Estrangeiro, 51; Haydn, 52 (zuerst engl., 50); Sechstausend Jahre Brot, 54 (zuerst engl., 44); Mozart, 56; F. Mendelssohn, 59. – *Dramen:* Beaumarchais und Sonnenfels, 19; Der Tulpenfrevel, 20; Die Physiker von Syrakus, 20. – *Herausgebertätigkeit:* «Der Feuerreiter», 1921–22; Verse der Lebenden. Deutsche Lyrik seit 1910, 24; Deutsch-französische Rundschau (mit O. Grauthoff u. a.), 28–33.

Jacobsohn, Siegfried, * 28. 1. 1881 Berlin, † 3. 12. 1926 ebd.

Sohn eines Kaufmanns, engagierte sich schon während seiner Schulzeit für die Freie Volksbühne, wurde Theaterkritiker der «Welt am Montag» (1901–04) und stellte seine Theaterauffassung programmatisch in der Schrift *Das Theater der Reichshauptstadt* dar. Die darin geforderte Synthese des klassischen und des modernen Theaters, bisher repräsentiert durch Adolf L'Arronge und Otto Brahm, zu einem «Volltheater» sah er später mit Max Reinhardt vollzogen. Nach einjähriger Reise bis nach Italien gründete J. 1905 in Berlin seine eigene Theaterzeitung «Die Schaubühne». Von 1913 an erweiterte er die Zeitschrift durch satirische, wirtschaftliche und bald auch politische Beiträge zur «Wochenschrift für Politik, Kunst, Wirtschaft» (Untertitel) und benannte sie 1918 zur «Weltbühne» um. Die «Weltbühne» wurde zum führenden Organ der pazifistischen Linken in der Weimarer Republik. Nach J.s plötzlichem Tod leitete Carl v. Ossietzky, zunächst gemeinsam mit Kurt Tucholsky, die Zeitschrift bis zu ihrem Verbot 1933.

W.: Monographien: Das Theater der Reichshauptstadt, 1904: Max Reinhardt, 10; Der Fall Jacobsohn, 13; Oscar Sauer, 16; Die ersten Tage, 17. – *Sammelwerke:* Das Jahr der Bühne, 10 Bde, 11–21 (Theaterkritiken); Jahre der Bühne, 65; Briefe an Kurt Tucholsky, 89. – *Herausgebertätigkeit:* Die Schaubühne, Jg. 1 ff, 1905 ff, ab 18 ff u. d. T. Die Weltbühne (bis 26).

Jaeckle, Erwin, *12. 8. 1909 Zürich. Studium in Zürich, Dr. phil. (Diss. über R. Pannwitz). Mittelschullehrer, Verlagslektor. 1943–71 Chefredakteur der von ihm mitbegründeten schweizerischen unabhängigen Tageszeitung «Die Tat» (Zürich), von 1962–77 als Nachfolger M. Rychners auch verantwortlich für deren literarischen Teil. Zeitweise Inhaber verschiedener hoher Funktionen und Ämter in der Zürcher Kommunalpolitik und Mitglied des schweizerischen Nationalrats. – J.s traditionsverbundenes Werk umfaßt neben Lyrik Schriften zur Poetologie, Literaturgeschichte (auch des Zürcher Literaturgeschehens), Kultur- und Religionsgeschichte, Philosophie, Geschichte und Politik. Intensive Beschäftigung mit der fernöstlichen Meditationsphilosophie und mit christlichen Traditionen, die ihm den Weg zur Lebensbewältigung (nach einem Versuch mit LSD 1966) wiesen. Lyrische, schon im Zeichen der Naturphilosophie stehende, von R. Pannwitz und S. George geprägte Anfänge, später Einfluß G. Benns. Kenntnisreiche kritische Darstellungen der modernen internationalen Lyrik, deren Adept er selbst nur bedingt ist. Das Übernommene, Formvollendete, in dem Maß und Gesetz gelten, ist Maßstab und Grundlage des eigenen Schreibens, dabei eigenwillige Verwendung neuen Vokabulars. Zu J.s großen Leistungen gehört das Werk *Meine alamannische Geschichte*, in der er sich als bewußter Alemanne zu deren Stammesart bekennt. In *Vom sichtbaren Geist* faßt J. das Suchen seit dem 18. Jahrhundert, unter Einbeziehung von Natur, Kultur, Philosophie und Naturwissenschaft, nach Erkennen der Wahrheit und Wirklichkeit, in einer «transzendentalen Konvergenzphilosophie» zusammen. – 1986 Mozart-Preis für sein Gesamtwerk.

W.: Lyrik: Trilogie Pan, 1934; Die Kelter des Herzens, 43; Schattenlos, 45; Gedichte aus allen Winden, 56; Glück in Glas, 57; Aber von Thymian duftet der Honig, 61; Das Himmlische Gelächter, 62; Blüten in der Urne, 62; Im Gitter der Stunden, 63; Der Ochsenritt, 67; Nachricht von den Fischen, 69; Die Zungenwurzel ab, 71; Eineckgedichte, 74; Das wachsende Gedicht, 76. – *Philosoph. Werke, Essays, Betrachtungen, politische, biographische u. autobiographische Schriften:* Rudolf Pannwitz. Eine Darstellung seines Weltbildes, 37; Vom Geist der großen Buchstaben, 37; Kritik am Landesring, 43; Krise im Landesring, 43; Unser Weg in die Zukunft, 44; Bürgen des Menschlichen, 45; Phänomenologie des Lebens, 51; Kleine Schule des Redens und des Schweigens, 51; ABC vom Zürichsee, 56; Die schweizerische Flugwaffe im Kalten Krieg der Interessen, 58; Phänomenologie des Raums, 59; Die Goldene Flaute, 59; Zirkelschlag der Lyrik, 67; Botschaft der Sternstraßen, 67; Der Zürcher Literaturschock, 68; Die Schicksalsrune in Orakel, Traum und Trance, 69; Signatur der Herrlichkeit, 70; Die Osterkirche, 70; Evolution der Lyrik, 72; Dichter und Droge, 73; Der Wald der Wälder, 73; Max Rychner: Die Ersten. Ein Epyllion (Nachw.), 74; Hugo Friedrichs Kategorie der Intensität, 75; Die Zürcher Freitagsrunde, 75; Rudolf Pannwitz und Albert Verwey im Briefwechsel, 76; Meine alamannische Geschichte, 2 Bde, 76; Baumeister der Unsichtbaren Kirche. Lessing – Adam Müller – Carus, 77; Schattenpfad. Erinnerungen Bd I, 78; Die Farben der Pflanze, 79; Die Schicksalsdrift, 79; Niemandsland der Dreißigerjahre. Erinnerungen Bd II, 79; Auf der Schwelle von Weltzeitaltern, 81; Verschollene und Vergessene. Rudolf Pannwitz, 83; Albin Zollinger: Pfannenstiel (Nachw.), 83; Vom Sichtbaren Geist. Naturphilosophie, 84; Ernst Jüngers Tagebuch des Jahrhunderts, 84; Zeugnisse zur Freitagsrunde, 84; Auf den Nagel geschrieben. Aphorismen, 86; Die johanneische Botschaft, o. J.; Paracelsus und der Exodus der Elementargeister, 87; Die Idee Europa, 88; Erinnerungen an «Die Tat», 1943–1971, 89 (Erinnerungen, Bd 3). – *Herausgebertätigkeit:* Rudolf Pannwitz, Lebenshilfe, 38; Werke öffentlicher Kunst, 39; Gedanken von Jean Paul, 40; Paracelsus, 43.

Jaeger, Henry (eig. Karl-Heinz Jaeger),
*29.6.1927 Frankfurt a. M.

J. wurde fünfzehnjährig zum Flakdienst
eingezogen und geriet 1945 in englische
Kriegsgefangenschaft. Nach dem Krieg
plante er ein Medizinstudium und versuchte sich in verschiedenen Berufen,
hatte aber nur Mißerfolge. In diesen Jahren begann er, Gedichte zu schreiben,
und trug sich mit dem Plan zu einem ersten Roman. Er gründete eine Gangster-
bande, die eine Serie von Raubüberfäl-
len verübte. 1955 wurde er gefaßt und
1956 zu 12 Jahren Zuchthaus verurteilt.
Der Anstaltsgeistliche erwarb 1959 eine
offizielle Schreiberlaubnis für J. und den
Auftrag, die Gefangenenzeitschrift «Die
Brücke» redaktionell zu leiten. 1961 lag
das Romanmanuskript *Die Festung* vor,
das sogleich einen Verleger fand. Die
Kritik zeigte sich vom Werk beeindruckt, als es 1962 erschien. Zahlreiche
Gnadengesuche bewirkten, daß J. 1963
vorzeitig entlassen wurde. In Freiheit arbeitete er zunächst als Zeitungsvolontär,
dann als Redakteur bei der «Frankfurter
Rundschau». 1970 trat er dem Verband
deutscher Schriftsteller als Mitglied bei.
Er lebt heute als freier Schriftsteller.

Der Erfolg von J.s Büchern, sozialkritischen Romanen aus der Welt der Entwurzelten und Außenseiter, war weltweit. Besonderes Aufsehen erreichte er
mit der Flüchtlingsgeschichte *Die Festung*. Besondere Beachtung, auch wegen der mosaikartigen, ungewöhnlichen
Schreibweise, fand *Jakob auf der Leiter*,
die Lebensgeschichte eines Versagers.

W.: Romane und Erzählungen: Die Festung,
1962; Rebellion der Verlorenen, 63; Die be-
strafte Zeit, 64; Merkur 20, 66; Jeden Tag Geburtstag, 70; Das Freudenhaus, 66; Der Club,
69; Der Drehorgelmann, 70; Die Schwestern.
Ein Bericht, 71; Jakob auf der Leiter, 73;
Nachruf auf ein Dutzend Gauner, 75; Mensch,
Gustav, 77; Hellseher wider Willen, 77; Unter
Anklage, 77; Moses schießt ein Eigentor. Krimis zum Totlachen (mit E. Jaeger), 78; Der
Tod eines Boxers, 78; Zwölfmal Liebe. Erotische Erzählungen, 79; Ein Mann für eine Stunde, 79; Onkel Kalibans Erben, 81; Amoklauf,
82; Auch Mörder haben kleine Schwächen, 83;
Kein Erbarmen mit den Männern, 86; Glück-
auf Kumpel oder Der große Beschiß, 88. –
Sammel- und Werkausgaben: Ein Mann für

eine Stunde/Das Freudenhaus/Die Festung,
88.

Jaeggi, Urs, *23.6.1931 Solothurn.

J. arbeitete fünf Jahre als Bankgestell-
ter in Genf, Bern und Berlin, studierte
dann Nationalökonomie und Soziologie
und promovierte 1959. Seit 1966 ist er or-
dentlicher Professor an der FU Berlin;
1970–71 unterrichtete er an der New
School für Social Research. – Das Hauptthema von J.s Schriften ist das Ausbrechen aus den Gewohnheiten, der Bruch
mit den verkrusteten gesellschaftlichen
Rollen. Die Personen in seinen Erzählungen und Romanen verlassen Familie
und Beruf, um neue Erfahrungen zu sammeln; sie schwanken zwischen zwei Le-
benswegen, ohne sich eindeutig für den
einen oder den anderen entscheiden zu
können. Da J. zugleich Soziologe und
Schriftsteller ist, ist er um eine Kombination von wissenschaftlicher und literarischer Sprache bemüht, versucht er, theoretische Welterklärung und praktische
Lebenserfahrung miteinander zu vermitteln. In seinem ersten Roman *Die Komplicen* schildert J. den fließenden Übergang zwischen Realität und Fiktion. Die
Grundmuster seiner späteren Werke
werden hier bereits deutlich: das Aus-
steigen aus festgelegten und festgelegten
Lebensformen, die Dreieckskonstella-
tionen, zu denen sich die Personen grup-
pieren, und die Konfrontation der
Hauptgestalt mit einer Welt, von der sie
meint, sie könne sich in ihr verwirklichen, ohne sich jedoch ganz für sie entscheiden zu wollen – oder zu können.
Nur bleibt in diesem ersten Roman die
Entschlüsselung der vordergründigen
Handlung dem Leser überlassen, während die späteren Werke einen engeren
Bezug zur Realität aufweisen. Mit den
Romanen *Brandeis* und *Grundrisse* tritt
eine Wende ein. Hier werden gesellschaftliche und politische Geschehnisse
unmittelbar beschrieben, ohne auf eine
andere Bedeutungsebene zu verweisen.
Der Roman wird zum Gebrauchstext mit
dem Ziel, Erfahrungen «dicht und überzeugend» zu materialisieren. Der Roman
Grundrisse, der in Berlin spielt, bietet
einen breiteren soziologischen Rahmen.

Berlin steht hier für eine explosive Lebenswelt; die Hauptperson, der Architekt Knie, der aus Familie und Beruf aussteigt, als Stadtstreicher eine «Erholungspause im Krankheitszustand» einlegt und schließlich in seinen Beruf zurückkehrt, vertritt die Lebenskrise einer Epoche, einer Gesellschaft voller Entwerfer ohne Entwürfe. *Rimpler* ist Lebensgeschichte und Leidensbericht eines Polizisten, zugleich der Versuch einer Geschichte der Gewalt in der BRD. – 1963 und 1978 erhielt J. Literaturpreise von Stadt bzw. Kanton Bern, 1981 den I.-Bachmann-Preis. – J. verfaßte außerdem zahlreiche soziologische Essays und Abhandlungen.

W.: Romane, Erzählungen: Die Wohltaten des Mondes, 1963; Requiem für einen Freund (in: Texte. Prosa junger schweizerischer Autoren), 64; Die Komplicen, 64 (Neuausgabe mit Illustrationen, 82); Ein Mann geht vorbei, 68; Tel Quel (in: Ehebruch und Nächstenliebe), 69; Hausordnungen (in: Gut zum Druck – Literatur der deutschen Schweiz seit 1964), 72; Geschichten über uns. Ein Realienbuch, 73; Renate (in: «Neue Rundschau»), 77; Susanne (in: Fortschreiben), 77; Brandeis, 78; Grundrisse, 78; Fazil und Johanna, 85; Heicho (mit 11 Lithographien von S. Hutter), 86; Rimpler, 90. – *Essays, soziologische Schriften:* Die gesellschaftliche Elite. Eine Studie zum Problem der Macht, 60; Der Angestellte im automatisierten Büro (mit H. Wiedemann), 63; Berggemeinden im Wandel, 65; Der Angestellte in der Industriegesellschaft (mit H. Wiedemann), 66; Ordnung und Chaos. Der Strukturalismus als Methode und Mode, 68; Lesen und Schreiben. Thesen zur Literatursoziologie, 70; Am Nullpunkt der Öffentlichkeit (in: S. George Kolloquium), 71; Literatur und Politik, 72; Das Dilemma der bürgerlichen und die Schwierigkeiten einer nichtbürgerlichen Literatur (in: Arbeiterklasse und Literatur), 72; Für und wider die revolutionäre Ungeduld, 72; Kapital und Arbeit in der Bundesrepublik, 73; Politische Literatur (in: Poesie und Politik. Zur Situation der Literatur in Deutschland), 73; Revolution und Theorie (mit S. Papcke), 74; Die gesammelten Erfahrungen des Kanoniers Max Frisch (in: Max Frisch – Text + Kritik 47/48), 75; Theoretische Praxis, 76; Sozialstruktur und politische Systeme, 76; Theorien des historischen Materialismus (mit A. Honneth), 77; Portrait eines Vorbildes (in: Tintenfisch 15), 78; Arbeit, Handlung, Normativität. Theorien des Historischen Materialismus 2 (mit A. Honneth), 80; Was auf den Tisch kommt wird ge-

gessen, 81; Gesellschaft und Bewußtsein, 81; Kopf und Hand. Das Verhältnis von Gesellschaft und Bewußtsein. Eine Einführung (mit M. Fassler), 82; Geist und Katastrophe, 83; Versuch über den Verrat, 84; Bilder von U. J., 85 (Katalog); Die Zufriedenen (mit H. Berking u. a.), 86. – *Herausgebertätigkeit:* Mauersprünge, 87.

Jägersberg, Otto, **19.5.1942 Hiltrup.
Der Sohn eines Eisenbahnbeamten arbeitete nach entsprechender Lehre in verschiedenen Städten als Buchhändler und versuchte sich daneben als Dramaturg und Journalist. Nach einer Zeit als Mitarbeiter der «Eremitenpresse» war er 1965–68 Redakteur beim Westdeutschen Rundfunk. Er schrieb zahlreiche Drehbücher und führte Regie. 1969/70 war er Mitarbeiter bei Verlagen. Seit dieser Zeit arbeitet er als freier Schriftsteller. J. ist Mitglied des PEN und erhielt 1980/81 ein Stipendium der Villa Massimo sowie 1984 den Stuttgarter Literaturpreis. – Bereits mit seinem Erstlingswerk, dem westfälischen «Sittenbild» *Weihrauch und Pumpernickel*, gelang J. der literarische Durchbruch. Das geradezu barock überquellende Erzählen, beeinflußt vom Schelmenroman und bewußt anknüpfend an entsprechende Traditionen, fand begeisterte Leser und Kritiker. Anders sein zweiter Roman *Nette Leute*, in dem er – kunstvoll und diszipliniert ohne Abund Ausschweifungen – einen Tag aus dem Leben eines Lexikonvertreters erzählt. H. schrieb in den folgenden Jahren vor allem Fernsehspiele. Am erfolgreichsten und aufwendigsten war die Serie *Die Pawlaks*, in der er am Beispiel einer Familie die Entwicklung des Ruhrgebiets und die Lebens- und Arbeitsverhältnisse der Arbeiter verdeutlicht. Danach schrieb J. wieder erzählende Prosa, veröffentlichte u. a. den Roman *Der Herr der Regeln*, eine Studie über die Brüchigkeit des scheinbar wohlgeordneten Lebens in einer Kleinstadt.

W.: Romane, Erzählungen, Prosa: Weihrauch und Pumpernickel, 1964; Nette Leute, 67 (u.d.T.: Söffchen oder Nette Leute, 89); Der Waldläufer Jürgen, 69; Der große Schrecken Elfriede, 69 (mit V. Chess); Oldtimer, 71; Rüssel im Komikland, 72 (mit L. Leonhard); Glückssucher in Venedig, 2 Bde, 73–74 (mit

L. Leonhard); Das Kindergasthaus, 73; Der letzte Biß, 77; Empörte Frauen, 80; Die Pawlaks. Eine Geschichte aus dem Ruhrgebiet, 82 (mit W. Staudte); Herr der Regeln, 83; Vom Handel mit Ideen, 84. – *Dramen, Stücke:* Cosa Nostra, 71; Land, 75; He he, ihr Mädchen und Frauen, 75; Der industrialisierte Romantiker, 76; Seniorenschweiz, 76. – *Lyrik:* Liebesperlen, 84 (mit A. Hüppi); Wein Liebe Vaterland, 85. – *Fernsehen, Filme:* Herr F. entzieht sich einem Umzug und geht bummeln, 67; Am Tresen, 67–68 (14 Folgen); Lockerungsübungen für Revolutionen. Zürich 1916: Lenin, Joyce, Dada, 68; Der Melierdialog, 69; Drücker, 69; Land, 72; Empor, 73; Verurteilt, 73; Immobilien, 73; Die Ansiedlung, 76; Seniorenschweiz, 76; Die Pawlaks, 82 (13 Teile); Vier Jahreszeiten. Der Radfahrer und sein Schatten in und um Baden-Baden, 85. – *Herausgebertätigkeit:* Schmitz, H. H.: Buch der Katastrophen, 66; Georg Groddeck. Der wilde Analytiker, Es-Deuter, Schriftsteller, Sozialreformer und Arzt aus Baden-Baden, 84.

Jahn, Moritz, *27. 3. 1884 Lilienthal bei Bremen, †19. 1. 1979 Göttingen.

J., Sohn eines Zollbeamten und früheren Seemanns, wurde von der früh verwitweten Mutter in Hannover erzogen, wo er auch das Lehrerseminar besuchte. 1906–21 war er Lehrer in Melle und Aurich, von wo er als Rektor nach Geismar versetzt wurde. Dort blieb er bis zu seiner Pensionierung 1943. 1921–25 studierte er neben seinem Beruf in Göttingen Germanistik und Kunstgeschichte. J. erhielt zahlreiche Ehrungen, u. a. den Mecklenburgischen Schrifttumspreis 1941, das Bundesverdienstkreuz 1958, den Fritz-Reuter-Preis 1959 und 1964 das Große Niedersächsische Verdienstkreuz. Er war Ehrenmitglied mehrerer literarischer Gesellschaften und Heimatvereine. Nach 1945 nahm er an den von H. Grimm initiierten Lippoldsberger Dichtertagen teil und war Ehrenmitglied des rechtsextremen «Deutschen Kulturwerks Europäischen Geistes».

J.s literarisches Werk ist relativ schmal; mehrere seiner Arbeiten erschienen erst lange Jahre nach ihrem Entstehen. Er schrieb gleichermaßen in Hochdeutsch wie ostfriesischem Plattdeutsch, vor allem Erzählungen und Lyrik. Bekannt wurde er mit den hochdeutschen Gedichten um die an Morgensterns Palmström erinnernde Figur *Unkepunz*, die der

Sammlung den Titel gab. Seine plattdeutschen Gedichte und Balladen, gesammelt unter dem Titel *Ulenspegel un Jan Dood*, verraten neben formalem Können eine konservative Grundhaltung. Seine Novellen *De Moorfro* und *Luzifer* gehören zu den beeindruckenden Werken dieser Gattung im Plattdeutschen.

W.: Romane, Erzählungen: Boleke Roleffs, 1930; Frangula oder Die himmlischen Weiber im Wald, 33 (bearb. 53); Niedersächsische Erzählungen (Mitverf.), 35; Die Geschichte von den Leuten an der Außenfohrde, 36; Im weiten Land, 38; Die Gleichen, 39; Das Denkmal des Junggesellen, 42; Das Wirkliche, 50; De Moorfro, 50; Luzifer, 56. – *Lyrik:* In memoriam, 18; Unkepunz, 31 (bearb. 41); Ulenspegel un Jan Dood, 33 (bearb. 40). – *Werkausgabe:* Gesammelte Werke, 3 Bde, 63–64. – *Herausgebertätigkeit:* Der Grönenberg (mit L. Bäte), 20–22; Niederdeutscher Almanach (mit G. Grabenhorst), 37; Börries Frhr. von Münchhausen: Balladen, 38; Walther Jantzen, 62; Freundesgabe für Alma Rogge, 64; Freude war mein Amt, 65. – *Schallplatten:* Luzifer. Folge aus: Ulenspegel un Jan Dood, 69; De Moorfro, erzählt von I. Braak, 84 (Toncass.); Trinamö und Folimö, 84 (Toncass.).

Jahnn (früher: Jahn), Hans Henny, *17. 12. 1894 Stellingen bei Hamburg, †29. 11. 1959 Hamburg.

Sohn eines Schiffbauers. War zugleich Dichter, Musikwissenschaftler und Orgelbauer (ihm ist eine entscheidende Reform des Orgelbaues zu danken, an die 100 Orgeln sind nach seinen Plänen und unter seiner Mitwirkung neu gebaut oder restauriert worden). Während des 1. Weltkriegs emigrierte er als überzeugter Pazifist nach Norwegen. Nach dem Krieg gründete er bei Hamburg die «Glaubensgemeinde Ugrino», die eine Renaissance aller Künste nach heidnisch-archaischen Prinzipien einleiten sollte. Der damals gegründete Ugrino-Musikverlag existiert noch. 1933 emigrierte J. mit seiner Familie zunächst in die Schweiz, dann nach Bornholm, wo er seinen Lebensunterhalt als Landwirt und Hormonforscher bestritt. 1950 kehrte er nach Hamburg zurück, wo er Präsident der Freien Akademie der Künste wurde. 1956 erhielt er den Hamburger Lessing-Preis.

Seinem 1920 mit dem Kleist-Preis ausgezeichneten Drama *Pastor Ephraim Magnus* gingen zahlreiche Dramen-Entwürfe voraus. *Pastor Ephraim Magnus* wurde 1923 unter der Regie von Brecht und Bronnen uraufgeführt. Wegen einiger Selbstkasteiungsszenen und seiner drastischen Vorwürfe gegen das Christentum erregte das Stück großen Anstoß. Dieses Sprech-Drama, in dem im wesentlichen drei Personen agieren, Geschwister bzw. Halbgeschwister, enthält bereits wesentliche Motive des späteren Dramenwerks: Protest gegen die Sexualmoral des Christentums, Berufung auf heidnische Traditionen, zumal in der Baukunst und in der Musik, Apologie der Jugend und der pubertären Erotik, Protest gegen «die Gewalttätigkeit» der «bürgerlichen Ordnung», Affinität zu archaischen Begräbnisriten.

Die Krönung Richards III. zeigt nur im äußeren Handlungsablauf Parallelen zu Shakespeares Drama. J.s Richard ist die Inkarnation einer «verzehrenden und zerstörenden Leidenschaft», die ihre Liebesobjekte zu vernichten sucht. Durch diesen unbezwinglichen Zerstörungswillen isoliert sich Richard von der menschlichen Gemeinschaft, in dem Bewußtsein, daß er zu den «Verworfenen» gehört. Ebenfalls eine Anlehnung an einen tradierten Stoff findet sich in J.s dramatischer Fassung des antiken *Medea*-Stoffes. Dieses Drama (1926 unter J. Fehling uraufgeführt) verschärft den überlieferten Konflikt zwischen der alternden Medea und ihrem alterslosen Ehemann Jason noch dadurch, daß J.s Medea eine Negerin ist. So auch äußerlich als «Barbarin» abgestempelt, agiert diese Figur mit archaischer Härte und Unerbittlichkeit. Dieser Konsequenz des Geschehens, die mit straffer Szenenführung und streng rhythmisierter Sprache korrespondiert, verdankt das Drama seine ungeheure Eindringlichkeit.

Dramatisch und auch sprachlich schwächer die beiden Sprechdramen: *Der Arzt / Sein Weib / Sein Sohn* und *Der gestohlene Gott*. Doch enthalten auch sie schon Elemente der späten Dramen insofern, als in ihnen antizivilisatorische Proteste mit einer Apologie kreatürlichen Lebens verknüpft sind. Dieser Protest wird zum Leitmotiv in J.s spätem, postum erschienenem Drama *Die Trümmer des Gewissens*, das die atomare Vernichtung der ganzen Menschheit heraufbeschwört.

Antizivilisatorische Anklage zugunsten eines kreatürlichen Lebens bildet auch den Kern vom *Neuen Lübecker Totentanz* (1931; Neufassung mit Musik: 1954), *Straßenecke. Ein Ort. Eine Handlung* und *Armut, Reichtum, Mensch und Tier, Spur des dunklen Engels* und *Thomas Chatterton* (uraufgeführt unter der Regie von G. Gründgens 1956), beide an historische Stoffe bzw. Figuren sich anlehnend, manifestieren die erotische und geistige Expansion homoerotischer Bindungen.

Weit stärker als in seinen Dramen weist J. sich in seiner erzählenden Prosa als einer der größten Schriftsteller deutscher Sprache in unserem Jahrhundert aus. Das ist noch nicht erkennbar bei seinem ersten großen Prosawerk *Perrudja*, wo Sprachexperimente: Akkumulation von Adjektiven, Wechsel des Tempus, der Erzählperspektive, an *Ulysses* angelehnte, nicht immer überzeugende Handhabung der stream of consciousness-Technik, Verkürzung der Sätze auf kleinste Partikel usw. bisweilen die vielschichtige, doch in sich geschlossene Handlung verdecken (*Perrudja II*, eine antizivilisatorische, pazifistische Utopie, blieb Fragment). Gewiß aber ist J.s epische Trilogie *Fluß ohne Ufer* eins der großartigsten deutschsprachigen Prosawerke in diesem Jh. Der 1. Teil *Das Holzschiff* bildet die Exposition zu den im umfangreichen 2. Teil – unter dem Titel *Die Niederschrift des Gustav Anias Horn nachdem er 49 Jahre alt geworden war* – geschilderten Ereignissen. Sie zentrieren sich um die homoerotische Bindung zwischen einem Komponisten, Gustav Anias Horn, und einem Matrosen, Alfred Tutein, der Horns Verlobte ermordet hat und nun – durch seine Bindung an Horn – eine Art Sühne für seinen Mord erlangen will. Als Tutein stirbt, begibt Horn sich an die «Niederschrift» ihrer gemeinsamen Erlebnisse, eine geistige, künstlerische, aber auch die homoerotische Liebe verklärende Rechenschaft. Horns Überzeugung, daß ihrer beider Bindung modellhaft die Liebe der altsumerischen Helden Gilgamesch und Engidu (aus dem *Gilgamesch-Epos*) wiederholt, inspiriert auch seine musikalischen Inventionen, die an archaischen Mustern orientiert sind. Künstlerische Werke gelten Horn als Einspruch gegen die Macht des Todes, weshalb er sein einsames, zumeist in skandinavischen Einöden verbrachtes Künstler-Leben als einen Protest gegen die Vergänglichkeit der materiellen Schöpfung verstanden wissen will.

Der 3. Teil, *Epilog* betitelt, ist ebenso Fragment geblieben wie *Perrudja II* und wie der Roman aus der Spätzeit von J.s Schaffen *Jeden ereilt es*. Dieser Roman-Torso, aus dem J. einen in sich geschlossenen Komplex unter dem Titel *Die Nacht aus Blei* herauslöste und publizierte, ist in einem irrealen Zwischenreich angesiedelt, wo der Mensch Spielball außerirdischer Mächte («Engel» und «Dämonen») ist. Er wird von seinem Autor als der Liebesroman bezeichnet, den er «sich selber schuldig» sei und worin er «auf niemand Rücksicht nehme, keine Schranken des Ausdrucks anerkenne, keine Absonderlichkeit verwerflich finde».

W.: Romane: Perrudja, 2 Bde, 1929, 58; Fluß ohne Ufer, Trilogie: Das Holzschiff, 49, Die Niederschrift des Gustav Anias Horn, 2 Bde, 49–50, Epilog, 61; Die Nacht aus Blei, 56; Ugrino und Ingrabanien, o. J.; Jeden ereilt es, 68. – *Erzählungen:* Polarstern und Tigerin, 27; 13 nicht geheure Geschichten, 54. – *Dramen:* Pastor Ephraim Magnus, 19; Die Krönung Richards III., 21; Des Buches erstes und letztes Blatt (Fragment), 21; Der Arzt/Sein Weib/Sein Sohn, 22; Der gestohlene Gott, 24; Heinrich von Kleist, eine jämmerliche Tragödie (Fragment), 25; Medea, 26; Straßenecke. Ein Ort. Eine Handlung, 31; Neuer Lübecker Totentanz, 31, Neufassg. 54; Armut, Reichtum, Mensch und Tier, 48; Spur des dunklen Engels, 52; Thomas Chatterton, 55; Die Trümmer des Gewissens (auch: Der staubige Regenbogen), 61. – *Essays, Vorträge:* Klopstocks 150. Todestag, 53; Über den Anlaß, 54; Rede zur Tragödie Thomas Chattertons, 55; Das schriftliche Bild der Orgel, 55; Lessings Abschied, 56; Über Günther Ramin, 56; Über Bert Brecht, 56; Der Dichter im Atomzeitalter, 56; Thesen gegen Atomrüstung, 57. – *Autobiographisches, Briefe:* Aufzeichnungen eines Einzelgängers. Dichtung und Gedanke, 59; Briefe um ein Werk. Ein Briefwechsel mit Werner Helwig 47–48, 59; H. H. J. – Peter Huchel, Ein Brief-

wechsel, 75. – *Sammel- und Werkausgaben:* H. H. Jahnn. Eine Auswahl aus seinem Werk, 59; Werke und Tagebücher, 7 Bde, 74; Das H. H. J. Lesebuch, 84; Werke in Einzelbänden, 11 Bde, 85 ff.

Jahraus, Karl → Bloch, Ernst

Jakobs, Karl-Heinz, *20. 4. 1929 Kiauken (Polen).

J. wurde 1945 noch Soldat. Nach Tätigkeit in verschiedenen Berufen studierte er 1956 am Literaturinstitut in Leipzig. Seit 1958 ist J. freischaffend, zunächst als Journalist, danach als Schriftsteller. 1972 H.-Mann-Preis. Seit 1981 lebt Jakobs in der BRD.

In dem Bitterfelder Roman *Beschreibung eines Sommers* setzte sich J. u. a. mit politisch-moralischen Problemen auseinander, die sich für den politisch abstinenten Protagonisten, einen Ingenieur, aus den damaligen Moralvorstellungen der SED ergaben.

Mit seinem zweiten Roman *Eine Pyramide für mich* gelang J. ein wesentlicher künstlerischer Fortschritt. J. läßt einen Wissenschaftler an den Ort des selbsterlebten Aufbaus zurückkehren: Das Pathos der Aufbaujahre wird durch die Reflexionen des vom Herzinfarkt Bedrohten gebrochen.

Probleme der materiellen Produktion und ihrer moralisch-künstlerischen Verarbeitung stehen im Mittelpunkt des Romans *Die Interviewer*, in dem J. sowohl den schönfärberischen Ästhetizismus als auch einen technokratisch-inhumanen Dokumentarismus ironisch beleuchtet.

J. hat darüber hinaus mit seinem dokumentarischen Reiseroman *Tanja, Taschka und so weiter*, der vielleicht besten neueren Sowjetunion-Reportage, sowie durch seine seit Beginn der 70er Jahre verfaßten theoretischen Beiträge Wesentliches zur Diskussion um das Verhältnis von Dokumentation und Fiktion beigetragen.

W.: Romane, Erzählungen, Reportagen: Die Welt vor meinem Fenster, 1960; Das grüne Land, 61; Beschreibung eines Sommers, 61; Merkwürdige Landschaften, 64; Einmal Tschingis Khan sein, 64; Eine Pyramide für mich, 71; Die Interviewer, 73; Tanja, Taschka und so weiter, 75; Wüste kehr wieder, 76; Fata

Morgana, 77; Wilhelmsburg, 79; Die Frau im Strom, 82; Das endlose Jahr, 83. – *Dramen, Hörspiele:* Heimkehr des verlorenen Sohnes, 68; Letzter Tag unter der Erde, 71; Die Kunst zu bauen, 72; Rauhweiler, 76. – *Lyrik:* Guten Morgen, Vaterlandsverräter, 59. – *Theoretische Schriften:* Heimatländische Kolportagen, 75. – *Herausgebertätigkeit:* Das große Lesebuch vom Frieden, 83.

Jandl, Ernst, *1. 8. 1925 Wien.
Nach dem Krieg Studium der Germanistik und Anglistik in Wien; Gymnasiallehrer. In den 50er Jahren der «Wiener Gruppe» nahestehend; seit dieser Zeit enge Freundschaft und Zusammenarbeit mit Friederike Mayröcker. Gründungs-Mitglied der «Grazer Autorenversammlung» (1973); hervorragender Rezitator seiner «Sprechgedichte». Neben seiner reichen Gedichtproduktion verfaßte J. experimentell-avantgardistische Hörspiele (z. T. gemeinsam mit F. Mayrökker) und Bühnenstücke. – In den 50er Jahren fand Jandl die ihm gemäße Form des «Sprechgedichts»: eine durch Reduktionen, Mutationen, Erweiterungen, Wiederholungen, Dehnungen charakterisierte Form des Lautgedichts, jedoch zumeist mit semantischem Hintergrund (*Laut und Luise*). Die fortgesetzte Erprobung der sinnlichen Qualität des Sprachmaterials – «Dichtung verbraucht Sprache» – verbindet sich neuerdings in verstärktem Maß mit einem elegisch-pessimistischen Grundton. Der Humor als Mittel, der Tragik der menschlichen Situation, wie J. sie sieht, geistvoll zu begegnen, weicht der Selbstironie und der abgrundtiefen Bitterkeit. Die bekennerhafte Verneinung der Sinnfrage, wie J. sie in seiner Poetik (*die schöne kunst des schreibens*) darlegt, schiebt der Kunst die Aufgabe zu, in ständiger Erprobung neuer Ausdrucksmöglichkeiten «eine fortwährende Realisation von Freiheit» zu garantieren, wobei allerdings zwischen Realisation von Freiheit und verzweifeltem Kampf um Selbstbehauptung kaum mehr ein Unterschied besteht. U. a. 1974 Trakl-Preis, Gr. Österreichischen Staatspreis und Büchner-Preis 1984. J. ist korrespondierendes Mitglied der Akademie der Künste der DDR. Im Wintersemester 1984/85 war er Gastdozent für Poetik

an der Universität Frankfurt. Deutscher Kleinkunstpreis 1988, Frankfurter Hörspielpreis 1989 und Peter-Huchel-Preis 1990 (für *Idyllen*).

W.: Hörspiele, Stücke: Fünf Mann Menschen (m. Friederike Mayröcker), 1971 (darin enthalten: Der Gigant, 69; Spaltungen, 70; Gemeinsame Kindheit, 70; die auswanderer, 70; Der Uhrensklave, 71; Das Röcheln der Mona Lisa, 70 (Schallplatte 72); die männer, ein hörm, 73; Die Humanisten, in: «manuskripte», 76; Aus der Fremde, 80; (als Kass. 80). – *Lyrik, experimentelle Texte:* Andere Augen, 56; lange gedichte, 64; klare gerührt, 64; mai hart lieb zapfen eibe hold, 65; Hosi – Anna, 65; Laut und Luise, 66; No Music Please, 67; Sprechblasen, 68; Jacob's ladder and other poems, in: Dimension II, 69; der künstliche baum, 70; flöda und der schwan, 71; dingfest, 73; übung mit buben, 73; serienfuss, 74; wischen möchten, 74; für alle, 74; der versteckte hirte, 75; alle freut was alle freut, 75; ernst jandl, in: edition neue texte, 76; My right hand – my writing hand – my handwriting, 77; die bearbeitung der mütze, 78; Der gelbe Hund, 80; Selbstporträt des Schachspielers als trinkende Uhr, 83; Falamaleikum (mit Jürgen Spohn), 83; Ottos Mops hopst, 88; Idyllen, 89. – *Essays:* die schöne kunst des schreibens, 76; Das Öffnen und Schließen des Mundes. Frankfurter Poetik-Vorlesungen, 85; Festschrift für Oskar Pastior [mit F. Mayröcker u. a.], 87. – *Schallplatten u. ä.:* 13 radiophone Texte, 77 (Toncass.); Laut und Luise / hosi + anna, o. J. (Platte); Fünf Mann Menschen (mit F. Mayröcker), o. J. (Toncass.); him hanflang war das wort. Neue Sprechgedichte und Sprechzyklen, 80; Ernst Jandl live, 84 (Videocass.); Dichter lesen in der Daadgalerie [mit anderen], ca. 86. – *Übersetzungen:* Robert Creely: Die Insel, 65; John Cage: Silence, 69; Gertrude Stein: Erzählen, 71. *Sammel- und Werkausgaben:* ernst jandl für alle, 84; Gesammelte Werke, 3 Bde, 85.

Janitschek, Maria (Pseudonym Marius Stein), *23. 7. 1859 Mödling bei Wien, †4. 5. 1927 München.
J., geborene Tölk, entstammte einer Offiziersfamilie und verbrachte ihre Kindheit in Ungarn. 1878 zog sie nach Graz, wo sie der journalistischen Tätigkeit nachging. Sie heiratete 1882 den Straßburger Kunsthistoriker Hubert Janitschek und lebte nacheinander in Straßburg und Leipzig, nach dem Tode ihres Mannes in Berlin und später in München. – Die Auseinandersetzung mit der beginnenden Emanzipation der Frau steht im

Vordergrund ihrer epischen Werke. Hierbei schildert sie besonders die Diskrepanz zwischen idealen Forderungen an Umwelt und Mitmenschen und der nüchternen Realität. In balladenartigen Gedichten wertet sie mit Vorliebe Stoffe und Motive aus dem Alten Testament aus.

W.: Lyrik: Legenden und Geschichten, 1885; Im Kampf um die Zukunft, 87; Verzaubert, 88; Irdische und unirdische Träume, 89; Gesammelte Gedichte, 92; Im Sommerwind, 95; Aus alten Zeiten, 1900; Gesammelte Gedichte, 11; Gesammelte Gedichte 17; Ausgewählte Gedichte, 25. – *Romane, Erzählungen:* Aus der Schmiede des Lebens, 1890; Gott hat es gewollt, 95; Charakterzeichnungen, 96; Der Schleifstein, 96; Gelandet, 96; Vom Weibe, 96; Ninive, 96; Raoul und Irene, 97; Ins Leben verirrt, 98; Stückwerk, 1901; Kinder der Sehnsucht, 01; Harter Sieg, 02; Die neue Eva, 02; Aus Aphroditens Garten, 02; Esclarmonde, 03; Mimikry, 03; Das Haus in den Rosen, 05; Wo die Adler horsten, 06; Eine Liebesnacht, 07; Irrende Liebe, 08; Heimweh, 09; Im Finstern, 10; Lustige Ehen, 11; Liebe, die siegt, 14; Die Sterne des Herrn Ezelin, 15; Der rote Teufel, 16. – *Novellen:* Lichthungrige Leute, 1892; Atlas, 93; Pfadsucher, 94; Lilienzauber, 95; Die Amazonenschlacht, 97; Kreuzfahrer, 97; Überm Thal, 98; Im Sonnenbrand, 98; Nicht vergebens, 98; Der Bauernbub, 98; Ein Irrtum, 98; Herr Laubenstock, 98; Gerichtet, 98; Leopold, 98; Eine Harzreise, 98; Frauenkraft, 1900; Olympier, 01; Auf weiten Flügeln, 02; Pfingstsonne, 03; Stille Gäste, 12; Ausgewählte Novellen, 25.

Janosch (eig. Horst Eckert), *11.3. 1931 Hindenburg (heute Zabrze)/Oberschlesien.
Der Sohn eines Berg- und Hüttenarbeiters und Händlers absolvierte eine Schmiede- und Schlosserlehre. Nach dem Krieg kam er in die BRD und arbeitete bis 1949 in Textilfabriken. Nach dem Besuch einer Textilfachschule war er bis 1953 in einer Teppichweberei tätig. 1953 ging er nach München, bestand mehrfach die Aufnahmeprüfung an der Kunstakademie nicht und kam mehr durch Zufall zum Kinderbuch und (auf Anregung seines ersten Verlegers) zu seinem Pseudonym. Seither arbeitet er als Illustrator für andere Autoren, schreibt und illustriert vor allem eigene Kinder- und Jugendbücher, die bislang in über zwanzig Sprachen übersetzt wurden. Er ist Mitglied des VS und bekam mehrere Jugendbuchpreise sowie den Tukanpreis und den Kulturförderpreis Oberschlesien für Literatur (1979). – J. ist heute einer der bekanntesten und produktivsten bundesdeutschen Kinderbuchautoren. In seinen inzwischen über achtzig Büchern stellt er in Text und bewußt ‹naiver› Illustration kindlichen Alltag und Erlebniswelten dar, die zur Identifikation und zum Nachdenken anregen. Wie die zahlreichen Übersetzungen, Taschenbuchausgaben und Schallplatten nach seinen Texten eindrucksvoll belegen, finden seine Werke nicht nur in der Bundesrepublik, sondern auch im Ausland große Anerkennung.

W.: Romane, Erzählungen, Prosa, Kinderbücher, Graphik, Illustrationen: Die Geschichte von Valek, dem Pferd, 1960; Valek und Jarosch, 60; Der Josa mit der Zauberfiedel, 60; Das kleine Schiff, 60; Der Räuber und der Leiermann, 61; Reineke Fuchs, 62; Das Auto hier heißt Ferdinand, 64; Onkel Poppoff kann auf Bäume fliegen, 64; Heute um Neune hinter der Scheune, 65; Ferdinand im Löwenland, 65; Das Apfelmännchen, 65 (gekürzt 83); Ich male einen, 66; Reite, reite Jockel, 66; Leo Zauberfloh oder wer andern eine Grube gräbt, 66; Poppoff und Piezke, 66; Rate mal, wer suchen muß, 66; Hannes Strohkopp und der unsichtbare Indianer, 66; Das alte Zauberkarussell, 66; Schlafe, lieber Hampelmann, 67; Lukas Krümmel, Zauberkünstler, 68 (erw. u. d. T.: Lukas Krümmel, Zauberkünstler oder Indianerhäuptling, 71); Böllerbam und der Vogel, 68; Herr Wuzzel und sein Karussell, 68; Ich male einen Bauernhof, 68; Wir haben einen Hund zuhaus, 68; Das Regenauto, 69; Der Mäuse-Sheriff, 69; Ach, lieber Schneemann, 69; 3 Räuber und 1 Rabenkönig, 69; Cholonek oder der liebe Gott aus Lehm, 70; Leo Zauberfloh oder die Löwenjagd in Oberfimmel, 70; Komm nach Iglau, Krokodil, 70; Lügenmaus und Bärenkönig, 71; Flieg, Vogel, flieg, 71; Lari Fari Mogelzahn, 71; Ene bene Bimmelbahn, 71; Löwe, spring durch den Ring, 71; Ich bin ein großer Zottelbär, 72; Die Löwenkinder, 72 (mit J. Wilkón); Janosch erzählt Grimm's Märchen, 72; Gliwi sucht einen Freund, 73; Hau den Lukas!, 73; Hottentotten, grüne Motten, 73; Geburtstagsblumen mit Pfeffer und Salz, 74; Familie Schmidt, eine Moritat, 74; Hosen wachsen nicht im Garten, 74; Mein Vater ist König, 74; Die Löwenreise. Lari Fari Mogelzahn, 74; Ein schwarzer Hut geht durch die Stadt, 75; Sacharin im Salat, 75; Das starke Auto Ferdinand, 75; Bärenzirkus Zampano, 75; Kleiner Mann in der Zigarilloschachtel, 76;

Janoschs kleines Hasenbuch, 77; Fröhliche Schule für Hasenkinder, o. J. (mit J. Ritter); Kaspar Löffel und seine gute Oma, 77; Ich sag, du bist ein Bär, 77; Der Mann, der Kahn, die Maus, das Haus, 77; Traumstunde für Siebenschläfer, 77; Oh, wie schön ist Panama, 78; Die Maus hat rote Strümpfe an, 78 (Teilausg. u. d. T.: Janoschs kleines Mausebuch, 78; Hasenkinder sind nicht dumm, 82; Löwenzahn und Seidenpfote, 83); Liebespaare & Hochzeitsgeschichten, 78; ABC für kleine Bären, 79; Schnuddelbuddel sagt Gutnacht, 79; Der Gliwi und der Globerik, 79; Komm, wir finden einen Schatz, 79; Die Grille und der Maulwurf, 79; Der Wolf und die sieben Geiserlein, 79; Kaiser, König, Bettelmann, 79; Sandstrand, 79; Gemälde & Grafik, 80; Kasperglück und Löwenreise, 80; Schnuddelbuddel baut ein Haus und Der Wandertag nach Paderborn, 80; Post für den Tiger, 81; Ach, du liebes Hasenbüchlein, 81; Janosch's verzauberte Märchenwelt, 81; Das Leben der Thiere, 81; Mehr von Gliwi und Globerik, 81; Liebe Grille spiel mir was, 82; Ich bin ein großer Zottelbär, 82; The Cricket and the Mole, 82; Circus Hase, 82; Wenn Weihnachten kommt, 82; Bärenplakat, 83; Kunst. Gemalt, gezeichnet, gekritzelt, 83; Rasputin der Vaterbär, 83; Rasputins ewiger Wochenkalender, 83; Kleines Schiff von Paris, 83; Scheffel, V. v.: Als die Römer frech geworden, 83; Bukowski, Ch.: Verdammter Bukowski, 84; Der Wettlauf zwischen Hase und Igel, 84; Kasper Mütze und der Riese Wirrwarr, 84; Kasper Löffel, 84; Ein Kanarienvogelfederbaum und Schnuddelbuddel fängt einen Hasen, 84; Kleine Tierkunde für Kinder, 84; Janosch's Flaschenpostgrüße, 84; Der Froschkönig, 84; Das große Buch der Kinderreime, 84; Ferdinand im Löwenland, 84; Es war einmal ein Hahn, 84; Herr Korbes will Klein Hühnchen küssen, 84; Der alte Mann und der Bär, 85; Ich mach dich gesund, sagte der Bär, 85; Häschen Hüpf, 85; Kleine Katze, spiel mit mir, 85; Mein Bär braucht eine Mütze, 85; Zu allem entschlossen, 85; Da schuf Gott die ewige Beziehungskiste, 86; Damjan, M.: Filipo und sein Wunderpinsel, 86; Das tapfere Schneiderlein, 86; Rasputin. Das Riesenbuch vom Vaterbär, 86; Kleines Schweinchen, großer König, 86; Der kleine Affe, 86; Kasper Mütze hat Geburtstag, 86; Kasper Mütze geht in den Zoo, 86; Kasper Mütze darf verreisen, 86; Der deutschen Dichtung Liebeslaube, 86; Der Esel & die Eule, 86; Hallo Schiff Pyjamahose, 86; Das Haus, der Klaus, 86; Guten Tag, kleines Schweinchen, 87; Kasper Mütze. Wie man einen Riesen foppt, 87; Kasper Mütze baut ein Auto, 87; Kasper Mütze fängt einen Fisch, 87; Kasper Mütze holt einen Hasen, 87; Das Lumpengesindel, 87; Alle meine Enten von A–Z, 88; Ein kleiner Riese, 88; Ich kann schon zählen: 1, 2, 3, 88; Die Tigerente und der Frosch, 88; Kasper Mütze geht in die Schule, 89; Kasper Mütze hat Besuch, 89; Kasper Mütze hat fünf Freunde, 89; Der Quasselkasper, 89; Rasputin der Lebenskünstler, 89; Riesenparty für den Tiger, 89; Schimanzki. Die Kraft der inneren Maus, 89; Das Geheimnis des Herrn Josef, 90. – *Dramen, Hör- und Fernsehspiele:* Post für den Tiger (mit TERPLAN), o. J.; Traumstunden (Fernsehserie), 88. – *Sammel- und Werkausgaben:* Janosch-Kalender, 75ff (ersch. jährlich); Das große Janosch-Buch, 76; Das Auto Ferdinand, 81; Das große Panama-Album, 84; Janosch's kleine Bärenbücher, 4 Bde, 84; Janoschs Entenbibliothek, 4 Bde, 85; Hosentaschenbücher, 4 Bde, 86; Traumstunden-Kiste, 88; Janoschs bunte Traum-Box, 7 Bde, 89; Das kleine Panama-Album, 89. – *Schallplatten u. ä.:* Onkel Poppoff und die Weihnacht der Tiere, 65; Onkel Poppoff und die Regenjule, 65; Josa mit der Zauberfiedel, 65; Onkel Poppoff kann auf Bäume fliegen, 65; Der Mäusesheriff, 2 Teile, 71; Lari Fari Mogelzahn, 73; Onkel Poppoffs wunderbare Abenteuer, 74; Hannes Strohkopp und der unsichtbare Indianer, 75; Der Quasselkasper, 85; Ich mach dich gesund, sagte der Bär, 86 (Kass.).

Jaspers, Karl Theodor, *23. 2. 1883 Oldenburg (i. O.), †26. 2. 1969 Basel.
Nach dem Besuch des humanistischen Gymnasiums in Oldenburg studierte J. in Heidelberg und München Jurisprudenz, dann in Berlin, Göttingen und Heidelberg Medizin. Er arbeitete an der Heidelberger psychiatrischen Klinik als Psychiater, habilitierte sich 1913 bei Windelband für Psychologie und wurde 1921 Ordinarius für Philosophie in Heidelberg. Während des Dritten Reiches verfemt, wurde er 1937 entlassen, dann 1945 wieder in sein Amt eingesetzt. 1948 übersiedelte er nach Basel, wo er bis 1961 las. 1947 Goethepreis, 1958 Friedenspreis des Deutschen Buchhandels.
J. hat als Psychiater die Methoden der Phänomenologie und des genetischen Verstehens beschrieben und dadurch die phänomenologische und die verstehende Psychopathologie als Wissenschaft begründet. In seinem Hauptwerk der Frühzeit, der *Allgemeinen Psychopathologie*, gab er eine Kritik aller damals in diesem Wissensgebiet gebräuchlichen Methoden. Durch die Entwicklung der Biographik legte er den Grund für die wissen-

schaftliche Pathographie (*Strindberg und van Gogh*). Seine *Psychologie der Weltanschauungen*, ein kritischer Versuch, die Grenzen der Seele abzuschreiten, liegt selber schon an der Grenze zur Philosophie und gilt als das erste Dokument der deutschen Existenzphilosophie.

J. entfaltet seine Existenzphilosophie im Werk *Philosophie*. Es hält sich im Aufbau an die klassische Dreiteilung der Metaphysik: «Weltorientierung» führt an die Grenzen des Weltwissens, «Existenzerhellung» appelliert an die Freiheit des einzelnen, «Metaphysik» fragt nach dem Sinn von Transzendenz für Existenz. Unter Existenz versteht J. das Seinkönnen des Selbstseins, das sich in der Kommunikation, im Erleben von Grenzsituationen (wie Leid, Schuld, Tod) und im absoluten Handeln auf unerklärbare Weise ereignet. – Dieser Existenzphilosophie eine Logik zugrunde zu legen versucht J. in dem Werk *Von der Wahrheit*. Es geht aus von den Grunderfahrungen des Menschseins und überschreitet diese zu den offenen Räumen des Umgreifenden. Im Erhellen von Dasein, Bewußtsein überhaupt, Geist, Vernunft, Existenz, Welt, Transzendenz entfaltet es die vielfache Bedeutung von Wahrheit, Wirklichkeit und Menschsein und wird dadurch zu einer Logik der universalen Kommunikation. – In der Vorbereitung einer Weltphilosophie sah J. im Alter seine Aufgabe.

Für J. stand die Kommunikation von Anfang an im Mittelpunkt seiner philosophischen Reflexion: «Für die Gegenwart oder für mich selber schien es mir selbstverständlich, daß Philosophie sich letztlich dadurch bewährt, daß sie Impulse erzeugt, die sich in der Bevölkerung verbreiten.» Diese Haltung hat sich bei ihm besonders nach dem 2. Weltkrieg verschärft und sich aufs Politische verlagert: «Erst mit meinem Ergriffenwerden von der Politik gelangte meine Philosophie zu vollem Bewußtsein bis in den Grund auch der Metaphysik.» Wesentlich in seinen Veröffentlichungen nach 1945 sind deshalb politische Essays von grundlegender Wirkung über Fragen, welche gerade heute wieder aktuell sind: *Die Schuldfrage* und ein berühmtes «Spiegel»-Gespräch über die Verjährungsfrage der Naziverbrechen (10. 3. 65), *Die Atombombe und die Zukunft des Menschen, Wohin treibt die Bundesrepublik?, Antwort*. All diese Essays werfen aus moralischer Sicht, im Namen von Recht, Gerechtigkeit und Freiheit, Probleme auf, die sich heute akut allen Demokratien stellen. J. versuchte sie zu beantworten, indem er gegen jegliche Form der Gewalt und Machtpolitik nach einer den Weltfrieden ermöglichenden, föderativen Weltordnung suchte.

Wesentlich eingewirkt haben andererseits auf Literatur und Literaturwissenschaft J.s Philosophie der Sprache, seine Chiffrenlehre und seine Theorie des Tragischen als einer existentiellen Grenzsituation (s. Abhandlung *Über das Tragische*, aus *Von der Wahrheit*).

W.: Essays, philosophische Schriften: Allgemeine Psychopathologie, 13; Psychologie der Weltanschauungen, 19; Max Weber, 21; Strindberg und van Gogh, 22; Die Idee der Universität, 23; Die geistige Situation der Zeit, 31; Philosophie, 3 Bde, 32; Max Weber/Deutsches Wesen im politischen Denken, im Forschen und Philosophieren, 32; Vernunft und Existenz, 35; Nietzsche, 36; Descartes und die Philosophie, 37; Existenzphilosophie, 38; La mia filosofia, 46; Die Schuldfrage, 46; Die Idee der Universität (neuer Entwurf), 46; Nietzsche und das Christentum, 46; Vom europäischen Geist, 46; Von der Wahrheit, 47; Unsere Zukunft und Goethe, 47; Der philosophische Glaube, 48; Vom Ursprung und Ziel der Geschichte, 48; Philosophie und Wissenschaft, 49; Einführung in die Philosophie, 50; Vernunft und Widervernunft in unserer Zeit, 50; Rechenschaft und Ausblick, 51; Lionardo als Philosoph, 53; Die Frage der Entmythologisierung (mit R. Bultmann), 54; Schelling, 55; Die großen Philosophen I, 57; (Teilausg. u. d. T.: Die maßgebenden Menschen, 61); Die Atombombe und die Zukunft des Menschen, 57; Philosophie und Welt, 58; Wahrheit, Freiheit und Friede (mit H. Arendt), 58; Freiheit und Wiedervereinigung, 60; Wahrheit und Wissenschaft (mit A. Portmann), 60; Der philosophische Glaube angesichts der Offenbarung, 62; Über Bedingungen und Möglichkeiten eines neuen Humanismus, 62; Lebensfragen der deutschen Politik, 63; Nikolaus Cusanus, 64; Kleine Schule des philosophischen Denkens, 65; Hoffnung und Sorge. Schriften zur deutschen Politik 1945 bis 1965; Wohin treibt die Bundesrepublik, 66; Antwort, 67; Aneignung und Polemik, 68; Provokationen, 69; Chiffren der Transzendenz, 70; Kant, 75; Augustin, 76; Plato, 76; Lao-Tse, Nagajuna, 78; Spinoza, 78; Notizen zu Martin Heidegger, 78; Was ist Philosophie?, 80; Was ist Erziehung?, 81; Die großen Philosophen, 2 Bde, 81; Weltgeschichte der Philosophie, 82; Wahrheit und Bewährung, 83; Der Arzt im technischen Zeitalter, 86; Volk und Universität: Konzept eines Neuanfangs, 86. – *Autobiographisches, Briefwechsel:* Philosophische Autobiographie, unselbst. 57, erw. 77; Schicksal und Wille, 67; Gedenkfeier für K. J. ... unter Beifügung eines von K. J. selbst verfaßten Nekrologs, 69; K. J./ K. H. Bauer: Briefwechsel 1945–1968, 83; Briefwechsel K. J. – Oskar Hammelsbeck, 86. – *Sammelausgaben:* Vernunft und Freiheit. Ausgewählte Schriften, 59; Lebensfragen der deutschen Politik, 63; Gesammelte Schriften zur Psychopathologie, 63; Hoffnung und Sorge. Schriften zur deutschen Politik 1945–65, 65; Karl Jaspers in seiner Heidelberger Zeit, 83; Denkwege, 83.

Jelinek, Elfriede, * 20. 10. 1946 Mürzzuschlag (Steiermark).
J. studierte in Wien Theaterwissenschaft, Kunstgeschichte und Musik. J.s Texte zeigen manipulierte Existenzen in entindividualisierender Gesellschaft, bestimmt durch falsche Glücksvorstellungen. *Wir sind Lockvögel, Baby* zeigt das Nebeneinander von Sprach- und Bewußtseinsmustern in der Gesellschaft. Den geschlossenen Zusammenhang des traditionellen Romans parodierend, verwebt J. in einer Pseudohandlung die sprachlich-ideologischen Muster eines Heimatromans mit Porno-, Comic- und Horrorelementen. In *Michael, Ein Jugendbuch für die Infantilgesellschaft* entlarvt sie Schablonen und Stereotypen von Medienhelden, indem sie im Stil scheinbarer Naivität diese der Wirklichkeit derer gegenüberstellt, die aus dem Fernsehen ihre Orientierungen und Sehnsüchte beziehen. In *Die Liebhaberinnen* werden in schonungsloser Satire Lebensumstände und Bewußtsein zweier unterprivilegierter «Schicksalsträgerinnen» vorgeführt. Die Ibsen-Fortschreibung *Was geschah, nachdem Nora ihren Mann verlassen hatte* wird an einen Wirtschaftskrimi gekoppelt. Unfähig zur Solidarisierung mit anderen Frauen, erliegt Nora «phallozentrischen und kapitalistischen Gegenkräften». J. schrieb auch zahlreiche Hörspiele mit kritisch-emanzipatorischer

Tendenz. Ihr Drama *Clara S.* zeigt am Beispiel Clara Schumanns die Problematik der schöpferisch begabten, durch den Alleinanspruch des Mannes in die Reproduktion abgedrängten Künstlerin. *Oh Wildnis, oh Schutz vor ihr* ist zugleich eine Absage an modische Naturmystik wie der Versuch einer Satire auf Erscheinungen des Kulturbetriebes. Mit der Erniedrigung der Frau beschäftigt sich der Roman *Lust*. Am Beispiel trostloser Sexualität wird die ausbeutende Gewalt von Männern über Frauen geschildert. Ein von der Kritik sehr zwiespältig aufgenommener Roman voller Sprachexperimente, der das große stilistische Können der Autorin dokumentiert. – Würdigungspreis der Stadt Wien für Literatur 1989.

W.: Romane: Wir sind Lockvögel, Baby, 1970; Michael. Ein Jugendbuch für die Infantilgesellschaft, 72; Die Liebhaberinnen, 75; Bukolit – Ein Hörroman, 79; Die Ausgesperrten, 80; Die Klavierspielerin, 83; Oh Wildnis, oh Schutz vor ihr, 85; Lust, 89; Wolken. Heim, 90. – *Dramen:* Was geschah, nachdem Nora ihren Mann verlassen hatte oder Stützen der Gesellschaft (in: manuskripte 58/1977/78), 77/78 (als Hsp. 82); wenn die sonne sinkt, ist für manche schon büroschluß (Hsp., in: Und wenn du dann noch schreist..., hg. K. Klöckner), 80; Clara S. (in: Theaterstücke, hg. U. Nyssen), 84; Burgtheater (in: Spectaculum 43), 86; Die Ausgesperrten (Hsp., in: Das Wunder von Wien, hg. B. Schirmer), 87; Krankheit oder moderne Frauen, 87; Wolken. Heim (in: Programmheft zur UA, Bonn), 88. – *Lyrik:* Lisas Schatten, 67; Ende, 80. – *Essays:* Eine Frau ist eine Frau ist eine Frau [mit Ria Endres u. a.], 85. – *Sammelausgabe:* Die endlose Unschuldigkeit. Prosa. Hörspiel. Essay, 81; Theaterstücke, 84. – *Schallplatten, Kassetten:* Oh Wildnis, oh Schutz vor ihr, 87 (Kass.); Wenn die Sonne sinkt, ist für manche auch noch Büroschluß, 89 (Kass.).

Jellinek, Oskar, * 22. 1. 1886 Brünn (heute Brno/ČSSR), † 12. 10. 1949 Los Angeles.
Der Sohn eines Textilkaufmanns studierte in Wien Jura, promovierte und arbeitete als Richter. Im 1. Weltkrieg Offizier, arbeitete er nach 1918 wieder als Richter, bis er sich nach ersten literarischen Erfolgen nur noch als freier Schriftsteller betätigte. Vom ‹Anschluß› Österreichs an das Deutsche Reich 1938 in Wien überrascht, konnte er in die Tschechoslowakei ent-

kommen. Von dort flüchtete er nach Paris, wurde mehrere Monate interniert, konnte aber in die USA emigrieren, wo er zuerst in New York, seit 1943 in Los Angeles und Hollywood lebte und (seit 1945 amerikanischer Staatsbürger) starb. – J. schrieb Lyrik und hatte seine literarische Laufbahn mit einer Sammlung von Essays begonnen. Sein wesentliches Werk jedoch besteht aus Novellen. In ihnen schildert J., formstreng und in klarer Sprache voll psychologischer Feinheiten, immer wieder ‹Kriminalfälle›. Das konfliktreiche Miteinander verschiedener Nationalitäten in der Tschechoslowakei, die Probleme zwischen Stadt und Land, Gefühle von elementarer Kraft führen die Hauptpersonen seiner Erzählungen in Konflikte, die in Mord oder Selbstmord enden.

W.: Romane, Erzählungen: Der Bauernrichter, 1925; Die Mutter der Neun, 26; Der Sohn, 28; Das ganze Dorf war in Aufruhr, 30; Die Seherin von Daroschitz, 33. – *Essays, theoretische Schriften:* Das Burgtheater eines Zwanzigjährigen, 07; Die Geistes- und Lebenstragödie der Enkel Goethes. Ein gesprochenes Buch, 38. – *Sammel- u. Werkausgaben:* Gesammelte Novellen, 50; Gedichte und kleine Erzählungen, 52; Hankas Hochzeit. Novellen und Erzählungen, 80.

Jelusich, Mirko, *12.12.1886 Semil (Nordböhmen), †22.6.1969 Wien.
Sohn eines Bankbeamten kroatischer Abstammung und einer sudetendeutschen Mutter, studierte in Wien Philosophie, historische Hilfswissenschaften, Slawistik und Sanskrit und promovierte 1912 zum Dr. phil. Am 1. Weltkrieg nahm er als Artillerieoffizier teil, danach arbeitete er als Filmdramaturg, Bankbeamter und Journalist. Gleichzeitig begann er zu schreiben, zunächst Balladen und Dramen, dann Romane und Gestalten der Weltgeschichte, von denen *Caesar* (1929, übersetzt in 13 Sprachen) ihm den literarischen Durchbruchserfolg verschaffte. Seine Bücher wurden, dem heroisierenden Zeitgeschmack entsprechend, im Dritten Reich viel gelesen.

W.: Romane, Erzählungen: Der Thyrsosstab, 1920; Caesar, 29; Don Juan, 31; Cromwell, 33 (als Drama 34); Hannibal, 34; Der Löwe, 36; Der Ritter, 37; Geschichten aus dem Wiener Wald, 37; Der Soldat, 39; Der Traum vom Reich, 40; Margreth und die Fremde, 42; Die Wahrheit und das Leben, 49; Bastion Europas, 51; Talleyrand, 54; Der Stein der Macht, 58; Schatten und Sterne, 61; Asa von Agder, 65; Prinz Eugen – Der Feldherr Europas, 79. – *Gedichte:* Eherne Harfe, 42; Traum und Tat, 85. – *Dramen:* Das große Spiel, 12; Abisag von Sunem, 15; Die Prinzessin von Lu, 16; Der gläserne Berg, 17; Don Juan, 18; Die schöne Dame ohne Dank, o. J.; Samurai, 43. – *Sammelausgabe:* Hannibal. Caesar, 73.

Jeman, Lützel → Gernhardt, Robert

Jendryschik, Manfred, *28.1.1943 Dessau.
J. wurde 1960 Mitglied eines Zirkels schreibender Arbeiter in Dessau. Nach dem Abitur arbeitete er als Transportarbeiter und Buchhändler und studierte 1962–67 Germanistik und Kunstgeschichte in Rostock. Danach war J. als Lektor tätig. Er leitete einen Zirkel schreibender Arbeiter.
In seinen Kurzgeschichten, die häufig eine an Bobrowski erinnernde erzähltechnische Experimentierfreudigkeit, aber auch den Lakonismus Hemingways aufweisen, bemüht sich J. um eine genaue Beschreibung des Alltagslebens in der DDR. J.s Roman *Johanna oder Die Wege des Dr. Kanuga* schildert den Selbstfindungsprozeß eines Wissenschaftlers, der zwischen Anpassung und Engagement, routinierter Ehe und neuem privatem Anfang seinen Platz zu bestimmen versucht. Die komplexe Thematik findet ihre formale Entsprechung in der Komplexität des Erzählvorgangs, in dem sprachexperimentelle Partien erstmals in die DDR-Epik Eingang finden. – Heinrich-Heine-Preis der DDR 1987.

W.: Romane, Erzählungen: Glas und Ahorn, 1967; Die Fackel und der Bart, 71; Johanna oder Die Wege des Dr. Kanuga, 73; Jo, mitten im Paradies, 74; Aufstieg nach Verigovo, 75; Ein Sommer mit Wanda, 76; Der feurige Gaukler auf dem Eis, 81; Der sanfte Mittag, 83; Anna, das zweite Leben, 84. – *Lyrik:* Die Ebene, 80. – *Essays:* Lokaltermine, 74; Zwischen New York und Honolulu. Briefe einer Reise, [3]89. – *Herausgebertätigkeit:* Bettina pflückt wilde Narzissen, 72; Menschen in diesem Land, 74 (mit anderen); Auf der Straße nach Klodawa,

77; Alfons auf dem Dach und andere Geschichten, 82; Die Schublade, 83 (mit anderen); Unterwegs nach Eriwan, 88; Hoelz, Max: Vom «Weißen Kreuz» zur roten Fahne [mit I. Hiebel u. A. Klein], [4]89.

Jens, Walter (Pseud. Walter Freiburger, Momos), *8.3.1923 Hamburg.

J. studierte in Hamburg und Freiburg/Br. klassische Philologie, Promotion 1944. Seit 1956 ist J. Prof. der klassischen Philologie in Tübingen, seit 1962 auch Prof. der Rhetorik. Seit 1986 ist J. zudem Honorarprofessor in Hamburg und korrespondierendes Mitglied der Akademie der Künste der DDR. Er bekam mehrere Auszeichnungen, u. a. den Lessing-Preis Hamburg, Theodor-Heuss-Preis 1988 [mit s. Frau Inge], 1989 den Alternativen Büchner-Preis und den Hermann-Sinsheimer-Preis. J. ist Präsident der Akademie der Künste (West)Berlin und Vorsitzender der Martin-Niemöller-Stiftung. Zu J.' umfangreichen fachspezifischen Arbeiten treten Romane, Erzählungen und Arbeiten für Rundfunk und Fernsehen, neben seinen literaturkritischen Veröffentlichungen (u. a. auch im Rahmen der «Gruppe 47»). Als «Momos» schrieb J. auch Fernsehkritiken für «Die Zeit». – Sein Roman *Nein. Die Welt der Angeklagten* ist eine von George Orwell und Kafka beeinflußte negative Utopie eines totalen Staates, dessen letzter Zweck die Vernichtung des Individuums ist. Probleme des Alterns und der Psychologie von Schauspielern behandelt sein Roman *Vergessene Gesichter*, Fragen des Alterns und der Zeit überhaupt dem mit einem Schriftsteller-Selbstmord endenden *Der Mann der nicht alt werden wollte*. Auch die späteren Romane befassen sich mit der Fragilität des Ich und der Suche nach seiner wahren Bestimmung. J.' Übersetzungen und Rundfunkarbeiten sprechen einen größeren Kreis an, die Resonanz auf seine *Republikanischen Reden* war eher enttäuschend. Zu seinen Dramen gehören u. a. Bearbeitungen von Werken des Euripides und Aristophanes.

W.: Prosa: Das weiße Taschentuch, 47; Nein. Die Welt der Angeklagten, 1950; Der Blinde, 51; Vergessene Gesichter, 52; Der Mann der nicht alt werden wollte, 55; Das Testament des Odysseus, 57; Von deutscher Rede, 66; Die Verschwörung, 69; Republikanische Reden, 76. – *Hörspiele, Libretto, Drama:* Ein Mann verläßt seine Frau, 51; Der Besuch des Fremden (in: Sechzehn dt. Hörspiele, hg. H. Schmitthenner), 52; Abendschatten, 53; Ahasver, 56; Der Telefonist, 57; Vergessene Gesichter, 59; Alkestis, 60; Der Ausbruch, 75; Der Untergang. Nach den Troerinnen des Euripides, 82; Die Friedensfrau (nach Aristophanes), 86. – *Fernsehspiele:* Vergessene Gesichter. Fernsehspiel (in: Der Besuch des Fremden, 67); Die rote Rosa, 70; Die Verschwörung, 70; Der tödliche Schlag, 74; Der Teufel lebt nicht mehr, mein Herr! Ein Totengespräch zwischen Lessing und Heine (in: Die dt. Bühne 5/79), 79. – *Essays, theoretische Schriften, Bearbeitungen:* Hofmannsthal und die Griechen, 55; Die Stichomythie in der frühen griechischen Tragödie, 55; Thomas Manns Verhältnis zur antiken Welt, 56; Statt einer Literaturgeschichte, 57; Ilias und Odysseé. Nacherzählt, 58; Moderne Literatur – moderne Wirklichkeit, 58; Die Götter sind sterblich, 59; Deutsche Literatur der Gegenwart, 61; Zueignungen, 62; Melancholie und Moral, 63; Literatur und Politik, 63; Herr Meister, 63; Euripides – Büchner, 64; Bericht über eine Messe, 69; Antiquierte Antike?, 71; am anfang der stall, am ende der galgen – jesus von nazareth, 72; Fernsehen, Themen und Tabus. Momos 1963–1973, 73; Der Fall Judas, 75; Eine deutsche Universität (mit I. Jens und B. Beekmann), 77; Zur Antike, 78; Ort der Handlung ist Deutschland. Reden in erinnerungsfeindlicher Zeit, 81; Geist und Macht in Deutschland, 82; In Sachen Lessing, o. J; Die kleine Stadt – Tübingen (mit I. Jens u. a.), 81; Momos am Bildschirm 1973–1983, 84; Rolf Escher – Schauplätze (mit H. Froning), 84; Kanzel und Katheder, 84; Roccos Erzählung, 85; Dichtung und Religion (mit H. Küng), 85; Anfang und Ende, 87; Unser Uhland – Nachdenken über einen vergessenen Klassiker, 87; Juden und Christen in Deutschland, 89; Nationalliteratur und Weltliteratur – von Goethe aus gesehen, 89; Der Alternative Büchnerpreis 1989 [darin: Georg Büchner, Poet und Rebell, im Licht unserer Erfahrung], 89; Reden über das eigene Land 6 [mit M. Walser u. a.], 89; Anwälte der Humanität – Thomas Mann, Hermann Hesse, Heinrich Böll [mit H. Küng], 90. – *Übersetzungen:* Homer, Aischylos, Sophokles, Matthäus-Evangelium. – *Herausgebertätigkeit:* Die Bauformen der griechischen Tragödie, 71; Der barmherzige Samariter, 73; Um nichts als die Wahrheit, 78; Assoziationen, Bd 1, 78, Bd 2, 79, Bd 7, 79; Warum ich Christ bin, 79; Literatur und Kritik, 80; Rhetorik. Ein internationales Jahrbuch (mit J. Dyck u. a.), Bd 1 ff, 80 ff; Frieden, 81; Klassenlektüre. 106

Autoren stellen sich vor (mit B. Engelmann), 82; In letzter Stunde, 82; Vom Nächsten, 84; Festgabe zum 70. Geburtstag für Heinrich Albertz, 85; Studentenalltag, 85; Theologie und Literatur (mit K. J. Kuschel), 86; Deutsche Lebensläufe in Autobiographien und Briefen (mit H. Thiersch), 87; Leben im Atomzeitalter, 87; Kindlers Neues Literaturlexikon, 20 Bde, 88ff; Plädoyers für die Humanität [mit G. Matthiesen], 88. – *Sammelband:* Die Verschwörung. Der tödliche Schlag, 74; Vergessene Gesichter/ Der Blinde, 76; Zur Antike, 78; Der Mann, der nicht alt werden wollte/Herr Meister, 87; Feldzüge eines Republikaners, 88; Die Friedensfrau. Ein Lesebuch, 89; Reden, 89. – *Schallplatten u. ä.:* Plädoyer für das Positive in der Literatur, 61; Alles bucklig und bergig, krumm und eckig, 77.

Jentzsch, Bernd, *27. 1. 1940 Plauen.
Nach dem Studium der Germanistik und Kunstgeschichte (1960–65) war J. Verlagslektor in Berlin. Nach einem Protestbrief anläßlich der Biermann-Ausbürgerung kehrte er von einem Aufenthalt in der Schweiz nicht zurück. Seit März 1990 ist J. einer der stellvertretenden Vorsitzenden des DDR-Schriftstellerverbandes.
Die Publikation von Texten, die politische Auseinandersetzungen im Individuellen, Alltäglichen, aber auch Geschichtlich-Gesellschaftlichen erfassen, hat J. als seinen politischen Beitrag zur Entwicklung des Sozialismus in der DDR begriffen. Die sich häufenden Fälle politischer Zensur provozierten schließlich eine Zäsur in der Arbeit von J.: Die politische Aussage wurde unmittelbar. Die Gedichte des Bandes *Quartiermachen* nehmen herausfordernd, aber auch mit Zügen von Resignation, die durch den ungewollten Neubeginn bedingt sind, zu politischen Ereignissen Stellung. Die geschichtliche Trauerarbeit, die diese Texte bezeugen, soll durch ein nachdrückliches Insistieren auf politischer Desillusionierung einen Weg ohne Kompromisse eröffnen. Die Erzählungen von J. verwischen in subtiler und heiter-skurriler Weise die Grenze zwischen Wirklichkeit und Phantasie.
J. war in der DDR als Vermittler und Förderer internationaler und nationaler Lyrik durch die Reihe «Poesiealbum» hervorgetreten und ist auch weiterhin als emsiger Herausgeber tätig.

W.: Erzählungen: Jungfer im Grünen und andere Geschichten, 1973; Der Muskel-Floh Ignatz vom Stroh, 74; Der bitterböse König auf dem eiskalten Thron, 75; Ratsch und ade! Sieben jugendfreie Erzählungen. Mit einem ‹Nach-Ratsch›, 75; Prosa, 78; Vorgestern hat unser Hahn gewalzert, 78; Berliner Dichtergarten und andere Brutstätten der reinen Vernunft, 79. – *Lyrik:* Alphabet des Morgens, 61. – Bekanntschaft mit uns selbst. Gedichte junger Menschen, 61 (mit W. Bräunig, H. Czechowski, R. Kirsch, K. Mickel, K. Steinhausen); In stärkerem Maße / Med växande styrka, 77; Quartiermachen, 78; Irrwisch, 81. – *Aufsätze:* Offener Brief an Erich Honecker, in: Der Bund, 24. 11. 76; Bequemlichkeit wäre Selbstmord (in: Lui 9/78). – *Nachdichtungen:* Kwitko, L.: Fliege, Schaukel, himmelhoch, 68; Ritsos, J.: Die Wurzeln der Welt (mit K.-D. Sommer), 70; Martinson, H.: Der Henker des Lebenstraums, 73; Kubiak, T.: Im Herbst, 73; Kubiak, T.: Im Winter, 75. – *Herausgebertätigkeit:* Auswahl 66. Neue Lyrik – Neue Namen, 66 (mit K.-D. Sommer); Poesiealbum (monatlich erscheinende Lyrikreihe), 67–76; Auswahl 68. Neue Lyrik – Neue Namen, 68; Max Herrmann-Neiße: Flüchtig aufgeschlagenes Zelt. Ausgewählte Gedichte, 69; Auswahl 70. Neue Lyrik – Neue Namen, 70; Ich nenne euch mein Problem. Gedichte der Nachgeborenen, 71; Das Wort Mensch, 72; Lauter Lust, wohin das Auge gafft. Deutsche Poeten in der Manier Anakreons, 71; Auswahl 72. Neue Lyrik – Neue Namen, 72 (mit H.-J. Schubert, W. Trampe); Auswahl 74. Neue Lyrik – Neue Namen, 74; Welt im sozialistischen Gedicht, 74 (mit anderen); Bartholdt Hinrich Brockes, 75; Schweizer Lyrik des 20. Jahrhunderts, 77; Hermannstraße 14, H. 1ff (mit H. Heissenbüttel), 78–91; Ich sah das Dunkel schon von ferne kommen – Der Tod ist ein Meister aus Deutschland – Ich sah aus Deutschlands Asche keinen Phönix steigen, 3 Bde, 79; Arnim, B. von/Arnim, G. von: Das Leben der Hochgräfin Gritta von Rattenzuhausbeiuns, 80; Raabe, W.: Pfisters Mühle, 80; Hohler, F.: Dr. Parkplatz, 80; Bichsel, P.: Eigentlich möchte Frau Blum den Milchmann kennenlernen, 80; Döblin, A.: Gespräche mit Calypso, 80; Rückert, F.: Das Männlein in der Gans, 80; Heyse, P.: Die Kaiserin Spinetta und andere Liebesgeschichten, 81; Frisch, E.: Zenobi, 81; Brasch, Th.: Der König vor dem Fotoapparat, 81; Kesser, H.: Das Verbrechen der Elise Geitler, 81; Viebig, C.: Das Miserabelchen, 81; Halbe, M.: Die Auferstehungsnacht des Doktors Adalbert, 82; Halm, F.: Die Marzipanlise, 82; Zwerenz, G.: Schöne Niederlagen (mit J. Seuss), 83; Weyrauch, W.: Dreimal geköpft (mit J. Seuss), 83; Droege, H.: Anton und Marinette, 83; Döblin, A.: Der Oberst und der Dichter oder Das menschliche Herz, 84; Constanz, B.: Cécile, 84;

Böhmer, G.: Nachtgespräch (mit J. Seuss), 84; Topol, E.: Wie Assja Rußland verließ, 84; Orabuena, J.: Henri Rousseau, 84; Hugo, V.: Vom Leben und Sterben des armen Mannes Gueux, 85; Schädlich, H. J.: Mechanik (mit J. Seuss), 85; Droege, H.: Begegnung mit Arno Schmidt, 85; Söllner, W.: Die Party (mit J. Seuss), 85.

Jobs, Hieronymus → Wedekind, Frank

Joga, Jakob → Hirsch, Karl Jakob

Johansen, Hanna (eig. H. Muschg, geb. Meyer), *17.6.1939 Bremen.
J. studierte Germanistik, Altphilologie und Pädagogik in Marburg und Göttingen. 1967–69 hielt sie sich in USA auf und lebt seitdem in Kilchberg bei Zürich. Verheiratet mit dem Germanisten und Autor Adolf Muschg, schreibt sie unter beiden Namen. J. erhielt mehrfach Anerkennungsgaben von Stadt und Kanton Zürich, 1986 den Marie-Luise-Kaschnitz-Preis, 1987 den Conrad-Ferdinand-Meyer-Preis, 1990 den Premio Grafico Bologna und den Schweizer Jugendbuchpreis. Ihre Kinder- und Jugendbücher wurden mehrfach in entsprechende Ehrenlisten aufgenommen. – Vor allem Frauen sind die Heldinnen in ihren Prosaarbeiten. J. schildert in spröder und ironisch-präziser Sprache Menschen in Umbruchsituationen, von denen Entscheidungen verlangt werden und Entwürfe eigenen Lebens. Liebe und Liebesentzug, die Versuche der Frauen, mit beidem umzugehen, bestimmen die Erzählungen des Bandes *Die Schöne am unteren Bildrand*. Das Verhältnis zwischen den Geschlechtern in unserer Zeit schildert sie in ihrem Roman *Ein Mann vor der Tür*. J. versteht es, in ihren lakonischen Erzählungen ‹Leerstellen› zu lassen, die den Leser zur eigenen teilnehmenden Phantasiearbeit auffordern. J. hat (zuerst unter dem Namen Muschg) auch Kinderbücher verfaßt, die mehrfach preisgekrönt wurden und in denen mit klarem, nüchternem Blick die Welt der Erwachsenen und ihr Verhalten aus der Sicht der Kinder verdeutlicht wird.

W.: Romane, Erzählungen, Prosa, Kinderbücher: Die stehende Uhr, 1978; Trocadero, 80; Die Analphabetin, 82; Bruder Bär und Schwe-

ster Bär, 83; Die Ente und die Eule, 84 (Neufsg. 88); 7 × 7 Siebenschläfergeschichten, 85; Über den Wunsch, sich wohlzufühlen, 85; Zurück nach Oraibi, 86; Felis, Felis, 87; Ein Mann vor der Tür, 88; Die Geschichte von der kleinen Gans, die nicht schnell genug war, 89; Die Schöne am unteren Bildrand, 90. – *Dramen, Hör- und Fernsehspiele:* Auf dem Lande (Hsp.), 82. – *Übersetzungen:* D. Barthelme: Unsägliche Praktiken, unnatürliche Akte, 69; G. Paley: Fleischvögel, 71 (als Tb. u.d.T.: Die kleinen Störungen der Menschheit, 85); W. Percy: Liebe in Ruinen, 74; G. Paley: Ungeheure Veränderungen in letzter Minute (mit J. Laederach u. a.), 87.

Johnson, Uwe, *20.7.1934 Kammin (Pommern), † 23.2.1984 Sheerness (England).
Sohn eines Gutsverwalters und späteren Beamten aus Mecklenburg und einer Bauerstochter aus Pommern, aufgewachsen in Anklam. Ende des Krieges war er Schüler in einem NS-Internat in Kościan, 1945 flüchtete er nach Recknitz in Mecklenburg. Während der Schuljahre in Güstrow (1946–52) war J. Mitglied der FDJ. 1952–56 Studium der Germanistik in Rostock und Leipzig, danach drei Jahre «wissenschaftliche Heimarbeit». Sein Romanmanuskript *Ingrid Babenderrerde, Reifeprüfung 1953* blieb (bis 1985) unveröffentlicht bis auf das Kapitel *Eine Abiturklasse* (in «Aus aufgegebenen Werken», 1968). 1959 siedelte er bei Erscheinen von *Mutmaßungen über Jakob* nach West-Berlin über. 1960 Fontane-Preis, 1962 Formentor-Preis und Stipendium der Villa Massimo. 1964 ein halbes Jahr lang Fernsehkritik für den Westberliner «Tagesspiegel». 1966–68 zunächst als Schulbuchlektor in New York. Seit 1969 Mitglied der Westberliner Akademie der Künste und des PEN-Zentrums. 1971 Georg-Büchner-Preis. 1974 Übersiedlung nach England, in die Nähe von London. Seit 1977 Mitglied der Deutschen Akademie für Sprache und Dichtung. 1978 Th.-Mann-Preis, 1979 Dozent für Poetik an der Univ. Frankfurt, 1983 Kölner Literaturpreis.
Der Roman *Mutmaßungen über Jakob* erzählt, unter dem Einfluß Faulkners, mit Hilfe verschiedener Techniken des Dialogs, des Monologs und eines «nichtallwissenden» Erzählers, der die Se-

quenzen chronologisch arrangiert und Lücken ausfüllt, die Gestalt und Geschichte des tödlich verunglückten Eisenbahners Jakob Abs. Sie wird von seinen Freunden und Bekannten mosaikartig erinnert, wobei sich die einzelnen Aussagen zum Teil widersprechen, ohne daß einem der Sprecher die letzte, endgültige Wahrheit vorbehalten ist. Am Ende des Buches bleibt es dem Leser überlassen, aus der Fülle der Vermutungen über Jakob seine eigenen Schlüsse zu ziehen: ob Jakob einem Unglücksfall zum Opfer fiel, in welchem Deutschland ein menschenwürdiges Leben möglich sei usw. Mehr noch als die an ein Kriminalverhör erinnernde Form dieses gänzlich unkonventionellen Werkes überrascht die eigenwillige, widerspenstige Sprache des damals 25jährigen Autors, in der Lutherdeutsch, mecklenburgische Dialektelemente und ungewöhnliche Wortschöpfungen und Satzstellungen eine eigenwillige Symbiose eingehen. Der Stoff und seine Darstellungsweise erregten sofort ein lebhaftes Interesse der Kritik.

Ein Hauptthema von J.s erstem Werk, nämlich das Problem der deutschen Teilung, wird auch in den späteren Veröffentlichungen immer wieder aufgegriffen. *Das dritte Buch über Achim* ist ein Roman über die Unmöglichkeit, einen Roman über den Rennfahrer Achim, ein Staatsidol der DDR, zu schreiben: Der fiktive Autor dieses halbfertigen Werks, der westdeutsche Journalist Karsch, muß erkennen, daß die Entfernung zwischen den beiden deutschen Staaten so groß geworden ist, daß man sich nicht mehr verständigen kann. In den kurzen Erzählungen des Sammelbändchens *Karsch, und andere Prosa* setzt sich J. mit der Vor- und Nachgeschichte seiner Helden und Themen auseinander, denen er in bisher allen Werken treu geblieben ist. In *Zwei Ansichten* konfrontiert J. die zwei deutschen Staaten mittels der Gestalten des Fotografen B. und der Krankenschwester D., die nach dem Bau der Mauer aus Ost-Berlin flieht; der mangelnde Kontakt bewirkte «eine eingebildete Liebe». Beide sind absichtlich blaß und gesichtslos gezeichnete Figuren in dieser «einfachen Geschichte», an der

die Dauer der Entfremdung um so deutlicher wird.

Nur scheinbar entfernt sich J. in seinem Roman in vier Teilen *Jahrestage* von der jüngsten deutschen Vergangenheit: Gesine Cresspahl, eine der Hauptgestalten von *Mutmaßungen über Jakob*, lebt jetzt als Bankangestellte in New York, wo sie ihre (und Jakob Abs') Tochter Marie über das Leben in Deutschland während der Weimarer Republik, des Nationalsozialismus, des 2. Weltkriegs und im geteilten Deutschland aufklärt. Diese deutsche Vergangenheit wird konfrontiert mit der amerikanischen Gegenwart durch Gesines Schilderung ihres Alltags in New York und durch Zitate aus der «New York Times». Gesine ist auf der Suche nach ihrem Land, das die DDR und die Bundesrepublik nicht sein konnten. In Amerika erlebt sie nun die Rassendiskriminierung und die Folgen des Vietnam-Kriegs. Und sie wird es auch nicht in der ČSSR des «Prager Frühlings» finden, denn die *Jahrestage* behandeln den Zeitraum vom 20. August 1967 bis zum 20. August 1968, dem Tag, an dem Truppen des Warschauer Pakts in die ČSSR einmarschierten. *Jahrestage* – das sind eine Art Tagebucheintragungen wie auch Erinnerungstage. J. erzählt diese Geschichte aus der Vergangenheit und Gegenwart, von Deutschland und Amerika, von einem einzelnen und der Gesellschaft mit der Technik der Montage von berichtenden Abschnitten, Zitaten und Dialogen. Nicht zuletzt dieses Romans wegen gilt J. als einer der wichtigsten Autoren unserer Zeit. – In seinen Frankfurter Vorlesungen *Begleitumstände* berichtet er ausführlich über sich und seinen Werdegang als Schriftsteller, über seine spezifischen Schwierigkeiten beim Schreiben und die besondere Entstehungsgeschichte seiner Werke.

W.: Prosa: Mutmaßungen über Jakob, 1959; Das dritte Buch über Achim, 61; Karsch, und andere Prosa, 64; Zwei Ansichten, 65; Aus aufgegebenen Werken, 68; Jahrestage, 70; Jahrestage 2, 71 (mit Anhang: Mit den Augen Cresspahls); Jahrestage 3, 73; Skizze eines Verunglückten, 82; Jahrestage 4 u. 1 Registerbd. 83; Heute neunzig Jahr, 84; Der 5. Kanal, 85; Ingrid Babendererde. Reifeprüfung

1953, 85; Versuch einen Vater zu finden/Marthas Ferien, 86 (mit Toncass.). – *Essays:* Eine Reise nach Klagenfurt, 74; Berliner Sachen, 75; Begleitumstände. Frankfurter Vorlesungen, 80; Ich überlege mir die Geschichte..., 87; Porträts und Erinnerungen, 88. – *Sammel- und Werkausgaben:* Eine Reise wegwohin und andere kurze Prosa, 89. – *Herausgebertätigkeit:* Brecht: Me-ti, 65; Max Frisch: Stich-Worte, 75; Margret Boveri: Verzweigungen, 77. – Ferner Übersetzungen aus dem Englischen. – *Schallplatten, Kassetten:* Versuch einen Vater zu finden/Marthas Ferien, 88 (Kass. mit Textheft).

Joho, Wolfgang, *6.3.1908 Karlsruhe.
J. studierte 1926–31 Medizin, Geschichte und Staatswissenschaften; er wurde 1929 Mitglied der KPD; 1938–41 mußte J. wegen «Vorbereitung zum Hochverrat» eine Zuchthausstrafe verbüßen; 1943–45 war J. Angehöriger eines Strafbataillons. Nach dem Krieg war J. 1947–54 Redakteur des «Sonntag», der Zeitung des DDR-Kulturbundes, danach freischaffend; 1960–66 war J. Chefredakteur der «Neuen Deutschen Literatur».
Hauptthema des in der DDR vielgelesenen J. ist der Wandlungsprozeß bürgerlicher Intellektueller, die zu Parteigängern der Arbeiterbewegung werden. Diese Thematik beschäftigte J. sowohl in seinen in den 40er und 50er Jahren (von *Jeanne Peyrouton* bis *Wendemarke*) erschienenen Entwicklungsromanen als auch in den von schroffen Ost-West-Gegensätzen lebenden Romanen und Erzählungen der 60er und 70er Jahre (*Das Klassentreffen*, *Abschied von Parler*) in denen der Perspektivlosigkeit von Intellektuellen im BRD-Milieu ein sozialistisches Heimatgefühl schematisch entgegengesetzt wird. Probleme der DDR-Gesellschaft fanden Eingang in die Erzählung *Der Sohn*. Neben anderen Auszeichnungen erhielt J. 1962 und 1983 den Nationalpreis der DDR.

W.: Romane, Erzählungen, Reportagen: Die Hirtenflöte, 1948; Aller Gefangenschaft Ende, 49; Jeanne Peyrouton, 49; Die Verwandlungen des Dr. Brad, 49 (Nov.) und zwei, 50; Der Weg aus der Einsamkeit, 53; Zwischen Bonn und Bodensee, 54; Wandlungen, 55; Traum von der Gerechtigkeit, 56; Die Wendemarke, 57; Die Nacht der Erinnerung, 57; Korea trocknet die Tränen, 59; Es gibt kein Erbarmen, 62; Aufstand der Träumer, 66; Das Klassentreffen, 68; Die Kastanie, 70; Abschied von Parler, 72; Der Sohn, 74. – *Sammel- und Werkausgaben:* Das Klassentreffen. Abschied von Parler, 83.

Johst, Hanns, *8.7.1890 Seershausen bei Oschatz/Sachsen, †23.11.1978 Ruhpolding.
J. verbrachte seine Jugend und Gymnasialzeit in Leipzig, wollte Missionar werden und ging 1907 als Pfleger in die Bodelschwinghsche Anstalt in Bethel, studierte dann in Leipzig Medizin, danach in München, Wien und Berlin Philologie und Kunstwissenschaft, wurde Schauspieler, 1914 Kriegsfreiwilliger, 1918 freier Schriftsteller, 1933 Dramaturg am Schauspielhaus Berlin, im selben Jahr Preußischer Staatsrat, 1935–45 Präsident der Reichsschrifttumskammer und der Deutschen Akademie der Dichtung, Reichskultursenator, SS-Brigadeführer. 1949 wurde er als «Hauptschuldiger» eingestuft.
J.s frühe Dramen, expressionistisch in Sprache, Form und Inhalt, sind stark monologische Stücke. Der Einakter *Die Stunde der Sterbenden* fragt nach dem Sinn des Krieges. *Der junge Mensch. Ein ekstatisches Szenarium* zeigt Stationen des Aufstands eines jungen Menschen gegen Lehrer, Schule, Gesellschaft, der in Nervensanatorium, Krankenhaus und Tod mündet. Das Grabbe-Drama *Der Einsame* behandelt den Untergang des genialen Einzelgängers als notwendiges Schicksal und enthält J.s eigene Problematik. Auch im Roman *Der Anfang* schildert J. seine eigene Unruhe und problematische Existenz. Die Ablehnung der bürgerlichen Industrie- und Erwerbsgesellschaft, der Profitorientierung und des Egoismus und die Suche des problematischen Individuums nach authentischen Werten führten J. in den 1. Weltkrieg und darüber hinaus in die nationalsozialistische Bewegung, die er lange vor der sog. Machtergreifung in Dichtungen und Reden propagierte. Sein Kampfstück *Schlageter* galt als «Bekenntnis- und Freiheitsdrama der nationalsozialistischen Revolution», war aber auch um-

stritten. Gegen die moderne «Zivilisation» und den Vergnügungsbetrieb, aber auch gegen das «Bildungstheater» in der Tradition Schillers setzte er das «Mythische» und «Metaphysische», die deutsche «Seele», den Kult des Völkischen und ein neues kultisches Theater, das an die «Stimme des Blutes» appelliert.

W.: Romane, Erzählungen, Reiseberichte: Der Anfang, 1917; Kreuzweg, 22; Consuela. Aus dem Tagebuch einer Spitzbergenfahrt, 25; So gehen sie hin. Ein Roman vom sterbenden Adel, 30; Die Torheit einer Liebe, 31; Ave Eva, 32; Mutter ohne Tod. Die Begegnung, 33; Maske und Gesicht, 35; Gesegnete Vergänglichkeit, 55. – *Dramen:* Stunde der Sterbenden, 14; Der junge Mensch. Ein ekstatisches Szenarium, 16; Der Ausländer, 16; Stroh. Eine Bauernkomödie, 16; Der Einsame, 17; Der König, 20; Propheten, 23; Wechsler und Händler, 23; Die fröhliche Stadt, 25; Der Herr Monsieur, nach Holbergs Jean de France, 26; Thomas Paine, 27; Schlageter, 33; Fritz Todt, Requiem, 43. – *Lyrik:* Wegwärts, 16; Rolandsruf, 19; Mutter, 21; Lieder der Sehnsucht, 24; Briefe u. Gedichte von einer Reise durch Italien und die Wüste, 26. – *Essays, Reden, Propagandaschriften:* Dramatisches Schaffen, 22; Wissen und Gewissen, 24; Ich glaube! Bekenntnisse, 28; Standpunkt und Fortschritt, 33; Ruf des Reiches, Echo des Volkes, 40. – *Sammelausgaben:* Meine Erde heißt Deutschland, 38; Hanns Johst spricht zu dir, 42; Erzählungen, 44.

Jonke, Gert Friedrich, *8. 2. 1946 Klagenfurt.

J. studierte an der Akademie für Film und Fernsehen in Wien. Gegenwärtig lebt er nach vielen Reisen und längeren Auslandsaufenthalten als freier Schriftsteller. Mehrere Literaturförderpreise, sowie 1987 den Österr. Würdigungspreis für Literatur und 1988 den Preis der Frankfurter Autorenstiftung. – Die frühen Texte J.s gehorchen dem formalen Prinzip der Reihung, wobei Sprachartistik, Humor und Ironie die verschiedenen Erzählstränge zusammenhalten und seltsam gleichzeitig paralysieren. Thematisch steht im Vordergrund die Bedrohung archaischer Ganzheiten durch den vermeintlichen Zwang, ebendiese verwalten zu müssen. Seit der *Schule der Geläufigkeit* scheint ein Neuansatz vorzuliegen: Die Dialektik von Schein und Wirklichkeit verdichtet sich zum Bild einer

fiktiven Utopie, an der sich die Geister scheiden. Im *Fernen Klang* wird der Sachverhalt noch prinzipieller und abstrakter – und auch das Pathos, in das er sich gelegentlich kleidet. Die Wünsche sind jetzt zu Träumen geworden, über deren Realisierbarkeit man keine Prognosen wagt.

W.: Romane, Erzählungen, Kurzprosa, Vermischtes: Geometrischer Heimatroman, 1969; Glashausbesichtigung, 70; Beginn einer Verzweiflung, 70; Musikgeschichte, 70; Die Vermehrung der Leuchttürme, 71; Die Magnetnadel zeigt nach Süden, 72; Die Hinterhältigkeit der Windmaschinen, 72; Schule der Geläufigkeit, 77 (rev. 85); Der ferne Klang, 79; Die erste Reise zum unerforschten Grund des stillen Horizonts, 80; Erwachen zum großen Schlafkrieg, 82; Entflieht auf leichten Kähnen, 83; Wilder Rasen, 86; Der Kopf des Friedrich Georg Händel, 88. – *Hörspiele:* Damals vor Graz, 70; Die Schreibmaschinen, 71. – *Herausgebertätigkeit:* Weltbilder. 49 Beschreibungen (mit L. Navratil), 70. – *Sammelausgabe:* Im Inland und im Ausland auch, 74.

Joti, Hubert → Ippers, Josef

Jung, Carl Gustav, *26. 7. 1875 Kesswil (Schweiz), †6. 6. 1961 Küsnacht (Zürich).

J., der führende Tiefenpsychologe neben Freud und Adler, gilt als «Wiederentdecker der Ganzheit und Polarität der menschlichen Seele», als Erforscher des «kollektiven Unbewußten» und als Interpret der Ursymbolik und des Individuationsprozesses der Menschheit. Nach dem Medizinstudium in Basel 1895–1900 war er Assistent, später Oberarzt an der psychiatrischen Klinik «Burghölzli» in Zürich und 1905–15 Privatdozent in Zürich. 1907 lernte J. Sigmund Freud kennen, von dessen psychoanalytischer Bewegung er sich 1912/13 trennte. 1933 wurde er Präsident der Internationalen Allgemeinen Ärztlichen Gesellschaft für Psychotherapie.

Da der universal gebildete Gelehrte weite Felder und spezielle Probleme der Religions-, Kultur- und Geistesgeschichte in seine Forschungen einbezogen hat, erstreckt sich auch sein vielseitiges und umfangreiches literarisches Schaffen nicht nur auf den engeren psychiatrischpsychotherapeutischen Bereich. *Symbole der Wandlung* ist eines der Werke, in denen u. a. auch ein reichhaltiges historisches Bildmaterial wiedergegeben und tiefenpsychologisch gedeutet wird. In (Traum-)Bildproduktionen gesunder und kranker Menschen wie auch in künstlerischen bzw. symbolischen Darstellungen erblickte J. *Gestaltungen des Unbewußten*, die wiederum auf urtümliche Bilder, die «Archetypen» zurückzuführen sind: «Der Begriff des Archetypus ... wird aus der vielfach wiederholten Beobachtung, daß z. B. die Mythen und Märchen der Weltliteratur bestimmte, immer und überall wieder behandelte Motive enthalten, abgeleitet. Diesen selben Motiven begegnen wir in Phantasien, Träumen, Delirien und Wahnideen heutiger Individuen. Diese typischen Bilder und Zusammenhänge werden als archetypische Vorstellungen bezeichnet.» Vielfältige Wechselbeziehungen hat J. zwischen der Religion und der Psychologie aufgezeigt, u. a. in *Psychologie und Religion* und in dem nicht unumstrittenen Spätwerk *Antwort auf Hiob*. Ein besonderes Forschungsgebiet erschloß sich J. in der spätmittelalterlichen Alchimie insofern, als der Tiefenpsychologe in den Beschreibungen bzw. Abbildungen des alchimistischen Opus Entsprechungen zum psychischen Reifungsprozeß («Individuation») erblickte. In *Psychologie und Alchemie* und im dreibändigen Werk *Mysterium Coniunctionis* sind diese Forschungsergebnisse zusammengefaßt. Intensiv beschäftigte sich J. mit der asiatischen Geistigkeit, z. B. mit den Meditationspraktiken des Ostens, ohne jedoch die innere Beziehung zum mitteleuropäisch-christlichen Geisteserbe zu verleugnen. Während J.s Typenlehre in *Psychologische Typen* niedergelegt ist, werden Zeitprobleme in *Aufsätze zur Zeitgeschichte, Gegenwart und Zukunft* und in *Ein moderner Mythos* analysiert.

W.: Wandlungen und Symbole der Libido, 1912 (erweiterte und umgearbeitete Fassung als: Symbole der Wandlung); Psychologische Typen, 21; Die Beziehung zwischen dem Ich und dem Unbewußten, 28; Über die Energetik der Seele, 28, erw. 48; Die Frau in Europa, 29; Das Geheimnis der goldenen Blüte, 29; Seelenprobleme der Gegenwart, 31; Wirklichkeit der Seele, 34; Psychologie und Religion, 40; Einführung in das Wesen der Mythologie, 42 (mit K. Kerényi); Psychologie und Alchemie, 44; Psychologie und Erziehung, 46; Aufsätze zur Zeitgeschichte, 46; Die Psychologie der Übertragung, 46; Symbolik des Geistes, 48; Gestaltungen des Unbewußten, 50; Aion. Untersuchungen zur Symbolgeschichte, 51; Antwort auf Hiob, 52; Synchronizität als ein Prinzip akausaler Zusammenhänge, 52; Von den Wurzeln des Bewußtseins, 54; Welt der Psyche, 54; Mysterium Coniunctionis, 3 Bde, 55–57; Gegenwart und Zukunft, 57; Ein moderner Mythus, 58; Die Schizophrenie, 58; Das Gewissen in psychologischer Sicht, 58; Erinnerungen, Träume, Gedanken, 63; Über psychische Energetik und das Wesen der Träume, 65 (3. vermehrte Aufl. von: Über die Energetik der Seele); Über die Psychologie des Unbewußten, 66 (8. vermehrte Auflage von: Das Unbewußte im normalen und kranken Seelenleben); Zugang zum Unbewußten, in: Der Mensch und seine Symbole, 68; Der Mensch und seine Symbole (mit M. L. von Franz), 68; Über Grundlagen der Analytischen Psychologie, 69; Mandala, 77; Von Religion und Christentum, 87. – *Sammel- und Werkausgaben:* Psychologische Betrachtungen, 49; Welt der Psyche, 54; Bewußtes und Unbewußtes, 57; Ges. Werke, 18 Bde, 58ff; Studienausgabe, 20 Bde, 71ff; Frühe Schriften, 4 Bde, 71–73; Briefe, 3 Bde, 72–73; J./S. Freud, Briefwechsel, 74; Erinnerungen, Träume, Gedanken von C.G.J. (mit Bibliographie), 62; Das C. G. J. Lesebuch, 83; Grundwerk, 9 Bde, 84–85; Vom Sinn und Wahn-Sinn, 86; C. G. J. im Gespräch, 86; Gesammelte Werke. Suppl.-Bd 87.

Jung, Franz, *26. 11. 1888 Neiße, †21. 1. 1963 Stuttgart.

J., Sohn eines Uhrmachers, studierte 1907–13 Jura und Wirtschaftswissenschaften; seit 1913 in Berlin, wo er sich dem «Aktion»-Kreis anschloß; Teilnahme am 1. Weltkrieg, anfangs als Freiwilliger, jedoch schon nach kurzer Zeit desertiert; Gefängnisaufenthalt; nach der Entlassung Anschluß an den Spartakus, J. wird eins der ersten Mitglieder der KPD. Auf künstlerischem Gebiet enge Beziehungen zu Dada Berlin; durch die Herausgabe der Zeitschrift «Die freie Straße» wird J. einer der Initiatoren der Bewegung; 1921 einer der Organisatoren des mitteldeutschen Aufstands, nach dessen Niederschlagung Flucht in die UdSSR; Rückkehr 1924; danach wieder in Berlin, u. a. Wirtschaftsjournalist und Dramaturg (bei E. Piscator); 1931–33 Herausgeber der Zeitschrift «Der Gegner». In der NS-Zeit bekam J. Publikationsverbot, floh 1938 nach Zwischenstationen in Prag, Wien, Paris und Genf nach Ungarn, wo er weiter im Widerstand arbeitete; 1945 mehrfach inhaftiert, konnte jedoch jedesmal fliehen; lebte dann in Italien und den USA, von 1960 bis zu seinem Tod wieder in Deutschland und Paris. In seiner Autobiographie *Der Weg nach unten* schildert J. sein wechselvolles Leben.

J.s Werke bis 1918, «explosiv und explodierend» geschrieben, spiegeln vor allem seine Zerrissenheit und die Kämpfe seiner ersten Ehe. Der quälende Wechsel von Liebe, Haß, Erniedrigung, brutalem Streit, Schwäche, Brüderlichkeit wird mit expressionistisch gesteigertem Vokabular bedrängend dargestellt. Die Literatur der Jahre nach 1918 wird bestimmt von der zunehmenden Politisierung J.s. Er erschließt sich das Gebiet der Arbeiterliteratur, verfaßt Prosa und Dramen, die sich mit dem Elend der Arbeiter beschäftigen und gleichzeitig Agitationsliteratur darstellen. In engem Zusammenhang damit theoretische Auseinandersetzung mit der Bedeutung einer parteilichen Literatur. Thematisch dominant: Massenbewegungen zu Beginn der Weimarer Republik, Streiks und Aufstände.

W.: Romane, Erzählungen, Autobiographisches: Das Trottelbuch, 1912; Kameraden ...!, 13; Sophie. Der Kreuzzug der Demut, 15; Opferung, 16; Der Sprung aus der Welt, 18; Gnadenreiche, unsere Königin, 18; Die rote Woche, 21, 73; Joe Frank illustriert die Welt, 21, 73; Der Fall Groß, 21; Proletarier, 21; Arbeitsfriede, 22; Die Eroberung der Maschinen, 23; Hausierer, 31; Der Weg nach unten, 61 (auch als: Der Torpedokäfer, 72). – *Dramen:* Saul, 16; Die Kanaker, 21; Wie lange noch?, 21; Annemarie, 22; Geschäfte, 27; Heimweh, 28. – *Essays:* Reise in Rußland, 20; Die Technik des Glücks, 2 Bde, 21–23; An die Arbeiterfront nach Sowjetrußland, 22; Hunger an der Wolga, 22; Die Geschichte einer Fabrik, 24; Der neue Mensch im neuen Rußland, 24; Das geistige Rußland von heute, 24; Bausteine für einen neuen Menschen, 82; Revolte gegen die Lebensangst, 83. – *Sammel- und Werkausgaben:* Gott verschläft die Zeit. Frühe Prosa, 78; Der tolle Nikolaus, 81; Werke, Bd 1 ff, 81 ff. –

Herausgebertätigkeit: Die freie Straße; Der Gegner (mit Oskar Maria Graf, Erwin Piscator), 2 Bde, 19–22 (Repr. 79).

Jünger, Ernst, *29. 3. 1895 Heidelberg.

J., Sohn eines Apothekers, verbrachte die Jugend in Hannover und am Steinhuder Meer, ließ sich 1913 als Gymnasiast zur Fremdenlegion anwerben, wurde aber von seinem Vater zurückgeholt. 1914 meldete er sich als Kriegsfreiwilliger, wurde in Flandern verwundet und erhielt den Orden Pour le mérite. 1919–23 war er Reichswehroffizier. 1923–25 studierte er Philosophie und Naturwissenschaft in Leipzig und Neapel und lebte danach als freier Schriftsteller.

J. identifizierte sich nicht mit den Nationalsozialisten, allerdings nicht aus humanistischem Engagement, sondern aus elitärem, antiplebejischem Habitus, wurde aber wegen seiner den Krieg und soldatischen Heroismus verherrlichenden Schriften sowohl von den Nationalsozialisten als auch darüber hinaus von breiten deutschnationalen und konservativen Kreisen geschätzt und protegiert. 1933 lehnte er die Aufnahme in die Preußische Akademie der Künste ab. 1941 war er als Hauptmann im Stab des deutschen Militärbefehlshabers in Paris. An den Vorbereitungen zum Staatsstreich vom 20. Juli 1944 nahm er nicht direkt teil, beobachtete sie aber mit Sympathie und stellte Rommel seine Schrift *Der Friede* zur Verfügung. Nach dem Scheitern des Staatsstreichs wurde J. wegen «Wehrunwürdigkeit» entlassen, was dazu beitrug, nach 1945 dem umstrittenen Autor noch einmal ein begrenztes Comeback zu ermöglichen. 1955 erhielt J. den Kulturpreis der Stadt Goslar, 1956 den Literaturpreis der Freien Hansestadt Bremen, 1960 die Ehrengabe des Kulturkreises im Bundesverband der Industrie, 1964 den Immermann-Preis, 1974 den Schiller-Preis. Gegenüber den Versuchen der Rechtfertigung, Aktualisierung und Aufwertung seines Werks ist aber auch immer wieder auf die Inhumanität seiner Synthese von Ästhetizismus und Barbarei und auf die volksverachtenden, demokratiefeindlichen Tendenzen seines militaristischen Heroismus hingewiesen worden; diese

Kritik erreichte eine breitere Öffentlichkeit in den zahlreichen Protesten gegen die Verleihung des Goethe-Preises der Stadt Frankfurt 1982. 1985 erhielt J. das Gr. Bundesverdienstkreuz mit Stern und Schulterband. Er ist Ehrendoktor der Universität Bilbao und bekam 1990 den Oberschwäbischen Kunstpreis. Anknüpfend an Darwins *Kampf ums Dasein* und Nietzsches *Willen zur Macht* rechtfertigte J. den Krieg als elementares Lebensgesetz und als befreienden Durchbruch des Tierhaften, Zerstörerischen im Menschen gegen die zivilisatorische Ordnung und gegen bürgerliche Humanitäts- und Fortschrittsideale. Größtes Aufsehen erregte das «Tagebuch eines Stoßtruppführers» in *In Stahlgewittern*; 1967 erschien das 244. Tausend unter dem neuen Titel *Ein Kriegstagebuch*. Es schildert die grausame Materialschlacht des modernen Krieges, der jedoch nach J.s Ansicht eine neue Vitalität ermöglicht, die sich in Tötungswillen und elementarer Zerstörungswut auslebt und den männlich-heroischen Krieger hervorbringt, der das Sterben um sich herum gleichgültig hinnimmt. Gerade mit solcher Verarbeitung des «Fronterlebnisses», der Verabsolutierung eines antidemokratischen soldatischen Heroismus und der Gleichsetzung von Leben und Kampf gewann J. Anhänger und trug zur Bildung einer ideologischen Tradition bei, die mit zentralen Ideologemen der Nationalsozialisten übereinstimmte. In dem Roman *Auf den Marmorklippen* werden Gegenwartsbezüge wie der Konflikt zwischen SA und SS allegorisch verschlüsselt, vom historischen Zusammenhang isoliert und mythisiert. Die späteren Kriegsbücher *Gärten und Straßen* und *Strahlungen* konnten die frühen Erfolge nicht einholen. Die utopischen Romane *Heliopolis* und *Gläserne Bienen* lassen gerade das vermissen, was J.s Kriegsbücher so stark und erfolgreich machte, den Realitätsgehalt, konnten aber auch als Denkmodelle keine überzeugende Wirkung erzielen.

W.: Romane, Berichte, Tagebücher, Essays: In Stahlgewittern, 1920; Der Kampf als inneres Erlebnis, 22; Das Wäldchen 125, 25; Feuer und Blut, 25; Das abenteuerliche Herz, 29; Die totale Mobilmachung, 31; Der Arbeiter. Herrschaft und Gestalt, 32; Dalmatinischer Aufenthalt, 32; Blätter und Steine, 34; Lob der Vokale, 34; Afrikanische Spiele, 36; Auf den Marmorklippen, 39; Gärten und Straßen, 42; Myrdun. Briefe aus Norwegen, 43; Aus der goldenen Muschel, 44; Der Friede. Ein Wort an die Jugend Europas und an die Jugend der Welt, 45; Atlantische Fahrt, 47; Sprache und Körperbau, 47; Ein Inselfrühling, 48; Strahlungen, 49; Heliopolis, 49; Über die Linie, 50; Der Waldgang, 51; Am Kieselstrand, 51; Besuch auf Godenholm, 52; Drei Kiesel, 52; Der gordische Knoten, 53; Das Sanduhrbuch, 54; Am Sarazenenturm, 55; Sonnentau, 55; Rivarol, 56; Gläserne Bienen, 57; San Pietro, 57; Serpentara, 57; Jahre der Okkupation, 58; Ein Vormittag in Antibes, 60; An der Zeitmauer, 59; Sgraffiti, 60; Der Weltstaat, 60; Das spanische Mondhorn, 62; Geheimnisse der Sprache, 63; Typus, Name, Gestalt, 63; Fassungen, 63; Mantrana. Ein Spiel (mit K. U. Leistikow), 64; Grenzgänge, 65; Subtile Jagden, 67; Im Granit, 67; Zwei Inseln. Formosa und Ceylon, 68; Federbälle, 69; Lettern und Ideogramme, 70; Ad hoc, 70; Annäherungen. Drogen und Rausch, 70; Sinn und Bedeutung. Ein Figurenspiel, 71; Die Zwille, 73; Eine Begegnung (mit A. Kubin), 74; Zahlen und Götter, 74; Philemon und Baucis, 74; Eine Begegnung, 74; Eumeswil, 77; Sturm, 79; Siebzig verweht, Bd 1, 80; Bd 2, 81; Maxima – Minima, 83; Aladins Problem, 83; Autor und Autorschaft, 84; Eine gefährliche Begegnung, 85; Zwei Mal Halley, 87; Ortners Erzählung, 89; Die Schere, 90. – *Werkausgaben:* Capriccios. Auswahl, 53; Schriften. Auswahl, 66; Werke, 10 Bde, 60–65; Ausgewählte Erzählungen, 75; Ausgabe letzter Hand, 18 Bde, 78–83. – *Herausgebertätigkeit:* Der Aufmarsch, 2 Bde, 26; Die Unvergessenen, 28; Der Kampf um das Reich, 29; Das Antlitz des Weltkrieges, 30; Luftfahrt ist not, 30; Krieg und Krieger, 30; (mit anderen) Standarte. Wochenschrift des neuen Nationalismus, 26; Arminius. Kampfschrift für dt. Nationalisten, 26–27; Der Vormarsch. Blätter der nationalistischen Jugend, 27–28; Die Kommenden. Überbündische Wochenschrift der dt. Jugend, 30; Antaios (mit M. Eliade), Bd. 1ff, 59–71.

Jünger, Friedrich Georg, *1.9.1898 Hannover, †20.7.1977 Überlingen.
Bruder von Ernst Jünger. Studium in Halle und Leipzig. J. war ursprünglich Jurist (Dr. jur.). Nach Gerichts- und Anwaltspraxis lebte er Anfang der 30er Jahre als freier Schriftsteller in Berlin im Kreis um Alfred Bäumler und Ernst Niekisch. Seit 1937 in Überlingen/Bodensee ansässig. Mehrere Literaturpreise. – J.

war Apologet des Nationalismus in den 20er Jahren, doch 1934 brachte ihm die Elegie *Der Mohn* vorübergehend Publikationsverbot ein. Er gründete die Zeitschrift «Scheidewege», das Sprachrohr einer um ihn gescharten Gruppe. J. gilt vor allem als Novellist, Erzähler und Essayist mit zuweilen preziösem Sprachgefühl. Sein Themenkreis reicht von den Mythen der Alten bis zur *Perfektion der Technik*, die heiße Diskussionen auslöste: In der Technik sieht J. den Dämon der modernen Welt; ein Buch gegen die intellektuelle Blindheit, gegen den bürokratischen Produktionsapparat, ein Hineinspüren ins Unperfekte unserer Perfektion. J., ein dichterischer Grübler, ein konservativer Geist mit universaler Bildung, kämpfte für eine ökologische Vernunft in einer als sinkend empfundenen Kultur. – In der Lyrik Festhalten an neoklassizistischen Formspielen mit elegischen Versmaßen. In Romanen ist Geschichte Kulisse, Verhaltenheit charakteristisch für ihn. *Zwei Schwestern* spielt in Rom, wo ein deutscher Reisender in politische Intrigen gerät, seine entscheidende Begegnung aber in einer römischen Kleinbürgerfamilie hat. Das nachgelassene Werk *Heinrich March* ist ein Familienroman in zwei – durch 20 Jahre getrennten – Teilen um die innere Veränderung von Menschen im Lauf der letzten Jahrzehnte und den Abgrund in den Lebensmöglichkeiten zwischen der vorigen und der heutigen Generation. – 1979 wurde eine Übersetzung der *Odyssee* aus dem Nachlaß veröffentlicht.

W.: Romane, Erzählungen: Dalmatinische Nacht, 1950; Die Pfauen, 52; Der erste Gang, 54; Der weiße Hase, 55; Zwei Schwestern, 56; Kreuzwege, 61; Wiederkehr, 65; Gesammelte Erzählungen, 67; Laura, 70; Heinrich March, 80. – *Drama:* Der verkleidete Theseus, 34. – *Lyrik:* Gedichte, 34; Der Krieg, 36; Der Taurus, 37; Der Missouri, 40; Der Westwind, 46; Die Silberdistelklause, 47; Die Perlschnur, 47; Das Weinberghaus, 47; Gedichte, 49; Sprüche in Versen, 49; Iris im Wind, 52; Morgenländische Stadt, 52; Ring der Jahre, 54; Schwarzer Fluß und windweißer Wald, 55; Dank im Gedicht, 59; Es pocht an der Tür, 68; Im tiefen Granit, 83. – *Essays, Autobiographisches:* Aufmarsch des Nationalismus, 26; Über das Komische, 36; Griechische Götter. Apollon–Pan–Dionysos, 43; Die Titanen, 44; Die Perfektion der Technik, 46 (erw. 48); Griechische Mythen, 47 (umgearb. 57); Orient und Okzident, 48 (erw. 66); Gespräche, 48; Nietzsche, 49; Maschine und Eigentum, 49; Gedanken und Merkzeichen, 49; Grüne Zweige, 51; Rhythmus und Sprache im deutschen Gedicht, 52; Die Spiele, 53; Sprache und Kalkül, 55; Gedächtnis und Erinnerung, 57; Spiegel der Jahre, 58; Gärten im Abend- und Morgenland, 60; Sprache und Denken, 62; Die vollkommene Schöpfung. Natur und Naturwissenschaft, 69; Der Arzt und seine Zeit, 70. – *Übersetzung:* Odyssee, 79. – *Herausgebertätigkeit:* Scheidewege (mit M. Himmelheber), 71 f. – *Sammelausgaben:* Sämtliche Gedichte, 74; Erzählungen, 3 Bde, 78; Werke, 12 Bde, 78 ff; Ausgewählte Erzählungen, 81; Sämtliche Gedichte, 3 Bde, 85 ff.

Jura → Soyfer, Jura

Kafka, Franz, * 3. 7. 1883 Prag, † 3. 6. 1924 Kierling bei Wien.
K. war Sohn eines aus einem kleinen Dorf Südböhmens stammenden jüdischen Kaufmanns, der, durch Fleiß und Sparsamkeit in Prag emporgekommen, stets auf gesellschaftliche Anerkennung bedacht war. In Prag besuchte K. das Altstädter Deutsche Gymnasium und studierte an der deutschen Univ., zunächst Germanistik, dann – auf Drängen des Vaters – Jura (1906 Promotion). Nach einjähriger «Rechtspraxis» trat K. zunächst in den Dienst einer italienischen Versicherungsgesellschaft. Von Juli 1908 an arbeitete er bis zum Ausbruch einer Lungentuberkulose (1917) bei der «Arbeiter-Unfall-Versicherungs-Anstalt für das Königreich Böhmen in Prag»; 1922 wurde er, der Krankheit wegen, vorzeitig pensioniert. Eine über 20 Jahre dauernde Freundschaft verband K. mit Max Brod, der es später auf sich nahm, K.s Bitte, die nachgelassenen Manuskripte zu vernichten, nicht zu entsprechen. Auch Felix Weltsch und Oskar Baum gehörten zu seinen engeren Freunden, Gustav Janouch, Franz Werfel und Ernst Weiß zu seinem Bekanntenkreis.

K. war dreimal verlobt, zweimal (1914 und 1917) mit Felice Bauer, der «Berlinerin» (*Briefe an Felice*), dann (1919) mit Julie Wohryzek, der Tochter eines Prager Synagogendieners. Zu einer tiefen Beziehung führte 1920 die Begegnung mit der tschechischen Übersetzerin und Journalistin Milena Jesenká; sie spiegelt sich in den *Briefen an Milena* aus den Jahren 1920–23. Gefährtin seines letzten Lebensjahres war die aus einer gläubigen ostjüdischen Familie stammende, damals 20jährige Dora Diamant; mit ihr verlebte er in Berlin trotz seiner Krankheit eine vergleichsweise glückliche Zeit.

Die *Tagebücher* – überliefert sind Aufzeichnungen seit dem Jahre 1910 – tragen viel zum Verständnis des Menschen K. und seiner überaus schwierigen Beziehungen zu anderen bei; sie vermitteln einen Eindruck von seiner fast asketischen, ganz auf die schriftstellerische Arbeit abgestellten Lebensweise, von seiner spezifischen Geistigkeit und der höchst eigenwilligen Form seiner Religiosität. Schon früh registrieren sie den nachhaltigen Eindruck jüdischen Volkstums, den die Begegnung mit der von Jizchak Löwy geleiteten jiddischen Schauspieltruppe auf ihn machte.

K.s Leben stand im Schatten einer für ihn übermächtigen Vaterfigur. Unter dem Aspekt dieses «Kampfes mit dem Vater» überdachte er im November 1919 sein Leben in dem (61 Druckseiten langen) *Brief an den Vater*; darin sah K. sowohl sein Schreiben als auch seine wiederholten Bemühungen zu heiraten als Versuche des Sohnes, gegenüber einer dominierenden Vatergestalt Selbständigkeit zu erlangen. Auch den Konflikt zwischen seiner notwendig zurückgezogenen Lebensweise als Schriftsteller und einem Leben in der Gemeinschaft betrachtete K. unter diesem Aspekt: Zugunsten des Schreibens glaubte er sich deshalb entschieden zu haben, weil er den zweiten Weg zur Selbstbefreiung, die Ehe, durch die seelische Macht des Vaters verstellt sah; sein Schreiben hingegen glaubte er zwar durch eine Ehe, nicht aber durch den Vater bedroht. An anderer Stelle gibt es freilich auch Äußerungen K.s, die man als ursprüngliche, aus tiefer Über-

zeugung kommende Bekenntnisse zum Schriftstellerberuf auffassen darf.

Im Zeichen der «Heiratsversuche» mit Felice Bauer standen die spannungsreichen Jahre 1912–17: K.s sehnlichem Wunsch nach Einordnung in die Gemeinschaft stand die Furcht entgegen, das ihm lebensnotwendige Schreiben für immer aufgeben zu müssen. Je näher er der Verwirklichung seiner Heiratspläne kam, um so mehr zerriß ihn dieser Kampf, von dem K. meinte, daß im August 1917 die Lungenerkrankung hervorgerufen habe. Jedoch Unruhe und innere Spannungen waren seinem Schreiben eher förderlich. Sein Schaffen erlebte schon im September 1912 – mit der Niederschrift der Erzählung *Das Urteil* – einen Durchbruch; ausgelöst wurde er durch die gerade beginnende Beziehung zu Felice Bauer und den seelischen Konflikt, in den ihn diese Beziehung unweigerlich geraten ließ.

Zu den Dichtungen K.s, die vor 1912 entstanden waren, gehören *Beschreibung eines Kampfes* (1904–05), *Hochzeitsvorbereitungen auf dem Lande* (1907) und eine Reihe kürzerer Prosastücke, von denen eine Auswahl Ende 1912 in dem Band *Betrachtung*, K.s erster Buchpublikation, erschien. Einige dieser Stücke lassen schon deutlich K.s sprachliche Meisterschaft erkennen und antizipieren bereits Themen und Motive der späteren Erzählungen und Romane. Spätestens seit Anfang 1912 arbeitete K. an seinem Roman «Der Verschollene», der postum unter dem Titel *Amerika* erschien. Dieses Buch schildert die Erlebnisse des 16jährigen, aus Prag stammenden Karl Roßmann in Amerika, und zwar ganz aus der Perspektive dieses Jungen: seine Ankunft im Hafen von New York, seine Aufnahme im Hause des wohlhabenden Onkels, eine verfängliche Einladung in einem Landhaus bei New York und die Wanderschaft Roßmanns in der unfreiwilligen Begleitung zweier Landstreicher; er wird vorübergehend Liftboy in einem überdimensionalen Hotel, verliert aber, unverschuldet, diese Stellung und muß schließlich in der Wohnung einer ehemaligen Sängerin, die die beiden Landstreicher beherbergt, Quartier nehmen. Das Romanfragment endet mit der Aufnahme des Jungen in das phantastisch anmutende – oftmals als Parodie gedeutete – «Naturtheater von Oklahoma». Der von K. gebrauchte Titel «Der Verschollene» und eine Tagebuchaufzeichnung vom 30. 9. 1915, nach der auch Roßmann «strafweise umgebracht» wird, scheinen der von Brod mitgeteilten Absicht K.s zu widersprechen, den Roman mit der glücklichen Zusammenführung Roßmanns und seiner Eltern versöhnlich ausklingen zu lassen. Gleichwohl ist dieses Buch von den drei Romanen K.s das hoffnungsvollste. Zu Lebzeiten des Autors erschien nur das erste Kapitel *Der Heizer. Ein Fragment.* Deutlich spricht, besonders aus diesem ersten Kapitel, das soziale Mitgefühl des jungen Karl Roßmann, der für die anscheinend ungerecht behandelte Heizer Partei ergreift – ohne freilich etwas Entscheidendes für ihn ausrichten zu können. Die labyrinthisch anmutenden Treppen und Gänge im Inneren des Schiffes und auch später im Landhaus bei New York kennzeichnen Grundsituationen, in denen sich auch die späteren Romanhelden K.s gefangen sehen.

Die Erzählung *Das Urteil*, die K. im September 1912 im Laufe einer einzigen Nacht niederschrieb, stellt den Vater-Sohn-Konflikt im Zusammenhang mit der bevorstehenden Heirat des Sohnes dar. Die äußere Unabhängigkeit des «Helden» Georg Bendemann – er hat das darniederliegende Geschäft des Vaters zu neuer Blüte gebracht – täuscht hier, wie sich bald herausstellt, über dessen seelische Abhängigkeit vom Vater hinweg. Im Grunde sucht Georg, ohne sich dessen bewußt zu werden, zu den Fragen, die zutiefst bedrängen (Heirat und Freundschaft), das väterliche Urteil: Mit einem Brief an den im Elend lebenden Freund in der Tasche, dem er gerade seine Verlobung mitgeteilt hatte, geht Georg Bendemann durch einen kleinen Gang in das dunkle Hinterzimmer seines gebrechlichen alten Vaters. Ein anfänglich ruhiges Gespräch zwischen Vater und Sohn wird allmählich heftig. Der Vater, den Georg zur Ruhe gebettet hatte, erhebt sich plötzlich, wirft dem Sohn seine Verschuldungen vor und verurteilt ihn zum «Tode des Ertrinkens». Georg, der das väterliche Urteil sofort akzeptiert, eilt aus dem Hause, schwingt sich über ein Geländer und läßt sich in den Fluß hinabgleiten.

Auch die im November / Dezember 1912 entstandene Erzählung *Die Verwandlung* spiegelt die «Bestrafung» eines Sohnes wider, der seinen Vater aus dessen Position innerhalb der Familie verdrängt hatte: Gregor Samsa wird über Nacht in ein «ungeheueres Ungeziefer» verwandelt, das sich in die dunkelste Ecke der elterlichen Wohnung verkriechen muß. Mit dem allmählichen Niedergang des Sohnes, der schließlich aus Einsicht darüber, daß er «verschwinden» müsse, keine Nahrung mehr aufnimmt und stirbt, gewinnt der Vater seinen ursprünglichen Platz in der Familie zurück. – Bezeichnenderweise schlug K. vor, *Der Heizer*, *Das Urteil* und *Die Verwandlung* unter dem Titel «Die Söhne» in einem Band zu vereinigen. Einem späteren Vorschlag nach wollte er *Das Urteil*, *Die Verwandlung* und die 1914 entstandene Erzählung *In der Strafkolonie* in einem «Strafen» betitelten Band veröffentlicht sehen. Das sind wichtige Anhaltspunkte für die Deutung; freilich könnte die Ungeziefergestalt Gregor Samsas auch als Sinnbild einer menschenunwürdigen, der Niedertracht seiner Vorgesetzten hilflos preisgegebenen Angestelltenexistenz aufgefaßt werden. Dieser gedemütigte Mensch ist «förmlich» (ein Lieblingswort K.s) zu einem Ungeziefer geworden.

In dem seit August 1914, unmittelbar nach der Lösung des ersten Verlöbnisses mit Felice Bauer, entstehenden Roman *Der Prozeß* wird der Bankprokurist Josef K. früh am Morgen von den Vertretern eines unsichtbaren Gerichts heimgesucht. Man teilt ihm mit, daß er «verhaftet» sei, seiner Arbeit in der Bank dürfe er aber weiter nachgehen und sich auch sonst frei bewegen. Eine Reihe von Episoden führt Josef K. tiefer und tiefer in die stets unübersichtlicher werdenden Bereiche des geheimnisvollen Gerichts hinein, einen Richter aber bekommt er nie zu Gesicht. Anläßlich eines Besuchs im Dom begegnet Josef K. schließlich dem Gefängnisgeistlichen, der ihm eine Parabel erzählt, die Legende «Vor dem Gesetz»; es ist seine Geschichte, die ihm hier vorgetragen wird, aber Josef K. erkennt das nicht. Nach einem einjährigen «Prozeß», am Vorabend seines 31. Geburtstags, suchen ihn wiederum zwei Vertreter des Gerichts in seiner Wohnung auf; sie kommen ihn abholen; in einem Steinbruch wird K. mit einem Messer getötet. Er stirbt «wie ein Hund». – Der Autor bezeichnete seinen Josef K. (im Gegensatz zu Karl Roßmann) als «den Schuldigen». Einerseits weist Josef K. jeden Gedanken an eine Schuld schroff zurück; andererseits werden seine Handlungen offenbar von Schuldgefühlen bestimmt, die eine Selbstbestrafung suchen. So vollzieht sich denn dieser «Prozeß» eigentlich im Bewußtsein Josef K.s, in dem sich «Phantasie zu eigner Qual verdammt». Der Erzähler bleibt, die Perspektive streng wahrend, stets innerhalb der Grenzen dieses «innerseelischen Erlebens» (F. Beißner). M. Brod sieht die Schuld Josef K.s in dessen «Lieblosigkeit». Die Deutung, daß Josef K.s Schuld in seiner «Unkenntnis des Gesetzes» liege (W. Emrich), wird sowohl der textimmanenten Interpretation gerecht als auch jener, welche den autobiographischen Aspekt der Schuld Josef K.s (auf den der Autor wiederholt hingewiesen hat) einbezieht.

Der Held von K.s letztem – 1922 entstandenen – Roman *Das Schloß*, der Landvermesser K., kommt an einem Winterabend in einem Dorf an, das zu einem Schloß gehört. Er gibt vor, vom Schloß zu Landvermesserarbeiten gerufen worden zu sein; vergebens versucht er im Schloß vorgelassen zu werden, unermüdlich sucht er Helfer unter den Dorfbewohnern, denen die unumschränkte Herrschaft des Schlosses und die Willkür selbst seiner geringsten Angestellten etwas Selbstverständliches ist. Als sich ihm endlich eine Gelegenheit bietet, einen Sekretär des Schlosses zu sprechen, der in seiner Angelegenheit vorstellig zu werden verspricht, ist K. bereits so erschöpft, daß er vor Müdigkeit einschläft. Der Roman blieb Fragment;

Brod teilte die Absicht des Freundes mit, ihn damit zu beschließen, daß dem Landvermesser, als er vor Entkräftung stirbt, der Aufenthalt im Dorf gestattet wird. Wie zum *Prozeß*, so gibt es auch in diesem Roman eine Vielzahl einander widersprechender Deutungen. Sicher spielt der Beruf des «Landvermessers» auf eine Neigung des Helden zum «Berechnen» an: Wie sein Namensvetter und Vorgänger Josef K., so vertraut auch er in offensichtlich a-rationalen Bereichen blind seinem logischen Verstand. Treffend wurde die Haltung des Landvermessers als «legalistischer Rationalismus» (W. Sokel) gekennzeichnet. Deutlich ist, daß der Landvermesser K., aktiver und männlicher als Josef K. im *Prozeß*, den Kampf gegen die übergeordnete Macht aufnimmt und nicht bereit ist aufzugeben.

Die Welt stellte sich K. als ein Nebeneinander unversöhnlicher Gegensätze dar. So umkreiste sein Denken immer wieder die unüberbrückbare Diskrepanz zwischen der geistigen und der physischen Welt. K.s Skepsis gegenüber Wissenschaftsgläubigkeit, seine tiefgreifenden Zweifel an den Versuchen, die menschliche Existenz rational zu erfassen, sprechen aus zahlreichen Aufzeichnungen. K.s seltsame «Kreuzungen» und unheimlichen Zwischenwesen – halb Mensch, halb Tier oder halb lebendiges Wesen, halb toter Gegenstand – haben die Deuter zu immer neuen Spekulationen herausgefordert. Der «Verwandlung» Gregor Samsas im Jahre 1912 folgt 1917 in *Ein Bericht für eine Akademie* die allmähliche Verwandlung eines Schimpansen in ein menschenähnlich reagierendes Affenwesen, das schließlich in der Lage ist, selbst über seine «Fortschritte» zu berichten. Zu den unheimlichsten Zwischenexistenzen der Dichtung K.s gehört Odradek in dem im Winter 1916/17 entstandenen Stück *Die Sorge des Hausvaters*; es ist ein gespenstisch kleines, wie eine «flache sternartige Zwirnspule» aussehendes Gebilde, das mit Hilfe eines Querstäbchens aufrecht zu stehen und sich fortzubewegen vermag. Nicht weniger gespenstisch sind die beiden lästigen Zelluloidbälle, von denen die Hauptfigur in *Blumfeld, ein älterer Junggeselle* (entstanden vermutlich 1915) heimgesucht wird.

K. war offenbar bemüht, das Magisch-Geheimnisvolle und damit die Mehrdeutigkeit seiner Dichtungen zu wahren. Die Beunruhigung, die von ihnen ausgeht, war durchaus in seinem Sinn, denn «ein Buch muß die Axt sein für das gefrorene Meer in uns» (K.). Wie sehr auch Persönliches die Dichtungen K.s bestimmt haben mag, sie spiegeln in vielem die Problematik seiner Zeit wider. Durch die Vielzahl ihrer archetypischen Motive und Grundsituationen (Gefangenschaft und Befreiung, Warten auf Einlaß, Wege durch Labyrinthe oder unendliche Räume) vermittelt K.s Dichtung darüber hinaus ein Bild der menschlichen Existenz überhaupt.

Die in der Dichtung K.s fraglos vorhandenen, in die verschiedensten Richtungen weisenden Anspielungen und die bewußt in ambivalenter Schwebe gehaltenen Aussagen haben eine heute kaum noch überschaubare Fülle von Deutungen hervorgerufen. Mit den Roman-Nachworten und der Biographie Brods setzte zunächst die religiöse Deutung ein; sie wurde, mit anderer Akzentuierung, von H.-J. Schoeps fortgesetzt, der im Werk K.s Dokumente einer «negativen Religion» zu sehen glaubte; ähnlich sprach auch später E. Heller von Symbolen «negativer Transzendenz». Aus katholischer Sicht hob man hervor, daß bei K. hinter aller Verneinung «etwas Unzerstörbares» (R. Rochefort) sichtbar würde. In Frankreich glaubten zunächst die Surrealisten, später die Existentialisten in K. einen der Ihrigen zu erkennen; Aspekte der «Angst» im Werk K.s, des «Nichts» und des «Absurden» wurden von Sartre und Camus in den Blick gebracht. Sozialkritisch-philosophische Deutungen stellten die «entfremdete Subjektivität» (Th. W. Adorno) heraus oder wiesen, aus anderer Sicht und in einer erstmals das Gesamtwerk umfassenden Interpretation, auf die dem Werk immanente Kritik an der modernen Industriegesellschaft hin (W. Emrich). Psychoanalytische Deutungen, die besonders in den USA hervortraten,

sahen in K. einmal den weitgehend von den Kräften des Unbewußten geleiteten Autor (P. Goodman), glaubten zum andern in seinem Werk bewußt die Theorien S. Freuds appliziert zu sehen (Ch. Neider) oder untersuchten, mit ungleich größerem Verständnis für literarisches Schaffen, die Relation zwischen Traum und Dichtung (S. Fraiberg). Die marxistische Deutung sieht im Werk K.s vor allem das Problem der Entfremdung des Menschen in der spätbürgerlichen kapitalistischen Gesellschaft (P. Reimann). K.s Weltbild wurde gedeutet als «Reaktion auf den imperialistischen Gesellschaftszustand» (K. Hermsdorf); zu den Widersprüchen der kapitalistischen Welt kämen freilich noch die persönlichen K.s erschwerend hinzu. G. Lukács schließlich stellt dem «lebenswahren kritischen Realismus» Th. Manns die «artistisch interessante Dekadenz» K.s gegenüber. – Angesichts der zahlreichen weltanschaulichen Auslegungen sah F. Beißner in K. vor allem den Erzähler und trat für die Autonomie des geschaffenen Werkes ein, das als Dichtung verstanden werden müsse. Ihm folgt M. Walser, der ganz auf Deutung verzichtet und sich auch jeden Blick auf die Biographie versagt: Bei K. müsse man «Das Leben aus dem Werk» erklären – nicht umgekehrt. Das Ergebnis seiner Analyse, der Sinn sei «eigentlich Sinnlosigkeit», ist aber letztlich doch wieder Deutung (I. Henel).

W.: Romane, Erzählungen, Prosa: Betrachtung, 1913; Der Heizer, 13; Die Verwandlung, 15; Das Urteil, 16; Ein Landarzt, 19; In der Strafkolonie, 19; Ein Hungerkünstler, 24; Der Prozeß, 15; Das Schloß, 26; Amerika, 27; Beim Bau der chinesischen Mauer, 31; Vor dem Gesetz, 34; Die Brücke, 51; Brief an den Vater, 60; Beschreibung eines Kampfes. Die Zwei Fassungen, 69; Auf der Galerie, 69; Kleine Fabel, 81; Der Geier, 83; Die Legende vom Türhüter, 84. – *Briefe, Tagebücher:* Tagebücher und Briefe, 37; Briefe an Felice Bauer, 63; Briefe an Milena, 66 (erw. 86); Tagebücher 1910–1923, 67; Briefe an Ottla und die Familie, 74. – *Sammel- und Werkausgaben:* Gesammelte Schriften, 6 Bde, 35–37; Gesammelte Schriften, 10 Bde, 46–54; Gesammelte Werke, 11 Bde, 50–74; Das Urteil und andere Erzählungen, 52; Novellen, 57; Erzählungen und Skizzen, 59; Die Kaiserliche Botschaft, 60; Die Erzählungen, 61; Skizzen – Parabeln – Aphorismen, 61; Ausgewählte Erzählungen, 63; Er, 63; Kurze Erzählungen, 64; Sieben Prosastücke, 65; Erzählungen. Der Prozeß. Das Schloß, 65; Die Romane, 65; Der Heizer. In der Strafkolonie. Der Bau, 66; Erzählungen. Prosa, 68; Sämtliche Erzählungen, 70; Mein Wesen ist Angst. Eine Auswahl, 71; Gesammelte Werke, 7 Bde, 76; Die Aeroplane in Brescia und andere Texte, 77; Erzählungen, 77; Meistererzählungen, 78; Über das Schreiben, o. J.; Sämtliche Werke. Kritische Ausgabe, Bd 1 ff, 82 ff; F. K. 1883–1983, 83; Das F. K. Buch, 83; Das erzählerische Werk, 2 Bde, 83; Amtliche Schriften, 84; In der Strafkolonie und andere Prosa, 86.

Kahlau, Heinz, *6. 2. 1931 Drewitz bei Potsdam.

K. war nach 1945 zuerst als ungelernter Arbeiter, dann als Traktorist tätig. Ab 1950 veröffentlichte K. Gedichte, Agitprop-Lieder und Songs in verschiedenen Zeitschriften und Anthologien. Obwohl K.s Arbeiten in Sprache und Darstellung stark vom Einfluß Bert Brechts geprägt sind, zu dessen Schülern er auch seit 1953 gehörte, gaben der bisweilen manierierte Grundton und die klischeehafte Sprache seiner Gedichte der 60er Jahre häufig Anlaß zur Kritik, da ihre formale und inhaltliche Gestaltung nicht den offiziellen kulturpolitischen Anforderungen genügte. Seine Vielseitigkeit bewies K. nicht nur durch zahlreiche Nachdichtungen, sondern auch durch Arbeiten für Film und Rundfunk sowie als Verfasser von Schauspielen. – Zahlreiche Preise, u. a. Heine- und Lessing-Preis.

W.: Erzählungen, Kinderbücher, Prosa: Wenn Karolin Geburtstag hat, 1974; Konrads Traktor, 74; Hammerbuch, 75; Wie fand der Fritz grad, krumm und spitz?, 76; Der Früchtemann, 76; Das Zangenbuch, 76; Das Bohrerbuch, 77; Das Sägenbuch, 78; Besuch bei Jancu (mit G. Wongel), 83; Hurra, hurra, die Feuerwehr ist da, ²88. – *Dramen, Filme, Fernsehspiele, Hörspiele:* Poet der Brotlosen, 53; Der Lügenkönig, 59; Schritt für Schritt, 60; Steinzeitballade, 61 (mit anderen); Und das am Sonntag, 62; Auf der Sonnenseite, 62; Jones' Family, 62; Verliebt und vorbestraft, 65; Ein Krug mit Oliven, 66; Das Märchen von der alten Straßenbahn Therese, dt. 1966 (Bühnenfassung nach Ota Hofmann, gedruckt 1966 in: Beilage zu «Theater in der Zeit»); Der gestiefelte Kater, 68; Der Musterschüler, 69; Die kluge Susanne, 72; Das Eiszapfenherz, 72; Laut und leise ist die Liebe, 72 (mit H. Dziuba)

und W. Ebeling); Das Durchgangszimmer, 73; Tasso und die Galoschen, 80. – *Lyrik:* Hoffnung lebt in den Zweigen der Caiba, 54; Probe, 56; Die Maisfibel, 60; Mikroskop und Leier, 64; Der Fluß der Dinge, 64; Gedichte, 69; Heinrich Zille. Berlin aus meiner Bildermappe, 69; Balladen, 71; Du. Liebesgedichte, 71; Der Rittersporn blüht blau im Korn, 72; Schaumköpfe, 72; Mutter Gans, 73; Flugbrett für Engel, 74; Lob des Sisyphos, 80; Bögen, 81; Daß es dich gibt, macht mich heiter, 82; Fundsachen, 84; Ich liebe dich [mit J. Gerard], 88. – *Theoretische Schriften:* Der Vers. Der Reim. Die Zeile, 74. – *Übersetzungen, Nachdichtungen:* Jószef, Bellman, Ady, Karašoli, Macdiarmid, Arghezi, Roždestvenskij; M. Gatti: Im Urwald gibt es viel zu tun, 87. – *Schallplatten u. ä.:* Faust junior, 81.

Kahlenberg, Hans von → Keßler, Helene

Kain, Franz, *10. 1. 1922 Bad Goisern (Oberösterreich).

K. war Holzfäller, wurde wegen illegaler Tätigkeit 1942 von der Gestapo verhaftet; Zuchthaus und Strafdivision 999. Nach der Heimkehr aus der Kriegsgefangenschaft (1946) journalistisch tätig; Redakteur in Linz. – K. erzählt in herber, realistisch-griffiger Sprache «Geschichten», die von den Narben zu den Wunden zurückführen. Die Unterdrückung der Arbeiterschaft in der Zwischenkriegszeit, die Annexion Österreichs und neonazistische Umtriebe sind Themen K.s; den unschuldigen Opfern wie den schuldigen Henkern (die es nicht gewesen sein wollen) gilt sein Interesse, um die Erinnerung an die Vorgeschichte der «Würgmale» (*Der Weg zum Ödensee*) wachzuhalten.

W.: Romane, Erzählungen, Prosa: Romeo und Julia an der Bernauer Straße, 1955; Die Lawine, 59; Der Föhn bricht ein, 62; Die Donau fließt vorbei, 69; Der Weg zum Ödensee, 73; Das Ende der Ewigen Ruh, 78; Das Schützenmahl, 86; Im Brennesseldickicht. Die Leiden des Grammatikers, 89; Der Schnee war warm und sanft. Vom Wagnis, Geschichten zu erzählen, 89; Auf dem Taubenmarkt, 90.

Kaiser, Georg, *25. 11. 1878 Magdeburg, †4. 6. 1945 Ascona (Schweiz).

K., Sohn eines Kaufmanns, kam nach kaufmännischen Lehrjahren nach Buenos Aires, dann nach Spanien, Italien und Deutschland. Vor dem 1. Weltkrieg begann er, Dramen zu schreiben; 1918 bis 1933 wurden seine Werke viel gespielt. 1933 wurde die Aufführung seiner Stücke in Deutschland verboten; er lebte seit 1938 in der Emigration.

Mit einem großen Teil seiner etwa 60 Dramen wurde K. zum bedeutendsten Repräsentanten expressionistischer Dramatik. In dem früh entstandenen *Rektor Kleist*, noch von Wedekind beeinflußt, kam K. nach einigen ironischen, von der Psychoanalyse beeinflußten Spielen um den Sexus zur eigentlich expressionistischen Thematik und Form: Aufrufe, Verkündung des «neuen Menschen», «Ballung» und zugleich mathematisch anmutende Konstruktion. Letzteres und die Vorliebe für antithetische Gedankenführung – zuungunsten der Wahrscheinlichkeit des Handlungsverlaufs – ließen K. als «Denkspieler» erscheinen (B. Diebold). – Die Geburt des opferbereiten «neuen Menschen» proklamierte K. in *Die Bürger von Calais*. Bald aber zeigte sich Pessimismus, überall später vorherrschend mit wenigen Ausnahmen (etwa *Hölle, Weg, Erde*): so schon in *Von morgens bis mitternachts*, einem nach Art von Strindbergs Stationendrama gebauten Stück, in dem ein «Kassierer» (die Figuren tragen hier und in einigen anderen Dramen keine Namen) aus der Monotonie seines Daseins ausbrechen will, statt des Lebens aber nur den Tod findet. In Illusion flüchtet bis zum Tod der «Milliardär» in *Koralle* (hier und noch mehrfach: Doppelgängermotiv); sein Sohn, der «Milliardärssohn», wendet sich in *Gas I* vergeblich gegen die Verkümmerung des Lebens durch die alles beherrschende Technik; die Arbeiter erschlagen ihn; in *Gas II* (in der Form am stärksten abstrahierend) herrscht die mechanische Produktion, «Blaufiguren» und «Gelbfiguren» kämpfen gegeneinander bis zur allgemeinen Selbstvernichtung. Die Gleichgültigkeit der Menschen in der Massengesellschaft deutet schon der Titel von *Nebeneinander* an. Das Motiv des Gegensatzes Geist–Körper oder Denken–Leben nahm K. in *Der gerettete Alkibiades* (Sokrates im Gegensatz zu Alkibiades) auf, in der Abwandlung Literatur–Leben in *Die Flucht nach Venedig*

(über G. Sand und Musset). Stücke gegen Krieg und gegen die militärische Befehlsstruktur schrieb er mit *Die Lederköpfe* (meuternde Soldaten töten ihren grausamen Befehlshaber) und *Der Soldat Tanaka* (dieser tötet seine von der Familie aus Armut verkaufte Schwester, fordert, der Tenno möge ihn um Verzeihung bitten, und wird exekutiert). Ein Antikriegsstück anderer Art ist *Das Floß der Medusa* (die tragische Situation von Kindern auf einem Floß nach dem Sinken des Schiffes). In K.s späten *Griechischen Dramen* (in Blankversen) erscheinen die Menschen als schlechthin böse.

W.: Dramen: Die jüdische Witwe, 1911; König Hahnrei, 13; Die Bürger von Calais, 14; Der Kongreß, 14; Rektor Kleist, 14; Europa, 15; Von morgens bis mitternachts, 16; Der Zentauer, 16; Die Koralle, 17; Sorina, 17; Die Versuchung, 17; Claudius. Friedrich und Anna. Juana, 18; Trilogie: Gas, I. Teil, 18, Gas, II. Teil, 20, Gats, 25; Das Frauenopfer, 18; Hölle, Weg, Erde, 19; Der Brand im Opernhaus, 19; Der gerettete Alkibiades, 20; Kanzlist Krehler, 22; Der Protagonist, 22; Noli me tangere, 22; Gilles und Jeanne, 23; Die Flucht nach Venedig, 23; Nebeneinander, 23; Der Geist der Antike, 23; Kolportage, 24; Zweimal Oliver, 26; Der mutige Seefahrer, 26; Papiermühle, 27; Der Zar läßt sich photographieren, 27; Oktobertag, 28; Die Lederköpfe, 28; Hellseherei, 29; Zwei Kravatten, 30; Mississippi, 30; Der Silbersee, 33; Der Gärtner von Toulouse, 38; Der Schuß in die Öffentlichkeit, 39; Rosamunde Floris, 40; Der Soldat Tanaka, 40; Alain u. Elise, 40; Die Spieldose, 43; Das Floß der Medusa, 45; Griechische Dramen: Zweimal Amphitryon, Pygmalion, Bellerophon, 48; Napoleon in New Orleans, 48. – *Romane:* Es ist genug, 32; Villa Aurea, 40. – *Sammel- u. Werkausgaben:* Gesammelte Werke, 28–33, 3 Bde erschienen; Stücke, Erzählungen, Aufsätze, Gedichte, 66; Werke, 6 Bde, 70–71; Werke in 3 Bänden, 79; Briefe, 80; G. K. in Sachen G. K., Briefe 1916–1933, 89.

Kaléko, Mascha, *7. 6. 1912 Schidlow (Polen), †21. 1. 1975 Zürich.
Die aus einer russisch-jüdischen Familie stammende K. verlebte ihre Kindheit in Marburg/Lahn und Berlin. Nach einer Sekretärinnenausbildung und Büroarbeit für die Jüdische Gemeinde veröffentlichte sie – gefördert von dem Kritiker Monty Jacobs – ab 1930 in verschiedenen Berliner Tageszeitungen und wur-

de rasch zu einer literarischen Berühmtheit. Nach 1933 erhielt K. Schreibverbot; nach Angriffen durch die Nazi-Presse emigrierte sie 1938 nach New York; 1960 übersiedelte sie nach Jerusalem. Hermann Hesse hat K. als eine «Dichterin der Großstadt» bezeichnet, deren Verse durch eine «Mischung von Sentiment und Zynismus, frühreifer Desillusion und heimlicher Verzweiflung» gekennzeichnet seien. In Ton und Gestus erinnert K. an Kästner, Mehring oder Tucholsky, in den späteren Texten an Heine. Der Zyklus «Die ‹Tausend Jahre›» (in: *Verse für Zeitgenossen*) gibt eine kritisch-satirische Einschätzung der Exilerfahrungen.

W.: *Lyrik und Prosa:* Das lyrische Stenogrammheft, 1933; Kleines Lesebuch für Große, 34; Verse für Zeitgenossen, 45; Der Papagei, die Mamagei und andere komische Tiere, 61; Verse in Dur und Moll, 67; Das himmelgraue Poesie-Album der Mascha Kaleko, 68; Wie's auf dem Mond zugeht, 71; Hat alles seine zwei Schattenseiten, 73; Feine Pflänzchen, 76; Der Gott der kleinen Webfehler, 77; In meinen Träumen läutet es Sturm: Gedichte und Epigramme aus dem Nachlaß, 77; Horoskop gefällig? 79; Heute ist morgen schon gestern, 80; Ich bin von anno dazumal, 84; Der Stern, auf dem wir leben, 84; Aus den sechs Leben der M.K., 87.

Kalenter, Ossip (eig. Johannes Burckhardt), *15.11.1900 Dresden, †14.1.1976 Zürich.
K. studierte Nationalökonomie in Heidelberg und Germanistik in Leipzig. Er war Mitarbeiter u.a. am «Berliner Tageblatt», an der «Frankfurter Zeitung», der «Weltbühne», dem «Tage-Buch», lebte von 1924 an als freier Schriftsteller in Italien, aus politischen Gründen von 1934 an in Prag und seit 1939 in Zürich (dort sieben Jahre Berufsverbot, 1956 eingebürgert). K. war Ehrenpräsident des PEN-Centre of German speaking writers abroad, London. Er begann als expressionistischer Lyriker, wurde aber später zum poetischen Erzähler (meist italienische Vorwürfe), zum Fabulierer heiterer, zarter, kleiner Prosastücke.

W.: *Erzählungen, kurze Prosa:* Die Abetiner 1950; Soli für Füllfeder mit obligater Oboe, 51; Ein gelungener Abend, 55; Die Liebschaften

der Colombina, 57; Rendezvous um Mitternacht, 58. – *Reisebücher:* Von irdischen Engeln und himmlischen Landschaften, 55; Von Genua bis Pisa, 59; Olivenland, 60. – *Lyrik:* Der seriöse Spaziergang, 20; Sanatorium, 21; Die Idyllen um Sylphe, 22; Herbstliche Stanzen, 23; Das gereimte Jahr – Gedichte für Kinder, 52. – *Essays:* Das goldene Dresden, 22.

Kant, Hermann, *14.6.1926 Hamburg.
Nach der Lehre als Elektriker Soldat und polnische Kriegsgefangenschaft 1945 bis 49; 1949–52 Student und danach Dozent an der Arbeiter-und-Bauern-Fakultät in Greifswald, Studium der Germanistik 1952–56; wissenschaftlicher Assistent an der Humboldt-Univ., danach Redakteur, seit 1962 freischaffend. Von 1978 bis Ende Dezember 1989 Präsident des Schriftstellerverbandes der DDR. Zahlreiche Auszeichnungen, u.a. zweifacher Nationalpreisträger (1973, 1983), 1980 Ehrendoktor der Universität Greifswald, 1986 sowjetischer Orden der Völkerfreundschaft.
Kant schrieb kultur- und literaturkritische Feuilletons, bevor er mit seinen Erzählungen *Ein bißchen Südsee* seine literarische Karriere begann. Die Geschichten erzählen vom Leben einfacher Menschen in Vergangenheit und Gegenwart; poetisch-bildhaft, mit Elementen der Parabel, werden dem Leser keine fertigen Lebenshilfen vermittelt, sondern heiter, traurig und ernsthaft Denkanstöße geboten.
In heiter fabulierender Erzählweise mit scharfer Ironie und Satire gestaltet K. anekdotisch-episodenhaft seinen ersten Roman *Die Aula*. Gegenwärtige Erzählanlässe nutzend, rollt er rückblickend die Geschichte der Arbeiter-und-Bauern-Fakultät auf; sie ist zugleich die Geschichte der Helden des Romans: Ihre fast selbstverständliche Entwicklung von Arbeitern zu Intellektuellen reflektiert auch auf den Aufbau der DDR. Mit der Montagetechnik, dem Erzählen auf verschiedenen zeitlichen Ebenen und der perspektivischen Gestaltung von Konflikten in ihrer Lösbarkeit, in die die Aufforderung zum Mithandeln in der Gesellschaft eingeschlossen ist, gelingt K. ein Roman, der realistisches Erzählen reflektierend ausweitet und die vorherr-

schende lineare Erzählweise des DDR-Romans durchbricht.

Auch in seinem Roman *Das Impressum* nutzt K. diese Stilmittel, um heiter-ironisch, nicht aber ohne Ernsthaftigkeit, den Lebensweg des Helden zu überdenken: Ein ehemaliger Botenjunge und jetziger Chefredakteur soll Minister werden. Die Rechenschaftslegung des Erzählers ist auf die punktuell eingeblendeten historischen Anlässe gerichtet. Die Folgerichtigkeit, mit der die Ernennung zum Minister ausgesprochen wird, entspricht im Detail der gleichzeitig in der DDR geforderten positiven Gestaltung von Planer- und Leiterpersönlichkeiten. Individuelle Leistungsfähigkeit und Durchsetzungskraft stehen in diesem Roman konträr zum kritisch-solidarischen Handeln in der *Aula*. Gegenwart und eigene (zukünftige) Geschichte als offene Perspektive in der erzählten Zeit bilden in dem Roman *Der Aufenthalt* den Hintergrund der ausführlichen Reflexionen über die Kindheit und Jugend eines 19jährigen, der in polnischer Kriegsgefangenschaft in den Verdacht gerät, ein Kriegsverbrecher zu sein, und daher im Gefängnis mit faschistischen Verbrechern zusammenleben muß. Individuelle Unschuld und kollektive Schuld im Spannungsverhältnis von erzählter Zeit und Erzählzeit bilden das Konfliktpotential des Romans. Die heitere Fabulierfreude der beiden ersten Romane ist einer scharfen, fast bösen, dem Gegenstand angemessenen Tonart gewichen.

W.: Romane, Erzählungen: Ein bißchen Südsee, 1962; Die Aula, 65; Das Impressum, 72; Eine Übertretung, 76; Der Aufenthalt, 77; Der dritte Nagel, 81; Schöne Elise, 83; Krönungstag, 86; Bronzezeit, 86; Die Summe, 87; Herrn Farssmanns Erzählungen, 89. – *Theoretisches:* Unterlagen zu Literatur und Politik, 82. – *Reportagen:* In Stockholm, 71. – *Schallplatten, Kassetten:* Der dritte Nagel, 85.

Kandl, Christine von → Roth, Joseph

Kantorowicz, Alfred (Pseud. Helmuth Campe), *12. 8. 1899 Berlin, †27. 3. 1979 Hamburg.

Die literarische Bedeutung von K.s Werk liegt in der schonungslosen Aufrichtigkeit, mit der es eine an «Illusionen, Irrtümern, Widersprüchen, Einsichten und Voraussichten» reiche Lebensgeschichte als Kommentar zur Zeitgeschichte dokumentiert. – Der aus großbürgerlich-jüdischem Elternhaus stammende K. wird 1917 als Kriegsfreiwilliger mit dem «Eisernen Kreuz» ausgezeichnet, schließt 1923 sein Jurastudium mit der Promotion ab und arbeitet ab 1924 als Redakteur für verschiedene Zeitungen. In dieser Zeit lernt er Ernst Bloch, Bert Brecht, Lion Feuchtwanger und Oskar Maria Graf kennen. Im Herbst 1931 wird er Mitglied der KPD. Nach der Machtübergabe lebt er einige Monate in der Illegalität und flieht dann nach Frankreich. In Paris gründet K. die «Deutsche Freiheitsbibliothek», wird ehrenamtlicher Sekretär des «Schutzverbandes Deutscher Schriftsteller im Exil» und fungiert bei den Bemühungen zur Bildung einer Volksfront als Assistent von Heinrich Mann. Als Interbrigadist nimmt er am spanischen Bürgerkrieg teil. 1938 kehrt er nach Frankreich zurück und wird dort bei Kriegsbeginn interniert. 1941 gelingt durch eine Verkettung glücklicher, von Anna Seghers in *Transit* beschriebener Umstände die Flucht nach New York. Dort findet er Arbeit in der Nachrichtenabteilung von CBS. Nach seiner Rückkehr nach Ost-Berlin im Januar 1947 wird er Begründer und Herausgeber der bedeutendsten gesamtdeutschen Nachkriegszeitschrift «Ost und West». Als Professor für deutsche Literatur an der Humboldt-Universität widmet er sich vor allem der Edition der Werke von Heinrich Mann. 1957 siedelt K. in die Bundesrepublik über, zunächst nach Bayern, wo man ihm den Status eines Verfolgten des Naziregimes nicht zuerkennen will mit der Begründung, er habe durch seine publizistische und Lehrtätigkeit in der DDR der «Unmenschlichkeit Vorschub geleistet». In den letzten Lebensjahren widmet er sich der Erforschung der Exilliteratur.

W.: Roman: Der Sohn des Bürgers (u. d. Pseud. Helmuth Campe), in: «Ost und West» I, 6 (Dez. 47) ff. – *Essays, Porträts, Untersuchungen:* Die völkerrechtlichen Grundlagen des nationaljüdischen Heims in Palästina (Diss.), 1924; Why a library of burned books?,

34; In unserem Lager ist Deutschland, 36; Der Tag des freien Buches, 47; Porträts. Deutsche Schicksale, 47; Deutsche Schicksale. Neue Porträts, 49; Suchende Jugend. Briefwechsel mit jungen Leuten, 49; Vom moralischen Gewinn der Niederlage, 49; Wilhelm Firl und Fritz Giga, 50; Der Einfluß der Oktoberrevolution auf Heinrich Mann, 52; Das Vermächtnis Heinrich Manns, 53; Heinrich Mann. Vorkämpfer der deutsch-französischen Verständigung, 54; Heinrich und Thomas Mann. Die persönlichen, literarischen und weltanschaulichen Beziehungen der Brüder, 56; Deutsche Schicksale. Intellektuelle unter Hitler und Stalin, 64; Die Gefährdung der geistigen Einheit Deutschlands, 65; Im 2. Drittel unseres Jahrhunderts, 67; Der geistige Widerstand in der DDR, 68; Deutschland-Ost und Deutschland-West, 72; Unser natürlicher Freund (über H. Mann), 72; Die Geächteten der Republik, 77; Politik und Literatur im Exil, 78; Etwas ist ausgeblieben, 84. – *Dramen:* Erlangen, 29; Die Verbündeten, 50. – *Herausgebertätigkeit:* Tschapaiew. Das Bataillon der 21 Nationen, 38; Verboten und verbrannt. Deutsche Literatur 12 Jahre unterdrückt (mit Richard Drews), 47; Ost und West, 47–49 (Reprint 79); Friedrich Wolf, ein Dichter seiner Zeit, 48; Die schönsten Erzählungen aus Ost und West (mit M. Scheer), 48; Bettina von Arnim: Du wunderliches Kind …, 49; Lion Feuchtwanger: Auswahl, 49; Heinrich Mann: Ausgew. Werke in Einzelausgaben, Bd 1–12, 51–56; Goethe, J. W. von: Goethes Briefwechsel mit einem Kinde, 82. – *Autobiographisches:* Spanisches Tagebuch, 48 (erw. u. d. T.: Spanisches Kriegstagebuch, 66); Meine Kleider, 57 (überarb. 68); Deutsches Tagebuch, Tl. 1, 59, Tl. 2, 61; Exil in Frankreich, 71.

Kappacher, Walter, *24. 10. 1938 Salzburg.

K. besuchte in Salzburg die Volks- und Hauptschule und erlernte den Beruf des Kraftfahrzeugmechanikers, war seit 1961 in verschiedenen Berufen tätig. Heute freier Schriftsteller. – Der österreichische Erzähler, Fernsehspiel- und Hörspielautor schreibt seit 1964. Einen thematischen Schwerpunkt in seinen Buchveröffentlichungen bildet der Bereich der Alltags- und Berufswelt, so in dem Roman *Morgen* die Eingebundenheit, Eingeengtheit eines Angestellten in seine Firma und deren Hierarchie und in der Veröffentlichung *Die Werkstatt* mit der genauen Beschreibung der Arbeit, der dort tätigen Arbeiter und der Arbeitsverhältnisse. Diese realistischen, in einfa-

cher Sprache geschriebenen Romane tragen autobiographische Züge. Die Fernseh- und Hörspiele K.s befassen sich mit mehr gesellschaftlichen Problemen, z. B. den Risiken der Kernenergie in *Der Zauberlehrling*. – K. ist u. a. Träger des Förderungspreises der Rauriser Literaturtage (1975) und wurde 1977 mit dem Förderungspreis zum Österreichischen Staatspreis für Literatur ausgezeichnet.

W.: Romane, Erzählungen: Nur Fliegen ist schöner und andere Geschichten, 1973; Die Werkstatt, 75; Morgen, 75; Rosina, 78; Die irdische Liebe, 79; Der lange Brief, 82; Gipskopf, 84; Aus dem Nachlaß von James Joyce. Ein Interview, 87; Cerreto. Aufzeichnungen aus der Toskana, 88. – *Dramen, Drehbücher, Hörspiele*: Der Zauberlehrling, 78 (mit P. Keglevic); Enfant terrible, 79; Rosina, 80; Die irdische und die himmlische Liebe, 81; Die kleinen Reisen des Herrn Aghios, 81; Die Jahre vergehen, 81 (mit P. Keglevic); Der stille Ozean, 83; Unser Mann in Bangkok [mit A. Gruber] (Fsp.), 84.

Karch, Alfred → Gerhardt, Robert

Karsunke, Yaak, *4. 6. 1934 Berlin.

K., Sohn eines Fabrikdirektors, wuchs im Stadtteil Pankow auf und kam 1949 nach West-Berlin. Nach dem Abitur studierte er drei Semester Jura; besuchte 1955–57 die Max-Reinhardt-Schule und arbeitete danach sieben Jahre als Hilfs- und Gelegenheitsarbeiter. 1964 ging er nach München, war 1965 Mitbegründer der literarisch-politischen Zeitschrift «Kürbiskern» und 1968 Sprecher der «Kampagne für Demokratie und Abrüstung». Seit 1970 lebt er als freier Schriftsteller. 1976–79 war K. Fachberater für «Drehbuch und Dramaturgie» an der Deutschen Film- und Fernsehakademie. Seit 1981 lehrt er als Gastprofessor an der Hochschule der Künste West-Berlin im Bereich «Schauspiel». Bis zur Spaltung des Verlags gehörte K. zum Wagenbach-Kollektiv, ging dann zum Rotbuch-Verlag. – K. wurde bekannt als Verfasser politischer Lyrik, die mit präziser und bei aller Einfachheit keineswegs kunstloser Sprache auf die Bewußtseinsbildung ihrer Leser Einfluß nehmen will. Auch seine Hör- und Fernsehspiele wie seine Stücke sind eingreifende Literatur, die über Analyse und Kritik gesellschaftlicher Entwicklungen den Rezipienten nicht nur aufzuklären, sondern zu aktivieren sucht. Zu seinen Hörspielen gehören u. a. *Listen to Liston* (71), *& jetzt Bachmann* (72), *1525, Dran, Dran, Dran* (75), und *Der Doppelverlierer/Hommage à Hammett* (76). Ende der 70er Jahre verfaßte er die Drehbücher für Fernsehfilme, u. a. *Hier kein Ausgang – nur Übergang* (77), *Neue Töne* (78), *Bares Geld* (78). 1970 schrieb er zum Musikdrama «Intolleranza» von L. Nono politische Zusatztexte. In seinen Stücken wie *Bauernoper, Ruhrkampf-Revue* und *Des Colhas' letzte Nacht* schildert K. historische Gegebenheiten nicht im Sinne historisierender Dramatik, sondern um ihre aktuellen Bezüge für die Gegenwart aufzuzeigen.

W.: Romane, Erzählungen, Kinderbücher: Hallo, Irina, 1970 (mit D. Blech); Die Apotse kommen, 72 (mit R. Hachfeld); Toter Mann, 89. – *Lyrik:* Kilroy & andere, 67; reden & ausreden, 69; auf die gefahr hin, 82; Die Guillotine umkreisen (mit A. D. Gorella), 84. – *Dramen, Hörspiele, Libretti, Filme:* PIGasUS, 70; Schwanensee AG, 71; Die Bauernoper, 73; Josef Bachmann. Sonny Liston, 73; Ruhrkampf-Revue, 75; Unser schönes Amerika, 76; Des Colhas' letzte Nacht, 78; Nach Mitternacht, 81 (nach I. Keun); Großer Bahnhof, 82; Mehring im Café, 82; Bodenproben – Über den Umgang mit einem Gelände (Text von Y. K.), 87. – *Essays:* Rainer Werner Fassbinder, 74 (mit anderen). – *Übersetzungen, Bearbeitungen:* A. Wesker: Die Freunde, 70 (mit I. Karsunke); Germinal (nach Zola), 74. – *Sammel- u. Werkausgaben:* Bauernoper. Ruhrkampf-Revue, 76; Da zwischen. 35 Gedichte & ein Stück, 79. – *Herausgebertätigkeit:* Kürbiskern, 65–68 (mit anderen).

Kasack, Hermann, *24. 7. 1896 Potsdam, †10. 1. 1966 Stuttgart.

K., Sohn eines Arztes, studierte Germanistik, war dann Verlagslektor. Ab 1949 lebte er als freier Schriftsteller in Stuttgart; 1953 wurde er Präsident der Deutschen Akademie für Sprache und Dichtung. 1949 Fontane-Preis. – K. begann als Lyriker mit ekstatischen expressionistischen Gedichten (*Der Mensch*). Sein Hauptwerk, eines der meistdiskutierten Bücher nach Kriegsende, ist der Roman *Die Stadt hinter dem Strom*. In dieser Chronik einer Stadt gestaltete er die aus dem Chaos des Krieges geborene Vision eines Totenreichs, das zum Sinnbild eines entseelten und mechanisierten Daseins in einem totalitären Staat wird; dabei beeinflußt von buddhistisch-fernöstlicher Philosophie und mit den Mitteln surrealistischer Darstellung arbeitend. In der utopischen Erzählung *Der Webstuhl* und in dem Roman *Das große Netz* übte K. ebenfalls Zeitkritik und persiflierte den entpersönlichten bürokratischen Staat, dessen Allmacht der einzelne trotz aller Gegenwehr unterworfen ist.

W.: Lyrik: Der Mensch, 1918; Die Insel, 20; Der Gesang des Jahres, 21; Stadium, 21; Echo, 33; Der Strom der Welt, 40; Das ewige Dasein, 43; Aus dem chinesischen Bilderbuch, 55; Antwort u. Frage, 61; Wasserzeichen, 64. – *Dramen:* Die tragische Sendung, 20; Die Schwester, 20; Vincent, 24; Die Stadt hinter dem Strom. Oratorische Oper, 55. – *Romane, Erzählungen:* Die Heimsuchung, 19; Tull, der Meisterspringer, 35; Die Stadt hinter dem Strom, 47; Der Webstuhl, 49 (erweitert um: Das Birkenwäldchen, 58); Das große Netz, 52; Fälschungen, 54. – *Essays:* Oskar Loerke, 51; Mosaiksteine, 56. – Das unbekannte Ziel, 63. – *Herausgebertätigkeit:* Hölderlin, Gedichte, 23; 43; J. G. Seume, Spaziergang nach Syrakus, 41; O. Loerke, Tagebücher, 55; Peter Suhrkamp, Der Leser. Reden und Aufsätze, 60.

Kaschnitz, Marie Luise (eig. Freifrau von Kaschnitz-Weinberg, geb. von Holzing-Berstett), *31. 1. 1901 Karlsruhe, †10. 10. 1974 Rom.

K. wuchs in Baden, Potsdam und Berlin auf. Sie war Buchhändlerin in Weimar und München. Seit 1925 begleitete sie ihren Ehemann Guido v. Kaschnitz-Weinberg in die Städte, in denen er Archäologie lehrte: Königsberg (1932), Marburg (1937–41), Frankfurt/M. und Rom (1953–58). Nach seinem Tode lebte K. in Frankfurt/M., wo sie 1960 Vorlesungen über Poetik hielt. – Erste Erzählungen und Romane veröffentlichte sie in den 30er Jahren, bekannt wurde sie nach dem 2. Weltkrieg als Lyrikerin. Ihre Gedichte thematisieren Kindheitserinnerungen, persönliche Erfahrungen, Schmerz, Tod und Einsamkeit neben der kontinuierlichen Auseinandersetzung mit Natur und Kunst (vermittelt über die Rezeption der Antike) und Gegenwartsproblemen («... eine gelungene Verszeile, auch eine nie gedruckte, konnte nach meiner damaligen Auffassung die Welt verändern, verbessern, das war unsere Art von Widerstand, eine, die uns zu Volksfremden machte, zu Verrätern schlechthin» [in: *Orte*]). In ihren Erzählungen verändert der plötzliche Einbruch phantastischer, rätselhafter Zufälle und merkwürdiger Begegnungen das Leben der Figuren und konfrontiert sie mit sich selbst. Die Sprache ist knapp und spannend, sie konzentriert sich ruhig auf die entscheidende Erfahrung einer Irritation. Immer wieder bearbeitet K. die Verhärtungen, Mißverständnisse und Möglichkeiten in der Kommunikation des einzelnen mit dem gesellschaftlichen Umfeld; sie geht dabei zu freieren Prosaformen über, zu Essays, Aufzeichnungen, literarischen Journalen. Büchner-Preis 1955, Goethe-Plakette 1971, 1973 Roswitha-Gedenkmedaille und andere Auszeichnungen.

W.: Lyrik: Gedichte, 1947; Totentanz und Gedichte zur Zeit, 47; Rückkehr nach Frankfurt, 47; Zukunftsmusik, 50; Ewige Stadt, 52; Neue Gedichte, 57; Dein Schweigen – meine Stimme, 62; Ein Wort weiter, 65; Überallnie. Ausgewählte Gedichte, 1928–65, 65; Kein Zauberspruch, 72; Gesang vom Menschenleben, 74; Gedichte, 75. – *Drama:* Totentanz, 46. – *Romane:* Liebe beginnt, 33; Elissa, 37. – *Erzählungen:* Das dicke Kind, 51; Lange Schatten, 60; Wohin denn ich, 63; Ferngespräche, 66; Vogel Rock, 69; Steht noch dahin, 70; Eisbären, 72; Der alte Garten. Ein Märchen, 75; Der Tulpenmann, o.J., Die drei Wanderer, 80; Eines Mittags, Mitte Juni, 83; Jennifers Träume, 84; Liebesgeschichte, 86. – *Biographie:* Gustave Courbet, 49 (als: Die Wahrheit, nicht der Traum. Das Leben des Malers Courbet, 67); Florens. Eichendorffs Jugend, 84. – *Autobiographisches:* Engelsbrücke. Römische Betrachtungen, 55; Das Haus der Kindheit, 56; Tage, Tage, Jahre, o.J.; Orte, 76. – *Essays:* Griechische Mythen, 43; Menschen und Dinge, 45, 46; Die Umgebung von Rom, 60; Liebeslyrik heute, 62; Beschreibung eines Dorfes, 66; Zwischen immer und nie. Gestalten und Themen der Dichtung, 71; Orte und Menschen, 86; Menschen und Dinge 1945, 86. – *Hörspiele:* Hörspiele, 62; Die fremde Stimme, 69; Gespräche im All. Hörspiele, 71. – *Sammel- u. Werkausgaben:* Caterina Cornato. Die Reise des Herrn Admet, 66; Der Deserteur, o.J.; Nicht nur von hier und heute, 71; M.L.K. Ein Lesebuch, 1964–1974, 75; Seid nicht so sicher, 79; Gesammelte Werke, 7 Bde, 81–89; Notizen der Hoffnung, 84; Das ewige Licht, 87;

Popp und Mingel und andere Erzählungen, 88; Elf Liebesgeschichten, 89; Kurzgeschichten, o.J. – *Herausgebertätigkeit:* Deutsche Erzähler, 79.

Kaser, Norbert C(onrad), *19.4.1947 Brixen, †21.8.1978 Bruneck.
K. stammte aus einfachen Verhältnissen. Er arbeitete immer wieder als Vertretung (ohne Lehrbefähigungszeugnis) an Südtiroler Schulen. 1968/69 lebte er als Frater Christoph im Kapuzinerkloster Bruneck. Seit August 1977 arbeitete er regelmäßig für die Zeitung «Alto Adige». Für seine kritischen Texte fand K. zu Lebzeiten keine Verleger, so daß er seine Gedichtsammlungen hektorgraphieren mußte. Er übersetzte aus dem Italienischen. 1969/70 erhielt er ein Stipendium des Südtiroler Kulturinstituts, 1976/77 ein Österreichisches Staatsstipendium für Literatur. – Zu Lebzeiten nur wenigen bekannt, vom offiziellen ‹deutschen› Südtirol nicht zur Kenntnis genommen, haben Bekanntheitsgrad und Anerkennung der Werke K.s seit seinem Tod beständig zugenommen – gipfelnd bislang in einer dreibändigen Werkausgabe und einem nach ihm benannten Literaturpreis. In seiner kargen, metaphernarmen Lyrik machte er kein Hehl aus seiner Verachtung der Satten und Selbstzufriedenen seiner Heimat. Auch in seinen Prosaarbeiten rechnet er mit dem Provinzialismus seiner Landsleute ab; in seinen «stadtstichen» gibt er präzise und illusionslose Bilder Südtiroler Städte. Es bedurfte des unermüdlichen Einsatzes von Freunden und Bekannten, damit posthum erste Auswahlbände erscheinen konnten.

W.: Sammel- und Werkausgaben: Norbert Conrad Kaser, 2 Bde, 79–81 (Bd 1: Eingeklemmt, 79; Bd 2: Kalt in mir, 81); jetzt mueßte der kirschbaum bluehen, 83; verrueckt will ich werden sein & bleiben, 86; Gesammelte Werke, 3 Bde, 1988 ff.

Kasper, Hans (eig. Dietrich Huber), *24.5.1916 Berlin.
Seine Studien in Berlin und Lausanne schloß K. mit dem Dipl. sc. pol. ab und arbeitete seither als Journalist. Seit 1946 bei «Kurier», «Tagesspiegel», «Welt» und der «Frankfurter Allgemeinen Zei-

tung», wo er lange Zeit in einer wöchentlichen Kolumne gesellschaftliche und politische Geschehnisse satirisch «aufspießte». – Aphoristiker und Hörspielautor. K. beklagt den «Verlust der Heiterkeit» in Deutschland. Für ihn sind die Stilmittel der Satire, Situationskomik und des Humors kennzeichnend. Zeit- und gesellschaftskritischen Problemstellungen nimmt er damit auf den ersten Blick ihre Schärfe, die aber beim genauen Lesen und Zuhören, quasi durch die Hintertür, dem Rezipienten dann doppelt deutlich bewußt werden, z. B. in seinen hintergründigen Wortspielen. – K. erhielt 1962 den Deutschen Hörspielpreis der Kriegsblinden und 1963 den Förderpreis des Gerhart-Hauptmann-Preises.

W.: Aphorismen, Satiren: Hans Kasper, 1948; Berlin, 48; 100 Kasperiolen, 53 (?); Nachrichten und Notizen, 57; Das Blumenmädchen, 58; Revolutionäre sind Reaktionäre, 69; Verlust der Heiterkeit, 70. – *Romane, Erinnerungen:* 1916, 66; Wolken sind fliehende Wasser, 70; Mitteilungen über den Menschen, 78. – *Komödien:* Flöte von Jericho, 63; Das zweite Attentat, 65. – *Hörspiele, Fernsehspiele (Auswahl):* Die drei Nächte des Don Juan, 63; Das Pferd der Griechen, 64; Die Geburt der Leier, 64; Der Wald, der niemals segelte, 65; Tatort, 65; Sensation in Ocker, 67; Tatort, 67; Tutula im Feigenbaum, 68; Die Menschlichen, 68; Fälle ohne Akten, 68; Solche Stunden vertragen Glas, 69; Die schwedische Nacht, 69; Das Netz, 69; Gedanken und Wölfe, 69; Das Faltgirl, 70; Mitteilung über eine Schuld, 71; Kümmel oder die Welt der Hühner, 71; Party bei Sappho, 71. – *Sammel- u. Werkausgaben:* Zeit ohne Atem, 61 (Aktuelle Aphorismen, Bd 1); Abel, gib acht, 62 (Aktuelle Aphorismen, Bd 2); Geh David helfen, 63; Expedition nach innen, 65 (Aktuelle Aphorismen, Bd 3).

Kassner, Rudolf, * 1. 9. 1873 Groß-Pawlowitz (Mähren), † 1. 4. 1959 Sierre (Schweiz).
Kulturphilosoph und Schriftsteller, von Hofmannsthal als der «bedeutendste Kulturschriftsteller der deutschen Literatur» bezeichnet; Rilke, mit dem K. eine lebenslange Freundschaft verband, bestätigte dieses Urteil. K.s Essayistik, kontinuierlich von 1899–1959 erarbeitet, ist die eines hochgebildeten konservativen Gelehrten und einer der Gipfelpunkte der durchgeistigten Essayistik der er-

sten Hälfte des 20. Jhs. Der weitgreifenden Thematik – europäische und außereuropäische Literatur, bildende Kunst, Geschichte, europäische und asiatische Philosophie, Mythen, antiker Geist, Christentum, Reiseerlebnisse und Autobiographisches – entspricht die breite Vielfalt der benutzten und ineinandergeschobenen Formen: Dialoge, Anekdoten, Parabeln, Briefe, Abhandlungen, Aphorismen, assoziative Reihen, begriffliche Definitionen, intuitive Bilder. Zentral steht K.s Absicht einer «universalen Physiognomik», d. h. die Bewegungen des Geistes und des Lebens vordringlich durch die Einbildungskraft miteinander in der Anschauung in «Gesichten» zu erfassen und so eine Umkehr von der Welt der Zahlen, der exakten Wissenschaften in das Reich der Bilder zu bewirken. K. lebte, innerlich distanziert von allen politischen Umwälzungen, in Wien, Berlin, Paris, London, München und seit 1945 in der Schweiz. 1949 G.-Keller-Preis, 1953 Gr. Österreichischer Staatspreis, 1955 Schiller-Gedächtnispreis. Er übersetzte Werke von Platon (Einfluß auf seine eigenen Dialoge), Puškin, Gogol', Dostoevskij, Sterne und Gide. Der Nachlaß befindet sich in der Wiener Nationalbibliothek.

W.: Essays: Die Mystik, die Künstler und das Leben, 1900 (auch als Englische Dichter); Der Tod und die Maske. Philosophische Novellen, 02; Der indische Idealismus, 03; Denis Diderot, 03; Moral der Musik, 04; Motive, 06; Melancholia. Eine Trilogie des Geistes, 08; Von den Elementen der menschlichen Größe, 11; Der indische Gedanke, 13; Die Chimäre, 14; Zahl und Gesicht, 19; Von der Signatur der Dinge, 21; Grundlagen der Physiognomik, 22; Essays (1900 bis 1921), 22; Die Verwandlung, 25; Mythen der Seele, 27; Narziß, 29; Das physiognomische Weltbild, 30; Der Einzelne und der Kollektivmensch, 31; Physiognomik, 32; Betrachtungen über den Ruhm, die Nachahmung und das Glück, 34; Buch der Gleichnisse, 35; Von der Einbildungskraft, 36; Anschauung und Beobachtung, 38; Der Gottmensch, 38; Das Buch der Erinnerung, 38; Die Zweite Fahrt, 46; Transfigurationen, 46; Wandlung, 46; Das 19. Jahrhundert. Ausdruck und Größe, 47; Umgang der Jahre, 49; Die Nacht des ungeborenen Lebens, 50; Die Agonie Platons, 50; Die Geburt Christi. Eine Trilogie der Deutung, 51; Von der Eitelkeit, 52; Das inwendige Reich. Versuch einer Physiognomik der Ideen, 53; Der Zauberer, 55; Der Goldene Drachen, 57; Der Gottmensch und die Weltseele, 60; Rilke. Gesammelte Erinnerungen 1926–56, 76; Briefe an Tetzel, 79. – *Werkausgabe:* Sämtliche Werke, 10 Bde, 69ff.

Kastein, Josef (eig. Julius Katzenstein), *6.10.1890 Bremen, †13.6.1946 Haifa.
K. entstammte einer Familie mit jüdischer Glaubenstradition, studierte Rechtswissenschaften und Nationalökonomie, promovierte zum Dr. jur. und praktizierte ab 1919 in Bremen als Anwalt. 1927 ließ er sich als freier Schriftsteller in Ascona-Moscia nieder. 1935 wanderte er nach Palästina aus. Durch frühe Begegnungen mit dem Antisemitismus, der Geschichte des Judentums, den Ideen des Zionismus und einer Wanderfahrt als Student durch Erez-Israel entwickelte er sich zu einem bewußten Juden zionistischer Prägung. Seine schriftstellerische Laufbahn begann K. in den 20er Jahren – vorwiegend im Bereich der Belletristik. Ab 1930 erschienen dann aber in rascher Folge nur noch Werke mit spezifisch jüdischer Thematik. In großen Monographien über Grundphänomene jüdischer Geschichte – der messianischen Sehnsucht, des Marranentums und der Heimatlosigkeit – versuchte er eine Sinngebung jüdischen Schicksals. Er veröffentlichte auch *Eine Geschichte der Juden*, die in den 30er Jahren internationale Verbreitung und Anerkennung fand. In seinen essayistischen Schriften trat er vor allem für eine jüdische Neuorientierung ein.
Mit seinen Büchern profilierte sich K. nicht nur als ein jüdischer Schriftsteller von Rang, er leistete mit ihnen auch einen wichtigen Beitrag zum Selbstverständnis der Juden auf dem Wege zu einer freien und autonomen staatlichen Gemeinschaft. Im nationalsozialistischen Deutschland waren seine Bücher verboten. K. schrieb und veröffentlichte auch in hebräischer Sprache.

W.: Romane, Erzählungen: Die Brücke, 1922; Melchior. Ein hanseatischer Kaufmannsroman, 27; Pik Adam, 27; Sabbatai Zewi. Der Messias von Ismir, 30; Uriel da Costa oder Die Tragödie der Gesinnung, 32; Süßkind von Trimberg oder Die Tragödie der Heimatlosigkeit, 34; Herodes, Die Geschichte eines fremden Königs, 36; Jeremias. Der Bericht vom Schicksal einer Idee, 37; Eine Palästinensische Novelle, 42. – *Dramen:* Arbeiter, 21. – *Lyrik:* Logos und Pan, 18. – *Essays:* Eine Geschichte der Juden, 31; Joodsche Problemen in het Heden, 33; Juden in Deutschland, 34; Theodor Herzl. Das Erlebnis des jüdischen Menschen, 35; Jüdische Neuorientierung, 35; Das Geschichtserlebnis des Juden, 36; Jerusalem. Die Geschichte eines Landes, 37; Wege und Irrwege. Drei Essays zur Kultur der Gegenwart, 46; Que es un judio, 49.

Kästner, Erhart, *13.3.1904 Augsburg, †3.2.1974 Staufen/Br.
Nach Studien in Freiburg und Leipzig wurde K. Bibliothekar der Staatsbibliothek Dresden. 1936–38 war er Sekretär Gerhart Hauptmanns. Als Soldat verbrachte K. längere Zeit in Griechenland und Kreta und zwei Jahre als Kriegsgefangener in Ägypten. 1950–68 war er Direktor der Herzog-August-Bibliothek in Wolfenbüttel. – K. schrieb, ausgehend von seinen Erlebnissen in Griechenland und Afrika, Reise- und Erinnerungsbücher, so vor allem *Zeltbuch von Tumilad*, dessen zentrales Thema die Einsamkeit der Gefangenen in der Wüste ist. In *Griechenland. Ein Buch aus dem Kriege* (Neuausgabe *Ölberge, Weinberge*) verbindet sich das Erlebnis der Antike mit der Gegenwart und dem Hintergrund von Mensch und Landschaft. Der Bericht *Die Stundentrommel vom heiligen Berg Athos* schildert in unpathetischer Sprache die Welt der griechischen Eremiten, ihre Zeit- und Geschichtslosigkeit.

W.: Erinnerungen, Briefe: Zeltbuch von Tumilad, 1949; Briefe, 84; Heidegger, M./E. K.: Briefwechsel 1953–1974, 86. – *Reiseberichte:* Griechenland. Ein Buch aus dem Kriege, 42 (neu als: Ölberge, Weinberge, 53); Kreta, 46; Griechische Inseln, 75; Das Heilige war es, das mich ergriff (mit E. Stark), 85. – *Essays, Berichte:* Die Stundentrommel vom heiligen Berg Athos, 56; Martin Heidegger, Eduard Chillida, Die Kunst und der Raum, 70; Aufstand der Dinge, 73; Offener Brief an die Königin von Griechenland, 73; Der Hund an der Sonne, 75 (aus dem Nachlaß); Bekränzter Jahreslauf, 79. – *Tagebuch:* Die Lerchenschule, 64.

Kästner, Erich (Pseud. Peter Flint, Melchior Kurtz), *3.2.1899 Dresden, †29.7.1974 München.

K. stammte aus kleinbürgerlicher Familie und sollte Volksschullehrer werden. Der 1. Weltkrieg unterbrach seine Ausbildung, nach dem Krieg studierte K. in Leipzig, Rostock und Berlin und war 1921–23 Redakteur an der «Neuen Leipziger Zeitung». Promotion 1925. Nach 1927 war K. in Berlin ansässig, die Jahre des Faschismus überdauerte K. in der Filmindustrie. Seine Bücher wurden 1933 verbrannt, andere Veröffentlichungen erschienen nur im Ausland. Nach 1945 lebte K. in München, 1945–48 als Feuilletonredakteur der «Neuen Zeitung», Mitarbeiter des Kabaretts «Die Schaubude» und nach 1946 als Herausgeber der Jugendzeitschrift «Der Pinguin». – Eine didaktische Ader mit einer Ausrichtung zur Jugend durchzieht das Werk K.s. Seine frühen Gedichtbände *Herz auf Taille*, *Lärm im Spiegel* und *Ein Mann gibt Auskunft* greifen mit satirischer Schärfe Militarismus, Snobismus und Modeerscheinungen an. K.s *Emil und die Detektive* erreichte weite Kreise als ein Kinderbuch neuen Stils, das sich ohne Betulichkeit an seine Zielgruppe richtet. Die inflationär verzerrte Welt Berlins der 20er Jahre schildert sein *Fabian. Die Geschichte eines Moralisten*, in dem der einzige hoffnungsvolle Ton der Tod des Protagonisten ist: Fabian ertrinkt bei dem Versuch, ein Kind zu retten. Ähnlich in der Untergangsstimmung ist sein Gedichtband *Gesang zwischen den Stühlen*. K.s eskapistische Bücher aus der Zeit des Dritten Reiches zeigen ihn eher humorvoll, dabei benutzte Motive in *Drei Männer im Schnee*, *Die verschwundene Miniatur* und *Georg und die Zwischenfälle* (später als *Der kleine Grenzverkehr*) sind Verwechslung und Rollentausch in einer bürgerlich verklärten Welt ohne Politik und Gegenwart. Mit einer Sondergenehmigung des Propagandaministeriums schrieb K. 1940 das Drehbuch für den ebenfalls eskapistischen UFA-Film *Münchhausen*. Nach 1945 veröffentlichte K. seine Beiträge zum literarischen Kabarett, u. a. in den Gedichtbänden *Bei Durchsicht meiner Bücher*, *Der tägliche Kram*, *Die kleine Freiheit*. Seine Jugendbücher greifen zwar Probleme aus der Welt der Kinder auf, um sie letztlich

doch zu entschärfen. K.s Komödie *Die Schule der Diktatoren* zeigt, wie Machthaber für ihren eigenen Nachwuchs sorgen, mit einer gewissen polemischen Schärfe. Für eine Selbstanalyse sind die autobiographischen Werke *Als ich ein kleiner Junge war* und *Notabene 45* von Interesse. Will man K. wirklich als einen Schlüsselautor für die deutsche Zwischenkriegszeit verstehen, so darf man nicht allein seine oft treffende Polemik, sondern muß ebenso seine die Kritik reduzierende, fast sentimentale Feier traditioneller Wertvorstellungen sehen. – Büchner-Preis 1957.

W.: Lyrik: Herz auf Taille, 1928; Lärm im Spiegel, 29; Ein Mann gibt Auskunft, 30; Gesang zwischen den Stühlen, 32; Dr. E. K.s lyrische Hausapotheke, 36; Bei Durchsicht meiner Bücher, 46; Der tägliche Kram, 48; Kurz und bündig, 50; Die kleine Freiheit, 52; Die dreizehn Monate, 55; K. für Erwachsene, 66; Unter der Zeitlupe, 67; In Probepackung, o. J.; Die kleine Freiheit, 79. – *Romane:* Fabian, 31; Drei Männer im Schnee, 34; Die verschwundene Miniatur, 35; Georg und die Zwischenfälle, 38 (als: Der kleine Grenzverkehr, 49). – *Kinderbücher:* Emil und die Detektive, 28; Pünktchen und Anton, 31; Der 35. Mai oder Konrad reitet in die Südsee, 31; Das fliegende Klassenzimmer, 33; Emil und die drei Zwillinge, 35; Die Konferenz der Tiere, 49; Das doppelte Lottchen, 49; Das Schwein beim Friseur, 62; Der kleine Mann, 63; Der kleine Mann und die kleine Miss, 67; Der Zauberlehrling (Fragment), 74; Das verhexte Telefon, 77; Mein Onkel Franz, o. J. (mit Kass.). – *Bearbeitungen, Nachdichtungen:* Till Eulenspiegel, 35; Der gestiefelte Kater, 50; Gullivers Reisen, o. J.; Münchhausen, 51; Die Schildbürger, 54; Don Quichotte, 56. – *Komödie:* Die Schule der Diktatoren, 56. – *Erinnerungen:* Als ich ein kleiner Junge war, 57 (Ausz.: Aus meiner Kindheit, o. J.); Notabene 45. Ein Tagebuch, 61; Briefe aus dem Tessin, 77; Mein liebes gutes Muttchen Du. Briefe aus 30 Jahren, 81. – *Sammelund Werkausgaben:* Gesammelte Schriften, 7 Bde, 59; ... was nicht in euren Lesebüchern steht, o. J.; Wieso warum?, 62; Warnung vor Selbstschüssen, 66; Gesammelte Schriften für Erwachsene, 8 Bde, 69; Die lustige Geschichtenkiste, 72; 4 Romane, 76; Gedichte, 81; E. K. erzählt, 82; Lesestoff, Zündstoff, Brennstoff, 84; Kästner für Kinder, 2 Bde, 85. Das Kästner Buch, 86; Kennst Du das Land wo die Kanonen blühen? 87; Gemischte Gefühle – Literarische Publizistik 1923–1933, 2 Bde, 89; Gedichte, o. J. – *Herausgebertätigkeit:* Tucholsky, K.: Gruß nach vorn, 46; Pinguin, 4 Jgg,

46–49; Heiterkeit in Dur und Moll, 58; Heiteres von Walter Trier, 59; Heiterkeit kennt keine Grenzen, 60; Es war einmal ein Rabe, 72. – *Schallplatten u. ä.:* E. K. liest E. K., ca. 83 (2 Pl.); Zeitgenossen, haufenweise, 86 (Toncass.); Gesang zwischen den Stühlen, 87; Die 13 Monate, 89.

Kattun, Krischan → Stavenhagen, Fritz

Käufer, Hugo Ernst, * 13. 2. 1927 Witten / Ruhr.
Nach einer Tätigkeit in der öffentlichen Verwaltung durchlief K. die Ausbildung zum Bibliothekar. Heute ist er stellvertretender Leiter der Stadtbücherei Gelsenkirchen.
Neben eigenen Gedichtveröffentlichungen und Kurzprosa hat sich K. der sammelnden, kritischen und edierenden literarischen Tätigkeit zugewandt. Er war 1967 Mitbegründer der Literarischen Werkstatt der Volkshochschule Gelsenkirchen, des Werkstattmodells des späteren Werkkreises Literatur der Arbeitswelt. K. hat sich nicht in den Sog und die Auseinandersetzungen der populären Vereinigungen Dortmunder Gruppe 61 und Werkkreis Literatur der Arbeitswelt ziehen lassen, sondern verhalf in eigenständiger Linie auch weniger populären Autoren zu Verlagskontakten und zur Veröffentlichung.

W.: Lyrik, Kurztexte: Wie kannst du ruhig schlafen? Zeitgedichte, 1958; Die Botschaft des Kindes, 62; Und mittendrin ein Zeichen. Gedichte, 63; Spuren und Linien. Gedichte und Kurzprosa, 67; Käufer-Report. Texte, 68; Im Namen des Volkes. 10 Abreißtexte, 72; Interconnexions. Gedichte (deutsch und französisch), 75; Leute bei uns gibts Leute. Kurztexte und Aphorismen, 75; Standortbestimmungen, Aphorismen, 75; Unaufhaltsam wieder Erde werden, 76; Stationen, 77; Demokratie geteilt, 77; So eine Welle lang, 79; Schreiben und schreiben lassen, 79; Über das gesunde Volksempfinden und andere Anschläge, 83; Hugo Ernst Käufer, 84; Kehrseiten, 84; Die Worte der Bilder, 86; Bei Licht besehen. Aforismen, 87. – *Essays:* Mensch und Technik im Zeitalter der Zweiten industriellen Revolution, 58; Das Werk Heinrich Bölls 49–63, 63; Das Abenteuer der Linie, 64; Rußlandimpressionen, 76. – *Herausgebertätigkeit:* Das neue China. Ausgewählte Erlebnisse und Berichte, 60; Afrika zwischen gestern und morgen, 62; Die Sowjetunion, 64; Nordamerika heute, 67;

Dokumente, Dokumente, 69; Anstöße I: L. Rauner, Der Wechsel ist fällig, 70; Anstöße II: F. Göhre, Costa Brava im Revier, 71; Anstöße III: V. W. Degener, Kehrseiten und andere Ansichten, 73; Für eine andere Deutschstunde, 72 (mit anderen); Revier heute, 72; Friedhelm Baukloh. Texte eines entschiedenen Liberalen, 72; Dienst an Büchern, Lesern und Autoren. Festschrift für Fritz Hüser, 73; Nordrhein-Westfalen literarisch 1: K. Küther, Ein Direktor geht vorbei, 74; NRW literarisch 2: P. Schallück, Hierzulande und anderswo, W. Neumann, Stadtplan, O. Pfeiffer, In dieser Haut, 74; NRW literarisch 3: P. Karalus, Kassensturz, H. Brill, Diomedon / Volle Pulle Urlaub, 75; NRW literarisch 4: W. Körner, Wo ich lebe; R. Limpert, Fragen so nebenbei, 75; Soziale Bibliotheksarbeit, 82. – *Biobibliographien:* Sie schreiben zwischen Moers und Hamm. 43 Autoren im Ruhrgebiet, 74 (mit Horst Wolff); Sie schreiben zwischen Goch und Bonn. Biobibliographische Daten, Fotos und Texte von 61 Autoren, 75 (mit Rolfrafael Schroer); Das betroffene Metall, 75; Sie schreiben zwischen Paderborn und Münster (mit W. Neumann), 77; Sie schreiben in Bochum (mit V. W. Degener), 80.

Kauffmann, Fritz Alexander,
* 26. 6. 1891 Denkendorf (Württemberg), † 19. 5. 1945 Ebersbach (Fils).
K. war zuerst Lehrer, dann Prof. an der Pädagogischen Akademie Halle; er wurde 1933 aus dem Staatsdienst entlassen. In *Leonhard*, Chronik seiner Kindheit, die bis zum 12. Lebensjahr reicht, aber weitergeführt werden sollte, schuf er einen ästhetischen Bildungsroman, der mit seiner subtilen Schilderung von Wahrnehmungserlebnissen an Proust anklingt. Der Dialog zwischen Ich und Welt wird hier in seinem sprachlosen Stadium erfaßt, in der Durchdringung von Sinnennähe und Formgebung.

W.: Roman: Leonhard, 1956. – *Essays:* Die Woge des Hokusai, 38; Roms ewiges Antlitz, 40.

Kaus, Gina (eig. Gina Zirner-Kranz, Pseud. Andreas Eckbrecht),
* 21. 11. 1894 Wien, † 23. 12. 1985 Los Angeles.
K. beginnt 1916 nach dem Tod des ersten Ehemannes zu schreiben: Die Komödie *Diebe im Haus* wird 1917 am Burgtheater erfolgreich uraufgeführt. Zwischen Wien und Berlin pendelnd, knüpft sie Kontak-

te zu Franz Blei, Hermann Broch, Robert Musil und Franz Werfel und macht die Bekanntschaft des Psychologen Alfred Adler, dessen Ansichten zur Kinderpsychologie sie in der 1924 von ihr gegründeten Frauen-Zeitschrift «Die Mutter» und einer von ihr geleiteten Frauenberatungsstelle popularisiert. Nach Erzählungen und Kurzgeschichten für verschiedene Zeitungen (u. a. «BZ am Mittag», «Vossische Zeitung», Wiener «Arbeiter-Zeitung») gelingt ihr 1932 mit dem Unterhaltungsroman *Die Überfahrt* ein erster Bestseller, der – wie die meisten der folgenden Gesellschaftsromane und historischen Biographien – in zahlreiche Sprachen übersetzt und verfilmt wird. Die Nazis setzen ihre Bücher auf die erste «Schwarze Liste» der von ihnen verbotenen Literatur. K. emigriert zunächst nach Österreich, dann nach Frankreich und flieht bei Kriegsbeginn in die USA. In Kalifornien arbeitet sie als Drehbuchautorin und unterhält Kontakt zu Bert Brecht, Hanns Eisler, Fritz Kortner und Vicky Baum. Zwischen 1948 und 1951 lebt K. erneut in Wien und Berlin, kehrt aber in die USA zurück. – Alle ihre Romane sind der gepflegten Unterhaltungsliteratur zuzurechnen; sie bewegen sich gelegentlich an der Grenze zum Kitsch und zeichnen sich durch geistreiche Dialoge und feinsinnige Psychologisierung aus.

W.: Romane, Erzählungen: Der Aufstieg, 1920; Die Verliebten, 28; Die Überfahrt, 32; Morgen um Neun, 32; Die Schwestern Kleh, 33/34; Katharina die Große, 35; Josephine und Madame Tallien, 36; Luxusdampfer. Roman einer Überfahrt, 37; Der Teufel nebenan, 40 (später u. d. T. Teufel in Seide); Melanie, 40. – *Lustspiele:* (u. d. Pseud. Andreas Eckbrecht:) Diebe im Haus, 19; Der lächerliche Dritte, 26; Im Haus der Tugend, 26; Toni. Eine Schulmädchen-Komödie in 10 Bildern, 27; Whisky und Soda (mit Paul Frank), 37. – *Kulturgesch. Untersuchung:* Die Brautnacht (mit Alfred Kind), 31. – *Autobiographie:* Und was für ein Leben, 79.

Keller, Werner (Pseud. Norman Alken), *13. 8. 1909 Gut Nutha bei Zerbst/Anhalt, †3. 3. 1980 Ascona.

K., Sohn eines Amtmannes, studierte Maschinenbau und Medizin, später Jura

in Berlin, Rostock, Zürich, Genf und Jena, wo er 1933 zum Dr. jur. promovierte. Referendar in Berlin, ab 1937 als Publizist tätig («Berliner Tageblatt»). Während des 2. Weltkriegs zeitweise von den Nazis inhaftiert. Ab 1945 spezialisierte sich K. in Hamburg auf wissenschaftliche Publikationen und war Mitarbeiter des NWDR und von verschiedenen Zeitschriften. Später lebte er als freier Schriftsteller im Tessin.

K. gilt als populärwissenschaftlicher Sachbuchautor, der mit Akribie die seinen Büchern zugrundeliegenden Fakten recherchierte und überprüfte. In seinem ersten – und erfolgreichsten – Werk *Und die Bibel hat doch recht* will er belegen, daß die Bibel in weiten Strecken auf wahren Begebenheiten beruht. K. trug für diese Arbeit 11 Jahre lang Material zusammen. Dieses Buch wurde in 22 Sprachen übersetzt und hat mittlerweile eine Gesamtauflage von über 10 Millionen Exemplaren erreicht; 1977 wurde es verfilmt.

1970 erscheinen eine Geschichte der Etrusker *Denn sie entzündeten das Licht;* K. erhielt dafür den italienischen «Premio Internationale ‹Le Muse›» und die Ernennung zum Senator und Professor an der Academia Internationale delle Muse in Florenz. Seine letzten Veröffentlichungen waren eine Geschichte der Parapsychologie und ein Buch über Indien.

W.: Sachbücher: Und die Bibel hat doch recht. Forscher beweisen die historische Wahrheit, 55 (verfilmt 1977/völlig überarbeitet und erweitert, 78); Ost minus West = Null. Der Aufbau Rußlands durch den Westen, 60; Und die Bibel hat doch recht – in Bildern, 63; Und wurden zerstreut unter alle Völker. Die nachbiblische Geschichte des jüdischen Volkes, 66; Denn sie entzündeten das Licht. Geschichte der Etrusker, 70; Da aber staunte Herodot (mit Illustrationen von R. Kohlsaat), 72; Was gestern noch als Wunder galt. Die Entdeckung geheimnisvoller Kräfte im Menschen, 73; Strukturen der Unterentwicklung. Indien, 76.

Kellermann, Bernhard, *4. 3. 1879 Fürth, †17. 10. 1951 Klein Glienicke bei Potsdam.

K. unternahm nach Studien in München weite Reisen durch Europa, Amerika und Asien. Im 1. Weltkrieg war er Zeitungskorrespondent. 1933 wurde er aus der Preußischen Dichterakademie ausgeschlossen. 1949 wurde er in der DDR Volkskammerabgeordneter und erhielt den Nationalpreis, 1950 Gründungsmitglied der Deutschen Akademie der Künste.

K., der unter dem Einfluß des Symbolismus, der Neuromantik und vor allem Knut Hamsuns mit epigonalen impressionistischen Romanen begann, verdankt seinen Ruhm dem technisch-utopischen Roman *Der Tunnel*, der die Schwierigkeiten beim Bau eines Tunnels von Europa nach Amerika schildert. Das Werk, in dem schließlich die Technik über die Natur triumphiert, enthält harte Kritik an den Methoden des Kapitalismus. K. schrieb außerdem den antimilitaristischen Roman *Der neunte November*, der 1933 öffentlich verbrannt wurde, und zahlreiche weitere zeit- und sozialkritische Romane, unter denen besonders *Totentanz*, seine Abrechnung mit dem Faschismus, bemerkenswert ist.

W.: Romane, Erzählungen: Yester und Li, 1904; Ingeborg, 06; Der Tor, 09; Das Meer, 10; Der Tunnel, 13; Der neunte November, 20; Schwedenklees Erlebnis, 23; Die Brüder Schellenberg, 25; Die Stadt Anatol, 22; Jangtsekiang, 34; Lied der Freundschaft, 35; Das blaue Band, 38; Georg Wendlands Umkehr, 40; Totentanz, 48. – *Drama:* Der Wiedertäufer von Münster, 25. – *Essays, theoretische Schriften:* Was sollen wir tun? Mit Diskussionsbeiträgen von Theodor Plivier [u. a.], 45; – Außerdem Reiseberichte, Kriegsberichte u. Reportagen. – *Sammel- u. Werkausgaben:* Romane der Technik, 48; Lyrische Romane, 49; Ausgewählte Werke in Einzelausgaben, 6 Bde, 58ff.

Kempowski, Walter, *29. 4. 1929 Rostock.

K., Sohn eines Rostocker Reeders, besuchte die dortige Oberschule, war Flakhelfer und nach dem Krieg Lehrling in einer Druckerei; 1948 wurde er wegen Spionage verhaftet und zu 25 Jahren Zwangsarbeit verurteilt; nach acht Jahren Haft im Zuchthaus Bautzen wurde er 1956 amnestiert; 1957 holte er das Abitur im Westen nach und studierte Pädagogik in Göttingen; er war danach Landschullehrer. K. ist Mitglied des PEN-Zentrums der BRD und erhielt mehrere Literatur-

und Hörspielpreise. – K., der seit seiner Haftentlassung 1956 ununterbrochen schriftstellerisch tätig war (nicht veröffentlichte Briefe, Tagebücher, Skizzen und Romanentwürfe), wird von Kritik und Publikum als «deutscher Chronist» verstanden. Er hat 1969 mit seinem ersten Roman *Im Block* eine achtteilige Chronik vom Schicksal des deutschen Bürgertums von 1900 bis in die 80er Jahre am Beispiel der eigenen Familie angefangen. Genau festgehaltene und erinnerte Wirklichkeit wird in der Form eines leidenschaftslosen Protokolls ohne Symbolik oder Deutung referiert, die implizierte Interpretation des Berichteten liegt ausschließlich in der freien assoziativen Anordnung der Erzählphasen. K.s Rekonstruktions- und Darstellungsweise organisiert sich dabei auf drei Ebenen: Chronik der eigenen Familie, Geschichte der Stadt Rostock, schließlich Zeitgeschichte, wie sie sich in beiden widerspiegelt. *Tadellöser und Wolff,* zweiter Band dieser Chronik über die Zeitspanne 1939–45, ist ein typisches Beispiel für diese «mikroskopische» Methode. 1978 veröffentlichte K. *Aus großer Zeit*, einen Einleitungsband, in dem die Vorgeschichte zu seinem Romanzyklus in lebenden Bildern, Haus-, Stadt- und Landschaftsansichten geschildert wird; die Personen erhalten hier durch die fortlaufende Chronologie eine psychologische Dimension, die sich auch auf die anderen Romane überträgt. K. ist außerdem Verfasser von Hörspielen und von essayistischen zeitkritischen Werken.

W.: Romane, Erzählungen, Kinderbücher: Im Block. Ein Haftbericht, 1969; Tadellöser und Wolff. Ein bürgerlicher Roman, 71; Uns geht's ja noch gold. Roman einer Familie, 72; Der Hahn im Nacken. Mini-Geschichten, 73; Ein Kapitel für sich. Roman, 75; Alle unter einem Hut. Über 170 witzige und amüsante Alltags-Mini-minigeschichten in Großdruckschrift, 76; Wer will unter die Soldaten?, 76; Aus großer Zeit, Roman, 78; Unser Herr Böckelmann, 79; Kempowskis Einfache Fibel, 80; Schöne Aussicht, 81; Herrn Böckelmanns schönste Tafelgeschichten, 83; Fünf Kapitel für sich, 83; Herzlich willkommen, 84; Haumiblau. 207 Pfenniggeschichten für Kinder, 86; Hundstage, 88. – *Hörspiele:* Träumereien am elektrischen Kamin, 71; Ausgeschlossen, 72; Haben Sie

Hitler gesehen?, 73; Beethovens Fünfte, 75; Beethovens Fünfte und Mein Vadder läbt, 82 (mit Toncass.). – *Essays:* Haben Sie Hitler gesehen? Deutsche Antworten, 73; Walter Kempowskis Harzreise erläutert, 74; Immer so durchgemogelt. Erinnerungen an unsere Schulzeit, 74; Mein Lesebuch, 78; Haben Sie davon gewußt? Deutsche Antworten, 79; Lesenlernen – trotz aller Methoden. Ein Exkurs über Fibeln, 87. – *Sammel- und Werkausgaben:* Eine deutsche Chronik. Auszüge, o.J.; Unser Herr Böckelmann. Herrn Böckelmanns schönste Tafelgeschichten, 88. – *Herausgebertätigkeit:* Mein Lesebuch, 78; Ein Knie geht einsam durch die Welt, 89.

Kent → Harden, Maximilian

Kerényi, Karl, *19. 1. 1897 Temesváar (Ungarn), †14. 4. 1973 Zürich.
Der klassische Philologe und katholische Religionshistoriker K. erlangte für die Literatur und ihre Wissenschaft insofern Bedeutung, als er die bis dahin fachlich eingeengte Mythenforschung mit neuen Impulsen erweiterte und mit der Tiefenpsychologie – K. war mit C. G. Jung befreundet und lehrte am Jung-Institut in Zürich (1948–66) – verband. Direkte literarische Einflüsse gingen in das Werk Hesses und Th. Manns ein (vgl. die Briefwechsel mit beiden). Die Neuerzählungen der griechischen Götter- und Heroenmythen in den 2 Bänden *Mythologie der Griechen* fanden weite Verbreitung und sind in 8 Sprachen übersetzt.

W.: Essays, wissenschaftliche Schriften, Briefe: Die griechisch-orientalische Romanliteratur in religionsgeschichtlicher Beleuchtung, 1927; Dionysos und das Tragische in der Antigone, 35; Apollon, 35; Pythagoras und Orpheus, 39; Die antike Religion, 40 (als: Die Religion der Griechen und Römer, 63); Einführung in das Wesen der Mythologie (mit C. G. Jung), 41; Hermes, der Seelenführer, 44; Töchter der Sonne, 44; Bachofen und die Zukunft des Humanismus, 45; Romandichtung und Mythologie. Ein Briefwechsel mit Th. Mann, 45; Die Geburt der Helena, 45; Prometheus, 46; Der göttliche Arzt, 48; Niobe, 49; Die Mythologie der Griechen, Bd 1: 51, Bd 2: 58; Umgang mit Göttlichem, 55; Vergil und Hölderlin, 57; Th. Mann – K. K., Gespräch in Briefen, 60, Neuausg. 72; Die Mysterien von Eleusis, 62; Die Eröffnung des Zugangs zum Mythos, 67 (mit anderen); Antike Religion, 71; H. Hesse – K. K., Ein Briefwechsel aus der Nähe, 72; Griechenland (mit W. Weiss), o.J. – *Werkausga-*

ben: Gesammelte Werke, 7 Bde, 53–79; Werke in Einzelausgaben, Bd 1 ff, 85 ff.

Kerndl, Rainer, *27.11.1928 Bad Frankenhausen.
K., der mit seinen Eltern seit 1943 im damals deutsch besetzten Polen lebte, wurde noch als Schüler zum Arbeitsdienst eingezogen und anschließend Soldat. Nach der Entlassung aus der Kriegsgefangenschaft machte er 1948 das Abitur und arbeitete anschließend als Redakteur einer Kreiszeitung der SED sowie als Sekretär der FDJ. Seit 1963 Theaterkritiker, u. a. (bis 1984) für das «Neue Deutschland», Dramaturg am Maxim-Gorki-Theater. K. erhielt u. a. 1965 den Lessing-, 1972 den Berliner Goethe-Preis und den Nationalpreis sowie 1975 und 1977 den Vaterländischen Verdienstorden.
K. hat in den 50er Jahren mit Reportagen und erzählender Prosa begonnen. Bedeutung gewann er in den 60er und 70er Jahren mit einer Reihe von Dramen, die für die Entwicklung der Gegenwartsdramatik in der DDR wichtig wurden. In ihnen geht es in erster Linie um die Entscheidung der Helden für den Sozialismus und um die Probleme zwischen dem einzelnen und der Gesellschaft. Sein wohl wichtigstes Werk ist *Die seltsame Reise des Alois Fingerlein* (1967), das K. zehn Jahre später in *Die lange Ankunft des Alois Fingerlein* fortgesetzt hat.

W.: Romane, Erzählungen, Prosa: ... und keiner bleibt zurück, 1953; Blinkzeichen blieben ohne Antwort, 53; Junge Herzen, 54; Ein Wiedersehen, 56; Die Eroberung von Burgwalldorf, 56; Eine undurchsichtige Affaire, 56; Ein ausgebranntes Leben, 83; Das Mädchen im Kastanienbaum, 88; Der Stein Shahnes, 89. – *Dramen:* ... spielte für Geld, 58 (mit W. Böhme); Schatten eines Mädchens, 62; Seine Kinder, 65; Plädoyer für die Suchenden, 66 (Bühnenms.); Die seltsame Reise des Alois Fingerlein, 68; Der verratene Rebell (in: Neue sozialistische Dramatik, H. 38), 68 (Neufassung u. d. T.: Doppeltes Spiel, 69; Bühnenms.); Ich bin einem Mädchen begegnet, 70 (in: Theater der Zeit 12/70); Wann kommt Ehrlicher?, 71 (in: Theater der Zeit 1/72); Nacht mit Kompromissen, 73 (in: Theater der Zeit 11/73); Jarash, ein Tag im September, UA 74 (Bühnenms.); Der vierzehnte Sommer, 77 (in: Theater der Zeit 5/77); Die lange Ankunft des Alois Fingerlein, 79 (in: Theater der Zeit

1/79); Zwischenlandung, 88. – *Film, Fernsehen:* Der verratene Rebell, 67; Zwei in einer kleinen Stadt, 69; Romanze für einen Wochentag, 72. – *Sammel- u. Werkausgaben:* Stücke, 72; Stücke, 79; Stücke, 83.

Kerr, Alfred (ursprüngl. Kempner, Namensänderung 1911), *24.12.1867 Breslau, †12.10.1948 Hamburg.
Über Herkunft und Jugend berichtet K. in Chapiros *Buch der Freundschaft* (1928). Studium der Germanistik, Philosophie und Geschichte in Berlin u. a. bei E. Schmidt und in Halle bei dem Romantik-Forscher Haym. Hier 1894 Promotion mit einer Arbeit über *Clemens Brentanos Jugenddichtungen*, erweitert als Buch erschienen mit dem Titel *Godwi. Ein Kapitel deutscher Romantik.* Schon während der Studienjahre ausreichende finanzielle Sicherung durch journalistische Tätigkeit. Kritiker für das «Magazin für Litteratur», die «Neue Rundschau», die «Frankfurter Zeitung», Scherls «Tag» und Mosses «Berliner Tageblatt». 1910 mit P. Cassirer Begründung der Zeitschrift «Pan». Ausgehend vom Kritik-Kunstverständnis der Romantik, steigerte K. den Anspruch, daß Kritik eine gleichberechtigte Form innerhalb der Künste sei: «Fortan ist zu sagen: Dichtung zerfällt in Epik, Lyrik, Dramatik und Kritik.» Sein artistisch eigenwilliger Sprachstil in thesenhaft knappen Hauptsätzen, aggressiv und verletzend, gibt radikal ichbezogene Eindrücke wieder, weshalb er als «impressionistisch» und «manieristisch» klassifiziert wurde. Ehrgeiz und ästhetischer Hochmut trugen ihm viele Fehden ein, u. a. mit M. Harden, Ihering und seinem erbittertsten Gegner K. Kraus. Die von K. in 5 Bänden gesammelten Theaterkritiken (*Die Welt im Drama*) sind eine Theatergeschichte höchst subjektiver Art. K. trat für Ibsen, Shaw und G. Hauptmann ein, kämpfte gegen Brecht. Versöhnlicher wirken die Reisefeuilletons *Die Welt im Licht.* – 1933 mußte K. wegen seiner jüdischen Abstammung fliehen. Er gelangte über die Tschechoslowakei, die Schweiz und Frankreich 1935 nach London. Von seiner Not im Exil berichtet das Buch seiner Tochter *Als Hitler das rosa Kaninchen stahl* (1973). Er starb am Anfang einer Vortragsreise im Nachkriegsdeutschland.

W.: Lyrik: Melodien, 1938; Trotz alledem, es hat sich gelohnt!, 1967. – *Essays:* Godwi, 1898; Schauspielkunst, 1904; Das neue Drama, 05; Die Welt im Drama, 5 Bde, 17; Die Welt im Licht, 2 Bde, 20; Spanische Rede vom deutschen Drama, 30; Was wird aus Deutschlands Theater?, 32; Eine Insel heißt Korsika... 32 (verm. 33); Walther Rathenau. Erinnerungen eines Freundes, 35; Die Diktatur des Hausknechts, 34, Neuaufl. 79; The influence of German nationalism and militarism upon the theatre and the film in the Weimar Republic, 45; Theaterkritiken, o. J.; Ich kam nach England, 79; Mit Schleuder und Harfe. Theaterkritiken aus 3 Jahrzehnten, 82. – *Sammel- und Werkausgaben:* Werke in Einzelbänden, 8 Bde, 89 ff. – *Herausgebertätigkeit:* Pan, 12–13.

Kerschbaumer, Marie-Thérèse (Angèle Raimonde), *31.8.1936 Garches bei Paris.
K., als Tochter einer Österreicherin und eines Spaniers in der Nähe von Paris geboren, verbrachte ihre Kindheit in Costa Rica und Tirol. Sie besuchte eine kaufmännische Berufsschule in Tirol und legte das Abendabitur in Wien ab. Seit 1963 studierte sie Romanistik und Germanistik und promovierte 1973. Seither lebt sie (mit einer Unterbrechung 1976/77) als freie Schriftstellerin. Seit 1971 veröffentlicht sie Übersetzungen aus dem Rumänischen. Sie ist u. a. Mitglied der Grazer Autorenversammlung. K. erhielt mehrere Preise, das Österr. Staatsstipendium für Literatur 1974/75, ein Stipendium der Stadt Wien 1976, den Theodor-Körner-Förderungspreis (1978) und den Alma-Johanna-Koenig-Literaturpreis. – Einem größeren Publikum wurde K. bekannt durch ihr Buch *Der weibliche Name des Widerstands.* Dieses zwischen Dokumentation und Roman angesiedelte Werk zeichnet die Lebensläufe von sieben Österreicherinnen während der Naziherrschaft nach. Die Berichte über Widerstand und Tod von Frauen unterschiedlicher Herkunft und Ausbildung beruhen auf genauen Recherchen. In sprachlich experimenteller Form, einem immer wieder unterbrochenen Redestrom mit Einschüben, Fragen, die den

Leser einbeziehen, gibt K. den verstummten Opfern der Nazis die Stimme wieder: «Vorgänge, die sich aller beschreibenden Faktizität entziehen, (werden) beschreibbar gemacht durch Mittel der Poesie» (Rolf Schneider). In dem ‹Familienroman› *Schwestern* schildert K. am Beispiel einer Familie die Geschichte des österreichischen Bürgertums in diesem Jahrhundert, vor allem die Geschichte der Frauen. An ihnen werden beispielhaft die Machtverhältnisse in einer bürgerlichen Familie deutlich, die Frauen abhängig machen, ihnen Selbstbewußtsein und Eigenständigkeit rauben und gegen die sich nur wenige zu wehren vermögen. Was die weiblichen Personen des Romans z. T. nur als individuelles Problem zu begreifen vermögen, läßt K. den Leser erkennen: die folgerichtige Unterdrückung der Frau in einer unbefragt patriarchalischen Gesellschaft.

W.: Romane, Erzählungen, Prosa: Der Schwimmer, 1976; Der weibliche Name des Widerstands, 80 (verfilmt 81); Schwestern, 1982. – *Lyrik:* Gedichte, 70. – *Essays, theoretische Schriften:* Die syntaktische Hervorhebung im modernen Rumänisch, 73 (Diss.). – *Übersetzungen:* Paul Goma: Ostinato, 71; ders.: Die Tür, 72 u. a.

Kersten, Paul, *23. 6. 1943 Brakel.
K., Sohn eines Bahnangestellten, wuchs in Holzminden auf und studierte Literaturwissenschaft und Linguistik in Hamburg. 1970 promovierte er mit einer Arbeit über Nelly Sachs. 1970–72 nahm er Lehraufträge für neuere deutsche Literatur an der Universität Hamburg wahr und ist seit 1973 Literaturredakteur beim Fernsehen des Norddeutschen Rundfunks. Er lebt in Hamburg.
K. macht Fernsehfilme und schreibt Kritiken. Neben Lyrikbänden hat er bisher mehrere Bücher erzählender Prosa veröffentlicht. Bereits sein Debüt, die Erzählung *Der alltägliche Tod meines Vaters*, wurde allgemein positiv aufgenommen und gelobt wegen der Präzision seiner literarischen Mittel und dem sensiblen Umgang mit dem schwierigen Thema, dem langwierigen Krebstod seines Vaters und dem Versuch, schreibend Trauerarbeit zu leisten. Sichere Beherr-

schung der Stilmittel zeichnet auch K.s weitere Werke aus, so den Roman *Absprung*. Lebensüberdruß, Ekel vor sich selbst und dem Alltag, zugleich die Angst vor dem Tod führen den zum Selbstmord entschlossenen Protagonisten zu einer schonungslosen Selbstanalyse. In Rückblenden und dem fiktiven Dialog mit einem Freund läßt er das eigene Leben Revue passieren und ermöglicht sich gerade durch die brutale Offenheit des Umgangs mit der eigenen Person das Weiterleben. In dem Prosaband *Die toten Schwestern* beschreibt K. aus dem Blickwinkel des Kindes Nachkriegszeit und 50er Jahre. Kind-Sein wird erfahren als lebenslanges Trauma, aber auch als Lernzeit des Widerstands.

W.: Romane, Erzählungen: Der alltägliche Tod meines Vaters, 1978; Absprung, 79; Der Riese, 81; Die toten Schwestern, 82; Briefe eines Menschenfressers, 87; Abschied von einer Tochter, 90. – *Lyrik:* Steinlaub, 63; Die Blume ist ängstlich, 80; Die Verwechslung der Jahreszeiten, 83. – *Essays, theor. Schriften:* Nelly Sachs (in: Hamburger Bibliographien 7), 69; Die Metaphorik in der Lyrik von Nelly Sachs (Diss.), 70. – *Herausgebertätigkeit:* Alfred Mombert – Briefe an Friedrich Kurt Benndorf 1900–1940, 75.

Kessel, Martin (Pseud. Hans Brühl), *14. 4. 1901 Plauen/Vogtland, †14. 4. 1990 Berlin.
K. studierte in Berlin, München und Frankfurt/M. Germanistik, Musik- und Kunstwissenschaft und Philosophie und promovierte über Thomas Manns Novellentechnik. Seit 1923 lebte er in Berlin als freier Schriftsteller. 1926 erhielt er den Kleist-Preis, 1954 den Büchner-Preis, 1961 den Fontane-Preis und das Bundesverdienstkreuz und 1962 den Literaturpreis der Bayerischen Akademie der Künste. Er war Mitglied der Westberliner Akademie der Künste, der Akademie für Sprache und Dichtung Darmstadt und der Mainzer Akademie der Wissenschaften und Literatur.
K.s Werk umfaßt vor allem Lyrik, erzählende Prosa, Aphorismen und Essays. Den Kleist-Preis erhielt er für seinen Gedichtband *Gebändigte Kurven*; bekannt wurde er aber vor allem durch seinen Berliner Roman *Herrn Brechers Fiasko*,

eine satirische Erzählung aus dem Angestelltenbereich, aus der Welt der Großraumbüros, gesehen durch einen deklassierten Akademiker. In seiner pessimistischen Grundanlage ist er Romanen der Neuen Sachlichkeit von Autoren wie E. Kästner vergleichbar. K.s im Grunde eher konservative, antimodernistische Haltung wird deutlich auch in seiner traditionellen Mustern verpflichteten Lyrik sowie seinen Essays und Aphorismen. Mit stilistischer Meisterschaft plaudert er über Schriftsteller und literaturwissenschaftliche Themen.

W.: *Romane, Erzählungen:* Betriebsamkeit, 1927; Eine Frau ohne Reiz, 29; Herrn Brechers Fiasko, 32; Die Schwester des Don Quijote, 38; Eskapaden, 59 (Neufassung u. d. T.: Korrektur der Illusion durch die Wirklichkeit, o. J.); Lydia Faude, 65; Betriebsamkeit, 82. – *Dramen:* Willkommen in Mergenthal, 35. – *Lyrik:* Mensch-Werdung, 21; Gebändigte Kurven, 26; Erwachen und Wiedersehn, 40; Dir zu Liebe, 47; Des Todes Humoristica, 54; Alles lebt nur, wenn es leuchtet, 71. – *Essays, Aphorismen, theor. Schriften:* Studien zur Novellentechnik Thomas Manns (Diss.), 25; Romantische Liebhabereien, 38 (erw. Fassung u. d. T.: Essays und Miniaturen, 47); Aphorismen, 48 (erw. u. d. T.: Gegengabe, 60); Die epochale Substanz der Dichtung, 50; Musisches Kriterium, 52; In Wirklichkeit aber …, 55; Kopf und Herz, 63; Ironische Miniaturen, 70; Ehrfurcht und Gelächter, 74. – *Sammelausgabe:* Gesammelte Gedichte, 51.

Kesser, Hermann, *4. 8. 1880 München, †5. 4. 1952 Basel.
K. war der Sohn eines Verlegers und Kunsthändlers. Er studierte Kunstgeschichte und Psychologie und promovierte 1903 in Zürich. Er arbeitete zuerst als Lehrer am Züricher Konservatorium, seit 1913 als Journalist und freier Schriftsteller und lebte in Zürich, Rom, Berlin und Wiesbaden. 1931 hielt er Gastvorlesungen an der Pariser Sorbonne und der Universität Straßburg. Noch vor der Machtübergabe an Hitler kehrte er in die Schweiz zurück, in der er seit 1918 zeitweise gelebt hatte. 1934 erhielt K. das Schweizer Bürgerrecht. 1939 war er als PEN-Delegierter der Schweiz in den USA, wo er wegen des Kriegseintritts der USA sieben Jahre lang bleiben mußte. 1946 kehrte er in die Schweiz zurück, wo

er nach langer Krankheit 1952 starb. – K. schrieb eine Reihe erfolgreicher Theaterstücke und war einer der ersten wichtigen Rundfunkautoren und Pioniere des Hörspiels. Er verfaßte zeitkritische Essays sowie Romane und Erzählungen. Stilistisch ist K. zwischen Expressionismus und Neuer Sachlichkeit einzuordnen. Im Roman *Die Stunde des Martin Jochner*, 1914 entstanden und 1916 veröffentlicht, schildert er die angespannte Atmosphäre vor dem Beginn des 1. Weltkriegs. In *Unteroffizier Hartmann* entlarvt K. den Krieg als organisierten Massenmord. In dem Roman *Straßenmann* schildert K. den ‹Schieber› der Inflationszeit, als Protagonisten, aber auch als Opfer seiner Zeit. 1938 erschien sein letztes Werk, die «dramatische Chronik» über den französischen Politiker Talleyrand. Nach Ende des 2. Weltkriegs gelang es ihm wie vielen emigrierten Autoren nicht mehr, ein Publikum zu erreichen, daß sich mit seinen Ideen auseinanderzusetzen bereit war.

W.: *Romane, Erzählungen, Prosa:* Lukas Langkofler. Das Verbrechen der Elise Geitler, 1912 (Neufsg. u. d. T. ‹Lukas Langkofler›, 26); Die Himmelserscheinung, 13; Die Stunde des Martin Jochner, 16 (mit Nachw. des Vfs, 30); Unteroffizier Hartmann, 16; Die Peitsche, 19; Schwester, 26; Straßenmann, 26; Musik in der Pension, 28. – *Dramen, Hörspiele:* Kaiserin Messalina, 14; Summa Summarum, 20; Die Brüder, 21; Die Reisenden, 23; Beate, 24; Zinnoberspitze, 30 (Bühnenms.); Straßenmann (Hsp.), 30; Rotation, 31; Sonntag-Nachmittag, 31 (Bühnenms.); Absturz (Hsp.), 32; Talleyrand und Napoleon, 38. – *Essays, theoretische Schriften:* Vorbereitung. Vier Schriften, 18; Revolution der Erlösung (Rede), 21; Vom Chaos zur Gestaltung (Essays u. Lyrik), 25; Beethoven der Europäer, 37. – *Sammel- und Werkausgaben:* Novellen, 16; Die Stunde des Martin Jochner, 75; Das Verbrechen der Elise Geitler und andere Erzählungen, 81.

Keßler, Helene (Pseud. Hans von Kahlenberg), *23. 2. 1870 Heiligenstadt/ Sachsen, †8. 8. 1957 Baden-Baden.
K., Tochter des preußischen Oberstleutnants Erich von Monbart, bestand 1898 das Lehrerinnenexamen und heiratete 1907 den Forstmeister Wilhelm Keßler. Sie lebte in Baden-Baden, in der Schweiz und in Potsdam. – K. war eine der weni-

gen Schriftstellerinnen der Jahrhundertwende, die in ihren Werken soziale Probleme behandelte. Einen Grund für zunehmendes soziales Elend, sich verschär-
fende Klassengegensätze und den damit
verbundenen Verlust an Idealen sieht sie
im Kampf um die Existenz und der einseitigen Verfolgung egoistischer, rein materieller Ziele, die sich durch alle Stände
ziehen (*Ein Narr, Misère*). Mehr Menschlichkeit und christliche Liebe werden als
Bedingung für eine Lösung gefordert. In
anderen Werken spricht sie die Beziehung zwischen Mann und Frau an. So
wurde die Novelle *Nixchen* (1902 bereits
6 Auflagen), in der es um die Erotik des
jungen Mädchens geht, vom Staatsanwalt verboten.

W.: *Romane, Erzählungen:* Ein Narr, 1895;
Die Jungen, 96; Misère, 97; Der letzte Mann,
98; Die Familie von Barchwitz, 99; Die Sem-
britzkys, 99; Eva Sehering, 1901; Der Alte, 01;
Häusliches Glück, 01; Der Fremde, 01; Gesell-
schaftstypen, 02; Ulrike Dhuym, eine schöne
Seele, 02; Die Frau von Gernheim, 04; Die sieben Geschichten der Prinzessin Kolibri, 04;
Der Weg des Lebens, 05; Der König, 06; Ein
gesunder Mann, 06; Die unechten Randows,
07; Ediths Karriere, 07; Die Schweizer Reise,
08; Der liebe Gott, 08; Der enigmatische
Mann, 09; Spielzeug, 09; Ahasvera, 10; Das
starke Geschlecht, 12; Sünde, 12; Die süßen
Frauen von Illenau, 14; Über den Dunst, 17;
Lisa Gorst, 21; Das Geheimnis der Pauline
Farland, 23; Des Teufels Schachspiel, 25; Walter Sirenes, 25; Die andere Welt, 29; Die Witwe Scarron, 34. – *Novellen:* Nixchen, 1899;
Jungfrau Marie, 1905; Ein Mann von Geist, 06.
– *Dramen:* Meißner Porzellan, 07; Der Kaiser,
11.

Kesten, Hermann, *28. 1. 1900 Nürnberg.
K., Sohn eines Kaufmanns, studierte zunächst Volkswirtschaft und Jura, dann
Geschichte, Germanistik und Philosophie in Erlangen und Frankfurt (Diss.
über Heinrich Mann). 1927–33 war er in
Berlin Verlagsleiter. 1933 emigrierte er in
die Niederlande, wo er sehr bald beim
Verlag Allert de Lange eine Abteilung
für deutschsprachige Exilliteratur gründete, die er sieben Jahre lang leitete. K.
hielt sich bis 1940 auch häufig in Brüssel,
Paris und Nizza auf. Beim Einmarsch der
Deutschen in Paris wurde er interniert,

konnte schließlich fliehen und entkam
nach New York, wo er bis 1949 lebte.
Seitdem hatte er seinen Hauptwohnsitz
in Rom, lebt jetzt in Basel. – K. hat sich
außerordentlich verdient gemacht um die
emigrierten Schriftstellerkollegen, nicht
nur durch deren Betreuung im De-Lan-
ge-Verlag, sondern auch durch seinen ungemein aktiven Einsatz beim von amerikanischen Schriftstellern gegründeten
«Emergency Rescue Committee», das
besonders gefährdeten Hitler-Gegnern
zur Flucht aus Europa verhalf. – K. begann seine schriftstellerische Laufbahn
als einer der Exponenten der «Neuen
Sachlichkeit». Für seinen ersten Roman
Josef sucht die Freiheit, die desillusionie-
rende Geschichte eines Dreizehnjähri-
gen im Milieu einer heruntergekomme-
nen Familie, bekam er den Kleist-Preis.
Die Fortsetzung dieser Geschichte unter
dem Titel *Ein ausschweifender Mensch*
zeichnet sich z. T. durch subtile Ironie
aus. Der Held will durch Lösung aller
persönlichen Bindungen seinen Traum
von persönlicher Freiheit realisieren und
gerät in immer größere Abhängigkeit. Im
Exil schrieb K. – wie übrigens viele emigrierte Schriftsteller – historische Romane, und zwar die Trilogie *Um die Krone*,
Ferdinand und Isabella und *König Philipp II*. Diese Trilogie zeigt K.s starke Neigung zu Zeit- und Gesellschaftskritik besonders augenfällig. Im Exil schrieb er
auch das berühmte Werk *Die Kinder von
Gernika*, das Ereignisse aus dem spanischen Bürgerkrieg mit höchst privaten
und reichlich verwickelten Familiengeschichten verquickt. – Die umfangreiche
Nachkriegsproduktion von K. zeichnet
sich durch eine Tendenz zum Reißerischen aus. Zwar übt er in fast allen Romanen und Erzählungen unerschrockene
Kritik an politischen Mißständen in der
BRD, doch überlagert er diese zeitkritische Ebene allzusehr mit Mord- und
Selbstmordgeschichten, zahlreichen ab-
strusen amourösen Abenteuern, die
manchmal unecht, sogar klischeehaft
wirken. Von weitaus höherem Rang sind
die Essays, die K. nach dem Krieg verfaßte; in ihnen porträtiert er Schriftstellerkollegen (*Lauter Literaten* und *Dichter
im Café*) oder rekapituliert Erinnerun-

gen (*Filialen des Parnaß*). Diese Essays sind von stilistischer Eleganz und temperamentvoll in Urteil und Meinung. – Büchner-Preis 1974, 1977 Nelly-Sachs-Preis.

W.: Romane, Erzählungen: Vergebliche Flucht, 1926; Josef sucht die Freiheit, 27; Die Liebesehe, 29, erw. 48; Ein ausschweifender Mensch, 29; Glückliche Menschen, 31; Der Scharlatan, 32; Der Gerechte, 34; Sieg der Dämonen, Ferdinand und Isabella, 36; Ich, der König. Philipp der Zweite von Spanien, 38; Die Kinder von Gernika, 39; Copernicus and his world, 45 (dt. Copernicus und seine Welt, 48); Die Zwillinge von Nürnberg, 47; Die fremden Götter, 49; Um die Krone – der Mohr von Kastilien, 52; Casanova, 52; Ein Sohn des Glücks, 55; Mit Geduld kann man sogar das Leben aushalten, 57; Der Freund im Schrank, 57; Oberst Kock, 57; Dialog der Liebe, 58; Die Abenteuer eines Moralisten, 61; Die Zeit der Narren, 66; Das ewige Exil, 69; Ein Mann von 60 Jahren, 72; Die Witwenrevolution, 74. – *Dramen:* Maud liebt beide, 28; Admet, 29; Babel oder Der Weg zur Macht, 29; Wohnungsnot oder Die heilige Familie, 29; Einer sagt die Wahrheit, 30; Wunder in Amerika (mit E. Toller), 30. – *Lyrik:* Ich bin der ich bin, 74; Gedichte, 85. – *Essays:* Meine Freunde, die Poeten, 53 (erw. Ausgabe, 59); Dichter im Café, 59; Der Geist der Unruhe, 60; Gotthold Ephraim Lessing. Ein deutscher Moralist, 60; Filialen des Parnaß, 61; Lauter Literaten. Porträts, Erinnerungen, 63; Die Lust am Leben, 68; Ein Optimist – Beobachtungen unterwegs, 70; Hymne für Holland, 70; Revolutionäre mit Geduld, 73. – *Übersetzungen:* Green, J.: Leviathan (mit G. Kesten), 30; Bove, E.: Geschichte eines Verrückten (mit G. Kesten), Michaux, H.: Meine Güter (mit G. Kesten), (beide in: Neue französische Erzähler, hg. H. K. u. F. Bertaux), 30; Romains, J.: Der Kapitalist, 31; Giraudoux, J.: Die Abenteuer des Jérôme Bardini (mit G. Kesten), 32; Gunther, J.: So sehe ich Asien!, 40. – *Herausgebertätigkeit:* 24 neue deutsche Erzähler, Frühwerke der Neuen Sachlichkeit, 28; Neue französische Erzähler (mit F. Bertaux), 30; Novellen deutscher Dichter der Gegenwart, 33; Toller, E.: Briefe aus dem Gefängnis, 35; Heine, H.: Meisterwerke in Vers und Prosa, 39; Heine, H.: Works of Prose, 43; Heart of Europe (mit Klaus Mann), 43; Heine, H.: Germany, a Winter's Tale, 44; Zola, E.: The Masterpiece, 46; The Blue Flower. Best Stories of the romanticists, 46 (dt. u. d. T.: Die blaue Blume, 55); Unsere Zeit, 56; Roth, J.: Werke in 3 Bänden, 56; Schickele, R.: Werke in 3 Bänden, 59; Heine, H.: Prosa, 61; Die wirkliche Welt, 62; Lessing, G. E.: Werke, 2 Bde, 63; Roth, J.: Briefe 1911–1939, 70; Roth, J.: Werke, 4 Bde, 75–76; Europa heute, 2 Bde, 63; K. Mann: Kindernovelle, 64; Deutsche Literatur im Exil – Briefe europäischer Autoren 1933–1949, 64 (erw. Ausgabe 73); Ich lebe nicht in der Bundesrepublik, 64. – *Sammel- u. Werkausgaben:* Bücher der Liebe, 60; Die 30 Erzählungen, 62; Gesammelte Werke in Einzelausgaben, 13 Bde, 66–74; Josef sucht die Freiheit/Ein ausschweifender Mensch, 77; Ausgewählte Werke in 20 Einzelbänden, 80ff; Dialog der Liebe, 81; Der Freund im Schrank, 83.

Kestner, René → Rehfisch, Hans José

Kettenfeier, Petri → Rosegger, Peter

Keun, Irmgard, *6.2.1910 Berlin, †5.5.1982 Köln.
Schauspielerin und Schriftstellerin, 1936 Emigration nach Holland, Frankreich, Österreich, USA, 1941–45 illegaler Aufenthalt in Deutschland. Lebte nach dem Krieg bis zu ihrem Tode in Köln. – K.s Romane, vorwiegend in den 30er Jahren entstanden und nach dem Krieg immer wieder neu aufgelegt, schildern meist die Situation von Frauen und ihre Versuche, selbständig zu sein. Der Wunsch nach Unabhängigkeit entsteht aber nicht auf Grund eines abstrakten Emanzipationsprogramms, sondern aus einem Komplex von Erfahrungen: daß Liebe «wehrlos, schutzlos» macht (*Gilgi*), aus der Notwendigkeit, für sich selbst zu sorgen, und dem Willen zu überleben, auch beruflich und politisch (*Nach Mitternacht*). Dabei entwickelt K.s Sprache assoziativ-montierend und witzig-aggressiv die Schicksale ihrer Figuren in den jeweiligen politisch-sozialen Zusammenhängen genau und pointenreich – es entsteht eine Komik des Widerstands.

W.: Romane: Gilgi – eine von uns, 1931; Das kunstseidene Mädchen, 32; Das Mädchen, mit dem die Kinder nicht verkehren durften, 36, erw. 59 (Ausz. u.d.T.: Die feinen Leute und die Pferdeäpfel, 89); Nach Mitternacht, 37; D-Zug dritter Klasse, 38; Kind aller Länder, 38; Ferdinand, der Mann mit dem freundlichen Herzen, 50. – *Erzählungen:* Kleine Begebenheiten, 55; Wenn wir alle gut wären, 57; Blühende Neurosen. Flimmerkistenblüten, 62. – *Lyrik:* Bilder und Gedichte aus der Emigration, 47. – *Briefe:* Ich lebe in einem wilden Wirbel. Briefe an Arnold Strauss 1933 bis 1947, 88.

Keyserling, Eduard Graf von, * 15. 5. 1855 Schloß Paddern/Kurland, † 29. 9. 1918 München.

K. stammte aus der kultivierten Welt des kurländischen Landadels. Gymnasium in Goldingen. Studierte 1875–77 Jura, Philosophie und Kunstgeschichte in Dorpat, war kurze Zeit Verwalter der Familiengüter Paddern und Telsen, stieß auf Ablehnung in seinen Kreisen. Studium in Wien und Graz. Lernte L. Anzengruber und P. Altenberg kennen. Ab 1875 in München, gehörte dort bald zum literarischen und künstlerischen Milieu. Freundschaft mit M. Halbe und L. Corinth. 1899–1900 in Italien. Schrieb für A. v. Bernus' Zeitschrift «Freistatt». Mit F. Wedekind befreundet, der bei der Uraufführung von K.s Einakter *Die schwarze Flasche* (1902) im Kabarett «Die elf Scharfrichter» die Hauptrolle spielte. 1907 Erblindung.

K., Weltmann und Skeptiker, war vor allem Erzähler. Seine Anfänge standen unter dem Eindruck des Naturalismus mit Darstellung sozialer Konflikte (in seinem ersten Roman *Die dritte Stiege* schildert er die Beziehung eines ostpreußischen Aristokraten zur österreichischen Sozialdemokratie), doch konnte K. die wahren Probleme und sozialen Ideen der Zeit wegen seiner traditionsbewußten Herkunft und Anlage nicht teilen (Th. Mann: «Indem er Künstler wurde, hörte er nicht auf, ein Edelmann zu sein»). K. hatte eine Vorliebe für Außenseiter und Sektierer unter den in der engumgrenzten Welt der Landschlösser und Güter lebenden Figuren, die sich nach Aussprache und Erleben sehnen, aber nach Ausbruchsversuchen, meist ins Erotische, der «treibenden Kraft des gesellschaftlichen Lebens», in Konversation und Konvention des adligen Lebens «mit seinen festen kalten Schranken» befangen bleiben. Ein oft melancholisch gefärbter, gefühlsträchtiger Stimmungsreichtum und ein mit Resignation gesehenes, nicht unkritisches Menschenbild prägen seine Romane, Novellen, Erzählungen und Dramen mit teilweise kolportagehafter Handlung, die ihre Kunstwerdung der von Innerlichkeit durchdrungenen, melodiösen, indirekten Sprache verdanken,

die an I. Turgenev, Th. Fontane, J. P. Jacobsen, H. Bang geschult ist.

W.: Romane, Erzählungen: Fräulein Rosa Herz, 1887; Die dritte Stiege, 92; Beate und Mareile, 1903; Schwüle Tage, 06; Seine Liebeserfahrung, 06; Dumala, 08; Bunte Herzen, 09; Wellen, 11; Abendliche Häuser, 14; Nicky, 14; Harmonie, 14; Am Südhang, 16; Fürstinnen, 17; Im stillen Winkel, 18; Feiertagskinder, 19. – *Dramen, Schauspiele:* Ein Frühlingsopfer, 1900; Der dumme Hans, 01; Die schwarze Flasche, 04; Benignens Erlebnis, 06. – *Werkausgabe:* Ges. Erzählungen, 4 Bde, 22; Bunte Herzen/Am Südhang/Harmonie, 83; Im stillen Winkel/Nicky, 83; Schwüle Tage/Seine Liebeserfahrung, 83.

Keyserling, Hermann Graf, * 20. 7. 1880 Könno/Livland, † 26. 4. 1946 Innsbruck. Reiseschriftsteller und philosophischer Essayist. Nach einem naturwissenschaftlichen Studium versuchte sich der aus estnischem Uradel stammende K. als Philosoph an der Berliner Univ. zu habilitieren. Das Mißlingen der akademischen Laufbahn brachte ihn auf den Weg eines Privatgelehrten, der sich durch Gründung einer eigenen «Schule der Weisheit» in Darmstadt 1920 (Jahrbuch «Der Leuchter» 1919–27) einen Wirkungskreis schuf, dem u. a. zeitweise Historiker wie Troeltsch, Psychoanalytiker wie Kretschmer und C. G. Jung, Philosophen wie Berdjaev und Scheler, Sinologen wie R. Wilhelm und der Inder R. Tagore angehörten. In seinen Essays geht K. von einer betont irrationalistischen Lebensphilosophie aus. Das *Reisetagebuch eines Philosophen* ist die Frucht einer einjährigen Weltreise und machte K. berühmt. Es wurde, wie viele seiner späteren Bücher, in Frankreich übersetzt, wo K.s Wirkung, angefacht durch seine Freundschaft mit Bergson, groß war. Wegweisend ist K.s Eintreten für das «Supranationale», für eine europäische Einigung und das Einbeziehen asiatischer Weisheit in westliches Denken.

W.: Essays: Das Gefüge der Welt. Versuche einer kritischen Philosophie, 1906; Unsterblichkeit. Eine Kritik der Beziehungen zwischen Naturgeschehen und menschlicher Vorstellungswelt, 07; Individuum und Zeitgeist, 09; Schopenhauer als Verbilder, 10; Prolegomena zur Naturphilosophie, 10; Das Reisetagebuch eines Philosophen, 19; Philosophie als Kunst,

20; Schöpferische Erkenntnis, 22; Menschen als Sinnbilder, 26; Wiedergeburt, 27; Das Spektrum Europas, 28; America set free, 29 (dt. Amerika, der Aufgang einer neuen Welt); Südamerikanische Meditationen, 32; Das Buch vom persönlichen Leben, 36; Reise durch die Zeit, 1. Bd, 40; Das Buch vom Ursprung, 47; Kritik des Denkens. Die erkenntniskritischen Grundlagen der Sinnesprobleme, 48. – *Herausgebertätigkeit:* Schule der Weisheit, 20–42. – *Werkausgabe:* Gesammelte Werke. Neuausg., 56 ff; Das Erbe der Schule der Weisheit [mit A. Keyserling], 2 Bde, 81.

Kieseritzky, Ingomar von, *21. 2. 1944 Dresden.

K. besuchte Schulen in Stadthagen, Freiburg, Königsfeld und Langeoog. In Dornach bei Basel arbeitete er ein Jahr am anthroposophischen Goetheanum als Requisiteur, dann in Berlin und Göttingen als Buchhändler. 1973 erhielt er ein Stipendium der Berliner Akademie der Künste und lebt seitdem als freier Schriftsteller. – Direkte Kritik an Wirtschafts- und Sozialordnung oder an politischen Verhältnissen findet man bei K. nicht, auch keine fiktiven Handlungen, die im konventionellen Sinn folgerichtig eine Geschichte erzählen. K. spielt vielmehr mit der Sprache im Sinne Wittgensteins. Elemente von kybernetischem und linguistischem Denken organisieren die im Grotesken, Absurden und Phantastischen angesiedelten Hörspiele und Romane. In sich zwar logisch stringent aufgebaut, stellen sie keinen Bezug zur alltäglichen Realität dar. Sie bieten aber die Chance, durch ihre andersartigen Strukturmuster Welt und Umwelt neu sehen und interpretieren zu lernen. *Anatomie für Künstler* ist die makaber-zynische Geschichte des Max Marun, der als Mörder in der Psychiatrie die Geschichte seiner Tat zu rekonstruieren versucht. Ein Verwirrspiel aus Bildungsreminiszenzen und Realitätsfetzen, zugleich Wissenschaftssatire und intellektuelles Spiel. Ebenso *Das Buch der Desaster*, in dem zwei Männer eine Enzyklopädie der Katastrophen entwerfen. – 1970 erhielt K. den Förderungspreis für Literatur des Großen Kunstpreises von Niedersachsen, 1981/ 82 das Villa-Massimo-Stipendium, 1988 den Bremer Literaturpreis.

W.: Romane: Ossip und Sobolev oder Die Melancholie, 1968; tief oben, 70; das eine wie das andere, 71; Trägheit oder Szenen aus der vita activa, 78; Die ungeheuerliche Ohrfeige oder Szenen aus der Geschichte der Vernunft, 81; Obsession, 84; Tristan und Isolde oder der zentrale Diskurs (mit K. Bellingkrodt), 87; Das Buch der Desaster, 88; Anatomie für Künstler, 89. – *Dramen, Hörspiele:* Pâte sur Pâte, 69; Zwei Systeme, 70; Das Mauss-Hoffender-Mellnikoff-Prinzip, 72; abweichung und kontrolle, 72; Es geht nicht ohne Ballistol, 72; Über die bevorzugte Behandlung einiger beliebiger Geräusche unter anderen Geräuschen, 72; zodiac und modiac oder eine verbesserung von herren levell, 72; salute capone, 73; resorption, 73; das attribut, 74; diskurs über naive modelle, 74; Der Traum als Dictionnaire oder Est et non, 75; Plotonismus oder der Gang des Denkens beim Gehen, 75; Magnus-Corporation oder das Problem-Problem, 76; morbus meyerson oder die deformation, 77; Limbus I, 77; Plotonismus II oder die Tugend geht hinter dem Beispiel, 79; Limbus II, 79; Channel X., 80; Einige Philosophen im Club, 80; Limbus III, 82; Limbus IV, 83; Seneca und die reine Lehre oder Poesie und Politik, 84; Nacht Zettel. Sieben Theatertexte nach Shakespeares «Ein Sommernachtstraum» [mit W. Bauer u. a.], 87; Tristan und Isolde im Wald von Morois oder der zerstreute Diskurs. Dialoge [mit K. Bellingkrodt], 87. – *Sammelausgabe:* Liebespaare. Expertengespräche, 73.

Kinder, Hermann, *18. 6. 1944 Thorn (Polen).

Der Sohn eines Universitätsprofessors studierte in Münster, Amsterdam und Konstanz Kunstgeschichte, Germanistik und Niederlandistik. Nach der Promotion 1972 war er zwei Jahre Assistent, seither Akademischer Rat an der Universität Konstanz. 1979 bis 1981 war er beurlaubt, um als freier Schriftsteller zu arbeiten. K. ist Mitglied im VS und erhielt 1977 das «Hungertuch» und 1981 den Bodensee-Literaturpreis. – Schnell bekannt wurde K. mit seinem ersten Werk, dem «Bildungsroman» *Der Schleiftrog*, in dem er – autobiographisch gefärbt – nicht nur einen individuellen Erziehungs- und Bildungsprozeß beschreibt, sondern auch eine Art kollektiver Biographie der Generation liefert, die mit der Bundesrepublik aufwuchs. Sein zweiter Roman, *Vom Schweinemut der Zeit* schildert zwei Tage aus dem Leben eines Universitätsassistenten, eine bestürzende Studie – virtuos in der Sprachbehandlung – über Duckmäusertum und Karrieresucht, Entfremdung und Existenzangst.

W.: Romane, Erzählungen, Prosa: Der Schleiftrog, 1977; Du mußt nur die Laufrichtung ändern, 78; Vom Schweinemut der Zeit, 80; Der helle Wahn, 81; Liebe und Tod, 83; Der Mensch, ich Arsch, 83; Ins Auge. Des Starstechers H. C. Hirschbergs Geschichten aus dem Inneren des Hurrikans, 87; Kina Kina, 88; Du mußt nur die Laufrichtung ändern, 88 (veränd. Fsg); Fremd – Daheim. Hiesige Texte, 88. – *Essays, theoretische Schriften:* Poesie als Synthese. Ausbreitung eines deutschen Realismus-Verständnisses in der Mitte des 19. Jahrhunderts (Diss. 72), 73. – *Herausgebertätigkeit:* Bürgers unglückliche Liebe, 81; Die klassische Sau. Das Handbuch der literarischen Hocherotik, 86.

Kipphardt, Heinar, *8. 3. 1922 Heidersdorf (Schlesien), †18. 11. 1982 München.
K. studierte Medizin (Dr. med.), Philosophie und Theaterwissenschaft, übersiedelte 1949 von Düsseldorf nach Ost-Berlin und praktizierte als Nervenarzt an der Charité, 1950–59 als Dramaturg am Deutschen Theater. Ging 1959 nach Düsseldorf zurück, 1960 nach München. Dort wurde er 1970–71 Dramaturg der Kammerspiele, dann aus politischen Gründen entlassen. Lebte als freier Schriftsteller bei München. Neben Fernsehpreisen erhielt K. u. a. 1953 den Nationalpreis der DDR, 1977 den Bremer Literaturpreis. K. wurde international bekannt als Vertreter des dokumentarischen Theaters. Sein Erstlingswerk, das Lustspiel *Shakespeare dringend gesucht*, war in Osteuropa als Satire auf die Bürokratie erfolgreich. Die später in der Bundesrepublik geschriebenen Stücke sind oft Protokolle, Dokumentarspiele in Prozeßform, Modelle für die Entwicklung der jüngsten Geschichte. *Der Hund des Generals* und *Die Geschichte von Joel Brand* behandeln Themen aus der NS-Zeit (K.s Vater war KZ-Häftling): Ersteres untersucht den Fall des Generals Rampf, der 1943 in der Sowjetunion eine Einheit sinnlos in den Tod geschickt haben soll; das andere ist «die Geschichte eines Geschäfts», bei dem Eichmann von den Alliierten für die Entlassung von un-

garischen Juden Lastwagen einhandeln wollte. K.s größter Bühnenerfolg war jedoch *In der Sache J. Robert Oppenheimer*, «ein szenischer Bericht» über das Untersuchungsverfahren eines amerikanischen Sicherheitsausschusses (1954) im Falle des mit dem Bau der Wasserstoffbombe beauftragten Atomwissenschaftlers. Geprüft werden im Bühnenverhör die Grundkonflikte zwischen Individuum und Gesellschaft, Wissenschaft und Staat, Ethik und Moral. Im Fernsehspiel *Das Leben des schizophrenen Dichters Alexander März* und im erfolgreichen Roman *März* werden am Fall des kranken Dichters Herbrich die Relationen zwischen psychisch gestörten Menschen und «der tief kranken Gesellschaft», der «puritanisch kapitalistischen Leistungsgesellschaft» exemplifiziert, wobei die Problematik der modernen Psychiatrie dargestellt ist. – K. schrieb auch zeitbezogene Lyrik.

W.: Romane, Erzählungen: Die Ganovenfresse, 1964; März, 76; Der Mann des Tages, 77. – *Dramen, Fernsehspiele:* Entscheidungen, 52; Shakespeare dringend gesucht, 54; Der staunenswerte Aufstieg und Fall des Alois Piontek, 56; Der Hund des Generals, 62; In der Sache J. Robert Oppenheimer, 64; Die Geschichte von Joel Brand, 65; Der falsche Schwan (mit S. Lenz und M. Walser), 65; Die Nacht, in der der Chef geschlachtet wurde, 67; Sedanfeier, 70; Das Leben des schizophrenen Dichters Alexander März, 75; Traumprotokolle, 81; März. Ein Künstlerleben, 81; Bruder Eichmann, 82. – *Lyrik:* Engel der Psychiatrie (mit HAP Grieshaber), o. J.; Angelsbrucker Notizen, 77. – *Übersetzungen, Bearbeitungen:* Die Stühle des Herrn Szmil (nach Ilf u. Petrov), 59; Bartleby (nach Melville), 62; Die Soldaten (nach J. M. R. Lenz), 68. – *Sammelausgaben:* In der Sache J. Robert Oppenheimer. Die Soldaten, 71; Stücke I u. II, 74; Theaterstücke, Bd 1, 78; Bd 2, 81; Zwei Filmkomödien. Die Nacht, in der der Chef geschlachtet wurde. Die Stühle des Herrn Szmil 79; Theaterstücke, 82; In der Sache J. Robert Oppenheimer. Theaterstücke, 82; Werkausgabe, Bd 1 ff, 86 ff. – *Herausgebertätigkeit:* Aus Liebe zu Deutschland. Satiren zu F. J. Strauß, 80; Vom deutschen Herbst zum bleichen deutschen Winter, 81. – *Schallplatten u. ä.:* In der Sache J. Robert Oppenheimer, 65; In der Sache J. Robert Oppenheimer (Hsp.), 88 (2 Kass.); Der Hund des Generals, 89 (Kass.).

Kirchhoff, Bodo, *6.7.1948 Hamburg.
K. studierte nach dem Besuch der Internatsschule Schloß Gaienhofen am Bodensee in Frankfurt Psychologie und Pädagogik; Dr. phil. K., auch diplomierter Heilpädagoge, lebt heute als freier Schriftsteller. 1986/87 Stipendiat der Villa Massimo. – Psychoanalytische Problemstellungen (*Das Kind oder Die Vernichtung von Neuseeland*) und Formen des Umgangs mit Sprache (*An den Rand der Erschöpfung, weiter*) sind Themen in K.s dramatischer Produktion, die teilweise an Thomas Bernhard erinnert und mit Chiffren und Stilmitteln des absurden Theaters arbeitet. Die 1981 erschienene Erzählung *Die Einsamkeit der Haut* beschreibt in distanziertem Gestus, dem Essay näher als der Geschichte, Existenz und Aussehen der Frankfurter Halbwelt. In *Infanta* beschreibt K. die Erlebnisse eines männlichen Fotomodells auf den Philippinen.

W.: Romane, Erzählungen, Prosa: Ohne Eifer, ohne Zorn, 1979; Body-Building, 80; Die Einsamkeit der Haut, 81; Zwiefalten, 83; Mexikanische Novelle, 84; Dame und Schwein, 95; Ferne Frauen, 87; Infanta, 89. – *Dramen, Hörspiele:* Das Kind oder die Vernichtung von Neuseeland (in: Spectaculum 31), 78; Body-Building, 79; An den Rand der Erschöpfung, weiter (in: Spectaculum 34); Die verdammte Marie, 86. – *Essays, theoretische Schriften:* Vom Wider-Stand zur Wider-Rede, 78 (Diss.); Wer sich liebt, 81; Glücklich ist, wer vergißt, 82. – *Herausgebertätigkeit:* Ewige Sekunden der Lust [mit U. Bauer], 89; Niemandstage der Verliebtheit [mit U. Bauer], 89.

Kirsch, Rainer, *17.7.1934 Döbeln (Sachsen).
K. studierte Geschichte und Philosophie in Halle und Jena. Im Zusammenhang mit dem Vorgehen der SED gegen Ernst Bloch und dessen Anhänger im Jahre 1957 wurde K. der Universität verwiesen. Nach «Bewährung in der Produktion» und drei Jahren freiberuflicher Tätigkeit studierte K. zusammen mit seiner damaligen Frau Sarah am Literaturinstitut in Leipzig. K. ist seit 1990 neuer Vorsitzender des Schriftstellerverbandes der DDR und Mitglied der Akademie der Künste in Berlin (Ost).
Gedichte; Lyrikübertragungen und kurze Prosatexte bilden den Schwerpunkt der Arbeit K.s. Das Drama *Heinrich Schlaghands Höllenfahrt*, das er parteiintern kompromißlos gegen den Vorwurf der Wirklichkeitsverzerrung verteidigte, führte zum Parteiausschluß. Seither radikalisierte sich die poetische Kritik am Stalinismus und am Machtapparat der DDR (Biermann-Ausweisung). 1983 F.-C.-Weiskopf-Preis.
In dem Gedichte und einen Prosatext enthaltenden Band *Kunst in Mark Brandenburg* stellt K. in prägnanter, lakonischer Sprache Probleme und Fragen der Zeit dar. Er greift dabei in großer Formenvielfalt auf klassische und moderne Vorbilder zurück, die von ihm alles andere als epigonal genutzt werden.

W.: Kurzprosa, Kinderbücher: Berlin – Sonnenseite, 1964 (mit S. Kirsch); Wenn ich mein rotes Mützchen hab, 74; Kopien nach Originalen, 74 (erw. 78); Die Perlen der grünen Nixe, 75; Es war ein Hahn, 75; Vom Räuberchen, dem Rock und dem Ziegenbock, 80; Sauna oder die fernherwirkende Trübung, 84; Der Storch Langbein, 86; Häuptling Olim oder wie die Mathematik in die Welt kam, 86. – *Dramen, Hörspiele, Filme, Kantaten:* Teddy Honigmaul und der Zauberer, 61 (Bühnenms.); Karli Kippe, 63; Der Stärkste (in: Die betrunkene Sonne – Der Stärkste, mit S. Kirsch), 63; Wir freuen uns auf den Wind von morgen, 63; Berufung, 64; Der Soldat und das Feuerzeug, 67; Heinrich Schlaghands Höllenfahrt (in: Theater der Zeit, 4/73), 73; Münchhausen, 78; Das Land Bum-Bum (in: Theater der Zeit 12/78); Die Geschichte von der verlassenen Puppe (mit A. Sastre), o. J.; Das Feuerzeug, 82. – *Lyrik:* Bekanntschaft mit uns selbst (mit W. Bräunig u. a.), 61; Marktgang, 64; Gespräch mit dem Saurier, 65 (mit S. Kirsch); Das Gastmahl (mit M. Wolter), Reglindis (mit einer Schallplatte), 79; Ausflug machen, 79; Kunst in Mark Brandenburg, 88. – *Essays:* Das Wort und seine Strahlung, 76; Amt des Dichters, 79; Ordnung im Spiegel, 85. – *Übersetzungen, Nachdichtungen:* Korostylew, W. und M. Iwowskij: Bruno der Unsichtbare, 62; Jessenin, S.: Gedichte (mit P. Celan u. a.), 65 (verb. 70, 75); Achmatowa, A.: Ein nie dagewesener Herbst (mit S. Kirsch), 67; Kulisch, N.: Pathetische Sonate, 67; Baratschwili, N.: Gedichte, 68; Rostand, E.: Cyrano de Bergerac, 69; Molière: Die Schule der Frauen, 71; Sastre, A.: Geschichte von der vergessenen Puppe, 73; Reyes, C. J.: Der Stein des Glücks, 73; Majakowski, W.: Die Wanze, 77; Majakowski, W.: Schwitzbad, 73 (als Taschenb. 78); Mandelstam, O.: Der Hufeisenfinder (mit P. Celan u. a.); Shelley, P. B.: Der entfesselte Prometheus, 79; A. Achmatova: Poem ohne Held [mit anderen], 89. – *Sammelausgabe:* Auszug, das Fürchten zu lernen, 78. – *Herausgebertätigkeit:* Vietnam in dieser Stunde, 66 (mit W. Bräunig, P. Gosse und S. Kirsch); Georgische Poesie aus acht Jahrhunderten, 71; Olympische Spiele, 72 (mit M. Wolter); Das letzte Mal mit der Geliebten, 75 (mit M. Wolter).

Kirsch, Sarah, * 16. 4. 1935 Limlingerode (Harz).
Im Anschluß an ein Biologiestudium in Halle wurde K. Schülerin von Georg Maurer am Literaturinstitut in Leipzig (1963–65). Neben ihren Kinderbüchern wurden vor allem ihre Gedichte und Reportagen bekannt, die sie zunächst in Zusammenarbeit mit ihrem damaligen Mann Rainer K. verfaßte.
Insbesondere in Naturgedichten und der Liebeslyrik entwickelte sie einen persönlichen Sprachduktus. Die Gefährdung des Gleichgewichts zwischen Mensch und Natur, Trauer und Verlassenheit mischen sich mit Bildern scheinbarer Idylle, bei denen jedoch «von der Gefährdung und dem Zufälligen eines solchen Zustandes, der schnell verändert sein kann, auch immer wieder die Rede ist» (S. K.). Natur und Liebe sind keine Fluchtwelten. Landschaft ist durch Geschichte geprägt.
Unmittelbarer erscheint die politische Thematik in den dokumentarischen Erzählungen *Die Pantherfrau*. – K. wandte sich gegen die Ausbürgerung Wolf Biermanns. 1977 zog sie nach West-Berlin. – *Allerlei-Rauh*, im Untertitel als «eine Chronik» bezeichnet, ist ein zwischen Traum und Realität stehendes Erinnerungsbuch über das geteilte Deutschland, ein Lob des ländlichen Lebens, ohne allerdings in der Idylle steckenzubleiben. 1973 Heine-Preis, 1976 Petrarca-Preis, 1978 erhielt sie das Villa-Massimo-Stipendium, 1980 Österreichischer Staatspreis für europäische Literatur, 1984 Hölderlin-Preis, 1988 Kunstpreis des Landes Schleswig-Holstein und Stadtschreiber-Literaturpreis Mainz.

W.: Reportagen, Erzählungen, Kinderbücher: Berlin – Sonnenseite, 1964 (mit R. Kirsch); Hänsel und Gretel, 72; Die Pantherfrau, 73;

Die ungeheuren bergehohen Wellen auf See, 73; Caroline im Wassertropfen, 73 (mit E. Oelschlägel); Zwischen Herbst und Winter, 75 (mit I. Schuppau); Erklärung einiger Dinge, 79; Hans, mein Igel (Illustrationen P. Schmidt), 80; Geschlechtertausch (mit I. Morgner und C. Wolf), 80; Allerleih-Rauh. Eine Chronik, 88. – *Hörspiele:* Die betrunkene Sonne – Der Stärkste, 63 (mit R. Kirsch). – *Lyrik:* Gespräch mit dem Saurier, 65 (mit R. Kirsch); Landaufenthalt, 67; Zaubersprüche, 73; Es war dieser merkwürdige Sommer, 74; Rückenwind, 76; Wiepersdorf (Auszüge aus: Rückenwind), 77; Wintergedichte, 78; Ein Sommerregen, 78; Wind (mit K. Taniuchi), 79; Schatten (mit K. Taniuchi), 79; Drachensteigen, 79; La Pagerie, 80; Papiersterne (15 Lieder von W. von Schweinitz nach Gedichten von S. K.), 81; Erdreich, 82; Katzenleben, 84; Irrstern, 86; Galoschen. Immerwährender Kalender, 87; Luft und Wasser, 88; Schneewärme, 89. – *Übersetzungen:* A. Achmatova: Poem ohne Held [mit anderen], 89. – *Herausgebertätigkeit:* Vietnam in dieser Stunde, 66 (mit W. Bräunig, P. Gosse und R. Kirsch); Erb, E.: Trost, 82; Annette von Droste-Hülshoff, 88. – *Sammelausgaben:* Gedichte, 67; Musik auf dem Wasser, 77 (in der BRD als: Katzenkopfpflaster); Sieben Häute. Ausgewählte Gedichte 1962–79, 79; Hundert Gedichte, 85; Landwege, 85.

Kirst, Hans Hellmut, * 5. 12. 1914 Osterode (Ostpreußen), † 23. 2. 1989 Bremen.
K. war 1933–45 Berufssoldat, zuletzt Lehrer an der Flakartillerieschule Schongau. Nach dem Krieg war er sieben Monate interniert, übte dann verschiedene Berufe aus – Straßenarbeiter, Landwirt, Gärtner –, bevor er freier Schriftsteller und schließlich Filmkritiker beim «Münchner Merkur» wurde. Er unternahm Reisen durch Europa und Afrika. – K. ist als Verfasser von satirisch-humorvollen Unterhaltungsromanen mit kritischem Einschlag, mit denen er «billige Ideale zerstören» will, bekannt geworden. Der Durchbruch zum erfolgreichen deutschen Nachkriegsautor gelang ihm mit der Bestseller-Trilogie *Null-Acht-Fünfzehn* – «Kennwort für Stumpfsinn und Einerlei beim Kommiß» –, die nach einem Drehbuch von E. v. Salomon verfilmt wurde. Hier schildert er in auffallend schlichter Sprache Werdegang und Erlebnisse des Gefreiten Asch in der Zeit von vor dem 2. Weltkrieg bis zum Kriegs-

ende. Diese drei Bücher, in denen K. nach eigenem Bekenntnis gegen «das Grundübel der Macht in unrechten Händen», «nicht gegen das Soldatentum» schreiben wollte, wurden sehr unterschiedlich aufgenommen und lösten sowohl tiefe Entrüstung als auch grenzenlose Begeisterung aus. Außerdem schreibt K. seit 1971 umstrittene zeitkritische Kriminalromane aus dem Münchner Milieu. – Goldene Palme von Bordighera 1964, Edgar Allan Poe Award 1965, «Knight of Mark Twain» 1968, Sigi-Sommer-Literaturpreis 1986.

W.: Romane, Erzählungen: Wir nannten ihn Galgenstrick (Vorabdruck als: Holzauge sei wachsam), 1950; Sagten Sie Gerechtigkeit, Captain?, 52 (Neuf. Letzte Station Camp 7, 66); Aufruhr in einer kleinen Stadt, 53; Null-Acht-Fünfzehn, Trilogie: 08/15 in der Kaserne: Die abenteuerliche Revolte des Gefreiten Asch, 54, 08/15 im Kriege: Die seltsamen Kriegserlebnisse des Soldaten Asch, 54, 08/15 bis zum Ende: Der gefährliche Endsieg des Soldaten Asch, 55; Die letzte Karte spielt der Tod (auch als: Das gefährliche Spiel), 55; Gott schläft in Masuren, 56; Mit diesen meinen Händen, 57; Keiner kommt davon, 57; Kultura 5 und der Rote Morgen, 58; Glück läßt sich nicht kaufen, 59; Fabrik der Offiziere, 60; Kameraden, 61; Die Nacht der Generale, 62; Null-Acht-Fünfzehn heute, 63; Aufstand der Soldaten, 65; Die Wölfe, 67; Kein Vaterland, 68; Faustrecht, 69; Held im Turm, 70; Und Petrulla lacht, 71; Verdammt zum Erfolg, 71; Verurteilt zur Wahrheit, 72; Verfolgt vom Schicksal, 73; Alles hat seinen Preis, 74; Gespräche mit meinem Hund Anton, 74; Die Nächte der langen Messer, 75; Die Katzen von Caslano, 77; Generalsaffären, 77; 08/15 in der Partei, 78; Die Nachkriegssieger, 79; Der unheimliche Freund, 79; Hund mit Mann, 79; Eine Falle aus Papier, 80; Ausverkauf der Helden, 80; Bedenkliche Begegnung, 81; Ende 45, 82; Geld, Geld, Geld, 82; Die seltsamen Menschen von Maulen, 84; Die gefährliche Wahrheit, 84; Blitzmädel, 84; Das Schaf im Wolfspelz, 85; Die merkwürdige Hochzeit in Bärenwalde, 86; Der unheimliche Mann Gottes, 87; Ein manipulierter Mord, 87; Geschieden durch den Tod, 86; Menetekel '39, 89. – *Dramen, Hörspiele:* Auch dem Gesindel spielen Flöten (Bühnenms.), 47; Galgenstrick (Bühnenms.), 48; Gelieber Lehrer, 53. – *Essays:* Bilanz der Traumfabrik, 63; Deutschland deine Ostpreußen, 68; Heinz Rühmann, 69; Udo. Das Udo Jürgens-Songbuch (mit D. Hamilton u. a.), 70; Kriminalistik, 71. – *Sammel- und Werkausgaben:* 08/15. Illustrierte Ausgabe, 55; 08/15.

Gesamtausgabe der Trilogie, 59; Soldaten, Offiziere, Generale, 69; Endstation Stacheldraht, 76; 08/15 in der Partei. Geld – Geld – Geld. Der unheimliche Freund, 87.

Kirsten, Wulf, *21. 6. 1934 Klipphausen (Meißen).

Nach verschiedenen beruflichen Tätigkeiten besuchte K. die Arbeiter-und-Bauern-Fakultät in Leipzig und studierte 1960–64 Pädagogik. Seit 1965 arbeitet er als Lektor.

K. zeigt in seiner Lyrik Naturlandschaft als historische Landschaft: «in der blutspur der erhebungen / liefen wir stadtein» (*abendgang*). Die Landschaft liefert «stichworte zum lebensabriß» (Kirsten). Ein unsentimentaler Grundgestus ermöglicht die Ironisierung der Idylle. K.s Gedichte, die Elemente der Regionalsprache aufnehmen, schließen linguistische Reflexion und sprachexperimentelle Formen ein. Sie stehen deutlich unter dem Einfluß Bobrowskis und Huchels. – 1981 J.-R.-Becher-Medaille, 1987 P.-Huchel-Preis, Heinrich-Mann-Preis 1989 u. a.

W.: Lyrik: Poesiealbum, 1968; satzanfang, 70; Ziegelbrennersprache, 75; der landgänger, 76; Der Bleibaum, 77; Die Erde bei Meißen, 87; Veilchenzeit, 89. – *Prosa:* Die Schlacht bei Kesseldorf, 84; Winterfreuden, 87. – *Herausgebertätigkeit:* E. von Keyserling: Abendliche Häuser, 70; Ein Fischer saß im Kahne. Die schönsten deutschen Balladen des 19. Jhs. (zus. mit Herbert Greiner-Mai), 74; Don Juan überm Sund (zus. mit Wolfgang Trampe), 75; Vor meinen Augen, hinter sieben Bergen (zus. mit Ulrich Berkes), 77; Glück ohne Ruh (zus. mit Herbert Greiner-Mai), 78; Wilhelm Müller: Rom, Römer, Römerinnen, 79; Veränderte Landschaft, 79; Oskar Jellinek: Hankas Hochzeit, 80; Der Metzger von Straßburg (zus. mit Konrad Paul), 80; Deutschsprachige Erzählungen 1900–1945, 3 Bde, 81 (mit K. Paul); Jakob Haringer: In die Dämmerung gesungen, 82; Es waren zwei Königskinder, 89.

Kisch, Egon (Erwin), *29. 4. 1885 Prag, †31. 3. 1948 ebd.

K. stammt aus einer deutschsprachigen jüdischen Tuchhändlerfamilie. Nach dem einjährigen Militärdienst und einem kurzen Studium in Prag ist er als Lokalreporter beim «Prager Tagblatt» und bei der «Bohemia» tätig. 1913 arbeitet er in Berlin, wo er auch Dramaturg am Künstlertheater wird. Nach dem Kriegseinsatz in Serbien kommt er 1917 verwundet in den Militärpressestab, dennoch beteiligt K. sich bereits zu Beginn 1918 am Januarstreik bzw. an Aktionen der illegalen Soldatenräte, 1919 tritt er der KPÖ bei. Nach seiner Ausweisung aus Österreich übersiedelt K. wieder nach Berlin und arbeitet in mehreren Zeitungen und Zeitschriften mit, unternimmt mehrere Reisen durch Europa, dreimal durch die Sowjetunion, durch Asien und Nordafrika, illegal auch durch die USA und durch China und wird Mitbegründer des Bundes Proletarisch-Revolutionärer Schriftsteller. Nach seiner Verhaftung durch die Nationalsozialisten im Anschluß an den Reichstagsbrand wird K. auf tschechoslowakischen Protest hin in die Tschechoslowakei abgeschoben. Als ihm als Delegierten zum Antifaschistenkongreß in Melbourne die Einreise verweigert wird, erzwingt er sich auf abenteuerliche Weise die Landung in Australien. In Paris ist K. 1935 im Kongreßvorstand des «Internationalen Schriftstellerkongresses zur Verteidigung der Kultur»; er hält dort seine Rede über die «Reportage als Kunst- und Kampfform», nimmt auf seiten der Republikaner am spanischen Bürgerkrieg teil und arbeitet schließlich im mexikanischen Exil am «Freien Deutschland» mit. 1946 kehrt K. nach Prag zurück und wird dort zum Stadtrat gewählt.

K. begann mit Gedichten und Erzählungen. Seine ersten Feuilletons (Lokal- und Kriminalreportagen) schildern vor allem die Prager Unterwelt, Kriminelle und Entrechtete. Erst in den 20er Jahren – der *Rasende Reporter* (1924) wird zum Synonym für K. – werden seine Bücher Bestseller. Während K. noch bis 1926 die Aufgabe der Reportage in der «unbefangenen Zeitzeugenschaft» sieht, ist spätestens in dem Buch über die Sowjetunion *Zaren, Popen, Bolschewiken* die bewußte Parteilichkeit für die Revolution erkennbar. Doch auch ein ausgesprochen bürgerliches Publikum, für das K. die Reportage wieder literaturfähig gemacht hat, konnte er begeistern. «Der rasende Reporter war in Wahrheit der langsam-

ste, nämlich sorgfältigste, kraft seines Willens zur großen Form in der kleinen» (Bloch).

W.: Romane, Erzählungen, Reportagen: Der freche Franz und andere Geschichten, 1906; Aus Prager Gassen und Nächten, 12; Prager Kinder, 13; Der Mädchenhirt, 14; Die Abenteuer in Prag, 20; Soldat im Prager Korps, 22 (auch als: Schreib das auf, Kisch, 29); Der rasende Reporter, 24; Der Fall des Generalstabchefs Redl, 24; Hetzjagd durch die Zeit, 26; Wagnisse in aller Welt, 27; Kriminalistisches Reisebuch, 27; Zaren, Popen, Bolschewiken, 27; Sieben Jahre Justizskandal Max Hoelz, 28; Paradies Amerika, 30; Prager Pitaval, 31; Asien gründlich verändert, 32; China geheim, 33; Über die Hintergründe des Reichstagsbrandes (Tarntitel: Der Führer), 33; Ein Briefwechsel mit Adolf Hitler, in: Deutsch für Deutsche (Tarnschrift), 33; Eintritt verboten, 34; Geschichten aus sieben Ghettos, 34; Abenteuer in fünf Kontinenten, 35; Landung in Australien, 37; Die drei Kühe, eine Bauerngeschichte zwischen Tirol und Spanien, 38; Soldaten am Meeresstrand, 38; Marktplatz der Sensationen, 42; Entdeckungen in Mexiko, 45; Karl Marx in Karlsbad, 53. – *Dramen:* Die gestohlene Stadt, 22; Die Moldauschiffer (mit J. Hašek), 29. – *Lyrik:* Vom Blütenzweig der Jugend, 05. – *Herausgebertätigkeit:* Klassischer Journalismus, 23; J. Reed: 10 Tage, die die Welt erschüttern, 27; M. Hoelz: Briefe aus dem Zuchthaus, 27; W. Meisl: Der Sport am Scheidewege, 28. – *Sammel- u. Werkausgaben:* Gesammelte Werke in Einzelausgaben, 10 Bde in 11, 60ff; Wie ich erfuhr, daß Redl ein Spion war, 61; In jedem Schubfach eine Leiche, 65; Zyankali gegen den Generalstab, 70; Nichts ist erregender als die Wahrheit. Reportagen aus 4 Jahrzehnten, 2 Bde, 79; Reportagen, 78; Verwirrungen einer Kaiserin, 79; Unter den Uhren von Prag, o. J; Das tätowierte Porträt, 84; Läuse auf dem Markt, 85; Razzia auf der Spree, 86.

Kittner, Dietrich, *30.5.1935 Oels/Schlesien.

K., Sohn eines Zahnarztes, arbeitete nach dem Abitur als Straßenbahnschaffner, studierte kurze Zeit Jura und Geschichte und gründete 1960 das Studentenkabarett «Die Leid-Artikler». Seit 1961 ist K. freiberuflicher Kabarettist und tritt seit 1967 allein auf. In Hannover besitzt er eine ständige Spielstätte. Von den bundesrepublikanischen Medien wegen seines konsequent linken Standpunkts weitgehend gemieden, liegt sein Werk in mehreren Bänden sowie zahlreichen Schallplatten vor. 1980 erhielt er den Deutschen Schallplattenpreis; 1984 Deutscher Kleinkunstpreis. – K. versteht seine Tätigkeit als Teil aufklärerischer Arbeit, die dem Publikum auf allgemein verständliche Weise Denkanstöße vermitteln will, die es in Handlungen umsetzen kann und soll. Seine Bemühungen gehen dahin, positiv verstandenes «Volkskabarett» zu machen. Mit bissiger Ironie und Sarkasmus werden bundesrepublikanische Zustände von ihm glossiert und der Widerspruch zwischen offiziellem Schein und der Realität aufgezeigt. Dabei beschränkt sich K. nicht auf personalisierte Satire, sondern versucht die gesellschaftlichen und ökonomischen Ursachen der von ihm angeprangerten Zustände aufzuzeigen.

W.: Kabarettistische Texte: Bornierte Gesellschaft, 1969 (bearb. 71); Dollar geht's nimmer, 75; Kittners (zoo)logischer Garten, 77; Krisen-Stab frei, 79; Wie ein Gesetz entsteht, 79; Vor Jahren noch ein Mensch, 82; Vorsicht, bissiger Mund, 85; Gags & Crime. D. K's BRDschungel-Buch. Bd 2, 89. – *Fernsehsendungen:* Missionsabend für Bürger, 70; Dein Staat – das bekannte Unwesen, 71. – *Sammelausgabe:* Die gesammelten Kittner-Texte, 3 Bde, 78–79. – *Schallplatten:* Die Leid-Artikler, 65; Schwarz-Braun-Rotes Liederbuch, 67; Bornierte Gesellschaft, 68; Konzertierte Reaktion, 69; Was, spinn ich?, 70; Dein Staat – das bekannte Unwesen, 71; Mark Meister, übernehmen Sie, 72; Wir packens an, 72; Schöne Wirtschaft, 74; Dietrich Kittners Staats-Theater, 75; Dietrich Kittner live, 77; Heil die Verfassung!, 77; D. K.: Politisches Kabarett aus der BRD, 77; Der rote Feuerwehrmann, 78; Dem Volk aufs Maul, 79; Vorsicht bissiger Mund, 81; Damit das Leben die Bombe besiegt, 84; Maden in Germany!, 84 (2 Pl.).

Kiwus, Karin, *9.11.1942 Berlin.
K. studierte Publizistik, Germanistik und Politologie in Berlin und schloß 1970 mit dem Magister Artium ab. Von 1971–73 war sie als wissenschaftliche Assistentin der Akademie der Künste Berlin tätig, von 1973–75 als Lektorin in Frankfurt am Main und war danach Sekretärin der Abteilung Literatur der Akademie der Künste in Berlin. Seit 1986 Lektorin für deutsche und angelsächsische Literatur. 1978 war sie im Rahmen einer Gastdozentur an der University of Texas in Aus-

tin. Für ihr literarisches Werk erhielt sie 1977 den Literatur-Förderpreis der Freien Hansestadt Bremen und das Gaststipendium der Stadt Graz. – Bereits das Erstlingswerk K.s *Von beiden Seiten der Gegenwart* fand auf Anhieb die Anerkennung der Kritik. Die Autorin wird zu den «Vorbereitern» der Lyrikrenaissance gezählt, die in den 70er Jahren einsetzte und mit dem Begriff «Neue Subjektivität» umschrieben wurde. Die Lyrik K.s kennzeichnet thematisch die Schilderung von persönlichen Alltagserfahrungen, vermittelt durch ein empfindsam-registrierendes Ich, ohne den Anspruch, mit ihnen allgemeingültige Aussagen oder abstrakte Wahrheiten liefern zu wollen.

W.: Lyrik: Von beiden Seiten der Gegenwart, 1976; Angenommen später, 79; 39 Gedichte, 81; Poetische Perlen. Ein Fünf-Tage-Ketten-Gedicht (mit H. Kawasaki, M. Ooka, G. Vesper), 86; Zweifelhafter Morgen, 87. – *Herausgebertätigkeit*: Vom Essen und Trinken (m. H. Grunwald), 78; Tiere wie wild, 89. – *Schallplatten, Kassetten:* Dichter lesen in der Daadgalerie [mit anderen], ca. 86.

Kläber, Kurt (Pseud. Kurt Held), *4.11.1897 Jena, †9.12.1959 Carona bei Lugano (Schweiz).
K. brach als Vierzehnjähriger den Gymnasiumbesuch ab und absolvierte eine Schlosserlehre. Anschließend Arbeit im Ruhrbergbau und als Hochofenarbeiter, 1923 für kurze Zeit Leiter der Arbeiterhochschule in Bochum, anschließend Journalist mit dem ständigen Wohnsitz Carona. Im 1. Weltkrieg war K. Soldat, 1919 beteiligte er sich am Spartakusaufstand und wurde (bis 1938) Mitglied der KPD. 1933 kurzzeitig in Haft, emigrierte K. in die Schweiz.
K. ist eine der schillerndsten Figuren der deutschen Arbeiterliteratur. Er gehörte eine Zeitlang dem «Sera-Kreis» von Eugen Diederichs, der Arbeiterdichter wie Lersch und Engelke herausgab, an. Später war K. Mitbegründer des Bundes Proletarisch-Revolutionärer Schriftsteller und Mitherausgeber des Organs des BPRS, der «Linkskurve».
K.s Werk kommentierte die soziale Not und die Klassenkämpfe seiner Zeit. Er bemühte sich um die internationale Soli-

darität der unterdrückten Proleten (*Passagiere der III. Klasse*). K.s Lyrik wie Prosa verarbeiteten sowohl expressionismusnahe Elemente der Arbeiterdichtung als auch dokumentarische und klassenkämpferische Elemente, die mehr der KPD-nahen proletarisch-revolutionären Literatur zugeordnet sind. Vor einer allzu engen Parteigebundenheit bewahrte ihn ein linksradikalistischer Grundzug in seinem Denken. Nach seinem Austritt aus der kommunistischen Bewegung veröffentlichte K. sozialkritische Jugendbücher (*Die rote Zora und ihre Bande*). Seine Frau war die Herausgeberin und Jugendbuchautorin Lisa Tetzner.

W.: Romane, Erzählungen: Revolutionäre, 1925; Barrikaden an der Ruhr, 25; Empörer! Empor!, 25; Passagiere der III. Klasse, 27; Die Toten von Pabjanice, 36; Pervije listovski. «Die ersten Flugblätter», 37; Spuk in Neuhausen, 43; Die rote Zora und ihre Bande, 43; Der Trommler von Faido, 46; Matthias und seine Freunde, 49; Alles für zwanzig Rappen, 50; Giuseppe und Maria, 55. – *Gedichte:* Neue Saat, 19. – *Herausgebertätigkeit:* Der Krieg. Das erste Volksbuch vom großen Krieg, 29.

Klabund (eig. Alfred Henschke), *4.11.1891 Crossen/Oder, †14.8.1928 Davos.
Während seiner Gymnasialzeit in Frankfurt/Oder war K. mit Benn befreundet, studierte Literaturwissenschaft und Philosophie ohne Abschluß und lebte in München, Berlin und der Schweiz. Nach anfänglicher Befürwortung des Nationalismus bekannte sich K. 1918 zum Pazifismus und wurde 1919 vorübergehend wegen angeblicher Verbindung zum Münchner Spartakusbund verhaftet. – K.s Vorliebe für erotische Themen verbindet die sehr unterschiedlichen Ausformungen der Lyrik und lyrischen Kurzromane, in denen Einflüsse z. B. von Villon, Heine, Wedekind, der Bänkelgesang-Tradition und des zeitgenössischen Expressionismus deutlich werden und die oft mit historischen Stoffen verbunden sind. Großes Einfühlungsvermögen in fremdländische Literatur zeigte K. in Übersetzungen englischer und französischer sowie in Nachdichtungen persischer, japanischer und chinesischer Werke, besonders des altchinesischen Dramas *Der Kreidekreis*,

das Brecht zu dem Werk *Der kaukasische Kreidekreis* anregte.

W.: Romane, Erzählungen, Kurzprosa: Celestina, 1910; Klabunds Karussell, 14; Moreau, 16; Das ideale Kabarett, 17; Die Krankheit, 17; Mohammed, 17; Die Schießbude, 17; Bracke, 18; Hannibals Brautfahrt, 20; Deutsche Literaturgeschichte in einer Stunde, 20; Marietta, 20; Franziskus, 21; Heiligenlegenden, 21; Geschichte der Weltliteratur in einer Stunde, 22; Kunterbuntergang des Abendlandes, 22; Spuk, 22; Pjotr, 23; Roman eines jungen Mannes, 24; Cromwell, 26; Borgia, 28; Rasputin, 29; Novellen von der Liebe, 30; Der Rubin, 29. – *Dramen, Schauspiele:* Der Totengräber, 19; Der Nachtwandler, 20; Das lasterhafte Leben des weiland weltbekannten Erzauberers Christoph Wagner, 25; XYZ, 28. – *Lyrik:* Morgenrot! Klabund! Die Tage dämmern!, 13; Soldatenlieder, 15; Der Marketenderwagen, 15; Dragoner und Husaren, 16; Die Himmelsleiter, 16; Irene oder Die Gesinnung, 17; Der himmlische Vagant, 18; Die gefiederte Welt, 19; Der Neger, 20; Dreiklang, 20; Die Sonette auf Irene, 20; Das heiße Herz, 22; Gedichte, 26; Die Harfenjule, 27; Totenklage, 28; Chansons, 30. – *Übersetzungen, Nachdichtungen: Lyrik:* Dumpfe Trommel und berauschtes Gong, 15; Li tai-pe, 16; Das Sinngedicht des persischen Zeltmachers, 17; Die Geisha O-sen, 18; Das Blumenschiff, 21. – *Dramen und Prosa:* Daudet: Die Abenteuer des Herrn Tartarin aus Tarascon, 21; Laotse: Sprüche, 21; Wang-Siang: Das Buch der irdischen Mühe und des himmlischen Lohnes, 21; Der Kreidekreis, 25; Das Kirschblütenfest, 27. – *Sammelausgaben:* Kleines Klabund-Buch, 21; Lesebuch. Verse und Prosa, 25; Die Romane der Leidenschaft, 27; Dichtungen aus dem Osten, 29; Gesammelte Romane, 29; Gesammelte Werke, 6 Bde, 30; Chinesische Gedichte, 33; Tagebuch im Gefängnis, 46; Briefe an einen Freund, 63; Kunterbuntergang des Abendlandes, 67; Der himmlische Vagant, 68; Emsig dreht sich meine Spule, 72; Klabautermann und Vagabund, 77; Gedichte und Prosa, 78; Störtebecker, 79; Die Garde klagt, 82; Der Kunterbuntergang, 83; Lotusblüte – Mädchenblüte, 86. – *Herausgebertätigkeit:* Das deutsche Soldatenlied, wie es heute gesungen wird, 15; Gryphius, A.: Das dunkle Schiff, 16; Der Leierkastenmann, 17; Das trunkene Lied, 20; Der Tierkreis (mit K. Soffel), 20; Goethe, J. W. von: Gedichte, 23; Goethe, J. W. von: Hinauf! Hymnen, 23; Heine, H.: Es fällt ein Stein herunter, 23; Mörike, E.: Morgenglocken, 23; Weib und Weibchen, 24; Der Kavalier auf den Knien und andere Liebesgeschichten, 25; Goethe, J. W. von: Gedichte, 31.

Klein, Eduard, *25. 7. 1923 Wien.

K. war zunächst als kaufmännischer Angestellter tätig. Nach 1939 begann er im chilenischen Exil zu schreiben. Nach Gründung der DDR ließ er sich als freiberuflicher Schriftsteller in Berlin nieder. Mehrere Literaturpreise, u. a. 1977 Nationalpreis.

Klein ist neben Harry Thürk der populärste Abenteuerautor der DDR, wo die meisten seiner Romane zu Bestsellern wurden. In seiner zumeist in Südamerika angesiedelten Abenteuerprosa geht es Klein darum, «hinter dem bunten Schleier südländischen Alltags die echten Abenteuer» zu zeigen, nämlich die Kämpfe um soziale Gerechtigkeit. Bereits sein erster Roman *Senor Contreras und die Gerechtigkeit* zeichnet mit scharfer Sozialkritik ein Bild politischer Korruption, Ausbeutung und Verelendung in Chile, wobei die Abenteuerhandlung etwas aufgesetzt wirkt. In *Der Weg der Toten* reflektiert K. den Wert individueller Aktionen im Kampf um soziale Rechte. – K. bemühte sich erfolgreich um die Weiterentwicklung der Abenteuerliteratur, indem er Trivialschablonen auflöste, Figuren differenziert gestaltete und Spannung nicht allein auf der Ebene der äußeren Handlung erzeugte.

Neben einigen Chile-Reportagen hat K. mit seinem im DDR-Alltag angesiedelten Roman *Alchimisten* Anerkennung gefunden.

W.: Romane, Erzählungen: Senor Contreras und die Gerechtigkeit, 1954; Goldtransport, 57; Der Feuerberg, 57; Der Indianer, 58; Die Flucht, 58; Nördliche Sonne, südlicher Schnee, 58; El Quisco, 62; Die Straße nach San Carlos, 65; Alchimisten, 67; Sprengstoff für Santa Ines, 69; Salz der Gerechtigkeit, 70; Severino von den Inseln, 72; Santiago de Chile, Hoffnung eines Kontinents, 73; Weg der Toten, 73; Nächstes Jahr in Jerusalem, 77; Land der Kälte, 79; Die Smaragdmine, 80; Geheimnis der Inkastadt, 81; Die Last der Berge, 82; Heimkehr der Indios, 86; Fieber am Amazonas, 87; Anschluß 8 – streng geheim, 88.

Klemm Wilhelm (Pseud. Felix Brazil), *15. 5. 1881 Leipzig, †23. 1. 1968 Wiesbaden.

K., Buchhändlerssohn, studierte Medizin und war 1914–18 als Oberarzt an der Westfront. Danach im Kommissionsbuchhandel tätig. 1921–37 geschäftsführender Gesellschafter eines Verlags. Wurde aus der Reichsschrifttumskammer ausgeschlossen. Nach 1945 in Wiesbaden. – Expressionistischer Lyriker aus dem Kreis um «Die Aktion», der unter dem Eindruck des Fronterlebnisses mit Anti-Kriegsgedichten begann (*Aufforderung*). K. bemühte sich um ein neues Gemeinschaftsgefühl und steht in seinen späten Versen dem Surrealismus nahe. Sein Schaffen bricht 1922 ab, erst 1964 erscheint wieder ein schmaler Band mit 11 Gedichten.

W.: Lyrik: Gloria! Kriegsgedichte aus dem Feld, 1915; Verse und Bilder, 16; Aufforderung, 17; Entfaltung, 19; Ergriffenheit, 19; Traumschutt, 20; Verzauberte Ziele, 21; Die Satanspuppe (unter Pseud.), 22; Geflammte Ränder, 64. – *Sammelausgabe:* Ich lag in fremder Stube. Gesammelte Gedichte, 81.

Klepper, Jochen, *22. 3. 1903 Beuthen/ Oder, †11. 12. 1942 Berlin (Freitod).

K., der Sohn eines protestantischen Pfarrers, war nach Theologiestudium Journalist in Berlin. Er schied zusammen mit seiner jüdischen Frau und seiner Stieftochter aus dem Leben, als diese in ein Konzentrationslager deportiert werden sollten. Aufschluß über K.s seelische Lage in den Jahren davor gibt sein Tagebuchwerk.

K.s Dichtung gründet auf seiner Religiosität: so die geistlichen Lieder *Kyrie*; sie wird auch in seinem Hauptwerk, dem historischen Roman *Der Vater* (über Friedrich Wilhelm I.), spürbar. Von einem geplanten Luther-Roman «Das ewige Haus» wurde nur noch ein Kapitel fertig: *Die Flucht der Katharina von Bora*.

W.: Lyrik: Kyrie, 1938. – *Romane:* Der Kahn der fröhlichen Leute, 33; Der Vater, 37; Die Flucht der Katharina von Bora, Fragment, 51. – *Erzählung:* Das Ende, 62. – *Autobiographisches:* Unter dem Schatten deiner Flügel. Tagebücher 1932 bis 1942, 55; Überwindung. Tagebücher und Aufzeichnungen aus dem Kriege, 58. – *Essays:* Der Soldatenkönig und die Stillen im Lande, 38; Der christliche Roman, 40. – *Herausgebertätigkeit:* In tormentis pinxit. Briefe und Bilder des Soldatenkönigs, 38. – *Sammelausgaben:* Nachspiel. Erzählungen, Essays und Gedichte, 60; Gast und Fremdling, Briefe,

61; Ziel der Zeit. Gesammelte Gedichte, 62; Bleibe mit mir im Gericht, 63; Briefwechsel 1925–1942, 73.

Klinger, Kurt, *11.7.1928 Linz.

K. studierte Theaterwissenschaft und Germanistik in Wien, war dann u. a. als Chefdramaturg in Frankfurt (1964–68), Hannover (1970–73), Graz und Zürich (1975–77) tätig und war 1979–90 Leiter der Zeitschrift «Literatur und Kritik». 1988 Österreichisches Ehrenkreuz für Wissenschaft und Kunst.

K. gelang mit dem Heimkehrerdrama *Odysseus muß wieder reisen* früh der Durchbruch auf dem Theater, für das er eine breite Palette von Darstellungsformen, vom Moralitätenstück bis zum Symbolspiel, entwickelt. – Seine emotionsstarke, scharf charakterisierende, die großen Dimensionen mit dem realistischen Detail verbindende lyrische Sprache formuliert, oft paradox, Existenzfragen im zeitgenössischen Horizont. K. ist auch als Übersetzer (Arrabal) und Essayist hervorgetreten. 1983 Landeskulturpreis von Oberösterreich, 1984 Trakl-Preis, 1986 Wildgans-Preis.

W.: Romane, Erzählungen, Prosa: Die vierte Wand, 1967; Erinnerung an Gärten. Stationen und Reisen, 89. – *Lyrik:* Harmonie aus Blut, 51; Auf der Erde zu Gast, 56; Entwurf einer Festung, 70; Löwenköpfe, 77; Auf dem Limes, 80; Das Kirschenfest, 84; Zeitsprung, 87. – *Dramen, Hörspiele:* Treibjagd auf Menschen, 53; Odysseus muß wieder reisen, 54; Der Weg ins Nordland, 54; Der goldene Käfig, 56; La sera, 59; Das kleine Weltkabarett, 59; Helena in Ägypten, 68; Pagenrevolte, 70; Der Tag der Tauben, 70; Schauplätze, 71; Der Mann, der in mir lebt, 72; Ein Hügel in Richmond, 73; Dramatiker einer Generation (mit H. Zusanek u. a.), 82. – *Essays:* Studien im Süden, 66; Konfrontationen, 73; Österreichische Lyrik seit 1945, in: Kindlers Literaturgeschichte der Gegenwart, [2]80; Streifzüge – Schriftzüge, 84; Theater und Tabus, 84.

Kluge, Alexander, *14.2.1932 Halberstadt.

K., Sohn eines Arztes, studierte Rechtswissenschaft, Geschichte und Kirchenmusik in Marburg und Frankfurt/M. (1956 Dr. jur.). 1958 in Berlin Volontär bei Fritz Lang, war Produzent und Regisseur mehrerer Kurzfilme, ehe er 1965 mit Edgar Reitz das inzwischen aufgelöste Institut für Filmgestaltung in Ulm aufbaute. Er ist als Schriftsteller und Rechtsanwalt tätig. Seit 1966 widmet sich K. vorwiegend der Regie von Spielfilmen; so errang er mit seinen Filmen *Abschied von gestern*, *Die Artisten in der Zirkuskuppel: ratlos*, *Gelegenheitsarbeit einer Sklavin*, *Der starke Ferdinand*, *Die Patriotin* und zusammen mit anderen: *Deutschland im Herbst* und *Der Kandidat* nationale und internationale Erfolge. K. ist Mitglied des PEN-Zentrums, Sprecher der Arbeitsgemeinschaft neuer deutscher Filmproduzenten. 1967 erhielt er den Literaturpreis Isola d'Elba, 1979 den Fontane-Preis und den Bremer Literaturpreis, 1985 den Kleist-Preis, 1986 den Ehrenpreis der Stadt München, 1990 den Lessing-Preis der Stadt Hamburg.

Sein Erzählband *Lebensläufe* ist ein Versuch, sich kühl und kritisch mit der jüngeren Vergangenheit auseinanderzusetzen. Vielfältige Dokumente dienen zur Schilderung exemplarischer Schicksale, die von der Selbstentfremdung des Deutschen zeugen sollen. In seinem Roman *Schlachtbeschreibung* schildert K. mit einer weiterentwickelten Verbindung von Dokumentarischem und Fiktivem den Untergang der 6. Armee vor Stalingrad.

Die beiden sehr umfangreichen Erzählbände *Lernprozesse mit tödlichem Ausgang* und *Neue Geschichten* haben die Gegenwart zum Thema, die immer wieder gespiegelt wird von der Vergangenheit und der Zukunft her. Die Entfremdung und der Anspruch auf deren Überwindung wird hier zum konstitutiven Formprinzip. Beide Bücher enthalten eine Fülle von Geschichten, die in keinem Zusammenhang – im Sinne einer einheitlichen Handlung – stehen, die aber alle als einzelne und in ihrer Gesamtheit auf die «Unheimlichkeit der Zeit» und auf den «Hunger nach Sinn» verweisen. K. verwendet dabei eine Fülle von Ausdrucksmöglichkeiten: die Kurzgeschichte, die Parabel, das Protokoll, die Abhandlung, im ständigen Gleiten zwischen Dokumentation und Fiktion, die mit Vorliebe in einer künstlerischen Adaption der protokollarischen Amtssprache erzählt sind. K.s Montagetechnik, die jeden sich vorschnell einstellenden Sinnzusammenhang radikal zerstört, und sein rigoroses Realismusprinzip (Realismus des Protests) machen seine Prosa einzigartig und K. als Autor bis heute zum Außenseiter.

K. hat sich immer wieder auch medientheoretisch geäußert: Für ihn besteht die künstlerische Produktion (und die Rezeption) darin, nicht ein Ganzes liefern zu wollen, sondern ein Bild auszuwählen, an dem das Raster der Sprache und der Wahrnehmung deutlich wird, so daß es von der subjektiven Phantasie aufgenommen und in den individuell erfahrenen Lebenszusammenhang hineingestellt werden kann.

W.: Prosa: Lebensläufe, 1962 (erw. unter dem Titel: Lebensläufe, Anwesenheitsliste für eine Beerdigung, 74); Schlachtbeschreibung, 64 (Neufassung unter dem Titel: Der Untergang der sechsten Armee, 69); Lernprozesse mit tödlichem Ausgang, 73; Neue Geschichten, Hefte 1–18, Unheimlichkeit der Zeit, 77; Schlachtbeschreibung. Neue Geschichten, Hefte 20–27, «Vater Krieg», 83; Neue Geschichten, Hefte 19–28, Der Angriff der Gegenwart auf die übrige Zeit, 84; Theodor Fontane, Heinrich von Kleist und Anna Wilde, 87; Zur Grammatik der Zeit, 88. – *Theoretische Schriften:* Die Universitäts-Selbstverwaltung, 58; Kulturpolitik und Ausgabenkontrolle (mit H. Becker), 61; Öffentlichkeit und Erfahrung. Zur Organisationsanalyse von bürgerlicher und proletarischer Öffentlichkeit (mit O. Negt), 72; Filmwirtschaft in der BRD und in Europa. Götterdämmerung in Raten (mit M. Dost und F. Hopf), 73; Kritische Theorie und Marxismus (mit O. Negt), 74; Ulmer Dramaturgien. Reibungsverluste. Ein aktuelles Gespräch (mit Klaus Eder), 80; Geschichte und Eigensinn (mit O. Negt), 81; Industrialisierung des Bewußtseins (mit K. v. Bismarck u. G. Gaus), 85. – *Filmbücher:* Abschied von gestern, 66; Die Artisten in der Zirkuskuppel: ratlos, 68; Gelegenheitsarbeit einer Sklavin, 73; Zur realistischen Methode, 75; Die Patriotin, 79; Die Macht der Gefühle, 84. – *Filme:* Brutalität in Stein/Die Ewigkeit von gestern, 60; Rennen, 61; Lehrer im Wandel, 62/63; Porträt einer Bewährung, 64; Unendliche Fahrt – aber begrenzt, 65; Abschied von gestern (Anita G.), 65/66; Pokerspiel, 66; Frau Blackburn, geb. am 5. Jan. 1872, wird gefilmt, 67; Die Artisten in der Zirkuskuppel: ratlos, 67; Die unbezähmbare Leni Peickert, 67/69; Feuerlöscher E. A. Winterstein, 69/70; Der große Ver-

hau, 69/70; Ein Arzt aus Halberstadt, 69/70; Wir verbauen 3 x 27 Milliarden Dollar in einen Angriffsschlachter/Der Angriffsschlachter, 71; Willi Tobler und der Untergang der 6. Flotte, 71; Besitzbürgerin, Jahrgang 1908, 73; Gelegenheitsarbeit einer Sklavin, 73; In Gefahr und größter Not bringt der Mittelweg den Tod, 74; Der starke Ferdinand, 75/76; Deutschland im Herbst (mit anderen), 78; Die Menschen, die die Stauferausstellung vorbereiten, 78; Nachrichten von den Staufern, 78; Die Patriotin, 79; Der Kandidat (mit anderen), 80; Krieg und Frieden, 83 (mit anderen); Auf der Suche nach einer praktisch-realistischen Haltung, 83; Der Angriff der Gegenwart auf die übrige Zeit, 85; Vermischte Nachrichten, 86.

Kluge, Kurt, *29. 4. 1886 Leipzig, †26. 7. 1940 bei Lüttich.

Stammte aus einer Handwerkerfamilie; der Vater war Organist. K. besuchte die Kunsthochschulen in Leipzig und Dresden und arbeitete als Radierer, Maler und Bildhauer. Im 1. Weltkrieg wurde er bei Langemarck 1916 schwer verwundet. Von 1921 bis zu seinem Tode war er Prof. an der Hochschule der Bildenden Künste in Berlin. Erst spät, im Alter von 48 Jahren, trat er auch als Schriftsteller hervor. Mit seinem vielgelesenen Hauptwerk *Der Herr Kortüm* führt er die Tradition der Sonderlingsgestalten Jean Pauls und Wilhelm Raabes weiter.

W.: Romane: Der Glockengießer Christoph Mahr, 1934; Die silberne Windfahne, 34; Das Flügelhaus, 37; Der Herr Kortüm, 38 (Ausz.: Herr Kortüm und seine Gäste, 74; Zwei Gruftforscher. Erdbeben, o. J.); Die Zaubergeige, 40; Grevasalvas, 42. – *Novellen:* Die gefälschte Göttin, 35; Der Nonnenstein, 36; Nocturno, 39; Wie Don Pedro zu seinem Hause kam, 39. – *Dramen:* Ewiges Volk, 33; Die Ausgrabung der Venus, 35; Das Gold von Orlas, 37. – *Lyrik:* Gedichte, 41. – *Briefauswahl:* Lebendiger Brunnen, 52. – *Sammel- u. Werkausgaben:* Werke, 2 Bde, 48; Die Sanduhr. Erzählungen, Funk- und Filmtexte, Essays, Aufzeichnungen, 66.

Knauth, Joachim, *5. 1. 1931 Halle.

K. studierte Jura in Leipzig, anschließend 1951–55 Germanistik. 1955–62 arbeitete K. als Dramaturg (u. a. am Deutschen Theater in Berlin) und ist seither freischaffend.

Nach wenigen Versuchen mit Gegenwartsstoffen (u. a. *Die Kampagne*) konzentrierte sich K. auf die Bearbeitung mythischer Stoffe und nahm die verschüttete Traditionslinie des Märchenstücks wieder auf. Ähnlich wie Hacks versuchte K. durch den Rückgriff auf den Mythos «große Gegenstände» in poetischer Sprache auf die Bühne zu bringen: Die Komödie *Weibervolksversammlung* hat die Ablösung einer überlebten Staatsform durch eine Gesellschaft mit neuartigen Widersprüchen zum Gegenstand. Die in der Nachfolge des deutschen Märchenspiels (Grabbe, Tieck) und nach dem Vorbild des sowjetischen Dramatikers Evgenij Švarc entstandenen Märchenstücke K.s sind ein plebejisches Plädoyer für die Entfaltung sozialistischer Demokratie, gegen jegliche gesellschaftliche Erstarrung gerichtet.

W.: Dramen, Fernsehspiele: Heinrich der VIII. oder Der Ketzerkönig, 1955; Der Tambour und sein König, 57; Wer die Wahl hat, 58; Neuland unterm Pflug, 59 (nach Šolochov); Der entfesselte Wotan, 59 (nach Toller); Die sterblichen Götter, 60; Badenweiler Abgesang, 60; Im Schlaraffenland, 62 (nach Heinrich Mann); Die Kampagne, 63; Die Soldaten, 64 (nach Lenz); Die Weibervolksversammlung, 69 (nach Aristophanes); Der Maulheld Miles gloriosus, 70 (nach Plautus); Wie der König zum Mond wollte, 70; Der Prinz von Portugal, 73; Die Nachtigall, 73; Aretino oder Ein Abend in Mantua, 73; Bellebelle oder Der Ritter Fortuné, 74; Die Mainzer Freiheit, 87 (Bühnenms.). – *Sammel- und Werkausgaben:* Aretino oder ein Abend in Mantua. Die Mainzer Freiheit, 89.

Kneip, Jacob, *24.4.1881 Morshausen (Hunsrück), †14.2.1958 Pesch (Eifel).
Sohn eines Bauern, studierte nach einer vom dörflich-katholischen Milieu geprägten Jugend zunächst am Priesterseminar Trier Theologie, dann in Bonn, London und Paris Philologie und war als Studienrat in Köln tätig. Mit Josef Winckler und Wilhelm Vershofen gründete er den «Bund der Werkleute auf Haus Nyland» und gab mit diesen gemeinsam die Zeitschrift «Quadriga» (später «Nyland») heraus, die für eine Dichtung der Arbeitswelt, gegen L'art pour l'art-Ästhetik und sozialistische Tendenzen eintrat. Er war mit Heinrich Lersch befreundet und mit Gerrit Engelke, dessen Nachlaß er herausgab. – K.s

schriftstellerisches Werk umfaßt Lyrik und Romane (Hauptwerk die Trilogie *Porta Nigra – Feuer vom Himmel – Der Apostel*), die zur religiös bestimmten rheinischen Heimatliteratur zu zählen sind. Besonders erfolgreich war der humoristische Roman *Hampit der Jäger*.

W.: Lyrik: Wir drei, 1904 (mit Vershofen und Winckler); Ein deutsches Testament, 16; Bekenntnis, 17; Der lebendige Gott, 19; Bauernbrot, 34; Fülle des Lebens, 35; Neuanfang, 47; Gesammelte Gedichte, 53; Der neue Morgen, 59. – *Romane:* Hampit der Jäger, 27; Porta Nigra, 32; Bergweihnacht, 33; Feuer vom Himmel, 36; Frau Regine, 42; Johanna, eine Tochter unserer Zeit, 54; Der Apostel, 55. – *Sonstige Prosa:* Das brennende Volk. Kriegsgabe der Werkleute auf Haus Nyland (mit W. Vershofen und J. Winckler), 16; An Frankreich, 22; Das Reich Christi, 35; Das Siebengebirge, 41; Abendländische Entscheidung, 46; Botschaft an die Jugend, 47; Spiegelbild und Traum, 50. – *Sammel- und Werkausgaben:* Gedichte und Erzählungen, 81. – *Herausgebertätigkeit:* Quadriga (mit Vershofen und Winckler), 12–14; Nyland, 18–20; G. Engelke: Rhythmus des neuen Europa, 21; Dichter unserer Tage, 23.

Knerz, Jakob → Bloch, Ernst

Knittel, John (eig. Hermann K.),
*24.3.1891 Dharwar (Indien),
†26.4.1970 Maienfeld (Graubünden).
K., Sohn eines Baseler Missionars, ging nach seiner Schulzeit nach England, wo er als Bankkaufmann, Filmhändler und Theaterleiter tätig war. Er unternahm mehrere Reisen durch Europa und Afrika, besonders Ägypten; 1933 übersiedelte K. als freischaffender Schriftsteller in die Nähe von Kairo, ab 1938 wohnte er in Maienfeld (Schweiz). Begründer und Leiter des Institute of Oriental Psychology; 1929 Schweizer Schillerpreis.
K., der zunächst in englischer Sprache schrieb, gehört mit seinen Abenteuer- und Gesellschaftsromanen zu den meistgelesenen Autoren der ersten Hälfte dieses Jahrhunderts. Die Exotik der Stoffe, die bisweilen reißerischen Handlungsverläufe und pathetisch-sentimentale, doch immer vorantreibende Darstellungsweise ließen einige seiner Romane besonders geeignet erscheinen für Dramatisierungen und (z. T. mehrfache) Verfilmungen. Die Schauplätze von K.s Ro-

manen sind zumeist Nordafrika und die arabische Welt oder die Schweiz. *Abd-el-Kader*, *El Hakim* und *Terra Magna* handeln von dem Kampf der unterdrückten Völker gegen die Kolonialherren; in *Therese Etienne* und *Via Mala* geht es um den Zusammenprall des einzelnen mit dem Gesetz, der bestimmenden Moral und den herrschenden Konventionen. Doch wie K. mit der grellen Zeichnung seiner arabischen Kämpfer für Freiheit und gegen Armut oder Unwissenheit an der historischen Wirklichkeit vorbeischreibt, so dringen auch die Tat-Menschen seiner Schuld-und-Sühne-Romane (*Via Mala* als Verkörperung einer trivialisierten Übermenschen-Moral von den Nationalsozialisten begrüßt) nicht in den Kern gesellschaftlicher Probleme ein.

W.: Romane: The Travels of Aaron West, 1920 (dt. Die Reisen des Aaron West); Traveller in the Night, 24 (dt. Der Weg durch die Nacht); Therese Etienne, 27; Der blaue Basalt, 29; Abd-el-Kader, 30; Der Kommandant, 31; Via Mala, 34; El Hakim, 36; Amadeus, 39; Terra Magna, 48; Jean Michel, 53; Arietta, 59. – *Erzählungen:* Die Apis-Schlange, 42. – *Dramen:* Protektorat, 35 (nach Abd-el-Kader); Via Mala, 37; Sokrates, 41; Therese Etienne, 50.

Knoblauch, Adolf, *25.2.1882 Harburg, †26.7.1951 Berlin.
Nach kaufmännischer Lehre seit 1901 in Berlin; dort enge Beziehungen zur «Neuen Gemeinschaft» der Brüder Hart; während der Kriegsjahre einer der Hauptmitarbeiter an H. Waldens Zeitschrift «Der Sturm»; gegen Ende des Krieges als Landsturmmann eingezogen; nach dem 1. Weltkrieg als Verlagslektor in Berlin tätig; seit 1935 auf einer Kleinsiedlerstelle in Berlin-Spandau.
Aus der Zeit der «Neuen Gemeinschaft» enge Verbundenheit zu Peter Hille, der K. deutlich beeinflußt hat; u. a. verfaßte er eine Reihe von Gedichten auf Hille und betätigte sich als Herausgeber eines Hille-Werks aus dem Nachlaß. Obwohl K.s Werke in den bedeutendsten Zeitschriften und Buchreihen des Expressionismus publiziert wurden, bestimmt nicht die expressionistische Diktion sein Schaffen. Sowohl in Lyrik als auch in Prosa ist K. stilistisch und thematisch geprägt von den literarischen Tendenzen

der Jahrhundertwende und der Neuromantik.
Neben eigenständiger literarischer Produktion sind K.s Übersetzungen und Nachdichtungen aus den keltischen Sprachen, speziell dem Walisischen (Kymrischen), deren Literaturen in Deutschland nahezu unbekannt waren, erwähnenswert.

W.: Romane, Erzählungen, Biographien: Die schwarze Fahne, 1914; Dada, 19; William Blake. Umriß seines Lebens und seiner Geschichte, 25; Wir Friesen, 34. – *Lyrik:* Gedichte, 08; Kreis des Anfangs, 15. – *Übersetzungen:* William Blake; Kymrische Dichtungen. – *Herausgebertätigkeit:* Peter Hille: Das Mysterium Jesu, 21; Max Eyth: Fahrtenbuch eines deutschen Ingenieurs, 27; Martin Luserke: Wrack des Raubschiffs, 37.

Knobloch, Heinz, *3.9.1926 Dresden.
K., Sohn eines Reproduktionsfotografen, besuchte bis 1942 das Gymnasium und begann dann eine Lehre als Verlagskaufmann. 1943 wurde er eingezogen, geriet in Gefangenschaft, wo er bis 1948 blieb. Nach Deutschland zurückgekehrt, arbeitete er zuerst als Bürohilfskraft, seit 1949 als Redakteur. Von 1954–60 studierte er im Fernstudium Journalistik in Leipzig (Diplom). Er ist Leiter des Feuilletons und des Literaturteils der in Berlin erscheinenden «Wochenpost», Mitglied im Verband Deutscher Journalisten, im Schriftstellerverband der DDR und im PEN. Er erhielt u. a. 1965 den Heine-, 1979 den Berliner Goethe- und 1980 den Louis-Fürnberg-Preis, 1986 Lion-Feuchtwanger-Preis und Nationalpreis 3. Klasse. 1990 kurze Zeit Präsident des PEN-Zentrums der DDR.
K. ist der wohl bekannteste Feuilletonist der DDR, dessen Arbeiten sich an den ‹Klassikern› des Genres, Auburtin und Polgar, orientieren. Wie sie bemüht er sich, auf leichte und scheinbar mühelose Art Alltägliches zu beschreiben und zu verdeutlichen als Sinnbilder eines größeren Ganzen. Er schrieb außerdem heiterironische Erzählungen und Romane. Einen wichtigen Bereich seines Schaffens bilden einfühlsame Biographien, u. a. über den jüdischen Philosophen Moses Mendelssohn und über Mathilde Jacob, Sekretärin und Freundin Rosa Luxem-

burgs. Auf geradezu detektivische Manier rekonstruiert er hier ein unauffälliges, in seiner Menschlichkeit beeindruckendes Frauenleben.

W.: Romane, Erzählungen, Prosa, Biographien, Feuilletons: Ein Vater erzählt – und ein Sohn stellt Fragen, 1958; Herztöne und Zimmermannssplitter, 62; Ein gewisser Reginald Hinz, 63; Die guten Sitten, 64; Pardon für Bütten, 65; Du liebe Zeit, 66; Rund um das Bett, 70; Täglich geöffnet, 70; Bloß wegen der Liebe, 71; Rund um das Buch, 73; Man sieht sich um und fragt, 73; Stäubchen aufwirbeln, 74; Das Lächeln der Zeitung, 75; Der Blumenschwejk, 76; Mehr war nicht drin, 79; Herr Moses in Berlin, 79 (überarb. 82); Berliner Fenster, 81; Stadtmitte umsteigen, 82; Angehaltener Bahnhof, 84; Nicht zu verleugnen, 85; Meine liebste Mathilde. Das unauffällige Leben der Mathilde Jacob, 85; Berliner Grabsteine, 87; Im Lustgarten. Geschichte zum Begehen, 89. – *Dramen:* Wechselbäder – szenische Feuilletons, (UA) 71 (Bühnenms.). – *Essays, theoretische Schriften:* Der bakteriologische Krieg. Dokumentation, 55; Vom Wesen des Feuilletons, 62; Guten Appetit. Eine Weltreise mit Messer und Gabel, 67 (mit G. Linde); Wegweiser durch alle Museen, 67; Landschaften unserer Heimat, 73 (mit H.-J. Knobloch); Jüdische Friedhöfe in Berlin [mit A. Etzold u. a.], 88. – *Film, Fernsehen:* Plastik im Park, 65 (Puppentrickfilm). – *Sammel-u. Werkausgaben:* Beiträge zum Tugendpfad, 72; Innere Medizin, 72; Handwärmekugeln, 79; Nachträgliche Leckerbissen , 79; Zur Feier des Alltags, 86; Berliner Feuilletons, 87; Schlemihls Garten. Geschichten und Feuilletons, 89. – *Herausgebertätigkeit:* Mir gegenüber [mit R. Kunze], 60; Auburtin, V.: Sündenfälle, 70; Allerlei Spielraum. Feuilletons aus 225 Jahren, 73; Kreise ziehen, 74; Schattensprünge, 75; Kossak, E.: Aus dem Papierkorbe eines Journalisten, 76; Der Berliner zweifelt immer, 77; Auburtin, V.: Bescheiden steht am Straßenrand, 79; E. Friedell: Der verkleidete Dichter, 85

Koch, Werner, *4.8.1926 Mülheim/Ruhr.

K. ist Sohn eines Pastors; Studium der Geschichte, Germanistik und Philosophie. 1948–54 war er Feuilleton-Redakteur der «Rheinischen Zeitung», 1954–61 Dramaturg und Regisseur bei den Bühnen der Stadt Köln. 1961–65 Leiter eines Fernsehmagazins; seither Leiter der Programmgruppe Kultur. K. ist Mitglied des PEN und der Akademie der Wissenschaften und der Literatur

Mainz. Er erhielt mehrere Preise, u. a. 1960 den Erzählerpreis des Süddeutschen Rundfunks, 1962 die Molière-Plakette der Académie Française, 1964 den Preis der Académie Française für den besten ausländischen Roman, 1967 die Silberne Palme für den Film *Die Araber und Europa* und 1972 den Bodensee-Literaturpreis. – Neben Arbeiten für das Fernsehen hat K. eine Reihe von religiös und politisch motivierten Prosatexten verfaßt, die immer um den Prozeß Christi kreisen. In diesem Rahmen werden Analogien zur Gegenwart erkennbar. Dies ist am deutlichsten in *Diesseits von Golgatha* mit Bezügen auf die Situation im «Dritten Reich» und in der Bundesrepublik zur Zeit der Terroristenverfolgung. Im Roman *Altes Kloster* setzt sich K. erneut mit der religiös bestimmten Sinnproblematik auseinander. Bekannt wurde K. vor allem durch seine Romantrilogie *See-Leben*. In ihr entwirft K. ein Panorama, das Möglichkeiten individueller Lebensverwirklichung ebenso umfaßt wie die Darstellung gesellschaftlicher Notwendigkeiten. K.s Sprache ist nüchtern, sparsam, gerade dadurch den Effekt der phantastischen Elemente steigernd, die sich in seinen Romanen finden.

W.: Romane, Erzählungen, Prosa: Sondern erlöse uns von dem Übel, 1955; Pilatus. Erinnerungen, 59; See-Leben I, 71; Wechseljahre oder See-Leben II, 75; Jenseits des Sees, 79; Intensivstation, 83; Diesseits von Golgatha, 86; Altes Kloster, 90. – *Essays, theoretische Schriften:* Der Prozeß Jesu. Versuch eines Tatsachenberichts, 66; Ganghofers Haltung, 79; Kant vor der Kamera. Referenzen und Pamphlete, 80; Der Tod – Eine Vorzeitige Betrachtung, 85; Autor und Publikum, 87; Der Zwang zum Bild. Geschichte im Fernsehen, 88. – *Übersetzungen:* Robert Payne: Der große Charlie [mit J. Moneta], 79. – *Herausgebertätigkeit:* Zum Prozeß Jesu – Versuch einer historischen Rekonstruktion, 67; Zur Nacht – Autoren im Westdeutschen Fernsehen, 70; Selbstanzeige. Gespräche mit Schriftstellern, 71; Kölner Konturen. Festschrift für Hans Bender, 84.

Koenig, Alma Johanna (eig. Freifrau von Ehrenfels; Pseud. Johannes Herdan), *18.8.1887 Prag, †27.5.1942 Deportation nach Minsk, Todesdatum unbekannt.

K. war die Tochter eines k.u.k. Hauptmanns. Ihre Bildung eignete sich K. vorwiegend im Selbststudium an; erste Gedichte veröffentlichte sie unter Pseudonym. 1925 reiste sie mit ihrem Mann, dem österreichischen Konsul Bernhard Freiherr von Ehrenfels, nach Algier, von wo sie 1930 allein nach Wien zurückkehrte. Bereits 1933 wurden ihre Bücher in Deutschland verboten, auch in Österreich hatte sie kaum noch Veröffentlichungsmöglichkeiten. Nach dem sogenannten Anschluß lebte sie in bitterster Armut. Ihre Bücher wurden vernichtet. Am 22.5.1942 wurde K. verhaftet und in ein Sammellager gebracht, von wo aus sie vermutlich ins Getto Minsk deportiert wurde. Seither ist sie verschollen. 1957 stiftete ihr Gefährte Oskar Jan Tauschinski den Alma-Johanna-Koenig-Preis. – K. schrieb eine Reihe von ausdrucksstarken und vielgelesenen Romanen. Bedeutender im ganzen ist jedoch ihre Lyrik, Verse von «ungewöhnlich direkter und schmerzlicher Erotik» (Spiel). Einige ihrer Sonette gehören zu den herausragenden Beispielen dieses Genres in diesem Jahrhundert.

W.: Romane, Erzählungen, Prosa: Schibes, eine Hundenovelle, 1920; Der heilige Palast, 22; Die Geschichte von Half dem Weibe, 24; Gudrun, 28; Leidenschaft in Algier, 32; Der jugendliche Gott, 47 (u.d.T.: Nero – der jugendliche Gott, 85); Sahara, 51; Schicksale in Bilderschrift, 67. – *Lyrik:* Die Windsbraut, 18; Die Lieder der Fausta. Gedichte in antiker Form, 22; Liebesgedichte. Eine Auswahl aus dem lyrischen Gesamtwerk, 30; Sonette für Jan, 46. – *Sammel- und Werkausgaben:* Schibes und andere Tiergeschichten, 57; Gute Liebe – böse Liebe, 60; Vor dem Spiegel, 78.

Koeppen, Wolfgang, *23.6.1906 Greifswald.

K. fuhr eine Zeitlang zur See, arbeitete in verschiedenen Berufen, studierte Theaterwissenschaft und Philosophie in Greifswald, Hamburg, Berlin und Würzburg, war Journalist, Dramaturg und Redakteur am «Berliner Börsen-Courier». 1934 ging er nach Holland, kehrte Ende der 30er Jahre nach Berlin zurück, schrieb Drehbücher. Nach Aufenthalten in Italien und Frankreich lebt K. heute in München. Er ist Mitglied des PEN-Zentrums, der Berliner Akademie der Künste und der Deutschen Akademie für Sprache und Dichtung. 1962 erhielt er den Georg-Büchner-Preis, 1967 den Immermann-Preis, 1971 den Andreas-Gryphius-Preis, 1977 das Schillerstipendium des Europaforums, 1984 den Arno-Schmidt-Preis; 1974/75 war er Stadtschreiber von Bergen-Enkheim.

In seinem Roman *Eine unglückliche Liebe* stellt K. auf der psychologischen Ebene das Scheitern der Liebe zwischen einem Studenten und einer Varieté-Schauspielerin dar. Dieser Gegensatz Geist–Sinnlichkeit, dargestellt im Wechsel von traumartigen Bildern, wirkt wie die Wiederaufnahme eines romantischen Motivs, das gesehen wird als Folge eines finsteren Verhängnisses.

Berühmt und heftig kritisiert wurde K. mit seinen Nachkriegsromanen, in denen er mit damals z. T. ungewohnten literarischen Mitteln (Technik des Filmschnitts und der Montage; Joyce' innerer Monolog) sich vom Wiederaufbau kritisch distanziert. *Tauben im Gras* beschreibt in kaleidoskopartigen kurzen Szenen einen Tag 1949 in München. Deutsche und Amerikaner leiden an einer ihnen nicht erklärlichen Verunsicherung, reagieren darauf zynisch oder verzweifelt. Die Angst vor einem weiteren Krieg macht sie handlungsunfähig. Politisch radikaler noch ist der Roman *Das Treibhaus*, in dem ein aus dem Exil zurückgekehrter Parlamentarier in der Frage der Wiederbewaffnung die Macht der neu-alten Verhältnisse erkennt und daraufhin Selbstmord begeht. K. kritisiert die Mächtigen und die selbstzerstörerischen Entscheidungen des Bürgertums vor dem Hintergrund einer humanen Utopie. *Der Tod in Rom* konzentriert das Geschehen auf den kleinen Kreis einer Familie. Während die etablierte Väter-Generation opportunistische Annäherungsversuche an die überlebenden Größen des Nationalsozialismus macht, erkennt der komponierende Sohn, daß er in dieser Gesellschaft keinen Platz hat. K. stellt den Lebenszusammenhang und eine sinnvolle Existenz als prinzipiell gefährdet dar; deshalb warnt er immer wieder vor Intoleranz und dem gefährlichen Versuch, eine Ordnung mit Gewalt herzustellen. Was als Ganzes nicht ist, kann auch in der darstellenden Form nicht imaginiert werden, folgerichtig entwickelt K. seine Erzählmethode, eine Vielzahl von Einzelheiten in den Zusammenhang einer zufälligen Kette zu verbinden.

K.s Reiseberichte über Rußland, Amerika, Frankreich usw. zeichnen sich dadurch aus, daß sie nur berichten von dem, was der Reisende erfahren hat. Bei seinen Grenzüberschreitungen geht K. auf die sozialen, politischen und wirtschaftlichen Verhältnisse nur insofern ein, als sie für ihn an Ort und Stelle sichtbar werden. Dabei mischt sich der Schrecken vor der Reorganisation des bürgerlichen Lebens, als wäre nichts gewesen, mit der Sehnsucht nach einem gemeinsamen Leben in Zufriedenheit.

In dem bislang erfolgreichsten Buch, dem autobiographischen Bericht *Jugend*, beschreibt K. das Wagnis, als Außenseiter jenseits der Normen des bürgerlichen Lebens bestehen zu können.

W.: Prosa: Eine unglückliche Liebe, 1934; Die Mauer schwankt, 35 (Neufassung unter dem Titel: Die Pflicht, 39); Tauben im Gras, 51; Das Treibhaus, 53; Der Tod in Rom, 54; Jugend, 76; Von dem Machandelboom. Ein Märchen nach Ph. O. Runge. Nacherzählt, 87; Angst, 87; Morgenrot. Anfänge eines Romans, 87. – *Reiseberichte:* Nach Rußland und anderswohin, 58; Amerikafahrt, 59; Reisen nach Frankreich, 61, 79; New York, 77. – *Essays, Reden:* Arno-Schmidt-Preis 1984, 84. – *Sammelausgaben:* Romanisches Café. Erzählende Prosa, 72; Drei Romane, 72; Die elenden Skribenten. Aufsätze, 81; Gesammelte Werke, 6 Bde, 86.

Koestler, Arthur (eig. Köstler, Pseud. Iwan Steinberg), *5.9.1905 Budapest, †3.3.1983 London (Freitod).

K., Sohn eines jüdisch-ungarischen Kaufmanns und einer Österreicherin, wuchs in Ungarn, Österreich und Deutschland auf. Er wuchs mit der ungarischen Sprache auf; nach dem 17. Lebensjahr sprach und schrieb er deutsch, seit 1940 benutzte er die englische Sprache. – Sein Ingenieurstudium an der TH in Wien (1922–26) brach er kurz vor dem Staatsexamen ab: er verbrannte sein Studienbuch und ging als Landstreicher nach

Palästina. Nach Tätigkeiten dort als Kibbuzmitglied, Architekt und Limonadenverkäufer wurde er Auslandskorrespondent (später auch wissenschaftlicher Korrespondent und Berater) beim Ullstein-Verlag und verbrachte die Jahre 1926–31 in dieser Eigenschaft im Nahen Osten, Paris und Berlin. Sein leidenschaftlicher Einsatz für die zionistische Bewegung drückt sich literarisch vor allem in zwei Büchern aus: In *Promise and Fulfilment* (Versprechen und Erfüllung), wo er den Kampf in den Jahren 1919–49 um eine Heimat für das jüdische Volk im klaren Überblick darstellt, und in dem Roman *Thieves in the Night*. Ende 1931 trat K. der Kommunistischen Partei bei. Dieser Wendepunkt sowohl wie seine späteren Enttäuschungen über den Kommunismus und sein Austritt 1937 aus der Partei sind in knapper Form in seinem Beitrag zu dem Buch *The God That Failed* (Der Gott, der versagte) zusammengefaßt und ausführlicher behandelt im Schlußteil des ersten Bandes seiner Autobiographie, *Arrow in the Blue*, und im zweiten Band, *The Invisible Writing*. Vor allem aber bestimmte sie sein berühmtestes Werk, den politischen Roman *Darkness at Noon*. Im spanischen Bürgerkrieg arbeitete K. als Korrespondent und Agent. Er wurde gefangengenommen und zum Tode verurteilt, nach mehreren Monaten aber nach Frankreich ausgetauscht. 1941/42 diente er als Freiwilliger in der französischen und britischen Armee. Bis zu seinem Tode lebte K. in London und schrieb vornehmlich halbwissenschaftliche Bücher über psychologische und evolutionstheoretische Themen. – K.s Romanwerk dreht sich, wie der Autor selbst erläuterte, wesentlich um die Fragen, ob grundsätzlich der Zweck die Mittel heiligt, inwiefern dem einzelnen für das Wohlergehen aller Leid zugefügt werden darf, warum revolutionäre Bewegungen «als frischer Bergquell beginnen und als verschmutzte Flüsse voller Leichen enden». Die Revolutionsthematik beherrscht K.s erste drei Romane: *The Gladiators* hat das Scheitern des Spartakusaufstands zum Gegenstand, *Darkness at Noon* die Moskauer Prozesse und *Arrival and Departure* eine Individualentscheidung zwischen hedonistischer Selbsterfüllung und politischem Engagement. Am eindringlichsten geschildert ist das Schicksal des bolschewistischen Revolutionärs Rubaschow (*Darkness at Noon*), der den stalinistischen Säuberungen zum Opfer fällt. Obwohl Rubaschow objektiv unschuldig ist, gesteht er die Verbrechen ein, weil er der Partei einen letzten Dienst erweisen will. Die Revolution frißt ihre Kinder. In dem Roman spiegelt sich K.s Entwicklung zum überzeugten Revisionisten.

W.: *Romane:* The Gladiators, 1939 (dt. Die Gladiatoren); Darkness at Noon, 40 (dt. Sonnenfinsternis); Arrival and Departure, 43 (dt. Ein Mann springt in die Tiefe); Thieves in the Night, 46 (dt. Diebe in der Nacht); The Age of Longing, 51 (dt. Gottes Thron steht leer). – *Dramen:* Twilight bar. An escapade in four acts, 45. – *Essays, Autobiographisches:* Menschenopfer unerhört. Ein Schwarzbuch über Spanien, 37; Ein spanisches Testament, 38 (daraus Auswahl: Dialogue With Death, 42); Scum of the Earth, 41 (dt. Abschaum der Erde, 71); The Yogi and the Commissar, 45 (dt. Der Yogi und der Kommissar, 50); Promise and Fulfilment: Palestine 1917–49, 49; The God That Failed, 49 (mit anderen Autoren); Inside and Outlook, 49; Arrow in the Blue, 52 (dt. Der Pfeil ins Blaue); The Invisible Writing, 54 (dt. Die Geheimschrift); The Trail of the Dinosaur, 55; Reflections on Hanging, 56; The Sleepwalkers, 59 (dt. Die Nachtwandler); The Lotus and the Robot, 60 (dt. Von Heiligen und Automaten); The Act of Creation, 64 (dt. Der göttliche Funke); The Ghost in the Machine, 68 (dt. Das Gespenst in der Maschine); Gesammelte autobiographische Schriften, 2 Bde, 71; Suicide of a Nation, 64; The Case of the Midwife Toad, 73; The Call Girls, 74 (dt. Die Herren Call-Girls); The Heel of Achilles, 75; Invisible Writing, 70; The Roots of Coincidence, 72 (dt. Die Wurzeln des Zufalls); The Thirteenth Tribe: The Khayer Empire and Its Heritage, 76 (dt. Der dreizehnte Stamm); Watershed: A Biography of Johannes Kepler, 60; The Drinkers of Infinity; Essays 1955–67; Der Mensch – Irrläufer der Evolution, 78; Tanus: A Summing Up, 79; Armut der Psychologie, 82; Auf fremden Plätzen (mit C. Koestler), 84; Als Zeuge der Zeit, 85; Das rote Jahrzehnt, 91.

Kofler, Werner, *23. 7. 1947 Villach (Kärnten).
Sohn eines Kaufmanns. Nach Abbruch einer Lehrerausbildung zahlreiche Reisen und Arbeit in verschiedenen Berufen. Seit 1968 freier Schriftsteller. Seine Jugend in Kärnten schildert K. in der «totalen Autobiographie» *Guggile*, die gleichzeitig auch als Materialsammlung über Erziehungsgrundsätze, Familienrituale und Sozialbeziehungen einer Mittelschichtfamilie in der österreichischen Provinz der 50er und 60er Jahre zu lesen ist. Auch die Krankengeschichte des wegen Schizophrenie eingewiesenen Fotomodells *Ida H.* zeigt nicht nur die private Entwicklung eines «zu resozialisierenden» Falles, sondern sie macht durch montierte Zusatzinformationen auf die Aporien gesellschaftlicher Separierung von Außenseitern und auf die Absurdität des Normalen aufmerksam. – Eine Reihe von Stipendien und Förderpreisen, darunter den der Stadt Wien 1980 und zum Bremer Literaturpreis 1981; 1983 Prix Futura, 1987 Elias-Canetti-Stipendium der Stadt Wien.

W.: *Erzählungen, experimentelle Prosa:* Örtliche Verhältnisse, 1973; Analo (Comic, mit F. Aigner), 73; Guggile: vom Bravsein und vom Schweinigeln, 75 (erw. 78); Ida H., 78; Krieg und Frieden, 80; Aus der Wildnis, 80; Konkurrenz, 84; Amok und Harmonie, 85; Am Schreibtisch. Alpensagen, Reisebilder, Racheakte, 88; Hotel Mordschein, 89. – *Dramen, Hörspiele (ungedruckt):* Stimmen (Hsp.), 69; Örtliche Verhältnisse (Hsp.), 70; Vorgeschichte (Hsp.), 73; Surrealismus oder Was ist, kann nicht wahr sein (Hsp.), 76; Geschlossene Anstalt (Hsp.), 77; Oliver (Hsp.), 80; Die vier Jahreszeiten (Hsp.), 81; Zell-Arzberg. Ein Exzeß, 82 (als Hsp. 78); Der dramatisierte Schundroman – letzte Folge [mit A. Fian] (Hsp.), 85; Feiner Schmutz, gemischter Schund [mit A. Fian] (Hsp.), 86; Blöde Kaffern, dunkler Erdteil [mit A. Fian] (Hsp.), 87.

Köhler, Erich, *28. 12. 1928 Karlsbad.
K. trampte nach nicht abgeschlossener Bäcker-, Schneider- und Malerlehre durch Westdeutschland und Holland. 1950 ging er in die DDR zurück und arbeitete als Bergmann und Landarbeiter. 1958–61 Studium am Literaturinstitut in Leipzig. Lebt seither als freischaffender Schriftsteller.
K.s Texte, die vorwiegend auf dem Lande spielen und z. T. direkt die Probleme der Landreform und Kollektivierung der Landwirtschaft (*Schatzsucher*) behandeln, vermischen eine realistische Er-

zählweise mit phantastischen, auch märchenhaften (*Nils Harland*) Elementen. Immer wieder beschäftigen ihn Probleme wie das Auseinanderklaffen von Träumen und Utopien und der hinterherhinkenden Wirklichkeit (*Hinter den Bergen*), wie auch das Verhältnis von Kultur und Arbeitswelt (*Krott*).

W.: Romane, Erzählungen, Kinderbücher: Das Pferd und sein Herr, 1956; Die Teufelsmühle, 59; Marnitzer Tagebuch, 60; Schatzsucher, 64; Nils Harland, 68; Platekatel-Banzkonsumirade oder Die Suche nach der verlorenen Stricknadel, 73; Der Schlangenkönig, 75; Der Krott oder Das Ding unterm Hut, 76; Hinter den Bergen, 76; Reise um die Erde in acht Tagen, 79; Die Denkmaschine, 79; Hartmut und Joana, 81; Kiplag – Geschichten, 81. – *Dramen:* Die Lampe, 70; Der Geist von Cranitz, 71. – *Essays:* Nichts gegen Homer. Betrachtungen und Polemiken, 86.

Kohlhaase, Wolfgang, *13.3.1931 Berlin.
Seit 1947 journalistisch tätig, wandte sich K. 1950 dem Film zu und arbeitete 1950–52 als Dramaturg bei der DEFA, seither als freischaffender Schriftsteller und Drehbuchautor. Mehrfacher Nationalpreisträger, 1984 H.-Greif-Preis.
K. hatte – auch im Westen – mit seiner Kriminalkomödie *Fisch zu viert* (zunächst 1969 Hörspiel, später auch Fernsehspiel) Erfolg und schrieb eine Reihe von Erzählungen, die in *Silvester mit Balzac* gesammelt erschienen. Seine eigentliche Bedeutung erreichte er jedoch als einer der profiliertesten Film-Autoren der DDR, vor allem in der Zusammenarbeit mit den Regisseuren Gerhard Klein und Konrad Wolf. Mit Klein drehte er in den 50er Jahren einige Berlin-Filme, realistische Schilderungen der Probleme von Jugendlichen in der geteilten Stadt. In *Der Fall Gleiwitz* (Regie: Klein) und Wolfs Filmen *Ich war neunzehn* und *Mama, ich lebe* (nach K.s Hörspiel *Fragen an ein Foto*) gelangen K. drei der wichtigsten Filme zum Thema Antifaschismus.

W.: Erzählungen: Nagel zum Sarg, 1976; Silvester mit Balzac, 77; Der Bruch, 89. – *Dramen, Hörspiele, Fernsehspiele:* Josef und alle seine Brüder, 62; Fragen an ein Foto, 69; Fisch zu viert, 69/70; Ein Trompeter kommt, 70. – *Drehbücher:* Die Störenfriede, 53; Alarm im Zirkus, 54; Eine Berliner Romanze, 56; Berlin – Ecke Schönhauser, 57; Der schweigende Stern, 59 (mit K. Maetzig u. a.); Der Fall Gleiwitz, 61 (mit G. Rücker); Sonntagsfahrer, 63 (mit K. G. Egel); Berlin um die Ecke, 65 (mit G. Klein); Ich war neunzehn, 68 (mit K. Wolf); Der nackte Mann auf dem Sportplatz, 74 (mit K. Wolf); Mama, ich lebe, 76; Solo Sunny, 79; Der Aufenthalt (nach Hermann Kant), 83. – *Schallplatten, Kassetten:* Die Grünstein-Variante (Hsp.), 88.

Kokoschka, Oskar, *1.3.1886 Pöchlarn/ Donau, †22.2.1980 Montreux.
K. stammte aus einer Prager Künstlerfamilie; Kindheit und Jugend verbrachte er in Wien; dort besuchte er auch die Kunstgewerbeschule (1905–09); während dieser Zeit erste literarische Versuche (Lyrik, Drama) und Uraufführung seiner ersten Dramen (*Mörder, Hoffnung der Frauen* sowie *Sphinx und Strohmann*); 1910/11 auf Vermittlung von K. Kraus und A. Loos Mitarbeiter an H. Waldens Zeitschrift «Der Sturm»; durch Waldens Engagement Durchbruch K.s zum vielbeachteten Zeichner und Maler der Avantgarde (Abdruck von Zeichnungen im «Sturm» und Ausstellungen in der «Sturm»-Galerie); 1911 wieder in Wien; 1913 Italienreise, 1915 Teilnehmer am 1. Weltkrieg; nach Ausheilung einer schweren Verwundung 1916 vom Militärdienst freigestellt; für kurze Zeit wieder Angehöriger des «Sturm»-Kreises; anschließend in Dresden als Maler und Schriftsteller tätig; am Dresdener Albert-Theater 1917 Uraufführung der Dramen *Hiob* und *Der brennende Dornbusch* unter K.s Regie; 1919–23 Prof. der Kunstakademie in Dresden; 1924–30 auf Reisen durch ganz Europa; nach Aufenthalten in Wien (1931–34) und Prag (1934–38) Emigration nach Großbritannien; seit 1953 in Villeneuve am Genfer See ansässig.
K., einer der bedeutendsten Maler der Moderne, hat sich zu Beginn des Jhs. auch als Schriftsteller einen Namen gemacht; im Zentrum seiner literarischen Produktion standen Dramen, deren erste als Vorläufer expressionistischer Dramen angesehen werden: Thematisch an Wedekind und – vor allem – Strindberg erinnernd, behandelte K. in allen Dramen

den Geschlechterkampf. Besonders das ekstatisch-visionäre Element, das alle Dramen K.s durchzieht, die häufig bis auf das äußerste verknappte Sprache sowie das Abrücken von der Charakterisierung von Einzelpersonen zugunsten einer Typisierung zu «einander widerstreitenden Elementarmächten» (E. Lämmert) rücken K.s Dramen in die Nähe der wenig später entstehenden Dramenliteratur des Expressionismus.

Zwei Dramen K.s wurden in den 20er Jahren vertont: *Mörder, Hoffnung der Frauen* von Hindemith (Uraufführung 1921) und *Orpheus und Eurydike* von Krenek (Uraufführung 1926).

W.: Erzählungen, Autobiographie: Der weiße Tiertöter, 1908; Ann Eliza Reed, 52; Spur im Treibsand, 56; Mein Leben, 71. – *Dramen:* Mörder, Hoffnung der Frauen, 10; Der brennende Dornbusch, 13; Hiob, 17 (2 Vorläuferfassungen unter dem Titel: Sphinx und Strohmann); Orpheus und Eurydike, 19. – *Lyrik, Verserzählungen:* Die träumenden Knaben, 07; Der gefesselte Kolumbus, 20. – *Werkausgaben:* Dramen und Bilder, 13; Vier Dramen, 19; Schriften 1907–1955, 56; Das schriftliche Werk, 4 Bde, 73–76; Comenius, 76; Vom Erlebnis im Leben, 77; Briefe, 4 Bde, 84ff.

Kolb, Annette (eig. Anne Mathilde K.), *3. 2. 1870 München, †3. 12. 1967 ebd.
War die Tochter eines Gartenbauarchitekten aus München und einer Pariser Pianistin. Diese Herkunft wurde bestimmend für ihr Leben und Werk. Sie verbrachte Kindheit und Jugend in München, veröffentlichte Aufsätze und Essays und arbeitete während des 1. Weltkriegs von der Schweiz aus aktiv für die pazifistische Bewegung. Nach dem Krieg lebte sie wieder in München und ab 1920 in Badenweiler. Sofort nach Hitlers Machtübernahme 1933 emigrierte sie nach Paris. Während der deutschen Besetzung Frankreichs hielt sie sich in New York auf, kehrte 1945 nach Europa zurück und lebte wieder in Paris, dann abwechselnd in München und Badenweiler. – Schon K.s erste Arbeiten wurden von Rilke enthusiastisch gelobt und fanden die Anerkennung der Kritiker (Fontane-Preis 1913 für *Das Exemplar*). Mit René Schickele, dem deutsch-französischen Elsässer, war sie befreundet. In den 20er

Jahren gehörte sie zu den führenden Persönlichkeiten des Münchner Literaturlebens (porträtiert von Thomas Mann im München-Kapitel des *Doktor Faustus*). Auch nach dem 2. Weltkrieg wurden ihr öffentliche Ehrungen zuteil (u. a. 1955 Goethe-Preis der Stadt Frankfurt, 1966 Orden Pour le Mérite für Kunst und Wissenschaft). – Ihrer Herkunft entsprechend, trat K. stets für die Aussöhnung Deutschlands mit Frankreich ein (*Briefe einer Deutschfranzösin*; *Versuch über Briand*, Übersetzungen). Durch Persönlichkeit und Werk gilt sie als große Europäerin. Ihre Romane stellen die Gesellschaft in der Stimmung des Untergangs vor 1914 dar. Die späten autobiographischen Schriften sind durch ihren Katholizismus geprägt.

W.: Essays: Kurze Aufsätze, 1899; Sieben Studien, 1906; Wege und Umwege, 14; Briefe einer Deutschfranzösin, 16; Die Last. Anti-Kriegsaufsätze, 18; Versuch über Briand, 29; Kleine Fanfare, 30; Beschwerdebuch, 32. – *Romane, Erzählungen:* Das Exemplar, 13; Wera Njedin, 25; Spitzbögen, 25; Daphne Herbst, 28; Die Schaukel, 34. – *Tagebücher:* Zarastro. Westliche Tage, 22; Glückliche Reise, 40. – *Erinnerungen:* Festspieltage in Salzburg, 37; [zus. mit Abschied von Österreich, 38]; Blätter in den Wind, 54; Memento, 60; 1907–1964. Zeitbilder, 64. – *Biographien:* Mozart, 37; Franz Schubert, 41; König Ludwig II. und Richard Wagner, 47. – *Übersetzungen:* Chesterton; Katharina von Siena; Villiers de l'Isle-Adam; Giraudoux; V. Larbaud; Margräfin Wilhelmine von Bayreuth. – *Sammelausgabe:* Zeitbilder 1904–64, 84; A. K./René Schickele: Briefe im Exil 1933–1940, 87.

Kolbenheyer, Erwin Guido, *30. 12. 1878 Budapest, †12. 4. 1962 München-Solln.
K. war Sohn eines ungarndeutschen Architekten, besuchte das Gymnasium in Eger, studierte in Wien Philosophie, Psychologie und Naturwissenschaften und promovierte 1905 zum Dr. phil.; den Plan einer Hochschullaufbahn gab er nach literarischen Erfolgen auf und lebte seit 1919 als freier Schriftsteller in Tübingen, seit 1932 in München-Solln. 1926 erhielt er den Dr. med. h. c. und wurde Mitglied der Preußischen Dichterakademie, die er 1931 demonstrativ verließ und in die er erst 1933 wieder eintrat. In vielen

Reden und Schriften der 20er und 30er Jahre propagierte er die «nationale Revolution», wobei er den Nationalsozialismus in seine eigenständig entwikkelte biologistisch-lebensphilosophische Theorie, die er als «Bauhüttenphilosophie» formulierte, einzuordnen versuchte. Nach dem Kriege erhielt er wegen seines Eintretens für das «Dritte Reich» fünf Jahre Berufsverbot, 1958 den Kulturpreis der Sudetendeutschen Landsmannschaft.

K.s «Bauhüttenphilosophie» ist die theoretische Grundlage sowohl für sein politisches Engagement als auch für die Konzeption seiner literarischen Werke. Basis, Grundstoff des Lebens, ist für K. das «Plasma» als Inhalt der pflanzlichen, tierischen und menschlichen Zellen, das sich durch Jahrmillionen entwickelte und schließlich beim Menschen in vielfältiger Ausprägung in verschiedenen Rassen, Völkern, Stämmen, Familien und Individuen seine bisher höchste Entwicklungsstufe und «Ausdifferenzierung» erreicht. Für Fortbestand und Weiterentwicklung der weißen Rasse ist nach K. die Durchsetzung der «plasmatischen Kapazität» (biologische Mächtigkeit) der germanisch-deutschen Stämme gegen die «erstarrte», «plasmatisch vergreiste» lateinisch-französische «Zivilisation» notwendig. Frühere geschichtliche Phasen des deutschen Kampfes gegen den «artfremden» zivilisatorischen Geist und dessen wirtschaftliche und politische Macht sah K. besonders im Zeitalter der Mystik und der Reformationszeit, die er «volksbiologisch» wertete.

Nicht zufällig spielen die meisten seiner Romane in sog. «Schwellenzeiten» (Umbruchszeiten): *Amor Dei*, sein Spinoza-Roman und früheste Werk, *Meister Joachim Pausewang*, mit dem er die Zeit Jakob Böhmes behandelt, die *Paracelsus*-Trilogie und *Das gottgelobte Herz*, ein Roman um die Mystikerin Margarete Ebner, in dem er die geistigen, politischen und wirtschaftlichen Kämpfe der Zeit Meister Eckarts schildert. Durch Farbigkeit des Milieus und historisierende Sprachform versuchte K., die Eigentümlichkeit des jeweiligen geschichtlichen Zustandes zu treffen und Erlebnis-se, Gefühle und Gedanken seiner Helden möglichst unmittelbar darzustellen. Auch in seinen Dramen gestaltete er «Schwellenzeit»-Konflikte, z. B. in *Giordano Bruno* und in *Gregor und Heinrich*, wo er die geistigen und materiellen Kämpfe gegen das klerikale Rom darstellte.

W.: Romane, Erzählungen: Amor Dei, 1908; Meister Joachim Pausewang, 10; Montsalvasch, 12; Ahalibama, 13 (29 als: Wenzel Tiegel); Trilogie: Die Kindheit des Paracelsus, 17; Das Gestirn des Paracelsus, 22; Drei Legenden, 23; Das dritte Reich des Paracelsus, 26 (als: Paracelsus, 3 Bde, 27/28); Das Lächeln der Penaten, 27; Reps, die Persönlichkeit, 32; Die Begegnung auf dem Riesengebirge, 32; Weihnachtsgeschichten, 33; Karlsbader Novelle, 34; Klaas Y, der große Neutrale, 36; Das gottgelobte Herz, 38; Kindergeschichten, 42. – *Dramen:* Giordano Bruno, 03 (29 als: Heroische Leidenschaften); Die Brücke, 29; Jagt ihn – ein Mensch, 31; Das Gesetz in dir, 31; Gregor und Heinrich, 34; Tetralogie: Menschen und Götter, 44. – *Lyrik:* Der Dornbusch brennt, 22; Lyrisches Brevier, 29; Deutsches Bekenntnis. Unser Leben. Dichtungen für Sprechchöre, 33; Widmungen, 38; Vox humana, 40. – *Essays, theoretische, autobiographische Schriften:* Die Bauhütte. Elemente einer Metaphysik der Gegenwart, 25; Neuland, 35; Bauhüttenphilosophie, 42; Die dritte Bühne, 51; Sebastian Karst über sein Leben und seine Zeit, 3 Tle, 57/58; Metaphysica viva, 60; Dreigespräch, 60; Der zweifache Weg der Wahrheit, 60; Aufsätze zur Bauhütten-Philosophie, 66; Mensch auf der Schwelle, 72. – *Übersetzung:* J. v. Saaz: Der Ackermann aus Böhmen, 43. – *Werkausgaben:* Gesammelte Werke in 8 Bdn, 38–41; Goethes Denkprinzipien und der biologische Naturalismus, 51; Gesamtausgabe letzter Hand, 17 Bde, 57ff; Lyrik, 61; Drei Dramen unserer Zeit, 64; Erzählungen, 65; Tragikomische Erzählungen, 65; Wem bleibt der Sieg?, 66; Du sollst ein Wegstück mit mir gehn, 73; Der dichterische Nachlaß, 73; Gesittung, ihr Ursprung und Aufbau, 77; Kämpfer und Mensch, 78; Zwei philosophische Abhandlungen, 80; Rationalismus und Gemeinschaftsleben, 82; Seht an – die Kunst!, 82; Bauhütten-Brevier, 84; Die Rechtfertigung Gottes, 86.

Kolbenhoff, Walter (Pseud. für Walter Hoffmann seit 1933), *20. 5. 1908 Berlin. K. wuchs im Berliner Arbeiterviertel Adlershof auf. Nach Abschluß der Volksschule wurde er Chemograph. 1925 verließ er dann Berlin und schlug sich als Gelegenheitsarbeiter, Straßensänger und

Karikaturist in Europa, Nordafrika und Kleinasien durch. Gleichzeitig veröffentlichte er im «Vorwärts» erste literarische Versuche. Er kehrte schließlich nach Berlin zurück und trat nach dem «Blutmai» 1929 der KPD bei; wurde Reporter für die «Rote Fahne» und Mitglied des Bundes Proletarisch-Revolutionärer Schriftsteller. Anfang März 1933 verließ er Deutschland und wurde von Amsterdam nach Dänemark ausgewiesen. Dank W. Reich fand er beim dänischen Rundfunk Arbeit. Von da an schrieb er unter einem Pseudonym. Nach dem Einmarsch der deutschen Truppen 1940 nahm er an Kämpfen in Jugoslawien und an der Schlacht um Montecassino teil und geriet 1944 in amerikanische Gefangenschaft. Im Lager begegnete er A. Andersch und H. W. Richter. Nach seiner Entlassung aus der Haft wurde er 1946–49 Redakteur bei der «Neuen Zeitung» in München und Mitarbeiter der Zeitschrift «Der Ruf». Er ist Mitbegründer der Gruppe 47. K. lebt als freier Schriftsteller. 1985 Tukan-Preis München.

In seinen ersten Werken, v. a. im Roman *Untermenschen*, bekennt sich K. zu denen, die im damaligen Deutschland als ‹Untermenschen› verfemt und verfolgt wurden. Erst die Jahre der Kriegsgefangenschaft veranlaßten ihn nach längerer Pause wieder zum Schreiben. Im Roman *Von unserem Fleisch und Blut* schildert er mit äußerst naturalistischen Mitteln die Verzweiflung und den unaufhaltsamen Untergang eines siebzehnjährigen Werwolfs, der 1945 im besetzten Deutschland weiterkämpft. Der nächste Roman, *Heimkehr in die Fremde*, ein wahres Stück Trümmerliteratur, setzt diese Kriegsthematik fort und schildert, mit vager Andeutung einer Hoffnung auf einen möglichen Neuanfang, die Desillusionierung und Ratlosigkeit eines Heimkehrers. Das Verbot des «Ruf», die Gründung der Bundesrepublik und ihre Entwicklung lassen dann K. an der Literatur, an der Wirkung der Literatur immer mehr zweifeln. Er schreibt nur noch selten Romane, übersetzt Kriminalromane und verfaßt u. a. Hörspiele mit sozial- und zeitkritischem Inhalt.

W.: Romane: Untermenschen, 1933; Von unserem Fleisch und Blut, 46; Heimkehr in die Fremde, 49; Die Kopfjäger, 60; Das Wochenende. Ein Report, 70; Schellingstraße 48, 84; Bilder aus einem Panoptikum, 88. – *Hörspiele:* An einem dieser Tage; Unseren schönen Träumen; Am Ende der Straße; Der arme Mann von Gorgonzola; Der Briefträger ging vorbei; Zwanzig Paar Seidenstrümpfe; Die verschiedenen Plätze; Auf dem Weg zum Paradies; Die Entscheidung; Wahre Geschichten; Die Blumen von Hiroshima. – *Lyrik:* Moderne Ballader, 36; Mitarbeit an: Auf dem Podium, Sammlung revolutionärer Gedichte, 38. – *Übersetzungen:* Michiro Maruyama, Anathan, Insel der Unseligen, 1954; Das Astronautenbuch (mit Isolde Kolbenhoff), 63; O'Henry, Rollende Steine, 66; John O'Hara, Elizabeth Appleton, 66.

Kolleritsch, Alfred, * 16. 2. 1931 Brunnsee (Steiermark).

K. studierte Philosophie und Germanistik und ist in Graz im Schuldienst tätig. Bekannt ist er vor allem als Präsident des Grazer «Forum Stadtpark» und Herausgeber der Literaturzeitschrift «manuskripte», in der Autoren wie W. Bauer, Handke, Jonke und Scharang erstmals publizieren konnten. Gegenüber diesem Engagement schien die Kenntnis von K.s eigenen literarischen Arbeiten zunächst in den Hintergrund gedrängt. 1976 erhielt er den Literaturpreis des Landes Steiermark, 1978 für seinen Lyrikband *Einübung in das Vermeidbare* den Petrarca-Preis. 1981 Preis Forum Stadtpark, 1982 Österreichischer Würdigungspreis für Literatur, 1989 Georg-Trakl-Preis. Seine Romane *Die Pfirsichtöter* – eine allegorisierende Darstellung von Szenen auf einem Schloß – und *Die grüne Seite* – die Geschichte einer Großvater-Vater-Sohn-Beziehung – thematisieren ohne psychologische Erklärungsversuche die Gefährdetheit individueller Autonomie.

W.: Romane, Erzählungen: Die Pfirsichtöter. Ein seismographischer Roman, 1972; Die grüne Seite, 74; Von der schwarzen Kappe, 74; Die Ebene, in: Winterspiele, 75; Gangaufsicht, in: Zwischenbilanz, 76; Gespräche im Heilbad, 85; Allemann, 89. – *Lyrik:* erinnerter zorn, 72; Einübung in das Vermeidbare, 78; Im Vorfeld der Augen, 82; Absturz ins Glück, 83; Landschaften (mit H. Schwarz),

84; Augenlust, 86; Überschattungen, 90. – *Dissertation:* Eigentlichkeit und Uneigentlichkeit in der Philosophie Martin Heideggers, 64. – *Sammel- und Werkausgaben:* Gedichte, 88. – *Herausgebertätigkeit:* manuskripte, 61 ff.

Kolmar, Gertrud (eig. Gertrud Chodziesner), * 10. 12. 1894 Berlin, † 1943 (?). Aus jüdischer Großbürgerfamilie, Vater bekannter Strafverteidiger. Verweigerung der tradierten Frauenrolle, Lehrerin- und Sprachexamen. Große Sprachbegabung (Französisch, Russisch, Hebräisch). Arbeit als Dolmetscherin und Erzieherin taubstummer Kinder. Studienaufenthalt in Dijon, später Berlin. Wenige Veröffentlichungen. Der dritte Gedichtband *Die Frau und die Tiere* wurde von den Nazis kurz nach Erscheinen eingestampft. Nach 1933 in menschlicher und gesellschaftlicher Isolierung, lehnt Emigration um des Vaters willen ab, wird zur Zwangsarbeit herangezogen, 1943 verschleppt. Seitdem verschollen (letzter Brief Anfang 1943).

Neben Dramen und Erzählungen (zu Lebzeiten unveröffentlicht) hauptsächlich Lyrik. Der erste Gedichtband *Gedichte* thematisiert in volksliedhafter Form Kindheitserlebnisse, Naturbegegnung, unerfüllte Einsamkeit und Sehnsucht nach Mutter- und Frauenrolle, die im Konflikt mit ihrer dichterischen Berufung liegt. In *Preußische Wappen* verbinden sich Geschichte und Heraldik zu einer fabelhaften Mythologie. Der letzte Gedichtband *Die Frau und die Tiere* drückt K.s intensive Naturerfahrung aus, wie auch ihr auf Naturkommunikation reduziertes persönliches und politisches Schicksal nach 1933.

K.s historisches Interesse bezeugen die Gedichtzyklen *Rousseau und der Jüngling*, *Napoleon und Marie*, *Robespierre* und das Revolutionsdrama *Cecile Renault*. Im freirhythmischen Zyklus *Welten* finden sich kosmisch-mythische Visionen.

W.: Erzählungen, Prosa: Susanna (in: Das leere Haus), 1959; Eine Mutter, 65; Eine jüdische Mutter, 78. – *Lyrik:* Gedichte, 17; Preußische Wappen, 34; Die Frau und die Tiere, 38; Welten, 47; Tag- und Tierträume, 63; Die Kerze von Arras, 68. – *Essays, Briefe:* Das Bildnis des Robespierre (Jb. d. Dt. Schillergesellschaft),

65; Briefe an die Schwester Hilde, 70. – *Sammelausgaben:* Das lyrische Werk, 55 (erw. 60); Frühe Gedichte, 80; Gedichte (Auswahl), 83; Weibliches Bildnis, o. J.

Kommerell, Max, * 25. 2. 1902 Münsingen (Württemberg), † 25. 7. 1944 Marburg. Als Literaturhistoriker Prof. für Germanistik in Frankfurt und Marburg, außerdem Schriftsteller. K. ist wesentlich durch seine frühe Begegnung mit George und dessen Kreis geprägt. Seine erste Abhandlung *Der Dichter als Führer in der deutschen Klassik* (Goethe, Schiller, Hölderlin) ist dem Heroenkult und der hochgezüchteten Sprache Georges am engsten verpflichtet. Benjamin nennt sie in kritischer Ablehnung, trotz des anerkannt meisterhaften Stils, eine «esoterische Geschichte der deutschen Dichtung», eine «Heilsgeschichte des Deutschen». Wegen dieser germanophilen Tendenz kann K.s Frühwerk zur pränationalistischen Germanistik gerechnet werden. Nach der Abwendung von George, um 1930, praktiziert K. in dem berühmten Jean-Paul-Buch eine weniger hochgeschraubte Darstellungsart, die u. a. einer tiefgreifenden anthropologischen Untersuchung des «Humoristen» am Beispiel Jean Pauls dient. In *Geist und Buchstabe der Dichtung* kehrt er sich bewußt vom politischen Geschehen ab und einer phänomenologischen, werkimmanenten Schau von Dichtung zu: «Das unbefangene Befragen des Gegenstandes selbst» ist Aufgabe. Sowohl in *Lessing und Aristoteles* als auch in den ausführlichen Darstellungen und einfühlsamen Übertragungen Calteróns leistet K., wie der mit ihm befreundete Curtius, Wichtiges zur Europäisierung der Literaturgeschichte. Der Roman *Der Lampenschirm aus den drei Taschentüchern* ist gleichzeitig Schlüsselroman und Auslotung mystischer Dimensionen durch Archetypen von Traum und Märchen. Ein nachgelassener Roman *Hieronyma* umspielt mit spanischen Adligen symbolisch den Georgekreis in einer barocken Schäferidylle.

W.: Erzählungen: Der Lampenschirm aus den drei Taschentüchern, 40; Hieronyma, 54. –

Dramen: Das Kaiserliche Blut, 38; Die Gefangenen. Tragödie, 48; Kasperlespiele für große Leute, 48. – *Lyrik:* Leichte Lieder, 31; Das letzte Lied, 33; Dichterisches Tagebuch, 35; Mein Anteil, 38; Die Lebenszeiten, 41; Mit gleichsam chinesischem Pinsel, 46; Rückkehr zum Anfang, 56. – *Essays, theoretische Schriften:* Jean Pauls Verhältnis zu Rousseau (Diss.), 24; Der Dichter als Führer in der deutschen Klassik, 28; Gespräche aus der Zeit der deutschen Wiedergeburt, 29; H.v. Hofmannsthal, Rede, 30; Jugend ohne Goethe, 31; Jean Paul, 33; Schiller, 34; Lessing und Aristoteles, 40; Geist und Buchstabe der Dichtung, 40; Gedanken über Gedichte, 43; Beiträge zu einem deutschen Calderon, 2 Bde, 48 (2. Bd Übertragungen: Das Leben ist Traum und Die Tochter der Luft; Dichterische Welterfahrung, 52; Dame Dichterin, 67. – *Sammelausgaben:* Briefe und Aufzeichnungen 1919–44, 67; Essays, Notizen, poetische Fragmente, 69; Gedichte, Gespräche, Übertragungen, 73.

König, Barbara, *9.10.1925 Reichenberg/Böhmen.
Kurz nach dem Abitur 1944 Gestapo-«Schutzhaft», aus der sie 1945 entlassen wird. Nach dem Krieg Flucht in die Westzonen. Sieben Jahre Journalistin, 1950 ein Jahr in den USA. Seit 1958 freie Schriftstellerin. K. ist Mitglied der Bayerischen Akademie der Schönen Künste und erhielt mehrere Preise. K.s Prosa kreist um das Problem der Identität. Während die *Personenperson* die lakonisch distanzierte Montage eines Ichs aus allen konsequent zur selbständigen Figuren weiterentwickelten Momenten der Heldin Nadine vornimmt, ist *Schöner Tag, dieser 13.* der autobiographische Bericht über sich selbst, den alltäglichen Kampf mit dem Schreiben, über die Versuche, sich von der Liebe unabhängig zu machen.

W.: Romane: Kies, 1961; Die Personenperson, 65; Schöner Tag, dieser 13., 73; Der Beschenkte, 80. – *Erzählungen:* Das Kind und sein Schatten, 58; Spielerei bei Tage, 69. – *Hörspiele:* Böhmische Gänse, 70; Freiersfüße – Witwersfüße, 71; Ich bin ganz Ohr, 71; Dreimal Zeit, 73. – *Fernsehspiel:* Abschied von Olga, 69. – *Essays:* Die Wichtigkeit, ein Fremder zu sein, 79. – *Sammel- und Werkausgaben:* Ich bin ganz Ohr. Hörspiele, 85.

Königsdorf, Helga, *13.7.1938 Gera.
K. ist Professorin für Mathematik. Es

sind bislang fast ausschließlich Kurzgeschichten von ihr erschienen. In karger, fast spröder Sprache nähert sie sich häufig auf analytische Weise ihren Themen. Vor allem der zwischenmenschliche Bereich ist es, der sie interessiert, die Versuche von Frauen, Privatleben und berufliche Anforderungen miteinander zu verbinden. Über diese Versuche, ihr Scheitern, ihr partielles Gelingen, läßt K. ihre Frauenfiguren berichten – ohne Larmoyanz, mit kühlem, auch das eigene Versagen (selbst)ironisch sezierendem Blick. – K.s Geschichten sind auf kleinstem Raum zusammengefaßte Gesellschaftsanalysen, in denen ein ironischer Spiegel eigenen Verhaltens vorgehalten wird, amüsant und ohne ‹belehrenden› Gestus.

W.: Romane, Erzählungen, Prosa: Meine ungehörigen Träume, 1978; Der Lauf der Dinge, 82; Mit Klischmann im Regen, 83 (Ausw. aus beiden vorigen Titeln); Hochzeitstag in Pizunda, 86; Respektloser Umgang, 86; Bei geschlossenen Türen am Abend, 89; Ungelegener Befund, 90. – *Essays, theoretische Schriften:* Adieu DDR – Protokolle eines Abschieds, 90.

Konsalik, Heinz G. (eig. Heinz Günther, Pseud. Günther Hein, Benno von Marroth), *28.5.1921 Köln.
K., Sohn eines Versicherungsdirektors, stammt aus altem sächsischen Adelsgeschlecht (Freiherren von Günther Rittern zu Augustusberg), das seinen Titel in der Wilhelminischen Epoche ablegte. – Nach dem Abitur studierte K. in Köln, München und Wien zunächst Medizin, dann Theaterwissenschaft, Germanistik und Literaturgeschichte. Im 2. Weltkrieg war er Kriegsberichterstatter in Frankreich und an der Ostfront. Nach dem Krieg arbeitete K. als Journalist, Lektor, Dramaturg und Redakteur, ab 1951 als freier Schriftsteller. Der Durchbruch als Romanautor erfolgte 1956 mit *Der Arzt von Stalingrad*. Danach wurden sämtliche Bücher K.s mehr oder weniger zu Bestsellern: rund 100 Romane, die in 17 Sprachen mit einer Gesamtauflage von ca. 50 Millionen Exemplaren erschienen sind. Während die Literaturkritik seine Romane meist in der Nähe des Trivialen

ansiedelt, ihre Klischeehaftigkeit nicht oft genug betonend, sieht K. sich selbst so: «... ich schreibe nur für meine Leser, ich bin Volksschriftsteller.» Besitzer mehrerer Verlage.

Die Stoffe zu den zahlreichen Romanen entstammen z. T. seinem eigenen Erleben während des Krieges in Rußland; ein zweiter Bereich ist die romanhafte Gestaltung ärztlich-medizinischer Probleme. In letzter Zeit verwendet K. verstärkt aktuelle Geschehnisse der Zeitgeschichte.

W.: Romane: Liebesspiel mit Jubilar, 1948; Der Träumer, 49; Der Mann, der sein Leben vergaß, 51; Die Straße ohne Ende (Tänzerinnen für Algier), 52; Viele Mütter heißen Anita, 52; Wir sind nur Menschen, 52; Morgen ist auch noch ein Tag, 53; Die Sterne sollen weiterleuchten, 54; Schwarzfahrt aus Liebe, 54; Ich suche Dr. Klaring, 54; Die verliebten Abenteuer des Mr. Flip, 54; Warum hast du das getan, Manon?, 56; Die Straße ohne Ende, 56; Der Arzt von Stalingrad, 56 (verfilmt 58); Ein Mensch wie Du, 57; Das Lied der schwarzen Berge, 58; Sie fielen vom Himmel, 58; Strafbataillon 999, 59 (verfilmt 59); Die Rollbahn, 59; Schicksal aus zweiter Hand, 59; Der rostende Ruhm, 60; Ich beantrage Todesstrafe, 60; Diagnose Krebs (Die Begnadigung), 61; Der letzte Gefangene, 61; Das geschenkte Gesicht, 62; Dr. med. Erika Werner, 62 (als Fernsehfilm: Docteur Erika Werner, 78); Russische Sinfonie (Der Himmel über Kasachstan. Natascha), 62; Auf nassen Straßen, 62; Fronttheater, 62; Zerstörter Traum vom Ruhm, 63; Entmündigt, 63 (verfilmt: ... und die Nacht kennt kein Erbarmen, 76); Das Herz der sechsten Armee, 64; Natascha, 64; Rausch (Privatklinik), 65; Liebesnächte in der Taiga, 66 (verfilmt 67); Liebe auf heißem Sand, 67; Die Tochter des Teufels, 67; Zum Nachtisch wilde Früchte, 67; Manöver im Herbst, 67; Das Schloß der blauen Vögel, 68 (verfilmt 72); Stalingrad, 68; Bluthochzeit in Prag, 69; Die schweigenden Kanäle, 69; Liebe am Don, 70; Der letzte Karpatenwolf, 70; Agenten lieben gefährlich, 70; Soldaten. Kameraden (Die Rollbahn. Der letzte Gefangene. Sie fielen vom Himmel. Heiß wie die Steppenwind), 71; Die weiße Front (Dr. med. E. Werner. Der rostende Ruhm. Entmündigt), 71; Der Wüstendoktor, 71; Die Drohung, 71; Auf nassen Straßen, 72; Der Leibarzt der Zarin, 72; Ein Mann wie ein Erdbeben, 72; Ein Himmel voller Sterne (Schicksal aus zweiter Hand. Das Lied der schwarzen Berge. Die Straße ohne Ende), 72; Wer stirbt schon gerne unter Palmen I, 72 (verfilmt 74); Mein Pferd und ich (Des Sieges bittere Tränen), 73; Zwei Stunden Mittagspause, 73; Wer stirbt schon gerne unter Palmen II, 73; Ein Sommer mit Danica, 73; Ninotschka, die Herrin der Taiga, 73; Die Sterne sollen weiterleuchten (Agenten kennen kein Pardon), 73; Eine Urwaldgöttin darf nicht weinen, 73; Ein toter Taucher nimmt kein Gold, 73 (verfilmt 74); Aus dem Nichts ein neues Leben, 73; Die Verdammten der Taiga, 74; Transsibirien-Expreß, 74; Wen die schwarze Göttin ruft, 74; Ein Komet fällt vom Himmel, 74; Engel der Vergessenen, 74; Liebe ist stärker als der Tod, 75; Kosakenliebe, 75; Straße in die Hölle, 75; Sonja und das Millionenbild, 75; Im Tal der bittersüßen Träume, 75; Aber das Herz schreit nach Rache, o. J.; Agenten kennen kein Pardon, o. J.; Diagnose, 75; Die Nacht des schwarzen Zaubers, 75; Liebe in St. Petersburg, 76; Alarm! Das Weiberschiff, 76; Bittersüßes 7. Jahr, 76; Zwillinge mit kleinen Fehlern, 76; Haie an Bord, 76; Des Sieges bittere Tränen, 76; Ich bin verliebt in deine Stimme, o. J.; Das Teufelsweib, 77; Natalia, ein Mädchen aus der Taiga, 77; Leila, die Schöne vom Nil, 77; Eine glückliche Ehe, 77; Sonjas gefährliches Foto, 77; Die Höllen der Erde (Straße in der Hölle. Ein toter Taucher nimmt kein Gold. Ein Komet fällt vom Himmel), 77; Das Doppelspiel, 77; Die Außenseiter (Viele Mütter heißen Anita. Privatklinik), 77; Ich gestehe, 77; Die schöne Ärztin, 77; Das Haus der verlorenen Herzen, 78; Das Geheimnis der sieben Palmen, 78; Geliebte Korsarin, 78; Morgen ist ein neuer Tag, 78; Die tödliche Heirat, 78; Karin und Monika stiften Verwirrung, 78; Die Erbin, 79; Sie waren zehn, 79; Der Fluch der grünen Steine, 79; Niemand lebt von seinen Träumen (Schwarzfahrt aus Liebe bzw. Molly fährt nach Amerika), 79; Dame mit eigenem Wagen, 79; Liebe läßt alle Blumen blühen, 79; Das unanständige Foto, 80; Der Träumer (mit Gesang der Rosen. Sieg des Herzens), 80; Auch das Paradies wirft Schatten (mit Die Masken der Liebe), 80; Eine angesehene Familie, 80; Die dunkle Seite des Ruhms, 80; Es blieb nur ein rotes Segel, 80; Der Heiratsspezialist, 80; Wie ein Hauch von Zauberblüten, 81; Frauenbataillon, 81; Der pfeifende Mörder (mit Der gläserne Sarg), 81; Taiga-Sinfonie, 81; Der Gentleman, 81; Vor dieser Hochzeit wird gewarnt, 2 Bde, 81–85; Heimaturlaub, 82; Mit Familienanschluß, 82; Die Fahrt nach Feuerland, 82; Glück muß man haben, 82; Der Dschunkendoktor, 82; Die Liebenden von Sotschi, 82; Heiß wie der Steppenwind, o. J.; Der Himmel über Kasakstan, o. J.; Unternehmen Delphin, 83; Ein Kreuz in Sibirien, 83; Spiel der Herzen, 83; Das Geld der alten Heimat, 83; Die Liebesverschwörung, 84; Sommerliebe, 84; Die strahlenden Hände, 84; Das Mädchen und der Zauberer, 84; Die grünen Augen von Finchley, 84;, Promenadendeck,

85; Und dennoch war das Leben schön 2, 85; Das Mädchen aus Torusk, 85; Der Geheimtip, 86; Der Klabautermann, 86; Sibirisches Roulette, 86; Staubige Sandalen, 86; Die schöne Rivalin, 86; Heiße Tage ohne Sonne, 86; Babkin, unser Väterchen, 86; Eine Sünde zuviel, 86; Im Zeichen des großen Bären, 86; Das goldene Meer, 87; Der Gefangene der Wüste, 87; Nacht der Versuchung, 87; Russische Geschichten, 87; Gold in den roten Bergen, 87; Aus dem Nichts ein neues Leben, 88; Duell im Eis, 88; Das Bernsteinzimmer, 88; Die Bucht der schwarzen Perlen, 89; Schiff der Hoffnung, 90. – *Dramen, Drehbücher:* Duell um einen Mann, 43; Das Florentiner Ei, 46; Der Alchemist, 48; Der Geheimnisträger, 75. – *Sammel- und Werkausgaben:* Der verhängnisvolle Urlaub/Frauen verstehen mehr von Liebe, 82; Der Wüstendoktor. Die Drohung. Des Sieges bittere Tränen, 82; Wilder Wein/Sommerliebe, 84; Das gestohlene Glück/Geliebter betrogener Mann, 85; Die Bank im Park/Das einsame Herz, 85; Begegnung in Tiflis/Ein Mädchen aus Torusk, 85; Nacht der Versuchung/Eine Sünde zuviel, 85; Schiff der Hoffnung/Schwarzer Nerz auf zarter Haut, 85; Nächte am Nil/Liebe auf dem Pulverfaß, 86; Der Gefangene der Wüste/In den Klauen des Löwen, 86; Schlüsselspiele für drei Paare/Der goldene Kuß, 87; Kinderstation/Männerstation, 87; Liebesnächte in der Taiga/Das unanständige Foto, 87; Saison für Damen/Treibhaus der Träume, 87; Die Tochter des Teufels/Babkin, unser Väterchen, 88; Auch das Paradies wirft seine Schatten/Masken der Liebe/Verliebte Abenteuer, 88; Dr. med. Erika Werner/Der Dschunken-Doktor/Privatklinik, 88; Die Verdammten der Taiga/Natascha/Der Himmel über Kasakstan, 88; Die Fahrt nach Feuerland/Alarm! Das Weiberschiff/Haie an Bord, 88; Das Lied der schwarzen Berge/Die schweigenden Kanäle, 89; Die Verdammten der Taiga/Natalia, ein Mädchen aus der Taiga, 89; Der Fluch der grünen Steine (2 Romane), 89. – *Schallplatten, Kassetten:* Transsibirien-Expreß, 85 (Kass.).

Köpf, Gerhard, *19. 9. 1948 Pfronten.
K., Sohn eines Briefträgers, studierte 1968–74 in München Germanistik. Nach seiner Promotion 1974 lehrte er an verschiedenen Universitäten; seit 1984 als Professor an der Gesamthochschule Duisburg. – 1983 erhielt er den Jean-Paul-Förderpreis, 1984 das Münchner Literaturjahr, 1985 das Stipendium der Villa Massimo und war 1986 Stadtschreiber von Bergen-Enkheim. – K.s germanistische Ausbildung beeinflußt auch sein belletristisches Werk. Probleme des literarischen Schreibens und Lesens, des Erinnerns, der Verbindung von Literatur und Realität beschäftigen den Wissenschaftler wie den Literaten.
In seinem ersten Roman *Innerfern* verbindet er die künstlerische Verarbeitung des Lebensendes der an Schizophrenie erkrankten Gastgeberin des ersten Treffens der «Gruppe 47» mit der eigenen Biographie. Die Suche nach der eigenen Identität spielt in der Auseinandersetzung mit einem anderen Leben eine wichtige Rolle. Für Ausschnitte aus dem Roman *Die Strecke* bekam K. den Klagenfurter Ingeborg-Bachmann-Preis. *Eulensehen* ist eine Mischung aus Gesellschafts- und Literatursatire, voller Einfälle und satirischer Anspielungen.

W.: Romane, Erzählungen, Prosa: Innerfern, 1983; Schwellengang und andere Prosa, 84; Die Strecke, 85; Die Erbengemeinschaft, 87; Eulensehen, 89. – *Dramen, Hör- und Fernsehspiele:* Der Wolkenschieber (Hsp.), 83; Fischwinter (Hsp.), 84; Der Kampf mit dem Drachen (Hsp.), 84; Landfunk (Hsp.), 84. – *Essays, theoretische Schriften:* Humanität und Vernunft. Eine Studie zu Heinrich Manns Roman Henri Quatre, 75; F. Schiller: «Der Verbrecher aus verlorener Ehre», 78; Märendichtung, 78; Hund und Katz und Maus, Schnecke, Butt und Ratte: Günter Grass zum sechzigsten Geburtstag, 87. – *Herausgebertätigkeit:* Rezeptionspragmatik, 81; Liebesgeschichten, 82; Das Insel-Buch der Faulheit (mit J. Schultz), 83; Ein Schriftsteller schreibt ein Buch über einen Schriftsteller, der zwei Bücher über zwei Schriftsteller schreibt... Dichter über Dichter und Dichtung, 84; Ch. W. Hufeland: Der Scheintod oder Sammlung der wichtigsten Thatsachen und Bemerkungen darüber in alphabetischer Ordnung, 87; Das Fischer Taschenbuch der Drachen, 87.

Köppen, Edlef (Pseud. Joachim Felde), *1. 3. 1893 Genthin (Mark Brandenburg), †21. 2. 1939 Gießen.
Nach dem Schulbesuch in Potsdam studierte Köppen bis 1914 Germanistik, Philosophie, Literatur- und Kunstgeschichte in Kiel und München. Teilnahme als Kriegsfreiwilliger am 1. Weltkrieg, danach Beendigung des Studiums. Arbeit in Verlagen und bei der «Funkstunde Berlin», deren Leitung er 1932 übernahm. 1933 Entlassung und Berufsverbot durch die Nationalsozialisten. Unter

Pseudonym arbeitete K. als Erzähler und Kritiker bei einigen Berliner Zeitungen, dann in der Filmindustrie. Das schriftstellerische Werk K.s und sein Leben sind von seiner pazifistischen Grundhaltung geprägt. – Nach ersten antimilitaristischen Gedichten in der Zeitschrift «Die Aktion» wird der Roman *Heeresbericht*, 1930 publiziert, sein wichtigstes Buch, dem aber durch die Zeitumstände der Erfolg versagt bleibt; 1935 wird es verboten, und K. erhält vollständiges Publikationsverbot. Dieser Roman «gegen den befohlenen Mord» wurde 1976 mit großem Erfolg neu aufgelegt und gelesen. Nachdem die Filmindustrie dem Propagandaministerium unterstellt worden war, folgten weitere Auseinandersetzungen mit den Machthabern, über deren Regime ein Buch geplant war. – K. starb an den Spätfolgen einer Kriegsverletzung.

W.: Prosa: Die Historie von ein trokken Schifffahrt, 1924; Der Bericht, 25; Willkommen und Abschied, 25; Heeresbericht, 30; Andreas der Stumme, 33; Vier Mauern und ein Dach, 34; Reise ins Nichts (im Nachlaß, unvollendet). – *Übersetzung:* Die Fragmente des Heraklit von Ephesos, 24.

Körber, Lili (Pseud. Agnes Muth), *25. 2. 1897 Moskau, †11. 10. 1982 New York.

K., Tochter eines österreichischen Kaufmanns und einer Polin, wuchs in Moskau auf. Nach Beginn des 1. Weltkriegs mußte die Familie aus Rußland emigrieren. Sie ging über Berlin in die Schweiz. K. legte das Abitur in Zürich ab und studierte Germanistik in Wien und Frankfurt a. M., wo sie 1923 mit einer Arbeit über Franz Werfel promovierte. Erste journalistische Versuche von ihr erschienen in der «Arbeiter-Zeitung». Sie war Mitglied des 1930 gegründeten «Bundes proletarisch-revolutionärer Schriftsteller Österreichs». – Anfang der 30er Jahre reiste sie mit Anna Seghers, Johannes R. Becher und Karl Schröder auf Einladung des Moskauer Staatsverlags in die Sowjetunion, wo sie eine Zeitlang als Fabrikarbeiterin lebte. Ergebnis dieser Zeit war der Reportageroman *Eine Frau erlebt den roten Alltag,* der sie rasch bekannt machte. *Eine Jüdin erlebt das neue*

Deutschland (Neuauflage unter dem Titel *Die Ehe der Ruth Gompertz*) erschien 1934 in Wien, wurde auf deutschen Druck hin verboten und die Autorin wegen «Gotteslästerung» angeklagt. Der ‹dokumentarische› Roman, eine beklemmende Studie über schleichenden Opportunismus, handelt von der Ehe einer jüdischen Schauspielerin mit einem ‹arischen› Mann unmittelbar vor und nach der Machtübergabe an die Nationalsozialisten. Literarische Ergebnisse einer Reise nach Japan und China waren *Begegnungen im Fernen Osten* und eine Parodie über den japanischen Faschismus, *Sato-San, ein japanischer Held,* gegen deren Veröffentlichung der japanische Gesandte in Wien protestierte. Nach dem ‹Anschluß› mußte sie Österreich verlassen; sie emigrierte mit ihrem späteren Ehemann nach Frankreich und lebte zuerst in Paris, dann in Lyon. Sie gab Deutschunterricht, schrieb für die Emigrantenzeitung «Pariser Tageblatt» und für Schweizer Zeitungen. In Zürich erschien in der sozialdemokratischen Tageszeitung «Volksrecht» unter Pseudonym ihr Tagebuchroman *Eine Österreicherin erlebt den Anschluß* in Fortsetzungen. 1941 emigrierte sie weiter in die USA, wo sie als Krankenschwester arbeitete. Nur der Roman *Ein Amerikaner entdeckt Rußland* konnte 1942 noch in der «Deutschen Volkszeitung» in New York erscheinen.

W.: Romane, Erzählungen, Prosa: Eine Frau erlebt den roten Alltag, 1932; Eine Jüdin erlebt das neue Deutschland, 34 (Neuaufl. u.d.T.: Die Ehe der Ruth Gompertz, 84); Zwischen Mann und Kind, 35 (nur in 52 Forts. im «Prager Tageblatt» ersch.); Begegnung im Fernen Osten, 36; Sato-San, ein japanischer Held, 36; Eine Österreicherin erlebt den Anschluß, 38 (in Zürich als Forts.roman in «Volksrecht» ersch.; als Buch, 88); Ein Amerikaner in Rußland, 42 (Forts. in «Deutsche Volkszeitung», New York). – *Essays, theoretische Schriften:* Die Lyrik Franz Werfels, 25 (Diss.).

Korda, Hans → Ulrici, Rolf

Kordon, Klaus, *21. 9. 1943 Berlin.
Als Vollwaise in Kinder- und Jugendheimen aufgewachsen, arbeitete K. in unterschiedlichen Berufen, holte das Abitur

nach und studierte Volkswirtschaft; als Exportkaufmann Reisen nach Afrika und Asien. Nach mißlungenem Fluchtversuch aus der DDR war er in Haft, bis er nach einem Jahr 1973 ‹freigekauft› wurde. Seither lebt K. in der BRD, seit 1980 als freier Schriftsteller. Für seine Kinder- und Jugendbücher erhielt er zahlreiche Preise, u. a. 1982 den Friedrich-Gerstäcker-Preis, 1985 den Züricher Jugendbuchpreis «La vache qui lit», 1988 den 1. Preis der Ausländerbeauftragten des Senats von Berlin, 1989 den Jugendliteraturpreis Bad Harzburg und 1990 den Niederländischen Jugendbuchpreis «Der Silberne Griffel». – In realistischer Erzählweise, die auf alles vorgeblich ‹Kindgerechte› wie auf eine vordergründige ‹Moral› verzichtet, berichtet K. in seinen Romanen über Probleme der Dritten Welt, über zeitgeschichtliche (Revolution 1918) und aktuelle Fragen (Umwelt, Drogen) sowie über die Schwierigkeiten von Außenseitern in unserer Gesellschaft (Gastarbeiter). Eigene Erlebnisse gehen dabei ebenso in die Darstellung ein wie die genaue Kenntnis der von K. bereisten Länder Asiens.

W.: Romane, Erzählungen, Prosa, Kinderbücher: Tadaki, 1977 (u.d.T.: Der Weg nach Bandung, 89); Henner oder 10 Tage wie ein Jahr, 78; Möllmannstraße 48, 78; Brüder wie Freunde, 78; Schwarzer Riese, 5. Stock, 79; Die Einbahnstraße, 79; Monsun oder Der weiße Tiger, 80; Eine Stadt voller Bäume, 80; Willst du fliegen?, 81; Maxe allein in der Stadt, 82; Einer wie Frank, 82; Querverbindungen oder Man gibt Laut, 82; Ein Trümmersommer, 82; Die Wartehalle, 83; Zugvögel oder Irgendwo im Norden, 83; Die Reise zur Wunderinsel, 83; Till auf der Zille, 83; Immer feste druff! Ein Postkartenbuch, 83; Die roten Matrosen oder Ein vergessener Winter, 84; Schnee auf dem Kanapee. Nonsens, Satire und höhere Gefühle, 84; Die 1002. Nacht und der Tag danach, 85; Hände hoch, Tschibaba!, 85; Das Fünfmarkstück, 85; Eine Oma für Till, 85; Knuddel und Eddi, 85; Mottha und Bawani, 86; Frank guckt in die Luft [Sammelband: Brüder wie Freunde; Tage wie Jahre; Einer wie Frank], 86; Kellerleichen, 87; Die Wartehalle, 87; Der kleine graue Spatz und seine Freunde, 87; Wie Spukke im Sand, 87; Der liebe Herr Gott oder der Postskandal von Tippelrode, 87; Der Ritter im Sack, 88; Der Käpt'n aus dem 13. Stock, 88; Komm, alter Tom!, 88; Ich bin ein Geschichtenerzähler, 88; Der Menschenfresser. Ge-

schichten vom Mut, 88; Annapurna. Meine Mutter ist eine Göttin, 89; Ich möchte eine Möwe sein, 89; Ein richtiger Indianer, 89; Die Flaschenpost [mit D. Kersten], 89; Maltes Großvater wohnt am Meer, 89; Robinson, Mittwoch und Julchen, 91. – *Lyrik:* Querverbindungen oder man gibt Laut. 55 Gedichte, 82. – *Essays, theoretische Schriften:* So stelle ich mir die Schule vor (mit anderen), 82. – *Sammel- und Werkausgaben:* Tadaki. Mottha und Bawani, 82. – *Herausgebertätigkeit:* Kichererbsen, 82; Diktatur, 83; Wir haben halt einfach zugepackt, 83; Liebe Liebe!, 84.

Körner, Wolfgang, *26. 10. 1937 Breslau. Kindheit und Gymnasium in der DDR, seit 1952 in der Bundesrepublik. Verschiedene Tätigkeiten in der öffentlichen Verwaltung, u. a. in der Erwachsenenbildung, in der Sozialverwaltung und als Geschäftsführer der Volkshochschule Dortmund. Jetzt freier Schriftsteller. Neben Kurzprosa setzte K. mit dem Roman *Versetzung* insofern ein Zeichen für die Dortmunder Gruppe 61, als er sich als erstes Gruppenmitglied mit der Arbeitswelt der Angestellten befaßte. K. wechselte dann sein literarisches Sujet. Neben Funk- und Fernsehbeiträgen verlegte er sich auf die Kinder- und Jugendbuchliteratur, wobei er die eigene Jugend zwischen den beiden deutschen Staaten verarbeitete (*Der Weg nach Drüben*, *Und jetzt die Freiheit?*). Um ökologische Probleme geht es in dem Roman *Die Zeit mit Michael*.

W.: Prosa, Romane, Erzählungen: Versetzung, 1966; Nowack, 69; Die Zeit mit Harry, 70; Ein Ham-Ham und das i. Kinderbuch, 73; Der ausgedachte Vater, 74; Wo ich lebe (in: Nordrhein-Westfalen literarisch 4, hg. von H. E. Käufer), 75; Eine Spur von Horst Wessel, 75; Der Weg nach drüben. Roman einer Jugend I, 76; Ich gehe nach München, 77; Und jetzt die Freiheit? Roman einer Jugend II, 77; Die Zeit mit Michael, 78; Im Westen zu Hause, 78; Meine Frau ist gegangen. Verlassene Männer erzählen, 79; Noch mal von vorn anfangen, 81; Büro, Büro, 82; Kandinsky oder ein langer Sommer, 84; Der einzig wahre Opernführer, 85; Der einzig wahre Schauspielführer, 86; Scharfe Suppen für hungrige Männer, 86; Der einzig wahre Anlageberater, 87; Meine Frau hat mich verlassen, 87; Willkommen in der Wirklichkeit, 87; Der einzig wahre Karriere-Ratgeber. Über Leichen zum Erfolg, 88; Der einzig wahre Patienten-Berater, 88; Der einzig wahre Ehe-Berater, 89; Das goldene Elternbuch (mit M. Limmroth), 89; Büro, Büro, 89; Ein langer warmer Sommer, 89. – *Essays:* Ein freier Schriftsteller, 73; Drogen-Reader, 80; Nach Skandinavien reisen von Jütland zum Nordkap, 82; Der neue Drogenreader, 89.

Kornfeld, Paul, *11.12.1889 Prag, †1942 KZ Łódź.

K. verbrachte seine Schulzeit und Jugend in Prag, gehörte zum Prager Dichterkreis mit F. Werfel, F. Kafka, M. Brod, O. Baum und Willy Haas. 1916 übersiedelte er nach Frankfurt/M., 1925 ging er nach Berlin, wo er – mit einem Jahr Unterbrechung als Dramaturg in Darmstadt – bis 1933 blieb. Um als Jude der Verfolgung Hitlers zu entgehen, zog er sich nach Prag zurück, wurde aber 1941 aus seinem Versteck in das Vernichtungslager Łódź deportiert.

K. begann als expressionistischer Dramatiker mit lyrisch-ekstatischen Dramen. Das erste, *Die Verführung*, geschrieben 1913, uraufgeführt 1916 in Frankfurt, verhalf dem Expressionismus zum Durchbruch. In eruptivem pathetischem Sprachstil stellt K. den Menschen der Seele dar, der aus Schmerz und Haß einen Durchschnittsbürger, einen Diesseitigen, ermordet. Demgegenüber ist das zweite spezifisch expressionistische Seelendrama *Himmel und Hölle*, geschrieben 1918, uraufgeführt 1920 in Berlin, ein Erlösungsschauspiel. In K.s Programmschrift *Der beseelte und der psychologische Mensch* sind wichtige Proklamationen des Expressionismus für Menschen- und Kunstauffassung enthalten.

Durch die politischen Enttäuschungen nach dem 1. Weltkrieg sah sich K. zu schlichteren Komödien veranlaßt. In *Kilian oder Die gelbe Rose* hat er seine eigene spiritistische Prager Vergangenheit (Séancen mit Werfel, Kafka, Brod) ironisiert. Zwischen 1928 und 1931 schrieb er für die Zeitschrift «Das Tagebuch» 37 ironisch-witzige und sarkastische Aufsätze als Literatur- und Zeitkritik. 1931 trat sein Name zum letztenmal öffentlich als Dramatiker in Erscheinung, als unter der Regie von L. Jessner das Schauspiel *Jud Süß* in Berlin uraufgeführt wurde: ein Versuch, die historische und gesellschaftlich-psychologische Situation des Joseph Süß Oppenheimer im 18. Jh. mit versteckt aktuellen Bezügen zu analysieren. Im Prager Exil vergrub K. sich in die Arbeit an seinem umfangreichen Roman *Blanche*, der mit redaktionellen Kürzungen postum erschien. Er umschreibt das pessimistische Bild einer am Leben scheiternden Träumerin als Symbol von K.s eigenem Leben.

W.: Roman, Erzählungen: Die Begegnung, 1917; Legende, 19; Blanche oder Das Atelier im Garten, 57. – *Dramen:* Die Verführung. Eine Tragödie, 16; Himmel und Hölle, 19; Der ewige Traum, 22; Palme oder Der Gekränkte, 24; Sakuntala des Kalidasa, 25; Kilian oder Die gelbe Rose, 26; Jud Süß. Tragödie in 3 Akten und einem Epilog, 30. – *Essay:* Der beseelte und der psychologische Mensch, in: Das junge Deutschland, 18. – *Sammelausgabe:* P. K. Revolution mit Flötenmusik und andere kritische Prosa, 77 (mit Bibliographie); Der ewige Traum. Smither kauft Europa, 90.

Korschunow, Irina, *31.12.1925 Stendal.

Nach Arbeit in verschiedenen Berufen studierte K. in Göttingen und München Germanistik, Anglistik und Soziologie. Sie lebt als freie Schriftstellerin und ist Mitglied des PEN-Club. Sie erhielt zahlreiche Auszeichnungen und Preise, u. a. den Tukanpreis München (1977), 1979 den Kinderbuchpreis «La vache qui lit», 1981 den Wilhelm-Hauff-Preis, den holländischen Kinderbuchpreis «Silberner Griffel» 1985, das Bundesverdienstkreuz und die Roswitha-von-Gandersheim-Medaille 1987, den Förderpreis zum Andreas-Gryphius-Preis 1988. – K. begann ihr literarisches Schaffen mit Kinder- und Jugendbüchern, in denen realistisch und zugleich phantasievoll Probleme ihrer Leser aufgegriffen, Möglichkeiten der Lösung aufgezeigt und zugleich die Einübung von ‹Welt› geprobt werden sollen. In ihrem mit internationalen Preisen ausgezeichneten Buch *Er hieß Jan* gelingt es K., auch jungen Lesern die Verhältnisse am Ende des «Dritten Reiches» anschaulich darzustellen. Die siebzehnjährige Regine überdenkt im Versteck vor der Gestapo ihr bisheriges Leben und ihre (verbotene) Liebe zu dem Polen Jan. – Seit Beginn der 80er Jahre schreibt K. vor allem Familienromane, in denen Zeitgeschichte und die Suche nach einem emanzipierten Leben eine wichtige Rolle spielen. In *Glück hat seinen Preis* rekonstruiert die Erzählerin die Lebensgeschichten ihrer Mutter und Großmutter. Mit der Erkenntnis, wie sehr das Leben dieser Frauen von der erzwungenen Unterordnung unter ihre Männer bestimmt war, gewinnt sie die Freiheit, ihr eigenes Leben neu zu gestalten.

W.: Romane, Erzählungen, Kinderbücher, Prosa: Der bunte Hund, das schwarze Schaf und der Angsthase, 1958 (u.d.T.: Der bunte Hund, 76); Das Rehkitz auf dem Bauernhof, 62; Dummerchen, 64 (bearb. 69); Heiner und die roten Schuhe, 64; Schwuppdiwupp mit der Trompete, 65; Bimbo und Bamba, 65; Es träumen die Giraffen, 66; Alle staunen über Tim, 66 (u.d.T.: Tim und Großvaters Pferd, 79); Die Geschichte von Steffel und den Autos, 67; Der Stern, der Berg und die große Stadt, 67; Die Wawuschels mit den grünen Haaren, 67; Niki und die Mumpshexe, 68; Bubulla und der kleine Mann, 69; Niki lernt schwimmen. Niki will etwas erleben, 69; Neues von den Wawuschels mit den grünen Haaren, 69; Ich heiße starker Bär, 70 (u.d.T.: Deshalb heiße ich starker Bär, 80); Peter geht auf Reisen, 70; Uli kann bellen, 70; Die Wawuschelkinder und die Maus, 71; Duda mit den Funkelaugen, 71 (u.d.T.: Drei Tage mit Duda, 81); Der Zauberstock des Herrn M.M., 71; Niki kommt zur Schule. Niki und die Äpfel, 71; Der kleine Clown Pippo, 71; Niki. Die Schulausflug, die Detektive, die Geburtstagsfeier, 72; Wischel und Wuschel, 72; Die Wawuschels feiern ein Fest, 72; Grüna und der große Baum, 73; Kalle Kuckuck, 2 Bde, 73; Mäusemax fliegt in die Welt, 73; Niki aus dem 10. Stock, 73; Iwan Diwan, 74; Blumen gibt es überall, 74; Ein Auto ist kein Besenstiel, 74 (u.d.T.: Hilf, Hixe, hilf!, 80); Töktök und der blaue Riese, 75 (u.d.T.: Tappo und der blaue Riese, 83); Da stieg Micha auf sein rotes Fahrrad, 76; Wenn ein Unugunu kommt, 76; Leselöwen Stadtgeschichten, 76; Eigentlich war es ein schöner Tag, 77; Florian lebt in München, 78; Jussuf will ein Tiger sein, 78; Hanno malt sich einen Drachen, 78; Die Sache mit Christoph, 78; Steffis roter Luftballon; Leselöwen Schulgeschichten, 78; Er hieß Jan, 79; Zurück ins Schildkrötenland, 80; Steffi und Mukkel Schlappohr, 80; Ich weiß doch, daß ihr da seid!, 80; Leselöwen Feriengeschichten, 81; Ein Anruf von Sebastian, 81; Leselöwen Autogeschichten, 82; Maxi will ein Pferd besuchen, 82; Der Findefuchs, 82; Für Steffi fängt die Schule an, 82; Uli und sein Hund, 82; Fränzchen Dudel sucht einen Schatz (mit S. Nightingale), 83; Jaga und der kleine Mann mit der Flöte, 83; Glück hat seinen Preis, 83; Gunnar spinnt und andere Geschichten für Leseanfänger, 83; Mein Opa und ich, 84; Kleiner Pelz, 84; Der Eulenruf, 85; Kleiner Pelz will größer werden, 86; Malenka, 87; Fallschirmseide, 90. – *Dramen, Hör- und Fernsehspiele:* viele heißen stahlmann, 59; dazwischen mal ein schicksal, 61; Die Wawuschels mit den grünen Haaren (bearb. v. B.A. Mertz), UA 75 (Bühnenms.); Der Führerschein (Fsp.), 78; Der Urlaub (Fsp.), 80; Wie es geschah (Fsp.), 83; Der Hochzeitstag (Fsp.), 85; Michas Flucht (Fsp.), 88. – *Übersetzungen:* Mogensen, J.: Hast du gut geschlafen, Teddy?, 82; Ders.: Fröhliche Weihnachten, Teddy, 83; Ders.: Wo bist du denn gewesen, Teddy?, 85; Ders.: Keine Angst vor Mäusen, Teddy!, 85. – *Sammel- und Werkausgaben:* Die Wawuschels, 82. – *Herausgebertätigkeit:* Mut gehört dazu, 82. – *Schallplatten, Kassetten:* Die Wawuschels mit den grünen Haaren; Ein Auto ist kein Besenstiel, Töktök und der blaue Riese; Neues von den Wawuschels mit den grünen Haaren; Der kleine Clown Pippo; Hanno malt sich einen Drachen, (alle o. J.); Er hieß Jan, ca. 80 (3 Kass.).

Kotta, Leo F. → Flake, Otto

Kovacs, Frederic W. L. → Weiskopf, Franz Carl

Kracauer, Siegfried, *8.2.1889 Frankfurt/M., †26.11.1966 New York.
Studium der Architektur, Philosophie und Sozialwissenschaften. 1915 Dr.-Ing., Architekt. 1920–33 Redakteur der «Frankfurter Zeitung», bekannt wegen seiner soziologisch orientierten Filmkritiken.
Mit einer die Entfremdung und Verdinglichung des Angestelltendaseins entlarvenden Untersuchung *Die Angestellten. Aus dem neuesten Deutschland* setzte er einen «Markstein auf dem Wege der Politisierung der Intelligenz» (Benjamin, 1930). 1933 mußte K. wegen seiner politisch linken Einstellung und seiner jüdischen Abstammung fliehen. Er ging nach Paris und 1941 nach New York, wo er, hauptsächlich in der Filmsoziologie tätig, wissenschaftlicher Mitarbeiter am Museum of Modern Art und Dozent an der Columbia Univ. wurde. U.a. analysierte K. die Filmpropaganda der Nazis und die Geschichte des deutschen Films in *Von Caligari bis Hitler*. – Eine Biblio-

graphie erschien in *Text und Kritik*, H. 68, 1980.

W.: Romane: Ginster, 1928; Georg, 77. – *Essays, theoretische Schriften:* Soziologie als Wissenschaft, 25; Die Angestellten, 30; Orpheus in Paris. Jacques Offenbach und das Paris seiner Zeit, 37; Propaganda and the Nazi War Film, 42; The Conquest of Europe on the Screen. The Nazi Newsreel, 43; Von Caligari bis Hitler. Eine psychologische Untersuchung des deutschen Films, 58 (engl. 47); Das Ornament der Masse. Essays, 63; Straßen in Berlin und anderswo, 64; Theorie des Films. Die Errettung der äußeren Wirklichkeit, 64; Geschichte. Von den letzten Dingen (engl. 69), 73; Kino. Essays, Rezensionen, Glossen, 73; Die Angestellten. Aus dem neuesten Deutschland, 74; Über die Freundschaft, Essays, 74; Der Detektivroman. Ein philosophischer Traktat, 79. – *Werkausgabe:* Schriften, 8 Bde, 71 ff; W. Benjamin: Briefe an Siegfried Kracauer. Mit 4 Briefen von S. K. an W. B., 87.

Kraft, Werner, *4.5.1896 Braunschweig. Studium der Germanistik, Romanistik und Philosophie in Berlin, Freiburg und Hamburg. Promotion zum Dr. phil. 1925; Arbeit an der Deutschen Bücherei in Leipzig, ab 1927 an der Provinzialbibliothek in Hannover. K. emigrierte 1933 nach Schweden, dann nach Frankreich und schließlich 1940 nach Palästina. Lyriker, Romancier, Essayist, lebt in Jerusalem. – Seine Lyrikbände *Worte aus der Leere* bis *Gedichte III*, in Jerusalem erschienen, weisen gestalterische Anlehnungen an K. Kraus auf. *Das sterbende Gedicht*, 1976 in der BRD erschienen, zeigt einfache Werke, ohne überzogene Bildlichkeit und komplizierte Sprache; die Form tritt hinter den zu vermittelnden Inhalt zurück. Der Roman *Der Wirrwarr* schildert den vergeblichen Kampf einer Generation gegen den 2. Weltkrieg und das persönliche Scheitern der Einzelpersonen, dargestellt an Hand von Tagebuchaufzeichnungen und Aphorismen. – Ein Schwerpunkt in der literaturtheoretischen Arbeit K.s ist die Auseinandersetzung mit dem Werk von K. Kraus, neben früheren Veröffentlichungen besonders in dem Band *Das Ja des Neinsagers*. – 1966 Literaturpreis der Bayerischen Akademie der Schönen Künste, 1971 Johann-Heinrich-Merck-Preis, 1982 Goethe-Medaille.

W.: Prosa, Autobiographie: Der Wirrwarr, 1960; Zeit aus den Fugen, 68; Spiegelung der Jugend, 73; Eine Handvoll Wahrheit, 77. – *Lyrik:* Worte aus der Leere, o. J. [37]; Gedichte II, 38; Gedichte III, 46; Figur der Hoffnung, 55; Bewältigte Gegenwart, 73; Das sterbende Gedicht, 76. – *Essays, theoret. Schriften:* Motivgeschichtliche Untersuchungen über die Päpstin Johanna [= Jutta] in der deutschen Literatur (Diss.), 25; Karl Kraus, 56; Wort und Gedanke, 59; Rudolf Borchardt, 61; Augenblicke der Dichtung, 64; Gespräche mit Martin Buber, 66; Franz Kafka, 68; Rebellen des Geistes, 68; Carl Gustav Jochmann und sein Kreis, 72; Das Ja des Neinsagers, 74; Der Chandos-Brief, 78; Ich bin an meinem Punkt gebannt, 78; Stefan George, 80; Heine, der Dichter, 83; Österreichische Lyriker, 85; 36 Zeitgenossen, 85; Goethe, 86; Noch einmal Kafka, 86. – *Sammel- und Werkausgaben:* Gesammelte Werke in Einzelausgaben, Bd 1 ff., 83 ff.; Späte Gedichte, 84; Erlesenes, 85; Kleinigkeiten, 85; Herz und Geist. Gesammelte Aufsätze zur deutschen Literatur, 89. – *Herausgebertätigkeit:* Heine, 36; Else Lasker-Schüler, 51; Karl Kraus, 52; Wiederfinden. Deutsche Poesie und Prosa, 54, erw. 62; Ludwig Strauss. Fahrt und Erfahrung, 59; Else Lasker-Schüler. Verse und Prosa aus dem Nachlaß, 61; J. G. Seume: Prosaschriften, 62; Ludwig Strauss. Dichtungen und Schriften, 63; Carl Gustav Jochmann. Die Rückschritte der Poesie und andere Schriften, 67. – *Schallplatten, Kassetten:* Mein Wort. W. K. liest aus eigenen Gedichten, 83.

Kralik, Richard, Ritter von Meyrswalden (Pseud. Roman), *1.10.1852 Eleonorenheim (Böhmen), †4.2.1934 Wien. Erzähler, Lyriker, Dramatiker, Historiker, Philosoph, Kultur- und Literaturhistoriker, Essayist. Vater Glashüttenunternehmer. Jugendjahre in Linz, Jurastudium in Wien, Philologie in Bonn, Geschichte in Berlin. Wirtschaftlich völlig unabhängig. Häufige Reisen nach Südeuropa. Während Studienaufenthaltes in Rom Konversion zum römisch-katholischen Glauben. Danach in Wien. Ursprünglich Sozialist und Richard-Wagner-Verehrer. – K. war ein Vertreter der österreichisch-konservativen katholischen Belletristik mit breitem Schaffenskreis, in dem neuromantische Ideen, germanische Elemente und Streiten gegen den bibelkritisch eingestellten Modernismus dominieren. Schloß sich mit seinen Anhängern in einem «Gralbund» zusammen und gründete den «Gral, Monatsschrift für schöne Literatur» (als Gegenstück zu der Zeitschrift «Hochland», dem führenden Organ des deutschen Katholizismus). War dank seiner vielfältigen Verbindungen literarischer und gesellschaftlicher Art eine der Hauptfiguren innerhalb der starken katholischen Literatur in den 20er Jahren. Mitbegründer des «Verbandes katholischer Schriftsteller». Als katholisch-religiöser Dichter schrieb er Weihelieder und Festgedichte, Sprüche und Gesänge, als Philosoph unternahm er in dem dreibändigen Werk *Weltweisheit* eine Definition der Metaphysik, Ethik und Ästhetik als Antwort auf die übermächtig erscheinenden Einflüsse der modernen Welt. Als Herausgeber und Bearbeiter mittelalterlicher Spiele, Sagen, Epen und Legenden und Befürworter einer Belebung des Festspielgedankens war sein Anliegen die Aufwertung und Erneuerung des Volkhaften, insbesondere der germanisch-christlichen Tradition des österreichisch-süddeutschen Raumes.

W.: Romane, Legenden, Märchen: Adam. Ein Mysterium, 1884; Das Ostaralied, 86; Das deutsche Götter- und Heldenbuch, 6 Bde, 1900–03; Die wunderbaren Abenteuer des Ritters Hugo von Burdigal …, 01; Goldene Legende der Heiligen, 02; Die Gralsage, 07; Heimaterzählungen, 09–10; Heinrich von Ofterdingens poetische Sendung, 23; Münchhausen. Biographischer Roman, 30. – *Dramen, Lustspiele, Festspiele:* Die Türken vor Wien, 1883; Adam, 83; Deutsche Puppenspiele, 84; Maximilian, 85; Kraka, 93; Das Mysterium von der Geburt des Heilands, 94; Das Mysterium vom Leben und Leiden des Heilands, 94; Das Volksschauspiel vom Doctor Faust, erneuert (Bearb.), 95; Calderón de la Barca: Der Ruhm Österreichs (Bearb.), 98; Die Erwartung des Weltgerichts, 98; Kaiser Marcus Aurelius in Wien, 98; Ein Hans-Sachs-Abend (mit F. Lemmermayer), 98; Rolands Knappen, 98; Rolands Tod, 98; Veronika, 99; Die Schatzung in Bethlehem. Der zwölfjährige Jesus. Der Tod des heiligen Joseph, 1900; Der Dichtertrank, 04; Medelika, 04; Die Ähren der Ruth, 05; Das Veilchenfest zu Wien, 05; Das Donaugold des heiligen Severin, 06; Die Geheimnisse der Messe, 06; Der heilige Parnaß, 10; Der heilige Gral, 12; Julianus, der Kaiser im Bade (Bearb.), 22; Das Mahl des Belsazar (Bearb.), 22; Die Andacht zur heiligen Messe (Bearb.), 23; Neue Puppen- und Volksspiele, 25–26; Theophrastus Paracelsus, 25; Die eherne Schlange

(nach Calderón), 26; Der halbe Freund. Ein Spiel nach Hans Sachs, 27; Der Doktor mit der großen Nase (nach H. Sachs), 28. – *Lyrik:* Roman. Gedichte, 1884; Büchlein der Unweisheit, 84; Prinz Eugenius, der edle Ritter, 96; Weihelieder und Festgedichte, 1901; Schwarzgelb und Schwarzweißrot. Kriegsgedichte (mit F. Eichert), 14–16. – *Essays, philosoph. Schriften, Biographien, Bearbeitungen, Vorträge:* Offenbarung. Epistel, 1883; Kunstbüchlein gerechten gründlichen Gebrauchs …, 91; J. Enikel: Fürstenbuch aus Österreich und Steierland (Bearb.), 93; Weltschönheit, Ästhetik, 93; Weltweisheit. Versuch eines Systems der Philosophie in drei Büchern, 94–96; Das Wesen und die weltgeschichtliche Bedeutung des Germanenthums, 95; Roswitha von Gandersheim, 98; Die soziale Bedeutung der christlichen Kunst, 99; Sokrates, 99; Kulturstudien, 1900; Altgriechische Musik, 00; Neue Kulturstudien, 02; Angelus Silesius und die christliche Mystik, 02; Unsere deutschen Klassiker und der Katholizismus, 03; Die Weltgeschichte nach Menschenaltern, 03; Die ästhetischen und historischen Grundlagen der modernen Kunst, 04; Jesu Leben und Werk, 04; Kulturarbeiten, 04; Der heilige Leopold, Markgraf von Österreich, 04; Das neunzehnte Jahrhundert als Vorbereitung und Erneuerung einer religiösen und nationalen Kultur, 05; Philosophie und Leben, 06; Gibt es ein Jenseits?, 07; Kulturfragen, 07; Das katholische Kulturprogramm, 08; Die Revolution. Sieben Historien, 08; Zur nordgermanischen Sagengeschichte, 08; Eine neue Weltperiode, 08; Katholizismus und Nationalität, 09; Die katholische Literaturbewegung der Gegenwart, 09; Homeros, 10; Ein Jahr katholischer Literatur-Bewegung, 10; Wien (mit H. Schlitter), 12; Die Befreiungskriege 1813, 13; Österreichische Geschichte, 13; Der letzte Ritter. Bilder aus der Jugend Kaiser Maximilians I., 13; Johannes Scheffler (Angelus Silesius) als katholischer Apologet und Polemiker, 13; Die Entscheidung im Weltkrieg, 14; Allgemeine Geschichte der neuesten Zeit, 6 Bde, 15–23; Geschichte des Weltkriegs, 15; Vom Weltkrieg zum Weltbund, 16; Das Buch von unserem Kaiser Karl, 17; Dante und der Weltkrieg, 17; Entdeckungsgeschichte des österreichischen Staatsgedankens, 17; Ist Italien ein Staat?, 17; Die österreichische Kaiserkrone und Hauskrone, 17; Das unbekannte Österreich, 17; Ungarn, 17; Österreichs Wiedergeburt, 18; Die neue Staatenordnung in organischem Aufbau, 18; Historische Studien zur älteren und neuesten Zeit, 18; Die Weltliteratur im Lichte der Weltkirche, 18; Die selige Anna Maria Taigi, 19; Grundriß und Kern der Weltgeschichte, 20 (Neuaufl. 22); Das Leben der seligen Anna Maria Taigi, 20; Weltanschauung, 21; Heiliges Österreich, 22; Tage und Werke. Lebenserinnerungen, 22; Genußsucht und Enthaltsamkeit bei den geschichtlichen Völkern, 23; Geschichte des Völkerkrieges, 23; Das Laienapostolat der Männer, 23; Karl Lueger und der christliche Sozialismus, 23; Die Weltliteratur der Gegenwart, 23; Geschichte des Sozialismus der neuesten Zeit, 25; Kaiser Karl von Österreich, 26; Karl Lueger. Gedächtnisrede, 26; Neue Tage und neue Werke, 27 (Forts. von «Tage und Werke»); Mit Gott durchs Leben. Eine Hausbibel, 31; Geschichte der Stadt Wien und ihrer Kultur, 33; A.E.I.O.V. Aller Ehren ist Österreich voll, 34; Richard Strauss. Weltbürger der Musik, 63; Gustav Mahler. Eine Studie, 68. – *Übersetzungen:* J. Jörgensen: Die lieblichste Rose, 1909. – *Werkausgabe:* Ges. Werke, 2 Reihen, 5 Bde, 1909–10. – *Herausgebertätigkeit:* Deutsche Puppenspiele (mit J. Winter), 1885; Hausbrot. Märchen und Sagen (mit Onkel Ludwig), 12 Bde, 07–08; Abraham a Sancta Clara und seine Zeitgenossen, 22.

Kramer, Theodor, *1.1.1897 Niederhollabrunn (Niederösterreich), †3.4.1958 Wien.
Frontsoldat im 1. Weltkrieg; schwer verwundet. Nach dem Krieg kurzes Studium, dann Buchhändler, ab 1931 freier Schriftsteller. 1939 Emigration nach England, dort bis zu seiner Rückkehr nach Österreich (1957) als Bibliothekar tätig. – K. schrieb sozialkritische, natur- und landschaftsbezogene Lyrik mit starkem atmosphärischem Gehalt. Die Gedichte gelten den Randfiguren der Gesellschaft, den kleinen Leuten «ohne Stimme» (*Mit der Ziehharmonika*), den Taglöhnern, Arbeitslosen und Vagabunden. Der realistische Gehalt ist in einen von Klage, Trauer und Verzweiflung getragenen liedhaften Grundton eingehüllt (*Lob der Verzweiflung*). 1958 Preis der Stadt Wien und Ehrengabe der Bayerischen Akademie der Schönen Künste.

W.: Lyrik: Die Gaunerzinke, 1928; Kalendarium, 30; Wir lagen in Wolhynien im Morast, 31; Mit der Ziehharmonika, 36; Verbannt aus Österreich, 43; Wien 1938 – Die grünen Kader, 46; Die untere Schenke, 46; Lob der Verzweiflung, 47, 72; Vom schwarzen Wein (Ausw.), 56; Der Braten resch, der Rotwein herb. Von den nötigen Trünken des Markthelfers, 58. – *Sammel- und Werkausgaben:* Einer bezeugt es (Ausw.), 60; Lied am Rand, 75; Orgel aus Staub. Gesammelte Gedichte, 83; Gesammelte Gedichte, 3 Bde, 84–87.

Kramp, Willy, *18.6.1909 Mülhausen/Elsaß, †19.8.1986 Schwerte-Villigst.
K. wuchs als Sohn eines ostpreußischen Eisenbahnbeamten im Elsaß auf, bis seine Familie nach Ende des 1. Weltkriegs in Stolp (Pommern) eine neue Heimat fand. Er studierte in Bonn, Berlin und Königsberg Philosophie, Psychologie, Germanistik und Anglistik. 1934 promovierte er in Königsberg, wo er 1936–39 Lehrer an einer privaten Mädchenschule und Assistent an der Universität war. 1939–42 Heerespsychologe, wurde K. 1943 Soldat und blieb von 1945–50 in Kriegsgefangenschaft. Nach seiner Rückkehr in die Bundesrepublik war er 1950–57 Leiter des Evangelischen Studienwerks in Villigst und einer der Mitbegründer des Deutschen Evangelischen Kirchentags. Seit 1957 lebte L. als freier Schriftsteller. Er war Mitglied im VS, erhielt 1967 den Droste-Hülshoff-Preis und 1975 einen theologischen Ehrendoktor. – Die Hauptfiguren seiner Geschichten werden in extreme Lebenssituationen gebracht, in denen sie nur durch ihren christlichen Glauben bestehen können. Sein größter Erfolg war der Roman *Die Fischer von Lissau*, der in Ostpreußen spielt und das harte Leben in einem Fischerdorf beschreibt.

W.: Romane, Erzählungen, Prosa: Die ewige Feindschaft, 1932; Die Herbststunde, 37; Die Fischer von Lissau, 39; Wir sind Beschenkte, 39; Bei den Fischern, 40; Die Jünglinge, 43; Die Prophezeiung, 50; Sieben Perlen. Der Sohn, 52; Was ein Mensch wert ist, 52; Der gehorsame Fischer, 53; Die Purpurwolke, 54; Das Lamm, 59; Das Wespennest, 59; Brüder und Knechte, 65; Der letzte Feind, 69; Gorgo oder Die Waffenschule, 70; Herr Adamek und die Kinder der Welt, 77; Zur Bewährung, 78; Das Versteck, 84. – *Dramen:* Konopka, 52. – *Lyrik:* Ich habe gesehen, 85. – *Rundfunk:* Die Macht der Lüge, 69. – *Essays, theoretische Schriften, Betrachtungen, Autobiographisches:* Geist und Gesellschaft. Über die Auflösung der ständischen Gesellschaft im epischen Werk von Karl Gutzkow, 37 (Diss.); Ostpreußen, 53; Von der Gleichzeitigkeit des Lebendigen, 53 (erw. 56); Wenn ich es recht bedenke, 55; Die Spiele der Erde, 56; Die treuen Helfer, 57; Vom aufmerksamen Leben, 58; Das Geheimnis der Autorität, 59; Die Welt des Gesprächs, 62; Die Freude, 62; Die Last der Wahrheit, 67; Über die Freude, 68; Erneuerung und Ursprung, 69; Protest der Schlange, 81; Wintermai und Sommerschnee, 81; Deine unbesiegbare Kraft, 85; Wider die Krebsangst, 86. – *Übersetzungen:* Cary, J.: Ein schwarzer Prinz, 38. – *Sammel- u. Werkausgaben:* Lebens-Zeichen. Meditationen, Bilder, Reden 78 (Neuausg. 86); Alle Kreatur, 84; Ankunft in der Stadt, 88.

Krana, Don → Arnau, Frank

Kraus, Karl, *28. 4. 1874 Jičin (Böhmen), †12. 6. 1936 Wien.

K. kam mit 3 Jahren nach Wien, besuchte dort Volksschule und Gymnasium. 1892 inskribierte er auf Wunsch des Vaters Jura an der Wiener Univ., wechselte dann die Fakultät (Philosophie und Germanistik), gab aber das Studium bald auf. Von 1892 bis 1898 schrieb er für mehrere Wiener und deutsche Zeitschriften. 1899 gründete K. «Die Fackel», die er dann ab 1911 ohne Mitarbeiter schrieb. Ab 1910 trat er als Vorleser zuerst seiner eigenen Werke, später auch fremder Dichtung auf. 1899 trat K. aus der jüdischen Religionsgemeinschaft aus, 1911 konvertierte er zum Katholizismus. Er verließ die Kirche 1923 aus Protest gegen ihre Haltung im Krieg und ihre Unterstützung des kulturellen Geschäftsbetriebs, behielt aber bis zum Tod den Glauben an Gott, der für ihn Inbegriff aller ethischen Werte war. In Wien wegen seiner satirischen Schärfe verhaßt und vielfach angefeindet, wurde K. zweimal (1925 und 1926) ohne Erfolg von der Sorbonne für den Nobelpreis für Literatur vorgeschlagen. In seiner ersten Satire *Die demolirte Literatur*, die das ästhetisierende, sozial indifferente Jung-Wien um H. Bahr verspottete, werden in noch feuilletonistischer Form die Hauptthemen der späteren Satire angedeutet. In der «Fackel» (1899–1936) entwickelt er alle Formen der Satire: Aphorismen, Epigramme, Glossen, Montagen, polemische Essays. Ab 1911 erschien beinahe alles, was er schrieb, zuerst in der «Fackel». Nur ein Teil davon wurde in Buchform veröffentlicht, hauptsächlich Aphorismen und Essays, die vor 1919 geschrieben wurden, nicht aber die Glossen, eine satirische Form, die seiner Sprachauffassung ent-

sprang und die er zur Vollkommenheit steigerte: Indem K. zitierte, ließ er aus der Deformation der Sprache auf den Zustand der Welt schließen. Ein Teil der vor dem Kriege entstandenen Essays wurde in thematisch geordneten Sammelbänden zusammengefaßt: *Sittlichkeit und Kriminalität* wendet sich gegen die herrschende Moral, Sexualjustiz und sensationslüsterne Presse und fordert zum erstenmal in der deutschen Literatur die absolute Freiheit der persönlich-sexuellen Sphäre. In der *Chinesischen Mauer* gipfelt die Kritik der bürgerlichen Kultur und des kapitalistisch-liberalen Fortschritts, der «Portemonnaies aus Menschenhaut» macht, in einer apokalyptischen Vision. In *Untergang der Welt durch schwarze Magie* klagte K. die Presse nicht nur als korrupte Institution an, sondern auch als das gewaltige Instrument der allgemeinen Nivellierung und Manipulierung alles Tuns und Denkens, welche die Menschen geistig wehrlos machen und dem Untergang weihen. In den zwei für seine Sprachauffassung wesentlichen Essays dieser Sammlung, *Heine und die Folgen* und *Nestroy und die Nachwelt*, wird der aus Heines Feuilletonismus sich ergebenden journalistischen Phrase die in der Sprache wurzelnde Einheit von Form und Inhalt bei Nestroy entgegengestellt. Dieses Kriterium der Einheit von Form und Wesen, von Äußerung und Persönlichkeit wird nochmals in *Literatur und Lüge* auf die ästhetisierende Literatur ohne moralisches Engagement angewandt.

Besondere Stellung nehmen die während des Krieges veröffentlichten Aphorismen in der Sammlung *Nachts* ein. Sie bilden mit den Aufsätzen, die K. 1914–18 in der «Fackel» schrieb und nachher in der Sammlung *Weltgericht* veröffentlichte, eine Einheit und zugleich die Vorstufe zu seinem noch im Krieg geschriebenen Hauptwerk *Die letzten Tage der Menschheit*. Schon früher hat K. in seinen Glossen und Aphorismen aus scheinbar geringen Lokalereignissen auf das drohende Unheil geschlossen; in diesem «einem Marstheater zugedachten» Drama wird in einer Montage von Zitaten, Momentbildern und Glossen die Zeit angeklagt, die alles Menschliche vernichtet und der Unmenschlichkeit der «gepanzerten Kommerzwelt» und der «verantwortlichen Redakteure des Weltkriegs» das Feld überläßt. Dieses dramatische Monstrum aus mehr als 200 Szenen sprengt alle literarischen Konventionen. An Stelle des traditionellen Dramas entsteht eine neue Form, welche die Elemente des epischen und dokumentarischen Theaters vorwegnimmt. Das scheinbar naturalistische Drama endigt als Mysterium: Das Versagen der moralisch Verantwortlichen führt zum blutigen Weltuntergang. Eine Menschheit, die nach ihrem geistigen Tod mit Hilfe der Technik zu überleben versucht, begreift nicht, daß sie damit nur der totalen Vernichtung zusteuert. Der Friede bedeutet keine Unterbrechung dieses Prozesses, weil dem «veränderten Leben, wenn's noch eins gibt», der alte Geisteszustand sich zugesellt. Denn die von der Presse verblendete und abgestumpfte Menschheit bewältigt leicht die Vergangenheit, um weitermachen zu können. Weil man den Krieg vergißt – wird er nicht aufhören. Gegen diesen Zustand, der für K. nur ein Hineinschlittern in den totalen Untergang war («denn der Untergang hat Entwicklung»), wenden sich in den Nachkriegsjahren seine großen Polemiken und polemisch-satirischen Theaterstücke, die nicht mehr die Stärke des Ausdrucks seines Hauptwerks erreichen. Die «magische Operette» *Literatur oder Man wird doch da sehn* ist nicht nur gegen F. Werfel gerichtet, sondern gegen jene Expressionisten, die bloß in der Form die Revolte vortäuschen, in Wirklichkeit aber mit Geschäft und Presse Kompromisse geschlossen haben. Die Macht der von Spekulanten der Nachkriegszeit unterstützten korrupten Presse und ihre Verbindung mit der Staatsgewalt, die auf die Arbeiter schießen läßt und die Schieber und Erpresser begünstigt, wurde zum Thema des satirischen Dramas *Die Unüberwindlichen*, dessen Aktualität leicht verkannt wird. Aus demselben Grund wird das Verständnis seiner großen Polemiken der Nachkriegszeit getrübt. Die Heftigkeit seiner persönlichen Angriffe läßt übersehen, daß diese über die Person hinaus einem bestimmten Typus gelten. Daher die Mißdeutung der Polemik gegen jene Literaten, die im Krieg hetzten und im Frieden sich als Pazifisten gebärdeten (Kerr), gegen diejenigen, die Literatur als Geschäft betrieben (W. Haas). Auch der Sozialdemokratie hat K. nie ihren Sozialismus vorgeworfen, sondern ihr Paktieren mit bürgerlichen Kräften und jene Unentschlossenheit, die zu ihrer Niederlage vor dem anwachsenden Faschismus führte.

Das lyrische Werk K.' das er bewußt *Worte in Versen* I–IX nannte, schließt sich unmittelbar an seine satirische Prosa und nimmt deren Themen auf. Obwohl er sich selbst als Epigonen bezeichnet hatte, bildet seine Gedankendichtung den Anfang der modernen deutschen satirischen Lyrik. Mit dem Sieg des Nationalsozialismus in Deutschland bekannte K. in einem letzten Gedicht (1933) die Ohnmacht der Sprache gegenüber der Bestialität. Er widmete sich in der Folgezeit fast ausschließlich seinem «Theater der Dichtung», dessen wesentliche Aufgabe für ihn in der Erweckung der menschlichen Phantasie durch die Sprache allein bestand und für das er Offenbachs Operetten und Shakespeares Werke zum Teil übersetzte, bearbeitete und selbst interpretierte. Bis zu seinem Tode arbeitete er an der Herausgabe seiner Aufsätze über die Sprache, «deren unzüchtiger Gebrauch zu den Greueln des Bluts geführt hat». *Die Sprache* erschien postum. Erst 1955 wurde *Die dritte Walpurgisnacht* veröffentlicht, die K. schon 1933 geschrieben, aber nur teilweise in der «Fackel» publiziert hatte. Das Wesen des Nationalsozialismus wird darin an der Schändung der Sprache entlarvt. Die Zerstörung des selbständigen Denkens, welches allein den nationalsozialistischen Phrasen hätte widerstehen können, die Vernichtung der Phantasie und die Abstumpfung der menschlichen Gefühle machen die Journalisten für die Verwandlung der Phrase in Blut verantwortlich. In der Verbindung der technischen Perfektion mit der romantischen Phrase sah K. den endgültigen Untergang der Menschheit in der «Gleichzeitigkeit von Elektrotechnik und Mythos, Atomzertrümmerung und Scheiterhaufen».

W.: *Dramen:* Die letzten Tage der Menschheit, 1918–19; Literatur oder Man wird doch da sehn, 21; Traumstück, 23; Wolkenkuckucksheim, 22; Traumtheater, 24; Die Unüberwindlichen, 28. – *Lyrik:* Worte in Versen I–IX, 16–30; Epigramme, 27; Zeitstrophen, 30; Shakespeares Sonette. Nachdichtungen, 33. – *Essays, theoretische Schriften, Aphorismen:* Die Fackel, 1899–1936, Neudruck 68ff; Die demolirte Literatur, 1897; Eine Krone für Zion, 98; Sittlichkeit und Kriminalität, 1908; Sprüche und Widersprüche, 09; Die chinesische Mauer, 10; Heine und die Folgen, 10; Pro domo et mundo, 12; Nachts, 18; Weltgericht, 19; Untergang der Welt durch schwarze Magie, 22; Literatur und Lüge, 29; Die Sprache, 37, erw. 54; Die dritte Walpurgisnacht, 55; Nestroy u. die Nachwelt, 75; Briefe an Sidonie Nadherny v. Borutin, 1913–36, 2 Bde, 74. – *Bearbeitungen, Übersetzungen:* Nestroy, Offenbach, Shakespeare. – *Sammel- u. Werkausgaben:* Werke in Einzelausgaben, 52ff; Werke, 14 Bde und 3 Suppl.-Bde, 56–70; Auswahl, 3 Bde, 71; Unsterblicher Witz, 75; Magie der Sprache. Ein Lesebuch, 76; Über die Sprache, 78; Widerschein der Fackel, o.J.; Frühe Schriften 1892–1900, 2 Bde, 79; Aphorismen und Gedichte, 85; Schriften, 12 Bde, 86ff; K. K. Lesebuch, 87. – *Herausgebertätigkeit:* Lyrik der Deutschen. Für seine Vorlesungen ausgew. von K. K., 90. – *Schallplatten, Kassetten:* Die letzten Tage der Menschheit. Eine neue Auswahl, ca. 86; Hans Wollschläger liest K. K., 88 (Kass.); K. K. liest Goethe – Shakespeare – Offenbach – Raimund, ca. 89.

Krechel, Ursula, *4.12.1947 Trier.

K. studierte Germanistik, Theaterwissenschaft und Kunstgeschichte, arbeitete als Dramaturgin und lebt heute als freie Schriftstellerin.

Thema ihres Theaterstücks *Erika* ist der Ausbruchsversuch einer 26jährigen Bürogehilfin aus ihrer Ehe, in der sie und ihre Liebe ausgebeutet werden. – Mit dem Buch *Selbsterfahrung und Fremdbestimmung* macht K. den Versuch, einen Überblick über die neue Frauenbewegung zu geben: Entstehung, Schwerpunkte und Streitpunkte, Zielsetzungen, Verhältnis zur Linken u. a. m. K. stützt sich dabei sowohl auf eine umfangreiche Literatur als auch auf eigene Beobachtungen und Erfahrungen. Darüber hinaus nimmt sie Einschätzungen vor und übt Kritik, so beispielsweise an einer Ungeschichtlichkeit im Denken, einer Blindheit für die Unterdrückung anderer

gesellschaftlicher Gruppen. – Die zentralen Themen der beiden ersten Gedichtbände von K. sind: Erfahrungen als Kind und Jugendliche, die «Vergeblichkeit» von Beziehungen zu Männern, die offene und die verschleierte Unterdrückung von Menschen im Kapitalismus, die Hoffnungen der Studentenbewegung und was daraus wurde. K. schreibt gegen ein resigniert-verängstigtes Sich-Einrichten im kapitalistisch-patriarchalischen System. In ihren «Szenen eines Romans» *Zweite Natur* stellt sie, streng aus der Perspektive ihrer Figuren gesehen, das Lebensexperiment einer Wohngemeinschaft dar, in der Angehörige der 68er-Generation sich zusammenfinden, die sich nicht mit Resignation begnügen wollen. Der bewußt offene Schluß hält die Schwebe zwischen dem Urteil «Weil wir noch falsch träumen, ist die Realität falsch» und dem Postulat, in einer falschen Realität die richtigen Träume zu finden.

W.: *Lyrik:* Nach Mainz! Gedichte, 1977; Verwundbar wie in den besten Zeiten, 79; Rohschnitt, 83; Vom Feuer lernen, 85; Kakaoblau, 89. – *Prosa:* Zweite Natur, 81; Von A bis Zett. Elf Alphabete. [mit F. Achleitner u. a.], 90. – *Sachbuch:* Selbsterfahrung und Fremdbestimmung. Bericht aus der Neuen Frauenbewegung, 75 (erw. 78). – *Theaterstücke, Hörspiele:* Erika (in: Theater heute, 8/74); Zwei Tode. Hörspiel (in: Was geschah, nachdem Nora ihren Mann verlassen hatte?, 82); Tribunal im Askanischen Hof (3 Theatertexte, mit K. Reschke u. G. von Wysocki), 89. – *Herausgebertätigkeit:* Lesarten, 82; Luchterhand Jahrbuch der Lyrik 1985 (mit Ch. Buchwald), 85.

Kreisler, Georg, *18.7.1922 Wien.

K. wurde als Sohn eines Rechtsanwalts geboren, besuchte das Konservatorium und emigrierte 1938 mit seinen Eltern in die USA. Dort studierte er Musik an der Universität in Los Angeles und trat in Exilkabaretts und im amerikanischen Rundfunk und Fernsehen auf. Er war Songschreiber und zeitweise Revuedirigent in Hollywood. 1942–45 in der amerikanischen Armee, als Dolmetscher in Europa. Nach 1945 war er Arrangeur in Hollywood, 1951–55 Sänger in New Yorker Nachtclubs. 1955 kehrte er als amerikanischer Staatsbürger nach Österreich zurück, war zeitweise Mitdirektor eines

Kabaretts und trat als Sänger und Pianist auf. Er schrieb Programme zusammen mit G. Bronner, H. Qualtinger und C. Merz. Nach 1958 arbeitete er meist allein oder mit seiner damaligen Frau. Er verfaßte musikalische Komödien und trat in eigenen Rundfunk- und Fernsehsendungen auf. In den 60er Jahren lebte er in München und Wien und gastierte hauptsächlich in der Bundesrepublik.

Die Beliebtheit vieler seiner makabermelancholischen Gesänge (*Gehn'ma Tauben vergiften im Park*, *Zwei alte Tanten tanzen Tango*) hat bis heute verhindert, daß neben dem Kabarettisten K. der ernstzunehmende Lyriker so beachtet wurde, wie er es verdient. In vielen seiner Gedichte scheint hinter vordergründigem Nonsens und satirischer Attacke eine tiefe Melancholie durch, ein Weltüberdruß, der manches Mal an die Bitterkeit Nestroyscher Figuren erinnert.

W.: Prosa: Ist Wien überflüssig?, 87; Die alten bösen Lieder. Ein Erinnerungsbuch, 89. – *Dramen:* Sodom und Andorra. Eine Parodie, 1963; Polterabend, 66. – *Lyrik:* Zwei alte Tanten tanzen Tango und andere Lieder, 61; Der guate alte Franz und andere Lieder, 62; Als der Zirkus in Flammen stand und andere «Lieder zum Fürchten», 64; Nichtarische Arien, 67; Mutter kocht Vater und andere Gemälde der Weltliteratur, 67; Lieder zum Fürchten. – Nichtarische Arien, 69; Ich weiß nicht, was soll ich bedeuten, 73; Ich hab ka Lust, 80; Taubenvergiften für Fortgeschrittene, 83; Worte ohne Lieder, 86. – *Schallplatten:* Vienna Midnight Cabaret 1 u. 2, 56–57; Blattl vorm Mund, 56; Brettl vorm Klavier, 57; Vienna Midnight Cabaret – Joker II, 58; Zyankali Rock'n Roll – Frühlingslied, 58; Seltsame Gesänge, 58; Seltsame Liebeslieder, 59; Das Kabinett des Dr. Kreisler, 59; Das Beste aus Kreislers Digest, 59; Das Testament des Dr. Kreisler, 60; Die Georg Kreisler Platte, 60; Schon wieder der Kreisler, 60; Gelsenkirchen – Der Weihnachtsmann auf der Reeperbahn, 61; Sodom und Andorra, 61; Lieder zum Fürchten, 62; Frivolitäten, 63; Kleine Wiener Alpträume, 64; Unheilbar gesund, 64; Polterabend, 65; «Nichtarische» Arien, 66; Seine bösten Lieder, o.J.; Sieben Galgenlieder (nach Texten von Chr. Morgenstern, mit anderen), 67; Die heiße Viertelstunde, 68; Anders als die andern, 69; Der Tod, das muß ein Wiener sein, 69; Kreisleriana, 71; Hurra, wir sterben!, 71; Heute abend: Lola Blau, 71; Literarisches und Nichtarisches, 71; Everblacks 1–3, 71–80; Vorletzte Lieder, 72; Allein wie eine Mutterseele, 74;

Starportrait, o.J.; Kreislers Purzelbäume, 75; Rette sich wer kann, 76; Mit dem Rücken gegen die Wand, 79; Liebeslieder am Ultimo, 79; Gruselkabinett, 81; Taubenvergiften für Fortgeschrittene, 83.

Krell, Max (Pseud. Georg Even), *24.9.1887 Hubertusburg, †11.6.1962 Florenz.

Vater Obermedizinalrat. Reisen nach Mittel- und Südosteuropa. Kurze Tätigkeit als Dramaturg am Hoftheater in Weimar, dann Studium der Germanistik in München und Berlin, wo er als Lektor und Theaterkritiker aktiv am literarischen und künstlerischen Leben der Vorkriegszeit teilnahm (lebendig geschildert in der Autobiographie *Das alles gab es einmal*). 1933 Emigration nach Italien, lebte bis zu seinem Tod in Florenz. – K. war Romanautor, Erzähler, Essayist, Übersetzer. Unter dem Einfluß von K. Edschmid begann er in expressionistischer Manier zu dichten, mit in theoretischen Schriften (*Essay über neue Prosa*) definiertem, programmatischem Willen zur Spracherneuerung mittels eigenwilliger Neuschöpfungen, «um die urbildhaften Standardbegriffe zu zerfetzen», die «Urbarmachung des Wortes» im Sinne Nietzsches weiterzuführen. Realistischer, ausgewogener Stil in der nachexpressionistischen Periode und im Spätwerk (Hauptwerk *Das Haus der roten Krebse*, ein in der Toskana spielender Generationenroman aus dem 19. Jahrhundert). Auch Herausgeber und Funkautor.

W.: Romane, Novellen: Der Kreditbrief, 1915; Das Meer, 19; Die Maringotte, 19; Entführung, 20; Der Spieler Cormick, 22; Der Henker, 24; Orangen in Ronco, 30; Der Regenbogen, 49; Die Tanzmarie, 49; Schauspieler des lieben Gottes, 50; Die Dame im Strohhut, 52; Das Haus der roten Krebse, 62. – *Essays, Autobiogr.:* Der deutsche Soldat, 15; Über neue Prosa (in: Tribüne der Kunst und Zeit), 19; Betrachtungen zur modernen Novellistik, 21; Reise in Deutschland, 22; Das deutsche Theater der Gegenwart, 23; Bilanz der Dichtung (Vortrag), 23; Das alles gab es einmal (Autob.), 61; Schönberger Auslese, 64. – *Herausgebertätigkeit:* Die Entfaltung. Novellen an die Zeit (Vorw.), 21; M. de Cervantes Saavedra: Ausgew. Werke, 23; Boccaccio: Ges. Werke, 24; Die Memoiren der Madame Roland: Aus

den Tagen der Schreckensherrschaft, 27. –
Übersetzungen: M. de Guérin: Die Bacchantin, 22; H. de Balzac: Albert Savarus, 25.

Kretzer, Max, *7.6.1854 Posen,
†15.7.1941 Berlin.
K. wuchs in Posen in relativ gesicherten
Verhältnissen auf. Wegen Verarmung der
Eltern Abbruch der Schulausbildung und
1867 Übersiedelung nach Berlin. Als Ar-
beitsbursche in einer Lampenfabrik, später Porzellan- und Dekorationsmaler.
Kontakt zu Anhängern Lassalles. Nach
Arbeitsunfall längeres Krankenlager; erste Schreibversuche. K. publizierte mehrere «soziale Romane» und Erzählungen
und gewann bald Anerkennung bei den
frühen Naturalisten. Bleibtreu feierte ihn
1886 als den «ebenbürtigen Jünger Zolas». K.s Einfluß auf den jungen Hauptmann ist nachgewiesen. K. blieb aber in
Distanz zur naturalistischen Bewegung.
Nach der Jahrhundertwende verflachten
seine Romane zusehends und gerieten
oft zur Kolportage. K.s frühe Werke wurden zu Anfang der Weimarer Republik
wiederholt aufgelegt, bald aber verramscht. Trotz seiner großen Produktivität lebte K. fast ständig in äußerster Armut; 1933 wurde er als Dauerstipendiat
der Schillerstiftung anerkannt. 1936 bezeichnete er sich als «sozialen Vorkämpfer der Bewegung». – K. schilderte in den
frühen Romanen in krassen Bildern die
Auswirkungen der Fabrikarbeit und der
Arbeitslosigkeit auf die Lebensbedingungen des anwachsenden großstädtischen Proletariats (Mietskasernenmi-
lieu, Verfall familiärer Bindungen, Alkohol, Prostitution). K. verstand seine
Dichtung, mit der er sich an ein bürgerliches Publikum wandte, als einen Beitrag zur Lösung der sozialen Frage. In
Meister Timpe thematisierte K. den verzweifelten Kampf eines Kunsttischlers
gegen die übermächtige kapitalistische
Konkurrenz; das alte Handwerk geht
hier notwendig unter. K.s urchristlicher
Sozialismus zeigte sich am deutlichsten in
Das Gesicht Christi. Sein erfolgreichster
Roman wurde *Der Mann ohne Gewissen,*
der eine Gesamtauflage von 195 000 Exemplaren erreichte. Hier zeichnete K.
den Weg eines skrupellosen Aufsteigers

im Berlin der Gründerjahre. – K. gilt als
der Begründer des «Berliner Romans»;
er kann als erster Romanschriftsteller des
Naturalismus bezeichnet werden. Wenn
man ihm auch eine papierene Sprache,
einen Mangel an Gestaltungskraft, an
epischer Anschaulichkeit vorwerfen
kann, so besteht K.s Verdienst und Bedeutung doch darin, mit der Schilderung
des Lebens der «unteren Schichten», des
Elends in den Fabriken und Mietskaser-
nen der industrialisierten Großstadt Berlin den Naturalisten und damit der deutschen Literatur neue Stoffbereiche er-
schlossen zu haben.

W.: Romane, Erzählungen: Die beiden Genossen, 1880; Sonderbare Schwärmer, 81; Die Betrogenen, 82; Schwarzkittel, 82; Die Verkom-
menen, 83; Berliner Novellen und Sittenbilder,
83; Gesammelte Berliner Skizzen, 83; Im
Sturmwind des Sozialismus, 84; Drei Weiber,
86; Im Riesennest, 86; Im Sündenbabel, 86
(u. d. T. Die Blinde, Maler Ulrich, 96); Meister
Timpe, 88; Ein verschlossener Mensch, 88;
Das bunte Buch, 89 (u. d. T. Das Rätsel des Todes und andere Geschichten, 1901); Die Bergpredigt, 90; Der Millionenbauer, 91; Onkel Fi-
fi, 91; Gefärbtes Haar, 91; Der Baßgeiger, Das
verhexte Buch, 92; Irrlichter und Gespenster,
92–93; Die Buchhalterin, 94; Die gute Tochter, 95; Ein Unberühmter und andere Novellen, 95; Das Gesicht Christi, 96; Frau von Mitleid und andere Novellen, 96; Furcht vor dem
Heim und andere Novellen, 97; Berliner Skizzen, 98; Verbundene Augen, 99 (u. d. T. Mit
verbundenen Augen, 1911); Warum, 1900;
Großstadtmenschen, 00; Der Holzhändler, 00;
Die Madonna vom Grunewald, 01; Die Sphinx
in Trauer, 03; Magd und Knecht, 03; Treibende
Kräfte, 03; Familiensklaven, 04; Der Mann ohne Gewissen, 05; Das Armband, 05; Was ist
Ruhm, 05; Herbststurm, 06; Söhne ihrer Vä-
ter, 07; Das Kabarettferkel und andere Neue
Berliner Geschichten, 07; Das Hinterzimmer,
08 (u. d. T. Wenn Steine reden, 11); Mut zur
Sünde, 09; Reue, 10; Waldemar Tempel, 11
(u. d. T. In Frack und Arbeitsbluse, 20); Die
blanken Knöpfe, 12; Lebensbilder, 12; Stehe
auf und wandle, 13; Das Mädchen aus der
Fremde, 13; Der irrende Richter, 14; Berliner
Geschichten, 16; Ignatz Serbynski, 18; Der
Nachtmensch, 18; Was das Leben spinnt, 19;
Wilder Champagner, 19; Assessor Lankens
Verlobung, 20; Fidus Deutschling, Germanias
Bastard, 21; Die Locke, 22; Ausgewählte No-
vellen, 26; Posen, 27; Der Rückfall des Dr. Ho-
ratius, 35; Ohne Gott kein Leben, 38; Berliner
Erinnerungen, 39. – *Schauspiele:* Bürgerlicher
Tod, 1888; Der Millionenbauer, 91; Der Sohn

der Frau, 98; Die Kunst zu heiraten, 1900; Die Verderberin, 00; Der wandernde Thaler, 02; Leo Lasso, 07. – *Lyrik:* Gedichte, 1914; Die alten Kämpen, 16; Kreuz und Geißel, 19. – *Werkausgabe:* Ausgewählte Werke, 11.

Kreuder, Ernst, *29. 8. 1903 Zeitz (Sachsen), †24. 12. 1972 Darmstadt.
K. studierte Philosophie und Literaturwissenschaft. Ab 1933 war er Redakteur des «Simplicissimus», allerdings nur für knapp zwei Jahre. Dann lebte er zurückgezogen als freier Schriftsteller in Darmstadt, bis er 1940 zum Kriegsdienst eingezogen wurde. Nach der Entlassung aus der Kriegsgefangenschaft ließ er sich in einem kleinen Ort bei Darmstadt nieder. – Büchner-Preis 1953.
K.s erzählendes Werk ist als antizivilisatorischer Protest gegen die Auswüchse und Mißstände unseres technischen Zeitalters zu interpretieren. In seinen Romanen und Erzählungen versuchen Aussteiger, außerhalb der Gesellschaft «das schiefhängende Bild dieser Welt» geradezurücken, indem sie sich nicht mit ihrer Verweigerung begnügen, sondern als «Weltgehilfen» (im Roman *Agimos oder die Weltgehilfen*) oder Angehörige eines geheimen Bundes (*Die Unauffindbaren* und *Die Gesellschaft vom Dachboden*) missionarisch auf die in Anbetung der Technik befangene Gesellschaft einzuwirken, sie zu Rückbesinnung und Umkehr zu bewegen suchen. Dabei erweist K. sich als suggestiver Erzähler, der – in der Nachfolge E. T. A. Hoffmanns – raffinierte surreale Szenerien erfindet, die voller Magie sind, wie z. B. die Traumwelt, in der die Figuren des Romans *Die Unauffindbaren* agieren. Bei aller Anspruchslosigkeit des Wortmaterials gelingt K. so die Vergegenwärtigung eines fast magischen Ambiente, in das nicht selten die Landschaft einbezogen wird. K., der ausgedehnte Reisen auf dem Balkan unternommen hatte, vermag die Eindrücke dieser Reisen und Wanderungen mit bezwingender Anschaulichkeit darzustellen, z. B. die nordgriechische Landschaft in *Spur unterm Wasser*.

W.: Romane, Erzählungen: Die Nacht des Gefangenen, 1939; Das Haus mit den drei Bäumen, 44; Die Gesellschaft vom Dachboden, 46;

63; Schwebender Weg, 47; Die Unauffindbaren, 48; Herein ohne anzuklopfen, 54; Agimos oder die Weltgehilfen, 59; Spur unterm Wasser, 63; Tunnel zu vermieten, 66; Hörensagen, 69; Der Mann im Bahnwärterhaus, 73. – *Essays:* Zur literarischen Situation der Gegenwart, 51; Georg Büchner, 55; Das Unbeantwortbare. Die Aufgaben des modernen Romans, 59; Zur Umweltsituation des Dichters, 61; Dichterischer Ausdruck und literarische Technik, 63. – *Lyrik:* Sommers Einsiedelei, 56. – *Sammelausgabe:* Luigi und der grüne Seesack, 80; Phantom der Angst, 87.

Krieger, Arnold, *1. 12. 1904 Dirschau/ Weichsel, †9. 8. 1965 Frankfurt a. M.
K. studierte Philologie in Greifswald, Göttingen und Berlin. Erste literarische Erfolge ließen in ihm Mitte der 20er Jahre den Entschluß reifen, als freier Schriftsteller zu arbeiten. Sein erstes Drama *Opfernacht* wurde 1927 in Stettin uraufgeführt. Da er durch seine Esperanto-Korrespondenz den nationalsozialistischen Machthabern suspekt war, wurde seine Emigration nach Dänemark 1937 durch den Entzug des Passes vereitelt. Freunde, darunter Hans Carossa, ermöglichten die Veröffentlichung der Lyrikbände *Das erlösende Wort* und *Das schlagende Herz*. 1945 floh K. in die Schweiz, wo es ihm jedoch nicht gelang, als Schriftsteller eine Existenz zu gründen. Er schrieb dort seinen autobiographischen Roman *Zwei zogen aus*. 1953 ließ er sich in Darmstadt nieder und gründete 1957 den Verlag Studio Schaffen und Forschen. In seinen Romanen behandelte K. zeitgeschichtliche Problematik und trat für humanitäre Ideale ein. Seine Prosa ist ebenso wie seine Lyrik religiös fundiert. Er schrieb auch Essays zur Neuordnung des Zusammenlebens der Völker, so *Stärker als die Übermacht*, Dramen und Hörspiele. Den größten Erfolg hatte er mit seinem auf Tatsachen beruhenden Afrika-Roman *Geliebt, gejagt und unvergessen*.

W.: Romane, Prosa: Spielraum für Marion, 1934; Mann ohne Volk, 34; Das Blut der Lysa Gora, 34; Ein Menschenherz – was weiter, 35; Empörung in Thorn, 39; Der dunkle Orden, 40; Ninon Gruschenka, 40; Das Urteil, 42; So will es Petöfi, 42; Die Wundertüte, 43; Kraft aus Liebe, 50; Befreiung wunderbar, 51; Zwei zogen aus, 53; Terra Adorna, 54; Geliebt, gejagt und unvergessen, 55; Das Haus der Versöhnung, 56; Der Sohn, 57; Der Scheidungsanwalt, 57; Das Märchenbuch von heute, 58; Hilf uns leben Cordula, 59; Der Kuckuck und die Zerreißprobe, 63; Der Weg zum Jordan. Jesus vor der Taufe, 80; Das bittersüße Leben, 82; Die beiden Nemos, 82; Zwei moderne Märchen, 88; Das Jahr der Windrose, 89. – *Lyrik:* Das erlösende Wort, 41; Das schlagende Herz, 44; Sehnsucht und Bindung, 49; Der singende Wächter, 54; Reichtum des Armen, 58; Der Jahresring, 65–74; Du in der Welt, 74; Elegien, 2 Bde, 75–84; Ich habe geliebt, gelitten, gelebt, 80; Du nimmst mich an, 81; Zuspruch, 89. – *Bühnenwerke:* Christian de Wet, 35; Aufbruch nach Deutschland, 37; Ninon Gruschenka, 38; Die Spur, 38; Fjodor und Anna, 41; Unter den Nesselbäumen, 63; Die Ziver. Die Zivilverschleppte. Ein Stück in neun Stationen, 83. – *Übersetzungen, Essays:* Dostojevsky, Der seltsame Liebesbund, 51; Stärker als die Übermacht, 61. – *Hörspiele:* Teilsammlung, 64. – *Sammel- und Werkausgaben:* Dramen, 2 Bde, 81–82.

Krille, Otto, *5. 8. 1878 Börnersdorf (Sachsen), †31. 1. 1954 Zürich.
Sohn eines Maurers; besuchte eine Soldatenerziehungsanstalt und Unteroffiziersschule, die er allerdings als körperlich ungeeignet verlassen mußte. 1895–1900 war K. ungelernter Arbeiter in verschiedenen Dresdner Fabriken, anschließend Militärdienst. K. bildete sich in Berlin an der Humboldtakademie und an der Neuen Freien Hochschule. Anschließend Redakteur an sozialdemokratischen Presseorganen in Hamburg-Harburg und Stuttgart. Aus dem 1. Weltkrieg kehrte K. mit einem Nervenleiden zurück. Er war Mitbegründer und Funktionär des der Sozialdemokratie nahestehenden Reichsbanners Schwarz-Rot-Gold. 1933 emigrierte K. in die Schweiz.
K.s lyrisches, dramatisches und autobiographisches Werk (*Unter dem Joch*) wiederholt noch einmal die aus Bildungshunger und politischen Camouflagebedürfnissen entstandene dichterische Kontrafaktur klassischer und romantischer Formen und Inhalte durch die Arbeiterbewegung des 19. Jhs. Schließlich werden klassenkämpferische und anklägerische Momente durch die Gestaltung allgemeiner und quasi-christlicher Inhalte verdrängt. K.s Wirken und Einfluß im Presse- und Jugendwesen der Weimarer

Sozialdemokratie belegt eine starke idealistische Strömung innerhalb der Arbeiterbewegung und das Fortbestehen alter Bildungsformen auch über die Zäsur des 1. Weltkriegs hinaus.

W.: Romane, Essays: Unter dem Joch. Die Geschichte einer Jugend, 1914 (autobiographisch); Die rote Palette. Gedanken und Skizzen, 24; Arbeiterjugend und Bildung. Vortrag, 24. – *Dramen:* O wag' es doch nur einen Tag! Scene aus dem Arbeiterleben, 05; Aus der guten alten Zeit. Komödie, 05; Anna Barenthin. Drama in 3 Akten, 11; Erlösung. Ein Prologspiel, 29; Frühlingssturm, 29. – *Lyrik:* Sonnensehnsucht, 04; Aus engen Gassen, 04; Aus Welt und Einsamkeit, 06; Neue Fahrt, 09; Das stille Buch, 13; Aufschrei und Einklang, 25; Der Wanderer im Zwielicht, 36.

Krischker, Gerhard C., *24. 6. 1947 Bamberg.
K. studierte Germanistik und Geschichte in Erlangen, wo er 1975 promovierte. Seither arbeitet er als Lektor eines Bamberger Verlags. Er ist Mitglied des VS und des Internationalen Dialekt-Instituts und erhielt mehrere Förderpreise. – «Mund(un)artiges» – so nennt K. selbst seine Gedichte im Dialekt seiner Heimatstadt. In ihnen versucht er, «dem Volk nicht nur aufs Maul, sondern auch ins Herz, bzw. – falls vorhanden – in die Seele zu blicken» (Krischker). Seine lakonischen Gedichte gehen aus vom Alltag, vom ‹kleinen Mann›, seinen Sorgen und Vorurteilen, seinen Wünschen und Hoffnungen, die K. kommentarlos beschreibt und im Wörtlichnehmen des Ausgesagten befragbar und kritisierbar macht. Es gelingen ihm dabei in knapper Form beeindruckende Bilder vom Leben und der Entfremdung der Arbeiter und einfachen Leute, mit denen er sich solidarisch fühlt.

W.: Prosa: Geschichten vom Herrn K. – Bamberger Altstadtgespräche, o. J.; un dä basdl hodd doch rächd. Das 5. Evangelium im Bamberger Dialekt, 79; Bambergs unbequeme Bürger, 87. – *Lyrik, Epigramme:* deutsch gesprochen – Epigramme, 74; fai obbochd, 74; wadd nä, 74; miä langds, 75; fai niggs bärümds, 76; a dooch wi brausebulfá, 77; Zeitgedichte, 82; rolläfässla, 83. – *Sammel- u. Werkausgaben:* Fai obbochd. Gesammelte Dialektgedichte, 86. – *Herausgebertätigkeit:* Ich bin halt do däham – Äs schönsta in Bambärcha Mundart, 76;

Bamberg in alten Ansichtskarten, 78; Ich habe Bamberg liebgewonnen – Stimmen aus und über Bamberg, 78; Uhse, B.: Die heilige Kunigunde im Schnee, Die Brücke, Abschied von einer kleinen Stadt, 79; Die schönsten Bamberger Sagen und Legenden, 80; Jeder Herr hat auf allen Plätzen eine Dame frei – Bamberg in alten Zeitungsanzeigen, 81; Overseas Call – eine USAnthologie. 200 Amerikagedichte von zeitgenössischen deutschen Autoren, o. J.; Zeitenwechsel. Zeitgenössische Gedichte aus und über Franken, 87. – *Schallplatten u. ä.*: Mund(un)artiges in Ragtime, 76; Altstadtblues, o. J.

Kroetz, Franz Xaver, *25. 2. 1946 München.

K., der Sohn eines Finanzbeamten, wuchs in Simbach, Niederbayern, auf. Nach Abbruch der Wirtschaftsoberschule verließ er das Elternhaus mit 15 Jahren und wurde Schauspielschüler, erst in München, dann am Max-Reinhardt-Seminar in Wien, war dann Gelegenheitsarbeiter in vielerlei Berufen. Schauspieler am Büchner-Theater in München: die Rollen des bayrischen und österreichischen Volkstheaters von Anzengruber bis Thoma wurden ihm zur ersten Theaterschule. 1972 wurde er Mitglied der DKP, für die er mehrfach kandidierte; 1980 Austritt aus der Partei.

K., der in den frühen 70er Jahren zu einem der erfolgreichsten und meistgespielten Autoren der deutschen Bühne wurde, ist heute der wohl repräsentativste Stückeschreiber des neuen politischen Volkstheaters. Zwei Phasen sind bisher in seiner volkstümlich-realistischen Theaterproduktion zu unterscheiden. K. ging aus von einem «nur beschreibenden Realismus», die Dramaturgie Ödön von Horváths und Marieluise Fleißers weiterführend. In den frühen Kroetz-Stücken wie *Heimarbeit*, *Männersache*, *Hartnäckig* und vor allem *Stallerhof* und *Geisterbahn* übernahm der junge Autor von Horváth den «Prozeß der Sprachlosigkeit», die «Fallhöhe zwischen Sprachgewalt und Dumpfheit»; von Fleißer den Gebrauch des Dialekts und die Abhängigkeitsstruktur der unterdrückten, unterprivilegierten Figuren. Verachtet, ausgebeutet, entmündigt, werden die Figuren K.', wie Beppi in *Stallerhof* und *Geisterbahn*, durch die

Vorurteile und die Lieblosigkeit ihres Milieus in die Einsamkeit und zum Verbrechen getrieben. Am Ende dieser Ausnutzung steht im wortlosen Stück *Wunschkonzert* die pathetische Figur von Fräulein Rasch, welche vor der Sinnlosigkeit ihres Lebens zum Verstummen kommt und Selbstmord begeht.

Die zweite Phase in K.' Schaffen setzt ein mit seiner politischen Tätigkeit in der DKP und seiner vertieften Beschäftigung mit Brecht. Er strebt einen «aktiven und perspektivischen Realismus» an, wobei die Verzweiflung der früheren Stücke zukunftsoptimistisch verändert wird. Desgleichen trachtet er aus Verknappung und Lakonismus herauszukommen, «Gesamtzusammenhänge der Gesellschaft darzustellen und (...) den Figuren Entwicklungen zu geben, das Stück so zu gestalten, daß (...) vorher unbekannte Seiten eines Menschen, eine andere Sicht, eine neue Perspektive zum Vorschein kommen». Diese theoretischen Intentionen versuchte K. zuerst zu verwirklichen, indem er drei Hebbelsche Trauerspiele der «großen Form» von der «spätkapitalistischen» Gesellschaft her gesehen neu bearbeitete: *Maria Magdalena*, *Agnes Bernauer* und *Judith* (angekündigt). Doch gelang es ihm nicht, den Konflikt von Proletariern und Unternehmern im Rahmen dieser übernommenen Form überzeugend auszudrücken. Er selber war der Meinung, das sei Formalismus, und seine Stücke müßten aus der eigenen Erfahrung heraus, aus der gesellschaftlichen Realität erwachsen, nicht aus der Theorie. Dies sieht er heute nicht so sehr in den Propaganda-Stücken *Globales Interesse* und *Münchner Kindl* gewährleistet als in den drei Stücken *Oberösterreich*, *Das Nest* und *Mensch Meier*. Darin wird gezeigt, wie die Figuren zu Erkenntnis und sozialem Bewußtsein kommen, neue Perspektiven finden, eigenmächtig und verantwortlich handeln wollen. In *Oberösterreich* beschließt Anni trotz ihrer schlechten wirtschaftlichen Lage, ein Kind zu haben; in *Das Nest* kommt ein Arbeiterehepaar zu Zivilcourage, zeigt den Chef an und erwartet Hilfe von der Gewerkschaft; der Fließbandarbeiter in *Mensch Meier* erkennt die

Entfremdung und Manipulation in der kapitalistischen Gesellschaft und wendet sich bewußter politischer Arbeit zu. K., der angekündigt hat, in Zukunft keine Stücke mehr schreiben zu wollen, erhielt mehrere Preise, u. a. 1976 den Mülheimer Dramatikerpreis und 1985 den 1. Preis des «Festival du Théâtre des Amériques» in Montreal.

Spätestens mit seinem 41. Stück *Bauern sterben* hat K. seine bisherige Art des Theaters endgültig aufgegeben. Hier gibt es keinen Realismus mehr, keine Sprachlosigkeit der Kleinbürger, hier wird in jeder Hinsicht extrem der Stadt-Land-Gegensatz geradezu in einer Orgie der drastischen theatralischen Mittel ausgetragen.

W.: Erzählungen, Romane, Prosa: Chiemgauer Gschichten. Bayrische Menschen erzählen … (Tonband-Gespräche), 1977; Der Mondscheinknecht I, 81; II, 83; Nicaragua Tagebuch, 85; Der Platz an den Aschentonnen ist stets sauber zu halten (mit J. Laturell u. a.), 86; Brasilien-Peru-Aufzeichnungen, 90. – *Dramen:* Hilfe, ich werde geheiratet, 68; Wildwechsel, 70 (Film von Faßbinder, 73); Heimarbeit, 70; Hartnäckig, 70; Männersache, 70 (77 erweitert zu: Ein Mann ein Wörterbuch, 78 zum Hörspiel: Wer durchs Laub geht); Stallerhof, 71; Geisterbahn, 71; Lieber Fritz, 72; Wunschkonzert, 72; Oberösterreich, 72; Dolomitenstadt Lienz, 72; Maria Magdalena, 73; Münchner Kindl, 73; Weitere Aussichten, 73; Reise ins Glück, 73; Globales Interesse, 73; Das Nest, 75; Agnes Bernauer, 77; Mensch Meier, 78; Bilanz (Hörspiel, 72), 80; Nicht Fisch, nicht Fleisch. Verfassungsfeinde. Jumbo-Track, 81; Nicht Fisch, nicht Fleisch. Münchner Fassung (in: Spectaculum 39), 84; Furcht und Hoffnung der BRD. Das Stück, das Material, das Tagebuch, 84; Der Weihnachtstod (in: Düsseldorfer Debatte 4/84); Bauern sterben, 86; Reise ins Glück. o. J.; Heimat, UA 88. – *Essays:* Horváth von heute für heute, 71; Marieluise Fleißer, 71; Sozialismus auf dem Lande, 71; Zu B. Brechts 20. Todestag (in: Kürbiskern 1/77), 77. – *Bearbeitungen:* Oblomow, nach Gončarov, 68; ferner die oben genannten Hebbelstücke. – *Sammelausgaben:* Drei Stücke, 71; Vier Stücke, 72; Stücke, 74; Gesammelte Stücke, 75; Stücke, o. J.; Heimarbeit, Hartnäckigkeit. Männersache, 75; Reise ins Glück. Wunschkonzert. Weitere Aussichten…, 75; Oberösterreich. Dolomitenstadt Lienz. Maria Magdalena. Münchner Kindl, 76; Weitere Aussichten … Ein Lesebuch, 76; Weitere Aussichten … Neue Texte, 76; Mensch

Meier. Der stramme Max. Wer durchs Laub geht…, 79; Stücke, 81; Frühe Stücke. Frühe Prosa, 83; Nicht Fisch nicht Fleisch. Furcht und Hoffnung der BRD. Bauern sterben, 86; Stükke, 4 Bde, 87–89. – *Fernsehen, Filme:* Wildwechsel, 73; Herzliche Grüße aus Grado, 73; Oberösterreich, 76; Maria Magdalena, 74; Der Mensch Adam Deigl und die Obrigkeit, 74; Weitere Aussichten…, 75; Das Nest, 76; Heimat, 80; Mensch Meier, 82. – *Schallplatten u. ä.:* F. X. K. liest ‹Wunschkonzert›, 75; Weitere Aussichten…, 77; Maria Magdalena, 87 (Kass.).

Kröger, Timm, **29. 11. 1844 Haale, Kreis Rendsburg-Eckernförde, †29. 3. 1918 Kiel.*

K. studierte ohne Abitur Rechtswissenschaft in Zürich, Leipzig und Berlin und war ab 1870 an verschiedenen Orten als Referendar, Assessor, Kreisrichter und Staatsanwaltsgehilfe tätig. Ab 1876 war K. Rechtsanwalt und Notar in Flensburg, ab 1880 in Elmshorn, Freundschaft mit D. v. Liliencron, 1892–1903 Justizrat in Kiel, dann freier Schriftsteller. – K.s Romane und Novellen sind einem poetischen Realismus verpflichtet und bewegen sich im Rahmen einer konventionellen Ethik, wie auch die allgemeine Themenstellung meistens konventionell ist.

W.: Romane, Novellen, sonst. Prosa: Die Roßtrappe von Neudorf, 1888; Eine stille Welt, 91; Der Schulmeister von Handewitt, 93; Die Wohnung des Glücks, 97; Hein Wieck, 99; Leute eigener Art, 1904; Ein Unbedingter, 04; Um den Wegzoll, 05; Der Einzige und seine Liebe, 05; Heimkehr, 06; Mit dem Hammer, 06; Neun Novellen, 06; Das Buch der guten Leute, 08; Aus alter Truhe, 08; Des Reiches Kommen, 09; Novellen (Gesamtausgabe), 14; Dem unbekannten Gott, 14; Sturm und Stille, 16; Des Lebens Wegzölle, 18; Wa Jörn Hölk den Düwel ziteer, 19; Aus dämmernder Ferne (autob.), 24; Du sollst nicht begehren, 24; Ein Unbedingter, 25.

Krolow, Karl (Pseud. Karol Kröpcke), **11. 3. 1915 Hannover.*

Studierte Germanistik, Romanistik, Philosophie, Kunstgeschichte in Göttingen und Hannover. Lebt seit 1956 als freier Schriftsteller. – K. hat ein weitgespanntes lyrisches Werk aufzuweisen. Er begann mit Naturlyrik (Schüler von O. Loerke und W. Lehmann). Seinem subjektiven Verhältnis zu Landschaft und Natur gab er in surrealistischen Formulierungen und geglückter Balance zwischen Stoff und Bild Ausdruck, wobei Gegenständliches als Ballast empfunden wurde. K. galt lange als der sensibelste Vermittler von idyllischer, elegischer, pastoraler und metaphysischer Poesie. Mitte der 60er Jahre Hinwendung zu inneren Wandlungen und äußeren Veränderungen im Leben der Menschen. Es entstehen nüchtern-spröde Gedichte, Verse, die «von nichts handeln». K. erlebt voll die Irritation durch die Abnutzbarkeit des dichterischen Wortes bei der nun angestrebten Bewältigung spezifischer Themen unserer Zeit, denen er sich hellsichtig stellt: «Ein Dichter ist nicht zum Verschweigen da, zum Stillhalten, Verbindlich-Sein.» Erster epischer Versuch mit *Das andere Leben*, die – z. T. autobiographische – Liebesgeschichte eines alternden Autors und einer Studentin. Bedeutende Nachdichtungen der französischen und spanischen Lyrik. – K. ist Mitglied des PEN, der Akademie der Wissenschaften und Literatur in Mainz, der Bayerischen Akademie der Schönen Künste sowie der Deutschen Akademie für Sprache und Dichtung, deren Präsident er 1972–75 war. Er erhielt zahlreiche Ehrungen, u. a. 1956 den Büchner-Preis, 1975 wurde er Ehrendoktor der TH Darmstadt und Stadtschreiber von Bergen-Enkheim, 1983 bekam er den Hessischen Kulturpreis und 1985 den Literaturpreis der Bayerischen Akademie der Schönen Künste, Hölderlin-Preis Bad Homburg v.d.H. 1988 und Johann-Heinrich-Merck-Ehrung der Stadt Darmstadt 1990.

W.: Prosa: Das andere Leben, 1979; Im Gehen, 81; Melanie, 83; Nacht-Leben oder Geschonte Kindheit, 85. – *Lyrik:* Hochgelobtes, gutes Leben, 43; Gedichte, 48; Heimsuchung, 48; Auf Erden, 49; Die Zeichen der Welt, 52; Wind und Zeit, 54; Tage und Nächte, 56; Fremde Körper, 59; Schatten eines Mannes, 59; Unsichtbare Hände, 62; Reise durch die Nacht, 64; Landschaften für mich, 66; Mein Winterfeldzug, 66; Allzeit mutig, 68; Alltägliche Gedichte, 68; Nichts weiter als Leben, 70; Bürgerliche Gedichte (unter Pseud. Karol Kröpcke), 70; Zeitvergehen, 72; Der Einfachheit halber, 77; Sterblich, 80; Herbstsonett mit Hegel, 81; Nocturnos, 81; Pomologische Gedichte, 81; Glanz aus dem Glas, 82; Zwischen Null und Unendlich, 82; Herodot oder der Beginn von Geschichte, 83; Schönen Dank und vorüber, 84; Die andere Seite der Welt, 87; Als es soweit war, 88; Auf Erden. Frühe Gedichte, 89. – *Essays:* Von nahen und fernen Dingen, 53; Tessin (mit F. Eschen), 59; Aspekte zeitgenössischer dt. Lyrik, 61; Die Rolle des Autors im experimentellen Gedicht, 62; Schattengefecht, 64; Abglanz einer Residenz (mit A. Reichmann), 64; Poetisches Tagebuch, 66; Das Problem des langen und kurzen Gedichts – heute, 66; Warum ich nicht wie O. Loerke schreibe, in: 15 Autoren suchen sich selbst, 67; Unter uns Lesern. Rezensionen, 67; Minutenaufzeichnungen, 68; Flug über Heide, Moor und grüne Berge. Niedersachsen – Nordhessen – Ostwestfalen, 69; Zu des Rheins gestreckten Hügeln. Goethereise 1972, 72; Deutschland, deine Niedersachsen, 72; Die Lyrik der Bundesrepublik seit 1945 (in: Die Literatur der Bundesrepublik, hg. D. Lattmann), 73; Von literarischer Unschuld. Matthias Claudius. Ein Porträt, 77; Darmstadt [mit W. A. Nagel], 86; In Kupfer gestochen, 87. – *Übersetzungen:* Nachdichtungen französischer Lyrik aus fünf Jahrhunderten, 48; Die Barke Phantasie, 57; Paul Verlaine: Gedichte, 57; Apollinaire: Bestiarium, 59; Spanische Gedichte des 20. Jahrhunderts, 62; Corrida de Toros (mit H. Lander), 64; Beckett, Samuel: Flötentöne (mit E. Tophoven), 82. – *Herausgebertätigkeit:* Miteinander. Anthologie, 74; Wilhelm Lehmann: Gedichte, 77; Literarischer März 1 ff (mit anderen), 79 ff. Jaeger, B.: Der späte Stein, 80; Deutsche Gedichte, 2 Bde, 82. Poesie der Welt. Deutschland, 82; Joseph von Eichendorff, 87. – *Sammelausgaben:* Ausgew. Gedichte, 62; Gesammelte Gedichte, 3 Bde, 65–85; Ein Gedicht entsteht. Selbstdeutungen. Interpretationen. Aufsätze, 73; Ein Lesebuch, 75; Gedichte, 80; Erinnerte Ansichten, 83; Gedichte und poetologische Texte, 85; Notizen, Erinnerungen, Träume (mit E. Wolf), 85; Unumwunden, 85; Meine Gedichte, 89. – *Schallplatten u. ä.:* Deutsche Oden von Weckherlin bis Krolow, o. J. (mit anderen); Lyrik der Zeit I, 58 (mit anderen); Begegnung mit Gedichten, o. J. (mit anderen); K. K. liest aus seinen Gedichten, 75.

Kronauer, Brigitte (eig. Brigitte Schreiber), *29. 12. 1940 Essen.

K., Tochter eines Prokuristen, war nach ihrem Studium von 1963–71 in Aachen und Göttingen als Lehrerin tätig. Seither lebt sie als freie Schriftstellerin. 1975 erhielt sie den Leonce-und-Lena-Preis, 1985 den Fontane-Preis, 1987 den Preis der SWF-Bestenliste, 1989 den Heinrich-Böll-Preis Köln und den Ida-Dehmel-Preis. K. schreibt vor allem Lyrik und er zählende Prosa. Mußten ihre ersten Werke noch in kleineren, alternativen Verlagen erscheinen, gelang ihr mit dem Roman *Frau Mühlenbeck im Gehäus* der Durchbruch zu einem größeren Publikum. In ihrem Roman *Rita Münster* schildert K. den Prozeß der Selbstfindung einer Frau, die sich in der beschreibenden Beobachtung ihrer Umwelt, ihrer Kindheit und einer Liebesbeziehung ihrer selbst bewußt zu werden bemüht. Zu ihren Arbeiten für den Rundfunk gehört *Selbstportrait* (77).

W.: Romane, Erzählungen: Der unvermeidliche Gang der Dinge, 1974; Vom Umgang mit der Natur, 77; Frau Mühlenbeck im Gehäus, 80; Die gemusterte Nacht, 81; Rita Münster, 83; Berittener Bogenschütze, 86; Die gemusterte Nacht, 89; Die Frau in den Kissen, 90. – *Lyrik:* Die Revolution der Nachahmung oder Der tatsächliche Zusammenhang von Leben, Liebe, Tod (Lyrik u. Kurzprosa), 75; 50 energische Momente, 79. – *Essays:* Aufsätze zur Literatur, 87.

Kröpcke, Karol → Krolow, Karl

Krüger, Hans-Werner → Heise, Hans-Jürgen

Krüger, Horst (Friedrich Oswald), *17.9.1919 Magdeburg.

K., Sohn eines Amtmanns, wuchs in Berlin auf, studierte dort und in Freiburg Philosophie und Literaturwissenschaft. 1939/40 aus politischen Gründen einige Zeit in Haft, war K. seit 1942 Soldat und geriet in Kriegsgefangenschaft. Er arbeitete nach 1945 als freier Publizist, war 1962–67 Leiter des Literarischen Nachtstudios beim Südwestfunk Baden-Baden und ist seither freier Schriftsteller und Publizist. K. war Mitglied des VS, gehört dem PEN an und erhielt mehrere Auszeichnungen, u.a. 1972 den J.-H.-Merck-Preis, 1973 den Berliner Kritikerpreis und 1980 die Goethe-Plakette der Stadt Frankfurt, 1990 den Hessischen Kulturpreis. – Neben zahlreichen politischen und literarischen Essays schrieb K. den autobiographischen Roman *Das zerbrochene Haus*, in dem er seine Jugend in der Zeit des Faschismus nüchtern beobachtend und gerade deswegen eindrucksvoll beschrieben hat. Als Feuilletonist und Reiseschriftsteller gelingt es ihm immer wieder, in der Darstellung fremder Kulturen und Landschaften Anschauung und Information lebendig und lesbar zu vermitteln.

W.: Romane, Erzählungen, Feuilletons: Das zerbrochene Haus, 1966; Deutsche Augenblicke, 69; Zeitgelächter, 73; Poetische Erdkunde, 78; Spötterdämmerung, 81; Damals und anderswo, 83; Tiefer deutscher Traum. Reisen in die Vergangenheit, 83. – *Essays, theoretische Schriften, Reiseberichte:* Zwischen Dekadenz und Erneuerung, 52; Stadtpläne, 67; Fremde Vaterländer, 71; Ostwest-Passagen, 75; Wo Bayern beginnt. Ein Loblied auf Mainfranken, 77; Ludwig lieber Ludwig, 79; Zwischen Rügen und Elbsandsteingebirge, 81; Der Kurfürstendamm, 82; Rothenburg ob der Tauber, 87; Die Frühlingsreise. Sieben Wetterberichte aus Europa, 88. – *Sammel- u. Werkausgaben:* Unterwegs. Gesammelte Reiseprosa, 80; Erste Augenblicke, 83; Deutsche Stadtpläne, 84; Zeit ohne Wiederkehr. Gesammelte Feuilletons, 85; Kennst du das Land. Reise-Erzählungen, 87; H. K. – ein Schriftsteller auf Reisen, 89 (mit eigenen Texten). – *Herausgebertätigkeit:* Das Ende der Utopie. Hingabe und Selbstbefreiung früherer Kommunisten, 63; Was ist heute links?, 63; Huelsenbeck, R.: Reise bis ans Ende der Freiheit, 84 (mit U. Karthaus).

Krüger, Michael, *9.12.1943 Wittgendorf (Kr. Zeitz).

Nach Abitur und Verlagslehre arbeitete K. als Buchhändler in London, studierte an der FU Berlin und arbeitete seit 1968 als Lektor beim Hanser Verlag in München, dessen literarische Abteilung er seit 1987 leitet. K. ist Mitglied des VS und des PEN, der Deutschen Akademie der Wissenschaft und Literatur, der Deutschen Akademie für Sprache und Dichtung. Er war Mitbegründer und Generalsekretär des Petrarca-Preises, erhielt selbst zwei Förderpreise und 1986 den Peter-Huchel-Preis. – *Reginapoly*, seine erste Sammlung vorher verstreut erschienener Gedichte, ist eine Mischung aus «Kopfgesprächen» und «Gedankenreisen». In den seither erschienenen Lyrikbänden beschrieb K. in präzisen und einprägsamen Bildern die natürliche und soziale Umwelt mit all ihren Brüchen und Beschädigungen.

W.: Romane, Erzählungen, Prosa: Was tun?, 84; Warum Peking?, 85; Wieso ich?, 87. – *Lyrik:* Reginapoly, 76; Diderots Katze, 78; Nekrologe, 79; Lidas Taschenmuseum, 81; Aus der Ebene, 82; Stimmen, 83; Wiederholungen, 83; Die Dronte, 85; Zoo, 86; Welt unter Glas, o. J.; Idyllen und Illusionen, 89. – *Übersetzungen:* Le Fanu, Sh.: Onkel Silas, 72. – *Sammel- und Werkausgaben:* Warum Peking? Wieso ich?, 89. – *Herausgebertätigkeit:* Tintenfisch, Jg. 1 ff, 68 ff (mit K. Wagenbach); Akzente, Bd 23 ff, 76 ff (bis 1980 mit Hans Bender); Kalender zur deutschen Literatur des 16. Jahrhunderts, o. J.; Kalender zur deutschen Literatur des 17. Jahrhunderts, o. J.; Kalender zur Geschichte des 18. Jahrhunderts, o. J.; Kommt Kinder, wischt die Augen aus, es gibt hier was zu sehen, 74 (mit H. Heckmann); Was alles hat Platz in einem Gedicht?, 77 (mit H. Bender); Vaterland – Muttersprache, 79 (mit K. Wagenbach u. W. Stephan); Kunert lesen, 79; Bienek lesen, 80; Z. Herbert: Das Land, nach dem ich mich sehne, 87. – *Schallplatten u. ä.:* Deutsch für Deutsche, 75 (mit L. Harig).

Kruse, Hinrich, *27. 12. 1916 Toftlund (Dänemark)
K. ist Sohn eines Lehrers, wuchs seit 1926 in Hamburg auf, wo er die Oberrealschule besuchte. 1936–38 war er auf der Hochschule für Lehrerausbildung in Kiel. 1938–45 Soldat. Seit 1946 Volksschullehrer in verschiedenen Orten Schleswig-Holsteins. Er ist Mitglied des Eutiner Dichterkreises und erhielt 1965 den Hans-Böttcher-, 1974 den Quickborn- und 1979 den Fritz-Reuter-Preis. – Untypisch für die niederdeutsche Literatur sind die wesentlichen Arbeiten K.s bis heute. Sie verzichten bewußt auf alles Heimattümelnde, Verklärende und das bloß ‹Lustige›. Sozial- und Zeitkritik bestimmen sein Werk, vor allem die deutsche Vergangenheit und die unterbliebene Auseinandersetzung mit dem Nationalsozialismus und dem Erlebnis des Krieges. Seit Mitte der 50er Jahre beschäftigt sich K. in Hörspielen (u. a. *Klaas sien Peerd, Töven op wat, Quitt*), in seiner Lyrik und seinen Erzählungen, etwa der Sammlung mit dem programmatischen Titel *Güstern is noch nich vörbi*, mit diesen Themen. Formal wie inhaltlich hat K. damit der niederdeutschen Literatur neue Wege gewiesen, deren Bedeutung über den Bereich der Mundart weit hinausreicht.

W.: Romane, Erzählungen, Prosa: Niederdeutsche Volksgeschichten, 1941; Dumm Hans, 46 (Auswahl daraus 53); Wat sik dat Volk vertellt, 53; Fürpüster, 55; Weg un Ümweg, 58 (erw. 79); Güstern is noch nich vörbi, 69; «Nicks för ungot!» sä' de anner, 71; Klaas Andrees; dat tweet Book Döntjes, o. J.; Dar hett en Uul seten, 83; De Austern-Story an anner hungerige un döstige Geschichten, 83; Goot för de Müüs. Füürpüstergeschichten, (2 verb. u. erw. Aufl.) 86; Dumm Hans weet Bescheed, 86; Kannst nix bi maken!, 86. – *Dramen:* Station 45..., 70. – *Lyrik:* Mitlopen, 61; Dat Gleis, 67; Ümkieken, 79. – *Hörspiele (nur z. T. gedruckt):* Een Auto föhrt över den Jupiter, 55; Klaas sien Peerd, 56; Töven op wat, 59 (in: Niederdeutsches Hörspielbuch I, hg. W. A. Kreye, 61); Dat Andenken, 63; De Bischoff von Meckelnborg, 64; Quitt, 67 (in: Niederdeutsches Hörspielbuch II, hg. W. A. Kreye, 71); Souvenir, 68; Glatties, 69; Statschon 45, 71; De Stimm', 71; Op de Fähr, 72; Wrist – ümstiegen!, 73; De Höll hitt maken, 74; Een Breefdräger klingelt, 76; Rugenbarg, 77; Ick harr mien Zigaretten vergeten, 79; Böóm waßt liekers, 79; De Schrievdisch weer blank, 81; Slapen Hunnen, 84; De Notbrems trecken, 86. – *Schlattplatten u. ä.:* «To Gast» an andere Geschichten, 67; Dat Andenken, o. J.; De Höll hitt maken, 75; Nicks för ungot!, 78; Dat hest di dacht!, 80; De Schrievdisch weer blank, o. J.

Krüss, James (Pseud. Markus Polder, Felix Ritter), *31. 5. 1926 Helgoland.
Der aus einer alten Fischerfamilie stammende K. verbrachte die Kindheit auf Helgoland, dessen Ehrenbürger er inzwischen ist, wandte sich nach einem abgeschlossenen Lehrerstudium publizistischen Tätigkeiten für Presse und Rundfunk zu, wurde dann in München von Erich Kästner zum Schreiben von Kinderbüchern angeregt und entwickelte sich in der Folgezeit zum auch international erfolgreichsten deutschen Kinderbuchautor der Nachkriegszeit. Für sein umfangreiches und vielschichtiges Werk ist K. mit zahlreichen Literaturpreisen bedacht worden. Mit seinen Mitte der 50er Jahre erscheinenden ersten wichtigen Titeln bringt K. eine neue Dimension der «Frische» und Verspieltheit in die Kinderliteratur ein. Spaß und Nonsens, Poesie und Phantasiefreudigkeit kennzeichnen seine Gedichte und Reime wie seine kurzen und langen Erzählungen. Herausragend sind die auf autobiographischer Erfahrung basierenden Bücher *Der Leuchtturm auf den Hummerklippen*, *Mein Urgroßvater und ich*, *Mein Urgroßvater, die Helden und ich*, in denen K. in

eine realistische Rahmenerzählung komische Verse, Sprachspielereien, phantastische Geschichten, Reflexionen über das Erzählen und Probleme aus der Erfahrungswelt der Kinder einbettet. Vor allem in den frühen Büchern ist K.' phantastische Fabulierfreude nicht zur Flucht aus der Wirklichkeit gedacht, sondern soll den Lesern Wirklichkeit von einem humanistischen Standpunkt aus erschließen helfen. Politisches Engagement mit Nonsens, Situationskomik verbindet K. beispielhaft in der Kinderutopie *Die glücklichen Inseln hinter dem Winde*, auf denen Gleichheit, Vernunft, Frieden herrschen. Als K.' wichtigster Kinderroman gilt die Geschichte von dem Jungen, der sein Lachen verkaufte: *Timm Thaler*, wobei der Verlust des Lachens für junge Leser verständlich einen Verlust von Menschlichkeit symbolisiert, den K. hier in der Inhumanität der kapitalistischen Welt begründet sieht. Auch in späteren Jahren bleibt K. mit zahlreichen Texten für Bilderbücher, Kinderfilme und -hörspiele populär, nimmt er Kinder als Leser ernst, wie er es in den Essays seines Bandes *Naivität und Kunstverstand* fordert, jedoch reduziert er sein politisches Engagement zugunsten von manchmal idyllisch wirkender Unterhaltung.

W.: Kinder- und Jugendbücher: Hanselmann reist um die Welt, 1953; Hanselmann hat große Pläne, 54; Die Hundefarm von Pudelslust, 54; Christoffel und sein Schimmelchen, 56; Der Leuchtturm auf den Hummerklippen, 56; Ladislaus und Annabella, 57; Kinder, heut ist Wochenmarkt, 57; Susebilles große Reise, 57; Henriette Bimmelbahn, 57; Schimmel angespannt, wir fahrn aufs Land!, 57; Das verzauberte Dorf, 58; Zirkuswelt – Wunderwelt, 58; Der Leierkasten-Jan aus Amsterdam, 58; Spatzen lügen, 58; Die glücklichen Inseln hinter dem Winde, 58; Der blaue Autobus, 58; Der kleine Doppeldecker, 59; Die kleine gelbe Straßenbahn, 59; Abc, Abc, Arche Noah sticht in See, 59; Der Wunderteppich, 59; Es war einmal ein Mann, 59; Mein Urgroßvater und ich, 59; Frosch und Vogel, Huhn und Hahn, 60; Eine lustige Froschreise, 60; Der Reisepudel Archibald, 60; Tetjus Timm, 61; Der wohltemperierte Leierkasten, 61; Michele Guck-Dich-Um, 61; Florentine und die Tauben, 61; Fridolin Maus, 61; Ich möchte einmal König sein, 61; Die ersten Jahre, 61; Dsemal und der Schornsteindieb, 62; Abdullah und die Dattel-

diebe, 62; Florentine und die Kramerin, 62; Die kleinen Pferde heißen Fohlen, 62; Timm Thaler oder das verkaufte Lachen, 62; Die Sprechmaschine, 62; Adler und Taube, 63; Die Seefahrt nach Rio, 63; Zehn kleine Negerlein, 63; 3x3 an einem Tag, 63; Die Kinderuhr, 63; Karlemann und Karoline, 63; ABC und Phantasie, 64; Hendrikje mit den Schärpen, 64; Annette mit und ohne Mast, 64; Pauline und der Prinz im Wind, 64; Der kleine Leierkasten, 65; Fahre mit durchs ABC, 65; Die ganz besonders nette Straßenbahn, 65; James' Tierleben, 65; Auf sieben geschliffenen Kieseln, 65; Sängerkrieg der Heidehasen, 65; Du hast die ganze Welt zu Haus, 66; Was sagte die Glucke zu den Küken?, 66; Der Trommler und die Puppe, 66; Was holt die Maus in ihr Haus?, 66; Lirum, Larum, Leierkasten, 66; Der Dreckspatz und das Plappergänschen, 67; Welches Tier hat sieben Meter Halsweh?, 67; Mein liebstes Geschichtenbuch, 67; beim Urgroßvater, die Helden und ich, 67; Briefe an Pauline, 68; Ein-, Eich- und Mondhorn, 68; Grüß Gott, ich bin der Hansel, 68; Hoppla und Hü, 68; Der verwirrte Großpapa, 68; Was kleine Kinder gern mögen, 68; Bienchen, Trinchen, Karolinchen, 68; In Tante Julies Haus, 69; Ich wär' so gerne Zoodirektor, 69; Das Puppenfest, 69; Zirkus auf dem Fußballplatz, 69; Gongo und seine Freunde, 69 (Bd 2, 70); Anton und der Wal, 70; Der Schneider und der Riese, 70; Pan Tau und die Kinder im Schnee, 70; Pan Tau und die schöne Bescherung, 70; Zehn kleine Negerlein (mit H. Lemke), 70; Pan Tau, ein Junge und ein großer Dampfer, 70; Der musikalische Drache, 71; Wer rief denn bloß die Feuerwehr, 71; 1x1 = 1 der Kasper fährt nach Mainz, 71; Die Abenteuer der Berta Besenbinder, 72; Die Geschichte vom großen A, 72; Seht her, ich bin der Hansel, 72; Das gereimte Jahr, 73; Friesische Gedichte, 73; Das Buch der sieben Sachen zum Staunen und zum Lachen, 73; Geschichten aus allen Winden, 73; Die Bremer Stadtmusikanten, 74; Der kleine Weißfellkater, 74; Die Geschichte vom Birnbaum, 74; Tantchen, 74; Aufruhr in Manneken-Panneken-Berg (mit A. Lindgren); Flora biegt Balken, 74; Ergebner Diener, sprach der Fuchs, 75; Mein Teddybär und ich, 75; Der kleine Flax, 75; Was versteckt sich da?, 75; Es war einmal ein Kind, 76; Es war einmal eine Frau, 76; Der fliegende Teppich, 76; Die Abenteuer des kleinen Elefanten Gongo, 76; Und weiter ist nichts los, 77; Sommer auf den Hummerklippen, 77; Das U-Boot Fritz, 77; Briefe an Pauline, 77; Pauline und ich, 77; Das kleine Mädchen und das blaue Pferd, 77; Gäste auf den Hummerklippen, 78; Ein kleiner Mops mit Namen Meier, 78; Paquito oder der fremde Vater, 78; Das Puppenfest, 78; Gongo rette dich!, 79; Die Reise durch das A, 79; Der Rummelplatz fängt an, 79; Timm

Thalers Puppen oder die verkaufte Menschenliebe, 79; Nicky und Nanettchen, 79; Das neue Papageienbuch, Bd 1, 79 (Bd 2, 80); Der Weihnachtspapagei, 79; Alle Kinder dieser Erde, 79; Amadito oder der kleine Junge und ich, 80; Die Fabeluhr, 81; Der Drachenturm (mit E. Rubin), 81; Wir zeichnen Tiere (mit A. Davidow), o.J; Florian auf der Wolke, 81; Vom schönen Tausend-Wünsch-Baum, 81; Signal Molly oder die Reise auf der Kuh, 82; Der Zauberer Korinthe, 82; Der Kinder-Lieder-Leierkasten, 82; Meyers Buch vom Menschen und von seiner Erde, 83; Wie macht man goldnen Apfelsaft?, 83; Henriette Bimmelbahn, Auto, Flugzeug, Bus und Kahn (mit P. Wiegandt), 83; Freunde von den Hummerklippen oder Die Höhle der weißen Taube, 83; Schweinchenspaß (mit A. Lobel), 84; Weihnachten auf den Hummerklippen, 84; Die Schiffbrüchigen oder Die Fabelinsel, 84; Von dazumal bis heuzutage, 84; Abschied von den Hummerklippen, 85; Was versteckt sich da? (mit H. Lentz), 86; Glucke, Puppe, Kasper, Bär, Rummelplatz und Feuerwehr, 88; Der Wettstreit der Instrumente (mit A. Izsak), 88 (mit Kass.); Historie von der schönen Insel Helgoland. In Verse gebracht und mit Zeichnungen versehen [mit anderen], 88; Die Sternenfee. Nach einer Erzählung von M. Carème, 88; Beim Milchmann gibt's kein Briefpapier (mit E. Witt-Hidé), 88; Die Geschichte vom Huhn und vom Ei, 89; Sonntagmorgen-Geschichten, 89. – *Sonstige Prosa und Lyrik:* Der goldene Faden, 46; Heimkehr aus dem Kriege, 65; Polulangrische Lieder, 68; Das deutsche Lied in Modellen, 75; Der Harmlos, 88. – *Hörspiele:* Sängerkrieg der Heidehasen und andere Kinderhörspiele, 65 (Neuaufl. u. d. T. Das Hemd des Glücklichen). – *Essay:* Naivität und Kunstverstand, 68. – *Übersetzungen, Nachdichtungen:* Lindgren-Enskog, B.: Mutters wildes Hänschen, 81; Lindgren-Enskog, B./E. Eriksson: Das wilde Hänschen fährt zur See, 83; Lagercrantz, R. und S.: Karlchen wär gern stark und groß, 85. – *Sammel- und Werkausgaben:* Die Geschichte der 101 Tage, 17 Bde, 68–89. – *Herausgebertätigkeit:* So viele Tage wie das Jahr hat. 365 Gedichte für Kinder und Kenner, 59; Mark Twain: Die Eine-Million-Pfund-Note, 59; Die Hirtenflöte. Europäische Volkslieder, 65; Seifenblasen zu verkaufen, 70; Inselgeschichten, 79. – *Schallplatten, Kassetten:* Der Sängerkrieg der Heidehasen, ca. 86 (Kass.).

Kuba (eig. Kurt Barthel), *8.6.1914 Garnsdorf bei Chemnitz, †12.11.1967 Frankfurt/M.
Kuba entstammte einer Arbeiterfamilie. Seine Mitgliedschaft in der sozialistischen Arbeiterjugend zwang ihn 1933 zur Emigration. 1946 kehrte er nach Deutschland zurück. In vielen verantwortlichen Positionen (u.a. als Mitglied des ZK der SED) nahm er aktiv, wegen seines Dogmatismus häufig umstritten, am gesellschaftlichen und kulturellen Aufbau der DDR teil. Vierfacher Nationalpreisträger. – Seine frühen Gedichte sind geprägt durch Themen wie den Kampf gegen die Kriegsgefahr, den Aufbau der proletarischen Solidarität und die Auseinandersetzung mit der Sozialdemokratie. Agitation und Propaganda verkürzten jedoch in der schroffen Entgegensetzung von Krieg und Tod, Aggression und Zerstörung gegenüber nützlicher menschlicher Arbeit und friedlichem Gedeihen eine weitergehende Auseinandersetzung mit diesen Themen. Im *Gedicht vom Menschen* versuchte K. jene Schwächen zu überwinden, indem er die Menschen so darstellte, daß ihnen die historische Bedeutung ihres alltäglichen Tuns bewußt wird. Die heterogene Anlage des Poems schließt die philosophische Reflexion ein. Das temperamentvolle Pathos seiner Texte und die zum Teil waghalsigen Metaphern verhinderten eine Wirkung über den aktuellen Anlaß hinaus. K.s Talent zu scharfer Beobachtung zeigte sich in den China-Reportagen *Osten erglüht.*

W.: Romane, Erzählungen: Schlösser und Katen, 1971; Zack streitet sich mit der ganzen Welt, 82. – *Dramen, dramatische Dichtungen, Filmbücher:* Hexen, 52; Schlösser und Katen, 55; Vergeßt mein Traudel nicht, 57; Klaus Störtebecker, 59; Terra incognita, 64. – *Reportagen:* Gedanken im Fluge, 49; Osten erglüht, 54. – *Lyrik:* Gedicht vom Menschen, 48; Kantate auf Stalin, 49; Gedichte, 52; Gedichte, 61; Brot und Wein, 61. – *Essays:* Das Wirkliche und das Wahre, 84. – *Nachdichtung:* Nezval. – *Sammel- und Werkausgaben:* Gesammelte Werke in Einzelausgaben, Bd 1 ff, o.J.

Kubin, Alfred, *10.4.1877 Leitmeritz (Böhmen), †20.8.1959 Zwickledt (Oberösterreich).
Autodidaktischer Einzelgänger, Kunststudien in Salzburg und München, rasche Anerkennung als Zeichner und Illustrator, Studienreisen (Frankreich, Italien, Schweiz, Balkan). Ab 1906 meist zurückgezogene Existenz als fruchtbarer Illu-

strator, Zeichner, Maler, Schriftsteller in Zwickledt.

K.s Doppelbegabung äußert sich in zahlreichen kongenialen Illustrationen zur Weltliteratur (Poe, Hoffmann, Dostoevskij). Literarisch beeinflußt durch Blake, Poe, die deutsche Romantik (Hoffmann). Sein Hauptwerk, der Roman *Die andere Seite*, ist eine traumhaft-absonderliche Mischung aus Bildungsgut (indische Mythologien, Schopenhauer, Privatkosmogonien), literarischen Traditionen (Romantik, Expressionismus, Meyrink) und Selbstanalyse. Zwischen Faszination und Ekel schwankend zeigt K. den Grenzen und Gestalten auflösenden Verfall eines visionären Dämmerungsreiches und dessen Kampf mit einem produktiven Prinzip. Umfangreiche autobiographische Prosa.

W.: Romane, Erzählungen: Die andere Seite, 1909; Der Guckkasten, 25. – *Essays, autobiographische Schriften, Briefe, Sonstiges:* Sansara, 11; Von verschiedenen Ebenen, 22; Dämonen und Nachtgesichte, 26; Vom Schreibtisch eines Zeichners, 39; Abenteuer einer Zeichenfeder, 41; Nüchterne Balladen, 49 (mit O. Rotterheim); Kollege Großmann. Eine Plauderei, 51; Phantasien im Böhmerwald, 51; Abendrot, 52; Briefe an eine Freundin, 65; Wanderungen zu A. K. Aus dem Briefwechsel, 69; Die wilde Rast. Briefe an R. u. H. Koeppel, 73; Aus meiner Werkstatt, 73; Aus meinem Leben, 74; A. K./F. von Herzmanovsky-Orlando, Briefwechsel, 77; A. K./Friedländer, Salomo (Mynona): Briefwechsel 1915–1942, 85.

Kuby, Erich (Pseud. A. Parlach), *28. 5. 1910 Baden-Baden.
K. wuchs als Sohn eines Landwirts auf dem elterlichen Hof in Oberbayern auf und studierte Volkswirtschaft in Hamburg, Erlangen und München. Nach dem 2. Weltkrieg wurde er Journalist, 1947 Chefredakteur der Zeitschrift «Der Ruf», dann 10 Jahre bei der «Süddeutschen Zeitung» und ab 1958 Redakteur bei der Zeitung «Die Welt». K. wurde nach dem Ausscheiden aus dem Springer-Konzern nicht nur zu einem der schärfsten Ankläger dieser Presse-Gruppe, sondern auch zum Kritiker aller Rechtstendenzen in der Bundesrepublik. Mit dem Film *Das Mädchen Rosemarie* (1957) und dem Roman *Rosemarie, des*

deutschen Wunders liebstes Kind leitete K. die geistige Auseinandersetzung mit dem Wirtschaftswunder ein und leistete einen Beitrag zur Bewußtwerdung. In seinem Buch *Die deutsche Angst. Zur Rechtsdrift in der Bundesrepublik* glaubt er, vom Standpunkt eines Mediziners die spätbürgerliche Gesellschaft diagnostizieren zu können. K. schrieb eine große Anzahl von Hörspielen. – Mit *Mein ärgerliches Vaterland* nimmt K. eine Bestandsaufnahme von 40 Jahren bundesrepublikanischer Geschichte vor.

W.: Romane, Prosa: Demidoff oder von der Unverletzlichkeit des Menschen, 47; Rosemarie, des deutschen Wunders liebstes Kind, 1958; Sieg, Sieg, 61. – *Berichte, Essays:* Das ist des Deutschen Vaterland, 57; Nur noch rauchende Trümmer, 59; Alles im Eimer – siegt Hitler bei Bonn?, 60; Im Fibag-Wahn oder Sein Freund der Herr Minister, 62; Richard Wagner, 63; Die Russen in Berlin 1945, 65; Die deutsche Angst, 70; Mein Krieg. Aufzeichnungen aus 2129 Tagen, 77; Verrat auf deutsch. Wie das Dritte Reich Italien ruinierte, 82; Der Fall «stern» und die Folgen, 83; Die Deutschen in Amerika, 83; Aus schöner Zeit, 84; Das Ende des Schreckens, 84; Der unsterbliche König, 86; Als Polen deutsch war, 86; Der Spiegel. Das deutsche Nachrichtenmagazin – kritisch analysiert, 87; Deutsche Schattenspiele, 88; Die Russen in Berlin 1945, 88; Mein ärgerliches Vaterland, 89; Mein Krieg 1939–1944, 89.

Küfer, Bruno → Scheerbart, Paul

Kuh, Anton (Pseud. Anton Yorick), *12. 7. 1891 Wien, †18. 1. 1941 New York.
K. war Sohn des späteren Chefredakteurs des «Neuen Wiener Tageblatts», der Enkel des Begründers des «Tagesboten aus Böhmen», wuchs also in einer journalistisch geprägten Familie auf. Nach Studien an der Wiener Universität arbeitete er für verschiedene Zeitungen und Zeitschriften in Berlin und Wien. K. schrieb Feuilletons, politische und literarische Betrachtungen, in denen er sich nicht nur mit der Literatur und dem Leben der Zeit, sondern zunehmend auch mit den politischen Veränderungen auseinandersetzte. Bekannt wurde er durch die Sammlungen seiner Aphorismen und seine Vorträge, in denen er aus dem Stegreif über literarische und politische The-

men sprach. Berühmt wurde vor allem seine brillante Attacke auf Karl Kraus, den er in einem Vortrag als «Affen Zarathustras» bezeichnete.

Seit Mitte der 20er Jahre lebte K. in Berlin, wo er Gelegenheit hatte, den Hitler-Faschismus in seiner Entwicklung zu beobachten. Nach der Machtübergabe 1933 verschärfte K., inzwischen wieder in Wien lebend, unter dem Eindruck des faschistischen Terrors seine Kritik an der Ideologie und Wirklichkeit der neuen «Führer» und der sie tragenden Gesellschaft. Unmittelbar vor dem ‹Anschluß› Österreichs emigrierte K. in die Tschechoslowakei und noch im selben Jahr in die USA, wo er sich in New York niederließ. Dort schrieb K. u.a. für den deutschsprachigen «Aufbau».

W.: Essays, Aphorismen, Prosa: Juden und Deutsche, ein Resümee, 1921; Von Goethe abwärts. Essays in Aussprüchen, 22; Der Affe Zarathustras, ein Stegreifvortrag, 25; Der unsterbliche Österreicher, 30; Physiognomik. Aussprüche, 31. – *Sammel- und Werkausgaben:* Von Goethe abwärts, 63; Luftlinien, 81; Zeitgeist im Literatur-Café, [2]85; Hans Nebbich im Glück, 87; Metaphysik und Würstel, 87. – *Herausgebertätigkeit:* Börne der Zeitgenosse, 21.

Kühn, August (eig. Rainer Zwing), *25.9.1936 München.

Gelernter Optikschleifer, zeitweise Münchner Lokalreporter, Kabarettist, Versicherungsangestellter, Kommunalangestellter. K. lebt als freier Schriftsteller. – *Westend-Geschichten:* Versuch, an biographischen Schicksalen aus einem Münchner Arbeiterviertel, K.s Viertel, die Realität eines Stücks Großstadtmilieu zu schildern. – *Eis am Stecken:* Betriebsroman in Reportageform um Solidarität zwischen Arbeitenden und Intelligenz, um politische Bewußtseinsbildung. – *Zeit zum Aufstehn:* Mit Glaubhaftigkeit und Natürlichkeit geschriebene Familienchronik aus Münchner Proletariermilieu und Kleinbürgertum in den letzten hundert Jahren. – *Jahrgang 22* wird als Schelmenroman bezeichnet: an einem Lebenslauf wird Zeitgeschichte (d.h. wie man sich mit List über die Zeit des Faschismus hinwegrettet) aufgezeigt. In *Fritz Wachsmuths Wunderjahre* wird der Lebenslauf der gleichen Hauptfigur in der Nachkriegszeit verfolgt: Es geht K. darum, kritisch zu überprüfen, ob und wieweit es einer kleinbürgerlichen Schicht möglich war, nach Jahren des Sich-Durchmogelns zu einer entschiedenen politischen Identität zu finden. – *Die Vorstadt* stellt am Beispiel einer Familie die Geschichte eines Stadtteils vom 13. bis ins 20. Jahrhundert dar.

W.: Romane, Erzählungen: Westend-Geschichten. Biografisches aus einem Münchner Arbeiterviertel, 1972; Eis am Stecken. Betriebsroman, 74; Zeit zum Aufstehn. Eine Familienchronik, 75; (unter dem Namen R. Z.) Massbierien. Lob eines trink- und sangesfreudigen Volkes, 77; Münchner Geschichten, 77; Jahrgang 22 oder die Merkwürdigkeiten im Leben des Fritz Wachsmuth. Schelmenroman, 77; Fritz Wachsmuths Wunderjahre, 78; Die Affären des Herrn Franz, 79; Die Vorstadt, 81; Wir kehren langsam zur Natur zurück, 84; Meine Mutter 1907, 86. – *Dramen:* Der bayrische Aufstand. Volksstück, 73; Zwei in einem Gewand oder Die nichtmögliche Wandlung des Unternehmers und Menschen Hubmann. Komödie, 73.

Kühn, Dieter, *1.2.1935 Köln.

K. wuchs in Bayern und Düren auf, studierte Germanistik und Anglistik in Freiburg, München und Bonn, wo er 1964 mit einer Arbeit über Musils *Der Mann ohne Eigenschaften* promovierte. K. ist Mitglied des PEN-Zentrums. Bisher über 40 Hörspiele, 1974 Hörspielpreis der Kriegsblinden. Im selben Jahr erhielt er den Georg-Mackensen-Literaturpreis, 1977 den Hermann-Hesse-Preis. 1980/81 Stadtschreiber von Bergen-Enkheim. Gastprofessur an der Gesamthochschule Kassel. 1989 Gr. Literaturpreis der Bayerischen Akademie der Schönen Künste. Mit seiner fiktiven «sozialen Biographie» Napoleons *N* erweiterte K. das historische Erzählen um die Kategorie des Möglichen. Was war, wird gemessen an dem, was möglich gewesen wäre. Napoleon wird so nicht als große Figur der Geschichte, sondern als einzelner im Kräftespiel der Zeitinteressen und des Zufalls dargestellt. Diesem Anspruch der Demontage entspricht eine gefällige und witzige Sprache plastischer Bilder und einer raschen Reportage. Mit dem Problem der Geschichte und der Französischen Revolution hatte sich K. schon in seinen Essays *Grenzen des Widerstands* auseinandergesetzt. In seinem Roman *Ausflüge im Fesselballon* übertrug K. als Parodie des Bildungsromans die formalen Mittel der Variation und Parallele auf die Darstellung einer zeitgenössischen Biographie des Lehrers Braemer. Auch in diesem Fall ist der einzelne die «Koordinationsfigur» verschiedener Berufsmöglichkeiten und sozialer Rollen.

1973 erschien der umfangreiche Roman *Die Präsidentin*, in dem es um die berühmte Wirtschaftsverbrecherin Marthe Hanau geht. In diesem Buch versucht K. gleich mehreres: keine Biographie zu schreiben und dafür die M. Hanau in anderen Berufen oder in einem anderen sozialen System zu zeigen; ihre Geschichte als Beispiel für das Funktionieren weiterer Wirtschaftsvergehen (in Vergangenheit und Gegenwart) zu erzählen; Einblick zu geben in den literarisch kaum behandelten Bereich der Börse und des Kapitalmarkts; und dies alles ist gekoppelt mit der Darstellung des Recherchierens und Erzählens. K. gelingt es auf diese Weise, eine spröde Materie spannend und informativ in einer Mischung aus Roman und Essay darzustellen. Ein ganz ähnliches Verfahren wählte K. in seinem bisher erfolgreichsten Buch *Ich Wolkenstein. Eine Biographie*: auch hier die Kombination von Dokument und Fiktion, von Kommentar und Information, von Erzählen und Berichten übers Erzählen. – Mit der gegenüber 1981 erweiterten und neubearbeiteten Fassung des *Neidhart aus dem Reuental* gelingt K. ein Panorama des Lebens im Mittelalter am Beispiel dieses fahrenden Dichters – eine Mischung aus Erzählung und erzählender Aufbereitung historisch gesicherten Materials.

Der Roman *Stanislaw der Schweiger* ist eine interessante Kombination des Horror- und Vampirgenres, darüber hinaus eine Studie über das Verhältnis von Herrschaft und Knechtschaft. Und in der Erzählung *Und der Sultan von Oman* verbindet er Elemente des Märchens mit denen dokumentarischer Recherchen, um die Hintergründe des zeitgenössischen Ölgeschäfts sowohl der arabischen Förderstaaten als auch der multinationalen Ölkonzerne zu erzählen. Weitere Themen werden schon an den Titeln der Bücher deutlich: *Musik & Gesellschaft*, *Netzer kam aus der Tiefe des Raumes* als Herausgeber, *Luftkrieg als Abenteuer* und *Unternehmen Rammbock. Planspielstudie zur Wirkung gesellschaftskritischer Literatur*.

W.: *Prosa:* N, 1970; Ausflüge im Fesselballon, 71 (Neufsg 77); Siam-Siam. Ein Abenteuerbuch, 72; Die Präsidentin, 73 (gekürzt 82); Festspiel für Rothäute, 74; Stanislaw der Schweiger, 75; Josephine. Aus der öffentlichen Biografie der Josephine Baker, 76; Ich Wolkenstein. Eine Biographie, 77; Ludwigslust, 77; Und der Sultan von Oman, 79; Auf der Zeitachse, 80; Herr Neidhart, 81; Der wilde Gesang der Kaiserin Elisabeth, 82; Der Himalaya im Wintergarten, 84; Die Kammer des schwarzen Lichts, 84; Der König von Grönland, 85; Bettines letzte Liebschaften, 85; Flaschenpost für Goethe, 85; Der Parzival des Wolfram von Eschenbach, 86; Neidhart aus dem Reuental, 88. – *Essays:* Analogie und Variation. Zur Analyse von Robert Musils Roman «Der Mann ohne Eigenschaften», 65; Musik und Gesellschaft. Essays, 71; Grenzen des Widerstands. Essays, 72; Unternehmen Rammbock. Planspielstudie zur Wirkung gesellschaftskritischer Literatur, 74; Luftkrieg als Abenteuer. Kampfschrift, 75; Löwenmusik, 79; Auf der Zeitachse. Essays, 89. – *Dramen, Hörspiele (z. T. ungedruckt):* Präparation eines Opfers (Hsp.), 68 (als Stück UA 70); Simulation, UA 72; Ein Schrank wird belagert, UA 74; Goldberg-Variationen. Hörspieltexte mit Materialien, 76; Op der Parkbank. Texte in Kölner Mundart, 76; Herbstmanöver, UA 77; Separatvorstellung, UA 78; Gespräche mit dem Henker, UA 79; Galaktisches Rauschen. 6 Hörspiele, 89; Im Zielgebiet, UA 82; Ein Tanz mit Mata Hari, UA 83; Zehntausend Bäume, UA 83; Im Zauberpferd nach London, 86. – *Lyrik:* Schnee und Schwefel, 82. – *Kinderbücher:* Mit dem Zauberpferd nach London. Kinderroman, 74; Achmeds Geheimsprache. Bilder von Kurt Halbritter, 76; Die Geisterhand, 78; Der Herr der fliegenden Fische, 79. – *Sammel- und Werkausgaben:* Trilogie des Mittelalters, 3 Bde, 88. – *Herausgebertätigkeit:* Netzer kam aus der Tiefe des Raumes. Notwendige Beiträge zur Fußballweltmeisterschaft (mit L. Harig), 74; Johann Most. Ein Sozialist in Deutschland, 74; Eduard Pöppig: In der Nähe des ewigen Schnees, 75; Bettine von Arnim, 82; Liederbuch für Neidhart, 83.

Kulka, Georg Christoph, *5.6.1897
Weidlingen/Niederösterreich,
†29.4.1929 Wien (Freitod).
K. stammt aus einer ungarisch-jüdischen
Familie. Er besuchte 1908–16 das humanistische Gymnasium in Wien und wurde
dann eingezogen. Er kehrte als österreichischer Reserveoffizier aus dem
Krieg zurück, studierte Philosophie in
Wien und promovierte 1922. 1920 arbeitete er beim Verlag Eduard Strache in
Wien, 1922 bei Gustav Kiepenheuer in
Potsdam. Nach dem Tod seines Vaters
führte er dessen Getreidefirma in Wien
weiter. – K. wurde durch seine Mitarbeit
an wichtigen expressionistischen Anthologien und Blättern sowie durch seinen
Gedichtband *Der Stiefbruder* literarisch
bekannt. Er wurde zunächst von Karl
Kraus gefördert, focht dann allerdings
eine literarische Fehde mit ihm aus,
nachdem K. Kraus ihn beschuldigt hatte,
einen Aufsatz von Jean Paul abgeschrie-
ben und unter seinem Namen veröffentlicht zu haben. K.s Name blieb von da an
mit diesem Skandal verbunden. In seinem schmalen, esoterischen Werk verrät
K. eine Vorliebe für das seltene oder
neue Wort. K. geht allerdings in seinem
vom Expressionismus beeinflußten Experimentieren mit der Sprache manchmal so weit, daß er an die Grenzen eines
quasi unentzifferbaren Hermetismus
stößt.

W.: Prosa: Der Zustand Karl Kraus (mit W.
Przygode), 1920; Karl Kraus (mit A. Ehrenstein), 20. – *Lyrik:* Der Stiefbruder, 20; Requiem, 21. – *Sammelausgabe:* Aufzeichnung und
Lyrik, 63; Werke, 87.

Kunert, Günter, *6.3.1929 Berlin.
K. wurde für «wehruntüchtig» erklärt,
da er unter die faschistischen Rassengesetze fiel; er studierte 1945–47 Kunst;
seit 1947 ist K. freier Schriftsteller zunächst in Ost-Berlin, seit Herbst 1979 in
der Bundesrepublik. – 1962 H.-Mann-
Preis, 1973 J.-R.-Becher-Preis, 1983
Stadtschreiber von Bergen-Enkheim,
1985 Heine-Preis Düsseldorf. Initiator
der im Herbst 1987 gegründeten Gesellschaft für Literatur in Schleswig-
Holstein. 1989 Gr. Bundesverdienstkreuz, 1990 Stadtschreiber-Literatur-

preis Mainz, 1991 Hölderlin-Preis der
Stadt Homburg v.d.H.
In verschiedenen Genres – Gedichten,
kurzen Prosa-Skizzen, Reisebildern,
Hörspielen (u.a. *Mit der Zeit ein Feuer,
Teamwork, Countdown, Unter vier Augen, Hitler lebt*), Drehbüchern, Opern
und einem Roman – versucht K., im Detail mosaikartig die Wirklichkeit und die
Menschen in ihr vielfältig und genau im
Prozeß der Veränderung zu erkennen,
für sich selbst und für den Leser begreif-
bar zu machen. Die Texte tragen das Si-
gnum der Geschichtlichkeit und der Vorläufigkeit, in dem sie Veränderbarkeit
der Realität demonstrieren. Mit programmatischen Titeln wie *Notizen in
Kreide*, die Vorläufigkeit ins Bild setzen;
oder *Wegschilder und Mauerinschriften*,
die Richtungen andeuten, deren Ziel
Utopie ist; oder *Unschuld der Natur*, die
in der Negation warnend rationalistisch-
technokratische Fortschrittsideologie
kritisch in Frage stellen, wird der Leser
zur Reflexion seiner Wirklichkeit vor
dem Hintergrund eigener Geschichte
zwingend überredet. Phantastische, utopische und auch satirische Elemente setzt
K. ein, um im Alltag, in Reiseeindrük-
ken, in der Auseinandersetzung mit dem
Faschismus Eindrücke, die fast neben-
sächlich erscheinen, in ihrer Widersprüchlichkeit zu vermitteln. Das Gestal-
tungsprinzip des Paradoxons deckt die
immanente Aporie im Alltäglichen auf.
Paradoxie als Momentaufnahme eines
dialektischen Vorganges macht Gegenstände, Situationen, Verhaltensweisen als
materiellen Ausdruck sozialhistorischer
Zusammenhänge in pointierter Zuspitzung evident. Mit spontan-emotionaler
Ungeduld kritisiert K. in lehrhaften Texten nicht nur Erscheinungen der Entwicklung der sozialistischen Gesellschaft;
lakonisch und präzise erfaßt er die Antithetik der historischen Entwicklung; ironisch und liebevoll skizziert er die Bedingungen menschlichen Handelns; erotisch
aufgeladen verurteilt er kleinbürgerliche
Prüderie; distanziert und zugleich unmittelbar denunziert er aggressiv die Routine
gesellschaftlicher Alltäglichkeit, und
zwar jene in seiner näheren und ferneren
Umwelt. Souverän gegenüber dem Ge-

genstand, korrektiv gegenüber sich selbst, ironisch-aggressiv gegenüber Unterdrückung und Gleichmaß, produktivkritisch gegenüber dem Leser, wendet er sich an den Intellekt, um Erkenntnisse zu provozieren. Die Provokation ist verletzend, ihre Absicht ist Veränderung.

W.: Romane, Erzählungen: Im Namen der Hüte, 1967; Gast aus England, 73; Jeder Wunsch ein Treffer, 76; Keine Affäre, 76; Kinobesuch, 77; Ein englisches Tagebuch, 78; Drei Berliner Geschichten, 79; Zurück ins Paradies, 84. – *Prosa:* Der ewige Detektiv und andere Geschichten, 54; Tagträume, 64; Die Beerdigung findet in aller Stille statt, 68; Kramen in Fächern, 69; Betonformen Ortsangaben, 69; Ortsangaben, 71; Tagträume in Berlin und andernorts, 72; Die geheime Bibliothek, 73; Landmarks, 74; Der andere Planet, 74; Der Hai, 74; Der Mittelpunkt der Erde, 75; Keine Affäre, 76; Camera obscura, 78; Bucher Nachträge (Linolschnitte W. Jörg und E. Schönig), 78; Ziellose Umtriebe, 79; Die Schreie der Fledermäuse, 79; Kurze Beschreibung eines Moments der Ewigkeit, 80; Verspätete Monologe, 81; Diesseits des Erinnerns, 82; Auf der Suche nach der wirklichen Freiheit, 83; Kain und Abels Brüderlichkeit, 84; Der Wald, 85; Toskana (mit K. Bossemeyer), 86; Meine Katze (mit E. Demski u. A. Schmitz), 87; Auf Abwegen und andere Verirrungen, 88. – *Lyrik:* Wegschilder und Mauerinschriften, 50; Unter diesem Himmel, 55; Tagwerke, 60; Das kreuzbrave Liederbuch, 61; Erinnerungen an einen Planeten, 63; Der ungebetene Gast, 65; Verkündigung des Wetters, 65; Poesiealbum, 65; Unschuld der Natur, 66; Warnung vor Spiegeln, 70; Notizen in Kreide, 70; Offener Ausgang, 72; Im weiteren Fortgang, 74; Das kleine aber, 76; Unterwegs nach Utopia, 77; Verlangen nach Bomarzo, 78; Unruhiger Schlaf, 79; Abtötungsverfahren, 80; Gedichte, 82; Stilleben, 83; Abendstimmung (mit H. Stein), 83; Berlin beizeiten, 87; Ich Du Er Sie Es, 88; Die befleckte Empfängnis, 88; Mondlichtlandschaft, 91. – *Dramen, Hör- und Fernsehspiele, Fotosatiren:* Der Kaiser von Hondu, 59; Kunerts lästerliche Leinwand, 65; Ehrenhändel (Hsp.), 73; Ein anderer K., 75; Berliner Wände, 76; Die Futuronauten. Bühnenstück, 81; Teamwork, 81; Briefwechsel, 83; Countdown, 84; Kein Anschluß unter dieser Nummer, 85; Hitler lebt, 87; Unter vier Augen, 87; Männerfreundschaft, 88; Stimmflut, 89; Besuch bei Dr. Guillotin, 89; Der zwiefache Mann, 89. – *Essays:* Warum schreiben, 76; Mein Goethe (mit G. Wohmann u. a.), 82; Leben und Schreiben, 83; Vor der Sintflut. Das Gedicht als Arche Noah. Frankfurter Vorlesungen, 85; Mythos und Politik (mit P. Glotz u. a.), 85; Berli-

ner Nächte (mit M. Engler), 86; Marokko (mit anderen), 89. – *Filme:* Seilergasse 8, 59/60; Das zweite Gleis, 61/62; König Midas, 61; Fetzers Flucht, 62; Monolog für einen Taxifahrer, 62; Abschied, 67/68; Alltägliche Geschichte einer Berliner Straße, 69; Krapfs Karriere, 71; Zentralbahnhof, 71; Berliner Gemäuer, 73; Beethoven – Tage aus einem Leben, 76 (mit Seemann); Unterwegs nach Atlantis, 76. – *Sammel- und Werkausgaben:* Warnung vor Spiegeln/Unterwegs nach Utopien/Abtötungsverfahren, 82; Zeichnungen und Beispiele, 87. – *Herausgebertätigkeit:* Ulenspiegel 1945–1950. Ein Querschnitt (mit H. Sandberg), 79; Jahrbuch für Lyrik 3, 81; Mein Lesebuch, 83; Lesarten. Gedichte der Zeit, 87; Dichter predigen, 89.

Kunze, Reiner, *16.8.1933 Oelsnitz (Erzgebirge).

K. studierte in Leipzig Philosophie und Publizistik (1951–55). Bis 1959 beschäftigte er sich als wissenschaftlicher Assistent an der Leipziger Univ. mit Problemen der Reportage und des Feuilletons. Politische Angriffe zwangen ihn zum Abbruch seiner wissenschaftlichen Laufbahn. Hilfsarbeitertätigkeiten und längere Aufenthalte in der Tschechoslowakei wechselten einander ab. Nach der Verheiratung mit einer tschechoslowakischen Zahnärztin traten neben eigene Gedichte Nachdichtungen und Übersetzungen aus dem Tschechischen. – Gryphius-, Trakl- und Büchner-Preis 1977; 1984 Bundesverdienstkreuz; 1989 Ostbayerischer Kulturpreis. 1989 hielt K. Poetik-Vorlesungen an der Universität München unter dem Titel «Konsequenzen des Ästhetischen».
Seit 1962 wurde die Veröffentlichung eigener Texte zunehmend erschwert. Die Auseinandersetzung eskalierte mit dem Erscheinen des Prosabandes *Die wunderbaren Jahre* in der BRD. In Anlehnung an Albert Camus dokumentierten diese kurzen Texte den Bruch des Lebensgefühls, «wie's in Zeitungen steht, oder wie's im Leben ist». Als Abschriften und von den Kirchen organisierte Lesungen deutlich machten, welche Resonanz diese Texte in der Bevölkerung fanden, wurde K. aus dem Schriftstellerverband der DDR ausgeschlossen. Weil die gegen ihn gerichteten Einschränkungen auch auf seine Familie ausgedehnt wurden, bean-

tragte K. die Ausreise: Seit April 1977 ist er in Bayern ansässig. Sein Essayband *Das weiße Gedicht* enthält u. a. die Münchener Poetik-Vorlesungen sowie Betrachtungen und Erinnerungen, auch über die notwendige Wechselwirkung zwischen Poesie und Leser.

W.: Kurzprosa, Kinderbücher: Der Löwe Leopold, 1970 (erw. 74); Der Dichter und die Löwenzahnwiese, 71; Die wunderbaren Jahre, 76 (verfilmt 79); Das Kätzchen, 79; Eine stadtbekannte Geschichte, 82; rudern zwei, 82. – *Lyrik, Kantaten:* Die Zukunft sitzt am Tisch, 55 (mit E. Günther); Vögel über dem Tau, 59; Lieder für Mädchen, die lieben, 60; Halm und Himmel stehn im Schnee, 60; Aber die Nachtigall jubelt, 62; Widmungen, 63; Die Uhus und die Nachtigall, 63; Sechs Variationen über das Thema ‹Die Post› und drei Gedichte, 68; Sensible Wege, 69; Zimmerlautstärke, 72; Die Bringer Beethovens, 76; Auf eigene Hoffnung, 81; Aus einundzwanzig Variationen zum Thema «Die Post» (mit A. Pohl), 83; Dialoge (mit M. Schosser), 86; Eines jeden einziges Leben, 86. – *Essay, Feuilleton, Interviews:* Mir gegenüber, 60 (mit H. Knobloch); Wesen und Bedeutung der Reportage, 60; Fragen des lyrischen Schaffens (mit G. Wolf u. K. Pfützner), 60; Darf der Schriftsteller überhaupt vernünftig werden wollen? Büchnerpreisreden von H. Böll und R. K., 77; Die wunderbaren Jahre. Ein Film, 79; Ergriffen von den Messen Mozarts, 81; In Deutschland zuhaus. Funk- und Fernsehinterviews 1977–1983, 84; Die Richtung des Kunstwerks, 86; Erste Begegnung mit dem Maler Karel Franta, o. J.; Das weiße Gedicht, 89; Deckname ‹Lyrik›, 90. – *Übersetzungen, Bearbeitungen, Nachdichtungen:* Der Wind mit Namen Jaromir, 61; Die Tür, 64; Skácel, J.: Fährgeld für Charon, 67; Holan, V.: Nacht mit Hamlet, 69; Holan, V.: Vor eurer Schwelle, 70; Brousek, A.: Wunderschöne Sträflingskugel, 76; Macourek, M.: Eine Tafel, blau wie der Himmel, 82; Obrtel, V.: Sommertraum, 82; Chytilová, L. und L. Nagy: Manchmal schreibt mir das Weibchen des Kuckucks, 82; Skácel, J.: Wundklee, 82; Seifert, J.: Erdlast, 85; Skácel, J.: Das blaueste Feuilleton, 90. – *Schallplatten u. ä.:* Der Löwe Leopold und andere Geschichten, gelesen vom Autor, 78; In diesem Lande leben wir (mit anderen), 78. – *Sammel- und Werkausgaben:* Poesiealbum 11, 68; Brief mit blauem Siegel, 73; Die wunderbaren Jahre. Lyrik, Prosa, Dokumente, 78; Wo wir wohnen, 81; Gespräch mit der Amsel. Frühe Gedichte. Sensible Wege. Zimmerlautstärke, 84; Die wunderbaren Jahre. Ausgewählte Gedichte, 86; Selbstgespräch für andere, 89. – *Herausgebertätigkeit:* Kottmeier, E.: Die Stunde hat 60 Zähne, 84; Über, o über dem Dorn, 86.

Kurella, Alfred (Pseud. Bernhard Ziegler, Viktor Röbig, A. Bernhard), *2. 5. 1895 Brieg/Schlesien, † 12. 6. 1975 Berlin.

K., aus großbürgerlicher Familie, ist im Rheinland aufgewachsen, studierte Malerei und Graphik, war zunächst in der Wandervogel- und Jugendbewegung engagiert, trat 1918 der KPD bei und übernahm schon bald Funktionärsaufgaben für die Kommunistische Jugend-Internationale und die Komintern in Moskau. K. war vor allem im Kultur- und Propagandabereich tätig sowie zeitweise als Lehrer an der Marxistischen Arbeiterschule, war in Moskau u. a. Mitarbeiter von Georgi Dimitroff, arbeitete in Paris für die kommunistische Presse. Während des 2. Weltkrieges hielt K. sich überwiegend in der UdSSR auf, erste literarische Arbeiten und Übersetzungen entstanden, ab 1943 war er stellvertretender Chefredakteur der deutschsprachigen Zeitung «Freies Deutschland». Erst 1954 kehrte K. nach Deutschland zurück und war in der DDR «maßgeblich» an der Konzeption und Umsetzung sozialistischer Kulturpolitik beteiligt: Er war Mitbegründer und Direktor (1955–57) des Literaturinstituts «Johannes R. Becher», Sekretär der Kulturkommission beim Politbüro der SED (1957–63) und seit 1958 im ZK der SED; neben zahlreichen anderen Funktionen in Partei und Staat übernahm K. 1963 noch die Vizepräsidentschaft der Akademie der Künste.

K. hat die Entwicklung der DDR-Literatur vor allem in den 50er und 60er Jahren nachhaltig beeinflußt. Sein Konzept vom sozialistischen Realismus wurde formal vom Vorbild der deutschen Klassik, der bürgerlich-realistischen Literatur und den russischen revolutionär-demokratischen Schriftstellern geprägt. Mit seinem Auftreten gegen künstlerische, ästhetische Innovationen hat K. weniger bekannten «Abweichlern», aber auch «Schriftstellern wie Eisler, Brecht, Heym in der DDR das Leben schwer» gemacht.

Als Literat ist K. mehr durch seine Übersetzungen sozialistischer Dichtung aus dem Russischen und Französischen hervorgetreten als durch seine eigenen, politisch-biographischen Romane. Großen Erfolg brachte ihm in der DDR sein 1970 verfilmtes Erinnerungsbuch *Unterwegs zu Lenin* ein, in dem er seinen ersten Besuch in der Sowjetunion beschreibt.

W.: Biographische Romane, literarische Reportagen: Mussolini ohne Maske, 1931 (Neuausg. u. d. T. Kennst du das Land ..., 62); Die Gronauer Akten (entstd. 36), 54; Wo liegt Madrid?, 39; Kleiner Stein im großen Spiel (entstd. 39/41), 61; Ich lebe in Moskau, 47; Urlaubsreise in den Kaukasus, 49; Wiedersehen mit Moskau, 49; Der schöne Kaukasus, 56; Unterwegs zu Lenin, 67. – *Fernsehspiele:* Das Magnifikat, 58; Es gibt eine solche Partei, 70. – *Kultur- und literaturtheoretische Schriften:* Sozialistische Kulturrevolution im Fünfjahrplan, 30; Der Mensch als Schöpfer seiner selbst. Beiträge zum sozialistischen Humanismus, 58; Erfahrungen und Probleme der sozialistischen Kulturarbeit, 60; Zwischendurch. Verstreute Essays 1934–40, 51; Zu einigen Problemen im Zusammenhang mit dem 22. Parteitag der KPdSU und dem 14. Plenum des Zentralkomitees der SED, 62; Das Eigene und das Fremde. Neue Beiträge zum sozialistischen Humanismus, 68 (erw. 70); Der ganze Mensch, 69. – *Politische Schriften:* Deutsche Volksgemeinschaft. Offener Brief an den Führerrat der freideutschen Jugend, 18; Der Einzelne und die Gesellschaft, 18; Die Geschlechterfrage der Jugend, 19 (erw. 20); Was lehrt uns die russische Arbeiterjugend?, 20; Noch einmal: Deutsche Volksgemeinschaft. Ein Wort an die bürgerliche Jugendbewegung, 23; Das politische Grundwissen des jungen Kommunisten, 24; Das ABC der kommunistischen Politik, 26; Methodischer Leitfaden für die Lehrer des politischen Grundwissens, 27; Budjet li woina?, 27; Meshdunrodnij proletariat na straske, 27; Gründung und Aufbau der kommunistischen Jugendinternationale, 29; Aufbau in der Sowjetunion, 30; Ot Berlina de Moskvy (1919–21), 30; Kongreß KIM, 30; Das Urteil wurde vollstreckt. Die Erschießung der «48» in Sowjetrußland und ihre Hintergründe, 31; Im Osten viel Neues, 31; Lenin als Mensch, Politiker und Philosoph, 34; Ost und (oder) West. Unsinn, Sinn und tiefere Bedeutung eines Schlagwortes, 48; Dimitroff kontra Göring, 64; Wofür haben wir gekämpft?, 75. – *Übersetzungen (Auswahl):* Sergej Tretjakow: Den Schi-Chua, 32; Louis Aragon: Die Glocken von Basel, 35; Wsewolod Wischnewski: Das unvergeßliche Jahr 1919, 50; Taras Schewtschenko: Der Kobsar, 51; Ilja Ehrenburg: Die neunte Woge, 53; Alexander Twardowski: Das Wunderland Moravia, 53; Konrad Paustowski: Die goldene Rose, 58; Nazim Hikmet: Legende

von der Liebe und andere Bühnenstücke, 55/59. – *Herausgebertätigkeit:* Bonner Liederblatt (mit H. Borchers), 12; Wandervogel-Lautenbuch, 13; Georgi Dimitroff: Briefe und Aufzeichnungen aus der Zeit der Haft und des Leipziger Prozesses, 35.

Kurtz, Melchior → Kästner, Erich

Kurz, Isolde, *21.12.1853 Stuttgart, †5.4.1944 Tübingen.
Tochter des Heimatschriftstellers Hermann K., verbrachte Kindheit und Jugend in Obereßlingen und Tübingen, ging 1876 nach München, wo sie in Verbindung zum Kreis um Paul Heyse stand, und lebte 1877–1913 mit Familienangehörigen in Florenz, freundschaftlich verbunden mit Arnold Böcklin, Adolf v. Hildebrand, Ernst Marées, Karl Hillebrand. 1915–43 lebte sie wieder in München, dann in Tübingen. – K. gilt als traditionalistische Erzählerin, von Heyse beeinflußt; neben den Romanen und Erzählungen um große Renaissancegestalten steht autobiographische Prosa. Die Lyrik ist geprägt von der schwäbisch-romantischen Dichtung des 19. Jhs.

W.: Lyrik: Gedichte, 1889; Neue Gedichte, 1905; Schwert aus der Scheide, 15; Aus dem Reigen des Lebens, 33; Singende Flamme, 48. – *Romane, Erzählungen:* Florentiner Novellen, 1890; Phantasien und Märchen, 90; Italienische Erzählungen, 95; Von dazumal, 1900; Frutti di mare, 02; Genesung, 02; Die Stadt des Lebens, 02; Lebensfluten, 07; Cora, 15; Nächte von Fondi, 22; Die Liebenden und der Narr, 24; Der Despot, 25; Vom Strande, 25; Der Caliban, 26; Der Ruf des Pan, 28; Vanadis, 31; Die Nacht im Teppichsaal, 33; Das Haus des Atreus, 39. – *Erinnerungen:* Florentinische Erinnerungen, 09; Aus meinem Jugendland, 18; Meine Mutter, 26; Die Pilgerfahrt nach dem Unerreichlichen, 38. – *Essays:* Die Stadt des Lebens, 02; Im Zeichen des Steinbocks, 05; Wandertage in Hellas, 13; Deutsche und Italiener, 19. – *Werkausgabe:* Gesammelte Werke, 6 Bde, 25.

Kusenberg, Kurt (Pseud. Simplex, Hans Ohl), *24.6.1904 Göteborg (Schweden), †3.10.1983 Hamburg.
K., Sohn eines deutschen Ingenieurs, verbrachte seine Jugend ab 1906 in Lissabon, dann 1914–17 in Wiesbaden und 1917–22 in Bühl/Baden. Er studierte Kunstgeschichte in München, Berlin und

Freiburg/Br. und promovierte 1928 über den Florentiner Renaissancemaler *Le Rosso*. Er war Kunstkritiker bei der «Weltkunst» und der «Vossischen Zeitung», später stellvertretender Chefredakteur der Zeitschrift «Koralle» in Berlin. Kurze Zeit war er auch im Kunsthandel tätig, reiste dann durch Italien, England, Spanien und Frankreich. 1943–45 nahm er als Soldat am 2. Weltkrieg teil und blieb bis 1947 bei Neapel in amerikanischer Gefangenschaft. Danach wurde er freier Schriftsteller in München und lebte seit 1958 in Hamburg, wo er eine Monographien-Reihe herausgab.

K. wollte ursprünglich Maler werden; 1935–37 entdeckte und förderte er den Karikaturisten E. O. Plauen und betreute Bildbände moderner Zeichner und Karikaturisten (Picasso, Peynet, Thurber, Eiffel, Jacobsson, Giles, Dubout, Addams, Schaefer-Ast und Töpffer). Er schrieb auch Aufsätze über moderne Kunst, u. a. über Matisse und Paul Klee. Bekannt wurde er aber durch seine humorvollen kleinen Prosageschichten, die den Leser aus der Wirklichkeit in eine surreale Welt voller Träume, Wünsche, Spiele und Märchen führen. Im Band *Der blaue Traum* z. B. zeigt er eine Welt, in der sich Ironie und Sehnsucht vereinigen, so daß der Leser nie richtig weiß, woran er ist, weil K. es angeblich selber nicht weiß. K.s Welt ist absurd, grotesk, komisch, voller Betrachtungen des Absonderlichen und Verkehrten in einer als sinnlos empfundenen Welt.

W.: Romane, Erzählungen: Das komplizierte Dasein, 1932; La Botella, 40; Der blaue Traum, 42; Herr Crispin reitet aus, 48; Die Sonnenblumen, 51; Wein aus Lebenszeit, 55; Wo ist Onkel Bertram, 56; Zwischen unten und oben, 64; Heiter bis tückisch, 74. – *Hörspiele, Filme, Singspiele:* Im Zauberreich der Liebe, 50; Wasser – Mythos eines Elements, 51; Das Gastmahl des Petronius, 52; Begegnung im Wald, 53; Die Glücklichen, 54; Die Belagerung von Tottenburg, 55; Fünfhundert Drachentaler, 55; Alice im Wunderland, 58; Seltsame Geschichten, 60; Er kommt weit her, 60; Der Hund, der Herr Bozzi hieß, 60; Der Reisegefährte, 63; Der Traum des Sultans, 63; Gespräche ins Blaue, 69 – *Lyrik:* Zucker und Zimt. ff. Gereimtheiten (mit C. Amery u. E. Oker), 72. – *Essays, Kunstgeschichte:* Le Ros-

so, 31; Das Krippenbüchlein, 49; Mit Bildern leben, 55; Lob des Bettes, 56; Der ehrbare Trinker, 65; So ist das mit der Malerei, 71. – *Übersetzungen:* Prévert, J.: Gedichte und Chansons, 71. – *Sammelausgaben:* Mal was anderes, 54; Nicht zu glauben, 60; Gesammelte Erzählungen, 56–67, 69.

Kusz, Fitzgerald (eig. Rüdiger Kusz), *17.11.1944 Nürnberg.
Nach Studium und Aufenthalten in England lebt K. als Studienrat, jetzt als freier Schriftsteller in seiner Heimatstadt, deren Förderungspreis er 1974 erhielt. 1975 bekam er den Hans-Sachs-Preis der Städt. Bühnen Nürnberg, 1977 das Gerhart-Hauptmann-Stipendium der Freien Volksbühne e. V. Berlin, 1983 den Wolfram-von-Eschenbach-Preis und 1984 den Förderpreis des Landes Bayern.

K. schreibt Lyrik, Prosa, Hör- und Fernsehspiele sowie Theaterstücke. Obwohl er auch hochdeutsch schreibt, wurde er überregional als Mundartdichter bekannt. Vor allem in Auseinandersetzung mit der ‹Wiener Gruppe› um Achleitner begann er sozialkritische Gedichte zu schreiben, in denen er versuchte, Sprach- und Denkklischees mit Hilfe des Dialekts aufzubrechen und durchschaubar zu machen. Vor allem im Hinblick auf die von ihm postulierte «Demokratisierung der Poesie» nutzte K. in seinen folgenden Werken zunehmend die poetischen Möglichkeiten des Dialekts. Großen Erfolg hatte er mit seinem Volksstück *Schweig, Bub!*, das, in verschiedene Dialekte übersetzt, in der ganzen Bundesrepublik aufgeführt wurde. Neben verschiedenen Fassungen dieses Stücks gehören zu seinen Arbeiten für Rundfunk und Fernsehen *Peter grüß Micki* (76), *Feich* (76), *Die Bestellung* (79), *Die Vögel* (mit F. Schirmer, 80), *S zweite Lehm* (Fernsehspiel, 80), die Fernseh-Serie *Die Schraiers* (mit R. Söhnlein, 82) und mit demselben *Marianne und Sofie* (83) und *Goldkronach* (86).

W.: Romane, Erzählungen, Prosa: Wunschkonzert, 1971; Derzähl mir nix, 83. – *Dramen:* Schweig, Bub!, 76 (süddt. Fassung 78); Bloss ka Angst, 76; Selber schuld, 77; Stinkwut (mit J. Bossel u. F. Schirmer; bayr. Fassung v. R. Keilich), 78; Sooch halt wos, 81; Saupreißn, 81; Derhamm is derhamm, 82; Unkraut, 83;

Die Vögel (mit F. Schirmer), o. J.; Burning Love, o. J. – *Lyrik:* Wunschkonzert, 71; Morng sixtäs suwisu nimmä, 73; Beherzigungen, 73 (mit Schallplatte); Kehrichdhaffn, 74; Liichdi nei und schlouf, 76; Ä. Daumfedern auffm Droddoa, 79; Irrhain, 87. – *Übersetzungen, Bearbeitungen:* Hans Sachs, Fünf Fastnachtsspiele, 76. – *Sammel- und Werkausgaben:* Sämtliche Gedichte, 3 Bde (Teil 1: Wennsdn sixd dan saxdersn; Teil 2: Mä machd hald su weidä; Teil 3: seid mei uhr nachm mond gäihd), 81–84; Schweig, Bub! Derhamm is derhamm. Unkraut. Fränkische Trilogie, 85; Stücke aus dem halben Leben, 87; Bräisälä. Gedichte und Haikus, 90. – *Schallplatte:* Ich mechd ned wissn... (zus. mit Schamberger u. Stössel), 80.

-ky (eig. Horst Bosetzky), *1. 2. 1938 Berlin.

Diplom-Soziologe und Professor an der Fachhochschule für Verwaltung und Rechtspflege in Berlin.

-ky schrieb zunächst unter anderen Pseudonymen Groschenhefte und Erzählungen für Zeitungen. In seinen Kriminalromanen und -erzählungen, die ihn als den stilsichersten und formal wagemutigsten unter den deutschen Kriminalautoren ausweisen, greift er die von den Schweden Sjöwall/Wahlöö vorgebildete Form des Sozio-Krimis mit seiner harten Sozialkritik auf und transponiert sie auf bundesrepublikanische Verhältnisse, erweitert allerdings um eine starke psychologische Komponente, in der sich Wunschvorstellungen und neurotische Fixierungen in Assoziationsketten und Tagträumen manifestieren. Aus der Vereinsamung des Menschen in der modernen Massengesellschaft und seiner psychischen und sozialen Zerstörung durch Leistungsdenken und Entfremdung erklärt -ky Entstehung und Entwicklung von Verbrechen als Verzweiflungstaten und benutzt sie zu einer Gesellschaftsanalyse aus linker Sicht. Die in der fiktiven Kleinstadt Bramme spielenden Romane *Stör die feinen Leute nicht*, *Es reicht doch, wenn nur einer stirbt* und *Kein Reihenhaus für Robin Hood* untersuchen Machtstrukturen und Konventionen in einem überschaubaren Rahmen; die anderen, in Berlin angesiedelten Romane haben als Zentralfigur häufig den Kommissar Mannhardt, an Hand dessen -ky die Schwierigkeiten eines kritisch den-

kenden Menschen darstellt, sich mit der herrschenden Gesellschaftsstruktur zu arrangieren. In *Von Beileidsbesuchen bitten wir abzusehen* führt -ky das Schema des konventionellen Detektivromans ad absurdum und präsentiert ein offenes Ende mit mehreren möglichen Tätern. *Kein Reihenhaus für Robin Hood* greift den politisch motivierten Terrorismus auf.

W.: *Heftromane:* Der Mörder stirbt im Hafen, 63; Der letzte Zeuge stirbt nicht, 64; Die Nacht der roten Tiger, 64; Zwei Whisky mit Gift, 64; Der Mörder mit dem echten Alibi, 64; Der Bleistift mit der Todesschrift... wer ihn besaß, war Freiwild, 65; Mörder in der Geisterbahn, 65; Wer singt muß sterben, 65; Der Satan zahlt mit Diamanten, 66; Zwanzigtausend sollen sterben, 66; Überstunden für den Henker, 66; Der Mann, der Mörder machte, 67; Der Mordboß läßt die Erde beben, 67; Party in der Folterkammer, 68; Der Tod fliegt schneller als der Schall, 68. – *Romane:* Zu einem Mord gehören zwei, 1971; Einer von uns beiden, 72; Von Beileidsbesuchen bitten wir abzusehen, 72; Stör die feinen Leute nicht, 73; Ein Toter führt Regie, 74; Es reicht doch, wenn nur einer stirbt, 75; Einer will's gewesen sein, 78; Kein Reihenhaus für Robin Hood, 79; Heißt du wirklich Hasan Schmidt?, 81; Mit einem Bein im Knast, 81; Feuer für den Großen Drachen, 82; Die Klette (mit Co. [d. i. P. Heinrich]), 83; Aus der Traum, 83; Friedrich der Große rettet Oberkommissar Mannhardt, 85; Ich glaub, mich tritt ein Schimmel!, 86; Geh doch wieder rüber!, 86; Gleich fliegt alles in die Luft, 86; Dich reitet wohl der Schimmel!, 87; Älteres Ehepaar jagt Oberregierungsrat K., 87; Da hilft nur noch beten, 88; Ich lege Rosen auf mein Grab, 88; Schau nicht hin, 88; Catzoa, 90. – *Erzählungen:* Mitunter mörderisch, 76; Mit einem Schlag, 76; Von Mördern und anderen Menschen, 78; Tödliche Beziehungen (mit R. Hey u. a.), 84; Tödliche Umwelt (mit P. Zeindler u. a.), 86; Ein seltener Fall von Witwenverbrennung (mit anderen), 87; Die Krimipioniere (mit H. Martin u. a.), 88. – *Essays, theoretische Schriften:* Grundzüge einer Soziologie der Industrieverwaltung, 70 (Diss.); Soziologie (mit K. Fischer u. H. J. Tiefensee), 75; Dreizehn Flüche und eine Träne. Die Unmöglichkeit des Sozio-Krimis in Deutschland, 76; Mensch und Organisation (mit P. Heinrich), 80. – *Herausgebertätigkeit:* Organisierte Hilfe für Strafentlassene (mit P. Heinrich), 79; Zur Situation der sozialen Berufsgruppen in Berliner Strafvollzugsanstalten (mit P. Heinrich), 82; Etliche Aufzeichnungen junger Beamter über ihre mittteilenswerten Erlebnisse in der Berliner Verwaltung (mit P. Heinrich), 83.

Kyber, Manfred, * 1. 3. 1880 Riga,
† 10. 3. 1933 Löwenstein/Württemberg.
Sohn eines baltischen Gutsbesitzers.
Kindheit auf dem Gut Paltemal bei Riga,
Gymnasium in Riga und Petersburg. Wegen seiner Heineverehrung Zerwürfnis
mit dem Vater, Schulabgang ohne Abitur. 1900–02 Studium der Philosophie in
Leipzig. Danach Berlin, dort Verbindung
zu dem Maler M. Klinger, den Schriftstellern H. H. Ewers und E. v. Wolzogen
(schrieb für dessen «Bunte Bühne»
Überbrettllieder, ebenso für Ewers'
Wandertruppe). Während des Krieges
als russischer Untertan unter Polizeiaufsicht. 1918/19 in Riga Leiter der «Deutschen Volksbühne». In Stuttgart Theaterkritiker am «Schwäbischen Merkur».
1923 Übersiedlung nach Löwenstein bei
Heilbronn. Im Alter Engagement für
Tierschutz und Pazifismus (1930 Welttierschutzpreis). – K. war Lyriker, Dramatiker (unter dem Einfluß der Neuromantik), schrieb Tiergeschichten, Satiren, Grotesken, Mysterienspiele und anthroposophische Märchen (Bewunderung für R. Steiner). Er wurde vor allem
durch seine heiter-ernsten, große Beliebtheit erreichenden Tiergeschichten
bekannt, die die sozialen Zustände und
die Menschenwelt mit ihren Schwächen
kritisch spiegeln.

W.: Romane, Novellen, Tiergesch.: Drei Waldmärchen, 1903; Coeur-As, 05; Norddeutsche
Geschichten, 09; Unter Tieren I, 12; Genius
Astri (Der Genius der Sterne), 18; Märchen
(Kunstmärchen), 21; Halbmast geflaggt, 21;
Der Königsgaukler, 21; Grotesken, 22; Im
Gang der Uhr, 22; Unter Tieren II (Neue Tiergeschichten), 26; Das Pantoffelmännchen, 26;
Der Mausball u. a. Tiermärchen, 27; Puppenspiel, 28; Die drei Lichter des kleinen Veronika, 29; Ambrosius Dauerspeck und Mariechen
Knusperkorn, 73; Basilius Mummelpelz und
Hieronymus Kragenpeter, o. J. – *Dramen,
Märchenspiele:* Meister Mathias, 06; Drei Mysterien, 13; Das wandernde Seelchen. Der Tod
und das kleine Mädchen, 20; Küstenfeuer, 23;
Vier Mysterien, 87. – *Lyrik:* Gedichte, 02; Der
Schmied vom Eiland, 09; Stilles Land, 24. – *Essays:* Einführung in das Gesamtgebiet des Okkultismus ..., 23; Tierschutz und Kultur, 25
(erw. 29); Das Land der Verheißung, 29; Neu-

es Menschentum, 31. – *Übersetzung:* J. Taburno: Die Wahrheit über den Krieg, 05. – *Sammelausgaben:* Ges. Tier-Geschichten, 34; Gesammelte Märchen, 35; Das M. K. Buch, o. J.;
Das Gespenst und andere groteske Geschichten, 82; Das patentierte Krokodil, 82; Schloß
Elmenor, 83; Die helle Nacht der mythologischen Gestalten, 87. – *Herausgebertätigkeit:* J.
Swift, Gullivers Reisen, 22; E. T. A. Hoffmann, Nußknacker und Mausekönig, 23;
Zwölf Legenden des hl. Franziskus von Assisi,
25.

L

Laar, Clemens (eig. Koebsell,
Eberhard), * 15. 8. 1906 Berlin,
† 7. 6. 1960 Berlin.
Nach der Schulzeit studierte L. in Berlin
und Leipzig neuere Geschichte und moderne Sprachen. Nach einer Verlags- und
Journalistenausbildung ließ er sich als
freier Schriftsteller in Berlin nieder. Neben historischer Belletristik (*Der Kampf
um die Dardanellen*) stehen Pferde- und
Reiterbücher im Mittelpunkt von L.s Publikationen. Die Beziehungen der Menschen zum ‹Kamerad Pferd›, die Welt der
Turniere und Rennen mit ihren dramatischen Verwicklungen und Konflikten
werden in seinen Unterhaltungsromanen
erzählt. Bekannt wurde L. mit dem 1936
erschienenen Roman ... *reitet für
Deutschland*, der mit großem Erfolg verfilmt wurde.

W.: Romane, Erzählungen: Die grauen Wölfe
der Grafen Spee, 1935; Der Kampf um die
Dardanellen, 36; ... reitet für Deutschland,
36; Kampf in der Wüste, 36; Tigerhai, 36; Die
blutige Grenze, 37; U 31, 37; Schienenstrang,
38; Der große Marsch, 39; Kämpfer auf verlorenem Posten, 39; Das Geister-U-Boot, 39;
Der Hauptmann aus dem Niemandsland, 40;
Abenteurer, 42; Angeklagter Ozean, 42; Der
Kommandeur, 42; Eine Mannschaft, 44; Jagd
ohne Gnade, 44; Meines Vaters Pferde, 50;
Die curieuse Reiterfibel, 51; Rongon, 51; Der
fünfte Reiter, 52; Garde du Corps, 53; Amour
royal, 54; Ritt ins Abendrot, 56; Unser Herz
den Pferden, 57; Des Kaisers Hippodrom, 59;
Morgen, 60. – *Chronik:* Kavalkade, 50 (mit
H.-J. v. Killisch-Horn). – *Hörspiel:* Moribundus, 45.

Laederach, Jürg, *1945 Basel.
Studium der Anglistik, Romanistik und
Musikwissenschaft in Zürich, Paris und
Basel. L. lebt als freier Schriftsteller.
Mehrere Förderpreise, 1990 Preis der
Schweizerischen Schillerstiftung. Im
Wintersemester 1988/89 «poet in residence» an der Universität Essen.
Die Kurzprosa, mit der L. erstmalig
1974 an die Öffentlichkeit tritt (*Einfall
der Dämmerung*), ist geprägt von humorvoll grausamer Phantasie. Die geschilderten Begebenheiten und Figuren
– vor allem Hirse und Essius – sind artifizielle Imaginationen, die in den Geschichten jeweils unterschiedlich konzipiert sind und realistischer Bezüge weitgehend entbehren. Im Kontrast zu dem
Sprachgestus, der mit dem jeweils vorgegebenen Material wie selbstverständlich operiert und es ausfabuliert, entfalten sie eine eigentümliche Spannung. –
Auch im *Buch der Klagen* wird der
Fluchtweg aus dem Leiden in die Innerlichkeit und Pseudo-Identität durch die
konstruierte Sprödigkeit der Prosa versperrt. Führt das Schreiben als Arabeske
um die Grundfigur von totalem Versagen und individuellem, unabänder-
lichem Leiden in der Kurzprosa zu sehr
dicht und konsequent geschriebenen
Geschichten, so macht sich in der größeren Form des Romans gelegentlich ein
Zwang zur Originalität bemerkbar, dessen Produkten die Substanz fehlt. Kom-
munikationsangebote an den Leser werden verweigert; Schreiben dient einzig
der Produktion von etwas Unverwech-
selbarem, «das einem gehört». Für L. ist
Schreiben die letzte Möglichkeit, wenn
Leben, Denken, Lieben und Sprechen
nicht mehr geht – Stationen, die den Lebensweg von Robert Hecht (*Das ganze
Leben*) markieren. Nachdem er im ersten Teil des Romans auf manischer Suche nach Stellungen, die er wegen Unfähigkeit wieder verliert, gezeigt und vom
Erzähler durch Selbstmord – Harakiri
im Badezimmer – «erlöst» wird, ist
Hecht im zweiten Teil wieder da. Er gibt
jeden Widerstand gegen die Ereignisse
auf, ebenso seine «ohnehin immer spär-
lich gewesene Geschlechtskraft». Der
letzte Teil zeigt Hecht als Leiter eines
Schriftunternehmens, in welchem seine
Biographie erarbeitet wird. – In *Fahles
Ende kleiner Begierden. Vier minimale
Stücke* radikalisiert L. sein literarisches
Verfahren, indem er sich an die Kompositionsweise der minimal music an-
lehnt: Repetition mit geringen Modifi-
kationen. L. schrieb eine Reihe weiterer Stücke, die nur im Bühnenmanuskript vorliegen, u. a. *Die Lehrerin
verspricht der Negerin wärmere Tränen*
(78), *Wittgenstein in Graz*, *Proper Operation* (81), *Tod eines Kellners* (84 mit
A. Müry).

W.: Prosa: Einfall der Dämmerung, 1974; Im
Verlauf einer langen Erinnerung, 77; Das ganze Leben, 78; Das Buch der Klagen, 80; Nach
Einfall der Dämmerung, 82; 69 Arten, den
Blues zu spielen, 84; Sigmund oder Der Herr
der Seelen stiehlt seine, 86; Flügelmeyers
Wahn, 86; Vor Schrecken starr. Fixierungen,
Stechblicke, Obsessionen, 88; Emanuel. Wörterbuch des hingerissenen Flaneurs, 90. – *Dramen:* Fahles Ende kleiner Begierden. Vier minimale Stücke, 79; Körper können brennen,
86 (mit A. Müry); Nacht Zettel. Sieben Theatertexte nach Shakespeares «Ein Sommernachtstraum» [mit W. Bauer u. a.], 87. – *Essays:* Der zweite Sinn oder unsentimentale
Reise durch ein Feld Literatur, 88. – *Übersetzungen:* G. Paley: Ungeheure Veränderungen
in letzter Minute (mit H. Johansen u. a.), 87;
W. Abish: 99. Der neue Sinn, 90.

Lampe, Friedo, *4. 12. 1899 Bremen,
†2. 5. 1945 Klein-Machnow bei Berlin.
L. studierte Literatur- und Kunstgeschichte, promovierte 1928 in Freiburg
und arbeitete als Volksbibliothekar in
Hamburg und Stettin, dann als Lektor in
Berlin. 1939 entlassen, war er danach
freiberuflich tätig, bis er 1944 zu Lektoratsarbeiten zwangsverpflichtet wurde.
Er wurde von einem sowjetischen Soldaten irrtümlich erschossen. – L. schrieb
Werke eines romantisch-magischen Realismus; in einem Gewebe von vorüber-
gleitenden und transparenten Bildern
werden mit Abend- und Herbstmotiven
Zeiten des Verfalls beschworen. Sein
Schaffen war von der Landschaft und
Atmosphäre Bremens geprägt und von
Hermann Bang, Eduard von Keyserling
und dem frühen Thomas Mann beeinflußt. Zu hoffen bleibt, daß die neue
Edition seines Gesamtwerkes zu einer

angemesseneren Einschätzung und Verbreitung des bislang nur Kennern bekannten Werkes führt.

W.: Romane, Erzählungen: Am Rande der Nacht, 1933 (wurde beschlagnahmt, 50 unter dem Titel: Ratten und Schwäne neu herausgegeben); Septembergewitter, 37; Von Tür zu Tür, 46. – *Lyrik:* Das dunkle Boot, 36. – *Essays, theoretische Schriften:* Goeckingks Lieder zweier Liebenden, 28 (Diss.). – *Werkausgabe:* Das Gesamtwerk, 55 (erw. 86). – *Herausgebertätigkeit:* Lebendiges 18. Jahrhundert, 33; Das Land der Griechen. Antike Stücke deutscher Dichter, 40.

Lampel, Peter Martin (eig. Joachim Friedrich M. L.), *15. 5. 1894 Schönborn (Schlesien), †22. 2. 1965 Hamburg.
L. war im 1. Weltkrieg Fliegeroffizier; er studierte dann Volkswirtschaft und Jura, besuchte gleichzeitig die Akademie der Bildenden Künste in München; betätigte sich darauf u. a. als Filmstatist, Sportlehrer, Journalist und als Mitarbeiter in der Jugendfürsorge; 1930/31 Mitarbeit am Aufbau des Freiwilligen Arbeitsdienstes. L., dessen Werke 1933 in Deutschland verboten wurden, emigrierte und lebte 1936–49 im Exil, kam über die Schweiz, Jugoslawien, Griechenland, Ägypten, Ceylon, Java, Bali und Australien 1939 in die USA; während des Exils mehrere Gemäldeausstellungen; seit 1949 lebte L. wieder in Deutschland.
L.s erste schriftstellerische Arbeiten sind vom Erlebnis des 1. Weltkriegs beeinflußte Reportagen; in den 20er Jahren Übergang zu scharfer Gesellschaftskritik; anfangs Behandlung der Probleme von Jugendlichen in den 20er Jahren (*Jungen in Not, Revolte im Erziehungshaus, Verratene Jungen*), bald jedoch Ausweitung auf Zeit- und Problemstücke allgemeiner Art. Mehr als nur literarische Wirkung ging aus von L.s Jugendstücken: Sie trugen bei zu einer bald darauf einsetzenden Reform der Fürsorgeerziehung.
Während der ersten Jahre im Exil fast ausschließlich als Porträtmaler tätig, in den USA Ausübung der verschiedensten Berufe; auch intensive schriftstellerische Tätigkeit; nach seiner Rückkehr aus dem Exil wieder als Schriftsteller tätig. Die meisten Dramen und Prosawerke der Exilzeit und der Zeit nach dem 2. Weltkrieg sowie L.s Autobiographie sind jedoch noch unpubliziert.

W.: Romane, Erzählungen, Reportagen: Heereszeppeline im Angriff, 1918; Bombenflieger, 18; Wie Leutnant Jürgens Stellung suchte, 19; Der Revolutionsoffizier, 20; Jungen in Not, 28; Verratene Jungen, 29; Patrouillen, 30; Packt an! Kameraden!, 32; Siedeln? Mensch, wie sieht das aus?, 32; Jörg-Christoph, ein Fähnrich, 33; Helgolandfahrer, 52; Kampf ohne Ordnung, 52 (u. d. T.: Macht ohne Ordnung, 53); Wir fanden den Weg, 53. – *Dramen, Hörspiele:* Revolte im Erziehungshaus, 28, 54; Giftgas über Berlin, 29; Verschwörer, 29; Putsch, 29; Pennäler, 29; Wir sind Kameraden, 30; Vaterland, 31; Alarm im Arbeitslager, 32; Freikorps der Arbeit, 32; Familie Schulz in Yorkville, 42 (u. d. T.: Eine Stimme ruft: Hört uns!, 51); Flucht vor uns selber, 49; Junge Menschen, 50; Kampf um Helgoland, 52; Schwierige Heimkehr, 58; Drei Söhne, 59.

Landau, Lola (verh. Marck, verh. Wegner), *3. 12. 1892 Berlin, †2. 2. 1990 Jerusalem.
L. war die Tochter eines erfolgreichen Arztes. Sie wuchs in einer jüdisch-assimilierten Familie auf und wurde als Sprachlehrerin für Englisch ausgebildet. Durch den 1. Weltkrieg wurde sie engagierte Pazifistin. In zweiter Ehe war sie mit dem Autor Armin T. Wegner verheiratet, der nach der Machtübergabe an die Nationalsozialisten in ein KZ eingeliefert wurde, da er in einem Brief an Hitler gegen Judenverfolgungen protestiert hatte. L. wanderte 1936 nach Palästina aus. Wegner ging nach Italien, wo er blieb. Das gemeinsame Leben war durch die Bedingungen der Zeit beendet. L. war in Palästina in verschiedenen Berufen tätig, u. a. als Kinderpflegerin und Lehrerin. – L. schrieb für israelische und deutsche Zeitungen und Anthologien Artikel und Kurzgeschichten. Die Ehe mit Wegner war produktiv für beide und führte zu z. T. intensiver Zusammenarbeit. Ein Beispiel dafür ist das ‹Schattenspiel› *Wasif und Akif*, eine erfolgreich aufgeführte Komödie über eine Frau mit zwei Ehemännern. Als über Neunzigjährige legte sie 1987 mit *Vor dem Vergessen* ihre Autobiographie vor, in der sie auf beeindruckend unprätentiöse und anschauliche Weise ihre «drei Leben» schildert:

ihre Kindheit und ihr ‹bürgerliches› Leben, ihre Zeit mit Armin T. Wegner und ihr Leben in Israel.

W.: Romane, Erzählungen, Prosa, Autobiographisches: Abgrund, 1926; Das Mädchen, das immer nein sagte, 59; Hörst du mich, kleine Schwester?, 71; Variationen der Liebe, 73; Die zärtliche Buche. Erlebtes und Erträumtes – Prosa und Gedichte, 80; Vor dem Vergessen. Meine drei Leben, 87. – *Dramen, Hörspiele:* Die Wette mit dem Tod, 30; Wasif und Akif (mit A. T. Wegner), o. J.; Kind im Schatten, 51. – *Lyrik:* Schimmernde Gelände, 16; Das Kind der Mutter, 19; Noch liebt mich die Erde, 69.

Landauer, Gustav, *7. 4. 1870 Karlsruhe, †2. 5. 1919 München.
Sohn eines Kaufmanns, studierte Germanistik und Philosophie in Heidelberg, Berlin und Straßburg und nahm während des Studiums Verbindung zur Freien Volksbühne und zum Friedrichshagener Dichterkreis sowie zu innerparteilichen Oppositionsgruppen der SPD (Verein unabhängiger Sozialisten) auf. Von weiterem Studium in Preußen ausgeschlossen, widmete er sich ganz der parteipolitischen Publizistik (Redaktion des «Sozialisten» bis 1897, Mitarbeit bis 1899) und zog sich nach Verbüßung einer Haftstrafe eine Zeitlang aus der öffentlichen Parteiarbeit zurück. Mit der Gründung des «Sozialistischen Bundes» (1908) und der erneuten Herausgabe des «Sozialisten» (1909–16) kehrte er in die aktive Politik zurück; L. vertrat einen antikapitalistischen, von der Sozialdemokratie wie vom Kommunismus abgegrenzten, an Bakunin und Kropotkin orientierten anarchistischen Sozialismus und propagierte das sofortige «Beginnen» in kleinen «Bünden» (Siedlungen, Genossenschaften). In der Münchener Revolutionsphase 1918–19 (Regierung Eisner, Räterepublik) glaubte er, seine Vorstellungen realisieren zu können. Als Mitglied der Räteregierung (Volksbeauftragter für Volksaufklärung) wurde er beim Einmarsch der gegenrevolutionären Truppen verhaftet und im Gefängnis ermordet. – L.s politisches Scheitern in einer Position zwischen den politischen Fronten hat bewirkt, daß auch seine maßgeblich von Nietzsche angeregten literarischen und geschichtsphilosophischen Arbeiten, seine Bemühungen um eine Synthese der deutschen idealistischen und der russischen anarchistischen Tradition in Vergessenheit gerieten. Zu seiner Zeit wirkte L. stark auf den deutschen Zionismus (M. Buber) und auf Schriftsteller des Expressionismus.

W.: Romane, Erzählungen: Der Todesprediger, 1893; Arnold Himmelheber, 94; Macht und Mächte, 1903. – *Abhandlungen:* Ein Weg zur Befreiung der Arbeiterklasse, 1895; Skepsis und Mystik, 1903; Die Revolution, 08; Aufruf zum Sozialismus, 08 (publ. 11, 67); Ein Weg deutschen Geistes, 16; Rechenschaft, 19; Shakespeare, 2 Bde. 20, 62; Der werdende Mensch, 21; Friedrich Hölderlin in seinen Gedichten, 22 (Essays); Beginnen. Aufsätze über Sozialismus, 24. – *Herausgebertätigkeit:* Briefe aus der französischen Revolution, 2 Bde, 22, Ausgabe in einem Band, 61, Der Sozialist, Jg. 1, 09–Jg. 7, 15, Nachdruck in 3 Bdn, 80. – *Autobiographisches:* G. L. Sein Lebensgang in Briefen, 2 Bde, 29. – *Übersetzungen:* Meister Eckharts mystische Schriften, 03; Oscar Wilde, der Sozialismus und die Seele des Menschen, 04 (mit Helene Landauer-Lachmann); G. B. Shaw, Sozialismus für Millionäre, 07; Oscar Wilde, Gespräche von der Kunst und vom Leben, 07 (mit Helene Landauer-Lachmann); Oscar Wilde, das Bildnis des Dorian Gray, 07 (mit ders.); P. Kropotkin, Die französische Revolution, 09; W. Whitman, Der Wundarzt, 19 (mit Y. Goll). – *Sammel- und Werkausgaben:* Entstaatlichung – für eine herrschaftslose Gesellschaft, ²78; Erkenntnis und Befreiung, 76; Der Sozialist, 77; Für die Abschaffung des Krieges, 81; Werkausgabe, Bd 1 ff, 82 ff; Auch die Vergangenheit ist Zukunft, 89.

Lander, Jeannette, *8. 9. 1931 New York.
L. absolvierte 1958 den Bachelor of Arts. 1960 zog sie nach West-Berlin, wo sie 1966 zum Dr. phil. promovierte. 1952 begann sie mit der Veröffentlichung ihrer Romane und Erzählungen in englischer, ab 1966 in deutscher Sprache. Von 1966–69 redigierte sie die Zeitschrift «die diagonale». – Für ihr Werk verlieh ihr die Southern Literary Festival Association 1954 den Literaturpreis für Essay, 1955 für Short Story und 1956 für Drama. 1976 erhielt sie das Villa-Massimo-Stipendium.

W.: Romane, Erzählungen, Essays: William Butler Yeats. Die Bildersprache seiner Lyrik,

1967; Ezra Pound, 68; Ein Sommer in der Woche der Itke K., 71; Auf dem Boden der Fremde, 72; Ein Spatz in der Hand, 73; Die Töchter, 76; Der letzte Flug, 78; Ich, allein, 80. – *Fernsehfilme:* Eine exotische Frau für den deutschen Mann, 79; Managerin mit Gemüt, 80; Das verflixte Pflichtgefühl, 80; Ich möchte Menschen erreichen. Porträt, 81; Menschen in kranken Ehen, 81; Kein Tag ist normal, 82.

Landgrebe, Erich, * 18.1.1908 Wien, † 25.6.1979 Salzburg.

L. arbeitete zunächst als kaufmännischer Volontär in Hamburg und besuchte dann die Wiener Akademie für Angewandte Kunst. 1931 reiste er in die USA, wo er zwei Jahre mit verschiedenen Tätigkeiten zubrachte. Wieder zurück in Wien übernahm er die Leitung des Paul Zsolnay Verlags, nebenbei malend und schreibend. 1940 wurde er zur Wehrmacht eingezogen und arbeitete als Kriegsberichterstatter in Rußland und Afrika. 1943 geriet er in amerikanische Gefangenschaft. Dort begann er seinen ersten Kriegsroman zu schreiben. 1946 ließ er sich in Elsbethen bei Salzburg nieder. Er unternahm längere Reisen nach Spanien, Frankreich, Italien und Jugoslawien. Für seine literarischen Leistungen wurde er mehrfach ausgezeichnet, so 1954 mit dem Bertelsmann-Roman-Preis, dem Julius-Reich-Preis der Universität Wien, 1955 mit dem Novellenpreis und 1963 mit dem Georg-Mackensen-Preis.

L.s Lebensweg hat sich in seinem schriftstellerischen Werk niedergeschlagen, so in *Von Dimitrowsk nach Dimitrowsk*, ein Zeugnis seiner Erlebnisse während des 2. Weltkriegs, vor allem aber in seinem bedeutendsten Roman *Die Rückkehr ins Paradies*. Die bildhafte Ausdruckskraft seiner Sprache wurzelt in seiner Beschäftigung mit der Malerei. Neben Romanen verfaßte er zahlreiche Gedichte, Hörspiele, Kinder- und Jugendbücher und übersetzte fremdsprachige literarische Werke.

W.: Lyrik: Das junge Jahr, 1934. – *Romane, Novellen, Erzählungen:* Adam geht durch die Stadt, 36; Peter Halandt, 37; Die neuen Götter. Aus dem Tagebuch des Architekten Hemrich, 39; Gebratene Äpfel, 40; Michaels erster Sommer, 40; Ich in Vaters Hosen, 43; Das Hochzeitsschiff, 44; Von Dimitrowsk nach Dimitrowsk, 48; Das Nachtkastlbuch, 49; Mit dem Ende beginnt es, 51; Die Nächte von Kuklino, 52; In sieben Tagen, 54; Die falsche Prinzessin, 55; Die Rückkehr ins Paradies, 56; Florian und Anna, 57; Abgrund der Herzen, 60; Nur die Nacht und die Sterne, 60; Narr des Glücks, 62; Geschichten, Geschichten, Geschichten, 65; Onkelgeschichten, 66. – *Jugendbücher:* Die Reise nach Pernambuco, 51; Aufruhr in Salzheim, 54; Salzheimer Zirkus, 55; Unsere kleine Bahn, 55. – *Reisebücher:* Kärnten, 60; Urlaub in Österreich, 61; Urlaub in Spanien, 62; Schönes Land Salzburg, 66; Österreich, 67. – *Essays:* Ein Maler namens Vincent, 57; Das ferne Land des Paul Gauguin, 59; Erinnerung an Salzburg, 65. – *Hörspiele:* Um Raum und Leben, 55; Robert Koch und Carl Peters, 55; Die Reise zur Sonne, 55; Der Niemandsmensch, 55; Tragödie auf der Jagd, 60; Der Nationalheld, 60; Nur die Nacht und die Sterne, 61; Hafen der Venus, 61; Heimkehr zu Bertrande, 62; Die Stimme ihres Herrn, 62; Dichter winken gratis oder Farewell incorporated, 62; Das sechste Siegel, 64; Der letzte Abend im Juni, 65; Noch eine Nacht, 66. – *Übersetzungen:* A. Morton, Henkt den Baron, 50; J. Creasey, Das Todesurteil, 51; Totentanz um Rebecca, 51; Geliebte Mörderin, 52; J. Creasey, Die Doppelgängerin, 54; Mein Kopf in der Schlinge, 54; Pierra La Mure, König der Nacht, 54; T. Ronan, Die große Sehnsucht, 55; D. Clark, Der schwarze Blitz, 55; Liebe hat viele Namen, 56; S. Undset, Sigurd, 56; P. Cecil, Der Ruf der weiten Wälder, 56; G. Greene, Abelman oder der Zorn des Gerechten, 58; P. Cecil, Galgenvögel im Paradies, 61; H. Beecher-Stowe, Onkel Toms Hütte, 65. – *Sammel- und Werkausgaben:* Gedichte und Bilder, 89.

Lange, Hartmut, * 31.3.1937 Berlin.

L. arbeitete im Tagebau in Senftenberg (*Senftenberger Erzählungen oder Die Enteignung*), wurde 1957–60 auf der Filmhochschule Babelsberg zum Drehbuchautor ausgebildet, dann Dramaturg am Deutschen Theater. Im Sommer 1965 siedelte L. über Jugoslawien nach West-Berlin über, arbeitete zunächst bei der Schaubühne am Halleschen Tor und seit 1975 als Dramaturg und Regisseur am Berliner Schloßpark- und Schillertheater. – Marxist, Dramatiker aus der Brechtschule, hat L. wie Peter Hacks und Heiner Müller die materialistisch-dialektische Geschichtsdeutung in Parabelform darstellen wollen. Die volkstümliche Komödie *Marski* ist eine Variante des *Punti-*

la-Motivs: Großbauer Marski wird von den frei gewordenen Kleinbauern klassengerecht in das Produktionsgenossenschaftssystem eingegliedert und dadurch umfunktioniert. Das Groteske des *Arturo Ui* wird im *Hundsprozeß* und in *Herakles* zu gruseligen Schauerparabeln über Stalin, wo das Parabolische weitgehend manieristische Züge annimmt. Diese Stücke vermitteln die grundsätzliche Ausrichtung des dramatischen und essayistischen Werks von L.: In der Auseinandersetzung um das Erbe Lenins nimmt er Stellung zugunsten Trotzkis gegen Stalin. Dies geht auch aus dem Einakter *Trotzki in Coyoacan* hervor. Muster des kommunistischen Künstlers, der die Welt der Geschichte mit allen historischen und aktuellen Kunstmitteln «im poetischen Bild» «durchschaubarer» gemacht habe, ist ihm Picasso. L.s neuere Stücke versuchen das modellhafte Denkspiel mit realistisch-historischen Rekonstruktionen im Sinne des Dokumentartheaters zu verbinden, wirken allerdings oft gezwungen und konstruiert. L., der in den letzten Jahren verstärkt sich der Prosa zugewandt hat, hat mit *Die Ermüdung* eine Erzählung vom Verfall einer Familie vorgelegt.

W.: Dramen: Senftenberger Erzählungen oder Die Enteignung, geschrieben 1960, gedruckt 67; Marski, geschrieben 62/63, gedruckt 65; Der Hundsprozeß, 68; Herakles, 68; Die Gräfin von Rathenow (nach Kleist: Die Marquise von O.), 69; Trotzki in Coyoacan, 71; Die Ermordung des Aias oder Ein Diskurs über das Holzhacken, 71; Staschek oder Das Leben des Ovid, 73; Vom Werden der Vernunft oder Auf der Durchreise nach Petersburg, 76; Frau von Kauenhofen, 77; Pfarrer Koldehoff, 77; Requiem für Karlrobert Kreiten, UA 88. – *Fernsehspiele:* Die Frau von Bebenburg, 75; Eine emanzipierte Frau, 75. – *Essays:* Die Revolution als Geisterschiff, 73; Deutsche Empfindungen, 83. – *Prosa, Romane:* Rätselgeschichten, 73; Die Selbstverbrennung, 82; Die Waldsteinsonate, 84; Das Konzert, 86; Tagebuch eines Melancholikers, 87; Die Ermüdung, 88. – *Übersetzungen, Bearbeitungen:* Bellman; Molière; Shakespeare; Ben Jonson; Holberg. – *Sammelausgabe:* Theaterstücke 1960–72, 73 (erw. 1960–76, 77); Vom Werden der Vernunft. Und andere Stücke fürs Theater 1960–1972, 88.

Lange, Horst (Pseud. Konrad Ostendorfer), *6.10.1904 Liegnitz, †6.7.1971 München.

L. studierte zunächst am Weimarer Bauhaus, dann in Berlin und Breslau Kunstgeschichte und Germanistik, wurde Journalist und war als freier Schriftsteller der literarischen Gruppe «Die Kolonne» (Huchel, Eich, Langgässer) verbunden, ab 1931 lebte er in Berlin; 1933 heiratete er die Schriftstellerin Oda Schaefer. Nach einer schweren Kriegsverletzung kam er 1945 nach Bayern. – L. trat zunächst mit Lyrik hervor, in der irrational aufgefaßte unheimliche Landschaftsmächte unter bewußtem Rückgriff auf den Expressionismus evoziert werden. Die Dämonie des Elementaren, die an der heimatlichen Oderlandschaft erfahren wurde und aus ihr heraus entwickelt wird, bestimmt auch L.s Romane, darunter als Hauptwerk *Schwarze Weide*. L. hat sich andererseits bei der Entwicklung des Hörspiels als eines eigenständigen literarischen Genres Verdienste erworben. – Mehrere Literaturpreise.

W.: Romane, Erzählungen: Die Gepeinigten, 1933; Schwarze Weide, 37, 79; Auf dem östlichen Ufer, 39; Ulanenpatrouille, 40; Die Leuchtkugeln, 44; Der Ruf des Pirols (Fragment), 46; Windsbraut, 47; Am Kimmerischen Strand, 48; Ein Schwert zwischen uns, 52; Verlöschende Feuer, 56; Tagebücher aus dem 2. Weltkrieg, 79. – *Hörspiele:* Die Heimkehr, 33; Der Zauberer Tepe, 33; Der Nächtliche, 35; Vivat, die Eisenbahn, 36; Was kostet die Hölle, 36; Schattenlinie (nach J. Conrad), 36; Goldgräber in Schlesien, 36; Das Lied der Angèle (nach Giono), 46; Das Irrlicht, 54. – *Lyrik:* Zwölf Gedichte, 33; Gesang hinter den Zäunen, 39; Gedichte aus 20 Jahren, 48; Kephalos und Prokris, 48; Eine Geliebte aus Luft, 56; Aus dumpfen Fluten kam Gesang, 58.

Langewiesche, Marianne, *16.11.1908 Irschenhausen, †4.9.1979 München.
Die Tochter des Verlegers Wilhelm Langewiesche arbeitete nach vorübergehender Tätigkeit als Fürsorgerin als Journalistin und Autorin. Sie unternahm ausgedehnte Reisen durch zahlreiche Länder Europas, Südamerikas, Arabiens und Westafrikas. L. war verheiratet mit dem Autor Heinz Kuhbier, der unter dem Namen Coubier bekannt wurde. Sie

war Mitglied des PEN und wurde mit dem Tukan- und dem Hoferichter-Preis ausgezeichnet. – L., die zahlreiche Rundfunk- und Fernsehfeatures, vor allem über die von ihr besuchten Länder und Gebiete, geschrieben hat, wurde mit ihrer mehrfach übersetzten romanhaften Chronik der Stadt Venedig, *Königin der Meere*, bekannt. Diese Linie setzte sie mit weiteren Werken, u. a. über Ravenna, das Jura und noch mehrfach über Venedig, fort. Auch in ihren im engeren Sinne als Roman zu bezeichnenden Werken sind es immer wieder historische Themen, die sie beschäftigen: der 30jährige Krieg (*Die Ballade der Judith van Loo*), die Französische Revolution (*Der Garten des Vergessens*), die Zeit Napoleons (*Castell Bô*). Mit *Der Ölzweig* versuchte sie, die biblische Geschichte von Noah und der Arche in die Gegenwart zu versetzen.

W.: Romane, Erzählungen, Prosa, Reiseberichte, Sachbücher: Die Ballade der Judith van Loo, 1938; Die Dame in Schwarz, 40; Königin der Meere, 40; Die Allerheiligen Bucht, 42; Castell Bô, 47; Die Bürger von Calais, 49; Der Ölzweig, 52; Der Garten des Vergessens, 53; Mit Federkiel und Besenstiel. Poetische Betrachtungen einer Hausfrau, 57; Venedig, 62; Ravenna, 64; Spuren in der Wüste?, 70; Wann fing das Abendland zu denken an?, 70; Jura – Impressionen, 71; Venedig. Geschichte und Kunst, 73.

Langgässer, Elisabeth (eig. E. Hoffmann, geb. L.) *23. 2. 1899 Alzey, †25. 7. 1950 Rheinzabern.
Architektentochter, Schulbesuch in Darmstadt, nach pädagogischer Ausbildung bis 1928 Lehrtätigkeit an verschiedenen Schulen in Hessen. 1929–30 Dozentin an der sozialen Frauenschule in Berlin. Seitdem freie Schriftstellerin ebendort, Kontakt zum Kreis um die Literaturzeitschrift «Die Kolonne». 1935 Heirat mit dem katholischen Philosophen W. Hoffmann. Als Halbjüdin 1936 Berufsverbot durch die Reichsschrifttumskammer. Trotz Krankheit Ende 1944 zur Zwangsarbeit verpflichtet. Ab 1948 bis zum Tod in Rheinzabern. Postume Auszeichnung mit dem Büchner-Preis 1950.
Formal und thematisch ist das gesamte Werk L.s (Lyrik, Romane, Erzählungen,

Kurzgeschichten) geprägt von der katholisch inspirierten Darstellung eines Dualismus zwischen heidnisch-mythischem Naturgeschehen und der christlichen Heilsgeschichte. Im Zeichen dieser elementaren Konstellation nimmt L. Natur und Zeitgeschichte wahr und reagiert auf sie. In der Konsequenz einer solchen Auffassung von Geschichte als Heilsgeschichte liegt die Durchbrechung konventioneller Handlungsschemata: Die kontinuierliche Fabel wird von essayistischen und meditativen Einschüben unterbrochen, die psychologische Kausalität des Verhaltens poetischer Figuren wird integriert in das typische Rollensystem eines christ-katholischen Welttheaters. Innerweltlich motivierte Handlungsentwicklungen werden abgelöst von Konversion und Eingriff der Gnade. L.s Werk läßt sich um die drei zu Lebzeiten erschienenen Gedichtkreise gliedern. Der *Wendekreis des Lammes* ist ein liturgisch-kosmischer Jahreszyklus mit dem Thema der gefallenen und erlösten Natur. Die *Tierkreisgedichte* beschwören das heidnische Geschehen in der antikmythischen Naturwelt. L.s Erzählungen der 30er Jahre *Triptychon des Teufels*, *Proserpina* dienen der faszinierten und ausführlichen Darstellung des Sündhaften, der elementaren Urtriebe der Natur (Sexualität, Gewalt). Ihr erster Roman *Gang durch das Ried* schildert im zeitgeschichtlichen Gewand die Suche eines schuldig gewordenen Soldaten, dessen Gedächtnis gestört ist, nach dem Ursprung seiner Identität. Das Hauptwerk *Das unauslöschliche Siegel* ist eine anspielungsreiche, das synkretistische katholische Weltbild der Autorin (Abhängigkeit von der katholischen Erneuerungsbewegung um Georges Bernanos) spiegelnde Erlösungsparabel um einen konvertierten Juden, der durch die Stationen einer sündhaften Welt geschickt wird, um die ins Geschehen einbrechende Gnade der Erlösung zu erfahren. Das gleiche Schema der Rückkehr in den Erlösungsursprung nach Durchgängen durch die satanisch-sündhafte Natur und Welt findet sich in der *Märkischen Argonautenfahrt*, deren Titel die mythische Grundfigur aller Geschichte anzeigt.

W.: Romane, Erzählungen: Grenze: Besetztes Gebiet, 1932; Triptychon des Teufels, 32; Proserpina, 33, Urfassung 49; Der Gang durch das Ried, 36; Rettung am Rhein, 38; Das unauslöschliche Siegel, 46; Der Torso, 47; Das Labyrinth, 49; Märkische Argonautenfahrt, 50; Glück haben, 68. – *Hörspiele:* Frauen als Wegbereiter: Amalie Dietrich, 33; Der Sturz durch die Erdzeitalter, 33; Flandrischer Herbst, 33; Sterne über dem Palatin, 33; Ahnung und Gegenwart, 34. – *Lyrik:* Der Wendekreis des Lammes, 24; Die Tierkreisgedichte, 35; Der Laubmann und die Rose, 47; Kölnische Elegie, 48; Gedichte, 59 (darin: Metamorphosen). – *Essays, Briefe:* Geist, in den Sinnen behaust, 51; Soviel berauschende Vergänglichkeit. Briefe 1926–50, 54; Das Christliche der christlichen Dichtung, 61; Briefe 1924–1950, 2 Bde, 90. – *Sammel- und Werkausgaben:* Mithras. Lyrik und Prosa, 59; Gesammelte Werke in Einzelausgaben, 5 Bde, 59–64; Untergetaucht. Saisonbeginn, 70; Ausgewählte Erzählungen, 80; Saisonbeginn, 81; Gedichte, 81; Hörspiele, 86. – *Herausgebertätigkeit:* Herz zum Hafen: Frauengedichte der Gegenwart, 33.

Langner, Ilse (eig. Ilse Siebert), *21.5.1899 Breslau, †16.1.1987 Darmstadt.

Nach dem Besuch des Realgymnasiums arbeitete L. für einen Verlag und reiste in dessen Auftrag in die UdSSR, nach Konstantinopel, nach Paris, nach China, Japan und in die USA. Pazifismus, Zeit- und Sozialkritik sind die Themenbereiche der Dramatikerin und Erzählerin L. Die Situation von Frauen im und nach dem Krieg wird in dem 1929 als Erstlingswerk erschienenen Drama *Frau Emma kämpft im Hinterland* beschrieben, die Voraussetzungen und Folgen von Machtmanipulationen thematisiert der Roman *Die Zyklopen* von 1960. Die ausgedehnten Reisen um die ganze Welt, die L. immer wieder unternahm, wurden in ihren Berichten literarisch aufgearbeitet (*Japanisches Tagebuch*). – L. erhielt 1960 die Willibald-Pirckheimer-Medaille, 1969 die Johann-Heinrich-Merck-Ehrung und 1974 das Bundesverdienstkreuz I. Klasse, 1984 die Goethe-Plakette.

W.: Dramen: Frau Emma kämpft im Hinterland, 1929; Katharina Henschke, 30; Die Heilige aus USA, 31; Amazonen, 36; Der Mord von Mykene, 36; Die große Zauberin, 38; Trümmerdramen (Trilogie: I Die Heimkehr, II Der Carneval, III Himmel u. Hölle), 46–50; Klytämnestra, 47; Iphigenie kehrt heim, 48; Paris-Trilogie (I Metro, Haute Couture de la mort, II Sylphide u. d. Polizist, III Rettet Saint Julien le pauvre), 50; Das Wunder von Amerika, 51; Der venezianische Spiegel, 52; Cornelia Kungström, 55; Pariser Stücke, 74. – *Romane, Erzählungen, Berichte:* Das Gionsfest, 34; Die purpurne Stadt, 37 (Neufsg. 52); Kyoto, 47; Rodica, 47; Sonntagsausflug nach Chartres, 56; Chinesisches Tagebuch, 60; Die Zyklopen, 60; Japanisches Tagebuch, 61; Ich lade Sie ein nach Kyoto, 63; Flucht ohne Ziel, 84. – *Lyrik:* Zwischen den Trümmern, 48; Geboren 1899, 59. – *Sammelausgabe:* Dramen, 2 Bde 83–87. – *Herausgebertätigkeit:* Kleine Kostbarkeiten, 8 Bde, 47–48; Ewige Melodie, 49.

Lanzer, Robert → Leonhard, Rolf

Lask, Berta (eig. Jacobsohn-Lask; Pseud. Gerhard Wieland), *17.11.1878 Wadowice (Galizien), †28.3.1967 Berlin.

L., Tochter eines Papierfabrikanten, wuchs in Pommern auf, heiratete 1901 den Arzt und Dozenten L. Jacobsohn und lebte seitdem in Berlin. Über Kontakte zur Frauenbewegung und wachsendes soziales Engagement kam L. 1923 zur KPD, wurde Mitbegründerin und Vorstandsmitglied des Bundes Proletarisch-Revolutionärer Schriftsteller (BPRS), arbeitete überwiegend für linke Zeitungen und Zeitschriften. 1933 wurde L. von den Nationalsozialisten verhaftet, konnte aber noch im selben Jahr in die UdSSR emigrieren, wo sie für Rundfunk und Presse tätig war. Ab 1953 lebte sie als freie Schriftstellerin in Ost-Berlin. – In ihren ersten literarischen Arbeiten vertrat L. noch einen idealistischen Pazifismus, verstand sich dann aber bewußt als Vertreterin der proletarisch-revolutionären Dichtung. L. verfaßte eine Reihe von, in der Weimarer Republik oft verbotenen, sozialistischen Dramen, z. B. über Thomas Müntzer zur 400-Jahr-Feier des Bauernkrieges. Mit ihren Dramen, revueartig angelegten Szenenfolgen und Sprechchören, ging es L. vorrangig um die Agitation des Arbeiterpublikums. – Die literarische Bedeutung L.s liegt vor allem in ihrem Beitrag zur Begründung und Entwicklung einer proletarischen Kinderliteratur in Deutschland. In Erzählungen und Kunstmärchen für jugendliche Leser knüpft sie an Verständnis und Erfahrungswelt ihrer Zielgruppe an, neigt aber durch Abstraktion von Figuren und Personifizierung von Klassengegensätzen zu ideologischer Schwarzweißmalerei. In ihrem Buch *Auf dem Flügelpferde durch die Zeiten*, der ersten größeren erzählenden Arbeit für Kinder in einem KPD-nahen Verlag, beschreibt L. in phantastisch-traumartiger Anlage die Reise eines Proletarierjungen durch exemplarische Perioden von Klassenkampf und Unterdrückung. Eine Sonderstellung in L.s Spätwerk nimmt der autobiographische, sozialistische Entwicklungsroman ein, die Trilogie *Stille und Sturm*, in der sie die Entwicklung einer jüdischen Fabrikantentochter zur Sozialistin beschreibt, vom Ausgang des 19. bis zur Mitte des 20. Jahrhunderts.

W.: Dichtungen für Kinder: Die Geschichte von dem Jungen, der mit einem Drachen kämpfen wollte. Wie Mariele den lieben Gott suchen ging. Wie der Gefreite Gottlieb Fürchtegott zum Boten kommandiert wurde. Eine Tierfabel (alle in: «Proletarischer Kindergarten»), 1921; Weihe der Jugend. Sprechchordichtung für proletarische Jugendweihen, 22 (überarb. 56); Auf dem Flügelpferde durch die Zeiten, 25; Wie Franz und Grete nach Rußland kamen, 26; Spartakus, 28; Otto und Else, 56. – *Romane, Erzählungen, Gedichte:* Stimmen, 19; Rufe aus dem Dunkel, 21; Die Radfahrkolonne aus dem Unstruttal, 28; Junge Helden, 34; Januar 1933 in Berlin, 35; Ein Dorf steht auf. Johann der Knecht, 35; Die schwarze Fahne von Kolbenau, 39; Stille und Sturm, 2 Bde, 55; Aus ganzem Herzen, 61. – *Stücke und Sprechchöre:* Die Päpstin, 11; Auf dem Hinterhof, vier Treppen links, 12 (überarb. 32); In Jehudas Stadt, 14; Senta, 21; Die Toten rufen, 23; Mitternacht, 23; Der Obermenschenfresser Weltkapitalismus und die Internationale Arbeiterhilfe, 24; Die Befreiung. Bilder aus dem Leben der deutschen und russischen Frauen 1914–1920, 25; Thomas Müntzer, 25; Leuna 1921, 27 (Neuausg. 61); Johann der Knecht, 36; Vor dem Gewitter, 38. – *Theoretische Schriften:* Unsere Aufgaben an der Menschheit, 23; Kollektivdorf und Sowjetgut, 32.

Lasker-Schüler, Else, *11. 2. 1869 Elberfeld, †22. 1. 1945 Jerusalem.
L.-S., geboren als Tochter einer wohlhabenden jüdischen Familie, heiratete 1894 den Arzt B. Lasker; Scheidung nach 9 Jahren; L.-S. lebte aber bereits vor der Scheidung ohne festen Wohnsitz in Berlin. Etwa seit 1900 hatte sie enge Kontakte zur «Neuen Gemeinschaft» der Brüder Hart, vor allem zu Peter Hille, der sie zum Dichten anregte und dem sie zeitlebens in großer Verehrung dankbar war. 1903 Eheschließung mit Georg Lewin, der auf ihre Veranlassung hin den Namen Herwarth Walden annahm; Hauptmitarbeiterin an Waldens Zeitschrift «Der Sturm» (für deren Namensgebung sie verantwortlich war) in den ersten drei Jahrgängen; L.-S. führte u. a. P. Baum und P. Zech in den Kreis um Walden ein; häufige Teilnahme an Veranstaltungen des «Neopathetischen Cabarets», Veröffentlichung ihrer Arbeiten in nahezu allen bedeutenden Zeitschriften und Buchreihen des Expressionismus sowie in K. Kraus' «Fakkel». Nach dem Auseinanderbrechen der Ehe mit Walden 1912 wieder ohne festen Wohnsitz; Mittelpunkt der Berliner Bohème des Café des Westens; enge Kontakte zu K. Kraus, der sie intensiv förderte und finanziell unterstützte, und zu einem großen Teil der expressionistischen Maler und Schriftsteller; Vortragsreisen in viele Großstädte Deutschlands. In den 20er Jahren Abnahme der bis dahin sehr intensiven literarischen Produktion. 1932 Trägerin des Kleist-Preises (zusammen mit R. Billinger) für die «überzeitlichen Werte» ihrer Dichtung; jedoch schon im folgenden Jahr Publikationsverbot; Emigration in die Schweiz; Reise über Ägypten nach Palästina; 1937 endgültige Übersiedlung nach Jerusalem, wo sie bis zu ihrem Tod vereinsamt und in äußerster Armut lebte.
L.-S. neigte dazu, biographische Fakten zu verschleiern (beispielsweise ihr Geburtsdatum und ihre Familienverhältnisse: Der scheinbar autobiographische Charakter vieler Dichtungen L.-S.s ist also trügerisch. Darüber hinaus siedelte sie – vor allem in ihren Prosawerken aus den 10er Jahren – ihre eigene Existenz und die ihrer Freunde in einer märchenhaftorientalischen Phantasiewelt an, wurde selbst u. a. zum «Prinz von Theben» und machte beispielsweise K. Kraus zum «Kardinal» oder zum «Dalai Lama», G. Benn zu «Giselheer, dem Barbaren», G. Trakl zum «Ritter aus Gold».

L.-S. schuf sich einen eigenen Mythos, in dem christliche, jüdische, kabbalistische und altorientalische Motive miteinander verwoben waren; auch sie ist im Prinzip der Gruppe der Kosmiker (wie A. Mombert oder der Charon-Kreis um O. zur Linde und R. Pannwitz) zuzuordnen.

Nicht nur in ihrer Prosa, sondern auch in ihrer Lyrik steht die Dichterin selbst im Zentrum; nahezu alle Gedichte L.-S.s zeichnen sich durch einen hohen Grad an Subjektivität aus. Thematisch reicht ihre Lyrik, die voller Wortmusik ist, von Liebesgedichten, in denen leidenschaftliche Hingabefähigkeit und träumerische Sehnsucht zum Ausdruck kommen, bis hin zu schwermütiger Weltklage, getragen von innerer Unruhe, düsterer Ahnung und tiefer Traurigkeit. Formal lassen sich ihre an Metaphern reichen Gedichte kennzeichnen durch reimlose, meist nur wenige Verse umfassende Strophen. L.-S., die als eine der Wegbereiterinnen des Expressionismus gilt, hat für ihre Lyrik hohes Lob von seiten der Zeitgenossen erfahren. L.-S.s lyrisches Spätwerk unterscheidet sich sowohl formal als auch thematisch stark von dem der vorangegangenen Jahrzehnte, sie thematisiert hier ihre Einsamkeit, ihre Armut und ihr Emigrantenschicksal, daneben jedoch auch ihre starke Verwurzelung im jüdischen Glauben, der nach der zweiten Ehescheidung für sie immer mehr an Bedeutung gewann. Formal zeigt ihre späte Lyrik eine Neigung zu strengen Reimen. L.-S. hat sich auch mit dem Drama beschäftigt, zu ihrer Zeit jedoch ohne großen Publikumserfolg; alle drei Dramen sind erst mehrere Jahre nach der Niederschrift uraufgeführt worden: das 1909 verfaßte *Die Wupper* 1919, *Arthur Aronymus und seine Väter*, geschrieben 1932, 1936 sowie *Ichundich*, um 1943 verfaßt, erst 1979.

W.: Romane, Erzählungen: Die Nächte Tino von Bagdads, 1907; Mein Herz, 12; Der Prinz von Theben, 14; Der Malik, 19; Der Wunderrabbiner von Barcelona, 21; Arthur Aronymus, 32. – *Dramen:* Die Wupper, 09; Arthur Aronymus und seine Väter, 32; Ichundich, in: Jahrbuch der Deutschen Schillergesellschaft, 70. – *Lyrik:* Styx, 02; Der siebente Tag, 05; Meine Wunder, 11; Hebräische Balladen, 13, erw. 20 (Faksimile der Handschrift, 86); Theben, 23; Konzert, 32; Das Hebräerland, 37; Mein blaues Klavier, 43. – *Essays, Briefe:* Das Peter-Hille-Buch, 06; Essays, 13; Gesichte, 13; Briefe P. Hilles an Else Lasker-Schüler, 21; Ich räume auf!, 25; Briefe an Karl Kraus, 59; Briefe, 2 Bde, 69 (Bd 1: Lieber gestreifter Tiger, Bd 2: Wo ist unser buntes Theben); Was soll ich hier? Exilbriefe an Salman Schocken, 81. – *Sammel- und Werkausgaben:* Die gesammelten Gedichte, 17; Gesamtausgabe, 10 Bde, 19/20; Else Lasker-Schüler. Eine Einführung in ihr Werk und eine Auswahl, 51; Else Lasker-Schüler. Dichtungen und Dokumente, 51; Gesammelte Werke, 3 Bde, 59–62 (als Tb.: Gesammelte Werke in 8 Bdn, erw. 88); Sämtliche Gedichte, 66; Gedichte und Prosa, 67; Leise sagen, 68; Helles Schlafen – dunkles Wachen, 81; Auf deinen Wangen liegen goldene Tauben, 85; Die Wupper und andere Dramen, 86; Ich soll dich ansehn immerzu, 86; Verse und Prosa aus dem Nachlaß, 86; Werke in acht Bänden, 86; Ich suche allerlanden eine Stadt, 88.

Lattmann, Dieter, *15.2.1926 Potsdam. L., Sohn eines ehemaligen Offiziers, schlug mit 16 Jahren die Laufbahn eines Marineoffiziers ein. Nach kurzer englischer Kriegsgefangenschaft absolvierte er in Kassel eine Buchhandelslehre; 1947–60 arbeitete er bei mehreren Verlagen, wurde zuletzt Lektor in München, lebt seit 1959 als freier Schriftsteller, Mitarbeiter des Rundfunks und Berater ausländischer Verleger. L. ist Mitglied des PEN-Zentrums der BRD. 1968 wurde er Präsident der Bundesvereinigung der deutschen Schriftstellerverbände, 1969–74 erster Bundesvorsitzender des Verbandes deutscher Schriftsteller, den er 1973 an die IG Druck und Papier, in der Absicht, eine Mediengewerkschaft zu gründen, anschloß; auch als Bundestagsabgeordneter verfolgte er nach 1972 dieses Ziel. – L. trat zuerst als Kritiker, dann mit sachlich-realistischen Romanen literarisch hervor. Nach feuilletonistischen und erzählerischen Impressionen zur Lage der Dreißigjährigen seiner Zeit schrieb er Romane, die die bürgerliche Lebensweise dieser Generation zum Thema haben. Im «Tagebuch» *Mit einem deutschen Paß* berichtet er über eine Weltreise, die er im Auftrag seines Verlages angetreten hatte.

W.: *Romane:* Ein Mann mit Familie, 1962; Schachpartie, 68; Die Brüder, 85. – *Essays:* Die gelenkige Generation, 57; Mit einem deutschen Paß, 64; Zwischenrufe, 67; Die Einsamkeit des Politikers, 77; Die lieblose Republik, 81; Die Erben der Zeitzeugen. Wider die Vertreibung der Geschichte, 88; Kennen Sie Brecht? Stationen seines Lebens, 88. – *Herausgebertätigkeit:* Kindlers Literaturgeschichte der Gegenwart. Bundesrepublik Deutschland seit 1945, 73 (aktualisiert 80). – *Schallplatten, Kassetten:* Plädoyer für die Einheit in Deutschland. D. L. erzählt von einer Bahnreise in der (noch) DDR, 90 (Kass.).

Laub, Gabriel, *24.10.1928 Bochnia (Polen).
L. wuchs in Polen und der Sowjetunion auf. 1946 Abitur in Krakau und Besuch der Hochschule für Politische und Soziale Wissenschaften in Prag. Von 1948 an arbeitete L. als Journalist bei verschiedenen Zeitschriften in der Tschechoslowakei und veröffentlichte 1967 seine erste Aphorismensammlung. Nach dem Prager Frühling und dem Einmarsch der sowjetischen Truppen emigrierte er 1968 in die Bundesrepublik und arbeitet seitdem als Journalist, Kritiker und freier Schriftsteller. 1971 Internationaler Kurzgeschichtenpreis Arnsberg.
Neben seiner regelmäßigen Tätigkeit für mehrere Zeitungen ist L. vor allem als Satiriker und Aphoristiker bekannt geworden. «Poesie und Philosophie sind gleichberechtigte Eltern des Aphorismus», so L. in *Erlaubte Freiheiten*. Er stellt sich in die Tradition dieser literarischen Gattung von der Antike über Lichtenberg bis hin zu dem polnischen Dichter S. J. Lec, als deren Schüler er sich bekennt; daneben beschäftigt er sich mit den theoretischen und politischen Voraussetzungen und Wirkungen dieses Genres.

W.: *Aphorismen, Satiren, Schriften:* Verärgerte Logik, 1969; Enthüllung des nackten Kaisers, 70; Der größte Prozeß der Weltgeschichte, 72; Ur-Laub zum Denken, 72; Wer denkt ist ein Affe, 72; Erlaubte Freiheiten, 75; Doppelfinten, 75 (mit H. G. Rauch); Spielen Sie Detektiv, 76; Denken erlaubt, 77; Alle Macht den Spionen, 78; Das Recht, recht zu haben, 79; Dabeisein ist nicht alles, 80; Olympisches Laub, 80 (erw. 88); Der leicht gestörte Frieden, 81; Was tut man mit Witwen?, 82; Denken verdirbt den Charakter, 84; Gespräche mit dem Vogel, 84; Entdeckungen in der Badewanne, 85; Urmenschenkinder, 86; Mein lieber Mensch. Neue Gespräche mit dem Vogel, 87; Die Kunst des Sonnenbrands oder Urlaub muß sein!, 88. – *Roman:* Der Aufstand der Dicken, 83. – *Übersetzungen:* Havel, Nalkowska.

Laudon, Hasso, *23.1.1932 Berlin.
L. wechselte in seiner Jugend mehrfach zwischen West- und Ost-Berlin, BRD und DDR hin und her, bis er Mitte der 50er Jahre in der DDR blieb; er arbeitete in verschiedenen Berufen. 1958 Erzieher in einem Kinderheim und einem Jugendsanatorium. Seit 1960 freischaffender Schriftsteller, ab 1971 Verlagslektor.
Mit seinen frühen Romanen, in denen L. autobiographische (Republikflucht in *Semesterferien in Berlin*) oder mit seiner Jugendarbeit eng verbundene Themen verarbeitete (... *zur Bewährung ausgesetzt* über einen straffälligen Erzieher; auch Hörspiele für Kinder), kam L. «über eine gewisse Durchschnittsliteratur nicht hinaus» (Laudon). Dagegen weist *Adrian*, der nach einer 6jährigen Schaffenspause erschien, einen qualitativen Sprung auf. Stilistisch angeregt von Joyce und Döblin, gestaltet L. die Kindheit und Jugend Adrians in Berlin und Schlesien und gibt ein reiches, oft skurriles Bild der Stadt und des Kleinbürgertums während der Nazi-Herrschaft und der ersten Nachkriegszeit, das deutliche Parallelen, aber auch interessante Unterschiede zu Grass' *Blechtrommel* aufweist. *Tamara* führt in eher konventioneller Erzählweise Adrians Biographie fort.

W.: *Romane:* Semesterferien in Berlin, 1959; ... zur Bewährung ausgesetzt, 62; Das Labyrinth, 64; Adrian, 70; Ein ungewöhnliches Wochenende, 72 (mit H. Henniger); Tamara oder Podruga heißt Geliebte, 73; Der ewige Ketzer, 82; Legende vom See, 84; Der fröhliche Tod des Leberecht Schreck, 88; Wunderkind und Zauberflöte. Geschichten um Mozart, 89. – *Laienspiel und Kinderhörspiele:* Olga Benario, 59; Das Mädchen aus der Kasbach, 63; Besiegter Tod, 63; Bomme und sein Friedensfahrer, 64.

Lauenheim, Peter → Zwerenz, Gerhard

Lautensack, Heinrich, *15.7.1881 Vilshofen (Niederbayern), †10.1.1919 München.

L., Sohn eines Textilienhändlers, studierte an der TH München. Der Kleinbürgerwelt seiner Herkunft früh entfremdet, fand er den Weg in die Schwabinger Bohème und zum Kabarett («Elf Scharfrichter»). 1907 ging er nach Berlin, wo er 1912/13 mit A. R. Meyer und Anselm Ruest die Zweimonatsschrift «Bücherei Maiandros» herausgab. Ab 1912 arbeitete er als Drehbuchautor und Dramaturg. Er nahm 1914–17 als Landsturmmann am 1. Weltkrieg teil. Ohne nennenswerte Erfolge seiner eigenen Arbeiten – die Bühne blieb ihm bis 1918 durch Zensur verschlossen – konnte sich L. nur mühsam durchschlagen. Er starb in geistiger Umnachtung.

L.s Vorbilder waren Wedekind und Dehmel; wie sie strebte er die Befreiung des Eros an. Er schrieb, nach schwermütiger Lyrik (*Avalun*), zunächst Kabarettistisches: Brettl-Lieder und balladeske Gedichte betont antiklerikaler Tendenz; dann vom Naturalismus beeinflußte, mundartlich geprägte Dramen und vor allem Komödien aus spezifisch bayerischem Milieu, die auf dem Konflikt zwischen den Sexualkonventionen (*Die Pfarrhauskomödie*) und dem natürlichen erotischen Empfinden basieren.

W.: Romane, Erzählungen: Altbayerische Bilderbogen, 1920; Leben, Taten und Meinungen des sehr berühmten russischen Detektivs Maximow, 20; Lena, 25. – *Dramen:* Der Hahnenkampf, 08; Die Pfarrhauskomödie, 11; Das Gelübde, 16. – *Lyrik:* Avalun, 01; Cabaret. Schwank und Satire, 06; Dokumente der Liebesraserei, 10; Via Crucis, 12; Die Samländische Ode, 18; Erotische Votivtafeln, 19; Totentanz, 23. – *Herausgebertätigkeit:* Die elf Scharfrichter. Ein Musenalmanach, 02; Die Bücherei Maiandros (mit A. R. Meyer u. a.), 12–13. – *Sammel- u. Werkausgaben:* Das verstörte Fest. Gesammelte Werke, 66.

Lavant, Christine (eig. C. Habernig), *4. 7. 1915 Groß Edling bei St. Stefan im Lavanttal (Kärnten), †7. 6. 1973 Wolfsberg (Kärnten).

L.s Leben ist durch Armut und Krankheit geprägt. Sie wurde als neuntes Kind eines Bergarbeiters geboren und litt von Geburt an unter Krankheiten, immer war sie in der Rolle der Schwachen, Hilfsbedürftigen. Sie wuchs in einer streng christlichen Umwelt auf, mit der sie sich nicht zu identifizieren vermochte. Zwar thematisieren ihre durch eine dichte Metaphernsprache bestimmten Gedichte und Prosawerke christliches Gedankengut, dieses wird jedoch ausgeweitet in eine Naturreligiosität, bestimmt durch den Wunsch nach Geborgenheit und Wärme. Dichtung ist für L. eine Art der Daseinsbewältigung; die letzten Jahre vor ihrem Tod hat sie bewußt auf dieses Ausdrucksmittel verzichtet. Mehrere Auszeichnungen, u. a. 1970 den Gr. Österreichischen Staatspreis.

W.: Lyrik: Die unvollendete Liebe, 1949; Die Bettlerschale, 56; Spindel im Mond, 59; Der Sonnenvogel, 60; Der Pfauenschrei, 62; Hälfte des Herzens, 66. – *Erzählungen:* Das Kind, 49; Das Krüglein, 49; Maria Katharina, 50; Baruscha, 52; Die Rosenkugel, 56; Wirf ab den Lehm, 61; Das Ringelspiel, 63; Nell, 69. – *Sammel- und Werkausgaben:* Kunst wie meine ist nur verstümmeltes Leben. Nachgelassene und verstreut veröffentlichte Gedichte – Prosa – Briefe, 78; Versuchung der Sterne, 84; Gedichte, 88; Das Kind. Erzählungen, 89.

Lazang, Iwan → Goll, Ywan

Lazar, Auguste (verh. Wieghardt-Lazar; Pseud. Mary Macmillan), *12. 9. 1887 Wien, †17. 4. 1970 Dresden.

L. stammt aus einer wohlhabenden jüdischen Familie; Schwester der ebenfalls als Schriftstellerin bekannten Maria Lazar. Sie studierte Germanistik an der Universität Wien und promovierte 1916 mit einer Arbeit über E. T. A. Hoffmann. Sie arbeitete als Lehrerin an der liberalen Schule der bekannten Reformpädagogin Eugenie Schwarzwald, bevor sie 1920 heiratete und nach Dresden zog. Sie schloß sich der KPD nahestehenden intellektuellen Kreisen an und besuchte die MASCH. – Unter dem Druck der NS-Herrschaft und im Bemühen, Freunde und Verwandte zu schützen, veröffentlichte sie 1935 ihr erstes Buch unter Pseudonym. Das Kinderbuch *Sally Bleistift in Amerika* erschien in Moskau. Das Manuskript hatte sie selbst in die Sowjetunion geschmuggelt. Dieses Buch, mit dem sie vor allem die Überwindung von Rassen- und Klassenvorurteilen befördern wollte, gilt bis heute als Klassiker der sozialistischen Jugendliteratur. Während der Zeit der nationalsozialistischen Herrschaft arbeitete sie im Widerstand, bis sie 1939 nach Großbritannien emigrieren mußte. 1949 kehrte sie nach Dresden zurück, arbeitete kurze Zeit beim Rundfunk und lebte seither als freie Schriftstellerin. Das bereits 1934 entstandene, erst 1950 veröffentlichte Jugendbuch *Jan auf der Zille* schildert die Erlebnisse eines Arbeiterjungen, der während der NS-Herrschaft kommunistischen Widerstandskämpfern hilft. – Neben Alex Wedding ist L. eine der bedeutendsten frühen Autorinnen sozialistischer Kinder- und Jugendliteratur. 1957 erhielt sie den Vaterländischen Verdienstorden in Bronze, 1962 in Silber, 1965 die Clara-Zetkin-Medaille und den Nationalpreis.

W.: Romane, Erzählungen, Prosa, Kinder- und Jugendbücher: Sally Bleistift in Amerika, 1935; Jan auf der Zille, 50 (entst. 34); Bootsmann Sybille, 53; Der neue Däumling, 54; Jura in der Leninhütte, 60; Die Schreckensherrschaft und das Glück der Anette Martin, 61; Schach dem König! Phantastische und nüchterne Bilder aus der Französischen Revolution, 64 (überarb. 69; überarb. u. gekürzt u.d.T.: Bilder aus der Französischen Revolution, 89); Die Brücke von Weißensand, 65; Kampf um Kathi, 67; Akelei und das Wurzelmännchen, 70. – *Essays, theoretische Schriften, Autobiographisches:* E. T. A. Hoffmanns «Prinzessin Brambilla», 16 (Diss.); Arabesken. Aufzeichnungen aus bewegter Zeit, 57 (erw. 77); Ravensbrück (mit anderen), 60. – *Sammel- und Werkausgaben:* Sally Bleistift in Amerika. Die Brücke von Weißensand, 77.

Lebert, Hans, *19.1.1919 Wien.
L., Sohn eines Fabrikanten, studierte Gesang, war als Tenor an deutschen Bühnen tätig, wandte sich aber nach dem Krieg immer mehr dem Schreiben zu. Er publizierte Gedichte, Dramen, Erzählungen und Romane; Hauptwerk ist der in mehrere Sprachen übersetzte Roman *Die Wolfshaut*; er erzählt in satirischer Form das Hervorbrechen verdrängter und von Schweigen überlagerter Kriegsschuld einer österreichischen Dorfgemeinschaft.

W.: Romane, Erzählungen: Ausfahrt, 1952; Das Schiff im Gebirge, 55; Die Wolfshaut, 60; Der Feuerkreis, 71. – *Dramen, Hörspiele:* Das Lied vom Seemann, 46; Nebel, 47; Die schmut-

zige Schwester, 72. – *Lyrik:* Die Landstraße, 49; Metamorphosen, 54.

Lederer, Joe, *12.9.1907 Wien, †30.1.1987 München.
Nach dem Besuch des Gymnasiums in Wien arbeitete L. als Schauspielerin und Sekretärin eines Schriftstellers, danach selbst als freie Schriftstellerin und Journalistin. Sie lebte längere Zeit in Berlin und bereiste große Teile Europas. 1933 wurden ihre Bücher im nationalsozialistischen Deutschland verboten, sie emigrierte nach China, übersiedelte später nach Österreich und Italien. 1938 kam sie nach Großbritannien, von wo aus sie nach dem Krieg als Presseoffizier nach Deutschland zurückkehrte. 1956 ließ sie sich endgültig in der BRD nieder. Seit 1939 war sie Mitglied des deutschen PEN in London. – Bereits mit ihrem ersten Roman *Das Mädchen George* wurde L. bekannt und als ‹deutsche Colette› gefeiert. Sie veröffentlichte eine Reihe von erfolgreichen Unterhaltungsromanen. In der Emigration konnte sie nur wenig publizieren. Nach dem Krieg schrieb sie weitere Romane und Erzählungen, ohne indessen an ihre früheren Erfolge anknüpfen zu können.

W.: Romane, Erzählungen: Das Mädchen George, 1928; Musik der Nacht, 30; Drei Tage Liebe, 31; Bring mich heim, 32; Unter den Apfelbäumen, 34; Blatt im Wind, 35; Blumen für Cornelia, 36; Ein einfaches Herz, 37; Fanfan in China, 38 (u. d. T.: Entführt in Shanghai, 58); Heimweh nach gestern, 51; Letzter Frühling, 55; Unruhe des Herzens, 57; Sturz ins Dunkel, 57; Die törichte Jungfrau, 60; Von der Freundlichkeit der Menschen, 64; Ich liebe dich, 75; Tödliche Leidenschaft, 77 (u. d. T.: Tatmotiv Liebe, 81). – *Sammel- und Werkausgaben:* Drei Tage Liebe. – Bring mich heim. Zwei Romane, 56.

Ledig, Gert, *4.11.1921 Leipzig.
Nach dem Schulbesuch machte L. eine Ausbildung zum Elektrotechniker, 1939 meldete er sich freiwillig zum Wehrdienst und wurde im Krieg verwundet. Bis 1950 lebte er, in verschiedenen Berufen tätig, u. a. als Arbeiter und Kaufmann in München, dann als Dolmetscher und Ingenieur in Österreich. 1963 kehrte er nach München zurück, wurde Leiter eines

Nachrichtenbüros und arbeitet als freier Schriftsteller. – In realistischer Darstellungsweise behandelt L. die Erfahrungen und Erlebnisse, die er als Soldat und Offiziersanwärter, als Schiffbauingenieur und im Lazarett gesammelt hat. L. bleibt nicht bei der Schilderung eines Einzelschicksals stehen, sondern zeigt kritisch die zeitlichen und gesellschaftlichen Hintergründe des 2. Weltkriegs auf. Sein bekanntester Roman *Die Stalinorgel* erschien 1955. L. ist auch Verfasser von Dramen und Hörspielen.

W.: Romane, Hörspiele: Die Stalinorgel, 1955; Die Vergeltung, 56; Faustrecht, 57 (als Drama 58); Das Duell, 58 (auch u. d. T. Der Staatsanwalt); Unter den Apfelbäumen, 76; Von der Freundlichkeit der Menschen, 78; Tödliche Leidenschaft, 78.

Le Fort, Gertrud von (Pseud. G. von Stark, Petrea Vallerin), * 11. 10. 1876 Minden (Westfalen), † 1. 11. 1971 Oberstdorf.

Le F. stammt aus einer Hugenottenfamilie, verbrachte ihre Jugend großenteils auf dem Familiengut Bök/Mecklenburg, studierte in Heidelberg protestantische Theologie, Geschichte und Philosophie. Im Jahre 1925 trat sie in Rom zum Katholizismus über. 1956 wurde sie Dr. theol. h. c. Bis zu ihrem Tod lebte sie in Oberstdorf im Allgäu. U. a. 1969 Kultureller Ehrenpreis der Stadt München.

Le F. kam – nach unbekannteren Frühwerken – mit ihrer Hinwendung zum Katholizismus zu eigener Art: Den Durchbruch stellen die vom Psalmenstil getragenen *Hymnen an die Kirche* dar. Religiöse Fragestellungen bestimmen fast alle späteren Werke, besonders den Doppelroman *Das Schweißtuch der Veronika*: Nach ihrer Konversion in Rom gerät die fromme Veronika aus Liebe zu dem ungläubigen Enzio in heftige Konflikte, will sogar «Gottverlassenheit» durch nichtkirchliche Trauung auf sich nehmen, steigert sich in Krankheit hinein und bringt Enzio dadurch zur Bekehrung. – Leidensbereitschaft, Opfergesinnung, die Idee des Erbarmens machen für Le F. Christentum aus. Gerade Leiden, Mißlingen, Scheitern können den «Triumph Christi» bedeuten. Träger solcher Marty-

rien sind meistens Frauen (*Die Letzte am Schafott* – Tötung der Karmeliterinnen während der Französischen Revolution). Ihre konservative Lebenseinstellung zeigt sich am stärksten in dem Buch *Die ewige Frau*.

W.: Lyrik: Lieder und Legenden, 1912; Hymnen an die Kirche, 24; Hymnen an Deutschland, 32; Gedichte, 49 (erw. 53); Den Heimatlosen, 50. – *Romane:* Prinzessin Christelchen (u. Pseud. G. von Stark), 04; Der Kurier der Königin, 27; Das Schweißtuch der Veronika, 28 (später bezeichnet als Teil I: Der römische Brunnen); Der Papst aus dem Ghetto, 30; Die magdeburgische Hochzeit, 38; Der Kranz der Engel, 46 (Das Schweißtuch der Veronika, Teil II). – *Erzählungen:* Die Letzte am Schafott, 31; Das Reich des Kindes, 33; Die Opferflamme, 38; Die Abberufung der Jungfrau von Barby, 40; Das Gericht des Meeres, 43; Die Consolata, 47; Die Tochter Farinatas, 50; Das Reich des Kindes. Die Vöglein von Theres, 50; Plus Ultra, 50; Gelöschte Kerzen (Die Verfemte. Die Unschuldigen), 53; Am Tor des Himmels, 54; Das kleine Weihnachtsbuch, 54; Die Brautgabe, 55; Die Frau des Pilatus, 55; Der Turm der Beständigkeit, 57; Die letzte Begegnung, 59; Das fremde Kind, 61; Die Tochter Jephtas, 64; Das Schweigen, 67; Der Dom, 75; Unsere Liebe Frau vom Karneval, 75. – *Autobiographisches:* Mein Elternhaus, 41; Aufzeichnungen und Erinnerungen, 51 (erw. 56); Hälfte des Lebens, 65. – *Essays:* Die ewige Frau, 34; Madonnen, 48; Unser Weg durch die Nacht, 49; Die Krone der Frau, 50; Die Frau und die Technik, 59; Aphorismen, 62; Woran ich glaube und andere Aufsätze, 68. – *Herausgebertätigkeit:* Troeltsch, E.: Glaubenslehre, 25; Das literarische Deutschland, Jg. I (mit R. A. Schröder), 50. – *Sammel- und Werkausgaben:* Erzählende Schriften, 3 Bde, 56; Die Tochter Jephtas und andere Erzählungen, 76; Gedichte und Aphorismen, 84; Das Schweißtuch der Veronika/Der Kranz der Engel/Der Papst aus dem Ghetto, 86. – *Schallplatten u. ä:* Die Verfemte, 83 (Tonkass.); Gelöschte Kerzen, ca. 86 (Kass.).

Lehardon, Roger → Leonhard, Rudolf

Lehmann, Traugott → Mühlen, Hermynia zur

Lehmann, Wilhelm, * 4. 5. 1882 Puerto Cabello (Venezuela), † 17. 11. 1968 Eckernförde.
Sohn eines Lübecker Kaufmanns und einer Hamburger Arzttochter. Aufge-

wachsen im damals halb ländlichen Wandsbek bei Hamburg. Studium der modernen Sprachen, Naturwissenschaft und Philosophie in Tübingen, Straßburg, Berlin (Kontakt mit Moritz Heimann und Oskar Loerke, hört Vorlesungen über Simmels Lebensphilosophie). 1905 Promotion mit sprachhistorischem Thema. Nach dem Staatsexamen für das höhere Lehramt wirkt L. als Erzieher in Kiel, Neumünster, Wickersdorf, Holzminden. Teilnahme am 1. Weltkrieg. 1923–47 Studienrat in Eckernförde, nach Pensionierung freier Schriftsteller. Ausgedehnte Reisen nach England, Irland, Italien, Dänemark, Dalmatien. Zahlreiche Literaturpreise.

L. begann als Erzähler mit Themen aus dem Kleinstadt- und Schulmilieu (*Der Bilderstürmer, Die Schmetterlingspuppe, Weingott*). Schon die Prosa ist durchsetzt mit naturlyrischen Elementen. Seinen ersten Gedichtband *Antwort des Schweigens* veröffentlicht L. erst 1935. Die traditionell gebauten Gedichte (feste Strophik, durchweg gereimt) wenden sich dem Naturbereich zu (Daseinsfrömmigkeit) mit Affront gegen Zivilisation und die gesellschaftliche Entwicklung. Als gebildeter Philologe schrieb L. weitgreifende literaturhistorische und poetologische Essays.

W.: Romane, Erzählungen: Michael Lippstock, 1915 (Nachdruck 79); Der Bilderstürmer, 17; Die Schmetterlingspuppe, 18; Weingott, 21; Vogelfreier Josef, 22; Der Sturz auf die Erde, 23; Der bedrängte Seraph, 24; Die Hochzeit der Aufrührer, 34; Verführerin, Trösterin, 47; Ruhm des Daseins, 53; Der stumme Laufjunge, 56; Der Überläufer (entstanden 25–27, erstmals in: Sämtliche Werke), 62; Provinzlärm (ursprünglicher Titel von: Ruhm des Daseins; in: Sämtliche Werke), 62. – *Lyrik:* Antwort des Schweigens, 35; Gedichte, 36; Der grüne Gott, 42; Entzückter Staub, 46; Noch nicht genug, 50; Überlebender Tag, 54; Meine Gedichtbücher, 57; Abschiedslust, 62; Gedichte, 63; Sichtbare Zeit, 67; Gedichte, 68. – *Essays, autobiographische Schriften:* Bewegliche Ordnung, 47, verändert 56; Bukolisches Tagebuch aus den Jahren 1927–32, 48; Mühe des Anfangs, 52; Dichterische Grundsituation und notwendige Besonderheit des Gedichts, 53; Dichtung als Dasein, 56; Erfahrung mit Gedichten, 59; Kunst des Gedichts, 61; Dauer des Staunens, 62; Das Drinnen im Draußen oder

Verteidigung der Poesie, 68. – *Übersetzungen:* R. Kipling, Kleine Geschichten aus den Bergen, 25; R. Kipling, In Schwarz und Weiß, 26; R. Kipling, Drei Soldaten, 34. – *Sammel- und Werkausgaben:* Sämtliche Werke, 62; Gesang der Welt, 81; Gesammelte Werke, 8 Bde, Bd Iff, 82ff; Gedichte. o. J. – *Herausgebertätigkeit:* MacDonald: Fairy Tales, 13; Th. Storm, Meistererzählungen, 56; M. Heimann, Einführung in seine Werke und Auswahl, 60.

Leine, Fritz von der → Löns, Hermann

Leip, Hans (Pseud. Li-Shan-Pe), *22. 9. 1893 Hamburg, †6. 6. 1983 Fruthwilen (Schweiz).

L., Sohn eines Hafenarbeiters und Seemanns, besuchte das Lehrerseminar, war für kurze Zeit Lehrer und nahm dann am 1. Weltkrieg teil. Anschließend arbeitete er in verschiedenen Berufen, u. a. als Kunstkritiker, Schriftleiter und Graphiker. – L., dessen Erzählungen und Romane zum größten Teil vom Meer und dem Leben der Seeleute und Küstenbewohner handeln, wurde als Autor bekannt durch sein von Thomas Mann preisgekröntes Buch *Godekes Knecht*, das vom Leben der Seeräuber um Klaus Störtebeker berichtet. L. schrieb auch Dramen, u. a. *Idothea*, eine Komödie um die schöne Helena. Umfangreich ist das lyrische Werk, das eine weite Stimmungsskala von derbem Humor bis zur Sentimentalität umfaßt. Am bekanntesten ist wohl L.s *Lili Marleen*, entstanden 1915 und in der Vertonung von Norbert Schulze im 2. Weltkrieg und danach auf allen Seiten populär.

W.: Romane, Erzählungen: Laternen, die sich spiegeln, 1920; Die Segelfähre, 20; Der Pfuhl, 23; Goedekes Knecht, 25; Tinser, 26; Der Nigger auf Scharhörn, 27 (gekürzt 31); Altona, die Stadt der Parks an der Elbe, 28; Miss Lind und der Matrose, 28 (bearb. 76); Die Blondjäger, 29; Die getreue Windsbraut, 29; Untergang der Juno, 30; Von Großstadt, hansischem Geist, Grüngürtel, Schule und guten Wohnungen in Hamburg, 31; Die Klabauterflagge oder Atje Potts erste und höchst merkwürdige große Fahrt, 33; Die Lady und der Admiral, 33; Segelanweisung für eine Freundin, 33; Hamburg, 34; Herz im Wind, 34; Jan Himp und die kleine Brise, 34; Max und Anny, 35; Wasser, Schiffe, Sand und Wind, 36 (mit anderen); Fähre sieben, 37; Begegnung zur Nacht, 38 (Auszug 44); Liliencron, 38; Die Bergung, 39 (erw. 57);

Brandung hinter Tahiti, 39; Das Muschelhorn, 40 (bearb. 70); Der Gast, 43; Der Widerschein, 44; Ein neues Leben, 46; Das Zauberschiff, 46; Rette die Freude, 47; Abschied in Triest, 49; Drachenkalb singe, 49; Lady Hamiltons Heimreise, 50; Die Sonnenflöte, 52; Die unaufhörliche Gartenlust, 53; Die Grog-Gespräche des Admirals von und zu Rabums, 53; Der große Fluß im Meer, 54; Hamburg, 55 (mit anderen); Hamburg 55; Des Kaisers Reeder, 56; Bordbuch des Satans, 59; Glück und Gischt, 60; Am Rande der See, 67; Aber die Liebe, 69; Das ist Konstanz, 76 (mit H. Finke, veränd. 79); Der tote Matrose, o. J.; Das Tanzrad oder Die Lust und Mühe eines Daseins, 79. – *Dramen, Hörspiele:* Der betrunkene Lebenskelch. Ein Puppenspiel, 21; Der Gaukler und das Klingelspiel. Eine Pantomime, 29; Herodes und die Hirten, 29; Das blaue Band (Hsp.), o. J.; Idothea oder Die ehrenwerte Täuschung, 41; Die schwebende Jungfrau und andere Spiele, 42 (Auszug 52); Das Buxtehuder Krippenspiel, 47; Der Mitternachtsreigen. Ein Oratorium, 47; Barabbas, 52; Störtebeker, 57. – *Lyrik:* Die Nächtezettel der Sinsebal, 27; Die kleine Hafenorgel, 37 (verm. u. d. T.: Die Hafenorgel, 48); Das Schiff zu Paradeis, 38; Ein hamburgisch Weihnachtslied, 39; Eulenspiegel, 41; Kadenzen, 42; Die Laterne, 42; Das trunkene Stillesein, 44; Heimkunft, 47; Frühe Lieder, 48; Pentamen, 63; Garten überm Meer, 68; Abyssos, 88. – *Sammel- und Werkausgaben:* Hol über Cherub, 60; Das H.-L.-Buch, 83. – *Herausgebertätigkeit:* Der Almanach der Altonaer Blankeneser Woche, Jg. 1, 28 (mit anderen); Kursfreies Logbuch, 29; Das Hapagbuch von der Seefahrt, 36.

Leitgeb, Josef, *17. 8. 1897 Bischofshofen/Salzburg, †9. 4. 1952 Innsbruck. Österreichischer Erzähler, Lyriker, Essayist, Übersetzer. Sohn eines Bahnbeamten. Wuchs in Tirol auf, Gymnasium in Innsbruck. Vollwaise mit 14 Jahren. 1915/18 Soldat. Jura-Studium in Innsbruck (Dr. jur. 1925), fühlte sich jedoch zum Lehrer bestimmt. 1928–39 Volks- und Hauptschullehrer in verschiedenen Gebirgsdörfern und in Innsbruck. Hauptmann der Wehrmacht in der Ukraine. 1945 Stadtschulinspektor in Innsbruck. Gründete mit F. Punt und H. Lechner 1948 das literarische Jahrbuch «Wort im Gebirge. Schrifttum aus Tirol», das er bis zu seinem Tode leitete. Enge Verbindung zum «Brennerkreis». 1950 Gr. Österreichischer Staatspreis. – L. stand in seiner formsicheren Lyrik in der

Tradition G. Trakls und R. M. Rilkes und in der Nähe J. Weinhebers, seine heimatlichen Landschafts- und Naturgedichte entspringen einem tiefen Gefühl der Allverbundenheit und entstanden zum Teil unter dem Eindruck der Tonschöpfungen M. Regers. Das Kriegserlebnis bestärkte ihn in seiner von Innerlichkeit und Naturverbundenheit bestimmten kontemplativen Grundhaltung in der Nachfolge A. Stifters. L.s Prosa ist oft autobiographisch (*Christian und Brigitte* ist der Roman eines aus dem Weltkrieg heimkehrenden Volksschullehrers). Besonders geglückt ist der Kindheitsroman *Das unversehrte Jahr*. Übersetzte A. de Saint-Exupéry.

W.: Romane, Prosa: Kinderlegende, 1934; Christian und Brigitte, 36; Am Rande des Krieges (Aufz. a. d. Ukraine), 42; Trinkt, o Augen, 42; Chronik einer Kindheit. Autob. Kindheitsroman, 48; Das unversehrte Jahr, 48; Kleine Erzählungen, 51. – *Lyrik:* Gedichte, 22; Musik der Landschaft, 35; Läuterungen, 38; Vita somnium breve (Das Leben – ein kurzer Traum), Ged. 1920–40, 43; Lebenszeichen. Ged. a. d. Jahren 1940–50, 51. – *Essays:* Tirol und Vorarlberg (Bildbd.), 39; Brief über den Süden, 41; Von Blumen und Bäumen, 45; Von Blumen, Bäumen und Musik, 47; Abschied und fernes Bild. Erinnerungen u. Essays, 59. – *Sammelausgabe:* Sämtliche Gedichte, 53; Ausgewählte Gedichte, 87.

Leitner, Maria, *19. 1. 1892 Varasdin (Österreich-Ungarn, heute Jugoslawien), †1941 (?, verschollen in Südfrankreich).
L. übersiedelte 1896 mit ihren Eltern nach Budapest, wo sie die Schule besuchte, bevor sie in Schweizer Pensionate geschickt wurde. Bereits mit 21 Jahren Mitarbeiterin einer angesehenen Budapester Zeitung, war sie Mitbegründerin des Kommunistischen Jugendverbandes Ungarns und Mitglied der Kommunistischen Partei. 1919 mußte sie vor der Verfolgung der KP das erste Mal emigrieren (über Wien nach Berlin). Dort war sie 1921/22 Mitarbeiterin des Verlags der Kommunistischen Jugendinternationale. 1923–26 reiste sie durch die USA, durch Mittel- und Südamerika und schrieb Reportagen für Zeitungen des Ullstein-Konzerns. Um authentisch über die Arbeits- und

Lebensbedingungen berichten zu können, arbeitete sie selbst in mehr als 80 Arbeitsstellen, u. a. als Fabrikarbeiterin, Kellnerin und Dienstmädchen. Sie kehrte nach Berlin zurück, arbeitete journalistisch und wurde Mitglied des Bundes Proletarisch-Revolutionärer Schriftsteller (BPRS). 1933 mußte sie ein zweitesmal emigrieren, diesmal aus Deutschland. Prag, Forbach im Saarland und Paris waren Stationen ihres Exils. Aber auch nach 1933 berichtete sie noch aus Deutschland. In Frankreich wurde sie im Lager Gurs interniert, konnte jedoch fliehen und gelangte schließlich nach Marseille. Seit einem letzten Brief von dort (4. 3. 1941) ist sie verschollen.

L. ist eine der Autorinnen, bei der Leben und Werk nicht zu trennen sind und sich gegenseitig bedingen und beeinflussen. Die Lage der Frauen, Kritik am kapitalistischen System und schließlich der Kampf gegen den Faschismus sind immer wiederkehrende Themen ihrer Reportagen und Romane. In *Hotel Amerika* schildert sie einen Tag im Leben einer Arbeiterin in einem Luxushotel in den USA, die schließlich den Ausweg aus ihrer Misere nicht mehr von den Märchen der «Traumfabriken» erwartet, sondern ihre Lebensperspektive im solidarischen Handeln mit anderen findet. Ihr letzter vollendeter Roman *Elisabeth, ein Hitlermädchen* erschien zuerst in einer Exilzeitung in Paris.

W.: Romane, Erzählungen, Reportagen: Hotel Amerika, 1930; Eine Frau reist durch die Welt, 32; Mädchen mit drei Namen (in: Die Welt am Abend, Berlin, 10. Jg. Nr. 161–178, 12.7.–1.8.1932); Wehr dich Akato! Ein Urwald-Roman (Fragment; in AIZ, Berlin, 11. Jg., 1932, Nr. 51–12. Jg., 1933, Nr. 10); Elisabeth, ein Hitlermädchen. Roman der deutschen Jugend (in: Pariser Tageszeitung, 2. Jg., Nr. 315–367, 22.4.–21.6.1937). – *Übersetzungen:* Tibetanische Märchen, 23; London, J.: Die eiserne Ferse, 23 (in: Uj Elöre, New York, 19. Jg., Nr. 4005–4073, 7.9.–14.11. 1923). – *Sammel- und Werkausgaben:* Elisabeth, ein Hitlermädchen. Erzählende Prosa, Reportagen und Berichte, 85.

Lenz, Hermann, *26. 2. 1913 Stuttgart. Studierte Germanistik, Kunstgeschichte und Philosophie in München und Heidelberg. Als Frontsoldat in Rußland, 1946 Rückkehr aus amerikanischer Gefangenschaft. 1949–57 Kunstvereinssekretär, 1951–72 Sekretär des Süddeutschen Schriftstellerverbandes. Im Sommersemester 1986 Gastdozent für Poetik an der Universität Frankfurt. – Erste Gedichte in den 30er Jahren, nach dem Krieg hauptsächlich Prosa. Büchner-Preis 1978, G.-Keller-Preis 1983, 1984 Bundesverdienstkreuz, 1987 Petrarca-Preis und andere Ehrungen.

L. wird als «der letzte Konformist» bezeichnet. Seine bewußt romantisch-nostalgischen Romane sind nachdenkliche Spiegelbilder und irreale Traumerinnerungen seines Ichs oder real-biographische Aufzeichnungen.

Das Ertragen der neuen Zeit ist L. nicht möglich ohne die Erinnerung an die alte. Die Rückwärtsgewandtheit zeigt sich vor allem in der Wahl des kaiserlichen Wien als häufiger Handlungsort seiner Geschichten, um sich so «einer durch Tod gereinigten Sphäre zuzuwenden». In *Verlassene Zimmer, Andere Tage* und *Neue Zeit* wird die erste Jahrhunderthälfte in Süddeutschland als poetischer Geschichtsunterricht geschildert.

W.: Romane, Erzählungen: Das stille Haus, 1947; Das doppelte Gesicht, 49; Die Abenteuerin, 52; Der russische Regenbogen, 59; Nachmittag einer Dame, 61; Spiegelhütte, 62; Die Augen eines Dieners, 64; Verlassene Zimmer, 66; Andere Tage, 68; Der Kutscher und der Wappenmaler, 72; Dame und Scharfrichter, 75; Neue Zeit, 75; Wie die Zeit vergeht, 77; Der Tintenfisch in der Garage, 77; Tagebuch vom Überleben und Leben, 78; Die Begegnung, 79; Der innere Bezirk. Roman in 3 Büchern; Constantinsallee, 80; Erinnerung an Eduard, 81; Der Fremdling, 83; Durch den Krieg kommen, 83; Der Letzte, 84; Der Wanderer, 86; Bilder aus meinem Album, 87; Seltsamer Abschied, 88; Die Begegnung, 89. – *Lyrik:* Gedichte, 36; Zeitlebens, 81; Zu Fuß, 87. – *Übersetzungen:* Irving, Trollope. – *Essays, theoretische Schriften:* Stuttgart, 83; Ich verwandle mein Leben in Sinn (mit K. Liveriou u. G. Griesl), 85; Das Gewesene ordnet sich zum Sinn. Aus Leben und Werk von Werner Illing (mit M. Hannsmann u. a.), 86; Leben und Schreiben. Frankfurter Poetik-Vorlesungen, 86; Hohenlohe, 89.

Lenz, Siegfried, *17.3.1926 Lyck/
Ostpreußen.

L., der Sohn eines Zollbeamten, wuchs
in Masuren auf und legte dort 1943 das
Notabitur ab. Als Marinesoldat wurde er
zum Zeugen «der großen Flucht und des
Untergangs». Er verbrachte das Kriegsende versteckt in dänischen Wäldern.
Das anschließend in Hamburg aufgenommene Studium der Anglistik und
Philosophie brach er 1948 ab und war bis
1951 Feuilletonredakteur bei der «Welt».
Seit 1951 ist er freier Schriftsteller. Zahlreiche Auszeichnungen, u. a. 1962 Bremer Literaturpreis, 1979 Gryphius-Preis,
1985 Th.-Mann- und M.-Sperber-Preis,
1987 Raabe-Preis, 1988 Friedenspreis
des Deutschen Buchhandels, 1989
1. Preisträger der Heinz-Galinski-Stif-
tung.

L. will in Romanen, Erzählungen und
Dramen als moralisch engagierter Zeuge
seiner Zeit die politischen und gesellschaftlichen Konflikte der Kriegs- und
Nachkriegsjahre vermitteln. Er ist als
Romancier und Erzähler Vertreter der
realistischen Tradition mit didaktisch-
pädagogischen Absichten. Seine ersten
Romane schneiden die Themen an, die in
den späteren Hauptwerken vertieft werden. In L.' ersten Romanen *Es waren
Habichte in der Luft* und *Duell mit dem
Schatten* wird parabolisch das Problem
der Diktatur behandelt: Das erste Werk
zeigt am Beispiel des antibolschewisti-
schen finnischen Dorfschullehrers Sten-
ka die Auseinandersetzung des einzelnen
mit dem Machtapparat der Diktatur; im
zweiten wird ein ehemaliger deutscher
Oberst in Libyen mit einer Schuld aus
früherer Zeit konfrontiert und geht
daran zugrunde. Danach wendet sich L.,
durchaus noch unter dem Einfluß Hemingways, seines ersten Lehrmeisters,
neueren Stoffen zu: Einsamkeit, Scheitern, Aufhörenmüssen und ethische Bewährung in der zeitgenössischen Leistungsgesellschaft. *Der Mann im Strom*
gestaltet das Problem eines alternden
Tauchers, der mit den Schwierigkeiten
seines Berufslebens fertig werden muß;
Brot und Spiele, ein Sportler-Roman, behandelt dasselbe moralisch-existentielle
Problem am Falle des unterliegenden

Langstreckenläufers Bucher. Die Frage
der Schuld griff L. in seinem fünften Roman *Stadtgespräch* sowie in seinem erfolgreichen Drama *Zeit der Schuldlosen*
wieder auf: Es geht jeweils um die Verantwortung des einzelnen in Ausnahmesituationen, die durch Krieg und Diktatur zustande kommen. Die *Deutschstunde*, L.' erfolgreichstes, in viele Sprachen
übersetztes Werk, ist ein mehrschichtiger
und mehrperspektivistischer Ich-Roman
über deutsche Schuld und Pflicht in der
Kriegs- und Nachkriegszeit, am Beispiel
eines Generationskonflikts dargestellt.
Der Autor gibt die Erinnerungen Siggi
Jepsens wieder, der als Zögling einer Er-
ziehungsanstalt eine Strafarbeit über die
«Freuden der Pflicht» zu schreiben hat:
Darin erzählt der Junge den Konflikt, der
sich während der Nazizeit zwischen seinem formalistisch-pflichtbesessenen Vater, einem Gendarmen, und dem damals
verfolgten Maler Nansen, der Züge von
Nolde, Kirchner und Beckmann trägt,
ergeben hatte. In Anlehnung an Salin-
gers Jugendroman *Der Fänger im Rog-
gen* ist die *Deutschstunde* Bewußtseins-
ergründung und Gewissenserkundung
eines Jungen, der in der Welt der Erwachsenen seinen Weg sucht, und, aus
dessen Perspektive, Darstellung der moralischen Probleme im Deutschland der
60er Jahre. In vielen Beziehungen setzt
der Montage-Roman *Das Vorbild* die
Deutschstunde fort: In dieser Geschichte
sollen drei Pädagogen zu einem Lesebuch Vorbilder für die Jugend auswäh-
len, obwohl sie alle drei in ihrem Privatleben gescheitert sind. Der tyrannische Schul-
rektor Valentin Pundt hat seinen Sohn in
den Selbstmord getrieben, der progressive Studienrat Janpeter Heller ist in seiner
Ehe gescheitert, auch Rita Süßfeld hat
Beziehungsschwierigkeiten zu ihrem ver-
krüppelten Freund, dem Archäologen
Heino Merkel. In dem 1978 erschienenen, breitangelegten Roman *Heimatmuseum* läßt L. seine Hauptfigur, den masu-
rischen Teppichweber Zygmunt Rogalla,
betulich-redselig die Geschichte seiner
Vorfahren und seiner Heimatprovinz erzählen und wie er in ohnmächtigem, anarchistischem Zerstörungsakt das masu-
rische Heimatmuseum in Brand gesteckt

hat. Der Roman entfaltet nicht nur die Erinnerungsbilder von der ehemaligen ostpreußischen Heimat wie auch bei Grass, Bobrowski, Fürst oder Surminski, er ist zugleich Reflexion über die Problematik solcher Bindungen. Die Auseinandersetzung mit der Verbundenheit des Menschen mit Heimat und heimatlicher Geschichte ist ein im Werke von L. durchgängiges Thema: 1955 evozierte er Masuren in humorvollen Märchen, Anekdoten und Schelmenstücken unter dem Titel *So zärtlich war Suleyken*, 1975 fabulierte er in ähnlich verspielter Art über die norddeutsch-dänische Küstenlandschaft in seinen «Geschichten aus Bollerup», welche 1975 als *Geist der Mirabelle* erschienen. Theoretisch setzt sich L. mit der amerikanischen short story und mit dem Werk von Hemingway auseinander. – In der Erzählung *Einstein überquert die Elbe bei Hamburg* thematisiert L. die Relativität der menschlichen Wahrnehmungen, Aussagen und der Wahrheit überhaupt, ein Grundthema, das das gesamte Werk dieses engagierten «liberalen Skeptikers» prägt. Eine Erzählung über Tod und Vergänglichkeit, zugleich ein Versuch, bundesdeutsche Gegenwart an der Geschichte einer Familie darzustellen, ist der eher zwiespältig aufgenommene Roman *Die Klangprobe*.

W.: Romane, Erzählungen, Prosa: Es waren Habichte in der Luft, 1951; Duell im Schatten, 53; So leicht fängt man keine Katze, 54; So zärtlich war Suleyken, 55 (Ausz.: Hamilkar Schass aus Suleyken, o. J.); Der einsame Jäger, 55 (Illustrationen von F. Richter-Johnsen); Das Kabinett der Konterbande, 56; Der Mann im Strom, 57; Jäger des Spotts, 58; Brot und Spiele, 59; Das Feuerschiff, 61; Das Wunder von Striegeldorf, 61; Stimmungen der See, 62; Der Hafen ist voll Geheimnisse, 63; Stadtgespräch, 63; Lehmanns Erzählungen oder So schön war mein Markt, 64; Der Spielverderber, 65; Deutschstunde, 68; Leute von Hamburg, 68; Lukas, sanftmütiger Knecht, 70; Versäum nicht den Termin der Freude, 70 (Holzstiche von A. Bajoratl); So war das mit dem Zirkus, 71; Der Amüsierdoktor, 72; Das Vorbild, 73; Der Geist der Mirabelle, 75; Einstein überquert die Elbe bei Hamburg, 75; Heimatmuseum, 78; Lotte macht alles mit, 78 (Bilder von J. Greif); Die Wracks von Hamburg, 78; Der Verlust, 81; Ein Kriegsende, 84; Exerzierplatz,

85; Der Verzicht, 85; Das serbische Mädchen, 87; Die Klangprobe, 90. – *Dramen, Hörspiele:* Das schönste Fest der Welt, 56; Zeit der Schuldlosen, 61; Das Gesicht, 64; Der falsche Schwan, 65 (mit Kipphardt u. Walser); Die Augenbinde. Nicht alle Förster sind froh, 70. – Ferner zahlreiche Hör- und Fernsehspiele. – *Essays, Sonstiges:* Beziehungen, 70; Gespräche mit Manès Sperber und Leszek Kolakowski, 80; L. Lenz: Waldboden [Text S. L.], 81; Mein Goethe (mit G. Wohmann u. a.), 82; Elfenbeinturm und Barrikade, 83; Über Phantasie. Gespräche mit H. Böll u. a., 86; Kleines Strandgut (mit L. Lenz), 86; Dostojewski, 88; Am Rande des Friedens, 88. – *Sammelausgaben:* Haussuchung, 67; Gesammelte Erzählungen, 70; Beziehungen. Ansichten u. Bekenntnisse zur Literatur («Gelegenheitsarbeiten, 1955–69»), 70; Die frühen Romane, 76; Der Kunstradfahrer und andere Geschichten, 76; Ein Haus aus lauter Liebe, 77; Drei Stücke, 80; Sämtliche Erzählungen, 3 Bde, 86; Zeit der Schuldlosen und andere Stücke, o. J.; Das schönste Fest der Welt. Haussuchung, o. J.; Stimmungen der See und andere Erzählungen, o. J.; Motivsuche, 88. – Dazu: *Fotobände:* Flug über Land und Meer, 68; Wo die Möwen schreien, 76 (beides mit D. Seelmann); Himmel, Wolken, weites Land (mit D. Seelmann), 79. – *Herausgebertätigkeit:* Stettenheim, J.: Wippchens charmante Scharmützel (mit E. Schramm), 60. – *Schallplatten, Kassetten:* Zeit der Schuldlosen. Hsp., o. J.; Nachzahlung und andere Erzählungen, o. J. (Kass.); Zeit der Schuldigen, 88 (Kass.).

Leonhard, Rudolf (Pseud. Robert Lanzer, Roger Lehardon), *27. 10. 1889 Lissa (Polen), †19. 12. 1953 Berlin.

L., Sohn eines Rechtsanwalts, studierte in Göttingen und Berlin Philologie und Jura und meldete sich bei Kriegsausbruch 1914 als Freiwilliger. 1918/19 nahm er an der Novemberrevolution teil und lebte als freier Schriftsteller und Lektor. Er war Mitbegründer und Leiter des Theaters «Die Tribüne» und Mitglied der «Gruppe 1925» (Arbeitsgemeinschaft kommunistischer Schriftsteller) und Mitglied im SDS. 1927 siedelte er nach Paris über. Nach der Machtübergabe an die Nationalsozialisten wurde L. Mitbegründer und Vorsitzender des SDS im Exil, beteiligte sich an der «Deutschen Freiheitsbibliothek» und gehörte zu den Unterzeichnern des Aufrufs «Bildet die deutsche Volksfront» (Dez. 36). Während des Exils veröffentlichte er vor allem in Exilzeitschriften. Im Juli 1938 nahm er am Kongreß zur Verteidigung der Kultur in Paris teil. 1939–41 wurde er im Lager Le Vernet interniert und anschließend ins Gefängnis Castres verlegt. Von dort gelang ihm die Flucht in den Untergrund. 1944 kehrte er nach Paris zurück. 1947 nahm er am 1. Deutschen Schriftstellerkongreß in Berlin teil, wo er sich 1950 niederließ.

L. hinterließ ein äußerst vielseitiges Œuvre, das vielfach zerstreut und z. T. verschollen ist. Nach expressionistischen Anfängen wandelte er sich unter dem Eindruck des 1. Weltkrieges zu einem überzeugten Pazifisten (*Vorhölle*; *Kampf gegen die Waffe!*). In den 20er Jahren wurde er Kommunist und schrieb neben relativ unbeachteten Theaterstücken sehr früh Hörspiele (u. a. *Orpheus*; *Krise*; *Wettlauf*; *Stierkampf*). Seit 1933 schrieb er zunehmend antifaschistische Aufrufe und Arbeiten. Im Lager Le Vernet entstand neben rund 600 Gedichten auch das erste deutsche Theaterstück über den französischen Widerstand (*Geiseln*).

W.: Romane, Erzählungen, Aphorismen: Äonen des Fegefeuers, 1917; Beate und der große Pan, 18; Alles und Nichts!, 20; Das Buch Gabriel, 24; Der Tod des Don Quijote, 2 Bde, 38 (erw. 51); El Hel Wolf Wolff, 39. – *Dramen*, *Hörspiele*: Die Vorhölle, 19; Segel am Horizont (Towarischtsch), 25; Tragödie von heute, 27; Führer und Co., 35; Geiseln, 45 (Neuausg. 52); Anonyme Briefe, 47; Hausfriedensbruch (Laiensp. nach der Hörspielfassung «Kleiner Atombombenprozeß», bearb. von G. Kaufmann), 51; Spielzeug (Laiensp. nach dem gleichnamigen Hörspiel, bearb. von G. Kaufmann), 51; Die Stimme gegen den Krieg, 51. – *Lyrik*: Angelische Strophen, 13; Der Weg durch den Wald, 13; Über den Schlachten, 14; Barbaren, 14; Polnische Gedichte, 18; Das Chaos, 18; Briefe an Margit, 19; Katilinarische Pilgerschaft, 19; M. Fingesten, Zehn Radierungen über das Thema Mütter. Texte von L., 20; Tiere (mit R. Schlichter), 22; Spartakus-Sonette, 22; Die Prophezeiung, 22; Die Insel, 23; Das nackte Leben, 25; Gedichte (illegale Tarnschrift, die nach Dt. gebracht werden sollte), 36; Spanische Gedichte und Tagebuchblätter, 38; Deutschland muß leben, 44; Deutsche Gedichte, 47; Banlieue (mit Aquarellen von M. Lingner), 53. – *Essays, theor. Schriften*: Bemerkungen zum Reichsjugendgesetz, 17; Heinrich Mann (in: Der neue Roman, 17);

Kampf gegen die Waffe!, 19; Mensch über Mensch, 23; Elemente proletarischer Kultur, 24; Die Ewigkeit dieser Zeit, 24; Comment organiser la collaboration franco-allemande?, 30; De l'Allemagne, 30; L'Allemagne et la Paix, 32; Das Wort, 32; Confiance en Hitler, 34; Deutsche Arbeiter, ihr seid die Hoffnung! (mit H. Mann, L. Feuchtwanger, G. Regler), 38; Plaidoyer pour la démocratie allemande, 47; Unsere Republik, 51. – *Übersetzungen*: A. France: Aufruhr der Engel, 17; Maria Stuart: Gedichte, 20; R. Rolland: Botschaft an den Kongreß von Brüssel und Wie kann man den Krieg verhindern, 36. – *Sammel- u. Werkausgaben*: R. L. erzählt, 55; Ausgewählte Werke in Einzelausgaben, 4 Bde, 61–70; Prolog zu jeder kommenden Revolution, 84; Der Tod des Don Quijote, 85. – *Herausgebertätigkeit*: Außenseiter der Gesellschaft, 4 Bde, 25; Georg Forster: Ausgewählte Schriften, 29; Hölderlin, Etude et présentation, 53.

Leppin, Paul, *27. 11. 1878 Prag, †10. 4. 1945 ebd.

L. war der Sohn eines Uhrmachers, der später als Schreiber arbeitete. Nach dem Besuch des Gymnasiums in Prag wurde L. Beamter bei der Post- und Telegraphendirektion. Als Fünfzigjähriger quittierte er den Dienst und lebte als freier Schriftsteller. 1934 erhielt er den Schiller-Gedächtnispreis des Schutzverbandes Deutscher Schriftsteller in der Tschechoslowakei, dessen Sekretär er gewesen war. An seinem 60. Geburtstag wurde er von der tschechischen Regierung geehrt. Nach der deutschen Besetzung Prags wurde der bereits schwerkranke L. als Jude (der er nicht war) verhaftet, nach kurzer Zeit wieder freigelassen. Seit 1944 nach einem Schlaganfall gelähmt, starb L. kurz vor Ende des 2. Weltkriegs, bis zuletzt literarisch tätig.

L., Mitglied des Kreises «Jung-Prag», der um die Jahrhundertwende einer neuen Literatur den Weg ebnen wollte, begann seine literarische Laufbahn als Bohemien, als Bürgerschreck und verrufener Erotiker. In seiner frühen Lyrik sind Dirnen, Kneipen, Künstlerleben die Themen, die formvollendet und nicht ohne Ironie dargestellt werden. Auch in seiner Prosa spielen Liebe und Sexualität eine wichtige Rolle, so etwa in dem überaus umstrittenen Roman *Daniel Jesus*.

Die weiteren Prosaarbeiten des mit Else Lasker-Schüler befreundeten, mit Meyrink, Stefan Zweig und den Mitgliedern des «Prager Kreises» bekannten L. sind «Nachtstücke». In ihnen wird das alte Prag lebendig, die Helden sind auf der Suche nach reinen Gefühlen, scheitern jedoch in einer kalten, abweisenden Umwelt. Als L. mit *Hüter der Freude* 1918 einen Schlüsselroman über die Prager Künstlerszene vorlegte, hatte er den jungen Schriftstellern nur noch wenig zu sagen. Dennoch bleibt er einer der wichtigen Autoren der Prager deutschen Literatur in der 1. Hälfte dieses Jahrhunderts.

W.: Romane, Erzählungen, Prosa: Die Thüren des Lebens, 1901; Daniel Jesus, 05 (erneut 19); Der Berg der Erlösung, 08; Severins Gang in die Finsternis, 14; Hüter der Freude, 18; Das Paradies der Andern, 21; Rede der Kindesmörderin vor dem Weltgericht, 28; Frühling um 1900, 36. – *Dramen:* Der blaue Zirkus, 28. – *Lyrik:* Glocken, die im Dunkeln rufen, 03; Die bunte Lampe, 28. – *Essays, theoretische Schriften:* Venus auf Abwegen. Zur Kulturgeschichte der Erotik, 20. – *Sammel- u. Werkausgaben:* Prager Rhapsodie, 2 Bde, 38; Blaugast und andere Erzählungen, 82.

Lernet-Holenia, Alexander,
*21. 10. 1897 Wien, † 3. 7. 1976 ebd.
L., väterlicherseits aus französischer, mütterlicherseits aus einer Kärntner Familie stammend, war während der beiden Weltkriege Offizier, machte größere Reisen, weilte längere Zeit in Südamerika und lebte abwechselnd in Wien und St. Wolfgang im Salzkammergut. 1951 Preis der Stadt Wien, 1961 Gr. Österreichischer Staatspreis.
L. ging als Lyriker von Rilke aus, orientierte sich aber auch an Hölderlin und Pindar. Der Tradition verbunden sind auch die meisten seiner Dramen, von denen der schwankhafte Einakter *Olla potrida* mit dem Kleist-Preis ausgezeichnet wurde. Den Schritt zur Prosa machte L. mit der Umwandlung des Bühnenstücks *Die nächtliche Hochzeit* – die phantastische Liebesgeschichte eines Grafen und einer in bäuerlicher Umgebung aufgewachsenen Herzogstochter – zum Roman. Elemente der Komödie zeigen sich noch in *Die Abenteuer eines jungen Herrn*

in Polen: ein preußischer Leutnant in Frauenkleidern hinter den russischen Linien im 1. Weltkrieg. L. bevorzugt fast durchweg eine knappe, dialogreiche Prosaform, auch in den dann folgenden Werken vom 1. Weltkrieg und vom Zerfall Österreich-Ungarns und seiner Heere (immer mit eingefügten Liebesgeschichten): *Ljubas Zobel, Die Standarte, Der Baron Bagge, Der Graf von Saint-Germain*. L. schrieb auch Unterhaltungs- und Abenteuerromane und Werke mit aktuellen Themen wie *Mars im Widder* (Polenfeldzug 1939) und *Graf Luna* (Schuldigwerden in der Nazizeit – eine Studie des Verfolgungswahns).

W.: Lyrik: Pastorale, 1921; Kanzonnair, 23; Das Geheimnis St. Michaels, 27; Die goldene Horde, 35, 64; Olympische Hymne, 34; Die Titanen, 45; Germanien, 46; Die Trophäe, 2 Bde, 46; Das Feuer, 49. – *Dramen:* Demetrius, 26; Saul Alkestis – Szenen, 26 (in: «Die neue Rundschau»), 46; Österreichische Komödie, 27; Olla potrida, 27; Parforce, 28; Erotik, 29; Die nächtliche Hochzeit, 29; Kavaliere, 31; Lauter Achter und Neuner, 31; Die Abenteuer der Kascha, 32; Die Frau des Potiphar, 34; Szene als Einleitung zu einer Totenfeier für Rainer Maria Rilke, 35; Glastüren, 39; Spanische Komödie, 48; Radetzky, 56; Die Schwäger des Königs, 58; Das Finanzamt, 49. – *Romane, Erzählungen:* Die nächtliche Hochzeit, 30, 62; Die Abenteuer eines jungen Herrn in Polen, 31, 58; Ljubas Zobel, 32 (auch als: Die Frau im Zobel); Jo und der Herr zu Pferde, 33, 74; Ich war Jack Mortimer, 33, 60; Die Standarte, 34, 78; Die neue Atlantis, 35; Der Herr von Paris, 35; Der Baron Bagge, 36, 78; Die Auferstehung des Maltravers, 36, 53; Der Mann im Hut, 37, 75; Mona Lisa, 37; Riviera, 37; Strahlenheim, 38; Ein Traum in Rot, 39; Mars im Widder, 41, 47, 76; Beide Sizilien, 42; Der siebenundzwanzigste November, 46; Spangenberg, 46; Der 20. Juli, 47; Der Graf von Saint-Germain, 48, 77; Seltsame Liebesgeschichten, 49; Der junge Moncada, 50; Die Wege der Welt, 52; Die Inseln unter dem Winde, 52; Die drei Federn, 53; Der Graf Luna, 55; Das Finanzamt. Aufzeichnungen eines Geschädigten, 55; Das Goldkabinett. Des Finanzamts 2. Teil, 57; Die vertauschten Briefe, 58; Die wahre Manon, 59; Der wahre Werther, 59; Mayerling, 60; Das Halsband der Königin, 62; Das Bad an der belgischen Küste, 63; Götter und Menschen, 64; Die weiße Dame, 65; Pilatus. Ein Komplex, 67; Der Stern von Florenz oder Die Hexen, 69; Die Geheimnisse des Hauses Österreich, 71. – *Biographien:* Prinz Eugen,

60; Naundorff, 61. – *Briefe:* Monologische Kunst? Ein Briefwechsel mit G. Benn, 53. – *Sammelausgaben:* Drei große Liebesgeschichten, 51; Drei Reiterromane, 63; Theater, 65; Wendekreis der Galionen, 72; Konservatives Theater, 73; Die Auferstehung des Maltravers/ Die Abenteuer eines jungen Herrn in Polen/ Ich war Jack Mortimer/Beide Sizilien, 84; Das lyrische Gesamtwerk, 89.

Lersch, Heinrich, *12.9.1889 Mönchengladbach, †18.6.1936 Remagen.
L., Sohn eines Kesselschmieds, erlernte den Beruf des Vaters und arbeitete im väterlichen Betrieb, bevor er West- und Südeuropa durchwanderte. In Wien, wo er in der «Wiener Arbeiterzeitung» zum erstenmal Gedichte veröffentlichte, Kontakt mit Alfons Petzold. In Deutschland Freundschaft mit Joseph Winckler und Jakob Kneip und damit Verbindung zu den «Werkleuten auf Haus Nyland». 1914 Kriegsteilnehmer, 1916 infolge einer Verschüttung dienstuntauglich, betrieb er die väterliche Kesselschmiede, bis 1924 das seit 1907 bestehende Lungenleiden die körperliche Arbeit unmöglich machte. Unter ständiger Geldnot leidend, versuchte L. vergeblich, sein Lungenleiden durch Aufenthalte in Davos (1926), auf Capri (1926–28, 1931) und in Griechenland zu lindern. 1933 Berufung in die Preußische Dichterakademie, 1935 Rheinischer Literaturpreis.
L. beklagte einerseits die Lage des Proletariers, andererseits besang er jede Arbeit als Herausforderung an das Leistungsvermögen des Menschen. In die Spannweite seiner bisweilen bizarren Gedankenwelt zwang ihn religiöse, soziale, sozialistische, kommunistische, anarchistische, nationale und mythische Momente. Neben elementare Erlebnisausbrüche treten Passagen soziologischen Scharfblicks und schließlich mythische Visionen. Politisch – und zuerst auch als Dichter – wurde L. im Sinne nationaler Kriegsbegeisterung wirksam. Obwohl L. seine Haltung änderte und einige Jahre aus Betroffenheit über die Weltkriegsgreuel verstummte, ermöglichte es die elementare Gefühlsatmosphäre und die nationale Seite seines Werkes, daß es nationalsozialistischer Adaption zugänglich wurde. L. selbst folgte den nationalsozia-

listischen Formeln von Volk und Gemeinschaft, sozial und national, ohne freilich in Militarismen und Doktrinismus abzugleiten.
Eine Stärke von L. lag in der unmittelbaren und elementaren Ansprache von Lesern und mehr noch von Hörern. Die weitausgreifende, unausgeglichene Spannung seines formal vielschichtigen Werkes drückte offenbar tatsächlich Stimmungen und Assoziationen vieler durch die Zeitsituation verunsicherter Menschen, gerade auch der nicht intellektuellen Zeitgenossen aus. Zu L.s Beisetzung fanden sich 120000 Trauernde ein.

W.: Romane, Erzählungen: Der grüßende Wald. Legenden und Geschichten, 1927; Manni! Geschichten von meinem Jungen, 27; Hammerschläge. Roman von Menschen und Maschinen, 30; Die Pioniere von Eilenburg. Roman aus der Frühzeit der deutschen Arbeiterbewegung, 34; Mut und Übermut, 34; Im Pulsschlag der Maschinen. Novellen, 35. – *Lyrik:* Abglanz des Lebens, 14; Die heilige Not, 15; Herz! Aufglühe dein Blut, 16; Vergiß du deines Bruders Not. Arbeitergedichte, 17; Die arme Seele. Gedichte vom Leid des Krieges, 17; Deutschland! Lieder und Gesänge von Volk und Vaterland, 18; Das Land. Gedichte aus der Heimat, 18; Der preußische Musketier. 3 Gestalten, 18; Hauptmann und Soldaten, 19; Die ewige Frau. Liebesgedichte, 19; Mensch im Eisen. Gedichte von Volk und Werk, 25; Neue Erzählungen und Gedichte, 26; Stern und Amboß, 27; Capri. Dichtungen, 27; Mit brüderlicher Stimme, 34; Wir Werkleute. Geschichten und Gedichte, 34; Deutschland muß leben!, 35. – *Sammel- u. Werkausgaben:* Das dichterische Werk, 37; Ausgewählte Werke, 2 Bde, 65/66. – *Nachlaß:* Briefe und Gedichte, 39; Skizzen und Erzählungen, 40; Siegfried und andere Romane, 41; Unter den Hämmern, 50; Briefwechsel mit Ludwig Schroeder, 78.

Lettau, Reinhard, *10.9.1929 Erfurt.
L. studierte in Heidelberg und Harvard Germanistik, Philosophie und amerikanische Literatur und unterrichtete am Smith College, Northampton (Massachusetts). 1965–67 lebte er als freier Schriftsteller in Berlin, seit 1968 ist er Prof. der deutschen Literatur an der Univ. of California in San Diego, Kalifornien. – L. begann mit Kurztexten, in denen rätselhafte und unerklärliche Vorgänge ein Eigenleben annehmen. Lapi-

dare Aussagen werden selbständig und illustrieren die Absurdität menschlicher Verhaltensmuster. Die späteren Werke zeigen ein immer deutlicheres politisches Engagement gegen die Formen des amerikanischen Neokolonialismus. – 1978 Hörspielpreis der Kriegsblinden.

W.: Erzählende Texte: Schwierigkeiten beim Häuserbauen, 1962; Auftritt Manigs, 63; Feinde, 68; Täglicher Faschismus. Amerikanische Evidenz aus 6 Monaten, 71; Immer kürzer werdende Geschichten, 73; Frühstücksgespräche in Miami, 77 (als Drama UA 78, als Hsp. 78); Zerstreutes Hinausschauen, 80; Zur Frage der Himmelsrichtungen, 88. – *Lyrik:* Gedichte, 68; Herr Strich schreitet zum Äußersten, 82. – *Sammel- und Werkausgaben:* Schwierigkeiten beim Häuserbauen. Auftritt Manigs, 79. – *Herausgebertätigkeit:* Lachen mit Thurber, 63; Die Gruppe 47. Ein Handbuch, 67; Kafka: Die Aeroplane in Brescia, 72; Karl Marx: Love Poems, 77.

Leuchtenberg, Carl Johann → Mendelssohn, Peter de

Leutenegger, Gertrud, *7.12.1948 Schwyz (Schweiz).
L. lebt in der Schweiz, deren Natur und soziale Konflikte Grundlage für ihre Werke sind. Ihre Entwicklung ist sehr vielseitig. So arbeitete sie u. a. als Kindergärtnerin, auf einem Bauernhof in Italien, in einer psychiatrischen Klinik, als Kustodin in einem Museum. 1976–79 hat sie an der Zürcher Schauspielakademie ein Regiestudium absolviert, 1978 war sie Regieassistentin am Hamburger Schauspielhaus bei Jürgen Flimm. 1978 erhielt L. den Ingeborg-Bachmann-Preis, 1979 den Annette-von-Droste-Hülshoff-Preis, 1986 die Auszeichnung der Schweizerischen Schillerstiftung, 1989 die Ehrengabe der Stadt Zürich. – Ihre persönlichen Erfahrungen in ganz verschiedenen Bereichen sind Thema ihrer Bücher. In *Vorabend* geht die Autorin durch Zürich, durchforscht die Straßen, die am nächsten Tag von einer Demonstration beschritten werden sollen. In ihrem zweiten Buch *Ninive* wird die Fahrt zu einem zur Schau gestellten toten Wal zum Anlaß, ihre Beziehung zu ihrem Freund Fabrizio zu überdenken.

W.: Prosa: Vorabend, 1975; Ninive, 77; Der Gouverneur, 81; Komm ins Schiff, 83; Das verlorene Monument, 85; Kontinent, 85; Meduse, 88. – *Theater:* Lebewohl, Gute Reise, 80. – *Lyrik:* Wie in Salomons Garten, 80.

Levin, Julius, *21.1.1862 Elbing, †29.1.1935 Brüssel.
L., Sohn eines Religionslehrers, studierte in Berlin, Rostock und Königsberg Medizin. Er arbeitete zuerst als Arzt, dann als Journalist, u. a. als Korrespondent in Paris. Als sein Vertrag mit einer Berliner Zeitung nicht verlängert wurde, lernte er Geigenbau und wurde u. a. 1911 Mitbegründer des Berliner Ärzte-Orchesters. 1933 emigrierte er nach Brüssel, wo er beabsichtigte, in einer eigenen Schule Unterricht im Geigenbau zu geben. – L. wurde durch ein Buch bekannt und berühmt, den erfolgreichen (35 Auflagen) Roman *Das Lächeln des Herrn von Golubice-Golubicki*, ein heute zu Unrecht vergessenes Buch von unaufdringlicher, formaler Kunstfertigkeit und Musikalität der Sprache und Komposition. Der Erzähler kommt in eine ostelbische Kleinstadt, lernt den Titelhelden noch kurz vor dessen Tod kennen und versucht – angeregt durch dessen seltsames Verhalten –, sein Geheimnis zu entschlüsseln. Der Leser wird in diese Spurensuche einbezogen und erfährt schließlich das Rätsel dieses Lebens.

W.: Romane, Erzählungen: Das Lächeln des Herrn von Golubice-Golubicki, 1915; Zweie und der liebe Gott, 19; Wehrmann Ismer, 20; Die singende Dame, 21; Die Großfürstin, 22; Der Panzer, 22. – *Lyrik:* Gedichte, 36. – *Essays, theoretische Schriften:* Moderne Modemaler, 1886; Die Hygiene und Diätetik des Wochenbettes, 92; Was tut der deutschen Kunst not?, 1912; Johann Sebastian Bach, 30.

Lewin, Waldtraut, *8.1.1937 Wernigerode (Harz).
L. studierte Germanistik, Theaterwissenschaft und Latein, begann noch während des Studiums mit Übersetzungen und Bearbeitungen von Händel-Opern, wurde 1961 Musikdramaturgin in Halle, ging 1973 als Chefdramaturgin und Regisseurin nach Rostock, lebt heute als freiberufliche Schriftstellerin. 1978 Feuchtwanger-Preis, 1981 und 1982 Hör-

spielpreis des Rundfunks der DDR, 1988 Nationalpreis 2. Klasse. Seit Mitte 1990 ist L. Leiterin der Sektion Literatur der Akademie der Künste zu (Ost)Berlin. – Neben zahlreichen Opernübersetzungen verfaßte L. das Libretto zu einer der ersten Rock-Opern in der DDR, *Rosa Laub*; danach liegt ihr Arbeitsschwerpunkt auf dem historischen Roman. In einer Romantrilogie über die Zeit der römischen Sklavenhaltergesellschaft, *Herr Lucius und sein schwarzer Schwan, Die Ärztin von Lakros, Die stillen Römer*, gelingt ihr ein differenziertes Bild der Zeit mit individuell gestalteten Charakteren in der Geschichte. L. will die Geschichte als Material benutzen, um «uns im Kontinuum der Geschichte zu betrachten». – In ihrer Prosa stellt L. immer wieder weibliche Charaktere heraus und leistet damit einen Beitrag zur Frauenliteratur in der DDR. Deutlich wird dies besonders in ihrem vielschichtig-grotesken Kunstmärchen *Der Sohn des Adlers, des Müllmanns und der häßlichsten Frau der Welt*, dessen Titelheld durch die Welt zieht, bemüht, der Vernunft zum Siege zu verhelfen.

W.: Romane, Erzählungen: Herr Lucius und sein schwarzer Schwan, 1973; Die Ärztin von Lakros, 77; Die stillen Römer, 79; Das Karussell (in: «Temperamente» 2), 80; Der Sohn des Adlers, des Müllmanns und der häßlichsten Frau der Welt, 81; Victoria von jenseits des Zauns. Drei Märchen um die Liebe, 81; Vom Eulchen und der Dunkelheit, 82; Kuckucksrufe und Ohrfeigen, 83; Der Wünschling (in: «Auf der Suche nach dem Garten Eden»), 84; Federico, 84; Addio, Bradamante. Drei Geschichten aus Italien, 86; Zaubermenagerie, 87 (mit M. Margraf); Poros und Mahamaya, 87; Ein Kerl, Lompin genannt, 89. – *Hörspiele, Libretti (Auswahl):* Rosa Laub, 79; Vom Eulchen und der Dunkelheit, 79; Ich wünsche der Braut ein' goldene Kron, 79. – *Reportagen, Biographien:* Katakomben und Erdbeeren, 77; Gaius Julius Cäsar, 80; Garten fremder Herren, 82; Georg Friedrich Händel, 84; Waterloo liegt in Belgien, 85; Villa im Regen, 86. – *Herausgebertätigkeit:* Liebeswettstreit (mit M. Margraf), 89.

Li-Shan-Pe → Leip, Hans

Lichnowsky, Mechthilde Fürstin, geb. Gräfin von und zu Arco-Zinneberg, *8.3.1879 Schloß Schönburg

(Niederbayern), †4.6.1958 London.
Eine Urenkelin Maria Theresias und Tochter eines bayerischen Grafen, wurde auf einer Klosterschule erzogen und heiratete 1904 den Fürsten Lichnowsky, den sie nach London begleitete, als er dort 1912–14 als deutscher Botschafter tätig war. Sie spielte in dieser Zeit eine bedeutende Rolle im künstlerischen und gesellschaftlichen Leben der englischen Metropole. Nach der Abberufung ihres Mannes lebte sie zeitweise in Berlin, München, Südfrankreich und der Tschechoslowakei, bis sie, inzwischen verwitwet, ihren Jugendfreund, den englischen Major Peto, heiratete, mit ihm 1937 nach London übersiedelte und die englische Staatsbürgerschaft annahm. Sie vertrat eine demokratisch-kosmopolitische Position, entschieden gegen den Nationalsozialismus gerichtet; ihre Bücher waren im Dritten Reich verboten. – Ihr Werk umfaßt erzählende Prosa, Lyrik, Dramen, Essays und sprachästhetische Reflexionen. Von ihren Freunden Karl Kraus und Alfred Kerr beeinflußt, neigt sie besonders zur Form des Aphorismus, die ihrer Intellektualität und ihrem Streben nach sprachlicher Präzision entspricht. Als ihr bedeutendstes erzählerisches Werk gilt der autobiographische Roman *Kindheit* (psychologisch beobachteter Reifeprozeß eines Mädchens), der in *Der Lauf der Asdur* fortgesetzt wird.

W.: Romane, Erzählungen: Götter, Könige und Tiere in Ägypten, 1912; Der Stimmer, 15; (36 als Das rote Haus); Geburt, 21; Das Rendezvous im Zoo, 28; An der Leine, 30; Kindheit, 34; Der Lauf der Asdur, 36; Delaide, 37. – *Essays, Aphorismen, Dialoge:* Der Kampf mit dem Fachmann, 24; Halb und halb, 26; Gespräche in Sybaris, 46; Worte über Wörter, 49; Zum Schauen bestellt, 53. – *Lyrik:* Gott betet, 16; Halb und Halb, 27; Heute und Vorgestern, 58. – *Dramen:* Ein Spiel vom Tod, 15; Der Kinderfreund, 19. – *Sammelausgaben:* Zum Schauen bestellt, 53; Heute und Vorgestern, 58.

Lichtenstein, Alfred, *23.8.1889 Berlin, †25.9.1914 Vermandovillers/Somme (gefallen).
L. war Sohn eines Fabrikanten. Gymnasiumsbesuch und Jura-Studium in Berlin.

Kurz vor seiner Einberufung als Einjähriger promovierte er 1913 über Thea-
terrecht. Skizzen und Gedichte erschienen 1910 im «Sturm», seit 1912 vor allem
in der «Aktion». L. war einer der geist-
vollsten und lebendigsten Lyriker des
Expressionismus, geprägt von den Dissonanzen und Disparitäten der Großstadt:
Groteske Bilder, verfremdende Adjektive und Verben des Verfalls und der Zerstörung kennzeichnen seine Sprache. In
der Lyrik hauptsächlich von van Hoddis,
in der Prosa von Carl Einstein beeinflußt.
Sein Nachlaß wurde im 2. Weltkrieg vernichtet, doch befinden sich vier handge-
schriebene Wachstuchhefte im Besitz der
Freien Universität Berlin.

W.: Prosa: Die Geschichte des Onkel Krause,
1910; Gesammelte Prosa, 66. – *Lyrik:* Die
Dämmerung, 13; Gedichte und Geschichten,
19; Gesammelte Gedichte, 62; 131 expressionistische Gedichte, 76; Die Dämmerung, 77; Die
Welt fällt um. Die Augen stürzen ein, 85; Gesammelte Gedichte, 88; Dichtungen, 89.

Lienhard, Friedrich, * 4.10.1865 Roth-
bach (Elsaß), † 30.4.1929 Weimar.
Sohn eines Lehrers, studierte in Straßburg und Berlin Philosophie und Theologie, war Hauslehrer, Journalist und freier
Schriftsteller in Berlin, lebte ab 1903, seinem Wandel zum Gegner der Großstadt
entsprechend, im Thüringer Wald, seit
1917 in Weimar und zuletzt in Eisenach. –
L. lehnte nach anfänglicher Faszination
den literarischen Naturalismus ab. Mit
der Flugschrift *Die Vorherrschaft Berlins*
(1900) manifestierte er sein gegen großstädtischen Zentralismus und Fort-
schritts-Ideologie gerichtetes Kulturprogramm, das maßgeblich für die Heimatkunstbewegung wurde. In den Schriften
Wege nach Weimar (1905–08) führte er
diese Programmatik weiter zum Entwurf
einer Synthese von «Akropolis, Golgatha und Weimar». L.s Dramen und Romane behandeln meist historische Stoffe
aus der deutschen Sage und Geschichte.
In seinem bekanntesten Roman *Oberlin*
wird den Stürmen der Französischen Revolution Oberlins Wirken auf dem
«Hochland» gegenübergestellt. Während des 1. Weltkriegs engagierte sich L.
für das deutsche Elsaß; der nationalen

Einstellung entsprach eine zunehmend
frankophone Tendenz. 1920–29 gab L.
die christlich-konservative Kulturzeitschrift «Der Türmer» heraus.

W.: Romane, Erzählungen: Die weiße Frau.
Novelle, 1889; Hochzeit in Schilda. Ein Frühlingsgedicht in zehn Gesängen, 1905; Oberlin.
Roman aus der Revolutionszeit im Elsaß, 10;
Der Spielmann. Roman aus der Gegenwart,
13; Der Einsiedler und sein Volk, 14; Westmark. Roman aus dem gegenwärtigen Elsaß,
19; Aus Taulers Tagen. Erzählung, 23; Die
Marseillaise, 24; Meisters Vermächtnis. Ein
Roman vom heimlichen König, 27; Das Landhaus bei Eisenach. Ein Burschenschaftsroman
aus dem neunzehnten Jahrhundert, 28; Schwester Beate. Erzählung, 30. – *Dramen:* Naphta-
li, 1888; Weltrevolution. Soziale Tragödie, 89;
Till Eulenspiegel, 2 Bde (1. Eulenspiegels Ausfahrt. Schelmenspiel. – 2. Eulenspiegels Heimkehr), 96; Gottfried von Straßburg. Schauspiel, 97; Odilia. Legende in drei Aufzügen,
98; Der Fremde. Schelmenspiel, 1900; König
Arthur. Trauerspiel, 00; Münchhausen. Lustspiel, 00; Die Schildbürger. Ein Scherzlied vom
Mai, 00; Ahasver. Tragödie, 03; Wartburg.
Dramatische Dichtung in drei Teilen (1. Heinrich von Ofterdingen; 2. Die heilige Elisabeth;
3. Luther auf der Wartburg), 03–06; Wieland
der Schmied. Dramatische Dichtung, 05;
Odysseus. Dramatische Dichtung, 11 (Neubearb. Odysseus auf Ithaka, 14); Ahasver am
Rhein. Trauerspiel aus der Gegenwart, 14; Phi-
dias. Schauspiel, 18; Die Bäckerin von Win-
stein. Schills Offiziere. Zwei Spiele für die
Laienbühne, 24; Ein deutsches Krippenspiel,
25; Der Sängerkrieg auf der Wartburg. Ein
Festspiel, 25; Bär und Elfe. Die Schwätzerin.
Zwei Scherze, 27; Schwertweihespiel, 27. – *Lyrik:* Lieder eines Elsässers, 1888; Nordlandslie-
der, 99; Burenlieder, 1900; Lichtland. Neue
Gedichte, 12; Heldentum und Liebe. Kriegsge-
dichte, 15; Deutscher Trostgesang, 27 (Musik
C. Dietrich). – *Essays (Aufsätze):* Wasgaufahr-
ten, 1895; Der Raub Straßburgs, 98; Helden.
Bilder und Gestalten, 1900; Die Vorherrschaft
Berlins. Literarische Anregungen, 00; Neue
Ideale. Gesammelte Aufsätze, 01 (erw. Neu-
aufl. 1913, 1920); Literatur-Jugend von heute.
Eine Fastenpredigt, 01; Deutsch-evangelische
Volksschauspiele. Anregungen, 01; Oberflä-
chen-Kultur, 04; Thüringer Tagebuch, 04;
Schiller, 05; Der Pandurenstein und anderes,
06; Wesen und Würde der Dichtkunst, 08;
Das klassische Weimar, 09; Aus dem Elsaß
des achtzehnten Jahrhunderts, 10; Der elsässi-
sche Garten. Ein Buch von unseres Landes
Art und Kunst, 12 (mit H. Pfitzner u. C.
Spindler); Einführung in Goethes Faust,
13; Menschengestalten, 13; Deutschlands

europäische Sendung, 14; Der Einsiedler und sein Volk, 14; Das deutsche Elsaß, 14; Parsifal und Zarathustra, 14; Schillers Gedichtentwurf «Deutsche Größe», 16; Weltkrieg und Elsaß-Lothringen, 16; Deutsche Dichtung in ihren geschichtlichen Grundzügen dargestellt, 17 (Neuaufl. 27); Friedrich der Große, 17; Die Beseelung unseres Gemeinschaftslebens als Kulturaufgabe der Zeit, 18; Wie machen wir Kunst und Philosophie nutzbar zur inneren Weiterbildung der Jugend?, 18; Der Meister der Menschheit. Beiträge zur Beseelung der Gegenwart, 3 Bde, 19–21; Türmer-Beiträge aus den Jahrgängen 1–24 (Oktober 1898 bis September 1922), 22; Unter dem Rosenkranz. Ein Hausbuch aus dem Herzen Deutschlands, 25. – *Autobiographie:* Jugendjahre. Erinnerungen, 17. – *Sammel- und Werkausgaben:* Gedichte. Erste Gesamtausgabe, 02; Lebensfrucht, Gesamtausgabe der Gedichte, 15; Gesammelte Werke. 3 Reihen, 15 Bde, 24–26. – *Herausgebertätigkeit:* Wege nach Weimar. Monatsblätter. Jg. 1–3, je 2 Bde, 05–08; Friedrich der Große: Auswahl aus seinen Schriften und Briefen nebst einigen Gesprächen mit de Catt, 07; Der Türmer. Monatsschrift für Gemüt und Geist, Jg. 23–28, 20–25.

Liepman, Heinz (Pseud. Jens C. Nielsen), *27. 8. 1905 Osnabrück, †6. 6. 1966 Agarone (Schweiz).
Nach Schulzeit in Hamburg und Bielefeld arbeitete L. ab 1925 als Dramaturg und Regieassistent, zunächst an den Städtischen Bühnen Frankfurt, ab 1927 an den Hamburger Kammerspielen. L.s Bücher werden am 10. Mai 1933 verbrannt, ihm selbst gelingt nach kurzer Inhaftierung die Flucht aus Deutschland. Noch 1933 erscheint *Das Vaterland* – der erste «Tatsachenroman» über das faschistische Deutschland, der in 17 Sprachen übersetzt wird und L. in den Niederlanden einen Prozeß wegen «Beleidigung eines befreundeten Staatsoberhauptes» einbringt. Er wird des Landes verwiesen und emigriert – nach Zwischenstationen in Frankreich und Großbritannien – 1937 in die USA. L. arbeitet nun überwiegend journalistisch für deutschsprachige Exilzeitschriften und amerikanische Magazine. 1943–47 ist er Redakteur der N.Y. «Time». 1947 kehrt L. nach Hamburg zurück, emigriert jedoch 1961 ein weiteres Mal, diesmal in die Schweiz. – Mit *Das Vaterland* und *... wird mit dem Tode bestraft* hat L. das Genre des antifaschisti-

schen Dokumentarromans nachhaltig geprägt: Die Mischung aus Augenzeugenbericht, Originaldokument, Kommentar zum Zeitgeschehen und fiktiver Spielhandlung vermittelt ein authentisches Bild vom Beginn der nationalsozialistischen Herrschaft in Deutschland.

W.: *Dramen, Hörspiele:* Der Tod des Kaisers Wang-ho, 26; Der Diener ohne Gott, 26; Die Kammer ist schuld daran, 27; Columbus, 27; Drei Apfelbäume, 33; Die Früchte des Kaktus, 58; Endstation der Verantwortlichkeit, 59. – *Romane, Erzählungen:* Nächte eines alten Kindes, 29; Die Hilflosen, 30; Der Frieden brach aus, 30; Das Vaterland, 33; ... wird mit dem Tode bestraft, 35; Das 6. Fenster im 11. Stock, 48; Case History, 50 (dt.: Der Ausweg, 61); Rasputin, 58; Karlchen oder Die Tücken der Tugend, 64. – *Essays, Sachbücher:* Das Leben der Millionäre, 34; Death from the skies, 37; Verbrechen im Zwielicht, 59; Ein deutscher Jude denkt über Deutschland nach, 61; Kriegsdienstverweigerung oder Gilt noch das Grundgesetz?, 66.

Lind, Jakov (früher: J. Landwirt, Pseud. Jan Gerrit Overbreck), *10. 2. 1927 Wien.
L. mußte als Sohn jüdischer Eltern 1938 nach Holland flüchten. Er lebte von 1943–45 als holländischer ‹Fremdarbeiter› mit falschen Papieren in Deutschland. 1945 ging er nach Palästina, arbeitete in den verschiedensten Berufen und begann mit dem Schreiben von Kurzgeschichten. Anfang der 50er Jahre Regiestudium in Wien. L. lebt seit 1954 als freier Schriftsteller. – Schreiben ist für L. vor allem anderen Therapie gegen Heimatlosigkeit und Instrument der Identitätssuche. Als lebensgeschichtlich Betroffener sucht er das Phänomen Faschismus immer wieder neu auszuloten. Schon in den ersten Erzählungen (in dem Band *Eine Seele aus Holz* gesammelt) bedient er sich dabei der Methode der Deformation und der grotesken Entlarvung der Wirklichkeit. In den Romanen *Landschaft in Beton* und *Eine bessere Welt* und in seinen Hörspielen variiert er die für ihn zentrale Thematik. In der zuerst englisch geschriebenen Autobiographie *Selbstporträt (Counting My Steps)* versucht L. sehr direkt, sein Verhältnis zu Wien und dadurch implizit zu Antise-

mitismus, Nazismus und kollektiver Schuld zu klären. Der zweite Teil der Autobiographie, *Nahaufnahme* (*Numbers*), behandelt in zuweilen anekdotischer Form die Zeit nach 1945. L. hatte mit der Mehrzahl seiner Werke im englischsprachigen Raum größeren Erfolg als bei der deutschsprachigen Kritik.

W.: Romane, Erzählungen, Reiseberichte: Eine Seele aus Holz, 1962; Landschaft in Beton, 63; Eine bessere Welt, 66; Israel – Rückkehr für 28 Tage, 72; Der Ofen. Eine Erzählung und sieben Legenden, 73; Reise zu den Eno, 83; Der Erfinder, 88. – *Autobiographisches:* Selbstporträt, 70; Nahaufnahme, 75. – *Dramen, Hörspiele:* Die Heiden. Spiel in drei Akten. Das Sterben der Silberfüchse, 65; Anna Laub, 65; Hunger (Hsp.), 67; Angst und Hunger. Zwei Hörspiele, 68; Safe (Hsp.), 72.

Lindau, Paul, *3.6.1839 Magdeburg, †31.1.1919 Berlin.
L. studierte Literaturgeschichte und Philosophie in Halle, Leipzig, Berlin und Geschichte in Paris; war Leiter der «Düsseldorfer Zeitung» und der «Ebersfelder Zeitung», des «Neuen Blatts» in Leipzig, des «Bazars», der «Gegenwart» und von «Nord und Süd» in Berlin; L. wurde 1895 Hoftheaterintendant in Meiningen, dann 1899 Direktor des «Berliner Theaters» und 1904 des «Deutschen Theaters», schließlich erster Dramaturg der «Kgl. Schauspiele» in Berlin. – L. schrieb Gesellschaftsromane und Theaterstücke im Salongeschmack seiner Zeit, deren kritische Ansätze längst überholt sind.

W.: Romane, Erzählungen, sonstige Prosa: Aus Venetien, 1864; Aus Paris, 65; Harmlose Briefe eines deutschen Kleinstädters, 2 Bde, 70–71; Kleine Geschichten, 2 Bde, 71; Herr und Frau Bewer, 82; Aus dem Orient, 90; Romanzyklus Berlin (Der Zug nach dem Westen, 86; Arme Mädchen, 87; Spitzen, 88); Altes und Neues aus der Neuen Welt, 93; Tragische Geschichten, 1906; Die blaue Laterne, 07; Der Held des Tages, 09; Illustrierte Romane und Novellen, 10 Bde, 09–12; Nur Erinnerungen, 2 Bde, 16. – *Dramen:* Theater, 5 Bde, 1873–88; Die Venus von Milo, 96; Der Schatten, 1905; Der Andere, 06; Der Komödiant, 06; Die Sonne, 06; Die Erste, 07; Ungeratene Kinder, 07; Der Abend, 08; Der Brüder, 08; Der Herr im Hause, 09; Nacht und Morgen, 09; «... so ich dir!», 10. – *Essayistik:* Literarische Rücksichtslosigkeiten, 1872; Dramaturgische Blätter, 75; Alfred de Musset, 77; Gesammelte Aufsätze (Beiträge zur Literaturgeschichte), 75; Aus dem literarischen Frankreich, 82; Interessante Criminalprocesse aus neuester Zeit, 88.

Linde, Otto zur, *26.4.1873 Essen, †16.2.1938 Berlin.
L., Sohn eines Gastwirts, studierte an mehreren Universitäten Philosophie, Englisch und Germanistik; Abschluß des Studiums mit der Dissertation *Heinrich Heine und die deutsche Romantik* (1898); von 1899 bis 1902 Aufenthalt in England; wieder nach Deutschland zurückgekehrt Beginn der Freundschaft mit Rudolf Pannwitz; mit ihm zusammen 1904 Gründung der Dichtervereinigung «Charon» und Herausgeber der gleichnamigen Zeitschrift; 1905 Gründung des Charon-Buchverlags; 1911 Angliederung der Zeitschrift «Die Brücke» (Hg. Karl Röttger) an den Charonverlag. Gründung der Zeitschrift und des Verlags ist anzusehen als ein Akt der Selbsthilfe: Ziel war die Schaffung eines Publikationsorgans für die Autoren des «Charon»-Kreises. An der Zeitschrift waren insgesamt ca. 150 Mitarbeiter tätig; neben den bereits genannten u. a. S. Friedlaender, E. Lasker-Schüler, L. Rubiner, J. Schlaf. 1924 allmählicher Zerfall des Charonwerks; ab 1925 deutliche Zeichen einer psychischen Erkrankung; von 1925 bis zu seinem Tod keine Publikationen mehr.
L.s Werk ist äußerst vielschichtig: Neben Prosaarbeiten stehen auf dem Gebiet der Lyrik philosophisch-metaphysische, mythische, liedhafte, großstadt- und zeitbezogene Dichtungen. L. gehört mit Däubler, Mombert und Pannwitz zu den bedeutenden Mythendichtern des beginnenden 20. Jhs. Die Form des Gedichts ist für L. von innen her gegeben, der Dichter gehorcht bei der Gestaltung einer inneren Notwendigkeit, das Gedicht formt sich selbst. L. postulierte so den «phonetischen», individuellen Rhythmus im Gegensatz zum festgelegten «taktierenden» Rhythmus – befand sich somit in Gegenposition zur Formkunst des George-Kreises, jedoch auch zu den Ansätzen Arno Holz', der sich ebenso um eine Erneuerung der dichterischen Form bemühte (*Arno Holz und der Charon*).

W.: Gedichte, Versepen: Gedichte, Märchen und Skizzen, 1901; Fantoccini, 02; Die Kugel. Eine Philosophie in Versen, 09 (2. vermehrte Auflage 23); Die Hölle oder Die neue Erde, 21/22 (nur fragmentarisch publiziert). – *Essay:* Arno Holz und der Charon, 11. – *Sammel- und Werkausgaben:* Gesammelte Werke, 10 Bde, 10–24; Charon. Auswahl der Gedichte, 52; Prosa, Gedichte, Briefe, 74. – *Herausgebertätigkeit:* C. Ph. Moritz: Reisen eines Deutschen in England im Jahre 1782 o. J.; «Charon», 04–14; Charon-Nothefte; Der Kompaß, 20–22.

Linke Poot → Döblin, Alfred

List, G. A. → Winder, Ludwig

Lobesam, Hannchen → Zinner, Hedda

Loerke, Oskar, *13. 3. 1884 Jungen (Westpreußen), †24. 2. 1941 Berlin-Frohnau.

L.s Vater war Ziegelei- und Hofbesitzer. Kindheit und Jugend auf dem Lande. Nach Gymnasiumsbesuch in Graudenz kurze Tätigkeit als Forst- und Landwirtschaftseleve. 1903–07 Studium der Philosophie, Germanistik, Musik und Geschichte in Berlin. Nach Erscheinen seiner ersten Erzählung *Vineta* Abbruch des Studiums und Existenz als freier Schriftsteller. 1913 Auszeichnung mit dem Kleist-Preis, das mit diesem verbundene Reisestipendium nutzt L. für Reisen nach Süditalien und Nordafrika. 1914 Dramaturg in einem Theaterverlag, ab 1917 bis zum Tode Verlagslektor. Eifrige Rezensions- und Herausgebertätigkeit. 1926 Senator, 1928 ständiger Sekretär in der Sektion für Dichtkunst in der Preußischen Akademie der Künste. Nach der Machtergreifung 1933 Zeit wirtschaftlicher und persönlicher wie politischer Verunsicherung: Entlassung aus dem Akademieamt, mitbetroffen von den Problemen des Verlages. Während des Faschismus zurückgezogene Existenz.
L.s lyrisches Werk, das stilbildend auf die Naturlyrik der Zeit nach dem 2. Weltkrieg gewirkt hat, verdrängt sein erzählerisches Schaffen fast völlig. Die Prosawerke, Romane, Erzählungen und Novellen (*Vineta, Der Turmbau, Chimärenreiter, Der Oger*) sind überwiegend schon abgeschlossen, bevor L. mit der Publika-

tion seiner systematisch und langfristig geplanten Gedichtbände beginnt. Die sieben Lyrikwerke weisen formal keine einschneidende Entwicklung auf. L. verzichtet auf Formenvielfalt, beschränkt sich bis auf wenige Ausnahmen auf gereimte Gedichte mit fester Strophik, z. T. von liedhaftem Charakter. Die thematische Vielfalt der Lyrik L.s erlaubt es nicht, ihn auf die Rolle des Naturlyrikers zu reduzieren. Neben traditionell naturlyrischen Gegenständen finden sich Großstadtgedichte (Zyklus Berlin in *Pansmusik*), musikalische Themen, Reiseeindrücke, Selbstbeobachtungen, philosophische Reflexionen. Die folgenden Gedichtbände zeugen von einer zunehmenden Verdüsterung und Verrätselung des melancholischen Grundtons. In *Silberdistelwald*, dem ersten Gedichtband nach der faschistischen Machtergreifung, wird kaum noch ein naturlyrisches Thema gewählt, sondern zum Teil scharfe politische Kritik geübt (etwa im Gedicht *Genesungsheim*). Die resignative Identifizierung von natürlichem Elementarbereich und menschlicher Zivilisation erreicht im *Wald der Welt* einen Höhepunkt. Der Titel des Bandes kennzeichnet L.s universale Verstörung, um deren Bannung in eine poetische Ordnung er sich bemüht.

W.: Romane, Erzählungen: Vineta, 1907; Franz Pfinz, 09; Der Turmbau, 10; Das Goldbergwerk, 19; Die Chimärenreiter, 19; Der Prinz und der Tiger, 20; Der Oger, 21. – *Lyrik:* Wanderschaft, 11; Gedichte, 15; Gedichte, 16; Pompeji, 21; Die heimliche Stadt, 21; Der längste Tag, 26; Pansmusik (2. Aufl. von Gedichte, 16), 29; Atem der Erde, 30; Silberdistelwald, 34; Der Wald der Welt, 36; Magische Verse, 38; Der Steinpfad, 38/41; Kärtner Sommer, 39; Die Abschiedshand, 49. – *Essays, Rezensionen, Tagebücher, Schriften zur Musik:* Zeitgenossen aus vielen Zeiten, 25; Formprobleme der Lyrik (in: Neue Rundschau), 29; Vom Reimen (in: Neue Rundschau), 35; Das alte Wagnis des Gedichtes, 35; Das unsichtbare Reich. Johann Sebastian Bach, 35; Meine sieben Gedichtbücher (in: Neue Rundschau), 36; Anton Bruckner, 38; Hausfreunde, 39. – *Herausgebertätigkeit:* J. W. von Goethe. Westöstlicher Divan, 25; Adalbert Stifter. Wald und Welt, 25; Moritz Heimann. Nachgelassene Schriften, 26; Jahrbuch der Preußischen Akademie der Künste. Sektion für Dichtkunst, 29;

Deutscher Geist. Ein Lesebuch aus zwei Jahrhunderten (mit P. Suhrkamp), 40. – *Sammel- u. Werkausgaben:* Tagebücher 1903–39, 55; Reden und Aufsätze, 57; Gedichte und Prosa, 58; Reisetagebücher, 60; Der Bücherkarren, 65; Literarische Aufsätze aus der Neuen Rundschau 1909–41, 67; Die weite Fahrt, 70; Die Gedichte, 84; O. L., 84.

Loest, Erich (Pseud. Hans Walldorf, Waldemar Naß), *24. 2. 1926 Mittweida (Sachsen).

L. wurde 1944/45 noch eingezogen. Nach dem Krieg arbeitete er in der Landwirtschaft und in verschiedenen Industriebetrieben. L. wurde dann von 1947–50 Volontär und Redakteur der «Leipziger Volkszeitung»; seit 1950 war er freischaffend. 1955/56 besuchte L. das Literaturinstitut in Leipzig. 1957 wurde L. wegen vorgeblich konterrevolutionärer Tätigkeit zu einer Zuchthausstrafe verurteilt; seit seiner Entlassung 1964 lebte er in Leipzig, seit 1981 in der Bundesrepublik. 1981 Fallada-, 1984 Marburger Literaturpreis, 1986 Gastdozent der Universität Paderborn; 1989 Stadtschreiber von Deidesheim.

L.s Debüt *Jungen, die übrig blieben* – im Hemingway-Stil verfaßt – führte in die letzte Kriegsphase und die unmittelbare Nachkriegszeit. Sehr genau werden die Emotionen und Haltungen einer Generation beschrieben, die sich treiben läßt und – im Gegensatz zu anderen Wandlungsromanen der DDR-Literatur – den Zugang zu einem Neuanfang nur zögernd findet. Die autobiographische Substanz gab auch späteren Romanen Loests (*Der Abhang*) eine wirklichkeitsgetreue Härte.

Die nach der Entlassung aus Bautzen zunächst zum Broterwerb veröffentlichten Kriminalromane gehen auf detaillierte Konzepte zurück, die L. im Zuchthaus ohne die Möglichkeit zu schriftlicher Fixierung entwarf. Diese Erfahrung des geistigen Überlebens durch Geschichtenerfinden geht später in den Karl-May-Roman *Swallow, mein wackerer Mustang* ein.

Mit seinem Roman *Schattenboxen* griff L. das Tabu-Thema der Wiedereingliederung eines Häftlings in die DDR-Gesellschaft auf. In *Es geht seinen Gang* gelang L. eine bis dahin nicht gekannte detailfreudige Auseinandersetzung mit Zügen eines wichtigen Teils der jüngeren DDR-Generation, der sich zwischen Spießigkeit und Skepsis zu etablieren begann. Gleichwertig neben diesem bisher wichtigsten Roman L.s steht der formal anspruchsvolle großangelegte «Lebenslauf» *Durch die Erde ein Riß*, in dem L. ebenso schonungslos eigene Irrtümer bloßlegt wie er die Probleme seines Landes anspricht, die sein Leben gezeichnet haben. In *Völkerschlachtdenkmal* bietet er ein Panorama sächsischer Geschichte(n). – In Zukunft sollen seine Werke im eigenen Verlag erscheinen.

W.: Romane, Erzählungen: Jungen, die übrig blieben, 1950; Nacht über dem See, 50; Liebesgeschichten, 51; Die Westmark fällt weiter, 52; Sportgeschichten, 53; Das Jahr der Prüfung, 55; Hitlers Befehl, 56; Der Schnee von Podgonowka, 57; Aktion Bumerang, 57; Slivowitz und Angst, 65; Ich war Robert Ley, 66 (ver. u. d. T.: Die Mäuse des Dr. Ley, 84); Der grüne Zettel, 67 (unter dem Pseud. Hans Walldorf); Der Mörder saß im Wembley-Stadion, 67 (unter dem Pseud. Hans Walldorf); Das Waffenkarussell, 68 (unter dem Pseud. Hans Walldorf); Hilfe durch Ranke, 68; Der Abhang, 68; Öl für Malta, 68; Der elfte Mann, 69; Schöne Frau und Kettenhemd, 69 (unter dem Pseud. H. Walldorf); Gemälde mit Einlage, 69 (unter dem Pseud. Hans Walldorf); Erpressung mit Kurven, 70 (unter dem Pseud. Hans Walldorf); Der zwölfte Aufstand, 70 (unter dem Pseud. Hans Walldorf); Wildtöter und große Schlange, 72 (nach Cooper); Schattenboxen, 73; Noch weit bis Ithaka, 74; Rotes Elfenbein, 74; Ins offene Messer, 74; Oakins macht Karriere, 75; Etappe Rom, 75; Die Oma im Schlauchboot, 76; Es geht seinen Gang oder Mühen in unserer Ebene, 78; Pistole mit sechzehn, 79; Swallow, mein wackerer Mustang, 80; Durch die Erde ein Riß. Ein Lebenslauf, 81; Herzschlag, 84; Völkerschlachtdenkmal, 84; Zwiebelmuster, 85; Froschkonzert, 87; Fallhöhe, 89; Der Zorn des Schafes, 90. – *Hörspiele:* Eine ganz alte Geschichte, ca. 85 (mit Toncass.). – *Feuilletons, Berichte, Essays:* Harte Gangart, 83; Geordnete Rückzüge, 84; Der vierte Zensor, 84; Saison in Key West, 86; Ein Sachse in Osnabrück, 86; Bruder Franz. Drei Vorlesungen über Franz Fühmann, 86; Schottland, 87; Eine romantische Reise um die Welt, 88; Der Stasi war mein Eckermann oder: mein Leben mit der Wanze, 91. – *Schallplatten, Kassetten:* Eine ganz alte Geschichte, ca. 85 (Kass.).

Loetscher, Hugo, *22.12.1929 Zürich.
Der als Sohn eines Mechanikers geborene L. studierte in Zürich und Paris Politologie, Soziologie, Wirtschaftsgeschichte und Literatur. Er war aktiv in der Schweizer Studentenbewegung und promovierte über «Die politische Philosophie in Frankreich nach 1945». Nach seiner Tätigkeit als Literaturkritiker der «Neuen Zürcher Zeitung» und der «Weltwoche» war er 1958–62 Literaturredakteur der Zeitschrift «du», deren freier Mitarbeiter er anschließend war. Von 1964–69 Feuilletonredakteur der «Weltwoche», ist er seither freier Schriftsteller und publizistisch für zahlreiche Zeitungen und Zeitschriften sowie für Rundfunk und Fernsehen tätig. Seit Mitte der 60er Jahre unternahm er längere Reisen durch Südeuropa, Lateinamerika und den Fernen Osten. 1979/80 war er «Writer in Residence» der University of Southern California (USA). Charles-Veillon-Preis (1964), C.-F.-Meyer-Preis (1966), Literaturpreis der Stadt Zürich (1972), Preis der Schweizerischen Schillerstiftung (1985), Anfang 1988 Poetik-Dozent an der Universität München. 1989 Ehrengabe der Stadt Zürich. L. ist ein äußerst vielseitiger Autor, der außer einer Vielzahl von ihm herausgegebener und eingeleiteter Werke über Gastrosophie ebenso kenntnisreich zu schreiben weiß wie über Südamerika. Nach dem Mißerfolg seines Schauspiels *Schichtwechsel* wandte er sich der Prosa zu und veröffentlichte mit *Abwässer – ein Gutachten* seinen ersten Roman. Nach einem Machtwechsel schreibt ein Inspektor einen Bericht über den Zustand der Kanalisation, der immer mehr zu einer Selbstdeutung und zum Paradigma für das Leben über der Erde wird. Gleichnishaft sind auch die folgenden Romane L.s zu verstehen, *Die Kranzflechterin* und *Noah*, eine satirische Entlarvung der nur auf Profit bedachten Wohlstandsgesellschaft. Der autobiographisch gefärbte Roman *Der Immune* schildert mit den verschiedensten stilistischen Mitteln die ‹Überlebensversuche› eines Journalisten in diesem Jahrhundert ständiger Krisen.

W.: Romane, Erzählungen: Abwässer – ein Gutachten, 1963; Die Kranzflechterin, 64; Noah – Roman einer Konjunktur, 67; Der Immune, 75; Herbst in der großen Orange, 82; Die Papiere des Immunen, 86; Die Fliege und die Suppe und 33 andere Tiere in 33 anderen Situationen, 89. – *Dramen:* Schichtwechsel, 60; Schule der Kannibalen, 68. – *Essays, Reportagen:* Zehn Jahre Fidel Castro, 69; Ach Herr Salazar (in: Dieses Buch ist gratis), 71; Konrad Farner (in: Christentum und Sozialismus), 74; Die Entdeckung der Schweiz, 76; Kulinaritäten (mit Alice Vollenweider), 76; Wunderwelt, 79; Hans Falk – Circus zum Thema (mit F. Billeter), 81; P. S. Anmerkungen zur Zeit (mit P. Bichsel u. a.), 81; Der Waschküchenschlüssel und andere Helvetica, 83; Schön wie ein Ja in einem Saal voller Nein (mit E. da Cunha u. M. Vargas Llosa), 85; Literatur geht nach Brot. Die Geschichte des Schweizerischen Schriftsteller-Verbandes (mit O. Böni u. a.), 87; Vom Erzählen erzählen, 88. – *Übersetzung:* J. G. Posada: Posada (Vorw. u. Übersetzung der Legenden), 79. – *Sammel- und Werkausgabe:* Das H. L. Lesebuch, 84. – *Herausgebertätigkeit:* Gasser, Manuel: Welt vor Augen, 64; Vieira, Padre Antonio: Die Predigt des heiligen Antonius an die Fische, 66; Varlin, 70; Zürich. Aspekte eines Kantons (Mithg.), 70; Roiter, Fulvio: Brasilien, 72; Roiter, Fulvio: Spanien, 72; Photographie in der Schweiz von 1840 bis heute (Mithg.), 74; Turel, Adrien: Bilanz eines erfolglosen Lebens, 76; Fries, Hanny: Theateraufzeichnungen, 78; Die Welt ist groß und gehört den andern, 79.

Löffelholz, Karl Georg von → Abraham, Peter (mit anderen)

Longeville, Jean → Goll, Yvan

Löns, Hermann (Pseud. Fritz von der Leine), *29.8.1866 Kulm (Westpreußen), †26.9.1914 bei Reims.
Sohn eines Gymnasialprofessors, wuchs in Deutsch-Krone (Westpreußen) auf, schloß seine Schulbildung in Münster (Westfalen) ab und studierte dort sowie in Greifswald und Göttingen Naturwissenschaften und Medizin ohne formalen Abschluß. Er arbeitete dann als Redakteur, und zwar ab 1891 in Kaiserslautern, 1893–1907 an verschiedenen Zeitungen in Hannover und bis 1909 bei der «Schaumburg-Lippischen Landeszeitung» in Bückeburg. Danach lebte er als freier Schriftsteller wieder in Hannover und unternahm ab 1912 ausgedehnte

Reisen nach Österreich und in die Schweiz. Bei Ausbruch des 1. Weltkriegs meldete er sich als Freiwilliger und fiel bei einem Sturmangriff auf Reims.
L. erlangte große Popularität als der Dichter der Lüneburger Heide; auch für den Naturschutz dieser Landschaft hat er sich engagiert. Seine Lyrik trifft den Volksliedton, bleibt dabei in den Motiven konventionell (*Auf der Lüneburger Heide*, *Rose Marie*). Die Landschaftsskizzen und Stimmungsbilder sowie die Tiergeschichten (*Mümmelmann*) weisen L. als eigenständigen Repräsentanten der Natur- und Heimatdichtung aus. In seinen Romanen gestaltet er vornehmlich historische Stoffe aus dem niedersächsischen Bauernleben. *Der Wehrwolf*, eine Bauernchronik aus dem Dreißigjährigen Krieg, fand breite Resonanz (Auflage über 650 Tsd.). Autobiographische Motive bestimmen den Roman *Das zweite Gesicht*. L.s Gesamtwerk wurde während des Dritten Reiches im Sinne der Blut-und-Boden-Ideologie propagiert.

W.: Romane, Erzählungen: Mein grünes Buch. Schilderungen, 1901; Mein braunes Buch. Heidebilder, 07 (N. F. u. d. T. Haidbilder, 13); Der letzte Hansbur. Bauernroman aus der Lüneburger Heide, 09; Mümmelmann. Ein Tierbuch, 09; Aus Wald und Heide. Geschichten und Schilderungen, 09; Was da kreucht und fleucht. Ein Tierbuch, 09; Da hinten in der Haide. Roman, 10; Der Wehrwolf. Eine Bauernchronik, 10; Der zweckmäßige Meyer. Ein schnurriges Buch, 11; Da draußen vor dem Tore. Heimatliche Naturbilder, 11; Das zweite Gesicht. Eine Liebesgeschichte, 12; Auf der Wildbahn. Jagdschilderungen, 12; Mein buntes Buch. Naturschilderungen, 13; Frau Döllmer. Humoristisch-satirische Plauderei, 16; Aus Forst und Flur. Vierzig Tiernovellen, 16; Das Tal der Lieder und andere Schilderungen, 16; Die Häuser von Ohlendorf. Der Roman eines Dorfes, 17; Widu. Ein neues Tierbuch, 17; Wasserjungfern. Geschichten von Sommerboten und Sonnenkündern, 19; Ho Rüd' hoh!, 19; Mein niedersächsisches Skizzenbuch, 24; Einsame Heidfahrt, 28. – *Lyrik:* Menschliche Tragödie. Gedichtbuch der Gegenwart, 1893 (mit M. Apfelstaedt, A. Garde u. a.); Mein goldenes Buch. Lieder, 1901; Mein blaues Buch. Balladen und Romanzen, 09; Der kleine Rosengarten. Volkslieder, 11; Junglaub. Lieder und Gedichte, 19. – *Essays, autobiographische Schriften:* Die Erhaltung unserer Tierwelt, 09; Kraut und Lot. Ein Buch für Jäger

und Heger, 11; Der Harzer Heimatspark, 12; Von Ost nach West. Selbstbiographie, 21; Gedanken und Gestalten, 24; Für Sippe und Sitte, 24; Die Deutschland-Fahrradwerke August Stukenbrok zu Einbeck, 82; Leben ist Sterben, Werden, Verderben. Das verschollene Kriegstagebuch, 86. – *Sammel- und Werkausgaben:* Löns-Gedenkbuch, 17; Das Lönsbuch, 23; Sämtliche Werke in acht Bänden, 23; Nachgelassene Schriften, 2 Bde, 28; Duodez, o. J.; Sagen und Märchen, 65; Geliebte rätselvolle Jagd, 66; Der Alte vom Berge und andere Tiergeschichten, 67; Das dicke H. L.-Buch, 68; Auf heimlicher Pirsch, 69; Tier und Jagd, o. J.; Landschaft und Volk, o. J.; Das kleine H. L. Buch, 73; Der alte Seehund und andere Seegeschichten, 76; Lüttjemann und Püttjerinchen 77; Das große Löns-Buch, 80; Die alte Schänke und andere Dorfgeschichten, 80; Die Hunde beheulen den Tod des Herzogs, 81; Hannöversches, 83; Heimische Tierwelt in Wald und Heide, 83; H. L. Brevier, 83; Krambambuli, Mümmelmann und andere Tiergeschichten (mit M. v. Ebner-Eschenbach), 85; Ausgewählte Werke, 5 Bde, 86; Die sieben Schulaufsätze des Aadje Ziesenis, 87; Meine geliebte Heide, 88.

Lorbeer, Hans, * 15. 8. 1901 Klein Wittenberg, † 7. 9. 1973 Wittenberg.
L. war als Fabrikarbeiter tätig und trat 1921 der KPD bei. Seit 1925 veröffentlichte er in Zeitungen der Arbeiterbewegung. L. war einer der Mitbegründer des Bundes Proletarisch-Revolutionärer Schriftsteller. 1933–34 wurde er im KZ Lichtenburg inhaftiert; nach seiner Entlassung beteiligte L. sich an der Widerstandsarbeit und wurde erneut verurteilt (1937–39). Ab 1945 arbeitete L. in der Kommunalverwaltung in der SBZ/DDR. Seit 1951 war er freischaffend.
L.s frühe Gedichte weisen noch die typischen Schwächen pathetischer Arbeiterdichtung auf. Dies gilt weniger für die in der Zeit des Faschismus entstandenen Gedichte, die, das eigene Erleben reflektierend, die Hoffnung auf einen Neubeginn bezeugen.
Bedeutsamer ist die epische Leistung L.s. Der autobiographisch bestimmte Entwicklungsroman *Ein Mensch wird geprügelt*, der vor 1933 nicht mehr erscheinen konnte, gibt wesentliche Einblicke in den Bewußtwerdungsprozeß eines sich von idealistischen Vorstellungen lösenden Arbeiters.
Das Hauptwerk L.s ist die Romantrilogie

Die Rebellen von Wittenberg, in deren ersten beiden Bänden (*Das Fegefeuer*, *Der Widerruf*) Luther im Mittelpunkt steht, während L. den dritten Band (*Die Obrigkeit*) den Ereignissen des Bauernkrieges und der Rolle Müntzers widmete.

W.: Romane, Erzählungen: Wacht auf, 1928; Ein Mensch wird geprügelt, 30 (russ., 59 dt. unter dem Titel: Der Spinner); Die Legende vom Soldaten Daniel, 48; Vorfrühling und andere Liebesgeschichten, 53; Die 7 ist eine gute Zahl, 53; Das Fegefeuer, 56; Der Widerruf, 59; Die Birkenhügel, 60; Zur freundlichen Erinnerung, 60; Die Obrigkeit, 63. – *Dramen:* Die Trinker, 25; Phosphor, 31 (russ.). – *Lyrik:* Gedichte eines jungen Arbeiters, 25; Liebknecht – Luxemburg – Lenin, 27; Des Tages Lied, 48; Die Gitterharfe, 48; Es singt ein Mensch auf allen Straßen, 50; Die Straßen gehn, 61. – *Werkausgabe:* Werke in Einzelausgaben, 70ff.

Loriot (eig. Bernhard Victor [«Vicco»] Christoph-Karl von Bülow),
*12.11.1923 Brandenburg.

L., Sohn eines Polizeioffiziers, machte den französischen Namen des Wappentieres seiner Familie (Pirol) zu seinem Pseudonym. Im Krieg war er Offizier, arbeitete nach Kriegsende als Holzfäller und studierte von 1947–49 Malerei und Graphik. Seit 1950 arbeitet er als freiberuflicher Karikaturist, zuerst bei Zeitschriften, später als Verfasser überaus erfolgreicher Bücher (Gesamtauflage über 2 Millionen) und beim Fernsehen. Er erhielt zahlreiche Auszeichnungen, u. a. Adolf-Grimme-Preis, Deutscher Schallplattenpreis, Karl-Valentin-Orden und Großes Bundesverdienstkreuz.

Hauptfigur seiner Karikaturen ist ein überaus korrekt gekleidetes Strichmännchen mit Knollennase, das auf jede nur mögliche Weise mit den Tücken des Alltags zu kämpfen hat. Mit seiner Hilfe erteilt L. seinen Lesern in scheinbar ernstgemeinter Form «Nachhilfe», sei es im Umgang mit Tieren, sei es als Ratgeber auf dem «Weg zum Erfolg». L., der Bild und Wort stets als Einheit begreift, parodiert auf ironisch-satirische Weise die unzähligen Bücher, die ihren Lesern «Lebenshilfe» und Ratschläge in allen erdenklichen Lebenssituationen angedeihen lassen. Ihre Bemühungen werden gerade durch die angestrengte Ernst-

haftigkeit seiner (Bild-)Kommentare ad absurdum geführt. Einem Millionenpublikum wurde L. bekannt durch Fernsehserien und Spielfilme.

W.: Prosa und Karikaturen: Auf den Hund gekommen, 1954; Reinhold das Nashorn (mit Wolf Uecker und Günther Dahl), 54; Unentbehrlicher Ratgeber für das Benehmen in feiner Gesellschaft, 55; Glücklich auf dem Leim gegangen (mit Egon Jameson), 56; Wie wird man reich, schlank und prominent? (mit Egon Jameson und Corey Ford), 56; Wie gewinnt man eine Wahl (mit Egon Jameson), 57; Der gute Ton, 57; Der Weg zum Erfolg, 58; Wahre Geschichten, 59; Für den Fall …, 60; Umgang mit Tieren, 62; Nimm's leicht!, 62; Loriots Wegweiser zum Erfolg, 63; Der gute Geschmack, 64; Neue Lebenskunst in Wort und Bild, 66; Großer Ratgeber, 68; Reinhold das Nashorn (mit Basil [Pseud.]), 68 (u. d. T. Ich male Reinhold, das Nashorn, 71); Loriots Tagebuch, 70; Kleine Prosa, 71; Loriots kleiner Ratgeber, 71; Loriots Daumenkino (unter den Einzeltiteln: Alles Liebe zum Geburtstag, Herzlichen Glückwunsch, I love you, Ich bin ganz Dein, Ich denke an Dich, Liebe Grüße, Meine Verehrung, Vergiß mich nicht! jeweils 5 Bde mit verschiedenem Inhalt), 72ff; Loriots heile Welt, 73 (bearb. 80); Menschen, die man nicht vergißt, 74; Loriots praktische Winke, 75; Herzliche Glückwünsche, 75; Loriots Wum & Wendelin, 77; Loriots Kommentare, 78; Wum & Wendelin erzählen Euch was, 79; Loriots heile Welt. Ein Kalender, 79ff; Loriots Wum und Wendelin. Ein Kalender, 79ff; Loriots Mini-Ratgeber, 80; Loriots dramatische Werke, 81; Loriots ganz kleine heile Welt, 81; Eltern für Anfänger (mit R. G. Lempp), 81; Kinder für Anfänger (mit R. G. Lempp), 81; Szenen einer Ehe, 83; Möpse & Menschen, 83; Loriots Großes Tagebuch, 83; Neue Lebenskunst, 84; Loriot's Film Festival, 11 Bde, 85; Kleines Tierleben, 86; Fußballfieber, 86; Kleines Buch der Katastrophen, 86; Loriot, 88 (Katalog); Ödipussi, 88; Enkel für Anfänger (mit R. G. Lempp), 89. – *Filme, Fernsehsendungen:* Cartoon, 69–72; Telecabinet, 74; Sauberer Bildschirm, 76; Teleskizzen, 76; Loriot III bis VI, 77; Ödipussi, 88; Pappa ante portas, 91. – *Sammel- und Werkausgaben:* Das dicke Loriot-Buch, 77; Loriots Gesammelte Werke, 4 Bde, 83. – *Schallplatten:* Wum, o. J.; Karneval der Tiere, o. J.; Loriots heile Welt, 82; Festreden, 83; Gesammelte Werke (mit E. Hamann), 84 (3 Pl.); Liebesbriefe, Kochrezepte und andere Katastrophen (mit E. Hamann), 84; Peter und der Wolf (mit J. Müller, Musik von S. Prokofjew), 85 (mit Platte); Loriot, 89.

Loris → Hofmannsthal, Hugo von

Lothar, Ernst (eig. Ernst Lothar Müller), *25. 10. 1890 Brünn (Mähren), †30. 10. 1974 Wien.

Jura-Studium in Wien, 1914 Promotion zum Dr. jur., bis 1925 Staatsanwalt und Hofrat im österreichischen Handelsministerium. L. quittiert freiwillig seine Beamtenlaufbahn, um als Schriftsteller und Kritiker zu arbeiten: bis 1933 bei der «Neuen Freien Presse». 1935 findet seine Tätigkeit als Theaterregisseur einen ersten Höhepunkt; er übernimmt in der Nachfolge von M. Reinhardt die Direktion des Theaters in der Josefstadt. 1938 emigriert er in die USA, wo er 1940–44 in Colorado Vergleichende Literatur und Drama lehrt. 1945 kehrt er nach Wien zurück und prägt bis Anfang der 60er Jahre mit seiner Regietätigkeit am Wiener Burgtheater und bei den Salzburger Festspielen einen Teil österreichischer Theatergeschichte. 1963 Preis der Stadt Wien. – L.s schriftstellerisches Werk orientiert sich inhaltlich und formal an der Literatur der Jahrhundertwende, u. a. an A. Schnitzler, einen Autor, den L. auch in seiner Regiearbeit zeitweilig in den Mittelpunkt stellte.

W.: Romane, Erzählungen: Die Einsamen, 1912; Der Feldherr, 18; Macht über alle Menschen, 21–25 (Trilogie: Irrlicht der Welt, 21; Irrlicht des Geistes, 23; Licht, 25); Bekenntnisse eines Herz-Sklaven, 23 (bearb. u. d. T. Der Kampf um das Herz, 28); Triumph des Gefühls, 25; Drei Tage und eine Nacht, 27; Der Hellseher, 27; Gottes Garten, 28 (bearb. u. d. T. Kinder, 32); Kleine Freundin, 31; Die Mühle der Gerechtigkeit, 33; Eine Frau wie viele, 34; Romanze in F-Dur, 35; A woman is witness, 41 (dt. Die Zeugin, 51); Beneath another sun, 43 (dt. Unter anderer Sonne, 61); The angel with the trumpet, 44 (dt. Der Engel mit der Posaune, 46); Die neue Ordnung, 45; Zeugin des Unsäglichen, 45; Heldenplatz, 45; Die Rückkehr, 49; Die Tür geht auf, 50; Verwandlung durch Liebe, 51; Das Weihnachtsgeschenk, 54. – *Lyrik:* Der ruhige Hain, 08; Die Rast, 13. – *Drama:* Ich!, 21. – *Essays, Autobiographie:* Italien, 15; Österreichische Schriften, 16; Nähe und Ferne, 37; Die bessere Welt, 55; Das Wunder des Überlebens, 60; Macht und Ohnmacht des Theaters, 68. – *Werkausgabe:* Ausgewählte Werke, 6 Bde, 61 ff.

Lotz, Ernst Wilhelm, *6. 2. 1890 Culm / Weichsel, †26. 9. 1914 Bouconville (Frankreich).

L. besuchte zunächst die Kadettenschule in Groß-Lichterfelde und anschließend die Kriegsschule in Kassel. Als Leutnant im Infanterieregiment 143 in Straßburg machte er 1910 die Bekanntschaft Fr. Lienhards. 1911 gab er die militärische Laufbahn auf. 1912/13 ließ er sich nach Absolvierung von Handelsschule, Buchhändlerlehre in Berlin und Volontärzeit als Kaufmann in Hamburg nieder, wo er sich als freier Schriftsteller betätigte. Dort begegnete er auch R. Dehmel. Im August 1914 wurde er nach Straßburg einberufen und fiel im September bei Bouconville in Frankreich. – L. galt als eine der vielversprechendsten Begabungen des Frühexpressionismus. Seine beschwingten Gedichte, die den Einfluß J. R. Bechers erkennen lassen, kennzeichnet hoffnungsvolle, jugendliche Aufbruchsstimmung. So findet man sein *Aufbruch der Jugend* immer wieder in Zeitschriften und Anthologien des Expressionismus abgedruckt.

W.: Lyrik: Und schöne Raubtierflecken … Ein lyrisches Flugblatt, 1913; Wolkenüberflaggt, 17. – *Prosa:* Prosaversuche und Feldpostbriefe. Aus dem bisher unveröffentlichten Nachlaß, 55.

Low, Hanns → Tratow, Johannes

Lublinski, Samuel, *18. 2. 1868 Johannisburg / Ostpreußen, †26. 12. 1910 Weimar.

L. war der Sohn jüdischer Eltern, genoß jedoch eine Erziehung im Sinne eines liberalen Deismus. Von seinem zwölften Lebensjahr an besuchte er verschiedene Gymnasien in Ostpreußen, verließ mit zwanzig die Schule als Obersekundaner und wurde Buchhändler. 1888–89 trat er in das Inkunabelantiquariat von Leo S. Olschki in Verona ein und blieb viereinhalb Jahre dort als Lehrling und Gehilfe. Nach weiteren zwei Jahren Tätigkeit in Heidelberg gab er 1895 den Beruf auf, ging nach Berlin und wurde freier Schriftsteller. – In seinen literaturhistorischen Abhandlungen übte L. zunächst scharfe Kritik am Naturalismus und Impressionismus. Noch 1904 teilte er F. Mehrings marxistische Ansichten, brach aber 1909 mit dem Marxismus sowie mit Naturalismus und der Neoromantik und strebte, ähnlich wie P. Ernst und W. v. Scholz, in einer Epoche «der gähnenden Barbarei», einen Neuklassizismus und darüber hinaus «eine geistige Gesamtheit» an. Er wandte sich vom bloßen Bühnenaufwand ab und schrieb nach eingehender Analyse der Dramatiker des 19. Jahrhunderts, u. a. F. Hebbels, historische Tragödien, in denen er dem ethischen Relativismus seiner Zeit die Forderung nach einer neuen Sittlichkeit entgegenhielt.

W.: Novelle: Gescheitert, 1901. – *Dramen:* Der Imperator, 01; Hannibal, 02; Elisabeth und Essex, 03; Peter von Rußland, 06; Gunther und Brunhild, 08; Kaiser und Kanzler, 10. – *Essays, theoretische Schriften:* Jüdische Charaktere bei Grillparzer, Hebbel und O. Ludwig, 1898; Literatur und Gesellschaft, IV, 1899–1900; Neu-Deutschland, 1900; Die Entstehung des Judentums, 03; Vom unbekannten Gott, 04; Die Bilanz der Moderne, 04; Holz und Schlaf, ein zweifelhaftes Kapitel Literaturgeschichte, 05; Shakespeares Problem im Hamlet, 08; Der Ausgang der Moderne, 09; Der urchristliche Erdkreis und Mythos, 10; Nachgelassene Schriften, 14.

Ludwig, Emil (urspr. E. Cohn),
*25. 1. 1881 Breslau,
† 17. 9. 1948 Moscia bei Ascona.
L., Sohn des Augenarztes H. Cohn, studierte Jura, zog 1906 als freier Schriftsteller nach Moscia und wurde 1914 Zeitungskorrespondent. 1932 wurde er Schweizer Bürger; 1940 emigrierte er in die USA. – Nachdem der außerordentlich produktive L. 1920 mit seinem *Goethe* erstmals weltweiten Ruhm als Verfasser von Biographien erzielte, ließ er eine große Reihe solcher Arbeiten folgen, in denen Quellenstudium und Fiktion, personalistische Geschichtsauffassung und dramatische Spannung sich mit psychologischer Analyse verbinden.

W.: Biographien: Goethe, 3 Bde, 1920; Bismarck, 3 Bde, 22–24; Rembrandts Schicksal, 23; Napoleon, 25 (gekürzt 39); Wilhelm der Zweite, 25; Der Menschensohn, 28; Lincoln, 30; Michelangelo, 30; Schliemann, 32; Führer Europas, nach der Natur gezeichnet, 34; Gespräche mit Masaryk, 35; Hindenburg, 35;

Cleopatra, 37; Roosevelt, 38; Three titans: Michel Angelo, Rembrandt, Beethoven, 38; Bolivar, 39; Staline, 42 (dt. Stalin, 45); Beethoven, 43; Mackenzie King. A Portrait sketch, 44; Le destin du roi Edouard, 46 [zuerst engl. in: Liberty, Mai–August 39 u.d.T.: Kings and brothers]; Der entzauberte Freud, 46. – *Romane:* Manfred und Helena, 11; Diana, 18; Meeresstille und glückliche Fahrt, 21; Tom und Sylvester. Tessiner Novelle, 33; Quartett, 38; Tommy in Weimar: frei nach Faust 2. Teil, 2. Akt, 40 (Privatdr.); Othello, 47. – *Dramen:* Oedipus, 01; Ein Friedloser, 03; Ein Untergang, 04; Napoleon, 06; Die Borgia, 06; Der Spiegel von Shalott, 07; Tristan und Isolde, 09; Der Papst und die Abenteurer, 10; Atalanta, 11; Der verlorene Sohn, 13; Friedrich, Kronprinz von Preußen, 14; Bismarck. Trilogie, 22–24; Versailles, 31; Historische Dramen, 2 Bde, 31. – *Lyrik:* Gedichte [mit Elga L.], 38 (Privatdr.). – *Essays:* Genie und Charakter, 24 (erw. 32); Juli Vierzehn, 29; Der Nil, 2 Bde, 35–37; Der Mord in Davos, 36 (erw. u.d.T.: David und Goliath, 45); Die Kunst der Biographie, 36; Credo, 38 (Privatdr.); Die neue heilige Allianz. Über Gründe und Abwehr des drohenden Krieges, 38; Barbaren und Musiker, 39; Über das Glück und die Liebe, 40; La Prusse et l'Europe (zuerst in: Das neue Tage-Buch, Jg. 8, H. 6–7), 40; The Germans, 41 (dt. Geschichte der Deutschen, 2 Bde, 45); The Mediterranean, 42; How to treat the Germans, 43; Of life and love, 45. – *Autobiographisches:* Geschenke des Lebens, 31. – Ferner essayistische, biographische, zeitgeschichtliche Schriften. – *Werkausgabe:* Gesammelte Werke, 5 Bde, 45f.

Ludwig, Paula, *5. 1. 1900 Altenstadt/Vorarlberg, †27. 1. 1974 Darmstadt.
Tochter eines Handwerkers, kam nach dem Besuch der Volksschule in Österreich über München nach Berlin. 1933 emigriert L. nach Österreich, 1938 nach Frankreich, 1940 nach Spanien, Portugal und schließlich nach Brasilien und lebt zeitweilig als Malerin. 1953 kehrt sie nach Europa zurück und wohnt in Wetzlar und Darmstadt. – L. behandelt in ihren Gedichten Themen wie Naturerleben, Frauen- und Mutterschicksale mit einer an den Expressionismus angelehnten Darstellungsweise. Ihre Prosa wird bestimmt durch Erzählungen aus dem Traumbereich. Autobiographisch ist ihr *Buch des Lebens*, in dem sie ihre Jugenderinnerungen schildert. – L. erhielt 1962 den Georg-Trakl-Preis.

W.: Prosa: Sieben Bilder und der Tod, 1933; Traumlandschaft, 35 (erw. u. d. T.: Träume, 62); Buch des Lebens, 36. – *Lyrik:* Die selige Spur, 20; Der himmlische Spiegel, 27; Dem dunklen Gott, 32 (Repr. 74). – *Sammelausgaben:* Gedichte, 58; Gedichte, 86.

Ludwig, Volker (eig. Eckart Hachfeld), *13.6.1937 Ludwigshafen.

L., Sohn des Schriftstellers und Kabarett-Texters Eckart Hachfeld, wuchs in Thüringen auf und kam 1953 nach Berlin. Er studierte neun Semester Germanistik und Kunstgeschichte in Berlin und München und lebt seit 1961 als freier Schriftsteller. 1959–72 war er Mitautor zahlreicher Kabarettprogramme, von 1965–71 Leiter und Autor des Reichskabaretts in Berlin. Seit 1969 ist er Hauptautor und Leiter des «Theaters für Kinder im Reichskabarett», das 1972 in Grips-Theater umbenannt und zum bekanntesten deutschsprachigen Kindertheater wurde.

L. ist Mitverfasser einer Geschichte des Kabaretts und seit Anfang der 70er Jahre Mitautor der meisten Theaterstücke, die für das Grips-Theater entstanden sind. Von ihm stammen u. a. fast alle Liedertexte auch in den Stücken, die von anderen Autoren stammen. In *Eine linke Geschichte*, die er zusammen mit D. Michel geschrieben hat, sind auch Texte aus früheren Programmen des Reichskabaretts eingegangen. 1969 und 1971 erhielt er den Brüder-Grimm-Preis, 1987 den Mülheimer Dramatikerpreis für *Linie 1*.

W.: Texte, Kinderbücher: Die Geschichte von Trummi kaputt (mit U. Friesel), 1973; Die Geschichte von Max und Milli (mit M. Kausch), 80; Papadakis (mit Chr. Sorge u. R. Hachfeld), 82; Heile, heile Segen (mit Chr. Veit), 82; Dicke Luft (mit R. Lücker), 83. – *Dramen:* Trummi kaputt, 71; Mannomann (mit R. Lücker), 72; Doof bleibt doof. Ein Fest bei Papadakis (mit U. Gressieker u. a.), 74; Das hältste ja im Kopf nicht aus (mit D. Michel), 77; Die schönste Zeit im Leben (mit D. Michel), 79; Max und Milli, 80; Eine linke Geschichte, 81 (3. Fsg, 85); Alles Plastik (mit D. Michel), 82; Wasser im Eimer, o. J.; Dicke Luft (mit R. Lücker), o. J.; Linie 1, 86; Ab heute heißt Du Sara (mit D. Michel), 89; Der letzte Wähler (mit D. Michel), 89. – *Lyrik:* Das Grips-Liederbuch (mit B. Heymann), 78. – *Essays, theor. Schriften:* Kabarett mit K (mit G. Zivier u. H. Kotschenreuther), 74. – *Übersetzungen, Bearbeitungen:* N. Macchiavelli: Mandragola (Musicalbearbeitung zus. mit V. v. Törne), 70; R. Kift: Stärker als Superman, 80. – *Sammel- u. Werkausgaben:* 3mal Kindertheater I (mit R. Hachfeld u. a.), 71; 3mal Kindertheater II (mit R. Hachfeld u. a.), 73; 3mal Kindertheater III (mit anderen, 75); 3mal Kindertheater VI (mit R. Lücker u. a.), 77; 3mal Kindertheater VII (mit anderen), 80. – *Herausgebertätigkeit:* Kindertheater mit Grips (mit W. Kalneder), 77. – *Schallplatten:* Hab Bildung im Herzen, 67; Der Guerilla läßt grüßen, 68; Alles hat seine Grenzen, 70; Balle Malle Hupe und Artur, 72; Mannomann!, 73; Die große Grips-Parade I–III, 73–82; Ein Fest bei Papadakis (mit Chr. Sorge u. a.), 74; Doof bleibt doof (mit U. Gressieker, 75; Nashörner schießen nicht, 75; Mugnog-Kinder! (mit R. Hachfeld), 76; Das hältste ja im Kopf nicht aus, 77; Banana (mit R. Hachfeld), 77.

Luft, Friedrich (John) (Pseud. Urbanus, Franz Flut), *24.8.1911 Berlin, †24.12.1990 Berlin.

Nach dem Abitur studierte L., Sohn eines Studienrats, Anglistik, Germanistik und Geschichte, bis er 1936 sein Studium abbrechen mußte. Danach arbeitete er als freier Schriftsteller, Kulturfilmautor, Film- und Theaterkritiker. Nach Kriegsende war er zunächst Feuilletonchef und Kritiker der Berliner Ausgabe der «Neuen Zeitung». Seit 1955 war er Kritiker der «Welt» und seit 1978 auch der «Berliner Morgenpost». L. lebte in Berlin, bekam 1976 den Professorentitel verliehen und 1978 den Ricarda-Huch-Preis. Mitglied des französischen «Ordre des Arts et des Lettres». – L. war besonders für Berlin als Kritiker eine feste Institution, nicht zuletzt durch seine langjährigen Rundfunksendereihen «Stimme der Kritik» und «Mit Friedrich Luft ins Theater». Bei seinen Kritiken geht L. von seinem zugestandenermaßen subjektiven Eindruck aus, vermeidet die Festlegung auf allzu theoretische Konzepte; besondere Betonung erhält bei ihm die Schauspielerpersönlichkeit. Dies führt dazu, daß andere theoretische Konzepte, besonders des politischen und dokumentarischen Theaters, nicht immer angemessen gewürdigt werden. Als Schriftsteller trat er mit Sammlungen seiner Kritiken, Glossen und Essays hervor sowie mit monographischen Darstellungen über berühmte Schauspieler.

W.: Erzählungen, Prosa: Puella auf der Insel (mit Heide Luft), 1949; Luftsprünge, 62. – *Hörspiele, Fernsehspiele:* Von Mann zu Mann, 41; Gefahr, 43; Die Zweipfennig-Oper, o. J.; Wir haben noch einmal angefangen, o. J.; Es liegt an dir, 48; Ein Vorschlag zur Güte, 50; F. L.s Theatergeschichte(n) [Fernsehserie], 89. – *Essays, Sachbücher:* Luftballons, 39; Tagesblätter, 48; Zehn Jahre Theater (mit anderen), 55; 100 Porträtaufnahmen (mit Fritz Eschen), 56; Vom großen schönen Schweigen. Arbeit und Leben des Charles Spencer Chaplin, 57; Gustaf Gründgens, 58; Berlin. Die Musen an der Spree, 58; Englisches Theater unserer Zeit (Einltg.), 61; Berliner Theater 1945–1961, 61 (bearb. u. d. T.: Stimme der Kritik. Berliner Theater seit 1945, 65); Kritik in unserer Zeit (mit Günter Blöcker, Hans Stuckenschmidt, Will Grohmann), 62; Berlin (Einltg.), 63; Paul Bildt (mit Karl Voss u. a.), 63; Stimme der Kritik. Theaterereignisse seit 1965, 79; Ausstellung Willi Schmidt und sein Kreis, 80; Berlin – Berichte zur Lage der Stadt (mit Klaus Schütz u. a.), 83; Theaterbilder (mit Hellmut Kotschenreuther), 83; Minetti-Paraphrasen (mit W. Huder u. B. Minetti), 85. – *Herausgeber:* Facsimile-Querschnitt durch die Berliner Illustrirte Zeitung, 65; Heinrich Zille: Mein Photo-Milljöh, 67.

Lukács, Georg, * 13. 4. 1885 Budapest, † 4. 6. 1971 ebd.

L., dessen Vater geadelter Hofrat und Bankier war, promovierte mit 21 Jahren zum Dr. phil. in Budapest, setzte dann seine Studien in Berlin, u. a. bei G. Simmel, und 1913–17 in Heidelberg fort, wo er bekannt war mit Max Weber, E. Lask, George und Gundolf. Er hörte Vorlesungen bei den Neukantianern Rickert und Windelband. 1918 Eintritt in die ungarische KP und Mitglied des Zentralkomitees. Seither waren seine Beziehungen zur Partei bewegt: «Linksabweichungen» wechselten mit «Rechtsabweichungen» (dieser Vorwurf besonders wegen der «Blum-Thesen», 1928, in denen L. das Konzept der «demokratischen Diktatur» entwickelte), «Selbstkritiken» und «Widerrufen», stalinistischen und antistalinistischen Stellungnahmen. 1935 nach Moskau emigriert, 1944 nach Ungarn zurückgekehrt, wurde L. Prof. für Ästhetik und Kulturphilosophie in Budapest. 1956 Minister für Volksbildung im Verlauf des Ungarnaufstandes, nach dessen Niederschlagung von den Sowjets deportiert,

1957 wieder freigelassen, bis zum Tode als emeritierter Prof. in Budapest. 1970 Goethepreis der Stadt Frankfurt.

Der Einfluß dieses wichtigsten Begründers der auf Hegel und Marx fußenden marxistischen Literaturästhetik und Literatursoziologie ist in Ost und West gleich groß. Literaturgeschichtliche Untersuchungen einzelner Autoren (Goethe, Keller, Raabe, Fontane, Balzac, Th. Mann) sind mit allgemeiner Literaturtheorie, Kritik und Philosophie verbunden. Leitend ist die Überzeugung eines fundamentalen Zusammenhangs von Literatur und Gesellschaft, basierend auf der Hegelschen Kategorie der Totalität. Damit brachte L. die soziologische Methode, literarische Werke als komplizierte Widerspiegelungen gesellschaftlicher Vorgänge zu analysieren und zu erklären, zur allgemeinen Geltung. Als Denk- und Seinsmodell leitet ihn die Dialektik. Innerhalb der dialektischen Wechselwirkung zwischen ökonomisch-materieller Basis und literarisch-produktivem Überbau spricht er, trotz Beibehaltung der Priorität der Basis, dem schaffenden Individuum eigene Aktivität zu. Konsequent wendet er sich gegen eine simplifizierte, «vulgärmarxistische» Widerspiegelungstheorie, die das Subjekt als passiven Spiegel interpretiert. Dialektik bestimmt auch seine Auffassung des Verhältnisses von Form und Inhalt sowie von ethischen und ästhetischen Werten. – Weitwirkend ist seine Konzeption von «Realismus», den er als die höchste Kunstform preist. Seine Analysen des bürgerlichen, kritischen und sozialistischen Realismus stehen im Dienste der Ausbildung eines wahren Humanismus. Ohne diese ethische Komponente, ohne das alle Einzelschritte bestimmende Ziel einer humanen Gesellschaft ist L.' Ästhetik nicht zu verstehen. «Realistische» Literatur ist für ihn: objektiv-richtige Widerspiegelung, Totalität aufzeigend, gesellschaftlich gültig, allgemeinverständlich, typisch als Ausgleich zwischen Besonderheit und Allgemeinheit, perspektivisch, aufklärerisch-rational, primär inhaltlich bestimmt. L. orientiert sich hierbei an Werken von Cervantes, Goethe, Balzac, Tolstoj und Th. Mann.

«Unrealistische» Literatur ist für ihn: subjektiv verzerrte Widerspiegelung, partikular, individuell, esoterisch, statisch, irrational, fatalistisch, primär formal bestimmt. L. orientiert sich hierbei an den Expressionisten, an Joyce, Bekkett und Kafka. Zeitgenossen wie Brecht, Bloch und Adorno haben gegen die antirealistischen Maßstäbe (u. a. im «Expressionismusstreit») opponiert. Aber trotz der vielfachen Kritik an L.' Ästhetik ist ihr säkularer Rang unbestritten. – Eine Bibliographie seiner Schriften findet sich in der *Festschrift zum 80. Geburtstag von G. L.*, 1965.

W.: Essays, theoretische Schriften, Literaturgeschichtliche Abhandlungen: A dráma formája, 1909; Megjegyzések az irodalomtörténet elméletéhez, 10; A lélek és a formák (Kisérletek), 10; A modern dráma fejlödésének története, 2 Bde, 11; Die Seele und die Formen, 11; Esztétikai kultúra, 13; Balász Béla és akiknek nem kell, 18; Taktika és Ethika, 19; Die Theorie des Romans, 20; Geschichte und Klassenbewußtsein, 23; Lenin, Studie über den Zusammenhang seiner Gedanken, 24; Moses Hess und die Probleme der idealistischen Dialektik, 26; Literaturnii teorii XIX veka i marksizm, 37; K istorii realizma, 39; Gottfried Keller, 40; Über Preußentum, ca. 43; Der deutsche Faschismus und Nietzsche, ca. 44; Írástudók felelössége, 44; Balzac, Stendhal, Zola, 45 (dt. u. d. T.: Balzac und der französische Realismus, 52); Deutsche Literatur während des Imperialismus, 45; Fortschritt und Reaktion in der deutschen Literatur, 45; «Auf der Suche nach dem Bürger». Betrachtungen zum 70. Geburtstag von Thomas Mann, ca. 45; József Attila Költészete, 46; Lenin és a kultúra kérdései, 46; Az újabb német irodalom rövid története, 46 (dt. u. d. T.: Skizze einer Geschichte der neueren deutschen Literatur, 53); Nagy orosz realisták, 46 (dt. u. d. T.: Der russische Realismus in der Weltliteratur, 49); Népi írók a mérlegen, 46 (mit Z. Horváth u. F. Erdei); Goethe és kora, 46 (dt. u. d. T.: Goethe und seine Zeit, 47); Nietzsche és a fasizmus, 46; Irodalom és demokrácia, 47; A történelmi regény, 47; A marxi esztétika alapjai, 47; A «giccsról» és a «proletkult»-ról, 47; A polgár nyomában (A hetvenéves Thomas Mann), 47; A polgári filozófia válsága, 47 (erw. 49); Der junge Hegel, 48; Essays über Realismus, 48 (verm. u. d. T.: Probleme des Realismus, 55); Schicksalswende. Beiträge zu einer neuen deutschen Ideologie, 48 (erw. 56); Karl Marx und Friedrich Engels als Literaturhistoriker, 48; Existentialisme ou marxisme?, 48 (dt. u. d. T.: Existentialismus oder Marxismus?, 51); Új magyar kultúráért, 48; Hölderlin, 48;

Thomas Mann (Két Tanulmány), 48 (dt. 49, verm. 57); A marxista filozófia feladatai az új demokráciában, 48; Az irodalomtörténet revíziója és az irodalomtanítás, 48; Ady Endre, 49; Marx és Engels irodalomelmélete, 49; A kapitalista kultúra csödje, 49; Goethes Faust (schwed.), 49; Studies in European Realism, 50; Deutsche Realisten des 19. Jahrhunderts, 51; Sztálin cikkeinek tanulságai az irodalom és művészettörténet szempontjából, 51; Puschkin – Gorki, 52; Adalékok az esztétika történetéhez, 53 (dt. u. d. T.: Beiträge zur Ästhetik, 54); Die Zerstörung der Vernunft, 54; Tolstoi und die westliche Literatur, 54; Der historische Roman, 55; A haladás és reakció harca a mai kultúrában, 56; A különösség mint esztétikai kategória, 57; Friedrich Nietzsche, 57 (mit F. Mehring); Il significato attuale del realismo critico, 57 (dt. u. d. T.: Wider den mißverstandenen Realismus, 58); Prolegomeni a un'estetica, 59; Ästhetik, 63; Deutsche Literatur in zwei Jahrhunderten, 64; Der junge Marx, 65; Über die Besonderheit als Kategorie der Ästhetik, 67; Solschenizin, 70; Der junge Hegel, 2 Bde, 73 (zuerst 48); Organisation & Partei, ca. 75; Kunst und objektive Wahrheit, 77; Individuum und Praxis (mit A. Heller u. a.), 77; Gelebtes Denken, 81; Dostojewski, 85; Sozialismus und Demokratisierung, 87; Zur Kritik der faschistischen Ideologie, 89. – *Sammel- u. Werkausgaben:* Schriften zur Literatursoziologie, 61; Werke, 17 Bde, 62–75; Schriften zur Ideologie, 67; Gespräche mit G. L., 67; Ausgewählte Schriften, 3 Bde, 67ff; Politische Aufsätze, 5 Bde, 70; Ästhetik, 4 Bde, 72; Paul Ernst u. G. L.: Dokumente einer Freundschaft, 74; Moskauer Schriften, 81; Briefwechsel 1902–17, 82; Revolutionäres Denken, 84; Die Eigenart des Ästhetischen, 2 Bde, 87; Tagebuch 1910/1911, 90.

Lüpke, Gerd (Gustav Arthur),
* 19. 5. 1920 Stettin.
L., Sohn eines Reichsbahnbeamten, wurde zum Industriekaufmann ausgebildet. Von 1939–45 Soldat, wurde er aus der Kriegsgefangenschaft nach Ostfriesland entlassen. 1945 arbeitete er als Privatlehrer für Deutsch und Englisch, danach als Deutschlehrer für Besatzungssoldaten. Seit 1950 lebt er als freier Schriftsteller und Publizist. L. erhielt zahlreiche Auszeichnungen, u. a. die Fritz-Reuter-Medaille 1965; 1968 den Pommerschen Kulturpreis, 1972 das Bundesverdienstkreuz, 1978 den Mecklenburgischen Kulturpreis und wurde 1974 Ritter des kgl. niederländischen Ordens von Oranje-Nassau.

L. ist ein äußerst produktiver Autor, der neben seinen eigenen Veröffentlichungen eine rege Tätigkeit als Herausgeber und Kritiker, Rundfunksprecher, Regisseur und Schauspieler entwickelt hat. Er schrieb zahlreiche plattdeutsche Hörspiele und Features, verfaßte heitere und ernste Schauspiele, Lyrik ebenso wie Kurzprosa, die häufig auf Rundfunkbeiträge zurückgeht. Der Vielfalt der von ihm benutzten Formen entspricht die seiner Themen, die von allgemeinmenschlichen Problemen bis zu anschaulichen Berichten über den gesamten nordeuropäischen Raum reicht.

W.: Romane, Erzählungen: Zuzug vom Saturn, 1952; Schult un Ko, 58; Achter Dünen un Diek, 75; Unner'n Seewind, 77; De swarte Unschuld, 78; Käppen Möhlenbeck sein Stammtisch, 81; Mit Mütz un Fedder, 82; Wiehnachtslichter, 83; Käppen Möhlenbeck seine Abenteuer, 84; Strandgras und Buernrosen, 85; Käppen Möhlenbeck seine Ärgernisse, 86; Korl Witt up Reisen, 87. – *Dramen, Hörspiele:* Hieronymus der Letzte, 51; Querköpp, 52; Un dat Licht keem, 52; Minschen, 52; De Trichinendichter, 52; Weihnacht der Anderen, 53; …bis zur Neige, 54; De Moorhoff, 55; Peerköpp, 57; Saken gifft, 57; Pythagoras, 58; Kläuker as de Voss, 59; Täuben, 60; Fahrt in de Nacht, 53 (in: Niederdeutsches Hörspielbuch 1, 61); Snacken un Doon, 67; Gerichtsdag (in: Pommern 11/73), 73. – *Lyrik:* Vom Leben, 50; Dat vulle Johr, 52; Straße der hellen Schatten, 52; Philosoviechereien, 59; Premka Tschakkör. Gedichte in Urdu, 66; Fahren und Bleiben, 68; Barkboom un dütsche Bank, 69; Alle Wege, 70; Songs of Midnight, 70; Gurkensalat, 75. – *Essays, theor. Schriften, Sachbücher:* Wolfgang Amadeus Mozart, 48; Musik in Varel, 48; Dome, Kirchen und Klöster in Mecklenburg, 62; Heiterkeit des Herzens. Leben und Werk des pommerschen Erzählers Bernhard Trittelvitz, 74; Jürnjakobs Vater, 74; Ida Gräfin Hahn-Hahn, 75; Givers uf dem Sant, 75; Varel, Stadt zwischen Wald und Meer, 81. – *Übersetzungen, Nachdichtungen:* Geschenk der Stille (Nachdichtungen alter und neuer Sindhi-Poesie), 68. – *Sammelausgaben:* Tag und Traum. Gesammelte Gedichte, 70; Von Dag un Droom. Plattdütsche Gedichten von 1950 bis 1980, 79. – *Herausgebertätigkeit:* Wanda Schlegel: Lütt bäten Freud, 58; Mecklenburg und Vorpommern, 60; Gerhard Böhmer: Rahnstädter Billerbauk, 66; Der Witz der Mecklenburger, 72; Mecklenburg in alten Ansichten, 82. – *Schallplatten:* Heil Dir, o Oldenburg (mit anderen), 77; Hör mal'n beten to (mit H. H. Holm u. a.), 77; Gerd Lüpke ver-

tellt, 77; Vergnügte Waterkant, 78; Rund um den Leuchtturm, 80.

Luserke, Martin, *3.5.1880 Berlin, †1.6.1968 Meldorf.
Nach einer Ausbildung bei der Herrnhuter Brüdergemeine studierte L. Mathematik und Philologie in Jena. 1906 arbeitete er im thüringischen Haubinda als Lehrer und war Mitbegründer und Leiter der «Freien Schulgemeinde Wickersdorf». Nach der Teilnahme am 1. Weltkrieg kehrte er zunächst nach Wickersdorf zurück, schied dann aber nach Differenzen mit den übrigen Mitgliedern der Schulleitung aus und gründete 1925 auf Juist die «Schule am Meer». Diese wurde 1933 aufgelöst, und L. führte ein «Wanderleben auf dem Wasser»: Mit seinem Schiff «Krake» fuhr er auf der Nord- und Ostsee und lebte in Städten an der Küste, bis er 1939 in Meldorf in Schleswig-Holstein wieder als Lehrer an einem Gymnasium arbeitete und schließlich als freier Schriftsteller wirkte.
Im Mittelpunkt von L.s Romanen, Erzählungen, Novellen und Legenden stehen die Schiffahrt, das Meer und die Küste Norddeutschlands. Hauptpersonen sind meistens Jungen oder Männer, die sich im «Abenteuer des Lebens» bewähren müssen. Diese Geschichten werden in epischer Breite mit weiten historischen Bezügen und fast umständlichem Detailreichtum erzählt. – L.s Bedeutung für die Entwicklung des Laienspiels ist kaum zu unterschätzen; es ist für ihn die ursprüngliche Form des Theaters im Gegensatz zum Berufstheater. Die Bezeichnung «Bewegungsspiel» beinhaltet L.s programmatische Einstellung zu dieser Gattung: Ein Stück bekommt erst dann ‹Kunstwert›, nachdem es einstudiert und aufgeführt wurde, d. h. durch die lebendige Beziehung von Menschen untereinander, die gemeinsam etwas erarbeiten. Seine eigenen Stücke sieht er als ‹Gebrauchstheater›, an Grundlagen zur Einübung von gemeinsamem Spiel. In seinen theoretischen Schriften befaßte sich L., neben dem Laienspiel (*Shakespeare-Aufführungen als Bewegungsspiele*), mit Fragen der Sprachentwicklung und pädagogischen Konzepten von Inter-

naten und Landschulheimen (*Schulgemeinde*).

W.: Romane, Erzählungen, Berichte: Zelt-Geschichten, 2 Bde, 1924/25; Sivard Einauge und andere Legenden, 30; Seegeschichten, 32; Die Legende von dem erzwungenen Bruder, 33; Das schnellere Schiff, 34; Groen Oie am grauen Strom und die Bauern von Hanushof, 34; Hasko, 35; Geheimnis der See, 35; Der kleine Schühß und andere Geschichten, 35; Tapfere Jugend, 35; Von Indianern, Persern und Geusen, 35; Tanil und Tak, 36; Sar Ubos Weltfahrt, 36; Das Schiff Satans, 36; Windvögel in der Nacht, 36; Die Fahrt nach Letztesand, 36; Die Ausfahrt gegen den Tod, 36; Obadjah und die ZK 14, 36; Das betrunkene Boot, 37; Hasko wird Geusenkapitän, 37; Logbuch des guten Schiffs «Krake», 37; Krake kreuzt im Nordmeer, 37; Wie der kleine Schühß einen Fischhafen rettet, 37; Das Wrack des Raubschiffs, 37; Wikinger, 2 Bde, 38–41; Gryperspuk, 38; Bran watet durch das Meer, 40; Reise zur Sage, 40; Der eiserne Morgen, 41; Die hohe See, 42; Die Dampframme, 42; Geschichten von See und Strand, 42; Merkwürdige Küstengeschichten, 42; Ein Mann!, 42; Spuk überm Strand, 42; Ewige Wiederkehr, 43; Der Mabh Pab, 43; Der Schattenriese an der Fähre, 43; Strandwölfe, 43; Die merkwürdige Voraussage, 49. – *Laienspiele, Stücke:* Fünf Komödien und Fastnachtsspiele aus der Freien Schulgemeinde Wickersdorf, 12; Brunhilde auf Island, 22; Die drei Wünsche, 22; König Drosselbart, 22; Das Abenteuer in Tongking, 25; B 7 Q 3.8, 25; Der kupferne Aladin, 25; Blut und Liebe, 25; Das unterste Gewölbe oder Die Hochzeit auf Wurmbstein, 26; Der Brunnen If, 27; Der unsichtbare Elefant, 27; Das unwiderstehliche Subjekt, 30; Der Turm von Famagusta, 30; Die kleine Flöte, 31; Die herrliche Windbüchse, 34; Der Räuberjunge, 34; Der gläserne Spiegel, 36; Der Stein Manipur, 36; Der Teufel mit den drei goldenen Haaren, 36; Die goldene Gans, 38; Der schwarze Pirat, 41. – *Schriften:* Über die Tanzkunst, 12; Schulgemeinde, 19; Warum arbeitet der Mensch, 19; Shakespeare-Aufführungen als Bewegungsspiele, 21; Schule am Meer, 25; Die Grundlage deutscher Sprachbildung, 25; Jugend- und Laienbühne, 27; Das Laienspiel, 30; Pan – Apollon – Prospero, 57. – Zahlreiche Beiträge in Zeitungen und Zeitschriften. – *Sammelausgaben:* Erzählungen und Legenden, 36; Sar Ubo und Siri, 62; Agitur ergo sum?, 74; Am Ende der bewohnbaren Welt, 76; Das Wrack des Raubschiffs, 88.

Lux, Josef August, *8.4.1871 Wien, †23.7.1947 Anif (Salzburg).
L. entstammte einer rheinländischen Familie. Nachdem er in Wien die Mittelschule absolviert hatte, studierte er Neuphilologie in London, Paris und München. Dort war er auch eine Zeitlang als Lehrer tätig. 1900 kehrte er nach Wien zurück, wurde Journalist und Redakteur bei verschiedenen Zeitschriften, u. a. der Kunstzeitschrift «Das Interieur» und der Zeitschrift für städtische Kultur «Die hohe Warte». Dabei vertrat er die von W. Morris und J. Ruskin ausgehende Reformposition. 1907 siedelte er nach Dresden-Blasewitz, 1910 nach München um. Nach dem 1. Weltkrieg lebte er als freier Schriftsteller in Salzburg, trat 1921 zum katholischen Glauben über und leitete später, nachdem er bereits die «Bildungsschule» in Hellerau bei Dresden und die Kralikgesellschaft in Wien mitbegründet hatte, die «Lux-Spielleute-Gottes» zur Neubelebung des religiösen und nationalen Mysterienspiels. Bei der Besetzung Österreichs 1938 wurde er im KZ Dachau inhaftiert, konnte jedoch später nach Salzburg zurückkehren. – L. betont immer wieder in seinen Gedichten, Dramen und Erzählungen, auch in seinen Essays, Biographien und Schriften über die Musik, die Bedeutung des österreichischen Gedankens und Gedankengutes. Mit wirtschafts-, kultur- und sozialkritischer Tendenz schildert er die Vorzüge und die Schwächen der deutschen Volksstämme, besonders die der Österreicher. In seinem späteren Schaffen weicht sein ethnisch gebundenes Denken immer mehr dem Katholizismus als Kulturträger. Er verkündet von nun an seine Anschauungen in modernen Mysterien, die er mit seiner eigenen Truppe im In- und Ausland aufführt.

W.: Romane, Erzählungen, Plaudereien: Geschmack im Alltag, 1907; Amsel Gabesam, 09; Chevalier Blaubarts Liebesgarten, 10; Die Vision der lieben Frau, 11; Das große Bauernsterben, 15; Auf deutscher Straße, 18; Das alte gemütliche Wien, 22; Der himmlische Harfner, 25; Paraguay, 27; Es wird ein Wein sein, 46; Land tragischen Glaubens, 47. – *Dramen, Puppenspiele, Mysterienspiele:* Das Fenster, 18; Der Spielmann Gottes, 30; Das Spiel von Satans Weltgericht, 30; Die Schwestern Fröhlich, 31; Gauklerspiel von unserer lieben Frau, 31; Festspiel der heiligen Elisabeth, 31; Die drei Salzburger Hanswurste, 32; Räuberlegende,

32; Charlotte Corday, 33; Ludwig, der Narr, 33; Blondelspiel, 33; Donauweibchen, 35. – *Lyrik:* Wiener Sonette, 1900; Gedichte in österreichischer Mundart, 1900; 12 Wiener Elegien, 21; Dichter und Dame, 46. – *Essays, Biographien:* Grillparzers Liebesroman, 12; Lola Montez, 12; Franz Schuberts Lebenslied, 14; Kultur der Seele, 16; Franz Schubert, Lebenslied aus deutscher Vergangenheit, 22; Ein Jahrtausend deutscher Romantik, 25; L. van Beethoven, sein Leben und sein Schaffen, 26; Beethovens unsterbliche Geliebte, 26; Liszt, 29; Goethe, 37; Land tragischen Glaubens, 47; Ein Jahrtausend österreichischer Dichtung, 48.

Lyonel → Tergit, Gabriele

M

Maar, Paul, * 13. 12. 1937 Schweinfurt.
M. ist in Schweinfurt aufgewachsen, hat nach einem Studium an der Stuttgarter Kunstakademie zunächst als Maler und Bühnenbildner gearbeitet, war Kunsterziehungslehrer und schreibt, angeregt durch die eigenen Kinder, Erzählungen, Hörspiele und Stücke für Kinder. M. gehört zu den wenigen Kinderbuchautoren, denen es gelingt, in Kinderbüchern gesellschaftliches Engagement mit Nonsens, Spaß, Phantasie überzeugend zu verbinden. M. greift literarische Traditionen auf, die er weiterverarbeitet, indem er sie auf die Gegenwart, die Erfahrungswelt und die Probleme von Kindern bezieht, in *Der verhexte Knödeltopf* z. B. in der Form humoristischer Lügenmärchen. M. setzt Phantasie bis hin zum Phantastischen, Wunderbaren ein, um Kindern Hilfestellung zu geben, die Realität zu bewältigen, nicht ihr zu entfliehen. So hilft in *Eine Woche voller Samstage* ein naiv-komisches Fabelwesen einem «kleinen» Angestellten bei seiner Befreiung aus verkrusteten, leeren Konventionen zur nachvollziehbaren Selbstverwirklichung. M.s Werk umfaßt eine breite Spanne von realistischer Alltagsgeschichte bis zum Nonsens-Märchen. – Brüder-Grimm-Preis für Kindertheater 1982, Österreichischer Staatspreis für Kinderliteratur 1985, Gr. Preis der Deutschen Akademie für Kinder- und Jugendliteratur 1987, Bilderbuchpreis 1989.

W.: Kinderbücher: Der tätowierte Hund, 1968; Der verhexte Knödeltopf, 70; Der König in der Kiste, 71; Kikerikiste, 72; Summelsarium oder 13 wahre Lügengeschichten, 73; Eine Woche voller Samstage, 73; Lauter Streifen, 75; Andere Kinder wohnen auch bei ihren Eltern, 76; Onkel Florians fliegender Flohmarkt, 77; Am Samstag kam das Sams zurück, 80; Die Eisenbahn-Oma, 81; Anne will ein Zwilling werden, 82; Die vergessene Tür, 82; Tier-ABC, 83; Lippels Traum, 84; Die Opodeldoks (mit S. Strubel), 85; Robert und Trebor, 85; Kleiner Flohmarkt, 85; Konrad Knifflichs Knobelkoffer, 86; Der Tag, an dem Tante Marga verschwand, 86; Türme, 87; Papa wohnt jetzt in der Heinrichstraße (mit U. Ballhaus), 88; Dann wird es wohl das Nashorn sein, 88; Das kleine Känguruh auf Abenteuer, 89. – *Stücke und Hörspiele (Auswahl):* Der Turm im See, 68; König in der Kiste, 68; Kikerikiste, 73; Maschi-Maschine, 78; Spielhaus, 82; Kindertheaterstücke, 84; Das Wasser des Lebens oder Die Geschichte von Nanna und Elisabeth, 86. – *Handbuch:* Frühling, Spiele, Herbst und Lieder. Ein Handbuch mit neuen Materialien zur phantasievollen Förderung von Kindern ab 4 Jahren (mit Knister [d. i. L. Jochmann]), 81. – *Schallplatten, Kassetten:* Das kleine Känguruh auf Abenteuer, 88 (Kass.); Das kleine Känguruh lernt fliegen, 89 (Kass.).

Maass, Edgar, * 4. 10. 1896 Hamburg, † 6. 1. 1964 Paterson (New Jersey, USA). Sohn eines Kaufmanns und älterer Bruder von Joachim M., war Soldat im 1. Weltkrieg (Westfront), studierte in Hannover und München Chemie und lebte als Chemiker und Schriftsteller in München und Leipzig, ab 1926 in den USA (1933 amerikanische Staatsbürgerschaft), 1934–38 als freier Schriftsteller in Hamburg, danach wieder in New Jersey. – M. schrieb Romane und Erzählungen. In den ersten Werken, von denen ihn der Roman *Verdun* bekannt machte, setzt er sich mit dem Kriegserlebnis, für ihn auch die Erfahrung von Brüderlichkeit und Opfertod, auseinander. In seiner amerikanischen Zeit schrieb er biographisch-historische Romane über Struensee, Pauline Bonaparte, Spaniens Eroberung des Inka-Staates u. a., deren deutsche Ausgaben erst nach den amerikanischen erschienen.

W.: *Romane:* Verdun, 1936; Werdelust, 37; Im Nebel der Zeit, 38; Das große Feuer, 39; Don Pedro and the Devil, 42 (dt. Don Pedro und der Teufel, 54); The Dream of Philipp II, 44 (dt. Der Traum Philipp des Zweiten, 51); Imperial Venus, 46 (dt. Kaiserliche Venus, 52); The Queen's Physician, 48 (dt. Der Arzt der Königin, 50); World and Paradise, 50; Lady at Bay, 53 (dt. Eine Dame von Rang); Der Fall Daubray, 57. – *Erzählungen:* Novemberschlacht, 35; Der Auftrag, 36. – *Biographie:* Lessing, 38.

Maass, Joachim, *11.9.1901 Hamburg, †15.10.1972 New York.

M. war Redakteur bei der «Vossischen Zeitung» und lebte dann als freier Schriftsteller in Altona. Im Dritten Reich mußte er in die USA emigrieren. 1939 wurde er Lektor, später Prof. für deutsche Literatur im South Hadley (Massachusetts), lebte dann aber wieder in New York. 1945–50 war M. Mitherausgeber der «Neuen Rundschau». – M., der auch Lyrik, Essays und dramatische Arbeiten verfaßt hat, ist vornehmlich Romancier. Seine psychologisch ausgearbeiteten und in epischer Detailbreite sich entwickelnden Romane, deren ironisierende Darstellungsweise von Thomas Manns Prosa beeinflußt ist, behandeln Stoffe aus dem hanseatischen Kaufmannsbürgertum, das M. vertraut war. Im Wechsel beschwören sie mit impressionistischer Zartheit die Idylle einer vergangenen Jugend (*Die unwiderbringliche Zeit*) oder legen am Beispiel des Verbrechens das Böse unter der Oberfläche des Korrekten frei (*Ein Testament*). Radikal ist die Gewalt des Bösen und Dämonischen dann in M.' Hauptwerk *Der Fall Gouffé* (ein Kriminalfall im Frankreich des 19. Jhs.) offengelegt. Die Gestalt, an der dies exemplifiziert wird, ist die dämonische und schöne Gabriele Bompard, die zum literarischen Typus der Femme fatale gehört.

W.: *Dramen, Fernsehspiele:* Johann Christian Günther, 1925; Das Leben nach dem Tode, 58 (u. d. T. Die Zwillingsbrüder, 60); Der Fall de la Roncière, 60 (in: Vier Fernsehspiele, hg. H. Schwitzke); Üb immer Treu und Redlichkeit, ca. 60; Die Stunde der Entscheidung, 65. – *Lyrik:* Des Nachts und am Tage, 49. – *Romane:* Bohème ohne Mimi, 30; Die Widersacher, 32; Borbe, 34; Die unwiederbringliche Zeit, 35; Stürmischer Morgen, 37; Ein Testament, 39; The magic year, 44 (dt. Zwischen den Zeiten, Bd. 1: Das magische Jahr, 45); Der unermüdliche Rebell, 49; Der Fall Gouffé, 52; Schwierige Jugend. Aufzeichnungen eines Moralisten, 52; Kleist, die Fackel Preußens. Eine Lebensgeschichte, 57; Der Schnee von Nebraska, 66. – *Essays:* Wesen und Aufgabe der Dichtung (mit M. Beheim-Schwarzbach), 48; Die Geheimwissenschaft der Literatur, 49. – *Sonstiges:* Auf den Vogelstraßen Europas, 35.

Mabinn, E. J. → Benjamin, Walter

Macmillan, Mary → Lazar, Auguste

Maetz, Max → Wiesinger, Karl

Maiwald, Peter, *8.11.1946 Grözingen.
Der Sohn eines Büroangestellten studierte Theaterwissenschaft, Germanistik und Soziologie in München. Seit 1968 arbeitet er als freier Schriftsteller. Er ist Mitglied des VS und seit 1968 der DKP, aus der er 1984 ausgeschlossen wurde. 1985 erhielt er den Kritikerpreis der Berliner Akademie der Künste. – M. schreibt Gedichte, meist prägnante, mit sprachspielerischem Wortwitz arbeitende Kurztexte, die Einflüsse von Erich Fried und anderen erkennen lassen, ohne indessen epigonal zu wirken. Einem größeren Leserkreis wurde er durch seinen Band *Balladen von Samstag auf Sonntag* bekannt. Ein gesellschaftskritischer Impetus bestimmt M.s gesamtes Werk.

W.: *Romane, Erzählungen, Prosa:* Das Gutenbergsche Völkchen. Kalendergeschichten, 1990. – *Dramen, Revuen:* Dieses Beispiel lehrt euch, UA 69; Verhör, UA 69 (beide in: Straßentheater, hg. A. Hüfner, 70); Strobak ist dafür, UA 72 (Bühnenms.). – *Lyrik:* Geschichten vom Arbeiter B. Haltungen und Redensarten, 75; Antwort hierzulande, 76; Wem soll getraut werden?, o. J.; Die Leute von der Annostraße, 79; Balladen von Samstag auf Sonntag, 84; Guter Dinge, 87. – *Film, Fernsehen:* P 3, 70. – *Schallplatten u. ä.:* (mit Liedern u. ä. nach seinen Texten): Peter, Paul und Barmbek, 75; Fasia, 76; Der Fuchs, 76; Die Steinstadt-Suite, 78; Die Leute von der Annostraße, 79; N. A. Huber: Lieder, 79; Rauchzeichen, 79; Feuerball, 79; Koslowsky, 80; Manchmal wächst aus mir der Tag, 81; Das Lied von der Erde, 82; Faaterland, 83. – *Herausgebertätigkeit:* Düsseldorfer Debatte, Jg. 1, Nr. 1 ff, 84–88.

Mann, Erika, *9.11.1905 München, †27.8.1969 Zürich.

M., die älteste Tochter der sechs Kinder von Katja und Thomas Mann, absolvierte bei M. Reinhardt eine Schauspielausbildung und spielte bis 1933 in deutschen Theatern und Kabaretts. 1927 unternimmt sie mit ihrem Bruder Klaus eine Weltreise, die sie von den USA bis nach Rußland führt. In dem Bericht *Rundherum* werden die Erlebnisse dieser Tour zusammen mit ihrem zeitgeschichtlichen Hintergrund unterhaltend beschrieben. – Nachdem sie 1933 in die Schweiz emigrierte, setzt sie sich mit dem Problem des Nationalsozialismus schriftstellerisch (*Die Lichter gehen aus*) und als Schauspielerin auseinander; sie gründet das Kabarett «Die Pfeffermühle». Ab 1936 lebte sie als Autorin und ‹rechte Hand ihres Vaters› in den USA, später in Zürich. In der Biographie *Das letzte Jahr* schildert sie das Leben Thomas Manns, dessen literarisches Erbe sie auch verwaltete. – Bekannt wurde M. auch als Jugendbuchautorin.

W.: Jugendbücher, Erzählungen: Stoffel fliegt übers Meer, 1932; Petit Christophe et son dirigeable, 34; Muck der Zauberonkel, 34; Die Zugvögel auf Europafahrt, 55; Die Zugvögel singen in Paris und Rom, 56; Die Zugvögel. Sängerknaben auf abenteuerlicher Fahrt, 59. – *Berichte, Schriften, Biographie:* Rundherum, 29 (mit Klaus Mann); Das Buch von der Riviera, 31 (mit Klaus Mann); School for barbarians, 37; Zehn Millionen Kinder. Die Erziehung der Jugend im Dritten Reich, 38; Escape to life (mit K. Mann), 39; The other Germany (mit K. Mann), 40; The lights go down, 40 (dt. Die Lichter gehen aus); A gang of ten, 42; Das letzte Jahr. Bericht über meinen Vater, 56; Briefe und Antworten, 2 Bde, 84–85. – *Herausgebertätigkeit:* Mann, Th.: Briefe, 3 Bde, 61–65.

Mann, Golo (eig. Gottfried),
*27.3. 1909 München.

M., Sohn von Thomas Mann, erhielt seine Schulausbildung in Salem am Bodensee und promovierte 1932 nach einem Studium der Philosophie in München, Berlin und Heidelberg bei Karl Jaspers. Nach seiner Emigration 1933 arbeitete M. als Lektor in Paris und Rennes, von 1937–40 übernahm er die Redaktion der Zeitschrift «Maß und Wert» in Zürich. Danach lehrte er bis 1957 in Michigan und Kalifornien als Professor für Ge-

schichte. Ende der 50er Jahre kehrte M. nach Europa zurück und übernahm nach einer Gastprofessur 1958/59 in Münster 1960 eine Professur für Politische Wissenschaften in Stuttgart, die er bis 1964 innehatte. – Konservativer Historiker und kulturkritischer Essayist, lebt in Kilchberg bei Zürich. – Büchner-Preis 1968, 1977 Schiller-Gedächtnispreis, 1985 Goethe-Preis und weitere Ehrungen.

Die Schilderung von großen Figuren der deutschen Geschichte, *Friedrich von Gentz* und *Wallenstein* z. B., nehmen in M.s Werk eine wichtige Stellung ein und gaben Anlaß zu der Kritik, Geschichte nur als Personalgeschichte zu deuten und die jeweiligen gesellschaftlichen Prozesse nicht genügend einzubeziehen. M. bekennt sich nicht nur in seinen Publikationen zu konservativen Grundwerten, sondern auch in seinen öffentlichen Äußerungen in den Medien zu aktuell-politischen Problemen, so in der Terroristenfrage 1977 und der eindeutigen Parteinahme im Wahlkampf 1980. Neben Einzeldarstellungen stehen immer wieder die Beschreibungen breiter historischer Zusammenhänge, so in *Deutsche Geschichte des 19. und 20. Jahrhunderts* und in *Von Weimar nach Bonn*. 1986 erschien seine Autobiographie, bereits im Titel und Untertitel Bezug nehmend auf entsprechende Werke Bismarcks und Tollers.

W.: Essays, theoretische Schriften, Biographien: Friedrich von Gentz (1764–1832), 1947; Vom Geist Amerikas, 54; Deutsche Geschichte des 19. und 20. Jahrhunderts, 2 Bde, 58 (Teilausg. u. d. T.: Deutsche Geschichte 1919–1945, 61); Außenpolitik (mit H. Pross), 58; Der Antisemitismus, 60; Erinnerungen an meinen Vater, 61; Geschichte und Geschichten, 61; Reden (mit F. Neumark), 62; Walther Rathenau, 63; Rede zum Gedenken des 20. Juli 1944 und des 17. Juni 1953, 63; Geschichtsschreibung als Literatur, 64; Wilhelm II., 64; Thomas Mann, 65; Über den Mut, den ersten Schritt zu tun (mit H. Hamm-Brücher u. H. Becker), 66; Brauchen wir die Vergangenheit noch, 67; Mein Vater Thomas Mann, 70; Von Weimar nach Bonn, 70; Georg Büchner und die Revolution (Schallpl.), 70; Wallenstein, 71; Radikalisierung und Mitte, 71; Der tiefe Wandel der Gesellschaft, 73; Wallenstein (Bildbd., mit R. Bliggenstorfer), 73; Zwölf Versuche,

73; Geschichte als Ort der Freiheit, 74; Marxismus auf dem Vormarsch in Europa und der Dritten Welt?, 79; Zeiten und Figuren, 79; Was ist Demokratie, 80; Nachtphantasien, 82; Konrad Adenauer (mit K. R. Müller), 86; Erinnerungen und Gedanken, 86; Lavalette, 87; Gedanken zur Wandlung von Begriff und Wirklichkeit der Revolution seit Büchner, 87; Wir alle sind, was wir gelesen. Aufsätze und Reden zur Literatur, 88; Ludwig I. König von Bayern, 89; Über Rückert, 89. – *Herausgebertätigkeit:* Propyläen Weltgeschichte, 61 ff; Max von Baden: Erinnerungen und Dokumente (mit A. Burckhardt), 68.

Mann, Heinrich, *27. 3. 1871 Lübeck, † 12. 3. 1950 Santa Monica (Kalifornien). M., Sohn eines hanseatischen Kaufmanns (seit 1877 Senator der Freien Reichsstadt Lübeck) und einer deutschbrasilianischen Mutter, wuchs im patrizischen Lübecker Milieu auf. Nach dem Abgang vom Gymnasium aus der Unterprima wurde er Buchhandlungslehrling in Dresden (1889); 1890–92 volontierte er im S. Fischer Verlag, Berlin, und hörte Vorlesungen an der dortigen Universität. Schriftstellerische Versuche – seit seinem 13. Lebensjahr – führten nach dem Tode des Vaters (1891) zu ersten veröffentlichten Rezensionen in der «Gesellschaft» und in der «Gegenwart». Gesundheitlich gefährdet, lebte M. 1893–98 vorwiegend in Italien, wo er – während sein Bruder Thomas M. *Buddenbrooks* auszuarbeiten begann – seinen Roman *Im Schlaraffenland* niederschrieb. M. entwickelte, nach konservativen Ansätzen in den 90er Jahren, nach der Jahrhundertwende als einziger deutscher Schriftsteller seiner Generation ein konsequent demokratisches Denken. Auseinandersetzungen mit dem deutschen Imperialismus der Wilhelminischen Ära einerseits, andererseits mit den als Vorbild empfundenen politischen und literarischen Traditionen des neueren Frankreich bildeten seine Überzeugungen. Seit Erscheinen der Romane *Professor Unrat* (1905) und *Der Untertan* (1914 Vorabdruck, Buch 1918) und politischer Essays im Jahr 1910 galt M. der expressionistischen Generation als Wortführer des «Aktivismus». Bei Ausbruch des 1. Weltkriegs wurde der Fortsetzungsabdruck des *Untertan* abge-

brochen. Gegen den Chauvinismus der deutschen Kriegsbegeisterung – insbesondere auch Thomas M.s – protestierte M. mit seinem Essay *Zola* (1915). Der große Verkaufserfolg der Buchausgabe des *Untertan* nach Kriegsende begründete M.s nationales Ansehen. In den 20er Jahren setzte sich M. nicht nur für die deutsch-französische Verständigung, sondern auch für eine paneuropäische Bewegung ein. 1926 wurde er in das Gründungskapitel der Sektion Dichtkunst der Preußischen Akademie der Künste zu Berlin gewählt, 1931 wurde er als deren Präsident berufen. Die Verfilmung von *Professor Unrat* unter dem Titel «Der blaue Engel» (1930) machte M. international bekannt. 1933, nachdem M. zusammen mit A. Einstein und K. Kollwitz zur Einigung von SPD und KPD aufgerufen hatte, wurde er zum Austritt aus der Akademie gezwungen. M. floh, noch vor dem Reichstagsbrand, am 21. 2. 1933 nach Frankreich, wo er bis 1940 in Nizza lebte. Er war seit der Gründung der Deutschen Volksfront, 1935, deren Präsident. 1940 floh er mit Hilfe L. Feuchtwangers über Spanien, Portugal in die USA. 1947 wurde ihm der philosophische Ehrendoktor der Humboldt-Universität, Berlin, 1949 der Nationalpreis 1. Klasse für Kunst und Literatur der DDR verliehen. M. hatte im selben Jahr die Berufung zum Präsidenten der neu zu gründenden Deutschen Akademie der Künste zu Berlin-Ost angenommen.

M. begann um 1890 mit erzählerischen Versuchen im Stil des damals herrschenden französischen Psychologismus (*In einer Familie*). Unter dem Einfluß Maupassants, Balzacs und Fontanes wandte er sich seit 1895 gesellschaftskritischen Darstellungen zu, in denen zunächst eine Kritik «von rechts», ein romantischer Antikapitalismus, überwog (*Im Schlaraffenland. Ein Roman unter feinen Leuten*). In *Professor Unrat* wird dann bereits die Antithese von «Macht» und «Geist» entwickelt, unter der M.s philosophischer Dualismus den Widerstreit von Bestehendem und Revolutionärem, Monarchismus und Republik begriff. Dieser Gegensatz beherrscht die nächsten großen Romane: *Die kleine Stadt*, ein kunstvoll gebauter, dramatischer Roman, der das befreiende Erlebnis der Kunst in einer italienischen Kleinstadt schildert und auf engstem Raum wohl hundert genau charakterisierte Figuren bewegt; und *Der Untertan*, der negative Bildungsroman Diederich Heßlings vom furchtsamen Kind zum machtanbetenden imperialistischen Bourgeois: ein Epochen- und Zeitroman, nicht einfach «Satire». In den folgenden Romanen, *Die Armen* und *Der Kopf*, versuchte M. mit geringem künstlerischem und ideologiekritischem Erfolg, die Schichten des Proletariats einerseits, der Großindustrie und leitenden Bürokratie andererseits darzustellen. Er faßte die drei Werke zu den «Romanen der deutschen Gesellschaft im Zeitalter Wilhelm II» zusammen. Bedeutender als sein Romanwerk des folgenden Jahrzehnts ist M.s publizistisches Wirken: Eine Fülle von zeit-, literatur- und kulturkritischen und politischen Schriften waren der Erziehung der Deutschen zu Demokraten gewidmet (z. T. gesammelt und in Buchform veröffentlicht).

In der Emigration schuf M. die großangelegten historischen Romane *Die Jugend des Königs Henri Quatre* und *Die Vollendung des Königs Henri Quatre*. Er stellte mit dem guten Volkskönig ein Muster humanistischer Toleranz, Skepsis und Streitbarkeit, und mit dem Beförderer des «Großen Planes» einer ewigen Befriedung Europas durch den Zusammenschluß seiner Staaten in einer «sehr christlichen allgemeinen Republik» einen vorbildlichen Politiker dar, der die Synthese von «Macht» und «Geist» in sich vereinigte. Das Werk war, M.s pragmatischem Geschichtsdenken entsprechend, als ein «wahres Gleichnis» für die Gegenwart gemeint und wurde als solches von L. Feuchtwanger, H. Kesten, G. Lukács und A. Zweig sofort erkannt. Die Sprache verbindet in meisterhafter Ökonomie Schilderung, Bericht, Reflexion und klassische Sentenz. Der rasche Wechsel aus anschaulicher Darstellung und folgender Abstraktion wird von M. in den folgenden Werken zu einem eigenen dichterischen Altersstil entwickelt. –

Seine vielfältige antifaschistische Essayistik dieser Jahre hat M. nur zum geringsten Teil in Buchform vorgelegt. – Im amerikanischen Exil entstanden, formal beeinflußt durch M.s Verpflichtung als Filmscriptwriter in Hollywood (1940/41), vier dramatische Romane: *Lidice*, die als Satire verfehlte Darstellung des tschechischen Widerstands gegen Heydrichs Herrschaft; *Empfang bei der Welt*, eine unter Verwendung märchenhafter Motive in der internationalen Gesellschaft («überall und nirgends») spielende zeitkritische Satire; *Der Atem*, ein stark autobiographisch gestimmter Roman, der, wie der vorhergehende, die Handlung (am Tage des Kriegsausbruchs 1939) in ein bis zwei Tage dramatisch zusammendrängt; und *Die traurige Geschichte von Friedrich dem Großen* (Fragment), eine in der Form des Dialogromans großangelegte Kritik an Entwicklungen der preußisch-deutschen Geschichte. Ein Schlüssel zu den nicht leicht verständlichen Alterswerken bietet M.s Memoirenbuch *Ein Zeitalter wird besichtigt*. In ihm vollendet M. sein zeit- und gesellschaftskritisches Werk auf dem Grund eines spekulativen Geschichtsbildes und des seit der Jahrhundertwende entwickelten Begriffs des «Lebensgefühls», das er mit den wechselnden Geschichtsepochen in Zyklen ansteigen und entarten sieht. – M. hatte sich unter seinen Generationsgenossen in den 20er und 30er Jahren am progressivsten zum bürgerlichen Demokraten, dann zum Sozialisten entwickelt. Der formale Reichtum seines Gesamtwerks, insbesondere aber die komplizierten Sprach- und Formstrukturen seines Alterswerks (eigenartig ausgebildete Mischung von Bericht und Bewußtseinsstromtechnik), lassen ihn als einen der hervorragendsten deutschen Schriftsteller dieses Jahrhunderts erscheinen. – Sein Nachlaß wird in den Literaturarchiven der Deutschen Akademie der Künste zu Berlin bewahrt.

W.: Romane: In einer Familie, 1894; Im Schlaraffenland, 1900; Die Göttinnen oder die drei Romane der Herzogin von Assy, 03; Die Jagd nach Liebe, 03; Professor Unrat oder Das Ende eines Tyrannen, 05; Zwischen den Rassen, 07; Die kleine Stadt, 09; Die Armen, 17; Der

Untertan, 18; Der Kopf, 25; Mutter Marie, 27; Eugénie oder Die Bürgerzeit, 28; Die große Sache, 30; Ein ernstes Leben, 32; Die Jugend des Königs Henri Quatre; Die Vollendung des Königs Henri Quatre, 38 (daraus: Der Kampf um ein Königreich, 42); Lidice, 43; Der Atem, 49; Empfang bei der Welt, 56; Die traurige Geschichte von Friedrich dem Großen, Fragment, 60. – *Novellen:* Das Wunderbare und andere Novellen, 1897; Ein Verbrechen und andere Geschichten, 98; Flöten und Dolche, 1905; Mnais und Ginevra, 06; Stürmische Morgen, 06; Schauspielerin, 06; Die Bösen, 08; Das Herz, 10; Die Rückkehr vom Hades, 11; Bunte Gesellschaft, 17; Der Sohn, 19; Die Ehrgeizige, 20; Die Tote und andere Novellen, 21; Abrechnungen, 24; Der Jüngling, 24; Kobes, 25; Liliane und Paul, 26; Sie sind jung, 29; Der Freund, 31; Die Welt der Herzen, 32; Das Stelldichein. Die roten Schuhe, 60. – *Dramen:* Variété, 10; Schauspielerin, 11; Die große Liebe, 12; Madame Legros, 13; Brabach, 17; Drei Akte (Der Tyrann, Die Unschuldige, Variété), 18; Der Weg zur Macht, 19; Das gastliche Haus, 24; Bibi, in «Sie sind jung», 29. – *Essays:* Eine Freundschaft: Gustave Flaubert und George Sand, 05; Macht und Mensch, 19; Diktatur der Vernunft, 23; Sieben Jahre, 29; Geist und Tat, Franzosen 1780–1930, 31; Das öffentliche Leben, 32; Bekenntnis zum Übernationalen, 33; Der Haß. Deutsche Zeitgeschichte, 33 (daraus: Ihr ordinärer Antisemitismus, 34); Der Sinn dieser Emigration, 34; Es kommt der Tag. Deutsches Lesebuch, 36; Hilfe für die Opfer des Faschismus, 37; Was will die deutsche Volksfront?, 37; Antwort an viele, 38; Mut, 39; Ein Zeitalter wird besichtigt, 45. – *Briefe:* An Karl Lemke und Klaus Pinkus, 63; Th. Mann – H. M., Briefwechsel 1900–1949, 68 (erw. 84); Briefe an Ludwig Ewers. 1889–1913, 80. – *Sammel- und Werkausgaben:* Ausgewählte Werke in Einzelausgaben, 13 Bde, 51–62; Das gestohlene Dokument und andere Novellen, 57; Gesammelte Werke in Einzelausgaben, Bd 1 ff., 58 ff.; Gesammelte Werke, Bd 1 ff., 65 ff.; Novellen, 70; Verteidigung der Kultur, 71; Der Unbekannte und andere Novellen, 73; Die ersten zwanzig Jahre, 75; Werkauswahl in 10 Bdn, 76; Meistererzählungen, 82; Enttäuschung, 83; Vor einer Photographie, 84; Das Gute im Menschen, 85; Eine wohltätige Frau, 85; Eine pessimistische Katzengeschichte, 86; Mutter Marie/Die große Sache, 86; Der Tyrann. – Die Branzilla, o. J.; Die Unschuldige, 87; Die Armen/Der Kopf, 88; Künstlernovellen, o. J.; Studienausgabe in Einzelbänden, Bd 1 ff., 88 ff. – *Schallplatten, Kassetten:* Professor Unrat, 87 (6 Kass.).

Mann, Klaus (Pseud. Vincenz Hofer),
* 18. 11. 1906 München,
† 21. 5. 1949 Cannes (Freitod).

M., ältester Sohn Thomas M.s, schrieb mit 15 Jahren erste Novellen, gründete mit seiner Schwester Erika M., Pamela Wedekind und Gustaf Gründgens ein Theaterensemble und unternahm 1929 eine Weltreise «rundherum». Nach seiner Emigration – Amsterdam, Zürich, Prag, Paris, ab 1936 USA – wurde er zur zentralen Figur der internationalen antifaschistischen Publizistik. Er gab die Zeitschriften «Die Sammlung» (1933–35) und «Decision» (1941–42) heraus, kehrte als US-Korrespondent nach Deutschland zurück und beging 1949 aus persönlichen und politischen Motiven Selbstmord, nachdem er in dem von Pessimismus erfüllten Essay *Die Heimsuchung des europäischen Geistes* noch einmal zur Besinnung aufgerufen hatte.

M. sagte sich früh vom Daseinsgefühl der Eltern-Generation los und stellte die Lebenskrise der «Jungen» in der stilistisch frühreifen *Kindernovelle* und in der Autobiographie des Sechsundzwanzigjährigen *Kind dieser Zeit* dar. Seine wichtigsten Romane schrieb M. im Exil: *Symphonie Pathétique*, Porträt des «einsamen» Čajkovskij, die Heimatlosigkeit des Künstlers symbolisierend; *Mephisto*, Roman einer Karriere im Dritten Reich, und *Der Vulkan*, mit breit angelegter Schilderung aller Strömungen des Exils. In der Autobiographie *Der Wendepunkt* gelangt M.s Diktion zu Reife und gelassener Sachlichkeit. – M. sprach stellvertretend für eine Generation, die in den 20er Jahren ihre entscheidenden Eindrücke empfing, mit einem engagierten Freiheitsbewußtsein zu neuen Ufern aufbrechen wollte und zwischen den Fronten einer zerrissenen Nachkriegswelt an der Machtlosigkeit des Geistes verzweifelte.

W.: *Romane:* Der fromme Tanz, 1926; Alexander, 29; Treffpunkt im Unendlichen, 32; Flucht in den Norden, 34; Symphonie Pathétique, 35; Mephisto, 36; Der Vulkan, 39. – *Erzählungen:* Vor dem Leben, 25; Kindernovelle, 26; Abenteuer, 29; Vergittertes Fenster, 37. – *Autobiographien:* Rundherum (mit E. Mann), 29; Kind dieser Zeit, 32; Der Wendepunkt, 52 (zuerst

engl.: The Turning Point, 42) Teilausg. u. d. T.:
In meinem Elternhaus, 75. – *Dramen:* Anja
und Esther, 25; Der siebente Engel, 45. – *Es-
says:* Heute und morgen. Zur Situation des
jungen geistigen Europa, 27; Auf der Suche
nach einem Weg, 31; Escape to Life (mit E.
Mann), 39; The other Germany (mit E. Mann),
40; André Gide und die Krise des modernen
Denkens, 48 (zuerst engl.: Andre Gide and the
Crisis of Modern Thought, 43). – *Herausgebertätigkeit:* Anthologie jüngster Lyrik (mit W. R.
Fehse), 2 Bde, 1927–29; Anthologie jüngster
Prosa (mit E. Ebermayer), 28; Heart of
Europe. An Anthology of Creative Writing in
Europe 1920–1940 (mit H. Kesten), 41; Die
Sammlung, 33–35; Decision, 41–42. – *Sam-
mel- u. Werkausgaben:* Werke in Einzelausga-
ben, 63 ff; Prüfungen. Schriften zur Literatur,
68; Heute und Morgen. Schriften zur Zeit, 69;
Abenteuer des Brautpaars. Die Erzählungen,
76; Der Bauchredner, 80; Woher wir kommen
und wohin wir müssen. Frühe und nachgelassene Schriften, 80; Jugend und Radikalismus.
Aufsätze, 81; Homosexualität und Faschismus
(mit K. Tucholsky), 82; Mit dem Blick nach
Deutschland, 85; Das innere Vaterland, 86;
Speed, 87; Letztes Gespräch, 88; Der siebente
Engel. Die Theaterstücke, 89; Maskenscherz,
90. – *Briefe, Tagebücher:* Briefe und Antworten, 2 Bde, 75; Briefe, 89; Tagebücher, 6 Bde,
89 ff.

Mann, Thomas, * 6. 6. 1875 Lübeck,
† 12. 8. 1955 Zürich.
M. wuchs in großbürgerlichen Verhält-
nissen auf, die er in seinem ersten Roman
Buddenbrooks geschildert hat. Bereits
als Schüler schrieb er Prosaskizzen und
Aufsätze für eine Zeitschrift, deren Mit-
herausgeber er war. Nach dem Tode des
Vaters (1891) und nach dem Abgang vom
Gymnasium aus Obersekunda (1893)
folgte er seiner Mutter von Lübeck nach
München. Er war dort ein Jahr lang Volontär einer Versicherungsgesellschaft,
bis seine erste Novelle den Beifall R.
Dehmels (1894) fand und er sich zum
Schriftstellerberuf entschloß. Er begann,
Beziehungen nutzend, die sein älterer
Bruder Heinrich M. geknüpft hatte, in
Zeitschriften zu veröffentlichen, und lie-
ferte auch Beiträge für die 1895/96 von
H. Mann herausgegebenen, chauvini-
stisch-antisemitischen «Blätter für deutsche Art und Wohlfahrt», «Das Zwanzig-
ste Jahrhundert». Überhaupt vollzog
sich seine Jugendentwicklung in enger
Anlehnung an H. M., dessen Lektüre –

Heine, H. Bahr, P. Bourget und F. Nietzsche – M. teilte. Während ein Berliner
Verlag M.s erstes Novellenbändchen *Der
kleine Herr Friedemann* herausbrachte,
hielt sich M. mit seinem Bruder in Rom
und Palestrina auf (1896–98). Hier erhielt er von dem Verleger S. Fischer den
Auftrag, einen Roman zu schreiben. Er
begann 1897 mit der Niederschrift der
Buddenbrooks. 1898/99 war M. als Redakteur des «Simplicissimus» in München tätig, wo er bis 1933 ansässig blieb.
Nach dem bedeutenden, einhelligen Erfolg der *Buddenbrooks* produzierte M.
längere Zeit nur wenige Werke geringen
Umfangs und von beschränkter thematischer Bedeutung. Er entwickelte indessen sprachlich (Leitmotiv, hypotaktische
Syntax) und strukturell (Symbol, Parabel, Allegorie) immer anspruchsvollere
Erzählformen. Weltanschaulich lebte er,
insbesondere seit seiner Verbindung zur
Münchener Großbourgeoisie (durch die
Verheiratung mit K. Pringsheim, 1905),
in Angleichung an die herrschende Gesellschaftsordnung, was 1914, bei Ausbruch des 1. Weltkriegs, zur Verteidigung
«unseres sozialen Kaisertums» und einer
romantisch-idealistisch   verstandenen
«Sendung deutscher Eigenart» führte
(*Gedanken im Kriege*, 1914; *Friedrich
und die große Koalition*; *Betrachtungen
eines Unpolitischen*). Heinrich M. als De-
mokrat und Republikaner hatte sich von
M. losgesagt. Der offen gewordene Konflikt zwischen den Brüdern war das Ergebnis einer nach der Jahrhundertwende
einsetzenden ideologischen Entzweiung.
Nach der Errichtung der Weimarer Republik änderte M. seine Anschauungen,
indem er seine politischen Positionen den
bürgerlich-demokratischen seines Bruders anzugleichen suchte (die Versöhnung der Brüder erfolgte 1922). Erst auf
dieser Basis gelang es ihm, seinen zweiten großen Roman, *Der Zauberberg*, zu
schreiben und sich seither in zeitkritischer Publizistik für eine Demokratisierung Deutschlands einzusetzen. 1919
wurde M. der erste seiner Ehrendoktortitel durch die Bonner Universität verliehen, 1926 durch den Lübecker Senat der
Professorentitel. Der Sektion Dichtkunst
der Preußischen Akademie der Künste

gehörte er seit ihrer Gründung an (1926). 1929 empfing M. den Nobelpreis für Literatur. 1932 war M. der offizielle Festredner der Goethe-Feiern in Weimar und Berlin. 1930, nach den Reichtagswahlen, die den Nationalsozialisten einen großen Stimmenzuwachs einbrachten, hatte M. in einer *Deutschen Ansprache* zur Einigung von Bürgertum und Sozialdemokratie gegen den heraufkommenden Faschismus aufgerufen. M. verließ am 11.2.1933 Deutschland, um seinen Vortrag *Leiden und Größe Richard Wagners* zu dessen 50. Todestag in Amsterdam, Brüssel und Paris zu wiederholen. Auf Anraten seiner Kinder kehrte er von dieser Reise nicht mehr nach Nazi-Deutschland zurück. Er lebte zunächst in Sanary-sur-Mer, dann in Küsnacht bei Zürich (bis 1938). Er beteiligte sich indessen während der folgenden drei Jahre nicht an der antifaschistischen Propaganda, hielt sich von Emigrantenorganisationen fern und versprach sogar (1933) dem Reichsministerium des Innern, sich politischer Äußerungen zu enthalten, um den Kontakt zu seinem innerdeutschen Publikum nicht zu verlieren. M. lag daran, daß die Veröffentlichung der 1926 begonnenen *Joseph*-Romane in Deutschland ungestört vonstatten ging; die ersten Bände erschienen 1933 und 1934. Erst 1936 nötigte eine Schweizer Kontroverse M., sich öffentlich gegen Nazi-Deutschland und zur Emigration zu bekennen. Im Dezember 1936 wurde ihm die deutsche Staatszugehörigkeit aberkannt. Den darauffolgenden Entzug des Bonner Ehrendoktors beantwortete er mit dem vielbeachteten Brief an den Dekan der Philosophischen Fakultät in Bonn (1937). – 1934 hatte M. eine erste Reise in die USA unternommen. 1938 erfolgte die Übersiedlung dorthin und zugleich die Annahme einer Gastprofessur in Princeton (New Jersey). Hier vollendete M. den in der Schweiz begonnenen Goethe-Roman *Lotte in Weimar*. 1940 siedelte er nach Kalifornien um, wo er 1942–52 in Pacific Palisades lebte. 1942 wurde er zum Berater für deutsche Literatur an der Library of Congress, Washington, D.C., ernannt. Seit 1940 sprach er über die British Broadcasting Corporation antifaschistische Radioreden nach Deutschland (*Deutsche Hörer!*) und beteiligte sich durch Vortragsreisen in den USA an antifaschistischer Aufklärung. – Nach dem Abschluß der *Joseph*-Romane wandte sich M. der Arbeit an einem autobiographisch gestimmten Roman zu: *Doktor Faustus*, der als «Lebensbeichte» und zugleich als «Roman der Epoche» gemeint war. – 1947 besuchte M. erstmals wieder Europa, um an der ersten internationalen Nachkriegstagung des PEN-Clubs in Zürich teilzunehmen. 1949 erfolgte der erste Besuch Deutschlands. M. hielt die offiziellen Goethe-Reden in Frankfurt/M. und Weimar und nahm die Goethe-Preise dieser Städte entgegen. 1952 kehrte M., enttäuscht von den politischen Entwicklungen in den USA nach dem Tode F.D. Roosevelts, in die Schweiz zurück. Er lebte hier zunächst in Erlenbach bei Zürich, bis er 1954 ein Haus in Kilchberg am Zürichsee erwarb. Hier vollendete er den «ersten Teil» der *Bekenntnisse des Hochstaplers Felix Krull*, einer Romankonzeption, die auf das Jahr 1910 zurückging und von der 1922 und 1938 erste Fragmente veröffentlicht worden waren. Im Schiller-Gedenkjahr 1955 hielt M. Reden in Stuttgart und Weimar. Er empfing, anläßlich seines 80. Geburtstages, u.a. die Ehrenbürgerschaft seiner Vaterstadt Lübeck, die Ehrenmitgliedschaften der Deutschen Akademie der Künste zu Berlin und der Deutschen Akademie für Sprache und Dichtung in Darmstadt, die Ehrendoktorate der Univ. Jena und der Eidgenössischen Technischen Hochschule Zürich und, zwei Tage vor seinem Tod, die Nachricht von seiner Aufnahme in die Friedensklasse des Ordens «Pour le mérite».

M. begann mit poetischen und dramatischen Versuchen als Schüler (nicht überliefert). Seine ersten Veröffentlichungen sind, wie diejenigen Heinrich M.s, konventionell an Psychologismus und analytische «Nervenkunst» der 1890er Jahre gebunden (*Vision*, 1893; *Gefallen*, 1894). Aus ihr entwickelt M. in diesem Jahrzehnt den Gegensatz vom Künstler-Décadent zur bürgerlichen Gesellschaft, der ihm durch die moralkritischen Schriften P. Bourgets bekannt geworden und durch Nietzsches Psychologie des Künstlers erläutert worden war (Beiträge zum «Zwanzigsten Jahrhundert» 1895/96; *Enttäuschung*, 1896; *Der Bajazzo*, 1897). Entfremdung von Kunst und Gesellschaft bleibt das bestimmende Grundmotiv der Werke, die M. während der Kaiserzeit schrieb, ja, es wird zugespitzt zu der allgemeinen Antithese von «Geist» und «Leben» (*Tonio Kröger*; *Fiorenza*). Auch der bedeutende erste Roman M.s, *Buddenbrooks*, ist von dieser Dekadenzthematik beherrscht, wie sein Untertitel, «Verfall einer Familie», hervorhebt. Allein der ironische Stil M.s ist hier bereits zur Meisterschaft entwickelt, und es fehlt jeder Ton wehmütiger Nostalgie, wenn den vier Generationen der biologisch und wirtschaftlich absteigenden Lübecker Patrizierfamilie der Buddenbrooks die aufsteigenden Hagenströms, der banausenhaften Bourgeoisie der Gründerjahre zugehörig, folgen. Und nicht der traurige Tod des kleinen Hanno, der nur für die Kunst, nicht zum Leben begabt war, schließt das Buch, sondern das Feld behauptet Toni Buddenbrook, die von der intellektuell-künstlerischen Verfeinerung ihrer Familie unberührt und damit auch unangefochten geblieben ist. Das Werk entstand unter den formalen Einflüssen des skandinavischen (A. Kielland, J. Lie) und russischen (L. Tolstoj) realistischen Gesellschaftsromans. Der Erfolg des Romans in Deutschland war sogleich groß und seit den 20er Jahren weltweit.

Der zweite Roman, *Königliche Hoheit*, ist, gemessen am Gehalt des ersten, unbedeutend. In märchenhafter Form gestaltet M. die «formale Existenz» des Fürsten, indem er diesen allegorisch für eine Künstlerexistenz stehen läßt. – M. hat das Resümee dieser Phase seinem Bruder gegenüber gesehen in der «Unfähigkeit, mich geistig und politisch eigentlich zu orientieren, wie Du es gekonnt hast» (8. 11. 1913). Seine Unterwerfung unter das offiziöse chauvinistische Denken in Deutschland wird bei Ausbruch des 1. Weltkriegs in Beiträgen zur Lage deutlich, in denen M. den Krieg als «Heimsuchung», «Reinigung», «Befreiung» mißversteht («Gedanken im Kriege»). Als Antwort auf Heinrich M.s Antikriegsschrift *Zola* entwarf M. die *Betrachtungen eines Unpolitischen*, ein Bekenntnis zur deutschen Tradition einer idealistisch-romantischen Apolitie. – Während der ersten Jahre unter der Weimarer Republik gelang es M., seine tiefe weltanschauliche Krise zu überwinden. Er nahm nun – zunächst noch dialektisch-spielerisch (besonders Settembrini im *Zauberberg*) – die naturrechtlichen Gesellschafts- und Staatslehren des 18. Jhs. in sein Denken auf und gelangte so zu einer Anerkennung der republikanischen Staatsform (*Von deutscher Republik*). Sein dritter Roman, *Der Zauberberg*, spiegelt diesen Prozeß in der «hermetischen» Erziehungs- und Bildungsgeschichte Hans Castorps, eines hanseatischen Patriziersohnes, wider. Die Modellsituation, die M. sich in diesem Werk schafft – Hans C., das «deutsche Hänschen», befindet sich sieben Jahre lang zur Heilung in einem Schweizer internationalen Sanatorium –, ermöglicht es ihm, innerhalb der Grenzen seiner bürgerlichen gesellschaftlichen Erfahrungen und Beobachtungen eine Zeitkritik der Epoche vor dem 1. Weltkrieg zu geben. Die traditionelle Erzählhaltung wird in diesem Werk durch Analysen, Diskussionen, Reflexionen und Kommentare, mit einem Wort: durch einen Essayismus erweitert, der es erlaubt, «alle Fakultäten menschlichen Wissens, «Philosophie, Juristerei, Medizin, Theologie wie selbst auch Naturwissenschaften und Technologie», als Mittel des menschlichen Selbstverständnisses zu erörtern. Hans Castorp als dilettierender Schüler unterwirft sich keiner Einzeldisziplin. Er vertritt, allerdings als eine durchaus ironisch gestaltete Figur, M.s Idee von «Deutschtum» und «Bürgerlichkeit» als «Idee der Mitte», die M. «als die Idee des Lebens selbst und der Menschlichkeit» erscheint (*Lübeck als geistige Lebensform*). – Das zeitgeschichtliche Engagement M.s, insbesondere seine Warnungen vor dem heraufkommenden Nationalsozialismus, zeigt sich in den Essays dieser Jahre ebenso wie in der Novelle *Mario und der*

Zauberer, in der Erfahrungen mit dem italienischen Faschismus verarbeitet wurden.

Von 1926–42 arbeitete M. mit Unterbrechungen an seinem umfangreichsten Romanwerk, der Tetralogie *Joseph und seine Brüder*. Während die ersten Bände dem irrationalen Einfluß religionspsychologischer Studien u. a. von E. Dacqué, A. Bäumler und J. J. Bachofen offenblieben, entstand der letzte Band, *Joseph der Ernährer*, unter dem Eindruck des Rooseveltschen New Deal. Das entspricht M.s Entwicklung vom Irrationalismus um 1914–18 über den bürgerlichen Demokratismus der 20er Jahre zu einem bedingungsvollen sozialistischen Denken in den 30er Jahren. M. benutzte die Gestalt und Geschichte des biblischen Joseph (vgl. im Alten Testament das 1. Buch Mose), um die Synthese des Menschlichen aus Körper und Geist musterhaft vorzuführen. Indessen lag M. die Absicht, einen religiösen oder auch nur mythologischen Roman zu schreiben, von Anfang an fern. Er versuchte, seinen Gesichtskreis über das Bürgerlich-Europäische (*Buddenbrooks*, *Zauberberg*) hinaus zu weiten und in der Entwicklung Josephs vom ichbezogenen Träumer zum ministeriellen «Ernährer» und Volksfürsorger ein positives menschheitsgeschichtliches Exempel aufzustellen. Sprachlich zeigen die Joseph-Romane eine Weite der Ausdrucksmöglichkeiten, die vom wissenschaftlichen Kommentarstil bis zum Jargon, zu Dialektfärbungen und Anglizismen reicht. Neben der Ironie zählt der Sprachwitz zum besonderen Stilmittel des Werks. – Die soziale Erziehungsidee, die im *Joseph* dominiert, tritt noch einmal beherrschend hervor in der Moses-Novelle *Das Gesetz*.

In anderen Werken seiner reifen Zeit und seines Alters wendet sich M. wieder der Künstlerproblematik der Jahrhundertwende zu, ohne jedoch die zeit- und geschichtskritische Perspektive zu vernachlässigen: Der Goethe-Roman *Lotte in Weimar* nimmt von einem frühen Goethe-Novellenplan (um 1910) den Gedanken von der «Tragödie des Meistertums» wieder auf, indem er Goethe als Vereinsamten, in seiner Gesellschaft nicht Verstandenen zeigt. Er gipfelt im siebten Kapitel, das Goethes Denken und Dichten (unter Verwendung originärer Goethe-Worte) mit der Technik des Bewußtseinsstroms darstellt.

1943–47 arbeitete M. das Hauptwerk seiner späteren Jahre aus, *Doktor Faustus*. Die Konzeption ging zurück auf einen Plan der Jahre 1902–05, der einen syphilitischen, dem Teufel verschriebenen Künstler als Figur der gesellschaftsfeindlichen isolierten Künstlerexistenz vorsah. M. weitete in der späteren Durchführung die Symbolik des Werks aus, indem er die Entwicklung des Helden, Adrian Leverkühns, vom impressionistischen zum atonalen Komponisten als Weg von der Dekadenz zur Barbarei mit zeitgeschichtlichen Entwicklungen in Deutschland parallelisierte. – Noch in den USA vollendete M. den an Hartmann von Aues Gregorius-Legende anknüpfenden kleinen Roman *Der Erwählte*. Sprachlich erreicht M. hier bei aller Leichtigkeit des Erzähltons eine äußerste Grenze. Seine letzte Erzählung, *Die Betrogene*, bereits in der Schweiz zu Ende geschrieben, parodiert die klassische deutsche Novellenform. Thematisch greift M. in ihr auf das frühe Thema von der Liebe als einer Neigung zum Tod zurück. Seinen letzten großen Bucherfolg hatte M. mit den *Bekenntnissen des Hochstaplers Felix Krull*. Angeregt durch G. Manolescus Memoiren, aber auch parodistische Elemente in bezug auf Goethes *Dichtung und Wahrheit* einschließend, hatte M. das 1910 begonnene Werk zu einer umfassenden Gesellschaftskritik Deutschlands und Europas um 1900 erweitert. Formal dem Abenteuerroman verwandt, schildert der Roman Kindheit, Jugend und erste Stationen der Weltreise eines künstlerisch begabten Kriminellen. Die Welt der Bürger, die ihn erzogen hat, wird aus seiner Perspektive ironisch entlarvt.

W.: Romane: Buddenbrooks, Verfall einer Familie, 2 Bde, 1901 (Ausz.: Ein Tag im Leben Hanno Buddenbrooks, o. J.); Königliche Hoheit, 09; Bekenntnisse des Hochstaplers Felix Krull, 22 (erw. 37); Der Zauberberg, 2 Bde, 24; Die Geschichten Jaakobs, Joseph und seine Brüder, Der erste Roman, 33; Der junge Joseph, Joseph und seine Brüder, Der zweite Roman, 34; Joseph in Ägypten, Joseph und seine Brüder, Der dritte Roman, 36; Lotte in Weimar, 39; Joseph der Ernährer, Joseph und seine Brüder, Der vierte Roman, 43; Doktor Faustus. Das Leben des deutschen Tonsetzers Adrian Leverkühn, erzählt von einem Freunde, 47; Der Erwählte, 51; Bekenntnisse des Hochstaplers Felix Krull. Der Memoiren erster Teil, 54. – *Erzählungen:* Der Kleine Herr Friedemann, 1898 (darin: Enttäuschung, Der Bajazzo); Tristan, 1903 (darin: Tonio Kröger); Der kleine Herr Friedemann und andere Novellen, 09; Der Tod in Venedig, 12; Das Wunderkind, 14; Herr und Hund, 19; Gesang vom Kindchen, 19; Wälsungenblut, 21; Unordnung und frühes Leid, 25; Mario und der Zauberer, 30; Die vertauschten Köpfe. Eine indische Legende, 40; Das Gesetz, 44; Die Betrogene, 53; Schwere Stunde (Faksimile der Handschrift), 75. – *Drama:* Fiorenza, 06. – *Essays:* Bilse und ich, 06; Friedrich und die große Koalition, 15; Betrachtungen eines Unpolitischen, 18; Rede und Antwort, 22; Goethe und Tolstoj, 23; Von deutscher Republik, 23; Okkulte Erlebnisse, 24; Bemühungen, 25; Pariser Rechenschaft, 26; Lübeck als geistige Lebensform, 26; Hundert Jahre Reclam, 28; Theodor Fontane, 29; Platen–Tristan–Don Quijote, 30; Deutsche Ansprache, 30; Die Forderung des Tages, 30; Goethe als Repräsentant des bürgerlichen Zeitalters, 32; Goethes Laufbahn als Schriftsteller, 33; Leiden und Größe der Meister, 35; Freud und die Zukunft, 36; Ein Briefwechsel, 37; Bekenntnis für ein freies Deutschland, 37; Vom zukünftigen Sieg der Demokratie, 38; Achtung, Europa!, 38; Dieser Friede, 38; Schopenhauer, 38; Das Problem der Freiheit, 39; Freud, Goethe, Wagner, 39 (erw. um Tolstoi, 44 [in span.]); Dieser Krieg!, 40; Order of the day, 42; Deutsche Hörer!, 42, erweitert 45; Adel des Geistes, 45; Germany and the Germans, 45 (dt. Deutschland und die Deutschen, 47); Leiden an Deutschland, 46; Neue Studien, 48; Goethe und die Demokratie, 49; Ansprache im Goethejahr 1949, 49; Die Entstehung des Doktor Faustus, 49; Meine Zeit, 50; Michelangelo in seinen Dichtungen, 50; Der Künstler und die Gesellschaft, 53; Gerhart Hauptmann, 53; Altes und Neues, 53; Ansprache im Schillerjahr, 55; Versuch über Schiller, 55; Nachlese, 56; Reden und Aufsätze, 65; Zwei Festreden, 67; München als Kulturzentrum, 68; Schriften zur Politik, 73; Notizen, 73; Wagner und unsere Zeit, 83. – *Briefe und Tagebücher:* T. M. Briefe 1889–1955, 3 Bde, 61–65; T. M. Briefe an Paul Amann 1915–1952, 59; T. M. an Ernst Bertram, Briefe aus den Jahren 1910–1955, 60; T. M. – Karl Kerényi, Gespräch in Briefen, 60; T. M. – Robert Faesi, Briefwechsel, 62; T. M. – Heinrich M., Brief-

wechsel 1900–1949, 68 (erw. 84); T. M. / E. von Kahler: Briefwechsel, o. J.; Hermann Hesse – T. M., Briefwechsel, 68; T. M. und Hans Friedrich Blunck, Briefwechsel und Aufzeichnungen, 69; Briefe an G. B. Fischer, 71; Briefe an Otto Grauhoff 1894–1901 und Ida Boy-Ed 1902–1927, 75; Briefwechsel T. M. – A. Neumann, 77; Tagebücher 1933–1934, 77; Die Briefe T. M.s Regesten und Register, Bd 1 ff, 77 ff; Die Briefe T. M.s 1889–1955 in 4 Bdn, 77 ff; Tagebücher 1935–1936, 78; Tagebücher 1918–1921, 79; Tagebücher 1937–1939, 80; Tagebücher 1940–1943, 82; Tagebücher 1944–46, 86; Briefwechsel mit Autoren, 88; Dichter oder Schriftsteller? Der Briefwechsel zwischen T. M. und Josef Ponten 1919–1930, 88; Tagebücher 1946–1948, 89. – *Sammel- und Werkausgaben:* Gesammelte Werke, 22–37; Gesammelte Werke in 10 Bdn, 25; Nocturnes, 34; Stockholmer Gesamtausgabe, 38 ff; Ausgewählte Prosa, [4]39; Die schönsten Erzählungen, 39; Meistererzählungen, 47; Ausgewählte Erzählungen, 53; Gesammelte Werke in 12 Bdn, 55; Essays, 3 Bde, o. J.; Romane und Erzählungen, 10 Bde, 74; Gesammelte Werke in 13 Bdn, 74; Das erzählerische Werk, 12 Bde, 75; Über deutsche Literatur, 75; Ausgewählte Essays, 77 f; Gesammelte Werke in 20 Bdn, 80 ff; Aufsätze, Reden, Bd 1 ff, 83 ff; Die Romane, 7 Bde, 86; Schwere Stunde und andere Erzählungen, 87; Der Wille zum Glück und andere Erzählungen, 87; Die Betrogene und andere Erzählungen, 87; Sämtliche Erzählungen, 2 Bde, 87; Unordnung und frühes Leid und andere Erzählungen, 87; Meerfahrt mit Don Quijote, 88; Das Eisenbahnunglück, 88. – *Schallplatten u. ä.:* Thomas Mann liest seine Novelle «Tonio Kröger», o. J. (Platte); T. M. liest «Schwere Stunde», 74 (2 Platten); Herr und Hund, 84 (als Kass. 86); Der Tod in Venedig, 86 (2 Pl.); Deutsche Hörer!, 89.

Marchwitza, Hans (Pseud. Pankratius, Zwiebel), *25. 6. 1890 Scharley bei Beuthen, † 17. 1. 1965 Potsdam.
M. arbeitete seit seinem 14. Lebensjahr im Bergbau; er war 1915–18 Soldat. M. beteiligte sich an der Novemberrevolution und wurde 1919 USPD-, 1920 KPD-Mitglied. Seit 1924 war er arbeitslos und unternahm erste schriftstellerische Versuche; M. organisierte sich im Bund Proletarisch-Revolutionärer Schriftsteller. 1933 emigrierte M. in die Schweiz und nahm 1936–38 am spanischen Bürgerkrieg teil. Nach der Internierung in Frankreich gelang ihm 1941 die Flucht in die USA, wo er sich als Gelegenheitsarbeiter betätigte. 1946 kehrte M. nach

Stuttgart zurück, siedelte 1947 in die SBZ über und nahm in der DDR als Schriftsteller verschiedene kulturpolitische und diplomatische Funktionen wahr. Drei Nationalpreise und andere Auszeichnungen.

Mit seinem ersten Roman *Sturm auf Essen*, der den Kampf der roten Ruhrarmee im März 1920 schilderte, unterstützte M. in agitatorisch-heroisierender Form die Offensivstrategie der KPD am Ende der Weimarer Republik. Die im Exil begonnene *Kumiak*-Trilogie gibt die Geschichte eines Proletariers wieder, der sich vom naiven westpreußischen Landarbeiter zum klassenbewußten Bergarbeiter entwickelt. Der Aufbau-Roman *Roheisen* zeigt altruistische Heldentaten klassenbewußter Arbeiter sowie eine so ungebrochene Einheit von Produktions- und Leitungsebene, daß die idealisierende Wirklichkeitsdarstellung schon die zeitgenössische DDR-Kritik (u. a. Becher und Seghers) auf den Plan rief.

W.: Romane, Erzählungen, Reportagen: Sturm auf Essen, 1930 (erw. 52); Schlacht vor Kohle, 31; Walzwerk, 32 (Neufassung: Die Treue, 60); Vor Verdun verlor ich Gott, 32; Die Kumiaks, 34; Janek und andere Erzählungen, 34; Zwei Erzählungen, 39; Untergrund, 42; Meine Jugend, 47; In Frankreich, 49; Mein Anfang, 50; Unter uns, 50 (erw. 54); Die Heimkehr der Kumiaks, 52; Roheisen, 55; Die Kumiaks und ihre Kinder, 59; In Amerika, 61. – *Lyrik:* Wetterleuchten, 42; Gedichte, 42. – *Sammel- und Werkausgaben:* Gedichte, 65; Werke in Einzelausgaben, 9 Bde, 57–62; In Frankreich. In Amerika, 71.

Marcuse, Herbert, * 19. 7. 1898 Berlin, † 29. 7. 1979 Starnberg.

Nach Abitur, Mitgliedschaft in der SPD (1917–19), Kriegsteilnahme, Mitarbeit im Berliner Soldatenrat, Studium in Berlin und Freiburg promoviert M. 1922 mit einer Arbeit über den deutschen Künstlerroman. 1928 wird M. Assistent von Martin Heidegger, 1933 Mitarbeiter des Frankfurter Instituts für Sozialforschung, mit dem er noch im selben Jahr nach Genf emigrieren muß. 1934 geht M. nach New York, arbeitet von 1942–50 für das Office of Strategic Services und lehrt bis 1970 an verschiedenen amerikanischen Universitäten (Columbia, Harvard, Brandeis, San Diego). 1964 übernimmt er eine Gastprofessur in Frankfurt/M., 1965 eine Honorarprofessur an der FU Berlin. In diesen Jahren erlangt er mit *Triebstruktur und Gesellschaft* und *Der eindimensionale Mensch* sowie den Aufsätzen *Über den affirmativen Charakter der Kultur* und *Repressive Toleranz* schlagartig Berühmtheit und beeinflußt die weltweite Protestbewegung der antiautoritären Studenten- und Schülergeneration praktisch wie theoretisch.

Insgesamt sind M.s Arbeiten Versuche, die allein auf die Kraft der Theorie vertrauende Gesellschafts- und Kulturkritik der Frankfurter Schule (Adorno, Horkheimer u. a.) in eine ausdrücklich politische Dimension zu übersetzen. In einer Neuinterpretation Freuds werden zentrale Kategorien der Psychoanalyse als sozial-psychologische Begriffe im materialistischen Sinne historisiert; der von Freud thematisierte Zusammenhang von Kultur und Unterdrückung wird von M. zur These von der «Automatisierung des Über-Ich» ausgebaut, die wesentliche Voraussetzung für den *eindimensionalen Menschen* ist: Eindimensionalität bezeichnet jenen Zustand der modernen Industriegesellschaft, in dem Herrschaft die Form von Verwaltung angenommen hat und die Gesellschaft sich gegen jede theoretische wie praktische Veränderung als abgeschlossen erweist, in dem selbst die materiellen Leistungen des Wohlfahrtsstaates und seine Attribute wie die der bürgerlichen Freiheit, Toleranz usw. zu Instrumenten des «repressiven Ganzen» werden. Für das Individuum entstehen so allseitige und undurchbrechbare Abhängigkeiten, die selbst herkömmliche Klassengegensätze aufheben. M.s Alternative – die «große Weigerung» – wird zum Schlagwort für eine zwischen ästhetischem Selbstausdruck und politischer Revolte pendelnde Haltung.

W.: Der deutsche Künstlerroman, 1922 (Diss. masch.); Schiller-Bibliographie, 25; Hegels Ontologie und die Grundlegung einer Theorie der Geschichtlichkeit, 32; Reason and Revolution, 41 (dt. Vernunft und Revolution, 62); Eros and Civilization, 54 (dt. Eros und Kultur, 57; später u. d. T. Triebstruktur und Gesellschaft); Soviet Marxism, 58 (dt. Die Gesellschaftslehre des sowjetischen Marxismus, 64); Kultur und Gesellschaft, 2 Bde, 65; Repressive Tolerance, in: R.P. Wolff u. a., Critique of Pure Tolerance, 65 (dt. Kritik der reinen Toleranz, 66); One-Dimensional Man, 65 (dt. Der eindimensionale Mensch, 67); Das Ende der Utopie, 67; Psychoanalyse und Politik, 68; An Essay on Liberation, 69 (dt. Versuch über die Befreiung, 69); Ideen zu einer kritischen Theorie der Gesellschaft, 69; Counterrevolution and Revolt, 72 (dt. Konterrevolution und Revolte, 74); Existentialistische Marx-Interpretation (mit A. Schmidt), 74; Zeit-Messungen, 75; Die Permanenz der Kunst, 77; Aufsätze aus der Zeitschrift für Sozialforschung 1934–44, 79; Aufsätze und Vorlesungen 1941–1969, 80. – *Werkausgaben:* Schriften, 9 Bde, 78–89.

Marcuse, Ludwig (Pseud. Heinz Raabe), *8.2.1894 Berlin, †2.8.1971 München.
Philosophischer Essayist, Literaturhistoriker und Journalist, Theaterkritiker in den 20er Jahren in Berlin und Frankfurt. Immer streitbar und parteiisch gesonnen, aber nicht parteilich im politisch linken Sinn, schrieb M. Biographien einiger Repräsentanten des Aufbruchs: Büchner, Börne, Heine, Freud, Loyola. Streitschriftartig auch seine Abrechnung mit der bürgerlichen Heuchelei in *Obszön*. 1933 mußte M. wegen seiner jüdischen Abstammung ins Exil. Nach langer Notzeit bekam er 1940 eine Professur in den USA. Dieser Tätigkeit entsprang eine erste Übersicht amerikanischen Philosophierens, eine Einführung in den Pragmatismus. Im guten Sinn journalistisch sind seine Darstellungen insofern, als er stets gegen akademische Langeweile kämpfte und für ein Popularisieren der humanistischen Bildung.

W.: Theoretische Schriften, Essays: Georg Büchner, 1921; Die Welt der Tragödie, 23 (Repr. 85); Strindberg. Das Leben der tragischen Seele, 24; Ludwig Börne, Revolutionär und Patriot, 29; Gerhart Hauptmann und sein Werk, 29; Heinrich Heine. Ein Leben zwischen gestern und morgen, 32; Soldat der Kirche. Das Leben des Ignatius von Loyola, 37; Plato and Dionysius, 47 (dt. Der Philosoph und der Diktator, 50); Die Philosophie des Glücks. Zwischen Hiob und Freud, 49; Pessimismus, ein Stadium der Reife. Essay, 53; Sigmund Freud. Sein Bild vom Menschen, 56; Amerikanisches Philosophieren. Pragmatisten, Polytheisten, Tragiker, 59; Mein 20. Jahrhundert.

Auf dem Weg zu einer Autobiographie, 60; Obszön. Geschichte einer Entrüstung, 62; Das denkwürdige Leben des Richard Wagner, 63; Literatur unterm Fallbeil – «Jugendgefährdend» (mit F. Bauer u. a.), 64; Meine Geschichte der Philosophie. Aus den Papieren eines bejahrten Philosophie-Studenten, 64; Argumente und Rezepte, 67; Nachruf auf Ludwig Marcuse, 69; Philosophie des Glücks, 72; Die Utopie und das Individuum, 77; Heinrich Heine. Melancholiker, Streiter in Marx, Epikureer, 77; Das Märchen von der Sicherheit, 81; Philosophie des Un-Glücks. Pessimismus, ein Stadium der Reife, 81; Der Philosoph und der Diktator, 84. – *Briefe:* Briefe von und an L. M., 75. – *Sammel- und Werkausgaben:* Essays, Porträts, Polemiken, 79; Denken mit L. M., 84; Wie alt kann Aktuelles sein? Kritische Aufsätze, 89. – *Herausgebertätigkeit:* Heine, H.: Gedichte, o. J.; Ein Panorama europäischen Geistes, 3 Bde, 77.

Markwart, Leslie → Zwerenz, Gerhard

Maron, Monika (Eva), *3.6.1941 Berlin.
M. ist die Tochter eines Emigranten, der nach dem Krieg in der DDR zuerst als Journalist, dann als Generalinspekteur der Volkspolizei, schließlich als Innenminister tätig war. Antifaschistisch und kommunistisch erzogen, engagierte sich M. früh in der SED und ihrer Jugendorganisation und arbeitete nach dem Abitur ein Jahr als Fräserin, bevor sie Kunstgeschichte und Theaterwissenschaft studierte. Nach dem Studium Regieassistentin beim Fernsehen und Aspirantin an der Berliner Schauspielschule. Nach ihrem Wechsel zu journalistischer Arbeit war sie 6 Jahre Reporterin für verschiedene Zeitschriften, bevor sie sich 1976 als freie Schriftstellerin niederließ. – Mit *Flugasche* begann M. ihre literarische Laufbahn. Dieser Roman über Identitätskrise und Selbstfindung der weiblichen Hauptfigur ist zugleich das erste Werk, in dem auch die Umweltzerstörung in der DDR thematisiert wird. Wegen des kritischen Gehalts konnte der Roman in der DDR nicht erscheinen. Seit Juni 1988 lebte M. mit einem DDR-Visum in der BRD. Irmgard-Heilmann-Literaturpreis 1990.

W.: Romane, Erzählungen, Prosa: Flugasche, 1981; Das Mißverständnis. Vier Erzählungen und ein Stück, 82; Die Überläuferin, 86; Trotzdem herzliche Grüße. Ein deutsch-deutscher Briefwechsel (mit J. von Westphalen), 88. – *Dramen:* Ada und Ewald (in: Das Mißverständnis), 82.

Marriot, Emil → Mataja, Emilie

Marroth, Benno von → Konsalik, Heinz G.

Marti, Kurt, *31. 1. 1921 Bern.
M. studierte Jura und Theologie in Bern und Basel. Seit 1961 lebt er als Pfarrer in Bern. Mehrere Literaturpreise. – Nach einer Gedichtsammlung in Schweizerdeutsch unter dem Titel *rosa loui* ist M. insbesondere mit dem Band *Leichenreden* hervorgetreten, Gedichten, denen das Muster konventioneller Nekrologe zugrunde liegt: In schlichten Zeilenreihungen und abwandelnden Wiederholungen aber sprengen die *Leichenreden* die Kruste des Klischees auf und überdenken so die Erfahrung des Sterbenmüssens auf eine unverstellt christlich-humane Weise neu. Seine aufs Diesseitige ausgerichtete Religion führt ihn dazu, in Lyrik und Erzählungen sowie in seinen zahlreichen Essays sich für die Veränderung der Verhältnisse und Machtstrukturen einzusetzen, und zwar über den Dialog, nicht durch Gewalt. Besonders scharf wird die Schweiz im Gedichtzyklus *Heil-Vetia* angegriffen.

W.: Lyrik: Boulevard Bikini, 1959; republikanische gedichte, 59 (erw. 71); gedichte am rand, 63; gedichte, alfabeete & cymbalklang, 66; rosa loui. vierzig gedicht ir bärner umgangschprach, 67; Leichenreden, 69; Heil-Vetia, 71; Undereinisch, 73; Nancy Neujahr u. Co., 76; Der Aufstand Gottes gegen die Herren (mit G. Gessler), 81; Geduld und Revolte, 84; Mein barfüßig Lob, 87. – *Erzählungen:* Dorfgeschichten 1960, 60 (erw. als: Wohnen zeitaus, 65); trainingstexte, 67; Abratzky oder Die kleine Blockhütte, 71; Das Herz der Igel, 72; Die Riesin, 75; Bürgerliche Geschichten, 81; Dorfgeschichten, 83; Nachtgeschichten, 87. – *Essays, Notizen:* Moderne Literatur, Malerei und Musik, 63; Die Schweiz und ihre Schriftsteller – Die Schriftsteller und ihre Schweiz, 66; Das Markus-Evangelium, 67; Theologie im Angriff, 69; Das Aufgebot zum Frieden, 69; Bundesgenosse Gott, 72; Dialog Christ – Marxist (mit K. Farner), 72; Zum Beispiel Bern 1972, 73; Ein politisches Tagebuch, 73; Grenzverkehr, 76; Der Mensch ist nicht für das Chri-

stentum da, 77; Zärtlichkeit und Schmerz, 79; Gottesbefragung, 82; Schöpfungsglaube, 83; Ruhe und Ordnung, 84; An mein Kind – Briefe von Vätern (mit M. Köhlmeier u. a.), 84; Tagebuch mit Bäumen, 85; Lachen, Weinen, Lieben, 85; Schilfgräser. Aphorismen (mit G. S. Schürch), 85; O Gott!, 86; Red' und Antwort. Rechenschaft im Gespräch, 88; Der Gottesplanet – Predigten und Aufsätze, 88; Die gesellige Gottheit – Ein Diskurs, 89. – *Sammelausgaben:* Paraburi, 72; Gesammelte Gedichte, 73; Meergedichte, Alpengedichte, 75; Ein Abend in Lehrer Meilis ruhigem Leben, 80 (mit G. Schürch); Abendland, 80; Für eine Welt ohne Angst. Berichte, Geschichten, Gedichte, 81; Schon wieder heute. Gesammelte Gedichte, 59, 80, 82; Widerspruch für Gott und Menschen. Aufsätze und Notizen, 82; Zart und genau, 85; Ungrund Liebe, 87; Ausgewählte Gedichte 1959–1988, 89. – *Herausgebertätigkeit:* Stimmen vor Tag, 65; Almanach für Literatur und Theologie (mit anderen); Der du bist im Exil, 69; Politische Gottesdienste in der Schweiz, 71; Natur ist häufig eine Ansichtskarte. Stimmen zur Schweiz, 76; Wort und Antwort, 77; Festgabe für Walter Jens, 88.

Martin, Chris → Andresen, Thomas

Martin, Hansjörg, *1. 11. 1920 Leipzig.
M. studierte Malerei und Grafik und war nach dem Krieg u. a. Grafiker, Bühnenbildner, Lehrer, Clown, Werbeberater, Redakteur und Dramaturg. Er lebt als freier Autor. – M. begann als Kinder- und Jugendbuchautor, wurde aber vor allem bekannt mit seinen Kriminalromanen, in deren Mittelpunkt zumeist der Ich-Erzähler Kommissar Klipp steht. M. orientiert sich am Sarkasmus Chandlers, den er jedoch in eher liebenswerte Bissigkeit umwandelt. Seine Kriminalromane folgen überwiegend konventionellem Schema und nehmen kleinbürgerliches Leben und Denken aufs Korn. Vereinzelt greift er auf Verbrechen aus der NS-Zeit zurück (*Kein Schnaps für Tamara*, *Dein Mord in Gottes Ohr*) und diskutiert daran das Problem von Schuld und Sühne. Trotz gelegentlich harter Kritik an politischen und sozialen Zuständen der Gegenwart, die sich in witzigen und ironischen Nebenbemerkungen artikuliert, bleibt der Ton versöhnlich. M. war einer der ersten, der sich in Kriminalromanen mit spezifisch deutscher Thematik beschäftigte, und ist der auflagenstärkste

deutsche Krimi-Autor (1987 vier Millionen). Er schrieb auch zahlreiche Hör- und Fernsehspiele. 1986 Bundesverdienstkreuz.

W.: Romane, Biographien, Prosa: Gefährliche Neugier, 1965; Kein Schnaps für Tamara, 66; Einer fehlt beim Kurkonzert, 66; Bilanz mit Blutflecken, 68; Cordes ist nicht totzukriegen, 68; Meine schöne Mörderin, 69; Rechts hinter dem Henker, 69; Blut ist dunkler als rote Tinte, 70; Einer flieht vor gestern nacht, 71; Feuer auf mein Haupt, 72; Mallorca sehen und dann sterben, 73; Bei Westwind hört man keinen Schuß, 73; Schwarzlay und die Folgen, 74; Geiselspiel, 75; Wotan weint und weiß von nichts, 76; Spiel ohne drei, 78; Der Kammgarnkiller, 79; Dein Mord in Gottes Ohr, 79; Sieben Tage St. Georg, 79; Betriebsausflug ins Jenseits, 80; Das Zittern der Tenöre, 80; Herzschlag, 80; Die grünen Witwen von Rothenfelde, 82; Erntefest, 83; Gegen den Wind, 87; Süßer Tod, 87; Der Rest ist sterben, 88. – *Erzählungen:* Tod im Dutzend, 72; Blut an der Manschette, 74; Die lange, große Wut, 77; Dreck am Stecken, 79; Gute Messer bleiben lange scharf, 83; Heiße Steine, 84; Das Allerschönste, 84; Bewölkte Vergangenheit, 85; Ein Mannsbild zwischen Himmel und Erde, 87; Die Krimipioniere (mit -ky u.a.), 88. – *Kinder- und Jugendbücher:* Toms und Tobbys tolle Trampfahrt, 51; Till mit dem Bauchladen, 52; Der Sieg der Sieben, 53; Johann der Dreizehnte, 55; Diebe, Nacht und Nebel, 56; Jenny und Jochen, 59; Susanne sieht die See, 62; Ich heiße Flaps, 63; Pingpong bleibt die Spucke weg, 66; Vier vermummte Gestalten, 69; Überfall am Okeechobee, 72; Ein buntes Auto und ein schwarzes Schwein, 72; Spiele auf Spiekeroog, 73; ko und ok, 75; Ist der Mars was Marzipan?, 75; Die Sache im Supermarkt, 77; Das Gespenst von Altona, 79; Bei Lehmanns ist was los, 79; Der Verweigerer, 80; Bille, Gülle, Kalle & Co., 3 Bde, 80f; Wohin mit dem armen T.?, 80; Die dreisten Drei, 80; Kein Platz für Tarzan, 80; Ein Menschenfischer, 81; Macht doch mal selber Literatur. Bericht über Versuche, mit jungen Menschen Texte zu entwickeln, 81; Frust – Schule lebenslänglich?, 82; Die Sache im Stadtpark, 82; Die Sache mit den Katzen, 86; Kein Platz für T., 87; Weiße Schildkröte weiß mehr, 87; Mit dem Wind gegen das Gesetz [mit G. Bueno], 88; Unternehmen Jacotobi, 5 Bde, 89. – *Sammel- und Werkausgaben:* Gefährliche Neugier. Kein Schnaps für Tamara. Einer fehlt beim Kurkonzert, 88; Querbeet. Texte aus fast fünfzig Jahren, 89; Seine besten Stories, 89. – *Herausgebertätigkeit:* Bommi ist tot und Tim hat Geburtstag, 75; Das Krimi-Kabinett, 77; Herzklopfen, 79; Zwölf krumme Sachen, 82; Das neue Krimi-Kabinett, 84; Es kommt ein Bär von Konstanz her (mit B. H. Schmidt), 86. – *Schallplatten, Kassetten:* Das Gespenst von Altona, 86 (Kass.).

Marut, Ret → Traven, B.

Mataja, Emilie (Pseud. Emil Marriot), *20.11.1855 Wien, †5.5.1938 ebd.

M., Tochter eines Kaufmanns, bewies schon im Kindesalter Talent zur Schriftstellerei. So schrieb sie bereits als zwölfjähriges Mädchen Gedichte und Tragödien. Später bahnte ihr u.a. Paul Heyse den Weg in die Öffentlichkeit. – Ihr Erstlingswerk *Familie Hartenberg* zeichnete sich durch seine kritische Gesellschaftsschilderung aus. Dieses Motiv verschärfte sich in späteren Werken immer mehr. M. sah den Grund für zunehmende Probleme in der Gesellschaft vor allem im Glaubensverlust des «modernen» Menschen. Gottgläubige und vom Glauben losgelöste Großstadtmenschen werden einander wertend gegenübergestellt. Die Darstellung des Priesterlebens in seiner ganzen Problematik, besonders das Thema der Priesterliebe, stehen im Vordergrund anderer Werke.

W.: Romane, Erzählungen: Familie Hartenberg, 1882; Der geistliche Tod, 84; Die Unzufriedenen, 88; Moderne Menschen, 93; Caritas, 95; Seine Gottheit, 96; Junge Ehe, 97; Der Heiratsmarkt, 97; Auferstehung, 98; Menschlichkeit, 1902; Anständige Frauen, 06; Heinz Henning, 11; Der abgesetzte Mann, 16; Das Sündengesetz, 20. – *Novellen:* Novellen, 1887; Novellen, 90; Die Starken und die Schwachen, 94; Tiergeschichten, 99; Schlimme Ehen, 1901; Ein schwerer Verdacht, 07; Sterne, 08; Erstarrung, 09; Kinderschicksale, 12. – *Drama:* Gretes Glück, 1897.

Matter, Mani (eig. Hans-Peter), *9.10.1936 Herzogenbuchsee (Kanton Bern), †25.11.1972 (bei einem Verkehrsunfall). Nach seinem Studium der Rechtswissenschaften und der Promotion an der Universität Bern arbeitete M. als Rechtskonsulent der Stadt Bern und daneben als Dozent an der Universität. – M. ist einer der frühen Vertreter der neuen Mundartdichtung der Schweiz, der Begründer des «berndeutschen Chansons» und einer der ersten Liedermacher. In seinen Chansons, die alles Nostalgisch-Heimattümelnde traditioneller Mundartlieder vermissen lassen, verbinden sich Gesellschaftskritik und Freude am Sprachwitz mit genauen Beobachtungen und satirisch-ironischem Blick fürs Detail.

W.: Prosa, Lyrik, Chansons: Us emene lääre Gygechaschte, 1969; Warum syt dir do truurig?, 73; Sudelhefte, 74; Rumpelbuch, 76. – *Essays, theoretische Schriften:* Die Legitimation der Gemeinde zur staatsrechtlichen Beschwerde, 65 (Diss.). – *Schallplatten:* I han en Uhr erfunde, 66; Alls wo mir i di Finger chunt, 67; Hemmige, 70; Betrachtige über nes Sändwitsch, 72; Ir Ysebahn, 72; I han es Zündhölzli azündt, 75.

Matusche, Alfred, *8. 10. 1909 Leipzig, †31. 7. 1973 Karl-Marx-Stadt.

M. brach 1927 sein Studium an einer technischen Hochschule ab; nach Jahren der Wanderschaft und Tätigkeit in verschiedenen Berufen arbeitete er für den Funk. 1933 wurde M. arbeitslos. Er nahm am Widerstandskampf teil. Nach 1945 schrieb M. Hörspiele für den Sender Leipzig und war kulturpolitisch tätig; seit 1969 war er freischaffend.

M. nahm unter den Dramatikern der DDR eine Ausnahmestellung ein. Das Hauptthema seiner Dramen ist der Prozeß individueller Wandlung in der Zeit des Faschismus und der unmittelbaren Nachkriegszeit (u. a. *Die Dorfstraße, Nacktes Gras, Das Lied meines Weges*). In knappen, lyrischen Dialogen führt M. Entscheidungssituationen vor, die die Reflexion des Zuschauers über das gegenwärtige Verhältnis von Anpassung/Nichtanpassung herbeiführen sollen.

M.s Aversion gegen jegliche Form gesellschaftlicher Selbstgenügsamkeit wird besonders in den Stücken deutlich, die den Widerspruch zwischen Kunst und Leben zum Gegenstand haben: Die Tatsache, daß er in der DDR in den 60er Jahren so gut wie ungespielt blieb, reflektierte M. in seinem Stück *Van Gogh*, das den an gesellschaftlicher Ignoranz scheiternden Künstler zeigt.

Erst seit dem Beginn der 70er Jahre (M. erhielt in seinem Todesjahr den Lessingpreis) wurde vor allem M.s Gegenwartsstück *Kap der Unruhe* häufiger gespielt.

W.: Dramen, Fernsehspiele, Hörspiele: Welche von den Frauen, 1954; Die Dorfstraße, 55; Nacktes Gras, 57; Die gleiche Strecke, 60 (Hsp. und Fsp. 61); Die feurige Stadt, 60; Unrast, 61; Der Ausreißer, 63; Der Regenwettermann, 65 (Fsp. 68); Van Gogh, 66 (Fsp. 69, Hsp. 73); Das Lied meines Weges, 69; Kap der Unruhe, 70; An beiden Ufern, 74. – *Lyrik:* Gedichte (dänisch), 36. – *Sammelausgabe:* Dramen, 72.

Maurer, Georg, *11. 3. 1907 Reghin (Rumänien), †4. 8. 1971 Potsdam.

M. studierte 1926–32 in Leipzig und Berlin Kunstgeschichte, Germanistik und Philosophie. M. war im 2. Weltkrieg Soldat. Nach der Rückkehr aus sowjetischer Gefangenschaft arbeitete M. als Schriftsteller in der DDR. Von 1955 bis zu seinem Tode lehrte er am Literaturinstitut in Leipzig. 1964 Kunstpreis Leipzig. 1965 Nationalpreis.

Nach konventionellem Beginn, «Ausweichversuchen» (Gerhard Wolf) in der Zeit des Faschismus, näherte sich M. in der Nachkriegszeit der Arbeiterbewegung an. Erste Versuche, die Wirklichkeit der materiellen Produktion in sein Werk zu integrieren, wiesen noch ein deutliches Aufbaupathos auf. Im *Drei-Strophen-Kalender* (entstanden 1950/51) stand Natur metaphorisch für soziale Beziehungen; sie erschien aber zugleich als Aktionsraum, in dem der Mensch sich zu entfalten hätte.

Im Anschluß an die Philosophie Blochs suchte M. in seinem weiteren Schaffen seiner Hoffnung auf eine bessere Kommunikation zwischen Mensch und Natur Ausdruck zu verleihen (*Das Unsere*). In weitausgreifenden Poemen und Zyklen steckte er den philosophischen Rahmen ab, in den die konkreten gesellschaftlichen Widersprüche eingeschlossen blieben. Die Unmittelbarkeit der Naturlyrik wich der Anwesenheit des philosophierenden lyrischen Ichs, das in jedem Ding die «inkarnierte Arbeit» (Fühmann) suchte. Liebe und Arbeit waren die Grundbegriffe einer Poetik, die M. in seinen essayistischen Schriften gegen die bürgerliche Moderne abgrenzte. Als Lehrer der jüngeren DDR-Lyriker-Generation (u. a. Braun, Mickel, Rainer und Sarah Kirsch) hat M. die Entwicklung der DDR-Lyrik nachhaltig beeinflußt.

W.: Lyrik: Ewige Stimmen, 1936; Gesänge der Zeit, 48; Zweiundvierzig Sonette, 53; Reise durch die Republik, 53; Die Elemente, 55; Gedichte aus zehn Jahren, 56; Lob der Venus, 56; Poetische Reise, 59; Drei-Strophen-Kalender, 61; Das Unsere, 62; Gestalten der Liebe, 64; Stromkreis, 64; Variationen, 64 (ver. 65); Im Blick der Uralten, 65; Gespräche, 67; Kreise, 70; Erfahrene Welt, 73. – *Essays, theoretische Schriften:* Der Dichter und seine Zeit, 56; Essay I, 68; Essay II, 73; Dichtung ist deine Welt. Selbstaussagen und Würdigungen, 73; Was vermag Lyrik?, 82. – *Übersetzungen:* Stancu, Z.: Barfuß, 51 (mit W. Fabius); Die Armen halten Gericht. Rumänische Erzählungen aus 100 Jahren, 53; Caragiale, J. L.: Dramen, 54; ders.: Eine stürmische Nacht, 56; ders.: Ein Glückspilz, 60; Jebeleanu, E.: Das Lächeln Hiroshimas, 60; Colin, V.: Sagen aus Vams Land, 67. – *Sammel- und Werkausgaben:* Gedichte, 62; Ausgewählte Werke, 64ff; Gedichte, 71; Unter dem Maulbeerbaum, 77; G. M.s immerwährender Dreistrophenkalender, 79; Werke, 2 Bde, 87. – *Herausgebertätigkeit:* Rumänien erzählt, 55.

Maurhut, Richard → Traven, B.

Maurina, Zenta, * 15. 12. 1897 Lejasciems (Lettland), † April 1978 Bad Krozingen.
Lettische Essayistin, Prosaistin, wuchs in Grobina (Kurland) auf, studierte in Riga und Heidelberg u. a. bei F. Gundolf und E. R. Curtius und unternahm Studienreisen nach Florenz und Paris. 1944 flüchtete sie nach Deutschland und lebte dann in Uppsala/Schweden u. zeitweise in Deutschland.
M. war vor allem Essayistin. Bekannt wurde sie durch ihre Biographie Dostojevskijs, an die sich Interpretationen anderer großer Dichter anschlossen. Grundthema ihres Werks in lettischer und deutscher Sprache, zu dem auch erzählende und autobiographische Schriften gehören, ist die Überwindung von Schmerz und Leid durch die Liebe.

W.: Essays: Daži pomata motīvi Raina mākslā, 1928; Jānis Poruks un romantisms, 29; Dostoevskis, 33 (dt. Dostojewski); Baltais cels, 35; Dzīves apliecinātāji, 36; Dante, 37; Friča Bārdas pasantés uzkats, 38; Sanks meklētāji, 38; Prometēja gaismā, 42; Sirds mosaika, 47 (dt. Mosaik des Herzens); Gestalten und Schicksale, 49; Uguns gari, 51; Um des Menschen willen, 55; Begegnung mit E. Ney, 56; Auf der Schwelle zweier Welten, 59; Über Liebe und Tod, 60; Welteinheit und die Aufgabe des Ein-zelnen, 63; Im Anfang war die Freude, 64; Die Aufgabe des Dichters in unserer Zeit, 65; Lebensmeisterung, 66; Verfremdung und Freundschaft, 66; Birkenborke/Benjamin. Zwei Berichte, 67; Porträts russischer Schriftsteller, 68; Wege zur Genesung, 68; Um der Freude willen, 71; Der Mensch, das ewige Thema des Dichters, 72; Ein Tag kann eine Perle sein, 73; Dzīves jēgu meklējot, 73; Kleines Orchester der Hoffnung, 74; Warum Kontaktlosigkeit?, 75; Der Weg vom Ich zum Du, 75; Mein Lied von der Erde, 76; Jeden Abend glänzen goldene Sterne, 77; Durch Leid durch Freude, 79; Geliebtes Leben – Gelebtes Leben, 81. – *Romane, Erzählungen, Tagebücher:* Dzīves vilcienā, 41 (dt. Im Zuge des Lebens); Tris Brāli, 46; Die weite Fahrt, 51; Denn das Wagnis ist schön, 53; Die eisernen Riegel zerbrechen, 57; Septini viesi, 57 (dt. Sieben Gäste), Schwedische Tagebücher: 1. Nord- und südliches Gelände, 63, 2. Jahre der Befreiung, 65, 3. Abenteuer des Menschseins, 70; Pasaules vartos, 68; Tod im Frühling, 72; Meine Wurzeln im Himmel, 79. – *Werkausgaben:* Kopoti raksti, 2 Bde, 39f; Briefe aus dem Exil 1945–1951, 80.

Mauthner, Fritz, * 22. 11. 1849 Horitz/Böhmen, † 29. 6. 1923 Meersburg.
M., Fabrikantensohn, kam 1855 nach Prag, besuchte dort das Gymnasium, dann die Universität, wo er Jura studierte. Anschließend Journalist, zuerst in Prag; ab 1895 Feuilletonredakteur und Theaterkritiker beim «Berliner Tageblatt». Als solcher nahm er regen Anteil an der naturalistischen Bewegung: 1889 war er Mitbegründer der «Freien Bühne», 1894 nach Abspaltung mit Wille, Bölsche, Hartleben u. a. der «Neuen Freien Volksbühne». Zog später nach Freiburg i. Br. (1905) und 1909 nach Meersburg, wo er sich vor allem philosophischen Arbeiten widmete.
M.s zahlreiche Gesellschaftsromane sind weitgehend in Vergessenheit geraten und wiegen seine bedeutende intellektuelle Tätigkeit innerhalb der naturalistischen Bewegung nicht auf. Bekannt war er zu seiner Zeit als Schriftsteller vor allem durch die literarischen Parodien zeitgenössischer Modeautoren wie Freytag, Auerbach oder Scheffel, *Nach berühmten Mustern*, sowie durch seine Journalistensatire *Schmock*. Er überlebt hauptsächlich durch sein philosophisches Hauptwerk, *Beiträge zu einer Kritik der*

Sprache (1901–02), das 1982 eine Neuauflage erfuhr; darin sind zahlreiche Überschneidungen mit Grundsatzproblemen und -gedanken von Philosophen der Wiener Schule, wie Wittgenstein, Mach und Carnap, zu finden.

W.: Romane, Erzählungen, Parodien: Nach berühmten Mustern, 1878, 80, Gesamtausg. 97; Einsame Fahrten, 79; Vom armen Franischko, 79; Die Sonntage der Baronin, 81; Der neue Ahasver, 82; Dilettantenspiegel, 83; Gräfin Salamanca, 84; Xanthippe, 84; Berlin W: Quartett, 86, Die Fanfare, 88, Der Villenhof, 90; Der letzte Deutsche von Blatna, 87; Der Pegasus, 89; Zehn Geschichten, 91; Glück im Spiel, 91; Hypatia, 92; Lügenohr, 92 (u. d. T.: Aus dem Märchenbuch der Wahrheit, 99); Kraft, 94; Der Geisterseher, 94; Die bunte Reihe, 96; Der steinerne Riese, 97; Die böhmische Handschrift, 97; Der wilde Jockey, 97; Der goldene Fiedelbogen, 1917. – *Drama:* Anna, 1874. – *Lyrik:* Die große Revolution, 1872. – *Essays, theoretische Schriften:* Kleiner Krieg, 1879; Credo, 86; Tote Symbole, 92; Zum Streit um die Bühne, 93; Totengespräche, 1906; Gespräche im Himmel und andere Ketzereien, 14. – *Philosophische Schriften:* Beiträge zu einer Kritik der Sprache, 1901–02; Aristoteles, 04; Spinoza, 06; Die Sprache, 07; Wörterbuch der Philosophie, 10–11, 23–24; Schopenhauer, 11; Der letzte Tod des Gautama Buddha, 13; Der Atheismus und seine Geschichte im Abendland, 4 Bde, 20–23; Muttersprache und Vaterland, 20. – *Autobiographisches:* Erinnerungen, 18; Selbstbiographie, 22 (in: Phil. der Gegenwart in Selbstdarstellungen, Bd 3). – *Übersetzung:* Henriette Marechal, von E. de Goncourt, 1895. – *Sammelausgaben:* Ausgewählte Schriften, 6 Bde, 1919; Sprache und Leben, 86. – *Herausgebertätigkeit:* Wochenschrift für Kunst und Literatur, 1889–90; Magazin für die In- und Auslandes, 91; Bibliothek der Philosophen, ab 1911.

Mayer, Hans (Pseud. Martin Seiler), * 19.3.1907 Köln.

M. studierte Jura, Geschichte und Philosophie, promovierte 1931 in Köln. 1935–45 wegen politisch linker Einstellung und jüdischer Abstammung ins Exil: Schweiz und Frankreich. Nach 1945 Rundfunkredakteur in Frankfurt a. M. Von 1948 bis 1963 Prof. für Literaturgeschichte in Leipzig. Wegen Nichtübereinstimmung mit der DDR-Kulturpolitik in die BRD übergesiedelt, Prof. an der TH Hannover, deren Ehrensenator er ist; heute lebt M. in Tübingen. 1980 erhielt er den Kölner Literaturpreis; im Wintersemester 1986/87 war er Gastdozent für Poetik an der Universität Frankfurt. Er bekam 1988 den Ernst-Bloch-Preis und 1990 das Österreichische Ehrenzeichen für Wissenschaft und Kunst. Er ist Ehrenmitglied der Gesellschaft für Exilforschung und korrespondierendes Mitglied der Akademie der Künste zu Berlin (Ost). – Seine philosophischen und politischweltanschaulichen Grundlagen lernte M. vor allem bei Marx und Hegel sowie bei Bloch und Lukács. Anders jedoch als dieser tritt er für die Literatur der Moderne ein, für Kafka, Proust, Aragon, Ionesco u. a. Seine zwischen Kenner und Liebhaber sich bewegende wissenschaftliche und künstlerisch-temperamentvolle Zugangsart sichert ihm ein Wirkungsfeld bei Schriftstellern, wissenschaftlicher Lehre und öffentlichem literarischem Leben (Gruppe 47, Rundfunk- und Fernsehdiskussionen, Mitarbeit an Zeitungen und Zeitschriften). In seinem Hauptwerk *Außenseiter* untersucht M. das Scheitern bürgerlicher Aufklärung in Deutschland an drei verdrängten und von der Emanzipation ausgeschlossenen Gruppen, den Frauen, den Homosexuellen und den Juden. – 1982–84 erschien seine Autobiographie mit dem programmatischen, Erfahrungen nicht verdrängenden Titel *Ein Deutscher auf Widerruf.*

W.: Essays, literaturgeschichtliche Abhandlungen: Von der dritten zur vierten Republik. Geistige Strömungen in Frankreich (1939–1945), 1945; Georg Büchner und seine Zeit, 46; Frankreich zwischen den Weltkriegen 1919–39, Essays, 48; Goethe in unserer Zeit, 49; Literatur der Übergangszeit. Essays, 49; Thomas Mann, 50; Schiller und die Nation, 53; Studien zur deutschen Literaturgeschichte, 54; Leiden und Größe Thomas Manns, 56; Deutsche Literatur und Weltliteratur, 57; Von Lessing bis Thomas Mann, 59; Richard Wagner, 59; Bertolt Brecht und die Tradition, 61; Ansichten. Zur Literatur der Zeit, 62; Zur deutschen Klassik und Romantik, 64; Anmerkungen zu Sartre, o. J.; Anmerkungen zu Richard Wagner, 66; Zur deutschen Literatur der Zeit. Zusammenhänge, Schriftsteller, Bücher, 67; Das Geschehen und das Schweigen, 69; Der Repräsentant und der Märtyrer. Konstellationen der Literatur, 71; Vereinzelt Niederschläge. Kritik, Polemik, 73; Goethe. Drei Versuche, 73; Anmerkungen zu Brecht, 73; Außenseiter, 75;

Brecht in der Geschichte. Drei Versuche, 76; Richard Wagner in Bayreuth, 76; Über Friedrich Dürrenmatt und Max Frisch, 77; Richard Wagner. Mitwelt und Nachwelt, 78; Die Rolle des politischen Schriftstellers (mit A. Grosser), 78; Don Juan und Faust. Essays, 78; Nach Jahr und Tag. Reden 1945–77, 78; Goethe. Manuskripte zu einer Hörfunksendereihe [von H. M.: Weimar. Geschichte eines Scheiterns], 79; Thomas Mann, 80; Versuche über die Oper, 81; Martin Luther, 82; Lessing, Heine und die Folgen, 82; Ein Deutscher auf Widerruf. Erinnerungen, 2 Bde, 82–84; Ein Denkmal für Johannes Brahms. Versuche über Musik und Literatur, 83; Wir Außenseiter, 83; Versuch über Hans Henny Jahnn, 84; Widersprüche einer europäischen Literatur, 84; Das Evangelische Stift Tübingen (mit J. Hahn), 85; Reden über das eigene Land: Deutschland, 3 (mit J. Beuys u. a.), 85; Aufklärung heute. Reden und Vorträge 1978–84, 85; Ernst Bloch oder die Selbstbegegnung, 86; Versuche über Schiller, 86; Das unglückliche Bewußtsein, 86; Gelebte Literatur. Frankfurter Vorlesungen zur Poetik, 87; Goethe. Ein Versuch über den Erfolg, 87; Ansichten von Deutschland, 88; Die umerzogene Literatur. Deutsche Schriftsteller und Bücher 1945–1967, 88; Die unerwünschte Literatur. Deutsche Schriftsteller und Bücher 1968–1985, 89; Reden über Ernst Bloch, 89; Stadtansichten, 89; Weltliteratur, 89; Der Turm von Babel, 91. – *Sammel- und Werkausgaben:* Augenblikke. Ein Lesebuch, 87; – *Herausgebertätigkeit:* Meisterwerke deutscher Literaturkritik, 2 Bde, 54–56; Georg Büchner: Woyzek, o. J.; Kritiker unserer Zeit, 2 Bde, 64; Deutsche Literaturkritik im 20. Jahrhundert (1889–1933), 65; Goethe im 20. Jahrhundert. Spiegelungen und Deutungen, 67; Große deutsche Verrisse von Schiller bis Fontane, 67; Deutsche Literaturkritik der Gegenwart. 1933–1968, 2 Bde, 71f; Über Peter Huchel, 73; Becher, J. R.: Gedichte, 75; Frisch, M.: Gesammelte Werke in zeitlicher Folge, 6 Bde u. 1 Erg.-Bd, 76–86; Deutsche Literaturkritik, 4 Bde, 78; Reiser, A. M.: Heines Reise-Bilder, 84; Goethe im Spiegel des 20. Jahrhunderts, 87.

Mayröcker, Friederike, *20. 12. 1924 Wien.

M., seit 1946 Englischlehrerin in Wien, trat in Kontakt mit Max Bense, seit 1956 mit der Wiener Gruppe und Ernst Jandl. Sie begann mit metaphernreichen, elegischen Erlebnisgedichten; es überwiegt das Prinzip der Reihung von Bildern. Zunehmend zieht das lyrische Subjekt sich aus den zu «Texten» verhärteten und verkrusteten Sprachgebilden zurück. Erin-

nerung ist verfremdet zum Zitat, dessen Objektivität Eigenes und Fremdes nicht mehr zu unterscheiden ermöglicht. Das dadurch weitgehend autonome Sprachmaterial wuchert in der Weise einer Kettenreaktion, wobei sprachliche Automatismen und der subjektiven Eigengesetzlichkeit der «Bewußtseinsmaschine» unterworfene Assoziationen sich überlagern und wechselweise bedingen. Die neueren Texte von M., obwohl durch subjektive Erfahrung «ausgelöst», also nicht primär Demonstration anonymer Sprachverhalte, widersetzen sich dennoch subjektiver Rezeption: «Reiztexte», erfaßbar allenfalls mit Kategorien der Informationsästhetik. In *Das Herzzerreißende der Dinge* liefert M. am Gerüst einer fragmentarischen Künstlerbiographie bruchstückhafte Assoziationen, Beobachtungen über verschiedene Bereiche des Lebens und der Literatur in einer Prosa von suggestivem Reiz. – Sie ist korrespondierendes Mitglied der Deutschen Akademie für Sprache und Dichtung, seit 1972 Mitglied der Grazer Autorenversammlung und erhielt zahlreiche Literaturpreise, u. a. 1964 den Theodor-Körner-Preis, 1968 den Hörspielpreis der Kriegsblinden (mit E. Jandl), 1977 den Georg-Trakl-Preis und 1982 den Roswitha-von-Gandersheim-Preis.

W.: Prosa: Larifari. Kurze Prosa, 1956; Tod durch Musen. Poetische Texte, 66; Minimonsters Traum-Lexikon. Texte in Prosa, 68; Fantom Fan, 71; Sinclair Sofokles der Babysaurier (mit Th. Eberle), 71; Arie auf tönernen Füszen. Metaphysisches Theater, 72; Je ein umwölkter Gipfel, 73; Augen wie Schaljapin bevor er starb, 74; Meine Träume ein Flügelkleid, 74; Das Licht in der Landschaft, 75; schriftungen: oder gerüchte aus dem jenseits, 75; Fast ein Frühling des Markus M., 76; rot ist unten, 77; Heisze Hunde, 77; lütt' koch, 78; Heiligenanstalt, 78; Ein Lesebuch, 79; Tochter der Bahn / Der Ureinwohner (mit K. Rinke), 79; Pegas das Pferd, 80; Die Abschiede, 80; Treppen, 81; Ich, der Rabe und der Mond, 81; Im Nervensaal, Himmel am 12. Mai, 83; Magische Blätter I, 84; II, 86; Rosengarten, 84; Reise durch die Nacht, 84; Configurationen (mit H. Aratym), 85; Das Herzzerreißende der Dinge, 85; Votivkopf, weiblich, 86; Der Donner des Stillhaltens, 86; Blauer Streusand (mit E. Gerstl u. a.), 87; Die Abschiede, 87; Mein Herz, mein Zimmer, mein Name, 88. – *Lyrik:* metaphorisch. Lyrik, 64;

texte. Lyrik, 65; Sägespäne für mein Herzbluten. 39 Gedichte, 67; Blaue Erleuchtungen. Erste Gedichte, 72; In langsamen Blitzen, 74; Schwarze Romanzen, 81; Gut Nacht, guten Morgen, 82; Ausgewählte Gedichte 44–78, 79; Winterglück, 86; Zittergaul, 89. – *Hörspiele* (z. T. mit E. Jandl): Fünf Mann Menschen, 68; Mövenpink 68; Arie auf tönernen Füßen, 69; Botschaften von Pitt, 69; Der Gigant, 69; Spaltungen, 70; Land Art, 70; Die Hymnen, 70; Anamnese – Erinnerung an eine Vorgeschichte, 70; Für vier, 71; Tischordnung, 71; Gefälle, 71; Ein Schatten am Weg zur Erde, 74; Drei Hörspiele, 75; Der Tod und das Mädchen, 76; Schwarmgesang. Szenen für die poetische Bühne, 78; Pick mich auf mein Flügel, 80 (Toncass.); Bocca della verità, 81 (mit Kassette); Was geschah, nachdem Nora ihren Mann verlassen hatte? Sieben Hörspiele (mit E. Jelinek u. a.), 82; So ein Schatten ist der Mensch, 82; Die Umarmung, nach Picasso, 86; Repetitionen nach Max Ernst, 89. – *Sammel- und Werkausgaben:* Fünf Mann Menschen. Hörspiele, 71 (mit E. Jandl); Jardin pour F. M., 78; Das Anheben der Arme bei Feuersglut, 84; Gesammelte Prosa 1949–1975, 89. – *Schallplatten u.ä.:* Fünf Mann Menschen, 69 (mit E. Jandl, in: Neues Hörspiel, hg. K. Schöning); Sprechklavier, 75; Dichter lesen in der DAAD-Galerie, 82 (mit E. Jandl, O. Pastior, K. Kiwus). – *Fernsehen:* Traube, 71 (mit E. Jandl u. H. v. Cramer).

McPatterson, Fred → Ernsting, Walter

Mechow, Karl Benno von, *14. 7. 1897 Bonn, †11. 9. 1960 Emmendingen.
M. war der Sohn eines altadeligen preußischen Obersten. Er besuchte das Gymnasium in Baden-Baden und Freiburg i. Br. Als Unterprimaner meldete er sich freiwillig und nahm als Ulanenoffizier am 1. Weltkrieg teil. Nach 1918 studierte er Philosophie, Volks- und Landwirtschaft in München und Freiburg. Bis 1927 lebte er als Landwirt im Kreis Schwiebus, 1928 ließ er sich als Kleinsiedler in Krainburg am Inn (Brandenburg) nieder und siedelte 1934 nach Brannenburg (Oberbayern) um. Später lebte er in Freiburg i. Br. 1934–44 war M. zusammen mit P. Alverdes Mitherausgeber der zeitweilig verbotenen Zeitschrift «Das innere Reich». Er verbrachte seine letzten Jahre zeitweise in geistiger Umnachtung in Freiburg, wo er 1956 nach langem Schweigen ein letztes Mal mit der Erzählung *Auf dem Weg* literarisch hervortrat.

M. ist ein feinfühliger, formvollendeter Erzähler, der mit viel Zurückhaltung intime und zwischenmenschliche Konflikte schildert. Grundlage seiner Romane, z. B. seines ersten Werkes *Das ländliche Jahr*, sind oft autobiographische Erlebnisse und Erfahrungen, wobei M. mit Vorliebe das enge Miteinanderverbundensein von Mensch und Natur auf dem Lande schildert. Sein Hauptwerk *Vorsommer* verfaßte er 1933; hier schildert M. in einer Art, die an Wiechert erinnert, die Geschichte von Begegnung und Liebe zwischen einem Kriegsheimkehrer und Reitersmann und einem kindhaft reinen Mädchen aus der süddeutschen Großstadt auf einem Gutshof im deutschen Osten.

W.: Romane, Erzählungen, Erinnerungen: Das ländliche Jahr, 1929; Das Abenteuer, 30; Der unwillkommene Franz, 32; Vorsommer, 33; Sorgenfrei, 34; Ernte, 36; Leben und Zeit, 38; Kamerad Pferd, ein Buch von Roß und Reiter mit Beiträgen bekannter Autoren, 40; Novelle auf Sizilien, 41; Glück und Glas, 42; Der Mantel und die Siegerin, 42; Auf dem Wege, 56.

Mechtel, Angelika, *26. 8. 1943 Dresden.
Aufgewachsen im Rheinland. Gymnasium und Abitur in Würzburg. Verheiratet mit dem Schriftsteller und Publizisten Wolfhart Eilers. Zwei Töchter. Lebt in Einsbach/Bayern. Veröffentlicht Prosa und Lyrik seit 1963.
Verfasserin von zahlreichen Hörspielen, Fernsehspielen und Kinderbüchern. Vertreten in zahlreichen Anthologien und Sammlungen. Herausgeberin von Dokumentationen zur Lage alter Schriftsteller und zur Lage von Frauen und Müttern von Strafgefangenen. Seit 1961 Mitarbeit an verschiedenen Literaturzeitschriften. Mitglied und Vizepräsidentin des PEN (BRD), des VS und der Gruppe 61. Bis Ende 1977 im Vorstand des VS in Bayern. Förderpreise der Städte München und Nürnberg. 1989 Hermann-Kesten-Medaille.
Die Prosa von M. steckt voll satirischer Beobachtungen und böser Ironie, wird zugleich aber geprägt von verhaltener Sympathie mit Menschen, die sich widerständig und unangepaßt verhalten und

sensibel auf Ungerechtigkeit und Unterdrückung reagieren. In dem Roman *Das gläserne Paradies* läßt sie facettenreich das Bild einer gutbürgerlichen Familie entstehen, in der Solidarität nur noch um des äußeren Scheins willen praktiziert wird und in der Gefühle einer Familienräson untergeordnet sind, die auch über die Leichen ihrer Mitglieder zu gehen bereit ist. In *Die Blindgängerin* schildert M. die Beziehung zweier Frauen, hinter deren Verkrustung sich eine große Zartheit und Intensität von Gefühlen verbirgt.

W.: Gedichte: Gegen Eis und Flut, 1963; Lachschärfe, 65; Wir in den Wohnsilos, 78; Meine zärtlichste Freundin, 81; Herzogenauracher Anthologie III (mit U. Timm u. a.), 85. – *Romane, Erzählungen:* Die feinen Totengräber, 68; Kaputte Spiele, 70; Hochhausgeschichten, 71; Friß Vogel, 72; Das gläserne Paradies, 73; Die Blindgängerin, 74; Keep smiling, 76; Die Träume der Füchsin, 76; Das Puppengesicht, 77; Wir sind arm, wir sind reich, 77; Die andere Hälfte der Welt oder Frühstücksgespräche mit Paula, 80; Gott und die Liedermacherin, 83; Zwiesprache mit einem Schweigenden und andere Geschichten, 89. – *Kinderbücher:* Hallo Vivi, 75; Kitty Brombeere, 76; Kitty und Kay, 78; Maxi Möchtegern, 80; Die Reise nach Tamerland, 84; Janne und der Traumabschneider, 85; Das Mädchen und der Pinguin, 83; Jonas, Julia und die Geister, 88; Gummitwist und Hexenbesen, 89; Der Engel auf dem Dach und andere Weihnachtsgeschichten, 89. – *Dokumentationen:* Alte Schriftsteller in der Bundesrepublik. Gespräche und Dokumente, 72; Ein Plädoyer für uns. Frauen und Mütter von Strafgefangenen berichten, 75. – *Filme, Fernsehen:* Das Leben ist Schreiben, 72; Strafe ohne Urteil, 79 (mit E. Itzenplitz).

Meckauer, Walter, *13.4.1889 Breslau (heute Wrocław), †6.2.1966 München. M., Sohn eines Versicherungsmanagers, absolvierte 1907–11 eine Banklehre in Breslau, Berlin und Peiping (China), studierte anschließend in seinem Geburtsort Philosophie und promovierte 1916. 1918–20 für Zeitungen des Ullstein Verlags in Breslau tätig, war er anschließend Dramaturg in Gleiwitz und Chemnitz, bevor er sich 1926 als freier Schriftsteller und Publizist in Berlin niederließ. 1933 floh der aus einer jüdischen Familie stammende M. in die Schweiz, 1934 nach Italien. 1939 nach Frankreich emigriert,

wo er zeitweise interniert wurde, gelang ihm 1942 die Flucht in die Schweiz. 1947 ging er in die USA, wo er in New York als Gastprofessor, freier Journalist und Theaterkritiker arbeitete. 1952 kehrte er nach Deutschland zurück, wo er als Schriftsteller in München lebte. Vor 1933 war M. Mitglied des Schriftstellerverbandes, später des deutschen PEN in London bzw. des PEN-Zentrums der Bundesrepublik. Er erhielt mehrere Auszeichnungen.

M.s Werk ist exemplarisch für viele eher unpolitische deutsche Schriftsteller. Sie mußten erkennen, daß Ausweichen vor der Politik nicht möglich ist. Wie viele andere wurde auch M. zur Flucht gezwungen, die kontinuierliche Entwicklung seines Werks unterbrochen, und wiederholter Neuanfang in den verschiedenen Ländern des Exils war sein Schicksal. Anders als vielen Autoren gelang es M. nach seiner Rückkehr, anzuknüpfen an frühere Erfolge, wenn auch der wirkliche Durchbruch nicht gelang. – Seine wichtigsten Romane spielen in China. Mit *Die Bücher des Kaisers Wutai* gelang M. 1928 der literarische Durchbruch; in *Die Sterne fallen herab* geht es in der Gestalt des Schriftstellers San Li verschlüsselt um M.s eigenes Erleben, Flucht und Vertreibung und die Erkenntnis, daß man vor der Realität sich nicht zurückziehen kann.

W.: Romane, Erzählungen, Prosa: Begegnungen mit einem Faun und andere Novellen, 1920 (mit M. R. Schenk); Herr Eßwein und der Rauch vor dem Walde, 21; Die Bücher des Kaisers Wutai, 28; Mädchen in der Fürsorge, 29; Ruinierte Existenz, 30; Roman im Varieté, 31; Joschke zieht ins Feld, 32; Der Fall LK 101, 32; Man wundert sich über Ulrike, 33; Wolfgang und die Freunde, 49; Die Sterne fallen herab, 52; Venus im Labyrinth, 53; Mein Vater Oswald, 54; Viel Wasser floß den Strom hinab, 57; Gassen in fremden Städten, 59; Der Baum mit den goldenen Früchten, 64; Licht in der Finsternis, 88. – *Dramen:* Genosse Fichte, 19; Der blonde Mantel, 20; Das glückhafte Schiff, 21; Krieg der Frauen, 26; Schule der Erotik, 28; L'écrivain compositeur, 39; Cupid under the Whig, 41; Komplexe, 50; Detektivkomödie, 50; Frauen und Soldaten, 52 (Bühnenms.); Zwei Engel und ein General, 53; Der Apfel fällt nicht weit vom Tell, 53; Götter führen keine Kriege, 56; Das Reich hat schon begonnen,

59; Ins Dasein beurlaubt, 63. – *Lyrik:* Der heimliche Sinn, 18; Der ewige Kalender, 53; Der Lebenspsalm, 57; Fremde Welt, 59; Schlangenfraß und Elektronenmusik. Limericks, 61; Positano, die heiligen Träume, 62; Schwalben über der Stadt, 64. – *Essays, theoretische Schriften:* Der Intuitionismus und seine Elemente bei Henri Bergson, 16 (erw. 17; Diss.); Wesenhafte Kunst, 20; Heroisches Tagebuch, 60. – *Übersetzungen:* Pensa, M.: Das deutsche Denken, 48. – *Sammel- und Werkausgaben:* Blume der Erinnerung, 85. – *Herausgebertätigkeit:* Die Bergschmiede. Novellen schlesischer Dichter, 16; Der Höllenfahrer, 17; Das Theater in Breslau und Theodor Loewe 1892–1917, 17; Kempner, F.: Die Nachtigall im Tintenfaß, 56.

Meckel, Christoph, *12.6.1935 Berlin.
M., Sohn des Lyrikers, Erzählers und Theaterkritikers Eberhard Meckel (1907–69), besuchte das Gymnasium in Freiburg/Br. bis zur Unterprima und studierte anschließend Malerei und Graphik in Freiburg/Br., München und Paris. Danach lebte er abwechselnd in Berlin, Ötlingen in Baden und in der Provence. Er unternahm Reisen nach Südeuropa, Mexiko, Afrika und war Dozent für deutsche Literatur an den Univ.en Texas und Oberlin, Ohio. – M. begann mit Gedichten in der geistigen Tradition des Expressionismus, war von Eich und Krolow beeinflußt, nahm aber dann auch surreale Elemente auf. In der Folgezeit ging er zu einer Prosa über, in der er an der Wirklichkeit entzündete phantastische, von der Situationsschilderung getragene Geschichten mit kritischer Intention erzählt. M. widersetzt sich jedoch einem konkreteren Engagement. Im Gedichtband *Bei Lebzeiten zu singen* wird der Ton dunkel, und das Heiter-Liebenswürdige weicht dem Härteren, Ironisch-Pathetischen. Im Band *Wen es angeht* wird M. dann zum direkten Ankläger und sein Gedicht zum «Ort der zum Tode verwundeten Wahrheit». Sein erster Roman *Bockshorn* ist «die Geschichte von der unablässigen Einsamkeit im Auf-der-Welt-Sein» (K. Krolow). M. verfaßte weiter graphische Zyklen, das heißt novierende «Geschichten in Bildern» mit mehr als 250 Radierungen, und Hörspiele. – M. erhielt zahlreiche Literaturpreise, u. a. 1981 den E.-Meister-Preis und den Bremer Literaturpreis, 1982 den Trakl-Preis. Im Wintersemester 88/89 hielt M. Poetik-Vorlesungen in Frankfurt mit dem Titel «Von den Luftgeschäften der Poesie».

W.: Romane, Erzählungen, Prosa: Manifest der Toten, 1960 (bearb. 71); Im Land der Umbramauten, 61; Dunkler Sommer und Musikantenknochen, 64; Tullipan, 65; Die Notizen des Feuerwerkers Christopher Magalan, 66; Der glückliche Magier, 67; Amüsierpapiere oder Bilder aus Phantasus' Bauchladen, 69; Kraut und Gehilfe, 70; Die Geschichte der Geschichten, 71; Kranich, 73; Bockshorn, 73; Die Gestalt am Ende des Grundstücks, 75; Erinnerungen an Johannes Bobrowski, 78; Licht, 78; Tunifers Erinnerungen und andere Erzählungen, 79; Suchbild. Über meinen Vater, 80; Nachricht für Baratynski, 81; Der wahre Muftoni, 82; Jahreszeiten, 84; Bericht zur Entstehung einer Weltkomödie, 85; Plunder, 86. – *Hörspiele:* Der Wind der dich weckt, der Wind im Garten, 66; Eine Seite aus dem Paradiesbuch, 68; Fliegen im Bernstein, 70. – *Lyrik:* Tarnkappe, 56; Hotel für Schlafwandler, 58 (veränd. 71); Nebelhörner, 59; Wildnisse, 62; Gedichtbilderbuch, 64; Die Savannen, 66; Bei Lebzeiten zu singen, 67; Die Dummheit liefert uns ans Messer (mit Volker v. Törne), 67; Die Balladen des Thomas Balkan, 69; Lieder aus dem Drecksloch, 72; Wen es angeht, 74; Nachtessen, 76; Liebesgedichte 77; Säure, 79; Berliner Doodles, 81; Souterrain, 84; Das Buch Jubal, 87; Anzahlung auf ein Glas Wasser, 87; Poetische Grabschriften, 87; Pferdefuß, 88; Die Kirschbäume, 88; Das Buch Shiralee. Der zweite und abschließende Teil von Das Buch Jubal, 89. – *Graphik:* Moël, 59; Der Krieg, 60; Die Stadt, 60; Welttheater, 60; Der Turm, 61; 43 Radierungen zu «Voltaire», 64; Das Meer, 65; 28 Radierungen zu Brechts «Hauspostille», 66; Der Strom, 70; Allgemeine Erklärung der Menschenrechte, Illustration, 74; das Dings da, 80; Das bucklicht Männlein, 81; Anabasis, 83; Zeichnungen und Bilder, 83; Sieben Blätter für Monsieur Bernstein, 86; Ch. M., 87; Reichstein, Ruth: Lichterloh, 88; Diptychen und Triptychen. Das druckgraphische Werk I, 89. – *Essays:* Über das Fragmentarische, 78; Über Peter Stephan – Die merkwürdige Geburt des Bengels Aleko, 80; Limbo, ein Zyklus, 87; Erinnerungen an Johannes Bobrowski, 89; Von den Luftgeschäften der Poesie, 89. – *Sammel- und Werkausgaben:* Lyrik Prosa Graphik aus 10 Jahren, 65; Verschiedene Tätigkeiten. Geschichten, Bilder, Gedichte, 72; Werkauswahl, 71; Neuausg. 81; Flaschenpost für eine Sintflut. Lyrik, Prosa, Graphik, 76; Ausgewählte Gedichte 1955–78, 79; Die Sachen der Liebe, 80; Tullipan/Die Noticen des Feuerwerkers Christopher Magalan, 80; Ein roter Faden. Gesammelte Erzählungen, 83; Die Gestalt am Ende des Grundstücks, 84; Hundert Gedichte, 88. – *Herausgebertätigkeit:* Nürnberger Blätter für Literatur IV, 78; Claassen Jahrbuch der Lyrik, Bd. 2 (mit Ch. Buchwald), 80. – *Schallplatten u. ä.:* Acht Autoren lesen aus ihren Quartheften, 67 (mit anderen); Nachrichten aus Berlin, 69 (mit anderen); Manifest der Toten, 71; C. M. liest ‹Manifest der Toten›, 73.

Medardus → Blei, Franz

Mehring, Walter (Pseud. Walt Merin, Glossator), *29. 4. 1896 Berlin, †3. 10. 1981 Zürich.
M., Sohn des Chefredakteurs des Berliner «Ulk», Sigmar M., begann nach dem Abitur ein Studium der Kunstgeschichte; erste literarische Arbeiten (Lyrik und Dramatik) wurden in H. Waldens Zeitschrift «Der Sturm» publiziert; 1916 Einberufung, Teilnahme am 1. Weltkrieg; 1918 Mitglied von Dada Berlin; 1919 an M. Reinhardts Kabarett «Schall und Rauch»; in den 20er Jahren Leiter des Kabaretts «Wilde Bühne»; Mitarbeiter an mehreren Zeitschriften (u. a. an M. Hardens «Zukunft» und C. v. Ossietzkys «Weltbühne»); 1933 Emigration nach Paris; Verbot eines großen Teils seiner Werke während der NS-Zeit; 1938 nach Einmarsch der deutschen Truppen in Österreich an der österreichisch-schweizerischen Grenze von der Gestapo verhaftet, jedoch wieder entkommen; 1940 vor der Besetzung von Paris zu Fuß nach Frankreich geflohen, jedoch ergriffen und interniert; 1941 gerettet durch das «American Rescue Committee»; Flucht über Martinique in die USA; dort u. a. als Zeitungskritiker (u. a. «New York Times») tätig; 1942 Eheschließung; 1946 Erlangung der amerikanischen Staatsbürgerschaft; seit Ende der 50er Jahre wieder in Europa; nach mehreren Stationen in Deutschland, Frankreich und der Schweiz.
Nach expressionistischen Anfängen unter dem Einfluß der Wortkunsttheorie des «Sturm»-Kreises, während derer M.s formal-artistisches Interesse dominierte, wurde M. mit Eintritt in die Berliner Dada-Bewegung zu einem von der provoka-

tiven, zeitkritischen Aussage bestimmten Künstler. M. machte sich vor allem in den 20er Jahren einen Namen, wurde zum sarkastischen, aggressiven Chronisten der Verhältnisse in der Weimarer Republik; er verfaßte eine Vielzahl von Couplets und Chansons, in denen das gehetzte Tempo der Zeit zum Ausdruck kam. In den Arbeiten dieser Zeit experimentierte M. mit neuen Gedichtformen, er griff die Collagetechnik auf, arbeitete in den Gedichten mit Jazz-Rhythmen und versuchte gleichzeitig, alte Formen mit neuen Inhalten zu füllen; so griff er z. B. häufig auf die Form der Liturgie zurück, womit er Einfluß auf Brechts Konzeption der Gedichte der *Hauspostille* ausgeübt hat. Schärfste Zeitkritik kommt in seinem von Piscator inszenierten Drama *Der Kaufmann von Berlin* zum Ausdruck, für das ihm mehr Mut als den «üblichen Bourgeoisie-Tötern unserer Dichtung» attestiert wurde (Diebold). In den Gedichten der Emigrationszeit tritt das kunstinnovative Element in den Hintergrund; Zeitkritik und Zeitsatire als zentrale Themen bleiben erhalten. Die späteren Arbeiten sind formal wieder artistischer, inhaltlich dabei äußerst konzentriert durch die Zusammenfassung mehrerer Gedichte zu Zyklen.
Als M.s bedeutendste Prosaarbeit gilt *Die verlorene Bibliothek*, in der New Yorker Zeit M.s entstanden, eine der herausragenden Non-Fiction-Publikationen der deutschen Literatur der unmittelbaren Nachkriegszeit. In ihr gibt M. eine faszinierende Mischung aus Autobiographie, Zeit- und Literaturgeschichte.

W.: Romane, Erzählungen, Prosa: In Menschenhaut, Aus Menschenhaut, Um Menschenhaut herum, 1924 (Repr. 77); Westnordwestviertelwest, 25; Paris in Brand, 27; Algier oder die dreizehn Oasenwunder, 27; Müller. Die Chronik einer deutschen Sippe von Tacitus bis Hitler, 35; Die Nacht des Tyrannen, 38; Lost Library, 51 (deutsch: Die verlorene Bibliothek, 52; erweitert 64); Briefe aus der Mitternacht, 71; Wir müssen weiter, 79. – *Dramen, Hörspiele und Filme:* Die Frühe der Städte, in: «Der Sturm», 18/19; Europäische Nächte – eine Zeitrevue, 24; Sahara (Hsp.), 27; Der Kaufmann von Berlin, 29; Das Lied vom Leben [mit A. Granowski] (Film), 31; Das dreigestrichene Fis (Hsp.), o. J.; Der Freiheitssender (Hsp.), o. J.; Die Höllische Komödie, 32. – *Lyrik:* Das politische Cabaret, 19; Das Ketzerbrevier, 21; Wedding – Montmartre, 23; Neubestelltes Abenteuerliches Tierhaus – Zoologie der Fabeltiere, 25; Die Gedichte, Lieder und Chansons des Walter Mehring, 29; Arche Noah SOS, 30 (erweitert 51); Und Euch zum Trotz ..., 34; No Road back, 44; Der Zeitpuls fliegt, 58; Morgenlied eines Gepäckträgers, 59; Neues Ketzerbrevier, 62; Kleines Lumpenbrevier, 65 (erw. 85); Großes Ketzerbrevier, 74. – *Essays:* Naziführer sehen dich an, 34; Timoshenko, marshal of the red army, 42; George Grosz, 46; Edgar Degas, 46; Verrufene Malerei, 58; Berlin Dada, 59; Kurt Tucholsky, 85. – *Übersetzungen:* Balzac: Trollatische Geschichten, 23; E. Pottier/J. B. Clément: Französische Revolutionslieder aus der Zeit der Pariser Commune, 24. – *Sammel- u. Werkausgaben:* Die höllische Komödie. Drei Dramen, 79; Werke, 6 Bde, 79ff; Gedichte, Lieder, Chansons 1918–1974, 2 Bde, 81; Berlin SOS, 85; Splitter, 85; Hallo! Wir leben!, 89; Ich hab die Welt zu malen, nicht zu ändern. Bd 1: Zeichnungen, Gedichte, Prosa, 89. – *Schallplatten, Kassetten:* Kantate von Krieg, Frieden, Inflation, o. J.; Das Lied vom Leben, o. J.; Hoppla, wir leben, o. J.

Meichsner, Dieter, * 14. 2. 1928 Berlin.
M. studierte an der Humboldt-Univ. und an der Freien Univ. Berlin Germanistik, Geschichte und Anglistik. Seit 1955 ist er freier Schriftsteller, seit 1966 beim NDR, zuerst als Dramaturg, dann als Leiter der Hauptabteilung Fernsehspiel. M. begann als zeitkritischer Erzähler aus einer betrogenen Generation mit seinem Buch *Versuch's noch einmal mit uns.* Weitere Romane behandeln das Kriegsende in Berlin, so in *Weißt Du, warum?* und, an sechs exemplarischen Schicksalen, Ursachen und Folgen der politischen Entwicklung in Berlin in *Die Studenten von Berlin.* Später wandte sich M. hauptsächlich Rundfunk- und Fernsehstücken zu, die sich mit Problemen der deutschen Gegenwart, meist aus der Perspektive eines skeptischen Betrachters, befassen. In den 80er Jahren ist M. vor allem hervorgetreten durch die Bücher zu Fernsehfilmen, die sich ambitioniert und beruhend auf genauen Recherchen mit Wirtschaftskriminalität beschäftigen. – Mehrere Auszeichnungen, u. a. Jakob-Kaiser-Preis (1965 und 1967)

und Alexander-Zinn-Preis 1970, Adolf-Grimme-Preis 1965, Fernsehpreis der DAG (1965, 1968, 1974, 1978).

W.: Prosa, Romane: Versuch's noch einmal mit uns, 1948; Weißt Du, warum?, 52; Die Studenten von Berlin, 54. – *Hörspiele:* Besuch aus der Zone, 56 (als Fsp. und Bühnenstück, 58); Ein Leben, 57; An der Strecke nach D., 58; Rikchen aus Preetz, 59; Arbeitsgruppe: Der Mensch, 60; Variationen über ein Thema, 64; Die Hetz von Vodúbice, 65. – *Fernsehdrehbücher:* Nachruf auf Jürgen Trahnke, 61; Freundschaftsspiel, 63; Nach Ladenschluß, 64; Preis der Freiheit, 65; Schach von Wuthenow (nach Fontane), 66; Das Arrangement, 67; Gerhard Langhammer und die Freiheit, 67; Wie ein Hirschberger Dänisch lernte, 68; Novemberverbrecher (mit K. Dederke), 68; Der große Tag der Bertha Laube, 68; Alma Mater, 69; Kennen Sie Georg Linke?, 71; Seltsamer Tod eines Filialleiters, 71; Eiger, 73; Stechlin (nach Fontane), 74; Eintausend Milliarden, 74; Das Rentenspiel, 78; Unser Land, 82; Alles in Butter, 82; Kaltes Fleisch, 82; Bergpredigt, 83; Blauer Dunst, 84; Um Knopf und Kragen, 84; Nicht schießen, 85; Schwarzer Kaffee, 88; Zucker, Zucker, 88; Wiener Blut, 90; Hammelsprung, 90; Schmutziges Geld, 91; Stoff, 91.

Meidner, Ludwig, * 18. 4. 1884 Bernstadt/Krs. Öls (Schlesien), † 14. 5. 1966 Darmstadt.
Aus jüdischem Elternhaus, Vater Textilhändler. M. sollte Architekt werden und begann zunächst eine Maurerlehre. Besuch der königlichen Kunstschule in Breslau, Modezeichner. Durch Fürsprache M. Beckmanns Jahresstipendium für Paris. 1908 nach Berlin, Hinwendung zum Expressionismus, enger Kontakt zur «Brücke». 1912 Gründung des Klubs «Die Pathetiker». 1914 Umzug nach Dresden, ein Jahr später Rückkehr nach Berlin, wo er sich religiösen Themen zuwenden begann. 1916 Soldat. Lehrer für Malerei und Plastik in Berlin-Charlottenburg, Studienrat in Köln. 1939 Emigration nach England, wo er als Leichenwache arbeitete und dabei die Verstorbenen porträtierte. 1953 Rückkehr nach Deutschland. Lebte zunächst in Frankfurt, dann Marxheim, bis ihm Darmstadt ein Atelier zur Verfügung stellte. – M., eine Doppelbegabung, hatte unter dem Eindruck des Krieges zu schreiben begonnen, sein dichterisches

Werk ist jedoch schmal, verglichen mit seinem malerischen und zeichnerischen. Seine hymnischen, später religiösen Gedichte und Prosatexte aus der Vorkriegszeit sind gleichsam trunkene Monologe auf den eigenen Schaffensrausch und kommentieren seinen «schmerzlichen Drang, alles Gradlinig-Vertikale zu zerbrechen». In *Gang in die Stille* zog er einen Strich unter seine von «Kampf, Brunst und Raserei» geprägten Jahre. Als Künstler schuf er visionäre, apokalyptische Stadtlandschaften, später ruhigere kubistische Kompositionen, Abwendung von Sozialkritik. Berühmt sind seine zahlreichen Künstler- und Schriftstellerbildnisse, vor allem aus der expressionistischen Periode.

W.: Lyrik: Im Nacken das Sternenmeer, 1918; Septemberschrei, 20; Gang in die Stille, 29; Hymnen, Gebete, Lästerungen, 59. – *Autobiographisches:* Eine autobiographische Plauderei (in: Junge Kunst, 4), 23; Gang in die Stille (autobiogr. Rückblick), 29; Dichter, Maler und Cafés. Erinnerungen, Briefe, Texte von und über M., 73. – *Herausgebertätigkeit:* Das neue Pathos, Jg 1, H. 1 u. 2 (Mithg.).

Meier, Gerhard, *20.6.1917 Niederbipp (Kanton Bern).
M., Außenseiter, Autodidakt nach abgebrochenem Hochbau-Studium, Eigenbrötler und Provinzler, hat sein Leben in Niederbipp bei Solothurn zwischen Olten und Bern verbracht: 33 Jahre lang hat er dort in einer kleinen Lampenfabrik gearbeitet, nacheinander als Arbeiter, Designer und technischer Leiter. Diese «Bude» sei seine Universität gewesen. Dann zog er sich zurück, ohne finanzielle Absicherung, und widmete sich dem Schreiben. Inzwischen gilt dieser Autor von wenigen knappen Werken als einer der einfühlgisten und bestechendsten Schriftsteller deutscher Prosa.
Seine kurzen Romane sind Spannungsgefüge von Gegensätzen: genaue Wahrnehmung des Details, des «Punktkleinen», und rauschhafte Vision, lebensnahe, anscheinend naive Erfassung der Dinge in ihrer Vielfalt und reflexive Erinnerung an die geistigen Werte der Welt, präzise Schilderung und gesteigerte Evozierung. Fast gibt es darin keinen handfesten Er-

zählstoff, und doch bleibt alles fest verankert im provinziellen Alltag, in der Landschaft seines Phantasiedorfes Amrain, in dem unschwer Niederbipp wiederzuerkennen ist. Diese effektvolle Prosa gestaltet assoziativ-musikalisch Montagen von Realitätsteilchen und Bewußtseinsfetzen zu lyrischen Romanen oder episch durchsetzten «poèmes en prose». Die lokale Wirklichkeit wird beschrieben, hautnah, und dann geistig überhöht, beseelt. Nicht von ungefähr bewundert der Autor Proust und Virginia Woolf: Dieses fast pointillistische Gewebe von äußeren und inneren Eindrücken, Zitaten, Bildern, das Hin- und Herspringen in Zeiten und Räumen ist über die Magie der Dinge und Gedanken Suche nach einer verlorenen Zeit, wo die Welt noch eins und sinnvoll war. Gesucht und oft gefunden wird in dieser Evozierung, «welche deutlichen Züge paradiesischer Überreste unsere Existenz noch haben kann». Mehrere Preise, u. a. 1983 Petrarca-Preis, 1986 Auszeichnung der Schweizerischen Schillerstiftung.

W.: Romane, Erzählungen, Prosa: Kübelpalmen träumen von Oasen, 1969; Es regnet in meinem Dorf, 71; Der andere Tag, 74; Papierrosen, 76; Der Besuch, 76; Der schnurgerade Kanal, 77; Toteninsel, 79; Borodino, 82; Die Ballade vom Schneien, 85. – *Lyrik:* Das Gras grünt, 64; Im Schatten der Sonnenblumen, 67; Einige Häuser nebenan, 73. – *Sammel- und Werkausgaben:* Werkausgabe in 3 Bänden, 87; Signale und Windstöße. Gedichte und Prosa, 89.

Meier, Herbert, *29.8.1928 Solothurn.
M. studierte Germanistik und Philosophie in Basel, Wien und Fribourg, war Lehrer, Lektor, Schauspieler und Dramaturg. – Er schrieb Dramen, Hörspiele, Romane, Lyrik und Essays und trat auch als Übersetzer moderner französischer Literatur hervor. Mehrere Literaturpreise. Sein Roman *Stiefelchen – ein Fall*, die schrittweise inszenierte Selbstüberführung eines am unausräumbaren Faktum seiner Bedeutungslosigkeit scheiternden Versagers, fand besonders als Stil- und Kompositionsexperiment Beachtung.

W.: Dramen, Spiele: Die Barke von Gawdos, 1954; Der König von Bamako, 60; Jonas und der Nerz, 62 (auch: Die weißen Stühle); Skorpione, 64; Rabenspiele, 71; Stauffer-Bern, 74; Dunant, 76; Carlotta, Kaiserin, 77; Bräker, 78. – *Romane, Erzählungen:* Ejiawanoko, 53; Ende September, 59; Verwandtschaften, 63; Stiefelchen – ein Fall, 70; Anatomische Geschichten, 73. – *Lyrik:* Siebengestirn, 56; Sequenzen, 69. – *Oratorium, Oper:* Dem unbekannten Gott, 56; Kaiser Jovian, 67. – *Essays:* Der verborgene Gott. Studien zu den Dramen Ernst Barlachs, 63; Der neue Mensch steht weder rechts noch links – er geht. Manifeste und Reden, 69; Wohin geht es denn jetzt?, 71; Von der Kultur, 73; Siegward Sprotte und sein bildnerisches Werk (mit H. L. Jaffé), 73. – *Übersetzungen:* Schehadé, Claudel, Giraudoux.

Meier, Leslie → Rühmkorf, Peter

Meister, Ernst, * 3. 9. 1911 Hagen, † 15. 6. 1979 ebd.

M. studierte Theologie, Philosophie, Germanistik und Kunstgeschichte. Im 2. Weltkrieg war er Soldat. Bis 1960 arbeitete er als kaufmännischer Angestellter in der Firma seines Vaters und lebte dann als freier Schriftsteller in seinem Geburtsort. Bedeutende literarische Auszeichnungen wurden ihm erst spät zuteil: 1976 der Petrarca-Preis, 1978 der Rilke-Preis, 1979 (postum) der Büchner-Preis.

M.s umfangreiches lyrisches Werk wird zu Recht als «hermetische Lyrik» bezeichnet. Sie ist meditativ, freilich nicht abstrakt reflektierend, vielmehr konkretisiert sich in ihr der von Nietzsche postulierte «Grundwille der Erkenntnis» im sinnlich erfahrenen Bild. – Anfänglich noch vom surrealen Sprechen geprägt, entwickelt sich M.s Lyrik immer weiter zu einer visionären Bildersprache, die zu formelhafter Verknappung tendiert. Dem Leser obliegt es, die Assoziationsfülle dieser Bild-Formeln zu entschlüsseln. Alle Varianten bildhaften Sprechens: Pathos, liedhafte Simplizität, Nüchternheit, Kalkül, Leidenschaftlichkeit und Kontenance werden von Anfang an in diesen Geschichten erprobt. Eigenwillige, subjektive Wortprägungen lösen im Spätwerk das anfangs noch dominierende herkömmliche Vokabular ab. Die Metaphern werden zunehmend dunkler, dabei aber nicht mehrdeutiger. – Die Thematik kreist vornehmlich um Tod und Vergänglichkeit, um die Erkenntnis,

daß das Ich, das mit Wissen «vollgepfropfte» Individuum, im Tod «restlos getilgt» wird, daß es mithin keine Transzendenz gibt. Durch diese illusionslose Einsicht gewinnen M.s Gedichte ihre unaufhebbare Melancholie. Auch in der Sammlung von Liebesgedichten (*Es kam die Nachricht*) überwiegt das Bewußtsein der Vergänglichkeit, über das auch kurze Augenblicke irdischen Glücks nicht hinwegtäuschen können. Die existentielle Bedrohung des Ich «im Weltriß», Leitmotiv von M.s gesamter Lyrik, wird von Mal zu Mal stärker komprimiert und schließlich in den beiden letzten Publikationen *Im Zeitspalt* und *Wandloser Raum* zum alles beherrschenden Thema. – Auch die Dramen und Hörspiele von M. sind bei aller größeren stofflichen Konkretheit getragen von der Trauer über die «Vernichtbarkeit» und Vergeblichkeit «unserer kosmischen, unser enges Bewußtsein beherrschenden Existenz».

W.: Erzählungen: Der Bluthänfling, 1959. – *Dramen, Hörspiele:* Verächter der Armen, 63; Ein Haus für meine Kinder, 64; Winterfabel, 64; Das Glück, 66; Die Sterblichen, 68; Die Botschaft, 70; Hermann und Alice oder Mühle spielen, 71; Das Souvenir, 72; Die Raupen, 72; Die Reisenden, 72; Unser Vater, der Seemaler, 73; Das Schloß, 73. – *Lyrik:* Ausstellung, 32; Gehn und Sehn in der Mütter Geheiß (Eigendruck), 46; Unterm schwarzen Schafspelz, 53; Dem Spiegelkabinett gegenüber, 54; Der Südwind sagte zu mir, 55; Fermate, 57; ... und Ararat, 57; Pithyusa, 58; Zahlen und Figuren, 58; Lichtes Labyrinth, 59; Die Formel und die Stätte, 60; Les Jeux Les Barques (frz. – dt.), 61; Flut und Stein, 62; Au Delà De L'Au Delà (frz. – dt.), 64; Gedichte 1932–64, 64; Zeichen um Zeichen, 68; Schein und Gegenschein, 69; Es kam die Nachricht, 70; Sage vom Ganzen den Satz, 72; Schatten, 73; Im Zeitspalt, 76; Ausgewählte Gedichte, 77, erw. 79; Wandloser Raum, 79; Das Leben ist länglich, dachte ich kürzlich. Nonsensgedichte, 80. – *Sammel- und Werkausgaben:* Ausgewählte Gedichte, 77 (erw. 79); Ernst Meister, 85; Der Südwind sagte zu mir. Fermate, 86; Unterm schwarzen Schafspelz. Dem Spiegelkabinett gegenüber, 86; ...und Ararat. Pithyusa. Lichtes Labyrinth, 87; Prosa: 1931–1979, 87; Sämtliche Gedichte, Bd 1 ff, 88 ff; Sämtliche Hörspiele, 2 Bde, 88.

Melikow, Loris → Hofmannsthal, Hugo von

Mell, Max, *10.11.1882 Marburg/Drau,
†12.12.1971 Wien.
Schon während seines germanistischen
Studiums an der Univ. Wien, das er mit
einer Promotion über den romantischen
Dichter Wilhelm Waiblinger abschloß,
wandte sich M. künstlerischer Tätigkeit
zu und fand in Hofmannsthal einen Gönner und Förderer. Zumindest die Sommermonate verbrachte M. jeweils in
Pernegg in der Steiermark, deren Landschaft und Menschen er in vielen Skizzen
und Erzählungen (z. B. im *Steirischen
Lobgesang*) zu beschreiben versuchte.
1951 Rosegger-Preis, 1954 Gr. Österreichischer Staatspreis.
M.s frühe Lyrik und sein erster Prosaband *Lateinische Erzählungen* stehen in
der Tradition der Renaissancebegeiste-
rung des späten 19. Jhs. Doch schon vor
dem 1. Weltkrieg wendet er sich bäuer-
lichem Milieu zu. – Bekannt wurde M.
vor allem durch seine volkstümlichen
Legendenspiele, die, auf bäuerliche Vorbilder zurückgehend, als Mysterienspiele das «Zivilisations»-Theater ersetzen
sollen. Die Laienspielbewegung hat auf
M. vielfach zurückgegriffen. Im *Apostel-
spiel* werden zwei Räuber – in ihnen thematisiert sich die «todbringende Gefahr» des «atheistischen Bolschewis-
mus» – von einem einfachen Bauern-
mädchen für Erscheinungen der Apostel
Petrus und Johannes gehalten und durch
die Frömmigkeit des Mädchens bekehrt.
Über die bäuerliche Thematik hinaus
versuchte M. auch den Ödipus-, Nibe-
lungen-, den Paracelsus- und Jo-
hannastoff aus christlicher Sicht neu zu
gestalten.

W.: Erzählungen: Lateinische Erzählungen,
1904; Die drei Grazien des Traumes, 06; Jäger-
haussage, 10; Barbara Naderers Viehstand, 14;
Hans Hochgedacht, 20; Die Osterfeier, 21;
Morgenwege, 24; Paradeisspiel in der Steiermark, 36; Mein Bruder und ich, 35; Das Donauweibchen, 38; Steirischer Lobgesang, 38;
Verheißungen, 43, bearb. 54; Spiegel des Sün-
ders, 76. – *Dramen:* Die Tänzerin und die Marionette, 07; Der Barbier von Berriac, 11; Das
Wiener Kripperl von 1919, 21; Das Apostel-
spiel, 23; Das Schutzengelspiel, 23; Das Nachfolge Christi-Spiel, 27; Die Sieben gegen Theben, 32; Das Spiel von den deutschen Ahnen,
35; Der Nibelungen Not, 51 (Siegfrieds Tod,

Kriemhilds Rache); Jeanne d'Arc, 57; Der
Garten des Paracelsus, 74. – *Lyrik:* Das be-
kränzte Jahr, 11; Gedichte, 19, 29 u. 52; Der
Spiegel der Jahreszeiten, 76. – *Essays:* Alfred
Roller, 22; Adalbert Stifter, 39; Gabe und
Dank, 49; Aufblick zum Genius, 56;
Hofmannsthal, H. v./M. M.: Briefwechsel
1907–1929, 82; M. M. als Theaterkritiker. Kri-
tiken im «Wiener Mittag» 1918–1922, 83. –
Übersetzungen: Enea Silvio Piccolomini: Brie-
fe, 11; Enea Piccolomini: Euryalus und Lucre-
tia, 60. – *Sammelausgaben:* Prosa, Dramen,
Verse, 4 Bde, 62; Gedichte – Legenden, o. J.;
Barbara Naderer und andere Erzählungen, 76;
Mächte zwischen den Menschen und andere
Erzählungen, 78; Herz werde groß. Gedichte
und Dramen, 82.

Mendelssohn, Peter de (eig. P. von M.,
Pseud. Carl Johann Leuchtenberg, Mirza
von Schüching, Elisabeth Seeger, ‹ein
junger Deutscher›), *1.6.1908 München, †10.8.1982 ebd.
M. wuchs in der Künstlersiedlung von
Dresden-Hellerau auf, machte 1926 sein
Abitur und arbeitete dann beim «Berliner Tageblatt». 1933 verließ er Deutschland und ging zunächst nach Paris, dann
nach England (1936), wo er als Journalist, Schriftsteller und Übersetzer lebte.
M. nahm die britische Staatsbürgerschaft
an und war nach dem 2. Weltkrieg als
Mitglied der Britischen Kontrollkommis-
sion maßgeblich an der Neuordnung des
deutschen Pressewesens beteiligt. Von
1950–70 war er Korrespondent des
Bayerischen Rundfunks in London und
zog dann nach München.
Neben Romanen und Erzählungen mit
teilweise autobiographischen Zügen
(*Schmerzliches Arkadien*) veröffentlichte M. in deutscher und englischer Sprache dokumentarische Essays (*Die Nürnberger Dokumente*; *Zeitungsstadt Berlin*). Schwerpunkt der Arbeit in den letzten Jahren waren seine Editionen der
Werke, Briefe und Tagebücher von Thomas Mann und 1975 die große Biographie
dieses Dichters (*Der Zauberer*). Die
Stadt Lübeck verlieh ihm dafür im Erscheinungsjahr den Thomas-Mann-
Preis. Als Übersetzer bearbeitete M.
über 100 Titel: Übertragungen aus dem
Englischen ins Deutsche und umgekehrt.
– 1958 erhielt er das Bundesverdienstkreuz I. Klasse, 1976 den Bayerischen Ver-

dienstorden, 1978 das Großkreuz des Bundesverdienstordens, 1979 das Offizierskreuz der Ehrenlegion und 1980 den Ernst-Hoferichter-Preis der Stadt München. Mitglied und von 1975 bis zu seinem Tode Präsident der Deutschen Akademie für Sprache und Dichtung.

W.: Romane, Erzählungen: Fertig mit Berlin?, 1930; Krieg und Liebe der Kinder, 30; Paris über mir, 31; Schmerzliches Arkadien, 32, Neufssg. 49, 77; Das Haus Cosinsky, 34; Wolkenstein, 36; All That Matters, 38 (dt. Das zweite Leben, 48); Across the Dark River, 39; Fortress in the Skies, 43 (andere Ausg. u.d.T.: The hours and the centuries, 44; dt. Festung in den Wolken, 46, Neufssg. Das Gedächtnis der Zeit, 74); Flöte und Trommeln, 47; Marianne, 55; Die Kathedrale, 78. – *Essays, Schriften:* President Roosevelt, 38; Japan's Political Warfare, 44; The Nuremberg Dokuments, 46 (dt. Die Nürnberger Dokumente, 47); Überlegungen, 48; Sein Kampf in Dokumenten und Tatsachen, 48; Der Zauberer, 48; Einhorn singt im Regen, 52; Der Geist der Despotie, 53; Erbe und Abenteuer, 57; Zeitungsstadt Berlin, 59; Der General und die Politik, 59; Inselschicksal England, 65; S. Fischer und sein Verlag, 70; Das Gewissen und die Macht, 71; Von deutscher Repräsentanz, 72; Der Zauberer, 2 Bde, 75; Unterwegs mit Reiseschatten, 77; Das Buch in der Gegenwart, 78; Die Frankfurter Ausgabe der Gesammelten Werke Thomas Manns, 81; Nachbemerkungen zu Thomas Mann, 2 Bde, 82; Die Geburt des Parlaments, 83. – *Herausgebertätigkeit:* Lyall, A.: Midi, 67; Thomas Mann: Briefwechsel mit seinem Verleger Gottfried Bermann Fischer, 73; Thomas Mann: Gesammelte Werke, 74ff (mit H. Bürgin); Briefe an Otto Grautoff und Ida Boy-Ed, 75; Ida Boy-Ed: Eine Auswahl, 75; Thomas Mann: Tagebücher, 4 Bde, 77ff; Mann, Th./Neumann, A.: Briefwechsel, 77; Lion, F.: Geist und Politik in Europa (mit F. Martini), 80; Mann, Th.: Gesammelte Werke in Einzelbänden, 11 Bde, 80–82. – *Übersetzungen:* u. a. A. Maurois, P. Gibbs, B. Breuer, Colette, W. S. Maugham, J. M. Cain, L. Ross, S. Runciman, W. S. Churchill, L. Uris, J. D. Fitzgerald, W. D. Home, E. Ambler, H. Kasack.

Menlos, N. A. → Sperber, Manès

Merin, Walt → Mehring, Walter

Merz, Carl (eig. Carl Czell), *30. 1. 1906 Kronstadt (Rumänien), †31. 10. 1979 Kirchberg in Niederösterreich (Freitod). M. besuchte das Gymnasium in Kronstadt und studierte in Wien mit dem Abschluß Diplom-Kaufmann. Als Schauspieler war er in verschiedenen deutschen und österreichischen Städten engagiert. Seit 1924 lebte er als freier Schriftsteller in Wien, arbeitete außerdem als Conférencier und Kabarettist, u. a. zusammen mit G. Bronner, G. Kreisler, vor allem aber mit H. Qualtinger.
Daß er Libretti, Filmdrehbücher und Romane geschrieben hat, ist kaum bekannt geworden. Große Resonanz fanden seine kabarettistischen Texte, die er häufig zusammen mit H. Qualtinger schrieb, so etwa den in Österreich besonderes Aufsehen erregenden Monolog des Herrn Karl. Es ist eine bitterböse Satire auf den typischen Mitläufer, der in seiner Indolenz und mitleidlosen Egozentrik nicht begreifen will, was z. B. in der Zeit des Faschismus mit seiner Duldung und tätigen Unterstützung geschah. Die gleiche satte Selbstzufriedenheit und Gleichgültigkeit denunzierten beide Autoren später in der Gestalt des ewig nörgelnden Travnicek.

W.: Romane, Erzählungen: Eisrevue, 1961; Traumwagen aus zweiter Hand, 61; Jenseits von Gut und Krankenkasse, 68; Der Opernnarr, 73. – *Kabarett-Texte, Libretti, Stücke:* (alle mit H. Qualtinger) Blattl vorm Mund, 2 Bde, 59–61; Glasl vorm Aug, 60; Der Herr Karl, 62; Alles gerettet, 63; Die Hinrichtung, 64; An der lauen Donau, 65; Qualtingers beste Satiren (mit G. Bronner), 73; Am Besten nichts Neues, 83; Österreichs goldene 50er Jahre, 84. – *Übersetzung:* Arthur Laurents: Er ging an meiner Seite, 51.

Meyer, E. Y. (eig. Peter Meyer), *11. 10. 1946 Liestal (Schweiz).
M., der in Biel aufgewachsen ist, studierte Philosophie und Geschichte in Bern, brach das Studium ab und wurde nach einem Kurs am Lehrerseminar Primarlehrer in Ittingen. Nach dem Erscheinen seines ersten Romans *In Trubschachen* gab er den Lehrerberuf auf und lebt seitdem als freier Schriftsteller. U. a. Preis der Schweizerischen Schillerstiftung 1984. – M. zählt zur Gruppe der neuen antiidyllischen und kritischen Heimatschriftsteller, die nach dem Vorbild von Thomas Bernhard im kleinen Objekt kompromißlos und konsequent die von ihnen erlebte Wirklichkeit wiedergeben.

Die sieben Erzählungen *Ein Reisender in Sachen Umsturz* weisen bereits M.s stilistische Eigenart auf – nicht enden wollende Schachtelsätze, indirekte Rede und überspitzte sprachliche Präzision –, wobei alltägliche, banale Situationen zum Indikator des Komplizierten, Ungewissen, Unheimlichen, der Ausweglosigkeit an Welt und Leben werden. Mit M.s erstem Roman *In Trubschachen* werden Stil und Intention deutlicher; in dieser absichtlich monotonen Erzählung wird die alltägliche Welt scheinbarer Idylle im Emmental als Gottverlassenheit entlarvt; Angst vor dem Tod und Angst «vor dem Verzweifeln und dem Wahnsinnigwerden an dieser Angst vor dem Tod» sind das eigentliche Thema, dem sich M. in seinen späteren literarischen und essayistischen Werken immer deutlicher widmet. Mit dem Roman *Die Rückfahrt* – einer Summe der vorangehenden Themen und Motive – wird dann Kritik an der bestehenden Realität mit der Suche nach dem Weg zu einer neuen Existenz verbunden, die in der Abkehr vom Fortschrittsdenken und der entschiedenen Hinwendung zur Kunst, zu den kreativen Fähigkeiten des Menschen gefunden wird. M. ist außerdem Verfasser von Hör- und Fernsehspielen.

W.: Romane, Erzählungen: Ein Reisender in Sachen Umsturz, 1972; In Trubschachen, 73; An den Main, in: Taschenbuch der Gruppe Olten, 74; Eine entfernte Ähnlichkeit, 75; Ach Egon, Egon, Egon. Ein Briefwechsel mit Monsieur Voltaire anläßlich seines «Candide», in: Die beste aller möglichen Welten, 75; Die Rückfahrt, 77. – *Dramen:* Sundaymorning, 81. – *Hör- und Fernsehspiele:* Spitzberg, 72; Eine entfernte Ähnlichkeit, 75; Herabsetzung des Personalbestandes, 76; I heiße Bärger, 77. – *Essays:* Spotten Sie nicht über Kriminalromane, in: Erste Lese-Erlebnisse, 75; Das Zerbrechen der Welt (in: Manuskripte 50/75), 75 (77); Biel, Bienne: 26. März–4. April 1976. Aus der Gegenwart einer «Zukunftsstadt» (in: Tagesanzeiger-Magazin, 19. u. 26.6.76); 1. August oder Von der Freiheit und dem Risiko (in: Fortschreiben), 77; Die Hälfte der Erfahrung, 80; Plädoyer – Für die Erhaltung der Vielfalt der Natur, 82. – *Herausgebertätigkeit:* Stifter, A.: Bergkristall und andere Erzählungen, 79. – *Fernsehen:* Herabsetzung des Personalbestandes, 76.

Meyer, Pinko → Ringelnatz, Joachim

Meyrink, Gustav (eig. Gustav Meyer), *19. 1. 1868 Wien, †4. 12. 1932 Starnberg (Bayern).
M. besuchte die Handelsakademie in Prag und wurde 1888 Inhaber einer Wechselstube. Seine zwiespältige Lebensführung – M. war Gründer und Mitglied okkulter Orden, war als Sportsmann und Bonvivant bekannt, machte Experimente mit Haschisch, lag Jahre hindurch mit dem Prager Offizierskorps wegen einer Duellangelegenheit in Streit und mußte wegen angebliches Betruges drei Monate in Untersuchungshaft zubringen – brachte ihm früh gesellschaftliche Popularität und den Ruf eines Sonderlings ein und leitete schließlich zu den ersten literarischen Versuchen hin. Einige Monate lang war M. Redakteur der Wiener Zeitschrift «Der liebe Augustin» und pflegte Kontakte zur «Wiener Werkstätte». In den Jahren von 1905 bis 1911 führte er ein unstetes Leben, pflegte seine Beziehungen zum «Simplicissimus» und anderen Münchner Künstlerkreisen und gefiel sich in der Rolle des geheimnisumwitterten Mystifikateurs. Seit 1911 lebte M. in Starnberg in immer stärker werdender Zurückgezogenheit.
Am Beginn von M.s literarischer Tätigkeit stehen Parodien und scharfzüngige Skizzen gesellschaftlichen Inhalts, die ihn rasch bekannt machten. In ihrer Verbindung von unheimlicher Atmosphäre, Unwahrscheinlichem und Skurrilem mit satirischer Kritik am philiströsen Bürger- und Bürokratengeist der Zeitgenossen erweist er sich als origineller Meister der kleinen Form. Daneben verband M. starkes Interesse mit dem Theater, dem Kabarett und dem Film; Erfolge in diesen Bereichen blieben ihm jedoch versagt. Nachruhm sicherte sich M. durch den ursprünglich in Zusammenarbeit mit Alfred Kubin begonnenen und 1913 abgeschlossenen ersten Roman *Der Golem*. In der stimmungsvoll dargestellten Szenerie der Prager Altstadt ist das mit Spannungsmomenten und symbolischen Reminiszenzen reich ausgestattete Psychodrama von der Selbstfindung des Ich angesiedelt. Kompositorisch einfa-

cher gefügt und mit zunehmendem Verlust der sprachlichen Dichte sind die weiteren Romane, in denen unverdeckt Autobiographisches und die Ausbreitung von M.s seit frühen Jahren entwickeltem mystischen Eklektizismus tragende Elemente sind.

W.: Romane, Erzählungen: Der Golem, 1915; Der Kardinal Napellus, 15; Fledermäuse, 16; Das grüne Gesicht, 16; Walpurgisnacht, 17; Der weiße Dominikaner, 21; Meister Leonhard, 25; Der Engel vom westlichen Fenster, 27; Das Haus zur letzten Latern, 76 (Neuaufl.). – *Theatertexte:* Der Sanitätsrat, 12; Bubi, 12; Die Sklavin aus Rhodus, 12; Die Uhr, 14. – *Theoretische Schriften:* An der Grenze des Jenseits, 23. – *Übersetzungen:* C. Flammarion, Rätsel des Seelenlebens, 08; Ch. Dickens, Ausgew. Romane und Geschichten, 09; P. B. Randolph, Dhouia Bel, 22; Th. v. Aquino, Abhandlungen über den Stein der Weisen, 25; L. Hearn, Japanische Geistergeschichten, 25; R. Kipling, Dunkles Indien, 25; G. S. Viereck u. P. Eldridge, Meine ersten 2000 Jahre, 26; L. Lewisohn, Das Erbe im Blut, 29. – *Herausgebertätigkeit:* Der liebe Augustin, 04; Bo Yin Ra: Das Buch vom lebendigen Gott, 19; Romane und Bücher der Magie, 5 Bde, 22–23; L. Bechstein: Hexengeschichten, 22; Goldmachergeschichten, 25; C. Weisflog: Das große Los, 25. – *Sammel- und Werkausgaben:* Der heiße Soldat und andere Geschichten, 03; Orchideen, 04; Wachsfigurenkabinett, 07; Des deutschen Spießers Wunderhorn, 3 Bde, 13, Neuausg. 81; Gesammelte Werke, 6 Bde, 17; Fledermäuse. Erzählungen, Fragmente, Aufsätze, 80; Werke, 83; Tiergeschichten, 84.

Michael, Michel → Zech, Paul

Michel, Thomas → Regler, Gustav

Michelsen, Hans Günter, *21.9.1920 Hamburg.
Der als Sohn eines Berufsoffiziers geborene M. besuchte, den häufigen Versetzungen seines Vaters folgend, mehrere Schulen ohne Abschluß. Er wurde Soldat und geriet in Kriegsgefangenschaft, aus der er 1949 entlassen wurde. Er übernahm Gelegenheitsarbeiten, war 1952/53 Dramaturg des Theaters in Trier, Mitarbeiter des Bayerischen Rundfunks und leitete 1960–62 die Pressestelle des Berliner Schillertheaters. Seither arbeitet er als freier Schriftsteller, als Übersetzer (Shaw) und von 1973–76 als Schauspieler

in Bremerhaven. Er erhielt mehrere Förderpreise, 1965 den Gerhart-Hauptmann-Preis und 1967 den Bremer Literaturpreis.
M. hatte mit seinen ersten Stücken kurze Zeit Erfolg, um bald darauf weitgehend vergessen zu werden. Seine späteren Arbeiten, die sich mit dem Leben von Arbeitern und Kleinbürgern befassen, wurden nur noch selten oder gar nicht aufgeführt. – Unbewältigte Vergangenheit in der Konfrontation mit der selbstzufriedenen Wohlstandsgesellschaft der BRD waren die wesentlichen Themen der frühen Stücke M.s (*Stienz, Helm, Lappschiess*), die – trotz aller Zeit- und Gesellschaftskritik – etwas Parabelhaftes haben, Gleichnisse sind für die existentielle Situation des Menschen.

W.: Dramen: Stienz, 62 (in: Vorzeichen. Fünf neue deutsche Autoren); Feierabend 1 und 2, 63 (in: Spectaculum 6); Frau L, 67 (in: Deutsches Theater der Gegenwart. Hg. K. Braun, Bd 1); Kein schöner Land, 67 (in: außerdem. Hg. H. Dollinger, 67); Planspiel (in: Spectaculum 13), 70; Sein Leben, UA 77 (Bühnenms.); Alltag, UA 81 (Bühnenms.); Kindergeburtstag, UA 81 (Bühnenms.); Terror, 85 (Bühnenms.); Von der Maas bis an die Memel, UA 88. – *Hörspiele:* Stienz, 63; Episode, 64; Helm, 65; Kein schöner Land, 69; Himmelfahrt, 73; Alltag, 79. – *Übersetzungen:* Shaw, G. B.: O'Flaherty. Ein Aufruf zum Wehrdienst, 66 (in: Spectaculum 9); Shaw, G. B.: Haus Herzenstod, 71; Shaw, G. B.: Lustspiele in neuen Übersetzungen, 77 (mit anderen). – *Sammel- und Werkausgaben:* Stienz. Lappschiess, 63; Drei Akte. Helm, 65; Drei Hörspiele, 71.

Mickel, Karl, *12.8.1935 Dresden.
Arbeitersohn; 1953–59 Studium der Wirtschaftsplanung und Wirtschaftsgeschichte in Berlin; 1959–63 Redakteur der Zeitschrift «Junge Kunst»; Dozent für Wirtschaftsgeschichte in Berlin; ab 1971 Mitarbeiter des «Berliner Ensembles»; Dozent an der Staatlichen Schauspielschule Berlin. 1983 Nationalpreis.
M.s Arbeiten stehen in einem starken Traditionsbezug; in seinen Anfängen von Brecht und Majakovskij beeinflußt (Warngedichte; Liebeslyrik in *Vita nova mea*), verarbeitet M. in seinen neueren Werken häufig Stoffe aus der antiken

Mythologie (*Nausikaa*, *Eisenzeit*) und greift auf Klopstock, Schiller und die Barocklyrik zurück (*Eisenzeit*).
Der Gedichtband *Vita nova mea*, in dem sich in kühnen Naturbildern ein kraftvoll ausgreifendes Selbstgefühl manifestiert, war 1966 Gegenstand einer Debatte über das Verhältnis der Lyrik zur technisch-wissenschaftlichen Revolution in der DDR. Neben Liebes- und Antikriegsgedichten sind die Probleme technischer Naturbeherrschung weiterhin ein Thema M.s.
Das Libretto zur Oper *Einstein* (Musik: Paul Dessau) handelt von der sozialen Verantwortung des Wissenschaftlers; Szenen aus Einsteins Leben werden in Zwischenspielen von der Hans-Wurst-Figur kommentiert. – Im Gedichtband *Eisenzeit* befaßt sich M. u. a. mit dem Problem einer menschengerechten Umwelt («Mottek sagt»).

W.: Novelle: Der Sohn der Scheuerfrau (in: Sinn und Form 5/68), 1968. – *Dramen, Libretti, Kantaten:* Die Einverstandenen, 58; Requiem für Patrice Lumumba, 64; Das zweite Urteil (in: Neue Dt. Literatur 12/65), 65; Nausikaa, 68; Wolokolamsker Chaussee. Nach Alexander Bek (in: Sinn und Form 6/71), 71; Einstein, 74; Celestina oder Die Tragikomödie von Calisto und Melibea (in: Neue Dt. Literatur 1/80), 80; Das Halsgericht, UA 87/88. – *Lyrik:* Lobverse und Beschimpfungen, 63; Vita nova mea, 67; Eisenzeit, 75; Odysseus in Ithaka, 76; Poesiealbum, 81; Mottek sagt, 90. – *Theoretische Schriften:* Gelehrtenrepublik, 76. – *Sammel- und Werkausgaben:* Einstein/Nausikaa. Die Schrecken des Humanismus in zwei Stücken, 74; Volks Entscheid. 7 Stücke, 87. Palimpsest, 91. – *Herausgebertätigkeit:* In diesem besseren Land, 66 (mit A. Endler).

Miegel, Agnes, *9.3.1879 Königsberg, †26.10.1964 Bad Salzuflen.
M., Tochter eines Königsberger Kaufmanns, besuchte Internate in Weimar (1894–96) und Bristol (1902), unternahm Studienreisen nach Frankreich und Italien, bis sie als Journalistin nach Berlin ging. 1920–26 leitete M. das Feuilleton der «Ostpreußischen Zeitung» in Königsberg. Seit 1933 Mitglied der Deutschen Akademie der Dichtung. 1945 flüchtete sie aus Königsberg und lebte seit 1948 in Bad Salzuflen.
Die Lyrik und die Erzählungen M.s sind

von ihrem tief verwurzelten Heimatgefühl und christlichen Weltbild geprägt. Von dem neuromantischen Kreis um Börries von Münchhausen gefördert, erweist sich M. schon mit ihren ersten Sammlungen *Gedichte* und *Balladen und Lieder* als eine der bedeutendsten deutschen Balladendichterinnen. Neben historischen Stoffen bevorzugt M. Frauenschicksale, die sie zu dramatischer Spannung steigert. Nach 1920 weicht der herbe Balladenton einer gefühlvoll-pathetischen Heimatlyrik, die in einer übersteigerten Ostpreußenhymnik (*Kirchen im Ordensland* u. a.) gipfelt. Vom «Zeitgeist» nicht unbeeinflußt – M. schrieb auch ein Gedicht auf den «Führer» –, erscheinen in den 30er Jahren breite Verserzählungen, die Themen wie Natur, Heimat, Liebe, Kampf und Tod mythologisieren.
Die Geschichte, Sagen und Märchen Ostpreußens liefern auch den Stoff für die Novellen und Erzählungen. Rätselhafte Vorkommnisse und hintergründige Fügungen sowie die dramatische Zuspitzung einiger Handlungsverläufe erinnern noch an die frühen Balladen (*Schöne Agnete*; *Noras Schicksal* u. a.). Anekdotisches und Volkskundliches ziehen sich durch die Heimatgeschichten – ihr letzter Band *Truso* erzählt «Geschichten aus der alten Heimat» – und Erinnerungen, mit denen M. ein verklärtes Bild Ostpreußens vor der Jahrhundertwende zeichnet; und wie M. zeitlebens von der modernen Literatur unberührt blieb, so fühlte sie sich auch formal dem ausgehenden 19. Jh. verpflichtet.

W.: Lyrik: Gedichte, 1901; Balladen und Lieder, 07; Gedichte und Spiele, 20; Herbstgesang, 23; Heimat, Lieder und Balladen, 26; Gesammelte Gedichte, 27; Deutsche Balladen, 35; Und die geduldige Demut der treuesten Freunde, 38; Frühe Gedichte, 39; Ostland, 40; Du aber bleibst in mir, 49; Gesammelte Gedichte, 49 und 52. – *Prosa, Erzählungen:* Geschichten aus Alt-Preußen, 26; Die schöne Malone, 26; Die Auferstehung des Cyriakus, 28; Dorothee. Heimgekehrt, 31; Die Fahrt der sieben Ordensbrüder, 33; Der Geburtstag, 33; Kirchen im Ordensland, 33; Der Vater, 33; Gang in die Dämmerung, 34; Kathrinchen kommt nach Hause, 36; Noras Schicksal, 36; Das Bernsteinherz, 37; Meine alte Lina, 38;

Heimgekehrt, 39; Im Ostwind, 40; Wunderliches Weben, 40; Die gute Ernte, 42; Mein Bernsteinland und meine Stadt, 44; Die Blume der Götter, 49; Der Federball, 51; Die Quelle und andere Erzählungen, 58; Truso, 58; Mein Weihnachtsbuch, 59 (erw. 84). – *Dramen, Spiele:* Spiele, 27; Die Schlacht von Rudau, 34; Weihnachtsspiel, 34. – *Autobiographisches:* Kinderland, 30; Unterm hellen Himmel, 36; Werden und Werk, 38; Die Meinen, 51. – *Sammel- und Werkausgaben:* Gesammelte Werke in 6 Bdn, 52–55; Gedichte und Prosa, 77; Ostpreußische Heimat, o. J.; Alt-Königsberger-Geschichten, 81; Es war ein Land, 83; Spaziergänge einer Ostpreußin, 85; Wie Bernstein leuchtend auf der Lebenswaage. Gesammelte Balladen, 88.

Mihaly, Jo (eig. Elfriede Kuhr, verh. Steckel; weiteres Pseud. Francesco Moletta), *25. 4. 1902 Schneidemühl/ Posen (heute Pila), †29. 3. 1989 Ascona (Schweiz).

M. war Tochter eines Architekten und der Direktorin der Berliner Meisterschule für Bühne und Konzert. In Berlin wurde sie in klassischem Ballett und Ausdruckstanz ausgebildet. Nach einer Tournee mit einer Tanzgruppe und Engagements in Schlesien und an der Berliner Volksbühne trat sie 1928–33 unter Pseudonym als Solotänzerin auf. Mit sozialkritischen ‹epischen› Ausdruckstänzen (Vision des Krieges, Fische fürs Volk, Der Knecht, als er den Acker bekam), die auch Elemente der Pantomime aufnahmen, wurde sie bekannt. Seit 1927 war sie in Verbindung mit der «Kunden-Bewegung» der Landfahrer und Vagabunden und veröffentlichte in deren Zeitschrift «*Der Kunde*» erste Gedichte. Seit 1927 war sie mit dem Schauspieler Leonard Steckel verheiratet, der 1933 sofort emigrieren mußte. M. lehnte ein Angebot der Nazis, «Kulturtänzerin» zu werden, ab und emigrierte nach Zürich. Ihr 1930 erschienenes Kinderbuch über das Leben eines Zigeuners, *Michael Arpad und sein Kind*, wurde in Deutschland verboten. In der Schweiz publizierte sie in verschiedenen Schweizer Tageszeitungen und Emigrantenpublikationen und trat gemeinsam mit dem Schauspieler und Sänger Ernst Busch auf, wobei sie die Themen seiner Lieder tänzerisch und pantomimisch gestaltete. 1934 gründete

sie vor allem mit Schweizern den «Neuen Chor», der bis 1938 bestand. M. verfaßte mehrere Flugschriften für die Reihen «Bundschuh» und «Eltern und Kinder», die illegal in Deutschland verteilt wurden. Sie organisierte kulturelle Aktivitäten in den Schweizer Internierungslagern für Emigranten und stand in Kontakt mit deutschen Widerstandsgruppen. M. war an der Gründung und Leitung verschiedener Emigrantenvereinigungen in der Schweiz beteiligt und gehörte 1945 zu den Mitbegründern des Schutzverbandes deutscher Schriftsteller, dessen Generalsekretärin sie zeitweise war. 1945–46 war sie zeitweise in Frankfurt, doch wurde ihr die ständige Rückkehr von den amerikanischen Besatzungsbehörden verwehrt. Seit 1949 lebte sie als Schriftstellerin in Ascona. Sie verfaßte Romane und Erzählungen, Gedichte und Jugendbücher und wurde (in der Schweiz) mehrfach ausgezeichnet, mit der Ehrengabe der Stadt Zürich 1948, 1958 und 1960, der Ehrengabe der Stadt Ascona 1980.

Ihre literarischen Produktionen gewannen an Bedeutung, als nach Kriegsbeginn in der Schweiz öffentliche Auftritte für Emigranten immer schwieriger wurden. Ihr erster Roman von 1942, *Hüter des Bruders* (später u. d. T.: *Gesucht: Stepan Varesku*), berichtet von der Flucht eines politischen Agitators vor staatlicher Verfolgung und seiner Rettung durch Zigeuner. In ihrem Roman *Die Steine* – einer bitteren Anklage der Schweizer Flüchtlingspolitik – schildert M. die verzweifelte Odyssee eines Emigranten durch die Schweiz, sein Leben in der Illegalität und ohne Arbeitserlaubnis, immer bedroht von der «Ausschaffung».

W.: Romane, Erzählungen, Kinderbücher, Prosa: Kasperltheater und andere nachdenkliche Geschichte, 1929; Arpad und sein Kind. Ein Kinderschicksal auf der Landstraße, 30 (überarb. u. d. T.: Michael Arpad und sein Kind, 81); Hüter des Bruders, 42 (u. d. T.: Gesucht: Stepan Varesku, 71); Die Steine, 46; Das Leben ist hart, 54; Der weiße Zug, 57; Bedenke Mensch . . . (Epos), 58; Weihnachten auf der Hallig und andere Erzählungen um das Christfest, 58; Ländliche Madonnen im Tessin, 59; Von Tier zu Mensch, 61; Gib mir doch Zeit zu lieben, 70; Was die alte Anna Petrowna erzählt, 70; Der verzauberte Hase, 71; Fremder, kommst du nach Neufahrn..., 77; Da gibt's ein Wiedersehn! Kriegstagebuch eines Mädchens, 1914–1918, 82; Drei Weihnachtsgeschichten, 84; Berlin, Breitenbachplatz. Erinnerungen an die berühmte Künstlerkolonie (mit E. Leonhardt), 86. – *Lyrik:* Die Ballade vom Elend, 29; Wir verstummen nicht (mit St. Hermlin u. a.), 45.

Miles, H. → Henz, Rudolf

Miles, Rudolf → Henz, Rudolf

Mills, Randolph → Federmann, Reinhard

Mitterer, Felix, *6.2.1948 Achenkirch (Tirol)

M. ist der Sohn einer Kleinbäuerin und wuchs bei einem Landarbeiterehepaar auf. Er besuchte die Lehrerbildungsanstalt Innsbruck und arbeitete als Angestellter beim Zoll, bis er sich 1977 entschloß, als freier Autor zu leben. Mehrere Auszeichnungen, darunter Dramatikerstipendium und Kunstpreis Tirol 1988. – Neben Kinderbüchern und Erzählungen schreibt M. «Volksstücke», die wegen ihrer unbequemen Themen vielfach auf Widerstand stießen und Skandale entfachten. Unterdrückung und Verfolgung in vielen Formen sind wesentliche Themen seiner sozialkritischen Arbeiten: die Unterdrückung der Sexualität durch die Religion, die Verfolgung von Hexen und Juden, die Unterdrückung von Alten und Andersdenkenden. Er greift häufig auf Ereignisse der Vergangenheit zurück, so in dem Stück *Kinder des Teufels*, das auf einen der größten Hexenprozesse Ende des 17. Jahrhunderts zurückgeht. Es war ein Prozeß gegen rund 200 Bettlerkinder, den kaum eines überlebte. Mit der Uraufführung seines Stückes *Munde* hat M. etwas erreicht, was nur wenigen Dramatikern gelingt: den Schauplatz des Dramas zum Spielort zu machen. Auf dem Tiroler Berg Munde wurde ein Betriebsausflug auf eben diesen Berg gespielt, in dessen Verlauf Konkurrenz und Ehrgeiz zur Katastrophe führen. In dem auch dramatisierten, sehr erfolgreichen Kinderbuch *Superhenne Hanna* kritisiert M. Probleme der Massentierhaltung in für Kinder verständlicher Form.

W.: Romane, Erzählungen, Prosa: Superhenne Hanna, 1977; Alle unsere Spiele, 77; An den Rand des Dorfes. Erzählungen, Hörspiele, 81; Verkaufte Heimat, 89. – *Dramen, Hör- und Fernsehspiele:* Kein Platz für Idioten, 79; Der Narr von Wien. Aus dem Leben des Dichters Peter Altenberg. Ein Drehbuch, 82; Besuchszeit, o.J.; Die wilde Frau, o.J.; Stigma. Eine Passion, 83; Superhenne Hanna, o.J.; Kein schöner Land, 87; Die Kinder des Teufels, 89; Sibirien. Ein Monolog, 89; Verkaufte Heimat (Fsp.), 89; Munde, 90; Ein Jedermann, 91.

Mix, → Zimmering, Max

Möbius, Martin → Bierbaum, Otto Julius

Moeller van den Bruck, Arthur, *26.4.1876 Solingen, †30.5. 1925 Berlin (Freitod).

M. stammt aus einer preußischen Offiziersfamilie, sein Vater war Architekt im Staatsdienst. Als Kind bereits gilt er als Außenseiter; er wird vom Gymnasium verwiesen und aus dem Elternhaus verstoßen, da er sich den Erwartungen des Vaters, Offizier oder Geistlicher zu werden, nicht fügt und statt dessen den Beruf eines freien Schriftstellers anstrebt. Vorbild des jungen M. ist der Münchener Naturalist Hermann Conrad. Studienaufenthalte in Leipzig und Berlin, wo er als Literaturkritiker arbeitet. Darwin und Nietzsche, Langbehn und Houston Stewart Chamberlain, die Programmatiker des konservativen Kulturpessimismus, sind seine geistigen Lehrer. Um sich dem Militärdienst zu entziehen, geht M. ins Ausland. Zunächst nach Paris, wo ihn der russische Mystiker Merežkovskij protegiert und M. seine Studien zu Dostoevskij aufnimmt; später nach Italien. 1914 bereinigt M. seinen Konflikt mit der preußischen Militärbehörde und kehrt nach Berlin zurück. Reisen in die baltischen Provinzen, England und Skandinavien folgen unmittelbar. Bei Kriegsausbruch kehrt M. zurück und meldet sich freiwillig zum Landsturm; er kommt an die Ostfront, wird aber wegen schwacher Nerven alsbald wieder entlassen. In Berlin arbeitet M. dann bis Kriegsende in einer Presse- und Propagandaabteilung des Auswärtigen Amtes. Nach dem Krieg intensive publizistische Betätigung in Berlin. M. wird zum geistigen Führer der «Jungkonservativen», die vehement gegen Liberalismus und Demokratie kämpfen und die Idee eines völkisch-nationalen Ständestaats antikapitalistischer Prägung propagieren. 1919 schreibt M. sein politisches Hauptwerk; *Das dritte Reich*, in dem sein revolutionärer Konservatismus zum Mythos einer deutsch-germanischen Geschichtsutopie weiterentwickelt wird. Besonders diese Schrift, durch die M. einer breiteren Öffentlichkeit bekannt wird, wird von den Nationalsozialisten begeistert aufgenommen und im Zusammenhang ihrer Ideologie umgedeutet. Weitere Ansätze zur Rezeption der Ideen M.s durch die nationalsozialistische Bewegung liegen in dessen Konzept einer expansiven Außenpolitik. M. sieht den politischen und ideologischen Feind allerdings im Westen, sein Rußlandbild ist stark von seinen Dostoevskij-Studien geprägt. Es geht M. um die Konzeption der Politik eines «nationalen Sozialismus» (gegen Liberalismus, Kapitalismus und jede Form von Parteiherrschaft). – M. war einer der profiliertesten Gegner der Weimarer Republik im konservativ-völkischen Lager. Sein Freitod im Jahre 1925 wurde von seinen Anhängern als «Tat der Verzweiflung am politischen Schicksal Deutschlands» hochstilisiert.

W.: Kunst- und kulturkritische Schriften: Die moderne Literatur in Gruppen- und Einzeldarstellungen, 1902; Das Varieté, 02; Die Deutschen. Unsere Menschheitsgeschichte, 8 Bde (Verirrte Deutsche; Führende Deutsche; Verschwärmte Deutsche; Entscheidende Deutsche; Gestaltende Deutsche; Goethe; Scheiternde Deutsche; Lachende Deutsche), 04–10; Das Théâtre Français, 05; Die Zeitgenossen. Die Geister – die Menschen, 06; Die italienische Schönheit – 13; Der preußische Stil, 16; Das Recht der jungen Völker, 19; Die Neue Front (mit Heinrich von Gleichen und Max Hildebert), 22; Das dritte Reich, 23. – *Herausgebertätigkeit:* F. M. Dostojewskij: Sämtliche Werke, 06–14. – *Sammelausgaben:* Der politische Mensch, 33; Rechenschaft über Rußland, 33; Sozialismus und Außenpolitik, 33.

Mohr, Michael → Simmel, Johannes Mario

Moletta, Francesco → Mihaly, Jo

Molo, Walter Reichsritter von, * 14. 6. 1880 Sternberg (Mähren), † 27. 10. 1958 auf dem Molohof bei Murnau (Oberbayern).
Sohn eines Kaufmanns aus alter schwäbischer Adelsfamilie, studierte Maschinenbau und Elektrotechnik; arbeitete 1904–13 als Ingenieur am Wiener Patentamt; danach lebte er als freier Schriftsteller in Berlin. In der Spätphase der Weimarer Republik war er einer der führenden bürgerlich-demokratischen Kulturpolitiker (1926 Wahl in die Sektion für Dichtkunst der Preußischen Akademie der Wissenschaften, 1928–30 deren Präsident, außerdem Mitbegründer des deutschen PEN-Clubs, Präsident des Schutzverbandes deutscher Schriftsteller, Anreger des Reichsverbandes des deutschen Schrifttums). Ab 1933 lebte er zurückgezogen in Oberbayern. Nach 1945 blieb er infolge des Offenen Briefwechsels mit Thomas Mann ein umstrittener Vertreter der inneren Emigration, von schwindender öffentlicher Resonanz, trotz neuer kulturpolitischer Wirksamkeit (Mitbegründer und Vizepräsident der Akademie der Wissenschaften und der Literatur in Mainz). – M. war ein vielgelesener Schriftsteller des Bürgertums in der ersten Hälfte des 20. Jahrhunderts. Seine Hauptwerke, die *Schiller*-Tetralogie und die *Fridericus*-Trilogie (600 Tsd. Gesamtauflage, mehrfach verfilmt), sind breit angelegte historisch-biographische Romane, in denen der große einzelne als Einsamer, umgeben von einer feindlichen Umwelt, und in dramatischer Entscheidungssituation (Friedrich am Vorabend der Schlacht) dargestellt wird. Die pathetisch-expressive Sprache der frühen Romane wird in den späteren Bearbeitungen zu einem realistischen Stil umgeformt.

W.: Romane, Erzählungen: Wie sie das Leben zwangen, 1906; Die Hochzeitsjunker. Sport-Novelle und andere Erzählungen, 08; Die unerbittliche Liebe, 09; Die törichte Welt, 10; Klaus Tiedemann, der Kaufmann, 09 (Neuaufl. u. d. T. Die Lebenswende, 12, u. Das wahre Glück, 28); Der gezähmte Eros, 11; Wir Weibsgesellen 11 (u. d. T. Wallfahrer zur lieben Frau, 21); Ein Schiller-Roman. 4 Tle (1. Ums Menschentum, 12; 2. Im Titanenkampf, 13; 3.

Die Freiheit, 14; 4. Den Sternen zu, 16), 12–16 (Bd 1 in veränd. Neuaufl. 25); Totes Sein, 12; Die ewige Tragikomödie. Novellistische Studien, 1906–12, 17; Ein Volk wacht auf. Roman-Trilogie (1. Fridericus; 2. Luise; 3. Das Volk wacht auf), 18–22 (Neubearb. u. d. T. Roman meines Volkes, 14; u. d. T. Die Fridericus-Trilogie, 36; verfilmt 21, 33 u. 37); Die unerbittliche Liebe. Ein kleiner sozialer Roman aus dem Jahre 1900, 19; Hans Amrung und seine Frau, 22; Bobenmatz-Trilogie (1. Auf der rollenden Erde, 23; 2. Bobenmatz, 25; 3. Im ewigen Licht, 26), 23–26 (Neubearb. u. d. T. Der Menschenfreund, 47); Die Legende vom Herrn, 27 (veränd. Neuaufl. 51); Mensch Luther, 28; Die Scheidung. Ein Roman unserer Zeit, 29; Ein Deutscher ohne Deutschland. Friedrich List-Roman, 31 (neubearb. 42; veränd. Neuaufl. 55); Holunder in Polen, 33; Der kleine Held, 34; Eugenio von Savoy. Heimlicher Kaiser des Reichs, 36 (neubearb. 50); Geschichte einer Seele, 38 (Neuaufl. u. d. T. Ein Stern fiel in den Staub. Heinrich von Kleist, 58); Das kluge Mädchen, 40; Im Sommer. Eine Lebenssonate, 43; Sie sollen nur des Gesetzes spotten, 43; Die Affen Gottes. Roman der Zeit, 50. – *Dramen, Hörspiele:* Das gelebte Leben, 11; Die Mutter, 14; Der Infant der Menschheit, 16; Die Erlösung der Ethel, 17; Der Hauch im All, 18; Friedrich Staps, 18; Die helle Nacht, 20; Till Lausebums, 21; Lebensballade, 21; Ordnung im Chaos, 28; Friedrich List, 34 (als Hörspiel 35); Prinz Eugen (Hörspiel), 41. – *Essays, Aufsätze, autobiographische Schriften:* Als ich die bunte Mütze trug ... Erinnerungen, 04; Die Geschwindigkeitsmesser an Automobilen mit Rücksicht auf ihre behördliche Einführung, 08; Deutsches Volk. Ein Flugblatt in jedes Haus, 14; Deutsch sein heißt Mensch sein! Notschreie aus deutscher Seele, 15; Deutschland und Österreich. Kriegsaufsätze, 15; An Frederik von Eeden und Romain Rolland. Offener Brief, 15; Kriegs-Aufsätze, 15 (erw. Ausg. 19); An unsere Seelen. Drei Flugblätter auf das Kriegsjahr 1914/15, 15; Sprüche der Seele, 16; Der Große Fritz im Krieg, 17; Im Schritt der Jahrhunderte, Geschichtliche Bilder, 17 (u. d. T. Der endlose Zug, 37); Im Zwielicht der Zeit. Bilder aus unseren Tagen, 22 (u. d. T. Der endlose Zug, 37); Ein Sieg des alten Fritz, 23; Fragen des Seins, 24 (u. d. T. Aus dem Murnauer Tagebuch, 48); Der deutschen Jugend gesagt, 29; Wie ich Deutschland möchte. Rede über Friedrich List, 32; Deutsche Volksgemeinschaft. Ansprache, 32; Ein kluger Bursch ist tausend Dollar wert. Friedrich List in Amerika, 37; Der Feldmarschall, 40; Lyrisches Tagebuch, 43; Th. Mann, F. Thieß, W. v. Molo: Ein Streitgespräch über die äußere und innere Emigration, 46 (Briefwechsel W. v. M. / Thomas Mann

u. d. T. Die große Kontroverse, 63); Lob des Leides, 47; Zu neuem Tag. Ein Lebensbericht, 50; So wunderbar ist das Leben. Erinnerungen und Begegnungen, 57; Wo ich Frieden fand, Erlebnisse und Erinnerungen, 59. – *Werkausgaben:* Gesammelte Werke, 3 Bde, 24; Zwischen Tag und Traum. Gesammelte Reden und Aufsätze, 30 (erw. Neuaufl. 50); Erkenntnis für uns, 40 (Auswahl). – *Herausgebertätigkeit:* Die schönsten Geschichten der Lagerlöf, 16; Weltkriegs-Geschichten, 16; N. Gogol: Die schönsten Kosakengeschichten, 18; Die schönsten Abenteurergeschichten von Charles Sealsfield, 18; Die schönsten historischen Erzählungen von Strindberg, 18; Das Schönste von Max Dauthendey, 19; Das Schönste von Storm, 19; L. Tolstoj: Die besten Erzählungen, 19; K. Hamsun, Erzählungen, 20; Das Schönste von Jens Peter Jacobsen, 20; Die schönsten Novellen unserer Romantik, 20; Die schönsten Novellen von Björnson, 21; W. Hauff: Die schönsten Erzählungen, 21; G. Keller: Erzählungen, 22; E. A. Poe: Die schönsten Erzählungen, 22; Ch. Sealsfield: Das blutige Blockhaus. In neuer Fassung, 22; M. Maartens: Novellen, 23 (mit W. Schumann); A. Stifter: Erzählungen I (mit J. Hofmiller), 23; L. v. François: Erzählungen, 24; G. de Maupassant: Die schönsten Novel- len, 24; H. Kurz: Erzählungen und Schwänke, 25; Der Rhein im Lied, 25; L. Steub: Die schönsten Erzählungen, 25; L. Thoma: Geschichten, 25; I. S. Turgenjew: Erzählungen, 25; A. Hübscher: Sokrates, 50; Laotse: Das Buch von der großen Weisheit, 50.

Molsner, Michael (Pseud. Robert Cameron), *23. 4. 1939 Stuttgart.

M. war Redakteur bei verschiedenen Zeitungen und lebt jetzt als freier Autor. Neben Fernsehspielen, mehreren Hörspielen und einigen Erzählungen hat M. mehrere Romane geschrieben. Seine engagierten, formal wagemutigen, mit den Mitteln der Kriminalliteratur arbeitenden Erzählungen suchen die Auseinandersetzung mit Zeitproblemen und thematisieren, stark psychologisierend, die möglichen Formen von Anpassung und Widerstand in einer als zerstört und unmenschlich empfundenen Gesellschaftsordnung. *Und dann hab ich geschossen* schildert in Form einer Ich-Erzählung die Lebensgeschichte eines labilen, in spießbürgerlicher Enge erzogenen Jungen, der den Kontakt zur Wirklichkeit verliert und zum Sexualtäter wird. *Harakiri einer Führungskraft* und *Rote Messe* spielen im Umkreis des Boulevard-Journalismus und handeln vom historischen wie latenten Faschismus, der in *Rote Messe* konfrontiert wird mit der Denk- und Handlungsweise linker Studenten. In *Eine kleine Kraft* sucht ein Priester in der Aufklärung eines Mordfalles Klarheit über sich und die Welt.

W.: Romane, Erzählungen: Und dann hab ich geschossen, 1968; Harakiri einer Führungskraft, 69; Rote Messe, 73; Ich hab alles gesehen, 76; Das zweite Geständnis des Leo Koczyk, 79; Ein Unfall wegen Fatima, 79; Auf der Suche nach Südland. Captain Cookes Entdekkungsreisen, 79; Eine kleine Kraft, 80; Etwas ganz Schlimmes, 82; Die Schattenrose, 82; Aufstieg eines Dealers, 83; Mit unvorstellbarer Brutalität, 84; Tödliche Beziehungen (mit R. Hey u. a.), 84; Der Castillo-Coup, 85; Gefährliche Texte, 85; Tödliche Umwelt (mit P. Zeindler u. a.), 86; Der ermordete Engel, 86; Disco Love, 87; Unternehmen Counter Force, 87; Der schwarze Faktor, 87; Urians Spur, 88; Die Krimipioniere (mit -ky u. a.), 88; Die Ehre einer Offiziersfrau, 88; Bingo für Bonzen, 89; Der Schrei des toten Kämpfers, 90; Dame ohne Durchblick, 90. – *Fernsehspiele:* Tote brauchen keine Wohnung, 73; Das zweite Geständnis, 75. – *Hörspiele:* Ein bißchen Spaß, 72; Wie eine reißende Bestie, 72; Gold unterm Sakko, 72; Der weiße Kittel, 73; Das zweite Geständnis des Leo Koczyk, 73; Mit unvorstellbarer Brutalität, 84; Etwas ganz Schlimmes, 77. – *Theatertext:* Westend, 80. – *Essays:* Tatort Kriminalroman [mit R. Hey], 84. – *Sammel- und Werkausgaben:* Das zweite Geständnis des Leo Koczyk / Tote brauchen keine Wohnung / Und dann hab ich geschossen..., 85; Die Schattenrose / Wie eine reißende Bestie / Die rote Messe, 87.

Mombert, Alfred, *6. 2. 1872 Karlsruhe, †8. 4. 1942 Winterthur (Schweiz). M. wuchs in Karlsruhe auf. Nach einem Jurastudium in Berlin, Heidelberg, Leipzig und München wählte er Heidelberg zum Wohnort. Bis 1906 war er als Rechtsanwalt tätig; später widmete er sich ausschließlich seinen dichterischen Arbeiten, die weitreichende philosophische, historische, religions- und naturwissenschaftliche Studien einschlossen. Im 1. Weltkrieg war M. Soldat. 1928 wurde er in die Preußische Akademie der Wissenschaften gewählt, 1933 seiner jüdischen Abstammung wegen wieder ausgeschlossen. Seine Bücher konnten im nationalsozialistischen Deutschland nicht mehr verbreitet werden. Trotz anwachsender Isolation als Autor und persönlicher Bedrohung emigrierte M. nicht. 1940 wurde er in das Konzentrationslager Gurs (Südfrankreich) verschleppt. 1941 gelang Freunden M.s Befreiung ins Schweizer Exil. Dort wandte er sich im letzten Halbjahr vor seinem Tode noch einmal intensiv seinem dichterischen Werk zu und schloß es ab.

M. intendierte mit seinen Dichtungen ein Œuvre, das die dichterische Existenz in der Gesamtheit ihrer irdischen Erfahrungen bezeugte und einen autonomen Kosmos bildete. Funktion der einzelnen Gedichte war, die vieldimensionale Welt- und Icherfahrung des Dichters im Wort zu manifestieren. In seinen ersten fünf «Gedicht-Werken» schied M. die Qualitäten des allgemeinen Verständigungsmittels systematisch aus seiner Sprache aus und bereitete aus Bildlichkeit, Rhythmus und Klang einen Sprachstoff, dessen visionäre Gestaltung eigenständige Wirklichkeiten erzeugte. Thema war in dieser ersten Phase (1894–1905) die Selbstfindung des schöpferischen Subjekts in der Welt. Die Objektivierung dieser Erfahrung leitete zu epischen und dramatischen Formen (1905–11) über; eine Fülle von Gestalten figuriert für die Mächte und Kräfte des Kosmos. Durch die Identifizierung des Dichters mit einer von diesen, *Sfaira*, ergab sich für M. in seinen späten «Gedicht-Werken», Dramen und Epen (1919–42) ein mythisches Selbst- und Weltverständnis.

W.: Lyrik: Tag und Nacht, 1894; Der Glühende. Ein Gedicht-Werk, 96; Die Schöpfung, 97; Der Denker, 1901; Die Blüte des Chaos, 05; Der Sonne-Geist, 05; Der Held der Erde, 19; Ataïr, 25. – *Dramen:* Aeon, der Weltgesuchte. Sinfonisches Drama, 07; Aeon zwischen den Frauen, 10; Aeon vor Syrakus, 11; Aiglas Herabkunft, 29; Aiglas Tempel, 31. – *Epos:* Sfaira der Alte, 36; Sfaira der Alte. Zweiter Teil, 42. – *Sammel- und Werkausgaben:* Der himmlische Zecher, 09, erw. 22 u. 51; Ausgewählte Werke, 52; Dichtungen, 3 Bde, 63; Gedichte, 67. – *Briefausgaben:* Briefe an Richard und Ida Dehmel, 56; Briefe 1893–1942, 61; Briefe an Vasanta, 65; Briefe an F. K. Benndorf, 1900–1940; 75.

Momos → Jens, Walter

Mon, Franz (eig. Franz Löffelholz),
* 6. 5. 1926 Frankfurt/M.
M. studierte Germanistik, Philosophie
und Geschichte in Frankfurt/M., wo er
1955 über die Lyrik B. H. Brockes' promovierte. Er arbeitet als Schriftsteller
und als Lektor in einem Frankfurter
Schulbuchverlag. 1971 erhielt er den
Karl-Sczuka-Preis und 1977 den Förderungspreis Literatur zum Kunstpreis Berlin. Er ist Mitglied der Deutschen Akademie für Sprache und Dichtung.
Mit H. Heißenbüttel und E. Gomringer
ist M. einer der Protagonisten der «Konkreten Poesie», einer experimentellen
Lyrik, für die Sprache als solche einziger
Inhalt ist und der Bezug auf eine außer-
sprachliche Realität bedeutungslos wird.
Das «experimentierende Formulieren»,
das M.s Werke kennzeichnet, ist begleitet von permanenter Selbstkontrolle
durch theoretische Texte, die dem Leser
den Zugang erleichtern sollen und zugleich Grundlage eigener Theoriebil-
dung sind. In Auseinandersetzung mit
der vom Faschismus mißbrauchten Sprache, die zudem in den Denk- und Aus-
drucksklischees einer verwalteten Welt
zu erstarren droht, setzt M. die Befreiung
der Sprache, der einzelnen Wörter, durch
ihre Isolierung, ihre Befreiung von sinn-
tragenden Verklammerungen. So soll
Sprache neu erfahrbar gemacht werden
durch Reihungen, Verschiebungen, Collagen, wie etwa in M.s Sammlung *herzzero*. Auch in M.s Hörspielen «handeln
die sprachelemente, subjekte sind die
wörter». Der Hörer wird mit einbezogen, er soll die Herkunft und Benutzung
des verwandten Sprachmaterials wieder-
erkennen.

W.: Experimentelle Texte: artikulationen,
1959; protokoll an der kette, 60/61; verläufe,
62; Spiel Hölle (in: Akzente 1), 62; das huhn
auf dem tisch (in: Akzente 1), 63; sehgänge,
64; weiß wie weiß, 64; rückblick auf isaac newton, 65; 5 beliebige fassungen eines textes aus
einem satz, 66; ainmal nur das alphabet ge-
brauchen, 67; herzzero, 68; text mit 60 0, 70;
aufenthaltsraum, 72; maus im mehl, 76; hören
und sehen vergehen, 78; Augen – genau, 86;
Was hältst du denn von Bielefeld?, 87. – *Hörspiele:* wer ist dran (in: diskus 61/62); das gras

wies wächst (Vorfassung in: Akzente 1/69;
Endfassung in: Neues Hörspiel), 69. – *Essays,
theor. Schriften:* Wirklichkeitserlebnis und
Gottesvorstellung in B. H. Brockes ‹Irdisches
Vergnügen in Gott› (Diss.), 55; zur poesie der
fläche, 66; Schrift als Sprache (in: Sprache im
technischen Zeitalter H.15), 65; Texte über
Texte, 70; Meine fünfziger Jahre (in: Vom
«Kahlschlag» zu «movens»), 80. – *Sammel- u.
Werkausgaben:* Lesebuch, 67 (erw. 72); Fallen
stellen, 81; hören ohne aufzuhören 03 Arbei-
ten 1952–81, 82; Es liegt noch näher, 84. –
Herausgebertätigkeit: movens, 60 (mit W. Höllerer u. M. de la Motte); prinzip collage, 68
(Red. mit H. Neidel); Antianthologie, 73 (mit
H. Heißenbüttel). – *Schallplatten:* blaiberg fu-
neral, 70; das gras wies wächst, 72; artikulatio-
nen (auf: konkrete poesie), 66 (veränd. 75);
Phonetische Poesie (Hg. M.), 71 (mit anderen).

Moníková, Libuše, * 30. 8. 1945 Prag.
M. studierte Anglistik und Germanistik
und siedelte 1971 in die Bundesrepublik
über, wo sie seit 1981 als freie Schriftstellerin lebt. 1987 erhielt sie für ihren Roman
Die Fassade den Alfred-Döblin-Preis,
1989 für Essays den Franz-Kafka-Preis.
1991 Adalbert-von-Chamisso-Preis. – M.
arbeitete zunächst als Literaturwissen-
schaftlerin, ehe sie sich zusätzlich dem
Schreiben zuwandte. In der Prosaarbeit
Pavane für eine verstorbene Infantin geht
es u. a. um die Reflexion der Erfahrungen
einer in der BRD lebenden tschechoslowakischen Intellektuellen, die ihrer doppelten «Behinderung» als Frau und als
Fremde dadurch sinnfälligen Ausdruck
verleiht, daß sie eine Zeitlang bewußt als
Rollstuhlfahrerin lebt. Der in mehrere
Sprachen übersetzte Roman *Die Fassade*
spielt in der Tschechoslowakei. M. kritisiert in ihm Menschen, die sich im politischen System eingerichtet haben, die vorhandenen Handlungsspielräume nicht
ausschöpfen und dadurch selbst dazu beitragen, die Vorstellung von einem übermächtigen Herrschaftsapparat, der dem
Subjekt keinen Freiraum läßt, aufrechtzuerhalten. Unter Verwendung von Textmontagen, Paraphrasen und Zitaten (besonders von Kafka und Arno Schmidt)
beschreibt M. vor allem die Erfahrung
von Schmerz und Verlust. Auffällig dabei
ist die Darstellung starker, dominanter
Frauen.

W.: Romane, Erzählungen, Prosa: Eine Schädigung, 1981; Pavane für eine verstorbene Infantin, 83; Die Fassade, 87. – *Dramen:* Unter Menschenfressern, 90. – *Essays, theoretische Schriften:* Schloß, Aleph, Wunschtorte, 90.

Montanus, Felix → Bacmeister, Ernst

Moosdorf, Johanna, *12.7.1911 Leipzig.
M. wuchs in Leipzig auf, 1932 Heirat mit dem Politologen Paul Bernstein und Umzug nach Berlin. 1940 Rückkehr nach Leipzig. Ihr Mann durfte als Jude während des Nationalsozialismus keiner Erwerbstätigkeit nachgehen. M. verdiente mit Büroarbeit den Lebensunterhalt für die Familie. Um nach der Ermordung ihres Mannes im KZ Auschwitz weiteren Verfolgungen zu entgehen, tauchte M. mit ihren Kindern unter.
Sie begann während der NS-Herrschaft zu schreiben, konnte aber erst nach 1945 veröffentlichen. In Leipzig gab sie 1947–49 die Literaturzeitschrift *März* heraus. Nach ihrem Verbot ging M. nach West-Berlin, wo sie seither lebt. In den 50er/60er Jahren war M. recht erfolgreich; sie erhielt 1963 den Nelly-Sachs-Preis; einige ihrer Romane wurden in mehrere Sprachen übersetzt. In den 70er Jahren ist M. in Vergessenheit geraten. Grundthema ihrer wichtigsten Arbeiten ist die Auseinandersetzung mit dem Faschismus und seinen Nachwirkungen in der BRD, z. B. in den Romanen *Nebenan*, *Die Andermanns* und dem Hörspiel *Der blinde Spiegel*. In ihnen werden die Nachkriegszeit und die Zeit des Faschismus miteinander verwoben. Sie bedient sich dabei des inneren Monologs und der Montage von Erinnerungsfetzen. Lange vor Etablierung der Frauenliteratur akzentuierte M. die Frauenperspektive, so in *Die Freundinnen*, einem Roman, der die Problematik der Hexenverfolgung behandelt.

W.: Prosa: Das Bildnis, 1947; Nachspiel, 48; Zwischen zwei Welten, 48; Die Flucht nach Afrika, 52; Die Nachtigallen schlagen im Schnee, 54; Der Himmel brennt, 55; Schneesturm in Worotschau, 57; Nebenan, 61; Die lange Nacht, 66; Die Andermanns, 69; Die Freundinnen, 77; Jahrhundertträume, 89; Die Tochter, 91. – *Lyrik:* Brennendes Leben, 47; Sieben Jahr. Sieben Tag, 79; Fahr hinaus in das Nachtmeer, 90. – *Dramen, Hörspiele:* Die

Sturmflut, 49; Der blinde Spiegel, 63; Christian, 63. – *Herausgebertätigkeit:* Zs. «März» 47–49.

Moreno, Jakob Levy (eig. Jakob Moreno Levy), *(vermutl.) 20.5.1890 Bukarest, †14.5.1974 New York.
Ebenso wie das Geburtsdatum ist die Herkunft M.s nicht genau belegt. Fünfjährig kam er als Sohn jüdischer Auswanderer aus Spanien nach Wien, besuchte dort die Schule und studierte Philosophie und Medizin. 1917 promovierte er zum Dr. med., war als Dichter und Mediziner tätig und emigrierte 1925 in die USA, wo er die heute bekannte Abfolge seines Namens annahm. Er arbeitete an der New School of Social Research und an der Columbia University in New York als Dozent, später als Professor an der Universität von New York. M.s Entwicklung der Soziometrie, einer Methode der Gruppenpsychologie, und des Psychodramas, einer therapeutisch anwendbaren Form des (Theater-)Spiels, führten zu einer Reihe von Instituts- und Gesellschaftsgründungen, die sich mit dieser Therapiepraxis wissenschaftlich befaßten und 1950 zum Moreno-Institut, einer Lehr- und Forschungseinrichtung, zusammengefaßt wurden. Ein eigens gegründeter Verlag publizierte schon seit 1937 die Veröffentlichungen dieses Kreises. In der Zeitschrift «Sociometry» wurde ein großer Teil von M.s Erkenntnissen publiziert. 1958 entstand das «World Center for Psychodrama, Sociometry and Group Psychotherapy» in Beacon, N. Y., dessen Präsident M. wurde. Bis 1970 entstanden Moreno-Institute in der ganzen Welt, 1974 erfolgten die ersten Gründungen in der BRD. – 1968 wurde M. die Ehrendoktorwürde der Medizinischen Fakultät der Universität Barcelona verliehen und 1969 das Goldene Doktorat der Universität Wien.
Bereits 1910/11 veranstaltete M. mit Kindern Stegreifspiele in den Wiener Parks. Er gab ihnen ein Thema und forderte sie auf, es darzustellen und die Handlung weiterzuentwickeln. Diese Experimente wurden von M. 1917–19 weiterentwickelt; in dieser Zeit betreute er das Flüchtlingslager Mitterndorf bei Wien und

konnte mit Hilfe des freien Spiels Gründe für die Schwierigkeiten der dort zusammenlebenden Menschen herausfinden und entsprechend behandeln. Die ersten Ansätze der Soziometrie wurden zu dieser Zeit entwickelt.

1922 versuchte M., seine Vorstellung von einem Theater ohne Zuschauer zu verwirklichen. Mit der Forderung «Jeder ist Dichter, Schauspieler und Zuschauer in Person» eröffnete er sein Stegreiftheater in der Maysedergasse in Wien: ein kleiner Raum ohne Podium für maximal 40 Beteiligte. Tagesthemen und Sketche dienten als Basis für ein Theater des Augenblicks: jede «Aufführung» war einmalig, nicht wiederholbar, da die Anwesenden ständig wechselten. M.s Stegreiftheater traf auf größtes Interesse bei Theaterpraktikern aus aller Welt, die nach Wien reisten, um diese Experimente zu studieren. M.s Vorstellungen zum Theaterbau fanden ebenfalls große Resonanz; er entwickelte einen Spielraum aus kreisförmigen Spielflächen und Rundbühnen, die jene Spieler, die zeitweilig nicht agierten, nicht zu Zuschauern machten, sondern weiterhin in das Geschehen einbezogen. Die bis 1925 entstandenen literarischen Produktionen M.s, in Sprache und Bildlichkeit dem Expressionismus sehr nahestehend, erschienen fast alle anonym und unter' dem Obertitel «Einladung zu einer Begegnung». Auch in diesem Medium wollte M. die Festlegung Produzent – Rezipient aufheben und jedem Individuum die Möglichkeit zur freien, kreativen und damit einzigartigen Benutzung des Textes geben. Der fehlende Verfassername sollte dafür ein äußerliches Zeichen sein.

W.: Literarische Schriften: Homo Iuvenis, 1908; Das Kinderreich, 08; Die Gottheit als Komödiant, 11, erw. 19; Die Gottheit als Redner, 11; Die Gottheit als Autor, 11; Einladung zu einer Begegnung, 14; Das Schweigen, 15; Das Testament des Schweigens, 19; Erklärung zu Spartakus, 19; Das Testament des Vaters, 20; Rede über den Augenblick, 22; Der Königsroman, 23; Das Stegreiftheater, 24, 31; Rede über die Begegnung, 24; Rede vor dem Richter, 24. – *Wissenschaftliche Schriften* (Auswahl): Application of Group Method to Classification, 31; Who shall survive?, 34, erw. 52 (dt.: Die Grundlagen der Soziometrie, 54);

Psychodrama I, 46, 69; Sociometry, experimental method and the science of society, 51; Preludes to my autobiography, 55; The first book on group psychotherapy, 57; Psychodrama II, 59; Gruppenpsychotherapie und Psychodrama, 59; The first psychodramatic family, 64; Psychodrama II, 69; Soziometrie als experimentelle Methode, 81f. – *Werkausgabe*: Ausgewählte Werke, 81f; Das Wesentliche, 89. – *Herausgebertätigkeit*: Daimon, 18; Der neue Daimon, 19–20 (zs. m. a.); Sociometry and the science of Man, 56; The Sociometry Reader, 60 (mit Jennings, Jenkings u. a.); Code of Ethics for Group Psychotherapy and Psychodrama, 62.

Morgenstern, Christian, *6.5.1871 München, †31.3.1914 Meran.

M., dessen Eltern aus Malerfamilien stammten, studierte Volkswirtschaft und Jura. 1894 kam er nach Berlin, wo er Mitarbeiter von Zeitschriften wurde. Ab 1903 war M. Lektor in Berlin. In seinen letzten Jahren war er häufig zu Kuren in Südtirol.

Zwei Hauptlinien durchziehen das dichterische Werk M.s. Einmal ist es die phantastisch-schalkhafte Welt seiner humoristischen Phantasie und grotesken Lyrik (*Galgenlieder*; *Palmström*; *Palma Kunkel*; *Der Gingganz*), mit der man heute vor allem seinen Namen verbindet. Mit schöpferischem Sprach- und Formsinn und exzentrisch-bizarren Einfällen schuf M. in leichthändigen Versen eine irreale, skurrile Gegenwelt zur «sinnlos gewordenen» Wirklichkeit. Mit ihrem gedanklichen Übermut, ihrer formalen Eleganz und witzigen Reimtechnik, ihren Wortspielereien und sprachlichen Umbildungen («Der Werwolf ... des Weswolfs...») pendeln die Gedichte zwischen burlesker Komik und hintergründiger Ironie. – Neben seinen heiteren Werken, zu denen auch kleine satirische Szenen und parodistische Prosastücke gehören, schrieb M. ernste Versdichtungen – zarte Liebesgedichte und Gedankenlyrik, die von melancholischer Geisteshaltung, aber auch von kritischer Gesinnung zeugen. – Schon früh beschäftigte sich M. mit philosophischen Problemen, vor allem mit Nietzsche, der sein «eigentlicher Bildner» wurde; der zweite «maßgebende» Einfluß kam von Paul de Lagarde; seit 1909 wandte er sich R. Steiner zu. Seine aphoristisch-epigrammatischen Aufzeichnungen – als «Tagebuch eines Mystikers» konzipiert – wurden postum zu dem Band *Stufen* zusammengestellt. – M. schrieb weiterhin mehrere Kinderbücher und übersetzte Werke von Strindberg, Ibsen, Hamsun u. a.

W.: Humoristische Lyrik, Prosa: In Phanta's Schloß, 1895; Horatius travestitus, 97; Galgenlieder, 1905; Palmström, 10; Palma Kunkel, 16; Der Gingganz, 19; Über die Galgenlieder, 21; Die Schallmühle, 28; Alle Galgenlieder, 28 u. ö.; Das aufgeklärte Mondschaf, 41; Egon und Emilie, 50; Die Versammlung der Nägel, 69. – *Ernste Lyrik:* Auf vielen Wegen, 1897; Ich und die Welt, 98; Ein Sommer, 1900; Und aber ründet sich ein Kranz, 02; Melancholie, 06; Einkehr, 10; Ich und Du, 11; Wir fanden einen Pfad, 14; Mensch Wanderer, 27. – *Aphoristisches:* Stufen, 18; Epigramme und Sprüche, 19; Aphorismen und Sprüche, 60. – *Kinderbücher:* Osterbuch, 08; Die Märchen von Rübezahl, 09; Klein Irmchen, 21; Klaus Burrmann, der Tierweltphotograph, 41; Ostermärchen, 45; Sausebrand und Mausbarbier, 51. – *Übersetzungen:* Strindberg, 1908; Ibsen, 1898–1903; Hamsun, 1904–10; Björnson, 08; Doris Rein, 12. – *Sammel- und Werkausgaben:* Liebe Sonne, liebe Erde, 43; Kindergedichte, 65; Dich führt der Weg, 65; Gesammelte Werke, 1 Bd, 65; Der Sündfloh, 66; Sämtliche Dichtungen, 17 Bde, 71–79; Gedenkausgabe, 71; Kindergedichte, 3 Bde (mit S. Bohdal), 77; Hasenbuch (mit K. F. v. Freyhold), 78; Jubiläumsausgabe, 4 Bde, 79; Rumpeldidaus, 81; Sonnentag im Erdenland (mit I. v. Treskow), 81; Schnauz und Miez (mit A. Heseler), 83; Der Entenschlittschuhschmied, 84; Ausgewählte Werke, 2 Bde, 85; Hundert Gedichte, 85; Lichtspur ins Geheimnis, 85; Sämtliche Galgenlieder, 85; Ich liebe Palmström (mit M. Limmroth), 85; Stilles Reifen, 85; Das Morgenstern-Buch, 85; Stufen und andere Aphorismen und Sprüche, 86; Von dem großen Elefanten, 86; Wesentliches, 86; Werke und Briefe, 9 Bde, 86ff; Egon und Emilie, 87; Alle Galgenlieder, o. J.; Galgenlieder, Palmström, Palma Kunkel, Der Gingganz; o. J.; Briefe – Essays, o. J.; Ein Schlitten kommt gefahren, 87; Im Reich der Interpunktionen, 88; Das kleine Ch. M. Buch, 88; Ob auch dieser und jener pfeife, 88; M. – Kindergedichte, 88; Ein Knie geht einsam durch die Welt, 89; Die schönsten Galgenlieder, 89; Ch. M. – ein Wanderleben in Text und Bild, 89; O greul! O greul! O ganz abscheul! Beil und Hufeisen der Scharfrichter und Galgenbrüder, 89. – *Briefe:* Ein Leben in Briefen, 52; Alles um des Menschen willen. Ges. Briefe, 62. – *Schallplatten, Kassetten:* Galgenlieder, 89 (Kass.).

Morgner, Irmtraud, *22.8.1933 Chemnitz, †6.5.1990 Berlin.

M. studierte 1952–56 Germanistik in Leipzig; 1956–58 arbeitete sie in der Redaktion der «Neuen Deutschen Literatur». Seit 1958 war M. freischaffend. – Das Frühwerk M.s bewegte sich im Rahmen einer schablonenhaften Literaturtheorie, wenn auch schon realistische Details aus dem halbproletarischen Kindheitsmilieu der Autorin einflossen. In ihrem Roman *Rumba auf einen Herbst* gab sie den Prozeß der Desillusionierung wieder, der unter der jüngeren DDR-Generation nach dem XX. Parteitag der KPdSU 1956 einsetzte. Die Veröffentlichung unterblieb, da jeglicher Generationskonflikt zum damaligen Zeitpunkt von der SED für die Situation in der DDR in Abrede gestellt wurde.

Die für M.s neueres Schaffen typische Konfliktanlage, der Widerspruch zwischen wissenschaftlich-technischer Rationalität und erzählerischer Phantasie, personifiziert in dem Widerspruch zwischen einem in den Grenzen des instrumentalen Verstandes verbleibenden Mann und einem diesem menschlichen Reduktionismus nicht verfallenden weiblichen Widerpart findet sich erstmals in dem Roman *Die Hochzeit in Konstantinopel*; mit diesem Roman durchbrach M. zugleich die Schranken der in der DDR noch vorherrschenden Prüderie. In Anknüpfung an den Erzählgestus des Schelmenromans und in Fortsetzung der in der deutschen Romantradition u. a. durch Jean Paul repräsentierten offenen Romanform führte M. eine Erzähltradition fort, die die noch weitgehend lineare Erzählweise der DDR-Literatur hinter sich ließ und somit den Realismusbegriff der neueren DDR-Literatur erweitern half. M.s zentrales Thema, der «Eintritt der Frauen in die Historie», hervorgegangen aus einem beharrlichen Insistieren auf dem fortexistierenden Widerspruch zwischen ökonomischer und kultureller Emanzipation der Frau, steht im Mittelpunkt ihrer Romane *Leben und Abenteuer der Trobadora Beatriz* und *Amanda*. Die nur locker geknüpfte Fabel um die legendäre Trobadora, die nach 800 Jahren ins Leben zurückkehrt, um den Stand der weiblichen Emanzipation zu überprüfen, erlangte eine große Bedeutung für die Emanzipationsbewegung nicht nur in der DDR. Der Hexenroman *Amanda* führt die Handlung bis in die jüngste Gegenwart. Die Trobadora kehrt in der Gestalt einer Sirene in eine vom Atomtod bedrohte Welt zurück, in der es fraglich erscheint, ob selbst Sirenenklänge eine Chance haben, gehört zu werden. 1975 H.-Mann-Preis, 1977 Nationalpreis, 1985 Roswitha-Gedenkmedaille, 1989 Kasseler Literaturpreis für grotesken Humor; M. war Mitglied der Akademie der Künste der DDR.

W.: Romane, Erzählungen, Prosa: Das Signal steht auf Fahrt, 1959; Ein Haus am Rand der Stadt, 62; Notturno (in: Neue Texte), 64; Rumba auf einen Herbst, 65 (unveröff.); Die Hochzeit in Konstantinopel, 68; Gauklerlegende. Eine Spielfrauengeschichte, 70; Die wundersamen Reisen Gustav des Weltfahrers. Lügenhafter Roman mit Kommentaren, 72; Leben und Abenteuer der Trobadora Beatriz nach Zeugnissen ihrer Spielfrau Laura. Roman in dreizehn Büchern und sieben Intermezzos, 74; Blitz aus heiterem Himmel (mit Ch. Wolf u. a.), 75; Amanda. Ein Hexenroman, 83; Die Hexe im Landhaus. Gespräch in Solothurn, 84.

Morren, Theophil → Hofmannsthal, Hugo von

Mostar, Gerhart Herrmann (eig. Gerhart Herrmann), *8. 9. 1901 Gerbitz bei Bernburg (Anhalt), †8. 9. 1973 München.
Nach der Schulausbildung auf Realgymnasien in Bernburg und Hamburg besuchte M. das Lehrerseminar in Quedlinburg. In Halle arbeitete er einige Zeit als Lehrer und studierte dann an der dortigen Universität Germanistik. In Bochum, München und Berlin lebte er ab 1921 als Journalist und Redakteur. Nach einer einjährigen Balkanreise ließ er sich 1925 als freier Schriftsteller nieder.
M.s Romane *Der Aufruhr des Schiefen Calm* und *Der schwarze Ritter* wurden 1933 von den Nationalsozialisten verboten und verbrannt; M. verließ Deutschland. Bis 1945 arbeitete er in Österreich, der Schweiz, Italien und auf dem Balkan als Journalist; er schrieb, inszenierte und spielte für eine Kleinkunstbühne und be-

stritt schließlich seinen Lebensunterhalt als Hauslehrer. Nach seiner Rückkehr gründete er in Reichenhall das Kabarett «Die Hinterbliebenen», mit dem er alle Großstädte des Nachkriegsdeutschland besuchte. Über Stuttgart und Leonberg kam M. schließlich nach München und wandte sich wieder seiner schriftstellerischen Arbeit zu. Neben Bühnenstükken, Gedichten und Erzählungen sind seine Gerichtsreportagen und heiteren Feuilletons die interessantesten Publikationen. Die Auseinandersetzung mit dem Justizsystem und Rechtsfragen sind Inhalt vieler Berichte, so wird der Band *Unschuldig verurteilt* zu einem eindringlichen Plädoyer gegen die Todesstrafe. – In seinen Essays und Gedichten beschreibt M. amüsant Menschliches und Alltägliches (*Liebe, Klatsch und Weltgeschichte*); M. ist auch Autor einiger Hörspiele.

W.: Dramen: Der arme Heinrich, 1928; Meier Helmbrecht, 47; Der Zimmerherr, 47; Putsch in Paris, 47; Die Geburt, 47; Bis der Schnee schmilzt, 47. – *Berichte:* Im Namen des Gesetzes, 50; Prozesse von heute, 50; Das Recht auf Güte, 51; Verlassen, Verloren, Verdammt, 52; Richter sind auch Menschen, 55; Unschuldig verurteilt, 56; Nehmen Sie das Urteil an?, 57; Liebe vor Gericht, 61. – *Romane, Erzählungen:* Der Aufruhr des Schiefen Calm, 29; Der schwarze Ritter, 33; Schicksal im Sand, 49; Zu Fuß ohne Geld, 49; Und schenke uns allen ein fröhliches Herz, 54; Bis die Götter vergehn, 55; Preußenliebe, 80. – *Lyrik:* Einfache Lieder, 47; St. Florians Beichte, 47. – *Feuilleton, Schriften:* Spiel mit Rehen, 45 (mit K. Halbritter); Weltgeschichte – höchst privat, 54; Aberglauben für Verliebte, 55; In diesem Sinn Dein Onkel Franz, 56; Was gleich nach der Liebe kommt, 56 (mit K. Mostar); Zärtliches Spiel, 58; In diesem Sinn die Großmama, 58; Die Arche Mostar, 59; Das Wein- und Venusbuch vom Rhein, 60; In diesem Sinn ihr Knigge II, 61; In diesem Sinn vergnügte Messe!, 62; Das kleine Buch vom großen Durst, 63; Ich bin ja so galant – Madam, 63; Liebe, Klatsch und Weltgeschichte, 65; In diesem Sinn wie Salomo, 65; In diesem Sinn Ihr Herrmann Mostar, 66; Frech und frivol nach Römersitte, 67; Dreimal darfst du raten, 68; Galantes und Pikantes, 69; Das galante Rätselbuch, 89. – *Herausgebertätigkeit:* F. Kempner, der schlesische Schwan, 53; Der neue Pitaval, 63ff (mit R. A. Stemmle); Das Lieben bringt groß' Freud, 65. – *Sammel- und Werkausgaben:* ...in diesem Sinn, 84.

Mueller, Harald Waldemar, *18.5.1934 Memel.

1944 kam M. nach Schleswig-Holstein. Nach der mittleren Reife ging er einer Vielzahl von Beschäftigungen nach, arbeitete u. a. als Bergarbeiter, Liftboy, Hafenarbeiter und Messevertreter. Er besuchte die Schauspielschule in München und hatte Engagements beim Theater, Film und Fernsehen. Nach einem einjährigen Aufenthalt in den USA und Kanada arbeitete er als Rezitator, als Übersetzer der Werke G. B. Shaws und seit 1968 auch als Dramaturg. 1972–74 war er Dramaturg und ‹Hausautor› des Berliner Schillertheaters. M. ist Mitglied des VS und erhielt mehrere Förderpreise. Kurd-Laßwitz-Preis 1987.

In seinen ersten Werken beschäftigte sich der Dramatiker M. mit Randfiguren der Gesellschaft, mit Obdachlosen, aber auch mit Jugendlichen und Kleinbürgern und ihren entfremdeten, sprachlos gewordenen Beziehungen. Bekannt wurde M. mit Stücken wie *Halbdeutsch* und *Großer Wolf* sowie dem Zwei-Personen-Stück *Stille Nacht*. Seine Sprache ist aggressiv, vom Jargon geprägt und zugleich Kunstsprache. Seine weiteren Arbeiten wie *Winterreise* und *Henkersmahlzeit*, beide kritische Darstellungen von der Skrupellosigkeit im Wirtschaftsleben, oder *Die Trasse*, die Geschichte einer korrumpierbaren Bürgerinitiative, wurden zwar aufgeführt, hatten aber keine große Resonanz. Die fand erst wieder seine apokalyptische Vision *Das Totenfloß*, spielend in einer Endzeit, in der die Welt unbewohnbar geworden ist und die wenigen Überlebenden lernen müssen, sich gegenüber der Angst zu behaupten. Auch in diesem Stück spielt die jargonhafte Kunstsprache der Protagonisten eine entscheidende Rolle, ist Ausdruck der Flucht und zugleich des Bemühens, der absoluten Hoffnungslosigkeit zu entgehen.

W.: Dramen (z. T. nur Bühnenms.): Großer Wolf, Halbdeutsch, 1970; Stille Nacht, 74; Strandgut, 74; Winterreise, 76; Henkersmahlzeit, 77; Frankfurter Kreuz, 78; Die Trasse, 80; Kohlhaas, 81; Der tolle Bomberg, 82; Totenfloß (in: Theater heute 7/86); Ein seltsamer Kampf um die Stadt Samarkand, UA 86; Bolero, UA 87; Kohlhaas, 90. – *Filme, Fernsehen:* Stille Nacht, o. J. – *Drehbücher:* Der plötzliche Reichtum der armen Leute von Krombach, 70; Die Moral der Ruth Halbfass, 71 (beide mit V. Schlöndorff). – *Übersetzungen* von Werken G. B. Shaws, Seabrock/O'Neills, E. Bonds und Modisanes.

Mühl, Karl Otto, *26.2.1923 Nürnberg. Soldat in Afrika, Gefangenschaft, 1947 Angestellter einer Metallwarenfabrik, Exportkaufmann, Verkaufsleiter. 1975 Eduard-von-der-Heydt-Preis Wuppertal. Das Stück *Rheinpromenade* brachte dem 50jährigen schlagartig Erfolg. Thema ist das Abseitsstehen der Alten. Ein Rentner, den die Begegnung mit einem jungen Menschen davor bewahren könnte, geht an der Mißachtung seiner Umgebung zugrunde. M. übt Gesellschaftskritik aus persönlicher Erfahrung heraus, in seinen Momentaufnahmen der Durchschnittswirklichkeit schildert er untendenziös differenzierte Ausbruchsversuche. Seine Aufmerksamkeit gilt dem einzelnen und dessen Beziehungen zu einzelnen. *Siebenschläfer* ist ein aus tagebuchartigen Aufzeichnungen montierter Roman aus der Welt der Angestellten mit ihren oft inhumanen Spielregeln.

W.: Romane: Siebenschläfer, 1975; Trumpeners Irrtum, 81. – *Dramen, Hörspiele:* Rheinpromenade, 72 (in: Theater heute. 1973. Jahressonderheft); Rosenmontag, 74; Die Reise der drei alten Männer, 75; Kur in Bad Wiessee, (in: Almanach 11 für Literatur und Theologie), 77; Wanderlust, 76; Hoffmanns Geschenke, 76 (in: Theater heute 1/79); Geh aus, mein Herz, 77; Grabrede auf Siebhacke, 78; Tanzstunde, 79; Kellermanns Prozeß, 80; Morgenluft, 80. – *Sammel- und Werkausgaben:* Rheinpromenade/Rosenmontag, 74.

Mühlberger, Josef, *3.4.1903 Trautenau (Österreich-Ungarn, heute ČSFR), †2.7.1985 Eislingen/Fils.
M. ist der Sohn eines deutschen Postbeamten und einer tschechischen Mutter. Er studierte in Prag Literaturwissenschaft und nach der Promotion zwei Semester Kunstgeschichte in Uppsala. Er arbeitete als Gymnasiallehrer in Trautenau und unternahm mehrere Reisen durch Griechenland, Dalmatien und Schweden. Dem Sozialdemokraten M. hatten die Nationalsozialisten 1937 in

Deutschland das Veröffentlichen verboten, nach der Besetzung der Tschechoslowakei wurde er verhaftet und auch nach seiner Freilassung immer wieder vernommen. Um den Verfolgungen zu entgehen, meldete sich M. zur Wehrmacht und geriet 1945 in amerikanische Gefangenschaft. 1946 verließ er die ČSSR und ließ sich in Baden-Württemberg nieder, wo er als Feuilletonredakteur bei verschiedenen Zeitungen arbeitete. 1937 bekam er den Herder-Preis des Schutzverbandes Deutscher Schriftsteller in der Tschechoslowakei, 1965 den Andreas-Gryphius-, 1973 den Eichendorff-Preis.

M.s umfangreiches Werk war in wesentlichen Teilen immer ‹unzeitgemäß›. Seine Bemühungen um Verständigung, um Ausgleich zwischen den Deutschen und den Tschechoslowaken wurden nur wenig beachtet. Daß er, der Sudetendeutsche, sich, anders als die meisten Angehörigen dieser Gruppe, dem Nationalsozialismus verweigerte, wurde ebensowenig zur Kenntnis genommen. Als Mitherausgeber der Zeitschrift «Witiko» (1928–31) hatte er sich bemüht, die Enge sudetendeutschen literarischen Lebens zu durchbrechen, viele Mitglieder des ‹Prager Kreises› haben in ihr veröffentlicht. Bereits 1929 hatte er eine Geschichte der deutschen Literatur in Böhmen veröffentlicht, der er 1970 als eine Art Pendant eine tschechische Literaturgeschichte hinzufügte. In seiner Lyrik und Prosa stehen seine Heimat und ihre Menschen zwischen den Kulturen im Mittelpunkt. Verständnis und Toleranz blieben wesentliche Grundlagen seines Schaffens bis hin zu seinem letzten Roman *Bogumil.*

W.: Romane, Erzählungen, Prosa: Trautenau, 1923; Kukus, 24; Die Teufelsbibel, 25; Aus dem Riesengebirge, 29; Fest des Lebens, 31; Hus im Konzil, 31; Die Knaben und der Fluß, 34; Die große Glut, 35; Die purpurne Handschrift, 47; Der Regenboen, 47; Türkische Novellen, 48; Der Schatz, 49; Pastorale, 50; Im Schatten des Schicksals, 50; Der Galgen im Weinberg, 51; Verhängnis und Verheißung, 52; Die Brücke, 53; Buch der Tröstungen, 53; Die heiligen drei Könige im Schnee, 53; Die schwarze Perle, 54; Die Vertreibung, 55; Der Schlüssel (zus. mit: W. Meckauer: Die Bürg-

schaft), 55; Märchen und Märchenhaftes, 55; Licht über den Bergen, 56; Das Paradies des Herzens. Eine Kindheit in Böhmen, 59; Ich wollt, daß ich daheime wär, 60; Eine Kindheit in Böhmen, 60; Griechischer Oktober. Reisebericht, 60; Das Ereignis der 3000 Jahre, 63; Herbstblätter, 63; Die lesenden Mönche, 65; Jahreskranz, 66; Tal der Träume, 67; Der Teppich, 70; Bogumil, 80; Wo ich daheim war, 83.
– *Dramen:* Zwei Rübezahl-Schnurren, 25; Wallenstein, 34; Der goldene Klang, 35 (Bühnenms.); Igel ohne Furcht und Stachel, 36 (Bühnenms.); Der Schelm im Weinberg, 36 (Bühnenms.); Echnaton, 50; Requiem, 53; Der Friedenstag, 54; Das gestohlene Dorf, 55.
– *Lyrik:* Das schwarze Buch, 25; Gedichte, 26; Singende Welt, 29; Alle Tage trugen Silberstreifen, 32; Gartengedichte, 47; Gedichte, 48; Lavendelstraße, 62; Wappenbilder des Lebens, 70. – *Essays, theoretische Schriften:* Die Dichtung der Sudetendeutschen in den letzten fünfzig Jahren, 29; Marie von Ebner-Eschenbach, 30; Adalbert Stifter 49; Geist und Wort des deutschen Ostens, 50; Hugo von Hofmannsthal – Franz Kafka, 53; Jeschken, Iser-, Riesengebirge, 56 (mit A. Kraft); Ex corde lux, 62; Die jugoslawische Adriaküste, 64 (mit M. Uschold); Mit der Sprache leben, 65 (mit H. v. Doderer u. H. Meier); Das hunderttürmige Prag im Spiegel deutscher Dichtung und Urkunden, 69; Tschechische Literaturgeschichte. Von den Anfängen bis zur Gegenwart, 70; Schiller in Böhmen, ca. 76; Berühmte und berüchtigte Frauen, 79; Geschichte der deutschen Literatur in Böhmen 1900–1939, 81; Konradin von Hohenstaufen, 82; Die Hohenstaufen. Ein Symbol deutscher Geschichte, 84; Heribert Losert (mit E. Schremmer u. a.), 88. – *Übersetzungen:* Linde und Mohn. Tschechische Lyrik aus 100 Jahren, 64; Wolker, J.: Gast ins Haus, 66; Neruda, J.: Kleinseitner Geschichten, 66; Wintersaat. Übersetzte Gedichte, 71. – *Sammel- und Werkausgaben:* Erzählungen, 60; Der Galgen im Weinberg, 60. – *Herausgebertätigkeit:* Witiko. Zeitschrift für Kunst und Dichtung, 3 Jgge, 28–30/31 (mit J. Stauda); Ringendes Volkstum, 31 (mit K. F. Leppa); Das hat mir der böhmische Wind verweht, 54 (mit E. Merker); Aussaat. Die soziale Dichtung der Sudetendeutschen, 59; Rilke, R. M.: Zwei Prager Geschichten, o. J.; Erzählungen aus dem Sudetenland, 87.

Mühlen, Hermynia zur, geb. Gräfin von Crenneville (Pseud. Franziska Maria Rautenberg; Lawrence H. Desberry; Traugott Lehmann), *12. 12. 1883 Wien; †20. 3. 1951 Radlett (England).
Die Tochter eines österreichisch-ungarischen Gesandten lernt schon als Kind

mehrere Länder Europas, Vorderasiens und Afrikas kennen. 1901 legt sie das Examen als Volksschullehrerin ab, sucht bei einem Aufenthalt in der Schweiz den Kontakt zu Anarchisten und Revolutionären und arbeitet 1905 in einer Frankfurter Buchdruckerei, um das Leben der Arbeiter aus eigener Anschauung kennenzulernen. Die Ehe mit einem baltischen Gutsbesitzer kommt wegen politischer Differenzen zur Scheidung. Von 1914–19 hält sie sich zur Ausheilung einer Lungenkrankheit in Davos auf. 1919 übersiedelt M. nach Deutschland und beginnt ihre literarische Tätigkeit. 1933 emigriert M. zunächst nach Österreich, später in die Tschechoslowakei, 1939 nach England. – M. ist in den 20er Jahren vor allem als Übersetzerin sozialkritischer englischer, amerikanischer und russischer Autoren (Jerome, Sinclair, Asch, Bogdanov) und als Verfasserin von Märchen bekannt geworden, in denen ein traditionell unpolitisches Genre mit gesellschaftskritischem Gehalt aufgeladen wird. Die Erzählung *Schupomann Karl Müller*, die die Entwicklung eines Arbeiters gestaltet, der nach längerer Arbeitslosigkeit in die Polizei eintritt, einen ehemaligen Arbeitskollegen verhaften muß, seinen Klassenverrat erkennt und während einer Demonstration zu den Arbeitern übergeht, brachte ihr einen Hochverratsprozeß ein. Von den zahlreichen Romanen sind *Unsere Töchter, die Nazinen* (Antifaschismus und Mutter-Tochter-Konflikt) und *Als der Fremde kam* (ein tschechisches Dorf zur Zeit der Nazi-Okkupation) von besonderem thematischem Interesse.

W.: Märchen: Was Peterchens Freunde erzählen, 1921; Warum?, 22; Der Spatz, 22; Der Rosenstock, 22; Der kleine graue Hund, 22; Märchen, 22; Ali, der Teppichweber, 23; Das Schloß der Wahrheit, 25; Es war einmal … und es wird sein, 30; Said, der Träumer, 35; Schmiede der Zukunft, 36; Little allies, 44. – *Romane, Erzählungen:* Licht, 22; Der Tempel, 22; (u. d. Pseud. Lawrence H. Desberry:) Der blaue Strahl, 22; Schupomann Karl Müller, 24; Der Deutschvölkische, 24; Der rote Heiland, 24; Kleine Leute, 25; (u. d. Pseud. Lawrence H. Desberry:) An den Ufern des Hudson, 25; Ejus, 25; Lina. Erzählung aus dem Leben eines Dienstmädchens, 26; Abenteuer in Florenz,

26; (u. d. Pseud. Traugott Lehmann:) Die weiße Pest, 26; Das Riesenrad, 32; Reise durch ein Leben, 33; Nora hat eine famose Idee, 33; Ein Jahr im Schatten, 35; Unsere Töchter, die Nazinen, 35; Fahrt ins Licht, 36; Bal- en dansgesprekken, ca. 38; We poor shadows, 43; Kleine Geschichten von großen Dichtern, 45; Geschichten von heute und gestern, 46; Came the stranger, 46 (dt.: Als der Fremde kam, 47); Guests in the house, 47; Eine Flasche Parfum, 48. – *Autobiographisches:* Ende und Anfang, 29. – *Hörspiele:* Bethmann Hollweg, 37; Frederik de Groote, 37; Kardinal Richelieu, 37; Woodrow Wilson, 37; Lodewijk de veertiende, ca. 38; Lord Edward Grey, ca. 38; Metternich, ca. 38; De groote onbekende, ca. 38; Isabella van Spanje, ca. 38; Christoffel Columbus, ca. 38; Florence Nightingale, ca. 38; De Brug, 39. – *Übersetzungen:* F. André: Hunger ohne Anklage, 33; N. Asch: Das Tal, 35; Ringuet: Dreißig Morgen Land, 40.

Muhr, Adelbert, *9. 11. 1896 Wien, †10. 3. 1977 ebd.

M. studierte von 1914–17 Literaturgeschichte und Psychologie in Wien. Er kämpfte als Soldat im 1. Weltkrieg und arbeitete als Beamter bis 1930 bei der Donau-Dampfschiffahrtsgesellschaft. Bereits 1915 war er mit einem in der «Arbeiter-Zeitung» gedruckten Gedicht an die Öffentlichkeit getreten und hatte sich auch anschließend als Schriftsteller und Journalist betätigt. So schrieb er für zahlreiche in- und ausländische Zeitschriften, zeitweise als Theater- und Filmkritiker. M.s herausragendes episches Werk *Theiß-Rhapsodie*, ein Liebesroman mit folkloristischen Elementen, dokumentiert seine Anteilnahme am Schicksal aller Unterdrückten. Der Autor, der den Menschen als einen Teil der Landschaft sieht, erwarb sich die Bezeichnung «Dichter der Ströme», da die Schauplätze seiner Erzählungen meist Flüsse darstellen. Bücher über die Heimatstadt Wien, die Erinnertes und Historisches verbinden, Übersetzungen aus dem Ungarischen und Französischen zählen ebenfalls zu seinen literarischen Leistungen.

W.: Romane, Erzählungen, Reiseberichte und Essays: Der geheimnisvolle Ostrong, 1941; Mit Faltboot, Floß und Dampfer, 42; Das große Abenteuer, 43 (als: Die Botschaft des Apfels, 55); Die Reise zum Nibelungenlied, 44; Der Sohn des Stromes, 46; Alt-Wien heute, 46;

Praterbuch, 47; Die Stürme, 47; Zwischen Moldau und Donau, 48; Theiß-Rhapsodie, 49; Liebe auf dunklen Wegen, 49; Die Türkengräfin, 50; Die Botschaft am Ohio, 52; Und ruhig fließet der Rhein, 53; Sie haben uns alle verlassen, 56; In der Zaubersonne der Rhône, 59; Donau-Ausflüge, 60; Vom alten Jelinek-Pollak-Streinz zu mir selbst, 62; Die letzte Fahrt, 63; Die Donau im Farbbild, 70; Reise um Wien in 18 Tagen, 74; Das Lied der Donau, 76; Der feurige Elias. Europas kleine Bahnen, 76. – *Lyrik:* Schienen und Schiffe, 72. – *Hörspiel:* Die Frau des Kapitäns, 48.

Mühsam, Erich (Pseud. Emil F. Ruedebusch), * 6. 4. 1878 Berlin, † 10. / 11. 7. 1934 KZ Oranienburg.

M. war Sohn eines Apothekers, wurde in Lübeck wegen «sozialistischer Umtriebe» vom Gymnasium verwiesen, arbeitete nach dem Abitur in Parchim (Mecklenburg) an verschiedenen Orten zunächst als Apothekergehilfe und schloß sich 1901 in Berlin als freier Schriftsteller der Dichtergruppe «Neue Gemeinschaft» (Friedrichshagener Kreis der Brüder Hart) an. Dort lernte er Gustav Landauer kennen, der ihn mit der kommunistisch-anarchistischen Bewegung und den Ideen Stirners, Proudhons und Bakunins bekannt machte, und schloß Freundschaften mit Peter Hille und Frank Wedekind. 1902 war er Redakteur der Zeitschrift «Der arme Teufel», 1905 des «Weckruf». In München, wo er seit 1909 lebte, gab er 1911–19 die Zeitschrift «Kain» heraus, die er «Zeitschrift für Menschlichkeit» nannte und von November 1918 bis April 1919 in neuer Folge als «reines Revolutionsorgan» erscheinen ließ. Die Beiträge dafür wie für den Kain-Kalender stammten ausschließlich von ihm selbst. Sein pazifistisches und sozialistisches Engagement im 1. Weltkrieg, insbesondere seine Weigerung, sich am «Vaterländischen Hilfsdienst» zu beteiligen, brachte ihm einen Zwangsaufenthalt auf der Festung Traunstein ein. Während des Januarstreiks 1918 beteiligte er sich an sozialrevolutionärer und pazifistischer Agitation und im November 1918 an der Revolution in München und an der Bildung der ersten Bayerischen Räterepublik (Mitglied des Zentralrats 1919). Nach deren Niederwerfung wurde er von

einem Standgericht zu fünfzehn Jahren Festungshaft verurteilt, nach sechs Jahren Haft wurde er 1924 amnestiert. In der Organisation «Rote Hilfe» setzte er sich für die Befreiung politischer Gefangener ein. Auf Vortragsreisen und in seiner Zeitschrift «Fanal» (1926–31) bemühte er sich um die Einigung proletarisch-revolutionärer Bewegungen und engagierte sich für eine undogmatische, offen anarchistische Politik. Nach dem Reichstagsbrand wurde M. von der SA verhaftet und nach Folterungen in verschiedenen Gefängnissen und Konzentrationslagern in der Nacht vom 10. zum 11. Juli 1934 im KZ Oranienburg ermordet.

Was M. an literarischen Texten verfaßte, ist unmittelbar oder mittelbar mit seinem sozialrevolutionären Engagement verbunden, so schon seine frühen Texte für Kabaretts, Verse für den «Simplicissimus» und andere satirische Zeitschriften und seine politischen Essays. In seinem frühen Reisebericht *Ascona* schildert er die alternative Lebensform der damals dort Aufsehen erregenden vegetarisch-kommunistischen Siedlung, die er als «deutsche Sonderlings-Colonie» zwar kritisierte und verspottete, z. B. mit seiner Vegetarier-Hymne, deren positive Ansätze und Möglichkeiten ihm aber unter «Zukunfts-Gesichtspunkten» wert genug waren, mitgeteilt zu werden. In seinem in Festungshaft entstandenen «Arbeiterdrama» *Judas* versuchte er, die Erfahrungen der gescheiterten revolutionären Bewegung in der Form einer Tragödie zu bewältigen. Ebenfalls in der Haft entstanden zahlreiche Lieder wie die vielgesungene *Räte-Marseillaise*, der *Rotgardistenmarsch* und das durch Ernst Busch wieder berühmt gewordene Spottlied *Der Revoluzzer*. Trotz politischer Differenzen mit organisierten Arbeiterparteien fühlte sich M. stets als Sozialist und Revolutionär. Mißtrauisch und kritisch reagierte er auf Unduldsamkeit, Sektierertum, Konformitätsdruck und inhumane staatliche Gewaltmechanismen. Mit seinem Drama *Staatsräson* setzte er ein «Denkmal für Sacco und Vanzetti», die beiden unschuldigen Opfer der amerikanischen Justiz. M.s kritisches und zugleich leidenschaftliches anarchistisches Engagement gilt einem von bürgerlichen Normen, staatlichen Zwängen und gesellschaftlichen Unterdrückungsmechanismen befreiten, unverfälschten Leben, das dem Freiheits- und Glücksanspruch der Individuen und ihrem Recht auf sinnliche und geistige Entfaltung entspricht.

W.: Dramen: Die Hochstapler, 1906; Die Freivermählten, 14; Judas, 21; Staatsräson. Ein Denkmal für Sacco und Vanzetti, 28; Alle Wetter, 77. – *Lyrik:* Die Wüste, 04; Der Krater, 09; Wüste, Krater, Wolken, 14; Brennende Erde. Verse eines Kämpfers, 20; Revolution, Kampf-, Marsch- und Spottlieder, 25. – *Prosa, Essays, Berichte, politische Schriften, Autobiographisches, Satirisches:* Die Homosexualität. Ein Beitrag zur Sittengeschichte unserer Zeit, 03; Die Eigenen, 03; Billys Erdengang (mit H. H. Ewers), 04 (Reprint 82); Die Psychologie der Erbtante. Eine Tanthologie aus 25 Einzeldarstellungen als Beitrag zur Lösung der Unsterblichkeitsfrage, 05; Ascona, 06; Die Jagd auf Harden, 08; Dem Andenken Gustav Landauers, 19; Gerechtigkeit für Max Hoelz, 26; Von Eisner bis Leviné. Die Entstehung der bayrischen Räterepublik. Persönlicher Rechenschaftsbericht über die Revolutionsereignisse in München vom 7. November 1918 bis zum 13. April 1919, 29; Unpolitische Erinnerungen, 31; Die Befreiung der Gesellschaft vom Staat. Was ist kommunistischer Anarchismus?, 32; Namen und Menschen. Unpolitische Erinnerungen, 49; Briefe aus seinem Leben. Unveröffentlichte Dokumente, 77; In meiner Posaune muß ein Sandkorn sein. Briefe 1900–1934, 2 Bde, 84. – *Herausgebertätigkeit:* Kain. Zeitschrift für Menschlichkeit, April 1911–März 1915; Neue Folge als Revolutionsorgan, November 1918–April 1919; Kain-Kalender, 1912 und 1913; Fanal, 5 Jge, 26–32 (Reprint 79). – *Sammel- u. Werkausgaben:* Sammlung 1898–1928. Verse und Prosa, 28; Ausgewählte Werke in 2 Bdn, 58; War einmal ein Revoluzzer. Bänkellieder und Gedichte, 68; Trotz allem Mensch sein, 84; Der Krater. Dokumente 1904–1933, 77; Fanal. Aufsätze und Gedichte 1905–1932, 77; Gesamtausgabe, 5 Bde, 77f; Ausgewählte Werke in 2 Bdn, 78; Der Loreleyerkasten, 78; Ich möchte Gott sein und Gebete hören. Prosa, Gedichte, Stücke, 2 Bde, 81; Staatsverneinung, 81; Ich bin verdammt zu warten in einem Bürgergarten, 2 Bde, 83; Streitschriften, 84; Zur Psychologie der Erbtante. Ein Lesebuch, 84; Mühsam Kassette, 9 Bde, 84; Handzeichnungen und Gedichte, 86; Dampfer «Deutschland» in Seenot und der Revoluzzer, [3]89; Gesammelte Aufsätze, 89; Wie ich dich liebe! Liebesgedichte, 89.

Müller, Heiner, *9.1.1929 Eppendorf.

M. war nach 1945 als Verwaltungsangestellter in der Kommunalverwaltung, danach journalistisch tätig. Er war 1954–55 Mitarbeiter des Schriftstellerverbandes der DDR und ab 1958 Mitarbeiter am Maxim-Gorki-Theater Berlin; seit 1959 ist M. freischaffend.

M.s frühe Lehrstücke, die er zusammen mit seiner Frau Inge Müller (*13.3.1925 Berlin, †1.6.1966 Berlin) verfaßte, zeigten einen deutlichen Brecht-Einfluß. In der *Korrektur* wie im *Lohndrücker* wird der Übergangscharakter der sozialistischen Gesellschaftsordnung ebenso nachdrücklich betont wie in den großangelegten Stücken *Die Umsiedlerin* und *Der Bau* (nach der Vorlage von Erik Neutschs Roman *Die Spur der Steine*). Die faschistische Vergangenheit der Agierenden bleibt dabei ebensowenig ausgespart wie die Schattenseiten des schon historisch gewordenen Aufbauheroismus der frühen 50er Jahre. Im Mittelpunkt stehen soziale Haltungen, deren Fortentwicklung nicht einer reichgegliederten Individualität zukommt, sondern der Kollektivität verschiedener Haltungen, die sich über die Individuen durchsetzt. M.s Stücke stießen in den 60er Jahren in der DDR auf scharfen Widerspruch (M. wurde aus dem Schriftstellerverband ausgeschlossen) und wurden kaum gespielt.

Wie Hacks wandte sich M. in den 60er Jahren der Bearbeitung mythischer Stoffe zu. Konfrontierte aber Hacks das Ideal des sich voll entfaltenden Individuums mit der noch unzulänglichen Wirklichkeit der Gegenwart, so beharrte M. auf der Spannung zwischen der «Eiszeit» der Vorgeschichte und den Mühen der Gegenwart: Nicht die Utopie, sondern die «Erinnerung, was es gekostet hat», mithin die Brutalität von Vorgeschichte und Geschichte rückten ins Zentrum der Darstellung: *Philoktet* zeigt die Manipulierbarkeit des Menschen, *Prometheus* Verzweiflung und Kompromißlosigkeit des Menschheitsmythos. Nicht klassische Geschlossenheit, sondern fragmentarisch offene Dramaturgie ist die Konzeption des Hacks-Antipoden. Brechts aufklärerischer Optimismus, den M. geteilt hatte, weicht einer skeptischen Haltung: *Der Horatier* besiegt nicht mehr – wie noch in Brechts Lehrstück *Die Horatier und die Kuratier* – den Gegner durch geschickte Handhabung der Dialektik, um so zum unbefleckten Helden zu werden, sondern ist bei M. Held und Mörder zugleich.

In der *Schlacht* – Szenen aus der Zeit des Faschismus – wird, entgegen der Brechtschen Konzeption in *Furcht und Elend des Dritten Reiches*, deren zu glatte Lösungen M. vom heutigen Kenntnisstand her verwirft, die Pervertierung alles Menschlichen in den Mittelpunkt gerückt. *Leben Gundlings Friedrich von Preußen Lessings Schlaf Traum Schrei* zeigt die psychische und intellektuelle Verstümmelung des deutschen Intellektuellen und die Unzulänglichkeit einer immer neuen Aufklärungs- und Klassik-Beschwörung.

M., der sein Publikum «nicht mit Harmonien aufmöbeln will», bedient sich in seinen neueren Werken einer radikalen Collagetechnik, die die Dialektik der Geschichtsbewegung noch deutlicher betont (*Germania Tod in Berlin*). In den letzten Jahren arbeitete M. häufig mit dem amerikanischen Regisseur Robert Wilson zusammen. *Wolokolamsker Chaussee* ist ein Lehrstück, eine Parabel, deren Spannweite reicht vom sowjetischen Befreiungskampf vor Moskau bis zum Niederschlagen der Aufstände in Berlin und Prag.

M. bekam 1959 den H.-Mann-Preis, 1979 den Mülheimer Dramatikerpreis, 1985 den Büchner- und 1986 den Nationalpreis. 1984 erhielt er den Karl-Szuka-Preis für das Hörspiel *Verkommenes Ufer*, 1985 den Hörspielpreis der Kriegsblinden für *Die Befreiung des Prometheus* (beide mit dem Komponisten H. Goebbels). Heinrich-von-Kleist-Preis 1990. Seit Mitte 1990 ist M. Präsident der Ostberliner Akademie der Künste. – In *Ich bin ein Neger* interpretiert M. seine Dankrede anläßlich der Verleihung des Georg-Büchner-Preises und gibt Auskunft über sein Leben und Werk.

W.: *Erzählungen, Reportagen:* Das eiserne Kreuz, 1956; Der Vater, 58; Klettwitzer Berichte, 59 (mit Inge Müller). – *Dramen, Libretti, Hörspiele:* Zehn Tage, die die Welt erschütterten. Szenen aus der Oktoberrevolution nach Aufzeichnungen von John Reed (in: Junge Kunst 1/57, mit H. Müller-Stahl); Der Lohndrücker, 57 (mit I. Müller); Die Korrektur, 58 (mit I. Müller); Die Umsiedlerin oder Das Leben auf dem Lande, 61 (Neufassung: Die Bauern, 64); Philoktet, 66; Herakles 5, 66; Ödipus Tyrann, 67; Lanzelot, 69; Prometheus, 68 (nach Aischylos); Weiberkomödie, 70; Der Horatier, 72; Macbeth, 72 (nach Shakespeare); Zement, 73 (nach Gladkov); Traktor, 74 (verschiedene Fassungen 55 und 61); Die Schlacht, 74 (Erstfassung 51); Mauser, 75; Leben Gundlings Friedrich von Preußen Lessings Schlaf Traum Schrei, 76; Hamletmaschine, 77; Germania Tod in Berlin, 77; Quadriga (in: H. M's Endspiel, hg. Th. Girshausen, 78); Der Auftrag, in: Sinn und Form, 79 (nach Seghers; Licht auf dem Galgen); Quartett, 81; Macbeth. Nach Shakespeare, 81; Verkommenes Ufer Medeamaterial Landschaft mit Argonauten, 83; Wladimir Majakowski Tragödie (in: Theater heute 9/1983), 83; Die Befreiung des Prometheus (Hsp. mit H. Goebbels), 84 (Kass.); Bildbeschreibung, 85; Der Auftrag (Hsp.), o. J. (Kass.); Wolokolamsker Chaussee I–V, 87 (Bühnenms.). – *Essays, theoretische Schriften:* Rotwelsch, 82; Ich bin ein Neger, 85; Gesammelte Irrtümer. Interviews und Gespräche, 2 Bde, 86–90; Ein Gespräch [mit Erich Fried], 89; Zur Lage der Nation. H. M. im Interview mit F. M. Raddatz, 90. – *Sammel- u. Werkausgaben:* Werkausgabe, 74ff; Geschichten aus der Produktion, 2 Bde, 74; Theater-Arbeit, 75; Stücke, 75; Der Bau. Die Bauern. Der Lohndrücker, 75; Die Schlacht/Traktor/Leben Gundlings Friedrich von Preußen Lessings Schlaf Traum Schrei, 77; Mauser, 78; Der Auftrag u. a., 81; Herzstück, 83; Germania Tod in Berlin. Der Auftrag, 83; Die Bauern. Macbeth, 84; Shakespeare Factory I, 85, II, 88; Der Lohndrücker. Philoktet. Die Schlacht, o. J.; H. M. Arbeitsbuch, 88; Material. Texte und Kommentare, 88; Philoktet. Bildbeschreibung [u. a.], 88; Revolutionsstücke, 88; Kopien, 2 Bde, 89; Der Auftrag. Quartett, 88; Die Schlacht. Wolokolamsker Chaussee I–V, 88; Werke, 7 Bde, 89ff; Stücke. Texte über Deutschland, 89.

Müller, Herta, * 17. 8. 1953 Nitzkydorf (Kr. Timiş/Rumänien).

M. gehörte zur deutschstämmigen Minderheit in Rumänien. 1973–76 studierte sie an der Universität in Timisiora (Temesvar) Germanistik und Romanistik. Ihren Arbeitsplatz als Übersetzerin in einem Betrieb verlor sie aus politischen

Gründen, arbeitete danach als Deutschlehrerin, schließlich als Kindergärtnerin und sollte – nach dem Erscheinen ihres ersten Buches in der Bundesrepublik – wieder als Lehrerin arbeiten können. Im März 1987 konnte sie jedoch Rumänien verlassen und ließ sich in Westberlin nieder. Sie war Mitglied der von 1972–75 bestehenden «Aktionsgruppe Banat» und erhielt mehrere rumänische Auszeichnungen sowie 1984 den Aspekte-Literaturpreis und 1985 den Förderpreis des Bremer Literaturpreises. 1987 bekam sie den Ricarda-Huch-Preis, 1989 den Marie-Luise-Fleißer-Preis, das Stipendium der Villa Massimo und 1990 die Roswitha-von-Gandersheim-Medaille.

M. schreibt Kurzprosa. In knapper, bilderreicher Sprache schildert sie das Leben der deutschen Minderheit im Banat, die Abgeschlossenheit und Zurückgebliebenheit und die Probleme eines heranwachsenden Mädchens in der Welt der Erwachsenen, in der es sich fremd fühlt. In der genauen Beobachtung und deren unkommentierter lakonischer Wiedergabe entstehen Texte von atmosphärischer Dichte. Die Spannung, in der die deutsche Minderheit zwischen zwei Sprachen und zwei Kulturen lebt, wird auf eindrucksvolle Art gerade durch die scheinbare Belanglosigkeit ihrer Beobachtungen verdeutlicht. In ihrem Buch *Der Mensch ist ein großer Fasan auf der Welt* beschreibt sie am Beispiel einer Familie die untergehende deutsche Kultur in Rumänien, für die «Auswanderung» der entscheidende Begriff geworden ist, um den sich das ganze Leben zu drehen beginnt. Diesem Thema bleibt sie auch in *Reisende auf einem Bein* treu, einer Erzählung über die Abreise einer jungen Frau aus Rumänien und ihre ersten Eindrücke nach der Ankunft in der BRD. Ein mit explizit weiblichem Blick gesehener Bericht über eine Gesellschaft, die «ihr Selbstgefühl aus dem Portemonnaie bezieht» (Cramer).

W.: Prosa: Niederungen, 1982 (erw. u. verb. 84); Drückender Tango, 84; Der Mensch ist ein großer Fasan auf der Welt, 86; Barfüßiger Februar, 87: Niederungen, 88; Reisende auf einem Bein, 89.

Müller, Horst H(elmut) W(erner), *4.7.1941 Berlin.

M. lebt seit 1945 in Kaltenkirchen/Holstein und in Hamburg. Lyriker, Graphiker und Maler. Bis zum 20. Lebensjahr auch als Komponist tätig. Für sein Werk wichtige Freundschaften mit dem expressionistischen Maler Ludwig Meidner und dem aktivistischen Expressionisten Kurt Hiller, dessen Totenkopf M. 52mal porträtierte. Seine Gedichte (wie auch seine Zeichnungen) gehören dem Wiederaufleben des Expressionismus nach dem 2. Weltkrieg an, sind gefüllt mit ausdrucksstarker Sinnlichkeit, erotischen Themen und Metaphern, verbunden mit selbstbewußtem, grüblerischem Zynismus. Provozierend in immer erneutem Verlangen nach Selbstdarstellung und bestärkt durch Hiller gegen jede Art von Unterdrückung. Gedichte von M. vertonte der Holländer Henk Badings.

W.: Lyrik: Attackismen nebst Blutblasen: Oder: Einfälle und Auswüchse eines unbequemen Untergebenen, 1961; Die um die Jugend bald die Krallen wieder schließen, 66; Verpackt in meinen Blick, 78. – *Essay:* Kurt Hiller, 69. – *Herausgebertätigkeit:* Hiller, K.: Leben gegen die Zeit. Bd 2: Eros, 73.

Münchhausen, Börries, Freiherr von (Pseud. H. Albrecht), *20.3.1874 Hildesheim, †16.3.1945 Windischleuba (Thüringen) (Freitod).

M., mit dem «Lügenbaron» verwandt, verbrachte seine Jugend auf den väterlichen Gütern bei Göttingen, Hannover und Altenburg; er studierte 1895–99 Rechts- und Staatswissenschaften. In den Jahren 1898 bis 1923 war er mehrfach Herausgeber des «Göttinger Musenalmanachs». Am 1. Weltkrieg nahm er als Rittmeister teil. Ab 1920 lebte M. als Gutsherr auf dem Familiensitz Windischleuba bei Altenburg. 1933 bekannte sich M. zum Nationalsozialismus.

M. wurde vor allem bekannt als Erneuerer der Ballade und gilt als Vertreter reaktionären Gedankenguts. In seinem literarischen Werk verherrlicht er einen ritterlich-feudalen und junkerhaft-polternden Lebensstil, dem er auch persönlich anhing.

W.: Erzählungen: Fröhliche Woche mit Freunden, 1922; Geschichten aus der Geschichte, 34. – *Lyrik:* Gedichte, 1897; Juda, 1900; Balladen, 01; Ritterliches Liederbuch, 03; Die Balladen und Ritterlichen Lieder, 08; Das Herz im Harnisch, 11; Hofball, 14; Alte und neue Balladen und Lieder. Auswahl fürs Feld, 15; Die Standarte, 16; Beerenauslese, 20; Schloß in Wiesen, 21; Das Balladenbuch, 24 (erweitert 50); Drei Idyllen, 24; Meine Pagenballaden, 24; Idyllen und Lieder, 28; Das Liederbuch, 28; Lieder um Windischleuba, 29; Idyllen, 33. – *Schriften:* Die Rittergüter der Fürstentümer Calenburg, Göttingen und Grubenhagen (mit G. Stölting), 12 (Reprint 80); Meisterballaden. Beitrag zur Ästhetik der Ballade, 23 (erweitert 40 und 58); Das Königlich-Sächsische Garde-Reiter-Regiment von 1880–1918, 26; Die Garbe, 33. – *Herausgebertätigkeit:* Göttinger Musenalmanach für 1898, 1901, 1905, 23. – *Sammel- und Werkausgaben:* Das dichterische Werk, 2 Bde, 50–53; Ausgabe letzter Hand, 59 f.

Mundstock, Karl, *26. 3. 1915 Berlin.
M. wurde 1933 wegen «Vorbereitung zum Hochverrat» zu zwei Jahren Jugendgefängnis verurteilt; seit 1936 war er in der Widerstandsbewegung aktiv; 1939 wurde er vom Studium des Maschinenbaus ausgeschlossen. M. wurde zum Militärdienst eingezogen und 1944 wegen «Wehrkraftzersetzung» verurteilt. Nach der Kriegsgefangenschaft kehrte er nach Berlin zurück und ist seither freischaffend. 1985 Nationalpreis.
In seinem Roman *Helle Nächte*, der neben Marchwitzas *Roheisen* und Claudius' *Menschen an unserer Seite* zu den bekanntesten Aufbauromanen der DDR gehört, schildert M. die Arbeit einer Gruppe von Jugendlichen in einem Eisenhüttenwerk in den Jahren 1950/51. Er reduziert dabei – was die zeitgenössische Kritik auch vermerkte – gesellschaftliche Konflikte auf ein Zurückbleiben einiger weniger Protagonisten.
M. setzt sich in mehreren Erzählungen mit seinem Kriegserlebnis auseinander (*Bis zum letzten Mann*); er bedient sich dabei einer an Hemingway angelehnten Sprache, die die Brutalität des Krieges abbilden soll.

W.: Romane, Erzählungen, Reportagen: Der Messerkopf, 1950; Tod in der Wüste, 51; Helle Nächte, 52; Ali und die Bande vom Lauseplatz, 55; Bis zum letzten Mann, 56; Die Stunde des Dietrich Conradi, 58; Sonne in der Mitternacht, 59; Die alten Karten stimmen nicht mehr, 60; Gespenster – Edes Tod und Auferstehung, 62; Tod an der Grenze, 69; Wo der Regenbogen steigt, 70; Meine tausend Jahre Jugend, 81; Zeit der Zauberin, 85. – *Lyrik:* Frech und frei, 70.

Munk, Christian → Weisenborn, Günther

Münsterer, Hanns Otto, *28. 7. 1900 Dieuze (Lothringen), †30. 10. 1974 München.
M., Sohn eines bayerischen Offiziers, wuchs in Pasing bei München und in Augsburg auf. Die Augsburger Jahre sind geprägt von der engen Freundschaft mit Bertolt Brecht; M. berichtet darüber in den *Erinnerungen aus den Jahren 1917 bis 1922* (1963). Studium der Medizin in München, 1924 Promotion; anschließend arbeitet M. an verschiedenen Forschungsinstituten, 1942 Habilitation mit einer Arbeit über Virusforschung, bis 1945 Hochschullehrer und Oberarzt an der dermatologischen Klinik in München, dann Facharztpraxis für Dermatologie. Neben seinen zahlreichen wissenschaftlichen Publikationen aus dem Bereich der Medizin grundlegende Arbeiten zur religiösen Volkskunde, vornehmlich zur Amulettforschung.
Das literarische Werk von M. ist zum großen Teil noch unpubliziert. In der Frühphase stehen die Balladen, von denen einige in Zeitschriften und Anthologien erschienen, im Vordergrund. Seefahrer und Waldgänger sind die Figuren der exotischen Abenteuerwelt dieser Gedichte, in denen sich ein vitalistisch-romantisches Lebensgefühl Ausdruck verschafft. Die gleiche Thematik behandelt M. in zahlreichen Kurzgeschichten. Nach dem Abklingen der wilden Gebärden des Frühwerks, die mit großem sprachlichen Pathos vorgetragen sind, treten die Leiden der Schwachen, das Schicksal der Unscheinbaren, die leisen Alltagswahrnehmungen in den Vordergrund. Die Auseinandersetzung mit dem Tod ist ein Thema, das das Werk M.s von Anfang an durchzieht. In den 30er Jahren entstehen die Manuskripte von drei Romanen (*Föhn*, *Die Dampfwalze*, *Bückelroman*),

in denen sehr persönliche Krisenerfahrungen verarbeitet werden; die Komödie *Boston* nimmt den Amerikastoff der Balladen auf. Eine Reihe von Hörfolgen wird im Bayerischen Rundfunk gesendet. 1937 erhält M. Schreibverbot und wird aus der Reichsschrifttumskammer ausgeschlossen. In den Gedichten, die nach 1945 entstehen, steht immer wieder das Thema des Alterns im Mittelpunkt. 1955 wird die Beziehung zu Brecht wiederaufgenommen. – Eine erste größere Gedichtsammlung erscheint 1980 postum, sie macht in eindrucksvoller Weise die Bedeutung M.s als Lyriker deutlich.

W.: Lyrik: Die großen Pioniere, 1921; Fünf Balladen, 25; Passional deutsch, 25; Mancher Mann, 80. – *Hörfolgen:* Von den Helden der Gegenwart (Musik von Werner Egk), 32; Neue Balladen von den Helden der Gegenwart, 32; Mysterium des Menschen, genannt: Von vielen Wegen, 32; Sechs Balladen von den kleinen Freuden jeden Mannes, 32; Mit allen Sinnen, 32; Spiel vom Krumbacher verlorenen Sohn, 34; Bayerische Tages- und Jahreszeiten, 34; Die Entdeckung Amerikas, 34; Von Traum und Dämmerung, 34; Das große Haymonsspiel, 35; Fortunatus, 35; Von Dult und Kirmes, 35. – *Biographie, Essay:* Bert Brecht, Erinnerungen aus den Jahren 1917–1922, 63; Amulettkreuze und Kreuzamulette. Studien zur religiösen Volkskunde, 83.

Muschg, Adolf, * 13. 5. 1934 Zollikon (Zürich).

M. studierte Germanistik, Anglistik und Philosophie in Zürich und Cambridge, promovierte 1959 bei Emil Staiger mit einer Dissertation über Ernst Barlach. Er war Gymnasiallehrer in Zürich, dann Dozent an deutschen, schweizerischen, japanischen und amerikanischen Universitäten. Seit 1970 ist er Prof. für Literaturwissenschaft an der ETH Zürich. Er ist Mitglied der Sozialdemokratischen Partei der Schweiz und erhielt für sein Werk mehrere Literaturpreise, u. a. 1974 den Hesse-Preis, 1984 den Literaturpreis der Stadt Zürich, 1988 den Preis der Schweizer Schillerstiftung und 1990 die Carl-Zuckmayer-Medaille.

Als «aufgeklärter Sozialist» schreibt M. Romane und Theaterstücke in kritischer Auseinandersetzung mit der Zeit, seiner Umwelt und der Schweiz. Er gilt als Sprachvirtuose, hat aber im Laufe der Jahre seinen Stil verknappend reduziert. Seine ersten Romane *Im Sommer des Hasen, Gegenzauber* und *Mitgespielt* sind raffiniert geschriebene, ironisch-parodistische Untersuchungen zu Zeitfragen. Die Gefahr dieser z. T. blendend geschriebenen Romane war, im Modischen, in der Überstilisierung zu versanden. In der Folge beschäftigte sich M. zunehmend mit der Verantwortung des Intellektuellen in der heutigen Gesellschaft, wobei die Motive von Schuld und Resignation im Mittelpunkt stehen. «Ich fühle mich alt genug, um zu einer schuldigen Generation zu gehören. Schuldig durch das, was wir nicht taten.» Die Erzählwerke werden persönlicher, reifer, abgeklärter. Der Roman *Albissers Grund* untersucht, wie der Gymnasiallehrer Albisser dazu gekommen ist, auf seinen Psychiater Zerutt zu schießen, zugleich aber auch wird diese Analyse zu einer Ermittlung über die Schweizer Gesellschaft und ihre verunsicherten, im Alltagsleben erstarrten Bürger. Albisser resigniert in der Kleinstadtidylle, Zerutt, dem am Ende des Romans die Sympathie des Autors sich zuwendet, äußert dagegen eine gebrechliche, doch aufgeklärte Hoffnung auf ein besseres Leben. Die Geschichtenbände (*Liebesgeschichten, Entfernte Bekannte*) sind mehr auf die Privatsphäre bezogen, doch auch darin bleibt die Grundthematik dieselbe: Entfremdung durch die modernen Machtstrukturen, Hilf- und Sprachlosigkeit, Flucht und Resignation. Paradox ist jedoch, daß die resignierten Hilfskonstruktionen der Figuren immer mehr hoffnungsdurchzogen sind, «Anstiftung zu einem ganzen Leben». – M.s Theaterstücke und Hörspiele kreisen um dieselben Motive, erreichten aber bisher nicht den Erfolg der Erzählwerke. Auch sein Essay über *Gottfried Keller*, der vieles von M.s eigenem Werk entschlüsselt, behandelt die Grundproblematik von Schuld, Resignation und Zuversicht im Sinne einer «psycho-analytischen und kritisch-ökonomischen Herleitung des Schuldprinzips».

W.: Romane, Erzählungen, Prosa: Im Sommer des Hasen, 1965; Gegenzauber, 67; Fremdkörper, 68; Mitgespielt, 69; Liebesgeschichten, 72; Albissers Grund, 74; Entfernte Bekannte, 76; Noch ein Wunsch, 79; Baiyun oder Die Freundschaftsgesellschaft, 80; Leib und Leben, 82; Kulturgeschichten, 84; Das Licht und der Schlüssel, 84; Empörung durch Landschaften, 85; Dreizehn Briefe Mijnheers, 86; Der Turmhahn, 87. – *Dramen, Hör- und Fernsehspiele:* Rumpelstilz, 68; Das Kerbelgericht, 71; Die Aufgeregten von Goethe, 70; High Fidelity oder Ein Silberblick, 73; Kellers Abend, 75; Watussi, 76; Why, Arizona, 77; Übersee, 82; Deshima. Filmbuch, 87. – *Essays:* Papierwände, 70; Von Herwegh bis Kaiseraugst, 75; Vorwort zu ‹Mars›, von Fritz Zorn, 77; Gottfried Keller, 77; Besprechungen 61–79, 80; Die Tücke des verbesserten Objekts, 81; Literatur als Therapie?, 81; Im Wasser Flamme. Goethes grüne Wissenschaft, 85; Goethe als Emigrant, 86; Zürich und Zürichsee (mit E. Wrba u. F. Müller), 86. – *Herausgebertätigkeit:* Allmende (mit M. Bosch u. a.), H. 1ff, 81ff. – *Sammelausgaben:* Besuch in der Schweiz, 78; Übersee, Drei Hörspiele, 82; Ausgewählte Erzählungen, 83. – *Fernsehen:* Watussi. Ein Stück für zwei Botschafter, 73.

Musil, Robert (seit 1917 Edler von M.), *6. 11. 1880 Klagenfurt, †15. 4. 1942 Genf.

M. kam aus einer altösterreichischen Beamten-, Gelehrten-, Ingenieurs- und Offiziersfamilie. Er studierte an der Technischen Militärakademie Wien, brach seine Offiziersausbildung ab und wurde Maschinenbauingenieur. Nach einer Tätigkeit als Assistent an der TH Stuttgart studierte er 1903–08 in Berlin Philosophie, Psychologie, Mathematik und Physik und promovierte mit einer Arbeit über den Theoretiker des naturwissenschaftlichen Positivismus Ernst Mach zum Dr. phil. Auf eine Universitätslaufbahn verzichtete er, um freier Schriftsteller zu werden. 1911–14 war er Bibliothekar, 1914 Redakteur der «Neuen Rundschau». Im 1. Weltkrieg war er Landsturmhauptmann, Herausgeber der «Soldatenzeitung» und zuletzt im Kriegspressequartier. 1918–22 lebte er als Beamter in Wien, danach arbeitete er als freier Schriftsteller, Theaterkritiker und Essayist in Wien und Berlin. Nach der faschistischen Besetzung Österreichs emigrierte er nach Zürich. Die letzten Lebensjahre verbrachte er fast mittellos in Genf.

M. gilt als der Autor, der die Zerstörung bürgerlicher Subjektivität und Ideologie soziologisch, psychologisch und ästhetisch nachvollzieht, dennoch aber zeitlebens eine subjektiv-idealistische Position beibehält. Diese Spannung markiert die Krise des Subjektivismus, die aus dem qualitativen, spätestens 1910 abgeschlossenen Wandel vom liberalen Konkurrenz- zum Monopolkapitalismus, literarisch mit einiger Verzögerung, resultiert. Auf Grund seiner naturwissenschaftlichen und philosophischen Vorbildung sowie unter Einfluß der Kulturkritik Nietzsches gewinnt M. ein immer klareres Bild von den Folgeerscheinungen der sozioökonomischen und technologischen Modernisierungsprozesse und entwickelt eine Art Ideologiekritik, die sich gegen den philosophischen oder «romantischen» Individualismus und seine spätbürgerlichen Kulturformen richtet. Freilich ringt M. auch zeitlebens um die Formulierbarkeit mystischer Erfahrungen und des unaustauschbaren Kerns der Persönlichkeit. Die Antinomie von positivistischer Vernunft und ästhetischer und emotionaler Erfahrung bestimmt sein gesamtes Werk.

In dem stark autobiographischen Roman *Die Verwirrungen des Zöglings Törleß* entwickelt M. diesen Widerspruch an den psychischen Konflikten der Pubertät. Törleß lebt in einer Kadettenanstalt, deren autoritäre Organisation zum Modell einer «totalen Institution» wird, in der sich die inhumane Klassenstruktur «draußen» pointiert abspiegelt. Zu dieser Umwelt geraten die erwachende Sexualität von Törleß, seine Sensibilität und Intellektualität von Beginn an in Konflikt. Doch interessiert M. weniger das Problem «Schule und Pubertät» als der Zusammenhang von totalitärer Institution und ihr korrespondierender Psychostruktur sowie das Problem einer autonomen Ich-Entwicklung. Zum einen schlägt die Herrschaftsstruktur des Instituts in den Schülern selbst als Sadomasochismus durch. Die Gruppendynamik der Herrschaft, die Beineberg und Reiting errichten, wird gebildet von einem Zusammenhang von Gewalt, Masochismus und Homosexualität, wie er später

für psychische Aspekte faschistischer Herrschaft kennzeichnend wird. Zum anderen zeigt M. hinsichtlich der Adoleszenzkrise des Törleß, der beobachtend an diesem Geschehen teilnimmt, wie dieser in einen Zustand zunehmender Entfremdung und moralischer Desorientierung gerät: Eltern, Schule, Schüler, schließlich sogar Sprache, Rationalität und körpereigene Sexualität werden ihm zu Bruchstücken einer sinnlosen Welt. In Momenten mystischer Wahrnehmung jedoch ahnt Törleß den Umriß einer Lebensform, die weder rational noch gesellschaftlich vermittelbar scheint. – In den Novellenbänden *Vereinigungen* und *Drei Frauen* widmet sich M. der Erkundung dieses «anderen Zustands» und entwickelt hier den analytischen Bildstil, der seinen Ansprüchen auf Präzision und Innerlichkeit der Sprache zugleich genügt. Die Erzählungen bewegen sich in einem Bereich von psychischen Erscheinungen, wie sie zeitgleich in Freuds Psychoanalyse des Unbewußten entdeckt wurden, von mystischen Erfahrungen, wie sie in den Zeugnissen der Mystiker vorliegen, und Ideen einer Ich-Identität, die sich aus der Tradition des deutschen Idealismus und der Lebensphilosophie speisen. Die Handlungen der Novellen sind durchweg nach üblichen Schemata von Beziehungskonflikten gebildet. Der «andere Zustand» wird häufig an Erfahrungen festgemacht, in denen die Identität des Mannes bis zur Selbstauflösung fragwürdig wird: Im männlichen Handeln und Rationalisieren nämlich entsteht eine «eindimensionale» Objektwelt, die wesentliche Bedürfnisse unbefriedigt läßt und ins Unbewußte abdrängt. Diese Instabilität «männlicher» Identität wird in der Begegnung mit Frauen erwiesen. – In seinen Dramen *Die Schwärmer* und *Vinzenz und die Freundin bedeutender Männer* führt M. diese Problematik wieder näher an die Gesellschaft heran: Die Versuche der Personen, sich des «Unwirklichen» zu bemächtigen, funktionieren hier als radikale Kritik des auf Geld, Kitsch und Stereotypie ruhenden bürgerlichen Rollenhaushalts.
In der Nachkriegszeit legt M. in Tagebüchern und Essays die Grundlagen zum

Mann ohne Eigenschaften. In diesen Studien ringt M. um neue, den politischen Entwicklungen Rechnung tragende Leitbilder. Dabei erscheint ihm die Zeit nach 1918 als «babylonisches Narrenhaus», als «Jahre ohne Synthese». Diese politischsoziale Unordnung sei weniger die Folge des Krieges als Ergebnis unterirdischer Veränderungen der Vorkriegsgesellschaft. Der Krieg ist ihm «die Absage an das bürgerliche Leben, der Wille lieber zur Unordnung als zur alten Ordnung, der Sprung ins Abenteuer». Die Kriegsbegeisterung ist für M. Ausdruck dieser Stimmung, die er als «Selbstmordwilligkeit» bezeichnet. Niederlage und Nachkriegswirren offenbaren nun dem bürgerlichen Intellektuellen die ideologische Desorientiertheit seiner Klasse: «Das Leben, das uns umfängt, ist ohne Ordnungsbegriffe.» Hier setzt M.s Roman an, mit dem er «Beiträge zur geistigen Bewältigung der Welt geben» will.
Gegen die kulturelle Desintegration der Vor- und Nachkriegszeit versucht *Der Mann ohne Eigenschaften* noch einmal das für jeden bürgerlichen Roman grundlegende Ziel zu verwirklichen, nämlich der entfremdeten Wirklichkeit einen authentischen Sinn abzuringen. Der Roman, der «Synthese» und «positive Konstruktion» sein soll, erzählt so zwar die Zeit vor 1914, doch nur weil sie die Ursachen des gegenwärtigen Orientierungsverlustes bereits «submarin» enthält: Insofern ist der Roman «ein aus der Vergangenheit entwickelter Gegenwartsroman».
Der Ansatz des Romans liegt also auf der Ebene ethischer Erneuerung. Die Suche aber nach «neuer Moral» erzwingt eine komplexe und reflektierende Romanform. Da er die «Grunderscheinungen unserer Moral berührt», kann er nicht «Geschichten» partieller moralischer Abweichungen erzählen (wie im *Törleß* oder in den Novellen). Wo Welt- und Leitbilder zerstört sind, wird auch die «erzählerische Ordnung» des traditionellen Romans berührt. Im Roman reflektiert Ulrich darüber, daß der «Faden der Erzählung», der die Geschehnisse des Lebens übersichtlich «aufreiht», einem überholten Denkmuster entspricht, dem-

zufolge Handlungen und Ereignisse einer Person zugeordnet werden können. Heute – nach «Auflösung des anthropozentrischen Verhaltens» und dem «Ende des Individualismus» – bilden Handlungen einen überpersönlichen Systemzusammenhang (eine «Welt aus Eigenschaften ohne Mann»), der die Individuen, ihre Lebensgeschichte und damit die «eindimensionale» Reihung von Handlungsfolgen zerstört hat. In sozialen Systemen kommen «Gedanken», «Eigenschaften» und «Gefühle» nur noch als «Typen» vor, aus denen Lebensgeschichten abstrakt konstruiert sind. Dieser Ansatz wirkt auf die Erzählstruktur zurück. Die «Darstellung konstituierender Verhältnisse», die der Roman bieten will, ist als Darstellung einliniger Handlungsfolgen nicht mehr möglich. M. zerstört denn auch die Chronologie des Geschehens und entwickelt «unerzählerische» Erzählformen, die dem «Abstraktwerden des Lebens» entsprechen.

Im Zentrum des 1. Buches steht die sog. «Parallelaktion». Unter diesem Decknamen verbergen sich die Vorbereitungen hochgestellter Persönlichkeiten, die das für 1918 zu erwartende 70jährige Regierungsjubiläum des «Friedenskaisers» Franz Josef gegenüber dem gleichzeitigen bloß 30jährigen Wilhelms II. zur Geltung bringen wollen. Ohne daß sie es selbst bemerken, münden alle ihre scheinbar nur komischen Bemühungen um eine erlösende Idee in den begeistert begrüßten Ausbruch des Weltkrieges. Das geplante «Weltösterreichjahr» 1918 wird sich ironischerweise als das des Zusammenbruchs beider Monarchien erweisen.

So bildet M. das alte Österreich zum Modell, an dessen sozialer und ideologischer Verfassung er die Morbidität des Vorkriegseuropa zeigt. Mit den Mitteln der Satire entlarvt M., indem er einzelne Figuren zu Ideenträgern macht, nahezu alle zeitgenössischen Ideologien. Ulrich, der ehemalige Offizier, Ingenieur, Mathematiker, revidiert an sich selbst die «Moral der Leistung», die in Wahrheit eine Herrschaftsmoral sei. Für Kapitalisten wie Arnheim bilden Profitinteresse und Konkurrenzdruck das Motiv zu strenger Rationalisierung des Handelns, wofür das Geld «die kräftigste und elastischste Organisationsform» ist. Die Abhängigen ihrerseits, insbesondere im Bereich wirtschaftlicher und staatlicher Planung, entwickeln sich zu «Funktionären» mit «Untertanenverstand»: Dieser kann nicht anders, als technischen Fortschritt, wachsenden Umsatz und Rationalisierung als historisches Gesetz zu verstehen.

Indem so im *Mann ohne Eigenschaften* die gesellschaftliche Wirklichkeit jede Legitimation verliert, bekommt das Mögliche Gewicht. Die Entwertung des Sozialen schlägt bei Ulrich um in die Aufwertung von Utopie, Phantasie, Traum, aber auch von abweichendem Verhalten (wie Verbrechen). Sein «Urlaub vom Leben», mit dem Ulrich eine radikale Distanzhaltung einnimmt, hat den doppelten Sinn der Kritik gesellschaftlicher Wirklichkeit wie der Erkundung eines möglichen «rechten Lebens». Nachdem Ulrich verschiedene Utopien erfolglos durchgeprobt hat, glaubt er, nach der Begegnung mit seiner Schwester Agathe, die Idee «gelungenen Lebens» nicht mehr als Moment von Gesellschaft, sondern als deren Gegenpol verstehen zu müssen. So reduziert sich der utopische Ansatz, nämlich Rationalität und Emotionalität zu versöhnen, zur «Utopie der Zwillinge», die er mit Agathe in der geschichtslosen Enklave seines Gartens und später auf einer Mittelmeerinsel zu realisieren sucht.

Trotz ungesicherter Editionslage scheint es so, daß M. diese Utopie Ulrichs scheitern lassen wollte, ohne daß die «utopische Gesinnung», jenes Festhalten an der Idee sinnvoller sozialer Ordnung und Selbstverwirklichung, je aufgegeben würde. Doch zeigt sich ein zunehmender Beziehungsverlust zur gesellschaftlichen Wirklichkeit, und der utopische Freiraum schrumpft zuletzt zu mystisch stilisierter Weltferne. Die Resignation, in der das Modell liebender Kommunikation – die Geschwisterliebe – untergeht, erfaßt Ulrich nur, sondern wohl auch den Autor. Dieses Scheitern aber bezeichnet genau den historischen Stellenwert M.s: ein radikaler Bürger, der im

Schweizer Exil die eine Möglichkeit seiner Klasse durchspielt und mit der solipsistischen Utopie der Geschwister die absolute Grenze des bürgerlichen Subjektivismus erreicht – während in Deutschland die Gegengrenze, die mit dem Faschismus sich selbst vernichtende bürgerliche Herrschaft, historisch absehbar wird.

W.: Romane, Erzählungen, Essays: Die Verwirrungen des Zöglings Törleß, 1906; Vereinigungen, 11; Grigia, 23; Die Portugiesin, 23; Drei Frauen, 24; Rede zur Rilke-Feier, 27; Der Mann ohne Eigenschaften, I, 30, II, 33, III, 43; Nachlaß zu Lebzeiten, 36; Über die Dummheit, 37; Der deutsche Mensch als Symptom, 67; Beitrag zur Beurteilung der Lehren Machs, 80. – Aufsätze in Zeitungen und Zeitschriften ab 1911. – *Dramen:* Die Schwärmer, 21; Vinzenz und die Freundin bedeutender Männer, 24. – *Werkausgaben:* Gesammelte Werke in Einzelausgaben: Der Mann ohne Eigenschaften, 52; Tagebücher, Aphorismen, Essays und Reden, 55; Prosa, Dramen, Späte Briefe, 55; Die Amsel, 67; Briefe nach Prag, 71; Aus den Tagebüchern, 74; Tagebücher, 76; Gesammelte Werke, 9 Bde, 78; Briefe, 2 Bde, 80; Gesammelte Werke, 2 Bde, 83; Tagebücher, 2 Bde, 83; Frühe Prosa und aus dem Nachlaß zu Lebzeiten, 83; Essays – Reden – Kritiken, 84; Vereinigungen, 89. – *Schallplatten, Kassetten:* Drei Frauen, 87 (2 Kass.); Der Mann ohne Eigenschaften, 89 (3 Kass.); Die Verwirrungen des Zöglings Törleß, 89 (5 Kass.).

Muth, Agnes → Körber, Lili

Mynona → Friedlaender, Salomo

N

Nabl, Franz, * 16.7.1883 Lautschin (Böhmen), † 19.1.1974 Graz.
N. studierte in Wien, war einige Jahre Redakteur in Graz und lebte dort seit 1934 als freier Schriftsteller. Er erhielt zahlreiche Preise und Ehrungen (u. a.: Mozart-Preis 1938; Dr. phil. h. c. Graz 1943; Großer Österreichischer Staatspreis 1956) – N.s formal eher konventionelle Prosa steht in der Tradition des 19. Jhs. Gegenstand seines Erzählens sind häufig schwierige, einsame Men-

schen der österreichischen Provinz, denen ein fast ausschließlich psychologisch motiviertes Interesse entgegengebracht wird. N.s Hauptwerk *Ödhof* schildert die Zerstörung einer Familie durch ein tyrannisches Oberhaupt, wobei Konzessionen an den Zeitgeist (besonders auffällig auch in *Der Fund*, 1937) die Indienstnahme während der NS-Ära erleichterten. Anklang als Theaterautor fand N. nur in den 20er Jahren. Als sein bestes Werk gilt heute *Das Grab des Lebendigen*.

W.: Romane, Erzählungen: Hans Jäckels erstes Liebesjahr, 1908; Ödhof. Bilder aus den Kreisen der Familie Arlet (2 Bde), 11; Narrentanz, 11; Das Grab des Lebendigen, 17 (36 als: Die Ortliebschen Frauen); Der Schwur des Martin Krist, 20; Die Galgenfrist, 21; Die Augen, 23; Kindernovelle, 32; Ein Mann von gestern, 35; Das Meteor, 35; Der Griff ins Dunkel, 36; Der Fund, 37; Kleine Freilichtbühne, 43; Mein Onkel Barnabas, 46; Johannes Krantz, 48 (erw. 58); Vaterhaus, 74; Charakter, 75. – *Dramen, Dialoge:* Noch einmal, 05; Weihe, 05; Geschwister Hagelbauer, 06; Requiescat ..., 20; Trieschübel, 25; Schichtwechsel, 29. – *Lyrik:* Spätlese, 43. – *Autobiographisches, Essays:* Steirische Lebenswanderung, 38; Das Rasenstück, 53; Der erloschene Stern, 62; Die zweite Heimat, 63; Spiel mit Blättern, 73; Meine Wohnstätten, 75. – *Werkausgabe:* Ausgewählte Werke, 4 Bde, 65; Meistererzählungen, 78.

Nachbar, Herbert, * 12.2.1930 Greifswald, † 25.5.1980 Berlin.
Nach abgebrochenem Medizinstudium Tätigkeit als Lokalreporter, Redakteur und Verlagslektor in der DDR; seit 1957 freischaffend. – Geschichte und Gegenwart der überschaubaren Welt des Fischerdaseins an der Ostsee sind das wichtigste Sujet N.s, dessen Beschränkung auf einen kleinen Weltausschnitt und Erzählweise eine deutliche Beziehung zu Raabe aufweisen. Die Zeit der Jahrhundertwende und ihre Bedrohungen für die Welt der Fischer (*Der Mond hat einen Hof*), die um einen Liebeskonflikt sich rankende Auseinandersetzung um den Eintritt der Fischer in die Genossenschaft (*Die Hochzeit von Länneken*) und die Wirkungen des alltäglichen Faschismus im Jahre 1938 in seinem überzeugendsten Roman *Ein dunkler Stern* gehörten zu den Sujets N.s. Mit der Erzählung *Die gestohlene Insel*, einer Parabel

auf die Selbstisolation des Künstlers, und den philosophisch-phantastischen Werken *Pumpendings seltsame Reise* und *Der Weg nach Samoa* erwies sich N. als vielseitiger Erzähler, der sich der Gefahr einer provinzialistisch verengten Literatur bewußt blieb.

W.: Romane, Erzählungen, Reportagen: Der Mond hat einen Hof, 1956; Die gestohlene Insel, 58; Der Tod des Admirals, 60; Die Hochzeit von Länneken, 60; Brasilienfahrt, 61; Oben fährt der große Wagen, 63; Ein Feldherr sucht seine Mutter, 65; Haus unterm Regen, 65; Die Million des Knut Brümmer, 70; Ein dunkler Stern, 73; Pumpendings seltsame Reise, 75; Der Weg nach Samoa, 76; Keller der alten Schmiede, 79; Helena und die Heimsuchung, 81; Die große Fahrt, 82; Zu Nachbar. Ein Almanach, 83; Der Junge mit den knielangen Hosen, 84. – *Herausgebertätigkeit:* Die Meisterjungfer. Norwegische Märchen, 70.

Nadel, Arno, * 5. 10. 1878 Wilna, † nach März 1943 KZ Auschwitz.

N., Sohn eines Mechanikers, kam 1895 nach Berlin und besuchte die jüdische Lehrerbildungsanstalt. Er war dann Lehrer und Musiker, ab 1916 Chordirigent an einer Berliner Synagoge. Im März 1943 wurde er nach Auschwitz deportiert und dort mit seiner Frau ermordet. – N. war ein vielseitig begabter Künstler, Musiker (von seinen musikalischen Kompositionen hat sich die Bühnenmusik zu Stefan Zweigs *Jeremias* erhalten), Maler, Schriftsteller und religiöser Philosoph. Er schrieb Lyrik und Sprüche (*Der Ton*), in denen die dionysisch-musikalische Feier des Diesseits sich gegen eine nihilistische und gottferne Zeit wendet.

W.: Romane, Erzählungen: Für Brigitte und alle Welt, 1932; Drei Augen-Blicke, 32. – *Dramen:* Cagliostro und die Halsbandgeschichte, 13; Adam, 17; Siegfried und Brunhilde, 18; Der Sündenfall, 20. – *Lyrik:* Um dieses alles, 14; Das Jahr des Juden (mit J. Budko), 20; Rot und glühend ist das Auge des Juden, 20; Heiliges Proletariat, 24; Das Leben des Dichters (Privatdruck), 35; Der weissagende Dionysos, 59. – *Essays, Aphorismen:* Aus vorletzten und letzten Gründen, 09; Der Ton, 21. – Ferner Übersetzung und Edition jüdischer Lieder.

Nadolny, Sten, * 29. 7. 1942 Zehdenick/Havel.

Der Sohn eines Autorenpaares wuchs in Oberbayern auf, studierte mittlere und neuere Geschichte und promovierte mit einer Arbeit über Abrüstungsverhandlungen in der Weimarer Republik. Er arbeitete als Lehrer für Geschichte, bevor er 1977 zum Film ging und als Regisseur und Aufnahmeleiter arbeitete. 1980 erhielt er den Ingeborg-Bachmann-Preis für Ausschnitte aus seinem zweiten Roman *Die Entdeckung der Langsamkeit*. In ihm berichtet er bei aller vorgeblichen Schlichtheit des Erzählens auf überaus kunstvolle Weise vom Leben des historischen britischen Seefahrers und Entdeckers John Franklin (1786–1847). Die Erzählung über den Arktisforscher ist zugleich eine unterschwellige Kritik an der industriellen Neuzeit, deren Schnelligkeitswahn und Fortschrittsglaube ein Mensch gegenübergestellt wird, dessen Langsamkeit (an der seine Mitmenschen verzweifeln) es ihm zugleich ermöglicht, sich und die Welt neu zu sehen. *Selim oder Die Gabe der Rede* ist ein Roman über das Erzählen und über die bundesrepublikanische Gesellschaft. Der Abiturient Alexander und der aus der Türkei in die BRD gekommene Ringer Selim sind die Hauptpersonen des Romans, der zur Zeit der Studentenbewegung beginnt und 1989 endet. Vor allem die quasi ethnologischen Blicke Selims auf die Deutschen geben dem Buch Leben. – 1985 Hans-Fallada-Preis, 1986 Premio Vallombrosa. 1990 hielt N. in München Poetik-Vorlesungen über das problematische Mitwirken politischer und anderer ‹guter Absichten› am Prozeß des Schreibens.

W.: Romane, Erzählungen: Netzkarte, 1981; Die Entdeckung der Langsamkeit, 83; Selim oder Die Gabe der Rede, 90. – *Essays, theoretische Schriften:* Das Erzählen und die guten Absichten, 90. – *Schallplatten, Kassetten:* Die Entdeckung der Langsamkeit, 87 (2 Kass.).

Naß, Waldemar → Loest, Erich

Natonek, Hans, * 28. 10. 1892 Prag, † 23. 10. 1963 Tucson/Arizona.

N., dessen Großvater Rabbiner, dessen Vater Direktor in einer Versicherungsgesellschaft war, studierte in Wien und Berlin Philosophie und arbeitete anschließend in Halle und Leipzig als Journalist.

Er wurde Feuilletonredakteur (förderte u. a. Erich Kästner) und war Mitarbeiter der «Weltbühne». 1927 bekam er die deutsche Staatsangehörigkeit, die ihm die Nazis wieder aberkennen sollten. 1931 erhielt er die Goethe-Medaille für seine ersten Romane. 1935 emigrierte er nach Prag und wurde wieder tschechischer Staatsbürger. Hier wie in Paris, wohin er 1938 floh, arbeitete er mit an Exilzeitschriften. Nach abenteuerlicher Flucht durch das unbesetzte Frankreich gelang ihm über Marseille und Lissabon 1941 die Emigration in die USA, wo er zuerst in New York, seit 1944 in Tucson lebte und schließlich an Leukämie starb. N. war ein vielseitiger und produktiver Journalist, der erst in den letzten Jahren der Weimarer Republik mit dem Schreiben von Romanen begann, die nicht mehr ihre volle Wirkung entfalten konnten und 1933 von den Nazis verbrannt wurden. Themen seiner Romane sind immer wieder Menschen auf der Suche nach und zugleich auf der Flucht vor sich selbst. Triviale Ausgangspunkte und Konstellationen bestimmen die Romane *Der Mann, der nie genug hat* und *Geld regiert die Welt*, in denen er psychologisch genau die bürgerliche Welt und ihre (Schein-)Werte demaskiert in der Figur eines Betrügers, dem der äußere Aufstieg in die Welt des Erfolgs gelingt, der dabei aber innerlich immer mehr verarmt. Die Problematik des Journalismus, seine immanente Unmenschlichkeit und die Anfälligkeit der Journalisten für die jeweils herrschende Strömung bestimmen zwei weitere seiner Bücher, die Romane *Kinder einer Stadt* und *Die Straße des Verrats*, der erst 1982 in der DDR erschien. Große Teile seines Werks sind verlorengegangen bzw. befinden sich noch in Archiven in der ehemaligen DDR und den USA.

W.: *Romane, Erzählungen, Prosa:* Schminke und Alltag. Bunte Prosa, 1927; Der Mann, der nie genug hat, 29; Geld regiert die Welt, 30; Kinder einer Stadt, 32; Der Schlemihl, 36 (u. d. T.: Der Mann ohne Schatten, 58); In Search of Myself, 43; Blaubarts letzte Liebe, 88. – *Essays, theoretische Schriften:* Heilige? Kranke? Schwindlerin? Kritik des Mirakels von Konnersreuth, 27. – *Sammel- und Werk-* *ausgaben:* Die Straße des Verrats. Publizistik, Briefe und ein Roman, 82.

Nebel, Gerhard, *26. 9. 1903 Dessau, †23. 9. 1974 Stuttgart.
Kulturkritischer Essayist und philosophischer Reiseschriftsteller. Studium der Altphilologie und Philosophie bei Heidegger und Jaspers. Studienrat. Im 2. Weltkrieg Soldat in Italien. Reisen nach Ägypten, Ostafrika und Griechenland. Anfangs nihilistisch-ästhetisch, von E. Jünger beeinflußt, auf den besonders *Abenteuer des Geistes* Bezug nimmt, später zu einer betont christlichen Haltung übergehend. Antimilitaristisch in den Kriegstagebüchern, sachlich informativ und konservativ-philosophisch in den Reisebüchern.

W.: *Essays, Reise- und Tagebücher:* Feuer und Wasser, 1939; Von den Elementen, 47; Tyrannis und Freiheit, 48; Griechischer Ursprung, 48; Bei den nördlichen Hesperiden, 48; Auf ausonischer Erde, 49; Abenteuer des Geistes, 49; Weltangst und Götterzorn. Eine Deutung der griechischen Tragödie, 51; Die Reise nach Tuggurt, 52; Das Ereignis des Schönen, 53; Phäakische Inseln, 54; An den Säulen des Herakles, 57; Die Not der Götter, 57; Homer, 59; Pindar und die Delphik, 61; Orte und Feste, 62; Zeit und Zeiten, 65; Portugiesische Tage, 66; Liebe auf den ersten Blick, 66; Die Geburt der Philosophie, 67; Meergeborenes Land, 68; Sokrates, 69; Sprung von des Tigers Rücken, 70; Hamann, 73.

Nebel, Otto (Wilhelm), *25. 12. 1892 Berlin, †12. 9. 1973 Bern.
Nach dem Abitur Studium an der Baugewerbeschule in Berlin; nach kurzer Tätigkeit als Bauführer und Bauzeichner Beginn einer Schauspielausbildung am Berliner Lessing-Theater; Teilnahme am 1. Weltkrieg; noch während des Krieges erste Versuche mit ungegenständlicher Malerei und experimenteller Lyrik; nach dem Krieg einer der Hauptmitarbeiter an H. Waldens Zeitschrift «Der Sturm», vermittelt durch seinen ehemaligen Schauspiellehrer R. Blümner. Im «Sturm» erste Veröffentlichung seiner dichterischen Hauptwerke *Zuginsfeld* («Sturm» 1919–21) und *Unfeig* («Sturm» 1924–26); 1933 Emigration in die Schweiz, dort jedoch mehrere Jahre mit Berufsverbot belegt; durch Vermittlung

Kandinskys seit 1936 Aufträge von seiten der New Yorker «Guggenheim-Foundation»: Fortsetzung seiner Arbeit an der ungegenständlichen Malerei; 1951–55 Schauspieler in Bern; in den 50er Jahren Überarbeitung bzw. Fertigstellung seiner Wortkunstfugen *Unfeig* und *Das Rad der Titanen*.

Das Werk N.s gilt heute als das eines Vorläufers der experimentellen oder konkreten Poesie. Sein erstes großes Werk, *Zuginsfeld*, ist als Sprachkunstwerk vergleichbar mit den Fotomontagearbeiten der Berliner Dadaisten einerseits und der Merzdichtung und -malerei K. Schwitters' andererseits; es bedient sich der Umgangssprache als Material, verwendet sie in Form von Zitaten und Zitatverballhornungen, die, miteinander assoziativ verbunden, eine riesige Sprachcollage ergeben, inhaltlich eine Kampfansage an den Militarismus der wilhelminischen Gesellschaft. Die folgenden großen Werke zeigen sich der Wortkunsttheorie des «Sturm»-Kreises noch stärker verbunden; N. macht sich das Grundtheorem der Wortkunst zu eigen: die Dominanz der Rhythmik des einzelnen Wortes und von Wortreihen über kausallogische Aussagezusammenhänge. Im *Unfeig*, *Das Rad der Titanen* und dem Fragment *Sternendonner* strebt er eine Kunst der Wortfuge an, «reine» Dichtung; aus 9, 12 bzw. 16 Buchstaben des Alphabets (von N. als «Runen» bezeichnet) schafft er Wortkunstwerke, die durch die – selbstgewählte – Eingeschränktheit des zur Verfügung stehenden Materials den Künstler zu höchster Konzentration bei der Erforschung der Kombinationsmöglichkeiten zwingen.

W.: Experimentelle Lyrik: Die Rüste-Wüste. Eine Keilschrift, 1923; Das Rad der Titanen, 26/55, 57; Unfeig, eine Neun-Runen-Fuge, zur Unzeit gegeigt, 60; Zuginsfeld, 74. – *Essays:* Das Wesentliche, eine Reinschrift, 24; Worte zur rhythmischen Malerei, 31; Geistige Kunst der Gegenwart und der Zukunft, 48; Worte zu Bildern, 54; Die Sinnwelt der Entsprechungen in den Künsten, 55. – *Erzählungen, Prosa:* Sieben Trübsinnscheuchen, 65; Zurauhungen, 69; Hall und Herbst, 71. – *Werkausgabe:* Das dichterische Werk, 3 Bde, 79; Schriften zur Kunst, 87. – *Schallplatten u. ä.:* Zuginsfeld/Unfeig, 72 (Toncass.); Zuginsfeld, 2 Teile, 73 (Toncass.); Unfeig, 73 (Toncass.); Sternendonner/Das Rad der Titanen, 77 (Toncass.).

Nelken, Dinah (eig. Bernhardina N.-Ohlenmacher; Pseud. Bernhardine Schneider), *16. 5. 1900 Berlin, †14. 1. 1989 ebd.

N. war Tochter eines Schauspielers, besuchte ein Lyzeum und bildete sich im Selbststudium fort. Sie schrieb vor allem für Zeitungen der Ullstein-Gruppe, aber auch Werbetexte. 1928 gründete sie mit ihrem Bruder das Kabarett «Die Unmöglichen», an dem u. a. Werner Finck auftrat. 1936 emigrierte sie mit ihrem Mann über Prag nach Wien. Nach dem «Anschluß» Österreichs flohen sie weiter nach Jugoslawien, wo sie 4½ Jahre auf der Insel Korcula lebten und an der Seite der Partisanen gegen die italienischen Besatzungstruppen arbeiteten. Nach der Besetzung Jugoslawiens durch deutsche Truppen flohen sie an den Lago Maggiore, später nach Rom, wo sie sich bis zur Befreiung durch die alliierten Truppen versteckten. Nach Kriegsende blieb N. mit ihrem Mann bis 1950 in Rom, gab Deutschunterricht und schrieb. Schließlich kehrte sie nach Westberlin zurück; ihre Bücher wurden jedoch bis 1981 nur in der DDR veröffentlicht. Sie erhielt neben einer Reihe anderer Auszeichnungen 1954 den Literaturpreis des Ministers für Kultur der DDR. N. ist Verfasserin von Romanen, Drehbüchern, Hörspielen, Essays und Gedichten; sie arbeitete für Film, Funk und Fernsehen. Bekannt wurde sie aber vor allem durch ihre Romane, die spannendes Erzählen zu verbinden wissen mit hohem Unterhaltungswert. Das wird besonders deutlich in dem Roman *Geständnis einer Leidenschaft*, in dem sie Erfahrungen ihrer Zeit beim jugoslawischen Widerstand verarbeitet hat. Der autobiographische Bericht *Das angstvolle Heldenleben einer gewissen Fleur Lafontine* wurde von der DEFA mit großem Aufwand verfilmt.

W.: Romane, Erzählungen, Prosa: Die Erwachenden, 1925; Eineinhalb-Zimmer-Wohnung, 32; Ich an Dich, 38 (Neuaufl. 65; verfilmt u. d. T.: Eine Frau wie du, 39); ich an mich, 51 (verfilmt u. d. T.: Tagebuch einer Verliebten, 52); Spring über deinen Schatten, spring!, 54

(Neuaufl. u. d. T.: Geständnis einer Leidenschaft, 62); Addio Amore, 57; Von ganzem Herzen, 64; Das angstvolle Heldenleben einer gewissen Fleur Lafontaine, 71 (u. d. T.: Fleur Lafontaine, 79). – *Dramen, Hör- und Fernsehspiele:* Caprifuoco (Hsp.), 58 (als Fernsehspiel u. d. T.: Engel küssen keine fremden Herren, 59; als Schauspiel u. d. T.: Der Engel mit dem Schießgewehr). – *Sammel- und Werkausgaben:* Die ganze Zeit meines Lebens, 77.

Nell, Lukas → Haringer, Johann Jakob

Neukrantz, Klaus (Fritz), *27. 5. 1897 Berlin, † nach 1941 (genaue Daten nicht zu ermitteln).

N. entstammt einem bürgerlichen Elternhaus. Er beteiligte sich an der bürgerlichen Jugendbewegung, war Kriegsfreiwilliger und brachte es bis zum Offizier. Ab 1919 Hinwendung zum Sozialismus, 1923 Eintritt in die KPD. N. war in Kommunalparlamenten und in der Presse- und Öffentlichkeitsarbeit tätig. Unterbrochen wurden seine Aktivitäten durch Spätfolgen der Kriegsverletzungen. N. war Mitarbeiter der «Roten Fahne» und der «Linkskurve», des Organs des Bundes Proletarisch-Revolutionärer Schriftsteller (BPRS). Im März 1933 von den Nationalsozialisten verhaftet und in eine Nervenheilanstalt eingeliefert. Neben kürzeren literarischen Veröffentlichungen, die sich meist aus der journalistischen Tätigkeit ergaben, ist N. bekannt für den im Rahmen des BPRS-Projekts «Der Rote Eine-Mark-Roman» erschienenen Roman *Barrikaden am Wedding.* Thema des Romans ist die Arbeit einer kommunistischen Straßenzelle unter den erschwerten Bedingungen des Berliner «Blutmai» 1929. Das Ereignis schien paradigmatisch die Sozialfaschismusthese der KPD über die Rolle der Sozialdemokratie zu bestätigen. Um die Positionen der KPD hervorzuheben, bedient sich N. formal dokumentarischer Methoden, indem er Dokumente und Zeitungsausschnitte in den literarischen Text montiert.

W.: Romane, Erzählungen: Das gestorbene Lazarett (in: K. Kläber [Hg.], Der Krieg), 29; Die 12 Galgen des Fürsten Voronzoff, 30; Barrikaden am Wedding, 31; Mac, der Pfeifer, 32.

Neumann, Alfred, *15. 10. 1895 Lautenburg, †3. 10. 1952 Lugano.

N., Sohn eines Industriellen, verbrachte seine Jugendjahre in Berlin, übersiedelte 1913 nach München und war dort Verlagslektor und Dramaturg, wurde freier Schriftsteller, emigrierte 1933 zunächst nach Frankreich und Italien, 1941 in die USA. Von dort kehrte er 1949 nach Florenz zurück. Im Dritten Reich waren seine Bücher verboten. – N. bevorzugte als Erzähler wie auch als Dramatiker historisch-politische Stoffe, an denen er das Motiv der menschlichen Sucht nach Macht variierte. So schildert N.s bekanntester Roman *Der Teufel* mit psychologischer Nuancierung das machtpolitische Spannungsverhältnis des französischen Königs Ludwig XVI. zu seinem Ratgeber Necker. Der Roman *Guerra* entwirft am Beispiel menschlicher Einzelschicksale ein Bild der italienischen Unabhängigkeitsbewegung, während *Der Held* den Fememord an Rathenau thematisiert. Das Drama *Der Patriot* führt in das zaristische Rußland um 1800 (Verschwörung des Vizekanzlers Panin und des Zarensohnes gegen den pathologischen Zaren), ein zweites, *Königsmaske*, spielt zur Zeit der französischen Julirevolution. Den Hintergrund für die Tragikomödie *Frauenschuh* bildet die Inflationszeit. – N. übertrug alt- und neufranzösische Lyrik.

W.: Romane, Erzählungen: Die Heiligen, 1919; Rugge, 20; Lehrer Taussig, 24; Die Brüder, 24; Der Patriot, 25; König Haber, 26; Der Teufel, 26; Der Konnetabel, 27; Rebellen, 27; Guerra, 28; Der Held, 30; Narrenspiegel, 32; Marthe Munk, 33; Kleine Helden, 34; Neuer Cäsar, 34; Kaiserreich, 36; Königin Christine von Schweden, 36; Die Goldquelle, 38; Volksfreunde, 41 (u. d. T.: Das Kind von Paris, 52); Es waren ihrer sechs, 44 (Widerstandsgruppe «Weiße Rose»); Der Pakt, 49; Viele heißen Kain, 50. – *Dramen:* Der Patriot, 26; Königsmaske, 28; Frauenschuh, 29; Haus Danieli, 31; Abel, 44. – *Lyrik:* Die Lieder vom Lächeln und der Not, 17; Neue Gedichte, 20; Alt- und neufranzösische Lyrik in Nachdichtungen, 22; Gitterwerk des Lebens, 43. – *Briefe:* Briefwechsel mit Thomas Mann, 77. – *Essays:* Dostojewski und die Freiheit, 49.

Neumann, Günter (Christian Ludwig), *19. 3. 1913 Berlin, † 16. 10. 1972 München.

Bereits mit 16 Jahren trat N., der nach der Schulzeit die Musikhochschule besuchte, im Berliner «Kabarett der Komiker» auf sowie in Werner Fincks «Katakombe» und dem «Kabarett der Siebzehnjährigen». 1935 schrieb er für das «Tingeltangel» die Revue *Liebe, Lenz und Tingeltangel*, 1937 für das «Kabarett der Komiker» die Sport-Revue *Gib ihm!*. Außerdem trat er im Rundfunk auf. Im Krieg war er im Rahmen der Truppenbetreuung tätig. Seit Kriegsende arbeitete er als Kabarettist, Komponist und Verfasser von Film- und Fernsehdrehbüchern. N. lebte seit 1958 in München. – Mit seinen Kabarettrevuen *Alles Theater* und *Schwarzer Jahrmarkt* erzielte N. große Erfolge. Einem überregionalen Publikum vertraut wurde N. durch das wohl bekannteste Rundfunkkabarett der 50er Jahre «Die Insulaner». Hervorgegangen aus einer von N. herausgegebenen satirischen Zeitschrift, versuchte dies Kabarett mit deutlich antikommunistischer Zielrichtung auf die Probleme der geteilten Stadt Berlin hinzuweisen. N. schrieb daneben die z. T. preisgekrönten Drehbücher zu einigen sehr erfolgreichen Filmen.

W.: Theatertexte, Film- und Fernsehdrehbücher: Alles Theater, 1947; Schwarzer Jahrmarkt, 48 (Neuaufl. 75); Paradies der Junggesellen, o. J.; Sommer, Sonne, Erika, o. J.; Berliner Ballade, 49; Ich war Hitlers Schnurrbart, 50 (Neufassung von Tatjana Sais und Karl Vibach, 76); Herrliche Zeiten, 50; Die Insulaner, 3 Bde, 54, 55, 57; Das Wirtshaus im Spessart, 57; Wir Wunderkinder, 58; Der Engel, der seine Harfe versetzte, 58; Spukschloß im Spessart, 60; Schneewittchen und die sieben Gaukler, 62; Herrliche Zeiten im Spessart, 67; Hofball bei Zille, o. J.; Tobias Knopp auf Brautschau, 82; Gelegenheit macht Dichter, 83. – *Sachbuch:* Berlin. Ein Skizzenbuch (mit Fritz Busse), 71. – *Übersetzung:* Samuel u. Bella Spewack: Küß mich Kätchen, 56.

Neumann, Robert, *22. 5. 1897 Wien, †3. 1. 1975 Monaco.
Der Sohn eines Mathematikprofessors, Bankdirektors und sozialdemokratischen Politikers studierte in Wien Medizin, Chemie, später Germanistik. Nach mehrjähriger kaufmännischer Tätigkeit widmete sich N. gänzlich dem Schriftstellerberuf. 1934 emigrierte N. aus Österreich nach England, wurde 1938 britischer Staatsbürger und lebte nach 1945 in der Schweiz. Als Präsident des Österreichischen PEN-Clubs im englischen Exil half er vielen Autoren auf der Flucht vor der NS-Verfolgung. N. veröffentlichte einige seiner Bücher zuerst in englischer Sprache. – Der Durchbruch zum Erfolgsautor gelang N. 1927 mit seiner Sammlung literarischer Parodien *Mit fremden Federn* und deren Fortsetzung *Unter falscher Flagge*. Mit seinem Gespür für stilistische Spezifika gab er ironisch entlarvende, aggressive literarische Porträts bekannter Autoren. Nachdem er mit den Sammelbänden *Die Pest von Lianora* und *Jagd auf Menschen und Gespenster* als Erzähler spannender und handlungsreicher Novellen bekannt geworden war, schrieb er seinen ersten Roman *Die Sintflut*, eine breitangelegte Schilderung der Inflationszeit in Österreich, deren Folgen und das Machtstreben der Nationalsozialisten im Geldfälscherroman *Die Macht* beschrieben werden: Bücher, die 1933 im Dritten Reich verbrannt wurden. Als Hauptwerk N.s gilt der Roman *The Inquest/Bibiana Santis* vom Schicksal einer Emigrantin in ihrem Widerstand gegen den Faschismus in Deutschland, Italien und Spanien. Der umstrittene Roman *Der Tatbestand* greift das Thema der deutschen Vergangenheitsbewältigung auf und wirft ein kritisches Licht auf die deutsche Justiz und die institutionalisierte «Wiedergutmachung» in der BRD.

W.: Romane, Erzählungen: Die Pest von Lianora, 1927; Jagd auf Menschen und Gespenster, 28; Die Blinden von Kagoll, 29; Sintflut, 29; Hochstapler-Novelle, 30 (u. d. T.: Die Insel der Circe, 52); Passion, 30; Panoptikum, 30; Karriere, 31; Das Schiff Espérance, 31; Die Macht, 32; Sir Basil Zaharoff, 34; Struensee, 35 (u. d. T.: Der Favorit der Königin, 53); Die blinden Passagiere, 35; Eine Frau hat geschrien, 38 (u. d. T.: Die Freiheit und der General, 58); By the waters of Babylon, 39 (dt.: An den Wassern von Babylon, 45); The inquest, 44 (dt.: Bibiana Santis, 46); Scene in passing, 45 (dt.: Tibbs, 48); Children of Vienna, 46 (dt.: Kinder von Wien, 48); Blind man's buff, 49; Die Puppen von Poshansk, 52; Die dunkle Seite des Mondes, 59; Treibgut, 60;

Olympia, 61; Festival, 62; Der Tatbestand oder Der gute Glaube der Deutschen, 65; Karrieren, 66; Palace Hotel de la Plage und der finstere Hintergrund (mit Lindi [d. i. Lindegger, A. W.]), 68. – *Parodien:* Mit fremden Federn, 27 (erw. 55); Unter falscher Flagge, 32; Die Parodien, 62; Die Staatsaffäre, 64; Dämon Weib, 69; Vorsicht Bücher, 69; Nie wieder Politik, 69. – *Hör- und Fernsehspiele:* Voruntersuchung, 60; Madame Sephardi, 60; Siverman, 60; Geschichte einer Geschichte, 61. – *Autobiographisches:* Mein altes Haus in Kent, 57; Ein leichtes Leben, 63; Vielleicht das Heitere, 68; Oktoberreise mit einer Geliebten, 70; Ein unmöglicher Sohn, 72. – *Sonstiges:* The Plague House Papers, 59; Ausflucht unseres Gewissens, 60; Hitler, 61. – *Lyrik:* Gedichte, 19; Zwanzig Gedichte, 23. – *Herausgebertätigkeit:* 34 x Erste Liebe, 66; 2 x 2 = 5, 74. – *Werkausgabe:* Ges. Werke in Einzelausgaben, 59 ff; Meisterparodien, 88.

Neuss, Wolfgang, *3. 12. 1923 Breslau, †5. 5. 1989 Berlin.

N., geboren als Sohn eines Offiziers, war nach dem Notabitur fünf Jahre Soldat. Nach dem Krieg arbeitete er zunächst als Landarbeiter und Schlachter, trat dann als Conférencier, Parodist und Kabarettist auf. Seit den 50er Jahren spielte er in rund 50 Spielfilmen mit und trat in verschiedenen Theatern als Schauspieler auf. Er schrieb Komödien und Drehbücher und drehte einige Filme als sein eigener Produzent, Autor und Hauptdarsteller, so die Satire *Wir Kellerkinder*. Ab 1963 trat er als Solokabarettist mit verschiedenen Programmen auf. Anfang der 70er Jahre zog er sich zurück, versuchte 1973 noch einmal ein Comeback als Kabarettist, bevor er für lange Jahre aus der Öffentlichkeit verschwand. In den letzten Jahren schrieb er wieder Zeitungskolumnen, und es erschienen wieder Bücher und Tonkassetten von ihm. 1983 stand er erstmals wieder als Schauspieler vor einer Filmkamera und erhielt den Deutschen Kleinkunstpreis.

Abgesehen von den Spielfilmen sehr unterschiedlichen Niveaus, in denen N. mitwirkte, wurde er bekannt als «Mann mit der Pauke» als wohl politisch schärfster Solokabarettist der Bundesrepublik der 60er Jahre. Kennzeichnend für seine auch als Bücher erschienenen Satiren und Polemiken ist die Virtuosität und Präzision der Sprachbehandlung, mit der er Ereignisse, Personen und die von ihnen vertretenen Haltungen aufspießte und der Lächerlichkeit preisgab.

W.: Satirische Texte: Wir Kellerkinder und zwei weitere Filmsatiren, 1961; Das jüngste Gerücht, 65; Neuss-Testament, 66 (mit H. Tomayer u. a.); Da habt ihr es!, 68 (mit F. J. Degenhardt, H. D. Hüsch, D. Süverkrüp); Asyl im Domizil, 68 (mit Thierry u. H. M. Enzensberger); Merlins Beitrag zur Wiedervereinigung, 68 (mit anderen); Neuss' Zeitalter, 83; Ohne Drogen nichts zu machen, 83; Tunix ist besser als arbeitslos, 85; Der gesunde Menschenverstand ist reines Gift, 85; Neuss' Zeitalter, 89. – *(Auto-)Biographisches:* Ein faltenreiches Kind. Gaston Salvatore erzählt die Geschichte des Mannes mit der Pauke, 74. – *Sammelausgabe:* Das Wolfgang-Neuss-Buch, 81. – *Schallplatten:* Das jüngste Gerücht, 65; Neuss-Testament, 66; Wolf Biermann, Ost, zu Gast bei Wolfgang Neuss, West, 66; Asyl im Domizil, 68; Neuss spricht Bild, 68; Marxmenschen, 68; Das Beste von Wolfgang Neuss, 71; Verstehste? Üben, üben, üben!, 83 (Kass.); Ich hab' noch einen Kiffer in Berlin, 83 (Kass.); Neuss vom Tage, 86; Heissa Neuss, 86.

Neutsch, Erik, *21. 6. 1931 Schönebeck/Elbe.

Studium an der journalistischen Fakultät der Karl-Marx-Univ. Leipzig; nach dem Studium Arbeit als Kultur- und Wirtschaftsredakteur der «Freiheit» in Halle; seit 1960 freischaffend. N. erhielt u. a. mehrfach den Literaturpreis des FDGB, 1964 den Nationalpreis, 1971 den H.-Mann-Preis.

Mit dem Roman *Spur der Steine*, der heute in der DDR eine Auflage von über 350000 Exemplaren hat, verfaßte N. den wohl wichtigsten Roman des Bitterfelder Weges. Die Geschichte vom Aufstieg des Arbeiters Balla, der die Entwicklung des Klassenbewußtseins unter DDR-Arbeitern repräsentieren sollte, geriet weniger überzeugend als die Darstellung des fortdauernden Konflikts von privater und öffentlicher Moral, den der Parteisekretär Horrath auszutragen hat.

In dem 1973 erschienenen Roman *Auf der Suche nach Gatt* setzte N. die in seinen Erzählungen (*Die anderen und ich*) und dem Drama *Haut oder Hemd* begonnene Auseinandersetzung mit den Problemen revolutionären Verhaltens unter den Bedingungen der wissenschaftlich-technischen Revolution fort. In dem als Gegenentwurf zu Christa Wolfs *Nachdenken über Christa T.* konzipierten Roman zeigten sich die Grenzen des «vierschrötigen Erzählers» (Kurt Batt) Neutsch: Die «Konfliktzuspitzung» (Neutsch) wird hier zum Widerspruch zwischen der jüngeren Generation der «Hörsaalkommunisten» und dem Altruismus der älteren Generation stilisiert; der Arbeiter Gatt wird zum «Mythos Gatt» (Böll). In seinem auf sechs Bände angelegten Romanwerk *Der Friede im Osten* will N. den Entwicklungsgang seiner Generation beschreiben.

W.: Romane, Erzählungen: Die Regengeschichte, 1960; Die zweite Begegnung, 61; Bitterfelder Geschichten, 61; Spur der Steine, 64; Die anderen und ich, 70; Olaf und der gelbe Vogel, 72; Auf der Suche nach Gatt, 73; Der Friede im Osten, 6 Bde, 74f; Heldenberichte, 76 (erw. 81); Der Hirt, 77; Zwei leere Stühle, 79; Forster in Paris, 81; Claus und Claudia, 89. – *Drama, Libretto:* Haut oder Hemd, 70; Karin Lenz, 71. – *Theoretische Schriften:* Fast die Wahrheit, 79. – *Sammelausgabe:* Tage unseres Lebens, 73; Akte Nora S., 78; Da sah ich den Menschen, 83.

Niebelschütz, Wolf Magnus Friedrich von, *24.1.1913 Berlin, †22.7.1960 Düsseldorf.
Aus altadeliger Offiziersfamilie, Studium der Geschichte und Kunstgeschichte in Wien und München. Bis 1940 Kunst-, Theater- und Literaturkritiker an Zeitungen in Magdeburg und Essen. Soldat bis 1945, während des Krieges einige kritische literarische Vorträge. Nach 1945 freier Schriftsteller in Hösel bei Düsseldorf. Neben eigenen dichterischen Werken Auftragsarbeiten für die Industrie (Biographien, Festschriften). 1951 Immermann-Preis.
In kritischer Absetzung von zeitgenössischen Literaturströmungen Rückorientierung auf formstrenge Traditionen in der Lyrik (Hofmannsthal, R. A. Schröder, Weinheber). Gedichtzyklen mit musikalischen Themen, klassischer Formkanon. Seine beiden Romane *Der blaue Kammerherr* und *Die Kinder der Finsternis* beschwören ein mythisch bewegtes

Mittelalter in imaginierter Landschaft. *Der blaue Kammerherr*, die Weiterführung eines Fragments von Hofmannsthal, läßt sich preziös-elegant, auch parodistisch auf den Ton des galanten Barockromans (Göttermaschinerie, Intrigen, Staatsaktionen) ein. N.' variabel-manieristischer Stil hebt seine anspielungsreichen und phantastischen Dichtungen auf die Ebene heiter-autonomen Spiels, das sich nicht auf vordergründige Anlässe reduzieren lassen will. Doch drücken sowohl die beiden Romane wie auch sein Lustspiel um Metternich *Auswärtige Angelegenheiten* indirekt N.' aristokratisch-elitäre Grundhaltung aus.

W.: Romane, Erzählungen: Verschneite Tiefen, 1940; Der blaue Kammerherr, 49; Die Kinder der Finsternis, 59; Barbadoro, 82. – *Dramen:* Das Nichts, 50; Eulenspiegel in Mölln, 50; Auswärtige Angelegenheiten, 56. – *Lyrik:* Preis der Gnaden, 39; Die Musik macht Gott allein, 42; Posaunenkonzert, 47; Sternen-Musik, 51. – *Essays, Reden, Biographien:* Jacob Burckhardt, 46; Goethe in dieser Zeit, 46; Mörike, 48; Geist und Form der Dichtung, 49; Robert Gerling. Ein dramatisches Kapitel deutscher Versicherungsgeschichte, 54; Karl Goldschmidt. Lebensbild eines deutschen Unternehmers, 57; Freies Spiel des Geistes, 61; Der Helikon (Faksimile), 65; Über Dichtung, 79; Über Barock und Rokoko, 82; Auch ich in Arkadien, 87. – *Herausgebertätigkeit:* Mörike, Gedichte, 49. – *Sammelausgabe:* Gedichte und Dramen, 62.

Nielsen, Jens C. → Liepman, Heinz

Nikl, Peter → Wüsten, Johannes

Nizon, Paul, *19.12.1929 Bern.
Studium der Kunstgeschichte in Bern und München. Romaufenthalt 1969/70. Museumsassistent in Bern, fachungebundener Gastdozent an der ETH Zürich, Kunstkritiker für Schweizer Zeitungen. Lebt seit 1977 als freier Schriftsteller. Im Sommersemester 1984 Gastdozent für Poetik der Universität Frankfurt. 1976 Bremer Literaturpreis, 1982 Preis der Schweizerischen Schillerstiftung, 1984 Preis der Stadt Bern; 1988 «Chevalier de l'ordre des Arts et des Lettres»; 1989 Preis der Peter-Suhrkamp-Stiftung, Marie-Luise-Kaschnitz-Preis 1990. Erzähler und Essayist von großer Sprach-

kraft. Auseinandersetzungen mit der als drückend empfundenen helvetischen Enge. – Dissertation über van Gogh. – Ein Autor, der sich von allen Bindungen befreien muß, um ganz in der eigenen Art unterzutauchen. Ein autobiographischer Schriftsteller, «der seine Stoffe zuerst mit allen Risiken erleben muß». Jedes Buch hat Folgen für den weiteren Lebenslauf. – *Canto*: Sinnlich-fließender Rom-Roman, Sprache zwischen Protokoll und Lied. Frucht eines Aufenthalts als Stipendiat am Schweizer Institut in Rom. – *Untertauchen*: Ausbruch aus dem Alltäglichen, «um endlich vorhanden zu sein», Nachsinnen über den «Zustand von Verlieren und Haben, ohne zu besitzen». – *Stolz*: Subjektives Schicksal eines Vor-dem-Leben-Stehenden, dessen Teilnahmslosigkeit zu seinem Tod führt. – In dem in Paris handelnden Roman *Das Jahr der Liebe*, Hinwendung zum dialogfähigen, handelnden Menschen, «ein Neuanfang wie in der Neuen Welt».

W.: Romane, Prosa: Die gleitenden Plätze, 1959; Canto, 63; Im Hause enden die Geschichten, 71; Untertauchen. Protokoll einer Reise, 72; Stolz, 75; Das Jahr der Liebe, 81; Aber wo ist das Leben. Ein Lesebuch, 83; Im Bauch des Wals. Caprichos, 89. – *Essays:* Vincent van Gogh: Der frühe Zeichnungsstil, 57 (Diss.); Bildteppiche und Antependien im Historischen Museum in Bern (mit M. Stettler), 59; Lebensfreude im Werk großer Meister, 69; Friedrich Kuhn – Hungerkünstler und Palmenhändler, 69; Diskurs in der Enge, 70/73; Swiss made – Portraits, Hommages, Curricula, 70; Hans Falk Skizzenbücher, 79; Am Schreiben gehen. Frankfurter Vorlesungen, 85; Moehsnang. Ein Schau- und Lesebuch (mit E. Moehsnang), 87. – *Sammel- und Werkausgaben:* Im Hause enden die Geschichten. Untertauchen, 78; Diskurs in der Enge und Swiss made, 89; Diskurs in der Enge. Verweigerers Steckbrief. Schweizer Passage, 90. – *Herausgebertätigkeit:* Vincent van Gogh im Wort, 59; Zürcher Almanach, 68, 72; Taschenbuch der Gruppe Olten (mit D. Fringeli u. E. Pedretti), 74; Van Gogh, Briefe, 79.

Noack, Barbara (eig. Barbara Wieners-Noack), *28. 9. 1924 Berlin.
Nach kurzem Besuch der Humboldt-Universität und der Berliner Kunstakademie arbeitete N. in verschiedenen Berufen, u. a. als Illustratorin und Journali-

stin. – Der Roman *Die Züricher Verlobung*, 1957 von Helmut Käutner verfilmt, machte sie als Schriftstellerin bekannt. In ihren Unterhaltungsromanen und Erzählungen beschreibt sie, amüsant und kurzweilig, alltägliche Geschichten und Probleme von Partnerschaften, Kindererziehung und Ferienerlebnissen. Besonders erfolgreich wurde ihr 1974 erschienener Roman *Der Bastian*, der sich auch als Fernsehverfilmung großer Beliebtheit erfreut, ähnlich wie die TV-Serie *Drei sind einer zuviel*, zu der N. das Drehbuch schrieb. In dem autobiographischen Roman *Eine Handvoll Glück* erzählt sie die Geschehnisse von der Inflation bis zum Ende des 2. Weltkriegs in Deutschland.

W.: Romane, Erzählungen: Die Züricher Verlobung, 1955; Italienreise – Liebe inbegriffen, 57; Valentine heißt man nicht, 57; Ein gewisser Herr Ypsilon, 61; Geliebtes Scheusal, 63; Danziger Liebesgeschichte, 64; Was halten Sie vom Mondschein?, 66; ... und flogen achtkantig aus dem Paradies, 69; Eines Knaben Phantasie hat meistens schwarze Knie, 71; Ferien sind schöner, 74; Der Bastian, 74; Das kommt davon, wenn man verreist, 77; Auf einmal sind sie keine Kinder mehr, 78; Flöhe hüten ist leichter, 80; Elterngeschichten, 80; Drei sind einer zuviel (mit B. F. Sinhuber), 82; Eine Handvoll Glück, 82; Kleine Diplomaten, 82; So muß es wohl im Paradies gewesen sein, 83; Ein Stück vom Leben, 84; Ein Platz an der Sonne, 85; Der Zwillingsbruder, 88. – *Drehbuch, Komödie:* Kann ich noch ein bißchen bleiben?, 75; Drei sind einer zuviel, 77. – *Sonstiges:* Lustige Faltideen (mit H. Elbers), 89. – *Sammelausgaben:* Liebesgeschichten, 75; Italienreise und andere heitere Geschichten, 5 Bde, 79; Drei Romane, 84; Ein Platz an der Sonne, 85 (u. d. T.: Täglich dasselbe Theater, 87); Danziger Liebesgeschichte/Geliebtes Scheusal/Auf einmal sind sie keine Kinder mehr, 89; Eine Handvoll Glück. Ein Stück vom Leben, 90.

Noack, Hans-Georg, *12. 2. 1926 Burg bei Magdeburg.
N. hatte vor Kriegsende noch ein Lehrerstudium angefangen, war dann in verschiedenen, überwiegend pädagogischen Berufen tätig, arbeitete seit 1960 als freier Autor, Übersetzer, Lektor, ist seit einigen Jahren Leiter eines Jugendbuchverlages; daneben hat N. in Schriftstellerorganisationen Interessen der Kinder- und Jugendbuchautoren vertreten. 1978

Gr. Preis der Deutschen Akademie für Kinder- und Jugendliteratur. – N. erschließt in den 60er Jahren durch seine Arbeiten dem westdeutschen Jugendbuch realistische und sozialkritische Dimensionen, indem er aktuelle politische Themen und Probleme aufgreift, für Jugendliche verständlich und spannend aufbereitet: in *Rolltreppe abwärts* Jugendkriminalität, in *Hautfarbe Nebensache* Rassenhaß, die Drogenproblematik in *Trip* oder Gastarbeiterleben in *Benvenuto heißt willkommen*. N. hat selbst aus biographischer Erfahrung gelernt, sich vom überzeugten Hitlerjungen zum kritischen Demokraten entwickelt, der in seinen Büchern gleichermaßen gegen politischen Extremismus wie gegen Heile-Welt-Klischees auftritt.

W.: Kinder- und Jugendbücher: Jürg, die Geschichte eines Sängerknaben, 1955; Der Schloßgeist, 56; Das große Lager. Ein Tagebuch von der Freundschaft, 60; Hautfarbe Nebensache, 60; Mutter am Gerichtstag, 60; Fahrerflucht zu Gott, 61; Stern über der Mauer, 62; Vier Geschichten zum Advent, 62; Jungen, Pferde, Hindernisse, 63; Geschichten auf buntem Papier, 64; Streiter, Erben, Hüter. Vom Kampf um die Menschenrechte, 64; Der gewaltlose Aufstand. Martin Luther King und der Kampf der amerikanischen Neger, 65; Die Milchbar zur bunten Kuh, 66; Einmaleins der Freiheit, 67; Extremisten, Schlafmützen, Demokraten, 69; Rolltreppe abwärts, 70; Trip, 71; Die Abschlußfeier, 72; Benvenuto heißt willkommen, 73; Suche Lehrstelle, biete..., 76; David und Dorothee, 77; Lesungen, 78; Die Webers, eine deutsche Familie 1932–45, 80; Niko, mein Freund, 81. – *Hör- und Fernsehspiele:* Hautfarbe Nebensache, 70; Rolltreppe abwärts, 74; David und Dorothee (mit Ingeborg Bayer), 82. – *Herausgebertätigkeit:* Wie wir es sehen, 64; dabei, 72; Wir sprechen noch darüber (mit D. Lattmann), 72; Rechtslexikon für Schüler, Lehrer und Eltern (mit L. Dietze, K. E. Hess), 74; Die großen Helfer, 83.

Noel, Frank I → Wiesinger, Karl

Noll, Dieter, *31.12.1927 Riesa.
Nach Krieg und Gefangenschaft trat N. 1946 der KPD bei; N. studierte Germanistik, Kunstgeschichte und Philosophie in Jena; nach seiner Übersiedelung nach Berlin war er Redaktionsmitglied der Zeitschrift «Aufbau»; N. ist freischaffender Schriftsteller.

N. debütierte mit Reportagen und Erzählungen (u. a. *Die Dame Perlon und andere Reportagen*), die sich auf unmittelbare Gegenwartsprobleme bezogen. – Eine weltweite Resonanz hatte N.s Roman *Die Abenteuer des Werner Holt. Roman einer Jugend*. Dieser Roman, der die Geschichte der Generation erzählt, die sich vom faschistischen Mitläufertum zur kritischen Selbstreflexion entwickelt, gehörte zu den «Wandlungsromanen», die sowohl in der DDR als auch in der BRD viel gelesen wurden. N. arbeitete mit literarischen Mitteln, die er dem Abenteuerroman entlehnte, verlor aber nie die Mühen der Vergangenheitsbewältigung aus dem Auge. Verfilmung des Romans in der DDR, Auszeichnung mit dem Heinrich-Mann-Preis (1961) und Nationalpreis der DDR (1963) sowie eine Auflage von nunmehr über 1,5 Millionen Exemplaren in der DDR sind Indizien für die Bedeutung, die der Roman für die antifaschistische Prosa gewann. Der Fortsetzungsband *Werner Holt. Roman einer Heimkehr* machte die Probleme einer streng auf ein Individuum gerichteten Erzählweise deutlich: Die Darstellung der Nachkriegssituation verflüchtigte sich zur Suche nach der Frau, die die Leiden des Helden zu neutralisieren hätte. N., der sich dieser Darstellungsschwächen bewußt wurde, gab den Plan, die Geschichte des Werner Holt weiterzuerzählen, auf.

W.: Romane, Erzählungen, Reportagen: Neues vom lieben närrischen Nest, 1952; Die Dame Perlon und andere Reportagen, 53; Sonne über den Seen, 54; Mutter der Tauben, 55; Die Abenteuer des Werner Holt. Roman einer Jugend, 60; Die Abenteuer des Werner Holt. Roman einer Heimkehr, 63; Kippenberg, 79. – *Lyrik:* In Liebe leben, 85. – *Film:* Alter Kahn und junge Liebe, 57 (mit F. Vogel). – *Herausgebertätigkeit:* Kisch-Kalender, 55 (mit F.C. Weiskopf).

Noll, Norbert → Soyfer, Jura

Nossack, Hans Erich, *31.1.1901 Hamburg, †2.11.1977 ebd.
N., dessen Vater Kaffeeimporteur war, besuchte das humanistische Gymnasium, studierte Philologie und Jura in Jena (Korps-Student), war dann tätig als Ar-

beiter, Reisender, Angestellter, Bankbeamter; er schloß sich zweimal der KPD an, seine Frau half bei der Zellenarbeit. Ab 1933 Publikationsverbot. 1933–56 arbeitete er in der väterlichen Firma als selbständiger Kaufmann, vor allem, um politisch unterzutauchen; er schrieb Theaterstücke, die aber auch nach dem Kriege kaum aufgeführt wurden. 1943 verbrannten beim Bombardement Hamburgs sämtliche Manuskripte. Nach dem Krieg fand er durch die liedhaften Gedichte («Rief da ein Mann?») und avantgardistisch wirkende Berichte wie *Nekyia*, *Interview mit dem Tode*, später durch die Romane *Spätestens im November*, *Spirale* («Roman einer schlaflosen Nacht»), *Der jüngere Bruder*, *Der Fall d'Arthez* Beachtung. Seit 1956 lebte er als freier Schriftsteller in Aystetten bei Augsburg, dann in Darmstadt, Frankfurt, Hamburg. Er erhielt den Büchner-Preis (1961), war Vizepräsident der Akademie der Wissenschaften und der Literatur in Mainz und Mitglied anderer Akademien und hielt 1967/68 als Dozent für Poetik Vorlesungen an der Univ. Frankfurt. Übersetzungen aus dem Englischen und Amerikanischen. – Über die «Gruppe 47» hat er sich sarkastisch geäußert. N., dessen Bedeutung in Frankreich früh erkannt worden ist, fühlte sich Barlach und Jahnn verpflichtet.
In den ersten Werken ist das Hauptthema Untergang, Totenopfer, Umkehr; in *Nekyia* geht der Erzähler in eine Totenstadt zurück und versucht, sich von allem Gewesenen zu lösen; im Bericht *Der Untergang* schildert N. die Zerstörung Hamburgs, distanziert, doch voller Trauer. Realistischer als die meisten anderen Werke erscheint *Spätestens im November*: Flucht einer Frau aus der Ehe, auch die neue Beziehung zu einem Schriftsteller scheitert. In *Unmögliche Beweisaufnahme* (aus *Spirale*) steht ein Versicherungsmakler vor der vagen Anklage, am Verschwinden seiner Frau schuld zu sein. – In späteren Werken wiederholt sich die Thematik der Grenzüberschreitung in jeweils neuer Abwandlung. N.s Stil bleibt unverwechselbar: klar, zuweilen karg, doch durchsetzt von Elementen des Visionären und Märchenhaften.

W.: Lyrik: Gedichte, 1947. – *Dramen:* Die Rotte Kain, 49; Die Hauptprobe, 56; Ein Sonderfall, 63. – *Romane:* Spätestens im November, 55; Spirale, 56 (Teilveröffentlichungen als: Die Begnadigung, 55; Unmögliche Beweisaufnahme, 59); Der jüngere Bruder, 58 (erw. 73); Nach dem letzten Aufstand, 61; Der Fall d'Arthez, 68; Dem unbekannten Sieger, 69; Die gestohlene Melodie, 72; Bereitschaftsdienst. Bericht über eine Epidemie, 73; Ein glücklicher Mensch. Erinnerungen an Aporee, 79. – *Erzählungen:* Nekyia, 47; Interview mit dem Tode, 48 (als: Dorothea, 50; daraus: Der Untergang, 48); Der Nachruf, 54; Der Neugierige, 55; Wer dachte an Schokolade, 57; Begegnung im Vorraum, 58 (erweitert um and. Erz., 63); Nationalhymne der Opportunisten, 59; Ameisen! Ameisen!, 60; Die nächsten sind wir, 60; Das kennt man, 64; Sechs Etüden, 64; Das Testament des Lucius Eurinus, 65; Das Mal u. a. Erz., 65; Der König geht ins Kino (mit A. Heras), 74; Um es kurz zu machen. Miniaturen, 75; Vier Etuden, 83 (Neuaufl.). – *Essays:* Über den Einsatz, 56; Freizeitliteratur. Eine Fastenpredigt, 59; Rede am Grabe (von H. H. Jahnn), 60; Die schwache Position der Literatur, 67; Das Verhältnis der Literatur zu Recht und Gerechtigkeit, 68. – *Sonstiges:* Pseudoautobiographische Glossen, 71; Dieser Andere. Ein Lesebuch mit Briefen, Gedichten, Prosa, 76. – *Sammel- und Werkausgaben:* Die Erzählungen, 87; Aus den Akten der Kanzlei Seiner Exzellenz des Herrn Premierministers Tod. Glossen und Miniaturen, 87.

Nöstlinger, Christine, * 13. 10. 1936 Wien.
Nach dem Kunststudium schrieb N. Kinderbücher sowie Rundfunk- und Fernsehserien; zahlreiche Jugendbuchpreise. N.s eigene Jugend bestimmt ihre Kinderbücher: Meist aus der Sicht eines Kindes führen sie, in kurzen unkomplizierten Sätzen, durchwirkt von Wiener Dialekt, in die Hinterhöfe und Häuserblocks und das vom Kleinbürgertum bestimmte Milieu Wiens. In nüchternem Alltagston, in Unmittelbarkeit und Dichte, versucht sie, Vergangenheit verstehbar zu machen und setzt sich ein für die Anliegen und Bedürfnisse der Kinder. Sie macht deren reale Fluchtwünsche vor einer Welt, «die am Versagen der anderen den eigenen Erfolg mißt», verständlich und versteht es auch, der Flucht in die Phantasiewelt zu folgen. N. zeigt Verhältnisse und daraus resultierendes Verhalten; getragen vom «Glauben an Aufklärung und Hu-

manität», greift sie Autoritätsprobleme und Rollenzuschreibungen auf, ohne Rezepte anzubieten. Sie bezieht Stellung für Minderheiten, aber sie vermeidet Konfrontation und neigt eher dazu, die Perspektive jeder Person erklärend darzustellen. Ihre Texte haben häufig kein «Happy-End», doch, und das ist ihr wichtig, ein «Batzerl Hoffnung» wird vermittelt. – N. schreibt auch Mundartlyrik, in der der Wiener Dialekt alles Versöhnliche verliert, im Gegenteil die Prägnanz der kritischen Aussage noch verstärkt.

W.: Romane, Erzählungen, Prosa: Die feuerrote Friederike, 1970; Die drei Posträuber, 71; Die Kinder aus dem Kinderkeller, 71; Mrs. Bats Meisterstück, 71; Ein Mann für Mama, 72; Wir pfeifen auf den Gurkenkönig, 72; Der kleine Herr greift ein, 73; Maikäfer flieg, 73; Sim-Sala-Bim, 73; Achtung! Vranek sieht ganz harmlos aus, 74; Gugerells Hund, o. J.; Ilse Janda, 14, 74; Der Spatz in der Hand, 74; Konrad oder Das Kind aus der Konservenbüchse, 75; Stundenplan, 75; Der liebe Herr Teufel, 75; Pelinka und Satlatsch, 76; Lolipop, 76; Die verliebten Riesen, 76; Die Geschichten von der Geschichte vom Pinguin, 78; Die unteren sieben Achtel des Eisbergs, 78 (veränd. u. d. T.: Andreas oder Die unteren sieben Achtel des Eisbergs, 85); Luki-Live, 78; Rosa Riedl Schutzgespenst, 79; Dschi-Dsche-i-Dschunior, 80; Pfui Spinne, 80; Gestapo ruft Moskau, 80; Der Denker greift ein, 81; Zwei Wochen im Mai, 81; Rosalinde hat Gedanken im Kopf, 81; Gretchen Sackmeier, 81; Liebe Freunde und Kollegen, 81; Ein Kater ist kein Sofakissen, 82; Das kleine Glück. Schrebergärten, 82; Das Austauschkind, 82; Otto Ratz und Nanni – Leseratten (mit H. und F. Hollenstein), 83; Gretchen hat Hänschen-Kummer, 83; Anatol und die Würschtelfrau, 83; Jokel, Jula und Jericho, 83; Hugo, das Kind in den besten Jahren, 83; Vogelscheuchen (mit G. Trumler), 84; Am Montag ist alles ganz anders, 84; Olfi Obermeier und der Ödipus, 84; Geschichten vom Franz, 84; Liebe Susi, lieber Paul!, 84; Haushaltsschnecken leben länger, 85; Liebe Oma, Deine Susi, 85; Neues vom Franz, 85; Der Wauga, 85; Susis und Pauls geheimes Tagebuch, 86; Der Geheime Großvater, 86; Man nennt mich Ameisenbär, 86; Oh, du Hölle!, 86; Der Hund kommt, 87; Schulgeschichten vom Franz, 87; Echt Susi, 88; Die nie geschriebenen Briefe der Emma K., 75, 88; Rüb-rüb-hurra!, 88; Gretchen mein Mädchen, 88; Jokel, Jula und Jericho, 88; Neue Schulgeschichten vom Franz, 88; Der neue Pinocchio, 88; Der Zwerg im Kopf, 89; Einen Löffel für den Papa, 89; Mein Tagebuch, 89; Sepp und Seppi, 89; Feriengeschichten vom Franz, 89. – *Lyrik:* Iba de Gaunz Oaman Kinda, 74; Iba de gaunz oaman Fraun, 82; Iba de gaunz oaman mauna, 87. – *Bilderbuchtexte:* Pit und Anja entdecken das Jahr, 4 Bde, 75/76; Das Leben der Tomanis, 76; Der kleine Jo, 76; Das will Jenny haben, 77; Der schwarze Mann und der gelbe Hund, o. J.; Einer (mit Janosch), 80; Prinz Ring (mit H. Edelmann), 84; Jakob auf der Bohnenleiter (mit A. François), 84; Die grüne Warzenbraut (mit S. Chwast), 84; Der Bohnen-Jim, 86. – *Sammel- und Werkausgaben:* Geschichten für Kinder in den besten Jahren, 86.

Noth, Ernst Erich (d. i. Paul Krantz), *25. 2. 1909 Berlin, †15. 1. 1983 Lindenfeld/Odenwald.
N. wächst als uneheliches Kind in ärmlichem Milieu auf und erfährt so die Spannung zwischen proletarischer Herkunft und bürgerlichem Aufstiegsstreben, die er in dem weitgehend autobiographischen Roman *Die Mietskaserne* literarisch verarbeitet. 1927 gerät er in den «Steglitzer Schülermordprozeß»; er wird nach achtmonatiger Untersuchungshaft freigesprochen und besucht danach die Odenwaldschule. Sein Studium an der Universität Frankfurt kann er nicht abschließen; er wird aus politischen Gründen relegiert und flieht nach Frankreich. N. ist einer der wenigen Exilierten, denen es gelingt, sich in den Medien des Gastlandes durchzusetzen. Bis zu seiner Internierung 1939 ist er regelmäßiger Mitarbeiter von u. a. «Europe», «Les Nouvelles Littéraires» und «Le cahier du sud». 1941 gelingt N. die Flucht nach New York und wiederum eine höchst erfolgreiche publizistische und literarische Karriere in einer neuen Sprache: Von 1942–48 leitet er den deutschsprachigen Dienst von NBC, von 1949–63 arbeitet er als Literaturprofessor an den Universitäten von Oklahoma und Milwaukee. 1964 kehrt N. nach Europa, 1971 in die Bundesrepublik zurück und lehrt bis 1974 als Honorarprofessor an der Universität Frankfurt.

W.: Romane: Die Mietskaserne, 1931; Der Einzelgänger, 36; La voie barrée, 37 (dt. Weg ohne Rückkehr, 82); Le désert, 39; Le passé nu, 65. – *Essays, Abhandlungen:* La tragédie de la jeunesse allemande, 34; Le roman allemand, 38; Le Pensionnaire, 38; L'homme contre le partisan, 38; L'Allemagne exilé en France, 39; La guerre pourrie, 42; Ponts sur le Rhin, 47; Mémoire aux Américains, 47; Russes et Prussiens, 48; The Contemporary German Novel, 61. – *Autobiographie:* Erinnerungen eines Deutschen, 71.

Novak, Helga M(aria), *8.9.1935 Berlin.

N. studierte in Leipzig Philosophie und Journalistik, lebte in der DDR und in Island, arbeitete als Monteurin, Laborantin, Buchhändlerin und in Fabriken. 1966 wurde ihr die DDR-Staatsangehörigkeit aberkannt, seit 1967 lebt sie in der Bundesrepublik. 1968 erhielt sie den Bremer Literaturpreis, 1979 war sie Stadtschreiberin von Bergen-Enkheim und erhielt 1985 den Preis der Kranichsteiner Literaturtage, 1988 das Alfred-Döblin-Stipendium und 1989 die Roswitha-Gedenkmedaille.

N.s Texte sind getragen von sozialkritisch-sozialistischem Engagement und Parteinahme für die Beherrschten und Unterdrückten. Viele ihrer Texte sind auf der Grundlage eigener Erfahrungen in verschiedenen gesellschaftlichen Bereichen, vor dem Hintergrund aktiver Teilnahme an politischen Veränderungsprozessen entstanden. So thematisiert der 1968 erschienene Prosaband *Geselliges Beisammensein* ihren mehrjährigen Aufenthalt in Island, ihre Erfahrungen als Arbeiterin in einer Fischfabrik und einer Teppichweberei.

Der Band *Wohnhaft im Westend* enthält «Dokumente, Berichte, Konversation» zu Aktivitäten und Aktionen der Studentenbewegung in Frankfurt. In *Die Landnahme von Torre Bela* schildert N. das Leben auf einer landwirtschaftlichen Kooperative in Portugal, das bestimmt ist von den Bemühungen und Schwierigkeiten der an Hierarchie und Unterordnung gewöhnten Landarbeiter, einen selbstbestimmten, kollektiven Arbeitsprozeß zu organisieren. In dem Roman *Die Eisheiligen* beschreibt N. ihre von einer qualvollen Beziehung zur (Adoptiv-)Mutter geprägte Kindheit und Jugend vor dem Hintergrund des 2. Weltkriegs und der Nachkriegszeit in der DDR. Dabei zeichnet sie den Erlebnishorizont und den Be-

wußtseinsstand des Kindes, das sie einmal war, dem jeweiligen Lebensalter entsprechend nach. Es entsteht ein unmittelbarer Eindruck der Ängste und Verzweiflungen, der Verletztheiten und Enttäuschungen, die sie als Kind erlitt, aber auch der Stärke und Schlauheit, mit der sie sich zur Wehr setzte. Der autobiographische Roman *Vogel Federlos* setzt den Lebensbericht bis zum Ende der Schulzeit fort.

Um den Zusammenhang von privaten und öffentlichen Erfahrungen geht es auch in den Gedichten N.s, die «Liebe» und «Schmerz» ebenso thematisieren wie die «Datenbank des BKA» und individuelle Verletztheiten herleiten aus unterdrückerischen Systemen und offizieller Gewalt. *Märkische Feemorgana* enthält lyrische Bilder aus der Frühgeschichte der Mark Brandenburg, voll Spannung zwischen dem eher archaischen Naturbild und der kontrolliert sprachlichen Distanz der Autorin.

W.: Romane, Erzählungen, Prosa: Geselliges Beisammensein, 1968; Wohnhaft im Westend 70 (mit Horst Karasek); Aufenthalt in einem irren Haus, 71; Bericht aus einer alten Stadt, 73; Die Landnahme von Torre Bela, 76; Die Eisheiligen, 79; Palisaden, 80; Vogel Federlos, 82. – *Lyrik:* Die Ballade von der reisenden Anna, 65; Colloquium mit vier Häuten, 67; Balladen vom kurzen Prozeß, 75; Die Ballade von der kastrierten Puppe, 75; Margarete mit dem Schrank, 78; Grünheide Grünheide. Gedichte 1955–1980, 83; Legende Transsib, 85; Märkische Feemorgana, 89. – *Herausgebertätigkeit:* Eines Tages hat sich die Sprechpuppe nicht mehr ausziehen lassen. Texte zur Emanzipation, 72 (mit Horst Karasek); Am Beispiel Peter Paul Zahl, 76 (mit E. Fried u. a.).

Nowotny, Joachim, *16.6.1933 Rietschen (Oberlausitz).

N. erlernte den Beruf eines Zimmermanns; 1954 machte er sein Abitur an der Arbeiter- und Bauern-Fakultät. N. studierte 1954–58 Germanistik in Leipzig und wurde danach Verlagslektor; seit 1962 ist er freischaffend. 1967 wurde N. Mitarbeiter des Literaturinstituts in Leipzig.

Neben Kinderbüchern (Alex-Wedding-Preis 1971) und Hörspielen, die in der DDR große Resonanz hatten, schrieb N.

seit 1965 Erzählungen, in die vorzugsweise kleinere Begebenheiten aus dem DDR-Alltag eingehen; sie sollen die allmähliche Veränderung von Alltagsgewohnheiten zeigen. Die Geschichten sind durchgängig in der Lausitz angesiedelt. N., der in seinem Erzählgestus eine Nähe zu Bobrowski sucht, erreicht aber nicht dessen Repräsentanz und sprachliche Souveränität. N.s Darstellung tendiert zu harmonisierender Selbstgenügsamkeit, so daß die zahlreichen eindringlichen Beobachtungen von Zügen der DDR-Gesellschaft, die bisher kaum in die DDR-Literatur Eingang fanden (z. B. Umweltprobleme), nicht in ein weiterreichendes Konfliktbewußtsein integriert werden.

W.: Romane, Erzählungen, Kinderbücher: Hochwasser im Dorf, 1963; Jagd in Kaupitz, 64; Jakob läßt mich sitzen, 65; Hexenfeuer, 65; Labyrinth ohne Schrecken, 67; Der Riese im Paradies, 69; Sonntag unter Leuten, 72; Ein gewisser Robel, 76; Ein seltener Fall von Liebe, 78; Die Gudrunsage, 78; Letzter Auftritt der Komparsen, 81; Abschiedsdisco, 81; Äpfel der Jugend, 83; Ein Lächeln für Zacharias, 83; Der erfundene Traum und andere Geschichten, 84; Schäfers Stunde, 87. – *Hörspiele, Fernsehspiele:* Abstecher mit Rührung, 68; Vier Frauen eines Sonntags, 70; Kuglers Birken, 72; Galgenbergstory, 74; Ein altes Modell, 74; Brot und Salz, 76; Ein seltener Fall von Liebe, 78. – *Essays:* Wo der Wassermann wohnt. Ein Bildband aus der Lausitz (mit G. Grosse), 88.

Nuntius → Fürnberg, Louis

O

Oelschlegel, Gerd, *28.10.1926 Leipzig. Nach der Teilnahme am 2. Weltkrieg studierte O. an der Kunstakademie Leipzig; 1948 siedelte er nach Westdeutschland über, studierte Bildhauerei bei G. Marcks an der Landeskunstschule Hamburg und wurde freier Schriftsteller. – O. zählt, u. a. neben D. Meichsner und L. Ahlsen, zu den neorealistischen Dramatikern der zweiten Nachkriegsgeneration; als solcher strebte er ein «objektives Theater» an, gab naturalistische Schilderungen von aktuellen Themen aus der bundesdeutschen Gegenwart. O. schrieb für verschiedene Medien, verfaßte Hör- und Fernsehspiele sowie Theaterstücke. Seinen ersten und wohl größten Erfolg erzielte er mit dem am 17. Juni 1953 vom NWDR ausgestrahlten Hörspiel *Romeo und Julia in Berlin*, einem Musterbeispiel des sich damals ausbildenden Genres «Ost-West-Stück». Hier wird die deutsche Spaltung an Hand der unglücklichen Liebesbeziehung eines aus der DDR nach West-Berlin geflohenen jungen Mannes zu einem Mädchen, das nahe der Grenze bei ihren Eltern wohnt, thematisiert. Dramatischer Aufbau und Stil des Stücks zielen auf ein starkes emotionales Engagement des Zuhörers. Von da an galt O., obwohl sich sein Werk nicht darauf beschränkt, als Spezialist für den «gesamtdeutschen Realismus». Bis Mitte der 60er Jahre galten seine Hör- und Fernsehspiele, in denen er die deutsch-deutsche Grenze, etwa den Mauerbau und den Schießbefehl nach 1961, behandelt, als «hochaktuell». Doch dann wendet sich das Blatt; der «gesamtdeutsche Realismus», wie O. ihn vertritt, wird jetzt von der Kritik als «unerträglicher und unwahrhaftiger als der sozialistische Realismus» empfunden. O.s Fernsehspiel *Hochspannung* aus dem Jahr 1967 z. B. wird als «Gram-, Greuel- und Nebeldramatik» abgetan. Das Ost-West-Genre, wie es in den 50er Jahren populär war, wird nun als nicht mehr zeitgemäß betrachtet. Nach 1969 bekommt O. keine größeren Fernsehaufträge mehr. Dafür tritt er immer wieder als Autor von Serien im Werberahmenprogramm in Erscheinung.

W.: Dramen, Hör- und Fernsehspiele: Romeo und Julia in Berlin, 52 (als Drama Zum guten Nachbarn, 54, und Romeo und Julia in Berlin, 57); Verlorene Söhne, 55; Die tödliche Lüge, 56; Staub auf dem Paradies, 57; Die Ratten (nach Hauptmann), 59; Einer von sieben, 60; Stips, 61; Ein Lebenswerk, 61; Der Flüchtling, 61; Sonderurlaub, 63; Die Entscheidung, 63; Die Bürgermeister, 64; Marie Octobre (nach Duvivier), 64; Die Gardine, 64; Das Haus, 65; Briefe nach Luzern (nach Rotter/Vincent), 66; Das Experiment, 66; In aller Stille, 67; Der Dreispitz (nach Alarcòn), 67; Hochspannung, 67; Die Kinder von Gelnhausen, 68; Die Tauben, 69.

Ohl, Hans → Kusenberg, Kurt

Okopenko, Andreas, *15.3.1930
Kaschau (Ostslowakei).
O. übersiedelte 1939 mit seiner Familie
nach Wien, studierte dort später Chemie
und war einige Jahre kaufmännisch tätig.
Er ist dem Sprachexperiment verpflichtet, versteht gleichzeitig seine Arbeiten
als «Weltortung». Seine Lyrik hat leicht
satirischen Einschlag, in seinen Romanen stellt er Lexikonartikel zusammen,
die aus Zeitungsmontagen, Reflexionen,
Eindrücken und Gesprächsfetzen bestehen. Zahlreiche Literaturpreise, u. a.
1965 A.-Wildgans-Preis, 1983 Preis der
Stadt Wien.

W.: Romane: Lexikon einer sentimentalen
Reise zum Exporteurtreffen in Druden (kurz:
Lexikon-Roman), 1970; Meteoriten, 76; Kin-
dernazi, 84. – *Erzählungen:* Die Belege des Michael Cetus, 67; Warnung vor Ypsilon, 74. –
Dramen, Hörspiele: Johanna (Hsp.), 82. – *Lyrik:* Grüner November, 57; Seltsame Tage, 63;
Warum sind die Latrinen so traurig?, 69; Orte
wechselnden Unbehagens, 71; Der Akazien-
fresser, 74; Gesammelte Lyrik, 80; Lockerge-
dichte, 83. – *Essays:* Vier Aufsätze, 79. – *Hörspiel:* Graben Sie nicht eigenmächtig! Drei
Hörspiele, 80. – *Herausgebertätigkeit:* publikationen einer wiener gruppe junger autoren,
51–53; Warum hier? Warum heute? (Aus dem
Nachlaß Hertha Kräftners), 63 (mit O. Breicha; Neuausg. u.d.T.: Herta Kräftner, Das
Werk, 77); Hertha Kräftner, Das blaue Licht,
80. – *Filme, Fernsehen:* Der Meister, 79.

Olden, Balder, *26.3.1882 Zwickau,
†24.10.1949 Montevideo/Uruguay
(Freitod).
Der Sohn eines Schauspielers und
Schriftstellers studierte Literaturge-
schichte und Philosophie in Freiburg i.
Br. und arbeitete als Privatlehrer und
Schauspieler. Nach einem Volontariat
wurde er Feuilletonredakteur. 1914 unternahm er eine Weltreise, wurde in Ostafrika vom Beginn des 1. Weltkrieges
überrascht, Soldat der deutschen Kolo-
nialtruppen, geriet 1916 in britische
Kriegsgefangenschaft und wurde u. a. in
Indien interniert. 1920 kehrte er nach
Deutschland zurück und arbeitete als
Journalist vor allem für Berliner Zeitungen. 1933 emigrierte er in die Tschechoslowakei. Ihm wurde die deutsche Staats-

angehörigkeit aberkannt, seine Bücher
wurden verboten. 1935 emigrierte er
nach Paris, war einer der Mitunterzeich-
ner des Aufrufs zur Gründung der Deutschen Volksfront und wurde 1940 interniert. Aus einem Lager in der Bretagne
gelang ihm die Flucht nach Marseille;
1941 emigrierte er nach Argentinien.
1943 ging er nach Uruguay. Er arbeitete
an deutschsprachigen Zeitungen und
Rundfunksendern mit und beteiligte sich
an der Organisation deutscher Emigranten in Südamerika. Er war Mitglied des
SDS, des PEN und der Vereinigung
Deutscher Dramatiker.
Mit Reportagen und Unterhaltungsromanen wurde O. bekannt. Gleichzeitig
jedoch schrieb er kritische Skizzen über
das Soldatenleben im Kaiserreich, Romane, die den Kolonialismus anpran-
gern, und Biographien. Ins Exil ging O.,
obwohl er nicht unmittelbar gefährdet
war. In einem programmatischen Aufsatz
Mir wäre nichts Besonderes passiert (in:
Neue Deutsche Blätter 3/33) legte er unmißverständlich seine Absage an den Nationalsozialismus dar. In seinem ‹Roman
eines Nazi› *Dawn of Darkness* schilderte
er eingehend das Leben im faschistischen
Deutschland und versuchte, die These
von der kurzen Dauer des Regimes zu wi-
derlegen.

*W.: Romane, Erzählungen, Biographien, Pro-
sa:* Aus der Mannschaftsstube, 1904; Der
Hamburger Hafen, 07; Der Gottverhaßte, 09;
Der Strom des Lebens, 10; Die verhexte Mil-
lion, 11; Schatten, 11; Der Ewer, ein Lebens-
ausschnitt, 12; Zerbrochene Tafeln, 13; Die
Wüste, 20; Kilimandscharo, 22; Ich bin ich, 27;
Flucht vor Ursula, 28; Madumas Vater, 28; Das
Herz mit einem Traum genährt, 29; Ziel in den
Wolken, 32; Paradiese des Teufels, 33; Dawn
of Darkness, 33 (amerikan. Ausg. u.d.T.:
Blood and tears, 34; dt. zuerst u.d.T.: Roman
eines Nazis, in: Pariser Tageblatt,
15.3.–24.5.1934, Buchausg. u.d.T.: Anbruch
der Finsternis, 81). – *Dramen:* Die Letzten, 21.
– *Essays, theoretische Schriften:* Mir wäre
nichts Besonderes passiert. Manifest (in: Neue
Dt. Blätter 3/3). – *Übersetzungen:* Sinclair, U.:
Auf Vorposten in Amerika, o. J.; Roberts:
Tiernovellen, 2 Bde, 22–25; Lewis, S.: Haupt-
straße, 23.

Ömer-Tarik → Wegner, Arnim T.

Ortheil, Hanns-Josef, * 5. 11. 1951 Köln.
O. studierte Germanistik, Philosophie, vergleichende Literaturwissenschaft und Musikwissenschaft. Nach der Promotion war er bis 1988 Hochschulassistent an der Universität Mainz und lebt seitdem als freier Schriftsteller. Er erhielt mehrere Auszeichnungen, darunter den Förderpreis des Landes Nordrhein-Westfalen, den Sonderpreis der Lektoren beim Bachmann-Wettbewerb, Stipendien des Landes Baden-Württemberg und der Villa Massimo. 1988 war O. «writer-in-residence» der Universität St. Louis. – Bereits sein erster Roman *Fermer* wurde mit dem «Aspekte»-Literaturpreis ausgezeichnet. Es ist die Geschichte eines desertierenden Bundeswehrsoldaten, zugleich das Porträt einer Generation ohne Hoffnung zwischen Anpassung und Verweigerung. Zeitgeschichte bildet auch den Hintergrund seiner Romane *Hecke* und *Schwerenöter*. Neben seinen belletristischen Werken hat O. auch eine ganze Reihe literaturwissenschaftlicher und philosophischer Arbeiten veröffentlicht.

W.: Romane, Erzählungen, Prosa: Fermer, 79; Hecke. Erzählung, 83; Schwerenöter, 87; Agenten, 89. – *Essays:* Wilhelm Klemm, ein Lyriker der «Menschheitsdämmerung», 79; Der poetische Widerstand im Roman. Geschichte und Auslegung des Romans im 17. und 18. Jahrhundert, 80; Mozart – Im Innern seiner Sprache, 82; Klassiker der philosophischen Lebensklugheit, 6 Bde, 83 [Einltd. Essay (= 7. Bd) von O.]; Jean Paul, 84; Köder, Beute und Schatten. Suchbewegungen, 85. – *Herausgebertätigkeit:* Schumann, Robert/Schumann, Clara: Briefe einer Liebe, 82.

Ossietzky, Carl von, * 3. 10. 1889 Hamburg, † 4. 5. 1938 Berlin.
O., der in Hamburg unter bescheidenen Verhältnissen aufwächst, verläßt als 15jähriger die Schule und wird Gerichtsschreiber. Nach ersten Artikeln in SPD-nahen Zeitungen wird er bald regelmäßiger Mitarbeiter der Zeitung «Das freie Volk», in der er gegen Militarismus und Kriegseintritt opponiert. Obwohl 1914 als wehruntauglich gemustert, wird O. 1916 Soldat. 1919 tritt er dem Arbeiter- und Soldatenrat in Hamburg bei, geht im Herbst nach Berlin, wo er Sekretär der Deutschen Friedensgesellschaft wird. Ein Jahr später wechselt O. in die Redaktion der «Berliner Volks-Zeitung» über, um mit K. Tucholsky u. a. seine radikalpazifistischen Vorstellungen zu verwirklichen. Doch Schreiben allein genügt ihm nicht, und so gründen O. und Karl Vetter im März 1924 die «Republikanische Partei», welche aber bei den Reichstagswahlen im Sommer durchfällt. Nach vorübergehender Redaktionstätigkeit bei linksliberalen Wochenschriften lernt er um die Jahreswende 1925/26 den Herausgeber der «Weltbühne», Siegfried Jacobsohn, kennen. Die Begegnung verändert O.s Leben entscheidend: Am 26. April 1926 wird er Redakteur der «Wochenschrift für Politik – Kunst – Wirtschaft», am 11. Oktober 1927 ihr Herausgeber. Die «Weltbühne» (Auflagenhöhe um 12 000 Stück) ist die bekannteste politische Zeitschrift der Weimarer Zeit, linksliberal, pazifistisch, keiner Parteilinie verpflichtet. Die schonungslose Kritik an politischen Mißständen bringt den Herausgeber O. mehrfach vor Gericht; 1931 wird er wegen angeblichen Landesverrats zu 18 Monaten Gefängnis verurteilt und trotz massiver öffentlicher Proteste am 10. Mai 1932 inhaftiert. Von einer weiteren Beleidigungsklage der Reichswehr freigesprochen und im Rahmen der Weihnachtsamnestie 1932 aus der Haftanstalt Tegel entlassen, leitet O. bis zu seiner Verhaftung durch die Nationalsozialisten am 28. Februar 1933 wieder die «Weltbühne». Der Pazifist O. wird im April 1933 in das KZ Sonnenburg eingeliefert, wo sich sein gesundheitlicher Zustand zunehmend verschlechtert. Im Februar 1934 wird O. in das KZ Papenburg-Esterwegen verlegt, wo ihm die physische Vernichtung droht. Der KZ-Besuch C. J. Burckhardts als Vertreter des Roten Kreuzes (Oktober 1935) bewirkt eine internationale Solidaritätsaktion für den schwerkranken O. und gegen das Nazi-Regime. Bereits im Frühjahr 1934 ist O. für den Friedensnobelpreis vorgeschlagen worden; doch das Komitee verschob die Entscheidung nicht zuletzt auf eine Intervention K. Hamsuns hin, der O. vorwarf, er hätte ja aus dem Nazi-Deutschland fliehen oder sich mit ihm ar-

rangieren können. Im Mai 1936 wird der bereits vom Tode gezeichnete «Schutz-häftling» O. in das Staatskrankenhaus Berlin eingewiesen, im November kommt er zur Behandlung einer Tuber-kulose in das Berliner Krankenhaus Westend. Im gleichen Monat erfährt er von der Verleihung des Friedensnobel-preises an ihn, den er trotz aller Ein-schüchterungsversuche der Nazis an-nimmt, aber nicht persönlich in Oslo empfangen kann. Selbst um einen großen Teil des Preisgeldes betrogen, stirbt der bedeutende Publizist und Schriftsteller am 4. Mai 1938 im Berliner Nordend-Krankenhaus. Zuvor hatten die Nazis al-len Deutschen verboten, einen Nobel-preis anzunehmen. – Am 12. Mai 1932 hatte O. in der «Weltbühne» geschrie-ben: «Der politische Journalismus ist keine Lebensversicherung: das Risiko erst gibt seinen besten Antrieb.»

W.: Herausgebertätigkeit: «Die Weltbühne», 1927–33 (Nachdruck 78). – *Sammelausgabe:* Weltbürger Ossietzky, 37; Schriften in 2 Bdn, 66; Rechenschaft, 84; «Farbige, weithin sicht-bare Signalzeichen.» Der Briefwechsel zwi-schen C. v. O. und Kurt Tucholsky aus dem Jahre 1932, 85; 227 Tage im Gefängnis. Briefe, Texte, Dokumente, 88; Der Zeit den Spiegel vorhalten. C. v. O.-Lesebuch, 89.

Ossowski, Leonie (eig. Jolanthe Kurtz-Solowjew, Pseud. Jo Tiedemann),
*15.8.1925 Ober-Röhrsdorf/Schlesien (heute Osowa Sień/Polen).
Die Tochter eines Gutsbesitzers absol-vierte nach dem Besuch eines Internats eine landwirtschaftliche Lehre. Nach dem Krieg arbeitete sie in Schwaben als Fabrikarbeiterin und Verkäuferin und schrieb daneben erste Kurzgeschichten. Sie lebt heute als freie Schriftstellerin, ist Mitglied des VS und des PEN und erhielt mehrere Jugendbuchpreise. 1980 bekam sie den Adolf-Grimme-Preis in Silber, 1981 den Kulturpreis Schlesien und 1982 den Mannheimer Schiller-Preis, 1984 den Jugendbuchpreis «Das rote Tuch», 1985 den Brüder-Grimm-Preis Berlin. – O., die mit Drehbüchern für die DEFA erste Erfolge hatte, begann nach längerer Pau-se erst Ende der 60er Jahre wieder zu schreiben. Sie verfaßte Krimis, Hörspie-

le und Dokumentationen. Ihr Interesse und ehrenamtliches Engagement in der Sozialarbeit beeinflußt ihre literarische Prokuktion, in der sie z. B. auf die Pro-bleme Jugendlicher eingeht. Großen Er-folg – auch als Fernsehfilm – hatte ihr Ju-gendroman *Die große Flatter*, in dem sie die Geschichte von Jugendlichen aus dem Obdachlosenmilieu beschreibt. Ein mehrmonatiger Aufenthalt in Schlesien war der Anstoß für den vielbeachteten Roman *Weichselkirschen*, der ebenfalls für das Fernsehen verfilmt wurde.

W.: Romane, Erzählungen, Prosa: Stern ohne Himmel, 1956; Wer fürchtet sich vorm schwar-zen Mann, 67; Weckels Angst. Mannheimer Erzählungen, 74 (u. d. T.: Littel faßt einen Ent-schluß und andere Erzählungen, 83); Weichsel-kirschen, 76; Die große Flatter, 77; Blumen für Magritte, 78; Liebe ist kein Argument, 81; Wil-helm Meisters Abschied, 82; Neben der Zärt-lichkeit, 84; Wolfsbeeren, 87; Das Zinnpara-dies, 88. – *Dramen, Jugendstücke:* Stern ohne Himmel, 58; Mitschuldig, UA 73 (Büh-nenms.); Voll auf der Rolle, 84; Ewig und drei Tage, UA 87. – *Hörspiele, Fernsehen, Film:* Zwei Mütter, 53; Autoknacker, 71; Auf offe-ner Straße, 71; Zur Bewährung ausgesetzt, 72; Die große Flatter, 79; Weichselkirschen, 80; Stern ohne Himmel, 81; Liebe ist kein Argu-ment (mit M. Lüdke), 84; Voll auf der Rolle, 87. – *Essays, theoretische Schriften, Dokumen-tationen:* Zur Bewährung ausgesetzt, 72. – *Her-ausgebertätigkeit:* Schreiben wie wir leben wol-len – Exlibris 1981, 81 (mit I. Arnold u. H. Schwenger); Mein Lesebuch, 86.

Ostendorfer, Konrad → Lange, Horst

Othmar, Raoul → Auernheimer, Raoul

Otten, Karl, *29.7.1889 Oberkrüchten bei Aachen, †20.3.1963 Minusio bei Locarno.
O. studierte Soziologie und Kunstge-schichte, wurde Redakteur und freier Schriftsteller. Er mußte 1933 nach Eng-land emigrieren, wo er 1944 erblindete. Sein Reisebericht *Die Reise durch Alba-nien* und seine Gedichte in der «Aktion» zeigen ihn als engagierten, wenn auch etwas weltfremden Humanisten. Das Thema des Vaterhasses ist zentral in sei-nem Roman *Prüfung zur Reife*. 1931 schrieb O. das Drehbuch zu G. W. Pabsts Film *Kameradschaft*. Sein autobiogra-

phischer Roman *Wurzeln* hat Leid und Angst als Hauptthemen. Seine Lyrik ist verhaltener und unsentimental. Wichtiger als O.s eigene literarische Produktion ist seine Arbeit an dem Vermächtnis seiner expressionistischen Zeitgenossen, die er in musterhaften Anthologien herausgab.

W.: Lyrik: Thronerhebung des Herzens, 1917. – *Prosa:* Die Reise durch Albanien, 12; Der Sprung aus dem Fenster, 18; Lona, 20; Der Fall Strauß, 25; Die Verwandlung des Delphin, 27; Prüfung zur Reife, 28; Eine gewisse Victoria, 30; Der schwarze Napoleon, 31; Der unbekannte Zivilist, 32 (Nachdruck 81); Torquemadas Schatten, 38; Der ewige Esel, 49; Die Botschaft, 57; Wurzeln, 63. – *Drama:* Der Ölkomplex, 59. – *Abhandlung:* A combine of aggression; masses, elite and dictatorship in Germany, 42 (dt. u. d. T. Geplante Illusionen. Eine Analyse des Faschismus, 89). – *Herausgebertätigkeit:* Der Gegner. Blätter zur Kritik der Zeit, 1. Jg. (mit J. Gumperz), 1919–20; J. T. Keller, Was sind Revolutionen? (mit J. Gumperz), 19; G. Herwegh: Was macht Deutschland?, 24; Ahnung und Aufbruch. Expressionistische Prosa, 57; Schrei und Bekenntnis. Expressionistisches Theater, 59; Das leere Haus. Prosa jüdischer Dichter, 59; Albert Ehrenstein, Gedichte und Prosa, 61; Georg Kreisler, Zwei alte Tanten tanzen Tango, 61; G. Kreisler, Der gute alte Franz, 62; Schofar. Lieder und Legenden jüdischer Dichter, 62; Expressionismus grotesk, 62; Ego und Eros. Meistererzählungen des Expressionismus, 63. – *Sammelausgabe:* Herbstgesang. Gesammelte Gedichte, 61; Die Reise durch Albanien und andere Prosa, 89; Das tägliche Gesicht der Zeit. Eine Flaschenpost aus den Zwanzigern, 89.

Otto, Herbert, * 15. 3. 1925 Breslau.
O. geriet 1944 in sowjetische Kriegsgefangenschaft; 1949 besuchte er die Antifaschule in Moskau. Nach seiner Rückkehr arbeitete er als Dramaturg und Verlagslektor und wurde danach freischaffend.
O. debütierte mit einem Entwicklungsroman (*Die Lüge*), in dem er das eigene Erleben im Krieg, in sowjetischer Gefangenschaft und unter den Bedingungen der frühen Aufbaujahre in der DDR reflektierte.
In weiteren Romanen, die sich in der DDR großer Beliebtheit erfreuten (*Zeit der Störche* und *Zum Beispiel Josef* wurden verfilmt), variierte O. das klassische Konfliktmuster des Bitterfelder Romans (z. B. Neutsch' *Spur der Steine*), um es zum Klischee herabzuschreiben: Ein nicht integrierter, abenteuerlustiger Held, vorzugsweise als Montagearbeiter tätig und durch skurrile Fähigkeiten und ein zynisches Verhältnis zu Frauen charakterisiert, wird im Verlaufe der Handlung durch Arbeitskollektiv und weiblichen Widerpart domestiziert; so verliert sich in kurzer Frist die anarchistische Deftigkeit eines ehemaligen Fremdenlegionärs in der Solidarität des Kollektivs (*Zum Beispiel Josef*). – 1971 H.-Mann-Preis.

W.: Romane, Erzählungen, Reportagen: Die Lüge, 1956 (bearb. 65); Stundenholz und Minarett, 58 (mit anderen); Minarett und Mangobaum, 59 (mit anderen); Republik der Leidenschaft, 61; Griechische Hochzeit, 64; Zeit der Störche, 66; Zum Beispiel Josef, 70; Die Sache mit Maria, 76; Der Traum vom Elch, 83. – *Filme, Hörspiel:* Septemberliebe, 61; Georg und seine Brüder, 67.

Ottwalt, Ernst (eig. Ernst Gottwalt Nicolas), * 13. 11. 1901 Zippnow (Pommern), † 24. 8. 1943 in einem Lager bei Archangelsk.
O., Sohn eines Pfarrers, wuchs in Wildau bei Dahme (Mark Brandenburg) auf, machte das Abitur in Halle und studierte anschließend Jura in Jena in den Jahren 1921–22. Ende der 20er Jahre lernte er B. Brecht kennen, brach mit seiner bürgerlichen Vergangenheit, bekannte sich zum Marxismus und änderte seinen Namen. – O. schrieb sozialkritische und politisch engagierte Romane (am bekanntesten wurde der Justizroman *Denn sie wissen was sie tun*, den Georg Lukács 1932 zum Anlaß nahm, um in der Zeitschrift «Die Linkskurve» [4. Jg., Nr. 7/8] die gesamte Richtung der Reportageliteratur einer grundsätzlichen Kritik zu unterziehen. O. antwortete mit einer «Entgegnung an Georg Lukács» (in Heft 10) und veröffentlichte zusammen mit Brecht das Drehbuch zu dem Agitprop-Film «Kuhle Wampe». Im Sommer 1933 floh O. nach Dänemark und von da aus nach Prag und in die Sowjetunion; er spielte bis 1936 eine entscheidende Rolle in der Prager und Moskauer Literaturemigration. Im

November 1936 wurde er auf dem Roten Platz in Moskau verhaftet und nach Sibirien deportiert, wo er 1943 in einem Lager starb.

W.: Romane, Novellen: Ruhe und Ordnung, 1929; Denn sie wissen was sie tun, 31; Deutschland erwache! Geschichte des Nationalsozialismus, 32; Die letzten Dinge, 36. – *Dramen, Hörspiele, Drehbücher:* Jeden Tag vier, 30; Kuhle Wampe, 32; Kalifornische Ballade, 32, Urauff. 70, Buch 71. – *Sammel- und Werkausgaben:* Schriften, 76. – *Herausgebertätigkeit:* Vegaar-Bücherei, 11 Bde, 36–37.

Oulot, Bertha → Suttner, Bertha von

Overbeck, Jan Gerrit → Lind, Jakov

P

Panitz, Eberhard, *16.4.1932 Dresden. P., Sohn eines Straßenbahnschaffners, studierte in Leipzig Pädagogik, war Verlagslektor und Angehöriger der kasernierten Volkspolizei, lebt seit 1959 als freier Autor. Hohe Auflagen und mehrere Literaturpreise (1975 H.-Mann-Preis, 1977 Nationalpreis, 1982 Goethe-Preis Berlin) belegen die breite Popularität des Autors, der mit abenteuerlicher Prosa für junge Leser begonnen hat. In der DDR besondere Anerkennung gefunden haben literarische Reportagen, z. B. *Der siebente Sommer* über das Industriekombinat Schwedt. Ausgedehnte Auslandsreisen P.' spiegeln sich außer in Berichten auch in seiner erzählenden Dichtung wider, besonders durch in Südamerika angesiedelte Romane und Erzählungen; so gestaltet er in *Cristobal und die Insel* Episoden aus der kubanischen Revolution. Außergewöhnlich ist P.' Bedeutung in der DDR als vermutlich auflagenstärkster Autor von Frauenromanen. Seine erste Veröffentlichung *Käte* ist eine biographische Erzählung über die Widerstandskämpferin Käte Niederkirchner. Seinen nachhaltigsten Publikumserfolg hat P. mit *Die sieben Affären der Doña Juanita*, einem Roman über Gegenwartsprobleme von Frauen, über unzureichen-

de Gleichberechtigung und den Wunsch nach Selbstverwirklichung, über Liebe und Arbeit. P. beschreibt immer wieder Frauenschicksale, die er in aktuelle politische Entwicklungen einbettet, die er parteilich, aber von möglichst menschlichem Standpunkt aus erzählt. In seiner neueren Prosa arbeitet er ästhetisch vielschichtiger; in *Meines Vaters Straßenbahn* begegnet der Erzähler seinem verstorbenen Vater, nimmt dies zum Anlaß für Reflexionen über Jugend und Entwicklung. Untypisch ist P.' Roman *Eiszeit*, in dem er das Überleben einer Atomkatastrophe in einem Ferienhotel in der DDR beschreibt und damit gleichzeitig innerhalb der DDR-Literatur zum erstenmal einen ausgeprägten antiutopischen Roman vorlegt.

W.: Erzählungen und Romane: Käte, 1955; Grenzstreife, 55; Die Flucht, 56; Verbrechen am Fluß, 57; In drei Teufels Namen, 58; Die Verhaftung. Die Verurteilung, 60; Die Feuer sinken, 60; Das Mädchen Simra, 61; Das Gesicht einer Mutter, 62; Cristobal und die Insel, 63; Unter den Bäumen regnet es zweimal, 69; Die sieben Affären der Doña Juanita, 72; Der Sprung vom Heiligen Fisch. Die Wette der alten Blanca, 73; Die unheilige Sophia, 74; Unerlaubte Entfernung, 76; Die Moral der Nixe, 78; Die verlorene Tochter, 79; Meines Vaters Straßenbahn, 81; Mein lieber Onkel Hans. Fünf Kapitel eines königlichen Lebens, 83; Eiszeit. Eine unwirkliche Geschichte, 83; Viktoria, 85; Leben für Leben, 88; Frau mit dunkler Brille, 89. – *Reportagen, Biographien:* Die kleine Reise, 65; Der siebente Sommer, 67; Der Weg zum Rio Grande, 73; Gesichter Vietnams, 78. – *Stücke, Drehbücher, Hörspiele:* Señor Santes, 65; Der Stein des Weisen, 65; Der Revolver des Corporals, 67; Absage an Albert Lachmuth, 70; Netzwerk, 70; Karl-Heinz Martini, 70; Die sieben Affären der Doña Juanita (4tlg.), 73; Die unheilige Sophia (2tlg.), 74; Absage an Viktoria, 77; Ich bin nicht Christus, 77.

Pankratius → Marchwitza, Hans

Pannwitz, Rudolf, *27.5.1881 Crossen/ Oder, †23.3.1969 Astano (Tessin). P. studierte Philosophie, klassische Philologie, Germanistik und Sanskrit in Marburg und Berlin, war Erzieher im Hause des Soziologen Georg Simmel und lebte seit 1921 auf der Insel Kolocep bei Dubrovnik. 1948 mußte er Jugoslawien verlassen und ließ sich bis zu seinem Tod im Tessin nieder. 1957 Schiller-Gedächtnispreis, 1968 Gryphius-Preis.

Sein umfangreiches Werk umfaßt Lyrik, episches Drama, Roman, mythische Erzählungen und kulturphilosophische Aufsätze. Für alle Gattungen bleibt ein Grundprinzip seiner dichterischen Bestrebungen verbindlich: Sie suchen die Durchdringung und Potenzierung von musischen Kräften mit Philosophie zu verwirklichen. P.' Philosophie lehnt sich an die Vorsokratiker, an Leibniz, Kant und Nietzsche an. Seine auf dieser Basis gewachsene «Naturphilosophie» bleibt immer auf den Menschen gerichtet, der als Schöpfer und Geschöpf zugleich definiert wird. Leibniz' Begriff der Entelechie wird dabei sowohl auf den Menschen projiziert als auch auf die Natur, den Kosmos und das musische Schaffen. – Diese Gedanken hat P. vor allem in seinem philosophischen Hauptwerk *Kosmos Atheos* niedergelegt, sie bilden aber auch die Prämissen für die kulturkritische Abhandlung *Die Krisis der europäischen Kultur* und die Untersuchung *Der Nihilismus und die werdende Welt*. P. findet seine literarischen Stoffe vornehmlich in archaischen Mythen, z. B. dem sumerischen *Gilgamesch-Epos* (*Das Namenlose Werk*), der altindischen Krishna-Legende (*Der Gott*), den griechischen Mythen, so der Gründung Thebens (*Thebaïs*), den Überlieferungen der legendären Hyperboräer. Aber auch die von der Romantik wiederentdeckten Sagenstoffe (z. B. Undine, Orplid usw.) eignet P. sich an. Mit seiner Anverwandlung und Neugestaltung tradierter Stoffe intendiert P. aber nicht eine Spiegelung eigener subjektiver Vorstellungen. Vielmehr sieht er sie als objektivierten Ausdruck der Entelechie des mythischen Stoffes, gemäß seiner Definition, daß der Mythos auf allen Stufen seiner sprachlichen Fixierung eine Emanation des «zum Menschen sprechenden Universums» ist. Die Figuren seiner Mythen handeln als Archetypen transpersonal. – Auch P.' Lyrik macht den Ideengehalt seiner Philosophie transparent, allerdings in Form von sinnlich-sinnenhaften Bildern. Dabei kommt

der Landschaft, besonders der mediterranen, besondere Bedeutung zu. Seine Landschaftsgedichte sind nie Naturgedichte im herkömmlichen Sinn, sondern Spiegelung des kosmisch-mythischen Verhältnisses des Menschen zur Welt. Ihre Sprache ist schlicht bis zur Kargheit, ihr Duktus streng rhythmisiert. Ihre Schulung am Werk Stefan Georges verleugnen sie fast nie. Jedoch trifft man neben großartigen Versen nicht selten auf absolut Verunglücktes. P.' Verssprache gleitet auf der Suche nach «Wortursprünglichkeit» des öfteren ins Triviale ab, da es ihm häufig nicht gelingt, seinen Ausdruckswillen mit dem vorhandenen Sprachmaterial in Einklang zu bringen. Diese Diskrepanz zeigt sich auch in seinem Roman *Das Neue Leben*, in dem der Versuch gemacht wird, das Bild eines neuen Menschen innerhalb neuer, von ihm geschaffener Gesellschaftsstrukturen zu propagieren. – Dagegen zeichnet sich die Sprache seiner kulturphilosophischen Abhandlungen (hervorzuheben ist hier auch seine geistige Autobiographie *Was ich Nietzsche und George verdanke*) durch hohes Niveau, klare disziplinierte Wendungen und Anschaulichkeit aus. – Ein großer Teil des Werks von P. ist noch immer unveröffentlicht.

W.: *Erzählende Prosa:* Landschaftsmärchen, 1901; Das Märchen von den beiden Brüdern, 05; Mythen, 19–21; Das Neue Leben, 27; Kadmos, 60; Thebaïs/Hellas, 65. – *Lyrik:* Urblick, 26; Landschaft-Gedichte, 54; Das Atomzeitalter, 60; Wasser wird sich ballen, 63. – *Dramen:* Beim göttlichen Sauhirten, 04; Dionysische Tragödien, 13; Das Kind Aion, 19; Baldurs Tod, 19; Der Elf, 19; Das Lied vom Elen, 19; Das Namenlose Werk, 20; Faustus und Helena, 20; Der Gott, 20; Logos, 21; Das Geheimnis, 22; Die Erlöserinnen, 22; Orplid, 23; König Laurin. Ein episches Gedicht, 56. – *Kulturkritische Abhandlungen:* Der Volksschullehrer und die Deutsche Sprache, 07; Der Volksschullehrer und die deutsche Kultur, 09; Zur Formenkunde der Kirche, 12; Die Krisis der europäischen Kultur, 17; Die deutsche Lehre, 19; Grundriß einer Geschichte meiner Kultur, 21; Staatslehre, 26; Kosmos Atheos, 26; Trilogie des Lebens, 29; Logos Eidos Bios, 30; Lebenshilfe, 38; Weg des Menschen, 41; Nietzsche und die Verwandlung des Menschen, 43; Das Weltalter und die Politik, 48; Der Friede, 50;

Der Nihilismus und die werdende Welt, 51; Beiträge zu einer europäischen Kultur, 54; Der Übergang von heute zu morgen, 58; Der Aufbau der Natur, 61; Albert Verwey und Stefan George, 65; Gilgamesch–Sokrates, 66; Das Werk des Menschen, 68; Was ich Nietzsche und George verdanke (unveröff.); Der Gott der Lebenden. Das Christusbuch, 73; R. P. und Albert Verwey im Briefwechsel, 76; Eine Auswahl aus seinem Werk, 83.

Panter, Peter → Tucholsky, Kurt

Paquet, Alfons (Pseud. Bernard Bürger), *26.1.1881 Wiesbaden, †8.2.1944 Frankfurt/Main.
P. studierte Volkswirtschaft in München, Heidelberg und Jena, später Journalist (1935–37 Feuilletonchef der «Frankfurter Zeitung»). – P. ist durch Reiseberichte und Dramen bekannt geworden, seine hymnische Lyrik steht in der Nachfolge Walt Whitmans. P. ist einer der ersten Autoren des «epischen Dramas», sein Stück *Fahnen*, das den Anarchistenprozeß von 1886 in Chicago nachzeichnet, wurde von Piscator in seinem «Proletarischen Theater» in Berlin aufgeführt. In P.s Stück *Sturmflut* experimentierte Piscator mit der Mischung von Film und Theater. Politisch vertrat P. einen religiös orientierten Pazifismus. – Eine Bibliographie erschien 1958.

W.: Romane, Erzählungen, Reiseberichte, Prosa: Schutzmann Mentrup und anderes, 01; Auf Erden. Ein Zeit- und Reisebuch in fünf Passionen, 06; Kamerad Fleming, 11; Li oder im neuen Osten, 12; Erzählungen an Bord, 13; Der Sendling, 14; In Palästina, 15; Im kommunistischen Rußland. Briefe aus Moskau, 19; Das russische Gesicht, 20; Delphische Wanderung. Ein Zeit- und Reisebuch, 22; Die Prophezeiungen, 23; Der Rhein eine Reise, 23; Ausblick auf das Meer, 25; Lusikas Stimme, 25; Der Stock. Erzählung, 27; Städte, Landschaften und ewige Bewegung. Ein Roman ohne Helden, 27 (Neufsg. u. d. T.: Weltreise eines Deutschen, 34); Der Neckar. Ein Lebensbild, 28; Besuch am Großen Hirschgraben, 32; Fluggast über Europa. Ein Roman der langen Strecken, 35; Der Frankfurter Rundhorizont. Fahrten in weiter Landschaft, 37; Amerika unter dem Regenbogen, 38; Frühsommer im Taunus, 39; Die Botschaft des Rheines. Erlebnis und Gedicht, 41; Frankfurt am Main, 43. – *Dramen:* Die Börsenspekulanten. Karikatur in fünf Akten auf Wut, Spott, Schablone und bürgerliches Wohlgefallen, 06; Limo der große beständige

Diener, 13; Fahnen, 23; Marcolph oder König Salomo und der Bauer, 24; Sturmflut, 26; William Penn. Gründer von Pennsylvanien, 27; Eleonora Duse, 28; Stinchen von der Krone, 31; Freiherr vom Stein. Eine Chordichtung, 32 (Privatdr.), 33. – *Lyrik:* Lieder und Gesänge, 02; Held Namenlos, 12; Die Botschaft des Rheines. Ballade, 22; Drei Balladen, 22; Amerika. Hymnen, 25; Das Siebengestirn, 32; Ballade von George Fox, 36; Der Reiter von Damaskus, 37; Erwähnung Gottes, 39; Mainz am Rhein, 40 (u. d. T.: Das goldene Mainz, 41); Ode vom Rhein, 41. – *Essays, theoretische Schriften:* Anatolien und seine deutschen Bahnen. Vortrag, 06; Die Hauptformen der Jugendfürsorge in den Vereinigten Staaten, [06]; Das Ausstellungsproblem in der Volkswirtschaft, 08 (Ausz. [7. Kap.] u. d. gleichen Titel als Diss., 08); Asiatische Reibungen, 09; Südsibirien und die Nordwestmongolei, 09; Eine Vorfeier zu Pfingsten in Hellerau. Rede, 12; Erster Entwurf einer großen Ausstellung für Weltwirtschaft und Verkehr (Länder und Völker), 14; Der Kaisergedanke. Aufsätze, 15; Die jüdischen Kolonien in Palästina, 15; Nach Osten!, 15; En Détachement de travail, 17; Europeiska Essayer, 18; Der Geist der russischen Revolution, 19 (veränd. 21); Aus dem bolschewistischen Rußland, 19; Die Quäker, 20; Der Rhein als Schicksal. Vortrag, 20; Der Rhein als Schicksal oder Das Problem der Völker [mit Th. Rümelin u. a.], 20; Rom oder Moskau, 23; Frankfurt als Bücherstadt und das Rhein-Maingebiet als Heimat des Buchdrucks und des Buchgewerbes, 24; Die neuen Ringe. Reden und Aufsätze zur deutschen Gegenwart, 24; Frankfurt. Ein anachronistisches Bild, 25; Rhein und Menschheit, 25; Skizze zu einem Selbstbildnis, 25; Der Rhein und das Wort. Rede, 26; Die alte Sparcasse. Ein Hundertjahrbild der Hamburger Sparcasse von 1927, 27; Antwort des Rheines. Eine Ideologie, 28; Frankfurt am Main [mit R. G. Binding], 28; H. G. W. Hamburger Gaswerke G.m.b.H., 28; Hamburg als Ausstellungsstadt. Vortrag, 29; Frau Rat Goethe und ihre Welt, 31; Begegnung alter und neuer Zeit. Rede, 32; Und Berlin? Abbruch und Aufbau einer Reichshauptstadt, 34; Der Kiel im Land, 35; Inneres Licht und Nazarener. Eine Ansprache, 36; Die religiöse Gesellschaft der Freunde, 37; Bad Oeynhausen im Blickfeld des Arztes, 37; Schiefer. Jubiläumsschrift, 38; Vom Automatenbau, 39; Gaswelt und vier andere Essays, 40; Spiel mit der Erdkugel, 40; Der Rhein. Vision und Wirklichkeit, 40 (erw. 41). – *Herausgebertätigkeit:* Ku Hung Ming: Chinas Verteidigung gegen europäische Ideen, 11; Cole, G. D. H. und W. Mellor: Gildensozialismus. Übers. u. hg. A. P., 21; Kirejewski, I. W.: Rußlands Kritik an Europa, 23; Die Aufzeichnungen des John

Woolman. Aus der Zeit der Sklavenbefreiung. Übers. u. hg. A. P., 23; Steinhausen, W.: Aus meinem Leben, 26; Land voraus, 38.

Paretti, Sandra (eig. Irmgard Schnee-berger), *5. 2. 1935 Regensburg.

P. studierte Germanistik und promovierte über das Kunstmärchen in der 1. Hälfte des 20. Jhs. P. war dann bis 1967 Journalistin in München; heute lebt sie in Zürich. Ihre Romane sprechen das Illustriertenpublikum an und erreichen hohe Auflagen.

W.: Romane: Rose und Schwert, 1967; Lerche und Löwe, 69; Purpur und Diamant, 71; Der Winter, der ein Sommer war, 72; Die Pächter der Erde, 73; Der Wunschbaum, 75; Das Zauberschiff, 77; Maria Canossa, 79; Das Echo deiner Stimme, 80; Paradiesmann, 83; Märchen aus einer Nacht, 85; Südseefischer, 86; Tara Calese, 88; Laura Lumati, 89. – *Essays:* Regensburg, 89. – *Sammel- und Werkausgaben:* Rose und Schwert / Lerche und Löwe / Purpur und Diamant, 86. – *Schallplatten, Kassetten:* S. P. erzählt Märchen aus einer Nacht, 85 (2 Pl.); Märchen aus einer Nacht, ca. 89 (3 Kass.).

Parlach, A. → Kuby, Erich

Parolles → Viertel, Berthold

Pastior, Oskar Walter, *20. 10. 1927 Hermannstadt (Rumänien).

P., Sohn siebenbürgisch-deutscher Eltern, verbrachte seine Kindheit und Schulzeit in Hermannstadt, wurde 1945 als Angehöriger der deutschen Minderheit in die UdSSR deportiert, wo er bis 1949 in Arbeitslagern gefangengehalten wurde. Nach der Rückkehr in seine Heimatstadt war er zunächst als Arbeiter tätig, bevor er 1955 an der Universität Bukarest ein Studium der Germanistik begann. Nach dem Staatsexamen 1960 arbeitete er acht Jahre als Rundfunkredakteur für deutschsprachige Sendungen und kehrte 1968 nach einem Aufenthalt in der Bundesrepublik nicht mehr nach Rumänien zurück. Seit 1969 lebt er als freier Schriftsteller.

In seiner experimentellen Lyrik und Prosa thematisiert P. den alltäglichen Umgang mit Sprache. Eingeengt durch eine Grammatik und den Zwang zur ‹logischen› Konstruktion berauben wir sie ihrer weitergehenden Aussagemöglichkeiten. Sie erstarrt zu Floskeln und Formeln, wie es P. am Beispiel ihrer Verwendung in den Medien nachweist. Seine Lyrik zeigt, wie eine ‹befreite› Sprache in der Lage ist, zusätzliche Erlebnis- und Erkenntniswelten zu schaffen. Neben den Übersetzungen zahlreicher Werke rumänischer Autoren (vor allem Urmuz) ins Deutsche ist P. Koautor vieler Anthologien. – 1965 erhielt P. den Literaturpreis der «Neuen Literatur Rumäniens», 1967 den Lyrikpreis des Schriftstellerverbandes der Sozialistischen Republik Rumänien, 1969 den Andreas-Gryphius-Förderpreis und ein Arbeitsstipendium des Westberliner Senats, 1976 das Stipendium des Berliner Kunstpreises, 1978 den Förderpreis des Kulturkreises im Bundesverband der Deutschen Industrie, 1980 den Marburger Förderpreis für Literatur und 1981 ein Stipendium für die Villa Massimo, 1988 Literaturpreis des BDI, Hugo-Ball-Preis 1990.

W.: Gedichte, Lieder, Texte: Fludribusch in Pflanzenheim, 1960; Offene Worte, 64; Gedichte, 65; Ralph in Bukarest, 66; Vom Sichersten ins Tausendste, 69; Gedichtgedichte, 73; Höricht, 75; An die Neue Aubergine. Zeichen und Plunder, 76; Fleischeslust, 76; Ein Tangopoem und andere Texte, 78; Der krimgotische Fächer, 78 (verbess. 85); Sonetburger, 83; O. P./F. Petrarca: 33 Gedichte, 83; Ingwer und Jedoch, 85; Anagrammgedichte, 85; Lesungen mit Tinnitus, 86; Modeheft, 87; Von A bis Zett. Elf Alphabete (mit F. Achleitner u. a.), 90; Kopfnuß Januskopf, 90. – *Hörspiele:* Beiß nicht in die Birne, 71; Reise um den Münd in 80 Feldern, 71; Die Sauna von Samarkand, 76. – *Übersetzungen:* Coşbuc, G.: Die Geschichte von den Gänsen, 58; Eminescu, M.: Der Prinz aus der Träne, 63; Opriş, T.: Wunderwelt, 63; Arghezi, T.: Im Bienengrund, 63; Istrati, P.: Kyra Kyralina, 63; Arghezi, T.: Schreibe, Feder…, 64; ders.: Von großen und kleinen Tieren, 67; Blaga, L.: Ausgewählte Gedichte, 67; ders.: Chronik und Lied der Lebenszeiten, 68; Istrati, P.: Die Disteln des Baragan, 69 (mit W. Zitzenbacher); Chlebnikov, V.: Werke, Bd. 1, 72 (mit anderen); Sorescu, M.: Aberglaube, 74; ders.: Noah, ich will dir was sagen, 75; Urmuz: Das gesamte Werk, 76; Stoica, P.: Und nirgends ein Schiff aus Attika, 77; Sorescu, M.: Abendrot Nr. 15, 85. – *Sammelausgaben:* Grenzgänge, 69; Wechselbalg, 80; Gedichtgedichte / Fleischeslust / Höricht, 82; Jalousien aufgemacht, 87. – *Herausgebertätigkeit:* Galli:

Arbeiten aus den Jahren 1977–1982, 82; Tzara, T.: Die frühen Gedichte, 84. – *Filme, Fernsehen:* Anläufe den krimgotischen Fächer zu ergründen, 79 (mit T. Jens); Beobachtung einer Beobachtung, 82. – *Schallplatten u. ä.:* Höricht Gedichtgedichte, 77; Summatorium, 77; TANGO EMER DENN PORREN, 79; Der krimgotische Fächer, 79 (alles Kass.); Dichter lesen in der Daadgalerie [mit anderen], ca. 86.

Paulsen, Robert → Gluchowski, Bruno

Paulsen, Rudolf, *18.3.1883 Berlin, †30.3.1966 ebd.
Sohn des Philosophen und Pädagogen Friedrich P. Nach dem Besuch des Gymnasiums in Berlin einige Semester Studium der Philosophie, Altphilologie und Kunstgeschichte in Erlangen, Berlin und Kiel. Lyriker und Essayist. – 1904 gründete er mit O. zur Linde und R. Pannwitz den Dichterkreis «Charon». – P.s von Religion, kosmischem Gefühl und Subjektivität geprägte Werke entziehen sich einer theoretischen Systematisierung. Der Band *Vergangenheit und Ahnung* läßt Anklänge an die nationalistische Gedankenwelt erkennen.

W.: Erzählungen, Autobiographie: Das verwirklichte Bild, 1929; Mein Leben, 36. – *Lyrik:* Töne der stillen Erinnerung und der Leidenschaft zum Kommenden, 10; Gespräche des Lebens, 11; Toten-Sonette, 11; Lieder aus Licht und Liebe, 12; Und wieder geh ich unruhvoll ..., 22; Im Schnee der Zeit, 22; Die kosmische Fibel, 24; Die hohe heilige Verwandlung, 25; Vor der See, 27; Knospen des Guten, 31; Stern des Nordens über Meer, 32; Auf trunkenen Daseinswogen, 33; Das festliche Wort, 35; Wann der Tag getan, 36; Flut und Ferne, 36; Vergangenheit und Ahnung, 42; Träume des Tritonen, 55; Glanz des Vergänglichen, 58; Werte bewahrt im Wort, 60; Oh dunkler Wind, Vorwinterwind, 62; Schwarz auf Weiß auf blauem Grunde, 64. – *Essays, Schriften, Aphorismen, Briefe:* Otto zur Linde, 12; Ewige Wiederkunft des Gleichen oder Aufwärts-Entwicklung, 21; Christus und der Wanderer, 20; Der Mensch an der Waage, 26; Aufruf an den Engel, 27; In memoriam Berthold Otto, 34; Kunst und Glaube, 35; Volk, Religion und Kunst, 37; Wiederkehr der Schönheit, 37; Geist, Gesetz und Liebe, 37; Blätter und Briefe von Otto zur Lindes Grab, 38; Weltgeschichtliches Brevier, 38. – *Herausgebertätigkeit:* Friedrich Paulsen: Aus meinem Leben, 09. – *Sammelausgaben:* Lohmer Lesebuch, 37, 77; Musik des Alls und Lied der Erde, 54.

Pauper, Angelus → Schreyer, Lothar

Pausewang, Gudrun, *3.3.1938 Wichlstadt (Ostböhmen).
P. studierte in Wiesbaden, war 1956–64 Zeichenlehrerin an einer deutschen Schule in Südchile, arbeitete 1968–72 in Kolumbien, lebt als Lehrerin und Autorin in der Bundesrepublik.
P. verarbeitet in ihren Romanen Eindrücke und Erfahrungen aus ihrer langjährigen südamerikanischen Wahlheimat. Ihre Helden sind zumeist marginalisierte Existenzen, von deren Wünschen, Träumen und Mißgeschicken P. teils heiter ausgelassen, teils schwermütig mitfühlend erzählt. *Der Weg nach Tongay* schildert das Aufbegehren und den Leidensweg eines ihrer Kinder und ihres Lebensmuts beraubten Frau, die *Bolivianische Hochzeit* spielt vor dem Hintergrund eines unverständlichen Krieges, in den der Bräutigam ziehen muß. P. wendet sich gegen Ausbeutung und Unterdrückung, doch überwiegt die farbige, unterhaltende Darstellung von Verwicklungen und Leid. *Plaza Fortuna* beschreibt eine turbulente Welt von Bettlern und Taschendieben, *Karneval und Karfreitag* den Lebensweg einer Frau zwischen Dienstmädchendasein und Prostitution. Die vordergründige Unterhaltungsabsicht schränkt P.s Intention, den inneren Reichtum und die menschliche Würde ihrer Figuren erzählend nahezubringen, teilweise ein. Mehrere Jugendbuchpreise, u. a. «Buxtehuder Bulle» 1984 für *Die letzten Kinder von Schewenborn.* Nach längeren politischen Querelen erhielt sie 1988 den Deutschen Jugendbuchpreis für den das Reaktorunglück von Tschernobyl behandelnden Roman *Die Wolke.*

W.: Romane, Kinderbücher, Prosa: Rio Amargo, 1958; Der Weg nach Tongay, 65; Plaza Fortuna, 66; Bolivianische Hochzeit, 68; Guadalupe, 70; Die Entführung der Doña Agatha, 71; Aufstieg und Untergang der Insel Delfina, 73; Karneval und Karfreitag, 76; Und dann kommt Emilio, 76; Auf einem langen Weg, 78; Wie gewaltig kommt der Fluß daher, 78; Der Streik der Dienstmädchen, 79; Die Not der Familie Caldera, 79; Rosinkawiese, 80; Die Freiheit des Ramon Acosta, 81; Frieden kommt nicht von allein, 82; Die Prinzessin springt ins Heu, 82; Die letzten Kinder von Schewenborn, 83; Ich habe Hunger. Ich habe Durst, 84; Kinderbesuch, 84; Und es bewegt sich doch, 84; Wer hat Angst vor Räuber Grapsch?, 84; Friedens-Geschichten, 85; Alle sollen leben, 85; Das Sonnenfest, 85; Hinterm Haus die Wassermann, 85; Ich hab einen Freund in Leningrad, 86; Ein wilder Winter für Räuber Grapsch, 86; Guten Tag, lieber Feind!, 86; Pepe Amado, 86; Ein Eigenheim für Räuber Grapsch, 87; Ich gebe nicht auf, 87; Die Wolke, 87; Etwas läßt sich doch bewirken, 87; Die Schule der glücklichen Kinder, 87; Das Tor zum Garten der Zambranos, 88; Der Großvater im Bollerwagen, 88; Kreuz und quer übers Meer, 88; Der Weg nach Tongay, 88; Die Kinder in der Erde, 88; Die Prinzessin springt ins Heu, 88; Zwei hungrige Freunde, 89; Die Koselmühle, 89; Triller im Truseltal, 89; Fern von der Rosinkawiese, 89. – *Herausgebertätigkeit:* Südamerika aus erster Hand, 70. – *Schallplatten, Kassetten:* Der Weg nach Tongay, ca. 86 (2 Kass.).

Pedretti, Erica, *25. 2. 1930 Sternberg (Nordmähren).
P. wuchs in Mähren auf, kam bei Kriegsende mit einem Rotkreuztransport in die Schweiz und wurde dort ansässig; 1950 emigrierte sie in die USA und lebte zwei Jahre als Gold- und Silberschmiedin in New York. 1952 kehrte sie in die Schweiz zurück, lebte bis 1974 in Celerina (Engadin) und zog dann nach La Neuville (Kanton Bern) um.
P. verfaßte ihr erstes Werk als fast Vierzigjährige, wurde allerdings dann rasch in das literarische Leben der Schweiz integriert. Dabei entspringt ihr Werk Erlebnissen und Erfahrungen aus einer vom Krieg in ihrem Innersten getroffenen Kindheit, die nicht die ihrer deutsch-schweizerischen Kollegen sind; ähnlich ist ihre Sprache nicht das schweizerische Hochdeutsch, sondern das Deutsch ihrer Kindheit, eine Sprache aus dem Exil also. Der ständige und immer wieder erlebte Gegensatz und gleichzeitig die Zusammengehörigkeit von zwei Lebenssphären – der «versehrten» der Kindheit und der «unversehrten» in der Schweiz nach 1945 – sind der Nährboden ihrer Werke. Ihr erstes Buch *Harmloses bitte*, eine Sammlung von kurzen, eng miteinander verbundenen Prosastücken, ist ein Buch über Kindheitserinnerungen besonderer Art. Standort des Werkes sind ein Hier und ein Dort; ein Hier, das Engadin der

glücklichen Gegenwart, wird von einem Dort, von der durch den Einmarsch der Russen für immer unterbrochenen Kindheit in Mähren, ständig durchbrochen, wodurch Todesangst und Hilflosigkeit ausgelöst werden. *Veränderung oder Die Zertrümmerung von dem Kind Karl und anderen Personen* markiert eine deutliche Wende, schon allein durch den Rückgriff auf die dokumentarische Methode, die einen starken Gegenwartsbezug bewirkt. *Veränderung* ist eine Art Lebensbericht, in dem zwei Formen der Welterfahrung und zwei Sprachformen gegenübergestellt werden, wobei P.s eigene Sprache sich an der Gegensprache der Hauptperson entwickelt. Außerdem werden hier Vergangenheit und Gegenwart strenger voneinander getrennt, und es bahnt sich eine prinzipielle Auseinandersetzung mit der Vergangenheit und deren Fortbestehen in der Gegenwart an. Für *Der Maler und sein Modell* erhielt sie 1984 den I.-Bachmann-Preis; 1990 Gr. Literaturpreis des Kantons Bern. – P. hat außerdem mehrere Hörspiele verfaßt.

W.: Romane, Erzählungen, Bilderbücher: Harmloses bitte, 1970; Il trais sudos/Die drei Soldaten, 71; Heiliger Sebastian, 73; Beitrag über erste Leseerfahrungen (in: Erste Lese-Erlebnisse, 75; Erstlinge (in: Schweizer Monatshefte, Heft 10), 76; Veränderung oder Die Zertrümmerung von dem Kind Karl und anderen Personen, 77; Sonnenaufgänge – Sonnenuntergänge, 84; Auf der Suche nach Prosa, 85; Valerie oder Das unerzogene Auge, 86; Mal laut und falsch singen, 86. – *Herausgebertätigkeit:* Taschenbuch der Gruppe Olten (mit D. Fringeli und P. Nizon), 74. – *Sonstiges:* E. P., 87 (Katalog).

Penzoldt, Ernst (Pseud. Fritz Fliege), *14. 6. 1892 Erlangen, †27. 1. 1955 München.
Sohn eines Arztes und Universitätsprofessors, studierte an der Kunstakademie von Weimar und Kassel, nahm als Sanitäter am 1. Weltkrieg teil und lebte danach vorwiegend in München. Er verstand sich zunächst als Bildhauer, arbeitete auch als Graphiker und Illustrator und begann erst in den 20er Jahren als Schriftsteller zu veröffentlichen, hatte jedoch schnell Erfolg (besonders mit der *Powenzbande*, einem modernen Schelmen-

roman) und fand Anerkennung (Kleist-Preis 1930). Vorübergehend (1938) war er Verlagslektor und Theaterkritiker für die «Frankfurter Zeitung». Auch nach dem 2. Weltkrieg blieb er ein populärer Autor; die Verfilmung seiner Erzählung *Korporal Mombour* als *Es kommt ein Tag* (1950) vermittelte publikumswirksam die Idee menschlicher Verständigung zwischen den Fronten des Krieges. P.s Werk umfaßt neben den Romanen und Erzählungen auch Dramen (Unterhaltungsstücke) und unterhaltsame Plaudereien (*Causerien*). 1954 Immermann-Preis.

W.: Romane, Erzählungen: Der Zwerg, 1927 (umgearbeitet als: Die Leute aus der Mohrenapotheke, 38); Der arme Chatterton, 28; Etienne und Luise, 29; Die Powenzbande, 30 (erweitert 39, 40); Die Portugalesische Schlacht, 30; Kleiner Erdenwurm, 34; Idolino, 35; Korporal Mombour, 41; Süße Bitternis, 51; Squirrel, 54; Prosa eines Liebenden, 62; Die Reise ins Bücherland und andere Märchen, 88. – *Lyrik, Dichtungen:* Der Gefährte, 22; Idyllen, 23; Der Schatten Amphion, 24. – *Dramen:* Etienne und Luise, 30; Die Portugalesische Schlacht, 31; So war Herr Brummel, 33; Die verlorenen Schuhe, 46; Der gläserne Storch, 50; Squirrel, 55. – *Sonstiges:* Der dankbare Patient, 37; Episteln, 42; Die Reise ins Bücherland. Ein Büchermärchen, 42; Tröstung, 46; Betrachtungen u. Erzählungen; Zugänge, 47; Causerien, Essays, 49; München von Norden gesehen, 55; Was der Welt ich abgeguckt. Skizzen von Fritz Fliege, 56; Hier bin ich gewachsen. Zumeist unveröffentlichte Texte und Bilder, 87; Spiel mit der Schere. Scherenschnitte, 88. – *Sammel- u. Werkausgaben:* Gesammelte Schriften, 4 Bde, 49–62; E. P.s schönste Erzählungen, 74; Die Kunst, das Leben lieben, 75; Die schönsten Erzählungen, 5 Bde, 81; Korporal Mombour und andere Erzählungen, o. J.

Perutz, Leo, *2. 11. 1882 Prag, †25. 8. 1957 Bad Ischl (Oberösterreich).
P. lebte vor 1938 zunächst in Prag, dann in Wien und emigrierte nach Palästina. Nach dem Krieg wieder in Österreich. War u. a. auch als Versicherungsmathematiker tätig. Verfasser spannender historischer Romane mit meist überstrapazierter Zufallsdramaturgie und phantastisch-grotesker Erzählungen im Gefolge E. T. A. Hoffmanns. Ab Mitte der 70er Jahre vielbeachtete Neuauflagen seiner Hauptwerke.

W.: Romane, Erzählungen: Die dritte Kugel, 1915; Das Mangobaumwunder (mit P. Frank), 16; Zwischen neun und neun, 18; Das Gasthaus zur Kartätsche, 20; Der Marques de Bolibar, 20; Die Geburt des Antichrist, 21; Der Meister des Jüngsten Tages, 23; Turlupin, 24; Der Kosak und die Nachtigall (mit P. Frank), 27; Wohin rollst du, Äpfelchen…, 28; Flammen auf San Domingo. Roman nach Victor Hugo's Bug Jargal, 29; Herr erbarme dich meiner, 30; Sankt Petri-Schnee, 33; Der schwedische Reiter, 36; Nachts unter der steinernen Brücke, 53; Der Judas des Leonardo, 59.

Petersen, Jan (eig. Hans Schwalm, Pseud. Otto Erdmann, Halm), *2. 7. 1906 Berlin, †11. 11. 1969 ebd.
P. arbeitete als Kaufmann, Werkzeugmacher und Dreher. Seit seinem 15. Lebensjahr engagierte er sich in der revolutionären Arbeiterjugendbewegung und verschiedenen Arbeiterkulturgruppen. Vor 1933 hatte er bereits mehrere Erzählungen und Gedichte in der Arbeiterpresse veröffentlicht. 1930 erfolgte sein Eintritt in die KPD. Er gründete den Sprechchor der «Internationalen Arbeiterhilfe» und leitete mehrere Spielgruppen. Von 1931–33 war er organisatorischer Leiter des «Bundes Proletarisch-Revolutionärer Schriftsteller Deutschlands», von 1933–35 Vorsitzender dieses Bundes und der Widerstandsgruppe antifaschistischer Schriftsteller. P. redigierte auch die in Prag erschienene Literaturzeitschrift «Neue Deutsche Blätter» und gab die illegal hergestellte Zeitschrift «Stich und Hieb» heraus, das einzige Organ antifaschistischer Schriftsteller, das zur Zeit des Nationalsozialismus in Deutschland selbst erschien. Unter verschiedenen Pseudonymen erschienen antifaschistische Erzählungen von ihm in Zeitungen und Zeitschriften. Auf dem I. Internationalen Schriftstellerkongreß zur Verteidigung der Kultur in Paris 1935 vertrat er als Delegierter und Sprecher die oppositionellen Schriftsteller Deutschlands. Er emigrierte anschließend über Frankreich in die Schweiz und, als die Gestapo 1936 seine Auslieferung forderte, nach England. 1938 wurde er von den Nationalsozialisten ausgebürgert. Von 1938–46 leitete er die Schriftstellersektion des «Freien Deutschen

Kulturbundes» in London und war Mitglied des englischen PEN-Zentrums. Nach einer Internierungszeit in Kanada kehrte er 1945 nach Berlin zurück. Von 1951–53 stand er der «Volksbühne» vor, 1953–55 dem DSV Berlin.

P. schildert in seinem schriftstellerischen Werk die Zeit des Faschismus und den Widerstand der Arbeiterschaft. Sein bekanntestes, in zwölf Sprachen übersetztes Buch *Unsere Straße*, für das er 1950 den Goethe-Preis erhielt, hat das Schicksal einer Arbeiterstraße im nationalsozialistischen Deutschland zum Inhalt.

W.: Romane, Erzählungen: Unsere Straße, 1936 (zuerst in: ‹Berner Tagwacht›; 1. Buchausg.: Our street, 38, dt. 47); Gestapo trial, 39 (dt. Sache Baumann und andere, 48); Germany beneath the surface, 40 (dt. Und ringsum Schweigen, 49); Der Fall Wagner, 54; Yvonne, 57; Fahrt nach Paris, 60; Er schrieb es in den Sand, 60 (erw. u. d. T.: Geschichten aus neuen Ländern, 64); Die Bewährung, 70. – *Sammel- und Werkausgaben:* Und ringsum Schweigen. Yvonne, 66. – *Herausgebertätigkeit:* Weg durch die Nacht, 44 (erw. 49). – *Film:* Die Meere rufen, 51.

Petzold, Alfons, *24. 9. 1882 Wien, †26. 1. 1923 Kitzbühel.

P. war früh durch familiäre Notlage gezwungen, unter Verzicht auf eine berufliche Ausbildung Geld zu verdienen, und nahm jede Möglichkeit zur Gelegenheitsarbeit wahr. Körperlich den Anstrengungen nicht gewachsen, erkrankte P. an Tuberkulose und war seit 1908 Invalide. Gönner verschafften ihm Sanatoriumsaufenthalte. 1914 erhielt er den Bauernfeldpreis, ab 1917 ein Ehrengehalt der Stadt Wien.

Ausgehend von der eigenen Erfahrung auf der untersten Stufe der Hierarchie in der Arbeitswelt und der körperlichen Schwäche, drückte P. vornehmlich das subjektive Elendserleben des Proletariers aus. Bei aller Faktizität der dargestellten Elendsstationen ließ sich P. nicht auf politische Schlußfolgerungen ein. Sein – formal an Heine, Freiligrath, Herwegh und Rilke geschultes – Werk hatte starke Wirkung auf die Arbeiterdichter, z. B. auf Heinrich Lersch.

W.: Romane, Erzählungen: Memoiren eines Auges, 1912; Aus dem Leben und der Werk-

stätte eines Werdenden, 13; Erde, 13; Sil, der Wanderer, 16; Österreichische Legende, 16; Von meiner Straße, 17; Drei Tage, 17; Menschen im Schatten, 20; Das rauhe Leben, 20; Der Franzl, 20; Der feurige Weg, 20; Der Totschläger und andere Geschichten, 21; Sevarinde, 23. – *Lyrik:* Trotz alledem!, 10; Seltsame Musik, 11; Der Ewige und die Stunde, 12; Heimat Welt, 13; Der heilige Ring, 14; Krieg, 14; Volk, mein Volk, 15; Der stählerne Schrei, 16; Dämmerung der Herzen, 17; Franciscus von Assisi, 18; Das Lächeln Gottes, 18; In geruhiger Stunde, 18; Der Dornbusch, 19; Das Buch von Gott, 20; Einkehr, 20; Gesicht in den Wolken, 23; Der Irdische, 23; Totentanz, 23. – *Sammelausgaben:* Gesang von Morgen bis Mittag, 22; Gedichte und Erzählungen, 24; Pfad aus der Dämmerung. Gedichte und Erinnerungen, 47; Ein Bruder so wie Du. Das Alfons Petzold-Buch, 57; Das rauhe Leben, 64.

Pfemfert, Franz, *20. 11. 1879 Lötzen (Ostpreußen), †25. 5. 1954 Mexico City.

P.s Bedeutung liegt in seiner Förderer- und Vermittlertätigkeit, die gleicherweise literarisch und politisch geprägt war. Als Herausgeber und Schriftleiter der Zeitschrift «Die Aktion» (1911–32) kämpfte P. gegen nationalistische und militaristische Haltungen, erst als Spartakist, dann als Trotzkist, und für eine Umwälzung der gesellschaftlichen Besitzverhältnisse. Freundschaft mit Liebknecht und Rosa Luxemburg. Die «Aktion» trete, «ohne sich auf den Boden einer bestimmten politischen Partei zu stellen, für die Idee der Großen Deutschen Linken ein», sie sei «ein Organ des ehrlichen Radikalismus». Er organisierte 10 Sonderhefte «Aktions-Lyrik» mit Gedichten der expressionistisch schreibenden Zeitgenossen, u. a. von Heym, van Hoddis, Lichtenstein, Wolfenstein, Benn, Stadler. 1933 mußte P. wegen seiner sozialistischen Ziele und seiner jüdischen Abstammung fliehen, erst in die Tschechoslowakei, 1941 nach Mexiko. P.s Schriften und Anthologien gehören zur Entwicklungsgeschichte einer politisch links engagierten Literatur im 20. Jh.

W.: Essays: Die deutsche Sozialdemokratie, 1917; Moskau und wir, 20; Vor zehn Jahren, 24; Wer ist's? Eine Galerie öffentlicher Menschen, 27; Karl Liebknecht, 29; Meine Erinnerungen und Abrechnungen, 51. – *Sammel- und Werkausgaben:* Ich setze diese Zeitschrift wider diese Zeit, 85; Die Aktion 1911–1918.

Eine Auswahl, 86. – *Herausgebertätigkeit:* Die Aktion, 11–32; Politische Aktions-Bibliothek, 10 Bde, 15–20; Aktions-Lyrik, 10 Bde, 16; Literarische Aktionsbücher, 10 Bde, 16–21; Der rote Hahn, 60 Bde, 17–24; Liebknecht-, Lenin- und Trotzki-Texte.

Pfitzer, Dr. Gustav → Schwitters, Kurt

Phillips, Sydney → Rehfisch, Hans José

Phineas → Spitteler, Carl

Picard, Max, *5.6.1882 Schopfheim (Baden), †3.10.1965 Neggio (Tessin). Studium der Medizin in Freiburg, Kiel, Berlin und München. Während seiner Assistenzarztzeit in Heidelberg hört P. Vorlesungen des Philosophen H. Rickert und des Theologen E. Troeltsch. Bis 1918 arbeitet er als Arzt in München, gibt seinen Beruf auf und lebt endgültig als freier Schriftsteller im Tessin. – P. geht davon aus, daß das 20. Jahrhundert geprägt ist von einer Diskontinuität, einer Zerrissenheit im Bereich der Kunst wie der Menschen und ihrer Beziehungen zueinander. *Das Ende des Impressionismus* stellt diese Kunstrichtung als eine rein oberflächliche, bloße Eindruckskunst dar, die keine Rücksicht mehr nimmt auf das Wesen der Dinge an sich. Und auch der Mensch scheint durch die Zusammenhanglosigkeit der modernen Welt, durch seine Abwendung von Gott vom Untergang bedroht; die kulturphilosophische Schrift *Der letzte Mensch* zeigt dies Menschenbild P.s. Er weist auf die unterschiedlichen Facetten dieser Erscheinungen hin, so im Bereich der Sprache (*Die Welt des Schweigens*) und der Beziehungen (*Die unerschütterliche Ehe*), und kommt schließlich wieder zur Kunstbetrachtung (*Die Atomisierung in der modernen Kunst*).

W.: Das Ende des Impressionismus, 1916; Expressionistische Bauernmalerei, 17; Mittelalterliche Holzfiguren, 19; Der letzte Mensch, 21; Das Menschengesicht, 30; Die Flucht vor Gott, 34; Die Grenzen der Physiognomik, 37; Die unerschütterliche Ehe, 42; Hitler in uns selbst, 46; Die Welt des Schweigens, 48; Zerstörte und unzerstörbare Welt, 51; Wort und Wortgeräusch, 53; Die Atomisierung in der modernen Kunst, 53; Ist Freiheit heute überhaupt möglich..., 55; Der Mensch und das Wort, 55; Das letzte Antlitz, 59 (mit F. Eschen); Einbruch in die Kinderseele, 61; Tag und Nacht, 67; Briefe an den Freund K. Pfleger, 70; Das alte Haus in Schopfheim, 74; Fragmente, 78; Nach Santa Fosca. Tagebuch aus Italien, 89. – *Sammel- und Werkausgaben:* Wie der letzte Teller eines Akrobaten, 88. – *Herausgebertätigkeit:* J. P. Hebel und das Schatzkästlein, 63.

Pim, N. → Döblin, Alfred

Pinko → Ringelnatz, Joachim

Pinthus, Kurt, *29.4.1886 Erfurt, †11.7.1975 Marbach.
Theater- und Filmkritiker für das «Berliner Tageblatt» und «8-Uhr-Abendblatt», Berater mehrerer Verlage. 1933 Schreibverbot und Emigration wegen jüdischer Abstammung. 1941–47 Leiter der Theatersammlung in Washington, Library of Congress; 1947–61 Prof. für Theatergeschichte an der Columbia-Univ., New York. Bedeutend vor allem durch die Herausgabe der weithin wirkenden Sammlung expressionistischer Lyrik mit Selbstbiographien einiger Dichter: *Menschheitsdämmerung*, eines «symphonisch gegliederten Buches» (Titelblatt), in dessen Gedichten sich der Mensch «in die erlösende Dämmerung einer Zukunft wende, die er sich selber schafft» (P. im Vorwort 1919). Zwei Jahre später sah er die «allgemeine Stagnation» des revolutionären Expressionismus, seine Anthologie sei «ein abschließendes Werk geworden» (P. in der Neuausgabe von 1968). Als einer der ersten befaßte sich P. in dem von ihm zusammengestellten *Kinobuch* mit dem neuen Medium Film. In der von P. 1916 zusammengestellten Anthologie von Kriegsgeschichten richtet er sich eher nach einer Verherrlichung als nach einer Verurteilung des Krieges. Die patriotische Gesinnung wird deutlich.

W.: Essays: Die Romane Levin Schückings, 1911; Versuch eines zukünftigen Dramas, in: «Die Schaubühne», 14; Zur jüngsten Dichtung, 16. – *Herausgebertätigkeit:* Das Kinobuch, 13; Neuausg. 75; Kriegsabenteuer aus alter Zeit. Kriegsgeschichten, 16; Menschheitsdämmerung. Symphonie jüngster Dichtung, 19, Neuaufl. 68; Genius. Zeitschrift für alte und werdende Kunst, 19; Büchner: Friede den

Hütten, Krieg den Palästen, 19; G. Heym, 22; W. Hasenclever. Gedichte, Dramen, Prosa, 63; Flegeljahre des Films, 69. – *Sammelausgabe:* Der Zeitgenosse. Literarische Porträts und Kritiken. Ausgewählt zu P.s 85. Geburtstag, 71.

Piontek, Heinz, * 15. 11. 1925 Kreuzburg (Oberschlesien).

Nach Kriegsdienst und Studienjahren lebt P. seit 1948 als freier Schriftsteller. – P. debütierte 1952 mit dem Gedichtband *Die Furt*. Die ersten, teils gereimten, Naturgedichte, ihre rustikale Bildfrische, ihr melodiöser Lyrismus, machten P. bekannt. In der Folge erweiterte sich bis zu den letzten Gedichtbänden *Klartext* und *Tot oder lebendig...* der Themenkreis, wurden die Verse präziser, lakonischer, schärfer reflektiert und pointiert. Bestimmend blieb ein nüchtern-poetischer Ausdruck von gewitzter Anschaulichkeit. P. schrieb daneben Erzählungen und Romane: *Die mittleren Jahre* über die Ehe- und Lebensproblematik eines Mannes; *Dichterleben* über das progressive Scheitern eines Lyrikers; *Juttas Neffe* über Aussteigertum und Generationenkonflikt im Bürgertum heute. – Er veröffentlichte Essays, literaturkritische Abhandlungen, Reiseprosa, Skizzen, kurze Prosastücke und gab vielbeachtete Anthologien heraus. P.s vielseitiges Werk, zu dem ferner Übersetzungen (John Keats) und mehrere Hörspiele zählen, ist thematisch auf «Verständigung», auf das «Menschenmögliche der Dichtung» angelegt. – 1960 Stipendiat der Villa Massimo. Büchner-Preis 1976; zahlreiche weitere Ehrungen.

W.: Romane, Erzählungen, Prosa: Vor Augen, 1955; Kastanien aus dem Feuer, 63; Windrichtungen, 63; Die mittleren Jahre, 67; Außenaufnahmen, 68; Liebeserklärungen in Prosa, 69; Helle Tage anderswo, 73; Dichterleben, 76; Träumen, Wachen, Widerstehen, 78; Juttas Neffe, 79; Zeit meines Lebens. Autobiographischer Roman, 84; Die Zeit einer Frau, 84; Freies Geleit, 89; Stunde der Überlebenden. Autobiographischer Roman, 89. – *Dramen:* Dunkelkammerspiel. Spiele, Szenen und ein Stück, 78. – *Hörspiele:* Weißer Panther, 62; Die Zwischenlandung, 63. – *Lyrik:* Die Furt, 1952; Die Rauchfahne, 53 (erw. 56); Wassermarken, 57; Mit einer Kranichfeder, 62; Randerscheinungen, 65; Klartext, 66; Tot oder lebendig, 71; Die Zeit der anderen Auslegung,

76; Wie sich Musik durchschlug, 78; Vorkriegszeit, 80; Was mich nicht losläßt, 81; Ehe der Wind umsprang, 85; Helldunkel, 87. – *Essays, Autobiographisches:* Buchstab, Zauberstab, 59; Hinweise, Erläuterungen, Proben, Daten, 66; Männer, die Gedichte machen, 70; Leben mit Wörtern, 75; Am Nachmittag des 16. Februar 1837. Beim Empfang des Georg-Büchner-Preises (in: Süddt. Ztg., 23. 10. 76); Das Handwerk des Lesens, 79. – *Sammel- und Werkausgaben:* Die Erzählungen, 71; Klarheit schaffen, 72; Gesammelte Gedichte, 75; Das Schweigen überbrücken, 77; Wintertage, Sommernächte, 77; Gesammelte Erzählungen, 78; Werke in sechs Bänden, 81ff; Werkauswahl, 2 Bde, 90. – *Übersetzungen:* John Keats. Gedichte, 60. – *Herausgebertätigkeit:* Aus meines Herzens Grunde, 59; Neue deutsche Erzählgedichte, 64; Augenblicke unterwegs, 68; Ensemble 2, 71 (mit C. Podewils); Deutsche Gedichte seit 1960, 72 (u. d. T.: Deutsche Gedichte der sechziger Jahre, 84); Lieb, Leid und Zeit und Ewigkeit, 81; Ja, mein Engel. Die besten deutschen Kurzgeschichten, 81; H. Gröhler: Geschichten mit Kindern und ohne, 81; H. Lenz: Zeitlebens, 81; B. Nellesen: An den Wassern von Rhein und Ruhr, 81; G. Schramm: Heimweh nach Deutschland, 81; S. Sparre: Die Sterblichkeit der Worte, 81; U. Steinke: Die Buggenraths, 81; R. Riedler: Churchills Sessel, 86; Jeder Satz hat ein Menschengesicht, 87. – *Schallplatten u. ä.:* Der Photograph war schon bestellt, 80 (Tonkass.).

Pius → Weinert, Erich

Piwitt, Hermann Peter, * 28. 1. 1935 Wohltorf bei Hamburg.

P. wuchs in Hamburg und Frankfurt auf. Nach Studium in Frankfurt (u. a. bei Adorno) und Berlin lebt er seit 1969 als freier Schriftsteller. 1968 erhielt er den Preis der jungen Generation in Berlin, 1971 das Villa Massimo-Stipendium. – Seine frühe Prosa sammelt in *Landschaften des Gedächtnisses* verstörte Naturbilder, Reste von Erinnerungen an zähe Träume und früh erlittene Schmerzen. Auch der Roman *Rothschilds* dokumentiert ein «unheimliches Idyll»: die Restaurationszeit der 50er Jahre. Im Roman *Die Gärten im März* erzählt ein Drucker die Geschichte seines engagierten Freundes aus «gutem Haus», der kaputtgeht beim Versuch, als «Klassenflüchtling» einen Ort für sich zu finden. Es ist ein Buch über die Schuld der Väter, die guten Gewissens überleben, und die

Verwundungen der Kinder, die daran zerbrechen. Trauernd und lernend gewinnt der Erzähler selbst schließlich die Kraft zum Weitermachen im Widerstand. – In *Deutschland. Versuch einer Heimkehr* verknüpft P. souverän Formen des Erzählens, der autobiographischen Rechenschaft, des Essays zu einem ganz subjektiv erfahrenen und zugleich repräsentativ verstandenen Bild seines «Heimatlandes». Es gelingt ihm, überzeugend zu vermitteln, daß erst schonungslose Kritik ein erneutes solidarisches Engagement möglich macht. P.s Essays und publizistische Arbeiten umkreisen und flankieren die Gedankenwelt seiner Prosa und nehmen politisch Stellung in der Überzeugung, daß Sozialismus und Ökologie vereinbar sind.

W.: Erzählungen, Romane: Herdenreiche Landschaften, 1965 (erw. 85); Rothschilds, 72; Die Gärten im März, 79; Deutschland. Versuch einer Heimkehr, 81; Der Granatapfel, 86. – *Essays:* Das Bein des Bergmanns Wu, 71; Boccherini und andere Bürgerpflichten, 76. – *Sammel- und Werkausgaben:* Herdenreiche Landschaft und Aufspürung meiner Sorgen, 85; Die Umseglung von Kap Hoorn durch das Vollschiff Susanne 1909 in 52 Tagen, 85. – *Herausgebertätigkeit:* Anthologie jugoslawischer Erzähler, 62; Literaturmagazin 5 (mit P. Rühmkorf), 76; Die siebente Reise. Utopische Erzählungen, 78.

Plenzdorf, Ulrich, *26.10.1934 Berlin. Studium des Marxismus-Leninismus am Franz-Mehring-Institut Leipzig; 1955 bis 58 Bühnenarbeiter; 1959–63 Studium an der Filmhochschule Babelsberg; arbeitet als Szenarist und Filmdramaturg.
Nach Verfertigung von Filmszenarien für die DEFA wurde die Bühnenfassung des ursprünglich für die DEFA verfaßten Szenariums *Die neuen Leiden des jungen W.* zum größten Theatererfolg in der DDR zu Beginn der 70er Jahre. Die Geschichte des 17jährigen Lehrlings Edgar Wibeau, der die geregelten Bahnen seines Ausbildungsganges verläßt, sich nicht integrieren will und am Ende bei der Konstruktion einer die Produktion erleichternden Erfindung umkommt, gibt, von P. im Idiom von DDR-Jugendlichen verfaßt, einen Eindruck vom Bewußtseinsstand eines wesentlichen Teils der DDR-Jugend. Die polemische Abgrenzung zu einer oft noch idealisierenden Goethe-Rezeption erweiterte den Spielraum für eine kritische Auseinandersetzung mit der Klassik.
Formal und thematisch weitergeführt wird die mit den *Neuen Leiden* eingeschlagene Linie mit der kleinen Erzählung *kein runter kein fern*, für die P. 1978 den Ingeborg-Bachmann-Preis erhielt. In dem meisterhaft gestalteten inneren Monolog eines Berliner Jungen wird die Zerstörung individueller Motivation durch eine repressive Umwelt gespiegelt. – In der *Legende vom Glück ohne Ende*, die den Stoff des «Paul und Paula»-Films erneut aufgreift und ausgestaltet, wird der individuelle Glücksanspruch ernst genommen: nicht als Flucht ins Private, sondern als zukunftsentwerfende Kraft, die dem schlechten Sich-Einrichten in einer schlechten Wirklichkeit entgegengehalten wird. – Heinrich-Mann-Preis 1973; Prix Futura 1989 für das Hörspiel *kein runter kein fern*.

W.: Romane, Erzählungen: Die neuen Leiden des jungen W., Prosafassung, 1972; Die Legende von Paul & Paula, 74; Karla. Der alte Mann, das Pferd, die Straße, 78; Legende vom Glück ohne Ende, 79; Gutenachtgeschichte, 83; kein runter kein fern, 84. – *Dramen, Hörspiele:* Die neuen Leiden des jungen W., 73; Buridans Esel (nach Günter de Bruyns Roman), 76; Die Legende vom Glück ohne Ende, 83; Ein Tag länger als ein Leben (nach Tschingis Aitmatov), 86; kein runter kein fern (Hsp.), 87; Zeit der Wölfe (nach Aitmatov), 88; Freiheitsberaubung (nach de Bruyn), 88 (Bühnenms.). – *Filme:* Mir nach, Canaillen, 64 (Regie: Ralf Kirsten); Weite Straßen – stille Liebe, 69 (Regie: Hermann Zschoche); Kennen Sie Urban, 70 (Regie: Ingrid Reschke); Die Legende von Paul & Paula, 73 (Regie: Heiner Carow); Die Leiden des jungen W., 76 (Regie: Eberhard Itzenplitz); Glück im Hinterhaus (nach de Bruyn: Buridans Esel), 79 (Regie: Hermann Zschoche); Der König und sein Narr (nach Stades Roman), 79 (Regie: Frank Beyer); Insel der Schwäne (nach Benno Pludras Roman), 83 (Regie: H. Zschoche). – *Sammel- und Werkausgaben:* Legende vom Glück ohne Ende/Buridans Esel/Ein Tag, länger als ein Leben, 87 (veränd. 89); Filme, 2 Bde, 88–89.

Plessen, Elisabeth, *15.3.1944 Sierhagen.
Aufgewachsen auf Schloß Sierhagen in

Schleswig-Holstein. Stammt aus uraltem, adligen Geschlecht. Studium in Berlin. Promotion über «Zeitgenössische Epik im Grenzgebiet von fiction und non-fiction». 1974 gibt sie zusammen mit Michael Mann Katja Manns *Meine ungeschriebenen Memoiren* heraus. Ihr Buch *Mitteilung an den Adel*, das als literarische Aufarbeitung einer Tochter-Vater-Beziehung hohe Auflagen erreichte, zeigt, wie übermächtig das Elternhaus und insbesondere der Vater für die Tochter gewesen ist und wie schwierig und schmerzhaft der Ablösungsprozeß und die Identitätsfindung waren. In ihrem zweiten Roman *Kohlhaas* setzt P. ihre Auseinandersetzung mit dem Adel und ihrer Herkunft auf einer neuen Ebene fort. *Kohlhaas* ist der ehrgeizige und angestrengte Versuch, die durch Kleist berühmt gewordene Geschichte neu, aus den Quellen heraus, zu erzählen. Ihr *Kohlhaas*, eine Identifikationsfigur für die Autorin, unterscheidet sich von dem Kleistschen, er führt den Konflikt der *Mitteilung* weiter und vertieft ihn – auch des Kohlhaas Fehde ist eine Mitteilung an den Adel. – Annette-von-Droste-Hülshoff-Preis 1988.

W.: Prosa: Mitteilung an den Adel, 1976; Kohlhaas, 79; Zu machen, daß ein gebraten Huhn aus der Schüssel laufe, 81; Stella Polare, 84. – *Essay:* Fakten und Erfindungen. Zeitgenössische Epik im Grenzbereich zwischen fiction und non-fiction, 71. – *Herausgebertätigkeit:* Katja Mann: Meine ungeschriebenen Memoiren (mit Michael Mann), 74; Auf ein Neues, 87.

Plievier (vor 1933 Plivier), Theodor, *12.2.1892 Berlin, †12.3.1955 Avegno bei Locarno.

P. entstammte einer Berliner Arbeiterfamilie. Nach dem Abbruch der Stukkateurlehre vagabundierte er durch Europa und Übersee. Früh ergaben sich Kontakte zu anarchistischen und syndikalistischen Kreisen. 1914–18 diente P. bei der Kriegsmarine. In den Anfangsjahren der Weimarer Zeit veröffentlichte er eine Flut anarchistischer Flugschriften. Schließlich Abwendung vom politisch tätigen Anarchismus und bewußte Aufnahme einer professionellen Schriftstellerexistenz. Eingenommen von den Ideen Max Stirners und Friedrich Nietzsches, verband er in Erzählungen und Romanen sorgfältiges Quellenstudium und die Verwendung von Dokumenten im literarischen Text mit seiner exotischen Lebenserfahrung, verknüpfte einen Hauch von Abenteuer mit individual-anarchistischem Kraftrevoluzzertum der Unterdrückten schlechthin. Auf diese Weise schilderte P. den Seekrieg und die Matrosenrevolte in der kaiserlichen Marine und das Dilemma der deutschen Revolution in den Romanen *Des Kaisers Kulis* und *Der Kaiser ging, die Generäle blieben. Des Kaisers Kulis* erreichte internationale Verbreitung und sicherte P.s Schriftstellerexistenz.

Die allgemeine proletarische Haltung und die Verurteilung sozialdemokratischen Verhaltens in den Romanen machte P. für die KPD interessant, die deshalb Abdrucke seiner Romane in ihrer Presse veröffentlichte.

Die – auf Grund individual-anarchistischer Grundsätze freilich nie vollkommene – Anlehnung an die KPD führte P. in der Emigration in die Sowjetunion. Er erhielt schließlich den Auftrag für den offiziellen *Stalingrad-Roman*, den er, zeitweise als Begleiter der kämpfenden Truppe, in bekannter dokumentarischer Manier verfaßte.

Ideologische Vorbehalte gegenüber dem Parteikommunismus und persönliche Erfahrungen führten 1947 zur Abkehr P.s vom Kommunismus und zur Übersiedlung in den Westen. Nach einer Phase abenteuerlich-exotischer Romane baute P. sein Weltkriegsthema zur Trilogie aus, indem er um den *Stalingrad*-Roman die Romane *Moskau* und *Berlin* gruppierte.

W.: Romane, Erzählungen: Des Kaisers Kulis, 1929; Zwölf Mann und ein Kapitän. Novellen, 30; Der Kaiser ging, die Generäle blieben, 32; Der 10. November 1918, 33; Das große Abenteuer, 36; Im Wald von Compiègne, 39; Das Tor der Welt, 40; Die Männer der ‹Cap Finisterre›, 40; Nichts als Episode..., 41; Der Igel, 42; Stalingrad, 45; Haifische, 45; Im letzten Winkel der Erde, 46; Das gefrorene Herz, 47; Eine deutsche Novelle, 47; Moskau, 52; Berlin, 54. – *Dramen:* Des Kaisers Kuli, 30; Haifische, 30; Die Seeschlacht am Skagerrak, 35. – *Lyrik:* Deutschland erwache und andere Haken-Kreuz-Lieder, ca. 35. – *Werkausgabe:* Werke in Einzelausgaben, 81 ff.

Poethen, Johannes, *13. 9. 1928 Wickrath/Niederrhein.
Schulzeit bis 1943 in Köln, dann in Schwaben, Bayern und Österreich. Kriegsdienst als Luftwaffenhelfer und im Arbeitsdienst. Abitur in Köln, anschließend Studium der Germanistik in Tübingen. Journalist und Rundfunkmitarbeiter; seit Ende 1979 Redakteur beim Süddeutschen Rundfunk in Stuttgart. – War P.s Lyrik zu Beginn eine «Art traumhafte Beschäftigung», streng an Eichendorff, Hölderlin, Rilke und George angelehnt, kommen ab Mitte der 50er Jahre kritische Momente hinzu. Mit seinen Bänden *Rattenfest im Jammertal* und *ach erde du alte* zeigt P. die Aufarbeitung zeitkritischer Themen mit den Mitteln der klassischen Lyrik. Seine Verbundenheit mit dem ‹Mythos Griechenland› wird deutlich in den Radio-Essays und der Veröffentlichung *Im Namen der Trauer*, die sich mit der politischen Situation Griechenlands Ende der 60er Jahre auseinandersetzt. – P. erhielt zahlreiche Auszeichnungen, u. a. den Hugo-Jacobi-Dichterpreis (1959) und den Immermann-Preis der Stadt Düsseldorf (1967). Er erhielt 1976 das Bundesverdienstkreuz, ist Ehrenvorsitzender des VS Baden-Württemberg und Vizepräsident des PEN der BRD.

W.: Roman: Episode mit Antifante, 1961; Otto kauft sich ein Auto, 78. – *Lyrik:* Lorbeer über gestirntem Haupt, 52; Risse des Himmels, 56; Stille im trockenen Dorn, 58; Baumgedicht, 61; Ankunft und Echo, 61; Gedichte, 63; Wohnstatt zwischen den Atemzügen, 66; Kranichtanz, 67; Im Namen der Trauer, 69; Aus der unendlichen Kälte, 70; Rattenfest im Jammertal, 76; Ach Erde du alte, 78; Schwarz das All, 84; Auch diese Wörter, 85; Eines Morgens über dem Golf, 86; Wer hält mir die Himmelsleiter, 88. – *Essays:* Der Atem Griechenlands, 77; In Memoriam Gries, o. J.; Urland Hellas, 87. – *Sammelausgaben:* Gedichte 1946–1971, 73; ach erde du alte – gedichte 1976–1980, 80. – *Herausgebertätigkeit:* Lyrik aus dieser Zeit 1965/66, 65 (mit W. Weyrauch); Lyrik aus dieser Zeit 1967/68, 67 (mit W. Weyrauch); Stuttgarter Lesebuch, 89. – *Schallplatten:* J. P. liest Gedichte aus den Jahren 1946–1971, 72.

Pohl, Gerhart (Pseud. Silesius alter), *9. 7. 1902 Trachtenberg/Schlesien, †14. 4. 1966 Berlin.
P., Sohn eines Sägewerksbesitzers, studierte 1921–24 Germanistik, Kunstgeschichte und Psychologie in Breslau, München und Berlin und promovierte über das deutsche Volkslied. In den 20er Jahren war er Herausgeber der literarischen Monatsschrift «Die Neue Bücherschau». Danach lebte er als freier Schriftsteller, seit 1933 in Wolfshau im Riesengebirge. Mitarbeiter vor allem an der «Deutschen Rundschau», erhielt P. während der nationalsozialistischen Diktatur mehrmals Schreibverbot. 1945/46 war er kommissarischer Bürgermeister in Krummhübel. 1946 siedelte er nach Berlin über und war bis 1950 Verlagslektor und Mitarbeiter der Zeitschrift «Aufbau». Seit 1950 lebte er als freier Schriftsteller in West-Berlin. P. war Mitglied des PEN-Clubs, der Westberliner Akademie der Künste, der Deutschen Akademie für Sprache und Dichtung, deren Vizepräsident er seit 1963 war, und seit 1959 Vorsitzender des Schutzverbandes Deutscher Schriftsteller. 1957 erhielt er den Andreas-Gryphius-Preis und 1962 den Kogge-Preis der Stadt München.
Der Herausgeber der parteipolitisch ungebundenen linken Literaturzeitschrift «Die Neue Bücherschau» schrieb in den 20er Jahren kulturkritische (*Symbol Oberammergau*) und literarische Essays. Er verfaßte Theaterstücke (*Kampf um Kolbenau*), Hörspiele und Rundfunkessays (*Weltreise durch einen Arbeitstag*), Romane und Erzählungen. In seinen Prosaarbeiten spielt seine schlesische Heimat immer wieder eine wichtige Rolle, so auch in dem dokumentarischen Bericht über den Tod G. Hauptmanns *Bin ich noch in meinem Haus?*.

W.: Romane, Erzählungen: Fragolfs Kreuzweg, 1922; Tagebuch merkwürdiger Verführungen, 24; Partie verspielt, 29; Der Ruf, 34; Die Brüder Wagemann, 36; Sturz der Göttin, 39; Der verrückte Ferdinand, 39; Schlesische Geschichten, 42 (erw. u. d. T.: Zwischen Gestern und Morgen, 48; erw. u. d. T.: Wieviele Mörder gibt es heute?, 53; u. d. T.: Engelsmasken, 54); Der Glückspilz, 43; Die Blockflöte, 48 (Neuausg. u. d. T.: Harter Süden, 57);

Fluchtburg, 55. – *Dramen, Hörspiele:* Kampf um Kolbenau, 30; Kuhhandel, 33; Die Zwickmühle, 34; Untertan und doch Rebell, 60 (in: Südöstliche Melodie, 63). – *Essays, theor. Schriften, Reisebücher:* Der Strophenbau im deutschen Volkslied (Diss.), 20 (Teildr.), 21 (vollst.); Deutscher Justizmord, 24; Jean Paul, der Deutsche, 24; Vormarsch ins 20. Jahrhundert, 32; Michelangelo, 44 (Neuausgabe); Bin ich noch in meinem Haus?, 53; Anspruch und Wirklichkeit, 57; Wanderungen auf dem Athos, 60; Südöstliche Melodie, 63. – *Herausgebertätigkeit:* Die Neue Bücherschau, 22–29; U. Sinclair: Präsider USA, 27 (Einltg.); G. Büchner: Friede den Hütten, Kampf den Palästen, 29; Queirós; Das Verbrechen des Paters Amaro, 30; S. vels: Werke (Hg. bis 36); Unsterblichkeit, 42; G. Hauptmann: Neue Gedichte, 45; C. Hauptmann: Rübezahlbuch, 60.

Pohl, Klaus, *30. 3. 1952 Rothenburg o. d. T.
Nach einer kaufmännischen Lehre 1973–75 Ausbildung zum Schauspieler am Max-Reinhardt-Seminar in Berlin; seit 1975 als Schauspieler tätig, u. a. in Berlin, Hamburg, Zürich und Köln. 1980 erste Regiearbeit in Rotterdam, 1981 Gastdozent in Hamburg. 1980 erhielt P. den Förderpreis der Autorenstiftung Frankfurt, 1983 die Fördergabe des Schiller-Gedächtnispreises des Landes Baden-Württemberg, 1985 den Mülheimer Dramatikerpreis und 1987 den Gerhart-Hauptmann-Preis. – Der Durchbruch als Autor gelang P. mit dem Stück *Das Alte Land,* das 1984 bei einer Umfrage der Zeitschrift «Theater heute» zum Stück des Jahres gewählt wurde und ein Jahr später den Mülheimer Dramatikerpreis erhielt. Es bietet das Panorama eines norddeutschen Dorfes in der unmittelbaren Nachkriegszeit. Weder mit seinen früheren Stücken *Da nahm der Himmel auch die Frau* und *Hunsrück* noch mit den späteren, *La Balkona Bar* oder der Farce aus der Welt der Großfinanz *Heißes Geld* konnte P. an den früheren Erfolg anknüpfen.

W.: Dramen, Hör- und Fernsehspiele: Hunsrück, 1979 (Bühnenms.); Da nahm der Himmel auch die Frau (in: Spectaculum 32, S. 235–269, 80); Zwerg Nase in Peru, 80 (Bühnenms.); Romeos Schwalbe (Hsp.), 83; Das Alte Land, 84 (Kölner Fassung in: Theater

heute 7/84); La Balkona Bar. Hunsrück. Zwei Stücke, 85; Der Spiegel. Klamotte nach Gogol, 86 (UA); Heißes Geld, 89; Der Zwerg von Marrakesch, 90 (UA); Karate-Billi kehrt zurück, 91.

Polder, Markus → Krüss, James

Polfried → Friedell, Egon

Polgar, Alfred (eig. Alfred Polak, Pseud. Archibald Douglas), *17. 10. 1873 Wien, †24. 4. 1955 Zürich.
P., Sohn eines Musiklehrers, begann seine publizistische Tätigkeit im Kreis von Peter Altenberg, schrieb regelmäßig für liberale Zeitungen Theaterkritiken (u. a. «Prager Tagblatt», «Tag»). Gemeinsam mit Egon Friedell verfaßte er nicht nur Sketche (u. a. *Goethe*), sondern auch Zeitungsparodien. Seit der Gründung Mitarbeiter der «Schaubühne» und des «Tagebuchs», zog P. Mitte der 20er Jahre nach Berlin, wo seine Kurzprosa und kritischen Schriften in Sammelbänden erschienen. 1933 kehrte P. nach Wien zurück, emigrierte 1938 über die Schweiz nach Paris und 1940 in die USA (Hollywood, New York). 1949 besuchte P. erstmals wieder Europa, hielt sich vorwiegend in der Schweiz auf. 1951 Preis der Stadt Wien für Publizistik.
P. gilt als typischer Wiener Caféhausliterat im besten Sinn des Wortes. Sein Werk – Glossen zur Zeit, kultur- und literaturkritische Skizzen, Theaterkritiken, kleine Erzählungen – entstand aus der journalistischen Tagesarbeit. P.s Texte, prägnant und von großer sprachlicher und intellektueller Ausdruckskraft, zeigen einen völlig undogmatischen Humanismus, der sich mit Witz und Satire gegen Gewalt im großen und im kleinen zur Wehr setzt. Seine charakteristische Ironie war Schutzpanzer großer Verletzlichkeit und radikal skeptischer Weltsicht. Als «Meister der kleinen Form» gerühmt, machte P. aus seinen Feuilletons Glanzstücke deutscher Prosa.

W.: Erzählungen, Skizzen: Der Quell des Übels, 1908; Bewegung ist alles, 09; Hiob, 12; Kleine Zeit, 19; Gestern und heute, 22; An den Rand geschrieben, 26; Orchester von oben, 26; Ich bin Zeuge, 27; Schwarz auf Weiß, 28; Hinterland, 29; Bei dieser Gelegenheit, 30; An-

sichten, 33; In der Zwischenzeit, 35; Sekunden-
zeiger, 37; Geschichten ohne Moral, 43; Ander-
seits, 48; Begegnung im Zwielicht, 51; Standpunkte, 53; Im Lauf der Zeit, 54. – *Dramen* (mit
E. Friedell): Goethe im Examen, 08; Der Petro-
leumkönig oder Donauzauber, 08; Soldatenleben im Frieden, 10. – Die Defraudanten, 31. –
Essays, Theaterkritiken: Brahms Ibsen, 10;
Max Pallenberg, 21; Ja und Nein, 4 Bde, 26/27
(Auswahl daraus und anderes als: Ja und Nein,
56); Handbuch des Kritikers, 38. – *Herausgebertätigkeit:* Peter Altenberg. Der Nachlaß, 25.
Übersetzung: Franz Molnár: Liliom, 12. – *Sam-
mel- u. Werkausgaben:* Auswahlband. Aus
neun Bänden erzählender und kritischer Schriften, 30; Im Vorübergehen, 47; Fensterplatz, 59;
Im Vorüberfahren, 60; Auswahl. Prosa aus vier
Jahrzehnten, 68; Bei Lichte betrachtet. Texte
aus vier Jahrzehnten, 70; Die Mission des Luftballons, 75; Die lila Wiese, 77; Taschenspiegel,
79; Sperrsitz. Kritiken und Polemiken aus 33
Jahren, 80; Lieber Freund. Lebenszeichen aus
der Fremde, 81; Kleine Schriften, 6 Bde,
82–86; Auf dem Balkon, 89.

Polt, Gerhard, * 7. 5. 1942 München.
P. studierte in seiner Geburtsstadt Politologie, Geschichte und Kunstgeschichte,
im schwedischen Göteborg Skandinavi-
stik. Arbeit als Dolmetscher. Seit den 70er
Jahren tritt P. als Schauspieler und Kabarettist auf, meist in Zusammenarbeit mit
dem Autor Hanns Christian Müller und
der Schauspielerin Gisela Schneeberger.
P. erhielt mehrere Auszeichnungen, darunter 1978 den Förderpreis der Stadt
München, 1980 den Ernst-Hoferichter-
Preis und den Deutschen Kleinkunstpreis, den Adolf-Grimme-Preis 1983 und
1984 den Ernst-Lubitsch-Preis. – P. beschäftigt sich in seinen Texten und Darbie-
tungen mit den Schrecken des Alltags.
Die Wirkung seiner Texte erzielt P. nicht
durch verbale satirische Attacken, sondern durch die (scheinbar) Bestätigung
der Vorurteile und Verhaltensweisen, die
er entlarven will. Das gilt für das Verhalten deutscher Urlauber in Italien (*man
spricht deutsch*) ebenso wie für die Schilderung der Betriebsfeier einer Versicherungsgesellschaft (*Kehraus*), die sich
als kleinbürgerlicher Horror entpuppt.
Die Wirkung seiner Texte wird durch
die klischeehaft ‹Gemütlichkeit› ver-
heißende Benutzung des bayrischen
Dialekts im Kontrast zum Dargestellten
verstärkt.

*W.: Romane, Erzählungen, Prosa, Kabarett-
texte:* Fast wia im richtigen Leben, 2 Bde (mit
H. Ch. M.), 82–83; Unser Rhein-Main-Donau-
Kanal (mit D. Hildebrandt u. a.), 83; Da schau
her. Alle alltäglichen Geschichten (mit
H. Ch. M.), 84; Krieger Denk Mal! (mit D. Hil-
debrandt u. a.), 84; Wirtshausgespräche (mit
H. Ch. M.), 85; Faria Faria Ho (mit D. Hilde-
brandt u. a.), 85; Ja mei . . . Das Handbuch des
deutschen Bürgerwesens (mit H. Ch. M.), 87;
Bauerntag im Bierzelt, 87. – *Dramen, Hör- und
Fernsehspiele:* Öha. Hörbilder und Szenen, 79;
Kehraus (Drehbuch mit H. Ch. M. und C. Fe-
dier), 83; Die Exoten (mit H. Ch. M.), 85; man
spricht deutsch. (Drehbuch mit H. Ch. M.), 88;
Der Bürgermeister von Moskau (Drehbuch mit
H. Ch. M.), 89. – *Sammel- und Werkausgaben:*
Der dicke Doppel-Polt. 2 Bde (mit H. Ch. M.),
89. – *Schallplatten, Kassetten:* D'Anni hat
g'sagt, ca. 80 (auch Kass.); Leberkäs' Hawai,
81; Der Erwin (mit H. Ch. Müller), 81 (auch
Kass.); Das Beste von G. P., 82 (auch Kass.);
I. A. Deutelmoser, 85 (auch Kass.); Fast wia im
richtigen Leben, ca. 86.

Ponten, Josef, * 3. 6. 1883 Raeren bei
Eupen, † 6. 4. 1940 München.
P., von bäuerlicher Herkunft, studierte
Geographie, Geschichte, Philosophie
und Kunstgeschichte in Genf, Bonn, Berlin und Aachen (Dr. phil.), trieb auf ausgedehnten Reisen durch Europa, Afrika
und Amerika geologische Studien, war tätig als Journalist, später freier Schriftsteller. – P.s frühe Dichtungen standen im
Banne des Expressionismus; später hat er
sich in Erzählungen und Landschaftsbe-
schreibungen einem sachlichen Realismus zugewandt. Als Hauptwerk betrachtete er einen breitangelegten unvollendeten Romanzyklus über Schicksale von
Auslandsdeutschen, der stark ideologisch
gebunden ist: *Volk auf dem Wege.*

W.: Romane: Jungfräulichkeit, 1906; Sieben-
quellen, 09; Der Babylonische Turm, 18; Salz
21/22; Die Studenten von Lyon, 28; Volk auf
dem Wege, 6 Bde, 34–42; Die Heiligen der letzten Tage, 38. – *Novellen:* Die Insel, 18; Der Meister, 19; Die Bockreiter, 19; Der Knabe Viel-
nam, 21; Der Jüngling in Masken, 22 (daraus:
Die letzte Reise, 26); Der Gletscher, 23; Der
Urwald, 24; Seine Hochzeitsreise, 30; Gesammelte Novellen, 37. – *Essays, Reisebeschreibungen:* Alfred Rethel, 10; Griechische Landschaften, 14; Studien über Alfred Rethel, 18; Die
Luganische Landschaft, 27; Europäisches Reisebuch, 28; Im Wolgaland, 33; Der Zug nach
dem Kaukasus, 40; Der Sprung ins Abenteuer,

42; Dichter oder Schriftsteller? Der Briefwechsel zwischen Thomas Mann und J. P. 1919–1930, 88. – *Herausgebertätigkeit:* Briefe Alfred Rethels, 12.

Pörtner, Paul, *25. 1. 1925 Elberfeld/ Wuppertal, †16. 11. 1984 München.

P., Sohn eines Kaufmanns, wuchs in Elberfeld auf. Er begann ein Studium der Germanistik in Berlin, wurde 1944–45 an die Front eingezogen, verwundet und verbrachte ein Jahr in verschiedenen Krankenhäusern. Nach anschließender Theatertätigkeit in Elberfeld und Remscheid studierte er 1951–58 Germanistik, Romanistik und Philosophie in Köln. Seit 1958 lebte er als freier Schriftsteller in Zürich-Zumikon und führte auch Regie für Theater, Radio und Fernsehen. – P. ist vor allem Verfasser experimenteller Dramen und Hörspiele. Seine Dramen sind sogenannte «variable Stücke» und «Mitspiele», beeinflußt von den Theorien des Wiener Arztes und Romanciers Jakob Levi Moreno, der die Idee des Psychodramas, zur Ergründung der «Wahrheit der Seele durch Handeln» verficht. So sind P.s «Kriminalstück zum Mitspielen» *Scherenschnitte*, sein größter Erfolg, und seine späteren Stücke *Entscheiden Sie sich*, *Test Test Test Test* oder *Halt Dich da raus* durch Improvisation der Schauspieler und Eingreifen der Zuschauer in ihrem Handlungsablauf frei veränderbar. P.s Prosa weist ihrerseits eine ähnliche Tendenz zum Sprachspiel wie seine Bühnensatire *Was sagen Sie zu Erwin Mauss* auf – so z. B. *Tobias Immergrün*, wo die Lebensstationen eines Findelkindes zum burlesken Spiel mit der Sprache Anlaß geben. P. ist außerdem Verfasser zahlreicher Funkstücke, von an die Tradition anknüpfenden Literatur-Hörspielen über akustisch-musikalische «Schallspiele» zu experimentellen «Stimmenspielen».

W.: Erzählungen: Tobias Immergrün, 1962; Gestern, 65; Einkreisung eines dicken Mannes, 68. – *Dramen, Hörspiele, Kinderspiele:* Mensch Meier oder Das Glücksrad, 59; Variationen für zwei Schauspieler, 60; Sophie Imperator, 61; Scherenschnitte, 63; Entscheiden Sie sich, 65; Spielautomat, 67; Evokationen, 67; Mascha, Mischa und Mai, 68; Börsenspiel, 70; Hieronymus im Gehäuse, 70; Was sagen Sie zu Erwin Mauss, 70; Kontaktprogramm, 71; Inter-

aktionen, 71; Test Test Test Test, 72; Gew et Sengen dran, 73; Hörer machen Hörspiele, 74; Dadaphon. Hommage à Dada, 74; Stimm-Experimente, 74; Halt Dich da raus, 75; Hörerspiele, 74; Was haben Sie gehört, 76; Tierspiel, 78. – *Lyrik:* Lebenszeichen, 56; Sternbild Selbstbild, 58; Schattensteine, 58; Wurzelwerk, 60. – *Übersetzungen:* König Ubu, Ubu Hahnrei, Ubu in Ketten, nach A. Jarry. – *Sonstiges:* Experiment Theater. Chronik und Dokumente, 60. – *Herausgebertätigkeit:* Hoddis, J. van: Weltende, 58.

Poveda, Antonio → Renn, Ludwig

Preczang, Ernst, *16. 1. 1870 Winsen/ Luhe, †22. 7. 1949 Sarnen (Schweiz).

P., ein Arbeitersohn, lernte Schriftsetzer. Nach einer Zeit der Arbeitslosigkeit fand er als Zwanzigjähriger zur Sozialdemokratie. P. begann bald zu schreiben und wechselte mit 30 in die Redaktionsstuben des sozialdemokratischen Pressewesens. Von 1904–19 redigierte er die Unterhaltungsschrift «In freien Stunden», von 1924–29 war er Cheflektor der Büchergilde Gutenberg, 1933 emigrierte er in die Schweiz, wo er die freie Büchergilde von Zürich aus weiterführte.

P. arbeitete äußerst produktiv in allen drei literarischen Gattungsbereichen Lyrik, Epik, Dramatik, wobei er sich konventioneller literarischer Formen bediente. Neben der Abschilderung proletarischer Situationen appellierte P. an humanistische Hoffnungen und deutete zukünftige sozialistische Gesellschaftsweisen als utopische, ideale Alternativen einer schlechten Gegenwart an. Die dezidierte politische Zuspitzung bleibt meist ausgespart, manche der Werke zeigen einen Hang zur Sentimentalität. P.s bekanntestes Buch ist die Gedichtsammlung *Im Strom der Zeit*, deren Gedichte gewissermaßen die Stationen eines Arbeiterlebens enthielten und darüber hinaus eine Reihe von Zeitereignissen kommentierten.

W.: Romane, Erzählungen: Die Glücksbude, 1909; Der Ausweg, 12; In den Tod getrieben, 13; Nuckel, das Kapital, 18; Der leuchtende Baum und andere Novellen, 25; Im Satansbruch. Märchen, 25; Zum Lande der Gerechten, 28; Ursula, 31; Ursel macht Hochzeit, 34; Steuermann Padde, 40; Severin, der Wanderer. Ein Märchen-Roman, 49. – *Dramen:* Sein

Jubiläum. Ein Bild aus dem Handwerkerleben, 1896; Töchter der Zeit, 98; Der verlorene Sohn, 1900; Im Hinterhaus, 03; Der Nagel. Turnerschwank, 09; Die Polizei als Ehestifterin, 09; Der Teufel in der Wahlurne, 09; Gabriello, der Fischer, 11; Der Bankerott, 14; Wachtmeister Pieper, 27. – *Lyrik:* Lieder eines Arbeitslosen, 02; Im Strom der Zeit, 08; 66 Prologe für Arbeiterfeste, 11; Röte dich, junger Tag, 27. – *Sammelausgabe:* Auswahl aus seinem Werk, 69.

Pressler, Mirjam, *18.6.1940 Darmstadt.

P. studierte sechs Semester an der Akademie für Bildende Künste in Frankfurt, arbeitete in verschiedenen Berufen, u. a. längere Zeit in einem Kibbuz in Israel. Seit 1979 freie Schriftstellerin. Bereits für ihr erstes Werk erhielt sie 1980 den Oldenburger Jugendbuchpreis, 1981 sie den Züricher Jugendbuchpreis. – P. schreibt vor allem Kinder- und Jugendbücher, seit kurzem auch Kriminalromane. In ihren Büchern schildert sie die Probleme, die Heranwachsende mit sich selbst, ihrer Umwelt und den Erwachsenen haben. Sie verzichtet dabei auf jede Harmonisierung und das übliche ‹gute› Ende.

W.: Romane, Erzählungen, Kinderbücher: Bitterschokolade, 1980; Stolperschritte, 81; Nun red doch endlich, 81; Kratzer im Lack, 81; Novemberkatzen, 82; Zeit am Stiel, 82; Riesenkuß und Riesenglück, 84; Katharina und so weiter, [2]85; Nickel Vogelpfeifer, 86; Leselöwen-Trau-dich-Geschichten, 86; Mit 64 stirbt man nicht, 86; Goethe in der Kiste, 87; Leselöwen-Omageschichten, 87; Jessi – Ich schenk dir meinen Wackelzahn (mit G. Spee), 87; Bär Brumm Bär [mit G. Spee], 88; Jessi, drei Dakkel bringen Glück (mit G. Spee), 88; Rosalindes Mondfahrt (mit G. Spee), 88; Rosalinde und der Albatros (mit G. Spee), 89; Wer sich nicht traut, ist ein Feigling, 90. – *Übersetzungen:* M. Carton: Martina oder Jan-Kees verliert seinen Kopf, 88; Die Tagebücher der Anne Frank, 88; Anne Frank – die letzten sieben Monate. Augenzeuginnen berichten, 90; Orlev, Uri: Der Mann von der anderen Seite, 90.

Preußler, Otfried, *20.10.1923 Reichenberg/Böhmen.

P. ist als Sohn einer Lehrerfamilie im Sudetenland aufgewachsen, absolvierte nach Kriegsdienst und Gefangenschaft ein Lehrerstudium, war ab 1953 in Bayern Lehrer und Rektor, ist seit 1970 freier Autor. Mit hohen Auflagen und zahlreichen Übersetzungen gehört P. seit den 60er Jahren zu den erfolgreichsten deutschsprachigen Kinderbuchautoren, der das Bild der westdeutschen Kinderliteratur mitgestaltet hat. P.s Arbeiten zeichnen sich oft durch einen spielerischen, auch innovatorischen Umgang mit überlieferten Bildern und Figuren aus. In seinen populärsten Büchern, z. B. *Die kleine Hexe*, entmythologisiert er traditionell angstbesetzte Motive, seine Titelheldin ist hexenuntypisch freundlich und lieb, leistet den Kindern bei der Umwelterfahrung Hilfestellung. In seinen Geschichten vom *Räuber Hotzenplotz* gelingt P. die Neubelebung des Kasperlemotivs durch Betonung parodistischer und satirischer Elemente. P. zeigt allerdings in vielen Arbeiten eine Neigung zu einem harmonisierenden Weltbild, in dem gesellschaftliche Konflikte ausgespart sind; in einigen neueren Büchern, wie in den Hörbe-Bänden, geht er kaum über kindertümelnde Heile-Welt-Idyllen hinaus. P.s künstlerisch reifstes Werk ist die Gestaltung des sorbischen Sagenstoffes um Krabat, an dem der Autor über 10 Jahre gearbeitet hat. In dieser zeitlosen allegorischen Märchendichtung erzählt P. von Krabat, der als Lehrling zu einem das Böse verkörpernden Zaubermüller kommt. P. zeigt in seinen Geschichten, daß das Böse und die dem Menschen innewohnende Angst überwindbar sind. Wie bei kaum einem anderen Kinderbuchautor sind Geschichten P.s für Puppen-, Trick- und Realfilme adaptiert worden. – Gr. Preis der Dt. Akademie für Kinder- und Jugendliteratur 1988.

W.: Märchen, Kinder- und Bilderbücher: Die vier heiligen Dreikönige, 1950; Es geistert auf der Mittelalm, 51; Das fremde Bleichgesicht, 51; Kasperl hat ein gutes Herz, 51; Lieb Nachtigall, wach auf, 51; Das Spiel vom lieben langen Jahr, 51; Wir wollen auf die Reise gehn, 52; Das Spiel von den sieben Gesellen, 53; Ei guten Tag, Frau Base, 54; Der kleine Wassermann, 56; Die kleine Hexe, 57; Bei uns in Schilda, 57; Thomas Vogelschreck, 59; Der Räuber Hotzenplotz, 62 (veränd. 77); Das kleine Gespenst, 68; Die Abenteuer des starken Wanja, 68 (überarb. u. d. T. Der starke Wanja, 83); Neues vom Räuber Hotzenplotz, 69; Krabat, 71; Die dumme Augustine, 72; Hotzenplotz Bd 3, 73; Jahrmarkt in Rummelsbach, 73; Das Märchen vom Einhorn, 75; Der goldene Brunnen, 75; Die Glocke vom grünen Erz, 76; Die Flucht nach Ägypten. Königlich böhmischer Teil, 78; Pumphut und die Bettelkinder, 81; Hörbe mit dem großen Hut, 81; Hörbe und sein Freund Zwottel, 83; Der Engel mit der Pudelmütze, 85; Kindertheaterstücke, 85; Alles vom Räuber Hotzenplotz, 87; Herr Klingsor konnte ein bißchen zaubern, 87; Sagenbuch, Bd. 1: Zwölfe hat's geschlagen, 88; Das O. P. Lesebuch, 88; Kleine Geister, 88; Dreikönigsgeschichten, 89; Krabat und der schwarze Meister, 89; Lauf, Zenta, lauf! (mit K. Lechler), 91. – *Bearbeitungen, Übersetzungen:* Z. K. Slabý (u. a.): Das Geheimnis der orangefarbenen Katze, 58; J. Lada: Kater Mikesch, 62; J. Kolar: Kater Schnurr mit den blauen Augen, 69; L. Alexander: Taran und das Zauberschwein, 69; ders.: Taran und der Zauberkessel, 70. – *Schallplatten u. ä.:* Die Geschichte vom Räuber Hotzenplotz; Der Räuber Hotzenplotz; Neues vom Räuber Hotzenplotz; Hotzenplotz geht um; Hotzenplotz ist wieder da; Keine Angst vor Hotzenplotz; Lieder vom Räuber Hotzenplotz; Lieder und Szenen; Die kleine Hexe, 3 Teile; Das kleine Gespenst; Der kleine Wassermann; Bei uns in Schilda; Die Abenteuer des starken Wanja, 2 Teile; Thomas Vogelschreck (alle o. J.); Hutzelgeschichten, 2 Folgen, 88 (Kass.); Krabat, 88 (3 Kass.). – *Film, Fernsehen:* Der Räuber Hotzenplotz, 78.

Prokop → Brod, Max

Przybyszewski, Stanisław, * 7. 5. 1868 Łojewo bei Kruszwica, † 23. 11. 1927 Jaronty.
P., Sohn eines Dorfschullehrers, studierte in Berlin, wurde Journalist und Schriftsteller und gehörte dem Berliner Dichterkreis um Dehmel, Strindberg und Ola Hansson an. Eine Zeitlang gab er in Berlin die polnische sozialistische Zeitung «Gazeta Robotnicza» heraus. Bis 1900 schrieb er großenteils deutsch. 1898 übernahm P. in Krakau die Redaktion des «Życie», der maßgebenden Zeitschrift der «Młoda Polska». Im 1. Weltkrieg trat er für eine deutsch-polnische Verständigung ein, geriet aber im freien Polen – er war Bahnbeamter in Danzig – bald in Vergessenheit.
P. gilt als führender Vertreter der naturalistisch-symbolistischen Bewegung des «Jungen Polen». Die Erzählungen und Dramen seiner «satanischen» Epoche (1895–1900) sind beherrscht vom Kampf der Geschlechter. P.s orgiastisch-mystischer Pansexualismus, die Behandlung seelischer Randzustände, der Versuch, die «nackte Seele», das Unbewußte zu erwecken, sowie seine entschiedene Antibürgerlichkeit riefen bei der Jugend des Fin de siècle in Deutschland und Polen Begeisterung hervor. Wertbeständiger sind seine Memoiren *Moi współcześni* (Meine Zeitgenossen).

W.: Romane, Erzählungen: Totenmesse, 1893; Vigilien, 94; De profundis, 96; Auf den Wegen der Seele, 96; Satans Kinder, 97; Homo Sapiens, 95–98 (Trilogie); In diesem Erdental der Tränen, 1900; Mal morzem, 00; Androgyne, 00; Synagoga szatana, 02 (dt. Synagoge des Satans), Neuausgabe 79; Synowie ziemi, 04 (dt. Erdensöhne); Dzień sądu, 09 (dt. Das Gericht); Wyzwolenie, 13; Święty Gaj, 13; Adam Drzazga, 14; Krzyk, 17 (dt. Der Schrei). – *Dramen:* Taniec miłości i śmierci, 02 (dt. Totentanz der Liebe); Śnieg, 02 (dt. Schnee); Gelübde, 06. – *Essays, sonstige Prosa:* Zur Psychologie des Individuums: 1. Chopin und Nietzsche, 1893, 2. Ola Hansson, 92; Edvard Munch, 94; Ekspresjonizm, 1918; Die Gnosis des Bösen, 84. – *Memoiren:* Moi współcześni, 2 Bde, 26–30 (Bd 1 dt.: Erinnerungen an das literarische Berlin). – Listy, 3 Bde, 37–54. – *Sammel- und Werkausgaben:* Studienausgabe, 9 Bde, 90 ff.

Puck, Peter → Troll, Thaddäus

Q

Qualtinger, Helmut, * 8. 10. 1928 Wien, † 29. 9. 1986 ebd.
Autor, Schauspieler, Vortragender. Q.s bis 1975 mit C. Merz verfaßte Kabarett-Sketches und Theaterstücke zählen zu den schärfsten Satiren, die meist den Typ des kleinen Mannes aus Wien – ahnungslos, besserwisserisch dahindebattierend – zum Inhalt haben (z. B. die Travnicek-Dialoge). Große Betroffenheit rief der von Q. selbst vorgetragene Monolog *Der Herr Karl* hervor: Ein Spießbürger erzählt verharmlosend und reinwaschend von seiner Mitläufervergangenheit in Sozialdemokratie, Austrofaschismus, Na-

tionalsozialismus und Wirtschaftswunder der 2. Republik. Q.s Arbeiten haben Vorläufer im Volksstück des 19. Jahrhunderts und in der politischen Satire der 30er Jahre (z. B. Jura Soyfer).

W.: Romane, Satire, Texte: Der Herr Karl und weiteres Heiteres (mit C. Merz u. G. Bronner), 1959; Der Herr Karl (mit C. Merz), 62; Die Hinrichtung, 65; An der lauen Donau (mit C. Merz), 65; Schwarze Wiener Messe, 73; Der Mörder und andere Leut, 75; Das letzte Lokal, 78; Die rot-weiß-rote Rasse, 79; Über Ärzte und Patienten. Der Nächstbeste bitte, 80; Kommen Sie nach Wien – Sie werden schon sehen!, 80; Drei Viertel ohne Takt, 80; Halbwelttheater, 82; Österreichs goldene 50er Jahre. Das Beste aus dem ‹Blattl vorm Mund›, 84; Wiener Prater oder Die schöne Illusion der Gegenwart (mit F. Hubmann), 85. – *Sammel- und Werkausgaben:* Qualtingers beste Satiren. Vom Travnicek zum Herrn Karl (mit C. Merz u. G. Bronner), 73; Im Prater blühn wieder die Bäume, 77; Das Qualtinger-Buch, 86. – *Schallplatten (Auswahl):* Der Herr Karl, o. J.; Der Mörder und andere Leut', 78; Ka Stadt zum Leben, ka Stadt zum Sterben, 80; Schwarze Wiener Messe, 82; Der Qualtinger, 82; Qualtinger liest Karl Kraus, o. J.; Moritaten (mit K. Sowinetz), o. J.; Qualtinger in Linz, o. J.; Der Herr Karl, o. J.; Wiener Bezirksgericht, o. J.; Schüttelreime, o. J.; Adolf Hitler: Mein Kampf, o. J.; Österreichisches Lesebuch, o. J.; Der böhmische Herr Karl, o. J.; Travniceks gesammelte Werke (mit G. Bronner), o. J.; Villon, o. J.; Hackl vor'm Kreuz (mit anderen), o. J.; Drei Viertel ohne Takt, ca. 86.

Queri, Georg, *30. 4. 1879 Friedberg (Oberbayern), †21. 11. 1919 München.

Q. begann mit journalistischen Arbeiten für Münchner Tageszeitungen, war aber auch Mitarbeiter des «Simplicissimus» und der «Jugend». Seine Gerichtsberichte über Kriminaldelikte auf dem Lande, über Wildererverhandlungen und Bauernstreitigkeiten waren so spannend und komisch, daß sie ihm bald einen Leserkreis verschafften. Auf dem Hintergrund dieser journalistischen Recherchen entstanden seine ersten Bücher wie *Der wöchentliche Beobachter von Polykarpszell.* Q. wurde allmählich – und ist es bis heute – ein wichtiger Chronist des ländlichen Bayern. Er beschreibt seine Landsleute mit der Genauigkeit und Unverblümtheit dessen, dem man nichts vormachen kann, weil er dazugehört. Leider wird Q.

gelegentlich als oberflächlicher Lobredner eines unentwegt lustigen Bayernvolkes verkannt. Das ist um so weniger zutreffend, als gerade er zu den ersten gehört, die gegen die damals bereits einsetzende folkloristische Ausdünnung und Verfälschung ländlicher Sitten, Sprachgewohnheiten und Lebensformen kämpfen – er tut das vor allem in seinen beiden Sammelwerken *Bauernerotik und Bauernfehme in Oberbayern* und *Kraftbayrisch.* Wegen der derben Erotik der Sammlung *Kraftbayrisch* mußte Q. sogar vor Gericht – für ihn eine gute Gelegenheit, eine breitere Öffentlichkeit gegen die Bayerntümelei von Trachtenvereinen, Presse und anderen offiziellen Kulturförderern zu mobilisieren. Am 1. Weltkrieg nahm Q. längere Zeit als Kriegsberichterstatter des «Berliner Tageblattes» teil. In den Büchern, die daraus entstanden, z. B. *Kriegsbüchl aus dem Westen,* kann er sich der Parteinahme für seine bayrischen Landsleute nicht ganz enthalten, aber grundsätzlich sind seine Schilderungen ein Denkmal auch für jene, die «nicht mit Herz und Seele Soldat waren», und von daher unterscheiden sie sich grundlegend von den kriegsverherrlichenden Romanen, die einige Jahre später die großen Auflageziffern erreichten. Q. starb 40jährig an einem Hüftleiden, das ihm von Kindheit an zu schaffen gemacht hatte.

W.: Romane, Geschichten, Späße: Die Schnurren des Rochus Mang, Baders, Messners und Leichenbeschauers zu Fröttmannsau, 1909; Der wöchentliche Beobachter von Polykarpszell, 11; Von kleinen Leuten und hohen Obrigkeiten, 14; Kriegsbüchl aus dem Westen, 15; Ja, die Bayern …! Heitere Geschichten aus dem Westen, 16; Die hämmernde Front, 16; Wanderbuch vom blutigen Westen, 17; Der bayrische Watschenbaum, 17; Der Kapuziner, 20; Schnurren und Späße, 35. – *Verse, Verserzählungen:* Die weltlichen Gesänge des Pfanzelter Gidi von Polykarpszell, 09; Die weltlichen Gesänge des Egidius Pfanzelter von Polykarpszell, 09; Der schöne Soldatengesang vom dapfern Kolumbus, 12. – *Komödien, Singspiele:* D' Hochzeiterin, 01; Lasset uns lieben, 05; Bayrisches Komödiebüchl, 18; Matheis bricht's Eis, o. J. (ca. 18); Der Bauer ohne Hemd. Aus den weltlichen Gesängen des «Rochus Mang aus Polykarpszell» (= Bearbeitung von Queris «Der Liabstrank» durch Karl Mettermayer und Max Ferner), 29; Matheis bricht's Eis (in der Bearbeitung des Münchner Volkstheaters), o. J. (ca. 33). – *Herausgebertätigkeit:* Bauernerotik und Bauernfehme in Oberbayern, 11; Kraftbayrisch. Ein Wörterbuch der erotischen und skatologischen Redensarten der Altbayern, 12; Bayernbuch. Hundert bayerische Autoren eines Jahrtausends (mit Ludwig Thoma), 13. – *Schriften, Kalender:* München und das Bayerische Hochland, o. J. (ca. 09); Der Christus-Lang, 10; Bayerischer Kalender auf das Jahr 1913, 13. – *Sammelausgaben:* Die Pfeif!, 17; Das Georg Queri-Buch, 53; Weltliche Gesänge des Egidius Pfanzelter. Bayrische Geschichten, Grobheiten und Lieder, 68; Altbairische Geschichten, 72.

Quidenius, Eva → Schwaiger, Brigitte

R

Raabe, Heinz → Marcuse, Ludwig

Rab, H. → Arp, Hans

Raddatz, Fritz Joachim, *3.9.1931 Berlin.

R., Sohn eines UFA-Direktors, studierte 1949–53 Germanistik, Geschichte, Theaterwissenschaften, Kunstgeschichte und Amerikanistik an der Humboldt-Universität in Ost-Berlin; 1953 Staatsexamen, 1958 Promotion über Herder. 1953–58 war er Leiter der Auslandsabteilung und Cheflektor des Verlags Volk und Welt. 1958 ging R. in die Bundesrepublik und war bis 1960 Cheflektor des Kindler Verlags, von 1960–69 des Rowohlt Verlags und leitete 1970/71 das Spiegel-Institut für Projektstudien. Seit 1968 Lehrbeauftragter an der TU Hannover, wo er sich 1971 habilitierte und seither als Privatdozent und Honorarprofessor lehrt. Ab 1977 war er Feuilletonchef der Wochenzeitung «Die Zeit», deren Kulturkorrespondent er heute ist. R. ist Vorsitzender der Kurt-Tucholsky-Stiftung; für einen Fernsehfilm über Tucholsky erhielt er den Adolf-Grimme-Preis.
R. verbindet in seinem Werk rege Herausgebertätigkeit mit engagierten publizistischen und literaturwissenschaftlichen Arbeiten. Er schrieb Biographien und verfaßte Fernsehfilme über literarische und kulturelle Themen. Er gab die Werke K. Tucholskys ebenso heraus wie die Dokumentation *Marxismus und Literatur*. Seine Studie *Traditionen und Tendenzen* war die erste aus profunder Kenntnis und mit engagierter Kritik geschriebene Darstellung der Literatur in der DDR, die in der Bundesrepublik (1972) erschien. Umstritten sind hingegen seine biographischen Arbeiten über K. Marx und H. Heine. Als Publizist wie als Buchautor scheut sich R. nicht, auch unbequeme Meinungen zu vertreten und zur Diskussion zu stellen. Autobiographische Züge trägt seine erste Erzählung *Kuhauge*.

W.: Romane, Erzählungen: Kuhauge, 1984; Der Wolkentrinker, 87. – *Biographien, Essays, theor. Schriften:* Herders Konzeption der Literatur, dargelegt an seinen Frühschriften (Diss.), 58; Tucholsky, 61; Traditionen und Tendenzen (Habil.), 72; Verwerfungen, 72; Erfolg oder Wirkung, 72; Georg Lukács in Selbstzeugnissen und Bilddokumenten, 72; Karl Marx, 75; Heine, 77; ZEIT-Gespräche, 3 Bde, 78, 82, 86; Revolte und Melancholie, 79; Von Geist und Geld, 80; Eros und Tod, 80; Das Tage-Buch. Porträt einer Zeitschrift, 81; Warum? Frage-Geschichten aus der ZEIT, 82; Die Nachgeborenen, 83; Pyrenäenreise im Herbst. Auf den Spuren Kurt Tucholskys, 85; Lügner von Beruf. Auf den Spuren William Faulkners, 87; Alfred Hrdlicka. Künstler und Moralist, 87; Die Wirklichkeit der tropischen Mythen. Auf den Spuren von Gabriel Garcia Marquez in Kolumbien, 88; Bilder einer Reise. Heinrich Heine in Italien, 89; Tucholsky – ein Pseudonym, 89. – *Sammel- und Werkausgaben:* Zur deutschen Literatur der Zeit, 3 Bde, 87; Essays, Bd. 1: Geist und Macht, 89. – *Herausgebertätigkeit:* Henri Barbusse: Die Kraft, 55; Die Stimme Amerikas, 56; Wollen Sie mit uns lachen?, 57; Amerikanische Erzähler des 19. Jahrhunderts (mit G. Schneider), 58; K. Tucholsky: Gesammelte Werke, 3 Bde, 60–61; K. Tucholsky: Ausgewählte Briefe 1913–35, 62; Rowohlt Almanach 1908–1962 (mit M. Hintermeier), 62; Summa iniuria oder Durfte der Papst schweigen?, 63; Marxismus und Literatur, 3 Bde, 69; K. Tucholsky: Politische Briefe, 69; K. Tucholsky: Politische Texte, 71; K. Tucholsky: Deutschland, Deutschland über alles, 73; P. Wunderlich: Lithographien 1949–1973, 74; F. Mehring: Werkauswahl, 4 Bde, 74; P. Wunderlich – Karin Szekessy: Correspondenzen, 77; Homo sum, 78; Warum ich Marxist bin, 78; Die ZEIT-Bibliothek der 100 Bücher, 80; Mohr an General. Karl Marx und Friedrich Engels in ihren Briefen, 80; K. Tucholsky: Gesammelte Werke in 10 Bänden (mit M. Gerold-Tucholsky), 81; F. Sieburg: Zur Literatur, 2 Bde, 81; K. Tucholsky: Unser ungelebtes Leben. Briefe an Mary, 82; ZEIT-Bibliothek der 100 Sachbücher, 84; Tucholsky, K.: Deutsches Tempo (mit M. Gerold-Tucholsky), 85; Tucholsky, Kurt: Ich kann nicht schreiben, ohne zu lügen. Briefe 1913–1935, 89; Tucholsky, Kurt: Republik wider Willen. Gesammelte Werke. Erg.bd. 2. 1911–1932, 89.

Radecki, Sigismund von, *19.11.1891 Riga, †13.3.1970 Gladbeck (Westfalen).
R. besuchte die Mittelschule in St. Petersburg, studierte an der Bergakademie in Freiberg (Sachsen), war als Ingenieur in Turkestan und nahm am 1. Weltkrieg erst auf russischer, dann auf deutscher Seite teil. 1918 arbeitete er als Elektroingenieur in Berlin, ging dann nach Wien, wo er drei Jahre Schauspieler war (Freundschaft mit Karl Kraus) und kehrte 1926 nach Berlin zurück. Hier begann er seine Schriftstellerlaufbahn mit Arbeiten für Presse und Rundfunk. Beeindruckt von der Lektüre Newmans, konvertierte er 1931 zum Katholizismus. – R. schrieb Feuilletons, Glossen und Essays, deren Ideenreichtum und sprachliche Prägnanz ihm literarische Geltung verschafften. Vorzüglich waren seine Lesungen eigener Texte (Selbstinterpret für Rundfunksendungen). Er übersetzte auch russische (Leskov, Gogol', Čechov) und englische (Cather, Belloc, Lewis) Literatur. 1961 Immermann-, 1964 Gryphius-Preis.

W.: Der eiserne Schraubendampfer Hurricane, 1929; Nebenbei bemerkt, 36; Die Rose und der Ziegelstein, 38 (erw. als: Das ABC des Lachens, 53); Die Welt in der Tasche, 39; Alles Mögliche, 39, erw. 55; Wort und Wunder, 40; Wie kommt das zu dem?, 42; Rückblick auf meine Zukunft, 43; Was ich sagen wollte, 46; Der runde Tag, 47; Das müssen Sie lesen, 49; Wie ich glaube, 53; Wird eingefahren, 54; Weisheit für Anfänger, 56; Das Schwarze sind die Buchstaben, 57; Bekenntnisse einer Tintenseele. Geschichten und Erinnerungen, 57; Die Sündenbock-A.G., 57; Der Mensch und die Mode, 58; Sie werden eine Reise machen, 58; Im Vorübergehen, 60; Ein Zimmer mit Aussicht, 61; Gesichtspunkte, 64; Im Gegenteil, 66; Die Reise ins Herz, 83; Bekenntnisse einer Tintenseele, 2 Bde, 84. – *Herausgebertätigkeit:* Ludwig Speidel, 46; Carl Schurz: Lebenserinnerungen, 48. – *Übersetzungen:* Puškin, Gogol', Leskov, Čechov, Tolstoj, Willa Cather, Hilaire Belloc, C. S. Lewis.

Ransmayr, Christoph, *20.3.1954 Wels (Oberösterreich).
R. studierte 1972–78 Philosophie und Ethnologie in Wien. Danach war er bis 1982 Kulturredakteur der Wiener Monatszeitschrift «Extrablatt». Seit 1982 ist er freier Schriftsteller. – Außerordentlichen Erfolg hatte R. 1988 durch die Veröffentlichung seines Romans *Die Letzte Welt,* von dem in wenigen Monaten mehr als 100000 Exemplare verkauft wurden. Ausgangspunkt der Handlung des Romans, der wie schon die beiden ersten literarischen Werke des Autors, *Strahlender Untergang* (1982) und *Die Schrecken des Eises und der Finsternis* (1984), eine apokalyptische Vision vom Untergang der Menschen gibt, ist die kontrafaktische Annahme, der römische Dichter Ovid habe aus Zorn über seine Verbannung sein Hauptwerk, die «Metamorphosen», vernichtet. Der Roman, für den der Autor 1986–88 das Elias-Canetti-Stipendium der Stadt Wien und 1989 den Anton-Wildgans-Preis der Österreichischen Industrie erhielt, wurde auch von der Literaturkritik begeistert aufgenommen.

W.: Romane, Erzählungen, Prosa: Strahlender Untergang – Ein Entwässerungsprojekt oder die Entdeckung des Wesentlichen, 1982; Die Schrecken des Eises und der Finsternis, 84; Die Letzte Welt, 88. – *Herausgebertätigkeit:* Im blinden Winkel – Nachrichten aus Mitteleuropa, 85.

Rasch, Carlos, *6.4.1932 Curitiba (Brasilien).
R. ist gelernter Dreher. Von 1950 bis 1964 arbeitete R. als Reporter und Redakteur bei der DDR-Agentur ADN; 1964/65 studierte er am Literaturinstitut in Leipzig. Seit 1965 ist R. freiberuflich tätig als bekanntester Autor von Zukunftsromanen in der DDR. Mit etwa 20 Veröffentlichungen in Buch- und Heftform, Beiträgen für Anthologien und zahlreichen Neu- und Nachauflagen liegt seine Gesamtauflage in der DDR weit

über der Millionengrenze. Übersetzungen sind in fast allen sozialistischen Ländern, einige Nachdrucke auch in der BRD erschienen. Mehrere Titel wurden für andere Medien aufbereitet, so diente sein erster Roman *Asteroidenjäger* als Vorlage für den DEFA-Science-fiction-Film *Signale* (1970).
In der Erzählweise ist die Zukunftsprosa R.s von den Autoren des deutschen technischen Zukunftsromans der Weimarer Zeit, z. B. Hans Dominik, beeinflußt; inhaltlich ist der Einfluß der frühen Romane Stanisław Lems spürbar: abenteuerliche Elemente mit mehr technischen als sozialen Antizipationen, zumeist in der nahen Zukunft angesiedelt. In der Publizistik ist Rasch seit den 60er Jahren für eine literaturpolitische Aufwertung des in der DDR zeitweilig unterschätzten Zukunftsgenres eingetreten. Das von R. geprägte Schlagwort «Realphantastik» steht für eine gegenwartsnahe und populärwissenschaftliche Ausrichtung des Genres.

W.: Romane, Erzählungen, Kinderbücher: Asteroidenjäger, 1961; Der Untergang der «Astronautic», 63; Der blaue Planet, 63; Im Schatten der Tiefsee, 65; Die Umkehr des Meridian, 67; Das unirdische Raumschiff, 67; Mobbi Weißbauch, 67; Das Gastgeschenk der Eridaner, 67; Krakenfang, 68; Rekordflug im Jet-Orkan, 70; Raumschlepper «Herkules», 72; Polar-Öl, 72; Magma am Himmel, 75; Vikonda, 86; Der verlorene Glühstein (mit D. Müller), 88. – *Hörspiele:* Sierra an Meridian, 65; Mobbi Weißbauch, 66; Invasion der Kraken, 70.

Rasmus, Hans → Astel, Arnfried

Rasp, Renate, *3. 1. 1935 Berlin.
R. studierte Malerei in Berlin und München, war Graphikerin, Mitglied der Gruppe 47 und lebt heute meist im englischen Cornwall. – In ihrem Roman *Ein ungeratener Sohn* schildert sie Erziehung als eine immer weiter fortschreitende Amputation. Minuziös wird beschrieben, wie der Sohn zum Baum verwandelt werden soll, wobei Verstümmelung als Karriere definiert wird. – Ihr beschreibender Stil, der dem Leser die Analyse allein überläßt, prägt auch *Chinchilla*, ein «Lehrbuch der käuflichen Liebe».

Dadurch, daß sie Tabus anspricht, nicht nur das der Prostitution, sondern in der Lyrik auch z. B. Verständnis für Ulrike Meinhof, das Recht auf Trauer um einen geächteten Menschen wie Gudrun Ensslin fordert, wird sie zur Außenseiterin, die nicht in Deutschland leben kann.

W.: Prosa: Ein ungeratener Sohn, 1967; Chinchilla, 73; Zickzack, 79. – *Lyrik:* Eine Rennstrecke, 69; Junges Deutschland, 78.

Rathenow, Lutz, *22. 9. 1952 Jena.
R. studierte ab 1973 Germanistik und Geschichte in Jena. 1977 aus politischen Gründen zwangsexmatrikuliert und Umzug nach (Ost)Berlin. Lebt als freier Schriftsteller. R. konnte bis zum Ende der DDR fast ausschließlich im Westen veröffentlichen. Er erhielt 1989 den Wiener Jörg-Mauthe-Preis. – In nüchterner, genau beobachtender Sprache schildert R. realistische Situationen, in denen die Menschen gegenüber der Allmacht des Staates ohnmächtig verharren – zerrissen zwischen ihrem Bedürfnis nach individuellem Glück und der notwendigen Anpassung. Seine Geschichten und Gedichte nähern sich häufig der Parabel, bleiben aber dennoch deutlich auf die DDR bezogen. In der Bundesrepublik wurde R. im wesentlichen als ‹Dissident› rezipiert.

W.: Romane, Erzählungen, Prosa: Mit dem Schlimmsten wurde schon gerechnet. Erzählungen, 1980; Im Lande des Kohls, 82; Jeder verschwindet so gut er kann, 84; Was sonst noch passierte, 84; Der Tiger im Hochhaus. Ein Mann und ein Känguruh (mit R. A. Westphal), 86; Floh Dickbauch/La puce Grobidan (mit Hélène Vincent), 88. – *Dramen, Hör- und Fernsehspiele (ungedruckt):* Mensch-Ärgere-Dich-Nicht (Hsp.), 80; Boden 411 (Hsp.), 80; Das Verständnis (Hsp.), 81; Boden 411. Stücke zum Lesen und Texte zum Spielen, 84; Zärtlich kreist die Faust. Filmtagebuch mit L. R., 90. – *Lyrik:* Zangengeburt, 82 (Neuausg. 87); Zärtlich kreist die Faust, 89; Sterne jonglieren, 89. – *Essays:* Ostberlin. Die andere Seite einer Stadt in Texten und Bildern, 87. – *Herausgebertätigkeit:* Einst war ich Fänger im Schnee, 84; Leuchtspurgeschosse. Gedichte (mit C. P. Böhner), 89; Revolte der Sinnlichkeit? Neue Tendenzen aus Kunst und Literatur der DDR, 89.

Rautenberg, Franziska Maria → Mühlen, Hermynia zur

Reck-Malleczewen, Friedrich Percyval,
*11.8.1884 Gut Malleczewen (Ostpr.),
†17.2.1945 KZ Dachau.

Gutsbesitzersohn, Offizier. Infolge
schwerer Verletzungen Medizinstudium
(Dr. med.). Bereiste Belgien, England,
Süd-, Mittel- und Nordamerika, erlebte
die Revolution in Mexiko. War an der
Münchner Hofoper mit theatertechni-
schen und Verwaltungsaufgaben betraut.
Freier Schriftsteller in Pasing und auf seinem Gut Poing bei Truchtlaching (Obb.).
1933 trat er zum katholischen Glauben
über, 1944 wurde er verhaftet. Starb an
Typhus im KZ Dachau. – R.-M. war Romanautor und Essayist, wobei seine
Überlegungen um das Verhalten der
Masse kreisten (*Das Ende der Termiten*).
«Geschichte eines Massenwahns» hat er
die historische Studie *Bockelson* (über
die Wiedertäufer von Münster) genannt,
die, als historischer Roman getarnt, die
Zensur passierte, doch später verboten
wurde. Sie gilt als Hauptwerk der verdeckten Schreibweise der inneren Emigration. Weites Echo fand das postum
erschienene *Tagebuch eines Verzweifelten* aus der Zeit des Nationalsozialismus.
R.-M. verfaßte auch Jugendliteratur.

W.: Romane, Erzählungen: Mit Admiral Spee,
1915; Der Admiral der roten Flagge, 17; Die
Fremde, 17; Aus Tsingtau entkommen, 17;
Frau Übersee, 18; Die Dame aus New-York,
21; Moneton, 24; Von Räubern, Henkern und
Soldaten, 25; Die Siedlung Unitrusttown, 25;
Sif. Das Weib, das den Mord beging, 26; Lie-
besreigen und Fanfaren (Neuausg. v. Moneton), 27; Sven entdeckt das Paradies, 28; Jean
Paul Marat, Freund des Volkes, 29; Bomben
auf Monte Carlo, 30; Des Tieres Fall, 30; Novellen für Ilka, 30; Hundertmark, 34; Krach
um Payta, 35; Ein Mannsbild namens Prack,
35; Der König. Eine Erzählung aus den letzten
Tagen Friedrichs des Großen, 37; La Paloma,
37; Urban, Tierarzt erster Klasse, 38; Der Admiral der Schwarzen Flagge, 39; Der Richter,
40; Der große Tag des Leutnants Passavant,
40; Spiel im Park, 43; Diana Pontecorvo, 48. –
Dramen: Uradel, 15; Joannes. Eine dramatische Passion, 20. – *Essays, histor. und biogr.
Studien, Tagebücher:* Phrygische Mützen, 22;
Acht Kapitel für die Deutschen, 34; Sophie
Dorothee, Mutter Friedrichs des Großen, 36;
Bockelson. Geschichte eines Massenwahns,
37; Charlotte Corday. Geschichte eines Atten-
tates, 37; Der Tag der Tuilerien, 38; Das Ende
der Termiten. Ein Versuch über die Biologie
des Massenmenschen. Fragment, 46; Tagebuch eines Verzweifelten. Zeugnisse einer inneren Emigration. Tagebuchaufz. 1936–44, 47.
– *Herausgebertätigkeit:* Der grobe Brief von
Martin Luther bis Ludwig Thoma, 40; Der letzte Brief, 41; Briefe der Liebe aus acht Jahrhunderten, 43.

Reding, Josef, *20.3.1929
Castrop-Rauxel.

R., der im Ruhrgebiet verwurzelt ist,
wurde noch gegen Ende des 2. Weltkriegs
eingezogen und geriet in amerikanische
Gefangenschaft. Nach dem Abitur Werk-
student und als Fulbright-Stipendiat Aufenthalt in USA, Wohngemeinschaft mit
Farbigen und Engagement in der beginnenden Bürgerrechtsbewegung. R. war
leitend in der katholischen Jugendbewegung tätig. Er gehört zu den Vertretern
der Arbeiterliteratur, die ihre praktische
Absicht betonen, dabei auf literarische
Qualität Wert legen. Seine oft journalistischen und reportagehaften Texte setzen
sich für sozial Schwache ein. R. schreibt
auch Satiren, Hörspiele, dokumentarische Tagebücher, Fernsehspiele, Jugendbücher. 1961 Stipendiat der Villa Massimo, mehrere Preise, u. a. 1981 Deutscher
Kurzgeschichtenpreis Arnsberg.

W.: Erzählungen, Tagebücher: Silberspeer und
Roter Reiher, 1952; Trommlerbub Ricardo,
54; Froschmänner und Feuerspringer, 55;
Friedland – Chronik der großen Heimkehr, 56
(überarb. 85); Höllenpfuhl Sargasso, 57;
Nennt mich nicht Nigger, 58; Der spanische
Winter, 58; Wer betet für Judas?, 59; Die Har-
lemstory, 60; Die Minute des Erzengels, 61;
Kurswechsel, 61; Allein in Babylon, 61; Josef
Redings Erfindungen für die Regierung, Satire, 62; Die Jäger kommen zurück, 63; Papierschiffe gegen den Strom, 63; Reservate des
Hungers, 64; Wir lassen ihre Wunden offen,
65; Der Mensch im Revier, 67; Zwischen den
Schranken, 67; Ein Scharfmacher kommt, 67;
Die Stunde dazwischen, 69; Die Anstandspro-
be, 72; Sie nannten ihn Padre, 73; Gutentagtexte, 74; Der geheimnisvolle Señor dos San-
tos, 75; Löschtrupp Larry fällt vom Himmel,
75; Kurs auf Sargasso, 75; Pestkahn ‹Stella Ma-
ris›, 75; Tim, König der Rodeos, 75; Froschmänner in Florida, 76; Ach und Krach Texte,
76; Schonzeit für Pappkameraden, 77; Kein
Platz in kostbaren Krippen. Weihnachtsgeschichten, 79; Gold, Rauhreif und Möhren, 81;
Sprengt den Eisberg, 81; Die Stunde dazwischen, 81; Nennt sie beim Namen, 82; Frie-
denstage sind gezählt, 83; Menschen im Müll,

83; Jerry lacht in Harlem, o. J., Papierschiffe gegen den Strom, 84; Vater macht den Flattermann, 84; Und die Taube jagt den Greif, 85; Neue Not braucht neue Namen, 86; Nicht nur in der Sakristei. Andere Ministrantengeschichten, 88. – *Hörspiele:* Nur ein Stück Seife, 56; Das Amen der Partisanen, 66; Leih mir Dein Ohr, kleiner Prinz (Sprechspiele), 66; Liebe ist Pflicht (Libretto), 81. – *Lyrik:* Guten-Tag-Lieder (mit L. Edelkötter), 78; Ich hasse den Krieg (mit L. Edelkötter), 84. – *Essays:* Schriftsteller zwischen Isolation und Gewerkschaft, 73; Menschen im Ruhrgebiet, 74; Krippenrede für die 70er Jahre. Skandal um ein Gedicht, 78; Dortmund im Umbruch (mit L. Dittberner u. P. Strege), 85; Friedensstifter – Friedensboten, 86; «Es fällt in mich ein» – Aus der Werkstatt eines Schriftstellers, o.J.; Der Mensch im Revier, 88 (erw. Neuausg). – *Herausgebertätigkeit:* Weltmacht Hunger. Erzählungen. Berichte. Dokumente (mit F. Baade und H. Eich), 66; Lebensweisheit aus China (mit F. Denninghaus), 86. – *Sammelausgabe:* Mühsam stirbt der Schnee, 80; Dortmunder Nachbarschafts-Hausbuch. Buntes von Dortmunder Freizeitautoren und J. R., 80; J. R.-Autorenkalender 1982, 81; Gutentagtexte. Vereint mit Ach-und-Krach-Texten, 88. – *Schallplatten, Kassetten:* Schonzeit für Pappkameraden, ca. 86 (Kass.).

Redo, C. → Victor, Walther

Regenass, René, *15.5.1935 Basel.
Nach dem Studium der Germanistik, Romanistik und Geschichte an der Universität Basel arbeitete R. u. a. als Werbetexter und Redakteur, als Gärtner und kaufmännischer Angestellter. Seit 1979 lebt er als freier Schriftsteller und Publizist. Er ist Mitglied des PEN-Clubs und der Autorengruppe Olten, deren Präsident er 1982–85 war. Er erhielt mehrere Preise und Stipendien, u. a. 1976 und 1984 den Förderpreis Pro Helvetia, 1980 und 1984 den Förderpreis der Stadt Basel, 1981 den Preis der Schweizer Schillerstiftung, 1986 den Türler Pressepreis sowie den Literaturpreis des Kantons Baselland und ein Stipendium der Stadt Mannheim, 1988 den Preis der Welti-Stiftung. – Viele Arbeiten R.s sind monologisch angelegt; seine Figuren befinden sich auf der Flucht vor sich selbst, vor der Vergangenheit und ihrer Gegenwart. Einsamkeit, Entfremdung und die Suche nach einem Sinn und eigener Identität bestim-

men R.s Figuren. Am beklemmendsten wird dies dargestellt in der Erzählung, die R. bekannt machte: *Porträt eines Portiers*. In einer minutiös und psychologisch sensibel dargestellten Prosa wird der anscheinend so festgefügte Lebenssinn eines Krankenhausportiers im Monolog des Protagonisten ‹demontiert› bis zum endgültigen Zerfall der Person. Auch in *Vernissage* ist der Held vergeblich auf der Suche nach sich selbst. Außerdem ist dieser in Basel spielende Roman eine satirische Schilderung des zeitgenössischen Kulturbetriebs, die in Basel auf wenig Gegenliebe stieß.

W.: Romane, Erzählungen, Prosa: Der Besuch blieb meist über Nacht, 1969; Wir haben die Pulver nicht erfunden, uns gehören nur die Fabriken, 71; Alle Wege bodenlos, 72; Wer Wahlplakate beschmiert, beschädigt fremdes Eigentum, 73; Aufbruch nach Urbino, 76; Ein Schlagbaum treibt keine Blätter, 76; In aller Stille, 77; Mord-Steine, 78; Porträt eines Portiers, 79; Die Kälte des Äquators, 82; Kopfstand, 84; Vernissage, 84; Die Liliputanerin, 86; Schattenreise, 86; Scotts Einsamkeit. Rückweg, 89. – *Dramen, Hörspiele (ungedruckt):* Wer kennt den Mann? (Hsp.), 69; Die Sitzung, UA 74; Der Anschneider, 76 (Bühnenms., UA 76); Unerwartet rasch heimgegangen (Hsp.), 78; Autostop (Hsp.), 79; Mein Tschechow, UA 80; Arme, arme Bären!, UA 82; Schöne Zeiten, UA 83; Wo liegt der Hund begraben?, UA 84; Strandleben (Hsp.), 88. – *Lyrik:* Triumph ist eine Marke. Gedichte und Kurzprosa, 75; Damit die Zunge nichts Falsches sagt, 79.

Reger, Erik (eig. Hermann Dannenberger), *8.9.1893 Bendorf/Rhein, †10.5.1954 Wien.
R. studierte in Bonn, München und Heidelberg Kunst- und Literaturgeschichte. Nach Entlassung aus englischer Kriegsgefangenschaft war er 1919–27 im Pressebüro einer Firma tätig und wirkte dann als Journalist und Lektor, ab 1945 als Mitherausgeber des Berliner «Tagesspiegel». – In dem mit dem Kleist-Preis ausgezeichneten Industrieroman *Union der festen Hand* verarbeitete R. Erkenntnisse aus seiner Tätigkeit im Ruhrgebiet: In epischer Breite entsteht hier ein Zeitspiegel, der die Lebensformen des Industriemagnaten, des Angestellten und des Arbeiters zeigt, wobei R. gleichzeitig die

Entwicklung einsichtig macht, die zum Bündnis des Kapitals mit Hitler führte. Satirische Züge hat der Roman *Das wachsame Hähnchen*, der den Werdegang eines Opportunisten und den Aufstieg und Niedergang im «Städtekranz Wahnstadt, Eitelfeld und Kohldorf» während der Inflationsjahre sarkastisch beleuchtet. Die späteren «unpolitischen» Romane R.s zeichnen Bilder aus seiner rheinischen Heimat.

W.: Romane, Erzählungen: Union der festen Hand, 1931; Das wachsame Hähnchen, 32; Schiffer im Strom, 33; Lenz und Jette, 35; Napoleon und der Schmelztiegel, 35; Heimweh nach der Hölle, 36 (Neufassg. als: Die Insel der goldenen Finsternis, 43); Kinder des Zwielichts, 41; Der verbotene Sommer, 41; Urbans Erzählbuch, 43; Raub der Tugend, 55. – *Essays:* Zwei Jahre nach Hitler, 47; Vom künftigen Deutschland, 47.

Regler, Gustav (Pseud. Thomas Michel, Gustav Saarländer), *25. 5. 1898 Merzig (Saar), †14. 1. 1963 Neu-Delhi (Indien). Nach Kriegsteilnahme, Beteiligung an den Revolutionswirren in Berlin und Verteidigung der Räterepublik in München studiert R. deutsche Philologie in Heidelberg und München. Er promoviert 1922 und arbeitet fortan als Journalist und freiberuflicher Schriftsteller. 1928 wird er Mitglied der KPD. Nach der Machtübergabe flieht er zunächst ins Saarland, dann nach Frankreich. 1934 nimmt er am 1. All-Unions-Kongreß der Sowjet-Schriftsteller in Moskau, 1935 am Internationalen Schriftsteller-Kongreß zur Verteidigung der Kultur in Paris teil. Zur Verteidigung der Republik geht er 1936 als Interbrigadist nach Spanien, wo er 1937 schwer verwundet wird. Von einer Vortragsreise zur Unterstützung der spanischen Republik durch die USA kehrt er nach Frankreich zurück und wird dort bei Kriegsbeginn interniert. In dieser Zeit vollzieht sich nach R.s Darstellung der Bruch mit der kommunistischen Partei, 1940 gelingt die Flucht nach Mexiko. 1952 kehrt R. in die Bundesrepublik zurück. 1960 Kunstpreis des Saarlandes. R. ist der neben Arthur Koestler und Willi Münzenberg bekannteste «Renegat» seiner Zeit, ein Umstand, der dazu geführt hat, daß sich das Interesse bislang

ausschließlich auf die zeitgeschichtlich aufschlußreichen autobiographischen Teile des Werkes konzentriert hat. Die Wiederentdeckung der literarisch bedeutsamen Zeit- und Geschichtsromane aus der Endphase der Weimarer Republik und den ersten Jahren des Exils steht noch aus.

W.: Romane, Erzählungen: Zug der Hirten, 1929; Hahnenkampf – Abenteuer eines französischen Mädchens, 31; Wasser, Brot und blaue Bohnen, 32; Der verlorene Sohn, 33; Im Kreuzfeuer, 34; Die Saat, 36; Der letzte Appell, 39; The Great Crusade, 40 (dt. Das große Beispiel, 76); Amimitl oder Die Geburt eines Schrecklichen, 47; Vulkanisches Land, 47; Sterne der Dämmerung, 48; Verwunschenes Land Mexiko, 54; Aretino – Freund der Frauen, Feind der Fürsten, 55; Das große Beispiel, 76; Juanita, 86. – *Lyrik:* The Hour 13, 43; The bottomless Pit – Der Brunnen des Abgrundes, 43; Jungle Hut, 46; Der Turm und andere Gedichte, 51. – *Essays:* Die Ironie im Werk Goethes, 23; Wolfgang Paalen, 44; Marielouise Vogeler-Regler 1901–1945, 45; Marielouise, 46. – *Autobiographisches:* Regler über jenen Regler, 46; Das Ohr des Malchus, 58.

Rehfisch, Hans José (Pseud. Georg Turner, Sydney Phillips, René Kestner), *10. 4. 1891 Berlin, †9. 6. 1960 Schuls (Schweiz).
R. studierte Volkswirtschaft, Philosophie, Rechts- und Staatswissenschaft in Berlin, Heidelberg und Grenoble, war Richter und Rechtsanwalt, leitete ab 1923 mit Piscator das Berliner «Zentraltheater», emigrierte 1936, war mehrere Jahre Dozent für Soziologie in New York, kehrte 1950 nach Deutschland zurück. – R.s zeitkritische Komödien und szenische Reportagen wurden vor 1933 viel gespielt. Er erlangte einen Welterfolg mit *Wer weint um Juckenack*, der Tragikomödie des bekehrten Egoisten, der an der Lieblosigkeit der Gesellschaft ein zweites Mal scheitert. Viele Stücke erschienen in Neufassung.

W.: Dramen: Die goldenen Waffen, 1913; Die Heimkehr, 18; Das Paradies, 19; Der Chauffeur Martin, 20; Deukalion, 21; Kolibri, 22 (u. d. T. Die Libelle 24); Jakob der Teufel, 24; Wer weint um Juckenack, 24; Nickel und die 36 Gerechten, 25, Neufassung 54; Duell am Lido, 26; Razzia, 26; Skandal in Amerika, 27; Der Frauenarzt, 29; Pietro Aretino, 29; Die Affäre

Dreyfus, 29 (mit W. Herzog); Brest-Litowsk, 30; Sprung über Sieben, 31; Der nackte Mann, 31; Wasser für Canitoga, 32; Der Verrat des Hauptmanns Grisel, 33; Dr. Semmelweis, 34; Quell der Verheißung, 46; Hände weg von Helena, 51; Die eiserne Straße, 52; Das Ewig Weibliche, 53; Der Kassenarzt, 54; Oberst Chabert, 55; Bumerang, 60; Verrat in Rom, 61; Jenseits der Angst, 62. – *Romane:* Die Hexen von Paris, 51; Lysistratas Hochzeit, 59. – *Abhandlung:* Die rechtliche Natur der Enteignung, 16. – *Herausgebertätigkeit:* In Tyrannos. Four centuries of struggle against tyranny in Germany. A symposium, 44. – *Werkausgabe:* Ausgewählte Werke, 4 Bde, 67.

Rehmann, Ruth (eig. Ruth Schonauer), * 1. 6. 1922 Siegburg.
R. studierte nach dem Abitur zunächst Englisch und Französisch an einer Dolmetscherschule, dann Kunstgeschichte, Archäologie und Germanistik in Bonn und Marburg, danach Musik in Berlin und Köln. Sie schrieb Feuilletons, Reiseberichte, Kurzgeschichten für verschiedene Zeitungen und Zeitschriften, arbeitete als Pressereferentin für ausländische Botschaften und unterrichtete Englisch und Deutsch an bayerischen Landschulheimen.
Im Mittelpunkt ihres ersten Romans *Illusionen* (1959) stehen vier Büroangestellte, deren Leben bestimmt ist von Langeweile, Einsamkeit und dem Gefühl der Sinnlosigkeit, und die auf ganz unterschiedliche Weise versuchen, der Öde des Alltags zu entkommen; dabei werden ihre Hoffnungen als Illusionen entlarvt, die der Wirklichkeit nicht standhalten können.
Um Kälte und unterschwellige Grausamkeit in Beziehungen zwischen Männern und Frauen geht es auch in den Erzählungen in dem Band *Paare* (1978). In dem Buch *Der Mann auf der Kanzel* (1979) versucht sich R. ihrem Vater zu nähern. Angetrieben durch die Fragen ihrer eigenen Kinder, will sie insbesondere Klarheit gewinnen über die politische Haltung, die er als protestantischer Pfarrer zur Zeit des Faschismus eingenommen hat. Der Versuch, das Leben des Vaters zu begreifen, ist für R. gleichzeitig Rekonstruktion ihrer eigenen Kindheit und Jugend. – 1989 Literaturpreis des Bundesverbandes der Dt. Industrie.

W.: Romane, Erzählungen, Prosa: Illusionen 1959, Die Leute im Tal, 68; Paare, 78; Der Mann auf der Kanzel. Fragen an einen Vater, 79; Abschied von der Meisterklasse, 85; Die Schwaigerin, 87; Der Abstieg, 87. – *Hörspiele:* Ein ruhiges Haus, 60; Flieder aus Malchien, 64; Ich mag deine Freunde, 70; Nachsaison, 72; Frau Violets Haus, 74; Gehörbildung oder Ein exemplarischer Reinfall, 75; Drei Gespräche über einen Mann, 76; Herr Selinger geht zu weit, 77; Was geschah, nachdem Nora ihren Mann verlassen hatte? Sieben Hörspiele (mit E. Jelinek u. a.) 82. – *Funkerzählung:* Alte Männer, 62. – *Funkreportage:* Ein Projekt stirbt aus, 69. – *Feature-Serie:* Schreibende Frauen und die Emanzipation (6 Folgen), 71–74. – *Fernsehspiel:* Herr Selinger geht zu weit, 77.

Rehn, Jens (eig. Otto Jens Luther), * 18. 9. 1918 Flensburg, † 3. 1. 1983 Berlin.
In Berlin aufgewachsen. R. besuchte das Konservatorium und war im Krieg U-Boot-Offizier. Nach 1947 freier Schriftsteller und Komponist, seit 1950 Programmleiter und Redakteur beim Rundfunk in Berlin. Sein erzählerisches Werk zeigt den Menschen in extremen Grenzsituationen. In der Parabel *Nichts in Sicht* treiben ein deutscher Seemann und ein alliierter Flieger allein in einem Schlauchboot dem Ende zu. In *Feuer im Schnee* kehrt ein alter Lehrer aus einem zusammengeschossenen Flüchtlingstreck wieder nach Osten zurück, doch sein Kompaß versagt. Der Roman *Die Kinder des Saturn* handelt von drei Überlebenden einer H-Bombenexplosion. *Morgen Rot. Die Kehrseite des Affen* ist ein Roman in der Laurence-Sterne-Nachfolge.

W.: Romane, Erzählungen: Nichts in Sicht, 1954; Feuer im Schnee, 56; Rondo und Scherzo Funèbre, 58; Die Kinder des Saturn, 59; Der Zuckerfresser, 61; Kyushu Nikki, 65; Das einfache Leben oder der schnelle Tod, 66; Morgen Rot. Die Kehrseite des Affen, 76; Die weiße Sphinx, 78; Was ist der Mensch, 80; Nach Jan Mayen, 81. – *Essays:* Neues Bestiarium der deutschen Literatur, 63. – *Herausgebertätigkeit:* die zehn gebote, 67. – Ferner Hörspiele, Fernsehspiele, Dramen, Lyrik.

Reich, Eugen → Bloch, Ernst

Reich-Ranicki, Marcel, * 2. 6. 1920 Włocławek (Polen).

Vater Pole, Mutter Deutsche. Ab 1929 in Berlin, 1938 Deportation wegen seines Judentums nach Polen, 1940–43 im Warschauer Getto, Flucht und Untergrundleben in Warschau bis Kriegsende. Beginn der literarischen Tätigkeit: in polnischen Zeitungen und Zeitschriften Kritiken zur Literaturgeschichte, zu polnischen Ausgaben deutscher Klassiker und zur zeitgenössischen Literatur. – Die Literaturkritik ist R.-R.s hauptsächliches Arbeitsgebiet. In seinem Einleitungsessay zu *Lauter Verrisse* umschreibt er die auch politische Notwendigkeit von Kritik: «Freiheit und Kritik bedingen sich gegenseitig, Demokratie wird durch Kritik geradezu definiert.» 1958 übersiedelt er nach Westdeutschland; seit 1960 als ständiger Literaturkritiker der «Zeit» und seit 1976 als verantwortlicher Redakteur für den Literaturteil der «Frankfurter Allgemeine Zeitung», übt R.-R. Einfluß auf Anerkennung oder Ablehnung eines Autors im Verlagswesen. – R.-R. lehrte auch als Gastprofessor an mehreren Universitäten der USA sowie in Stockholm und Uppsala und ist seit 1974 Honorarprofessor der Universität Tübingen. Bis 1986 war er Leiter der Jury beim Klagenfurter Ingeborg-Bachmann-Wettbewerb; er erhielt bei seinem Ausscheiden die Goldene Medaille der Stadt. 1983 Heinse-Medaille, 1984 Goethe-Plakette, 1987 Th.-Mann-Preis; weitere Auszeichnungen.

W.: Essays: Deutsche Literatur in West und Ost, 1963 (Neuausg. 83); Literarisches Leben in Deutschland, 65; Wer schreibt, provoziert, 66; Literatur der kleinen Schritte, 67; Die Ungeliebten – Sieben Emigranten, 68; Lauter Verrisse, 70 (erw. 84); Über Ruhestörer. Juden in der deutschen Literatur, 73 (erw. 89); Zur Literatur der DDR, 74; Nachprüfung, 77 (erw. 80, erw. 90); Entgegnung. Zur deutschen Literatur der siebziger Jahre, 79; Lauter Lobreden, 85; Nichts als Literatur, 85; Ein Gespräch mit Wolfgang Koeppen, 86; Herz, Arzt und Literatur, 87; Zwischen Diktatur und Literatur. Im Gespräch mit J. Fest, 87; Thomas Mann und die Seinen, 87; Der streitbare Bewunderer. Ein Leben für die Literatur. Zwei Gespräche mit P. Assall und P. von Matt, 89. – *Herausgebertätigkeit:* Sechzehn polnische Erzähler, 62; Erfundene Wahrheit, 65; Notwendige Geschichten 1933 bis 45, 67; In Sachen Böll. Ansichten und Einsichten, 68; Gesichtete Zeit, 69; Anbruch der Gegenwart, 71; Deutsche Geschichten, 71; Verteidigung der Zukunft, 72; Zur Literatur der DDR, 74; Ludwig Börne. Spiegelbild des Lebens, 77; Frankfurter Anthologie, Bd 1 ff, 76 ff; Klagenfurter Texte zum Ingeborg-Bachmann-Preis 1977–1986, 10 Bde (mit H. Fink u. a.), 77–86; Notwendige Geschichten, 80.; Meine Schulzeit im Dritten Reich, 82 (erw. 88); Koeppen, W.: Die elenden Skribenten, 82; Polgar, A.: Kleine Schriften, 6 Bde, 82–86; Über die Liebe, 84; Mehr als ein Dichter. Über Heinrich Böll, 86; Was halten Sie von Thomas Mann?, 86; Koeppen, W. Gesammelte Werke, 6 Bde, 86; Alle Freuden, die unendlichen..., o. J.; Horst Krüger – ein Schriftsteller auf Reisen, 89; Romane von gestern – heute gelesen. 2 Bde, 89.

Reimann, Brigitte, *21. 7. 1933 Burg bei Magdeburg, †20. 2. 1973 Berlin.
Nach dem Besuch der Oberschule war R. zwei Jahre Lehrerin, danach in verschiedenen Berufen tätig; ab 1960 hatte sie Kontakte zur Brigadebewegung in Hoyerswerda; seit 1966 lebte sie als Schriftstellerin in Neubrandenburg.
R.s Erzählung *Ankunft im Alltag* gab der Literatur des Bitterfelder Weges am Beginn der 60er Jahre den Namen: Die Ankunftsliteratur reflektierte einen historischen Prozeß, der sich beim Übergang zu stabileren sozialistischen Verhältnissen in der DDR vollzog: Intellektuelle aus bürgerlichen Kreisen (Schriftsteller, Ingenieure) werden unter heftigen Konflikten mit den Problemen der materiellen Produktion konfrontiert, um so den eigenen Platz in der Gesellschaft zu finden. Wie die meisten Werke dieser Phase teilte auch R.s paradigmatische Erzählung die Schwächen dieser Literatur. 1965 H.-Mann-Preis.
Mit dem Fragment gebliebenen Roman *Franziska Linkerhand* überwand R. die harmonistische Naivität der frühen Erzählungen. Die Autorin beschreibt mit Hilfe einer vielschichtigen Erzählstruktur die Hoffnungen und Erfahrungen einer aus bürgerlichem Milieu stammenden Architektin, die der politischen und moralischen Lebensqualität ihrer Umwelt kompromißlos nachfragt. Dabei stehen Gleichgültigkeit, Brutalität und Konformismus dem unverkürzten Lebensanspruch der Heldin entgegen.

W.: Romane, Erzählungen, Reportagen: Die Frau am Pranger, 1956; Kinder von Hellas, 56;

Das Geständnis, 60; Ankunft im Alltag, 61; Die Geschwister, 63; Das grüne Licht der Steppen, 65; Franziska Linkerhand, 74. – *Hörspiele:* Ein Mann steht vor der Tür, 60 (mit S. Pitschmann); Sieben Scheffel Salz, 60 (mit S. Pitschmann). – *Sammel- und Werkausgaben:* Die Erzählungen, o. J.; Die Frau am Pranger. Das Geständnis. Die Geschwister, 69; B. R. in ihren Briefen und Tagebüchern, 83 (in der BRD u. d. T.: Die geliebte, die verfluchte Hoffnung. Tagebücher und Briefe 1948 bis 1973, 84); Die Geschwister. Das Geständnis, 88.

Reimann, Hans (Pseud. Max Bunge, Hans Heinrich, Artur Sünder, Hanns Heinz Vampir, Andreas Zeltner), * 18. 11. 1889 Leipzig, † 13. 6. 1969 Schmalenbeck bei Hamburg.
Der als Sohn eines Kohlenhändlers geborene R. besuchte in München die Akademie, um Graphiker zu werden, und studierte dort an der Universität Philologie und Kunstgeschichte. Im 1. Weltkrieg Soldat, entfaltete er danach eine rege Tätigkeit als Mitarbeiter zahlreicher Zeitschriften, als Herausgeber, als Kabarettist (1921 Gründung der «Retorte» in Leipzig, 1923 des «Astoria» in Frankfurt/M.), Schauspieler, Vortragender eigener Texte und Rundfunkmitarbeiter. Während der nationalsozialistischen Diktatur wurde R. zwar einerseits boykottiert und konnte Filmdrehbücher nur anonym veröffentlichen, war aber andererseits kurzzeitig als Redakteur des «Kladderadatsch» und der im nationalsozialistischen Eher-Verlag erscheinenden «Brennessel» tätig. Bis 1941 lebte er in Berlin, anschließend bis 1951 in Bernried am Starnberger See. Während des 2. Weltkriegs war er zur Truppenbetreuung dienstverpflichtet. Seine nicht ganz eindeutige Haltung während der faschistischen Herrschaft führte nach dem Krieg zu Auseinandersetzungen mit Kollegen. Von 1952–68 war er Herausgeber und Verfasser der *Literazzia*, in der die jeweilige Buchproduktion eines Jahres kritisch aufgearbeitet wurde. R. lebte zuletzt in Schmalenbeck bei Hamburg.
R. begann mit zumeist im bürgerlichen Alltag angesiedelten Grotesken. Bekannt wurde er aber durch die Sammlungen *Sächsische Miniaturen*, in denen er in Anekdoten und Geschichten auf humorvoll-ironische Weise Eigenheiten der Sachsen und ihres letzten Königs darstellte. R. parodierte auch literarische Tagesgrößen, Hedwig Courths-Mahler und Edgar Wallace ebenso wie den antisemitischen Pamphletisten Artur Dinter und den späteren NS-Schriftsteller Hanns Heinz Ewers. Städteporträts gehören zu seinem umfangreichen Werk wie sprach- und literaturkritische Betrachtungen.

W.: Romane, Erzählungen, Parodien, Grotesken: Die Dame mit den schönen Beinen und andere Grotesken, 1916; Die schwarze Liste, 16; Das verbotene Buch, 17; Kobolz, 17; Der Floh, 18; Das Paukerbuch, 18; Tyll, 18; Mit roter Tinte, 19; Pax, 19; Literarisches Albdrükken, 19; Der lächelnde Kaktus und andere Grotesken, 20; Die Kloake, 20; Die Dollarfürstin aus der Peterstraße, 21; Der Engel Elisabeth, 21; Das blinde Huhn oder genauer gesagt Das linksseitig nahezu total erblindete Huhn, 21; Sächsische Miniaturen, 5 Bde, 21–30; Die Dinte wider das Blut, 21; Ewers, 21; Hedwig Courths-Mahler – Schlichte Geschichten fürs traute Heim, 22; Mysreium Flip und Ewa, 22; Die sächsische Volksseele in ihren Wallungen (Mitverf.), 22; Mein Kabarettbuch, 23; Sago, 25; Aquaria. Lohengrin. Neulehmannsland, 26; Komponist wider Willen, 28; Neue sächsische Miniaturen, 28; Die voll und ganz vollkommene Ehe, 28; Männer, die im Keller husten, 29; Das Parodienbuch, 30; Quartett zu dritt, 32; Du, hör mal zu!, 39; Mit 100 Jahren noch ein Kind, 39; Der Spaßvogel (Mitverf.), 40; Der kleine Spaßvogel (Mitverf.), 40; Lachendes Feldgrau (mit H. Riebau, M. Schmidt), 41; Liebe und Gips, 41; Hast du Töne!, 42; Die kobaltblaue Tarnkappe, 42; Hans Reimanns beinah 100jähriger Kalender, 57; Der Mogelvogel, 57; Landser, Lords und flotte Flieger, 63; Oswin, der ertrunkene Hering, 87; DADA im Leipziger «Drachen». H. R. u. a., 88. – *Dramen:* Victor Margueritte's La Garconne Parodiert, 24; Der Strohmann, 35; Die Teufelskutsche (mit B. Hessenmüller), o. J. – *Lyrik:* Fruchtsalat, 54; Der Leierkastenmann, 54. – *Essays, Kritik, Autobiographisches, Sachbücher:* Von Karl May bis Max Pallenberg in 60 Minuten, 24; Das Buch von Leipzig, 29; Das Buch von Frankfurt, Mainz, Wiesbaden, 30; Sächsisch, 31; Vergnügliches Handbuch der deutschen Sprache, 31 (bearb. 37; neu bearb. 64); Der wirkliche Knigge, 33 (2. Aufl. u. d. T.: Mensch, mach dirs leicht!, 35); Motorbummel durch den Orient, 35; Das Buch vom Kitsch, 36; Hinter den Kulissen unserer Sprache, 51; Literazzia, 17 Bde, 52–68; Spaziergang durch

Emmerich, 54; Reimann reist nach Babylon, 56; Mein blaues Wunder, 59. – *Herausgebertätigkeit:* Die Pille, Jg. 1, 19–20; Der Drache, 19–25; Das Stachelschwein, Jg. 1–6, 24–29; Das bunte Lachbuch, 58. – *Schallplatte:* Aus der bekannten Anekdotensammlung «Sächsische Miniaturen» Oswin der ertrunkene Hering und andere Grotesken, 74.

Reiner → Susman, Margarete

Reinfrank, Arno, *9. 7. 1934 Mannheim. Als Sohn eines politisch verfolgten Chemiearbeiters mußte R. von 1941–45 mit seiner Mutter untertauchen und konnte erst nach Kriegsende seinen Schulbesuch nachholen. Als Vierzehnjähriger wurde er Reporter einer pfälzischen Tageszeitung, besuchte dann die Journalistenschule in Aachen, war Volontär in Paris, Gasthörer an den Universitäten Paris und Heidelberg und ließ sich nach einer Tätigkeit als Synchrontexter in Berlin Mitte der 50er Jahre in London nieder. Dort war er zuerst Hausmeister an einer Schule, dann Mitarbeiter der British Press Association und Exportberater eines Filmverleihs. 1956–58 Studium der englischen Sprache und Literatur. Danach verschiedene journalistische Tätigkeiten, u. a. als Mitherausgeber einer Jugendzeitschrift. Seit 1965 freier Schriftsteller. R. ist Mitglied des Internationalen Schutzverbandes deutschsprachiger Schriftsteller. Außer verschiedenen Förderpreisen erhielt R. 1957 den Kurt-Tucholsky-Buchpreis, 1964 die Kurt-Tucholsky-Prämie und 1978/79 das Stipendium der Villa Massimo.

R.s literarisches Werk umfaßt neben der Lyrik, die ihn bekannt gemacht hat, Prosa, Theaterstücke und zahlreiche Hörspiele, darunter auch solche in Pfälzer Mundart (u. a. *Zwää Lilie uffm Felde*, *Perseenliche Angeleechenheite*, *Kiche-Sorche*). Er übersetzt, schreibt Kritiken, Drehbücher und Essays. In seiner Lyrik lassen sich zwei Phasen unterscheiden. Er begann mit politisch aggressiver Lyrik, die auch bekannte Formen und Themen aufgriff. Seit den 70er Jahren entwickelt er mit der von ihm so genannten «Poesie der Fakten» eine Lyrik der «positiven Vorwärts-Perspektiven». Ausgehend von der Erkenntnis, daß es für die Zukunft unbedingt erforderlich ist, Wissenschaft und Forschung als Werte ins menschliche Bewußtsein zu heben, versucht R. in seinem lyrischen Werk, die ästhetische Vermittlung dieser anscheinend unvereinbaren Bereiche zu leisten.

W.: Romane, Erzählungen, Texte: Die Pulverfabrik und andere Geschichten aus Ithopien, 1960; Geschichten aus Ithopien, 71; Der goldene Helm, 76; Zwei Pfälzer in Paris, 80; Mach de Babbe net struwwlich, 81; Wisdom Wit and Wine – My Funny Palatine (mit K. Reinfrank), 82 (überarb. 84); Der erotische Otto, 83; Berlin (mit K. Reinfrank), 86; Solly und die 99 Engel, 88; Die Rettung durch Noah, 89. – *Dramen:* Das Manöver findet bei Straubs auf der Veranda statt, 76; Plutonium hat keinen Geruch, 78. – *Lyrik:* Vor der Universität, 59; Pfennigweisheiten, 59; Fleischlicher Erlaß, 61; Vorübergehende Siege, 63; Auf unserem Stern, 64; Die Davidsschleuder, 66; Deutschlandlieder zum Leierkasten, 68; Rauchrichtung, 70; Ein Nebbich singt, 71; Für ein neues Deutschland, 71; Mutationen. Poesie der Fakten, 73; der weiße kater und andere erotische balladen, 74; Kopfstand der Pyramide, 74; Fernseh-Abend. Poesie der Fakten 2, 75; Feuerbefragung. Poesie der Fakten 3, 77; Cornwall – Atlantische Skizzen (mit W. Seippel), 77; Ein Sattel für den Mond, 80; Kernanalyse. Poesie der Fakten IV, 83; Heuschrecken am Horizont, 84; Poesiealbum Nr. 211, 85; Babylonische Lieder, 85; Tartarische Liebe, 85. – *Übersetzungen:* Hugh MacDiarmid: Die hohe Felsenküste, 69; Bertolt Brecht: The Days of the Commune (mit C. Barker), 78. – *Herausgebertätigkeit:* Die Totgesagten. Moderne jüdische Schicksalsdichtung, 73; Zehn Takte Weltmusik, 88. – *Schallplatten:* Deutschlandlieder, 69; Der Worschtmarkt-Rock, 76; Mach de Babbe net struwwlich, 80; Die Ballade vom Kopfstand der Pyramide, 81.

Reinig, Christa, *6. 8. 1926 Berlin. R. war Blumenbinderin am Bahnhof Friedrichstraße in Berlin, nach 1945 Fabrikarbeiterin, nach dem Abitur studierte sie Kunstgeschichte und Archäologie, wurde Archivarin und 1957 Wissenschaftliche Mitarbeiterin am Märkischen Museum. 1949–55 gehörte R. der Gruppe der «Zukunftsachlichen Dichter» an und war Mitherausgeberin einer Zeitschrift. Da ihre Lyrik und kleine Prosa in der DDR seit 1951 nicht mehr gedruckt wurde, veröffentlichte R. nur noch in westdeutschen Verlagen. Für *Gedichte*

bekam sie 1964 den Bremer Literaturpreis. Von der Reise kehrte sie nicht
mehr in die DDR zurück. Heute lebt sie,
nach einem Studienaufenthalt in der Villa Massimo (1965/66), als freie Autorin.
Mehrere Literaturpreise.

R. verschlüsselt Unabänderliches der
Welt, Dis-Kontinuität des Seins, politische und persönliche Macht, Sprache
und bewußtes Sprechen. Sie verwendet
als literarische Ausdrucksmöglichkeit
vorwiegend das Erzählgedicht und die
personale Erzählung. Eine solcherma-
ßen objektivierte Erzählperspektive ist
in dem Lebensabriß *Die himmlische und
die irdische Geometrie* konsequent
durchgehalten. Spätere Gedichte, kalen-
darische Sprüche (*Müßiggang ist aller
Liebe Anfang*) und Epigramme verzeichnen Sarkasmus und bittere Ironie. Ein la-
chender Gestus der Versöhnung widersprüchlicher Wirklichkeit charakterisiert
auch den Roman *Entmannung*: ein
Schauplatz des Geschlechterkampfes
zwischen Allzuweiblichem und -männ-
lichem.

W.: Lyrik: Die Steine von Finisterre, 1961; Gedichte, 63; Schwabinger Marterln, 68; Schwalbe von Olevano, 69; Papantscha-Vielerlei, 71;
Müßiggang ist aller Liebe Anfang, 79; Prüfung
des Lächlers, 80. – *Romane, Prosa:* Ein Fischerdorf, in: Neue Deutsche Erzähler, 51;
Der Traum meiner Verkommenheit, 61; Drei
Schiffe, 65; Der Hund mit dem Schlüssel, o. J.;
Orion trat aus dem Haus. Neue Sternbilder, 68;
Das große Bechterew-Tantra, 70; Die himmlische und die irdische Geometrie, 75; Entmannung, 76; Der Wolf und die Witwen, 80; Mädchen ohne Uniform, 81; Die ewige Schule, 82;
Die Frau im Brunnen, 84; Nobody und andere
Geschichten, 89. – *Hörspiele:* Kleine Chronik
der Osterwoche, 65; Thenakeh, 65; Wisper,
67; Das Aquarium, 69. – *Sammel- und Werkausgaben:* Gespräche mit Ch. R. , o. J.; Sämtliche Gedichte. Die Steine von Finisterre, 84;
Gesammelte Gedichte 1960–1979, 85;
Feuergefährlich, 85; Gesammelte Erzählungen, 86.

Reinshagen, Gerlind, *4.5.1926
Königsberg.
Abitur 1944 in Halberstadt/Harz; an-
schließend Pharmazie-Studium und
Apothekerlehre, 1949 Staatsexamen in
Braunschweig. 1954–57 an der Hoch-
schule der Künste in Berlin, ab 1956 freie

Schriftstellerin. Hörspielautorin und
Dramatikerin. – R. begann ihre Veröffentlichungen zunächst mit Kinderbüchern: *Was alles so vom Himmel fällt*. Ab
1958 verfaßte sie dann Hörspiele, in denen sie in realistischer Darstellungsweise
Alltag und Arbeitswelt beschreibt, z. B.
in *Nachtgespräch*. 1968 beginnt sie mit
dem im Frankfurter «Theater am Turm»
uraufgeführten Stück *Doppelkopf* ihre
Dramenproduktion. R. beschreibt darin
einen Angestellten, der mit allen Mitteln
an seiner, vermeintlichen, Karriere arbeitet. Es folgt die Auseinandersetzung mit
dem ‹Monroe-Mythos› in *Leben und Tod
der Marilyn Monroe*. – 1974 erhält sie die
Fördergabe des Schiller-Gedächtnispreises des Landes Baden-Württemberg und
1977 für das Stück *Sonntagskinder* den
Mühlheimer Dramatikerpreis, 1981 das
Niedersächsische Künstlerstipendium,
1988 die Roswitha-Gedenkmedaille.

W.: Kinderbücher, Romane, Prosa: Was alles
so vom Himmel fällt, 1954; Kaugummi ade!,
57; Zimperello oder die Geschichte von Tin,
67; Rovinato oder Die Seele des Geschäfts, 81;
Die flüchtige Braut, 84; Zwölf Nächte, 89. –
Theaterstücke: Doppelkopf (in: Dt. Theater
der Gegenwart, Bd 2, 67); Leben und Tod der
Marilyn Monroe, 71, UA 68 u. 71; Himmel und
Erde (in: Theater heute 10/74, Buchausgabe
81), TV-Fassg. 76; Das Frühlingsfest, 80;
Sonntagskinder, 81, UA 76, TV-Fassg. 81; Ei-
senherz. In: Spectaculum 36, 82; Die Clownin,
85; Die Feuerblume (in: Spectaculum 46), 88;
Tanz, Marie!, 89. – *Hörspiele:* Die Gefangenen, 59; Besuchszeit zwischen drei und vier,
60; Der Umweg, 60; Die Trennung, 61; Die
Wand, 62; Ramona oder Die Maschine, 63;
Nachtgespräch, 64; Reise zu Kroll, 67; Das
Milchgericht, 68; Leben und Tod der Marilyn
Monroe, 71. – *Essays:* Kann das Theater noch
aus seiner Rolle fallen? Dialogessay (in: Spielplatz I, hg. K. Braun u. K. Völker), 72. – *Sam-
mel- und Werkausgaben:* Gesammelte Stücke,
86.

Relham → Courths-Mahler, Hedwig

Remarque, Erich Maria (eig. E. Paul
Remark), *22.6.1898 Osnabrück,
†25.9.1970 Locarno.
Der Sohn eines Buchbinders besuchte
das Lehrerseminar und kam 1916 von der
Schulbank an die Front. Er war nach dem
1. Weltkrieg Junglehrer und lange Zeit

Sportjournalist. 1929 wurde er über Nacht durch seinen Roman *Im Westen nichts Neues* weltberühmt. Die «Vossische Zeitung» brachte 1928 Vorabdrucke, und innerhalb von 18 Monaten wurde eine Auflage von 3,5 Millionen erreicht. Der Roman war sofort Gegenstand erbitterter politischer Auseinandersetzungen. Für die einen war es die nüchterne, ehrliche Beschreibung des Kriegswahnsinns, für die anderen ein bewußtes Anti-Kriegs-buch, eine Beleidigung der Frontsolda-ten. Die Geschichte vom Leben und Ster-ben des 19jährigen Paul Bäumer und sei-ner Kameraden muß als bewußte Ankla-ge gegen den Krieg verstanden werden. Die Figur des Unteroffiziers Himmelstoss wurde zur Symbolgestalt für sinnlosen Drill. 1933 haben die Nazis die Bücher von R. öffentlich verbrannt. Er hatte aber schon 1929 Deutschland verlassen, lebte ab 1931 in Ascona und siedelte 1939 nach New York über, wo er die amerikanische Staatsbürgerschaft annahm. Mit dem amerikanischen Bestseller *Arc de Triomphe* erzielte R. seinen zweiten Welterfolg. Der Emigranten-Roman spielt in Paris in den Jahren 1938/39. Ein deutscher Frauenarzt, der aus der Gestapo-Haft ge-flüchtet ist, schlägt sich in Paris durch, trifft zufällig auf einem Boulevard seinen Peiniger aus dem KZ und ermordet ihn. Die später geschriebenen Romane R.s haben den 2. Weltkrieg als Thema. Hier fehlte R. freilich die Möglichkeit, aus den eigenen Erfahrungen zu schöp-fen.

W.: Romane: Die Traumbude, 1920; Im Westen nichts Neues, 29; Der Weg zurück, 31; Drei Ka-meraden, 38; Liebe deinen Nächsten, 41 (auch u. d. T.: Strandgut, 41); Arch of Triumph, 45 (dt. Arc de Triomphe, 46); Der Funke Le-ben, 52; Zeit zu leben und Zeit zu sterben, 54; Der schwarze Obelisk, 56; Der Himmel kennt keine Günstlinge, 61; Die Nacht von Lissabon, 61; Schatten im Paradies, 71. – *Dramen:* Die letzte Station, 56; Drei Kame-raden, 60.

Renn, Ludwig (eig. Arnold Friedrich Vieth von Golßenau, Pseud. Antonio Poveda, Harold J. White), *22.4.1889 Dresden, †21.7.1979 Berlin.
R. war 1910–20 Offizier; 1920–23 stu-dierte er Russisch, Jura, Nationalökono-mie und Kunstgeschichte; 1924/25 ver-schiedene Tätigkeiten und Reisen, 1926/ 27 studierte R. Kunstgeschichte, Ar-chäologie und Geschichte. 1928 trat R. der KPD bei; er war 1928–32 Sekretär des Bundes Proletarisch-Revolutionärer Schriftsteller in Berlin. 1932 wurde R. kurzfristig wegen «literarischen Hoch-verrats» verhaftet; nach erneuter Ver-haftung wurde er 1935 aus dem Gefäng-nis entlassen. 1936 gelang R. die Flucht in die Schweiz; 1936/37 war er Offizier der Internationalen Brigaden im spani-schen Bürgerkrieg. Von 1939 bis 1947 lebte R. in Mexiko, wo er u. a. Präsident der Bewegung «Freies Deutschland» war. 1947 nach Berlin zurückgekehrt, übte er verschiedene kulturpolitische Tätigkeiten in der SBZ/DDR aus; seit 1952 war R. freischaffend. Zweifacher Nationalpreisträger, neben anderen Auszeichnungen mehrere Jugendbuch-preise.
R. begann seine literarische Arbeit, als er die Problematik seiner Offizierstätigkeit im 1. Weltkrieg empfand. Aus seinen Tagebuchaufzeichnungen ging der im nüchternen Berichtstil verfaßte, an Sven Hedins Reiseberichten geschulte Roman *Krieg* hervor, der nach seinem Erscheinen 1928 einen ähnlichen Welterfolg hatte wie Remarques Roman *Im Westen nichts Neues*. R., dessen spätere Bücher eben-falls «Bücher ohne Psychologie» (Hans Mayer) waren, protokolliert in *Krieg* die Erlebnisse des einfachen Frontsoldaten Ludwig Renn, um durch die Perspektivie-rung von unten den «Krieg und andere Erscheinungen in ihrer Mikrostruktur zu zeigen» (Renn). In dem Fortsetzungsro-man *Nachkrieg* gingen die Erfahrungen R.s in die Phase zwischen 1918 und 1921 ein, die ihn der Arbeiterbewegung näher-brachten.
Die Identifikation mit den Zielen der Ar-beiterbewegung brachte einen Wechsel der Erzählperspektive mit sich: In einem der besten Spanienbücher (*Der spanische Krieg*) protokollierte R. seine Erlebnisse im spanischen Bürgerkrieg aus der Sicht des auf der Seite der Republik kämpfen-den Offiziers.
Neben die Auseinandersetzung mit der eigenen Vergangenheit im Milieu von

Adel und Großbürgertum (u. a. *Adel im Untergang, Meine Kindheit und Jugend*) traten im Schaffen R.s Reiseberichte und Reportagen (*Morelia, Zu Fuß zum Orient*) sowie Kinderbücher, unter denen *Trini* zu den bekanntesten dieses Genres in der DDR gehört.

W.: Romane, Erzählungen, Reportagen, Kinderbücher: Krieg, 1928; Nachkrieg, 30; Langemarck, 31; Hallo, Hallo, hier Radio Warschau, 32; Rußlandfahrten, 32; Vor großen Wandlungen, 36; Adel im Untergang, 44; Morelia, 50; Vom alten und neuen Rumänien, 52; Zwei Menschen, 52; Trini, 54; Die Schlacht bei Guadalajara, 55; Der spanische Krieg, 55 (ab 3. Aufl. 59 u. d. T.: Im Spanischen Krieg); Nobi, 55; Herniu und der blinde Asni, 56; Krieg ohne Schlacht, 57; Meine Kindheit und Jugend, 57; Herniu und Armin, 58; Herniu, 59; Auftraggeber: Arbeiterklasse, 60; Auf den Trümmern des Kaiserreiches, 61; Inflation, 63; Camilo, 63; Zu Fuß zum Orient, 64; Ausweg, 67; Krieger, Landsknecht und Soldat, 74 (mit H. Schnitter); In Mexiko, 79; Anstöße in meinem Leben, 80. – *Theoretische Schriften:* Studie über Friedrich Engels und Hans Delbrück, 32; Entwicklung der Kriegstechniken von den Schweizerkriegen bis zum Gift- und Gaskrieg, 32; In vorderster Linie, 33; Warfare, the Relation of War to Society, 39; Auf dem richtigen Wege, 55; Vom Willen zum Neuen, 56; Veränderung – Tendenz – Werke, 56. – *Werkausgabe:* Krieg. Nachkrieg, 48; Gesammelte Werke in Einzelausgaben, 12 Bde, 66–80. – *Schallplatten, Kassetten:* Der spanische Krieg. L. R. liest, 84.

Reschke, Karin, *17.9.1940 Krakow (Polen).
Die Tochter eines Schauspielerehepaares wuchs in Berlin auf. 1960–64 lebte sie in München, wo sie zeitweilig Germanistik studierte. Sie kehrte nach Berlin zurück und absolvierte 1972–74 ein Volontariat beim SFB. Nach der Mitarbeit an einer Literaturzeitschrift in Konstanz und an der Zeitschrift «konkret» sowie in der Redaktion der sozialpolitischen Zeitschrift «Leviathan» arbeitet sie seit 1984 als freie Schriftstellerin. K. ist Mitglied des VS und des PEN; neben Arbeitsstipendien erhielt sie 1982 den Literaturpreis der FAZ.
Beherrschendes Thema der Arbeiten R.s ist die persönliche Entwicklung von Frauen, die Grenzen und Behinderungen, denen sie durch die herrschende Ge-

sellschaft ausgesetzt sind. Dabei setzt sie sich mit historischen Figuren wie in *Verfolgte des Glücks* oder dem Libretto *Herzvergiftung* (über die 1831 hingerichtete Giftmörderin Gesche Gottfried) ebenso auseinander wie mit Frauengeschichten der Gegenwart. Ihr bislang größter Erfolg war das fiktive Tagebuch der Henriette Vogel, jener Frau, die, bedrängt durch Ehe und gesellschaftliche Konvention, in den gemeinsamen Selbstmord mit dem Dichter Heinrich von Kleist flieht.

W.: Romane, Erzählungen, Prosa: Memoiren eines Kindes, 1980; Verfolgte des Glücks. Findebuch der Henriette Vogel, 82; Dieser Tage über Nacht, 84; Margarete, 87. – *Dramen:* Tribunal im Askanischen Hof (3 Theatertexte, mit U. Krechel u. G. von Wysocki), 89. – *Herausgebertätigkeit:* Texte zum Anfassen. Frauenlesebuch, 78.

Reuter, Gabriele, *8.2.1859 Alexandrien, †14.11.1941 Weimar.
R., Tochter eines deutschen Kaufmanns, verbrachte ihre Kindheit in Ägypten. Nach dem Tod des Vaters 1872 kehrte die Familie nach Deutschland zurück. Ihre ersten schriftstellerischen Versuche, Artikel über Ägypten, erschienen in der «Magdeburgischen Zeitung». 1889 begegnete sie Ibsen in München und schloß Freundschaft mit J. H. Mackay. Aber erst in Berlin beteiligte sie sich intensiv am literarischen Leben. Obwohl keine Frauenrechtlerin, beteiligte sie sich doch aktiv an der Kampagne gegen das neue Bürgerliche Gesetzbuch und der Verfassung einer Petition für den Reichstag.
Der eigentliche literarische Durchbruch gelang R. 1895 mit dem Roman *Aus guter Familie*, der einen Sturm der Entrüstung in der gutbürgerlichen Welt auslöste und heftigst diskutiert wurde (über 20 Auflagen). Im Mittelpunkt des Buches, wie in der Mehrzahl ihrer Romane und Novellen, steht die Tochter aus gutem Hause, deren Dasein, ganz auf den Mann ausgerichtet, jeglichen anderen Inhalts entbehrt, sie geistig und seelisch verkümmern und in ein krankhaft gesteigertes Phantasieleben flüchten läßt, das die Bewältigung der Realität verhindert. Die Kritik richtet sich nicht nur gegen die Er-

ziehungsvorstellungen, sondern stellt die Normen und Werte der gehobenen Gesellschaftsschicht überhaupt in Frage. In späteren Romanen beschäftigt sie sich auch mit Problemen der «modernen» Frau, wie der Schwierigkeit der Vereinbarung von Berufs- und Gefühlsleben, der Wahl zwischen Selbstverwirklichung und Selbstaufgabe (*Gunhild Kersten, Frühlingstaumel*). Einen anderen Teil ihres literarischen Schaffens bilden die Ägypten-Geschichten, in denen sie ihre Erlebnisse im Orient gestaltet.

W.: Romane, Novellen: Glück und Geld, 1888; Episode Hopkins. Zu spät, 89; Kolonistenvolk, 91; Aus guter Familie, 95; Der Lebenskünstler, 96; Frau Bürgelin und ihre Söhne, 99; Ellen von der Weiden, 1900; Frauenseelen, 01; Liselotte von Reckling, 03; Gunhild Kersten, 04; Margaretes Mission, 04; Wunderliche Liebe, 05; Der Amerikaner, 07; Das Tränenhaus, 09; Sanfte Herzen, 10; Frühlingstaumel, 11; Im neuen Land, 16; Die Jugend eines Idealisten, 17; Die Herrin, 18; Großstadtmädel, 20; Benedikta, 23; Töchter, 29; Irmgard und ihr Bruder, 30; Vom Mädchen, das nicht lieben konnte, 33; Grete fährt ins Glück, 35. – *Theaterstücke:* Ikas Bild, 1894: Das böse Prinzeßchen, 95. – *Essays:* Marie von Ebner-Eschenbach, 05; Annette von Droste-Hülshoff, 05; Das Problem der Ehe, 07; Liebe und Stimmrecht, 14. – *Autobiographisches:* Vom Kinde zum Menschen, 22; Grüne Ranken um alte Bilder, 37.

Reventlow, Franziska Gräfin zu,
*18. 5. 1871 Husum, †27. 7. 1918 Muralto (Tessin).
Tochter eines preußischen Landrats, wuchs in Lübeck und Hamburg auf, lebte 1892–1909 in München, danach in Ascona. In den Münchner Jahren führte sie im Künstlerviertel Schwabing ein Leben jenseits aller gesellschaftlichen Konventionen ihrer Zeit. Sie fühlte sich zur Malerin berufen, begann jedoch aus finanzieller Not zu schreiben. Ihre Romane und Erzählungen geben stark autobiographische Schilderungen der Münchner Gesellschaft; der Schlüsselroman *Herrn Dames Aufzeichnungen* löste bei den Betroffenen vielfach heftige Empörung aus.

W.: Ellen Olestjerne, 1903; Von Paul zu Pedro, 12; Herrn Dames Aufzeichnungen, 13; Der Geldkomplex, 16; Das Logierhaus zur schwankenden Weltkugel, 17. – *Sammel- und Werkausgaben:* Gesammelte Werke, 26, 76; Briefe,

29, 74; Tagebücher 1895–1910, 71; Autobiographisches, 86; Der Geldkomplex / Der Selbstmordverein, 87; Von Paul zu Pedro / Herrn Dames Aufzeichnungen, 87; Das allerjüngste Gericht, 89.

Rezzori (d'Arezzo), Gregor von,
*13. 5. 1914 Czernowitz (Bukowina).
R. war der Sohn eines k.u.k. Hofrats und Architekten, studierte an der montanistischen Hochschule in Leoben und an der Wiener Univ., lebte Anfang der 30er Jahre als Zeichner in Bukarest, 1934–38 in Wien, dann in Berlin, wo er u. a. Fortsetzungsromane für die «Berliner Illustrirte» schrieb. Nach dem Krieg arbeitete er vor allem für den Rundfunk (NWDR), wo auch seine *Maghrebinischen Geschichten* zuerst gesendet wurden: Anekdoten, Witze, Legenden um Räuber, Rabbis und Bojaren aus dem fiktiven Maghrebinien, einem Inbegriff balkanischer Verhältnisse. *Oedipus siegt bei Stalingrad* spielt in den Jahren 1938/39 in Berlin; Thema ist das Leben der sich in «Charleys Bar» treffenden Provinzaristokratie in Berlin, die den Nationalsozialismus kaum wahrnimmt. Ironie und Sprachvirtuosität tragen auch den Roman *Ein Hermelin in Tschernopol* (Fontane-Preis 1959). Tschernopol ist eine erfundene osteuropäische Stadt österreichischer Tradition, deren Alltag in den 20er Jahren R. schildert. Er zeichnet vor allem den Weg des Majors Tildy nach, den seine Ehrauffassung isoliert und bis zur Selbstzerstörung treibt. R.s gesellschaftssatirische Neigung kulminiert in seinem *Idiotenführer durch die Deutsche Gesellschaft*, der eine absolute Kastengliederung dieser Gesellschaft nachweist und glossiert.

W.: Romane, Erzählungen: Flamme, die sich verzehrt, 1940; Rombachs einsame Jahre, 42; Rose Manzani, 44; Maghrebinische Geschichten, 53; Oedipus siegt bei Stalingrad, 54; Ein Hermelin in Tschernopol, 58; Bogdan im Knoblauchwald, 62; 1001 Jahre Maghrebinien, 67; Der Tod meines Bruders Abel, 76; Greif zur Geige, Frau Vergangenheit, 78; In gehobenen Kreisen, 78; Memoiren eines Antisemiten, 79; Die schönsten maghrebinischen Geschichten, 74; Der arbeitslose König, 80; Kurze Reise übern langen Weg, 86. Die Marchesa und andere Geschichten, 86; Blumen im Schnee. Portraitstudien zu einer Autobiographie, die ich nie schreiben werde…, 89. – *Sonstiges:* Männerfibel, 55; Idiotenführer durch die Deutsche Gesellschaft, 62–65 (I: Hochadel, II: Adel, III: Schickeria, IV: Prominenz); Die Toten auf ihre Plätze!, 66 (Tagebuch des Films «Viva Maria»); Sherrytime, 78; Die Küche der Toscana (mit B. Kausch), 86. – Mehrere Hörspiele. – *Sammel- und Werkausgaben:* Werkausgabe, Bd. 1 ff, 89 ff.

Rhenanus → Zech, Paul

Richard, Frank → Habe, Hans

Richartz, Walter E. (eig. Walter Erich von Bebenburg), * 14. 5. 1927 Hamburg, † 1. 3. 1980 Klingenberg/Main (Freitod).
R. wurde als Sohn des Korvettenkapitäns Karl R. geboren und 1942 von seinem Stiefvater adoptiert. Er lebte bis 1944 in Stuttgart, Vaihingen und Weilheim, wurde dann eingezogen und geriet in Kriegsgefangenschaft. Seit 1946 studierte er Chemie, zuerst an der TH München, seit 1950 in Hamburg, wo er 1955 promovierte. Danach war er als Universitätsassistent tätig, 1957–60 post-graduate fellow in den USA und arbeitete seither in einem Forschungslabor der chemischen Industrie. Seit 1979 lebte er als freier Schriftsteller in Frankfurt/M.
R. übersetzte aus dem Amerikanischen, schrieb Hörspiele und vor allem Erzählungen und Romane, in denen es um den Punkt geht, «wo genau die Präzision ins Absurde umschlägt». Bekannt wurde er vor allem mit seinem *Büroroman*, in dem er mit großer Präzision die Alltäglichkeiten des Angestelltendaseins schildert, nicht ohne satirische Zuspitzung. «Realismus bis zur Kippe», verbunden mit ironischen und gesellschaftskritischen Untertönen zeichnen die meisten seiner Werke aus.

W.: Romane, Erzählungen, Texte: Es funktioniert, 1964; Le Jour de Gloire, 64; Mutterleiber – Vaterländer, 65; Meine vielversprechenden Aussichten, 66; Prüfungen eines braven Sohnes, 66; Mackbird, 68; Tod den Ärzten, 69; Stickstoff, 69; Noface – Nimm was du brauchst, 73; Das Leben als Umweg und andere Geschichten, 76; Büroroman, 76; Der Aussteiger und andere Angestelltenprosa, 79; Reiters Westliche Wissenschaft, 80; Tunneltexte, 81; Vom Äußersten, 86; Schöne neue Welt der Tiere, 87. – *Drama:* Peng – Päng! oder Langsam

verstehe ich Pantomime in Worten (mit H. J. Fröhlich) (in: Neues deutsches Theater), 71. – *Essays, theor. Schriften, Sachbücher:* Reaktionen der Nitrosoamidgruppe (Diss.), 55; Die Jazzdiskothek (mit G. W. Elmenhorst), 61; Vorwärts ins Paradies, 79. – *Übersetzungen, Nachdichtungen:* D. H. Thoreau: Über die Pflicht zum Ungehorsam gegen den Staat, 66; Ring Lardner: Halts Maul, erklärte er, 67; H. L. Mencken: R.I.P., 68; F. Scott Fitzgerald: Vegetable – vom Präsidenten zum Briefträger, 71; Shakespeare's Geschichten. Sämtliche Stücke. Teil 1, 78; Stephen Crane: Das blaue Hotel, 81. – *Sammel- und Werkausgaben:* Das Leben als Umweg, 88. – *Herausgebertätigkeit:* Patio – Fußballmagazin (mit R. Kunkel u. K. Riha), 68; Patio – Fernsehmagazin (mit K. Riha u. G. Scherer), 70; Carroll, L.: Geschichten mit Knoten, 77; Dreizeiler (mit K. Riha), 78; Schön ist die Jugend bei guten Zeiten (mit H. Droege), 80.

Richter, Hans Werner, * 12. 11. 1908 Bansin (Usedom).
R., Sohn eines Fischers, war zuerst Buchhändler in Swinemünde und Berlin. Aus politischen Gründen lebte er 1933/34 in Paris. 1940–43 war er Soldat, zuletzt in Italien, und geriet in amerikanische Kriegsgefangenschaft. 1946 gab er mit A. Andersch die Zeitschrift «Der Ruf» heraus, die 1947 von den Besatzungsmächten verboten wurde; im selben Jahr war er Mitbegründer der – von ihm bis 1967 dann jeweils einberufenen – «Gruppe 47». R. ist Mitglied der Berliner Akademie der Künste, 1986 Gryphius-Preis und Gr. Literaturpreis der Bayerischen Akademie der Schönen Künste.
R.s Bücher, in verknappter, oft zum Jargon tendierender Sprache, sind durch das Erlebnis von Krieg und Nachkriegszeit geprägt. R. kämpft für persönliche Freiheit und polemisiert gegen jede Art von Terror. Dafür ist auch der Roman *Sie fielen aus Gottes Hand* charakteristisch, ein breitangelegtes Werk, das die Geschehnisse zwischen 1939 und 1950 in zahlreichen Einzelhandlungen umspannt: Personen verschiedener Nation, deren Lebenswege in Episoden gezeigt werden, treffen schließlich in einem Heimatlosenlager zusammen. In *Linus Fleck oder Der Verlust der Würde* erzählt R. ironisch von den Machenschaften eines zweifelhaften Charakters, der mit den Besatzungs-

mächten zusammenarbeitet und schließlich durch das Film- und Magazingeschäft ohne moralische Skrupel reich wird. Im Essayband *Im Etablissement der Schmetterlinge* gibt er einfühlsame Porträts von Mitgliedern der «Gruppe 47».

W.: *Romane:* Die Geschlagenen, 1949; Sie fielen aus Gottes Hand, 51; Spuren im Sand, 53; Du sollst nicht töten, 55; Linus Fleck oder Der Verlust der Würde, 59; Wer will einen Esel?, 62; Menschen in freundlicher Umgebung, 66; Rose weiß Rose rot, 71; Kinderfarm Ponyhof, 76; Bärbel Hoppsala, 79; Die Stunde der falschen Triumphe, 81; Ein Julitag, 82. – *Erzählungen, Berichte, sonstige Prosa:* Menschen in freundlicher Umgebung, 65; Euterpe vor den Ufern der Neva oder Die Ehrung Anna Achmatowas in Taormina, 65; Karl Marx in Samarkand, 67; Blinder Alarm. Geschichten aus Bansin, 70; Deutschland deine Pommern, 70; Briefe an einen jungen Sozialisten, 74; Die Flucht nach Abanon, 80; Im Etablissement der Schmetterlinge. 21 Porträts aus der Gruppe 47, 86; Reisen durch meine Zeit. Lebensgeschichten, 89. – *Herausgebertätigkeit:* Der Ruf (mit A. Andersch), 46–48 (Reprint 75); Deine Söhne Europa; Stimmen deutscher Kriegsgefangener, 47; Die Mauer oder Der 13. August, 61; Almanach der Gruppe 47, 1947–1962, 62; Bestandsaufnahme. Eine deutsche Bilanz, 62; Walther Rathenau. Schriften und Reden, 64; Plädoyer für eine neue Regierung oder Keine Alternative, 65; Berlin, ach Berlin, 81.

Riegel, Werner, **19. 1. 1925 Danzig, †11. 7. 1956 Hamburg.
Nach der Schulzeit wurde R. als Soldat eingezogen und mehrfach verwundet. Nach dem Krieg arbeitete er als Wald- und Bauarbeiter, als Nachtwächter und Bürobote. Schriftstellerische Tätigkeit war für ihn nur in der Freizeit möglich. 1952–56 war er Herausgeber und (neben Peter Rühmkorf) Hauptautor der in 26 Nummern hektographiert erscheinenden literarischen Zeitschrift «Zwischen den Kriegen». Mit Rühmkorf war R. Begründer des sogenannten «Finismus», den er selbst so definierte: «Die Kennzeichen finistische Lyrik sind denen der Jazzmusik analog und äquivalent. Sie heißen ‹Blues›, ‹drive› und ‹schmutziges (dirty) Spiel›.» – In seinen Essays und literarischen Artikeln wandte er sich vehement gegen die beginnende bundesrepublikanische Wohlstandsgesellschaft, gegen die Verdrängung der jüngsten Ge-

schichte und die «schlechte Nachahmung einer verflossenen Lyrik» durch die Zeitgenossen. Beeinflußt vom Expressionismus und Trakl, Benn, George, Brecht als Begründern einer neuen Poetik, verstand er es, in seinen Gedichten virtuos Sprachebenen vom Pathos zum Slang zu variieren, klassische und populäre Formen wie den Bänkelsang miteinander zu verbinden.

W.: *Lyrik:* Heiße Lyrik (mit P. Rühmkorf), 1956. – *Sammel- und Werkausgaben:* Gedichte und Prosa, 61; Werner Riegel... beladen mit Sendung. Dichter und armes Schwein, 88. – *Herausgebertätigkeit:* Zwischen den Kriegen (Zs.), 52–56 (hektographiert).

Rilke, Rainer Maria (eig. René Karl Wilhelm Johann Josef Maria R.), **4. 12. 1875 Prag, †29. 12. 1926 Valmont bei Montreux (Wallis, Schweiz).
R. war Sohn eines Beamten, sollte die Offizierslaufbahn einschlagen, besuchte 1886–91 widerwillig die Militärerziehungsanstalt St. Pölten, 1891–92 die Linzer Handelsakademie, nahm 1892–95 Privatunterricht zur Vorbereitung des Abiturs und studierte Kunst-, Literatur- und Rechtsgeschichte 1895–96 in Prag, 1896–99 in München, wo er Lou Andreas-Salomé kennenlernte, und Berlin. Mit Lou Andreas-Salomé unternahm er 1899 und 1900 Reisen nach Rußland. Ihre Liebesbeziehung kühlte ab, als Rilke 1900 Anschluß an die Worpsweder Malerkolonie fand und 1901 die Bildhauerin Clara Westhoff heiratete. 1902 trennte er sich wieder von ihr und siedelte nach Paris über. Weitere Reisen führten ihn nach Italien, Dänemark und Schweden. 1905–06 war er Sekretär des Bildhauers Auguste Rodin, unter dessen Einfluß R. von der mystischen Subjektivität seiner Frühzeit zur Objektivität der «Dinggedichte» fand. 1910–11 bereiste er Nordafrika, 1911–12 lebte er auf Schloß Duino an der Adria als Gast der Fürstin Marie von Thurn und Taxis, 1912–13 unternahm er eine Reise nach Spanien. Während des 1. Weltkriegs lebte er vorwiegend in München, kurze Zeit auch verbrachte er beim österreichischen Landsturm und im Kriegsarchiv in Wien. Ab 1919 lebte R. in der Schweiz, wo ihm

1921 Freunde den Turm des Schlosses Muzot (bei Siders im Wallis) als Wohnung überließen.

R.s Leben und Werk sind exemplarisch für die Isolierung des Künstlers in einer kunstfernen, durch Wirtschaftskrisen, kapitalistische Expansion und kolonialen Imperialismus bestimmten Epoche. Dem Lebensgefühl der Entfremdung, der ganz auf sich selbst verwiesenen Geistigkeit und der nach innen gerichteten hochgradigen Sensibilität hat er in Werken von eindringlicher Schönheit und hohem künstlerischen Rang bleibenden Ausdruck geschaffen. Mit der Poetisierung seiner Existenz stellte sich R. nicht nur in die Tradition der Romantik und des von ihr bereits wiederbelebten Mythos vom Sänger Orpheus, sondern er setzte sich damit auch sehr bewußt in Widerspruch zu den «Zerstreuungen» des «Marktes», zur bourgeoisen Trivialität, zur Mechanisierung, Verdinglichung und Verödung des Lebens und zur modernen Vergewaltigung und Ausbeutung aller Dinge, zum Ungeist der äußeren Machtentfaltung, Fühllosigkeit und Gewalttätigkeit. Die Geschichte von R.s Wirkung offenbarte bislang allerdings mehr die Kehrseite dieses durchaus aktuellen und weltweit so verstandenen Protests als Kult der Innerlichkeit, der zwar die gesellschaftlichen Mächte ablehnt, aber nur flieht.

R. begann mit Lyrik im Jugendstil, die bereits eine charakteristische Sensibilität für die sinnlichen Klangqualitäten der Sprache verrät. *Das Stunden-Buch* verarbeitet R.s Rußlanderlebnis und frühe Pariser Eindrücke. Pantheistisches Selbst-, Welt- und Gottgefühl verbindet sich darin mit dem Bewußtsein der Gefährdung, des Realitätszerfalls, der Vereinsamung, Trennung und Leere, aber auch mit der Hoffnung auf Brüderlichkeit der Menschen. Die lyrische Prosadichtung *Weise von Liebe und Tod des Cornets Christoph Rilke* machte R. besonders in der jungen Generation des Bildungsbürgertums berühmt. Die neue Wendung zur Gegenständlichkeit dokumentieren die beiden Sammlungen *Neue Gedichte* mit so berühmten Gedichten wie *Der Panther*, *Die Flamingos*, *Das Karussell*. An Stelle des empfindenden Menschen rükken die «ungelebten Dinge» ins Zentrum.

Die lyrische Subjektivität wird zugunsten objektbezogener Sachlichkeit und gegenständlicher Sicht der Wirklichkeit eingeschränkt, das lyrische Ich bewußt und methodisch getilgt. R. entwickelte in jener Zeit in Briefen und in der Monographie *Auguste Rodin* seine Lehre vom unpersönlichen Schauen, das ganz auf Realität gerichtet sein soll, und vom unpersönlichen, gemachten Kunstding, das nicht Ausdruck einer Schöpferpersönlichkeit, sondern, losgelöst von ihr, absolut, nur es selbst ist. Die äußere Realität in Kunstdinge zu verwandeln, wird als Aufgabe des Künstlers gesehen, eine Bestimmung, die dann als orphische Verwandlung vor allem in den *Duineser Elegien* und den *Sonetten an Orpheus* weiter ausgeführt wird. *Die Aufzeichnungen des Malte Laurids Brigge* sind als fingiertes Tagebuch einer erfundenen Figur, eines 28jährigen dänischen Dichters in Paris, konzipiert. In ihm laufen R.s bisherige Entwicklungen zusammen: frühe Prager Kindheitserinnerungen, Erfahrungen der russischen und skandinavischen Reisen, vor allem die überwältigende Wirklichkeit von Paris. Gegen diese Großstadtwirklichkeit, deren häßliche und beängstigende Momente genau beobachtet und mit der Hoffnung, sie dadurch zu bewältigen, unerbittlich ausgesagt werden, spielt die Figur des Tagebuchromans die Erlebnisse und Ängste der eigenen Kindheit aus. Diesem persönlich-intimen Reflexions- und Selbstanalysecharakter entspricht die Form dieser eher lyrischen als epischen Prosa, die auf Handlungskontinuität ganz verzichtet und Bruchstücke von Erinnerungen und Beobachtungen assoziativ notiert: ein Buch, das auf die Entwicklung des modernen Romans nachhaltigen Einfluß hatte. Die zehn *Duineser Elegien*, 1912 in Duino begonnen, 1922 in Muzot vollendet, 1923 gedruckt, sind der anspruchsvollste Versuch, die moderne Daseinsproblematik zur Problematik des Menschen schlechthin zu verallgemeinern und die lyrische Gattung als Medium einer Sinngebung einzusetzen, die alle überlieferten religiösen und ideologischen Standpunkte und Systeme hinter sich läßt und durch Überwindung der Grenzen sprachlicher Konventionen und, indem die Reflexion unter Preisgabe aller Sicherheit sich unendlich ausweitet, zu Mythen findet, die, auch wo sie archaisch wirken, sich an keine traditionelle Mythologie anlehnen, sondern als neue Figuren und kühne Metaphern imaginative und gedankliche Kreativität freisetzen und, ohne vom konzipierenden Subjekt eindeutig fixiert zu sein, unkonventionelles und unkontrollierbares Sinnpotential entfesseln, dessen irreversible Dynamik sich in kein weltanschauliches System zurückbiegen läßt. Mit der Deutung des menschlichen Daseins generell verbindet R. in den Elegien die Selbstdeutung des Dichters als eigentlichen und fühlsamsten Menschen, dessen Aufgabe es ist, die Welt zu verwandeln, den Menschen und Dingen ein neues, über ihren Tod hinaus bleibendes Sein zu geben. Die ebenfalls 1923 veröffentlichten *Sonette an Orpheus* haben solche Selbstreflexion des Dichters, der sich auf den mythischen Sänger Orpheus als sein Urbild besinnt, zum eigentlichen Thema.

W.: *Romane, Erzählungen, lyrische Prosa:* Am Leben hin, 1898; Zwei Prager Geschichten, 98; Vom lieben Gott und anderes, 1900; Die Letzten, 02; Geschichten vom lieben Gott, 04; Die Weise von Liebe und Tod des Cornets Christoph Rilke, 06; Die Aufzeichnungen des Malte Laurids Brigge, 10; Erzählungen und Skizzen aus der Frühzeit, 28; Ewald Tragy, 29 (entstanden 1898). – *Dramen:* Jetzt und in der Stunde unseres Absterbens, 1896; Im Frühfrost. Ein Stück Dämmerung. Drei Vorgänge, 97; Ohne Gegenwart, 98; Das tägliche Leben, 1902; Die weiße Fürstin, 20. – *Lyrik:* Leben und Lieder, 1894; Wegwarten, 96; Larenopfer, 96; Traumgekrönt, 97; Advent, 98; Mir zur Feier, 99; Die frühen Gedichte, 1902; Das Buch der Bilder, 02 (erw. 06); Das Stunden-Buch, 05; Neue Gedichte, 07; Der neuen Gedichte anderer Teil, 08; Die frühen Gedichte, 09; Requiem, 09; Das Marien-Leben, 13; Erste Gedichte, 13; Duineser Elegien, 23; Die Sonette an Orpheus, 23; Les Fenêtres, 27; Les Roses, 27; Späte Gedichte, 34; Gedichte in französischer Sprache, 49; Albert-Lasard, Lou: Wege mit Rilke, 52 (mit unveröff. Gedichten); Gedichte 1906–26, 53; Die Rosen, 87; «Haßzellen, stark im größten Liebeskreise...» Verse für O. Kokoschka, 88; Poèmes français, 88. – *Essays, Abhandlungen,*

Briefwechsel, Tagebücher: Florenzer Tagebuch, 1898, 1982; Worpswede, 1903; Rodin, 03; Briefe an A. Rodin, 28; Brief an einen jungen Dichter, 29; Briefe an eine junge Frau (Lisa Heise), 30; Briefe u. Tagebücher aus der Frühzeit 1899–1902, 31; Über den jungen Dichter, 31; Über Gott, 33; Bücher, Theater, Kunst, 34; Gesammelte Briefe, 6 Bde, 29–37; Briefe an seinen Verleger (A. Kippenberg), 1906–26, 34; Tagebücher aus der Frühzeit, 42; Briefe an R. R. Zimmermann 1919–25, 45; Briefe an eine Reisegefährtin, 47; Briefe an das Ehepaar S. Fischer, 47; La dernière amitié de R. M. R., 49; Briefe, 2 Bde, 50 u. 66; Die Briefe an Gräfin Sizzo 1921–26, 50; Briefwechsel in Gedichten mit Erika Mitterer, 50; R. M. R. und Marie v. Thurn und Taxis, 2 Bde, 51; R. M. R. – A. Gide, Correspondance, 1909–26, 52 (auch dt. 57); R. M. R. und Lou Andreas-Salomé, 52; Briefe an Frau G. Nölke. Aus R.s Schweizer Jahren, 53; R. M. R. et Merline, Correspondance 1920–26, 54; R. M. R. und Katharina Kippenberg, 54; R. M. R. und Benvenuta, 54; R. M. R. – A. Gide – E. Verhaeren, Corr. inédité, 55; Lettres milanaises 1921–26, 56; R. M. R. und J. Junghanns, 59; Briefe an S. Nádherný von Borutin, 69; Über Dichtung und Kunst, 74; Das Testament, 74 u. 75; Briefe R. M. R. und H. v. Hofmannsthal, 75; R. M. R. – Hélene von Nostiz, 76; Briefe an Nanny Wunderly-Volkart 1919–26, 2 Bde, 76; Briefe über Cézanne, 77; Briefe an seinen Verleger Axel Juncker 1900–1926, 79; Briefe, 80; Briefwechsel R. M. R. – Anita Forster, 81; R. M. R. / Zwetajewa, M. / Pasternak, B.: Briefwechsel, 83; Briefe an die Mutter, 85; Briefwechsel mit Stefan Zweig, 85; Schweizer Vortragsreise 1913, 86; Die Briefe an Karl und Elisabeth von der Heydt 1905–1922, 86; Briefe an Ernst Norling, 86; Heinrich Vogeler, 86; Rilke und Rußland, 86; Briefe zur Politik, 86; R. M. R. und Stefan Zweig in Briefen und Dokumenten, 87; Briefwechsel mit Regina Ullmann und Ellen Delp, 87; Briefwechsel mit den Brüdern Reinhart, 88; Otto Modersohn. Die frühen Jahre, 89; Briefe an Tara Vega Holmström, 89; Briefe an Schweizer Freunde, 89. – *Übersetzungen:* E. Barrett-Browning, Sonette nach dem Portugiesischen, 08; M. de Guérin, Der Kentaur, 11; J. Bonnets, Die Liebe der Magdalena, 12; M. Alcoforado, Portugiesische Briefe, 13; A. Gide, Die Rückkehr des verlorenen Sohnes, 14; Die 24 Sonette der Louise Labé Lyoneserin, 18; P. Valéry, Gedichte, 25; P. Valéry, Eupalinos oder Über die Architektur, 27; Dichtungen des Michelangelo, 36; Übertragungen, 75; P. Valéry: Palme, 90. – *Sammel- und Werkausgaben (Auswahl):* Der ausgewählten Gedichte erster [und anderer] Teil, 2 Bde, o. J.; Gesammelte Werke, 6 Bde, 27; Verse und Prosa aus dem

Nachlaß, 29; Ausgewählte Werke, 2 Bde, 38; Aus R. M. R.s Nachlaß, 4 Bde, 50; Sämtliche Werke, 6 Bde, 55–66; Die Turnstunde und andere Novellen, 59; Der andere Rilke. Gesammelte Schriften aus dem Nachlaß, 61; Auswahl aus dem lyrischen Werk, 63; Werke in 3 Bdn, 66; Geschichten vom lieben Gott, 73; Liebesgedichte, o. J.; Wladimir, der Wolkenmaler, 74; Ausgesetzt auf den Bergen des Herzens, 74; Der Brief des jungen Arbeiters, 74; Das Testament, 74 (Faks.); Ausgewählte Gedichte 1902–1917, 75; Sämtliche Werke. Werkausgabe in 12 Bdn, 75; Ausgewählte Gedichte, 76; Gedichte an die Nacht, 76; Die Dame mit dem Einhorn, 78; Über den jungen Dichter. Und andere kleine Schriften, 78; Rilkes Landschaft (mit R. Richter), 79; Ihr Mädchen seid wie Gärten (mit H. Nemec), 83; Die Stimmen, 84; Briefe, 3 Bde, 85; Die Gedichte in einem Band, 86; Gedichte. Auswahl. o. J.; Geheimnis der Sehnsucht, 86; Die Letzten, 86; Sämtliche Werke, 6 Bde, 87; Erste Gedichte, 88; Lektüre für Minuten, 88; Zwei Prager Geschichten, o. J.; Vom Alleinsein. Gedichte und Briefe, 89; Worte, die verwandeln, 89.

Rilla, Paul, *26. 12. 1896 Neunkirchen/ Schlesien, †5. 11. 1954 Rostock.
Der aus gutbürgerlicher Familie stammende R. war zunächst Journalist, Tageszeitungsredakteur, Theaterkritiker in Breslau, wurde während der faschistischen Herrschaft für kritische Beiträge «gemaßregelt» und kam über sein demokratisches, humanistisches Engagement an die «Seite der revolutionären Arbeiterklasse»; während des Krieges unterhielt R. Kontakte zu der für die UdSSR spionierenden Widerstandsgruppe «Rote Kapelle». Nach 1945 übernahm R. in Ost-Berlin die Leitung der Kulturredaktion der «Berliner Zeitung». Innerhalb der in den frühen Nachkriegsjahren in der DDR noch bürgerlich ausgerichteten Literaturwissenschaft verkörperte R. mit zahlreichen Theaterkritiken, Essays über zeitgenössische und klassische Autoren sowie theoretischen Beiträgen wie kaum ein anderer die marxistisch ausgerichtete Literaturwissenschaft und -kritik. Mit Monographien über Goethe und Lessing (Bd. 10 der von R. hg. Werkausgabe) wollte R. ahistorischen «Mythisierungen» entgegentreten. Zusammen mit Johannes R. Becher war R. schon früh einer der schärfsten Kritiker von «L'art pour l'art»-Auffassungen, von formalen Abweichungen, von nichtrealistischer Kunst überhaupt. Andererseits versuchte R. zu vermitteln zwischen dogmatischer Parteilichkeit, wie sie in den frühen 50er Jahren von Alexander Abusch u. a. vertreten wurde, und maßvollem Experimentieren von Autoren, der vorsichtigen Suche nach einer «neuen Einheit» von Form und Inhalt. R. hat, vor allem durch seine Kritiken (er erhielt als erster Literaturkritiker der DDR 1950 einen Nationalpreis), einen entscheidenden Beitrag zur verbindlichen Durchsetzung der Kategorie der Parteilichkeit innerhalb der DDR-Literatur geleistet.

W.: Literaturkritische und -theoretische Schriften: Literatur und Lüth, 1948; Literatur – Kritik und Polemik, 50; Goethe in der Literaturgeschichte, 50; Die Erzählerin Anna Seghers, 50; Kritische Beiträge zur Literatur, 55; Lessing und sein Zeitalter, 60. – Herausgebertätigkeit: Gottfried Keller. Sein Leben in Selbstzeugnissen, Briefen und Berichten, 44; G. E. Lessing: Gesammelte Werke, 10 Bde, 54–58.

Ringelnatz, Joachim (eig. Hans Bötticher, weitere Pseud. Fritz Dörry, Gustav Hester; Pinko; Pinko Meyer), *7. 8. 1883 Wurzen bei Leipzig, †6. 11. 1934 Berlin.
R., Sohn des Jugendschriftstellers, Humoristen und Zeichners Georg Bötticher, ging nach seiner Schulzeit zur See, wurde dann Kaufmann und kam 1909 zum Kabarett des Münchner «Simpl». Während des 1. Weltkriegs diente er bei der Kriegsmarine. Nach 1918 war er u. a. wieder Kabarettist in München und Berlin. Der auch malerisch begabte R., ein Kauz und Original, schrieb *Stumpfsinn in Versen*, der sich jedoch in spielerisch-grotesker Art mit Tiefsinn verbindet. Neben Ausgelassenheit und heiter-obszönen Anspielungen (wie in den *Kuttel Daddeldu*- und *Turngedichten*) steht reine Lyrik von melancholischer Grundstimmung. Sein abenteuerliches Leben hat er in witzigen selbstbiographischen Büchern geschildert. Ein Selbstdarsteller, der mit Selbstironie, mutwilligem Überzeichnen der eigenen (körperlichen) Unzulänglichkeiten und Widersprüche in die Karikatur flüchtete. Der Dichter R. wurde von seinem Publikum meist nur als Kaba-

rettnummer begriffen und wird auch heute noch oft als Possenreißer eingestuft. In den späteren Jahren Absage an die innere Friedlosigkeit und Versöhnung und Akzeptierung seiner selbst. Im Dritten Reich verfemt. Ab 1933 Auftrittsverbot.

W.: *Prosa, Erzählungen:* Was Topf und Pfann' erzählen kann (mit F. Schenkel und F. Kalm), 1910 (Neuaufl. 25); Was ein Schiffsjungen-Tagebuch erzählt, 11; Ein jeder lebt's, 13; Die Woge, Marine-Kriegsgeschichten, 22; Nervosipopel, 24; Als Mariner im Kriege, 28; Matrosen, 28; Mein Leben bis zum Kriege, 31; Kuttel Daddeldu erzählt seinen Kindern das Märchen vom Rotkäppchen und zeichnet ihnen sogar was dazu [Faks. d. Hs.], 35 (Privatdr.); Zwieback amüsiere sich, 88. – *Lyrik:* Kleine Wesen (mit F. Petersen), 10 (u. d. T.: Für kleine Wesen, 58); Gedichte, 10; Die Schnupftabaksdose, 12; Kuttel Daddeldu oder das schlüpfrige Leid, 20; Turngedichte, 20 (erw. 23); Der lehrreiche, erstaunliche und gespassige Zirkus Schnipsel! Entdeckt von J. R., H. 1 [mehr nicht ersch.], 21 [Anleitung in Versen]; Die gebatikte Schusterpastete, 21; Taschen-Krümel. Original-Manuskript [in 10 Ex.], 22; Janmaate. Topplastige Lieder, 22; Fahrensleute, 22; Weitab von Lappland, 22; Kuttel Daddeldu, 23 (erw. 52); ...liner Roma..., 24; Geheimes Kinder-Spiel-Buch mit vielen Bildern, 24; Reisebriefe eines Artisten, 27 (gekürzt 35); Allerdings, 28 (gekürzt 35); Einige Gedichte, 28 (Privatdr.); Flugzeuggedanken, 29 (gekürzt 35); Kinder-Verwirr-Buch mit vielen Bildern, 32; Gedichte dreier Jahre, 32; Gedichte, 33; «Für die Mode, nicht dagegen sei der Mensch». Gedichte für Venus, 36; Kasperle-Verse, 39; Betrachtungen über dicke und dünne Frauen, 40/41 (Privatdr.). – *Dramen:* Die Flasche. Eine Seemannsballade, 32 [Bühnenms.]. – *Sammel- und Werkausgaben:* Auslese aus seinen Gedichten und seiner Prosa, 31 (Privatdr.); Die Flasche und mit ihr auf Reisen, 32; Gedichte, Gedichte von einstmals und heute, 34; Der Nachlaß, 35; Aus der Seemannskiste von J. R., 40; Überall ist Wunderland, 44; Die Erfahrungen des Seemannes Kuttel Daddeldu, 45 (Privatdr.); Gedichte, 47 (Privatdr.); Tiere, 49; und auf einmal steht es neben dir, 50; Ausgewählte Gedichte, 52; Es zwitschert eine Lerche im Kamin, 53; R. in kleiner Auswahl, 55 (verm. 56); Bumerang, 56 (Privatdr.); Komm, sage mir, was du für Sorgen hast, 56; Fünf Gedichte, 57 (Privatdr.); Als ich noch ein Seepferdchen war, 86; Berlin wird immer mehr Berlin, 87; Fromme Gedanken rauh gebettet, 87; Briefe, 88; Das große Ringelnatz Kinderbuch, 89. – *Herausgebertätigkeit:* Simplicissimus Künstler-Kneipe und Kathi Kobus, 09;

H. M. S. D. [Hilfs-Minen-Such-Division], 17 (masch.). – *Schallplatten, Kassetten:* Nie bist du ohne Nebendir, o. J.; J. R. gesungen und gesprochen, 85 (Kass.); Kuttel Daddeldu und Fürst Wittgenstein, ca. 86; G. Lüders spricht R. und Morgenstern, 88 (Kass.).

Rinser, Luise, *30. 4. 1911 Pitzling (Oberbayern).
R. studierte Psychologie und Pädagogik in München, war bis 1939 Lehrerin, dann freie Schriftstellerin. Man erteilte ihr Berufsverbot und verhaftete sie 1944 wegen «Wehrkraftzersetzung» (Gefängnistagebuch). 1945–53 Mitarbeiterin der «Neuen Zeitung» in München. 1953–58 verheiratet mit dem Komponisten C. Orff.
Mit *Abenteuer der Tugend* komponierte R. einen Briefroman über die Themen Liebe und Glaube. Anlaß für Ordnungs- und Sinnfragen des Lebens gibt die absolute Hingabe und Selbstlosigkeit jeder Ehefrau und Mutter; die still-unauffällige Annahme dieser Aufgabe durch das Schicksal wird schreibend legitimiert. Da die Liebe Beweggrund, Erklärung und Rechtfertigung für alles abgibt, wird jeglicher Opferzusammenhang negiert, Demut über geleistetes Stückwerk angezeigt. Parallel verknüpft R. in dem Briefroman eine kritische Auseinandersetzung mit dem Katholizismus. In flüssigem Stil ist auch der Roman *Der schwarze Esel* gehalten. Die Ich-Erzählfigur reist in den 70er Jahren an einen Ort ihrer Kindheit und stellt dort Fragen nach den privat-politischen Verflechtungen der Kleinstädter(innen) während des 2. Weltkriegs. Die Charaktere werden als typisch für opportunes bzw. widerständiges Handeln vorgeführt. Lebenszusammenhänge von Müttern und Töchtern unter faschistischer Herrschaft geben im Roman den Hintergrund und Boden ab für die spektakulären, einschneidenden Taten der Männer. Gleichwohl wird Heroisches und Widerstand individual-psychologisch erklärt: der Faschismus bot Gelegenheit für individuellen Größenwahn oder Märtyrertum und drückte sich aus in den Formen des politischen Widerstands aus Liebe zu einer Frau, als Rache an einer Mutter, zur Rettung eines Vaters.

Neben weiteren Romanen und Essays veröffentlichte R. eine Autobiographie *Den Wolf umarmen*, einen Reisebericht über Südkorea sowie einen Dialog mit dem Komponisten Yun. Ihr Engagement zu aktuellen kulturpolitischen Ereignissen und Begegnungen der Jahre 1970–78 verzeichnen die Ausarbeitungen spontaner Tagebuchnotizen in *Baustelle, Grenzgänge, Kriegsspielzeug*. – R. erhielt Auszeichnungen in beiden deutschen Staaten, so u. a. die Roswitha-Gedenkmedaille 1979 und 1987 den H.-Mann-Preis. 1988 erste Preisträgerin des Elisabeth-Langgässer-Literaturpreises.

W.: Romane: Hochebene, 1948; Die Stärkeren, 48; Mitte des Lebens, 50; Daniela, 53; Der Sündenbock, 55; Abenteuer der Tugend, 57 (mit Mitte des Lebens als: Nina, 61); Die vollkommene Freude, 62; Ich bin Tobias, 66; Der schwarze Esel, 74; Bruder Feuer, 75; Mirjam, 83; Silberschuld, 87; Abaelards Liebe, 91. – *Erzählungen:* Die gläsernen Ringe, 40; Erste Liebe, 46; Jan Lobel aus Warschau, 48; Martins Reise, 49; Sie zogen mit dem Stern, 52; Eine Weihnachtsgeschichte, 53; Ein Bündel weißer Narzissen, 54; Geh fort, wenn du kannst, 59; Weihnachts-Triptychon, 63; Septembertag, 64; Das Geheimnis des Brunnens, 79; Die rote Katze, 81; Das Squirrel, 85; Geschichten aus der Löwengrube, 86. – *Stücke:* Das Ohlstadter Kinder-Weihnachtsspiel, 46; Das Geheimnis des Brunnens, o. J. – *Autobiographisches:* Gefängnistagebuch, 46; Baustelle, 70; Grenzübergänge, 72; Kriegsspielzeug. Tagebuch 1972–1978; Den Wolf umarmen, 81; Nordkoreanisches Reisetagebuch, 81; Winterfrühling, 82; Im Dunkeln singen, 85. – *Essays, sonstige Prosa:* Pestalozzi und wir, 47; Die Wahrheit über Konnersreuth, 54; Fülle der Zeit. Carl Zuckmayer und sein Werk, 56; Der Schwerpunkt, 60; Vom Sinn der Traurigkeit, 62; Ich weiß deinen Namen, 62; Über die Hoffnung, 64; Gespräche über Lebensfragen, 66; Hat Beten einen Sinn?, 66; Jugend unserer Zeit, 67; Gespräche von Mensch zu Mensch, 67; Zölibat und Frau, 67; Laie nicht ferngesteuert, 67; Fragen und Antworten, 68; Von der Unmöglichkeit und der Möglichkeit heute Priester zu sein, 68; Unterentwickeltes Land Frau, 70; Hochzeit der Widersprüche, 73; Dem Tode geweiht?, 74; Wie, wenn wir ärmer würden?, 74; Hallo Partner, 75; Leiden, sterben, auferstehen, 75; Wenn die Wale kämpfen, 76; Der verwundete Drache. Dialog über Leben und Werk des Komponisten I. Yun, 77; Terroristen-Sympathisanten? Im Welt-Bild der Rechten. Eine Dokumentation, 77; Khomeini und der islamische Gottesstaat, 79; Mit wem reden?, 80; Wer

wirft den Stein? Zigeuner sein in Deutschland, 85; Tiere in Haus und Hof, 85; Die Aufgabe der Musik in der Gesellschaft von heute, 86; Die letzten sieben Worte unseres Erlösers am Kreuz, 87; Ort meiner Kindheit: Wessobrunn, 87; Reden über das eigene Land: Deutschland 5 (mit W. Biermann u. a.), 88. – *Anthologie:* Mein Lesebuch, 79. – Ferner Hörspiele. – *Sammel- und Werkausgaben:* Die Erzählungen, 85; Kassette in vier Bänden, 86; Jan Lobel. Hinkela, 88; Die gläsernen Ringe, 88; Wachsender Mond. 1982–1985, 88. – *Herausgebertätigkeit:* Pestalozzi, 48; Laßt mich leben. Frauen in Haft, 87.

Risse, Heinz, *30. 3. 1898 Düsseldorf, † 17. 7. 1989 Solingen.

Nach Gymnasium und Teilnahme am 1. Weltkrieg studierte R. in Marburg, Frankfurt und Heidelberg Nationalökonomie und Philosophie. Er promovierte bei Alfred Weber. Seit 1922 in der Wirtschaft tätig, u. a. lange Zeit im Ausland, arbeitete R. mehrere Jahrzehnte als Wirtschaftsprüfer. Er erhielt u. a. den René-Schickele- und den Immermann-Preis sowie 1974 den Kulturpreis Solingen. – R. begann erst im Alter von fünfzig Jahren zu publizieren. Er schrieb Essays, Romane und Erzählungen. In seinen Werken spielen die Fragen von Schuld und Sühne, Selbsterkenntnis und das Verhalten von Menschen in Grenzsituationen eine wesentliche Rolle. In präzise und detailliert geschilderte Realität spielt dabei immer wieder Irrationales hinein. Seine Arbeiten haben häufig gleichnishaften Charakter und vertiefen weltanschauliche Fragen der modernen Zeit auf eigenständige Art, ohne vorgefertigte Lösungen anzubieten. Seine Essays beschäftigen sich mit Künstlern und Schriftstellern oder behandeln kulturkritische Fragestellungen. Zu seinem 90. Geburtstag stiftete er selbst einen nach ihm benannten Preis.

W.: Romane, Erzählungen, Prosa: Die Flucht hinter das Gitter, 1948; Irrfahrer, 48; Wenn die Erde bebt, 50; So frei von Schuld, 51; Fledermäuse, 51; Schlangen in Genf, 51; Dann kam der Tag, 53; Belohne dich selbst, 53; Die Grille, 53; Simson und die kleinen Leute, 54; Sören der Lump, 55; Große Fahrt und falsches Spiel, 56; Wuchernde Lianen, 56; Einer zuviel, 57; Die Stadt ohne Wurzeln, 57; Buchhalter Gottes, 58; Die Schiffsschaukel, 59; Die letzte Instanz, 61; Der Diebstahl, 62; Das Duell mit dem Teufel, o. J.; Ringelreihen, 63; Fort geht's wie auf Samt, 62; Macht und Schicksal einer Leiche, 68; Skepsis ohne Trauerflor, 80; Familienfürsorge, 85; Fiscalia Curiosa, 86; Das letzte Kapitel der Welt, 86; Es hätte anders ausgehen können, 88. – *Essays, theoretische Schriften:* Soziologie des Sports, 21; Das letzte Kapitel der Welt, 49; Die Fackel des Prometheus, 52; Fördert die Kultur, 54; Gestein der Weisen, 57; Paul Cézanne und Gottfried Benn, 57; Die Insel der Seligen, 58; Über das Melancholische in der Kunst, 61; Feiner Unfug auf Staatskosten, 63; Solingen so wie es war, 75; Berkeley und der Demiurg, 83; Der Diebstahl. Und andere Nachrichten über die Soziologie des Sports, der Moral und der Sprache, 84. – *Hörspiele:* Public Relations, 2 Gespräche, 64.

Ritter, Felix → Krüss, James

Robert, Paul → Zech, Paul

Röbig, Viktor → Kurella, Alfred

Roda Roda, Alexander (eig. Sandór Friedrich Rosenfeld), *13. 4. 1872 Puszta Zdenci (Slavonien), †20. 8. 1945 New York.
R. R., Sohn eines Gutsdirektors, war 1892–1902 Offizier der österreichischen Armee, danach freier Journalist. 1905 ging er nach Berlin, ein Jahr später nach München; ab 1912 lebte er auf dem Balkan. Im 1. Weltkrieg Kriegsberichterstatter. 1920 ging R. R. wieder nach München und wurde Mitarbeiter an verschiedenen satirischen Zeitungen («Simplicissimus», «Die Ente») und Kabaretts. 1933 emigrierte er nach Österreich, 1938 in die Schweiz und 1940 in die USA, die er vordem schon auf einer Vortragsreise besucht hatte. – Mit spitzer Feder schrieb R. R. zahlreiche Anekdoten, Humoresken, Schwänke und satirische Romane, in deren Mittelpunkt zumeist die k. u. k. Monarchie, besonders die Armee und das Offizierskorps, stehen. Mehrmals verfilmt wurde sein erfolgreichstes Lustspiel *Der Feldherrnhügel;* aber auch seine Feuilletons und volkstümlich-humoristischen Betrachtungen des Alltagslebens waren bis zur Machtergreifung der Nationalsozialisten weit verbreitet.

W.: Romane: Junker Marius, 1911; Die sieben Leidenschaften, 21; (Schwabylon); oder Der

sturmfreie Junggeselle, 21; Der Knabe mit den dreizehn Vätern, 27; Die Panduren, 35; Wilde Herren – wilde Liebe, 53. – *Erzählungen, Anekdoten, Kurzprosa:* Der gemütskranke Husar, 03; Frau Helenens Ehescheidung, 04; Die Sonnenkönigin, 04; Soldatengeschichten, 2 Bde, 04; Adlige Geschichten, 06; Eines Esels Kinnbacke, 06; Von Bienen, Drohnen und Baronen, 08; Der Schnaps, der Rauchtabak und die verfluchte Liebe, 08; Lieber Simplicissimus, 08; Schummler, Bummler, Rossetummler, 09; Schwefel über Gomorrha, 09; Der Pascha lacht, 09; Milan reitet durch die Nacht, 10; Kaiserliche Kämmerer, 12; Fluch deinem Dudelsack, 14; Die verfolgte Unschuld, 14; So jung und schön …, 18; Die Kummerziege (mit Marie R. R.), 20; Frau Tarnotzis feinster Coup, 22; Morgensonne, Morgenland, 22; Ein Frühling in Amerika, 24; Die schöne Hedy Herz, 24; Der Ehegarten und andere Geschichten, 25; Gift und Galle, 26; Donner und Doria, 27; Der Schlangenbiß, 30; Die rote Weste, 47; Polo, 80. – *Dramen, Schwänke:* Der König von Crucina, 1892; Der Pascha lacht, 1909; Der Feldherrnhügel (mit C. Rößler), 10; Milan reitet in die Nacht, 10; Bubi (mit G. Meyrink), 12; Der Sanitätsrat (mit G. Meyrink), 12; Die Sklavin aus Rhodos (mit G. Meyrink), 12; Die Uhr (mit G. Meyrink), 14; Die Staatsgewalten, 19. – *Autobiographisches:* Russenjagd, 17; Serbisches Tagebuch, 18; Irrfahrten eines Humoristen, 20; Roda Roda erzählt, 25; Roda Rodas Roman, 25; 58. – *Sammel- und Werkausgaben:* Ausgewählte Werke in 3 Bdn, 32–34; Das große Roda Roda Buch, 49, 88; Roda Rodas Cicerone, 65; Heiteres und Schärferes, 69; Der Mann mit der roten Weste, 70; Schenk ein, Roda!, o. J.; Großmutter reitet, 81; Scherz und Satire, 89; Fünfhundert Schwänke, 89; Das Schmuckkästchen, 89; Roda Roda erzählt, 90. – *Schallplatten, Kassetten:* Das große Roda Roda Album, 87 (Kass.).

Rodos, Hans → Ulrici, Rolf

Rodrian, Irene, *12. 11. 1937 Berlin.
R. war Werbeberaterin und in verschiedenen Berufen tätig; sie lebt als freie Autorin. Für ihren ersten Kriminalroman *Tod in St. Pauli* erhielt R. 1967 den Edgar-Wallace-Preis. – Themen ihrer Kriminalromane und Fernsehfilme, aber auch der Jugendbücher, sind die Schwachen, Mutlosen, die sich gegen Fremdbestimmung nicht zur Wehr setzen und deshalb ein Unglück heraufbeschwören. An Patricia Highsmith geschult, schildert R. alptraumhaft gestörte Beziehungen und die Unfähigkeit, sich in seinen sozialen

und psychischen Schwierigkeiten zu artikulieren und seine Identität zu finden. Aus Unterdrückung und Erniedrigung erwächst Haß (*Wer barfuß über Scherben geht*), mangelnde Zivilcourage macht Unbeteiligte zu Mittätern (*Die netten Mörder von Schwabing*), der plötzliche Einbruch des Fremden läßt Verdrängtes aufbrechen (*...trägt Anstaltskleidung und ist bewaffnet*). R. bezieht in ihre Bücher auch aktuelle Probleme wie Schulstreß (*Der Tod hat hitzefrei*), uneheliche Geburt (*Küßchen für den Totengräber*) oder Jugendkriminalität (*Blöd, wenn der Typ draufgeht*) ein.

W.: Romane: Tod in St. Pauli, 1967; Bis morgen Mörder, 69; Wer barfuß über Scherben geht, 70; Finderlohn, 71; Küßchen für den Totengräber, 74; Ein bißchen Föhn und du bist tot, 75; Die netten Mörder von Schwabing, 75; Du lebst auf Zeit am Zuckerhut, 76; Der Tod hat hitzefrei, 76; ... trägt Anstaltskleidung und ist bewaffnet, 78; Schlaf, Bübchen, schlaf, 80; Pfeffermarmelade, 81; Vielliebchen, 82; Hausfrieden, 82; Schlagschatten, 83; Die Frau mit dem Jaguar, 84; Handgreiflich, 85; Bei geschlossenen Vorhängen, 85; Das Mädchen mit dem Engelsgesicht, 86; Küß mich, Knacki!, 87; Über die Klippen, 88; Friß, Vogel, oder stirb!, 89. – *Erzählungen:* Tote Katze, 77; Tödliche Beziehungen (mit R. Hey u. a.), 84; Die Krimipioniere (mit -ky u. a.), 88. – *Kinder und Jugendbücher:* Prima, prima, Detektive, 63; Diebe mögen keine Sonne, 64; Gute Freunde, tolle Abenteuer, 65; Das Geheimnis der Inselfestung, 66; Eine kunterbunte Reise, 67; Biggi von der Tankstelle, 68; Die Welt in meiner Hand, 69; Das Abenteuer mit der rosaroten Sieben, 70; Ein Zeuge zuviel, 71; Der Mann im Schatten, 72; Viel Glück, mein Kind, 75; Bedingungslos, 75; Blöd, wenn der Typ draufgeht, 76; Unglaubliche Abenteuer, 80; Mein Vater ist ein Supermann, 81; Phantastische Abenteuer mit dem kleinsten Seeräuber auf allen Meeren und seinem größten Feind, dem dicken Kapitän, 82; Fabelhafte Abenteuer des kleinsten Seeräubers auf allen Meeren und seinem größten Feind, dem dicken Kapitän, 85. – *Hörspiel:* Der Mord vor nebenan. – *Fernsehspiele:* Unendlich tief unten; Ein typischer Fall; Mitternacht oder kurz danach; Das Lederherz. – *Sammel- und Werkausgaben:* Finderlohn – Die netten Mörder von Schwabing – Wer barfuß über Scherben geht, 87.

Rolfs, Rudolf, *4. 8. 1920 Stettin.
Nach dem Besuch des Gymnasiums und einer Schauspielerausbildung war der als

Sohn eines Ingenieurs und Chemikers geborene R. von 1940–45 Soldat. Nach Kriegsende arbeitete er als Landarbeiter, Tanzlehrer, Holzfäller, Maurer, Rezitator und als Schauspieler. 1950 gründete er das satirische Theater «Die Schmiere» in Frankfurt/M., das er seither leitet und in dem bisher rund 50 von R. geschriebene Programme zur Aufführung kamen. Seit 1978 leitet er auch das «Theater im Wald».

Von den Medien weitgehend unbeachtet, gelang es R., sein provozierend als «schlechtestes Theater der Welt» bezeichnetes Kabarett über drei Jahrzehnte erfolgreich zu leiten. Es ist das einzige deutsche Kabarett mit täglich wechselnden Programmen, die teilweise überaus hohe Aufführungsziffern erreichen und über 20 Jahre auf dem Spielplan stehen. Seine Programme mit ungewöhnlichen Titeln wie *Die tote Ratte in der Limonadenflasche* wollen aufrütteln und agitieren und können nicht nur ästhetisch genossen werden. Neben der Tätigkeit als Theaterleiter, Texter und Schauspieler schrieb R. bisher über 30 Bücher, die Kabarettprogramme, Aphorismensammlungen und erzählende Prosa umfassen.

W.: Romane, Erzählungen, satirische Texte, Aphorismen: Das müßte verboten werden, 1951; Die Schmiere, das schlechteste Theater der Welt, 9 Bde, 55–63; happy-end?, 59; Die Hand des Josef König, 60 (Neufassung 77); Die Hosenträger, 60; Rot, 62; Tagebuch eines Nichtschläfers, 62; Voller Bauch auf Barrikaden, 64; Pamphlete, 65; Stolperdraht für Arglose, 65; Ich, ein Buhmann, 67; schlag nach bei rolfs, 67 (Neufassung 76); Das Bein ... und zwar das linke, 71; Radikale Prosa, 72; nackt, 74; Pfui!, 75; Inventur eines Hirns, 76; Wundervolle Scheiß-Liebe!, 78; Ich mal ich, 79; Fragen Sie August Pi!, 80; Körper, 81; Fahndungsbuch, 82; Feuer, 83; Einer hört zu!, 84; Freitag, 21 Uhr: Berlevag, 85; Tagebuch eines Nichtschläfers, Bd 1: Kein Tag fällt aus!, 86; Bd 2: Die Zeit bist Du!, 87; Bd 3: Die Uhr lügt!, 88; Rost im Chrom, 89.

Roman → Kralik, Richard

Rombach, Otto, *22. 7. 1904 Heilbronn, †19. 5. 1984 Bietigheim-Bissingen.
R. war nach dem Pädagogikstudium Redakteur, danach freier Schriftsteller in

Berlin. Lebte in Bietigheim bei Stuttgart. Er war Mitglied des PEN und der Deutschen Akademie für Sprache und Dichtung; mehrfach ausgezeichnet.

R. schrieb über 30 Romane, Erzählungen, Hörspiele, Dramen und Reiseskizzen. Er war ein Welt- und Heimatkundiger, dem die Kulturhistorie seiner Region ebenso wie die Frankreichs und Italiens vertraut war. Farbig-ausführliche Erzählweise mit einprägsamen Figuren, die mit Liberalität und Menschlichkeit geschildert werden. Sein erster Erfolg war der Schelmenroman *Adrian, der Tulpendieb*, im Barock zur Zeit des Tulpenschwindels in Holland spielend. Weitere Hauptwerke R.s sind die Renaissance-Romane *Der junge Herr Alexius* und *Vittorino oder Die Schleier der Welt. Peter der Taxasgraf*, ein Roman in Anekdoten, stellt eine Rokokofigur in den Mittelpunkt.

W.: Romane, Erzählungen: Der Brand im Affenhaus, 1928; Hafen im Süden, 29; Es gärt in Deutschland, 29; Ewige Wanderung, 35; Der Ikarus von Ulm, 35; Adrian, der Tulpendieb, 36; Der standhafte Geometer, 38; Der junge Herr Alexius, 40; Vittorino oder Die Schleier der Welt, 47; Der Jüngling und die Pilgerin, 49; Der Sternsaphir, 49; Gordian und der Reichtum des Lebens, 52; Tillmann und das andere Leben, 56; Anna von Oranien, 60; Der gute König René, 64; Peter der Taxasgraf, 72; Geschichten aus meinem Leben: Vorwärts rückwärts meine Spur, 74; Das was dich trägt ruht in dir selbst. Beobachtungen, Einsichten und Begebenheiten, 79; Christina Allessandra, 87. – *Dramen:* Apostel, 28; Der Münstersprung, 33; Andreas Schlüter, 35. – *Lyrik:* Gazettenlyrik, 28. – *Essays:* Ägyptische Reise, 57; Alte Liebe zu Frankreich, 62; Italienische Reisen, 67; Deutsch-französische Vignetten, 69; Atem des Neckars, 71; Im Herzen Württembergs (mit M. Blümcke), 73; Glückliches Land, 76; Wieder in Frankreich, 77; Vaihingen an der Enz (mit W. Röckle), 79; Die Burgenstraße, 84; Der goldene Meilenstein, 84.

Rosegger, Peter (Pseud. P. K. = Petri Kettenfeier), *31. 7. 1843 Alpl bei Krieglach (Steiermark), †26. 6. 1918 Krieglach.

Sohn eines Gebirgsbauern, lernte das Schneiderhandwerk und bildete sich autodidaktisch weiter. Nach ersten literarischen Arbeiten konnte er durch Förde-

rung des Schriftleiters der «Grazer Tagespost», Adalbert Svoboda, 1865–69 die Akademie für Handel und Industrie in Graz besuchen; durch Vermittlung Robert Hamerlings erhielt er ein Stipendium des Landes Steiermark, das er 1870–72 zu Reisen nach Norddeutschland, Holland, in die Schweiz und nach Italien nutzte. Danach arbeitete er sehr produktiv und erfolgreich als freier Schriftsteller; seit 1876 gab er die Zeitschrift «Heimgarten» heraus. Er lebte in Graz, während der Sommermonate in Krieglach, und hielt regen Kontakt zu seinem Wiener Freundeskreis. R. genoß den sozialen Aufstieg und die künstlerische Anerkennung, die besonders in den Feiern und Ehrungen zu seinem 60. und 70. Geburtstag ihren Ausdruck fanden (Vorschlag zum Nobelpreis 1913). – R. begann mit Gedichten in seiner steirischen Mundart, fand jedoch bald zu seinen Formen der Erzählungen, von denen besonders die autobiographischen Erzählungen der Sammlung *Als ich noch der Waldbauernbub war* (3 Bde) große Popularität erlangten, und der Romane, in denen das Leben der Bergbevölkerung in Bescheidenheit (*Die Schriften des Waldschulmeisters*) und Bedrohung durch den vordringenden Kapitalismus (*Jacob der Letzte*) dargestellt werden. R. steht also in der Tradition der Dorfgeschichte und des Heimatromans, die er mit meist milder Sozialkritik, nicht ohne Sentimentalität der Naturdarstellung, humorvoll und aus einer zuversichtlichen christlichen Religiosität erfüllt.

W.: Romane, Erzählungen, Charakteristiken, Skizzen (meist Sammelbände): Sittenbilder aus dem steirischen Oberlande, 1870; Tannenharz und Fichtennadeln. Geschichten, Schwänke, Skizzen, Lieder in obersteirischer Mundart, 70; Geschichten aus der Steiermark, 71; Wanderleben. Skizzen, 71; Gestalten aus dem Volk der österreichischen Alpenwelt, 72; In der Einöde. Eine Geschichte, 72; Das Buch der Novellen, 2 Reihen, 72–86; Geschichten aus den Alpen, 2 Bde, 73; Aus dem Walde. Ausgewählte Geschichten, 74; Das Volksleben in Steiermark, 2 Bde, 75; Aus Wäldern und Bergen, 75; Sonderlinge aus dem Volk der Alpen, 3 Bde, 75; Die Schriften des Waldschulmeisters, 75; Streit und Sieg. Novellen, 76; Wie sie lieben und hassen, 78; Mann und Weib. Liebesgeschichten, 2 Bde, 79; Lustige Geschichten, 79; Bilder von Defregger. Geschichten von Rosegger, 80; Aus meinem Handwerkerleben. Beitrag zur Charakteristik der Älpler, 80; Die Älpler, in ihren Wald- und Dorftypen geschildert, 81; Vom Kreuzweg des Lebens. Novellistische Studien, 81; Feierabende. Lustige und finstere Geschichten, 82; Heidepeter's Gabriel, 82; Am Wanderstab, 82; Der Gottsucher. 2 Bde, 83; Neue Waldgeschichten, 84; Das Geschichtenbuch des Wanderers, 2 Bde, 85; Sterben im Wald. Eine Erinnerung aus Kindertagen, 85; Der Winkel- und der Wunderdoktor, 85; Höhenfeuer. Neue Geschichten aus den Alpen, 87; Waldferien, 87; Dorfsünden, 87; Jacob der Letzte. Eine Waldbauerngeschichte aus unseren Tagen, 88; Allerhand Leute, 88; Martin der Mann, 89; Der Schelm aus den Alpen, 2 Bde, 90; Deutsches Geschichtenbuch, 90; Hoch vom Dachstein. Geschichten und Schilderungen aus Steiermark, 91; Ernst und heiter und so weiter, 92; Allerlei Menschliches, 92; Aus dem Walde, 92; Peter Mayr, der Wirt an der Mahr, 93; Spaziergänge in der Heimat, 94; Als ich noch jung war, 95; Aus Stadt und Land. Vier Erzählungen, 95 (mit H. Möbius); Alpengeschichten, 96; Der Waldvogel, 96; Durch! und andere Geschichten, 97; Das ewige Licht, 97; Waldjugend, 98; Das ewig Weibliche. Die Königsucher, 98; Geschichten und Gestalten aus den Alpen, 99; Idyllen aus einer untergehenden Welt, 99; Erdsegen, 1900; Das zu Grunde gegangene Dorf. Erzählung, 01; Sonnenschein, 01; Steirische Geschichten, 03; Arme Sünder und andere Geschichten, 03; Der Höllbart, 03; Weltgift, 03; Das Sündenglöckel, 04; Das Ereignis in der Schrun, 05; I.N.R.I., 05; Wildlinge, 06; Nixnutzig Volk, 07; Die Försterbuben, 08; Alpensommer, 09; Lasset uns von Liebe reden, 09; Die beiden Hänse. Roman aus unserer Zeit, 12; Steirischer Waffensegen, 16 (mit O. Kernstock); Als ich den Kaiser Josef suchte, 17; Das lichte Land und allerhand, 17; Der Liebste ist mein Glaube!, 20; Frohe Vergangenheiten. Launige Geschichten, 21; Der Herrensegen und andere Erzählungen, 25; Schneiderpeterl erzählt, 36 (unveröfftl. Jugendschriften). – *Drama:* Am Tage des Gerichts. Volksschauspiel, 1892. – *Lyrik:* Zither und Hackbrett. Gedichte in obersteirischer Mundart, 1870. Gedichte, 91; Mein Lied, 1911. – *Betrachtungen, autobiographische Schriften:* Waldheimat. Erinnerungen aus der Jugendzeit, 1877; Bergpredigten, 85; Stoansteirisch. Vorlesungen in steirischer Mundart, 2 Bde, 85–89; Sonntagsruhe. Ein Unterhaltungs- und Erbauungsbuch, 87; Persönliche Erinnerungen an Robert Hamerling, 91; Gute Kameraden. Persönliche Erinnerungen an berühmte und beliebte Zeitgenossen, 93; Spaziergänge in der Heimat, 94; Mein Weltleben, 98 (N. F. 1914 u. d. T. Erinnerungen eines Siebzigjährigen); Mein Himmelreich. Bekenntnisse, Geständnisse und Erfahrungen aus dem religiösen Leben, 1900; Eine Standrede an die Deutschen, 02; Volksreden über Fragen und Klagen, Zagen und Wagen der Zeit, 08; Die Ehestandspredigt, 10; Mein Kind. Tagebuch der Mutter, 11; Heimgärtners Tagebuch, 2 Folgen, 13–17; Das lichte Land und allerhand. Eine späte Nachlese aus Friedenszeiten, 17; Abenddämmerung. Rückblicke auf den Schauplatz des Lebens, 19. – *Sammel- u. Werkausgaben:* Ausgewählte Schriften, 115 Lfgn., 1881–91; Schriften in steirischer Mundart, 3 Bde, 94–96 (als Gesamtausgabe 1907); Ausgewählte Schriften, 30 Bde, 94; Schriften. 3 Serien, 15, 14, 10 Bde, 1895–1907; Als ich noch der Waldbauernbub' war. Für die Jugend ausgewählt aus den Schriften, 3 Tle, 1902; Die Abelsberger Chronik. Den Schriften entnommene Sonderausgabe, 07; Das Buch von den Kleinen. Ein Auszug aus seinen Schriften, 10; Gesammelte Werke, 4 Abt. zu je 10 Bdn, 13–16 (Neuausgabe 22–24); Ausgewählte Werke, 6 Bde, 28–30; Erzählungen, 54; Briefwechsel mit F. Hausegger, 24; Briefwechsel mit A. Silberstein, 29; Die Entdeckung von Amerika, 70; Das Dasein ist köstlich, 70; Als ich zum Pfluge kam, 74; Wanderungen in der Heimat, 79; Der Briefwechsel Gottfried Strassers mit P. R. 1896–1912, [3]79; Das große P. R. Hausbuch, 80; Novellen, 3 Bde, 81; Tiergeschichten, 82; Weihnachtsgeschichten, 82; Schmunzelgeschichten, 83; Vom Frieden des Herzens, 84; Zither und Hackbrett, 84; Die Christvesper (mit P. Peternell), 86; Gesammelte Werke, Bd 1 ff, 89 ff; Weihnachten mit P. R., 90. – *Herausgebertätigkeit:* Volkslieder aus Steiermark mit Melodien, 1872 (mit R. Heuberger); Heimgarten. Eine Monatschrift, Jg. 1–35, 1876–1910.

Rosei, Peter, *17.6.1946 Wien. Studierte Jura in Wien, Promotion 1968. 1969–71 Sekretär bei dem Maler Ernst Fuchs, seit 1972 freier Schriftsteller. Mehrere Förderpreise, u. a. 1985 das Canetti-Stipendium Wien. – Schreibt gleichnishafte Prosa von starker lyrischer Kraft, aber auch distanziert, präzise, wissenschaftlich. Will Abläufe zeigen, Zustände in verschiedenen Sprachschichten, unter verschiedenen Optiken. Verknüpft Alptraum, Wirklichkeit und Erinnerung, schildert mit geschliffener Sprache Menschen, die innerlich verstört sind oder eine Ordnung zerstören wollen. – *Bei schwebendem Verfahren:* Exzesse einer totalen Bürokratie werden zur Parabel für eine latente Inhumanität. *Der Fluß der Gedanken durch den Kopf*: Geschichten ohne Anfang mit vorläufigem Ende, die Phantasie anregende Einbildungstexte. In *Wer war Edgar Allan?* wird das literarische Vorbild Poe benutzt, um in seiner Verkleidung zu phantastischen Fahrten aufzubrechen.

W.: *Romane, Erzählungen:* Landstriche, 1972; Bei schwebendem Verfahren, 73; Wege, 74; Entwurf für eine Welt ohne Menschen. Entwurf zu einer Reise ohne Ziel, 75; Klotz spricht mit seinem Anwalt, 75; Der Fluß der Gedanken durch den Kopf, 76; Wer war Edgar Allan?, 77; Von Hier nach Dort, 78; Nennt mich Tommy, 78; Franz und ich, o. J.; Chronik der Versuche, ein Märchenerzähler zu werden, 79; Alben, 79; Das schnelle Glück, 80; Frühe Prosa, 81 (als Tb u. d. T.: Landstriche, Wege, Verstreutes, 84); Die Milchstraße, 81; Reise ohne Ende. Aufzeichnungsbücher, 82; Komödie, 84; Mann & Frau, 84; 15000 Seelen, 85; Die Wolken, 86; Der Aufstand, 87; Unser Landschaftsbericht, 88; Rebus, 90; Der Mann, der sterben wollte samt einer Geschichte von früher, 91. – *Dramen, Hörspiele (z. T. ungedruckt):* Ein Fragment und seine Deutung (Hsp.), 72; Klotz spricht mit seinem Anwalt (Hsp.), 73; Happy Carinthia (Hsp.), 73; Rede (Hsp.), 74; Lügen und andere Wahrheiten (Hsp.), 74; Wintereindecken (Hsp.), 74; Das Logbuch des Saint-Exupéry (Hsp.), 75; Tage des Königs (Hsp.), 84; Die Engel (Hsp.), 85; Die Schauspieler im Glück (Hsp.), 86. – *Essays:* Versuch, die Natur zu kritisieren, 82. – *Lyrik:* Regentagstheorie, 79; Das Lächeln des Jungen, 79. – *Filme, Fernsehen:* Einmal nach Wien kommen, 76; Der Flachgau, 77 (mit F. Rosei). – *Übersetzungen:* M. Antonioni: Zabriskie Point (mit Ch. Pock), 85; A. Triestino: Das Geheimnis (mit Ch. Pock), 88.

Rosendorfer, Herbert (Pseud. Vibber Tøgesen), *19. 2. 1934 Bozen.
R. zog 1939 mit seinen Eltern nach München. Nach dem Tode des Vaters lebte er von 1943 bis 1948 bei den Großeltern in Kitzbühel. Zuerst studierte R. Bühnenbildnerei, später Jura. Seit 1966 arbeitet er als Amtsrichter im München. – R., der auch mit grotesken Erzählungen hervorgetreten ist, zeigte sich in seinem ersten Roman *Ruinenbaumeister* als blendender Fabulierer von Witz und Einbildungskraft. Der Ruinenbaumeister ist eine Allegorie des Erzählers selbst, der seinen Roman, eine Welt voller Ungereimtheiten, als Torso vor sich herwälzt. R.s Hauptthema ist der Mensch als Fremdkörper in einer intakten Natur. R. kommt in seinen Romanen immer wieder auf das Thema der Kindheit und der Jugend zurück, dem er in *Eichkatzlried* (= Kitzbühel) einen eigenen Erzählband widmet. R.s Theaterschaffen knüpft an die Tradition der Karl-Valentin-Farcen an. U. a. 1977 und 1978 Tukan-Preis München. R. ist Mitglied der Mainzer Akademie der Wissenschaften und Honorarprofessor für bayerische Gegenwartsliteratur an der Universität München.

W.: *Romane, Erzählungen:* Die Glasglocke, 1966; Der Ruinenbaumeister, 69; Bayreuth für Anfänger, 69 (unter dem Pseud. Vibber Tøgesen); Der stillgelegte Mensch, 70; Rosendorfer's Aechtes Müncher Olympia-Buch, 71; Deutsche Suite, 72; Herbstliche Verwandlungen, 72; Skaumo, 76; Großes Solo für Anton, 79; Stephanie und das vorige Leben, 79; Der Prinz von Homburg oder Der Landgraf mit dem silbernen Bein, 78; Eichkatzlried. Geschichten aus Kindheit und Jugend, 79; Das Messinggerz, 79; Ball bei Thod, 80; Ballmanns Leiden oder Lehrbuch für Konkursrecht, 81; Das Zwergenschloß, 82; Briefe in die chinesische Vergangenheit, 83; Königlich-bayerisches Sportbrevier, 84; Die Frau seines Lebens und elf andere Geschichten, 85; Herkulesbad, 85; Vier Jahreszeiten im Yrwental, 86; Das Gespenst der Krokodile. Und über das Küssen der Erde, 87; …ich geh zu Fuß nach Bozen. Und andere persönliche Geschichten, 88; Die Nacht der Amazonen, 89. – *Dramen:* Scheiblgrieß, 70; Mein Name ist Urlappi (in: Neues Dt. Theater, hg. K. Braun u. P. Iden, 71); Dem Manne kann geholfen werden, 74; Die bengalische Rolle, 77; Münchner Miniaturen I + II, 78/79; Vorstadtminiaturen, 82; Die Papiere von gestern, 82; Steinbichler Geschichten. Ein Drehbuch, 83; Die politischen Hochzeiter oder Es bleibt alles in der Familie, 83; Die Glaswürfel, 83; Oh Tyrol oder Der letzte auf der Säule, 85; Zeit zu reden, Zeit zu schweigen, 85. – *Essays:* Über das Küssen der Erde, 71; Der Traum des Intendanten, 84; Don Ottavio erinnert sich. Unterhaltungen über richtige Musik, 89. – *Herausgebertätigkeit:* Wort im Gebirge. Folge 15, 76; Ensemble 13–15, 82–84. – *Filme, Fernsehen:* Weißblaue Turnschuhe, 73; Wohnheim Westendstraße, 76; Rubens' letzte Runde, 77; Und keine Kopeke weniger, 77; Verfolgungswahn, 77; Zeugenaussage, 78; Referendarium, 78; Aus wissenschaftlichen Gründen, 78; Ein Sack voll Brillanten, 78; Vor Gericht sehen wir uns wieder, 78 (mit K. Rittig); Eine große Familie, 79; Feueralarm, 80; Das Denkrohr, 80; Die unangenehme Sache mit Berndi, 80; Der lästige Ungar oder Rigoletto hat keine Pause, 80; Der falsche Paß für Tibo, 80; Im Park, 80; Das Usambaraveilchen, 81; Der nächtliche Gast, 81; Rosenmontag, 81; Einrichtungshaus Franke, 81; Der Jäger als Hase, 82; Die Herrenkommode, 83; Die Möbel im Park, 83; Die Steinbichler Geschichten, 83; Es bleibt alles in der Familie, 83; Ordnung muß sein, 83; Die Feuerwanze, 85. – *Sammel- und Werkausgaben:* Gesammelte Werke in Einzelbänden, Bd 1 ff, 88 ff; Das Zwergenschloß. Die italienische Eröffnung, 88.

Rosmer, Ernst → Bernstein, Else

Rot, Dieter → Roth, Dieter

Rot, Diter → Roth, Dieter

Roth, Dieter (Pseud. Diter Rot, Dieter Rot, Dieterich Roth, Karl-Dietrich Roth, Karl-Dieter Roth), *21.4.1930 Hannover.

R. kam 1943 in die Schweiz, besuchte dort das Gymnasium und lebte nach einer abgebrochenen Graphikerlehre von Gelegenheitsarbeiten. 1953 gründete er u.a. mit Eugen Gomringer die Zeitschrift «spirale» und lebte seit 1957 in Island, wo er den Verlag «forlag ed» gründete. Nach einigen längeren Aufenthalten in den USA war er 1968–77 Teilhaber der «edition hansjörg mayer». 1975 gründete er die «Zeitschrift für alles» und «Dieter Roth's Familienverlag». Neben seinem graphischen Werk schuf R. eine große Anzahl von Büchern, die häufig zu Reihen zusammengefaßt werden und so neben ihrer Bedeutung als Einzelwerke immer auch zugleich Teil einer ganzen Versuchsreihe sind. R. ist beeinflußt von der «Konkreten Poesie» und veröffentlicht unter Verzicht auf üblichen Buchaufbau, Einbeziehung von Zufälligkeiten und in Verbindung mit graphischer Umsetzung Werke, die nicht immer der Gefahr bloßer Beliebigkeit entgehen. – Lichtwark-Preis Hamburg 1988.

W.: Texte, Gedichte, Graphik: bilderbuch, 1956; kinderbuch, 57; book, 58 ff; ideogramme, 59; bok 1956–59, 59; bok 2a, 60; bok 2b, 61; bok 3a, 61; bok 3b, 61; bok 3c, 61; bok 3d, 61–66; bok 4a, 61; bok 5, 61; daily mirror book, 61; dagblegt bull, 61; literaturwurst, 61–70; book ac 1958–64, 64; quadratblatt, 65;

kölner divisionen, 65; schneewittchen, 65; quick, 65; [copley book], 65; Snow, 66; zum laut lesen, 66; Poetrie 1, 66; Scheisse, 66; 80 Wolken, 67; die blaue flut, 67; siebdruckbild 1–4, 67; Poetrie 2, 67; a look into the blue tide, part 2, 67; stempel theke, 67 (erw. u. d. T. stempelkasten, 72); Munduculum, Bd 1, Das Rot'sche Videum, 67; Die Kakausener Gemeine, 68; 246 little clouds, 68; Noch mehr Scheisse, 68; little tentative recipe, 69; isländisch leder, 70; postkartenblock, 71; Eine Frage?, 71; Frische Scheisse, 72; Der Tränensee, 73; Das Tränenmeer, Bd 1–4, 73 ff; Berliner Dichterworkshop 72 (mit F. Achleitner u.a.), 73; Die die gesamte Scheisse, 73; bücher, 74; Die die die verdammte Scheisse, 74; Die die die gesamte Scheisse, 74; Das Wähnen, 74; Murmel, 74; Das Original. Teil 1–3, 74–78; Boeken, 75; Die die die die gesamte verdammte Kacke, 75; Die die die die verdammte gesamte Kacke, 75; Misch- und Trennkunst (mit A. Rainer), 75; Die die die die gesamte verdammte Scheisse, 75; Die die die verdammte gesamte Scheisse, 75; Die die die die verdammte gesamte Kacke, 75; Neo Nix und Neo-Mix (mit A. Rainer), 75; Ratiobriefe (mit A. Rainer), 75; Collaborations of Ch. Rotham (mit R. Hamilton), 77; Interfaces (mit R. Hamilton), 77; Vom Blau ins Grau (mit A. Rainer), 78; Das Weinen, 78; Trophies, 79; Unterm Plunderbaum, 79; Das Weinen no. 2. das Wähnen Bd 2B, 79; Antwoorden op Vragen (mit K. Broos), 80; Telefonzeichnungen, 80; Über Telefonzeichnungen von Franz Eggenschwiler, Alfons Hüppi, D.R., 80; Bats, 81; Dogs, 81; Ein Tagebuch/A Diary, 82; 2 Schock schnelle Weichzeichnungen, 83; Noch mehr Scheiße – the Book of thorn & eth., 83; ca. 150. Schnellzeichnungen, 84; Schnellzeichnungen, 84. – *Essays:* Franz Eggenschwiler, der Jüngling, der Mann, die Zeit, das Werk, 71; Wer ist der, der nicht weiß wer Mozart war, 71; Wer war Mozart, 71; 2 Probleme unserer Zeit, 71; Über das Verhalten des Allgemeinen zu oder gegenüber dem Besonderen bzw. des Besonderen zu oder gegenüber dem Allgemeinen, 72; Ein Lebenslauf von fünfzig Jahren, 80; Der Moralist, 81. – *Übersetzungen:* R. Filliou: 14 chansons und 1 rätsel, 68; D. Spoerri; Anekdoten zu einer Topographie des Zufalls, 69; E. Gudmundsson-J. Voss, Conversation, 77. – *Sammel- u. Werkausgaben:* Die gesamte Scheisse, 68; gesammelte werke, 1. Teil (20 Bände), 69–76; Frühe Schriften und typische Scheisse, 75; gesammelte werke, 2. Teil (20 Bände), 77 ff; Dieter Roth, 82; 1234 weiche Schnellzeichnungen (GW, Bd 37), 87. – *Herausgebertätigkeit:* spirale 1–4 (mit E. Gromringer u. M. Wyss), 53; Poeterei 3/4. Doppelnummer der Halbjahresschrift für Poesie und Poetrie (mit R. Rieser), 68; Zeitschrift für alles, 1–6, 75–81. – *Schallplatten,*

Tonbänder, Filme, Video: Scheissegedichtlesung, 76; pop 1 (u. a.), 76; Tibidabo, 78; Radiohaus-Klagemusik, 78; Thy Quatsch est min Castello, 79.

Roth, Dieterich → Roth, Dieter

Roth, Eugen, *24. 1. 1895 München, †28. 4. 1976 ebd.

R., Sohn eines Publizisten, wurde als Kriegsfreiwilliger schwer verletzt. Anschließend studierte er Germanistik, Geschichte, Kunstgeschichte und Philosophie in München, promovierte 1922 zum Dr. phil. und unternahm Reisen nach Norwegen, Griechenland und Afrika. 1927–33 war er Redakteur bei den «Münchner Neuesten Nachrichten», dann freier Schriftsteller in München. 1965 Ehrengast der Villa Massimo, 1976 E.-Hoferichter-Preis. – R.s erste Lyrik war expressionistisch-religiös (*Die Dinge, die unendlich uns umkreisen*) und blieb wenig beachtet. Später schrieb er als Lyriker wie auch als von der bayrischen Landschaft angeregter und oft autobiographischer Erzähler «bald Ernstes, bald Heiteres» und verfaßte zahlreiche Naturgedichte. Mit dem satirisch-heiteren Versbuch *Ein Mensch* erzielte er 1935 einen außergewöhnlichen Erfolg. Sein tiefgründiger und heiter-besinnlicher, im Grunde skeptischer Humor wird von Verständnis für das Menschliche wie auch für die Welt des Kindes und des Tieres getragen. Mit viel Wortwitz und sprachlicher Treffsicherheit, in einer Kongruenz von Wort- und Situationswitz skizziert und karikiert R. allgemein-menschliche Situationen und Schwächen, was zu einer Mischung aus Scherz, Satire, Ironie und tieferer Bedeutung führt.

W.: Romane, Erzählungen, Kinderbücher: Recht, 1938; Die Fremde, 38; Das große Los, 38 (als: Vom Lotto zum Toto, 53); Der Weg übers Gebirg, 41; Der Fischkasten, 42; Einen Herzschlag lang, 42; Münchener Geschehen, 43; Abenteuer in Banz, 43; Die schöne Anni, 48; Das Schweizerhäusl, 50; Der Raufhansl, 54; Sammelsurium, 55; Mensch und Zeit, 55; Unter Brüdern, 58; Lebenslauf in Anekdoten, 62; Damals in Oberbayern. Münchner Maler erwandern die Heimat, 70; Erinnerungen eines Vergeßlichen, Anekdoten und Geschichten,

72. – *Essays:* Eisenwerk Maximilianshütte, 28; Oberammergau, 60; Das Kind und sein Vater (mit H. Reich), 60; München – so wie es war, o.J. (verb. 66); Ein Kind ist uns geboren, o.J.; München, 67. – *Lyrik:* Die Dinge, die unendlich uns umkreisen, 18; Erde, der Versöhnung Stern, 20; Der Ruf, 22; Gesammelte Gedichte, 29; Monde und Tage, 30; Ein Mensch, 35; Die Frau in der Weltgeschichte, 36; Traum des Jahres, 37; Der Wunderdoktor, 39; Mensch und Unmensch, 48; Eugen Roths Tierleben, 2 Bde, 48 u. 49; Rose und Nessel, 51; Der Stachelbeertill, 53; Heitere Kneipp-Fibel, 54; Lausbubentag, 56; Gute Reise, 56; Neue Rezepte vom Wunderdoktor, 59; Täglich unterwegs, 59; Eine oktoberfestliche Moritat, 60; Der Schrift und Druckkunst Ehr und Macht, 60; Hausarzt des Humors, 61; Der letzte Mensch, 64; Heiter bis wolkig, 65; Ins Schwarze – Limericks und Schüttelreime, 68. – *Sammel- u. Werkausgaben:* Menschliches in Scherz und Ernst, 41; Von Mensch zu Mensch, 60; Ernst und heiter, 61; Humorapotheke, 6 Bde, 62; Wie man's nimmt, 67; Genau besehen, 71; So ist das Leben, 73; Alltag und Abenteuer, 74; Sämtliche Werke, 8 Bde, 77; Das Eugen Roth Buch, 80; Geschichten und Verse, 80; Je nachdem, 81; Spaziergänge mit Hindernissen, 82; Sämtliche Menschen, 83; Das große Eugen Roth Buch, 84; Das Gespenst und andere Erzählungen, 85; Eugen Roth's immerwährender Kalender, 85; Traum des Jahres und andere Gedichte, 85; Abenteuer in Banz, 85; Alle Rezepte vom Wunderdoktor, 86; Eugen Roths kleines Tierleben, 88; Eugen Roths Großes Tierleben, 89; Ein Mensch und andere heitere Verse, 89. – *Schallplatten, Kassetten:* Ella Büchi und A. von Ambesser sprechen E. R., 88 (Kass.).

Roth, Friederike, *6. 4. 1948 Sindelfingen.

R. promovierte nach dem Studium der Philosophie und Linguistik und lebt heute in Stuttgart, wo sie seit 1979 Hörspieldramaturgin beim Süddeutschen Rundfunk ist. 1977 erhielt sie den Leonce-und-Lena-Preis für Lyrik, 1981 das Villa-Massimo-Stipendium, 1982 den Stuttgarter Literaturpreis, 1983 den Gerhart-Hauptmann-Preis sowie den Ingeborg-Bachmann-Preis für das 1984 erschienene Werk *Das Buch des Lebens. Ein Plagiat.* 1984/85 Stadtschreiberin von Bergen-Enkheim. – Ihr vielbeachtetes Theaterstück *Ritt auf die Wartburg* zeigt vier bundesrepublikanische Frauen bei einer Reise in die DDR. In ironischer Brechung wird im Spiegel von Reiseerwartung und Wirklichkeit der Anspruch auf ein erfülltes Leben gezeigt, der nicht nur an der Ungunst der Verhältnisse, sondern ebensosehr an der eigenen Halbherzigkeit scheitert. – Gegen den vorgeschriebenen Ablauf, die Überbewertung der Ordnung als einer Größe, die nicht mehr in Frage gestellt werden darf, schreibt R. ihre Erzählung *Ordnungsträume*; eine Kette von Assoziationen, Selbstgesprächen, scheinbaren Zwiegesprächen und philosophischen Reflexionen.

W.: Prosa: minimal-erzählungen, 1970; Ordnungsträume, 79; Aus dem Buch des Lebens, 83; Nachgewitter, 84. – *Lyrik:* Tollkirschenhochzeit, 78; Schieres Glück, 80; Schattige Gärten, 87. – *Dramen, Hörspiele:* Wer mäht. Klavierstücke, 80; Klavierspiele, 81, Ritt auf die Wartburg, 81; Krötenbrunnen, 84; Die einzige Geschichte, 85; Das ganze ein Stück, 86. – *Übersetzungen:* D. Parker: Close Harmony oder Die liebe Familie, o. J.; D. Parker: Ladies im Hotel, o. J.; A. Stevenson: Sylvia Plath (mit anderen), 90. – *Sammel- und Werkausgaben:* Ritt auf die Wartburg/Klavierspiele, 84. – *Drehbücher:* Augenblicke, 73. – *Schallplatten, Kassetten:* Nachtschatten (Hsp.), o. J. (Kass.). – *Herausgebertätigkeit:* Luchterhand Jahrbuch der Lyrik 1988/ 89 (mit Ch. Buchwald), 88.

Roth, Gerhard, *24.6.1942 Graz.
R. studierte Medizin, arbeitete als Angestellter, dann als Organisationsleiter im Grazer Rechenzentrum. Seit 1978 lebt er als freier Schriftsteller. In R.s Schaffen lassen sich bisher zwei Abschnitte unterscheiden: Eine kurze experimentelle Phase (1972/73) wurde durch die Hinwendung zu eher traditionellen Erzählverfahren abgelöst. Ähnlich wie bei Botho Strauß und Peter Handke ist die menschliche Einsamkeit ein zentrales Thema seines Schreibens. R. erhielt verschiedene Preise, u. a. 1983 den Döblin-Preis für das Manuskript seines Romans *Landläufiger Tod*, ein 800-Seiten-Werk von beeindruckender Sprach- und Formkraft. Österreichischer Würdigungspreis für Literatur 1989.

W.: Romane, Erzählungen: die autobiographie des albert einstein, 1972; Der Ausbruch des Ersten Weltkrieges und andere Romane («Künstel», «How to be a detective»), 72; Der Wille zur Krankheit, 73; Herr Mantel und Herr Hemd, 74; Der große Horizont, 74; Ein neuer Morgen, 76; Winterreise, 78; Menschen, Bilder, Marionetten. Prosa, Kurzromane, Stücke, 79; Der stille Ozean, 80; Grenzland – On the borderline, 81; Circus saluti, 81; Schöne Bilder beim Trabrennen, 82; Das Töten des Bussards, 82; Landläufiger Tod, 84; Dorfchronik zum ‹Landläufigen Tod›, 84; Gsellmanns Weltmaschine, 86; Am Abgrund, 86; Der Untersuchungsrichter. Die Geschichte eines Entwurfs, 88. – *Dramen:* Lichtenberg (in: manuskripte 37/38, 73; als Buch 75); Sehnsucht (in: Spectaculum 26, 76); Dämmerung (in: manuskripte 61/78); Erinnerungen an die Menschheit. Stück, zusätzliche Texte, Prosa, 85. – *Essays:* Bruno Kreisky, 81 (mit K. B. Müller u. P. Turrini). – *Sammel- und Werkausgaben:* Lichtenberg / Sehnsucht / Dämmerung. Stücke, 83. – *Filme, Fernsehen:* Beobachtungen in Amerika – Ankunft, 76; Menschen in Österreich, 3 Teile, 79.

Roth, Joseph (Pseud. Hamilkar, Christine von Kandl), *2.9.1894 Schwabendorf bei Brody (Galizien), †27.5.1939 Paris.
Nach dem Besuch des humanistischen Gymnasiums in Brody studierte R. Germanistik in Lemberg und Wien. Während seiner Dienstzeit in der k. u. k. Armee 1916–18 erschienen erste Publikationen (Berichte und Feuilletons). Nach dem Krieg arbeitete er als Journalist in Wien. Ab 1922 schrieb er in Berlin für die «Frankfurter Zeitung», deren Mitarbeiter er seit 1923 war, unternahm er 1926 eine Studienreise durch die UdSSR. Ende Januar 1933 verließ R. Deutschland; er lebte u. a. in Nizza, Marseille, und Paris. Während der Emigration publizierte er im «Neuen Tagebuch», aber auch in habsburgisch-konservativen Blättern. R.s in den letzten Lebensjahren zunehmender Alkoholismus war Folge der Verzweiflung über den politischen Zustand Europas.
Der Roman *Das Spinnennetz* erschien 1923 in der Wiener «Arbeiterzeitung» (als Buch erst 1967); hier sind, noch vor dem Putsch von Ludendorff und Hitler, rechtsradikale Aktivitäten exakt beschrieben. Die journalistischen Äußerungen dieser Zeit, ebenso wie die Romane *Hotel Savoy* und *Die Rebellion*, belegen die dezidiert sozialistische Einstellung des Autors. Etwa ab 1925 wich das politische Engagement einer zunehmen-

den Resignation; entscheidend dafür dürften die Eindrücke der Rußlandreise gewesen sein: Statt der Verwirklichung des Sozialismus stellt R. bürokratische Erstarrung und die Etablierung einer neuen Bourgeoisie fest. – Mit dem Roman *Die Flucht ohne Ende*, den R. ausdrücklich einen «Bericht» nennt, setzt die Serie der Arbeiten ein, in denen eine exakte Analyse der politischen und kulturellen Verhältnisse sich mit deutlicher Skepsis gegenüber der Zukunft verbindet. Während in diesem Roman die Problematik der österreichischen Nachkriegsgeneration im Vordergrund steht, wird in *Rechts und Links* durch die Lebensbeschreibung des deutschen Industriellensohnes Paul Bernheim der hemmungslose Opportunismus des Bürgertums vor und nach dem Weltkrieg paradigmatisch dargestellt. *Der stumme Prophet* schließlich, mit der zentralen Gestalt des Friedrich Kargan, zieht eine pessimistische Bilanz der russischen Oktoberrevolution. – Gemeinsam ist diesen Romanen, daß die Lebensbeschreibung eines Individuums jeweils ausgeweitet wird zu einer kritischen Darstellung der politischen Gesamtsituation; darüber hinaus sind sie dem berichtähnlichen Stil der «Neuen Sachlichkeit» verpflichtet.

Den – noch nicht konsequent durchgeführten – Übergang zu R.s späteren Arbeiten markiert der Roman *Zipper und sein Vater*, der deshalb als «spätes Frühwerk» bezeichnet werden kann: Auch hier steht ein einzelnes Individuum im Mittelpunkt, aber Geschichte wird nun mehr mittelbar, durch die Auswirkung auf das Privatleben der Romangestalten hindurch, sichtbar. Kommentare des Erzählers, charakteristisch für das Frühwerk, treten immer seltener auf, eine Entwicklung, die schließlich zum hermetischen Stil der *Legende vom heiligen Trinker* führt. Zugleich konzentriert R.s Interesse sich auf das Leben in der vergangenen k. u. k. Monarchie. – Ein erster Höhepunkt ist *Hiob*: Die Geschichte des frommen Ostjuden Mendel Singer. Wie in dem späteren Roman *Tarabas* steht hier, mit legendenhaften Zügen, die religiöse Thematik im Vordergrund. In R.s Hauptwerk, dem Roman *Radetzky-*

marsch, wird durch vier Generationen der Familie Trotta der Niedergang der Doppelmonarchie von der Schlacht bei Solferino (1859) bis zum Tod Franz Josephs I. (1916) dargestellt. Die Supranationalität des Vielvölkerstaates – besonders deutlich auch in der Novelle *Die Büste des Kaisers* – wird dem krassen Nationalismus der Gegenwart konfrontiert; indessen schließt die apologetische Absicht schneidende Gesellschaftskritik nicht aus. Gleiches gilt für den thematisch verwandten Roman *Die Geschichte von der 1002. Nacht*: In dem durch Zufälle ausgelösten, trotzdem notwendig sich vollziehenden Untergang eines Rittmeisters ist der unaufhaltbare Zerfall des Staates in einem Individuum zusammengezogen. – Dagegen scheitern R.s Bemühungen oft, wo er die Form des Romans oder des Feuilletons verläßt: Der Essay *Der Antichrist* erschöpft sich in – zu kurz greifender – Kritik an technischen Einrichtungen wie Kino und Telefon. Exakten Bezug zur Realität enthält wieder der Roman *Das falsche Gewicht*, obwohl hier sogar märchenhafte Züge auftreten. In dem nach ästhetischen Kriterien mißlungenen Roman *Die Kapuzinergruft*, der, als eine Art Fortsetzung zum *Radetzkymarsch*, das Schicksal Österreichs bis zum «Anschluß» 1938 zum Thema hat, zieht sich der Ich-Erzähler Franz Ferdinand Trotta in der Nacht des Einmarsches der Nationalsozialisten in die Kapuzinergruft zurück, die Begräbnisstätte der Habsburger. Die politische Analyse wird zwar nicht geleistet, indessen ist für den Leser die gesellschaftliche Determination des Geschehens gerade durch das extrem unpolitische Bewußtsein der Romangestalt hindurch sichtbar, der alles als blindes «Schicksal» erscheint.

W.: Romane, Erzählungen: Das Spinnennetz, 1923 (als Buch: 67); Hotel Savoy, 24; Die Rebellion, 24; April, 25; Der blinde Spiegel, 25; Die Flucht ohne Ende. Ein Bericht, 27; Zipper und sein Vater, 28; Rechts und Links, 29; Der stumme Prophet, 29 (Teilveröff.; vollständig: 66); Hiob, 30; Radetzkymarsch, 32; Tarabas. Ein Gast auf dieser Erde, 34; Die Büste des Kaisers (zuerst frz.), 34; Die Hundert Tage, 35; Beichte eines Mörders, erzählt in einer Nacht, 36; Le triomphe de la beauté, 37; Das falsche Gewicht, 37; Die Kapuzinergruft, 38; Die Geschichte von der 1002. Nacht, 39; Die Legende vom heiligen Trinker, 39; Der Leviathan, 40; Perlefter (aus dem Nachlaß), 78. – *Essays, Feuilletons:* Juden auf Wanderschaft, 27; Panoptikum, 30; Der Antichrist, 34; Der Neue Tag, 70; Berliner Saisonbericht, 84. – *Briefe:* 1911–39, 70. – *Sammel- und Werkausgaben:* Werke in 3 Bdn, 56; Die Rebellion, 62; Der neue Tag, 70; Die Erzählungen, 73; Ausgewählte Werke, 4 Bde, 75; Barbara, 78; Der Leviathan. Erzählungen. Erzählfragmente. Kleine Prosa, 79; Romane und Erzählungen, 4 Bde, 82; Romane, 2 Bde, o. J.; Werke, 6 Bde, 89ff. – *Schallplatten, Kassetten:* Radetzkymarsch (Auszüge), 89 (Kass.).

Roth, Karl-Dieter → Roth, Dieter

Roth, Karl-Dietrich → Roth, Dieter

Röttger, Karl, *23. 12. 1877 Lübbecke (Westfalen), †1. 9. 1942 Düsseldorf.
1898–1908 Lehrer, 1911–14 Vortragsreisen. Seit 1915 wieder Lehrer in Düsseldorf. R. kam in Kontakt mit Otto zur Linde und wurde Mitherausgeber der Zeitschrift «Charon». Er gründete die Zeitschriften «Die Brücke» und «Das Kunstfenster». Seine Werke sind von einer mystischen, gottsucherischen Haltung geprägt, die in visionärer Sprache Ausdruck findet. Charakteristisch sind seine Legenden und Mariendichtungen.

W.: Romane, Erzählungen, Legenden: Christuslegenden, 1914; Der Eine und die Welt, 17; Die Allee, 18; Die Religion des Kindes, 18; Das Gastmahl der Heiligen, 20; Stimmen im Raum, 20; Die fernen Inseln. Aus den Tagen der Kindheit, 21; Der Schmerz des Seins, 21; Das Herz in der Kelter, 27; Zwischen den Zeiten, 27; Kaspar Hausers letzte Tage, 33; Das Buch der Gestirne, 33; Der Heilige und sein Jünger, 34; Die Berufung des J. S. Bach, 35; Der Heilandsweg, 35; Opfertat, 35; Dämon und Engel im Land, 36; Die Magd, 37; Die Mörderin, 40; Gnade vor Recht, 45. – *Dramen:* Haß, 18; Gespaltene Seelen, 18; Simson, 21; Das letzte Gericht, 22; Der treue Johannes, 22; Die sechs Schwäne, 22; Die Heimkehr, 26; Die heilige Elisabeth, 27. – *Lyrik:* Glück und anderes, 02; Wenn deine Seele einfach wird, 09; Tage der Fülle, 10; Die Liebe von Gott und Tod, 12; Sehnsucht und Schicksal, 15; Das Buch der Liebe, 28; Das Buch der Mysterien, 29; Das Unzerstörbare, 37. – *Essays:* Das Leben, die Kunst, das Kind, 05; Kind und Gottesidee, 08; Die Flamme, 18; Zum Drama und Theater der Zukunft, 21; Das Kindertheater, 22; Johann Sebastian, 24; Hölderlin, 30; Ihr

schwebt, ihr Geister, neben mir, 37; Am deutschen Strom, 40; Mozart, 41. – *Herausgebertätigkeit:* Die moderne Jesusdichtung, 07; Charon (mit O. zur Linde), 09–11; Die Brücke, 11–14. – *Sammel- und Werkausgaben:* Legenden, 2 Bde, 20 u. 28; Ausgewählte Werke, 2 Bde, 58.

Rottweiler, Hektor → Adorno, Theodor W.

Rubiner, Ludwig (Pseud. Ernst Ludwig Grombeck), *12. 7. 1881 Berlin, †26. 2. 1920 ebd.
Über R.s Leben ist wenig bekannt; zumeist hielt er sich in Berlin auf, während des 1. Weltkriegs übersiedelte er in die Schweiz. R. war einer der maßgeblichen Mitarbeiter an Pfemferts Zeitschrift «Die Aktion» und Schickeles «Weißen Blättern». – Nach einem 1911 unter Pseudonym veröffentlichten Roman brachte R., gemeinsam mit F. Eisenlohr und L. Hahn, *Kriminalsonette* heraus; Verse im Stile van Hoddis', auf Brecht vorweisend. Der 1916 erschienene Gedichtband *Das himmlische Licht* dokumentiert dagegen die Wendung R.s zum expressionistischen Aktivismus. Der humanistische Sozialismus, zu dem sich R. auch in der Aufsatzsammlung *Der Mensch in der Mitte* bekennt, trägt utopische Züge: Aus heiliger Anarchie geht die brüderliche Gemeinschaft aller Völker hervor. R. glaubte an die Macht des beschwörenden Wortes; der Titel seines Ideendramas *Die Gewaltlosen* erscheint charakteristisch. Erst nach den Erfahrungen des Jahres 1919 ging er zur Kommunistischen Partei über. – Formal bieten R.s Dichtungen extreme Beispiele der Abstraktion und der Auflösung ins Rhetorisch-Plakative.

W.: Dramen: Pantomime für das Kino, 1914; Die Gewaltlosen, 19. – *Roman:* Die indischen Opale (Pseudonym Ernst Ludwig Grombeck) 11. – *Lyrik:* Kriminalsonette (mit F. Eisenlohr u. L. Hahn), 13; Das himmlische Licht, 16. – *Essays:* Der Mensch in der Mitte, 16; erw. 20. – *Herausgebertätigkeit:* Zeit-Echo, 17–18; Tolstoj, Tagebuch, 18; Kameraden der Menschheit. Dichtungen der Weltrevolution, 19; Die Gemeinschaft. Dokumente d. geistigen Weltwende, 20. – *Übersetzungen:* Tolstoj, Voltaire. – *Sammelausgabe:* Der Dichter greift in die Politik. Ausgewählte Werke 1908–1919, 76; Künstler bauen Barrikaden, 87.

Rücker, Günther (Pseud. Johann Günther), *2.2.1924 Reichenberg (Liberec, ČSSR).

1942 machte der Tischlersohn R. das Notabitur und war bis Kriegsende Soldat. Nach der Entlassung aus der Kriegsgefangenschaft studierte er 1947–49 an der Leipziger Theaterhochschule. Ab 1949 war er als Regisseur am Leipziger Rundfunk, seit 1951 in Berlin tätig. Seit den frühen 50er Jahren verfaßt er Hörspiele, schreibt und dreht Spiel- und Dokumentarfilme. R. lebt als freier Schriftsteller und freier Mitarbeiter der DEFA. 1956 (zusammen mit anderen), 1971 und 1980 erhielt er den Nationalpreis der DDR, 1966 den Heinrich-Greif-Preis und die Erich-Weinert-Medaille, 1972 wurde er Mitglied der Ostberliner Akademie der Künste.

R., der u. a. ein Ballett, Theaterstücke, Fernseh- und Spielfilme geschrieben hat, ist vor allem bekannt geworden als einer der führenden Hörspielautoren der DDR (Hörspielpreis 1983). Er schreibt Texte, die, ausgehend vom scheinbar privaten Einzelschicksal, historische und Gegenwartsthemen aufgreifen und mit zunehmend stilistischer Sicherheit, speziell mit Hilfe des Funkmonologs, durchführen. Geschichte, gespiegelt durch biographische Erinnerung, ist das Thema auch seiner Filme, so in *Die besten Jahre*. In seinem Theaterstück *Der Herr Schmidt. Ein deutsches Spektakel mit Polizei und Musik* geht es um eine satirische Abrechnung mit dem preußischen Polizeistaat an Hand der Vorgänge, die dem Kölner Kommunistenprozeß von 1852 vorausgingen.

W.: Prosa: Herr von Oe. Hilde, das Dienstmädchen, 84; Anton Popper und andere Erzählungen, 85; Alles Verwandte, 87; Erziehung eines Stiefsohns, 88. – *Dramen, Hörspiele, Ballette, Filmszenarien:* Cassandro (in: NDL, H.6), 1957; Bericht Nr.1, 58 (in: Kleines Hörspielbuch, 60); Frühlingsmärchen, 60 (u. d. T.: Der Herr Sire und der Frühling in: NDL, H.5, 61); Der Platz am Fenster, 61 (in: Hörspiele 2, 62); Der Platz am Fenster gegenüber, 62 (in: Hörspiele 3, 63); Der Herr Schmidt, 69; Bericht Nr.3 (u. d. T.: Siebzig Jahre, in: Sinn und Form, H.5), 70; Das Modell, 70 (in: Hörspiele 11, 72); Portrait einer dicken Frau, 71 (in: Forum Nr.2, 72); Sieben Takte Tango (in: NDL H.5), 74; Anläßlich eines Gesuchs, 71 (in: Deutsch als Fremdsprache, Sonderheft, 75); Private Galerie (mit K. H. Roehricht), 72 (in: Die merkwürdige Verwandlung der Jenny K., 76); Bis daß der Tod euch scheidet, 79. – *Essay:* Geschichte begreifen, 80. – *Sammelausgabe:* Sieben Takte Tango. 11 Hörspiele und 1 Komödie, 79; Die Verlobte. Der Fall Gleiwitz (u. a.). Texte zu 7 Spielfilmen, 88. – *Schallplatten, Kassetten:* Portrait einer dicken Frau, o. J. (Kass.).

Ruedebusch, Emil F. → Mühsam, Erich

Ruederer, Josef, *15.10.1861 München, †20.10.1915 ebd.

R. war der Sohn eines Generalkonsuls und Großkaufmanns. Nach dem Besuch des Gymnasiums in München erlernte er auf Wunsch seines Vaters den Beruf des Kaufmanns. Er lebte dann einige Jahre in Berlin, leistete seinen Wehrdienst ab und wurde Reserveoffizier. R. machte sich als Kaufmann selbständig, löste jedoch bald mangels Erfolgs seine Unternehmungen auf und wurde freier Schriftsteller in München. 1896 gründete er zusammen mit dem Maler L. Corinth und den Schriftstellern M. Halbe und W. Hegeler das «Intime Theater», verkehrte dann auch mit F. Wedekind, Th. Mann und W. Weigand. – R. verfaßte realistische, satirische Dramen, Romane und Erzählungen über den oberbayerischen Alltag, vornehmlich über das Leben der Bauern. Er ist dabei allerdings schärfer, bitterer als sein Landsmann L. Thoma. Seine aus dem Lokalgeist entstandenen Werke verraten viel vom eigentümlichen Wesen der Münchner Bürgerlichkeit. Sein wohl stärkstes Stück, *Die Fahnenweihe*, ein kleinbürgerliches Intrigenspiel, ist das Werk eines Pessimisten, der überall die Gemeinheit der Menschen über die anständige Gesinnung siegen sieht. Sein Grundpessimismus schlägt auch in den *Wallfahrer-, Maler- und Mördergeschichten* durch, wo er Schicksale aus dem Milieu der Bohème und des Kleinbürgertums mit bissiger Ironie gestaltet. R., der den Dialekt nur als Kunstmittel gebrauchte, schrieb eigentlich nicht für das einfache Volk; sein wohl bestes Prosawerk ist *München*, ein ironischer Führer durch geistige Welt, Adel, Wissenschaft,

Literatur und Kultur der bayerischen Hauptstadt.

W.: Romane, Erzählungen: Germania, 1890; Geopfert!, 92; Ein Verrückter, 94; Tragikomödien, 97 (neue Folge 1909); Höllischer Spuk, 97; Wallfahrer-, Maler- und Mördergeschichten, 99; Münchner Satiren, 1907; München, 07; Das Grab des Herrn von Schefbeck, 12; Das Erwachen, 16. – *Dramen:* Die Fahnenweihe, 1895; Auf drehbarer Bühne, 1901; Die Morgenröte, 05; Wolkenkuckucksheim, 09; Der Schmied von Kochel, 11; Die Stimmbänder der Herrn Torgolani, 13. – *Sammel- und Werkausgaben:* Das Gansjung, 82; Werkausgabe, 5 Bde, 87; Linnies Beichtvater, 88.

Rüedi, Hans → Wolf, Friedrich

Rühm, Gerhard, * 12. 2. 1930 Wien.
R. studierte Klavier und Komposition in Wien, orientalische Musik in Beirut. Im Rahmen der «Wiener Gruppe» einer der wichtigsten Anreger der österreichischen Literatur nach 1945. Anders als die übrigen Mitglieder der Gruppe hat R. Richtung und Prinzipien seiner Experimente immer auch theoretisch zu explizieren versucht. Bestimmend ist bei R. die methodische Negation bzw. Transzendierung überkommener Gattungen und Dichtungspraktiken. Bildende Kunst und Musik gaben R. den Anstoß zu analytischer Reduktion von Sprache auf ihre Materialität. Ohne Kenntnis der gleichzeitigen Versuche Gomringers schrieb R. 1952 erste Lautgedichte. In Entsprechung zu geschriebener und gesprochener Sprache entstanden Sehtexte (weiterentwickelt mittels Typographie, Einbeziehung von Farbe, Bildelementen usw.) und Hörtexte (u. a. Lautgedichte im Wiener Dialekt). Zentral ist jeweils die auf mehreren Ebenen (z. B. auch visuell) deutlich gemachte Wechselwirkung zwischen Gedankengang und Eigengesetzlichkeit der Sprache; besonders deutlich wird dies etwa in der polyphonen Konstruktion der *Frösche*. 1977 Karl-Szuka-Preis, 1983 Hörspielpreis der Kriegsblinden für *Wald. Ein deutsches Requiem*, 1984 Preis der Stadt Wien.

W.: hosn rosn baa (mit Achleitner und Artmann), 1959; Konstellationen, 61; Montagen 1956 (mit Artmann und Bayer), 64; Lehrsätze über das Weltall mit Beweis in Form eines offe-
nen Briefes an Professor Einstein, 65; Betrachtung des Horizonts, 65; Farbengedicht, 65; Söbstmeadagraunz, 66; daheim. 10 textmontagen. auf- und untergehende sonnen. 10 fotomontagen, 67; DA. Buchstabengeschichte für Kinder, 67; rhythmus r, 68; Kleine Billardschule. Carambolage-Spiel, 68; Thusnelda-Romanzen, 68; Rühms Schablone für Zeitungsleser, 68; fenster. texte 1955–66, 68; Knochenspielzeug, 70; Gesammelte Gedichte und visuelle Texte, 70; Charles Baudelaire – Die Reise nach Cythera. 10 Umdichtungen, 71; Die Frösche und andere Texte, 71; Mann und Frau, 72; Wahnsinn Litaneien, 73 (mit Platte); Schriftzeichnungen 75/76, in «manuskripte», 77; Comic, 77; Adelaides Locken, 79; Super Rekord 50 plus 50 (mit F. Achleitner), 80; Schriftzeichnungen, 82; Visuelle Musik, 84; Text – Bild – Musik, 84; Wandrers (Geheimnis), 85; leselieder. visuelle musik, 86; Zeichnungen, 87; botschaft an die zukunft. Gesammelte Sprechtexte, 88 (mit Kass.); G. R., 89 (Katalog); Albertus Magnus Angelus, 89; Von A bis Zett. Elf Alphabete (mit F. Achleitner u. a.), 90; Geschlechterdings, 90. – *Theatertexte, Hörspiele (Auswahl):* Ophelia und die Wörter. Gesammelte Theaterstücke. 1954–71, 72 (u. d. T.: Theatertexte. Gesammelte Theaterstücke 1954–1971, 90); Aua 231 (mit Urs Widmer) in: «protokolle», 74; Räuberhauptmann Grasel. Ein Stereo-Hörspiel, in: «protokolle», 76; erzählung. ein sprechtext, in: «manuskripte», 78; Kleine Geschichte der Zivilisation (Hsp.), 80; Wald. Ein deutsches Requiem (Hsp.), 83; Wintermärchen – ein Radiomelodram, 84; Fötus (Hsp.), 84; Dings (Hsp.), 84; Allein, verlassen, verloren (mit anderen), 86; Achrostichon für John Cage (Hsp.), 87; reisefieber. theatralische ereignisse in fünf teilen, 89. – *Herausgebertätigkeit:* Harsdörffer, G. Ph. / Klaj, J. / Borken, S. von: Die Pegnitzschäfer, 64; Die Wiener Gruppe. Achleitner. Artmann. Bayer. Rühm. Wiener. Texte. Gemeinschaftsarbeiten. Aktionen, 67; Ergebnisse des ersten Berliner Dichter-Workshops 1972 (mit Achleitner, Brus, D. Roth, O. Wiener), 73; Behrens, F. R.: Blutblüte, 79; Konrad-Bayer-Symposium, 81; Wilde, O.: Salome, 83; Bayer, K.: Sämtliche Werke, 2 Bde, 85. – *Schallplatten u. ä.:* Ich küsse heiß den warmen Sitz, o. J.; Phonetische Poesie, 71 (mit anderen); Abhandlung über das Weltall, 71; Ophelia und die Wörter, 73; Gott schütze Österreich durch uns, 74 (mit anderen); Litaneien I, 75; Sämtliche Wiener Dialektgedichte, 75; Klaviertriole. Attersee, Rühm, 81 (Kass.); Bleistiftmusik, 83 (Kass.); Wintermärchen – ein Radiomelodram, 84 (Kass.); das leben chopins und andere ton-dichtungen, 88.

Rühmkorf, Peter (Pseud. Leslie Meier), *25.10.1929 Dortmund.

R. studierte von 1951–58 Germanistik und Psychologie in Hamburg. 1951 gründete er mit W. Riegel die nur kurze Zeit existierende Zeitschrift «Zwischen den Kriegen». Ab 1953 schrieb er unter dem Pseudonym Leslie Meier für den «studentenkurier» (später «konkret») die Kolumne «Lyrikschlachthof». 1955 reiste er nach China. 1958–63 war er Verlagslektor, 1964/65 als Stipendiat der Villa Massimo in Rom. 1969/70 hielt er Gastvorlesungen in den USA, 1985/86 war er Gastdozent an der Universität Paderborn. R. lebt als freier Schriftsteller. 1979 erhielt er den Erich-Kästner-Preis und den Hamburger Alexander-Zinn-Preis, 1980 den Bremer Literaturpreis, 1986 den Arno-Schmidt-Preis und 1987 wurde er zum documenta-Schreiber Kassel ernannt. R. ist korrespondierendes Mitglied der Akademie der Künste der DDR. Heinrich-Heine-Preis (DDR) 1988 und Ehrendoktor der Universität Gießen 1989.

Sein erster Gedichtband *Irdisches Vergnügen in g* läßt bereits die Virtuosität seiner Wortkunst erkennen: Er parodiert, persifliert vorgegebene Gedichtformen, kombiniert sog. Hochsprache mit Slang und saloppem Umgangsdeutsch, reißt Wörter aus dem gewohnten Kontext und stellt sie in neue Zusammenhänge, so ihren gewohnten Sinn relativierend, ihren neuen intensivierend. Das Raffinement von R.s Verssprache ist von keinem seiner Zeitgenossen bisher erreicht. – Überwiegen in den beiden ersten Bänden Kontrafaktur und Parodie, so löst sich R. in den 70er Jahren fast ganz vom Prinzip der «Gegengesänge», vom «kategorischen Konjunktiv» der präfabrizierten Form. Auch die Thematik hat sich verändert: Am meisten ist in den neueren Lyrik-Publikationen die Rede von Vergänglichkeit und Tod, vom «schwarzen Müllmann», aber auch vom konkreten Tagesmüll der bundesrepublikanischen Wirklichkeit.

Was die Publikationsform seiner Werke angeht, bevorzugt R. eine Mischform: Seinen Gedichtbänden gibt er Essays bei, die fast immer das Handwerk des Dichters reflektieren. *Walther von der Vogelweide, Klopstock und ich* sowie *Strömungslehre I* enthalten sich wechselseitig spiegelnde Gespräche, Briefe, Aufsätze über Dichtkunst, zumal über die Modalitäten der zeitgenössischen Schriftstellerexistenz, dazu eigene Gedichte und im ersteren Band auch Gedichte Walthers von der Vogelweide in der Übertragung von R. – *Die Jahre die Ihr kennt* kombinieren autobiographische Reminiszenzen des Autors mit eigenen Rezensionen, politischen Pamphleten und wiederum eigenen Gedichten.

Eine Mischform ist auch der Band *Über das Volksvermögen*, der erstens die lyrische Produktion von allerlei Subkulturen sammelt und zweitens in theoretischen Erörterungen die Bedeutung dieser «Gegenkultur» für unser geistiges Leben zu ergründen sucht. – Eine weitere Mischform: Lyrik und Jazz, d. h. Untermalung seiner öffentlichen Gedicht-Rezitationen durch Musik einer Jazz-Band, ein Versuch, orchestrale und Wortmusik so zu verknüpfen, daß sie sich potenzieren. – R. hat drei Dramen geschrieben, die auf der Bühne bisher kaum reüssierten. *Was heißt hier Volsinii?* (20 «bewegte Szenen aus dem klassischen Wirtschaftsleben») zeigt im klassischen – freilich die politische Gegenwart der 60er Jahre durchsichtig machenden – Kostüm die Verfilzung von Kapital und Staatsmacht. Kapitalismuskritik enthält auch das zweite Stück *Lombard gibt den Letzten*; die Machenschaften von Unternehmern sind hier noch stärker personalisiert (Protagonisten sind zwei rivalisierende Gastwirte) und der Handlungsablauf mehr noch als bei *Volsinii* ins Skurril-Spektakelhafte gewendet. In dem «Familiendrama» *Die Handwerker kommen* schildert R. mit z. T. surrealen Mitteln die banale und brutale Hölle der Kleinbürgerlichkeit.

Mit *Selbst III/88. Aus der Fassung* gibt es den wohl einmaligen Fall, daß ein Dichter selbst in allen Einzelheiten den Entstehungsprozeß eines einzigen Gedichts dokumentiert, um (so R.) «die Germanisten auch mal aus der Fassung zu bringen».

W.: Dramen: Was heißt hier Volsinii?, 1969;
Lombard gibt den Letzten, 69/71; Die Handwerker kommen, 74. – *Lyrik:* Heiße Lyrik (mit
W. Riegel), 56; Irdisches Vergnügen in g, 59;
Kunststücke, 62; Gemischtes Doppel, 67; Gesammelte Gedichte, 76; Phönix voran, 77;
Haltbar bis Ende 1999, 79; Außer der Liebe
nichts, 86; Selbst III/88. Aus der Fassung, 89;
Einmalig wie wir alle, 89. – *Prosa:* Auf Wiedersehen in Kenilworth, 80; Kleine Fleckenkun-
de, 82; Der Hüter des Misthaufens, 83 (Ausz.:
Dintemann und Schindemann, 85); Blaubarts
letzte Reise, 83. – *Essays, theoretische Schriften:* Wolfgang Borchert in Selbstzeugnissen
und Bilddokumenten, 61; Walther von der Vogelweide, Klopstock und ich, 75; Strömungslehre I, 78; Olsberger Rede, 80; agar agar-
zaurzaurim. Zur Naturgeschichte des Reims.
Frankfurter Vorlesungen, 81; Mein Goethe
(mit G. Wohmann u. a.), 82; Rede über Magie
und über das Machen von Gerichten – Gottfried Benn über: Teils teils das Ganze, 89;
Dreizehn deutsche Dichter, 89. – *Autobiographisches:* Die Jahre die Ihr kennt, 72. – *Herausgebertätigkeit:* Die traurigen Geranien. Geschichten aus dem Nachlaß von W. Borchert,
62; Prosaschreiben. Eine Dokumentation des
Literarischen Colloquiums Berlin (mit W. Hasenclever), 65; Primanerlyrik. Primanerprosa,
65; Über das Volksvermögen, 67; 105 expressionistische Gedichte, 76; Literaturmagazin 5,
76 (mit H. P. Piwitt); Erich Kästner: Gedichte,
81; Mein Lesebuch, 86; Werner Riegel – beladen mit Sendung Dichter und armes Schwein,
88. – *Schallplatten:* Im Vollbesitz meiner Zweifel, 62; Warum ist die Banane krumm?, 71 (mit
anderen); Der Ziegenbock im Unterrock, 73;
Kein Apolloprogramm für Lyrik, 77; Phönix
voran, 78; Der Hüter des Misthaufens. Ge-
spr. v. Verf., 88 (Kass.). – *Sammelausgaben:* Im
Fahrtwind, 80; Es muß doch noch einen zweiten
Weg ums Gehirn rum geben, 81; Selbstredend
und selbstreimend, o. J.; Wer Lyrik schreibt, ist
verrückt! Gesammelte Gedichte 1953–1975,
83; Bleib erschütterbar und widersteh, 84;
Komm raus! Gesänge, Märchen, Kunststücke,
87. – *Filme, Fernsehen:* Kleine Anweisung zum
glücklichen Leben, 63; Schwarz-Weiß-Rot, 64
(mit H. Herbst); Abends wenn der Mond
scheint, 64; Zurück zur Kultur, 68; Ein Mann
ohne Ufer, 80 (mit P. Kersten).

Rumburg, Trudka → Endler, Adolf

Runge, Erika, *22. 1. 1939 Halle/Saale.
Studium der Literatur- und Theaterwissenschaft in München; 1963 Promotion
über *Expressionismus im Drama und auf
der Bühne*. Arbeit als Regisseurin fürs
Fernsehen. Als Autorin, Verfasserin von

Hörspielen und Filmemacherin (*Ich heiße Erwin und bin 17 Jahre*) war R. maßgeblich an der Ausbildung des kritischen
Dokumentarismus der 60er Jahre beteiligt. Zahlreiche Film- und Fernsehpreise.
Mitglied des PEN-Zentrums.
Ihre *Bottroper Protokolle* geben einen
Einblick in die Arbeits- und Lebensbedingungen der Bewohner einer kleinen
Stadt im Ruhrgebiet. In dem Buch
Frauen. Versuche zur Emanzipation läßt
sie 16 Frauen unterschiedlichen Alters
und Herkunft ihr Leben erzählen. Es entsteht ein Mosaik von etwa 70 Jahren
deutscher Geschichte im Zusammenhang mit den Entwicklungs- und Emanzi-
pationsmöglichkeiten der Frauen. Die in
phonetischem Umgangsdeutsch wieder-
gegebenen Tonbandprotokolle sind zwar
nach inhaltlichen und chronologischen
Gesichtspunkten gerafft und damit bereits einem Literarisierungsprozeß unterworfen, sie vermitteln aber im ganzen gesehen einen authentischen Einblick in
Sprach- und Denkweisen unterschiedlicher Frauen.

W.: Bottroper Protokolle, 1968 (mit W. Geifrig); Frauen. Versuche zur Emanzipation, 70;
Zum Beispiel Bottrop. Szenische Dokumentation, 71; Eine Reise nach Rostock, DDR, 71;
Ich heiße Erwin und bin 17 Jahre, 73; Südafrika. Rassendiktatur zwischen Elend und Widerstand, 74; Kinder in Kreuzberg (Text zu Fotos
von Wolfgang Krolow), 79; Berliner Liebesgeschichten, 87. – *Filme, Fernsehen:* Soll eine
Frau soviel verdienen wie ein Mann?, 66; Warum ist Frau B. glücklich?, 68; Frauen an der
Spitze, 70; Ich heiße Erwin und bin 17 Jahre,
70; Ich bin Bürger der DDR, 73; Michael oder
die Schwierigkeiten mit dem Glück, 75; Opa
Schulz, 76; Wenn eine Betriebsratsvorsitzende
ein Kind bekommt, 78; Porträts von Berlinern,
80; Lisa und Tshepo, 81; Wie Frauen ihren Alltag meistern, 82; Diesmal passiert's (mit M.
Vogler), 87. – *Schallplatten u. ä.:* Streik bei
Mannesmann. Szenische Kantate (Musik
H. W. Henze u. a.), 76.

Rychner, Max, *8. 4. 1897 Lichtsteig
(Schweiz), †10. 6. 1965 Zürich.
R. studierte in Bern und Zürich Germanistik, Latein und Geschichte, übernahm
die Redaktion der «Neuen Schweizer
Rundschau» und war später Mitarbeiter
von Zeitungen, seit 1939 Feuilleton-Chef
der Zürcher «Tat». – R. sah es als seine

Aufgabe an, die abendländische Literaturtradition für die Gegenwart fruchtbar zu machen. Neben der deutschen Klassik und Romantik galten seine Essays besonders Hofmannsthal, P. Valéry und R. A. Schröder.

W.: Lyrik, Aphorismen: Freundeswort, 1941; Glut und Asche, 46; Die Ersten, 49; Lavinia oder die Suche nach Worten, 62. – *Novelle:* Das Buchenherz, 57. – *Essays:* G. G. Gervinus. Ein Kapitel über Literaturgeschichte, 22; Karl Kraus, 22; Zur europäischen Literatur zwischen zwei Weltkriegen, 42; Zeitgenössische Literatur, 47; Welt im Wort, 48; Sphären der Bücherwelt, 52; Arachne, 57; Antworten, 61; Bedachte und bezeugte Welt, 62; Moderne Dichter als Gegner der Geschichte, 63; Zwischen Mitte und Rand, 64. Aufsätze zur Literatur, 66. – E. R. Curtius – M. R.: Ein Briefwechsel, in: Merkur, 69; M. R./Carl J. Burckhardt: Briefwechsel, 70; Benn, G./M. R.: Briefwechsel 1930–1956, 86; Aus dem Briefwechsel M. R./Ernst Robert Curtius, 87. – *Übersetzungen:* Valéry, Herr Teste, 27; Valéry, Eine methodische Eroberung, 46. – *Herausgebertätigkeit:* G. Keller, Werke, 29; Schriften der Neuen Schweizer Rundschau, 7 Bde, 29–30; Goethe, Gedanken und Aussprüche, 47; Lichtenberg, Aphorismen, 48.

S

Saarländer, Gustav →Regler, Gustav

Sacher, Friedrich (Pseud. Fritz Silvanus), * 10. 9. 1899 Wieselburg/Niederösterreich, † 22. 11. 1982 Wien. Erzähler, Lyriker, Essayist, Kritiker. Sohn eines Lehrers. Zögling des Benediktiner-Stift-Gymnasiums Melk. Nach Studium der Pädagogik, Philologie, Geschichte, Germanistik in Wien (Dr. phil. 1924) Hauptschullehrer in Klosterneuburg. Ab 1934 als freier Schriftsteller in Wien. – S. gilt als einer der «Stillen im Lande», seine Begabung liegt hauptsächlich in der kleinen Form, in von ihm selbst als «Nußschalen- oder Fingerhutgeschichten» bezeichneter Kurzprosa, in der er Meister ist. In oft ironischem, aber liebevollem Ton schildert er das Alltagsleben als Spiegel des an keine Epoche gebundenen allgemeinen Geschehens. Als Lyriker dem ihm befreundeten J. Weinheber nahe. Seine (z. T. vertonten) Gedichte sind beseelter Ausdruck eines die Harmonie in der Kunst Suchenden.

W.: Romane, Erzählungen, kleine Prosa: Die stille Stunde, 1920; Sieger, 22; Opfer, 22; Die weiße Amsel Gottes, 27; Sein einziges Jahr, 28; Die kleinen Märchen und Anekdoten, 28; Die Ernte, 38 (erw. 47); Der Guckkasten, 40; Hoppelmann, 40; Der Amarillenbaum, 41; Unterm Nußbaum, 43; Wegwarten (Miniaturen), 43; Die Wende, 44; Die Wende, 47; Wiener Spieldose. Aufs. und Plaudereien, 47; Die Silberkugel, 48; Die Schatulle, 51; Die Dame mit der Dogge, 52; Die Welt im Fingerhut, 53; Das Licht des Nachbars, 56; Anekdoten, 59; Unterm Regenbogen, 62; Wechselnd wolkig. Miniaturen, Anekdoten, 74; Die Unscheinbaren, 78; Leben, das dank ich dir, 79; 1946 oder das Pumpenhaus. Ein Heimkehrerroman, 81. – *Lyrik:* Das große Suchen, 21; Brunnen aus der Tiefe, 22; Die kleine Totenmesse für Fränzli, 22 (bearb. 28); Das Leid um den Huegel, 22; Stadt in Blüten, 27; Straßen zu Gott, 29; Neue Gedichte, 30; Maß und Schranke, 37; Mensch in den Gezeiten, 37; Das Buch der Mitte, 39; Vom Kahlenberg, 46; Milder Mond, 53; Spätlese, 61; Von der Treue. Eine Gedichtauswahl, 73; Ährenlese. Gedichte, Sprüche, Glossen, 77. – *Essays:* Die neue Lyrik in Österreich, 32; Der Lyriker Joseph Weinheber, 34. – *Werkausgaben:* Ges. Schr. (32–34, 3 Bde); Ausgew. W., 3 Bde, Bd 1: Von früh bis spät; Bd 2: In der Nuß; Bd 3: Die Brunnenstube, 64; Ausgewählte Werke, 3 Bde, 88. – *Herausgebertätigkeit:* Das Buch vom lieben Kinde, 23; Anthologie junger Lyrik aus Österreich, 30; Die Gruppe. Neun Lyriker aus Österreich, 32; Die Gruppe. Zwölf Lyriker aus Österreich, 35; Unsterbliches Lied, 48; Über alle Maßen aber liebte ich die Kunst, 51; Spuren des Lebens. Nachgel. Ged. v. W. v. Hartlieb, 52; Geliebtes Land. Niederösterreich im Spiegel des neueren Schrifttums (mit J. Pezolt), 55; Gedichte von J. Weinheber, 66; Wandel und Dauer. Das ausgew. Werk v. Hans Giebisch, 69.

Sachs, Manuel → Zech, Paul

Sachs, Nelly, * 10. 12. 1891 Berlin, † 12. 5. 1970 Stockholm.
S. begann im Alter von 17 Jahren Gedichte zu schreiben; die ebenfalls aus der Frühzeit stammenden *Legenden und Erzählungen* sind stark romantisierend. Sie sind Selma Lagerlöf gewidmet, der es zu danken ist, daß S. noch 1940 aus Deutschland nach Schweden emigrieren konnte, wo sie 1966 den Nobelpreis ent-

gegennehmen durfte. 1965 Friedenspreis des Deutschen Buchhandels.

Im schwedischen Exil, unter dem Eindruck der Verfolgungen, denen die Juden ausgesetzt waren, entstand die Lyrik, die S. bekannt und berühmt machte. S. schrieb, wie sie bekannt, um zu überleben. Die geistesgeschichtlichen Wurzeln ihres Werks liegen im Chassidismus, in alttestamentarischen Schriften und in der Mystik Jakob Böhmes. Thematisch kreist es um Flucht und Verfolgung, um das Schicksal ihrer im KZ verbrannten Glaubensgenossen, deren Los sie als einen Endpunkt der jahrtausendealten Vertreibung erkennt. Ihre mystische Weltsicht führt dazu, daß sie die Nazi-Verbrechen in einem größeren Zusammenhang sieht, der es ihr verwehrt, Haß- und Rachegefühle zu artikulieren. Ihre Lyrik wie auch ihr dramatisches Werk, das die Leiden des jüdischen Volkes nirgendwo verkleinert, ist gleichwohl durchdrungen von der Gewißheit der Erlösung, des Ausgleichs zwischen Gut und Böse. Stellvertretend für ihre Schicksalsgefährten, darum auch kaum je in der Ich-Form, beschwört sie Klage und Trauer. – Anklänge an die Sprache des Alten Testaments, entlegene Metaphern, ein psalmodierender Duktus sowie auch die von S. bevorzugten freien Rhythmen, vor allem aber ein in sich autonomes, subjektiv definiertes Geflecht von Symbolen (z. B. Nachtigall für das vom Terror bedrohte jüdische Volk usw.) sind die wichtigsten Kennzeichen ihrer Lyrik. – Ihre szenischen Dichtungen unterscheiden sich nicht grundlegend von der Lyrik, höchstens dadurch, daß hier stärker noch mit surrealen Elementen operiert wird, die aber mit konkreten Realien zusammengeschlossen werden. So ist der Schauplatz des «Mysterienspiels vom Leiden Israels», *Eli* betitelt, das von den Nazis besetzte Polen. Doch transzendiert das Geschehen in mystische Bereiche.

W.: Romane, Erzählungen: Legenden und Erzählungen, 1921. – *Dramen:* Eli, 51; Der magische Tänzer. Versteckspiel mit Emanuel. Simson fällt durch Jahrtausende, 55; Abschieds-Schaukel, 62; Verzauberung. Späte szenische Dichtungen, 62; Viermal Galaswinte, 62. – *Lyrik:* In den Wohnungen des Todes, 47; Stern-

verdunkelung, 49; Und niemand weiß weiter, 57; Flucht und Verwandlung, 59; Glühende Rätsel, 64; Späte Gedichte, 65; Die Suchende, 66; Teile dich, Nacht, 71; Suche nach Lebenden, 71. – *Übersetzungen:* Von Welle und Granit. Querschnitt durch die Lyrik des 20. Jahrhunderts, 47; Aber auch die Sonne ist heimatlos. Schwedische Lyrik der Gegenwart, 57; Edfelt, J.: Der Schattenfischer, 58; Ekelöf, G.: Poesie, 62; Lindegren, E.: Weil unser einziges Nest unsere Flügel sind, 63; Vennberg, K.: Poesie, 65; Schwedische Gedichte, 65. – *Sammel- u. Werkausgaben:* Die Leiden Israels, 51; Fahrt ins Staublose. Die Gedichte Bd 1, 61; Zeichen im Sand. Die szenischen Dichtungen, 62; Ausgewählte Gedichte, 63; Das Leiden Israels. Eli. In den Wohnungen des Todes. Sternverdunkelung, 64; Landschaft aus Schreien, 66; Simson fällt durch Jahrtausende und andere szenische Dichtungen, 67; Das Buch der Nelly Sachs, 68; Gedichte, 77; Suche nach Lebenden. Die Gedichte Bd 2, 79; Frühe Gedichte und Prosa, 83; Gedichte, 84; Briefe der Nelly Sachs, 84; Und Leben hat immer wie Abschied geschmeckt, 85.

Sack, Gustav, *28. 10. 1885 Schermbeck, †5. 12. 1916 Finta Mare (Rumänien, gefallen).

S. studierte 1906–10 Germanistik, dann Naturwissenschaften. 1913 ging er nach München. Bei Kriegsausbruch in der Schweiz, stellte sich erst nach anfänglicher Weigerung. Bis 1916 an der Westfront, nach Nervenkrise und Aufenthalt in Deutschland seit Oktober 1916 in Rumänien, wo er fiel.

Fast das gesamte Werk S.s wurde erst nach seinem Tod veröffentlicht, erfuhr dann allerdings große Anerkennung.

Dichtung ist für S. subjektiver «Heilungsprozeß», «Krankheit und Medizin zugleich». In den beiden Romanen *Ein verbummelter Student, Ein Namenloser,* dem Romanfragment *Paralyse* sowie dem Drama *Der Refraktär* sieht sich der Protagonist in unlösbare Konflikte gerissen, findet keine Hilfe im Glauben und in den Naturwissenschaften und erleidet schließlich den Tod; Versuche, Leben im Rausch geschlechtlicher Liebe oder mystischer Vereinigung mit der Natur zu finden, scheitern. S.s Werk weist fast durchgängig autobiographische Züge auf; negative Einstellung gegenüber der Stadt und der Gesellschaft, enge Verbundenheit mit der Natur. In den während des

Krieges entstandenen Werken wird S.s Antikriegshaltung literarisch thematisiert (*Der Refraktär, Aus dem Tagebuch eines Refraktärs, In Ketten durch Rumänien*).

W.: Romane: Ein verbummelter Student, 1917; Ein Namenloser, 19. – *Lyrik, Versepik:* Olof, 04; Die drei Reiter, 58. – *Sammel- und Werkausgaben:* Gesammelte Schriften, 2 Bde, 20; Einführung in sein Werk und eine Auswahl, 58; Prosa, Briefe, Verse, 62; Paralyse / Der Refraktär, 78.

Sahl, Hans, *20.5.1902 Dresden.
Nach einem Studium der Kunst- und Literaturgeschichte, Philosophie und Archäologie, das er mit einer Promotion über «Altdeutsche Malerei» abschließt, arbeitet S. als Film- und Theaterkritiker für verschiedene Berliner Zeitungen. 1933 emigriert S. zunächst nach Prag, dann nach Zürich, schließlich nach Paris. Bei Kriegsbeginn wird S. interniert. Mit Hilfe des «Emergency Rescue Committee» gelingt ihm 1941 die Flucht nach New York; 1952 erwirbt er die amerikanische Staatsbürgerschaft. Als Übersetzer (u. a. Thornton Wilder, Tennessee Williams, Arthur Miller) und Korrespondent verschiedener Zeitungen hat S. insbesondere in den Nachkriegsjahren wesentlichen Anteil an der Vermittlung amerikanischer Kultur in Deutschland. In *Das Exil im Exil*, dem zweiten Teil seiner Memoiren, beschreibt S. seine Exiljahre in prägnantem und anschaulichem Stil; dabei gelingen ihm in den Porträts der Personen meisterhafte Skizzen. 1984 Gryphius-Preis, Internationaler Exil-Preis der Bayerischen Akademie der Schönen Künste 1990.

W.: Dramen, Hörspiele: Jemand: Ein Chorwerk, 1938; Urlaub vom Tod, 42; Vincent (in: Das Schönste), 57; Hausmusik, 77. – *Lyrik:* Jemand. Eine weltliche Kantate, 38; Die hellen Nächte, 42; Wir sind die Letzten, 76; Der Mann im Stein, 85. – *Herausgebertätigkeit:* George Grosz, 66. – *Autobiographisches:* Die Wenigen und die Vielen, 59; Memoiren eines Moralisten, 83; Das Exil im Exil, 90. – *Prosa:* Umsteigen nach Babylon, 87.

Saiko, George Emmanuel (Pseud. Markus S.), *5.2.1892 Seestadtl

(Nordböhmen), †23.12.1962 Rekawinkel (Niederösterreich).
Erzähler, Essayist, Übersetzer (aus dem Russischen). Wollte ursprünglich Schauspieler werden. Studierte in Wien Philosophie, Psychologie, Kunstgeschichte, Archäologie (Dr. phil.). 1939 Mitarbeiter, später (1945–50) provisorischer Leiter der Wiener graphischen Sammlungen «Albertina». Privatgelehrter, freier Schriftsteller. Lebte viel in Italien. 1962 Großer Österreichischer Staatspreis. – S. begann früh mit theoretisierenden kunsthistorischen Arbeiten. Wandte sich relativ spät der epischen Darstellung zu. Er hinterließ ein an äußerem Umfang schmales, spätentdecktes erzählerisches Werk, starb «als ein schon zu Lebzeiten nahezu Vergessener». Seine Interpretation des Österreichertums aus der Zeit des Umbruchs aus soziologischer und tiefenpsychologischer Sicht und das Bemühen um die Darstellung des Irrationalen, Triebmäßigen, um den «inwendigen Menschen», das «Agens der Tiefe», geschieht aus archaischen elementaren Erkenntnissen heraus und reicht in die «animistischen und mythischen Bereiche», die ihn faszinierten. In dem 1938 beendeten, 1948 erschienenen figuren- und symbolreichen Roman *Auf dem Floß* wird der Antagonismus zwischen der zerfallenden Aristokratie und dem neuen Selbstgefühl der Untergebenen analysiert. In dem stilistisch schwierigen, sprachlich verknappten Roman *Der Mann im Schilf* (vollst. 1971) wird eine Archäologengruppe im Salzburgischen in den faschistischen Putschversuch von 1934 verwickelt. Durch Auflösung und Zergliederung der Romanform wird S.s ambitioniertes humanistisches Anliegen oft verdeckt.

W.: Romane, Erzählungen: Das letzte Ziel (in: «Der Brenner», 1913, H. 11, u. d. N. Markus Saiko); Auf dem Floß, 48; Der Mann im Schilf, 55; Die dunkelste Nacht, Ausw., 61; Giraffe unter Palmen, 62; Der Opferblock, 62; Amélie auf dem Postament (in: «Wort in der Zeit», XI, 62); Beppe soll sterben (in: «Merkur» XVII, 63); Die erste und die letzte Erzählung, 68; Erzählungen, 72. – *Essays:* Why modern art is primitive (in: «The Studio», 30); The meaning of Cubism (in: «The Studio», Sept. 30); The tragic position of abstract art (in: «The Studio», Jan. 33); Zu den Werken des James Ensor. Katalog der Ausstellung, Albertina Wien, Sept. 42; Die Wirklichkeit hat doppelten Boden. Gedanken zum magischen Realismus (in: «Aktion», Sept. 52); Zur Erneuerung des Romans (in: «Wiener Bücherbriefe» 2/1, 55); Hinter dem Gesicht des Österreichers (in: «Comprendre», Bd 17/18, 57); Die Rückkehr aus dem Unbewußten. Das Fazit des Surrealismus (in: «Wort in der Zeit»; IV, 59): Le roman et le cinéma comme formes d'interprétation du monde (in: «Comprendre» XX, 59); Surrealismus und Realität (in: «Wiener Bücherbriefe» 3/4, 59); Europa als Wunsch und Wirklichkeit (in: «Lebendige Stadt», Almanach d. Stadt Wien, VII, 60); La letteratura austriaca (in: «Almanaco letterario Bompiani», 61); Der Roman – heute und morgen (in: «Wort in der Zeit», Febr. 63); Der feindliche Gott (m. H. Polster), 64. – *Übersetzungen:* I. Surgutschew: Geigen des Herbstes (m. D. Umansky); I. Surgutschew: Frauen; I. Surgutschew: Briefe mit ausländischen Marken; Tschulkow: Kinder der Sünde; L. Tolstoi: Das Märchen vom einfältigen Iwan, 23. – *Sammel- und Werkausgaben:* Drama – Essays, 86; Gesamtausgabe, 5 Bde, 86 ff; Die Erzählungen, 90.

Sakowski, Helmut, *1.6.1924 Jüterbog. Nach einer Forstlehre war S. von 1943 an Soldat. Er besuchte 1947–49 eine Fachschule für Forstwirtschaft und wurde dann Mitarbeiter im Ministerium für Land- und Forstwirtschaft der DDR. 1951–61 übte S. verschiedene Tätigkeiten in der Forstwirtschaft aus; seither ist er freischaffend. S. war mit verschiedenen politischen und kulturpolitischen Aufgaben betraut; er war u. a. Mitglied des ZK der SED. Mehrere Literaturpreise.
S. begann als Hörspielautor und Dramatiker. Größere Bedeutung für die DDR-Literatur der 60er Jahre gewann S. mit seinen Fernsehspielen, in denen die Entwicklung der DDR-Landwirtschaft in ihren verschiedenen Etappen beleuchtet wird. S. setzte sich zum Ziel, bewußte Parteiarbeiter ins Zentrum der Darstellung zu rücken. S. plädierte für die Zeichnung «ungebrochener Charaktere». In seinen Stücken steht zumeist eine sich emanzipierende Frau im Mittelpunkt, die sich, nach Überwindung hemmender gesellschaftlicher Einflüsse, auf eine wichtige Position vorarbeitet. Legenden, Anekdoten, derb-deftige Szenen aus dem Landleben verraten eine genaue Kenntnis dieses Lebensmilieus; S. ten-

diert aber dazu (vor allem in den Werken der 60er Jahre), die scharfen gesellschaftspolitischen Auseinandersetzungen auf dem Lande zu beschaulichen Husarenstreichen herunterzuspielen.

W.: Romane, Erzählungen: Zwei Frauen, 1959; Zwei Zentner Leichtigkeit. Geschichten und Reportagen, 71; Daniel Druskat, 76 (als Fernsehspiel, 76); Verflucht und geliebt, 80 (als Fernsehroman 81); Wie ein Vogel im Schwarm, 84; Wie brate ich eine Maus oder Die Lebenskerben des kleinen Raoul Habenicht, 86; Die letzte Hochzeit, 88. – *Dramen, Fernsehspiele, Hörspiele:* Die Entscheidung der Lene Mattke, 58 (Hörspiel, Drama 59); Eine Frau kommt ins Dorf, 59; Die Säge im Langenmoor, 59 (mit H. Müncheberg); Verlorenes Land, 60 (Neufassung 61); Eine Nacht und kein Morgen, 62; Sommer in Heidkau, 64 (als Drama auch: Letzter Sommer in Heidkau, 65); Wege übers Land. Fernsehroman in fünf Teilen, 68 (Drama 69); Die Verschworenen. Fernsehroman in vier Teilen, 71 (Neufassung in fünf Teilen, 72). – *Essays:* Das Wagnis des Schreibens, 83 (erw. Neuausg. 89); Künstler und Kulturbund, Kulturbund und Künste, 86. – *Sammel- und Werkausgaben:* Wege übers Land, 84.

Saleck, Jean Charlot → Breitbach, Joseph

Salomon, Ernst von, *25.9.1902 Kiel, †9.8.1972 Stöckte bei Winsen/Luhe.
S. hat nach Absolvierung der Kadettenkorps in Lichterfelde als Freiwilliger im Freikorps (Brigade Ehrhardt) im Baltikum und in Oberschlesien gekämpft; 1922 wurde er wegen Beihilfe am Rathenaumord zu Zuchthaus verurteilt. Seine Bücher schildern, immer wieder auch kritisch, die Welt des militanten Rechtsradikalismus zur Zeit der Weimarer Republik (*Nahe Geschichte*), wobei ihn das «Trauma» Rathenau niemals losläßt (*Die Geächteten; Die Stadt*). Obwohl sich S. zeitweise mit der schleswig-holsteinischen Bauernbewegung (Claus Heim) solidarisierte, hat er sich bis 1933 von keiner Gruppierung «zwischen Rechts und Links» vereinnahmen lassen. Spätere Sympathieerklärungen der Nationalsozialisten ignorierte er. In dem autobiographischen Roman *Die Kadetten* bekannte sich S. zu einem – parteilosen – Preußentum. Während der Hitlerzeit

hielt er sich von jeder Politik fern; er verfaßte vornehmlich Drehbücher für den deutschen Film (*Kautschuk*, *Kongo-Express*, *Sensationsprozeß Casilla*, *Carl Peters*, *Der dunkle Tag*, *Münchnerinnen* u. a.). Nach der Besetzung Deutschlands durch die Alliierten wurde S., wie sich später erwies, irrtümlich in amerikanischen Lagern interniert. In dem umstrittenen autobiographischen Roman *Der Fragebogen* (1951) hat er nicht nur über ein bewegtes Leben berichtet, sondern in minuziöser Beantwortung des Entnazifizierungs-Fragebogens ein halbes Jahrhundert deutscher Zeitgeschichte geschildert. In den folgenden Jahren schrieb S. weitere Film- und Fernsehspieldrehbücher.

1961 nahm S. an der «Weltkonferenz gegen die Atombombe» in Tokio teil und unterstützte entsprechende Aufrufe der «Deutschen Friedens-Union». S. lebte bis zu seinem Tod 1972 als freischaffender Schriftsteller zunächst auf Sylt und dann bei Winsen/Luhe.

W.: Romane: Die Geächteten, 1930; Die Stadt, 32; Die Kadetten, 33; Boche in Frankreich, 50; Der Fragebogen, 51; Die schöne Wilhelmine, 65; Glück in Frankreich. Geschichten eines verliebten Sommers, 66; Die Kette der tausend Kraniche, 72; Der tote Preuße, 73. – *Filme, Fernsehspiele:* Menschen ohne Vaterland (nach G. V. Brockdorff), 37; Sensationsprozeß Casilla (nach H. Possendorf), 38; Kautschuk, 39; Kongo-Express, 39; Carl Peters, 41; Der dunkle Tag, 43; Der unendliche Weg, 43; Die unheimliche Wandlung des Alex Roscher (nach C. Corrinth), 43; Johann, 43; Das Gesetz der Liebe, 45; Münchnerinnen (nach L. Thoma), 45; Null-Acht-Fünfzehn I, II, III (nach H. H. Kirst), 54, 55, 56; Weil du arm bist, mußt du früher sterben (nach H. G. Kernmayr), 56; Geliebte Corinna (nach R. Pilchowski), 56; Liane, das Mädchen aus dem Urwald (nach A. Day-Helweg), 56; Soldatensender Calais, 60; Boches Glück in Frankreich, 65. – *Essays, Berichte:* Nahe Geschichte, ein Überblick, 36; Das Schicksal des A. D. Ein Mann im Schatten der Geschichte, 60; Auf der Asche von 10 000 Menschen, 61; Deutschland, deine Schleswig-Holsteiner, 71. – *Herausgebertätigkeit:* Das Buch vom deutschen Freikorpskämpfer, 38.

Salten, Felix (eig. Siegmund Salzmann), *6. 9. 1869 Budapest, †8. 10. 1947 Zürich.
Österreichischer Erzähler, Feuilletonist,

Dramatiker, Essayist. Wegen materieller Notlage der Eltern Verzicht auf Studium, zunächst Kontorist. Auf Grund journalistischer Begabung 1891 Mitarbeiter der «Allgemeinen Kunst-Chronik», bald darauf Burgtheater- und Kunstreferent der «Wiener Allgemeinen Zeitung», Feuilletonredakteur der Wiener «Zeit». Ab 1906 Redakteur der «Berliner Morgenpost», zuletzt Theaterkritiker der Wiener «Neuen Freien Presse». Mitbegründer der Wiener «Freien Bühne. Verein für moderne Literatur» (1891). Gründete 1901 ein nur kurze Zeit bestehendes literarisches Varieté, das «Jung-Wiener Theater zum Lieben Augustin». 1938 Emigration nach Hollywood. Lebte nach seiner Rückkehr nach Europa in Zürich. – S. war Ziel scharfer persönlicher Angriffe von K. Kraus (im Rahmen von dessen Polemik gegen das Wiener Judentum). Setzte sich energisch für G. Klimt ein. Schrieb Theaterstücke, Novellen, Gesellschafts- und historische Romane. Am erfolgreichsten waren seine Tiergeschichten, vor allem *Bambi* (danach 1941/42 Zeichentrickfilm von Walt Disney).

W.: Romane, Novellen, Tiergeschichten: Die Hinterbliebene, 1899; Die Gedenktafel der Prinzessin Anna, 1901; Die kleine Veronika, 03; Der Schrei der Liebe, 04; Das Buch der Könige, Karik., 05; Herr Wenzel auf Rehberg und sein Knecht Kaspar Dinckel, 07; Künstlerfreuden, 08; Die Geliebte Friedrichs des Schönen, 08; Olga Frohgemuth, 10; Die Wege des Herrn, 11; Das Schicksal der Agathe, 11; Kaiser Max, der letzte Ritter, 13; Die klingende Schelle, 14; Prinz Eugen, 15; Abschied im Sturm, 15; Der alte Narr, 18; Im Namen des Kaisers, 19; Die Dame im Spiegel, 20; Der Hund von Florenz, 21; Bambi. Eine Lebensgeschichte aus dem Walde, 23; Bob und Baby, 25; Martin Overbeck, 27; Simson, 28; Fünfzehn Hasen, 29; Gute Gesellschaft, 30; Fünf Minuten Amerika, 31; Freunde aus aller Welt, 31; Florian. Das Pferd des Kaisers, 33; Kleine Brüder, 35; Die Jugend des Eichhörnchens Perri, 38; Bambi's children, 39 (dt. Bambis Kinder, 40); Renni der Retter, 41; Kleine Welt für sich, 44; Djibi, das Kätzchen, 46. – *Dramen, Lustspiele:* Der Gemeine, 01; Vom anderen Ufer, 08; Das stärkere Band, 12; Kinder der Freude, 17; Schöne Seelen, 25; Auf Tod und Leben, 32. – *Essays:* Gustav Klimt. Gelegentliche Anmerkungen, 03; Wiener Adel, 05; Das österreichische Antlitz, 09; Wurstlprater. Huldigung an den Wiener Prater, 11; Gestalten und Erscheinungen, 13; Schauen und Spielen. Studien zur Kritik des modernen Theaters, 2 Bde, 21; Das Burgtheater, 22; Geister der Zeit, 24; Neue Menschen auf alter Erde, 25. – *Sammel- und Werkausgaben:* Ges. Werke, 6 Bde, 28–32; Bambi, Perri, Hops & Co., 77; Bambi, Perri und die 15 Hasen, 88; Bambi und seine Freunde, 88.

Schadewaldt, Wolfgang, *15.3.1900 Berlin, †10.11.1974 Tübingen.

Schulbesuch und Studium der Germanistik, Altertumswissenschaft und Archäologie in Berlin, dann 1924 Promotion zum Dr. phil. im Fach Graezistik. 1927 habilitierte sich S. und ging ein Jahr später als Ordinarius für klassische Philologie nach Freiburg/Br., 1934 nach Leipzig und 1941 nach Berlin. Von 1950 bis zu seiner Emeritierung lehrte er dann in Tübingen. – S. arbeitete über die griechische Tragödie und Lyrik, beschäftigte sich mit antiker Geschichtsschreibung und Philosophie und beeinflußte vor allem die neuere Homer-Forschung (*Von Homers Welt und Werk*). Weiten Raum nehmen auch die Übersetzungen griechischer Dramatiker, wie Sophokles, Aischylos und Aristophanes, ein sowie seine Übertragungen der *Odyssee* und der *Ilias*. – S. erhielt zahlreiche Auszeichnungen, so den Orden Pour le mérite, den Pforzheimer Reuchlinpreis, das Große Bundesverdienstkreuz, den Übersetzerpreis der Deutschen Akademie für Sprache und Dichtung und das Österreichische Ehrenzeichen für Wissenschaft und Kunst.

W.: Monolog und Selbstgespräch, 1926; Der -ufbau des Pindarischen Epinikon, 28; Die Geschichtsschreibung des Thukydides, 29; Die Niobe des Aischylos, 34; Sophokles und Athen, 35; Iliasstudien, 38; Goethe und das Erlebnis des antiken Geistes, 32; Winckelmann und Homer, 41; Sophokles und das Leid, 44; Von Homers Welt und Werk, 45, erw. 51, 59, 65; Sappho, 50; Sinn und Wert der humanistischen Bildung im Leben unserer Zeit, 56; Antike Tragödie auf der modernen Bühne, 56; Die Anforderungen der Technik an die Geisteswissenschaften, 57; Neue Kriterien zur Odyssee-Analyse, 59; Natur, Technik, Kunst, 60; Hellas und Hesperien, 60; Gedenkrede auf Werner Jaeger, 63; Der Gott von Delphi und die Humanitätsidee, 63; Der Mensch in der technischen Welt, 63; Goethestudien, 63; Griechisches Theater, 64; Die Übersetzung im Zeitalter der Kommunikation, 64; Antike und Gegenwart, 65; Winckelmann und Rilke, 68; Antikes Drama auf

dem Theater heute, 70; Der Aufbau der Ilias, 75; Tübinger Vorlesungen, Bd. 1 ff, 77 ff. – *Übersetzungen:* Aischylos, Aristophanes, Homer, Sophokles, Orff. – *Herausgebertätigkeit:* Griechische Sternsagen, 56; Tübinger Beiträge zur Altertumswissenschaft, 57 ff.

Schädlich, Hans Joachim, *8.10.1935 Reichenbach/Vogtland.

S. studierte Germanistik in Berlin und Leipzig und promovierte mit einer Arbeit über «Die Phonologie des Ostvogtländischen» (1966). Von 1959 bis 1976 war er an der Ostberliner Akademie der Wissenschaften tätig, anschließend als freier Übersetzer. In der DDR nicht veröffentlicht und als Unterzeichner der Biermann-Resolution geschmäht, konnte S. im Dezember 1976 nach Hamburg ausreisen. S., dem 1977 der Rauriser Literaturpreis, 1986 der Marburger Literaturpreis verliehen wurde, lebt als freiberuflicher Schriftsteller. 1988 Hamburger «Literaturpreis für Kurzprosa», Thomas-Dehler-Preis 1989. 1988 nahm S. die Brüder-Grimm-Gastprofessur an der GHS Kassel wahr.

Der Band *Versuchte Nähe* versammelt 25 Geschichten aus dem «mittleren Land», die zwischen 1969 und 1977 entstanden sind. In diesen Prosaskizzen entschlüsselt S. das Alltagsleben in der DDR – die Rituale der Macht wie den Stil der offiziellen Berichterstattung, den Opportunismus der Kleinbürger wie die Frustrationen der Jugendlichen. S. hat die Entfremdung als Folge von Sachzwängen der modernen Industriegesellschaft in der DDR und dann auch in der Bundesrepublik schmerzlich erfahren; in *Der Sprachabschneider* läßt er die Sprache als humansten Lebensausdruck selbst zum Gegenstand einer Geschichte für Kinder und Erwachsene werden. *Tallhover*, S.s bislang letzter Roman, ist eine Geschichte der politischen Polizei in Deutschland von der Mitte des 19. bis zur Mitte des 20. Jahrhunderts. Der Protagonist wirft sich schließlich selbst vor, nicht intensiv genug an der Vervollkommnung polizeilicher Überwachungsmaßnahmen gearbeitet zu haben, und verurteilt sich selbst zum Tode.

W.: *Abhandlung:* Phonologische Studien zur Sprachschichtung, 1973. – *Erzählungen:* Versuchte Nähe, 77; Irgendetwas irgendwie, 84; Mechanik, 85; Tallhover, 86; Ostwestberlin, 87. – *Kinderbuch:* Der Sprachabschneider, 80. – *Essays, theoretische Schriften:* Deutsche im deutschen Exil?, 88.

Schaefer, Oda (eig. Oda Lange, geb. Kraus), *21.12.1900 Berlin, †4.9.1988 München.

Baltischer Herkunft; Studium der Musik, Graphik und Malerei. Erste Arbeiten als Graphikerin und Journalistin. Mit ihrem zweiten Ehemann, dem Schriftsteller H. Lange, gehört sie in den 30er Jahren in Berlin zum Kreis um die Literaturzeitschrift «Die Kolonne», die sich gegen das nazistische Gedankengut richtet. – S.s vielfältiges – mehrfach ausgezeichnetes – Werk umfaßt Prosa und Lyrik ebenso wie eine große Anzahl von Hörspielen und essayistischen Arbeiten. Charakteristisch für ihre empfindungsreiche Naturlyrik ist die Auswahl *Der grüne Ton. Die Kastanienknospe* und *Die Haut der Welt* zeigen S.s ebenfalls lyrisch geprägte Prosa, in der sie subjektiv erlebte Momente ihres Lebens wiedergibt. Die Palette der Hörspiele erstreckt sich von der Funkballade *Das Flandrische Eisfest* bis zu biographischen Darstellungen wie *Elisabeth Langgässer.* Liebe, Mode und Stadtgeschichte sind Themen, die, feuilletonistisch amüsant, abgehandelt werden. Eine Reminiszenz an S.s baltische Herkunft ist die Herausgabe von *Das stille Tagebuch eines baltischen Fräuleins*, in dem sie die Erinnerungen ihrer Großmutter S. von Kügelgen veröffentlicht. Ihr eigenes Leben beschreibt sie in den Autobiographien *Auch wenn du träumst, gehen die Uhren* und *Die leuchtenden Feste über der Trauer.*

W.: *Prosa, Autobiographien:* Die Kastanienknospe, 1947; Unvergleichliche Rose, 48; Auch wenn du träumst, gehen die Uhren, 70; Die Haut der Welt, 76; Die leuchtenden Feste über der Trauer, 77. – *Hörspiele:* Mozart auf der Reise nach Prag, 34; Fliegerin über den Ozean, 34; Die schöne Magelone, 34; Der Schatzgräber, 35; Der Traum Surinam, 36; Das Flandrische Eisfest, 36; Die dreiste Magd von Brieg, 36; Die Windharfe, 37; Gösta Berling, 50; In die Nacht hinein, 52; Libellenbucht, 56; Elisabeth Langgässer, 56; Die Göttliche, 58; Belle Epoque, 65; Schwarze Sonne, 68; Nacht vor Weihnachten, 72. – *Lyrik:* Die Windharfe,

39; Irdisches Geleit, 46; Kranz des Jahres, 48; Grasmelodie, 59. – *Feuilletons:* Katzenspaziergang, 56; März, 57; Die Boutique, 63; Ladies only, 63; Und du fragst mich, was mit der Liebe sei..., 68. – *Sammelausgabe:* Der grüne Ton, 73; Wiederkehr, 85. – *Herausgebertätigkeit:* Das stille Tagebuch eines baltischen Fräuleins, 36; Madonnen, 47; Unter dem sapphischen Mond, 57; Schwabing, 58, erw. 72; Der Dandy, 64.

Schaeffer, Albrecht, *6.12.1885 Elbing, †4.12.1950 München.

S. studierte klassische und deutsche Philologie in München und Berlin. Ab 1913 lebte er als freier Schriftsteller in Hannover, nach dem 1. Weltkrieg in Bayern. 1939 emigrierte er über Kuba in die USA, 1950 kehrte er nach Deutschland zurück, wo er wenige Wochen später starb.

S. lehnt sich in seiner Lyrik zunächst an Hölderlin und die klassische griechische Lyrik an, er bevorzugt antike Stoffe und Versmaße. Diese antikisierende Poesie wird abgelöst durch mittelalterlich-mystische Lyrik. – Eine ähnliche Entwicklung nimmt S.s Prosa. Auch hier sind die Ideen der klassischen Antike ein immer wiederkehrendes Thema, daneben gibt es der Welt des Mittelalters nachempfundene Werke, die um Gottsuchertum und dämonische Mystik kreisen, wie etwa das Epos *Parzival.* – Das bekannteste Werk ist der umfangreiche Bildungsroman *Helianth.* – Seine Adaptionen antiker Stoffe sind nicht frei von Sentimentalitäten, so die «attische Mythe»: *Der Raub der Persefone.* Auch der im alten Ägina angesiedelte Roman *Aphaia* zeigt eine gezähmte, verweichlichte Antike, und ebenso sind die von S. nacherzählten griechischen Sagen eher romantisierend. S., der dem George-Kreis nahestand, ist ein hochgebildeter, sensibler und allzu anpassungsfreudiger Epigone.

W.: *Romane, Erzählungen:* Josef Montfort, 1918 (Ausz. u. d.T.: Die tanzenden Füße, 25; Neuaufl. u. d. T.: Das nie bewegte Herz, 31; Gudula, 18; Elli oder Sieben Treppen, 19 (neubearb. 49); Helianth, 3 Bde, 20 (neue Ausg., 2 Bde., 28); Der Reiter mit dem Mandelbaum, 22; Die Treibjagd, 23; Das Gitter, 23; Hölderlins Heimgang oder Der goldene Wagen, 23; Legende vom verdoppelten Lebens-Alter, 23; Lene Stelling, 23; Regula Kreuzfeind, 23;

Fidelio, 24; Der Falke und die Wölfin, 25; Die Schuldbrüder, 26; Der Apfel vom Baum der Erkenntnis, 27; Mitternacht, 28; Das Opfertier, 31; Der Roßkamm vom Lemgo, 33 (bearb. u. d. T.: Janna du Cœur, 49); Heimgang, 34; Der General, 34; Cara, 36 (neu bearb. 48); Heile, heile Segen, 37; Aphaia, 37; Ruhland, 37; Die Geheimnisse, 38; Kaniswall, 38; Von Räubern und Riesen, 38; Rudolf Erzerum, 45; Enak oder Das Auge Gottes, 48; Der Geisterlehrling und seine Frauen, 49; Der Auswanderer, 49; Die goldene Klinke, 50; Der General, 54; Der grüne Mantel, 55. – *Epen, Verserzählungen:* Mosis Tod, 15; Mysterium, 15; Der Raub der Persefone, 20; Gevatter Tod, 21; Parzival, 22. – *Dramen:* Die Mütter, 14; Die Wand, 22; Demetrius, 23; Konstantin der Große, 25; Der Gefällige, 25; Der verlorene Sohn, 25. – *Lyrik:* Amata, 11; Der Mischkrug, 12 (mit A. Gerlach); Die Meerfahrt, 12; Attische Dämmerung, 14; Heroische Fahrt, 14; Kriegslieder, 14; Das Schicksal, 14; Des Michael Schwertlos vaterländische Gedichte, 15; Der göttliche Dulder, 20; Die Saalborner Stanzen, 22; Die Marienlieder, 24; Das Haus am See, 34. – *Essays:* Rainer Maria Rilke, 16; Eduard Mörikes «Früh im Wagen», 22; Abkunft und Ankunft, 23; Dichter und Dichtung, 23; Kritisches Pro Domo, 24; Kaiser Konstantin. Ein Zeitwende, 29; Vom ursprünglichen Glauben, 53; Mythos, 58. – *Übersetzungen, Bearbeitungen:* O. Wilde: Die Ballade vom Zuchthaus to Reading, 17; Das Kleinod im Lotos. – Die Buddha-Legende, 23; R. L. Stevenson: Quartier für die Nacht. Will von der Mühle, 25; Des Apuleius sogenannter Goldener Esel. Metamorphosen, 26; Homerus: Odyssee, 27; Der Hymnus auf Demeter, 29; Homerus: Ilias, 29; Griechische Helden-Sagen. Neu erzählt nach den alten Quellen. 2 Bde, 29–30; Die Sage von Odysseus, 30; F. Prokosch: Die Asiaten, 52. – *Herausgebertätigkeit:* C. Brentano: Gedichte 14; A. v. Droste-Hülshoff: Gedichte, 14; E. M. Arndt: Gedichte, 15; F. Hebbel: Gedichte, 17; F. G. Klopstock: Oden, 19; N. Lenau: Gedichte, 19; A. v. Platen: Gedichte, 20; Leukothea. Ein Jahrbuch, 23 (mit L. Strauß); C. F. Meyer: Gedichte, 29; Roß und Reiter, 31 (mit R. Diehl). – *Sammel- und Werkausgaben:* Das A. S.-Buch; Die Treibjagd und zwei Legenden, 24; Das Prisma, 25; Der goldene Wagen, 27; Die Geige. Die Rosen der Hedschra. Die seltsame Trauung, 30; Gedichte aus den Jahren 1915–1930; Nachtschatten, 32; Traumdeutung, 85.

Schäfer, Wilhelm

Schäfer, Wilhelm * 20. 1. 1868 Ottrau (Hessen), † 19. 1. 1952 Überlingen am Bodensee.

S., Sohn eines Landwirts und Handwerkers, verbrachte seine Jugend in der Nä-

he von Düsseldorf und war 7 Jahre Lehrer in Vohwinkel und Elberfeld. 1900–23 gab er die konservative Zeitschrift «Die Rheinlande» heraus. Vom Stipendium eines Verlages bereiste er Frankreich und lebte danach als freier Schriftsteller in Berlin, wo er mit Richard Dehmel befreundet war. 1915 zog er nach Ludwigshafen; seit 1918 lebte er in Überlingen am Bodensee. 1931 verließ er mit Erwin Guido Kolbenheyer und Emil Strauß die Preußische Akademie der Künste. – Nach ersten Arbeiten als naturalistischer Dramatiker schrieb S. historisch-biographische Romane und Erzählungen; daneben fand er zu der ihm gemäßen Ausdrucksform der Anekdote nach dem Vorbild Johann Peter Hebels. Seine Überzeugung von «deutscher Sendung», die Bindung an deutsche Kultur und Geschichte, die Fortschrittsfeindlichkeit entsprachen der völkischen Kulturpolitik des Dritten Reiches.

W.: Romane: Karl Stauffers Lebensgang, 1911; Lebenstag eines Menschenfreundes (Pestalozzi), 15 u. 49; Huldreich Zwingli, 26; Der Hauptmann von Köpenick, 30; Theoderich, König des Abendlands, 39. – *Erzählungen, Anekdoten:* Mannsleut. Westerwälder Bauerngeschichten, 1895; Die zehn Gebote, 97; Gottlieb Mangold, 1901; Anekdoten, 07; Rheinsagen, 08; Die Halsbandgeschichte, 09; Der verlorene Sarg und andere Anekdoten, 11; Die unterbrochene Rheinfahrt, 13; Die begrabene Hand und andere Anekdoten, 18; Winckelmanns Ende, 25; Hölderlins Einkehr, 25; Neue Anekdoten, 26; Wendekreis neuer Anekdoten, 37; Hundert Histörchen, 40; Spätlese neuer u. alter Anekdoten, 42; Altmännersommer, 42; Die Bibelburg, 49. – *Sonstige Prosa:* Die dreizehn Bücher der deutschen Seele, 22; Deutsche Reden, 33; Auf den Spuren der alten Reichsherrlichkeit, 33. – *Dramen:* Ein Totschläger, 1894; Jakob und Esau, 96; Lerma, 97 (als: Frau Hulla, 38); Dorothee, 1901. – *Autobiographisches:* Mein Leben, 34; Meine Eltern, 37; Rechenschaft, 48. – *Werkausgaben:* Erzählende Schriften, 4 Bde, 19; Gesamtausgabe der Anekdoten, 3 Bde, 43, 1 Bd, 50, 57.

Schaffner, Jakob

Schaffner, Jakob, * 14. 11. 1875 Basel, † 25. 9. 1944 Straßburg (durch Luftangriff).

Sohn eines Gärtners, früh verwaist, wurde in einem Heim in Beuggen bei Breisgau pietistisch erzogen und durchlief eine Schusterlehre. Als Geselle durchwanderte er viele Länder Europas; vorübergehend arbeitete er auch in Fabriken. Er bildete sich autodidaktisch, begann zu schreiben und konnte seit 1911 als freier Schriftsteller leben. Er schrieb, beeinflußt von Gottfried Keller, religiös-heimatverbundene Erzählungen und Romane aus dem Milieu der Handwerker und Kleinbürger. Sein Hauptwerk ist eine autobiographische Roman-Trilogie (*Johannes – Die Jünglingszeit des Johannes Schattenhold – Eine deutsche Wanderschaft*), in der die Lebenswanderung des Johannes Schattenhold zum Dichter gestaltet wird. – Seine größten Erfolge hatte der eher unpolitische S. in der Zeit des Nationalsozialismus, in der er gefeiert wurde und führendes Mitglied der faschistischen Nationalen Front der Schweiz war.

W.: Erzählendes: Irrfahrten 1905 (Neuausg. u.d.T.: Die Irrfahrten des Jonathan Bregger, 12); Die Laterne, 07; Die Erlhöferin, 08; Hans Himmelhoch, 09; Konrad Pilater, 10 u. 22; Der Bote Gottes, 11; Die goldene Fratze, 12; Der Fuchs, 12; Das Schweizer Kreuz, 15 (bearb. u.d.T.: Das Liebespfand, 42); Der Dechant von Gottesbüren, 17; Grobschmiede und andere Novellen, 17; Frau Stüssy und ihr Sohn, 18; Die Weisheit der Liebe, 19; Kinder des Schicksals, 20; Johannes, 22 (Teilausg. u.d.T.: Der junge Schattenhold, 33); Fragen, 22; Das Wunderbare, 23; Die Mutter, 24; Die Glücksfischer, 25; Brüder, 25 (Ausz. u.d.T.: Das verkaufte Seelenheil, 27); Die letzte Synode, 25; Die Schürze, 25; Der Kreiselspieler, 25 (veränd. u.d.T.: Der Luftballon, 36); Das große Erlebnis, 26; Verhängnisse, 27; Festzeiten, 27; Der Mensch Krone, 28; Föhnwind, 28; Die Heimat, 29; Die Jünglingszeit des Johannes Schattenhold, 30; Ihr Glück – ihr Elend, 31; Der lachende Hauptmann, 31; Wie Gottfried geboren wurde, 31; Liebe und Schicksal, 32; Eine deutsche Wanderschaft, 33; Nebel und Träume, 34; Larissa, 35; Der Gang nach St. Jakob, 37; Kampf und Reife, Roman-Tetralogie in 4 Bdn, 39 (Teilausg. u.d.T.: Die Klarinette, 41); Die Heimkehr, 43; Das Tag- und Nachtbuch von Glion, 43. – *Dramen:* Das kleine Weltgericht, 43. – *Lyrik:* Der Kreislauf, 27; Bekenntnisse, 40. – *Essays, theoretische Schriften, Reiseberichte:* Geschichte der Schweizerischen Eidgenossenschaft, 15; Die Schweiz im Weltkrieg, 15; Der große Austrag, 17; Die deutsche Auferstehung, 19; Der Passionsweg eines Volkes 1918–1920, 20; Die Erlösung vom Klassenkampf, 20; Der große Seldwyler, 22; Die Predigt der Marienburg, 31; Persönlich-

keit, 33; Offenbarung in deutscher Landschaft, 34; Das heimliche Alemannien, 35; Volk zu Schiff 36; Freies nationales Arbeitsvolk, 37; Rote Burgen und blaue Seen, 37; Türme und Wolken, 37; Berge, Ströme und Städte, 38; Die Landschaft Brandenburg, 38; Die schweizerische Eidgenossenschaft und das Dritte Reich, 39; Ostpreußen, 39; Der Aufgang des Reiches Heinrich I., 40; Der Schicksalsweg des deutschen Volkes, 40; Der ewige Weg im Bundesbrief von 1291, 40; Das Reich in uns, 43. – *Sammelausgaben:* Gesammelte Werke, Reihe I, 6 Bde, 25; Meisternovellen, 36; Erzählungen, 79; Stadtgänge, 79.

Schallück, Paul, *17.6.1922 Warendorf (Westfalen), †29.2.1976 Köln.
Sohn einer russisch-sibirischen Mutter und eines deutschen Vaters. Als junger Mensch im Kloster. Soldat, Gefangenschaft. Begann schon während des Krieges zu schreiben. Nach dem Krieg zunächst Studium der Philosophie, Geschichte, Literatur- und Theaterwissenschaft in Köln und München. Chefredakteur der deutsch-französischen Zeitschrift für internationale Zusammenarbeit «Dokumente». Wahlkölner; Köln wurde dann auch sein literarisches und soziales Thema. Zeitkritische Erzählungen und Romane. Sein erster Roman *Wenn man aufhören könnte zu lügen* war Bilanz und Programm für den Neubeginn. S. fühlte sich als innerlich Verwundeter von der Zeit des Faschismus und glaubte an die Aufklärungsmacht und Bewußtseinsveränderung durch Literatur. – 1973 Nelly-Sachs-Preis.

W.: Lyrik: Hierzulande und anderswo, 1974; Countdown zum Paradies, 76. – *Romane, Erzählungen:* Wenn man aufhören könnte zu lügen, 51; Ankunft null Uhr zwölf, 53; Die unsichtbare Pforte, 54; Weiße Fahnen im April, 55; Engelbert Reineke, 59; Lakrizza, 66; Hohe festliche Versammlung. Imaginäre Festrede, 66; Don Quichotte in Köln, 67; Orden, 67; Gesichter 67; Karlsbader Ponys, 68; Bekenntnisse eines Nestbeschmutzers, 77. – *Essays:* Zum Beispiel, 62; Deutschland, 69; Gegen Gewalt und Unmenschlichkeit, 69; Dein Bier und mein Bier, 76. – Außerdem Bühnenwerke, Hörspiele, Fernsehspiele. – *Herausgebertätigkeit:* Deutschland, 69 (engl. 70). – *Werkausgabe:* Das Gesamtwerk, 5 Bde, 76f. – *Filme, Fernsehen:* Die Träume des Herrn Jules Verne, 64; Rund um den Ochsenkopf, 68; Der Mann aus Casablanca, 69; Beim Metzger, 70; Karlsbader

Ponys, 70; Unter Ausschluß der Öffentlichkeit, 71; Babysitter gesucht, 73; Die Diagnose, 73.

Schaper, Edzard, *30. 9. 1908 Ostrowo (Provinz Posen), †29. 1. 1984 Bern.

S. war in den verschiedensten Berufen tätig: als Schauspieler, Musiker, Gärtner und Seefahrer. Er lebte in Skandinavien, Estland, floh 1940 nach Finnland, 1944 nach Schweden; seit 1947 lebte er in der Schweiz. 1952 trat er zur katholischen Kirche über. – Die (mehrfach ausgezeichneten) Bücher S.s kreisen um die Eigenart nordischer Landschaft und um religiöse Themen; sie stellen Menschen in Grenzsituationen, lehren z. T. die Aufgabe des Selbst, das Finden des Glaubens durch Martyrium und Tod hindurch. Viele von ihnen reichen ins Baltikum, so der Roman *Die sterbende Kirche*, die Verarmung und Verfall einer estnischen Kirchengemeinde nach der Oktoberrevolution zeigt; eine Fortführung ist *Der letzte Advent*, ausgezeichnet durch den Versuch S.s, Kommunisten zu schildern. Der Roman *Der Henker* stellt den inneren Konflikt eines russischen Offiziers deutsch-baltischer Herkunft während des Aufstandes 1905 dar. *Die Freiheit des Gefangenen*, fortgesetzt mit *Die Macht der Ohnmächtigen*, spielt in der Zeit Napoleons; Hauptproblem ist das Verhältnis von Gewissen und Machtanspruch des Staates. *Am Abend der Zeit* führt wieder ins estnisch-polnische Gebiet in den Jahren 1913/14 und läßt den sich vorbereitenden Untergang der Feudalschichten deutlich werden. Die zwei Romane *Degenhall* und *Die Reise unter dem Abendstern* behandeln die religiös-sittliche Thematik am Beispiel einer Frau aus Solothurn – ein Niederschlag seines Aufenthalts in der Schweiz. – S.s Sprache ist oftmals bewußt altertümelnd. Er übersetzte aus den nordischen Sprachen und dem Finnischen, u. a. Werke von Lagerkvist, K. Munk, Sillanpää und Kivi.

W.: Romane: Der letzte Gast, 1927; Die Bekenntnisse des Försters Patrik Doyle, 28; Erde über dem Meer, 34; Die sterbende Kirche, 35; Der Henker, 40 (als: Sie mähten gewappnet die Saaten, 53); Der letzte Advent, 49; Die Weihnachtsgeschichte, 50; Die Freiheit des Gefangenen, 50; Die Macht der Ohnmächtigen, 51 (beide als: Macht und Freiheit); Die Heiligen Drei Könige, 53; Das Christkind aus den großen Wäldern, 54; Bilder einer Ausstellung, o. J.; Der Gouverneur, 54; Die letzte Welt, 56; Attentat auf den Mächtigen, 57; Das Tier oder Die Geschichte eines Bären, der Oskar hieß, 58; Der vierte König, 61; Der Aufruhr der Gerechten, 63; Am Abend der Zeit, 70; Traurige Spiele, 71; Sperlingsschlacht, 72; Degenhall, 75; Die Reise unter dem Abendstern, 76. – *Erzählungen:* Die Insel Tütarsaar, 33; Die Arche, die Schiffbruch erlitt, 35; Das Leben Jesu, neu erzählt, 36; Das Lied der Väter, 37; Der große, offenbare Tag, 49; Stern über der Grenze, 50; Hinter den Linien, 52; Der Mantel der Barmherzigkeit, 53; Unschuld der Sünde, 57; Die Eidgenossen des Sommers, 58; Der Held, 58; Das Wiedersehen, 58; Die Geisterbahn, 59; Die Söhne Hiobs, 62; Dragonergeschichte, 63; Einer trage des andern Last, 65; Schattengericht, 67. – *Essays:* Der Mensch in der Zelle. Dichtung und Deutung des gefangenen Menschen, 51; Marschall Mannerheim, 51; Untergang und Verwandlung, 54; Vom Sinn des Alters, 54; Verhüllte Altäre, 62; Wagnis der Gegenwart, 65. – *Sammelausgaben:* Gesammelte Erzählungen 1938–62, 65; Sterbende Kirche. Letzter Advent, 74; Geschichten aus vielen Leben, 77; Grenzlinien, 87. – *Schallplatten, Kassetten:* Der vierte König, 86 (2 Pl.)

Scharang, Michael, *3. 2. 1941 Karpfenberg (Steiermark).

Studium der Theaterwissenschaft in Wien, promovierte 1965 mit einer Arbeit zur Dramatik R. Musils. – S.s frühe kurze Prosatexte zeigen Realitätsausschnitte in sprachlicher Verfremdung. Das Medium Sprache wird zwar in Frage gestellt, tritt aber zugleich in den Dienst der Sozialkritik, die beschädigtes Leben deutlich zeigen will und verhüllende Ideologie bloßstellt. Die Essays *Zur Emanzipation der Kunst* entwickeln Thesen von W. Benjamin und B. Brecht weiter und fordern die Aneignung der Kunst durch die Autoren. Die traditionelle Trennung von Autor, Darstellungsgegenstand und Publikum wird demgemäß in den Dokumentationen und Originalton-Hörspielen (*Einer muß immer parieren*) auch in gewissem Maße aufgehoben. Die Romane *Charly Traktor* und *Der Sohn eines Landarbeiters* kehren bei anhaltendem politischen Engagement zur traditionellen Produktions- und Erzähltechnik zurück und berichten von der gelingenden

(*Charly Traktor*) bzw. an der ökonomischen Macht scheiternden Politisierung von Arbeitern. Im Roman *Der Lebemann* ist das sozial-moralisch-politische Anliegen weitgehend auf die Ausbruchsphantasien in einer love story zwischen Bankdirektor und Verkäuferin reduziert. Canetti-Stipendium Wien 1985 für die Erzählung *Auf nach Amerika*. New York-Stipendium des Deutschen Literaturfonds 1989.

W.: Romane, Erzählungen: Verfahren eines Verfahrens, 1969; Schluß mit dem Erzählen und andere Erzählungen, 70; Charly Traktor, 73; Einer muß immer parieren, 73; Bericht an das Stadtteilkomitee, 74; Der Sohn eines Landarbeiters, 76; Der Lebemann, 79; Das doppelte Leben. Ein Drehbuch, 81; Harry, 84. – *Hörspiele (z. T. ungedruckt):* Geschichte zum Schauen – über ein Hörspiel zum Schauen, 71; Ansprache eines Entschlossenen an seine Unentschlossenheit, 71; Die Fragestunde, 72; Bericht vom Arbeitsamt, 72; Das Glück ist ein Vogerl, 72; Warum die kluge Else, die kluge Grete und das Katherlieschen vorderhand Lesbierinnen sein wollen, 73; Einer muß immer parieren, 73; Woran ich denke, wenn ich das höre, 73; Anschlag, 73; Was gibt es hier zu reden, 74; Die einen stehen im blühenden Alter, die anderen im blühenden Geschäft, 77; Der Beruf des Vaters, 85 (mit Toncass.). – *Essays:* Zur Emanzipation der Kunst, 71; Die List der Kunst, 86; Das Wunder Österreich oder Wie es in einem Land immer besser und dabei immer schlechter wird, 89. – *Herausgebertätigkeit:* Über Peter Handke, 72; Geschichten aus der Geschichte Österreichs 1945–1982, 84. – *Filme, Fernsehfilme:* Ein Verantwortlicher entläßt einen Unverantwortlichen, 72; Der Sohn eines Landarbeiter wird Bauarbeiter und baut sich ein Haus, 75; Der Lebemann, 80; Das doppelte Leben, 81; Die Kameraden des Koloman Wallisch, 84.

Scharpenberg, Margot (eig. Margot Wellmann), * 18. 12. 1924 Köln.
S. wurde nach dem Abitur zu Arbeitsdienst und Fabrikarbeit in Pommern eingezogen. Nach Kriegsende machte sie in Köln eine Ausbildung als Diplom-Bibliothekarin und zog 1962 zunächst nach Kanada, dann in die USA, New York, wo sie 1968 die amerikanische Staatsbürgerschaft erhielt. Im selben Jahr wurde ihr erzählerisches Werk mit dem Georg-Mackensen-Preis für die beste Kurzgeschichte ausgezeichnet, ihre Lyrik 1975 mit dem Ida-Dehmel-Preis. – In ihrer Lyrik, deren knappe, herbe Form zum Teil an chinesische Muster erinnert, aber auch in ihren Erzählungen schöpft S. vor allem aus dem Alltagsgeschehen. Zwischenmenschliche Beziehungen, Kindheitserlebnisse, Motive aus dem Großstadtleben bilden wiederholt die Themen ihrer Werke. Erfahrungen auf Reisen und Expeditionen führten zur Gestaltung von Problemen der Neuen Welt.

W.: Lyrik: Gefährliche Übung, 1957; Spiegelschriften, 61; Brandbaum, 65; Schwarzweiß, 66; Vermeintliche Windstille, 68; Mit Sprach- und Fingerspitzen, 70; Spielraum, 72; Spuren, 73; Bildgespräche mit Zillis, 74; Neue Spuren, 75; Veränderung eines Auftrags, 76; Fundfigur, 77; Bildgespräche in Aachen, 78; Fundort Köln, 79; Domgespräch, 80; Moderne Kunst im Bildgespräch, 82; Fallende Farben, 83; Windbruch, 85; Verlegte Zeiten, 88; Augenzeugnisse, 90. – *Erzählungen:* Ein Todeskandidat und andere Erzählungen, 70; Fröhliche Weihnachten und andere Lebensläufe, 74. – *Reisebücher:* Einladung nach New York, 72; New York, 80.

Scharrer, Adam, * 13. 7. 1889 Klein-Schwarzenlohe (Bayern), † 2. 3. 1948 Schwerin.
S. war eines von 17 Kindern eines Gemeindehirten. Er lernte Schlosser und ging anschließend in Deutschland, West- und Südeuropa auf Wanderschaft. Im 1. Weltkrieg Infanterist und Munitionsarbeiter, beteiligte sich S. an den Streiks in der Rüstungsindustrie und an den Novemberereignissen des Jahres 1919. Über die Spartakusbewegung gelangte er 1920 zur linkskommunistischen Kommunistischen Arbeiterpartei Deutschlands (KAPD), deren Mitglied er bis 1933 war. S. war für die KAPD journalistisch tätig, bevor er Ende der 20er Jahre freier Schriftsteller wurde. Das Exil führte ihn über Prag 1934 in die Sowjetunion, wo seine Bücher hohe Auflagen erreichten. Neben der Fortführung seiner schriftstellerischen Tätigkeit hielt S. während des Krieges in Radio Moskau antifaschistische Ansprachen an deutsche Soldaten. Nach dem Krieg war S. in der sowjetisch besetzten Zone Mitbegründer des antifaschistischen «Kultur-

bundes» und arbeitete als Redakteur der «Schweriner Landeszeitung». Postum erhielt er den Literaturpreis des Ministeriums für Volksbildung. Sein literarisches Werk besteht aus Romanen und Erzählungen, die auf Grund persönlicher Erfahrungen die eigene Vergangenheit und die Geschichte des Stadt- und Landproletariats in der jüngsten Vergangenheit aufarbeiten. S.s Werke vertreten pointiert den Standpunkt des einzelnen unterdrückten Proletariers. Sie beweisen psychologische Einfühlung in die Gemütslagen proletarischen Lebens und sie behaupten stets einige linksradikalistische Gehalte, so wenn sie den individuellen Rebellen betonen und nicht die parteimäßig organisierte Revolution propagieren. Wegen der treffenden Milieuschilderungen und der sozialen Anklage gegen die Unterdrücker der Proletarier fand S. in der Arbeiterbewegung eine breite Leserschaft.

W.: Romane, Erzählungen: Auch eine Jugend, in: Das Vier-Männer-Buch, 1929; Aus der Art geschlagen – Reisebericht eines Arbeiters, 30; Vaterlandslose Gesellen, 30; Der große Betrug. Geschichte einer proletarischen Familie, 31; Maulwürfe. Ein deutscher Bauernroman, 33; Abenteuer eines Hirtenjungen und andere Dorfgeschichten, 35; Die Bauern von Gottes Gnaden. Geschichte eines Erbhofes, 35; Zwei Erzählungen aus dem Leben deutscher Bauern, 39; Familie Schuhmann, 39; Der Krummhofbauer und andere Dorfgeschichten, 39; Die Zäuners, 39; Das Geständnis, 39; Wanderschaft. Erlebnisroman eines jungen Proletariers, 40 (in Deutschland als: In jungen Jahren, 46); Die Hochzeitsreise, 40; Der Krummhofbauer. Der Herr im Hause, 41; Der Landpostbote Ignatz Zwinkerer aus Eichendorf bei Bamberg in Bayern erzählt, was er in seinem Dorf und auf seinen Gängen erlauschte und erlebte, 41; Der Hirt von Rauhweiler, 42; Acker auf dem schwarzen Berg (russ.), 42; Zwei Freier und andere Dorfgeschichten (russ.), 42; Der Landsknecht. Biographie eines Nazi, 43; Das letzte Wort. Die Sachverständigen. 2 Erzählungen, 48; Dorfgeschichten einmal anders, 48; Der Feind, 58. – *Werkausgabe:* Der Landpostbote Zwinkerer und andere Erzählungen, 44; Gesammelte Werke in Einzelausgaben, 8 Bde, 61–79.

Schaukal, Richard von, *27.5.1874 Brünn, †10.10.1942 Wien.

S. studierte in Wien Rechtswissenschaf-ten, wurde Beamter und ging 1918 als Sektionschef in den Ruhestand. – S. übersetzte Dichtungen der französischen Symbolisten (Verlaine, Baudelaire, Mallarmé), auf deren Ton auch seine eigene frühe Lyrik gestimmt ist; später schrieb er Gedichte in liedhaft schlichtem Stil. Seine Erzählungen und Essays sind traditionsbestimmt, seine Erinnerungsbücher gelten der Donaumonarchie. Er übersetzte auch Werke von Gautier, Flaubert, Mérimée.

W.: Lyrik: Gedichte, 1893; Verse, 96; Meine Gärten, 97; Tristia, 98; Tage und Träume, 99; Sehnsucht, 1900; Ausgew. Gedichte, 04; Das Buch der Seele, 08; Neue Verse, 12; Kindergedichte, 14; Herbst, 14; Widmungen, 14; Eherne Sonette, 3 Bde, 15; Kriegslieder aus Österreich 1914–16, 16; Zum Gedächtnis Kaiser Franz Josephs I., 16; Heimat der Seele, 17; Jahresringe, 23; Ausgew. Gedichte 1891 bis 1924, 24; Gezeiten der Seele, 26; Herbsthöhe, 33; Spätlese, 43; Wie ganz bin ich dein eigen, 60; Gedichte, 67. – *Dramen:* Rückkehr, ein Akt, 1894; Einer, der seine Frau besucht, und andere Szenen, 1901; Vorabend, 02. – *Erzählendes:* Von Tod zu Tod, 02; Pierrot und Kolumbine oder Die Liebe vor der Ehe, 02; Mimi Lynx, 04; Großmutter, 06; Kapellmeister Kreisler, 06; Eros-Thanatos, 06; Leben und Meinungen des Herrn Andreas von Balthesser, 07; Die Mietwohnung, 07; Schlemihle, 07; Die Märchen von Hans Bürgers Kindheit, 13; Das Buch Immergrün, 16; Heimat, 16; Von Kindern und Tieren u. erwachsenen Leuten, 35. – *Aphorismen, Essays, Autobiographisches:* E. T. A. Hoffmann, 04 u. 23; Wilhelm Busch, 05; Richard Dehmels Lyrik, 07; Vom Geschmack, 10; Beiläufig. Aphorismen, 12; Zettelkasten eines Zeitgenossen, 13; Zeitgemäße deutsche Betrachtungen, 16; Erlebte Gedanken, 18; Adalbert Stifter, 26; Gedanken, 31; Karl Kraus, 33; Beiträge zu einer Selbstdarstellung, 34; Erkenntnisse und Betrachtungen, 34; Einsame Gedankengänge, 1934 bis 39, 47; Frühling eines Lebens. Erinnerungen, 47. – *Übersetzungen, Nachdichtungen:* Mallarmé, Verlaine, Heredia, Mérimée, Flaubert, Shakespeare. – *Werkausgabe:* Werke in Einzelausgaben, 65 f.

Schaumann, Ruth (verh. Fuchs), *24.8.1899 Hamburg, †13.3.1975 München.

S., Tochter eines Offiziers, wirkte nach dem Besuch der Kunstgewerbeschule in München als Malerin, Graphikerin und Bildhauerin. 1924 konvertierte sie zum

Katholizismus. Sie war mit dem «Hochland»-Redakteur Fr. Fuchs verheiratet. S. schrieb anfangs noch expressionistisch getönte, religiös gebundene Lyrik sowie Romane und Erzählungen, meist um Frauen- und Müttergestalten, von harmonisierender und typisierender Art.

W.: Lyrik: Die Kathedrale, 1920; Der Knospengrund, 24; Das Passional, 26; Der Rebenhag, 27; Kommt ein Kindlein auf die Welt, 39; Klage und Trost, 47; Ländliches Gastgeschenk, 49. – *Romane:* Amei, 32; Yves, 33; Der Major, 35; Der schwarze Valtin und die weiße Osanna, 38; Die Übermacht, 41; Die Silberdistel, 42; Die Uhr, 46; Die Karlsbader Hochzeit, 53; Die Taube, 55; Die Ölsiederei, 57; Die Haarsträhne, 59. – *Erzählungen, Märchen:* Der blühende Stab, 29; Die Kinder und die Tiere, 29; Siebenfrauen, 33; Der singende Fisch, 34; Der schwarze König, 40; Die Zwiebel, 43; Die Mündigkeit, 50; Die Frau des guten Schächers, 56; Akazienblüte, 60; Der Kreuzweg, 60. – *Autobiographisches:* Das Arsenal, 68. – Ferner Spiele und Jugendbücher.

Scheer, Maximilian (eig. Walter Schlieper), *22.4.1896 Hahn/Rheinland, †3.2.1978 Berlin.
S. studierte Theaterwissenschaften und Literaturgeschichte in Köln, wo er auch als Kritiker und Journalist tätig war. Ende der 20er Jahre gründete er die literarische Vereinigung «Oktobergruppe». Er war Redakteur der INPRESS, einer 1933 gegründeten antifaschistischen Nachrichtenagentur, und Hauptverfasser und Mitherausgeber des 1936 erschienenen Buches *Das deutsche Volk klagt an – Hitlers Krieg gegen die Friedenskämpfer in Deutschland.* Auf seiner Flucht vor den Nationalsozialisten kam er 1941 über Frankreich und Portugal in die USA. 1947 kehrte er nach Deutschland zurück und übernahm die Chefredaktion der Zeitschrift «Ost und West». Von 1949–52 betätigte er sich als Abteilungsleiter am Berliner Rundfunk und am Deutschlandsender. 1962 erhielt er den Nationalpreis der DDR. – Bekannt geworden ist S. vor allem durch seine politisch-aktuellen Reportagen. Sein schriftstellerisches Schaffen umfaßt Erzählungen und Essays, aber auch Arbeiten für Rundfunk, Film und Bühne. In späte-

ren Werken befaßte er sich überwiegend mit den antikolonialen Befreiungskämpfen.

W.: Romane, Essays, Erzählungen: Blut und Ehre, 37; L'école hitlerienne et l'étranger, 38 (mit E. Wildangel); Fahrt an den Rhein, 48; Begegnungen in Europa und Amerika, 49 (u. d. T. Die Reise war nicht geplant, 57; u. d. T. Paris–New York, 66, 75); Schwarz und Weiß am Waterberg, 51; Lebenswege in unseren Tagen, 52; Sechzehn Bund Stroh, 53; Ethel und Julius, 54; Ein Toter kehrt nicht heim, 55; Spieler, 55; Arabische Reise, 57; Irak – Dürstendes Land, 59; Algerien – Jugend im Feuer, 59; Der Frieden vor Gericht, 59; Von Afrika nach Kuba, 61; Abenteuer ernster Leute, 61; Die Vergeltung des Abdul Salem, 62; Indische Tage und arabische Erzählungen, 64; Das Verhör am Nil, 69. – *Autobiographisches:* So war es in Paris, 64; Ein unruhiges Leben, 76; In meinen Augen, 76. – *Filme:* Hotelboy Ed Martin, 55; Leben der Frauen, 56. – *Bühnenwerke:* Brandenburger Tor, 52; Die Rosenbergs, 53; Hassan und der Scheich, 61. – *Herausgebertätigkeit:* Die schönsten Erzählungen aus Ost und West (mit A. Kantorowicz), 48; Rudolf Leonhard erzählt, 55; Freunde über Rudolf Leonhard, 58; Rudolf Leonhard, 60. – *Hörspiele:* Todeshandel, 51; Und Berge werden versetzt (mit K. G. Egel), 51; Mut zur Freiheit, 51; Aus Leben und Werk des G. E. Lessing, 51; Paris, 28. April, 51; Die Rosenbergs, 53; Schüsse vor der Wahl, 54; Der Weg nach Alcatraz, 56; Der Weg nach San Rafael, 71; Liebste Angela, Erste unter Gleichen, 71.

Scheerbart, Paul (Pseud. Bruno Küfer), *8.1.1863 Danzig, †15.10.1915 Berlin.
S. war Sohn eines Zimmermanns. Nach autodidaktischen Philosophiestudien seit 1884 freier Schriftsteller; in den ersten Jahren Wanderleben (Leipzig, Halle, Wien, München), seit 1887 (bis zu seinem Tod) in Berlin; 1892 Gründung des «Verlags der Phantasten». Enge Kontakte zur Berliner Bohème (Tafelrunde Strindbergs im «Schwarzen Ferkel», «Verbrechertisch» O. E. Hartlebens, «Friedrichshagener Kreis» [«Neue Gemeinschaft»], «Sturm»-Kreis). S. lebte zeitlebens in äußerster Armut; starker Trinker; 1900 Heirat mit seiner Zimmervermieterin, seinem «General-Staatssekretär», die sich um alle Dinge des täglichen Lebens kümmerte.
S. sah sein Werk selbst in der Tradition der Romantik; zeigte eine deutliche Vor-

liebe für das Exotische (Themen aus dem Orient und aus dem Kosmos); bewußtes Abrücken von rationaler Weltauffassung und vom Naturalismus. S. wurde zu einem der bedeutendsten und originellsten Vertreter der phantastischen Literatur; er schrieb Märchen, Sagen, Gespenstergeschichten, Utopien, Burlesken und Grotesken. In seinen Werken dominiert das visuelle Element, sie leben von riesigen Farb- und Formvisionen. S. war typischer Vertreter der sog. «Spreche»: Er verfaßte lockere Prosa, spielerisch, fast im Plauderton; nicht viele von seinen Werken weisen epische Geschlossenheit auf (Ausnahmen: *Die Seeschlange, Lesabéndio*). S. wurde zu einem der Vorbilder des Berliner Frühexpressionismus und genoß Anerkennung des «Sturm»- und des «Aktions»-Kreises; H. Walden hielt ihm die Totenrede.

W.: Romane, Erzählungen, Prosa: Das Paradies, die Heimat der Kunst, 1889; Ja ... was ... möchten wir nicht alles, 93; Tarub, Bagdads berühmte Köchin, 97; Ich liebe dich!, 97; Der Tod der Barmekiden, 97; Na prost!, 98; Rakkox der Billionär und Die wilde Jagd, 1900; Die Seeschlange, 01; Liwuna und Keidôh, 02; Die große Revolution, 02; Immer mutig!, 2 Bde, 02; Der Aufgang zur Sonne, 03; Machtspäße, 04; Der Kaiser von Utopia, 04; Don Miguel de Cervantes Saavedra, 04; Münchhausen und Clarissa, 06; Flora Mohr, 09; Die Entwicklung des Luftmilitarismus und die Auflösung der europäischen Landheere, Festungen und Seeflotten, 09; Das Perpetuum mobile, 10; Astrale Novelletten, 12; Das große Licht, 12; Lesabéndio, 13; Das graue Tuch und 10 Prozent Weiß, 14; Glasarchitektur, 14; Die Mopsiade, 20; Das Lachen ist verboten, 29. – *Dramen:* Kometentanz, 02; Revolutionäre Theaterbibliothek (22 Stücke in 6 Bdn), 04, Neuausg. 77. – *Lyrik:* Katerpoesie, 09. – *Zeichnungen:* Jenseits-Galerie, 07, Neuausg. 78. – *Briefe:* Von Zimmer zu Zimmer, 21, Neuausg. 78; Liebes- und Schmollbriefe, 83. – *Sammel- und Werkausgaben:* Paul Scheerbart. Eine Einführung in sein Werk und eine Auswahl, 55; Dichterische Hauptwerke, 62; Gesammelte Werke, 10 Bde, 85ff; Glasarchitektur & Glashausbriefe, 86; Meine Tinte ist meine Tinte, 87; Unverwortliche Gedichte, 87; Glasarchitektur, 88; Der Kaiser von Utopia und Das große Tuch und zehn Prozent Weiß, 88; Katerpoesie, Mopsiade und andere Gedichte, 90.

Schelle-Noetzel, A. H. → Bronnen, Arnolt

Schenk, Herrad, *5. 1. 1948 Detmold.
S. studierte Sozialwissenschaften in Köln und York, promovierte 1975 mit einer sozialpsychologischen Arbeit und arbeitete von 1972 bis 1980 als wissenschaftliche Assistentin an der Univ. Köln. Seit 1980 lebt sie als freie Schriftstellerin.
S. veröffentlichte neben ihren Romanen, die autobiographische Beziehungsprobleme behandeln (*Abrechnung*), Aufsätze und Essays vor allem über Gerontologie und Geschlechtsrolle/Feminismus/ Frauenbewegung, seit 1974 auch Erzählungen in verschiedenen Zeitschriften. 1987 erhielt sie die ‹Claassen-Rose›.

W.: Essays, Aufsätze: Die Kontinuität der Lebenssituation als Determinante erfolgreichen Alterns, 1975; Geschlechtsrollenwandel und Sexismus, 79; Die feministische Herausforderung, 80; Frauen kommen ohne Waffen, 83; Wir wohnen zusammen – nicht allein, 84; Freie Liebe – Wilde Ehe, 87. – *Romane:* Abrechnung, 79; Unmöglich, ein Haus in der Gegenwart zu bauen, 80; Die Unkündbarkeit der Verheißung, 84; Die Rache der alten Mamsell, 86; Raimunds Schwestern, 89. – *Herausgebertätigkeit:* So nah und doch so fern, 85.

Schenk, Johannes, *2. 6. 1941 Berlin.
S., aufgewachsen in Worpswede, ging als 14jähriger für 6 Jahre zur See, gründete 1969 in Berlin das «Kreuzberger Straßentheater».
Seit 1968 veröffentlicht S. Lyrik, schrieb mehrere Stücke für sein Straßentheater und einen Band Erzählungen *Der Schiffskopf*, in dem seine Erlebnisse als Seemann in ungemein farbigen Kurzgeschichten festgehalten sind. – Bevorzugtes Thema seiner Lyrik ist ebenfalls das Meer und die Seefahrt. So enthält der Band *Jona* episch ausladende Gesänge von Meerfahrten, darin viel von angstvollen Träumen, alptraumhaften Begegnungen an Land, freilich auch von der Lust am Abenteuer die Rede ist. Die langausrollenden Verse dieses Seefahrer-Tagebuchs sind schlicht im Zeilenbau, genau im Benennen der vielen aufgehäuften Details und frei von Romantizismen. Der ein Jahr später veröffentlichte Band *Zittern*, thematisch vielfältiger, bewahrt dennoch die für S. charakteristische Monotonie melancholischer Stimmungen. Sehnsucht, der bundesrepubli-

kanischen Realität zu entfliehen, artiku- liert sich in Träumen von einer besseren Welt. Das Wort Utopie hat für S. die Be- deutung eines Fanals. – Die Gedichte *Für die Freunde an den Wasserstellen* erinnern oft an die Gesänge Nerudas, in ihnen hat sich die Phantasiefülle des Autors ver- selbständigt, das konkrete Erinnerungs- bild bleibt gleichwohl auch hier der Stoff für die durch Assoziationen neu gestalte- te Bildwirklichkeit. Ein autobiographi- scher Aufsatz *Meine Koffer und meine Gedichte* beschließt diesen Band.

W.: Romane, Erzählungen: Die Stadt am Meer, 1977; Der Schiffskopf, 78. – *Dramen:* Fisch aus Holz, 67; Das Schiff, 75 (Büh- nenms.); Transportarbeiter Jakob Kuhn (in: Spectaculum 25), 76; Die Abenteuer des Erfin- ders Philipp Nobalbo, 84. – *Lyrik:* Bilanzen und Ziegenkäse, 68; Zwiebeln und Präsiden- ten, 69; Die Genossin Utopie, 73; Jona, 76; Zittern, 77; Für die Freunde an den Wasserstel- len, 80; Gesang des bremischen Privatmannes Johann Jacob Daniel Meyer, 82; Café Ameri- cain, 85; Bis zur Abfahrt des Postdampfers, 88; Spektakelgucker, 90.

Scherer, Joseph → Weyrauch, Wolfgang

Schertenleib, Hansjörg, *4.11.1957 Zü- rich.
S. ist ausgebildeter Schriftsetzer. Nach längeren Aufenthalten in Norwegen, Dänemark und Österreich war S. 1980 bis 84 Redakteur einer Literaturzeit- schrift. Seit 1981 ist er freier Autor, Mit- arbeiter mehrerer Zeitungen und Zeit- schriften und tätig als Film- und Musik- kritiker. Neben verschiedenen Förder- preisen und Stipendien seiner Geburts- stadt und der Kantone Zürich, Aargau und Bern erhielt er 1984 den Conrad- Ferdinand-Meyer-Preis, 1985 den För- derpreis des Literarischen März und den Hermann-Ganz-Preis 1989. – Eine sach- liche, distanzierte Sprache kennzeichnet alle Werke S.s, seine Gedichte und Rundfunkarbeiten ebenso wie seine Pro- sa. Seine Figuren sehnen sich heraus aus der geographischen und geistigen Enge der Schweiz, sind ohne wirkliches Ziel immer unterwegs. In der Erzählung *Grip* reist der Held bis nach Norwegen und erkennt, daß er auch dort der ihn umgebenden Enge nicht entfliehen

kann. In *Die Ferienlandschaft* begibt sich der Protagonist in die Gegend, in der er als Kind seine Ferien verlebt hat, findet dort aber seine Erinnerungen nicht be- stätigt.

W.: Romane, Erzählungen, Prosa: Grip. Drei Erzählungen, 1982; Die Ferienlandschaft, 83; Die Prozession der Männer, 85; Die Geschwi- ster, 88. – *Dramen, Hör- und Fernsehspiele:* Grip (Hsp.), 82; In meinem Kopf schreit einer (Hsp.), 84; Im Herzen der Bestie (Hsp.), 87; Stoffmann und Herz, 88 (UA, überarb. Fsg., 89 [Bühnenms.]). – *Lyrik:* Auf der Haupttribü- ne Fahnen im Wind und Schlachtrufe, 81; Zeit- zünder. 4 Gedichtbände in einem (mit ande- ren), 81; Der stumme Gast, 89.

Schickele, René, *4.8.1883 Oberehnheim (Elsaß), †31.1.1940 Vence bei Nizza.
S., der Sohn eines alemannischen Vaters und einer französischen Mutter, studier- te Philosophie und Naturwissenschaften zunächst in Straßburg, dann in Mün- chen, Paris und Berlin. 1902 gab er mit Flake und Stadler die Zeitschrift «Der Stürmer» heraus. Nach journalistischer Tätigkeit in Berlin ging S. 1909 als Kor- respondent nach Paris (*Schreie auf dem Boulevard*) und war dann Chefredakteur der «Straßburger Neuen Zeitung». Zeit- lebens ein Kämpfer gegen nationale Vorurteile und den Krieg, gab S. wäh- rend des 1. Weltkriegs in Zürich die ex- pressionistischen «Weißen Blätter» her- aus. Später lebte er in Badenweiler, seit 1932 als Emigrant an der französischen Riviera.
Zentralerlebnis S.s, der mit Stadler und Edschmid zu den Wortführern des Ex- pressionismus gehörte, war die «Gren- ze»; so ist das Drama *Hans im Schnaken- loch* die Tragödie des elsässischen Grenz- länders. In seinem später zunehmend realistischen Erzählwerk zeichnete er at- mosphärisch dichte und farbige Bilder des Elsaß, der Provence und von Paris. Am bezeichnendsten für seine epische Darstellungsweise sind die Trilogie *Das Erbe am Rhein*, in der er an der Ge- schichte der Familie von Breuschheim die menschliche und politische Proble- matik der Elsässer darstellte, und der tra- gikomische, farbenreiche Provence-Ro- man *Die Witwe Bosca*.

W.: Lyrik: Pan. Sonnenopfer der Jugend, 1902; Sommernächte, 02; Mon Repos, 05; Der Ritt ins Leben, 06; Weiß und Rot, 11; Die Leibwache, 14; Mein Herz, mein Land, 15. – *Dramen:* Hans im Schnakenloch, 16; Am Glockenturm, 19; Die neuen Kerle, 20. – *Romane, Erzählungen:* Der Fremde, 07; Meine Freundin Lo, 11; Das Glück, 13; Benkal, der Frauentröster, 14; Trimpopp und Manasse, 14; Aissé. Aus einer indischen Reise, 15; Die Mädchen, 19; Das Erbe am Rhein: Maria Capponi, 25, Blick auf die Vogesen, 27, Der Wolf in der Hürde, 31; Symphonie für Jazz, 29; Die Witwe Bosca, 33; Die Flaschenpost, 37; Le retour, 38 (dt. Heimkehr, 39); Die Schlacht bei den Pyramiden, 69; Das gelbe Haus, 77. – *Essays:* Schreie auf dem Boulevard, 13; Der 9. November, 19; Die Genfer Reise, 19; Wir wollen nicht sterben, 22; Die Grenze, 32; Himmlische Landschaft (Oberrhein), 33; Liebe und Ärgernis des D. H. Lawrence, 34; Annette Kolb/R. S.: Briefe im Exil 1933–1940, 87. – *Herausgebertätigkeit:* Briefe der Gräfin Du Barry, 05; Voltaire und seine Zeit, 05; Ignatius v. Loyola, 07; Europäische Bibliothek, 11 Bde, 18–19; Das Vermächtnis. Anthologie deutscher Lyrik, 40. – *Werkausgaben:* Werke, 3 Bde, 59; 4 Bde, 75; Romane und Erzählungen, 83.

Schiebelhuth, Hans (Heinrich Hieronymus), *11. 10. 1895 Darmstadt, †14. 1. 1944 Long Island bei New York.
S., Sohn eines Postbeamten, besuchte die Volks- und die Oberrealschule in Darmstadt. Mit siebzehn Jahren veröffentlichte er auf eigene Kosten seinen ersten Gedichtband, *Die Klänge des Morgens.* Er studierte ein Jahr an der Universität München, meldete sich dann freiwillig zum Münchner «Leibregiment». Nach dem Krieg versuchte er, sein Studium wiederaufzunehmen, fühlte sich jedoch stark zu Künstlerkreisen hingezogen. In den Jahren 1922–23 war er Hilfsreferent für Öffentlichkeitsarbeit im Auswärtigen Amt in Berlin; im Frühjahr 1923 wurde er dann Hauslehrer in Florenz und heiratete kurz darauf seine Schülerin, die reiche Amerikanerin Alice Trew. Er reiste durch Italien, Frankreich und Amerika. Im November 1929 mußte er wegen der Weltwirtschaftskrise nach Deutschland zurück. Er erhielt von Ernst Rowohlt den Auftrag, Thomas Wolfe ins Deutsche zu übersetzen, und wurde mit dieser Übersetzung berühmt. 1937 folgte er seiner Frau in die USA, wo er 1944

starb. – S.s zwei Phasen literarische Tätigkeit weist auf. Bis 1929/30 führte er ein karges Leben, wobei die Jahre 1918–22 eine recht interessante Schaffenszeit darstellen; er schrieb in diesen Jahren zahlreiche Gedichte, die eine Art Übergang vom Expressionismus zum Nachexpressionismus sind und ganz im Zeichen eines einfachen menschlichen Daseins im Einklang mit der Natur stehen. Die Phase nach 1930 war ganz den Übersetzungsarbeiten gewidmet, neben denen S. selbst nur wenige Balladen schrieb.

W.: Lyrik: Die Klänge des Morgens, 1912; Der kleine Kalender, 19; Der Hakenkreuzzug, 20; Hymne des Marogampa, 21; Wegstern, 21; Schalmei von Schelmenried, 33; Gedichte nach den unsterblichen des Li-Tai-Po, 48; Wir sind nicht des Ufers, 57; Lyrisches Vermächtnis, 57. – *Übersetzungen:* Thomas Wolfe, Schau heimwärts, Engel!, 32; M. Dalton, Eine unheimliche Nacht, 32; Th. Wolfe, Von Zeit und Strom, 36; Th. Wolfe, Vom Tod zum Morgen, 37; S. S. van Dine, Der Fall der Margaret Odell, 37; R. Wyndham, Der sanfte Wilde, 37; Th. Wolfe, Uns bleibt die Erde (mit H. M. Ledig-Rowohlt), 51. – *Werkausgabe:* Gesamtausgabe, 2 Bde, 66–67.

Schirmbeck, Heinrich, *23. 2. 1915 Recklinghausen.
Seine Kindheit und Jugend verbrachte S. in Recklinghausen, wo er 1934 sein Abitur machte. Auf Grund seines politischen Engagements in der SPD und beim Reichsbanner verweigerten ihm die Nationalsozialisten die Studienerlaubnis. In Frankfurt absolvierte er ab 1935 eine zweijährige Buchhändlerlehre, arbeitete bis 1938 in Halle a. d. Saale und Nürnberg im Buchhandel und wurde dann zum Arbeitsdienst eingezogen. Bis zu seiner Einberufung als Soldat 1940 war er in der Werbung und im Vertrieb von Zeitungs- und Buchverlagen in Potsdam und Berlin tätig. Nach der Entlassung aus der amerikanischen Kriegsgefangenschaft 1946 arbeitete er als Journalist. Bevor er sich 1952 als freier Rundfunkjournalist und Schriftsteller niederläßt, ist er ab 1950 nochmals als Werbeleiter tätig.
S.s frühe Romane und Erzählungen sind von der romantischen Naturphilosophie beeinflußt und erinnern an Werke von E. T. A. Hoffmann und die phantastische

Literatur der angelsächsischen Länder. Hauptanliegen S.s späterer Werke ist die Vermittlung des Schriftstellers zwischen der modernen Naturwissenschaft und den Menschen. Die Möglichkeit, mit literarischen Mitteln die Gefahren der Entwicklung (*Ärgert dich Dein rechtes Auge*), ihre praktische und ethische Bewältigung, eindringlicher beschreiben zu können als in theoretischen Abhandlungen, eröffnet dem sozial und politisch engagierten Autor den Weg, Entwürfe eines zukünftigen, besseren Lebens anzubieten. Neben dieser Problematik stehen in S.s Essayistik auch literaturgeschichtliche Fragestellungen (*Zum Humanismusproblem in der modernen Literatur*). Außer den Buchveröffentlichungen hat der Rundfunkjournalist S. seit 1948 ca. 400 Radio-Essays mit natur- und sprachwissenschaftlichen, gesellschafts- und kulturkritischen Themen verfaßt. – 1950 erhielt S. den Großen Literaturpreis der Akademie der Wissenschaften und der Literatur in Mainz, 1962 den Förderpreis zum Immermann-Preis der Stadt Düsseldorf und 1980 die Johann-Heinrich-Merck-Ehrung der Stadt Darmstadt.

W.: Romane, Erzählungen: Philemon und Marieken, 1934; Die Fechtbrüder, 44; Gefährliche Täuschungen, 47; Das Spiegellabyrinth, 48; Ärgert dich dein rechtes Auge, 57; Der junge Leutnant Nikolai, 58; Die Nacht vor dem Duell, 64; Träume und Kristalle, 68; Aurora, 68; Tänze und Ekstasen, 73; Die Pirouette des Elektrons, 80. – *Essays, Hörspiele:* Das Passahfest und die Silberlinge, 61; Die Formel und die Sinnlichkeit, 64; Ihr werdet sein wie Götter, 66; Vom Elend der Literatur im Zeitalter der Wissenschaft, 67; Die moderne Literatur und die Erziehung zum Frieden, 70; Schönheit und Schrecken. Zum Humanismusproblem in der modernen Literatur, 77; Das Wort ward Fleisch, 79; Franz Nauen, 80. – *Übersetzungen:* O. Henry. – *Sammel- und Werkausgaben:* Für eine Welt der Hoffnung, 88. – *Herausgebertätigkeit:* Kunst in Afrika, 61; Der Mensch, 61.

Schlaf, Johannes, *21.6.1862 Querfurt, †2.2.1941 ebd.
S., Sohn eines Kaufmanns, studierte in Halle und Berlin, anfangs Theologie, dann alte Sprachen und Germanistik; schloß sich in Berlin den literarischen Kreisen des Naturalismus an und arbeitete 1888–92 mit Arno Holz zusammen; seit

1893 mehrere Jahre lang schweres Nervenleiden; Aufenthalt in mehreren Heilanstalten. Seit 1904 lebte er – befreundet mit P. Ernst – als freier Schriftsteller in Weimar, in seinen letzten Lebensjahren (seit 1937) wieder in Querfurt.
S.s literarische Anfänge – und gleichzeitig wohl der Höhepunkt seines literarischen Schaffens – liegen in den Jahren der engen Zusammenarbeit mit A. Holz; die von beiden gemeinsam geschaffenen Werke sind als erste Arbeiten eines «konsequenten Naturalismus» anzusehen. Holz und S. (wobei Holz wohl das Verdienst der theoretischen Fundierung zukommt) schufen in den Prosaskizzen *Papa Hamlet*, dem Drama *Die Familie Selicke* und dem Sammelband *Neue Gleise* Musterbeispiele für die avantgardistische deutsche Literatur der Zeit; besonders ist der Einfluß auf G. Hauptmann bedeutsam gewesen. Die aus der gemeinsamen Arbeit gewonnenen Erkenntnisse verwendet S. noch einmal in seinem Drama *Meister Oelze*, einem der Höhepunkte des naturalistischen Dramas. In der Folgezeit wandte sich S. vom «konsequenten Naturalismus» ab, führte allerdings mehrere Jahre lang mit Holz einen erbitterten, in der Öffentlichkeit ausgetragenen Streit, wem das Primat der Erfindung dieser Stilrichtung zukäme. Auf dem Gebiet des Theaters postulierte S. ein «intimes Drama», das tiefe Einblicke in das Seelenleben der Handelnden vermitteln sollte. In Lyrik und Prosa dominieren bis zur Jahrhundertwende Idyllen, Schilderungen der Natur und der «kleinen Leute». In diesen Werken deutet sich schon S.s Neigung zur Mystik und zur spekulativen Naturphilosophie an, die sein gesamtes späteres Werk durchziehen. S. verfaßt eine Reihe von Romanen, die sich mit religionsphilosophischen Problemen beschäftigen, nach 1905 darüber hinaus immer wieder essayistische Arbeiten, in denen S. sein geozentrisches Weltbild dem heliozentrischen gegenüberstellt.
Außerdem übersetzte S. Werke der amerikanischen und französischen Literatur.

W.: Romane, Erzählungen, Autobiographisches: Papa Hamlet (mit A. Holz), 1889; Junge Leute, 90; Neue Gleise (mit A. Holz), 92; In

Dingsda, 92; Frühling, 96; Sommertod, 97;
Stille Welten, 99; Novellen, 3 Bde,
1899–1901; Das dritte Reich, 1900; Jesus und
Mirjam, 01; Noch einmal «Arno Holz und
ich», 02; Der Narr und anderes, 02; Die Suchenden, 02; Peter Boies Freite, 03; Der Kleine, 04; Mein Roman «Der Kleine», 05; Die
Nonne, 05; Mentale Suggestion, 05; Christus
und Sophie, 06; Diagnose und Faksimile, 06;
Der Krieg, 07; Hermelinchen, 07; Freuder-
chen und anderes, 07; Der Prinz, 2 Bde, 08;
Am toten Punkt, 09; Der alte Herr Weismann
und andere Novellen, 10; Aufstieg, 11; Mieze,
12; Das Recht der Jugend, 13; Tantchen
Mohnhaupt und anderes, 13; Mutter Lise, 14;
Zwei Erzählungen, 19; Gedichte in Prosa, 19;
Miele, 19; Vorführung. Die Greisin, 21; Radium, 22; Die Wanderung, 22; Ein freies
Weib, 22; Ein Wildgatter schlag ich hinter mir
zu …, 22; Der Lilienstrauß. Der Ruf, 23; Der
Weihnachtswunsch und anderes, 24; Deutschland, 25; Die Nacht der Planeten, 25; Die andere Dimension, 26; Neues aus Dingsda, 33;
Aus meinem Leben, 41. – *Dramen:* Die Familie Selicke (mit A. Holz), 1890; Meister Oelze,
92; Gertrud, 98; Die Feindlichen, 99; Weigand, 1906. – *Lyrik:* Der geschundene Pegasus (mit A. Holz), 1892; Helldunkel, 99; Das
Sommerlied, 1905; Das Gottlied, 22; Seele,
22; Die Linden, 23; Das Spiel der hohen Linien, 27; Die Mutter, 27. – *Essays:* Walt Whitman, 1897; Emile Verhaeren, 1905; Novalis
und Sophie von Kühn, 06; Maurice Maeterlinck, 06; Kritik der Taineschen Kunsttheorie,
06; Von der Freiheit des «Religiösen Erzie-
hers» und der Vollendung der Religion, 07;
Der «Fall» Nietzsche, 07; Die Kritik und mein
«Fall Nietzsche», 07; Psychomonismus, Polarität und Individualität, 08; Bernoulli und der
Fall Nietzsche, 08; Unser westeuropäisches
Schisma, 08; Was ist Kultur, 09; Das absolute
Individuum und die Vollendung der Religion,
10; Religion und Kosmos, 12; Auffallende
Unstichhaltigkeit des fachmännischen Ein-
wands, 14; Professor Plassmann und das Son-
nenfleckenphänomen, 14; Ein fachmänni-
sches Zugeständnis, 16; Die Erde – nicht die
Sonne, 19; Neues zur geozentrischen Feststellung, 21; Die geozentrische Tatsache als unmittelbare Folgerung aus dem Sonnenflecken-
phänomen, 25; Kosmos und kosmischer Umlauf, 27; Die Sonnenvorgänge, 30; Zur
Aprioritätenlehre Kants, 34; Vom höchsten
Wesen, 35; Ein wichtiges astronomisches Problem und seine Lösung, 37. – *Übersetzungen:*
Teile aus Balzac: Die menschliche Komödie;
H. B. Binns: Walt Whitman; P. Broodcoo-
rens: Rotes Flammenblut; E. Verhaeren: Die
hohen Rhythmen; P. Verlaine: Meine Ge-
fängnisse; Gesammelte Werke; Voltaire: Die
Prinzessin von Babylon; W. Whitman: Gras-

halme; E. Zola: Germinal; Mutter Erde; Das
Werk. – *Werkausgabe:* Ausgewählte Werke,
2 Bde, 1934/40.

Schleef, Einar, *17.1.1944 Sangershau-
sen/Sachsen.

S., Sohn eines Architekten, studierte
nach dem Abitur an der Kunsthochschule in Berlin Bühnenbild und Malerei, war
Meisterschüler des Bühnenbildners Karl
von Appen und legte 1973 sein Diplom
ab. Inszenierungen u. a. am ‹Berliner
Ensemble› führten zum Eklat und zur
Absetzung der Aufführungen. 1976 kam
S. in die Bundesrepublik und arbeitete
hier als Maler, Bühnenbildner, Regisseur
und Autor. Inszenierungen von S. scheiterten in Wien und Düsseldorf, in Frankfurt führte ein anspruchsvolles ‹Antiken-
projekt› mit dem Titel *Mütter* zum Skandal. 1982 erhielt der Autor S. den «Stadt-
hauspreis» beim Klagenfurter Ingeborg-
Bachmann-Wettbewerb und den Andreas-Gryphius-Preis, 1988 den Karl-
Hofer-Preis und 1989 die Hälfte des Al-
fred-Döblin-Preises. – S. schreibt Theaterstücke über das Leben in der DDR,
über Schauspieler, über den wahnsinnig
gewordenen Dichter J. C. Wezel aus dem
18. Jahrhundert. Anerkennung, aber
auch Kritik fand S. mit den beiden Bänden *Gertrud*, dem kunstvoll-künstlich ar-
rangierten Monolog seiner Mutter über
ihr Leben, ihre Isolation und Entfremdung. In atemloser, stakkatohafter Prosa
voll überraschender Bildlichkeit redet
sich die Hauptfigur ihr Leben, ihre Vergangenheit und ihre hoffnungslose Gegenwart von der Seele. – In seinem Erzählungsband *Die Bande* geht es S. u. a. darum, die Probleme von DDR-Bürgern im
Westen aufzuzeigen und die Verschieden-
heiten der jeweiligen Lebenssituationen
zu verdeutlichen.

W.: Romane, Erzählungen, Prosa: Gertrud, 2
Bde, 1980–84; Zuhause, 81; Die Bande, 82;
Waffenruhe, 87 (mit M Schmidt); Zigaretten,
88. – *Dramen, Kinderstücke:* Der Fischer und
seine Frau, 75 (Bühnenms.); Das lustigste
Land, o. J. (Bühnenms.); Wezel, 83; Berlin ein
Meer des Friedens, 85 (in: Spectaculum 40);
Arthur, 86; Die Schauspieler, 86; Schlangen.
Geschichte der Stadt Theben, 86; Mütter.
Nach Euripides und Aischylos, 86 (mit H. U.

Müller-Schwefe; in: Programm Frankfurt/M., Heft 8, Spielzeit 85/86).

Schlemihl, Peter → Thoma, Ludwig

Schlesak, Dieter, *7.8.1934 Schäßburg (Rumänien).
S. wurde nach dem Abitur Volksschullehrer und studierte anschließend Germanistik. Seit 1959 war er Redakteur der «Neuen Literatur» in Bukarest, die der rumänische Schriftstellerverband herausgibt. Probleme mit der geistigen Enge der deutschsprachigen Minderheit und den politischen Verhältnissen in Rumänien veranlaßten S. 1969, in die Bundesrepublik überzusiedeln. Dort lebt er seit 1973 als freier Schriftsteller. Er ist Mitglied des PEN-Clubs und erhielt 1980 den Andreas-Gryphius-Preis. – Wie für viele aus Rumänien stammende deutschsprachige Autoren ist für S. Heimatlosigkeit ein zentrales Problem seines literarischen Werks. In seinem ersten Roman *Vaterlandstage* kehrt der Ich-Erzähler nach langer Abwesenheit aus dem Westen nach Rumänien zurück und wird dort vorübergehend verhaftet. Die Struktur des Werks ist kompliziert, erinnerte Vergangenheit und Gegenwart sind ineinander verschachtelt, biographische Details wechseln mit kulturkritischen Reflexionen, erzählt wird auf verschiedenen Stilebenen.

W.: Romane, Erzählungen, Prosa: Vaterlandstage, 86. – *Dramen, Hörspiele:* Königin, die Welt ist narr (Hsp.), 80. – *Lyrik:* Grenzstreifen, 68; Briefe über die Grenze (mit M. Constantinescu), 78; Weiße Gegend, 81; Aufbäumen, 91. – *Essays:* Visa. Ost-West-Lektionen, 70; Geschäfte mit Odysseus. Zwischen Tourismus und engagiertem Reisen, 72. – *Übersetzungen:* F. Munteanu: Der Himmel beginnt im dritten Stockwerk, 64; N. Stanescu: 11 Elegien, 68. – *Herausgebertätigkeit:* M. Albert: Ausgewählte Schriften, 66; F. Schiller: Die schönsten Gedichte, 67; Amurgul Imperiului, 2 Bde, 68; R. M. Rilke: Die schönsten Gedichte, 68; Fische und Vögel. Junge rumänische Lyrik (mit W. P. Schnetz), 69; Deutsche Gedichte aus Rumänien (in: Luchterhands Loseblatt Lyrik), 70; Sozialisation der Ausgeschlossenen (mit A. Pirella), 77.

Schlesinger, Klaus, *9.1.1937 Berlin.
S. arbeitete nach der Grundschule als Chemielaborant, begann Ende der 50er Jahre zu schreiben, 1963–69 als Journalist und Reporter; nebenbei Lektoratsarbeiten; seither freier Schriftsteller; seit 1980 mit Ausreisevisum in West-Berlin.
In seinem Erstlingsroman *Michael* versucht S. Probleme des Faschismus und seiner Bewältigung in der DDR in einem Geflecht aus Assoziationen und Erinnerungen aufzuarbeiten. Dagegen ist die Sprache seiner späteren Prosa eher durch Lakonismus, Präzision und Direktheit seiner Reportage *Hotel oder Hospital* geprägt, zu der z. B. im *Berliner Traum* auch phantastische Elemente treten. Thematisch hat er sich in seinen Erzählungen, wie auch in seinem Filmszenarium *Ikarus*, ganz den Alltagsproblemen der Menschen in Berlin, ihren Frustrationen, Träumen und Ausbruchsversuchen zugewandt; dabei gelingen ihm einige der wichtigsten Texte der zeitgenössischen DDR-Literatur. – 1986 Ernst-Reuter-Preis für sein Hörspiel *Leben im Winter*.

W.: Romane, Erzählungen: David, in: Neue Deutsche Literatur, 60; Michael (Capellos Trommel), 71; Hotel oder Hospital (Südstadtkrankenhaus Rostock), 73; Alte Filme, 75; Berliner Traum, 77; Leben im Winter, 80; Matulla und Busch, 84. – *Hörspiel, Filmszenarium:* Es fing alles so einfach an, 64; Ikarus, 75. – *Filme, Fernsehen:* Kotte, 79; Alte Filme (Fsp.), 81; Leben im Winter (Fsp.), 84 (als Hsp. 86); Felgentreu (Hsp.), 86; Marco mit c. Wie Marco Polo (Hsp.), 87.

Schmidli, Werner, *30.9.1939 Basel.
S., Sohn eines Arbeiters, absolvierte eine Ausbildung als Chemielaborant. Während einer mehrjährigen Weltreise hielt er sich längere Zeit in Australien auf. Nach der Rückkehr in die Schweiz war er Mitarbeiter in einem Verlag und 1968–78 an der Herausgabe der Literaturzeitschrift «drehpunkt» beteiligt; seither freier Schriftsteller. Er erhielt mehrere Stipendien (Stadt Basel 1967, Stiftung Pro Helvetia 1969 und 1982) und Preise (1968 der Schweizer Schillerstiftung, 1985 Basler Literaturpreis). – S. war einer der ersten Autoren der Schweiz, die authentisch aus dem Milieu der Arbeiter berichteten. Zwischen geforderter Anpassung, Aufstiegswünschen und dem

Traum von einem selbstbestimmten Leben hin und her gerissen, scheitern seine Hauptfiguren. Mit dem Roman *Zellers Geflecht* und den folgenden Werken stellt S. Personen in einer Lebens- und Schaffenskreise dar. Ihre Bezugspersonen werden für sie austauschbar, verlieren ihre Individualität. Probleme der Identitätssuche spielen auch eine Rolle in S.s Kriminalerzählung *Der Mann am See*, dessen Hauptperson in *Guntens stolzer Fall* wieder auftaucht. In dem «Geschichtentagebuch» *Von Sommer zu Sommer in meiner Nähe* erweist sich S. als genauer Beobachter seiner alltäglichen Umgebung.

W.: *Romane, Erzählungen, Prosa:* Der Junge und die toten Fische, 1966; Meinetwegen soll es doch schneien, 67; Der alte Mann, das Bier, die Uhr und andere Geschichten, 68; Das Schattenhaus, 69; Margots Leiden, 70; Sagen Sie nicht: Beim Geld hört der Spaß auf, 71; Fundplätze, 74; Gustavs Untaten, 76; Zellers Geflecht, 79; Die Freiheiten eines Reisenden, 80; Ganz gewöhnliche Tage, 81; Warum werden Bäume im Alter schön, 84; Der Mann am See, 85; Hasenfratz, 87; Guntens stolzer Fall, 89; Von Sommer zu Sommer in meiner Nähe, 90. – *Dramen, Hör- und Fernsehspiele:* Gespräche um nichts (Hsp.), 64; Die Geschichte des Matthias (Hsp.), 66; Redensarten (Hsp.), 69; Erich Niehans (Fsp.), 70; Mir hört keiner zu, 71; Mitmache (Fsp.), 71; Familieobe (Fsp.), 72; Von Mensch zu Mensch (Hsp.), 72; Der aufdringliche Herr Walser (Fsp.), 74; Vermißt wird... (Fsp.), 81; Mir müend halt au luege (Hsp.), 81; Was me het, het me (Hsp.), 83. – *Lyrik:* Gebet eines Kindes vor dem Spielen, 70.

Schmidt, Arno, *18.1.1914 Hamburg, †6.6.1979 Celle.
S. besuchte Schulen in Hamburg und begann 1933 ein Mathematikstudium in Breslau, das er aus politischen Gründen 1934 abbrach. 1934–39 arbeitete S. in der Textilindustrie und war 1940–45 Soldat, u.a. in Norwegen. Nach britischer Kriegsgefangenschaft war S. Dolmetscher an der Lüneburger Hilfspolizeischule. Danach lebte er als freier Schriftsteller, u.a. in Rheinhessen, im Saarland, in Darmstadt und nach 1958 in Bargfeld/ Kreis Celle. – S.s Frühwerk ist bis auf Selbstzitate in späteren Werken verschollen, sein erster Erzählband *Leviathan* be-

faßt sich mit Kriegserfahrungen in stark bildlich überformter Prosa. Diesem Grundsatz ist S. treu geblieben, in seinen Erzählungen ist kein Erzählfluß anzutreffen, sondern ein Isolieren einzelner Kleinszenen, die ohne Übergang gegeneinandergestellt werden. Die eigentliche Handlung bleibt daher in den meisten Erzählungen hinter dem Deskriptiv-Räsonierenden zurück. In seinen *Berechnungen* legt S. die theoretische Grundlage für seine Erzähltechnik. Neben das «Fotoalbum» von Einzelbildern und -szenen tritt das «längere Gedankenspiel», das mehrschichtige Erzählungen möglich macht, so in *KAFF auch Mare Crisium*, in dem eine realistische Erdhandlung mit einer aus der Realität hinausprojizierten Mondhandlung verrastert ist. Das erzählte Nicht-Kontinuum wird noch deutlicher in seinen späteren Erzählbänden, in denen S.s «Etym»-Theorie hinzutritt. Sie besagt, daß durch unbewußte Einflüsse, vor allem aus dem Bereich der Sexualität, Wörter und Wortgruppen bestimmte Verschreibungen annehmen, die auf den Ursprungsbereich zurückweisen. Diese Verschreibungen sind typographisch oft kompliziert gestaltet und reichen vom vordergründig-simplen Wortspiel zu kompliziert-polyglotten Strukturen. Hier ist vor allem *Zettels Traum* zu nennen. Vordergründig ist es der Bericht über den Besuch eines Übersetzerehepaares samt Tochter bei dem Schriftsteller Pagenstecher, um für eine Poe-Übersetzung Rat zu holen. Die Handlung verläuft simultan auf drei Ebenen, in drei Druckspalten dargestellt, in der Mitte der Tagesablauf, links Materialien zu Poe, seinem Werk und seiner Zeit, rechts Gedankenspiele und Etymgruppen zu den Einzelpersonen; das Buch umfaßt 1350 Manuskriptseiten auf DIN A3 und ist, wie auch spätere Werke, fotomechanisch produziert. S. versucht den unbewußten Darstellungsmechanismus Poes darzustellen und erkennt eine Eros-Verdrängung von ungewöhnlichem Ausmaß. – Vom erzählerischen Werk schwierig zu trennen sind S.s Funkessays, die in Frage und Antwort literarische Wirkungen und psychologische Situationen darstellen und in denen mit einer Fülle von angelesenen philologischen und biographischen Details das Verhältnis Autor–Werk–Zeit dargestellt und kritisiert wird. Für manche Autoren wird ihre Überschätzung lächerlich gemacht (Klopstock, Goethe, Stifter), bei anderen bestimmte sexuelle Komponenten notiert (Karl May, über ihn auch *Sitara oder Der Weg dorthin*), bei wieder anderen ihre Unterschätzung angeprangert (Brockes, Moritz, Wezel). Ob von einem direkten Einfluß James Joyce' in weiterem Umfang gesprochen werden kann, ist noch nicht gesichert. Eindeutig ist der Einfluß verschiedener Expressionisten (Stramm u. a.) auf die experimentelle Sprachkraft S.s. Er vertritt einen humanistischen Nonkonformismus, der sich mit einem geschichtsphilosophischen Pessimismus vereint, der im Zweifel an der Spezies Mensch endet. Bemerkenswert sind die Darstellungen der Erlebnisse der Flachlandschaft Norddeutschlands, des Eros und der philologischen Entdeckungen. 1973 Goethepreis Frankfurt. Sein nachgelassenes Stück *Der Vogelhändler von Imst* – eher ein dialogischer Essay – wurde im Juni 1986 uraufgeführt. – Zu S.s Brotarbeiten gehören zahlreiche Übersetzungen aus der englischsprachigen Literatur. – Eine Bibliographie von H. M. Bock erschien 1979.

W.: Prosa: Leviathan, 1949; Brands Haide, 51; Aus dem Leben eines Fauns, 53; Die Umsiedler, 53; Kosmas oder Vom Berge des Nordens, 55; Seelandschaft mit Pocahontas (1/55 in «Texte und Zeichen»), 66; Das steinerne Herz, 56; Die Gelehrtenrepublik, 57; Rosen und Porree, 59; KAFF auch Mare Crisium, 60; Nobodaddy's Kinder, 63; Tina oder Die Unsterblichkeit, 64; Kühe in Halbtrauer, 64; Trommler beim Zaren, 66; Zettels Traum, 70; Die Schule der Atheisten, 72; Abend mit Goldrand, 75; Julia, oder die Gemälde, 83. – *Essays, Briefe:* Dya na Sore, 58 (verb. 60); Fouqué und einige seiner Zeitgenossen, 58 (verb. 60); Belphegor, 61; Sitara, 63; Die Ritter vom Geist, 65; Der Triton mit dem Sonnenschirm, 69; Nachrichten von Büchern und Menschen, 2 Bde, 71; Dankadresse zum Goethe-Preis 1973 (in: Frankf. Rundschau, 29.8.73); Vorläufiges zu Zettels Traum (mit 2 Schallplatten), 77; Aus julianischen Tagen, 79; Arbeitsexemplar von Finnegans Wake by James Joyce, 84; «... denn ‹wallflower› heißt ‹Goldlack›», 84; Briefe an Werner Steinberg, 85; Atheist? allerdings!, 85; Das

Leptothe-Herz, 87; Fiorituren & Pralltriller. Randbemerkungen zur ersten Niederschrift von ‹Caliban über Setebos›, 88; Wundertüte. Eine Sammlung fiktiver Briefe aus den Jahren 1948/49, 89; Eberhard Schlotter: Das Zweite Programm. Folge von zehn Szenen zu einem Triptychon, 89; Griechisches Feuer. 13 historische Skizzen, 89. – *Übersetzungen:* u. a. Stanislaus Joyce, Meines Bruders Hüter, 60; Ellin, St.: Sanfter Schrecken, 61; J. F. Cooper, Conanchet, 62; William Faulkner, New Orleans, 62; Joyce, St.: Das Dubliner Tagebuch, 64; Collins, W.: Die Frau in Weiß, 65; Edgar Allan Poe, Werke, 66 (mit anderen); E. Bulwer-Lytton, Was wird er damit machen?, 71; Bulwer-Lytton, E.: Dein Roman, 73; Cooper, J. F.: Satanstoe, 76; Cooper, J. F.: Tausendmorgen, 77; Cooper, J. F.: Die Roten, 78. – *Sammel- und Werkausgaben:* Der sanfte Unmensch, 63; Sommermeteor, 69; Schwänze, o. J.; Krakatau, o. J.; Orpheus, 70; Tina oder Über die Unsterblichkeit, 71; Leviathan und Schwarze Spiegel, 74; Alexander, oder Was ist Wahrheit?, 75; Nachrichten aus dem Leben eines Lords, 75; Aus dem Leben eines Fauns, 81; Vom Grinsen des Weisen, 82; Deutsches Elend. 13 Erklärungen zur Lage der Nation, 84; Dichtergespräche im Elysium, 2 Bde, 84; Das erzählerische Werk in acht Bänden, 85; Brief-Edition, Bd 1: Der Briefwechsel mit Alfred Andersch, 85, Bd 2: Der Briefwechsel mit Wilhelm Michels, 86. Bargfelder Ausgabe, Werkgruppe I–IV, 86ff. Prozesse 1 und 2, 87; Das essayistische Werk zur deutschen Literatur. 4 Bde, 88; Windmühlen, 89; Stürenburg und andere Geschichten, 90; Die Umsiedler/ Alexander oder Was ist Wahrheit? Faks. des 6. Bds des «studio frankfurt», 90; Ausgewählte Werke, 3 Bde, 90.

Schmidt-Barrien, Heinrich (eig. Heinrich Adolf Schmidt), * 19. 1. 1902 Uthlede/Wesermarsch. Der Pastorensohn S. besuchte das Gymnasium in Bremen, wo er anschließend eine Großhandelslehre absolvierte. 1923–25 kaufmännischer Angestellter in Waldenburg/Schlesien, 1926–29 Buchhändler in Breslau. 1932–41 Leiter der Kulturabteilung der Böttcherstraße in Bremen. Anschließend bis Kriegsende Soldat, lebt er seither als freier Schriftsteller und Rundfunksprecher. Bis zu seinem 80. Geburtstag war er über 25 Jahre als Dramaturg beim Niederdeutschen Theater Bremen tätig. 1954 erhielt er den Bremer Literaturpreis, 1960 den Hörspielpreis der Stiftung F.V.S., war 1965 Ehrengast der Villa Massimo, erhielt

1972 die Medaille für Kunst und Wissenschaft Bremen und 1982 das Bundesverdienstkreuz.

S.s Werk umfaßt ebenso hochdeutsche wie plattdeutsche Werke, Romane, Novellen, Theaterstücke und eine Vielzahl von Arbeiten für den Hörfunk, darunter zahlreiche Hörspiele und Hörspielübertragungen. Alle seine Werke sind Norddeutschland und seinen Bewohnern verbunden; im Gegensatz jedoch zu vielen seiner niederdeutschen Kollegen führte ihn diese Beschränkung nicht zu provinzieller Enge. Besonders seine Novellen, in denen er auch aktuelle Themen aufgreift, zeigen sein Bemühen um eine geschlossene künstlerische Form. Die psychologischen und sozialen Probleme der Flüchtlinge nach dem 2. Weltkrieg werden dabei ebenso dargestellt wie die Schwierigkeiten aus Norddeutschland stammender Einwanderer in New York.

W.: Romane, Erzählungen: De Windmüller, 1939; Oold-Bremen, 40; Ihr Kleinmütigen, 43 (u. d. T.: Die Herberge guter Geister, 48); Der Mann ohne Gesicht, 49; Tanzgeschichten, 50; De frömde Fro, 52; Und bauen den Bienen ein Haus, 58; De Spaaßmaker, 60; 17 Tage Hurrikan, 63; Lessing im Walde, 65; Geliebte Biene, 68; De Moorkeerl, 68; De Sommerdeern, 77; Strandgut, 80; Schnoor No. 6, 84; Not oder Brot, 87. – *Dramen, Hörspiele:* Barrien 1632, 32; Dat plattdütsche Krüppenspeel (in: Niedersachsen 12/33), 34; Nachtvagels, 38; Swigen un Swögen (enthält: Dat Speel von't Swigen/De Kramerskörf), 38; Dat Speel von't Swigen, 38 (hochdt. 38); Krach up'n Pulteravend, 38; Scheeßeler Hochtied, 39; Inkognito oder En Herren-Eten, 39; Klocken von guntsiet, 53; Ünner de Swööp, 53; Babuschka, 55; De Harst, de lehrt us danken (in: Kiek in de Welt 5), 53 (bearb. in: Fs. Boeck, 60); Wi armen Armen, 58 (64 als Hsp., in: Werke 4, 75); Besök von gistern, 60 (65 als Hsp. u. d. T.: Besök von güstern, in: Werke 4, 75); Dat Rosenbeet (in: Niederdt. Hörspielbuch 1, 61), 60; Ulenspeegel 61, 61; Remlinckradt, 68; Sneewittchen, 70; De Moorkatenoper (mit Loew), o. J. – *Essays, Sachbücher:* Bilder aus der Grafschaft Hoya, 67; Land um Bremen (mit K. Rohmeyer), 75; Worpsweder Begegnungen. Aus meinem Skizzenbuch, 89. – *Übersetzungen (ins Plattdeutsche), Bearbeitungen:* Friedrich Kayßler: Jan, de Wunnerbare, 33; Geschichten aus der Bibel, 52; Und der Herr sprach, 57; Leevsquartett (nach Marivaux), 68. – *Werkausgabe:* Werke, 5 Bde, 75; Werkausgabe, 15 Bde, 84ff; De Moorkerl un anner Novellen, 88. –

Herausgebertätigkeit: H. Smidt: Bremer Kinner-Rimels (mit D. Steilen), 41; Ned (d. i. Eduard Rosenhagen): Ut mien Fohrenstied, 44; J. Gotthelf: Änneli, 50; Keen groter Freid, 79; Lüttje Lüe, 81. – *Schallplatte:* S. erzählt «Wapen för'n Koptein», «Wenn de Roland singt» und Döntjes von Jann Kiewitt, 66.

Schmidtbonn, Wilhelm
(eig. W. Schmidt), *6. 2. 1876 Bonn, †3. 7. 1952 Bad Godesberg.

S. besuchte das Konservatorium in Köln und studierte in Bonn, Berlin und Göttingen Kunst und Literaturgeschichte. Er führte ein Wanderleben in der Schweiz und Tirol, wirkte 1906–08 als Dramaturg und Herausgeber der Zeitschrift «Masken» in Düsseldorf und war im 1. Weltkrieg Korrespondent. Als freier Schriftsteller lebte er zuletzt in Bad Godesberg. – Fabulierfreude kennzeichnet S.s erzählerisches Werk, das neben rheinischen Heimaterzählungen (*Uferleute, Raben*), z. T. auch mit autobiographischem Charakter (*An einem Strom geboren*), Märchen und Legenden mit phantastischexotischen Zügen umfaßt. Als Dramatiker wandte sich S. nach naturalistischen Anfängen der Neuromantik zu (*Mutter Landstraße*), später näherte er sich auch dem Expressionismus.

W.: Lyrik: Lobgesang des Lebens, 1911. – *Dramen:* Mutter Landstraße, 01; Die goldene Tür, 04; Der Graf von Gleichen, 08; Der Zorn des Achilles, 09; Der verlorene Sohn, 12; Die Stadt der Besessenen, 15; Der Geschlagene, 20; Die Fahrt nach Orplid, 22; Die Schauspieler, 22. – *Romane:* Mein Freund Dei, 27; Der dreieckige Marktplatz, 35; Hü Lü, Roman einer chinesischen Tänzerin, 37; Anna Brand, 39. – *Erzählungen, Märchen, Legenden:* Uferleute, 03; Raben, 06; Der Wunderbaum, 13; Der Garten der Erde, 22; Der Verzauberte, 24; Die siebzig Geschichten des Papageien, 26; Die Geschichte von den unberührten Frauen, 26; Der Doppelgänger, 26; Lebensalter der Liebe, 35; Die tapferen Heinzelmännchen, 43; Albertuslegende, 48. – *Autobiographisches:* An einem Strom geboren, 35; W. S. und Gustav Wunderwald. Dokumente einer Freundschaft 1908–1928, 80.

Schnabel, Ernst, *26. 9. 1913 Zittau, †25. 1. 1986 Berlin.

S., Sohn eines Kaufmanns, besuchte das Gymnasium und die Fürstenschule St. Afra bis zur Prima; mit siebzehn Jahren ging er zur See, war bis 1939 Seemann und diente im 2. Weltkrieg in der Kriegsmarine. 1946–49 war er Chefdramaturg, 1951–55 Intendant beim NWDR in Hamburg; 1962–65 leitete er das dritte Rundfunkprogramm des NDR und des SFB, 1965–68 die Literatur-Illustrierten im dritten Fernsehprogramm. Seitdem lebte er als freier Schriftsteller in West-Berlin. – S.s erste Romane sind Seegeschichten und spiegeln des Autors Matrosenerfahrungen. Daneben entwickelte S. die Form der Kurzgeschichte weiter. 1947 begründete er das erste deutsche Nachtprogramm und entwickelte neue Funkformen, z. B. das Feature; typisches Beispiel dafür ist *Der 29. Januar 1929*, das aus dreißigtausend Hörerbriefen entstand; dreißig Jahre später benutzte er erneut 2567 Briefe von Hörern als Grundlage für das dokumentarische Hörspiel *Der 29. Januar 77*. Eine neue Phase in seinem Schaffen eröffnet sein Roman *Der sechste Gesang*, in dem er den Odysseus-Stoff unter dem modernen Aspekt von Kriegsgefangenschaft und Flüchtlingsdasein darstellt. Im Roman *Ich und die Könige* verwandelt er den antiken Mythos des Dädalus in einen rückblickenden Ich-Bericht. 1967 diente ihm das Tagebuch eines der Passagiere, die den Schiffbruch der französischen Fregatte «Medusa» überlebt hatten, als Grundlage für das Libretto des Oratoriums *Das Floß der Medusa*, dessen Uraufführung in West-Berlin 1968 Anlaß zu einem Skandal gab und zur Verhaftung S.s führte. Die erneute Uraufführung, 1972 in Nürnberg, erzielte einen triumphalen Erfolg. In der Erzählung *Hurricane* verbinden sich Reportage über eigene Erlebnisse mit Reflexionen zu den Problemen, die dem Autor aus dem Umgang mit der Fiktion erwachsen.

W.: Romane, Erzählungen, Berichte: Die Reise nach Savannah, 1939; Nachtwind, 41; Schiffe und Sterne, 43; Sie sehen den Marmor nicht, 49; Interview mit einem Stern, 51; Der sechste Gesang, 56; Die Erde hat viele Namen, 55; Anne Frank. Spur eines Kindes, 58; Ich und die Könige, 58; Fremde ohne Souvenir, 61; Ein Tag wie morgen, 71; Hurricance, 72; Auf der Höhe der Messingstadt, 79. – *Hörspiele, Features, Rundfunksendungen und -berichte, Li-*

bretto: Der 29. Januar 1929, 47; Am Abend vor dem anderen Tag, 49; Die grüne Grube, 49; Entdeckungen in Großbritannien, 49; Europa-Berichte, 50; Ein Tag wie morgen, 50; Interview mit einem Stern, 51; Großes Tamtam, 51; Geschichte vom Fliegenlernen, 55; Spionage in Grönland, 55; Gesang, 56; Dr. Schiwago, 59; Das schweigende Dorf, 61; Gullivers Reise zu den Gleichgroßen, 61; Hurricane oder Schwierigkeiten mit der Fiktion, 67; Das Floß der Medusa, 67; Das Meer Fluß, 68; Karneval in Zipangu, 68; Moskau zum Ausmalen, 69; Der 29. Januar 47, 77. – *Essay:* Thomas Wolfe, 47; Westfälische Drahtindustrie 1856–1956, 56. – *Übersetzungen:* Melville, Hemingway. – *Schallplatten, Kassetten:* Das Totenschiff (nach B. Traven), 86 (Kass.); Der 29. Januar 1947, 88 (Kass.); Anne Frank – Spur eines Kindes, 89 (Kass.).

Schnack, Friedrich (Pseud. Charles Ferdinand), *5. 3. 1888 Rieneck (Mainfranken), †6. 3. 1977 München. S. war zunächst in kaufmännischen Berufen tätig, später als Journalist. Im 1. Weltkrieg war er als Soldat im Vorderen Orient; 1930 reiste er nach Madagaskar. S. lebte in München. – Neben früher, vom Expressionismus beeinflußter Lyrik mit Motiven aus dem Orient (*Das kommende Reich*) und liedhaften Gedichten über die Schönheit seiner Heimat schrieb S. romantisch-phantastische Romane, auch Märchen, in betont lyrischer Sprache, in denen mehr und mehr die Natur gegenüber der Menschenschilderung in den Vordergrund tritt. – Nach 1928 wandte sich S. vorübergehend der reinen Naturdichtung und -schilderung zu (*Das Leben der Schmetterlinge*), in denen sich eine «heile» Welt darstellt. S. schrieb zahlreiche Reise- und Jugendbücher sowie Hörfolgen.

W.: Lyrik: Herauf, uralter Tag, 1913; Das kommende Reich, 20; Vogel Zeitvorbei, 22; Das blaue Geisterhaus, 24; Palisander, 33; Gesammelte Gedichte, 38 (erw. als: Die Lebensjahre, 51); Heitere Botanik, 62. – *Romane, Erzählungen:* Die goldenen Äpfel, 23; Die tödliche Reise, 23; Die Hochzeit zu Nobis, 24; Sebastian im Wald, 26; Beatus und Sabine, 27; Die Orgel des Himmels, 27 (die letzten drei zusammen als: Die brennende Liebe, 35); Das Zauberauto, 28; Der Sternenbaum, 29 (als: Das Waldkind, 39); Goldgräber in Franken, 30 (als: Der Mann aus Alaska, 52); Das neue Land, 32; Klick aus dem Spielzeugladen, 33;

Der erfrorene Engel, 34; Die wundersame Straße, 36; Klick und der Goldschatz, 38; Weltreise mit Beryl, 55; Petronella im Bauerngarten, 70. – *Legenden und Märchen:* Traumfuge, 21; Klingsor, 22; Schmetterlingslegenden, 31; Falterlegenden, 32. – *Naturbücher:* Das Leben der Schmetterlinge, 28; Im Wunderreich der Falter, 30; Sibylle und die Feldblumen, 37; Cornelia und die Heilkräuter, 39; Der glückselige Gärtner, 40; Clarissa mit dem Weidenkörbchen, 45; Ländliches Tagebuch, 49; Das Wunder der Prärie, 55; Das Buch Immergrün, 56; Aurora und Papilio, 56; Blütenwunder in den Alpen (mit C. Caspari), 59; Liebenswertes Meisenvolk (mit F.Murr), 59; Das Waldbuch, 60; Rose, Königin der Gärten, 61; Meine Lieblingsvögel, 61; Traum vom Paradies, 62; Kleine Sternkunde, 64; Auf der Treppe der Zeit. Das Jahr mit Estrella, 75. – *Reisebücher:* Auf ferner Insel, 31 (als: Große Insel Madagaskar, 42); Der Maler von Malaya, 51; Der Zauberer von Sansibar, 51. – *Sonstiges:* Maria Sibylla Merian, 56; Die Welt der Arbeit in der Kunst, 65; Fränkisches Universum, 67; Durch viele Tore ging sein Schritt, 68; Begegnung mit Joachim Ringelnatz, 71. – *Werkausgaben:* Das poetische Werk, 7 Bde, 48–54; Gesammelte Werke, 2 Bde, 61. – *Herausgebertätigkeit:* Bunte Pracht der Alpenblumen, 63; Das Büchlein vom Wein, 63; Girlande der Schmetterlinge, 63; Das Osterbüchlein, 64; Berlin, 66; Lieber Advent, 68; Wiegenlieder, 71.

Schneider, Michael, *4.4.1943 Königsberg/Ostpreußen.
Nach dem Schulbesuch studierte S. Naturwissenschaften, dann Philosophie, Soziologie und Religionswissenschaften in Freiburg/Br., Berlin und Paris und promovierte mit einer Arbeit über Marx und Freud 1973 zum Dr. phil. («Neurose und Klassenkampf»). S. schrieb für Tageszeitungen, Rundfunkanstalten und Zeitschriften; ab 1975 arbeitete er als Dramaturg in Wiesbaden, 1978 ließ er sich als freier Schriftsteller nieder.
In seinen gesellschafts- und kulturkritischen Schriften ebenso wie in der Prosa und den Theaterstücken steht die Entwicklung des Individuums hin zum «emanzipativen freien Bürger» im Mittelpunkt. *Die lange Wut zum langen Marsch* beschreibt in Aufsätzen den Weg der Studentenbewegung der 60er Jahre zu diesem Ziel; neben dem theoretischen Anspruch werden auch die Schwierigkeiten geschildert, Arbeitern das «richtige politische Bewußtsein» zu vermitteln –

und die Form der Arroganz kritisiert, mit der die Studentenbewegung dieser Zeit ihre Auffassung als die allein richtige vertrat. Ebenso kritisch setzt sich S. mit der Lehre der dogmatischen Linken und literaturkritischen Fragestellungen der Zeitgeschichte, z. B. der «Neuen Innerlichkeit» auseinander: *Den Kopf verkehrt aufgesetzt oder Die melancholische Linke.* – S. erhielt 1980 den ZDF-Aspekte-Literaturpreis.

W.: Schriften: Neurose und Klassenkampf, 1973; Die lange Wut zum langen Marsch, 75; Den Kopf verkehrt aufgesetzt oder Die melancholische Linke, 81; Nur tote Fische schwimmen mit dem Strom, 84; Das Gespenst der Apokalypse und die Lebemänner des Untergangs, 84. – *Romane, Erzählungen:* Das Spiegelkabinett, 80; Die Traumfalle, 87; Iwan der Deutsche (mit R. Fish), 89. – *Theaterstücke:* Die Freiheit stirbt zentimeterweise, 76; Die Wiedergutmachung, 77; Eine Glatte Million, 78; Theaterstücke zum Radikalenerlaß (mit anderen), 78; Luftschloß unter Tage, 82; Die Wiedergutmachung oder Wie man einen verlorenen Krieg gewinnt, 85; Das Beil von Wandsbek. Ein deutsches Drama nach Arnold Zweig, UA 88. – *Herausgebertätigkeit:* Frauentheater (mit anderen), 82.

Schneider, Peter, *21.4.1940 Lübeck.
S. ist in Süddeutschland aufgewachsen, studierte in Freiburg Germanistik und Geschichte und lebt seit 1961 als freier Schriftsteller. Mehrere Förderpreise; 1977/78 Stipendium der Villa Massimo. – S.s theoretische Schriften kommentieren den Ablauf der Studentenrevolte der späten 60er Jahre, an der er in Berlin und Italien aktiv teilnahm. Diese Erfahrungen sowie ein zeitweiliges Berufsverbot bestimmen seine ersten Erzählungen. Seine Erzählung *Lenz* ist eine Art politischer Bildungsroman, nicht ohne autobiographische Komponenten. ... *schon bist du ein Verfassungsfeind* zeigt die Auswirkung des Radikalenerlasses am Schicksal eines Lehrers. Auch für alle folgenden Arbeiten S.s gilt die hier bereits deutlich vorhandene Erzählabsicht, die durchgängige Bestimmtheit «privater» Lebensgeschichten durch politische Konstellationen aufzuzeigen. In der Erzählung *Vati* versucht S. eine «kollektive Autobiographie» (Schneider), die Darstellung eines Generationskonflikts zwi-

schen einem Massenmörder der NS-Zeit (Mengele) und seinem Sohn.

W.: Erzählende Prosa, Dreh- u. Filmbücher: Lenz. Eine Erzählung, 1973; ... schon bist du ein Verfassungsfeind. Das unerwartete Anschwellen der Personalakte des Lehrers Kleff, 75; Alte und neue Szenen zum Thema «Radikale», 78; Die Wette und andere Erzählungen, 78; Messer im Kopf. Drehbuch, 79; Der Mauerspringer, 82; Der Mann auf der Mauer. Mit Materialien zum Film von Reinhard Hauff, 82; Niemands Land, 82; Vati, 86. – *Dramen:* Totoloque, 85. – *Sammelband:* Ansprachen, Reden, Notizen, Gedichte, 70. – *Essays:* Mainz–Peking '73, 73; Atempause. Versuch, meine Gedanken über Literatur und Kunst zu ordnen, 77; Die Botschaft des Pferdekopfs und andere Essays aus einem friedlichen Jahrzehnt, 81; Unrecht für Ruhe und Ordnung, 82; Ratte tot ... Ein Briefwechsel (mit P. J. Boock), 85; Das Ende der Befangenheit?, 87; Deutsche Ängste. 7 Essays, 88.

Schneider, Reinhold, * 13. 5. 1903 Baden-Baden, † 6. 4. 1958 Freiburg i. Br. Sohn eines Hotelbesitzers, verlebte seine Jugend bis zum Abitur 1921 in Baden-Baden, arbeitete als kaufmännischer Angestellter in Dresden, begab sich nach persönlichen Krisenjahren (Selbstmordversuch 1922) auf ausgedehnte Auslandsreisen (Portugal, Spanien, Italien, England, Frankreich) und lebte 1932–37 als freier Schriftsteller in Potsdam, danach bis zu seinem Tode in Freiburg. – S. überwand seine Jugendprobleme (ausgeprägter Vater-Sohn-Konflikt) durch eine Hinwendung zur Geschichte und Religion. Sein literarisches Werk umfaßt Lyrik (Sonette), Erzählungen und Dramen, vor allem jedoch kulturkritische Essays, und ist auch formal konservativ geprägt. Thematische Schwerpunkte sind das deutsche Mittelalter und die spanische Geschichte des 16. Jhs. (Neubewertung Philipps II.), den Horizont bildet die christlich-abendländische Kulturtradition. – Die historisch-religiöse Publizistik war auch sein Weg der inneren Emigration; er stand dem Nationalsozialismus ablehnend gegenüber (Erzählung *Der Tröster* 1934, Erstdruck 1943). Seit 1940 erhielt er keine Druckgenehmigungen mehr, was allerdings mit Hilfe von Verlagen und Militärpfarrern vielfach unterlaufen wurde. Er stand in Verbindung zum Krei-

sauer Kreis der deutschen Widerstandsbewegung. Eine Hochverratsanklage vom April 1945 kam durch das Kriegsende nicht mehr zur Verhandlung. Nach 1945 gehörte Schneider zu den wichtigsten Repräsentanten eines geistigen Neuanfangs, vielgelesen, vielgeehrt (1952 Wahl in das Ordenskapitel des Pour le mérite, 1956 Friedenspreis des Deutschen Buchhandels), jedoch war er selbst enttäuscht von der Entwicklung der Nachkriegsjahre und auch verstrickt in politisch-publizistische Kontroversen (Zeitschriftenboykott 1950–52). In den Veröffentlichungen der 50er Jahre dominieren autobiographische Schriften.

W.: Essays: Das Leiden des Camoës oder Untergang und Vollendung der portugiesischen Macht, 1930; Portugal, Reisetagebuch, 31; Philipp II. oder Religion und Macht, 31; Fichte, der Weg zur Nation, 32; Die Hohenzollern, 33; Auf Wegen deutscher Geschichte, 34; Das Inselreich, 36; Kaiser Lothars Krone, 37; Schuld und Sühne der Conquistadoren, 38; Corneilles Ethos in der Ära Ludwigs XIV., 39; Theresia von Spanien, 39; Macht und Gnade, 40; Das Vateruner, 41; Die Stunde der heiligen Franz von Assisi, 43; Der Dichter vor der Geschichte (Hölderlin, Novalis), 44; Stimme des Abendlandes, 44; Weltreich und Gottesreich, 46; Kleists Ende, 46; Über den Selbstmord, 47; Dämonie u. Verklärung, 47; Lessings Drama, 48; Zum Geschichtsbewußtsein der Romantik, 51; Über Dichter und Dichtung, 53; Formen der Macht, 53; Erbe und Freiheit, 55; Elisabeth von Türingen, o. J.; Der Friede der Welt, 56; Das Drama des Geistes in der Geschichte, 56; Begegnung mit Kierkegaard, 56; Soll die Dichtung das Leben verbessern? (Zus. mit G. Benn), 56; Pfeiler im Strom, 58; Schicksal und Landschaft, 60; Innozenz III., 61 (entst. 30/31); Gelebtes Wort, 61; Allein der Wahrheit Stimme will ich sein, 62; Begegnung und Bekenntnis, 63; Verpflichtung und Liebe, 64; Freiheit und Gehorsam, 67; Wem gehört die Macht, 81. – *Lyrik:* Sonette, 39; Apokalypse, 46; Die neuen Türme, 46; Herz am Erdensaum, 47; Die Sonette von Leben und Zeit, dem Glauben und der Geschichte, 54. – *Erzählendes:* Das Erdbeben, 32; Geschichte eines Nashorns, 32 (entst. 29); Las Casas vor Karl V., 38; Elisabeth Tarakanow, 39; Das Vateruner, 41; Der Abschied der Frau von Chantal, 42; Der Kreuzweg, 42; Der Tröster (entst. 34); Taganrog, 46; Der Tod des Mächtigen, 46; Der Widerschein, 48; Die gerettete Krone, 48; Stein des Magiers, 49; Die dunkle Nacht, 49; Der fünfte Kelch, 53; Die silberne Ampel, 56; Der ferne König, 59; Zwischenspiel in Beereuth, 88. – *Dramen:* Der Kronprinz, 49; Belsazar, 49; Der große Verzicht, 50; Die Tarnkappe, 51; Der Traum des Eroberers, Zar Alexander, 51; Innozenz und Franziskus, 53. – *Autobiographisches:* Verhüllter Tag, 54; Der Balkon, 57; Winter in Wien, 58; Tagebuch 1930–1935, 83. – *Werkausgaben, Briefe:* Ausgewählte Werke in 4 Bdn, 53; W. Bergengruen – R. S., Briefwechsel, 66; R. S. – Bernt v. Heiseler, Briefwechsel, 66; Gesammelte Werke, 10 Bde, 77–81; Lektüre für Minuten, 80; Gesammelte Werke, 15 Bde, 86ff; Freilich bedarf es der Herzenskraft, 87; Portugiesische Erzählungen, o. J; Kein Ausweichen mehr, 89. – *Schallplatten, Kassetten:* Der Friede der Welt. R. S. spricht, 89 (Kass.).

Schneider, Rolf, *17. 4. 1932 Chemnitz.
S. studierte 1951–55 Germanistik in Halle/Saale; anschließend war er bis 1958 Redakteur der Zeitschrift «Aufbau». S. ist seither freischaffend. 1962 Lessing-Preis.
In mehreren Hör- und Fernsehspielen (1966 Hörspielpreis der Kriegsblinden) setzte sich S. mit der Zeit des Faschismus und neofaschistischen Tendenzen in der BRD auseinander (u. a. *Prozeß Richard Waverly, Godefroys, Der Mann aus England, Zwielicht*). Im Anschluß an die Überlegungen zum Dokumentartheater bei Peter Weiss u. a. verfaßte S. – mit Blick auf den Krieg in Vietnam – die szenische Dokumentation *Prozeß in Nürnberg*.
In seinem ersten Roman *Die Tage in W.* gab S. das beklemmende Stimmungsbild einer deutschen Kleinstadt des Jahres 1932 wieder: Ein Journalist entdeckt, daß der Mord an einem Lehrer politisch motiviert war. Er verweigert sich den Anforderungen der Sensationspresse und entscheidet sich für eine umfassende Recherche, die den politischen Hintergrund aufdeckt.
Virtuosität im Umgang mit literarischen Vorlagen zeigte sich im Schaffen S.s schon in der frühen Veröffentlichung von Parodien (*Aus zweiter Hand*). In dem anspielungsreichen Roman *Der Tod des Nibelungen* machte S. sich diese Fertigkeit zunutze. Der in Collagetechnik verfaßte Roman, eine Parodie auf die in der BRD erschienene Memoirenliteratur (u. a. Ernst von Salomons *Der Fragebogen*), ist

die Geschichte eines mit vielen Repräsentanten der BRD bekannten Bildhauers, der sich wie diese dem Faschismus gegenüber als Opportunist verhielt.
Mit seinem Roman *Die Reise nach Jaroslaw* reproduzierte S. mehr die von Plenzdorf (*Die neuen Leiden des jungen W.*) aufgeworfene Problematik einer unangepaßten DDR-Jugend, als daß er dem Thema neue Aspekte hinzugewann. Dagegen gelang S. mit dem Roman *Das Glück* die einfühlsame Beschreibung des Wegs einer Lehrerin in der DDR, deren relative Isolation durch ihre Herkunft aus der untersten sozialen Schicht der DDR-Gesellschaft erklärlich erscheint. In dem Roman *November* verweist S., der zu den Mitunterzeichnern des Protests gegen die Ausbürgerung Biermanns gehört, deutlich auf diese Zusammenhänge, entschärft allerdings die Problematik und legt das Hauptgewicht auf die privaten Aspekte der in der DDR aufgebrochenen Konflikte.

W.: Romane, Erzählungen, Reiseberichte: Aus zweiter Hand, 1958; Brücken und Gitter, 65; Die Tage in W., 65; Der Tod des Nibelungen, 70; Nekrolog, 74; Die Reise nach Jaroslaw, 74; Von Paris nach Frankreich, 75; Das Glück, 76; Orphée oder Ich reise, 77; Die Abenteuer des Herakles, 78; November, 79; Unerwartete Veränderung, 80; Annäherungen und Ankunft, 82; Pilzomelett und andere Nekrologe, 83; Unsterblichkeit, 84; Das Märchen vom Bärwolf und der guten Prinzessin, 87; Kapellmeister Leyer, 89; Levi oder die Reise zu Richard Wagner, 89; Jede Seele auf Erden, 90. – *Dramen, Fernsehspiele, Hörspiele:* Das Gefängnis von Pont L'Evèque, 57 (als Erzählung 60); Der König und sein Dieb, 58; Einer zuviel, 59; Der dritte Kreuzzug, 60; Affairen, 60, Abschied von Sundheim, 61; Costa de Piedra, 61; Prozeß Richard Waverly, 61 (ursprünglich Hörspiel); Der Tag des Ludger Snœrrebrod, 61; 25. November, New York, 62; Godefroys, 62; Jupiter-Sinfonie, 62; Der Mann aus England, 62; Besuch gegen zehn, 63; Ein Sommerabend am Meer, 64; Ankunft in Weilstedt, 64; Die Geschichte vom Moischele, 65; Zwielicht, 66; Mein Bruder, 66; Die Rebellion des Patrick Wright, 66; Der Dieb und der König, 66 (nach Kisch, als Drama 69); Television, 67; Prozeß in Nürnberg, 68; Stücke, 70; Einzug ins Schloß, 71; Porträt Nr. 1, 71; Freundschaften, 73 (bisher unveröff.); Octavius und Cleopatra, 73; Die beiden Nachtwandler (nach Nestroy), 75; Schratt oder das Theater, 79; Der alte Mann und die junge Frau, 79; Sommer in Nohant, 80; Marienbader Intrigen, 85. – *Essays:* Polens Hauptstädte (mit A. Fischer), 74; Die problematisierte Wirklichkeit. Leben und Werk R. Musils, 75; Pfützen voll schwarzer Unvernunft. Zur Publikationsgeschichte von «November», 79. – *Herausgebertätigkeit:* Hans Weigel für Anfänger, 83.

Schnell, Robert Wolfgang, *8.3.1916 Barmen (heute Wuppertal), †1.8.1986 Berlin.

S. verließ die Schule ohne Abschluß. Später Musik- und dann Malereistudium. Frühe Heirat. S. arbeitete seit 1951 als Schriftsteller, Schauspieler und Maler. Außerdem Fernsehregisseur, Autor von Fernsehspielen und Kinderbüchern. – S. war einer der Berliner «Malerpoeten», melancholischer Moralist, der im Alltag des Bezirks Kreuzberg die «Fackel des Leichtsinns» anzünden wollte und in Possen, Versen und Erzählungen von Sonderlingen und Unverstandenen durch deren märchenhafte Verklärung Widerstand gegen Vorurteile leistet. In *Junggesellen-Weihnacht* treffen sich vier skurrile Typen mit je eigenen Marotten und feiern das Christfest in einer Kneipe. *Erziehung durch Dienstmädchen* beruht auf eigenen Kindheitserlebnissen an Rhein und Ruhr: Konfrontation in einem bürgerlichen Elternhaus zwischen den politischen Tendenzen der 20er Jahre.

W.: Romane, Erzählungen: Wahre Wiedergabe der Welt, 1961; Mief, 63 (als: Die Farce von den Riesenbrüsten, 69); Geisterbahn. Ein Nachschlüssel zum Berliner Leben, 64; Muzes Flöte, 66; Das Leben ist gesichert, 68; Erziehung durch Dienstmädchen, 68; Der Krieg war besser, 69; Pulle und Pummi, 69; Bonko, 69; Junggesellen-Weihnacht, 70; Das verwandte Testament, 73; Vier Väter, 73; Holger wohnt im Zoo, 74; Des Försters tolle Uhr, 74; Eine Tüte Himbeerbonbons, 76; Die heitere Freiheit und Gleichheit, 78; Triangel des Fleischers, 81; Sind die Bären glücklicher geworden? Autobiographien, 83; Der Weg einer Pastorin ins Bordell, 84. – Außerdem Hör- und Fernsehspiele, Opernlibretti, Theaterstücke.

Schneyder, Werner, *25.1.1937 Graz.
S., Sohn eines Kaufmanns, besuchte das Gymnasium in Klagenfurt, studierte anschließend Zeitungswissenschaft in Wien, wo er auch promovierte. Bereits während des Studiums hatte er als Journalist gearbeitet. 1959–62 Werbetexter und 1962–65 Dramaturg in Salzburg und Linz, arbeitet S. seit 1965 als freier Schriftsteller, seit 1974 auch als Kabarettist, Chansonnier und Fernsehmoderator. Er ist Mitglied des PEN und erhielt 1966 den Förderpreis des Theodor-Körner-Stiftungsfonds, 1974 den Karl-Renner-Förderpreis für Publizistik, den Nestroy-Ring der Stadt Wien und 1984 den Deutschen Kleinkunstpreis. – S., ein ‹Multitalent› unter den deutschsprachigen Kabarettisten, schreibt Chansons und Texte, Aphorismen, Prosa und Essays. In seinen kabarettistischen Texten geht es ihm nicht in erster Linie um direkte politische Kritik; eher plaudernd verteilt er satirische Bosheiten gleichsam nebenbei. Ähnliches gilt auch für seine übrigen Texte.

W.: Romane, Erzählungen, Aphorismen, Epigramme: Empfehlung der einfachen Schläge, 1973; Die Vermeidung von Rückschlägen, 76; Die Unternehmungen des Herrn Hans, 76; Vom Nachlassen der Schlagkraft, 79; Über Sport. Dabeisein ist gar nichts, 80; Gelächter vor dem Aus, 80; Satz für Satz. Ein Kabarett-Solo mit Fußnoten, 84; Wut und Liebe, 85; Abschied vom Karpfen, 86; Herz im Hirn, 88; Ende der Sommerpause. Satiren, Strophen, Selbstgespräch, 88. – *Dramen:* Till bevor er hing, 63. – *Lyrik, Chansons:* Schlafen Sie gut, Herr Tucholsky, 83. – *Essays, theoretische Schriften:* Die Tageszeitung zwischen Herausgeberprogramm und publizistischem Erfolg, 59 (Diss. masch.); Erich Kästner. Ein brauchbarer Autor, 82. – *Schallplatten u. ä.:* Private Lieder, 80; Schlafen Sie gut, Herr Tucholsky, 82.

Schnitzler, Arthur, *15.5.1862 Wien, †21.10.1931 ebd.
S., Sohn eines Wiener Arztes, studierte Medizin (1879–85), war praktizierender Arzt und lebte später als freier Schriftsteller in Wien, befreundet mit H. v. Hofmannsthal, R. Beer-Hofmann und H. Bahr, bekannt mit O. Brahm, G. Brandes und S. Freud.
S.s Theaterstücke sind formal den französischen Konversationsstücken ähnlich. Ihren Erfolg verdanken sie einer Übereinstimmung der persönlichen Begabung ihres Autors mit dem Denk- und Sprachstil seiner Epoche. Die Eigenart seiner Dichtungen ist gegeben durch die geisti-

gen Voraussetzungen seiner Zeit: den erkenntnistheoretischen und moralischen Skeptizismus, den Positivismus und das positivistische Verständnis des Menschen mit den Mitteln der empirischen Psychologie und der neuen Psychoanalyse Freuds, der in S. seinen «Doppelgänger» gesehen hat.

Beschreibung der Gesellschaft seiner Zeit ist bei S. Analyse dieser Gesellschaft am Beispiel einzelner Menschen. Der Held des Einakterzyklus *Anatol* ist ein Skeptiker, der das Leben leichtnimmt. Liebelei ist auch das Thema des *Reigen*; 10 Einakter variieren die gleiche Situation mit verschiedenen Personen: Zwei Menschen treffen sich, um sich zu lieben, ihr Dialog vor und nach dem Liebesakt macht die Szene aus. Soziale Schranken werden dabei übersprungen. Der *Reigen* wurde wegen der Offenheit, mit der die Sexualität als Grund für die Beziehungen gezeigt wurde, verboten (1904, 1921). Neben dem natürlichen Gesetz, das die Liebe diktiert, sind die Gesetze, die sich die Menschen selber geben, bloße Konvention; angreifbar, weil sie zur Selbstgerechtigkeit führen und zur Verurteilung derer, die sich nicht einfügen. Direkte Angriffe auf den bürgerlichen Kodex sind die Schauspiele *Das Märchen* und *Freiwild*. S.s Themenwahl bleibt bis zu den spätesten Werken die gleiche: die Kritik am Zwang geltender Vorstellungen und die unvoreingenommene Analyse von Handlungen und Gefühlen. Die differenzierte Analyse menschlicher Beziehungen relativiert moralische Werte; es bleiben nur das Recht zu leben und das Unrecht, durch fremde Schuld zu sterben. Treue und Untreue sind in der Tragikomödie *Das weite Land* nicht Zeichen moralischer Integrität, sondern des Temperaments und der Erziehung; Genia ist treu, weil sie ihren Mann liebt, Friedrich findet ihre «Tugend» «unheimlich». S.s Personen stehen einander gegenüber entweder in Rollen, die durch die Spielregeln der Konvention vorgeschrieben sind, oder verbunden durch Gefühle, die wechselnd und kaum eindeutig zu bestimmen sind – zur Darstellung dieser Relativität dient wie bei Pirandello auch die Form des Spiels im Spiel: *Der grüne Kakadu* und *Große Szene (Komödie der Worte)*. Die Frage nach eigener Verantwortung ist Thema der Komödie *Professor Bernhardi*: Bernhardi, Arzt und Direktor einer Klinik, wird Spielball verschiedener politischer Meinungen; er verwehrt dem Priester den Eintritt in ein Krankenzimmer, um die Euphorie der Sterbenden nicht stören zu lassen. Dieser «Fall» wird Anlaß großer Auseinandersetzungen: Bernhardi ist Jude, sein Verhalten wird als antiklerikal ausgelegt. Die Frage nach den «allgemein ethischen Dingen» und nach der Willensfreiheit bleibt ohne Antwort.

In den Erzählungen *Lieutenant Gustl*, der Satire auf den Ehrenkodex des k. u. k. Offizierskorps, und *Fräulein Else*, deren Entscheidungskampf zwischen persönlicher Ehre und Rettung des gesellschaftlichen Status ihrer Familie tödlich endet, wandte S. zuerst die richtungweisende Technik des «inneren Monologs» an. *Der Weg ins Freie* beschreibt ein Jahr Auf-der-Stelle-Treten im Leben eines jungen aristokratischen Künstlers, ein streng komponierter Anti-Entwicklungsroman. Im Roman *Therese* (nach dem Vorbild *Germinie Lacerteux* der Goncourts) wird die Geschichte eines Mädchens erzählt, das, weil es eine Versorgungsheirat nicht eingehen will, am Rande der «guten» Gesellschaft als Gouvernante leben muß und durch die Schuld ihres unehelichen Sohnes stirbt.

W.: *Romane, Erzählungen:* Sterben, 1895; Die Frau des Weisen, 98; Lieutenant Gustl, 1901; Frau Bertha Garlan, 01; Der blinde Geronimo und sein Bruder, 02; Die griechische Tänzerin, 04; Dämmerseelen, 07; Der Weg ins Freie, 08; Die Hirtenflöte, 12; Masken und Wunder, 12; Frau Beate und ihr Sohn, 13; Doktor Graesler, Badearzt, 17; Casanovas Heimfahrt, 18; Fräulein Else, 24; Die Frau des Richters, 25; Traumnovelle, 25; Spiel im Morgengrauen, 27; Therese, 28; Flucht in die Finsternis, 31; Traum und Schicksal, 31; Die kleine Komödie, 32; Abenteuer-Novelle, 37. – *Dramen:* Anatol, 1893; Das Märchen, 94; Liebelei, 95; Freiwild, 96; Das Vermächtnis; Paracelsus. Die Gefährtin. Der grüne Kakadu, 99; Reigen, 1900; Der Schleier der Beatrice, 00; Die letzten Masken, 01; Lebendige Stunden, 4 Einakter, 02; Der einsame Weg, 03; Zwischenspiel, 05; Der Ruf des Lebens, 06; Marionetten, 06; Komtesse Mizzi, 09; Der tapfere Kassian, 09; Der junge Medardus, 10; Das weite Land, 11; Professor Bernhardi, 12; Komödie der Worte, 3 Einakter, 15; Fink und Fliederbusch, 17; Die Schwestern, 19; Komödie der Verführung, 24; Der Gang zum Weiher, 26; Im Spiel der Sommerlüfte, 30; Das Wort, 66 (Fragment); Zug der Schatten, 70 (Fragment); Ritterlichkeit, 75 (Fragment). – *Sonstiges:* Der Geist im Wort und der Geist in der Tat, 26; Buch der Sprüche und Bedenken, 28; Über Krieg und Frieden, 39. – *Autobiographie:* Eine Jugend in Wien, 68. – *Briefwechsel, Tagebücher:* mit Otto Brahm, 53 (Nachtrag 58); mit Georg Brandes, 56; mit H. v. Hofmannsthal, 64; mit O. Waissnix, 70; mit M. Reinhardt und dessen Mitarbeitern, 71; mit R. Auernheimer, 72; Dilly. Adele Sandrock und A. S. Geschichte einer Liebe in Briefen, Bildern und Dokumenten, 75; an H. Bahr, 78; Tagebücher 1879–1931, ca. 10 Bde, 81ff (1909–1912, 81; 1913–1916, 83; 1917–1919, 85; 1879–1892, 87; 1893–1902, 89); Briefe 1875–1912, 81; Briefe 1913–1931, 84. – *Werkausgaben:* Gesammelte Werke, 7 Bde, 12; erw. Ausg., 9 Bde, 22–26; Gesammelte Werke in Einzelbänden: Die erzählenden Schriften, 2 Bde, 61; Die dramatischen Werke, 2 Bde, 62; Erzählungen, 65; Aphorismen und Betrachtungen, 67; Dramen, 68; Meistererzählungen, 69; Meisterdramen, 71; Entworfenes und Verworfenes, 77; Lesebuch, 78; Werke, 6 Bde, 81; Spiel im Morgengrauen, 82; Die Schwestern oder Casanova in Spa/Casanovas Heimkehr, 86; Aphorismen und Notate, [2]87; Der Sekundant und andere Erzählungen, 87; Die Braut. Traumnovelle, o. J.; Die letzten Masken. Literatur. Stunde des Erkennens, o. J.; Medizinische Schriften, 88; Das erzählerische Werk in chronologischer Folge, Bd 1ff, o. J.; Alles kann Verführung sein. Aphorismen, Sprüche, Parabeln, 89. – *Schallplatten, Kassetten:* Der Reigen, ca. 85 (2 Pl); Berta Garlan (Hsp.fsg), o. J. (2 Kass.).

Schnurre, Wolfdietrich, *22.8.1920 Frankfurt/M., †9.6.1989 Kiel.

S., Sohn eines Bibliothekars, war bis 1945 Soldat, er wurde dann Kritiker und freier Schriftsteller. – S. erlebt das Dasein als ein Gefangener des genormten und mechanisierten Lebens in der Gegenwart; kennzeichnend dafür ist bereits der Titel der epigrammartigen Sammlung *Kassiber:* Botschaften eines Gefangenen an die Mithäftlinge. Satirisch-zeitkritische Einstellung kennzeichnet die Gedichte *Abendländeer* wie auch S.s erzählerisches Werk, das meist Stoffe und Probleme der Kriegs- und Nachkriegszeit behandelt. *Das Los unserer Stadt* ist die surrealistisch-allegorische Chronik vom Untergang einer Stadt, die auf der Brust eines schlafenden Riesen erbaut ist. Skurriler, eigenwilliger Humor, der oft auch grausame Züge aufweist, wird in den Geschichten von *Man sollte dagegen sein* deutlich. S.s «Kurzroman» *Richard kehrt zurück* besteht aus dreißig phantasievoll-allegorischen, auf die Bundesrepublik bezogenen Prosapassagen. *Der Schattenfotograf* läßt sich nicht mehr einer gängigen festen Gattung zuordnen. Erzählung, Reflexion, Zitate aus der Weltliteratur, Aphorismen, Legenden, Notizen und Entwürfe verbindet S. in einem großangelegten Versuch, Erfahrung zu sichten und den eigenen Anspruch auf nie erlahmende denkende Auseinandersetzung schreibend zu verwirklichen. – 1982 Kölner Literaturpreis, 1983 Büchner-Preis, Kieler Kulturpreis 1989.

W.: Lyrik: Kassiber, 1956, erw. 79; Kassiber. Neue Gedichte, 64; Abendländler, 57; Der Spatz in der Hand, 71. – *Romane:* Als Vaters Bart noch rot war, 58 (Teilausg. u. d. T.: Die Flucht nach Ägypten, 60; Jenö war mein Freund, 60); Das Los unserer Stadt, 59; Richard kehrt zurück, 70. – *Erzählungen:* Die Rohrdommel ruft jeden Tag, 51; Sternstaub und Sänfte, 53 (als: Die Aufzeichnungen des Pudels Ali, 62); Die Blumen des Herrn Albin, 55; Protest im Parterre, 57; Liebe, böse Welt, 57; Barfußgeschöpfe, 58; Steppenkopp, 58; Eine Rechnung, die nicht aufgeht, 58; Man sollte dagegen sein, 60; Ein Fall für Herrn Schmidt, 62; Funke im Reisig, 63; Ohne Einsatz kein Spiel, 64 (Teilausg. u. d. T.: Eine schöne Bescherung, 67; Man muß auch mal Ferien machen, 70; Manche gehen lieber in den Wald, 79); Kalünz ist keine Insel, 65; Freundschaft mit Adam, 66; Die Erzählungen, 66; Was ich für mein Leben gern tue, 67; Eine schöne Bescherung, 67; Die Zwengel, 67; Schnurren und Murren, 67; Ein Schneemann für den großen Bruder, 68; Rapport des Verschonten, 68; Gocko, 69; Die Sache mit den Meerschweinchen, 70; Die Wandlung des Hippipotamos, 70; Man muß auch mal Ferien machen, 70; Sch. – heiter, 70; Wie der Koala-Bär wieder lachen lernte, 71; Immer mehr Meerschweinchen, 71; Der Meerschweinchendieb, 72; Auf Tauchstation, 73; Ich frag ja bloß, 73; Der wahre Noah, 74 (erw. 80); Die Weihnachtsmannaffäre, 74; Eine schwierige Reparatur, 76; Ich brauche Dich, 76; Klopfzeichen, 78; Der Schattenfotograf, 78; Manche gehen lieber in den Wald, 78; Erfülltes Dasein, 79; Ein Unglücksfall, 81; Gelernt ist Gelernt, 84; Zigeunerballade, 88. – *Essays:* Rettung des deutschen Films, 50; Canaima, 54 (mit G. Canzler); Berlin – Eine Stadt wird geteilt, 61 (Dokumentation); Die Mauer des 13. August, 62; Schreibtisch unter freiem Himmel, 64; Mein Goethe (mit G. Wohmann u. a.), 82; Emil und die Direktiven. Anmerkungen zum Kinder- und Jugendbuch, 85; Mein Leben als Zeitgenosse, 87 (als Kass. 89). – *Hörspiele, Libretti, Spiele:* Anaximanders Ende. Kammeroper (Musik von W. Thärichen), 58; Die Gläsernen (in: Vier Hörspiele, hg. Radio Bremen), 61 (Buchausg. 63); Das Schwein, das zurückkam, 67. – *Sammel- u. Werkausgaben:* Auswahl aus den Erzählungen, 63; Die Tat, 64; Die Erzählungen, 66; Spreezimmer möbliert. Hörspiele, 67; Erzählungen 1945–1965, 77 (als Tb. u. d. T.: Blau mit goldenen Streifen, Erzählungen 1; Freundschaft mit Adam, Erzählungen 2, 79); Werke, 10 Bde, 80; Ein Fall für Herrn Schmidt. Kurzgeschichte – Hörspiel – Fernsehspiel, o. J.; Ein Fall für Herrn Schmidt und andere Erzählungen, o. J.; Weihnachts-Schnurren, 88. – *Filme, Fernsehen:* Der Fleck an der Wand, 59; Mord, 64; Sein Schutzengel, 64; Der geborgte Weihnachtsbaum, 66; Schwestern, 66; Willi, 69; Die Auferstehung, 70; Ein Fall für Herrn Schmidt, 71; Die menschliche Pyramide, 71; Der Fall Opa, 72; Karl der Gerechte, 77 (mehrere Folgen); Ein Fall von ganz spezieller Art, 78; Der Unbekannte, 79; Levin und Gutmann, 83–85 (mehrere Folgen). – *Schallplatten u. ä.:* Die Mauer. Eine Dokumentation, 62 (mit anderen); Schnurre liest Schnurre, 66; W. S. liest aus seiner Dichtung, o. J. (Tonkass.).

Schöfer, Erasmus, *4. 6. 1931 Altlandsberg bei Berlin.
Nach dem Abitur drei Jahre Arbeiter in verschiedenen Fabriken. Studium der Germanistik, Sprachwissenschaft und Philosophie, sprachwissenschaftliche Promotion über *Die Sprache Heideggers*. Tätigkeit im wissenschaftlichen Bereich, Übersetzer und Dolmetscher, freier Schriftsteller, Funk- und Fernsehspiele. – Seine Bedeutung für die bundesrepublikanische Literatur liegt in editorischer und organisatorischer Leistung auf dem Gebiet der Arbeiterliteratur. S. gehört 1969/70 zu den Gründern des Werkkreises Literatur der Arbeitswelt und zählte lange Jahre zu den führenden Mitgliedern des Werkkreises.
Er hat wesentlich mit dazu beigetragen,

die aus dem Abgrenzungsbedürfnis gegenüber der Gruppe 61 in den Werkkreis hineinreichende theoretisch fade, aber emotional heftige Reprise der Realismusdiskussion des Bundes Proletarisch-Revolutionärer Schriftsteller (BPRS) zu überwinden. Die Antinomie zwischen «aktivierender» Dokumentation und «abwiegelnder schöner und künstlerischer Literatur», die den Bestand des Werkkreises bedrohte, baute S. durch die Erklärung ab, daß unter der Perspektive der «Parteilichkeit» alle literarischen Formen möglich seien. S. brachte durch den Ausgleich der Parteien eine mannigfaltige literarische Produktion in Gang, deren bekanntester Ausdruck die Taschenbuchreihe «Werkkreis Literatur der Arbeitswelt» ist.

W.: Die Sprache Heideggers (Dissertation), 1962; Drei Nächte, in: Liebesgeschichten, hg. von R. W. Campmann u. a., 76; Die Hütte muß uns gehören, in: Neue Stories, hg. von R. W. Campmann/J. Ippers, 77; Machen wir heute, was morgen erst schön wird. 3 Stücke, 78; Erzählungen von Kämpfen, Zärtlichkeit und Hoffnung, 79; Der Sturm, 81; Tod in Athen, 86. – *Lyrik:* Erasmus Schöfer, 82. – *(Mit-)Herausgebertätigkeit für den Werkkreis Literatur der Arbeitswelt:* Ein Baukran stürzt um, 70; Realistisch schreiben, 72; Der rote Großvater erzählt, 74; Dieser Betrieb wird bestreikt, 74; Die Kinder des roten Großvaters erzählen, 76; Betriebsräte berichten, 77. – *Essays, theoretische Schriften:* Ist die DKP noch zu retten? Gespräche mit kritischen Kommunisten (mit anderen), 89.

Scholz, Hans, *20. 2. 1911 Berlin.
Nach dem Besuch eines humanistischen Gymnasiums studierte S. ab 1930 Kunstgeschichte und Malerei an den Vereinigten Staatsschulen für freie und angewandte Kunst in Berlin. 1939 ist er in der Meisterklasse F. Spiegels an der Preußischen Akademie der Künste. Neben seinem Studium arbeitete er als Musiker, von 1935 an als freier Künstler und ab 1937 auch als Lehrer an einer privaten Kunstschule. Im 2. Weltkrieg leistete er seinen Wehrdienst und geriet in Gefangenschaft. Nach dem Krieg war S. wieder als Lehrer tätig, dann als Volkshochschuldozent und Werbefilmtexter. 1963 bis 76 war er Kulturchef beim Berliner «Tagesspiegel».

Mit *Am grünen Strand der Spree* gelang S. der Durchbruch als Schriftsteller 1955. Berliner Geschichten aus der Kriegs- und Nachkriegszeit, humorvoll und witzig geschrieben, bilden, zusammengestellt zu einem Roman, ein Mosaik der deutschen Geschichte; im selben Jahr entstanden nach dieser Vorlage fünf Hörspiele beim Südwestfunk, und 1959 drehte F. Umgelter eine ebenfalls fünfteilige Fernsehverfilmung. Dem Thema Berlin und Umgebung bleibt S., neben anderen Essays und Erzählungen, treu: *Berlin, jetzt freue Dich* erscheint 1960, *Berlin für Anfänger* 1961. Seine Reiseberichte *Wanderungen und Fahrten durch die Mark Brandenburg* hat S. mit eigenen Aquarellen illustriert. – 1948 bekam S. eine Stiftung des Senats der Stadt Berlin, 1956 den Berliner Fontane-Preis und 1960 den Heinrich-Stahl-Preis.

W.: Romane, Novellen: Am grünen Strand der Spree, 1955 (auch u. d. T. Ein Berliner Decamerone); Schkola, 58. – *Essays, Reiseberichte, Hörspiele:* Harmonielehre, o. J.; Berlin, 59 (mit K. Hargesheimer); Berlin, jetzt freue Dich, 60; Berlin für Anfänger, 61; An Havel, Spree und Oder, 62; Der Prinz Kaspar Hauser, 64 (als Hörspiel 62); Südost – hin und zurück, 70; Wanderungen und Fahrten durch die Mark Brandenburg, 10 Bde, 77 ff; Berlin, 77; Theodor Fontane, 78. – *Herausgebertätigkeit:* Vöglein, singe mir was Schönes vor, 65 (mit H. Ohff); Eine Sprache – viele Zungen, 66 (mit H. Ohff).

Scholz, Wilhelm von, *15. 7. 1874 Berlin, †29. 5. 1969 Konstanz.
S., Sohn des letzten Finanzministers der Bismarckzeit, studierte Literaturgeschichte und Philosophie, war 1914–22 Dramaturg in Stuttgart, 1926–28 Präsident der Preußischen Dichterakademie, nach 1933 Mitglied der Deutschen Akademie der Dichtung. Er lebte zuletzt auf dem ererbten Gut Seeheim bei Konstanz. – S. begann mit Gedichten, die er Liliencron widmete. Seine ersten dramatischen Versuche hatten lyrisch-symbolistischen Charakter; angeregt durch das Studium Hebbels und den Einfluß seines Freundes P. Ernst, wandte er sich jedoch bald dem Neoklassizismus zu. Aus der Beschäftigung mit der deutschen Mystik (Seuse) erwuchs seine Neigung zum Geheimnisvollen, Übersinnlichen. Dieses «Zwischenreich», in dem traumhaft-okkulte und reale Bereiche ineinander übergehen, ist ebenso kennzeichnend für sein Werk wie die immer wieder aufgenommene Frage nach der Beziehung von Schicksal und Zufall. Einen Welterfolg hatte S. mit dem Schauspiel *Der Wettlauf mit dem Schatten*, in dem ein Dichter einer seiner erdachten Gestalten in der Wirklichkeit begegnet. Erfolgreich war auch der Roman *Perpetua*: die um 1500 in Augsburg spielende Geschichte zweier Schwestern, von denen die eine Äbtissin wird, während die andere als Hexe auf dem Scheiterhaufen endet.

W.: Romane, Erzählungen, Prosa: Die Unwirklichen, 1916; Zwischenreich, 22; Wanderungen, 24; Perpetua, 26; Der Weg nach Ilok, 30; Die Gefährten, 37; Lebenslandschaft, 43; Das Inwendige, 58; Nur Zufälle, 60; Bodensee – Dreiländersee, 63. – *Dramen:* Der Besiegte, 1899; Der Gast, 1900; Der Jude von Konstanz, 05; Meroe, 07; Gefährliche Liebe, 13; Die Feinde, 17; Der Wettlauf mit dem Schatten, 21; Die gläserne Frau, 24; Claudia Colonna, 41. – *Lyrik:* Frühlingsfahrt, 1896; Neue Gedichte, 1913; Die Häuser, 23; Gedichte, 24, 34, 53; Lebensjahre, 39; Gesammelte Gedichte, 44; Bilder und Gestalten, 56 (Ausw.); Unter den Sternen, 63. – *Essays:* A. v. Droste-Hülshoff, 04; Hebbel, 05; Gedanken zum Drama, 05; Deutsche Mystiker, 08; Lebensdeutung, 24; Der Zufall, 24 (als: Der Zufall und das Schicksal, 50); Schiller, 55; Das Drama, 56; Die Kunst der kurzen Erzählung, 63; Mein Theater, 64. – *Herausgebertätigkeit:* Deutsches Balladenbuch, 05; Deutsche Dramaturgie, 3 Bde, 7–12; Der deutsche Erzähler, 15; Stuttgarter Dramaturgische Blätter, 19–20; Bodenseebuch, Jg 11–12, 24; Die Herren (mit M. Elster u. a.), 26–30; Der Güldene Schrein. Ein Jahrbuch, 27–28; Die großen Deutschen. Neue deutsche Biographie, 5 Bde, 35–37. – *Sammel- und Werkausgaben:* Gesammelte Werke, 5 Bde, 24; Ausgewählte Schauspiele, 64.

Schönherr, Karl, *24. 2. 1867 Axams (Tirol), †15. 3. 1943 Wien.
S., Sohn eines Lehrers, studierte ab 1886 in Innsbruck zunächst Philosophie, wechselte aber nach zwei Semestern zur Medizin über. 1891 erhielt er ein Stipendium in Wien und promovierte dort 1896 zum Dr. med. Im selben Jahr eröffnete er in Wien eine Arztpraxis, die er 1905 nach

ersten Theatererfolgen aufgab, um als freischaffender Schriftsteller zu arbeiten. – Beim Volksstück anknüpfend, schrieb S. naturalistische Bauerndramen mit Themen aus dem Tiroler Land, so zum Beispiel das Stück *Erde*, wo es um den zähen, lebenswilligen Bauern Grutz geht, der seinen Hof nicht übergeben will; die Tragödie *Glaube und Heimat* behandelt die Verfolgung der Protestanten während der Gegenreformation, in dem Drama *Der Weibsteufel* geht es um eine Dreiecksbeziehung. Daneben schrieb S. Mundartgedichte und zahlreiche Heimaterzählungen. – S. erhielt 1908 den Bauernfeld-Preis, später den Schiller- und den Volkstheater-Preis und mehrfach den Grillparzer-Preis.

W.: Dramen: Der Judas von Tirol, 1897, 1927; Die Bildschnitzer, 1900; Karnerleut, 04; Erde, 08; Das Königreich, 08; Glaube und Heimat, 10; Der Weibsteufel, 15; Volk in Not, 15; Frau Suitner, 16; Narrenspiel des Lebens, 18; Kindertragödie, 19; Der Kampf, 20 (als: Vivat Academia!, 22, als: Haben Sie zu essen, Herr Doktor?, 30); Es, 23; Passionsspiel, 33; Die Fahne nennt, 37. – *Prosa:* Allerhand Kreuzköpf, 1895; Aus meinem Merkbuch, 1911; Tiroler Bauernschwänke, 13; Schuldbuch, 13. – *Mundartgedichte:* Innthaler Schnalzer, 1895; Tiroler Marterln, 95. – *Sammel- und Werkausgaben:* Gesammelte Werke, 4 Bde, 27; 2 Bde, 48; Gesamtausgabe Bühnenwerke, 67f; Gesamtausgabe Lyrik und Prosa, 69.

Schönlank, Bruno, *31. 7. 1898 Leipzig, †1. 4. 1965 Zürich.
Sohn des gleichnamigen sozialdemokratischen Politikers und Publizisten. Einige Jahre Gymnasium, Ackerbauschule, Verwalter, Buchhandlungsgehilfe, 1913 bis 14 Wanderschaft durch Westeuropa. 1915 organisierte er eine Friedensdemonstration in Deutschland, wurde daraufhin verhaftet und eingezogen. Bis 1920 Anhänger der Spartakusbewegung, danach blieb seine politische Heimat die SPD. S. war Mitarbeiter sozialdemokratischer Zeitungen. 1933 emigrierte er in die Schweiz.
S. ist anerkanntermaßen der bedeutendste Vertreter der Bewegungs- und Sprechchordichtung, in der er differenzierte Gestaltungsformen entwickelte. Themen seiner Sprechchöre sind revolu-

tionäre Hoffnungen (*Erlösung, Frühlingsmysterium*) der Arbeiter, ihre allgemeine unterdrückte Lage (*Der Moloch*), Arbeitskämpfe (*Crimmitschau*) und die Entfremdung des Arbeiters (*Der gespaltene Mensch*). Das übrige literarische Werk besteht aus (früher) Lyrik in expressionistischer Klagemanier, modernen Märchen und dem in der historischen Zeit der Sozialistengesetze spielenden Frauenroman *Agnes*.

W.: Roman, Märchen: Großstadt-Märchen, 1924; Der Kraftbonbon und andere Großstadtmärchen, 28; Agnes, 29; Schweizer Märchen, 38. – *Dramen, Sprechchöre:* Brennende Zeit, 20; Erlösung, 20; Verfluchter Segen, 20; Der Moloch, 23; An die Erde, 23; Großstadt, 23; Ein Frühlingsmysterium, 25; Jugendtag, 25; Seid geweiht!, 27; Der gespaltene Mensch, 27; Das Klassenlos, 31; Von Freitag bis Donnerstag, 31; Fiebernde Zeit, 35; Wir schaffen alle Hand in Hand, 54. – *Lyrik:* In diesen Nächten, 17; Blutjunge Welt, 19; Ein goldner Ring. Ein dunkler Ring, 19; Sonniges Land. Kindergedichte, 20; Gesänge der Zeit, 20; Sei uns, du Erde!, 25; Laß Brot mich sein, 40; Mein Tierparadies, 49; Funkenspiel, 54.

Schönstedt, Walter (Pseud. Walter), *14. 2. 1909 Berlin.
Nach Kindheit und Jugend im politischen Milieu Kreuzbergs, nach Bildhauerlehre und Jobs als Land- und Bauarbeiter schließt S. sich dem «Kommunistischen Jugendverband» und der «Roten Jungfront» an. 1929 erscheint seine erste Kurzgeschichte im Feuilleton der «Roten Fahne», 1932 sein erster Roman als 8. Band der Reihe «Der Rote 1-Marks-Roman». 1933 muß der aktive Jugendfunktionär nach Frankreich emigrieren und wird dort Mitbegründer des Exil-SDS. S.s Abkehr von der KPD vollzog sich lautlos: 1935 geht er in die USA, beteiligt sich zunächst noch an den Aktivitäten antifaschistischer Emigrantenorganisationen, wird 1941 Soldat der US-Armee. Nach 1945 war S. der zuständige Captain für die von Gottfried Bermann Fischer angeregte Buchreihe zur Umerziehung deutscher Kriegsgefangener; an der Gründung der von Alfred Andersch und Hans Werner Richter herausgegebenen Zeitschrift «Der Ruf» ist er beteiligt. 1950 unternimmt S. eine Europareise;

seitdem sind seine Spuren verwischt. – S.s Romane sind Musterbeispiele einer operativen, auf unmittelbaren politischen Einsatz bedachten proletarisch-revolutionären Literatur. Leben und Kampf der Berliner Arbeiterjugend sind der Stoff aller seiner Bücher. Innovativ ist S.s Versuch, den Topos des positiven Helden umzufunktionieren: In *Motiv unbekannt* geht es um einen Arbeiterjungen, der durch Arbeitslosigkeit, soziale Not und Charakterschwäche zum Strichjungen wird und Selbstmord begeht; in *Auf der Flucht erschossen* geht es um einen verführten, aber ehrlichen SA-Mann, der an Rassengegensätze glaubt, weil er nicht genug von Klassengegensätzen weiß. In der DDR-Forschung wurde dies als eine Identifizierung mit den Deklassierten und mit anarchistischem Einzelgängertum gesehen, die auf den späteren Verrat an der Arbeiterklasse hindeutet.

W.: Romane, Erzählungen: Jugend befreit sich, 1931; Kämpfende Jugend, 32; Jungarbeiter Fritz Stein, 33; Motiv unbekannt, 33; Auf der Flucht erschossen, 34; Das Lob des Lebens, 38; The Cradle Builder, 40.

Schönwiese, Ernst, *6. 1. 1905 Wien.
Nach dem Studium der Rechtswissenschaft, der Philosophie und Germanistik in Wien arbeitete S. als Redakteur und als Dozent an der Volkshochschule. Seit 1945 war er Leiter der literarischen Abteilung des Senders Rot-Weiß-Rot in Salzburg, von 1954–70 Programmleiter Kunst und Wissenschaft des österreichischen Rundfunks (ORF) in Wien. Er ist Mitglied des Österreichischen Schriftstellerverbands. 1972–78 war S. Präsident des österreichischen PEN, dessen Ehrenmitglied er ist. Er ist korrespondierendes Mitglied der Deutschen Akademie für Sprache und Dichtung. 1937 erhielt S. den R.-Reich-Preis, wurde 1955 Professor ehrenhalber und erhielt zahlreiche weitere Auszeichnungen, u. a. das Österreichische Ehrenkreuz für Wissenschaft und Kunst I. Klasse (1963) und die Ehrenmedaille der Stadt Wien (1980).
Neben essayistischen Arbeiten über einzelne Dichter, Literaturtheorie und über die österreichische Literatur dieses Jahr-

hunderts ist S. vor allem als Lyriker und Herausgeber hervorgetreten. Waren seine frühen Gedichte an klassischen Mustern orientiert, so gewann seit den Erfahrungen des Krieges und der Diktatur mystisches Erleben an Bedeutung, auch Einflüsse aus dem indisch-chinesischen Kulturraum werden für seine Lyrik wichtig. Bedeutung hatte S. auch als Herausgeber, speziell der Zeitschrift «Das Silberboot», die zahlreichen Emigranten offenstand, die nach 1933 aus Deutschland hatten fliehen müssen. Nach dem Krieg gelang es S., die von den Nazis verbotene Zeitschrift erneut herauszugeben.

W.: Lyrik: Der siebenfarbige Bogen, 1947; Ausfahrt und Wiederkehr, 47; Nacht und Verheißung, 50; Das Bleibende, 50; Das unverlorene Paradies, 51; Ein Requiem in Versen, 53; Stufen des Herzens, 56; Der alte und der junge Chronos, 57; Traum und Verwandlung, 61; Baum und Träne, 62; Geheimnisvolles Ballspiel, 64; Odysseus und der Alchimist, 68; Antworten in der Vogelsprache, 87. – *Essays, theoretische Schriften:* Der Schriftsteller und die Probleme seiner Zeit, 75; Literatur in Wien zwischen 1930 und 1980, 80; Dichtung als Urwissen des Menschen, 85. – *Film, Fernsehen:* Auf den Spuren von Hermann Broch, 71. – *Sammel- und Werkausgaben:* Versunken in den Traum. Gedichte aus fünfzig Jahren, 84. – *Herausgebertätigkeit:* Patmos, 35; Grabener, L.: Ausgewählte Gedichte, 35; Das Silberboot. Zeitschrift für Literatur, 35–37, 46–52; Silberboot-Almanach, 47; Grab, H.: Hochzeit in Brooklyn, 57; Broch, H.: Nur das Herz ist das Wirkliche, 59; Österreichische Lyrik nach 1945, 60; Broch, H.: Die unbekannte Größe, 61; ders.: Die Entsühnung, 61; Waldinger, E.: Gesang vor dem Abgrund, 61; Lernet-Holenia, A.: Die nächtliche Hochzeit, 62; Urzidil, J.: Geschenke des Lebens, 62; Blei, F.: Zwischen Orpheus und Don Juan, 65; Werfel, F.: In einer Nacht, 66; Schreyer, I.: Das Gold der Väter, 69; Suzuki, D. T.: Ur-Erfahrung und Ur-Wissen. Die Quintessenz des Buddhismus, 82 (zugleich Übersetzung).

Schramm, Godehard, *24. 12. 1943 Konstanz.
S., Sohn eines Lehrers, studierte Slawistik, übersetzt aus dem Russischen und veröffentlicht seit 1964. 1971 war er als Stipendiat in Moskau. Er lebt seit langer Zeit in Nürnberg und erhielt 1971 den Nürnberger Förderungspreis für Litera-

tur, 1981 den bayerischen Förderungspreis für junge Künstler und Schriftsteller. – S. ist ein überaus produktiver Autor, der Lyrik, Prosa, Reisereportagen
und Städteporträts schreibt. Er hat auch
eine Vielzahl von Arbeiten für den
Rundfunk geschrieben, Hörspiele und
Features über fränkische Städte, Schrift-
stellerporträts sowie essayistische Versuche (u. a. *Hier wohnt Krappmann*, 71;
Jean Paul, 77; *Kleist in Würzburg*, 77;
Meine Landschaft ist wie ein Gedicht, 78;
Mitten in der Provinz, 80; *Dostojewski-
Passagen*, 83; *Von der Offenheit des Tagebuchs*, 83).

W.: Romane, Erzählungen, Prosa: Lokalanzei-
gen, 1973; Das große und das kleine Europa,
77; Augenblicke, 77; Nachts durch die Biscaya,
78; Heimweh nach Deutschland, 81; Kopf mit
Quitten, 81; Der Traumpilot, 83; Grütz der
Spatz als Papagei, 85. – *Lyrik:* Im Schein des
Augenblicks, 64; Schneewege, 66; Lieber rot
als rot, 70; Nürnberger Bilderbuch, 70; Meine
Lust ist größer als mein Schmerz, 75; Mit glü-
hender Geduld, 80. – *Essays, theoretische
Schriften, Reportagen, Reisebücher:* Friedrich
Hagen – Leben in zwei Ländern, 78; Feuer in
den Kaktushecken, 79; Holland, 81; Fürth –
die kleinere, schönere Schwester, 81; Ein Dorf
auf der Frankenhöhe, 81; Das Landkreis Kro-
nach, 81 (mit anderen); Peter Wörfel, der
Zeichner, 82 (mit anderen); Sardinien, 83; Was
ist mit Franken anzufangen?, 83; Bad Winds-
heim, 83 (mit J. Stuiber); Allee nach Königsberg, 87; Fränkische Heimat, 87; Licht mit
Schatten. Bilder aus Franken, 88; Pappenheim
– Südländische Stadt, 88; Die Aisch. Ein Fluß
und sein Land, 88; Wandererphantasie. Fränkische Heimat in Europa, 88; Urgestein – Bilder aus Bayern. Aus dem Glasplattenalbum
meines Großvaters, 89. – *Herausgebertätigkeit:*
umdruck. blätter für internationale literatur,
70–72; Sowjetische Literatur in der Bundesrepublik Deutschland, 71 (Akzente 6); Sozialistische Realismuskonzeptionen, 74 (mit H. J.
Schmitt); Geht dir da nicht ein Auge auf. Gedichte des Werkkreises Literatur der Arbeitswelt, 74 (mit anderen); Platen, A. v.: Der große Traum Italien. Tagebücher, 83; Rußland ist
mit dem Verstand nicht zu begreifen, 89.

Schreiber, Hermann (Pseud. Ludwig
Bühnau, Ludwig Berneck, Ludwig Bar-
ring, Lujo Bassermann), *4. 5. 1920 Wie-
ner Neustadt.
Sohn eines Wiener Buchhändlers,
Kriegsteilnehmer, Dr. phil., Germanist.
S. verfaßte Romane, Novellen, Reise-,

Sach- und Jugendbücher, kulturhistorische Werke, Anthologien, Hörspiele.
Übersetzungen aus dem Französischen.
Er beherrscht meisterhaft die Technik
des historischen Romans. Bereitet in seinen Sachbüchern, gestützt auf gute
Kenntnisse, antike und literarische Quellen komplexer Themen auf und stellt sie
für einen größeren Leserkreis anschaulich und sinnvoll dar. Lebt in München.

W.: Romane, Erzählungen: Sturz in die Nacht,
1951; Die Glut im Rücken, 52; Ein Schloß in
der Touraine, 52; Einbruch ins Paradies, 54;
An den Quellen der Nacht, 65; Drei Jungfrau-
en aus Pisa, 69; Kaiserwalzer, 76; Der verkom-
mene Regent, 77; Die Bastionen des Ruhms,
78; Der verratene Traum, 79; Mein Sarg bleibt
leer, 80; Die Mätresse, 81; Ein König und die
Liebe, 82; Blutroter September, 83; Die Schöne vom Strand, 84; Meine Sonntage mit Yvet-
te, 81. – *Essays, theoretische Schriften, Biographien, Sachbücher, Reiseführer:* Das Irrationale im Werk Gerhart Hauptmanns, 44 (Diss.
masch.; als Buch u. d. T.: Gerhart Hauptmann
und das Irrationale, 46); Versunkene Städte,
55 (mit G. Schreiber; gekürzt 62); Mysten,
Maurer und Mormonen, 56 (mit G. Schreiber);
Throne unter Schutt und Sand, 57 (mit G.
Schreiber; gekürzt 65); Auf den Flügeln des
Windes, 58; Sinfonie der Straße, 59; Wie wirklich ist die Welt?, 59; Die weißen Indianer, 60;
Land im Osten, 61; Schwarze Herrscher auf
goldenem Thron, 61; Der Rhein, 61; Die Welt
in der Anekdote, 61; Vom Einbaum zum Dü-
senklipper, 62 (gekürzt 70); Die zehn Gebote.
Der Mensch und sein Recht, 62; Der Plan auf
altem Segeltuch, 63; Diese unsere Zeit, 63;
Quell der Lebensfreude. Meditationen rund
um die Badewanne, 64 (u. d. T.: Sittengeschichte der Badewanne, 66); Reise durch das
galante Jahrhundert, 64; Kaufleute erobern die
Welt, 64; In der Schaumspur der Galeeren, 65;
Gegen Pest und Piraten, 65; Gastliche Erde,
65; Das Abenteuer der Ferne, 66; Zwischen
Ruhm und Untergang, 66 (mit H. Pleticha);
Brennpunkte der Geschichte, 66; Fahrt auf
freien Meeren, 67; Und der Himmel lacht dazu, 67; Paris, 67; Das Feigenblatt. Eine Kulturgeschichte des Schamgefühls, 68; Piraten und
Korsaren der Weltgeschichte, 68; Die Post, 68;
Schiffe und ihre Schicksale, 68; Von Thule bis
Madagaskar, 68; Vom Experiment zum Erfolg,
69; Die Welt in einem Augenblick. Kultur- und
Sittengeschichte der Fotografie, 69; Die Welt
wird entdeckt, 2 Bde, 69; Die Eroberung der
Berge, 69; Erotische Texte. Sexualpathologi-
sche Erscheinungen in der Literatur, 69; Die
Sexwelle, 70; Die Stuarts, 70; Das fünfte Ele-
ment, 70; Frankreich aus erster Hand, 70 (mit

anderen); Eiskalt auf heißen Straßen, 71; Geschichte(n) ohne Feigenblatt, 71; Verkehr, 71; Elf Runden und ein schneller Tod, 72; Die allerletzten 100 Jahre oder Erschreckend transparentes Literaturbrevier, 72; Österreich aus erster Hand, 72; Capitain Carpfanger, 73; Frankreich und Belgien, 73; Italien, 73; Weltgeschichte der Seefahrt, 73; Französische Riviera, 74; Marco Polo, 74; Provence, 74; Spanien aus erster Hand, 74; Triumph auf zwei Rädern, 74; Italienische Riviera, 75; Salzburg und Salzburger Land, 75; Leutershausen, 75; Es spukt in Deutschland. Von Geistern, Hexen und Rittern ohne Kopf, 75; Normandie, 76 (mit B. Wagner); Die Hunnen, 76; Loire, 76; Tirol, 76; Auf den Spuren der Goten, 77; Bayern anekdotisch, 77; Korsika, 77 (mit B. Wagner); Die Bretagne, 78; Die Chinesen, 78; Magellan und die Meere der Welt, 78; Elsaß, 79; Das Schiff aus Stein. Venedig und die Venezianer, 79; Die Vandalen, 79; Von der Camargue zu den Pyrenäen, 79; Halbmond über Granada, 80; Unvergessener deutscher Osten, 80; Auf den Spuren des frühen Menschen, 80; James Cook, 81; 6mal Paris, 81; August der Starke, 81; Von Dover bis Cornwall, 82; Auf den Spuren der Hugenotten, 83; König Attila, 83; Burgund, 83; (mit B. Wagner); Wie die deutschen Christen wurden, 84; Loire-Tal, 84; Das Geheimnis der weißen Indianer, 84; Die Deutschen und der Osten, 84; Es ist ein Ros' entsprungen, 85; Geschichte der Päpste, 85; Land um Paris, 85; Auf Römerstraßen durch Europa, 85; Die Côte d'Azur und ihr Hinterland, 86; Frankreichs große Jahrhunderte, 86; Die schönsten Landschaften in Deutschland, 86; Hannibal, 86; Paris erinnert sich, 87; Das Elsaß und seine Geschichte, 88; Marie Antoinette, die unglückliche Königin, 88; Sir Francis Drake. Der Schrecken der Meere, 88; Schade nur, daß ich lesen kann – Dichter, Bücher und Verleger in Geschichten und Anekdoten, 89; Unsere frühen Bischofssitze, 89; Wanderer kommst du nach Wien, 89; Die Schönheit der Sinne. Der Lebensroman des Malerfürsten Hans Makart, 89; Die Belle Epoque. Paris 1871–1900, 90; Lawrence von Arabien, 90. – *Übersetzungen:* Courtade: Jimmy, 52; Bazin, H.: Steh auf und geh, 53; Mégret, Ch.: Danae, o.J.; Valentin, A.: Goya, 58; Aliquot, H.: Nîmes, Avignon, 73; ders.: Das Luberon, 75. – *Herausgebertätigkeit:* Wort und Tat, 46–48 (mit anderen); Geistiges Frankreich, 48–51 (mit anderen); Die schönsten Heldensagen der Welt, 58 (mit G. Schreiber); Professor Schreibers Horrorkiste, 4 Bde, 71.

Schreyer, Lothar (Pseud. Angelus Pauper), *19.8.1886 Blasewitz bei Dresden, †18.6.1966 Hamburg.
S., Sohn einer Künstlerfamilie, studierte

nach dem Abitur Jura und promovierte zum Dr.jur.; 1912–18 am Deutschen Schauspielhaus in Hamburg; 1916–28 Mitglied des «Sturm»-Kreises in Berlin; Tätigkeit als Schriftleiter der Zeitschrift «Der Sturm», Lehrer an der Kunstschule «Der Sturm», Mitbegründer der «Sturm-Bühne», die 1919 als «Kampfbühne» nach Hamburg verlegt wurde. Im Frühsommer 1920 Berufung an das Staatliche Bauhaus nach Weimar; dort als «Formmeister» der Bühnenwerkstatt bis 1923 tätig; 1924–27 Lehrer an der Wegschule in Dresden; 1928–31 Redakteur der Hanseatischen Verlagsanstalt in Hamburg; anschließend als freier Schriftsteller und Maler in einem Hamburger Vorort tätig; 1933 Konversion zum Katholizismus.

Aus heutiger Sicht liegt S.s Bedeutung in den Jahren seiner intensiven Mitarbeit an «Sturm» und Bauhaus; im Zentrum dieser Arbeit liegen seine Theaterexperimente. Zwar auf der Kunsttheorie des «Sturm» aufbauend, die durch S.s eigene theoretische Arbeiten entscheidend mitgeprägt wurde (*Die neue Kunst*), war S.s Theaterkonzeption eine im Grunde kultische: Primärer Zweck der Bühnenkunst war für S. das meditative Gemeinschaftserlebnis. Grundlage der Theaterexperimente S.s bildeten im wesentlichen seine eigenen Dramen, die, in der Nachfolge A. Stramms in äußerst verknappter Sprache verfaßt, von Schauspielern in Ganzmasken in Form eines musikalischen Rezitativs («Klangsprechen») aufgeführt wurden. Tonhöhe, Tonstärke, Rhythmus des Sprechens und die Bewegungsform der Schauspieler waren dabei in einer Form der Notation eindeutig festgelegt (einer dieser Spielgänge, *Kreuzigung*, ist veröffentlicht worden).

Sind bereits die Dramen deutlich von christlich-mystischen Vorstellungen beeinflußt (S. beschäftigte sich seit 1915 mit dem Mystiker Jakob Böhme), so trifft das im selben Maße auf S.s Lyrik zu, in der er bewußt das Gedankengut und die Form der mittelalterlichen Mystik aufnahm.

Die nach der Bauhaus-Zeit veröffentlichten Werke S.s lassen seine tiefreligiöse

Grundhaltung immer stärker hervortreten. In der «Sturm»- und Bauhaus-Zeit ist S. auch als Maler ungegenständlicher Bildwerke hervorgetreten; eine erste Ausstellung fand 1924 in der «Sturm»-Galerie statt.

W.: Romane, Erzählungen, Erinnerungen: Der Falkenschrei, 1939; Der Untergang von Byzanz, 41; Expressionistisches Theater, 48; Agnes und die Söhne der Wölfin, 56; Erinnerungen an Sturm und Bauhaus, 56; Siegesfest in Karthago, 61. *– Dramen:* Jungfrau, 17; Meer/Sehnte/Mann, 18; Nacht, 19; Kreuzigung, 21; Anbetung des göttlichen Kindes, 50; Die Vogelpredigt, 19. *– Lyrik:* Franziskus, 27; Die Namen der Maria, 28; Die Worte der St. Elisabeth, 29. *– Essays, Kunstbetrachtungen, religiöse Schriften:* Die neue Kunst, 19; Verantwortlich, 21; Deutsche Mystik, 24; Jakob Böhmes dreifaches Leben des Menschen, 24; Die Lehre des Jakob Böhme, 25; Die bildende Kunst der Deutschen, 31; Deutsche Landschaft, 32; Der Bamberger Reiter, 32; Die Mystik der Deutschen, 33; Die Gottesgeburt im Menschen, 35; Sinnbilder deutscher Volkskunst, 36; Die Werke der Barmherzigkeit, 37; Der Weg zu Gott, 39; Bildnis des Heiligen Geistes, 40; Der gefangene Glanz aus den religiösen Werken des Paracelsus, 40; Das Straßburger Münster, 41; Der Isenheimer Altar, 42; Haus des Friedens, 42; Der Schutzengel, 46; Die dreifache Gottesgeburt, 47; Frühe deutsche Holzschnitte, 48; Die Vollendeten, 49; Die heiligen Engel, 50; Bildnis der Mutter Gottes, 51; Der schauende Mensch, 51; Sieger über Tod und Teufel, 53; Ein Jahrtausend deutscher Kunst, 54; Die Botschaft der Buchmalerei, 56; Abstrakte christliche Kunst, 62; Anton Wendling, 62. *– Herausgebertätigkeit:* Der Sturm. Ein Erinnerungsbuch an Herwarth Walden und die Künstler aus dem Sturmkreis (mit N. Walden), 54. *– Sammelausgabe:* Zwischen Sturm und Bauhaus. Das expressionistische Werk, 82.

Schreyer, Wolfgang, *20.11.1927 Magdeburg.

S. war bis 1952 Drogist und wurde danach freischaffender Schriftsteller in seinem Geburtsort. S. gehört zu den Bestseller-Autoren der DDR. S.s Augenmerk galt seit seinem schriftstellerischen Beginn der unterhaltenden Literatur. Er hat, theoretisch wie praktisch, einen wichtigen Beitrag für die Entwicklung einer sozialistischen Unterhaltungsliteratur in der DDR geleistet. Nachdem er 1952 den ersten Kriminalroman der DDR geschrieben hatte (*Großgarage*

Südwest), trat er in publizistischen Beiträgen für einen neuen Typus politisch-dokumentarischer Abenteuerliteratur ein, den «Tatsachenroman». Bereits der erste Tatsachenroman S.s fand in der DDR breite Anerkennung. Auf der Grundlage intensiver Materialstudien, eigener Kriegserlebnisse und einem «späteren Nachdenken unter dem Einfluß der marxistischen Philosophie» beschrieb er in *Unternehmen Thunderstorm* den Warschauer Aufstand von 1944 im Kontext der Weltkriegsereignisse.

In seinen folgenden Büchern griff S. zentrale Probleme der internationalen Politik dieser Jahre auf. Kriegstreiberei in den USA, Korruption in Politik und Pressewesen ist das Thema seines populärsten Romans *Tempel des Satans*. Die späteren Bücher sind vor allem in Südamerika angesiedelt; sie zeigen den Gegensatz von imperialistischer Ausbeutung durch westliche Konzerne und korrupte Regierungen auf der einen und kämpferischen Befreiungsbewegungen auf der anderen Seite. S.s Protagonisten haben oft eine politisch indifferente Zwischenposition und entwickeln sich in einer konfliktreichen Fabel zu Parteigängern des gesellschaftlichen Fortschritts.

W.: Romane, Berichte, Erzählungen: Großgarage Südwest, 1952; Mit Kräuterschnaps und Gottvertrauen, 53; Unternehmen Thunderstorm, 54; Die Banknote, 55; Schüsse über der Ostsee, 56; Der Traum des Hauptmann Loy, 56 (als Film 61); Das Attentat, 57 (als Hörspiel 57); Der Spion von Akrotiri, 57; Das grüne Ungeheuer, 3, 59 (verändert auch als: Der grüne Papst, 61); Alaskafüchse, 59 (als Film 64); Die Piratenchronik, 61 (erw. als: Augen am Himmel, 67); Tempel des Satans, 60 (als Film 62); Preludio II, 63 (erw. 68, auch verfilmt); Vampire, Tyrannen, Rebellen, 64; Fremder im Paradies, 66 (als Drama 67); Der gelbe Hai, 69; Aufstand des Sisyphos, 69 (mit G. Hell); Der Adjutant, 70 (als Fernsehspiel 73); Der Resident, 74; Schwarzer Dezember, 77; Die Entführung, 79; Der Reporter, 80; Die fünf Leben des Dr. Gundlach, 82; Eiskalt im Paradies, 82; Die Suche oder Die Abenteuer des Uwe Reuss, [2]84; Der sechste Sinn, [2]88; Der Mann auf den Klippen, [2]88; Preludio 1, 88; Unabwendbar, 88; Der Fund oder Die Abenteuer des Uwe Reuss, 88; Die Beute, 89. *– Drama, Hörspiel:* Der Befehl, 55; Die Liebe zur Opposition oder Bomben auf den Palast, 74.

Schreyvogel, Friedrich, *17.7.1899
Mauer bei Wien, †11.1.1976 Wien.
Österreichischer Dramatiker, Erzähler,
Essayist und Lyriker. Nach dem Abitur
1918 studierte S. Nationalökonomie und
promovierte 1923 mit einer Arbeit über
die Wirtschaftslehre von Thomas von
Aquin. Bis 1925 leitete er einen Wiener
Verlag und lehrte 1927 an der Akademie
für Musik und Darstellende Kunst Literatur und Dramaturgie; 1932 wurde ihm
dort der Professorentitel verliehen. 1928
machte er eine Studienreise nach Paris
und London, 1931 war er Dozent am
Reinhardt-Seminar. 1935–38 arbeitete er
als Konsulent der Bundestheaterverwal-
tung; 1936 gründete er mit H. Becka die
österreichische Länderbühne. 1948–54
war er als Kulturredakteur und Thea-
terreferent tätig und übernahm 1954 die
Chefdramaturgie des Theaters in der Josefstadt. 1955 wurde er zum Vizedirektor
des Wiener Burgtheaters berufen, eine
Position, die er bis 1959 wahrnahm, um
dann bis 1961 als Chefdramaturg am selben Haus zu wirken. – S. war 1923 Mitbegründer der Wiener «Kulturbundes» und
der «Féderation des Unions Intellectuel-
les», von 1925–33 Mitherausgeber der
Monatsschriften «Das Abendland» und
«Der Gral».
Die Grundidee, die S.s breitgefächertes
Werk durchzieht, ist der Glaube an den
ständigen Wandel der Welt als Verwirklichung eines göttlichen Plans. Die Sinn-
haftigkeit dieser Welt ist für S. nie in Frage gestellt.
In seiner Essayistik setzte er sich neben
Fragen des Katholizismus mit kulturpolitischen und -philosophischen Themen
wie der Idee des Abendlandes auseinander (*Nationalismus und Nation*). Durch
die historisch genaue, bildhafte Beschreibung von Ereignissen, Zeitströmungen
und Persönlichkeiten entsteht in seinen
oft szenisch aufgebauten Romanen ein
Gesamtbild Österreichs von 1812–1920.
An religiöse Spiele und Legenden in der
Tradition der Laienspielbewegung seiner
Zeit knüpfte S.s dramatische Produktion
an (*Die heilige Familie*). Stücke mit aktuellem Bezug und in der Form an zeitgenössischen Autoren orientiert (*Der weiße
Mantel*), führen zu seinen beliebten, häu-

fig aufgeführten Komödien (*Die kluge
Wienerin*) und den heiteren und amü-
santen Filmdrehbüchern. – S. erhielt
1935 den Julius-Reich-Dichterpreis, 1936
das Österreichische Verdienstkreuz
I. Klasse für Kunst und Wissenschaft und
wurde 1958 zum Ritter der Ehrenlegion
ernannt. Im selben Jahr erfolgte die Auszeichnung mit dem Großen Bundesverdienstkreuz der Bundesrepublik
Deutschland.

W.: Romane, Erzählungen: Das Lebensspiel
des Amandus, 1920 (u. d. T. Sinfonietta, 29);
Der Antichrist, 21; Tristan und Isolde, 30; Liebe kommt zur Macht, 32; Grillparzer, 35
(u. d. T. Sein Leben, ein Traum, 55); Brigitte
und der Engel, 36; Heerfahrt nach Osten, 38
(u. d. T. Die Nibelungen, 40); Eine Schicksals-
symphonie, 41; Der Friedländer, 2 Bde, 43;
Der Mann in den Wolken, 44; Der Sohn Gottes, 48; Das fremde Mädchen, 55; Zwischen
Nacht und Morgen, 55; Die Dame in Gold, 57;
Venus im Skorpion, 61; Ein Jahrhundert zu
früh, 64. – *Dramen:* Karfreitag, 20; Der zerris-
sene Vorhang, 20; Auferstehung, 21; Das Ma-
riazeller Muttergottesspiel, 24; Der Weltuntergang, 25; Der Mensch, 26; Das brennende
Schiff, 26; Der dunkle Kaiser, 26; Johann
Orth, 28 (umgearb. Habsburgerlegende, 33);
Die Flucht des Kolumbus, 30; Legende in Ma-
zedonien, 30; Tod in Genf, 33; Die heilige Familie, 33; Georg verschenkt Millionen, 34;
Himmlischer Besuch, 35; Der Gott im Kreml,
37; Der Mann in den Wolken, 37; Die letzte
Farm (mit G. Kampendonk), 39; Das Liebespaar, 40; Reiterattacke, 41; Die kluge Wienerin, 41; Die weiße Dame, 42; Titania, 43; Bie-
nenkomödie, 51; Der Liebhaber, 52 (Hörspiel
57); Die Nacht liegt hinter uns, 52; Der weiße
Mantel, 52; Die Versuchung des Tasso, 52;
Eine Stunde vor Tag, 56; Die Liebenden, 57;
Der Mann im Feuerofen, 57; Der Kaiser von
Peru, 59. – *Lyrik:* Singen und Sehnen, 17; Klingen im Alltag, 18; Friedliche Welt, 20; Aus unserer Seele, 20; Flöte am Abend, 21; Ruf in die
Nacht, 25; Die geheime Gewalt, 28; Wir Kinder Gottes, 57. – *Schriften:* Ausgewählte
Schriften zur Staats- und Wirtschaftslehre des
Thomas von Aquin, 23; Die Katholische Revolution, 24; Österreich, das deutsche Problem,
25; Nationalismus und Nation, 26; Die Entdek-
kung Europas, 31; Vom Glück der deutschen
Sprache, 33; Das Burgtheater, 65. – *Übersetz-
zungen:* M. Anderson, E. Lavery, A. Bisson,
E. K. Iljin, J. St. Ervine, L. Zilahy, N. Aszta-
los, Z. Moricz, N. Manzari, J. Deval. – *Filmdrehbücher, Operntexte:* Der Tanz mit dem
Kaiser, 42; Das vierte Gebot, 50; Gasparone,
50; Oberon (mit F. Schuh), 51; Ich und meine

Frau, 51; Boccacio, 52. – *Sammelausgaben:* Bild und Sinnbild der Welt, 59; Die große und die kleine Welt, 70. – *Herausgebertätigkeit:* Grillparzer: Gesammelte Werke, 2 Bde, 57; Grillparzer, Dichter der letzten Dinge, 58; Ferdinand Raimund: Gesammelte Werke, 60.

Schriber, Margrit, *4.6.1939 Luzern.
Nach Lehre und Besuch einer kaufmännischen Berufsschule arbeitete S. als Bankangestellte und in der Werbung, bevor sie sich als freie Schriftstellerin niederließ. Auch während dieser Zeit arbeitete sie gelegentlich in ihrem erlernten Beruf. Sie ist Mitglied des PEN und der Autorengruppe Olten und erhielt seit 1977 mehrere Förderpreise, u. a. 1984 das Werkjahr des Kantons Aargau. – S.s bisherige Arbeiten sind geprägt von der Darstellung der Entfremdung, unter der Frauen leiden, einem Weltverlust, der sie in eine bloß beobachtende Rolle drängt. Bereits die Titel ihrer frühen – autobiographisch beeinflußten – Arbeiten *Aussicht gerahmt*, *Außer Saison*, *Kartenhaus* verweisen auf diese Randposition ihrer Protagonistinnen.

W.: Romane, Erzählungen: Rotstrumpf, 1975; Aussicht gerahmt, 76; Außer Saison, 77; Kartenhaus, 78; Vogel flieg, 80; Luftwurzeln, 81; Muschelgarten, 84; Tresorschatten, 87. – *Hörspiele, Dramen:* Ein Platz am Seitenpodest (in: manuskripte 60/78), 78; Texte für die Theaterwerkstatt, Bd 4: M. S., 79; An einem solchen Tag, 80; Tambourinschlag, 82.

Schröder, Jörg, *24.10.1938 Berlin.
S. absolvierte eine Buchhändlerlehre und besuchte 1960–62 die Werbefachschule in Köln. 1962–64 arbeitete er als Werbeleiter und Pressechef in einem Verlag, 1965–69 als Leiter in verschiedenen Verlagen. 1969–71 war er Geschäftsführer der deutschen Abteilung des Verlags «Olympia Press». 1969 gründete er den März-Verlag, den er bis 1987 leitete. Seither arbeitet S. als Verlags- und Projektberater sowie als freier Schriftsteller. 1986 erhielt er den Adolf-Grimme-Preis. – Als Autor trat S. zuerst mit dem heftig umstrittenen autobiographischen Text *Siegfried* hervor, den er zusammen mit Ernst Herhaus verfaßte. Das erfolgreiche Werk (über 100000 Exemplare) ist eine Mischung aus autobiographischer

Erzählung und Bekenntnisliteratur. Nach langer schriftstellerischer Pause veröffentlicht S. seit 1990 jedes Vierteljahr einen Band der Reihe *Schröder erzählt*. Thematisch bestehen Ähnlichkeiten mit seinem Erstlingswerk. Ungewöhnlich ist die Art der Herstellung und des Vertriebs dieser Bücher. Mit Hilfe des Desktop-Verfahrens produziert S. seine Arbeiten, die er – handsigniert – nur Abonnenten zukommen läßt.

W.: Romane, Erzählungen, Prosa: Schröder erzählt Ernst Herhaus: Siegfried, 1972; Schröder erzählt Uwe Nettelbeck: Cosmic, 82; Schröder erzählt, 90f (bislang 5 Folgen: Glückspilze, 90; Eine Million und fuffzig, 90; Schöner Schutt, 90; Einer weiß mehr, 91; Feine Leute, 91). – *Dramen, Hör- und Fernsehspiele:* Immobilien (mit O. Jägersberg) (Fsp.), 73; Die MÄRZ-Akte (Fs-Dokumentation), 85. – *Herausgebertätigkeit:* Texte und Marginalien des Melzer Verlags (Almanach), 68; ACID (mit R. D. Brinkmann u. a.), 69; MÄRZ-TEXTE 1, 69; B. Vesper: Die Reise, 77 (überarb. 79); P. Kuper: Hamlet, 80; MÄRZ Mammut (MÄRZ-TEXTE 2), 84.

Schröder, Karl, *13.11.1884 Polzin (Pommern), †6.4.1950 Berlin.
Sohn eines Kleinstadtlehrers, promovierter Germanist, Mitbegründer der linksradikalistischen Kommunistischen Arbeiterpartei Deutschlands (KAPD) in der Anfangsphase der Weimarer Republik. S. wechselte bald zur SPD und war hier als Wanderlehrer und Journalist im Bildungsapparat tätig. In der Nazizeit mehrere Jahre im KZ, anschließend als Hilfsarbeiter und Korrektor bei einem Verlag. Nach dem Krieg zeitweise Leiter der Volkshochschule Neukölln sowie im Verlagswesen tätig.
Von 1928–32 leitete S. die sozialdemokratische Buchgemeinschaft «Der Bücherkreis» und förderte die Edition internationaler und deutscher Arbeiterautoren.
Die «proletarische Dichtung» erfüllte für S. neben der erzieherischen auch eine wichtige dokumentarische Funktion, indem sie Lebensformen und Problemsituationen der Arbeiterschaft beschrieb. S. selbst veröffentlichte unter diesem Konzept seine Romane, unter denen *Klasse im Kampf* und *Familie Markert*

(Bericht über den politischen Zerfall einer Arbeiterfamilie unter dem Druck der Weltwirtschaftskrise und dem heraufziehenden Nationalsozialismus) als die gelungensten gelten.

In der Zeitschrift «Der Bücherkreis» verfolgte S. dieselbe Konzeption und stellte neben literarische Beiträge sachkundige Abhandlungen über die Zeitprobleme, vor allem über den Nationalsozialismus. «Der Bücherkreis» umfaßte ca. 50000 Mitglieder, setzte in den acht Jahren seines Bestehens 1924–32 über eine Million Bücher um und verteilte zwei Millionen Exemplare seiner Zeitschrift.

W.: Romane, Erzählungen: Der Sprung über den Schatten, 1928; Aktiengesellschaft Hammerlugk, 28; Die Geschichte Jan Beeks, 29; Familie Markert, 2 Bde, 31; Klasse im Kampf, 32; Die letzte Station (autobiographisch), 46. – *Essayistisches:* J. G. Schnabels «Insel Felsenburg» (Dissertation), 12; Wesen und Ziele der revolutionären Betriebsorganisation, 20; Die revolutionäre Betriebsorganisation, 20. – *Herausgebertätigkeit:* H. C. Andersen, Ausgewählte Märchen, 27; Franz Mehring, Die Lessing-Legende, 46; Franz Mehring, Deutsche Geschichte vom Ausgang des Mittelalters, 46.

Schröder, Rudolf Alexander, *26. 1. 1878 Bremen, †22. 8. 1962 Bad Wiessee.
Aus großbürgerlicher bremischer Kaufmannsfamilie. Besuch des humanistischen Gymnasiums, ab 1897 Ausbildung zum Architekten in München. Freundschaft mit Hofmannsthal, Borchardt, Heymel, Rilke. Architektentätigkeit in Bremen, 1905–08 in Berlin (Freundschaft mit dem Kunstschriftsteller Meier-Graefe). 1908–14 Architekt und Schriftsteller in Bremen, im 1. Weltkrieg Zensor in Brüssel, nach dem Krieg bis 1931 wieder in Bremen. 1936 Ansiedlung in Bergen (Chiemsee), Ausweichen vor dem Nationalsozialismus in die Landschaftsmalerei, Anschluß an die Bekennende Kirche um Niemöller, ab 1942 Lektor der Ev.-Luth. Landeskirche in Bayern. Nach dem 2. Weltkrieg repräsentativer Dichter der BRD. Zahlreiche Auszeichnungen und Preise.
Als deutschnationaler Protestant ist S. sowohl literarisch wie politisch traditionalistischer Bewahrer. Die Entwicklung seines kaum überschaubaren, for-

menreichen lyrischen Werkes vollzieht sich im Rahmen eines überkommenen lyrischen Systems. Unangefochten von den geschichtlichen Katastrophen in seiner Lebenszeit bewahrt S. die Kontinuität einer literarischen Universalbildung, die von der klassischen Antike über das protestantische Kirchenlied bis zur deutschen Klassik reicht. Ästhetizistische neoromantische Anfänge (*Unmut, An Belinde, Elysium*) mit Todes- und Vergänglichkeitsklagen. Im 1. Weltkrieg Kriegsgedichte: *Deutsche Oden, Heilig Vaterland.* Nach dem Krieg stärkere Anlehnung an antike und deutsche Klassizität. *Die weltlichen Gedichte* dokumentieren die Formenvielfalt von S.s Lyrik. 1937 lyrische Distanzierung vom Nationalsozialismus mit dem Zyklus *Ballade vom Wandersmann.* Mit zunehmendem Alter immer stärkere Hinwendung zur protestantischen Christlichkeit (*Die geistlichen Gedichte*). Überaus polyglotte Übersetzungstätigkeit, zahlreiche Aufsätze zur Weltliteratur.

W.: Lyrik: Unmut, 1899; Empedocles, 1900; Lieder an eine Geliebte, 00; Sprüche in Reimen, 00; An Belinde, 02; Sonette zum Andenken an eine Verstorbene, 04; Elysium, 06; Baumblüte in Werder, 06; Hama. Gedichte und Erzählungen, 08; Die Zwillingsbrüder, 08; Der Landbau, 09; Die Stunden, 09; Lieder und Elegien, 11; Tivoli, 11; Elysium, 12; Deutsche Oden, 13; Heilig Vaterland, 14; Audax omnia perpeti, 22; Der Herbst am Bodensee, 25; Widmungen und Opfer, 25; Verse für Bremen, 28; Jahreszeiten, 30; Mitte des Lebens, 30; Gedichte, 35; Ein Weihnachtslied, 35; Ballade vom Wandersmann, 37; Kreuzgespräch, 39; Ein Lobgesang, 39; Die weltlichen Gedichte, 40; Weihnachtslieder, 46; Gute Nacht, 47; Alten Mannes Sommer, 47; Die Ballade vom Wandersmann (erw.), 47; Die geistlichen Gedichte, 49; Neue Gedichte, 49; Hymne an Deutschland, 50; Zehn Abendlieder, 51; 100 geistliche Gedichte, 51; Das Sonntagsevangelium in Reimen, 52. – *Essays, erzählerische, autobiographische Prosa, Vorträge, Sonstiges:* Der achtundzwanzigste Mai, Festspiel, 05; Hama. Gedichte und Erzählungen, 08; Der Dichter und das Buch, 31; Wege und Ziele der Bücherpflege, 31; Ein paar Worte über Büchersammeln, 31; Der Wanderer und die Heimat, 31; Racine und die deutsche Humanität, 32; Reiseandenken aus dem Harz, 34; Aus Kindheit und Jugend, 35; Dichtung und Dichter der Kirche, 36; Zur Naturgeschichte des Glaubens.

Kunst und Religion, 36; Die Kirche und ihr Lied, 37; Dichter und Volk, 38; Oster-Spiel, 38; Die Aufsätze und Reden, 2 Bde, 39; Christentum und Humanismus, 46; Der Mann und das Jahr, 46; Pfingstpredigt, 46; Christus heute, 47; Dichten und Trachten, 47; Stunden mit dem Wort, 48; Verstehst Du auch, was Du liesest?, 48; Goethe und Shakespeare, 49; Was bedeutet uns heute eigentlich die Bibel?, 49; Goethe und wir, 50; Über die Liebe zum Menschen, 50; Unser altes Haus, 51; Macht und Ohnmacht des Geistes, 51; Parabeln aus den Evangelien, 51; Aus meiner Kindheit, 53; Meister der Sprache, 53; Rainer Maria Rilke, 53; Berlin einst und jetzt, 54; Emanuel Stickelberger, 54; Abendstunde, 60; R. A. S/S. Stehmann, Briefwechsel, 62. – *Übersetzungen:* A. V. Beardsley, Unter dem Hügel, 05; A. Pope, Der Lockenraub, 08; Homeros, Die Odyssee, 1–12, 10; G. Gezelle, Gedichte, 17; St. Streuvels, Die Ernte, 17; H. Teirlinck, Johann Doxa, 17; M. T. Cicero, Cato der Ältere über das Greisenalter, 24; P. Vergilius Maro, Georgika, 24; P. Vergilius Maro, Eclogae, 26; G. Gossaert, Gedichte, 29; Qu. Horatius Flaccus, Die Gedichte, 35; Molière, Die Schule der Frauen, 37; J. Racine, Berenize, 37; W. Shakespeare, Wie es euch gefällt, 38; W. Shakespeare, Was ihr wollt, 41; Homeros, Ilias, 43; T. S. Eliot, Mord im Dom, 46; R. Duncan, Hier ist der Weg zum Grab, 47; Homeros, Odyssee, 48; T. S. Eliot, Der Familientag, 49; W. Shakespeare, Troilus und Cressida, 49; P. Vergilius Maro, Bucolica. Hirtengedichte, 57; P. Vergilius Maro, Aeneide, 58; W. Shakespeare, Sturm, 58. – *Sammel- und Werkausgaben:* Fülle des Daseins (Ausw.), 58; Ausgewählte Gedichte, 78; Gesammelte Werke, 52–65 (8 Bde); Ausgew. Werke, 3 Bde, 65/66; Aphorismen und Reflexionen, 77. – *Herausgebertätigkeit:* Almanach der Insel, 1899; Die Insel, 1899–1901 (mit O. J. Bierbaum und A. W. Heymel); Das Mappenwerk der Insel, 1900; A. W. Heymel, Zeiten, 07; Hesperus, 09; H. v. Hofmannsthal, Die Wege und Begegnungen, 13; Jean Paul, Werke (8 Bde), 23; F. Schiller, Gedankenlyrik, 26; W. Hauff, Phantasien im Bremer Rathauskeller, 27; E. Gildemeister, Gedichte, 29; G. E. Lessing, Doctor Faust, 29; Fünf Handschriften aus dem Weimarer Kreise, 30; J. Heermann, Frohe Botschaft aus seinen evangelischen Gesängen, 36; C. Brentano, Ausgewählte Gedichte, 43; L. Denkhaus, Wir sind Gäste, 47; Das Buch Hiob. Dt. M. Luther, 48; F. Schiller, Gedichte, 48; Evangelischer Wegweiser, 48: J. W. v. Goethe, Werke (8 Bde), 48–50; Das literarische Deutschland, 50.

Schroeder, Margot, *29. 4. 1937 Hamburg.
Nach Abschluß der Realschule machte S.

eine Buchhändlerlehre. Ihre schriftstellerische Tätigkeit begann 1972 mit den Hörspielen *Ehebefragung* und *Prestigelücke.* Mitarbeit im «Werkkreis Literatur der Arbeitswelt». Ihr erster Roman *Ich stehe meine Frau* behandelt in spannender, realistischer Weise die Erfahrungen einer Verkäuferin/Mutter/Ehefrau/Mieterin im patriarchalisch-kapitalistischen Alltag. Mit ihrem zweiten Roman *Der Schlachter empfiehlt noch immer Herz,* der von Lernprozessen in Frauengruppen und auch von Beziehungen zwischen Frauen handelt, hat sie ihre Entwicklung vom Werkkreis zur Frauenbewegung literarisch nachvollzogen. Mit dem Poem *Die Angst ist baden gegangen* bearbeitet sie ihr Thema in einem anderen Genre. In komprimierten poetischen Bildern findet sie einen lyrischen Ausdruck für ihre sensiblen, unsentimentalen Eindrücke vom Frauenalltag in der BRD. 1979 wurde S. Stadtteilschreiberin für Hamburg-Barmbek.

W.: Hörspiele: Ehebefragung, 1972; Prestigelücke, 72. – *Romane:* Ich stehe meine Frau, 75; Der Schlachter empfiehlt noch immer Herz, 76; Wiederkäuer, 77; Das kannst du laut sagen, Hannes, 78; Und die Kneipe gleich nebenan, 80; Die Vogelspinne, 82; Ganz schön abgerissen, 83; Anderswann (mit H. Gronewold u. a.), 85; Wenn die Holzpferde lachen, 85; Jenny-Kalbsknochen und Peter-Osterhase, 85; Die Tintenkiller sind weg!, 88. – *Gedichte:* Die Angst ist baden gegangen, 76; Nichts fällt nach oben, 81.

Schroers, Rolf, *10. 10. 1919 Neuß/Rh., †8. 5. 1981 Oberroth bei Eitorf/Sieg.
Sohn eines Polizeigenerals. 1937 Abitur in Berlin, Philologie-Studium in Münster und Berlin. Soldat. Mitarbeiter der «Frankfurter Allgemeinen Zeitung»; 1955–57 Verlagslektor in Köln, danach freier Schriftsteller. Von 1968 bis zu seinem Tod Direktor der Theodor-Heuss-Akademie, seit 1971 Geschäftsführer der Friedrich-Naumann-Stiftung (Gummersbach/Eifel). Begründer der Zeitschrift «Atomzeitalter», seit 1965 Chefredakteur der Zeitschrift «Liberal». Von 1950–59 Mitglied der «Gruppe 47». 1957 Stipendiat der Villa Massimo, 1959 Literaturpreis der Stadt Bremen. – Erzähler, Essayist, Kritiker, Verfasser von Hör-

spielen und Fernsehfilmen. Als bürger-
lich-humanistischer Autor von progressiver Gesinnung, den Faschismus und
Krieg tief berührt hatten (in dem Roman
Jakob und die Sehnsucht findet ein junger
Mensch, Sohn eines SS-Führers, der in
die bayrische Judenverfolgung verstrickt
wird, nicht den Anschluß an die bürgerliche Nachkriegswelt), wollte er seine Leser zur gesellschaftlichen Mitverantwor-
tung führen. In sprachlich knapper,
scharf pointierter, oftmals reporterarti-
gen Sprache (*In fremder Sache*) forderte
er Widerstand als moralische Notwendigkeit, auch gegen Bedrohungen und Gefahren durch eine technisierte, gedan-
kenlose Gesellschaft.

W.: Romane, Erzählungen: Die Feuerschwel-
le, 1952; Der Trödler mit den Drahtfiguren, 52;
Jakob und die Sehnsucht, 53; In fremder Sache, 57; Herbst in Apulien. Bericht in Briefen,
58; Köder für eine Dame (Funkerz.), 68; Der
Hauptmann verläßt Venedig, 80. – *Hörspiele:*
Lawrence von Arabien, 51; Der fremde Gast,
52; Das Bett des Prokrustes, 55; Der Hauptmann verläßt Venedig, 59; Auswahl der Opfer,
61; Kreuzverhör, 63; Standrecht, 65. – *Essays,
Aufzeichnungen, Fernsehfilme:* T. E. Lawrence, Schicksal und Gestalt, 49; Der Partisan.
Ein Beitrag zur politischen Anthropologie, 61;
Wir Dichter (Ferns.-Bericht), 63; Die Grenze
(Ferns.-Film), 63; Im Laufe eines Jahres. Aufzeichnungen eines Schriftstellers, 64; Aus ge-
gebenem Anlaß, 64; Nordrhein-Westfalen im
Farbbild (Einl.), 68; Meine deutsche Frage.
Politische und literarische Vermessungen
1961–1979, 79. – *Übersetzung:* Guido Ballo:
Italienische Malerei vom Futurismus bis heute,
57. – *Herausgebertätigkeit:* T. E. Lawrence: Le-
ben eine Legende, 55; T. E. Lawrence: Unter
dem Prägestock; Auf den Spuren der Zeit
(Junge dt. Prosa), 59.

Schubert, Helga, *7. 1. 1940 Berlin.
S. studierte 1958–63 in Berlin Psychologie. Seit dem Diplom arbeitete sie in der
Erwachsenentherapie und als klinische
Psychologin. 1973–77 war sie an der
Humboldt-Universität in Berlin beschäftigt. Seit 1977 ist sie als freie Schriftstellerin tätig. 1983 erhielt S. den Heinrich-
Greif-Preis, 1986 den Heinrich-Mann-
Preis. – Schwierigkeiten von Frauen sind
es vor allem, die S. in ihren Erzählungen
auf ebenso einfühlsame wie nüchtern-
distanzierte Weise beschreibt: Probleme

des Alltags, die mühsamen Versuche,
Berufs- und Privatleben miteinander zu
vereinen, ohne dabei die eigenen Sehnsüchte aufzugeben. Es sind keine vorbildhaften Figuren, die von S. dargestellt
werden, sondern Personen, in deren Problemen und Sorgen sich der Leser wiederfinden kann. Mit *Judasfrauen* behandelt S. ein Thema, das bislang nur in wenigen Sachbüchern aufgegriffen wurde.
In zehn minutiös recherchierten historischen Fallstudien schildert sie Fälle der
Denunziation im «Dritten Reich», deren
Täter Frauen waren.

W.: Romane, Erzählungen, Prosa: Lauter Leben, 1975 (in der BRD gekürzt u. d. T.: Anna
kann Deutsch, 85); Bimmi und das Hochhaus-
gespenst, 80; Bimmi und die Victoria A, 81;
Die Beunruhigung. Filmszenarium, 82; Bimmi
und der schwarze Tag, 82; Das verbotene
Zimmer, 82 (in der DDR gekürzt u. d. T.:
Blickwinkel, 84); Bimmi und ihr Nachmittag,
84; Schöne Reise, 88; Judasfrauen, 90. – *Dramen, Hör- und Fernsehspiele:* Eine unmögliche Geschichte (Hsp.), 75; Gast-Spiel (Fsp.),
76; Eine unmögliche Geschichte, UA 77; Anna (Hsp.), 77; Die Beunruhigung. Filmszenarium, 82; Ansprache einer Verstorbenen an
die Trauergemeinde (Hsp.), 83; Wie David
und Goliath lieben (Episoden in «Männermo-
nologe»), UA 84; Verbotene Umklammerung
(Hsp.), 85; Verbotene Umklammerung, UA
85; «...und morgen wieder» (Fsp.), 85; Die
Überprüfung des Kandidaten (Filmepisode in:
«Verzeihung, sehen Sie Fußball?»), 85; Ab
heute erwachsen. Filmszenarium (mit G.
Scholz), 85. – *Sammel- und Werkausgaben:*
Schöne Reise, 88.

Schüching, Mirza von → Mendelssohn,
Peter de

Schuder, Rosemarie (eig. Rosemarie
Hirsch), *24. 7. 1928 Jena.
S. kommt aus einem bürgerlichen Elternhaus, ist nach dem Abitur zunächst journalistisch tätig, heiratet den Schriftsteller
Rudolf Hirsch, lebt als freie Autorin. Nationalpreis 2. Klasse 1988. – Mit einer
Reihe von auflagenstarken historischen
Romanen hat S. dieses Genre seit den
50er Jahren in der DDR populär gemacht
und ist hierfür mit mehreren Literaturpreisen geehrt worden. S. verbindet in ihren Romanen Fakten und Fiktion, im
Zentrum stehen historische Persönlich-

keiten, Wissenschaftler oder Künstler, die zukunftweisend gewirkt haben. Aus ihren frühen Arbeiten ragt der zweibändige Roman über Johannes Kepler (*Der Sohn der Hexe*, *In der Mühle des Teufels*) durch die detailreiche Beschreibung der sozialgeschichtlichen Grundlagen heraus. Am Beispiel des *Paracelsus* erzählt S., wie mühsam sich wissenschaftliche Erkenntnisse gegen bürgerlich-klerikale Engstirnigkeit durchsetzen mußten. S. hat bei den von ihr ausgestalteten, historisch verbürgten Helden eine besondere Neigung zu vielschichtigen, in sich widersprüchlichen Persönlichkeiten. Überwiegend gelingt es S., Geschichte anschaulich, lebendig zu machen, dabei greift sie auch auf unterhaltungsliterarische Stil- und Erzählmittel zurück.

W.: Historische Romane und Erzählungen: Die Strumpfwirker, 1953; Ich hab's gewagt, 55; Meine Sichel ist scharf, 55; Der Ketzer von Naumburg, 55; Paracelsus, 55; Der Sohn der Hexe, 57; In der Mühle des Teufels, 59; Der Tag von Rocca di Campo, 60; Die Störche von Langenbach, 60; Der Gefesselte, 62; Die zerschlagene Madonna, 65; Die Erleuchteten oder Das Bild des armen Lazarus zu Münster in Westfalen – von wenig Furchtsamen auch der Terror der Liebe genannt, 68; Paracelsus und der Garten der Lüste, 72; Hieronymus Bosch, 75; Agrippa und das Schiff der Zufriedenen, 77; Serveto vor Pilatus, 82. – *Reportagen und Gegenwartsprosa:* Glas. Begegnungen im volkseigenen Jenaer Glaswerk Schott und gen., 52; Tartuffe 63 oder Die Ehe der Michaela Schlieker, 65. – *Essays, theoretische Schriften:* Der gelbe Fleck. Wurzeln und Wirkungen des Judenhasses in der deutschen Geschichte (mit R. Hirsch), 87.

Schulenburg, Werner von der (Pseud. Gerhard Werner), *9. 12. 1881 Pinneberg/Holstein, †29. 3. 1958 Neggio/Lugano.

S., der sich zunächst für die militärische Laufbahn entschieden hatte, war in der Zeit von 1892–99 Kadett in Plön und Groß-Lichterfelde, von 1901–04 Offizier in Weißenburg im Elsaß und studierte anschließend Philosophie, Jura und Kulturgeschichte in München, Leipzig und Marburg. Nachdem er sein Studium als Dr. phil. und Dr. jur. beschlossen hatte, arbeitete er an der Deutschen Gesandtschaft in Bern. Während des 1. Weltkriegs kämpfte er an mehreren Kriegsschauplätzen. Nach Kriegsende lebte er längere Zeit im Tessin und bereiste dann Europa, Amerika, Asien und Afrika. Während der Zeit des Nationalsozialismus in Deutschland ließ er sich in Albano/Italien nieder und beteiligte sich an der deutschen Widerstandsbewegung in Rom. Später wählte er Bad Schachau bei Lindau am Bodensee als Wohnort und schließlich Lugano. – Als Schriftsteller trat S. vor allem mit seinen Erzählungen und Romanen hervor, deren Handlungen sich vor zeitgeschichtlichem und historischem Hintergrund abspielen. Sein Werk umfaßt aber auch Komödien, Biographien und Übersetzungen aus dem Italienischen.

W.: Romane und Erzählungen: Die Chronik der Stadt Soederberg, 1908; Stechinelli. Der Roman eines Kavaliers, 11; Hamburg. Eine Romanreihe, 12–14 (1. Don Juan im Frack, 12; 2. Antiquitäten, 14); Die zehn katholischen Novellen, 12; Thomas Dingstäde. Roman aus der Zeit vor dem Kriege, 16; Dr. Boëtius, der Europäer, 22; Malatesta, 23; Briefe vom Roccolo, 24; Könige, 25; Jesuiten des Königs, 27; Sonne über dem Nebel, 34; Land unter dem Regenbogen, 34; Der graue Freund, 38; Hinter den Bergen, 44; Artemis und Ruth, 47; Beglänzte Meere, 47; Der König von Korfu, 50; Der Papagei der Konsulin, 52; Es weht ein Wind von Afrika, 53; Der Genius und die Pompadur, 54; Crème à la Cocotte, 56; Das Mädchen mit den Schifferhosen, 57; Tre fontane, 61. – *Essays, Biographien:* Ein neues Porträt Petrarcas, 18; Meine Kadetten-Erinnerungen, 19; Dante und Deutschland, 21; Das Rätsel unserer Empfindung, 21; Der junge Jacob Burckhardt, 26; Zaungast der Weltgeschichte, 36; Johann Caspar Goethe, 37; Stundenbuch der Liebe, 48; Goethe. Vater und Sohn, 49; Albert Schweitzer, 52. – *Bühnenwerke:* Sanssouci, 12; Schattenspiel der Liebe, 30; Glas von Murano, 35; Schwarzbrot und Kipfel, 35; Der Umweg, 36; Diana im Bade, 37; Der Ring der Marquise, 37; Die Götter lachen, 38; Die Sekretessa, 38; Rosenrote Ochsen, 39; Fürst Pickler, 42. – *Lyrik:* Deutsche Flamme, 15. – *Herausgebertätigkeit:* Italien. Monatsschrift für Kultur, Kunst u. Literatur, 27; J. Burckhardt: Reisebilder aus dem Süden, 28; Italien. Monatsschrift d. Deutsch-Italienischen Gesellschaft, 42–43.

Schulz, Max Walter, *21. 10. 1921 Scheibenberg (Erzgebirge).

1946–49 Studium der Pädagogik in Leipzig, danach Lehrer; ab 1957 Studium am

Literaturinstitut «Johannes R. Becher» in Leipzig, war seit 1964 Leiter dieses Instituts und seit 1969 einer der Vizepräsidenten des Schriftstellerverbandes der DDR. S. war seit 1983 Chefredakteur von «Sinn und Form». Mitglied des PEN.

S. hatte seinen größten Erfolg mit dem Entwicklungsroman *Wir sind nicht Staub im Wind*, in dem er den Weg seines Helden von bürgerlicher Tolerierung des Faschismus hin zu antifaschistisch-sozialistischen Positionen nachzeichnete. Die von S. angestrebte Synthese von bürgerlichem und sozialistischem Humanismus führte – bedingt durch lange Exkurse des allwissenden Erzählers – zur Überfrachtung des Romans mit bildungsbürgerlichem Wissen.

S. versuchte als Kulturpolitiker in zahlreichen Reden und Essays die Totalitätsauffassung seiner Romantheorie durchzusetzen (u. a. in der Rede auf dem VI. Schriftstellerkongreß 1969, in der er Christa Wolfs *Nachdenken über Christa T.* scharf kritisierte). Der zweite Roman von S., *Triptychon mit sieben Brücken*, in dem das Figurenensemble des Erstlings vor dem Hintergrund der ČSSR-Ereignisse von 1968 seine Stellung zum Sozialismus neu durchdenken sollte, blieb nur auf den ersten Blick offener. Die Kontroversen um den Einmarsch der Warschauer-Pakt-Staaten wurden durch den Bezug auf den antifaschistischen Grundkonsens eher eingeebnet als ernsthaft zu Ende gedacht. Mehrere Auszeichnungen, u. a. Nationalpreis 1964 und 1980.

W.: Romane, Erzählungen: Wir sind nicht Staub im Wind, 1962; Triptychon mit sieben Brücken, 74; Der Soldat und die Frau, 79; Die Fliegerin oder Aufhebung einer stummen Legende, 81; Auf Liebe stand Tod. Novellen, 83. – *Essays:* Stegreif und Sattel, 67; Pinocchio und kein Ende, 78. – *Herausgebertätigkeit:* Kontakte, 4 literarische Porträts, 71.

Schuster, A. →Huch, Rudolf

Schütt, Peter, * 10. 12. 1939 Basbeck / Niederelbe.
S., Sohn eines Lehrers, besuchte die Schule in Stade und studierte Germanistik und Geschichte in Hamburg, Bonn und Göttingen. 1966 promovierte er in Hamburg, wo er 1965–67 als Assistent an der Universität tätig war. Seit 1967 arbeitet er als freiberuflicher Schriftsteller. Er ist Mitglied des VS und des Werkkreises Literatur der Arbeitswelt und Bundessekretär des «Demokratischen Kulturbundes». S., der sich als politischer Autor versteht, schreibt von allem Lyrik und Reportagen, in denen er von seinen Reisen in die UdSSR, die USA und nach Afrika berichtet.

W.: Prosa: Mein Niederelbebuch, 1976. – *Dramen:* 40 Pfennig mehr oder der Stapellauf fällt ins Wasser, 74. – *Lyrik:* Sicher in die Siebzigerjahre, 69; Straßentexte, 69; Aktion Roter Punkt, 69 (mit anderen); Faustregeln für Klassenkämpfer, 70; Friedensangebote, 71; Zur Lage der Nation, 74; Für wen? Für uns!, 77; Beziehungen, 78; Zwei Kontinente, 79; Klarstellung, 78; Zwischen Traum und Alltag, 81; Zeitgedichte, 81; Entrüstet Euch, 82; Black Poems, 83; Die Schlange vor dem Asylamt, 83; Was von den Träumen bleibt, 83; Warum ich so einseitig bin und andere Gedichte, 83; Bäume sterben aufrecht, 84; Liebesgedichte, 87; Moskau funkt wieder, 89. – *Essays, theoretische Schriften, Reportagen:* Die Dramen des Andreas Gryphius. Sprache und Stil, 71 (Diss.); Vietnam, 30 Tage danach, 73; Ab nach Sibirien, 77; Die Muttermilchpumpe. Bilder aus dem anderen Amerika, 80; Der Mohr hat seine Schuldigkeit getan. Eine Streitschrift gegen Rassismus und Ausländerfeindlichkeit, 81; Let's go East, 82; Schaut auf diese Werft ..., 83; Impressions of two journeys, 84; Das Kreuz des Südens, 85; ... wenn fern hinter der Türkei die Völker aufeinanderschlagen, 87 (überarb. 88); Die Himbeersoße kam vom KGB. Auf den Spuren meiner sibirischen Irrtümer, 89. – *Herausgebertätigkeit:* Linkes Lesebuch, 69; Zu Gast bei Freunden. Schriftsteller über die Sowjetunion, 72; Frieden und Abrüstung, ein bundesdeutsches Lesebuch, 77 (mit anderen); Das andere Weihnachtsbuch, o. J. (mit J. Kahl; 3. veränd. Aufl. 86); Malibongwe. Freiheits-Gedichte südafrikanischer Frauen, 81 (mit anderen); Amandla mandla. Alle Macht dem Volke, 83. – *Schallplatten u. ä.:* Garstige Weihnachtslieder, 71 (mit anderen); Daß sich die Furcht verwandeln wird in Widerstand. Künstler gegen Berufsverbot, 78 (mit anderen).

Schutting, Jutta (seit 1989 Julian), * 25. 10. 1937 Amstetten (Niederösterreich).
S. gibt genaue Darstellungen von Gefühls- und Gedankenbewegungen, be-

nennt Beunruhigungen, Verletzlichkeiten. Die unscheinbarsten Dinge wecken Bilder und Träume, geben Anlaß zu irritierenden Anspielungen und drängen Fragen, Erinnerungen auf, denen die Autorin nachgeht oder ausweicht (*Der Vater*). In den kurzen Erzählungen *Parkmord*, «literarische Kriminalgeschichten», wird reales Geschehen in poetischer Weise beschrieben. Daneben greift S. Mißstände, Geschichten aus der Freizeitgesellschaft auf und beschreibt sie mit subtiler Ironie und Sprachwitz. Zahlreiche Auszeichnungen, u. a. A.-Wildgans-Preis 1983, Georg-Trakl-Preis für Lyrik 1989.

W.: Prosa: Baum in O, 1973; Tauchübungen, 74; Parkmord, 75; Sistiana, 77; Steckenpferde, 77; Am Morgen vor der Reise. Die Geschichte zweier Kinder, 78; Salzburg retour, 78; Der Vater, 80; Der Wasserbüffel. Geschichten aus der Provinz, 81; Liebesroman, 83; Hundegeschichte, 86; Reisefieber, 88; Findhunde, 88; Aufhellungen, 90. – *Dramen:* Nacht Zettel. Sieben Theatertexte nach Shakespeares «Ein Sommernachtstraum» (mit W. Bauer u. a.), 87. – *Lyrik:* In der Sprache der Inseln, 73; Lichtungen, 76; Liebesgedichte, 82; Traumreden, 87. – *Essays, theoretische Schriften:* Tür und Tor (mit J. Kräfter), 81; Das Herz eines Löwen, 85; Zuhörerbehelligungen. Vorlesungen zur Poetik, 90.

Schütz, Helga, *2.10.1937 Falkenhain (Polen).
Nach einer Lehre als Gärtnerin besuchte S. 1955–58 die Arbeiter-und-Bauern-Fakultät in Potsdam und absolvierte im Anschluß daran (1958–62) ein Studium an der Deutschen Hochschule für Filmkunst in Potsdam-Babelsberg. Danach war S. als Dramaturgin und freischaffende Schriftstellerin tätig.
S.' erste schriftstellerische Aktivitäten waren Arbeiten für den Film: Sie schrieb zusammen mit Regisseur Egon Günther die Szenarien der erfolgreichen DEFA-Filme *Lots Weib* und *Die Schlüssel*.
Beachtung fand auch S.' erste erzählerische Veröffentlichung *Vorgeschichten oder Schöne Gegend Probstein*, in der sie mit subtiler, aber gleichfalls humorvoller Sprache die Kriegswirklichkeit 1944 im heimatlichen Probstein in Schlesien beschreibt und dabei eine nachdenkliche

Faschismuskritik leistet. Auch in den nachfolgenden Erzählungsbänden *Das Erdbeben bei Sangershausen und andere Geschichten*, *Festbeleuchtung* und *Jette in Dresden*, die lose an Figuren und Ereignisse ihres Erstlings anknüpfen, erweist sich S. als gute Beobachterin, deren Erzählweise in der Tradition Johannes Bobrowskis steht. Ihr zweiter Roman *Julia oder Erziehung zum Chorgesang* führt die Biographie der Jette (= Julia) in die Gegenwart. Julia verläßt ihren Mann. Auf der Suche nach einer eigenen Zukunftsperspektive muß sie sich kritisch und vergewissernd mit ihrem Werdegang («Erziehung») auseinandersetzen.

W.: Romane, Erzählungen: Vorgeschichten oder Schöne Gegend Probstein, 1970; Polenreise, 72; Das Erdbeben bei Sangershausen und andere Geschichten, 72; Bewegliche Feste, 74; Festbeleuchtung, 74; Jette in Dresden, 77 (in der BRD als: Mädchenrätsel); Julia oder Erziehung zum Chorgesang, 81; Martin Luther, 83; In Anna's Namen, 87. – *Filme:* «Wenn du groß bist, lieber Adam», 65 (verboten, EA 90); Lots Weib, 66 (mit Egon Günther); 7 Sätze über das Lernen, 69; Die Schlüssel, 74 (mit Egon Günther); Addio, piccola mia, 78; P.S., 79; Ursula, 79; Fontane, Theodor – Potsdamer Str. 134 c, 83.

Schütz, Stefan, *19.4.1944 Memel.
Der als Sohn eines Schauspielerehepaares geborene S. wuchs in Berlin auf und besuchte dort eine Schauspielschule. Nach verschiedenen Engagements arbeitete er als Regieassistent am Berliner Ensemble und war künstlerischer Mitarbeiter des Deutschen Theaters. Seit 1970 arbeitet er als Dramatiker. 1971 ging er mit seiner Frau in die Bundesrepublik; 1981/82 arbeitete er als Dramaturg und Hausautor für die Städtischen Bühnen Wuppertal. S. erhielt 1979 den Gerhart-Hauptmann-Preis und 1981 die Fördergabe des Kulturkreises im BDI, 1985 den Döblin-Preis für Teile des Manuskripts *Medusa*.
Kennzeichnend für S.' Stücke ist die Unbedingtheit, mit der seine Helden agieren, ihr Leiden an Zwang und verkrusteten Strukturen demonstrieren und nach ihrem jeweiligen Glück streben, dies alles geschieht mit expressiver Sprache, in ungewöhnlichen Metaphern und mit gro-

ßer Intensität. S. greift dabei häufig auf historische Stoffe zurück. Das antike Griechenland (*Antiope und Theseus*, *Odysseus' Heimkehr*, *Laokoon*), das Frankreich des 12. Jahrhunderts (*Heloise und Abaelard*), das Deutschland des 16. Jahrhunderts (*Kohlhaas*) liefern die Vorwürfe für seine Stücke, in denen immer wieder das Problem des einzelnen und der Macht, des Individuums und der es umgebenden Zwänge thematisiert wird. So wird in *Antiope und Theseus* geschildert die unbedingte Liebe der überwundenen Amazonenkönigin zu Theseus, der sie bedenkenlos verrät zugunsten der Erhaltung seiner Macht. Auch in *Heloise und Abaelard* ist die Frau die eigentlich menschliche Gestalt, wohingegen der Mann sich arrangiert mit der Macht, seine Thesen widerruft und weiterleben kann – im «Kriechgang». – Zwiespältige Aufnahme fand eine erste umfangreiche Prosaarbeit *Medusa*, sprachlich wie inhaltlich eine «atembeklemmende Gigantomanie» (Raddatz), in der S. auf geradezu manieristische Art und Weise mit den verschiedensten stilistischen Mitteln arbeitet. *Katt. Volksbuch* ist eine Mischung aus Entwicklungs- und Schelmenroman, in dem der Autor Katt Abenteuer in beiden deutschen Staaten erlebt und über beide verzweifelt.

W.: Prosa: Stasch III. Die Flucht (in: Jahresring 79/80), 1979; Ikarus und Dädalus und kein Ende (in: Neue Rundschau 4/80), 80; Medusa, 86; Katt. Volksbuch, 88; Der vierte Dienst, 90. – *Dramen:* Odysseus' Heimkehr, 74; Die Amazonen (später: Antiope und Theseus), 76; Heloise und Abaelard, 76; Gloster (nach Shakespeare), 77; Odysseus' Heimkehr. Fabrik im Walde. Kohlhaas. Heloise und Abaelard, 77; Stasch, 78; Stasch (enthält: Majakowski. Der Hahn. Stasch 1 u. 2), 78; Kohlhaas (nach Kleist), 78; Laokoon, 79; Heloise und Abaelard (enthält: Antiope und Theseus. Odysseus' Heimkehr. Heloise und Abaelard), 79; Laokoon (enthält: Kohlhaas. Gloster. Laokoon), 80; Sappa. Die Schweine, 81; Kleistfragment (in: Jahresring 81/82), 81; Die Seidels (Groß & Groß)/Spectacle Cressida, 84; Monsieur X oder Die Witwe des Radfahrers. Urschweijk, 88. – *Lyrik:* Troja (in: Geländewagen 1), 79.

Schwaiger, Brigitte (Pseud. Eva Quidenius), *6.4.1949 Freistadt/Oberösterreich.

Aufgewachsen in gutbürgerlichem Milieu, verließ S. nach Abschluß der Mittelschule das Elternhaus und studierte in Wien, Madrid und Linz Germanistik, Psychologie und Spanisch und beschäftigte sich nebenbei mit Malerei und Bildhauerei. Sie arbeitete als Englischlehrerin, als Schauspielerin und als Sekretärin in einem Theaterverlag. Seit 1975 lebt sie als freie Schriftstellerin. Der Durchbruch gelang ihr mit dem Roman *Wie kommt das Salz ins Meer*, der rasch zu einem Bestseller wurde und in zahlreiche europäische Sprachen übersetzt worden ist. S.s Erzählung vom Scheitern einer Ehe, hinter deren satirischem Spott sich eine bissige Kritik an der Scheinheiligkeit und Phrasenhaftigkeit bürgerlicher Verhältnisse und Rollenzuweisungen verbirgt, wurde als ein Stück unterhaltsam geschriebener Frauenliteratur rezipiert. Auch mit dem Prosa und Lyrik enthaltenden Sammelband *Mein spanisches Dorf*, einer Auseinandersetzung mit der österreichischen Provinz, und mit dem Roman *Lange Abwesenheit*, in dem S. ihre gestörte Vaterbeziehung beschreibt, konnte sie Publikumserfolge erzielen. Demgegenüber blieben die Theaterstücke (*Nestwärme; Liebesversuche*), Einakter (*Die Klofrau, Büroklammern*) und Hörspiele (*Murmeltiere; Steirerkostüm; Die Böck', die Kinder und die Fisch*) relativ unbekannt.

W.: Prosa: Wie kommt das Salz ins Meer, 1977; Mein spanisches Dorf, 78; Lange Abwesenheit, 80; Malstunde (mit A. Rainer), 80; Die Galizianerin (mit Eva Deutsch), 82; Der Himmel ist süß, 84; Liebesversuche. Kleine Dramen aus dem österreichischen Alltag, 89; Schönes Licht, 90. – *Stücke:* Büroklammern. Kleines Kammerspiel. Steirerkostüm, 77 (Bühnenms.); Nestwärme. 5 Szenen, 78 (Bühnenms.); Liebesversuche, 79 (Bühnenms.). – *Lyrik:* Mit einem möcht' ich leben, 87. – *Übersetzungen:* Marfil, F.: Das gute Gespräch, 76 (Bühnenms.). – *Sammel- und Werkausgaben:* B. S. – mein Lesebuch, 89.

Schwitters, Kurt (Pseud. Dr. Gustav Pfitzer), *20.6.1887 Hannover, †8.1.1948 Ambleside/Westmoreland. Nach bürgerlicher Erziehung (Abitur 1908) studierte Schwitters 1909–14 an der Kunstakademie in Dresden, kehrte nach dem Examen wieder nach Hannover zurück, wo er bis zu seiner Emigration ständig lebte. In den 20er Jahren viele Reisen; seit 1929 für immer längere Zeit in Norwegen lebend, emigrierte er 1937 endgültig dorthin, mußte jedoch 1940 kurz vor dem Einmarsch der deutschen Truppen erneut fliehen. S. begab sich nach England; dort starb er im Exil.

S.' künstlerisches Schaffen erstreckt sich auf nahezu alle Bereiche der Kunst: Hervorgetreten ist er als Maler, Zeichner, Bildhauer, Bühnentheoretiker und nicht zuletzt als Dichter und Schriftsteller. Mit dem Eintritt in den «Sturm»-Kreis 1918 Anschluß an die künstlerische Avantgarde; daneben gewinnt er rasch enge Kontakte zu entscheidenden Künstlern der Dada-Bewegung (Hausmann, Arp, Tzara u. a.) und des in der Entwicklung befindlichen Konstruktivismus (u. a. El Lissitzky). Zur Abgrenzung von allen weiteren Kunstströmungen gibt S. seiner Kunst den Namen «Merzkunst». – In S.' Dichtung spiegeln sich seine persönlichen Kontakte zur internationalen Avantgarde wider: Auf Gedichte in enger Anlehnung an die Wortkunsttheorie des «Sturm»-Kreises folgt eine Phase parodistischer Abgrenzung von der «Sturm»-Lyrik, verbunden mit einer Annäherung an dadaistische Gedichtformen (in diesem Zusammenhang S.' bekanntestes Gedicht *An Anna Blume*); um die Mitte der 20er Jahre Übergang zu Formen der konkreten Dichtung, u. a. Lautgedichten (*Ursonate*). Um 1925 Verlagerung des Schwerpunkts der Dichtung auf Prosaformen, besonders Grotesken und Märchen, deren erste schon in der Zeit der festen Zugehörigkeit zum «Sturm»-Kreis entstehen (u. a. das Romanfragment *Franz Müllers Drahtfrühling*). Ende der 20er Jahre beschäftigt S. sich mit dramatischen Großformen, die zu seinen Lebzeiten jedoch nicht zur Aufführung kommen: Der als Opernlibretto konzipierte *Zusammenstoß* erfährt erst 1976 seine Uraufführung. – In der Exilzeit nimmt die Dichtung – verglichen mit anderen Bereichen der Kunst – eine eher untergeordnete Rolle in S.' Gesamtschaffen ein.

W.: Lyrik: Anna Blume, 1919; Sturm-Bilderbücher. IV: Kurt Schwitters, 21; Elementar. Die Blume Anna, 22; Memoiren Anna Blumes in Bleie, 22; Anna Blume und ich, 65. – *Prosa:* Tran Nr. 30. Auguste Bolte (ein Lebertran), 23 (erw. 84); Emils blaue Augen, 71. – *Zeitschrift und Serie Merz:* Merz 1. Holland Dada, 23; Merz 2. nummer i, 23; Merz 3. 6 Lithos auf den Stein gemerzt, 23; Merz 4. Banalitäten, 23; Merz 5. 7 Arpaden; Merz 6. Imitatoren watch step!, 23; Merz 7. Tapsheft, 24; Merz 8/9. Nasci, 24; Merz 11. Typoreklame, 24; Merz 12. Hahnepeter (mit Käte Steinitz), o. J. (24); Merz 14/15. Die Scheuche (mit Käte Steinitz und Theo van Doesburg); Merz 16/17. Die Märchen vom Paradies (mit Käte Steinitz), 24 (Faks. 79); Merz 18/19. Ludwig Hilbersheimer. Großstadtbauten, 25; Merz 20. Kurt Schwitters. Katalog, 27; Merz 21. Erstes Veilchen-Heft, 31; Merz 24. Ursonate, 32; PIN und die Geschichte von PIN (mit R. Hausmann), 85. – *Sammel u. Werkausgaben:* Anna Blume und ich, 65; Merzhefte (Faksimilenachdruck), 75; Das literarische Werk, 5 Bde, 1973–81; Wir spielen bis uns der Tod abholt. Briefe aus fünf Jahrzehnten, 77; Eile ist des Witzes Weile, o. J.; Kuwitter, 86; Anna Blume u. a. Literatur und Grafik, 86; Banalitäten aus dem Chinesischen, 88.

Seeger, Elisabeth →Mendelssohn, Peter de

Seghers, Anna (eig. Netty Radványi geb. Reiling), *19. 11. 1900 Mainz, †1. 6. 1983 Berlin.
Studierte ab 1919 Philologie, Geschichte, Kunstgeschichte, Sinologie. 1924 Promotion über Rembrandt, 1928 Eintritt in die KPD, Mitglied des Bundes Proletarisch-Revolutionärer Schriftsteller. 1933 Verhaftung und Flucht nach Frankreich, 1940 Flucht in das unbesetzte Südfrankreich, von dort aus nach Mexiko. In Mexiko Vorsitzende des antifaschistischen Heine-Clubs. 1947 Rückkehr nach Berlin/DDR. Von der Gründung bis 1978 Vorsitzende des Schriftstellerverbandes der DDR, dann Ehrenvorsitzende. 1947 Büchner-Preis, 1951, 1959 und 1971 Nationalpreis.
In ihren ersten Erzählungen *Grubetsch* und *Die Ziegler* sind expressionistische Elemente unverkennbar. Die extreme soziale Situation ist Anlaß, seelische Vorgänge in zugespitzter Form darzustellen. Auch die Erzählung *Der Aufstand der*

Fischer von St. Barbara, für die sie den Kleist-Preis erhielt, gewinnt ihren Reiz durch die Spannung zwischen expressionistischen Stilmitteln und Elementen der Neuen Sachlichkeit. Elementare Menschlichkeit als Hauptthema des S.schen Erzählwerks wird bereits hier spürbar.

Nach ihrem Beitritt zu KPD und BPRS wird die Zugehörigkeit zu einer revolutionären Gemeinschaft zum Thema auch ihrer Prosa. Die Partei wird dabei als historische Bewegung aufgefaßt, die den Menschen verändert, ihn aus der Vereinzelung befreit und ihm zur eigenen Identität verhilft. So ist der Roman *Die Gefährten* ein Lob des Revolutionärs, das allerdings durch ein rigoroses Freund-Feind-Bild allzu vordergründig-agitatorische Züge trägt.

Während die ersten Erzählungen S.' oft im Ausland spielen, konzentrieren sie sich in der Emigration ganz auf deutsche Schauplätze. *Der Kopflohn* stellt ein Stück Entstehungsgeschichte nationalsozialistischer Machtergreifung dar. Gegenüber den *Gefährten* weist dieser Roman ein wesentlich breiteres soziales Spektrum von Figuren auf, die zudem politisch differenzierter dargestellt werden. In *Der Weg durch den Februar* wird diese Tendenz noch verstärkt. Der handlungsreiche Roman beschreibt den spontanen Aufstand der österreichischen Arbeiter gegen das Dollfuß-Regime im Februar 1934. Neben dem Roman *Das Vertrauen* ist *Der Weg durch den Februar* das einzige Werk S.', dessen Handlung unmittelbar auf einem bedeutenden Zeitereignis beruht.

In *Die Rettung* steht erstmalig die deutsche Arbeiterschaft im Mittelpunkt, wobei die sozialpsychologischen Auswirkungen der Arbeitslosigkeit das Thema des Romans ausmachen. Die Suche nach dem Gleichgewicht von innerer und äußerer Handlung ist seit diesem Roman kennzeichnend für S.

Auch die Verarbeitung von Märchen, Mythen, Legenden, wie sie bereits in der Erzählung *Die Bauern von Hruschowo* anklang, kristallisierte sich als Eigenart S.schen Erzählens heraus. Die *Sagen vom Räuber Woynok*, *Die Sagen von Artemis*, *Die Bäume* und das *Argonautenschiff* suchen das Wunderbare als Bestandteil einer technisierten Zivilisation sichtbar zu machen, indem sie legendäre Gestalten und Begebenheiten der Gegenwart aussetzen.

Weltberühmt wurde S. durch ihren Roman *Das siebte Kreuz*, dem der Volksfrontgedanke der KPD zugrunde liegt. Sieben Häftlinge brechen aus einem KZ aus, aber nur einer kann sich retten; das siebte Kreuz im Lager bleibt leer. Um dieses Fluchtgeschehen wird eine breite Handlung aufgebaut, die von der spontanen Solidarität der Menschen in Deutschland erzählt und damit zugleich die Allmacht der Nazis in Frage stellt.

Eine Ausnahme im Werk S.' stellt der Roman *Transit* durch den deutlichen Einbezug persönlichen Erlebens dar. (Er ist hierin nur der Erzählung *Ausflug der toten Mädchen* vergleichbar.) Der Roman entstand in Marseille, wo S. auf ein Visum nach Mexiko wartete, und schildert die demoralisierenden Auswirkungen der kafkaesken Bürokratie bei der Vergabe von Visa.

Mexikanische Eindrücke werden nur in zwei Erzählungen produktiv: *Crisanta* und *Das wirkliche Blau*; nach ihrer Rückkehr aus dem Exil entsteht die Erzählung *Die Wiedereinführung der Sklaverei in Guadeloupe*.

Noch in Mexiko begann S. den Roman *Die Toten bleiben jung* zu schreiben. Stark an Tolstoj orientiert, soll in der Kontinuität mehrerer Generationen symbolisch die Unbesiegbarkeit des kämpfenden Proletariats sichtbar werden.

Nach ihrer Rückkehr beschäftigte sich S. mit zeitgenössischen Stoffen, wie es das Literaturprogramm der SED nahelegte. In Skizzen und Berichten werden die Romane *Die Entscheidung* und *Das Vertrauen* vorbereitet. Mit diesen Romanen wollte S. zeigen, «wie in unserer Zeit der Bruch, der die Welt in zwei Lager spaltet, auf alle, selbst die privatesten, selbst die intimsten Teile unseres Lebens einwirkt». Erzählerisch wird dies versucht, indem Vertreter der herrschenden Schicht aus beiden Teilen Deutschlands miteinander konfrontiert werden. Der

Erzählfluß wird jedoch durch theoretische Erörterungen, die Überlegenheit des Sozialismus betreffend, gelegentlich gestört.

Die Möglichkeit der Veränderung des Menschen durch seine gesellschaftlichen und privaten Bezüge wird auch in den letzten Werken S.' thematisiert. Veränderung wird nicht mehr als gradlinige Entwicklung zum Besseren, sondern auch als Verrat an sich selbst und anderen begriffen.

Auch in ästhetischen Auseinandersetzungen hat S. sich wiederholt zu Wort gemeldet. In der Diskussion mit Georg Lukács verteidigte sie die Eigentümlichkeit der literarischen Produktion gegenüber normativen Regelungen, betonte später, besonders in *Die Aufgaben der Kunst*, stärker den rationalen Faktor gegenüber der Unmittelbarkeit literarischen Schaffens, und maß schließlich beiden Polen in dem Begriffspaar «Intuition und Aufklärung» gleiche Bedeutung bei. Grundidee ihrer Poetik ist mithin die Synthese von persönlicher Ergriffenheit des Autors und historisch-gesellschaftlicher Bedeutsamkeit des Themas.

W.: Romane, Erzählungen: Grubetsch in Frankfurter Ztg, 10.–23.3.27), 1927; Aufstand der Fischer von St. Barbara, 28; Die Wellblech-Hütte (in: 24 neue deutsche Erzähler, hg. von H. Kesten), 29; Auf dem Weg zur amerikanischen Botschaft und andere Erzählungen, 30; Die Gefährten, 32; Der Kopflohn, 32; Die Stoppuhr, 33; Der letzte Weg des Kolomann Wallisch, 34; Der Weg durch den Februar, 35; Die Rettung, 37; Sagen von Artemis, 38 (in: Internationale Literatur 9/38, Buchausgabe 65); Wiedersehen, 38; Die schönsten Sagen vom Räuber Woynok, 38 (in: Das Wort 6/38, Buchausgabe 75); Das siebte Kreuz, 42; Das Obdach (in: Internationale Literatur 1/43), 43; Der Ausflug der toten Mädchen und andere Erzählungen, 46; Das Ende, 48; Transit, 44 (engl.; dt. 48); Die drei Bäume (in: Sinn und Form 2/49), 49; Das Argonautenschiff (in: Sinn und Form 6/49), 49; Die Hochzeit von Haiti, 49 (erw. 54); Die Toten bleiben jung, 49; Die Linie, 50; Crisanta, 51; Die Kinder, 51; Der Mann und sein Name, 52; Der erste Schritt, 53; Der Führerschein (in: Neue Dt. Literatur 2/55), 55; Brot und Salz, 58; Die Entscheidung, 59; Das Licht auf dem Galgen (in: Sinn und Form 5/6, 60, Buchausgabe 61), 60; Karibische Geschichten, 62 (als Tb. u. d. T.: Die Hochzeit von Haiti, 64); Die Kraft der Schwachen, 65; Das wirkliche Blau, 67; Das Vertrauen, 68; Überfahrt, 71; Sonderbare Begegnungen, 73; Steinzeit. Wiederbegegnung, 77; Die Toten der Insel Djal, 85; Wiedereinführung der Sklaverei in Guadeloupe, 89; Der gerechte Richter, 90. – *Hörspiel:* Der Prozeß der Jeanne d'Arc zu Rouen, 37. – *Essays, theoretische Schriften:* Jude und Judentum im Werke Rembrandts (Diss.), 24; Sowjetmenschen, 48; Frieden der Welt. Ansprachen und Aufsätze, 53; Die große Veränderung und unsere Literatur, 56; Die Kraft des Friedens, 59; Über Tolstoi. Über Dostojewski, 63; Glauben an Irdisches. Essays aus vier Jahrzehnten, 69; Briefe an Leser, 70; Über Kunstwerk und Wirklichkeit, 3 Bde, 70/71; Willkommen, Zukunft!, 75; Die Macht der Worte, 79; Woher sie kommen, wohin sie gehen, 80; Kleiner Bericht aus meiner Werkstatt, 85. – *Sammel- und Werkausgaben:* Gesammelte Werke in Einzelausgaben, 8 Bde, 51–53; Erzählungen, 52; Der Bienenstock, 2 Bde, 53 (63 3 Bde); Die Gefährten. Brot und Salz, 59; Werke, Bd 1ff, 63ff; Erzählungen in 2 Bdn, 64; Geschichten von heute und gestern, 66; Sagen von Artemis, 66; Das Schilfrohr, 68; Erzählungen, 68; Aufstand der Fischer von St. Barbara. Die Gefährten. Das wirkliche Blau. Erzählungen, 68; Ausgewählte Erzählungen, 69; Die Tochter des Delegierten, 70; Aufstellen eines Maschinengewehrs im Wohnzimmer der Frau Kamptschik, 70; Geschichten aus Mexiko, 70; Erzählungen, 73; Fünf Erzählungen, 75; Werke in zehn Bänden, 77; Gesammelte Werke in Einzelbänden, 12 Bde, 76–77; Drei Frauen aus Haiti, 80; Ges. Werke, 14 Bde, 76–80; Vierzig Jahre der Margarete Wolf und andere Erzählungen, 82; Crisanta. Das wirkliche Blau, 82; Bauern von Hruschowo und andere Erzählungen, 82; A. S./Herzfelde, W.: Gewöhnliches und gefährliches Leben. Ein Briefwechsel aus der Zeit des Exils, 86. – *Schallplatten, Kassetten:* Ein ganz langweiliges Zimmer, ca. 86.

Seidel, Ina, *15.9.1885 Halle, †2.10.1974 Ebenhausen bei München.

S., Tochter eines Arztes, kommt aus künstlerisch begabter Familie. Sie wuchs in Braunschweig, Marburg und München auf, heiratete dort 1907 ihren Vetter, den Pfarrer und Schriftsteller Heinrich Wolfgang S., lebte in Berlin und Eberswalde, seit 1934 in Starnberg. – Naturfrömmigkeit und ein protestantisches Ethos bestimmen S.s Werk. Ihre Gedichte zeigen ein umfassendes Naturgefühl und Nähe zur Romantik. Die Erzählprosa bleibt zum Teil beschränkt auf kindlich-jugendliche und fraulich-mütterliche Erlebnisbereiche, so der zwischen Französischer Revolution und Befreiungskriegen in Mainz und Preußen spielende Roman *Das Wunschkind*. Das christliche Element ihres Werks tritt am deutlichsten in dem Roman *Lennacker* hervor, dessen Titelgestalt in zwölf Fieberträumen die Geschichte seiner Ahnen, zwölf protestantischer Geistlicher, erlebt; ergänzend dazu erzählt *Das unverwesliche Erbe* von den mütterlichen Vorfahren Lennackers. *Michaela* untersucht die Mitschuld jenes von S. immer wieder dargestellten religiös orientierten Bildungsbürgertums am Dritten Reich.

W.: Lyrik: Gedichte, 1914; Familie Mutz, 14; Neben der Trommel her, 15; Weltinnigkeit, 18; Neue Gedichte, 27; Der volle Kranz, 29; Die tröstliche Begegnung, 34; Gesammelte Gedichte, 37; Verse, 38; Gedichte, 41; 44; Gedichte (Auswahl) 50, 55, 58. – *Romane:* Das Haus zum Monde, 17, Sterne der Heimkehr, 23 (zusammen als: Das Tor der Frühe, 52); Das Labyrinth, 22; Brömseshof, 27; Das Wunschkind, 30; Der Weg ohne Wahl, 33; Lennacker, 38; Das unverwesliche Erbe, 54; Michaela, 59. – *Erzählungen:* Hochwasser, 21; Das wunderbare Geißleinbuch, 25; Die Fürstin reitet, 26; Renée und Rainer, 28; Der vergrabene Schatz, 29; Die Brücke, 29; Das Geheimnis, 31; Spuk in Wassermanns Haus, 36; Unser Freund Peregrin, 40; Osel, Urd und Schummei, 50; Die Geschichte einer Frau Berngruber, 53; Die Versuchung des Briefträgers Federweiß, 53; Die Orangen, 54; Die Fahrt in den Abend, 55; Dresdner Pastorale, 62; Quartett, 64; Die alte Dame und der Schmetterling, 64; Aus den schwarzen Wachstuchheften, 70; Sommertage, 73; Aus den schwarzen Wachstuchheften (unveröffentlichte Texte), 80; Dunkle Erzählungen, 81; Ina Seidel, 82. – *Essays:* Die Entwicklung der Friedensbewegung in Europa, 32; Dichter, Volkstum und Sprache, 34; Die Vogelstube, 46; Dichter der Romantik, 56; Ricarda Huch, 64; Frau und Wort, 65. – *Autobiographisches:* Meine Kindheit und Jugend, 35; Drei Städte meiner Jugend, 50; Vor Tau und Tag, 62; Berlin, ich verewige dich nicht, 62; Lebensbericht 1885–1923, 70. – *Biographien:* Luise, Königin von Preußen, 34; Achim von Armin, 44; Bettina, 44; Clemens von Brentano, 44. – *Herausgebertätigkeit:* Herz zum Hafen. Frauengedichte (mit E. Langgässer), 33; A. Gryphius: Gedichte, 49; Clemens von Brentano und Bettina, 49; Seidel, H. W.: Drei Stunden hinter Berlin, 51; Um die Jahrhundertwende, 52; Heinrich Wolfgang Seidel, Briefe 1934–1944, 64. – *Übersetzungen:* Th. Wolfe.

Seiler, Martin → Mayer, Hans

Selbdritt, Johannes → Wegner, Arnim T.

Selber, Martin (eig. Martin Merbt), *27.2.1924 Dresden.
S. ist gelernter Buchhalter; nach seiner Rückkehr aus sowjetischer Gefangenschaft war er in verschiedenen Berufen tätig. S. begann Anfang der 50er Jahre kontinuierlich zu veröffentlichen. Von einigen Ausnahmen abgesehen, wie z. B. der *Knechtschronik*, in der das Landleben beschrieben wird, gilt sein Schaffen vor allem dem jugendlichen Publikum. Nach einigen populärwissenschaftlichen Kinderbüchern widmete er sich den historischen Abenteuererzählung und gehörte zu den wichtigsten Autoren des Abenteuergenres in der DDR. S. versuchte schon früh die tradierte Abenteuerliteratur zu überwinden, indem er, von einer materialistischen Geschichtsauffassung ausgehend, historische und politische Einsichten mit Spannung und Dramatik zur Synthese brachte. In *Faustrecht* versucht ein leibeigener Bauernjunge des 13. Jhs. seiner Unterdrückung zu entfliehen, schließt sich nach Abenteuern als Offiziersbursche mit anderen Ausgebeuteten zu konspirativer Befreiungsarbeit zusammen und kann schließlich Arzt werden. Neben dem mehr sozial betonten steht das Forschungsabenteuer im Zentrum von S.s Arbeit; so Franklins frühe Polarexpedition in *Und das Eis bleibt stumm*. S. bemüht sich, trotz gelegentlicher Schwarzweißmalerei, um eine differenzierte Figurenzeichnung, was mit zu seinem Erfolg als Jugendbuchautor auch in der BRD beigetragen hat.

W.: Romane, Erzählungen, Kinderbücher: Mit Spulen, Draht und Morsetaste, 1953; Und das Eis bleibt stumm, 55; Die Knechtschronik, 56; Mit Radio, Röhren und Lautsprecher, 56; Gold im Bärengrund, 57; Deine Augen, liebes Kind, 57; Vier Räder und ein Zelt, 58; Eldorado, 58; Der karibische Feuerofen, 59; Mit Logbuch, Gall und Funkstation, 59; Sommergewitter, 61; Krieg unter Palmen, 62; Wo der Sand die Spuren deckt, 64; Kali fährt zum großen Treff, 66; Schiffbruch vor Feuerland, 66; Die Grashütte, 68; Die Sklavenhändler, 68; DX-Expedition Geiser-Riff, 69; Das Klippergespenst, 70; Ein Schiff fährt nach Rangoon, 71;

Die Flucht ins Tal der Schwalben, 72; Faustrecht. Das abenteuerliche Jahr des Timm Riedbure, 73; Auch alte Uhren messen neue Zeit, 75; Geheimkurier A., 76; König Lustick und sein Bauer, 76. Timm, der Landfahrer, 76; Hanna und Elisabeth, o. J. Unter Robbenfängern und Weltumseglern, 78; Gefangen auf der Dumburg, 80; Die Geschichte der Clarissa S., 80; Auf der Goldspur, 82; Krieg unter Palmen, 84; Heimkehr in fremde Betten, [2]88; Verflucht, Sarmiento!, 88; Ich bin ein kleiner König. Heinrich und die Revolution, 88; «Ick bin Mineken Muusekeddel», 88; Sprung über den Gartenzaun, 89; Die Moorjäger, 89. – *Dramen, Fernsehspiele:* Das Trommelmädchen, 59; Old-Germans-Story, 66; Schiffbruch vor Feuerland, 67; Er kam mit dem Herbstwind, 68 (als Erzählung 70).

Selbmann, Fritz, *29. 9. 1899 Lauterbach/Hessen, †26. 1. 1975 Berlin.
S. war zunächst Bergarbeiter. Er wurde 1920 Mitglied der USPD, 1922 der KPD. S. wurde 1923/24 mehrfach aus politischen Gründen verhaftet; im Rahmen seiner Funktionärstätigkeit für die KPD war er 1932 u. a. Reichstagsabgeordneter. 1933–45 wurde S. in verschiedenen KZs festgehalten. Nach 1945 war S. in wirtschaftspolitischen Funktionen in der SBZ/DDR tätig, darunter 1950–55 Minister für Schwerindustrie, 1958 stellvertretender Vorsitzender der Staatlichen Plankommission. Nach dem abrupten Ende dieser Karriere wurde S. freischaffender Schriftsteller.
Die Erfahrungen des zum damaligen Zeitpunkt bereits vierzig Jahre in der Arbeiterbewegung Organisierten gingen in das literarische Werk des schon fast 60jährigen ein, als er seinen Tatsachenroman über den Widerstandskampf *Die lange Nacht* vorlegte.
In durchweg spannend geschriebenen, mitunter zur Kolportage tendierenden Romanen setzte sich S. mit der Wiederaufbauphase der SBZ/DDR (*Die Heimkehr des Joachim Ott*), dem Verhältnis von hergebrachtem und neuartigem revolutionärem Verhalten (*Der Mann und sein Schatten*) und den Spielarten von Karrierismus und doppelter Moral in Vergangenheit (*Der Mitläufer*) und Gegenwart (*Die Söhne der Wölfe*) auseinander. S.s Autobiographie, die den Zeitraum bis 1945 umfaßt, liefert u. a. wichtige Auf-

schlüsse über die Politik der KPD in der Zeit der Weimarer Republik und die illegale Arbeit in der Zeit des Faschismus.

W.: Romane, Erzählungen: Die lange Nacht, 1961; Die Heimkehr des Joachim Ott, 62; Der Mann und sein Schatten, 62; Die Söhne der Wölfe, 65; Alternative, Bilanz, Credo, 70; Der Mitläufer, 72. – *Essays, theoretische Schriften:* Reden und Tagebuchblätter, 47; Wahrheit und Wirklichkeit, 47; Diese Art zu leben, 71. – *Herausgebertätigkeit:* Die erste Stunde, 69; DDR-Porträts, 74.

Sell, Hans Joachim, *25. 7. 1920 Neustettin.
Sohn eines Berufssoldaten, aufgewachsen in Berlin. Im 2. Weltkrieg Soldat, studierte S. 1946–52 Philosophie, Völkerkunde, Germanistik in Frankfurt. Nach der Promotion war er zwei Jahre Mitarbeiter der Evangelischen Akademie Tutzing. 1960 Initiator der deutschen Miguel-de-Unamuno-Gesellschaft, war er 1960–68 als Auslandskorrespondent in Spanien tätig und unternahm Reisen in die damals noch portugiesischen Kolonien Afrikas und nach Lateinamerika. Er lebt seither als freier Schriftsteller. Er ist Mitglied des PEN und erhielt mehrere Auszeichnungen, u. a. 1977 den Charles-Péguy-Preis und 1980 den Georg-Makkensen-Literaturpreis. – Für das Werk des vor allem als Romancier und Essayisten hervorgetretenen S. spielt die spanischsprechende Welt eine wichtige Rolle. Für das Porträt eines spanischen Armenpriesters erhielt er den neugestifteten Charles-Péguy-Preis; seine Essays *An Spaniens Fell zerren Dämonen* beschreiben die Probleme des damals noch von den Faschisten beherrschten Landes.

W.: Romane, Erzählungen, Prosa: Chantal, 1953; partisan, 61; Auf der Fährte eines Sohnes, 70; Zerstörung eines Parks, 73; Briefe einer Jüdin aus Cuzco, 78; Eisfarben, 79; Die Umkehrung, 83; Die Ehe des Sancho Panza, 89; Die Einzäunung. Geschichten der Untreue, 90; Das verblassende Bild eines Reiters, 90. – *Dramen, Dialoge, Collagen:* Thekengespräche, 75; Der rote Priester. Eine spanische Erfahrung, 76. – *Lyrik:* Die portugiesische Einladung, 80. – *Essays, theoretische Schriften, Aufzeichnungen:* Der schlimme Tod bei den Völkern Indonesiens, 55; Verlockung Spanien. Erfahrung und Erlebnis, 63; Das Drama Unamuno, 65; An Spaniens Fell zerren Dämonen,

68; Monarchie der Armut. Ein Reisetagebuch aus Peru, 83; Zu Jahrmärkten und Rennbahnen – Tapisserien und Collagen, 84; Das Ende des Wohlwollens. Spuren und Zeichen in einer sich wandelnden Welt, 86. – *Hörspiele:* Die Auffahrt, 57; Auf den Stufen der Dämmerung, 68; Thekengespräche (Hsp. 13 Folgen), 73–74; Die Portiers der Präsidenten, 74; Zeit bis Donnerstag (Hsp.), 76; Schüsse (Hsp.), 77; Gegen die Abholzung der Bäume, 78; Die Rekonstruktion eines Hauses, 79; Die langsamen Pfeile, 82; Das Leben der Anderen (Hsp.), 84. – *Sammel- und Werkausgaben:* Äquinoktien. Tag und Nachtgleiche. Dichtungen 1960–1982, 85.

Sepp, Hans-Eckhard → Henscheid, Eckhard

Serner, Walter (eig. Walter Seligmann), *15.1. (oder: 15.3.) 1889 Karlsbad (Böhmen), seit 1942 verschollen.

S. studierte Jura in Wien und promovierte 1913 in Greifswald. Vor dem 1. Weltkrieg war er Anhänger des Expressionismus und veröffentlichte in F. Pfemferts «Aktion» kunstkritische Beiträge, Aphorismen und Essays; als Pazifist emigrierte er in die Schweiz, wo er drei kurzlebige Zeitschriften herausgab, sich in Zürich und Genf, später auch in Paris dem «Mouvement Dada» anschloß und zahlreiche dadaistische Aktionen, zum Teil zusammen mit Tzara, Arp und Picabia, inszenierte. Seine *Letzte Lockerung* gilt, wenn vielleicht auch nicht als erstes, so zumindest Form und Inhalt nach als radikalstes dadaistisches Manifest. Den Typ des Da-Dandy, der den Dadaismus als Lebenshaltung annimmt, scheint S. am konsequentesten verkörpert zu haben. Der ständig auf Reisen befindliche Dr. S. ist auch in der Weimarer Republik, als er pointierte Kriminalgrotesken schreibt, in denen sich Figuren der Halb- und Unterwelt auf raffiniert-elegante Weise hineinlegen, eine legendenumwobene Gestalt, von der man sogar kolportiert, daß sie als «internationaler Hochstapler» oder «Mädchenhändler aus Uruguay» ihr Einkommen fände. Nach seiner Zeit als Literat wird S. in den 30er Jahren in Prag seßhaft, heiratet und arbeitet als Lehrer. 1942 wird er von den Nazis in das Konzentrationslager Theresienstadt deportiert und ist seither verschollen.

W.: Erzählungen: Zum blauen Affen, 1921; Der elfte Finger, 23; Die Tigerin, 25; Der Pfiff um die Ecke, 25; Die tückische Straße, 26. – *Drama:* Posada oder der große Coup im Hotel Ritz, 27. – *Essays, weitere Schriften:* Die Haftung des Schenkers wegen Mängel im Rechte und wegen Mängel der verschenkten Sache, Diss., 13; Letzte Lockerung, Manifest Dada, 20; Ich, in: «Neue Bücherschau», 25; Letzte Lockerung. Ein Handbrevier für Hochstapler und solche, die es werden wollen, 27; Ich... 14 Photographien, 89. – *Sammel- und Werkausgaben:* Die Bücher des W. S., 7 Bde, 27; Angst, frühe Prosa, 77; Hirngeschwuer, 77; Das gesamte Werk, 8 Bde u. 2 Suppl.-Bde, 79–83; Der isabelle Hengst, 83; Die Betörung der Excentrique Fanoche, 84; Die Langeweile und der Krieg, 87; Sprich deutlicher. Sämtliche Gedichte und Dichtungen, 88. – *Herausgebertätigkeit:* A. J. B. Parent-Duchatel: Die Sittenverderbnis und Prostitution des weiblichen Geschlechts in Paris unter Napoleon I., 14; Der Mistral, Zeitschrift f. Literatur und Kunst, Nr. 3, 15; Sirius, Monatsschrift, 15f; Der Zeltweg (mit O. Flake und T. Tzara), 19.

Seuren, Günter, *18.6.1932 Wickrath.

S., Sohn eines Maschinenbauschlossers, begann nach dem Abitur journalistisch zu arbeiten, zuerst bei Unterhaltungszeitschriften, für die er Fortsetzungsberichte, Comic strip-Texte u. ä. schrieb. Ab 1955 arbeitete er als freier Schriftsteller, Filmkritiker und Drehbuchautor. Er erhielt den Förderungspreis des Landes Nordrhein-Westfalen 1963, die Bundesdrehbuchprämie und den Silbernen Bären 1966 und 1967 den Georg-Mackensen-Literaturpreis. 1987 Filmpreis des Hauptverbandes deutscher Filmtheater.

S., der mit einem Band Lyrik sein literarisches Werk begann, wurde bekannt mit seinem ersten Roman *Das Gatter*, der Geschichte eines jungen Mannes und seiner Auseinandersetzung mit der Generation der Väter, der kleinbürgerlichen Umwelt und dem von ihr ausgehenden Anpassungsdruck. Der unter dem Titel *Schonzeit für Füchse* verfilmte Stoff war symptomatisch für das sich artikulierende Unbehagen an den bundesrepublikanischen Verhältnissen der frühen 60er Jahre. Auch in seinen späteren Büchern findet sich das Grundthema von Anpassung und (vergeblichen) Ausbruchsversuchen aus den gesellschaftlichen Konventionen wieder. In den späten 60er und

70er Jahren schrieb S. Hörspiele (*König Lasar*, *Goldfliegen*, *Herrenabend*) und Fernsehspiele (*Ich töte*, *Am Morgen meines Todes*, *Überlebenstraining*). *Die Asche der Davidoff* ist eine sarkastische und bissige Abrechnung mit der (Schein) Welt des Films und der Medien.

W.: Romane, Erzählungen, Prosa: Das Gatter, 1964; Lebeck, 66; Das Kannibalenfest, 68; Rede an die Nation, 69; Der Abdecker, 70; Die fünfte Jahreszeit, 79; Abschied von einem Mörder, 80; Der Angriff, 82; Die Asche der Davidoff, 85. – *Hörspiele:* König Lasar, 67 (in: WDR-Hörspielbuch 1967). – *Lyrik:* Winterklavier für Hunde, 61; Der Jagdherr liegt im Sterben, 74. – *Essays, theoretische Schriften:* Schätze dieser Erde. Abenteuer, Glück und Gold, 89. – *Filme, Fernsehspiele:* Schonzeit für Füchse, 66; Lebeck (Fsp) 68; Schräge Vögel, 69; Ich töte (Fsp.), 70; Überlebenstraining (Fsp.), 74; Am Morgen meines Todes (Fsp.), 74; Daniel (Fsp.), 79; Encantadas – die verwunschenen Inseln, 87; Der Angriff (mit Th. Kotulla), 87; Die Beute (Fsp.), 88.

Seyppel, Joachim, *3.11.1919 Berlin.
S. studierte Germanistik und Philosophie und arbeitete bis zu seiner Einberufung zur Wehrmacht als Schauspieler und Landarbeiter; wegen «Wehrkraftzersetzung» wurde S. zu einer neunmonatigen Haftstrafe verurteilt. 1945 aus der Gefangenschaft zurückgekehrt, arbeitete er als Dozent und Schriftsteller in Berlin. S. lehrte mit kurzer Unterbrechung von 1949 bis 1960 Literatur in den USA; 1961–63 lebte er in Berlin; 1973 siedelte S. in die DDR über, da seine Werke hier die größere Resonanz hatten. 1979 kam S. in die BRD zurück.
S.s erste literarische Arbeiten blieben wenig beachtet. Erst mit seinen Romanen *Abendlandfahrt*, *Columbus Bluejeans* und *Torso Conny der Große*, die in lockerem Zusammenhang stehen, konnte er sich als Schriftsteller durchsetzen. In den an literarischen Anspielungen reichen Romanen – so ist *Torso Conny der Große* ein Gegenentwurf zur *Blechtrommel* von Grass – setzte sich S. in Parabel-Form mit ideologischen Grundmustern auseinander, die sich in westlich-kapitalistischen Staaten herausgebildet haben. Der pikareske Roman, Jean Paul, Grass, Henry Miller wirkten in dieser Phase stilbildend auf S. Biographisch-dokumentierend waren der Heinrich-Mann-Roman *Abschied von Europa* und S.s Annäherungen an die DDR unter dem Titel *Ein Yankee in der Mark*.

W.: Romane, Erzählungen, Reportagen: Flugsand der Tage, 1947; Ferdinands absoluter Standpunkt, 48; Abendlandfahrt, 63; Columbus Bluejeans oder Das Reich der falschen Bilder, 65; Als der Führer den Krieg gewann oder Wir sagen Ja zur Bundesrepublik, 65; Hellas, Geburt einer Tyrannis, 68; Torso Conny der Große, 69; Griechisches Mosaik. Impressionen und Analysen, 70; Ein Yankee in der Mark. Wanderungen nach Fontane, 70; Fußball-Nachrichten vom Heroengeschlecht an der Gasanstalt, 71; Wer kennt noch Heiner Stuhlfauth, 73; Abschied von Europa – Die Geschichte von H. und Nelly Mann, dargestellt durch Peter Aschenbach und Georgiewa Mühlenhaupt, 75; Gesang zweier Taschenkalender, 76; Die Mauer oder Das Café am Hackeschen Markt, 81; Ich bin ein kaputter Typ. Bericht über Autoren in der DDR, 82; Hinten weit in der Türkei. Reisen und Leben (mit Tatjana Rilsky), 82; Ahnengalerie, 84; Eurydike oder Die Grenzenlosigkeit des Balkans, 89. – *Dramen:* Wo wir sterblich sind, 47; Die Unperson oder Schwitzbad und Tod Majakowskis, 79. – *Essays, theoretische Schriften:* Dekadenz und Fortschritt. Eine Studie amerikanischer Geschichtsphilosophie, 51; Ausdrucksformen deutscher Geschichte. Eine Morphologie der Freiheit, 52; Schwenkfeld, Knight of Faith, 61; William Faulkner, 62; Gerhart Hauptmann, 62; T. S. Eliot, 63; Nun, o Unsterblichkeit. Wanderungen zu den Friedhöfen Berlins, 64; Umwege nach Haus, Nachtbücher über Tage 1943–1973, 74; Lesser Ury (1861–1931), 87. – *Übersetzung:* F. Molnár. – *Herausgebertätigkeit:* Texte der deutschen Mystik des 16. Jhs. Unruhe und Stillstand, 63; Jagen, Reiten, Fischen. Verse der Jahrhunderte, 63; Lenz. Erzählungen und Briefe, 78.

Sieburg, Friedrich, *18.5.1893 Altena (Westfalen); †19.7.1964 Gärtringen (Württemberg).

Der Essayist, Journalist und Historiker S. studierte Philosophie, Geschichte und Literaturgeschichte in München, Freiburg und Heidelberg, u.a. bei Gundolf. Als Korrespondent der «Frankfurter Zeitung» (1924–39) und als ihr Redakteur (1941–43) hat S. einflußreich den bis dahin nur für das Feuilleton «unter dem Strich» reservierten Stil auf die erste Seite gebracht. Gewandt und teils plaudernd – seine Kritiker nannten ihn «Schönschreiber» – stellte er vor allem Frankreich und seine Geschichte dar (1926–30 Aufenthalt in Paris); besonders bekannt geworden sind seine Betrachtungen *Gott in Frankreich?.* S. unternahm mehrere Weltreisen und gab als eleganter Reiseschriftsteller soziologische und historische Porträts verschiedener Länder. Er war Mitherausgeber der Zeitschrift «Die Gegenwart» (1948–55) und Leiter des Literaturteils der «Frankfurter Allgemeinen Zeitung» (1956–64). S. gilt als Repräsentant einer konservativen Richtung der Kulturkritik in der BRD.

W.: Erzählungen: Oktoberlegende, 1922; Vendée, 31. – *Lyrik:* Die Erlösung der Straße, 21. – *Essays:* Gott in Frankreich?, 29; Frankreichs rote Kinder, 31; Es werde Deutschland, 32; Die rote Arktis, 32; Polen, 34; Robespierre, 35; Neues Portugal, 37; Afrikanischer Frühling, 38; Die stählerne Blume. Japan, 39; Blick durchs Fenster, 39; Schwarzweiße Magie, 49; Unsere schönsten Jahre, 50; Die Lust am Untergang, 50; Nur für Leser, 55; Napoleon, 56; Lob des Lesers, 58; Chateaubriand, 59; Im Licht und Schatten der Freiheit, Frankreich 1789–1848, 61; Lauter letzte Tage, 63; Französische Geschichte, 64; Gemischte Gefühle, 64; Nicht ohne Liebe. Profile der Weltliteratur, 66; Französische Medaillons, 67; Verloren ist kein Wort. Disputationen mit fortgeschrittenen Lesern, 69; Das Geld des Königs, 74; Greuze und Diderot. Hundertmal Gabriele, 89. – *Sammelausgabe:* Zur Literatur, 2 Bde, 81; Abmarsch in die Barbarei, 83.

Sieg, Wolfgang, *22.10.1936 Hamburg. S. studierte nach dem Abitur 1954–57 in Hamburg und Kiel Germanistik, Geschichte, Philosophie und Theologie. Seit 1961 arbeitet er als Lehrer in Elmshorn. 1974 erhielt er den Hörspielpreis der Stiftung F.V.S. – S. ist Verfasser zahlreicher Hörspiele, von Romanen, Kinderbüchern und Kurzgeschichten in Hoch- und Plattdeutsch, sowie in Hamburger ‹Missingsch›. Zu seinen (nicht im Druck erschienenen) Hörspielen gehören u.a. *Dree Dage vor Sünte Valentin, So as dat hört, Söken, Dat blaue Licht, Dienstleistungen, Snacken, Up de Brügg* und *De ole Niermann.* S. schreibt hauptsächlich satirische Prosa. Einem größeren Publikum bekannt wurde er mit seinen im Hamburger Dialekt geschriebenen Kurzgeschichten, in denen es ihm gelingt, Vorurteile und spießige Selbstzufriedenheit zu entlarven und den Leser auf indirekte Weise aufmerksam zu machen auf Probleme unserer Wirklichkeit. Scheinbar harmlos plaudernd und so den gängigen Erwartungen an Mundartliteratur entsprechend, führt S. den Leser mit Hilfe von Ironie und Groteske an den Punkt, an dem Identifikation unmöglich wird, Kritik und (Selbst-)Erkenntnis einsetzen müssen.

W.: Romane, Erzählungen, Kinderbücher: Der Mann im Anschlagsäule, 1967; Säurekopf, 68; Siegfrieds Tarnkappe, 74; Die Geheimorganisation, 74; Wahnungen, 74; Blutflecke auffe Häkeldecke, 77; Schön leise sein beim Hilfeschrein!, 78; Der wahnsinnige Rhabarber, 80; Un hool dat Muul von Politik, 82; Sigi Sünnschien sien Stories, 85; Struwwelpeters Haarausfall, 86; Dr. Eternus, 87; Ohlsdorf lebt. Missingsch Moritaten, 89. – *Drama:* Rech: («Proost»), 83.

Silesius alter → Pohl, Gerhart

Silvanus, Fritz → Sacher, Friedrich

Simmel, Johannes Mario (Pseud. Michael Mohr), *7.4.1924 Wien. S., Sohn deutscher Eltern, studierte in Wien Chemie, war Chemiker in einem Kohle-Laboratorium und nach dem Krieg Dolmetscher und Übersetzer, dann Journalist und Filmautor. Er ist seit 1963 freier Schriftsteller. – S. ist der erfolgreichste lebende deutschsprachige Bestseller-Autor, laut «Spiegel» ein «Bestseller-Mechaniker»; bereits 1977 belief sich die deutschsprachige Gesamtauflage seiner Werke auf 18, die internationale auf 30 bis 40 Millionen Exemplare. S. schreibt auf der Grundlage von umfangreichen Materialsammlungen und Dokumentenstudien Unterhaltungsromane über «ernste, unbequeme», aktuelle Themen. Er greift auf alle Spannung schaffenden Mittel zurück und wählt als Hauptfiguren keine herkömmlichen Heldengestalten, sondern vielmehr «kaputte und angeknackste» Typen. Damit beabsichtigt er, den Leser ständig neu zu unterhalten und gleichzeitig die aktuelle Wirklichkeit durchsichtig zu machen –

wobei die Kulisse, die er aufzudecken vorgibt, ihm oft Kritik einbrachte, er unterhalte das Publikum auf Kosten der Wahrscheinlichkeit und täusche über die wirklichen Probleme hinweg. Den Durchbruch zum Dauererfolg verdankt er den beiden Werken *Der Schulfreund* und vor allem *Es muß nicht immer Kaviar sein*, das 1977 als 13teilige Serie für das Fernsehen verfilmt wurde. Alle weiteren Romane bestätigten diesen Erfolg und wurden in der Regel verfilmt, von *Bis zur bitteren Neige* über *Lieb Vaterland, magst ruhig sein* – der zur Unterdrückung von S.s Werken in der DDR führte – bis zum «Wirtschafts-Wunder-Schelmen-Roman» *Hurra, wir leben noch*. – Seit kurzem werden S.s aufklärerische Bemühungen von der Kritik verstärkt zur Kenntnis genommen und in die Beurteilung des literarischen Wertes seiner Arbeiten verstärkt einbezogen.

W.: Romane, Erzählungen: Begegnung im Nebel, 1947; Mich wundert, daß ich so fröhlich bin, 49; Das geheime Brot, 50; Von Drachen, Königskindern und guten Geistern, 50; Der Mörder trinkt keine Milch, 50; Man lebt nur zweimal, 50; Wenn das nur gut geht Paul, 53; Ich gestehe alles, 53; Der Hochstapler, 55; Gott schützt die Liebenden, 56; Affäre Nina B., 58; Der Schulfreund, 58; Es muß nicht immer Kaviar sein, 60; Bis zur bitteren Neige, 62; Liebe ist nur ein Wort, 63; Lieb Vaterland magst ruhig sein, 65; Alle Menschen werden Brüder, 67; Und Jimmy ging zum Regenbogen, 70; Der Stoff, aus dem die Träume sind, 71; Die Antwort kennt nur der Wind, 73; Niemand ist eine Insel, 75; Hurra, wir leben noch, 78; Zweiundzwanzig Zentimeter Zärtlichkeit, 79; Wir heißen euch hoffen, 80; Die Erde bleibt noch lange jung. Geschichten aus 35 Jahren, 81; Bitte laß die Blumen leben, 83; Die im Dunkeln sieht man nicht, 85; Doch mit den Clowns kamen die Tränen, 87; Im Frühling singt zum letztenmal die Lerche, 90. – *Kinderbücher:* Weinen streng verboten, 50; Ein Autobus groß wie die Welt, 51; Meine Mutter darf es nie erfahren, 52. – *Sammel- und Werkausgaben:* Gott schützt die Liebenden. Ich gestehe alles, 86; Mich wundert, daß ich so fröhlich bin. Das geheime Brot. Gott schützt die Liebenden, 87; Es muß nicht immer Kaviar sein. Liebe ist nur ein Wort, 88.

Simplex → Kusenberg, Kurt

Sinclair, Emil → Hesse, Hermann

Sinclair → Weiß, Peter

Sommer, Siegfried, *23.8.1914 München.

S., Sohn eines Handwerkers, absolvierte eine Elektrikerlehre. Ab 1936 wirkte er bei «Simplicissimus» und verschiedenen Boulevardblättern mit. Er war Soldat im 2. Weltkrieg und arbeitete danach als Journalist bei der «Abendzeitung» in München. – S. begann als Feuilletonist: In der ständigen Kolumne «Blasius der Spaziergänger» erschienen seine humorvollen, das alltägliche Leben glossierenden Artikel, die auch in Buchform veröffentlicht wurden. Später schrieb er mit Witz und einer Neigung zum Karikieren nicht minder lokalkundige und detailgenaue Romane über Münchener Jugend mit ihren Emotionen und Zynismen. In *Und keiner weint mir nach* schildert er mit Einfühlung und Ironie die muffige Atmosphäre eines Münchner Miethauses in den 20er und 30er Jahren. Thematik, Personenwahl und Mundart und Jargon integrierende Sprache erinnern hier entfernt an Falladas Milieuschilderung. Ernst-Hoferichter-Preis 1983.

W.: Romane, Erzählungen, Feuilletons: Blasius geht durch die Stadt, 1950–53; Und keiner weint mir nach, 53; Das Beste von Blasius, 53; Das Letzte von Blasius, 55; Meine 99 Bräute, 56; Der unverwüstliche Blasius, 57; Der weißblaue Knigge, 58; Blasius in allen Gassen, 59; Blasius der letzte Fußgänger, 60; Ein Jahr geht durch die Stadt, 61; München für Anfänger, 62; Der letzte Spaziergänger, 62; Karussell, 63; Farbiges München, 65; Meine 99 Stories, 65; Sommersprossen, 68; Wanderer kommst du nach München. Bummel durch München. Die Tage vergehen, 70; Das kommt nie wieder. Ein Münchner Erinnerungsbuch, 76; Ja wo kemma eigentlich de kloana Schrazerl her, 76; Der Wildschütz Jennerwein, 76; Blasius der Spaziergänger, 3 Bde, 78; Das gabs nur einmal, 79; Also sprach Blasius, 80; Es ist zu schön um wahr zu sein, 81; Quo vadis Blasius, 82; Liebe zu München, 84; Sommer-Zeit, 84; Blasius der Spaziergänger. Der jüngste Tag, 85; Der Viktualienmarkt (mit P. Moll), 86; Liebe, Lenz und kleine Luder, 88; Feinsliebchen aus Stein, 89. – *Dramen:* Marile Kosemund, 66; Poetentaler, der Turmschreiber, 73.

Sonka → Sonnenschein, Hugo

Sonnenschein, Hugo (Pseud. Sonka),
*25.5.1890 Kyjov (heute ČSFR),
†20.7.1953 Prag.

S. lebte 1908–34 in Wien, unternahm große Reisen durch Europa und arbeitete als Schriftsteller und Mitarbeiter zahlreicher expressionistischer Zeitschriften. Er war Mitbegründer der Kommunistischen Partei der Tschechoslowakei, nahm 1920 am ersten Komintern-Kongreß in Moskau teil, war Mitglied der KP Österreichs, wurde aber 1927 als angeblicher Trotzkist aus der Partei ausgeschlossen. Wegen politischer Aktivitäten wurde S. aus dem austrofaschistischen Österreich ausgewiesen und emigrierte nach Prag. Während der deutschen Besetzung der Tschechoslowakei stand S. unter Aufsicht der Gestapo, wurde 1940 verhaftet und lebte nach seiner Entlassung unter falschem Namen im Untergrund. 1943 wurde er in das KZ Auschwitz verschleppt, wo er mit den anderen Überlebenden von der sowjetischen Armee befreit wurde. S. reiste nach Moskau, wurde nach seiner Rückkehr nach Prag verhaftet und wegen angeblicher Kollaboration mit den Deutschen zu zwanzig Jahren Zwangsarbeit verurteilt. Er starb im Gefängnis Mírov.

Der jüdische Bauernsohn stilisierte sich selbst zur Kunstfigur des «weltverkommenen» Vagabunden, der anarchistische politische Gedichte schrieb. Vieles von seiner Lyrik ist zeitgebunden und heute nur von historischem Interesse, daneben aber gibt es bleibende Gedichte von einprägsamer Einfachheit. Sein Werk ist in der Fülle der Inhalte und Formen ein symptomatisches Zeugnis für die Entwicklung der Lyrik in der ‹Zwischenkriegszeit›.

W.: Romane, Erzählungen: Der goldene Ritter der Freiheit. Tagebuch meiner Kuttenburger Haft, 1921; Terrhan, 30; Meine slowakische Fibel, 35, – *Lyrik:* Ad Solem, 07; Slovakische Lieder, 09; Närrisches Büchel, 10; Geuse Einsam von Unterwegs, 12; Mein Becher wider die Schwere der Welt, 14; Erde auf Erden, 15 (Privatdr., Buchausg. 20); Slovakische Lieder, 19; Slovakische Heimat, 20; Die Legende vom weltverkommenen Sonka, 20; Aufruhr und Macht zur Freiheit, 21; Der Bruder Sonka und die allgemeine Sache oder das Wort gegen die Ordnung, 30; Sonka-Lieder, 33 (Musik von W.

Steiner); Nichts als Brot und Freiheit, 35; Zeitgeister, 35/36 (Privatdruck); Der Bruder Sonka wandert nach Kalkutta, 37; Cesta k svobodě – Der Weg zur Freiheit, 37; Schritte des Todes. Traumgedichte, 64. – *Essays, theoretische Schriften:* Krise či rozklad v Kominterně, 29. – *Sammel- und Werkausgaben:* Ichgott/Massenrausch und Ohnmacht. Die Utopie des Herostrat. Gedichte und ein Akt, 10; Hugo Sonnenschein war ein Anarchist, 21; Die Fesseln meiner Brüder, 84. – *Herausgebertätigkeit:* Für Recht und Wahrheit. Materialien zum Moskauer Prozeß, 36 (Privatdruck).

Sorel, Julian → Herzog, Wilhelm

Sorge, Reinhard (Johannes), *29.1.1892 Rixdorf bei Berlin, †20.7.1916 Ablaincourt (Frankreich).

Nach dem Tod des Vaters, eines Regierungsbaumeisters, der 1909 geisteskrank stirbt, zieht S. mit seiner Mutter und seinen zwei Geschwistern nach Jena. Seit dem 16. Lebensjahr schreibt er, verläßt mit siebzehn das Gymnasium, um als Dichter zu leben. Seine Lyrik und die dramatischen Versuche spiegeln die schnell wechselnden Einflüsse, denen er sich hingibt. Schon früh äußert er Abneigung gegen die Großstadt und Verlangen nach einem «reinen» Leben. An Strindbergs Szenentechnik und autobiographischer Unmittelbarkeit orientiert ist das 1911 entstandene Drama *Der Bettler. Eine dramatische Sendung.* Dehmel zeichnet es 1912 mit dem Kleist-Preis aus. Es gilt als erstes exemplarisches Drama des Expressionismus. Die Hauptfigur wird nach ihren verschiedenen Lebensbereichen als «Dichter», «Sohn», «Jüngling» bezeichnet. Der «Sohn» tötet den geisteskranken Vater mit Gift, an dem auch die Mutter stirbt. Der «Jüngling» liebt in «reiner» Liebe ein Mädchen, das unbedingt an ihn glaubt. Das Sendungsbewußtsein des «Dichters», der «durch Symbole der Ewigkeit» reden will, ist in seiner extremen Unbedingtheit kennzeichnend für die jungen Expressionisten. – Nach Abschluß des *Bettlers* wird S. Anfang 1912 durch ein visionäres Erlebnis auf Norderney zum Christentum geführt. Seine lyrischen Dichtungen und die immer mehr zum Mysterienspiel tendierenden Dramen sind seitdem nur noch religiöse Verkündigung. In der «Vision» *Gericht über Zarathustra* rechnet er mit Nietzsche ab. *Guntwar. Die Schule eines Propheten,* autobiographisch den *Bettler* fortsetzend, wird zum «Gericht über die Menschen unserer Zeit». 1913 heiratet S. Nach zwei Italienreisen tritt er mit seiner Frau zum Katholizismus über und nimmt den Namen Johannes an. Sie ziehen in die Schweiz. Gefolgschaft fordernde Prophetengebärde und eifernder Kampf verbinden sich bei S. mit dem Verlangen nach äußerster Demut und Hingabe. 1915 beginnt er am Kollegienhaus von Maria Hilf Philosophie zu studieren. Er will Priester werden. Im Mai 1915 wird S. einberufen. Schwer verwundet stirbt er im Lazarett von Ablaincourt.

W.: Dramen: Der Bettler. Eine dramatische Sendung, 1912; Guntwar. Die Schule eines Propheten, 14; Metanoeite. Drei Mysterien, 15; König David, 16; Mystische Zwiesprache, 22; Der Sieg des Christo. Eine Vision, 24; Der Jüngling (enthält frühe Dramen), 25. – *Lyrik:* Mutter der Himmel. Ein Sang in zwölf Gesängen, 17; Gericht über Zarathustra. Vision, 21; Preis der Unbefleckten. Sang über die Begegnung zu Lourdes, 24; Nachgelassene Gedichte, 25. – *Werkausgabe:* Werke, 3 Bde, 62–67.

Soumagne, Ludwig, *11. 6. 1927 Neuss.
Der Sohn eines Bäckers wurde im 2. Weltkrieg Soldat und geriet in Kriegsgefangenschaft. Als Bäcker ausgebildet, übernahm er 1960 den elterlichen Betrieb und lebt seither als selbständiger Bäckermeister. Er ist Mitglied des VS, des PEN und der internationalen Autorenvereinigung «Kogge». Er erhielt mehrere Förderpreise. – S., engagierter Katholik, begann noch vor 1945 Gedichte zu schreiben, hochdeutsch und seinem Vorbild Heine stark verhaftet. Erst die Erkenntnis, daß der Dialekt ihm bei der Suche nach einer eigenständigen Ausdrucksform helfen könne, förderte seine schriftstellerische Arbeit. Er schreibt zeitkritische Gedichte und Hörspiele in einer mit ‹Landkölnisch› zu umschreibenden Mundart.

W. Prosa: Brut vom Bäcker, 1984 (mit Platte). – *Dramen:* Seelig die Armsielige, 76 (UA). – *Lyrik:* Ech an mech, 66; Onger ungs jesait, 67; Minsche! Minsche?, 70; Dat kalde Büffee, 72 (mit Platte); Gedichte, 74; Sargnääl möt Köpp,

74 (mit Platte); möt angere Wöert jedaiht jedonn, 75; Usjesproche nävebee bemerk, 79 (mit Platte); En't Jebett jenomme. Lieder, Gebete, Geschichten im niederrheinischen Dialekt, 87 (mit Platte); Die Litanei. Übertragen in 52 Mundarten, 88. – *Sammel- u. Werkausgaben:* Lyrik, Dialoge, Hörspiele, 81. – *Schallplatten:* Dat kalde Büffee, 72; Sargnääl möt Köpp, 74; Usjesproche nävebee bemerk, 79; Minsche? Minsche! 81; Brut vom Bäcker, 84.

Soyfer, Jura (Pseud. Jura, Georg Anders, Fritz [Friedrich] Feder,
Norbert Noll, Walter West), *8. 12. 1912 Char'kov, †16. 2. 1939 KZ Buchenwald.
S., Sohn eines jüdischen Industriellen, floh 1920 mit seinen Eltern vor der Oktoberrevolution in die Türkei, anschließend nach Wien. Bereits als Schüler wurde S. Marxist, trat dem «Bund sozialistischer Mittelschüler» bei und schrieb seit 1930 Gedichte, Kritiken, Reportagen und Agitprop-Szenen vor allem für das Zentralorgan der SPÖ, die «Arbeiter-Zeitung». Nach dem Abitur 1931 studierte er Germanistik und Geschichte in Wien. 1934 trat S. nach der Niederschlagung des Arbeiteraufstands aus Enttäuschung über die unentschlossene Haltung der SPÖ der Kommunistischen Partei bei. In dem Fragment gebliebenen Roman *So starb eine Republik* versuchte er, die Ereignisse darzustellen, die zum Aufstand und zu seinem Scheitern geführt hatten. Seit 1934 schrieb S. Gedichte, Lieder und Stücke für Wiener Kleinkunstbühnen («ABC», «Literatur am Naschmarkt»). In seinen satirischen Parabeln griff er auf die Traditionen des Wiener Volksstücks und den Dialekt zurück und schrieb trotz der sich verschärfenden Zensurbestimmungen gegen den deutschen Faschismus und den autoritären österreichischen Ständestaat.
Beim Versuch, in die Schweiz zu fliehen, wurde S. am Tag der Besetzung Österreichs verhaftet, ins KZ Dachau und später nach Buchenwald deportiert, wo er an Typhus starb. Noch im KZ dichtete S. weiter: Das *Dachaulied* entstand kurz vor seinem Tod.

W.: Sammel- und Werkausgaben: Vom Paradies zum Weltuntergang, 1947; Vom Paradies zum Weltuntergang, 62; Astoria. Der Lechner-Edi schaut ins Paradies, 74; The Legacy of Jura

Soyfer 1912–1939, 77; Die Ordnung schuf der liebe Gott, 79; Das Gesamtwerk, 80; Werke, 3 Bde, 84.

Späth, Gerold, *16.10.1939 Rapperswil am Zürichsee.
Sohn einer alten, aus Schwaben zugewanderten Orgelbauer-Familie. Ausbildung als Exportkaufmann in Zürich, Vevey, London und Fribourg. Seit 1968 freier Schriftsteller. Stipendien für Berlin und Rom. Mehrere schweizerische Literaturpreise; *Commedia* wurde, als Manuskript, mit dem ersten Alfred-Döblin-Preis ausgezeichnet; 1989 Ehrengabe der Stadt Zürich. Verschiedene Hörspiele und Fernsehfilme.
Gleich mit seinem ersten Roman *Unschlecht* stellte S. seine Leser vor ein Rätsel: Ist das eine Provinzgroteske oder ein großer Schelmenroman? S. erzählt Unschlechts Geschichte, der ein Vermögen erbt, es restlos verliert, reich heiratet und sich selbst findet. Irritierender noch ist, daß S. erzählt, als würde die Welt aus Sprache bestehen, als gäbe es nicht die jahrzehntealten Darstellungsprobleme. Ähnlich wortgewaltig sind die Romane *Stimmgänge* und *Balzapf*, in denen S. eine Welt der Kleinbürger entwirft, in der Geld, Liebe und Karriere die großen Werte darstellen. S.s Erzählqualität und sein Personengeflecht hat die Kritiker (und vielleicht die Leser) immer wieder verführt, sich an der Oberfläche seiner Texte aufzuhalten, so daß sie die heftige Kritik am Spießbürgertum, an Provinzialität und den falschen Gütern übersahen. Dabei lassen doch seine *Zwölf Geschichten* und deutlicher noch der Stationenroman *Die heile Hölle* die Brüche erkennen, auf die es S. ankommt. In diesem Roman einer nach außen hin intakten Familie zerfällt der Schein von Harmonie, Wohlstand und Zufriedenheit beim genauen Blick auf den einzelnen, und hinter ihren Masken ist nichts, was Halt geben könnte. Gerade diese bürgerliche Deformation ist das Thema seines überschwenglich gelobten Werks *Commedia*. Das Ganze scheint wohlgeordnet zu sein, aber die Selbstentwürfe der mehr als 200 Figuren des ersten Teils lassen deutlich werden, daß sie alle mit dieser Ordnung nicht zurechtkommen, auf der Suche nach einem eigenen Leben sind, die fast immer mißlingt. So entsteht unter dem Deckmantel einer kleinstädtischen Gemeinschaft der Totentanz gescheiterter Einzelgänger, dem, im zweiten Teil, das Museum bürgerlicher Abstrusitäten korrespondiert. *Barbarswila* ist die virtuos aus Einzelgeschichten zusammengesetzte Darstellung eines Tages in einer Schweizer Kleinstadt. Hinter bürgerlicher Wohlanständigkeit erscheinen Chaos und Kuriositäten.

W.: Romane: Unschlecht, 1970; Stimmgänge, 72; Die heile Hölle, 74; Balzapf oder Als ich auftauchte, 77; Commedia, 80 (gekürzt 84); Heißer Sonntag, 82; Sindbadland, 84; Barbarswila, 88; Früher am See. Frühling, Sommer, 88; Früher am See. Herbst, Winter, 89. – *Erzählungen:* Zwölf Geschichten, 73 (u. d. T.: Heißer Sonntag, 82); Phönix – die Reise in den Tag, 78; Ende der Nacht, 79; Von Rom bis Kotzebue. 16 Reisebilder, 82; Sacramento, 83; Verschwinden in Venedig, 85. – *Schallplatten u. ä.:* Commedia, 81 (2 Toncass.).

Spengler, Oswald (Pseud. Droem?), *29.5.1880 Blankenburg (Harz), †8.5.1936 München.
Vater Postsekretär (ein «amusischer Preuße»), Mutter Tochter eines Ballettmeisters. Schulzeit in Halle. Studium der Biologie, Mathematik und Philosophie in München, Berlin und Halle. 1904 Promotion (über Heraklit). Gymnasiallehrer in Saarbrücken, Düsseldorf, Hamburg. Ab 1911 als Schriftsteller in München.
S. folgte anfangs literarischen Neigungen und schrieb Dramen und Lyrik. Politische Ereignisse der Zeit (Marokkokrise) führten ihn zur Aufstellung der Kulturzyklentheorie, der Hypothese von Analogie und Homologie geschichtlicher Vorgänge und der allen Kulturen eigenen, aber in jeder andersgearteten und sie dadurch voneinander isolierenden Urphänomene, deren Gesamtheit die Weltgeschichte ausmacht. Alle historischen Phänomene erschienen ihm als Produkte von Groß-Organismen mit vergleichbarer Eigengesetzlichkeit, die ihr morphologisches Schicksal, also begrenzte Lebensdauer haben dadurch, daß sie dem organologischen Schema des Dreier-

schritts unterliegen (Blüte, Reife, Verfall). Als Kronzeugen für seine biologistische Anthropologie, in der die Rolle des Geistes hinter die Gesetzmäßigkeit der kosmischen Verhandlungen zurücktritt, führte S. Goethe und Nietzsche an. S.s schicksalsgläubige Geschichtsdeutung fand in der Umbruchzeit nach dem 1. Weltkrieg ungeheures internationales Echo und trug nachhaltig zum modernen Geschichtsbild bei, der Titel *Untergang des Abendlandes* wurde zu einem geflügelten Wort. Innerhalb S.s Deutung der Leistungen der von ihm unterschiedenen acht Weltkulturen erscheint die abendländische in einem Verfallsstadium, ohne Kraft zur kulturellen Erneuerung. Preußentum und Sozialismus propagierte S. als Alternative zu einer «weißen» und «farbigen» Weltrevolution; übergeordnet und diktatorisch, als nationalistischer «Cäsarismus», sollten sie die Weltgeschichte lenken. S.s Theorien riefen leidenschaftliche Kontroversen hervor, fanden aber ebensoviel Zustimmung.

W.: Kultur- und geschichtsphilosophische Werke, Essays, Reden, Briefwechsel: Einf. zu: Ernst Droem: Gesänge, 1920; Der Untergang des Abendlandes. Umriß einer Morphologie der Weltgeschichte. Bd I Gestalt und Wirklichkeit, 18 (umgearb. 23), Bd II Welthistorische Perspektiven, 22; Preußentum und Sozialismus, 20; Neubau des deutschen Reiches, 24; Politische Pflichten der deutschen Jugend, 24; Der Staat. Das Problem der Stände (aus: Der Untergang des Abendlandes), 25; Der Mensch und die Technik. Beitrag zu einer Philosophie des Lebens, 31; Denn der Mensch ist ein Raubtier, 31; Politische Schriften, 32; Jahre der Entscheidung. Deutschland und die weltgeschichtliche Entwicklung (nur Bd I), 33; Zur Weltgeschichte des zweiten vorchristlichen Jahrtausends, 35; Reden und Aufsätze, 37; Gedanken, 41; Briefe, 1913–36, 64; Urfragen. Fragmente aus dem Nachlaß, 65; Frühzeit der Weltgeschichte, 66; Der Briefwechsel zwischen O. S. und Wolfgang E. Groeger über russische Literatur, Zeitgeschichte und soziale Fragen, 87.

Sperber, Manès (Pseud. C. A. Chauvreau, Paul Haland, J. P. Haller, Jan Heger, N. A. Menlos), *12.12.1905 Zablotow (Österreich, heute UdSSR), †5.2.1984 Paris. Als Sohn eines Rabbiners wuchs S. religiös traditionell auf. 1916 zog er mit seinen Eltern nach Wien, wo er Psychologie studierte und Schüler und Mitarbeiter A. Adlers wurde. 1927–33 lebte S. in Berlin, wo er als Individualpsychologe arbeitete und zeitweilig die «Zeitschrift für individualpsychologische Pädagogik und Psychohygiene» herausgab. 1931 kam es zum Bruch mit Adler. S., der als Jugendlicher Mitglied der zionistischen Jugendbewegung gewesen war, trat 1927 in die KPD ein. 1933 floh er vor der faschistischen Diktatur nach Österreich und über Jugoslawien nach Paris. Unter anderem als Folge der Moskauer Prozesse löste er sich von der kommunistischen Partei. Unter Pseudonym war er Mitarbeiter der von W. Münzenberg herausgegebenen Zeitschrift «Zukunft». Als Freiwilliger für die französische Armee kämpfend, konnte er nach deren Niederlage in die Schweiz entkommen, wo er seit 1943 interniert war. Nach Kriegsende kehrte er nach Paris zurück, wo er seitdem lebte und arbeitete, zuerst als Lektor, dann als literarischer Leiter in einem der bedeutendsten französischen Verlage, Calman-Lévy. Neben anderen Auszeichnungen erhielt S. den Literaturpreis der Bayerischen Akademie der Schönen Künste 1971, den Hansischen Goethe-Preis 1973, den Preis der Stadt Wien für Literatur 1974, 1975 den Büchner-Preis, 1977 den Großen Österreichischen Staatspreis, 1979 den Charles-Veillon-Preis und die Buber-Rosenzweig-Medaille sowie 1983 den Friedenspreis des Deutschen Buchhandels.

S.s literarisches Werk umfaßt biographische Arbeiten über seinen Lehrer Adler, Essays, in denen er sich u. a. mit Fragen jüdischer Identität, der Gewalt, der Diktatur auseinandersetzt. Bekannt wurde er mit der Romantrilogie *Wie eine Träne im Ozean*. In ihr schildert er in einem breiten Panorama die Schicksale revolutionärer kommunistischer Intellektueller in den ersten Jahrzehnten dieses Jahrhunderts. Durch die historischen Ereignisse werden sie immer wieder vor die Alternative gestellt, entweder zu Technikern der Macht zu werden oder in Gegensatz zur Partei zu geraten, was für viele zu einer unlösbaren inneren Krise führt. Großen Erfolg hatte S. mit den drei Bänden seiner Autobiographie *All das Vergangene* ...

W.: Romane, Erzählungen: Der verbrannte Dornbusch, 1949; Tiefer als der Abgrund, 50; Die verlorene Bucht, 55 (zus. u. d. T.: Wie eine Träne im Ozean, 61); Der schwarze Zaun, 86; Wolyna, 84; Sokrates. Roman-Drama-Essay, 88. – *Essays, theor. Schriften, (Auto-) Biographisches:* Alfred Adler: Der Mensch und sein Werk, 26; Zur Analyse der Tyrannis – Das Unglück, begabt zu sein, 39; Le Talon d'Achille, 57 (dt. u. d. T.: Die Achillesferse, 60); Zur täglichen Weltgeschichte, 67; Die Liebe und Casanova, 67 (in: G. Casanova: Geschichte meines Lebens, Bd 11); Alfred Adler oder Das Elend der Psychologie, 70; Wir und Dostojewski, 72 (mit H. Böll); Leben in dieser Zeit. Sieben Fragen zur Gewalt, 72; Die Wasserträger Gottes, 74; Die vergebliche Warnung, 75; Bis man mir Scherben auf die Augen legt, 77 (gemeinsamer Untertitel der drei autobiograph. Bände: All das Vergangene ...); Individuum und Gemeinschaft, 78; Churban oder Die unfaßbare Gewißheit, 79; Lenz, S.: Gespräche mit Manès Sperber und Leszek Kołakowski, 80; Nur eine Brücke zwischen Gestern und Morgen, 80; Der freie Mensch, 80; Essays zur täglichen Weltgeschichte, 81; Die Wirklichkeit in der Literatur des 20. Jahrhunderts, 83; Ansprachen aus Anlaß der Verleihung des Friedenspreises des Deutschen Buchhandels, 83; Pan und Apoll. Alfred Adlers Individualpsychologie (mit A. Adler u. W. Tomann), 84; Ein politisches Leben. Gespräche mit L. Reinisch, 84; Gefährdung der Demokratie, 84; «Judenklischees» und jüdische Wirklichkeit in unserer Gesellschaft (mit H. D. Kahl u. a.), 85; Geteilte Einsamkeit. Der Autor und sein Leser, 85; Die Tyrannis und andere Essays aus der Zeit der Verachtung, 86. – *Werkausgabe:* Gesammelte Werke in Einzelausgaben, 81 ff. – *Herausgebertätigkeit:* Zeitschrift für individualpsychologische Pädagogik und Psychohygiene, 28; Essay 1–5, 63–65.

Sperr, Martin, *14. 9. 1944 Steinberg (Niederbayern).
S., der Sohn eines Lehrer-Ehepaars, absolvierte eine Lehre als Industriekaufmann in München. Dem Schauspielunterricht in München und am Max-Reinhardt-Seminar in Wien folgten Engagements als Schauspieler und Regieassistent in Wiesbaden, Bremen, Berlin und München. S.s Tätigkeit als Autor und Schauspieler wurde nach 1972 durch eine Kopfoperation beeinträchtigt, doch hat er sie in den letzten Jahren wieder aufgenommen. Mehrere Literaturpreise. – In

S.s erstem Stück *Jagdszenen aus Niederbayern* wird in lockerer Szenenfolge, in knappen, direkten Bildern von sarkastisch zugespitztem Realismus und mit derber, aber durchaus stilisierter Dialektsprache gezeigt, wie eine intolerante, gottesfürchtige niederbayrische Dorfgemeinschaft in kollektivem Haß einen «Blöden» in den Selbstmord und den homosexuellen Flüchtlingssohn Abram zum Mord treibt. Das Stück wurde von Peter Fleischmann erfolgreich verfilmt. Im darauffolgenden Stück *Landshuter Erzählungen* stellt S. modellhaft den Machtkampf zwischen zwei konkurrierenden Bauunternehmern in einer bayrischen Kleinstadt dar, als Satire des Wirtschaftswunders. Dritter und letzter Teil von S.s *Bayerischer Trilogie* (modellhaft erscheinen die Bayern «in ihrer Funktion als Deutsche») ist die politische Groteske *Münchner Freiheit*, die von Studentenunruhen und Olympia-Vorbereitungen in der bayrischen Hauptstadt handelt.

W.: Erzählungen, Prosa: Jagd auf Außenseiter, 71. – *Dramen:* Jagdszenen aus Niederbayern, 1966 (in: Theater heute, 7/66); Landshuter Erzählungen, 67 (in: Theater heute. Jahresheft 67); Münchner Freiheit, 71 (in: Theater heute, 12/71) (alle drei Stücke zusammen veröffentlicht als: Bayrische Trilogie, 72); Koralle Meier, 71 (Bühnenms.); Adele Spitzeder, 77 (Bühnenms.). – *Filme, Fernsehspiele:* Jagdszenen aus Niederbayern, 69; Der Räuber Mathias Kneißl, 71 (Textbuch zum Fernsehfilm, 71); Adele Spitzeder, 72. – *Sammel- und Werkausgaben:* Willst Du Giraffen ohrfeigen, mußt Du ihr Niveau haben! Ein Sperrbuch, 79; Olympio, die Legende vom weißen Neger & Schleifengedichte & Sprüche und Nachttexte, 80. – *Übersetzungen, Bearbeitungen:* Bayrische Dialektbearb. von Bond: Gerettet, 67; Bearbeitung von Shakespeare: Maß für Maß, 67; Der Widerspenstigen Zähmung zu: Kunst der Zähmung, 71 (Bühnenms.). – *Herausgebertätigkeit:* Herr Bertolt Brecht sagt, 70 (mit M. Sperr).

Speyer, Wilhelm, *21. 2. 1887 Berlin, †1. 12. 1952 Riehen/Schweiz.
Der Sohn eines Fabrikanten studierte in München, Straßburg, Greifswald und Berlin Rechtswissenschaft, nahm als Freiwilliger am 1. Weltkrieg teil und lebte danach bis 1933 zumeist in Berlin. S., dessen Bücher im nationalsozialistischen

Deutschland verboten waren, emigrierte im Februar 1933 nach Österreich, von wo er im Mai 1938 weiter nach Frankreich floh. Im Frühjahr 1940 interniert, gelang ihm noch im selben Jahr über Lissabon die Emigration in die USA. Dort lebte er bis 1949 in Beverly Hills, nach Ablauf seines Einjahresvertrags als Drehbuchautor bei MGM unterstützt durch Freunde und Hilfsorganisationen. 1949 kehrte er in die Bundesrepublik zurück, die er jedoch 1952 verließ, um in die Schweiz zu ziehen. Er war u. a. Mitglied des SDS und des PEN. – Neben Schauspielen schrieb S. vor allem populäre und unterhaltende Romane mit historischem wie zeitgenössischem Hintergrund, von denen einige als Fortsetzungsromane in Zeitungen erschienen. Bekannt und beliebt bis heute sind seine Jugendbücher *Der Kampf der Tertia* und *Die goldende Horde*, in denen es um das solidarische Verhalten einer Schulklasse geht. Bis 1939 konnte S. noch in Exilverlagen veröffentlichen. Danach erschien erst wieder nach dem Ende des 2. Weltkriegs mit *Das Glück der Andernachs* ein Roman von ihm, der das Schicksal einer jüdischen Familie während des Wilhelminischen Kaiserreichs beschreibt.

W.: Romane, Erzählungen: Oedipus, 1907; Wie wir einst so glücklich waren!, 09; Der Herzog, die Kokotte und der Kellner, 12; Das fürstliche Haus Herfurth, 14; Mijnheer van Heedens große Reise, 21; Schwermut der Jahreszeiten, 22; Frau von Hanka, 24; Das Mädchen mit dem Löwenhaupt, 25; Charlott etwas verrückt, 27; Der Kampf der Tertia, 28; Nachtgesichte, 28; Sibyllenlust, 28; Sonderlinge, 29; Ich geh aus und du bleibst da, 30; Die goldene Horde, 31; Roman einer Nacht, 32; Sommer in Italien, 32; Kreuzfahrer, 34; Der Hof der schönen Mädchen, 35; Zweite Liebe, 36; Die Stunde des Tigers, 39; Das Glück der Andernachs, 47; Andrai und der Fisch, 51; Señorita Maria Teresa, 51. – *Dramen:* Gnade, 11; Er kann nicht befehlen, 19; Karl der Fünfte, 19; Der Revolutionär, 19; Rugby, 21; Südsee, 23; Es geht. Aber es ist auch danach!, 29; Napoleon, 30 (Bühnenms.); Ein einmal in Berlin!, 30 (Bühnenms.); Ein Mantel, ein Hut, ein Handschuh, 33 (Bühnenms.). – *Filme:* Charlott etwas verrückt. o. J.; Kampf der Tertia, o. J.; Ich geh aus und du bleibst da, o. J. – *Sammel- u. Werkausgaben:* Der Kampf der Tertia. Die goldene Horde, 83.

Spiel, Hilde (eig. Hilde Maria Eva Flesch von Brunningen), *19. 10. 1911 Wien, †30. 11. 1990 ebda.

Nach der Schulausbildung, u. a. auf der Schwarzwaldschule in Wien, studierte S. bei M. Schlick und K. Bühler Philosophie und promovierte 1936 zum Dr. phil. Mit ihrem ersten Ehemann, P. de Mendelssohn, übersiedelte sie im selben Jahr nach London und arbeitete für die Zeitschrift «New Statesman», die sie 1946 als Korrespondentin wieder nach Wien schickte; von Ende 1946–48 schrieb sie u. a. als Theaterkritikerin für die «Welt» in Berlin. Wieder in England, ist sie als Kulturberichterstatterin für mehrere deutsche und österreichische Zeitungen und Rundfunkanstalten tätig gewesen, bis sie sich 1963 endgültig in Wien niederläßt und dort weiterhin schriftstellerisch und journalistisch arbeitet.

S.s Romane zeichnen sich neben ihrer sprachlichen Qualität durch die genaue Wiedergabe der Atmosphäre und der Stimmungen des historischen Hintergrunds der Erzählung aus. In *Kati auf der Brücke* ist es das Wien der 30er Jahre mit seinen Journalisten und Dichtern; in *Lisas Zimmer* das New York, wie es die deutschsprachigen Emigranten nach dem 2. Weltkrieg als Exil erleben. Die Essays setzen sich mit literaturgeschichtlichen Fragestellungen unterschiedlicher Epochen und Länder auseinander (*Welt im Widerschein*). – S. arbeitet außerdem als Theaterkritikerin und vor allem als Übersetzerin zahlreicher englischer und amerikanischer Autoren. In *Die hellen und die finsteren Zeiten*, ihrer Autobiographie über die Jahre zwischen 1911 und 1946, sind die Zeitgeschichte Europas und die eigene Geschichte kunstvoll ineinander verwoben.

1962 wurde S. der Professorentitel verliehen, und sie erhielt das Bundesverdienstkreuz I. Klasse, 1972 das Österreichische Ehrenkreuz für Kunst und Wissenschaft I. Klasse und das Goldene Ehrenzeichen für Verdienste um Wien, 1976 den Preis der Stadt Wien für Publizistik, 1978 das goldene Verdienstzeichen des Landes Salzburg. 1981 wurde sie mit der Roswitha-von-Gandersheim-Medaille, dem Johann-Friedrich-Merck-Preis und dem

Donauland-Preis ausgezeichnet, 1985 Rosegger-Preis, 1988 Preis der Bayerischen Akademie der Schönen Künste. 1990 Goethe-Medaille des Goethe-Instituts.

W.: Romane, Erzählungen, Tagebuchaufzeichnungen: Kati auf der Brücke, 1933; Verwirrung am Wolfgangsee, 35 (u. d. T. Sommer am Wolfgangsee, 61); Lisas Zimmer, 65; Rückkehr nach Wien, 68; Mirko und Franca, 80; Die Früchte des Wohlstands, 81; Der Mann mit der Pelerine und andere Geschichten. Der Baumfrevel, 87; Flöte und Trommeln, 89; Anna & Anna. Flüchten oder hinnehmen? Eine reale Frage literarisch beantwortet, 89. – *Herausgebertätigkeit:* London, 56 (mit E. Niggemeyer); England erzählt, 60; W. Shakespeare: König Richard, 64; Der Wiener Kongreß in Augenzeugenberichten, 65; Verliebt in Döbling, 66 (mit F. Vogler); Wien – Spektrum einer Stadt, 71; Die zeitgenössische Literatur Österreichs, 75. – *Essays, Schriften:* Der Park und die Wildnis, 53; Sir Laurence Olivier, 58; Welt im Widerschein, 60; Fanny von Arnstein oder Die Emanzipation, 62; Richard III, 64; Städte und Menschen, 71; Kleine Schritte, 76; In meinem Garten schlendernd, 81; Englische Ansichten, 84; Glanz und Untergang. Wien 1866 bis 1938, 87; Die hellen und die finsteren Zeiten. Erinnnerungen 1911–1946, 89. – *Übersetzungen:* P. de Mendelssohn, R. Godden, E. Williams, N. Balchin, S. Rayman, G. Greene, J. Saunders, J. Orton, D. Mercer, T. Stoppard. – *Sammel- und Werkausgaben:* Frühe Tage. Kati auf der Brücke. Verwirrung am Wolfgangsee, 86.

Spitteler, Carl (Pseud. Felix Tandem, Phineas), *24. 4. 1845 Liestal bei Basel, †29. 12. 1924 Luzern.

S. studierte Jura in Basel, danach in Zürich und Heidelberg protestantische Theologie und wirkte 8 Jahre in Rußland und Finnland als Lehrer. Nach Lehrtätigkeit in Bern und Neuveville wurde er 1889 Feuilletonredakteur bei der «Neuen Zürcher Zeitung»; seit 1892 lebte er als freier Schriftsteller. 1914 setzte er sich in der Rede «Unser Schweizer Standpunkt» für strikte Neutralität der Schweiz ein; 1919 erhielt er den Nobelpreis, 1920 den Gr. Preis der Schweizerischen Schillerstiftung.

S., dessen Nietzsche verwandtes unchristliches und von tiefer Skepsis erfülltes Weltbild nach monumentaler Gestaltung drängte, versuchte in seinem epi-

schen Werk einen neuen philosophisch-kosmischen Mythos zu schaffen, der von Elementen hellenistischer und biblischer Mythologie ausgeht. Sein erstes Hauptwerk *Prometheus und Epimetheus*, in dem er die Überfülle der Bilder nicht immer zu bewältigen vermochte, behandelt in frei rhythmisierter, von Pathos erfüllter Prosa den spannungsreichen Gegensatz zwischen dem Außenseiter und der Masse. 1924 brachte S. eine überarbeitete und gekürzte Fassung in sechsfüßigen Jamben heraus: *Prometheus der Dulder*, die den weltabgewandten Künstler Prometheus in den Mittelpunkt stellt. Zweites Hauptwerk ist das mythologische Epos *Olympischer Frühling* von der Auffahrt neuer Götter aus der Unterwelt, eine vom Pessimismus Schopenhauers geprägte phantastische Kosmogonie, in der Herakles zum Verkünder einer heroischen Philosophie des «Dennoch» wird. Daneben stehen weniger bedeutende Versuche im naturalistischen Roman (*Conrad der Leutnant*, ein Gegenstück zum Berliner Sekundenstil von Holz und Schlaf), psychologische Romane (*Imago*) und Lyrik.

W.: Romane, Erzählungen: Friedli der Kolderi, 1891; Gustav. Ein Idyll, 92; Conrad der Leutnant, 98; Imago, 1906; Gerold und Hansli, die Mädchenfeinde, 07. – *Dramen:* Der Parlamentär, 1889; Der Ehrgeizige, 92. – *Lyrik und Epen:* Prometheus und Epimetheus, 1881; Extramundana, 83; Schmetterlinge, 89; Balladen, 96; Olympischer Frühling, 1900–05, 10; Glokkenlieder, 06; Prometheus der Dulder, 24. – *Essays, Schriften, Autobiographisches:* Literarische Gleichnisse, 1892; Der Gotthard, 96; Lachende Wahrheiten, 98; Meine Beziehungen zu Nietzsche, 1908; Meine frühesten Erlebnisse, 14; Rede über Gottfried Keller, 19. – *Sammel- und Werkausgaben:* Gesammelte Werke, 9 Bde, 45–58; Kritische Schriften, 65; Auswahl aus den Epen «Prometheus und Epimetheus», «Der olympische Frühling», 84; Meistererzählungen, 90.

Spoerl, Heinrich, *8. 2. 1887 Düsseldorf, †25. 8. 1955 Rottach-Egern/Tegernsee.

S. studierte Jura in Marburg, Berlin und München und promovierte dort zum Dr. jur.; 1919–37 war er Rechtsanwalt in Düsseldorf, lebte dann 1937–41 als freier Schriftsteller in Berlin; 1941 siedelte er nach Rottach-Egern über und lebte dort nach dem 2. Weltkrieg als freier Schriftsteller und Anwalt. – S. wurde in den 30er Jahren mit humoristischen Unterhaltungsromanen und heiteren Erzählungen populär. Seine im gefälligen Plauderton geschriebenen Bücher mit Happy-End erfreuten sich großer Beliebtheit bei einem breiten Leserkreis; mehrere davon wurden verfilmt, u. a. *Wenn wir alle Engel wären*, *Der Maulkorb* und *Die Feuerzangenbowle*.

W.: Romane, Erzählungen, Novellen: Die Feuerzangenbowle, 1935; Wenn wir alle Engel wären, 36; Der Maulkorb, 36; Man kann ruhig darüber sprechen, 37; Der Gasmann, 40; Das andere Ich, 42; Die Hochzeitsreise, 46; Der eiserne Besen (mit Alexander Spoerl), 49; Ich vergaß zu sagen, 56. – *Dramen:* Der Maulkorb, 38; Die weiße Weste, 45. – *Werkausgabe:* Gesammelte Werke, 63; Spoerl's Gesammelte Werke, 78; Das Schönste von H. Sp., 4 Bde, 81; Gesammelte Werke, 90. – *Schallplatten, Kassetten:* Die Hochzeitsreise, ca. 88 (3 Kass.).

Squentz, Peter → Eberle, Josef

Stabler, Daniel → Blass, Ernst

Stade, Martin, * 1. 9. 1931 Haarhausen (Thüringen).
Nach einer Lehre als Rundfunkmechaniker bis 1958 als FDJ-Funktionär tätig; danach Dreher und Kranführer; seit 1969 freischaffend; 1971/72 Studium am Institut für Literatur «Johannes R. Becher» in Leipzig.
Stades erste Erzählungen (*Der himmelblaue Zeppelin*) zeichneten sich durch die Sensibilität aus, mit der den Veränderungen unter der DDR-Landbevölkerung, insbesondere unter der älteren Generation, nachgefragt wurde. S.s Aufmerksamkeit konzentrierte sich ebenso wie in seinen späteren Erzählungen auf die «Opfer» der Veränderungen. Die Erzählungen verloren zunehmend ihre Sentimentalität und idyllischen Züge, ohne dadurch die Poesie des oft skurril gezeichneten Alltags einzubüßen.
Nachdem S. schon 1971 den von Claus Back begonnenen Roman über Knobelsdorff (*Der Meister von Sanssouci*) vollendet hatte, wandte er sich mit dem Roman *Der König und sein Narr* erneut der

Geschichte des 18. Jhs. zu: Gundling, Intellektueller am Hof Friedrich Wilhelms I., reflektiert vor seinem Tode den eigenen Weg vom Präsidenten der Akademie der Wissenschaften zum bürgerlichen Hofnarren, der dem Alkohol verfällt und zum Gespött der Herrschenden wird.

W.: Romane, Erzählungen: Der himmelblaue Zeppelin, 1970; Der Meister von Sanssouci, 71; Vetters fröhliche Fuhren, 73; Der König und sein Narr, 75; 17 schöne Fische, 76; Balntschuk ist wieder da, 77; Der närrische Krieg, 81; Der Windsucher und andere Dorfgeschichten, 83; Der Präsentkorb, 83; Der junge Bach, 85. – *Fernsehspiele:* Tiroler macht Urlaub, 73; Der erste Urlaubstag, 74.

Stadler, Ernst, * 11. 8. 1883 Colmar (Elsaß), † 30. 10. 1914 nahe Zandvoorde bei Ypern (Belgien).
Sohn eines Oberregierungsrats, des späteren Kurators der Universität Straßburg, studierte 1902–06 Germanistik, Romanistik und Vergleichende Sprachwissenschaft in Straßburg und München, promovierte zum Dr. phil., war 1906–08 Stipendiat der Rhodes-Stiftung in Oxford, habilitierte sich 1908 in Straßburg und lehrte ab 1910 als Dozent, ab 1912 als Professor für Germanistik an der Université Libre in Brüssel mit regen wissenschaftlichen und literarischen Verbindungen, aus denen er durch den Ausbruch des 1. Weltkriegs herausgerissen wurde; er fiel als Artillerieoffizier. – S. war seit der Schulzeit mit Otto Flake und René Schickele befreundet und gab mit ihnen 1902 die Zeitschrift «Der Stürmer» heraus, die eine Erneuerung der elsässischen Literatur in einer europäisch verstandenen Kulturgemeinschaft anstrebte. 1911–13 war er Mitarbeiter an Franz Pfemferts Zeitschrift «Die Aktion». – S. begann als impressionistischer Lyriker unter dem Einfluß von Stefan George und Hugo von Hofmannsthal (*Praeludien*, 1905), wandte sich dann vom Ästhetizismus zum sozialen Pathos des «Mitmenschentums», gegen die Enge und das Banausentum der gesellschaftlichen Wirklichkeit (*Der Aufbruch*). Formalen Ausdruck fand diese Lyrik in freien Rhythmen und einer charakteristischen Langzeile. – S. gilt neben Georg

Heym und Georg Trakl als bedeutendster Vertreter des Frühexpressionismus.

W.: Lyrik: Praeludien, 1905; Der Aufbruch, 14. – *Essays u. Monographien:* Über das Verhältnis der Handschriften D und G von Wolframs Parcival, 06 (Diss.); Wielands Shakespeare, 10 (Habil. Schr.). – *Übersetzungen:* Das Balzac-Buch. Erzählungen und Novellen, 13; F. Jammes: Die Gebete der Demut. 13. – *Sammel- u. Werkausgaben:* Ausgewählte Gedichte, 47; Dichtungen, 2 Bde, 54; Gedichte und Prosa, 64; Dichtungen, Schriften, Briefe, 83. – *Herausgebertätigkeit:* Der Stürmer. Halbmonatsschrift für künstlerische Renaissance im Elsaß, Jg. 1, 02 (mit R. Schickele); Chr. M. Wieland: Gesammelte Schriften, Abt. 2: Übersetzungen Bd. 1–3 (= W. Shakespeare, Theatralische Werke), 09–11; Hartmann von Aue: Der arme Heinrich und zwei jüngere Prosalegenden verwandten Inhalts, 11 (Neuausgabe nach W. Wackernagel). – *Sammel- und Werkausgaben:* Der Aufbruch und Verstreute Gedichte aus den Jahren 1910–1914, 83; Leoncita, 85; Der Aufbruch und ausgewählte Gedichte, o. J.

Stahl, Hermann, *14. 4. 1908 Dillenburg/ Westerwald.
1927 studierte S. bildende Kunst in Kassel, ab 1929 Bühnenbild bei E. Preetorius in München. Seine Werke als Bühnenbildner und Maler stellte S. im Münchner Glaspalast als Mitglied in der Gruppierung «Die Juryfreien» aus. 1933 wurde er als «jüdisch versippt» klassifiziert und seine Werke als entartet verboten. S. bereiste Italien und Frankreich und ließ sich 1937 als freier Schriftsteller in Dießen am Ammersee nieder. – Die frühen Romane und Erzählungen schildern heranwachsende Jugendliche und junge Erwachsene, die lernen müssen, ihr Leben auch unter schwierigen Bedingungen und nach Schicksalsschlägen aus eigener Kraft zu meistern (*Traum der Erde*); in den späteren Prosawerken weichen die mehr subjektiven Probleme des einzelnen allgemeingültigeren Themen: Die Möglichkeit der Bewältigung von Schuld, der Umgang mit dem Tod und mit Zeiterscheinungen wie Vereinsamung und Getriebensein des Menschen tauchen als Grundmotive auf (*Strand*). – Die Lyrik, in der das Bild der Natur im Vordergrund steht, wandelt sich von romantischen Beschreibungen in klassisch strenger Form

zu Werken, die verstärkt mit dem Stilmittel der Metapher arbeiten. – S. schreibt auch Hörspiele und Feuilletons.

W.: Romane, Erzählungen: Traum der Erde, 1936; Vor der angelehnten Tür, 37; Die Wurzel unter dem Gras, 38; Die Orgel der Wälder, 39; Der Läufer, 39; Die Heimkehr des Odysseus, 40; Licht im Brunnengrund, 42; Langsam steigt die Flut, 43; Die Reise ins Gestern und Morgen, 46; Eine ganz alltägliche Stimme, 47; Wenn die Glocke tönt, 48; Die Spiegeltüren, 51; Wohin du gehst, 54; Ewiges Echospiel, 55; Wildtaubenruf, 58; Jenseits der Jahre, 59; Tage der Schlehen, 60; Eine Heimkehr, 61; Genaue Uhrzeit erbeten, 61; Strand, 63; Türen aus Wind, 69; Das Pfauenrad, 79. – *Hörspiele, Dramen:* Der Botengang, 50; Die Weisheit des Peter Krafft, 50; Gerechtigkeit auch in Sybaris, 50; Die Querulantin oder Ein Jeder ist die Zeit, 52; Nausikaa und Odysseus, 53; Wohin die Züge fahren, 54; 2 Nächte und ein Leben, 55; Die Möwen haben Flügel, 55; Ein Denkmal wird entschleiert, 55; Der Freund des Mr. Lowden, 56; Der Doppelgänger, 56; Die brüderlichen Träume, 56; Von zwölf bis zwölf, 56; Ein Nachmittag wie alle, 59; Die Insel Anjas, 59; Lydia oder das Wort für Gerechtigkeit, 60; Ocker, 61; Jahr um Jahr, 63. – *Lyrik:* Gedichte, 38; Überfahrt, 40; Gras und Mohn, 42; Wolkenspur, 54. – *Sammelausgabe:* Gedichte aus den vier Jahrzehnten, 78.

Staiger, Emil, *8. 2. 1908 Kreuzlingen/ Bodensee, †28. 4. 1987 Horgen b. Zürich.
S. studierte in Genf, Zürich und München Theologie, Germanistik und Altphilologie. 1932 Promotion mit einer Arbeit über Annette von Droste-Hülshoff. Habilitationsschrift *Der Geist der Liebe und das Schicksal. Schelling, Hegel und Hölderlin.* 1943 Ordinarius für Germanistik an der Univ. Zürich, deren Ruhm er stark beförderte. S. überführte die Literaturwissenschaft von der geistesgeschichtlichen in eine phänomenologische und existenzphilosophisch begründete Richtung der weitgehend werkimmanenten Interpretation, die für mehr als ein Jahrzehnt bestimmendes Verfahren der deutschen Literaturwissenschaft wurde. In seinem Aufsatz *Die Kunst der Interpretation* erklärte er am Beispiel von Mörikes Gedicht *Auf eine Lampe* programmatisch seine Absicht, Gefühl mit wissenschaftlicher Ratio, den Gelehrten mit dem Liebhaber von Dichtung zu verei-

nen. Seine Rede *Literatur und Öffentlichkeit* löste durch eine an konservativen Maßstäben orientierte Kritik moderner Dichtung den «Züricher Literaturstreit» aus, in dem führend M. Frisch und viele andere gegen S. opponierten.

W.: Essays, theoretische Schriften: Annette von Droste-Hülshoff, 1933; Die Zeit als Einbildungskraft des Dichters, 39; Meisterwerke deutscher Sprache aus dem neunzehnten Jahrhundert, 42; Grundbegriffe der Poetik, 46, erw. 51; Goethe, 3 Bde, 52–59; Die Kunst der Interpretation. Studien zur deutschen Literaturgeschichte, 55; Der Zeitgeist und die Geschichte, 61; Stilwandel. Studien zur Vorgeschichte der Goethezeit, 63; Geist und Zeitgeist, 64; Musik und Dichtung, 66; Friedrich Schiller, 67; Adalbert Stifter als Dichter der Ehrfurcht, 67; Spätzeit. Studien zur deutschen Literatur, 73; Gipfel der Zeit. Sophokles, Horaz, Shakespeare, Manzoni, 79; Friedrich Schlegels Sieg über Schiller, 81; Vor drei Bildern. Kersting, C. D. Friedrich, Agasse, 83. – *Übersetzungen:* Sappho: Dichtungen, 80 (Neuausgabe). – *Herausgebertätigkeit:* Musikalische Novellen, 51; Kallimachos. Die Dichtungen, 55; Carossa. Ausgewählte Gedichte, 78; Torquato Tasso. Werke und Briefe, 78; Schiller, F. von / Goethe, J. W. von: Briefwechsel, o. J.

Stark, G. von → Le Fort, Gertrud von

Staudacher, Wilhelm, *16. 3. 1928 Rothenburg ob d. T.
Nach der Volks- und Berufsschule Besuch von Volkshochschulkursen über Malerei und Literatur. Heute ist S. Stadtkämmerer seiner Geburtsstadt, Mitglied u. a. des Internationalen Dialekt-Instituts, der Autorenvereinigung «Kogge» und des PEN und erhielt mehrere Förderpreise. – S., der zahlreiche Hörspiele und Rundfunkfeatures verfaßt hat (u. a. *Lösung Altersheim*, 72; *Dorftheater*, 73; *Armer Hund Adam*, 80; *Der Peigeigei*, 82), schreibt hochdeutsch ebenso wie in seiner fränkischen Mundart. Ausgehend von eher traditionellen Mundartgedichten, wurde S. einer der ersten Vertreter einer ‹neuen› Mundartdichtung.

W.: Prosa, Texte: Märchen, 1951; Scherenschnitte (mit A. Staudacher-Voit), 65. – *Lyrik:* Bänkelsang der Zigeuner, 60; Des is aa deitsch, 61; Im Metall der blanken Worte, 63; Liebe Menschen, 65; Eckstaa und Pfennbutze, 66 (mit Platte); Über Nei-Bejter-e-Schroll, 70 (mit Platte); Gejcherejd, 88.

Stavenhagen, Fritz (Ernst August) (Pseud. Friedrich Werner, P. Werner, Krischan Kattun), *18. 9. 1876 Hamburg, †9. 5. 1906 ebd.
S., Sohn eines aus Mecklenburg stammenden Kutschers, wuchs mit zwölf Geschwistern in ärmlichen Verhältnissen auf. Von 1884–91 besuchte er die Volksschule, mußte aber während dieser Zeit bereits mitverdienen. Danach war er Kaufmannslehrling, lebte nach abgebrochener Ausbildung von Gelegenheitsarbeiten und begann zu schreiben. Mehrere Aufenthalte in Berlin und München während der folgenden Jahre brachten ihm nicht den erhofften literarischen Erfolg. 1904 kehrte S. nach Hamburg zurück, wo er nach einer Operation starb, bevor er eine Stelle als Dramaturg beim Altonaer Schillertheater hatte antreten können.
S. gilt als Neubegründer plattdeutschen Theaterschaffens. In der Auseinandersetzung mit seinem Werk entstand nicht nur eine neue ernstzunehmende plattdeutsche Dramatik, sondern auch die Gründung von speziellen Theaterstätten für niederdeutsche Stücke wurde durch S.s Werke und die Schwierigkeiten ihrer Aufführung befördert. Neben einer Sammlung von Novellen erschienen von S. nur wenige Schauspiele, deren Bedeutung aber über den niederdeutschen Sprachraum hinausreicht. Vor allem *Mudder Mews*, in der die Bedeutung des Naturalismus für S. am deutlichsten wird, hat bleibende Bedeutung. Das Stück schildert in eindringlichen Szenen die Zerstörung einer Familie durch die Selbstgerechtigkeit und Uneinsichtigkeit der Titelheldin.

W.: Erzählungen: Grau und Golden, 1904. – *Dramen:* Der Lotse, 01; Jürgen Piepers, 01; Mudder Mews, 04; De dütsche Michel, 05; De ruge Hoff, 06.

Stefan, Verena, *3. 10. 1947 Bern.
S. machte in Berlin eine Ausbildung als Krankengymnastin und studierte an der Freien Univ. Soziologie.
S.s *Häutungen* ist eines der wichtigsten Bücher der neuen Frauenbewegung, das bei seinem Erscheinen teils euphorische Zustimmung und Identifikation, teils

heftige und kontroverse Diskussionen auslöste. Ausgehend von der Erfahrung, daß Männer und Frauen nirgends so zerstörerisch miteinander umgehen wie im Bereich der Sexualität, daß sich die Geschlechterhierarchie und die gesellschaftlichen Machtverhältnisse hier am deutlichsten ausdrücken und am nachhaltigsten reproduzieren, macht S. Sexualität zum Thema ihres Buches. Die «autobiographische(n) Aufzeichnungen, Gedichte, Träume, Analysen» beschreiben ihre Erfahrung von Selbstaufgabe und Anpassung an männliche Wünsche und Vorstellungen, den Prozeß ihrer Abwendung vom männlichen Geschlecht und die Suche nach der eigenen, weiblichen Identität, die verknüpft ist mit einer emotionalen und sexuellen Hinwendung zu Frauen. – S. ist auch als Übersetzerin tätig.

W.: Häutungen, 1975; Mit Füßen mit Flügeln. Gedichte und Zeichnungen, 80; Wortgetreu ich träume. Geschichten & Geschichte, 87. – *Übersetzungen:* Rich, A.: Der Traum einer gemeinsamen Sprache (mit G. Meixner), o. J; Wittig, M.: Sande Zeigs Lesbische Völker (mit G. Meixner), 83.

Steffen, Albert, * 10. 12. 1884 Murgenthal bei Bern, † 13. 7. 1963 Dornach bei Basel.
Schweizer Autor, der unter dem Eindruck von Goethes Metamorphosenlehre und der schicksalhaften Begegnung mit Rudolf Steiner (1907), der Beschäftigung mit Manichäismus, der Gnosis und der indischen Religiosität zu einem anthroposophischen Welt- und Menschenbild fand. Lebte in Berlin und München (Erinnerungen an die Münchner Jahre bis 1920 in dem Buch *Auf Geisteswegen*). Seit 1920 Mitglied, seit 1925 Vorsitzender der Allgemeinen Anthroposophischen Gesellschaft Rudolf Steiners. Bemühte sich unablässig, dessen und seinen Erkenntnissen und Anschauungen Geltung zu verschaffen. Lebte bis zu seinem Tode am Goetheanum in Dornach.
S. schrieb philosophische Romane, Prosa, Gedichte von großem Sprachreichtum (oft sakral), Dramen von epischer Bildkraft, Essays. Nach dem Vorsatz, daß ein Dichter von einer realen Erfahrung ausgehen, daraus eine ideelle Welt schaffen, diese aber mit einem Sein durchdringen müsse, das auch im Reiche des Ideellen Wirklichkeit besitze, schuf er ein reiches Lebenswerk, das zunächst von zarter besinnlicher Frömmigkeit getragen, später spiritualisiert ist, in tiefer Ehrfurcht vor den «Daseinsmächten, die im Menschenwesen walten», wurzelt und den «magischen Idealismus» im Sinne Novalis', Hingabe an die Schönheit des Lebens und Vertrauen auf die Urkraft des Herzens preist, sich im Sprachlichen von der Ausdrucksart des Alltags abwendet. In seiner Deutung des Lebens aus der Philosophie des Christentums «ertönt die Stimme der Schöpfung in ihrem Widerspruch zum Erlöser Christus, der nicht kirchlich, sondern ganz als kosmische Macht aufgefaßt ist» (R. Steiner). S.s Werk und Wirken wird von der Albert-Steffen-Stiftung in Dornach betreut und weitergeführt.

W.: Romane, Erzählungen, Novellen: Ott, Alois und Werelsche, 1907; Die Bestimmung der Roheit, 12; Die Erneurung des Bundes, 14; Der rechte Liebhaber des Schicksals, 17; Bauz. Zwei Erzählungen, 17; Sibylla Mariana, 17; Die Heilige mit den Fische, 19; Kleine Mythen, 23; Lebensgeschichte eines jungen Menschen, 28; Wildeisen, 29; Lebenswende, 31; Sucher nach sich selbst, 31; Oase der Menschlichkeit, 34; Novellen, 47; Aus Georg Archibalds Lebenslauf und nachgelassene Schriften, 50; Altmanns Memoiren aus dem Krankenhaus, 56; Dreiunddreißig Jahre, 59; Die Mission der Poesie, 62; Als wären es Sterne, 87. – *Dramen, Schauspiele:* Der Auszug aus Ägypten. Die Manichäer, 16; Das Viergetier, 24; Der Chef des Generalstabs, 27; Hieram und Salomo, 27; Der Sturz des Antichrist, 28; Das Todeserlebnis des Manes, 34; Adonis-Spiel. Eine Herbstesfeier, 35; Friedenstragödie, 36; Fahrt ins andere Land, 38; Pestalozzi, 39; Ruf am Abgrund, 43; Märtyrer, 44; Karoline von Günderode, 46; Barrabas, 49; Alexanders Wandlung, 53; Lin, 57. – *Lyrik:* Weg-Zehrung, 21 (verm. Neuaufl. 27); Gedichte, 31; Der Tröster, 35; Im andern Land/In another Country (mit Percy MacKaye), 37; Passiflora. Ein Requiem für Felicitas, 39; Wach auf, du Todesschläfer, 42; Epoche, 44; Spätsaat, 47; Am Kreuzweg des Schicksals, 52; Krankheit nicht zum Tode, 55; Steig auf den Parnaß und schaue, 60. – *Essays, theoretische Schriften, Autobiographien:* Die Krisis im Leben des Künstlers, 22; Carl Spitteler (m. H. Burte, J.

Fränkel, R. Rolland), 25; Der Künstler zwischen Westen und Osten, 25; In memoriam Rudolf Steiner, 25; Pilgerfahrt zum Lebensbaum, 25; Begegnungen mit Rudolf Steiner, 26; Rudolf Steiners pädagogischer Kurs für Schweizer Lehrer, 26; Der Künstler und die Erfüllung der Mysterien, 28; Mani. Zwei Vorträge, 30; Goethes Geistgestalt, 32; Dramaturgische Beiträge zu den Schönen Wissenschaften, 35; Irrfahrten des Lebens. Aus Erlebnissen und Tagebuchaufzeichnungen, 35; Merkbuch, 37; Conrad Ferdinand Meyers lebendige Gestalt, 37; Buch der Rückschau, 39; Lebensbildnis Pestalozzis, 39; Frührot der Mysteriendichtung, 40; Selbsterkenntnis und Lebensschau, 40; Auf Geisteswegen, 42; Geistige Heimat, 42; Der Genius des Todes, 43; Krisis, Katharsis, Therapie im Geistesleben der Gegenwart, 44; Vorhut des Geistes, 45; Inhalt einer Ansprache bei der Einweihung des Westfensters im Goetheaneum. Michaeli 1945, o. J.; Einl. zu: M. Scholl: Betrachtungen zu Rudolf Steiners Mysteriendrama «Die Pforte der Einweihung», 46; Wiedergeburt der schönen Wissenschaften, 46; In memoriam Rudolf Steiner, 47; Mysterienflug, 48; Geist-Erkenntnis – Gottes-Liebe, 49; In vierzig Jahren um die Erde. Abenteuer und Erlebnisse eines Schweizer Käsers, 50; Aus der Mappe eines Geistsuchers, 51; Tagwerden. Erste Erinnerungen, 51; Oase der Menschlichkeit, 54; Brennende Probleme: Völkerrecht und Menschenrecht, 56; Dichtung als Weg zur Einweihung, 60; Gedenkbilder für Elisabeth Steffen, 61; Lebensbilder an der Todespforte, 63; Reisen hüben und drüben, 63; Im Sterben auferstehen, 64; Im Gedenken an Otto Rennefeld, 65; Dante und die Gegenwart, 65; Gegenwartsaufgaben der Menschheit, 66; Weihnachtsbilder, 66; Geist-Erwachen im Farben-Erleben, 68; Über den Keimgrund der Mysteriendramen Rudolf Steiners, 71; Vom Geistesweg Christian Morgensterns, 71; Die Botschaft von Novalis, 72; Geistesschulung und Gemeinschaftsbildung, 74; Reisetagebuch, 78; Die Anthroposophische Pädagogik, 83; Bestimmung des Bösen, 84; Kunst als Weg zur Einweihung, 84; Farben erleben, 85; Die Auferstehung im Leibe im Sinne der Geisteswissenschaft, 85; Anthroposophie – ihre Erkenntniswurzeln und ihre Lebensfrüchte, 85; Christus und die menschliche Seele, 85; Der Schatten des Averroes, 85; Weihnachtsbilder, ca. 86. – *Übersetzungen:* A. St. u. P. MacKaye: Im andern Land. Gedichte, gegens. übertragen, 37. – *Sammel- und Werkausgaben:* Werke, 4 Bde, 84; Über das Absterben und das Auferstehen der Sprache. – Sittlichgestaltung des Atems. – Über das menschliche Ohr, 85. – *Herausgebertätigkeit:* Das Goetheanum. Internationale Wochenschrift für Anthroposophie und Dreigliederung, 29 Jge, 21–50.

Stehr, Hermann, *16. 2. 1864 Habelschwerdt bei Glatz (Schlesien), †11. 9. 1940 Oberschreiberhau (Schlesien).

Sohn eines Sattlermeisters, Jugend in dürftigen Verhältnissen. Besuchte die Präparandenanstalt in Landeck und das Lehrerseminar in Habelschwerdt. Ab 1887 Volksschullehrer. Als Folge seiner ersten, schon von eigenwilliger religiöser (Ablehnung der kirchlichen Orthodoxie) und politischer Anschauung zeugenden Publikationen Strafversetzungen in abgelegene Orte der Grafschaft Glatz. Ab 1915 freier Schriftsteller, zunächst in Warmbrunn, ab 1926 in Schreiberhau. 1932 Goethe-Medaille, 1933 Goethe-Preis, 1934 Dr. h. c. der Universität Breslau. Mitglied der Preußischen Dichterakademie. Wurde von den Nationalsozialisten als «Künder deutscher Seele» und «völkischer Erdverbundenheit» gefeiert. Mitarbeiter der Zeitschrift «Das innere Reich». Freund G. Hauptmanns und W. Rathenaus. Von K. Hamsun hoch geschätzt.

Stehrs Welt war das schlesische Milieu mit sozialer Not, Mystik, Märchen und Sagen. Er zeigte von Anfang an großes Einfühlungsvermögen in am Rande der bürgerlichen Gesellschaft Lebende, wie überhaupt die Liebe zu einfachen Menschen, die wie er selbst konsequent einem «inneren Gesetz» gehorchten, ihn mit der sozialen Thematik des Naturalismus übereinstimmen ließen. S. hatte allerdings eine ausgeprägte Abneigung gegen die Stadt und jeglichen großstädtischen Intellektualismus. Nach sozialkritischen Anfängen und Bauernkritik zunehmend Naturdichtung und Hervorhebung des «wahren Bauerntums» in Romanen mit kräftig zupackender Handlung und scharf gezeichneten, grüblerischen Charakteren. Von den Nationalsozialisten Zurechnung dieser Romane zu der Blut-und-Boden-Literatur, so daß S. im Dritten Reich als einer ihrer bedeutendsten Vertreter galt. Wachsende Vertiefung von S.s Vorliebe für das Phantastische und den religiösen Symbolismus zu der zu seinen Personen auferlegten Doktrin, daß Gott in der Tiefe der eigenen Seele zu suchen sei. S., der sich gern auf

J. Böhme berief, empfand ein starkes Sendungsbewußtsein; er brachte sich in der Gestalt des Franz Faber in mehreren Werken selbst ins Spiel als Deuter der unerklärlichen Widersprüche, Erheller der übersinnlichen Geheimnisse und Streiter gegen krankhaft Besessene. Sein Irrationalismus und Eintauchen in die «Mysterien des Bodens» läßt zu Unrecht zeitweilig die tiefe Tragik und harte Realistik der gesellschaftlichen Wirklichkeit seiner oft meisterhaften Schilderungen übersehen.

W.: Romane, Erzählungen, Novellen, Märchen: Auf Leben und Tod, 1898; Der Schindelmacher, 99; Leonore Griebel, 1900; Das letzte Kind, 03; Der begrabene Gott, 05; Drei Nächte, 09; Geschichten aus dem Mandelhause, 13 (vollst. u. d. T.: Das Mandelhaus, 53); Das Abendrot, 16; Der Heiligenhof, 2 Bde, 18; Meicke der Teufel, 19; Die Krähen, 21; Das entlaufene Herz, 23; Wendelin Heinelt, 23; Der Schatten, 24; Peter Brindeisener, 24; Wanderer zur Höhe, 25; Der Geigenmacher, 26; Das Märchen vom deutschen Herzen, 26; Der Graveur, 28; Das Geschlecht der Maechler. R.-Trilogie einer dt. Familie: Nathanael Maechler, 29 (Bd2 u. 3. u. d. T.: Das Geschlecht der Maechler, 42/44; u. d. T.: Droben Gnade – drunten Recht, 44), Die Nachkommen, 33; Damian oder das große Schermesser, 44; Mythen und Mären, 29; Helene Sintlinger, 29; Die Geschichte vom Rauschen, 30; Musik, 31; Meister Cajetan, 31; An der Tür des Jenseits, 32; Gudnatz, 34; Das Haus zu den Wasserjungfern, 35; Der Himmelsschlüssel, 39. – *Drama:* Meta Konegen, 04. – *Lyrik:* Lebensbuch, 20; Der Mittelgarten, Frühe u. neue Gedichte, 36 (erw. 39). – *Essays, autobiographische Schriften, Briefwechsel:* Über äußeres und inneres Leben, 31; Mein Leben. Autob., 34; Das Stundenglas. Reden, Schriften, Tagebücher, 36; Im Zwischenreich, 37; Einl. zu: Schlesien. Ein Bildband, 37; Von Menschen und Gott, 39; Hermann Stehr und das junge Deutschland, 39; Zwiesprache über den Zeiten. Briefe und Dokumente über die Freundschaft mit W. Rathenau, 46; H. S. – Marie Oehlke. Ein Briefwechsel, 63. – *Werkausgaben:* Ges. Werke, 9 Bde, 24; Das H.-S.-Buch, Ausw. 27, m. Bibl. 34; Ges. Werke, 12 Bde, 27–36.

Stein, Marius → Janitschek, Maria

Steinberg, Iwan → Koestler, Arthur

Steinberg, Werner (Pseud. Udo Grebnitz), * 18. 4. 1913 Neurode (Schlesien).

S. studierte Pädagogik; nach 1933 wurde er als antifaschistischer Widerstandskämpfer in Breslau verhaftet und zu drei Jahren Gefängnis verurteilt. Danach war S. Buchhändler und unternahm erste schriftstellerische Versuche. S. lebte bis 1956 als Journalist und Schriftsteller im Rheinland, siedelte dann in die DDR über. Nach mehreren wenig ambitionierten Arbeiten fand er 1955 mit seinem Roman *Der Tag ist in die Nacht verliebt*, dem Lebensbild des für sozialen Fortschritt und Gerechtigkeit kämpfenden Heine, in der DDR literarische Anerkennung. Danach entstand ein vierbändiger Romanzyklus um politische und soziale Entwicklungen der jüngsten Vergangenheit Deutschlands: ausgehend von den Kriegswirren um die *Festung Breslau* entfaltete sich über breitgefächerte Handlungs- und Lebenslinien ein Epos des geteilten Nachkriegsdeutschland (*Einzug der Gladiatoren*, *Wasser aus trockenen Brunnen*, *Ohne Pauken und Trompeten*). Populär wurde S. seit Mitte der 60er Jahre durch eine Reihe anspruchsvoller Unterhaltungsromane. In seinen Kriminalromanen versuchte er psychologische Aspekte und gesellschaftliche Ursachen der Kriminalität zu verbinden und zeichnete so, bevorzugt Probleme der BRD aufgreifend, ein sozialkritisches Bild politischer Verhältnisse. Mit zwei Zukunftsromanen leistete S. einen Beitrag zur Weiterentwicklung dieses Genres in der DDR über eine primär technische Antizipation hinaus, wenngleich die zugrundeliegenden philosophisch-psychologischen Fragestellungen manchmal konstruiert anmuten.

W.: Romane, Erzählungen: Husarenstreich der Weltgeschichte, 1940; Herz unter Tag, 41; Tizian im Fegefeuer, 41; Das Antlitz Daniels, 42; Die Vollendung, 42; Musik in der Nacht, 43; Die Korallenschnur, 44; Marion Meinard, 44; Der Maskentanz, 48; Schwarze Blätter, 53; Der Tag ist in die Nacht verliebt, 55; Als die Uhren stehen blieben, 57; Einzug der Gladiatoren, 58; Wechsel auf die Zukunft, 58; Hinter dem Weltende, 61; Wasser aus trockenen Brunnen, 62; Ohne Pauken und Trompeten, 65; Der Hut des Kommissars, 66; Und nebenbei: Ein Mord, 68; Protokoll der Unsterblichkeit, 69; Der Schimmel mit den blauen Augen, 70; Ikebana oder Blumen für den Fremden, 71;

Ein Mann namens Nottrodt, 72; Die Eseltreiberin, 74; Die Augen der Blinden, 73; Pferdewechsel, 74; Zwischen Sarg und Ararat, 78; Bruchstück, 83; Die Mördergrube, 84; Der letzte Fall des Kommissars, 88; Zwei Schüsse unterm Neumond. Kriminalroman, [2]89. – *Lyrik:* Gib einmal uns noch Trunkenheit, 44; Es leuchtet uns ein Licht, 47. – *Herausgebertätigkeit:* Erzählungen und Gedichte des Dessauer Stadtzirkels W. Majakowski, 68. – *Sammelund Werkausgaben:* Ausgewählte Werke, Bd 1 ff, o. J.

Steineckert, Gisela, * 13. 5. 1931 Berlin
Die Tochter eines Arbeiters besuchte die Volksschule und bildete sich dann autodidaktisch weiter, wurde während des 2. Weltkriegs nach Österreich evakuiert und arbeitete nach seinem Ende zuerst als Helferin in Kindertagesstätten. Heute ist sie Kulturredakteurin, Schriftstellerin und Publizistin. Sie ist Mitglied des Schriftstellerverbandes der DDR und erhielt zahlreiche Auszeichnungen, u. a. den Heinrich-Heine-Preis 1977, den Nationalpreis 1980 und den Literaturpreis des DFD 1987. S. ist Herausgeberin, Drehbuchautorin, Verfasserin von Reportagen, Lyrik und Prosa. Sie nahm mit ihren Liedern Einfluß auf die sogenannte «Singebewegung» der 60er Jahre, die Bemühungen, für die sozialistische Gesellschaft neue Lieder zu finden und zu verbreiten. Sie schrieb auch kabarettistische Chansons und Lieder. In ihren Gedichten, etwa in den Bänden *Mehr vom Leben* und *Erster Montag im Oktober,* behandelt sie vom Privaten ausgehend alltägliche Probleme von Frauen: Älterwerden, Lebensentwürfe, Beziehungsprobleme und Zukunftsängste.

W.: Romane, Erzählungen, Prosa: Wie ein Waisenkind, 1970 (Fernseherz.); Brevier für Verliebte, 71; Briefe 1961–1983, 84; Die Schönste bin ich nicht 86; Einfach Zuneigung. 22 Beispiele in Prosa, [2]87; Unsere schöne Zeit mit dem bösen Rudi, 88. – *Dramen:* Grünspan auf Messing, UA 84 (Bühnenms.); Die letzte Seite im Tagebuch, UA 85 (Bühnenms.). – *Lyrik:* Erkundung zu zweit, 74; Nun leb mit mir, 76; Gesichter in meinem Spiegel, 77; Vor dem Wind sein, 80; Lieber September, 81; Mehr vom Leben, 83; Liederbriefe, 84; Erster Montag im Oktober, 86; Presente, 88; Laß dich erinnern, [2]89. – *Essays, Reportagen:* Nebenan zu Gast. Literarischer Reisebericht über Skandinavien, 61 (mit anderen). – *Hörspiele:* Gracchi, 59; Manolis Glezos, 59; Der Neugierstern, 60; Das Geschenk des Windes, 60; Der Verteidiger, 61; Belinda, 63; Die bunten Bilder, 72; Die letzte Seite im Tagebuch, 72; Der erste Eindruck von Liebe, o. J.; Nina, o. J. (alle ungedruckt). – *Film, Fernsehen:* Auf der Sonnenseite, 62 (mit H. Kahlau); Leben zu zweit, 68; Wie ein Waisenkind, 70; Liebeslieder leben lange, 70; Marta, Marta, 81. – *Sammel- u. Werkausgaben:* Spuren. Ein G. S.-Porträt in Gesprächen, Texten, Zeugnissen, 83; Gisela Steineckert, 84. – *Herausgebertätigkeit:* Liebesgedichte, 61; Musenkuß und Pferdefuß, 63; Nachricht von den Liebenden, 64; Wenn die Neugier nicht wär, 70; Neun-Tage-Buch, 74 (mit J. Walther).

Steiner, Jörg, * 26. 10. 1930 Biel.
S. besuchte das Lehrerseminar in Bern. Nach verschiedenen Gelegenheitsarbeiten in der Schweiz und Frankreich wurde er in Biel zuerst Lehrer in einem Heim für Schwererziehbare, dann Volksschullehrer. 1971–72 war er Stipendiat am Basler Stadttheater, 1955 gründete er in Biel den Verlag der Vorstadtpresse, den er bis 1960 leitete. S. ist Lyriker und Erzähler, seit Anfang der 70er Jahre in der Schweizer Politik auf seiten des Sozialismus engagiert. Als Lyriker hat er sich von der Märchen- und Naturlyrik der *Episoden aus Rabenland* zum nüchternen Lakonismus und den «Spielregeln» von *Der schwarze Kasten* schließlich in *Als es noch Grenzen gab* zu einer Art politischer Lyrik im Dienste der «Ungesicherten» im Lande entwickelt. Auch die Romane *Strafarbeit* und *Ein Messer für den ehrlichen Finder* behandeln die Motive von Angst, Flucht, Identitätssuche in einer Gesellschaft, in welcher sich «die Macht der Mächtigen als Recht» durchsetzt. Sein bisher bedeutendstes Werk ist das «Geschichtenbuch» *Auf dem Berge Sinai sitzt der Schneider Kikriki*. Es sind Geschichten aus einer schweizerischen Kleinstadt, vor allem um die Figur des Vaters kreisend, deren Zusammenhang im Autobiographischen besteht. – Mehrere Literaturpreise.

W.: Romane, Erzählungen: Eine Stunde vor Schlaf, 1958; Abendanzug zu verkaufen, 61; Strafarbeit, 62; Polnische Kastanien, 63; Ein Messer für den ehrlichen Finder, 66; Auf dem Berge Sinai sitzt der Schneider Kikriki, 69; Rabio. Filmtext, 70; Pele sein Bruder, 72; Schnee bis in die Niederungen, 73; Der Bär, der ein Bär bleiben wollte (mit J. Müller), 76; Die Kanincheninsel (mit J. Müller), 77; Eine Giraffe könnte es gewesen sein, 79; Die Menschen im Meer (mit J. Müller), 81; Das Netz zerreißen, 82; Der Eisblumenwald (mit J. Müller), 83; Antons Geheimnis (mit A. Pieck), 85; Olduvai, 85; Strafarbeit, 87; Die neuen Stadtmusikanten im Aufstand der Tiere, o. J.; Fremdes Land, 89. – *Lyrik:* Episoden aus Rabenland, 56; Der schwarze Kasten, 65; Als es noch Grenzen gab, 76. – *Filme, Fernsehen:* Rabio, 67; Das Bett, 67; Die Hausordnung, 67; Peles Bruder, 71. – *Schallplatten u. ä.:* Das Bett, 74 (Kass.).

Steiner, Rudolf *27.2.1861 Kraljevec (Österr.-Ungarn), †30.3.1925 Dornach (Schweiz).
S.s Eltern stammten aus Niederösterreich, der Vater war Bahnbeamter; Kindheit und Jugend verbrachte S. in Pottschach (Steiermark), später in Neudörfl im Burgenland. Besuch der Realschule in Wien-Neustadt. 1879 Beginn des Studiums der Mathematik, Biologie, Physik und Chemie an der Universität Wien, daneben intensive Studien der Geisteswissenschaften (Literatur, Philosophie, Geschichte). Die Beschäftigung mit dem Werk Goethes wurde zu einem geistigen Schlüsselerlebnis; seit 1883 Publikationen und Vorträge zu Goethes Naturphilosophie, Kunsttheorie und zu Weltanschauungsfragen. Mitarbeit in der Redaktion der «Deutschen Wochenschrift» in Wien. 1889 erstmals Besuch der klassischen Gedenkstätten in Weimar, wohin S. 1890 übersiedelte. Er wurde Mitarbeiter des Goethe- und Schiller-Archivs und gab im Rahmen der Sophien-Ausgabe Goethes naturwissenschaftliche Schriften heraus. 1891 Promotion in Rostock über Fichtes Wissenschaftslehre. 1894 Besuch bei Friedrich Nietzsche in Naumburg, ein Jahr später erschien S.s Nietzsche-Buch. – Mit der Übersiedlung nach Berlin setzte 1897 ein neuer Lebensabschnitt ein. S. gab für kurze Zeit mehrere Zeitschriften heraus: das «Magazin für Litteratur» (mit O. E. Hartleben) und die «Dramaturgischen Blätter. Organ des deutschen Bühnen-Vereins». Vielfältige Kontakte zu Berliner Literatenkreisen, Mitarbeit in der «Freien literarischen Gesellschaft», der «Freien dramatischen Gesellschaft», in der «Vereinigung der Kommenden», der «Freien Hochschule» und dem «Giordano-Bruno-Bund». Ständige Tätigkeit als Lehrer und Vortragsredner in der Arbeiterbildungs-Bewegung. – In Berlin intensivierte sich S.s Beschäftigung mit modernen Weltanschauungsfragen, insbesondere mit der Theosophie; 1902 trat S. der Theosophischen Gesellschaft bei und wurde Generalsekretär der Deutschen Sektion. Neben seiner Tätigkeit an der Arbeiterbildungs-Schule (bis 1905) Vortrags- und Publikationstätigkeit insbesondere nun zu theosophischen Themen. Organisatorischer Ausbau der Theosophischen Gesellschaft im In- und Ausland. 1909 Begegnung mit Christian Morgenstern. 1910 Aufführung von S.s erstem eigenen Mysteriendrama in München (1907 und 1909 inszenierte S. zwei Dramen von Edouard Schuré); Kontakte dort u. a. zu Kandinsky und Jawlensky. Vortragsreihen über die Evangelien-Exegese und Okkultismus. Zusammen mit Marie von Sivers (seit 1914 S.s zweite Frau) Entwicklung der Eurhythmie, einer ganzheitlichen, meditativ-therapeutischen Bewegungskunst. Nach S.s Trennung von der Theosophischen Gesellschaft kam es 1913 zur Konstitution der Anthroposophischen Gesellschaft; Grundsteinlegung auch des Goetheanums (nach Entwürfen S.s) in Dornach bei Basel. S. lebte nun abwechselnd in Berlin und Dornach. 1919 Vortragsreihen, insbesondere auch vor Arbeitern, über die soziale Frage; Aufbau der Waldorf-Schulbewegung; Weiterführung des Schulungsbetriebs im In- und Ausland. Ende 1922 Zerstörung des Goetheanums durch Brandstiftung (Neubau 1928/29). Ein Jahr (1923) später wurde die «Freie Hochschule für Geisteswissenschaft» gegründet, zwei Jahre vor S.s Tod.
S.s Weltanschauungslehre, für deren Verbreitung er selbst in zahlreichen Publikationen (Gesamtausgabe bereits mehr als 350 Bände) und mehr als 6000 Vorträgen Sorge trug und die heute vom Dornacher Zentrum der Anthroposophischen Gesellschaft organisiert wird, ist von kaum zu überschätzender Wirkung für die Geistesgeschichte des 20. Jahr-

hunderts. Im Zentrum seiner Arbeiten steht die Erforschung der außermateriellen und übersinnlichen Realität, die in seiner Dreiweltentheorie systematisiert ist: Zugehörigkeit des Menschen zu den drei Daseinsbereichen der Sinnes-, der Seelen- und der Geisteswelt. Sein erstes Hauptwerk *Philosophie der Freiheit* signalisiert bereits im Untertitel S.s Methode: seelische Beobachtungsresultate nach naturwissenschaftlicher Methode. Es geht um die Einführung streng wissenschaftlicher Methodologie in die Geisteswissenschaft. Goethes Weltanschauungslehre war in dieser Phase von ausschlaggebender Bedeutung. S. postulierte einen Freiheitsbegriff aus der Bedingung «sinnlichkeitsfreien Denkens» als innere Handlung und Akt einer «moralischen Phantasie»: Verständigung des Bewußtseins mit sich selbst. Im Kern seiner Lehre steht der Gedanke der Wiederverkörperung des Geistes, den S. in einer Art Synthese christlich-abendländischen Denkens und östlicher Philosophie entwickelte. Von diesem Ansatz her gestaltete sich die Anthroposophie als freireligiöse Lebenslehre, die die Ausbildung des «ganzen Menschen» zum Ziel hat. – Die Wirkung des vielseitigen schriftstellerischen Werks S.s erstreckt sich in viele Wissenschaftsbereiche: Medizin, Pädagogik, Philosophie, Kunstwissenschaft. S.s Lebenswerk, das heute von einer Anhängerschaft in aller Welt getragen wird, trägt alle Züge einer geistigen Erneuerungsbewegung, aber auch des Elitären. Blieben S.s Mysteriendramen, in München zwischen 1907 und 1913 regelmäßig aufgeführt – später in Dornach weitergeführt (dort auch 1919 eine *Faust*-Inszenierung) –, ohne Nachwirkung, so wurde die Eurhythmie als neue Kunstrichtung von gesamtkunstwerkhaftem Charakter von größter Bedeutung für die neuere Tanzentwicklung, insbesondere für die Tanzpädagogik. S.s Goethestudien wirkten nachhaltig auf die Goetherezeption des 20. Jahrhunderts.

W. (Auswahl): Philosophische, anthroposophische, kunst- und literaturwissenschaftliche Schriften: Grundlinien einer Erkennungstheorie der Goetheschen Weltanschauung mit besonderer Rücksicht auf Schiller, zugleich eine Zugabe zu Goethes naturwissenschaftlichen Schriften in Kürschners Deutscher Nationalliteratur, 1886; Goethe als Vater einer neuen Ästhetik, 89; Wahrheit und Wissenschaft, 92; Die Philosophie der Freiheit, 94; Friedrich Nietzsche, ein Kämpfer gegen seine Zeit, 95; Goethes Weltanschauung, 97; Goethes geheime Offenbarung, 99; Haeckel und seine Gegner, 1900; Lyrik der Gegenwart, 00; Die Mystik im Aufgange des neuzeitlichen Geisteslebens und ihr Verhältnis zu modernen Weltanschauung, 01; Das Christentum als mystische Tatsache und die Mysterien des Altertums, 02; Wie Karma wirkt, 03; Theosophie, 04; Haeckel, die Welträtsel und die Theosophie, 06; Die Erziehung des Kindes vom Gesichtspunkte der Geisteswissenschaft, 07; Wie erlangt man Erkenntnisse der höheren Welten?, 09; Die Geheimwissenschaft im Umriß, 10; Die geistige Führung des Menschen und der Menschheit, 11; Anthroposophischer Seelenkalender, 12; Ein Weg zur Selbsterkennung des Menschen, 12; Die Schwelle der geistigen Welt, 13; Die Rätsel der Philosophie in ihrer Geschichte als Umriß dargestellt, 2 Bde, 14; Gedanken während der Zeit des Krieges, 15; Vom Menschenrätsel, 16; Von Seelenrätseln, 17; Goethes Geistesart in ihrer Offenbarung durch seinen Faust und durch das Märchen Von der Schlange und der Lilie, 18; Die Kernpunkte der sozialen Frage in den Lebensnotwendigkeiten der Gegenwart und Zukunft, 19; In Ausführung der Dreigliederung des sozialen Organismus, 25; Grundlegendes für eine Erweiterung der Heilkunst nach geisteswissenschaftlichen Erkenntnissen, 25. – *Mysteriendramen:* Die Pforte der Einweihung, 10; Die Prüfung der Seele, 11; Der Hüter der Schwelle, 12; Der Seelen Erwachen, 13. – *Autobiographisches:* Mein Lebensgang, 25. – *Einleitungen zu Editionen:* (Zu) Arthur Schopenhauers sämtliche Werke in zwölf Bänden, 1894; (Zu) Jean Pauls ausgewählte Werke in acht Bänden, 97; (Zu) Uhlands Werke in drei Bänden, 1902. – *Herausgebertätigkeit:* Goethes naturwissenschaftliche Schriften, 1884–97 (Kürschners Deutsche Nationalliteratur, Bde 114–117); Goethes naturwissenschaftliche Schriften, 91–96 (Weimarer Sophien-Ausgabe, II. Abt., Bde 6–12); mit O. E. Hartleben) Das Magazin für Litteratur, 98–99; Dramaturgische Blätter. Organ des deutschen Bühnen-Vereins, 98–99. – *Sammel- und Werkausgaben:* Das Vortragswerk Rudolf Steiners (bearbeitet v. H. Schmidt), 1950; Rudolf Steiner Gesamtausgabe, 55ff; Geschichtserkenntnis, 82; Ausgewählte Werke, 10 Bde, 85; Elemente der Erziehungskunst, 85; Christologie, 86.

Steinke, Udo, *2.5.1942 Litzmannstadt (Łódź, Polen).

S., Sohn deutschstämmiger Eltern, überlebte 1945 die Besetzung durch russische Truppen in Łódź und kam zwei Jahre später in die damalige Sowjetzone. Nach Schulausbildung und Studium promovierte er 1966 über Wolfgang Borchert und arbeitete als Lektor in Leipzig. Von seinem Verlag beauftragt, bereiste S. regelmäßig die Bundesrepublik und blieb 1969 schließlich in München. Er lebte zunächst als Arbeiter in einer Autofabrik, dann als Musikredakteur, Pressechef eines kaufmännischen Unternehmens und zuletzt als Chefredakteur der Lehrerzeitschrift «Das Gymnasium in Bayern» zehn Jahre lang in Süddeutschland. Lebt als freier Schriftsteller.

In seinem ersten Band mit Erzählungen beschreibt S. selbsterlebte Geschichte (die seiner Familie) und Geschichten. Die Titelerzählung *Ich kannte Talmann* handelt von seiner Bekanntschaft mit dem letzten Führer einer Dampflokomotive in der DDR. Es folgen zwei Romane: *Die Buggenraths* setzen sich kritisch und satirisch mit der Nachkriegsgesellschaft auseinander; *Horsky, Leo oder Die Dankbarkeit der Mörder* hat Auschwitz zum Thema und wurde in seiner Bedeutung von Teilen der Kritik mit T. Borowskis *Die steinerne Welt* und A. Lustigs *Totengebet für Katharina Horowitz* gleichgestellt. – S. erhielt 1980 den bayerischen Preis zur Förderung des Schrifttums.

W.: Romane, Erzählungen u. Prosa: Ich kannte Talmann, 1980; Die Buggenraths, 81; Horsky, Leo oder Die Dankbarkeit der Mörder, 82; Doppeldeutsch, 84; Papageien am Meer (mit U. Herms u. a.), 85; Mannsräuschlein, 85; Bauernfangen, 86.

Steinwachs, Ginka (eig. Gisela Stegmann-Steinwachs), *31.10.1942 Göttingen.

S. studierte Religionswissenschaft, Philosophie und Komparatistik in München, Berlin und Paris. 1970 promovierte sie mit einer Arbeit über André Breton. 1969–74 nahm sie Lehraufträge an der Universität Paris (Vincennes) wahr und arbeitete als Assistentin an der École Normale Supérieure de l'Enseignement technique in Paris. Seit 1974 ist sie freie Schriftstellerin. Sie ist Mitglied des VS

und bekam 1976 den Erlanger Literaturpreis, 1981 den Internationalen Hörspielpreis Unterrabnitz und 1985 den Preis der Kärntner Industrie beim Bachmann-Wettbewerb in Klagenfurt. 1988/89 Lehrauftrag an der Universität Hamburg.

S.' gesamtes Werk ist geprägt vom Surrealismus, seinen Kunststheoremen und seinen sprachphilosophischen Überlegungen. Das gilt sowohl für ihre Prosa und Theaterstücke wie für ihre Hörspiele (u. a. *Das kleine Ohrensausen, Schafskopfhörer, Lunagal, Berliner Trichter, George Sand*). In den Prosa- wie den Theatertexten spielt die ‹orale› Erfassung der Welt eine wichtige Rolle, die Wiederentdeckung aller Sinne als Bestandteil einer weiblichen Ästhetik. Ging es in *Tränende Herzen* um die existentielle Bindung von Frauen an ihre Männer und die Unmöglichkeit, nach deren Tod eine eigene Existenz zu leben, so befaßt sich *George Sand* mit den Bestrebungen der Schriftstellerin aus dem vorigen Jahrhundert, Autonomie, Künstlertum und Alltag zu einer neuen lebbaren Einheit zu verschmelzen.

W.: Romane, Erzählungen, experimentelle Prosa: marylinparis, 1978; Berliner Trichter/Berliner Bilderbogen, 79; Der schwimmende Österreicher, 85; Das postbarocke Temperament in seinem Barceloneser Element, 85. – *Dramen, Libretti:* Tränende Herzen. Ein sentimentales Frauenstück, 78; George Sand. Eine Frau in Bewegung, die Frau von Stand, 80; Erzherzog – Herzherzog. Metastück, 85; Sonnenauf- im Untergang, 85 (Bühnenms.); Das (F)rohe Ei, UA 87; Nacht Zettel. Sieben Theatertexte nach Shakespeares «Ein Sommernachtstraum» (mit W. Bauer u. a.), 87. – *Hörspiele:* Das kleine Ohrensausen, 78; Schafskopfhörer, 79; Lunagal bei den Terräuschen, 80; Berliner Trichter, 81; George Sand, 81; Die vier Halluzinierer, 86. – *Film, Fernsehen:* Tränende Herzen, 80. – *Essays, theoretische Schriften:* Mythologie des Surrealismus oder Die Rückverwandlung von Kultur in Natur. Eine strukturale Analyse von Bretons «Nadja», 71 (= Diss.; 2. erw. Aufl. 85); Tapies intim, ein poetischer Raum, 83; Das bombistische Manifest, 85 (in: Rowohlt Literatur-Magazin Nr. 15). – *Sammel- und Werkausgaben:* Ein Mund von Welt: G. St. (mit anderen), 88. – *Herausgebertätigkeit:* Bréton, A. / P. Eluard: Die unbefleckte Empfängnis, 74; Péret, B.: Histoire naturelle/Naturgeschichte, 76 (zugleich Übersetzung).

Stemmle, Robert Adolf, * 10. 6. 1903 Magdeburg, † 24. 2. 1974 Baden-Baden.

S., Sohn eines Lehrers, besuchte das Lehrerseminar in Genthien und die Universität Berlin. Nach dem Examen arbeitete er 1923–27 als Lehrer in Magdeburg. 1927/28 studierte er in Berlin Literatur- und Theatergeschichte, war Mitglied einer Volksschauspielgruppe und arbeitete in den folgenden Jahren als Puppentheaterdirektor, Journalist und Schriftsteller. Mitbegründer des Kabaretts «Die Katakombe», arbeitete er ab 1931 als Regieassistent und Autor u. a. bei M. Reinhardt und führte selbst in verschiedenen Städten Regie. 1930–34 war S. außerdem Chefdramaturg der Tobis-Filmgesellschaft, seit 1935 Regisseur bei der UFA und ab 1940 bei der Bavaria. Nach dem Krieg leitete er 1946 das Kabarett «Gong» in München und war Lehrer an der Schauspielschule der Münchener Kammerspiele. Kurze Zeit Leiter der Hörspielabteilung des NWDR, war er anschließend als Regisseur und Autor für Theater und Film (über 40 Filme) tätig. Seit 1957 war er Inhaber der Maxim-Filmgesellschaft. In den letzten Jahren arbeitete S. weitgehend für das Fernsehen.

Der Puppentheaterdirektor S. begann sein literarisches Werk mit einer Reihe von Puppenspielen, schrieb Theaterstücke, gab Moritaten heraus, verfaßte Romane, eine Unzahl von Drehbüchern und gab seit 1963 unter dem Reihentitel *Der neue Pitaval* mehrere Bände authentischer Kriminalfälle heraus. Bekannt wurde vor allem *Affäre Blum*; hier setzt sich S. am Beispiel eines wirklichen Kriminalfalles mit Antisemitismus und Justiz in der Weimarer Republik auseinander. Kennzeichnend für die vielen Talente S.s ist, daß er diesen Stoff zuerst als Schauspiel verfaßte (mit E. Engel), dann als Roman, Film, Hörspiel und Fernsehfilm bearbeitete.

W.: Romane, Erzählungen, Anekdoten: Der Meisterdetektiv, 1937; Der Mann, der Sherlock Holmes war, 37; Tamerlan, 40; Die Zuflöte, 40; Aus heiterm Himmel, 42; Affaire Blum, 48; Reise ohne Wiederkehr, 51; Onkel Jodokus und seine Erben, 53; Theater- und Filmanekdoten (Die Zuflöte und Aus heiterm Himmel in einem Band), 57; Hier hat der Spaß ein Ende, 57; Ich war ein kleiner PG, 58. – *Dramen, Puppenspiele:* Die Geburt der Komödie, 27; Das Märchen von einem, der auszog, das Fürchten zu lernen, 27; Dr. Johann Faust, 28; Antraschek und Juratschek, 28 (mit Eva Gruber); Die vergiftete Leberwurst, 29; Das Trillewipp-Hütchen, 30; Hans Dampf, 32; Tom und Hucks Abenteuer, 46. – *Übersetzung:* A. Colantuoni: Die Million, 41. – *Herausgebertätigkeit:* Das Handpuppentheater, 15 Hefte, 27 ff; Zur Entlassungsfeier, 31 (mit Eva Gruber); Ja, ja, ja, ach ja, 's ist traurig aber wahr!, 31 (erw. Fassung 56); Ihr lieben Leute höret zu, 38; Mein Schicksal waren die Zigeuner, 57; Herzeleid auf Leinewand, 62; Der neue Pitaval, 15 Bde, 63–69 (mit G. H. Mostar).

Stempflinger, K. A. → Benjamin, Walter

Sternheim, Carl, * 1. 4. 1878 Leipzig, † 3. 11. 1942 Brüssel.

S.s Vater war ein jüdischer Bankier, seine Mutter stammte aus einer protestantischen Handwerkerfamilie. Er wuchs in Hannover und Berlin auf. In München, Leipzig, Göttingen hörte er philosophische, literatur- und kunstgeschichtliche Vorlesungen. 1900 heiratete S., 1903 lernte er Thea Löwenstein, geb. Bauer (1883–1971), kennen. Die Beziehung zu ihr wurde ausschlaggebend für seine künstlerische Entwicklung. 1907, nach Scheidung von den Ehepartnern, heirateten sie. Vom Erbe seiner zweiten Frau baute S. bei München das schloßartige «Bellemaison». Künstler, Schriftsteller, Theaterleute, Politiker verkehrten hier. 1908 gründete er mit Franz Blei die Zeitschrift «Hyperion». 1912 gaben S.s den Besitz auf. Sie lebten in der Folge in Brüssel, nach dem 1. Weltkrieg in Scheveningen, St. Moritz, Uttwil am Bodensee, bei Dresden, wieder in Uttwil. 1927 ließ sich Thea S. scheiden. S.s Labilität, sein zunehmend krankhaftes Verhalten, machten das Zusammenleben unmöglich. Schon in der Jugend hatte er Sanatorien aufgesucht, war 1906 für mehrere Monate in die Nervenklinik in Freiburg eingewiesen worden. Nach einem Zusammenbruch im Dezember 1928 mußte er in psychiatrischen Kliniken behandelt werden. 1930 heiratete S. Pamela Wedekind und zog nach Brüssel. Die Ehe wurde 1934 wieder geschieden. In Brüssel wohnte S. bis zu seinem Tode.

Schon als Schüler schreibt S.; Dramen, Prosa, Gedichte. Der Naturalismus, Ibsen, George, die französische Boulevardkomödie sind wechselnde Vorbilder. S. vertritt einen «antiautoritären Individualismus». Er will «Mut machen», die jeweilige «unvergleichliche Natur» und «eigene Nuance» durchzusetzen. Dazu fordert er auch den Bürger auf, der gespalten zwischen brutalem Kampf ums Dasein und unerfüllbaren moralischen Forderungen lebt. In «Anpassungstaumel» und «Minderwertigkeitsekstase» steht er zwischen dem konservativ beharrenden Adel und dem aufstrebenden Proletarier, den S. warnt, bürgerlicher Mentalität zu verfallen. Selbstaufgabe in S.s Sinn ist der Aufstieg des haßerfüllt in bürgerliches Milieu eindringenden «Bastards» Schippel zum Bürger in der Komödie *Bürger Schippel*. Der alte Arbeiter Ständer in *Tabula rasa* dagegen beginnt ein neues Leben, «unabhängig von Gemeinschaftsidealen», wie sie der Revolutionär Sturm und der auf Anpassung an das Bürgertum bedachte Sozialdemokrat Flocke vertreten. Im Lustspiel *Die Kassette*, das immer wieder Skandale hervorrief, geht es um das Heiligtum des Bürgers, um Geld. Der Oberlehrer Krull hofft, seine Tante zu beerben. Um ihn zu beherrschen, gibt sie ihm eine Kassette mit Wertpapieren zur Aufbewahrung. Die nimmt bald Krulls ganzes Denken ein. Auch seinen Schwiegersohn zieht er in den Bann seiner Spekulationen. Die Liebes- und Ehebeziehungen werden durch die Besitzgier der Männer zerstört.

Das erste der Dramen «Aus dem bürgerlichen Heldenleben» und das erste der Maske-Tetralogie war nach den Jugendversuchen und dem großangelegten *Don Juan* das Lustspiel *Die Hose*. Nachdem er bisher auf Literatur reagiert hatte, reagierte S. jetzt auf Menschen seiner Zeit, sein ungewöhnlicher «Held» nach dem leidenschaftlichen Renaissancejüngling Juan ist der kleine Beamte Theobald Maske. Zur Selbstverwirklichung gewillt «unter der Tarnkappe meiner Unscheinbarkeit», bleibt er Sieger über die in seine Frau verliebten Untermieter, den schönrednerischen Literaten Scarron und den für Wagner schwärmenden

Friseur Mandelstam. Von Molières «George Dandin» angeregt und ihn umkehrend, wird S. zum «deutschen Molière».

In der Komödie *Der Snob* erlangt Maskes Sohn Christian eine Spitzenposition in der Industrie und die Komtesse Palen zur Frau. Der siebzigjährige Konzernherr Christian Maske besteht im Schauspiel *1913* gegen seine skrupellose Tochter Sofie seinen letzten Machtkampf. Er stirbt, vom Untergang des kapitalistischen Systems und einem kommenden Krieg überzeugt. Nach diesem Krieg, 1923, spielt das letzte Stück der Maske-Tetralogie, *Das Fossil*. In ihm zeigt S. die ungebrochene Macht des reaktionären Adels in der Weimarer Republik. Sofie Maskes Schwiegervater, der preußische General von Beeskow, erschießt seine Tochter und seinen Neffen Ago von Bohna, der in Rußland Kommunist geworden ist. Aufforderung zur Flucht weist er zurück: «Was soll mir heutzutag passieren.»

Seit 1912 entstehen auch Erzählungen. Sie erscheinen gesammelt als *Chronik von des zwanzigsten Jahrhunderts Beginn*. Am Beispiel ihrer Helden – Koch, Polizist, Dienstmädchen, Bettler, Gräfin, Pianist, Maler – variiert S. sein Thema: Befreiung des einzelnen aus bürgerlicher Welt. Krieg und Revolution veranlassen ihn immer häufiger zu politischen Äußerungen. S. war von Anfang an Kriegsgegner. Die Revolution erklärte er schon 1918 für gescheitert. Im Roman *Europa* versucht er ein Bild der Entwicklung Europas seit 1870 und zugleich eine Zusammenfassung seiner Welt- und Kunstauffassung zu geben, für die Nietzsche und die Philosophie Rickerts entscheidend waren. Er postuliert hier einen «natürlichen Sozialismus» jenseits des Zwanges bürgerlicher Werte wie auch parteipolitischer sozialistischer Zielsetzungen, und er diskutiert die neue Rolle der Frau in der Gesellschaft.

Der Hang zum rationalen Diskurs verstärkte sich in den zwanziger Jahren. Das zeigt sich in kritischen Schriften; zur deutsch-preußischen Geschichte (*Berlin oder Juste milieu*), zur bürgerlichen Kunst (*Tasso oder Kunst des juste milieu*), in polemischen Erzählungen wie *Fairfax* und *Libussa, des Kaisers Leibroß* (über Wilhelm II.), aber auch in Dramen. Den Irrationalismus der Expressionisten hatte S., den man selbst den Expressionisten zurechnete, abgelehnt. Das brachte ihm den Vorwurf des seelenlosen Satirikers ein. Jetzt tritt er der «Neuen Sachlichkeit» entgegen. Das läßt ihn als veralteten Romantiker erscheinen.

Im Lustspiel *Der entfesselte Zeitgenosse* widersetzt sich eine Millionärin und Geschäftsfrau der scheinbaren Vernünftigkeit modernen Fortschrittsdenkens. Sie weist alle konventionellen Bewerber zurück und findet mit einem «Entfesselten», bewußt aus der Gesellschaft Ausgeschiedenen zusammen. Wildes Satz «Was nottut, ist Individualismus» steht als Motto über dem Schauspiel *Oskar Wilde*. Dieses Bekenntnis führte zum Bruch mit Franz Pfemferts sozialistischer Zeitschrift «Die Aktion», für die S. jahrelang geschrieben hatte (*Das Arbeiter-ABC*, *Hand weg von Margarine*). Gegen das Tempo der Zeit entscheidet sich auch der junge Held im Lustspiel *Die Schule von Uznach oder Neue Sachlichkeit*, in dem S. die Landschulheimpädagogik und den modernen Ausdruckstanz komödienhaft behandelt.

Neben der meist einseitig als Satire mißverstandenen Gesellschaftsthematik sind in allen Dramen S.s Liebesbeziehungen wichtig. In ihnen spricht sich S.s «romantisches» Empfinden aus. Für den heldisch erobernden und demütig anbetenden Mann ist die Frau die irdische und himmlische Liebe. Sie liebt im Manne den Herrn und das Kind, immer ist sie «Lebensquell» – ein Grundmuster, das vor allem im *Don Juan* den Ansatz zu einer psychoanalytischen Interpretation der Werke S.s bietet.

Zum einseitigen Bild von S. trug bei, daß diese Thematik fast nie gesehen wurde. Das lag auch an der ungewohnten Sprache S.s, die seit den ersten Bürgerdramen Publikum und Kritik reizte. Ihre Präzision, Knappheit und rhythmische Eigenwilligkeit wurde als Telegrammstil und Kasinoton bezeichnet. Ihre Gefühlsintensität nahm man als satirische Übersteigerung. Mit der Forderung «Kampf der Metapher» stritt S. gegen bürgerliche Werte und die bürgerliche Sprache, die die Wirklichkeit verfälschen. Dichtung sollte vorurteilsfreie «Begriffsbildung», «Chronik» sein, aber zugleich «Wirklichkeitsenthusiasmus» vermitteln, kritische Nüchternheit also und gesteigertes Lebensgefühl vereinen. Kritische Klarheit fand S. im 18. Jahrhundert, bei Voltaire, Diderot, Lessing, den Gefühlsaufschwung bei Hölderlin und Novalis. Vorbilder, an denen er seine Kunstauffassung erörterte, waren Flaubert, Stendhal, Molière und vor allem van Gogh.

Wie sehr er beim Kampf gegen seine Zeit und ihre Lehren – Darwinismus, Fortschrittsglaube, Psychoanalyse, Relativitätstheorie, Marxismus – älteren Traditionen verbunden war, zeigt noch sein letztes Buch, die Autobiographie *Vorkriegseuropa im Gleichnis meines Lebens*. In der Vergangenheit stärker verwurzelt als in seiner Gegenwart, wollte er seinen Zeitgenossen «Mut machen» zur Zukunft eines unbürgerlichen, eines selbstbestimmten Lebens. Er selbst, extremes Beispiel bürgerlichen Lebensstils, bot dabei Ansatz zu Kritik in vieler Hinsicht. Nach den Jahren des Verbots (1933–45) und der Vergessenheit ist er heute der am meisten gespielte deutsche Dramatiker seiner Generation.

W.: *Roman:* Europa, 2 Bde, 1919/20. – *Erzählungen:* Busekow, 14; Napoleon, 15; Meta, 16; Schuhlin, 16; Posinsky, 17; Ulrike, 18; Chronik von des zwanzigsten Jahrhunderts Beginn, 2 Bde, 18; Vier Novellen, 18; Fairfax, 21; Libussa, 22; Gauguin und van Gogh, 24. – *Dramen:* Der Heiland, 1898; Judas Ischarioth, 1901; Auf Krugdorf, 02; Vom König und der Königin, 05; Don Juan, 05/09; Ulrich und Brigitte, 07; Die Hose, 11; Die Kassette, 12; Bürger Schippel, 13; Der Kandidat (nach Flaubert), 14; Der Snob, 14; 1913, 15; Der Scharmante (nach Maupassant), 15; Das leidende Weib (nach Klinger), 15; Der Geizige (nach Molière), 16; Tabula rasa, 16; Die Marquise von Arcis (nach Diderot), 18; Der entfesselte Zeitgenosse, 20; Manon Lescaut (nach Prévost), 21; Der Nebbich, 22; Das Fossil, 25; Oskar Wilde, 25; Die Schule von Uznach, 26; John Pierpont Morgan, 30. – *Lyrik:* Fanale, 01. – *Essays:* Prosa, 18; Die deutsche Revolution, 19; Berlin oder Juste milieu, 20; Tasso oder Kunst des juste milieu, 21; Lutetia, Berichte über europäische Politik, Kunst und Volksleben, 26; Kleiner Katechismus für das Jahr 1930/31, 30. – *Autobiographie:* Vorkriegseuropa im Gleichnis meines Lebens, 36. – *Werkausgaben:* Aus dem bürgerlichen Heldenleben, 2 Tle, 47; Lustspiele, 48; Historische Schauspiele, 48; Gesamtwerk, 10 Bde (in 11), 63–76; Gesammelte Werke in sechs Bänden, 63–68; Briefe, 2 Bde, 88.

Stiller, Klaus, *15.4.1941 Augsburg.
S., Sohn eines praktischen Arztes, studierte 1961–68 Romanistik und Germanistik in München, Grenoble und West-Berlin. 1963/64 gehörte er zum «Literarischen Colloquium» W. Höllerers in Berlin, wo er 1963–70 lebte. 1971 war er kurzzeitig als Verlagslektor tätig; seit 1972 lebt er als freier Schriftsteller, seit 1981 als Literaturredakteur beim RIAS in West-Berlin. S. erhielt u. a. 1977 den Förderpreis zum Hermann-Hesse-Preis. Neben ungedruckten Hörspielen (*Symposium*, *Selbstverwirklichung*) und Radio-Features (*Le Monde in der Bundesrepublik? – Ein Zeitungsvergleich*; *Grenzen der Liberalität – Der Putsch in Chile und seine Darstellung in der Presse*) schrieb S. vor allem experimentelle Dokumentarliteratur. Mit den Mitteln der Satire und der Parodie betreibt er Sprach- und Ideologiekritik. An Hand weitgehend authentischen Materials, das stilisiert und satirisch verdeutlicht wird, entlarvt er durch die Sprache die dahinterstehenden Denk- und Verhaltensmuster. In *Tagebuch eines Weihbischofs* führt S. durch das fingierte, gleichwohl auf dokumentarischem Material aufbauende Tagebuch eines Klerikers und früheren Offiziers, eine Verhaltensweise und ein Denken zur Selbstentlarvung, das unter dem Primat des Gehorsams alles zuläßt und ausführt, sich selbst aber von jeder Verantwortung freispricht. Die Verlogenheit dieser Denkstrukturen durch Zitat und Montage zu verdeutlichen, ist das Kernproblem der meisten bisherigen Arbeiten S.s.

W.: Romane, Erzählungen, Prosa: Das Gästehaus, 1965 (Mitverf.); Die Absperrung, 66; H. Protokoll, 70; Tagebuch eines Weihbischofs, 72; Die Faschisten – Italienische Novellen, 76; Traumberufe, 77; Weihnachten. Als wir Kinder den Krieg verloren, 80; Das heilige Jahr, 86. – *Dramen:* Drei Szenen aus dem Stück «Die Räuber» (in: Literaturmagazin 1), 73. – *Übersetzungen:* Luce d'Eramo: Solange der Kopf lebt, 76; Eduardo de Filippo: Huh, diese Gespenster, 76, u. Der große Zauberer, 77. – *Herausgebertätigkeit:* Italienische Erzählungen des 20. Jahrhunderts, 82.

Stock, Lilly → Tergit, Gabriele

Stoessl, Otto, *2.5.1875 Wien, †15.9.1936 ebd.
S., Sohn eines Arztes, studierte Jura in Wien, wo er 1899 promovierte. Er arbeitete zuerst ausschließlich als Journalist und Kritiker; bis 1918 war er ständiger Mitarbeiter an Karl Kraus' «Fackel», seit 1919 Theaterkritiker der «Wiener Zeitung». 1906–23 war er in der Verwaltung der österreichischen Staatsbahnen tätig. Danach lebte er als Hofrat im Ruhestand. – Bereits als Student machte S. Bekanntschaft mit Hermann Bahr, Peter Altenberg und Hugo von Hofmannsthal. Er begann seine literarische Laufbahn mit naturalistischen Dramen, die er zusammen mit Robert Scheu verfaßte. Danach wandte er sich der Prosa zu. Ohne Formexperimente schildert er in seinen Romanen und Erzählungen vor allem den Untergang des Wiener Bürgertums in der Zeit des Zerfalls der österreichisch-ungarischen Monarchie. Programmatisch wird dieses Thema behandelt in seinem Hauptwerk, dem häufig mit den «Buddenbrooks» verglichenen Roman *Das Haus Erath oder der Niedergang des Bürgertums*. Der Untergang der großbürgerlichen Familie Erath zwischen 1870 und 1920 wird zum Sinnbild des unaufhaltsamen Niedergangs der Vielvölkermonarchie. Nach seinem Tod waren S. und sein Werk mehrere Jahrzehnte fast vergessen. Erst in den späten 70er Jahren wurden seine Romane wiederentdeckt.

W.: Romane, Erzählungen, Prosa: Leile, 1898; Kinderfrühling, 04; In den Mauern, 07; Sonjas letzter Name, 08; Negerkönigs Tochter, [3]10; Allerleihrauh, 11; Egon und Danitza, 11; Morgenrot, 12 (bearb. 25); Was nützen mir die schönen Schuhe?, 13; Unterwelt, 17; Das Haus Erath oder Der Niedergang des Bürgertums, 20 (bearb. 28; Neuausg. 83); Irrwege, 22; Johannes Freudensprung, 23; Opfer, 23; Sonnenmelodie, 23 (Neuausg. 77); Nachtgeschichten, 26 (erw. u. d. T.: Menschendämmerung, 29;

Ausz. u. d. T.: Der bedenkliche Kauf oder der verlorene Kopf, 30); Die Schmiere, 27; Nora, die Füchsin, 34; Ein Beutestück, 34; Das Schicksal pocht an die Pforte, 56; Der Kurpfuscher, 87. – *Dramen:* Waare (mit R. Scheu), 1897; Tote Götter (mit R. Scheu), 98; Der Hirt als Gott, 1920. – *Lyrik:* Antike Motive, 28. – *Essays, theoretische Schriften:* Gottfried Keller, 02; Gottfried Keller, 04; Conrad Ferdinand Meyer, 06; Lebensform und Dichtungsform, 14; Adalbert Stifter, 25; Spanische Reitschule, 28. – *Sammel- und Werkausgaben:* Gesammelte Werke, 5 Bde, 33–38. – *Herausgebertätigkeit:* Schwind, Moritz von, Briefe, 24.

Stolper, Armin, *23.3.1934 Breslau.
S., Sohn eines Lokomotivführers, nach dem Abitur zunächst in der Kulturverwaltung tätig, arbeitet vorwiegend als Dramaturg und Autor. Bekannt geworden ist S. mit der Adaption von zeitgenössischer Prosa und klassischen Vorlagen für die Bühne. In seiner Interpretation des *Amphitryon* z. B. ist Zeus impotent, Amphitryon hingegen «wahrhaft natürlicher» Heldenvater. Unter Berufung auf Brecht versucht S. beispielhafte Probleme zu «verfremden»; das gilt auch für seine nach russischen Vorlagen entstandenen Stücke. S. bemüht sich um eine differenzierte Parteilichkeit, wenn er Menschen beschreibt, «die sich den gesellschaftlichen Widersprüchen stellen», Charaktere mit menschlichen Schwächen ohne vorbildhaftes Pathos. Das zentrale Problem seiner Dramen ist der «Platz der Wissenschaft im Leben der Menschen». Der mit mehreren Literatur- und Kulturpreisen ausgezeichnete S. gilt zwar als einer der «namhaften DDR-Dramatiker der jüngeren Generation», in den letzten Jahren hat er sich aber stärker der Kurzprosa zugewandt. Neben exakten Alltagsbeobachtungen und Reflexionen gelingen ihm originelle märchenhafte und satirische Texte. Sein Prosaband *Die Karriere des Seiltänzers* enthält Groteskes und Traumhaftes in der Art E. T. A. Hoffmanns bis hin zur Adaption Hoffmannscher Motive.

W.: Dramen: Das Geständnis, 1963; Zwei Physiker, 65; Amphitryon, 67; Ruzente, 67; Vietnamesische Schulstunde, 67; Zeitgenossen, 70; Der Zeitfaktor, 70; Himmelfahrt zur Erde, 70; Klara und der Gänserich, 73; Stücke, 74; Das Naturkind, 77; Concerto dramatico, 79; Lau-

sitzer Trilogie, 79. – *Prosa:* Der Theaterprofessor und andere Käuze, 77; Meine Leute und ich selber, 77; Die Karriere des Seiltänzers, 79; Geschichten aus dem Giebelzimmer, 83; Nach Reykjavik und Flachsenfingen, 85; Unterwegs mit einem Entertainer, 88. – *Lyrik:* Weißer Flügel, schwarz gerändert, 82. – *Essays, Kritiken:* Narrenspiel will Raum, 77; Jeder Fuchs lobt seinen Schwanz, 78; Poesie trägt einen weiten Mantel, 82.

Stormann → Bredel, Willi

Strahl, Rudi, *14.9.1931 Stettin.
S. lebte 1945–48 in Polen. Nach Abschluß der Oberschule war er acht Jahre Offizier der Nationalen Volksarmee; danach arbeitete S. als Redakteur der satirischen Zeitschrift «Eulenspiegel» und studierte am Literaturinstitut in Leipzig. Seit 1961 ist S. freischaffend. 1977 Goethe-Preis Berlin, 1980 Nationalpreis.
Seit dem Ende der 60er Jahre hat sich der zuvor u. a. als Kinderbuchautor hervorgetretene S. in der DDR geradezu eine Monopolstellung als Lustspielautor erwerben können. Unter Fortführung der Traditionen des Boulevard-Theaters hat S. eine Fülle von Stücken geschaffen, die von Berufs- und Laientheatern nur allzu gern nachgespielt werden.
Mit bestenfalls komisch-satirischen Seitenhieben wird auf Unzulänglichkeiten der DDR-Gesellschaft hingewiesen. Die von S. aufgeworfenen Probleme (u. a. Arbeitskräftemangel, Jugendprobleme, Beziehungskonflikte) werden zumeist in bloßen Wortwitz, Situationskomik und Klamauk aufgelöst.

W.: Romane, Erzählungen, Kinderbücher, Kurzprosa: Sturm auf Stollberg, 1955; Zwischen Zapfenstreich und später, 56; Einer schwieg nicht, 57; Mit der Post nach Afrika, 60; Rolli im Zoo, 61; Mimen und Mienen, 61; Meine Freundin Sybille, 62; Ölli kauft ein, 63; Teddy Tips und Caroline, 64; Sandmännchen und Leuchtturminsel, 64; Zirkus Tusch, 65; Äffchen Stupsnase, 66; Aufs Happy-End ist kein Verlaß, 66; Der Krösus von Wölkenau, 67; Du und ich und Klein-Paris, 68; Klaus reißt aus, 68; Sandmännchen sucht die neue Stadt, 69; Von Mensch zu Mensch. Prosa und Lyrik, 69; Kleiner Spatz im großen Zoo, 70; Menschen – Masken – Mimen in kleiner Prosa, Vers und Szene, 84; Mein Zustand ist ernst, aber nicht hoffnungslos. Ein Briefroman, 88. – *Lyrik:* Eine Wendeltreppe in den blauen Himmel, 81.

– *Dramen, Fernsehspiele:* Der Reserveheld, 65; Das Doppelzimmer, 65; Wir lassen uns scheiden, 68; In Sachen Adam und Eva, 69; Die Pferdekur, 69; Um vier kommt Irene, 69; Seine Hoheit, Genosse Prinz, 69 (mit W. Wallroth); Robinson für eine Nacht, 70; Noch mal ein Ding drehen, 70; Wie die ersten Menschen, 71; Keine Leute, keine Leute, 73; Adam und Eva und kein Ende, 73; Ein gewisser Herr Katulla, 73; Der Todestag, 75; Ein irrer Duft von frischem Heu, 75; Arno Prinz von Wolkenstein oder Kader entscheiden alles, 77; Flüsterparty, 78; Er ist wieder da, 79; Vor aller Augen, 82; Leben und leben lassen. Monologe und szenische Miniaturen, 88 (Bühnenms.); Um Kopf und Kragen, 88 (Bühnenms.); Das Blaue vom Himmel, 89; Krisenmanagement. Eine Farce, 89. – *Sammelausgabe:* Stücke, 76; Der Schlips des Helden, 81; Lustspiele, Einakter und szenische Miniaturen, 85.

Stramm, August, *29. 7. 1874 Münster, †1. 9. 1915 bei Horodec (Rußland).

S. trat auf Wunsch des Vaters, eines kleinen Postbeamten, in den Postdienst ein. Er selbst wollte katholische Theologie studieren. Nach Übergang in die höhere Verwaltungslaufbahn heiratet er 1902 die Trivialschriftstellerin Else Krafft. 1905 nach Berlin versetzt, studiert er als Gasthörer Geschichte, Philosophie, Nationalökonomie und promoviert 1909 in Halle zum Dr. phil. Zu Beginn des 1. Weltkriegs wird er eingezogen und fällt als Hauptmann und Bataillonskommandeur. – Die Entwicklung S.s als Dramatiker führt vom großen historisch-naturalistischen Drama *Die Bauern* (1902–07), das den Kohlhaas-Stoff behandelt, über lyrisch-symbolhafte (*Sancta Susanna*) und naturalistische (*Rudimentär*) Einakter zu abstrakten Bühnenwerken, deren Hauptmotive die Beziehung der Geschlechter, die Rolle des Mannes als Schöpfer, das Streben nach Alleinheit sind. Die Figuren werden entindividualisiert. Dialoge bestehen fast nur noch aus gefühlsbeladenen, hochgesteigerten Ausrufen. Die Handlung, jeder kausalpsychologischen Begründung entzogen, wird zum «Geschehen», das sich in einem Spannungsfeld emotionaler oder spiritueller «Kräfte» gleichsam durch den Menschen hindurch vollzieht. Der Bühnenraum weitet sich mit Licht- und Sternsymbolik ins Kosmische. – Wie in

den Dramen strebt S. auch in seiner Lyrik, die zunächst von stimmungshaften, impressionistischen Eindrücken ausgeht, zu immer stärkerer Verdichtung. Neubildungen, Verkürzungen, Aussparen aller der grammatischen Sinngebung dienenden Füllwörter sollen zum deutlichsten Ausdruck führen, zum «einzigen, allessagenden Wort». Seit 1913 fand S. im «Sturm»-Kreis erste Anerkennung und wurde von Herwarth Walden als entscheidender Neuerer gefeiert. S.s Sprache wirkte über den Expressionismus hinaus. Arno Schmidt hat sie bewußt aufgenommen und sich auf S. berufen.

W.: Dramen: Rudimentär, 1914; Die Haidebraut, 14; Sancta Susanna, 14 (vertont von P. Hindemith, 21); Erwachen, 15; Kräfte, 15; Die Unfruchtbaren, 16; Geschehen, 16. – *Lyrik:* Du, 15; Die Menschheit, 17; Tropfblut, 19; Weltwehe. 22. – *Sammel- und Werkausgaben:* Dichtungen, 2 Bde, 20/21; Dein Lächeln weint. Ges. Gedichte, 56; Das Werk, 63; S. Kritische Essays und unveröffentlichtes Quellenmaterial aus dem Nachlaß des Dichters, 79; Dramen und Gedichte, 79; Briefe an Nell und Herwarth Walden, 88; Briefe aus dem Krieg, 88; Tropfblut, 88; Alles ist Gedicht, o. J.; Die Dichtungen, 90.

Strauß, Botho, *2. 12. 1944 Naumburg/ Saale.

S. ging im Ruhrgebiet und in Hessen zur Schule; Studium der Germanistik, Theatergeschichte und Soziologie in Köln und München; von 1967–70 Redakteur und Kritiker der Zeitschrift «Theater heute»; seit der Spielzeit 1970/71 dramaturgischer Mitarbeiter an der Schaubühne am Halleschen Ufer in Berlin. – An Preisen erhielt S. u. a. den Hannoverschen Dramatikerpreis (1974 zusammen mit Thomas Bernhard und Franz Xaver Kroetz), das Stipendium der Villa Massimo, Rom (1976), Förderpreis des Schillerpreises des Landes Baden-Württemberg (1977), den Literaturpreis der Bayerischen Akademie der Schönen Künste (1981) und den Dramatikerpreis der Mühlheimer Theatertage (1982). Büchner-Preis 1989. Eine prägnante Form für S.' zentrales Thema liefert der Titel seines Gedicht-Zyklus *Unüberwindliche Nähe* (in: Tintenfisch 9. Jahrbuch für Literatur 1976). S. schildert Momentaufnahmen von Situationen, in denen sich die Kontaktsuche seiner Figuren bricht mit deren Angst vor intimer Enge, mit ihrer Bindungsunfähigkeit, Beziehungslosigkeit und Kommunikationsunfähigkeit.

Gemäß seiner Auffassung, daß Literatur als eigenständiges System mit seinen spezifischen Möglichkeiten sich nur indirekt auf die äußere Realität beziehe, nicht also simplifizierend abbilde, reagiert S. auf die sogenannte ‹Post-Histoire› durch Auflösung der linearen Fabel zugunsten undurchsichtiger Überlagerungen verschiedener fragmentarischer Handlungsmomente. Den aus der Zukunftslosigkeit und bedrängenden Gegenwärtigkeit erwachsenden Hang einiger Figuren zur Lösung und Befreiung durch ein künstlich gesteigertes Lebensgefühl stilisiert und trivialisiert S.; fälschlicherweise ist diese Tendenz in der Rezeption häufig als neoromantische Intention des Autors selbst gedeutet worden.

In *Die Hypochonder*, seinem ersten Stück, montiert S. eine Liebes-, eine Kriminal-, eine Schauergeschichte und ein Familienmelodram zu einem irritierenden alogischen Ganzen übereinander. In *Bekannte Gesichter, gemischte Gefühle* kommen sieben Personen, die durch frühere Liebschaften miteinander bekannt sind, in dem bankrotten Hotel Stefans, dem «erstaunlichen Museum von Leidenschaften», zusammen. Die beiden Erzählungen *Marlenes Schwester* und *Theorie der Drohung* zeigen, wie die Trennung von einem geliebten Menschen zum Zerfall des Wirklichkeitsbezugs und der Identität führt.

In der *Trilogie des Wiedersehens* greift S. auf Erfahrungen mit der Inszenierung von Gor'kijs «Sommergäste» an der Berliner Schaubühne am Halleschen Ufer zurück: Durch die Wahl des Ortes – vor Ausstellungseröffnung kommen 17 Mitglieder eines Kunstvereins im Ausstellungsraum zusammen – ist ein natürliches Kommen und Gehen auf der Bühne. Die Figuren gehen aneinander vorbei, treffen sich und trennen sich wieder. Liebe wird nur als ständig verhinderte zum Thema. In dem Stationenstück *Groß und klein* gibt S. die Einheit

von Ort und Zeit auf. Durch die inhaltlich wie formal unterschiedlich konzipierten Szenen hindurch kommt das identische Thema der Erfahrung von Beziehungslosigkeit und gestörter Kommunikation zum Ausdruck. – In seinem Roman *Rumor* parallelisiert S. den Verfall Bekkers mit dessen Erkenntnis einer zerrütteten Welt, die freilich perspektivisch an die Figur und deren ausbrechende Neurose gebunden ist. Das Fortschreiten der Wissenschaften lasse die Rede vom Menschen als Subjekt der Geschichte als Unsinn erscheinen; dasselbe «Spiel der Regeln», dem der Mensch sein Erscheinen in der Geschichte verdanke, werde ihn «auch wieder aus der Geschichte heraustragen». – Mit *Kalldewey Farce* wendet sich S. von der Nunaciertheit und psychologischen Genauigkeit seiner früheren Stücke ab, indem er bisherige Verfahren radikalisiert: die Trivialsymbolik und die Stilisierung des Jargons. Die Figuren sind in stärkerem Maße typisiert zu Trägern repräsentativer Sprach- und Verhaltensrituale: denen von encounter groups, Punks, Frauengruppen, psychoanalytischer Mode und Medienkultur. Selbst kritisches Reflektieren erscheint als eingelerntes, konditioniertes Verhalten.

Paare Passanten ist eine subtil komponierte Sammlung von Momentaufnahmen der «verfluchten Passanten-Welt», zufälliger Begegnungen und Begebenheiten, von kulturkritischen Aphorismen und Prosaskizzen.

Es sind Momentaufnahmen wie die physiognomischen Studien und ohne Anspruch auf theoretische Verallgemeinerbarkeit. Mehr noch, als es sich in *Kalldewey Farce* andeutete, ist die Sprache in *Der Park* rhythmisierte Prosa, teilweise auch in Versen verfaßt. Es überlagern und vereinigen sich schließlich die Beziehungskrisen zweier Paare mit Elementen des Mysterienspiels und Shakespeares «Sommernachtstraum». Der Autor selbst kommentiert die Stimmung dieses Schauspiels: «Man stelle sich vor: eine tüchtige Gesellschaft, beinahe gleich weit entfernt von den heiligen Dingen wie vom zeitlosen Gedicht (und ein wenig ermüdet schon), erläge statt einem Mythos oder einer Ideologie dem Genius eines großen Kunstwerks ... Und so wie keiner von uns sein ‹eigenes› Leben führen kann», stehen die hier auftretenden Figuren unter der «zauberischen Herrschaft einer alten, unergründlichen Komödie».

Wie sein Gedicht *Diese Erinnerung an einen, der nur einen Tag zu Gast war* wurde auch sein Prosaband *Niemand anderes* von der Kritik kontrovers diskutiert und bei aller Anerkennung der Genauigkeit vieler seiner Beobachtungen häufig als prätentiös und preziös-raunend beurteilt.

W.: Prosa: Schützenehre. Erzählung, 1975; Marlenes Schwester. Zwei Erzählungen, 75; Die Widmung, 77; Rumor, 80; Paare Passanten, 81; Der junge Mann, 84; Niemand anderes, 87; Kongreß. Die Kette der Demütigungen, 89; Fragmente der Undeutlichkeit, 89. – *Dramen:* Die Hypochonder (in: Spielplatz I, hg. K. Braun u. K. Völker), 72; Bekannte Gesichter, gemischte Gefühle (in: Theater heute. Jahressonderheft 1974); Trilogie des Wiedersehens, 76; Groß und klein. Szenen, 78; Die Hypochonder/Bekannte Gesichter, gemischte Gefühle, 79; Trilogie des Wiedersehens. Groß und klein, 80; Kalldewey Farce, 81; Der Park, 83; Die Fremdenführerin, 86. – *Lyrik:* Diese Erinnerung an einen, der nur einen Tag zu Gast war, 85. – *Essays, theoretische Schriften:* Strauß lesen (mit P. Stein u. a.), 87; Versuch, ästhetische und politische Ereignisse zusammenzudenken, 87; Peer Gynt. Zum 25jährigen Schaubühnen-Jubiläum. Text: B.S., 88. – *Übersetzungen:* Labiche, E.: Das Sparschwein, 81. – *Filme, Fernsehen:* Sommergäste, 75 (Drehbuch nach M. Gorki), 75; Trilogie des Wiedersehens, 79; Groß und klein, 80; Kalldewey Farce, 83. – *Sammel- und Werkausgaben:* Trilogie des Wiedersehens/Groß und klein, o. J.; Besucher. Drei Stücke, 88; Paare, Passanten. Niemand anderes, 89; Über Liebe. Geschichten und Bruchstücke, 90. – *Schallplatten u. ä.* – Die Widmung, 79.

Strauß, Emil, *31. 1. 1866 Pforzheim, †10. 8. 1960 Freiburg/Br.
S. war Sohn eines Schmuckwarenfabrikanten, dessen Firma in den Gründerjahren zusammenbrach, besuchte das Gymnasium in Pforzheim, Mannheim, Karlsruhe und Köln und studierte 1886–90 Philosophie, Germanistik und Volkswirtschaft in Freiburg, Lausanne und Berlin. 1890–92 zog er sich zusammen mit

E. Gött zu landwirtschaftlicher Tätigkeit in die Provinz bei Schaffhausen und Breisach zurück. 1892–94 lebte er als Landwirt und Lehrer in Brasilien. Nach seiner Rückkehr nach Europa hielt er sich meist in Südwestdeutschland auf; seit 1925 in Freiburg.
S. erhielt 1926 den Dr. h. c. der Univ. Freiburg, war Mitglied der Sektion für Dichtkunst der Preußischen Akademie der Künste, mit Kolbenheyer und Schäfer trat er 1931 aus und erst bei der ‹Umbildung› 1933 wieder ein. 1956 wurde er Prof. h. c. der Univ. Freiburg.
S.' teils dem Realismus des 19. Jhs., teils der Neuromantik verpflichtete Romane und Erzählungen behandeln Einzelschicksale, problematische Individuen auf der Suche nach authentischen Werten, bürgerliche Intellektuelle, die in Konflikt mit der Großstadtzivilisation geraten und im ländlichen Raum zur Persönlichkeit wachsen. S. gilt als psychologisch feinsinniger Gestalter menschlicher Lebenswege, aber auch als Kämpfer «um die völkische Erneuerung deutscher Lebensgemeinschaft». Sein erster großer Erfolg war der Schülerroman *Freund Hein,* der den Gegensatz des musikalischen, künstlerischen Gymnasiasten Heinrich Lindner zu seiner kunstfernen und lebensfeindlichen Umwelt gestaltet, sein Leiden an den entmenschlichenden Zwängen von Schule und bürgerlicher Ordnung und seinen selbstgewählten Tod. Die Novelle *Der Schleier* übernimmt ein Motiv aus Goethes Unterhaltungen deutscher Ausgewanderter: Ehebruch und Verzeihung. Im «Bildungsroman» *Das Riesenspielzeug* entwickelt S. am Beispiel eines Philologen, der sich nach seinem Studium in die süddeutsche Heimat zurückzieht und dort sein «Riesenspielzeug», einen Gutshof erwirbt, auf dem er mit Freunden das Ideal einer Siedlungsgenossenschaft nichtentfremdeter geistiger Menschen und einer natürlichen vegetarischen Lebensweise zu verwirklichen sucht, seine Perspektive der Erneuerung des deutschen Menschen aus dem Bauerntum.

W.: Romane, Novellen, Erzählungen: Menschenwege, 1899; Der Engelwirt, 1901; Freund

Hein, 02; Kreuzungen, 04; Hans und Grete, 09; Der nackte Mann, 12; Der Spiegel, 19; Der Schleier, 20; Sieben Geschichten, 31; Lorenz Lammerdien, 33; Das Riesenspielzeug, 34; Prinz Wieduwitt, 39; Lebensstanz, 40; Dreiklang, 49; Baptist, 60; Das Grab zu Heidelberg, 63. – *Dramen:* Don Pedro, 1899; Hochzeit, 1908; Vaterland, 23. – *Autobiographisches:* Ludens, 55. – *Abhandlung:* Johann Peter Hebel, 39. – *Werkausgabe:* Gesammelte Werke, 49ff. – *Herausgebertätigkeit:* Der Lindenbaum (dt. Volkslieder, mit H. Hesse u. M. Lange), 10; Poetische Werke v. J. P. Hebel, 11; F. Hölderlin, Gedichte, 14.

Strauß und Torney, Lulu von,
*20. 9. 1873 Bückeburg, † 19. 6. 1956 Jena.
Tochter eines Generalmajors und Adjutanten beim Fürsten von Schaumburg-Lippe, besuchte die höhere Mädchenschule in Bückeburg und bildete sich dann autodidaktisch weiter: In der fürstlichen Bibliothek fand sie die Materialien für ihre Werke. Sie trat in Verbindung zum Schriftsteller-Kreis um Börries von Münchhausen, reiste viel (Italien 1905) und verkehrte im literarischen Milieu von Berlin und München (Freundschaft mit A. Miegel und Th. Heuss). Diese Aufenthalte wechselten mit ihrem Leben in der traditionsgeprägten Residenzstadt Bückeburg. 1916 heiratete sie den Verleger Eugen Diederichs und lebte seither in Jena. Als Lektorin bestimmte sie in den zwanziger Jahren maßgeblich das literarische Programm des Verlages. Eigene neue Arbeiten hat sie seit 1923 kaum noch publiziert. Nach Diederichs' Tod (1930) zog sie sich aus der Verlagstätigkeit zurück und arbeitete vornehmlich als Herausgeberin und Übersetzerin. – S. u. T. gilt neben Miegel und Münchhausen als bedeutende Repräsentantin der neuen formstrengen und sprachlich anspruchsvollen Balladendichtung. In ihren Romanen und Novellen gestaltete sie historische Stoffe zu dramatischer Handlung, besonders Bauernaufstände und religiöse Kämpfe aus dem Mittelalter und der Reformationszeit (*Lucifer, Der jüngste Tag*). Als Übersetzerin machte sie Mazo de la Roche (Jalna-Romane) und Oliver la Farge dem deutschen Publikum bekannt.

W.: Romane, Erzählungen: Bauernstolz. Dorfgeschichten aus dem Weserlande, 1901 (Auswahl u. d. T. Hinter Schloß und Riegel, 05); Als der Großvater die Großmutter nahm, 01; Das Kirchenbuch. Eine Dichtung in Versen, 01; Aus Bauernstamm, 02; Eines Lebens Sühne, 04; Das Erbe, 05; Ihres Vaters Tochter, 05; Der Hof am Brink. Das Meerminneke, 07; Lucifer, 07; Sieger und Besiegte, 09; Judas, 11 (Neuaufl. u. d. T. Der Judashof, 37); Der jüngste Tag, 22; Das Fenster, 23 (Neuaufl. u. d. T. Das Kind am Fenster, 38); Schuld, 40. – *Drama:* Der Tempel. Ein Spiel aus der Renaissance, 21. – *Lyrik:* Gedichte, 1898; Balladen und Lieder, 1902; Neue Balladen und Lieder, 07; Reif steht die Saat, 19; Erde der Väter, 36; Das goldene Angesicht. Gedichte, 43. – *Essays, Briefe:* Die Dorfgeschichte in der modernen Literatur, 06; Aus der Chronik niederdeutscher Städte, 12; Das verborgene Angesicht, Erinnerungen, 43; Th. Heuss u. L. v. Strauß u. Torney. Ein Briefwechsel, 65. – *Übersetzungen:* M. Maeterlinck: Das große Rätsel, 24; M. de la Roche: Roman um Jalna (1. Die Brüder und ihre Frauen, 32; 2. Das unerwartete Erbe, 36; 3. Finch im Glück, 37), 32–37; O. La Farge: Der große Nachtgesang, 33. – *Sammelausgaben:* Reif steht die Saat, 26 (Gesamtausgabe der Balladen und Gedichte); Erde der Väter, 36 (Auswahl); Auslese, 38 (Teilsammlung); Tulipan. Balladen und Erzählungen, 66. – *Herausgebertätigkeit:* V. v. Strauß: Mitteilungen aus den Akten betreffend den Zigeuner Tuvia Panti aus Ungarn und Anderes, 12; Totenklage, 19; Das Leben der heiligen Elisabeth, 26; Deutsches Frauenleben in der Zeit der Sachsenkaiser und Hohenstaufen, 27; Vom Biedermeier zur Bismarckzeit. Aus dem Leben eines Neunzigjährigen, 32 (über ihren Großvater Viktor v. S. u. T.); Eugen Diederichs. Leben und Werk, Ausgew. Briefe und Aufzeichnungen, 36; Angelus Silesius: Blüh auf, gefrorner Christ!, 38; A. v. Droste-Hülshoff: Einsamkeit und Helle. Ihr Leben in Briefen, 38.

Strittmatter, Erwin, *14. 8. 1912 Spremberg (Niederlausitz).
S. lernte Bäcker und arbeitete in verschiedenen Berufen. Er trat schon früh der Sozialistischen Arbeiterjugend bei. Nach kurzer Gefängniszeit im Faschismus wurde S. zur Wehrmacht eingezogen, von der er 1945 desertierte; nach 1945 arbeitete er als Bäcker; durch die Bodenreform in der SBZ wurde er Kleinbauer. 1947 wurde S. Bürgermeister mehrerer Gemeinden und war zugleich Volkskorrespondent; danach arbeitete er als Redakteur und freischaffender Schrift-

steller. 1959 wurde S. zum 1. Sekretär des Schriftstellerverbandes der DDR gewählt; später war er einer der Vizepräsidenten dieses Verbandes.

Geschichte und Gegenwartsprobleme des Landlebens im kleinbürgerlichen und bäuerlichen Milieu sind die bevorzugten Sujets S.s. In seinem Entwicklungsroman *Ochsenkutscher* gab S. die stark autobiographisch gefärbte Geschichte eines Jungen in der Wilhelminischen Ära und der Zeit der Weimarer Republik wieder.

S.s Komödie *Katzgraben*, von Brecht, der den Autor förderte, im Berliner Ensemble inszeniert, brachte erstmals «den modernen Klassenkampf auf dem Dorf auf die deutsche Bühne» (Brecht).

Harmonistische Züge dominierten noch in dem – in der DDR als Jugendbuch weitverbreiteten – Roman *Tinko*, in welchem die Auseinandersetzungen um die Landreform aus der Sicht eines Kindes dargestellt werden.

Am Ende der 50er Jahre fielen poetisches Werk S.s und seine literaturtheoretischen Äußerungen deutlich auseinander. Setzte sich in S.s epischem Werk immer stärker die Tendenz zu einer Poetisierung der Wirklichkeit durch, so vertrat er zugleich im Rahmen des frühen Bitterfelder Weges eine streng funktionalistische Literaturkonzeption, von der er sich im Verlauf der 60er Jahre trennte.

Sein großangelegter Entwicklungsroman *Der Wundertäter* bildete einen bemerkenswerten Kontrast zu den oft bemüht ernsthaften und mit Bildungsgut überfrachteten Wandlungsromanen, die in der DDR-Literatur dieser Zeit entstanden. Die Wahl eines Milieus unter «urwüchsig antikapitalistischen Eigenbrötlern» (Kurt Batt), Anklänge an die Schwankliteratur und die mit phantastischen Elementen versetzte Struktur des Schelmenromans trugen wesentlich zu einer selbstbewußten Auseinandersetzung mit der Geschichte bei.

Den bisher größten Erfolg hatte S. mit seinem Roman um den Selbsthelfer *Ole Bienkopp*, der, eigenverantwortlich und in ständiger Ungleichzeitigkeit zu den Beschlüssen der Partei, seinen Weg macht und am Ende tragisch scheitert. Um die Verantwortung für das Ableben des Helden entspann sich 1963/64 in der DDR eine Leserdebatte, die derjenigen um Christa Wolfs *Geteilten Himmel* in ihrer Bedeutung für die Selbstverständigung der DDR-Literaturgesellschaft gleichkam.

Neben der Fortführung des *Wundertäter* hat S. sich in Formen der Kurzprosa stärker als in seinem vorangegangenen Schaffen existentiellen Themen zugewandt. Die Beschwörung «von Poesie und Schwerelosigkeit in der Kindheit» (S.) nahm in diesem Rahmen einen ebenso wichtigen Platz ein wie die sich intensivierende Reflexion über die Rolle des Schreibens (*Die blaue Nachtigall*, *Meine Freundin Tine Babe*). Im Roman *Der Laden* schildert S. in anekdotischer Fülle und mosaikartig die Jugend des Helden im Gebiet der sorbischen Niederlausitz und gibt damit zugleich ein Bild der Verhältnisse während der Weimarer Republik in dieser Region. S. wurde vielfach ausgezeichnet; er ist Ehrendoktor der Hochschule Meissen und u. a. fünffacher Nationalpreisträger.

W.: Romane, Erzählungen, Kinderbücher, Tagebücher: Ochsenkutscher, 1945 (Neufassung 50); Der Wald der glücklichen Kinder, 51; Eine Mauer fällt, 53; Tinko, 54 (als Film 57); Paul und die Dame Daniel, 56; Der Wundertäter, Bd I, 57; Pony Pedro, 59; Ole Bienkopp, 63; Schulzenhofer Kramkalender, 66; Ein Dienstag im September – 16 Romane im Stenogramm, 70; ¾ hundert Kleingeschichten, 71; Die blaue Nachtigall oder Der Anfang von etwas, 72; Der Wundertäter, Bd II, 73; Meine Freundin Tine Babe, 77; Sulamith Mingedö, der Doktor und die Laus, 77; Die alte Hofpumpe, 79; Der Wundertäter, Bd III, 80; Nachtigall-Geschichten, 80; Selbstermunterungen, 81; Wahre Geschichten aller Ard(t), 82; Zirkus Wind, 82; Der Laden, 2 Bde, 83–87; Ponyweihnacht, 84; Grüner Juni, 85; Lebenszeit, 87; Die Lage in den Lüften, 90. – *Dramen:* Katzgraben, 53–58 (verschiedene Fassungen); Tinko (mit Eva S.), 57 (Drehbuch); Die Holländerbraut, 60. – *Sammelausgaben:* Stücke, 67; Damals auf der Farm, 74; Als ich noch ein Pferderäuber war, 82; Der Wundertäter, 3 Bde, 87; Nachtigall-Geschichten, 87; Lebenszeit. Ein Brevier, 87; Die Nachtigall-Geschichten, 89; Büdner und der Meisterfaun, 90. – *Schallplatten, Kassetten:* Dreiviertelhundert Kleingeschichten, o. J.; Der neue Mensch, o. J.; Pony Pedro, o. J.; Ole Bienkopp, o. J.; Wie ich meinen Großvater kennenlernte, o. J.

Strittmatter, Eva, *8. 2. 1930 Neuruppin.
S. studierte 1947–51 Germanistik und
Romanistik in Berlin, war 1951–53 Mitarbeiterin beim Deutschen Schriftstellerverband; seither ist sie freischaffend;
in den 50er Jahren war sie Redakteurin
und Redaktionsmitglied der «Neuen
Deutschen Literatur».
Nach Ablösung von einer dogmatischen
literaturkritischen Arbeit veröffentlichte
S. seit 1966 Gedichte, die, durch Einfachheit und anfangs konventionelle Natur-
motivik gekennzeichnet, der DDR-Lyrik
zuvor abgelehnte Traditionen zurückge-
wann.
Die Tradition des Volkslieds, Puškin, der
frühe Heine, die Droste, Rilke, Loerke,
Paustovskij, die S. für sich entdeckt hat,
geben den märchenhafte Züge und Träume aufnehmenden Gedichten eine Pri-
vatheit, deren Ziel aber immer eine Ge-
winnung umfassender gesellschaftlicher
Individualität bleibt. S.s poetische Konfession *Briefe aus Schulzenhof*, zugleich
eine Ästhetik ihres Mannes Erwin S.,
gibt u. a. wichtige Einblicke in das Verhältnis von DDR-Autoren zur Literaturkritik. Sie ist Mitglied des PEN und erhielt 1975 den Heine-Preis.

W.: Kinderbücher: Brüderchen Vierbein,
1959; Vom Kater, der ein Mensch sein wollte,
60; Großmütterchen Gutefrau und ihre Tiere,
74; Der Igel, 78. – *Lyrik:* Ich mach ein Lied aus
Stille, 73; Ich schwing mich auf die Schaukel,
74; Mondschnee liegt auf den Wiesen, 75; Die
eine Rose überwältigt alles, 77; Zwiegespräch,
80; Jetzt wolln wir mal ein Liedchen singen (mit
P. Schultz-Liebisch), o. J.; Heliotrop, 82; Beweis des Glücks, 83; Atem, 88; Gedichte, ²89;
Die heimliche Freiheit der Einsamkeit, 89. –
Prosa: Briefe aus Schulzenhof, 77; Poesie und
andere Nebendinge, 83; Mai in Piestany, 87. –
Schallplatten, Kassetten: Der Igel, 84.

Struck, Karin, *14. 5. 1947 Schlagtow
(Mecklenburg).
Die unnachgiebige Suche nach Identität
bestimmt alle Romane S.s. Dabei wendet
sie sich von der Analyse der *Klassenliebe*
mehr und mehr ab, in der die spezifisch
weiblichen Erfahrungen mit der Liebe in
ihrer gesellschaftlichen Bestimmtheit erscheinen – durch den Versuch, «alles los-
zulassen», d. h. «alles zu schreiben». An
die Stelle der so möglichen intensiven

Sprache, die neue Bilder und frappieren-
de Erkenntnisse hervorbringt, tritt allmählich die Konzentration auf ein Innen,
das unermüdlich um sich selbst kreist.
Alle Konflikte (von Minderwertigkeits-
gefühlen bis zu Erfahrungen absoluter
Mangelhaftigkeit und Leere) werden rigoros auf den absoluten Liebesanspruch
des Ich bezogen, jedes Scheitern läßt sich
nur durch den unablässigen Schreibfluß
ertragen. – 1974 Rauriser Literaturpreis,
1976 Gryphius-Preis.

W.: Romane: Klassenliebe, 1973; Die Mutter,
75; Lieben, 77; Finale, 84; Bitteres Wasser, 88.
– *Erzählungen:* Die liebenswerte Greisin, 77;
Die Trennung, 78; Die Herberge, 81; Kind-
heits Ende. Journal, 82; Zwei Frauen, 82; Glut
und Asche, 85. – *Filme, Fernsehen:* Trennung,
79.

Stuart, Cäsar → Flaischlen, Cäsar

Stuart, C. F. → Flaischlen, Cäsar

Stucken, Eduard, *18. 3. 1865 Moskau,
†9. 3. 1936 Berlin.
S. studierte nach kaufmännischer Ausbildung in Bremen Assyriologie, Ägyptologie und Sprachwissenschaft in Berlin
(1887–90) und nahm an mehreren Expeditionen im Nahen Osten teil. Später lebte S. in Berlin. S.s Werk beginnt in neuromantischer Tradition mit balladesken
Elementen, die dann auch in seinem
späteren nichtlyrischen Werk auftreten.
Romantisierende Sentimentalität und
pompöse Sprachgebärden kennzeichnen
S.s Dramen, die in der wagnerisierenden
Tradition eines mystisch-religiösen Theaters stehen. Bekannter wurde seine
spätere Prosa, vor allem die Romantetra-
logie *Die weißen Götter*, die die Eroberung Mexikos durch Cortez und den Untergang der aztekischen Kultur in düsterer Sprache beschreibt. Seine späteren
Romane wenden sich Einzelschicksalen
zu. Sein wissenschaftliches Werk, vor allem zu Motivvergleichen in Mythologien
sowie zur vergleichenden Sprachge-
schichte, hat bleibenden Rang.

W.: Dramen: Der Gral (7 Stücke), 1902–24;
Myrrha, 08; Merlins Geburt, 13; Die Hochzeit
Adrian Brouwers, 14; Tristram und Ysolt, 17;
Das verlorene Ich, 22. – *Lyrik:* Balladen, 1898;

Romanzen und Elegien, 1911; Das Buch der Träume, 16; Die Insel Perdita, 35. – *Romane:* Die weißen Götter, 18–24; Larion, 25; Im Schatten Shakespeares, 29; Giuliano, 33; Die segelnden Götter, 37. – *Wissenschaftliches:* Astralmythen, 1896–1907; Beiträge zur orientalischen Mythologie, 02; Der Ursprung des Alphabets, 13; Polynesisches Sprachgut in Amerika und in Sumer, 27. – *Übersetzungen:* Die Opferung des Gefangenen. Ein Tanzschauspiel der Indianer in Guatemala aus vorkolumbianischer Zeit, 13. – *Sammel- u. Werkausgaben:* Gesammelte Werke, Bd 1, 25; Gedichte, 38.

Sturm, Georg → Walden, Herwarth

Sturm, Walter → Walden, Herwarth

Sudermann, Hermann, *30.9.1857 Matziken (Memelland), †21.11.1928 Berlin.

S., Sohn eines Landwirts, studierte Geschichte und Philosophie in Königsberg und Berlin, war 1881/82 Schriftleiter am «Deutschen Reichsblatt», dann Hauslehrer, bis er schließlich freier Schriftsteller wurde. – S. galt anfangs als bedeutendster Dramatiker des Naturalismus neben G. Hauptmann. Seine bühnenwirksamen, vom französischen Konversationsstück beeinflußten Dramen, die oberflächliche Gesellschaftskritik, sentimentale Effekte und naturalistische Milieudarstellung geschickt verbinden, kommen jedoch eher von älteren Vorbildern wie Sardou und A. Dumas her. S.s erster Bühnenerfolg war das Sozialdrama *Die Ehre*: Der rigorose Ehrbegriff Robert Heineckes führt zum Zusammenstoß mit seiner kleinbürgerlichen Familie und den reichen Mühlingks. Das gleiche Thema behandelt auch S.s erfolgreichstes Stück *Heimat*: Magda, nach langer Verbannung in ihr Elternhaus zurückgekehrt, fühlt sich für ihr Leben selbst verantwortlich und will sich nicht den konventionellen Ehrbegriffen ihres Vaters und ihres früheren Liebhabers beugen. Wirklichkeitsnäher sind S.s meist in der heimatlichen Landschaft gründenden erzählerischen Werke, so die *Litauischen Geschichten* und *Frau Sorge*, die als allegorische Gestalt den Lebensweg des Bauernsohns Paul Meyhöfer bis zur Heirat mit der Gutsbesitzerstochter Elsbeth begleitet.

W.: Romane, Erzählungen, Novellen, Schriften: Im Zwielicht, 1886; Frau Sorge, 87; Der Katzensteg, 88; Geschwister, 88; Jolanthes Hochzeit, 92; Es war, 93; Drei Reden, 1900; Verrohung in der Theaterkritik, 02; Das Hohe Lied, 08; Die indische Lilie, 11; Litauische Geschichten, 17; Der verwandelte Fächer, 18; Jons und Erdme, 21; Das Bilderbuch meiner Jugend, 22; Zwischen den Wäldern. Auf eigener Scholle, 24; Der tolle Professor, 26; Die Frau des Steffen Tromholt, 27; Purzelchen, 28. – *Dramen:* Die Ehre, 1890; Sodoms Ende, 91; Heimat, 93; Die Schmetterlingsschlacht, 95; Das Glück im Winkel, 96; Morituri, 97; Johannes, 98; Die drei Reiherfedern, 99; Johannisfeuer, 1900; Es lebe das Leben, 02; Der Sturmgeselle die Sokrates, 03; Die Sturmgesellen, 03; Das Blumenboot, 05; Stein unter Steinen, 05; Rosen, 07; Strandkinder, 09; Der Bettler von Syrakus, 11; Der gute Ruf, 13; Die Lobgesänge des Claudian, 14; Die entgötterte Welt, 15; Die Freundin, 15; Die gutgeschnittene Ecke, 15; Das höhere Leben, 15; Regine, 16; Die Raschhoffs, 19; Notruf, 20; Der Hüter der Schwelle, 21; Das deutsche Schicksal, 21; Wie die Träumenden, 22; Denkmalsweihe, 23; Der Hasenfellhändler, 27. – *Sammel- und Werkausgaben:* Dramatische Werke, 6 Bde, 23; Romane und Novellen, 6 Bde, 19; Romane und Novellen, 10 Bde, 28; Briefe an seine Frau, 32; Miks Bumbullis und andere Geschichten, 58; Die Reise nach Tilsit. Prosa und Dramen, 71; Jolanthes Hochzeit und andere Erzählungen, 83; Das H. S. Buch, 85; Die Reise nach Tilsit, 88; Die Reise nach Tilsit/ Jolanthes Hochzeit, 89; Die Reise nach Tilsit und andere Litauische Geschichten, 89.

Sünder, Artur → Reimann, Hans

Surminski, Arno (Hermann), *20.8.1934 Jäglach/Ostpreußen.

Der Sohn eines Schneidermeisters wuchs nach der Deportation seiner Eltern in die Sowjetunion in Schleswig-Holstein bei einer Familie aus seinem Heimatdorf auf. Nach einer Lehre arbeitete S. als Anwaltsgehilfe und reiste zwei Jahre durch Kanada. 1958–72 als Angestellter tätig. Seither arbeitet er als freier Wirtschafts- und Versicherungsfachjournalist und Schriftsteller. Er ist Mitglied der Künstlergilde Esslingen und der Hamburger Autorenvereinigung. 1978 erhielt er die Ehrengabe zum Gryphius-Preis und 1982 den Kulturpreis der Landsmannschaft Ostpreußen. – S. wurde bekannt mit Romanen über seine Heimat, die Schicksale der Vertriebenen aus den ehemals deutschen Gebieten und der Schilderung der Versuche, sich im Nachkriegsdeutschland eine neue Existenz aufzubauen. Bereits sein zweiter Roman wurde ein Bestseller, mehrere seiner Arbeiten wurden für das Fernsehen verfilmt.

W.: Romane, Erzählungen: Jokehnen oder Wie lange fährt man vom Ostpreußen nach Deutschland, 1974; Aus dem Nest gefallen, 76; Kudenow oder An fremden Wassern weinen, 78; Fremdes Land oder Als die Freiheit noch zu haben war, 80; Wie Königsberg im Winter, 81; Damals in Poggenwalde, 83; Polninken oder Eine deutsche Liebe, 84; Gewitter im Januar, 86; Am dunklen Ende des Regenbogens, 88; Malojawind, 88; Grunowen oder Das vergangene Leben, 89.

Süskind, Patrick, *26. 3. 1949 Ambach.
S. ist Sohn des Publizisten W. E. Süskind. Er studierte mittlere und neuere Geschichte in München und Aix-en-Provence. Danach schrieb er über zehn Jahre Drehbücher für das Fernsehen. Seit 1987 ist er Mitglied des PEN und erhielt 1986 den in Paris verliehenen Gutenberg-Preis für den besten ausländischen Roman. S. wurde bekannt mit seinem ersten Theaterstück *Der Kontrabaß*, dem Monolog eines Musikers über Musik, Welt und sein eigenes Leben. *Das Parfüm*, sein erster Roman, machte ihn international berühmt. In ihm schildert S. mit bewußt virtuoser Sprachbehandlung Leben und Tod eines Außenseiters im Paris des 18. Jahrhunderts. Begabt mit einem unvergleichlichen Geruchssinn lernt der selbst geruchlose Protagonist das Parfümbereiten. Sein ganzes Leben hindurch immer auf der Suche nach dem absoluten Duft, der ihn anziehend machen soll, wird er zum Massenmörder. Als er sein Ziel erreicht hat, wird er in einem gespenstischen Bacchanal von Außenseitern der Gesellschaft zerfleischt, Sühne und Opfer zugleich in einer beeindruckenden Darstellung des Massenwahns. Die suggestive Kraft des Erzählens, das besonders in der Beschreibung der verschiedenen Gerüche brilliert, trug zum Erfolg des Romans bei. – S. schrieb außerdem (mit H. Dietl) die Drehbücher zu zwei Fernsehserien (*Kir Royal, Monaco-Franze*), die sich als ironisch-satirische Darstellung der Schickeria in der Bundesrepublik verstehen.

W.: Romane, Erzählungen: Das Parfüm, 1985; Die Taube, 87. – *Dramen, Drehbücher:* Monaco-Franze, 83 (mit H. Dietl); Der Kontrabaß, 84; Kir Royal, 86 (mit H. Dietl).

Susman, Margarete (eig. von Bendemann-Susmann; Pseud. Reiner), *14. 10. 1872 Hamburg, †16. 1. 1966 Zürich.
S. war die Tochter eines wohlhabenden Hamburger Kaufmanns und kam mit acht Jahren nach Zürich, wo sie die höhere Töchterschule besuchte. Trotz anfänglichen Verbotes eines weiteren Studiums durch den Vater besuchte sie die Kunstakademie in Düsseldorf. Danach studierte sie Kunst und Philosophie in Paris, München und Berlin. Sie wurde Mitarbeiterin der «Frankfurter Zeitung» und widmete sich immer wieder in Aufsätzen, Büchern und Vorträgen den religiösen, soziologischen, psychologischen und geistesgeschichtlichen Aspekten der Stellung der Juden zum Christentum und zu den Deutschen. 1933 emigrierte sie nach Zürich, wo sie in den Verdacht des Linksextremismus geriet und 1939 ein Rede- und Schreibverbot gegen sie erlassen wurde; trotzdem publizierte S. unter einem Pseudonym weiter. Nach dem Krieg lebte sie weiter in Zürich, wo sie 1966 starb. – Während S. als Dichterin an die melancholisch müde Stimmung der Neuromantik anknüpft, gleichzeitig aber thematisch dem Frühexpressionismus nahesteht, ist ihre Prosa Zeugnis reiner Subjektivität; selbst ihre Aufsätze z. B. über Kafka, Nietzsche oder Goethe sind mehr suggestiv als informativ und in einer rhetorischen, rhythmisch pointierten Sprache geschrieben. Hervorzuheben ist S.s Einfluß auf Bloch, Buber, Gurevitch oder Lukács.

W.: Novellen: Das Kruzifix, 1922. – *Lyrik:* Gedichte, 1892; Mein Land, 1901; Neue Gedichte, 07; Die Liebenden, 17; Lieder von Tod und Erlösung, 22; Aus sich wandelnder Zeit, 53. – *Essays, Erinnerungen:* Das Wesen der modernen deutschen Lyrik, 1910; Vom Sinn der Liebe, 12; Die Revolution und die Frau, 18; Frauen der Romantik, 29 (erw. 60); Das Buch Hiob und das Schicksal des jüdischen Volkes, 46; Deutung einer großen Liebe, 51; Gestalten und Kreise, 54; Deutung biblischer Gestalten, 55; Die geistige Gestalt Georg Simmels, 59; Ich habe viele Leben gelebt, 64. – *Herausgebertätigkeit:* E. Kircher: Philosophie der Romantik, zus. mit H. Simon, 06; Simmel, G.: Brücke und Tür (mit M. Landmann), 57. – *Werkausgabe:* Vom Geheimnis der Freiheit, 65.

Suttner, Bertha von (Pseud. B. Oulot), *9.7.1843 Prag, †21.6.1914 Wien.

S., Tochter des Feldmarschalleutnants Franz Graf von Kinsky, entstammte mütterlicherseits der Dichterfamilie Körner. Ihre Heirat mit dem Schriftsteller A. G. von Suttner erfolgte gegen den Willen ihrer Familie. Um den Zwistigkeiten zu entgehen, verließen sie die Heimat und lebten in der Folge neun Jahre in Tiflis, er als Ingenieur und Kriegskorrespondent, sie als Lehrerin. Danach wurden sie in Niederösterreich ansässig, wo sie sich auch literarisch betätigten.

Ihr Debüt als Schriftstellerin hatte S. bereits 1883 mit *Inventarium einer Seele.* Dem Roman *Die Waffen nieder*, der nicht nur zahlreiche Auflagen erreichte, sondern auch eine starke Anti-Kriegsbewegung nach sich zog, folgte die Herausgabe der pazifistischen Zeitschrift «Die Waffen nieder» (1892–99). *Das Maschinenzeitalter* schrieben die Kritiker den bedeutendsten Gelehrten der damaligen Zeit zu. S. setzte sich nicht nur literarisch für die absolute Erhaltung des Friedens ein, sondern gründete auch eine internationale Friedensliga. 1905 erhielt sie den Friedensnobelpreis.

W.: Romane, Novellen: Inventarium einer Seele, 1883; Ein Manuskript, 84; Ein schlechter Mensch, 85; Daniela Dormes, 86; High-life, 86; Verkettungen, 87; Erzählte Lustspiele, 88; Schriftsteller-Roman, 88; Die Waffen nieder, 89; An der Riviera, 92 (u. d. T.: La Traviata, 97); Eva Siebeck, 92; Die Tiefinnersten, 93; Trente-et-quarante, 93; Vor dem Gewitter, 93; Im Berghause, 93; Phantasien über den «Gotha», 93; Es Löwos, 93; Hanna, 94; Einsam und arm, 96; Kuikuk, 99; Niemals eine Zweite, 99; Das Maschinenzeitalter, 99; Der Krieg und seine Bekämpfung, 1904; Marthas Kinder, 02; Ketten und Verkettungen, 04; Briefe an einen Toten, 04; Babies siebente Liebe, 05; Stimmen und Gestalten, 07; Gesammelte Werke, 07; Der Menschheit Hochgedanken, 11; Rüstet ab!, 60. – *Erzählungen:* Doktor Hellmuths Donnerstage, 1892; Krieg und Frieden, 95; Der Kaiser von Europa, 97; Schmetterlinge, 97; Franzl und Mirzl, 1905. – *Lyrik:* Frühlingszeit, eine Lenzes- und Lebensgabe, 1896. –

Theatertext: Schach der Qual, 1898. – *Autobiographisches:* Die Haager Konferenz, 1900; Memoiren, 05. – *Essays:* Randglossen zur Zeitgeschichte, 06; Die Barbarisierung der Luft, 12; Der Kampf um die Vermeidung des Weltkriegs, 17. – *Sammel- und Werkausgaben:* Die Waffen nieder. Ausgewählte Schriften, 78; Kämpferin für den Frieden: B. v. S., 82. – *Herausgebertätigkeit:* Die Waffen nieder! Monatsschrift. Jg 1–10. 1892ff.

Süverkrüp, Dieter, *30.5.1934 Düsseldorf.

S., Sohn eines Malers, studierte an der Werkkunstschule und arbeitete von 1955–73 als Werbegraphiker in Düsseldorf. Nach kurzem Gitarrenunterricht im wesentlichen Autodidakt, spielte S. seit 1955 in einer Jazzband und begann 1960, eigene politische Lieder vorzutragen. 1962 war er Mitbegründer des «pläne»-Verlags, in dem seither seine Schallplatten erscheinen. S. tritt zumeist allein auf. Tourneen führten ihn durch zahlreiche Länder Europas und die UdSSR. 1976 erhielt er den Heinrich-Heine-Preis der DDR.

Neben F. J. Degenhardt und W. Biermann gehört S. zu den profiliertesten politischen Liedermachern. Er schrieb u. a. Lieder für Fernsehsendungen, ein 1976 uraufgeführtes Melodram *Alwin und Alwine – ein Musikerschicksal* und drehte 1968–71 sechs Folgen einer Fernsehserie «Süverkrüps Laube». Seine Lieder voller Ironie und musikalischem Witz entlarven bundesrepublikanische Zustände, glossieren kulturpolitische, soziale und gesellschaftliche Entwicklungen und beschreiben sarkastisch die Ängste saturierter Wohlstandsbürger (*Erschröckliche Moritat vom Kryptokommunisten*). S. arbeitet aber auch vergessene demokratische Traditionen auf, indem er etwa Lieder der Französischen Revolution und der Deutschen Revolution von 1848 aufgreift; auch schreibt er Kinderlieder, die zeigen, daß in ihnen keineswegs nur heile Welt dargestellt werden muß.

W.: Lyrik, Lieder, Texte: Da habt ihr es!, 1968; (mit F. J. Degenhardt, H. D. Hüsch, W. Neuss); Da kommt der Willibald, 74; Venceremos, 77; Dieter Süverkrüp, 78; Wir sind, wenn es gestattet ist, die Jugend, 80. – *Essays, Graphik:* Kuba, 78 (mit H. Stütz); Typen, 80;

Landschaften aus dem Ruhrgebiet gesehen durch zwei Temperamente, 81 (mit H. G. Lenzen). – *Schallplatten:* Ça ira, 59; Warnung, Rattengift ausgelegt, 63; Ein Lied drei, vier, 64; Fröhlich ißt du Wiener Schnitzel, 65; Die widerborstigen Gesänge des Dieter Süverkrüp, 67; Vietnam, 68 (mit Floh de Cologne); Süverkrüps Hitparade, 70; Der Baggerführer Willibald, 71; Stille Nacht, allerseits, 71; Rote Fahnen sieht man besser, 72; Zusammengesammelte Werke, 72; 1848 – Lieder der deutschen Revolution, 73; Süverkrüp live, 74; Das Auto Blubberbumm, 76; So weit alles klar, 80.

Switz, Dušan → Brězan, Jurij

Sylvanus, Erwin, *3. 10. 1917 Soest, †27. 11. 1985 ebd.
Aus der Wehrmacht als Schwerbeschädigter entlasssen. Lebte seit 1954 als freier Schriftsteller und Regisseur (Theater, Hörspiel, Fernsehen) in Möhnesee-Völlinghausen, seit 1978 vor allem auf Aegina (Griechenland). Begann als Lyriker und Prosaist. Wandte sich ab 1957, dem Erscheinungsjahr von *Korczak und die Kinder* (mit über 120 Inszenierungen und Übersetzungen in 15 Sprachen eines der meistgespielten deutschsprachigen Nachkriegsdramen), ganz dem Drama zu. *Jan Palach* ist ein Stück über den tschechischen Studenten, der sich nach dem Einmarsch der Russen 1969 selbst verbrannte. Wichtig für S.' dramaturgische Eigenart ist *Sanssouci*, in welchem die Pseudonyme Kurt Tucholskys von verschiedenen Schauspielern verkörpert werden.

W.: Romane, Erzählungen: Jahresring, 1936; Der ewige Krieg, 41; Dichterkreis, 44; Paradiesfahrer, 49. – *Dramen:* Hirten auf unserem Felde, 56; Korczak und die Kinder, 57; Zwei Worte töten, 59; Unterm Sternbild der Waage, 60; Der rote Buddha, 61; Loew, 63; Scharrett, 64; Die Treppe, 65; Jan Palach, 71; Sanssouci, 74; Victor Jara, 76; Papiertheater, 78; Lessings Juden, 79. – *Lyrik:* Die Musches, 47. – *Sonstiges:* Monographie des Malers Emil Schumacher, 59. – *Sammel- und Werkausgaben:* Korczak und die Kinder. Jan Palach. Sanssouci, 73.

Szyszkowitz, Gerald, *22. 7. 1938 Graz.
1956–60 studierte S. Germanistik und Theaterwissenschaft in Wien und promovierte. Seit 1962 als Regisseur an verschiedenen Theatern der Bundesrepublik tätig, zuletzt in Stuttgart, von wo er 1968 als Chefdramaturg und Regisseur nach Graz wechselte. 1972 wurde S. Chefdramaturg des Österreichischen Fernsehens, 1973 Leiter der Abteilung Fernsehspiel und Unterhaltung, was er bis Ende 1987 blieb. Danach Leiter der Abteilung Musik, seit Ende 1990 erneut Leiter der Abteilung Fernsehspiel. S. erhielt eine Reihe von Auszeichnungen für Fernsehproduktionen, außerdem 1981 das Ehrenkreuz für Wissenschaft und Kunst, den Grillparzerring, den Ernst-Winkler-Preis, das Goldene Ehrenzeichen des Landes Steiermark, 1983 den Ordre du mérite culturel, Warschau, 1990 den Jugendbuchpreis der Stadt Wien. – S. ist als Dramatiker wie als Romancier hervorgetreten. Probleme der jüngeren österreichischen Geschichte und ihrer gesellschaftlich sanktionierten Verdrängung sind häufig die Themen seiner Werke. Deutlich wird dies z. B. in der als Drama und als Roman vorliegenden Geschichte *Puntigam oder die Kunst des Vergessens*. Der Roman beginnt zwar in der Gegenwart, aber die Vergangenheit des Jahres 1938, als Österreich zur «Ostmark» wurde, ist stets präsent. Es brechen alte Gegensätze zwischen den Personen auf, passieren 40 Jahre österreichischer Geschichte Revue. Bereits mit seinem ersten Roman *Thaya* hatte S. ein anspruchsvolles Projekt begonnen: eine Trilogie über den Niedergang einer Familie im Waldviertel vor dem Hintergrund mehrerer Jahrzehnte österreichischer Geschichte. Die Traditionen und Wertvorstellungen, die beim alten Thaya, mit dem die Trilogie beginnt, noch (fast) selbstverständlich das Leben bestimmten, tragen in den folgenden Generationen nicht mehr. Und da keine neuen Werte überzeugend an ihre Stelle treten, brechen die sozialen Bindungen.

W.: Romane, Erzählungen, Prosa: Der Thaya, 1981; Seitenwechsel, 82; Osterschnee, 83; Furlani oder Die Zärtlichkeit des Verrats, 85; Puntigam oder Die Kunst des Vergessens, 88; Auf der anderen Seite, 90. – *Dramen, Hör- und Fernsehspiele:* Genosse Brüggemann (Bühnenms.), 67 (als Hsp. 67, als Fsp. 70), Neufsg. 91; Commander Carrigan (Bühnenms.), 68 (als Hsp. 72, als Fsp. 70); beide zusammen in: Aspekte I. Hg. K. Becsi, 69; Kainiten [umbenannt in: Der Fladnitzer], 69 (Bühnenms.); Waidmannsheil oder Schöne Grüße aus der Steiermark (in: manuskripte 31/32), 71; Der Liebe lange Weile oder Der Untergang im Südchinesischen Meer, UA 89; Friedemann Puntigam oder Die Kunst des Vergessens, UA 91; Am Irrsee, UA 91; Grillparzer oder Die drei Schwestern (Hsp.), 91. – *Essays:* Remigius Geyling, 60 (Diss.). – *Übersetzungen:* Werke von Ghelderode, Cau, Genet, Crommelyck, Deval, Hugo, Camoletti, Tapié, Dickens, Daix, McKay (alle zusammen mit U. Szyszkowitz). – *Sammel- und Werkausgaben:* Zehn Stücke, 91. – *Herausgebertätigkeit:* G. Wolfgruber: Der Jagdgast, 78; Th. Pluch: Feuer!, 79; H. Zenker: Drohbriefe, 79; W. Pevny, P. Turrini: Alpensaga, 80; P. Keglevic, W. Kappacher: Die Jahre vergehen, 80; M. Scharang: Das doppelte Leben, 81; F. Mitterer: Der Narr von Wien, 82; H. Rosendorfer: Steinbichler Geschichten, 83; W. Bauer: In Zeiten wie diesen, 84; G. St. Troller: Santa Fe, 85; F. Lehner: Mit meinen heißen Tränen, 86.

T

Tandem, Felix → Spitteler, Carl

Tarrok, Peer → Zwerenz, Gerhard

Tartcitz, Zsulym → Wiesinger, Karl

Taschau, Hannelies, *24. 6. 1937 Hamburg.
1968 erhielt sie den Förderungspreis des Landes Nordrhein-Westfalen für junge Künstler, 1985 den Kurzgeschichtenpreis Arnsberg für *Angebote an den Durchreisenden.*
Die Erzählungen in dem Band *Strip und andere Erzählungen* zeigen, wie einzelne Menschen durch die alltägliche Gewalt gesellschaftlicher Verhältnisse kaputtgemacht werden, wie sie versuchen, sich unter Aufgabe aller Selbstachtung zu arrangieren oder sich mit unmotiviert scheinenden Gewalttaten und kriminellen Handlungen zu wehren.
Um die scheinbare Ruhe und Ordnung kleinbürgerlichen Lebens in der Provinz geht es in dem Roman *Landfriede*, in dem T. die Geschichte eines Paares beschreibt, das aus der Stadt aufs Land

zieht, weil der Mann dort eine Anstellung als Lehrer bekommen hat, und das ganz unterschiedlich auf den in der Kleinstadt herrschenden Anpassungsdruck reagiert. – In ihren Gedichten hält T. mit zum Teil fotografischer Genauigkeit Szenen aus dem Alltagsleben fest, thematisiert aber auch politische Probleme wie Umweltschutz, Widerstand gegen Kernkraftwerke, Berufsverbote, Heimerziehung und Staatsschutzmaßnahmen.

W.: Lyrik: Verworrene Route, 1959; Gedichte, 69; Luft aus Atmen, 78; Blind sein mit viel mehr Haut, 78; Doppelleben, 79; Gefährdung der Leidenschaft, 84; Wunder entgehen, 86; Weg mit dem Meer, 90. – *Prosa:* Die Kinderei, 60; Strip und andere Erzählungen, 74; Mein Körper warnt mich vor jedem Wort, 84; Nahe Ziele, 85. – *Romane:* Die Taube auf dem Dach, 67; Landfriede, 78; Erfinder des Glücks, 81. – *Hörspiele:* Sprechstörungen. Vier Hörspieltexte (mit Ch. Dürr u. a.), 80. – *Herausgebertätigkeit:* Kindheitsgeschichten (mit U. Friesel), 79.

Tau, Max, *19. 1. 1897 Beuthen (Oberschlesien), †13. 3. 1976 Oslo.
Aus jüdischer Familie. Studierte Philologie in Hamburg, Berlin, Kiel, Dr. phil. Lektor in Trier und im Verlag Bruno Cassirer, Berlin. Emigrierte 1938 nach Norwegen. 1942 Flucht vor den deutschen Truppen nach Schweden (in den 3 Bänden seiner Lebenserinnerungen schildert er sein von beschwerlichen politischen Zeitumständen, dennoch von Versöhnung und Idealismus geprägtes Schicksal). Seit 1945 Cheflektor in Oslo. 1956 gründete er mit dem Ziel der Völker- und Rassenversöhnung *Die Friedensbücherei*. Erhielt 1950 als erster den Friedenspreis des Deutschen Buchhandels, 1965 den Nelly-Sachs-Preis der Stadt Dortmund, 1970 den Sonning-Preis. – T., Romanschriftsteller, Essayist und Publizist, war Entdecker und Förderer deutscher, besonders schlesischer (H. Stehr), aber auch skandinavischer und tschechischer Autoren. Seine eigenen Schriften leben aus einer theologisch verstandenen Verbrüderung der Völker.

W.: Romane: Tro på mennesket, 1946 (dt. Glauben an den Menschen, 48); Denn über uns ist der Himmel (norw. 54), 55. – *Essays, Biographien, Autobiographien:* Bruno Arndt. Sein Wesen und Werk, 20; Der assoziative Faktor in der Landschafts- und Ortsdarstellung Theodor Fontanes (Diss.), 28; Albert Schweitzer und der Friede (Rede), 55; Das Land, das ich verlassen mußte. Lebenserinnerungen, 61; Ein Flüchtling findet sein Land (Forts. v. Das Land, das ich verlassen mußte), 64; Auf dem Weg zur Versöhnung (Lebenserinnerungen), 68; Trotz allem! Lebenserinnerungen aus 70 Jahren, 73; Das Leben lieben. M. T. in Briefen und Dokumenten 1945–1976, 88. – *Herausgebertätigkeit:* Die Stillen. Anth., 21; Die deutsche Novelle. Eine Bücherei zeitgenöss. Dichtung, 21–25; Der deutsche Roman, 21–25; H. Stehr. Ges. Werke. Festausgabe, 9 Bde, 24; Das Wilhelm-Schmidtbonn-Buch, 27; Vorstoß. Prosa der Ungedruckten (m. W. v. Einsiedel), 30; Joseph Görres. Eine Auswahl, 31; Die Friedensbücherei, 2 Bde, 56.

Taube, Otto von, *21. 6. 1879 Reval, †30. 6. 1973 Gauting bei München.

T. verbrachte seine Kindheit als Sohn eines Gutsbesitzers in Estland, studierte Jura und Kunstgeschichte an deutschen Universitäten (Dr. iur. et phil.). Zeitweilig am Goethe-Nationalmuseum in Weimar tätig, lebte er ab 1910 als freier Schriftsteller bei München.

Seine frühe Lyrik lehnt sich formal an Hofmannsthal, George und d'Annunzio an, ein thematischer Schwerpunkt ist die baltische Heimat, die 1890 aufgegeben wurde und deren Verlust T. – wie auch sein späteres Werk zeigt – nur schwer verschmerzte. Während der Nazizeit schloß T. sich dem «Eckart-Kreis» an, einer antifaschistischen Gruppe christlicher Schriftsteller.

Seine geistige Entwicklung führte von einem konsequenten Ästhetizismus zu einer christlich bestimmten Ethik. Traditionsverlust und der Untergang des baltischen Adels bilden den Hintergrund der beiden ersten Romane *Der verborgene Herbst* und *Die Löwenprankes.* Der Roman *Der Minotaurus*, die Geschichte eines spanischen Stierkämpfers, beweist, wie plastisch T. exotisches (in diesem Fall spanisches) Lokalkolorit einzufangen vermag. Dieser Roman, im Mensch, Tier, und Gott in einer mystisch-totemistischen Einheit verknüpft sind, zeigt überdies T.s Affinität zum Dämonisch-Unheimlichen. Noch stärker kommt sie in der Erzählung *Die verworrene Stadt* zum Ausdruck, die fast kafkaeske Züge

aufweist und einen Höhepunkt in T.s umfangreichem epischem Schaffen markiert. T. war auch als Übersetzer, vor allem aus dem Französischen und Italienischen, tätig.

Seine Autobiographie, zumal der erste Band *Im alten Estland*, gibt Einblick in Mentalität und Lebensstil eines Kulturkreises, der zwischen zwei großen nationalen Blöcken – Deutschland und Rußland – ethnische Eigenarten zu bewahren suchte.

W.: Romane, Erzählungen: Der verborgene Herbst, 1913; Adele und der Dichter, 19; Die Löwenprankes, 21; Das Opferfest, 26; Der Hausgeist, 31; Die Metzgerpost, 36; Geschichte unseres Volkes, I, 38, II, 42; Der Fluch über Luhsen, 39; Von Spuk und Traum, 40; Die Wassermusik, 48; Die Hochzeit, 50; Doktor Alltags phantastische Erzählungen, 51; Das Drachenmärchen, 54; Brüder der oberen Schar, 55; Der Minotaurus, 64; Kalliope Miaulis, 69. – *Lyrik:* Verse, 07; Gedichte und Szenen; Neue Gedichte, 11; Wanderlieder, 37; Vom Ufer, da wir abgestoßen, 47; Lob der Schöpfung, 54; Selig sind die Friedbereiter, 56; Goldene Tage, 59. – *Autobiographisches:* Im alten Estland, 49; Wanderjahre, 50; Begegnungen und Bilder, 67; Stationen auf dem Wege, 69. – *Werkausgabe:* Ausgewählte Werke, 58. – *Herausgebertätigkeit:* Gracian, B.: Hand-Orakel und Kunst der Weltklugheit, 31; Tibetanisches Vogelbuch oder «Der kostbare Kranz des Vogelgesetzes», 57.

Tergit, Gabriele (eig. Elise Hirschmann, verh. Reifenberg; weitere Pseud. Lyonel, Christian Thomasius, Lilly Stock), *4. 3. 1894 Berlin, †25. 7. 1982 London.

T. war Tochter eines Fabrikanten, studierte 1919–23 Geschichte und Philosophie. 1925 promovierte sie mit einer Arbeit über den Politiker Karl Vogt. Seit 1920 arbeitete sie regelmäßig für Zeitungen und Zeitschriften; neben Feuilletons schrieb sie vor allem Gerichtsreportagen. 1925–33 Redaktionsmitglied des «Berliner Tageblatts». 1931 erste Artikel in der «Weltbühne» und Veröffentlichung ihres Romans *Käsebier erobert den Kurfürstendamm*, mit dem sie schlagartig berühmt wurde. Nach der Machtübergabe und einem SA-Überfall auf ihre Wohnung ging sie mit ihrem Ehemann 1933 in die Emigration in die Tschechoslowakei, im November des gleichen Jahres nach

Palästina. In der Tschechoslowakei arbeitete T. am «Prager Tageblatt», der «Bohemia» und dem «Prager Mittag», in Palästina an der «C. V.-Zeitung». 1938 übersiedelte sie nach London. Ihre Bücher konnten erst wieder nach Kriegsende in Deutschland erscheinen. 1957 bis 1981 war T. Sekretär des PEN-Zentrums deutschsprachiger Autoren im Ausland. In ihrem Nachlaß im Deutschen Literaturarchiv Marbach befindet sich u. a. das Romanmanuskript *So war's eben*. Mit den Mitteln der Neuen Sachlichkeit erzählt T. in *Käsebier erobert den Kurfürstendamm* vom schwindelnden Aufstieg und Fall eines Volkssängers. – 20 Jahre nach dem Erscheinen ihres Erstlings, um dessen Erfolg sie die Nazis gebracht hatten, ließ T. einen weiteren Roman erscheinen. *Effingers* ist eine Familienchronik und schildert Leben und Lebensbedingungen einer großbürgerlich-jüdischen Familie vom Beginn des Kaiserreiches bis zum Beginn der Deportationen in die Vernichtungslager. Unter dem Titel *Blüten der Zwanziger Jahre* ist eine Auswahl ihrer Feuilletons und Gerichtsreportagen erschienen.

W.: *Romane, Erzählungen, Prosa:* Käsebier erobert den Kurfürstendamm, 1931 (Neuaufl. 77, 88); Effingers, 51 (Neuaufl. 78). – *Essays, theoretische Schriften, Sachbücher, Autobiographie:* Das Büchlein vom Bett, 54; Kaiserkron und Päonien rot, 58; Das Tulpenbüchlein, 65; Etwas Seltenes überhaupt (Autobiogr.), 83. – *Sammel- und Werkausgaben:* Blüten der Zwanziger Jahre. Gerichtsreportagen und Feuilletons, 84. – *Herausgebertätigkeit:* Autobiographien und Bibliographien der PEN-Mitglieder, 59, 68, 82.

Tetzner, Lisa (eig. Lisa Tetzner-Kläber), *10. 11. 1894 Zittau, †2. 7. 1963 Corona (Schweiz).

T., Tochter eines konservativen Arztes, war in der Jugend zeitweise durch Krankheit an den Rollstuhl gefesselt (und auch später körperlich behindert); über die Jugendbewegung wuchs politisches Engagement, gegen den Willen der Familie besuchte sie die Soziale Frauenschule in Berlin. Seit 1918 unternahm T., mit Unterstützung des Jenaer Verlegers Eugen Diederichs, als Märchenerzählerin Wanderungen durch Deutschland, trat in den folgenden Jahren mit Vorträgen und Märchenrezitationen immer wieder öffentlich auf. T. unterhielt freundschaftliche Kontakte zu Arbeiterschriftstellern, 1924 heiratete sie den Autor Kurt Kläber (Pseud. Kurt Held), 1927 übernahm sie die Leitung der Kinderstunde beim Berliner Rundfunk, 1933 emigrierte sie mit Kläber in die Schweiz. – T.s literarische Bedeutung liegt einmal in der Wiederbelebung der Märchentradition, der Erschließung der sozialkritischen Dimensionen des Volksmärchens und im Zusammentragen von Märchensammlungen. Zum anderen hat T. mit eigenen Texten einen grundlegenden Beitrag für die Entstehung einer realistischen, sozialkritischen Kinderliteratur in Deutschland geleistet. Manche von T.s ersten Kinderbüchern wirken aus späterer Sicht recht idealistisch. In der mittlerweile zu den Klassikern des Kinderbuchs gerechneten Geschichten von *Hans Urian* zeigt sie unter Verwendung phantastischer Erzählmittel, wie einige Kinder und ein Hase mit Flügelohren eine Reise um die Welt machen, überall Ausbeutung und Elend finden, nur in der UdSSR zeichnet sich die «klassenlose Hasengesellschaft» ab. T.s Hauptwerk ist die neunbändige *Kinderodyssee*: An Hand einer Gruppe von Kindern, der Kinder aus dem Berliner Hinterhaus Nr. 67, entsteht durch die unterschiedlichen Einzelschicksale ein realistisches und drastisches Bild der Zeit vom beginnenden Faschismus bis in die ersten Nachkriegsjahre mit Naziterror, Flucht, Not. Das für Kinder verständlich, aber parteilach erzählte Epos hatte wegen seines politisch-humanistischen Engagements in der Nachkriegszeit nur wenig Verkaufserfolg und wird erst in neuerer Zeit wiederentdeckt.

W.: *Kinder- und Bilderbücher, Märchen, Kinderstücke:* Guckheraus, heißt mein Haus, 1925; Das Märchen vom dicken, fetten Pfannekuchen, 25; Der Gang ins Leben, 26; Die sieben Raben, 28; Hans Urian, 29 (als Stück u. d. T. Hans Urian geht nach Brot); Der große und der kleine Klaus, 29; Vom Märchenbaum der Welt, 29; Der Fußball, 32; Siebenschön, 33; Erlebnisse und Abenteuer der Kinder aus

Nr. 67. Odyssee einer Jugend, 33–9, Bd 1: Erwin und Paul, 33; Bd 2: Das Mädchen aus dem Vorderhaus, 48; Bd 3: Erwin kommt nach Schweden, 41; Bd 4: Das Schiff ohne Hafen, 43; Bd 5: Die Kinder auf der Insel, 44; Bd 6: Mirjam in Amerika, 45; Bd 7: War Paul schuldig?, 45; Bd 8: Als ich wiederkam, 46; Bd 9: Der neue Bund, 49; Was am See geschah, 35; Die Reise nach Ostende, 36; Belopazú, 38; Die schwarzen Brüder, 2 Bde, 40/41; Su. Die Geschichte der sonderbaren zwölf Nächte, 50; Sugus Märchenbuch, 50; Die kleine Su aus Afrika, 52; Su und Agalei, 52; Die schwarze Nuß, 52; Das Töpflein mit dem Hulle-Bulle-Bäuchlein, 53; Wenn ich schön wäre, 56; Das Mädchen in der Glaskutsche, 57. – *Reportagen, Berichte, theoretische Schriften:* Vom Märchenerzählen im Volk, 19; Auf Spielmanns Fährten und Wandertagen, 23; Im Land der Industrie, zwischen Rhein und Ruhr, 23; Im blauen Wagen durch Deutschland, 26; Das war Kurt Held. 40 Jahre Leben mit ihm, 61; Das Märchen und Lisa Tetzner. Ein Lebensbild, 66. – *Herausgebertätigkeit:* Deutsches Rätselbuch, 24; Dänische Märchen, 48; Englische Märchen, 48; Französische Märchen, 48; Sizilianische Märchen, 50; Russische Märchen, 50; Negermärchen, 50; Indianermärchen, 50; Märchen der Völker, 50; Japanische Märchen, 50; Türkische Märchen, 50; Indische Märchen, 50; Bunte Perlen. Kindergeschichten aus aller Welt, 56; Das Märchenjahr, 2 Bde, 56; Europäische Märchen, 58; Aus der Welt des Märchens, 65; Das Füchslein und der zornige Löwe, o. J.; Die schönsten Märchen der Welt, 12 Bde, 84.

Thelen, Albert Vigoleis (Pseud. Leopold Fabrizius), *28. 9. 1903 Süchteln / Niederrhein, †9. 4. 1989 Dülken.
T. besuchte nach dem Gymnasium in Viersen (Abitur h. c. 1954) die Textilfachschule in Krefeld und war anschließend in verschiedenen Berufen tätig. Als Gasthörer an den Universitäten Köln und Münster 1925–28 betrieb er vor allem sprach- und literaturwissenschaftliche Studien und beschäftigte sich außerdem mit Zeitungswissenschaft, Kunstgeschichte und Philosophie. 1931 emigrierte er über Holland nach Mallorca, wo er in verschiedenen Berufen arbeitete, u. a. als Sekretär von Harry Graf Keßler. Während des spanischen Bürgerkriegs floh er nach Frankreich und anschließend nach Portugal. Dort lebte er auf dem Schloß des Dichters und Mystikers Teixeira de Pascoaes, übersetzte dessen

Werke und schrieb antifaschistische Beiträge für «Het Vaderland» und «Die Sammlung»: 1947 ging er zurück in die Niederlande, 1954 in die Schweiz und lebte dort als freier Schriftsteller. 1954 erhielt er den Fontane-Preis, 1985 wurde er zum Professor ernannt.
Bekannt wurde T. durch ein einziges Buch, den autobiographischen Schelmenroman *Die Insel des zweiten Gesichts*. In ihm schildert er in überaus kunstvoller Verschachtelung der Zeitebenen seine Erlebnisse auf Mallorca. Mit geradezu barocker Gedankenfülle, in einer gleichwohl stilisierten und durchkomponierten Sprache gibt der Roman ein Gesellschaftspanorama, in dem Mitglieder aller Bevölkerungsschichten auftauchen, Huren, Kaufleute, Millionäre und deutsche KdF-Urlauber ebenso wie der englische Historiker R. v. Ranke-Graves und H. Graf Keßler. T.s abschweifender Stil erinnert an Lawrence Sterne und Jean Paul, ist aber dennoch unverwechselbar. Weder in seinen Gedichten noch in seinem zweiten Erinnerungsbuch *Der schwarze Herr Bahssetup* hat T. diese Geschlossenheit und Virtuosität seiner Mittel wieder ganz erreicht.

W.: Romane, Erzählungen, Prosa: Die Insel des zweiten Gesichts, 1953; Der schwarze Herr Bahssetup, 56; Einfahrt in Pascoaes, 88; Der magische Rand: eine abtriftige Geschichte, 89; Mein Name ist Hase. Wie Redensarten entstehen können, 89. – *Lyrik:* Schloß Pascoaes, 42; Vigolotria, 54; Der Tragelaph, 55; Runenmund, 63; Glis-Glis. Eine zoo-gnostische Parabel, 67; Im Gläs der Worte, 79; Saudade, 86; Was wir sind, 89. – *Übersetzungen:* J. P. Teixeira de Pascoaes: Paulus, der Dichter Gottes, 38; ders.: Hieronymus, der Dichter der Freundschaft, 42; ders.: Das dunkle Wort, 49; C. F. A. Bruijning u. L. Lichtfeld: Surinam, 57; J. J. Slauerhoff: Das verbotene Reich, 91. – *Sammel- und Werkausgaben:* Poetische Märzkälbereien. Gesammelte Prosa, 90. – *Herausgebertätigkeit:* Goethes Gespräche mit Frau Eckermann, 87. – *Schallplatte:* in der Reihe «Stimmen der Dichter», 77.

Thenior, Ralf, *4. 6. 1945 Bad Kudowa / Schlesien.
Nach einer Lehre als Verlagskaufmann studierte T. in Hamburg Germanistik und Soziologie. Er lebt als freier Schriftsteller. 1974 erhielt er den Preis der «Li-

terarischen Hefte», 1983/84 ein Arbeitsstipendium des Landes Niedersachsen,
1984 den Förderpreis des Kulturpreises
Schlesien und 1990 für seinen Roman *Ja –
mach nur einen Plan* den Literaturpreis
Ruhrgebiet. 1985/86 nahm T. eine Poetik-
Dozentur der Akademie der Wissenschaften und Literatur Mainz wahr. – T.
wurde zuerst als Lyriker bekannt. Die No-
tierung von Alltagserfahrungen bestimmte zu Beginn seine Gedichte. Später kamen experimentelle Momente hinzu,
Versuche, die vorgeprägte und sinnent-
leerte Sprache der Werbung und der Medien zum Material und zum Thema poetischer Gestaltung zu machen. In den Prosastücken des als ‹Erzählung› bezeichneten Bandes *Der Abendstern, wo ist er hin*
vermischt T. Realitätspartikel mit Phantasien und Alpträumen. Die gängigen Er-
fahrungsmuster tragen nicht mehr, die
Realität erweist sich als trügerisch. Zwischen Realismus und Groteske bewegt
sich auch T.s erster Roman *Ja – mach nur
einen Plan*, in dem ‹Szene›-Jargon und genaue Detailbeschreibungen sich abwech-
seln, die Langeweile des Lebens in einem
tristen Dortmunder Stadtteil umschlägt in
eine Kriminalhandlung.

W.: Romane, Erzählungen, Prosa: Das Ei des
Kolumbus (mit E. Bruneel), 1975; Guten Morgen, Robert, 81; Der Abendstern, wo ist er hin,
82; Radio Hagenbeck, 84; Die Nachtbotaniker,
86; Ja – mach nur einen Plan, 88. – *Dramen,
Hörspiele (ungedruckt):* Das Trauma einer
Nacht, 71; Flippermann, 72; offen zu offen verschlossen, 79; Im Lande der Menschen, 80 (alles
Rundfunkarbeiten). – *Lyrik:* Traurige Hurras.
Gedichte und Kurzprosa, 77; Sprechmaschine
Pechmarie, 79; Drache mit Zahnweh im Wind,
89. – *Herausgebertätigkeit:* Lyrikkatalog Bundesrepublik (mit J. Hans und U. Herms), 78.

Theobaldy, Jürgen, *7.3.1944
Straßburg.
Aufgewachsen in Mannheim, nach kaufmännischer Lehre zunächst Studium an
der Pädagogischen Hochschule in Freiburg und Heidelberg, anschließend Studium der Literaturwissenschaft in Heidelberg und Köln. 1977 Aufenthalt in Rom. –
Geprägt von der Generation der amerikanischen Pop-Lyriker. Verwendet den mal
vulgären, mal romantischen, mal nüch-
tern-saloppen Ton der Umgangssprache.

Reflexion über das Gedicht während des
Schreibens. Neigung zur lyrischen Biographie, Rückzug in die Sphäre des privaten Alltags. Diese subjektivistische Weltbetrachtung und die Frage nach dem eigenen Standpunkt läßt geschichtliche oder
gesellschaftliche Zusammenhänge beiseite. Sieht sich als Spiegelbild der Verfassung einer heimatlosen Generation. In
Sonntags Kino, seinem ersten Roman, hat
T. mit Gründlichkeit die Atmosphäre der
ausgehenden 50er Jahre nachgezeichnet.

W.: Romane: Sonntags Kino, 1978; Spanische
Wände, 81 (Neufsg 84); Das Festival im Hof, 85.
– *Lyrik:* Sperrsitz, 73; Blaue Flecken, 74; Zwei-
ter Klasse, 76; Drinks. Gedichte aus Rom, 79;
Schwere Erde. Rauch, 80; Die Sommertour, 83;
Midlands. Drinks, 84; In den Aufwind, 90. –
Herausgebertätigkeit: Veränderung der Lyrik.
Über westdeutsche Gedichte seit 1965 (mit Gu-
stav Zürcher), 76; Und ich bewege mich doch.
Gedichte vor und nach 1968, 77. – *Übersetzun-
gen:* Burns, J.: Leben in Preston, 73 (mit R. E.
John); ders.: Fred Engels bei Woolworth, 77
(mit R. E. John); Xun, Lu: Kein Ort zum Strei-
ten, 83 (mit E. Baqué).

Thieß, Frank, *13.3.1890 Eluisenstein
bei Üxküll (Livland), †22.12.1977
Darmstadt.
T. studierte in Berlin und Tübingen
(Dr. phil.), war Redakteur beim «Berliner Tageblatt», Dramaturg und Regisseur in Stuttgart, Theaterkritiker in
Hannover; seit 1923 lebte er als freier
Schriftsteller. Nach dem 2. Weltkrieg
versuchte er, in Auseinandersetzung mit
Th. Mann, die «Innere Emigration» zu
rechtfertigen. Mehrfach ausgezeichnet.
– T. begann mit Romanen über erotische
Konflikte wie *Die Verdammten*, der im
baltischen Adel spielenden Geschichte
einer Geschwisterliebe. Später wandte
er sich vorwiegend historischen Stoffen
zu, die geschichtsphilosophische Ausblicke bieten. Vom russisch-japanischen
Seekrieg von 1905 handelt *Tsushima*. –
Das Reich der Dämonen, wegen der versteckten Kritik an totalitären Systemen
im Dritten Reich verboten, gibt eine zu-
sammenfassende Schau der Entwicklung
vom hellenischen zum römischen und
byzantinischen Reich, dessen Geschichte auch Thema von *Die griechischen Kaiser* ist.

W.: *Romane:* Der Tod von Falern, 1921; Die Verdammten, 23; Angelika ten Swaart, 23; Der Leibhaftige, 24; Das Tor zur Welt, 26; Abschied vom Paradies, 27; Frauenraub, 27 (als: Katharina Winter, 49); Der Zentaur, 31; Johanna und Esther, 33 (erw. als: Gäa, 57); Der Weg zu Isabelle, 34; Tsushima, 36; Stürmischer Frühling, 37; Caruso: Neapolitanische Legende, 42; Caruso in Sorrent, 46; Die Straßen des Labyrinths, 51; Geister werfen keine Schatten, 55; Sturz nach oben, 61; Der Zauberlehrling, 75. – *Erzählungen:* Der Kampf mit dem Engel, 25; Narren, 26; Eine sonderbare Ehe, 29; Die Geschichte eines unruhigen Sommers, 32; Der Tenor von Trapani, 42; Der schwarze Engel, 66; Zauber und Schrecken, 69. – *Historisches, Essays:* Das Gesicht des Jahrhunderts, 23; Die Zeit ist reif, 32; Das Reich der Dämonen, 41 (fortgeführt in: Ideen zur Natur- u. Leidensgeschichte der Völker, 49); Puccini, 48; Vulkanische Zeit, 49; Dichtung und Wirklichkeit, 52; Die Wirklichkeit des Unwirklichen, 55; Die griechischen Kaiser, 59; Plädoyer für Peking, 66; Dostojewski, 71; Der Mops von Edelstein, 77. – *Autobiographisches:* Verbannte Erde, 63; Freiheit bis Mitternacht, 65; Jahre des Unheils, 72. – *Sammel- und Werkausgaben:* Die Blüten welken, aber der Baum wächst, 50; Gesammelte Werke in Einzelausgaben, 56ff; Theater ohne Rampe, 56; Tod und Verklärung, 58; Theater ohne Vorhang, 63; Die Jugenddramen, o. J. – *Herausgebertätigkeit:* Furtwängler, W.: Briefe, o. J.

Thoma, Ludwig (Pseud. Peter Schlemihl), *21. 1. 1867 Oberammergau, †26. 8. 1921 Rottach (Tegernsee).

T., Sohn eines Försters, besuchte nach dem Abitur ein Jahr die Forstakademie in Aschaffenburg, studierte dann seit 1887 Rechtswissenschaft in München und Erlangen, wo er 1890 promovierte. Nach der Referendarzeit ließ er sich als Rechtsanwalt in Dachau, später in München nieder. Seit 1894 veröffentlichte er Erzählungen, wurde dann ständiger Mitarbeiter, 1900 Redakteur des «Simplicissimus», nachdem er seine Anwaltskanzlei aufgegeben hatte. 1906 wurde T. wegen Beleidigung von Vertretern der Sittlichkeitsvereine zu 6 Wochen Gefängnis verurteilt. Seit 1907 gab er mit A. Langen, H. Hesse und K. Aram die Zeitschrift «März» heraus, eine «Halbmonatsschrift für deutsche Kultur». Im 1. Weltkrieg war er einige Zeit Sanitäter und veröffentlichte im übrigen mehr und mehr nationalistische und antidemokra-

tische Artikel. Diese Seite des Schriftstellers T. (verbunden mit Antisemitismus) wird in seinen erst jetzt zugänglich gewordenen journalistischen Beiträgen für den «Miesbacher Anzeiger» (1920/21) überdeutlich. Seit 1908 lebte er als Schriftsteller in Rottach, wo er 1921 an den Folgen einer Operation starb.

Bereits zu seinen Lebzeiten wurde T. als Musterbeispiel eines bayerischen Heimatschriftstellers gefeiert und so (nicht ohne eigenes Zutun) zum gemütvoll-humoristischen volkstümlichen Dichter stilisiert. Besonders seine erfolgreichen *Lausbubengeschichten* verstärkten diesen Eindruck, wobei bis heute übersehen wird, daß der Bezug auf Sprache und Personen aus seiner Heimat für ihn kein Selbstzweck war. Bayern und das Bayerische bilden für T. die notwendige Grundlage seines Schaffens, das in jeder Hinsicht über Idylle und provinzielle Selbstbescheidung hinausragt. Bei aller humorvollen Volkstümlichkeit ist T. ein scharfer Satiriker voller Ironie, dessen sarkastische Attacken sich gegen Spießermoral, Scheinheiligkeit, Bigotterie und Preußentum richten. Er schrieb zahlreiche Dorf- und Kleinstadtgeschichten, Dramen und bedeutende Romane wie *Der Wittiber* und *Der Ruepp*. Bekannter als diese wurden vor allem seine heiteren Werke wie der Briefwechsel des Landtagsabgeordneten Josef Filser, dessen nur scheinbar harmlose, in origineller Orthographie geschriebenen Briefe wider Willen des fiktiven Verfassers satirische Gesellschafts- und Zeitkritik üben.

W.: *Romane, Erzählungen, Satiren*: Agricola, 1897 (erw. 1948); Assessor Karlchen u. a. Geschichten, 1901; Hochzeit, 02; Die bösen Buben, 03; Das große Malöhr im Juni 1903, 03; Der heilige Hies, 04; Die Prinzessin Luise von Koburg oder ihre schrecklichen Erlebnisse und Flucht aus dem Irrenhause, 04; Die Wilderer, 04; Die Gräfin von Montignoso oder Liebeslust und -leid in Florenz, 05; Lausbubengeschichten, 05; Pistole oder Säbel? u. a., 05; Andreas Vöst, 06; Tante Frieda, 07; Kleinstadtgeschichten, 08; Briefwechsel eines bayerischen Landtagsabgeordneten, 09; Die catilinarische Verschwörung in München, 10; Das aufgläste Barlahmend, fon Jozef Filser, emals kenigl. Abgeordneter, 11; Der Münchner im Himmel, 11; Der Wittiber, 11; Das neie Barlahmend, fon

Jozef Filser, kenigl. Abgeordneter, 12; Bismarck. Kirta, 12; Jozef Filsers Briefwexel, 12; Krawall, 12; Nachbarsleute, 13; Der Postsekretär im Himmel u. a. Geschichten, 14; Das Aquarium u. a., 14; Das Kälbchen. Der umgewendete Dichter. Onkel Peppi. Heimkehr, 16; Altaich, 18; Der Jagerloisl, 21; Die Dachserin u. a. Geschichten aus dem Nachlaß, 22; Der Ruepp, 22; Münchnerinnen, 23; Kaspar Lorinser, 37. – *Dramen*: Die Medaille, 01; Die Lokalbahn, 02; Moral, 09; Erster Klasse, 10; Lottchens Geburtstag, 11; Magdalena, 12; Das Säuglingsheim, 13; Die Sippe, 13; Der erste August. Christnacht 1914, 15; Brautschau. Dichters Ehrentag. Die kleinen Verwandten, 16; Heilige Nacht, 17; Waldfrieden, 17; Gelähmte Schwingen, 18; Der Schusternazi (bearb. v. K. Dreher), 39; Münchnerinnen (bearb. v. K. Dreher), 40; Die Hochzeit (Bühnenfassung v. K. Wilhelm), 86. – *Lyrik*: Grobheiten, 01; Neue Grobheiten, 03; Gedichte, 06; Moritaten, 08; Münchner Karneval, 12; Kirchweih, 12; Baumann, H.: Hl. Nacht. Die Gesänge aus L. Th's Weihnachtslegende vertont, 34. – *Essays, theoretische Schriften, (Auto-)Biographisches, Briefwechsel*: Zur Lehre von der Notwehr (Diss.), 1890; Erinnerungen, 1919; Leute, die ich kannte, 23; Stadelheimer Tagebuch, 23; Ausgewählte Briefe, 27; L. T. Die Geschichte seiner Liebe und Ehe, 28; Ein Leben in Briefen, 63; Anekdoten um L. T., 68; Eine bayerische Freundschaft in Briefen. L. T. – Ignatius Taschner, 71; Vom Advokaten zum Literaten. Unbekannte Briefe, 79; Sämtliche Beiträge aus dem «Miesbacher Anzeiger» 1920/21, 89. – *Sammel- und Werkausgaben*: Tante Frieda. Peter Spanningers Liebes-Abenteuer. Kabale und Liebe. 10 (in Stenographie); Geschichten, 17; Gesammelte Werke, 7 Bde, 22 (erw. 33); Krawall u. a. Geschichten, 29; Der Postsekretär im Himmel u. a. Geschichten, 29; Drei lustige Geschichten, 29; L. T. für die Jugend, 30; Allerhand Leut', 31; Lustige Geschichten, 33; Das lustige Geschichtenbüchlein, 36; Altbayerische Geschichten, 36; Meine Bauern, 37; Fährten des Lebens, 41; Der Jagerloisl u. a. Geschichten, 47; «Tja». Ernste u. heitere Geschichten, 49; Gesammelte Werke, 8 Bde, 56; Cora, 59; Der Heiratsvermittler, 59; Onkel Peppi u. a. Erzählungen, 60; Ausgewählte Werke, 3 Bde, 60; Das L. T.-Seemännchen, 60; Humoristische Erzählungen, 63; Der berühmte Schriftsteller Peter Paul, 63; Theater, 64; Käsebiers Italienreise, 64; Der Münchner im Himmel, Satiren u. Humoresken, 65; Die Reden Kaiser Wilhelms II. u. a. zeitkritische Stücke, 65; Lausbubengeschichten. Tante Frieda u. a., 66; Ausgewählte Werke in einem Band, 66; Immer so durchgeschloffen, 68; So war's einmal, 72; Das große Ludwig-Thoma-Buch, 74; Papas Fehltritt, 78; Die schönsten Romane und Erzählungen, 6 Bde, 78; Der Dienstmann im Himmel, 79; Jägergeschichten, 79; Für Politiker, 80; Das Schönste von L. T., 80; Der Wilderer, 84; Mein Bayernland, 85; Werkausgabe, Bd 1 ff, o. J. – *Herausgebertätigkeit*: Der Burenkrieg, 1900; März. Halbmonatsschrift für deutsche Kultur, 8 Jge. (mit A. Langen, H. Hesse, K. Aram), 07–14 (Nachdruck d. Jg. 1907, 4 Bde, 69); Die vierhundertelf besten Witze aus dem Simplicissimus (mit R. Geheeb), 08; Bayernbuch (mit G. Queri), 13; F. v. Kobell u. K. Sticker: Petzmaier's Zitherspiel, 16; Ignatius Taschner (mit A. Heilmeyer), 21. – *Schallplatten, Tonkassetten*: Filser-Briefe, 2 Pl., 73–74; Erster Klasse, 74; Tante Frieda, 75; Heilige Nacht, 79; Der Münchner im Himmel. Monolog. In der Elektrischen, 80 ?; Käsebiers Italienreise, 80 ?; Die Wilderer, 81; Lausbuben-Geschichten, ca. 89; Heilige Nacht, 89 (Kass.).

Thomas, Adrienne (eig. Hertha Adrienne Deutsch, geb. Strauch), *24. 6. 1897 St. Avold (Lothringen), †7. 11. 1980 Wien.

T. wächst zweisprachig auf und lebt bis zur Übersiedlung ihrer Eltern nach Berlin im Jahre 1919 in St. Avold und Metz, wo ihr Vater ein kleines Kaufhaus betreibt. Nach einer Gesangs- und Schauspielausbildung gelingt ihr 1930 mit dem Antikriegsroman *Die Katrin wird Soldat* ein Sensationserfolg, der in 15 Sprachen übersetzt wird und sie auf die erste «Schwarze Liste» der von den Nazis verbotenen Autoren bringt. T. emigriert zunächst nach Österreich, dann nach Frankreich, wo sie im Mai 1940 (wie alle deutschen Emigranten) interniert wird. Mit Hilfe des «Emergency Rescue Committee» gelingt ihr die Flucht in die USA. Durch die Ehe mit dem Politiker und Spanienkämpfer Julius Deutsch österreichische Staatsbürgerin geworden, kehrt sie 1947 nach Wien zurück. – Alle Romane T.' haben unübersehbare lebensgeschichtliche Parallelen: In *Die Katrin wird Soldat* verarbeitet T. ihre Erfahrungen als Rotkreuzschwester während des 1. Weltkriegs; *Reisen Sie ab, Mademoiselle!* hat die Annexion Österreichs sowie Exil und Internierung in Frankreich zum Gegenstand; *Ein Fenster am East River* behandelt das amerikanische Exil. Das Schreiben aus eigener Anschauung und persönlicher Betroffenheit verleiht den Texten, die man auf Grund ihrer Verknüpfung von Zeitgeschichtserfahrung mit Elementen der Unterhaltungsliteratur als «politische Liebesromane» bezeichnen könnte, den Charakter von dokumentarischer Authentizität.

W.: Romane, Erzählungen: Die Katrin wird Soldat, 1930; Dreiviertel Neugier, 34; Katrin, die Welt brennt, 36; Andrea, 37; Viktoria, 37; Wettlauf mit dem Traum, 39; Von Johanna zu Jane, 39; Reisen Sie ab, Mademoiselle, 44; Ein Fenster am East River, 45. – *Kinderbücher:* Ein Hund zweier Herrn, 53; Markusplatz um vier, 55. – *Sammel- und Werkausgaben:* Andrea und Viktoria, 83.

Thommes, Susanne, *23.4.1944 Celle.
T. studierte Germanistik und Politische Wissenschaften in Frankfurt a. M. Danach arbeitete sie für Rundfunk und Fernsehen, Theater und eine Nachrichtenagentur. 1973–80 war sie als Zeitschriftenredakteurin in Hamburg tätig. Seither lebt sie als freie Schriftstellerin. – T. gehört zu den wenigen deutschen Autorinnen, denen es gelungen ist, sich im Genre ‹Kriminalroman› mit Erfolg zu behaupten. Anerkennung fanden bereits ihre ersten Arbeiten. Anders als im gängigen Kriminalroman stehen bei ihr nicht immer ein Verbrechen und seine Aufklärung im Mittelpunkt des Geschehens. Das gesellschaftliche Umfeld, die Ergründung der Motive sind ihr wichtig. In prägnanter, oft ironischer Sprache stellt sie in *Totensonntag* die verzweifelten Versuche eines Hoteliers dar, einen Mord zu verhindern. Spannung ist auch ein wesentliches Moment in dem «Roman aus der deutschen Wirtschaft» *Unter Krokodilen*. Diese Spannung entsteht durch die genau recherchierte Darstellung der Machtstrukturen und Verteilungskämpfe an der Spitze eines Konzerns.

W.: Romane, Erzählungen, Prosa: Altweibersommer, 1984; Der falsche Freund (mit R. Kramp), 85; Brüderchen und Schwesterchen, 86; Totensonntag, 86; Unter Krokodilen. Ein Roman aus der deutschen Wirtschaft, 87; Die dritte Position, 89; Kronzeugen, 91.

Thoor, Jesse (eig. Peter Karl Höfler), *23.1.1905 Berlin, †15.8.1952 Lienz (Tirol).

T., dessen Vater Zimmermann war, wurde in Berlin als Sohn österreichischer Eltern geboren. Nach einer begonnenen Lehre als Zahntechniker übte er mehrere Beschäftigungen aus, u. a. als Seemann. Er war Mitglied im Arbeitersportbund und trat in die KPD ein. 1933 ging er aus politischen Gründen nach Österreich und arbeitete u. a. als Zimmermann und Silberschmied. 1938 emigrierte er nach Prag, 1939 nach Großbritannien. Er schrieb für mehrere Exilzeitschriften, wurde während des Krieges zweimal interniert, aber auf Intervention des Erzbischofs von Canterbury wieder freigelassen. Er arbeitete als Goldschmied. 1952 kehrte er nach Österreich zurück und starb kurz nach der Ankunft. – T.s Werk umfaßt hauptsächlich Lyrik (vornehmlich Sonette), ein begonnener Roman gelangte nicht über wenige Kapitel hinaus. Ist er in seiner frühen Lyrik beeinflußt von Villon und Rimbaud, so wandelt sich sein Werk im Exil, gewinnt an Pathos und religiöser, ja mystischer Tiefe. Schon als Jugendlicher hatte er zu schreiben begonnen und verkehrte in den 20er Jahren mit anarcho-kommunistischen Autoren, die auch sein frühes Werk beeinflußten.

W.: Lyrik: Sonette, 1948: Dreizehn Sonette, 58. – *Sammel- u. Werkausgaben:* Die Sonette und Lieder, 56; Das Werk. Sonette, Lieder, Erzählungen, 65; Gedichte, 75.

Thor, Tristan → Goll, Yvan

Thürk, Harry, *8.3.1927 Zülz (Oberschlesien).
Nach kaufmännischer Ausbildung, Arbeit bei der Bahn und Militärdienst wurde T. nach 1945 in Weimar Bildreporter und Journalist; seit 1958 ist er freischaffender Schriftsteller; mehrfach ausgezeichnet.
Nach der Veröffentlichung einiger Reportagebände galt seine erste erzählerische Arbeit Gegenwartsstoffen; so gab er in dem Erzählungsband *Treffpunkt Große Freiheit* sozialkritische Streiflichter von den politischen Entwicklungen und Kämpfen junger Menschen in der BRD. Mit dem in der Produktionssphäre angesiedelten Roman *Herren des Salzes*, der

Schwierigkeiten und Erfolge der Arbeit in einem Salzbergwerk beschreibt, hatte T. seinen ersten größeren Erfolg. Zu einem der populärsten Autoren zeitgenössischer Abenteuerprosa der DDR wurde T. in den 60er Jahren, als er begann, die Erfahrungen und Erkenntnisse einer zweijährigen Korrespondententätigkeit in Peking und anschließender Ostasienaufenthalte literarisch zu verarbeiten. T. sah seine Aufgabe vor allem in der Beschreibung der antiimperialistischen Befreiungskämpfe in Südostasien. Er entfaltete im Gegensatz zu den mehr jugendorientierten Abenteuerautoren der DDR (wie z. B. Martin Selber) zumeist mehrsträngig angelegte Romanplots mit einem umfangreichen Figurenensemble. DDR-Kritikern gilt sein Buch *Amok* über Revolution und Konterrevolution in Indonesien als bester Abenteuerroman des Landes. – Neben einigen dokumentarischen und historischen Veröffentlichungen schrieb T. seit Ende der 60er Jahre vorwiegend Drehbücher für Filme, Fernsehspiele und -serien, die im Spionage- und Agentenmilieu angesiedelt sind und abenteuerliche Auseinandersetzungen zwischen dem sozialistischen und kapitalistischen Block darbieten.

W.: Romane, Erzählungen, Reportagen, Kinderbücher: Nacht und Morgen, 1950; In allen Sprachen, 53; Träum von morgen, Julsca ...!, 53; Treffpunkt Große Freiheit, 54; Herren des Salzes, 56; Die Stunde der toten Augen, 57; Täler und Gipfel am Strom, 57; Der Narr und das schwarzhaarige Mädchen, 58; Das Tal der sieben Monde, 60 (verfilmt 66); Su-su von der Himmelsbrücke, 60; Verdorrter Jasmin, 61; Der Wind stirbt vor dem Dschungel, 61; Lotos auf brennenden Teichen, 62; Die weißen Feuer von Hongkong, 64; Pearl Harbour, 65; Der Tod und der Regen, 67; Der Tiger von Shangri-La, 70; Stärker als die reißenden Flüsse, 70 (mit anderen), 74; Amok, 74; Straße zur Hölle, 74; Des Drachens grauer Atem, 75 (verfilmt 79); Der Gaukler, 79; Singapore. Der Fall einer Bastion, [6]88; Der schwarze Monsun, [2]88; Dien Bien Phu. Die Schlacht, die einen Kolonialkrieg beendete, 88; Operation Mekong, 88; Nachts weint die Sampaguita: Kampf und Niederlage der Huk auf den Philippinen, [3]89. – *Filme, Fernsehspiele:* For eyes only, 63 (mit J. Veiczi); Die gefrorenen Blitze, 67; Rendezvous mit Unbekannt, 69; Istanbul-Masche, 71; Filmemacher, 71; Pygmalion II, 71; Angebot für Schenectady, 71; Kein Mann für Camp Derrick, 73; Die blonde Geisha, 79; Das Ende eines Mäzens, 82. – *Übersetzung:* Winnington.

Tichtl, Valentin → Zoderer, Joseph

Tiedemann, Jo → Ossowski, Leonie

Tiefbohrer, Jodok Immanuel → Gumppenberg, Hanns Freiherr von

Tiger, Theobald → Tucholsky, Kurt

Timm, Uwe (Hans Heinz), *30. 3. 1940 Hamburg.
T., Sohn eines Kürschners, lernte das väterliche Handwerk und war zeitweilig selbständiger Kürschner. Nachdem er das Abitur nachgeholt hatte, studierte er Philosophie und Germanistik, promovierte 1971 und setzte sein Studium mit Soziologie und Volkswirtschaftslehre fort. Er ist Mitbegründer der «Wortgruppe München», Mitherausgeber der «Literarischen Hefte» und der Autoren-Edition. 1979 Literaturförderpreis der Stadt Bremen, 1989 New York-Stipendium des Deutschen Literaturfonds. – T. begann seine schriftstellerische Laufbahn als politischer Lyriker (*Widersprüche*). 1974 erschien sein erster Roman *Heißer Sommer*, in dem er die politische Bewußtwerdung eines Studenten zur Zeit der Studentenbewegung schildert. Aufsehen erregte T.s nächster Roman *Morenga*, in dem er auf der Grundlage eingehender Recherchen ein verdrängtes Kapitel deutscher Geschichte darstellt, den Aufstand der Hereros in Südwestafrika gegen die deutsche Kolonialverwaltung. Mit *Kerbels Flucht* griff T. insofern auf den Themenbereich seines ersten Romans zurück, als auch diesmal der Protagonist ein Student ist, der an der Perspektivlosigkeit seines Lebens zerbricht. – In *Der Schlangenbaum* schildert T. den Versuch eines deutschen Ingenieurs, im von sozialen und politischen Konflikten heimgesuchten Argentinien eine Fabrik zu errichten – ein Unternehmen, dessen geradezu apokalyptisches Scheitern er schließlich zur Kenntnis nimmt.

W.: Romane, Kinderbücher: Heißer Sommer, 1974; Morenga, 78; Kerbels Flucht, 80; Die

Zugmaus, 81; Die Piratenamsel, 83; Der Mann auf dem Hochrad, 84; Der Schlangenbaum, 86; Rennschwein Rudi Rüssel, 89; Vogel, friß die Feige nicht. Römische Aufzeichnungen, 89. – *Theatertexte, Hörspiele, Fernsehspiele:* Herbert oder die Vorbereitung auf die Olympiade, 72; Die Steppensau, 72; Kerbels Flucht, 84. – *Lyrik:* Widersprüche, 71; Uwe Timm, 77; Wolfenbüttlerstr. 53, 77; Herzogenauracher Anthologie III (mit A. Rheinsberg u. a.), 85. – *Theoretische Schriften:* Das Problem der Absurdität bei Albert Camus, 71 (Diss.). – *Herausgebertätigkeit:* kontext 1 (mit Gerd Fuchs), 76; Deutsche Kolonien (Bildband), 81.

Tkaczyk, Wilhelm, *27. 2. 1907 Zabrze (Polen), †2. 12. 1982 Berlin.
T. war als Fabrikarbeiter tätig, danach arbeitslos und Gelegenheitsarbeiter in Deutschland. 1926 wurde er Mitglied der KPD, 1928 des Bundes Proletarisch-Revolutionärer Schriftsteller. Er arbeitete bis 1933 in verschiedenen Berufen; nach 1933 war er kurzfristig inhaftiert, anschließend in der Widerstandsbewegung engagiert. 1939 wurde T. zum Militärdienst eingezogen. Aus der Gefangenschaft kehrte er 1946 nach Berlin zurück. Bis 1972 arbeitete er als Bibliothekar im Kulturbund der DDR. Unter den aus der Arbeiterklasse stammenden Lyrikern des Bundes Proletarisch-Revolutionärer Schriftsteller nahm T. eine herausragende Stellung ein. Die Unmittelbarkeit des Erlebens war nie durch die aufklärerische Intention verdeckt; der häufig ironische oder satirische Ton ließ eine souveräne Volkstümlichkeit zu, die deutlich von der epigonalen Arbeiterdichtung abgehoben war.
Erst nach 25 Jahren konnte der so gut wie vergessene T. seinen zweiten Gedichtband vorlegen, der die Euphorie eines Arbeiters zeigte, dessen «Träume von befreiter Arbeit in Erfüllung gegangen sind» (Eva Kaufmann). Im weiteren Fortgang seines Schaffens dominierte ein humoristisch-selbstironischer Zug. Mehrere Preise, u. a. 1979 Nationalpreis.

W.: Lyrik: Fabriken – Gruben, 1932; Wir bauen uns eigne Himmelwiesen, 58; Auf dieser Erde, 63; Regenbogenbaldachin, 69; Der Tag ist groß, 72; Lastkahn und bunte Fracht, 77; Meine Wolken sind irdisch, 81; Rundflüge im Abendrot, 83. – *Herausgebertätigkeit:* Spiegel unseres Werdens. Mensch und Arbeit in der

deutschen Dichtung, 71 (mit R. Schwachhofer).

Tøgesen, Vibber →Rosendorfer, Herbert

Toller, Ernst, *1. 12. 1893 Samotschin bei Bromberg (Posen), †22. 5. 1939 New York (Freitod).
T. war Sohn eines Kaufmanns, besuchte das Gymnasium bei Bromberg, studierte Jura in Grenoble, kehrte aber 1914 vorzeitig nach Deutschland zurück, um sich als Kriegsfreiwilliger zu melden. 1916 wandelte er sich zum Kriegsgegner, wurde nach schwerer Verwundung als dienstuntauglich entlassen und setzte sein Studium in München und Heidelberg fort (Einfluß Max Webers). Unter dem Eindruck von Kurt Eisner und Gustav Landauer wendete er sich einem idealistisch «ethischen» Sozialismus zu und versuchte, aus seiner Einsicht in die Notwendigkeit des Klassenkampfes praktische Konsequenzen zu ziehen. Nachdem er erstmals 1917 wegen seines pazifistischen Wirkens verhaftet wurde, nahm er 1918 am Streik der Munitionsarbeiter in München teil und beteiligte sich als Mitglied der USPD führend an der Novemberrevolution in München. Nach der Ermordung Eisners wurde T. Vorsitzender der USPD und des Zentralrats der Arbeiter-, Bauern- und Soldatenräte Bayerns und damit Staatsoberhaupt der ersten Bayrischen Räterepublik. Nach deren Ablösung durch eine zweite, kommunistische Räterepublik wurde T. Oberkommandierender der Roten Garde an der Dachauer Front und versuchte, da er eine Schlacht für aussichtslos hielt, einen Waffenstillstand zu erreichen. Nach der Niederwerfung der Rätetruppen wurde er von einem Standgericht zu 5 Jahren Festungshaft verurteilt. Auch als Revolutionär huldigte Toller dem Ideal der Gewaltlosigkeit und versuchte als mitreißender Redner, die Massen für eine «Revolution der Liebe» zu gewinnen. Während der fünfjährigen Haft trennte er sich von der USPD und versuchte in Werken wie *Masse – Mensch* die Konflikte innerhalb der proletarischen Bewegung und die Gründe des Scheiterns darzustellen und auch sein eigenes Scheitern darin zu

bewältigen. Nach seiner Entlassung verzichtete T. auf parteipolitische Tätigkeit, blieb aber als linker bürgerlicher Intellektueller weiterhin der Arbeiterklasse verbunden. T. zog nach Berlin, war Mitarbeiter der «Weltbühne» und unternahm mehrere Reisen, 1926 in die Sowjetunion, 1929 in die USA, 1930 nach Spanien. 1933 emigrierte er über die Schweiz, Frankreich (1935) und England (1936) in die USA. Seine Werke wurden in Deutschland verboten, er selbst wurde ausgebürgert. Im Exil engagierte er sich gegen den Faschismus, redete auf dem Schriftstellerkongreß in Moskau (1934), auf den Internationalen Kongressen zur Verteidigung der Kultur in Paris (1935) und Madrid (1937) und beteiligte sich an der Spanienhilfe. Wachsende Zweifel an Sinn und Erfolg einer gewaltlosen Bewegung für die Freiheit und Solidarität aller Menschen trieben ihn in Resignation, Depression und schließlich zum Selbstmord.

T. ist vor allem als Dramatiker, politischer Essayist und Redner hervorgetreten. In der Weimarer Republik wurde er als «der Dramatiker des deutschen Proletariats» gefeiert. Sein soziales, pazifistisches, antiimperialistisches und antikapitalistisches Engagement sind aus eigenen persönlichen Erlebnissen hervorgegangen, die er auch in seinen Werken verarbeitete. In dem Antikriegsstück *Die Wandlung* (1919) verallgemeinerte er seine eigene Wandlung vom Kriegsfreiwilligen zum Kriegsgegner so exemplarisch, daß darin viele Zeitgenossen eine Identifikationsmöglichkeit fanden und das Stück zu einem nachhaltigen Erfolg machten. *Masse – Mensch*, ein Stück aus der sozialen Revolution des 20. Jhs., das in der Festungshaft entstand, behandelt den selbsterfahrenen Konflikt zwischen dem Ideal der Gewaltlosigkeit und der revolutionären Praxis als Tragik des Revolutionärs am Beispiel einer nur nach eigener Einsicht und pazifistischer Konsequenz handelnden Führerin, die an der gewalttätigen und verführbaren revolutionären Masse scheitert. Auch das bereits realistische, nicht mehr im expressionistischen Stil geschriebene Drama *Die Maschinenstürmer* behandelt am

Beispiel der englischen Ludditenbewegung das Problem der scheiternden Revolution und des Konflikts zwischen den erregten Massen und dem intellektuellen Führer, der von ihnen mißverstanden und verdächtigt, hier sogar von den eigenen Genossen umgebracht wird. Hauptanliegen ist aber auch hier die Darstellung nicht nur der Ausweglosigkeit, sondern auch der Berechtigung der Empörung als Folge einer unmenschlichen wirtschaftlichen Ordnung. *Der entfesselte Wotan* wirkt wie eine Vorwegnahme und Parodie von Hitlers Aufstieg, hier allerdings wird der entfesselte Friseur und politische Hochstapler noch rechtzeitig entlarvt und gebremst, mit ihm werden die Mentalität und Ideologie der Spießbürger und die Phrasen der politischen Demagogie entlarvt. Das Schauspiel *Hoppla, wir leben!* verbindet scharfe Kritik an der Weimarer Republik wieder mit dem individuellen Problem des scheiternden Revolutionärs. Das dokumentarische Schauspiel *Feuer aus den Kesseln* behandelt den Matrosenaufstand, mit dem die Revolution von 1918 begann, mit deutlicher Parteinahme für die Aufständischen. Die lyrische Sammlung *Das Schwalbenbuch* entstand im Gefängnis, wo im Sommer 1922 ein Schwalbenpaar in T.s Zelle nistete. Wichtige Zeitdokumente wurden T.s autobiographische Schrift *Eine Jugend in Deutschland* und seine Briefe aus dem Gefängnis. Sowohl in den dichterischen Werken als auch in den nichtfiktionalen Schriften dokumentieren sich humanistisches Engagement und ehrliche Parteinahme für das Proletariat mit dem Ziel einer über Parteikonflikte hinausgehenden gewaltlosen Massenbewegung für eine bessere, menschlichere Zukunft.

W.: Dramen: Die Wandlung, 1919; Masse – Mensch, 21; Die Maschinenstürmer, 22; Der deutsche Hinkemann, 23 (später: Hinkemann); Der entfesselte Wotan, 23; Erwachen, 24; Die Rache des verhöhnten Liebhabers (nach Bandello), 25; Hoppla, wir leben!, 27; Feuer aus den Kesseln, 30; Wunder in Amerika, 31 (mit H. Kesten); Die blinde Göttin, 33; No more Peace, 37; Pastor Hall, 39. – *Lyrik:* Der Tag des Proletariats, 21; Gedichte der Gefangenen, 21; Vormorgen, 24; Das Schwalbenbuch, 24; Weltliche Passion, 34; Die Feuerkantate, 38. – *Autobiographische Schriften, Briefe, Reden:* Deutsche Revolution, 25; Justiz. Erlebnisse, 27; Neuaufl. 79; Nationalsozialismus. Eine Diskussion (mit A. Mühr), 30; Quer durch. Reisebilder und Reden, 30; Eine Jugend in Deutschland, 33; Masses and Man. The problem of Non-Violence and Peace, 34; Briefe aus dem Gefängnis, 35; Spanisches Tagebuch (in: Exil 1/90). – *Sammel- und Werkausgaben:* Ausgewählte Schriften, 59; Prosa, Briefe, Dramen, Gedichte, 61; Zwei Stücke aus der Revolution, 77; Gesammelte Werke, 5 Bde, 78.

Torberg, Friedrich (eig. F. Kantor-Berg), *19.9.1908 Wien, †10.11.1979 ebd.
Lyriker, Romancier, Kritiker und Essayist; Emigration in die Schweiz, Frankreich und in die USA; 1951 Rückkehr nach Österreich, wo er die kulturpolitische Zeitschrift «Forum» als antikommunistisches Organ («Brecht-Boykott») 1954–65 leitete. Sein erster Roman *Der Schüler Gerber hat absolviert* blieb bis von der Kritik am meisten beachtetes Buch. Biographisch aufschlußreich ist der Sportroman *Die Mannschaft*. In späteren Romanen Darstellung des jüdischen Emigrantenschicksals; wichtig ist T. als Überlieferer jüdischer Anekdoten sowie als Herausgeber und Bearbeiter der Werke Fritz von Herzmanovsky-Orlandos. Als Kritiker und Pamphletist sah sich T. in der Nachfolge von Karl Kraus. Knapp vor seinem Tod erhielt er den Großen Österreichischen Staatspreis.

W.: Romane, Erzählungen: Der Schüler Gerber hat absolviert, 1930, Neuausg. 54; – und glauben, es wäre die Liebe, 32, Neuausg. 78; Die Mannschaft, 35; Abschied, 37; Mein ist die Rache, 42; Hier bin ich, mein Vater, 48; Die zweite Begegnung, 50; Golems Wiederkehr, 68; Süßkind von Trimberg, 72; Die Tante Jolesch oder Der Untergang des Abendlandes in Anekdoten, 75; Die Erben der Tante Jolesch, 78; Der letzte Ritt des Jockeys Matteo, 85. – *Lyrik:* Der ewige Refrain, 29; Lebenslied, 58. – *Essays:* Adenauer und die Intellektuellen, 57; PPP – Pamphlete, Parodien, Post Scripta, 64; Das fünfte Rad am Thespiskarren, 2 Bde, 66 u. 67. – *Übersetzungen:* U. a. Bearbeitung satirischer Schriften von E. Kishon; G. Mikes. – *Sammel- und Werkausgaben:* Gesammelte Werke in Einzelausgaben, 62 ff; Mit der Zeit – gegen die Zeit, 65; À Propos. Nachgelassenes. Kritisches. Bleibendes, 80; In diesem Sinne.

Briefe an Freunde und Zeitgenossen, 81; Kaffeehaus war überall, 82; Pegasus im Joch, 83; Auch das war Wien, 84; Auch Nichtraucher müssen sterben, 85; Tante Jolesch und die Erben, 86; Liebste Freundin und Alma. Briefwechsel mit Alma Mahler-Werfel, 87; Eine tolle, tolle Zeit. Briefe und Dokumente aus den Jahren der Flucht 1938–1941, 89. – *Herausgebertätigkeit:* Zehnjahrbuch 1938–1948, 48; Forum, 54–65; Fritz von Herzmanovsky-Orlando, Ges. Werke I–IV, 57–63; Herzmanovsky-Orlando. F.: Das Gesamtwerk in einem Band, 84.

Törne, Volker von (Pseud. Waldemar Graf Windei), *14.3.1934 Quedlinburg, †30.12.1980 Münster (auf einer Vortragsreise).
T. besuchte Schulen in Seesen und Bad Gandersheim und studierte 1954–56 Pädagogik in Braunschweig, anschließend in Wilhelmshaven Sozialwissenschaften. Danach arbeitete er mehrere Jahre als Bauarbeiter. Seit 1962 lebte er in Berlin, wo er Redakteur der Zeitschrift «alternative» war und als Werbeleiter, ab 1963 als Leiter der Geschäftsstelle der Aktion Sühnezeichen fungierte. Zahlreiche Reisen führten ihn nach Israel, West- und Osteuropa.
Ausgangspunkt für T.s Lyrik war seine Erkenntnis, der «kollektiven Verantwortung» auch seiner Generation für die Verbrechen des Faschismus nicht entkommen zu können und der Notwendigkeit, daraus zu lernen und gegen das Verdrängen und Vergessen anzukämpfen. Dies versuchte er in allen seinen Werken, in den frühen Gedichten des Protestes, der Verweigerung wie in den späteren, politisch-aufklärerischen, in denen Utopie und Realität gleichermaßen wichtig sind. Seine lyrischen Ausdrucksmöglichkeiten sind in Form und Sprache überaus vielfältig und greifen Einflüsse Brechts und der Bibel mit gleicher Selbstverständlichkeit auf.

W.: Prosa, Kinderbücher: Der Drache fliegt zum Mi-Ma-Mond, 1964 (mit L. Fromm); Wenn du einen Drachen hast, 73 (mit L. Fromm). – *Lyrik:* Fersengeld, 62; Nachrichten über den Leviathan, 64; Die Dummheit liefert uns ans Messer, 67 (mit Chr. Meckel) (erw. 83); Wolfspelz, 68; Phallobst, 68; Der Affe will nicht die Freiheit, 71; Thalatta, 71; Poesiealbum, 72; Brandenburger Tor, 72?; Rezepte für

Friedenszeiten, 73 (mit N. Born u. F.C. Delius); Volker von Törne, 72; Lagebericht, 76 (mit Chr. Heubner); Kopfüberhals, 79; Halsüberkopf. Arkadische Tage, 80; Flieg nicht fort, mein weißer Rabe, 81 – *Essays, theor. Schriften:* Judenfeindschaft im 19. Jahrhundert (mit K. Kupisch u. a.); Zwischen Geschichte und Zukunft, 81; Friedenserklärungen, 83. – *Übersetzungen, Bearbeitungen:* N. Macchiavelli: Mandragola (Musicalbearbeitung zus. mit V. Ludwig), 70; A. Rodčenko – S. Tretjakov: Samozveri – Selbstgemachte Tiere, 80; W. Majakowski – J. Roschkow: Den Arbeitern von Kursk, 80. – *Sammelausgabe:* Im Lande Vogelfrei. Gesammelte Gedichte, 81; Ohne Abschied, 83. – *Schallplatte:* Nachrichten aus Berlin, 68 (mit anderen).

Torsi, Tristan → Goll, Yvan

Torsvan, Traven → Traven, B.

Trakl, Georg, *3.2.1887 Salzburg, †3.11.1914 Krakau (Freitod).

T. war Sohn eines Eisenhändlers, väterlicherseits donauschwäbisch-ungarischer, mütterlicherseits sudetendeutsch-tschechischer Herkunft, arbeitete als Pharmaziepraktikant drei Jahre in Salzburg und studierte 1908–10 Pharmazie in Wien. 1912 wurde er Militärapotheker in Innsbruck. Ende August 1914 kam T. als Medikamentenakzessist an die Ostfront. Das Kriegserlebnis verstörte ihn bis zum Wahnsinn, nach der Schlacht bei Gródek unternahm er einen Selbstmordversuch und kam darauf nach Krakau zur Beobachtung seines Geisteszustandes. Dort verübte er im Lazarett vermutlich Selbstmord durch eine Überdosis Kokain.

T. war im besonderen Maße introvertiert bis menschenscheu und seiner eigenen Erkenntnis nach dem Realitätsdruck nicht gewachsen: «Ich werde endlich doch immer ein armer Kaspar Hauser bleiben.» Schon seit 1904 nahm er Drogen, viele seiner traumbildstarken Gedichte sind, zumindest in ihren Bildern, durch Opium induziert, auch in deren alogischen und synästhetischen Verknüpfungen, die allerdings von T. auch als ganz bewußte artistische Technik entwickelt wurden. Eine weitere wichtige Erlebnisgrundlage seiner Dichtung ist die inzestuöse Beziehung zu seiner jüngsten Schwester, die ebenfalls Drogen nahm

und u. a. als «Fremdling», «Jüngling», «Mönchin» in T.s Gedichte einging. Eng befreundet war T. mit L. v. Ficker, dem Herausgeber der literarischen Zeitschrift «Der Brenner», in der T.s erste und bis 1914 die meisten seiner Gedichte erschienen. Eine engere Beziehung entwickelte sich auch zu K. Kraus. Bei einem Besuch in Berlin lernte T. im Kreis um den «Sturm»-Herausgeber Herwarth Walden, wo seine Schwester verkehrte, Else Lasker-Schüler kennen. Zu T.s Lebzeiten erschien als einzige Buchveröffentlichung sein Band *Gedichte*, die darauffolgende Sammlung *Sebastian im Traum* hat T. nur in den Korrekturfahnen gesehen.

T.s frühe Dichtungen, symbolistische Verse, Dramen und Prosa entstanden unter dem Einfluß Baudelaires und der Neuromantik (Maeterlinck, George, Hofmannsthal). Der Einakter *Totentag* errang 1906 in Salzburg einen Achtungserfolg, ein anderer, *Fata Morgana*, fiel durch, woraufhin T. die im Entstehen begriffene Tragödie *Don Juans Tod* vernichtete. Im Nachlaß fand sich das 1910 entstandene Puppenspiel *Blaubart*. Seinen unverwechselbaren eigenen Stil entwickelte T. unter dem Eindruck von Rimbaud. Vor allem die Konstellation von Metaphern und Farben, die alogisch halluzinatorische Verknüpfung von Worten und Bildern, auch gewisse nihilistische Züge und antibürgerliche Affekte verraten Rimbauds Einfluß, sind aber zugleich auch und vor allem Ausdruck seines eigenen persönlichen Leidens an der bürgerlich geregelten Welt. In ihrer intuitiven, aber auch bewußten Abwendung von der auf zerstörerische egoistische Interessen, Interessenkonflikte, Konkurrenz, Machtkämpfe und Kriege gegründeten gesellschaftlichen Ordnung, in ihrer Ablehnung von Macht und Gewalt, ihrer visionären Beschwörung einer gewaltfreien schöneren Harmonie und orphischen Einheit der Welt ist T.s Dichtung ähnlich konsequent wie Hölderlins späte Hymnen, von denen er nachhaltige Eindrücke empfing. Häufige Themen sind Abend, Untergang, Verwesung, Verfluchtsein, Trauer und Entsetzen gegenüber Elend und Krieg, Klage über Schuld, Leid und

Tod und Sehnsucht nach Schönheit.
Nicht zufällig fand T. seinen Stil und
stärksten Ausdruck in den Phasen ver-
stärkter Depersonalisationszustände,
schwerer Depressionen und euphori-
scher Aufschwünge durch Drogen und
Trunkenheitsexzesse, er selbst sah, daß
«die heiß errungene Manier» die Form
war, die sich «das lebendige Fieber»
schaffen mußte.

W.: Lyrik, Prosagedichte: Gedichte, 1913; Sebastian im Traum, 15; Der Herbst des Einsamen, 20; Gesang des Abgeschiedenen, 33; Aus
goldenem Kelch. Die Jugenddichtungen, 39;
Drei Gedichte, 45; Offenbarung und Untergang. Die Prosadichtungen, 47; Nachlaß und
Biographie, 49; Helian, 63. – *Sammel- und
Werkausgaben:* Die Dichtungen, 19; 28; 38;
46; hist.-krit. Ausg.: Dichtungen und Briefe,
2 Bde, 69; 1 Bd (ohne Lesarten), 70; Der
Wahrheit nachsinnen – viel Schmerz. Gedichte, Dramenfragmente, Briefe, 81; Werke –
Entwürfe – Briefe, o. J; Gedichte (mit H. R.
Strupler), 85; Nachtlied, 85; Achtzig Gedichte,
86; De profundis, 86; Abendländisches Lied,
87; Gedichte vor dem großen Krieg (mit G.
Heym), 87; Die Dichtungen, 89.

Tralow, Johannes (Pseud. Hanns Low),
*2. 8. 1882 Lübeck, †27. 2. 1968 Berlin.
T. verlebte seine Jugend teilweise in
Ägypten. Nach einer kaufmännischen
Lehre und Reisen in den Orient betätigte
er sich als Chefredakteur des «Lübecker
Tageblatts»; in Berlin leitete er einen
Theaterverlag und arbeitete dort wie in
Nürnberg, Köln, Frankfurt und Hamburg als Regisseur. 1933 ließ er sich als
freier Schriftsteller nieder; 1951–60 war
er Präsident des dt. PEN-Zentrums Ost
und West. – Dramatiker und Romancier.
– T. begann seine literarische Produktion
mit Versdramen, die sich an der Tradition
der Klassik orientierten. Die sich anschließenden historischen Romane
zeichnen sich durch genaue Recherchen
der zugrundeliegenden geschichtlichen
Fakten aus (*Cromwell*). Unter dem
Pseudonym Hanns Low veröffentlichte
T. auch Abenteuerromane (*Die Stadt im
Dschungel*) und Krimis (*Wind aus Alaska*).

W.: Dramen: Das Gastmahl zu Pavia, 1910; Inge, 12; Peter Fehrs Modelle, 12; Die Mutter,
14; Medea, 61. – *Romane, Erzählungen:* Kain,

der Heiland, 11; König Neuhoff, 29; Gewalt
aus der Erde, 33; Wo bleibt Petermann?, 36;
Die verliebte Mosel, 36; Trebonius erbt eine
Frau, 37; Flibustier vor Verakruz, 37 (auch
u. d. T. Freibeuter und Frauen); Ein zweifelhafter Mensch, 38; Schwarze Orchideen, 39;
Die beiden Elikotts, 41; Friederike und die
Freunde, 46; Cromwell, 47; Irene von Trape-
zunt, 47 (Bd2 der Osmanischen Trilogie); Ro-
xelane, 48 (Bd3 der Osmanischen Trilogie);
Rosska, 48; Wind um Tortuga, 48; Die Stadt im
Dschungel, 49; Wind aus Alaska, 49; Boykott,
50 (auch u. d. T. Das Mädchen von der grünen
Insel); Malachtun, 52 (Bd 1 der Osmanischen
Trilogie); Aufstand der Männer, 53; Der Eunuch, 56; Der Beginn, 58; Kepler und der Kaiser, 61; Mohammed, 67. – *Herausgebertätigkeit:* Worte wider Waffen, 51 (mit G. Schwatz).

Tramin, Peter von (eig. Peter Richard
Oswald Freiherr von Tschugguel zu
Tramin), *9. 5. 1932 Wien, †14. 7. 1981
ebd.
Der Romancier und Erzähler T. studierte
Rechts- und Wirtschaftswissenschaften
in Wien, anschließend Beschäftigung als
Bankangestellter und Übersetzer. T.
schildert in seinem von der Tradition H.
v. Doderers beeinflußten Roman *Die
Herren Söhne* realistisch und kritisch die
Entwicklung der Gesellschaft im Wien
der Nachkriegszeit. Die späteren Romane und Erzählungen werden von phantastischen und skurrilen Stilmitteln bestimmt, um damit reale Problemstellungen durch Überzeichnung eindringlicher
verständlich zu machen. – T. wurde von
vielen Institutionen gefördert: 1963
Staatliche Förderung, 1969 Wiener Kul-
turfonds, 1971 Theodor-Körner-Stif-
tung, 1972 Fritsch-Stipendium und 1973
Förderungspreis der Stadt Wien.

W.: Romane, Erzählungen: Die Herren Söhne,
1963; Die Tür im Fenster, 67; Taschen voller
Geld, 70.

Tranchirer, Raoul → Wolf, Ror

Traven, B. (Pseud. Hal Croves, Ret
Marut, Richard Maurhut, Traven Torsvan), *?, †26. 3. 1969 Mexico City.
Herkunft und Leben T.s, dessen Bücher
zuerst in deutscher Sprache erschienen,
waren lange Zeit von Rätseln umgeben;
manche Anhaltspunkte sprachen dafür,
daß er als Traven Torsvan am 3. 5. 1890 in

Chicago geboren wurde. Inzwischen gilt als erwiesen, daß T., wie schon zuvor vielfach behauptet wurde, mit dem Schauspieler und Schriftsteller Ret Marut (Richland Maurhut) identisch gewesen ist, der 1917–19 die revolutionäre Zeitschrift «Der Ziegelbrenner» herausgegeben hatte und, nach der Münchner Räteherrschaft zum Tode verurteilt, aus Deutschland geflohen war. T. selbst gab an, lange Zeit als Arbeiter auf den Erdölfeldern und unter Indianern in Mexiko gelebt zu haben, wo er sich 1951 naturalisieren ließ. – In den letzten Jahren haben verstärkte Bemühungen, die ‹wahre› Identität T.s festzustellen, zu neuen Theorien geführt. Nach den Recherchen Wyatts (1980) handelte es sich bei T. um den in Schwiebus geborenen Otto Feige, nach Guthke (1987) möglicherweise um den Angehörigen eines schleswig-holsteinischen Adelsgeschlechtes.

In spannenden, abenteuerlich-exotischen Romanen und Erzählungen schildert T., gegen Ausbeutung, Unmenschlichkeit und Gewalt protestierend, realistisch und in einfacher, sachlicher Sprache die Lebensverhältnisse der Arbeiter und Indianer, vor allem in Mexiko. Dabei geht es ihm nicht so sehr um bestimmte Einzelschicksale als um typische Erscheinungen, die durch Wiederholungen Allgemeingültigkeit gewinnen sollen. *Das Totenschiff*, eine Anklage gegen Sklaverei und die Willkür staatlicher Despotie, verfolgt den Leidensweg eines Seemanns, der seine Papiere verloren hat und schließlich auf einem morschen Kahn dem Untergang entgegenfährt. Der Roman *Die Baumwollpflücker* erzählt von den Erlebnissen des Gelegenheitsarbeiters Gales im rückständigen Mexiko der frühen 30er Jahre, *Die Brücke im Dschungel* von der Zerstörung der alten Eingeborenenkultur durch Ölfieber und Landspekulationen. Das Schicksal der mexikanischen Indianer behandelt auch *Der Karren*, aus dem harten Leben der «Carreteros», die mit ihren Ochsengespannen Waren durch das unwegsame Land befördern, und *Die weiße Rose*, die Geschichte Jacinto Yañez', der seine Hazienda gegen eine US-Ölgesellschaft verteidigen muß.

W.: *Romane, Erzählungen:* Das Totenschiff, 1926; Die Baumwollpflücker, 29 (als: Der Wobbly, 26); Der Schatz der Sierra Madre, 27; Land des Frühlings, 27; Der Busch, 28 (als: Der Banditendoktor, 55); Die Brücke im Dschungel, 29; Die weiße Rose, 29; Der Karren, 31 (erw. Neubearb. u. d. T.: Die Carreta, 53); Regierung, 31; Der Marsch ins Reich der Caoba, 33; Die Troza, 36; Die Rebellion der Gehenkten, 36; Sonnenschöpfung, 36; Ein General kommt aus dem Dschungel, 40; Der dritte Gast, 58; Aslan Norval, 60; Nachtbesuch im Busch, 67; Klundar (unter Ps. Ret Marut), 77; Die Geschichte vom unbegrabenen Leichnam, 83; Ungeladene Gäste, 83. – *Herausgebertätigkeit:* Der Ziegelbrenner, 17–19. – *Sammel- u. Werkausgaben:* Der Ziegelbrenner, 76; Das Frühwerk, 77; Das Gesamtwerk, 18 Bde, 77ff; Die Geschichte einer Bombe, 81; Indianertanz im Dschungel, 81; Werkausgabe in Einzelbänden, Bd 1 ff, 82ff; Die besten Geschichten, 85.

Troll, Thaddäus (eig. Hans Bayer; Pseud. Peter Puck), *18.3.1914 Stuttgart-Bad Cannstatt, †5.7.1980 Stuttgart (Freitod).

T., Sohn eines Handwerksmeisters, studierte 1932–38 Germanistik, Vergleichende Literaturwissenschaft, Kunstgeschichte, Theater- und Zeitungswissenschaft. Nach der Promotion 1938 wurde er eingezogen und blieb bis Kriegsende Soldat. 1946 wurde er Redakteur der satirischen Zeitschrift «Das Wespennest» und lebte seit 1948 als freier Schriftsteller in Stuttgart. Unter seinem eigentlichen Namen schrieb er Theaterkritiken und Essays, war 1947–51 Korrespondent des «Spiegel» und textete 1948–53 für das Kabarett «Das Kom(m)ödchen». Er «übersetzte» als T. «Ernstes ins Heitere» (Troll). 1962 erhielt er den Theodor-Wolff-Preis, 1970 den bulgarischen Prix Aleko. Depressionen und die Befürchtung, den geplanten Bonner Schelmenroman nicht mehr fertigstellen zu können, veranlaßten wohl seinen Freitod.

T. schrieb zahlreiche Feuilletons, Gedichte, Romane, Kochbücher, Hör- und Fernsehspiele, trat als Bearbeiter hervor (u. a. Hašek, *Schwejk*; Molière, *Der Geizige*) und wurde be- (und verkannt) als Prototyp des schwäbischen Dichters. T. zeigte auf vielfältige Weise, daß es möglich ist, auf heitere Weise Probleme ernsthaft zu erörtern, und daß Mundart keineswegs auf unverbindliche Lustigkeit festgelegt ist. Gerade in seinen schwäbischen Gedichten (*O Heimatland*) zeigt er, welch entlarvende Potenz der scheinbar so gemütliche Dialekt enthält. In seinem Bestseller *Deutschland deine Schwaben* verdeutlicht er, welche Auswüchse an Selbstgefälligkeit und Spießertum hinter scheinbarer Gemütlichkeit und Liberalität stecken. – T. war ein politischer Schriftsteller, dessen heitere Geschichten nicht darüber hinwegtäuschen sollten, daß er mit Aufmerksamkeit und feinem Sensorium Veränderungen im politischen Klima erkannte und auf seine unverwechselbare Art bloßstellte. So etwa in der «wunderbaren Geschichte» *Der Tafelspitz*, in der mit Hilfe eines wundertätigen Stück Fleisches Auswüchse des politischen und gesellschaftlichen Lebens der Bundesrepublik satirisch entlarvt werden.

W.: Romane, Erzählungen, Kurzprosa: Kleiner Auto-Knigge, 1954; Fliegen am Florett. Satiren und Grotesken zur Zeit, 54; Theater von hinten, 55; Sehnsucht nach Nebudistan, 56 (bearb. u. d. T.: Hilfe, die Eltern kommen!, 64); Trostbüchlein für Männer, 56; Der Teufel auf Reisen (mit Jean Effel), 56; Dr. Percy Eichbaums Krankenvisite, 56 (mit anderen); Lesebuch für Verliebte, 58; Fahren Sie auch so gern Auto?, 59; Herrliche Aussichten, 59; Reise ins Abenteuer, 60; Reisen Sie auch so gerne?, 60; Das Neueste von Thaddäus Troll, 61 (bearb. u. d. T.: Was machen wir mit dem Mond?, 81); Auf ewig dein! Memoiren einer Jungfrau, 61; Lehrbuch für Snobs, 62; Lehrbuch für Väter, 63; Da lob ich mir den heitern Mann, 65; Genesungsgruß, 66 (bearb. 74); Warum Theater?, 67; Deutschland deine Schwaben, 67 (bearb. u. d. T.: Deutschland deine Schwaben im neuen Anzüge, 78); Wie man sich bettet (mit Susanne Ulrici), 68; Der jüngste Streich, 69; Das ist ja heiter, 69; Kapuzinerpredigten für Sie und Ihn, 71; Kleine Lesereise, 71; Preisend mit viel schönen Reden, 72; Wie ein böss alt Weib wird, ohne seine Tugend zu verlieren, 73; Der himmlische Computer, 74; Fallobst, 75; Heiterkeit als Lebenselixier, 75; Warum sind die Schwaben anders, Thaddäus Troll? (mit Hermann Sand), 75; Start frei!, 75; Wie benehme ich mich am Steuer?, 77; Das schwäbische Hutzelmännlein, 77; Schulden machen Leute, 78; Der Tafelspitz, 79; Die Geschichte von der Schöpfung (mit Annegert Fuchshuber), 80 (schwäbisch u. d. T.: D Gschicht von dr Schepfong, 80); Hobbys, die nichts kosten, 80; Sitzen und sitzen lassen, 81; Liebste Emilie, 85; Wie Gotthelf Grieshaber die Brezel erfand, 85. – *Hörspiele, Fernsehspiele:* Mein Haus ist meine Burg, 55; Die Abenteuer des braven Soldaten Schwejk (nach Hašek), 57; Deutschland, deine Schwaben, 73; Der Entaklemmer (nach Molière: Der Geizige), 76. – *Lyrik:* O Heimatland, 76. – *Theoretische Schriften, Sachbücher:* Presse- und Nachrichtenwesen der im Weltkrieg kriegsgefangenen Deutschen, 39 (Diss.); 18, 20, passe. Ein Skatbuch mit Contra und Re. (Einltg.), 57; Wohl bekomm's! Das Buch der Getränke (mit Gertrud Oheim), 57; Die Sache mit dem Apfel, 58; ... und dazu guten Appetit! Das Buch vom guten Essen (mit Roland Gööck u. a.), 61; Kochen mit Thaddäus Troll, 69 (bearb. 75); Stuttgart, 69; Wangen im Allgäu (mit Walter Münch und Rupert Leser), 71; Urach und seine Alb, 73; Ulm, 75; Romantik in Deutschland, 75; Romantik in Europa, 76; Kochen wie die Schwaben (mit anderen), 77; Romantische Welt, 77; Stuttgarter Zeiten von dazumal bis heute, 77; Murrhardt (mit Susanne Ulrici u. Hans Quayzin), 78; Romantische Burgen in Deutschland, 78; Kirchen und Klöster in Deutschland (mit Edmond van Hoorick), 80; Schwäbische Schimpfwörter, 87. – *Übersetzungen, Bearbeitungen:* Lecoq: Giroflé – Girofla (mit Peter Hamel), 50; Offenbach: Pariser Leben (mit Erich-Fritz Brücklmeier), 52; Birabeau: Das heimliche Nest, 54; Hašek: Die Abenteuer des braven Soldaten Schwejk, 55 (mit Erwin Piscator 56); Richard Doyle: Wie drei Herren angelsächsischer Herkunft anno 1854 durch Europa reisten, 70; Wo komm ich eigentlich her? ... nach Peter Mayle, 74 (schwäbisch u. d. T.: Wo kommet denn dia kloine Kender her?, 74); Der Entaklemmer. Luststück in 5 Aufzügen; das ist auf schwäbisch L'avare oder der Geizige von Molière, 76; Was ist bloß mit mir los? ... nach Peter Mayle, 78 (schwäbisch u. d. T.: Was isch eigentlich los mit mir?, 78). – *Sammelausgabe:* Das große Thaddäus Troll-Lesebuch, 81.

Tucholsky, Kurt (Pseud. Peter Panter, Theobald Tiger, Ignaz Wrobel, Kaspar Hauser), *9. 1. 1890 Berlin, †21. 12. 1935 Hindås (Schweden) (Freitod).

T., Sohn eines Kaufmanns, studierte Jura in Berlin, Genf und Jena (Promotion 1914). Im 1. Weltkrieg war er drei Jahre eingezogen. 1918–24 lebte er in Berlin, dann für 5 Jahre in Paris, ab 1929 in Schweden, von wo aus er bis 1934 noch ausgedehnte Reisen unternahm. Da er aber als Emigrant nur einen auf 6 Monate befristeten Ausländerpaß hatte, konnte der von den Nazis Ausgebürgerte ab 1934 seinen Wohnsitz kaum noch verlassen, materielle Probleme und eine chronische Siebbeinvereiterung machten ihn zunehmend depressiver, 1935 nahm er sich das Leben.

Ab 1911 hat T. kontinuierlich kultur- und zeitkritische Glossen, satirische Gedichte und Theaterrezensionen veröffentlicht, zunächst vorwiegend im sozialdemokratischen «Vorwärts», dann häufig auch in der 1905 von Siegfried Jacobsohn gegründeten «Schaubühne» (die ab 1918 «Weltbühne» heißt). Schon die ersten Artikel gegen Militarismus, Chauvinismus und reaktionäres Spießertum zeigen T.s Begabung für polemische Zuspitzung. Nach dem Ende des 1. Weltkriegs nimmt er in Berlin seine kulturkritische Tätigkeit wieder auf, in der «Weltbühne» erscheinen oft mehrere Artikel in einem Heft, weshalb er sich verschiedene Pseudonyme zulegt. Der Tenor seiner Beiträge wird zunehmend schärfer, er attackiert die rechtslastige Justiz der Weimarer Republik, polemisiert gegen die Dolchstoßlegende und verfaßt antimilitaristische Gedichte, z. B. das *Gebet nach dem Schlachten*. Auch als Literaturkritiker tritt er hervor; seine unorthodoxen, temperamentvollen Rezensionen zeichnen sich durch eigenwillige Subjektivität aus. Eine Weile tendiert er auf Grund seiner politischen Überzeugungen zur USPD. Aus Enttäuschung über das Versagen der «flauen Republik» verläßt er Deutschland und lebt ab 1924 in Paris. Auch hier setzt er seine publizistische Tätigkeit mit unverminderter Energie fort. Er publiziert in ungefähr 100 Zeitungen und Zeitschriften, bevorzugtes Forum bleibt die «Weltbühne». Nach dem Tod von Jacobsohn übernimmt T. für kurze Zeit die Leitung dieses wohl wichtigsten Kampfblattes der intellektuellen Linken und übergibt sie dann Carl v. Ossietzky (der später im KZ ermordet wurde). Sehr früh und voll von Pessimismus diagnostiziert er die Gefahren des Nationalsozialismus, dessen schärfster publizistischer Gegner T. wird. Daneben veröffentlicht er Agitationslyrik, die durchsetzt ist von sozialer Anklage, aber auch witzige Chansons, in denen er die Banalität des Spießbürgertums aufs Korn nimmt. T. wird damit zu einem der wichtigsten Autoren des kritischen Kabaretts der 20er Jahre. Geradezu glänzend sind seine Berichte über die z. T. aberwitzigen Urteile der Weimarer Justiz. – T. bedient sich häufig der Rollenprosa (oft im Berliner Jargon), um Militärs, Nationalisten und Kleinbürgermentalität zu entlarven. Die durch fingierten Immediatbericht erzielte Spontaneität seiner Glossen kontrastiert mit den ironisch zugespitzten Bonmots, die die Quintessenz aus diesen satirischen «Fallstudien» ziehen. T. hat als sensibler Wortkünstler, eleganter Stilist, virtuoser Polemiker so leicht keinen ebenbürtigen Konkurrenten im deutschen Sprachraum. – 1931 veröffentlicht er den heiter-verspielten Roman *Schloß Gripsholm*, der mit viel Charme, bisweilen aber auch mit forciertem Understatement eine ungewöhnliche Liebesaffäre beschreibt und nicht frei ist von Sentimentalitäten. – Ab 1932 veröffentlicht T. keine einzige Zeile mehr aus Verzweiflung über die politische Situation, seine Briefe unterzeichnet er mit «ein aufgehörter Deutscher» und «ein aufgehörter Schriftsteller». Die erst lange nach seinem Freitod aufgefundenen *Briefe aus dem Schweigen* und seine *Q-Tagebücher* geben indes zu erkennen, daß in den drei letzten Lebensjahren seine geistige Aktivität – trotz der quälenden Krankheit – nicht erlahmt war. Vor allem in den *Q-Tagebüchern* finden sich scharfsinnige politische Analysen und Prophetien, voll von Zorn und Degout, voll Empörung aber auch über die Appeasement-Politik der Westmächte. Witzsprühende Sentenzen wechseln ab mit flapsig-resignierten Klagen über «den großen Knacks» seines Lebens: die Einsicht in die Vergeblichkeit seiner politischen Aufklärungsarbeit und die seiner Mitstreiter. Diese beiden Nachlaßpublikationen gehören nicht nur als Zeitdokument, sondern auch als Dokument der Trauer eines enttäuschten Moralisten zu den wichtigsten Werken der deutschen Exilliteratur.

W.: *Romane, Erzählungen, Vermischtes:* Rheinsberg – ein Bilderbuch für Verliebte, 1912; Der Zeitsparer, 14; Fromme Gesänge, 19; Träumereien an preußischen Kaminen, 20; Die verkehrte Welt in Knüttelversen dargestellt von Kaspar Hauser, 22; Ein Pyrenäenbuch, 27; Mit 5 PS, 28; Das Lächeln der Mona Lisa, 29; Deutschland, Deutschland über alles, 29, Neuausgabe 73; Schloß Gripsholm, 31; Lerne lachen ohne zu weinen, 31. – *Drama:* Christoph Kolumbus oder Die Entdeckung Amerikas. Komödie in einem Vorspiel und sechs Bildern. Von Walter Hasenclever und Peter Panter (Bühnenmanuskript), 32. – *Sammel- und Werkausgaben, Briefe, Autobiographisches:* Ausgewählte Lyrik und Prosa, 52; Tucholsky. Ein Lesebuch für unsere Zeit, 52; Panter, Tiger & Co., o. J; Zwischen Gestern und Morgen, o. J; 'n Augenblick mal, o. J; Gesammelte Werke, 3 Bde, 60/61; Ausgewählte Briefe 1913–1935, 62; Merkt ihr nischt – ?, 64; Ausgewählte Werke, 2 Bde, 65; Politische Briefe, 69; Etwas ist immer, 69; Briefe an eine Katholikin, 70; Politische Justiz, 70; Politische Texte, 71; Literaturkritik, 72; Mit 5 PS durch die Literatur, 73; Schnipsel, 73; Sprechen – Schreiben – Schweigen, 74; Gesammelte Werke, 10 Bde, 75; Man sollte mal…, 76; Zirkus des Lebens, 76; Briefe aus dem Schweigen, 77; Die Q-Tagebücher, 78; Homosexualität und Faschismus (mit K. Mann), [2]81; Wo nommen die Löcher im Käse her?, 81; Unser ungelebtes Leben. Briefe an Mary, 82; Gesammelte Gedichte, 83; Das K. T. Chansonbuch, 83; Hundsgemeines über Köter & Menschen, 85; Wenn die Igel in der Abendstunde, 85; Deutsches Tempo, 85; «Farbige, weithin sichtbare Signalzeichen.» Der Briefwechsel zwischen Carl von Ossietzky und K. T. aus dem Jahre 1932, 85; Lesebuch. Wir Negativen, 88; Republik wider Willen, 89; Sprache ist eine Waffe, 89; Ich kann nicht schreiben, ohne zu lügen. Briefe 1913–1935; 89; Liebe Winternuuna, liebes Hasenfritzli. Ein Zürcher Briefwechsel von K. T., 90. – *Schallplatten, Kassetten:* Schloß Gripsholm, 88 (4 Kass.); Martin Held und Johanna von Koczian sprechen K. T., 88; Panter, Tiger & Co., 89 (Kass.).

Tumler, Franz, *16. 1. 1912 Gries bei Bozen.

T., Sohn eines früh verstorbenen Gymnasialprofessors, wuchs in der Heimat seiner Mutter, in Oberösterreich, auf, war bis 1935 Volksschullehrer und wurde dann freier Schriftsteller. T. erhielt zahlreiche Auszeichnungen. – T., dem zuweilen eine formale Nähe zu Stifter nachgesagt wird, debütierte mit *Das Tal von Lausa und Duron*, einer Geschichte um das Verhältnis eines Geschwisterpaares zur ladinischen Heimat im 1. Weltkrieg. In den dann folgenden, meist gegenwartsbezogenen Werken offenbart sich ein Konformismus mit völkischen und nationalsozialistischen Ideologemen. In den umfangreichen Romanen *Heimfahrt* und *Ein Schloß in Österreich*, in denen T. die Kriegs- und Nachkriegszeit zu bewältigen versucht, herrschen Resignation und eine das Unausweichliche des Schicksals betonende Sicht vor. In *Der Schritt hinüber* ist das Thema die Unerzählbarkeit dessen, was zwischen Menschen wirklich geschieht. Das Problem der *Aufschreibung aus Trient* ist Südtirol, d. h. der doppelte Widersinn nationalistischer Politik. In den letzten Werken T.s gewinnt die Reflexion auf die Möglichkeiten des Erzählens immer größere Bedeutung und wird immer mehr zu einem Bestandteil des Erzählvorgangs selbst. Ein Versuch der Selbstvergewisserung und der Beschreibung dieses Prozesses stellt *Volterra. Wie entsteht Prosa?* dar.

W.: Romane, Erzählungen: Das Tal von Lausa und Duron, 1935; Die Wanderung zum Strom, 37; Der Ausführende, 37; Im Jahre 38, 39; Der Soldateneid, 39; Der erste Tag, 40 (überarb. 51); Auf der Flucht, 43; Ländliche Erzählungen, 44; An der Waage. Aufzeichnungen aus dem Lagerhaus, 47; Der alte Herr Lorenz, 49; Heimfahrt, 50; Das Hochzeitsbild, 53; Ein Schloß in Österreich, 53; Der Schritt hinüber, 56; Der Mantel, 59; Nachprüfung eines Abschieds, 64; Aufschreibung aus Trient, 65; Ein Landarzt, 72; Pia Faller, 73; Landschaften und Erzählungen, 74. – *Lyrik:* Anruf, 40; Liebes-Lobpreisung, 47; Landschaften des Heimgekehrten, 48 (u. d. T.: Neuer Blick auf die Erde, 49); Welche Sprache ich lernte, 70; Sätze von der Donau, 72; Album Rom, 83; Das Zerteilen der Zeit, 89. – *Essays:* Österreich ist ein Land des deutschen Reiches, 40; Berlin. Geist und Gesicht, 53; Der Gardasee, 58; Volterra. Wie entsteht Prosa?, 62; Stimmen einer Stadt, 63; Das Land Südtirol, 71; Über die Akademie der Künste, 71. – *Sammel- und Werkausgaben:* F. T. Eine Anthologie, 82; Welche Sprache ich lernte. Texte von und über F. T., 86.

Turek, Ludwig (Andreas), *28. 8. 1898 Stendal/Altmark, †9. 11. 1975 Berlin.

Der aus einer Arbeiterfamilie stammende T. arbeitete in vielen Berufen, als Knecht, Konditor, Zigarrenhändler, Schriftsetzer, Werkzeugmacher, Seemann u. a. T. trat schon früh der Sozialistischen Arbeiterjugend bei, schloß sich der USPD und nach ihrer Gründung der

KPD an. Während des 1. Weltkriegs desertierte T., kam in Festungshaft nach Spandau, war Freikorpssoldat, in der Roten Ruhr-Armee, beteiligt an der Niederschlagung des Kapp-Putsches. Seit 1928 gehörte T. dem Bund Proletarisch-Revolutionärer Schriftsteller (BPRS) an, von 1930–32 hielt er sich in der UdSSR auf, arbeitete als Setzer und Werftarbeiter, fuhr 1932 im selbstgebauten Segelboot die Wolga hinunter bis zur französischen Mittelmeerküste, wo er als Steuermann und Segelschiffkapitän bis 1939 im Exil blieb. Ab 1940 beteiligte sich T. am illegalen antifaschistischen Widerstand in Deutschland. Nach dem 2. Weltkrieg lebte er als freier Schriftsteller in Ost-Berlin. 1968 J.-R.-Becher-Medaille. – T. setzt sein bewegtes, abenteuerliches Leben in erkennbar autobiographisch geprägte Bücher um. Ersten Erfolg hat er mit seiner, bis in die Gegenwart immer wieder neu aufgelegten Lebensbeschreibung *Ein Prolet erzählt*. T. sieht dies Buch selbst im bewußten Gegensatz zur bürgerlichen Dichtung: «nicht das Produkt eines Literaten, sondern eines werktätigen Proleten». In dem ebenfalls politisch-biographisch angelegten Buch *Klar zur Wende* gestaltet T. mit «grimmigem Humor» seine Seefahrererlebnisse im Mittelmeer. – In späteren Jahren beschränkt sich T. überwiegend auf das Verfassen abenteuerlich- oder humoristischunterhaltsamer Literatur. Seine Erzählweise bewegt sich häufig an der Grenze zur Kolportage, sprachlich ist er nicht frei vom Einfluß bürgerlicher Trivialliteratur. Sein utopischer Roman *Die goldene Kugel* ist der erste in der DDR entstandene Zukunftsroman.

W.: Romane und Erzählungen: Ein Prolet erzählt, 1930 (verfilmt u. d. T. Gejagt bis zum Morgengrauen, 57); Leben und Tod meines Bruders Rudolf, 32; Die letzte Heuer, 35 (verfilmt 50); Die Freunde, 47; Die goldene Kugel, 49; Unser täglich Brot (Drehbuch, mit H. J. Beyer u. S. Dudow), 49; Klar zur Wende, 49; Anna Lubitzke, 52 (verfilmt u. d. T. Steinzeitballade, 60); Herbert Bachmanns große Reise, 52; Mittelstürmer Werner Schwing, 54; Der rote Pirat, 54; «Palermo» auf richtigem Kurs, 56; Die Flucht der Grüngesichtigen, 59; Familie Nagelschwert, 61; Ich war kein Duckmäuser, 67; Die Liebesfalle, 69; Ahoi dufte Wanne, 74;

Mein Freund Bruno, 75. – *Hörspiel:* Familie Siebenbrodt, 54.

Turner, Georg → Rehfisch, Hans José

Turrini, Peter, *26. 9. 1944 St. Margarethen im Lavanttal (Kärnten).
T. arbeitete bis 1971 in verschiedensten Berufen als Metallarbeiter, Lagerarbeiter, Werbetexter und Hotelmanager. Seither lebt er als freiberuflicher Schriftsteller. Zahlreiche Förderpreise.
Dem Dramatiker T. geht es in seinem Werk um den «Alltag der Unterdrückung, die normale Katastrophe». Nicht nur in der öfteren Verwendung der Dialektsprache, sondern auch strukturell steht er hierbei in der Tradition des sozialkritisch-derben Volksstückes. In der Form der makabren Burleske ereignet sich die Manipulation menschlicher Kreatürlichkeit – meist bis zum letalen Ausgang – und wird so zur provokantsinneindeutigen Parabel. Ähnlich versucht T. in seinen Bearbeitungen nach Stücken von Beaumarchais und Goldoni, die Dinge ins (historisch) rechte Lot zu rücken. Daß T.s Provokationen auch Wirkungen zeitigen, beweist u. a. der scharfe Angriff der Bischofskonferenz wegen Blasphemie und Pornographie gegen sein Stück *Tod und Teufel*. – Der Roman *Erlebnisse in der Mundhöhle* ist eine sprachartistische Endlosassoziation, «dem guten pot gewidmet». – Seit 1974 arbeitete T. schwerpunktmäßig für das Fernsehen. Dieser Entschluß war maßgeblich sozial- und kulturpolitisch. Wichtigstes Resultat ist die gemeinsam mit W. Pevny verfaßte *Alpensaga,* eine Serie über den Alltag der Bauern des Alpenvorlandes vor dem Hintergrund bedeutsamer historischer Signaldaten des 20. Jhs.

W.: Romane, Erzählungen, Prosa: Erlebnisse in der Mundhöhle, 1972; Alpensaga, 3 Bde, 80; Jugend. Buch zum Film «Atemnot» (mit K. Kratz), 84; Es ist ein gutes Land, 86; Arbeitersaga (mit R. Palla), 3 Bde, 88–89. – *Dramen, Fernsehspiele, Hörspiele:* Zéro, Zéro, 71; Faust. III. Teil, eine merkwürdige Fortsetzung, 71; Sauschlachten, 72; Phonoptical, ein experimentelles Theaterstück, 72; Deutschlandlied Heil Dir. Zwei Sprachstücke, 72; Kindsmord, 73; Rozznjogd, 73; Der tollste Tag (nach Beaumarchais), 73; Die Wirtin (nach Goldoni), 73; Der Dorfschullehrer (mit W. Pevny), 75; Der Bauer und der Millionär (mit W. Pevny), 76; Die Alpensaga (mit W. Pevny), 76 ff; Wiener Walzer, 77; Josef und Maria, 80; Rozznjogd/Rattenjagd. Ein Stück, 88; Die Minderleister, 88; Tod und Teufel, 90. – *Lyrik:* Ein paar Schritte zurück. Gedichte, 80. – *Essays, theoretische Schriften:* Mein Österreich. Reden, Polemiken, Aufsätze, 88. – *Schallplatte:* Es ist ein gutes Land (mit H. Qualtinger), 73; P. T. liest Rozznjogd, 75; P. T. liest Gedichte, 85. – *Sammelausgaben:* Turrini-Lesebuch. Stücke, Pamphlete, Filme, Reaktionen etc., 78; Alpensaga, 3 Bde, 80; Lesebuch zwei, 83; Sauschlachten/Die Wirtin/Josef und Maria/Die Bürger/Campiello, 86.

U

Uhlen, Klaus →Wegner, Arnim T.

Uhse, Bodo, *12. 3. 1904 Rastatt, †2. 7. 1963 Berlin.
Als Sohn eines Offiziers in preußisch-militaristischer Tradition erzogen, nahm U. am Kapp-Putsch teil; er wurde Mitglied verschiedener konservativer Organisationen und der NSDAP («Strasser-Flügel»); 1927–30 war er Redakteur nazistischer Zeitungen; nach dem Austritt aus der NSDAP arbeitete er mit der Bauernbewegung zusammen und trat schließlich der KPD bei. 1933 emigrierte er nach Paris, 1934 wurde ihm die deutsche Staatsbürgerschaft aberkannt; 1936–38 nahm U. am spanischen Bürgerkrieg teil; U. reiste 1939 in die USA und lebte 1940–48 im mexikanischen Exil, wo er u. a. Redakteur der Zeitschrift «Freies Deutschland» war. 1949 kehrte U. nach Berlin zurück; er war u. a. von 1946 bis 1958 Chefredakteur der Zeitschrift «Aufbau», 1950–52 Vorsitzender des Schriftstellerverbandes der DDR und 1963 Chefredakteur von «Sinn und Form». 1954 Nationalpreis, 1962 J.-R.-Becher-Medaille.
Die Entwicklung U.s vom konservativen und faschistischen Lager hin zur Arbeiterbewegung reflektiert sich in seinen mit dokumentarischer Genauigkeit verfaßten großen Romanen. Die Abrechnung mit dem in der Offiziersschicht vorherrschenden Chauvinismus und der Versuch, die nationale Identität als sozialen Patriotismus zu bestimmen, sind die Grundthemen U.s. In *Söldner und Soldat* beschrieb U. die eigene Entwicklung in der Zeit der Weimarer Republik bis zum Bruch mit den Faschisten, während die Vorgeschichte bis zur Novemberrevolution in *Wir Söhne* ins Bild kam.
In dem unter dem Eindruck des spanischen Bürgerkrieges entstandenen Roman *Leutnant Bertram* gab U., ausgehend vom illegalen Aufbau der deutschen Luftwaffe und ihrem späteren Einsatz in Spanien, einen Einblick in das Handeln und Denken der in diesem Krieg aufeinandertreffenden Deutschen. In dem Roman *Die Patrioten*, den U. nicht mehr beenden konnte, rückte der antifaschistische Widerstandskampf in den Mittelpunkt. Auch der faschistische Alltag und sein Funktionieren als «kleine Ordnung in der großen Unordnung» (F. C. Weiskopf) fand eine eindringliche Gestaltung.
In seinen Erzählungen, die wie diejenigen der Seghers in der Sprachführung an Kleist geschult sind, verarbeitete U. u. a. sein Mexiko-Erlebnis. Sie verraten eine genaue Kenntnis von Milieu und Folklore der Einheimischen.

W.: Romane, Erzählungen, autobiographische Schriften: Söldner und Soldat, 1935; Die erste Schlacht, 38; Leutnant Bertram, 47 (engl. 43); Nous les fils, 47 (dt. Wir Söhne, 48); Die heilige Kunigunde im Schnee und andere Erzählungen, 49; Die Brücke, 52; Die Patrioten Bd I, 54 (65 Veröffentlichung des Fragment gebliebenen 2. Bandes); Tagebuch aus China, 56; Mexikanische Erzählungen, 57; Die Aufgabe, 58; Reise in einem blauen Schwan, 59; Sonntagsträumerei in der Alameda, 61; Im Rhythmus der Conga, 62; Versuche – Berichte – Erinnerungen, 83. – *Filme, Fernsehspiele:* Roman einer jungen Ehe, 52; China zwischen gestern und morgen, 57; Der Tote und sein General, 60 (mit G. Gloger u. H. Kamnitzer). – *Essays:* Probleme und Gestalten, 59; Abriß der Spanienliteratur (mit E. Claudius), 60. – *Übersetzung:* V. Lombardo-Toledano: Johann Wolfgang von Goethe, 44. – *Sammel- und Werkausgaben:* Gesammelte Werke in Einzelausgaben, 6 Bde, 74–83; Sonntagsträumerei in der Alameda, 79; Die heilige Kunigunde im Schnee. Die Brücke. Abschied von einer kleinen Stadt, 79. – *Herausgebertätigkeit:* Gekabelt aus Moskau. Schriftsteller und Krieg, 43; E. E. Kisch: Schreib das auf, Kisch, 51; E. E. Kisch: Gesammelte Werke, 60ff (mit G. Kisch).

Ullmann, Regina, *14. 12. 1884 St. Gallen, †6. 1. 1961 München.
Tochter eines Stickerei-Exporteurs, zog nach dem Tode des Vaters mit der Mutter nach München. Sie wurde von Rilke gefördert und war auch mit Hans Carossa und Ina Seidel bekannt. 1911 konvertierte sie zum Katholizismus. 1937 kehrte sie nach St. Gallen zurück. Zu literarischer Geltung kam sie erst nach 1945. Ihr Werk umfaßt im wesentlichen Erzählungen und Gedichte, eigentümlich in ihrer Dingbezogenheit und schlichten Religiosität (charakteristischer Titel: *Vom Brot der Stillen*).

W.: Drama: Die Feldpredigt, 1919. – *Lyrik, Prosadichtung:* Von der Erde des Lebens, 10; Gedichte, 19. – *Erzählungen:* Die Landstraße, 21; Die Barockkirche, 25; Vier Erzählungen, 30; Vom Brot der Stillen, 2 Bde, 32; Der goldene Griffel, 34; Der Apfel in der Kirche, 34; Der Engelskranz, 42; Madonna auf Glas, 44; Der ehrliche Dieb, 46; Von einem alten Wirtshausschild, 49; Schwarze Kerze, 54. – *Sonstige Prosa:* Erinnerungen an Rilke, 45; Briefwechsel R. M. Rilke mit U. und Ellen Delp, 87. – *Werkausgabe:* Gesammelte Werke, 2 Bde, 60; 78; Ausgewählte Erzählungen, 79.

Ulrici, Rolf (eig. Rolf Stitz-Ulrici; Pseud. Hans Korda, Hans Rodos), *7. 3. 1922 Berlin.
U. ist in Berlin als Sohn eines Bankdirektors aufgewachsen, arbeitete nach dem 2. Weltkrieg zunächst als Theaterregisseur, Journalist, schrieb seit 1950 Fortsetzungsromane für Zeitungen, Beiträge für den Kinderfunk, schließlich Kinderbücher. Binnen kurzer Zeit wurde U. zum erfolgreichsten westdeutschen Kinderbuchautor der Nachkriegszeit, dessen Gesamtauflage allein in deutscher Sprache zu Beginn der 80er Jahre schon 5 Millionen Exemplare übersteigt. Den ersten nachhaltigen Erfolg hat U. mit der *Käpt'n Konny*-Serie, abenteuerlichen Seglergeschichten von vier Jungen (deren überlegener Anführer Käpt'n Konny genannt wird), in denen der Autor moralisierend und harmonisierend auf junge Leser zu wirken sucht. U. betätigt sich mit Erfolg in allen Unterhaltungsgenres, die er für Kinder neu arrangiert: Mädchen- und Pferdebücher, Grusel- und Wildwest-Geschichten, Detektiv- und Science-fiction-Abenteuer. Dabei hat er ein Gespür für aktuelle Trends, bezieht z. B. Themen wie Umweltverschmutzung mit ein. Die Helden seiner Serien sind Kindergruppen mit festgelegten Charakteren, ein Boß, ein Kluger, ein Sportler, ein Mädchen mit «typisch weiblichen» Eigenschaften (das meist aus Gefahrensituationen gerettet werden muß). U. bevorzugt Ferien- und Heile-Welt-Geschichten mit Happy-End; er liefert Kindern wie kaum ein anderer Trivialliteratur par excellence.

W.: Kinderbücher, Romane, Erzählungen, Prosa: Käpt'n Konny in der Klemme, 1954; Käpt'n Konny schnuppert Seeluft, 54; Käpt'n Konny und der Seeteufel, 54; Käpt'n Konny als Pirat, 55; Gerd funkt auf eigener Welle, 55; Ein Mädel mit Herz, 55; Die ganze Klasse gegen Dieter, 55 (u. d. T. Dieter kämpft für seine Klasse, 65); Die große Jagd am See, 56; Tom reitet über die Prärie, 57; Tom und der Sohn des Häuptlings, 57; Tom und das Geheimnis der Indianer, 58; Gina aus dem Doktorhaus, 58; Wir erben ein Geheimnis, 59; Kai erobert Brixholm, 60; Die Oder gluckste vor Vergnügen, 60 (u. d. T. Sommer, Sonne, etwas Liebe, 72); Steffis Wunschfahrt, 61; Ali Baba und die 40 Räuber, 61; Gespenstergeschichten, 62; Die Räuberschule, 62; Spuk auf Schloß Siebenbrück, 63; Die Jungen von der Wasserwacht, 63; Felix und der Geisterhügel, 64; Felix und das Schiff der Freunde, 64; Glücklich und in Freuden leben, 64; Die unheimlichen Leuchtkugeln, 64; Die Geisterbahn im Moor, 65; Das grüne Gespenst, 65; Das Mädchen mit dem Ponywagen, 65; Der Elefant im Porzellanladen, 66; Käpt'n Konny auf hoher See, 66; Wir sind alle Sonntagskinder, 67; Harrys lustige Jagd, 67; Ulla, das schaffen wir schon, 67; Diane aus dem Försterhaus, 68; Diane und ihre Freundin Sabine, 68; Diane wird Schützenkönigin, 68; Die Schöne und ihre 6 Rebellen, 68; Kein Mädchen ist wie Tutti, 68; Sheriff Bill gibt niemals auf, 68; Sheriff Bill rettet die Stadt, 68; Sheriff Bill im Tal der vielen Stimmen, 68; Sheriff Bill, der Held von Devil's Point, 69; Diane und ihr Waldschulheim, 69; Lollo führt ein Tagebuch, 69; Mit fünfzehn fängt das Leben an, 69; Dagmar und Lilly, 69; Diane gibt eine Klassenparty, 69; Lollo plaudert aus der Schule, 70; Lollo, ein Mädchen von heute, 70; Captain Blitz, der rote Reiter, 70; Gerd funkt das große Spiel, 70; Ferien im Heidehof, 70; Neue Gespenstergeschichten, 70; Die Mädchen aus dem Zwillingshaus, 70; Mein erstes Tagebuch, 70; Tagebuch eines Sommers, 70; Tom und der lachende Fuchs, 70; Cox, der junge Sheriff, 71; Sheriff Cox auf dem Pulverfaß, 71; Sheriff Cox und die blauen Reiter, 71; Sheriff Cox und der schwarze Cowboy, 71; Sheriff Cox und die Banditen, 71; Das Mädchen auf der Goldponyranch, 71; Geheimer Start, 71; Zwei Mädchen und ein Geheimnis, 71; Eilbrief für Doris, 72; Der geheimnisvolle Koffer, 72; Abenteuerliche Begegnung, 72; Klaus verfolgt das weiße Auto, 72; Drei Mädchen vom Heidehof, 72; Hansi, der Schlauberger, 72; Die neue Lehrerin, 72; Landung in der Wüste, 72; Raumschiff Monitor verschollen, 72; Verfolgungsjagd im Weltall: Geheimer Start von Basis 2, 72; Alles wegen George, 73; Frischer Wind für eine Freundschaft, 73; Bleib sitzen, George, 73; Gib Pfötchen, George, 73; «Monitor» startet zur Unterwasserstadt, 73; Neuer Kurs für «Monitor», 73; Renate im Tierparadies, 73; Alle lieben George, 74; Bruchlandung mit George, 74; Wer ist eigentlich George, 74; Käpt'n Konny und seine Freunde auf geheimer Spur, 74; Käpt'n Konny und seine Freunde tauchen nach Öl, 74; Käpt'n Konny und seine Freunde suchen das Geisterschiff, 74; Landung auf Raumstation «Monitor», 74; Giganto meldet: Vorstoß in die Erde, 75; Giganto meldet: Über uns ein Vulkan, 75; Ferien mit dem Ponywagen, 75; Kai entdeckt die Freundschaftsinsel, 75; Nina und Rosi begraben das Kriegsbeil, 76; Ira kann schweigen, 76; Ausgerechnet Liebesbriefe, 76; Giganto meldet: Schiffbruch in der Erde, 76; Giganto meldet: Alarm im Erdball, 76; Wimpy, der Schrecken der Meere, 76; Wimpy, der Retter der Meere, 77; Wimpy, der Retter wider Willen, 77; Giganto meldet: Erdschiff verloren, 77; Giganto meldet: Ziel erreicht, 77; Ruhe vor dem Sturm, 78; Harrys lustige Jagd, 79; Käpt'n Konny, 8 Bde, 79; Diane, 2 Bde, 79 (Neuausg.); Raumschiff Monitor, 6 Bde, 79; Rappi und Christiane, 6 Bde, 80; Drei clevere Detektive, 80; Geistertanz, 80; Reni überwindet sich, 81; Reiter am Gespensterfluß, 81; 16 Mädchen auf großer Fahrt, 81; Gib nicht so an, Reni, 81; Lollo, 81; Jürgen und Ajax, 6 Bde, 81/82; Die scharfen Augen der Gruppe 7, 81; Weltraumklipper, 3 Bde, 81, 82, 83; Erdrakete Giganto, 6 Bde, 81–82; Weltraumklipper. Landung in der Falle, 82; Superhirn, 6 Bde, 82; Ronny, der schnelle Linksaußen, 82; In geheimer Mission, 83; Tom Clark, 5 Bde, 83 f; Telephantom, 2 Bde, 83; Weltraumklipper. Notruf aus dem Nichts, 83; Weltraumklipper. Planet der Kraken, 84; Mumien, Schätze und Erpresser, 84; Schock, R.: Ach, ich hab in meinem Herzen … (Aufgezeichnet von R. U.), 85; Der Landarzt, 87; Die Insel. Roman, 87; Walhalla, 87; Quark, 88; Willy Pu-

ruckers Löwengrube. Die Grandauers und ihre Zeit 1897–1933, 89; Der Landarzt und seine Familie, 89.

Ungar, Hermann, *20. 4. 1893 Boskovice/Mähren, †28. 10. 1929 Prag.
U. entstammte einer gebildeten jüdischen Fabrikantenfamilie. Er besuchte das Gymnasium in Brünn, studierte anschließend ab 1911 Philosophie, Nationalökonomie und Jura in Berlin, München und Prag; 1918 promovierte er zum Dr. jur. Während dieser Zeit schloß er Freundschaft mit L. Pinner und G. Krojanker. Im 1. Weltkrieg wurde er an der Ostfront verwundet. Unter dem doppelten Einfluß des Kriegs und der Oktoberrevolution bekannte er sich zum zionistischen Sozialismus. Nach dem Krieg arbeitete er in einer Advokatur in Prag, wurde dann Dramaturg in Eger. 1920 trat er in den Dienst des tschechoslowakischen Außenministeriums und wurde Legationssekretär der Gesandtschaft in Berlin; gleichzeitig war er dort als Journalist und Theaterkritiker tätig und nahm 1925 mit der sozialistischen «Gruppe 1925» Kontakt auf; 1928 wurde er nach Prag zurückberufen, wo er ein Jahr später starb. – U. wurde 1920 mit seinem Prosaband *Knaben und Mörder* bekannt, dessen Titel die thematischen Akzente seines gesamten Werkes bereits verraten: Erlebnisse aus Kindheit und Jugend gelten als Schlüssel für alle späteren, schicksalhaft unausweichlichen Geschehnisse. U.s spätere Romane thematisieren immer wieder die Zerstörung und Selbstzerstörung des Menschen durch Haß und Angst; seine typische Erzählfigur ist der unfreie Mensch, der an der eigenen Angst bzw. an der Psychose der Selbstbehauptung zugrunde geht. Dabei verraten U.s Werke eine gewisse Nähe zu Kafka.

W.: Romane, Erzählungen: Knaben und Mörder, 1920; Die Verstümmelten, 22; Die Ermordung des Hauptmanns Hanika, 25; Die Klasse, 27; Der Weinreisende, 30; Colberts Reisen, 30. – *Dramen:* Der rote General, 28; Die Gartenlaube, 29 (Fernsehbearb. 70). – *Sammel- und Werkausgaben:* Geschichte eines Mordes, 87; Der Bankbeamte und andere vergessene Prosa, 89; Das Gesamtwerk, 89.

Unruh, Fritz von (Pseud. Fritz Ernst),
*10.5.1885 Koblenz,
†28.11.1970 Diez/Lahn.
U. besuchte die Kadettenanstalt Plön
und wurde Kavallerieoffizier. 1911 schied
er aus dem aktiven Dienst aus. Er machte
den 1. Weltkrieg mit und lebte danach als
freier Schriftsteller. U. emigrierte 1932
nach Frankreich und floh 1940 in die
USA. Er kehrte 1952 nach Deutschland
zurück, emigrierte 1955 erneut und kehrte 1962 wieder zurück, um sich auf dem
Familienbesitz niederzulassen. Die frühen Stücke befassen sich bereits in kon-
troverser Weise mit den Grundbegriffen
des wilhelminischen Soldatentums: blinder Gehorsam und Verantwortung, und
erhielten daher teilweise Aufführungsverbot. Das Erlebnis des 1. Weltkriegs
machte U. zu einem überzeugten Pazifisten. Seine Dramen *Ein Geschlecht* und
Platz gehören zu den visionären Stücken
des expressionistischen Theaters, U.s Pazifismus blieb nicht unumstritten. Sein
späteres Werk blieb ohne Resonanz in
der Öffentlichkeit. – 1948 Goethepreis
Frankfurt, 1955 Goethe-Plakette.

W.: Dramen: Offiziere, 1911; Louis Ferdinand, Prinz von Preußen, 13; Ein Geschlecht,
17; Vor der Entscheidung, 19; Platz, 20; Rosengarten, 21; Stürme, 23; Bonaparte, 27;
Phaea, 30; Duell an der Havel, 53; 17.Juni, 54;
Wilhelmus von Orleans, 53; Odysseus auf Ogy-
gia, 68. – *Prosa, Romane:* Opfergang, 19; Die
Flügel der Nike, 25; The end is not yet, 47 (dt.
Der nie verlor, 48); Die Heilige, 52 (engl. 50);
Fürchtet nichts, 53; Der Sohn des Generals,
57; Friede in USA?, 67; Im Haus der Prinzen,
67; Kaserne und Sphinx, 68. – *Essays, Reden:*
Stirb und Werde!, 22; Vaterland und Freiheit,
23; Reden, 24; Politeia, 33; Europa erwache!,
36; Aus Goethes Freundeskreis, 41; Rede an
die Deutschen, 48; Seid wachsam, 48. – *Sam-
mel- u. Werkausgaben:* Mächtig seid ihr nicht in
Waffen. Reden, 57; Dramen (Ausw.), 60; Wir
wollen Frieden. Reden und Aufrufe 60/61, 62;
Sämtliche Werke, 20 Bde, 70ff.

Urbanus → Luft, Friedrich

Ury, Else, *1.11.1877 Berlin,
†12.1.1943 (?) Tag der Deportation
nach Auschwitz.
U. war die Tochter eines Tabakfabrikanten. Sie begann ihre schriftstellerische
Arbeit mit Gedichten und journalisti-

schen Beiträgen für die «Vossische Zeitung». Zu Beginn des Jahrhunderts
wandte sie sich mit Märchen, Erzählungen und Mädchengeschichten der
Kinder- und Jugendliteratur zu. Sie verfaßte erfolgreich zahlreiche Kinder- und
Mädchenbücher, bis sie 1934 als Jüdin
Schreibverbot erhielt. Sie lehnte es ab, in
die Emigration zu gehen. 1943 wurde sie
nach Auschwitz deportiert und dort
wahrscheinlich am Ankunftstag ermordet. Noch im selben Monat wurde sie für
tot erklärt. – Erfolg hatte sie bereits mit
ihrem frühen Roman «Studierte Mädel»,
der 13 Auflagen erlebte. Erfolgreich aber
waren vor allem die zehn Bände um die
Arzttochter Annemarie, genannt «Nesthäkchen». Die das Leben der Heldin
vom Kleinkind bis zur Großmutter in
idyllischer Verklärung schildernden Bände erreichten bis heute eine Auflage von
über fünf Millionen. In ihren Arbeiten
vertritt U. ein traditionelles Mädchen-
und Frauenbild. Die *Nesthäkchen*-Bände
blieben bis heute beliebt und wurden
1984 für das Fernsehen verfilmt. In ihrem
letzten Buch *Jugend voraus* finden sich
(wohl vom Verlag angeregte) Sympa-
thien für die angebliche «nationale Erhebung» der Nationalsozialisten, vor allem
wohl in der Hoffnung, diese würden die
Arbeitslosigkeit beseitigen.

W.: Romane, Erzählungen, Prosa: Was das
Sonntagskind erlauscht, 1905; Studierte Mädel, 06; Goldblondchen, 08; Babys erstes Geschichtenbuch, 10; Baumeisters Rangen, 10;
14 Jahr und 7 Wochen, [5]11; Kommerzienrats
Olly, 13; Das graue Haus, 14; Huschelchen und
andere Schulmädchengeschichten, 18; Nesthäkchen und ihre Puppen, 18; Lieb Heimatland, [6]19; Dornröschen, [9]19; Das Ratstöchter-
lein von Rotenberg, 19; Lilli Lilliput, 20; Nesthäkchens Backfischzeit, 20; Nesthäkchen fliegt
aus dem Nest, 21; Nesthäkchen im Kinderheim, 22; Nesthäkchen und der Weltkrieg, 22;
Bubi und Mädi, 23; Nesthäkchen und die Küken, 23; Flüchtlingskinder, 24; Nesthäkchen
und ihre Enkel, 24; Nesthäkchens Jüngste, 24;
Nesthäkchen im weißen Haar, 25; Lillis Weg,
25; Die beiden Ilsen und andere Jungmädchen-
geschichten, 26; Professors Zwillinge in Italien, 27; Nesthäkchens erstes Schuljahr, 28;
Professors Zwillinge im Sternenhaus, 28; Professors Zwillinge in der Waldschule, 28; Professors Zwillinge. Von der Schulbank ins Leben,
30; Das Rosenhäuslein, 30; Wie einst im Mai,

30; Für meine Nesthäkchenkinder, 32; Kläuschen und Mäuschen, 33; Jugend voraus, 33. – *Sammel- und Werkausgaben:* Nesthäkchen. 9 Bde (der Band «N. und der Weltkrieg» wurde wegen nationalistischer Töne ausgelassen), 50 (bearb.); Professors Zwillinge in 3 Bden, 51–52 (bearb.); Nesthäkchen, 9 Bde, 84. – *Schallplatten, Tonkassetten:* Nesthäkchen und ihre Puppen, 75; Nesthäkchens erstes Schuljahr, 75.

Urzidil, Johannes, *3.3.1896 Prag, †2.11.1970 Rom.
Sohn eines Eisenbahnbeamten, studierte 1914–19 (mit kriegsbedingten Unterbrechungen) Germanistik, Slawistik und Kunstgeschichte in Prag. 1921–32 war er Presserat der Deutschen Botschaft in Prag. Er verkehrte in Prager Literaturkreisen, arbeitete für verschiedene Zeitschriften und war seit 1936 Herausgeber der Zeitschrift «Das Silberboot». 1939 emigrierte er nach England, 1941 in die USA; 1946 wurde er amerikanischer Staatsbürger. Zunächst arbeitete er dort als Kunsthandwerker, ab 1951 wieder als freier Schriftsteller. 1964 Gr. Österreichischer Staatspreis, 1966 Gryphius-Preis. – Nach einer Anfangsphase expressionistischer Lyrik entwickelte sich U. zu einem von Stifters Sprache beeinflußten Erzähler (*Der Trauermantel*, biographische Erzählung über den jungen Stifter); später wird auch Kafkas Einfluß deutlich. Thema seiner Erzählungen ist immer wieder Prag, daneben später auch Amerika (*Das große Halleluja*). Als essayistisches Hauptwerk gilt *Goethe in Böhmen*.

W.: *Lyrik:* Sturz der Verdammten, 1920; Die Stimme, 30; Die Memnonssäule, 57. – *Erzählende Prosa:* Der Trauermantel, 45 (amerik. Ausg.; dt. Ausg. 55); Die verlorene Geliebte, 56; Neujahrsrummel, 57; Denkwürdigkeiten von Gibacht, 58; Das große Halleluja, 59; Das Prager Triptychon, 60; Magische Texte, 61; Das Elefantenblatt, 62; Entführung, 64; Der erbeutete Frauen, 66; Bist du es, Ronald?, 68; Die letzte Tombola, 71; Morgen fahr' ich heim, 71. – *Essays:* Goethe in Böhmen, 32 (erw. 62); Zeitgenössische Maler der Tschechen, 36; Wenceslaus Hollar, 36; Über das Handwerk, 54; Das Glück der Gegenwart. Goethes Amerikabild, 58; Geschenke des Lebens, 62; Amerika und die Antike, 64; Literatur als schöpferische Verantwortung, 65; Da geht Kafka, 65, erw. 66; Prag – Glanz und Mystik einer Stadt (mit A. Jaenicke), 66. – *Auto-*

biographisches: Väterliches aus Prag und Handwerkliches aus New York, 69; Bekenntnisse eines Pedanten, 72. – *Herausgebertätigkeit:* K. Brand, Das Vermächtnis eines Jünglings, 21.

Usinger, Fritz, *5.3.1895 Friedberg (Hessen). †9.12.1982 ebd.
U. schloß ein Studium der Germanistik, Romanistik und Philosophie in München, Heidelberg und Gießen mit dem Staatsexamen ab (Promotion zum Dr. phil. 1921). Dann lebte er als Studienrat in Mainz, Bingen, Offenbach a. M. und Bad Nauheim; er bereiste Belgien, Frankreich, Italien und die Schweiz. Nach der von ihm erbetenen Versetzung in den Ruhestand lebte er wieder in Friedberg, dessen Ehrenbürger er war. – Ein ‹unpersönlicher› Gott, Schöpfer der irdischen und kosmischen (Gedanken-) Welt, steht dem Menschen gegenüber. Die Wechselbeziehungen zwischen beiden, die Auseinandersetzung mit christlichen, mythischen und kosmischen Problemen sind Grundthemen in U.s Werk, besonders in der sich formal auf Rilke und George beziehenden Lyrik (*Der ewige Kampf*). In seiner Essayistik greift er literaturtheoretische und -geschichtliche Fragestellungen (*Das Wirkliche*) ebenso auf wie philosophische (*Das unwahrscheinliche Glück*), kulturhistorische und -kritische Themen (*Der Sinn und das Sinnlose*). U. übersetzte aus dem Französischen. – 1946 erhielt U. den Georg-Büchner-Preis des Landes Hessen, 1960 das Große Verdienstkreuz der Bundesrepublik Deutschland und die Goethe-Plakette, 1980 die Humboldt-Plakette.

W.: *Prosa, Aphorismen:* Erfüllung und Grenze, 1940; Du bist ein Mensch, 41; Dank an die Mutter, 52; Das grüne Sofa, 56; Über den Abschied, 57; Gedanken, 60; Der Sinn und das Sinnlose, 70; Merkbücher, 75; Kleine Meditationen, 75; Das Buchstabenbuch, 77; Metamorphosen, 79; Miniaturen, 80; Das Sichtbare und das Unsichtbare, 80. – *Lyrik:* Der ewige Kampf, 18; Große Elegie, 20 (erw. 76); Irdisches Gedicht, 27 (erw. u. d. T. Die geflügelte Sandale, 77); Sonette, 27; Das Wort, 31; Die Stimmen, 34; Die Geheimnisse, 37; Gedichte, 40; Hermes, 42; Das Glück, 47; Hesperische Hymnen, 48; Gesang gegen den Tod, 52; Niemandsgesang, 57; Der Stern Vergeblichkeit,

62; Pentagramm, 65; Canopus, 68; Der Planet, 72; Galaxis, 75; Himmlische Heimkehr, 76; Gesänge jenseits des Glücks, 77; Grund und Abgrund, 79; Atlas, 79; Alphabet – Gedichte, 80. – *Essays, Reden:* Die Französischen Bezeichnungen des Modehelden im 18. und 19. Jahrhundert, 21; Geist und Gestalt, 39 (erw. 41); Medusa, 40; Das Wirkliche, 47; Zur Metaphysik des Clowns, 52; Kleine Biographie des Jazz, 53; Friedrich Schiller und die Idee des Schönen, 55; Welt ohne Klassik, 60; Ernst Wilhelm Nay, 61; Die Lahn, 64; Der Spessart, 65; Die dichterische Welt Hans Arps, 65; Gesichter und Gesichte, 65; Notizbuch, 66; Tellurium, 66; Gottfried Benn und die Medizin, 67; Literatur und Wissenschaft, 68; Das unwahrscheinliche Glück, 69; Dichtung als Information, 70; Die Verwandlungen, 71; Haus aus Kubus und Kugel, 71; Wissenschaft und Dichtung, 74; Endlose Wirklichkeit, 77; Rose und Lotos, 78; Rückblick und Vorblick, 79; Stefan George, 88. – *Übersetzungen:* Mallarmé, Cassou, Lebel, Courthion, Apollinaire, Nay. Übers. a. d. Englischen in: Opal und Pfauenfeder, 75. – *Sammel- und Werkausgaben:* Werke, 6 Bde, 84–88. – *Herausgebertätigkeit:* Kunterbunter Frühling, 38; O schöner grüner Wald, 40; Reife, Frucht und buntes Blatt, 42; In Memoriam Carlo Mierendorff 1897–1943, 47; Requiem für eine Mutter, 52; Henry Benrath, 53; Pierre Corneille, 54; Hessische Beiträge zur deutschen Literatur, 54–60; Ernst Wilhelm Nay, 56; Hans Schiebelhuth, 57; Deutsche Akademie für Sprache und Dichtung, Jahrbuch 7, 59; Friedrich Hölderlin, 62; Carlo Mierendorff, 65; 12 zeitgenössische Gedichte, 65; Hans Schiebelhuth, 65 u. 67; Literatur und Wissenschaft, o. J. (mit K. A. Horst); Briefe und Karten von Friedrich Gundolf 1906–1931, 72; Meerstern, 78.

V

Valentin, Karl (eig. Valentin Ludwig Fey), *4.6.1882 München, †9.2.1948 Planegg bei München.
Sohn eines Möbelspediteurs, arbeitet als Möbel- und Sargschreiner. Verbraucht sein Geld für ein selbstgebasteltes Orchestrion, mit dem er erfolglos Gastspielreisen auch außerhalb Bayerns unternimmt. Auftritte als Volkssänger in Kneipen, Unterhaltungslokalen. 1907 Durchbruch mit einem komischen Stegreifsolo.

Wechselnde Engagements in verschiedenen Münchener Theatern und Kabaretts. Ab 1911 arbeitet V. kontinuierlich mit Lisl Karlstadt (eig. Elisabeth Wellano) zusammen, die seine adäquate Partnerin in Produktion und Reproduktion seiner Stücke wird. Erfolgreiche Gastspiele in Berlin, Zürich, Wien. Während des Nationalsozialismus nach Verboten Rückzug in seinen alten Beruf als Schreiner. Nach 1945 wieder Auftritte, jedoch ohne die frühere Resonanz.
V.s Werk (Sketche, Stücke, Szenen, Dialoge, Monologe, Musiknummern) ist nur sekundär schriftlich-literarisch. Seine mehr als 400 überlieferten Texte sind eher Auftrittspartituren, in ihrer kurzen Form und dialektalen Sprache an Aufführungsort (Kneipen, Kabaretts) und Publikumserwartungen gebunden. Mit wachsendem Erfolg bedient sich V. auch anderer Medien: zahlreiche Stumm- und Tonfilme, Schallplattenaufnahmen. V.s Stücke operieren zwar auch mit tradierten humoristischen Themen, etwa Tücke des Objekts, Ehekrieg, Generationskonflikt, Herr-Knecht-Verhältnisse, körperliche Gebrechen. Ihr Hauptverdienst ist allerdings die drastisch-komisch durchgeführte Psychopathologie des kleinbürgerlichen Alltagslebens. V.s typische Figuren treiben ihre Dialoge bis in die Kommunikationsstörung, die rechthaberische Rabulistik und Kasuistik der Szenen V.s deckt soziale und sprachliche Konventionen auf und treibt über sich hinaus bis ins Absurde. Die Konzentration auf das Sprachspiel und das Buchstäblichnehmen der Sprache verbinden sich mit der volkstümlichen Realistik V.s zu einem metasprachlichen Humor.

W.: Szenen, Dialoge, Monologe, Prosa: Originalvorträge, 1918–20; Blödsinn-Vorträge, 2 Hefte, 20; Originalvorträge, 26; Väterlicher Stammbaum der Familie Fey, 27; Valentin-Zeitung, Jg. 1, H. 1 (mehr nicht ersch.), 35; Brillantfeuerwerk, 38; Valentinaden, 41; Originalvorträge, um 41; Der Knabe Karl. Jugendstreiche, 51; Taucherlied. Moritat, um 53. – *Sammel- und Werkausgaben:* Das K. V. Buch, 32; K. V.s Lachkabinett, 50; K. V.s Panoptikum, 52; Gesammelte Werke, 61; Was war wahr? Was wahr war, 61; Die Raubritter vor München, 63; Monologe, 66; Ja, so warn's, die alten Rittersleut, 67; Anekdoten, 67; Die Jugendstreiche des Knaben Karl, 68; Sturzflüge im Zuschauerraum. Der Gesammelten Werke anderer Teil, 69 (Auswahl daraus, 69); Der Feuerwehr-Trompeter, 72; Das große K. V. Buch, 73; Brillantfeuerwerk, 74; K. V.s Lachmusäum, 75; Der reparierte Scheinwerfer, 75; Das Bilderbuch von K. V., 75; Monologe, Dialoge, Couplets, Szenen, 73; Tingeltangel. Das Oktoberfest, 77; Weitere Anekdoten, 77; Geschriebenes von und an K. V., 78; Alles von K. V., 78; K. V.s Filme, 78; Buchbinder Wanninger, 78; Die alten Rittersleut, 81; Gesammelte Werke, 4 Bde, 81; Hochachtungsvollst, Karl Valentin, Komiker, gewesenes Kind, 82; Die Friedenspfeife, 83; K. V. für Kinder, 84; Gesammelte Werke in einem Band, 85; Der reparierte Firmling, 86; Mein komisches Wörterbuch, 86; Riesenblödsinn, [2]87; Mögen hätt ich schon wollen, aber dürfen hab ich mich nicht getraut, o. J.; Kurzer Rede langer Sinn. Texte von und über K. V., o. J.; Das Valentin-Buch. Von und über K. V., o. J.; Ich hätt geküßt die Spur von Deinem Tritt. Musikclownerien, 88; Klagelied einer Wirtshaussemmel, 89. – *Filme:* K. V.s Hochzeit, 12 o. 13; Die lustigen Vagabunden, 12 o. 13; Der Kuß (Fragment), um 13; K. V. privat und im Atelier, 13ff; Der neue Schreibtisch, 14 o. 15; Mysterien eines Frisiersalons, 22 o. 23; K. V. und Liesl Karlstadt auf der Oktoberfestwiese, 23; Mit dem Fremdenwagen durch München, 29; Der Feuerwehrtrompeter, 29 o. 30; K. V. als Musical-Clown, 29 o. 30; K. V. und Liesl Karlstadt, um 29; Der Sonderling, 29; Orchesterprobe, 33; Es knallt, 34; Der Theaterbesuch, 34; Im Schallplattenladen, 34; Der verhexte Scheinwerfer, 34; So ein Theater, 34; Der Firmling, 34; Der Zithervirtuose, 35; Beim Rechtsanwalt, 36; Musik zu zweien, 36; Ein verhängnisvolles Geigensolo, 36; Die Erbschaft, 36; Der Antennendraht, 37; Selbst Valentin macht mit, 37 o. 38. – *Schallplatten, Kassetten:* Geschichten aus der Nachkriegszeit, 86 (Kass.); Karl Valentin, ca. 89.

Valentin, Thomas, * 13. 1. 1922 Weilburg/ Lahn, † 22. 12. 1980 Lippstadt.
V. studierte Literaturwissenschaft, Geschichte, Philosophie und Psychologie in Gießen und München; 1947–62 war er Lehrer und Dozent in Lippstadt, 1964–66 Chefdramaturg in Bremen; 1961–66 lebte er im Sommer im Piemont; 1968–69 war er Stipendiat der «Cité Internationale des Arts» in Paris. Er arbeitete zuletzt als freier Schriftsteller in Westfalen und auf Sizilien (Cefalù). – V. schrieb eine realistische, zeitkritische, stark psychologisierende und auf Effekte abzielende Prosa. Nach ersten Erzäh-

lungen und Gedichten, die in Zeitungen und Zeitschriften veröffentlicht wurden, verfaßte er seinen ersten Roman *Hölle für Kinder*, in dem er die Erfahrungen eines Kleinbürgers erzählt, der sich von den Komplexen seiner asozialen Kindheit nicht freimachen kann und zum Mörder wird. Wie in *Die Fahndung* ist auch in *Natura morta* das eigentliche Thema die Ermittlung einer Vita, in der Individuelles und von der Zeitgeschichte provoziertes Schicksal miteinander verwoben sind. V.s erfolgreichster Roman *Die Unberatenen* behandelt auf provozierende Weise die Verständigungsschwierigkeiten zwischen heutigen Schülern und ihren oft gestrigen Erziehern. In den unter dem Titel *Der Fisch im roten Halstuch* gesammelten Prosastücken kommt V., der, Zeitkritik übend, kleine Wirklichkeitsausschnitte intensiv und lebensvoll schildert, zu unmittelbar poetischer Wirkung. V. hat außerdem Bühnenstücke, Drehbücher und Fernsehspiele (z. B. *Anna und Totò*) geschrieben.

W.: Romane, Erzählungen, Kinderbücher: Hölle für Kinder, 1961; Die Fahndung, 62; Die Unberatenen, 63 (rev. 78); Nachtzüge, 64; Natura morta, 67; Rotlicht, 67; Kater im Theater, 68; Der Fisch im roten Halstuch, 69; Ginster im Regen, 71; Herr Appelhans und Monsieur Firlefanz, 71; Schorschi ist Schorschi, 73; Fahndung oder Die Reise nach sich selbst, 79; Stilleben mit Schlangen, 79; Grabbes letzter Sommer, 80; Erzählungen, Bd 1: Frühnachrichten, 80; Bd 2: Käfige der Freiheit, 80; Schnee vom Ätna, 81. – *Lyrik:* Niemandslicht. Gedichte 1953–1980, 80. – *Dramen, Komödien, Fernseh- und Hörspiele:* Die Unberatenen, 66; Der Hausfreund, 69; Ich bin ein Elefant, Madame, 69; Die Jugend einer Studienrätin, 72; Anna und Totò, 72 (Buchausg. 74); Die grüne Wolke, 72; Familienbande, 74; Selbstbildnis Beatrice S., 74; Tod eines Mannequin, 74; Filmriß, 75; Adlerhöhe, 77; Eine Jugendliebe, 77; Schulzeit, 77; Lieben, 77; Jugend, Liebe und die Wacht am Rhein. Der junge Graf Kessler, 77; Stark wie der Tod, 77; Niemandsland (Hsp.), 80; Grabbes letzter Sommer (Fsp.), 80. – *Sammel- und Werkausgaben:* Jugend einer Studienrätin, 74; Liebes-Geschichte. Die Fernseh-Trilogie, 80.

Vallerin, Petrea → Le Fort, Gertrud von

Vallesi, Ima → Wehner, Josef Magnus

Vampir, Hanns Heinz → Reimann, Hans

Vegesack, Siegfried von, *20. 3. 1888 Gut Blumenbergshof (Livland), †26. 1. 1974 Burg Weißenstein (Bayer. Wald).
Nach dem Schulbesuch in Riga studierte V. in Dorpat, Heidelberg, Berlin und München Geschichte und Kunstgeschichte. Den 1. Weltkrieg verbrachte er als Journalist in Schweden und Berlin und ließ sich 1918 auf Burg Weißenstein im Bayerischen Wald nieder, wo er als Schriftsteller und Landwirt arbeitete. 1933 mußte V. Deutschland verlassen und emigrierte nach Schweden, von 1936 an lebte er in Südamerika; 1938 kehrte er nach Deutschland zurück; 1941 wurde er als Dolmetscher in Rußland eingesetzt. Seine Erlebnisse aus dieser Zeit, der menschenverachtende Umgang des Militärs mit der russischen Bevölkerung, schilderte er in dem Bericht *Als Dolmetscher im Osten*. 1944 zog er sich nach Weißenstein zurück, wo er bis zu seinem Tode als Schriftsteller lebte. Seine gelegentlichen Reisen, z. B. 1959/60 nach Südamerika, beschreibt er in Erzählungen und Geschichten (*Südamerikanisches Mosaik*).
Heitere Feuilletons, Dramen, Tiergeschichten und Hörspiele gehören zu V.s Werk ebenso wie seine Übersetzungen aus dem Russischen: Gogol', Turgenev, Leskov u. a. Im Mittelpunkt seiner Veröffentlichungen stehen neben der Lyrik vor allem Romane und Erzählungen, die die Geschichte Baltendeutschlands und seiner Bewohner behandeln. Die Roman-Trilogie *Die baltische Tragödie* erzählt den Kampf und schließlichen Untergang einer baltischen Adelsfamilie. – 1961 wurde V. mit dem Literaturpreis der Stiftung zur Förderung des Schrifttums ausgezeichnet, 1963 erhielt er den Ostdeutschen Literaturpreis der Künstlergilde Esslingen und 1973 die Ehrengabe der Stiftung zur Förderung des Schrifttums.

W.: Romane, Erzählungen, Geschichten: Liebe am laufenden Band, 1929; Film mit Hindernissen, 31; Das fressende Haus, 32; Die baltische Tragödie (Trilogie), 36: Bd I Blumenbergshof, 33 (u. d. T. Versunkene Welt, 49), Bd II Herren ohne Heer, 34, Bd III Totentanz in Livland, 35; Meerfeuer, 36; Der Spitzpudeldachs, 36; Auf-

ruhr in der Quebrada, 40; Eine dunkle Geschichte, 40; Das Dorf am Pfahl, 41; Die gestohlene Seele, 45; Der Pfarrer im Urwald, 47; Das Weltgericht vor Pisa, 47 (als Hörspiel 50); Sapoi, 47; Zwischen Staub und Sternen, 47; Herr Bo fährt um die Welt, 48; Der Pastoratshase, 57; Der letzte Akt, 57; Tanja, 59 (als Hörspiel 54); Kleines Handgepäck, 56; Jaschka und Janne, 65; Der Waldprophet, 67; Die Überfahrt, 67; Die Welt war voller Tanten, 70; Siegfried v. Vegesack liest, 74 (Schallpl.). – *Dramen, Hörspiele:* Menschenfresser, 25; Der blinde König, 25; Tote Stadt, 25; Der Mensch im Käfig, 26; Glocke und Traktor, 31; Der Mensch im Schilderhaus, 53; Die Erde spaltet sich, 55. – *Gedichte, Versbücher:* Die kleine Welt vom Turm gesehn, 25; Das Kritzelbuch, 39; Der Lebensstrom, 43; Kleine Hausapotheke, 44; Das ewige Gericht, 46; Das Unverlierbare, 47; Schnüllermann sieht das Leben heiter an, 53; In dem Lande der Pygmäen, 53; Geliebte Erde, 56; Kleiner Hauskalender für jedes Jahr, 66; Schnüllermann, 69. – *Berichte, Schriften:* Unter fremden Sternen, 38; Soldaten hinterm Pflug, 44; Mein Junge, 48; Vorfahren und Nachkommen, 60; Südamerikanisches Mosaik, 62; Mein Bekenntnis, 63; Regen am Regen, 64; Als Dolmetscher im Osten, 65; Die roten Atlasschuhe, 73; Briefe 1914–1971, 88. – *Übersetzungen:* Gogol', Turgenev, Leskov, Isjagin, Nabokov-Sirin, Narokov. – *Sammel- und Werkausgaben:* Krug und Quelle, 63; Die Männer im Feuerofen. Der Entehrte, 81; Der Waldprophet. Das Dorf am Pfahl. Flucht in die Wälder, 82; Jaschka und Janne und andere baltische Erzählungen, 89.

Vesper, Bernward, *1. 8. 1938 Gifhorn, †15. 5. 1971 Hamburg (Freitod).
Sohn des NS-Schriftstellers Will Vesper. In den 60er Jahren Hintergrundfigur der neuen Linken. Lebte mit Gudrun Ensslin zusammen, die ihn im Gefolge Andreas Baaders verließ. V. beging 1971 Selbstmord in der Psychiatrischen Universitätsklinik Hamburg-Eppendorf. V.s Lebensweg (er war 1971 33 Jahre alt) vom konservativen Elternhaus über die ultralinke Polit-Drogenszene ins Irrenhaus wird in seinem autobiographischen Fragment beschrieben, welches 1977 unter dem Titel *Die Reise* veröffentlicht wurde.

W.: Autobiographisches Fragment: Die Reise, 77 (erw. 79). – *Übersetzungen:* Diego, G.: Versos, 64. – *Herausgebertätigkeit:* Voltaire Flugschriften; Gegen den Tod. Stimmen deutscher Schriftsteller gegen die Atombombe (mit G. Ensslin), 64.

Vesper, Guntram, *28.5.1941 Frohburg (Sachsen).

V., Sohn eines Arztes, wuchs in Sachsen auf; 1957 kam er nach Westdeutschland und arbeitete bis 1959 in der Industrie, der Landwirtschaft und am Bau, 1963 legte er das Abitur in Friedberg/Hessen ab, studierte Germanistik und Philosophie in Gießen, anschließend Medizin in Göttingen. 1964 veröffentlichte er mit Wolf Peter Schnetz seinen ersten lyrischen Band, *Je elementarer der Tod desto höher die Geschwindigkeit*. Er lebt als freier Schriftsteller. Er ist Mitglied der Deutschen Akademie für Sprache und Dichtung im PEN-Zentrum, war 1978/79 Stipendiat der Villa Massimo, erhielt den Förderpreis zum Berliner Kunstpreis 1984 und den P.-Huchel-Preis, 1985 den Niedersachsen-Preis. Im Wintersemester 1986/87 Gastdozent der Universität Essen. – Das Grundthema in V.s Gedichten ist die politische Existenz des heutigen Menschen – obzwar auch Landschaft und Natur in seiner Poesie gegenwärtig sind. Im Osten groß geworden und im Westen angesiedelt, beobachtet und kritisiert V. um so schärfer und kühler die Gesellschaft um sich. Seine lakonische Sprache ist reich an Bildern und Metaphern. V.s Gedichte in *Illusion des Unglücks* behalten den schon aus anderen Arbeiten bekannten leise melancholischen Ton, dessen selbstquälerische Resignation eher noch verstärkt ist. Angst beherrscht diese Gedichte, die Qual der Suche nach Identität hat etwas Zerstörendes.

Vor allem aber verfaßte V. ab 1969 zahlreiche Hör- und Fernsehspiele, in denen er oft auf kriminalistische und journalistische Gegebenheiten aus der Vergangenheit zurückgreift; auf Zeitungsartikel und Bücherstellen in *Kriegerdenkmal ganz hinten* oder auf Kriminalfälle des 19. Jhs. in *Verdacht. Stimmen aus einer Landschaft*. Ähnlich inspirierte ihn ein wahres Geschehen zu *Der Tod der Gräfin*, einem Werk über «die Suche nach historischer und persönlicher Identität» in unserer Zeit.

W.: Romane, Erzählungen: Kriegerdenkmal ganz hinten, 1970, erw. 82; Reise in eine verhangene Landschaft voller Katastrophen, 77; Nördlich der Liebe und südlich des Hasses, 79; Laterna magica, 85; Dunkelkammer, 88. – *Hör- und Fernsehspiele, Features:* Portrait einer Kongruenz, 68; Gedenkreden und Stichworte als Aufklärung über ein abgelegenes Dorf, 69; Ostrand, Bilder einer Distanz, 70; Verhörspiel Guter Mensch, 70; Du kannst nicht alles haben, 71; Das vollkommene und das unvollkommene Bild der Höfe, 72; Ermittlungen, 72; Das Hörspiel von Arbeit, Tod und Unternehmerrisiko, 72; Verdacht. Stimmen aus einer Landschaft, 74; Heimat-Träume, 76; Der Tod der Gräfin oder Geheimnisse eines aristokratischen Haushalts, 77. – *Lyrik:* Je elementarer der Tod desto höher die Geschwindigkeit (mit W. P. Schnetz), 64; Fahrplan, 64; Gedichte, 65; Die Illusion des Unglücks, 80; Nordwestpassage. Ein Poem, 81 (erw. 85); Die Inseln im Landmeer, 82 (erw. 84); Frohburg, 85; Poetische Perlen. Ein Fünf-Tage-Ketten-Gedicht (mit H. Kawasaki, K. Kiwus, M. Ooka), 86. – *Essays:* Zwei Texte. Eine Rede (mit E. Rotter), 87. – *Sammel- und Werkausgaben:* Landeinwärts, 84; Leuchtfeuer auf dem Festland, 89.

Vesper, Will, *11.10.1882 Wuppertal-Barmen, †14.3.1962 Gut Triangel, Krs. Gifhorn.

Erzähler, Lyriker, Essayist. Germanistik- und Geschichtsstudium in München, dort Verlagsberater. 1913–14 Florenz, 1915–18 Soldat bei der Landwehr und wissenschaftlicher Hilfsarbeiter im Großen Generalstab. 1918–20 Feuilletonchef der «Deutschen Allgemeinen Zeitung», danach freier Schriftsteller. Seit 1923 Hg. der Monatsschrift «Die Schöne Literatur» (1931–43 u. d. T. «Die Neue Literatur»). Wurde 1933 in die Preußische Dichterakademie gewählt. Zusammen mit H. Johst führte er im Dritten Reich den Vorsitz der «Reichsschrifttumskammer». Seit 1936 Landwirt in Triangel/Hannover. – Die Werke des bergischen Dichters V. galten zu ihrer Zeit als schlicht, volkstümlich, unmittelbar, sowohl seine im Zeichen des Bleibenden stehende Lyrik als seine im preußischen Protestantentum wurzelnden Romane (meist Bauernromane wie *Das harte Geschlecht*) und Erzählungen, die das Leben auf der Scholle als Kulturidee priesen; dadurch Nähe zum Nationalsozialismus. Als historisierender Schriftsteller mit Neigung zur Mythisierung des Volkhaften war er Nacherzähler deutschen Märchen- und Sagenguts und

Nachdichter mittelalterlicher Epen. Auch Jugendbücher und Herausgabe von Anthologien.

W.: Romane, Novellen, histor. Erzählungen, Märchen: Der Segen, 1905; Tristan und Isolde (Nacherz.), 11; Parzifal (Nacherz.), 11; Martin Luthers Jugendjahre, 18; Der Balte, 19; Annemarie, 20; Traumgewalten, 20; Gute Geister, 21; Die Nibelungen-Sage (Nacherz.), 21; D. Defoe: Leben und Abenteuer des Robinson Crusoe (Bearb.), 22; Die Gudrun-Sage (Nacherz.), 22; Fröhliche Märchen. Neuerzählt, 22; Porzellan, 22; Die Wanderung des Herrn Ulrich von Hutten, 22; Die ewige Wiederkehr, 22; Der arme Konrad, 24; Der Pfeifer von Niclashausen, 24; Der Bundschuh zu Lehen, 25; J. Swift: Lemuel Gullivers vier Reisen (Nacherz.), 27; Der Heilige und der Papst, 28; Die Historie von Reinecke dem Fuchs (Nacherz.), 28; Das Mutterbüchlein, 28; Tiermärchen aus aller Welt (Nacherz.), 28; Das harte Geschlecht, 31; Sam in Schnabelweide, 31; Drei Erzählungen, 33; Ein Tag aus dem Leben Goethes, 33; Der entfesselte Säugling, 35; Geschichten von Liebe, Traum und Tod, 37; Kämpfer Gottes, 38; Im Flug nach Spanien, 43; Der unzufriedene Igel, 43; Seltsame Flöte, 58; Zauber der Heide, 60; Letzte Ernte, 62. – *Dramen, Chorwerke, Schwänke:* Spiele der Liebe, 13; Die Liebesmesse, 19; Wer? Wen?, 27; Eine deutsche Feier, 36. – *Lyrik:* Die Liebesmesse u. a. Gedichte, 13; Vom großen Krieg 1914, 15; Vom großen Krieg 1914/15, 15; Der blühende Baum, 16; Briefe zweier Liebenden, 16; Schön ist der Sommer, 18; Das Buch vom lieben Weihnachtsmann, 20; Mutter und Kind, 20 (veränd. Neuausg. 33); Des Wiesenmännchens Brautfahrt, 20; Inschriften und Gedichte, 28; Kranz des Lebens. Gesamtausgabe meiner Gedichte, 34; Rufe in die Zeit. Sprüche und Gedichte, 37; Bild des Führers, 42; Dennoch!, 44; Kleiner Kranz des Lebens. Auswahl, 60. – *Essays, Nachworte, Bearbeitungen:* F. Hölderlin: Hyperion (Nachw.), 21; Lob der Armut (m. P. Fechter), 21; Die Jugendbibel (Bearb.), 27; Das Recht der Lebenden, 27; In den Bergen, auf dem Wasser (Einf.), 28; Die Weltenuhr, 32. – *Herausgebertätigkeit:* Die Ernte aus 8 Jh. deutscher Lyrik, 06/10 (u. d. T. Die Ernte der deutschen Lyrik, 32); Aus tausend Jahren (Balladen-Anthol.), 12; E. Mörike, Briefe, 12; Fröhliche Abenteurer, 13; Der junge Goethe in seinen Briefen, 13; Goethes Sprüche in Versen und Prosa, 13; Hölderlins Leben, 13; K. Immermann: Münchhausen, 13; Goethes Briefwechsel mit Zelter, 14; Der deutsche Psalter, 14; Der deutschen Seele Trost, 15; M. de Cervantes: Leben und Taten des scharfsinnigen Ritters Don Quixote, 21; H. J. Chr. v. Grimmelshausen: Simplicius Simplicissimus,

21; F. Hölderlin: Gedichte, 21; Die Jahresernte. Auswahl jüngster deutscher Dichtung, 23–31 (Beil. der Monatsschrift «Die Schöne Literatur»); Ein kurzweilig Lesen von Dyl Ulenspiegel, 23; R. E. Raspe: Des Freiherrn von Münchhausen wunderbare Reisen, 23; W. v. Humboldt: Briefe an eine Freundin, 24; A. Stifter: Die schönsten Geschichten für die Jugend, 25; F. Hölderlin: Werke, 28; Deutsche Jugend. Dreißig Jahre Geschichte einer Bewegung, 34; Die Ernte der Gegenwart. Deutsche Lyrik von heute, 40; Heitere Balladen, 43; H. J. Ch. v. Grimmelshausen: Der seltsame Springinsfeld, 44; J. Gotthelf: Heitere Liebesgeschichten, 46; Unvergängliches Gedicht, 47; J. Gotthelf: Geld und Geist, 47; F. Rückert: Ein Reich des Friedens, 48; Buch der Balladen, 49; J. Gotthelf: Elsi, die seltsame Magd, 49.

Victor, Walther (Pseud. C. Redo, Werner Voigt), * 21. 4. 1895 Bad Oeynhausen / Westfalen, † 19. 8. 1971 Bad Berka.
Nach dem Besuch des Gymnasiums in Posen studierte V. Germanistik in Freiburg. Von 1914–18 war er Soldat und setzte anschließend 1919 sein Studium in Halle / Saale fort. Politisch entwickelte er eine rege Tätigkeit. Er trat in die SPD ein, gründete die Sozialistische Studentengruppe Halle, deren Vorsitz er auch führte und nahm teil am 1. Sozialistischen Studententag in Jena. 1919–23 redigierte er die sozialdemokratische Zeitung «Hamburger Echo», 1923–31 das «Sächsische Volksblatt» Zwickau, 1932–33 das Berliner «8 Uhr Abendblatt», und 1919–33 betätigte er sich als Mitarbeiter der «Weltbühne». Freundschaftliche Beziehungen verbanden ihn mit Toller, Bredel, Ossietzky und Jacobsohn. Seine illegale antifaschistische Tätigkeit in Berlin und auf Reichenau 1933–35 zwang ihn zur Flucht in die Schweiz. Dort arbeitete er als Redakteur der internationalen Zeitschrift «Die Naturfreunde» und gab den Nachlaß Felix Fechenbachs heraus. Außerdem veröffentlichte er die antifaschistische Schrift *Zwei Deutsche*. 1938 wurde er seiner politischen Tätigkeit wegen aus der Schweiz ausgewiesen. V. emigrierte über Luxemburg und Frankreich in die USA, wo er von 1940–46 in verschiedenen Berufen, zuletzt als Journalist tätig war. 1946 nahm er in der Schrift *Handbill on Free Press* gegen die Kriegs- und Antisowjethetze

Stellung. 1947 kehrte er nach Deutschland zurück, bekam den Posten eines Ministerialrats bei der Sächsischen Landesregierung und lebte danach als freischaffender Schriftsteller. Er beteiligte sich u. a. als Gründungs- und Vorstandsmitglied des DSV und im Verband der deutschen Journalisten am Aufbau einer sozialistischen Kultur.

Neben einer breiten publizistischen Tätigkeit in der Weimarer Republik und im Exil verfaßte V. u. a. zahlreiche biographische Arbeiten, die nach 1945 eher den Charakter wissenschaftlicher Studien annahmen. Bereits 1924 begann er damit, breitesten Volksschichten deutsches Bildungsgut in literarischen und populärwissenschaftlichen Büchern nahezubringen. Diese gab er ab 1949 in der Reihe *Lesebücher für unsere Zeit* heraus, was ihm die Bezeichnung «Brückenbauer der Bildung» eintrug. Zahlreiche Auszeichnungen.

W.: Lyrik: Neuer Frühling, 1921; Geliebtes Manuskript, 30; Von gestern – für morgen, 48; Nun, da ich dich in meinen Händen halte, 59; Weimarer Erinnerungen, 63; Gruß aus Bad Berka, 66. – *Romane, Erzählungen:* Einer von Vielen, 29; Puzzi – Die Geschichte eines Wunderknaben, 36; Das «Locarno» des Grafen Pipps. – *Autobiographisches:* Kehre wieder über die Berge, 45 (erw. 82); Es bleibt mit nur die Nacht... Aus meinem Tagebuch 1955–59, 60; Mit Herzblut und Flederwisch, 65. – *Skizzen, Essays, Biographisches:* Abseits vom Tempo, 25; Atemzüge der Besinnung, 28; Mathilde. Ein Leben um Heinrich Heine, 31; General und die Frauen, 32; Frau Professor Sokrates läßt reden!, 35; Die letzten sechs Nächte des Heinrich Heine, 36; Der Herr der Päpste und Adolf Hitler, 36; Zwei Deutsche: Goethe und Hitler, 36; Marchesa Spinola, 36; Zwei klassische Damen, 36; Meister, Werke, Meisterwerke, 37; Das große Abenteuer, 37; Auf Bebels Grab, 38 (u. d. T.: Ein Kranz auf Bebels Grab, 48); Albert Einstein, 39; Handbill on Free Press, 46; Es ward Frühling 1848, 48; Zwei klassische Damen. Interviews mit Xanthippe und Messalina, 48; Köpfe und Herzen, 49; Über die Presse, 49; Standbild der Freiheit. Ein Gedenkblatt für Emma Lazarus, 49; Ein Paket aus Amerika, 50; Einige Bemerkungen über meine Lesebücher, 51; Dir allein verleih ich die Stimme..., 52; Marx und Heine, 51; Karl Marx, 53 (4. Aufl. u. d. T.: Der Mann, der die Welt veränderte, 59); Dasein und Wirken: Goethe 1809, 55; Goethe in Berlin, 55; Von der

Dankbarkeit, 55; Von den Träumen der Jugend, 57; Schiller, 59; Der Mann, der die Welt veränderte, 59; Carl Friedrich Zelter und seine Freundschaft mit Goethe, 60; Goethe, 60; Der beste Freund, 61; Der Tag und die Ewigkeit, 63; Das Edelhof-Memorial, 64; Zwischen zwei Welten. Goethe und Shakespeare, 64; Goethes Geist. Ein Mann aus Bad Berka, 64; Bemerkung über erlebte Literaturgeschichte am 21. April 1965, 65; Goethe – gestern und morgen, 65 (veränd. 70); Morgenlicht der Erkenntnis, 65; ... ein Dank mit Goethe, 65; Bücher und Bilder – Leben nicht Feuertod. Gedanken bei der Erinnerung an den 10. Mai 1933, 68; ... wie groß ist Dein Tierreich!, 72; Die geöffnete Tür. Goethe-Anekdoten gesammelt und nacherzählt, 82. – *Szenen:* Die Geburt des Manifests, 58. – *Herausgebertätigkeit:* Das Felix-Fechenbach-Buch, 36; F. Fechenbach: Mein Herz schlägt weiter, 36; Goethe. Ein Lesebuch für das Jahr 1949, 49; 200 Jahre Goethe, 49; Lesebücher für unsere Zeit, 49ff (in dieser Reihe ersch. 31 Bde von anderen Bearbeitern; von V. selbst: Heine, 50; Lessing, 51; Tucholsky, 52; Kleist, 53; Shakespeare, 53; Bredel, 66); W. Domeradzki: Gedichte harter Hände, 51; K. Tucholsky: Ausgewählte Lyrik und Prosa, 52; H. Heine: Romanzero, 54; H. Heine: Briefe aus Berlin, 54; J. W. v. Goethe: In meinem Beruf als Schriftsteller, 54; Von den Träumen der Jugend, 57; Unser Deutschland, 57; Zwischen zwei Welten, 64; Goethe im Gespräch, 67. – *Sammelausgaben:* Ausgewählte Schriften, 3 Bde, 60–62 (u. d. T.: Verachtet mir die Meister nicht, 60; Ich kam aus lauter Liebe in die Welt, 61; Es kommt aber darauf an, sie zu verändern, 62); Marx und Engels, 68; Der Tag und die Ewigkeit, 73; Bild der Welt, 75; Freund und Feind: Kritiken aus 5 Jahrzehnten, 80.

Vidal, Pierre → Fischer, Ernst

Viebig, Clara, * 17. 7. 1860 Trier,
† 31. 7. 1952 Berlin.
Tochter eines Oberregierungsrates aus Posen, besuchte eine höhere Töchterschule in Düsseldorf, lebte dann wieder auf einem Gut von Verwandten in Posen, ging 1883 zur Ausbildung als Sängerin an die Musikhochschule nach Berlin und heiratete 1896 den Verlagsbuchhändler F. Th. Cohn. Sie begann in den 1890er Jahren zu schreiben und war um 1900 eine vielbeachtete Erzählerin. Während des Dritten Reichs war sie bis zum Tode ihres Mannes Repressalien ausgesetzt; sie lebte 1942–45 in Schlesien, danach wieder in Berlin. – Ihr Werk umfaßt Dramen, die ohne Wirkung blieben, Roma-

ne und Novellen. In ihren bedeutendsten Werken, naturalistischen Romanen, die an Zola erinnern, stellt sie soziale Mißstände der Berliner Gesellschaft unter dem Einfluß von Milieu und Vererbung dar (*Das tägliche Brot, Einer Mutter Sohn, Die vor den Toren*). Später schrieb sie auch historische Romane.

W.: Romane: Rheinlandstöchter, 1897; Es lebe die Kunst, 99; Dilettanten des Lebens, 99; Das Weiberdorf, 1900; Das tägliche Brot, 02; Die Wacht am Rhein, 02; Das schlafende Heer, 04; Einer Mutter Sohn, 06; Absolvo te, 07; Das Kreuz im Venn, 08; Die vor den Toren, 10; Das Eisen im Feuer, 13; Eine Handvoll Erde, 15; Töchter der Hekuba, 17; Das rote Meer, 20; Unter dem Freiheitsbaum, 22; Der einsame Mann, 24; Die Passion, 25; Die goldenen Berge, 27; Die mit den 1000 Kindern, 28; Charlotte von Weiss, 30; Prinzen, Prälaten und Sansculotten, 31; Menschen unter Zwang, 32; Insel der Hoffnung, 33; Der Vielgeliebte und die Vielgehaßte, 33. – *Erzählungen* (meist Sammlungen): Kinder der Eifel, 1897; Vor Tau und Tag, 98; Die Rosenkranzjungfer, 1901; Am Totenmaar. Margrets Wallfahrt. Das Miseräbelchen. Der Osterquell, 01; Wen die Götter lieben, 03; Vom Müller Hannes, 03; Gespenster. Sie müssen ihr Glück machen, 04; Simson und Delila, 04; Naturgewalten, 05; Die heilige Einfalt, 10; Drei Erzählungen, 10; Eifelgeschichten, 11; Heimat, 14; Roter Mohn, 18; West und Ost, 20; Ein einfältig Herz. Das Kind und das Venn. Ein Weihnachtsabend, 21; Menschen und Straßen, 23; Franzosenzeit, 25; Die Schuldige, 27. – *Dramen:* Barbara Holzer, 1897; Pharisäer, 99; Der Kampf um den Mann (Dramen-Zyklus), 1905; Das letzte Glück, 09; Pittchen, 10. – *Sammel- und Werkausgaben:* Ausgewählte Werke, 6 Bde, 11; 8 Bde, 22; Berliner Novellen, 52; Das Miseräbelchen, 81.

Viertel, Berthold (Pseud. Europäensis, Parolles), *28. 6. 1885 Wien, †24. 9. 1953 ebd.
Werke von V. wurden 1910 von K. Kraus in der «Fackel» erstveröffentlicht. 1911 debütierte er als Regisseur an der Wiener Volksbühne; er inszenierte bis 1933 an mehreren deutschen Theatern Dramen der damaligen Avantgarde (Kaiser, Stramm, Bronnen u. a.); leitete kurze Zeit in Berlin seine eigene Experimentierbühne «Die Truppe» (1923/24); 1928–32 in Hollywood, nach kurzem Zwischenaufenthalt in Deutschland Emigration über mehrere Stationen nach London, 1939 in die USA; im Exil ebenfalls als Theaterregisseur tätig, daneben Arbeiten am Film; 1947 Rückkehr nach Europa; Inszenierungen am Wiener Burgtheater.
V.s erste literarische Arbeiten sind nach Form und Inhalt dem Expressionismus verwandt; in den späteren Arbeiten Übergang zu einem sachlicheren und nüchterneren Stil; V.s Lyrik ist fast durchgängig politisch akzentuiert. Schöngeistige Literatur ist jedoch nicht als V.s Hauptarbeitsfeld anzusehen; seine eigentliche literarische Bedeutung ist auf dem Gebiet der Essayistik zu suchen, in der Auseinandersetzung mit Theatertheorie und Theaterpraxis. Seine postum herausgegebenen *Schriften zum Theater* enthalten Gedanken über Dramen, Dramatiker, Dramentheorie, Porträts von Theaterleuten, Theaterkritikern sowie Theatertheoretisches – bezogen auf die Situation der 20er Jahre, ebenfalls ein Verzeichnis der Bühnen- und Filminszenierungen.
In den 20er und 30er Jahren enge Kontakte zum Film; nach einigen Arbeiten mit dem Stummfilm Drehbücher und Inszenierungen für Tonfilme.
V. ist darüber hinaus als Übersetzer hervorgetreten, hat Dramen von Euripides, A. Miller und vor allem T. Williams übertragen und bearbeitet.

W.: Roman: Das Gnadenbrot, 1927. – *Drama:* Die schöne Seele, 25. – *Lyrik:* Die Spur, 13; Die Bahn, 21; Fürchte dich nicht, 41; Der Lebenslauf, 46. – *Essays:* Karl Kraus, 21; Karl Kraus zum fünfzigsten Geburtstag, 24. – *Übersetzungen:* Euripides, T. Williams, A. Miller. – *Sammel- und Werkausgaben:* Dichtungen und Dokumente, 56; Schriften zum Theater, 70; Poesiealbum 61, 72; Daß ich in dieser Sprache schreibe. Ges. Gedichte, 81; Studienausgabe in vier Bänden, 89–92; Tribüne und Aurora. Briefwechsel 1940–1949. Wieland Herzfelde und B. V., 90.

Viga, Diego (eig. Paul Engel), *7. 6. 1907 Wien.
V., Sohn eines Textilfabrikanten, studierte 1926–33 Medizin, promovierte 1932, emigrierte im Mai 1938 nach Kolumbien. Er arbeitete als Vertreter pharmazeutischer Firmen und in Laboratorien und war bis 1950 Professor für Biologie, An-

thropologie und Psychologie in Bogotá. 1950 übersiedelte er nach Ecuador, wo er seit 1957 an der Universität in Quito als Professor wirkte. Er ist Mitglied mehrerer medizinischer Gesellschaften, Ehrendoktor und erhielt mehrere Auszeichnungen für sein literarisches Werk. – Neben zahlreichen wissenschaftlichen Arbeiten unter seinem eigentlichen Namen schrieb V. seit 1940 Romane, Erzählungen, Theaterstücke und Essays, die unter Pseudonym (oft sehr viel später) veröffentlicht wurden. In seinen Werken spielen Themen aus der europäischen und südamerikanischen Geschichte eine wesentliche Rolle – Befreiungskämpfe ebenso wie der Kampf gegen den Faschismus. Seine Arbeiten erschienen z. T. zuerst in spanischer, z. T. in deutscher Sprache.

W.: Romane, Erzählungen, Prosa: Der Freiheitsritter, 1955; Schicksal unterm Mangobaum, 57; Der geopferte Bauer, 59; Die Indianer, 60; Die sieben Leben des Wenceslao Perilla, 58; Waffen und Kakao, 61; El Eterno Dilema, 63 (dt. Der ewige Zwiespalt); El Año Perdido, 63 (dt. u. d. T.: Das verlorene Jahr, 80); Die sonderbare Reise der Seemöwe, 64; Eva Heller, 66; Las Paraleles se cortan, 66 (dt. u. d. T.: Die Parallelen schneiden sich, 69); Los Sueños de Candido (dt. Candidos Träume), 68; El Diagnóstico (dt. Die Diagnose), 69; Las Pecas de Mamá (dt. Mamas Sommersprossen), 70; Station in Esmeraldas, 73; Die Konquistadoren, 75; Die Lose von San Bartolomé, 77; Punta de Salida ... Punto de Llegado, 77 (dt. u. d. T.: Weltreise in den Urwald, 79); Aufstieg ohne Chance, 82; Ankläger des Sokrates, 87. – *Dramen:* Es asno de oro, Sanatorio para Nerviosos (dt. Der goldene Esel, Nervensanatorium), 67. – *Essays, theoretische Schriften:* Nachdenken über das Lebendige, 77.

Vischer, Melchior (Pseud. Emil Fischer), *7. 1. 1895 Teplitz-Schönau (Böhmen), †21. 4. 1975 Berlin.
Studium der Germanistik, Kunstgeschichte, Philosophie, Mathematik in Prag. Soldat. Seit 1921 Mitarbeiter der «Prager Presse». Von A. Döblin entdeckt. 1923–27 als Dramaturg und Regisseur an verschiedenen Theatern (Würzburg, Bamberg, Baden-Baden, Frankfurt/M.). Schrieb für zahlreiche Zeitungen und Zeitschriften. Starb in ärmlichen Verhältnissen. – Bis 1922

hauptsächlich Prosa, im wesentlichen unter dem Eindruck des Kriegsgeschehens. Mit dem dadaistischen Roman *Sekunde durch Hirn* erregte er Aufsehen. Anhänger des Karma, der kreisförmigen Lebensabläufe und der Aufhebung der Unterschiede und Gegensätze zwischen Hohem und Niederem, ließ V. sich in seiner Kunst von der Idee des Nicht-Beharrenden leiten. V. war ein Wortschöpfer im Sinne der Berliner «Sturm»-Dichter, er konzentrierte, verdichtete, raffte und stellte sprachliches Material nach dem Grundsatz neu zusammen, daß kein Element zweitrangig sei. Schrieb tragikomische Romane und Stücke, die eigenwillige frühe Zeugnisse der Moderne sind.

W.: Romane, Erzählungen, Novellen: Wasuru. Japan. Novellen, vor 1920 (publiziert?); Sekunde durch Hirn. Ein unheimlich schnell rotierender Roman, 20; Strolch und Kaiserin. Ein Schelmenroman, 21; Der Hase. Eine Erzählung, 22; Der Teemeister, 22; Die Falle, 24; Nelly ist von den Männern enttäuscht, Roman eines brünetten Mädchens, 29; Kind einer Kameradschaftsehe (m. Eva V.), 31; Elisabeth geht zum Tonfilm (m. Eva V.), 32; Diana, 34; Das Theaterschiff, 35; Elisabeth und der Tonfilm; Liebeswunder; Ein Mädchen weiß nicht wohin; Eine Stadt sucht ein Kind (alle 4 zwischen 35 u. 40); Junger Witwer mit Kind, 36; Verirrte Sehnsucht, 36; Peke-Wotaw. Ein deutscher Junge unter Indianern (u, d. Pseud. Emil Fischer), 40; Mak-Makwoh. Der weiße Indianerhäuptling (u. d. Pseud. Emil Fischer), 42 (u. d. T.: Der weiße Indianer, 65). – *Dramen, Lustspiele:* Der Teemeister, 20 (?); Verjüngungskomödie, 20; Die Börse, 23 (nicht erhalten); Der Titan, 23 (nicht erhalten); Japanische Oper, 23 (? nicht erhalten); Debureau, 24; Kunkulu, 24 (nicht erhalten); Fußballspieler und Indianer, 24; Chaplin. Tragigroteske, 24. – *Biographien:* Münnich. Ingenieur, Feldherr, Hochverräter, 38; Jan Hus. Sein Leben und seine Zeit, 2 Bde, 40 (u. d. T.: Jan Hus. Aufruhr wider Papst und Reich, 55). – *Sammel- und Werkausgaben:* Sekunde durchs Hirn, Der Teemeister, der Hase und andere Prosa, 76; Fußballspieler und Indianer. Chaplin, 84; Sekunde durchs Hirn/Der Hase, 87; Unveröffentlichte Briefe und Gedichte, 88; Muß wieder ein Morgen sein. Gedichte 1930–1960, 89.

Vogt, Walter, *31. 7. 1927 Zürich, †21. 9. 1988 Muri bei Bern.
V. studierte Medizin und arbeitete lange Zeit als Röntgenarzt in Bern. Zuletzt war er Facharzt für Psychiatrie. Er war Grün-

dungsmitglied der Autorengruppe Olten, Mitglied des PEN, war 1978 Writer-in-Residence der University of South California in Los Angeles. Er erhielt mehrere Literaturpreise, u. a. den Bürgerpreis Rauris und den Großen Literaturpreis des Kantons Bern. Erst spät begann V. zu schreiben. In seinen Romanen und Erzählungen spielen das Verhältnis von Arzt und Patient, Krankheit und Tod eine wichtige Rolle. Kennzeichnend ist dabei der durchgehend satirische Stil, der auch das Makabre und den Zynismus als Mittel zur Entlarvung ständischer und gesellschaftlicher Interessen nutzt. In *Schizogorsk* ist ein Psychiater die Hauptperson in einer immer grotesker werdenden Kriminalgeschichte. Die Psychiatrie spielt auch eine wesentliche Rolle in *Der Wiesbadener Kongreß*, einer Satire auf den modernen Wissenschaftsbetrieb.

W.: Romane, Erzählungen, Prosa: Husten, 1965; Wüthrich, 66; alle irrenhäuser sind gelb, 67; Melancholie, 67; Der Vogel auf dem Tisch, 68 (erw. 78); Der Wiesbadener Kongreß, 72; Die Talpi kommen, 73; Der Irre und sein Arzt, 74; Die roten Tiere von Tsavo, 76; Schizogorsk, 77; Booms Ende, 79; Vergessen und Erinnern, 80; Altern, 81; Metamorphosen, 84; Maskenzwang, 85; Dröx, 87; Der Garten der Frau des Mannes, der Noah hieß, 87. – *Dramen:* Höhenluft, UA 66 (Bühnenms.); Typhus, UA 73 (Bühnenms.); Spiele der Macht, 72 (Fernsehspiele); Die Königin des Emmentals, 83; Die Betroffenen, UA 88. – *Lyrik:* Klartext, 73. – *Essays, theoretische Schriften:* Schizophrenie der Kunst und andere Reden, 71; Mein Sinai-Trip, 72; Briefe aus Marokko, 74; Du bist dein Weg, 86. – *Hörspiele:* Vier Dialoge, 69; Amos, Gott und sein Prophet, 79; Jesaia, 81. – *Film, Fernsehen:* Spiele der Macht, 70; Pilatus vor dem schweigenden Christus, 74; Erben, 76; Die Inquisition, 77. – *Sammel- und Werkausgaben:* Erzählungen, 83. – *Schallplatten u. ä.:* Acclimate, 72.

Voigt, Werner → Victor, Walther

Volkmann, Ulrich → Beheim-Schwarzbach, Martin

Vollmer, Hans → Blunck, Hans Friedrich

Vollmoeller, Karl Gustav, *7. 5. 1878 Stuttgart, †18. 10. 1948 Los Angeles.
V. wirkte u. a. als Auto- und Flugzeug-

konstrukteur, Filmpionier und lebte viel im Ausland. – Dem George-Kreis nahestehend, schrieb V. von Mallarmé, d'Annunzio und George beeinflußte Lyrik. Von seinen z. T. stark an Hofmannsthal angelehnten, balladesk und märchenhaft wirkenden Dramen war die Pantomime *Das Mirakel*, mit der Musik von E. Humperdinck, 1914 von M. Reinhardt im Zirkus Busch und vielfach auch im Ausland inszeniert, ein Welterfolg.

W.: Lyrik: Parcival. Die frühen Gärten, 1903; Gedichte, 60; Gedichte, 67. – *Prosa:* Die Geliebte, 20. – *Dramen:* Catherina, Gräfin von Armagnac und ihre beiden Liebhaber, 03; Assüs, Fitne und Sumurud, 04; Der deutsche Graf, 06; Wieland, 11; Das Mirakel, 12; George Dandin, 12 (nach Molière); Onkelchen hat geträumt, 19 (nach Dostoevskij); Cocktail, 30; La Paiva, 31.

Vormweg, Heinrich, *20. 3. 1928 Geisweid bei Siegen.
Der Sohn eines Elektromonteurs studierte seit 1948 in Bonn Germanistik und promovierte 1956 mit einer Arbeit über Wielands Romane. Anschließend arbeitete er drei Jahre als Dramaturg und Regisseur beim Contra-Kreis-Theater in Bonn. Danach war er Redakteur, zuletzt Feuilletonchef der «Deutschen Zeitung». Seit 1963 lebt er als freier Schriftsteller in Köln. Er war Mitherausgeber der Zeitschrift «L' 80». 1986 J.-H.-Merck-Preis. V. hat sich in einer Reihe von Abhandlungen und Büchern sowie zahlreichen Beiträgen für Zeitschriften und Sammelwerke vor allem mit der modernen Literatur auseinandergesetzt. Der experimentellen Literatur der Nachkriegszeit ist er ein kenntnisreicher und sensibler kritischer Begleiter, der Sprache als Praxis begreift und die Literatur in ihrem gesellschaftlichen Kontext untersucht. V.s wissenschaftliches Interesse reicht von Überblicksdarstellungen bis zu monographisch ausgerichteten Arbeiten; sein kritisches Werk liefert wesentliche Bausteine für eine Theorie der modernen Literatur.

W.: Essays, Briefwechsel, theor. Schriften: Die Romane Chr. M. Wielands (Diss.), 1956; Die Wörter und die Welt, 68; Briefwechsel über Literatur, 69 (mit H. Heißenbüttel); Neue Literatur und Gesellschaft, 71; Eine andere Lesart,

72; Aus Wörtern eine Welt, 81 (mit H. J. Heinrichs u. a.); Peter Weiss, 81; Antikommunismus in Ost und West, 82 (mit H. Böll u. L. Kopelew); Schreiben und Leben, 83; Das Elend der Aufklärung, 84; Günter Grass, 86; Erzähler, Rhetoriker, Kritiker. Zum Vermächtnis Heinrich Bölls (mit anderen), 87; Verteidigung des Gedichts. Eine Polemik und ein Vorschlag, 90. – *Herausgebertätigkeit:* Hieb und Stich, 68; M. L. Kaschnitz: Ein Lesebuch, 76; Erzählungen seit 1960, 87.

Voßler, Karl, * 6. 9. 1872 Hohenheim, † 18. 5. 1949 München.

V. war bedeutend als Sprachphilosoph, Sprachforscher und Romanist. Prof. in Heidelberg, Würzburg und München. Geschult an Croces Ästhetik und der idealistischen Tradition, setzte er gegen die positivistische Sprachbehandlung, gegen rationale Analyse durch Messen und Zählen die intuitive Synthese, die den schöpferischen Geist in der Sprache zu erfassen sucht (vgl. seinen programmatischen Aufsatz *Positivismus und Idealismus in der Sprachwissenschaft*). Er hebt die «sonntägliche Seite» der geschriebenen Sprache in Kunst und selbständiger Darstellung ohne Zweck über die «werktägliche Seite», die in dienender Verständigung nur einen Nutzwert habe (Einleitung zu *Frankreichs Kultur und Sprache*). – Als Romanist erschloß er Dante und andere italienische Dichter für diese Wissenschaft sowie hervorragende Werke der französischen und spanischen Literatur. Seine Darstellungen sind ausgezeichnet durch Lebhaftigkeit und Anteilnahme, absichtlich abgesetzt gegen deutschen akademischen Schreibstil und hingewendet zur freien Diktion der Franzosen. Während der Nazidiktatur (1937–45 seines Amtes als Prof. enthoben) wandte sich V. vom äußeren Geschehen ab und der Einsamkeitsdichtung zu, jenem «Strom von Poesie, der still und beinahe unterirdisch durch die Jahrhunderte läuft». – Eine Bibliographie seiner Schriften findet sich in den Sitzungsberichten der Bayrischen Akademie der Wissenschaften, Jg. 1950, H. 11.

W.: Essays, theoretische Schriften: Italienische Literaturgeschichte, 1902; Positivismus und Idealismus in der Sprachwissenschaft, 04; Sprache als Schöpfung und Entwicklung, 05;

Die göttliche Komödie, 2 Bde, 07–10 (umgearb. 25); Salvatore Di Giacomo, ein neapolitanischer Volksdichter in Wort, Bild und Musik, 08; Frankreichs Kultur im Spiegel seiner Sprachentwicklung, 13 (auch als: Frankreichs Kultur und Sprache, 29); La Fontaine, 19; Leopardi, 21; Gesammelte Aufsätze zur Sprachphilosophie, 23; Geist und Kultur in der Sprache, 25; Die romanischen Kulturen und der deutsche Geist, 26; Jean Racine, 26; Lope de Vega und sein Zeitalter, 32; Einführung in die spanische Dichtung des Goldenen Zeitalters, 34; Die «zehnte Muse von Mexico» Sor Juana Inés de la Cruz, 34; Poesie der Einsamkeit in Spanien, 3 Tle, 35–38; Poesie und Einsamkeit in Spanien, 40; Tirso de Molina, 40; Südliche Romania, 40; Aus der romanischen Welt, 4 Bde, 40–42; Wesenszüge romanischer Sprache und Dichtung, 46; Luis de León, 43; Die Dichtungsformen der Romanen, 51; Spanien und Europa, 52; Briefwechsel mit B. Croce, 55; Die romanische Welt, 67. – *Übersetzungen:* Dante, Juana Inés de la Cruz.

Vring, Georg von der, * 30. 12. 1889 Brake (Oldenburg), † 29. 2. 1968 München.

V. studierte an einer Berliner Kunstschule, war Offizier im 1. Weltkrieg, 1919–28 Zeichenlehrer in Jever (Oldenburg) und lebte nach seinem ersten literarischen Erfolg als freier Schriftsteller, seit 1951 in München. Er war einer der Stillen im Lande, die im Dritten Reich geschont wurden. V. schuf ein umfangreiches erzählerisches Werk, begann mit Kriegsromanen ohne Fanatismus, die wie auch seine Erzählungen gut unterhalten wollten. In seinem lyrischen Werk von großer überzeugender Innerlichkeit benutzte er rhythmisch einprägsame Versformen (Romanze). Übersetzer (Maupassant, Jammes, Verlaine, englische Lyrik). Auch Dramen und Hörspiele. – 1963 Ehrengast der Villa Massimo.

W.: Romane, Erzählungen: Soldat Suhren, 1927; Der Zeuge, 27; Adrian Dehls, 28; Camp Lafayette, 29; Station Marotta, 31; Der Wettlauf mit der Rose, 32; Einfache Menschen, 33; Der Schritt über die Schwelle, 33; Schwarzer Jäger Johanna, 34; Die Geniusmuschel, 35; Die Spur im Hafen, 36; Der Büchsenspanner des Herzogs, 37; Die Werfthäuser von Rodewarden, 37 (u. d. T. Das Meisterschiff, 50); Die spanische Hochzeit, 38; Der Goldhelm, 38; Kinder im Süden, 38; Die kaukasische Flöte, 39; Primeln und Tulpen, 41; Junge Liebe, 42; Der ferne Sohn, 42; Die Umworbenen, 44; Die

Brosche Griechenland, 48; Magda Gött, 48; Und wenn du willst, vergiß!, 50; Der Diebstahl von Piantacon, 52; Die Wege tausendundein, 55; Der Jongleur, 58; Geschichten aus einer Nuß, 59; König Harlekin, 66. – *Lyrik:* Südergast, 25; Verse, 30; Das Blumenbuch, 33; Der Tulpengarten, 36; Garten der Kindheit, 37; Bilderbuch für eine junge Mutter, 38; Dumpfe Trommel, schlag an!, 39; Oktoberrose, 42; Verse für Minette, 47; Abendfalter, 52; Kleiner Faden blau, 54; Die Lieder des G. v. d. V., 1906–56; Der Schwan, 61; Der Mann am Fenster, 64; Gesang im Schnee, 67. – *Übersetzungen:* Jammes, Maupassant, Verlaine, Cooper, Blake. – *Herausgebertätigkeit:* Erzähle, Kamerad. Erlebnisse von Frontsoldaten (mit E. Lorenz), 6 Bde, 33–35; Die junge Front. Gedichte junger Soldaten, 43; Goethe, Werke (mit R. Friedenthal), 2 Bde, 53; Unsterblich schöne Schwestern. Frauenlyrik, 56. – *Sammelausgabe:* Gedichte und Lieder, 79; Die Gedichte, 89.

W

Waechter, Friedrich Karl, *3.11.1937 Danzig.

W., Sohn eines Lehrers, verschlug es 1945 nach Schleswig-Holstein. An der Kunstschule Alsterdamm in Hamburg zum Gebrauchsgraphiker ausgebildet, arbeitete W. zwei Jahre in einer Werbeagentur in Freiburg/Br., bevor er als Zeichner und Mitarbeiter verschiedener Zeitschriften und Verlage bekannt wurde. Zwischen 1963 und 1969 gab er satirische und parodistische Büchlein für Erwachsene heraus; 1970 wurde sein *Anti-Struwwelpeter*, der eigentlich nicht für Kinder konzipiert ist, von den Anhängern der antiautoritären Erziehung als Gegenstück zum *Struwwelpeter* begrüßt. Seitdem arbeitet W., der in Frankfurt/M. lebt, vor allem für Kinder, für die er Bücher, Filme und Theaterstücke verfaßt. – Deutscher Jugendbuchpreis 1975.
W.s Werke sind durch immer neue Einfälle und Ideen, weniger durch einen konsequenten dramaturgischen Aufbau oder eine konventionelle Erzählstruktur gekennzeichnet. Dabei scheut er weder vor Skurrilität noch vor Makabrem, Groteskem, Komischem oder gar dem banal wirkenden Kalauer zurück, was gerade der kindlichen Gedankenwelt besonders entgegenkommt. Auch Umarbeitungen bekannter Märchen.

W.: *Romane, Kinder- und Bilderbücher:* Der Anti-Struwwelpeter, 1970; Tischlein deck dich und Knüppel aus dem Sack, 72; Die Kronenklauer, 72; So dumm waren die Hebräer, 73; Brülle ich zum Fenster raus, 73; Wir können noch viel zusammen machen, 74; Wandgeschichten, 74; Das Ungeheuerspiel, 75; Dreimal Kindertheater, 75; Opa Huckes Mitmachkabinett, 76; Der 32. August. Kinderkalender, 76; Die Bauern im Brunnen, 78; Wahrscheinlich guckt wieder kein Schwein, 78; Spiele, 79; Die Reise, 80; Es lebe die Freihei..., 81; Wer kommt mit auf die Lofoten, 81; Das Grundgesetz für die Bundesrepublik Deutschland, 82; Männer auf verlorenem Posten, 83; Nur den Kopf nicht hängen lassen, 84; Fahr'n wir mit der Eisenbahn, 86; Glückliche Stunde, 86; Die Mondtücher. Ein Märchen, 88. – *Kindertheater:* Die Beinemacher, 74; Pustekuchen, 74; Schule mit Clowns, 75; Der Teufel mit den drei goldenen Haaren, 75; Kiebich und Dutz, 75; Kiebich und Dutz/Pustekuchen, 84; Schule mit Clowns. Ausflug mit Clowns, 85; Die Schlündelgründler (mit K. Campbell), o. J.; Die Beinemacher (Hsp.text), 88 (mit Kass.).

Waggerl, Karl Heinrich, *10.12.1897 Badgastein, †4.11.1973 Wagrain (Salzburg).
Entbehrungsreiche Kindheit, kurz Lehrer, dann freier Schriftsteller in Wagrain. Nach Erzählungen seit 1926 Durchbruch mit dem Roman *Brot*, einem in Gehalt und Stil Hamsuns *Erde* nachgefühlten Siedlerroman aus den Alpen. In rascher Folge bis 1935 mehrere mit starker, z. T. humoriger Erzählerrolle gestaltete Dorf- und Bauernromane, die die «natürlichen» Abläufe der Jahreszeiten wie des menschlichen Lebens und die Spannungen im Dorfleben (mit antiindustriellen, antisozialistischen, antikapitalistischen Tendenzen) keineswegs immer verklärend beschreiben, aber grundsätzlich dem Bauern-Trend dieser Jahre angehören. W. war auch mehr als ein bloßer ‹Mitläufer› während der NS-Herrschaft. Seither vor allem kleinere Erzählungen, Legenden, Miniaturen usw., gekennzeichnet durch persönliches, überwiegend als autobiographisch hingestelltes Erzählen – Kurzformen einer Konsolationsliteratur, den entideologisierten

Formen der Kulturindustrie zuneigend. Im Radio, Fernsehen und auf Schallplatten ebenso wie in Kleinausgaben außergewöhnliche Verbreitung.

W.: Romane, Erzählungen: Brot, 1930; Schweres Blut, 31; Das Wiesenbuch, 32; Das Jahr des Herrn, 33; Du und Angela, 34; Mütter, 35; Wagrainer Tagebuch, 36; Kalendergeschichten, 37; Die Pfingstreise, 46; Fröhliche Armut, 48; Lob der Wiese, 50; Wagrainer Geschichtenbuch, 51; Und es begab sich, 53; Liebe Dinge, 56; Die Traumschachtel, 62; Der Leibsorger, 68; Kraut und Unkraut, 68; Die Schöpfung und weitere Legenden, 70; Drei Wünsche, 73; Kleine Münze, o. J.; Liebhabereien, o. J.; *– Lyrik:* Heiteres Herbarium, 50. *– Essays, Autobiographisches:* Das Lebenshaus, 56, 59; Liebe Dinge, 56; Wanderung und Heimkehr, 59; Die Kunst des Müßigganges, 59; Ein Mensch wie ich, 63; Schöne Sachen. Bäuerliches Brauchgut, 67; Blick in die Werkstatt, 67; Der ländliche Lebenskreis, 68; Salzburg – Geliebtes Land, 72; Wagrainer Bilderbuch, 73; Briefe, 76. *– Werkausgaben:* Gesammelte Werke, 5 Bde, 48–52; Sämtliche Werke, 2 Bde, 72; Das ist die stillste Zeit im Jahr, 76; Nach-Lesebuch, o. J.; Alles Wahre ist einfach, 79; Das Waggerl-Lesebuch, 84; Wagrainer Tagebuch und andere Aufzeichnungen, o. J. *– Schallplatten, Kassetten:* Geschichten aus dem Leben, ca. 88 (2 Pl.); Und es begab sich ..., 88.

Wagner, Richard, * 10. 4. 1952 Lowrin (Rumänien).
W., Angehöriger der deutschsprachigen Minderheit in Rumänien, studierte 1971–75 an der Universität Timisiora (Temeswar) Deutsch und Rumänisch und arbeitete anschließend als Deutschlehrer in Hunedoara. Er war 1972 bis zum Verbot 1975 Mitglied der vorwiegend literarisch ausgerichteten «Aktionsgruppe Banat», arbeitete als Redakteur der «Neuen Banater Zeitung», bis er 1983 diese Stelle wegen eines kritischen Artikels verlor. Seit er einen Ausreiseantrag gestellt hatte, hatte der zuletzt in Timisiora lebende W. Publikationsverbot. 1987 durfte er nach West-Berlin ausreisen. Seit 1973 hatte W. sieben Lyrik- und Prosabände in Rumänien veröffentlicht. Der auch in seiner Heimat mehrfach ausgezeichnete W. erhielt 1987 den Sonderpreis für das beste politische Gedicht beim Leonce-und-Lena-Preis Darmstadt; 1988 Förderpreis zum Andreas-Gryphius-Preis; 1989 Stipendium der Villa Massimo. – Einfach und karg im Ausdruck, in der bloßen Registrierung die ständige Bedrückung ahnen lassend, thematisieren seine Gedichte Autobiographisches, die Lebenssituation «in diesem dunklen Land» und immer wieder den Tod. Die Erzählung *Begrüßungsgeld* beschreibt die Eindrücke und Erfahrungen des aus Rumänien kommenden Aussiedlers Stirner nach der Ankunft im ‹Durchgangslager›. Sein ‹fremder› Blick auf die Bundesrepublik und ihre Bewohner macht den hiesigen Alltag mit all seinen Problemen und Aggressionen erschreckend deutlich.

W.: Prosa, Kinderbücher: Der Anfang einer Geschichte, 1980; Anna und die Uhren, 81; Ausreiseantrag, 88; Begrüßungsgeld, 89 – *Lyrik:* Klartext, 73; die invasion der uhren, 77; Hotel California, 2 Bde, 80–81; Rostregen, 86.

Waldeck, Heinrich Suso (eig. Augustin Popp), * 3. 10. 1873 Wscherau (Böhmen), † 4. 9. 1943 St. Veit (Mühlviertel, Österreich).
W. trat 1895 in den Redemptoristenorden ein (Priesterweihe 1900), war dann Lehrer, Seelsorger und Rundfunkredakteur; er lebte im Dritten Reich auch aus gesundheitlichen Gründen zurückgezogen. Mit einem starken Sprachbewußtsein und in expressionistisch-symbolistischer Tradition beschäftigt sich W. in seiner Lyrik vor allem mit weitgefaßten religiösen Themen, so besonders mit dem Theodizee-Problem. W. begründete den Literaturzirkel «Die Leostube» und erhielt 1937 den Großen Österreichischen Staatspreis für Literatur.

W.: Romane, Erzählungen, Märchen: Lumpen und Liebende, 1930; Hildemichel. Von Menschen, Geistern, Ungeheuern, 33; Marguerite, 47. *– Spiele:* Das Weihnachtsherz, 25; Legende vom Jäger und Jägerlein, 26; Weihnacht beim Waldschmiede, 36. *– Lyrik:* Die Antlitzgedichte, 27; Die milde Stunde, 33; Balladen, 48. *– Werkausgabe:* Dichtungen, 47 (enthält auch die nachgelassene Lyrik u. d. T.: Rast im Dunkel).

Walden, Herwarth (eig. Georg Lewin, Pseud. Georg Sturm, Walter Sturm, Warth, Doctor profundis), * 16. 9. 1878 Berlin, † 31. 10. 1941 Saratow/Wolga.
W., Sohn eines Arztes, studierte nach

dem Abitur Musik; gleichzeitig Ausbildung als Pianist; 1903 Ehe mit E. Lasker-Schüler (bis 1911). 1904 Gründung des «Vereins für Kunst», der den Literaten der damaligen Avantgarde die Möglichkeit bot, ihre Dichtungen einer interessierten Öffentlichkeit vorzutragen; 1908–10 verantwortlicher Redakteur mehrerer Kulturzeitschriften; wegen seines kompromißlosen Eintretens für die moderne Literatur jedoch jedesmal schon nach kurzer Zeit entlassen. Im März 1910 Gründung der Zeitschrift «Der Sturm», des ersten und langlebigsten der bedeutenden Publikationsorgane des Expressionismus (bis 1932); 1912–24 Ehe mit Nell Walden, die ihm half, das «Sturm»-Werk aufzubauen und weiterzuentwickeln. In den 20er Jahren Aufgabe seiner völlig unpolitischen Haltung und Annäherung an den Kommunismus; Mitglied der «Gesellschaft der Freunde Sowjet-Rußlands»; 1932 Emigration in die UdSSR; dort Tätigkeit als Sprachlehrer, Herausgeber von Literaturtexten für Schulen und Mitarbeiter an der Zeitschrift der deutschen Exilanten «Das Wort»; in dieser Zeitschrift Eingreifen in die sog. Expressionismusdebatte mit seinem Aufsatz *Vulgär-Expressionismus*. Am 31.3.1941 in Moskau verhaftet; im Gefängnis in Saratow gestorben, später rehabilitiert.

W.s eigentliche Bedeutung für die Literatur liegt in seiner Tätigkeit als Herausgeber des «Sturm». In der Literatur anfangs Engagement für die Vertreter des Frühexpressionismus, für E. Lasker-Schüler, jedoch auch noch für die Vorläufergeneration, zu der Kontakte noch aus der Anfangsphase des «Vereins für Kunst» bestanden. Eine erste Wandlung in der Mitarbeiterstruktur vollzog sich um 1913/14, neben A. Stramm wurden H. Essig, K. Heynicke und A. Knoblauch zu Hauptmitarbeitern, in den späteren Kriegsjahren kamen u. a. F. R. Behrens, W. Mehring und L. Schreyer hinzu und prägten das Gesicht der Zeitschrift. Gleichzeitig löste sich die erste Generation vom «Sturm» (mit Ausnahme Mynonas), viele Mitarbeiter der ersten Jahrgänge fielen im 1. Weltkrieg. 1918/19 erfolgte eine zweite Wandlung:

O. Nebel und K. Schwitters wurden prominente Mitarbeiter, A. Knoblauch und H. Essig schieden aus dem Kreis aus. In den 20er Jahren kamen nur noch wenige heute als literarisch bedeutsam angesehene Autoren zur Zeitschrift; erwähnenswert sind E. Arendt und R. Goering. Neben deutschsprachigen Autoren stellte der «Sturm» ein Forum dar auch für fremdsprachige Künstler, in den ersten Jahren vor allem für skandinavische Schriftsteller, französische Autoren und die italienischen Futuristen. Später trat W. ein für die Vertreter des französischen Dadaismus und des Surrealismus; die letzten Jahrgänge des «Sturm» sind besonders den Kulturen und Literaturen der Balkanvölker und der UdSSR gewidmet.

Neben der Literatur ist vor allem W.s Eintreten für die moderne bildende Kunst von Bedeutung; er engagierte sich aktiv für die Durchsetzung neuer künstlerischer Richtungen durch Aufsätze, polemische Kritiken und den Abdruck von Originalgraphiken in der Zeitschrift sowie durch Ausstellungen in der der Zeitschrift angeschlossenen Galerie (seit 1912).

Etwa um 1913 entstand im «Sturm» eine Kunsttheorie, geprägt u. a. von A. Holz, W. Kandinsky und den Futuristen, ausformuliert durch R. Blümner, L. Schreyer und W. selbst, durch die der «Sturm»-Kreis ein immer festeres Gepräge erhielt und sich so von nicht übereinstimmenden Strömungen abgrenzte. Zur Propagierung der «Sturm»-Kunsttheorie dienten die «Sturm»-Abende (seit 1916), auf denen R. Blümner Lyrik von Künstlern des «Sturm»-Kreises vortrug, die Gründung der Kunstschule «Der Sturm» (seit 1916), in der W. neben anderen Künstlern des «Sturm»-Kreises als Lehrer tätig war, sowie die Gründung der «Sturm-Bühne», die unter Leitung L. Schreyers auf der Basis der «Sturm»-Kunsttheorie «das expressionistische Bühnenkunstwerk» (Schreyer) anstrebte.

Neben diesen Aktivitäten auf dem Gebiet der Kunstdistribution erscheinen W.s eigene literarische Arbeiten weniger bedeutend, auch wenn sein Roman *Das Buch der Menschenliebe* formal die konsequenteste Durchführung der von Döblin geforderten Eliminierung des Erzählers darstellt. W.s Dramen kreisen fast ausnahmslos um die Problematik Mann – Frau, behandeln das Thema Liebe aus einer Vielzahl von Aspekten; in ihnen mischen sich, neben Jugendstilanklängen, zwei Stilhaltungen: Knappe Dialogszenen, fast naturalistisch, zeichnen ironisch ein bürgerliches Milieu; einzelne Figuren, vor allem Frauen, heben sich davon durch expressive Sprechweise ab. Die Dramen der späten 20er Jahre sind als typische Zeitdramen anzusehen.

W.: Romane: Das Buch der Menschenliebe, 1916; Die Härte der Weltenliebe, 18; Unter den Sinnen, 19. – *Dramen:* Weib, 17; Erste Liebe, 18; Die Beiden, 18; Sünde, 18; Letzte Liebe, 18; Glaube, 18; Kind, 18; Trieb, 18; Menschen, 18; Krise, 31; Kulaken, 31. – *Lyrik:* Im Geschweig der Liebe, 25. – *Essays:* Opernwegweiser der Schlesingerschen Musikbibliothek, 07/08; Richard Strauss' Leben und Schaffen, 08; Die neue Malerei, 16; Expressionismus, die Kunstwende, 16; Einblick in Kunst, 17; Vulgär-Expressionismus, in: «Das Wort», 38. – *Tondichtungen:* Gesammelte Tonwerke, 18. – *Sammel- und Werkausgaben:* Gesammelte Schriften, Bd I: Kunstkritiker und Kunstmaler, 16; Gesammelte Tonwerke, 19; Moskauer Schriften 1933–1941, 76. – *Herausgebertätigkeit:* Der Sturm, 10–32; Sturm-Bühne, 18–19; Expressionismus. Die Kunstwende, 18; Der Durchbruch, 32; Sturm-Abende, 18; Expressionistische Dichtungen vom Weltkrieg bis zur Gegenwart (mit P. A. Silbermann), 32; Geographie, 34; Deutsche Redensarten, 35.

Waldmann, Dieter, *20. 5. 1926 Greifswald, †5. 12. 1971 Bühlental/Baden.
W., Sohn eines Professors, emigrierte mit seinen Eltern während der Nazi-Zeit nach Argentinien. Nach dem Krieg kehrte er nach Deutschland zurück und studierte in Greifswald und in Freiburg/Br. 1948–58 war er als Handwerker, später als Journalist in Südamerika tätig. Nach seiner erneuten Rückkehr nach Deutschland wurde er Chefdramaturg beim Südwestfunk. – Er debütierte 1959 mit dem Schauspiel *Der blaue Elefant*, das an G. Hauptmanns *Hannele* anknüpft und in dem sich Märchenhaftes mit Sozialkritik mischt. Eine Harlekinade im Stil der Commedia dell'arte ist W.s Komödie *Von Bergamo bis morgen früh*: Harlekin und

Pierrot ziehen aus, um ihre inzwischen in der bürgerlichen Gesellschaft etablierten ehemaligen Spielgenossen zu suchen. In der Komödie *Atlantis* zeigt W. – wie schon in anderer Weise in *Der blaue Elefant* – die Unvereinbarkeit von Traumwelt und Realität – ein Spiel auf zwei Ebenen, das für sein ganzes dramaturgisches Schaffen bezeichnend ist. In jüngerer Zeit trat er vor allem als Verfasser und Produzent von Fernsehspielen hervor, in denen er sich mit gesellschaftspolitischen Problemen in der BRD auseinandersetzt. – Mehrere Fernsehpreise.

W.: Dramen, Fernseh- und Hörspiele: Zwei schwarze Mäuse, 1959; Der blaue Elefant, 59; Von Bergamo bis morgen früh, 60; Das Dorf, 61; Wind, 62; Atlantis, 63; Die Schwätzer, 65; Der Unfall, 68; Hürdenlauf, 69; Eine große Familie, 70; Dreht euch nicht um, der Golem geht um oder Die Stunde der Muße, 71; Cherchez la femme oder Die Geister am Mümmelsee, 73; Dubrowski; Das Gerücht; Die Eroberung; Scheherazade; Der Knüller; Die Verschwörung; Beobachtungen eines alten Mannes; Das Fahrrad; Das Fräulein.

Walldorf, Hans →Loest, Erich

Wallraff, Günter, *1. 10. 1942 Burscheid bei Köln.
W. entstammt einem Elternhaus, das die Spannung zwischen einer bildungsbürgerlich denkenden Mutter und dem durch die «Lackhölle» der Autofertigung bei Ford gegangenen Vater aushalten mußte. Nach der mittleren Reife auf dem Gymnasium absolvierte W. eine Buchhändlerlehre. Die anschließende Bundeswehrzeit, in der W. den Dienst mit der Waffe verweigerte, verfestigte durch die erlittenen Schikanen und die Einweisung in eine psychiatrische Klinik die kritische Position gegenüber den das Individuum bedrückenden Organisationen.
In einer von der empirischen und «kritischen» Soziologie sowie der Soziallehre der beiden christlichen Konfessionen bestimmten kritischen Besinnung auf die Arbeitswelt ging W. 1964/65 daran, Betriebe zu erkunden. Er wählte, anders als die Besucher-Reporter der 20er und 30er Jahre, als Verfahren der Stoffsammlung die Aktionsform der «teilnehmenden Beobachtung», d. h., er arbeitete selbst

und setzte sich persönlich den herrschenden Arbeitsbedingungen aus. Zu den unmittelbaren Eindrücken auf der untersten Hierarchiestufe vermittelt W. Überblicksinformationen und montiert Dokumente, Zeitungsberichte und theoretische Texte. Die Methode dient der Absicherung des Wahrheitsgehalts der Aussage über das Einzelerlebnis des Reporters hinaus. In immer neuen Rollenverkleidungen, auch durch wachsende Aufmerksamkeit der Unternehmen erzwungen, hat W. eine beachtliche Garde deutscher Unternehmen geschildert und Mißstände in der Organisation der Arbeitswelt entlarvt. W. hat über die Darstellung der Arbeitssituation hinaus die Durchsetzung von Unternehmensstrategien auf der praktischen (*Was wollt ihr denn, ihr lebt ja noch* – Kraftwerkansiedlung) und der ideologischen Ebene (*Wie hätten wir's denn gerne* – ideologische Schulungen von Managern) enthüllt. Um auf gefährliche Entwicklungen im Ausland aufmerksam zu machen, provozierte W. im Griechenland der damals herrschenden Obristen seine Inhaftierung (*Unser Faschismus nebenan*) und traf sich mit Portugals Ex-Staatschef Spinola, Waffenlieferungen für einen Rechtsputsch in Portugal fiktiv anbietend.

Mit dem Bericht über die – auch selbst erfahrene – Arbeit einer örtlichen Redaktion der «Bild-Zeitung» (*Der Aufmacher*) und der massiven und schnellen publizistischen Vermarktung des Berichtes geriet W. selbst an die Grenze einer kapitalistischen Verwertung der Ware «kritische Information». Inzwischen hat W. in einer weiteren Veröffentlichung zu den Praktiken der «Bild-Zeitung» die sachbezogene Ebene zurückgewonnen (*Zeugen der Anklage*). In der Rolle eines türkischen Gastarbeiters gelang es W., menschenverachtende Praktiken im Umgang mit Gast- und Leiharbeitern ins öffentliche Bewußtsein zu heben und Betroffenheit auszulösen. *Ganz unten*, W.s. bislang erfolgreichstes Buch, wurde u.a. auch (in der BRD) ins Türkische übersetzt.

W.s Arbeitsweise und ihr Ergebnis, die Reportagen, stoßen häufig auf juristische Gegenwehr der geschilderten Unternehmen. Die Gesamtaussage seines Werkes hat gerichtlichen «Verbesserungsvorschlägen» allerdings standgehalten.

W. stieß auf Grund seiner Industriereportagen zur Dortmunder Gruppe 61. Im Rahmen dieser Gruppe wirkte W. allerdings als Sprengsatz, indem er an Stelle der künstlerischen Gestaltung der Arbeitswelt der dokumentarischen Methode in Verbindung mit zielgerichteter Solidaritätsarbeit in den Betrieben den unbedingten Vorrang einräumte. Folgerichtig half W. bei der Gründung des Werkkreises Literatur der Arbeitswelt mit. W. wurde Mitglied des Werkkreises, behielt aber seine Position als unabhängiger «erster Reporter» der Bundesrepublik bei. 1980 erhielt W. den Gerrit-Engelke-Literaturpreis der Stadt Hannover, 1984 den Preis der schwedischen Monismanienstiftung, 1985 die Carl-von-Ossietzky-Medaille und 1986 den französischen Menschenrechts-Literaturpreis (mit J. Baldwin). 1988 Ehrenpreis für Zivilcourage der Organisation «Courage au quotidien». Der Reporter W. ist national neben Max von der Grün *die* Identifikationsfigur der bundesrepublikanischen Arbeiterliteratur.

W.: Reportagen, Lehrstücke: Wir brauchen dich. Als Arbeiter in deutschen Industriebetrieben, 1966 (Tb. u.d.T.: Industriereportagen, 70); Vorläufiger Lebenslauf nach Akten und Selbstaussagen des Stefan B., 67; Meskalin – ein Selbstversuch, 68; Nachspiele. Szenische Dokumentation, 68; 13 unerwünschte Reportagen, 69 (dass. + aktueller Anhang. Verbotene Aufrüstung. Giftgas für die Bundeswehr, 71); Von einem der auszog und das Fürchten lernte, 70; Neue Reportagen. Untersuchungen und Lehrbeispiele, 72; Was wollt ihr denn, ihr lebt ja noch. Chronik einer Industrieansiedlung (Lehrstück und Dokumente), 73 (mit Jens Hagen), aktualisiert 85; Ihr da oben – wir da unten, 73 (mit Bernt Engelmann; Neuausg. Mit aktueller Ergänzung zum Fall Gerling, 75); Unser Faschismus nebenan. Griechenland gestern – ein Lehrstück für morgen, 75 (mit Ekkart Spoo); Wie hätten wir's denn gerne. Unternehmerstrategen proben den Klassenkampf, 75 (mit Bernd Kuhlmann); Aufdeckkung einer Verschwörung. Die Spinola-Aktion, 76; Berichte zur Gesinnungslage der Nation, 77 (mit Heinrich Böll); Der Aufmacher. Der Mann, der bei «Bild» Hans Esser war, 77; Zeugen der Anklage. Die «Bild»-Beschreibung wird fortgesetzt, 79; Unsere Fabrik (mit M. von der Grün u. O. Schmuckler), 79; Von der Bildstörung zum Bildausfall. Ein Aktionsbuch für die Anti-Springer-Bewegung, 81; Unser Faschismus nebenan (erw. Ausg. von ‹Unser Faschismus nebenan› und ‹Aufdeckung einer Verschwörung›), 82 (mit E. Spoo); Die unheimliche Republik (mit H. Hannover), 82; Nicaragua von innen, 83; Befehlsverweigerung, 84; Bericht vom Mittelpunkt der Welt, 84; Ganz unten, 85; G. W.s BILDerbuch, 85; Enthüllungen, 85; Bild-Störung, 85; G. W. über «Ganz unten», 86; Predigt von unten, 86; Akteneinsicht, 87; Und macht euch die Erde untertan, 87. – *Sammelausgabe:* Die Reportagen, 76 (enthält fast alle bis 72 in Buchform veröffentlichten Texte); Vom Ende der Eiszeit und wie man Feuer macht. Aufsätze, Kritiken, Reden, 87; Wallraff war da. Ein Lesebuch, 89. – *Herausgebertätigkeit:* Mein Lesebuch, 84. – *Filme, Fernsehen:* Flucht vor den Heimen, 71; Ermittlungen gegen Unbekannt, 74; Steckbrief eines Unerwünschten, 75; Informationen aus dem Hinterland, 77; Die nackten Füße Nicaraguas (Drehbuch), 83; Is was, Kanzler?, 84 (Drehbuch mit J. Busse u. G. Schmidt); Ganz unten, 86; Und macht euch die Erde untertan (Fsp.), 87.

Walser, Martin (Johannes), *24. 3. 1927 Wasserburg/Bodensee.

W., Sohn eines Gastwirts, diente gegen Ende des 2. Weltkriegs als Flakhelfer und geriet in Gefangenschaft; 1946 Abitur; Studium der Literatur, Geschichte und Philosophie in Regensburg und Tübingen; 1951 Promotion mit einer Arbeit über Franz Kafka («Beschreibung einer Form»); 1949–57 Mitarbeiter beim Süddeutschen Rundfunk, in dessen Auftrag er verschiedene europäische Länder bereiste; 1957 zog er an den Bodensee zurück. W. ist Ehrenbürger seines Geburtsortes. W. ist Mitglied der Akademie der Künste, Berlin und der Deutschen Akademie für Sprache und Dichtung, Darmstadt. W. war Gastdozent an verschiedenen amerikanischen, englischen und deutschen Universitäten. – Preise (u. a.): Preis der Gruppe 47 (1955), Hermann-Hesse-Preis (1957), Gerhart-Hauptmann-Preis (1962), Schiller-Gedächtnis-Förderpreis (1965), Filmförderungspreis (1971), Schiller-Gedächtnispreis (1980), Heine-Plakette, Düsseldorf (1981), Georg-Büchner-Preis (1981). 1990 Gro-

ßer Literaturpreis der Bayerischen Akademie der Schönen Künste, Carl-Zuckmayer-Medaille des Landes Rheinland-Pfalz und Ricarda-Huch-Preis.

W.s epische und dramatische Figuren sind Angehörige der Mittelschicht, die in ihrem Kampf um sozialen Aufstieg und in ihrer Suche nach privatem Glück beschrieben werden. Der vom Konkurrenzprinzip verursachte Zwang zum Rollenverhalten gerät dabei in Widerspruch zu ihrem Streben nach Ich-Identität. Für W. hat Literatur einen Veränderungsauftrag und eine aufklärerische Funktion. Sein Realismus der Selbsterfahrung im Rollenkonflikt steht dabei fern von einer Tendenz zur ‹Neuen Innerlichkeit›: die Trennung von Berufs- und Privatsphäre, damit die von Erfolg und Glück, wird enthüllt als falsche und verordnete, die sich aber unter den gegebenen repräsentativen Existenzbedingungen der Figuren nicht aufheben läßt. Die Selbstreflexionen der Figuren zeigen mehr oder minder direkt das Fortwirken gesellschaftlicher Rollen und Konventionen in Familienleben und Glücksvorstellungen. In den individuellen Identitätskonflikten kann W. somit die gesellschaftlichen aufspüren. Auch der erotische Eskapismus Anselm Kristleins erweist sich noch als Rollenverhalten, der Konventionsbruch selbst als Konvention. W. nimmt seine Figuren ernst in den Wunschvorstellungen, die sie von sich haben; dies gilt auch dort, wo das Scheitern dieser Vorstellungen an der Realität ironisch oder satirisch dargestellt wird. Nach W.s Auffassung von Literatur kann sich ihr Veränderungsauftrag nur über den Prozeß der Rezeption der negativen Lebenserfahrungen erfüllen; W. bietet keine Lösungsprogramme positiv an. W.s politisches Engagement suchte sich primär außerliterarische Betätigungsfelder: so etwa bei seiner distanzierten Sympathie für die DKP, das Engagement gegen den Vietnamkrieg, für die Werkkreisliteratur, die Herausgabe von Schriften literarischer Außenseiter.

W. beginnt mit parabelhafter Prosa (*Ein Flugzeug über dem Haus*). Der Einfluß Kafkas wie auch Robert Walsers zeigt sich vor allem in der spezifischen Ironie: der «ironischen Existenz» – nämlich gelten zu lassen, «was gilt, als gelte es» – im Gegensatz zu Thomas Manns Ironikern (*Selbstbewußtsein und Ironie*). Damit ist die spätere Rollenproblematik bereits vorbereitet.

Um des beruflichen Fortkommens willen modelt sich Hans Beumann (*Ehen in Philippsburg*) nach dem Bild, von dem er glaubt, daß es die anderen der Philippsburger Gesellschaft von ihm haben. In der Anselm Kristlein-Trilogie (*Halbzeit, Das Einhorn, Der Sturz*) entwickelt W. sein für die folgenden Werke charakteristisches Verfahren der ‹Alltagsepik›. Im Unterschied zur Polyperspektivität des vorangegangenen Stationenromans reflektiert der erfolgreiche Vertreter und schließliche Werbetexter Anselm Kristlein über Ich-Konflikte und die Banalitäten des Alltags. Gelegenheit zur Selbstreflexion bietet wie so oft bei W. eine tatsächliche oder vorgespielte Krankheit. Die Schilderung ist besonders eindringlich durch innere Monologe, durch das Wechseln der Erzählerperspektive von der Ich- zur Er-Form sowie durch die Privates, Natur und Gesellschaftliches vermittelnde Metaphorik. Bestimmte Bewußtseinsverfassungen Kristleins korrespondieren den jeweiligen sozialen Prozessen, in denen er sich befindet: Aufstieg (*Halbzeit*), Versuch, den erreichten Status zu erhalten (*Einhorn*) und Abstieg (*Der Sturz*).

In seinen Theaterstücken beginnt W. schon früh, politische Themen zu behandeln. In *Eiche und Angora* wird der Faschismus als Problem der Gegenwart thematisiert. In *Der Schwarze Schwan* wird die Frage aufgeworfen nach der Möglichkeit des Protests gegen angepaßtes Verhalten unter der Herrschaft des Nationalsozialismus. In *Abstecher*, seinem ersten Stück, und in *Die Zimmerschlacht*. *Übungsstück für ein Ehepaar*, seinem erfolgreichsten, herrschen die privaten Themen vor. Eine Parabel des Kapitalismus stellt *Überlebensgroß Herr Krott* vor. Als dramatisch-ästhetisches Mittel ist W.s Stücken der reflektierende Immobilismus seiner Figuren gemein («Bewußtseinstheater»).

Konflikte werden so weit vorangetrieben, bis ein Ausbruchsversuch unvermeidlich zu sein scheint. Dieser unterbleibt jedoch. Im *Sauspiel* versucht W. mittels der Perspektive der Gegenwart auf die historischen Ereignisse um den deutschen Bauernkrieg Einsichten in das Funktionieren konservativer Restauration zu vermitteln.

Parallel zu seinem außerliterarischen Engagement probiert W. in *Die Gallistl'sche Krankheit* die literarische Tauglichkeit einer positiven Lösung. Die Heilung seiner Krankheit, die dem Kristlein-Syndrom von Einsamkeit, Konkurrenzdruck und Rollenzwang entspricht, erfährt Josef G. Gallistl durch eine vorsichtige Anbindung an eine Gruppe befreundeter Kommunisten. Dieser Lösungsversuch entspringt der Einsicht, daß die Rollenkonflikte privatim nicht zu lösen sind, sondern nur durch Solidarität und gesellschaftliche Veränderung. Seitdem verschob sich W.s Perspektive von dem Ringen um individuelle bzw. kollektive Heilung auf das bloße Überleben seiner Figuren. Als sich der verdiente Firmenrepräsentant Franz Horn (*Jenseits der Liebe*) beruflich überfordert sieht und der soziale Abstieg droht, zerbricht auch seine Familie; aber auch sein Selbstmordversuch schlägt fehl. In *Brief an Lord Liszt* hat sich Franz Horn wieder gefangen und versucht, seine Deformationen aufzuschreiben. Die satirische Pointe besteht im Überdauern verinnerlichter Rollenmuster, deren realer Anlaß nicht mehr besteht: Liszt ist von ihrem gemeinsamen Chef inzwischen ebenso ausgetauscht worden wie vordem Horn.

In *In Goethes Hand* zeichnet W. das Bild Johann Peter Eckermanns, der 1823 erstmals nach Weimar kam und dessen Fixierung auf Goethe lebensentscheidend war. Mitten in der Arbeit an den «Gesprächen» besucht ihn Freiligrath. In einem Interview trifft der neue Geist der Revolution – der Geist Freiligraths, Börnes und Marx' – auf Eckermanns naiv idealisierendes Goethebild. In diesem zentralen Gespräch erscheint Eckermann als ebenso tragikomische wie liebenswerte Figur, und es wird das Verhältnis von deutscher Klassik und deutscher Geschichte beleuchtet.

Dorle und Wolf ist eine deutsch-deutsche

Spionage- und Liebesgeschichte. Die Rollenproblematik der Figuren W.s. wird im Spion Wolf, für den gesellschaftlich Mimikry lebensnotwendig ist, auf die Spitze getrieben.

W.: Prosa: Ein Flugzeug über dem Haus und andere Geschichten, 1955; Ehen in Philippsburg, 57; Halbzeit, 60; Mitwirkung bei meinem Ende, 62; Lügengeschichten, 64; Das Einhorn, 66; Fiction, 70; Die Gallistl'sche Krankheit, 72; Der Sturz, 73; Jenseits der Liebe, 76; Ein fliehendes Pferd, 78; Seelenarbeit, 79; Das Schwanenhaus, 80; Brief an Lord Liszt, 82; Brandung, 85; Meßmers Gedanken, 85; Dorle und Wolf, 87; Jagd, 88; Armer Nanosh (mit A. Scheib), 89. – *Dramen, Hörspiele:* Eiche und Angora, 62 (2. Fassung 63); Überlebensgroß Herr Krott, 64; Der Schwarze Schwan, 64; Der Abstecher/Die Zimmerschlacht, 67; Ein Kinderspiel, 70; Aus dem Wortschatz unserer Kämpfe, 71; Das Sauspiel. Szenen aus dem 16. Jahrhundert, 75; In Goethes Hand. Szenen aus dem 19. Jahrhundert, 84; Ein fliehendes Pferd. Theaterstück (mit U. Khuon), 85; Die Ohrfeige, 86; Säntis, 86; Hilfe kommt aus Bregenz (Hsp.), 88; Zorn einer Göttin (Hsp.), 89; Armer Nanosh (Drehbuch mit A. Scheib); Nero läßt grüßen oder Selbstporträt des Künstlers als Kaiser / Alexander und Annette, 89. – *Essays, Schallplatten:* Hölderlin auf dem Dachboden, 60; Beschreibung einer Form, 61; Erfahrungen und Leseerfahrungen, 65; Heimatkunde, 68; Hölderlin zu entsprechen, 70; Wie und wovon handelt Literatur?, 73; Der Grund zur Freude, 78; Wer ist ein Schriftsteller?, 78; André Ficus (mit G. Linder und P. Renz), 80; Heines Tränen, 81; Selbstbewußtsein und Ironie. Frankfurter Vorlesungen, 81; Der Unerbittlichkeitsstil. Rede zum 100. Geburtstag von Robert Walser (Schallplatte), 81; Mein Schiller. Rede bei der Entgegennahme des Schiller-Gedächtnispreises 1980 (Schallplatte), 81; Liebeserklärungen, 83; Goethes Anziehungskraft, 83; Variationen eines Würgegriffs, 85; Heilige Brocken aus der Gegend, 86; Geständnis auf Raten, 86; Ein Abstecher, 87 (Kass.); Über Deutschland reden, 88 (erw. 90); Die Amerikareise (mit A. Ficus), 89. – *Herausgebertätigkeit:* Die Alternative oder Brauchen wir eine neue Regierung?, 61; Franz Kafka: Er, 63; Vorzeichen 2. Neun neue deutsche Autoren, 63; Jonathan Swift: Satiren, 65; Ursula Trauberg: Vorleben, 69; Wolfgang Werner: Vom Waisenhaus ins Zuchthaus, 70; Heimatlob. Ein Bodenseebuch (mit André Ficus), 78; Die Würde am Werktag, 80; Allmende (mit M. Bosch u. a.), H. 1 ff, 81 ff; Menz, Maria: Gedichte, 3 Bde (mit E. Wild), 81. – *Übersetzungen:* Bernard Shaw, Trevor Griffiths, D. H. Lawrence, Christopher Hampton, Mark Medoff. – *Sammelausgaben:* Eiche und Angora. Überlebensgroß Herr Krott. Der Schwarze Schwan, 65; Drei Stücke, 66; 17 Geschichten, 69; Gesammelte Stücke (endgültige Fassung), 71; Fiction. Die Gallistl'sche Krankheit, 75; Was zu bezweifeln war. Aufsätze und Reden 1958–1975, 76; Anselm Kristlein, 3 Bde, 81; Versuch, ein Gefühl zu verstehen und andere Versuche, 82; Gesammelte Geschichten, 83; Heilige Brocken. Aufsätze, Prosa, Gedichte, 88.

Walser, Robert, *15. 4. 1878 Biel (Kanton Bern), †25. 12. 1956 Herisau (Kanton Appenzell).

W.s Großvater war Pfarrer und politischer Publizist (u. a. Herausgeber einer «radikal freisinnigen» Zeitschrift), der Vater Buchbinder und Kaufmann in Biel, seine Geschwister waren Künstler, Gelehrte, Lehrer. W. führte nach kurzer Schulzeit ein unstetes Wanderleben; er erlernte (1892–95) das Bankfach in Biel, in Stuttgart versuchte er vergeblich, Schauspieler zu werden. 1898 erschien seine erste Gedichtsammlung; Bekanntschaft mit Franz Blei, der W. mit dem Literatenkreis um die Zeitschrift «Die Insel» bekannt machte. 1901 besuchte W. Max Dauthendey in Würzburg. 1903 arbeitete er bei einem Ingenieur als Sekretär; 1904 als Bankangestellter in Zürich. Von 1905–13 lebte W. bei seinem Bruder Karl, einem bekannten Maler, Graphiker und Bühnenbildner, in Berlin; für einige Monate (1905) war er Diener auf Schloß Dambrau in Oberschlesien, nachdem er in Berlin eine Dienerschule besucht hatte. Nach seiner Rückkehr nach Berlin riet ihm der Verleger Bruno Cassirer, einen Roman zu schreiben; so entstanden in rascher Folge *Geschwister Tanner*, *Der Gehülfe*, *Jakob von Gunten* und eine weitere Sammlung Gedichte. – Aus wirtschaftlichen Gründen 1913 Rückkehr in die Schweiz nach Bellelay zu seiner Schwester Lisa, dann nach Biel. Es entstanden weitere Prosastücke. 1921 Übersiedelung nach Bern, wo er einige Monate Bibliothekar des Berner Staatsarchivs war. 1925 erschien sein letztes Buch *Die Rose*. Im Januar 1929 wegen einer Psychose Eintritt in die Heilanstalt in Waldau, 1933 Überführung in die Heilanstalt nach Herisau, ab diesem Zeitpunkt keine schriftstellerische Arbeit mehr. 1936 Freundschaft mit Carl Seelig, der 1944 die Vormundschaft von W. übernahm und das Werk Walsers als Herausgeber betreute.

Seine Bewunderer (Kafka, Brod, Hesse, S. Zweig, Zollinger, Benjamin, Morgenstern, Musil, Martin Walser, Höllerer u. a.) loben die kindliche Verträumtheit W.s, die Taugenichts-Frömmigkeit, das unkonventionell Versponnene, seine liebenswürdige Verspieltheit. Die adäquateste Form dafür hat W. in impressionistischen Miniaturen gefunden. W. scheint mit den Dingen zu tändeln, nimmt das Unbedeutende ernst und lächelt über das Bedeutsame (einige charakteristische Überschriften: *Der Buchdeckel, Liebe kleine Schwalbe, Rede an einen Knopf*). Seine Gedichte schrieb er mit zierlicher Schrift in linierte, blaue Schulhefte. Auch sie wirkten naiv-bescheiden, hie und da (bewußt?) unbeholfen.

W.s Romane sind durchweg von autobiographischem Gehalt. In *Geschwister Tanner* verarbeitet W. in sehr verschlüsselter Form Erlebnisse seiner frühen Zürcher Zeit, auf die eigenen Geschwister wird angespielt. Der Roman beschreibt Arbeit und Lebensmilieu der Angestellten, deren Entfremdung in der Alltagsroutine. Der Held Simon Tanner verweigert sich der Anpassung an solches Dasein und setzt auf die «Liebe zum Leben». In *Der Gehülfe* berichtet W. mit eindringlicher Realistik über seine Arbeit bei einem Ingenieur in Wädenswil am Zürichsee. Der Verfall des Bürgertums, wirtschaftlicher Ruin und das Verkommen aller zwischenmenschlichen Beziehungen sind das Thema dieses zeitkritischen Romans, erzählt aus der ironischen Perspektive einer nur «provisorischen Existenz». *Jakob von Gunten*, ein Schul- und Erziehungsroman, in der Form eines Tagebuchs geschrieben, entfaltet die merkwürdige Welt des Instituts Benjamenta, einer Schule für Diener, eine Art negative Erziehungsutopie. Ziel der Ausbildung dort ist die Entfremdung der Zöglinge von ihrer Natur, eine Haltung totalen Gehorsams und äußerster Dienstwilligkeit; «eine Übung ins

Nichts», wie Martin Walser treffend schreibt. Der Roman erzählt in locker aneinandergereihten Episoden die Erfahrungen und Begegnungen der Titelfigur mit Mitschülern und Lehrern. Offenbleiben muß, inwieweit das Institut Benjamenta Einfluß auf Kafkas «Schloß»-Roman hatte.

W.: Romane: Geschwister Tanner, 1907; Der Gehülfe, 08; Jakob von Gunten, 09; Der Räuber (aus dem Nachlaß), 76; Die Räuber. 24 Manuskriptblätter, 86. – *Erzählungen:* Fritz Kocher's Aufsätze, 04; Kleine Dichtungen, 14; Geschichten, 14; Der Spaziergang, 17; Komödie, 19; Seeland, 19; Kleine Wanderung, 63; Liebesgeschichten, 77; Das Ende der Welt (mit W. Schmögner), 80. – *Sonstige Prosa:* Aufsätze, 13; Kleine Prosa, 17; Poetenleben, 18; Die Rose, 25; Die Schlacht bei Sempach, 50; Prosa, 60; Träumen, 85; Wenn Schwache sich für stark halten, 86; Dichteten diese Dichter richtig? Eine poetische Literaturgeschichte, 89. – *Lyrik:* Gedichte, 09, 44; Unbekannte Gedichte, 58; …Saite und Sehnsucht, 78; Die Gedichte, 84. – *Sammel- u. Werkausgaben:* Große kleine Welt, 37; Stille Freuden, 44; Vom Glück des Unglücks und der Armut, 44; Dichtungen in Prosa, 5 Bde, 53–61; Der Spaziergang, 73; Prosa, 73; Lektüre für Minuten, 78; Das Gesamtwerk, 12 Bde, 78; Briefe, 78; Kleine Dichtungen, 80; An die Heimat, 81; Maler, Poet und Dame, 81; Romane I und II, 84; Die Romane und Erzählungen, 6 Bde, 84; Sämtliche Werke in Einzelausgaben, 20 Bde, 84ff; Bedenkliche Geschichten, 85; Aus dem Bleistiftgebiet, 4 Bde, 85–90; Aufsätze, 85; Poetenleben, 88. – *Schallplatten u. ä.:* Robert Walser, 80 (Platte).

Walter → Schönstedt, Walter

Walter, Otto F., *5.6.1928 Rickenbach bei Olten.

Verlegersohn. Buchhändlerlehre in Zürich, Volontär in Köln, seit 1951 im Verlagswesen tätig. 1956–66 literarischer Chef des Walter-Verlags, Verlagsleiter; 1967–73 beim Luchterhand Verlag Leiter des literarischen Programms. Mehrere Literaturpreise, u. a. Schweizerischer Schillerpreis 1989. – Revolte ist zentrales Motiv von W.s Schreiben, auch in formaler Weise. Einzelne oder Gruppen auf der Suche nach neuen Lebensformen, gegen stabilisierte Verhältnisse. Hang zum Reflektieren statt Erzählen. – Im Erstlingsroman *Der Stumme* Suche eines

Sohnes nach dem Vater, durch dessen Schuld er einst die Sprache verloren hat.
– *Die ersten Unruhen*: ein scheinbar neutrales Konzept aus Zitatmontagen (bedrohliche Folgeerscheinungen des Wirtschaftswachstums und deren offizielle Verharmlosung) am Beispiel einer Schweizer Stadt. – *Die Verwilderung*, Montageroman aus Privatem und aktuellem Zeitgeschehen, der die Widersprüche in der Realität deutlich macht. Auch hier Ergänzung des Erzählten durch außerliterarische Materialien. Gleiches kritisches Engagement in *Wie wird Beton zu Gras*, aus dem Blickwinkel eines 18jährigen artikuliert: der Aufstand der Ökologen für «das Überleben vor sich selbst». Als sein Hauptwerk ist *Zeit des Fasans* anzusehen, die Geschichte einer Schweizer Familie und zugleich eine Gesellschaftsgeschichte der Schweiz in den Jahren nach 1933.

W.: Romane: Der Stumme, 1959; Herr Tourel, 62; Die ersten Unruhen, 72; Die Verwilderung, 77; Wie wird Beton zu Gras, 79; Das Staunen der Schlafwandler am Ende der Nacht, 83; Zeit des Fasans, 88. – *Dramen:* Elio oder eine fröhliche Gesellschaft, 65; Die Katze, 67. – *Essays:* Eine Insel finden. Gespräch (mit S. Walter), 83; Gegenwort. Aufsätze, Reden, Begegnungen, 88.

Wander, Fred, *5.1.1917 Wien.
Nach der Schulzeit war W. als Gelegenheitsarbeiter in verschiedenen europäischen Ländern tätig. 1939 wurde er in Frankreich interniert und nach Deutschland ausgeliefert; W. verblieb bis zum Kriegsende in Auschwitz und Buchenwald. Nach 1945 trat er der KPÖ bei. W. arbeitete als Reporter und Fotograf in Wien; 1955 nahm er an einem Lehrgang des Literaturinstituts in Leipzig teil. Er siedelte 1958 in die DDR über, wo er seitdem als freischaffender Schriftsteller lebte. Seit 1983 lebt er wieder in Österreich.
W. kommt in seinem Werk immer wieder auf sein Grunderlebnis, die Verfolgung durch den Faschismus, zurück. Seine Reisereportagen sind zugleich Wiederbegegnungen mit der Vergangenheit. Für seine Erzählung *Der siebente Brunnen* erhielt W. 1972 den Heinrich-Mann-Preis. In der Erzählung verdichtete W. die Erinnerung an das Entsetzen und Überlebensstrategien im KZ zum Plädoyer für die Fortsetzung antifaschistischer Toleranz gegenüber den Andersdenkenden.
W.s Drama *Josua läßt grüßen* schildert die Auseinandersetzungen in einer südamerikanischen großbürgerlichen Familie: Die Eltern wollen sich nicht eingestehen, daß ihr Sohn im Untergrundkampf umgekommen ist, um den Pseudo-Optimismus ihrer Lebenshaltung aufrechterhalten zu können.

W.: Erzählungen, Reiseberichte: Taifun über den Inseln, 1959; Korsika noch nicht entdeckt, 59; Bandidos, 63; Nicole, 66; Doppeltes Antlitz. Pariser Impressionen, 66; Der siebente Brunnen, 71; Holland auf den ersten Blick, 72; Ein Zimmer in Paris, 74; Provenzalische Reise (mit Maxie Wander), 78. – *Dramen:* Josua läßt grüßen (in: Theater der Zeit 1/77), 77; Josua läßt grüßen. Der Bungalow, 79; Das taubengraue Haus (in: Theater der Zeit 3/80), 80; Patrique, Patrique oder Der Salamander, UA 83. – *Herausgebertätigkeit:* Wander, M.: Tagebücher und Briefe, 79.

Wander, Maxie, *3.1.1933 Wien,
†20.11.1977 Berlin.
W., Tochter eines Tankwarts, in der Wiener Vorstadt aufgewachsen, hat die Schule vor dem Abitur verlassen und von Gelegenheitsarbeiten in Fabrik, Büro und Haushalt gelebt. 1958 geht W. zusammen mit ihrem Mann, dem Schriftsteller und KPÖ-Mitglied Fred Wander, in die DDR, wo sie zunächst als Sekretärin, dann als Fotografin und Journalistin arbeitete. – W. hat einen gleichermaßen überraschenden wie anhaltenden Erfolg mit einem Band literarisch gestalteter Gesprächsprotokolle, in denen von W. befragte Frauen in der DDR über ihren Alltag und Beruf erzählen, über Liebe und Sexualität, über Emanzipation und Unterdrückung, über Bedürfnisse und Hoffnungen. Der Band *Guten Morgen, du Schöne* zeigt gleichzeitig den unzureichenden Stand der Frauenemanzipation und Möglichkeiten weiblicher Selbstverwirklichung. W. artikuliert ein Verständnis von Emanzipation, das sich von dem der westlichen Frauenbewegung abhebt, aber für neuere DDR-Autorinnen typisch ist: «Nicht gegen die Männer können wir uns emanzipieren, sondern nur in

der Auseinandersetzung mit ihnen.» Allein in der BRD werden von W.s Frauenprotokollen binnen weniger Jahre mehr als eine Viertelmillion Exemplare verkauft, sowohl hier als auch in der DDR werden Texte des Bandes von anderen Autoren für Rundfunk, Fernsehen und Theater bearbeitet. Einen vergleichbaren Erfolg hat auch W.s zweites Buch, «Dokument einer Krankheitserfahrung», eine von ihrem Mann zusammengestellte Auswahl aus ihren Briefen und Tagebüchern, die zwei Jahre nach ihrem Tod erscheint: *Leben wär' eine prima Alternative.* Unvollendet geblieben ist W.s Arbeit an Männer- und Kinderprotokollen, von denen gedruckt nur eines (*Frank, die Dialektik und das gewöhnliche Meerschwein*) erschien. Zusammen mit ihrem Mann veröffentlicht W. noch Reisereportagen; ihre Versuche mit Kurzgeschichten verbleiben zumeist noch im Bereich der «Fingerübungen».

W.: Erzählungen, Protokolle, Reportagen: Martine (in: «Das Magazin» 6), 1968; Maxie Wander–Fred Wander (in: Was zählt, ist die Wahrheit. Briefe von Schriftstellern in der DDR), 75; Guten Morgen, du Schöne. Protokolle nach Tonband, 77 (in der BRD u. d. T. Guten Morgen, du Schöne. Frauen in der DDR, 78); Provenzalische Reise (mit Fred Wander), 78; Frank, die Dialektik und das gewöhnliche Meerschwein (in: Auskunft 2), 78; Lob des Knoblauchs (mit F. Wander, in: «Das Magazin» 7), 78; Erwachen (in: «Das Magazin» 8), 78; Fannie (in «Das Magazin» 11), 78; Maxie Wander. Tagebücher und Briefe, 79 (veränd. in der BRD u. d. T. Leben wär' eine prima Alternative, 80); Sonntag im Bois Vincennes (in: «Das Magazin» 3), 79; Eine Straßenbahn namens Emma (in: Der Räuber schwingt das Buttermesser), 80.

Wandrey, Uwe (Pseud. Peer Brax), * 10. 5. 1939 Hamburg.
Der als Sohn eines Hafenarbeiters geborene W. arbeitete nach einer Schiffbauerlehre und einem Maschinenbaupraktikum bis 1960 als Schiffbaukonstrukteur. Nach Abendabitur und Militärdienst studierte er Germanistik, Geschichte und Philosophie, arbeitete als wissenschaftlicher Assistent und promovierte 1971. 1966 gründete er den Quer-Verlag. Von 1969–77 trat er als Liedermacher mit eigenen Werken auf. 1977 Mitinitiator des

«1. Bundesdeutschen Lyrikfestivals». Von 1971–81 war W. Herausgeber von Taschenbuchreihen für Kinder und Jugendliche. – Seine literarische Laufbahn begann W. in den 60er Jahren mit politischen Gedichten und Kurzprosa. In den *Lehrzeitgeschichten* schildert er in kurzen Prosastücken am Beispiel einer Schiffbauerlehre die allmähliche ‹Zurichtung› eines Lehrjungen zum Arbeiter. In seinem Roman *Auffällig ist immer die Stille* greift er auf Erlebnisse seiner Militärzeit zurück. Neben einer regen Herausgebertätigkeit trat er mit einigen Kinderbüchern hervor.

W.: Romane, Erzählungen, Kurzprosa, Kinderbücher: Klein-Erna auf Linkskurs, 70; Versteckt und entdeckt. Ein Suchbilderbuch (mit Wilhelm M. Busch), 72; Lehrzeitgeschichten, 73; Alles gelogen! Moderne Schildbürgerstreiche, 75; Der Räuber Ratzeputz (mit Hansjörg Langenfass), 77 (als Schallplatte, 78); Auffällig ist immer die Stille, 79 (u. d. T. Der Rekrut oder Auffällig ist immer die Stille, 83); Der Zuckerbäcker Balthasar (mit Jutta Bauer), 81; Ein Gummibär hat's schwer, o. J. – *Lyrik:* Reizreime, 66; Kampfreime, 68; Songs, 71. – *Theoretische Schriften:* Das Motiv des Krieges in der expressionistischen Lyrik, 72 (Diss.). – *Herausgebertätigkeit:* Georg Heym: Dichtungen und Schriften. Bd 4. Dokumente zu seinem Leben und Werk (mit K. L. Schneider, G. Burkhardt, D. Marquardt), 68; Eiffe: Eiffe for President, 68; Garstige Weihnachtslieder, 68; Stille Nacht allerseits!, 72; Da kommt ein Mann mit großen Füßen, 73; Kein schöner Land? Deutschsprachige Autoren zur Lage der Nation, 79; Heilig Abend zusammen, 82; Zukunftsmusik, 86; Hundert Jahre Liebe, 87; Hundert Jahre Helden (mit U. Eltner), 88; Knapp vierzig, 91; Nie wieder neunundzwanzig…, 91; Runde fünfzig, 91. – *Schallplatten:* Da habt ihr es, 71; Trotz alledem, 77.

Wang → Eberle, Josef

Wangenheim, Gustav von (Pseud. Hans Huß), * 19. 2. 1895 Wiesbaden, † 5. 8. 1975 Berlin.
Nach Besuch des Gymnasiums war W. zunächst Landwirtschaftseleve und ging dann zur Bühne. Während des 1. Weltkriegs, den er als Soldat miterlebte, gehörte er dem bürgerlich-oppositionellen Kreis um F. Pfemferts Zeitschrift «Aktion» an und hatte Engagements an den Theatern in Wien, Darmstadt und

Berlin. 1918 nahm er während der Revolution an den Rätekongressen teil, nachdem er vorher in die USPD eingetreten war. 1922 wurde er Mitglied der KPD. Für deren Zentralen Sprechchor, dessen Leitung er 1923 übernahm, schrieb er sein erstes Sprechchorwerk *Chor der Arbeit*. 1924 gründete er die «Barbusse-Truppe» und veranstaltete mit ihr mehrere Tourneen durch ganz Deutschland. In der Zeit von 1925–28 arbeitete er als Schauspieler in Darmstadt und Hamburg. Ab 1928 betätigte er sich u. a. als Textautor und Regisseur der kommunistischen Agitpropgruppe «Rote Blusen» in Berlin und als künstlerischer Leiter des «Arbeitertheater-Bundes». 1931 entstand unter seiner Führung die «Truppe 1931», eine antifaschistische Vereinigung erwerbsloser Schauspieler, für die W. kommunistisch-agitatorische Stücke schrieb, so *Die Mausefalle*, ein Bühnenwerk, das vor 1933 in Deutschland und später in den USA und der Sowjetunion auf vielen Bühnen gespielt wurde. 1933 emigrierte W. in die UdSSR, wo er als Regisseur tätig war. Nach Deutschland zurückgekehrt, hatte er von 1945–47 die Stelle des Intendanten am Deutschen Theater in Ost-Berlin inne. 1950 Nationalpreis.

W.s Bühnenwerke repräsentieren das frühe proletarisch-revolutionäre Theater. Mit seinen antifaschistischen Agitpropstücken im Stile Brechts und Piscators griff er aktuelle gesellschaftliche Vorgänge der NS-Zeit auf. So thematisierte er in *Die Mausefalle* die Anfälligkeit der Mittelschicht für die Demagogie des Faschismus. Sein Sprechchorwerk *Chor der Arbeit* war der erste bedeutende Beitrag zur sozialistischen Literatur. Nach 1945 standen Alltag und Aufbauprobleme der DDR im Zentrum seines Schaffens und die Forderung an die Jugend zur Mitarbeit an der Gestaltung des neuen, demokratischen Lebens.

W.: Bühnenwerke: Mann Fjodor, 1917; Lausbub Franz, 18; Chor der Arbeit, 23; 7000, 24; Erinnert Euch, 28; Chorwerk über 8-Stundentag, 29; Die Mausefalle, 31; Da liegt der Hund begraben, 32; Wer ist der Dümmste?, 32; Das Urteil, 33; Helden im Keller, 34; Der Kämpfer, 36; Die Friedensstörer, 38; Volksfreund, 39; Die fromme Marta, 46; Die Maus in der Falle, 47; Du bist der Richtige, 50; Auch in Amerika, 50; Wir sind schon weiter, 51; An beiden Ufern der Spree, 52; Die fromme Maria, 54; Das ängstliche Mariechen, 56; Mit der Zeit werden wir fertig, 58; Die vertauschten Brüder, 59; Studentenkomödie, 59; Hier muß ein Mann ins Haus, 60. – *Filme:* Und wieder 48, 48; Der Auftrag Höglers, 49; Kai 5, 53; Gefährliche Fracht, 55; Heimliche Ehen, 56. – *Erzählungen:* Olympisches Ziel, 40; Fährmann wohin, 41. – *Sammelausgaben:* Im Kampf geschrieben, 62; Da liegt der Hund begraben, 74.

Wangenheim, Inge von, * 1. 7. 1912 Berlin. Die Tochter eines Arbeiters und einer Konfektionarbeiterin besuchte nach dem Lyzeum eine Schauspielschule und trat in das Schauspielerkollektiv Erwin Piscators ein, anschließend in die «Gruppe 31». Dieses Kollektiv kommunistischer und progressiver Künstler wurde von ihrem späteren Mann geleitet. 1930 wurde sie Mitglied der KPD, 1933 emigrierte sie über Brüssel nach Paris, im August desselben Jahres nach Moskau. In der Emigration war sie als Schauspielerin, Journalistin und Redakteurin tätig. 1945 kehrte sie mit ihrem Mann nach Ost-Berlin zurück, wo sie bis 1949 am Deutschen Theater spielte. Danach arbeitete sie als Regisseurin, vor allem aber als Autorin. Sie ist Mitglied des Schriftstellerverbandes der DDR. Sie erhielt u. a. den Heinrich-Heine-Preis 1968 und 1977 den Nationalpreis.

In der Emigration schrieb W. Dramen und Erzählungen, war aber vornehmlich publizistisch tätig. Nach 1945 schrieb sie neben Essays auch Erzählungen und Romane. Von Bedeutung sind vor allem ihre autobiographischen Schriften (*Mein Haus Vaterland, Auf weitem Feld.*) In einer Reihe von Romanen hat W. die Verhältnisse in der jungen DDR zu gestalten versucht und die Schwierigkeiten ihrer Protagonisten, sich bewußt für den Sozialismus zu entscheiden, etwa in *Das Zimmer mit den offenen Augen*, in dem es um die Schwierigkeiten von Kleinbürgern geht, für sich einen Platz in der neuen Gesellschaft zu finden. In zahlreichen Essays hat sich W. immer wieder zur Problematik des Schreibens und der sozialistischen Literatur geäußert.

W.: Romane, Erzählungen, Autobiographisches: Mein Haus Vaterland, 1950; Auf weitem Feld, 55; Am Morgen ist der Tag ein Kind, 57; Einer Mutter Sohn, 58; Professor Hudebrach, 61; Das Zimmer mit den offenen Augen, 65; Die hypnotisierte Kellnerin, 68; Die Probe, 73; Die tickende Bratpfanne, 74; Hamburgische Elegie, 77; Spaal, 79; Die Entgleisung, 81; Schauplätze. Bilder eines Lebens, 83; Weiterbildung, 83; Station 5, 85; Deutsch und Geschichte, [3]89. – *Dramen:* Professor Hudebrach, 64. – *Essays, theoretische Schriften, Reportagen:* Die Aufgaben des Kunstschaffenden im neuen Deutschland, 47; Dem Vater der deutschen Schauspielkunst, 53; Kleine Stadt im großen Blickfeld, 63; Die Geschichte und unsere Geschichten, 66; Reise ins Gestern, 67; Kalkutta liegt nicht am Ganges, 70; Die Verschwörung der Musen, 71; Genosse Jemand und die Klassik, 82; Der goldene Turm. Eine Woche Paris, 88. – *Sammel- und Werkausgaben:* Von Zeit zu Zeit, 75; Mit Leib und Seele, 82. – *Herausgebertätigkeit:* Die Volksbühne. Monatsschrift, 47–48.

Warth → Walden, Herwarth

Wassermann, Jakob, *10.3.1873 Fürth, †1.1.1934 Altaussee (Steiermark).

W., Sohn eines kleinen jüdischen Kaufmanns, begann seine literarische Laufbahn nach entbehrungsreicher Jugend als Mitarbeiter des «Simplicissimus»; seit 1893 als freier Schriftsteller tätig; lebte seit 1898 in und bei Wien, später in Altaussee. Nach 1933 in Deutschland als jüdischer Schriftsteller abgelehnt.

W.s Romane erfuhren nach 1900, vor allem in den 20er Jahren, breiteste Anerkennung des Publikums und der Schriftstellerkollegen; Th. Mann bezeichnete ihn als «Welt-Star des Romans».

W. beschäftigte sich zeitlebens mit dem klassischen, alten Roman, auch zu der Zeit, wo überall ein Weg aus der Krise des Romans gesucht wurde; hielt fest an der traditionellen Erzählkunst: Seinen Werken liegt durchgängig eine spannende «Geschichte» zugrunde. W.s literarisches Schaffen wurde deutlich beeinflußt von seiner Stellung als Deutscher und als Jude, die ihn besonders in seiner Jugend viele Ungerechtigkeiten erfahren ließ.

Zentrales Thema seiner Arbeiten ist so der Kampf um Gerechtigkeit, der Versuch, gegen die «Trägheit der Herzen» anzugehen. Dies wird nicht nur in seinen ersten Romanen deutlich, sondern auch in seinem späteren Werk, in dem er ungewöhnliche und ungeklärte «Fälle» behandelt, die sein Grundanliegen zu überdecken scheinen. W. problematisierte den Grundkonflikt seines Daseins in drei Werken: in *Die Juden von Zirndorf*, dem autobiographischen, um 1904 entstandenen Roman *Engelhart oder Die zwei Welten* und am stärksten in der ebenfalls autobiographischen Schrift *Mein Weg als Deutscher und Jude.*

W.: Romane, Erzählungen, Autobiographisches: Melusine, 1896; Schläfst du, Mutter?, 97; Die Schaffnerin, 97; Die Juden von Zirndorf, 97; Die Geschichte der jungen Renate Fuchs, 1900; Der Moloch, 03; Der niegeküßte Mund, 03; Alexander in Babylon, 05; Die Schwestern, 06; Caspar Hauser oder Die Trägheit des Herzens, 08; Die Masken Erwin Reiners, 10; Der goldene Spiegel, 10; Der Mann von 40 Jahren, 13; Donna Johanna von Castilien, 14; Das Gänsemännchen, 15; Christian Wahnschaffe, 19; Der unbekannte Gast, 20; Der Wendekreis, 4 Bde, 20–22; Die Geschichte des Grafen Erdmann Promnitz, 21; Mein Weg als Deutscher und Jude, 21; Oberlins drei Stufen, 22; Ulrike Woytich, 23; Die Gefangenen auf der Plassenburg, 23; Geronimo de Aquilar, 23; Der Geist des Pilgers, 23; Faber oder Die verlorenen Jahre, 24; Historische Erzählungen, 24; Laudin und die Seinen, 25; Fränk, 25; Aufruhr um Junker Ernst, 26; Das Amulett, 27; Das Gold von Caxamalca, 28; Der Fall Maurizius, 28; Golowin, 29; Die Lebensalter, 29; Christoph Columbus, der Don Quichote des Ozeans, 29; Etzel Andergast, 30; Bula Matari, 32; Selbstbetrachtungen, 33; Joseph Kerkhovens dritte Existenz, 34; Olivia, 37; Bekenntnisse und Begegnungen, 50; Engelhart oder Die zwei Welten, 73. – *Dramen:* Lorenza Burgmair, 1898; Hockenjos oder Die Lügenkomödie, 98; Die ungleichen Schalen, 1912; Die Prinzessin Girnara, 19; Lukardis, 32. – *Essays:* Die Kunst der Erzählung, 04; Der Literat oder Mythos und Persönlichkeit, 10; Deutsche Charaktere und Begebenheiten, 15; Was ist Besitz, 19; Imaginäre Brücken, 21; Gestalt und Humanität, 24; In memoriam Ferruccio Busoni, 25; Lebensdienst, 28; Hofmannsthal, der Freund, 30; Rede an die Jugend über das Leben im Geiste, 32. – *Briefe:* Briefe an Julie Wassermann 1900–1929, 40; Geliebtes Herz. Briefe und Gedichte, 48. – *Sammel- und Werkausgaben:* Gesammelte Werke, 11 Bde, 24–31; Tagebuch aus dem Winkel. Erzählungen und Aufsätze aus dem Nachlaß, 35 (Neuaus. 87); Gesammelte Werke, 7 Bde, 44–48; Deutscher und Jude, 84; Schläfst du Mutter?, 84; Lukardis, 87.

W. B. → Bredel, Willi

Wecker, Konstantin (Amadeus),
*1.6.1947 München.
W., Sohn eines Opernsängers und Kaufmanns, erhielt bereits als Kind Musikunterricht. Nach dem Abitur war er zuerst an der Musikhochschule, dann an der Universität immatrikuliert. Bereits während dieser Zeit komponierte er, trat als Sänger auf, schrieb Theatermusiken und war als Schauspieler tätig. 1972 erschien seine erste Langspielplatte, der Durchbruch gelang ihm jedoch erst fünf Jahre später. Seither ist er einer der erfolgreichsten deutschen Liedermacher. 1977 erhielt er den Deutschen Kleinkunstpreis, 1978 den Deutschen Schallplattenpreis, 1979 den E.-Hoferichter-Preis und war ab 1980 Gastdozent an der Musikhochschule Hamburg. – 1978 erschien sein erstes Buch, dem in kurzen Abständen weitere Werke folgten. Bereits sein Erstlingswerk *Ich will noch eine ganze Menge leben* macht mit seinem programmatischen Titel aufmerksam auf wesentliche Themen seiner Texte. In seinen Liedern und Texten über Liebe, Beziehungsprobleme, politische Fragen artikuliert er Wünsche, Hoffnungen und Ängste auch seines Publikums zwischen Anpassung und alternativem Leben.

W.: Texte und Lyrik: Ich will noch eine ganze Menge leben, 1978 (erw. 79); Man muß den Flüssen trauen, 80; Lieder und Gedichte, 81; Und die Seele nach außen kehren, 81; Wahnsinn (mit Benno Geisler), 82; Im Namen des Wahnsinns, o. J.; Songs, Gedichte, Texte, Fotos, 85; Jetzt eine Insel finden, 86; Wieder dahoam. Wo München mir gehört, 87; Der alte Kaiser, 88; Das macht mir Mut. Lieder, Gedichte, Prosa, 89. – *Biographie:* Konstantin Wecker im Gespräch mit Bernd Schroeder, 81. – *Schallplatten:* Die sadopoetischen Gesänge des Konstantin Amadeus Wecker, 72; Ich lebe immer am Strand, 74; Weckerleuchten, 76; Genug ist nicht genug, 77; Eine ganze Menge Leben, 78; Liederbuch – Konstantin Wecker, 78; Die ersten zwei, 78; Konstantin Wecker live, 79; Liebesflug, 81; Das macht mir Mut, 82; Im Namen des Wahnsinns, 83; Filmmusi-

ken, 83. – *Herausgebertätigkeit:* Helmut: «Du, du, du», Ronnie: «Yes, I agree», ca. 85 (Platte).

Weckmann, André, *30.11.1924
Steinbourg/Elsaß.
Der Sohn eines Gastwirtes besuchte in Straßburg, Besançon und Zabern (Saverne) das Gymnasium, wurde 1943 von den Deutschen zwangseingezogen und an der Ostfront eingesetzt. Nach einer Verwundung desertierte er aus der deutschen Armee und tat Dienst bei einer amerikanischen Einheit. Nach Kriegsende studierte er in Straßburg Germanistik und ging 1950 in den Schuldienst. 1954 bis 1960 war er Kulturreferent der Préfecture du Bas-Rhin in Straßburg, seither arbeitet er als Deutschlehrer. Er ist Mitglied mehrerer französischer Schriftstellerorganisationen, des Internationalen Dialekt-Instituts und der Autorenvereinigung «Die Kogge». 1976 erhielt W. den Hebel-Preis, 1978 den Grand Prix Georges Holderith und den Staatspreis des Landes Baden-Württemberg, 1979 den schwedischen Mölle-Literaturpreis und 1986 den Jacob-Burckhardt-Preis Basel; 1990 Carl-Zuckmayer-Medaille des Landes Rheinland-Pfalz.
W. ist heute einer der international bekanntesten Schriftsteller des Elsaß, der gleichermaßen in Französisch, Elsässisch und Deutsch publiziert. Aus der historischen Notwendigkeit für die Elsässer, sich zwischen verschiedenen kulturellen Einflüssen behaupten zu müssen, verstand W. literarisch Vorteil zu ziehen, indem er die verschiedenen Einflüsse aufnahm und dem eigenen Werk nutzbar machte. Obwohl bereits seit dem Ende des 2. Weltkriegs literarisch tätig, wurde W. einem größerem Publikum erst mit der Veröffentlichung von Mundartgedichten seit Mitte der 70er Jahre bekannt. Dialekt ist für W. – wie für die meisten neuen Mundartdichter – kein Residuum für ‹gemütliche› Weltferne, sondern eigenständiges Ausdrucksmittel für Kritik und Widerstand im Beharren auf eigener Identität. Das Problem, elsässische Eigenart gegenüber allen Versuchen der Einvernahme durch Deutsche

und Franzosen zu wahren, bestimmt auch seine Prosa, so den Roman *Wie die Würfel fallen* über die wachsende Selbstentfremdung in einem elsässischen Dorf.

W.: Romane, Erzählungen, Prosa: Les nuits de Fastov, 1968; Sechs Briefe aus Berlin, 69; Geschichten aus Soranien, 73; Fonse ou l'éducation alsacienne, 75; Die Fahrt nach Wyhl, 77; Wie die Würfel fallen, 81; Odile oder das magische Dreieck, 85; La Roue du paon, 88. – *Lyrik:* Shang d sunn schint schun lang, 75; Haxschissdrumerum, 76 (mit Schallplatte); Fremdi Getter, 78; Elsassischi Liturgie, 80 (mit F. Arnold); Landluft, 83; Bluddi hand, 83; Elsassische Grammatik oder ein Versuch, die Sprache auszuloten. Gedichte im elsässischen Dialekt, 89. – *Herausgebertätigkeit:* Contes et récits d'Alsace, 66 (mit N. Katz); In dieser Sprache. Neue deutsche Dichtung aus dem Elsaß, 81 (mit A. Finck und C. Winter); Allmende. Eine alemannische Zeitschrift, Nr. 1 ff, 81 ff (mit anderen).

Wedding, Alex (eig. Grete Weiskopf), *11.5.1905 Salzburg, †15.3.1966 Saalfeld/Thüringen.

W., Tochter eines Beamten, arbeitete als Warenhausangestellte, Stenotypistin, Journalistin und Buchhändlerin. Anfang der 20er Jahre bekam sie Kontakt zur Arbeiterbewegung, ging 1925 nach Berlin, wo sie in die KPD eintrat, Mitglied des Bundes Proletarisch-Revolutionärer Schriftsteller (BRPS) wurde und den Schriftsteller F. C. Weiskopf heiratete. 1933 emigrierte sie nach Prag, 1939 nach Frankreich und anschließend in die USA. Ihre Bücher waren im nationalsozialistischen Deutschland verboten. 1949 kehrte sie nach Prag zurück, lebte 1949–53 mit ihrem als Botschafter tätigen Mann in Schweden und China, seit 1953 als freie Schriftstellerin in Berlin. Sie war Mitglied der Akademie der Künste und erhielt zahlreiche Auszeichnungen, u. a den Goethe-Preis Berlin und 1965 den Nationalpreis der DDR.

W. arbeitete als Übersetzerin und schrieb Drehbücher, bekannt wurde sie als Autorin von Kinder- und Jugendbüchern. Bereits ihr erstes Buch *Ede und Unku*, das unter Berliner Arbeiterkindern spielt, setzte Maßstäbe für die weitere Entwicklung der sozialistischen Jugendliteratur und wurde mehrfach übersetzt. In ihren Büchern verstand sie es immer wieder, auch historische Themen und fremde Kulturen für Kinder anschaulich zu machen – vom Deutschen Bauernkrieg bis zu den Aufbaujahren der Volksrepublik China. Nach ihr wurde der bedeutendste Kinder- und Jugendbuchpreis der DDR benannt.

W.: Romane, Erzählungen, Kinderbücher: Ede und Unku, 1930; Das Eismeer ruft, 36; Söldner ohne Sold, 48 (bearb. u. d. T.: Das große Abenteuer des Kaspar Schmeck, 54); Die Fahne des Pfeiferhänsleins, 49; Das eiserne Büffelchen, 52; Leuchtende Schätze. Aus der Werkstatt des Jung Pao-Dsai, 57; Schatz der Erde und weißer Schnee, 61; Die Geschichte von der kleinen Schildkröte und den Goldfinken, 63; Hubert, das Flußpferd, 63. – *Übersetzungen, Bearbeitungen, Nachdichtungen:* Siao, E.: Kindheit und Jugend Mao Tse-tungs, 53; Die Drachenbraut, 53; Im Schatten des Baobab, 65. – *Drehbuch:* Lissy, 57 (mit K. Wolf nach F. C. Weiskopf). – *Film:* China, 57 (Dokumentarfilm). – *Herausgebertätigkeit:* Weiskopf, F. C.: Gesammelte Werke, 8 Bde, 62 (mit St. Hermlin); Weiskopf. Ein Lesebuch für unsere Zeit, 63 (mit A. Roscher); Erinnerungen an einen Freund. Ein Gedenkbuch für F. C. Weiskopf, 63; Pankey, A.: Der Feuervogel, 64; Weiskopf, F. C.: Das Mädchen von Krasnodar, 65.

Wedekind, Frank (Pseud. Hieronymus Jobs; eig. Benjamin Franklin W.), *24.7.1864 Hannover, †9.3.1918 München.

W. war Sohn eines Arztes (der zehn Jahre lang in Diensten des türkischen Sultans stand, 1848 zum Abgeordneten des Frankfurter Paulskirchenparlaments gewählt wurde, emigrierte, in San Francisco eine deutsche Schauspielerin heiratete, zeitweilig in Hannover, dann in der Schweiz lebte) und wurde entschieden liberal und demokratisch erzogen. Seine Kindheit verlebte er auf Schloß Lenzburg im Kanton Aargau. 1879–84 besuchte er das Gymnasium in Aarau, begann 1884 ein Studium der Germanistik in Lausanne und ein – abgebrochenes – Jurastudium in München und Zürich. Durch Henckell wurde er mit dem naturalistischen Literaturprogramm bekannt und stieß zum Zürcher naturalistischen Dichterkreis. Zeitweilig war W. Werbechef einer Firma und Sekretär bei einem Zirkus. 1888 reiste er nach Berlin und gesellte sich zum Friedrichshagener Kreis der Brüder Hart. Seit 1890 war er Dramaturg, Schauspieler und Regisseur in Leipzig und München und ging mit Carl Heines «Ibsen-Theater» auf Tournee. 1891 wurde er Mitglied der «Gesellschaft für modernes Leben». 1894 lernte er in London Dauthendey und in Paris Lou Andreas-Salomé und Strindberg kennen und wurde Sekretär des abenteuerlichen dänischen Malers, Bildhauers, Kunsthändlers und genialen Bilderfälschers Willy Grétor. Seit 1896 war W. Mitarbeiter beim «Simplicissimus» und verbüßte wie der «Simplicissimus»-Zeichner Th. Th. Heine 1899/1900 in Königstein eine Festungsstrafe wegen Majestätsbeleidigung. 1900 unterhielt er Beziehungen zu Halbe und seinem literarischen Verein «Unterströmung», seit 1901 trat er beim Münchner Kabarett «Die elf Scharfrichter» auf, wo er als Lautensänger vor allem eigene Lieder und Balladen vortrug, seit 1902 in Wolzogens «Überbrettl», in Josef Vallés Bretlbühne «7 Tantenmörder» und im Münchner «Intimen Theater». 1904 brachte die Uraufführung von *Frühlings Erwachen* durch Max Reinhardt den entscheidenden Durchbruch. Allerdings war das Stück nach der Uraufführung bis 1912 verboten. Walden in Berlin und Kraus in Wien setzten sich für ihn ein und förderten die Aufführung weiterer Stücke W.s. 1905 verpflichtete ihn Reinhardt auch als Schauspieler. Außerdem gastierte W., gemeinsam mit seiner Frau Tilly (eig. Mathilde) Newes (1886–1970), an einer Vielzahl von Bühnen in Aufführungen seiner Werke. Hauptwohnsitz blieb bis zu seinem Tod München. Seit 1911 war W. Mitherausgeber der Münchner Zeitschrift «Der Komet», 1913 erhielt er die Ehrengabe der Fastenrath-Stiftung und gab sie zur Hälfte dem Schutzverband deutscher Autoren und Erich Mühsam. Während des 1. Weltkriegs waren fast alle Stücke W.s von der Zensur verboten.

W.s zentrales Thema ist die Befreiung der natürlichen sinnlichen Liebe im Kampf gegen bürgerliche Konvention und leibfeindliche Pseudo-Moral. Gegen alle Versuche, das Triebhafte zu domesti-

zieren oder zu verteufeln, feiert er die elementare Kraft des Lebens und verherrlicht die menschliche Natur und die Schönheit der Leiber. In bewußter Umwertung der Werte setzt er gegen die alte Moral der Prüderie und verkrampften Askese die neue unverklemmte, ursprüngliche und naturhaft-selbstverständliche «Moral der Amoralität» und verkündet in Anlehnung an Nietzsche: «Das Fleisch hat seinen eigenen Geist.» In seiner Parteinahme für die unterdrückte Natur des Menschen und die Außenseiter der Gesellschaft, in der satirischen Schärfe seiner Bürgerkritik, der aggressiven Entlarvung einer verlogenen, lebensfeindlichen Moral führt W. die Traditionen von Büchner, Grabbe und Heine weiter. Zeitlebens wurde er von der Zensur schikaniert, vom bürgerlichen Publikum verhöhnt, von Interpreten, Literaturwissenschaftlern und -kritikern verfälscht. W.s Errungenschaften wurden besonders in der expressionistischen Generation wieder aufgenommen. In vielfältiger Hinsicht, sowohl thematisch in der Provokation der bürgerlichen Moral und Ideologie als auch in den lyrisch-bänkelsängerischen Formen, der Dramentechnik und der Dialoggestaltung, ist W. Vorläufer von Brecht, Horváth, Sternheim, Kaiser, Hasenclever, Klabund u. a.

Die Tragödie *Frühlings Erwachen* greift die Unnatur der geschlechts- und liebesfeindlichen «Ordnung» und die Inhumanität des wilhelminischen Schulsystems an. Gegenüber dem in Unwissenheit gehaltenen, von verkalkten Autoritäten gegängelten jugendlichen Opfer einer falschen Erziehung erscheinen die Vertreter der institutionalisierten Unterdrückung als entfremdete, bis zur Karikatur verzerrte, automatenhafte Unmenschen. In dieser Kontrastierung der hilflosen menschlichen Opfer gegen die unmenschlichen Charaktermasken des Systems verrät sich Büchners Einfluß ebenso wie in der Dramaturgie der geschlossenen Form kühn ignorierenden lockeren Szenenfolge – ein Bruch mit den Regeln des klassischen Dramenaufbaus, den selbst die Naturalisten, z. B. Hauptmann, nicht wagten, und ein wichtiger

Schritt in der Entwicklung einer «offenen», «anti-aristotelischen» Dramaturgie. Die Tragödie *Lulu*, durch die Vertonung von Alban Berg (1953) auch als Oper bekannt geworden, erschien zunächst in den beiden selbständigen Teilen *Der Erdgeist* in 4 Aufzügen und *Die Büchse der Pandora* (1902, neu bearbeitet 1906). Erst 1913 wurden beide Stücke unter dem Titel *Lulu* in einer Ausgabe zusammengefaßt. Der Prolog verleiht dem Stück demonstrativen Charakter. Gezeigt werden soll «das wahre Tier, das wilde, schöne Tier», hier in Gestalt einer ungehemmten, faszinierend triebhaften Frau, deren animalisch-unbefangene Natur zum weiblichen Urwesen, zum Archetyp und Mythos erhöht wird. An ihr zerbrechen die konventionellen Sicherheiten der etablierten Bürger, die ihr rettungslos verfallen und zugrunde gehen. Aber auch sie selbst, bis zuletzt mit sich selbst elementar identisch, geht an sich zugrunde. Das macht das Stück zur Tragödie, die hier nicht aus Willensfreiheit oder moralischem Handeln, sondern aus der Erkenntnis der Einheit und Zweideutigkeit des wahren und sich immer wieder zerstörenden Lebens entsteht: W. verherrlicht zwar die Natur, aber erkennt sie auch in ihrer Ambivalenz. Die Tragik des Erdgeistes wird bejaht. Auch wo es zerstörerisch wirkt, wird das weibliche Prinzip nie angeklagt. Der Zensurprozeß um dieses Werk erstreckte sich über 3 Jahre und durch 3 Instanzen: Er endete mit W.s Freispruch und dem Verbot des Werkes. *Der Kammersänger* behandelt in prägnanter Zuspitzung das verdinglichte Verhältnis von Kunst und Leben am Beispiel eines erfolgreichen, aber geschäftstüchtig-philiströsen Kammersängers, der wegen seines vermeintlichen Künstlertums seine Menschlichkeit aufgibt. Die Hochstaplerkomödie *Der Marquis von Keith* verbindet das Thema Kunst und Geschäft mit dem Thema Genuß und Moral auf sehr kunstvolle und geschliffene Weise in kontrastreicher doppelter Verschränkung zwischen dem abenteuerlichen, egoistischen freien Genießer Keith, dem Moralisten Scholz, der sich aufopfernden bürgerlich-naiven Molly und der Keith ebenbürtigen Lebedame Gräfin Werdenfels.

Die Beziehungen und Dialoge zwischen diesen Personen bilden einen Höhepunkt von W.s satirischer Gesellschaftskritik. Das Parabelstück *König Nicolo oder So ist das Leben* antizipiert sowohl in seiner Entfremdungsthematik und der satirischen Gesellschaftskritik als auch in seiner Technik, der parabolischen Verfremdung, der Szenenfolge, den Spiel-im-Spiel- und Desillusionierungs-Effekten Brechts spätere Stücke. Das Stück thematisiert reflexiv das Mißverständnis zwischen Kunst und Publikum und das gestörte Verhältnis zwischen Kunst und Staat, in deren Gestaltung W.s eigene Erfahrungen eingegangen sind. *Hidalla oder Sein und Haben*, ein Stück um einen «Internationalen Verein zur Züchtung von Rassemenschen», in dem schöne Menschen sich von bürgerlicher Ehe und Moral lossagen und einander jederzeit zur Liebe bereit sein sollen, gehört thematisch in den Umkreis des utopischen Romans *Mine-Haha*. Das Kurzdrama *Totentanz* hat Lehrstückcharakter und experimentiert mit gegensätzlichen menschlichen Verhaltensweisen: Eine Frauenrechtlerin und ein Mädchenhändler werden in ihrer Auseinandersetzung durch den als Demonstration angelegten und durch die Versform verfremdeten Auftritt einer Dirne und ihres Kunden unterbrochen und zur Revision ihrer Meinungen und Haltungen veranlaßt. Das Sittengemälde *Musik* demonstriert an einem authentischen Fall in moritatenhaft epischer Reihung der Szenen die Unsittlichkeit der konventionellen Moral, die Ausbeutung und Unterdrückung belohnt und sittliche Selbstbestimmung verfolgt und der Lächerlichkeit preisgibt. *Oaha*, «Die Satire der Satire», macht die Satire selbst zum Gegenstand der Satire, indem sie die kommerziellen Praktiken eines Satire-Verlegers entlarvt und den Warencharakter auch der kritischen Literatur in grotesker Überzeichnung aufzeigt. *Schloß Wetterstein*, eher die zyklische Zusammenlegung von drei Einaktern als ein Drama in drei Akten, behandelt wieder, in bereits deutlich expressionistischem Stil, das Thema Liebe und Ehe in verschiedenen Konstellationen und Nuancen.

Unter dem vergleichsweise schmalen Erzählwerk hatten nicht einmal die 1897 im «Simplicissimus» veröffentlichte Erzählung *Rabbi Esra* oder die 1897 entstandene, aber von der Zensur verbotene Novelle *Der Brand von Egliswyl*, die zu den wertvollsten Erzählungen jener Zeit gerechnet wurde, größere Wirkung. Auch hier ist das Thema die sinnliche Leidenschaft als Quelle menschlicher Schicksals. W.s Ideologie- und Erziehungskritik, seine Forderungen nach Emanzipation und Würde des Körperlichen sind besonders ausgeformt in dem Romanfragment *Mine-Haha oder Über die körperliche Erziehung der jungen Mädchen*, in dem, parodistisch an die Tradition des deutschen Bildungs- und Erziehungsromans anknüpfend, die Erzählerin Hidalla die Geschichte ihrer eigenen Erziehung im utopischen Raum einer von der Wirklichkeit abgeschlossenen pädagogischen Provinz darlegt. Hier wie in den Dramen gelangt W. über den Einzelfall hinaus zu Urbildern und neuen Mythen, die auch ihrer Form nach den Primat des Qualitativen und Konkreten gegen die herrschende Arroganz des Quantitativen und Abstrakten ausspielen.

W.s zahlreiche Gedichte, Moritaten und Balladen sind meist aus seinem unmittelbaren Kontakt mit der Zirkuswelt, den Varietés und Kabaretts hervorgegangen. Auch in den Liedern, die er oft selbst vertonte und selber zur Gitarre sang, verhöhnte er die verkrüppelte bürgerliche Moral und verherrlichte die Außenseiter – Artisten, Tänzerinnen, Schauspieler, Abenteurer –, die stark genug waren, sich den herrschenden Reglements und Konventionen zu entziehen.

W.: Erzählungen: Mine-Haha oder Über die körperliche Erziehung der jungen Mädchen, 1901; Feuerwerk, 06; Marianne, 20; Rabbi Esra, 24. – *Epen:* Der Hänseken, 1896; Felix und Galathea, 1911. – *Dramen:* Der Schnellmaler oder Kunst und Mammon, 1889; Kinder und Narren, 91 (2. Fassung unter dem Titel: Die junge Welt); Frühlings Erwachen, 91; Der Erdgeist, 95; Die Büchse der Pandora, 1902 (beide zusammen unter dem Titel: Lulu, 13); Die junge Welt, 97; Der Liebestrank, 99; Der Kammersänger, 99; Der Marquis von Keith, 1901; König Nicolo oder So ist das Leben, 02, verändert 20; Hidalla oder Sein und Haben, 04

(später unter dem Titel: Karl Hetmann der Zwerg-Riese); Totentanz. Drei Szenen, 05 (später unter dem Titel: Tod und Teufel); Musik, 08; Oaha, 08 (Neufassung unter dem Titel: Till Eulenspiegel, 16); Die Zensur, 08; Der Stein der Weisen, 09; Schloß Wetterstein, 10; Mit allen Hunden gehetzt, 10; In allen Sätteln gerecht, 10; In allen Wassern gewaschen, 10; Franziska, 11; Simson oder Scham und Eifersucht, 14; Bismarck, 16; Überfürchtenichts, 17; Herakles, 17; Ein Genußmensch, 24; Ein gefallener Teufel. Pharus II, 90. – *Lyrik:* Die vier Jahreszeiten, 05; Lautenlieder, 20. – *Abhandlung:* Schauspielkunst. Ein Glossarium, 10. – *Sammel- und Werkausgaben:* Die Fürstin Russalka. Gedichte, dramatische Pantomimen, Prosa, 1897; Gesammelte Werke, 9 Bde, 1912–21; Ausgewählte Werke, 5 Bde, 24; Gesammelte Briefe, 2 Bde, 24; Prosa, Dramen, Verse, I, 54; 60; II, 64; Mine-Haha und andere Erzählungen, 55; Ich hab meine Tante geschlachtet. Lautenlieder und «Simplicissimus»-Gedichte, 66; Ich liebe nicht den Hundetrab. Gedichte, Bänkellieder, Balladen, 67; Der vermummte Herr. Briefe 1881–1917, 67; Gedichte und Chansons, 68; Greife wacker nach der Sünde, 73; Werke in 3 Bdn, 69; Die Liebe auf den ersten Blick, 84; Der Verführer, 86; Die Tagebücher, 86; Gedichte und Lieder, 89; Lulu. Erdgeist. Die Büchse der Pandora, 89; Werke, 2 Bde, 90. – *Schallplatten, Kassetten:* Ich hab meine Tante geschlachtet, 88 (Kass.).

Wegner, Arnim T(heophil) (Pseud. Johannes Selbdritt, Ömer-Tarik, Klaus Uhlen), * 16. 10. 1886 Wuppertal-Elberfeld, † 17. 5. 1978 Rom.

Nach dem Schulbesuch in Berlin, Glogau, Düsseldorf, Breslau und Striegau studierte W. von 1908 in Breslau, Zürich, Berlin und Paris Rechtswissenschaften. Zeitweilig war er Schauspielschüler bei M. Reinhardt, schrieb für Zeitungen und veröffentlichte seine ersten Gedichte. 1913 promovierte er in Breslau zum Dr. jur.; im 1. Weltkrieg arbeitete er als Sanitäter. In den 20er Jahren unternahm W. ausgedehnte Reisen nach Rußland, Südeuropa und dem Nahen Osten; danach Redakteur für die Zeitschrift «Der neue Orient»; war Mitbegründer des Bundes der Kriegsgegner. Nach 1933 wurden W.s Bücher verboten und verbrannt, er selber wurde von den Nationalsozialisten verfolgt und emigrierte nach längerem Gefängnis- und KZ-Aufenthalt nach England, Palästina und Italien. 1941–43 war W. Dozent für deutsche Sprache und

Literatur in Padua. Seinen Wohnsitz behielt er bis zu seinem Tode in Rom und auf Stromboli.

Die Erzählungen W.s, der seine schriftstellerische Produktion mit am Expressionismus orientierten Gedichten begonnen hatte, werden geprägt von den Erlebniswelten der orientalischen Länder und Rußlands, die er in seinen langen Reisen kennenlernte (*Der Knabe Hussein*) und auch in Reiseberichten für zahlreiche Zeitungen und Zeitschriften vorstellte. Gegen Gewaltmißbrauch jeder Art setzte sich der Pazifist W. direkt und mit schriftstellerischen Mitteln (*Der Ankläger*) zur Wehr. Nachdem er im 1. Weltkrieg den Massenmord am armenischen Volk beobachtet hatte, schrieb er einen offenen Brief an US-Präsident Wilson; sein 1933 an Hitler verfaßter Brief gegen die Judenverfolgungen brachten ihm schließlich die Verhaftung ein. – W. wurde 1957 mit dem Großen Bundesverdienstkreuz und 1962 mit dem Eduardvon-der-Heydt-Preis der Stadt Wuppertal ausgezeichnet; 1968 erhielt er in Israel die Ehrenmünze der Gerechtigkeit.

W.: Romane, Erzählungen: Weg ohne Heimkehr, 1919; Der Knabe Hüssein, 21; Das Geständnis, 22; Wie ich Stierkämpfer wurde und andere Erzählungen, 28; Moni oder Die Welt von unten, 29; Die Silberspur, 52. – *Reisebeschreibungen:* Im Hause der Glückseligkeit, 20; Das Zelt, 27; Fünf Finger über dir, 30 (Repr. 79); Am Kreuzweg der Welten, 30; Maschinen im Märchenland, 32; Jagd durch das Tausendjährige Land, 32. – *Lyrik:* Im Strom verloren, 03; Zwischen zwei Städten, 09; Höre mich reden, Anna-Maria, 12; Das Antlitz der Städte, 17; Die Straße mit den tausend Zielen, 24. – *Schriften:* Der Ankläger, 21; Das Verbrechen der Stunde, 22. – *Sammelausgaben:* Fällst du, umarme auch die Erde, 74; Odyssee der Seele, 76.

Wehner, Josef Magnus (Pseud. Ima Vallesi), *14.11.1891 Bermbach (Rhön), †14.12.1973 München.
1912 kam W. nach München, fand schnell einige Beachtung mit dem Hexameter-Epos *Der Weiler Gottes* und wurde 1928 aufgefordert, sich am *Münchner Dichterbuch* zu beteiligen, einer Anthologie, mit der die Existenz eines «klassischen» Münchner Dichterkreises nachgewiesen

werden sollte im Gegensatz zur modernistisch kurzlebigen «Afterkunst». Während des 1. Weltkriegs gehörte W. einem bayrischen Infanterieregiment an, kehrte schwer verwundet von der Front zurück und fand zunächst keinen Verleger und auch keine Beschäftigung. 1930 aber gelang ihm die Veröffentlichung seines Romans *Sieben vor Verdun*, in dem er den Krieg verherrlichte und den deutschen Soldaten glorifizierte. Der Roman wurde sein größter Erfolg, da er wie die anderen kriegsbegeisterten Romane aus dieser Zeit bald auch von den Nazis gefördert wurde. Bei den Nazis, denen W. auch in den folgenden Jahren dienen wollte, fand er im weiteren allerdings wenig Gegenliebe. Seine Vorstellung vom «deutschen Reich», die im Zentrum seines Denkens stand, war zwar rassistisch, nationalistisch und männlich-heroisch geprägt, aber zugleich katholisch-mystisch, metaphysisch und vergangenheitsbeschwörend. So gewann W. nur mehr mit seinen Reden ein breiteres Publikum: 1940 hielt er *Ansprachen an den deutschen Menschen*, die über den Reichssender Köln ausgestrahlt wurden und die Kriegsbegeisterung wecken sollten. Mit Kriegsende geriet W. ins Abseits. Mit den erfolglosen Veröffentlichungen aus dieser Zeit versuchte er, an den zeitlos «klassischen» Stil seiner Anfänge anzuschließen und bevorzugte harmlose Themen aus dem religiösen, idyllischen, allgemeinmenschlichen Bereich.

W.: Romane: Der blaue Berg, 1922; Die Hochzeitskuh, 28; Sieben vor Verdun, 30; Wie Unteroffizier Junne starb (Ausz. aus Sieben vor Verdun), 30; Verdun (Ausz. aus Sieben vor Verdun), 33; Stadt und Festung Belgerad, 36; Die Eroberung von Belgrad (Ausz. aus Stadt und Festung Belgerad), 40; Erste Liebe, 41; Der schwarze Kaiser, 50; Mohammed, 52; Der Kondottiere Gottes, 56. – *Erzählungen, Novellen, Legenden:* Die mächtigste Frau, 22; Die Tropfenlegende, 23; Das Hasenmaul, 30; Die Wallfahrt nach Paris, 33; Geschichten aus der Rhön, 35; Das große Vaterunser, 35; Elisabeth, 39; Echnaton und Nofretete, 40; Der langsame Hochzeiter, o. J. (ca. 43); Der rote Ball, o. J. (ca. 44); Drei Legenden, 49; Der schwarze Räuber von Haiti, 51; Die schöne junge Lilofee, 53. – *Dramen:* Das Gewitter, 26; Die Versuchung des Rabanus Maurus, o. J. (ca. 50); Johannes der Täufer, 52; Das Rosenwunder, 54; Das Fuldaer Bonifaziusspiel, 54; Saul und David, 54; Die aber ausharren bis zum Ende, 56; Das goldene Kalb, 61; Abt Sturmius von Fulda, 67. – *Lyrik:* Der Weiler Gottes, 20; Blumengedichte, 50; Erde, purpurne Flamme, 62. – *Schriften, Essays, Reden, Skizzen:* Die Seherin von Konnersreuth, 27; (Pseud. Ima Vallesi); Land ohne Schatten, 30; Das unsterbliche Reich. Reden und Aufsätze 1928–32, 33; Langemarck. Eine Rede samt Auswahl aus den Kriegsbriefen gefallener Studenten, 33; Bekenntnis zur Zeit. Ansprachen an den deutschen Menschen, 40; Das goldene Jahr, 43; Vom Glanz und Leben deutscher Bühne. Eine Münchner Dramaturgie. Aufsätze und Kritiken 33–41, 44; Zehn Briefe an einen jungen Deutschen, 51; Elisabeth von Thüringen, 46; Albertus Magnus, 61; Filippo Neri, ein Heiliger auch unserer Zeit, 68. – *Biographien:* Struensee, 24; Schlageter, 34; Hindenburg, 36; Hebbel, 38. – *Bearbeitungen, Übersetzungen:* Elly Ney: Ein Leben für die Musik, 52; Walt Disney: Geheimnisse der Steppe, 56. – *Autobiographisches:* Mein Leben, 34; Als wir Rekruten waren, 38. – *Sammelausgaben:* Schicksal und Schuld, 37; Josef Magnus Wehner – eine Dichterstunde, 39.

Weigand, Wilhelm *13.3.1862 Gissigheim/Tauberbischofsheim, †20.12.1949 München.
W. studierte Literaturwissenschaft und Kunstgeschichte in Brüssel und lebte ab 1889 in München. 1904 war er einer der Mitbegründer der «Süddeutschen Monatshefte». – W.s Werk ist weitgespannt, es beginnt mit neuromantischen Gedichten und Erzählungen, die späteren Prosawerke sind realistischer, bleiben aber einem regionalen Historizismus verhaftet.

W.: Lyrik: Gedichte, 1890; Dramatische Gedichte, 91; Rügelieder, 92; Sommer, 94; In der Frühe, 1901; Gedichte, 04; Der verschlossene Garten, 09; Seelenherbst, 48. – *Romane, Erzählungen:* Die Frankentaler, 1889; Im Exil, 90; Der zwiefache Eros, 96; Novellen, 2 Bde, 1904–06; Der Ring, 13; Weinland, 13; Die Löffelstelze, 19; Frauenschuh, 20; Wunnihun, 20, Der graue Bote, 23; Die ewige Scholle, 27; Wendelins Heimkehr, 27; Die Fahrt zur Liebesinsel, 28; Von festlichen Tischen, 28; Die Gärten Gottes, 30; Der Musikantenstreik, 33; Die rote Flut, 35; Helmhausen, 38; Die liebe Frau von Biburg, 40; Menschen und Meister, 41; Der Ruf am Morgen, 41; Venus in Kümmelburg, 42. – *Dramen:* Der neue Adel, 1893; Der Wahlkandidat, 93; Macht, 95; Lorenzino, 97; Die Renaissance (Dramenzyklus,

2 Bde, 99; Moderne Dramen, 2 Bde, 1900; Florian Geyer, 01; Agnes Korn, 04; Lolo, 04; Der Einzige, 08; Die Sphinx, 08; Der Gürtel der Venus, 08; Herzogin von Mailand, 09; Könige, 12; Psyches Erwachen, 12; Lolos Onkel, 22. – *Essayistik:* Essays, 91; F. Nietzsche, 93; Das Elend der Kritik, 95; Der Abbé Galiani, 08; Montaigne, 11; Balzac und Stendhal, 12; Aus meinem Leben (autob.), 40.

Weigel, Hans, *29.5.1908 Wien.
Nach dem Abitur ging W. als Volontär zur Zeitschrift «Die literarische Welt», Berlin, war seit 1934 in Wien Kabarettist («Literatur am Naschmarkt»), emigrierte 1938 in die Schweiz und kehrte 1945 nach Wien zurück. Neben seiner Leistung als Autor und Bearbeiter von Revuen, musikalischen Lustspielen und Komödien, neben seiner Übersetzertätigkeit, insbesondere von Molière, entfaltete W. bis 1961 eine vielbeachtete Tätigkeit als Theaterkritiker und war als Herausgeber der Anthologie *Stimmen der Gegenwart* 1951–54 ein entschiedener Förderer österreichischer Literatur. In zahlreichen Essays, Polemiken und Plaudereien setzte er sich mit großem Nachdruck für Verkanntes und Unterschätztes ein, vor allem, wenn es seinem Bild des «Österreichischen» entgegenkam. Die Sprachkritik, die W. in Berufung auf Karl Kraus unternimmt, scheint ihm bisweilen allerdings zum Selbstzweck zu werden (*Die Leiden der jungen Wörter*). 1972 Preis der Stadt Wien, 1982 Österreichischer Staatspreis; 1988 Staatspreis für Verdienste um die österr. Kultur im Ausland.

W.: Romane: Der grüne Stern, 1945; Das himmlische Leben, 46; Unvollendete Symphonie, 51; Hölle oder Fegefeuer, 54. – *Dramen:* Axel an der Himmelstür, 26; Barrabas, 46; Das wissen die Götter, 47; Entweder – oder, 47; Angelica, 48; Erde, 48; Ein schöner Herbst (mit R. Stolz), 63. – *Essays:* O du mein Österreich, 55; Kleiner Knigge für Unpünktliche, 56; Das Buch von den Wiener Philharmonikern, 57; Masken, Mimen und Mimosen, 58; Flucht vor der Größe, 60; Tausend und eine Premiere, 61; Lern dieses Volk der Hirten kennen, 62; Versuch über J. Meinrad, 62; Blödeln für Anfänger, 63; Attila Hörbiger, 63; Das kleine Walzerbuch, 65; Das tausendjährige Kind, 65; Apropos Musik, 65; Johann Nestroy, 67; Karl Kraus oder die Macht der Ohnmacht, 68; Vorschläge für den Weltuntergang, 69; Götterfunken mit Fehlzündung, 71; Die Leiden der jungen Wörter, 74; In memoriam, 77; Der exakte Schwindel, 77; Das Land der Deutschen mit der Seele suchend, 78; Gerichtstag vor 49 Leuten. Rückblick auf das Wiener Kabarett der dreißiger Jahre, 81; Apropos Theater, o. J.; Wien ist anders (mit E. Hausner), o. J.; Tirol für Anfänger (mit P. Flora), 81; Das Wiener Kaffeehaus, 82; Das Schwarze sind die Buchstaben, 83; Jeder Schuß ein Russ, jeder Stoß ein Franzos... (mit W. Lukan u. M. D. Peyfuss), 83; Nach wie vor Wörter, 85; Man kann nicht ruhig darüber reden, 86; Man derf schon. Kaleidoskop jüdischer und anderer Witze, 87; Die tausend Todsünden. Ein lockeres Pandämonium, 88; Ist Pünktlichkeit heilbar?, 88; Das Abendbuch, 89; Das Scheuklappensyndrom. Undisziplinierte Gedanken über Mitläufer und nützliche Idioten, 90. – *Herausgebertätigkeit:* Stimmen der Gegenwart, 51–54; Schnitzler, A.: Spiel im Morgengrauen, 75; Molnar, F.: Die Jungen der Paulstraße, 78; Fritsch, G.: Moos auf den Steinen 81; Schnitzler, A.: Meistererzählungen, 83. – *Sammelausgaben:* Große Mücken und kleine Elefanten. Vierzig Plädoyers für das Feuilleton, 80; ad absurdum. Satiren, Attacken, Parodien aus drei Jahrzehnten, 81; H. W. für Anfänger, 83; 1001 Premiere. Hymnen und Verrisse. Von Aischylos bis Zusanek, 2 Bde, 83.

Weil, Grete (eig. Grete Jockisch), *18. 7. 1906 Rottach-Egern.
W. wurde als Tochter eines Rechtsanwalts geboren, verbrachte ihre Jugend in München und studierte Germanistik in Frankfurt/M., München, Berlin und Paris. 1935 emigrierte sie in die Niederlande, wo sie nach der deutschen Besetzung beim Jüdischen Rat arbeitete. 1943 mußte sie untertauchen (ihr erster Mann wurde im KZ Mauthausen ermordet). 1947 kehrte sie nach Deutschland zurück und lebt als freie Schriftstellerin und Übersetzerin. 1983 Tukan-Preis; 1988 Geschwister-Scholl-Preis. W.s Œuvre umfaßt neben Übersetzungen und Opernlibretti für Hans Werner Henze (*Boulevard Solitude*) und Wolfgang Fortner (*Die Witwe von Ephesus*) erzählende Prosa, die wesentlich gekennzeichnet ist vom Erlebnis des Faschismus und seiner Folgen. Nicht ohne symptomatische Bedeutung ist dabei, daß ihre erste Arbeit, die Erzählung *Ans Ende der Welt*, erst 13 Jahre nach ihrer Erstveröffentlichung in der DDR in der Bundesrepublik erschien. In dieser Erzählung schildert sie in beklemmender Weise das Schicksal holländischer Juden in der Zeit der nationalsozialistischen Diktatur bis zu ihrer physischen Vernichtung in den Gaskammern.

W.: Romane, Erzählungen: Ans Ende der Welt, 1949; Tramhalte Beethovenstraat, 63; Happy, sagte der Onkel, 68; Meine Schwester Antigone, 80; Generationen, 83; Der Brautpreis, 88. – *Libretti:* Boulevard Solitude, 51; Die Witwe von Ephesus, 51. – *Übersetzungen:* D. Walker: Schottisches Intermezzo, 59; M. Huchins: Noels Tagebuch, 60.

Weinert, Erich (Pseud. Gustav Bernhard, Max von Buelowbogen, Erwin, Pius, Gustav Winterstein, Erhard Winzer), *4. 8. 1890 Magdeburg, †20. 4. 1953 Berlin.
W. war 1905–08 Lehrling in einer Maschinenfabrik und besuchte dann bis 1910 die Kunstgewerbeschule in Magdeburg; 1910–12 studierte er an der Kunsthochschule Berlin und arbeitete anschließend als freischaffender Maler; 1913–19 war W. zum Militärdienst eingezogen. 1921 veröffentlichte er erste satirische Gedichte (u. a. in der «Weltbühne» und im «Simplicissimus»), um dann als Kabarettist zu arbeiten. Er wirkte 1924 an der «Revue Roter Rummel» mit und wurde 1928 Vorstandsmitglied des Bundes Proletarisch-Revolutionärer Schriftsteller. W. unterstützte Agitpropgruppen der KPD, der er 1929 beitrat. 1933 ging er ins Exil (Schweiz/Frankreich/Saargebiet) und siedelte 1935 nach Moskau über. W. nahm am spanischen Bürgerkrieg teil, wurde 1939 in Frankreich interniert und ging dann nach Moskau zurück, wo er 1943 Präsident des Nationalkomitees «Freies Deutschland» wurde. 1946 kehrte W. nach Deutschland zurück und war in der SBZ/DDR in verschiedenen kulturpolitischen Funktionen tätig. Zweifacher Nationalpreisträger.
W.s Lyrik hatte seit Mitte der 20er Jahre große Resonanz innerhalb der Arbeiterbewegung. In einfachen, meist satirischen Versen wandte W. sich, der damaligen Taktik der KPD entsprechend, an die klassenbewußten Arbeiter. Er verstand sich in der Tradition des Commune-Dichters Eugène Pottier als «Dichter-Tri-

bun». Häufig machte er sich das Schulbuchwissen seiner Zuhörer zunutze, indem er klassische Muster mit jeweils aktuellen Themen verband und sie so zugleich parodierte. Originelle Wortschöpfungen und karikierende Genauigkeit zeichneten die besten seiner für den Tag geschriebenen Werke aus.

Die politische Wirkung seines Auftretens erhellt u. a. aus der Tatsache, daß W. 1934 wegen «Gotteslästerung, Aufreizung zum Klassenhaß, Aufforderung zum bewaffneten Aufstand» für sieben Monate mit Redeverbot belegt wurde («Lex Weinert»).

W.: Tagebücher, Kurzprosa: Es kommt der Tag, 1934; Der Tod fürs Vaterland, 42; Erziehung vor Stalingrad, 43; Stalingrad Diary, 44; Camaradas, 51; Memento Stalingrad, 51; Fräulein Eichhorn wohnt im Wald, 89. – *Drama:* Thomas Müntzer, 09. – *Lyrik:* Der verborgene Zeitspiegel, 22; Der Gottesgnadenknecht und andere Abfälle, 23; Affentheater, 25; Politische Gedichte, 28; Ausgewählte Gedichte, 32; Alltägliche Balladen, 33 (russ.); Pflastersteine, 34; Das Gästebuch des Fürsten Jussupow, 36; Rot Front, 36; Ausgewählte Gedichte, 36; Stichi, 36; An die deutschen Soldaten, 42; Stalin spricht, 42; Gegen den wahren Feind, 44; Kapitel II der Weltgeschichte, 47; Rufe in die Nacht, 47; Das Zwischenspiel. Deutsche Auswahl 1918–1933, 50. – *Übersetzungen, Nachdichtungen:* Pottier, Lermontov, Maršak, Ševčenko. – *Sammel- und Werkausgaben:* Gedichte (mit J. R. Becher), 43; Gesammelte Werke in 9 Bänden, 55–60; Gedichte, 50; Gedichte, 56; Unsere Zeit beginnt. Auswahl, 58; Und diese Welt wird unser sein, 59; Weinert. Ein Lesebuch für unsere Zeit, 61; Die juckt es wieder. Auswahl, 64; Das Lied vom roten Pfeffer, 68; Der Frühling braust – wir ziehn fürbaß, 69; Gesammelte Gedichte in 8 Bänden, Bd 1 ff, 70 ff; Das pasteurisierte Freudenhaus, 78. – *Herausgebertätigkeit:* Auf dem Podium, Sammlung revolutionärer Gedichte, 38; Trotz alledem. Sammelband antifaschistischer deutscher Erzähler, 38; Dem Genius der Freiheit, 39; Die fatale letzte Patrone, 43; H. Vogeler: Erinnerungen, 52; Die Fahne der Solidarität. Deutsche Schriftsteller in der spanischen Freiheitsarmee, 1936–1939, 53; Der preußische Wald. Ein Vortragsbuch, 87.

Weinheber, Josef, *9. 3. 1892 Wien, †8. 4. 1945 Kirchstetten (Niederösterreich) (Freitod).

Sohn eines Metzgers, Viehhändlers und Gastwirts. Nach Tod der Eltern und Geschwister 1902–08 harte Jahre im Waisenhaus von Mödling, dort auch Besuch des Gymnasiums. Autodidaktische Weiterbildung. Bis 1932 mehrere Berufe: Hilfsarbeiten in Metzgerei und Molkerei, 20 Jahre im Postdienst. 1925 Reisen durch Frankreich, Italien, Dalmatien, Deutschland, Schweiz. 1927 Übertritt zum Protestantismus. Künstlerische Produktion als Dichter und Maler schon seit der Waisenhauszeit, ab 1932 freier Schriftsteller. Zeitlebens trotz literarischer Anerkennung wirtschaftliche Probleme. 1936 Erwerb eines Landhauses in Kirchstetten. Zahlreiche Auszeichnungen während des Austrofaschismus und Nationalsozialismus (distanzierte sich seit 1943 in Privatbriefen). Als frühzeitig gebrochener Charakter Neigung zu Depressionen, Trunksucht. Tod vermutlich durch Selbstmord.

Lyrische Anfänge W.s sind beeinflußt von Dehmel, Rilke, Holz, Morgenstern. Stilistische Schulung vor allem an K. Kraus. Novellistische Prosa und 3 Romane: *Das Waisenhaus* schildert seine repressive Sozialisation im Waisenhaus, *Der Nachwuchs* das gesellschaftliche Klima in Wien nach dem 1. Weltkrieg. Hauptwirkung und größte Anerkennung als Lyriker. Die ersten Gedichtbände *Der einsame Mensch*, *Von beiden Ufern*, *Boot in der Bucht* dokumentieren meist bitterpessimistisch W.s künstlerische Positionssuche. In den 30er Jahren zeigt sich die poetische Ambivalenz W.s: Einerseits schreibt W. volkstümliche Lyrik: *Wien wörtlich* (teilweise dialektal), *O Mensch gib acht. Erbauliches Kalenderbuch für Stadt- und Landleut* und die intime *Kammermusik*, andererseits verdichten sich ihm klassische und antike Bildungserlebnisse (Horaz, Hölderlin) zur Verpflichtung auf eine anachronistisch-elitäre Dichterpose. In strengen Formen (Hymnen, Oden, Elegien, Sonette) spiegeln die Gedichtbände *Adel und Untergang*, *Späte Krone* und *Zwischen Göttern und Dämonen* W.s antikisierende Stilisierung eines heroischen Lebensgefühls und Dichterideals. Der Dichter wird überpolitisch zum stellvertretenden Dulder und Deuter großer Schicksalsmächte.

W.: *Romane, Erzählungen:* Das Verhältnis, (entstanden 1920); Das Waisenhaus, 24 (Fortsetzungsabdruck in: Arbeiterzeitung), 25; Der Selbstmörder (in: Die Muskete), 26; Paradies der Philister (in: Der neue Pflug), 28; u.d.T. Der Nachwuchs in der Werkausgabe, 53; Macht des Wortes (in: Arbeiterzeitung), 30; Der gejagte Teufel (in: Jedermann), 32; Gold außer Kurs (entstanden 32/33); Herr Baumeister Haas (in: Phönixkalender), 34; Die Ehescheidung (in: Der Wiener Bote), 35; Das Geschenk (in: Der Wiener Bote), 36. – *Dramen:* Die hohen Zeichen (Weihspiel, in: Das innere Reich), 39. – *Lyrik:* Der einsame Mensch, 20; Von beiden Ufern, 23; Boot in der Bucht, 26; Adel und Untergang, 34; Vereinsamtes Herz, 35; Wien wörtlich, 35; Deutscher Gruß aus Österreich, 36; Späte Krone, 36; O Mensch, gib acht. Erbauliches Kalenderbuch für Stadt- und Landleut, 37; Selbstbildnis, 37; Zwischen Göttern und Dämonen, 38; Kammermusik, 39; Den Gefallenen, 40; Blut und Stahl, 41; Himmelauen, Wolkenfluh, 41; Ode an die Buchstaben, 42; Dokumente des Herzens, 42; Gedichte, 44; Hier ist das Wort, 44 (nicht in den Handel gekommen), rev. 47; Gedichte, 66. – *Essays, theoretische Schriften, Briefe, Reden:* Gedanken zu meiner Disziplin (in: A. Luser, J. W. Persönlichkeit und Schaffen), 35; Würde und Ehre der geistigen Arbeit, 49; Über die Dichtkunst, 49; Briefe an Maria Mahler, 52; Briefe an Sturm, 56; Weinkeller, Kellergassen in Niederösterreich und im Burgenland (mit E. Forisch), 83. – *Sammel- und Werkausgaben:* Sämtliche Werke, 53–56, rev. 70; Das Glockenspiel, 59; Gedichte, 78; O Mensch, gib acht, 88; Maler und Lyriker, J. W., 88; Dokumente des Herzens, 89. – *Herausgebertätigkeit:* Der Augarten, 40–42.

Weisenborn, Günther (Pseud. W. Bohr, Christian Munk, Eberhard Foerster), * 10. 7. 1902 Velbert (Rheinland), † 26. 3. 1969 Berlin.
W. studierte Germanistik und Medizin in Köln und Bonn, 1928–30 lebte er in Berlin, 1930–33 als Farmer in Argentinien, danach wieder für kurze Zeit in Berlin, 1935–39 als Lokalreporter in New York, dann als Dramaturg wieder in Berlin. 1941–42 arbeitete er für den «Großdeutschen Rundfunk» und benutzte seine Stellung für konspirative Arbeit in einer Widerstandsgruppe der «Roten Kapelle». 1942 wurde W. verhaftet und zu langjähriger Zuchthausstrafe verurteilt, 1945 befreite ihn die Rote Armee aus dem Zuchthaus Luckau. W. begründete mit

Karl-Heinz Martin das Hebbel-Theater, er war 1945–47 Herausgeber der Zeitschrift «Ulenspiegel». 1951 wurde W. Chefdramaturg der Hamburger Kammerspiele. 1956 und 1961 reiste W. nach China. Später lebte W. in Berlin und im Tessin. – W. trat zuerst mit seinem Antikriegsdrama *U-Boot S 4* (auch als Hörspiel) in Erscheinung und arbeitete dann mit Brecht an der Einrichtung von Gor'kijs *Die Mutter*. Seine Werke 1933–38 sind unpolitisch; als seine Bücher verboten wurden, schrieb er unter den Pseudonymen Eberhard Foerster und Christian Munk. Seine Untergrundarbeit und seine Zuchthausexistenz bilden die Basis für sein Drama *Die Illegalen*, in dem ein Widerstandskämpfer sich opfert, um seine Gruppe zu retten, und das Erinnerungsbuch *Memorial*. Es ist autobiographisch und eine Vorstufe zu seiner späteren, viel ausführlicheren Darstellung der Widerstandsbewegungen gegen den Nationalsozialismus *Der lautlose Aufstand*. Als Dramatiker hat W. seinen eigenen Tonfall. Von seinem Konzept der «ortlosen Dramaturgie» ausgehend, die W. schon früh mit seinen Hörspielarbeiten (*Die Reiherjäger, Der Tatbestand* u. a.) entwickelte, und das den weitestgehenden Verzicht auf nichtverbale Bestandteile bedeutet, schrieb er historische Dramen wie *Die Ballade vom Eulenspiegel, vom Federle und von der dicken Pompanne* (auch als Hörspiel) und Gegenwartsstücke wie *Drei ehrenwerte Männer*. Ein Vergleich mit Brecht liegt nahe, W. ist aber weniger politisch orientiert. In seinen späteren Stücken wie auch in seinen Reisebüchern zeigen sich die Ergebnisse seiner China-Reisen. W. schrieb auch Filmdrehbücher.

W.: *Dramen, Hörspiele (z. T. ungedruckt):* U-Boot S 4, 1928; SOS oder Die Arbeiter von Jersey, 29; Die G.m.b.H. von Afrika (Pseud. W. Bohr), 31; Mann in Beton (mit A. Stemmle), 32; Die guten Feinde, 39; Die Illegalen, 46; Babel, 47; Historien der Zeit, 47; Die Ballade vom Eulenspiegel, vom Federle und von der dicken Pompanne, 49; Die spanische Hochzeit, 49; Die Neuberin, 50; Spiel vom Thomaskantor, 50; Drei ehrenwerte Männer, 51; Die Reiherjäger, 55; (in: Zauberei auf dem Sender und andere Hörspiele, hg. U. Lauterbach, 62); Zwei Engel steigen aus, 55; Der Tatbestand,

55; Das verlorene Gesicht, 56, (Neuausg.
u. d. T.: Lofter oder Das verlorene Gesicht,
59); Göttinger Kantate, 58; Jangtsekiang, 58;
Fünfzehn Schnüre Geld, 59; Die silberne
Sechs, 60; Die Clowns von Avignon. Klopfzei-
chen. Zwei nachgelassene Stücke, 82. – *Prosa:*
Barbaren, 31; Das Mädchen von Fanö, 35; Die
einsame Herde, 37; Die Furie, 37; Traum und
Tarantel, 38; Die Silbermine von Santa Sabina,
40; Memorial, 47; Der lautlose Aufstand, 53;
Der dritte Blick, 56; Auf Sand gebaut, 56;
Schiller und das moderne Theater, 59; Der
Verfolger. Die Niederschrift des Daniel Bren-
del, 61; Am Yangtse steht ein Riese auf, 61;
Der gespaltene Horizont, 64. – *Drehbücher:*
Das Mädchen von Fanö, 37; Der zwanzigste
Juli, 55; Barbara, 61; Dreigroschenoper, 63. –
Herausgebertätigkeit: Ulenspiegel, 45–47. –
Sammelausgaben: Dramatische Balladen, 55;
Memorial. Der Verfolger, 62; Theater, 4 Bde,
64–67; Memorial. Der gespaltene Horizont,
82; Günter Weisenborn, 84; Einmal laß mich
traurig sein. Briefe, Lieder, Kassiber
1942–1943, 84 (mit Joy Weisenborn).

Weiskopf, Franz Carl (Pseud. Pierre Buk,
Frederic W. L. Kovacs), *3. 4. 1900 Prag,
† 14. 9. 1955 Berlin.
1918 leistete W. seinen Militärdienst in
der k.u.k. Armee; nach dem Krieg studierte er Germanistik und Geschichte; er
trat 1919 den Sozialdemokraten, 1921
der KPČ bei, für deren Ziele er bis 1923
publizistisch arbeitete. 1923/24 wurde W.
mehrfach wegen literarischen Hochver-
rats angeklagt. 1928 nach Berlin übergesiedelt, war er journalistisch tätig und
trat dem Bund Proletarisch-Revolutionärer Schriftsteller bei. Nach seiner Ausweisung gab W. bis 1938 von Prag aus die
«Arbeiter-Illustrierte-Zeitung» heraus,
über Paris emigrierte er 1939 in die USA,
von wo er nach verschiedenen verlegeri-
schen und publizistischen Aktivitäten
1950–52 als Botschafter der Tschechoslowakei nach Peking ging.
1953 siedelte W. in die DDR über und
gab bis zu seinem Tode mit Bredel die
«Neue Deutsche Literatur» heraus.
Als «Mittler» (Hans Mayer) zwischen
Arbeiterbewegung und bürgerlichen Intellektuellen, zwischen internationaler
(speziell der tschechoslowakischen und
chinesischen) und deutscher Literaturtradition, zwischen Literaturtheorie und
Publizistik, Traditionsbewußtsein und

literarischer Modernität trat W. innerhalb
der sozialistischen Literaturbewegung
hervor. Nur zu Beginn seiner schriftstellerischen Arbeit verfaßte W. Gedichte; er
wandte sich ausschließlich der erzählenden Literatur, der Reportage und dem Essay zu. Bekannt geworden war W. u. a.
durch seine Reportage über die Sowjetunion *Der Staat ohne Arbeitslose* sowie
durch Erzählungen, die die Situation der
Arbeiter in der Tschechoslowakei und
Deutschland zum Gegenstand hatten.
Auch theoretisch für die Fortführung der
großen bürgerlichen Romantradition
und gegen den Proletkult eintretend,
nahm W. doch auch in seine Romane Elemente der Reportageliteratur auf, um so
die Authentizität der Wirklichkeitsdarstellung zu erhöhen. In dem Roman *Die
Versuchung* (später *Lissy oder Die Versuchung*) schilderte W. die Entwicklung
einer jungen proletarischen Frau in den
Jahren 1931–33, die sich zunächst
ebensowenig wie ihr aus kleinbürgerlichen Kreisen stammender Mann den
Versprechungen der Faschisten entziehen kann. Mit der Distanzierung von ihrem Mann beginnt die Annäherung an
die Widerstandsbewegung.
Mit einer im Exil begonnenen Romantrilogie, deren letzter Band (*Welt in Wehen*)
unvollendet blieb, wollte W. die Geschichte des mitteleuropäischen Raums,
gespiegelt im Schicksal der Familie eines
liberalen Unternehmers, untersuchen:
Die Wege der Familienmitglieder beginnen sich in den Entscheidungsjahren
1912–14 (*Abschied vom Frieden*) und
1917 (*Inmitten des Stroms*) zu trennen.
In Fortführung der Tradition von Kleist
und Hebel verfaßte W. zahlreiche Anekdoten, deren zupackende Genauigkeit er
als «Präzisionsinstrumente für den Mas-
sengebrauch» begriff. W. publizierte
auch sprachkritische Arbeiten (*Verteidigung der deutschen Sprache*).

*W.: Romane, Erzählungen, Kurzprosa, Repor-
tagen:* Die Flucht nach Frankreich/Ein Soldat
der Revolution/Tausch, 1926; Umsteigen ins
21. Jahrhundert, 27; Wer keine Wahl hat, hat
die Qual, 28; Der Traum des Friseurs Cimbura,
30; Der Staat ohne Arbeitslose, 31 (mit E.
Glaeser); Das Slawenlied, 31; Zukunft im
Rohbau, 32; Die Stärkeren, 34; Die Versu-

chung, 37 (54 als: Lissy oder die Versuchung); Dawn breaks, 42 (dt. Vor einem neuen Tag, 44); The firing squad, 44 (dt. Himmelfahrtskommando, 45; Die Unbesiegbaren, 45; Twighlight on the Danube, 46 (dt. Abschied vom Frieden, 50); Children of their Time, 48 (dt. Kinder ihrer Zeit, 51, auch: Inmitten des Stroms, 55); Der ferne Klang, 50; Menschen, Städte und Jahre, 50; Aus allen vier Winden, 52 (tschech., dt. 54); Die Reise nach Kanton, 53; Das Anekdotenbuch, 54 (erw. 59); Heimkehr, 55; Welt in Wehen, 65. – *Dramen, Hörspiele:* Das Land auf dem anderen Ufer, 25 (tschech.); Germinal, 38. – *Lyrik:* Es geht eine Trommel, 23; Der Feuerreiter, 35. – *Essays, theoretische Schriften:* La Tragédie Tschechoslovaque, 39 (unter dem Pseud. Pierre Buk); The Untamed Balkans, 41 (unter dem Pseud. Kovacs); Unter fremden Himmeln, 48; Verteidigung der deutschen Sprache, 55; Literarische Streifzüge, 56. – *Sammel- und Werkausgaben:* Ausgewählte Werke in Einzelausgaben in 12 Bänden, 47–59; Gesammelte Werke in 8 Bänden, 60; Weiskopf. Ein Lesebuch für unsere Zeit, 63; Das Mädchen von Krasnodar. Auswahl, 65; Erzählungen, 70; Die Zigarre des Attentäters, 72; Das Eilkamel. Reiseberichte, 78. – *Herausgebertätigkeit:* Hundred Towers, 45.

Weismantel, Leo, *10. 6. 1888 Obersinn a. M., †16. 9. 1964 Rodalben.
Nach dem Abitur in Münnerstadt besuchte W. dort das Seminar des Augustinerklosters und studierte dann in Würzburg Germanistik, Philosophie und Geographie. Nach dem Staatsexamen und Promotion zum Dr. phil. arbeitete er bis 1919 als Studienrat und Universitätsassistent in Würzburg. Danach Journalist und freier Schriftsteller in München. 1924–28 vertrat er die Zentrumspartei im Bayerischen Landtag. In Marktbreit a. M. gründete er die «Schule der Volkschaft», eine pädagogische Forschungs- und Lehrinstitution, die 1936 von den Nationalsozialisten geschlossen wurde; Rückkehr nach Würzburg; 1939–44 in Gestapohaft; 1945–47 war er Schulrat in Gemünden, bis 1951 lehrte er am Pädagogischen Institut in Fulda und lebte schließlich in Jugenheim/Bergstraße. – W. verfaßte zahlreiche Dramen und Mysterienspiele (*Das Spiel vom Blute Luzifers*), die die Entwicklung des Schul- und Laientheaters deutlich prägten. Sein pädagogischer Ansatz, über die Sprache und Sprachentwicklung bei Kindern und Jugendlichen neue Formen der Vermittlung von Wissens- und Erkenntniszusammenhängen zu erarbeiten, wurde in der «Schule der Volkschaft» in die Tat umgesetzt. In *Wilhelm Tell. Schillers Vermächtnis an das deutsche Volk* wurden die Grundlagen dazu schon 1922 formuliert; weitere Schriften beschäftigen sich mit kulturpolitischen Problemen: *Bayern und die Wende der Bildung, Jugend und Schule in der Bundesrepublik.* – Ebenso wie seine Dramatik wurzeln die Romane und Erzählungen W.s tief in seiner katholischen Religiosität; die Suche nach Gott steht im Mittelpunkt vieler Werke (*Rebellen in Herrgotts Namen*). Daneben stehen breitangelegte Schilderungen von Künstlerschicksalen in Romanform (*Lionardo da Vinci, Albrecht Dürer*).

W.: Romane, Erzählungen, Legenden: Mari Madlen, 1918; Die Bettler des lieben Gottes, 18; Die Kläuse von Niklashausen, 19; Das Perlenwunder, 20; Der Gangolfsbrunnen, 20; Fürstbischof Hermanns Zug in die Rhön, 20; Das unheilige Haus, 22; Die Blumenlegende, 22; Gußeiserner Leuchter, 23; Musikanten und Wallfahrer, 23; Die Hexe, 23; Der närrische Freier, 24; Die Geschichte des Richters von Orb, 27; Das alte Dorf, 28; Die Schule der Lebensalter, 28; Das Buch der hl. Dreikönige, 29; Elisabeth, 31; Rebellen in Herrgotts Namen, 31 (u. d. T. Der Vorläufer, 41); Die Geschichte des Hauses Herkommer, 32; Nepomuk, 32; Maria, 33; Das Sterben in den Gassen 33 (Trilogie), Neufsg. 43; Gnade über Oberammergau, 34; Die Geschichte vom alten Räff, 34; Der Prozeß Jesu, 35; Wie der Hl. Geist das deutsche Volk erwählte, 35; Bauvolk am Dom, 36; Der Webstuhl, 36; Dill Riemenschneider, 36; Die guten Werke des Herrn Vincenz, 37; Die Anbetung des Lammes, 37; Eveline, 37; Franz und Clara, 38; Lionardo da Vinci, 38; Die Sibylle, 38; Gericht über Veit Stoß, 39; Unter dem Adventkranz, 39; Mathis-Nithart-Roman, 40–43 (Trilogie); Die Erben der lokkeren Jeanette, 40; Venus und der Antiquar, 40; Der Wahn der Marietta di Bernardis, 40; Die Letzten von Sankt Klaren, 40; Die Leute von Sparbrot, 41; Tertullian Wolf, 41; Totenklage über eine Stadt, 45; Die Hochzeit des Prinzen Sebald von Dänemark, 46; Der Liebesadvokat von Athen, 47; Die goldene Legende für die Jugend von heute, 3 Bde, 47–48; Die Adventsstube, 49; Albrecht Dürers Brautfahrt in die Welt, 50, 2. Teil: Albrecht Dürer, der junge Meister, 50. – *Dramen, Spiele:* Die Köhlerin im Waldsee, 09; Die Reiter der Apokalypse, 19; Der Wächter unter dem Galgen, 20;

Der Totentanz 1921, 21; Das Spiel vom Blute Luzifers, 22; Die Kommstunde, 24 (mit Totentanz als: Volk ohne Fahne, 24); Der Kurfürst, 25; Theophilus, 25; Das Spiel von Wilhelm Tell, 25; Die Schlacht auf dem Birkenfeld, 25; Die Wallfahrt nach Bethlehem, 25; Bauernnot, 26; Lionardo da Vinci, 27; Die Totenfeier, 29; Das Geheimnis der zwölf hl. Nächte, 31; Das Oberammer Gelübdespiel, 33; Die Sonnenwendfeier des jungen Deutschland, 33; Totenfeier für die Gefallenen des Krieges, 33; Der Erntedank, 34; Phormio, der Liebesadvokat, 42; Die Juden, 57; Das Interview, 61. – *Schriften:* Die Haßberge, 14; Wilhelm Tell. Schillers Vermächtnis an das deutsche Volk, 22, erw. 26; Rudolf Schiestl, 22; Die festliche Stadt, 23; Der Spielplan eines Theaters der Volkschaft, 24; Das Werkbuch der Puppenspiele, 24; Die Jugendspielscharen, 24; Die Schule der Volkschaft, 25; Der Katholizismus zwischen Absonderung und Volksgemeinschaft, 26; Bayern und die Wende der Bildung, 26; Kampf um München (mit Th. Mann, H. Mann), 26; Der Geist als Sprache, 27; Die Schule im neuen Volksstaat, 28; Vom Willen deutscher Kunsterziehung, 29; Das Schattenspielbuch, 29; Buch der Krippen, 30; Über die geistesbiologischen Grundlagen des Lesegutes der Kinder und Jugendlichen, 31; Stille Winkel in Franken, 32; Von den Grundlagen einer volkhaften Kunsterziehung, 35; Vom Main zur Donau, 35; Von der Panflöte zur Sphärenorgel, 47; Der junge Dürer, 47; Bauvolk am Dom, 48; Kommentar über das Lesebuchwerk «Der Rosengarten», 50, 52; Tagebuch einer skandalösen Reise, 58; Jugend und Schule in der Bundesrepublik, 58. – Zahlreiche Beiträge zu «Der Rosengarten», 51–54; Das Schloß in der Sünfte. Sagen und Überlieferungen aus der Rhön, 88. – *Autobiographisches:* Mein Leben, 36; Jahre des Werdens, 40. – *Sammelausgabe:* Menschenbildung an der Zeitenwende, 70. – *Herausgebertätigkeit:* Die zwölf Wegbereiter, 21; F. Graf v. Pocci: Die sechs schönsten Puppen-Komödien, 24; Vaterländische Spiele, 24; Das Nationaltheater, 32–33; Gespräche mit Eva, 34; Das werdende Zeitalter, 58.

Weiß, Ernst, *28. 8. 1882 Brünn, †14. (?) 6. 1940 Paris (Freitod).
W. studierte Medizin in Wien und Prag, war Chirurg in Bern, Berlin und Wien. 1912/13 reiste er als Schiffsarzt in den Fernen Osten, 1914–18 war er Armeearzt in Ungarn und Wolhynien. 1920 ging W. nach München, dann nach Berlin (Mitarbeiter des «Berliner Börsen-Courier»). Er emigrierte 1933 nach Prag, 1934 nach Paris, wo er beim Einmarsch der Deutschen Selbstmord beging. – Im Zentrum von W.' Werken steht das Problem einer humanen und sinnerfüllten Existenzform; das Hauptinteresse gilt den psychischen Konflikten. Während in den beiden ersten impressionistischen Romanen die Figuren in Egoismus und passiver Abhängigkeit befangen bleiben, sind sie in den expressionistischen Werken, die oft in Randmilieus (Bordell, Gefängnis, Spital) spielen, in eine fast ausweglose «Grauenwelt» von Leiden, äußerster Getriebenheit, Schuld und Tod verstrickt. Kennzeichnend für W.' stilistisch von der sog. Neuen Sachlichkeit beeinflußte Romane ab *Boetius von Orlamünde* ist die Bevorzugung des Entwicklungsromans in Ich-Form. Autoritätskonflikte (ambivalente Vater-Sohn-Beziehung), problematische Liebesbeziehungen und Freundschaften, das Machtstreben der Ich-Erzähler und die Auseinandersetzung mit der Wissenschaft (vor allem der Medizin) und der Rolle des Geldes reflektieren am individuellen Schicksal die als Zerfallsprozeß aufgefaßte historische und soziale Entwicklung zwischen der Jahrhundertwende und den 30er Jahren (z. B. Donaumonarchie und Nachkriegsösterreich im *Armen Verschwender*). In W.' nachgelassenem Roman *Ich – der Augenzeuge*, der die Entwicklung eines Arztes in der Weimarer Republik und im Dritten Reich schildert, gewinnt die Suche nach einer Alternative politische Dimensionen.

W.: Romane, Erzählungen, Prosa: Die Galeere, 1913 (veränd. 19); Der Kampf, 16; Franziska, 19; Tiere in Ketten [1. Tl], 18 (Neufsg, 22; 3. Fsg, 30); Mensch gegen Mensch, 19; Stern der Dämonen, 21; Nahar, 22 [«Des Romanwerks ‹Tiere in Ketten›, zweiter, in sich abgeschlossener Teil»]; Die Feuerprobe, 23 (Neufsg 29); Atua, 23; Hodin, 23; Daniel, 24; Männer in der Nacht. Roman, 25; Boetius von Orlamünde, 28 (u. d. T.: Der Aristokrat. Boetius von Orlamünde, 66); Dämonenzug, 28; Georg Letham. Arzt und Mörder, 31 (gekürzt u. d. T.: Arzt und Mörder, ca. 53); Der Gefängnisarzt oder die Vaterlosen, 34; Der arme Verschwender, 36; Die Messe von Roudnice; Wer hat, dem wird gegeben (beide in: «Das Wort»), 37; Der Verführer, 38; Der Augenzeuge, 63 [gesondert u. d. T.: Ich – Der Augenzeuge, 63]; Ausgeschlossen, 85. – *Lyrik:* Das Versöhnungsfest. Eine Dichtung in vier Kreisen, 20. – *Dramen:* Tanja, 20; Olympia, 23. – *Essays, theoretische*

Schriften: Der Fall Vukobrankovics, 24; Das Unverlierbare, 28. – *Übersetzungen:* Proust, M.: Tage der Freuden, 26; Dekobra, M.: Wie ich Griseldas Millionen gewann, 28; Daudet, A.: Tartarin von Tarascon, 28; Markovits, R.: Sibirische Garnison [Bearb. d. Übers. von L. Hatvany], 30; Dreiser, Th.: Theodor Dreiser. Das Buch über mich selbst, ‹Jahre des Kampfes›, 32; Cain, J. M.: Serenade in Mexiko, 38; Balzac, H. de: Oberst Chabert, 46. – *Sammel- und Werkausgaben:* Der zweite Augenzeuge und andere ausgewählte Werke, 78; Die Kunst des Erzählens. Essays, Aufsätze, Schriften zur Literatur, 82; Gesammelte Werke, 16 Bde, 82; Die Erzählungen, 82; Die Ruhe in der Kunst, 87.

Weiß, Konrad, * 1. 5. 1880
Rauenbretzingen bei Schwäbisch-Hall,
† 4. 1. 1940 München.

W., Sohn eines Bauern, studierte katholische Theologie, Philosophie, Kunstgeschichte und Germanistik, war 1905–20 Redakteur der Monatsschrift «Hochland», dann Kunstkritiker der «Münchner Neuesten Nachrichten», in deren Auftrag er mehrere große Kunstreisen durch Deutschland unternahm. Er gehörte zum Freundeskreis von Hofmannsthal, zog sich in späteren Jahren zurück und widmete sich dem Studium der Mystik und der Bibel. – W.' Werk ist Ausdruck einer katholisch bestimmten, jedoch eigenen Theorie von Schöpfung, Geschichte und Heilsgeschichte. Seine Lyrik ist im wesentlichen Gedankendichtung, die mit ihrer Spannung zwischen geistiger Wesensschau und dem Versuch, zum «Herzen der Dinge» zu gelangen, mit ihrer Neigung zu Symbol und expressionistischer Metaphorik nicht leicht zugänglich ist. W.' Reisemeditationen *Deutschlands Morgenspiegel* und *Wanderer in den Zeiten* geben eine Zusammenschau von Geschichte, Landschaft und Kunst und fragen dabei nach der Stellung der Deutschen in der Heilsgeschichte.

W.: Prosadichtungen: Die Löwin, 1928; Tantalus, 29; Prosadichtungen, 49; Harpye, 53. – *Dramen:* Das kaiserliche Liebesgespräch, 34; Konradin von Hohenstaufen, 38. – *Lyrik:* Tantum dic verbo, 18; Die cumäische Sibylle, 21; Die kleine Schöpfung; Das Herz des Wortes, 29; Das Sinnreich der Erde, 39; Spuren im Wort, 51. – *Essays und Reisebücher:* Zum ge-schichtlichen Gethsemane, 19; Das gegenwärtige Problem der Gotik, 27; Karl Caspar. Eine Monographie, 29; Der christliche Epimetheus, 33; Regensburg. Morgenbilder der Geschichte, 48; Deutschlands Morgenspiegel, 50; Meister Eckhart (mit K. Heussi), 53; Wandern in den Zeiten, 58. – *Sammelausgaben:* Gedichte 1914–1939, 61; Das Nachtgespräch und andere kleine Prosa, 82; Tagebücher und Briefe, 82. – *Herausgebertätigkeit:* Meister Eckhart. Die deutschen und lateinischen Werke, 37–62.

Weiss, Peter (Pseud. Sinclair),
* 8. 11. 1916 Nowawes bei
Berlin, † 10. 5. 1982 Stockholm.

W., Sohn eines jüdischen Textilfabrikanten, wuchs in Bremen und Berlin auf und mußte 1934 mit seinen Eltern über Prag nach England emigrieren. Er besuchte 1936–38 dort die Kunstakademie und erhielt 1938 den Akademie-Preis. 1939 kam er über die Schweiz nach Schweden, wo er Textilmuster entwarf und an privaten Malschulen unterrichtete. Seit 1945 war W. schwedischer Staatsbürger und lebte, verheiratet mit der Bühnenbildnerin Gunilla Palmstierna, in Stockholm. Gemalt hat er von 1933 bis 1962 (1977 wurden zum erstenmal etwa 200 Gemälde, Zeichnungen, Collagen in europäischen Städten ausgestellt), später machte er experimentelle und Dokumentarfilme und arbeitete erst seit 1960 als freier Schriftsteller. Seine ersten Prosagedichte und Romane erschienen auf Schwedisch: *Från ö till ö, De besegrade, Dokument I, Duellen* (Das Duell). Er war Mitglied der Schwedischen Kommunistischen Partei. 1963 erhielt er den Charles-Veillon-Preis, 1965 den Lessing-Preis der Stadt Hamburg, 1966 den Heinrich-Mann-Preis der Ostberliner Akademie der Künste. 1968 wurde er als Mitglied des Russell-Tribunals nach Nord-Vietnam eingeladen. 1969 erhielt er den spanischen Theaterpreis. 1974 war er Ehrengast des sowjetischen Schriftstellerverbandes in Moskau. 1977 wurde er für sein literarisches Gesamtwerk vom Bundesminister für innere Angelegenheiten mit dem Thomas-Dehler-Preis ausgezeichnet, worüber im Bundestag kontrovers diskutiert wurde. 1981 erhielt er den Kölner, 1982 den Bremer Literaturpreis und den Georg-Büchner-Preis.

W. trat in seiner ersten, stark individualistischen Phase vor allem mit autobiographischer Prosa hervor. Sie ist Ausdruck der Suche nach dem eigenen Ich und nach Selbstverwirklichung, getragen von dem Gefühl der Fremdheit und Verlorenheit, und zeugt von der Beeinflussung durch den Surrealismus, Kafka sowie von eigener Filmerfahrung. Der «Mikro-Roman» *Der Schatten des Körpers des Kutschers* spiegelt eine absurd erscheinende Wirklichkeit, gibt in der Beschränkung auf das Außen der Dinge die mikroskopisch feine Beschreibung eines belanglosen Vorgangs. Bezeichnend sind Motive wie Isolierung, Selbstqual und Ekel. Den Weg der Selbsterforschung geht W. unter Verwendung der Collagetechnik in *Abschied von den Eltern* und in *Fluchtpunkt* weiter.

In *Das Gespräch der drei Gehenden* verbindet W. seine existentielle Heimatlosigkeit und Skepsis wieder mit der hermetischen Form des nouveau roman, als literarischer Ausdruck des Absurden.

W.' frühe Bühnenstücke sind symbolisch-groteske Spiele über den Zerfall der Welt. In dem von Strindberg beeinflußten und 1948/49 entstandenen Stück *Der Turm* gelingt die Befreiung durch das Wagnis, sich mit der eigenen Vergangenheit zu beschäftigen, während *Die Versicherung* aus Szenen eines grausamen Alptraums unter Verzicht einer durchgehenden Fabel und in sich geschlossener Charaktere besteht. Und in den kleinen Stücken *Nacht mit Gästen* und *Mockinpott* wählt W. die nicht-subjektive Form der parabolischen Moritat und die holzschnittartige Sprache des Kasperle-Spiels.

Als Dramatiker gelang W. mit *Marat/Sade* der künstlerische Durchbruch, der gleichzeitig ein Wendepunkt auf dem Weg von der Innerlichkeit zur Welterfassung und politischen Stellungnahme ist (1. bis 5. Fassung). Das Stück spielt im Jahr 1808 in einem Irrenhaus, in dem der inhaftierte Marquis de Sade mit den Irren der Anstalt die 15 Jahre zuvor erfolgte Ermordung des Revolutionärs Marat aufführen läßt. Angelpunkt ist der imaginäre philosophische Disput zwischen de Sade und Marat, in den immer wieder die Außenwelt mit der Fülle leiblicher Ex-

zesse eingreift. W. zeigt die Veränderbarkeit der Gesellschaftsordnung in ihrer Abhängigkeit vom Wesen des Menschen, speziell die Verbindung von Revolution und menschlicher Triebunterworfenheit. Die verschiedenen Spiel- und Zeitebenen werden in einer Mischung von freiem Vers und Knittelreim als Collage zu einem «totalen Theater» verarbeitet. Der in der Schwebe gehaltene Dialog zwischen Marat (Vertreter des Kollektivs und der Revolution) und de Sade (Vertreter der Individualisierung) läßt äußerst vielseitige Interpretationen und Inszenierungen dieses «ersten bedeutenden deutschen Bühnenwerks seit Brechts Tod» zu. W. wandte sich von dieser Zeit an gegen das Theater der Individualkonflikte und ersetzte die Fabel durch den historischen Prozeß. Über Brecht hinausgehend wird sein Theater Appell, Aufruf, Herausforderung in Form von politischen Lehrstücken. *Die Ermittlung*, ein Oratorium in 11 Gesängen (Musik von Luigi Nono), ist die szenische Dokumentation des Auschwitz-Prozesses und zeigt den Mord als permanente Möglichkeit; als historisches Ereignis mit seinen politischen, sozialen und ökonomischen Voraussetzungen wie als danteske Untergangsvision. *Gesang vom lusitanischen Popanz* ist ein Agitationsstück gegen den portugiesischen Kolonialismus in Angola, in dem Gruppen in den szenischen Ausdrucksformen der Revue und des Kabaretts ein bewegungsloses Ungeheuer zu Fall bringen. Noch radikaler verzichtet W. auf die herkömmliche Dramenform in seinem *Viet Nam Diskurs*, der Dokumentation, Protest und «parteiliches Theater» in einem ist.

Mit *Trotzki im Exil* wendet sich W. wieder vom sentenzenhaften Lehrtheater ab. Am Beispiel des einzelnen wird die Bewegung der Geschichte dargestellt. Die raschen Ortswechsel verdeutlichen sowohl Trotzkis These von der internationalen Revolution als auch die permanente Gefahr des persönlichen Scheiterns wegen der individuellen und objektiven Widerstände. Hinter den Wechselfällen dieses diskursiven Bilderbogens mit seinen vielen Zeitsprüngen steht W.' Idee von einem sich erst noch entwikkelnden Kommunismus, so daß sich Trotzki auch heute noch im Exil befindet. In seinem lebhaft diskutierten *Hölderlin*-Stück steigert W. diesen Dichter als Antipoden der zaghaft bewahrenden Großen seiner Zeit (Goethe, Hegel, Schelling usw.), der als kritischer Dichter an seinen revolutionären Idealen festhält und so, trotz seines Scheiterns an der «bürgerlichen Gesellschafts-Maschinerie» (P. Weiss), zu einem direkten Vorläufer von Marx wird. Wie schon zuvor sein Trotzki, so ist auch Hölderlin kein Porträt, sondern als einzelner ein Vertreter einer Tendenz, die nicht von den Mächtigen, wohl aber vom Chor gehört wird.

1975 erschien der erste Teil des Romans *Die Ästhetik des Widerstands*. In diesem riesigen autobiographischen Essay verbindet W. seine eigene Geschichte mit einer Wunschbiographie und mit vielen authentischen Details aus dem Leben seiner Zeitgenossen, das kritische Geschehen mit einer enzyklopädischen marxistischen Ästhetik und die Situation der Heimatlosigkeit mit dem unaufhörlichen Widerstand als Bedingung einer gesellschaftlichen Erneuerung. – Rund 40 Jahre nach der Entstehung wurden W.' Reportagen über das besiegte Deutschland, geschrieben 1946 für eine schwedische Tageszeitung, in deutscher Sprache veröffentlicht. Wie in seinen frühen Prosaarbeiten geht es W. auch in *Die Besiegten* um Probleme der Identität, der Konfrontation der Realität mit subjektiver Erinnerung.

W.: Prosa: Dokument I, 1949 (dt. u. d. T.: Der Fremde, 80); Duellen, 53 (dt. u. d. T.: Das Duell, 72); Der Schatten des Körpers des Kutschers, 60 (entst. 52); Abschied von den Eltern, 61 (entst. 59); Fluchtpunkt, 62 (entst. 60); Das Gespräch der drei Gehenden, 63; Meine Ortschaft (in: Atlas, hg. K. Wagenbach), 65; Die Ästhetik des Widerstands, Bd. I 75, Bd. II 78, Bd. III 81. – *Dramen:* Der Turm (in: Spectaculum. Texte moderner Hörspiele), 63 (entst. 48); Nacht mit Gästen, 63; Die Versicherung (in: Deutsches Theater der Gegenwart I, hg. K. Braun), 67 (entst. 52); Die Verfolgung und Ermordung Jean Paul Marats, dargestellt durch die Schauspielgruppe des Hospizes zu Charenton unter Anleitung des Herrn de Sade, 64 (3. Fassung), 65 (5. Fass.); Die Ermittlung, 65; Gesang vom lusitanischen Popanz (in:

Theater heute 6/67), 67; Diskurs über die Vorgeschichte und den Verlauf des lang andauernden Befreiungskrieges in Viet Nam …, 68; Wie dem Herrn Mockinpott das Leiden ausgetrieben wird (in: Theater heute, 6/68), 68; Trotzki im Exil, 70; Hölderlin, 71 (2. Fassung 73); Der Prozeß (nach Kafka/in: Theater heute 7/75), 75; Rimbaud. Ein Fragment (in: Text + Kritik 37, 82); Der neue Prozeß, 84. – *Gedichte:* Från ö till ö, 46 (dt. Von Insel zu Insel); De besegrade, 47 (dt. Die Besiegten, 86). – *Graphik, Bilder, Essays, Sonstiges:* Avantgarde Film, 56; Tausend und eine Nacht, Collagenzyklus, 58; Laokoon oder Über die Grenzen der Sprache, 65; Vietnam, 67; Notizen zum kulturellen Leben der Demokratischen Republik Viet Nam, 68; Bericht über die Angriffe der US-Luftwaffe und -Marine gegen die Demokratische Republik Viet Nam nach der Erklärung Präsident Johnsons über die begrenzte Bombardierung am 31. März 1968, 68 (mit G. Palmstierna-Weiss); Rapporte, 68; Rapporte 2, 71; Hesse, H.: Der verbannte Ehemann oder Anton Schievelbeyn's ohnfreywillige Reisse, 77 (handgeschrieben u. illustriert von P. W.); Der Maler Peter Weiss, 80. – *Übersetzungen:* Strindberg, A.: Drei Stücke, 81. – *Tagebücher:* Notizbücher 1971–80, 2 Bde, 81; Notizbücher 1960–71, 2 Bde, 82. – *Sammelausgaben:* Dramen, 2 Bde, 68; Gesang vom Lusitanischen Popanz und andere Stücke, 69; Nacht mit Gästen. Wie dem Herrn Mockinpott das Leiden ausgetrieben wird, 69; Stücke I, 76, II/1, II, 2, 77; In Gegensätzen denken. Ein Lesebuch, 88. – *Schallplatten u. ä.:* Die Ermittlung. Oratorium in 11 Gesängen. Hsp.fsg, o. J. (Kass).

Weißenborn, Theodor, *22. 7. 1933 Düsseldorf.

W., Sohn des Kunstmalers Karl W., studierte Kunstpädagogik, Philosophie, Germanistik und Romanistik in Düsseldorf, Bonn, Würzburg, Lausanne und danach medizinische Psychologie und Psychiatrie in Köln. Er lebt zur Zeit als freier Schriftsteller. – W.s Eigenart ist eine darstellerisch flexible Erzählprosa, die sich zwischen Groteske und dem gesteigerten Realismus monomanischer Erzählfiguren bewegt. Dabei sind für ihn die formalästhetischen Probleme nicht die wichtigsten; er bleibt in seiner Suche nach neuen, seinen Themen angepaßten Formen den Kategorien traditioneller Ästhetik verhaftet. Sein Roman *Außer Rufweite* ist eine traditionell geführte Entwicklungsgeschichte, in der ein sich schriftstellerisch betätigender Student zum Verbrecher wird, weil er in der Verzweiflung Glück zu finden hofft. W.s beliebteste Form ist jedoch die Rollenprosa, der Monolog, in dem die Schicksale wahnkranker Menschen – ein Thema, das W. besonders am Herzen liegt – sich am besten darstellen lassen. Er hat viele solche Monologe bzw. Hörspiele für den Rundfunk geschrieben. Das Monodram *Der Papi* z. B. handelt von einem Familienvater, der sich den Anforderungen des Lebens nicht mehr gewachsen fühlt; in *Krankheit als Protest* setzt sich W. für die von der Gesellschaft verstoßenen Kranken ein. In anderen, gegebenenfalls auch parodistischen (*Handbuch für deutsche Reden*) Texten denunziert er Aspekte der heutigen westdeutschen Gesellschaft, die in seinen Augen nur Leere und Ungewißheit in sich berge.

W.: Romane und Erzählungen, Jugendbuch: Beinahe das Himmelreich, 1963; Außer Rufweite, 64; Eine befleckte Empfängnis, 69; Die Stimme des Herrn Gasenzer, 70; Handbuch für deutsche Redner, 71; Brief einer Unpolitischen, 72; Eingabe an den Herrn Minister, 73; Das Liebe-Haß-Spiel, 73; Heimkehr in die Stille, 75; Der Sprung ins Ungewisse, 75; Sprache als Waffe, 76; Blaue Bohnen – scharfe Messer, 76; Gesang zu zweien in der Nacht, 77; Die Killer. Satirischer Roman, 78; Als wie ein Rauch im Wind, 79; Waisenkindes Herzeleid. Satiren, 79; Das Haus der Hänflinge, 80; Gespenster im Abraum, 83; Kopf ab zum Gebet, 84; Das Sein ist das Nichts, 84; Zu den Kellergebrüchen, 84; Die Paten der Raketen, 86; Das steinerne Meer, 86; Alchimie, 87; Fegefeuer, 87. – *Monologe und Hörspiele:* Patienten, 67; Korsakow, 67; Der Papi, 68; Der Schneider von Ulm, 69; Krankheit als Protest, 73 u. a. – *Lyrik:* Geistlicher Nachlaß, 77; Polygott, 77. – *Sammel- und Werkausgaben:* Der Wächter des Wales, 76; Erzählungen, o. J; Opfer einer Verschwörung. Ausgewählte Prosa, 88. – *Herausgebertätigkeit:* Die Erklärung. 25 ausgezeichnete Kurzgeschichten (mit P. Härtling, R. O. Wiemer), 88.

Welk, Ehm (eig. Thomas Trimm), *29. 8. 1884 Biesenbrow, † 19. 12. 1966 Bad Doberan.
W. war nach redaktioneller Ausbildung Seemann, dann Journalist, Chefredakteur bei mehreren Zeitungen, kam ins KZ, erhielt nach Entlassung erst Berufsverbot, dann begrenzte Schreiberlaub-

nis, war Verlagslektor. 1945–49 Leiter des Kulturamtes in Uckermünde und der Volkshochschule Schwerin, seit 1949 freier Schriftsteller. 1954 Nationalpreis, 1962 und 1964 J.-R.-Becher-Medaille. – Nach vielbeachteten engagierten Dramen (1927 unter der Regie E. Piscators Aufführung von *Gewitter über Gottland*) wurde W. vor allem durch seine Kummerow-Romane bekannt. *Die Heiden von Kummerow* ist der erste Band der sehr erfolgreichen Trilogie, die in der Tradition von W. Raabe und F. Reuter steht. In locker gereihten Episoden erzählt W. mit humorvoller Charakterisierung das Leben der Dorfbewohner. Sozialistisch gefärbte Humanität ist der geistige Hintergrund der Geschehnisse.

W.: Romane, Erzählungen, Autobiographisches: Belgisches Skizzenbuch, 1913; Die schwarze Sonne, 33; Die Heiden von Kummerow, 37; Die Lebensuhr des Gottlieb Grambauer, 38; Der hohe Befehl, 39; Die wundersame Freundschaft, 40; Die Fanfare im Pariser Einzugsmarsch, 42; Die Gerechten von Kummerow, 43; Die stillen Gefährten, 43; Der Nachtmann, 50; Mein Land, das ferne leuchtet, 52; Im Morgennebel, 53; Mutafo, 54; Der Hammer will gehandhabt sein, 58; Der wackere Kühnemann aus Puttelfingen, 59; Die Geschichte einer armen Liebe, 60; Grand oder Das große Spiel, 71; Der Pudel Simson, 71. – *Dramen:* Gewitter über Gottland, 26; Kreuzabnahme, 27; Michael Knobbe oder Das Loch im Gesicht, 31; Schwarzbrot, 34. – *Lyrik:* Geliebtes Leben, 59. – *Herausgebertätigkeit:* Der deutsche Wald, 35; Parkettplatz 23 – Theodor Fontane über Theaterkunst, Dichtung und Wahrheit, 49; Tiere, Wälder, Junge Menschen, 52.

Wellershoff, Dieter, *3. 11. 1925 Neuß/ Niederrhein.
W., Sohn eines Kreisbaumeisters, verbrachte seine Jugend im Rheinland; 1943 wurde er zum Arbeitsdienst und dann zum Militär einberufen; 1944 wurde er in Litauen verwundet, geriet 1945 in Gefangenschaft; 1946 holte er das Abitur nach und studierte anschließend Germanistik, Kunstgeschichte und Psychologie in Bonn; 1952 promovierte er mit einer Arbeit über G. Benn. Er wurde 1959 Lektor für Wissenschaft und deutsche Literatur in einem Kölner Verlag, seit 1970 Außenlektorat. 1960 las er bei der «Gruppe 47»,

1962–63 Gastdozent an der Univ. München, 1974 an der Univ. Salzburg; 1973 war er Writer-in-Residence an der Univ. Warwick in England. Heinrich-Böll-Preis Köln 1988. – W.s literarische Produktion ist stark geprägt durch eine kontinuierlich betriebene literaturtheoretische Reflexion, die in einigen Essaybänden ihren Niederschlag findet. Ausgangspunkt ist W.s Konzept eines «Neuen Realismus», das er im Zusammenhang mit seiner Lektoratstätigkeit Mitte der 60er Jahre entwickelte («Kölner Schule»); wesentliche Orientierungen bieten ihm dabei die Anthropologie Arnold Gehlens und die Autoren des nouveau roman (Nathalie Sarraute, Robbe-Grillet). Literatur ist für W. «Spielfeld für ein fiktives Handeln», in dem die konventionellen Erfahrungs- und Wahrnehmungsmuster aufgebrochen werden; sozialkritisches Engagement verbindet sich bei W. mit dem Interesse an der Psychologie und Psychopathologie seiner Figuren. W. wurde zunächst mit Features und Hörspielen bekannt, z. B. *Der Minotaurus* oder das vieldiskutierte experimentelle Hörspiel *Am ungenauen Ort*, in dem am Beispiel sich in einer Bar langweilender Menschen das Sinnlose des Lebens aufgedeckt wird. Mit *Wünsche* wechselt W. die Perspektive und den Stil «in Richtung einer anarchischen Phantastik» und zeigt (in Form einer Montage) ein altes Ehepaar als Opfer der heutigen Konsumgesellschaft. – In seinem ersten Roman *Ein schöner Tag* schildert W. Durchschnittlichkeit und Isoliertheit einer Familie, die einer ungerechten Umwelt ausgesetzt ist und nur durch Pietät und Konvention zusammenhält. Sein zweiter Roman *Die Schattengrenze* ist – nicht mehr chronologisch, sondern aus sehr subjektiver Perspektive erzählt – das Psychogramm eines Mannes, der zum Verbrecher wird und allmählich jeden Kontakt zur Realität verliert, bis seine Persönlichkeit zerfällt. In dem Roman *Einladung an alle* dagegen, der auf einem authentischen Fall beruht, entwickelt W. eine neue Erzählmethode aus Tatsachenreport, Gebrauch von wissenschaftlichem Material, Imagination und theoretischen Reflexionen und will zeigen, «daß der Roman

wirklichkeitsmächtiger als das Sachbuch sein kann, wenn er die Tatsachenforschung in sein eigenes vielfältiges Methodenarsenal übernimmt». Der Roman *Die Schönheit des Schimpansen* erzählt auf mehreren Zeitebenen, mit Hilfe von Außen- und Innenansichten des Protagonisten Klaus Jung, die allmähliche Freisetzung von destruktiver Energie bis zur kriminellen Tat und der darauf folgenden Überwindung der Todesängste im Selbstmord. W.s *Die Arbeit des Lebens* versucht, Autobiographisches und Zeitgeschichte zu reflektieren und einzuarbeiten in einen Text, der beides nur begrenzt in Beziehung zueinander setzen kann und etwas Disparates behält. – W.s Hörspiele stehen in engem Zusammenhang mit seinen Prosatexten; sie reichen vom realistischen Handlungshörspiel über Monologstücke bis zu kombinatorischen Spielen und Stereocollagen; in gleicher Weise nutzt W. auch die Medien Fernsehen und Film. – *Der Roman und die Erfahrbarkeit der Welt* enthält auf der Grundlage von Vorlesungen entstandene Essays über Romane und Autoren aus mehreren Jahrhunderten und ist zugleich so etwas wie eine Darstellung der W'schen Poetik.

W.: *Romane, Erzählungen:* Ein schöner Tag, 1966; Die Schattengrenze, 69; Einladung an alle, 72; Doppelt belichtetes Seestück und andere Texte, 74 (daraus die Erzählungen u. d. T.: Ein Gedicht von der Freiheit, 77); Die Schönheit des Schimpansen, 77; Die Sirene, 80; Der Sieger nimmt alles, 83; Die Arbeit des Lebens, 85. – *Dramen, Hör- und Fernsehspiele:* Die Sekretärin, 56; Die Bittgänger, 58; Am ungenauen Ort, 60; Der Minotaurus, 60; Anni Nabels Boxschau, 62; Bau einer Laube, 64; Die Schatten, 66; Die Bittgänger. Die Schatten, 68; Wünsche, 69; Das Schreien der Katze im Sack. Hörspiele, Stereostücke, 70; Die Toten, 71; Null Uhr, null Minuten und null Sekunden, 73; Eskalation, 74; Die Freiheiten der Langeweile, 78; Glücksucher. Vier Drehbücher, 79; Phantasten, 79; Die Schattengrenze, 79; Flüchtige Bekanntschaften, 82. – *Essays:* Untersuchungen über Weltanschauung und Sprachstil Gottfried Benns, 52 (Diss. masch.); Gottfried Benn – Phänotyp dieser Stunde, 58; Der Gleichgültige, 63; Literatur und Veränderung, 69; Literatur und Lustprinzip, 73; Zukunft und Tod, 75; Die Auflösung des Kunstbegriffs, 76; Das Verschwinden im Bild, 80; Die Wahrheit der Literatur (Gespräche mit Christian Linder u. a.), 80; Von der Moral erwischt. Aufsätze zur Trivialliteratur, 83; Die Körper und die Träume, 86; Das Geschichtliche und das Private, 86; Wahrnehmung und Phantasie, 87; Franz Kafka, 88; Der Roman und die Erfahrbarkeit der Welt, 88. – *Sammel- und Werkausgaben:* Flüchtige Bekanntschaften. Drei Drehbücher und begleitende Texte, 87; Der schöne Mann und andere Erzählungen, 88. – *Herausgebertätigkeit:* Gottfried Benn. Gesammelte Werke in 4 Bänden, 59–61; Ein Tag in der Stadt. Sechs Autoren variieren ein Thema, 67; Wochenende. Sechs Autoren variieren ein Thema, 67; Es geht etwas zu Ende. 13 Autoren variieren ein Thema, 79; Freiheit, was ist das? Aussagen zum Begriff der Freiheit (Mitverf. Ernst Benda...), 84. – *Filme, Fernsehen:* Eskalation, 74; Glückssucher, 77; Die Freiheiten der Langeweile, 78; Phantasten, 79; Die Schattengrenze, 79; Flüchtige Bekanntschaften, 82.

Wellm, Alfred, *22.8.1927 Neukrug bei Elblag (Polen).

W., Sohn eines Fischers, besuchte eine Lehrerbildungsanstalt. Noch 1944 wurde er von der Wehrmacht eingezogen. Von 1946 bis 1963 war er in verschiedenen Funktionen als Lehrer tätig (u. a. Direktor einer Oberschule, Kreisschulrat; 1959 «Verdienter Lehrer des Volkes»). Seither arbeitet er als freiberuflicher Schriftsteller; u. a. 1976 Nationalpreis. Schwerpunkt seiner Arbeiten sind Kinderbücher. Sein erstes Buch für Erwachsene, der Roman *Pause für Wanzka oder Die Reise nach Descansar*, hat einen Lehrer als Hauptperson, der um den pädagogischen Freiraum zur Förderung seiner Schüler, vor allem eines kleinen Mathematikgenies, kämpft. – In Anklängen an Raabes Erzählweise sind vor allem die Landschaftsschilderungen gehalten. Die Eingrenzung des Sujets und der unbedingte Anspruch des Individuums auf Selbstverwirklichung stießen in der DDR teilweise auf heftige Kritik.

W.: Romane, Erzählungen, Kinderbücher: Igel, Rainer und die anderen, 1958; Die Kinder von Plieversdorf, 59; Die Partisanen und der Schäfer Piel, 60; Kaule, 62; Das Mädchen Heika, 66; Pause für Wanzka oder Die Reise nach Descansar, 68; Das Pferdemädchen, 74; Pugowitza oder Die silberne Schlüsseluhr, 75 (verfilmt 81); Karlchen Duckdich, 78; Die Geschichte vom kleinen Wruk, 81; Das Mädchen mit der Katze, 85; Morisco, [2]88.

Welsh, Renate, *22.12.1937 Wien.

W., Tochter eines Arztes, hat Sprachen und Staatswissenschaften studiert, als Übersetzerin gearbeitet und schreibt seit 1970 Kinder- und Jugendbücher; lebt als freie Autorin. Mehrere Jugendbuchpreise. – W. gehört zu den literarisch anspruchsvollsten Kinderbuchautoren; mit realistischen, genauen Alltagsbeobachtungen knüpft sie an die Erfahrungswelt junger Leser an, wo es erforderlich ist, legt sie Detailstudien oder ausführlichere Recherchen zugrunde. Ihr Buch über Jugendkriminalität, *Der Staatsanwalt klagt an*, basiert auf umfassenden Studien von Fällen vor dem Jugendgericht. In *Drittes Bett links* verarbeitet W. die über Spieltherapie in einem Kinderkrankenhaus gewonnenen Erfahrungen. In ihren meisten Arbeiten zeigt sich W. als sozial engagierte Erzählerin, die gegen Unterdrückung und Repression auftritt, solidarisches Verhalten und Toleranz fordert. Als eine der ersten hat sie im Kinderbuch einfühlsam die Probleme von Gastarbeiterkindern beschrieben. Auch bei starkem politischem Engagement bleiben ihre Darstellungen inhaltlich differenziert, negative Charaktere mit menschlichen Zügen versehen. In neueren Erzählungen reduziert W. Realismus zugunsten von Satire, Ironie, humorvoller Überzeichnung.

W.: Prosa, Kinder- und Jugendbücher: Der Enkel des Löwenjägers, 1970; Ülkü, das fremde Mädchen, 73; Das Seifenkistenrennen, 73; Alle Kinder nach Kinderstadt, 74; Der Staatsanwalt klagt an. Jugend vor Gericht, 75 (als Stück u. d. T. Angeklagter, stehen Sie auf!); Thomas und Billy oder: Katzen springen anders, 75; Einmal sechzehn und nie wieder, 76; Corinna kann kellnern, 76; Empfänger unbekannt, zurück!, 76; Drittes Bett links, 76; Hoffnung mit Hindernissen, 77; ... und Terpsi geht zum Zirkus, 77; Zwischenwände, 78; Das Erbsenauto, 78; Johanna, 79; Das Vamperl, 79; ... und schicke ihn hinaus in die Wüste, 80; Das Leben lang, 80; Fiona und Michael, 81; Bald geht's dir wieder gut, 81; Julie auf dem Fußballplatz, o. J.; Ende gut – gar nichts gut, 82; Wörterputzer, 82; Philipp und sein Fluß (mit P. Kunstreich), 82; Ich verstehe die Trommel nicht mehr, 83; Der Brieftaubenbeamte, 83; Paul und der Baßgeigenpaul, 83; Wie in fremden Schuhen, 83; Würstel mit Kukuruz, 84; Einfach dazugehören, 84; Wen die Musen küssen,

85; Lisa und ihr Tannenbaum (mit M. Rahn), 85; Karolin und Knuddel (mit O. Grissemann), 85; Nina sieht alles anders, 85; Das kleine Moorgespenst, 85; Eine Hand zum Anfassen, 85; Schnirkel, das Schneckenkind und andere Tiergeschichten, 86; Ein Geburtstag für Kitty, 86; Schneckenhäuser, 86; Das Leben leben, 86; Ich schenk dir einen Kindertag, 87; Empfänger unbekannt – zurück!, 87; Würstel und Kukuruz, 87; In die Waagschale geworfen. Österreicher im Widerstand, [2]88; Drachenflügel, 88; Seifenblasen bis Australien, 88; Aus den Augen – im Sinn. Gedanken über Begegnungen, 88; Stefan (mit U. Schwecke), 89; ...denn Toto ist groß und stark, 91 . – *Herausgebertätigkeit:* Kratzer, H.: Antwort auf keine Frage, 85; Abschied und Ankunft (mit H. Kratzer), 88.

Welskopf-Henrich, Liselotte,
*19. 9. 1901 München, †16. 6. 1979 Berlin.
Nach dem Studium der Ökonomie, Geschichte und Philosophie legte W.-H. 1921 erste schriftstellerische Arbeiten vor. In der Zeit des Faschismus war sie im Widerstand tätig. Seit 1949 hatte sie eine Anstellung an der Berliner Humboldt-Univ., wo sie 1960 eine Professur für alte griechische Geschichte erhielt.
Beeinflußt von J. F. Cooper, von Karl May eher abgestoßen, faßte W.-H. schon früh den Plan, realistische Indianerbücher zu schreiben, und zwar zunächst über die Dakota-Indianer, die der Ausrottung durch die Flucht nach Kanada entkommen konnten. Die nach intensiven Materialstudien fertiggestellten ersten Texte fanden Ende der 40er Jahre in der DDR keinen Verlag. 1951 entschied sich Johannes Bobrowski, damals Lektor eines Berliner Kleinverlages, für die Veröffentlichung des ersten Romans *Die Söhne der großen Bärin*, der in den folgenden Jahren zu einem der populärsten Jugendbücher der DDR wurde. W.-H. stellte der tradierten Pseudo-Indianerromantik eine historisch-materialistisch fundierte Abenteuerliteratur entgegen, an die sie den «Maßstab für große Literatur» angelegt wissen wollte. Diese neue Qualität des Abenteuerromans, der die soziale Determination der Helden in exakter Hintergrundbeschreibung mit phantasievoller Handlung beschreibt, charakterisierte den Anfang der 60er

Jahre um zwei Bände zur Trilogie erweiterten Romanzyklus *Die Söhne der großen Bärin* sowie den für ein erwachsenes Lesepublikum Ende der 60er Jahre veröffentlichten vierteiligen Romanzyklus *Das Blut des Adlers*, der das heutige Leben in den Indianerreservaten schildert. Die Bücher W.-H.s sind in mindestens 12 Sprachen übersetzt und haben eine Gesamtauflage von über 6 Millionen. Mehrere Jugendbuchpreise in beiden deutschen Staaten; Nationalpreis 1972.

W.: Romane, Erzählungen, Märchen: Der Häuptling, 1951; Der Steinknabe, 53; Jan und Jutta, 54; Der Bergführer, 54; Drei Wassertropfen, 54; Hans und Anna, 54; Zwei Freunde, 56; Frau Lustigkeit und ihre fünf Schelme, 58; Harka, der Sohn des Häuptlings, 62; Top und Harry, 63; Nacht über der Prärie, 66; Licht über weißen Felsen, 67; Stein mit Hörnern, 68; Der siebenstufige Berg, 72; seit 71 erscheint: Die Söhne der großen Bärin in 6 Bdn: Harka, Der Weg in die Verbannung, Die Höhle in den schwarzen Bergen, Heimkehr zu den Dakota, Der junge Häuptling, Über den Missouri; Das helle Gesicht, 85. – *Sammel- und Werkausgaben:* Gesammelte Werke in Einzelausgaben, Bd 1 f, o. J. – *Herausgebertätigkeit:* Hellenische Poleis, 4 Bde, 74 ff.

Werdenfels, Jürgen → Haushofer, Albrecht

Werfel, Franz, *10. 9. 1890 Prag,
†26. 8. 1945 Beverly Hills (Kalifornien).
W., in einer reichen Kaufmannsfamilie aufgewachsen, erhielt eine sorgfältige humanistische Erziehung. In der Piaristenschule besuchte er zwar den jüdischen Religionsunterricht, wurde jedoch durch den erzkatholischen Genius loci und eine ihn vergötternde Kindermagd dem Katholizismus zugeführt, dem er, obwohl er die Taufe ablehnte, bis zum Tod die Treue hielt. Nach mißlungenem Versuch, im angestammten Kommerzmilieu Fuß zu fassen, war er ab 1910 Verlagslektor in Leipzig, um den sich die jungen («expressionistischen») Dichter scharten. W.s Ruhm wurde vor dem 1. Weltkrieg durch zwei Gedichtbücher begründet: *Der Weltfreund* und *Wir sind*; auch seine radikal-pazifistischen *Troerinnen*, 1916 erstmals gespielt, erregten Sensation. Den Weltkrieg machte W. an der

russischen Front mit; danach ließ er sich in Wien nieder, wo er die Witwe Gustav Mahlers heiratete. Nach einer kurzen Wendung zur extremen Linken (1919, Rote Garde) errang er in der Zwischenkriegszeit außerordentliche Erfolge, vor allem als Romancier und Dramatiker: W. galt damals als der Prototyp des etablierten großbürgerlichen Schriftstellers. Zwischen 1925 und 1935 machte er ausgedehnte Reisen, auch lebte er häufig in Italien. 1938 mußte W. Österreich verlassen. In Lourdes gelobte er, über Bernadette Soubirous ein Buch zu schreiben, wenn er den NS-Schergen entkäme: Der in Amerika entstandene, bewußt sachlich und wirklichkeitsgetreu erzählte Roman *Das Lied von Bernadette* wurde ein Welterfolg. W. ließ sich in Kalifornien nieder, wo noch der große utopische Roman *Stern der Ungeborenen* entstand.

Die Verse des jungen W. sind von weltbrüderlicher Liebe und pantheistischem Pathos erfüllt. «Mein einziger Wunsch ist, Dir, o Mensch, verwandt zu sein!» heißt es in einem Gedicht, das der expressionistischen «O Mensch»-Lyrik den Namen gegeben hat. Schiller und Goethe haben bei diesem «neuprager» Überschwang ebenso Pate gestanden wie Walt Whitman mit seinen psalmodischen Klängen und freien Rhythmen. Zwischen dieser naiv-lobpreisenden Jugenddichtung W.s und der Kabbala-Lyrik der *Beschwörungen*, den Gesängen und Balladen des Kriegs- und Nachkriegswerkes *Der Gerichtstag* liegt eine weite Distanz. Die Lyrik des reifen W. zeigt preziöse Überladenheit, ist dabei im Syntaktischen oft amorph und verschwommen; die Fülle sinnlich-plastischer Metaphern aus der Frühzeit hat nebulosen «kosmischen» Wortklaubereien Platz gemacht. Parallel zum Verfall von W.s Lyrik stand sein Aufstieg als Dramatiker, Erzähler, Nachdichter, Opernbearbeiter (Verdi) und Essayist. Die Spannweite seines dramatischen Schaffens reicht von der magischen Trilogie *Spiegelmensch* – dem in vielen «Stationen» spielenden Versuch eines Selbsterlösungsdramas, zugleich satirisch gegen Karl Kraus gerichtet – über geschichtlich-weltliche (*Juarez und Maximilian*) und religiös-chiliastische

Stücke (*Paulus unter den Juden, Das Reich Gottes in Böhmen, Der Weg der Verheißung*) bis zu der Ahasvertragikomödie *Jacobowsky und der Oberst*: Drama der abenteuerlichen Flucht eines polnischen Juden und eines Obersten der geschlagenen polnischen Armee vor den deutschen Truppen in Frankreich; das in den Titelgestalten verkörperte Gegensatzpaar deutet auf den ewig parallel verlaufenden Weg des Juden und Christen.

In seinen erzählenden Schriften wird es noch deutlicher, daß der Homo religiosus W. das Schreiben als Purgatorium auffaßte. Der formal und inhaltlich nicht konsequent durchgestaltete Schlüsselroman *Barbara oder Die Frömmigkeit*, die Geschichte des späteren Schiffsarztes Ferdinand R., entwirft ein realistisches Bild der Kriegserlebnisse W.s und des geistigen und politischen Chaos im Nachkriegs-Wien. Er reicht als Selbstanalyse ebenso tief wie W.s bedeutendstes Werk, der utopische «Reiseroman» *Stern der Ungeborenen*, der den Schriftsteller «F. W.» zu einer in ferner Zukunft lebenden «astromentalen» Menschheit führt; diese posttechnische Epoche, die selbst den Tod in Schmerzen durch eine «Retrogenese» bezwungen zu haben glaubt, muß jedoch wie alles Endliche wieder vergehen und von neuem beginnen. – Zwischen diesen Werken liegen philosophisch angelegte epische Panoramen wie *Die vierzig Tage des Musa Dagh*, eine Episode aus dem 1. Weltkrieg: Von zeitgenössischen Berichten ausgehend, «theologisiert» W. das Geschehen (Existenzkampf der Armenier); hinter dem Armenierführer Bagradian wird die Gestalt Mose sichtbar. Daneben entstanden mehr oder weniger belletristische Romane wie *Verdi*, dem in Wagner sein künstlerischer Antipode gegenübergestellt wird, *Der Abituriententag*, die «Geschichte einer Jugendschuld», die der Landgerichtsrat Sebastian nach 25 Jahren niederschreibt, und *Der veruntreute Himmel*: Hauptfigur ist die fromme Magd Teta Linek, deren Frömmigkeit jedoch die Liebe Barbaras fehlt; sie glaubt, sich den Himmel erkaufen zu können, indem sie einen Neffen auf ihre Kosten zum Priester ausbilden läßt. Doch ihr

selbstherrlicher Lebensplan stürzt zusammen, erst die Buße ihrer Schuld gibt ihr Frieden. – Als Novellist begann W. mit *Nicht der Mörder, der Ermordete ist schuldig*: Thema ist ein Vater-Sohn-Konflikt.
Das W. unablässig herausfordernde Problem Judentum–Christentum findet vor allem in der Essaysammlung *Zwischen Oben und Unten* Ausdruck.

W.: Romane, Erzählungen: Nicht der Mörder, der Ermordete ist schuldig, 1920; Spielhof, 20; Verdi, 24; Der Tod des Kleinbürgers, 27; Geheimnis eines Menschen, 27; Der Abiturientag, 28; Barbara oder Die Frömmigkeit, 29; Kleine Verhältnisse, 31; Die Geschwister von Neapel, 31; Die vierzig Tage des Musa Dagh, 33; Höret die Stimme, 37 (gekürzt als: Jeremias, 56); Der veruntreute Himmel, 39; Das Lied von Bernadette, 41; Eine blaßblaue Frauenschrift, 41; Stern der Ungeborenen, 46; Cella oder Die Überwinder, 70; Das Trauerhaus, 89. – *Dramen:* Die Troerinnen, 15 (nach Euripides); Die Mittagsgöttin, 19; Der Besuch aus dem Elysium, 20; Spiegelmensch, 20; Bocksgesang, 21; Schweiger, 23; Juarez und Maximilian, 24; Paulus unter den Juden, 26; Das Reich Gottes in Böhmen, 30; Der Weg der Verheißung, 35; In einer Nacht, 37; Jacobowsky und der Oberst, 44. – *Lyrik:* Der Weltfreund, 11; Wir sind, 12; Einander, 15; Gesänge aus den drei Reichen, 17; Der Gerichtstag, 19; Beschwörungen, 23; Gesammelte Gedichte, 27; Schlaf und Erwachen, 35; Gedichte aus 30 Jahren, 39; Zwischen Gestern und Morgen, 42. – *Essays:* Realismus und Innerlichkeit, 31; Können wir ohne einen Gottesglauben leben?, 32; Von der reinsten Glückseligkeit der Menschen, 38; Zwischen Oben und Unten, 46. – Ferner Bearbeitungen von Verdi-Textbüchern. – *Sammel- und Werkausgaben:* Gedichte 1908–1945, 46; Zwischen Oben und Unten. Essays, 46 (engl. Between Heaven and Earth, 44); Erzählungen, 66; Menschenblick. Ausgewählte Gedichte, 69; Eine Auslese, 69; Dramen, 73; Gesammelte Werke, 8 Bde, 27–36; Gesammelte Werke in Einzelausgaben, 75f; Das F. W. Buch, 86.

Werner, Friedrich → Stavenhagen, Fritz

Werner, Gerhard → Schulenburg, Werner von der

Werner, P. → Stavenhagen, Fritz

Werner, Ruth (eig. Ursula Kuczynski, Pseud. Ursula Beurton), *15. 5. 1907 Berlin.
Die Tochter eines Wirtschaftswissenschaftlers absolvierte nach dem Lyzeum eine Buchhändlerlehre und trat 1924 in den kommunistischen Jugendverband, 1926 in die KPD ein. 1930 ging sie mit ihrem ersten Mann nach China, wo sie publizistisch arbeitete. Seit 1933 tätig für den sowjetischen Geheimdienst, verließ sie 1935 China, arbeitete 1936/37 in Danzig, 1938–40 in der Schweiz. Von 1940–50 lebte sie in Großbritannien, von wo aus sie in die DDR ging. Dort war sie journalistisch tätig, seit 1956 ist sie freie Schriftstellerin. W. ist Mitglied im Schriftstellerverband und erhielt neben sowjetischen Auszeichnungen 1961 die Weinert-Medaille, 1977 den Karl-Marx-Orden und 1978 den Nationalpreis.
Seit den 30er Jahren schrieb W. vor allem Artikel für Zeitschriften in verschiedenen Ländern. Auch nach dem Krieg arbeitete sie vor allem für Zeitungen, schrieb Reportagen und erste Erzählungen. Bekannt wurde sie mit dem Roman *Ein ungewöhnliches Mädchen* sowie mit der romanhaften Biographie der im Konzentrationslager ermordeten Kommunistin Olga Benario.

W.: Romane, Erzählungen, (Auto-)Biographisches: Ein ungewöhnliches Mädchen, 1958; Olga Benario, 61; Über hundert Berge, 66; Ein Sommertag, 66; In der Klinik 68; Kleine Fische, große Fische, 72; Die gepanzerte Doris, 72; Ein sommerwarmer Februar, 73; Sonjas Rapport, 77; Der Gong des Porzellanhändlers, 77; Kurzgespräche, 88. – *Essays, theoretische Schriften, Reportagen:* Goldene Hände, 53ff; Rund um eine Messe, 53–56; Immer unterwegs, 56; Gedanken auf dem Fahrrad, 80.

Werremeier, Friedhelm (Pseud. Jacob Wittenbourg), *30. 1. 1930 Witten.
W. ist Journalist, spezialisiert auf die Gerichtsreportage, und Schriftsteller. – W. schrieb vier kriminologische Sachbücher und mehrere Kriminalromane, die alle den Hamburger Hauptkommissar Trimmel zum Helden haben und ausnahmslos nach eigenen oder in Koproduktion mit dem Regisseur verfaßten Drehbüchern für die Fernsehserie *Tatort* verfilmt wurden. Die Romane sind genau recher-

chiert, fast reportagenhaft geschrieben, schildern realistisch die Arbeit der Polizei und klären, geschickt in eine spannende, nie thesenartig überfrachtete Handlung integriert, unaufdringlich über aktuelle Zeitprobleme auf (Umweltschutz, Fußball-Bestechungsskandal, Computerkriminalität in Zusammenhang mit Organtransplantationen). Zunehmend verstärkt sich W.s Interesse an psychiatrischen Themenstellungen (Sexualverbrechen in *Trimmel hält ein Plädoyer*), wobei er herbe Kritik an den Praktiken psychiatrischer Gutachter (*Richter in Weiß*) oder der Verteidigung in Strafprozessen übt (*Trimmel hält ein Plädoyer*).

W.: Romane: Ich verkaufe mich exklusiv, 1968; Taxi nach Leipzig, 70; Der Richter in Weiß, 71; Ohne Landeerlaubnis, 71; Ein EKG für Trimmel, 72; Platzverweis für Trimmel, 72; Trimmel macht ein Faß auf, 73; Trimmel und der Tulpendieb, 74; Hände hoch, Herr Trimmel!, 76; Trimmel hält ein Plädoyer, 76; Trimmel und Isolde, 80; Trimmel und das Finanzamt, 82; Trimmel im Schnee, 83; Der Fall Heckenrose, 85; Trio unter Strom, 86; Trimmel läßt arbeiten, 86. – *Erzählungen:* Treff mit Trimmel, 74; Kleiner, du bist reichlich groß, 76; Trimmel hat Angst vor dem Mond, 77; Tödliche Beziehungen (mit R. Hey u. a.), 84; Tödliche Umwelt (mit -ky u. a.), 86; Die Krimipioniere (mit -ky u. a.), 88. – *Kinderbücher:* Katzengedichte, 58; Das kleine Pony, 66. – *Sachbücher:* Bin ich ein Mensch für den Zoo? Der Fall J. Bartsch, 68; Der falsche Chefarzt von Berlin, 68; Der Fall Heckenrose, 75; Ich fordere Recht (mit Rolf Bossi), 75; Über Perry Mason, 85. – *Fernsehspiele:* Transit Hamburg (3 Tle), 69; Taxi nach Leipzig, 70; Tatmotiv Liebe (4 Tle), 70; Exklusiv, 71; AE 612 ohne Landeerlaubnis, 71; Der Richter in Weiß, 71; Rechnen Sie mit dem Schlimmsten, 72; Platzverweis für Trimmel, 73; Gift, 74; Ein Fall für Stein (4 Tle), 74; Trimmel und der Tulpendieb, 76; Kläger und Beklagte (7 Tle), 77; Trimmel hält ein Plädoyer, 78; Seeamt (3 Tle), 79.

West, Walter → Soyfer, Jura

Westkirch, Louise, *8. 7. 1853 Amsterdam, †11. 7. 1941 München.

W., Tochter deutscher Eltern, verbrachte ihre ersten Lebensjahre in Amsterdam, wo der Vater ein Tuchgeschäft besaß. 1856 kehrte die Familie nach Deutschland zurück, zunächst in die bayrische Pfalz und nach dem Tode des Vaters 1861

nach Wiesbaden, wo W. ihre Schulbildung erhielt und danach das Lehrerinnenexamen bestand. Später lebte sie in München. – W. zeigt sich in ihren Werken als eine der wenigen Schriftstellerinnen ihrer Zeit, die sich mit sozialen Problemen auseinandersetzten. Sie schildert sowohl die Arbeiterverhältnisse als auch die Auffassung und das Verhalten der Kapitalistenkreise. Sie kritisiert die sich verschärfenden Klassengegensätze und setzt sich vor allem für die Menschenrechte der Arbeiter ein. Die Lösung des sozialen Problems sieht sie in gegenseitiger Nächstenliebe und einer gerechteren Beteiligung der Arbeiter an dem Ertrag ihrer Arbeit. Sie fordert langsame, zielbewußte Reformen unter Erhaltung der bestehenden wirtschaftlichen Ordnung und kapitalistischen Produktionsweise.

W.: Romane, Erzählungen: Ein Familienzwist, 1885; Er soll dein Herr sein, 93; Aus dem Hexenkessel der Zeit, 94; Streber, 95; Ein moderner Märtyrer, 96; Gretchens Liebhaber, 97; Unter dem Eise, 97; Wie Ulrich Urban einen Schatz fand, 97; Eine Studentenehe, 98; Los von der Scholle, 99; Urschels Fundgut, 1901; Im Teufelsmoor, 01; Jenseits von Gut und Böse, 02; Geschichten von der Nordkante, 03; Um ein Liebesglück, 03; Loreley, 04; Joachimsklamm, 04; König Haß, 04; Unter Schwarzwaldtannen, 04; Kains Entsühnung, 06; Der Staatsanwalt, 07; Auf der Menschheit Höhen, 07; Der Marquis von Weyermoor, 08; Im deutschen Versailles, 11; Schauspieler des Lebens, 12; Der Todfeind, 12; Der Franzosenhof, 13; Schmetterlinge auf See, 16; Das Licht im Sumpfe, 17; Die vom Rosenhof, 18; Das Gespensterschloß, 21; Der Werwolf, 22; Das Ostermahl zu Grosseter, 22; Der Mann mit der Maske, 23; Die sizilianische Vesper, 24; Der große Schlag, 24; Wenn Liebe spricht, 26; Der verlorene Sohn, 26; Moorbrand, 28; Lämmer und Geier, 29; Die Kornmuhme, 31; Der Einsiedler auf Westeroog, 32; Helge Nedderkopps Ehe, 33; Der Schmied von Ellermoor, 32; Der Soldat von Heisterbusch, 35; Heidekraut und Birkenbusch, 36; Der Tag des Gerichts, 37; Feuer, 38. – *Novellen:* Rauch, 1888; Die Basis der Pyramide, 91; Novellen, 93; Diebe, 98; Junker Freds Roman, 1904; Die Gletschermühle, 06; Die große Klippe, 06; Niedersächsische Leute, 09; Wenn die Masken fallen, 09; Timm Bredenkamps Glück, 09; Der Bürgermeister von Immelheim, 11; Erzählungen und Novellen, 14; Nach dem Sündenfall, 15; Die Fortuna von Präneste, 26. – *Drama:* Zwischen Abend und Morgen, 08.

Wetcheek, J. L. → Feuchtwanger, Lion

Weyrauch, Wolfgang (Pseud. Joseph Scherer), *15.10.1907 Königsberg, †7.11.1980 Darmstadt.
W., Sohn eines Landvermessers, besuchte das Gymnasium, dann die Schauspielschule in Frankfurt/M. Er war zunächst Schauspieler, u. a. in Münster und Bochum, studierte dann Germanistik, Romanistik und Geschichte in Berlin. Ab 1933 war er Journalist und danach Verlagslektor. 1940–45 war er Soldat und geriet in sowjetische Gefangenschaft. 1946–48 war er Redakteur bei der satirischen Zeitschrift «Ulenspiegel» in Berlin. Ab 1950 lebte er in Worpswede, ab 1952 in Hamburg. 1950–58 war er Lektor bei einem Hamburger Verlag. Seit 1959 freier Schriftsteller, zunächst in Gauting, dann (seit 1967) in Darmstadt. 1960 wurde er Hörspieldramaturg beim Norddeutschen Rundfunks in Hamburg. W. hat schon vor 1945 Erzählungen und Hörspiele geschrieben. Er war Mitglied des PEN und der Deutschen Akademie für Sprache und Dichtung.
Nach dem Krieg bestimmte ein stark pazifistisches Engagement sein Schreiben. In der vieldiskutierten Prosadichtung *Auf der bewegten Erde* z. B. erinnert sich ein Heimkehrer an das Grauen in Krieg und Gefangenschaft, um schließlich zum Glauben ans Leben zurückzufinden. Im Sinne seines Strebens nach individueller Bewahrung der Humanität fand W. durch verschiedenste Stilexperimente («Kahlschlagprosa»), sich an Kafka, Kleist, Whitman, Joyce, Majakovskij und Brecht orientierend, zu einer streng rhythmischen Ausdrucksweise, die die vielfältigen Erscheinungsformen des Lebens mit sparsamen Mitteln widerzuspiegeln vermag und zu poetischer Wirkung gelangt. *Die Davidsbündler* ist ein solches Stilexperiment, ohne lineare Handlung und Kausalität, in dem am Beispiel der Bekämpfung eines Heuschreckenschwarms gezeigt wird, daß es «nur auf den Menschen ankommt»; in *Etwas geschieht* werden nach streng kompositorischem Prinzip in Monologen, Dialogen und selbständigen Prosastücken Idee und Hintergrund eines Protestmarsches eingekreist und mit menschlicher Gleichgültigkeit konfrontiert. W.s eigenartige Sprache prägt auch seine späteren Erzählungen (*Geschichten zum Weiterschreiben*), die immer mehr zu detailbeschreibenden, Fragen stellenden Kurzprotokollen werden. In zahlreichen Hörspielen (*Die Minute des Negers, Anabasis, Alexanderschlacht, Das Signal, Der neben mir* u. a.), denen die Methode der monologischen Verbindung von Realität und Vision starke Wirksamkeit verleiht, hat W. außerdem die Funkdichtung wegweisend beeinflußt. – 1961 Hörspielpreis der Kriegsblinden, 1972 J.-H.-Merck-Ehrung, 1973 Gryphius-Preis u. a.

W.: Romane, Erzählungen, Jugendbücher: Der Main, 1934; Strudel und Quell, 38; Eine Inselgeschichte, 39; Ein Band für die Nacht, 39; Das Liebespaar, 43; Auf der bewegten Erde, 46; Die Liebenden, 47; Die Davidsbündler, 48; Die Feuersbrunst, 52; Bericht an die Regierung, 53; Mein Schiff, das heißt Taifun, 59; Etwas geschieht, 66; Unterhaltungen von Fußgängern, 66; Wie geht es Ihnen, 71; Ein Clown sagt, 71; Das Ende von Frankfurt/M., 73; Beinahe täglich, 75; Hans Dumm, 78. – *Hörspiele:* Anabasis, 31; Große Stadt, 51; Woher kennen wir uns bloß, 52; Vor dem Schneegebirge, 53; Die Minute des Negers, 54; Die japanischen Fischer, 55; Indianische Ballade, 56; Das grüne Zelt, 57; Jon und die großen Geister, 61; Das tapfere Schneiderlein, 63; Alexanderschlacht, 65; Ich bin einer, ich bin keiner, 67; Feuer, Wasser, Luft und Erde, 68; Neumarkt, 68; Im Konjunktiv, 72; Das Signal, 74; Wer fängt an, 75; Orientierungspunkte, 77; Sonnenblume, Fledermaus, 79; Hier wird Musik gemacht, 80; Zeugnisse und Zeugen, 81; Der neben mir, 81. – *Lyrik:* Von des Glücks Barmherzigkeit, 46; Lerche und Sperber, 48; An die Wand geschrieben, 50; Die Minute des Negers, 53; Gesang, um nicht zu sterben, 56; Nie trifft die Finsternis, 56; Die Spur, 63; Lieber T., 76; Das Komma danach, 77; Zwei Litaneien, 77; Fußgänger, 78. – *Essays, Reportagen:* Dialog über neue deutsche Lyrik, 65; Das erste Haus hieß Frieden. Die SOS-Kinderdörfer, 66; Ein Schluck von Vernunft, 78; Epilog für Darmstadt, 81; Ein Gedicht – was ist das?, o. J. – *Herausgebertätigkeit:* Junge deutsche Prosa, 40; Das Berlin-Buch, 41; Die Pflugschar, 47; Lesebuch für Erwachsene, 48; Tausend Gramm. Neue deutsche Geschichten, 49; Expeditionen. Lyrikanthologie, 59; Ich lebe in der Bundesrepublik, 60; Das Jahr, 61; Lyrik aus dieser Zeit, 65; Alle diese Straßen, 65; Ausnahmezustand, 66; Federlese, 67; Das Kellerbuch, 73; Neue Expeditionen, 75; Kalenderbuch 77; Das Lächeln meines Großvaters, 78; Liebeserklärung (mit F. Deppert), 78; Aufschlüsse (mit F. Deppert), 78; Liebesgeschichten, 79. – *Sammel- u. Werkausgaben:* Dialog mit dem Unsichtbaren, 62; Auf der bewegten Erde, 67; Mit dem Kopf durch die Wand, 72, erw. 77; Dreimal geköpft, 83; Proust beginnt zu brennen, 85; Das grüne Zelt. Die japanischen Fischer, o. J.; Atom und Aloe. Gesammelte Gedichte, 87.

White, Harald J. → Renn, Ludwig

Widmer, Urs, *21.5.1938 Basel.
W., Sohn des Lehrers, Kritikers und Autors Walter W., in Basel aufgewachsen, studierte dort und in Montpellier Germanistik und Romanistik. Er promovierte 1966 mit «Studien zur Prosa der jungen Generation», *1945 oder Die Neue Sprache*. Arbeitete als Verlagslektor. Seit 1968 ist er freier Schriftsteller, Literaturkritiker, Dozent an der Universität Frankfurt und Gründungsmitglied des Verlags der Autoren.
W. steht ein vielfältiges Repertoire an Formen und Genres zur Verfügung: Erzähl-, Dramen- und Essayformen. Er greift mit Vorliebe zu Figuren und Motiven der Vergangenheit, um sie ironisch-parodistisch in die zeitgenössische Realität hineinzuwoben, so in der Früherzählung *Alois* oder der scheinbaren Schweizeridylle *Die Amsel im Regen im Garten*. Formmittel des Grotesken und des Phantastischen verleihen seiner Prosa eine surrealistische Stimmung. Kennzeichnend für diese Tendenz ist der «Abenteuerroman» *Die Forschungsreise*, in der W.s Forscher die Welt und sein Ich in einer Traumreise zu entschlüsseln sucht. Auch die Unbehausten seines Stücks *Nepal* suchen ihre Weltfremdheit und Existenzangst in der Illusion der Theaterbühne, des Erzählens oder der träumerischen Utopie zu verhüllen. W.s Phantasie sprengt auch die Regeln des traditionellen Hörspiels (u. a. *Wer nicht sehen kann, muß hören, Operette, Fernsehabend, Stan und Ollie in Deutschland, Indianersommer*). 1974 Karl-Szuka-Preis, 1977 Hörspielpreis der Kriegsblinden, 1985 Preis der Schweizerischen Schillerstiftung, 1989 Basler Literaturpreis.

W.: Romane, Erzählungen, Prosa: Alois, 1968; Die Amsel im Regen im Garten, 71; Die Forschungsreise, 74; Die gelben Männer, 76; Schweizer Geschichten, 75; Vom Fenster meines Hauses aus, 77; Shakespeare's Geschichten (mit W. E. Richartz), 78; Hand und Fuß, 78; Suomei und ihr Netz, 79; Fotos, 80; Das enge Land, 81; Liebesnacht, 82; Die gestohlene Schöpfung, 84; Indianersommer, 85; Das Verschwinden der Chinesen im neuen Jahr, 87; Der Kongreß der Paläolepidopterologen, 89; Von A bis Zett. Elf Alphabete (mit F. Achleitner u. a.), 90. – *Hörspiele, Dramen:* Wer nicht sehen kann, muß hören (in wdr Hörspielbuch 1969), 69; Henry Chikago, 70; Operette, 71; Das Überleben der unsterblichen Mimi, 73; Die lange Nacht der Detektive, 73; Die schreckliche Verwirrung des Giuseppe Verdi, 74; Fernsehabend, 76; Nepal, 77; Die Zwerge in der Stadt, 77; Stan und Ollie in Deutschland (in: manuskripte 64/79), 79; Züst oder die Aufschneider, 80; Nepal. Der neue Noah, 86; Nacht Zettel. Sieben Theatertexte nach Shakespeares «Ein Sommernachtstraum» (mit W. Bauer u. a), 87; Alles klar, 88. – *Essays:* 1945 oder die ‹Neue Sprache›, 66; Das Normale und die Sehnsucht, 72; Auf auf, ihr Hirten! Die Kuh haut ab! Kolumnen, 88. – *Übersetzungen:* Labiche, E.: Das Glück zu Dritt, 69; Guérin, D.: Die amerikanische Arbeiterbewegung 1867–1967, 70; Halet, P.: Little Boy, 70; Gorey, E.: Das Vermächtnis der Miss D. Awdrey-Gore, 74; Phypps, H.: Das jüngst entjungferte Mädchen, 75; Chandler, R.: Das hohe Fenster, 75; Gorey, E.: Die weiche Speiche, 78; Beckett, S.: Warte uf de Godot, 80. – *Herausgebertätigkeit:* Sean O'Casey. Eine Auswahl, 70. – *Sammelausgabe:* Das Urs Widmer Lesebuch, 80; Stan und Ollie in Deutschland. Alles klar, 87; Indianersommer. Liebesnacht. Die gestohlene Schöpfung, 88; Alois. Die Amsel im Regen im Garten, 88. – *Schallplatten, Kassetten:* Das Blasquartett oder 80 Fragen nach dem Glück, 87 (Kass.); Stan und Ollie in Deutschland, 89 (Kass.).

Wiechert, Ernst, *18.5.1887 Forsthaus Kleinort (Kreis Sensburg/Ostpreußen), †24.8.1950 Uerikon (Schweiz).
W. studierte in Königsberg Germanistik, Anglistik und Geographie und arbeitete dort als Studienrat, nahm am 1. Weltkrieg teil, zog nach einer Lebens- und Berufskrise 1930 nach Berlin, gab 1933 das Lehramt auf und lebte als freier Schriftsteller in Ambach (Oberbayern), nach 1948 in der Schweiz. Wiechert lehnte aus christlich-moralischer Überzeugung den Nationalsozialismus ab. 1938 war er zwei Monate in Buchenwald inhaftiert (*Der Totenwald*,

geschrieben 1939, veröffentlicht 1945) und stand anschließend unter Gestapoaufsicht; seine Werke erzielten weiterhin hohe Auflagen. Er gilt als Repräsentant der inneren Emigration zur Zeit des Dritten Reichs. Die Entwicklung der Nachkriegsjahre enttäuschte ihn. – W.s Werk umfaßt vor allem Romane und Erzählungen. Dargestellt werden zeitbezogene moralische Konflikte der Hauptgestalten, meist in der Landschaft Ostpreußens, die, mythisch überhöht, der zivilisatorischen Gegenwart gegenübersteht (charakteristischer Titel: *Das einfache Leben*). Späterem Zeitgeschmack erscheint sein Werk oft sentimental und resignativ, doch hatte es breite Wirkung, besonders im protestantischen Bürgertum.

W.: Romane, Erzählungen, Autobiographisches, Prosa: Die Flucht, 1916; Der Wald, 22; Der Totenwolf, 24; Die blauen Schwingen, 25; Die Legende vom letzten Wald, 25; Der Knecht Gottes Andreas Nyland, 26; Geheimnis eines Lebens, 28; Der silberne Wagen, 28; Die kleine Passion, 29 [= 1. Tl d. Trilogie: Passion eines Menschen]; Die Flöte des Pan, 30; Geschichte eines Knaben, 30; Jedermann, 31 [= 2. Tl. der Triologie: Passion eines Menschen] (Ausz.: Soldat Namenlos, 33); Die Magd des Jürgen Doskocil, 32; Der Jünger, 33 [Ersch. unsicher]; Die Majorin, 34; Der Todeskandidat, 34 (u. d. T.: Der Vater, 51); Hirtennovelle, 35; Der Kinderkreuzzug, 35; Wälder und Menschen. Eine Jugend, 36; Das heilige Jahr, 36; Atli der Bestmann, 38; Das einfache Leben, 39; Der ewige Stern, 40; Tobias und andere ausgewählte Prosa, 42; Demetrius und andere Erzählungen, 44/45; Der Totenwald. Ein Bericht, 45; Die Jeromin-Kinder I, 45; Der weiße Büffel oder von der großen Gerechtigkeit, 46; Märchen I, 46 (Ausz.: Die drei Ringe, 54); Märchen II, 46; Die Gebärde – Der Fremde, 46; Der brennende Dornbusch, 46; Die Furchen der Armen, 47 [= Die Jeromin-Kinder II]; Der große Wald, 47; Der Richter, 48; Tobias, 48; Erzählungen, 48; Jahre und Zeiten, 48; Die Mutter, 49; Missa sine nomine, 50; Der Exote, 51; Die Fahrt um die Liebe, 57; E. W. – Häftling Nr. 7188. Tagebuchnotizen und Briefe, 66; Der Todeskandidat, 68. – *Dramen, Spiele:* Das Spiel vom deutschen Bettelmann, 33; Der verlorene Sohn, 34 (Bühnenms.), 35; Die Totenmesse, 45 (auch Hsp.); Okay oder die Unsterblichen, 45 (Bühnenms.), 46; Der armen Kinder Weihnachten, 45 (Bühnenms.), 52. – *Essays, theoretische Schriften:* Gedenkrede auf die Gefallenen des Hufengymnasiums, (22); Der Dichter und die Jugend, 36; Eine Mauer um uns baue, 37; Von den treuen Begleitern, 37; Vom Trost der Welt – Eine Mauer um uns baue…, 38; Der Dichter und die Zeit. Rede (gehalten 35), 45 [EA in: «Das Wort», H. 4/5, 37]; Rede an die deutsche Jugend, 45; Über Kunst und Künstler, 46; Rede an die Schweizer Freunde, 47; Das zerstörte Menschengesicht, 48; Das Antlitz der Mutter. Eine Bilderfolge, 49. – *Sammel- und Werkausgaben:* Die Jeromin-Kinder I und II [in 1 Bd], 48; Lebensworte aus seinem Schrifttum, 50; Der Richter. Erzählungen und Märchen, 50; An die deutsche Jugend. Vier Reden, 51; E. W. – Vom bleibenden Gewinn, 51; Es geht ein Pflüger übers Land, 51; Die letzten Lieder, 51; Meine Gediche, 52; Der ewige Stern, 52; Zwei Novellen, 52; Gesegnetes Leben. Anthologie, 53; Der Richter – Die Mutter, o. J.; Es sprach eine Stimme, 56; Am Himmel strahlt ein Stern. Ein Weihnachtsbuch, 57; Sämtliche Werke in zehn Bänden, 57; Märchen I und II [in 1 Bd], 60; Novellen und Erzählungen, 62; Briefe an einen Werdenden und Ein deutsches Weihnachtsspiel, 66; Die kleine Passion – Jedermann – Der Exote, 66; Die Magd des Jürgen Doskocil – Die Majorin – Das einfache Leben, 66; Erzählungen, 69; Der Vater, 69; Regina Amstetten, 69; Tobias, 70; Demetrius, 70; Die Mutter, 70; Eine Jugend in den Wäldern, 72; Werke, 5 Bde, 80; Frauengeschichten, 84.

Wieden, Peter → Fischer, Ernst

Wieland, Gerhard → Lask, Berta

Wiemer, Rudolf Otto (Pseud. Frank Hauser), *24. 3. 1905 Friedrichsroda. W., Sohn eines Lehrers und Sängers, besuchte nach dem Abitur das Lehrerseminar und war seit 1925 Lehrer in Böhmen, Thüringen und nach dem Krieg in Niedersachsen, bis er sich 1967 vorzeitig pensionieren ließ. Der in der Jugendbewegung der 20er Jahre engagierte W. arbeitete außerdem als Bibliothekar, Puppenspieler und Theaterkritiker. Während des Kriegs Soldat, war er anschließend in amerikanischer Gefangenschaft. W. lebt als freier Schriftsteller. Er erhielt u. a. den Lyrikpreis des Südverlags Konstanz 1948 und 1980 den Buchpreis des Deutschen Verbandes Evangelischer Büchereien, 1981 Niedersächsisches Künstlerstipendium. Er ist Mitglied der Autorenvereinigung «Kogge».

Seit Mitte der 30er Jahre schrieb W. eine Vielzahl von christlichen Laienspielen, und auch seine späteren Erzählungen verleugnen nicht ihren christlichen und didaktischen Hintergrund. Legenden, Kinderbücher, Erzählungen über christliche Themen zählen ebenso zu seinem umfangreichen Werk wie Hörspiele, Lyrik und Romane. Immer sind Außenseiter, kleine Leute, ‹Lückenbüßer› seine Helden, Thema ist immer wieder die Schuld, die Schuld des einzelnen wie der Gemeinschaft. So auch in seinen Romanen *Die Schlagzeile* und *Mahnke. Die Geschichte eines Lückenbüßers*.

W.: *Romane, Erzählungen, Kinderbücher:* Hans Dampf und Peter Ofenhock, 1940; Die Räuber von Ukkelow, 43; Hasso Freischlad, 43 (2. Aufl. u. d. T.: Fritz und die Soldatenstiefel, 44); Die Messplatte, 51; Die Gitter singen, 52 (bearb. u. d. T.: Die Generalin, 60); Der Mann am Feuer, 53; Das Transparent, 54; Der Windengel, 54; Jany und Sohn, 54; Wie schwer eine Feder wiegt, 57; Die Nacht der Tiere, 57; Der Ort zu unseren Füßen, 58; Die rosenrote Brille, 58; Das Licht in der Laterne, 59; Heiligmaier, 59; Die Geschichte von Gott und den Menschen, 59 (mit R. Eberwein); Pit und die Krippenmänner, 60; Jona und der große Fisch, 60 (mit R. Hermann); Der verlorene Sohn, 60 (mit R. Hermann); Nicht Stunde noch Tag oder Die Austrocknung des Stroms, 61; Fremde Zimmer oder Die Aussicht zu leben, 62; Nele geht nach Bethlehem, 62; Kommet her zu mir alle, 62 (mit R. Hermann); Joseph in Ägypten, 63 (mit R. Hermann); Und Pimpinella lacht, 63; Matti, der zu spät kam, 64; Wie stark ist der Mensch?, 64; Sturm und Taube, 64; Kalle Schneemann, 64; Joseph und seine Brüder, 64 (mit R. Hermann); Die Weisen aus dem Abendland, 65; Der gute Räuber Willibald und seine sieben Abenteuer, 65 (erw. 81); Wir Tiere in dem Stalle, 66; Helldunkel, 68; Das Pferd, das in die Schule kam, 70; Unser Dorf heißt Bredelem, 70 (mit F. Vincken); Unsereiner, 71; Der Kaiser und der kleine Mann, 72; Jesus ist gekommen, 73; Vom Wolf, der in die Krippe sehen wollte, 73; Fragen an Herrn K., 74; Jesus ist mit uns, 74; Ein Weihnachtsbaum für Ludmilla Winzig, 74; Selten wie Sommerschnee oder Die Schule der großen Leute, 74; Zwischenfälle, 75; Die Angst vor dem Ofensetzer oder Glorreiche Zeiten, 75; Micha möchte gern, 75 (u. d. T.: Warum nicht, Micha?, 79); Aktion Weihnachten, 76; Der Engel bei Bolt an der Ecke, 76; Die Schlagzeile, 77; Vom Anfang der Kirche, 78; Er schrieb auf die Erde, 79; Reizklima, 79; Auf und davon und zurück, 79; Bethlehem ist überall, 79; Mahnke, 79; Jesus erzählt Gleichnisse, 80; Wie das Stroh in die Krippe kam, 81; Schnee fällt auf die Arche, 81;

Lob der kleinen Schritte, 81; Weihnachten kommt uns nahe (mit E. Biewandt u.a.), 83; Die Nacht der Tiere, 83; Meine Kinderschuhe, 84; Jesusgeschichten – Kindern erzählt, 85; Häuser aus denen ich kam, 85; Warum der Bär sich wecken ließ, 85; Fingerhut und Hexenkraut, 86; Es müssen nicht Männer mit Flügeln sein, 86; Der Mann am Feuer, 86; Ausflug ins Grüne, 86; Der dreifältige Baum, 87; Ungewaschene Gebete, 87; Thomas und die Taube, 87; Die Erzbahn, 88; Die Reise mit dem Großvater und andere Geschichten, 89. – *Dramen, Laienspiele:* Das kleine Erntespiel vom Bär und dem wunderbaren Nußzweiglein, 36; Das Kind im Schnee, 37; König Meck im Spiegel, 38; Das Spiel vom treuen Eckart, 38; Die Verdunkelung von Schilda, 38; Die Zauberziehharmonika, 39; Herr Griesgram und Frau Musika, 39; Die Jahrmarktsflöte, 39; Der gute Kamerad, 39; Nis Randers, 40; Die Trommel der Soldaten, 40; Das Lichtsucherspiel, 41; Der Kornett, 41; Gold und Brot, 42; Der Honighandel, 43; Die Kolonisten, 44; Michel Zinnsoldat, 44; Der Mantel des Königs, 49; Das Glückskind oder Der Teufel mit den drei goldenen Haaren, 49; Das Brot, von dem wir essen, 50; Der Liebenburger Kasper, 50; Das Alt-Wallmodener Krippenspiel, 50; Der Stern der Weisen, 51; Kasper und der Blumenstrauß, 51; Die Brote von Stein, 51; Das Spiel vom Kalendermann, 51; Räuber und Musikanten, 52; Prinzessin Zimbelin, 52; Das Stundenspiel, 52; Das Liebenburger Krippenspiel mit den vier Boten, 52; Vom Mann, der Feuer holen ging, 52; Der Prozeß geht weiter, 53; Aus vielen Steinen wird ein Haus, 53; Wir wandern zur Krippe, 55; Heute spielen wir mal Schule, 55; Die Hirtin, die den Wolf überwand, 55; Im Namen des Kaisers, 56; Die Mauer, 57; Lazarus kommt wieder, 57; Fangt mit dem Sandkorn an, 58; Prüfe den Kurs der Welt, 58; Hundert Schritte bis Bethlehem, 59; Das Ende der Nacht, 59; Irgendeiner sucht den Stern, 59; Mynheer und Meister, 59; Die Fremde, 60; Jona im Fisch, 60; Der Mann, der vor Gott floh, 60; Der Baum des Zachäus, 60; Einer von zehn, 60; Interview um Jona, 60; Wir Leute von Bethlehem, 60 (?); Protokoll B., 61; Der Brief, der Stein, das Messer, 62; Der Esel des Herrn Bileam, 62; Ich bin ein Gast gewesen, 64; Es geht ein heller Bote, 64; Hochmut hat keinen Stern, 64; Die Osterkerze, 65; Wie Matti zur Krippe kam, 65; Die Tür zum Stall, 66; Der Heiligabendfisch, 66; Zum Beispiel Tante Daniela oder Die versäumte Christvesper, 68; Legende von Sankt Nikolaus, 68; Ermittlung gegen Unbekannt oder Wer ist der Nächste?, 68; Suchanzeige oder Wer sah den verlorenen Sohn?, 68; Aufregende Nachricht, 68; Der Hahn, 68; Was ist das für ein Mensch?, 68; Mehl im Kad, Öl im Krug, 69; Der Rabe des Herodes, 70; Station Weihnachten, 70; Der Bericht geht weiter, 71; Nummer 28, 72; Die Kinder der Hirten, 75; Sage, wo ist Bethlehem?, 75; Das Spiel vom Wächter, 80; Prozeß um Barrabas, 81. – *Lyrik:* Epistel an den Sohn, 54; Seht den Stern, 59; Lob des Jahres, 59; Das kleine Rasenstück, 59; Ernstfall, 63; Zweimal dreizehn Zinken, 68; Die Bergrede, 68; beispiele zur deutschen grammatik, 71; Wortwechsel, 73; Moritat von der großen Veränderung, 74; Sehnsucht der Krokodile, 85; Schilfwasser, 87. – *Sammel- u. Werkausgaben:* Rudolf Otto Wiemer (Werke, Ausz.), 65; Chance der Bärenraupe, 80. – *Herausgebertätigkeit:* Werkblätter für Fest und Feier, 25 Hefte, 51–61 (mit G. Watkinson u. W. Keudel); Straße, die du wandern mußt, 55; Machet die Tore weit, 60; Liebes altes Lesebuch, 66; Geschichten aus dem Räuberhut, 72; bundes deutsch, 74; Wo wir Menschen sind, 74; Die Erklärung. 25 ausgezeichnete Kurzgeschichten (mit P. Härtling u. Th. Weissenborn), 88. – *Schallplatten:* Klopfzeichen; Kluster zwei Osterei; Schneller als du denkst, lernst du das Zittern; Lieder aus der Großstadt; Urbs, 71; Gitarren und Kritik; Weil wir von Hilfe leben – helfen wir; Nicht vom Brot allein; Die Bergrede; Damals als Jesus geboren war; Aktion Weihnachten, 85 (Kass.); Die Nacht der Tiere, 86 (Kass.).

Wiener, Hugo, *16.2.1904 Wien.
W., Sohn eines Pianisten, studierte Musik; seit 1928 schrieb er Libretti, Chansons und Sketche. 1928–38 war er Hausautor, Komponist und Pianist an dem Wiener Revuetheater «Femina», für das er über 60 Programme verfaßte. 1938 wurde W. mit der «Femina»-Revue nach Bogotá eingeladen, von wo er nicht nach Österreich zurückkehrte. Er emigrierte mit seiner späteren Frau, der Chansonette Cissy Kraner, nach Venezuela, wo er als Pianist und Klavierlehrer arbeitete. W. ist Mitbegründer des österreichischen Zentrums in Caracas. 1946 emigrierte er nach Mexiko, kehrte aber bald nach Venezuela zurück. 1954 ging er nach Wien, wurde mit Karl Farkas Hausautor des Kabaretts «Simpl» und unternahm mit seiner Frau zahlreiche Tourneen; lebt als freier Schriftsteller. W. erhielt zahlreiche Auszeichnungen, die österreichische Verdienstmedaille, die Ehrenmedaille der Stadt Wien, das Ehrenkreuz für Künste und Wissenschaften, und wurde zum Professor ernannt. – W. verfaßte (und

komponierte) mehrere hundert Chansons, schrieb Operetten, rund hundert Kabarettprogramme, Drehbücher und Texte für Fernsehsendungen. Seit Beginn der 70er Jahre ist W. auch als überaus erfolgreicher Autor humoristisch-satirischer Bücher hervorgetreten. In ihnen veröffentlicht er u.a. seine Kabarettnummern, so etwa die Doppelconférencen aus dem «Simpl». Im übrigen sind ‹Familienkatastrophen›, Schwierigkeiten mit der Bürokratie und dem Leben überhaupt, Themen seiner humorvollen Kurzgeschichten.

W.: Romane, Erzählungen, Prosa: Doppelconférence, 72; Das Beste aus dem Simpl, 73; Krokodile fliegen nicht, 74; Ich erinnere mich nicht. M(k)eine Memoiren, 75; Spiel du den Blöden. Doppelconférencen und Sketche, 76; Seid nett zu Vampiren, 76; Die lieben Verwandten und andere Feinde, 77; Verliebt, verlobt, geheiratet, 78; Heiterkeit auf Lebenszeit, 79; Wie das Leben so spielt, 80; Strichweise Sonne, 81; Wie das Leben so spielt, 82; Das sind ja schöne Geschichten, 83; Meine Frau und ich, 83; Für Verliebte, 83; Kleine Geschenke erhalten die Feindschaft, 84; Immer mit der Ruhe, 85; Das kann nur mir passieren, 87; Mein Neffe Ladi, 88; Lesen Sie wohl!, 89. – *Dramen, Hör- und Fernsehspiele:* Gruß und Kuß aus der Wachau (mit anderen), 38; Inseratschläge oder «Wie man ein Haus verkauft». – Hinaus in die Ferne oder «Ein lustiger Schulausflug», 61; Klatsch im Gemüseladen. Gefährlicher Besucht bei Nacht, 61; Aber, aber, Herr Professor! (mit anderen), 69. – *Sammelund Werkausgaben:* Zebras sind keine Elefanten. Meine besten Satiren, 82; H.W.s beste Geschichten, 87. – *Schallplatten, Kassetten:* Der G'scheite und der Blöde, 82 u.v.a.

Wiener, Oswald, *5.10.1935 Wien.
Studierte verschiedenste Fachrichtungen an der Wiener Univ., war u.a. Trompeter, höherer Angestellter bei Olivetti usw.; gehörte mit Achleitner, Artmann, Bayer, Rühm zur «Wiener Gruppe». 1987 hielt er Poetik-Vorlesungen in Wien unter dem Titel «Poetik im Zeitalter naturwissenschaftlicher Erkenntnistheorien». – Seine bis 1959 entstandenen Arbeiten – Gedichte, Montagen, Prosa, szenische Stücke – hat W. unter dem Eindruck der Schriften von F. Mauthner und L. Wittgensteins größtenteils vernichtet. 1962 begann er mit der Arbeit an *die verbesserung von mitteleuropa, roman,*

worin er die Konsequenzen aus der Determiniertheit von Denken und Wahrnehmung durch den gesellschaftlich normierenden Sprachgebrauch zieht und die Möglichkeiten der Selbstbehauptung individuellen Bewußtseins erprobt, die individualanarchistische Obstruktion implizieren. Das Vorwort (Anmerkungen und Aphorismen wissenschaftstheoretischen, gesellschaftskritisch-politischen u. a. Charakters) geht in fiktionale Sachprosa, Szenarisches usw. über und zeigt, mit ausgedehntem Anmerkungsapparat, wissenschaftliche Theorie als Fiktion und gesellschaftliche Praxis als ausweglosen Zwang. W. dialogisiert den abgelehnten Sprachgebrauch in der Konfrontation verschiedenster Sprachebenen (etwa durch Schimpfwörter), so daß das Kritisierte in der Kritik nicht reproduziert wird. Hingabe an die Situation soll Desertion aus dem Sprachgebrauch ermöglichen. Als komplementäre und zugleich Gegen-Utopie zur kybernetischen Weltmaschine bringt der Roman das Konzept eines bio-adapters, der, unter Umgehung von Sprache und Sinnesorganen, Wirklichkeit vollständig simuliert. Der spontane Spracheinsatz und der allen Konventionen ferne Aufbau bewirken ein höchst literarisches Werk, das als literaturanarchistische Form in der Tradition steht. – Preis für Literatur der Stadt Wien 1988, Österr. Staatspreis 1989 für Literatur.

W.: starcker toback. kleine fibel für den ratlosen (mit K. Bayer), 1962; Die Wiener Gruppe. Gemeinschaftsproduktionen mit Achleitner, Artmann, Bayer, Rühm, hg. v. Rühm, 67; die verbesserung von mitteleuropa, roman, 69; subjekt, semantik, abbildungsbeziehungen, ein pro-memoria, in: «manuskripte», 70; Beiträge zur Adöologie des Wienerischen, in: Josefine Mutzenbacher, 70; Wir möchten auch vom Arno-Schmidt-Jahr profitieren, 79 (= AGENBITEOFINWIT. Plauderei über Höhere Literatur und A. Schmidt's Zettels Traum); Poetik im Zeitalter naturwissenschaftlicher Erkenntnistheorien, 87.

Wiens, Paul, *17.8.1922 Königsberg, †6.4.1982 Berlin.
W. konnte wegen seiner jüdischen Abstammung seine Schulausbildung nicht abschließen; 1933 emigrierte er (Schweiz, Italien, Frankreich, England); W. stu-

dierte 1939–42 Philosophie und Nationalökonomie in der Schweiz; in Wien wurde er wegen «Zersetzung der Wehrkraft» verhaftet und bis 1945 im KZ Oberlanzendorf festgehalten. W. war 1947–50 beim Aufbau-Verlag tätig; seit 1950 war er freischaffend. Zahlreiche Auszeichnungen, u. a. 1959 Nationalpreis, 1975 J.-R.-Becher-Preis.
W. konnte sich – nach volksliedhaft-pathetischen Anfängen, die stark unter dem Einfluß des Spätstils Bechers standen – durch Aufnahme unterschiedlicher Traditionsbezüge (Majakovskij, Brecht, Hikmet) als eigenständiger Stilist unter den Lyrikern der DDR profilieren. Die fortdauernde Auseinandersetzung mit dem Faschismus, philosophische Reflexion, in der die lyrische Utopie ihren Platz findet, satirische Selbstverständigung über die Funktion der Kunst und verspielt-humoristische Erotik gehören zu den bevorzugten Sujets des sprachbewußten W. Sein Hauptthema ist die «Bewährung des Gefühls unterm Ansturm neuen Wissens» (Endler).

W.: Erzählungen, Kinderbücher: Mino und Go, 1952; Das Buch von Meister Zacharias und den acht goldenen Zeigern, 55; Die Haut von Paris, 60; Lucia Temi oder Der aufgeschobene Weltuntergang, 61; Liesels große Reise, 71. – *Filme, Oratorien:* Das kleine und das große Glück, 54; Einmal ist keinmal, 55; Genesung, 56 (mit K. G. Egel); Sonnensucher, 58 (mit K. G. Egel, als Filmerzählung 74); Lied der Matrosen, 58 (mit K. G. Egel); Ein Denkmal für Dascha, 60; Leute mit Flügeln, 60 (mit K. G. Egel); Der Mann mit dem Objektiv, 61; ... und deine Liebe auch, 62; Das Geheimnis des J. R. B(echer), 75. – *Lyrik:* Begeistert von Berlin, 52 (mit U. Berger u. M. H. Kieseler); Beredte Welt, 53; Zunftgenossen – Kunstgefährten, 56; Nachrichten aus der Dritten Welt, 57; Nachrichten aus drei Welten, 64; Neue Harfenlieder, 66; Dienstgeheimnis, 68; Innenweltbilderhandschrift, 82. – *Übersetzungen, Nachdichtungen:* Majakovskij, Maršak, Axioti. – *Theoretische Schriften:* Einmischungen, 83. – *Sammelausgaben:* Vier Linien aus meiner Hand. Gedichte 1943–1971, 72; Aus meiner Dienstzeit als Delphin. Nachdichtungen, 82. – *Herausgebertätigkeit:* Blaue Feuer. Moderne bulgarische Lyrik, 66; Der Rabe bläst Trompete, 74.

Wiesinger, Karl (Pseud. Frank I Noel, Zsulym Tartcitz, Max Maetz), *13.3.1923 Linz, †10.2.1991 ebd..

Hilfsarbeiter, 1942 wegen «Zersetzung der Wehrkraft» verurteilt, 1958 Dentist, später freier Schriftsteller. – Begann – angeregt durch A. Bronnen – mit Kurzgeschichten, Kriminalromanen und sozialkritischen Dramen, die sich u. a. mit Problemen der Dritten Welt und kapitalistischer Wirtschaftsführung auseinandersetzen. Nach erfolgreichen Hörspielen schrieb er aus sozialistischer Sicht Romane über die österreichische Geschichte seit 1934 und die originelle, fingierte Autobiographie des Bauernknechts Max Maetz, einen unidyllischen Heimatroman.

W.: Romane, Erzählungen: Die Tiere tun mir nichts, 1966; Achtunddreißig, 67; Bauernroman, 72; Der rosarote Straßenterror, 74; Zemm, 75; Standrecht, 76; Der Wolf, 80. – *Dramen, Hörspiele, Filme:* Der Poet am Nil, 51; Der große Wugram, 54; Die von der Hoffnung leben, 54; Gras für Büffel, 55; Wunderstadt in Afrika, 56; X tritt 3 = 0,59; Dschingl, 61; Lazar Kromlech, 65; Erntefest, 67; Ein außergewöhnliches Weihnachtsgeschenk, 68; Großraumaktion Max Maetz, 70–72.

Wiesner, Heinrich, *1.7.1925 Zeglingen (Schweiz).

W., Sohn eines Landwirts und Steinbrucharbeiters, wurde am Seminar in Schiers (Graubünden) zum Primarlehrer ausgebildet. 1945 wurde er als Heimerzieher angestellt und war seit 1947 als Lehrer tätig. Seit 1981 lebt er als freier Schriftsteller. W. ist Mitbegründer der Autorengruppe Olten und Mitglied des PEN-Clubs. Er erhielt mehrere Stipendien und Literaturpreise, u. a. das Stipendium der Stiftung Pro Helvetia (1968), 1970 den Erzählpreis der Stadt Zürich, 1973 den Preis der Schillerstiftung und 1979 den Literaturpreis Baselland. – Die Schweiz, ihre nicht nur geographische Enge, der Einfluß von Militär und Amtskirche und das selbstgerechte Spießertum beschäftigen W. in allen Werken, den Aphorismen der *Lakonischen Zeilen*, der Kurzprosa seiner *Lapidaren Geschichten* und der *Kürzestgeschichten* oder in dem Roman *Schauplätze*. Ein deutlicher Einschnitt trennt seine frühe Naturlyrik von der späteren Produktion. In realistisch-lakonischer Sprache werden die genannten Themen gleichsam

von innen her betrachtet und die offiziellen ‹Werte› – häufig ohne explizite Stellungnahme des Erzählers – in ihrer Brüchigkeit und Selbstgerechtigkeit entlarvt. In dem als «Chronik» bezeichneten Roman *Schauplätze* wird die Geschichte der Schweiz während der Zeit der Nazi-Herrschaft in Deutschland aufgearbeitet. Einen Schweizer Beitrag zur ‹Väterliteratur› der 70er Jahre lieferte W. mit *Der Riese am Tisch*, in dem es um eine Persönlichkeit geht, die zugleich autoritärer Täter und Opfer der engen Verhältnisse ist. In den letzten Jahren hat W. sich auch der Jugendliteratur zugewandt.

W.: Romane, Erzählungen, Prosa: Lapidare Geschichten, 1967; Schauplätze. Eine Chronik, 69; Rico, 70; Notennot, 73; Das Dankschreiben, 75; Das verwandelte Land. Lesebuch, 77; Der Riese am Tisch, 79; Kürzestgeschichten, 80; Neue Kürzestgeschichten, 85; Jaromir bei den Rittern, 87; Die Abenteuer des Füchsleins Iseblitz, 88; Iseblitz. Der Waldfuchs, der zum Stadtfuchs wurde, 89; Jaromir in einer mittelalterlichen Stadt, 90; Wolfmädchen, 91. – *Dramen, Hör- und Fernsehspiele:* Der Jass. Einakter (in: Neues deutsches Theater), 71. – *Lyrik, Aphorismen:* Der innere Wanderer, 51; Leichte Boote, 57; Lakonische Zeilen, 65; Die Kehrseite der Medaille. Neue lakonische Zeilen, 72. – *Essays, theoretische Schriften:* Welcher Gott ist denn tot, 84.

Wildgans, Anton, *17.4.1881 Wien, †3.5.1932 Mödling bei Wien.

W. studierte Jura, praktizierte eine Zeitlang an einem Oberlandesgericht, trat 1911 aus dem Gerichtsdienst aus und arbeitete danach als freier Schriftsteller. 1921–23 und 1930/31 war W. Direktor des Wiener Burgtheaters. Er erhielt mehrere Auszeichnungen, u. a. den Grillparzer-Preis und die Ernennung zum Dr. h. c. an der Wiener Universität. – W. trat zuerst mit Gedichten hervor. Die hier anklingenden sozialen und erotischen Themen sind auch für seine zwischen Naturalismus und Expressionismus stehenden Dramen bestimmend (Generationskonflikt, Geschlechterhaß). – In W.s Nachlaß fanden sich noch fertige Manuskripte von Dramen und Romanen.

W.: Lyrik: Vom Wege, 1903; Herbstfrühling, 09; Und hättet der Liebe nicht, 11; Die Sonette am Ead, 13; Allerseelen. Ein Requiem, 14; Österreichische Gedichte, 15; Mittag, 17; Wiener Gedichte, 26; Gedichte um Pan, 28; Das Buch der Gedichte, 29. – *Dramen:* In Ewigkeit, Amen, 13; Armut, 14; Liebe, 16; Dies irae, 18; Kain, 20. – *Epos:* Kirbisch oder Der Gendarm, die Schande und das Glück, 27. – *Prosa:* Musik der Kindheit, 28; Rede über Österreich, 30; Ich beichte und bekenne, 33. – *Sammel- und Werkausgaben:* Die bürgerlichen Dramen, 3 Bde, 20; Ausgewählte Gedichte, 21; Die sämtlichen Gedichte, 3 Bde, 23, erw. 29; Gesammelte Werke, 5 Bde, 30; Briefwechsel mit Hofmannsthal, 35; A. W. Ein Leben in Briefen, 47; Sämtliche Werke. Historisch-kritische Ausgabe, 8 Bde, 48ff; Der junge Wildgans. Aus dem Nachlaß, 51; Gedichte, 53; Ausgewählte Werke, 66; Gedichte. Musik der Kindheit, 81. – *Schallplatten, Kassetten:* Stimmporträts A. W. 1931, 82

Wilker, Gertrud, *18.3.1924 Solothurn (Schweiz), †25.9.1984 Bern.
W., geborene Hürsch, besuchte das Gymnasium in Bern und studierte dann Germanistik, Psychologie und Kunstgeschichte in Bern und Zürich. Nach ihrer Promotion zum Dr. phil. war sie im Bibliotheksdienst und als Lehrerin an einer Berner Privatschule tätig. In der Zeit von 1962–64 lebte sie in den USA. Zuletzt war sie freie Schriftstellerin. Seit 1969 gehörte sie dem Berner Schriftsteller-Verein und der Gruppe Olten an. – Bekannt wurde W. mit dem Roman *Collages USA*, in dem sie ihre Erfahrungen in Amerika verarbeitet hat. Dem Gefühl der Fremde gegenüber steht ein Heimweh, das durch die Realität der entfernten Heimat nicht befriedigt wird. – In vielen Werken W.s, wie z. B. in *Einen Vater aus Wörtern machen*, findet man die Selbstreflexion des Schriftstellers problematisiert, das Mißtrauen und die Skepsis der Sprache gegenüber, deren Aussage, ist sie einmal fixiert, sich verselbständigt und unglaubwürdig wird.

W.: Romane, Erzählungen: Der Drachen. Ein Gespräch, 1959; Elegie auf die Zukunft, 66; Collages USA, 68; Einen Vater aus Wörtern machen, 70; Altläger bei kleinem Feuer, 71; Jota, 73; Winterdorf, 77; Blick auf meinesgleichen, 79; Nachleben, 80; Wolfsschatten, 80; Zwölf Ansichten des Fujiama, 85 (Privatdr.). – *Abhandlung:* Die Macht der Leser oder das Skelett im Schrank, 68. – *Lyrik:* Vier Gedichte, 66; Feststellungen für später, 81. – *Hörspiel:*

Hörspiel-Sprechoper, Variationen über ein bekanntes Thema in der Originaltonart, 79. – *Jugendbuch:* Lesebuch, Kursbuch für Mädchen, 78. – *Herausgebertätigkeit:* Leute, ich lebe, 83.

Wille, Bruno, *6.2.1869 Magdeburg, †4.9.1928 Schloß Senftenau bei Lindau.
W.s Vater war Versicherungsinspektor, seine Mutter war die Tochter eines adeligen Majors. W. begann nach seinem Studium der Theologie und Philosophie als neuromantischer Lyriker. Sein unstetes Leben, das von religiösen Zweifeln gekennzeichnet war, führte ihn durch fast alle Provinzen Deutschlands. W. arbeitete als Journalist und Vortragsredner in Arbeiterbildungsvereinen. In Berlin war er Mitglied des progressiven Literatenvereins «Durch», des «Ethischen Klubs» und des «Genie-Konvents». Hauptberuflich arbeitete er als Religionslehrer und Prediger der «Freireligiösen Gemeinde» in Berlin. 1890 war er Initiator und erster Leiter der «Freien Volksbühne», 1892 der «Neuen freien Volksbühne» und gründete 1900 den «Giordano-Bruno-Bund» in Berlin. Er initiierte (zusammen mit W. Bölsche) den Friedrichshagener Dichterkreis; mit Bölsche gründete er auch eine «Freie Hochschule» und war Leiter der Zeitschrift der «Freidenker». Anfang der 90er Jahre stand W. in heftigen Auseinandersetzungen mit der sozialdemokratischen Parteiführung, er war zu dieser Zeit einer der Exponenten der innerparteilichen Linksopposition.

W.: Lyrik: Einsiedler und Genosse, 1890; Der heilige Hain, 1908. – *Romane, Erzählungen:* Offenbarungen des Wacholderbaums, 1901; Die Abendburg, 09; Der Glasberg. Roman einer Jugend, die hinauf wollte, 20; Hölderlin und seine heimliche Maid, 21; Legenden von der heimlichen Maid, 21; Die Maid von Senftenau, 22. – *Autobiographisches, wissenschaftl. Arbeiten, Essays, Herausgebertätigkeit:* Der Phänomenalismus des Thomas Hobbes, 1888; Der Tod, 89; Leben ohne Gott, 89; Beweise vom Dasein Gottes, 90; Sittliche Erziehung, 90; Lehrbuch für den Jugendunterricht freier Gemeinden, 3 Bde, 90f; Die Jugend, 91; Atheistische Sittlichkeit, 92; Philosophie der Befreiung durch das reine Mittel, 93; Einsiedelkunst aus der Kiefernheide, 93; Philosophie der Befreiung durch das reine Mittel, 94; Sibirien in Preußen, 96; Die Religion der Freude, 98; Einleitung zu Novalis sämtl. Werken, 98; Die freie Hochschule, 1902; Romantische Märchen, 02; Die Sagenhalle des Riesengebirges, 03; Die Christus-Mythe als monistische Weltanschauung, 03; Auferstehung, 04; Das lebendige All, 05; Darwins Weltanschauung, 06; Faustischer Monismus, 07; Darwin, 08; Unsere großen Dichter, 4 Bde, 10f; Zum Problem der Erlösung, 11; Die Weltdichter fremder Zungen, von den Veden bis Tolstoi, 2 Bde, 12; Lebensweisheit, 13; Stifters Waldgeschichten, 13; Rousseaus Bekenntnisse aus seiner Jugend, 14; Das Gefängnis zum preußischen Adler (autob.), 14; Einleitung zu Goethes «Wanderjahren», 14; Feldpredigt für Daheimgebliebene, 14; Die Krone des Lebens, Goethes Gedichte, 15; Und gib uns Frieden, 16; Aus Traum und Kampf. Mein 60jähriges Leben, 20; Die Allgemeinde, 20; Das Bruno-Wille-Buch, 23; Das Gefängnis zum Preußischen Adler, 87.

Winckler, Josef, *6.7.1881 bei Rheine (Westfalen), †29.1.1966 Neufrankenforst bei Bensberg.

Sohn eines Salinendirektors. Zahnarzt in Moers/Niederrhein. Seit 1932 als freier Schriftsteller in Bad Honnef, später in Bensberg. Gründete (mit W. Vershofen und J. Kneip) den «Bund der Werkleute auf Haus Nyland» in Hopsten, der Künstler, Wissenschaftler und Arbeiter vereinte. War das Haupt dieser literarischen Neuerer-Gruppe vor dem 1. Weltkrieg. W. begann mit Gedichten, die lyrisch-mythisch die Welt der Industrie verherrlichten. Volkshaft derber Humor, Witz und sprachliche Kraft zeichnen vor allem seinen größten Bucherfolg *Der tolle Bomberg* aus, einen westfälischen Schelmenroman, der ein deutsches Volksbuch geworden ist. Es ist die Geschichte eines Münsterländer Barons, der seinen Reichtum unter die Leute bringt. Dieses Denkmal westfälischer Lebensart ist zugleich vehemente Kritik an Materialismus und Standesdünkel der Gründerjahre. 1953 Annette-von-Droste-Hülshoff-Preis.

W.: Romane, Erzählungen: Der chiliastische Pilgerzug, 1923; Der tolle Bomberg, 24; Pumpernickel, 26; De olle Fritz, 26; Im Teufelssessel, 28; Doctor Eisenbart, 29; Der Großschieber, 33; Ein König in Westfalen, 33; Der alte Fritz. Mythos, 34; Die Weinheiligen, 35; Adelaide, 36; Triumph der Torheit, 38; Im Schoß der Welt, 40 (Teilausg. als: Mütter retten die

Welt, 50); Der Westfalenspiegel, 52; Die heiligen Hunde Chinas, 68; Die Operation, 74; Das Lögenjöbken, 81. – *Lyrik:* Wir drei! (mit J. Kneip u. W. Vershofen), 04; Eiserne Sonette, 14 (erw. als: Eiserne Welt, 30); Mitten im Weltkrieg, 15; Ozean, 17; Irrgarten Gottes, 22; Trilogie der Zeit, 24 (Neuaufl. 81); Das Mutterbuch, 39 (daraus: Die Schöpfungsfeier, 49); So lacht Westfalen, 55; Die Wandlung, 57. – *Sammel- und Werkausgaben:* Das brennende Volk. Kriegsgabe der Werkleute auf Haus Nyland (mit J. Kneip und W. Vershofen), 16; Gesammelte Gedichte, 57; Ausgewählte Werke, 4 Bde, 60–63; Irrgarten Gottes. Der chiliastische Pilgerzug, 67; Schneider Börnebrink. Döhnkes und Vertellkes, 2 Bde, 76; Gesammelte Werke, 8 Bde, 87ff.

Windei, Waldemar Graf → Törne, Volker von

Winder, Ludwig (Pseud. G. A. List), *7.2.1889 Schaffa (Mähren), †16.6.1946 Baldock (Großbritannien).

W. stammt aus jüdischem Elternhaus. 1907 legte er in Olmütz das Abitur ab und war seither als Reporter für Zeitungen in Wien, Teplitz und Pilsen tätig. Seit 1914 lebte er in Prag, wo er Feuilletonredakteur der deutschsprachigen *Bohemia* wurde. Bis zu ihrer Einstellung Ende 1938 war die Zeitung bekannt für die von W. bestimmte Qualität ihres Feuilletons, das nach 1933 auch vielen Emigranten Publikationsmöglichkeiten bot. Im Juni 1939 gelang ihm über Polen und Skandinavien die Flucht nach Großbritannien. – Sein literarisch interessierter Vater ermöglichte auf eigene Kosten das Erscheinen des ersten Gedichtbandes des 17jährigen W. Bald schon gehörte dieser zum «Prager Kreis» um Max Brod, Franz Kafka, Felix Weltsch und Oskar Baum. Neben einer immensen Fülle von journalistischen Arbeiten schrieb W. neben Dramen und Gedichten vor allem Romane und Erzählungen. Die Entfremdung des Menschen, die Suche nach dem Guten in einer Welt, in der die alten Werte stürzen, dafür aber Emporkömmlinge, Karrieristen und Spekulanten mächtig werden, ist häufig das Thema seiner Romane. Dies gilt von *Die jüdische Orgel* über *Die nachgeholten Freuden* bis zu *Dr. Muff.* In dem Roman *Der Thronfolger* beschreibt er an der Person des österreichischen Thronfolgers Franz Ferdinand, dessen gewaltsamer Tod zum auslösenden Moment des 1. Weltkriegs wurde, den Zerfall des «Habsburgermythos». Im Austrofaschismus wurde das Buch 1937 für Österreich verboten.

W.: Romane, Erzählungen, Prosa: Die rasende Rotationsmaschine, 1917; Kasai, 20; Die jüdische Orgel, 22 (Neuausg. 83); Hugo. Tragödie eines Knaben, 24; Die nachgeholten Freuden, 27 (Neuausg. 87); Die Reitpeitsche, 29; Dr. Muff, 31; Steffi oder Familie Dörre überwindet die Krise, 35; Der Thronfolger, 38 (Neuausg. 84); One man's answer, 44 (dt. u. d. T.: Die Pflicht, 49); Der Kammerdiener, 88. – *Dramen, Hörspiele:* Doktor Guillotin, 24. – *Lyrik:* Gedichte, 06; Das Tal der Tänze, 10.

Windisch, Anton → Andersch, Alfred

Winkler, Eugen Gottlob, *1.5.1912 Zürich, †28.10.1936 München (Freitod). Die ursprüngliche Neigung zur Malerei war für den in Wangen bei Stuttgart aufgewachsenen W. nicht bestimmend. Er begann 1930 das Studium der Romanistik, Germanistik und Kunstgeschichte und promovierte 1933 bei Karl Voßler. Erst durch die 1932 einsetzende dichterische Arbeit war es W. möglich, in einer Zeit des Chaos' und des Ungeistes der Entfremdung zu bestehen. Sein lyrisches und erzählerisches Werk ist ein Kampf gegen das existenzbedrohende Nichts, das vom Geist überwunden wird. Indem der Geist mit dem Stoff eine Verbindung eingeht (*Nachtmahl*) und ihn formt, stellt er wieder eine Ordnung her (*Im Gewächshaus*). Seine große Begabung für den literarischen Essay hat W. geringgeschätzt.

W.: Sammel- und Werkausgaben: Gesammelte Schriften, 2 Bde, 1937; Briefe, 49; Dichtungen. Gestalten und Probleme, Nachlaß, 56; Legenden einer Reise, o. J; Die Dauer der Dinge, 84.

Winkler, Josef, *3.3.1953 Kamering bei Paternion (Österreich). W. wuchs auf dem Lande in Kärnten auf. Er besuchte die Handelsschule in Villach und studierte Germanistik und Philosophie an der Universität Klagenfurt, wo er 1973–82 als Verwaltungsangestellter beschäftigt war. Seither lebt er als freier Schriftsteller. 1979 erhielt er den Klagenfurter Verlegerpreis und das Österreichi-

sche Nachwuchsstipendium, 1980 ein Berlin-Stipendium und den Wildgans-Preis, 1990 den Preis der Kranichsteiner Literaturtage.
In seinen bisher erschienenen Romanen arbeitet W. vor allem Erlebnisse seiner Kindheit in einem Kärntner Dorf auf. Bereits das Kind erfährt Sprache als Herrschaftsinstrument, als Mittel der Unterdrückung. Durch die Verarbeitung der Erinnerungen an die gewalttätige, patriarchalisch bestimmte Welt seiner Jugend versucht W., «das vergessene Kind wiederzuentdecken».

W.: Romane: Menschenkind, 1979; Der Ackermann aus Kärnten, 80; Muttersprache, 82; Die Verschleppung, 84; Der Leibeigene, 87; Friedhof der bitteren Orangen, 90. – *Sammel- und Werkausgaben:* Das wilde Kärnten, 3 Bde, 84.

Winsloe, Christa (verh. Baronin Hatvany), *23.12.1888 Darmstadt, †10.6.1944 bei Cluny (Frankreich). W. war Tochter eines kaiserlichen Offiziers und wurde u. a. im Kaiserin-Augusta-Stift erzogen. Gegen den Willen der Familie ließ sie sich in München zur Bildhauerin ausbilden. Sie arbeitete als Journalistin. Erfolg hatte sie mit dem Theaterstück «Ritter Nérestan», für die Berliner Aufführung umbenannt in «Gestern und Heute», verfilmt zuerst unter dem bis heute bekannten Titel *Mädchen in Uniform*. – Nach dem Beginn der Naziherrschaft emigrierte W. und war einige Zeit eng verbunden mit der bekannten amerikanischen Journalistin Dorothy Thompson. Sie lebte im südfranzösischen Ort Cagnes, wo sie Flüchtlinge vor dem Zugriff der Gestapo versteckte. 1944 wollte sie, um den Zerstörungen in der Endphase des Krieges zu entgehen, nach Deutschland zurückkehren. Auf dem Wege nach Cluny wurde sie von Kriminellen zusammen mit ihrer Lebensgefährtin getötet. Die Täter wurden nach dem Krieg freigesprochen. – Bis heute ist W. bekannt als Autorin eines Buches: *Mädchen in Uniform*. Mit ihm hatte sie als Drama wie als Roman Erfolg. Es ist die Geschichte des Mädchens Manuela, das während der Kaiserzeit in einem Pensionat für adlige Mädchen ‹erzogen› werden soll. Was von ihrer Umgebung als besonderes ‹Glück› angesehen wird, die Erziehung in einem angesehenen Institut, macht die Heldin unglücklich. Insbesondere die unterdrückte und nicht erwiderte Liebe zu einer Lehrerin treibt sie in den Tod. Mehrere Verfilmungen trugen zur bis heute anhaltenden Popularität des Werkes bei. Auch in anderen Werken W.s – etwa *Das Leben beginnt* – spielen die Liebe zwischen Frauen und die Probleme, die sich daraus ergeben, eine wichtige Rolle. Schwierigkeiten mit der eigenen Identität haben viele ihrer weiblichen Hauptfiguren. Das kann, wie in *Männer kehren heim* oder *Aiono*, zur paradoxen Situation führen, daß sie äußerlich ihre Identität preisgeben, sich als Mann verkleiden müssen, um sie innerlich bewahren zu können.

W.: Romane, Erzählungen, Prosa: Das schwarze Schaf (unveröffentlicht); Männer kehren heim, o.J.; Das Mädchen Manuela, 33 (Neuaufl. u.d.T.: Mädchen in Uniform, 83); Life begins, 35 (amerik. Ausg. u.d.T.: Girl alone); Passeggiera, 38; Aiono, 43. – *Dramen, Hör- und Fernsehspiele:* Der Ritter Nérestan, 30; Der Schritt hinüber, ca. 40; Schicksal nach Wunsch, 41; Jeunes filles en détresse (Drehbuch), o.J. (Ersch. fraglich).

Winterstein, Gustav → Weinert, Erich

Winzer, Erhardt → Weinert, Erich

Wirz, Otto, *3.11.1877 Olten/Schweiz, †5.9.1946, Gunten/Thunersee.
Nach Besuch des Gymnasiums in Donaueschingen studierte W. am Technikum Winterthur und an den Technischen Hochschulen in München und Darmstadt mit Diplomabschluß als Elektroingenieur. 1904 Assistent an der TH Darmstadt, 1907–08 Konstrukteur in Zürich, dann 1908–26 technischer Experte am Eidgenössischen Patentamt in Bern. Befreundet mit Albert Einstein. Schrieb Musikkritiken für den «Bund» und die «Schweizerische Musikzeitung». Wegen schlechter Gesundheit (Tuberkulose, Herzkrisen, Depressionen) ließ er sich 1926 vorzeitig pensionieren und übersiedelte nach Zürich, später nach Gunten am Thunersee.
Der Vielfalt seiner Talente konnte W. nicht immer gerecht werden, vieles bleibt

in Versuchen stecken. Ein Beispiel dafür ist der 1965 postum erschienene Romantorso *Rebellen und Geister*. Als besonders gelungen gilt sein Erstlingswerk, der Roman *Gewalten eines Toren*. In Anlehnung an Hesse («Peter Camenzind», «Knulp») entstand die Geschichte des schwärmerischen Außenseiters Calonder, der in provinzieller Enge nach seiner Identität sucht und daran scheitert. Als einer der ersten gestaltete er den spezifisch schweizerischen «Diskurs der Enge», der heute in der Identitätsproblematik so vieler Zeitgenossen literarisch variiert wird.

W.: Romane, Erzählungen: Gewalten eines Toren, 1923; Novelle um Gott, 25; Die geduckte Kraft, 28; Prophet Müller-zwo, 33; Späte Erfüllung, 36; Lüthi, Lüthi & Cie, 36; Rebellion der Liebe, 37; Das menschliche Herz schläft, 38; Maß für Maß (Kapitel aus Rebellen und Geister), 43; Der Eisenbrecher, 59; Rebellen und Geister, Fragm., 65. – *Essays, theoretische Schriften:* Das magische Ich, 29; Das Religiöse, 33.

Wittenbourg, Jacob → Werremeier, Friedhelm

Wittgenstein, Ludwig Josef Johann, *26.4.1889 Wien, †29.4.1951 Cambridge (England).
Jüngster Sohn des österreichischen Stahlmagnaten Karl Wittgenstein u. seiner Frau Leopoldine, geb. Kalmus. Die Familie sticht durch kulturelle Tradition und Mäzenatentum hervor. Freundschaft mit J. Brahms, Gustav Mahler, Bruno Walter u. Pablo Casals. W. ist von hoher Musikalität, spielt Klarinette. Entwicklung: Privatunterricht bis zum 14. Lebensjahr, 1903–06 Besuch der Realschule Linz mit Matura. Herbst 1906 bis Sommer 1908 Maschinenbaustudium an der TH Berlin. Sommer 1908 aeronautische Experimente mit Drachen an der Kite Flying Upper Stratosphere Station bei Glossop in Derbyshire, England. Herbst 1908 bis Herbst 1911 Research Student an der technischen Fakultät der Univ. Manchester. Technische Probleme führen ihn zur Mathematik, schließlich zur Logik. Besuch bei G. Frege in Jena, der ihn an G. B. Russell nach Cambridge empfiehlt. 1912 große Erbschaft beim

Tod seines Vaters; unterstützt Trakl und Rilke anonym durch erhebliche Geldzuwendungen. – 1912 bis Herbst 1913 als Student in Cambridge. Beschäftigung mit experimenteller Psychologie (über den Rhythmus in der Musik) neben seinem Studium bei dem Philosophen und Logiker G. B. Russell. Herbst 1913 Reise mit dem befreundeten Mathematiker D. Pinsent nach Norwegen. Läßt sich später in der Nähe von Skjolden ein Holzhaus bauen, um in größter Einsamkeit zu leben. Tritt im 1. Weltkrieg als Freiwilliger in die österreichische Armee ein. 1915 Besuch der Offiziersschule Olmütz und Fronteinsatz im Osten. Höchste Tapferkeitsauszeichnungen. W. hofft umzukommen. Beendigung der *Logisch-philosophischen Abhandlungen* während des Urlaubs Februar/März 1918 in Wien. 3. November 1918 bis August 1919 italienische Gefangenschaft am Monte Cassino. 1921 erscheinen die *Logisch-philosophischen Abhandlungen*. 1922 englisch-deutsche Ausgabe des *Tractatus logico-philosophicus* (Titelvorschlag v. G. E. Moore) mit dem Vorwort von G. B. Russell in London. W. glaubt mit dem *Tractatus* seine philosophischen Möglichkeiten erschöpft zu haben. 1919–1920 Besuch der Lehrerbildungsanstalt in Wien, um Volksschullehrer zu werden. Unterrichtet 1920–26 in Trattenbach, Puchberg a. Schneeberg und im Otterthal. Veröffentlicht 1926 *Wörterbuch für Volksschulen* in Wien. Beendet auf Grund der Schwierigkeiten mit den Eltern der Schüler seine Schultätigkeit. Arbeitet vorübergehend in der Nähe von Wien als Hilfsgärtner in einem Kloster. Statt eines endgültigen Rückzugs ins Kloster 1926–28 zusammen mit dem Freund und Architekten Paul Engelmann (Loos-Schüler) Bau eines Hauses, des «Palais Stonborough», für seine Schwester Margarete Stonborough in Wien. Gespräche mit dem Begründer des Wiener Kreises, Moritz Schlick, und dem Mathematiker F. Waismann lassen in ihm die Überzeugung wachsen, wieder schöpferische Arbeit in der Philosophie leisten zu können. Kehrt am 1. Januar 1929 als Research Student nach Cambridge zurück. Juni 1929 Promotion mit dem *Tractatus*. Ver-

öffentlichung des Aufsatzes *Some Remarks on Logical Form*. Neben dem *Tractatus* die einzige philosophische Publikation W.s zu Lebzeiten. Beendet November 1930 das Manuskript *Philosophische Bemerkungen*. Beginn seiner Vorlesungstätigkeit über Sprache, Logik und Mathematik. Schreibt zwischen 1929 und 1932 die wesentlichen Teile seines 1953 erschienenen Werks *Philosophische Untersuchungen* nieder. Diktiert 1933/34 das *Blaue Buch*; 1934/35 das *Braune Buch* (benannt nach der Einbandfarbe), um authentisches Material zu hinterlassen und Mißverständnissen vorzubeugen. W. referierte in kleinem Kreis ohne Manuskript in höchster Konzentration. 1935 Reise in die Sowjetunion. Pläne zur Übersiedlung dorthin. 1936 neun Monate in Norwegen. Erhält 1939 den Lehrstuhl von G. E. Moore in Cambridge. Seit Beginn des 2. Weltkriegs freiwillige Tätigkeit am Guys Hospital, London. Ab April 1943 in einem medizinischen Labor in Newcastle-upon-Tyne, erfindet technische Verbesserungen. Wöchentliche Fahrten zur Vorlesung nach Cambridge 1943/44. Oktober 1947 Niederlegung der Professur, um sich ganz den *Philosophischen Untersuchungen* zu widmen. Hatte sich bei Kriegsende bereits von seinem ganzen Vermögen getrennt. 1948 bis Frühjahr 1949 in völliger Isolation in Irland. Beendet die *Philosophischen Untersuchungen*. Krebsleiden konstatiert. Februar bis April 1951 Niederlegung der Gedanken *Über Gewißheit*. 29. April 1951 Tod in Cambridge.

Werk: W. konzipiert im *Tractatus logico-philosophicus*, ausgehend von Frege und Russell, eine neue Idee von Philosophie als Absage an jede Form von Systemkonstruktion. Zweck der Philosophie ist die logische Klärung der Gedanken. Ausgangspunkt ist die Überlegung, daß die Welt nicht mehr die Welt der Dinge, sondern der Tatsachen im logischen Raum ist. Deren logisches Bild ist der Gedanke. Die sinnliche Wahrnehmung des Gedankens drückt sich im Satz aus. Gleichzeitig aber verkleidet der Satz, d. h. die Sprache, den Gedanken. Der Satz ist daher nur ein Bild der Wirklichkeit, ein Modell. Philosophie hat deshalb Sprachkritik zu sein. Aber über die Sprache selbst lassen sich keine Aussagen machen. Die Bildhaftigkeit der Sprache wiederum beruht auf der Logik der Abbildung. Was sich in der Sprache spiegelt, was sie abbildet, die logische Form, kann sie selbst nicht darstellen. Die Logik ist vor jeder Erfahrung, daß etwas so und so ist. Um die logische Form darstellen zu können, müßte man sie mit dem Satz außerhalb der Logik aufstellen, d. h. außerhalb der Welt. Der einfachste Satz, um das Bestehen eines Sachverhalts auszudrücken, ist der Elementarsatz. Er ist ein Zusammenhang von Namen und dargestellt als Funktion von Namen in der Form: «fx», «Ø (x, y,)», usw. Er unterliegt den Kriterien «wahr» und «falsch». Die Angabe aller wahren Elementarsätze beschreibt die Welt vollständig. W. gibt diese These wie auch diejenige von der Sprache als Bild der Wirklichkeit später auf, hält allerdings an der Funktion der Philosophie als Sprachkritik fest. In den *Philosophischen Untersuchungen* geht W. von der Verwobenheit der Sprache mit den Tätigkeiten aus. Er redet deshalb nicht mehr von «Sprache», sondern von «Sprachspielen». Sprache kann nicht mehr isoliert vorgestellt werden, sondern Vorstellung einer Sprache heißt Vorstellung einer «Lebensform». Die Forderung nach Logik (*Tractatus*) muß verschwinden, Beschreibung muß an ihre Stelle treten. Es geht aber nicht um philosophische «Ergebnisse», sondern um das Anstreben von Klarheit, d. h. das Verschwinden philosophischer Probleme. Philosophie ist denn auch keine Lehre, vielmehr eine Tätigkeit, die verschiedene Methoden (Therapien) verkörpert. In seiner letzten Arbeit *Über Gewißheit* kommt er zu dem Schluß, daß unser Handeln, das am Grunde des Sprachspiels liegt, als wahr einleuchten muß. – Bibliographie: J. Borgis, 1968.

W.: Philosophische Schriften, Essays: Logisch-philosophische Abhandlungen, 1921; Tractatus logico-philosophicus, 22; Wörterbuch für Volksschulen, 26; Some Remarks on Logical Form, 29; Letter to the Editor (Mind 42), 33; Philosophische Untersuchungen, 53; Bemerkungen über die Grundlagen der Mathematik, 56; Notes on Logic (Journ. of Ph. 54), 57; A Lecture on Ethics (Phil. Rev. 74), 65; Vorlesungen und Gespräche über Ästhetik, Psychologie und Religion, 68; Philosophische Bemerkungen, 70; Das Blaue Buch. Eine philosophische Betrachtung. Zettel, 70; Über Gewißheit, 71; Proto-Tractatus, 71; Philosophische Grammatik, 73; Vermischte Bemerkungen, 77; Vorlesungen über die Grundlagen der Mathematik. Cambridge, 1939, 78; Bemerkungen über die Farben, 79; Bemerkungen über die Philosophie der Psychologie, 81; Vorlesungen 1930–1935. Cambridge 1930–1932, 84. – Wittgenstein und der Wiener Kreis. Gespräche, 67. – *Briefe:* Briefe an Ludwig v. Fikker, 69; Letters to C. K. Ogden, 73; Letters to Russell, Keynes and Moore, 77, dt. 80; Briefwechsel, 80. – *Sammel- u. Werkausgaben:* Schriften, 7 Bde, 67–79. 3 Beihefte, 60–72; Die grundlegenden Texte von L. W., 75; Werkausgabe, 8 Bde, 84; Vermischte Bemerkungen, 87; Vortrag über Ethik und andere kleine Schriften, 89.

Wogatzki, Benito, *31. 8. 1932 Berlin. W. arbeitete als Weber; nach Besuch der Arbeiter-und-Bauern-Fakultät studierte er Publizistik in Leipzig. W. arbeitete acht Jahre lang für die Studentenzeitung «Forum» und ist seit Mitte der 60er Jahre freischaffend. Dreifacher Nationalpreisträger und andere Auszeichnungen. Wie Sakowski für den Bereich der Landliteratur erfüllte W. für den Bereich der industriellen Großproduktion mit seinen Fernsehspielen den von der SED seit der 2. Bitterfelder Konferenz 1964 formulierten Auftrag, die Wirklichkeit «aus der Sicht des Planers und Leiters» darzustellen; das hieß für den Schriftsteller, daß er sich mit den Ergebnissen der Gesellschaftswissenschaften und den Anforderungen der wissenschaftlich-technischen Revolution vertraut machen sollte. W.s Fernsehspiele leben von dem Konflikt zwischen guter und optimaler Lösungsvariante innerhalb eines sich stets vervollkommnenden Gesellschaftssystems.

Die mehrteiligen Fernsehromane hatten durch eine nachdrückliche kulturpolitische Förderung eine große Publikumsresonanz: Harmonisierung von Zulieferer- und Endproduktion in der Großindustrie (*Die Geduld der Kühnen*), Strukturpolitik und Erreichen von Weltmarktniveau (*Zeit ist Glück*). Erzeugung von Edelstahl auf Weltniveau (*Die Zeichen der Ersten*) waren die prosaischen Sujets. Mit seinem Roman *Romanze mit Amélie* griff W. auf die Entscheidungssituation 1944/45 zurück, die aus der Sicht eines naiven Helden geschildert wird.

W.: Romane, Erzählungen: Tennis zu dritt, 1962 (mit G. Billing); Ein Tag und eine Nacht, 65; Der Schmied und seine Frau, 69; Der Preis des Mädchens, 71; Romanze mit Amélie, 77 (verfilmt 81); Der ungezogene Vater, 80; Das Narrenfell, 82; Schwalbenjagd, 85; Satti, 87; Ein goldener Schweif am Horizont von Thumbach, 87. – *Dramen, Fernsehspiele:* Meine besten Freunde, 65–68; Besuch aus der Ferne, 66; Die Geduld der Kühnen, 67; Zeit ist Glück, 68; Die Zeichen der Ersten, 69; Auslauf, 70; Der Mann aus dem Kessel, 70; Anlauf, 71; Broddi, 76; Viola vor dem Tore, 78; Tull, 79 (mit L. Bettag; neue Fassung 82). – *Sammelausgabe:* Fernsehspiele, 69.

Wohlgemuth, Otto, *30.3.1884 Hattingen/Ruhr, †15.8.1965 ebd.
W. war Sohn eines Bergmanns. Erlernte in einer Eisengießerei Former. Als der Vater starb, mußte W. die Familie ernähren und wechselte 1900 zum Kohlenbergbau. Er arbeitete 23 Jahre unter Tage. Dennoch wurde der Autodidakt W. als Dichter und mit Büchern Vertrauter so bekannt, daß ihm die Stadt Gelsenkirchen-Buer 1923 die Leitung der Stadtbücherei übertrug. 1933 von den Nationalsozialisten entlassen, zog er sich zurück. W. gehörte zum Ruhrlandkreis der Werkleute auf Haus Nyland, einer Autorenassoziation, die sich die neue Industriegesellschaft und die Technik als künstlerische Themen stellte.
W.s Werk, das sich keiner politischen Richtung zuordnen läßt, umfaßt Lyrik und Erzählungen. Die künstlerische Aussage, teils in klassischen Formen (Sonette), teils in epigonalen Gestaltungen nach Heinrich Lersch und Gerrit Engelke, pendelt zwischen den Polen eines mehr informierenden Sachgehalts und einer bis ins Mythische reichenden Verklärung des Bergmannslebens und der Arbeit unter Tage.

W.: Erzählungen: Schlagende Wetter, 1923; Volk, ich breche deine Kohle!, 36; Hacke und Meterstock, 39; Des Ruhrlandes Rauch, 49; Im Stollen, 50; Eine seltsame Nacht, 50. – *Ly-*

rik: Gedichte, 08; Neue Gedichte, 09; Du bist das Land. Kriegsdichtungen des Bergmanns, 16; Aus der Tiefe, 22. – *Sammelausgaben:* Liebe, schöne Heimat, 54; Aus seinen Gedichten, 54; Lieder eines Ruhrkohlenbergmanns, 56. – *Herausgebertätigkeit:* Ruhrland, 23; Ruhrland-Almanach, 24; Glück Auf! (mit R. Wartusch), 27.

Wohmann, Gabriele, *21.5.1932 Darmstadt.
W. arbeitete nach dem Studium der Germanistik und Musikwissenschaft in Frankfurt drei Jahre lang als Lehrerin in Langeoog und Darmstadt; lebt als freie Schriftstellerin. – Sie selbst bezeichnet sich als «Graphomanin», lebt mit ihrer Schreibkrankheit, akzeptiert sie als bestimmendes Element ihres sonst normal, «spätbürgerlich» verlaufenden Lebens. W. wehrt sich gegen Gewöhnung, gegen das Sich-Einrichten im Alltag, lebt aber demgegenüber ganz bewußt in festen Bahnen, braucht Gewißheit und selbstgeschaffenen Rhythmus als Fundament ihrer Arbeit. Sie sieht die Gefahr des Alltags, beschreibt sehr klar und bissig seinen vermeintlichen Frieden und die verborgene Bedrohung, die nur mit aller Kraftanstrengung und durch zähes Bemühen, die Lügen nicht aufzubrechen, abgewendet werden kann. Ihre Geschichten leben nicht von einer Handlung, sie bilden eher eine Situation. Empfindungen werden als körperlicher Zustand ausgedrückt. Die beschriebenen Personen reagieren auf einen momentanen Zustand, dessen Entstehung nicht thematisiert wird. Ausbruchsversuche führen zu keinem Erfolg, die Familie, die Primärgruppe holt den Flüchtigen zurück, und auch der Abtrünnige selbst fügt sich in sein Schicksal, wählt letztendlich die scheinbare Geborgenheit, Sicherheit gegenüber dem Abenteuer der Eigeninitiative. Bei der Schilderung dieser Ablösungsversuche werden ganz unterschwellige Machtstrukturen in diesen Beziehungssystemen sichtbar, die Familie als pathologisches Gebilde in einer kranken Gesellschaft. In ihren jüngeren Werken, besonders in den Romanen, setzt W. der bösartigen ,Beschreibung bürgerlicher Mechanismen einen neuen Wert gegenüber – den des Trostes, der

Hoffnung. So versucht der Schriftsteller Plath in *Schönes Gehege*, das durchschnittliche Glück seiner Ehe gegen Zustände von Angst, Depression und Desorientierung zu verteidigen. – W. beschreibt häufig eine Männerfigur, in der Teile der Autorin wiederzufinden sind, so auch in *Frühherbst in Badenweiler. Ausflug mit der Mutter* dagegen ist ihr wohl offenstes autobiographisches Werk, hier schildert sie die Trauer von Mutter und Tochter ein Jahr nach dem Tod des Vaters, reflektiert ihr eigenes Empfinden und ihre Analyse des Verhaltens ihrer Mutter. Familie bekommt hier – im Gegensatz zu früheren Werken – einen eindeutig positiven Wert, sie ist veränderbar, soll aber nicht abgeschafft werden. W. bekennt sich bewußter zu ihrem Leben, sieht Alltag und Primärgruppe notwendig als Schutz gegen äußere Bedrohung, Familie ist nicht mehr nur der Kampfplatz, die verkleinerte Darstellung gesellschaftlicher Konfliktbereiche, sie ist zugleich Zufluchtsstätte, kann zu einem Hort der Geborgenheit, einem «Schönen Gehege» werden. Mehrere Auszeichnungen, u. a. 1970 Bremer Literaturpreis, 1982 J.-H.-Merck-Ehrung, 1984 Stadtschreiberpreis der Stadt Mainz und des ZDF, 1988 Kulturpreis des Landes Hessen.

W.: Erzählungen, Prosa: Mit einem Messer, 1958; Sieg über die Dämmerung, 60; Trinken ist das Herrlichste, 63; Erzählungen, 63 (Tb u. d. T.: Ein unwiderstehlicher Mann, 75); Die Bütows, 67; Ländliches Fest, 68; Von guten Eltern, 69; Treibjagd, 70; Sonntags bei den Kreisands (Graphiken von H. Balthes), 70; Selbstverteidigung, 71; Gegenangriff, 72; Alles für die Galerie, 72; Übersinnlich (Graphiken von K. Endrikat), 72; Habgier, 73; Dorothea Wörth (Graphiken von H. Richter), 75; Ein Fall von Chemie, 75; Endlich allein – endlich zu zwein (Graphiken von A. Cranham), 76; Alles zu seiner Zeit, 76; Böse Streiche, 77; Das dicke Wilhelmchen, 78; Die nächste, bitte (Graphiken von B. Gerresheim), 78; Feuer bitte (Graphiken von E. Endrikat), 78; Streit, 78; Paarlauf, 79; Knoblauch am Kamin, 79; Guilty, 80; Wir sind eine Familie, 80; Vor der Hochzeit, 80; Violas Vorbilder, 80; Komm donnerstags, 81; Ein günstiger Tag, 81; Stolze Zeiten, 81; Einsamkeit, 82; Der kürzeste Tag des Jahres, 83; Verliebt, oder?, 83; Goethe hilf!, 83; Der Kirschbaum, 84; Begegnung mit zwei Eichen, 85; Der Irrgast, 85; Glücklicher Vorgang, 86; Ein russischer Sommer, 88; Tödliche Feste (mit R. Hey u. a.), 88; Kassensturz, 89. – *Romane:* Jetzt und nie, 58; Abschied für länger, 65; Ernste Absicht, 70; Paulinchen war allein zu Haus, 74; Schönes Gehege, 75; Ausflug mit der Mutter, 76; Frühherbst in Badenweiler, 78; Ach wie gut, daß niemand weiß, 80; Das Glücksspiel, 81; Der Flötenton, 87. – *Lyrik:* So ist die Lage, 75; Grund zur Aufregung, 78; Ich weiß das auch nicht besser, 80; Komm lieber Mai, 81; Passau, Gleis 3, 84; Der Lachanfall, 86; Das könnte ich sein, 89. – *Hörspiele, Fernsehspiele:* Theater von innen, 66; Der Fall Rufus, 71; Die Gäste, 71; Große Liebe, 71; Norwegian wood (in: Selbstverteidigung), 71; Kurerfolg (in: Selbstverteidigung), 71; Die Witwen oder Eine vollkommene Lösung, 72; Entziehung, 74; Heiratskandidaten, 78; Der Nachtigall fällt auch nichts Neues ein, 78; Wanda Lords Gespenster, 79; Nachkommenschaften, 81; Was geschah, nachdem Nora ihren Mann verlassen hatte? Sieben Hörspiele (mit E. Jelinek u. a.), 82; Hilfe kommt mir von den Bergen, 82; Hebräaer 11,1, 85; Plötzlich in Limburg, 89. – *Sonstige Schriften:* In Darmstadt leben die Künste, 67; Meine Lektüre, 80; Auskunft für Leser, 82; Selbstmordverhütung – Anmaßung oder Verpflichtung (mit J. Améry u. a.), 82; Mein Goethe (mit S. Lenz u. a.), 82; Bucklicht Männlein, 84; Ich lese, schreibe, 84; Unterwegs. Ein Filmtagebuch, 86; Darmstadt, 86. – *Sammelausgaben:* Der Nachtigall fällt auch nichts Neues ein. Vier Hörspiele, 78; Nachrichtensperre. Ausgewählte Erzählungen 1957–1977, 78; Ausgewählte Erzählungen aus zwanzig Jahren, 2 Bde, 79; Paarlauf, 81; Ausgewählte Gedichte 1964–1982, 82; Gesammelte Erzählungen aus 30 Jahren, 3 Bde, 86. – *Schallplatten u. ä.:* Die Bütows und drei andere Texte, 70; G. W. liest aus ihrem Roman ‹Ausflug mit der Mutter›, o. J.; Ein unwiderstehlicher Mann. Wiedersehen in Venedig. Eine großartige Eroberung, 80 (2 Kass.).

Wolf, Christa, *18. 3. 1929 Landsberg/Warthe (Gorzów Wielkopolski).

Dort besuchte sie auch die Grund- und Oberschule; 1945 Umsiedlung nach Mecklenburg, 1949 Abitur in Bad Frankenhausen (Kyffhäuser), Beitritt zur SED. 1949–53 studierte W. Germanistik in Jena und Leipzig, u. a. bei Hans Mayer (Diplomarbeit über *Probleme des Realismus im Werk Hans Falladas*). 1953–59 arbeitete W. in Berlin als wissenschaftliche Mitarbeiterin beim Deutschen Schriftstellerverband, als Lektorin und Redakteurin der Zeitschrift «Neue Deutsche Literatur» und als Cheflektorin. Während dieser Zeit veröffentlichte W. zahlreiche

Rezensionen, war Mitherausgeberin mehrerer Anthologien über Gegenwartsliteratur, schrieb Essays für den Rundfunk und verschiedene Zeitschriften. Seit 1962 lebt Christa Wolf als freie Schriftstellerin, verheiratet mit dem Schriftsteller Gerhard Wolf. Zahlreiche Auszeichnungen, u. a. 1964 und 1987 Nationalpreis, 1978 Bremer Literaturpreis, 1980 Büchner-Preis, 1983 Schiller-Gedächtnispreis, 1986 Österreichischer Staatspreis für europäische Literatur. W. ist Ehrendoktorin der Universität Hamburg und Offizier des französischen «Ordre des Arts et des Lettres».

Fand W.s erste Prosaveröffentlichung, die 1961 erschienene *Moskauer Novelle*, eine im Moskau der Nachkriegszeit spielende Liebesgeschichte zwischen einer Ostberliner Ärztin und einem Russen, noch kaum Beachtung, so wurde schon ihre zweite Buchveröffentlichung *Der geteilte Himmel* zu einem der erfolgreichsten und meistdiskutierten Bücher in der DDR. Ähnlich wie in der *Moskauer Novelle* entfaltete W. auch im *Geteilten Himmel* aktuelle politische und soziale Probleme im Rahmen einer Liebesgeschichte. Der schon im Titel anklingende Mauerbau von 1961 liefert den historischen Kontext der Erzählung, die zwar als Liebesgeschichte tragisch endet, der Heldin, einer jungen Pädagogikstudentin, jedoch die Eingliederung in die «sozialistische Menschengemeinschaft» ermöglicht. Neu an W.s Erzählung war, daß sie sich zwar in der Themenwahl noch weitgehend am «Bitterfelder Weg» orientierte, erzähltechnisch – Wechsel der Zeitebenen und der Erzählperspektive – jedoch die meisten Romane dieser Phase deutlich übertraf.

Auch die Resonanz auf ihren nächsten Roman *Nachdenken über Christa T.* war ungewöhnlich groß, dabei jedoch in der DDR, im Gegensatz zur BRD, vorwiegend negativ. Geschildert wird in dem Roman die Lebensgeschichte einer jungen Frau – Christa T. – von einer kaum Konturen gewinnenden Erzählerin: Kindheit, Flucht gegen Ende des 2. Weltkriegs, Landarbeit, Studium, früher Tod an Leukämie.

Durch ihr «eingreifendes Erzählen» wird zwar mosaikartig Material aus unterschiedlichen Erzählperspektiven gesammelt, dieses jedoch durchgängig kommentiert und von der Ich-Erzählerin aufbereitet. Erinnerungspartikel, Rückblenden, Gedankenspiele und Reflexionen ersetzen weitgehend einen kontinuierlichen Handlungsablauf. Das zentrale Thema des Romans, die Spannung zwischen der historischen Entwicklung der Gesellschaft und dem Anspruch Christa T.s auf individuelle Entfaltung in Verbindung mit W.s «modernistischer» Schreibweise trugen der Autorin scharfe Attacken der offiziellen Literaturkritik in der DDR ein.

Der 3 Jahre nach *Nachdenken über Christa T.* erschienene Essay-Band *Lesen und Schreiben*, in dem Gedanken und Reflexionen W.s aus den 60er Jahren über die Funktion von Literatur gesammelt sind, nimmt gleichfalls eine bedeutende Stellung in der literaturtheoretischen Essayistik der DDR ein.

In den Erzählungen, die zwischen 1969 und 1973 entstanden sind und unter dem Titel *Unter den Linden* erschienen, verwendet W. in auffälliger Weise phantastische Stilelemente, die seit Beginn der 70er Jahre im Zuge einer verstärkten Rezeption und Neubewertung der Romantik in der DDR häufiger in Erscheinung traten.

Christa Wolfs autobiographischer Roman *Kindheitsmuster* ist erneut der Versuch einer Auseinandersetzung mit dem deutschen Faschismus, jedoch nicht als einer rein historischen und «bewältigten» Erscheinung, sondern als einem gesellschaftlichen Zustand, durch den der größte Teil der mittleren Generation von BRD- und DDR-Bürgern geprägt wurde. Dem komplexen inhaltlichen Zusammenhang von Vergangenheit und Gegenwart versucht W. durch die formale Struktur dreier ineinander verflochtener Erzählebenen zu entsprechen. In *Kein Ort. Nirgends* greift sie wieder in die Epoche der Romantik zurück, um Probleme des Schriftstellers in der Gegenwart zu spiegeln: In einer fiktiven Begegnung der beiden durch Selbstmord endenden Dichter Kleist und Karoline von Günderode wird die zerstörische Hinderung eines eingreifenden Schreibens thematisiert, eine Problematik, die verschärft in der Erzählung *Kassandra* herausgearbeitet ist: Die Seherin steht unter dem Fluch, die Wahrheit verkünden zu müssen, ohne doch Glauben zu finden. – In den gleichzeitig veröffentlichten Frankfurter Poetikvorlesungen geht Ch. W. am Beispiel der Kassandra-Erzählung produktionsästhetischen Fragestellungen nach, vor allem der Rolle weiblicher Geschichtserfahrung und weiblichen Schreibens. Ein zentrales Thema ist hier die Frage nach der Möglichkeit, die Menschheit an ihrer Selbstzerstörung durch einen atomaren Krieg zu hindern. Die Themen, die W. durchgängig in ihren Werken behandelt, sind überschaubar, wenn auch unterschiedlich akzentuiert: Es sind dies die Frage nach den Ursachen des Faschismus und seinen Auswirkungen auf den einzelnen Menschen, die Möglichkeiten und Bedingungen des Zusammenlebens der Menschen in der gegebenen politischen und gesellschaftlichen Situation, die Grenzen der Selbstverwirklichung des Individuums sowie Reflexionen über die Sprache und die Funktion der Literatur. In ihrer Erzählung *Störfall* beschreibt W. den Tag der Reaktorkatastrophe von Tschernobyl aus der Sicht einer Frau, deren Bruder sich am gleichen Tag einer lebensgefährlichen Operation unterziehen muß. Zentrales Thema ist die Problematisierung des Fortschritts und die Spannung zwischen technischer Entwicklung und den Bedürfnissen des Individuums. – *Sommerstück* ist ein subjektives Erinnerungsbuch über einen Sommer in Mecklenburg, in dem eine scheinbare Idylle zerbricht; eine Erzählung auch von «der Abdrängung der Intelligenz ins politische Abseits» (Wolf).

W.: Romane, Erzählungen: Moskauer Novelle, 1961; Der geteilte Himmel, 63 (64 verfilmt); Juninachmittag, 67; Nachdenken über Christa T., 68; Till Eulenspiegel. Erzählung für den Film, 72 (mit Gerhard Wolf, 75 verfilmt); Unter den Linden. Drei unwahrscheinliche Geschichten, 74; Dienstag, der 27. September 1960 (in: Tage für Jahre, hg. E. Schmidt), 74; Kindheitsmuster, 76; Kein Ort. Nirgends, 79; Geschlechtertausch, 80 (mit S. Kirsch u. I.

Morgner); Neue Lebensansichten eines Katers. Juninachmittag, o. J.; Kassandra, 83; Störfall, 87; Sommerstück, 89; Was bleibt?, 90. – *Filme:* Fräulein Schmetterling, 65/66 (mit Gerhard Wolf, nach dem Rohschnitt abgebrochen); Die Toten bleiben jung, 68 (mit Joachim Kunert, Gerhard Helwig nach Anna Seghers). – *Essays:* Lesen und Schreiben. Aufsätze und Betrachtungen, 71 (erw. 73, 79, 85); Fortgesetzter Versuch, 79; Voraussetzungen einer Erzählung: Kassandra, 83; Ins Ungebundene gehet eine Sehnsucht (mit G. Wolf), 85; Die Dimension des Autors, 87; Ansprachen, 88; Im Dialog. Aktuelle Texte, 90. – *Sammel- und Werkausgaben:* Gesammelte Erzählungen, 80; Gesammelte Erzählungen, 89. – *Herausgebertätigkeit:* In diesen Jahren. Ausgewählte deutsche Erzählungen, 57; Proben junger Erzähler. Ausgewählte deutsche Prosa, 59; Wir, unsere Zeit: I. Prosa aus zehn Jahren. II. Gedichte aus zehn Jahren, 59 (mit Gerhard Wolf); A. Seghers: Glauben an Irdisches, 69; K. v. Günderode: Der Schatten eines Traumes, 79. – *Schallplatten, Kassetten:* Kassandra, 88 (Kass.).

Wolf, Friedrich (Pseud. Christian Baetz, Hans Rüedi, Dr. Isegrimm), *23.12.1888 Neuwied, †15.10.1953 Lehnitz bei Berlin.

W. studierte nach dem Abitur an der Kunstakademie München, dann Medizin. 1913/14 war er Schiffsarzt; als Militärarzt erlebte er den 1. Weltkrieg, bis er 1918 als Kriegsdienstverweigerer interniert wurde. Als USPD-Mitglied gehörte er dem Arbeiter- und Soldatenrat Sachsen an. Nach einigen Monaten als Arzt und Landarbeiter in der Siedlerkommune Barkenhoff (bei Worpswede) ging W. 1921 als Landarzt nach Hechingen und ließ sich 1927 als Arzt in Stuttgart nieder. 1928 wurde er Mitglied der KPD und des Bundes Proletarisch-Revolutionärer Schriftsteller. W. arbeitete eng mit der Agitpropbewegung zusammen. 1931 wegen angeblicher Vergehen gegen §218 StGB verhaftet, wurde er nach Massendemonstrationen entlassen. W. emigrierte über die Schweiz und Frankreich in die Sowjetunion, von wo er nach 1941 publizistisch gegen den Faschismus wirkte. W. gehörte 1943 zu den Mitbegründern des Nationalkomitees «Freies Deutschland». 1945 kehrte er nach Deutschland zurück und war am Wiederaufbau des Rundfunk- und Theaterwesens in der DDR beteiligt. 1950/51 war er Botschafter der DDR in Polen. 1949 und 1950 Nationalpreis.

W. hatte als sozialistischer Dramatiker am Ende der Weimarer Republik und in der DDR der 50er Jahre einen Einfluß auf die Theaterdiskussion, der nur dem Brechts vergleichbar ist. Als Antipode Brechts erhoffte W. sich die stärksten Wirkungen seiner Stücke durch eine Fortführung der Traditionen des nach aristotelischem Muster gebauten bürgerlichen Familiendramas. Die Reinigung der Leidenschaften im Klassenkampf war das Ziel W.s, der sich in seinen Bemühungen mit denen des sowjetischen Dramatikers Wischnewski traf, dessen *Optimistische Tragödie* er übersetzte.

Getreu seinem 1928 verfaßten Essay *Kunst ist Waffe* sollten die Stücke in die aktuellen Klassenauseinandersetzungen eingreifen und den Zuschauer, vermittelt über eine Zuspitzung der Konflikte, zur politischen Entscheidung zwingen.

W., der als Expressionist begonnen hatte, erzielte in der Weimarer Republik seine stärkste Resonanz mit dem auch im Ausland vielgespielten Stück *Cyankali*, einer Tragödie um den § 218 vor dem Hintergrund der Weltwirtschaftskrise: Eine junge Frau stirbt nach einem Abtreibungsversuch, der ihr als letzter Ausweg zur Abwendung von noch größerem Elend erschienen war. Mit den *Matrosen von Cattaro* wollte W. den Gründen für die Niederlage der Arbeiterbewegung nach 1918 nachspüren. Auch W.s mehrfache Darstellung des Bauernkrieges diente dazu, den gescheiterten deutschen Revolutionen die Perspektive einer zu Ende geführten Umwälzung entgegenzustellen. Zu den wichtigsten im Exil verfaßten Dramen W.s gehören diejenigen, in denen er die Rolle der Intellektuellen in politischen Entscheidungssituationen in Gegenwart und Geschichte reflektierte: Der jüdische Arzt *Professor Mamlock*, dessen Loyalität und Staatsgläubigkeit bis in die Zeit des Faschismus hineinreicht, durchlebt einen Desillusionierungsprozeß und begeht am Ende Selbstmord, während sich sein Sohn dem Widerstandskampf anschließt. Das im französischen Internierungslager entstandene Drama *Beaumarchais* schildert diesen als einen

Intellektuellen, der die Einheit von Kunst und Leben aufgibt, sich korrumpieren läßt und «nach oben deklassiert» (Wolf) wird. Neben Prosaarbeiten und Filmen, unter denen der DEFA-Film *Rat der Götter* der bedeutendste war, hat sich W. nach seiner Rückkehr an der Debatte um Theatertheorie und -praxis in der DDR beteiligt, wobei er sich im Gegensatz zu den doktrinären Verfechtern der Formalismuskampagne, während der das Theater Brechts scharf angegriffen wurde, als toleranter Widerpart des Dramatikers erwies. Mit dem Beginn der 70er Jahre wurde das Werk W.s auch in der BRD wiederentdeckt.

W.: *Romane, Erzählungen, Kurzprosa, Kinderbücher:* Das Heldenepos des Alten Bundes, 1925; Der Sprung durch den Tod, 25; Kreatur, 25; Kampf im Kohlenpott, 28; Die Nacht von Béthineville, 36; Zwei an der Grenze, 38; Gefährlicher Beifall, 41; Kiki, 42; Jules, 42; Sieben Kämpfer vor Moskau, 42; Der Russenpelz, 42; Heimkehr der Söhne, 44; Das Öhmchen, 44; Lucie und der Angler von Paris, 46; Märchen für große und kleine Kinder, 46; Bitte der Nächste, 48; Bummi. Tiergeschichten für große und kleine Kinder, 52; Menetekel oder die fliegenden Untertassen, 52; Die lebendige Mauer, 57. – *Dramen, Hörspiele, Filme:* Das bist du, 19; Der Löwe, 21; Der Unbedingte, 21; Mohammed, 22; Tamar, 22; Elemente, 22; Die schwarze Sonne, 24; Der arme Konrad, 24; Der Mann im Dunkel, 27; Kolonne Hund, 27; Krassin rettet Italia, 29; Cyankali, 29 (als Film 30); Die Matrosen von Cattaro, 30; John D. erobert die Welt, 30 (als Drama 32); Tai Yang erwacht, 31; Die Jungen von Mons, 31; Wie stehen die Fronten?, 32; Von New York bis Shanghai, 32; Bauer Baetz, 32; SOS Eisberg, 33; Professor Mamlock, 34; Florisdorf, 36; Das trojanische Pferd, 37; Peter kehrt heim, 37 (russ.); Der Kampf geht weiter, 39; Patrioten, 43; Doktor Wanner, 44; Beaumarchais, 46; Die Nachtschwalbe. Dramatisches Nocturno (Musik von B. Blacher), 47; Wie Tiere des Waldes, 48; Bürgermeister Anna, 49 (als Drama 50); Der Rat der Götter, 50; So fing es an, 51; Thomas Müntzer, der Mann mit der Regenbogenfahne, 53; Was der Mensch säet ..., 55 (entstanden 45); Das Schiff auf der Donau, 55; Lilo Herrmann, 63 (Musik v. Paul Dessau). – *Lyrik:* Fahrt, 20; Vox humana, 47. – *Briefe, theoretische Schriften:* Die Natur als Arzt und Helfer, 28; KZ Vernet, 41; Zeitprobleme des deutschen Theaters, 47; Von der Filmidee zum Drehbuch, 49; Briefe, 58; Briefwechsel mit Wischnewski, 65; Briefwechsel, 68; Briefe, 69.

– Übersetzung: W. W. Wischnewski. – *Sammel- und Werkausgaben:* Besinnung. Vier Dramen, 46; Drei Dramen, 46; Dramen, 4 Bde, 46–49; Empörung. Vier Dramen, 46; Dramen, 2 Bde, 46; Dramen, 5 Bde, 47–55; Dramen, 51; Ausgewählte Werke in 14 Bänden, 53–60; Ausgewählte Gedichte, 54; Dramen, 56; Fabeln, 57; Zwei Dramen aus dem Bauernkrieg, 59; Gesammelte Werke in 16 Bänden, 60–67; Friedrich Wolf. Ein Lesebuch für unsere Zeit, 61; Werke in 2 Bänden, 73; Dramen, 79; Der Sprung durch den Tod, 84; Ich möchte kreativ sein, 87; Wer war Wolf: F. W. (1888–1953) in Selbstzeugnissen, Bilddokumenten und Erinnerungen, 88; F. W., 88; Märchen und Tiergeschichten für große und kleine Kinder, 88.

Wolf, Ror (Pseud. Raoul Tranchirer), *29. 6. 1932 Saalfeld/Saale.
W. war nach dem Abitur 2 Jahre Bauarbeiter, verließ 1953 die DDR, studierte 1954–61 Literaturwissenschaften, Philosophie und Soziologie in Frankfurt und Hamburg, war vorübergehend Rundfunkredakteur und lebt jetzt als freier Schriftsteller. 1971 erhielt er das Stipendium des Senats von Berlin, 1976 war er Writer in Residence an der Univ. of Warwick; seit 1973 ist er Mitglied des PEN; 1983 Förderpreis zum Hessischen Kulturpreis, Hörspielpreis der Kriegsblinden für 1987.
W. gab mit dem auf Handlung verzichtenden Prosatext *Fortsetzung des Berichts* die Schilderung einer einzigen Mahlzeit: eine wuchernde, Details häufende Sprache macht Schlachten, Kochen, Essen, «das Rumpeln der Klöße, das Krachen der Bissen zwischen den Zähnen» präsent. Angst, Bedrohung, Mord sind die Motive der alptraumhaften, auch grotesken späteren Montage-Prosa W.s; der Einfluß von P. Weiss' Sprache wie der von Joyce und Beckett wurde vielfach hervorgehoben. An W.s erstem Roman wird sein Schreibanlaß deutlich: Er mißtraut der bürgerlichen Ordnung, übersteigert deshalb immer wieder, wie schon in seinen frühen Moritaten *mein famili*, die Idylle zur Groteske, die in Entsetzen umschlägt. Sein Anliegen ist es, keine Botschaften und keine Ideologien zu verbreiten. Deshalb geht er vom trivialen Sprachmaterial aus, das er im genau kalkulierten Sprachspiel, in der Montage und in surrealistischen Assoziationen «bearbeitet», bis ihm jeder Schein von nachprüfbarer Folgerichtigkeit ausgetrieben ist. Die Abenteuerserie *Pilzer und Pelzer* kennt denn auch keine Kontinuität der Zeit und der Handlung mehr, auch fehlt den Figuren alles, was sie als «Personen» erkennbar werden ließe.
Die Hörspiele (z. B. *Der Chinese am Fenster, Die überzeugenden Vorteile des Abends, Reise in die Luft in 67 Minuten und 15 Sekunden, Cordoba Juni 13.45, Leben und Tod des Kornettisten Bix Beiderbecke aus Nordamerika*) sind weitere Beispiele für W.s Umgang mit den Elementen der Trivialliteratur: des Comic strips, des Kriminal- und des Horrorgenres. – Er schrieb zusammen mit Peter Lilienthal das Drehbuch zum Film *Jakob von Gunten* (nach Robert Walser).

W.: Prosa: Fortsetzung des Berichts, 1964; Das Lexikon der feinen Sitten (mit Karl Riha), 64; Pilzer und Pelzer. Eine Abenteuerserie, 67 (erweitert 78); Danke schön. Nichts zu danken. Geschichten, 69; Punkt ist Punkt, 71 (erweitert 73); Die Gefährlichkeit der großen Ebene, 76; Die heiße Luft der Spiele, 80; Das nächste Spiel ist immer das schwerste, 82; Raoul Tranchirers vielseitiger großer Ratschläger für alle Fälle der Welt, 83; Mehrere Männer, 87; Raoul Tranchirers Mitteilungen an Ratlose, 88. – *Lyrik:* mein famili, zwölf moritaten von raoul tranchirer, 68 (erweitert 71); Hans Waldmanns Abenteuer, 85. – *Hörspiele:* Auf der Suche nach Doktor Q. Hörspiel-Trilogie, 76; Cordoba Juni 13.45 (Hsp), 79; Bananen-Heinz (Hsp), 83; Leben und Tod des Kornettisten Bix Beiderbecke aus Nordamerika (Hsp.) 87 (als Kass., 89). – *Film, Fernsehen:* Jakob von Gunten, 71 (Drehbuch mit P. Lilienthal); Keep out, 75. – *Sammel- und Werkausgaben:* Ausflug an den vorläufigen Rand der Dinge. Prosa 1957–1976, 88. – *Schallplatten, Kassetten:* Der Ball ist rund, 87.

Wölfel, Ursula, *16. 9. 1922 Duisburg-Hamborn.
W. studierte Germanistik in Heidelberg und Pädagogik in Jugenheim/Bergstraße, tätig als Lehrerin und pädagogische Assistentin, freie Schriftstellerin seit 1961, Mitglied des PEN-Clubs seit 1972. 1962 erhielt sie den Deutschen Jugendbuchpreis, 1972 den Österreichischen Förderpreis für Jugendliteratur.
W. greift in ihren Romanen und Erzäh-

lungen für Kinder einfühlsam Ausschnitte aus deren Wirklichkeit auf. In den sprachlich sehr einfachen «wahren» Geschichten *Die grauen und die grünen Felder* problematisiert sie eindringlich zwischenmenschliche Schwierigkeiten und gesellschaftliche Verhältnisse, die «nicht gut, aber veränderbar» sind. Auch in den *16 Warum-Geschichten von den Menschen* werden aus der Sicht und dem möglichen Erfahrungsbereich von Kindern Ungerechtigkeiten und Unmenschlichkeit benannt und angegriffen. Die Texte geben keine Handlungsanweisungen, sie wollen die soziale Wahrnehmung schärfen, durch ungelöste Fragen zu Reflexionen und Stellungnahmen herausfordern.

W.: Romane, Erzählungen: Fliegender Stern, 1959; Der rote Rächer und die glücklichen Kinder, 59, 78; Sinchen hinter der Mauer, 60; Feuerschuh und Windsandale, 61; Mond Mond Mond, 62; Der Herr Wendelin, 63; Julius, 64; Das goldene ABC, 65; Joschis Garten, 65; Das ist unser Garten (mit J. Devillers), 70; Die grauen und die grünen Felder, 70; Erde, unser schöner Stern, 71; 16 Warum-Geschichten von den Menschen, 71; Du wärst der Pienek, 72; Geschichten-Sammelsurium, 74; 29 verrückte Geschichten, 74; 20 Lachgeschichten, 74; 20 verrückte Geschichten, 76; 20 Suppengeschichten, 75; Jacob, der ein Kartoffelbergwerk träumte, 80; Eine und sechsundzwanzig ABC-Geschichten, 81; Noch ein Geschichten-Sammelsurium, 82; Wie kam der Affe auf die Schulbank?, 84; Winzige Geschichten, 86; Hannas Reise, 86; Vom Morgen bis zum Abend, 87; Die Glückskarte, 87; 25 winzige Geschichten, 88; Jacob, Leinewebersohn. Geboren 1821, 89. – *Bilderbücher:* Zusammen mit B. Anrich-Wölfel: 27 Suppengeschichten, 68; 28 Lachgeschichten, 69; Das blaue Wagilö, 69; Ein Tapir im Dorf, 73; 30 Geschichten von Tante Mila, 77; Bruder Franz von Assisi (mit A. Bolliger-Savelli), [2]83. – *Theaterstück für Kinder:* Ein Käfig für den gelben Vogel, 79. – *Texte zur Fibel:* Wunderbare Sachen, 66; Das Wundertor, 69; Nebenan wohnt Manuel, 72.

Wolfenstein, Alfred, *28.12.1883 Halle/Saale, †22.1.1945 Paris (Freitod).
W. studierte Jura (Promotion) und lebte bis 1934 als freier Schriftsteller in Berlin und München. 1934 emigrierte er nach Prag, 1939 nach Paris. 1940 verhaftete ihn die Gestapo auf der Flucht, nach dreimonatiger Haft wurde er entlassen und irrte unter falschem Namen durch das be-

setzte Frankreich. In Paris, wo er bis zum Einmarsch der Alliierten schließlich untertauchte, nahm er sich im Januar 1945 in einem Krankenhaus, in das er wegen eines Herzleidens verbracht worden war, das Leben.
W. war als Lyriker, Dramatiker, Erzähler und Theoretiker einer der Wortführer des zum Aktivismus tendierenden Expressionismus. In seiner Lyrik vertritt er zunächst die solipsistische Position des Nihilisten (ein früher Zyklus trägt den Titel *Nichts*). Nach Überwindung seines Isolationismus propagiert er die Verbrüderung aller im Kampf um die Freiheit, wobei nicht die politische, sondern geistige Freiheit gemeint ist im Sinne einer Entgrenzung des Ich. Sein Idealbild vom Menschen, das er außer in seiner Lyrik auch im Drama und seiner Prosa vertritt, ist der revolutionäre Kämpfer, der gegen alle Erstarrung opponiert. Der philosophische Ansatz seiner Lyrik tritt in den im Exil (z. T. im Gefängnis) entstandenen Gedichten zurück zugunsten der konkret durchlittenen Erfahrung der Verfolgung und Flucht (z. B. in dem Gedicht *Exodus 1940*). – In seinen Dramen wird die Konfrontation des antibürgerlichen Kämpfers für eine geistige Utopie mit der bürgerlichen Welt thematisiert. In der nachexpressionistischen Phase polemisiert W. in dem Drama *Die Nacht vor dem Beil* gegen die Todesstrafe. – Kühler, weniger schwärmerisch-pathetisch ist W.s Prosa, in der Charakteristik der Figuren zeigt sich, wie im Drama, die Tendenz zur Typisierung, Verknappung, zu symbolhaftem Handlungsgefüge. – Im Exil veröffentlichte er eine Sammlung der «schönsten Gedichte aller Zeiten und Länder», um so «zur Verständigung der Völker durch Dichtung» beizutragen.

W.: Romane, Erzählungen: Der Lebendige, 1918; Unter den Sternen, 24; Die gefährlichen Engel, 36. – *Lyrik:* Die gottlosen Jahre, 14; Die Freundschaft, 17; Menschlicher Kämpfer, 19; Der gute Kampf, 20; Der Flügelmann, 24; Bewegungen, 28. – *Dramen:* Die Nackten, 17; Sturm auf den Tod, 21; Der Mann, 22; Umkehr, 22; Mörder und Träumer, 23; Der Narr der Insel, 25; Henkerdienst, 25; Bäume in den Himmel, 26; Die Nacht vor dem Beil, 29; Celestina, 29. – *Essays:* Jüdisches Wesen und Neue Dichtung, 22. – *Herausgebertätigkeit:* Die Erhebung, 19/20. Stimmen der Völker, 38. – *Übersetzungen:* Shelley, Rimbaud, Hugo, Poe, Nerval, Verlaine. – *Sammelausgaben:* A. Wolfenstein, 55; Ein Gefangener, 72; Werke, 5 Bde, 82 ff.

Wolfgang, Hans → Habe, Hans

Wolfgruber, Gernot, *20. 12. 1944 Gmünd/Niederösterreich.

W., dessen Vater im Krieg gefallen war, besuchte die Hauptschule, war Lehrling, dann Hilfsarbeiter in verschiedenen Berufen und anschließend Programmierer; 1968 holte er das Abitur nach; 1968–74 studierte er Publizistik und Politologie in Wien; lebt als freier Schriftsteller. Mehrere Förderpreise, u. a. Canetti-Stipendium 1984, Österr. Würdigungspreis für Literatur 1989. – W. schildert ohne ideologisches Engagement in realistisch anmutenden Romanen das durchschnittliche, ausweglose Leben des kleinbürgerlich-proletarischen Arbeitermilieus in der Provinz. Seine klare, direkte Sprache enthält Dialektelemente. Die Titel seiner Werke sind oft ironisch gemeint, so z. B. *Auf freiem Fuß*, in dem ein enttäuschter Lehrling zum Delinquenten wird, oder *Herrenjahre*, in dem ein Geselle, anstatt nach den Lehrjahren Entfaltung und Glück zu finden, im grauen Alltag dahinvegetiert.

W.: Romane, Erzählungen: Auf freiem Fuß, 1975; Herrenjahre, 76; Die Mehrzahl, 78; Der Jagdgast. Ein Drehbuch, 78; Niemandsland, 78; Ankunftsversuch, 79; Verlauf eines Sommers, 81; Die Nähe der Sonne, 85. – *Hör- und Fernsehspiele:* Der Vertreter (mit H. Zenker), 76; Mutter, Vater, Kind (mit H. Zenker), 76; Der Einstand, 76; High Noon, 78 (mit H. Zenker); Der Jagdgast, 78.

Wolfskehl, Karl, *17. 9. 1869 Darmstadt, †30. 6. 1948 Auckland (Neuseeland). W. entstammte einer in Hessen ansässigen jüdischen Patrizierfamilie. Er selbst berief sich gern auf die «toskanisch-rheinische Reihe seiner Vorfahren» (K. V. Bock). Er studierte Germanistik in Berlin, Leipzig und Gießen. Dr. phil 1893. Lernte im Jahr seiner Promotion Stefan George kennen und gab gemeinsam mit ihm die dreibändige Sammlung *Deutsche Dichtung* (1901–03) heraus. Lebte als

freier Schriftsteller in München, wo sein Schwabinger Haus Treffpunkt des «Kosmiker-Kreises» um Alfred Schuler und Ludwig Klages wurde. Er war Mitherausgeber und Hauptmitarbeiter der «Blätter für die Kunst». 1933 verließ er Deutschland, um 1938 über die Schweiz und Italien nach Neuseeland zu emigrieren. – Gegenüber der apollinischen Strenge Georges war W. als hymnischer Lyriker mehr den irrationalen und archaischen Seelenkräften ergeben. Ein Wiederentdecker Bachofens und der Barockdichtung, pflegte er die Tradition altdeutscher Literatur und schrieb zunächst Dichtungen, Prosa, Mysterienspiele, stilistisch ausgefeilt und hochgesteigert, in «ekstatischer Sprachballung» (W. Vordtriede). W., der sich immer als «Mithüter des deutschen Geistes» gesehen hatte, fühlte sich nach 1933 unter dem Zeichen des «Judenschicksals», des Hiob gestellt. Wendung zu religiösen Themen im Alterswerk. Anrufung Gottes in klarer, unartistischer Sprache.

W.: Dramen: Maskenzug 1904, 1904; Saul. Ein Spiel in vier Teilen, 05; Wolfdietrich und die rauhe Els, 07 (Schattensp.); Thors Hammer, 08 (Schattensp.); Die Ruhe des Kalifen, (08) (Schattensp.; gedr. in: Der Umkreis, 10); Sanctus. Orpheus I – Zwei Mysterien, 09. – *Lyrik:* Ulais, 1987; Ein schoen new lied von der lilgen in seynem eygen thon, 25 (Privatdr.); Triumph der Eitelkeit, 27 (Privatdr.; letzte Fasg, 30 [Privatdr.]); Chor der Bücherwürmer, 30 (Privatdr.); Die Stimme spricht, 34 (erw. 36; erw. 47 in dt.-engl. Fsg u. d. T.: 1933 – A Poem Sequence); An die Deutschen, 47; Hiob oder die vier Spiegel, 50; Sang aus dem Exil, 50. – *Essays, theoretische Schriften, Briefe:* Germanische Werbungssagen I. – Hugdietrich. Jarl Apollonius, 1893 (Diss.); Deutsche Barockliteratur. Von Opitz bis Brockes [Auktionskatalog], 27 (Repr. 66); Die Menschwerdung. Ein Urbegebnis vor aller Zeit, 29; Bild und Gesetz. Gesammelte Abhandlungen, 30; Bücher. Bücher. Bücher. Bücher. Elemente der Bücherliebeskunst [mit Beiträgen v. C. Faber du Faur u. E. Preetorius], 31; Gibt es überhaupt Erstausgaben?, 33; Zehn Jahre Exil. Briefe aus Neuseeland 1938–1948, 59; W. und Verwey. Die Dokumente ihrer Freundschaft 1897–1946, 68; Briefe von K. W. an Kurt Maria Frener, 69 (Privatdr.); K. und Hanna W. – Friedrich Gundolf, Briefe 1899–1931, 2 Bde, 77; K. W.s Briefwechsel aus Neuseeland, 1938–1948, 2 Bde, 88. – *Übersetzungen und Übertragungen:* Älteste deutsche Dichtungen. Übers. und hg. von K. W. und F. von der Leyen, 09 (verm. 20, erw. 64; Auswahl, 32); Gedichte des Archipoeta an Kaiser Friedrich Barbarossa und seinen Kanzler, 21; Der Weinschwelg, 21; Ch. de Coster: Die Geschichte von Ulenspiegel und Lamme Goedzak, 2 Bde, 26; Fremder Sang. Zwölf europäische Volkslieder, 29; J. Ch. Bach: Zwölf Konzert- und Opern-Arien, 30; J. Delamain: Warum die Vögel singen, 30; B. Russell: Wesen und Wahn, 30; G. Foppa: Signor Bruschino [mit L. Landshoof], 31; Mozart, W. A.: Die Hochzeit des Figaro. Text v. L. Da Ponte, 78. – *Sammel- und Werkausgaben:* Gesammelte Dichtungen, 03; Der Umkreis. Gedichte und dramatische Dichtungen, 27; Kalon Bekawod Namir «Aus Schmach wird Ehr». Gedichte und Prosa aus dem Nachlaß, 59; Gesammelte Werke, 2 Bde, 60; Briefe und Aufsätze. München 1925–1933, 66. *Herausgebertätigkeit:* Jean Paul [mit St. George], 00 (Privatdr.), 01; Goethe [mit St. George], 01 (Privatdr.), 10; Das Jahrhundert Goethes [mit St. George], 02 (Privatdr.), 10; Goethe: Das Tagebuch, 07; Die trunkene Mette [mit E. Schulte Strathaus], 09 (Privatdr.); Die mystischen Gedichte des Novalis, 22; Droste-Hülshoff: Gedichte, 23; C. F. Meyer: Gedichte, 25; Jean Paul: Flüchtiger Plan zu einem Jubiläum des Mülanzer Galgens, 25; F. G. Klopstock: Oden, 26; Das Buch vom Wein [mit C. S. Gutkind], 27; Zweiunddreißig vom Fünfzigsten, 28 (Privatdr.); Der Liebe Wechselgesang. Aus Goethes Divan, 29 (Privatdr.).

Wollschläger, Hans, *17.3.1935 Minden.

Studium an der Musikakademie Detmold, lebt als freier Schriftsteller. W.s erste Buchpublikation ist eine Monographie über Karl May, die die pompöse Klischeewelt von dessen literarischer Produktion als Kompensation frühkindlicher Verletzungen begreift und vor allem dem Spätwerk eine eingehende Untersuchung widmet. *Die Gegenwart einer Illusion*, eine Sammlung von Essays, entwikkelt mit geistvollem Sarkasmus die Geschichte der Verdrängungen, deren sich die Kirche im Laufe von Jahrhunderten schuldig machte. W.s Fazit: «Auschwitz: war die Widerlegung aller christlichen Theodizeen.» *Die bewaffneten Wallfahrten gen Jerusalem* zeichnen anhand von Augenzeugenberichten und historischen Dokumenten die Geschichte der Kreuzzüge nach, wobei der Autor sein «Faktenreferat» in aufklärerischer Absicht

mit scharfen Verdikten und Analysen im Stile Voltaires untermauert. Neben seiner essayistischen Tätigkeit hat W. sich als Übersetzer hervorgetan. Zusammen mit Arno Schmidt übersetzte W. Werke von E. A. Poe. Bemerkenswert ist auch sein Versuch, ein Kapitel aus Joyce' Spätwerk *Finnegans Wake* durch kongeniale Umsetzung ins Deutsche zu dechiffrieren.

Unangefochtenes Renommee erwarb W. sich mit seiner Übersetzung des *Ulysses* von James Joyce. Das Enzyklopädische der diversen Sprachebenen des Romans, die zahllosen Allusionen und Halbzitate hat W. mit außergewöhnlicher Geschmeidigkeit und Anpassungsfähigkeit übertragen. Mit raffinierten Wortkreationen, mit Rückgriffen auf archaische Wortbrocken, mittelalterliche Sprachstufen usw. hat W. die Vielschichtigkeit des Originals adäquat eingefangen und die Sprachmelodie der Joyceschen Sätze auch musikalisch genau vergegenwärtigt. 1982 erschien der erste Teil eines umfangreichen Romans unter dem Titel *Herzgewächse oder Der Fall Adams*. Hauptfigur ist ein Schriftsteller namens Adams, der wegen seiner jüdischen Abstammung 1935 seine Heimatstadt Bamberg verließ und in den 50er Jahren dorthin zurückkehrt. Sogleich wird er konfrontiert mit den Nachkriegswidrigkeiten der politischen und geistigen Restauration. In einer großen Abhandlung versucht Adams, sich über die verhängnisvollen deutschen Denktraditionen Rechenschaft abzulegen. Dieser Schreib- und Denkprozeß wird unterbrochen durch Anfälle einer immer heftiger ausbrechenden psychischen Krankheit. In diesen Schüben geistiger Umnachtung halluziniert er ferne Kindheitserinnerungen, in die sich die fiktive Gestalt eines mephistotelischen Versuchers drängt. Dabei gelingt W. eine Differenzierung der einzelnen Sprachebenen (analog zu den jeweiligen Bewußtseinsstufen seines reflektierenden Ich-Erzählers) zur vielschichtigen Polyphonie von Denken, Fühlen und Sprechen. – W. ist Mitglied der Deutschen Akademie für Sprache und Dichtung; er erhielt 1976 den Literaturpreis der Bayerischen Akademie der

Schönen Künste, 1982 den Preis der Stadt Nürnberg und den Arno-Schmidt-Preis, 1988 den Preis der Kaufmann-Stiftung zur Pflege der Reinheit der deutschen Sprache.

W.: Roman: Herzgewächse oder Der Fall Adams, Bd 1, 1982. – *Essays, Prosaschriften:* Karl May. Monographie, 65; Die Gegenwart einer Illusion. Essays, 70; Die bewaffneten Wallfahrten gen Jerusalem – Geschichte der Kreuzzüge, 70; Die Insel und einige andere Metaphern für Arno Schmidt, 82; Arno-Schmidt-Preis 1982, 82; Von Sternen und Schnuppen, 84; In diesen geistfernen Zeiten, 86; «Tiere sehen dich an» oder Das Potential Mengele, 89 (zuerst in: Die Republik Nr. 79–81, 87). – *Hörspiel:* Serenissima, 71 (mit H. G. Fröhlich). – *Herausgebertätigkeit:* Jahrbücher der Karl-May-Gesellschaft, 75 ff (mit anderen); Karl-Kraus-Lesebuch, 81; Karl Mays Werke (mit H. Wiedenroth], Bd 1 ff, 87 ff. – *Übersetzungen:* Werke von B. A. Botkin, J. Baldwin, R. Gover, D. Barthelme, C. Zahn, E. A. Poe (mit A. Schmidt), M. Spark, N. Dunn, St. Reynolds, J. Joyce (Anna Livia Plurabelle aus «Finnegans Wake», 70, Ulysses, 75, Sämtliche Gedichte, 80), W. Graves, M. Twain, W. Faulkner, R. Chandler, D. Hammett, E. D. Dunsany, K. Penderecki, E. Gorey u. a. – *Schallplatten u. ä.:* H. W. liest Karl Kraus, 87 (mit Toncass.).

Wolter, Christine, *30. 3. 1939 Königsberg.

W. wuchs in Halle und Berlin, auf, wo sie an der Humboldt-Universität Romanistik studierte. Von 1962–76 arbeitete sie als Verlagslektorin, reiste als Dolmetscherin mehrfach nach Italien, wohin sie nach der Heirat mit einem italienischen Architekten 1978 übersiedelte. An der Università Statale in Mailand ist sie als Lektorin für Deutsch beschäftigt. – W. begann mit Erzählungen, in denen bereits wesentliche Motive ihres weiteren Schreibens anklingen: Alltag in der DDR, vor allem aber das Leben von Frauen in einer männlich bestimmten Welt, ihre Suche nach Unabhängigkeit und Selbstbestimmung.

W.: Romane, Erzählungen: Meine italienische Reise, 1973; Wie ich meine Unschuld verlor, 76; Juni in Sizilien, 77; Die Hintergrundperson oder Versuche zu lieben, 79 (in der BRD u. d. T.: Stückweise Leben, 80); Die Alleinseglerin, 82; Italienfahrten, 82; Areopolis, 86; Straße der Stunden. 44 Ansichten von Mailand, 87; Piazza Brà, 88. – *Herausgebertätigkeit:* Italienische Lyrik des 20. Jahrhunderts, 71; 50 Novellen der italienischen Renaissance, 74; Späße und Streiche der italienischen Renaissance, 78; Italienische Liebesgeschichten, 81.

Wolzogen, Ernst Ludwig Freiherr von, *23. 4. 1855 Breslau, †30. 8. 1934 München.

W. studierte in Straßburg und Leipzig, war 1879–81 Vorleser des Großherzogs von Sachsen-Weimar, 1882 Redakteur in Berlin, zwischen 1893–99 in München, gründete dort die «Freie Literarische Gesellschaft», dann wieder in Berlin, wo er 1901 das literarische Kabarett «Überbrettl» gründete. Nach ausgedehnten Reisen durch Europa lebte er seit 1905 in Darmstadt und Puppling/Obb. – W.s Werk ist im wesentlichen humoristisch, geistreich und parodistisch, er greift die oberflächliche bürgerliche Moral an, karikiert aber auch die Bohème, die er in Berlin und München antraf.

W.: Lyrik: Feuersnot, 1909; Mein Vortragsbuch, 22; Fausti Himmelfahrt oder Der deutsche Teufel, 24. – *Romane, Novellen:* Heiteres und Weiteres, 1886; Basilla, 87; Die Kinder der Exzellenz, 88; Die tolle Komteß, 2 Bde, 89; Der kühle Blonde, 2 Bde, 91; Der Thronfolger, 2 Bde, 92; Erlebtes, Erlauschtes und Erlogenes, 92; Die Entgleisten, 93; Fahnenflucht, 94; Die Erbschleicherinnen, 2 Bde, 95; Ecce Ego!, 95; Die Gloria-Hose, 97; Der Kraftmayr, 2 Bde, 97; Geschichten von lieben, süßen Mädeln, 97; Vom Peperl u. a. Raritäten, 97; Die arme Sünderin, 1901; Eheliches Andachtsbüchl (mit Elsa Laura v. W.), 03; Seltsame Geschichten, 06; Der Topf der Danaiden, 06; Der Bibelhase, 07; Die Großherzogin a. D., 08; Aus Schnurrpfeifers Lügensack, 08; Da werden Weiber zu Hyänen, 09; Leidige Schönheit, 10; Der Erzketzer, 2 Bde, 11; Der Dichter in Dollarika, 12; Das Kuckucksei, 14; Peter Karn, 14; Landsturm im Feuer, 15; Das Mädchen mit den Schwanen, 16; Die verdammte Liebe, 18; Harte Worte, 19; Lauensteiner Hexameron, 24; Sem der Mitbürger, 24; Wenn die alten Türme stürzen, 24; Norddeutsche Geschichten, 26; Das Schlachtfeld des Heilands, 26. – *Dramen:* Die Kinder der Exzellenz, 1890; Das Lumpengesindel, 92; Daniela Weert, 94; Die schwere Not, 96; Ein unbeschriebenes Blatt, 96; Die Bäder v. Lucca, 1903; Kolonialpolitik, 07; Ein unverstandener Mann, 09; Die Maibraut, 09; Eine fürstliche Maulschelle, 13; König Karl, 13; Weibchen, 16; Die Peitsche,

18. – *Essays, Autobiographisches, Herausge-bertätigkeit:* Verse zu meinem Leben, 07; Ansichten und Aussichten, 08; Augurenbriefe, 08; Landsturm im Feuer, 15; An den deutschen Adel, 20; Aus meinem Leben. Erinnerungen, 20; Das gut alt teutsch Schwankbuch, 22; Wie ich mich ums Leben brachte, 23.

Wondratschek, Wolf, * 14. 8. 1943 Rudolstadt / Thüringen.

W. wuchs in Karlsruhe auf, studierte 1962–67 Literaturwissenschaft, Philosophie und Soziologie in Heidelberg, Göttingen und Frankfurt/M. 1964–66 war er Redakteur der Zeitschrift «Text und Kritik» und anschließend freier Schriftsteller und Kritiker. 1971–72 war er Gastdozent für deutsche Gegenwartsliteratur an der Univ. Warwick in England. 1977–78 unternahm er eine Vortragsreise durch US-Universitätsstädte. Leonce-und-Lena-Preis 1968, 1969 Hörspielpreis der Kriegsblinden. – W.s Prosatexte und Gedichte sind durch eine lakonische Aneinanderreihung aphoristisch knapper Sätze gekennzeichnet, denn «nur die Sätze zählen, die Geschichten machen keinen Spaß mehr». Ein geschicktes Zusammenfügen von klischeehaften Redensarten, Satzfetzen, Sprichwörtern und Begriffen führt zu Sinn und Unsinn. Besonders typisch für dieses Verfahren ist W.s Sammelband *Omnibus*, in dem er sich mit den Massenmedien (Film, Fernsehen, Comics, Pop-Kultur) und deren Sprachmodellen befaßt. – W. schreibt auch Hörspiele und andere Funkarbeiten nach dieser Manier: In *Paul oder Die Zerstörung eines Hör-Beispiels* wendet er sich von den gewöhnlichen geschlossenen Hörspielformen ab, um mosaikartig die Welt eines Lkw-Fahrers aus dessen Erlebnissen und aus auktorialen Reflexionen entstehen zu lassen, wodurch neue Denkschemata erkennbar werden. Seine Gedicht- und Liederbände *Chuck's Zimmer* und *Das leise Lachen am Ohr eines andern* bedeuten den Bruch mit bisherigem radikalpolitischem Anspruch und pophafter Diktion zugunsten neuer Sensibilität und politischer Selbstbesinnung.

W.: Romane, Erzählungen: Früher begann der Tag mit einer Schußwunde, 1969; Ein Bauer zeugt mit einer Bäuerin einen Bauernjungen, der unbedingt Knecht werden will, 70; Omnibus, 72; Maschine Nr. 9, 73; Menschen. Orte. Fäuste, 87. – *Hörspiele, Rundfunksendungen:* Freiheit oder ça ne fait rien, 67; Zufälle, 68; Paul oder Die Zerstörung eines Hör-Beispiels, 69; Zu-Stände und Zusammenhänge, 70; Einsame Leichen, 70; Western, ein Film ohne Bilder, 70; Akustische Beschreibungen, I. Teil, 71; Kann das Quietschen der Straßenbahn nur eine Frau gewesen sein, 71. – *Lyrik:* Chuck's Zimmer, 74; Das leise Lachen am Ohr eines andern, 76; Männer und Frauen, 78; Letzte Gedichte, 80; Die Einsamkeit der Männer, 83; Carmen oder Bin ich das Arschloch der achtziger Jahre, 86. – *Sammel- und Werkausgaben:* Paul oder die Zerstörung eines Hör-Beispiels, 71; Früher begann der Tag mit einer Schußwunde. Ein Bauer zeugt mit einer Bäuerin einen Bauernjungen, der unbedingt Knecht werden will, 72; Chucks Zimmer. Alle Gedichte und Lieder, 82. – *Herausgebertätigkeit:* Mein Lesebuch, 82. – *Schallplatte:* Maschine Nr. 9.

Wrobel, Ignaz → Tucholsky, Kurt

Wronski, Stefan → Hardekopf, Ferdinand

Wroost, Wilfried, * 13. 9. 1889 Hamburg, † 14. 8. 1959 ebd.

W., Sohn eines Seemanns, lernte nach dem Besuch der Volksschule auf einer Schiffswerft. Im 1. Weltkrieg Soldat, begann er im Lazarett zu schreiben und ließ sich später als freier Schriftsteller in Buchholz bei Hamburg nieder.

W. schrieb nach einigen ernsten Dramen und dem beachtenswerten Roman *Vadder Soodmann* später hauptsächlich Schwänke, die ihn zu einem beliebten plattdeutschen Autor machten, die allerdings auch im wesentlichen im Hinblick auf ihre Publikumswirksamkeit geschrieben wurden.

W.: Romane, Erzählungen: Der Russenkopf, 1919; Vadder Soodmann, 19; Fiete Kiekbusch, 22; Frische Bris!, 22; Lot mi an Land!, 25; Plumm'n un Klüten, 26; Lütt un Lütt, 27; Kuddl Krogmanns Hochtiedsreis' un annere lustige Geschichten, 29; Gastweert Goebels Swiegersöhn, 30; Siedler in der Surheide, 33; Das Gasthaus zur guten Hoffnung, 39; Sonne überm Alltag, 40; Bernhilde und die Bredehöfts, 42; Minschen bi'n Michel, 54; Wenn du Geld hast ..., 59. – *Dramen:* Wrack, 19; Slagsiet, 20; Peter Pink, 22; De Olsch mit de Lücht, 22; An de Eck von de Steenstroot, 23; Gastweert Goebel, 25; Familie Eggers, 26; Jonny ward Millionär, 27; Die Verlobung wider Willen, 29; 30000 Dollar, 30; De falsche Waldemar, 30; Sien veerte Froo, 30; Lüd ut Lüdemanns Gang, 31; Op Leben un Dod, 31; Schoster Schimmelpenn, 33; Petroleum in Poppenbüttel, 35; Lüd von de Küst, 36; Thedje de Tyrann, 37; Lotte sall verdonnert warden, 47; In Treue fest, Amanda, 48; De leven Verwandten, 48; In Hamborg op St. Pauli, 49; Acht Daag vör de Hochtied, 49; Dat Geld liggt op de Stroot, 50; Familie Voss ut'n Bleekergang, 51; Mein Mann fährt zur See (plattdt. u. d. T.: Mien Mann, de fohrt to See), 52; Ferdinand verpumpt seine Frau (plattdt. u. d. T.: Ferdinand verpumpt sien Fro), 53; Das Herrschaftskind (plattdt. u. d. T.: Dat Herrschaftskind), 54; Ein Mann mit Charakter (plattdt. u. d. T.: Een Mann mit Charakter), 55; Kieler Sprotten aus Mottenburg (plattdt. u. d. T.: Sprotten ut Mottenborg), 56; Wir alle auf Erden!, o. J.; Wenn du Geld hest, o. J.; Mit Stappenbeck stimmt wat nich, o. J.; Wieverlist geiht öwer Düwelslist, o. J.; Herr Staatsanwalt geiht angeln, o. J.; Wenn man Meyer heet, o. J.; De Kortenleggersch, o. J. – *Übersetzungen, Bearbeitungen:* Mein Onkel Kaspar (nach John Brinckmann), 28. – *Schallplatte:* Man jümmer suutje!, 80.

Wühr, Paul, *10. 7. 1927 München.

W. absolvierte nach Abitur eine Lehrerausbildung; er lebt seit 1949 als Volksschullehrer. 1971 Hörspielpreis der Kriegsblinden, 1984 Bremer Literaturpreis, 1989 Südwestfunk-Literaturpreis, 1990 Ernst-Meister-Preis und Petrarca-Preis. – W. schrieb zunächst Kinderbücher, dann existentialistische Hörspiele. Bekannt ist er aber vor allem als Pionier des O-Ton-Hörspiels, in dem «nicht mehr das Individuum hörbar wird, sondern die Gesellschaft selbst». Seine Trilogie *So spricht unsereiner* besteht aus den Hörspielen *Preislied,* in dem sich Bundesbürger zu ihrem Privatleben und ihrer Einstellung zur Gesellschaft in O-Ton-Aufnahmen äußern, die zu einem typischen und zugleich kritischen Bild der westdeutschen Gesellschaft zusammengefügt werden; *Verirrhaus,* eine Collage aus Gesprächen mit in die Gesellschaft schlecht integrierten jungen Menschen; *Trip Null,* einer Montage von Äußerungen Drogensüchtiger. In seinem Prosatext *Gegenmünchen* sprengt er vorgegebene Beschreibungsmuster und entwik-

kelt einen eigenen Stil; er spielt mit rund 60000 Wörtern aus Hochsprache und Dialekt und rückt dadurch das sonst Verschwiegene und Verdrängte ins Licht. Die Kritik hat dieses Werk sehr unterschiedlich aufgenommen. W. verfaßte auch einen humoristischen Gedichtband *Grüßgott ihr Mütter ihr Väter ihr Töchter ihr Söhne,* in dem er die Form der konkreten Poesie weiterentwickelt.

W.: Romane, Erzählungen, Kinderbücher: Der kleine Peregrino, 1960; Basili hat ein Geheimnis, 63; Gegenmünchen, 70; Das falsche Buch, 83; Es war nicht so, 87; Der faule Strick, 87. – *Hörspiele:* Das Experiment, 63; Wer kann mir sagen, wer Sheila ist (in: wdr Hörspielbuch 1964), 64; Die Rechnung (in: wdr Hörspielbuch 1965), 64; Gott heißt Simon Cumascach, 65; Die Hochzeit verlassen (in: Rundfunk u. Fernsehen 4 /66), 66; Wenn Florich mit Schachter spricht, 67; Fensterstürze (in: wdr Hörspielbuch 1968), 68; Preislied, 71; Verirrhaus, 72; Trip Null, 73; So spricht unsereiner, 73; Viel Glück, 76; Nacht Zettel. Sieben Theatertexte nach Shakespeares «Ein Sommernachtstraum» (mit W. Bauer u. a.), 87. – *Lyrik:* Grüßgott ihr Mütter ihr Väter ihr Töchter ihr Söhne, 76; Rede. Ein Gedicht, 79; Sage. Gedicht, 88. – *Essays:* Dankrede (in: Schriftsteller und Hörspiel: Reden zum Hörspielpreis der Kriegsblinden, 81); Dankrede (in: Bremer Literaturpreis 1984), 84. – *Schallplatten, Kassetten:* Soundseeing Metropolis München (Hsp.), 87 (Kass.).

Wünsche, Konrad, *25. 2. 1928 Zwickau.

W. studierte in Leipzig, Tübingen und Bonn Archäologie, Kunstgeschichte und Philosophie. Er wechselte nach einem Volontariat in einem Museum in den Lehrberuf. – W. debütierte 1962 mit Einaktern, zwei «Partituren für Stimmen» ohne exakt fixierbare Handlungen und Charaktere. Auf jeden Realismus verzichtet W. auch in *Der Unbelehrbare,* der Geschichte eines jungen Mannes aus gutbürgerlichem Haus, der sich weigert, die Mörderin seines Vaters – seine Mutter – umzubringen, und deshalb selbst vergiftet wird. Experimentell und z. T. surreal sind auch W.s spätere Stücke, seine Gedichte und Hörspiele.

W.: Dramen: Über den Gartenzaun/Vor der Klagemauer, 1962; Der Unbelehrbare, 63; Les Adieux oder Die Schlacht bei Stötteritz, 64; Jerusalem Jerusalem, 66; Dramaturgische Kommentare, 71; Ein blühender Garten (Stück nach Robert Walser: Jakob von Gunten), 74. – *Berichte:* Die Wirklichkeit des Hauptschülers. Berichte von den Kindern der schweigenden Mehrheit, 72, erw. 77; Schulregeln. Lehrerstudenten erkunden Studium und Unterricht, 80; Der Volksschullehrer Ludwig Wittgenstein, 84; Bauhaus: Versuch, das Leben zu ordnen, 89. – *Hörspiele:* Die es trifft, 63; Gegendemonstration, 66; Nein, 69; Von mir zu dir, 71. – *Lyrik:* Schemen entsprechend, 63.

Wüsten, Johannes (Pseud. Peter Nikl), *4.10.1896 Heidelberg, †26.4.1943 Zuchthaus Brandenburg.
W., dessen Vater protestantischer Geistlicher war, verbrachte seine Jugend in Görlitz, machte eine Zimmermannslehre in Dresden und studierte seit 1914 Malerei in Worpswede (bei O. Modersohn), Hannover, Dresden, Berlin und im Ausland. 1916–18 Soldat, arbeitete er danach als Maler in Hamburg. Er ist Mitbegründer der ‹Neuen Sezession›. Er unternahm mehrere Studienreisen, kehrte 1923 nach Görlitz zurück. 1925 gründete er eine Kunstschule und eine Amateurtheatergruppe, die Werke von W. aufführte. 1932 wurde er Mitglied der KPD, war vor allem journalistisch tätig und arbeitete nach der Machtübernahme im Widerstand. 1934 emigrierte er nach Prag, 1938 nach Paris. Hier wurde er von der Gestapo gefangengenommen und zu 15 Jahren Gefängnis verurteilt. Er starb im Gefängnis an Tuberkulose.
W., zugleich Maler und Schriftsteller, hatte mit satirischer Prosa begonnen (*Semper, die Mumie*), schrieb dann vor allem Dramen (u. a. über historische Figuren wie *Florian Geyer*) sowie Romane und Erzählungen über Künstler und historische Themen (*Der Strom fließt nicht bergauf*). Ein großer Teil seiner Werke konnte erst nach dem Ende der nationalsozialistischen Herrschaft erscheinen.

W.: Romane, Erzählungen, Prosa: Semper, die Mumie, 1921; Yvon, 21; Mein bestes Werk, 37/8; Das Leben einer Buhlerin und andere Malergeschichten, 51; Der Strom fließt nicht bergauf, 63 (2. Aufl. 66 u. d. Originaltitel: Rübezahl); Tannhäuser, 76. – *Dramen:* Die Verrätergasse, 32; Berggeist; Die Lehre von Maria Stern, 35; Weinsberg, 36; Die Grenze, 36; Bessie Bosch, 36 (Bühnenms., im Buchhandel 51); Das Herz, 38; Florian Geyer, 39. – *Graphik:*

Blutproben, 32; Kupferstiche, 73. – *Sammel- und Werkausgaben:* Die drei Nächte des Jan Bockelson und anderes aus dem Erzählwerk, 71; Pseudonym Peter Nikl. Antifaschistische Texte und Grafik aus dem Exil, 87.

Yorick, Anton → Kuh, Anton

Z

Zahl, Peter Paul, *13.3.1944 Freiburg/Breisgau.
Nach seiner Kindheit in der DDR wuchs Z. im Rheinland auf, wo er nach der mittleren Reife den Beruf eines Kleinoffsetdruckers erlernte. 1964 ging er als Kriegsdienstverweigerer nach Berlin, wo er 1967 eine Druckerei und einen Verlag gründete. 1970 wurde er erstmals wegen des Druckens eines politischen Plakats «Freiheit für alle Gefangenen» verurteilt, 1972 anläßlich einer Personenkontrolle und anschließendem Fluchtversuch nach einem Schußwechsel mit der Polizei verhaftet und 1974 zunächst zu vier, in der Revision 1976 zu fünfzehn Jahren Gefängnis verurteilt, am 13.12.1982 vorzeitig aus der Haft entlassen. Sein «Fall» wurde, nicht zuletzt durch seine eigene schriftstellerische Arbeit auch während der Haft, zu einem Exempel in der Diskussion um die rechtliche Situation politischer Gefangener. – 1980 erhielt Z. den Literaturförderpreis der Freien Hansestadt Bremen.
Z. trat 1966 der Dortmunder Gruppe 61 bei. Zahlreiche politische Aufsätze und kritische Darstellungen zum bürgerlichen Kulturbetrieb vom Standpunkt einer radikaldemokratischen Opposition aus. Sein erster Roman *Von einem, der auszog, Geld zu verdienen* beschreibt die Lebensumstände dieser Zeit. Die späteren Arbeiten entstanden im Gefängnis; sie stehen in engem Zusammenhang mit den von vielen Kritikern als

skandalös empfundenen Prozeß- und Haftbedingungen. Z.s politische Biographie geht auch in seine Erzählungen (*Wie im Frieden*) und Lyrik (*Schutzimpfung*; *Alle Türen offen*) ein; sie schufen einen neuen Typus der «Knastliteratur», den Z. auch theoretisch faßte (*Schreiben ist ein monologisches Medium*). Das Gefängnis wird dabei zur Metapher einer Verknastung der gesamten Gesellschaft. Der opulente «Schelmenroman» *Die Glücklichen* fand wegen seiner Montagetechnik mit all ihren Verschachtelungen indes eine kontroverse Aufnahme.

W.: *Romane:* Von einem, der auszog, Geld zu verdienen, 70; Normalvollzug. Ein beschlagnahmter Text (in: Neues Forum 275), 76; Die Glücklichen, 79. – *Erzählungen:* Elf Schritte zu einer Tat, 68; Wie im Frieden, 76. – *Drama:* Johann Georg Elser, 82; Die Erpresser. Eine böse Komödie, 90. – *Lyrik:* Schutzimpfung, 75; Alle Türen offen, 77; Aber nein sagte Bakunin und lachte laut, 83. – *Essays:* Waffe der Kritik, 76; Eingreifende oder ergriffene Literatur, 76; Die Stille und das Grelle (in: Die Tageszeitung, 28.1.80), 80; Vorsicht! Die Poesie ist auf der Straße (mit anderen), 81; Der Staat ist eine mündelsichere Kapitalanlage. Hetze und Aufsätze 1967–1989, 89. – *Übersetzungen:* Sender, R.J.: Sieben rote Sonntage, 91. – *Sammelausgaben:* Der Barbaren kommen, 76; Am Beispiel P.P.Z., hg. E. Fried u.a., 77 (mit eigenen Texten); Freiheitstriebtäter. Lyrik und Prosa, 79; Schreiben ist ein monologisches Medium. Dialoge mit und über P.P.Z., 79; Waffe der Kritik, 82.

Zand, Herbert, *14.11.1923 Knoppen bei Bad Aussee, †14.7.1970 Wien.
Z., der seine Kindheit auf dem väterlichen Bauernhof in Knoppen verlebte, wurde als Jugendlicher an die Fronten des Krieges geschickt. Schwer verwundet kehrte er nach Österreich zurück, arbeitete zunächst als Verlagslektor, dann als freier Schriftsteller. Mehrere Literaturpreise, u. a. 1966 A.-Wildgans-Preis, 1957 und 1974 Rosegger-Preis. – Viel Beachtung fand Z.s zweiter Roman: *Letzte Ausfahrt.* Z. schildert eine Kesselschlacht, die den Bewohnern einer ostdeutschen Stadt keine Möglichkeit der Befreiung läßt: Abbild des dem Schicksal unweigerlich ausgelieferten Menschen. In *Der Weg nach Hassi el emel* gelingt es einem über der Wüste abgestürzten Pilo-

ten, durch übermenschliche Willensanstrengung die Ausweglosigkeit seiner Situation zu überwinden. Z.s letzter Roman *Erben des Feuers* handelt vom Schicksal einer jungen Generation, die nach Kriegsende ortlos zwischen den alternden Vertretern einer monarchischen Tradition und dem profitorientierten Bürgertum steht.

W.: *Lyrik:* Die Glaskugel, 1953; Aus zerschossenem Sonnengeflecht, 73. – *Romane, Erzählungen:* Die Sonnenstadt, 49; Letzte Ausfahrt, 53 u. 71; Der Weg nach Hassi el emel, 55 u. 65; Erben des Feuers, 61 u. 72; Kerne des paradiesischen Apfels, 71; Demosthenes spricht gegen die Brandung, 72. – *Werkausgaben:* Gesammelte Werke, 6 Bde, 71–73; Träume im Spiegel. Essays, 73.

Zech, Paul (Pseud. Timm Borah, Michel Michael, Rhenanus, Paul Robert, Manuel Sachs), *19.2.1881 Briesen (Westpreußen), †7.9.1946 Buenos Aires.
Z. entstammte einem Bauerngeschlecht westfälischer Herkunft. Er studierte in Bonn, Heidelberg und Zürich, ging aber dann für 2 Jahre «aus sozialem Idealismus» (Pinthus) als Hauer, Steiger und Metallarbeiter in die Kohlengruben und Eisenhütten des Ruhrgebiets, Belgiens und Nordfrankreichs. Nach einem Aufenthalt in Paris lebte er seit 1910 bis zum Ende der Weimarer Republik in Berlin und war dort als Redakteur und Dramaturg, auch als Bibliothekar und Werbeleiter tätig. Z. hatte enge Kontakte zu fast allen Schriftstellern des expressionistischen Jahrzehnts; 1913–20 Mitherausgeber der expressionistischen Zeitschrift «Das neue Pathos». 1933 inhaftierten ihn die Nationalsozialisten; nach seiner Entlassung emigrierte er über Prag und Paris nach Südamerika, wo er sich vorwiegend in Argentinien aufhielt. Z. hatte große Schwierigkeiten, sich im Exil zurechtzufinden, lebte in ständiger Finanznot und litt unter seinem labilen Gesundheitszustand; die von ihm selbst beschriebenen jahrelangen Reisen durch ganz Südamerika sind zum großen Teil Fiktion. Während des Exils Mitarbeiter an mehreren Exilanten-Zeitschriften Lateinamerikas («Argentinisches Tage- und Wochen-

blatt», «Deutsche Blätter») und Europas
(u. a. «Internationale Literatur»).

Schon in den frühen Werken Z.s lassen
sich die drei Themen auffinden, die sein
ganzes Werk – Lyrik, Prosa und Drama –
durchziehen: der Antagonismus zwischen den bedrückenden Erfahrungen
der Arbeitswelt und der Sehnsucht nach
der Natur, verbunden mit mystischer Religiosität und der Suche nach Brüderlichkeit. Einen spezifischen Aspekt dieses
Bemühens um Menschlichkeit und Verbrüderung stellen Z.s Passionen gegen
den Krieg dar, mehrere Gedichtbände,
zwischen 1914 und 1920 verfaßt, für die
er 1918 den Kleist-Preis erhielt.

Thematisch dem Expressionismus zuzurechnen, ist Z. – speziell in seiner Lyrik –
kein innovativer Autor gewesen; es finden sich deutliche Anklänge an George
und Rilke, bevorzugte Gedichtform Z.s
war das Sonett.

Einen wesentlichen Teil des Gesamtwerks machen die Übertragungen und
Nachdichtungen von Werken französischer Literatur aus, mit der er während
seines Paris-Aufenthalts in Berührung
gekommen war und die ihn sein ganzes
Leben hindurch beschäftigte.

Das Exilwerk Z.s weist im wesentlichen
dieselben Themen auf wie das vor der
Emigration entstandene Werk: Z. verherrlicht den Urwald als unberührte Natur, der eine deutlich negativ gezeichnete
Großstadt (Buenos Aires) gegenübergestellt wird. Deutlich tritt Z.s Neigung zur
Exotik hervor, die häufig die Sozialkritik
der Prosawerke überdeckt. Dennoch
nimmt Z.s Prosa der Exilzeit z. T. die engagierte Literatur Lateinamerikas vorweg.

W.: Romane, Erzählungen: Der schwarze
Baal, 1917 (umgestaltet 19); Das Ereignis, 19;
Das Grab der Welt, 19; Die glückliche Nacht,
22; Die Mutterstadt, 24; Die Reise um den
Kummerberg, 24; Die Geschichte einer armen
Johanna, 25; Peregrins Heimkehr, 25; Das tö-
richte Herz, 25; Die unterbrochene Brücke,
25; Ich bin Du oder Die Begegnung mit dem
Unsichtbaren, 26; Das Baalsopfer, 29; Das
Schloß der Brüder Zanowsky, 33; Ich suchte
Schmied und fand Malva, 41; Die schwarze Or-
chidee, 47; Occla, 48; Kinder vom Paraña, 52;
Die Vögel des Herrn Langfoot, 53; Das rote
Messer, 53; Die grüne Flöte vom Rio Beni, 55;

Deutschland dein Tänzer ist der Tod, 81; Michael M. irrt durch Buenos Aires, 85. – *Dramen:* Gelandet, 19; Die Jacobsleiter, 21; Verbrüderung, 21; Kuckucksknecht, 24; Das trunkene Schiff, 24; Das Rad, 24; Der Turm, 24;
Steine, 24; Tierweib, 24; Erde, 25; Triumph
der Jugend, 25; Fremdes Gesicht im Haus, 26;
Der unbekannte Kumpel, 27; Jochanaan, 28;
Morgenrot leuchtet, 30; Zuletzt bleibt Hiob,
30; Windjacke, 32; Nur ein Judenweib, 34; Der
Fall Robert Puhl, 35; Der letzte Inka, 36; In-
diospiele, 37; Emigration, 39; Heuschrecken,
40; Der rote Faden, 44; Südamerikanische
Nächte, 44. – *Lyrik:* Das schwarze Revier, 09
(umgestaltet 22); Waldpastelle, 10; Schollen-
bruch, 12; Schwarz sind die Wasser der Ruhr,
13; Sonette aus dem Exil, 13; Die eiserne Brük-
ke, 14; Helden und Heilige, 17; Vor Cressy an
der Marne, 18; Der feurige Busch, 19; Die Gedichte an eine Dame in Schwarz, 20; Golgatha,
20; Das Terzett der Sterne, 20; Der Wald, 20;
Allegro der Lust, 21; Omnia mea mecum porto, 23; Die ewige Dreieinigkeit, 24; Die junge
Witwe, 24; Rotes Herz der Erde, 29; Neue Balladen von den wilden Tieren, 30; Terzinen für
Thino, 32; Berlin im Licht und Gedichte linker
Hand, 32; Bäume am Rio de la Plata, 36; Neue
Welt, 39; Sonette aus dem Exil, 48; Die Ballade von einer Weltraumrakete, 58; Abendge-
sänge und Landschaft der Insel Mara-Pampa,
60; Die Sonette vom Bauern, 60; Venus
Urania, 61. – *Essays, Briefe:* Rainer Maria Ril-
ke, 13; Rainer Maria Rilke. Ein Requiem, 27;
Rainer Maria Rilke. Der Mensch und das
Werk, 30; Jean-Arthur Rimbaud. Ein Querschnitt durch sein Leben und Werk, 27; Stefan
Zweig, 43; Paul Verlaine und sein Werk, 49;
Stefan Zweig/P. Z.: Briefe 1910–1942, 84;
Von der Maas bis an die Marne. Ein Kriegstagebuch, 88. – *Übersetzungen:* Balzac, Baudelaire, Deubel, Icaza, Labé, Mallarmé, Péguy,
Rimbaud, Verhaeren, Verlaine, Villon. – *Herausgebertätigkeit:* Das neue Pathos (mit H. Ehrenbaum-Degele und R. R. Schmidt); Jahrbücher der Zeitschrift Das neue Pathos; Das dramatische Theater (mit F. A. Angermayer);
Fanale, 13; H. Ehrenbaum-Degele: Gedichte,
17 (recte 19); Der Mann am Kreuz, 23; Christian Dietrich Grabbe: Werke, 25. – *Sammelausgaben:* Die Häuser haben Augen aufgetan,
76; Menschen der Calle Tugutí, 82; Vom
schwarzen Revier zur Neuen Welt. Gesammelte Gedichte, 83; Das rote Messer, 84; Der
Schwarze Baal, 89.

Zeller, Eva, *25. 1. 1923 Eberswalde bei
Berlin.

Z., geborene Feldhaus, studierte Germanistik und Kunstgeschichte an den Universitäten Greifswald, Berlin und Mar-

burg. Als Lehrerin war sie von 1946–56 in der DDR tätig und von 1957–58 in Südwestafrika, wo sie in den Jahren 1956–62 lebte. Für ihr schriftstellerisches Werk erhielt sie den Georg-Mackensen-Preis, die Ehrengabe zum Gryphius-Preis, den Droste-Preis der Stadt Meersburg und das Schiller-Stipendium des Europaforums für Literatur.

Ausgehend von ihren Erlebnissen in Afrika behandelte Z. in ihrem erzählerischen Werk zunächst die aus der Rassenproblematik entstehenden menschlichen und sozialen Konflikte. Von der Vielschichtigkeit der menschlichen Existenz, dem Widerstand gegen traditionelle soziale Rollenverteilungen, ist auch ihre europäische Prosa geprägt. Für ihre Gedichte wurde sie 1981 mit dem Salzburger Literaturpreis für Lyrik im christlichen Geist ausgezeichnet.

W.: Romane und Erzählungen: Eine Handvoll Ruhe, 1961; Die magische Rechnung, 65; Der Sprung über den Schatten, 67; Ein Morgen Ende Mai, 69; Der Turmbau, 73; Lampenfieber, 74; Die Hauptfrau, 77; Figurenwerfen, 81; Solange ich denken kann, 81; Tod der Singschwäne, 83; Nein und Amen, 86; Heidelberger Novelle, 88. – *Jugendbücher:* Amely. Ein Schlüsselkind hilft seinem schielenden kleinen Freund, 59; Kleines Herz in Afrika, 59; Kleines Herz in der großen Welt, 59; Umweg durch die Wüste, 62. – *Hörspiele:* Der Schuß, 65; Unerwartete Begegnung, 65. – *Lyrik:* Sage und schreibe, 71; Fliehkraft, 75; Auf dem Wasser gehen, 79; Stellprobe, 89. – *Essays:* Das Wort und die Wörter. Tradition und Moderne in der geistlichen Lyrik, 90. – *Herausgebertätigkeit:* Generationen – dreißig deutsche Jahre, 72.

Zeltner, Andreas → Reimann, Hans

Zenker, Helmut, *11.1.1949 St. Valentin (Niederösterreich).
Lehrerausbildung in Wien, Hilfsarbeiter; Lehrer an Haupt- und Sonderschulen in Wien und Kufstein/Tirol, seit 1973 freier Schriftsteller. Z. gründete 1969 mit P. Henisch die Zeitschrift «Wespennest». – Die Romane *Wer hier die Fremden sind* und *Das Froschfest* entdecken Defekte der Gesellschaft aus der Perspektive des depravierten Außenseiters, vom Rand der Gesellschaft her, an dem allerdings Solidarisierungen, zumindest als schmale

Hoffnung, möglich erscheinen. Der Roman *Kassbach*, Darstellung des Neofaschismus an der Figur eines Gemüsehändlers, seiner Deformation und Brutalität im Privaten sowie seiner terroristischrechtsextremen politischen Aktivität, wurde verfilmt und in mehrere Sprachen übersetzt. Mit dem Theaterstück *Wahnsinnig glücklich*, besonders aber mit den Fernsehfilmen *Kottan ermittelt* und *Santa Lucia* versucht Z., kleinbürgerlich-proletarisches Bewußtsein von dessen eigenen Klischees aus zu unterlaufen. Der allgemeinen Misere des Milieus stellt sich punktuell und sympathisch die Schläue der Beherrschten entgegen.

W.: Romane, Erzählungen: Wer hier die Fremden sind, 1973; Kassbach, 74; Für so einen wie dich (mit Friedemann Bayer), 74; Köck, 75; Herr Novak macht Geschichten, 76; Das Froschfest, 77; Der Drache Martin, 77; Der Gymnasiast, 78; Die Entfernung des Hausmeisters, 78; Schußgefahr (mit Margit Zenker), 79; Drohbriefe. Ein Drehbuch, 79; Kottan ermittelt, 82; Wer hier die Fremden sind, 82; Gringo, 82; Kottan, Bd 1, 84; Zünden Bäume und Häuser an, 84; Der vierte Mann, 87; Geschichte aus dem Wiener Wald, 88; Hinterland, 88; Der Drache Martin und das entführte Gespenst, 88; Himmel und Hölle, 89; Slow Business, 89; Original Wiener Blut, 89; Der Vierte Mann gegen das Kalte Herz, 89; Minni Mann, 89; Kleine Mann – Was nun?, 89; Alle Morde vorbehalten, 90; Lonely Boys, 90; Nichts geht mehr. Kriminalstories, 90; Spottbuch, 90; (9) Die Mann ist tot und läßt sie grüßen, 90. – *Dramen, Hörspiele:* Wahnsinnig glücklich, 75 (Bühnenms.); Kennen Sie Kassbach, 75; Kottan ermittelt, 76; Der Vertreter (mit Gernot Wolfgruber), 76; Mutter, Vater, Kind (mit Gernot Wolfgruber), 76; Das Fenster, 77; Der Lichthof, 78; High Noon (mit Gernot Wolfgruber), 78. – *Lyrik:* Merkheft, 71; Action Sauberkeit, 72. – *Essays:* was mir beim wort literatur einfällt und was ich selbst schreiben möchte, 73. – *Fernsehen, Filme:* Kottan ermittelt, 76–83 (mehrere Folgen); Kassbach – Ein Porträt, 78; Osterfahrt, 78; Match, 78; Gedankenketten, 79; Santa Lucia, 79; Schwitzkasten, 80; Jetzt oder nie, 80; Die Adoption, 80; Den Tüchtigen gehört die Welt, o. J.

Zernatto, Guido, *21.6.1903 Treffen (Kärnten), †8.2.1943 New York.
Studierte in Wien; Herausgeber der «Kärntner Monatshefte» (1925/26), Redakteur, Vize-Präsident des Österreichi-

schen Bundesverlags; Politiker (Staatssekretär und Minister in der Regierung
Schuschnigg, Generalsekretär der Vaterländischen Front). 1938 Flucht; zuletzt
als Dozent in den USA tätig. – Der Lyriker Z. entnimmt die Motive seiner Gedichte der realistisch gesehenen, keineswegs verklärten bäuerlichen Lebenswelt,
wobei allerdings das Heimatlich-Boden-
ständige als schicksalshafte Ordnung positiv gesetzt wird. Deutlicher noch zeigt
sich diese Haltung in der Stadtfeindlich-
keit seines – gegenüber der Lyrik abfal-
lenden – Heimatromans *Sinnlose Stadt.*

W.: Roman: Sinnlose Stadt, 1934; Jagdgeschichten und Marterln, 88. – *Lyrik:* Gelobt sei
alle Kreatur, 30; Die Sonnenuhr, 33; Dieser
Wind der fremden Kontinente, 88. – *Essays:*
Die Wahrheit über Österreich, 38; Vom Wesen
der Nation, 66. – *Gesamtausgaben:* Gelobt sei
alle Kreatur. Gedichte, 50; Die Sonnenuhr, 51.
– *Sammelausgaben:* ... kündet laut die Zeit,
61; Milde Ampel, kühler Stern, 83. – *Herausgebertätigkeit:* Kärntner Monatshefte, Jg. 1,
25–26; Ich bin ein Österreicher! (mit J. Neu-
mair), 35.

Ziegler, Bernhard → Kurella, Alfred

Ziem, Jochen, *5. 4. 1932 Magdeburg.
Z. studierte Germanistik in Halle/Saale
und Leipzig, war Reporter und kam 1956
in die BRD. Hier arbeitete er vor allem
als Journalist (Chefredakteur der «DM»)
und später als freier Schriftsteller. Für
das Schauspiel *Die Einladung* erhielt er
1967 den Gerhart-Hauptmann-Förder-
preis. Schon hier und in anderen Stük-
ken, Hörspielen und Erzählungen, die
anfangs Intoleranz und Autoritätshörig-
keit in der Bundesrepublik und in der
DDR kritisieren, später soziale Kritik am
kleinbürgerlichen Opportunismus in der
Bundesrepublik üben (der Erzählband
Zahltage), werden Klischees und Konventionen so verarbeitet, daß sie oft als
Provokation wirken. Dies gilt vor allem
für die Szenenfolge *Nachrichten aus der
Provinz.* Die Schilderung von 20 Verhaltensweisen soll die Bundesrepublik als
geistige und seelische Provinz darstellen.
Mit dem Roman *Der Junge* versucht Z.
die Entwicklung eines Jungen in der
Nazi-Zeit nachzuvollziehen.

W.: Dramen: Die Einladung (in: Theater heute
7/76), 1967; Nachrichten aus der Provinz (in:
Theater heute 1/68), 68; Die Versöhnung (in:
Theater heute 6/71), 71. – *Prosa:* Zahltage, 68;
Die Klassefrau, 74; Frauen lernen leben. Berichte aus der Gruppen-Psychotherapie, 77 (mit
A. Westphal); Der Junge, 80; Boris, Kreuzberg, zwölf Jahre, 88. – *Filme, Fernsehen:* Die
Rückkehr, 69; Unternehmer, 71; Federlesen,
72; Männergeschichten – Frauengeschichten,
76; Ab mit dir ins Vaterland, 80; Linda, 80.

Zillich, Heinrich, *23. 5. 1898 Kronstadt
(Siebenbürgen), †22. 5. 1988 Starnberg.
Z. machte 1916 sein Abitur am Kronstäd-
ter Honterus-Gymnasium und nahm bis
1919 in der österreichischen Armee am
1. Weltkrieg teil. Nach der Abtretung
Siebenbürgens an Rumänien kämpfte er
1919 gegen Ungarn. 1920 begann er in
Berlin an der Handelshochschule und
dann an der Universität ein Studium der
Staatswissenschaften, das er 1923 mit der
Promotion und dem Examen als Diplom-
kaufmann beendete. Ab 1924 arbeitete
Z. als freier Schriftsteller in Siebenbürgen und im damaligen Reichsgebiet und
gründete die deutsche Kunst- und Literaturzeitschrift «Klingsor» in Kronstadt,
deren Herausgeber er bis 1939 – Z. zog
1936 nach Bayern – blieb. Seit 1938 lebt
er als freier Schriftsteller.
Siebenbürgen und seine Bewohner bestimmen das Werk Z.s. Meist in Novellen, aber auch in Romanen erzählt er –
ernst oder heiter – über ihre Geschichte
und ihr Leben (*Siebenbürgische Flausen*). Die südosteuropäischen Länder, in
denen oft mehrere Völker zusammenleben, und die daraus entstehenden Situationen und Komplikationen bilden den
Stoff für breitangelegte und detailreiche
Zeitromane (*Zwischen Grenzen und Zeiten*). 1932 und 34 bekam Z. den Erzählerpreis der Zeitschrift «die neue linie»,
1937 den volksdeutschen Schrifttumspreis Stuttgart und den Literaturpreis der
Stadt Berlin. Im selben Jahr verlieh ihm
die Universität Göttingen die Ehrendoktorwürde (Dr. phil.). 1953 erfolgte die
Auszeichnung mit dem Südostdeutschen
Literaturpreis, 1968 der Kulturpreis der
Siebenbürgener Sachsen und 1970 der
Mozartpreis der Goethe-Stiftung in Basel.

W.: *Romane, Erzählungen:* Attilas Ende, 1923; Wälder und Laternenschein, 23; Siebenbürgener Flausen, 25; Der Toddergerch, 30; Der Zigeuner, 31; Der Urlaub, 33; Sturz aus der Kindheit, 33; Die Reinerbachmühle, 35; Die gefangene Eiche, 35; Zwischen Grenzen und Zeiten, 36; Der baltische Graf, 37; Steinbürgische Jugend im Weltkrieg, 37; Der Weizenstrauß, 38; Flausen und Flunkereien, 40; Krippe-Lore und der Feuermann, 40; Die ewige Kompanie, 41; Die fröhliche Kelter, 43; Grünk oder das große Lachen, 49; Krippe-Lor und seine fröhlichen Spießgesellen, 50; Der Sprung im Ring, 53; Die große Glocke, 63; Weihnachtsgeschichten, 76. – *Lyrik:* Die Strömung, 24; Strömung und Erde, 29; Komme, was will, 35; Gabe an die Freunde, 48. – *Schriften:* Kronstadt, 25; Siebenbürgen und seine Wehrbauten, 41; Deutsche Künstler aus Rumänien, 42; Schicksalsweg der Siebenbürger Sachsen in Deutschland, 50; Siebenbürgen, ein abendländisches Schicksal, 57. – *Sammelausgaben:* Die Schicksalsstunde, 56; Sturm des Lebens, 56. – *Herausgebertätigkeit:* Das Flügelroß, 41; Wir Siebenbürger, 49; Bekenntnis zu Josef Weinheber, 50; Den Gefallenen, 52; Siebenbürgen, 55; Siebenbürgisch-sächsische Heimatfibel, 57; Netolicka, O.G.: Zeichnungen und Porträtplastik, 75.

Zimmering, Max (Pseud. Mix), *16.11.1909 Pirna, †15.9.1973 Dresden.

Z., Sohn eines Uhrmachers, war 1919–28 Mitglied der jüdischen Jugendbewegung, trat 1928 in den kommunistischen Jugendverband, 1929 in die KPD ein. Er wurde Mitglied im Bund proletarisch-revolutionärer Schriftsteller (BPRS). 1933 emigrierte er nach Frankreich, 1934 nach Palästina, 1935 in die Tschechoslowakei und 1939 nach Großbritannien. Hier wurde er 1940 auf der Isle of Man und in Australien interniert, auf Intervention des Internationalen PEN jedoch entlassen. 1941–46 lebte Z. in London, wo er die Monatsschrift des Freien Deutschen Kulturbundes herausgab. 1946 kehrte er nach Deutschland zurück und lebte in Dresden, bis 1952 als Kulturredakteur einer Zeitschrift, 1956–58 als Erster Sekretär des Schriftstellerverbandes. 1958–64 war er Direktor des Instituts für Literatur «Johannes R. Becher» in Leipzig. Seit 1964 arbeitete Z. als freier Schriftsteller. Er war Mitglied des PEN und erhielt zahlreiche Auszeichnungen, u.a. 1953 und 1958 den Heinrich-Mann-Preis, 1969 den Nationalpreis.

Z. veröffentlichte seit Ende der 20er Jahre Gedichte und Prosa in Arbeiterzeitungen. 1930 erhielt er den Lyrikerpreis der Zeitschrift «Die Linkskurve». In der Emigration in Großbritannien arbeitete er an Exilzeitschriften mit, in denen er vor allem mit Gedichten vertreten war. Auch in der DDR trat er als Lyriker hervor mit Gedichten, die Pathos und Agitation nicht scheuen, aber auch leise Töne beherrschen. Daneben schrieb er Romane und vor allem Kinderbücher, die für die Entwicklung dieses Genres in der DDR Bedeutung erlangten und in denen er immer wieder Themen aus der Geschichte der Arbeiterbewegung behandelte. Z. war auch als Übersetzer tätig.

W.: *Romane, Erzählungen, Prosa:* Brand im Warenhaus, 1932; Honba za botou, 36 (dt.u.d.T.: Die Jagd nach dem Stiefel, 53); Zalébená zemé, 37; Buttje Pieter und sein Held, 51; Phosphor und Flieder, 54; Die unfreiwillige Weltreise, 56; Spuk in der Ziegelstraße, 62; Rebellion in der Oberprima, 62; Li und die roten Bergsteiger, 68; Der gekreuzigte Grischa, 69; Deckname Adi, 73; Das war Ernst Thälmann, 80. – *Dramen:* Familie Blanchard, UA 42 (Bühnenms.). – *Lyrik, Kantaten:* Gedichte eines Internierten, 42; Und sie bewegt sich doch!, 43; Der Keim des Neuen, 44; Ernst-Thälmann-Kantate, 49; Und fürchte nicht den Tag, 50; Dresdner Kantate, 51; Friedens- und Kampflieder für die FDJ, 51; Im herben Morgenwind, 53 (erw. 56); Seht wie uns die Sonne lacht!, 55; Es ruft der Tag, 58; Lied von der Erkennbarkeit der Welt, 59; Greif zu den Sternen, Kind der Zeit, 59; Ein Lied für die Partei, 61; Kleine Freundschaftskantate, 62; Wegstrecken, 66; Die der Erde Antlitz prägen, 66; Das Maß der Zeit, 69. – *Essays, theoretische Schriften, Biographien, Reportagen:* So ist Palästina, 35; Das Jahr 1848 und seine Dichter, 46; Widerstandsgruppe «Vereinigte Kletterabteilungen», 48; Tschechoslowakische Reise, 50; Martin Andersen-Nexö, 52; Begegnung mit Majakowski, 55; Land der Morgenfrische, 55; Dresdner Tagebuch, 60; Porträt eines Arbeiters, 71. – *Übersetzungen:* Broniewski, W.: Hoffnung, 53; Bush, N. und A.: Wat Tyler, 63 (mit E. Brockmann-Neubauer). – *Hör- und Fernsehspiele:* Buttje Pieter und sein Held, o.J.; Die Jagd nach dem Stiefel, o.J. – *Herausgebertätigkeit:* Kuba: Wort auf Wort wächst das Lied. Gedichte 1946–67, 70. – *Sammel- und Werkausgaben:* Im Antlitz der Zeit. Gedichte

1930–46, 48; Lied von Finsternis und Licht.
Gedichte und Nachdichtungen 1928–1973, 86.
– *Schallplatten (mit Liedern u. Kantaten von
M. Z.):* Als vorbei die dunklen Jahre, o. J.;
Helsinki-Walzer, 62; Höher, schneller, weiter!,
66; Laß uns zusammengehen, 67; Lob des Lebens, 67; Die Amsel singt, 67; Lied von der roten Fahne, 67; Kampfgruppenlied, 69; Jeder
strebe nach dem Lorbeer, 69; Jung sein heißt
nach Wegen suchen, 70; Es beginnt erst der
Mensch, 70; Trommellied, 71; Laßt euch grüßen, Pioniere, 71.

Zinner, Hedda (eig. Hedwig, Pseud.
Elisabeth Frank, Hannchen Lobesam),
*20. 5. 1907 Wien.
Aus großbürgerlichem Hause stammend
kommt Z. nach Studium an der Wiener
Schauspielakademie und Engagements
in Stuttgart, Baden-Baden, Breslau und
Zwickau über die auf Anraten von Ludwig Renn begonnene Korrespondenz mit
einem klassenbewußten politischen Gefangenen zum Marxismus. 1929 wird sie
Mitglied der KPD, arbeitet als Reporterin und beginnt, Gedichte und Songs zu
schreiben, die sie – nach dem Vorbild
Erich Weinerts – bei Kundgebungen vor-
trägt. 1933 emigriert Z. über Wien nach
Prag, wo sie das politisch-satirische Kabarett «Studio 1934» aufbaut. Zusammen mit ihrem Mann Fritz Erpenbeck
übersiedelt sie 1935 in die Sowjetunion.
Von 1941–45 arbeitet sie als Hörspielautorin und Kommentatorin für den
Deutschen Volkssender Moskau und Radio Moskau. Ihr literarisches Schaffen
seit ihrer Rückkehr nach Berlin im Juni
1945 ist durch Bühnentexte gekennzeichnet, die in Anlehnung an die Dramaturgie Friedrich Wolfs Aspekte des antifaschistischen Widerstandes thematisieren: *Caféhaus Payer* gestaltet die Konflikte einer bürgerlichen Wiener Familie
bei der Annexion Österreichs; *Der Teu-
felskreis* behandelt Dimitroffs Kampf im
Reichstagsbrand-Prozeß; *General Landt*
entstand als Gegenstück zu Zuckmayers
Des Teufels General und prangert die
Mitschuld der deutschen Generalität an
den Verbrechen des Hitlerregimes an.
Die Vorzüge dieser wie der aktuellen
Stücke (z. B. *Auf jeden Fall verdächtig*,
das die Protestbewegung westdeutscher
Wissenschaftler gegen einen Atomkrieg

behandelt) liegen weniger im formalen
als im thematischen Bereich. – Zahlreiche Auszeichnungen, u. a. 1954 Nationalpreis, 1960 Lessing-, 1973 Feuchtwanger-
Preis.

W.: Lyrik: Unter den Dächern, 1936; Das ist
geschehen, 39 (in Dtld. u. d. T.: Geschehen,
50); Volkslieder und Volksdichtungen. Nachdichtungen, 39; Freie Völker – freie Lieder.
Nachdichtungen, 39; Fern und Nah, 47. – *Dramen:* Caféhaus Payer, 45; Spiel ins Leben, 51;
Der Mann mit dem Vogel, 52; Der Teufels-
kreis, 53; Lützower, 55; General Landt, 57;
Das Urteil, 58; Auf jeden Fall verdächtig, 59;
Was wäre, wenn?, 59; Plautus im Nonnenklo-
ster, 59; Leistungskontrolle, 60; Ravensbrük-
ker Ballade, 61; Ein Amerikaner in Berlin, 63.
– *Romane, Erzählungen:* Alltag eines nicht alltäglichen Landes, 50; Nur eine Frau, 54; Wenn
die Liebe stirbt, 65; Ahnen und Erben. Bd 1:
Regina, 68; Bd 2: Die Schwestern, 70; Bd 3:
Fini, 73; Elisabeth Trowe, 69; Katja, 80; Die Lösung, 81; Arrangement mit dem Tod, 84. – *Kinderbuch:* Wir fahren nach Moskau, 53. – *Übersetzungen:* S. Maršak: Mister Twister, 50; M.
Svétlov: Das goldene Tal, 50. – *Autobiographisches:* Auf dem roten Teppich. Erfahrungen,
Gedanken, Impressionen, 78; Selbstbefra-
gung, 89. – *Sammel- und Werkausgaben:* Stükke, 73; Erzählungen, 75; Glas und Spiegeln,
85; Ausgewählte Werke in Einzelausgaben, Bd
1 ff., o. J.

Zoderer, Joseph (Pseud. Valentin
Tichtl), *25. 11. 1935 Meran.
Z. verbrachte seine Jugend in Graz und
Meran, studierte Rechtswissenschaft,
Philosophie, Theaterwissenschaft und
Psychologie in Wien. Daneben arbeitete
er einige Jahre als Journalist. 1970 unternahm er eine Reise durch Kanada, die
USA und Mexiko und arbeitete 1971–78
als Redakteur im Studio Bozen des italienischen Rundfunks (RAI). Seit 1981 ist
er freier Schriftsteller. Z. war 1981/82
Mitglied der Südtiroler Autorenvereinigung, seither der Grazer Autorenversammlung. Er erhielt mehrere Förderpreise und Stipendien, so 1986 das New-
York-Stipendium des Deutschen Literaturfonds und den Itas-Preis Trient, den
Franz-Theodor-Csokor-Preis 1987 und
den Fernsehpreis der Österr. Akademie
der Darstellenden Künste.
Seit Ende der 50er Jahre literarisch tätig,
veröffentlichte Z. 1974 eine Sammlung
von Dialektlyrik, die sich kritisch mit den

sozialen Verhältnissen in Südtirol auseinandersetzte. Z.s Romane sind thematisch ebenfalls in der Südtiroler Region angesiedelt.

W.: Romane, Erzählungen, Prosa: Das Glück beim Händewaschen, 76; Die Walsche, 82; Lontano, 84; An mein Kind – Briefe von Vätern, 84 (mit anderen); Sandra Morello: Bilder 1982–1984; J. Z.: Tagebuchtexte 1982–1984, 84; Dauerhaftes Morgenrot, 87. – *Lyrik:* Pappendeckelgedichte, 69; S'Maul auf der Erd oder Dreckknuideln kliabn, 74; Die elfte Häutung, 75. – *Film, Fernsehen:* Das Glück beim Händewaschen, 82; Die Walsche, o. J.

Zollinger, Albin, *24. 1. 1895 Zürich, †7. 11. 1941 ebd.

Z. verlebte die Kindheit z. T. in Argentinien, wurde später Lehrer im Kanton Zürich und war 1936/37 Redakteur der Monatszeitschrift «Die Zeit». – Z. trat zuerst mit lyrisch-märchenhafter Prosa und einem autobiographischen Roman (*Der halbe Mensch*) hervor und wandte sich dann einer formal traditionellen Natur- und Gedankenlyrik zu. Die späteren Prosawerke, sprachlich ausgewogen, haben z. T. pädagogische Tendenzen (*Die große Unruhe, Pfannenstiel, Bohnenblust oder Die Erzieher*) und subjektive Thematik: Probleme des Künstlers in politischer Zeit, der individualistische Mensch im Ringen mit bürgerlicher Lebensauffassung, wie sie sich etwa in der Ehe manifestiert.

W.: Romane, Erzählungen: Die Gärten des Königs, 1921; Die verlorene Krone, 22; Der halbe Mensch, 29; Die große Unruhe, 39; Pfannenstiel, 40; Der Fröschlacher Kuckuck, 41; Bohnenblust oder Die Erzieher, 42; Das Gewitter, 43; Das Labyrinth der Vergangenheit, 50; Kieselsteine, 54. – *Lyrik:* Gedichte, 33; Sternfrühe, 36; Stille des Herbstes, 39; Haus des Lebens, 39. – *Sammel- u. Werkausgaben:* Briefe an einen Freund, 55; Gesammelte Werke, 4 Bde, 61 f; Abenteuerlichkeit der Phantasie, 77; Gesammelte Werke, 7 Bde, 81–87; Stille des Wunders, 84; Briefe, 87.

Zopfi, Emil, *4. 1. 1943 Wald (Schweiz).

Z., Sohn eines Textilarbeiters, studierte nach einer Lehre als Fernmelde- und Elektronikmonteur in Winterthur Elektrotechnik. 1967–69 Wissenschaftlicher Mitarbeiter der ETH Zürich, arbeitete Z. 1969–79 als Programmierer und Inge-

nieur. In dieser Zeit begann er seine schriftstellerische Tätigkeit in einer Werkstatt schreibender Arbeiter. Seit 1981 lebt er als freier Schriftsteller. Z. erhielt 1978 die Ehrengabe der Schweizer Schillerstiftung, 1979 die des Kantons Zürich und 1984 den Schweizer Jugendbuchpreis. – Z. gehört zu den nicht sehr zahlreichen bekannteren Schweizer Autoren, die in ihren Werken den Bereich der Arbeit thematisieren, gerade auch unter den Bedingungen moderner Kommunikationssysteme. Der Zusammenbruch des unreflektierten Glaubens an den technischen Fortschritt, an die Allmacht des Computers steht im Mittelpunkt mehrerer Arbeiten. Die gesellschaftlichen Implikationen dieser Technologie werden mit am deutlichsten im Roman *Computer für tausendundeine Nacht*, in dem mit dem Iran ein ganzes Land zu einem Versuchsfeld industriellen Fortschritts gemacht werden soll. In *Mondmilchsteine* und *Lebensgefährlich verletzt* greift Z. privatere Themen auf, schildert mit autobiographischen Elementen eine Jugend auf dem Dorf, befreit sich schreibend vom Traume des Unfalltodes seiner Mutter.

W.: Romane, Erzählungen, Prosa, Kinderbücher: Jede Minute kostet 33 Franken, 1977 (u. d. T.: Jede Minute kostet..., 81); Susanna und die siebenhunderttausend Zwerge, 78; Mondmilchsteine, 79; Ralf und die Kobra, 79; Computer für tausendundeine Nacht, 80; Die große Wand, 81; Die fliegende Katze, 81; Cooperativa oder Das bessere Leben, 81; Musettina, mein Kätzchen, 81; Ein Wiesenfest für den Computerkäfer, 82; Suche nach dem andern, 82; Die Weltraumbasis beim Roten Haus, 83; Die Geschichte vom Stausee, 83; Lebensgefährlich verletzt, 84; Wand der Sila, 86; Der Computerdieb, 86; Egidio kehrt zurück, [2]87. – *Dramen, Hör- und Fernsehspiele (ungedruckt):* Biwaknacht (Hsp.), 78; Schach dem Computer (Hsp.), 81; E Begägnig (Hsp.), 82; Alma (Hsp.), 83. – *Essays:* Die elektronische Schiefertafel. Nachdenken über Computer, 88. – *Schallplatten, Kassetten:* Gschichte vo de Susann, 77.

Zorn, Fritz (eig. Fritz Angst), Geburtsdatum unbekannt, †2. 11. 1976 Comano.

«Ich stamme aus einer der allerbesten Familien des rechten Zürichseeufers, das man auch die Goldküste nennt.» Z. studierte nach seiner Gymnasialzeit in Zürich Germanistik, dann Romanistik. Nach der Promotion wurde er Lehrer in Zürich. Er starb 32jährig an Krebs. Sein einziges Buch wurde durch die Förderung von Adolf Muschg postum veröffentlicht.

Mars ist das Bekenntnisbuch eines Sterbenden; es will keine «Autobiographie» sein, es ist «nur die Geschichte und Entwicklung eines einzigen, wenn auch bis heute beherrschenden Aspektes meines Lebens, nämlich des Aspektes meiner Krankheit». – Der Roman wurde auch zur Vorlage szenischer Realisationen.

W.: Prosa: Mars, 1977.

Zornack, Annemarie, *12.3.1932 Aschersleben.

Z. lebt derzeit in Kiel, verheiratet mit dem Schriftsteller Hans-Jürgen Heise. Lyrikerin, die in experimentellen Formversuchen Alltagswahrnehmungen gestaltet; Auseinandersetzungen mit dem proletarisch-kleinbürgerlichen Herkunftsmilieu Mitteldeutschlands stehen immer wieder im Zentrum ihrer sehr subjektiven Blickweise. Ihre ersten fünf Gedichtbände sind in avantgardistischen Kleinverlagen erschienen. 1979 erhielt sie die Fördergabe der Friedrich-Hebbel-Stiftung.

W.: Lyrik: mobile, 1968; zwei sommer, 68; tagesanfänge, 72; der steinschläfer, 72; nichts weiter, 76; als das fernsehprogramm noch vor dem küchenfenster lief, 79; Treibanker werfen, 82; Die langbeinige Zikade, 85; Kusshand, 87; Zikadentreff – andalusische Motive (mit Hans-Jürgen Heise), 90. – *Prosa:* Die zwei Flüsse von Granada (mit H.-J. Heise), 76. – *Sammel- und Werkausgaben:* Stolperherz. Ausgewählte Gedichte, 1963–1988, 88.

Zschorsch, Gerald K., *1951 Eltersberg (DDR).

Nach der Liquidation des Prager Frühlings wurde Z. 1968 zu 18 Monaten Jugendhaft wegen «staatsfeindlicher Hetze» verurteilt; danach schloß er seine Schulausbildung mit dem Abitur ab und arbeitete bis 1972 am Theater. Im August desselben Jahres erfolgte eine weitere Anklage mit gleichem Vorwurf. Das Urteil, 5½ Jahre Zuchthaus, wurde auf vier

Jahre herabgesetzt, die Z. in verschiedenen Haftanstalten verbrachte. 1974 Aberkennung der Staatsbürgerschaft der DDR und Abschiebung in die BRD. – In kleinen Prosastücken, Liedern und vor allem in seinen Gedichten beschreibt Z. seine politischen und persönlichen Erfahrungen in der DDR, die Gefängnisaufenthalte, die deutsch-deutsche Frage zweier Staaten in einem Land, die Exilproblematik und seine Auseinandersetzung mit der bundesdeutschen Realität. Die realistischen, bildreichen Arbeiten der ersten Veröffentlichungen sind in dem Band *Glaubt bloß nicht, daß ich traurig bin* zusammengestellt und erweitert. – 1980 erhielt Z. den Rom-Preis der Villa Massimo.

W.: Lyrik, Texte: Glaubt bloß nicht, daß ich traurig bin, 1977 (erw. 81); Schattenstadt, 78; Der Duft der anderen Haut, 81; Klappmesser, 83; Stadthunde, 86; Sturmtruppen, 87; Gambit. Gedichte und Zeichnungen, 88; Spitznasen, 90. – *Essays:* Nirgendwo zu Hause. Eine Jugend in der DDR (in: Aus Politik und Zeitgeschichte, 10.6.78). – *Herausgebertätigkeit:* Antworten, 79.

Zuckmayer, Carl, *27.12.1896 Nackenheim (Rheinhessen), †18.1.1977 Visp (Schweiz).

Z. war Sohn eines Fabrikanten, kam 1900 nach Mainz, besuchte dort 1903–14 das Gymnasium, nahm 1914–18 als Freiwilliger am Weltkrieg teil, den er aber bald verabscheute, was auch aus ersten dichterischen Beiträgen zu Pfemferts antinationaler sozialistischer «Aktion» hervorgeht. Ab 1918 studierte er in Frankfurt und Heidelberg zunächst Jura und Nationalökonomie, vorübergehend Literatur- und Kunstgeschichte, auch Philosophie und Soziologie, dann Biologie. 1920 trat er, nach ersten lyrischen Versuchen, ohne Erfolg mit seinem ersten Drama *Kreuzweg* hervor, schlug sich in Berlin durch, unternahm 1922 eine Lapplandreise, war anschließend Dramaturg in Kiel, wurde aber nach einer Bearbeitung von Terenz' *Eunuch* (mit aktuellen Bezügen und zeitgenössischen Generalmasken) entlassen und ging ans Schauspielhaus München. 1924 wurde er gemeinsam mit Brecht Dramaturg an Reinhardts Deutschem Theater in Berlin. Sein erster großer Erfolg *Der fröhliche Weinberg* brachte ihm 1925 den Kleist-Preis ein. Nach seiner Entlassung lebte er als freier Schriftsteller in Salzburg und Berlin. 1929 erhielt er den Georg-Büchner-Preis. 1930 schrieb er das Drehbuch zu dem Film *Der blaue Engel* nach H. Manns Roman *Professor Unrat*. Sein öffentliches Auftreten gegen den Nationalsozialismus und seine jüdische Abstammung mütterlicherseits trugen ihm 1933 das Aufführungsverbot seiner Stücke ein. 1933–38 lebte er in Henndorf bei Salzburg, wo er bereits 1926 ein Haus gekauft hatte. Nach dem «Anschluß» Österreichs entzog er sich der Verhaftung durch die Flucht in die Schweiz. Von dort emigrierte er über Kuba in die USA, wo er als Drehbuchautor und Dozent an Piscators «Dramatic Workshop» in New York arbeitete und 1940–46 als Pächter der Backwoods-Farm in Barnard (Vermont) lebte. Seine Frau Alice Herdan erzählt davon in *Die Farm in den grünen Bergen*. 1946 kehrte er als Zivilbeauftragter der amerikanischen Regierung für Kulturfragen nach Deutschland zurück, lebte ab 1951 nochmals in den USA, erhielt 1952 den Goethe-Preis der Stadt Frankfurt und 1957 den Dr. phil. h. c. der Universität Bonn. 1958 siedelte er in die Schweiz über und lebte in Saas-Fee (Wallis), erhielt 1960 den Großen Österreichischen Staatspreis und 1967 den Orden Pour le mérite für Wissenschaft und Künste.

Nach ersten – erfolglosen – expressionistischen Dramen wurde Zuckmayer vor allem durch seine Volksstücke zu einem der erfolgreichsten Bühnenautoren neben und nach dem von ihm sehr geschätzten G. Hauptmann. Die meisten seiner Stücke und mehrere Erzählwerke erfreuten sich auch als Filme großer Beliebtheit. Neben gelungener Milieuschilderung und lebensnaher Dialogführung mit großer Begabung für Dialekte liegt das vor allem an der Charakterzeichnung seiner Figuren. Z. liebt die Gestaltung volkstümlicher Helden, nichtentfremdeter Kraftnaturen mit Herz, aus deren Perspektive sich auch Gesellschaftskritik und antimilitaristisches, humanes Enga-

gement und soziales Verantwortungsgefühl vermitteln lassen. Der Optimismus seiner Gestaltungsweise beruht auf dem Vertrauen in die ständige Erneuerung und Unverwüstlichkeit des Lebens. Das Volksstück *Der fröhliche Weinberg*, zweimal verfilmt (1927 und 1953), gestaltet ein Stück Alltagswirklichkeit aus Z.s rheinhessischer Heimat mit der von nun an für ihn typischen Treffsicherheit in Milieu- und Figurenzeichnung. Auch der 1958 verfilmte *Schinderhannes* hat Volksstückcharakter und führt in jene Gegend um Mainz. Z. verherrlicht den legendär gewordenen Räuberhauptmann Johann Bückler als anarchistische Kraftnatur, die außerhalb der Legalität die Interessen des Volkes vertritt, und artikuliert eine deutliche antibourgeoise Gesellschaftskritik. Ein ausgeprägtes Volksstück ist auch das «Seiltänzerstück» *Katharina Knie*, das, ebenfalls in der rheinischen Gegend, zur Inflationszeit spielt, die wirtschaftlichen Schwierigkeiten eines kleinen Zirkus zeigt und das Beispiel des Artistenkindes Katharina, die Liebe und Hof wieder aufgibt und zum Zirkus zurückkehrt, um ihn nach dem Tod des Vaters weiterzuführen, zum Gleichnis von Kunst und Künstlertum erhebt. Das bis heute erfolgreichste und ausgeformteste Volksstück Z.s ist das 1932 und 1955 verfilmte «deutsche Märchen» *Der Hauptmann von Köpenick* um die authentische Geschichte des Schusters und entlassenen Zuchthäuslers Wilhelm Voigt aus Wilhelminischer Zeit, dem Paß, Arbeit und damit Lebensmöglichkeit als Untertan behördlicherseits versagt werden, dem in einer Hauptmannsuniform aber alle, auch die zivile Behörde, Respekt und Gehorsam erweisen. Kurz vor der faschistischen Machtergreifung werden in dieser pointiert und bühnenwirksam aufgebauten Satire (an deren Konzeption Fritz Kortner wesentlichen Anteil hatte) Militarismus, Bürokratie und Untertanengeist ad absurdum geführt. *Des Teufels General*, 1942 entstanden, 1955 verfilmt, versucht, das Problem des Widerstands im Krieg in Form einer individuellen Tragödie zu gestalten. Die Gestalt des draufgängerischen Fliegers Harras, einer Udet nachgebildeten Figur, der Gegner der Nazis und zugleich Hitlers General ist, gerät zum echt Z.schen volkstümlichen Helden. Das Stück wurde in der Nachkriegszeit leidenschaftlich diskutiert. Bewundernswert bleibt die präzise Zeichnung des Milieus und der Stimmung und Mentalität der Personen durch den von Berlin weit entfernt im Exil lebenden Autor. Ebenfalls von Widerstand und Verrat handelt *Der Gesang im Feuerofen.* Das Schicksal französischer Widerstandskämpfer, die sich zur Weihnachtsfeier treffen, an die Deutschen verraten werden und in dem von der SS in Brand gesteckten Schloß singend umkommen, wird symbolisch überhöht. *Das kalte Licht* behandelt am Beispiel eines Atomspionagefalls die Stellung des Wissenschaftlers zwischen zweckfreier Forschung und den politischen Konsequenzen seiner Wissenschaft.

Als Prosaist steht Z. in der Tradition des realistischen Erzählens. Auch in seinen meist gut gebauten (im Plot mitunter überkonstruiert wirkenden) Geschichten und Romanen liebt er volkstümliche Helden, lebenspralle, stimmungsvolle Szenen, aufregende Begebenheiten, charakteristische und spannende Konstellationen, Liebe und Lebenslust. Seine Autobiographie *Als wär's ein Stück von mir* berichtet von den großen Begegnungen und Stationen seines Lebens, seinen Freundschaften mit Schriftstellern und Theaterleuten wie Hauptmann, Brecht, Frisch, den kulturellen Ereignissen und politischen Erfahrungen eines halben Jahrhunderts, mit «aller Unversöhnlichkeit» gegen die «Peiniger und Henker» des Volkes.

W.: *Romane, Erzählungen:* Krimwein, 1918; Geschichte von einer Geburt, 22; Die Geschichte von einer Entenjagd, 23; Die Geschichte eines Bauern aus dem Taunus, 25; Die Geschichte vom Tümpel, 26; Weihnachtsgeschichte, 31; Die Affenhochzeit, 32; Eine Liebesgeschichte, 33 (verfilmt 54); Salwàre oder Die Magdalena von Bozen, 36; Ein Sommer in Österreich, 37 (verfilmt unter dem Titel: Frauensee); Herr über Leben und Tod, 38 (auch verfilmt); Das Herz der Könige, 40; Der Seelenbräu, 45 (auch verfilmt); Die wandernden Hütten, 48; Nach dem Sturm, 49; Engele von Loewen, 52 (verfilmt unter dem Titel: Ein Mädchen aus Flandern, 55); Die Fastnachts-

beichte, 59 (verfilmt 60); Auf einem Weg im Frühling. Wiedersehen mit einer Stadt (Salzburg, entstanden 35), 70; Rembrandt. Ein Film, 81. – *Dramen:* Kreuzweg, 21; Pankraz erwacht oder Die Hinterwäldler, 25; Der fröhliche Weinberg, 25; Schinderhannes, 27; Katharina Knie, 28; Kakadu – Kakadu, 29; Der Hauptmann von Köpenick, 31; Der Schelm von Bergen, 34; Bellmann, 38 (unter dem Titel: Ulla Winblad oder Musik und Leben des Carl Michael Bellmann, 53, auch als Hörspiel); Des Teufels General, 46; Barbara Blomberg, 49; Der Gesang im Feuerofen, 49; Herbert Engelmann von Gerhart Hauptmann, vollendet 51; Das kalte Licht, 55; Die Uhr schlägt eins, 61 (auch als Hörspiel); Kranichtanz. Ein Akt, 64; Das Leben des Horace A. W. Tabor, 64; Der Rattenfänger, 75. – *Lyrik:* Der Baum, 26; Gedichte 1916–1948, 48; Mainzer Umzug (Kantate, Musik von P. Hindemith), 62. – *Essays, Autobiographisches, Reden:* Pro Domo, 38; Second Wind, 40 (dt. Innere Emigration, mit O. Paetel und D. Thompson, 46); Carlo Mierendorff. Porträt eines deutschen Sozialisten, 47; Die Brüder Grimm, 48; Die langen Wege. Ein Stück Rechenschaft, 52; 50 Jahre Düsseldorfer Schauspielhaus, 55; Ein Blick auf den Rhein, 58; Ein Weg zu Schiller, 59; Mainz, Gesicht einer Stadt, 62; Ein voller Erdentag. Gerhart Hauptmann, Werk und Gestalt, 62; Der Büchner-Preis, 63; Als wär's ein Stück von mir, 66; C. Z./K. Barth: Späte Freundschaft in Briefen, o. J.; Henndorfer Pastorale, 74; Ein voller Erdentag – Schiller – Brüder Grimm – Hauptmann, 85. – *Übersetzungen, Bearbeitungen:* Rivalen (What price glory von Anderson und Stallings), 29; Kat (Hemingway. A Farewell to Arms), 32 (mit H. Hilpert); Vasantasena, 33 (mit L. Berger); Die Unvergleichliche bzw. So war Mama (mit J. v. Druten), 47. – *Sammel- und Werkausgaben:* Die deutschen Dramen, 47; Gesammelte Werke, 4 Bde, 47–52; Gesammelte Werke, 4 Bde, 60; Geschichten aus 40 Jahren, 63; Engele von Loewen und andere Erzählungen, 64; Meisterdramen, 66; Dramen, 67; Meistererzählungen, 67; Aufruf zum Leben, 77; Gedichte, 77; Einmal, wenn alles vorüber ist. Briefe an Kurt Grell, Gedichte, Dramen, Prosa 1914–1920, 81; Austreibung 1934–1939, o. J.; Sitting Bull, 84; Lob der Spatzen, 88; Die Affenhochzeit, 88; Erzählungen, 89. – *Schallplatten, Kassetten:* C. Z., ca. 86.

Zürn, Unica, *6. 7. 1916 Berlin, † 19. 10. 1970 Paris (Freitod).
Z. wuchs in Berlin auf, arbeitete als Archivarin und Dramaturgin bei der Ufa. 1942 Heirat. Nach ihrer Scheidung (1949) verdiente sie sich mit Hörspiel-

Märchen und Kurzgeschichten den Lebensunterhalt. 1953 lernte sie den surrealistischen Künstler Hans Bellmer kennen und zog zu ihm nach Paris, wo sie mit Unterbrechungen bis zu ihrem Freitod lebte.

Durch Bellmer lernte Z. das Anagramm-Dichten, das eine große Faszination auf sie ausübte. Ihre erste Veröffentlichung ist eine Sammlung von Anagrammen und Zeichnungen. Auch in ihre Prosatexte sind Anagramme verwoben, so in einen ihrer zentralen Texte, *Der Mann im Jasmin*, 1962–65 geschrieben, erst 1977 publiziert. In dem Text werden Passagen und Motive aus früheren Werken verbunden mit Eindrücken aus Klinikaufenthalten, Kindheitserinnerungen, Träumen und Visionen. – Eines der immer wieder variierten Motive ist die ‹Liebe in der Distanz›, die körperlose Liebe als Schutz gegen die Enttäuschung der Sehnsucht, wie sie z. B. das Mädchen in *Dunkler Frühling* erlebt. Diese Erzählung mit autobiographischen Zügen kann als beispielhaft für die psychosexuelle Genese eines Mädchens gelesen werden. In ihren Texten reflektierte Z. ihre Schwierigkeiten als Frau und Autorin. Z.s Schreiben und Zeichnen war stark geprägt von ‹Krisen›. Für sie war eine Trennung von Leben und Schreiben nicht möglich. Sie lebte in ihren Imaginationen, denen sie in einer eigenwilligen «mystischen» Schreibweise Ausdruck verlieh. Z.s Zeichnungen und Bilder wurden zu ihren Lebzeiten in Einzel- und Sammelausstellungen gezeigt und fanden mehr Beachtung als ihre formal und inhaltlich schwer zugänglichen Texte. Erst nach ihrem Tod, im Rahmen der Wiederentdeckung des Surrealismus und des wachsenden Interesses an Frauenliteratur, wurden einige ihrer Texte publiziert.

W.: Prosa: Hexentexte, 1954; Dunkler Frühling, 69; Der Mann im Jasmin, 77; Im Staub dieses Lebens, 80; Das Haus der Krankheiten, 86 (Faks. franz. 70); Orakel und Spektakel. Zeichenheft, 90. – *Sammel- u. Werkausgaben:* Das Weiße mit dem roten Punkt, 81; Der Mann im Jasmin, Dunkler Frühling, 82; Gesamtausgabe in 5 Bdn, 88–90.

Zweig, Arnold, *10.11.1887 Glogau (Polen), †26.11.1968 Berlin.

Nach einem antisemitischen Boykott mußte die Familie Z. 1896 nach Kattowitz übersiedeln. Z. studierte 1907–15 Germanistik, Geschichte, Anglistik, Romanistik, Philosophie, Kunstgeschichte und Nationalökonomie in verschiedenen Städten. Im 1. Weltkrieg war Z. Soldat; er gehörte 1918 einem Soldatenrat an; 1923 wurde Z. Redakteur der «Jüdischen Rundschau», 1926 Mitglied des PEN-Clubs und 1929 Vorsitzender des Schutzverbandes deutscher Schriftsteller. Büchner-Preis 1929. 1933 mußte Z. emigrieren; er siedelte nach verschiedenen Zwischenstationen nach Palästina über, wo er bis 1948 blieb. Neben seiner Mitarbeit an verschiedenen Exilzeitschriften war er dort, durch Reisen nach Europa und in die USA unterbrochen, als Schriftsteller und Mitherausgeber der Zeitschrift «Orient» tätig. Nach seiner Rückkehr war er 1950–53 Präsident der Akademie der Künste der DDR, Abgeordneter der Volkskammer (1949–67) und Präsident des PEN-Zentrums der DDR. 1951 Nationalpreis. – Unter dem philosophischen Einfluß Nietzsches, des Neukantianismus, der Lebensphilosophie, vornehmlich aber der Theorien Freuds, zu dem er eine enge persönliche Beziehung hatte, stehend, begann Z. seine schriftstellerische Tätigkeit. Der Einfluß Freuds erhielt sich auch dann ungebrochen, als Z. im Exil ein intensives Studium des Marxismus aufnahm. Sein frühes, psychologisch vertieftes Erzählwerk, aus dem die *Novellen um Claudia* hervorragen, wies zunächst noch deutlich konservative Tendenzen auf (*Die Bestie*). Seit der Mitte der 20er Jahre begann Z. in seinem epischen Werk mit dem sich zum Roman-Zyklus weitenden *Großen Krieg der weißen Männer* eine ausführliche Analyse preußisch-militaristischer Traditionen.

Im Verlaufe dieser Arbeit, die von dem *Streit um den Sergeanten Grischa*, einer Auseinandersetzung mit dem Schicksal eines russischen Kriegsgefangenen, ausging, verfolgte Z. den Weg seines Helden Bertin von der Vorgeschichte des 1. Weltkriegs (*Die Zeit ist reif*) bis hin zum einschneidenden Fronterlebnis (*Erziehung vor Verdun*), um ihn schließlich, in der Konfrontation mit den Vorgängen an der Ostfront (*Einsetzung eines Königs, Die Feuerpause*) der weltanschaulichen Wandlung näher zu bringen. In dem Roman *Junge Frau von 1914* steht die Verlobte und spätere Frau Bertins im Mittelpunkt, die sich zur Kriegsgegnerin entwickelt. In den Romanen, deren distanziert-heitere Erzählweise in der Tradition Thomas Manns und Fontanes steht, finden alle Schichten der Bevölkerung ihren Platz, so daß ein differenziertes Gesellschaftspanorama entsteht. Z.s zuerst im Exil veröffentlichter Roman *Das Beil von Wandsbek* gehört zu den ersten Analysen des Mitläufertums in der Zeit des Faschismus. In seiner umfänglichen Essayistik hat sich Z. u. a. mehrfach mit dem Problem des Judentums befaßt. Der Pazifismus der Frühzeit weicht, bedingt durch die Erfahrungen des Exils und der Nachkriegszeit, einer zunehmenden Distanz gegenüber der zionistischen Ideologie.

W.: Romane, Erzählungen, Prosa: Aufzeichnungen über eine Familie Klopfer. Das Kind, 1911 (u. d. T.: Familie Klopfer, 52); Die Novellen um Claudia, 12; Die Bestie, 14 (Neufsg u. d. T.: Westlandsaga, 52); Geschichtenbuch, 16; Bennarone, 18 (Repr. 73); Drei Erzählungen, 20; Gerufene Schatten, 23; Söhne. Das zweite Geschichtenbuch, 23; Frühe Fährten, 25; Regenbogen, 25; Der Spiegel des großen Kaisers, 26 (erw. 51); Der Streit um den Sergeanten Grischa, 27; Pont und Anna, 28; Alter Mann am Stock, um 28 (als Manuskript gedr.); Junge Frau von 1914, 31; Knaben und Männer, 31; Mädchen und Frauen, 31; De Vriendt kehrt heim, 32; Spielzeug der Zeit, 33; Erziehung vor Verdun, 35; Einsetzung eines Königs, 37; Versunkene Tage. Roman aus dem Jahre 1908, 38 (u. d. T.: Verklungene Tage, 50), Ein starker Esser, 47 [= Ausz. aus dem unveröffentl. Roman «Das Eis bricht»]; Haqardom sel Wandsbeq, 43 (veränd. dt.: Das Beil von Wandsbek, 47; veränd. 53); Allerleirauh. Geschichten aus dem gestrigen Zeitalter, 49; Stufen, 49; Über den Nebeln, 49 [vielm. 50]; Die Feuerpause, 54; Die Zeit ist reif, um 59; Symphonie fantastique, 63; Was der Mensch braucht, 70; Traum ist teuer, 85. – *Dramen:* Abigail und Nabal, 13 (bearb. 20); Ritualmord in Ungarn, 14 (veränd. u. d. T.: Die Sendung Semaels, 18); Die Umkehr des Abtrünnigen, 25 (veränd. Fsg 27); Laubheu und keine Bleibe, 30 (Bühnenms.); Die Aufrichtung der Menorah. Entwurf einer Pantomime, 30 (Privatdr.); Das Spiel vom Sergeanten Grischa, 49 (Bühnenms.; 2. Fsg 57 [Bühnenms.]); Bonaparte in Jaffa, 49 (Bühnenms.; überarb. 54 [Bühnenms.]); Soldatenspiele. 3 dramatische Historien, 56. – *Lyrik:* Entrückung und Aufruhr, 20; Fünf Romanzen, 58. – *Essays, theoretische Schriften:* Grabrede auf Spartakus, 19 (in: Weltbühne 4/19); Das ostjüdische Antlitz, 20; Lessing. Büchner. Kleist. Drei Versuche, 25; Das neue Kanaan, 25; Juden auf der deutschen Bühne, 27; Caliban oder Politik und Leidenschaft, 27; Herkunft und Zukunft, 29; Die Aufgabe des deutschen Judentums [mit L. Feuchtwanger], 33; Bilanz der deutschen Judenheit 1933, 34; Warner und Künder, 47; Der Typus Hitler, 47; Früchtekorb, jüngste Ernte, 56; Baruch Spinoza, 62. – *Briefe:* S. Freud – A. Z.: Briefwechsel, 68; Der Briefwechsel zwischen L. Fürnberg und A. Z. Dokumente einer Freundschaft, 78; L. Feuchtwanger – A. Z.: Briefwechsel 1933 bis 1958, 2 Bde, 84. – *Sammel- und Werkausgaben:* Sonderschrift A. Z. [hg. vom dt. Kriegsgefangenenlager 307/380 Nahost, Fanara, Ägypten], 47; Sinn und Form. Sonderheft A. Z., 52 [zahlr. Erstdrucke]; Der Elfenbeinfächer, 52; A. Z. Dichter und Streiter für den Frieden zu seinem 70. Geburtstag, 57; Ausgewählte Werke in Einzelausgaben, 16 Bde, 57–67; Zwölf Novellen, 62; A. Z., 62 (als Manuskript gedr.); Über Schriftsteller, 67; Furchen der Zeit. Ausgewählte Geschichten, 72; Rasskazy [dt.: Erzählungen], 72 [Text dt.]; A. Z. 1887–1968. Werk und Leben in Dokumenten und Bildern; mit unveröffentl. Manuskripten und Briefen aus dem Nachlaß, 78; Essays, 2 Bde, 87; Novellen, 2 Bde, 87; Die Umkehr, 87. – *Herausgebertätigkeit:* Die Gäste, 6 Hefte, 09; G. Büchner: Sämtliche poetische Werke, 23; H. v. Kleist: Sämtliche Werke, 4 Bde, 23; G. E. Lessing: Gesammelte Werke, 23; O. Wilde: Werke, 2 Bde, 30; Goethe in neuer Dichtung, 32; The living thoughts of Spinoza, 39 (dass. span. und niederl. 39, franz. 40, portug. und dän. 41, schwed. 49); Orient. Unabhängige Wochenschrift unter Mitarb. von A. Z. und W. Yourgrau, Jg 3, 1–38, Jg 4, 1–6/8 (mehr nicht ersch.), 42–43 (Repr. 82); Engpass zur Freiheit. Aufzeichnungen der Frau Hilde Hupperts über ihre Erlebnisse im Nazitodesland und ihre wundersame Errettung aus Bergen-Belsen. Manuskriptbearb. A. Z., 47 (u. d. T.: Fahrt zum Acheron, 51). – *Schallplatten u. ä.:* Der englische Garten: Sonette I, III, IV, VII, 67.

Zweig, Stefan, *28. 11. 1881, Wien, †23. 2. 1942 Petropolis bei Rio de Janeiro (Freitod).

Z., aus großbürgerlich-jüdischer Familie, studierte in Wien und Berlin Romanistik, Philosophie und Germanistik; schon vor 1914 bereiste er viele europäische und außereuropäische Länder. Im Weltkrieg war er zunächst im Kriegsarchiv tätig, dann in offiziöser Friedensmission in der Schweiz. Seit 1919 lebte er in Salzburg. Nach der österreichischen Februarrevolte von 1934 emigrierte er zunächst nach England, dann nach Brasilien, wo er und seine zweite Frau Lotte sich nach dem Fall von Singapur das Leben nahmen.

Z. kam aus dem Umkreis des Wiener Impressionismus, zeigte aber besonders in seiner Lyrik auch symbolistische Züge. In seinen Novellen setzte er sich, wie auch in seinem einzigen Roman *Ungeduld des Herzens*, hauptsächlich mit psychisch-emotionalen Prozessen auseinander. Sein pazifistisches Drama *Jeremias* (Urauff. Zürich 1918) prägte seinen Ruf als humanistischen Europäer mit, wenngleich er es später in den 30er Jahren gegenüber dem Nationalsozialismus an Konsequenz etwas vermissen ließ. In vielen Essays, monographischen Skizzen und Biographien stellte Z. Gestalten der europäischen Geschichte und Kulturgeschichte dar; Zusammenhänge zu seiner eigenen Situation sind dabei – wie in *Erasmus von Rotterdam* – kaum zu verkennen. *Die Welt von Gestern* – so der Titel seiner Autobiographie – beschwor Z. noch einmal knapp vor seinem Freitod: Trotz seiner teilweise verklärenden Tendenz ist dieses Buch ein interessantes kulturgeschichtliches Dokument.

W.: Roman, Erzählungen: Die Liebe der Erika Ewald, 1904; Erstes Erlebnis, Geschichten aus dem Kinderland, 11; Angst. Novelle, 20; Der Zwang. Eine Novelle, 20; Amok. Novellen einer Leidenschaft, 22; Die Augen des ewigen Bruders. Eine Legende, 22; Der Kampf mit dem Dämon, 25; Verwirrung der Gefühle, 27; Rahel rechtet mit Gott, 30; Die unsichtbare Sammlung, 33; Der begrabene Leuchter, 37; Ungeduld des Herzens. Roman, 39; Schachnovelle, 42; Legenden, 45; Fragment einer Novelle, 61; Im Schnee, 63; Der Turm zu Babel, 64; Frühlingsfahrt durch die Provence, 65; Vierundzwanzig Stunden aus dem Leben einer Frau, 69; Brennendes Geheimnis, 88; Phantastische Nacht, 89. – *Dramen:* Tersites. Trauerspiel in drei Aufzügen, 07; Das Haus am Meer, 12; Der verwandelte Komödiant. Ein Spiel aus dem deutschen Rokoko, 12; Jeremias. Eine dramatische Dichtung in 9 Bildern, 17; Legende eines Lebens. Ein Kammerspiel in drei Aufzügen, 19; Volpone. Eine lieblose Komödie in drei Akten, 25; Quiproquo (mit A. Lernet-Holenia), 28; Das Lamm des Armen, 29; Die schweigsame Frau. Komische Oper in drei Aufzügen frei nach Ben Jonson, 35. – *Lyrik:* Silberne Saiten, 01; Die frühen Kränze, 06; Die gesammelten Gedichte, 24. – *Essays, Skizzen, Biographien, Briefwechsel:* Emile Verhaeren, 10; Erinnerungen an Emile Verhaeren, 17; Das Herz Europas. Ein Besuch beim Genfer Roten Kreuz, 18; Fahrten, Landschaften und Städte, 19; Drei Meister: Balzac – Dickens – Dostojewski, 20; Marceline Desbordes-Valmore. Das Lebensbild einer Dichterin, 20; Romain Rolland. Der Mann und das Werk, 21; Frans Masereel. Der Mann und Bildner, 23; Episode am Genfer See (Der Flüchtling), 27; Abschied von Rilke, 27; Flüchtiger Spiegelblick, 27; Sternstunden der Menschheit, 27 (erw. 43); Drei Dichter ihres Lebens: Casanova – Stendhal – Tolstoi, 28; Joseph Fouché. Bildnis eines politischen Menschen, 29; Marie Antoinette. Bildnis eines mittleren Charakters, 32; Die Heilung durch den Geist: Franz Anton Mesmer – Mary Baker-Eddy – Sigmund Freud, 32; Triumph und Tragik des Erasmus von Rotterdam, 34; Maria Stuart, 35; Castellio gegen Calvin oder Ein Gewissen gegen die Gewalt, 36; Begegnungen mit Menschen, Büchern, Städten, 37; Arturo Toscanini. Ein Bildnis, 37; Magellan. Der Mann und seine Tat, 38; Worte am Grabe Sigmund Freuds, 39; Brasilien. Ein Land der Zukunft, 41; Zeit und Welt, 43; Die Welt von Gestern. Erinnerungen eines Europäers, 44 (engl. 43); Amerigo, die Geschichte eines historischen Irrtums, 44; Balzac. Der Roman seines Lebens, 46; Sternstunden der Menschheit, 49. – Briefwechsel: St. Z. – Friderike Maria Z. 1912–1942, 51; Richard Strauss – St. Z., Briefwechsel, 57; Unbekannte Briefe aus der Emigration an eine Freundin, 63; M. Gorki – St. Z., 71; Briefe an Freunde, 78; S. Z. / F. Zweig: Unrast der Liebe. Ihr Leben und ihre Zeit im Spiegel ihres Briefwechsels, 81; S. Z. / P. Zech: Briefe 1910–1942, 84; Rainer Maria Rilke und S. Z. in Briefen und Dokumenten, 87; Briefwechsel mit Hermann Bahr, Sigmund Freud, Rainer Maria Rilke und Arthur Schnitzler, 87; Rolland, Romain/S. Z.: Briefwechsel 1910–1940. 2 Bde, Berlin 87; Tagebücher, 88; Über Sigmund Freud. Porträt/Briefwechsel/Gedenkworte, 89. – *Herausgebertätigkeit:* Verlaine; Balzac; Rousseau u. a. – *Übersetzungen:* Charles Baudelaire: Gedichte in Vers und Prosa, 02; Emile Verhaeren: Ausgewählte Gedichte, 04; Archibald B. H. Russell: Die visionäre Kunstphilosophie des William Blake, 06; Emile Verhaeren: Drei Dramen: Helenas Heimkehr

– Philipp II. – Das Kloster, 10; ders.: Hymnen an das Leben, 11; ders.: Rembrandt, 12; ders.: Rubens, 13; Romain Rolland: Die hingerichteten Völker, 18; ders.: Die Zeit wird kommen, 19; André Suarès: Cressida, 20 (mit Erik Rieger); Madeline Marx: Weib. Roman, 20 (mit Friderike Z.); Charles Baudelaire: Die Blumen des Bösen, 21; Romain Rolland: Clerambault. Geschichte eines freien Gewissens im Kriege, 22; Henri Barbusse: Die Schutzflehenden. Der Roman einer Vorkriegsjugend, 32; Luigi Pirandello: Man weiß nicht wie, 35; Irwin Edman: Ein Schimmer Licht im Dunkel, 40 (mit Richard Friedenthal). – *Sammel- und Werkausgaben (Auswahl):* Gesammelte Erzählungen, 2 Bde, 36; Ausgewählte Novellen, 46; Phantastische Nacht, 54; Ausgewählte Werke, 2 Bde, 60; Die Dramen, 64; Novellen, 2 Bde, 66; Rausch der Verwandlung, 69; Die Monotonisierung der Welt, 76; Buchmendel, 76; Leporella, 77; Menschen und Schicksale, o. J.; Die Hochzeit von Lyon und andere Erzählungen, 80; Europäisches Erbe, 81; Jubiläumsausgabe, 10 Bde, 81; Das Geheimnis des künstlerischen Schaffens, 81; Das S. Z. Buch, 81; Erzählungen, 82; Gesammelte Werke in Einzelbänden, 82 f; Werke, 5 Bde, 83; Begegnungen mit Büchern, 83; Essays, 83; Stefan Zweig, 85; Brief einer Unbekannten / Die Hochzeit von Lyon / Der Amokläufer, 85; Die Mondscheingasse. Gesammelte Erzählungen, 89; Praterfrühling, 90. – *Schallplatten, Kassetten:* Ungeduld des Herzens, o. J. (2 Kass.).

Zwerenz, Gerhard (Pseud. Peter Lauenheim, Leslie Markwart, Peer Tarrok), *3. 6. 1925 Gablonz (Vogtland).

Z., von Beruf Kupferschmied, wurde 1943 Soldat und 1948, nach der Entlassung aus russischer Kriegsgefangenschaft, Volkspolizist in Zwickau. Von 1952 an studierte er bei Ernst Bloch in Leipzig Philosophie und gehörte mit seinen später verhafteten Freunden, dem Schriftsteller Erich Loest und dem Blochschüler Günter Zehm, der antistalinistischen Opposition um Wolfgang Harich an, weshalb er im Sommer 1957 gezwungen war, nach West-Berlin zu fliehen. – In seinen beiden ersten Romanen versuchte Z. den Aufstieg der neuen Klasse und den Volksaufstand vom 17. Juni 1953 aus der Sicht eines enttäuschten Kommunisten zu beschreiben. Überzeugender wirkten die Tagebuchaufzeichnungen 1957/60 *Ärgernisse* des DDR-Flüchtlings Z. im westdeutschen

Exil und die Sammlung von Parabeln und Satiren *Gesänge auf dem Markt*. Z.’ gelungenstes Buch ist der Erzählband *Heldengedenktag*. Der zeitkritische Schelmenroman um einen sächsischen Nachfahren von *Casanova*, der von der Pleiße an den Rhein wandert, will den «Typus des unangepaßten Menschen» in verschiedenen Gesellschaftssystemen zeigen. – Z.’ polemische Begabung kommt besonders in seiner essayistischen Prosa zum Ausdruck. 1974 Ernst-Reuter-Preis und 1986 Carl-von-Ossietzky-Preis Oldenburg (mit B. v. Brocke).

W.: *Romane:* Aufs Rad geflochten, 1959; Die Liebe der toten Männer, 59; Casanova oder Der kleine Herr in Krieg und Frieden, 66; Erbarmen mit den Männern, 68; Rasputin, 70 (unter Pseud. Peer Tarrok); Tantenliebe, 70 (Pseud. Peter Lauenheim); Die Zukunft der Männer, 70 (Pseud. Leslie Markwart); Die Erde ist unbewohnbar wie der Mond, 73; Die Quadriga des Mischa Wolf, 75; Das Großelternkind, 78; Die Ehe der Maria Braun, 79; Ein fröhliches Leben in der Wüste, 79; Der Mann und das Mädchen, 80; Eine Liebe in Schweden, 80; Der Mann, der seinen Bruder rächte, 81; Die Freiheit einer Frau, 81; Die lang verlorenen Gefühle, 81; Der chinesische Hund, 81; Abschied von den Mädchen, 82; Venus auf dem Vulkan, 82; Der Mann und die Wilde, 82; Auf den Tod ist kein Verlaß, 83; Der Bunker, 83; Reise unter die Haut, 84; Die Tierschutzlady, 84; Langsamer deutscher Walzer, 85; Küsse für den Kommissar, 86; Frisches Blut und alte Krieger, 86; Peepshow für den Kommissar, 86; Lord Billy. Der chinesische Hund (mit I. Zwerenz), 88. – *Autobiographisches:* Der Widerspruch, 74; G. Z. über G. Z., 78. – *Erzählungen:* Gesänge auf dem Markt, 62; Heldengedenktag, 64; Vom Nutzen des dicken Fells, 68; Nicht alles gefallen lassen, 72; Vorbereitungen zur Hochzeit, 75; Laßt Kinder ran!, 76; Die Geschäfte des Herrn Morgenstern, 80; Ungezogene Geschichten, 80; Schöne Geschichten 81; Wüste Geschichten, 81; Liebe im Januar [–Dezember], 12 Bde, 82–83; Schöne Niederlagen, 83; Lachen – Liebe – Laster, 84. – *Gedichte:* Galgenlieder vom Heute, 58; Die Venusharfe, 85. – *Dramen, Hörspiele:* Kupfer, 68; Vibrationen (Hsp.), 73; Briefwechsel mit einem Kollegen (Hsp.), 74; Des Teufels tiefe Löcher (Hsp.), 75; Antwort des toten Soldaten an seinen Herrn Hauptmann (Hsp.), 87; Trilogie der Schuldlosen (Hsp.), 3 Tle, 89. – *Tagebuch:* Ärgernisse, 61. – *Essays, sonstige Prosa:* Aristotelische und Brechtsche Dramatik, 56; Sternenglaube, Magie, Spiritismus, 57; Wider die deutschen Tabus, 62; Walter Ulbricht, 66;

Die Lust am Sozialismus, 69; Kopf und Bauch. Die Geschichte eines Arbeiters, der unter die Intellektuellen gefallen ist, 71; Bürgertum und Pornographie, 71; Hat es gelohnt, Genossen?, 72; Bericht aus dem Landesinnern, 72; Der plebejische Intellektuelle, 72; Kopf und Bauch, 75; Politische Schriften, 75; Die Westdeutschen, 77; Wozu das ganze Theater, 77; Wo Recht zu Unrecht wird, wird Widerstand zur Pflicht (mit K. Boehner u. a.), 78; Terrorismus und Demokratie, 78; Kurt Tucholsky, 79; Salut für einen alten Poeten, 80; Die 25. Stunde der Liebe, 81; Wir haben jetzt Ruhe in Deutschland, 81; Antwort an einen Friedensfreund, 82; Der langsame Tod des R. W. Faß-binder, 82; Der Sex-Knigge (mit I. Zwerenz), 83; Berührungen, 83; Ineinander – auseinander, 84; Die DDR wird Kaiserreich, 85; Die Rückkehr des toten Juden nach Deutschland, 86; Soldaten sind Mörder. Die Deutschen und der Krieg, 88; Vergiß die Träume deiner Jugend nicht. Eine autobiographische Deutschland-Saga, 89. – *Sammelausgaben:* Der politische Zwerenz, 75; Der erotische Zwerenz, 75; Die schrecklichen Folgen der Legende, ein Gesänge auf dem Markt, 78; Das Lachbuch, 85; Die schönsten Lachgeschichten, 85.

Zwiebel → Marchwitza, Hans

Bibliographie

Inhaltsübersicht

Allgemeine Bibliographien und Nachschlagewerke, Schriftstellerlexika

Ahnert, H.-J.: Deutsches Titelbuch 2. Ein Hilfsmittel zum Nachweis von Verfassern deutscher Literaturwerke 1915–1965. Berlin, 1966.

Albrecht, G. u. G. Dahlke (Hg.): Internationale Bibliographie zur Geschichte der deutschen Literatur von den Anfängen bis zur Gegenwart. 3 Teile in 4 Bänden. Berlin (DDR), 1969–77, München, 1970–77.

Arnold, H. L. (Hg.): Kritisches Lexikon zur deutschsprachigen Gegenwartsliteratur (KLG). München, 1978ff (Loseblattsammlung).

Arntzen, H.: Der Literaturbegriff. Münster, 1984.

Balzer, B. u. a.: Deutsche Literatur in Schlaglichtern. Mannheim u. a., 1990.

Berger, K. H. u. a.: Schauspielführer. 3 in 6 Bänden (Bd 2,1–2; 3,1). Berlin, 1975.

Berger, M. u. a. (Hg.): Kulturpolitisches Wörterbuch. Berlin (DDR), 2. erw. Aufl., 1978.

BI – Schriftsteller-Lexikon. Leipzig, 1988.

Bibliographia Judaica. Verzeichnis jüdischer Autoren deutscher Sprache. Bearbeitet von R. Heuer. Bd 1ff. Frankfurt/M., New York, 1982ff.

Billen, J., H. Koch (Hg.): Was will Literatur? Aufsätze, Manifeste und Stellungnahmen deutschsprachiger Schriftsteller zu Wirkungsabsichten und -möglichkeiten der Literatur. 2 Bde. Paderborn u. a. 1975–80.

Blinn, H.: Informationshandbuch Deutsche Literaturwissenschaft. Frankfurt/M., 2. Aufl., 1990.

Bode, I.: Die Autobiographien zur deutschen Literatur, Kunst und Musik 1900–1965. Stuttgart, 1966.

Boehncke, H. u. a. (Hg.): Jugendlexikon Literatur. Epochen Gattungen Grundbegriffe. Reinbek, 1989.

Bogdal, K.-M. (Hg.): Neue Literaturtheorien. Opladen, 1990.

Borchmeyer, D., V. Žmegač (Hg.): Die moderne Literatur in Grundbegriffen. Frankfurt/M., 1987.

Braak, I., M. Neubauer: Poetik in Stichworten. Unterägeri, 7. Aufl., 1990.

Brackert, H. u. J. Stückrath (Hg.): Literaturwissenschaft. Grundkurs. In Verbindung mit E. Lämmert. 2 Bde. Reinbek, 1981.

Brackert, H. u. E. Lämmert (Hg.): Funk-Kolleg Literatur. 2 Bde u. 2 Bde Reader. Frankfurt/M., 1976–78.

Brauneck, M. (Hg.): Weltliteratur im 20. Jahrhundert. Bde 1–4: Autoren. Bd 5: Essays, Daten, Bibliographie. Reinbek, 1981.

Corsten, S. u. a. (Hg.): Lexikon des gesamten Buchwesens. Bd 1ff. Stuttgart, 1985ff.

Cuddon, J. A.: A dictionary of literary terms. London (durchges. Aufl.), 1979.

Daemmrich, H. S. und I.: Themen und Motive in der Literatur. Ein Handbuch. Tübingen, 1987.

Denecke, L., T. Brandis: Die Nachlässe in den Bibliotheken der Bundesrepublik Deutschland. Boppard, 2. Aufl., 1981.

Deutsches Literatur-Lexikon. Begr. von W. Kosch. 3. völlig neu bearb. Aufl. hg. von B. Berger, H. Rupp u. a. (ab Bd 6: H. Rupp u. C. L. Lang). Bd 1ff. Bern, München, 1968ff.

Elfe, W. D., J. Hardin (Hg.): Contemporary German Fiction Writers. First-Second Series. Detroit, 1988.

Endres, E.: Autorenlexikon der deutschen Gegenwartsliteratur. 1945–1974. Frankfurt/M., 1975.

Eppelsheimer, H. W. (ab Bd 2: Köttelwesch, C.) (Hg.): Bibliographie der deutschen (ab Bd 9: Sprach- und) Literaturwissenschaft. Bd 1ff. Frankfurt/M., 1957ff.

Frenzel, H. A. u. E.: Daten deutscher Dichtung. 2Bde. München, 18. erw. Aufl., 1981.

Frenzel, E.: Motive der Weltliteratur. Stuttgart, 3. Aufl., 1988.

Frenzel, E.: Stoffe der Weltliteratur. Ein Lexikon dichtungsgeschichtlicher Längsschnitte. Stuttgart, 7. Aufl., 1988.

Frenzel, E.: Stoff-, Motiv- und Symbolforschung. Stuttgart, 4. erg. Aufl., 1978.

Friedrich, W.: Einführung in die Bibliographie zur deutschen Literaturwissenschaft. Halle, 1967.

Friedrich, W.-H. u. W. Killy (Hg.): Das Fischer Lexikon Literatur, 2 Bde in 3. Frankfurt, 1965.

Geier, M.: Methoden der Sprach- und Literaturwissenschaft. München, 1983.

Germanistik. Internationales Referatenorgan mit bibliographischen Hinweisen. Jg. 1ff. Tübingen, 1960ff.

Glaser, H.: Literatur des 20. Jahrhunderts in Motiven. 2 Bde. München 1978–79.

Gregor-Dellin, M. u. E. Endres (Hg.): P.E.N.-Schriftstellerlexikon Bundesrepublik Deutschland. München, 1982.

Grimm, G. E., F. R. Max (Hg.): Deutsche Dichter. Leben und Werk deutschsprachiger Autoren. Bd 6–8. Stuttgart, 1989–90.

Hage, Volker u. A. Fink [seit 1987 hg. von Görtz, F. J., V. Hage, U. Wittstock] (Hg.): Deutsche Literatur 1981 [ff]. Jahresüberblick. Stuttgart, 1982ff.

Handbuch der Editionen. Deutschsprachige Schriftsteller. Ausgang des 15. Jahrhunderts bis zur Gegenwart. München, 1979.

Hansel, J.: Bücherkunde für Germanisten. Studienausgabe. Bearb. von L. Tschakert. Berlin, 8. neubearb. Aufl., 1983.

Hansel, J.: Personalbibliographie zur deutschen Literaturgeschichte. Studienausgabe (neubearb. von C. Paschek). Berlin, 2. erg. Aufl., 1974.

Hardin, J. (Hg.): German Fiction Writers 1885–1913. 2 Bde. Detroit, 1988.

Harenbergs Lexikon der Weltliteratur. Autoren – Werke – Begriffe. 5 Bde. Dortmund, 1989.

Hayn, H. u. A. N. Gotendorf: Bibliotheca Germanorum Erotica & Curiosa. 8 Bde u. 1 Erg.-Bd. München, 1910–29.

Helfant, N. W.: Deutsche revolutionäre Schriftsteller und ihre Bundesgenossen 1918–1945. Bibliographie sowjetischer Veröffentlichungen 1918–1980. Berlin, Weimar, 1988.

Herder Lexikon Literatur. Sachwörterbuch. Freiburg, Wien, Basel, 5. Aufl., 1981.

Hocks, P.: Bücherverzeichnis zur deutschen Literaturgeschichte. Frankfurt/M., Berlin, Wien, 1979.

Holzmann, M. u. H. Bohatta: Deutsches Anonymen-Lexikon. Bd 5–7. Weimar, 1909–28 (Nachdruck: Hildesheim, 1961).

Internationales Biographisches Archiv. Hg. vom Munzinger-Archiv. Berlin, Dresden (seit 1946: Ravensburg), 1913ff. (Loseblattsammlung)

Jessen, J.: Bibliographie der Autobiographien. Bd. 1: Selbstzeugnisse, Erinnerungen, Tagebücher und Briefe deutscher Schriftsteller und Künstler. München u. a., 1987.

Kienecker, M.: Prinzipien literarischer Wertung. Göttingen, 1989.

Kindlers Literatur Lexikon. 7 Bde u. Erg.- Bd. München, 1965–74.

Kindlers Neues Literaturlexikon. Hg. v. W. Jens. 20 Bde. München, 1988ff.

Knörrich, O. (Hg.): Formen der Literatur. Stuttgart, 1981.

Koch, H.-A. u. U. Koch: Internationale germanistische Bibliographie (IGB). Jg. 1ff. München, New York, London, 1981ff.

Kosch, W.: Deutsches Literatur-Lexikon. Ausgabe in einem Band. Bearb. v. B. Berger. Bern u. München, 1963.

Köttelwesch, C. u. a. (Hg.): Bibliographisches Handbuch der deutschen Literaturwissenschaft. 1945–1969/72. 3 Bde. Frankfurt/M., 1973–79.

Kraft, H.: Editionsphilologie. Darmstadt, 1990.

Krywalski, D.: Handlexikon zur Literaturwissenschaft. München, 1974. Als Taschenbuch: 2 Bde. Reinbek, 1978.

Kunisch, H. u. H. Wiesner (Hg.): Lexikon der deutschsprachigen Gegenwartsliteratur. München (neu bearb.), 1981.

Kürschner's Deutscher Literatur-Kalender. Bd 1ff., 1882ff (zuletzt: Bd 60. Berlin u. a., 1988).

Kussmaul, I.: Die Nachlässe und Sammlungen des Deutschen Literaturarchivs Marbach am Neckar. Marbach am Neckar, 1983.

Kutzbach, K. A.: Autorenlexikon der Gegenwart. Bonn, 1950.

Lämmert, E., u. D. Scheunemann (Hg.): Regelkram und Grenzgänge. Von poetischen Gattungen. München, 1988.

Lennartz, F.: Deutsche Dichter und Schriftsteller unserer Zeit. Einzeldarstellungen. Stuttgart, 11. Aufl., 1978 (EA: 1938).

Lennartz, F.: Deutsche Schriftsteller des 20. Jahrhunderts im Spiegel der Kritik. 4 Bde. Stuttgart, 1984.

Lexikon sozialistischer deutscher Literatur von den Anfängen bis 1945. Leipzig, 1964.

Link, J.: Literaturwissenschaftliche Grundbegriffe. München, 3. Aufl., 1985.

Literaten. 250 Schriftsteller der Gegenwart aus dem Internationalen Biographischen Archiv. Ravensburg, 1980.

Literatur Lexikon. Autoren und Werke deutscher Sprache. Hg. v. W. Killy. 15 Bde. München, 1988 ff.

Luther, A. u. H. Friesenhahn: Land und Leute in deutscher Erzählung. Stuttgart, 1954.

Lutz, B. (Hg.): Metzler Autoren Lexikon. Stuttgart, 1986.

Maren-Grisebach, M.: Methoden der Literaturwissenschaft. Tübingen, 9. Aufl., 1985.

Martens, W. (Hg.): Bibliographische Probleme im Zeichen eines erweiterten Literaturbegriffs. Weinheim, Basel, 1988.

Mommsen, W. A.: Die Nachlässe in den deutschen Archiven (mit Ergänzungen aus anderen Beständen). Tl 2. Boppard, 1983.

Neue Deutsche Biographie. Bd 1 ff. Berlin, 1953 ff.

P.E.N.-Autorenlexikon. München, 1988.

Reallexikon der deutschen Literaturgeschichte. Begründet von P. Merker u. W. Stammler. 2. Aufl. neu bearbeitet, hg. von W. Kohlschmidt u. W. Mohr (ab Bd 4: K. Kanzog u. A. Masser). 4 Bde. Berlin, 1958–84.

Rehm, M.: Lexikon Buch – Bibliothek – neue Medien. München u. a., 1991.

Reinfrank-Clark, K. (Hg.): «Ach, Sie schreiben deutsch?» Biographien deutschsprachiger Schriftsteller des Auslands-PEN. Göttingen, 1986.

Rinsum, A. und W. van: Lexikon literarischer Gestalten. Bd 1: Deutschsprachige Werke. Stuttgart, 1988.

Rothmann, K.: Deutschsprachige Schriftsteller seit 1945 in Einzeldarstellungen. Stuttgart, 1985.

Rüdiger, H. u. E. Koppen (Hg.): Kleines literarisches Lexikon. 3 Bde. Bern, München, 4. Aufl., 1966.

Ruttkowski, W. V. (Hg.): Nomenclator litterarius. Bern, München, 1980.

Schmidt, H.: Quellenlexikon der Interpretationen und Textanalysen. 8 Bde. Duisburg, 2. Aufl., 1985, Bd 9–12, 1987.

Schmitt, F. A.: Beruf und Arbeit in deutscher Erzählung. Stuttgart, 1952.

Schmitt, F. A.: Stoff- und Motivgeschichte der deutschen Literatur. Berlin, 3. Aufl. 1976.

Schneider, M.: Deutsches Titelbuch [1]. Berlin, 2. Aufl., 1927.

Schreiber, K., S. Krauch (Bearb.): Ausgewählte Bibliographien und andere Nachschlagewerke 1974–1989. Frankfurt/M., 1990.

Schubert, Ch. (Hg.): Handbuch der alternativen deutschsprachigen Literatur. Hamburg, München, 3. Aufl., 1976.

Schulte-Sasse, J., R. Werner: Einführung in die Literaturwissenschaft. München, 5. Aufl., 1987.

Schütz, H. J.: «Ein deutscher Dichter bin ich einst gewesen». Vergessene und verkannte Autoren des 20. Jahrhunderts. München, 1988.

Schweikle, G. u. I. (Hg.): Metzler Literatur Lexikon. Stuttgart, 2. Aufl., 1990.

Stern, D.: Werke jüdischer Autoren deutscher Sprache. Wien, 3. Aufl., 1970.

Träger, C. (Hg.): Wörterbuch der Literaturwissenschaft. Leipzig, 1986.

Wall, R.: Verbrannt, verboten, vergessen. Kleines Lexikon deutschsprachiger Schriftstellerinnen 1933 bis 1945. Köln, 1988.

Weimar, K.: Enzyklopädie der Literaturwissenschaft. Tübingen, 1980.

Who's who in the arts. Hg. J. Groeg. 2 Bde. Ottobrunn, 1975.

Who's who in Literature. Hg. J. Groeg. 2 Bde. Wörthsee, 1978–79.

Wiesner, H., I. Zivsa, Ch. Stoll: Bibliographie der Personalbibliographien zur deutschen Gegenwartsliteratur. München, 2. Aufl., 1970.

Wilpert, G. v. (Hg.): Deutsches Dichterlexikon. Stuttgart, 3. Aufl., 1988.

Wilpert, G. v. u. A. Gühring: Erstausgabe deutscher Dichtung. Eine Bibliographie zur deutschen Literatur 1600 bis 1960. Stuttgart, 1967.

Wilpert, G. v. (Hg.): Lexikon der Weltliteratur. 2 Bde. Stuttgart, 2. erw. Aufl., 1980; 3. Aufl., 1988.

Wilpert, G. v.: Sachwörterbuch der Literatur. Stuttgart, 7. Aufl., 1989.

Überblicksdarstellungen zur Literaturgeschichte

Alker, E.: Profile und Gestalten der deutschen Literatur nach 1914. Mit einem Kapitel über den Expressionismus von Z. Konstantinović. Hg. E. Thurnher. Stuttgart, 1977.

Baumann, B. u. B. Oberle: Deutsche Literatur in Epochen. 2 Bde. München, 1985.

Berg, Jan u. a.: Sozialgeschichte der deutschen Literatur von 1918 bis zur Gegenwart. Frankfurt, 1981.

Beutin, W. u. a.: Deutsche Literaturgeschichte. Von den Anfängen bis zur Gegenwart. Stuttgart, 3. Aufl., 1989.

Boesch, B.: Deutsche Literaturgeschichte in Grundzügen. Bern, München, 2. Aufl., 1961.

Burger, H. O. (Hg.): Annalen der deutschen Literatur. Geschichte der deutschen Literatur von den Anfängen bis zur Gegenwart. Stuttgart, 2. Aufl., 1971.

Die deutsche Literatur. Ein Abriß in Text und Darstellung. Hg. von O. F. Best u. H.-J. Schmitt. Stuttgart, 1974 ff.

　Bd 13: Impressionismus, Symbolismus und Jugendstil. Hg. v. U. Karthaus. 1977.

　Bd 14: Expressionismus und Dadaismus. Hg. v. O. F. Best. 1974.

　Bd 15: Neue Sachlichkeit, Literatur im ‹Dritten Reich› und im Exil. Hg. v. H. R. Paucker. 1974.

　Bd 16: Gegenwart. Hg. v. G. Gerber. 1975.

Deutsche Literatur. Eine Sozialgeschichte. Hg. v. H. A. Glaser. Reinbek, 1980 ff.

　Bd 8: Jahrhundertwende: Vom Naturalismus zum Expressionismus. 1880–1918. Hg. v. F. Trommler. 1982.

　Bd 9: Weimarer Republik – Drittes Reich: Avantgardismus, Parteilichkeit, Exil. 1918–1945. Hg. A. v. Bormann u. H. A. Glaser, 1983.

Deutsche Literaturgeschichte. Zwanzigstes Jahrhundert. Düsseldorf, 1981.

Deutsche Schriftsteller im Porträt.

　Bd 5: Jahrhundertwende. Hg. H. O. Hügel. München, 1983.

　Bd 6: Expressionismus und Weimarer Republik. Hg. K.-H. Habersetzer. München, 1984.

Doppler, B. (Hg.): Erotische Literatur 1787–1958. Wien, Köln, 1990.

Duwe, W.: Deutsche Dichtung des 20. Jahrhunderts. Vom Naturalismus zum Surrealismus. 2 Bde. Zürich, 1962.

Ester, H. u. G. van Gemert (Hg.): Annäherungen. Studien zur deutschen Literatur und Literaturwissenschaft im zwanzigsten Jahrhundert. Amsterdam, 1985.

Geschichte der deutschen Literatur. Von den Anfängen bis zur Gegenwart. Hg. von einem Autorenkollektiv unter Leitung von A. Thalheim. Berlin (DDR), 1960 ff.

　Bd　9: Vom Ausgang des 19. Jahrhunderts bis 1917. 1974.

　Bd 10: 1917 bis 1945. 1973.

　Bd 11: Literatur der Deutschen Demokratischen Republik. 1976.

　Bd 12: Geschichte der Literatur der Bundesrepublik Deutschland. Berlin, 1983.

Geschichte der deutschen Literatur. Hg. v. E. Bahr. Bd 3: Vom Realismus bis zur Gegenwartsliteratur. Tübingen, 1988.

Glaser, H. u. a.: Wege der deutschen Literatur. Frankfurt/M., Berlin, 28. Aufl., 1990.

Handbuch der deutschen Gegenwartsliteratur. Hg. v. H. Kunisch u. H. Hennecke. 3 Bde. München, 2. Aufl., 1969 f.

Hansers Sozialgeschichte der deutschen Literatur. Hg. v. R. Grimminger. München, Wien, 1980 ff.

Bd 10: Literatur in der Bundesrepublik Deutschland. Hg. L. Fischer. 1986.

Bd 11: Die Literatur der DDR. Hg. v. H.-J. Schmitt. 1983.

Honsza, N.: Deutschsprachige Literaturgeschichte der Gegenwart. Warschau, 1980.

Just, K. G.: Von der Gründerzeit bis zur Gegenwart. Bern, München, 1973.

Kindlers Literaturgeschichte der Gegenwart. Autoren, Werke, Themen, Tendenzen seit 1945. Aktualisierte Ausgabe. 12 Bde. Frankfurt, 1980.

Bd 1.2: Die Literatur der Bundesrepublik Deutschland. Hg. D. Lattmann.

Bd 3.4: Die Literatur der Deutschen Demokratischen Republik. Hg. K. Franke.

Bd 5.6: Die zeitgenössische Literatur Österreichs. Hg. H. Spiel.

Bd 7.8: Die zeitgenössischen Literaturen der Schweiz. Hg. M. Gsteiger.

Bd 9.10.11: Die deutschsprachige Sachliteratur. Hg. R. Radler.

Bd 12: Register

Mann, O. u. W. Rothe (Hg.): Deutsche Literatur des 20. Jahrhunderts. 2 Bde. Bern, 2. Aufl., 1967.

Martini, F.: Deutsche Literaturgeschichte von den Anfängen bis zur Gegenwart. Stuttgart, 18. Aufl., 1984.

Muschg, W.: Tragische Literaturgeschichte. Tübingen, 5. Aufl., 1983.

Neues Handbuch der Literaturwissenschaft. Hg. v. K. v. See. Frankfurt/M., 1972 ff.

Bd 18.19: Jahrhundertende – Jahrhundertwende. 2 Teile. Hg. v. H. Kreuzer bzw. H. Hinterhäuser. 1976.

Bd 20: Zwischen den Weltkriegen. Hg. v. Th. Koebner. 1983.

Bd 21.22: Literatur nach 1945. 2 Teile. Hg. v. J. Hermand. 1979.

Nonnenmann, K. (Hg.): Schriftsteller der Gegenwart. Olten, Freiburg, 1963.

Richter, H.: Verwandeltes Dasein. Über deutsche Literatur von Hauptmann bis heute (mit einer Goethe-Studie). Berlin, Weimar, 1988.

Rothmann, K.: Kleine Geschichte der deutschen Literatur. Stuttgart, 1978.

Sagarra, E. (Hg.): Deutsche Literatur in sozialgeschichtlicher Perspektive. Dublin, 1989.

Schlosser, H. D.: dtv-Atlas zur deutschen Literatur. München 1983.

Schütz, E., J. Vogt (Hg.): Einführung in die deutsche Literatur des 20. Jahrhunderts. 3 Bde. Opladen, 1977–80.

Simm, H.-J.: Abstraktion und Dichtung. Zum Strukturgesetz der Literaturgeschichte. Bonn, 1990.

Soergel, A. u. C. Hohoff: Dichtung und Dichter der Zeit. Vom Naturalismus bis zur Gegenwart. 2 Bde. Düsseldorf, 1961–63.

Szyrocki, M.: Geschichte der deutschsprachigen Literatur vom Ausgang des 19. Jahrhunderts bis 1945. Warszawa, 1984.

Weber, D. (Hg.): Deutsche Literatur der Gegenwart in Einzeldarstellungen. 2 Bde. Stuttgart (Bd 1: 3 Aufl.), 1976–77.

Weber, H.-G. u. a.: Deutschsprachige Literatur im Überblick. Leipzig, 1971.

Žmegač, V. (Hg.): Geschichte der deutschen Literatur vom 18. Jahrhundert bis zur Gegenwart. Bd III: 1918-1980. Königstein/Ts., 1984.

Žmegač, V., Z. Škreb, L. Sekulić: Scriptors Geschichte der deutschen Literatur. Von den Anfängen bis zur Gegenwart. Königstein, 1981.

Zur Tradition der deutschen sozialistischen Literatur. 4 Bde. Berlin, Weimar, 1979.

Von der Jahrhundertwende bis zur Weimarer Republik

Bibliographien, Nachschlagewerke

Expressionismus. Una enciclopedia interdisciplinare. A cura di P. Chiarini, A. Gargano, R. Vlad. Rom, 1986.

Fischer, M.: Augenblicke um 1900. Literatur, Philosophie, Psychoanalyse und Lebenswelt zur Zeit der Jahrhundertwende. Frankfurt/M., Bern, 1986.

Goff, P.: Wilhelminisches Zeitalter. Bern u. München, 1970.

Melzwig, B.: Deutsche sozialistische Literatur 1918–1945. Bibliographie der Buchveröffentlichungen. Berlin, 1975.

Raabe, P. (mit I. Hannich-Bode): Die Autoren und Bücher des literarischen Expressionismus. Ein bibliographisches Handbuch. Stuttgart, 1985.

Raabe, P. (Hg.): Index Expressionismus. Bibliographie der Beiträge in den Zeitschriften und Jahrbüchern des literarischen Expressionismus. 1910–1925. 18 Bände. Nendeln, 1972.

Raabe, P.: Die Zeitschriften und Sammlungen des literarischen Expressionismus. Repertorium der Zeitschriften, Jahrbücher, Anthologien, Sammelwerke, Schriftenreihen und Almanache 1910–1921. Stuttgart, 1964.

Zur Geschichte der sozialistischen Literatur 1918-1933. Berlin, 1963.

Anthologien, Untersuchungen

Albrecht, F., K. Kändler: Bund proletarisch-revolutionärer Schriftsteller 1928–1935. Leipzig, 1978.

Albrecht, F.: Deutsche Schriftsteller in der Entscheidung. Wege zur Arbeiterklasse 1918–1933. Berlin, Weimar, 1970.

Anz, Th. u. M. Starck (Hg.): Expressionismus. Manifeste und Dokumente zur deutschen Literatur 1910–1920. Stuttgart, 1982.

Arp, H., R. Huelsenbeck, T. Tzara: Die Geburt des Dada. Zürich, 1957.

Aspetsberger, F.: Der Historismus und die Folgen. Frankfurt/M., 1987.

Bauer, R. u. a. (Hg.): Fin de siècle. Zur Literatur und Kunst der Jahrhundertwende. Frankfurt/ M., 1977.

Bayerdörfer, H.-P., K. O. Conrady, H. Schanze (Hg.): Literatur und Theater im Wilhelminischen Zeitalter. Tübingen, 1978.

Bender, H. (Hg.): Deutsche Erzähler 1920-1960. Stuttgart, 1985.

Bode, D. (Hg.): Gedichte des Expressionismus. Stuttgart, o. J.

Bohle, J. F. E.: Theatralische Lyrik und lyrisches Theater im Dadaismus. Eine Untersuchung der Wechselbeziehung zwischen lyrischen und theatralischen Elementen in dadaistischer Aktion. Diss. Saarbrücken, 1981.

Bohnen, K., U. Hansen u. F. Schmöe (Hg.): Fin de siècle. Zu Naturwissenschaft und Literatur der Jahrhundertwende im deutsch-skandinavischen Kontext. Kopenhagen, München, 1984.

Böttger, F. (Hg.): Kaisermanöver. 20 Erzählungen von der Gründerzeit bis zum Vorabend des 1. Weltkrieges. Berlin, 2. Aufl., 1978.

Brauneck, M. (Hg.): Die Rote Fahne. Kritik, Theorie, Feuilleton 1918–1933. München, 1973.

Buck, Th. u. D. Steinbach (Hg.): Tendenzen der deutschen Literatur zwischen 1918 und 1945. Weimarer Republik, Drittes Reich, Exil. Stuttgart, 1985.

Carmely, K. P.: Das Identitätsproblem jüdischer Autoren im deutschen Sprachraum. Von der Jahrhundertwende bis zu Hitler. Königstein/Ts., 1981.

Chapple, G. u. H. H. Schulte (Hg.): The turn of the century. German literature and art, 1890–1915. Bonn, 1981.

Dada in Zürich. Zürich, 1985.

Demetz, P.: Worte in Freiheit. Der italienische Futurismus und die deutsche literarische Avantgarde 1912–1934. München, 1990.

Denkler, H.: Drama des Expressionismus. Programm, Spieltext, Theater. München, 2. verb. Aufl., 1979.

Dörrlamm, B., H.-Chr. Kirsch, U. Konitzer: Klassiker heute. Die Zeit des Expressionismus. Frankfurt/M., 1981.

Drews, J. (Hg.): Das Tempo dieser Zeit ist keine Kleinigkeit. Zur Literatur um 1918. München, 1981.

Dürr, V. u. a. (Hg): Imperial Germany. Essays. Madison, London, 1985.

Eberhardt, K.: Literatur, Sozialcharakter, Gesellschaft. Untersuchungen von präfaschistischen Erzählwelten zu Beginn des 20. Jahrhunderts. Frankfurt/M., Bern (u. a.), 1986.

Eilert, H.: Das Kunstzitat in der erzählenden Dichtung. Studien zur Literatur um 1900. Stuttgart, 1990.

Fähnders, W.: Anarchismus und Literatur. Stuttgart, 1987.

Fähnders, W. u. M. Rector: Linksradikalismus und Literatur. Untersuchungen zur Geschichte der sozialistischen Literatur in der Weimarer Republik. 2 Bde. Reinbek, 1974.

Fähnders, W.: Proletarisch-revolutionäre Literatur der Weimarer Republik. Stuttgart, 1977.

Fähnders, W., H. Karrenbrock, M. Rector (Hg.): Sammlung proletarisch-revolutionärer Erzählungen. Darmstadt, Neuwied, 1973.

Friedrich, G.: Proletarische Literatur und politische Organisation. Die Literaturpolitik der KPD in der Weimarer Republik und die proletarisch-revolutionäre Literatur. Frankfurt/M., Bern, 1981.

Fritton, M. H.: Literatur und Politik in der Novemberrevolution 1918/19. Frankfurt/M., Bern (u. a.), 1986.

Gallas, H.: Marxistische Literaturtheorie. Kontroversen im Bund proletarisch-revolutionärer Schriftsteller. Neuwied, 1971.

Geerken, H. (Hg.): Märchen des Expressionismus. Frankfurt/M., 1979.

Gehrke, M.: Probleme der Epochenkonstituierung des Expressionismus. Frankfurt/M. u. a., 1990.

Gollbach, M.: Die Wiederkehr des Weltkrieges in der Literatur. Zu den Frontromanen der späten zwanziger Jahre. Kronberg/Ts., 1978.

Grab, W. u. J. H. Schoeps (Hg.): Juden in der Weimarer Republik. Stuttgart, Bonn, 1986.

Greuner, R. (Hg.): Gegenspieler. Profile linksbürgerlicher Publizisten aus Kaiserreich und Weimarer Republik. Berlin, 1969.

Günther, Ch. C.: Aufbruch nach Asien. Kulturelle Fremde in der deutschen Literatur um 1900. München, o. J.

Gustafson, D. L.: «Neue Sachlichkeit» and the German war novel from 1928–1930. Diss. John Hopkins Univ., 1981.

Hauser, S.: Der Blick auf die Stadt. Große Städte und literarische Wahrnehmung bis 1915. Berlin, 1990.

Hermand, J. u. F. Trommler: Die Kultur der Weimarer Republik. München, 1978.

Hermand, J.: Der Schein des schönen Lebens. Studien zur Jahrhundertwende. Frankfurt/M., 1972.

Heydrich, H.: Strukturen und Funktion deutscher proletarisch-revolutionärer Kurzprosa 1925–1933. Diss. Jena, 1981.

Hoffmann, P.: Symbolismus. München, 1987.

Hohendahl, P. U.: Das Bild der bürgerlichen Welt im expressionistischen Drama. Heidelberg, 1967.

Huelsenbeck, R. (Hg.): Dada. Eine literarische Dokumentation. Reinbek, 1984.

Hüppauf, B. (Hg.): Ansichten vom Krieg. Vergleichende Studien zum Ersten Weltkrieg in Literatur und Gesellschaft. Königstein/Ts., 1984.

Ihrig, W.: Literarische Avantgarde und Dandysmus. Frankfurt/M., 1988.

Jones, M. S.: ‹Der Sturm›. A focus of expressionism. Columbia, 1984.

Jordan, Ch.: Zwischen Zerstreuung und Berauschung. Die Angestellten in der Erzählprosa am Ende der Weimarer Republik. Frankfurt/M., Bern, 1988.

Jost, D.: Literarischer Jugendstil. Stuttgart, 2. Aufl., 1980.

Kaes, A. (Hg.): Weimarer Republik. Manifeste und Dokumente zur Dt. Literatur 1918–1933, Stuttgart, 1983

Killy, W. (Hg.): Zeichen der Zeit. Ein deutsches Lesebuch in vier Bänden. Bd 4: Von 1880 bis zum 2. Weltkrieg. Verwandlung und Wirklichkeit. Darmstadt, Neuwied, 1981.

Kirsten, W. u. K. Paul (Hg.): Deutschsprachige Erzählungen 1900–1945, 3 Bde. Berlin u. Weimar, 1981.

Klatt, G.: Vom Umgang mit der Moderne. Berlin, 1984.

Klein, A.: Im Auftrag ihrer Klasse. Weg und Leistung der deutschen Arbeiterschriftsteller 1918–1933. Berlin u. Weimar, 2. Aufl., 1975.

Knapp, G. P.: Die Literatur des deutschen Expressionismus. Einführung – Bestandsaufnahme – Kritik. München, 1979.

Koebner, Th. (Hg.): Weimars Ende. Prognosen und Diagnosen in der deutschen Literatur und politischen Publizistik 1930–1933. Frankfurt/M., 1982.

Koester, E.: Literatur und Weltkriegsideologie. Positionen und Begründungszusammenhänge des publizistischen Engagements deutscher Schriftsteller im Ersten Weltkrieg. Kronberg, 1977.

Köhn, E.: «Straßenrausch». Flanerie und kleine Form. Versuch einer Literaturgeschichte des Flaneurs bis 1933. Berlin, 1989.

Kolinsky, E.: Engagierter Expressionismus. Politik und Literatur zwischen Weltkrieg und Weimarer Republik. Stuttgart, 1970.

Kreutzahler, B.: Das Bild des Verbrechers in Romanen der Weimarer Republik. Frankfurt/M., Bern, 1987.

Krull, W.: Politische Prosa des Expressionismus. Rekonstruktion und Kritik. Frankfurt/M., Bern, 1982.

Krull, W.: Prosa des Expressionismus. Stuttgart, 1984.

Lefèvre, M.: Von der proletarisch-revolutionären zur sozialistisch-realistischen Literatur. Literaturtheorie und Literaturpolitik deutscher kommunistischer Schriftsteller vom Ende der Weimarer Republik bis in die Volksfrontära. Stuttgart, 1980.

Lehnert, H.: Geschichte der deutschen Literatur vom Jugendstil zum Expressionismus. Stuttgart, 1978.

Lethen, H.: Neue Sachlichkeit 1924–1932. Studien zur Literatur des «Weißen Sozialismus». Stuttgart, 1970.

Ludewig, P. (Hg.): Schrei in die Welt. Expressionismus in Dresden. Zürich, 1990.

Madl, A. u. M. Salyamosy (Hg.): Welt und Roman. Visegrader Beiträge zur deutschen Prosa zwischen 1900 und 1933. Budapest, 1983.

Mathes, J. (Hg.): Prosa des Jugendstils. Stuttgart, 1982.

Mayer, D.: Linksbürgerliches Denken. Untersuchungen zur Kunsttheorie, Gesellschaftsauffassung und Kulturpolitik in der Weimarer Republik 1919–1924. München, 1981.

Meixner, H. u. S. Vietta (Hg.): Expressionismus – Sozialer Wandel und künstlerische Erfahrung. München, 1982.

Meyer, R.: Dada in Zürich. Frankfurt/M., 1990.

Meyhöfer, A.: Das Motiv des Schauspielers in der Literatur der Jahrhundertwende. Köln u. a., 1989.

Momber, E.: 's ist Krieg! 's ist Krieg! Versuch zur deutschen Literatur über den Krieg 1914–1933. Berlin, 1981.

Müller, H.-H.: Intellektueller Linksradikalismus in der Weimarer Republik. Seine Entstehung, Geschichte und Literatur. Kronberg, 1977.

Müller, H.-H.: Der Krieg und die Schriftsteller. Der Kriegsroman der Weimarer Republik. Stuttgart, 1986.

Niedermeyer, M. u. M. Schlüter (Hg.): Lyrik des expressionistischen Jahrzehnts. Von den Wegbereitern bis zum Dada. Wiesbaden, 5. Aufl., 1974.

Nössig, M., J. Rosenberg, B. Schrader: Literaturdebatten in der Weimarer Republik. Zur Entwicklung des marxistischen literaturtheoretischen Denkens 1918–1933. Berlin u. Weimar, 1980.

Otten, K. (Hg.): Ahnung und Aufbruch. Expressionistische Prosa. Darmstadt, Neuwied (Neuausg.), 1977.

Otten, K. (Hg.): Schrei und Bekenntnis. Expressionistisches Theater. Darmstadt, Neuwied, 1959.

Paucker, H. R.: Neue Sachlichkeit, Literatur im ‹Dritten Reich› und im Exil. Stuttgart, 1974.

Paulsen, W. u. H. G. Hermann (Hg.): Sinn aus Unsinn. Dada International. Bern, München, 1982.

Petersen, K.: Literatur und Justiz in der Weimarer Republik. Stuttgart, 1988.

Pflüger, I.: Theaterkritik in der Weimarer Republik. Frankfurt/M. (u. a.), 1981.

Phelan, A. (Hg.): The Weimar dilemma. Intellectuals in the Weimar Republic. Manchester, 1985.

Philipp, E.: Dadaismus. Einführung in den literarischen Dadaismus und die Wortkunst des ‹Sturm›-Kreises. München, 1980.

Pinthus, K. (Hg.): Menschheitsdämmerung. Symphonie jüngster Dichtung. Berlin, 1920. Neuausgabe, 1959.

Pörtner, P. (Hg.): Literatur-Revolution 1910–1925. 2 Bde. Darmstadt, Neuwied, 1960.

Prümm, K.: Die Literatur des soldatischen Nationalismus der 20er Jahre. 2 Bde. Kronberg, 1974.

Rasch, W.: Die literarische Décadence um 1900. München, 1986.

Rasch, W.: Zur deutschen Literatur seit der Jahrhundertwende. Gesammelte Aufsätze. Stuttgart, 1967.

Reinhardt, St. (Hg.): Lesebuch, Weimarer Republik. Deutsche Schriftsteller und ihr Staat von 1918 bis 1933. Berlin, 1982.

Richter, H.: Dada, Kunst und Antikunst. Der Beitrag Dadas zur Kunst des 20. Jahrhunderts. Köln (Nachdruck der 3. erg. Aufl.), 1978.

Rietzschel, Th. (Hg.): Sekunde durchs Hirn. 21 expressionistische Erzähler. Leipzig, 1982.

Riha, K. (Hg.): Dada Berlin. Texte, Manifeste, Aktionen. Stuttgart, 1977.

Riha, K. (Hg.): Da Dada da war ist Dada. Aufsätze und Dokumente. München, Wien, 1980.

Rossbacher, K.: Heimatkunstbewegung und Heimatroman. Zu einer Literatursoziologie der Jahrhundertwende. Stuttgart, 1975.

Rothe, W. (Hg.): Der Aktivismus 1915–1920. München, 1969.

Rothe, W. (Hg.): Die deutsche Literatur in der Weimarer Republik. Stuttgart, 1974.

Rothe, W.: Der Expressionismus. Theologische, soziologische und anthropologische Aspekte einer Literatur. Frankfurt/M., 1977.

Rötzer, H. G. (Hg.): Begriffsbestimmung des literarischen Expressionismus. Darmstadt, 1976.

Rühle, G.: Theater für die Republik. 1917–1933. Frankfurt/M., 1967.

Rühle, G.: Zeit und Theater. Von der Republik zur Diktatur. 2 Bde. Berlin, 1972.

Ruprecht, E. u. D. Bänsch (Hg.): Jahrhundertwende. Manifeste und Dokumente zur deutschen Literatur 1890–1910. Stuttgart, 1981.

Schlenstedt, S. (Hg.): Wer schreibt, handelt. Strategien und Verfahren literarischer Arbeit vor und nach 1933. Berlin, 1983.

Schöffler, H. (Hg.): Der Jüngste Tag. Die Bücherei einer Epoche. 7 Bde. Frankfurt/M., 1981.

Schmidt, D. (Hg.): Manifeste Manifeste 1905–1933. Dresden, 1964.

Schmitz, W. (Hg.): Die Münchner Moderne. Die literarische Szene in der ‹Kunststadt› um die Jahrhundertwende. Stuttgart, 1990.

Schulz, B. (Hg.): Gib acht, tritt nicht auf meine Träume. Geschichten des deutschen Surrealismus. Frankfurt/M., 1986.

Schütz, E.: Romane der Weimarer Republik. München, 1986.

Schütze, J. C. u. a. (Hg.): Die Fremdheit der Sprache. Studien zur Literatur der Moderne. Hamburg, 1989.

Schwedhelm, K. (Hg.): Propheten des Nationalismus. München, 1969.

Segeberg, H.: Literarische Technikbilder. Studien zum Verhältnis von Technik- und Literaturgeschichte im 19. und frühen 20. Jahrhundert. Tübingen, 1987.

Sheppard, R. (Hg.): Dada. Chalfont St. Giles, 1980.

Siebenhaar, K.: Klänge aus Utopia. Zeitkritik, Wandlung und Utopie im expressionistischen Drama. Berlin, Darmstadt, 1982.

Sokel, W. H.: Der Literarische Expressionismus. Der Expressionismus in der deutschen Literatur des 20. Jahrhunderts. München, 1959.

Stark, M. (Hg.): Deutsche Intellektuelle 1910-1933. Aufrufe, Pamphlete, Betrachtungen. Heidelberg, 1984.

Stern, M. (Hg.): Expressionismus in der Schweiz. 2 Bde. Bern, Stuttgart, 1981.

Storch, W. (Hg.): Stücke der zwanziger Jahre. Frankfurt/M., 1977.

Surmann, R.: Die Münzenberg-Legende. Zur Publizistik der revolutionären Arbeiterbewegung 1921-1933. Köln, 1982.

Viesel, H. (Hg.): Literaten an der Wand. Die Münchner Räterepublik und die Schriftsteller. Frankfurt/M., 1980.

Vietta, S., H.-G. Kemper: Expressionismus. Deutsche Literatur im 20. Jahrhundert. München, 3. Aufl., 1985.

Wagner Egelhaaf, M.: Mystik der Moderne. Die visionäre Ästhetik der deutschen Literatur im 20. Jahrhundert. Stuttgart, 1989.

Walter, Ch.: Expressionist poetry and its critics. London, 1986.

Weber, R.: Proletarisches Theater und revolutionäre Arbeiterbewegung 1918-1925. Köln, 1976.

Weigel, S.: «Und selbst im Kerker frei ...!» Schreiben im Gefängnis. Marburg, 1982.

Weil, M. (Hg.): Wehrwolf und Biene Maja. Der deutsche Bücherschrank zwischen den Kriegen. Berlin, 1986.

Weimarer Republik [Katalog der Ausstellung «Theater der Weimarer Republik»]. Hg. v. Kunstamt Kreuzberg u. a. Berlin, 1977.

Zenker, E. (Hg.): Wir sind die Rote Garde. Sozialistische Literatur 1914-1935. Leipzig, 2. Aufl., 1967.

Žmegač, V.: Deutsche Literatur der Jahrhundertwende. Königstein, 1981.

Literatur im ‹Dritten Reich›

Nachschlagewerke, Anthologien, Untersuchungen

Allemann, B.: Literatur und Germanistik nach der ‹Machtübernahme›. Bonn, 1983.

Bauer, G.: Sprache und Sprachlosigkeit im Dritten Reich. Köln, 1988.

Bender, H. (Hg.): Geschichten aus dem Zweiten Weltkrieg. München, Zürich, 1983.

Berger, F. (Hg.): In jenen Tagen ... Schriftsteller zwischen Reichstagsbrand und Bücherverbrennung. Leipzig, Weimar, 1983.

Berglund, G.: Der Kampf um den Leser im Dritten Reich. Worms, 1980.

Bock, S. und M. Hahn (Hg.): Erfahrung Nazideutschland 1933-1945. Berlin, Weimar, 1988.

Brekle, W.: Schriftsteller im antifaschistischen Widerstand 1933-1945 in Deutschland. Berlin, Weimar, 1985.

Brenner, H.: Ende einer bürgerlichen Kunst-Institution. Die politische Formierung der Preußischen Akademie der Künste ab 1933. Stuttgart, 1972.

Brenner, H.: Die Kulturpolitik des Nationalsozialismus. Reinbek, 1963.

Breßlein, E.: Völkisch-faschistoides und nationalsozialistisches Drama. Kontinuitäten und Differenzen. Frankfurt/M., 1980.

Denkler, H. u. K. Prümm (Hg.): Die deutsche Literatur im Dritten Reich. Stuttgart, 1976.

Drewes, R.: Die Ambivalenz nichtfaschistischer Literatur im Dritten Reich – am Beispiel Kurt Kluges. Frankfurt/M. u. a., 1991.

Drewniak, B.: Das Theater im NS-Staat. Szenarium deutscher Zeitgeschichte 1933-1945. Düsseldorf, 1983.

Ehlich, K. (Hg.): Sprache im Faschismus. Frankfurt/M., 1989.

Fischli, B.: Die Deutschen-Dämmerung. Zur Genealogie des völkisch-faschistischen Dramas und Theaters (1897–1933). Bonn, 1976.

Frei, N. und J. Schmitz: Journalismus im Dritten Reich. München, 2. Aufl., 1989.

Friedrich, Th. (Hg.): Das Vorspiel. Die Bücherverbrennung am 10. Mai 1933. Eine Dokumentation. Berlin, 1983.

Geißler, R.: Dekadenz und Heroismus. Zeitroman und völkisch-nationalsozialistische Literaturkritik. Stuttgart, 1964.

Gilman, S. L. (Hg.): NS-Literaturtheorie. Eine Dokumentation. Frankfurt/M., 1971.

Grosser, J. F. G. (Hg.): Die große Kontroverse. Ein Briefwechsel um Deutschland. Hamburg, 1963.

Haarmann, H., W. Huder, K. Siebenhaar: «Das war ein Vorspiel nur ...». Bücherverbrennung Deutschland 1933. Voraussetzungen und Folgen (Ausstellung der Akademie der Künste Berlin). Berlin, Wien, 1983.

Harand, M.: Die Aussteiger als Einsteiger. Zivilisationsflüchtige Romanhelden in der völkischen Literatur (1931–1944). Stuttgart, 1988.

Hartung, G.: Literatur und Ästhetik des deutschen Faschismus. Berlin, 1983.

Hermand, J.: Der alte Traum vom neuen Reich. Völkische Utopien und Nationalsozialismus. Frankfurt/M., 1988.

Heyer, G. W.: Die Fahne ist mehr als der Tod. Lieder der Nazizeit. München, 1981.

Hoffmann, Ch. W.: Opposition Poetry in Nazi Germany. Berkeley, Los Angeles, 1962.

Hopster, N. u. U. Nassen: Literatur und Erziehung im Nationalsozialismus. Paderborn u. a., 1983.

Jens, I.: Dichter zwischen rechts und links. Die Geschichte der Sektion für Dichtkunst der Preußischen Akademie der Künste, dargestellt nach den Dokumenten. München, 1971.

Ketelsen, U.-K.: Heroisches Theater. Untersuchungen zur Dramentheorie des Dritten Reiches. Bonn, 1968.

Ketelsen, U.-K.: Völkisch-nationale und nationalsozialistische Literatur in Deutschland 1890–1945. Stuttgart, 1976.

Ketelsen, U.-K.: Vom heroischen Sein und völkischen Tod. Zur Dramatik des Dritten Reiches. Bonn, 1970.

Klieneberger, H. R.: The Christian Writers of the Inner Emigration. The Hague, Paris, 1968.

Kloss, W.: Die nationalsozialistischen Thingspiele. Diss. Wien, 1981.

Köhler, O.: Wir Schreibmaschinentäter – Journalisten unter Hitler – und danach. Köln, 1990.

Leonhard, J.-F.: Zensur und Vernichtung. Kaiserslautern, 1984.

Liste des schädlichen und unerwünschten Schrifttums. Stand vom 31. Dezember 1938 u. Jahreslisten 1939–1941. Vaduz (Nachdruck), 1979.

Loewy, E. (Hg.): Literatur unterm Hakenkreuz. Das Dritte Reich und seine Dichtung. Eine Dokumentation. Frankfurt/M., 3. überarb. Aufl., 1977. – Frankfurt/M., 1990.

Meurer, R. u. R.: Texte des Nationalsozialismus. Beispiele, Analysen, Arbeitsanregungen. München, 1982.

Oelze, K.-D.: Das Feuilleton der Kölnischen Zeitung im Dritten Reich. Frankfurt/M., Bern, 1990.

Richard, L.: Deutscher Faschismus und Kultur. München, 1982.

Sauder, G. (Hg.): Die Bücherverbrennung. Zum 10. Mai 1933. München, Wien, 1983.

Schäfer, H. D.: Das gespaltene Bewußtsein. Kultur und Lebenswirklichkeit 1933–1945. München, 1981.

Schlösser, M. (Hg.): An den Wind geschrieben. Lyrik der Freiheit. Gedichte der Jahre 1933–1945. Darmstadt, 1960.

Schnell, R. (Hg.): Kunst und Kultur im deutschen Faschismus. Stuttgart, 1978.

Schnell, R.: Literarische Innere Emigration 1933–1945. Stuttgart, 1976.

Schonauer, F.: Deutsche Literatur im Dritten Reich. Versuch einer Darstellung in polemisch-didaktischer Absicht. Olten, Freiburg, 1961.

Schultz-Gerstein, Ch.: Rasende Mitläufer. Porträts, Glossen, Essays, Reportagen. Berlin, 1987.

Schumann, Th. B.: Asphaltliteratur. 45 Aufsätze und Hinweise zu im Dritten Reich verfemten und verfolgten Autoren. Berlin, 1983.

Schweizer, G.: Bauernroman und Faschismus. Zur Ideologiekritik einer literarischen Gattung. Tübingen, 1976.

Serke, J.: Die verbrannten Dichter. Berichte, Texte, Bilder einer Zeit. Frankfurt (erw. Ausgabe), 1980.

Strothmann, D.: Nationalsozialistische Literaturpolitik. Ein Beitrag zur Publizistik im Dritten Reich. Bonn, 1963.

Thunecke, J. (Hg.): Leid der Worte. Panorama des literarischen Nationalsozialismus. Bonn, 1987.

Tutas, H. E.: NS-Propaganda und deutsches Exil 1933–39. Worms, 1973.

Vallery, H.: Führer, Volk und Charisma. Der nationalsozialistische Roman. Köln, 1980.

Vondung, K.: Magie und Manipulation. Ideologischer Kult und politische Religion des Nationalsozialismus. Göttingen, 1971.

Vondung, K.: Völkisch-nationale und nationalsozialistische Literaturtheorie. München, 1973.

Walberer, U. (Hg.): 10. Mai 1933. Bücherverbrennung in Deutschland und die Folgen. Frankfurt, 1983.

Wulf, J.: Literatur und Dichtung im Dritten Reich. Eine Dokumentation. Gütersloh, 1963 (u. ö.).

Wulf, J.: Theater und Film im Dritten Reich. Gütersloh, 1964 (u. ö.).

Exilliteratur

Bibliographien, Nachschlagewerke

Berthold, W. u. C. Wilhelmi: Exil-Literatur 1933–1945. Eine Ausstellung aus den Beständen der Deutschen Bibliothek Frankfurt/M. Frankfurt/M., 1966.

Biographisches Handbuch der deutschsprachigen Emigration nach 1933. Hg. vom Inst. f. Zeitgeschichte u. von der Research Foundation for Jewish Immigration. 3 Bde in 4 Teilen (1: Politik, Wirtschaft, öffentliches Leben; 2: The Arts, Sciences and Literature, 2 Teile; 3: Gesamtregister). München u. a., 1980–83.

Deutsches Exilarchiv 1933–1945. Katalog der Bücher und Broschüren. Hg. von der Deutschen Bibliothek. Stuttgart, 1989.

Drews, R. u. A. Kantorowicz (Hg.): Verboten und verbrannt. Deutsche Literatur – 12 Jahre unterdrückt. Berlin, München 1947. (Nachdruck 1985).

Huß-Michel, A.: Literarische und politische Zeitschriften des Exils 1933–1945. Stuttgart, 1987.

Maas, L.: Handbuch der deutschen Exilpresse 1933–1945. 3 Bde. München, Wien, 1976–81.

Soffke, G.: Deutsches Schrifttum im Exil (1933–1950). Ein Bestandsverzeichnis. Bonn, 1965.

Sternfeld, W. u. E. Tiedemann: Deutsche Exil-Literatur 1933 bis 1945. Eine Bio-Bibliographie. Heidelberg, Darmstadt, 2. Aufl., 1970.

Walter, H.-A., G. Ochs: Ich hatte einst ein schönes Vaterland. Deutsche Literatur im Exil 1933–1945. Gütersloh, 1965.

Anthologien, Untersuchungen

Arnold, H. L. (Hg.): Deutsche Literatur im Exil 1933–1945. 2 Bde. Frankfurt/M., 1974.

Benson, F. R.: Schriftsteller in Waffen. Die Literatur und der Spanische Bürgerkrieg. Zürich, 1969.

Berendsohn, W. A.: Die humanistische Front. Einführung in die Emigranten-Literatur. 2 Bde. Zürich, 1946 – Worms, 1976 (Nachdruck des 1. Bandes: Worms, 1978).

Berghaus, G. (Hg.): German Exile Theatre in Britain 1933–1945. Oxford, 1988.

Berglund, G.: Deutsche Opposition gegen Hitler in Presse und Roman des Exils. Stockholm, 1972.

Berthold, W. u. a.: Der PEN-Club im Exil 1933–1948. Eine Ausstellung der Deutschen Bibliothek Frankfurt am Main. Frankfurt/M., 1980.

Betz, A.: Exil und Engagement. Deutsche Schriftsteller im Frankreich der dreißiger Jahre. München, 1986.

Bock, S. u. M. Hahn (Hg.): Erfahrung Exil. Antifaschistische Romane 1933–1945. Berlin, Weimar, 1979.

Bremer, Th. (Hg.): Europäische Literatur gegen den Faschismus. 1922–1945. München, 1986.

Breycha-Vauthier, A. C.: Die Zeitschriften der österreichischen Emigration 1934–1946. Wien, 1960.

Brüning, E. (Hg.): 1935 New York 1937. Reden und Dokumente der Schriftstellerkongresse. Berlin, 1984.

Cazden, E. E.: German Exile Literature in America 1933–1950. A History of the Free German Press and Book Trade. Chicago, 1970.

Dahlke, H.: Geschichtsroman und Literaturkritik im Exil. Berlin, Weimar, 1976.

Daviau, D. G. u. L. M. Fischer (Hg.): Exil. Wirkung und Wertung. Columbia, S. C., 1985.

Deutsche Exilliteratur. Literatur im Dritten Reich. Akten des II. Exilliteratur-Symposiums der University of South California. Bern, Frankfurt, Las Vegas, 1979.

Diezel, P.: Exiltheater in der Sowjetunion 1932–1937. Berlin, 1978.

Dinesen, R., B. S. Nielsen, H. U. Petersen u. F. Schmöe (Hg.): Deutschsprachiges Exil in Dänemark nach 1933. Kopenhagen, München 1986.

Dokumentation Deutsche Literatur im Exil. Literatur und Dokumente der deutschen Emigration nach 1933. Zusammenstellung: K. H. Danner. Saarbrücken, 1973.

Durzak, M. (Hg.): Die deutsche Exilliteratur 1933–1945. Stuttgart, 1973.

Elfe, W., J. Hardin u. G. Holst (Hg.): Deutsches Exildrama und Exiltheater. Akten des Exilliteratur-Symposiums der University of South Carolina, 1976. Bern u. a., 1977.

Elfe, W., J. Hardin u. G. Holst (Hg.): Deutsche Exilliteratur – Literatur der Nachkriegszeit. Akten des 3. Exilliteratur-Symposiums der University of South Carolina. Bern u. a., 1981.

Emmerich, W. u. S. Heitz (Hg.): Lyrik des Exils. Stuttgart, 1985.

Engelmann, B. (Hg.): Literatur des Exils. Eine Dokumentation über die P.E.N.-Jahrestagung in Bremen. München, 1981.

Esteve Montenegro, M.-L.: La imagen de Espana en la literatura alemana del exilio de 1933–1945. Frankfurt/M., Bern, 1988.

Fabian, R. u. C. Coulmas: Die deutsche Emigration in Frankreich nach 1933. München u. a., 1978.

Fascismo ed Esilio. Aspetti della diaspora intelletuale di Germania, Spagna e Italia. Pisa, 1988.

Feilchenfeldt, K.: Deutsche Exilliteratur. 1933–1945. Kommentar zu einer Epoche. München, 1986.

Fritsch, Chr. u. L. Winckler (Hg.): Faschismuskritik und Deutschlandbild im Exilroman. Berlin, 1981.

Frühwald, W. u. a. (Hg.): Leben im Exil. Probleme der Integration deutscher Flüchtlinge im Ausland 1933–1945. Hamburg, 1981.

Gittig, H.: Illegale antifaschistische Tarnschriften 1933 bis 1945. Leipzig, 1972.

Goldner, F.: Flucht in die Schweiz. Die neutrale Schweiz und die österreichische Emigration 1938–1945. Wien u. a., 1983.

Goldner, F.: Die österreichische Emigration 1938 bis 1945. Wien, 1972.

Greuner, R. (Hg.): Zeitzünder im Eintopf. Antifaschistische Satire 1933–1945. Berlin, 1975.

Grimm, R. u. J. Hermand (Hg.): Exil und Innere Emigration. Third Wisconsin Workshop. Frankfurt/M., 1972.

Grossmann, K. R.: Emigration. Geschichte der Hitler-Flüchtlinge 1933–1945. Frankfurt/M., 1969.

Halfmann, H.: Zeitschriften und Zeitungen des Exils. 1933 bis 1945. Ein Bestandsverzeichnis der Deutschen Bücherei. Leipzig, 1969.

Hardt, H. (u. a.): Presse im Exil. München, 1979.

Häsler, A. A.: Das Boot ist voll. Die Schweiz und ihre Flüchtlinge 1933–1945. Zürich, 1967.

Heeg, G.: Die Wendung zur Geschichte. Konstitutionsprobleme antifaschistischer Literatur im Exil. Stuttgart, 1977.

Herden, W.: Wege zur Volksfront. Schriftsteller im antifaschistischen Bündnis. Berlin, 1978.

Herwig, J. (Hg.): Damals verboten – heute vergessen. Texte verfolgter Schriftsteller 1933–45. Berlin, 1981.

Hirschfeld, G. (Hg.): Exil in Großbritannien. Stuttgart, 1983.

Hohendahl, P. U. u. E. Schwarz (Hg.): Exil und Innere Emigration II. Internationale Tagung in St. Louis. Frankfurt/M., 1973.

Jarmatz, K. (Hg.): Antifaschistische deutsche Literaturkritik 1933–1945. Kritik in der Zeit. Halle, Leipzig, 1981.

Jarmatz, K.: Deutsche Literatur im Exil. Berlin, 1966.

Jentzsch, B. (Hg.): Ich sah das Dunkel schon von ferne kommen. Erniedrigung und Vertreibung in poetischen Zeugnissen. Exil. München, 1979.

Kantorowicz, A.: Exil in Frankreich. Merkwürdigkeiten und Denkwürdigkeiten. Bremen, 1971.

Kantorowicz, A.: Politik und Literatur im Exil. Deutschsprachige Schriftsteller im Kampf gegen den Nationalsozialismus. Hamburg, 1978.

Kesten, H. (Hg.): Deutsche Literatur im Exil. Briefe europäischer Autoren 1933–1949. München, Wien, Basel, 1964.

Klapdor-Kops, H.: Heldinnen. Die Gestaltung der Frauen im Drama deutscher Exilautoren (1933–1945). Weinheim, 1985.

Koebner, Th. (Hg.): «Bruder Hitler». Autoren des Exils und des Widerstands sehen den «Führer» des Dritten Reiches. München, 1989.

Koebner, Th., W. Koepke u. J. Radkau (Hg.): Erinnerungen ans Exil. Kritische Lektüre der Autobiographien nach 1933. München, 1984.

Koebner, Th., W. Koepke u. J. Radkau (Hg.): Exilforschung. Ein internationales Jahrbuch. Bd 1 ff. München, 1983.

Koebner, Th. (Hg.): Fluchtpunkte des Exils und andere Themen. München, 1987.

Koebner, Th. u. a. (Hg.): Publizistik im Exil. München, 1989.

Koepke, W. u. M. Winkler (Hg.): Deutschsprachige Exilliteratur. Studien zu ihrer Bestimmung im Kontext der Epoche 1930–1960. Bonn, 1984.

Koepke, W., M. Winkler (Hg.): Exilliteratur 1933–1945. Darmstadt, 1989.

Kreis, G.: Frauen im Exil. Dichtung und Wirklichkeit. Düsseldorf, 1984.

Krüger, D.: Die deutsch-jüdische Kinder- und Jugendbuchautorin Ruth Rewald und die Kinder- und Jugendliteratur im Exil. Frankfurt/M., 1990.

Kunst und Literatur im antifaschistischen Exil 1933–45. Hg. von L. Hoffmann u. a. 7 Bde. Leipzig (zugleich: Frankfurt/M.), 1979–81.

Loewy, E. (Hg.): Exil. Literarische und politische Texte aus dem deutschen Exil 1933–1945. Stuttgart, 1979.

Mack, G.: Der spanische Bürgerkrieg und die deutsche Exil-Literatur. Diss. Los Angeles, 1971.

Malone, D. E.: Literarische Kontroversen innerhalb der Exil-Literatur der dreißiger Jahre. Diss. Los Angeles, 1970.

Mennemeier, F. N. u. F. Trapp: Deutsche Exildramatik 1933–1950. München, 1980.

Mittenzwei, W.: Das Schicksal des deutschen Theaters im Exil (1933–1945). Berlin, 1978.

Möller, H.: Exodus der Kultur. Schriftsteller, Wissenschaftler und Künstler in der Emigration. München, 1984.

Müssener, H.: Die deutschsprachige Emigration nach 1933. Aufgaben und Probleme ihrer Erforschung. Stuttgart, 1970.

Müssener, H.: Exil in Schweden. Politische und kulturelle Emigration nach 1933. München, 1974.

Naumann, U.: Zwischen Tränen und Gelächter. Satirische Faschismuskritik 1933 bis 1945. Köln, 1983.

Nyssen, E.: Geschichtsbewußtsein und Emigration. Der historische Roman der deutschen Antifaschisten 1933–1945. München, 1974.

Osterle, H. D.: Die Deutschen im Spiegel des sozialkritischen Romans der Emigranten 1933–1950. Diss. Providence, 1964.

Österreicher im Exil 1934–1945. Protokoll des Internationalen Symposiums zur Erforschung des österreichischen Exils von 1933 bis 1945. Hg. vom Dokumentationsarchiv des österreichischen Widerstandes u. a. Wien, 1977.

Österreicher im Exil. Frankreich 1938–1945. Eine Dokumentation. Wien, 1984.

Patsch, S. M. (Hg): Österreichische Schriftsteller im Exil in Großbritannien. Wien, München, 1985.

Pfanner, H. F.: Exile in New York. Detroit, 1983.

Pfanner, H. F. (Hg.): Kulturelle Wechselbeziehungen im Exil. Bonn, 1986.

Pike, D.: Deutsche Schriftsteller im sowjetischen Exil, 1933 bis 1945. Frankfurt/M., 1981.

Pohle, F.: Das mexikanische Exil. Stuttgart, 1986.

Protokoll des II. Internationalen Symposiums zur Erforschung des deutschsprachigen Exils nach 1933 in Kopenhagen 1972. Stockholm, 1972.

Radkau, J.: Die deutsche Emigration in den USA. Ihr Einfluß auf die amerikanische Europapolitik 1933–1945. Düsseldorf, 1971.

Reich-Ranicki, M. (Hg.): Notwendige Geschichten 1933–1945. München, 2. Aufl., 1977.

Roessler, P., K. Kaiser (Hg.): Dramaturgie der Demokratie. Theaterkonzeptionen des österreichischen Exils. Wien, 1989.

Rojer, O. E.: The German-speaking exile in Argentine, 1933–1945. 2 Bde. Diss. Univ. of Maryland, 1985.

Roloff, G.: Die Erforschung der deutschen Exilliteratur. Stand – Probleme – Aufgaben. Hamburg, 1973.

Rushdi, R. T.: Die Wahrheit erzählend gestalten. Die Gestaltung des antifaschistischen Widerstandskampfes in deutschen Romanen 1933–1935. Diss. Leipzig, 1985.

Schiller, D.: ‹... von Grund auf anders›. Programmatik der Literatur im antifaschistischen Kampf während der dreißiger Jahre. Berlin, 1974.

Schmitt, H.-J. (Hg.): Die Expressionismus-Debatte. Materialien zu einer marxistischen Realismus-Konzeption. Frankfurt/M., 1973.

Schneider, H.: Exiltheater in der Tschechoslowakei 1933 bis 1938. Berlin, 1979.

Schneider, S.: Das Ende Weimars im Exilroman. Literarische Strategien zur Vermittlung von Faschismustheorien. München u. a., 1980.

Schock, R. (Hg.): Haltet die Saar, Genossen! Antifaschistische Schriftsteller im Abstimmungskampf 1935. Bonn, 1984.

Schwarz, E. u. M. Wegner (Hg.): Verbannung. Aufzeichnungen deutscher Schriftsteller im Exil. Hamburg, 1964.

Seyfert, M.: Im Niemandsland. Berlin, 1984.

Spalek, J. M. u. R. F. Bell (Hg): Exile: The Writer's Experience. Chapel Hill, 1982.

Spalek, J. M. u. J. Strelka (Hg.): Deutsche Exilliteratur seit 1933. Bd 1: Kalifornien, T. 1.2. Bern u. München, 1976.

Spalek, J. M., J. Strelka (Hg.): Deutschsprachige Exilliteratur seit 1933. Bd 2: New York. 2 Bde. Bern, 1989.

Steiner, C.: Untersuchungen zum historischen Roman der deutschen Emigrantenliteratur nach 1933. Diss. Washington, 1966.

Stephan, A.: Die deutsche Exilliteratur. 1933–1945. Eine Einführung. München, 1979.

Stephan, A. (Hg.): Exil. Literatur und Künste nach 1933. Bonn, 1990.

Stephan, A. u. H. Wagener (Hg): Schreiben im Exil. Zur Ästhetik der deutschen Exilliteratur 1933–1945. Bonn, 1985.

Stern, G.: Literatur im Exil. Gesammelte Aufsätze 1959–1989. München, 1989.

Strelka, J. P.: Exilliteratur. Grundprobleme der Theorie, Aspekte der Geschichte und Kritik. Bern, 1983.

Strelka, J., R. F. Bell u. E. Dobson (Hg.): Protest – Form – Tradition. Essays on German Exile Literature. O. O., 1979.

Strohmeyer, K. (Hg.): Zu Hitler fällt mir noch ein... Satire als Widerstand. Reinbek, 1989.

Teubner, H.: Exilland Schweiz. Dokumentarischer Bericht über den Kampf emigrierter deutscher Kommunisten 1933–1945. Frankfurt/M., 1975.

Theater im Exil. Katalog der gleichnamigen Ausstellung der Akademie der Künste. Zusammenstellung: W. Huder. Berlin, 1973.

Trapp, F.: Literatur im Exil. Bern u. a., 1983.

Umlauf, K.: Exil, Terror, Illegalität. Die ästhetische Verarbeitung politischer Erfahrungen in ausgewählten deutschsprachigen Romanen aus dem Exil 1933–45. Frankfurt, Bern, 1982.

Um uns die Fremde. Die Vertreibung des Geistes 1933–45. Berlin, 1969.

Wächter, H.-Ch.: Theater im Exil. Sozialgeschichte des deutschen Exiltheaters 1933–1945. München, 1973.

Walter, H. A.: Deutsche Exilliteratur 1933–1950. Bd 1, 2, 7 (mehr nicht ersch.). Darmstadt, Neuwied, 1972–74. (Erw. Fassung u. d. T.:)

Walter, H. A.: Deutsche Exilliteratur 1933–1950. Bd 1 ff. Stuttgart, 1978 ff (bisher sind ersch.: Bd 2, 3 u. 4).

Wegner, M.: Exil und Literatur. Deutsche Schriftsteller im Ausland 1933–1945. Frankfurt, Bonn, 1967.

Weiskopf, F. C.: Unter fremden Himmeln. Ein Abriß der deutschen Literatur im Exil 1933–1947. Mit einem Anhang von Textproben aus Werken exilierter Schriftsteller. Berlin, Weimar (Neuausg. der 2. Aufl. 1948), 1981.

Werner, K. U.: Dichter-Exil und Dichter-Roman. Studien zur verdeckten Exilthematik in der deutschen Exilliteratur 1933–1945. Frankfurt/M. (u. a.), 1987.

Widerstand und Exil 1933–1945. Frankfurt/M., New York, 1986.

Winckler, L. (Hg.): Antifaschistische Literatur. 3 Bde. Kronberg, 1977–79.

Winkler, M. (Hg.): Deutsche Literatur im Exil 1933–1945. Texte und Dokumente. Stuttgart, 1977.

Würzner, H. (Hg.): Zur deutschen Exilliteratur in den Niederlanden 1933–1940. Amsterdam, 1977.

Würzner, H. (Hg.): Österreichische Exilliteratur in den Niederlanden 1934–1940. Amsterdam, 1987.

Literatur nach 1945

Bibliographien, Nachschlagewerke, Anthologien, Untersuchungen

Andreotti, M.: Die Struktur der modernen Literatur. Bern, Stuttgart, 1983.

Anz, Th.: Gesund oder krank? Medizin, Moral und Ästhetik in der deutschen Gegenwartsliteratur. Stuttgart, 1989.

Arnold, H. L. (Hg.): Bestandsaufnahme Gegenwartsliteratur. München, 1988.

Arntzen, H.: Zur Sprache kommen. Studien zur Literatur- und Sprachreflexion, zur deutschen Literatur und zum öffentlichen Sprachgebrauch. Münster, 1983.

Bauer, G. u. a.: Wahrheit in Übertreibungen. Schriftsteller über die moderne Welt. Bielefeld, 1989.

Boeschenstein, H.: A history of modern German literature. Bern u. a., 1990.

Brandstetter, A. (Hg.): Gegenwartsliteratur als Bildungswert. Wien, 1982.

Buchwald, Ch., K. Wagenbach: Lesebuch: Literatur der siebziger Jahre. Berlin, o. J.

Bullivant, K. (Hg.): German Literature of the 1970s. Writers and Themes. Oxford, 1988.

Cetti Marinoni, B.: Le due realtà. Fortune dell'immaginario nella letteratura tedesca. Milano, 1983.

Demetz, P.: Fette Jahre, magere Jahre. Deutschsprachige Literatur von 1965 bis 1985. München, 1988.

Dischner, G.: Über die Unverständlichkeit. Aufsätze zur neuen Dichtung. Hildesheim, 1982.

Hage, V.: Schriftproben. Zur deutschen Literatur der achtziger Jahre. Reinbek, 1990.

Heissenbüttel, H.: Zur Tradition der Moderne. Neuwied, Berlin, 1972.

Herchen, H.-A. (Hg.): Die Zukunft der Gegenwart. Anthologie. Frankfurt/M., 1990.

Hoesterey, I.: Verschlungene Schriftzeichen. Intertextualität von Literatur und Kunst in der Moderne/Postmoderne. Frankfurt/M., 1988.

Hu, Q.-H.: Literatur nach der Katastrophe. Eine vergleichende Studie über die Trümmerliteratur in Deutschland und die Wundenliteratur in der Volksrepublik China. Frankfurt/M. u. a., 1991.

Jaeggi, U. (Hg.): Mauersprünge. Besondere Berliner Verkehrsformen. Reinbek, 1987.

Jahn, K. (Hg.): (Un)verlangt eingesandt. Texte. Wien, 1988.

Jens, W.: Deutsche Literatur der Gegenwart. München, 1961 (u. ö.).

Jung, J. (Hg.): Deutschland, Deutschland. 47 Schriftsteller aus der BRD und der DDR schreiben über ihr Land. Reinbek, 1981.

Kaiser, J.: Erlebte Literatur. Vom Doktor Faustus zum Fettfleck. Deutsche Schriftsteller unserer Zeit. München, 1988.

Kantorowicz, A.: Etwas ist ausgeblieben. Zur geistigen Einheit der deutschen Literatur nach 1945. Hamburg, 1985.

Knapp, G. P., G. Labroisse (Hg.): Wandlungen des Literaturbegriffs in den deutschsprachigen Ländern seit 1945. Amsterdam, 1988.

Koch, R.: Geschichtskritik und ästhetische Wahrheit. Zur Produktivität des Mythos in moderner Literatur und Philosophie. Bielefeld, 1990.

Krause, M., St. Speicher (Hg.): Absichten und Einsichten. Texte zum Selbstverständnis zeitgenössischer Autoren. Stuttgart, 1990.

Kreuzer, L.: Literatur und Entwicklung. Studien zu einer Literatur der Ungleichzeitigkeit. Frankfurt/M., 1989.

Kurz, P. K.: Apokalyptische Zeit. Zur Literatur der mittleren achtziger Jahre. Frankfurt/M., 1987.

Labroisse, G., G. P. Knapp (Hg.): Literarische Tradition heute. Deutschsprachige Gegenwartsliteratur in ihrem Verhältnis zur Tradition. Amsterdam, 1988.

Lüdke, M. (Hg.): Gute Aussichten – finstere Zeiten. Deutsche Geschichte in deutschen Geschichten. Reinbek, 1989.

Mannack, E.: Zwei deutsche Literaturen. Kronberg, 1977.

Mayer, H.: Die umerzogene Literatur. Deutsche Schriftsteller und Bücher 1945–1967. Berlin, 1988.

Mayer, H.: Die unerwünschte Literatur. Deutsche Schriftsteller und Bücher 1968–1985. Berlin, 1989.

Mosler, P. (Hg.): Schreiben nach Auschwitz. Köln, 1989.

Paulsen, W. (Hg.): Revolte und Experiment. Die Literatur der sechziger Jahre in Ost und West. Heidelberg, 1972.

Pernkopf, J.: Der 17. Juni 1953 in der Literatur der beiden deutschen Staaten. Stuttgart, 1982.

Pestalozzi, K. (u. a.) (Hg.): Vier deutsche Literaturen? – Literatur seit 1945 – nur die alten Modelle? Tübingen, 1986.

Reich-Ranicki, M.: Deutsche Literatur in West und Ost. Prosa seit 1945. München, 1963.

Reich-Ranicki, M. (Hg.): Erfundene Wahrheit. Deutsche Geschichten 1945–1960. München, 2. Aufl., 1980.

Schmidt, B. u. H. Schwenger (Hg.): Die Stunde Eins. Erzählungen, Reportagen, Essays aus der Nachkriegszeit. München, 1982.

Schmidt-Bortenschlager, S.: Konstruktive Literatur. Gesellschaftliche Relevanz und literarische Tradition experimenteller Prosa-Großformen im deutschen, englischen und französischen Sprachraum nach 1945. Bonn, 1985.

Seliger, H. W. (Hg.): Der Begriff Heimat in der deutschen Gegenwartsliteratur. München, 1988.

Wagenbach, K. (Hg.): Lesebuch: Deutsche Literatur zwischen 1945 und 1959. Berlin, o. J.

Wettberg, G.: Das Amerika-Bild und seine negativen Konstanten in der deutschen Nachkriegsliteratur. Heidelberg, 1987.

Wolf, G.: Wortlaut – Wortbruch – Wortlust. Dialog mit Dichtung. Leipzig, 1988.

Literatur der BRD

Bibliographien, Nachschlagewerke

Glaser, H.: Kulturgeschichte der Bundesrepublik. 2 Bde. München, 1987.

Glenn, J.: Deutsches Schrifttum der Gegenwart (ab 1945). Bern, München, 1971.

Grimm, R. u. J. Hermand (Hg.): Basis. Jahrbuch für deutsche Gegenwartsliteratur. Bd 1 ff. Frankfurt/M., 1970 ff.

Langenbucher, W. R., R. Rytlewski, B. Weyergraf (Hg.): Kulturpolitisches Wörterbuch Bundesrepublik Deutschland/Deutsche Demokratische Republik im Vergleich. Stuttgart, 1983.

Lehmann, H. G.: Chronik der Bundesrepublik Deutschland 1945/49 bis heute. München, [3]1989.

Oberhauser, F. u. G. (Hg.): Literarischer Führer durch die Bundesrepublik Deutschland. Frankfurt/M., 1974.

Schnell, R.: Die Literatur der Bundesrepublik. Autoren, Geschichte, Literaturbetrieb. Stuttgart, 1986.

Weber, D. (Hg.): Deutsche Literatur der Gegenwart in Einzeldarstellungen. 2 Bde. Stuttgart, 3. Aufl., 1976.

Anthologien, Untersuchungen

Arnold, H. L., St. Reinhardt (Hg.): Dokumentarliteratur. München, 1973.

Arnold, H. L. (Hg.): Deutsche Bestseller – Deutsche Ideologie. Stuttgart, 1975.

Arnold, H. L. (Hg.): Geschichte der deutschen Literatur aus Methoden – Westdeutsche Literatur von 1945–1971. 3 Bde. Frankfurt/M., 1972.

Arnold, H. L., Th. Buck (Hg.): Positionen im deutschen Roman der sechziger Jahre. München, 1974.

Balzer, B. u. a.: Die deutschsprachige Literatur in der Bundesrepublik Deutschland. München, 1988.

Bance, A.: The German novel 1945–60. Stuttgart, 1980.

Bänsch, D. (Hg.): Die fünfziger Jahre. Tübingen, 1985.

Batt, K.: Die Exekution des Erzählers. Westdeutsche Romane zwischen 1968 und 1972. Frankfurt, 1974.

Batt, K.: Revolte intern. Betrachtungen zur Literatur in der Bundesrepublik. München, 1975.

Becker, J. u. W. Vostell (Hg.): Happenings, Fluxus, Pop Art, Nouveau Réalisme. Eine Dokumentation. Reinbek, 1965.

Beispiele. Zwölf Erzählungen von zehn Autoren. Stuttgart, 1962.

Bekes, P. u. a.: Deutsche Gegenwartslyrik von Biermann bis Zahl. Interpretationen. München, 1982.

Bender, H. (Hg.): In diesem Lande leben wir. Deutsche Gedichte der Gegenwart. München, 1978.

Bergmann, R. (Hg.): Nachrichten vom Zustand des Landes. Modautal-Neunkirchen, 1978.

Bier, J.-P.: Auschwitz et les nouvelles littératures allemandes. Brüssel, 1979.

Bingel, H. (Hg.): Deutsche Prosa. Erzählungen seit 1945. Stuttgart, 1963.

Blamberger, G.: Versuch über den deutschen Gegenwartsroman. Stuttgart, 1985.

Bloch, P. A. (Hg.): Gegenwartsliteratur. Mittel und Bedingungen ihrer Produktion. Eine Dokumentation. Bern, München, 1975.

Boesschoten, F. M. van: Deutsche zeitgenössische Literatur. Epik und Dramatik nach 1945. s'Gravenhage, Rotterdam, 2. Aufl., 1974.

Born, N. u. J. Manthey (Hg.): Nachkriegsliteratur. Literaturmagazin 7. Reinbek, 1977.

Braatz, I.: Zu zweit allein – oder mehr? Liebe und Gesellschaft in der modernen Literatur. Münster, 1980.

Brettschneider, W.: Zorn und Trauer. Aspekte deutscher Gegenwartsliteratur. Berlin, Bielefeld, München, 1979.

Brüdigam, H.: Der Schoß ist fruchtbar noch ... Neonazistische, militaristische, nationalistische Literatur und Publizistik in der Bundesrepublik. Frankfurt, 2. Aufl., 1965.

Buch, H. Ch. (Hg.): Die Literatur nach dem Tod der Literatur. Reinbek, 1975.

Bullivant, K. (Hg.): After the Death of Literature. West German Writing of the 1970s. Oxford, 1989.

Bullivant, K. u. H.-J. Althof (Hg.): Subjektivität, Innerlichkeit, Abkehr vom Politischen? Tendenzen der deutschsprachigen Literatur der 70er Jahre. Bonn, 1986.

Cernyak-Spatz, S. E.: German holocaust literature, New York (u. a.), 1985.

Daum, Th.: Die 2. Kultur. Alternativliteratur in der Bundesrepublik. Mainz, 1981.

Demetz, P.: Die süße Anarchie. Skizzen zur deutschen Literatur seit 1945. Frankfurt/M., Berlin, Wien, 1970.

Deschner, K.: Kitsch, Konvention und Kunst. Eine literarische Streitschrift. Berlin u. a. (überarb. u. erg. Ausg.), 1980.

Deschner, K.: Talente – Dichter – Dilettanten. Überschätzte und unterschätzte Werke in der deutschen Literatur der Gegenwart. Wiesbaden, 1964.

Dollinger, H. (Hg.): Außerdem. Deutsche Literatur minus Gruppe 47 = wieviel? München, 1967.

Drewitz, I. (Hg.): Schatten im Kalk. Lyrik und Prosa aus dem Knast. Stuttgart, 1979.

Durzak, M. (Hg.): Deutsche Gegenwartsliteratur. Ausgangspositionen und aktuelle Entwicklungen. Stuttgart, 1981.

Endres, E.: Die Literatur der Adenauerzeit. München, 1980.

Esselborn, K. G.: Gesellschaftskritische Literatur nach 1945. München, 1977.

Friedrich, H. (Hg.): Chamissos Enkel. Literatur von Ausländern in Deutschland. München, 1986.

Friedrich, H. (Hg.): Schwierigkeiten heute die Wahrheit zu schreiben. Eine Frage und einundzwanzig Antworten. München, 1964.

Futterknecht, F.: Das Dritte Reich im deutschen Roman der Nachkriegszeit. Bonn, 1976.

Garbe, B. (Hg.): Konkrete Poesie, Linguistik und Sprachunterricht. Tübingen, 1980.

Gehring, H.: Amerikanische Literaturpolitik in Deutschland 1945–1953. Stuttgart, 1976.

Glaser, H. (Hg.): Bundesrepublikanisches Lesebuch. Drei Jahrzehnte geistiger Auseinandersetzung. München, Wien, 1978.

Gomringer, E. (Hg.): konkrete poesie. deutschsprachige autoren. Stuttgart, 1972.

Hage, V.: Die Wiederkehr des Erzählers. Neue deutsche Literatur der 70er Jahre. Frankfurt, Berlin, Wien, 1982.

Hahn, U.: Literatur in der Aktion. Zur Entwicklung operativer Literaturformen in der Bundesrepublik. Wiesbaden, 1978.

Hamburger, M.: After the second flood. Essays on post-war German literature. Manchester, 1986.

Hans, J., U. Herms, R. Thenior (Hg.): Lyrik-Katalog Bundesrepublik. Gedichte, Biographien, Statements. München, 1978.

Hartung, H.: Experimentelle Literatur und konkrete Poesie. Göttingen, 1975.

Hay, G. (Hg.): Zur literarischen Situation 1945–1949. Kronberg, 1977.

Heidenreich, G. (Hg.): Und es bewegt sich doch ... Texte wider die Resignation. Ein deutsches Lesebuch. Frankfurt/M., 1981.

Heinze, H.: Migrantenliteratur in der Bundesrepublik Deutschland. Berlin, 1986.

Herles, W.: Der Beziehungswandel zwischen Mensch und Natur im Spiegel der deutschen Literatur seit 1945. Stuttgart, 1982.

Hermand, J.: Kultur im Wiederaufbau. München, 1986.

Hermand, J., H. Peitsch, K. R. Scherpe (Hg.): Nachkriegsliteratur in Westdeutschland. 2 Bde. Berlin, 1984.

Herms, U. (Hg.): Drucksachen. Junge deutsche Autoren. Hamburg, 1965.

Hörisch, J., H. Winkels (Hg.): Das schnelle Altern der neuesten Literatur. Essays zu deutschsprachigen Texten zwischen 1968–1984. Düsseldorf, 1985.

Hüppauf, B. (Hg.): «Die Mühen der Ebenen». Kontinuität und Wandel in der deutschen Literatur und Gesellschaft 1945–1949. Heidelberg, 1981.

Ingen, F. von, G. Labroisse (Hg.): Literaturszene Bundesrepublik – Ein Blick von draußen. Amsterdam, 1988.

Karsunke, I. u. K. M. Michel (Hg.): Bewegung in der Republik 1965–1984. Eine ‹Kursbuch›-Chronik. 2 Bde. Frankfurt/M., Olten, Wien, 1985.

Kessler, D.: Untersuchungen zur konkreten Dichtung. Vorformen – Theorien – Texte. Meisenheim, 1976.

Kesting, H.: Dichter ohne Vaterland. Bonn, 1982.

Koebner, Th. (Hg.): Tendenzen der deutschen Literatur seit 1945. Stuttgart, 1971 (2. neuverfaßte Aufl. u. d. T.: Tendenzen der deutschen Gegenwartsliteratur, 1984).

Kopfermann, Th.: Konkrete Poesie. Fundamentalpoetik und Textpraxis einer Neo-Avantgarde. Frankfurt, Bern, 1981.

Kreiler, K. (Hg.): Innenwelt. Verständigungstexte Gefangener. Frankfurt/M., 1979.

Kurz, P. K.: Apokalyptische Zeit. Zur Geschichte der mittleren 80er Jahre. Frankfurt/M., 1987.

Kurz, P. K: Über moderne Literatur. 7 Bde. Frankfurt/M., 1967–80.

Kurz, P. K.: Zwischen Widerstand und Wohlstand. Zur Literatur der frühen 80er Jahre. Frankfurt/M., 1986.

Leise, W.: Die Literatur und Ästhetik der Studentenbewegung (1967–1973). Diss. FU Berlin, 1979.

Lettau, R. (Hg.): Die Gruppe 47. Bericht, Kritik, Polemik. Ein Handbuch. Neuwied, 1967.

Linder, Chr.: Schreiben und Leben. Köln, 1974.

Lüderssen, K. u. Th.-M. Seibert (Hg.): Autor und Täter. Frankfurt/M., 1978.

Lüdke, W. M.: Literatur und Studentenbewegung. Eine Zwischenbilanz. Opladen, 1977.

Lüdke, W. M.: Nach dem Protest. Literatur im Umbruch. Frankfurt/M., 1979.

Lützeler, P. M. u. E. Schwarz (Hg.): Deutsche Literatur in der Bundesrepublik seit 1965. Untersuchungen und Berichte. Königstein, 1980.

Mattenklott, G. u. G. Pickerodt (Hg.): Literatur der siebziger Jahre. Berlin, 1985.

Matthaei, R. (Hg.): Grenzverschiebung. Neue Tendenzen in der deutschen Literatur der 60er Jahre. Köln, 1970.

Mayer, H.: Deutsche Literatur seit Thomas Mann. Reinbek, 1968.

Mecklenburg, N.: Die grünen Inseln. Zur Kritik des literarischen Heimatkomplexes. München, 1987.

Mertz, P.: Und das wurde nicht ihr Staat. Erfahrungen emigrierter Schriftsteller mit Westdeutschland. München, 1985.

Miller, N.: Prolegomena zu einer Poetik der Dokumentarliteratur. München, 1982.

Mon, F., W. Höllerer, M. de la Motte (Hg.): Movens. Dokumente und Analysen zur Dichtung, bildenden Kunst, Musik, Architektur. Wiesbaden, 1960.

«Die Mühen der Ebenen». Kontinuität und Wandel in der deutschen Literatur und Gesellschaft 1945–1949. Heidelberg, 1981.

Müller, H. L.: Die literarische Republik. Westdeutsche Schriftsteller und die Politik. Weinheim, Basel, 1982.

Parkes, K. St.: Writers and politics in West Germany. London (u. a.), 1986.

Pelzer, J. (Hg.): Die Literatur in der Bundesrepublik Deutschland. Stuttgart, 1990.

Positionen und Tendenzen in der Literatur der BRD um die Mitte der 70er Jahre. Rostock, 1977.

Rauschning, H. (Hg.): Das Jahr 45. Dichtung, Bericht, Protokoll deutscher Autoren. Gütersloh, 1970.

Realismus, Reaktion, Resignation. Beiträge zur westdeutschen Literatur. Halle, 1961.

Reich-Ranicki, M.: Entgegnung. Zur deutschen Literatur der 70er Jahre. Stuttgart (erw. Neuausg.), 1981.

Reich-Ranicki, M. (Hg.): Verteidigung der Zukunft. Deutsche Geschichten seit 1960. München, Zürich, 2. erw. Aufl., 1975.

Reinhold, U.: Herausforderung Literatur. Entwicklungsprobleme der demokratischen u. sozialistischen Literatur in der BRD 1965–1974. München, 1976.

Reinhold, U.: Tendenzen und Autoren. Zur Literatur der 70er Jahre in der BRD. Berlin, 1982.

Reszler, A.: Le national-socialisme dans le roman allemand contemporain. Genève, 1966.

Richter, H. W. (Hg.): Almanach der Gruppe 47. Reinbek, 1962.

Richter, H. W. (Hg.): Bestandsaufnahme. Eine deutsche Bilanz 1962. München, 1962.

Roehler, K. (Hg.): Geschichten aus der Geschichte der BRD. Frankfurt/M., o. J.

Schmidt, B. u. H. Schwenger (Hg.): Die Stunde Eins. Erzählungen, Reportagen, Essays aus der Nachkriegszeit. München, 1982.

Schubert, Chr. (Hg.): Handbuch der alternativen deutschsprachigen Literatur. 3. Ausgabe. Hamburg u. München, 1976 (u. ö.).

Schwarz, E.: Deutsche Literatur in der Bundesrepublik seit 1965. Untersuchungen und Berichte. Bonn, 1980.

Steinert, H.: Das Schreiben über den Tod. Von Thomas Bernhards «Verstörung» zur Erzählprosa der 70er Jahre. Frankfurt/M. (u. a.), 1984.

Thomas, R. H. u. K. Bullivant: Westdeutsche Literatur der sechziger Jahre. München, 1975.

Tintenfisch. Jahrbuch für Literatur. Bd 1ff. Berlin, 1968ff [enthält jeweils eine Bibliographie der Neuerscheinungen des Jahres].

Vogt, J. u. a. (Hg.): «Das Vergangene ist nicht tot, es ist nicht einmal vergangen». Nationalsozialismus im Spiegel der Nachkriegsliteratur. Essen, 1984.

Vormweg, H.: Die Wörter und die Welt. Über neue Literatur. Neuwied, Berlin, 1968.

Wagenbach, K. (Hg.): Lesebuch. Deutsche Literatur der sechziger Jahre. Berlin, 1968.

Wagenbach, K., W. Stephan, M. Krüger (Hg.): Vaterland, Muttersprache. Deutsche Schriftsteller und ihr Staat seit 1945. Berlin, 1979.

Wagener, H. (Hg.): Gegenwartsliteratur und Drittes Reich. Deutsche Autoren in der Auseinandersetzung mit der Vergangenheit. Stuttgart, 1977.

Walther, J. M. (Hg.): Diese Alltage überleben. Lesebuch 1945–1948. Münster, 1982.

Wandrey, U. (Hg.): Kein schöner Land? Deutschsprachige Autoren zur Lage der Nation. Reinbek, 1979.

Wehdeking, V. C.: Der Nullpunkt. Über die Konstituierung der deutschen Nachkriegsliteratur 1945–1948 in den amerikanischen Kriegsgefangenenlagern. Stuttgart, 1971.

Widmer, U.: 1945 oder die «Neue Sprache». Studien zur Prosa der «Jungen Generation». Düsseldorf, 1966.

Winkels, H.: Einschnitte. Zur Literatur der 80er Jahre. Köln, 1988.

Wir kommen. Literatur aus der Studentenbewegung. München, 1976.

Ziermann, H. (Hg.): Die Polemik um die deutsche Gegenwartsliteratur. Eine Dokumentation. Frankfurt, 1966.

Literatur der DDR

Bibliographien, Nachschlagewerke

Albrecht, G. u. a. (Hg.): Schriftsteller der DDR. Leipzig, 1975.

Geerdts, H. J. (Hg.): Literatur in der Deutschen Demokratischen Republik. Einzeldarstellungen. 3 Bde. Berlin, 1979–87.

Jacob, H. u. a.: Literatur in der DDR. Bibliographische Annalen 1945–1962. 3 Bde. Berlin, 1986.

Lederer, H.: Handbook of East German Drama 1945–1985. DDR Drama Handbuch. New York u. a., 1987.

Lehmann, H. G.: Chronik der DDR 1945/49 bis heute. München, 2. Aufl., 1988.

Rüß, G. (Hg.): Dokumente zur Kunst-, Literatur- und Kulturpolitik der SED. 1971–1974. Stuttgart, 1976.

Schubbe, E. (Hg.): Dokumente zur Kunst-, Literatur- und Kulturpolitik der SED. Stuttgart, 1972.

56 Autoren, Photos, Karikaturen, Faksimiles. Biographie, Bibliographie. 1945–1970. Berlin u. Weimar, 1970.

Anthologien, Untersuchungen

Arndt, M.: Das Bilderbuch als künstlerisches Mittel der sozialistischen Erziehung. Berlin, 1964.

Arnold, H. L. (Hg.): Die andere Sprache. Neue DDR-Literatur der 80er Jahre. München, 1990.

Aufbruch – Ankunft – Ausbruch. 30 Jahre DDR – Kunst und Literatur. Berlin, 1981.

Bartusch, H., U. Scheffler (Hg.): Die zweite Beschreibung meiner Freude. DDR-Prosa der 70er und 80er Jahre. Halle, 1989.

Batt, K.: Widerspruch und Übereinkunft. Leipzig, 1978.

Behn, M.: DDR-Literatur in der Bundesrepublik Deutschland. Die Rezeption der epischen DDR-Literatur in der BRD 1961 bis 1975. Meisenheim, 1977.

Behn, M. (Hg.): Geschichten aus der Geschichte der DDR. 1949 bis 1979. Neuwied, 1981.

Berger, U. u. G. Deicke (Hg.): Lyrik der DDR. Berlin u. Weimar, 1970.

Blumensath, H. u. Ch.: Einführung in die DDR-Literatur. Stuttgart, 2. überarb. u. erw. Aufl., 1983.

Bock, S.: Literatur, Gesellschaft. Nation. Materielle und ideelle Rahmenbedingungen der frühen DDR-Literatur (1949 bis 1956). Berlin, 1980.

Brenner, H. (Hg.): Nachrichten aus Deutschland. Lyrik, Prosa, Dramatik. Hamburg, 1967.

Brettschneider, W.: Zwischen literarischer Autonomie und Staatsdienst. Berlin, 1972.

Charloni, A. u. a. (Hg.): Die Literatur der DDR 1976–1986. Pisa, 1988.

Christmann, St.: Auf der Suche nach dem verhinderten Subjekt. DDR-Prosa über Faschismus im Lichte der Frankfurter Schule. Würzburg, 1990.

Consentino, Ch. u. a. (Hg.): DDR-Lyrik im Kontext. Amsterdam, 1988.

DDR konkret. Geschichten und Berichte aus einem real existierenden Land. Berlin, 1978.

Diersch, M. u. W. Hartinger (Hg.): Literatur und Geschichtsbewußtsein. Entwicklungstendenzen der DDR-Literatur in den sechziger und siebziger Jahren. Berlin, Weimar, 1976.

Döring, Ch., H. Steinert (Hg.): Schöne Aussichten. Neue Prosa aus der DDR. Frankfurt/M., 1990.

Drommer, G. (Hg.): Dichter im Frieden. 100 Autoren der DDR. Berlin, Weimar, 1986.

Drommer, G. (Hg.): Schau ins Land. Ein Foto-Lese-Buch über die DDR. Frankfurt/M., 1989.

Dworak, A.: Der Kriminalroman der DDR. Marburg, 1974.

Ebert, G.: Ansichten zur Entwicklung der epischen Kinder- und Jugendliteratur in der DDR von 1945 bis 1975. Berlin, 1976.

Einhorn, B.: Der Roman in der DDR. 1946–1969. Die Gestaltung des Verhältnisses von Individuum und Gesellschaft. Kronberg, 1978.

Emmerich, W.: Identität und Geschlechtertausch. Notizen zur Selbstdarstellung der Frau in der neueren DDR-Literatur. In: Basis. Bd 8. Frankfurt/M., 1978, S. 127–154.

Emmerich, W.: Kleine Literaturgeschichte der DDR. Darmstadt, Neuwied, 1981.

Endler, A. u. K. Mickel (Hg.): In diesem besseren Land. Gedichte der DDR seit 1945. Halle, 1966.

Erzähler der DDR. 2 Bde. Berlin, Weimar, 1985.

Fahndungen. 22 Autoren über sich selbst. Berlin, 1975.

Feitknecht, T.: Die sozialistische Heimat. Zum Selbstverständnis neuer DDR-Romane. Bern, Frankfurt/M., 1971.

Fischbeck, H. (Hg.): Literaturpolitik und Literaturkritik in der DDR. Eine Dokumentation. Frankfurt/M., 2. erw. Aufl., 1979.

Flood, J. L. (Hg.): Ein Moment des erfahrenen Lebens. Zur Lyrik der DDR. Amsterdam, 1987.

Franke, K. u. W. Langenbucher (Hg.): Erzähler aus der DDR. Tübingen, 1973.

Fretin, H. F.: Die Unterhaltungsliteratur der DDR. Troisdorf, 1970.

Funke, C., D. Hoffmann-Ostwald, H.-G. Otto (Hg.): Theaterbilanz. Bühnen der DDR 1945–1969. Berlin, 4. Aufl. 1974.

Gerlach, I.: Bitterfeld. Arbeiterliteratur und Literatur der Arbeitswelt in der DDR. Kronberg, 1974.

Gerlach, I.: Der schwierige Fortschritt. Gegenwartsdeutung und Zukunftserwartung im DDR-Roman. Königstein, 1979.

Greiner, B.: Von der Allegorie zur Idylle. Die Literatur der Arbeitswelt in der DDR. Heidelberg, 1974.

Greiner, B.: Literatur der DDR in neuer Sicht. Frankfurt/M. (u. a.), 1986.

Günther, E. u. a. (Hg.): Kritik '86. Rezensionen zur DDR-Literatur. Halle, Leipzig, 1987.

Hartinger, W.: DDR-Literaturwissenschaft und DDR-Literatur. Untersuchung zur Eigenart und Problematik ihrer Beziehungen in den 70er Jahren. 2 Bde. Diss. Leipzig, 1983.

Hartung, G. (Hg.): Erworbene Tradition. Studien zu Werken der sozialistischen deutschen Literatur. Berlin, Weimar, 1977.

Heidtmann, H. (Hg.): Im Kreislauf der Windeln. Frauenprosa aus der DDR. Weinheim, 1982.

Heidtmann, H.: Utopisch-phantastische Literatur in der DDR. Untersuchung zur Entwicklung eines unterhaltungsliterarischen Genres 1945–1979. München, 1982.

Heidtmann, H. (Hg.): Die Verbesserung des Menschen. Märchen. Darmstadt, Neuwied, 1982.

Helwig, G. (Hg.): Die DDR-Gesellschaft im Spiegel ihrer Literatur. Köln, 1986.

Herting, H.: Geschichte für die Gegenwart. Historische Belletristik in der Literatur der DDR. Berlin, 1979.

Herting, H.: Das sozialistische Menschenbild in der Gegenwartsliteratur. Berlin, 1966.

Hesse, E. (Hg.): Sprache und Antwort. Stimmen und Tendenzen einer anderen Literatur aus der DDR. Frankfurt/M., 1988.

Heukenkamp, U. (u. a.): Die eigene Stimme. Lyrik der DDR. Berlin, Weimar, 1988.

Heym, St. (Hg.): Auskunft. Neueste Prosa aus der DDR. 2 Bde. München, 1977–78.

Hoffman, H. J.: The image of woman in the drama of the German Democratic Republic, 1949–1971. Diss. Univ. of Massachusetts, 1980.

Hohendahl, P. U. u. P. Herminghouse (Hg.): Literatur und Literaturtheorie in der DDR. Frankfurt/M., 1976.

Hoogeveen, J. u. G. Labroisse (Hg.): DDR-Literatur und Literaturgesellschaft. Amsterdam, 1981.

Jäckel, G.: «Grunderlebnisse» in poetischer Prägnanz. Tendenzen und Strukturen in der Kurzprosa der DDR-Literatur zwischen 1965–1977. Wroclaw, 1980.

Jäger, M.: Sozialliteraten. Funktion und Selbstverständnis der Schriftsteller in der DDR. Düsseldorf, 1973.

Jansen, P. u. W. Schütte (Hg.): Film in der DDR. München, 1977.

Jarmatz, K., I. Beyer (Hg.): Der Fortschritt in der Kunst des sozialistischen Realismus. Berlin, 1974.

Jarmatz, K., C. Berger (Hg.): Weggenossen. Fünfzehn Schriftsteller der DDR. Leipzig, 1975.

Jarmatz, K. u. a. (Hg.): Kritik in der Zeit. Der Sozialismus – seine Literatur – ihre Entwicklung. Halle, 1970.

Jarmatz, K. (Hg.): Kritik in der Zeit. Literaturkritik in der DDR 1945–1975. 2 Bde. Leipzig, 1978.

Jokubeit, W.: Literaturkritik und Sprachkultur. Berlin, 1985.

Karsch, E.: Studien zur Abenteuerliteratur der DDR. Diss. Potsdam, 1976.

Kaufmann, E. u. H.: Erwartung und Angebot. Studien zum gegenwärtigen Verhältnis von Literatur und Gesellschaft in der DDR. Berlin, 1976.

Kaufmann, H. (Hg.): Tendenzen und Beispiele zur DDR-Literatur in den siebziger Jahren. Leipzig, 1981.

Kaufmann, H.: Über DDR-Literatur. Berlin, Weimar, 1986.

Kaufmann, H.: Versuch über das Erbe. Leipzig, 1980.

Kirsten, W. (Hg.): Veränderte Landschaft. Gedichte. Leipzig, 1979.

Klein, A.: Wirklichkeitsbesessene Dichtung. Zur Geschichte der deutschen sozialistischen Literatur. Leipzig, 1977.

Klunker, H.: Zeitstücke und Zeitgenossen. Gegenwartstheater in der DDR. München, 1975.

Klussmann, P. G., H. Mohr (Hg.): Die Schuld der Worte. Bonn, 1988.

Köhler-Hausmann, R.: Literaturbetrieb in der DDR. Schriftsteller und Literaturinstanzen. Stuttgart, 1984.

Kolbe, U. u. a. (Hg.): Mikado oder Der Kaiser ist nackt. Selbstverlegte Literatur in der DDR. Frankfurt/M., 1988.

Krüger, I. (Hg.): Die Heiratsschwindlerin. Erzählerinnen der DDR. Frankfurt/M., o. J.

Krüger, I. (Hg.): Kommen wir zur Tagesordnung. Literarische Reportagen aus der DDR. Darmstadt, Neuwied, 1985.

Kurzweg, V.: Beiträge über die Entwicklung des Dramas und des Schauspieltheaters in der DDR (1945–1968). Diss. Berlin, 1970.

Labroisse, G. (Hg.): Zur Literatur und Literaturwissenschaft der DDR. Amsterdam, 1978.

Lapp, P. J.: Traditionspflege in der DDR. Berlin, 1988.

Laschen, G. (Hg.): Lyrik in der DDR. Frankfurt, 1971.

Lermen, B., M. Loewen: Lyrik aus der DDR. Paderborn u. a., 1987.

Liersch, W.: Dichters Ort. Ein literarischer Reiseführer. Rudolstadt, 1985.

Lingenberg, J.: Das Fernsehspiel in der DDR. München-Pullach, 1968.

Literarisches Leben in der DDR 1945 bis 1960. Literaturkonzepte und Leseprogramme. Berlin, 1979.

Maczewski, J.: Der adaptierte Held. Untersuchungen zur Dramatik in der DDR. Bern, Frankfurt/M., 1978.

Mandel, E.: Untersuchungen zum novellistischen Erzählen in der jüngeren und jüngsten Erzählprosa der DDR-Literatur. Potsdam (Diss.), 1987.

Mathieu, J.-Ph. u. a.: RDA. Quelle Allemagne? Paris, 1990.

Mayer-Burger, B.: Entwicklung und Funktion der Literaturpolitik der DDR 1945–1981. München, 1983.

Meyer, B.: Satire und politische Bedeutung. Die literarische Satire in der DDR. Bonn, 1985.

Mittenzwei, W. (Hg.): Positionen. Beiträge zur marxistischen Literaturtheorie in der DDR. Leipzig, 1969.

Mittenzwei, W. u. R. Weisbach (Hg.): Revolution und Literatur. Zum Verhältnis von Erbe, Revolution und Literatur. Leipzig, 1971.

Müller, H. (Hg.): DDR-Theater des Umbruchs. Frankfurt/M., 1990.

Nalewski, H. u. K. Schuhmann (Hg.): Selbsterfahrung als Welterfahrung. DDR-Literatur in den 70er Jahren. Berlin, Weimar, 1981.

Naumann, M. (Hg.): Die Geschichte ist offen. DDR 1990: Hoffnung auf eine neue Republik – Schriftsteller aus der DDR über die Zukunftschancen ihres Landes. Reinbek, 1990.

Oswald, H.: Literatur, Kritik und Leser. Berlin, 1969.

Pallus, W. u. G. Müller-Waldeck (Hg.): Neuanfänge. Studien zur frühen DDR-Literatur. Berlin, Weimar, 1986.

Positionen 5. Wortmeldungen zur DDR-Literatur. Halle, 1989.

Pracht, E. u. W. Neubert (Hg.): Sozialistischer Realismus – Positionen, Probleme, Perspektiven. Berlin, 1970.

Profitlich, U. (Hg.): Dramatik der DDR. Frankfurt/M., 1987.

Raddatz, F. J.: Traditionen und Tendenzen. Materialien zur Literatur in der DDR. Frankfurt (erw. Ausg.), 1978.

Reich-Ranicki, M.: Zur Literatur der DDR. München, 1974.

Reid, J. H.: Writing without Taboos. The New East German Literature. New York u. a., 1990.

Richter, H. (Hg.): Generationen, Temperamente, Schreibweisen. DDR-Literatur in neuer Sicht. Halle, Leipzig, 1986.

Riedel, V.: Antikerezeption in der Literatur der DDR. Berlin, 1984.

Röhl, H. (Hg.): Ansichtssache. Schriftsteller und Künstler im Gespräch. Halle, Leipzig, 1988.

Rossade, W.: Literatur im Systemwandel. Zur ideologiekritischen Analyse künstlerischer Literatur aus der DDR. 2 Bde. Bern, Frankfurt/M., 1982.

Runge, M.: Zur gesellschaftlichen Funktion des Theaters in der DDR. Diss. Berlin, 1981.

Rüther, G. (Hg.): Kulturbetrieb und Literatur in der DDR. Köln, 1987.

Schanders, G.: Aktuelle Fragen der literarischen Kommunikation in der DDR. Diss. PH Magdeburg, 1984.

Scharfschwerdt, J.: Literatur und Literaturwissenschaft in der DDR. Eine historisch-kritische Einführung. Stuttgart, 1982.

Scherpe, K. R., L. Winckler (Hg.): Frühe DDR-Literatur. Hamburg, 1987.

Schlenker, W.: Das «kulturelle Erbe» in der DDR. Gesellschaftliche Entwicklung und Kulturpolitik 1945–1965. Stuttgart, 1977.

Schlenstedt, D.: Die neuere DDR-Literatur und ihre Leser. Wirkungsästhetische Analysen. Berlin, 1979.

Schmitt, H.-J. (Hg.): Einführung in Theorie, Geschichte und Funktion der DDR-Literatur. Stuttgart, 1975.

Schmitt, H.-J. (Hg.): Geschichten aus der DDR. Hamburg, 1979.

Schmitz, D.: Weibliche Selbstentwürfe und männliche Bilder. Zur Darstellung der Frau im DDR-Roman der siebziger Jahre. Frankfurt/M. (u. a.), 1983.

Schoeller, R. (Hg.): Blaue Kinderschaukel. Ein Lesebuch zur Geschichte der Kinderliteratur in der DDR. Darmstadt, Neuwied, 1981.

Schrader, B.: Entwicklungsprobleme des Arbeitertheaters in der DDR. Diss. Berlin, 1977.

Schregel, F.-H.: Die Romanliteratur der DDR. Erzähltechniken, Leserlenkung, Kulturpolitik. Opladen, 1991.

Scriven, M., D. Tate (Hg.): European Socialist Realism. Oxford, 1988.

Silberman, M. (Hg.): Interpretationen zum Roman in der DDR. Stuttgart, 1980.

Staadt, J.: Konfliktbewußtsein und sozialistischer Anspruch in der DDR-Literatur. Berlin, 1977.

Stahl, S.: Der Ausbruch des Subjekts aus gesellschaftlicher Konformität. Ansätze literarischer Verweigerung am Beispiel der DDR-Prosa der zweiten Hälfte der 70er Jahre. Frankfurt/M. (u. a.), 1984.

Streul, I.: Westdeutsche Literatur in der DDR. Stuttgart, 1983.

Taschner, W.: Tradition und Experiment. Erzählstrukturen und -funktionen des Bildungsromans in der DDR-Aufbauliteratur. Stuttgart, 1981.

Töpelmann, S.: Autoren – Figuren – Entwicklungen. Zur erzählenden Literatur in der DDR. Berlin, Weimar, 1975.

Träger, C.: Studien zur Erbetheorie und Erbeaneignung. Leipzig, 1981 u. Frankfurt/M., 1982.

Vesely, R. M.: Zum Verhältnis von gesellschaftlicher Funktionalisierung der Literatur und den Autonomiebestrebungen in der neueren Prosa der DDR. Diss. Wien, 1985.

Wallace, I. (Hg.): The writer and the society in the GDR. Tayport, 1984.

Wallesch, F. u. a.: Sozialistische Kinder- und Jugendliteratur der DDR. Ein Abriß zur Entwicklung von 1945 bis 1975. Berlin, 2. Aufl., 1979.

Der Weg zum Wir. Leipzig, 1958 [Dramen-Anthologie].

Weisbach, R.: Menschenbild, Dichter und Gedicht. Aufsätze zur deutschen sozialistischen Lyrik. Berlin, Weimar, 1972.

Weisbrod, P.: Literarischer Wandel in der DDR. Untersuchungen zur Entwicklung der Erzählliteratur in den 70er Jahren. Heidelberg, 1980.

Wittstock, U.: Von der Stalinallee zum Prenzlauer Berg. Wege der DDR-Literatur 1949–1989. München, o. J.

Wolff, L.-W. (Hg.): Fahrt mit der S-Bahn. Erzähler aus der DDR. München, 1971.

Wolff, L.-W. (Hg.): Frauen in der DDR. 20 Erzählungen. München, 1976.

Würffel, S. B. (Hg.): Hörspiele aus der DDR. Frankfurt, 1982.

Zimmermann, P.: Industrieliteratur in der DDR. Stuttgart, 1984.

Österreichische Literatur

Bibliographien, Nachschlagewerke

Bortenschlager, W.: Österreichische Dramatiker der Gegenwart. Kreativ-Lexikon. Wien, 1976.

Daviau, D. G. (Hg.): Major Figures of Contemporary Austrian Literature. New York u. a., 1987.

Giebisch, H.: Bio-bibliographisches Literaturlexikon Österreichs. Wien, 2. Aufl., 1985.

Maurer, H., G. Renner: Bibliographische Hinweise auf Veröffentlichungen zur österreichischen Literatur des 20. Jahrhunderts. 1982/83. Wien, 1986.

Österreichisches biographisches Lexikon, 1815–1950. Hg. von der Österreichischen Akademie der Wissenschaften. Bd 1ff. Graz, Köln, 1957ff.

Prokop, H. F.: Österreichisches Literaturhandbuch. München, 1974.

Richter, F.: Kein Pardon für Genies. Zwölf Charakterbilder. St. Pölten, Wien, 1982.

Ruiss, G., A. Vyoral: Katalog österreichischer Klein- und Autorenverlage. Wien, 1987.

Ruiss, G., J. A. Vyoral: Literarisches Leben in Österreich. Ein Handbuch. Wien, 1985.

Schindler, O. G., G. Schneider: Theater in Österreich. Verzeichnis der Inszenierungen 1980/1981. Wien, 1981.

Schmidt-Bortenschlager, S. u. H. Schnedl-Bubenicek: Österreichische Schriftstellerinnen 1880–1938. Eine Bio-Bibliographie. Stuttgart, 1982.

Stock, K. F., R. Heilinger, M. Stock: Personalbibliographien österreichischer Dichter und Schriftsteller. Pullach, 1972.

Theater in Österreich. Das österreichische Theaterjahrbuch. 1989/90. Wien, Darmstadt, 1990.

Weinzierl, E., Kurt Skalnik (Hg.): Österreich 1918–1938. Geschichte der Ersten Republik. 2 Bde. Graz, Wien, Köln, 1983.

Zohn, H.: Österreichische Juden in der Literatur. Ein bio-bibliographisches Lexikon. Tel Aviv, 1969.

Anthologien, Untersuchungen

Adel, K.: Aufbruch und Tradition. Einführung in die österreichische Literatur seit 1945. Wien, 1982.

Aler, J. (Hg.): Vivat Austria. Studien zur österreichischen Literatur. Amsterdam, 1985.

Amann, K.: Der Anschluß der österreichischen Schriftsteller an das Dritte Reich. Frankfurt, 1988.

Amann, K. u. A. Berger (Hg.): Österreichische Literatur der dreißiger Jahre. Wien, Köln, Graz, 2. Aufl., 1990.

Amann, K.: P.E.N. Politik. Emigration. Nationalsozialismus. Ein österreichischer Schriftstellerclub. Wien, Köln, Graz, 1984.

Aspetsberger, F.: Literarisches Leben im Austrofaschismus. Der Staatspreis. Wien, 1980.

Aspetsberger, F., N. Frey, H. Lengauer (Hg.): Literatur der Nachkriegszeit und der 50er Jahre in Österreich. Wien, 1984.

Aspetsberger, F. (Hg.): Staat und Gesellschaft in der modernen österreichischen Literatur. Wien, 1977.

Aspetsberger, F. (Hg.): Traditionen in der neueren österreichischen Literatur. 10 Vorträge. Wien, 1980.

Bamberger, R. (Hg.): Der österreichische Jugendschriftsteller und sein Werk. Wien, 1965.

Bartsch, K. u. a. (Hg.): Für und wider eine österreichische Literatur. Königstein, 1982.

Basil, O. u. a.: Das Große Erbe. Aufsätze zur österreichischen Literatur. Graz, Wien, 1962.

Baum, G. u. a. (Hg.): Österreich heute. Ein Lesebuch. Berlin, 2. Aufl. 1979.

Baumann, I.: Über Tendenzen antifaschistischer Literatur in Österreich. Wien. (Diss. masch.), 1982.

Beiträge zur Dramatik Österreichs im 20. Jahrhundert. Wien, 1968.

Best, A. u. H. Wolfschütz (Hg.): Modern Austrian Writing. Literature and society after 1945. London u. a., 1980.

Blauhut, R.: Österreichische Novellistik des 20. Jahrhunderts. Wien, 1966.

Brandstetter, A. (Hg.): Daheim ist daheim. Neue Heimatgeschichten. Salzburg, 1973.

Brandstetter, A. (Hg.): Österreichische Erzählungen des 20. Jahrhunderts. München, o. J.

Breicha, O. u. G. Fritsch (Hg.): Aufforderung zum Mißtrauen. Literatur, Bildende Kunst, Musik in Österreich seit 1945. Salzburg, 1967.

Breicha, O. u. R. Ubach (Hg.): Österreich zum Beispiel. Literatur, Bildende Kunst, Film und Musik seit 1968. Salzburg, Wien, 1982.

Buch und Leser in Österreich. Hamburg, 1974.

Carr, G. J. u. E. Sagarra (Hg.): Fin de siècle Vienna. Dublin, 1985.

Doppler, A.: Geschichte im Spiegel der Literatur. Aufsätze zur österreichischen Literatur des 19. und 20. Jahrhunderts. Innsbruck, 1990.

Draxlmayr, C.: Die österreichische Lyrik im Zeitraum 1945–1950. Diss. (masch.) Wien, 1950.

Ehalt, H. Ch., G. Heiß, H. Stekl (Hg.): Glücklich ist, wer vergißt...? Das andere Wien um 1900. Wien, Köln, Graz, 1986.

Eichberger, G.: Die Theorie der Praxis, die Praxis der Theorie. Das poetologische Selbstverständnis österreichischer Gegenwartsautoren. Diss. Graz, 1984.

Eichinger, Ch.: Die satirischen Zeitschriften der österreichischen Sozialdemokratie. Ein Beitrag zum Zeitschriftenwesen der Arbeiterpartei in der österreichisch-ungarischen Monarchie. Wien (Diss.), 1980.

Ernst, G. u. K. Wagenbach (Hg.): Rot ich weiß Rot. Literatur in Österreich. Berlin, 1979.

Ettmayer, W.: Literatur als politische Herausforderung. Die Welt der Arbeit in der österreichischen Literatur der Gegenwart. Wien, 1982.

Das geistige Leben Wiens in der Zwischenkriegszeit. Wien, 1981.

Geistiges Leben im Österreich der Ersten Republik. München, 1986.

Goldschmidt, H. E.: Quer Sacrum. Wiener Parodien und Karikaturen der Jahrhundertwende. Wien, München, 1976.

Graf-Blauhut, H.: Sprache: Traum und Wirklichkeit. Österreichische Kurzprosa des 20. Jahrhunderts. Wien, 1983.

Graz von innen. Eine Anthologie. Graz, 1985.

Greiner, U.: Der Tod des Nachsommers. Aufsätze, Porträts, Kritiken zur österreichischen Gegenwartsliteratur. München, Wien, 1979.

Grieser, D.: Schauplätze österreichischer Literatur. Frankfurt/M., Berlin, 1990.

Haase, H. und A. Mádl (Hg.): Österreichische Literatur des 20. Jahrhunderts. Berlin, 1988.

Hackl, W.: Kein Bollwerk der alten Garde – keine Experimentierbude. «Wort in der Zeit» (1955–1965). – Eine österreichische Literaturzeitschrift. Innsbruck, 1987.

Hall, M. G.: Österreichische Verlagsgeschichte 1918–1938. 2 Bde. Wien, Köln, 1985.

Heger, R.: Das österreichische Hörspiel. Wien, Stuttgart, 1977.

Heger, R.: Der österreichische Roman des 20. Jahrhunderts. 2 Bde. Wien, Stuttgart, 1971.

Hladel, H.: Das österreichische Kinder- und Jugendbuch nach dem zweiten Weltkrieg. Diss. (masch.) Wien, 1968.

Holzner, J. u. a. (Hg.): Studien zur Literatur des 19. und 20. Jahrhunderts in Österreich. Festschrift für A. Doppler zum 60. Geburtstag. Innsbruck, 1981.

Das Immergrüne Ordensband. Die Lyrik-Anthologie des Österreichischen Autorenverbandes. Wien, 1979.

Johnston, W. M.: Österreichische Kultur- und Geistesgeschichte. Gesellschaft u. Ideen im Donauraum 1848 bis 1938. Wien u. a., 1972.

Jugend in Wien. Literatur um 1900. Eine Ausstellung d. Dt. Lit. Archivs im Schiller-Nationalmuseum Marbach a. N. Katalog. Bearb. v. L. Grewe u. a. Stuttgart, 1974.

Jung, J. (Hg.): Glückliches Österreich. Literarische Besichtigung eines Vaterlands. Salzburg, 1978.

Kadrnoska, F. (Hg.): Aufbruch und Untergang. Österreichische Kultur zwischen 1918 und 1938. Wien, München, Zürich, 1981.

Kindermann, H. (Hg.): Dichtung aus Österreich. Anthologie in 3 Bdn u. einem Erg.-Bd Hörspiel. Hg. v. E. Schmitz-Mayr-Harting. Wien, 1977.

Klein, M. u. S. P. Scheichl (Hg.): Thematisierung der Sprache in der österreichischen Literatur des 20. Jahrhunderts. Innsbruck, 1982.

Kraft, W.: Österreichische Lyriker. Eisenstadt, Wien, 1984.

Laemmle, P. u. J. Drews (Hg.): Wie die Grazer auszogen, die Literatur zu erobern. München (erg. u. erw. Aufl.), 1979.

Le Rider, J.: Modernité viennoise et crises de l'identité. Paris, 1990.

Mádl, A.: Auf Lenaus Spuren. Beiträge zur österreichischen Literatur. Wien, Budapest, 1982.

Magris, C.: Der Habsburger-Mythos in der österreichischen Literatur. Salzburg, 1966.

Magris, C.: Der unauffindbare Sinn. Zur österreichischen Literatur des 20. Jahrhunderts. Klagenfurt, 1978.

Markus, G. (Hg.): Schlagzeilen, die Österreich bewegten. Das Jahrhundert der Kronen-Zeitung 1900–1990. Wien, 1990.

Mellacher, K.: Das Lied im österreichischen Widerstand. Funktionsanalyse eines nicht-kommerziellen literarischen Systems. Wien, 1986.

Michaela, J.: Literaturförderung in Österreich. 2 Bde. Diss. Wien, 1984.

Mixner, M. (Hg.): Der geschärfte Sinn. Eine Sammlung von Texten aus dem Grazer Funkhaus. Salzburg, 1981.

Nienhaus, St.: Das Prosagedicht im Wien der Jahrhundertwende. Berlin, 1986.

Nitsche, G. (Hg.): Österreichische Lyrik – und kein Wort Deutsch. Dichtung der rotweißroten Minoritäten. Innsbruck, 1990.

Paulsen, W. (Hg.): Österreichische Gegenwart. Die moderne Literatur und ihr Verhältnis zur Tradition. Bern, München, 1980.

Pfoser, A.: Literatur und Austromarxismus. 1980.

Polheim, K. K. (Hg.): Literatur aus Österreich – Österreichische Literatur. Bonn, 1981.

Quatember, W.: Erzählprosa im Umfeld der österreichischen Arbeiterbewegung. Wien, 1988.

Renner, G.: Österreichische Schriftsteller und der Nationalsozialismus (1933–1940). Frankfurt/M., 1986.

Richter, F.: Kein Pardon für Genies. Zwölf Charakterbilder. St. Pölten, Wien, 1982.

Rieckmann, J.: Aufbruch in die Moderne. Die Anfänge des Jungen Wien. Königstein/Ts., 1985.

Rieder, H.: Die Dramatik der österreichischen Moderne. Wien, 1970.

Rieder, H.: Österreichische Moderne. Bonn, 1969.

Rühm, G. (Hg.): Die Wiener Gruppe. Texte, Gemeinschaftsarbeiten, Aktionen. Reinbek, 2. Aufl., 1969.

Ruiss, G. u. J. A. Vyoral: Dokumentation zur Situation junger österreichischer Autoren. Wien, 1978.

Ruiss, G. u. J. A. Vyoral (Hg.): Die Freiheit zu sehen, wo man bleibt. 1. österreichischer Schriftstellerkongreß, 6. bis 8. März 1981. Wien, 1982.

Ruiss, G. u. J. A. Vyoral (Hg.): Problemkatalog. Bedingungen der Literaturproduktion in Österreich. Wien, 1981.

Scharang, M. (Hg.): Geschichten aus der Geschichte Österreichs 1945–1982. Frankfurt/M., o. J.

Scheible, H.: Literarischer Jugendstil in Wien. München, 1984.

Scheichl, S. P. u. G. Stieg (Hg.): Österreichische Literatur des 20. Jahrhunderts. Innsbruck, 1986.

Schmidt, A.: Dichtung und Dichter Österreichs im 19. und 20. Jahrhundert. 2 Bde. Salzburg, 1964.

Schmidt-Dengler, W. (Hg.): Formen der Lyrik in der österreichischen Literatur der Gegenwart. Wien, 1981.

Schondorff, J. (Hg.): Österreichisches Theater des 20. Jahrhunderts. München, 1961.

Schönwiese, E.: Literatur in Wien 1930 und 1980. München, 1980.

Schorske, C. E.: Wien. Geist und Gesellschaft im Fin de Siècle. Frankfurt, 1982.

Sebald, W. G.: Die Beschreibung des Unglücks. Zur österreichischen Literatur von Stifter bis Handke. Salzburg, 1985.

Seuter, H. (Hg.): Die Feder, ein Schwert? Literatur und Politik in Österreich. Graz, 1981.

Sotriffer, K. (Hg.): Das größere Österreich. Geistiges und soziales Leben von 1880 bis zur Gegenwart. Wien, 1982.

Strelka, J. u. E. Schönwiese (Hg.): Das zeitlose Wort. Eine Anthologie österreichischer Lyrik von Peter Altenberg bis zur Gegenwart. Graz, Wien, 1964.

Suchy, V.: Literatur in Österreich von 1945 bis 1970. Strömungen und Tendenzen. Wien, 2. Aufl., 1973.

Theater in Österreich. Wien 1965.

Die verlorenen Österreicher 1918–1938. Expression – Österreichs Beitrag zur Moderne. Eine Klärung der kulturellen Identität. Wien, München, 1982.

Die Vertreibung des Geistigen aus Österreich. Zur Kulturpolitik des Nationalsozialismus. Wien, 1985.

Vogelsang, H.: Österreichische Dramatik des 20. Jahrhunderts. Spiel mit Welten, Wesen, Worten. Wien, 1981.

Weinzierl, U. (Hg.): Lächelnd über seine Bestatter: Österreich. Österreichisches Lesebuch. Von 1900 bis heute. München, o. J.

Weiss, W. u. E. Beutner (Hg.): Literatur und Sprache im Österreich der Zwischenkriegszeit. Stuttgart, 1985.

Weiss, W. u. S. Schmid (Hg.): Zwischenbilanz. Eine Anthologie österreichischer Gegenwartsliteratur. Salzburg, 1976.

West, A. (u. a.): Linkes Wort für Österreich. Ein literarisches Mosaik. Wien, 1985.

Wischenbart, R.: Der literarische Wiederaufbau in Österreich 1945–1949. Königstein/Ts., 1983.

Worbs, M.: Nervenkunst. Literatur und Psychoanalyse im Wien der Jahrhundertwende. Frankfurt/M., 1988.

Wunberg, G. (Hg.): Das Junge Wien. Österreichische Literatur- und Kunstkritik 1887–1902. 2 Bde. Tübingen, 1976.

Wunberg, G. (Hg.): Die Wiener Moderne. Literatur, Kunst und Musik zwischen 1890 und 1910. Stuttgart, 1981.

Zeman, H. (Hg.): Die österreichische Literatur. Ihr Profil von der Jahrhundertwende bis zur Gegenwart (1880–1980). Graz, 1989.

Zeman, H. (Hg.): Studien zur österreichischen Erzählliteratur der Gegenwart. Amsterdam, 1982.

Zohn, H.: «...ich bin ein Sohn der deutschen Sprache nur...» Jüdisches Erbe in der österreichischen Literatur. Wien, 1986.

Schweizer Literatur

Bibliographien, Nachschlagewerke

Cabaret, Mime, Theater, Marionetten. Schweizer Handbuch. Frauenfeld, 1981.

Günther, W.: Dichter der neueren Schweiz. Bd 1–3, Bern 1963–86.

Schriftstellerinnen und Schriftsteller der Gegenwart. Schweiz – Suisse – Svizzera – Svizra. Aarau u. a., 1988.

Schweiz/Suisse/Svizzera/Svizra. Schriftsteller der Gegenwart. Hg. vom Schweizer Schriftsteller-Verband. Bern, 1978.

Schweizer biographisches Archiv. 6 Bde. Zürich u. a., 1952–58.

Schweizer Theaterhandbuch. Hg. vom Schweizer Bühnenverband. Zürich, 1964.

Stephan, B. (Hg.): Innerschweizer Schriftsteller. Texte und Lexikon. Luzern, Stuttgart, 1977.

Anthologien, Untersuchungen

Acker, R. u. M. Burkhard (Hg.): Blick auf die Schweiz. Zur Frage der Eigenständigkeit der Schweizer Literatur seit 1970. Amsterdam, 1987.

Ammann, E., U. Bugmann (Hg.): Berge Bücher Bernhardiner. Zur Literatur aus der Schweiz. Zürich, 1988.

Ammann, E. u. E. Faes (Hg.): Literatur aus der Schweiz. Texte und Materialien. Frankfurt/M., 1978.

Bachmann, D. (Hg.): Fortschreiben. 98 Autoren der deutschen Schweiz. Zürich, München, 1977.

Baur, A.: Schweizerdeutsch – woher und wohin? Zürich, 1990.

Belege. Gedichte aus der deutschsprachigen Schweiz seit 1900. Ausgewählt vom Zürcher Seminar für Literaturkritik mit W. Weber u. a. Zürich, München, 1978.

Bestand und Versuch. Schweizer Schrifttum der Gegenwart. Zürich, Stuttgart, 1964.

Bloch, P. A. u. a. (Hg.): Der Schriftsteller in unserer Zeit. Schweizer Autoren bestimmen ihre Rolle in der Gesellschaft. Bern, 1972.

Bräm, E. M.: Dichterporträts aus dem heutigen Schweizer Schrifttum. Bern, 1963.

Bucher, W. u. G. Ammann (Hg.): Schweizer Schriftsteller im Gespräch. 2 Bde. Basel, 1970–71.

Burkhard, M. u. G. Labroisse (Hg.): Zur Literatur der deutschsprachigen Schweiz. Amsterdam, 1979.

Calgary, G.: Die vier Literaturen der Schweiz. Olten, Freiburg, 1966.

Cantieni, B.: Schweizer Schriftsteller persönlich. Interviews. Frauenfeld, Stuttgart, 1983.

Dean, M. R., Schertenleib, H. (Hg.): Literatur in der Schweiz. Wien, o. J.

Erkundungen. 35 Schweizer Schriftsteller. Berlin (DDR), 1974.

Flood, J. L.: Modern Swiss Literature. London, 1985.

Fringeli, D.: Dichter im Abseits. Schweizer Autoren von Glauser bis Hohl. Zürich, München, 1974.

Fringeli, D. (Hg.): Literatur der deutschen Schweiz seit 1964. Zürich, 1972.

Geerk, F.: Lyrik aus der Schweiz. Zürich, 1974.

Grotzer, P. (Hg.): Aspekte der Verweigerung in der neueren Literatur aus der Schweiz. Zürich, 1988.

Gsteiger, M.: Literatur des Übergangs. Bern, 1963.

Hilty, H. R. u. M. Schmid (Hg.): Modernes Schweizer Theater. Egnach, 1964.

Huber, W.: Von der Bedeutung der West- und Südschweiz in der neueren Deutschschweizer Literatur. Saint-Blaise, 1985.

Jauslin, Chr.: Dramatiker der deutschen Schweiz. Ein Rückblick auf die Jahre 1961–1972. Zürich, 1973.

Jentzsch, B. (Hg.): Schweizer Lyrik des 20. Jahrhunderts. Gedichte aus vier Sprachregionen. Zürich u. Köln, 1978.

Köchli, Y.-D.: Themen in der neueren schweizerischen Literatur. Bern, Frankfurt/M., 1982.

Lang, P.: Das Schweizer Drama 1914–1944. Elgg, 1944.

Leber, H.: Zur Situation der Literatur in der Schweiz. Zürich, Winterthur, 1967.

Leber, H. (Hg.): Texte / Prosa junger Schweizer Autoren. Zürich, 1964.

Lengborn, Th.: Schriftsteller und Gesellschaft in der Schweiz. Eine Studie zur Behandlung der Gesellschaftsproblematik bei Zollinger, Frisch und Dürrenmatt. Frankfurt/M., 1972.

Links, R. (Hg.): Schweiz heute. Ein Lesebuch. Berlin (DDR), 1976.

Linsmayer, A. und Ch. (Hg.): Frühling der Gegenwart. Schweizer Erzählungen 1890–1950. Frankfurt/M. 1990.

Literatur geht nach Brot. Die Geschichte des Schweizerischen Schriftsteller-Verbandes. Aarau (u. a), 1987.

Marti, K.: Die Schweiz und ihre Schriftsteller – die Schriftsteller und ihre Schweiz. Zürich, 1966.

Maurer, R.: Die Schweizer Theaterszene. Zürich, 1983.

Mielczarek, Z.: Kurze Prosaformen in der deutschsprachigen Schweizer Literatur der 60er und 70er Jahre des 20. Jahrhunderts. Katowice, 1986.

Palmer, P.: Schweizer Bühnenwerke des 20. Jahrhunderts. Zürich, 1972.

Rindlisbacher, U.: Die Familie in der Literatur der Krise. Regressive und emanzipatorische Tendenzen in der deutschschweizer Romanliteratur um 1935. Bern, Stuttgart, 1987.

Ruedi, P. und Ph. Engelmann (Hg.): Neue Theaterstücke aus der Schweiz. Frankfurt/M., 1991.

Ruff, Th. u. P. K. Wehrli (Hg.): Dieses Buch ist gratis. Texte zeitgenössischer Schweizer Schriftsteller. Zürich, 1971.

Schiltknecht, W.: Le roman contemporain en Suisse allemande. O. O., 1974.

Schmidt, K.: Unbehagen im Kleinstaat. Zürich, 1963.

Schult, K.-D.: Untersuchungen zum literarischen Leben in der Schweiz der 60er Jahre. Die deutschsprachige Literatur der Zeit im Spiegel von Literaturkritik und öffentlicher Diskussion. Diss. Leipzig, 1980.

Schweizer Bühnenwerke des 20. Jahrhunderts. Zürich, 1972.

Schweizer Erzähler. Zürich, 1985.

Schwengeler, A. H.: Vom Geist und Wesen der Schweizer Dichtung. St. Gallen, 1964.

Siegrist, Ch. (Hg.): Schweizer Erzählungen. Deutschschweizer Prosa seit 1950. 2 Bde. Frankfurt/M., 1990.

Spiegelberg, S.: Diskurs in der Leere. Aufsätze zur aktuellen Literatur in der Schweiz. Bern u. a., 1990.

Szabó, J.: Erzieher und Verweigerer. Zur deutschsprachigen Gegenwartsprosa der Schweiz. Würzburg, 1989.

Theater in der Schweiz. Zürich, 1977.

Wegener, A.: Zum Verhältnis von Individuum und Gesellschaft in der deutschsprachigen Prosa der Schweiz seit Mitte der 60er Jahre. Diss. Leipzig, 1980.

Regionalliteratur, Mundartdichtung

Bibliographien, Nachschlagewerke

Autoren in Baden-Württemberg. Stuttgart, 1980.

Barz, P. (Hg.): Wo die Musen frieren. 20 norddeutsche Künstlerbiographien. Heide, 1988.

Beckord, R., A. Schattschneider: Dialektautoren in Ostwestfalen-Lippe. Bielefeld, 1990.

Bergenthal, J.: Westfälische Dichter der Gegenwart. Münster, 2. Aufl., 1954.

Berliner Autoren-Stadtbuch. Berlin, 1985.

Goldmann, B. u. a. (Hg.): Literarisches Rheinland-Pfalz heute. Ein Autorenlexikon. Mainz, 1988.

Hain, B.: Erstausgaben Pfälzer Mundartdichtung. Neustadt, 1985.

Hallenberger, D.: Das Ruhrgebiet in der Literatur. Annotierte Bibliographie zur Literatur über das Ruhrgebiet von den Anfängen bis 1961. Essen, 1990.

Heiduk, F.: Oberschlesisches Literatur-Lexikon. Biographisch-bibliographisches Handbuch. Tl. 1 (A–H). Berlin, 1990.

Käufer, H. E. u. R. Schröer (Hg.): Sie schreiben zwischen Goch und Bonn. Wuppertal, 1975.

Käufer, H. E. u. H. Wolff (Hg.): Sie schreiben zwischen Moers und Hamm. Wuppertal, 1974.

Käufer, H. E. u. W. Neumann (Hg.): Sie schreiben zwischen Paderborn und Münster. Wuppertal, 1977.

Lindow, W.: Niederdeutsches Spiel. Wegweiser durch die Bühnenliteratur. Leer, 1976ff.

Lippisches Autorenlexikon. Bd 1. Lemgo, 1986.

Meier Lenz, D. P. u. K. Morawietz (Hg.): Niedersachsen literarisch. Bremerhaven, 1981.

Migge, W.: Dichter aus Schwaben. Marbach, 1964.

Paulsen, J.: Schleswig-Holstein. Dichter in Wort und Bild. Rendsburg, 1957.

Plattdeutsch im Buchhandel (PIB). Leer, 4. erw. Aufl., 1978.

Quistorf, J. u. J. Sass: Niederdeutsches Autorenbuch. Hamburg, 1959.

Rankl, M.: Bibliographie zur Literatur Ost- und Westpreußens mit Danzig: 1945–1988. 2 Bde. Bonn, 1990.

Scheuffelen, Th., E. Dambacher, H. Dieke: Land der Dichtung, Dichters Lande. Ein literarischer Wegweiser durch Baden-Württemberg. Stuttgart, 1981.

Schuppenhauer, C.: Lexikon niederdeutscher Autoren. Leer, 1975ff (Loseblattslg.).

Setzwein, B.: Käuze, Ketzer, Komödianten. Literaten in Bayern. München, 1990.

Waldmann, W.: Schwaben, Land der Dichter. Stuttgart, 1986.

Anthologien, Untersuchungen

Arbatzat, H.: Niederdeutsch in der Erwachsenenbildung. Münster, 1990.

Arp, J.: Der Mensch in der niederdeutschen Komödie. Neumünster, 1964.

Aufzeichnungen aus Kärnten. Mladje-Prosa-Anthologie. Klagenfurt, Celovec, 1983.

Batt, K. (Hg.): Mecklenburg. Ein Lesebuch. Rostock, 1977 u. München, Zürich, 1978.

Baum, H.: Freude am alemannischen Gedicht. Freiburg, 2. Aufl., 1969.

Baur, G. W. u. H.-R. Fluck (Hg.): Warum im Dialekt? Interviews mit zeitgenössischen Autoren. Bern, München, 1976.

Bemalte Bauerntruhe. Aus dem Schatzkästlein der Salzburger Mundartdichtung. Klagenfurt, 1966.

Beutten, H. (Hg.): Bodensee-Dichterspiegel. Konstanz, 1949.

Bortenschlager, W.: Tiroler Drama und Dramatiker im 20. Jahrhundert. St. Michael, 1982.

Bosch, M.: Mundartliteratur. Frankfurt/M., Berlin, München, 1979.

Braak, I.: Niederdeutsche Dramen. Husum, 1976.

Brehm, F. (Hg.): Bairisch Wort. Bairische Mundartdichtung der Gegenwart. München, 1975.

Brustgi, F. G. (Hg.): Geruhsam wars im Lande nie. Schwäbisch-alemannische Geschichten aus 100 Jahren. Stuttgart, 1980.

Bünker, B. C., M. Chobot (Hg.): Dialekt. Anthologie 1970–1980. Wien, 1982.

Cordes, G. u. D. Möhn (Hg.): Handbuch zur niederdeutschen Sprach- und Literaturwissenschaft. Berlin, 1983.

Dialog im Dialekt. Ergebnisse der 1. Internationalen Arbeitstagung für Mundartliteratur. Wien, 1976.

Dünninger, J. u. D. Kiesselbach (Hg.): Bayerische Literaturgeschichte. Bd 2. München, 1967.

Eichborn, W. v. (Hg.): Schlesiens Vermächtnis. Ein Lesebuch aus 700 Jahren. Köln, 1960.

Enders, C.: Dichtung und Geistesgeschichte um den Rhein von den Anfängen bis zur Gegenwart. Ratingen, 1957.

Eyssen, J., D. Storch (Hg.): Niedersächsisches Lesebuch. Hildesheim, o. J.

Ficker, C.: Das literarisch ambitionierte niederdeutsche Hörspiel. Leer, 1985.

Finck, A. u. R. Matzen (Hg.): Nachrichten aus dem Alemannischen. Neue Mundartdichtung aus Baden, dem Elsaß, der Schweiz und Vorarlberg. Hildesheim, New York, 1979.

Fränkische Dichter der Gegenwart. Würzburg, 1977.

Frank-Planitz, U. (Hg.): Kleine Geschichten aus Sachsen. Stuttgart, 1990.

Fringeli, D. (Hg.): Mach keini Schprüch. Schweizer Mundartlyrik des 20. Jahrhunderts. Zürich, 2. Aufl., 1981.

Gamper, K. (Hg.): Erlesene Zeit. Eine Auswahl der Tiroler Dichtung. Innsbruck, Wien, 1990.

Gerhardy, R. (Hg.): Kleine Geschichten aus Franken. Stuttgart, 1990.

Gerstner, H. (Hg.): Fränkische Dichter erzählen. Hof, 2. erw. Aufl., 1976.

Gespräche mit plattdeutschen Autoren. Neumünster, 1964.

Goetsch, P. (Hg.): Dialekte und Fremdsprachen in der Literatur. Tübingen, 1987.

Götz, K. (Hg.): Das Hausbuch schwäbischer Erzähler. Stuttgart, 1971.

Hackl, E. (Hg.): Wien, Wien allein. Literarische Nahaufnahmen. Frankfurt/M., o. J.

Hahn, Ch. D. u. Ch. Jenssen (Hg.): Schriftsteller in Schleswig-Holstein – heute. Husum, 1980.

Hauer, J.: Lebendiges Wort. Österreichische Mundartdichter aus allen Bundesländern. Wels, 1976.

Das Hausbuch der Tiroler Dichtung. Innsbruck, Wien, München, 1965.

Heuschele, O. (Hg.): Das Füllhorn. Schwäbische Lyrik aus zwei Jahrhunderten. Stuttgart, 1961.

Heydebrand, R. v.: Literatur in der Provinz Westfalen. 1815–1945. Münster, 1983.

Hoffmann, F.: Geschichte der Luxemburger Mundartdichtung. 2 Bde. Luxemburg, 1964–67.

Hoffmann, F. u. J. Berlinger: Die neue deutsche Mundartdichtung, dargestellt am Beispiel der Lyrik. Hildesheim, 1978.

Hoffmann, F.: Zwischenland. Dialektologische, mundartphilologische und mundartliterarische Grenzgänge. Hildesheim, New York, 1981.

Jaeger, M.: Theorien der Mundartdichtung. Tübingen, 1964.

Janetzki, U., L. Zimmermann (Hg.): Anfang sein für einen neuen Tanz kann jeder Schritt. Junge Berliner Literatur der achtziger Jahre. Berlin, 1988.

Kahrs, A.: Dichterreisen. Literarische Streifzüge durch Altmark, Prignitz und südwestliches Mecklenburg. Lüchow, 1990.

Keller, H. P. u. G. Lanzer (Hg.): Satzbau. Poesie und Prosa aus Nordrhein-Westfalen. Düsseldorf, 1972.

Kelter, J. u. P. Salomon (Hg.): Literatur im alemannischen Raum. Freiburg, 1978.

Klein, A. u. a. (Hg.): Dichten im Dialekt. Marburg, 1985.

Kölln, H. (Hg.): Von Groth bis Johannimloh. Plattdeutsche Lyrik. Neumünster, 1968.

Kölsche Deechter un Gedeechte. Köln, 1971.

König, Ch.: Provinz-Literatur. Positionen der Prosa Vorarlbergs in synchroner Sicht. Innsbruck, 1984.

Küster, U. (Hg.): Kleine Geschichten aus Mecklenburg. Stuttgart, 1990.

Lahnstein, P.: Bürger und Poet. Dichter aus Schwaben als Menschen ihrer Zeit. Stuttgart, 1966.

Lenzen, J. M. u. J. Klersch: Die rheinische Mundartdichtung. Köln, 1949.

Lesle, U.-Th.: Das niederdeutsche Theater. Von «völkischer Not» zum Literaturtrost. Hamburg, 1986.

Lötscher, A.: Schweizerdeutsch. Frauenfeld, Stuttgart, 1983.

Lubos, A. J.: Linien und Deutungen. Vier Abhandlungen über schlesische Literatur. München, 1963.

Lutz, G. (Hg.): Bayerisches Lesebuch. Von 1871 bis heute. München, Zürich, 1985.

May, M.: Die Geschichte der Kölner Mundartdichtung. Aachen, 1981.

Mensch und Mundart am Niederrhein. Duisburg, München, 1970.

Michelers, D. u. H. Hornig (Hg.): Bremer Autoren. Emtinghausen, 1978.

Minder, R.: Oberrheinische Dichtung gestern und heute. Karlsruhe, 1965.

Motekat, H.: Ostpreußische Literaturgeschichte mit Danzig und Westpreußen. München, 1977.

Nied, E. G.: Almenrausch und Jägerblut. Die Anfänge des berufsmäßigen oberbayerischen Bauerntheaters vor dem Ersten Weltkrieg. München, 1986.

Niederdeutsch. Leer, 1986.

Niederdeutsch im Heimatfunk. Bremen, 1968.

Nilsson, I.: Niederdeutsches Theater der Gegenwart. Stockholm, 1975.

Nöhbauer, H. F. (Hg.): Bayerische Bauerngeschichten. München, 1984.

Papisch, P.: Anti-Heimatdichtung im Dialekt. Wien, 1977.

Pazelt, U.: Die oberösterreichischen Mundartdichter des 20. Jhdts. Diss. (masch.) Wien, 1967.

Rettenbacher, A. u. B.: Die Mundartdichtung in Salzburg. Wien, 1982.

Riedl, A.: Die Mundartdichtung aus dem Böhmerwald. Wien, 1982.

Schaefer, Th. (Hg.): Lippe-Detmold. Ein Lesebuch. Husum, 1990.

Schuppenhauer, C. (Hg.): Niederdeutsch heute. Leer, 1976.

Schütz, E. (Hg.): Die Ruhrprovinz, das Land der Städte. Köln, 1987.

Schwarz, A.: Die Mundartdichtung in Vorarlberg. Wien, 1982.

Seliger, H. M. (Hg.): Der Begriff «Heimat» in der deutschen Gegenwartsliteratur. München, 1987.

Senn, H. (Hg.): Wort im Gebirge. Schrifttum aus Tirol. Innsbruck, Wien, 1989.

Sohm, W.: Die Mundartdichtung in Niederösterreich. Wien, 1980.

Sommer, H.: Volk und Dichtung des Emmentals. Bern, München, 1969.

Spranger, M. (Hg.): Dialekt – Wiederentdeckung des Selbstverständlichen? Freiburg, 1977.

Stellmacher, D.: Niederdeutsch. Tübingen, 1981.

Stellmacher, D.: Niederdeutsche Sprache. Bern u. a., 1990.

Stellmacher, D.: Wer spricht Platt? Zur Lage des Niederdeutschen heute. Leer, 1988.

Thalhammer, F. J.: Mundartdichtung in Niederösterreich. St. Pölten, Wien, 1980.

Tiroler Gegenwart. Neue Tiroler unveröffentlichte Texte. Oberlangkampfen, 1990.

Unger, F.: Beiträge zur Mundartdichtung des Burgenlandes. Diss. (masch.) Wien, 1949.

Wagner, R. M. (Hg.): Und Petrulla lacht. Heiteres und Besinnliches von ostpreußischen Erzählern. Tübingen, Basel, 1971.

Wickham, C. J.: Modern German dialect poetry as a linguistic, literary and social phenomenon. Univ. of Wisconsin (Diss.), 1982.

Zehetner, L.: Das bairische Dialektbuch. München, 1985.

Zeller, M. und B. (Hg.): Schwäbische Erzähler. Stuttgart, 1990.

Deutschsprachige Literatur im Ausland

Bibliographien, Nachschlagewerke

Bibliographie alsacienne. Strasbourg, 1965 ff.

Buchsweiler, M. u. a.: Bibliographie der sowjet-deutschen Literatur von den Anfängen bis 1941. Ein Verzeichnis der in Buchform erschienenen sowjetdeutschen Publikationen. Köln, 1990.

Froeschle, H. u. A. Ritter (Hg.): Bibliographie zur deutschen Sprache und deutschsprachigen Literatur im Ausland. Hildesheim, New York, i. Vb.

Hury, C.: Luxemburgensia. Eine Bibliographie der Bibliographien. Luxemburg, 1964.

Krischan, A.: Deutsche periodische Literatur des Banats. Zeitungen Zeitschriften Kalender (1771–1971). Eine Bibliographie. München, 1987.

Meintz, C.: Bibliographie courante de la littérature luxembourgeoise 1988. Luxembourg, 1989.

Miessen, W.: Bibliographie zu Geschichte, Sprache und Literatur der deutschsprachigen Gemeinschaft Belgiens: 1945–1983. Brüssel, 1986.

Tolzmann, D. H.: German Americana. A Bibliography. Metuchen, 1975.

Ward, R. E.: Dictionary of German-American Creative Writers from the 17th Century to the Present. Bd 1: Bibliographical Handbook. Cleveland, 1978.

Anthologien, Untersuchungen

Anthologie der sowjetdeutschen Literatur. 3 Bde. Alma Ata, 1981–82.

Bekenntnisse – Erkenntnisse. Ungarndeutsche Anthologie. Ausgewählt von B. Szende. Budapest, 1979.

Belger, H. (Hg.): Zweig eines großen Baumes. Werdegang der sowjetdeutschen Literatur. Alma Ata, 1974.

Ciupuliga, A.: Die deutschsprachige Literatur in Rumänien zwischen 1933 und 1944. Pfaffenweiler, 1987.

Finck, A.: Die deutschsprachige Gegenwartsliteratur im Elsaß. Hildesheim (u. a.), 1987.

Friesen, G. (Hg.): Nachrichten aus den Staaten. Deutsche Literatur in den USA. Hildesheim (u. a.), 1983.

Froeschle, H. (Hg.): Nachrichten aus Ontario. Deutschsprachige Literatur in Kanada. Hildesheim (u. a.), 1981.

Goltschnigg, D. u. a. (Hg.): Die Bukowina. Studien zu einer versunkenen Literaturlandschaft. Tübingen, 1990.

Goudaillier, J.-P. (Hg.): Aspekte des Letzebuergeschen. Hamburg, 1987.

Gruber, A. (Hg.): Nachrichten aus Südtirol. Deutschsprachige Literatur in Italien. Hildesheim, 1990.

Gruber, A. (Hg.): Werkreihe Südtiroler Autoren. Bd 1 ff. Bozen, 1976 ff.

Grünewald, L. u. M. Lanius (Hg.): Zehn sowjetdeutsche Erzähler. Berlin, 1982.

Heinrichs, H.: Les publications en langue allemande de la région de langue allemande en Belgique de 1830 à 1977. Brüssel (Diplomarbeit), 1978.

Hoffmann, F.: Geschichte der Luxemburger Mundartdichtung. 2 Bde. Luxemburg 1964–67.

Kahn, L. (Hg.): In her mother's tongue. Women authors in the U.S. who write in German, 1938–1983. Denver, 1983.

Kahn, L. (Hg.): Reisegepäck Sprache. Deutschschreibende Schriftstellerinnen in den USA 1938–1978. München, 1979.

Klein, K. K.: Literaturgeschichte des Deutschtums im Ausland. Neu hg. von A. Ritter mit einer Bibliographie (1945–1978). Hildesheim (u. a.), 1979 (Reprint d. Ausg. Leipzig 1939).

Kohnemann, M. (Hg.): Nachrichten aus Ostbelgien. Deutsche Dichtung in Belgien. Hildesheim (u. a.), 1986.

Kolloquium zur literarischen Kultur der deutschsprachigen Bevölkerungsgruppen im Ausland. Flensburg, 1984.

Motzan, P. (Hg.): Ein halbes Semester Sommer. Moderne rumäniendeutsche Prosa. Berlin, 1981.

Motzan, P. (Hg.): Vorläufige Protokolle. Anthologie junger rumäniendeutscher Lyrik. Cluj-Napoca, 1976.

Mühlberger, J.: Geschichte der deutschen Literatur in Böhmen 1900–1939. München, Wien, 1981.

Pazi, M. (Hg.): Nachrichten aus Israel. Deutschsprachige Literatur in Israel. Hildesheim (u. a.), 1981.

Prager deutschsprachige Literatur zur Zeit Kafkas. Teil 2. Klosterneuburg, 1990.

Reichrath, E. (Hg.): Reflexe. Kritische Beiträge zur rumäniendeutschen Gegenwartsliteratur. Bukarest, 1977.

Riedel, W. E. (Hg.): The Old World and the New. Literary perspectives of German-speaking Canadians. Toronto, 1984.

Ritter, A. (Hg.): Auslandsdeutsche Literatur der Gegenwart. Bd 1 ff. Hildesheim (u. a.), 1974 ff.

Ritter, A. (Hg.): Deutschsprachige Literatur im Ausland. Göttingen, 1984.

Schickele, C. R. (Hg.): Anthologie elsaß-lothringischer Dichter der Gegenwart. 4 Bde. Strasbourg, 1969–78.

Schwarz-Gardos, A. (Hg.): Heimat ist anderswo. Deutsche Schriftsteller in Israel. Erzählungen und Gedichte. Freiburg i. Br., 1983.

Schwarz-Gardos, A. (Hg.): Hügel des Frühlings. Deutschsprachige Autoren Israels erzählen. Freiburg i. Br. u. a., 1984.

Schwob, A. (Hg.): Beiträge zur deutschen Literatur in Rumänien seit 1918. München, 1985.

Serke, J.: Böhmische Dörfer. Wanderungen durch eine verlassene literarische Landschaft. Wien, Hamburg, 1987.

Sienerth, St. (Hg.): Ausklang. Siebenbürgisch-deutsche Lyrik der Zwischenkriegszeit. Cluj-Napoca, 1982.

Solms, W. (Hg.): Nachruf auf die rumäniendeutsche Literatur. Marburg, 1990.

Thurnher, E.: Dichtung in Südtirol. Innsbruck, 1966.

Tolzmann, D. H. (Hg.): German-American Literature. Metuchen, 1977.

Waldthaler, S.: Studien zu einer lexikographischen Darstellung der Südtiroler Literatur im 20. Jahrhundert. Diss. Padua, 1976/77.

Warkentin, J.: Kritisches zur sowjetdeutschen Literatur. Moskau, 1978.

Wimmer, P.: Wegweiser durch die Literatur Tirols seit 1945. 2 Teile. Darmstadt, 1978.

Wolff, I. R. (Hg.): Doch die Sprache bleibt... Eine Prosa-Anthologie des PEN-Zentrums deutschsprachiger Autoren im Ausland. Gerlingen, 1990.

Drama und Theater

Bibliographien, Nachschlagewerke

Allgayer, W. (Hg.): Dramenlexikon. 2 Bde. Köln, Berlin, 1958–60.

Brauneck, M. u. G. Schneilin (Hg.): Theaterlexikon. Begriffe und Epochen, Bühnen und Ensembles. Reinbek, 1986.

Dramenlexikon. Hg. Deutsches Theatermuseum. Jahresband 1985 ff. München, 1986 ff.

Gregor, J. (Hg.) (ab Bd 7: M. Dietrich): Der Schauspielführer. Bd 1 ff. Stuttgart, 1953 ff.

Greiner, N., J. Hasler, H. Kurzenberger, L. Pikulik: Einführung ins Drama. 2 Bde. München, 1982.

Hadamovsky, F.: Bücherkunde deutschsprachiger Theaterliteratur. 1. Teil (1900–1944). 2. Teil (1945–1979). Wien, Köln, Graz, 1982–86.

Harjes, R.: Handbuch zur Praxis des Freien Theaters. Köln, 1983.

Hensel, G.: Spielplan. Schauspielführer von der Antike bis zur Gegenwart. 2 Bde. Frankfurt/M. u. a., 1986.

Hoerstel, K., I. Schlenker: Verzeichnis der Hochschulschriften, Diplom- und Staatsarbeiten der DDR zum Drama und Theater (1949 bis 1970). Berlin, 1973.

Kathrein, K.: rororo Schauspielführer. Reinbek, 1984.

Kosch, W. (Bd 3 fortgeführt von H. Bennwitz): Deutsches Theater-Lexikon. Biographisches und bibliographisches Handbuch. Bd 1 ff. Bern, München, 1953 ff.

Rischbieter, H.: Friedrichs Theater-Lexikon. Velber, 1969.

Rischbieter, H.: Theater-Lexikon. Zürich, Schwäbisch-Hall, 1983.

Rojek, H. J.: Bibliographie der deutschsprachigen Hochschulschriften zur Theaterwissenschaft von 1953 bis 1960. Berlin, 1962.

Schindler, O. G.: Theaterliteratur. Ein bibliographischer Behelf für das Studium der Theaterwissenschaft. Wien, 1976.

Schwanbeck, G.: Bibliographie der deutschsprachigen Hochschulschriften zur Theaterwissenschaft von 1885 bis 1952. Berlin, 1956.

Theater heute. Jahrbuch. Velber 1960 ff (erscheint jährlich).

Theaterstatistik. Hg. Deutscher Bühnenverein, Folge 1 ff. Köln, 1967 ff.

Trilse, Ch., K. Hammer u. R. Kabel: Theaterlexikon. Berlin, 2. Aufl., 1978.

Wildbihler, H. u. S. Voelklein: The Musical. München, 1986.

Anthologien, Untersuchungen

Adling, W.: Sozialistische Dramatik der DDR. Leipzig, 1965.

Arnold, H. L. u. Th. Buck (Hg.): Positionen des Dramas. München, 1977.

Arntzen, H. (Hg.): Komödiensprache. Beiträge zum deutschen Lustspiel zwischen dem 17. und dem 20. Jahrhundert. Münster, 1988.

Asmuth, B.: Einführung in die Dramenanalyse. Stuttgart, 3. Aufl., 1990.

Aust, H., P. Haida, J. Hein: Volksstück. Vom Hanswurstspiel zum sozialen Drama der Gegenwart. München, 1989.

Barton, B.: Das Dokumentartheater. Stuttgart, 1987.

Becker, P. v.: Der überraschte Voyeur. Theater der Gegenwart. München, Wien, 1982.

Beispiele. Schauspiel in deutscher Sprache. Theatertreffen Berlin 1964–1973. Berlin, 1973.

Berger, M.: Die Entwicklung des Dramas und des Schauspieltheaters in der sowjetischen Besatzungszone Deutschlands (1945–1949). Diss. Berlin, 1970.

Berger, M., M. Nössig, F. Rödel u. a.: Theater in der Zeitenwende. Zur Geschichte des Dramas und des Schauspieltheaters in der Deutschen Demokratischen Republik 1945–1968. 2 Bde. Berlin, 1972.

Blumer, A.: Das dokumentarische Theater der sechziger Jahre in der Bundesrepublik Deutschland. Meisenheim, 1977.

Braun, K. (Hg.): Deutsches Theater der Gegenwart. 2 Bde. Frankfurt/M., 1967.

Braun, K. u. P. Iden: Neues deutsches Theater. Zürich, 1971.

Braun, K. u. K. Völker (Hg.): Spielplatz 1. Jahrbuch für Theater 1971/72. Berlin, 1972.

Brauneck, M. (Hg.): Das deutsche Drama vom Expressionismus bis zur Gegenwart. Bamberg, 3. Aufl., 1977.

Brauneck, M., G. Schneilin: Drama und Theater. Bamberg, 1986.

Brauneck, M. (Hg.): Theater im 20. Jahrhundert. Programmschriften, Stilperioden, Reformmodelle. Reinbek, 1982 (aktualisierte Neuausg. 1986).

Brecht, B.: Schriften zum Theater. In: Ders.: Werke, Bd 15 bis 17. Frankfurt/M., 1967.

Bremer, C.: Theater ohne Vorhang. St. Gallen, 1962.

Brown, J.: Feminist Drama. Scarecrow, 1980.

Buddecke, W. u. H. Fuhrmann: Das deutschsprachige Drama seit 1945. Schweiz, Bundesrepublik, Österreich, DDR. Kommentar zu einer Epoche. München, 1981.

Bügner, T.: Annäherungen an die Wirklichkeit. Gattung und Autoren des «neuen Volksstücks». Frankfurt/M. (u. a.), 1986.

Die Bühne als Forum. Internationale Schauspielszene seit 1945. Wien, 1972.

Calandra, D.: New German dramatists. New York, 1983.

Chiusano, I.: Il teatro tedesco da Brecht a oggi. Bologna, 1964.

Daiber, H.: Deutsche Theater seit 1945. 1976.

Daiber, H.: Theater, eine Bilanz. München, Wien, 1965.

Dietrich, M.: Das moderne Drama. Stuttgart, 3. Aufl., 1974.

Dürrenmatt, F.: Theater-Schriften und Reden. Zürich, 1966.

Eckhardt, J.: Das epische Theater. Darmstadt, 1983.

Eichberg, H. u. a.: Massenspiele, NS-Thingspiel, Arbeiterweihespiel und olympisches Zeremoniell. Stuttgart, 1977.

Esslin, M.: Das Theater des Absurden. Reinbek, 1965 u. ö.

Fetting, H. (Hg.): Von der Freien Bühne zum Politischen Theater. Drama und Theater im Spiegel der Kritik. 2 Bde. Leipzig, 1987.

Fischer-Lichte, E.: Geschichte des Dramas. 2 Bde. Bern, München, 1990.

Fischer-Lichte, E. u. a. (Hg.): Soziale und theatralische Konventionen als Problem der Dramenübersetzung. Tübingen, 1988.

Franzen, E.: Formen des modernen Dramas. Von der Illusionsbühne zum Antitheater. München, 2. Aufl. 1970.

Freund, W. (Hg.): Deutsche Komödien. Vom Barock bis zur Gegenwart. München, 1988.

Gajek, K. u. a.: Das deutsche Drama des 20. Jahrhunderts. Warszawa, Wroclaw, 1982.

Geiger, H. u. H. Haarmann: Aspekte des Dramas. Opladen, 1978.

Geiger, H.: Widerstand und Mitschuld. Zum deutschen Drama von Brecht bis Weiss. Düsseldorf, 1973.

Geißler, R. (Hg.): Zur Interpretation des modernen Dramas. Frankfurt/M., Berlin, München, 1981.

Giesing, M.: ‹Ibsens Nora und die wahre Emancipation der Frau›. Zum Frauenbild im wilhelminischen Theater. Frankfurt/M. (u. a.), 1984.

Grimm, R. (Hg.): Deutsche Dramentheorien. Beiträge zu einer historischen Poetik des Dramas in Deutschland. Bd 2. Frankfurt/M., 1971.

Grimm, R. (Hg.): Episches Theater. Köln, 1966.

Grimm, R. u. J. Hermand (Hg.): Geschichte im Gegenwartsdrama. Stuttgart, 1976.

Grimm, R.: Nach dem Naturalismus. Essays zur modernen Dramatik. Kronberg, 1978.

Grohotolsky, E.: Ästhetik der Negation – Tendenzen des deutschen Gegenwartsdramas. Königstein/Ts., 1984.

Groth, M.: Theater und Video. Köln, 1985.

Guthke, K. S.: Die moderne Tragikomödie. Göttingen, 1968.

Hadamczik, D. (Hg.): Theater, ... der Nachwelt unverloren. Berlin, 1987.

Heidrich, M.: Untersuchungen zur Figurenproblematik des Mädchens und der jungen Frau in der DDR-Dramatik der siebziger Jahre. Diss. Dresden, 1981.

Heidsieck, A.: Das Groteske und das Absurde im modernen Drama. Stuttgart, 1969.

Hein, J. (Hg.): Das Volksstück im 19. und 20. Jahrhundert. Düsseldorf, 1973.

Heinz, W.: Die Kunst der Menschendarstellung. Beiträge zur Einheit von Kunst und Politik auf dem Theater (1960–1979). Berlin, 1979.

Hensel, G.: Das Theater der siebziger Jahre. München, 1980.

Hensel, G.: Theater der Zeitgenossen. Stücke und Autoren. Frankfurt, Berlin, Wien, 1972.

Herdtlein, H.: Theaterpolitik. Hamburg, 1981.

Herms, D., A. Paul: Politisches Volkstheater der Gegenwart. Berlin, 1981.

Hesse, H. R.: Gott in Person. Seine Gestalt im modernen deutschen Drama. München, 1969.

Heumann, A.: Das Verhältnis von moderner dramatischer Dichtung und Film. Diss. (masch.) Münster, 1956.

Hildesheimer, W.: Über das absurde Theater. Frankfurt/M., 1976.

Hilzinger, K. H.: Die Dramaturgie des dokumentarischen Theaters. Tübingen, 1976.

Hinck, W. (Hg.): Die deutsche Komödie. Vom Mittelalter bis zur Gegenwart. Düsseldorf, 1977.

Hinck, W. (Hg.): Handbuch des deutschen Dramas. Düsseldorf, 1980.

Hinck, W.: Das moderne Drama in Deutschland. Vom expressionistischen zum dokumentarischen Theater. Göttingen, 1973.

Hintze, J.: Das Raumproblem im modernen deutschen Drama und Theater. Marburg, 1969.

Hofmann, J.: Kritisches Handbuch des westdeutschen Theaters. Berlin, 1981.

Höllerer, W. (Hg.): Spiele in einem Akt. Frankfurt/M., 1961.

Holthus, G. (Hg.): Theaterwesen und dramatische Literatur. Tübingen, 1987.

Hornauer, U.: Laienspiel und Massenchor. Arbeitertheater der Kultursozialisten in der Weimarer Republik. Köln, 1985.

Hörnigk, F.: Geschichte im Drama. Studien zum Problem von Geschichte und Geschichtsverständnis in der neueren DDR-Dramatik. 2 Bde. Diss. Berlin, 1981.

Hübler, A.: Drama in der Vermittlung von Handlung, Sprache und Szene. Bonn, 1973.

Huettich, H. G.: Theatre in the Planned Society. Cultural Politics and Contemporary Drama in the German Democratic Republic in its Historical, Political, and Cultural Context. Chapel Hill, 1978.

Hüfner, A. (Hg.): Straßentheater. Frankfurt/M., 1970.

Hürlimann, M. (Hg.): Das Atlantisbuch des Theaters. Zürich, Freiburg, 1966.

Iden, P.: Theater als Widerspruch. München, 1984.

Irmscher, H. D., W. Keller (Hg.): Drama und Theater im 20. Jahrhundert. Göttingen, 1983.

Ismayr, W.: Das politische Theater in Westdeutschland. Meisenheim, 1977.

Jaron, N.: Das demokratische Zeittheater der späten 20er Jahre. Frankfurt/M. (u. a.), 1981.

Jhering, H.: Von Reinhardt bis Brecht – Vier Jahrzehnte Theater und Film. 3 Bde. Berlin, 1961.

Kafitz, D. (Hg.): Drama und Theater der Jahrhundertwende. Tübingen, 1990.

Kähler, H.: Gegenwart auf der Bühne. Die sozialistische Wirklichkeit in den Bühnenstücken der DDR von 1956–1963/64. Berlin, 1966.

Kaul, G.: Sommergäste. Zur Ästhetik des bürgerlichen Theaters. Diss. Frankfurt, 1982.

Keller, W. (Hg.): Beiträge zur Poetik des Dramas. Darmstadt, 1976.

Kesting, M.: Das epische Theater. Stuttgart, 7. Aufl., 1978.

Kesting, M.: Panorama des zeitgenössischen Theaters. 58 literarische Porträts. München, 2. Aufl., 1969.

Kienzle, S.: Schauspielführer der Gegenwart. 714 Einzelinterpretationen zum Schauspiel seit 1945. Stuttgart, 3. Aufl., 1978.

Kiermeier-Debre, J.: Eine Komödie und auch keine. Theater als Stoff und Thema des Theaters von Harsdörffer bis Handke. Stuttgart, 1989.

Kindermann, H.: Theatergeschichte Europas. Bd 8. Salzburg, 1968.

Klatt, G.: Arbeiterklasse und Theater. Agitprop-Tradition – Theater im Exil – Sozialistisches Theater. Berlin, 1975.

Knudsen, H.: Deutsche Theatergeschichte. Stuttgart, 1970.

Konfigurationen. Einblick in das Theatergeschehen der Bundesrepublik. Hamburg, 1979 ff. (ersch. unregelmäßig).

Kothes, F.-P.: Die theatralische Revue in Berlin und Wien. 1900–1938. Typen, Inhalte, Funktionen. Wilhelmshaven, 1977.

Kühn, H. (Hg.): Musiktheater heute. Mainz (u. a.), 1982.

Kutscher, A.: Grundriß der Theaterwissenschaft. München, 2. Aufl., 1949.

Landa, J. B.: Bürgerliches Schocktheater. Entwicklungen im österreichischen Drama der sechziger und siebziger Jahre. Univ. of South California, Los Angeles (Diss.), 1983.

Laube, H. u. B. Landes (Hg.): Theaterbuch 1. München, 1978.

Lazarowicz, K.: Theaterwissenschaft heute. München, 1975.

Leisentritt, G.: Das eindimensionale Theater. Beitrag zur Soziologie des Boulevardtheaters. München, 1979.

Linke, M. (Hg.): Theater 1967–1982. Berlin, 1983.

Mack, G.: Die Farce. Studien zur Begriffsbestimmung und Gattungsgeschichte in der neueren deutschen Literatur. München, 1990.

Mainusch, H. (Hg.): Europäische Komödie. Darmstadt, 1990.

Mann, O.: Geschichte des deutschen Dramas. Stuttgart, 3. Aufl., 1969.

Mäser, R.: Zur Entwicklungsgeschichte des deutschen Puppenspiels im 20. Jahrhundert unter besonderer Berücksichtigung der Aufführungspraxis des Puppenspiels vom Dr. Faust in der DDR. Diss. Dresden, 1980.

Melchinger, S.: Geschichte des politischen Theaters. 2 Bde. Frankfurt/M., 1974.

Melchinger, S.: Theater der Gegenwart. Frankfurt/M., 1956.

Mennemeier, F. N.: Modernes deutsches Drama. 2 Bde. München, 1975; Bd. 1: 2. Aufl., 1979.

Mensching, G.: Das Groteske im modernen deutschen Drama. Diss. Bonn, 1961.

Mittenzwei, W.: Gestaltung und Gestalten im modernen Drama. Zur Technik des Figurenaufbaus in der sozialistischen und spätbürgerlichen Dramatik. Berlin u. Weimar, 2. Aufl., 1969.

Mobiler Spielraum. Theater der Zukunft. Frankfurt/M., 1970.

Motekat, H.: Das zeitgenössische deutsche Drama. Einführung und kritische Analyse. Stuttgart, 1977.

Müller-Michaels, H. (Hg.): Deutsche Dramen. Bd 2. Königstein, 1981.

Nitsch, H.: Orgien Mysterien Theater. Darmstadt, 1969.

Nöth, W.: Strukturen des Happenings. Hildesheim, New York, 1972.

Patterson, M.: German theatre today. London, 1976.

Paulsen, W. (Hg.): Die deutsche Komödie im 20. Jahrhundert. Heidelberg, 1976.

Pfister, M.: Das Drama. Theorie und Analyse. München, 5. Aufl., 1988.

Pikulik, L. (Hg.): Deutsche Gegenwartsdramatik. 2 Bde. Göttingen, 1987.

Piscator, E.: Das Politische Theater. Neubearbeitet von F. Gasbarra. Reinbek, 1979.

Piscator, E.: Theater der Auseinandersetzung. Ausgewählte Schriften und Reden. Frankfurt/M., 1977.

Pörtner, P.: Spontanes Theater. Köln, 1972.

Reichel, P.: Signaturen und Lesarten. Zur Dramatik der jungen Autorengeneration. Halle, 1989.

Riewoldt, O. F.: Von Zuckmayer bis Kroetz. Die Rezeption westdeutscher Theaterstücke durch Kritik und Wissenschaft in der DDR. Berlin, 1978.

Rischbieter, H. (Hg.): Theater im Umbruch. Eine Dokumentation aus Theater heute. München, 1970.

Rischbieter, H., J. Berg: Welttheater. Braunschweig, 3. Aufl., 1985.

Rothe, W.: Deutsche Revolutionsdramatik seit Goethe. Darmstadt, 1989.

Rühle, G.: Theater in unserer Zeit. Frankfurt/M., 1976.

Rühle, J.: Das gefesselte Theater. Köln, 1957.

Schalk, A.: Geschichtsmaschinen. Über den Umgang mit der Historie in der Dramatik des technischen Zeitalters. Heidelberg, 1989.

Schiefermüller, I.: Die Erneuerung des Volksstücks in den Sechzigerjahren. Innsbruck (Diss.), 1980.

Schivelbusch, W.: Sozialistisches Drama nach Brecht. Darmstadt und Neuwied, 1974.

Schnetz, D.: Der moderne Einakter. Eine poetologische Untersuchung. Bern, 1967.

Schoell, K. (Hg.): Avantgardetheater und Volkstheater. Frankfurt/M., Bern, 1982.

Siebenhaar, K. (Hg.): Einakter und kleine Dramen der Zwanziger Jahre. Stuttgart, 1988.

Szondi, P.: Theorie des modernen Dramas. Frankfurt/M., 1969.

Taëni, R.: Drama nach Brecht: Möglichkeiten heutiger Dramatik. Basel, 1968.

Theater in den Kämpfen unserer Zeit. 3 Bde. Berlin, 1980.

Thomsen, Ch. W. (Hg.): Studien zur Ästhetik des Gegenwartstheaters. Heidelberg, 1985.

Valentin, J.-M. (Hg.): Volk – Volksstück – Volkstheater im deutschen Sprachraum des 18.–20. Jahrhunderts. Bern (u. a.), 1986.

Was spielten die Theater? Bilanz der Spielpläne in der Bundesrepublik Deutschland 1947–1975. Köln, 1978.

Weihs, A.: Freies Theater. Reinbek, 1981.

Wekwerth, M.: Theater in der Diskussion. Berlin, 1982.

Wekwerth, M.: Theater und Wissenschaft. Überlegungen für das Theater von heute und morgen. München, 1974.

Wiegenstein, R. H.: Über Theater. 1966–1986. Zürich, 1987.

Zeitstück. Zeittheater. Berlin, 1981.

Lyrik

Bibliographien, Nachschlagewerke

Breuer, D.: Deutsche Metrik und Versgeschichte. München, 1981.

Dühmert, A.: Von wem ist das Gedicht? Eine bibliographische Zusammenstellung aus 50 deutschsprachigen Anthologien. Berlin, 1969.

Kayser, W.: Geschichte des deutschen Verses. Tübingen, 3. Aufl., 1981.

Kranz, G.: Das Bildgedicht. Theorie – Lexikon – Bibliographie. 3 Bde. Köln u. a., 1981–87.

Paulus, R. u. U. Steuler: Bibliographie zur deutschen Lyrik nach 1945. Forschung – Autoren – Anthologien. Wiesbaden, 2. erw. Aufl., 1977.

Schlütter, H.-J. (Hg.): Lyrik – 25 Jahre. Bibliographie der deutschsprachigen Lyrikpublikationen 1945–1970. Hildesheim, New York, 1974.

Anthologien, Untersuchungen

Anz, Th. u. J. Vogl (Hg.): Die Dichter und der Krieg. Deutsche Lyrik 1914–1918. München, Wien, 1982.

Bekes, P. u. a.: Deutsche Gegenwartslyrik. Von Biermann bis Zahl. München, 1982.

Bender, H. (Hg.): Deutsche Gedichte 1930–1960. Stuttgart, o. J.

Bender, H. (Hg.): In diesem Lande leben wir. Deutsche Gedichte der Gegenwart. München, 1978.

Bender, H. (Hg.): Mein Gedicht ist mein Messer. Lyriker zu ihren Gedichten. München, 2. Aufl., 1961.

Bender, H. (Hg.): Widerspiel. Deutsche Lyrik seit 1945. München, 1962.

Bender, H. u. M. Krüger (Hg.): Was alles hat Platz in einem Gedicht? München, 1977.

Bode, D. (Hg.): Deutsche Gedichte. Anthologie. Stuttgart, o. J.

Breuer, D. (Hg.): Deutsche Lyrik nach 1945. Frankfurt/M., 1988.

Buchwald, Ch. u. a. (Hg.): Luchterhand Jahrbuch der Lyrik 1984 ff. Frankfurt/M., 1985 ff.

Büttner, L.: Von Benn zu Enzensberger. Eine Einführung in die zeitgenössische deutsche Lyrik. 1945–1970. Nürnberg, 1971.

Closs, A.: Reality and Creative Vision in German Lyrical Poetry. London, 1963.

Czernik, I. und T. (Hg.): Lyrik heute. Loßburg, 1988.

Dencker, K. P. (Hg.): Deutsche Unsinnspoesie. Stuttgart, o. J.

Dietschreit, F.: Zeitgenössische Lyrik im Gesellschaftsprozeß. Frankfurt/M., 1983

Domin, H. (Hg.): Doppelinterpretationen. Das zeitgenössische Gedicht zwischen Autor und Leser. Frankfurt, 1966.

Domin, H. (Hg.): Nachkrieg und Unfrieden. Gedichte als Index 1945–1970. Neuwied, Berlin, 1970.

Domin, H.: Wozu Lyrik heute. Dichtung und Leser in der gesteuerten Gesellschaft. München, 1968.

Elling, H. (Hg.): Mitten in tiefer Nacht. Gedichte aus Konzentrationslagern und Zuchthäusern des deutschen Faschismus 1933–1945. Frankfurt/M., 1990.

Fingerhut, K.-H., N. Hopster (Hg.): Politische Lyrik. Frankfurt/M., Berlin, München, 2. Aufl., 1974.

Freund, W.: Deutsche Lyrik. München, 1990.

Friedrich, H.: Die Struktur der modernen Lyrik. Von der Mitte des 19. bis zur Mitte des 20. Jahrhunderts. Reinbek (erw. Neuausg.), 1970 u. ö.

Fuchs, G. B. (Hg.): Die Meisengeige. Zeitgenössische Nonsensverse. Frankfurt/M., Berlin, Wien, 1978.

Fuhrmann, J. u. a. (Hg.): agitprop. Lyrik, Thesen, Berichte. Hamburg, o. J.

Fülleborn, U. u. K. P. Dencker: Deutsche Prosagedichte des 20. Jahrhunderts. München, 1976.

Garbe, B. (Hg.): Konkrete Poesie, Linguistik und Sprachunterricht. Hildesheim, 1987.

Girschner-Woldt, I.: Theorie der modernen politischen Lyrik. Berlin, 1971.

Gnüg, H.: Entstehung und Krise lyrischer Subjektivität. Stuttgart, 1983.

Gomringer, E.: Poesie als Mittel der Umweltgestaltung. Referat und Beispiele. Itzehoe, 1969.

Grimm, R. (Hg.): Zur Lyrik-Diskussion. Darmstadt, 1966.

Hädecke, W. u. U. Miehe (Hg.): Panorama moderner Lyrik deutschsprechender Länder von der Jahrhundertwende bis zur jüngsten Gegenwart. Gütersloh, 1966.

Hage, V. (Hg.): Lyrik für Leser. Deutsche Gedichte der siebziger Jahre. Stuttgart, 1980.

Härtling, P.: In Zeilen zuhaus. Pfullingen, 1957.

Hartung, H.: Deutsche Lyrik seit 1965. München, 1985.

Hasselblatt, D.: Lyrik heute. Kritische Abenteuer mit Gedichten. Gütersloh, 1963.

Haupt, J.: Natur und Lyrik. – Naturbeziehungen im 20. Jahrhundert. Stuttgart, 1983.

Hermand, J. (Hg.): Lyrik des Jugendstils. Anthologie. Stuttgart, o. J.

Heselhaus, C.: Deutsche Lyrik der Moderne von Nietzsche bis Yvan Goll. Düsseldorf, 1961.

Heukenkamp, U.: Die Sprache der schönen Natur. Studien zur Naturlyrik. Berlin, Weimar, 1982.

Hinck, W. (Hg.): Geschichte im Gedicht. Frankfurt/M., 1979.

Hinderer, W. (Hg.): Geschichte der deutschen Lyrik vom Mittelalter bis zur Gegenwart. Stuttgart, 1983.

Hinderer, W. (Hg.): Geschichte der politischen Lyrik in Deutschland. Stuttgart, 1978.

Höllerer, W.: Ein Gedicht und sein Autor. Lyrik und Essay. Berlin, 1967.

Höllerer, W. (Hg.): Transit. Lyrikbuch der Jahrhundertmitte. Frankfurt, 1956.

Holthusen, H. E. u. F. Kemp (Hg.): Ergriffenes Dasein. Deutsche Lyrik des 20. Jahrhunderts. Ebenhausen, 3. Aufl., 1958.

Jendryschik, M.: Lokaltermine. Notate zur zeitgenössischen Lyrik. Halle, 1974.

Jentzsch, B. (Hg.): Ich sah aus Deutschlands Asche keinen Phönix steigen. Rückkehr und Hoffnung in poetischen Zeugnissen. Befreiung. München, 1979.

Jordan, L. u. a. (Hg.): Lyrik – Erlebnis und Kritik. Gedichte und Aufsätze des dritten und vierten Lyrikertreffens in Münster. Frankfurt/M., 1988.

Jordan, L., A. Marquardt, W. Woesler (Hg.): Lyrik – von allen Seiten. Gedichte und Aufsätze des 1. Lyrikertreffens in Münster. Frankfurt/M., 1981.

Kammermeier, M.: Die Lyrik der Neuen Subjektivität. Frankfurt/M. (u. a.), 1986.

Killy, W.: Elemente der Lyrik. München, 1972.

Killy, W.: Wandlungen des lyrischen Bildes. Stuttgart, 2. Aufl., 1958.

Knöpf, G. (Hg.): Neun Kapitel Lyrik. Paderborn (u. a.), 1984.

Knörrich, O.: Die deutsche Lyrik der Gegenwart. 1945–1970. Stuttgart, 1971.

Knörrich, O.: Die deutsche Lyrik seit 1945. Stuttgart, 2. Aufl., 1978.

Kopfermann, Th.: Konkrete Poesie – Fundamentalpoetik und Textpraxis einer Neo-Avantgarde. Frankfurt/M., Bern, 1981.

Korte, H.: Geschichte der deutschsprachigen Lyrik seit 1945. Stuttgart, 1989.

Kranz, G.: Das Architekturgedicht. Köln u. a., 1988.

Krolow, K.: Aspekte zeitgenössischer deutscher Lyrik. Gütersloh, 1961.

Krolow, K.: Schattengefecht. Frankfurt/M., 1964.

Lamping, D.: Das lyrische Gedicht. Definitionen zu Theorie und Geschichte der Gattung. Göttingen, 1989.

Marsch, E. (Hg.): Moderne deutsche Naturlyrik. Stuttgart, 1980.

Martens, W.: Lyrik kommerziell. Das Kartell lyrischer Autoren 1902–1933. München, 1975.

Mein Gedicht ist die Welt. Deutsche Gedichte aus zwei Jahrhunderten. 1. Bd: 1780–1912. Hg. H. Bender. 2. Bd: 1912–1980. Hg. W. Weyrauch. Frankfurt/M., Olten, Wien, 1982.

Meyer-Tasch, P. C. (Hg.): Im Gewitter der Geraden. Deutsche Ökolyrik 1950–80. München, 1981.

Mieder, W. (Hg.): Kommt Zeit – kommt Rat!? Moderne Sprichwortgedichte von Erich Fried bis Ulla Hahn. Frankfurt/M., 1990.

Moll, M.: Lyrik in einer entmenschlichten Welt. Interpretationsversuche zu deutschsprachigen Gedichten aus nationalsozialistischen Gefängnissen, Ghettos und KZs. Frankfurt/M., 1988.

Muranga, M. J. K.: Großstadtelend in der deutschen Lyrik zwischen Arno Holz und Johannes R. Becher. Frankfurt/M., Bern, 1987.

Nussbächer, K. (Hg.): Deutsche Balladen. Stuttgart, o. J.

Paulsen, W. (Hg.): Deutsche Lyrik heute. Zu einer Standortbestimmung. Heidelberg, o. J.

Piontek, H. (Hg.): Deutsche Gedichte der sechziger Jahre. Stuttgart, 1984 (1. Aufl. u. d. T.: Deutsche Gedichte seit 1960).

Piontek, H. (Hg.): Liebe, Leid und Zeit und Ewigkeit. Deutsche Gedichte aus tausend Jahren, Hamburg, 1981.

Piontek, H.: Männer, die Gedichte machen. Hamburg, 1970.

Piontek, H. (Hg.): Neue deutsche Erzählgedichte. Stuttgart, 1964.

Rademacher, G.: Technik und industrielle Arbeitswelt in der deutschen Lyrik des 19. und 20. Jahrhunderts. Bern, Frankfurt/M., 1976.

Reich-Ranicki, M. (Hg.): Frankfurter Anthologie. Gedichte und Interpretationen. Bd 1 ff. Frankfurt/M., 1976 ff.

Rey, W. H.: Poesie der Antipoesie. Moderne deutsche Lyrik. Genesis, Theorie, Struktur. Heidelberg, 1978.

Rheinblick. Gedichte aus «Neues Rheinland» 1958–1984. Hg. von Matthias Buth. Köln, 1984

Richter, H.: Verse, Dichter, Wirklichkeiten. Aufsätze zur Lyrik. Berlin, Weimar, 1970.

Riedler, R. (Hg.): Die Pausen zwischen den Worten. Dichter über ihre Gedichte. München, Zürich, 1986.

Riha, K. (Hg.): 113 DADA-Gedichte. Berlin, o. J.

Rothe, W. (Hg.): Deutsche Großstadtlyrik vom Naturalismus bis zur Gegenwart. Stuttgart, o. J.

Schlütter, H.-J. u. a.: Sonett. Stuttgart, 1979.

Schöffling, K. und H. J. Schütz (Hg.): Almanach der Vergessenen. München, 1985.

Schöne, A.: Über Politische Lyrik im 20. Jahrhundert. Göttingen, 1972.

Schuhmann, K.: Weltbild und Poetik. Zur Wirklichkeitsdarstellung in der Lyrik der BRD bis zur Mitte der siebziger Jahre. Berlin, Weimar, 1979.

Schutte, J. (Hg.): Lyrik des Nationalsozialismus. Stuttgart, 1982.

Theobaldy, J. (Hg.): Und ich bewege mich doch. Gedichte vor und nach 1968. München, 2. Aufl., 1978.

Theobaldy, J. u. G. Zürcher: Veränderung der Lyrik. Über westdeutsche Gedichte seit 1965. München, 1975.

Vietta, S. (Hg.): Lyrik des Expressionismus. Tübingen, 3. Aufl., 1990.

Vietta, S.: Sprache und Sprachreflexion in der modernen Lyrik. Bad Homburg v. d. H. (u. a.), 1970.

Voigtländer, A. u. H. Witt (Hg.): Denkzettel. Politische Lyrik aus den sechziger Jahren der BRD und Westberlin. Leipzig, 1977.

Völker, L. (Hg.): Lyriktheorie. Stuttgart, 1990.

Weissenberger, K. (Hg.): Die deutsche Lyrik 1945–1975. Zwischen Botschaft und Spiel. Düsseldorf, 1981.

Weyrauch, W. (Hg.): Expeditionen. München, 1959.

Weyrauch, W. (Hg.): Neue Expeditionen. Deutsche Lyrik von 1960–1975. München, 1975.

Wiese, B. v. (Hg.): Die deutsche Lyrik. Form und Geschichte. Interpretationen. 1962.

Wolf, G.: Deutsche Lyrik nach 1945. Berlin, 1964.

Wolf, G.: Im deutschen Dichtergarten. Lyrik zwischen Mutter Natur und Vater Staat. Darmstadt, 1985.

Zeller, M.: Gedichte haben Zeit. Aufriß einer zeitgenössischen Poetik. Stuttgart, 1982.

Zürcher, G.: «Trümmerlyrik». Politische Lyrik 1945–1950. Kronberg, 1977.

Roman, Erzählung, Novelle

Nachschlagewerke, Anthologien, Untersuchungen

Baum, W.: Bedeutung und Gestalt. Über die sozialistische Novelle. Halle, 1968.

Bemmann, Helga (Hg.): Fürs Publikum gewählt – erzählt. Prosa aus acht Jahrzehnten. Berlin, 1983.

Benninghoff-Lühl, S.: Deutsche Kolonialromane 1884–1914 in ihrem Entstehungs- und Wirkungszusammenhang. Bremen, 1983.

Böttcher, K. u. G. Albrecht (Hg.): Romanführer A–Z. Bd 2 u. 3. Berlin, 1978 (erw. 1987).

Brauneck, M. (Hg.): Der deutsche Roman im 20. Jahrhundert. Analysen und Materialien zur Theorie und Soziologie des Romans. 2 Bde. Bamberg, 1976.

Bürger, P., Ch. Bürger: Prosa der Moderne. Frankfurt/M., 1988.

Damrau, H.-M.: Studien zum Gattungsbegriff der deutschen Kurzgeschichte im 19. und 20. Jahrhundert. Diss. Bonn, 1966.

Durzak, M.: Die deutsche Kurzgeschichte der Gegenwart. Autorenporträts, Werkstattgespräche, Interpretationen. Stuttgart, 1980.

Durzak, M. (Hg.): Der deutsche Roman der Gegenwart. Entwicklungsvoraussetzungen und Tendenzen. Stuttgart, 3. erw. u. veränd. Aufl., 1979.

Durzak, M.: Gespräch über den Roman. Formbestimmungen und Analysen. Frankfurt/M., 1976.

Eisele, U.: Die Struktur des modernen deutschen Romans. Tübingen, 1984.

Emmel, H.: Geschichte des deutschen Romans. Bd 2 u. 3. Bern, München, 1975–78.

Förster, J.: Kurzprosa als Spiegel der Wirklichkeit. Bad Honnef, Zürich, 1981.

Freund, W., H. Schumacher: Spiegel im dunklen Wort. Analysen zur Prosa des frühen 20. Jahrhunderts. Frankfurt/M., Bern, 1983.

Geißler, R. u. a.: Möglichkeiten des modernen deutschen Romans. Frankfurt, 5. Aufl., 1973.

Gregor-Dellin, M. (Hg.): Deutsche Erzählungen aus vier Jahrzehnten. Deutschsprachige Prosa seit 1945. Tübingen, 4. erw. u. rev. Aufl., 1982.

Hanimann, W. A.: Studien zum historischen Roman (1939–1945). Bern, Frankfurt, 1981.

Hasenclever, W. (Hg.): Prosa schreiben. Eine Dokumentation des Literarischen Colloquiums Berlin. Berlin, 1964.

Heimann, B.: Experimentelle Prosa der Gegenwart. München, 1978.

Hein, J.: Dorfgeschichte. Stuttgart, 1976.

Heitner, R. (Hg.): The Contemporary Novel in German. Austin, 1967.

Hillebrand, B.: Theorie des Romans. München, 2. erw. Ausg., 1980.

Hillebrand, B. (Hg.): Zur Struktur des Romans. Darmstadt, 1978.

Himmel, H.: Geschichte der deutschen Novelle. Bern, 1963.

Hochhuth, R. (Hg.): Die Gegenwart. Deutschsprachige Erzähler der Jahrgänge 1900–60. 2 Bde. Köln, 1981.

Hoffmeister, G. (Hg.): Der moderne deutsche Schelmenroman. Amsterdam, 1986.

Holl, O.: Der Roman als Funktion und Überwindung der Zeit. Zeit und Gleichzeitigkeit im deutschen Roman des 20. Jahrhunderts. Bonn, 1968.

Horst, K. A.: Das Spektrum des modernen Romans. Eine Untersuchung. München, 2. Aufl., 1964.

Iehl, D., H. Hombourg (Hg.): Von der Novelle zur Kurzgeschichte. Beiträge zur Geschichte der deutschen Erzählliteratur. Frankfurt/M. u. a., 1990.

Jurgensen, M.: Erzählformen des fiktionalen Ich. Beiträge zum deutschen Gegenwartsroman. Bern, München, 1980.

Kaiser, P.: Der Unglaube im Spiegel deutscher Prosa-Literatur aus den letzten 20 Jahren. Diss. Erlangen-Nürnberg, 1965.

Kaiser, R.-U. (Hg.): Protestfibel. Formen einer neuen Kultur. Bern, 1968.

Kanzog, K.: Erzählstrategie. Eine Einführung in die Normeinübung des Erzählens. Heidelberg, Wiesbaden, 1976.

Kempers, J.: Antinationalsozialistische Gestalten im deutschen Nachkriegsroman. Diss. Syracuse Univ., 1960.

Kilchenmann, R.: Die Kurzgeschichte. Formen und Entwicklung. Stuttgart, 1967.

Kilian, U.: Baupläne deutscher Novellen und Romane von der Klassik bis zur Moderne. Frankfurt/M. u. a., 1990.

Klein, A. (Hg.): Deutschsprachige Erzähler. Von Hauptmann bis Kafka. Leipzig, 1982.

Koopmann, H.: Der klassisch-moderne Roman in Deutschland. Berlin, 1983.

Koskella, G. A.: Die Krise des deutschen Romans, 1960–1970. Frankfurt/M., 1986.

Krätzer, A.: Studien zum Amerikabild in der neueren deutschen Literatur. Bern, Frankfurt, 1982.

Kunz, J.: Die deutsche Novelle im 20. Jahrhundert. Berlin, 1977.

Lämmert, E. (Hg.): Romantheorie. Dokumentation ihrer Geschichte in Deutschland seit 1880. Köln, 2. Aufl., 1984.

Lehmann, J. (Hg.): Deutsche Romane von Grimmelshausen bis Walser. 2 Bde. Königstein, 1982.

Lützeler, P. M.: Zeitgeschichte in Geschichten der Zeit. Bonn, 1987.

Meier, G.: Zur Gestaltung der antifaschistischen Widerstandskämpfer in deutschen Romanen nach 1945. Diss. (masch.) Potsdam, 1967.

Meyer, R.: Novelle und Journal. Bd. 1. Stuttgart, 1987.

Miller, N. (Hg.): Romananfänge. Versuch zu einer Poetik des Romans. Berlin, 1965.

Müller, H.: Geschichte zwischen Kairos und Katastrophe. Historische Romane im 20. Jahrhundert. Frankfurt/M., 1988.

Neubert, B.: Der Außenseiter im deutschen Roman seit 1945. Bonn, 1977.

O'Pecko, M. T., E. O. Hofstetter (Hg.): The Twentieth-Century German Novel – a bibliography of English-language criticism 1945–1986. Metuchen, N. J., London, 1989.

Opitz, R.: Krise des Romans? Halle, Leipzig, 1984.

Pfeifer, J.: Der deutsche Kriegsroman 1945–1960. Ein Versuch zur Vermittlung von Literatur und Sozialgeschichte. Königstein, 1981.

Polheim, K. K. (Hg.): Handbuch der deutschen Erzählung. Düsseldorf, 1981.

Pott, H.-G.: Neue Theorie des Romans. München, 1990.

Rath, W.: Not am Mann. Das Bild des Mannes im deutschen Gegenwartsroman. Heidelberg, 1987.

Reed, D. K.: The novel and the Nazi past. New York, 1985.

Reich-Ranicki, M. (Hg.): Romane von gestern – heute gelesen. Bd 2: 1918–1933. Frankfurt/M., 1989.

Der Romanführer. Der Inhalt der Romane und Novellen der Weltliteratur. Hg. von W. Olbrich u. a. Bd 1–5, 13, 16. Stuttgart, 1950–79.

Scheunemann, D.: Romankrise. Die Entstehungsgeschichte der modernen Romanpoetik in Deutschland. Heidelberg, 1978.

Schober, W. H.: Erzähltechniken in Romanen. Eine Untersuchung erzähltechnischer Probleme in zeitgenössischen deutschen Romanen. Wiesbaden, 1975.

Scholl, J.: In der Gemeinschaft des Erzählers. Studien zur Restitution des Epischen im deutschen Gegenwartsroman. Heidelberg, 1990.

Selbmann, R. (Hg.): Zur Geschichte des deutschen Bildungsromans. Darmstadt, 1988.

Stadacher, C. (Hg.): Die unbestimmte Entfernung. Deutsche Liebesgeschichten von 1945 bis heute. München, 1990.

Stanzel, F. K.: Theorie des Erzählens. Göttingen, Zürich, 4. Aufl., 1989.

Stanzel, F. K.: Typische Formen des Romans. Stuttgart, 7. Aufl., 1980.

Steinecke, H.: Romanpoetik von Goethe bis Thomas Mann. Entwicklung und Probleme der demokratischen Gattung. München, 1987.

Steinecke, H.: Theorie und Technik des Romans im 20. Jahrhundert. Tübingen, 2. Aufl., 1979.

Strelka, J.: Auf der Suche nach dem verlorenen Selbst. Zu deutscher Erzählprosa des 20. Jahrhunderts. Bern, München, 1977.

Thomas, R. H. u. W. v. d. Will: Der deutsche Roman und die Wohlstandsgesellschaft. Stuttgart, 1969.

Villgradter, R. u. F. Krey (Hg.): Der utopische Roman. Darmstadt, 1973.

Vogt, J.: Aspekte erzählender Prosa. Eine Einführung in Erzähltechnik und Romantheorie. Opladen, 7. Aufl., 1990.

Wagener, H. (Hg.): Zeitkritische Romane des 20. Jahrhunderts. Die Gesellschaft in der Kritik der deutschen Literatur. Stuttgart, 1975.

Wagner, F.: Literatur auf Kriegskurs. Eine literaturkritische Analyse. Berlin, 1961.

Warmbold, J.: «Ein Stückchen neudeutsche Erd' ...» Deutsche Kolonial-Literatur. Aspekte ihrer Geschichte, Eigenart und Wirkung, dargestellt am Beispiel Afrikas. Frankfurt, 1982.

Warmbold, J.: Germania in Africa. Germany's Colonial Literature. New York, Frankfurt/M., 1989.

Wehdeking, V., G. Blamberger: Erzählliteratur der frühen Nachkriegszeit (1945–1952). München, 1990.

Welzig, W.: Der deutsche Roman im 20. Jahrhundert. Stuttgart, 2. Aufl., 1970.

Williams, A. u. a. (Hg.): The German Novel in the 1980s. Oxford u. a., 1990.

Zenke, J.: Die deutsche Monologerzählung im 20. Jahrhundert. Köln, Wien, 1976.

Zimmermann, P.: Der Bauernroman. Antifeudalismus – Konservativismus – Faschismus. Stuttgart, 1975.

Ziolkowski, T.: Strukturen des modernen Romans. Deutsche Beispiele und europäische Zusammenhänge. München, 1972.

Literarische Kurzformen, (Auto-)Biographisches, Zweckliteratur

Nachschlagewerke, Anthologien, Untersuchungen

Achberger, K.: Literatur als Libretto. Heidelberg, 1980.

Albrecht, R.: ...fremd und doch vertraut: Skizzen zur politischen Kultur des Witzes gestern und heute. Münster, 1989.

Altmann, K. (Hg.): Deutsche Epigramme aus 5 Jahrhunderten. München, 1966.

Arntzen, H. (Hg.): Gegen-Zeitung. Deutsche Satiren des 20. Jahrhunderts. Heidelberg, 1964.

Auer, A.: Die kritischen Wälder. Ein Essay über den Essay. Halle, 1974.

Bachmann, D.: Essay Essayismus. Stuttgart u. a., 1969.

Bark, J. u. D. Pforte (Hg.): Die deutschsprachige Anthologie. 2 Bde. Frankfurt/M., 1969–70.

Barner, W. (Hg.): Literaturkritik – Anspruch und Wirklichkeit. Stuttgart, 1990.

Belke, H.: Literarische Gebrauchsformen. Opladen, 1973.

Bender, H. (Hg.): Klassiker des Feuilletons. Stuttgart, 1965.

Berger, B.: Der Essay. Bern, München, 1964.

Berger, K. H. (Hg.): Die Affenschande. Deutsche Satiren von Sebastian Brant bis Bertolt Brecht. Berlin, 2. Aufl., 1969.

Best, O. F.: Der Witz als Erkenntniskraft und Formprinzip. Darmstadt, 1989.

Billen, J. (Hg.): Die deutsche Parabel. Darmstadt, 1986.

Boerner, P.: Tagebuch. Stuttgart, 1969.

Böschenstein-Schäfer, R.: Idylle. Stuttgart, 2. Aufl., 1978.

Brednich, R. W.: Die Spinne in der Yucca-Palme. Sagenhafte Geschichten von heute. München, 1990.

Brettschneider, W.: Die moderne deutsche Parabel. Berlin, 1971.

Cantarutti, G. u. H. Schumacher (Hg.): Neuere Studien zur Aphoristik und Essayistik. Frankfurt/M., Bern, 1986.

Carlsson, A.: Die deutsche Buchkritik von der Reformation bis zur Gegenwart. Bern, München, 1969.

Datta, A.: Kleinformen in der deutschen Erzählprosa seit 1945. München, 1972.

David, W.: Hund unterm Tisch. Gedanken zur Literaturkritik. Halle, Leipzig, 1985.

Deußen, Ch.: Erinnerung als Rechtfertigung. Autobiographien nach 1945. Tübingen, 1987.

Dithmar, R.: Die Fabel. Geschichte, Struktur, Didaktik. Paderborn u. a., 5. Aufl., 1988.

Dithmar, R. (Hg.): Fabeln, Parabeln und Gleichnisse. München, 1988.

Doderer, K.: Fabeln. Zürich, Freiburg, 1970.

Durzak, M.: Die Kunst der Kurzgeschichte. München, 1989.

Ebner-Eschenhaym, G. (Hg.): Fabeln und Parabeln von Äsop bis Brecht. Leipzig, 1961.

Elm, Th.: Die moderne Parabel. München, 1982.

Elm, Th. u. H. H. Hiebel (Hg.): Die Parabel. Frankfurt/M., 1986.

Emrich, W.: Polemik. Streitschriften, Pressefehden und kritische Essays um Prinzipien, Methoden und Maßstäbe der Literaturkritik. Frankfurt, Bonn, 1968.

Ettl, S.: Anleitungen zu schriftlicher Kommunikation. Briefsteller von 1880 bis 1980. Tübingen, 1984.

Fieguth, G. (Hg.): Deutsche Aphorismen. Stuttgart, 1978.

Frerichs, P.: Bürgerliche Autobiographie und proletarische Selbstdarstellung. Frankfurt/M., 1980.

Freund, W.: Die literarische Parodie. Stuttgart, 1981.

Fricke, H.: Aphorismus. Stuttgart, 1984.

Fühner, R.: Das Ich im Prozeß. Studien zur modernen Autobiographie. Diss. Freiburg, 1982.

Gabriel, G., Ch. Schildknecht (Hg.): Literarische Formen der Philosophie. Stuttgart, 1990.

Gamm, H.-J.: Der Flüsterwitz im Dritten Reich. München, neu bearb. u. erw., 1990.

Glotz, P.: Buchkritik in deutschen Zeitungen. Hamburg, 1968.

Der goldene Schnitt. Große Essayisten der Neuen Rundschau 1890–1960. Frankfurt, 1960.

Goldschmit-Jentner, R.: Der kluge Zeitgenosse. Fehl-Urteile der Kritiker. Heidelberg, 1947.

Görner, R.: Das Tagebuch. München, Zürich, 1986.

Görtz, F. J. u. G. Ueding (Hg.): Gründlich verstehen. Literaturkritik heute. Frankfurt/M., 1985.

Gräser, A.: Das literarische Tagebuch. Saarbrücken, 1955.

Grimm, R. u. J. Hermand (Hg.): Vom Anderen und vom Selbst. Beiträge zu Fragen der Biographie und Autobiographie. Königstein, 1982.

Grothe, H.: Anekdote. Stuttgart, 2. Aufl., 1984.

Haacke, W.: Handbuch des Feuilletons. 3 Bde. Emsdetten, 1951–53.

Haas, G.: Essay. Stuttgart, 1969.

Hage, V.: Collagen in der deutschen Literatur. Frankfurt/M., 1984.

Hage, V.: Literarische Collagen. Stuttgart, 1981.

Hamm, P. (Hg.): Kritik, von wem, für wen, wie. Eine Selbstdarstellung deutscher Kritiker. München, 1968.

Hanke, M. (Hg.): Die schönsten Schüttelgedichte. Stuttgart, 1967.

Hanke, M.: Die Schüttelreimer. Stuttgart, 1968.

Hasselblatt, U.: Das Wesen des Volksmärchens und das moderne Kunstmärchen. Diss. (masch.) Freiburg, 1956.

Hasubeck, P. (Hg.): Die Fabel. Berlin, 1982.

Hat Literatur die Kritik nötig? Frankfurt/M., o. J.

Heckmann, H. (Hg.): Literatur aus dem Leben. Autobiographische Tendenzen in der deutschsprachigen Gegenwartsdichtung. München, Wien, 1984.

Herzog, G. H. u. E. Heinold (Hg.): Scherz beiseite. Die Anthologie der deutschen Prosasatire von 1900 bis zur Gegenwart. München, Bern, Wien, 1966.

Hess, P.: Epigramm. Stuttgart, 1989.

Hindermann, F., B. Heinser (Hg.): Deutsche Aphorismen aus drei Jahrhunderten. Zürich, 1987.

Höck, W. (Hg.): Herr Je das Nichts ist bodenlos. Unsinn in Poesie und Prosa. München, 1968.

Hocke, G. R.: Das europäische Tagebuch. Wiesbaden, 2. Aufl., 1978.

Hohendahl, P. U. (Hg.): Geschichte der deutschen Literaturkritik. 1730–1980. Stuttgart, 1985.

Hohendahl, P. U.: Literaturkritik und Öffentlichkeit. München, 1974.

Honolka, K.: Kulturgeschichte des Librettos. Wilhelmshaven (erw. Ausg.), 1979.

Horn, A.: Das Komische im Spiegel der Literatur. Versuch einer systematischen Einführung. Würzburg, 1988.

Irro, W.: Kritik und Literatur. Würzburg, 1986.

Japp, U.: Theorie der Ironie. Frankfurt/M., 1983.

Jessen, J.: Bibliographie der Autobiographien. 3 Bde. München u. a., 1987–89.

Jolles, A.: Einfache Formen. Tübingen, 1958 u. ö. (1. Aufl. 1930).

Jurgensen, M.: Das fiktionale Ich. Untersuchungen zum Tagebuch. Bern, München, 1979.

Kähler, H.: Von Hofmannsthal bis Benjamin. Ein Streifzug durch die Essayistik der 20er Jahre. Berlin, Weimar, 1982.

Karst, Th. (Hg.): Reportagen. Stuttgart, 1976.

Klotz, V.: Das europäische Kunstmärchen. Stuttgart, 1985.

Knobloch, H.: Vom Wesen des Feuilletons. Halle, 1962.

Köhler, P.: Nonsens. Theorie und Geschichte der literarischen Gattung. Heidelberg, 1989.

Kranz, G.: Das Bildgedicht. Theorie. Lexikon. Bibliographie. 3 Bde. Köln, Wien, 1981–87.

Krecker, V.: Das Drehbuch als künstlerische Substanz und Gestaltungsplan des Films. Diss. (masch.) FU Berlin, 1956.

Kritik in unserer Zeit. Göttingen, 1960.

Kronsbein, J.: Autobiographisches Erzählen. München, 1984.

Krüger, H.: Studien über den Aphorismus als philosophische Form. Frankfurt, 1957.

Krüger, H.: Über den Aphorismus als philosophische Form. München, 1988.

Kuczynski, J.: Probleme der Autobiographie. Berlin, 1983.

Kunze, R.: Wesen und Bedeutung der Reportage. Berlin, 1960.

Lackinger, W.: Von Aphorismen und Aphoristikern. St. Michael, 1979.

Lang, P. Chr.: Literarischer Unsinn im späten 19. und frühen 20. Jahrhundert. Frankfurt/M., Bern, 1982.

Lausberg, H.: Handbuch der literarischen Rhetorik. Stuttgart, 3. Aufl., 1989.

Lazarowicz, K.: Verkehrte Welt. Vorstudien zu einer Geschichte der deutschen Satire. Tübingen, 1963.

Lehmann, J.: Bekennen – Erzählen – Berichten. Studien zu Theorie und Geschichte der Autobiographie. Tübingen, 1988.

Lehner, H. (Hg.): Zeitalter des Fragments. Herrenalb, 1964.

Leibfried, E.: Fabel. Stuttgart, 1967.

Lüthi, M.: Das europäische Volksmärchen. Form und Wesen. Tübingen, 8. Aufl., 1985.

Marx, L.: Die deutsche Kurzgeschichte. Stuttgart, 1985.

Mayer, H. (Hg.): Deutsche Literaturkritik im zwanzigsten Jahrhundert. Stuttgart, 1965.

Meidinger-Geise, I. (Hg.): Humor unterm Brennglas. Duisburg, 1978.

Miller, N.: Prolegomena zu einer Poetik der Dokumentarliteratur. München, 1982.

Misch, G.: Geschichte der Autobiographie. 4 Bde in 8 Teilen. Frankfurt/M., 1949–69 u. ö.

Müller, R. A.: Komik und Satire. Zürich, 1973.

Nagel, B.: Durch die Jahre 1948–1987. Feuilleton-Beiträge und Essays aus vier Jahrzehnten. Heidelberg, 1987.

Neubert, W.: Gesellschaftliche Aufgaben, ästhetische Möglichkeiten der sozialistischen Satire. Diss. (masch.) Berlin, 1965.

Neumann, B.: Identität und Rollenzwang. Zur Theorie der Autobiographie. Frankfurt/M., 1971.

Neumann, G. (Hg.): Der Aphorismus. Darmstadt, 1976.

Neumann, G. (Hg.): Deutsche Epigramme. Stuttgart, 1969.

Neumann, N.: Vom Schwank zum Witz. Zum Wandel der Pointe seit dem 16. Jahrhundert. Frankfurt/M., 1986.

Niggl, G. (Hg.): Die Autobiographie. Zur Form und Geschichte einer literarischen Gattung. Darmstadt, 1989.

Peitsch, H.: Deutschlands Gedächtnis an seine dunkelste Zeit. Zur Funktion der Autobiographik in den Westzonen Deutschlands und den Westsektoren von Berlin 1945 bis 1949. Berlin, 1990.

Pfohl, G. (Hg.): Das Epigramm. Zur Geschichte einer inschriftlichen und literarischen Gattung. Darmstadt, 1969.

Raiser, R.: Über das Epigramm. Stuttgart, 1950.

Rogge, H.: Fingierte Briefe als Mittel politischer Satire. München, 1966.

Rohner, L.: Der deutsche Essay. Neuwied, Berlin, 1966.

Rohner, L. (Hg.): Deutsche Essays. 4 Bde. Neuwied, Berlin, 1968.

Rohner, L.: Kalendergeschichte und Kalender. Wiesbaden, 1978.

Rohner, L.: Die literarische Streitschrift. Wiesbaden, 1987.

Rohner, L.: Theorie der Kurzgeschichte. Wiesbaden, 2. Aufl., 1976.

Röhrich, L.: Der Witz. Stuttgart, 1977.

Romein, J.: Die Biographie. Bern, München, 1948.

Rotermund, E.: Gegengesänge. Literarische Parodien vom Mittelalter bis zur Gegenwart. München, 1964.

Rotermund, E.: Die Parodie in der modernen deutschen Literatur. München, 1963.

Salzmann, M.: Die Kommunikationsstruktur der Autobiographie. Bern, Frankfurt/M., 1987.

Satura. Ein Kompendium moderner Studien zur Satire. Zusammengestellt v. B. Fabian. Hildesheim, New York, 1975.

Saunders, B.: Contemporary German autobiography. Leeds, 1985.

Schäfer, R.: Die Anekdote. München, 1982.

Schäfer, W. E.: Anekdote, Antianekdote. Stuttgart, 1977.

Schatter, H. R. (Hg.): Scharf geschossen. Die deutschsprachige Parodie von 1900 bis zur Gegenwart. Berlin. München, Wien, 1968.

Scheuer, H.: Biographie. Stuttgart, 1979.

Schöffler, H.: Kleine Geographie des deutschen Witzes. Göttingen, 6. Aufl., 1960.

Schultz, U.: Das Tagebuch und der moderne Autor. München, 1965.

Schütz, E.: Kritik der literarischen Reportage. München, 1977.

Schwab, S.: Autobiographik und Lebenserfahrung. Würzburg, 1981.

Schweizer, W. R.: Der Witz. Bern, München, 1964.

Schwencke, O. (Hg.): Kritik der Literaturkritik. Stuttgart (u. a.), 1973.

Schwind, K.: Satire in funktionalen Kontexten. Tübingen, 1988.

Seydel, H. (Hg.): Alles Unsinn. Deutsche Ulk- und Scherzdichtung von ehedem bis momentan. Berlin, 1969.

Siegel, Chr.: Die Reportage. Stuttgart, 1978.

Sill, O.: Zerbrochene Spiegel. Studien zur Theorie und Praxis modernen autobiographischen Erzählens. Berlin, New York, 1991.

Simplicissimus. Eine satirische Zeitschrift München 1894–1944. Katalog d. Ausstellung d. Bayer. Staatsgemäldesammlungen u. d. Haus der Kunst München (bearb. v. C. Schulz-Hoffmann). München, 1977.

Sparn, W. (Hg.): Wer schreibt meine Lebensgeschichte. Biographie, Autobiographie, Hagiographie und ihre Entstehungszusammenhänge. Gütersloh, 1990.

Storck, J. (Hg.): Das Märchen – ein Märchen? Psychoanalytische Betrachtungen zu Wesen, Deutung und Wirkung der Märchen. Stuttgart, 1987.

Suter, B.: Graffiti – Rebellion der Zeichen. Frankfurt/M., 1988.

Theaterkritik in der entwickelten sozialistischen Gesellschaft. Berlin, 1980.

Tismar, J.: Das deutsche Kunstmärchen des 20. Jahrhunderts. Stuttgart, 1981.

Türkis, W.: Beschädigtes Leben. Autobiographische Texte der Gegenwart. Stuttgart, 1990.

Verweyen, Th., G. Witting (Hg.): Deutsche Lyrik-Parodien aus drei Jahrhunderten. Stuttgart, o. J.

Verweyen, Th. u. G. Witting: Die Parodie in der neueren deutschen Literatur. Darmstadt, 1979.

Verweyen, Th., G. Witting (Hg.): Walpurga, die taufrische Amme. Parodien und Travestien von Homer bis Handke. München, o. J.

Verzeichnis deutschsprachiger Literaturzeitschriften. Ausgabe 1989/90. Amsterdam, 1989.

Villain, J.: Die Kunst der Reportage. Berlin, 1965.

Weigel, H. u. a. (Hg.): Jeder Schuss ein Russ. Jeder Stoß ein Franzos. Literarische und graphische Kriegspropaganda in Deutschland und Österreich 1914–1918. Wien, 1983.

Weissenberger, K. (Hg.): Prosakunst ohne Erzählen. Die Gattungen der nicht-fiktionalen Kunstprosa. Tübingen, 1985.

Welser, K. von (Hg.): Deutsche Aphorismen. München, o. J.

Welser, K. v.: Die Sprache des Aphorismus. Frankfurt/M. (u. a.), 1986.

Wiedemann, I.: ‹Der Hinkende Bote› und seine Vettern. Berlin, 1984.

Worstbrock, F. J. u. H. Koopmann (Hg.): Formen und Formgeschichte des Streitens. – Der Literaturstreit. Tübingen, 1986.

Wührl, P.-W.: Das deutsche Kunstmärchen. Heidelberg, 1984.

Wührl, P.-W. (Hg.): Märchen deutscher Dichter. Frankfurt/M., 1964.

Wuthenow, R.-R.: Europäische Tagebücher. Eigenart, Formen, Entwicklung. Darmstadt, 1990.

Arbeiterliteratur

Bibliographien, Nachschlagewerke

Arnold, H. L. (Hg.): Handbuch zur deutschen Arbeiterliteratur. 2 Bde. München, 1977.

Eberlein, A.: Die Presse der Arbeiterklasse und der sozialen Bewegungen. Von den dreißiger Jahren des 19. Jahrhunderts bis zum Jahre 1967. 5 Bde. Frankfurt, 1968–70.

Fischer, M.: Bibliographie für schreibende Arbeiter. T. 1–3. Leipzig, 1975.

Hüser, F.: Von der Arbeiterdichtung zur neuen Industriedichtung der Dortmunder Gruppe 61. Abriß und Bibliographie. Dortmund, 1967.

Krug, H.-J.: Arbeitslosenliteratur. Eine Bibliographie. Frankfurt/M., Bern, 1990.

Anthologien, Untersuchungen

Alberts, J.: Arbeiteröffentlichkeit und Literatur. Zur Theorie des Werkkreises Literatur der Arbeitswelt. Hamburg, 1977.

Altner, M.: Tradition und Wirklichkeit in Lyrik und Liedgut der Arbeiterjugend. Grundzüge ihrer Entwicklung von 1890 bis 1933. 2 Bde. Diss. Jena, 1979.

Arbeiterbewegung und Arbeiterdichtung. München, 1980.

Arbeiterdichtung. Analysen, Bekenntnisse, Dokumentationen. Hg. von der Österreich. Gesellschaft für Kulturpolitik. Wuppertal, 1973.

Arnold, H. L. (Hg.): Gruppe 61. Arbeiterliteratur – Literatur der Arbeitswelt? München, 1971.

Arnold-Dielewicz, I. D. u. H. L. Arnold (Hg.): Arbeiterliteratur in der Bundesrepublik – Gruppe 61 und Werkkreis Literatur der Arbeitswelt. Stuttgart, 1975.

Baier, F. u. D. Puls (Hg.): Arbeiterlieder aus dem Ruhrgebiet. Texte und Noten. Frankfurt/M., 1981.

Deuber, W.: Realismus der Arbeiterliteratur. Praxis und Theorie im Werkkreis Literatur der Arbeitswelt. Zürich, 1978.

Dithmar, R.: Industrieliteratur. München, 2. Aufl., 1977.

Fischbach, P. u. a. (Hg.): 10 Jahre Werkkreis Literatur der Arbeitswelt. Dokumente, Analysen, Hintergründe. Frankfurt/M., 1979.

Geschichten aus der Arbeitswelt. Bd 2, 3. Wien, 1984–89.

Goette, J.-W. (Hg.): Arbeiterliteratur. 2 Bde. Frankfurt/M. u. a., 1975–77.

Hacke, R.: Zur Kritik der Literatur der Arbeitswelt in der BRD. Bemerkungen zu einigen Aspekten der theoretischen Selbstverständigung und der literarischen Praxis im «Werkkreis Literatur der Arbeitswelt». Diss. Berlin (DDR), 1980.

Heintz, G. (Hg.): Deutsche Arbeiterdichtung 1910–1933. Stuttgart, 1974.

Hensel, H.: Arbeiterbewegung, politische Bildung und Literatur. Die Entstehung des «Werkkreis Literatur der Arbeitswelt» als Organisation literaturvermittelter politischer Bildung in der westdeutschen Arbeiterbewegung. Diss. Dortmund, 1980.

Hoffmann, L. u. D. Hoffmann-Ostwald (Hg.): Deutsches Arbeitertheater 1918–1933. 2 Bde. Berlin (DDR), 3. Aufl., 1977.

Hoffmeister, D. L.: Vertrauter Alltag, gemischte Gefühle. Gespräche mit Schriftstellern über Arbeit in der Literatur. Bonn, 1989.

Hüser, F. u. a. (Hg.): Aus der Welt der Arbeit. Almanach der Gruppe 61 und ihrer Gäste. Neuwied, 1966.

Karst, Th. (Hg.): Texte aus der Arbeitswelt seit 1961. Stuttgart, 1974.

Knilli, F. u. U. Münchow (Hg.): Frühes Deutsches Arbeitertheater 1847–1918. München, 1970.

Köpping, W.: 100 Jahre Bergarbeiterdichtung. Oberhausen, 2. Aufl., 1984.

Köpping, W. (Hg.): Schichtwechsel – Lichtwechsel. Texte aus der Arbeitswelt. Köln, 1988.

Kramer, D.: Theorien zur historischen Arbeiterkultur. Marburg, 1987.

Kühne, P.: Arbeiterklasse und Literatur. Dortmunder Gruppe 61 / Werkkreis Literatur der Arbeitswelt. Frankfurt, Hamburg, 1972.

Kürbisch, F. G. (Hg.): Anklage und Botschaft. Die lyrische Aussage der Arbeiter seit 1900. Hannover, 1969.

Kürbisch, F.G. (Hg.): Arbeiterdichtung. Analyse, Bekenntnisse, Dokumentationen. Wuppertal, 1972.

Lamel, I., I. Schütt (Hg.): Hundert proletarische Balladen. 1842–1945. Berlin, 1985.

Lammel, I.: Das Arbeiterlied. Frankfurt/M., 1973.

Literatur der Arbeiterklasse. Aufsätze über die Herausbildung der deutschen sozialistischen Literatur (1918–1933). Berlin u. Weimar, 3. Aufl., 1976.

Ludwig, M. H.: Arbeiterliteratur in Deutschland. Stuttgart, 1976.

Ludwig, M. H.: Industriereportage in der Arbeiterliteratur. Theoretische Positionen und Beispiele. Hollfeld, 1977.

Möbius, H.: Arbeiterliteratur in der BRD. Köln, 1970.

Möbius, H.: Progressive Massenliteratur? Revolutionäre Arbeiterromane 1927–1932. Stuttgart, 1977.

Münchow, U.: Frühe deutsche Arbeiterautobiographien. Berlin, 1973.

Nowak, K.: Arbeiter und Arbeit in der westdeutschen Literatur. 1945–1961. Köln, 1977.

Rülcker, Chr.: Ideologie der Arbeiterdichtung 1914–1933. Stuttgart, 1970.

Silberman, M. D.: Literature of the Working World. Bern, Frankfurt/M., 1976.

Stieg, G. u. B. Witte: Abriß einer Geschichte der deutschen Arbeiterliteratur. Stuttgart, 1973.

Witte, B. (Hg.): Deutsche Arbeiterliteratur von den Anfängen bis 1914. Stuttgart, 1977.

Wölke, G.: Arbeiterliteratur. Über den Versuch, die Arbeitswelt literarisch zu erfassen. Köln, 1977.

Frauenliteratur

Bibliographien, Nachschlagewerke

Bock, U. u. B. Witych: Thema Frau: Bibliographie der deutschsprachigen Literatur zur Frauenfrage 1949–1979. Bielefeld, 1980.

Brinker-Gabler, G., K. Ludwig, A. Wöffen: Lexikon deutschsprachiger Schriftstellerinnen 1800–1945. München, 1986.

Frauen sehen ihre Zeit. [Katalog] Mainz, 1984.

Die Frauenfrage in Deutschland. Strömungen und Gegenströmungen 1790–1930. Tübingen, 2. unveränd. Aufl., 1961.

Dass., Bd 10. 1931–1980. München, 1982.

Dass., Bibliographie. Neue Folge, Band 1. München u. a., 1983.

Frederiksen, E. (Hg.): Women Writers of Germany, Austria, and Switzerland. An Annotated Bio-Bibliographical Guide. New York u. a., 1989.

Spazierer, M. u. K. Dombrowski: Bibliographie von unveröffentlichten Arbeiten zu frauenspezifischen Themen: Diplom-, Magister-, Seminar- und Zulassungsarbeiten, Dissertationen und Referate. Bd 1. München, 1976.

Zwischenzeilen. Schriftstellerinnen der deutschen Schweiz. Bern, 1988.

Anthologien, Untersuchungen

Aler, J. u. Ch. van Praag (Hg.): Frauen über Frauen. Amsterdam, 1982.

Appelt, H.: Die leibhaftige Literatur. Das Phantasma und die Präsenz der Frau in der Schrift. Weinheim, Berlin, 1989.

Auf/Schrei/ben. Texte österreichischer Frauen. Wien, 1981.

Berger, R., I. Stephan (Hg.): Weiblichkeit und Tod in der Literatur. Köln, Wien, 1987.

Beutin, H.: «Als eine Frau lesen lernte, trat die Frauenfrage in die Welt». 5 Beiträge zum Verhältnis von Feminismus und Literatur (...). Hamburg, 1990.

Blinn, H. (Hg.): Emanzipation und Literatur. Frankfurt/M., 1984.

Boch, G.: Feministische Literaturwissenschaft. Eine Bilanz und ein Plädoyer. In: Gulliver 10, 1981, S. 38–55.

Bovenschen, S.: Die imaginierte Weiblichkeit. Exemplarische Untersuchungen zu kulturgeschichtlichen und literarischen Präsentationsformen des Weiblichen. Frankfurt/M., 1979.

Brinker-Gabler, G.: Deutsche Dichterinnen vom 16. Jahrhundert bis zur Gegenwart. Frankfurt/M., 1978 (u. ö.).

Brinker-Gabler, G. (Hg.): Deutsche Literatur von Frauen. Bd 2: 19. und 20. Jahrhundert. München, 1989.

Bronnen, B. (Hg.): Mamma mia. Geschichten über Mütter. München, 2. Aufl., 1989.

Bronnen, B. (Hg.): Montag ich, Dienstag ich. Aus den Tagebüchern von Schriftstellerinnen. München, 1989.

Brügmann, M.: Amazonen der Literatur. Studien zur deutschsprachigen Frauenliteratur der 70er Jahre. Amsterdam, 1986.

Burkhard, M. (Hg.): Gestaltet und gestaltend. Frauen in der deutschen Literatur. Amsterdam, 1980.

Burkhard, M. u. a. (Hg.): Women in German. Yearbook. Bd 1 ff. Lanham u. a., 1985 ff.

Cocalis, S. L. u. K. Goodman (Hg.): Beyond the eternal feminine. Critical essays on women and German literature. Stuttgart, 1982.

Cocalis, S. L. (Hg.): The Defiant Muse. German Feminist Poems from the Middle Ages to the Present. New York, 1986.

Decken, G. von der: Emanzipation auf Abwegen. Frauenkultur und Frauenliteratur im Umkreis des Nationalsozialismus. Frankfurt/M., 1988.

Dege, U. u. Ch. Hecht (Hg.): Die doppelte Unterdrückung. Frauen in Unfreiheit. Pfungstadt, 1983.

Dietze, G. (Hg.): Die Überwindung der Sprachlosigkeit. Texte aus der neuen Frauenbewegung. Darmstadt, Neuwied, 2. Aufl., 1981.

Dülmen, A. von (Hg.): Frauen. München, 2. Aufl. 1989.

Ecker, G. (Hg.): Feminist Aesthetics. Boston, 1986.

Eder, A.-M., E. Kiesel u. B. Rattay (Hg.): «...das Weib wie es seyn sollte». Aspekte zur Frauenliteraturgeschichte. Bamberg, 1986.

Engelmann, G., Chr. Flegel u. a. (Hg.): Für Frauen. Ein Lesebuch. Frankfurt/M., 1979.

Ezergailis, I.: Woman writers. The divided self. Bonn, 1982.

Fuchs, Ch. (Hg.): Theater von Frauen: Österreich. Frankfurt/M., 1991.

Fürs Theater schreiben. Über zeitgenössische deutschsprachige Theaterautorinnen. Bremen, 1986.

Geiger, R. E., H. Holinka, S. Weigel (Hg.): Frauen, die pfeifen. Frankfurt/M., 1978.

Geiger, R.-E. u. S. Weigel: Sind das noch Damen? Vom gelehrten Frauenzimmer-Journal zum feministischen Journalismus. München, 1981.

Gerhardt, M.: Stimmen und Rhythmen. Weibliche Ästhetik und Avantgarde. Darmstadt, Neuwied, 1986.

Gerstl, E. (Hg.): «eine frau ist eine frau ist eine frau». Autorinnen über Autorinnen. Wien, 1985.

Gnüg, H. u. R. Möhrmann (Hg.): Frauen Literatur Geschichte. Schreibende Frauen vom Mittelalter bis zur Gegenwart. Stuttgart, 1985.

Gnüg, H.: Gibt es eine weibliche Ästhetik? In: Die stille Gewalt des Alltäglichen. Loccum, 1979, S. 129–146.

Hahn, U.: Gibt es eine Frauenliteratur? In: Doormann, L. (Hg.): Keiner schiebt uns weg. Weinheim, Basel, 1979, S. 252 ff.

Halter, R.: Vom Verhältnis von Sinnlichkeit und Geschichte. Zur Diskussion über die konstitutiven Bedingungen für eine feministische Ästhetik. Köln, 1979.

Heuser, M.: Frauen – Literatur – Sprache. In: Diskussion Deutsch 12, 1981, H. 60, S. 383–405.

Heuser, M. (Hg.): Frauen – Sprache – Literatur. Paderborn (u. a.), 1982.

Hildebrandt, Ch. (Hg.): Liebes- und andere Erklärungen. Texte von und über DDR-Autorinnen.
Bonn, 1988.

Hildebrandt, Ch.: Zwölf schreibende Frauen in der DDR. Hamburg, 1984.

Hildebrandt, I., R. Massmann (Hg.): Ich schreibe, weil ich schreibe. Autorinnen der GEDOK.
Stuttgart, 1990.

Hurrelmann, B. (Hg.): Man müßte ein Mann sein...? Interpretationen und Kontroversen zu Ge-
schlechtertausch-Geschichten in der Frauenliteratur. Düsseldorf 1987.

Im Jahrhundert der Frau. Ein Almanach des Suhrkamp Verlags. Frankfurt/M., 1980.

Jahrbuch schreibender Frauen. Bd 2 ff [Bd 1 u. d. T.: Schreibende Frauen]. Karlsruhe, 1982 ff.

Jurgensen, M.: Frauenliteratur. Autorinnen – Perspektiven – Konzepte. Bern, Frankfurt/M.,
1983.

Kleiber, C. u. E. Tunner (Hg.): Frauenliteratur in Österreich von 1945 bis heute. Bern, Frank-
furt/M., 1986.

Klucsarits, R. u. F. G. Kürbisch (Hg.): Arbeiterinnen kämpfen um ihr Recht. Autobiographische
Texte zum Kampf rechtloser und entrechteter «Frauenspersonen» in Deutschland, Österreich
und der Schweiz des 19. und 20. Jahrhunderts. Wuppertal, 1975.

Knapp, M., G. Labroisse (Hg.): Frauen-Fragen in der deutschsprachigen Literatur seit 1945. Amsterdam, Atlanta, 1989.

Koch, B.: Zur Darstellung der Frau in ausgewählten Romanen der DDR und der BRD 1965–1975.
Zürich, 1976.

Koch-Klenske, E.: Das häßliche Gesicht der schönen Frau. Literarische Porträts. München, 1982.

Lang, M. (Hg.): Mein Vater. Frauen erzählen vom ersten Mann ihres Lebens. Reinbek, 1979.

Längle, U. (Hg.): Mir Wibar mitanand. Texte von Frauen. Wien, 1990.

Licher, L.: Von einer, die auszog... Ein Lese- und Arbeitsbuch zur Literatur von Frauen. Frank-
furt/M., 1989.

Lühe, I. v. d. (Hg.): Entwürfe von Frauen in der Literatur des 20. Jahrhunderts. Berlin, 1982.

Möhrmann, R.: Feministische Ansätze in der Germanistik seit 1945. In: Jb. für internationale
Germanistik, Jg. XI, H. 2, 1979.

Nestvold-Mack, R.: Grenzüberschreitungen. Die fiktionale weibliche Perspektive in der Literatur.
Erlangen, 1990.

Noeske, B. u. a. (Hg.): Liebe Kollegin. Texte zur Emanzipation der Frau in der Bundesrepublik.
Frankfurt/M., 1973.

Paulsen, W. (Hg.): Die Frau als Heldin und Autorin. Bern, 1979.

Puknus, H. (Hg.): Neue Literatur der Frauen. Deutschsprachige Autorinnen der Gegenwart.
München, 1980.

Püschel, U.: Mit allen Sinnen. Frauen in der Literatur. Halle, Leipzig, 1980.

Rheinsberg, A. (Hg.): Bubikopf. Aufbruch in den Zwanzigern. Texte von Frauen. Frankfurt/M.,
o. J.

Rheinsberg, A. (Hg.): Die Engel. Prosa von Frauen. München, o. J.

Richter-Schröder, K.: Frauenliteratur und weibliche Identität. Frankfurt/M., 1986.

Roos, P. u. F. Hassauer-Roos: Die Frauen mit Flügeln, die Männer mit Blei – Notizen zur weiblichen Ästhetik und zum männlichen Befinden. Siegen, 1986.

Rosenkranz, J. (Hg.): Wenn wir den Königen schreiben. Lyrikerinnen aus der DDR. Frank-
furt/M., o. J.

Rossum-Guyon, F. van (Hg.): Femmes / Frauen /Women. Amsterdam, Atlanta, 1990.

Rütschi Hermann, E. u. E. Huttenmaier Spitz (Hg.): German women writers of the 20th century.
Oxford, 1978.

Runge, A., L. Steinbrügge (Hg.): Die Frau im Dialog. Studien zur Theorie und Geschichte des Briefs. Weinheim, Basel, 1990.

Scher, H., Ch. Zehl Romero (Hg.): German Women Writers in the Twentieth Century. An Anthology. Oxford, 1988.

Schmidjell, A.: Quartier auf Probe. Tendenzen feministischer Literaturpraxis aus der neuen Frauenbewegung. Stuttgart, 1986.

Schmidt, R.: Westdeutsche Frauenliteratur in den 70er Jahren. Frankfurt/M., 2. Aufl., 1990.

Schmölzer, H.: Frau sein und schreiben. Österreichische Schriftstellerinnen definieren sich selbst. Wien, 1982.

Schuller, M.: Im Unterschied: Lesen, Korrespondieren, Adressieren. Frankfurt/M., 1990.

Schuller, M.: Literarische Szenerien und ihre Schatten. Orte des ‹Weiblichen› in literarischen Produktionen. In: Ringvorlesung «Frau und Wissenschaft». Marburg, 1979, S. 79–103.

Schultz, H. J. (Hg.): Frauen. Porträts aus zwei Jahrhunderten. Stuttgart, 1981.

Schuscheng, D.: Arbeit am Mythos Frau. Frankfurt/M. (u. a.), 1987.

Serke, J.: Frauen schreiben. Ein neues Kapitel deutschsprachiger Literatur. Hamburg, 1979.

Stephan, I., R. Venske, S. Weigel: Frauenliteratur ohne Tradition? Neun Autorinnenporträts Frankfurt/M., 1987.

Stephan, I. u. C. Pietzcker (Hg.): Frauensprache – Frauenliteratur. Für und Wider einer Psychoanalyse literarischer Werke. Tübingen, 1986.

Stephan, I. u. S. Weigel (Hg.): Feministische Literaturwissenschaft. Dokumentation der Tagung in Hamburg vom Mai 1983. Berlin, 1984.

Stephan, I. u. S. Weigel: Die verborgene Frau. Sechs Beiträge zu einer feministischen Literaturwissenschaft. Berlin, 1983.

Stephan, I. u. S. Weigel (Hg.): Weiblichkeit und Avantgarde. Berlin, Hamburg, 1987.

Venske, R.: Mannsbilder – Männerbilder. Konstruktion und Kritik des Männlichen in zeitgenössischer deutschsprachiger Literatur von Frauen. Hildesheim, 1988.

Vogt, M.: Autobiographik bürgerlicher Frauen. Zur Geschichte weiblicher Bewußtwerdung. Würzburg, 1981.

Vorspel, L.: Was ist neu an der neuen Frau? Gattungen, Formen, Themen von Frauenliteratur der 70er und 80er Jahre am Beispiel der Rowohlt Taschenbuchreihe neue frau. Frankfurt/M. u. a., 1990.

Weigand, I. u. R.: Deutschsprachige Gegenwartslyrik von Frauen. Schwifting, 1978.

Weigand, I. u. R. (Hg.): Tee und Butterkekse. Prosa von Frauen. Schwifting, 1982.

Weigel, S.: Die Stimme der Medusa. Schreibweisen in der Gegenwartsliteratur von Frauen. Dülmen, 1987 (Tb.: Reinbek, 1989)

Weigel, S.: Topographien der Geschlechter. Kulturgeschichtliche Studien zur Literatur. Reinbek, 1990.

Weingant, L.: Das Bild des Mannes im Frauenroman der siebziger Jahre. Univ. of Illinois at Urbana-Champaign (Diss.), 1981.

Wittrock, Chr.: Das Frauenbild in faschistischen Texten und seine Vorläufer in der bürgerlichen Frauenbewegung der 20er Jahre. Diss. Frankfurt, 1981.

Kinder- und Jugendliteratur

Bibliographien, Nachschlagewerke

Binder, L. (Hg.): Lexikon der Jugendschriftsteller in deutscher Sprache. Wien, 1968.

Brüggemann, Th.: Kinder- und Jugendliteratur. 1698–1950. Katalog der Sammlung Th. Brüggemann. Ein bibliographischer Versuch. Bielefeld, 1975.

Doderer, K. (Hg.): Lexikon der Kinder- und Jugendliteratur. 4 Bde. Weinheim, Basel, 1975ff.

Düsterdieck, P.: Die Sammlung Hobrecker der UB Braunschweig. Katalog der Kinder- und Jugendliteratur 1565–1945. 2 Bde. München (u. a.), 1985.

Haas, G. (Hg.): Kinder- u. Jugendliteratur. Ein Handbuch. Stuttgart, 3., völlig neu bearb. Aufl., 1984.

Maier, K. E.: Sekundärliteratur zur Kinder- und Jugendbuchtheorie. Baltmannsweiler, 1979.

Majonica, R. (Hg.): 20 Jahre Deutscher Jugendbuchpreis. München, 1976.

Pleticha, H.: Bibliographie der Kinder- und Jugendliteratur. München, 1979.

Wegehaupt, H.: Bibliographie der in der DDR von 1949–1971 erschienenen theoretischen Arbeiten zur Kinder- und Jugendliteratur. Berlin, o. J.

Wegehaupt, H.: Deutschsprachige Kinder- und Jugendliteratur der Arbeiterklasse von den Anfängen bis 1945. Bibliographie. Berlin, 1972.

Wegehaupt, H.: Theoretische Literatur zum Kinder- und Jugendbuch. Bibliographischer Nachweis von den Anfängen im 18. Jahrhundert bis zur Gegenwart. München-Pullach, 1972.

Weismann, W.: Deutschsprachige Kinderbücher. Ein Verzeichnis 1945–1975 erschienener Titel. München u. a., 1980.

Anthologien, Untersuchungen

Aley, P.: Jugendliteratur im Dritten Reich. Dokumente und Kommentare. Hamburg, 1967.

Altner, M. (Hg.): Das proletarische Kinderbuch. Dresden, 1989.

Aufsätze zur Kinder- und Jugendliteratur und zu anderen Medienkünsten. Berlin, 1986.

Bamberger, R.: Jugendschriftsteller deutscher Sprache. BRD, Österreich, Schweiz. Wien, 1980.

Bauer, K. W.: Emanzipatorisches Kindertheater. München 1980.

Baumgärtner, A. C. u. H. Pleticha (Hg.): ABC und Abenteuer. Texte und Dokumente zur Geschichte des deutschen Kinder- und Jugendbuches. 2 Bde. München, 1985.

Baumgärtner, C. A. (Hg.): Aspekte der gemalten Welt. 12 Kapitel über das Bilderbuch von heute. Weinheim, 1968.

Baumgärtner, A. C. (Hg.): Volksüberlieferung und Jugendliteratur. Würzburg, 1983.

Baur, E.: Theater für Kinder. Stuttgart, 1970.

Becker, J.: Alltäglicher Rassismus. Die afro-amerikanischen Rassenkonflikte im Kinder- und Jugendbuch der Bundesrepublik. Frankfurt, New York, 1977.

Becker, J. u. Ch. Oberfeld (Hg.): Die Menschen sind arm, weil sie arm sind. Die Dritte Welt im Spiegel von Kinder- und Jugendbüchern. Frankfurt, 1977.

Binder, L. (Hg.): Kurzgeschichten, Gedichte, Sprachspielereien. Kurzformen der Kinder- und Jugendliteratur der Gegenwart. Wien, 1984.

Bodensohn, A.: Im Spielraum der Lyrik. Kinderreim und Kindergedicht als lyrische Vorformen. Frankfurt, 1965.

Borneman, E.: Unsere Kinder im Spiegel ihrer Lieder, Reime, Verse und Rätsel. Olten u. Freiburg, 1973.

Bülow, A. v.: «Heile Welt» und der «Neue Trend zur Konfliktdarstellung» im Kinderbuch der frühen 70er Jahre. Diss. FU Berlin, 1979.

Cloer, E. (Hg.): Das Dritte Reich im Jugendbuch. Braunschweig, 1983.

Dahrendorf, M.: Jugendliteratur und Politik. Frankfurt/M., 1986.

Dahrendorf, M.: Kinder- und Jugendliteratur im bürgerlichen Zeitalter. Königstein/Ts., 1980.

Dahrendorf, M.: Das Mädchenbuch und seine Leserin. Jugendlektüre als Instrument der Sozialisation. Weinheim, Basel, 3. völlig neu bearb. Aufl., 1978.

Doderer, K. (Hg.): Ästhetik der Kinderliteratur. Weinheim, Basel, 1981.

Doderer, K. u. H. Müller (Hg.): Das Bilderbuch. Geschichte und Entwicklung des Bilderbuchs in Deutschland von den Anfängen bis zur Gegenwart. Weinheim, Basel, 1973.

Doderer, K. (Hg.): Zwischen Trümmern und Wohlstand. Literatur der Jugend 1945–1960. Weinheim, 1988.

Dreher, I.: Die deutsche proletarisch-revolutionäre Kinder- und Jugendliteratur zwischen 1918 und 1933. Berlin, 1975.

3mal Kindertheater. Bd 1–7. 1971 ff.

Dyhrenfurt, I.: Geschichte des deutschen Jugendbuchs. Mit einem Beitrag über die Entwicklung nach 1945 von M. Dierks. Zürich, 3. Aufl., 1967.

Eckhardt, J.: Kinder- und Jugendliteratur. Darmstadt, 1987.

Emmrich, Chr. u. a.: Literatur für Kinder und Jugendliche in der DDR. Berlin, 1982.

Ewers, H.-H. (Hg.): Kinderliteratur und Moderne. Weinheim, München, 1990.

Franz, K.: Kinderlyrik. Struktur, Rezeption, Didaktik. München, 1979.

Freund, W.: Das zeitgenössische Kinder- und Jugendbuch. Paderborn, 1982.

25 Jahre Deutscher Jugendbuchpreis. München, 1981.

Grebe, W.: Erziehung zur Solidarität. Grundlagen und Möglichkeiten politischer Emanzipation. Kinderbuchanalyse. Gießen, 1972.

Grenz, D. (Hg.): Kinderliteratur – Literatur auch für Erwachsene? München, 1990.

Haas, G. (Hg.): Kinder und Jugendliteratur. Zur Typologie und Funktion einer literarischen Gattung. Stuttgart, 1974.

Hahn, F.: Zwischen Verkündigung und Kitsch. Religiöse Probleme in der heutigen Jugendliteratur. Weinheim, 1968.

Humbert, G.: Jeunesse et littérature. Les livres d'adolescents en RFA et RDA de 1964–1977. Frankfurt u. a., 1981.

Hurrelmann, B. (Hg.): Kinderliteratur und Rezeption. Baltmannsweiler, 1980.

Jakob, F.: Zur Wertung des Mädchenbuches. Zürich, 1985.

Kamenetsky, Ch.: Children's literature in Hitler's Germany. Athens, 1984.

Kaminski, W.: Heroische Innerlichkeit. Studien zur Jugendliteratur vor und nach 1945. Frankfurt/M., 1987.

Kaminski, W.: Jugendliteratur und Revolte. Frankfurt/M., 1982.

Kaminski, W. u. B. Scharioth (Hg.): Jugendliteratur in der Bundesrepublik Deutschland. München, 1986.

Klingberg, G.: Kinder- und Jugendliteraturforschung. Wien u. a., 1973.

Kolneder, W. u. a. (Hg.): Das GRIPS-Theater. Geschichte und Geschichten, Erfahrungen und Gespräche aus einem Kinder- und Jugendtheater. Berlin, 1979.

Köster, H. L.: Geschichte der deutschen Jugendliteratur. Mit einem Nachwort u. einer annotierten Bibliographie von W. Scherf. München-Pullach (unveränd. Nachdruck der 4. Aufl. 1927), 1972.

Kröhnke, F.: Jungen in schlechter Gesellschaft. Zum Bild des Jugendlichen in deutscher Literatur 1900–1933. Bonn, 1981.

Krüss, J.: Naivität und Kunstverstand. Gedanken zur Kinderliteratur. Weinheim, Berlin, Basel, 1969.

Lange, M.: Studie zur epischen Kinder- und Jugendliteratur in der Bundesrepublik Deutschland. Diss. Leipzig, 1979.

Loschütz, G.: Sofern die Verhältnisse es zulassen. Frankfurt/M., 1972.

Lypp, M.: Einfachheit als Kategorie der Kinderliteratur. Frankfurt/M., 1984.

Maier, K. E.: Jugendliteratur. Bad Heilbrunn, 9. überarb. Aufl. von ‹Jugendschrifttum›, 1987.

Marquardt, M.: Einführung in die Kinder- und Jugendliteratur. München, 6. erw. Aufl., 1986.

Mattenklott, G.: Zauberkreide. Kinderliteratur seit 1945. Stuttgart, 1989.

Meissner, W.: Phantastik in der Kinder- und Jugendliteratur der Gegenwart. Würzburg, 1989.

Müller, H.: Das Elend der Jugendzeitschriften. Weinheim, 1967.

Nassen, U.: Jugend, Buch und Konjunktur 1933–1945. Studien zum Ideologiepotential des nationalsozialistischen und des konjunkturellen «Jugendschrifttums». München, 1987.

Neuhaus, B.: Kindergeschichten zwischen Erwachsenen und Kindern. Frankfurt/M., 1984.

Neumann, G.: Das Porträt der Frau in der zeitgenössischen Jugendliteratur. München, 1977.

Otto, B.: Die Aufarbeitung der Epoche des Nationalsozialismus im fiktionalen Jugendbuch der Bundesrepublik Deutschland von 1945–1980. Ein politikwissenschaftlicher Beitrag zur Jugendbuchforschung. Frankfurt/M., 1981.

Pape, W.: Das literarische Kinderbuch. Studien zur Entstehung und Typologie. Berlin, 1981.

Peltsch, St.: Strukturen und Wirkungsstrategien in der Prosaliteratur für Jugendliche der DDR zwischen 1975 und 1980. Diss. PH Dresden, 1985.

Pleticha, H. (Hg.): Das Bild des Juden in der Volks- und Jugendliteratur vom 18. Jahrhundert bis 1945. Würzburg, 1985.

Pyerin, B.: Mädchenlektüre und Emanzipation. Frankfurt/M., 1989.

Rademacher, G. u. a. (Hg.): Aufsätze und Rezensionen zur Jugendliteratur. 1970–1975. Münster, 1976.

Richter, D. u. J. Vogt (Hg.): die heimlichen erzieher. kinderbücher und politisches lernen. Reinbek, 1974.

Richter, D. (Hg.): Das politische Kinderbuch. Eine aktuelle historische Dokumentation. Darmstadt, Neuwied, 1973.

Riss, U.: Und wenn sie nicht gestorben sind ... Tendenzen und Perspektiven des deutschsprachigen Kinderhörspiels in den siebziger Jahren. Wien (Diss.), 1979.

Scharioth, B., J. Schmidt (Hg.): Zwischen allen Stühlen. Zur Situation der Kinder- und Jugendliteratur-Kritik. Tutzing, 1990.

Schedler, M.: Kindertheater. Geschichte, Projekte, Modelle. Frankfurt/M., 1972.

Schedler, M. (Hg.): Mannomann! Sechsmal exemplarisches Jugendtheater. Köln, 1973.

Schedler, M.: Schlachtet die blauen Elefanten. Bemerkungen über das Kinderstück. Weinheim, 1973.

Scheunemann, B.: Erziehungsmittel Kinderbuch. Berlin, 1978.

Schneider, W.: Kindertheater nach 1968. Köln, 1984.

Schultze, H.: Deutsches Jugendtheater. Vom Schultheater des 16. Jahrhunderts bis zur Gegenwart. Emsdetten, 1960.

Thiel, B.-J.: Die realistische Kindergeschichte in der Bundesrepublik Deutschland und der DDR. Frankfurt/M. u. a., 1979.

Tornau, H.: Die Entstehung und Entwicklung des Weihnachtsmärchens auf der deutschen Bühne. Köln, 1955.

Wild, R. (Hg.): Geschichte der deutschen Kinder- und Jugendliteratur. Stuttgart, 1990.

20 Jahre DDR – 20 Jahre Theater für Kinder und Jugendliche. Berlin, 1969.

Zweites Handbuch Kinder- und Jugendtheater Bundesrepublik Deutschland. Duisburg, 1981.

Science-fiction-Literatur

Bibliographien, Nachschlagewerke

Alpers, H.-J., W. Fuchs, R. M. Hahn, W. Jeschke: Lexikon der Science Fiction Literatur. 2 Bde. München, 1980.

Alpers, H. J., W. Fuchs u. R. M. Hahn (Hg.): Reclams Science Fiction Führer. Stuttgart, 1982.

Bingenheimer, H.: Transgalaxis. Katalog der deutschsprachigen utopisch-phantastischen Literatur. 1460–1960. Friedrichsdorf, 1959/60.

Rottensteiner, F. und M. Koseler (Hg.): Werkführer durch die utopisch-phantastische Literatur. Meitingen 1989ff. [Loseblattsammlung]

Wuckel, D.: Science Fiction. Eine illustrierte Literaturgeschichte. Hildesheim (u. a.), 1986.

Zondergeld, R. A.: Lexikon der phantastischen Literatur. Frankfurt/M., 1983.

Anthologien, Untersuchungen

Alpers, H. J., W. Fuchs, R. M. Hahn: Dokumentation der Science Fiction in Wort und Bild. Celle, 1978.

Alpers, H. J. (Hg.): Science Fiction Almanach 1981 [Schwerpunktthema: Frauen und Science Fiction]. München, 1981.

Barmeyer, D. (Hg.): Science Fiction – Theorie und Geschichte. München, 1972.

Bortfeldt, H. (Hg.): Morgen im Garten Eden. 12 Visionen vom Jahr 3000. Olten, 1977.

Bruckner, W.: Spuren ins All. Science Fiction – das seltsame Fremde. Wien, 1970.

Ellerbrock, B. u. J., F. Thiesse: Perry Rhodan – Untersuchung einer Science Fiction-Heftroman-serie. Gießen, 1976.

Emmert, K. (Hg.): Neugier oder Flucht: Zur Poetik, Ideologie und Wirkung der Science Fiction. Stuttgart, 1980.

Engelmann, B. (Hg.): VS vertraulich [enthält u. a. die Referate der Tagung «Fantasy und Science Fiction oder Die deutschen Schriftsteller und die Zukunft», 1978]. München, 1979.

Gaar, A. C.: German Science Fiction. Variations on the Theme of Survival in the Space-Time-Continuum. Diss. Chapel Hill, 1973.

Giesen, R. (Hg.): Fantasy. Studien zur Phantastik. Schondorf, 1982.

Graaf, V.: Homo Futurus. Eine Analyse der modernen Science Fiction. Hamburg u. a., 1971.

Gupte, N.: Deutschsprachige Phantastik 1900–1930. Essen, 1991.

Hallenberger, G.: Macht und Herrschaft in den Welten der Science Fiction. Die politische Seite der SF. Meitingen, 1986.

Hallmann, C.: Perry Rhodan. Frankfurt/M., 1979.

Hasselblatt, D.: Grüne Männchen vom Mars. Düsseldorf, 1974.

Hennlein, E.: Erotik in der phantastischen Literatur. Essen, 1985.

Hienger, J.: Literarische Zukunftsphantastik. Göttingen, 1972.

Jehmlich, R.: Science Fiction. Darmstadt, 1980.

Klein, K.-P.: Zukunft zwischen Trauma und Mythos: Science Fiction. Zur Wirkungsästhetik, Sozialpsychologie und Didaktik eines literarischen Massenphänomens. Stuttgart, 1976.

Krämer, R.: Die gekaufte Zukunft. Zu Produktion und Rezeption von Science fiction in der Bundesrepublik Deutschland nach 1945. Frankfurt/M., 1990.

Krysmanski, H.-J.: Die utopische Methode. Eine literatur- und wissenssoziologische Untersuchung deutscher utopischer Romane des 20. Jahrhunderts. Köln, 1963.

Lück, H.: Fantastik, Science Fiction, Utopia. Das Realismusproblem der utopisch-fantastischen Literatur. Gießen, 1977.

Magula, M. (Hg.): Siebenquant oder Der Stern des Glück. Science Fiction-Satiren aus der DDR. Frankfurt/M., o. J.

Marzin, F. F.: Die phantastische Literatur. Frankfurt/M., Bern, 1982.

Müller, G.: Gegenwelten. Die Utopie in der deutschen Literatur. Stuttgart, 1989.

Nagl, M.: Science Fiction in Deutschland. Untersuchungen zur Genese, Soziographie und Ideologie der phantastischen Massenliteratur. Tübingen, 1972.

Nagl, M.: Science Fiction. Ein Segment populärer Kultur im Medien- und Produktverbund. Tübingen, 1981.

Pehlke, M. u. N. Lingfeld: Roboter und Gartenlaube – Ideologie und Unterhaltung in der Science Fiction. München, 1970.

Ritter, R. u. H. P. Piwitt (Hg.): Die siebente Reise. 14 utopische Erzählungen. München, 1978.

Rottensteiner, F. (Hg.): Die dunkle Seite der Wirklichkeit. Aufsätze zur Phantastik. Frankfurt/M., 1987.

Schulz, H.-J.: Science Fiction. Stuttgart, 1986.

Spittel, H. W. (Hg.): Science-Fiction. Essays. Halle, Leipzig, 1988.

Spittel, O. R.: Science-Fiction in der BRD. Zu Theorie und Vermarktung eines literarischen Genres. Diss. Berlin (Humboldt-Univ.), 1985.

Suerbaum, U., U. Broich, R. Borgmeier: Science Fiction. Stuttgart, 1981.

Swoboda, H.: Der künstliche Mensch. München, 1967.

Swoboda, H.: Utopia – Geschichte der Sehnsucht nach einer besseren Welt. Wien, 1972.

Weigand, J. (Hg.): Die triviale Phantasie. Beiträge zur «Verwertbarkeit» von Science Fiction. Bonn, 1976.

Comic-Literatur

Bibliographien, Nachschlagewerke

Comic-Heft-Katalog. Verzeichnis aller in Deutschland zwischen 1947 und 1970 erschienenen Comic-Hefte mit Angabe ihrer Sammlerpreise. Bearbeiter: P. Orban. Ausgabe 1 ff. Frankfurt/M., 1976 ff.

Fuchs, W. J. u. R. Reitberger: Comics-Handbuch. Reinbek, 1978.

Kempkes, W.: Bibliographie der internationalen Literatur über Comics. Pullach, 2. verb. Aufl., 1974.

Neumann, R.: Bibliographie zur Comic-Sekundärliteratur. Frankfurt/M. u. a., 1988.

Skodzik, P.: Deutsche Comic-Bibliographie 1946–1970. Berlin, 1978.

Skodzik, P.: Deutsche Comic-Bibliographie. Frankfurt/M., Berlin, Wien, 1985.

Anthologien, Untersuchungen

Baumgärtner, A. C.: Die Welt der Comics. Bochum, 1965.

Comic Strips. Geschichte, Struktur, Wirkung und Verbreitung der Bildergeschichten. (Ausstellungskatalog der Berliner Akademie der Künste, 13. 12. 1969–25. 1. 1970.)

Dolle-Weinkauf, B.: Comics. Geschichte einer populären Literaturform in Deutschland seit 1945. Weinheim, Basel, 1990.

Glietenberger, I.: Die Comics. Wesen und Wirkung. Diss. München, 1956.

Grünewald, D.: Wie Kinder Comics lesen. Frankfurt/M., 1984.

Kagelmann, H. J.: Comics. Aspekte zu Inhalt und Wirkung. Bad Heilbrunn, 1976.

Knigge, A. C. (Hg.): Comic Jahrbuch 1986 [ff.]. Frankfurt/M., Berlin, 1987 ff.

Knigge, A. C.: Fortsetzung folgt. Comic-Kultur in Deutschland. Frankfurt/M., Berlin, Wien, 1986.

Knigge, A. C.: Sex im Comic. Frankfurt/M., Berlin, Wien, 1985.

Metken, G.: Comics. Frankfurt/M., 1970.

Pleuß, A.: Bildgeschichten und Comics. Bad Honnef, 1983.

Riha, K.: ZOK ROARR WUMM. Zur Geschichte der Comic-Literatur. Steinbach, 1970.

Silbermann, A. u. H.-D. Dyroff (Hg.): Comics and Visual Culture. La bande dessinée et la culture visuelle. Comics und visuelle Kultur. München (u. a.), 1986.

Zimmermann, H. D. (Hg.): Vom Geist der Superhelden. Comic Strips. Zur Theorie der Bildergeschichte. München, 1973.

Kriminalliteratur

Bibliographien, Nachschlagewerke

Arnold, A. u. J. Schmidt (Hg.): Reclams Kriminalromanführer. Stuttgart, 1978.

Naumann, D.: Der Kriminalroman. Ein Literaturbericht. In: Der Deutschunterricht, 1967, Beilage zu H. 1.

Walkhoff-Jordan, K.-D.: Bibliographie der Kriminal-Literatur 1945–1984 im deutschen Sprachraum. Frankfurt/M., Berlin, Wien, 1985.

Anthologien, Untersuchungen

Alewyn, R.: Ursprung des Detektivromans. In: Ders.: Probleme und Gestalten. Frankfurt, 1974, S. 341–360.

Alewyn, R.: Anatomie des Detektivromans. In: Ebd., S. 361–394.

Arnold, A. (Hg.): Kriminalgeschichten aus drei Jahrhunderten. Stuttgart, 1978.

Arnold, A. (Hg.): Sherlock Holmes auf der Hintertreppe. Bonn, 1981.

Bayer, I.: Juristen und Kriminalbeamte als Autoren des neuen deutschen Kriminalromans: Berufserfahrungen ohne Folgen? Frankfurt/M. u. a., 1989.

Bloch, E.: Philosophische Ansicht des Detektivromans. In: Ders.: Literarische Aufsätze. Frankfurt, 1965, S. 242–263.

Conrad, H.: Die literarische Angst. Das Schreckliche in Schauerromantik und Detektivgeschichte. Düsseldorf, 1974.

Depken, F.: Sherlock Holmes, Raffles und ihre Vorbilder. Ein Beitrag zur Entwicklungsgeschichte und Technik der Kriminalerzählung. Heidelberg, 1914 (Reprint: Amsterdam, 1967).

Ermert, K. u. W. Gast (Hg.): Der neue deutsche Kriminalroman. Rehburg-Loccum, 1985.

Finckh, E. (Hg.): Theorie des Kriminalromans. Stuttgart, 1974.

Finke, B.: Erzählsituationen und Figurenperspektiven im Detektivroman. Amsterdam, 1983.

Gerteis, W.: Detektive. München, 1953.

Greiner-Mai, H. u. H.-J. Kruse (Hg.): Die deutsche Kriminalerzählung von Schiller bis zur Gegenwart. 3 Bde. Berlin, 1967–69 u. ö.

Greive, U.: Gesellschaftsbilder und Grenzen des Krimi-Genres. In: Frankfurter Hefte 28, 1973.

Grimm, J.: Unterhaltung zwischen Utopie und Alltag. Frankfurt/M., Bern, 1986.

Gutzen, D.: Jakob Studer, Katharina Ledermacher und Martin Beck – Themen und Tendenzen des modernen Detektivromans am Beispiel der Werke Friedrich Glausers, Richard Heys sowie Maj Sjöwall und Per Wahlöös. In: Arcadia. Sonderheft, 1978, S. 66–79.

Hasubek, P.: Die Detektivgeschichte für junge Leser. Bad Heilbrunn, 1974.

Hillich, R.: Tatbestand. Ansichten zur Kriminalliteratur der DDR 1947–1986. Berlin, 1988.

Hippe, R.: Kriminalliteratur. Hollfeld, 1980.

Hühn, P.: Zu den Gründen für die Popularität des Detektivromans. Eine Untersuchung von Thesen über die Motive seiner Rezeption. In: Arcadia 12, 1977, S. 273–296.

Kracauer, S.: Der Detektiv-Roman. In: Ders.: Schriften, Bd 1. Frankfurt/M., 1971.

Kriminalnovellen deutscher Dichter. München, 1979.

Kriminalstücke. Berlin, 1972.

Mager, H.: ‹Krimi und crimen›. Zur Moral der Unmoral. Halle, 1969.

Mandel, E.: Ein schöner Mord. Sozialgeschichte des Kriminalromans. Frankfurt/M., 1987.

Marsch, E.: Die Kriminalerzählung. Theorie – Geschichte – Analyse. München, 1972.

Molsner, M.: Die Obszönität der Fakten. Möglichkeiten des deutschen Kriminalromans. In: Kürbiskern, 1978, H. 4, S. 64–72.

Neuhaus, V.: Vorüberlegungen zu einer Geschichte des detektorischen Erzählens. In: Arcadia 12, 1977, S. 258–272.

Nusser, P.: Der Kriminalroman. Stuttgart, 1980.

Pfeiffer, H.: Die Mumie im Glassarg. Bemerkungen zur Kriminalliteratur. Rudolstadt, 1960.

Pfeiffer, H.: Phantasiemorde. Ein Streifzug durch den DDR-Kriminalroman. Berlin, 1985.

Reinert, C.: Das Unheimliche und Detektivliteratur. Entwurf einer poetologischen Theorie über Entstehung, Entfaltung und Problematik der Detektivliteratur. Bonn, 1973.

Schebach, W.: Der Kriminalroman. Vorurteile, Psychologie, Metaphysik. In: Buch und Bibliothek 27, 1975, S. 23–26.

Schmidt, J.: Gangster, Opfer, Detektive. Eine Typengeschichte des Kriminalromans. Frankfurt/M. u. a., 1989.

Schmitz, M. u. M. Töteberg: Mord in der Lüneburger Heide. Über -ky und andere Autoren des neuen deutschen Kriminalromans. In: Basis. Jb. für deutsche Gegenwartsliteratur. Bd 8, 1978, S. 174–189, 250–252.

Schönert, J. u. a. (Hg.): Erzählte Kriminalität. Tübingen, 1989.

Schulz-Buschhaus, U.: Formen und Ideologien des Kriminalromans. Ein gattungsgeschichtlicher Essay. Frankfurt/M., 1975.

Schulze, L.: Die Nachfolger des Sherlock Holmes. Diss. (masch.) Marburg, 1949.

Schütz, E. (Hg.): Zur Aktualität des Kriminalromans. Berichte, Analysen, Reflexionen zur neueren Kriminalität. München, 1978.

Suerbaum, U.: Krimi. Eine Analyse der Gattung. Stuttgart, 1984.

Vogt, J. (Hg.): Der Kriminalroman. Zur Theorie und Geschichte einer Gattung. 2 Bde. München, 1971. Nachdruck 1980f.

Žmegač, V. (Hg.): Der wohltemperierte Mord. Zur Geschichte und Theorie des Kriminalromans. Frankfurt/M., 1971.

Kabarett, Liedermacher

Nachschlagewerke, Anthologien, Untersuchungen

Appignanesi, L.: Das Kabarett. Stuttgart, 1976.

Attenhofer, E.: Cornichon – Erinnerungen an ein Cabaret. Bern, 1975.

Bemmann, H. (Hg.): Das Herz auf der Zunge. Deutschsprachige Chansons aus 100 Jahren. Berlin, 1979.

Budzinski, K.: Das Kabarett. Düsseldorf, 1985.

Budzinski, K. (Hg.): Linke Lieder. München, 1966.

Budzinski, K.: Die Muse mit der scharfen Zunge. Vom Cabaret zum Kabarett. München, 1961.

Budzinski, K.: Die öffentlichen Spaßmacher. Das Kabarett in der Ära Adenauer. München, 1966.

Budzinski, K.: Pfeffer ins Getriebe. So ist und wurde das Kabarett. München, 1982.

Budzinski, K. (Hg.): So weit die scharfe Zunge reicht. Die Anthologie des deutschsprachigen Kabaretts. München, 1964.

Budzinski, K. (Hg.): Vorsicht, die Mandoline ist geladen. Deutsches Kabarett seit 1964. Frankfurt, 1970.

Deißner-Jenssen, F. (Hg.): Die zehnte Muse. Kabarettisten erzählen. Berlin, 2. Aufl., 1986.

Disteleien. Kabarett-Szenen. Berlin, 1976.

Draeger, W.: Bericht vom Kabarett. Gelnhausen, 1966.

Greul, H.: Bretter, die die Zeit bedeuten. Die Kulturgeschichte des Kabaretts. 2 Bde. München (erw. Ausg.), 1971.

Greul, H.: Die Elf Scharfrichter. Zürich, 1962.

Hakel, H.: Wigl Wogl. Kabarett und Varieté in Wien. Wien, 1962.

Henningsen, J.: Theorie des Kabaretts. Ratingen, 1967.

Herzog, G. H. u. E. Heinold (Hg.): Scherz beiseite. München, 1966.

Hippen, R.: Kabarett der spitzen Feder. Streit-Zeitschriften. Zürich, 1986.

Hippen, R.: Das Kabarett-Chanson. Zürich, 1986.

Hippen, R.: Satire gegen Hitler. Kabarett im Exil. Zürich, 1986.

Hippen, R. (Hg.): «Sich fügen – heißt lügen». 80 Jahre deutsches Kabarett. Mainz, 1981.

Hoffmann, G.: Das politische Kabarett als geschichtliche Quelle. Frankfurt/M., 1976.

Hösch, R.: Kabarett von gestern und heute. 2 Bde. Berlin, 1967–72.

Immer um die Litfaßsäule rum. Gedichte aus sechs Jahrzehnten Kabarett. Berlin, 1968 u. ö.

Kaiser, R. U.: Das Songbuch. Ahrensburg, 1967.

Keiser, C.: Herrliche Zeiten – 1916–1976. 60 Jahre Cabaret in der Schweiz. Bern, 1976.

Krause, H. H. (Hg.): Greif zur Frohkost, Kumpel. Berlin, 1962.

Krause, H. H. (Hg.): Das war distel(l)s Geschoß. Berlin, 1961.

Kolman, T. (Hg.): Münchner Kleine Freiheit. Eine Auswahl aus den Programmen von zehn Jahren. München, 1960.

Kröher, R. u. O.: Rotgraue Raben – Vom Volkslied zum Folksong. Heidenheim, 1969.

Kühn, V. (Hg.): Kleinkunststücke. Bd 1ff. Berlin, 1988ff.

Lesch, W. u. M. W. Lenz: Cornichons. Verse aus dem Cabaret Cornichon. Elgg, o. J.

Lorentz, K.: Das Kom(m)ödchen-Buch. Düsseldorf, 1955.

Müller, C. W.: Narren, Henker, Komödianten. Geschichte und Funktion des politischen Kabaretts. Bonn, 1956.

Otto, R. (Hg.): Pfeffermüllereien. Kabarett-Texte. Berlin, 2. Aufl., 1975.

Otto, R. u. W. Rösler: Kabarettgeschichte. Abriß des deutschsprachigen Kabaretts. Berlin, 1981.

Pelzer, J.: Criticism through mockery. Satirical concepts and functional problems in West German Kabarett. Diss. Madison, 1981.

Pelzer, J.: Kritik durch Spott. Satirische Praxis und Wirkungsprobleme im westdeutschen Kabarett (1945–74). Frankfurt/M., 1985.

Pepper, H.: Lachen auf eigene Gefahr. Das Kabarett Der Rote Hund. Wien, 1987.

Reisner, I.: Kabarett als Werkstatt des Theaters. Literarische Kleinkunst in Wien vor dem Zweiten Weltkrieg. 2 Bde. Diss. (masch.) Wien, 1961.

Riha, K.: Moritat, Bänkelsong, Protestballade. Kabarett-Lyrik und engagiertes Lied in Deutschland. Königstein, 2. erw. Aufl., 1979.

Rothschild, Th. (Hg.): Liedermacher. 23 Porträts. Frankfurt/M., 1980.

Rudorf, R.: Schach der Show. Über Lach- und Liedermacher in Deutschland. Wiesbaden, 1974.

Ruttkowski, W. V.: Das literarische Chanson in Deutschland. Bern, München, 1968.

Schaller, W. u. W. Zobel (Hg.): Herkuleskeulereien. Kabarett-Texte. Berlin, 1976.

Schmidt, F.: Das Chanson. Herkunft, Entwicklung, Interpretation. Ahrensburg u. Paris, 1968.

Schreiner, K. P.: Die Zeit spielt mit – Die Geschichte der Lach- und Schießgesellschaft. München, 1976.

Schulz-Koehn, D.: Das Chanson. Kunst zwischen Show und Poesie. Gütersloh, 1969.

Schumann, W.: Unsterbliches Kabarett. Hannover, 1948.

Stern, A. (Hg.): Lieder aus dem Schlaraffenland. Politische Lieder der 50er–70er Jahre. Oberhausen, 1976.

Tschechne, W.: Ich hab' noch meine Schnauze in Berlin. Das Stachelschwein-Buch. Hannover, 1967.

Ulrich, R.: Alles sollte ganz anders werden. 40 Jahre Kabarett Die Stachelschweine. Frankfurt/M., Berlin, 1990.

Veigl, H.: Lachen im Keller. Von den Budapestern zum Wiener Werkel. Kabarett und Kleinkunst in Wien. Wien, 1986.

Weissert, O. (Hg.): Das Cornichon-Buch 1934–44. Basel, 1945.

Weissert, O. (Hg.): Das Cornichon-Buch. Zürich, 1950.

Weissert, O. (Hg.): Hinter dem eigenen Vorhang. Das Buch vom Cabaret Federal. Zürich, 1954.

Weys, R.: Cabaret und Kabarett in Wien. Wien, o. J.

Weys, R.: Literatur am Naschmarkt. Kulturgeschichte der Wiener Kleinkunst in Kostproben. Wien, 1947.

Weys, R.: Wien bleibt Wien, und das geschieht ihm ganz recht. Wien, 1974.

Winkler, G. (Hg.): Unterhaltungskunst A–Z. Berlin, 1978.

Wir stoßen an – Zehn Jahre DISTEL. Berlin, 1963.

Zimmermann, H. D. (Hg.): Lechzend nach Tyrannenblut. Ballade, Bänkelsang und Song. Berlin, 1962.

Zivier, G., H. Kotschenreuther, V. Ludwig: Kabarett mit K. Fünfzig Jahre große Kleinkunst. Berlin, 1974.

Unterhaltungsliteratur

Bibliographien, Nachschlagewerke

Baur, U. (u. a.): Gattungen der Trivialliteratur. Kronberg/Ts., 1977.

Fischer, L., D. Pforte, K. Zerges, H. Dunger (Hg.): Zur Archäologie der Popularkultur. Eine Dokumentation der Sammlungen von Produkten der Massenkunst, Massenliteratur und Werbung. Berlin, 1979.

Plaul, H.: Bibliographie deutschsprachiger Veröffentlichungen über Unterhaltungs- und Trivial-literatur. Vom letzten Drittel des 18. Jahrhunderts bis zur Gegenwart. München u. a., 1980.

Schmidtkes Pseudonym-Spiegel. Autoren der Unterhaltungsliteratur und ihre Tarnnamen. Hg. S. Augustin. München, 1984.

Seesslen, G. u. B. Kling: Unterhaltungslexikon zur populären Kultur. 2 Bde. Reinbek, 1977.

Zerges, K., H. Dunger, H. Sontag (Hg.): Sammlungen zur Alltags- und Industriekultur. Ein Stand-ortverzeichnis. 2 Bde. Berlin, 2. Aufl., 1983 (= 2., völlig neu bearb. Aufl. von: Fischer u. a.: Zur Archäologie der Popularkultur).

Anthologien, Untersuchungen

Bayer, D.: Der triviale Familien- und Liebesroman im 20. Jahrhundert. Tübingen, 1964.

Bürger, Ch.: Textanalysen als Ideologiekritik. Zur Rezeption zeitgenössischer Unterhaltungslite-ratur. Frankfurt/M., 1973.

Burger, H. O. (Hg.): Studien zur Trivialliteratur. Frankfurt, 1968.

Busse, B.: Der deutsche Schlager. Eine Untersuchung zur Produktion, Distribution und Rezeption von Trivialliteratur. Wiesbaden, 1976.

Davids, J.-U.: Das Wildwest-Romanheft in der Bundesrepublik. Tübingen, 2. Aufl., 1975.

Fetzer, G.: Wertungsprobleme in der Trivialliteratur. München, 1980.

Fischer, L., K. Hickethier u. K. Riha (Hg.): Gebrauchsliteratur. Methodische Überlegungen und Beispielanalysen. Stuttgart, 1976.

Geiger, K. F.: Kriegsromanhefte in der BRD. Tübingen, 1974.

Geyer-Ryan, H.: Der andere Roman. Versuch über die verdrängte Ästhetik des Populären. Wil-helmshaven, 1983.

Grimm, R. u. J. Hermand (Hg.): Popularität und Trivialität. Fourth Wisconsin Workshop. Frank-furt/M., 1974.

Heckmann, H. (Hg.): Angst vor Unterhaltung? Über einige Merkwürdigkeiten unseres Literatur-verständnisses. München, Wien, 1986.

Hienger, J. (Hg.): Unterhaltungsliteratur. Zu ihrer Theorie und Verteidigung. Göttingen, 1976.

Ide, H. u. a. (Hg.): Massenmedien und Trivialliteratur. Stuttgart, 1973.

Jabs-Kriegsmann, M.: Zerrspiegel. Der deutsche Illustrierten-Roman 1950–1977. Stuttgart, 1981.

Kaes, A. u. B. Zimmermann (Bd 2: H. Kreuzer) (Hg.): Literatur für viele. Studien zur Trivial-literatur und Massenkommunikation im 19. und 20. Jahrhundert. 2 Bde. Göttingen, 1975–76.

Kayser, D.: Schlager, das Lied als Ware. Untersuchung zu einer Kategorie der Illusionsindustrie. Stuttgart, 2. Aufl., 1976.

Killy, W.: Deutscher Kitsch. Ein Versuch mit Beispielen. Göttingen, 1961 u. ö.

Klein, A. u. H. Hecker: Trivialliteratur. Opladen, 1977.

Langenbucher, W.: Der aktuelle Unterhaltungsroman. Beiträge zu Geschichte und Theorie der massenhaft verbreiteten Literatur. Bonn, 2. Aufl., 1974.

Mallinckrodt, A. M.: Das kleine Massenmedium. Soziale Funktion und politische Rolle der Heft-romanliteratur in der DDR. Köln, 1984.

Melzer, H.: Trivialliteratur. 2 Bde. München, 2. Aufl., 1976.

Möbius, H.: Progressive Massenliteratur? Stuttgart, 1977.

Motte-Haber, H. de la (Hg.): Das Triviale in Literatur, Musik und Bildender Kunst. Frankfurt, 1972.

Neumann, G.: Der politische Gehalt von Groschenheften. Saarbrücken u. Kastellaun, 1976.

Nusser, P.: Romane der Unterschicht. Stuttgart, 1973.

Nutz, W.: Der Trivialroman. Seine Formen und seine Hersteller. Köln u. Opladen, 1962.

Petzold, D., E. Späth (Hg.): Unterhaltungsliteratur. Ziele und Methoden ihrer Erforschung. Erlangen, 1990.

Plaul, H.: Illustrierte Geschichte der Trivialliteratur. Hildesheim (u. a.), 1983.

Rucktäschel, A., u. H. D. Zimmermann (Hg.): Trivialliteratur. München, 1976.

Rühmkorf, P.: Über das Volksvermögen. Reinbek, 1967 u. ö.

Ruloff-Häny, F.: Liebe und Geld. Der moderne Trivialroman und seine Struktur. Zürich, München, 1976.

Schemme, W.: Trivialliteratur und literarische Wertung. Stuttgart, 1975.

Schenda, R.: Die Lesestoffe der Kleinen Leute. Studien zur populären Literatur im 19. und 20. Jahrhundert. München, 1976.

Schmidt, J.: Quo vadis? – Woher kommst du? Unterhaltungsliterarische konfessionelle Apologetik im Viktorianischen und Wilhelminischen Zeitalter. Bern u. a., 1990.

Schmidt-Henkel, G. (Hg.): Trivialliteratur. Berlin, 1964.

Schröder, G. u. a.: Untersuchungen zur sozialistischen Unterhaltungsliteratur. 3 Bde. Potsdam, 1975–76.

Schulte-Sasse, J.: Die Kritik an der Trivialliteratur seit der Aufklärung. Studien zur Geschichte des modernen Kitschbegriffs. München, 1971.

Schulte-Sasse, J. (Hg.): Literarischer Kitsch. Texte zu seiner Theorie, Geschichte und Einzelinterpretationen. München, Tübingen, 1979.

Schutte, J. (Hg.): Erfahrung und Ideologie. Studien zur massenhaft verbreiteten Literatur. Berlin, 1983.

Sichelschmidt, G.: Liebe, Mord und Abenteuer. Eine Geschichte der deutschen Unterhaltungsliteratur. Berlin, 1969.

Skreb, Z. u. U. Baur (Hg.): Erzählgattungen der Trivialliteratur. Innsbruck, 1984.

Sperr, M. (Hg.): Das große Schlagerbuch. Deutsche Schlager 1800 bis heute. München, 1978.

Ueding, G.: Glanzvolles Elend. Versuch über Kitsch und Kolportage. Frankfurt/M., 1973.

Waldmann, G.: Theorie und Didaktik der Trivialliteratur. Modellanalysen, Didaktikdiskussion, literarische Wertung. München, 2. verb. u. erg. Aufl., 1977.

Wernsing, A. V. u. W. Wucherpfennig: Die Groschenhefte. Individualität als Ware. Wiesbaden, 1976.

Wesollek, P.: Jerry Cotton oder «Die verschwiegene Welt». Untersuchungen zur Trivialliteratur am Beispiel einer Heftromanserie. Bonn, 1976.

Weyer, F.: Groschenromane – wie sie wirklich sind. Hückeswagen, 1964.

Wolff, L.-W. (Hg.): Puppchen, du bist mein Augenstern. Deutsche Schlager aus 4 Jahrzehnten. München, 1981.

Ziermann, K.: Romane vom Fließband. Berlin, 1969.

Massenmedien (Presse, Rundfunk, Film, Fernsehen, Neue Medien)

Bibliographien, Nachschlagewerke

Bamberger, H. G.: Einführung in das Medienrecht. Darmstadt, 1986.

Bausch, H. (Hg.): Rundfunk in Deutschland. 5 Bde. München, 1980.

Bawden, L.-A. (Hg.): Buchers Enzyklopädie des Films. Luzern, Frankfurt/M., 1977.

Bibliographie der österreichischen Literatur zur Massenkommunikation 1945–1975. Salzburg, 1978.

Bobrowsky, M.: Schriftenverzeichnis des Instituts für Publizistik- und Kommunikations-Wissenschaft der Universität Wien 1944–1985. Wien, 1986.

Döhn, L. u. K. Klöckner: Medienlexikon. Baden-Baden, 1979.

Dovifat, E. (Hg.): Handbuch der Publizistik. 3 Bde. Berlin, 1968–69.

Duchowitsch, W.: Medien- und Kommunikationsforschung. Köln, Wien, 1984.

Emmler, K., D. u. Niggemeyer, H.: Das Hörspiel. Ein Literaturverzeichnis. 3 Bde. Köln, 2. erw. Aufl., 1976–78.

Feldmann, E.: Theorie der Massenmedien. München, Basel, 2. Aufl., 1977.

Frauen Film Handbuch. Berlin, 1984.

Gebrauchswörterbuch Fernsehen. Hg. vom Bayerischen Rundfunk. München, 1985.

Hörfunk und Fernsehen. Aufsatznachweis aus Zeitschriften und Sammelwerken. Jahresband 1975 [ff.] Hg. Westdeutscher Rundfunk. Köln, 1976ff. (ersch. jährlich).

Keckeis, H.: Das deutsche Hörspiel (1923–1973). Ein systematischer Überblick mit kommentierter Bibliographie. Frankfurt/M., 1973.

King, J. K.: Literarische Zeitschriften 1945–1970. Stuttgart, 1974.

Koszyk, K. u. K. H. Pruys: Handbuch der Massenkommunikation. München, 1981.

Kreuzer, H. (Hg.): Sachwörterbuch des Fernsehens. Göttingen, 1982.

Kurowski, U. (Hg.): Lexikon des internationalen Films. 2 Bde. München, 1975.

Literaturverzeichnis Massenmedien. Bearb. v. S. Welzel. München, 1976.

Löffler, M. u. R. Ricker: Handbuch des Presserechts. München, 2. Aufl., 1986.

Ludes, P.: Bibliographie zur Entwicklung des Fernsehens. Fernsehsysteme und Programmgeschichte in den USA, Großbritannien und der Bundesrepublik Deutschland. München u. a., 1990.

Massenmedien in Österreich – Medienbericht II. Berichtszeitraum 1976–1982. Wien, 1983.

medienwissenschaft: rezensionen. Zeitschrift für Rezensionen über Veröffentlichungen zu sämtlichen Medien. Hg. Th. Koebner u. K. Riha. Jg 1ff. Tübingen, 1980ff.

Moderne Informationsdienstleistungen. Trends und Aspekte, Entwicklungen und Probleme in Bibliotheken, Informationszentren und Dokumentationseinrichtungen der Bundesrepublik Deutschland. Berlin, 1990.

Ratzke, D.: Handbuch der Neuen Medien. Stuttgart 1982.

rororo Filmlexikon. 10 Bde. Reinbek, 1987.

Rosenbaum, U.: Das Hörspiel. Eine Bibliographie. Hamburg, 1974.

Rundfunkpublikationen. Eigenpublikationen des Rundfunks und Fachperiodika 1923–1986. Ein Bestandsverzeichnis. Hg. Deutsches Rundfunkarchiv. Frankfurt/M., 1986.

Schanze, H.: Medienkunde für Literaturwissenschaftler. München, 1974.

Schlawe, F.: Literarische Zeitschriften. 1885–1933. 2 Teile. Stuttgart, 2. Aufl., 1965–73.

Schwitzke, H. (Hg.): Reclams Hörspielführer. Stuttgart, 1969.

Taddik, H. u. S. Ellner (Hg.): Katalog der Literaturvorlagen in Film und Fernsehen. O. O., 1973.

Ubbens, W.: Jahresbibliographie Massenkommunikation. 1974/75ff. Bremen (ab 1981: Berlin), 1976ff.

Ubbens, W.: Literaturverzeichnis Massenkommunikation (1971–1973). Berlin, 1975.

Ubbens, W.: Presse, Rundfunk, Fernsehen, Film. Ein Verzeichnis deutschsprachiger Literatur zur Massenkommunikation (1968–1971). Berlin, 1971.

Veröffentlichungen deutscher sozialistischer Schriftsteller in der revolutionären und demokratischen Presse 1918–1945. Bibliographie. Berlin u. Weimar, 2. Aufl., 1969.

Weiß, R., U. Hasebrink: Begleitforschung zur Medienentwicklung. Hamburg, 1987.

Anthologien, Untersuchungen

Albersmeier, F. J.: Bild und Text. Beiträge zu Film und Literatur 1976–1982. Frankfurt/M., Bern, 1983.

Albrecht, G.: Nationalsozialistische Filmpolitik. Stuttgart, 1969.

Alter, U.: Zielkonflikte im Unternehmen Rundfunk. Hamburg, 1987.

Auer, A.: Die Reportage – ihre politische und soziale Funktion. Salzburg (Diss.), 1982.

Basse, D.: Wolff's telegraphisches Bureau 1849 bis 1933. Agenturpublizistik zwischen Politik und Wirtschaft. München u. a., 1991.

Bausch, H.: Rundfunkpolitik nach 1945. München, 1980.

Behrens, T.: Die Entstehung der Massenmedien in Deutschland. Ein Vergleich von Film, Hörfunk und Fernsehen und ein Ausblick auf die Neuen Medien. Frankfurt/M. (u. a.), 1986.

Berg, H. O.: Fernsehspiele nach Erzählvorlage. Düsseldorf, 1972.

Berg, K., M. L. Kiefer (Hg.): Massenkommunikation. Mainz, 1978.

Bessler, H.: Hörer- und Zuschauerforschung. München, 1980.

Bloom, M.: Die westdeutsche Nachkriegszeit im literarischen Original-Hörspiel. Frankfurt/M. (u.a.), 1985.

Bohn, R. u.a. (Hg.): Ansichten einer künftigen Medienwissenschaft. Berlin, 1988.

Brauneck, M. (Hg.): Film und Fernsehen. Bamberg, 1980.

Bredow, W. v. u. R. Zurek: Film und Gesellschaft in Deutschland. Hamburg, 1975.

Bredow, W. von (Hg.): Medien und Gesellschaft. Stuttgart, 1990.

Brunow, J. (Hg.): Schreiben für den Film. Das Drehbuch als eine andere Art des Erzählens. München, 1988.

Brüseke, F. u. H.-M. Große-Oetringhaus: Blätter von unten. Alternativzeitungen in der Bundesrepublik. Offenbach, 1981.

Bucher, H.-J., E. Strassner: Mediensprache, Medienkommunikation, Medienkritik. Tübingen, 1990.

Bucher, H.-J.: Pressekommunikation. Tübingen, 1986.

Courtade, F. u. P. Cadars: Geschichte des Films im Dritten Reich. München, Wien, 1975.

Dahl, P.: Radio. Sozialgeschichte des Rundfunks für Sender und Empfänger. Reinbek, 1983.

Deiters, H.-G.: Fenster zur Welt. 50 Jahre Rundfunk in Norddeutschland. Hamburg, 1973.

Delling, M.: Bonanza & Co. Reinbek, 1976.

Döhl, R.: Das Neue Hörspiel. Darmstadt, 1988.

Dost, M., F. Hopf, A. Kluge: Filmwirtschaft in der BRD und in Europa. München, 1973.

Drewitz, I. (Hg.): Die Literatur und ihre Medien. Düsseldorf (u.a.), 1972.

Durzak, M.: Literatur auf dem Bildschirm. Analysen und Gespräche mit Leopold Ahlsen, Rainer Erler, Dieter Forte, Walter Kempowski, Heinar Kipphardt, Wolfdietrich Schnurre, Dieter Wellershoff. Tübingen, 1989.

Elghazali, S.: Literatur als Fernsehspiel. Hamburg, 1966.

Emig, G., P. Engel u. Ch. Schubert (Hg.): Die Alternativpresse. Ellwangen, 1980.

Erinnerungen sozialistischer Rundfunkpioniere. Berlin, 1975.

Erlinge, H. D. und D. U. Stötzel (Hg.): Geschichte des Kinderfernsehens in der Bundesrepublik Deutschland. Berlin, 1990.

Erobert den Film! Proletariat und Film in der Weimarer Republik. Berlin, 1977.

Estermann, A.: Die Verfilmung literarischer Werke. Bonn, 1969.

Field, S. u.a.: Drehbuchschreiben für Film und Fernsehen. München, 1987.

Film in der DDR. München, Wien, 1977.

Film- und Fernsehkunst der DDR. Berlin, 1979.

Fischer, E.: Das Hörspiel. Stuttgart, 1964.

Fleck, F. H., U. Saxer, M. F. Steinmann (Hg.): Massenmedien und Kommunikationswissenschaft in der Schweiz. Zürich, 1987.

Frank, A.: Das Hörspiel. Heidelberg, 1963.

Funke, J. G.: Die literarische Form des deutschen Hörspiels in historischer Entwicklung. Diss. Erlangen-Nürnberg, 1963.

Furler, B.: Augen-Schein. Deutschsprachige Reisereportagen über Sowjetrußland 1917–1939. Frankfurt/M., 1987.

Glotz, P. u. W. Langenbucher: Der mißachtete Leser. Zur Kritik der deutschen Presse. Köln, 1969.

Grob, N., K. Prümm (Hg.): Die Macht der Filmkritik. München, 1990.

Groth, P.: Hörspiele und Hörspieltheorien sozialkritischer Schriftsteller in der Weimarer Republik. Berlin, 1980.

Gugisch, P. (Hg.): Die merkwürdige Verwandlung der Jenny K. Hörspiele. Berlin, 1976.

Haberl, G. und G. Schlemmer (Hg.): Die Magie des Rechtecks. Filmästhetik zwischen Leinwand und Bildschirm. Wien, Zürich, 1991.

Hachmeister, L.: Theoretische Publizistik. Studien zur Geschichte der Kommunikationswissenschaft in Deutschland. Berlin, 1987.

Hätte ich das Kino! Die Schriftsteller und der Stummfilm. München, 1978.

Hammer, F. (Hg.): Frühe Hörspiele. Berlin, 1982.

Hannes, R.: Erzählen und Erzähler im Hörspiel. Marburg, 1990.

Hay, G. (Hg.): Literatur und Rundfunk 1923–1933. Hildesheim, 1975.

Heenen, S. (Hg.): Traumtänzer und Bildschirmtäter. Journalisten und die Veränderungen im Bereich der Medien. Frankfurt/M., 1984.

Heller, H.-B.: Literarische Intelligenz und Film. Zu Veränderungen der ästhetischen Theorie und Praxis unter dem Eindruck des Films 1910–1930 in Deutschland. Tübingen, 1985.

Hermanns, A. (Hg.): Neue Kommunikationstechniken. München, 1986.

Heygster, A. L. u. W. Schmieding (Hg.): Publikum und Publizisten. Mainz, 1978.

Hickethier, K.: Das Fernsehspiel der Bundesrepublik. Stuttgart, 1980.

Hickethier, K., H. Winkler (Hg.): Filmwahrnehmung. Berlin, 1990.

Hickethier, K.: Medienzeit – Beschleunigung und Verlangsamung. Siegen, 1986.

Hischenhuber, H.: Gesellschaftsbilder im deutschsprachigen Hörspiel seit 1968. Wien, 1985.

Hollstein, W.: Der deutsche Illustriertenroman der Gegenwart. München, 1973.

Holzer, H.: Medien in der BRD. Entwicklungen 1970–1980. Köln, 1980.

Holzer, H.: Theorie des Fernsehens. Hamburg, 1975.

Hörburger, Ch.: Das Hörspiel der Weimarer Republik. Stuttgart, 1975.

Hörspielbuch. Folge 1 ff. Frankfurt (Folge 1–12), 1950–61, Köln (Folge 13f), 1962 ff.

Hoven, H. (Hg.): Guten Abend, hier ist das deutsche Fernsehen. Zur Sprache der Bilder. Darmstadt, Neuwied, 1986.

Hufen, F. u. W. Lörcher: Phänomen Fernsehen. Düsseldorf, Wien, 1978.

Hurwitz, H.: Die Stunde Null der deutschen Presse. Die amerikanische Pressepolitik in Deutschland 1945–1949. Köln, 1972.

Die Informationsvermittler und die Informationsgesellschaft. München u. a., 1990.

Jensen, K. u. J.-U. Rogge: Der Medienmarkt für Kinder in der Bundesrepublik. Tübingen, 1980.

Joerper, G.: Die deutsche Gefängnispresse. Vergangenheit und Gegenwart. Stuttgart, 1971.

Kaes, A. (Hg.): Kino-Debatte. Texte zum Verhältnis von Literatur und Film 1909–1929. Tübingen, 1978.

Kämpfer, F.: «Der rote Keil». Das politische Plakat. Theorie und Geschichte. Berlin, 1985.

Kanzog, K. (Hg.): Der erotische Diskurs. Filmische Zeichen und Argumente. München, 1989.

Kaupp, P.: Presse – Hörfunk – Fernsehen. Funktion. Wirkung. Frankfurt/M., 2. Aufl., 1980.

Kino und Couch. Zum Verhältnis von Psychoanalyse und Film. Frankfurt/M., Schmitten, 1990.

Kittler, F. A., G. Ch. Tholen (Hg.): Arsenale der Seele. Literatur- und Medienanalyse seit 1870. München, 1990.

Kleinsteuber, H. J. (Hg.): EG-Medienpolitik. Fernsehen in Europa zwischen Kultur und Kommerz. Berlin, 1990.

Klippert, W. (Hg.): Vier Kurzhörspiele. Stuttgart, 1976.

Klose, W.: Didaktik des Hörspiels. Stuttgart, 1974.

Kluckert, E., D. Donzelli-Kluckert: Computer und geisteswissenschaftliche Forschung. Alltag: Themen – Motive – Symbole. Darmstadt, 1990.

Klünder, A. u. H.-W. Lavies: Fernsehspiele in der ARD 1952–1972. 2 Bde. Frankfurt/M., 1978.

Knilli, F.: Das Hörspiel. Stuttgart, 1961.

Knilli, F., K. Hickethier, W. D. Lützen (Hg.): Literatur in den Massenmedien – Demontage von Dichtung? München, Wien, 1976.

Knittel, H.: Der Roman in der deutschen Illustrierten 1946–1962. Diss. Berlin, 1967.

Kodron-Lundgreen, Ch. u. Ch.: 20 000 000 unterm Regenbogen. Zur Inhaltsanalyse der Regenbogenpresse. München, 1976.

Koebner, Th. (Hg.): Laokoon und kein Ende. Der Wettstreit der Künste. München, 1989.

Korte, H. (Hg.): Film und Realität in der Weimarer Republik. München, Wien, 1978.

Korte, H., W. Faulstich (Hg.): Filmanalyse interdisziplinär. Göttingen, 1988.

Koszyk, K.: Deutsche Presse 1914–1945. Berlin, 1972.

Koszyk, K.: Pressepolitik für die Deutschen 1945–1949. Berlin, 1986.

Kreuzer, H. und H. Schanze (Hg.): Fernsehen in der Bundesrepublik Deutschland. Perioden – Zäsuren – Epochen. Heidelberg, 1991.

Kreuzer, H. u. K. Prümm (Hg.): Fernsehsendungen und ihre Formen. Stuttgart, 1979.

Kreuzer, H. (Hg.): Literaturwissenschaft – Medienwissenschaft. Heidelberg, 1977.

Kühn, G. u. a. (Hg.): Film und revolutionäre Arbeiterbewegung in Deutschland 1918–1932. 2 Bde. Berlin, 1978.

Kunczik, M., U. Weber: Fernsehen. Aspekte eines Mediums. Köln, Wien, 1990.

Langenbucher, W. R. (Hg.): Publizistik- und Kommunikationswissenschaft. Wien, 1986.

Lauterbach, U. (Hg.): Zauberei auf dem Sender und andere Hörspiele. Frankfurt, 1962.

Lerg, W. B. u. R. Steininger (Hg.): Rundfunk und Politik 1923–1973. Berlin, 1975.

Lerg, W. B.: Rundfunkpolitik in der Weimarer Republik. München, 1980.

Lindemann, E.: Literatur und Rundfunk in Berlin 1923–1932. 2 Bde. Diss. Göttingen, 1981.

Ludes, P. (Hg.): DDR-Fernsehen intern. Von der Honecker-Ära bis «Deutschland einig Vaterland». Berlin, 1990.

Lukesch, H. [u. a.]: Jugendmedienstudie. Verbreitung, Nutzung und ausgewählte Wirkungen von Massenmedien bei Kindern und Jugendlichen. Regensburg, 2. Aufl., 1990.

Mahle, W. A. (Hg.): Fortschritte der Medienwirkungsforschung? Berlin, 1985.

Meyn, H.: Massenmedien in der Bundesrepublik Deutschland. Berlin, 2. Aufl., 1971.

Möbius, H., G. Vogt: Drehort Stadt. Das Thema «Großstadt» im deutschen Film. Marburg, 1990.

Möhrmann, R.: Die Frau mit der Kamera. Filmemacherinnen in der Bundesrepublik Deutschland. München, 1980.

Murray, B. A.: Film and the German left in the Weimar Republic. Diss. Univ. of Minnesota, 1985.

Niepalla, P.: Die Grundversorgung durch die öffentlich-rechtlichen Rundfunkanstalten. München, 1991.

Nutz, W.: Die Regenbogenpresse. Opladen, 1971.

Ossorio-Capella, C.: Der Zeitungsmarkt in der Bundesrepublik Deutschland. Frankfurt/M., 1972.

Paech, J.: Literatur und Film. Stuttgart, 1988.

Pflaum, H. G. u. H. H. Prinzler: Film in der Bundesrepublik Deutschland. München, 1979.

Pinthus, K. (Hg.): Das Kinobuch. Zürich (Neuausg. der Anthologie von 1913/14), 1963.

Prager, G.: Reden und Aufsätze über Film, Funk und Fernsehen. Hamburg, 1963.

Prinzler, H. H., E. Rentschler (Hg.): Augenzeugen. 100 Texte Neuer Deutscher Filmemacher. Frankfurt/M., 1988.

Prokop, D.: Faszination und Langeweile. Die populären Medien. Stuttgart, 1979.

Prokop, D.: Massenkultur und Spontaneität. Frankfurt/M., 1974.

Prokop, D. (Hg.): Medienforschung. 3 Bde. Frankfurt/M., 1985 (veränd. Neuausg. von: Massenkommunikationsforschung).

Pross, H. (Hg.): Deutsche Presse seit 1945. Bern, München, 1965.

Raddatz, F. J.: Erfolg oder Wirkung. Schicksale politischer Publizisten in Deutschland. München, 1972.

Reiss, E.: «Wir senden Frohsinn». Fernsehen unterm Faschismus. Berlin, 1979.

Rentschler, E. (Hg.): German Film and Literature. Adaptions und transformations. New York, London, 1986.

Riedel, H.: Hörfunk und Fernsehen in der DDR. Köln, 1977.

Rolf, A. (Hg.): Neue Techniken Alternativ. Hamburg, 1986.

Roszak, Th.: Der Verlust des Denkens. Über die Mythen des Computer-Zeitalters. München, 1986.

Rother, R.: Die Gegenwart der Geschichte. Ein Versuch über Film und zeitgenössische Literatur. Stuttgart, 1990.

Rüden, P. v. (Hg.): Das Fernsehspiel. München, 1977.

Rundfunk und Fernsehen 1948–1989. Ausgewählte Beiträge der Medien- und Kommunikationswissenschaft aus 40 Jahrgängen der Zeitschrift Rundfunk und Fernsehen. Baden-Baden, Hamburg, 1990.

Russ, E. M.: Das Fernsehspiel der siebziger Jahre. Untersuchungen zu unveröffentlichten Manuskripten. Frankfurt/M. u. a., 1990.

Schaller, H. (Hg.): Buch und Bildschirm. Würzburg, 1986.

Schirmer, B. (Hg.): Brot und Salz. 15 Hörspiele aus den 70er Jahren. Leipzig, 1982.

Schmitthenner, H. (Hg.): Sechzehn deutsche Hörspiele. München, 1962.

Schneider, I.: Film, Fernsehen & Co. Zur Entwicklung des Spielfilms in Kino und Fernsehen; ein Überblick über Konzepte und Tendenzen. Heidelberg, 1990.

Schneider, I.: Der verwandelte Text. Wege zu einer Theorie der Literaturverfilmung. Tübingen, 1981.

Schöning, K. (Hg.): Schriftsteller und Hörspiel. Reden zum Hörspielpreis der Kriegsblinden. Königstein, 1981.

Schweikardt, J.: Ästhetik des Fernsehens. Wien, 1980.

Schwitzke, H.: Das Hörspiel. Köln, 1963.

Schwitzke, H. (Hg.): Sprich, damit ich dich sehe. München, 1960.

Siegrist, H.: Textsemantik des Spielfilms. Tübingen, 1986.

Soppe, A.: Der Streit um das Hörspiel 1924/1925. Berlin, 1978.

Stock, W. G.: Informationswissenschaft und -praxis in der Deutschen Demokratischen Republik. Frankfurt/M., 1986.

Uricchio, W. (Hg.): Die Anfänge des deutschen Fernsehens. Kritische Annäherungen an die Entwicklung bis 1945. Tübingen, 1990.

Venus, Th.: Die Entstehung des Rundfunks in Österreich. Herkunft und Gründung eines Massenmediums. Teil 1–3. Wien (Diss.), 1982.

Wagner, Ch.: Die Landesmedienanstalten. Organisation und Verfahren der Kontrolle privater Rundfunkveranstalter in der Bundesrepublik Deutschland. Baden-Baden, 1990.

Waldmann, W.: Das deutsche Fernsehspiel. Wiesbaden, 1977.

Wenders, W.: Emotion Pictures. Essays und Filmkritiken. München, 1986.

Wenger, K.: Kommunikation und Medien in der Bundesrepublik Deutschland. München, 1989.

Werner, R. (Hg.): Berliner Drehbuchwerkstatt 1986. Dokumentation. Berlin, 1987.

Wessels, W.: Hörspiele im Dritten Reich. Bonn, 1985.

Wulf, J.: Presse und Funk im Dritten Reich. Gütersloh, 1964 (u. ö.).

Würffel, S. B.: Das deutsche Hörspiel. Stuttgart, 1978.

Würffel, S. B. (Hg.): Frühe sozialistische Hörspiele. Frankfurt, 1982.

Wuss, P.: Die Tiefenstruktur des Filmkunstwerks. Berlin, 1986.

Zeller, B. (Hg.): Als der Krieg zu Ende war. Literarisch-politische Publizistik 1945–1950. München, 1973.

20 Jahre Hörspiel im Bayerischen Rundfunk 1945–1965. München, 1967.

Literarisches Leben, Literaturbetrieb, Lesekultur

Bibliographien, Nachschlagewerke

Assman, M. (Hg.): Der Georg-Büchner-Preis 1951–1987. Eine Dokumentation. München, Zürich, (aktualisierte Ausg.) 1987.

Becker, E. D. u. M. Dehn: Literarisches Leben. Eine Bibliographie. Hamburg, 1968.

Buch und Buchhandel in Zahlen. Hg. vom Börsenverein des dt. Buchhandels. Ausgabe 1985. Frankfurt/M., 1985.

Emmerich, W. (Hg.): Der Bremer Literaturpreis 1954–1987. Eine Dokumentation. Bremerhaven, 1988.

Engel, P., Ch. Schubert (Hg.): Handbuch der alternativen deutschsprachigen Literatur. Hamburg, München, 3. Aufl., 1976.

Fertig, E. u. H. Steinberg: Bibliographie Buch und Lesen. Gütersloh, 1979.

Hoffmann, G.E. (Hg.): P.E.N. international. P.E.N. Zentrum der Bundesrepublik. München, 1986.

Literaturpreise in Deutschland. Adreßbuch der deutschen Literaturpreise, Stipendien und Auszeichnungen. München, 1986.

Meyer, H.: Bibliographie der Buch- und Bibliotheksgeschichte (BBB). Bd 1 ff. Bad Iburg, 1982 ff.

Pasterney, U., J. Gehret (Hg.): Deutschsprachige Bibliographie der Gegenkultur. Bücher und Zeitschriften von 1950–1980. Amsterdam, 1982.

Reich-Ranicki, M. (Hg.): Erzählte Gegenwart. 10 Jahre Ingeborg-Bachmann-Preis. München, Zürich, 1986.

Schilling, R. (Hg.): Gesamtverzeichnis der jugendgefährdenden Schriften nach dem Stande vom 1. April 1961. Neuwied, Berlin, 1961.

Schilling, R.: Jugendgefährdende Schriften. Ergänzbares Gesamtverzeichnis und Arbeitshilfen. Neuwied, Berlin, 1972 ff.

Zwischenbericht. Notate und Bibliographie zum Institut für Literatur «Johannes R. Becher» Leipzig. Leipzig, 1980.

Anthologien, Untersuchungen

Aktionen Bekenntnisse Perspektiven. Berichte und Dokumente vom Kampf um die Freiheit des literarischen Schaffens in der Weimarer Republik. Berlin, 1966.

Albrecht, R.: Buch und Leser in der Bundesrepublik Deutschland. Diss. Bremen, 1977.

Arnim, B. v. u. F. Knilli: Gewerbliche Leihbüchereien. Gütersloh, 1966.

Arnold, H.L.: Als Schriftsteller leben. Reinbek, 1979.

Arnold, H.L. (Hg.): Brauchen wir noch die Literatur? Zur literarischen Situation in der Bundesrepublik. Düsseldorf, 1972.

Arnold, H.L. (Hg.): Die Gruppe 47. München, 1980.

Arnold, H.L. (Hg.): Literaturbetrieb in der Bundesrepublik Deutschland. München, 2. völlig veränd. Aufl., 1981.

Baumgärtner, A.C. (Hg.): Lesen – ein Handbuch. Lesestoff, Leser und Leseverhalten, Lesewirkungen, Leseerziehung, Lesekultur. Hamburg, 1974.

Benseler, F. u.a.: Literaturproduzenten! Berlin, 1970.

Bienek, H.: Werkstattgespräche mit Schriftstellern. München, 1962.

Böckmann, W. (Hg.): Jugendgefährdend? Frankfurt/M., 1964.

Breuer, D.: Geschichte der literarischen Zensur in Deutschland. Heidelberg, 1982.

Briegleb, K.: Literatur und Fahndung. München, Wien, 1979.

Briegleb, K.: Unmittelbar zur Epoche des NS-Faschismus. Arbeiten zur politischen Philologie 1978–1988. Frankfurt/M., 1989.

Broder, H.M. (Hg.): Die Schere im Kopf. Über Zensur und Selbstzensur. Köln, 1976.

Buch und Leser in Deutschland. Gütersloh, 1965.

Buchgemeinschaften in Deutschland. Hamburg, 1967.

Buergel-Goodwin, U.: Die Reorganisation der westdeutschen Schriftstellerverbände 1945–1952. Frankfurt/M., 1977.

Bullivant, K. (Hg.): Das literarische Leben in der Weimarer Republik. Königstein, 1978.

Busse, G. v. u. H. Ernestus: Das Bibliothekswesen der Bundesrepublik Deutschland. Wiesbaden, 1968.

Dankert, B., L. Zechlin (Hg.): Literatur vor dem Richter. Beiträge zur Literaturfreiheit und Zensur. Baden-Baden, 1988.

Daum, Th.: Die 2. Kultur. Alternativliteratur in der Bundesrepublik. Mainz, 1981.

Der deutsche Buchhandel in unserer Zeit. Göttingen, 1961.

Duve, F., H. Böll, K. Staeck (Hg.): Kämpfen für die sanfte Republik. Reinbek, 1980.

Engelmann, B. (Hg.): VS vertraulich. 3 Bde. München, 1977–79.

Engelmann, B. u. a. (Hg.): Wir sind so frei... Künstler und Publizisten gegen politischen und wirtschaftlichen Druck. Ein Hand- und Ellenbogenbuch. Göttingen, 1984.

Estermann, A., J. Hermand, M. Krüger (Hg.): Unsere Republik. Politische Statements westdeutscher Autoren. Wiesbaden, 1980.

Estermann, M., M. Knoche (Hg.): Von Göschen bis Rowohlt. Beiträge zur Geschichte des deutschen Verlagswesens. Wiesbaden, 1990.

Fabian, B.: Buch, Bibliothek und geisteswissenschaftliche Forschung. Göttingen, 1983.

Fohrbeck, K. u. A. J. Wiesand: Der Autorenreport. Hamburg, 1972.

Fohrbeck, K., A. J. Wiesand: Literatur und Öffentlichkeit in der Bundesrepublik Deutschland. München, Wien, 1976.

Der Freiheit eine Gasse. Dokumentation zur Zensur im Theater. Offenbach, 1978.

Fritz, A. u. A. Suess: Lesen. Die Bedeutung der Kulturtechnik Lesen für den gesellschaftlichen Kommunikationsprozeß. Konstanz, 1986.

Gassner, H. u. E. Gillen (Hg.): Kultur und Kunst in der DDR seit 1970. Lahn-Gießen, 1977.

Gerstl, E.: Narren & Funktionäre. Aufsätze zum Kulturbetrieb. Wien, 1980.

Girardi, M.-R. (u. a.): Buch und Leser in Deutschland. Gütersloh, 1965.

Görtz, F. J.: Innenansichten. Über Literatur als Geschäft. Frankfurt/M., 1987.

Grieser, D.: Glückliche Erben. Der Dichter und sein Testament. München, Wien, 1983.

Groeben, N., P. Vorderer (bei Bd. 2): Leserpsychologie. Band 1: Textverständnis – Textverständlichkeit. Band 2: Lesemotivation – Lektürewirkung. Münster, 1982–1988.

Größer, H.: Lesen als Bedürfnis. Wiesbaden, 1986.

Guthke, K. S.: Das Abenteuer der Literatur. Studien zum literarischen Leben der deutschsprachigen Länder von der Aufklärung bis zum Exil. Bern, München, 1981.

Heckel, E. u. a.: Kulturpolitik in der Bundesrepublik 1949 bis heute. Köln, 1987.

Heidenreich, G.: Die Ratten- und Schmeißfliegen-Affäre. Frankfurt, 1981.

Heinold, E.: Bücher und Büchermacher. Was man von Verlagen und Verlegern wissen sollte. Heidelberg, 1987.

Höpcke, K.: Chancen der Literatur. Halle, Leipzig, 1986.

Houben, H. H.: Verbotene Literatur von der klassischen Zeit bis zur Gegenwart. 2 Bde. Dessau, 1925 – Bremen, 1928 (Nachdruck: Hildesheim, 1965).

Hübsch, H.: Alternative Öffentlichkeit. Frankfurt/M., 1980.

Iser, W.: Der Akt des Lesens. Theorie ästhetischer Wirkung. München, 3. Aufl. 1990.

Jürgens, E. u. E. Spoo (Hg.): Unheimlich zu Diensten. Medienmißbrauch durch Geheimdienste. Göttingen, 1986.

Kaltenbrunner, G.-K. (Hg.): Noch gibt es Dichter. Außenseiter im Literaturbetrieb. Freiburg, 1979.

Kaltenbrunner, G.-K. (Hg.): Warum noch lesen? Vom notwendigen Überfluß der Bücher. Freiburg i. Br., 1983.

Kepplinger, H. M.: Realkultur und Medienkultur. Literarische Karrieren in der Bundesrepublik Deutschland. Freiburg, München, 1975.

Koch, W. (Hg.): Selbstanzeige. Schriftsteller im Gespräch. Frankfurt/M., 1971.

Köhler-Hausmann, R.: Literaturbetrieb in der DDR. Stuttgart, 1984.

Kröll, F.: Die Gruppe 47. Soziale Lage und gesellschaftliches Bewußtsein literarischer Intelligenz in der Bundesrepublik. Stuttgart, 1979.

Kron, F.: Schriftsteller und Schriftstellerverbände. Stuttgart, 1976.

Kuttenkeuler, W. (Hg.): Poesie und Politik. Zur Situation der Literatur in Deutschland. Stuttgart, 1973.

Lanfer, H.-G. M.: Politik contra Parnass? Eine Studie über das Verhältnis der Politiker zu den engagierten Schriftstellern in der Bundesrepublik Deutschland unter chronologischem und systematischem Aspekt. Frankfurt/M. (u. a.), 1985.

Langenbucher, W. R., W. Truchseß: Buchmarkt der neuen Leser. Studien zum Programmangebot der Buchgemeinschaften (1962–1971). Berlin, 1974.

Lattmann, D. (Hg.): Einigkeit der Einzelgänger. Dokumentation des 1. Schriftstellerkongresses des Verbandes deutscher Schriftsteller. München, 1971.

Lattmann, D. (Hg.): Entwicklungsland Kultur. Dokumentation des 2. Schriftstellerkongresses des Verbandes deutscher Schriftsteller. München, 1973.

Linder, Ch.: Schreiben und Leben. Köln, 1974.

Linz, G.: Literarische Prominenz in der Bundesrepublik. Olten, Freiburg, 1965.

Literatur – vom Schreiben und vom Lesen. Wien, München, 1982.

Löwenthal, L.: Literatur und Gesellschaft. Neuwied, Berlin, 2. Aufl., 1972.

Maase, K.: Leseinteressen der Arbeiter in der BRD. Köln, 1975.

Mandel, S.: Group 47. The Reflected Intellect. Carbondale (u. a.), 1973.

Mechtel, A.: Alte Schriftsteller in der Bundesrepublik. München, 1972.

Meyer-Dohm, P. u. a. (Hg.): Handbuch des Buchhandels. 4 Bde. Hamburg, 1974–77.

Miglbauer, A. M.: Der Verleger im Strukturwandel der österreichischen Buchbranche. Salzburg (Diss.), 1983.

Muller, A.: Die Wiener Literatencafés der Jahrhundertwende. Paris, Univ. de Paris X – Nanterre (Diplomarbeit), 1982/83.

Naumann, M.: Blickpunkt Leser. Leipzig, 1984.

Naumann, M. u. a. (Hg.): Gesellschaft – Literatur – Lesen. Berlin, Weimar, 2. Aufl., 1975.

Petersen, K.: Die Gruppe 1925. Geschichte und Soziologie einer Schriftstellervereinigung. Heidelberg, 1981.

Pinkerneil, B. u. D., V. Žmegač (Hg.): Literatur und Gesellschaft. Dokumentation zur Sozialgeschichte der deutschen Literatur seit der Jahrhundertwende. Frankfurt/M., 1973.

Raabe, P.: Die Bibliothek als humane Anstalt betrachtet. Plädoyer für die Zukunft der Buchkultur. Stuttgart, 1986.

Rafetseder, H.: Bücherverbrennungen. Die öffentliche Hinrichtung von Schriften im historischen Wandel. Köln, Wien, 1988.

Reich-Ranicki, M.: Literarisches Leben in Deutschland. München, 1965.

Richards, D. R.: The German Bestseller in the 20th Century. Bern, 1968.

Röhl, H. (Hg.): Ansichtssache. Schriftsteller und Künstler im Gespräch. Halle, 1988.

Ross, W.: Mit der linken Hand geschrieben... Der deutsche Literaturbetrieb. Zürich, 1984.

Rühle, G.: Die Büchermacher. Von Autoren, Verlegern, Buchhändlern, Messen und Konzernen. Frankfurt/M., 1985.

Sauter, J.-H.: Interviews mit Schriftstellern. Leipzig, Weimar, 1982.

Schipperges, H.: Lesen verändert. Über den Umgang mit Büchern. Frankfurt/M., 1987.

Schmidtchen, G.: Lesekultur in Deutschland. In: Börsenblatt für den Deutschen Buchhandel (Frankfurt), Nr. 70, 1968, S. 1977–2152.

Schmidtchen, G.: Lesekultur in Deutschland 1974. In: Börsenblatt für den Deutschen Buchhandel (Frankfurt), Nr. 39, 1974, S. 705–846.

Schmieding, W.: Kunst oder Kasse. Hamburg, 1961.

Schmitt, W. Ch.: Die Buchstaben-Millionäre. Begegnungen, Gespräche und Erfahrungen mit 40 Schriftstellern. Karlsruhe, 1986.

Schneider, M.: Den Kopf verkehrt aufgesetzt oder Die melancholische Linke. Aspekte des Kulturzerfalls in den siebziger Jahren. Darmstadt, Neuwied, 1981.

Schriftsteller: Ja-Sager oder Nein-Sager? Das Hamburger Streitgespräch deutscher Autoren aus Ost und West. Hg. v. J. Müller-Marein u. Th. Sommer. Hamburg, 1961.

Schwenger, H.: Literaturproduktion. Stuttgart, 1979.

Schwenger, H.: Schriftsteller und Gewerkschaft. Darmstadt, Neuwied, 1974.

Selbmann, R.: Dichterdenkmäler in Deutschland. Stuttgart, 1988.

Simmerding, G., Ch. Schmid (Hg.): Literarische Werkstatt. München, 1972.

Sommer, D. u. a. (Hg.): Leseerfahrung, Lebenserfahrung. Weimar, 1983.

Stephan, J.: Lesen und Verstehen. Darmstadt, 1985.

Strelka, J.: Die gelenkten Musen. Dichtung und Gesellschaft. Wien, Frankfurt/M., Zürich, 1971.

Tilebier-Langenscheidt, F.: Werbung für die deutsche Gegenwartsliteratur. Ein Beitrag zur Theorie und Praxis der Literaturvermittlung. Frankfurt/M., 1978.

Umlauff, E.: Der Wiederaufbau des Buchhandels. Beiträge zur Geschichte des Büchermarkts in Westdeutschland nach 1945. Frankfurt/M., 1978.

Unseld, S.: Der Autor und sein Verleger. Frankfurt/M., 1978.

Vorstellungen. Antrittsreden der Mitglieder vor dem Kollegium der Deutschen Akademie. Frankfurt, 1989.

Weigner, F.: Ausgelesen? Das Buch im Umfeld von Kultur und Kulturindustrie. Münsingen-Bern, 1989.

Wende-Hohenberger, W.: Der erste gesamtdeutsche Schriftstellerkongreß nach dem Zweiten Weltkrieg. Frankfurt/M., Bern, 1988.

Wenzel, K. G.: Urheberrecht in der Praxis. Stuttgart, 1986.

Widmann, H.: Der deutsche Buchhandel in Urkunden und Quellen. Hamburg, 1965.

Winckler, L.: Autor – Markt – Publikum. Zur Geschichte der Literaturproduktion in Deutschland. Berlin, 1986.

Winckler, L.: Kulturelle Erneuerung und gesellschaftlicher Auftrag. Zur Bestandspolitik der öffentlichen Bibliotheken und Betriebsbüchereien in der SBZ und der DDR 1945 bis 1951. Tübingen, 1987.

Winckler, L.: Kulturwarenproduktion. Frankfurt/M., 1973 u. ö.

Wittmann, R.: Die Schriftsteller und das literarische Kräftefeld. Diss. FU Berlin, 1983.

Ziermann, K.: Vom Bildschirm bis zum Groschenheft. Der Literaturbetrieb der BRD. Berlin, 1983.

Wolfgang Beck

Theaterlexikon

Begriffe und Epochen
Bühnen und Ensembles

Herausgegeben von Manfred Brauneck
und Gérard Schneilin

1120 Seiten. Gebunden und als Taschenbuch 417
in der Reihe ‹rowohlts enzyklopädie›

Das Lexikon erläutert in nahezu 1000 Stichwörtern die wichtigsten Begriffe und Stilperioden, Gattungen und Genres des Theaters von der Antike bis zur Gegenwart. Institutionen und Ensembles werden ebenso ausführlich vorgestellt wie Dramen- und Theatertheorie, Theaterbau und -technik, Theaterberufe und Schauspielpädagogik. Im Mittelpunkt steht das Schauspieltheater; aber auch Kabarett, Tanz, Ballett und modernes Tanztheater werden behandelt. Fernöstliche Theaterkulturen sind ebenso berücksichtigt wie die großen europäischen Theatertraditionen, die in der Auseinandersetzung mit der dramatischen Literatur ihre Bedeutung und ihre ästhetische Form entwickelt haben. Der zugrundegelegte Theaterbegriff ist weit gefaßt. Einbezogen sind auch experimentelles Theater und gegenwärtige alternative Theaterentwicklungen; Sonderformen vom Jesuiten- bis zum Arbeiter- oder Exiltheater, vom barocken Feuerwerkstheater bis zu Performance und Aktionskunst; Kinder- und Jugendtheater, Schul-, Volks- und Amateurtheater.
Neben den Stichwörtern und Querverweisen finden sich Essays zum Antiken Theater, zum Theater des Mittelalters, der Neuzeit und des 20. Jahrhunderts, zu den Theaterkulturen Japans, Chinas, Indiens und Lateinamerikas.

Philosophielexikon

Personen und Begriffe
der abendländischen Philosophie
von der Antike bis zur Gegenwart

Herausgegeben von Anton Hügli und Poul Lübcke
Deutsch von Wilfried Greve,
Eberhard Harbsmeier und Ulli Zeitler

650 Seiten mit 81 Abbildungen.
Gebunden

Dieses Lexikon informiert über mehr als 1500 Personen und Begriffe der abendländischen Philosophie von der Antike bis zur Gegenwart. Als Handbuch und Nachschlagewerk richtet es sich vor allem an den philosophisch interessierten Leser, der wissen will: Wie weit sind die in der Geschichte der Philosophie entwickelten Begriffe, Theorien und Probleme auch in der heutigen Diskussion noch gegenwärtig und lebendig, und in welcher Gestalt treten sie auf?

Die philosophischen Grundbegriffe werden in historischem und in systematischem Zusammenhang dargestellt. Da viele von ihnen zu den gängigen Fremd- und Schlagwörtern gehören, ist das Lexikon zugleich ein Handbuch für alle, die sich über den philosophischen Hintergrund dieser zumeist oberflächlich gebrauchten Begriffe orientieren möchten.

Die Autoren des Lexikons sind keiner bestimmten philosophischen Schule verpflichtet; vielmehr kommen alle führenden Strömungen der heutigen Philosophie, besonders der Logik und Sprachphilosophie, zur Geltung. Gemeinsamer Ausgangspunkt ist das von allen Autoren geteilte Verständnis von Philosophie als einer argumentativen Tätigkeit, welche die grundlegenden Voraussetzungen unserer alltäglichen und fachwissenschaftlichen Begriffe und Theorien aufzudecken und zu verstehen versucht.

Deutsche Literatur

Eine Sozialgeschichte
Herausgegeben von Horst Albert Glaser

C 2410/1

Deutsche Literatur

Eine Sozialgeschichte
Herausgegeben von Horst Albert Glaser

rororo HANDBUCH

C 2410/1 a

C 2058/7

C 2058/7 a

rowohlts
monographien

58/7 b

C 2058/7 c

C 2054/7

**Thema
Philosophie**

C 2054/7 a